한국토지용어사전

한국토지용어사전

연세대학교 국학연구원 편

초판 1쇄 발행 2016년 9월 29일

펴낸이 오일주
펴낸곳 도서출판 혜안

등록번호 제22-471호
등록일자 1993년 7월 30일

주소 (우) 04052 서울시 마포구 와우산로 35길 3(서교동) 102호
전화 3141-3711~2
팩스 3141-3710
이메일 hyeanpub@hanmail.net

ISBN 978-89-8494-559-3 91910

값 120,000 원

이 저서는 2011년 대한민국 교육부와 한국학중앙연구원(한국학진흥사업단)의
한국학 사전 편찬 사업의 지원을 받아 수행된 연구임.(AKS-2011-CBA-103)

한국토지 용어사전

연세대학교 국학연구원 편

혜안

한국토지용어사전을 내며

지나고 보니 머릿속 가득 '토지'를 담아두고 씨름한 지 벌써 5년이라는 시간이 흘렀다. 이제야 『한국토지용어사전』이라는 이름으로 결과물을 내어 놓지만, 기쁨보다는 단출한 한 권의 책에 그동안의 고민과 노력을 잘 담아냈을지 두려움이 앞선다.

토지사전의 편찬은 우리 학계에서 지금껏 시도되지 못한 일이었다. 아마도 그간 축적된 방대한 연구 성과와 다양한 시각을 종합해 정제된 사전으로 엮어내기가 참으로 지난한 일이기 때문이었을 것이다. 그럼에도 불구하고 감히 용기를 내게 된 데에는, 후속 세대들이 펼쳐 낼 다채로운 성과에 작은 도움이나마 되었으면 하는 간절한 바람 때문이었다. 한 사람 만으로는 감히 엄두를 낼 수 없는 이 사업은 함께 공부해 온 한국역사연구회 토지대장연구반 선생님들의 뜻이 모이면서 구체화되었다. 마침 그 의의를 높이 평가한 한국학중앙연구원의 재정지원을 받게 되었고, 2011년 여름 '한국토지용어용례사전편찬'이라는 이름으로 사업이 시작되었다.

토지사전의 집필은 2011년 8월부터 2014년 7월까지 3년간 진행되었다. 집필을 위해서는 무엇보다 표제어의 선별이 중요했다. 우선 시기는 6·25전쟁 이전까지로 한정했고, 토지제도·토지문서·재정·농서·농법·농구·지리서·인물·문서 등의 범주 하 사료상 용어를 폭넓게 표제어를 추출했다. 아울러 토지관련 연구 성과를 총체적으로 이해하는 데 도움이 된다는 판단 아래, 학계에서 주요하게 다루어진 개념 용어도 함께 선별했다. 이로써 추출된 4,000여 개의 항목 모집단 중에서 위계를 고려하고 중복서술을 배제하는 등의 논의를 거친 끝에 1,500여 개 표제어(연결어 포함)를 최종 선정했다.

선정된 표제어는 공시성과 통시성을 고려해 총 5개의 등급으로 구분해 집필분량을 정했으며, 한국역사연구회 토지대장연구반을 비롯한 해당 전문가에게 집필을 의뢰했다. 이 과정에서 편집위원회는 표제어간 중복 서술이나 주요 내용의 서술 누락을 막기 위해 원고를 지속적으로 모니터링했고, 필요할 경우 재집필이나 추가집필을 통해 원고의 완성도를 높이고자 했다. 아울러 전체 표제어간의 수직적·수평적 관계를 수시로 점검하여, 사전 전체의 균형을 유지하고자 했다.

3년간의 집필과정은 예상을 훨씬 뛰어넘는 어려운 작업이었다. 뿐만 아니라 집필이 완료된 원고를 정리하고 단정하게 묶어내야 했던 2년여 간의 편집·출판과정은 난관의 연속이었다. 무엇보다 독자의 편의와 능동적 학습을 돕기 위해 1,500여 개에 이르는 표제어를 유기적으로 연결해야 했는데, 이는 사전의 효용성을 높이는 것과도 연관된 중요한 문제였다. [참고어]는 이러한 고민 끝에 만들어진 범주로, 표제어와 의미관계를 맺고 있는 다양한 층위의 항목 중 대표적인 것을 선별한 것이다.

이렇게 편찬된 토지사전은 토지용어에 대한 최초의 전문사전이라는 점 외에도 소개하고픈 몇 가지의 특징을 가지고 있다. 먼저 표제어의 정의나 내용을 원전에 근접하여 확인할 수 있도록 '용례'를 적극 활용했다는 점이다. 나아가 내용과 분리된 채 용례를 단순히 소개하는 것이 아니라, 본문의 논리 전개과정 속에 용례를 녹여냄으로써 그 역사성과 의미가 더욱 부각되도록 했다. 이는 용례에 대한 정확하고 객관적인 해석을 토대로 표제어가 집필되어야 한다는 편찬팀의 의도가 반영된 것이다. 연구계획서를 작성할 때부터 사전을 '한국토지용어용례사전'으로 명명한 것이나, 집필 의뢰시 용례를 통한 서술을 원칙으로 삼은 것도 그 일환이었다.

토지사전의 두 번째 특징은 표제어들의 단순 총합이라는 사전의 한계를 보완하고, 아울러 독자의 능동적 학습을 유도하기 위한 장치가 반영되었다는 점이다.

그 중 대표적인 것이 [참고어] 카테고리인데, 이를 통해 독자는 표제어마다 상위어·하위어·유의어·관련어 등의 의미관계를 맺고 있는 용어들을 통해 학습의 범위를 확장해 나갈 수 있다. 데이터베이스로 축적된 정보는 필자에게 제공되어 서술의 완성도를 높이는 데 활용되었다. 한편 10,000여 개가 넘는 방대한 색인은 유난히도 많은 토지관련 용어 속에서 독자가 원하는 표제어와 정보를 찾아가게 하는 길잡이가 되도록 했다.

토지사전의 마지막 특징을 꼽는다면, 복잡한 경과를 지닌 근현대의 표제어를 정리해낸 점이다. 그리고 이를 전근대와의 계통성을 고려하여 서술하려 했다. 부족함이 많음을 자인하지 않을 수 없지만, 이러한 시도가 계기가 되어 한국사를 이해하는 다양한 시각이 공존하는 장이 만들어지기를 감히 기대해본다.

토지사전이 지닌 몇 가지의 특징에도 불구하고, 일일이 열거하기 힘든 한계도 있다. 우선 해당 표제어나 개념을 세계사적 차원에서 다루지 못했다. 또한 토지사전의 기획단계에서는 표제어 정의의 영역을 염두에 두었지만 이를 완료하지 못했다. 마지막으로는 토지사전이 학계의 성과를 객관적이고도 충실히 담아내었는가에 대한 반성이다. 사실 이러한 고민과 시행착오는 5년여의 연구기간 동안 거듭되었다. 필자 선정과 집필 수락과정에서의 문제, 원고 완성도 및 견해의 차이, 재정문제 등이 그러하다. 결국 부족한 부분으로 남겨두게 된 것은 전적으로 편집위원회에 책임이 있음을 밝혀둔다.

토지사전은 기획 및 집필에 참여해 주신 한국역사연구회 토지대장반과 그 외 많은 연구자 여러분들의 노고에 의해 출판될 수 있었다. 우선 편찬의 실무는 편집위원회가 맡았는데, 공동 집필로 인해 자칫 분산될 수 있는 편찬과정에서 컨트롤타워 역할을 했다. 시기별 편집위원과 편집간사는 편집회의에 고정적으로 참가하여, 공정별로 초빙된 자문위원과 함께 사전이 각 시기뿐만 아니라 통시적으로도 균형을 유지하도록 연구기간 내내 머리를 맞대었다. 이 자리를 빌어 이인재 교수(공동연구원, 삼국-여말선초 담당), 염정섭 교수(편집위원, 조선-한말 담당), 최원규 교수(편집위원, 한말이후 담당)께 진심으로 감사의 말씀을 드린다. 특히 최원규 교수는 근현대의 역사용어를 전근대와의 연관성 속에서 종합적으로 검토해 주시는 등 사전편찬팀의 든든한 버팀목이 되어주셨다.

또한 중간에 편집위원으로 합류한 이수일 박사는 농장관련 항목의 정리 및 출판에 새로운 동력이 되어 주었다. 그리고 전체 편찬과정 및 항목의 관리를 맡아 모든 힘을 쏟아 부은 편집간사 윤석호 박사생은 각 시기 연구보조원들과 함께 힘든 마무리 작업을 도맡아 진행하였다.

아울러 사전 편찬에는 많은 분들과 기관의 도움이 있었다. 재정을 지원해주신 한국학중앙연구원 한국학진흥사업단, 그리고 연구공간을 제공해 주신 연세대학교 국학연구원께 감사드린다. 농업박물관은 사전의 의의를 헤아려 농기구 관련 도판을 아낌없이 내어주셨다. 또한 규장각 한국학연구원, 국가기록원, 울주군 상북면에서도 관련 이미지를 제공해주셨다. 귀한 자료 덕분에 자칫 딱딱할 수 있는 사전이 훨씬 다채롭게 될 수 있었다. 마지막으로 사전 출판을 기꺼이 맡아주신 도서출판 혜안의 오일주 사장님, 번다한 요구에도 말끔히 책을 만들어주신 김태규, 김현숙님께도 깊은 사의를 표한다.

2016년 9월

한국토지용어사전 간행위원회

최 윤 오

편찬팀 소개

【편집위원회】

연구책임자

최윤오 | 연세대학교 사학과 교수

공동연구원

이인재 | 연세대학교 역사문화학과 교수

편집위원

최원규 | 부산대학교 사학과 교수

염정섭 | 한림대학교 사학과 교수

이수일 | 연세대학교 강사

편집간사

윤석호 | 한국성서대학교 강사

연구보조원

고나은 | 부산대학교 박사과정

이현경 | 연세대학교 박사과정

김미성 | 연세대학교 박사과정

【집필진】

강은경 | 충북대학교 강사
강정원 | 부경대학교 강사
고나은 | 부산대학교 박사과정
김대현 | 연세대학교 박사과정
김미성 | 연세대학교 박사과정
김정신 | 연세대학교 국학연구원 연구교수
김지영 | 서울대학교 규장각한국학연구원 책임연구원
김현숙 | 건양대학교 인문융합교육학부 교수
남기현 | 성균관대학교 동아시아역사연구소 연구원
남정원 | 국채보상운동기념사업회 책임연구원
노상균 | 연세대학교 박사과정
문창로 | 국민대학교 국사학과 교수
박경안 | 연세대학교 국학연구원 연구교수
박종진 | 숙명여자대학교 역사문화학과 교수
박진태 | 대진대학교 역사문화콘텐츠학부 교수
박찬흥 | 국회도서관 독도자료조사관
백승철 | 연세대학교 국학연구원 연구교수
백영미 | 산림청 휴양문화과 학예연구사
송양섭 | 고려대학교 한국사학과 교수
신은제 | 동아대학교 인문역량강화사업단 연구교수
양진석 | 서울대학교 규장각한국학연구원 학예연구관
염정섭 | 한림대학교 사학과 교수
왕현종 | 연세대학교 역사문화학과 교수
우혜숙 | 연세대학교 박사과정
위은숙 | 영남대학교 민족문화연구소 연구원
윤성재 | 숙명여자대학교 강사
윤석호 | 한국성서대학교 강사
윤정환 | 연세대학교 박사과정
윤한택 | 인하대학교 고조선연구소 연구교수

윤훈표 | 역사실학회 회장
이민우 | 서울대학교 규장각한국학연구원 학예연구사
이봉규 | 연세대학교 박사과정
이석원 | 수원교회사연구소 책임연구원
이수일 | 연세대학교 강사
이승일 | 강릉원주대학교 사학과 교수
이영호 | 인하대학교 사학과 교수
이영학 | 한국외국어대학교 사학과 교수
이윤갑 | 계명대학교 사학과 교수
이인재 | 연세대학교 역사문화학과 교수
이종봉 | 부산대학교 사학과 교수
이준성 | 국사편찬위원회 편사연구사
이철성 | 건양대학교 교양학부 교수
이현경 | 연세대학교 박사과정
이현진 | 국사편찬위원회 편사연구사
이현희 | 독립기념관 연구위원
임용한 | 한국역사고전연구소 소장
전덕재 | 단국대학교 사학과 부교수
정덕기 | 연세대학교 박사과정
정두영 | 경상대학교 강사
정희찬 | 서울대학교 박사과정
최원규 | 부산대학교 사학과 교수
최윤오 | 연세대학교 사학과 교수
탁신희 | 서울시립대학교 박사과정
하유식 | 울산대학교 강사
한정수 | 건국대학교 강사
허원영 | 한국학중앙연구원 연구원

【자문위원】

한국역사연구회 토지대장반

| 박진태, 왕현종, 이승일, 이영학, 이영호, 최원규, 허원영

강은경 | 충북대학교 강사

김무진 | 계명대학교 사학과 교수

박종진 | 숙명여자대학교 역사문화학과 교수

백승철 | 연세대학교 국학연구원 연구교수

염정섭 | 한림대학교 사학과 교수

이수일 | 연세대학교 강사

임용한 | 한국역사고전연구소 소장

홍성찬 | 연세대학교 경제학과 교수

【교정 및 교열】

총 괄 최윤오

간 사 윤석호

교정팀 염정섭
이수일
이석원
윤정환
이현경

교열팀 최원규
이인재
고나은
이준성
김미성
한종민

일러두기

표제어 선정

一. 표제어는 한국사의 삼국-고려-조선-대한제국-일제식민지(해방이전) 시기의 토지 관련 용어를 선정하였다.

一. 한자어를 기초로 한 표제어명은 한자의 음을 기준으로 했으며, 한자어를 '( )' 안에 병기했다. [**예** : 도(稻), 맥(麥)]

一. 관행상 우리말이 우세하게 쓰이는 표제어명은 한글의 음을 기준으로 했으며, 음가가 다른 한자명을 '[ ]' 안에 병기했다. [**예** : 주비[矣]]

一. 외래의 고유명사[인명(人名)이나 지명(地名)]으로 구성된 표제어는 국립국어원의 '외래어 표기법'에 따른 음가를 기준으로 했으며, 원어를 '( )' 안에 병기했다. [**예** : 구마모토농장(熊本農場), 크럼(巨廉, Raymond Edward Leo Krumm)]

一. 표제어가 길거나 복합어인 경우 의미전달을 위해 띄어쓰기를 했다. 다만 이 경우에도 병기된 한자는 띄어쓰기를 하지 않았다. [**예** : 강화 김씨가 농장(江華金氏家農場)]

一. 동의어·유사어 및 이미 다른 표제어의 내용에서 충분히 소개된 표제어는 정의 및 내용 서술 없이 바로 관련 표제어로 연결했다.
[**예** : 웅본농장(熊本農場) → 구마모토농장, 단기고공(短期雇工) → 고공]

서술원칙

一. 표제어는 한국사의 연구 성과를 바탕으로 서술하되, 경우에 따라서는 동양사나 서양사를 참고하였다.

一. 서술 분량은 대항목(30매), 대중항목(20매), 중항목(15매), 중소항목(10매), 소항목(5매)을 기준으로 한다. 통시기에 걸쳐 있는 표제어(예 : 결부제 등)는 시기별로 각각 서술하여 합치되, 표제어 하에 [고려이전]나 [조선이후] 등으로 시기를 구분한다.

一. 표제어의 서술은 한글표기를 원칙으로 한다. 표제어의 정의·배경·내용·연구현황·의의 등의 범주를 포괄하되, 본문에서는 이를 구분하지 않는다.

一. 외래어의 표기는 교육부의 '편수자료'와 국립국어원의 '외래어 표기법'을 따른다.

一. 의미전달을 위해 필요한 경우 주요한 용어 및 단어의 한자를 병기한다.
[**예** : 전호(佃戶)]

一. 동일한 음가를 지닌 한자의 용례를 소개하는 등의 경우에는 한자만을 표기할 수 있다. [**예** : 표제어 '주비' 중에서 '注非'·'主比'·'主飛'·'注備'·'註非']

一. 연도 표기는 서력기원을 기준으로 하되, 필요한 경우 괄호 안에 국호나 왕조년을 병기한다.

一. 표제어의 특징을 설명하기 위해 사진·도면·도표를 첨가하기, 제목과 함께 필요한 경우 출처를 명기하였다.

一. 참고문헌은 대표적인 자료와 논문을 최소한으로 제시하였다.

一. 집필자는 말미에 표기했으며, 시기별로 집필자가 다른 경우에는 병기했다. 편집위원회의 책임 하에 서술·정리된 표제어는 집필자를 표기하지 않았다.

용례

一. 표제어의 정의나 내용과 긴밀히 연관된 자료 중에서 용례를 선별한다.

一. 본문 내에서 용례를 따로 구분하지 않으며, 내용의 서술과 연결되도록 했다.

一. 용례는 번역문[한글]을 직접·간접으로 인용하며, 괄호 안에 원문과 출전을 싣는다.
[**예** : "번역문(원문[출전])"]

一. 용례를 서술 내에서 가공하거나 일부만 소개할 경우에는 원문 없이 출전만 싣는다.

一. 최하위 항목은 용례를 생략한다.

참고어 · 색인어 및 기타

一. 독자의 편의를 위해 내용상 긴밀히 연관되는 표제어를 참고어로 소개한다.

一. 참고어는 내용이 집필된 표제어를 대상으로 한다.

一. 참고어는 가나다순을 원칙으로 나열하되, 필자에 따라 표제어와의 연관성 순으로 배열하기도 했다.

一. 색인어를 통해 표제어로 선정되지 않은 용어를 찾아볼 수 있도록 했다.

一. 표제어도 색인어에 포함되었으며, 특별히 굵은 글씨체로 구분하였다.

한국토지용어사전

ㄱ

가경전(加耕田) 경작하지 않았던 한광지(閑曠地) 등을 새로 개간한 토지.

양안(量案)에는 당해 연도를 기준으로 경작 가능한 토지 전체를 원전(元田)으로 파악했지만, 한번 양전이 시행된 이후 다음 양전까지는 원칙적으로 20년의 기간이 지나게 된다. 이때 이전 양전에서 원전이 파악된 이후에 새롭게 경작된 토지를 가경전이라고 한다.

미경작 토지였다는 점에서 가경전은 진전(陳田)과 유사한 성격을 지니고 있다. 하지만 진전은 파악할 당시에는 진폐(陳廢)했다 하더라도, 그전에 경작된 적이 있어 이미 양안에 원전으로 파악된 토지이다. 따라서 가경전은 양안 상 한 번도 원전으로 파악되지 않았던 토지로서, 한광지나 해택지(海澤地) 등을 농지로 이용할 수 있도록 개간한 것을 의미한다.

가경전은 개간이 완료되면 양안에 부기되었는데, 기존의 경작지와 구별하기 위해 파악된 면적 앞에 '가(加)', '내(內)', '차(次)' 등의 글자를 함께 표기했으며 자호(字號)는 붙이지 않았다. 양외가경전(量外加耕田), 장외신기(帳外新起), 신가경전(新加耕田) 등으로도 불리기도 했으며, 해서(海西)에서는 개광전(開曠田)이라 칭하며 별도의 장부를 만들기도 했다.

세수 및 경작지의 확대 측면에서 조정에서는 가경전에 대한 면세나 소유권 인정 등의 혜택을 주었다. 우선 평지[閑曠地]에서의 가경전은 속전(續田)에서의 수세원칙을 적용해 경작된 해에만 세를 거둬들였다.(續田加耕田, 隨改收稅[『경국대전』「호전」 수세(收稅)]) 한편 해택(海澤)에서의 가경전은 1년간 면세한 뒤 2년째에는 세액의 반만을 거두고 3년째부터 규정대로 전액을 받도록 했다. 그러나 이후에는 진전에서와 마찬가지로 3년간 면세되었다. 또한 가경전은 관에서 입안(立案)을 발급받아 개발하는 것이 원칙이었으나, 입안이 없어도 개간한 사람에게 소유권을 인정해 주었기 때문에 무토지 농민과 영세 농민들도 개발에 적극적으로 참여할 수 있었다.

조선 국가는 개국 초부터 농지 확대에 큰 관심을 가지고 있었고, 지방 수령에게 각 고을의 가경전 개발 상황을 매년 조사해 양안에 등록시키도록 하였다. 또한 가경전의 다소와 토지결수의 증감을 수령의 근무평정에 반영하기도 하였다. 세조 때에는 양반관료·종친·유음자제(有蔭子弟)·한량들에게 평안도·황해도·강원도 등 3도의 황무지를 지급하고 개간하게 하여 성과가 좋은 자를 포상하는 정책을 시행하기도 하였다.

농지 확대를 위한 가경전 개발 사업은 진전 개간과 함께 양난 이후 더욱 활발히 이루어졌는데, 특히 진전 개간이 거의 마무리된 17세기 중엽 이후에 본격화되었다. 이 시기 가경전 개발에는 양반관료·토호, 궁원·관아 등의 권세가는 물론, 무토지 농민과 영세 농민들도 참여하였다. 그러나 갈대밭 등 제언 축조를 필요로 하는 해택의 개발은 권세가 등의 재력이 뒷받침되어야 가능했다.

가경전 개발은 경작지의 확대와 국가 세입의 증대에 기여했다. 그러나 권세가들에 의해 개발이 독점되다시피 했고, 그들의 불법적인 개간으로 인해 영세 농민이 실농하기도 했다. 또한 입안을 받은 권세가들이 실제 가경전을 개간한 농민의 소유권을 부정하고 다만 경작권을 인정해주는 폐단도 발생하였다. 더욱이 18세기말 이후 전세가 총액제로 변화된 이래로는 수령과 권세가가 결탁하여 전세를 경작자에 전가시키는 사례가 많아졌다. 이러한 일련의 현상은 대토지를 소유한 지주와 이를 차경(借耕)하는 농민 간의 생산관계, 즉 지주제를 촉진한 것으로 이해되는데, 특히 모민(募民) 개간형의 가경전 개발의 경우가 더욱 그러했다.

[참고어] 무주한광지, 진전, 원전

[참고문헌]『萬機要覽』;『大典會通』; 김건태, 2000,「경자양전 시기 가경전과 진전 파악 실태-경상도 용궁현 사례」,『역사와 현실』

36 ; 오인택, 1994, 「조선후기 신전개간의 성격」 『부대사학』 18 ; 이세영, 2010, 「조선시대의 진전 개간과 토지소유권」 『한국문화』 52 〈윤석호〉

가계제도(家契制度) 1893년 이후 한성 등 도회지에서 가옥의 소유권을 기록하고 거래할 때 반드시 관에서 제공한 가계(家契)를 사용하도록 한 제도.

조선 국가는 경국대전에 부동산을 매매할 때 관에서 입안을 받도록 한 입안제도를 두었지만, 조선 후기에는 거의 유명무실하였다. 개항이후 부산과 인천 등의 개항장에 설치한 거류지에 외국인들의 부동산 거래를 위해 토지조사를 하고 부동산등기제도를 실시하였다. 1882년에는 청의 강요에 의해 '조청상민수륙무역장정'을 체결함에 따라 외국상인이 한성과 양화진에 상점을 개설할 권리가 허용되었다. 청상뿐만 아니라 일본인과 구미인들도 이 제도를 활용하여 도성 내의 가옥이나 대지를 임차하거나 매매할 수 있었다. 1885년 이후 1889년까지 수백 건의 거래가 이루어졌고, 신고된 가옥 거래 이외에도 문권을 위조하거나 훔쳐서 전질(典質)하는 등 기존 가옥소유자의 소유권을 침해하는 사례가 다수 나타났다. 조선 정부는 이러한 문제를 해결하기 위해 1893년 한성 주민들이 매매당사자 사이에 사문기를 대금과 교환하는 구래의 관행적 매매방식을 금지하고, 거래시에 반드시 관에서 제공한 가계를 사용하도록 하는 가계제도를 실시하였다. 가계는 매매할 때 구권(舊券)을 반납하고 신권으로 교체하여 발급받도록 하였다. 가계 발급제도는 종래 쌍방 간의 거래 사실을 매매문기에 확인해 주는 입안이나 입지(立旨)와 비슷한 제도였지만, 일정한 양식으로 관에서 발급하면서 발급내역을 기록 보관하는 일종의 부동산 증명[家券]제도의 일환이었다.

가계제도는 갑오개혁기에 더욱 구체적으로 정비되었다. 1894년 5월 옛 가권과 소유토지의 건물 평수와 도면을 제출하도록 했으며, 11월에는 가권을 교부하는 절차도 개정하였다. 종전에는 판 사람이 한성부에 출원하여 명의를 고쳐 산 사람에게 교부했지만, 이번에는 매매 후 산 사람이 출원하여 발급받도록 하였다. 이때 가계양식을 개편하여 가계 발급 시 부동산 공인중개인인 가쾌(家儈)가 중개할 때만 발급하도록 했다. 가권이 없는 경우에는 가쾌와 보증인의 서명을 받아 보증하도록 하고, 거래에 부정이 있을 때는 가쾌를 처벌하도록 하였다. 그렇지만 한성부에서 외국인에 대한 상권과

漢城府爲給發契據事照得何部何坊何契何洞第何統第家何號地所有家舍瓦何
間草何間空垈何間計何間時値何千何百兩　由本主某　主事情愿賣與
某　居住爲此行給契仰
執契人員遵照後開六條章程毋得違越切須至契者
開國五百何年　何月　何日　右給　某　持憑
堂上
家儈　某
保證　某
後開
一家舍賣買在新契刊行以前者准其換給新分文不取
一家舍賣買在新契刊行後兩個月以外者就該家本價內抽納百分之一于本府
以充給契各費
一家舍賣買時由該洞或附近他洞家儈應請本府給發契據交付買主然後始准
其越若過時不告或諱價不實除按例抽分外再向該家儈罰徵本價二百分一
一家舍非由家儈居間而自相賣買者由賣自行領契交付若過時不告或諱價不
實照上條家儈例懲罰
一家舍無舊券者非有家儈或保證記名畵押不准發給新契
一家舍領有癸巳五月日所刊發契據者除非改行賣買無庸換給若由家主有所
情愿亦准其換去但每契一紙可納一文錢五枚

한성부 제2차 발행 가계 최원규, 2001, 「19세기 후반 地契제도와 家契제도」 『지역과 역사』 8, 111쪽.

거류지의 제한 등의 조처가 취해지지 않았을 뿐만 아니라 조선인들이 소유한 토지와 가옥에 대한 원장부도 만들지 않았으므로 가계제도는 실효를 거두기 어려웠다. 1896년 9월 한성부는 새로 호구조사규칙을 제정하여 한성부 내에 가옥의 소유와 임차 관계[借家]를 자세히 조사하도록 하였다. 또한 매매 시 부정의 소지를 방지하기 위해 해당 가옥에 대한 별도의 성책(成冊)을 마련하고 가쾌가 거래 사실을 확인하도록 하였다. 전당할 경우에는 전주(錢主)와 가주(家主)가 한성부에 와서 등록하도록 하였다. 이때도 전국의 부동산에 관한 원장부를 마련한 것이 아니어서 부동산 거래에 대한 국가관리가 원활하지 못하였다. 이를 시정하기 위해 대한제국 정부는 1898년 양전 관계발급사업을 추진하였다. 이때 작성한 가옥장부가 가호안(家戶案)이고, 이에 따라 가사관계(家舍官契)를 발급했다. 가사는 호적의 편제와 같이 통호제에 따라 작성되었으며, 가옥은 와가와 초가를 구분하고 칸수를 기록했다. 가사를 매매할 때는 가격과 매주(賣主), 보증인의 성명과 주소를 기록하여 거래 사실을 증명하도록 하였다. 경상남도에서는 가호안을 작성하여 양안의 작성 순서대로 대주(垈主)와 가주를 별도로 조사 기록하였다. 그리고 가사는 대한제국 인민 이외에는 소유주가 될 수 없다고 규정함으로써 대한제국은 거류지를 제외한 모든 지역에서 외국인의 소유와 거래를 전면 금지하는 조치를 취하였다.

1906년 이후에는 한성부에서 가옥 거래의 상황을 상세히 기록한 가계원부로 '한성부 통표(統表)'를 작성

하였다. 한성부 전역의 가옥을 조사하고 가계의 발급 연월일, 호수, 집의 칸수, 땅의 면적과 가격, 판 사람과 산 사람의 성명, 소유주의 변동 등을 기록한 것이다. 이 장부는 가옥의 소유권 변동에 대한 사항을 담고 있어 거래의 안정성을 보장한 것이지만, 외국인의 부동산거래를 허용한 토지가옥증명규칙 실시 이후에 만들어졌기 때문에 대한제국 인민 보다는 외국인의 소유와 거래의 안정성을 더 보장하는 방향으로 기능을 발휘하였다.

1893년 이래 조선 정부는 가옥의 거래를 국가가 관리하도록 하는 가계제도를 수립하였다. 나아가 대한제국 정부는 부동산 소유권에 대해 외국인의 소유금지와 제3자 대항권을 보장하는 관계제도를 수립하려고 하였다. 하지만 1906년 일제가 관계제도 대신 토지가옥증명규칙을 시행하여 외국인의 부동산 거래를 전면 허용하였다. 그러나 이때 증명은 관이 거래 사실만 공증하는 정도에 불과한 것으로, 관계제도보다 오히려 후퇴한 것이었다.

[참고어] 가사관계, 가사안, 가쾌, 토지가옥증명규칙

[참고문헌] 한국역사연구회 토지대장연구반, 1995, 『대한제국의 토지조사사업』, 민음사 ; 최원규, 2001, 「19세기 후반 地契제도와 家契제도」『지역과 역사』 8 ; 한국역사연구회 토지대장연구반, 2010, 『대한제국의 토지제도와 근대』, 혜안 〈왕현종〉

가도지(加賭只) 소작료를 징수할 때 여러 명목을 이유로 정해진 소작료 이외의 추징물을 더 징수하는 관행.

가도지는 지주 및 추수원이 지주의 토지에서 거두는 소작료 이외에 수확물을 더 징수하는 관행 중 하나로, 소작인의 특수부담인 두세(斗稅)·장세(場稅)·색조(色租) 등을 징수한 위에 더 추가하여 징수하는 관례이다.

이 관행은 경기도, 충청남도, 전라남도, 경상남·북도, 황해도, 평안남도, 강원도에서 행해졌다. 경기도에서는 가도조(加賭租)·무릅조·농감벼(農監籾)·초가(草價) 등으로, 충청남도에서는 가도지·가도조로, 전라남도에서는 입승(入枡), 경상북도에서는 초세(草稅), 경상남도에서는 공(貢)·공가(貢價)·개초(蓋草), 황해도에서는 수응직세(水應直稅)·무네미·보주세(洑主稅)·감구료(監溝料), 평안남도에서는 두분(斗分)·입근(入斤), 강원도에서는 마량(馬糧)·초가 등의 명목으로 불렸다. 가봉(加奉)이라고도 한다. 하륙세(下陸稅), 공물미(供物米), 공불미(供佛米)도 가도지의 일종이다.

가봉은 두세와 비슷한 의미로 일본의 입승과도 비슷하다. 입승은 소작료를 수납한 후 발생하는 보관상의 손실을 보상한다는 명목으로 징수하는 추징물이다. 농감벼는 농감의 보수, 초가는 타조에서 볏짚을 징수하는 대신 징수하는 대가이다. 개초는 지주 관리인 등의 집 지붕에 쓰이는 볏짚, 공(貢)은 소작료 징수액 감소에 대해 징수하는 보충액을 가리킨다. 또한 수응직세는 수번인(水番人)의 보수, 보주세는 보의 소유자에 지급하는 사용료, 감구료는 수로비(水路費)이다. 두분은 장토에서 거둔 감관의 보수이며, 입근은 소작료로 징수한 벼가 쥐의 피해 등으로 무게가 감소했을 경우에 추가로 징수하거나 도매상의 판매수수료를 충당하기 위해 징수하는 것을 말한다. 하륙세는 소작료를 하천으로 운반할 경우 선착장에서 도매상 또는 지주 집까지 운반하는 비용이다. 마량은 지주 또는 그 대리인이 말을 타고 소작료를 징수하러 왔을 때의 말 사료, 공물미 또는 공불미는 사찰 소유지에서 거두는 공양미이다. 무릅조, 무네미 등은 그 유래를 알 수 없다.

가도지의 징수액은 소작인 1인당 벼 5승, 소작지 1두락당 벼 5승, 소작료 1석당 벼5승 등 5승을 징수하는 것이 일반적이었다. 그 밖에 평안남도에서는 답 1정보당 2두를, 충청남도에서는 소작료 1석당 1승5홉을 징수하였다. 가도지 관행은 드물게 존재했으며 소작인의 불만과 항의로 두세, 장세, 색조 등과 함께 점차 감소해 갔다.

[참고어] 두세, 색조, 장세

[참고문헌] 전라남도, 1923, 『小作慣行調査書』 ; 조선총독부, 1932, 『朝鮮ノ小作慣行(上)·(下)』 〈고나은〉

가등기(假登記) 부동산 물권 또는 임차권의 설정, 이전, 변경, 소멸의 청구권을 보전하려 할 때, 또는 그 청구권이 시기부, 조건부이거나 장래에 이것이 확정될 것일 때 그 본등기의 순위보전을 위하여 하는 것.

매도인이 이전등기를 하는 데 협력하지 않는 경우나, 매매의 예약에서 아직 소유권을 취득하고 있지는 않으나 당연히 장래에 예약자로서의 권리를 확보할 필요가 있는 경우 등에 이용된다. 부동산등기법에서 가등기는 가등기 의무자의 승낙이 있을 때에는 신청서에 그 승낙서를 첨부하여 가등기 권리자가 이를 등기소에 신청할 수 있다. 가등기 의무자의 승낙이 없을 때에는 가등기 권리자의 신청에 의하여 가등기 원인의 소명이 있는 경우에 그 목적인 부동산의 소재지를 관할하는 지방법원의 가처분명령의 정본(正本)을 첨부하여 이를 신청할

수 있다.

가등기는 그것만으로는 등기로서의 효력이 없으나, 후에 본등기를 하면 그 본등기의 순위는 가등기의 순위에 의한다. 즉 대항력의 순위가 가등기를 한 때로 소급하게 된다. 등기는 순위로 말을 하기 때문이다. 무담보의 토지라는 것을 알고 매매계약을 하였다 하더라도 정식으로 매매가 성립하기까지의 사이에 누군가가 저당권 등기를 하면 후순위의 매득자가 결국 손해를 보게 된다. 그러므로 도중에 제3자가 개입하는 것을 방지하기 위하여 가등기를 하는 것이다. 가등기는 본등기에 비해 절차가 간단하기 때문에 많이 활용되고 있다. 일제시기 조선부동산등기령에 따라 등기제도가 시행되면서 비롯되었다.

[참고어] 부동산등기법, 예고등기, 소유권보존등기

[참고문헌] 早川保次, 1921, 『朝鮮不動産登記ノ沿革 : 査正ト證明·登記トノ關係』, 大成印刷社出版部 ; 朝鮮登記學會, 1938, 『朝鮮登記關係法令全集』, 朝鮮登記學會 ; 현암사, 1985, 『도해 법률용어사전』

가래 전답(田畓)의 기경(起耕) 작업, 수로 정비, 논둑과 밭둑 정돈 및 여러 가지 작업에서 흙을 뜨고 파는 데 쓰는 농기구.

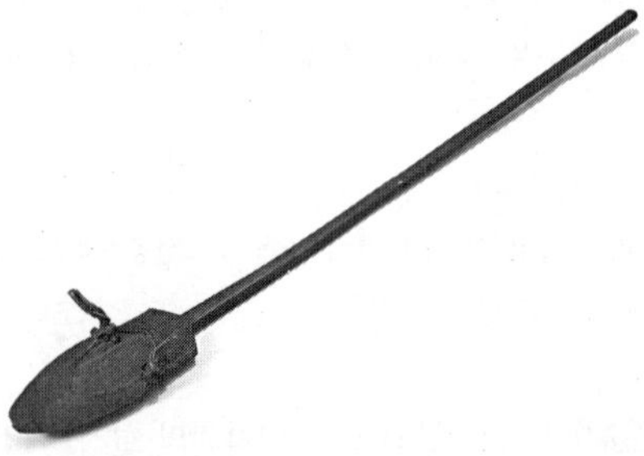

가래 농업박물관

가래는 논밭의 흙을 떠 옮기거나, 도랑에 쌓인 흙을 쳐내고, 논둑이나 밭둑을 쌓아 정돈할 때 사용하던 것으로, 최소 2명에서 최대 7명까지 힘을 모아 작업하는 대표적 협동용 농기구이다. 가래의 구조를 보면 긴 자루, 쇠날을 끼운 가래바닥, 가래바닥에 연결된 밧줄 등으로 구성되어 있다. 자루는 2~3m 정도로 길어 혼자서 작업하는 데 적당하지 않다. 자루에 달린 가랫바닥에 말굽쇠 모양의 쇠날을 끼워 작업의 편의성을 높이는 구조이다. 그리고 쇠날 몸체 양쪽에 구멍을 내거나 고리를 달아 줄을 매어 여러 사람의 힘을 하나로 모을 수 있게 한다.

가래 자루를 한 사람이 잡고 두 사람이나 더 많은 사람이 줄을 잡아당기어 원하는 곳의 흙덩이를 파서 목표지점으로 던질 수 있다. 이때 가래 자루를 쥔 사람이 정확하게 가래바닥을 원하는 곳에 대면 줄을 잡은 사람들이 강약과 시간을 정확히 맞춰 줄을 잡아당긴다. 한편 논밭 이랑을 일구거나, 물도랑을 치거나, 논둑을 쌓거나 깎을 때에도 사용한다. 대부분 3인 이상 손을 맞춰서 하는 것이었기 때문에 협동이 요구되었다.

논밭을 기경하고 파종(播種)할 때까지 여러 가지 농기구가 이용되는데, 쟁기 이외에 쇠스랑, 괭이, 삽, 따비, 가래 등이 있다. 그런데 쇠스랑, 괭이, 삽은 한 사람이 사용 가능한 반면에 가래는 여러 사람의 협동이 필요한 농기구여서 1일 작업량이 훨씬 많다. 가래의 작업량에 대한 추정을 보면 보통 세 사람이 일하는 '세손목한카래'로 하루에 약 600평 정도의 밭을 갈 수 있다고 한다. 이로 인해 가래는 기경작업에 쟁기 다음으로 많이 활용되는 농기구로 보인다.

가래의 한자명은 철인험(鐵刃杴) 이었다. 서호수(徐浩修)는 『해동농서(海東農書)』에서 '가ᄅᆡ'라는 속명(俗名)으로 수록하였고, 유득공(柳得恭)은 『고운당필기(古芸堂筆記)』에서 '가내(加乃)'라고 음을 달아놓았다. 한편 가래질하는 상황이 『농사직설(農事直說)』에는 보이지 않지만, 『훈몽자회(訓蒙字會)』에서 '험(杴)'자로 표기되어 있다.

가래는 고대로부터 사용되었는데, 형태적 특성상 작업 방식이 명확하게 규정되어 있었다. 가래를 이용한 작업방식의 실례는 남이웅(南以雄, 1575~1648)의 처 남평 조씨(南平曺氏)가 병자호란이 일어났을 때 충청도 충주 지역에서 피난생활을 하는 동안 기록한 한글 일기인 『병자일기(丙子日記)』에서 찾아볼 수 있다. 일기 중 1638년의 기록에 따르면 3월부터 5월에 거쳐 논 고르기 작업도구로 가래를 이용하고 있었다. 3월 8일에 흙당논 고르기 작업으로 3인이 가래질을 수행하였다. 그리고 가래 작업을 수행하기에 앞서 3월 7일 가래를 만들어 놓고 있었다. 3월 10일이 되면 총 7명이 흙당논에 가서 가래질하였다. 옛말에 '가래질이 끝나면 농사준비는 다했다'고 할 정도로 가래질은 힘든 노동이었으며, 자루를 잡은 장부꾼은 힘이 센 사람으로 '가래 장부꾼은 호랑이도 무서워한다'는 속담도 전해오고 있었다. 또한 농가에서는 사내아이가 태어나면 '가래꾼이 생겼다'고 기뻐하기도 했다고 한다.

가래와 비슷한 모양과 유사한 용도로 사용되는 농기구로 살포와 화가래가 있다. 살포는 논의 물꼬를 트고

막을 때 사용하는 연장이며, 논에 나갈 때 지팡이 대신 짚고 다니기도 하였다. 2~3m의 긴 자루 끝에 손바닥만 한 날을 박아 만들며 날의 형태는 말굽쇠형, 괭이형, 주걱형 등으로 다양하다. 지역에 따라 살포갱이(경남), 살피(경북), 손가래(경북), 논물광이(강원), 살보(전남), 삽가래(전남 보성), 살보가래(전남 강진) 등으로 불린다. 가래 가운데 화가래는 날의 모양이 가래처럼 생겨서 화가래라고 하지만 괭이의 일종이다. 비교적 무른 땅을 파거나 논도랑 치기, 골타기, 무논 삶기에 쓴다. 무논을 하루에 50여 평 갈 수 있다.

[참고어] 쟁기

[참고문헌] 김광언, 1969, 『한국의 농기구』, 문화재관리국 ; 김광언, 1986, 『한국농기구고』, 한국농촌경제연구원 〈염정섭〉

가미(價米) 물품이나 역(役)의 대가로 계산된 쌀.

일반적으로는 공물(貢物)을 현물이 아닌 쌀로 납부할 때, 쌀로 산정된 공물의 가격을 의미했다. 한편 신역(身役)이나 고역(雇役) 등 각종 역의 대가나 거래에서 쌀로 매겨진 물품의 가치를 의미하는 등 폭넓게 사용되었다.

가사관계(家舍官契) 대한제국이 양전·관계발급사업의 일환으로 시행한 것으로 가옥의 소유자를 조사 기록하여 발급한 가옥 소유권 증명서.

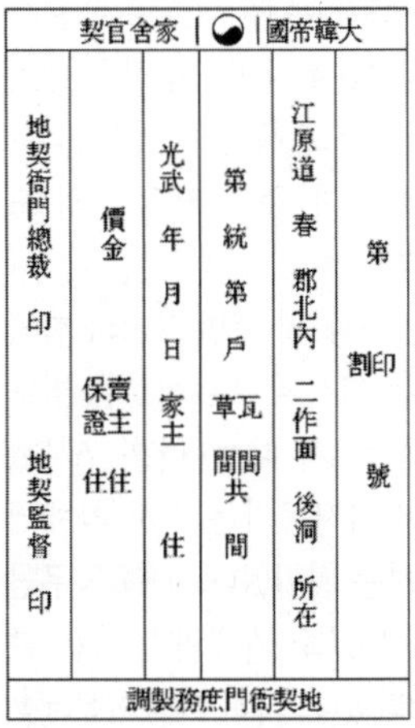
大韓帝國 家舍官契
第 號 割印
江原道 春 郡北內 二作面 後洞 所在
第 統 第 戶 瓦間 草間 共 間
光武 年 月 日 家主 住
價金 賣主 住 保證 住
地契衙門總裁 印 地契監督 印
地契衙門庶務調製

대한제국 가사관계 최원규, 2001, 「19세기 후반 地契제도와 家契제도」 『지역과 역사』 8, 122쪽.

구래의 사문서인 명문을 대체하여 관에서 발행한 문서로 가옥증권, 가사계권, 가권, 가계전권이라고도 한다. 1893년 한성부에서 토지 가옥을 매매할 때 이를 기록하고 발급하는 가계(家契)제도를 시행했다. 이 가계에는 가옥 소유주의 주소와 초가, 와가, 공대(空垈) 등 가옥의 종류, 칸수, 세금 등의 내용을 기록했다. 하지만 이 제도는 지역적 제한성과 외국인 소유금지 조치 등의 문제가 미해결되었으며, 소유권을 조사한 원장부도 없어 그리 큰 효과를 거두지는 못했다. 이 문제를 해결하기 위해 대한제국 정부가 가사관계를 발급하려 한 것이다. 가사관계는 내용상 구래의 명문과 별 차이가 없지만, 거래내용을 관에서 소유권 장부와 대조하여 확인해 주는 동시에 가계를 관에서 보관하여 제3자가 내용을 확인할 수 있도록 하는 등기제도와 유사한 유형의 제도였다.

대한제국은 1898년 양전·관계발급사업을 시행하면서 농지와 함께 대지를 조사하는 한편, 대지와 가옥의 소유주, 그리고 가옥의 종류와 칸수 등도 조사하여 양안에 기록하였다. 1901년에는 토지소유자에게 토지 소유권 증서인 관계(官契)를 발급하기 위한 기구로 지계아문을 설립하였다. 지계아문은 처음에 양안상의 시주를 대상으로 '대한전토지계'를 발급하고, 토지 거래시 '대한전토매매증권'을 발급하려고 계획하였지만, 그해 10월 규정을 고쳐 산림, 전답, 가사 등의 소유자에게 관계를 발급하는 것으로 바꾸었다. 이때 지계아문에서 가사의 소유자에게 '대한제국 가사관계'라는 명칭의 증명서를 발급했다. 여기에는 가옥의 주소지, 통호수, 와가 초가, 칸수, 발급연월일, 가주명, 매매시 가격 및 주소지 등을 기록하고, 지계아문총재와 지계감독이 직인을 날인하였다. 가사관계의 뒷면에는 전답관계와 마찬가지로 "대한제국 인민이 가사를 가진 사람은 이 관계를 반드시 갖게 하되 구계(舊契)는 지계아문에 수납할 것"과 "대한제국 인민 외에는 가사소유주가 되는 권리가 없다"는 구절을 넣어 외국인의 소유를 금지하였다. 또한 지계아문에서는 가사관계의 원장부로 가옥의 실태와 소유자를 별도로 파악한 가사안(家舍案)을 작성하기도 하였다.

가사관계는 대지와 가옥의 소유권을 각각 분리하여 가옥 소유자에게 발급한 것으로 '근대적' 부동산등기제도의 한 단면을 보여주고 있다. 가사관계의 발급대상은 대한제국인민으로 한정하고, 외국인은 거류지와 한성부 내에서만 제한적으로 가옥의 소유권을 허용하고 구래의 가계를 발급했다.

[참고어] 가계제도, 가사안, 대한전토지계, 지계아문

[참고문헌] 한국역사연구회 토지대장연구반, 1995, 『대한제국의 토지조사사업』, 민음사 ; 최원규, 2001, 「19세기 후반 地契제도와 家契제도」 『지역과 역사』 8 ; 한국역사연구회 토지대장연구반, 2010, 『대한제국의 토지제도와 근대』, 혜안 〈왕현종〉

가사문기(家舍文記) 가사에 대한 매매(賣買)·양도(讓渡)·환퇴(還退) 등의 거래를 증명하는 문서.

문기는 거래의 사실 관계를 분명히 하기 위한 문서로, 명문(明文)이라고도 한다. 가사는 거주하는 가옥(家屋)

으로 택(宅)이라고도 하는데, 통상 가대(家垈)와 함께 거래되었다. 가사의 거래는 토지와 더불어 오랜 연원을 가지고 있는데, <온달(溫達)>전에서 공주가 금팔찌를 팔아 전택, 노비, 소말, 기물 등을 샀다고 한 것(乃賣金釧, 買得田宅奴婢牛馬器物, 資用完具.[『삼국사기』, 「열전」5 <온달>])으로 미루어 삼국시대에도 일반적인 가사매매의 관행이 있었던 것으로 보인다.

한편 고려말 제정된 과전법 하에서는 토지에서 납세자의 변동을 억제하였기 때문에 상속을 제외한 토지의 처분이 금지되었으며, 토지거래가 발각될 경우에는 관에서 매매대금을 몰수하였다. 다만 가옥과 한성부 내의 가대에 한해서 매매·교환이 허용되었는데, 1424년(세종 6)에는 상장례 비용, 채무의 상환, 빈곤 등을 이유로 한 전지의 매매가 허용되었다. 또한 『대명률』에 따라 '세계과할(稅契過割)'의 절차를 거치도록 했는데, [『세종실록』 23권, 6년 3월 23일 기해] 세계는 수수료인 세전(稅錢)을 납부하는 것이고, 과할은 과호할량(過戶割糧)의 줄임말로 전적의 입안(立案) 등을 통해 관의 공증을 받아 명의를 변경하는 절차이다. 당초에는 입안을 받지 않으면 토지를 몰수하였다가, 과할의 연한을 매매 후 3년 내로 정하기도 했다. 이후 『경국대전』에서는 "전지와 가옥의 매매는 15일을 기한으로 하는데 이를 변경하지 못하며, 모두 100일 내에 관에 보고하고 입안을 받는다(田地·家舍買賣限十五日勿改, 於百日內, 告官受立案.[「호전(戶典)」 <매매한(賣買限)>])."고 했다. 즉 매수자가 매매 후 100일 이내에 관의 입안을 받아야 비로소 완전한 소유권을 추인받을 수 있었다.

관의 입안을 받기 위해서는 거래 당사자 간의 문기작성이 선행되어야 했다. 일반적인 문기의 경우 주로 이두로 작성되었으며, 거래사유·소재지번·형태와 크기·가격 등을 기본적으로 명기하되 거래종류에 따라 관련된 내용이 다소 첨가되었다. 문기 끝에는 매도인·증인·필집[筆執, 증서를 쓴 사람]·매수인 등의 이름과 수결(手決)을 명기하는데, 천민일 경우에는 수결을 하지 못하고 손가락마디의 크기를 표시하는 수촌(手寸)을 했다. 문서가 작성되고 거래가를 받은 다음 매수인에게 넘겨주면 거래는 성립되었다. 신문기가 작성되면 구문기와 함께 첨부하여 입안을 신청하는 소지(所志)를 관에 제출한다. 관에서는 매도인·증인·필집으로부터 매매 사실에 대한 진술서인 초사(招辭)를 받으며, 이상이 없으면 입안발급을 결정하는 뎨김[題音]을 소지의 왼쪽 아래 여백에 기입한다. 이후 입안을 발급하며, 이상의 제 문서들[소지·문기·초사·입안]을 연이어 붙이고[粘連] 몇 군데에 관인을 찍어 입안을 신청한 사람에게 주게 된다. 이로써 매매한 가옥에 대한 관의 공증이 이루어지게 된다.

이처럼 입안을 받기 위해서는 매매당사자 및 증인 등이 입회하여 초사를 작성하는 등 복잡한 절차를 거쳐야 했다. 또한 수수료인 세전(稅錢) 즉, 작지(作紙)도 큰 부담이 되었다. 작지는 원래 백지인데, 저주지(楮注紙)나 쌀로 대신하기도 하여 쌀 2두를 저주지 1권으로 쳤다. 전답은 1부(負)에 1권, 가사는 기와집이면 한 칸에 1권, 초가는 한 칸에 10장이며, 아무리 면적이 크더라도 20권을 초과하지 못했다. 그런데 실제로는 20권 이상을 징수하거나 종이 대신 면포를 징수하는 폐단이 있었다. 이러한 이유로 인해 입안제도는 초기부터 제대로 준행되지 못했으며, 민간에서는 압안 없이 매매문기만을 작성한 백문(白文)의 관행이 이루어지기도 했다.

이상은 문기의 일반적인 특징인데, 가사문기에는 가옥뿐 아니라 이에 딸린 가대(家垈)·공대(空垈)·과목(果木)·상목(桑木)·대전(垈田) 등도 함께 처분되는 것이 상례였다. 현전하는 매매문기는 대부분 전답이나 노비와 관련된 것으로 가사문기는 드문 편이다. 일례로 보물 549-2호로 지정된 「황화방소재가대매매문서(漢城府皇華坊所在家垈賣買文書)」로서, 좌부승지(左副承旨) 권주(權柱)가 고(故) 유자분(柳自汾)의 처 문화(文化) 유씨(柳氏) 소유의 황화방 소재 기와집[瓦家] 45칸 반 및 산을 매입하며 작성한 것이다. 매입가는 오승목면(五升木棉) 35동(同)이었고, 문서의 끝에는 매도자·증인·필집 등의 도장과 수결이 기록되어 있다.

이처럼 조선시기의 가사는 가대 및 주변 토지와 함께 거래되었다. 또한 양전에서는 가사의 소유현황은 별도로 파악하지 않고 다만 지목으로서 대(垈) 만을 조사했다. 따라서 엄밀한 의미에서 가사문기는 가사 자체에 대한 소유권증명은 되지 못하는 것이었다. 한편 광무연간의 양전·지계사업을 통해 비로소 가대와 가사는 분리되어 그 소유현황이 파악되었다. 특히 지계아문(地契衙門)에서는 가사만을 대상으로 가사안(家舍案)을 만들어 소유현황을 파악했고, 이를 기초로 소유권을 증명하는 문서인 가사관계(家舍官契)를 발급했다. 이로써 가사는 가대와는 별도로 파악되어 소유권을 추인 받을 수 있게 되었다.

[참고어] 문기, 토지매매문기, 화회문기, 가사안, 가사관계

[참고문헌] 이수건, 1981, 『경북지방고문서집성』, 영남대학교출판

부 ; 한국역사연구회 토지대장연구반, 1995,『대한제국의 토지조사사업』, 민음사 ; 이수건, 2004,『16세기 한국 고문서 연구』, 아카넷 ; 김소은, 2004,「16세기 매매관행과 문서 양식」『고문서연구』 24 〈윤석호〉

가사안(家舍案) 광무연간 지계아문(地契衙門)에서 가사 통호수와 규모, 소유관계를 별도로 파악해 작성한 장부.

가사란 가대(家垈) 위에 사람의 거주를 목적으로 지은 가옥을 뜻한다. 그러나 조선시기까지 매매관행이나 법제 등에서 가사는 가대에 부속되었다. 따라서 대지나 주변의 토지와 함께 거래되었고, 양안에서도 가사는 제외한 채 대지의 소유관계만이 파악되었다.

한편 조선시기에는 노비·전답 등의 재산 거래가 활발했는데, 이를 공식적으로 증빙하는 절차인 입안은 번거로움과 비용 등으로 인해 유명무실해졌다. 대신 실제 거래에서는 백문(白文)이라 하여 문기만을 주고받는 것이 일반화되었고, 이로 인해 문기를 위조하는 등의 각종 문제가 발생하기도 했다.

개항 이후에는 외국인의 토지 매득을 일부 개항장의 조계지로 국한했음에도 불구하고 이들의 잠매가 늘어나 문제가 되었다. 또한 1882년 청의 강요에 의해 <조청상민수륙무역장정>이 체결됨에 따라 외국 상인이 한성과 양화진에 상점을 개설할 권리가 허용되었다. 이로써 청국 상인뿐만 아니라 일본, 구미인들도 도성 내 가옥이나 대지를 임차하거나 매매할 수 있었다. 그 결과 1885년 이후 1889년까지 수백 건의 거래가 이루어졌고, 신고된 가옥거래 이외에도 문권을 위조하거나 훔쳐서 전질(典質)하는 등 가옥 소유자의 소유권을 침해하는 사례도 다수 나타났다.

이에 1893년에는 한성 주민들이 사사로이 가옥을 매매하는 것을 통제하기 위해 가옥 거래 시 반드시 관에서 인출한 가계(家契)를 사용하도록 하는 가계제도를 처음으로 실시하였다. 가계는 가사의 매매문기를 통해 관에서 쌍방 간의 거래 사실을 확인해 주었던 종래의 가사입안을 연원으로 하지만, 일정한 양식으로 관에서 발급함과 동시에 그 내역을 기록·보관하는 부동산 증명제도로서의 성격을 띠는 것이었다.

이상에서 처음 도입된 가계제도는 갑오개혁기에 더욱 구체적으로 정비되었으나, 정부에서는 관계(官契) 발급을 전 지역으로 확대할 필요성을 느끼고 있었다. 이에 1901년에 지계아문이 설립되었고, 개정된 지계아문 처무규정을 통해 지계발행의 대상이 전토에서 산림과 토지, 전답, 가사에까지 확대되었다. 이로써 개항기 한성부에 제한적으로 시행되었던 가계제도는 전국적으로 시행되게 되었다.

三戶	二戶	第二統 一戶	五戶	四戶	三戶	二戶	第一統 一戶	里
草○間	草○間	草○間	草○間	草○間	草○間	草○間	草○間	
家主○○○	家主○○○	家主○○○	家主○○○	家主○○○	家主○○○	家主○○○	家主○○○	

가사안 최원규, 2001,「19세기 후반 地契제도와 家契제도」『지역과 역사』 8

가계를 발급하기 위해서는 원장부가 마련되어야 했다. 이에 지계아문에서는 가사와 가대의 소유관계를 함께 파악했던 양지아문 양안과는 달리, 가사만을 별도로 모아 그 소유관계를 정리한 장부를 만들었다. 이것이 바로 가사안이다. 다음 그림이 강원도에서 작성된 가사안의 복원모형인데, 가사의 소재는 양안의 자호지번(字號地番)이 아닌 통호제(統戶制)를 따랐고, 가사의 규모는 와초(瓦草)를 구분하여 칸수(間數)를 기록했다. 한편 가주(家主)만 파악될 뿐 가대의 주인은 별도로 표기되지 않았는데, 토지로서의 대(垈)는 양안을 통해 소유관계 등의 정보를 파악할 수 있었기 때문이다. 거래시에는 원장부인 가사안을 근거로 가사관계(家舍官契)를 발급했는데, 오른편의 모형과 같이 가격과 매주(賣主), 보증인의 성명과 주소를 기록하여 거래 사실을 증명했다.

한편 경상남도에서 작성된 장부는 가호안(家戶案)으로 명명되었는데, 가사안과는 양식이 달랐다. 양안에 표기된 대(垈)를 자호지번의 순서 그대로 뽑아 기록하되, 대주(垈主)와 함께 가주를 별도로 조사해서 기입했다. 대와 가사의 권리를 별개로 본 것이다. 또한 한 필지 안에 가사가 여러 채가 있을 때에는 집의 개수를 파악해 '몇 좌(座)'라고 쓴 다음 밑에 대주와 가주를 각각 기입했다. 이 경우 가사 관계에 통호(統戶)를 기록하려면 호구 조사시 작성한 통표(統表)와 대조할 필요가 있었다. 하지만 대지와 가사를 일관성 있게 볼 수 있다는 점에서 한 단계 진전된 양식이라고 할 수 있다.

[참고어] 가사관계, 가사문기, 가계제도, 광무양전사업

[참고문헌] 이수건, 1981,『경북지방고문서집성』, 영남대학교출판부 ; 한국역사연구회 토지대장연구반, 1995,『대한제국의 토지조사사업』, 민음사 ; 최원규, 2001,「19세기 후반 지계제도와 가계제

도」『지역과 역사』 8 ; 이수건, 2004,『16세기 한국 고문서 연구』, 아카넷 ; 김소은, 2004,「16세기 매매관행과 문서 양식」『고문서 연구』 24 〈윤석호〉

가삼(家蔘) 산삼(山蔘)을 대신해 인공적으로 조성한 삼포(蔘圃)에서 재배한 인삼.

18세기 초중반에 경상도 산간지역에서 가삼을 생산하는 방법이 개발되었고, 18세기 중후반을 거치면서 재배법이 널리 보급되어 농서(農書)에 수록되는 단계에 이르렀다. 서유구(徐有榘)의 『임원경제지(林園經濟志)』에는 "근래 수십 년 전부터 산에서 나오는 것이 점차 줄어들었다. 재배하는 법[家種]이 처음으로 영남에서 시작되어서 국내에 퍼졌는데, 이를 가삼이라 부른다.(近自數十年, 山産漸罄. 而家種之法, 作始于嶺南, 遍于國內, 謂之家蔘.[「관휴지(灌畦志) 4」, 약류(藥類) '인삼'])"는 기록이 나온다.

가삼이 등장하게 된 것은 민간에서 인삼의 소비가 증대되었기 때문이다. 천연 산삼의 채취만으로 민간의 인삼 수요 증가를 감당하지 못하게 되었고, 인삼 가격도 등귀하였다. 또한 17세기 이후 인삼의 대외 수출이 크게 증대된 것의 영향도 있었다. 이로 인해 산삼이 아닌 재배삼, 즉 가삼 재배법의 개발, 보급을 통한 인삼 생산의 증대가 나타나게 되었다. 예컨대 유득공(柳得恭)의 『고운당필기(古芸堂筆記)』에서는 "해마다 약포에서 가삼을 많이 파는데, 영남인이 기른 것이다. 산삼에 비해서 약성과 맛이 조금 못하지만 가격은 3분의 2나 싸다. 복약하는 사람들이 편하게 여긴다.(比年藥舖 多賣家蔘, 嶺南人所種也. 比山蔘, 性味稍緩, 而價減三分之二. 服藥者, 便之.[柳得恭, 『고운당필기(古芸堂筆記)』 권3, 「가삼(家蔘)」])"라고 했다.

18세기 후반 가삼 재배법이 조선 팔도 전역에 보급되면서 농서에 수록되었는데, 재배할 때의 주의점, 특기사항 등도 소개되었다. 그중 가장 중요한 것은 적합한 토양을 확보하는 일이었다. 산속에서 구할 수 있는 부엽토(腐葉土)를 이용하는 것이 적당하였는데, 깊은 산의 그늘진 곳에 수목이 빽빽하게 자라고 묵은 뿌리와 썩은 잎이 뒤섞여 있어 시비하지 않더라도 저절로 비옥한 토양을 선택하는 것을 권장하였다.

가삼 재배법은 크게 2가지가 있었는데, 하나는 한전 작물을 재배하는 방식을 원용한 휴종(畦種)의 방식이고 화훼재배법을 따른 분종(盆種)의 방식이었다. 휴종은 가삼 경작지의 표면에 휴(畦) 즉 이랑을 만들어 인삼을 재배하는 방식이고, 분종은 작은 동이(盆)을 이용하는 방식이었다.

가삼을 재배하여 채취한 다음 홍삼(紅蔘)으로 가공하는 제조법이 등장하였다. 개성의 인삼 재배자들은 가삼을 재배하는 삼포 운영에 그치지 않고 홍삼도 제조하였다. 삼상을 겸하고 있던 개성 지역의 가삼 재배자들은 19세기 중반으로 접어들면서 청과 교역할 때 홍삼을 주요한 무역 상품으로 활용하였다.

[참고문헌] 姜萬吉, 1973,「제3장 開城商人과 人蔘栽培」『朝鮮後期 商業資本의 發達』, 高麗大學校出版部 ; 金容燮, 1990,『增補版朝鮮後期農業史硏究』(II), 일조각 ; 李永鶴, 1993,「조선 후기 상품작물의 재배」『외대사학』 5, 한국외대 사학연구소 ; 염정섭, 2003,「18세기 家蔘 재배법의 개발과 보급」『국사관논총』 102, 국사편찬위원회 〈염정섭〉

가옥세법(家屋稅法) 1909년 2월 8일 시가지에 가옥을 소유한 자에게 세금을 부과하기 위하여 제정한 법.

한국에 통감부를 설치한 일제는 한일의정서에 의거하여 시정(施政) 개선이라는 명목 아래 한국을 통치 장악하기 위한 제도개혁에 착수했다. 그것은 조선의 각종 제도를 식민통치에 적합하게 개편하는 일과 조세수입의 증가를 모색하는 두 측면에서 진행되었다. 일제는 이를 위해 기존의 조세제도와 징세기구를 개편하는 한편, 새로운 과세대상의 확보에 나섰다. 1909년 법률 2호로 가옥세법을, 법률 3호로 주세법을, 법률 4호로 연초세법을 제정·반포한 것이 대표적인 예이다.

가옥세법은 법령 제2호로 10개조와 부칙으로 구성되는데 주요 내용은 다음과 같다. 첫째 가옥의 모든 사항은 신고하도록 하였다. 시가(市街)에 가옥을 소유한 자는 1909년 3월 31일까지 가옥의 소재, 구조와 칸수(間數)를 1호마다 가옥소재지를 관할하는 재무서에 신고할 것을 규정했다. 그리고 가옥의 구조 혹은 칸수를 변경하거나 신축, 멸실, 양수(讓受)할 때는 관할 재무서에 신고하도록 하였다.

둘째 가옥세의 부과방식은 다음과 같이 정했다. 가옥세는 매호에 부과하였는데, 가옥의 칸수에 따라 4등급(4칸 미만, 4칸 이상, 10칸 이상, 30칸 이상)으로 나누고 등급마다 갑종(석조 연와조 개와즙(盖瓦葺))과 을종으로 나누어 세액을 정하였다. 세액은 30전부터 8환(圜)까지 부과하였다. 관유, 제실유, 공공단체, 극빈자의 가옥과 멸실된 가옥은 부과대상에서 제외하였다.

가옥세법은 도시의 발달과 밀접한 관계를 갖는 세법

이었다. 원래 구래의 호세(戶稅)제도에서는 이들 지역의 호에는 세금을 면제하는 것이 관례였다. 도시민들은 각종 부역에 동원되는 경우가 많았기 때문이었다. 그러나 가옥세법은 기존에 면세를 받아왔던 시가지의 호(戶)로부터 새로 조세수입을 확보하려한 것이다.

일제는 가옥세법을 실시하여 목표하던 조세증가의 효과를 얻게 되었다. 이후 1919년 3월 호세와 가옥세는 지방비법에 의하여 지방재정에 충당하도록 개정되었으며, 도시민들의 대표적인 세금목록 중 하나로 자리잡게 되었다.

[참고어] 가계제도, 연초세법, 칸

[참고문헌] 대한민국 국회도서관, 1972, 『한말근대법령자료집 Ⅷ』; 이종범, 1996, 「대한제국말 일제의 조세수탈과 한국인의 저항」 『역사학연구』 10 ; 이영호, 2001, 『한국근대 지세제도와 농민운동』, 서울대학교출판부 〈노상균〉

가와사키농장(川崎農場) 1905년 일본 니가타현(新潟縣) 미시마군(三島郡) 출신의 지주 겸 상인 가와사키 도타로(川崎藤太郞, 1877~1926)가 전라북도 옥구군 서수면에 세운 농장.

일본 나가오카(長岡)에서 포목점을 하던 가와사키는 러일전쟁 전후 일본 사회전반에 고조된 만한척식침략의 투자열풍에 편승하여 새로운 투자처로 한국농업에 주목하였다. 1904년 4월 한국으로 건너온 동생 가와사키 신기치(川崎晋吉)와 일본공사관 일등서기관 하기와라 모리이치(萩原守一) 그리고 군산 조계 이사관의 도움을 받아 충청남도 연산군 일대 논 200여 두락을, 동년 11월 전라북도 옥구군 서수면 일대 900여 두락의 토지를 잠매하였다. 매수한 토지 속에는 이 시기 왕실과 소유권 분쟁으로 갈등을 일으키고 있던 균전도 포함되어 있었다. 1905년 4월 고향에서 모집한 농민과 사무원을 데려와 농장경영을 시작하였다. 농장사무소는 옥구군 서수면에 두었다. 농장의 토지소유는 1910년 370정보(논 318정보, 밭 52정보), 1922년 616.6정보(논 468.9정보, 밭 72.8정보, 기타 74.9정보)였다. 국유지를 불하받아 임야도 1914년 현재 1,405정보나 되었다.

가와사키농장은 지주경영 수익의 극대화를 위해 농장주→ 직원→ 소작인조합→ 소작인으로 내려오는 기업적 관리체계를 구축하고 영농의 모든 과정에서 소작인을 철저하게 감독 지배해갔다. 소작인조합은 리 단위로 조직되었고, 농장 소작인은 모두 의무적으로 가입했다. 조합임원은 소작인 중에서 호선하되 농장의 승인을 받도록 했다. 조합은 농장의 지도 감독아래 토지개량과 농사개량사업을 수행하고, 공과금과 소작료의 납입, 주민생활개선과 상호부조에 관해 처리하였다. 소작인조합의 보증금제도나 연대보증인 제도는 소작료나 대여금 불납 시 자금회수에 유용하게 활용되었다. 소작인조합 이외에 서수식산조합·용회리승제조저금조합(龍回里繩製造貯金組合)·서수부인흥산조합 같은 지주 측 이익을 전제로 한 관리조직도 부수적으로 운용되었다.

농장 내에 원종답·채종전·시작장을 설치하여 지역토양에 맞는 일본 벼 품종의 개량시험과 비료시험을 행하고, 일본식 영농법을 지도 감독하기위해 매년 20~40정보 규모의 감독답도 운영하였다. 개량종자와 금비를 소작농에게 유상으로 대여했고, 수확기에 일정규모의 이자를 붙여 소작료와 함께 받았다. 농장에서는 일본 개량품종 다카치호(高千穗)를 재배하였다. 1914년 도쿄(東京) 다이쇼박람회(大正博覽會)에서 가와사키농장의 다카치호가 금상을 수상했으며, 일본 궁내부 납품허가도 받을 정도로 미질이 뛰어났다. 농장에서 지정한 재배품종이 아닐 경우 소작료 수납을 거부하였다. 소작료 징수법은 집조법을 채택했다. 소작기간은 1년이었고, 계약 시 연대 보증인을 요구하였다. 임익수리조합의 완성으로 조합비의 일부가 수세명목으로 소작인에게 전가되었고, 지세도 소작인이 납부하였다. 그에 따라 소작료는 생산량의 60%를 훨씬 넘었다. 가와사키농장의 수탈성은 그 지역 일대 일본인 농장 중에서 수위를 차지하였다. 1909년 가와사키는 니가타 현에서 신사를 들여와 서수신사를 만들고 소속 소작인들의 참배를 강제했다.

가와사키는 농장경영뿐 아니라 고향사람들의 한국진출과 농업투자도 적극적으로 주선하였다. 가타기리 와조오(片同和三)·시부야 젠사쿠(澁谷善作)·이시구로 타다아츠(石黑忠篤)·시키야 고로사부로(關谷五郞三郞) 등은 가와사키의 권유와 도움으로 한국에서 건너와서 가와사키농장에서 일정기간 일한 후 농장주가 된 일본인들이다. 고향사람들의 토지매수와 농업경영을 대행했는데, 1926년 현재 141.2정보(논 109.7정보, 밭 31.5정보)의 농지를 위탁경영하였다. 또한 나가오카의 상인자본을 규합하여 후타바샤[二葉社]와 주식회사 서수농장(株式會社 瑞穗農場)을 설립하였다. 1921년 4월 평안북도 정주군 남면 보산동에 자본금 150만 원(불입금 75만 원)으로 설립된 주식회사서수농장은 농업 및 개간, 토지건물의 임대차, 권업자금의 대부를 주요사업으로 했다. 서수농장의 규모는 1922년 당시 1,301.4정보, 1925년 776.7정보(논), 1929년 436.6정보(논 435정보, 밭 1.6정보), 1931년 356정보(논 354정보, 밭 2정보)에 달했다. 전라북도 서수면의 가와사키농장이 기간지 토지매수를 통해서 이룩된 것이라면, 평안북도의 주식회사 서수농장은 간척지 농장이었다. 평안북도 정주군 남면 보산동과 서면 서호동, 해산면 천대동 일대 공유수면을 불하받아 간척공사 끝에 1차로 650정보를 개답하였다. 공사과정에서 자금압박에 몰리게 되자, 서수면 가와사키농장을 담보로 후타바샤로부터 15,000원(하루 이자 3전 5리)을 빌려 공사비로 충당했다. 그러나 간척이 순조롭게 진행되지 않고, 추가자금이 계속 들어가면서 자금상환이 어려워지자, 가와사키 도타로가 사망한 1926년 그의 아들 가와사키 아츠타로(川崎厚太郎)는 서수면의 가와사키농장을 후타바샤에게 인계하고 철수하였다.

[참고어] 균전수도, 소작인조합, 후타바샤농장

[참고문헌] 全羅北道農務課, 1938, 『全羅北道農事會社定款 小作契約書』; 홍성찬·최원규·이준식·우대형·이경란 공저, 2006, 『일제하 만경강 유역의 사회사-수리조합 지주제 지역 정치』, 혜안 ; 하지연, 2009, 「일제하 한국농업의 식민성과 근대성-일본인 대농장 가와사키 농장의 소작제 경영사례를 통하여」 『식민지 근대화론에 대한 비판적 성찰』 〈남기현〉

가작(家作) 토지소유자가 노비(奴婢)나 고공(雇工) 등의 예속노동을 통해 토지를 경작케 하고, 이를 관리·감독하는 직접 경영방식.

친경(親耕)·직영(直營)·가경(家耕)·내작(內作)이라고도 한다. 한편 소유지를 자신의 노동력 및 가족노동을 통해 경작하는 것은 자작(自作)이라 한다.

타인의 노동력을 통해 경작하는 방식은 다양하게 구분할 수 있는데, 대표적으로 가작·병작(竝作)·작개(作介) 등을 들 수 있다. 이들 중 전적으로 예속노동력에 기초한 것은 가작과 작개이다. 하지만 가작은 품종이나 생산방식 등의 작업과정을 노동력의 소유자가 직접 관리·감독했으므로, 이를 예속노동에게 일임한 작개와는 달랐다. 또한 가작에서는 생산물의 전량이 노동인구 소유자의 몫이었던 반면, 작개에서는 생산물 중 일정부분이 예속노동의 몫으로 산정되거나 사경(私耕)이라는 예속노동의 경작지가 지급되기도 했다. 이처럼 가작이 경작지와 예속노동력 그리고 경작과정 등의 관리를 전제한 것이므로 주인가(主人家) 인근 토지를 경작할 때 주로 이용되었던 반면, 작개는 원격지에서 활용되는 경우가 많았다. 예컨대 경상도 안동 주촌(周村)에 거주하던 이정회(李庭檜, 1542~1612)가의 농장경영에 대한 사례연구에 따르면, 주가를 중심으로 가까울수록 가작이 우세하고 멀어질수록 작개나 병작이 주된 경영방식으로 나타났다. 특히 거주지인 주촌에서 서남쪽으로 약 20㎞ 떨어진 곳의 풍산농장에는 가작이 전혀 나타나지 않았다.

가작지가 주가의 인근에 위치했다고 해서 관리 및 감독이 용이했던 것은 아니었다. 가작지에서 지주는 기경(起耕)에서 타작(打作)에 이르는 모든 과정을 관리했으며, 작업에 따라 동원되는 노동력도 조절했다. 특히 노비들이 태업을 일삼기도 했기 때문에, 이들을 독려하는 방안도 다각도로 모색해야 했다. 예컨대 오희문(吳希文)의 일기에서는 이처럼 게으름을 일삼는 노비를 채찍으로 때려 벌하는 모습이 등장하기도 한다.[『쇄미록(瑣尾錄)』 무술(戊戌) 7월 13일]

가작이 주가에 대한 예속인의 신역(身役)에 기초했기 때문에 원칙적으로 지대가 성립하지 않았던 반면, 병작은 지대를 매개로 토지를 작인에게 빌려주어 생산케 하는 방식이었다. 따라서 토지소유자의 입장에서는 가작이나 작개보다는 덜 선호하는 방식이었으며, 특히 과전법 하에서 병작을 금지하는 조치로 인해 15세기까지 농장경영에 있어 병작은 일반화되지 못했다. 하지만 17세기로 접어들면서 원격농지를 중심으로 작개 대신 병작제가 확산되었고, 가작은 주가 인근의 토지에 한정되었다.

이때 가작경영의 규모 및 방식의 변화상에 대해서는 다양한 평가가 존재한다. 우선은 기왕의 지주나 작인과 달리 자경지와 소작지에 있어 노동생산성 확대를 꾀했던 이들을 경영지주(經營地主)와 경영형부농(經營型富農)으로 개념화한 연구가 제출되었다. 이와는 반대로 지대 수취량을 근거로 19세기 이래 조선사회가 전반적인 토지생산성의 하락추세에 있었으며, 가작 역시 규모 및 경영방식에 있어 하향 안정화되고 있다는 견해도 제출되었다. 이에 대해 이른바 경영지주 등의 존재는 조선 전기부터 있어왔으며 19세기의 지대하락도 그 근거가 명확치 않다고 비판하면서, 조선 후기의 가작은 안민(安民) 즉 가력(家力)이 부족하지 않은 정도의 면적을 유지하려 했고 대신 다품종 소량생산을 통한 토지생산성의 증대에 많은 노력을 기울인 것으로 파악한 견해도 있다.

[참고어] 병작, 사경, 지주, 경영지주, 경영형부농

[참고문헌] 김용섭, 2005, 『(증보)조선후기농업사연구』 I, 지식산업사 ; 김건태, 2004, 『조선시대 양반가의 농업경영』, 역사비평사 ; 이영훈, 2011, 『맛질의 농민들』, 일조각 〈윤석호〉

가전(家田) 고려시기 집안 대대로 상속되어 개인이 본래부터 가지고 있던 소유지.

조상 전래로 상속되어 온 토지를 말하며, 대체로 소유권에 입각한 사유지이다. 부조전(父祖田), 또는 세업전(世業田)이라고도 한다. 사료에서 가전의 소유주는 양반·군인·향리·촌장·촌정을 비롯하여 일반 백성들로 나타나고 있다. 이런 점에서 가전은 수조지가 아닌 소유지로 이해된다. 모든 가전이 조상으로부터 물려받은 것은 아니었지만, 대부분 상속에 의해 취득된 것으로 보이며 매매를 통해 얻는 경우도 있었다. 가전은 대체로 소유주 고향의 전적(典籍)에 등기되어 있었다.

부재지주(不在地主)의 경우 양인(良人) 전호(佃戶)와 그들의 노비를 통해 가전을 경영하였다. 이 경우 실질적인 경영자는 양인 전호였고, 이들을 전가주인(田家主人)이라고도 불렀다. 한편 재향지주(在鄕地主)이거나 가전과 가까운 곳에 주인이 있는 경우에는 솔거노비나 외거노비 등의 사노비를 통해 경작하였다. 특히 텃밭이나 별업(別業)·별서(別墅) 등에 붙어 있는 가전들은 집안에서 부리는 노비[家奴]들의 노동으로 경작되었다. 따라서 전국에 걸쳐 보유하는 가전이 많은 자들은 노비를 파견하여 경영하기도 했다. 한편 가전은 권세가나 권세가와 결탁한 향리들에 의해 탈점되기도 하였고, 고려 후기에는 이러한 현상이 더욱 심해져 사회문제로 발전하였다.

[참고어] 조업전, 조가전, 영업전

[참고문헌] 洪承基, 1979, 「高麗時代의 奴婢와 土地耕作」 『韓國學報』 5 ; 洪承基, 1985, 「高麗前期 家田과 朝家田의 稅額·租額과 그 佃戶의 經濟的 地位」 『歷史學報』 106 ; 權寧國 外 6인, 1996, 『譯註 『高麗史』 食貨志』, 韓國精神文化硏究院 〈정덕기〉

가좌책(家坐冊) 조선 후기 민들의 인적 사항 및 토지, 자산 등을 기록한 장부.

가좌성책(家座成冊), 가좌부(家坐簿)라고도 한다. 가좌는 집터의 위치와 경계를 뜻한다. 가좌책은 집터가 있는 순서별로 주민의 호구, 신분·직역, 재산 등의 인적·물적 사항을 기록한 장부이다. 수령의 통치에 참고하기 위해 작성되었다. 호적을 작성할 때 기초 자료로 활용되기도 하고, 요역 징발과 부세 수취를 위한 보조자료로 이용되기도 했다. 처음 작성된 시기는 정확히 알 수 없으나, 한성부의 사례를 미루어 볼 때 18세기 후반이었던 것으로 추정된다. 1783년(정조 7)에 한성부 북부 가좌동(加佐洞) 가좌책이 작성되었고, 같은 해 한성판윤(漢城判尹) 김이소(金履素)는 매 식년(式年) 호적 작성에 앞서 가좌책을 먼저 만들자고 주장했다. 1783년까지만 하더라도 한성부에서 가좌책을 작성하는 것이 상례화되어 있지 않았음을 알 수 있다.

조선 후기 한성부 호적사목은 가좌책을 작성할 때 통(統), 호(戶), 직역(職役)을 자세히 구별하고, (주호의) 성명과 나이, 거느리고 있는[率下] 제(弟)·자(子)·질(姪)·고공(雇工)의 이름과 나이, 가사(家舍)와 행랑(行廊)의 칸수, 전답(田畓)과 우마(牛馬)의 수 등을 기재하도록 규정했다.[『(漢城府)成冊規式』, 「戶籍事目」 甲午式(奎 12317)] 18세기 후반에 작성된 다른 지방의 가좌책도 한성부 호적사목의 규정을 대체로 따르고 있다. 그러한 사실은 전라도 『순천부서면가좌책(順天府西面家座冊)』에서 확인된다.

가좌책에 기입하는 주호(主戶)의 직역은 호적의 경우와 같이 품직(品職), 품계(品階), 학업(學業), 제위(諸衛), 향·역리(鄕驛吏), 군관(軍官), 군역(軍役), 장인(匠人), 유학(幼學), 사노(私奴), 조이[召史], 무부(巫夫), 양인(良人), 한량(閑良), 동몽(童蒙), 기타 등으로 분류되며, 양반 상류층의 경우는 노비의 이름으로 대신하는 호명(戶名)을 사용했다. 19세기 중후반이 되면 일반 상민이 유학을 칭하는 현상이 흔히 있었다.

국왕과 지식인들은 민의 사정을 명확히 파악하여 통치에 반영하기 위해 가좌책의 작성을 엄격히 해야 한다고 보고 이를 강조했다. 예컨대 1787년(정조 11) 경상우도 암행어사인 정대용(鄭大容)은 별단을 통해, 백성을 구휼하는 법[抄飢之法]은 가좌성책에 기반하는 것인데 장부에 누락된 이들은 구휼의 혜택을 받지 못하고 있다고 했다. 따라서 면과 리의 담당자에게 유망인들을 모아 일정한 곳에 거주하게 하고 식년마다 협호(挾戶)까지 빠지지 말고 장부에 기입하기를 건의했다.[『승정원일기』 정조 11년 5월 3일 기사]

한편 정약용(丁若鏞)은 『목민심서(牧民心書)』에서 호적 작성 과정에서 아전의 농간과 횡포를 없애기 위해 가좌부를 소홀히 해서는 안된다고 했다. 이를 위해 수령은 해당 고을의 지도와 가좌책을 만들어야 한다고 했는데, 그 과정을 구체적으로 살펴보면 다음과 같다. 우선

취임한 지 10일이 지난 후 노숙한 아전과 글을 잘 하는 자 몇 사람을 불러서 그 고을의 지도를 작성하게 한다. 1주척(周尺)의 길이로 10리를 삼아 읍성과 산림, 구릉, 천택의 형세를 그리고, 촌락의 가택을 '△'로 표시하며 도로의 구석구석까지도 본래의 형태대로 그린다. 또한 주택[기와와 초가 구분]과 산, 도로를 색깔별로 구분하고, 이 지도를 정당(政堂 : 수령의 집무실)의 벽에 걸어두고 행정을 보는데 항상 참고해야 한다고 했다.

지도가 작성되면 가좌책을 만든다. 가좌책은 중국 송나라의 침기부(砧基簿)인데, 침기부는 원래 토지와 자산을 기록하되 아무리 미세한 것 일지라고 빠뜨리지 않으니 가좌책도 역시 그와 같이 해야 한다고 했다. 즉 호적은 비록 관법을 쓰더라도 가좌책은 반드시 핵법을 써야한다고 했다. 또한 수령이 취임한 지 달포가 지나면 아전 중에 민첩하고 노련한 자 3, 4인을 불러서 '가좌책조례'(家坐冊條例)를 내려주면서 가좌책을 만드는 목적이 부세를 늘리려는 것이 아니라 백성들의 사정을 알기 위하는 것임을 주지시키도록 했다. 그런 다음 아전들에게 일정 지역의 가좌책을 작성하게 하되 어긋남이 있으면 죄를 주고 반대로 착오가 없으면 상을 내리겠다고 엄명을 내려야 한다고 보았다.

이렇게 하여 여러 면의 가좌책 기록이 들어오면 수령은 그것을 요약해 적어 넣은 경위표(經緯表)를 만들어야 한다. 동리에 사는 주호의 성명에 따라 품(品 : 신분등급), 세(世 : 세대수), 객(客 : 객호), 업(業 : 직업), 역(役 : 군포의 역), 택(宅 : 가옥 칸수), 전(田 : 밭) 또는 답(畓 : 논), 전(錢), 정(丁 : 17세 이상 남자), 녀(女 : 17세 이상 여자), 노(老 : 남녀 60세 이상), 약(弱 : 남녀 16세 이하), 휼(恤 : 鰥寡孤獨과 불구자), 노(奴) 또는 고(雇 : 머슴), 비(婢), 종(種 : 돈으로 바꿀 수 있는 먹는 물건), 축(畜 : 돈으로 바꿀 수 있는 가축), 선(船 : 화물 나르는 배), 좌(銼 : 가마솥. 지극히 가난한 사람만 기록)의 항목에 내용을 기입하여 1호의 기록이 1줄로 정리하도록 했다. 경위표가 이루어지면 각 호의 빈부와 각 마을의 허실과 각 씨족의 강약과 주호·객호의 형편이 손바닥 들여다보듯 명쾌하게 되니, 한번 책을 펴보기만 하면 환하게 알 수 있다고 했다.[이상 『목민심서』「호전육조」<호적>] 요컨대 정약용은 엄밀한 가좌부와 이를 요약해서 정리한 경위표를 작성함으로써 민들의 사정을 명확히 살피고 아전들의 횡포도 막을 수 있다고 본 것이다.

[참고문헌] 장필기, 2002, 「家座」『고문서연구』 21 ; 김건태, 2009, 「戶名을 통해 본 19세기 職役과 率下奴婢」『한국사연구』 144 ; 허원영, 2013, 「18세기 후반 순천부 농민의 존재양태와 농업경영 : 『順天府西面家座冊』(1774) 분석을 중심으로」『역사문화연구』 47

〈이석원〉

가처분(假處分) 민사집행법상 소송의 지연이나 채무자의 재산은닉 등에 의해서 권리의 실현이 어렵게 된 경우에, 그 보전을 위하여 재판소가 잠정적으로 행하는 처분.

가처분에는 다툼의 대상 즉 계쟁물(係爭物)에 관한 가처분과 임시의 지위를 정하는 가처분이 있다. '계쟁물에 관한 가처분'은 채권자가 금전 이외의 물건이나 권리를 대상으로 하는 청구권을 가지고 있을 때 그 강제 집행시까지 다툼의 대상이 처분·멸실되는 등 법률적·사실적 변경이 생기는 것을 방지하고자 다툼 대상의 현상을 동결시키는 보전처분이다. 따라서 금전채권의 집행보전을 위해서가 아니라 특정의 지급을 목적으로 하는 청구권에 대한 강제집행의 보존을 위하여 그 효능이 있는 것으로서 금전채권의 보전을 위한 가압류와 구별된다. 가처분 후 본안에 관한 확정판결이 있게 되면 그대로 본 집행으로 이전되는 것은 아니고, 가처분된 상태에서 따로 청구권 실현을 위한 강제집행을 하여야 한다. 조선부동산등기령에서 도입되었다.

[참고어] 조선부동산등기령, 채권

[참고문헌] 현암사, 1985, 『도해 법률용어사전』 ; 김증한, 1988, 『최신법률용어사전』

가축분(家畜糞) ⇒ 구분

가쾌(家儈) 가사(家舍)의 매매나 임차 등에 관하여 당사자 쌍방으로부터 일정한 보수를 받고 계약을 매개하는 것을 업으로 하는 사람.

『경국대전』 호전 매매한에는 전지·가사를 매매할 경우 100일 이내에 관에 보고하고 입안을 받도록 규정하였다. 조선 후기에 들어서면서 입안제도는 현실과 괴리되면서 실효성을 상실하고, 거래는 사문기만으로 이루어졌다. 하지만 개항 이후 토지·가사에 대한 거래가 빈번해지고 외국인도 여기에 동참하면서 도매, 잠매 등 여러 문제가 발생하여 대책이 필요하게 되었다. 1893년 한성부에서는 모든 가호를 대상으로 가계(家契)를 발급하여 거래의 혼란을 방지하고, 외국인의 침투를 막고자 하였다. 가계를 발급할 때 공인 중개인인 가쾌의 보증을 받도록 했다. 종래의 매매명문에도 드물게 가쾌라는 용어가 보인다. 가쾌는 구래의 거간과 달리 관이 거래 사실을 보증하도록 임무를 부여한 공적 존재였다. 당시 부동산거래가 가쾌의 공인이 필요할 정도로 빈번하고 혼란했음을 반영하는 것이다.

가쾌는 1893년 이래 한성부의 인허를 받고 가사의 매매·임차 등의 거래를 매개하는 공인중개인이었다. 한성부에서는 가쾌가 되고자 하는 사람의 신청을 받아 신원조사를 한 뒤 인허증(認許證)을 발급해주는 방식으로 이들을 선발하였다. 이 인허증을 인허장(認許狀), 첩장(帖帳·帖狀)이라고도 한다. 가쾌에게는 관할 구역을 정해 주었다. 이들은 복덕방이라는 사무소를 갖고 있었으며, 여러 명이 공동으로 사용하였다. 당시 한성부에는 복덕방이 약 100개소, 가쾌가 약 500명 정도 있었다. 한성부에서 처음 발행한 가계에는 공인중개인을 칭하는 경기(經紀)라는 용어가 보인다. 집주릅, 거간(居間)이라고도 한다. 제2차로 발행된 가계 뒷면에는 총 6조의 장정이 수록되어 있는데, 여기에 가사의 거래를 할 경우 반드시 가쾌를 통하도록 규정하고 있다. 이때 주의사항은 다음과 같다. 첫째 가사를 매매할 때 가쾌를 통해 한성부에 요청하여 가계를 매주에게 교부하도록 하였다. 기한이 지나도 보고하지 않거나 가격을 속이는 등 부실 신고를 하면 추납하고, 가쾌에게는 본 가격의 200분의 1을 벌금으로 징수했다. 둘째 가쾌를 거치지 않고 거래를 한 다음 신고하지 않거나 부실하게 신고하면 벌금을 징수하였다. 셋째 구권이 없는 가사는 가쾌 혹은 보증의 기명(記名)과 화압(畵押)이 없으면 신계(新契)를 발급해주지 않는다고 규정하였다.

이러한 조치에 따라 가쾌의 폐단도 종종 발생하였다. 외국인이 잠매할 경우에는 가쾌나 거간을 통해 거래하였는데, 이들이 구전을 노려 부동산 매매를 유도하거나 좋은 매물을 제공하기도 하였다. 한성부에서는 이러한 폐단을 시정하기 위해 1898년 6월 고시문을 공포하였다. 가쾌가 관계(官契)나 입지(立旨)가 없는 경우 가사를 매매할 수 없도록 하였으며, 이들과 관계없이 사적으로 매매한 가호는 억울한 일을 당하여도 청리를 허락하지 않겠다고 대응하였다. 그리고 가쾌에게 가격을 공평하게 결정하여 매매인이 소송을 제기하지 않도록 당부하기도 하였다. 구전은 전례대로 주고, 구계와 신계를 교환할 때 토색질을 하지 말라고 하였다. 이를 어길 경우 가쾌를 중벌에 처한다고 경고하였다.

1900년 11월 29일 한성부 판윤 이봉래는 고시문에서 외국인이 내국인 소유의 가옥을 매수할 때에 가쾌는 한성부에 먼저 보고하여 허락을 받은 후에 값을 치르게 하여 분쟁이 없게 하라고 하였다. 또한 가쾌는 호적제도와 연계하여 관할 내 호(戶)의 이동 상황, 호(戶)의 원거·차거·세거 등의 관계, 입지 유무, 전당이나 이사 여부 등을 한성부에 매달 두 번 보고하였다. 공인 중개인 역할과 한성부의 말단 행정업무를 함께 수행한 것이다. 1901년 10월 22일에는 한성회사에 한성부 내의 가사 및 토지의 매매, 전당, 전당처분권, 중개인 가쾌에 대한 인허가의 권한 등을 위임하였다. 한성회사는 한성부의 위임을 받아 가쾌를 선정, 관리하였으며 한성부의 지휘를 받아 새 문기를 가쾌에게 분급하여 업무에 사용하도록 하였다. 한성부는 이같이 가쾌를 통해 가사 거래의 안정성과 효율성을 기대하였던 것이다.

[참고어] 가계제도, 가사관계, 가사문기

[참고문헌] 왕현종, 1998, 「대한제국기 한성부의 토지·가옥조사와 외국인 토지침탈 대책」『서울학연구』 10 ; 최원규, 2001, 「19세기 후반 지계제도와 가계제도」『지역과 역사』 8 ; 김건우, 2007, 「한성부 가계와 공인중개인 가쾌에 관한 고찰」『고문서연구』 30

〈고나은〉

가호둔전(家戶屯田) 고려말 종자(種子)만을 가호에 지급하고 추수기에 그 수배(數倍)를 징수하여 재정에 활용한 둔전 정책.

둔전으로 칭해졌지만 '경작하면서 지킨다[且耕且戍]'는 둔전 본래의 운영방식과는 차이가 있었다. 고려 충선왕 때 처음 실시되었는데, 농사의 풍흉이나 토질의 비척 등이 고려되지 않은 채 수취되어 농민층의 반발이 컸다. 이에 1375년(우왕 원년)에 폐지되었으나 근절되지 않았고, 우왕 5년 문하부낭사가 재차 금지를 요청하기도 했다.

[참고어] 호급둔전, 둔전

[참고문헌] 『태종실록』

각국공동조계(各國共同租界)-군산 1899년 5월 1일 군산 개항 직후 6월 2일에 조인된 각국 공동조계장정에 의하여 군산항 내에 설정한 외국인 거주 지역.

1898년 5월 27일 대한제국 정부는 군산·성진·마산 등 3개 항구의 개항과 평양 내에 궁내부의 관리 하에 있는 기지 외 한 구역을 개시장으로 할 것을 각국에 통고하였다. 이에 따라 1899년 5월 1일 군산이 정식 개항되었다. 일본의 군산 개항 요구는 인천 개항 당시부터 시작되었다. 군산이 금강하구에 위치하여 강경시장을 중심으로 한 금강 일대의 유통권을 장악하기 위한 것이기도 했지만, 전북평야에서 생산되는 방대한 양의 쌀을 매입·반출하기 위해서였다. 당시 일본은 초기 산업화 단계로서 저임금 노동자들을 위한 값싼 쌀이 필요하였기 때문에 군산 개항에 적극적이었다. 대한제국이 일본의 강력한 군산 개항 요구를 수용하여 개항하게 된 데는 당시 총세무사였던 영국인 브라운(John Mcleavy Brown)의 권고와 더불어, 관세수입으로 재정난을 타개하기 위한 일환이기도 했다.

이러한 군산 개항의 배경은 군산 각국 공동조계의 형성과 운영에도 영향을 미쳤다. 군산이 개항한 지 약 한 달 뒤인 1899년 6월 2일 대한제국 외부대신과 일·불·영·러·독일의 각국 대표들이 군산·마산·성진 각국 조계장정을 체결하였다. 이 장정은 1897년에 체결된 진남포·목포 각국 조계장정과 다음 조항을 제외하고 내용이 동일하였다. 변경된 조항은 제10조의 "조약국정부는 원가만을 납부하고 그 영사관부지로서 적당한 지구를 받을 수 있다. 다만 그 넓이는 최대 15,000평방미터를 넘을 수 없다"고 규정한 것이었다. 이전 조약과의 차이점은 영사관 부지면적의 한계를 구체적으로 설정해 두었다는 점이다. 이는 앞선 진남포·목포 개항 때 열강들이 영사관부지 면적을 지나치게 크게 요구함으로써 물의를 빚었던 경험에서 비롯된 것이었다.

조계장정에 따라 군산항에 설치된 각국 조계의 총면적은 572,000㎡였다. 그 중 산지를 뺀 주거용지는 336,669㎡였다. 주거가능지구는 세 지구로 나누었는데, 갑지구는 저평지로서 310,000㎡였고, 을지구는 구릉지로서 21,000㎡, 병지구는 매립을 요하는 해변으로서 70,000㎡였다. 조계 내 토지의 취득은 조계장정 6조와 8조에 의거하여 갑·을·병 지구를 다시 소구획으로 나눈 후 그것을 대한제국 정부에서 경매를 통하여 처리하였다. 토지의 경매 원가는 갑지구 100㎡ 당 연 6달러, 을지구는 연 3달러, 병지구는 연 5달러였고, 원가를 상회하는 경매금은 모두 군산 신동공사(紳董公司)의 재원으로 편입되었다. 또 지조(地租)는 갑·병 지구는 100㎡ 당 연 6달러, 을지구는 100㎡ 당 연 2달러씩 지주가 신동공사에 납부하면, 공사는 100㎡ 당 30센트의 비율에 해당하는 금액을 한국 정부에 지불하고 나머지는 공사의 재원으로 삼도록 하였다.

그런데 군산 각국 공동조계는 거류민 대부분이 일본인이고, 설치된 외국영사관도 일본영사관뿐이었기 때문에 일본전관거류지나 다를 바가 없었다. 때문에 신동공사는 그 명칭부터 일본식으로 거류지회라 불리는 경우가 많았고, 의장도 항상 일본영사가 차지하였다. 일본은 1899년 11월 목포 일본우편국 군산출장소를 시작으로, 1903년에는 일본 제일은행 군산지점, 1907년에는 제18은행 군산지점, 1909년에는 조선은행 지점을 설치하였다. 또한 1904년에는 학교도 설립하였다. 군산 내 일본인 인구는 러일전쟁을 전후로 급격히 증가하였는데, 1907년 무렵부터는 군산 전체 인구 가운데 한국인과 일본인의 인구비율이 대등하거나 일본이 오히려 조금 앞서는 경향을 보였다. 이 같은 현상은 일본인 거류민이 많았던 인천이나 부산의 경우에도 없었던 것으로 군산 각국 공동조계가 가지는 중요한 특징이라 할 수 있을 것이다. 군산 각국 공동조계지는 1913년 개항장·조계(거류지) 제도가 폐지될 때까지 존속하였다.

[참고어] 개항장, 조계, 거류지

[참고문헌] 손정목, 1982, 『한국 개항기 도시변화과정 연구』, 일지사 ; 손정목, 1982, 『한국 개항기 도시사회경제사연구』, 일지사 ; 이성호, 2008, 「식민지 근대도시의 형성과 공간 분화-군산시의 사례」『쌀삶문명연구』 1 〈노상균〉

각국공동조계(各國共同租界)-마산 1899년 5월 1일 마산을 개항하고, 6월 2일 각국 공동조계장정을 조인하면서 설정한 외국인 거주 지역.

1898년 5월 27일 대한제국 정부는 1899년 5월 1일부터 군산·성진·마산 등 3개의 항구를 개항하고 평양내 궁내부의 관리 하에 있는 기지 외 일구(一區)를 개시장으로 결정했다. 마산 개항을 결정한 정부는 창원부윤을 창원감리서리로 겸임 발령하는 동시에 마산포에 남아 있던 구 조창의 전운사아문(轉運使衙門)을 감리서아문(監理署衙門)으로 정하고 신임 감리에게 개항을 준비토록 하였다.

감리는 창원군 외서면 내의 해안부 신월(新月)·월영(月影) 2동의 토지 138,880여 평을 구획하여 마산 각국 공동조계로 정하고, 다시 구획을 갑·을·병 세 지구로 나누어 토지 공매 준비를 마쳤다. 토지 공매는 각국 영사관의 부지 신청과 승인이 완료된 후인 1899년 11월 1일 제1회를 시작으로 총 5회가 열렸다. 3회부터는 러일전쟁에서 일본의 승리가 굳어진 1905년 이후에 열렸기 때문에 실제로 각국이 함께 참여한 토지공매는 1·2회 뿐이었다. 토지 원가는 다른 조계와 마찬가지로 갑·을·병의 세 지구로 나누어 갑지구는 저평지로서

100㎡ 당 6달러, 을지구는 구릉지로서 100㎡ 당 3달러, 병지구는 매립을 요하는 해변으로서 100㎡ 당 5달러로 정했다. 토지의 지조는 조계장정에 의하여 갑·병 지구는 100㎡ 당 연 6달러, 을지구는 100㎡ 당 연 2달러씩 지주가 신동공사(紳董公司)에 납부하면 공사는 100㎡ 당 30센트의 비율에 해당하는 금액을 한국 정부에 지불하고 나머지는 공사의 재원으로 삼도록 규정하였다.

각국 공동조계의 토지 공매에 대한 각국의 관심은 대단했다. 특히 러시아는 항구로서 좋은 조건을 가진 마산포에 동양함대 조차지를 설정하고자 했으며, 일본은 이를 저지하고자 했기에 두 나라의 경쟁은 치열했다. 1, 2회 토지공매의 결과 일본이 약 35%를, 러시아가 약 30%를 확보하게 되었다. 이러한 경쟁으로 이곳은 다른 개항장에 없는 러시아 조차지와 일본전관 거류지가 형성되는 것으로 결착되었다. 이처럼 마산은 당초 경제적인 목적보다는 군사적인 목적으로 주목받았던 만큼 개항 초기에 실제로 조계 내를 왕래·거주하는 사람은 극히 드물었다. 이후 무역량의 증가와 함께 마산 내 외국인의 숫자도 일본인을 중심으로 서서히 늘어나게 되었지만, 결국 당초에 구상했던 군사적 목적으로 개발을 추진해갔다. 1906년 8월 20일 일본의 강요로 의정부는 진해만을 중심으로 한 부근 일대를 일본 해군 군항 예정지로 고시했다. 그 후속 조치로서 1909년 12월 31일 마산개항장이 폐쇄되었으며, 각국 공동조계의 성격 또한 변질되어 버렸다. 결국 강점 초기 1913년 조계(거류지) 제도가 폐지됨에 따라 마산 각국 공동조계 또한 해체되었다.

[참고어] 개항장, 거류지, 조계

[참고문헌] 손정목, 1982, 『한국 개항기 도시변화과정 연구』, 일지사 ; 손정목, 1982, 『한국 개항기 도시사회경제사연구』, 일지사 ; 김상민, 2003, 「마산포 개항의 배경과 경위」 『경남지역문제연구원 연구총서』 8 ; 이윤상, 2011, 「개항 전후 창원지역의 사회경제적 변화」 『일제의 창원군 토지조사와 장부』, 선인 〈노상균〉

각국공동조계(各國共同租界)-성진 1899년 5월 1일 성진 개항 직후인 6월 2일 각국 공동조계장정을 조인하면서 성진 내에 설정한 외국인 거주 지역.

1898년 5월 27일 대한제국 정부는 군산·성진·마산 등 3개 항구의 개항과 평양 내에 궁내부의 관리 하에 있는 기지외일구(基址外一區)를 개시장으로 할 것을 각국에 통고하였다. 1899년 5월 1일 성진이 정식으로 개항하게 되었다. 성진의 개항 배경에는 일본과 러시아의 의도가 자리 잡고 있었다. 성진은 원산 북쪽 약 100해리의 거리에 위치한 항구로 수심이 깊고 대형 선박이 정박하기에 편리한 곳이었다. 원산 북쪽에 교두보를 한 곳 더 마련하여 러시아의 남하를 막아보려는 일본 측의 욕망과 반대로 일본의 북진을 막을 거점을 확보하겠다는 러시아의 의도가 서로 상충되는 지역이었다. 이같이 러일의 경쟁과 동시에 재정난을 해소하기 위해 관세수입을 더 올려 보려 했던 대한제국 정부의 바람이 작용한 결과였다.

성진 개항 한 달 뒤 1899년 6월 2일 대한제국과 일·불·영·러·독 사이에 군산·마산·성진의 각국 조계장정이 체결되었다. 이 장정은 1897년에 체결된 진남포·목포 각국 조계장정과 거의 동일한 내용을 가지고 있었는데, 영사관 부지면적을 최대 15,000평방미터를 넘을 수 없다고 구체적인 한도를 설정했다는 점에서 차이를 보였다.

장정이 체결됨에 따라 성진에 설치될 각국 공동조계 계획이 승인되었다. 각국 공동조계의 총면적은 97,698㎡(약 29,600여 평)였다. 토지 원가는 세 지구로 나누어 각각 정하였다. 갑지구는 저평지로 100㎡ 당 6달러, 을지구는 구릉지로 100㎡ 당 3달러, 병지구는 매립을 요하는 해변으로 100㎡ 당 5달러였다. 지조는 갑·병 지구는 100㎡ 당 연 6달러, 을지구는 100㎡ 당 연 2달러씩 지주가 신동공사(紳董公司)에 납부하면 공사는 100㎡ 당 30센트의 비율에 해당하는 금액을 한국 정부에 지불하고 나머지는 공사의 재원으로 삼도록 규정하였다.

그러나 성진의 각국 공동조계는 지역민들의 갈등으로 한동안 제기능을 다하지 못하였다. 지역 주민들이 반발한 이유는 개항 과정에서 생긴 행정구역 재편 때문이었다. 성진은 원래 길주에 속해 있었는데 대한제국 정부는 개항에 앞서 사전작업으로 성진군을 신설하고 길주로부터 독립시키는 조치를 취하였다. 이것은 주민들의 감정이나 사정을 고려치 않은 급속한 조치였다. 길주 군민들과 인근 성진군 북쪽 거주민은 길주와 성진을 합군하여야 한다고 주장한 반면, 나머지 성진 군민들은 분군을 지지하였다. 양자의 대립은 격화되었고, 정부의 우유부단한 조치가 겹치면서 결국 갈등이 폭발, 1890년 8월 합군을 지지하는 길주 군민이 성진감리서와 경무서, 기타 공공건물들의 파괴·방화를 시도하였다. 이에 대응하는 성진군민들과도 충돌하여 큰 소요가 일어났다. 이러한 갈등은 1903년경까지 지속되어 공동조계 내 거주자가 한때 60여 명에 불과할 정도로 침체를 겪었다. 러일전쟁 당시에도 많은 피해를 보았다. 그 결과 1910년 강점 당시 성진의 인구는 한국인 2,342명, 일본인 526명, 중국인 37명, 기타 외국인 등 2915명에 불과했다.

[참고어] 개항장, 거류지, 조계

[참고문헌] 손정목, 1982,『한국 개항기 도시변화과정 연구』, 일지사 ; 손정목, 1982,『한국 개항기 도시사회경제사연구』, 일지사
〈노상균〉

각국공동조계(各國共同租界)-진남포 1897년 10월 1일 진남포의 개항을 계기로, 같은 해 10월 16일에 조인된 각국 공동조계장정에 의하여 설정된 진남포 내에 위치한 외국인 거주 지역.

1897년 7월 4일 대한제국 정부는 10월 1일자로 목포와 진남포 2개 항구를 개항할 것을 각국사신들에게 통고하였다. 일본은 1880년대 후반부터 대동강 부근에 개항장을 확보하고자 노력하였으나 청과의 주도권 싸움으로 뜻을 이루지 못했었다. 청일전쟁이 종결되자 일제는 이 일을 적극 추진했다. 당초 일본 정부는 진남포가 면적이 협소하다는 이유로 기진포를 선호하였으나, 접근의 유리성을 고려하여 조선 정부와 합의 아래 진남포를 선정했다.

이리하여 조일은 1895년 5월에 7월 22일 진남포 개항을 명시한 약서안(約書案)을 교환하였다. 이 안에는 진남포에 일본전관거류지를 설치한다는 조항이 포함되어 있었다. 일본은 평양 개시장을 보류하면서까지 일본전관거류지의 설치를 희망하였으나 러시아의 반대와 을미사변 이후 일본에 대한 조선 내 여론이 악화됨에 따라 일본전관거류지 설치 조항은 결국 제외되었다. 1897년 10월 1일 진남포가 개항됨에 따라 그 후속조치로 같은 해 10월 16일 목포와 진남포의 각국 조계장정이 체결되었다. 이 장정은 인천 각국 조계장정에 준거하되 그간 실제 운영상의 결함을 보완한 것이었지만, 그 성격은 기본적으로 일방적이고 불평등한 것이었다.

거류지 내 일체의 행정권은 신동공사(紳董公司)에 귀속되며 지조 또한 한국 정부가 직접 납부 받지 않고 신동공사가 대리자의 자격으로서 수납하는 방식이었다. 특히 문제가 되었던 것은 제10조로 "각 조약국 정부가 그 영사관부지로 하기 위하여 조계 내 토소(土所)를 수득(收得)할 때는 경매에 의하지 않고 토지원가만을 납부하고 적당한 토소를 수득할 수 있다"는 조항이었다. 토지 가격이 고정된 상황에서 각국의 토지취득의 한계를 설정해 두지 않아 조계 내 토지를 둘러싸고 각국 간에 치열한 대립이 일어났기 때문이다. 당시 진남포 각국 공동조계의 총면적은 480,060㎡(약 1만 5천 평)였다. 이때 러시아는 약 28만㎡를 영사관 건립예정지로 요구하였는데 이는 전체면적 가운데 대략 60%에 달하는 것이었다. 이에 미국공사가 자국민이 커다란 불편을 겪게 될 거라고 항의하였고, 일본과 영국, 프랑스 등은 러시아에 대항하여 상당한 넓이의 토지 매입을 계획·요청하였다. 결국 각국이 서로 타협한 끝에 영사관 부지의 최대치를 40,000㎡로 제한할 것으로 결론 내렸다.

영사관 부지를 둘러싼 토지매입 경쟁은 일단락되었지만, 공동조계 내에서의 주도권을 장악하기 위한 토지매입의 열기는 계속되었다. 특히 일본이 적극적이었다. 기왕에 목표로 하던 일본 전관 거류지의 설치가 실패로 돌아간 상황에서 일본 정부가 할 수 있는 일은 조계 토지를 공매를 통해 조금이라도 더 확보하는 길밖에 없었기 때문이다. 토지의 확보는 조계의 행정사업을 전담하는 신동공사에서의 발언권과도 비례관계에 있는 일이었다. 따라서 일본은 개항과 동시에 재빨리 영사관을 개관하는 한편, 자국 거류민의 편의를 제공하기 위하여 진남포에 거류민 총대 사무소를 설치하였다. 그 결과 대부분의 토지를 일본인들이 매수하게 되었고 진남포 각국 공동조계는 일본전관거류지나 다름없었다.

[참고어] 개항장, 거류지, 조계

[참고문헌] 손정목, 1982,『한국 개항기 도시변화과정 연구』, 일지사 ; 손정목, 1982,『한국 개항기 도시사회경제사연구』, 일지사 ; 김동희, 2014,「진남포의 개항 과정과 무역구조의 변화(1897~1910)」『역사연구』 26
〈노상균〉

각군각둔토집도도안(各郡各屯土執賭都案) 대한제국 정부가 광무사검을 통해 조사한 각 도 단위 소재 둔토를 군별 둔토별로 전답의 면적과 도조액을 조사하고 산출하여 만든 장부.

갑오개혁 당시 종래 각 영·아문, 기타 각 둔에 소속된 둔토를 각기 그 내용별로 탁지부와 궁내부, 군부가 나누어 관리해 오다가, 1899년 전국의 모든 둔토를 궁내부 내장원 관할로 재편하였다. 내장원은 그해 6월부터 사검장정(查檢章程)을 마련하고, 도별로 1~2명의 사검위원을 파견하여 둔토와 목장토를 조사하는 광무사검을 실시하였다. 사검위원들은 조사 결과를 두 가지 형태의 문부로 작성하여 보고하였다. 하나는 개인 양안

의 성격을 지닌 '역둔양안(驛屯量案)'이고, 다른 하나는 도조 장부에 해당하는 '정도성책(定賭成冊)'이다. 이 때 사검위원과 그 이후 파견된 봉세관 등은 이들 장부를 토대로 다시 각 군별 둔토별로 전답의 면적과 도조액의 합계를 산출한 다음, 이를 도 단위로 책자로 묶어 보고했다. 이것이 '○○○도 각군 각둔토 집도도안'이다. 이 자료에는 1899년 사검 이전의 면적이 전답별 원총(元摠)으로, 사검 시에 새로 둔토로 파악되어 집총된 면적이 신사집(新查執)으로, 그리고 진전, 천(川), 복사(覆沙) 등의 내용이 기재되어 있어 사검으로 인한 둔토 면적의 증가와 수조실재전답(收租實在田畓) 면적을 파악할 수 있다. 또한 사검위원이 새로 정도(定賭)한 내용이 을미사판 때의 도전(賭錢)과는 달리 주로 도조(賭租)로 기재되어 있어 두락당 도조의 내용도 파악할 수 있다.

사검위원 강학조(姜學朝)가 작성 보고한 경상북도 각군 각둔토 집도도안을 분석한 것에 의하면, 광무사검으로 경상북도의 둔토 면적이 15~16% 정도 증가했으며, 평균 두락당 도조는 5.2두에 달하였다. 을미사판 때의 도세액에 비해 크게 증가한 것은 아니었다.

[참고어] 갑오승총, 광무사검, 역둔토대장, 을미사판

[참고문헌] 박진태, 1996,『韓末 驛屯土조사의 歷史的 性格 研究』, 성균관대학교 박사학위논문 ; 박진태, 1997,「일제 통감부시기의 역둔토 실지조사」『대동문화연구』 32 ; 박진태, 2002,「統監府時期 皇室財産의 國有化와 驛屯土 整理」『사림』 18 〈박진태〉

각사위전(各司位田) 중앙의 각 관사[京中各司]가 업무 수행에 드는 경비를 조달하기 위해 분급 받은 전지.

[참고어] 위전, 국용전

각자수세(各自收稅) 토지를 절급받은 자가 해당 토지의 세를 스스로 거두어 쓰는 것.

『경국대전』에서는 사전(寺田)·아록전(衙祿田)·공수전(公須田)·도전(渡田)·숭의전전(崇義殿田)·수부전(水夫田)·장전(長田)·부장전(副長田)·급주전(急走田) 등을 각자수세지로 규정하였다.[「호전」 제전(諸田)] 이에 대해 『경국대전주해』에서는 "각자수세지는 모두 민전이며, 민전이지만 세를 관에 내지 않고 응식하는 사람으로 하여금 각자 그것을 징수하도록 한다.(各自收稅, 皆民田也, 民田而稅不納於官, 使應食之人, 各自收之也.)"라고 하여, 수조권(收租權)을 특정 관청이나 특수한 역을 지는 사람에게 부여한 토지를 의미한다. 한편, 각자수세지는 자경무세지(自耕無稅地)나 무세지(無稅地)와는 구별된다. 즉 자경무세지가 국가의 공전(公田)을 각 기관에 직속시켜 그 기관에 종사하는 자들이 국가에 세를 바치지 않고 자경하는 토지였던 반면, 각자수세지는 기본적으로 민전 위에 설정되어 해당 토지를 절급 받은 자가 그 토지를 경작하는 백성들로부터 세를 받는 땅이라 할 수 있다.

[참고어] 무세지, 면세, 면세전

[참고문헌] 윤국일, 1991,『경국대전연구』, 신서원

간전(墾田) ⇒ 개간

간종법(間種法) 성장기간이 다른 두 작물을 같은 밭의 일정부분에서 각각 경작하는 농법.

『농사직설(農事直說)』에 간종법이 소개되어 있는데, 파종처와 천경(淺耕)의 작업 장소가 양무간(兩畝間)이라는 점에서 간종이 하나의 작업상황을 지시하는 구체적인 표현으로 사용되었다. 또한 간종의 원리에 따른 대두(大豆)의 경작법을 설명한 구절에서 양맥(兩麥)→대두, 양맥→속(粟)이라는 경작방식과 대두→추맥(秋麥)이라는 경작방식을 찾아볼 수 있다.

조선 전기 간종법의 수행 정도를 검토하는 경우, 『농사직설』에 따르면 이 방식을 채택하는 사람이 전소자(田少者)로 한정되어 있다는 점을 유념해야 한다. 전소자는 전(田)이 적어서 농업생산의 크기에 따라서 결정되는 경제력의 측면에서 여유가 없는 계층으로, 조그맣고 비옥하지 않은 땅에서 농사를 짓는 농민을 지칭하는 것으로 보인다. 이들 전소자층이 조선 전기 농민 구성에서 일반적인 비중을 차지했는지 여부는 불확실하다. 그런데 이들이 채용하는 간종법은 한전(旱田)에서 일반적으로 적용하는 작부방식은 아니었지만, 근경법(根耕法)에 비해서는 전소자의 경우 쉽사리 적용할 수 있는 방식이었다. 다만 근경법에 비해서 지력 소모가 심하고, 또한 노동력을 집중 투입해야 하는 예외적인 성격을 지녔다는 약점이 있었다.

16세기 후반 이후 한전이모작(旱田二毛作) 경작방식이 맥(麥)의 경종법을 중심으로 발달하였다. 한전이모작이란 근경법과 간종법의 실행을 의미하는데, 이러한 경종법의 관건이 되는 작물이 바로 양맥이다. 춘모맥(春麰麥)의 경작은 대두의 간종으로 이어지기도 하였고, 대두를 간종하기 위해서는 애초에 춘모맥을 파종할 때부터 사전 정비작업을 수행하는 것이 필요하였다. 특히 고상안(高尙顔, 1553~1623)의 『농가월령(農家月

令)』에 보이는 간종법은 『농사직설』에 비해 훨씬 상세한 내용을 보여준다. 그리고 여러 가지 제약요소가 떨어져나가 더 자유롭게 근경·간종을 수행할 수 있는 여지를 보여주고 있다. 이러한 점에서 『농가월령』의 한전 경작방식을 1년2작식의 체제를 갖추고 있다고 평가할 수 있을 것이다.

또한 18세기 후반 간종법의 양상도 잡종법(雜種法)과 마찬가지로 고도화된 성격을 보여주고 있었다. 특히 우하영(禹夏永)은 모맥전(牟麥田)에 두태(豆太)를 간종으로 경작하는 방식을 대우법(代耰法)이라고 칭하고, 모맥의 후작(後作)으로 두태를 경작하는 근경법보다 우수한 방식으로 평가하였다.

[참고어] 근경법

[참고문헌] 김용섭, 1988, 『조선후기농학사연구』, 일조각 ; 민성기, 1988, 『조선농업사연구』, 일조각 ; 이춘녕, 1989, 『한국농학사』, 민음사 ; 오인택, 1989, 「『농서집요』를 통해서 본 조선초기의 경종법」 『지역과역사』 5 ; 염정섭, 2002, 『조선시대 농법 발달 연구』, 태학사

〈염정섭〉

간척(干拓) 호수나 늪 또는 하천연안의 저습지, 바다와 면한 하구나 바닷가 갯벌에 제방을 쌓아 물을 뺀 다음 농토나 기타 용도의 부지로 사용하는 일.

간척은 농경의 발달과 더불어 경작할 땅을 확보할 필요에서 시작되었으며, 바닷물에 침윤된 해택지(海澤地, 갯벌 간사지)의 경우 반드시 제염작업을 거쳐야만 농경지로 사용할 수 있다. 조수간만의 차가 크고 완만한 경사면 갯벌이 발달한 서해 연안과 그 도서지역은 간척의 최적조건을 갖추고 있으며, 일찍부터 간척의 흔적과 기록이 전해지고 있다. 저습지에 제방을 쌓아 저수지로 이용하고 제방 바깥쪽을 농지로 이용하였던 사례는 전라북도 김제의 벽골제(碧骨堤)에서 찾아볼 수 있다. 『삼국사기』 신라본기 흘해왕 21년 조에는 "처음 벽골지를 열었는데, 둘레가 1천 8백보이다(始開碧骨池岸長一千八百步)"라고 기록되어 있고, 당시는 백제 영토였던 때이므로 백제 11대 비류왕 27년(330)에 해당한다.

고려시대 대규모 해안개간은 대몽항쟁 시기에 이루어졌다. 1248년(고종 35) 몽고병이 침입하자 서북면병마판관(西北面兵馬判官) 김방경(金方慶)은 백성들을 이끌고 청천강 하구의 위도(葦島)에 들어가 10여 리 땅에 방축을 쌓고 농사를 짓고 방어했으며, 1256년(고종 44) 강화도의 제포·와포·이포·초포 등 여러 포구에 방축을 쌓아 군량미 조달을 위한 둔전을 조성하였다.

조선전기 과전법이 폐지된 후 지주제가 발달하는 속에서 간척은 지주지 확대의 수단으로 활용되었다. 특히 소규모 간척은 지형에 따라 특별한 기술이 없이도 가능했는데. 적은 인력이나 소를 이용하여 주변의 개흙을 가지고 농지를 조성할 수 있었다. 그와 같은 소규모 사축(私築)뿐 아니라 16세기에는 서울의 척신들을 중심으로 서해연안의 간척이 간헐적으로 이루어졌다.

양난 후 17·18세기는 개간의 시대라 할 만큼 개간과 간척이 활발하게 진행되었다. 양난으로 인해 피폐해진 농업생산력을 재건하기 위한 대책은 집약농법의 확산과 진전(陳田)개간과 대소규모의 간척이었다. 이 시기 개간 간척사업을 추동시킨 사회적 조건으로는 방수·방조·관개·배수 등 다양한 수리시설의 발전, 자본투자를 가능하게 했던 상품유통경제의 발전과 상인층의 성장, 간척지 경작의 세제상 혜택, 그리고 농민층 분해 속에서 풍부한 노동력의 존재였다. 물론 국가는 둔전경영을 위해 간척사업을 주도했으며, 상업자본을 축적한 상인층과 농민들 그리고 각 궁방과 아문들도 사축을 위시한 크고 작은 간척사업에 뛰어들었다.

대표적인 간척지로는 1706~1707년에 축조된 강화도 선두포언(船頭浦堰)과 1720~1721년 인천과 안산 경계지역(현재 시흥시 일대)에 조성된 진휼청신언(賑恤廳新堰)을 들 수 있다. 진휼청신언은 진휼청이 진자(賑資) 확보를 위해 조성된 것으로 간척농지 규모는 천섬지기에 달했다. 이 두 곳의 축언공사를 주관했던 인물은 강화도 유수와 진휼청 당상관을 지낸 민진원(閔鎭遠)이었다.

그리고 이 시기 내륙의 포변(浦邊)에서 이루어진 개간·간척의 대표적 사례는 황해도 재령군 및 봉산군에 위치한 재령강 일대로, 수진궁·명례궁·용상궁 등 여러 궁방의 장토가 있던 지역이었다. 전통적인 토목방식의 개간 간척사업은 19세기 초반 개발한계에 도달하였다. 이미 축언작답(築堰作畓)할만한 곳은 모두 개간 간척되었으며, 나머지는 기술상 힘든 곳으로 무리하게 공사를 했다가 낭패를 보기도 했다.

20세기 근대적 토목기술은 서해연안의 간척사업에 새로운 전기를 열었다. 근대적 간척사업은 한국을 식민지화하려는 일제가 주도하였다. 1904년 러일전쟁 전후 조선농업의 경제적 호조건에 주목한 일본인 지주와 자본가들이 서해안 개항장과 포구에 몰려들었다. 일본에 비해 1/3정도에 불과한 싼 지가와 고율소작료의 관행, 거기에 적절한 수리시설만 갖춘다면 높은 투자수

익을 거둘 수 있을 것으로 예상했다. 이들은 증명규칙·국유미간지이용법에 힘입어 토지소유를 확대하면서 대규모 농장을 운영해갔다.

강점 후 일본인 지주·농장들과 일부 한국인 지주들이 서해연안 일대와 하구에 대규모 간척사업을 주도해 갔다. 1923년 조선총독부는 조선공유수면매립령을 공포하여 간척사업의 법적 근거[갯벌과 하천변에 대한 국유 규정과 사전면허와 사후인가를 통한 소유권 취득 절차 등]를 마련하는 동시에 산미증식계획의 일환으로 간척사업자에 대해 금융지원[총공사비의 30% 보조금 지원과 저리의 자금 알선 등]을 적극적으로 해주었다.

간척사업을 주도한 일본인 지주로는 '조선의 수리왕(水利王)'으로 불린 옥구간척지[후지흥업주식회사(不二興業株式會社) 전북농장과 후지농촌(不二農村)]를 조성한 후지이 간타로(藤井寬太郞), 현재 전라북도 김제군 광활면 일대를 간척한 아베이치상점(阿部市商店) 김제농장의 아베 후사지로(阿部房次郞), 부산항과 마산항의 매립공사를 추진한 하자마 후사타로(迫間房太郞), 충청남도 서천군 서남면 일대를 간척한 미야자키농장(宮崎農場)의 미야자키게이타로(宮崎佳太郞), 평안북도 정주군 남면 일대를 간척한 가와사키농장(川崎農場)의 가와사키 도타로(川崎藤太郞), 전라남도 여수항을 매립 간척한 다카세농장(高瀨農場)의 후쿠나가 마사지로(福永政治郞) 등을 꼽을 수 있다.

한국인 지주로는 줄포농장·함평농장·손불농장을 개척한 삼양사(三養社)의 김연수(金季洙)와 학파농장(鶴坡農場)의 현준호(玄俊鎬), 전라남도 장성군과 광양군 일대 간척사업을 전개한 암태도의 문재철(文在喆)을 들 수 있다. 해방 후 추진된 대표적 간척사업으로는 계화도 간척사업(1963~1968), 서산대호지구 간척사업(1980~1996), 시화지구 간척사업(1987~1997), 새만금지구 간척사업(1991~2010) 등이 있다. 현재 대규모 간척사업을 둘러싸고 '효율적 개발과 생태보존'이라는 대립적인 두 견해가 맞서고 있다.

[참고어] 개간, 해언, 방조제

[참고문헌] 이광린, 1961, 『이조수리사연구(李朝水利史硏究)』, 한국연구원 ; 농업진흥공사, 1976, 『한국농지개량 30년사』 ; 이태진, 1986, 『한국사회사연구 : 농업기술발달과 사회변동』, 지식산업사 ; 송찬섭, 1985, 「17·8세기 신전개간의 확대와 경영형태」 『한국사론』 12 ; 양선아 외, 2010, 『조선후기 간척과 수리』, 민속원

〈정두영〉

간평원(看坪員) 소작료를 정하기 위해 소작지의 농작 상황을 살피고 예상수확량을 산정하는 간평(看坪) 작업을 하는 지주의 대리인.

간평원은 지주가 소작료 징수 전 소작료를 결정하기 위해 파견한 사람이다. 주요 임무는 농작물을 수확하기 전 농작의 상황을 살피는 간평 또는 검견(檢見) 작업을 통해 생산량을 예상하여 예상소작료를 지주에게 보고하는 것이다. 토지관리인이나 소작인을 감독하는 업무도 맡았다. 경상도와 전라도에서 널리 행해졌다. 주로 집조소작의 경우에 많으며, 드물게 정조나 타조를 행하는 전답에서 소작료 감면을 위한 간평에 간평원을 파견하는 예도 있다. 간수인(看穗人), 간추인(看秋人), 집수인(執穗人), 답품인(踏品人), 집조관(執租官)이라고 불리기도 한다. 간평원의 보수는 일반적으로 지주가 지급하였다. 그러므로 소작료 징수를 목적으로 파견된 추수원에 비해 보수를 이유로 토지관리인이나 소작인을 착취하는 경우가 적다. 하지만 간평비용을 관리인이나 소작인에게 부담시키는 폐해가 발생하기도 했다.

[참고어] 마름, 집조법, 추수원, 타조법

[참고문헌] 조선총독부, 1932, 『朝鮮ノ小作慣行(上)·(下)』

간행이정(間行里程) 개항장(開港場)이나 개시장(開市場) 밖으로 외국인이 왕래할 수 있도록 허용한 거리나 범위.

개항장이나 개시장에서 외국인의 자유로운 거주·통상은 허용되었으나, 그 이외의 지역에서는 거주·통상은 물론이고 통행도 원칙적으로 제한되었다. 그러나 조약국의 요청이나 통상의 편의 등을 고려해 외국인이 통행할 수 있는 범위를 설정했는데, 이를 간행이정이라고 한다.

개항 이전부터 국내에서 통상하는 외국인이 제한된 공간을 벗어나 통행하는 것은 금지되었다. 예컨대 청과 거래하던 영국인은 광둥(廣東)의 상관을, 나가사키(長崎)의 네덜란드 상인은 데지마(出島)의 상관을, 조선에서 왜인은 왜관(倭館)을 벗어날 수가 없었다. 이러한 조치는 1844년 청과 미국 사이에 체결된 왕샤조약(望厦條約)에서 처음 변화를 맞았다. 미국 선박의 정박지에서 미국인 상인이나 선원 등이 인근 지역을 왕래할 수 있는 범위를 각 지방관헌과 영사가 협의하여 정하기로 한 것이다. 이어 1858년 영국과 청이 맺은 텐진조약(天津條約)에서는 외국인 활동 범위가 개항장에서 100리를 넘지 않으며, 또한 5일을 넘지 않는 여행은 통행권(通行

券, 護照)이 필요가 없다고 규정되었다. 한편 일본에서는 1854년 미국과의 화친조약을 통해 항구에서부터 7리 이내에는 자유로이 다닐 수 있게 되었으며, 이후 1858년에는 10리로 범위가 확대되었다(이상 일본 리(里) 기준, 일본리=조선리*10).

조선에서는 1876년 일본과 맺은 조일수호조규부록안(朝日修好條規附錄案)에서 처음 이 규정을 적용하였다. 초안에서 일본은 간행이정을 일본 리로 10리로 하고, 이 구간을 물품의 매매가 금지되는 순수 유보범위(遊步範圍)가 아닌 행상까지 가능한 곳으로 정하기를 원했다. 이에 대해 조선 정부는 서울을 한 번도 개방하지 않았던 관행을 강하게 주장해 이를 관철시켰다. 간행이정을 조선 리 10리로 한정하고, 그 성격도 단순왕래로 정한 것이다.

간행이정은 임오군란 수습과정에서 체결된 조일수호조규속약(朝日修好條規續約)을 통해 확대가 결정되었다. 먼저 부산·원산·인천 각 항의 간행이정을 50리로(2년 후에는 100리)로 하며, 1년 뒤에는 양화진을 개시장으로 하기로 했다. 또한 일본국 공사·영사 및 그 수행원과 가족의 증서를 소지하고 조선 각지를 유력(游歷)하는 것도 허가되었다. 이처럼 양화진이 개시되면서 일인들이 한성을 왕래할 수 있는 조건이 마련되었다. 이후 간행이정은 1883년 6월 22일의 의정조선국간행이정약조(議訂朝鮮國間行里程約條)를 통해 50리로, 1884년 10월 12일의 조선국간행이정약조부록(朝鮮國間行里程約條附錄)에서 100리로 확대되었다.

한편 이와는 별개로 임오군란 이후 청과 맺은 조청상민수륙무역장정(朝淸商民水陸貿易章程)의 4조를 통해 한성과 양화진에서의 개설행잔(開設行棧)이 허용되었고, 호조(護照)를 휴대한 청인의 내지 행상도 가능해였다. 이는 1883년 10월 27일 영국과 맺은 조영수호통상조약에도 적용되어, 조계 100리 이내에서는 호조 없이 100리 밖에서는 호조 소지자에 한해 여행 및 행상이 허용되었다. 또한 최혜국대우 조항을 통해 일본 등에도 이 규정이 적용되어, 결국 간행이정은 범위가 넓어졌을 뿐만 아니라 점차 내지통상까지 가능한 것으로 성격이 변해갔다.

[참고어] 개시장, 개항장, 거류지, 잡거지, 조계

[참고문헌] 손정목, 1982, 『한국 개항기 도시변화과정 연구』, 일지사 ; 박광성, 1991, 「인천항의 조계에 대하여」 『기전문화연구』 20 ; 박찬승, 2002, 「서울의 일본인 거류지 형성과정」 『사회와 역사』 2002 ; 박정현, 2010, 「19세기 말 인천과 한성의 중국인 거류지 운영체제」 『동양사학연구』 113 〈윤석호〉

갈판/갈돌 신석기시대(新石器時代)와 청동기시대(青銅器時代)에 나무열매나 곡물의 껍질을 벗기고 가루로 만드는 데 사용한 석기(石器).

밑에 놓인 갈판과 갈판 위에서 음식을 가는 데 사용하는 갈돌은 한 짝을 이루어 쓰인다. 신석기시대 초기부터 나타나기 시작하여 중기 이후는 출토례가 급증하며, 본격적인 농경에 접어드는 청동기시대에 들어서서 전 지역으로 확산된다. 그러나 청동기시대의 후기에서 초기 철기시대를 거치며 사용례가 급격하게 줄어든다. 이는 돌확이나 절구 등과 같이 보다 발전된 연장이 나타나기 시작했음을 의미한다.

갈판은 중앙부분이 옴폭하게 패어 자른 면이 말 안장 모양을 하고 있다. 보통 너비 20㎝ 내외, 길이 40㎝ 내외가 보통이다. 평면은 장타원형(長楕圓形)·장방형(長方形)·궁형(弓形)등이며, 재료는 사암(砂岩)이나 운모편암(雲母片岩) 등 갈리기 쉬운 석재를 이용한 경우가 대부분이다.

[참고문헌] 지건길·안승모, 1983, 「한반도 선사시대 출토 곡류와 농구」 『한국의 농경문화』 1, 경기대 출판부 ; 박호석 외, 2001, 『한국의 농기구』, 어문각

감관(監官) 조선시기 관아나 궁방에서 금전출납을 맡아보거나, 중앙정부를 대신하여 특정업무를 감독하던 관직.

전국 각지의 둔전, 내수사전, 궁방전 등에서 관리를 맡기도 했다. 특히 궁방전에서는 감관전답이라 하여 궁방의 직할 전답이 있었으며, 감관은 장토 경영 전반을 담당하였고 소작인의 진퇴를 결정하는 권한을 지녔다. 궁방은 감관에 각종 문서로 지시를 했고, 추수 상납시에는 궁감(宮監)·궁차(宮次)를 파견하여 직접 통제하였다. 또한 감관, 궁차 등의 관리인들을 지휘하는 책임자로 도감관(都監官)을 두었는데, 주로 내시나 이서들이 임명되었다. 사대부들이 임명되는 경우도 있었는데, 이를 회피할 경우 도피차역률(圖避差役律)로 처벌하도록 규정되어 있었다.

감관직은 합법적·비합법적인 방법을 통해 재부의 축적을 이룰 수 있어 큰 이권이 되기도 하였다. 궁방전의 감관은 왕족들의 토지를 관리함으로써 권세가 컸고, 감관료(監官料)를 받거나 수세하여 납입한 나머지를 취하기도 했다. 둔전의 감관이었던 둔감도 징수 및

상납과정에서의 착복을 통하여 부를 축적하는 경우가 많아 18~19세기에는 둔민의 저항을 야기하기도 하였다. 이렇듯 하나의 이권이었던 감관의 자리는 매매, 상속되는 재산권의 일종이었고 비싼 값으로 매매되기도 하였다.

대한제국 정부는 감관의 횡포를 차단하고자 하였다. 역둔토 사검 때 내장원에서는 이전의 둔감·마름(舍音)이 적치한 각 곡물의 수량과 품등환롱(品等幻弄)을 봉세관에게 조사토록 하였고, 내장원에서 사검위원을 통하여 새로 차정한 마름에게 역둔토를 전관케 하여 둔감과 마름 등이 폐단을 일으키는 것을 막고자 하였다. 또한 『권농절목(勸農節目)』(1887)에서는 소작권의 안정화와 그를 통한 농업 생산력의 증가를 위하여, 소작인에게 특별한 과실이 있지 않는 한 절대로 소작인을 바꾸지 않는 것을 마름이나 감타관(監打官)의 집무 요령 중 가장 중요한 것으로 강조하였다. 그러나 감관의 권한은 1907년 궁장감관을 새로 차정한 후에도 여전히 강했던 것으로 나타난다. 궁장감관규칙(宮庄監官規則)에 의하면, 감관은 그 직무를 집행하는 필요에 따라 동 정리소의 인가를 얻어 마름·동직(垌直)·감고(監考) 등을 지휘·감독하고 지방 관습에 따라 그 담당 구역 내의 작인의 진퇴를 결정할 수 있었다.

한편, 대한제국에서는 양전의 진행과정에서 실무를 담당하는 자를 감관이라고 하기도 하였다. 이들은 파원(派員)과 서기(書記)와 더불어 해당 지역의 토지측량을 지휘하였다. 「양전조례(量田條例)」(1899)에서 감관은 토지의 척수 증감과 진전 유무, 등급 판정을 엄격히 한 후 양안의 말단에 관찰사, 군수, 서기와 함께 서명[捺章]을 하여 양전의 책임을 지도록 하였다.

[참고어] 궁방전, 광무양전사업

[참고문헌] 왕현종, 1995, 「대한제국기 量田·地契事業의 추진과정과 성격」 『大韓帝國의 土地調査事業』, 민음사 ; 김홍식 외, 1997, 『조선토지조사사업의 연구』, 민음사 ; 박진태, 2010, 「한말 역둔토조사를 둘러싼 분쟁사례」 『대한제국의 토지제도와 근대』, 혜안

〈김미성〉

감목관(監牧官) 조선시기 각 지방에 있는 목장을 관할하여 말의 번식, 개량, 관리, 조달 등의 일을 수행하는 서반(西班) 종6품의 외관직.

고대부터 교통·군사·축산·교역 등에서 말이 차지하는 역할이 컸으므로 말을 사육하고 관리하는 마정(馬政)을 중요하게 여겼다. 그에 따라 전국 각지에 목장(牧場)이 설치되고, 이를 감독하고 관리하는 관원이 생겼다.

고려 국가에서는 내륙과 섬에 설치되었던 목장에 목감직(牧監直)과 노자(奴子)를 배치해 청초절(靑草節 : 봄~가을 계절)에 대마(大馬) 네 필을 사육하게 했다. 또 간수군(看守軍)인 장교와 군인을 배치해 목장을 간수하도록 하였다. 1276년(충렬왕 2)에, 몽골이 제주도에 목호(牧胡 : 몽골인 목자)들을 파견하여 목마사업을 적극적으로 벌였는데, 이후 노자는 목자(牧子)로 개칭되는 동시에 그 신분도 양인으로 전화되어갔다.

조선 초기에는 고려 말의 편제를 그대로 따르면서도 중국의 대명률(大明律) 등을 참고한 체제로서 운영하였다. 전국의 마정은 병조(兵曹) 및 사복시(司僕寺)에서 관장을 하였고, 지방에서는 목장이 있는 각 고을 수령에게 그 곳 목장 관리 업무를 겸임하게 했다가 1426년(세종 8)에 각 도의 목장 소재지에 전임(專任)의 감목관을 두었다. 감목관은 각 목장에 말 사육에 종사하는 군두(郡頭)·군부(郡副) 및 목자를 지휘 감독했다. 그 뒤 목장 부근의 말에 익숙한 역승(驛丞)과 염장관(鹽場官) 가운데 6품 이상의 관원을 뽑아 감목관을 겸임케 하였다.

1445년(세종 27)에 다시 각 도의 감목관을 없애고 부근의 수령과 만호를 겸임하게 하였다. 당시 최대의 목장이 있던 제주도에는 제주판관과 정의(旌義)·대정(大靜) 현감이 겸임했고, 경기도와 전라도는 목장의 과다로 별도의 감목관 1인을 두었으나 폐단이 많아 곧 폐지되었다. 1575년(선조 8)에는 전임의 감목관을 모두 없애고, 그 대신 소재지의 수령이 겸임하게 하였다.

1865년(고종 2)에 편찬된 『대전회통』에 따르면, 30개월을 만기로 하는 감목관(종6품)의 정원은 경기도에 5인(강화·수원·남양·인천·장봉도), 충청도에 1인(서산), 경상도에 3인(진주·울산·동래), 전라도에 5인(흥양·순천·나주·진도·제주), 황해도에 3인(해주·풍천·장연), 함경도에 3인(함흥·단천·온성), 평안도에 1인(철산)이 있었다.

이 가운데 인천은 영종첨사(永宗僉使), 장봉도는 만호, 서산은 평신첨사(平薪僉使), 동래는 다대포첨사(多大浦僉使), 해주는 등산첨사(登山僉使), 풍천은 초도첨사(椒島僉使), 장연은 백령첨사(白翎僉使), 철산은 선사포첨사(宣沙浦僉使)가 각각 겸임하고, 나머지 목장은 소재읍의 수령이 겸임하였다.

전국 최대의 목장이 있던 제주도의 경우는, 1408년(태종 8)에 최초로 감목관과 진무(鎭撫)를 배치했다. 1428년(세종 10)에 본주(本州)는 판관(判官, 종5품)이 감

목관을 겸하고, 대정(大靜)·정의(旌義)는 현감(縣監, 종6품)이 겸하게 하였다. 1440년(세종 22)에는 사복시의 건의대로 목사를 감목에 겸임시켜 세 고을의 마정을 통솔하도록 하였다. 따라서 그 칭호도 일반 감목관과는 달리 '지감목사(知監牧事)'라 칭했다.

왜란·호란 중에 1,300필이 넘는 자신의 말을 헌납했던 김만일(金萬鎰 : 종1품 숭정대부로 제수됨)에 이어 그 아들 김대길(金大吉)도 1658년(효종 9) 국가에 말 208두를 바치자 제주목사 이괴(李襘)의 건의에 따라 특별히 김대길을 산마감목관(山馬監牧官)으로 임명하고, 감목관직을 대대로 그 자손에게 세습하게 하였다. 이와 같이 조선시기에는 각 목장의 감목관이 때로는 전임관, 때로는 수령이 겸임해 말의 번식과 사육 및 관리를 담당했는데, 갑오개혁 이후 관제 개혁의 일환으로 1895년 7월 18일(음력) 폐지되었다.

[참고어] 목자, 목장토

[참고문헌] 南都泳, 1964,「朝鮮時代의 地方馬政組織에 對한 小考」『사학연구』 18 ; 南都泳, 1969,「朝鮮時代濟州牧場」『韓國史硏究』 4 ; 李成茂 등 편저, 1990,『朝鮮時代雜科合格者總覽』, 韓國精神文化硏究院

〈이석원〉

감영둔(監營屯) 감영이 경비를 보용하기 위해 운영했던 둔전(屯田)

감영은 조선시기 각 도의 감사[監司, 觀察使]가 정무(政務)를 보던 관아(官衙)이다. 그러나 조선 전기까지만 하더라도 감사는 관하의 각 고을을 순회·감시하는 순력제(巡歷制)로 운영되었기 때문에, 독립적인 정무 공간으로서 감영은 마련되지 못했다. 또한 군현이 국가로부터 운영경비로서 받았던 늠전(廩田)이나 관둔전(官屯田) 등도 별도의 영(營)을 두지 않았던 감사에게는 지급되지 않았다. 따라서 감사 예하의 관속이 받는 녹봉은 감사가 소재한 관의 아록전(衙祿田)·관둔전 수입이나 군자를 사용했고, 수용품(需用品)은 관하 주현 및 영진의 공납물로 충급했고, 각종 노동력 역시 해당 지역의 신역이나 부역으로 충당했다.

하지만 17세기 이래로 감사의 구임제(久任制)와 유영제(留營制)가 법제화되면서, 감영의 재정운영에도 큰 변화가 있었다. 즉 대동법(大同法) 시행과 함께, 함경도와 평안도를 제외한 6개의 감영에게 대동미 중 일정량을 영수미(營需米)의 명목으로 지급한 것이다. 예컨대 전라감영의 경우 대동미 중에서 총 2,750석을 배정받았고, 관할 각 읍에게 이를 전결수에 따라 차등을 두어 배분했다.[『전남도대동사목(全南道大同事目)』] 이로써 중앙은 감영의 독자적인 재원을 마련해줌과 동시에, 감영재정을 중앙재정에 편입시킬 수 있게 되었다.

대동법 시행을 통해 감영의 유영에 따른 비용을 마련했지만 액수가 충분했던 것은 아니었다. 특히 획급미의 책정이 해당 관속의 늠료와 사객지공미(使客支供米) 등에 국한되어 있어서, 공해 및 성지 수리비용이나 영리(營吏)의 상록(常祿), 군관의 요미(料米) 등을 충당할 수는 없었다. 따라서 각 감영에서는 필요한 각종 물화를 각 읍에 배정하거나 자체에서 그 재원을 창출하기도 했는데, 이때 감영에서 설치·운영했던 둔전이 바로 감영둔이다.

조선 후기의 감영둔은 조선 전기는 물론 이후에도 국가에서 공식적으로 지급된 둔전은 아니었기 때문에 자체적으로 마련해야 했다. 설정 방법을 보면, 관유재산을 통한 매입, 공금을 포탈한 자로부터 속공, 관찰사의 기부를 통한 매입, 부민(富民)의 기부, 무주전답의 귀속 등이 있었다. 이로써 마련된 감영둔은 감영 소속의 각 고(庫)에 배속되어 관리되기도 했다. 예컨대 감사 소용의 쌀, 금전, 포목 등을 전담하는 영고(營庫), 진휼미를 관장하는 진휼고(賑恤庫), 군량미를 관리하는 보군고(補軍庫) 등이 그것이다. 이외에도 각종 명목에 따른 고가 설립되었고, 이들에게 배속된 둔전 역시 해당 고의 이름을 따르는 경우가 대부분이었다. 하지만 간혹 토지소재지의 이름을 붙이거나, 혹은 둔토 설정의 원인에 따라 이름을 붙인 것도 있었는데, 대표적으로 경상도의 교구둔(矯捄屯)은 당시의 관찰사가 영속(營屬)의 폐를 교구하기 위하여 돈을 기부하여 매수하였다.

각 감영둔의 규모를 일괄적으로 파악한 자료는 없으나, 조선 후기 전국의 세원을 파악하기 위해 작성했던 자료들에서 감영둔의 규모를 짐작해 볼 수 있다. 예컨대 1793년(정조 17)에 작성된 『부역실총(賦役實總)』에는 둔세를 포함한 각 지역의 세입 규모가 조사되어 있는데, 그 중 황해도 감영의 경우에는 대미(大米) 26석 6승, 잡곡 580석, 둔우세조(屯牛稅租) 15석 등이 둔세로 수취되었다.

또한 갑오개혁 이후부터 통감부시기동안 작성된 공토안(公土案)류의 자료에서도 감영둔의 규모를 짐작해 볼 수 있다. 예컨대 1899년(광무 3)에 작성된 『대구군각둔전답자호복수두수급작인성명성책(大邱郡各屯田畓字號卜數斗數及作人姓名冊)』(奎 19285-2)에는 대구군 소재의 둔전 규모가 파악되었는데, 그 중 관둔전의 총면적은 전 405두락 7승락, 답 118두락 5승락, 전답 11결 36부 6속이었다. 조선 후기에는 경상도관찰사가 대구부사를 겸직했기 때문에 둔전 중 대부분은 감영둔이라 보아도 무방할 것으로 보인다.

원칙적으로 감영둔은 면부(免賦)나 면세(免稅)의 혜택이 없었다. 그러나 설치와 운영이 감영의 재량에 따라 독자적으로 이루어졌기 때문에 수세대상에서 제외된 토지도 다수 있었을 것으로 보인다. 또한 이처럼 관리 및 수입방법이 불충분한 것에 편승하여 관찰사와 예하 관원은 지방비의 임시지출 등 여러 구실을 빙자하여 임의로 둔전을 매도 또는 양여하여 민간의 소유지가 된 경우도 많았다.

감영둔은 1894년 중앙 및 지방관제의 개편으로 감영이 폐지되자 모두 탁지부의 소관이 되었다가, 1897년 군부로 이관되었다. 또한 1899년에 왕실재정의 강화라는 명분에 따라 궁내부 내장원이 관리하고 도조를 징수하였다. 1907년 다시 탁지부의 관할이 되었다가, 1909년 국유지 실지조사와 토지조사사업을 거쳐 대부분 국유로 처리되었다.

[참고어] 둔전, 아문둔전

[참고문헌] 『경국대전』; 『전남도대동사목(全南道大同事目)』; 『부역실총(賦役實總)』; 김양식, 2000, 『근대권력과 토지』, 해남; 김태웅, 2004, 「조선후기 감영 재정체계의 성립과 변화-전라감영을 중심으로」 『역사교육』 89; 송양섭, 2006, 『조선후기 둔전 연구』, 경인문화사 〈윤석호〉

감저(甘藷) 고구마. 1763년에 대마도를 거쳐 조선에 전래되었는데 영양분이 축적되어 있는 덩이뿌리를 식용에 이용하는 식물.

1763년(영조 39) 일본에 통신사 정사로 건너간 조엄(趙曮)이 10월 대마도 좌수나포(左須奈浦)에 도착하였을 때 감저 즉 고구마를 보고 몇 되를 부산진(釜山鎭)에 보내면서 조선에 감저가 전래되었다. 조엄은 이듬해 1764년 6월 귀국하는 도중에도 고구마를 구해왔다. 이렇게 전해진 고구마 종자를 국내에 전파하는 데 결정적인 역할을 한 것은 이광려(李匡呂)였다. 이광려는 강계현(姜啓賢)의 도움을 얻어 통신사가 보낸 고구마 종자를 구하여 직접 파종하여 수확을 거두기도 하였다. 이광려로부터 고구마에 관한 이야기를 전해들은 동래부사 강필리(姜必履)는 다음해인 1765년(영조 41) 고구마 종자를 많이 확보해 한성부에 보내는 한편, 또한 동래에서 재배를 시도했으며, 이러한 과정에서 고구마 재배법을 정리해 『감저보(甘藷譜)』를 저술했다.

18세기 후반 남해안 지역을 중심으로 고구마 재배의 보급이 이루어졌고, 조정에서도 이에 관심을 기울였다. 1798년(정조 22)에 비변사가 복주하기를 "감저에 대한 일입니다. 감저가 참으로 구황(救荒)에 요긴한 작물인데 남해안 연안의 여러 읍에서 간혹 재배하는 곳이 있습니다. 연전에 이미 감저를 배양하라고 신칙하였는데, 실효가 있는지 여부를 아직 알지 못하고 있습니다. 다시 한 번 제도에 신칙하기 바랍니다.(甘藷事. 甘藷實爲救荒之要種, 南沿諸邑, 間多有之. 年前亦已申飭培養, 而實效有無, 姑未可知. 更爲另飭諸道.[『정조실록』 권50, 22년 11월 30일(기축)])"라고 하였다.

그러나 고구마의 경작비중이 벼나 보리와 같은 주곡작물과 같은 정도로 높아지는 단계는 훨씬 이후의 일이었다. 당시는 농민들이 고구마의 특성을 파악하고 고구마 재배법에도 쉽게 접근할 수 있었지만, 아직 고구마를 주요한 재배작물로 채택하는 정도는 아니었다. 따라서 18세기 후반 이후 고구마의 재배와 재배법 정리에 힘을 기울인 조선 농민과 당대 지식인의 관심은 적극적으로 평가되어야 한다. 즉 조선 농민들이 기호작물, 구황작물로 고구마의 재배를 수행해온 과정도 고구마의 재배 보급으로 볼 수 있는 것이다.

18세기 후반 이후 19세기 초반에 걸쳐 고구마가 조선에 자리잡는 과정은 다른 측면에서 보면 고구마의 재배법이 정리되는 과정이었다. 고구마의 재배법으로 먼저 일본에서 고구마 종자와 더불어 『감저종식방』이 도입되었다. 이후 일본의 재배법에 의거하여 경작하다가, 점차 조선의 토질과 기후 특성에 맞는 재배법을 개발해나갔다. 여기에 중국에서 활용되던 고구마 재배법을 참고하면서 조선의 토착적인 재배법을 고안하였다. 이러한 과정은 18세기 후반 이후에 고구마 재배법을 정리한 농서들을 통해서 찾아볼 수 있다.

조엄은 일본의 고구마 재배법을 소개하고 있는데 소략한 것이었다. 봄철의 파종시기와 덩굴을 잘라 고구마 알이 맺히게 하는 방법, 저장법 등 간단한 것이었다. 고구마가 조선에 전파된 이후 고구마 재배법을 정리한 최초의 인물은 강필리였다. 그는 1765년(영조 41)에서 1766년 사이에 『감저보』를 편찬하였고, 그의 동생인 강필교(姜必敎)가 형이 지은 『감저보』를 근간으로 몇 곳에 보충을 더하여 새로운 『감저보』를 편찬하였다. 이때 강필리의 『감저보』는 주로 일본의 고구마 종식방을 기본으로 삼고 있었지만, 강필교가 보충한 『감저보』

는 중국의 고구마 재배법, 강필리의 고구마 시험재배 결과 등을 포함하고 있었다. 강씨 형제의 『감저보』의 내용은 유중림(柳重臨)이 편찬한 『증보산림경제(增補山林經濟)』에 압축 수록되어 있다.

19세기 초반에 서경창(徐慶昌)이 고구마 재배법을 정리하여 1813년(순조 13) 『종저방(種藷方)』을 편찬하여 간행하였다. 그는 『종저방』을 편찬하면서 특히 구황에 도움을 주려는 것을 목적으로 삼고 있었다. 그는 관부에서 고구마 경작하는 것을 잘 권장해야 한다고 주장하였다. 서경창이 정리한 고구마 재배법의 특색은 우선 종자 보관의 안정성을 강조하는 것이었다. 그리고 고구마를 경작할 때 심경(深耕)뿐만 아니라 분양(糞壤) 즉 거름주기에 커다란 강조점을 두는 것이었다.

고구마 재배법을 집대성하여 정리한 인물은 서유구(徐有榘)인데, 그가 지은 책이 바로 1835년(헌종 1)의 『종저보(種藷譜)』이다. 『종저보』는 18세기 중·후반 이후 고구마 재배법이 조선의 풍토에 맞게 개량되어나가는 모습을 잘 보여주고 있다. 서술 방식에서도 아국(我國) 즉 조선의 특수한 고구마 재배법을 따로 정리하면서 중국 등의 재배법과 구별하고 있었다. 예컨대 고구마 파종 시기에 대한 설명, 그리고 파종시기의 차이가 나타날 수밖에 없는 배경에 대한 서술 등에서 조선의 풍토를 기반으로 삼고 있었다. 또한 고구마 종자를 보관하는 장종법(藏種法), 수확한 고구마를 가루로 만들어 식용으로 활용하는 방법 등도 조선적인 기술이었다. 여기에 조선의 각지에서 고구마 재배법이 나름대로 정립되어 가는 과정도 담아놓고 있었다.

이처럼 1763년 조선에 전래된 감저는 조엄을 비롯한 여러 사람에게 구황에 커다란 도움을 줄 수 있는 작물로 간주되었다. 이광려, 강필리 등의 관심과 노력으로 감저를 재배하는 경작법이 정리되었고, 농민들 사이에 감저 종자가 보급되었다. 18세기 후반 이후 고구마 재배법의 정리 과정은 이미 고구마를 재배하고 있던 일본과 중국의 재배법을 참고하면서, 조선의 풍토에 걸맞은 조선의 고구마 재배법을 정립해나가는 과정이었다. 이러한 점에서 감저는 외국으로부터 새로운 작물이 도입되어 전파·보급되고, 그 재배법이 정립되는 양상을 잘 보여주는 식물이라고 할 수 있다.

[참고어] 조엄, 강씨감저보, 종저보, 감저종식법, 감저경장설

[참고문헌] 吳壽京, 1995, 「朝鮮後期 利用厚生學의 展開와 『甘藷譜』의 編纂」 『安東文化』 16, 안동대학교 안동문화연구소 ; 金在勝, 2001, 「고구마의 朝鮮 傳來」 『동서사학』 8, 한국동서사학회 ; 염정섭, 2006, 「조선 후기 고구마의 도입과 재배법의 정리 과정」 『韓國史硏究』 134, 한국사연구회 〈염정섭〉

감저경장설(甘藷耕藏說) 연대·작자 미상의 고구마 재배와 저장에 관하여 기술한 책.

『종저방(種藷方)』과 내용이 유사하며, 1813년(순조 13)에 서경창(徐慶昌)이 엮은 책이라고도 한다. 그러나 내용 가운데 1830년에 신종민(申鍾敏)이 북관육진(北關六鎭)의 경계에서 몇 알의 감자를 가져왔다는 기록이 보이므로 연대가 맞지 않는다. 뒷부분에 '구황보유방(救荒補遺方)'이라는 제목 아래 『구황촬요(救荒撮要)』와 『구황보유방』에서 채록한 내용이 덧붙여져 있다.

서문이나 목차·발문 등이 없고, 총론, 종식(種植), 경지(耕地), 작식(作食), 수만(收蔓), 장종(藏種), 제승(諸勝), 저종생건변혹설(藷種生乾辨惑說), 감저계고(甘藷稽古), 북저경종설(北藷耕種說), 구황보유방 등의 항목으로 구성되어 있다.

총론에서는 이 저술의 편찬 목적을 밝혔는데, 우리 농민들이 고구마의 재배법과 저장법을 몰라 구황작물로 이용하지 못하기 때문에 책을 엮는다고 하였다.

종식항에는 고구마의 파종시기와 주의 사항, 육묘의 관리, 파종 간격 등이 기록되어 있다. 춘분 뒤부터 7, 8월까지 사이에 심을 수 있으나, 늦게 심을수록 낟알이 작다는 점을 지적하였다. 경지항은 토지에 관한 내용이 실려 있다. 고구마를 재배하기에 적합한 땅을 선택하는 법, 거름주는 법, 재배 시기, 심는 수량 등을 상세히 기록하였다. 작식항은 고구마를 섭취하는 방법을 서술하였다. 날로 먹어도 되고 쪄서 먹어도 되며, 찐 다음 가늘게 썰어 말려 쌀 대신 죽을 쑤거나, 말려서 가루로 만들어 떡을 만들 수 있고, 술이나 장을 담글 수도 있다고 하였다. 수만항은 고구마 줄기와 잎을 이용하는 법을 서술하였다. 소·양·돼지의 사료로 쓰거나 건초를 만들어 겨울에 쓴다고 설명하였다.

장종항은 서리가 내리기 전에 수확하되, 겨울철에 저장하는 요령과 주의사항을 기록하였다. 제승항은 고구마의 열두 가지 장점을 서술한 것이다. 저종생건변혹설항에는 고구마가 저온약하다는 점, 잘못 저장하면 썩는다는 것, 월남(미얀마)에서는 그늘에서 말린 뒤 저장한다는 내용, 기후가 비슷한 강진·해남 지역에서 저장하는 방법을 몰라 재배면적을 확대하지 못한다는 내용을 기록하였다. 씨고구마 선택의 요령도 서술하였다. 감저계고항은 『본초강목』이나 『이물지(異物志)』 등

옛 서적의 기록을 풀이한 내용이다.

북저경종설은 감자가 재배된 경위와 재배법, 고구마와의 차이, 월동시 저장온도가 고구마에 비해 낮다는 점, 늦게 심고 빨리 수확한다는 점을 기록하였다. 또한 감자를 함경도의 육진에서 신종민이 도입하였다는 기록도 이 항목에 기재되어 있다.

이 책은 고구마의 재배와 성질 등에 관하여 과학적으로 정확하게 기록하고 있으며, 건조한 곳과 습한 곳에 나누어 재배하고 비교한 내용은 농업기술 개량의 시도로 보여 중요한 의미를 지니고 있다는 평가를 받는다. 국립중앙도서관에 소장되어 있다.

[참고어] 감저, 감저신보, 감저종식법, 강씨감저보, 조엄

[참고문헌] 손진태, 1941,「감저전파고(甘藷傳播考)」『진단학보』13 ; 이춘녕, 1964,『이조농업기술사』, 한국연구원 ; 이성우, 1981,『한국식경대전』, 향문사 ; 김영진, 1982,『농림수산고문헌비요』, 한국농촌경제연구원 〈정두영〉

감저신보(甘藷新譜) 1813년(순조 13) 김장순(金長淳)이 편찬한 고구마에 관한 책.

1764년(영조 40) 통신사 조엄(趙曮)이 대마도에서 가져온 고구마 종자를 농학자 김장순이 9년 동안 연구한 끝에 재배에 성공한 뒤, 그 재배법을 널리 보급하기 위해 저술한 책이다. 전라도에서 9년 동안 고구마를 시험 재배했던 선종한(宣宗漢)을 이 책의 공저자로 보아야 한다는 견해도 있다. 서문·범례·문답에 이어 종시법(種蒔法)·식품법(食品法)·강씨감저보변와(姜氏甘藷譜辨訛)의 순으로 기술되어 있다. '강씨감저보(姜氏甘藷譜)'라 불리는 강필리의『감저보』와 함께 참고되어, 서유구(徐有榘)의『종저보(種藷譜)』등 조선 후기 문헌에는 흔히 '김씨감저보(金氏甘藷譜)'로 소개되기도 한다. 이 책은 특히 우리나라에서의 재배경험을 토대로 저술되었다는 데 그 의의가 있다.

[참고어] 조엄, 감저, 강씨감저보, 종저보

[참고문헌] 손진태, 1941,「감저전파고」『진단학보』13 ; 염정섭, 2006,「조선 후기 고구마의 도입과 재배법의 정리 과정」『한국사연구』134

감저종식법(甘藷種植法) 저자와 편찬연대가 분명치 않은 고구마의 재배·이용·저장 등에 관한 기술서.

1책 필사본으로, 강필리가 저자라는 주장이 있다. 표지의 제목이 지워져 있어 원래 책이름을 알 수 없고, 서문과 발문도 없으므로 저자와 편찬연대가 명확하지 않다.

이 책은 고구마 재배법, 구황식물의 이용법, 목양법(牧養法)·수장과실법(收藏果實法)·조국(造麴)·양주(釀酒)·식기(食忌)·조장(造醬) 등의 항목으로 구성되어 있다. 고구마 재배법과 그 외 항목의 필체가 다르므로 뒷부분이 추가된 것으로 보인다. 고구마 재배법에서는 주저(朱藷)·번저(番藷)·홍산약(紅山藥) 등 고구마의 여러 가지 이름을 소개하고, 고구마의 성질·형태·색·맛·용도·수확량 등의 일반적인 특징을 설명하였다.

저자는 고구마가 ①면적당 수확량이 많다, ②맛이 좋다, ③사람의 몸에 좋으며, 줄기가 땅을 덮고 뿌리가 내림으로써 풍우가 땅을 침식하지 못한다, ④흉년에 쌀을 대신할 수 있다, ⑤술을 담글 수 있다, ⑥저장하여 여러 가지로 사용할 수 있다, ⑦날 것이나 익힌 것 어느 경우로도 먹을 수 있다, ⑧충해에 강하고 김매기에 공이 덜 든다는 등 장점을 열거하고 그 재배를 권장하였다.

고구마의 재배와 저장방법에 대해서는 파종에서부터 수확 후 저장에 이르기까지의 과정을 항목을 나누어 자세하게 설명하고 있다. 종법(種法), 경지(耕地), 점지법(占地法), 옹절법(壅節法), 전경분종법(剪莖分種法), 단별근묘법(斷別根苗法), 장종법(藏種法) 등의 항목을 통해 고구마를 심기에 적합한 경지를 고르는 법, 심은 뒤 기르는 법, 줄기를 잘라 심는 법과 씨고구마를 잘라 심는 법, 고구마를 저장하는 법 등을 설명하였다.

고구마는 저장하기 쉽지 않았기 때문에 특히 장종법을 자세하게 설명하였다. 땅에 묻어 저장하는 법, 볏짚에 싸서 온방에 저장하는 방법 등을 기술하였다. 끝부분에는 중국과 일본에서의 고구마 재배에 관하여 전해지고 있는 이야기, 통신사가 본 대마도에서의 재배현황, 표류해 온 남경인(南京人)의 고구마에 대한 설명, 일본에 표착(漂着)하였던 제주어민이 그곳에서 본 고구마의 이용과 효과 등 고구마와 관련된 여러 가지 내용을 기술하고 고구마재배의 필요성을 강조하였다. 고구마 재배의 기술적 변천을 밝히는 데 참고할 수 있는 자료이다. 서울대학교 도서관에 소장되어 있다.

[참고어] 감저, 강씨감저보, 감저경장설

[참고문헌] 손진태, 1941,「감저전파고(甘藷傳播考)」『진단학보』13 ; 김영진, 1980,『농림수산고문헌비요』, 한국농촌경제연구원 ; 김용섭, 1971,『조선후기농업사연구』, 일조각 〈정두영〉

감조론(減租論) 지대(地代)를 인하·경감함으로써 지주전호제의 모순을 해소하려는 지주제 개혁론 또는 개선론.

17세기 이래 조선에서는 대토지 겸병과 불균등한 토지소유가 심각한 사회문제로 떠오르면서 이 모순을 해결하려는 정전론(井田論)·균전론(均田論)·한전론(限田論) 등의 토지개혁론이 제기되었다. 유가사상에서 이상적인 토지제도는 정전법(井田法)이었으나, 이를 조선에서 시행하기에는 어려움이 많았다. 산과 시내가 많아 획정(劃井)이 어려운데다, 재정적인 문제로 공전(公田)이나 채지(采地)를 확보하는 것도 쉬운 일이 아니었다. 그리하여 정전법의 정신을 이었다는 수·당의 균전법(均田法)이 그 대안으로 제시되었고, 다른 한편에서는 실현 가능성을 중시하여 토지구매 허용의 상한을 정해 점진적으로 토지소유를 균등하게 만드는 한전법(限田法)이 제시되었다. 그러나 정전론·균전론은 물론이고 한전론도 권세가나 토호의 대토지 소유에 제한을 가해 토지소유의 균등을 달성하는 개혁방안이었기 때문에 현실적으로 실행하기 어려웠다. 이들 개혁방안을 실시하자면 대토지 소유에 집착하는 권세가나 토호세력을 물리적으로 제압해야 하나, 이것은 혁명과 같은 비상상황이 아니고서는 불가능하였다.

그러한 가운데 19세기 들어 대토지 겸병이 더욱 확대되고 농민몰락이 가속화되면서 철종조에 이르면 마침내 빈농층의 대규모 유망이 일어나고, 민란이 폭발하며, 군도(群盜)가 출현하는 등의 체제 해체 위기가 심화되었다. 이러한 절박한 위기를 타개할 응급적 개혁방안으로 제시된 것이 정전법·균전법·한전법 실시 없이도 토지개혁의 효과를 낼 수 있는 감조론이었다. 감조론은 대토지소유를 혁파하거나 제한하지 않고 인정하되, 국가가 지대율을 강제로 경감·인하시켜 농민경제와 농촌사회를 안정시키는 지주제 개혁론이었다.

감조론은 주로 1862년 농민항쟁 수습책으로 제출된 응지삼정소(應旨三政疏)에서 제시되었다. 삼정개혁책과 결합해 감조론을 주장한 대표적 논자는 강위(姜瑋)와 김병욱(金炳昱)이었다. 강위는 삼정개혁책으로 1/10 납세의 원칙에 따라 매 결당 30두의 세를 징수하고 그 밖의 부세 일체를 폐지할 것을 주장했다. 동시에 지주층에 대해서도 이 규정을 적용해 지대수취를 기존의 반타작(半打作)에서 국가 수취의 2배 즉 10분의 2로 경감하도록 했다. 농민경제와 농촌사회를 안정시키기 위해 1/10세의 도입과 전호농민에 대한 감조를 동시에 도입해야 하며, 이를 통해 토지 겸병도 사라질 것이라고 보았다.

김병욱의 감조론은 여기서 한걸음 더 나아가 소작농민의 경작권 보호를 동시에 시행할 것을 주장하였다. 그는 관(官)에서 지대를 1/3로 인하하는 조치를 단행하고, 아울러 '전인영경(佃人永耕)', 즉 영구경작권을 전호작인에게 부여하는 감조론을 제시하였다. 그는 1/3 지대가 당시 선량한 지주들이 이미 시행하고 있던 것이어서 정부 정책으로 충분히 채택할 수 있다고 했다. 또한 지주의 소작권 이동이 지대 인상의 유력한 수단이기 때문에, 이를 전호작인에게 영구경작권으로 보장하는 개혁을 단행하면 지주의 지대인상과 농업생산에 대한 개입을 근원적으로 막을 수 있다고 하였다.

농민적 입장에서 지주제 개혁을 주장한 감조론은 한말 호남유생 이기(李沂)에 의해서도 제시되었다. 1894년의 농민전쟁을 겪고 난 후 구상된 이기의 감조론은 19세기 중엽의 감조론 보다 지대 인하율을 강화하였다. 그는 정전제에서의 부세 수취법에 의거해 토지를 경작하는 농민에게서 수취하는 것은 공세(公稅)와 지대인 사세(私稅) 합쳐 1/9로 정할 것과, 공세와 사세의 수취율을 동일하게 하는 감조론을 주장하였다. 그의 감조론에 따르면 지주는 전호농민에게서 1/18을 지대로 수취하는 것이었다. 이처럼 감조를 단행하면 토지의 투자가치는 급격히 낮아져 토지 겸병이 사라지며, 정부에서는 재정을 동원해 민전을 매입하여 공전(公田)을 만들 수 있다고 보았다. 아울러 왕실에 토지사여를 엄금하면 10~20년 안에 전국의 토지가 공전화될 것으로 보았다. 즉 다시 정전제를 시행할 수는 없다 하더라도 그 정신을 살려 공전 재분배를 실현할 수 있다고 본 것이다. 이처럼 이기는 감조를 통해 유상매수·무상분배의 토지개혁을 달성하려 하였다.

철종조 강위에서부터 19세기 말 이기에 이르기까지 농민적 입장의 감조론은 근대화를 염두에 둔 토지개혁론이었다. 이 감조론은 대폭적인 지대 인하를 단행하여 지주제와 토지 겸병을 무의미하게 만들고, 궁극에는 '경자유전(耕者有田)'의 토지개혁과 농업근대화를 성취하려는 것이었다.

그러나 19세기에는 농민적 입장에서의 감조론만 제기된 것은 아니었다. 다른 한편에서는 지주제를 유지하면서도 농민경제와 농촌사회를 안정시키려는 지주제 개선방안으로서의 감조론도 제기되었다. 성주 유생 이진상(李震相)과 개화파 유길준(兪吉濬)의 감조론이 그 경우였다. 이진상은 퇴계학맥을 계승한 성리학자로 19세기 조선 사회의 모순을 주자학에 의거해 해결하고, 척사론의 입장에서 외세의 침략과 문호개방에 대처하였다. 그는 철종조 농민항쟁 수습책의 일환으로 감조론을 제시하였다. 그의 감조론은 당시 양심적 지주층이 시행하고 있던 '3분취1'의 관행, 즉 1/3의 지대율을 법제화하여 시행하는 것이었다. 이를 통해 그는 지주와 전호농민 사이의 대립을 완화함으로써 동요하던 농촌사회를 진정시키고 주자학적인 향촌질서를 복구하려 하였다. 그것은 '정전난행(井田難行)'의 입장 하에서 토지개혁에 부정적이었던 주자의 지주전호제론에 입각한 지주제 개선론으로서의 감조론이었다.

유길준의 감조론도 지주제를 유지·보호하는 지주제 개선론의 입장에 서 있었다. 그러나 그는 척사론이 아니라 개화·근대화의 관점에서 감조론을 제기하였다. 유길준은 재산권 보장이 근대국가 수립의 기본조건이라는 인식 아래 토지 재분배론을 배격하였으며, 지주 소유권을 보장하고 지주제를 기반으로 근대화를 추진할 것을 구상하였다. 그러나 그는 농민항쟁을 경험하면서, 지주제를 보호하고 육성하더라도 소작농민을 배려하는 조치가 필요하다고 보았다. 그리하여 토지와 인구분포를 조사해 농민에게 차경지를 균등 배분하고, 지대 수취도 타작제에서 정액제로 전환하며, 수취율도 3/10으로 인하할 것을 주장하였다. 또한 지세는 1/10로 하되 지주와 소작농민이 반씩 나누어 내게 하였다. 그는 이러한 감조를 통해 농민경제·농촌사회를 진정시키면서 다른 한편 지주경영을 통해 자본을 축적하고, 이를 산업자본으로 전환시켜 근대화를 이룩하려 하였다.

감조론은 19세기 중반 이후 지주와 전호농민 혹은 소작농민 사이의 계급대립이 심각한 사회문제로 표출된 상황에서 제기되었고, 크게 지주제 개혁을 주장하는 입장과 지주제 유지를 주장하는 입장으로 나뉘어져 있었다. 그러나 입장 차이를 막론하고 그 어느 것도 역사적으로 실행된 것은 없었다.

[참고어] 정전론, 균전론, 한전론, 대전론, 십일세

[참고문헌] 김용섭, 1984, 『한국근대농업사연구』(상), (하), 일조각 ; 김도형, 1994, 『대한제국기의 정치사상연구』, 지식산업사

〈이윤갑〉

갑사둔(甲士屯) 조선 후기 북한산성의 운영경비를 조달하기 위해 운영했던 둔전 중 하나.

원래 병조의 목장이었으나, 1714년(숙종 40) 북한산성에 갑사둔을 설정했다. 처음에는 수어청(守禦廳)의 천총(千摠)에 속하게 하였다가, 1747년(영조 23)에 총융청(摠戎廳)이 관리하도록 하였다. 별장(別將)과 둔장(屯長)을 두어 토지의 개간과 징세를 일임했고, 환미(還米)를 두어 모곡(耗穀)을 받아 둔속(屯屬)의 경비에 충당했다. 1721년(경종 1)에는 양향청(糧餉廳)의 둔전이었던 수유둔(水逾屯)을 경리청당상(經理廳堂上) 민진후(閔鎭厚, 1659~1720)의 요청으로 편입시켜 그 규모가 확장되었다.

1894년 민유지로 분류되어 탁지부에 지세를 납부했던 갑사둔은 양반·관료·관속 신분인 지주 23명이 전체의 42.4%, 답의 95% 이상에 이르는 4결(結) 34부(負) 7속(束)의 토지를 소유한 뒤 모두 소작을 주고 있었다. 그런데 내장원의 역둔토 조사에서 사적 소유관계를 고려하지 않고 갑사둔을 공토(公土)로 간주해 둔전으로 편입시키자, 이들이 반발하여 도조(賭租) 납부를 거부하는 지대거납투쟁을 일으키기도 했다.

[참고어] 둔전, 영문둔전, 산성둔

[참고문헌] 『숙종실록』; 『영조실록』; 和田一郎, 1920, 『朝鮮土地地稅制度調査報告書』

갑술양전(甲戌量田) 1634년(인조 12)에 삼남 지방에서 시행된 양전사업.

조선 초 공법(貢法)에서 만들어졌던 연분 9등의 제도는 임진왜란 이전부터 마지막 등급인 하지하(下之下)로 고정되어 부세 수입은 감소하는 추세였다. 이러한 재정구조는 임진왜란으로 인하여 현저하게 악화되었는데, 전란 직후 파악된 호구는 이전의 1/10 수준이었고, 토지 역시 30만여 결로 평시의 1/5 수준에 그쳤다. 이처럼 수세지가 극감한 것은 경지가 황폐화된 탓도 있지만, 대부분의 양안(量案)이 소실되면서 경작지를 제대로 파악할 수 없었기 때문이었다. 또한 한편으로는 전란 후 기경된 지주층의 토지가 은루결이 되면서, 부세부담이 영세 농민층에게 전가되는 문제도 발생하고 있었다.

이와 같은 전세 수입 부족과 토지대장의 부실 문제를 해결하기 위해 양전사업이 급선무가 되었고, 임진왜란이 끝난 1600년부터 본격적으로 논의되기 시작했다. 그러나 재정문제로 인해 양전방식은 임시방편적인 성격을 띠고 있었다. 곧 중앙에서 양전사가 파견되는 것이 아니라, 매년 시기결과 진황지를 각 읍이 각기 타량하여 감사를 통하여 중앙에 보고하며 이후 재상경차관(災傷敬差官)이 호조에서 각 도마다 1읍을 추첨[抽栍]해 타량하는 방식이었다. 그러나 진황지의 경우 양전을 한 뒤 경작되지 않아도 백징(白徵)을 당할 수 있다는 저항에 직면하자 시기결만을 타량하도록 했다. 또한 경차관의 답험 역시 추첨에 따른 읍간의 불공평 문제로

인해 폐지되고, 대신 실제 타량을 맡은 수령에 대한 감사의 감독을 강화하는 것으로 바뀌었다. 아울러 경차관 대신 양전어사를 파견해 양전이 끝난 읍을 대상으로 1면을 추첨해 복심하기로 했다. 그러나 1601년부터 시행된 양전은 지지부진했고, 1603년 다시 추진하여 다음해 봄에 비로소 마치게 되었는데, 이를 계묘양전(癸卯量田)이라고 한다.

계묘양전을 통해 30만여 결에 불과하던 정부의 수세지가 54만여 결로 증가하였다.[전라도 198,672결, 경상도 173,902결, 충청도 240,744결, 경기도 141,959결, 강원도 33,884결, 황해도 106,832결, 함경도 54,377결] 하지만 진황지를 토지대장에 등록하지 않았기 때문에, 이후 개간된 토지가 수세대상으로 파악되지 못해 은루결이 급증하는 결과를 초래했다. 특히 공납제 개혁에 있어서 주요 현안으로 등장한 대동법 실시를 위해서도 양전은 절실한 과제로 부각되고 있었다. 그리하여 계묘양전 이후 20년만인 1623년(인조 원년)부터 양전논의가 제기되었고, 당시 개간의 추세를 고려해 1634년(인조 12)에 비로소 시행되었다. 이를 갑술양전이라고 하는데, 본래는 삼남지방에 양전을 한 뒤 곧바로 강원도와 경기를 시행하고자 하였으나 실제로는 추가적으로 시행되지 못하였다. 갑술양전의 목표는 양전사목(量田事目)에 '평상시의 결부를 채운다[滿平時結負]'라고 명기되어 있듯이, 토지를 철저하게 파악하여 임진왜란 이전의 결총을 회복하는 것이었다. 실제로 계묘양전에서 파악하지 못했던 진황지가 등록되고 전반적으로 전품도 상승되면서 결총도 획기적으로 늘어나서 거의 임진왜란 이전의 결총 수준에 도달하였다.

갑술양전은 각도에 2명씩 파견된 6명의 양전사가 담당하였다. 여기서 수령보다 양전사 쪽을 선택한 것은 그쪽이 재지 지주층을 통제하는 데 있어서 더욱 효과적이기 때문이었다. 갑술양전은 광범위한 개간지, 곧 은루결의 파악에 목표가 있었고 은루결은 주로 지주층의 소유지에 편재하였던 것이다. 양전사가 주관한 갑술양전은 수령이 주관한 계묘양전에 비해 한층 강화된 양전이었다. 이때 결부법을 개정하여 국초 이래의 수등이척법(隨等異尺法)을 폐지하고 전분 6등에 모두 같은 자를 통용하게 하였다. 양전 과정에서 이척제(異尺制)보다 동척제(同尺制)가 통제하기에 효과적이었기 때문이다. 동척제는 그 뒤 양전에서 계승되었다.

갑술양전에서는 당시 광범위하게 전개되던 해안 및 도서지역의 개간과 증가해가는 면세지에 대해 특히 유의하고 있었다. 사복시(司僕寺) 목장토 내의 개간지, 해곡언전(海曲堰田), 제언모경처(堤堰冒耕處), 제궁방 및 각아문의 면세결 등에 대한 특별한 관심이 그것이었다. 사복시 목장은 주로 해안과 섬에 설치되어 있었는데 목장과 해곡언전에 주목한 것은 당시 개간이 해안과 섬에까지 확대되었던 현실을 반영한 것이다. 제언에 대한 모경(冒耕)은 조선 전기부터 계속 금지하였지만 이 무렵 상당수가 개간되었기 때문에 포함시켰다. 궁가, 아문의 면세결에 대한 조사는 이들 면세결이 임진왜란 이후 급격히 늘어나면서 은루결이 늘어났기 때문에 그 대책으로 나왔다. 이들 지목(地目)은 갑술양전 이전에 잘 파악되지 않거나 불분명하게 취급되던 것이었다.

한편 갑술양전에서는 임진 이전의 지목, 즉 정전(正田)과 속전(續田)의 구분에서 벗어나고 있었다. 갑술양전의 기본적인 지목은 기경전(起耕田)·진전·속전의 3종으로 구별되었다. 조선 전기의 정전과 속전에 대비할 때, 기경전·진전은 정전에 해당하고 속전은 그대로 사용하였다. 조선 전기 속전은 별도의 속안을 통해 파악되었으며, 수기수세(隨起收稅)의 원칙에 따라 진황될 경우 답험을 통해 면세되는 경지였다. 그러나 갑술양전에서는 계묘양전 이후 새롭게 파악된 경지를 속전으로 정안에 등록했고, 이후 정전과 동일하게 취합하여 경작되지 않더라도 면세되지 않았다. 물론 이러한 변화는 삼남지역에 국한된 것이지만, 임진왜란을 전후해 상경(常耕)하지 못하는 불완전한 화전이 점차 상경전으로 변화했던 당시 상황을 반영하는 것이었다.

또한 갑술양전에서는 진전이 양안에 등록되기 시작하였다. 조선 전기 양전에서 진전은 독자적 지목으로서 의미를 갖지 못하여 정전과 동일하게 등록되었다. 그러나 임진왜란 이후 속전을 정전과 동일하게 파악하면서 기경전과 진전의 구별이 강화되고 양안에서도 구별되었다. 곧 산전(山田)·언전(堰田)·하안(河岸) 등의 다양한 개간지가 늘어나면서 수해·한해를 입기도 하고 토양의 한계라는 자연적 환경, 또는 부세가 늘어나거나 경작인구가 부족하여 장기간 진황되는 경지가 늘어났다. 이들 진전이 갑술양전을 통하여 양안에서 구별되기 시작한 것이다. 그 중 양부진전(量附陳田)은 구진(舊陳)이라고 하며, 유래진잡탈(流來陳雜頉) 즉 여러 해 동안 계속 재해를 입어 묵혀진 경지로서 면세되었다. 또한 구진과 함께 특별히 금진(今陳)도 파악되어 면세되었다. 그 결과 막대한 진전 결수가 결총에 나타나는 결과를 낳게 되었다.

이러한 과정을 거치면서 국가의 부세 대부분을 담당하는 삼남지방에 대한 새로운 양전이 일단 마무리가 된 셈이었다. 그 결과 방대한 은루결이 파악되었는데, 그 면적은 당시 실제 개간되었을 경지 25만여 결의 3/4에 해당하는 18만 8천여 결에 달했다. 또한 조사된 삼남지방의 총 농지면적은 895,489결이었는데, 임진왜란 이전 1,130,000결의 거의 80% 수준이었다. 이렇게 늘어난 것은 실제 가경지의 3/4에 달하던 은루결과 전체 가득결(加得結 : 실제 경작지) 543,414결의 65%인 354,629결에 달하는 막대한 진전이 사출된 결과였다

그러나 양전의 폐단도 적지 않았다. 양안에 실적 산출의 근거인 변의 길이가 제대로 기재되어 있지 않거나 경상우도 모든 읍의 양안에는 실적 산출의 근거인 변의 길이가 전혀 기재되지 않았으며, 3·4등의 집등(執等)이 해부(解負 : 경지의 결복을 계산하여 산출함)될 때 1·2등으로 된 곳이 상당수 존재하였다. 경상좌도에서 각면 단위로 자호와 지번을 배정하지 않고 원(員)을 단위로 삼았던 사례가 있다. 전라좌도의 부안의 변산 일대에서도 실제 경지가 없이 결부만 기록된 허록(虛錄)의 폐단도 있었으며 장광척수와 부속(負束)이 상호 부합하지 않는 해부(解負)의 착오가 있었다.

이러한 문제는 전반적으로 양전에 대한 운영이 미숙하였기 때문이었다. 양전 운영이 미숙하면서 지주층과 연관된 여러 가지 양전 부정이 자행될 수 있었으며 그만큼 소농층의 부역이나 부세 부담은 가중될 소지를 안고 있는 것이었다. 그만큼 양전에 따른 피해가 심하였고 민원도 상당하였다. 이렇게 하여 가장 토지가 많은 경기와 삼남의 경우에도 17세기 전반까지는 어느 정도 양전이 되었으나 그 뒤 숙종 말년까지 부분적인 시행 외에는 이루어지지 않았다.

[참고어] 양전, 계묘양전, 경자양전, 경자양안

[참고문헌] 오인택, 1995, 「朝鮮後期 癸卯·甲戌量田의 推移와 性格」 『釜大史學』 19 ; 이영훈, 1996, 「『田制詳定所遵守條劃』의 制定年度-同尺制에서 異尺制로의 移行說 검토-」 『古文書研究』 9·10

〈이석원〉

갑오승총(甲午陞摠) 1894년 갑오정권이 국가기구와 제도를 개혁할 때 역토, 둔토, 궁장토 등에서 시행되던 면세제도를 혁파하여 탁지부에 출세하게 한 조처. 갑오면세지승총으로 부르기도 한다.

역둔토는 사궁장토(司宮庄土)와 마찬가지로 면세지로 설정되었으며, 이러한 면세지의 확대는 국가재정과 정면으로 충돌함에 따라 조선 정부도 제한된 범위 내에서 면세지를 억제하는 정책을 취해왔다. 그러나 그것은 면세지 자체의 존폐를 검토한 것은 아니었다. 이 일은 갑오정권이 추진했다.

갑오정권은 각 역(驛)과 둔(屯)을 폐지하는 기구 개편 작업을 수행하면서 전국의 역둔토를 조사 정리하여 일원적이고 통일적으로 관리하는 일을 추진했다. 그것이 농상공부가 전국의 역토를 조사한 을미사판(乙未査辦)인데, 이에 앞서 갑오정권은 종래의 면세지를 혁파하고 이들 토지를 일괄 출세지로 변경시키는 조치를 취했다.

1894년 8월 군국기무처(軍國機務處)에서 "각 궁 소유의 토지에서 곡식을 수확하는 따위의 문제는 종전대로 각 궁에서 관리하게 하되, 지세는 새 규정에 따라 내도록 하고, 만약 각 역에서 종전처럼 결세를 적게 내거나 각 둔토에서 도조만 내고 호조에 납부하는 결세가 면제된 것들이 있으면 모두 새로운 규정에 따라 작인과 마호로부터 징수케 할 것이다."(各宮所有田土收穫等節 如前歸各宮所管 地稅依新式准出 如有各驛之從前薄稅者 各屯土賭租而不出稅者 皆依新式 出於作人及馬戶事, [議定存案] 개국 503년 8월 26일)라는 의안을 가결 발포한 것이다. 전국에 산재하는 각종 면세지를 탁지부에 출세하는 토지로 승총한 조치이며, 신식(新式)에 준하여 1결당 30냥씩의 지세를 금납하도록 하였다. 이로 인해 당시 승총될 토지는 궁방전 24,757결, 각 둔전 44,734결, 각 역전 29,000결 합계 98,491결이며, 이 가운데 진전(陳田) 30%를 공제하면 총 68,944결 정도의 출세실결이 증대한 것이다. 이는 1894년 당시 출세결 합 817,915결의 약 8% 정도에 해당된다. 갑오정권은 면세지승총을 통해 종전보다 약 8% 정도의 지세수입의 증대와 더불어, 도조수입을 정부의 재원으로 파악하는 재정개혁을 추진한 것이다.

갑오승총은 지세수입 증대를 중심으로 한 재정개혁뿐만 아니라 역둔토의 토지 구성상의 개혁을 의미하기도 하였다. 역둔토의 토지 구성은 소유권의 귀속으로 볼 때 국가에 소유권이 있는 유토(有土)와, 소유권은 농민에게 있으나 그 토지의 결세는 역과 둔에 부속되어 있는 무토(無土)의 이중으로 되어 있었다. 그러나 갑오면세지승총을 통해 무토의 농민이 역과 둔에 출세하던 것을 탁지부에 출세하게 되면서 무토는 존속할 수 없게 되었다. 이후의 역둔토는 유토만을 의미하게 되었다. 이제 유토는 지주제를 기초로 한 국유지로서, 무토는 역과 둔에 대한 의무관계로부터 해방되어 완전한 사유

지로서 그 구분이 확립되었으며, 이러한 구분 위에서 역둔토의 토지구성이 단일화한 것은 일단 소유권의 근대적 정비라는 의미를 지니는 것으로 이해할 수 있다. 그러나 갑오승총시에 각 면세결의 소유권자가 누구인지, 어느 것이 무토이며 어느 것이 유토인지를 파악하는 소유권 조사 작업을 수반했던 것이 아니라는 측면에서 보면 이는 이후 역둔토조사의 발단일 뿐이었다.

또한 갑오승총에 따라 모든 역둔토에 지세를 부과하였지만, 그 출세 의무자는 유토이든 무토이든 관계없이 작인 및 마호로 규정되었다. 이는 무토는 사실상 폐지되어 소유권자인 농민이 출세하는 것이 되었지만, 유토에서는 작인이 출세하도록 하여 지세부담을 경작자 농민이 지닌 작인납세제가 확립된 것이다. 이 조항에 따라 유토의 경우, 자경무세지(自耕無稅地)였던 역토에서의 마호는 토지소유권을 갖는 것은 아니었지만 사실상 자작농이나 다름없었는데 갑오승총 이후에는 지세뿐만 아니라 역의 폐지와 더불어 도전(賭錢)도 납부해야 하는 완전한 작인이 된 것이다. 요컨대 갑오승총의 경작자 출세의 원칙은 국가 자신이 스스로 사적 지주로서 역둔토를 지주제로 경영하면서 지세수입도 작인으로부터 확보하려는 방향에서 추진되었던 것이다. 한편 무토의 경우, 면세지승총을 통해서 무토의 농민이 소유권자로 확정된 것은 아니었다. 경작자 출세의 규정은 출세자=소유권자를 성립시킨 것이 아니었기 때문에 유토의 소작자로서 출세하는 것인지, 무토의 소유권자로서 출세하는 것인지에 대한 확인까지 이루어진 것은 아니었다. 실제 무토가 사유지로 확정되는 데에는 많은 문제와 더불어 분쟁이 따르고 있었다.

결국 갑오승총에서 경작자를 출세의무자로 규정한 사실은 국가재정의 확대를 의미하며 유토에서는 지주와 작인간의 조세부담 문제를 둘러싸고 분쟁이 발생할 소지를 내포하고 있었다. 그리고 무토에서는 지세를 탁지부에 납부하면 그 의무가 종결된다고 이론적으로 설명될 수 있을 것이다. 하지만 이때 유무토의 구별이 어렵다는 점이다. 갑오승총으로 국가와 조세부담자 사이에 제기된 조 부담액이 변하는 것이 아닌데, 일토양세(一土兩稅)나 일토삼세(一土三稅)와 같은 분쟁이 제기되었다는 것이다. 이 시기 공토에서 최대의 현안은 지세와 지대부담을 둘러싸고 일토양세, 일토삼세 등의 갈등이 빈번하게 일어났다는 것이다. 소유권자의 판별 기준이 서로 달라 정부기관 대 농민의 소유권분쟁이 일어나고 있었으며, 이 판별 과정에서 농민보유지가 피탈될 수 있는 소지가 마련되었다. 따라서 갑오개혁기의 역둔토 정리 방향은 역둔토가 농민적 토지소유로 해방되는 과정이 아니라 근대국가의 재정기반으로서의 지주제로 재확인되는 과정이었다. 궁방전에서 궁방의 지주적 권한은 그대로 인정되었을 뿐만 아니라 법제화되고 있었던 사실에서도 갑오 개화파 정부의 지주적 개혁방안을 확인할 수 있다.

[참고어] 광무사검, 궁방전, 면세전, 을미사판, 1사7궁

[참고문헌] 『議定存案』(奎17236) ; 왕현종, 1992, 「한말(1894~1904) 지세제도의 개혁과 성격」 『한국사연구』 77 ; 박진태, 1996, 『韓末 驛屯土조사의 歷史的 性格 硏究』, 성균관대학교 박사학위논문 ; 최원규, 2012, 「한말 일제초기 공토 정책과 국유민유 분쟁」 『한국민족문화』 45

〈박진태〉

갑인양전(甲寅量田) 1314년(충숙왕 원년)에 시행한 양전. 그 해 2월에 지밀직사 채홍철(蔡洪哲)을 5도순방계정사(五道巡訪計定使)로, 내부령 한중희(韓仲熙)를 부사(副使)로, 민부의랑 최득평(崔得枰)을 판관(判官)으로 삼아서 양전을 실시하고 부세를 제정하게 하였다.[『고려사』 권78, 「지」 32, 식화 전제] 계정사는 전결(田結)과 호구(戶口)를 파악하였고 이를 근거로 세액을 산출하여 전안(田案)을 만들었는데, 이때 만들어진 전안이 곧 갑인주안(甲寅柱案)이다.

갑인양전은 이전까지의 양안(量案)이 가지는 문제점을 해결하기 위해 시행된 것이었다. 이는 기본적으로 은닉된 호구와 전결을 국가적인 수취체제 아래에 귀속시킴으로써 국가재정을 확보하려 한 것이었다. 이전의 양안이 진황(陳荒) 등의 요인으로 발생한 진전(陳田)과 기경전(起耕田)의 변화 및 당시의 토지비옥도를 반영하지 못하고 있었고, 실제 경작면적도 양안과 차이가 발생하게 되자 전국적인 양전과 호구조사의 필요성이 제기되었던 것이다. 또한 1269년(원종 10) 호구만을 중심으로 개정된 공부의 불합리함을 극복하고자 한 것이기도 하였으며, 이에 갑인양전은 전민(田民)을 기준으로 다시 공부를 개정하였다.

갑인양전의 결과로 작성된 갑인주안은 1389년(공양왕 1) 기사양전(己巳量田)이 시행될 때까지 수세의 기준이 되었다. 이는 삼세(三稅)뿐만 아니라 잡공(雜貢)까지도 모두 포괄하였던 것으로 나타난다. 또한 갑인주안은 고려 말 이색이 전제개혁론을 제기하는 데 토대자료로도 역할하였다. 이색은 갑인주안을 토대로 하고 공문서에 표시된 붉은 표지[公文朱筆]를 참조하여 탈취한 토지

는 바로잡고 새로 개간한 토지는 넓이를 측량한 후, 새로 개간한 농토로부터 조세를 거두고 함부로 하사하는 토지를 줄인다면 나라의 수입이 증가할 것이라고 하였다.

[참고어] 갑인주안, 전민계정사, 양전

[참고문헌] 朴京安, 1996,『高麗後期 土地制度硏究』, 혜안 ; 이경식, 2012,『韓國 中世 土地制度史 : 朝鮮前期-증보판』, 서울대학교출판문화원 〈김미성〉

갑인주안(甲寅柱案) 대몽항쟁 이후의 호과전황(戶寡田荒)에 따른 재정문제를 타개하기 위하여 충선왕대의 전민계점(田民計點)을 거쳐 1314년(충숙왕 원년) 비척(肥瘠) 구분에 의한 전품(田品)을 계정(計定)함으로써 완성된 토지대장.

고려왕조는 간전(墾田)에 대한 수조권을 행사함으로써 국가의 재정을 충당하고 벼슬아치에 대한 세록(世祿)도 지급할 수가 있었다. 수조액은 기진(起陳) 여부 및 비척 구분을 반영한 전품(田品)에 의해 결정되었으며, 이러한 부과방식은 표면상 1256년(고종 43)까지는 지속되었다.

그러나 1260년(원종 원년) 급전도감(給田都監)이 비척불균(肥瘠不均)을 이유로 양반전의 개급(改給)을 주장하자 양전(良田)을 점유한 권세지가(權勢之家)에서는 자신에게 돌아올 불이익을 염려하여 논의를 저지시켰다. 비척의 불균등은 그로 인해 사전의 경우 사자세록(仕者世祿)의 형평원칙이 붕괴되는 것이며 공전은 탈세를 의미하는 것이었다.

1296년(원종 10, 己巳年) 호구 파악에 의한 공부책정(貢賦策定)은 부세의 형평성이 크게 훼손된 가운데 몽골의 대복속국정책에 따른 육사(六事)의 결과로 이루어진 편법이었다. 이에 근거하여 1279년(충렬왕 5)의 일본정벌 이후 여러 차례 계점사(計點使)가 파견되었으며, 1292년에는 부렴(賦斂)이 고르지 못하므로 호구의 증감과 더불어 토지의 개간여부를 헤아려 민부(民賦)를 계정(計定)하라는 교시까지 있었으나 시행되지는 못하였다.

기사년의 한계를 극복하고 공부책정의 진전을 가져오게 된 것은 충선왕대의 일이었다.『조선왕조실록』에서는 이 무렵에 이루어진 개혁을 '연우갑인년양전(延祐甲寅年量田)'이라 하여 6년 만에 끝난 것으로 파악하였다. 비척구분에 의한 갑인주안이 만들어지기까지의 전개과정을 정리하면 다음과 같다.

충선왕은 원(元) 무종(武宗) 추대의 공으로 높아진 위상을 바탕으로 본격적인 전민계점을 실시하였다. 1308년(충선왕 즉위년) 10월 개경내 오부(五部)의 호구를 점검하고 각 도에 계점사를 보내 토지를 조사하였으며, 효율적 계점을 위해 정호(丁戶)가 많은 지역에는 목(牧)을 설치하기도 하였다.

또한 한(漢)의 상평창 제도를 본받아 전농사(典農司)를 설치하고 소속 관원을 무농사(務農使 : 원래의 명칭은 務農鹽鐵使)로 삼아 제도(諸道)에 파견하였다. 무농사는 양전을 통해 직역 이외의 면세혜택을 박탈하여 적극적으로 국가수조지를 확보하는 한편 호강(豪强)의 범죄에 대해서는 사안에 따라 처결 후 첨의부(僉議府)에 보고하라는 특권도 부여하였다.

이 무렵에 수행된 전민계점은 민전을 헤아려 고르게 공부를 부과함으로써 국용(國用)을 두루 갖추며, 녹봉을 넉넉히 지급하고, 백성들의 생업을 풍족하게 하고자 하는 목표를 내세웠다. 은닉된 백성과 토지를 찾아내 수취제도를 바로잡아 국가재정의 확충을 기하려는 것으로서, 기사년의 방식을 벗어난 것은 아니었으나, 토지 경작의 현황이 양안(量案)에 반영되는 변화를 가져왔다.

그러나 전민계점 사업이 실시되었음에도 불구하고 전품(田品) 문제가 미해결인 상태에서는 한계가 있었다. 1310년(충선왕 2) 11월, 개간이 거의 되었으므로 양전 증부(量田增賦)하여 국용에 충당해야 한다는 말이 흘러나오자, 재추(宰樞)가 모여 각 도에 채방사(採訪使)를 보내 세법을 고치는 문제를 논의하였다. 그러나 이들은 자신의 전원(田園)을 빼앗길 것을 두려워한 나머지 논의를 스스로 중지시켰다. 좌절된 세법개정 논의는 토지의 비척불균을 해결함으로써 공부를 더 걷기 위한 시도였다고 해야 할 것이다.

결국 세법을 고치는 일은 1314년(충숙왕 원년, 甲寅年) 춘 정월 충선왕이 상왕(上王)으로서 재추와 기로(耆老)에게 전민을 계정하는 일을 의논하게 함으로써 재개되었다. 그 해 2월에는 지밀직사 채홍철을 5도순방계정사로 임명하고 내부령 한중희는 부사, 민부의랑 최득평을 판관으로 삼아 양전제부(量田制賦)를 수행하였다. 양전제부의 배경에 관하여 충선왕은 호과전황(戶寡田荒)과 이에서 비롯된 기사년 공부책정의 폐단을 들었다. 예컨대 즉위년 이후 실시된 전민계점에도 불구하고 수령들은 여전히 기사년의 액수를 고집하고 있다는 것이다. 이에 현재의 호구와 토지의 액수로서 공부를 다시 정하고 진황지(陳荒地)는 일정기간 세를 감하도록 하였다. 양전과 증부(增賦)를 이루기 위해서는 유민을 방지하고 개간을 유도해야 할 필요성이 컸기 때문이었다.

그런데 계정사는 계점사와는 달리 제도에 나누어 파견된 것은 아니고 5도를 순방하면서 계정하도록 되어 있었다. 또한 계정사업의 목표는 식목도감에서 정한 조획(條畫)으로써 덜고 감하라고 한 것으로 보아, 이를테면, 사표(四標)를 정하고 면적을 측량하는 과정은 아닌 듯하다. 다만 국가에서 정한 규칙에 따라 토지의 비척을 구분하는 과정으로 과거 전민계점의 결과를 근거로 추진된 것임을 나타낸 것이라고 하겠다.

그러나 전품을 정하는 일은 공부 부과의 형평성과 직결되는 것으로서 극히 민감한 사항이었다. 제찰사 및 수령의 잘못을 경중을 가리지 말고 바로 처단하라고 한 점이라든가, 주군(州郡)의 잔성(殘盛)을 보아 공부의 액수를 고르게 정하되 반드시 백성들이 떠돌아다니지 않고 편하게 모여 살도록 힘쓰라고 한 점 등은 이러한 정황을 말해주는 것이다.

따라서 당시에 계정한 내용은 충선왕 즉위년 이후의 전민계점의 성과를 토대로 한 것으로서, 비척구분에 따른 공부부과의 원칙을 다시금 확립하고자 한 것이라 하겠다. 그럼에도 불구하고 불과 1년 정도의 짧은 기간에 마무리함으로써 무리도 뒤따르고 있었다. 예컨대 5도를 순방하여 전적(田籍)을 대략 마치었으나 신구의 공부가 균등치 못하여 백성들이 곤란을 겪었다는 사실은 이를 말해준다.

1308년의 전민계점에서 1314년 비척구분에 의한 공부책정이 회복되기까지 6년여가 걸린 셈이었다. 이때에 작성된 갑인주안의 특징을 살펴보면 다음과 같다. 첫째, 충숙왕 원년의 양전제부의 목표는 역시 국용의 증가에 있었음을 알 수 있다. 신구의 공부가 자못 불균하여 백성들이 불편해 했다는 점은 세법의 변화가 증부의 방향으로 이루어진 것을 암시하는 것이라고 하겠다. 특히 주·군·현 단위로 정해진 공액(貢額)을 채우는 과정에 적지 않은 무리가 따르고 있었다. 예컨대 1318년(충숙왕 5)에 충선왕이 대위왕(大尉王)으로서 황전(荒田)에서 은이나 포를 걷어 공액을 채우니 실로 사민(士民)이 원망하고 탄식하고 있다고 하였다든가, 순방사가 정한 바 전세는 매년 주군(州郡)이 정한 액수를 걷는 것인데 권세지가는 납부치 않고 향리, 백성은 돈을 빌려 숫자를 채우기에 끝이 없으니 생계를 잃고 유망하게 된다고 한 것이 그러한 사례였다.

둘째, 고제(古制)의 회복을 추구하는 가운데, 전민계점사업에서 나타난 한계 즉 토지의 비척불균 문제를 해결하고자 하였다는 것이다. 기사년의 편의적 공부책정은 호구만을 기준으로 한 것으로서 부세의 형평성에 문제가 있었다. 충숙왕 원년의 공부책정은 옛 전품제도의 회복을 의미하는 것이지만 토지와 민의 현재적 파악을 바탕으로 이루어짐으로써 고려 후기의 생산력 수준을 반영한 측면도 있었다. 충선왕의 전지에 따르면, 이때에 정한 공부는 주현(州郡)의 잔성(殘盛)을 보아 그 액을 균정(均定)하여 국용을 넉넉히 하도록 하되 반드시 백성들을 안집(安集)하도록 했다. 주군의 잔성이란 토지의 경작상황과 관련한 호구의 많고 적음을 뜻한다고 본다면 당시 순방계정사의 역할은 전민계정사가 파악한 전결과 호구를 근거로 세액을 산출하여 전안(田案) 즉 '갑인주안(甲寅柱案)'을 작성하는 일이었을 것으로 생각된다.

셋째, 갑인주안의 작성은 지방호족세력을 통한 간접적 농민지배 방식으로부터 국가에 의한 직접파악을 시도한 것이라고 하겠다. 예컨대 『삼국유사』의 「보양이목(寶壤梨木)」·「정토사오층석탑조성형지기(淨兜寺五層石塔造成形止記)」에 의하면, 국가의 대민파악의 근간이라고 할 수 있는 양전은 당초 토착세력에 의한 간접파악에서 비롯되었다. 광종대의 경우에도 양전은 여전히 지방세력이 주도하고 있었으나 부세과정에 있어서는 중앙정부에서 파견된 담당자가 양전결과를 토대로 부세장부를 작성하는 데서도 알 수 있는 바와 같이 중앙정부의 역할은 점차 커지고 있었다.

이 무렵 양전제부를 할 때, 무릇 편민사(便民事)는 식목도감이 정한 조획에 따라서 하되 제도의 제찰사 및 수령으로서 유죄자는 경중을 막론하고 바로 법으로 다스려라는 엄명이 있었다. 이처럼 현재의 토지와 민을 기초로 한 중앙정부의 전국적 파악은 전시과제도가 마련될 무렵 고려의 토지·농민에 대한 파악방식과는 다른 것이었다.

이후 갑인주안은 1389년(己巳年) 양전까지 토지대장의 기본을 이루면서 수취체제의 기준문건이 되었다. 그러나 갑인주안이 가진 자체의 문제점도 점차 드러나고 있었다. 당초 고제의 회복이라는 목표를 내세웠으나 고려 후기 이래 이미 조업전화(祖業田化) 되고 있었던 사전(私田)을 그대로 인정함으로써 수조권 수수를 곤란하게 하였으며 더욱이 녹과전제(祿科田制)를 수용함으로써 결국은 사전의 확대를 국가적으로 승인한 셈이 되었다.

또한 현재의 전구(田口)로서 공부를 다시 정하도록

하며 백성들이 유리(流離)하여 황폐된 토지는 연한을 정해 감면하라고 했다거나, 모든 민폐는 이치에 맞게 고쳐 바로잡도록 하라고 하였으나 원칙일 뿐이었다. 실제에 있어서는 주군마다 정해진 전세를 납부해야 했기 때문에 무리가 따르고 있었으며 이러한 점과 관련하여 특히 진전의 연한을 정하여 세금을 덜어주는 원칙은 미개간지에 대한 수세강요로 나타나 일반 백성들뿐만 아니라 사족들의 원성이 되기도 하였다.

더군다나 충선왕의 국내적 기반이 취약하여 이 시기 개혁을 추진한 것은 오히려 왕의 측근세력이었으므로 개혁의 신념에서도 한계가 있었다. 충선왕이 준행 여부에 관심을 두지 않을 수 없었던 것도 바로 그 때문이었다. 1316년(충숙왕 3)에는 상왕의 입장에서 사신을 5도에 보내 호세지도(豪勢之徒)의 주군에 대한 횡포를 막아보고자 하였고, 1318년에는 호관(豪官)을 각도에 보내 개혁사업의 진행을 살피고 이정(釐正)하고자 하였으며, '제폐사목소(除弊事目所)'를 설치하여 호세지가가 강점한 전민을 되돌려 주기도 하였다. 또한 1319년(충숙왕 6) 9월에는 주현의 사심관이 침탈한 노비, 토전을 회수하기도 하였다.

그러나 원의 무종(武宗)과 인종(仁宗)이 죽자 배후세력을 잃고, 고려인 환자 백안독고사(伯顏禿古思)의 참소와 모함으로 유적(流謫, 1319)되는 등 충선왕이 실세하면서 당초의 개혁의지는 점차 상실된 것으로 보인다. 고려왕과 심왕당(瀋王黨)과의 갈등에서 빚어지는 고려인 내부의 갈등은 개혁의 방향을 더욱 왜곡하고 있었다. 이러한 문제점들로 인해 갑인주안의 실시는 순조로울 수가 없었다. 1347년(충목왕 3)에 설치된 정치도감(整治都監)에서 토지의 탈점, 불법점유 그리고 이를 경작하기 위한 노비의 탈점, 압량위천(壓良爲賤) 문제를 주로 다루게 되었음은 우연한 일이 아니었다.

이처럼 몽고간섭기라는 한계적 상황은 국내적 모순의 해결을 어렵게 하였으며, 그 과제를 공민왕대의 개혁정치로 넘겨주어야 했다. 말하자면 충선왕대의 개혁의 흐름은 충선왕→충목왕→공민왕대로 이어진다고 하겠으나 이는 또한 고려 말 신흥사대부의 성장과정과 일치하는 방향이라고 하겠다. 각 시기에 나타난 유자들의 시무책이 모순의 해결 혹은 그 해결을 위한 대책으로 '갑인주안'의 실천을 강조한 점은 개혁주체로서의 유자층이 부각되어 가고 있음을 뜻하는 것이라고 하겠다.

『고려사』에서는 1314년에 처음으로 경계를 바로잡아 양전과 제부가 이루어졌다고 하였다. 이는 고려초 이래 의제적(擬制的) 왕토사상에 입각하여 이루어진 분전제록(分田制祿)의 의미를 되살리고자 하는 움직임으로 본 것이다. 이색(李穡)이 '갑인주안'에 의거하여 전제를 바로잡고 이를 통해 왕조의 부흥을 추구했던 것은 바로 이러한 의미를 바탕에 깔고 있는 것이라 하겠다.

[참고어] 갑인양전, 전민계정사, 기사양전

[참고문헌] 『삼국유사』; 『고려사』; 박경안, 1990, 「甲寅柱案考 ; 忠宣王代의 田制釐正을 중심으로」 『동방학지』 66 ; 박경안, 1990, 「14世紀 甲寅柱案의 運營에 대하여」 『이재룡박사환력기념 한국사학논총』; 박경안, 1996, 『高麗後期 土地制度硏究 ; 13·14世紀 田制釐正政策의 推移』, 혜안 〈박경안〉

강경토지조합(江景土地組合) ⇒ 군산농사조합

강등전(降等田) 양안(量案)에 정전(正田)으로 파악되었으나, 여러 해 동안 진폐하여 그 전품(田品)과 세액을 낮춰준 토지.

정전은 매해 농사가 가능한 토지이므로 양안에 등록되어 전품이 부여되었고, 매해 수세의 대상이 되었다. 한편 속전은 혹 경작하고 혹 묵히기도 하는[或耕或陳] 토지로서 조선 전기까지는 원전과는 별도로 파악했으며, 수기수세(隨起收稅)토록 했다.

하지만 정전 중에서도 진폐를 거듭해 농사를 짓지 않는 경우도 있었다. 이에 대해 경작을 유도하기 위한 방안으로 마련된 것이 강등전(降等田)인데, 소출이 적을 것을 고려하여 원래의 전품보다 등급을 낮추어 수세케 한 것이다. 『만기요람』에 따르면, 오래도록 진폐해서 그 등급을 낮추고 세를 감하는 것을 강등전이라 했으며, 양전할 때 강등·감세하여 경작을 권하도록 했다.(年久陳廢降等減稅者謂之降等田, 量田時等高而陳廢者, 降等減稅, 使之勸耕.[「재용편」2, 전결(田結)]

[참고어] 정전, 속전, 원전, 강속전, 전품, 수기수세

[참고문헌] 『萬機要覽』; 『大典會通』

강속전(降續田) 양안(量案)에 정전(正田)으로 파악되었으나, 여러 해 동안 진폐(陳廢)하여 속전(續田)으로 강등해 수기수세(隨起收稅)토록 한 토지.

『만기요람』에 따르면, 통상 진폐한 정전에 대해서는 먼저 강등전(降等田)이라 하여 그 전품을 강등하고 세액을 감면하여 경작을 유도했다. 하지만 강등한 이후에도

경작하기를 원치 않을 경우, 또 속전으로 강등하여 수기수세(隨起收稅)토록 했다.(降等之後猶不願耕則又降爲續田, 謂之降續田, 隨起收稅.[「재용편」2, 전결(田結)])

[참고어] 정전, 속전, 원전, 강등전, 전품, 수기수세

[참고문헌] 『萬機要覽』; 『大典會通』

강순(康洵) 1798년(정조 22) 권농정구농서윤음(勸農政求農書綸音)에 응하여 농서를 올린 40인 중 한 사람.

무장(茂長)의 유학(幼學)으로 기록되어 있다. 그가 올린 「진어농서(進御農書)」는 『농가집성(農家集成)』을 모방하며 11조항을 열거한 뒤에 총론(總論)을 썼다. 그는 농법에 대해 곡종(穀種), 농량(農糧), 농기(農器)와 농우(農牛), 승옥(乘屋), 분전(糞田), 심경(深耕), 관주(灌注), 토의(土宜), 대시(待時), 사의(簑衣), 백곡(百穀)의 파종과 수확 등의 내용을 서술하였다. 또한 총론에서는 근로(勤勞)를 강조하여 농부가 근면하게 일할 것과 감사와 수령이 그 책임을 질 것을 이야기하고 있다.

[참고어] 응지진농서

[참고문헌] 『정조실록』; 농촌진흥청 역, 2009, 『응지진농서 I』, 진한M&B

강시(姜蓍) 여말선초의 문신으로, 『원조정본농상집요(元朝正本農桑輯要)』의 간행자.

강시(1339~1400)의 본관은 진주(晉州)이고, 시호는 공목(恭穆)이다. 아버지는 강군보(姜君寶)이고, 어머니는 여진(呂珍)의 딸이다. 아들 회계(淮季)는 공양왕의 부마가 되었다. 1357년(공민왕 6) 성균시에 급제하였고 삼사좌윤(三司左尹), 군기판관(軍器判官), 강릉도안찰사(江陵道按察使), 안동대도호부사, 밀직부사(密直副使) 등을 거쳤다. 1392년 조선이 건국되면서 이색의 당여로 몰려서 직첩을 회수당하고 유배되었으나, 정종 때 풀려나 상의문하찬성사(商議門下贊成事)를 지냈다.

강시는 고려 말 원나라로부터 수입된 농서였던 『농상집요(農桑輯要)』를 『원조정본농상집요』라는 이름으로 복각 간행하는 사업을 추진하였다. 1349년경 이암(李嵒)은 원에서 『농상집요』를 도입하여 우확(禹確)에게 전달하였고 우확은 이를 다시 강시에 전하였다. 당시 지합주사(知陜州事)였던 강시는 1372년 합천(陜川)에서 『원조정본농상집요』를 간행하였는데, "『농상집요』라는 책은 실로 생민과 의식의 큰 근본이니, 국가가 먼저 힘써야 할 일이며 또 우리 수령들에게 있어서는 더욱 중요한 일이 된다.(農桑輯要一書 實生民衣食大本 而有國家者之先務 且在吾守令 猶爲切要事也[『원조정본농상집요』 「서농상집요후(書農桑輯要後)」])"라고 하여 책의 중요성을 언급했다. 한편 강시가 보여준 농학에의 관심은 가풍으로 이어졌는데, 손자 강희안(姜希顔)과 강희맹(姜希孟)은 각각 『양화소록(養花小錄)』과 『금양잡록(衿陽雜錄)』을 저술하였다.

[참고어] 농상집요, 강희맹, 금양잡록

[참고문헌] 위은숙, 2000, 「『원조정본농상집요』의 농업관과 간행주체의 성격」 『한국중세사연구』 8 〈김미성〉

강씨감저보(姜氏甘藷譜) 강필리(姜必履)·강필교(姜必敎) 형제가 고구마의 재배·이용법에 관하여 기술한 책.

이유원(李裕元)의 『임하필기(林下筆記)』 「순일편(旬一編)」 <감저(甘藷)> 항목에 "명나라 서현호(徐玄扈)의 『감저소(甘藷疏)』와 우리나라의 강필리와 김장순(金長淳)이 지은 『감저보』, 『감저신보(甘藷新譜)』를 취하여 종류별로 편집하고 간행한 다음 널리 배포하여, 심고 가꾸는 방법을 알게 하였다."는 내용이 기술되어 있다. 이때의 감저보는 강필리(1713~1767)의 저술로서 현재 완전히 일실(逸失)되었다는 주장이 통설이었다. 그러나 최근의 연구에 따르면 연경재 성해응(成海應, 1760~1839)이 지은 『연경재서종(硏經齋書種)』이라는 책 뒤에 『감저보』라는 이름으로 부록되어 현전한다는 주장이 있다. 한편 이규경(李圭景)의 『오주연문장전산고(五洲衍文長箋散稿)』에도 『강씨감저보』가 언급되었는데, 여기에서는 저자를 강필교(1722~1798)로 보았다.

사실 『감저보』의 저본은 강필리가 편찬했다. 1764년 동래부사로 임명된 그는 조엄(趙曮)이 일본에 통신사로 갔다가 대마도에서 가져온 고구마를 얻었고, 이를 심고 가꾸는 법을 연구하여 보급시켰다. 또한 그는 고구마 종자를 구해 인근 군현과 탐라까지 나누어주고 비변사에도 보냈다. 그리고 수확의 성패를 살펴 고구마 재배법을 개발하였다. 1766년 가을 동래부사에서 물러난 뒤에도 고구마 종자를 확보해 동래에서 계속 심게 하는 한편, 서울로도 실어 보냈다. 서울로 가져온 고구마 종자는 1767년 회현방에 밭을 만들어 키우면서 적당한 재배법을 찾기 위한 실험을 계속했다.

특히 그는 일본인들에게서 구입한 『감저종식방』을 참고하여 『저보』를 찬술했다. 고안고(故案考), 속록고(續錄考), 기문고(記聞考), 험시고(驗試考), 부록언해(附錄諺解) 등의 순서로 서술되었는데, 이후 동생인 강필교가 고안고를 고실고(故實考)로 고치되 같은 편차로 내용을

보충해 『감저보』를 간행했다. 이것을 보고 후대 사람들이 강씨형제가 공동으로 지은 책이라 여겨 『강씨감저보』라고 일컬은 것으로 짐작된다. 한편 선종한(宣宗漢)·김장순 공저의 『감저신보(甘藷新譜 : 일명 김씨감저보(金氏甘藷譜)』에는 강필리의 『저보』에 나온 감저종식방법이 오류가 많아 이를 바로잡기 위해 「강씨감저보변와(姜氏甘藷譜辯訛)」라는 항목이 서술되어 있다.

『강씨감저보』는 우리나라 고구마 재배서의 원조인 점에서 무엇보다 중요하다. 서호수(徐浩修)의 『감저조(甘藷條)』(1799), 김장순·선종한의 『감저신보』(1813), 서경창(徐慶昌)의 『종저방(種藷方)』(1813)과 『감저경장설(甘藷耕藏說)』(1813), 조성묵(趙性默)의 『종감저법(種甘藷法)』(1832), 서유구(徐有榘)의 『종저보(種藷譜)』(1834) 등의 감저재배서들은 모두 이 『강씨감저보』의 재배경험을 기반하여 만들어진 책들이다.

[참고어] 감저, 감저신보, 감저종식법, 조엄, 종저보

[참고문헌] 손진태, 1941, 「감저전파고(甘藷傳播考)」『진단학보』 13 ; 이성우, 1981, 『한국식경대전』, 향문사 ; 김영진, 1982, 『농림수산고문헌비요』, 한국농촌경제연구원 ; 염정섭, 2006, 「조선 후기 고구마의 도입과 재배법의 정리 과정」『한국사연구』 134 ; 오수경, 2013, 「일실된 『姜氏甘藷譜』에 대하여 : 자료소개 및 그 실학사적 의의」『한국실학연구』 26 〈정두영〉

강요신(康堯愼) 1798년(정조 22) 권농정구농서윤음(勸農政求農書綸音)에 응하여 글을 올린 27인 중 한 사람.

전(前) 찰방(察訪)으로 기록되고 있다. 상소는 『승정원일기(承政院日記)』에 자세히 기록되어 있으며, 『일성록(日省錄)』에는 '농무3조(農務三條)'로 요약되어 있다. 여기서 그는 첫째, 수근(水根)이 없는 곳에 모내기를 금지할 것, 둘째, 백성에게 추경(秋耕)을 권할 것, 셋째, 계회(契會)의 폐단을 먼저 금지하여 적시에 농사를 짓게 할 것 등을 주장하였다. 이에 대해 정조는 둘째의 내용이 매우 옳고, 셋째의 내용 역시 옳다는 비답을 내렸다.

[참고어] 응지진농서

[참고문헌] 『일성록』 ; 『승정원일기』 ; 농촌진흥청 역, 2009, 『응지진농서Ⅱ』, 진한M&B

강필리(姜必履) ⇒ **감저, 강씨감저보**

강화 김씨가 농장(江華金氏家農場) 한말 일제시기 강화도의 중소지주 김종협(金鍾協)·김순태(金淳泰) 부자가 경영한 농장.

김종협 집안은 강화지역에서 세거해온 무반계 양반 중소지주 가문으로, 한강하류 유통경제의 요지인 강화도의 지리적 이점을 활용하면서 미작중심의 소규모 지주경영을 꾸려갔다. 19세기 중반 병인양요·신미양요·운요호 사건(雲揚號事件) 등 잇따른 병란으로 인해 농업생산은 위축되었고, 그에 따라 김씨가의 지주경영도 어려웠다. 이 시기 김씨가의 경영규모는 1851년 472.5두락(논 308.5두락, 밭 164두락), 1871년 509.5두락(논 344.5두락, 밭 165두락), 1876년에는 393두락(논 297두락, 밭 96두락)이었다. 김씨가는 개항으로 지주경영에 큰 전기를 맞이하게 되었다. 인천 개항과 대일 미곡무역의 증대, 미가의 등귀 속에서 강화지역의 농업생산력은 점차 회복 상승해갔다. 김종협은 지주경영을 강화해갔고 기회가 있는 대로 농지를 사들였다. 지주적 성장의 동력은 연리 50%에 달하는 고리대였다. 고리의 압박에 시달리던 차금자의 토지를 헐값에 매수할 수 있었고, 지주경영의 수익과 고리대 이자수익을 다시 토지매입에 투자하였다. 그에 따라 1886년에 892.5두락(논 715두락, 밭 177.5두락)에서 1896년 1,086.5두락(답 793두락, 밭 293.5두락)으로 토지소유가 크게 확대되었다.

김씨가는 소작료를 논은 타조, 밭은 도조로 징수했다. 타조는 소작인과 지주가 소출을 반씩 나누는 것이지만, 김씨가의 경우 다음해 소요되는 농자와 추수에 소요되는 경비를 제한 후 반분하는 것을 원칙으로 하였다. 이때 농자도 지주와 소작인이 반분했다. 지주가 지세를 부담했지만, 일제시기 지세령 공포이후 김씨가는 소작인과 공동 부담하던 농자를 줄이고 지세를 소작인에게 전가하기도 했다. 김씨가는 한말까지 구래의 전통적인 농법에 의거하여 직파와 이앙법을 병행하였고 재래종 벼를 재배하였다. 일제시기에는 미곡시장의 수요와 일제농정에 따라 재래벼 대신에 다로다비(多勞多肥)를 요하는 일본 개량품종인 다마니시키[多摩錦]이나 고쿠료토[穀良都]를 심었고 이앙농법으로 완전히 전환하였다. 하지만 금비의 투입으로 생산비용이 늘어나 지주수익을 압박하였다. 김씨가는 개항 직후부터 1910년대 말까지 농우 5~15두를 소작농민에게 대여하고 우도를 받았다. 개항 당시 우피는 주요한 대일수출상품이었기에 소값은 등귀했으며, 환금성이 좋은 사우경영(飼牛經營)은 한 동안 수지맞는 사업이었다.

1900년대 중후반 일제의 한국침략이 극심하던 시기 유능한 경영주 김종협의 사망과 강화도에 거주하는

김씨 문중일가들의 의병운동 참여 등으로 말미암아 김씨가는 대일미곡수출을 자제하지 않을 수 없었다. 이후 지주경영은 성장에 한계를 보였다. 1906년 소유농지는 701두락(논답 516두락, 밭 185두락)으로 축소되었고, 일제시기 김씨가의 지주경영은 점차 쇠락의 과정을 밟아갔다. 1926년 457두락에서 1931년 46두락으로 소유지가 급격하게 축소되었는데, 이는 지주경영의 청산과 직업전환의 결과였다. 김순태는 1920년대 후반 약간의 위답을 제외하고 모든 농지를 처분하고 강화비단을 판매하는 포목상으로 전업하였다. 1910년대부터 김씨가는 부업으로 포목상을 겸영해왔는데, 처분한 토지자금을 가지고 강화 합일학교(合一學校) 교장 최상현(崔尙鉉)이 경영하던 포목전을 인수 확장해나갔다. 이로써 조선 후기 이래 김씨가의 지주경영은 일제시기 상업자본으로 전환함으로써 막을 내렸다.

[참고어] 정조법, 동태적 지주, 타조법

[참고문헌] 金容燮, 2000, 「江華 金氏家의 地主經營과 그 盛衰」 『韓國近現代農業史硏究』, 지식산업사 〈고태우〉

강화 홍씨가 농장(江華洪氏家農場) 한말 일제시기 강화도의 홍주 홍씨 집안 홍덕제(洪德濟, 1795~1868)·홍희준(洪喜俊, 1833~1914)·홍원섭(洪元燮) 3대가 경영한 농장.

18세기 중엽까지 강화 홍씨가는 무반계 양반가문이었으나, 19세기 초 이래 무관직에 나아가지 못해 경제적으로도 몰락하였다. 홍씨가가 지주로 성장하는 기반을 마련한 이는 홍덕제였다. 그는 궁핍한 가세에서 일찍부터 치산에 뜻을 두고 근검절약으로 열심히 돈을 모아갔다. 영세농으로 혹은 임노동자로 동리의 궂은일을 도맡아 신임을 얻어가는 한편 조금씩 모은 자산을 고리대경영으로 증식했다. 고리대 이자수익을 장리로 재투자하거나 토지를 매수하였다. 그의 아들 홍희준은 개항 후 사회경제적 변동 속에서 고리대 경영을 더욱 확대시켜 갔다. 홍씨가의 고리대 대여금 규모를 보면, 1887년에 65,830냥(이자수입 16,800냥), 1890년에 120,960냥(이자수입 12,676냥)냥, 1894년에는 220,314냥(이자수입 49,353냥)으로 급속하게 늘어났다.

이러한 경제력을 바탕으로 홍씨 일족은 신분상승을 도모하여 고리대적 지주경영의 든든한 정치적 배경도 함께 마련해갔다. 홍희준은 오위장을 거쳐 홍해군수로, 그의 아들 홍원섭은 사천현감을, 조카 홍두섭이 중추원 의관과 수능참봉을 역임하였다. 특히 통감부 시기 홍원

조양방직 터와 건물

섭은 비서감승으로 정치에 참여하면서 둔전과 궁장토를 불하받기도 하였다.

홍씨가는 고리의 압박에 눌려 있던 차금자의 토지를 손쉽게 집적할 수 있었고, 토지를 매도한 이들 중 일부는 매도 토지를 그대로 소작하기도 했다. 평상시 소작인에 대한 농사독려 및 관리 감독은 마름에 의해 이루어졌지만, 타작과 소작료 징수·운반은 타작관(=농감)에 의해 총괄되었다. 마름은 보수 대신에 가장 좋은 소작지와 소작권을 보장받았고, 타작관도 별도의 수수료 없이 관리하는 소작농가에서 매 호당 얼마간의 간색조를 받았다. 소작료 징수는 논에서는 타조, 밭에서는 정도조와 타조의 병용이었다. 타조는 소작인과 지주가 소출을 반씩 나누는 것이었지만, 홍씨가의 경우 다음해 농자와 추수에 소요되는 비용을 제외해놓고 반분하는 것을 원칙으로 삼았다. 홍씨가는 전답에서의 철저한 지대 징수 이외 가대도지·염도지·시장처(柴場處)의 도지징수 등 다양한 경로를 통해 수익을 극대화하였다. 또한 소작미의 상품가치를 높이기 위해 재래 벼 대신에 일본 벼를 재배했고 품종개량과 농사개량에도 힘썼다.

홍씨가의 토지소유 규모는 1908년에 113결 42부 6속, 1917년에 135결 31부 5속(답 8,028두락, 밭 1,125두락, 합 9,153두락), 1926년에 147결 64부 4속(논 8,807두락, 밭 1,054두락, 합 9,861두락)으로 지속적으로 증가해갔다. 1926년 당시 소작인 수는 760명에 이르렀다. 1930년대 중반 고리대적 지주경영이 일정한 한계에 부딪히자, 홍씨가는 지주자본을 산업자본으로 전환하여 활로를 모색했다.

홍원섭의 아들 홍재묵과 1932년 일본 유학을 마치고 돌아온 홍재룡 형제는 1934년 인천의 조일양조장(朝日釀造場)과 합작 투자하여 청주병이나 술독을 생산하는 강화요업주식회사(江華窯業株式會社)를 설립 운영하였다. 홍씨가가 전체 주식의 70%를 소유하였다. 1936년 3월에는 강화읍 부내면 신문리에 인조견을 생산하는

조양방직주식회사(朝陽紡織株式會社, 자본금 50만 원, 불입자본금 12만 5천원)를 설립하였다. 일본에서 50여 대의 인조견 직조기를 도입하여 공장을 가동하였다. 황해도 개풍군 소재 토지매각 대금과 고리대자본으로 회사설립 자본금을 충당했다. 1942년 일본 미쓰이(三井) 산하에서 일하던 이세현(李世賢)에게 조양방직을 20만 원에 팔았다. 조양방직의 경영은 그렇게 마감되었지만, 조양방직에 비해 소규모인 강화요업회사는 해방될 때까지 유지되었다. 해방 후 홍씨가의 마지막 경영주 홍재룡은 미군정기 강화군의 초대군수가 되었다가 한국전쟁 때 납북되었다.

[참고어] 농지개혁, 동태적 지주, 마름, 정조법, 타조법

[참고문헌] 홍성찬, 1981, 「韓末·日帝下의 地主制研究-江華 洪氏家의 秋收記와 長冊分析을 中心으로」『韓國史研究』 33 〈고태우〉

강희맹(姜希孟) 조선 전기의 문신으로, 『금양잡록(衿陽雜錄)』 등의 저자.

강희맹(1424~1483)의 본관은 진주(晉州)이고, 자는 경순(景醇), 호는 사숙재(私淑齋)·운송거사(雲松居士)·국오(菊塢)·만송강(萬松岡)이다. 아버지는 강석덕(姜碩德)이고, 어머니는 영의정 심온(沈溫)의 딸이다. 1447년(세종 29) 24세로 장원급제하여 종부시주부(宗簿寺主簿)가 된 이후 예조판서, 병조판서, 판중추부사, 이조판서, 판돈녕부사, 우찬성 등 중앙관청의 요직을 역임한 뒤, 1482년 좌찬성에 이르렀다. 『오례의(五禮儀)』, 『경국대전(經國大典)』, 『동문선(東文選)』, 『동국여지승람(東國輿地勝覽)』 등의 편찬 사업에도 참여하였다.

『농상집요(農桑輯要)』를 복각 간행했던 강시(姜蓍)는 조부였고, 『양화소록(養花小錄)』을 저술한 강희안(姜希顔)은 형이었다. 이렇듯 강희맹은 농학(農學)의 가문에서 태어나 농서들을 익히 보고 있었으므로, 농서에 관해서 남다른 관심을 가지고 있었다. 농촌사회에 전승되고 있는 민요와 설화에도 관심을 가져 농요들을 모아 정리한 『농구십사장(農謳十四章)』을 남겼다. 여기에는 농민들의 애환과 당시 농정의 실상이 잘 묘사되어 있다.

52세에 좌찬성에서 물러난 후에는 금양현(衿陽縣)에 퇴거(退居)하여 직접 농사지으며 그곳 노농(老農)들과의 대화와 자신의 체험을 토대로 『금양잡록(衿陽雜錄)』을 저술하였다. 그는 당시의 관찬 농서였던 『농사직설(農事直說)』에서 다루지 않은 불충분한 점을 보완하는 것을 이 책의 편찬 목표로 하였던 것으로 보인다. 아들 강구손(姜龜孫)이 발문(跋文)을 썼는데, 그때가 1492년이었으므로 『금양잡록』은 강희맹의 사후에 간행된 것으로 추정된다. 발문에서는 강희맹이 관직에 있을 때에도 농사일에 관심이 많았으며, 금양현에 퇴거해 있으면서 농복(農服)을 입고 다니며 농법에 관하여 촌로와 이야기했음을 전하고 있다.

[참고어] 금양잡록, 강시, 농사직설

[참고문헌] 박경안, 1999, 「강희맹(1424~1483)의 가학과 농산경영론」『역사와실학』 10·11 ; 김용섭, 2009, 『(신정증보판)조선후기 농학사연구』, 지식산업사 〈김미성〉

개간(開墾) 산간, 연해, 저습지 등에 소재한 진황지(陳荒地)에 축력(畜力), 인력(人力)을 투입하여 작물을 경작할 수 있는 전답(田畓)으로 전환시키는 일.

고대 이래 각 국가는 관개시설 확충과 경작지 개간에 힘을 기울였다. 삼국시기에 이미 관개시설이나 저수지 등을 축조하여 경작지의 면적을 확대했다. 고려시기에는 국가적 차원에서 수리사업을 관리하고 산간 지역에도 개간을 확대했다. 또한 조세 수입 확대를 위해 민간 차원의 개간도 장려했으며 해안지대에도 제방을 쌓아 경작지를 조성했다.

조선시기에 이루어진 진황지와 간석지(干潟地)의 개간 및 간척(干拓)은 농민들이 농경지를 확보하여 농업생산을 확대해나가는 과정이었다. 조선 초기에 국가적인 차원에서 농지 개간이 추진되었다. 농지개간을 통해 농경지를 확보하는 일은 국가뿐만 아니라 농민들에게도 필요한 사업이었다. 특히 농경지의 확보는 국가의 입장에서 수세지(收稅地)를 넓히는 일이었다. 새로운 농경지를 개발하였을 때 조세감면의 특혜가 주어졌고, 농민들 누구나 농지개간의 주체가 될 수 있었다. 농지개간은 연해지역의 개간, 저지(低地)와 저습지(低濕地) 개간, 그리고 양계지역 개발과 병행된 북방지역 개간 등 여러 방면으로 이루어졌다. 또한 신전(新田)과 진황지의 개간을 장려하고, 수차(水車)와 같은 새로운 수리 도구를 이용하기 위한 시도도 이루어졌다. 진황지를 농경지로 개발될 수 있게 된 데에는 농업기술이 발달하고 그것이 농민들의 경험 속에 축적된 결과이기도 했다.

1556년(명종 11)의 명종의 전교에 따르면 "삼년이 지난 진전을 사람들이 관에 신고하고 경작해 먹는 것을 허락해 준 것은 영구히 전토를 지급해주는 것이 아니다. 본주가 나타나서 돌려달라고 요구할 때까지 동안 다만 갈아 먹는 것을 허락한 것일 뿐이다.(過三年陳田, 許人告耕者, 非謂永給. 待本主還推間, 姑許耕食(嘉靖丙辰承傳).[『수

교집록』, 호전 제전)”라고 했다. 이와 같이 본주가 놀리고 있는 전토의 경작을 허락하고 있는 것은 개간장려의 일환이었다.

15세기 중반 조선 8도의 토지개발 상황 즉 개간하여 농경지로 활용하는 전답의 현황을 『세종실록지리지』 중심으로 정리하면 다음 표와 같다.

〈『세종실록지리지』의 전국 간전(墾田)·수전 결수〉

도별	墾田(結)	水田(結)	수전비(%)	전국수전대비 수전비(%)
경기도	194,260	74,007	38	15
충청도	236,096	97,397	41	20
경상도	258,966	101,825	39	21
전라도	257,764	123,591	48	26
황해도	223,880	35,694	16	7
강원도	65,908	8,434	13	2
평안도	311,170	32,408	10	7
함길도	151,488	7,032	5	1
계	1,699,532	480,388	28	

조선 8도의 전체 간전은 약 170만 결에 달하는데, 그 가운데 수전은 28% 정도의 비중을 차지하고 있었다. 『세종실록지리지』에 의하면 전국 8도의 수전과 한전의 구성 비율은 지역에 따라 큰 차이가 있었다. 경기·경상·전라·충청도의 경우 수전은 전경지의 38~48%의 비중을 보이고 있었다. 그에 비해서 나머지 강원·황해·평안·함길도의 경우는 5~16%의 수준에 불과하였다. 15세기 조선의 수전농업은 압도적으로 경기 이남 지역에 집중되어 있었다. 이러한 농업지대의 차이를 전제한 위에, 수전의 생산성이 한전의 두 배 이상이었음을 고려하면, 남부 4도의 농업은 이미 수전농업으로 정착되었다고 할 수 있다.

16세기 척신정치의 경제적 배경으로 연해지역의 언전(堰田) 개발이라는 개간사업을 지목할 수 있다. 언전이란 연안지역에서 둑[堰]을 쌓아 바닷물을 막아 마련된 경지를 가리키는데 해택(海澤)이라고 불리기도 하였다. 해택의 개발 사례는 13세기 중엽까지 거슬러 올라가지만, 성종대 초반까지 성과면에서 부진을 면치 못하는 형세였다. 16세기 이후 언전 확대 추이를 본격적으로 살펴볼 수 있다. 권세가, 척리(戚里), 궁가(宮家) 등이 개간하거나 또는 일반 농민들이 개간한 것을 탈점하는 방식으로 언전을 확대하였다. 또한 15~16세기에 걸쳐 저지와 저습지의 개간이 이루어졌는데, 둔전(屯田) 개설의 명목과 절수(折受) 등으로 해도(海島)의 목장이 개간작업을 거쳐 경지로 바뀌어나갔다. 그리고 군사적 용도로 설정되었던 강무장(講武場)도 개간되어 경지화되었다.

연해지역의 한광지의 개간은 대개 둔전 설치와 연관된 것이었다. 개간의 중심대상이 빈해주군(濱海州郡)의 진황지였고, 조정에서는 개간 경지의 다소에 따른 수령에 대한 출척과 포상 등을 시행하였다. 또한 개간을 장려하기 위하여 유민의 귀농과 영농에 대하여 지원하고, 개간자에 대한 소유권 내지 경작권을 우선 부여하였으며, 일정 기간 동안 면세 혜택을 내려주었다. 그리하여 개간을 통한 신전 개발에는 노비, 양인, 양반, 토호, 부농, 빈농 등 조선사회의 모든 신분·계층이 참가하였다. 바다 가운데 도서에서도 개간이 활발하게 이루어지기 시작하였다.

황지(荒地)를 개간하는 기술방식은 1429년(세종 11)에 편찬된 『농사직설(農事直說)』에서 일부 확인할 수 있다. 『농사직설』 경지 항목에서 황지를 개간하는 경우 기경법을 설명하고 있다. 그에 따르면 7~8월 사이에 황지 풀을 엎어 버리는 것을 먼저 실시해야 했다. 그리고 다음해에 얼음이 풀리면 또 갈아준 다음에 파종하는 작업을 수행하였다. 황지를 개간할 때 처음 갈아주는 것은 깊게 하는 것이 적당하고, 두 번째 재경(再耕)할 때에는 얕게 하는 것이 마땅하다고 지적하였다. 처음에 깊게 하고 나중에 얕게 하면, 생토(生土)가 일어나지 않고 토양을 부드럽고 잘 익게 만든다는 설명이었다. 『농사직설』에서 소개하는 황지 개간 기경법은 볏이 장착된 쟁기를 소에 매어 이루어지는 것이었다.

조선 후기에 농민뿐만 아니라 국가, 왕실, 관청, 권세가, 토호, 부민 등도 개간에 적극 참여하여 새로운 전답을 획득하였다. 특히 국가, 왕실, 관청, 권세가, 토호, 부민 등은 새로운 간전에 둔전이나 농장 등을 설치하였다. 개간에는 수리시설, 제방, 도로 등을 만드는 과정이 병행되었는데, 권력과 재력이 결합되어야 대규모 개간사업을 실행할 수 있었다. 또한 간석지 즉 갯벌을 대상으로 한 개간 작업은 3~4년 정도 단기간에 완료되는 경우도 있었지만, 10여 년 이상 소요되는 장기적인 과업인 것도 많았다.

17세기 이후의 개간은 목장터, 버려진 제언뿐만 아니라 하천 인근의 저여지(沮洳地) 등을 농경지로 변화시키는 것이었다. 저여지의 개간은 축언(築堰), 축동(築垌)이라 이름 붙여진 수리시설 축조가 같이 병행되었다. 그렇기 때문에 저여지 개간을 통해 확보한 답을 언답(堰畓) 또는 동답(垌畓)이라 불렀다. 이러한 신전 개간에 유민화된 몰락 소농민들이 노동력으로 참여하였다. 그리고 지주층을 비롯하여 자본을 축적한 상인 등도 참여하고 있었다. 개간에 투여한 물력에 따라 개간지의 소유구조가 결정되었다.

연해의 저지, 간석지를 대상으로 삼은 간척사업은 굉장히 힘든 작업이었다. 조수(潮水)를 막아내기 위한 해언을 축조하였고, 경우에 따라서는 물길을 깊이 파내는 굴포(掘浦), 물길 자체의 경로를 바꾸는 환포(換浦) 등의 토목작업도 수행해야 했다. 간척은 주로 서남해 연안을 중심으로 이루어졌다. 간척작업에 참여한 농민뿐만 아니라 궁방, 권세가, 그리고 모리배(謀利輩)로 불린 무리들이 간척지의 토지 분배를 놓고 다툼을 벌이기도 하였다.

서남해 도서지역의 간척지가 궁가에 의해서 개간되기도 하였다. 개간된 토지는 양전(量田)을 거쳐 양안(量案)에 수록되었다. 현존하는 궁방양안이나 개인양안, 가문의 전답안(田畓案) 등을 통해 개간의 양상을 살펴볼 수 있다. 강화지역의 해안 저습지의 간척은 대부분 논으로 활용되었다. 특히 경기 연해 지역 간척지 조성과정은 간척 이후 장기간에 걸쳐 염분을 제거하는 과정을 거쳐야 했다.

대하천의 중류, 하류 지역에 형성된 하중도(河中島)의 개간도 이루어졌다. 하중도의 경우 오랜 세월에 걸쳐 이루어진 이생처(泥生處) 형성 이후에 개간이 실시될 수 있었다. 하중도는 대개의 경우 갈대밭 즉 노전(蘆田)으로 변화하였는데, 이때 하중도의 개간에 관심을 갖고 있던 주변 인물이나 모리배가 소유권을 확보하기 위해 힘을 기울였다. 갈대밭에서 여러 방면으로 이윤을 획득할 수 있었기 때문에 매매대상이 되었다. 하중도의 노전은 주변을 둘러싸는 축제 과정과 논으로 변모시키는 작답 과정을 거쳐 개간의 완성단계에 들어섰다. 이때 작답 개간을 주도한 무리들은 측량을 통해 양안을 작성하고, 주변 지역의 주민들에게 소작으로 분배하였다. 하중도의 개간 작업에 여러 권세가, 궁방, 토호들이 협력하였지만, 경우에 따라서는 서로 많은 이득을 획득하기 위해 다툼을 벌이기도 하였다. 또한 일반 민인들이 개간을 통해 작답한 농경지를 불법적으로 빼앗는 일도 일어났다.

향촌사회의 유력 가문도 개간, 간척 사업에 간여하였다. 이들은 해언을 축조하여 간척에 참여할 만한 재력을 갖고 있었다. 또한 간석지 간척의 허가에 해당하는 입안(立案)을 받아내는 데 유리한 조건을 갖추고 있었다. 중앙권력에 밀착된 권력관계의 연줄을 통해 지방수령의 적극적인 협조를 받아낼 수 있었다. 또한 간척에 필요한 기술력을 동원할 수 있었다. 해안을 따라 또는 간석지 양쪽을 잇는 기다란 제방을 쌓는 축제에 상당한 기술력이 필요하였다. 나무말뚝, 크고 작은 돌 등을 무너지지 않게 쌓는 기본적인 기술뿐만 아니라 간석지를 간척하기에 적당한 곳을 찾아내는 것도 필요하였다. 그리고 해언을 통해 확보한 언전에 물을 대고 빼내는 수로시설을 개착하는 데에도 많은 인력의 동원이 필수적이었다.

조선시기와 그 이전 시기부터 이어져 내려온 개간과정을 거쳐 농민들이 농업생산에 종사할 수 있는 전답의 전체 면적이 계속 증가하였다. 조선의 중앙정부는 한광지와 진전의 개간을 권장하기 위해 여러 가지 시책을 펼쳤다. 진전을 개간하여 경식하는 농민에게 경작권을 부여해 주었다. 또한 일정 기간 동안 면세 해택을 내려주기도 하였다.

1800년(정조 24)에 수원유수 서유린(徐有隣)이 개간을 권장하여 획득한 결수(結數)를 기록하여 장계하자 판부하기를 "농사를 중시하는 정사에서 개간을 권장하는 것보다 중요한 것이 있겠는가.(重農之政, 豈有過於勸闢.[『綸綍』(奎12855) 庚申 6월 1일])"라고 하였다. 이와 같이 18세기 후반에 정조는 진황전의 개간을 권장하기 위해 진전(陳田)을 다시 기경전(起耕田)으로 개간하였을 때 전품(田品)을 낮추어주어 일시적인 감세가 아니라 영구적인 감세의 혜택을 내려주었다.

개간은 농경지 전체면적의 증대를 가져오는 사업이었기 때문에 개간에 참여하는 많은 사람들에게 토지를 확보할 수 있는 기회를 제공하였다. 그리고 물력이나 노동력을 제공한 물주, 농민들은 개간에 참여한 대가로 일정한 토지에 대한 소유권, 경작권을 확보하였다. 또한 궁방이나 아문 등 권력기관은 해안이나 하천 인근 지역에서 대규모 개간 사업을 벌여 대토지를 확보하였다. 서해안, 남해안 지역의 연해안과 도서지역의 경관은 개간, 간척이 진행되면서 점차 변화하였다.

[참고어] 간척, 무주한광지, 진전, 해언

[참고문헌] 李景植, 1973, 「17세기 농지개간과 지주제의 전개」『한국사연구』 9, 한국사연구회 ; 이태진, 1983, 「16세기 沿海地域의 堰田 개발-戚臣政治의 經濟的 背景 一端」『김철준박사화갑기념사학논총』(1986, 『한국사회사연구』, 지식산업사. 재수록) ; 송찬섭, 1985, 「17·18세기 新田開墾의 확대와 경영형태」『한국사론』 12, 서울대 국사학과 ; 이경식, 1991, 「조선초기의 農地開墾과 大農經營」『한국사연구』 61·62, 한국사연구회(1998, 『조선전기 토지제도사연구Ⅱ』 지식산업사 재수록) ; 崔永俊·洪錦洙, 2003, 「江華

喬桐島의 海岸低濕地開墾과 水利事業」『대한지리학회지』 38-4 ; 박영한·오상학, 2004, 『조선시대 간척지 개발』, 서울대학교 출판부 ; 김경옥, 2004, 『朝鮮後期 島嶼硏究』, 도서출판 혜안

〈염정섭〉

개간농장(開墾農場)/간척농장(墾拓農場) ⇒ 고부 김씨가 농장, 학파농장, 후지농촌, 후지흥업주식회사

개량(改量) 양전(量田) 과정에서 전지의 변동이 있을 때 그 면적과 과세(課稅)를 정리하기 위하여 다시 측량하던 일.

조선시기 국가의 재정에서 가장 중심적인 부세수취 대상은 토지였다. 이를 체계적으로 수취하기 위하여 토지에 적절한 파악 기준을 마련하여 양전을 실시하였다. 조선건국의 경제적 기반을 마련하기 위해 고려말 1389년(공양왕 1) 조선건국 세력은 기사양전(己巳量田)을 실시하였다. 이에 대해 처음 개량이 거론되기 시작한 시기는 1398년(태조 7) 7월이었다. 호조의 급전사(給田司)에서 기사양전에서는 연해지역을 양전하지 못하였으므로 다시 하자고 제의한 것이다. 3년 뒤인 1401년(태종 1)에도 같은 제의가 개진되어, "연해의 주군(州郡)은 경인년(1350년, 충정왕 2) 이후로 전지(田地)가 황폐하였는데 근년에 왜구가 가라앉아 인물이 모이고 전야가 개간되었으니 마땅히 타량(打量)을 해서 육전(六典)에 실린 것에 따라 공부(貢賦)를 정해야 합니다.[『태종실록』 권2, 1년 8월 갑인]"라는 지적이 있었다.

이를 계기로 양전사업이 재개되어, 즉 개량이 시작되어 1405년(태종 5)에 동·서북면을 제외한 지역의 타량이 완료되었다. 당시에 충청·경상·전라도의 전지를 개량할 것을 명령하고, 경차관(敬差官) 45명을 나누어 보내 측량하게 하였다. 그러자 사간원(司諫院)과 사헌부(司憲府)에서 상소하며 반대하였다. 이는 당시 관료들의 일반적인 견해를 대표하는 것이었는데, 3개 도를 한꺼번에 하는 것은 무리한 일이므로 우선 풍년이 든 1개 도를 먼저 측량하고 나머지는 후일에 하자고 한 것이다. 하지만 태종은 자신이나 대신의 뜻에 따라 하는 것이 아니라, 그 도의 관찰사(觀察使)·수령(守令)이 모두 측량할 수 있다고 아뢰었기 때문에 한다고 하며 그대로 실행하였다.

이를 을유양전(乙酉量田)이라 하는데 잉전(剩田) 30여만 결을 얻었다. 연해 지역의 간전(墾田)이 증가의 큰 몫을 차지한 것으로 지적되었다. 이에 대하여 "고려시기 말기에 전제(田制)가 크게 무너져 기사년에 6도의 전지를 개량하여 장부에 올렸으나, 그 때 왜구가 한참 치열하게 극성이어서 연해가 모두 황폐해졌는데 이때에 이르러 개간이 날로 늘어 노는 땅이 없게 되어 개량하였다.(『태종실록』 권11, 6년 5월 임진)"고 기록하고 있다.

사실 조선의 정치가 안정되고 인구가 증가하며 농경지가 확대되었지만, 양전을 시행한 지 오래되어 수세지의 정확한 파악이 되지 않고 있었다. 그에 따라 정부에서는 양전경차관을 파견하여 전세 수입을 확대하고자 하였다. 이러한 경우에 전면적인 양전사업이 아니라 부분적 양전인 개량이 시도된 것이다. 1428년(세종 10)에도 경기·충청·전라·강원도의 개량을 하였다는 기록이 나타난다.

조선 전기 15세기 동안 양전이 대체로 30년에 1회 정도로 시행되었으나 16세기에 들면 양전이 시행되지 않았다. 국초에 개간이 급격히 진행되다가 16세기로 가면서 가경지가 급격하게 감소되었기 때문이다. 그러나 임진왜란을 거친 뒤에 전국적인 양전사업이 필요하였다. 처음 시행된 계묘양전(癸卯量田)은 1603년(선조 36)에 전국적 규모로 완료되었다. 그 결과 전라도 198,672결, 경상도 173,902결, 충청도 240,744결, 경기도 141,959결, 강원도 33,884결, 황해도 106,832결, 함경도 54,377결 등이었다. 삼남지방은 이전보가 큰 차이가 있고 그밖에 강원도·함경도·황해도는 거의 비슷하였으며 평안도는 기록에 나오지 않는다. 임진왜란 직후 30만 결을 칭하던 때와 비교하면 상당히 늘어났고, 국가재정 측면에서도 큰 도움이 되었을 것이다. 그러나 전쟁 이전과 비교하면 여전히 은루결이 많았고 특히 이 시기에 활발한 개간으로 가경전이 증가하였으므로 양전의 필요성은 증가하였다.

계묘양전 이후 20년만인 1623년(인조 1)부터 양전논의가 나타나기 시작하여 1634년(인조 12)에 삼남지방에 다시 양전을 하였다. 갑술양전(甲戌量田)이라고 하는데, 국가의 대부분의 부세를 담당하는 삼남지방에 대한 양전이 마무리되었다. 그 결과 총 농지면적은 895,489결로 파악되었고, 실제 경작지는 540,860결로 나타났다. 대대적인 양전이 시행된 것은 숙종대 들어서였다. 1684년(숙종 10)에 시작했다가 1701년(숙종 27)과 1709년에 일부 양전을 하였다가 1719년과 1720년(숙종 46)에 삼남 모든 지역에 대하여 개량하였다. 이를 경자양전(庚子量田)이라고 하며, 은루결을 파악하기 위한 것이었다. 이때 파악한 것이 삼남지방만 계산해도 97만 1천

결로 갑술양전보다 7만 6천 결이 늘어났다.

숙종 대를 마지막으로 더 이상 개량은 없었고, 영조 이후에는 읍별로 진황지를 대상으로 한 사진(査陳)이 시행되었다. 그리고 이마저도 폐단이 심각한 소수의 군현에만 임시미봉책으로 시행될 정도였다. 그에 따라 시기총수가 계속 줄어들어 1803년(순조 3)에는 60만 결밖에 되지 않았다. 그만큼 지주층의 은루된 경지가 늘었고, 파악된 농지도 대부분 전품은 낮게 평가되었다. 그 결과 소농민에게는 흉년에도 감세·면세가 이루어지지 않았고, 오히려 납세량은 더욱 늘어나기만 하였다.

[참고어] 양안, 양전, 사진

[참고문헌] 이태진, 1989, 「15·6세기의 低平·低濕地 개간 동향」 『국사관논총』 2, 국사편찬위원회 ; 송찬섭, 1998, 「진전의 개간과 양전사업」 『한국사 30 : 조선 중기의 정치와 경제』, 국사편찬위원회 ; 이경식, 2012, 『한국중세토지제도사 : 조선 전기-증보판』, 서울대학교출판문화원 〈강은경〉

개상[稻床] 수확한 곡물의 단을 내리쳐 알곡을 털어내는 탈곡 기구.

개상 농업박물관

중국농서에는 등장하지 않는 조선 고유의 농기구로서, 서호수(徐浩修, 1736~1799)의 『해동농서(海東農書)』에 처음 등장하였다. '稻床[가상]'으로 표기되어 있는데 '稻床'은 한자 표기, '가상'은 우리말 단어를 그대로 옮긴 것이다. 타작할 마당을 깨끗하게 치운 후 사방에 네 다리가 달린 나무 상을 놓고 볏다발을 높이 들었다가 내리쳐 알갱이를 분리하는 것으로 그 사용법이 설명되어 있다. 정학유(丁學游, 1786~1855)가 지은 『농가월령가(農家月令歌)』에는 '개샹'으로 표현되고 있으며, 일반적으로 개상이라 불렸고 지역에 따라 챗상, 대상, 공상, 탯상, 메, 타작대라고도 했다.

김홍도(金弘道)의 풍속화에도 개상이 그려져 있는데, 『해동농서』에서처럼 두꺼운 널빤지에 네 다리가 달린 상 모양이 아니라 통나무를 쪼개 판처럼 만들고 받침을 괴어 사용하고 있다. 1895년 그려진 「기산풍속도(箕山風俗圖)」를 보면 큰 돌을 숫돌처럼 땅에 박아 사용하고 있으며, 『한국토지농산조사보고(韓國土地農産調査報告)』(경기도, 충청도, 강원도)(1905년)에서 개상을 '도타대(稻打臺)'로 표기하고 절구나 굵고 둥근 큰 돌을 이용한다고 설명하고 있다. 이처럼 개상은 돌을 깎아 만들기도 하고 절구통을 가로뉘어 개상으로 사용하기도 하였다.

일제시기 족답식 탈곡기가 들어오기 전까지는 개상이 홀태와 도리깨·탯돌 등과 더불어 탈곡도구로 많이 쓰였다. 1970년대 이후 동력을 이용한 탈곡도구가 등장한 데 이어, 지금은 콤바인 등으로 수확과 탈곡을 동시에 하고 있다.

[참고어] 홀태, 도리깨, 그네

[참고문헌] 金光彦, 1986, 『韓國農器具考』, 韓國農村經濟研究院 ; 權振肅, 1994, 「脫穀道具의 變遷 槪觀」 『韓國의 農耕文化』 4, 경기대학교박물관 〈정희찬〉

개시장(開市場) 개항장(開港場) 이외의 내륙에 외국인의 거주와 통상을 허용한 지역.

쇄국하던 나라가 외국과의 통상 및 외국인의 국내 거주를 허용한 것을 개국(開國)이라 한다. 이때 조약·협정 등에 의해 특별히 외국인의 거주와 통상을 위해 개방했거나 하기로 약속한 지역 중 항구를 포함한 곳을 개항장, 그렇지 못한 곳을 개시장이라고 한다.

개항장(개시장)에 해당하는 개념이 처음 사용된 것은 1842년 난징[南京]에서 체결된 청과 영국 간의 '영청강령조약(英淸江寧條約)'이었다. 이후로 청에서는 바다 혹은 강을 접하고 있는 곳에 대해서는 '통상구안(通商口岸)', '약개구안(約開口岸)', '약개통상구안(約開通商口岸)', '약정구안(約定口岸)', '지정구안(指定口岸)', '지정각구(指定各口)', '약개상부(約開商埠)' 등으로 혼칭했다. 그러나 러시아 등과의 국경지역에 위치한 지역이 조약에 포함되자, 이들을 별도로 '진시(鎭市)' 등으로 표기하기도 했다. 그러나 양자를 총칭할 때는 통상 '개구안(開口岸)', '약개구안(約開口岸)'으로 표기했다. 예외적으로 조청상민수륙무역장정(朝淸商民水陸貿易章程)의 5조에서 압록강을 사이에 둔 책문(柵門)·의주(義州), 도문강(圖們江)을 사에에 둔 혼춘(琿春)·회령(會寧)을 '개시지처(開市之處)'라고 표기하기도 했는데, 이는 거주나 점포개설이 허용되지 않는 것으로서 근대적 '개시장'과는 의미가 달랐다.

한편 일본에서는 개항장에 대해 '개항의 장소(開港の場所)', '개방한 항구(開きたる港)' 등을 사용하다가 1871년 청과의 수호조규에서 처음 '개항장'이라는 용어를 사용했다. 그리고 항구가 아닌 지역은 별도로 '개시(開市)'라는 용어를 사용했다. 1871년 청일통상장정(淸日通商章程)에서 '개시장'이라는 용어가 처음으로 사용되었다.

이러한 용례는 광무연간 일본이 열강과 함께 평양의 개시를 강요하며 사용되기도 했는데, 이후 대한제국이 맺은 대외조약문에는 한 번도 나타나지 않았다. 이처럼 개항장은 본래 항구(港口)와 시읍(市邑)을 포괄하는 개념이었다고 볼 수 있으나, 학계에서는 전자를 개항장, 후자를 개시장으로 나누는 것이 일반적이다.

전근대 한국역사에도 '개시'라는 명칭의 대외교역 형태가 있었다. 국경에서 양국의 협의 하에 공적으로 열리는 시장이었는데, 이는 고려 성종 때 여진과의 교린관계에서 열었던 호시(互市)에 연원을 두고 있다. 조선에서는 1593년(선조 26) 전쟁에 필요한 군량과 말을 구입하기 위해 중강(中江)에 시장을 열어 교역을 한 것이 시초였으나, 전쟁이 끝난 후 폐쇄되었다. 병자호란 후 청의 요청에 따라 경원과 회령에 개시를 열었으며 중강개시도 다시 설치되었다. 조선과 청은 매년 3월 15일과 9월 15일을 개시일로 정하여 무역을 엄격히 통제하고 사무역을 금했다. 그러나 자유상인의 활동이 활발해짐에 따라 국경에서 점차 밀무역이 번성해 통제가 어렵게 되자 조선 정부는 사실상 후시를 인정하는 대신 세금을 받는 정책으로 전환했다. 일본과는 1603년(선조 36) 왜관에 개시를 설치하였다. 개항 이후의 개시장으로는 조청상민수륙무역장정에서 합의한 바에 따라 의주와 회령이 봉천여조선변민교역장정(奉天與朝鮮邊民交易章程)과 길림여조선상민수시무역장정(吉林與朝鮮商民隨時貿易章程) 등의 후속 장정을 통해 개방되었다. 또한 러시아와는 육로통상장정(陸路通商章程)에 의거, 경흥이 개시장이 되었다. 그러나 이들은 전통적 조공체계 내에서 이루어졌던 '개시'의 연장선에 있는 것으로, 근대적 성격의 개시장과는 차이가 있었다.

반면 내륙으로는 한성·용산·평양·용암포 등이 해당되었다. 1882년의 임오군란 이후 일본은 사후 처리의 일환으로 조일수호조규속약(朝日修好條規續約)을 조선과 맺으며, 1년 후에 양화진을 개시장으로 한다는 조항을 포함시켰다. 또한 조청상민수륙무역장정에서는 양화진과 함께 한성도 개시장으로 설정되었다. 한성 개시는 조선과 청 사이에서만 적용되는 것이었음에도 불구하고, 미국·일본은 최혜국대우 조항을 통해, 영국·독일 등 이후 조약을 맺은 나라는 답습을 통해 한성개잔권을 획득했다. 한성은 별도의 조계가 설정되지 않은 잡거지(雜居地)였다. 그러나 조선의 의도와 달리 한성개잔권이 확대되면서 피해를 입은 조선 상인들은 시위·철시·방화 등으로 철잔(撤棧)을 요구했다. 조정에서도 이에 교섭을 벌였지만 실패했다. 청일전쟁 이후에는 당시 외부대신이었던 김윤식의 주도로 거류지를 조성하려 했으나 명성황후 시해사건 등으로 무위로 돌아갔다. 양화진은 조선측 외교고문인 묄렌도르프의 건의와 각국의 조율을 거쳐 1884년 용산으로 변경되었고, 공동조계지도 설정되었다.

[참고어] 개항장, 거류지, 잡거지, 조계

[참고문헌] 손정목, 1982, 『한국 개항기 도시변화과정 연구』, 일지사 ; 박찬승, 2002, 「서울의 일본인 거류지 형성과정」『사회와 역사』 ; 박정현, 2010, 「19세기 말 인천과 한성의 중국인 거류지 운영체제」, 『동양사학연구』 113 ; 박준형, 2013, 「개항기 평양의 개시과정과 개시장의 공간적 성격」『한국문화』 64 〈윤석호〉

개시장(開市場)-평양 1898년 5월 26일 대한제국 정부의 결의에 따라 평양에 설치한 외국인 거주 지역.

부산, 인천, 원산, 목포, 진남포, 군산, 마산, 성진 등이 개항장(開港場)으로 구분되는 반면, 평양은 한성과 더불어 개시장으로 분류된다. 일본은 개항장과 개시장을 조약상에서 엄밀히 구분했다. 1858년에 체결된 미일수호통상조약에 따르면 개항장은 무역을 위해 시가와 항구를 개방한 것인데 반해 개시장은 상거래를 위해 시가만을 개방한 것으로, 그 목적과 개방 범위에 미묘한 차이가 있었다. 그리고 개항장에서는 토지의 임대와 건물의 구입·건축의 권리가 모두 인정되었으나 개시장에서는 오직 건물의 임차만이 가능하였다.

반면 한국에서는 개항과 개시의 구분이 일본과 같이 조약상에 명확하지 않았다. 평양, 한성이 부산, 인천, 군산 등과는 다르게 개시장으로 구분되었던 것은 단순히 그것이 해안이 아닌 내륙에 위치한 도시였기 때문이었다. 한국에서 개시장은 편의상의 명칭일 뿐 조약상의 근거를 갖는 개념은 아니었던 것이다. 그러면서도 실제로 개시장은 개항장과는 다른 특징을 가지고 있었다. 예컨대 대표적인 개시장이었던 평양은 외국인의 거류 및 무역을 위한 별도의 조계가 설정되지 않았었다. 그 이유는 평양이 개시되는 과정이 여타 개항장 및 조계가 성립되는 것과는 다른 방식을 통해서 이루어졌기 때문이다.

평양의 개시는 일찍이 청일전쟁 이전부터 한·청·일 간에 논의된 바 있었다. 일본은 1886년 무렵 평양 개시의 가치와 가능성을 내부적으로 검토한 바 있었고, 1889년부터는 평안도 및 황해도 연안에 출몰하는 청의 밀무역상들에 대한 대책을 마련한다는 명목 아래 평양의 개시를 본격적으로 주장하였다. 일본은 한때 평양 개시의 대가로 일본 어민의 제주도 어업 금지를 고려할 정도로 적극적이었지만, 임오군란·갑신정변 이후 속방화정책을 통해 조선에 강한 영향력을 행사하던 청의 대표 이홍장이 제안을 거절함으로써 평양 개시는 이루어지지 못하였다. 당사자인 조선은 1887년에 청의 간섭에서 벗어나 조선의 국제적 위상과 이익을 확보하기 위한 방편으로 대동강 연안에 한정하여 자발적인 평양 개방을 추진한 바 있었다. 그러나 정부 내 반대 의견과 중국과 일본의 입장차 속에서 그 역시 결국 중단되고 말았다.

평양 개시는 청이 청일전쟁으로 축출된 이후 본격적으로 제기되었다. 1895년 11월 5일 일본공사 고무라 주타로(小村壽太郞)가 목포·진남포의 개항과 함께 평양 개시를 정식으로 거론하였다. 이에 조선 정부는 목포와 진남포의 개항 요구는 수용하면서도 평양개시에 대해서는 대동강안에 한 개의 항구(진남포)만 개방하면 그만이지 평양까지 개방할 필요는 없으며, 만약 일본의 요구에 따라 평양을 개방하면 러시아 측에서 경성이나 길주를 개방하자고 제의할 경우 막을 명분이 없어지고, 평양에 외국인 거주를 허용할 경우 한성 개시의 사례에 따라 조선인의 상권이 침탈당할 것을 이유로 거절하였다.

평양개시가 다시 거론된 것은 1898년 5월이었다. 아관파천 이후 새롭게 성립된 대한제국 정부는 전부터 개항·개시가 논의된 바, 평양은 물론 군산과 마산까지도 개방할 것을 결정하고 각국에 통고하였다. 개항·개시 예정일은 1899년 5월 1일이었다. 대한제국 정부의 평양 개시 선언은 곧 독립협회를 비롯한 황국중앙총상회 등 국내 여론으로부터 비판에 직면하였다. 이에 대한제국 정부는 결국 내지 잡거문제와 관련하여 조약을 준수하는 방향으로 태도를 굳히게 되었다. 그에 따라 정부는 1899년 7월20일 석호정 영제교(永濟橋)로 전전하다 평양성 정해문과 성밖 우양관에 이르는 도로의 북쪽 일대를 개시장으로 설정하여 각국에 알렸다. 하지만 각국은 연합하여 대한제국의 변경안을 모두 거부하고 평양성의 내성 및 중성 이내에 개시장 구역을 설치해 줄 것을 요구하였다. 양측의 의견이 맞서는 가운데 합의 도출에 노력했으나 실패하였다. 결국 대한제국 정부는 각국의 처분을 수용하여 평양은 한성과 같이 도시 전체를 외국인의 거주와 왕래가 가능한 잡거지로 하게 된 것이다.

[참고어] 개항장, 거류지, 잡거지, 조계

[참고문헌] 손정목, 1982,『한국 개항기 도시변화과정 연구』, 일지사 ; 손정목, 1982,『한국 개항기 도시사회경제사연구』, 일지사 ; 박준형, 2013,「개항기 平壤의 개시과정과 開市場의 공간적 성격」『한국문화』 64

〈노상균〉

개인양안(個人量案) 개인이 면 양안(量案)에 기록된 자신의 소유 토지만을 뽑아 정리한 개별 양안.

조선시기 지주의 토지소유는 군현, 도 단위를 넘어 전국에 걸쳐 분포되고 있었다. 경영방식도 부재지주(不在地主) 경영형태로 바뀌는 가운데 토지생산성을 극대화시키기 위해 유통경제를 적극적으로 이용하였다. 이들의 지주경영 관리는 해당 토지에 대한 명확한 파악이 전제되었고, 이에 국가 차원의 양전사업이 시행되었을 때 그 기록을 발췌하여 자신의 토지대장을 만들게 되었다. 양안은 국가의 공인을 받은 것이었다. 따라서 양안을 바탕으로 개인양안에 기록된 자호(字號)·지번(地番)과 결부(結負)·두락(斗落)의 면적 정보 등은 매매문서에 그대로 옮겨져 소유권 취득이나 이전의 중요한 근거가 되었다. 양안의 자호·지번이 토지문기에 표기되는 빈도는 18세기 경자양전(庚子量田) 이후 급격히 높아졌으며, 점차 자호만을 기록하게 된 것까지 합하면 더욱 많다.

개인양안의 대표적인 사례로『청천송참판댁전답양안(靑川宋參判宅田畓量案)』(국사편찬위원회 소장)을 들 수 있는데, 면 단위로 작성된 양안 여러 개에서 추출하여 만든 19세기 전반기 송참판댁의 개인양안이다. 1720년 경자양안을 토대로 작성한 것으로 추정되며, 양안의 형식에 없는 작인뿐 아니라 도지(賭地)의 상황과 두락, 일경(日耕) 및 배미[夜味] 등을 추가로 기록하여 전체 토지에 대한 상황을 관리하고 있다. 따라서 송참판댁에서는 이것을 펼치면 어느 지역의 자호결부뿐 아니라 생산량까지 알 수 있어 지주경영 뿐 아니라 토지매매의 근거 자료로 삼을 수 있었다. 실제 개인양안 몇 군데에는 토지매매 상황을 기록하고 그것을 양안에서 붉은 글씨[爻周]로 그어 자신의 토지가 아님을 표시한 곳도 있고, 토지를 매입한 곳은 옛 주인[舊主] 및 매입 가격과 토지면적, 작인명을 기록하고 있다.

이처럼 개인양안은 면 단위 양전사업의 시행 결과 작성된 양안을 이용하여 자신의 소유지와 경영형태를 기록하고 있으며, 나아가 토지매매의 근거로 삼기도 했다. 이는 양안의 소유권자와 소유토지에 관한 정보를 보전하고 기록하려 하고 있다는 점에서 소유권 발달의 시대적 성격을 보여주는 중요한 문서이다. 다만 추수기(秋收記) 등의 지주경영 문서와 달리 여러 해의 경영 기록을 담고 있지 않다는 점에서 한계도 있다.

[참고어] 양안, 경자양안, 광무양안

[참고문헌] 최윤오, 2008, 『조선후기 토지소유권 발달과 지주제』, 혜안

개잔권(開棧權)-한성 한성(漢城) 내에서 외국인이 거주·통상할 수 있도록 조약으로 부여한 권리.

1876년의 조일수호조규(朝日修好條規) 이후에도 한성에는 외국인의 거주·통상뿐만 아니라 자유로운 왕래도 금지되었다. 조약상 외국인의 한성 왕래가 가능해진 것은 임오군란 수습과정에서 제물포조약과 함께 일본과 체결한 조일수호조규속약(이하 속약)을 통해서였다. 부산·원산·인천 각 항의 간행이정을 50리(2년 후에는 100리)로 하며, 1년 뒤 양화진을 개시장으로 하기로 했다. 양화진이 개시된다면 일인들은 한성을 왕래할 수는 있는 법적 근거를 마련하게 된 것이다. 그러나 이것이 한성 내에서의 자유로운 거주·통상의 허용, 즉 한성이 개시장이 된다는 의미는 아니었다.

한성의 개시는 1882년 10월에 천진에서 청과 맺은 조청상민수륙무역장정(朝淸商民水陸貿易章程)을 통해 이루어졌다. 이에 따르면 부산·원산·인천 등 개항장에서 일본에 인정한 것과 동일한 권익을 청에게도 인정하며, 상무위원이라는 이름의 정치·경제사절을 한성에 파견·상주시키도록 규정했다. 아울러 제 4조에서는 한성과 양화진에서 청국인이 거주·통상할 수 있는 권익, 이른바 '개설행잔권(開設行棧權)'이 인정되었다.(朝鮮商民除在北京例准交易, 與中國商民准入朝鮮楊花津漢城開設行棧) 청이 장정에서 기도한 것은 조선에 대한 일본과 러시아의 팽창 방지와 정치적 종속관계를 강화하려는 것이었다. 문제는 한성개잔권이 그 이후 타국에도 급속도로 확산된 점이다. 사실 이 조항은 조선과 청 사이에서만 적용되는 것이었지만, 이후 서구 열강과 맺은 조약에서도 답습되었고, 미국·일본 등도 최혜국대우의 혜택을 받았다. 1년 후에 체결된 조영수호통상조약과 조독수호통상조약 4조에서 한양 경성과 양화진(또는 그 부근의 편리한 타처)을 본 조약 시행일로부터 영국인과 독일인의 거주·통상 장소로 개방한다고 규정함으로써, 한성개잔의 권익을 인정했다. 이후 이 조문은 러시아, 오스트리아, 이탈리아 등과의 수호조규에도 그대로 답습되었다. 이로써 외국인의 거주가 일체 불허되어 왔던 수도 한성은 동양 삼국 중에서도 그 예가 드문 자유로운 개시장의 표본이 되었다.

한성개잔권이 확대되면서 조선 상인의 피해 등 문제가 발생했고, 시위·철시·방화 등을 통한 철잔(撤棧) 요구가 높아졌다. 정부에서는 철잔을 위해 다양한 노력을 펼쳤으나 실패했다. 또한 청일전쟁 이후에는 외부대신 김윤식의 주도로 거류지를 조성하려는 시도가 있었으나, 명성황후 시해사건 등으로 무위로 돌아가고 말았다.

[참고어] 개시장, 개항장, 잡거지, 조계

[참고문헌] 손정목, 1982, 『한국 개항기 도시변화과정 연구』, 일지사 ; 박광성, 1991, 「인천항의 조계에 대하여」 『기전문화연구』 20 ; 박찬승, 2002, 「서울의 일본인 거류지 형성과정」 『사회와 역사』 2002 ; 박정현, 2010, 「19세기 말 인천과 한성의 중국인 거류지 운영체제」 『동양사학연구』 113 ; 왕현종, 2010, 「한말 한성부 지역 토지 가옥 거래의 추이와 거주지별 편차」 『한국사연구』 150

〈윤석호〉

개정전시과(改定田柴科) 고려시기 양반을 비롯한 지배층에 대한 토지분급 규정인 전시과(田柴科) 제도를 998년(목종 1)에 개정한 것.

경종대의 시정전시과(始定田柴科)는 성종의 뒤를 이은 998년(목종 1) 12월에 개정되었다. 그 내용은 『고려사』 권78, 식화지 전제 전시과 조목에, "문무 양반 및 군인들의 전시과를 개정하였다."고 기록하고 있으며, 이어 각 과별로 토지 지급액과 대상 관직을 나열하고 있다.

전시과의 개정은 지배질서의 성장과 이에 따르는 관료체제의 발전에 대응한 토지제도의 재정비를 의미한다. 성종대에는 중앙의 관제가 개정·정비되고, 지방제도도 새로 편성되어 각 지방에 외관이 파견되었으며, 문(文)·무산계(武散階)가 제정(制定)되는 등 주목할 만한 지배질서 및 관료체제의 진전이 있었다. 이는 곧 관료체제가 통일적이고 일원화됨을 의미하는 것이었다.

개정전시과는 전시지급의 구분이 시정전시과보다

크게 일원화하였다. 1과에서 18과로 나누었으며, 1과는 전지(田地) 100결, 시지(柴地) 70결이 지급되었고, 이하 체감하여 18과는 전지 20결만이 지급되고 시지는 설정되지 않았다. 그리고 과외자(科外者)에게는 17결이 지급되었다. 전시의 지급 기준에서 공복(公服)과 관계(官階)를 고려하지 않았을 뿐 아니라 인품이라는 막연한 요소도 제거하고, 18과와 과외를 포함해 총 19등급으로 구분하였다.

시정전시과에 비해 규정내용이 간편하고 체계화되어 전체 관료를 한 체계 안에 망라하여 토지를 분급하였다. 이것은 고려 관료제의 발달과 관련이 있었다. 개정전시과의 지급대상은 매우 다양하지만 대체로 관인층(官人層)·이속층(吏屬層)·군인층(軍人層)의 세 계층으로 나누어진다.

18개의 과등은 정·종9품의 18등급과 일정한 대응관계를 이루고 있다. 반드시 그리고 정확하게 그런 것은 아니지만 문반의 실직을 중심으로 하여 1과에는 종1품, 2과에는 정2품, 3과에는 종2품이 배치되고, 이하 이러한 순차로 내려가는 원칙을 좇아서 과등과 관품이 대응되었다. 이에 따라 종1품인 내사령·시중이 1과를 받고, 정2품인 내사시랑평장사·문하시랑평장사가 뒤를 이어 2과를 받았으며, 종2품인 참지정사와 정3품인 6상서·어사대부가 각각 3과와 4과를 받게 되었다.

이러한 원칙에 어긋나는 예외도 없지 않는데 예컨대, 문종대의 품계로 종3품인 좌·우승이 6과를 받는 반면 정4품의 소부·장작감이 5과를 받도록 한 것이 그것이다. 몇몇의 예외는 인정된다 하더라도 개정전시과의 18과등은 관직의 관품을 기준으로 설정되었다고 볼 수 있다.

개정전시과에서는 실직에 종사하지 않는 산직이나 치사직(致仕職) 보유자에게도 토지가 지급되었다. 산직과 치사직은 같은 관품의 실직에 비해 대체로 1~4단계 낮은 과등(科等)을 받게 되어 있었으며, 특히 치사직의 경우는 전시의 지급이 고위 관품에만 한정되어 있었다. 결국 개정전시과는 산직과 치사직을 고려하고 있지만, 전체적으로 보면 관직, 그 중에서도 실직을 중심으로 운영되었다고 볼 수 있다.

개정전시과에서 문반과 무반 사이에 토지지급액의 차이가 있어, 무관에 대한 문관의 우위가 현저히 나타나 있다. 문종대 기준으로 정3품 상장군이 대우체계에 있어서 문관의 종3품인 비서감·전중감 그리고 정4품인 장작감과 동열인 5과에 놓여 전지 80결, 시지 50결을 받았으며, 상장군과 동열인 정3품의 육상서(六尙書)·어사대부(御史大夫)·좌우산기상시(左右散騎常侍)가 상장군보다 한 단계 상위인 4과에 놓여 전지 85결, 시지 55결을 받았다. 문·무관의 차별 대우는 산관의 경우에 더 뚜렷이 보인다. 문관의 산관(散官)이 실직관(實職官)에 비해서 대개 1과 내지는 2과를 감등(減等)하였음에도 불구하고 무관의 경우에는 3과 내지는 4과를 강등(降等)하고 있다. 목종대의 관품이 문종대의 그것과 일치하는 것은 아닐지라도 무반이 토지 지급에서 차별을 받았음을 지적할 수 있다.

개정전시과에서는 관직을 중심으로 전시가 분급되었으므로 당시 관직, 특히 실직을 가진 관원은 모두 여기에 망라되었을 것으로 생각된다. 그러나 전시의 지급 대상자 가운데 마땅히 포함되었어야 할 관직이 보이지 않는다. 예컨대 중추원과 삼사(三司) 소속의 관원이 빠져 있으며, 지방관도 누락되어 있다. 이것은 기록의 착오로 보인다.

과거 급제자에 대한 토지 지급이 개정전시과에서 확인된다. 장사랑이 그 예이다. 16과와 17과에 보이는 제술(製述)·명경(明經)·제업(諸業)의 장사랑(將仕郞)은 등과(登科)는 했지만 아직 실직에 나가지 못하고 산계(散階)만을 보유하고 있는 관인을 가리킨다.

이속층(吏屬層)이 전시 지급의 대상자로 포함되어, 16과부터 18과에 걸쳐 고루 배치되어 있다. 이들은 시정전시과에서 '잡리(雜吏)'로 분류되어 있는 존재들인데, 크게 서리직(胥吏職)과 유외잡직(流外雜職)으로 나누어졌다. 16과의 주사(主事)·녹사(錄事)·별가(別駕)와 17과의 영사(令史)·서사(書史)·감사(監事)·서령사(書令史)·승지(承旨) 등은 서리직이며, 18과를 받는 지반(知班)·주약(注藥)·약동(藥童)·통인(通引)·전구관(殿驅官)·당인(堂引)·감선(監膳)·인알(引謁) 등은 유외잡직이었다.

그리고 군인층이 토지지급자 대상에 들어와 마군(馬軍)은 17과로 전지 23결을, 보군(步軍)은 18과로 전지 20결을 받는 점이 주목된다. 이것은 성종 때에 육위(六衛)의 제도가 성립하고, 거란과의 항쟁을 겪으면서 군인의 중요성이 증대되었기 때문일 것이다.

한외과가 설정되어 18과등에 끼지 못하는 자에게도 전지 17결이 지급되었다. 시정전시과에 비하여 한외과에 대한 토지지급액이 15결로부터 2결이 증가한 것이다. 후일의 경정전시과에 보이는 잡류가 이 한외과에 해당되었을 가능성이 크다.

향직은 전시 지급의 대상자에 포함되어 있지 않지만,

시정전시과와 경정전시과의 지급대상에 모두 포함되어 있음을 고려할 때, 기록의 누락 때문으로 보이며, 실제로는 토지 분급의 대상자에 포함되었을 가능성이 있다.

시정전시과에 비해 각 과등의 지급액이 전체적으로 감소하였다. 전지를 기준으로 한외과(限外科)만이 2결 증가하였을 뿐, 최고액과 최하액은 물론이고 전 과등의 평균액도 시정전시과 자삼층의 68.5결에서 58결로 줄어들었으며, 시지의 평균액도 67.5결에서 32결로 대폭 축소되었다. 그리고 향직(鄕職)도 받지 못하고 관도(官途)에도 진출하지 못한 호족들은 전시과의 지급 대상에서 탈락하였을 것이다.

각 과등의 관직들이 배열되어 있는 순서를 보면, 맨 처음에 문반을, 다음에 무반을, 이어 잡업 및 남반의 관직을, 그 뒤에 산직을 열거하고 있어, 문반이 가장 중시되고 있음을 알 수 있다.

목종대의 전시과는 1014년(현종 5)에 약간 수정되어 문무양반과 잡색원리(雜色員吏)에 대한 전시의 가급(加給)조치가 취해졌다. 그리고 1034년(덕종 3) 4월에 또다시 개정되었다. 이때에는 한인(閑人)이 토지분급의 대상에 포함되어 있어 주목되는데, 세부규정이 전하지 않아, 자세한 내용은 알 수 없다. 이후 1076년(문종 30)의 경정전시과(更定田柴科)로 이어져 갔다.

〈목종 원년의 개정전시과〉

과	지급액수(結)		수급자(受給者)의 관직(官職)
	田地	柴地	
1	100	70	내사령(內史令), 시중(侍中)
2	95	60	내사시랑평장사(內史侍郎平章事), 문하시랑평장사(門下侍郎平章事), 치사시중(致仕侍中)
3	90	60	참지정사(參知政事), 좌·우복야(左,右僕射), 검교태사(檢校太師)
4	85	55	육상서(六尙書), 어사대부(御史大夫), 좌·우산기상시(左右散騎常侍), 태상경(太常卿), 치사좌·우복야(致仕左右僕射), 치사태자태보(致仕太子太保)
5	80	50	비서감(秘書監), 전중감(殿中監), 소부감(少府監), 장작감(將作監), 개성윤(開城尹), 상장군(上將軍), 산좌·우복야(散左右僕射)
6	75	45	좌·우승(左右丞), 제시랑(諸侍郎), 간의대부(諫議大夫), 대장군(大將軍), 산육상서(散六尙書)
7	70	40	군기소경(軍器少卿), 태상소경(太常少卿), 급사중승(給舍中丞), 태자빈객(太子賓客), 태자첨사(太子詹事), 산경(散卿), 산감(散監), 산시랑(散侍郎)
8	65	35	제소경(諸少卿), 제소감(諸少監), 국자사업(國子司業), 제위장군(諸衛將軍), 태복감(太卜監), 산군기감(散軍器監), 산상장군(散上將軍), 태자서자(太子庶子)
9	60	33	제낭중(諸郎中), 군기소감(軍器少監), 비서승(秘書丞), 전중승(展中丞), 내상시(內常侍), 국자박사(國子博士), 중낭장(中郎將), 절충도위(折衝都慰), 태의감(太醫監), 합문사(閤門使), 선휘제사(宣徽諸使), 선휘판사(宣徽判事), 산소경(散少卿), 산소감(散少監)
10	60	30	제원외랑(諸員外郎), 시어사(侍御史), 기거랑사(起居郎舍), 제국봉어(諸局奉御), 내급사(內給事), 제능령(諸陵令), 낭장(郎將), 과의(果毅), 태복소감(太卜少監), 태사령(太史令), 합문부사(閤門副使), 산낭중(散郎中), 산대장군(散大將軍), 산합문사(散閤門使), 산태의감(散太醫監), 산태자유덕(散太子諭德), 산태자가령(散太子家領), 산태자솔경영(散太子率更令), 산태자복(散太子僕)
11	50	25	전중시어사(展中侍御史), 좌·우보궐(左右補闕), 시승(寺丞), 감승(監丞), 비서랑(秘書郎), 국자조교(國子助教), 태학박사(太學博士), 태의소감(太醫少監), 상약봉어(尙藥奉御), 통사사인(通事舍人), 선휘제사사(宣徽諸使使), 태자중윤(太子中允), 태자중사인(太子中舍人), 산원외랑(散員外郎), 산태복소감(散太卜少監), 산태사령(散太史令), 산제봉어(散諸奉御), 산합문부사(散閤門副使)
12	45	22	태상박사(太常博士), 좌·우습유(左右拾遺), 감찰어사(監察御史), 내알자감(內謁者監), 육위장사(六衛長史), 육국직장(六局直長), 군기승(軍器丞), 태자세마(太子洗馬), 사관정(四官正), 산제위장군(散諸衛將軍), 산시승(散寺丞), 산감승(散監丞), 산태의소감(散太醫少監), 산상약봉어(散尙藥奉御), 산선휘제사사(散宣徽諸使使)
13	40	20	주서(注書), 녹사(錄事), 도사(都事), 내시백(內侍伯), 시주부(寺注簿), 감주부(監注簿), 사문박사(四門博士), 태학조교(太學助教), 중상령(中尙令), 경시령(京市令), 무고령(武庫令), 대관령(大官令), 대창령(大倉令), 전구령(典廐令), 공어령(供御令), 전객령(典客令), 태악령(太樂令), 제릉승(諸陵丞), 별장(別將), 태복승(太卜丞), 태사승(太史丞), 시어의(侍御醫), 상약직장(尙藥直長), 내전숭반(內殿崇班), 대리평사(大理評事), 합문지후(閤門祗候), 선휘제사부사(宣徽諸使副使), 산직장(散職長), 산중낭장(散中郎將), 산절충도위(散折衝都尉), 산사관정(散四官正), 약장랑(藥藏郎), 전선랑(典膳郎), 내직랑(內職郎), 궁문랑(宮門郎), 전설랑(典設郎)
14	35	15	육위녹사(六衛綠事), 정팔품승(正八品丞), 정팔품령(正八品令), 내알자(內謁者), 동·서두공봉관(東西頭供奉官), 산원(散員), 지휘사(指揮使), 협율랑(協律郎), 태자감승(太子監丞), 산시주부(散寺注簿), 산감주부(散監注簿), 산랑장(散郎將), 산과의(散果毅), 산내전숭반(散內殿崇班), 산합문지후(散閤門祗候), 산태복승(散太卜丞), 산태사승(散太史丞), 산시어의(散侍御醫), 산상약직장(散常藥直長), 산선휘제사부사(散宣徽諸使副使)
15	30	10	종팔품승(從八品丞), 종팔품령(從八品令), 비서교서랑(秘書校書郎), 사문조교(四門助教), 제위교위(諸衛校尉), 영대랑(靈臺郎), 보장정(保章正), 설호정(挈壺正), 태의승(太醫丞), 태의박사(太醫博士), 율학박사(律學博士), 좌·우시금(左右侍禁), 좌·우반전직(左右班殿職), 산정팔품(散正八品), 산별장(散別將), 산지휘(散指徽), 산공봉관(散供奉官)
16	27		대축(大祝), 시름(司廩), 사고(司庫), 구품승(九品丞), 구품주사(九品主事), 구품록사(九品錄事), 비서정자(秘書正字), 제술등과장사랑(製述登科將仕郎), 명경

			등과장사랑(明經登科將仕郞), 서학박사(書學博士), 산학박사(算學博士), 사진(司辰), 사력(司曆), 복박사(卜博士), 복정감후(卜正監候), 식의(食醫), 의정(醫正), 의좌(醫佐), 율학조교(律學助教), 전서박사(篆書博士), 선휘제사판관(宣徽諸使判官), 제위대정(諸衛隊正), 전전승지(殿前丞旨), 중추별가(中樞別駕), 선휘별가(宣徽別駕), 은대별가(銀臺別駕), 산교위(散校尉), 산좌·우반전직(散左右班殿職), 산시금(散侍禁)
17	23		제업장사랑(諸業將仕郞), 영사(令史), 서사(書史), 감사(監史), 감작(監作), 서령사(書令史), 해서내승지(楷書內承旨), 객성승지(客省承旨), 합문승지(閤門承旨), 차전전승지(借殿前承旨), 친사(親事), 내급사(內給事), 마군(馬軍), 산전전승지(散殿前承旨), 산대정(散隊正)
18	20		산전전부승지(散殿前副承旨), 대상사의(大常司儀), 대상재랑(大常齋郞), 국자전학(國子典學)·지반(知班)·주약(注藥)·약동(藥童)·군장관(軍將官)·통인(通引)·청두(廳頭)·직성(直省)·전구관(殿騶官)·당인(堂引)·추장(追仗)·감선(監膳)·인알(引謁) 등의 유외잡직(流外雜職), 제보군(諸步軍)

[참고어] 전시과, 시정전시과 경정전시과

[참고문헌] 강진철, 1980, 『고려토지제도사연구』, 고려대출판부 ; 이경식, 2007, 『고려전기의 전시과』, 서울대학교 출판부 ; 윤한택, 2011, 『고려 양반과 양반전 연구』, 경인문화사 ; 이경식, 2011, 『한국 중세 토지제도사-고려-』, 서울대학교출판문화원 ; 이경식, 2012, 『고려시기토지제도연구』, 지식산업사 ; 김용섭, 1975, 「고려시기의 양전제(量田制)」 『동방학지』 16 ; 김기섭, 1987, 「고려전기 농민의 토지소유와 전시과의 성격」 『한국사론』 17, 서울대 국사학과 ; 홍순권, 1987, 「고려시대의 시지(柴地)에 관한 고찰」 『진단학보』 64 ; 박국상, 1988, 「고려시대의 토지분급과 전품(田品)」 『한국사론』 18, 서울대 국사학과 ; 이진한, 2004, 「고려시대 토지제도의 변화와 향리」 『동방학지』 125 ; 이상국, 2005, 「고려시대 양반전 분급의 일양상」 『한국사연구』 128 ; 이상국, 2006, 「고려시대 토지소유관계 시론」 『역사와 현실』 62

개항장(開港場) 외국인의 자유로운 거주와 통상을 허용하여 개방한 항구.

개항장에 해당하는 개념이 처음 사용된 것은 1842년 난징(南京)에서 체결된 청과 영국 간의 영청강령조약(英清江寧條約)이었다. 이후 청에서는 '통상구안(通商口岸)', '약개구안(約開口岸)', '약개통상구안(約開通商口岸)', '약정구안(約定口岸)', '지정구안(指定口岸)', '지정각구(指定各口)', '약개상부(約開商埠)' 등으로 혼칭되었다. 한편 일본에서는 '개항의 장소(開港の場所)', '개방한 항구(開きたる港)' 등을 사용하다가 1871년 청과의 수호조규에서 처음 '개항장'이라는 용어를 사용했다. 조선에서는 1876년의 수호조규 이래로 '통상지항구(通商之港口)', '통상각구(通商各口)', '통상구안(通商口岸)', '개구안(開口岸)' 등을 혼용했다. 특히 개항이나 개항장이라는 용어는 당시에는 거의 사용되지 않았다.

그러나 이후 학계에서는 일본식 용례에 따라 이상의 개념을 개항장으로 규정·사용하고 있다. 개항장과 개시장(開市場)에는 조약 등에 의해 조계(租界)가 설정되기도 했다. 조계란 개항장이나 개시장에서 외국인만의 거주와 통상을 허용했던 지역을 뜻했는데, 조선의 경우 1883년의 조영수호통상조약(朝英修好通商條約)을 계기로 통상 조계지 밖 10리까지가 개항장의 범위로 한정되었다. 한편 조계가 없는 경우에는 성곽 내 혹은 그에 상응하는 약정된 구역이 개항장이 되었다.

전근대에도 외국에 허용된 개항장이 존재했다. 고려시기 예성강 입구의 벽란도(碧瀾渡)가 일찍부터 송과 일본 상인을 비롯하여 아라비아 상인들까지 내왕한 국제 무역항이었다. 조선시기에는 왜와의 관계상 1407년(태종 7) 경상좌·우도의 도만호(都萬戶) 주둔지인 부산포(釜山浦 : 부산)·제포(薺浦 : 乃而浦)를 개항해 이들의 입국을 허용하였다. 그런데 내왕왜인(來往倭人)과 항거왜인(恒居倭人)이 격증해 세사미(歲賜米) 증액, 왜인 거류지 확대 등에 대한 요구가 일어났고, 1418년 염포(鹽浦 : 울산)과 가배량(加背梁 : 경상남도 고성)이 추가되어 개항장은 4개소로 증가했다. 그 뒤 1419년(세종 1) 대마도 정벌로 일시 폐쇄되었다가, 1424년 부산포와 내이포, 1427년 염포 등 삼포를 개항하고 각각 왜관을 두어 교역 및 사신 접대의 장소로 사용하였다. 한편 15세기 중엽 이후 삼포에는 거류 왜인이 급증하고 사무역이 성행하는 등 문제가 발생했고, 1510년(중종 5) 삼포왜란 이후 1555년(명종 10) 을묘왜변이 일어날 때까지 개항장은 폐쇄 또는 축소되는 변화를 반복하였다. 특히, 임진왜란 후 국교를 재개한 1609년(광해군 1)의 임신약조로 부산포를 개항하여 19세기 전반까지 존속시켰다.

19세기에 열강의 문호 개방 요구가 한층 거세졌다. 1832년(순조 32) 6월 영국 상선이 충청도의 몽금포에 나타나서 통상을 요구하였으며, 1845년(헌종 11) 다도해 수역을 측량하고 통상을 요구하였다. 1846년 프랑스 군함이 충청도 해안에 나타났으며, 1861년(철종 12) 러시아 함대는 원산항 개항을 요구하였다. 그리고 독일인 오페르트(Oppert, E. J.)의 3차에 걸친 통상 요구, 미국 상선 제너럴셔먼호의 통상 요구, 2차에 걸친 프랑스 군함의 내침 등이 있었다. 1871년(고종 8) 신미양요가 발생했으나 대원군의 강력한 쇄국정책으로 좌절되었다. 국내의 개국 분위기 성숙과 일본의 요구에 의해 강화도조약을 체결함으로써, 1876년 부산, 1879년 원산, 1880년 인천 등 3개 항구를 열게 되었다. 그리고 일본과의 개항을 선두로 다른 서구와의 문호도 개방하였다. 1882년 조미수호통상조약, 조청상민수륙무역장정, 1883년 조영·조독수호통상조약, 1884년 조이·조로수호통상조약, 1886년 조불수호통상조약 등이 그것이다.

개항장에서는 조약국 거류민이 자유롭게 통상할 수 있었고, 여권 및 통행권 없이 왕래·거주할 수 있었다. 또한 조약국 정부 또는 거류민 대표들에게는 속인적 행정권이 행사될 수 있었다. 즉 개항장 내에 거주하는 외국인에 대해 영사 또는 거류민단체는 필요경비를 과세하여 각종 유지·보수를 할 수 있으며, 질서유지를 위한 경찰권도 행사할 수 있었다. 개항장 내에서 어느 정도의 속인적 행정권이 행사될 수 있는가는 거류민의 수, 거류지역의 크기와 조밀도, 조약국·소속국의 역학관계 등에 따라 차이가 있다. 그러나 대체로 조약국의 행정권이 부분·전부가 행사될 수 있었는데, 특히 전관조계와 같이 소속국이 매년의 지세만을 수취할 뿐 토지임대계약 및 행정권을 해당 조약국에 일임한 경우도 있다. 각 개항장에는 감리서·경무서·재판소를 두고, 최고행정관인 감리가 개항장을 관리하였다. 또한 개항장에는 각국이 영사관을 두어 자국의 권익 보호에 힘썼다. 이곳은 치외법권 지역이었다.

[참고어] 개시장, 거류지, 잡거지, 조계

[참고문헌] 손정목, 1982,『한국 개항기 도시변화과정 연구』, 일지사 ; 박광성, 1991,「인천항의 조계에 대하여」『기전문화연구』 20 ; 박찬승, 2002,「서울의 일본인 거류지 형성과정」『사회와 역사』; 박정현, 2010,「19세기 말 인천과 한성의 중국인 거류지 운영체제」『동양사학연구』 113 〈윤석호〉

개황도(槪況圖) 일제의 토지조사사업에서 각 필지를 조사한 후 강계와 지역을 도보로 측량하여 개형을 그리고, 여기에 각종 조사사항을 기재해서 측량할 때 안내에 제공한 도면.

개황도는 길이 1척6촌, 폭 1척2촌인 지면에 2푼의 방안(方眼 : 모눈종이)을 설계한 용지를 사용했으며, 축척은 약1/600, 1/1200, 1/2400로 하여 1개 동리마다 제작하였다. 그 내용은 ①가지번 및 지번, ②지목 및 사용세목, ③지주성명 및 이해관계인 성명, ④지위등급, ⑤국, 도, 부·군, 면·리의 강계, ⑥죽목, 초생지 기타 강계의 목표가 될 만한 것, ⑦삼각점 및 도근점 등이었다. 지목과 부호는 측량원도에 준하는 것을 사용하였다. 그러나 1912년 11월 이후 조사와 측량을 병행 실시하게 되어 안내도가 필요 없게 되었으며, 지위등급조사를 위해서 측량원도의 등사도를 만들어 지위등급도로 하기로 결정하면서 개황도는 폐지되었다.

[참고어] 소삼각측량, 지위등급조사, 지형측량, 토지조사사업

[참고문헌] 조선총독부 임시토지조사국, 1918,『조선토지조사사업보고서』; 조선총독부 임시토지조사국, 1916,『토지조사예규』

객토(客土) 논에 새 흙을 넣는 것.

『농사직설(農事直說)』의 시비법(施肥法)은 두 계통으로 나타나는데 하나는 분양(糞壤)을 사용하는 것이고, 다른 하나가 객토이다. 객토는 수전(水田)에서 이용되었다. 『농사직설』에 따르면 정월에 얼음이 풀리면 땅을 갈고 거름을 넣거나 새 흙을 넣도록 하였는데, 이를 격년으로 번갈아 하도록 하였다. 수전 가운데에서도 땅이 질퍽질퍽한[泥濘] 곳이나 물이 차가운[水冷] 곳 등에 대해서는 특히 신토(新土)나 사토(莎土)를 넣도록 하였다.

[참고어] 시비, 분양법

[참고문헌] 김용섭, 2009,『(신정증보판)조선후기농학사연구』, 지식산업사 ; 염정섭, 2002,『조선시대 농법 발달 연구』, 태학사

갱미(粳米) 조미(糙米)를 더 도정한 쌀.

[참고어] 미-도정

거류지(居留地) 조약으로 외국인만의 거주와 통상을 허용한 지역으로 조약 상대국의 행정권이 미치는 치외법권 지역. 조계(租界)와 구분 없이 쓰이기도 한다.

일반적으로 조계는 조약 등을 통해 개항장이나 개시장에서 외국인만의 거주와 통상을 허용했던 지역을 뜻한다. 체약국의 국민은 이 지역의 토지와 가옥을 조차(租借) 및 매매할 수 있고 영구적인 거주도 가능하다.

'조계'라는 용어가 처음 공식화한 것은 1876년 9월 13일에 체결된 영·청 간의 즈푸조약[芝罘條約] 제 3관 2항에서 '新舊各口岸 除已定有各國租界 其租界未定各處 ……'라고 한 데에서였다. 이때의 어원은 '외국거류민에게 가옥 건축을 할 대지의 조임(租賃)이 허용된 구역의 계지(界址)'라는 것이 일반적인 해석이다. '조계'의 용례가 일반화되기 전 일본에서는 영어의 settlement에 해당하는 번역어로 '거류지'를 조어하여 사용하였다.

이때 settlement 구역에는 소속국의 행정권이 부분·전부가 관철되며, 영조(永租) 계약도 개인 간에 이루어지는 형태였다. 반면 concession은 지역 내에서 조약국의 행정권이 관철되고, 영조 계약도 국가 간에 일괄 이루어지는 특징이 있다. 청은 조약시 '조계' 혹은 '지계(地界)', 일본은 '거류지'라는 용어를 사용했다.

일본과 처음 조약을 맺은 조선은 초기에는 주로 '거류지'를 용어로 사용하다가, 1883년 9월의 인천일본조계약조(仁川日本租界約條)부터는 조계를 사용하였다. 학계에서는 조계와 거류지를 혼칭했는데, 양자의 개념 차이를 반영하여 settlement는 일본식 용례에 따라 '거류지'로, concession은 '조계'로 구분해서 지칭하기도 한다. 또한 일본 학계에서는 조선에 설정된 일본거류지가 본래의 settlement보다 주권을 침해하는 요소가 많으므로 이를 '특별거류지(特別居留地)'로 개념화하기도 했다. 개항 후 국내에 설정된 거류지 중 일본과 관련된 것은 부산·인천·원산·마산에 설정된 전관거류지(전관조계)가 있으며, 군산·목포·진남포·성진에 각국거류지(공동거류지) 내 일본인도 공동으로 거류하는 형태를 취한 것이었다.

[참고어] 개시장, 개항장, 잡거지, 조계

[참고문헌] 손정목, 1982, 『한국 개항기 도시변화과정 연구』, 일지사 ; 박광성, 1991, 「인천항의 조계에 대하여」『기전문화연구』 20 ; 박정현, 2010, 「19세기 말 인천과 한성의 중국인 거류지 운영체제」『동양사학연구』 113 〈윤석호〉

거집(據執) 허위문서 등으로 타인 소유의 전지·노비 등의 재산을 빼앗는 것.

고려 말 무주한광지를 대상으로 사급전을 지급했는데, 이 과정에서 세가들은 주인이 있는 진전 등에 대해서도 사패를 모칭해 강제로 탈점하는 사례가 나타났다. 이에 1345년(충목왕 원년) 도평의사사는 "당대 여러 공신들과 권세가들이 비법적으로 사패를 받아 스스로 본전이라 칭하면서 산천을 경계로 삼아 앞을 다투어 거집하고 있는데, 이는 모두 옛 제도에 위반되는 것입니다. 따라서 이를 해결하기 위해 경기 8현의 토지에 대한 경리를 다시 실시하여 어분궁사전·향리·진척·역자·잡구분위전과 같은 토지지목은 원래의 토지대장[元籍]을 조사하여 해당량을 지급하도록 하고, 양반·군·한인구분전과 같은 토지는 원종 12년 이전의 공문서를 토대로 조사하여 나누어 주되, 그 밖의 여러 사급전은 모두 다 회수하여 직전으로 주고, 남은 토지는 조세를 받아서 국용으로 충당해야 합니다.(忠穆王元年, 八月, 都評議使司言, 近來諸功臣權勢之家, 冒受賜牌自稱本田, 山川爲標爭先據執, 有違古制. 乞依先王制定, 京畿八縣土田更行經理, 御分宮司田鄕吏津尺驛子雜口分位田, 考覈元籍量給, 兩班軍閑人口分田, 元宗十二年以上公文考覈折給, 其餘諸賜給田並皆收奪均給職田, 餘田公收租稅以充國用.[『고려사』 권78, 「식화」1 전제 충목왕 원년 8월])"는 제안을 올려 국왕의 재가를 받은 바 있다. 이 사례로 보아 거집은 문서위조를 통해 원적(元籍)이나 공문(公文)에 규정되지 않은 전지나 노비를 탈점하는 방식이라고 볼 수 있다.

거집에서는 양반의 전지도 탈점의 대상이 될 수 있었는데, 사원이나 그 밖의 기도처(醮祭處)에서 양반의 전지를 거집하려고 함부로 사패(賜牌)를 받아 농장을 경영하려 한 사례가 있었다.(寺院及醮祭諸處, 所據執兩班田地, 冒收賜牌, 以爲農莊. 今後, 有司窺治, 各還本主.[『고려사』 권84, 「형법」1 직제 충렬왕 24년 정월 충선왕 즉위하교]) 때문에 고려 조정에서는 범인을 형틀에 매어 조리돌린 뒤 먼 섬으로 귀양 보내는 것과 같은 강력한 조치로 대응하였다.(諸道, 忽赤司僕巡軍及權門, 所遣人等, 影占人民, 據執土田者, 械繫以徇, 流于遠島.[『고려사』 권84, 「형법」1 직제 충숙왕 5년 5월)]

한편 거집이 토지에만 국한되는 것은 아니었다. 1352년(공민왕 원년)의 조치를 보면 "토지와 노비에 관한 송사가 번다해지니, 감찰전법도감으로 하여금 토지나 백성을 잉집·거집한 자를 검거한 다음 원고인으로부터 다짐장[甘結]을 받고 기일을 정하여 판결하되, 만약 원고인이 무고하였을 경우에는 무고죄로 처벌하고, 권세가로서 잉집·거집한 자도 그 잘못을 깨달아 본래 주인에게 돌려보내도록 하며, 이를 따르지 않는 경우에는 죄를 주라.(田民詞訟日繁, 仰監察典法都官, 先擧仍執據執田民, 於元告人取甘結, 限日平決, 誣告者, 反坐其罪, 其權豪仍據執者, 亦當知過, 歸還本主, 否者理罪.[『고려사』권38, 「세가」38 공민왕 원년 2월 병자])"고 했다. 조선 전기까지도 노비와 전지에 대한 거집이 확인되는데, 예컨대 1472년(성종 3) "경기가 실농함이 더욱 심하니 노비나 전지를 거집 한 것 이외에는 계사년[1473년(성종 4)] 추수 때까지 한정해서 잡송을 정지하라.(京畿失農尤甚, 奴婢田地據執外, 限癸巳年秋成, 停雜訟, 京中各司柴場, 勿禁民刈取.[『성종실록』 권24, 3년 11월 19일 辛亥])"는 전지가 내려지기도 했다.

[참고어] 합집, 잉집

[참고문헌] 『高麗史』 ; 『成宗實錄』 ; 金容燮, 1975, 「高麗時期의 量田

制」『東方學志』16 ; 李景植, 1991,「高麗時期의 作丁制와 祖業田」『李元淳停年紀念論叢』; 李仁在, 1996,「高麗 中·後期 收租地奪占의 類型과 性格」『東方學志』93 ; 이경식, 1986,『조선전기 토지제도 연구』, 일조각 ; 강진철, 1980,『고려토지제도사 연구』, 일조각

〈윤석호〉

건경법(乾耕法) 봄가뭄이 들어 물이 부족할 경우 만도(晩稻, 늦벼)를 마른 논에 뿌려 양육하는 경작기술.

15세기 수전(논)에서의 경종법(耕種法)은 수경직파법(水耕直播法)이 주가 되고 이앙법이 일부 지역에 실시되는 가운데, 건경법(乾耕法) 즉 건경직파법(乾耕直播法)도 실행되고 있었다. 건경법은 만도에 대해서만 적용될 수 있었고, 한해(旱害)로 말미암아 수경법(水耕法)이 불가능한 조건에서 시행하는 기술이었다. 만일 물이 부족한 상황에서도 적절한 대책 없이 수종(水種)을 하게 되면 물이 말라 버릴 경우 피해가 크기 마련이었다. 따라서 이러한 경우 부득이하게 건부종(乾付種)을 해야만 하였다. 이처럼 건경은 물을 채운 무논 대신 물이 없는 건답을 만들어 종자를 직파하는 건경직파법을 줄여서 부르는 말이며, 건파법(乾播法)이라고 부르기도 하였다.

건경은 조선 초기 세종 대인 1429년에 편찬된『농사직설(農事直說)』에서 벼농사 경종법으로 소개한 3가지 가운데 하나였다. 이에 따르면 건경의 향명(鄕名)은 건사미(乾沙彌)[건삶이]였다. 건경직파법은 노동력의 투하가 요구되는 방식이었으므로, 수경직파법과 이앙법을 보조하거나 논에 물대기가 힘든 일부 지역에서 채택하고 있었다.

건경직파법의 기술 내용과 특징『농사직설』에서 찾아볼 수 있다. 건경을 행하기 위해서는 춘한(春旱)·숙치(熟治)·제초(除草)라는 세 가지 조건이 요구되었는데, 이 가운데 숙치와 제초는 상당한 노동력이 소요되는 과정이었다. 숙치란 논의 표토(表土)를 갈아 엎어주는 기경(起耕)을 마친 다음 곰방메 등으로 흙덩어리를 잘게 부수는 작업이다. 이후에도 다시 써레로 표면을 고르게 만들어주는 작업을 종횡으로 여러 차례 수행하였다.

파종(播種)은 특별한 작업이 함께 이루어졌는데, 볍씨 즉 도종을 그냥 파종하는 것이 아니라 종자에 비료성분을 묻혀주는 분종(糞種)과정을 거치게 되었다. 도종 1두(斗)에 숙분(熟糞)이나 요회(尿灰) 1석(石)을 섞어주며 이후 족종(足種) 방식으로 파종하였다. 족종은 왼발 뒤꿈치로 흙을 밟아 누르면서 종자를 뿌리고, 오른발로 흙을 덮어주는 방법이었다. 파종한 다음 새들이 침범하는 것을 막아주고, 볏모가 자라기 전까지 물을 넣어주지 않았다. 파종한 뒤에는 특별한 표토 정지작업이 뒤따랐는데, 논 표면 아래의 수분이 증발하는 것을 막기 위하여 진압(鎭壓)하는 작업이었다. 시비(柴扉)라고 불리는 나뭇가지를 엮어 만든 간단한 도구로 파종한 지표면을 눌러주었다. 이때 흙덩이도 부수어 전토를 단단하게 만드는 것이 좋았다.

건경에서 특히 주의한 것은 제초작업이었다. 호미를 이용하여 논에서 자라는 잡초를 끊임없이 없애야 했다. 건경에 만도만 채택할 수 있었던 것도 제초 문제와 연관된 것이었다. 조도(早稻)를 파종하게 되면 잡초가 벼보다 훨씬 빨리 무성하게 자라게 되어 제초에 노동력이 많이 들어갔기 때문이다. 이처럼 건경은 노동력의 효율적인 활용과 거리가 멀었고, 봄가뭄이라는 불가피한 조건을 만나는 경우가 아니면 채택하기 힘든 경종법이었다. 따라서 건경은 일부에서만 실행되고 있었고, 특히 수리시설의 활용이 불가한 봉천답(奉天畓) 즉 천수답(天水畓)에 적합한 방법으로 권장되었다.

한편 건경직파법은 이앙법과 결합되어 건앙법(乾秧法)이라는 방식으로 나타났다. 이앙법은 본래 수앙(水秧) 즉 물을 받아놓은 모판에서 모를 키우는 방식이었다. 그런데 17세기 초반 이전에 건답 상태의 모판에서 모를 키우는 즉 건앙을 길러 이앙하는 건앙법이 개발된 것이었다. 건앙법은 이앙법을 수행할 때 따르는 물문제의 어려움을 극복할 수 있는 방안으로 개발된 것으로, 건앙법의 발전은 이앙법의 보급과 안정에 기여한 것으로 평가된다.

이처럼 17세기 이후 이앙법이 벼재배 경종법의 주요한 위치를 차지하게 되면서 건경법은 특정지역과 특정한 기후조건에 걸맞은 지역에서 통용되는 경종법이라는 성격을 지니게 되었다. 같은 군현 내에서도 고조(高燥), 즉 지세가 높고 표면이 말라 있는 지역에서만 채택 가능한 경종법으로 취급되었다. 이에 반해 인수(引水)가 가능한 지역에서는 이앙법을 채택하여도 무방하였다. 예를 들어 18세기 후반에 응지농서(應旨農書)를 올린 유종섭(劉宗燮)은 자신이 거주하던 화성(華城)지역을 대상으로 수전경종법이 각 면별(面別)로 차이가 있다는 점을 지적하였는데, 이때 수력(水力) 즉 인수할 수 있는 수리시설의 혜택을 받지 못하고 있던 용성(龍城) 등 7면은 건파를 많이 하고 있다고 지적하였다.

또한 건경법에 적합한 벼 품종의 개발이 확인된다. 벼 재배기술의 발달에 따라 벼 품종도 지역별로 특화되

어 발전하는 양상을 보이고 있었다. 지역별로 특화된 작물 품종은 이미 오래전부터 자리 잡고 있었을 것으로 보이는데, 『농가월령(農家月令)』에 따르면 4월 입하(立夏)에 건경할 수 있는 품종으로 밀달조(密達租)라는 것이 이미 17세기 전후 무렵에 경상도 상주지역에서 특화되어 있었다.. 18세기 후반 공주(公州) 유학(幼學) 임박유(林博儒)에 따르면 공주지역에서 채택하던 벼 품종 가운데, 흑점화(黑粘禾), 두응수리화(斗應水利禾), 산어리화(山於里禾)는 건파하여도 잘 수확할 수 있는 품종이었다. 이와 같이 18세기 후반 무렵에 이르면 건경법에 적당한 벼품종의 지역적 개발이 오랜 세월을 거쳐 완성되어 있었음을 확인할 수 있다.

건경직파법은 많은 노동력의 투하가 요구되어 쉽게 행하기 어려운 방식이었다. 하지만 벼농사를 수행하는 지역 여건에 따라 시행되기도 하였고, 봄가뭄이 아주 극심하면 건경으로 도를 재배하지 않을 수 없었다. 그리고 이앙법과 결합하여 건앙법이라는 기술체계를 만들어 내기도 하였다. 이러한 점에서 건경법은 우리나라 벼농사 기술의 발전 양상을 잘 보여준다고 평가할 수 있다.

[참고어] 직파법, 수경법, 건앙법, 이앙법

[참고문헌] 김용섭, 1970, 『조선 후기 농학의 발달』, 한국문화연구총서 2, 서울대 한국문화연구소 ; 이태진, 1983, 「건경직파 도작과 도휴·묘종수전」 『사학연구』 36 ; 이호철, 1986, 『조선전기농업경제사』, 한길사 ; 김용섭, 1988, 『조선후기농학사연구』, 일조각 ; 민성기, 1988, 『조선농업사연구』, 일조각 ; 이춘녕, 1989, 『한국농학사』, 민음사 ; 오인택, 1989, 「『농서집요』를 통해서 본 조선초기의 경종법」 『지역과역사』 5 ; 염정섭, 2002, 『조선시대 농법 발달 연구』, 태학사

〈염정섭〉

건앙법(乾秧法) 이앙법(移秧法)의 한 종류로, 가뭄에 물이 없을 때 마른 땅에 볍씨를 뿌려 묘종(苗種)을 키운 후 비가 오면 논에 이앙하는 방법.

건앙법은 봄에 가뭄이 들어 물 있는 못자리를 만들 수 없을 경우 마른 논을 기경하고 다져서 작은 밭두둑을 만들고 그 위에 1두락(斗落)에 회분(灰糞)을 섞은 7두(斗)의 종자를 심어 모를 길렀다가 비가 온 후 이것을 이앙하는 방법이었다. 이앙법의 물 문제를 해결하기 위한 건경법(乾耕法)의 한 방법으로 개발되었다. 건앙법의 보급은 한재(旱災)를 극복할 수 있는 방법이 되었으므로 이앙법의 안정에 크게 기여하였다.였다.

17세기 초반 류진(柳袗)의 『위빈명농기(渭濱明農記)』에서는 '환종앙법(還種秧法)'·'앙분법(秧糞法)'·'양앙법(養秧法)'·'양건앙법(養乾秧法)' 등의 항목을 설정하여 이앙과 관계되는 새 농법을 설명하였다. 이 책에서는 가뭄으로 인해 묘를 키울 수 없을 때 건앙(乾秧)을 키우는 방법에 대해 자세히 설명하고 있다. 마른 밭을 흙덩이가 없게 잘 고르고, 재를 2촌(寸) 두께로 뿌린 다음 그 위에 다시 부드러운 흙을 2촌 정도 덮고 종자를 뿌리고 또 다시 그 위에 부드러운 흙을 덮는다. 그 후 벼의 모종[秧苗]이 나면 적당한 때를 기다려 이식을 한다. 이렇게 하면 종자 아래 미리 뿌려둔 재 덕분에 벼의 모종을 부드럽게 뽑을 수 있다고 하였다. 한편 17세기 후반~18세기 초반에 쓰인 홍만선(洪萬選)의 『산림경제(山林經濟)』에서는 『농사직설(農事直說)』을 인용하여 볍씨를 인분 섞은 재와 혼합하여 건파(乾播)하듯이 심되, 한 마지기 땅에 7두를 심어야 한다고 하여 재를 한 겹 더 뿌리는 과정이 생략되어 있다. 또한 이러한 방법은 비가 온 후 이앙을 하면 물 못자리한 것보다 잘된다고 하였다.

건앙법이 보급·확대되기 위해서는 토양을 비옥하게 하는 시비의 적절한 투입이 반드시 수반되어야했다. 『농사직설』 단계인 15세기에는 한전(旱田, 밭)에서의 시비는 주로 초회(草灰)를 주성분으로 하는 분회(糞灰)를, 수전(水田, 논)에서는 토분(土糞)이나 생초분(生草糞)을 사용하였다. 그런데 17세기 후반기인 『농가집성(農家集成)』 단계에서는 한전의 거름이었던 분회(糞灰)가 수전의 앙비(秧肥)로 사용되었다. 이러한 시비체계의 변화는 건앙법의 확대와 생산량 증대를 가져왔다.

또한 건앙법처럼 마른 토지를 이용한 농법에서는 가능한 토양을 숙치하고 평평하게 하는 일에 노동력을 많이 필요로 한다. 17세기 초의 농서인 『농가월령(農家月令)』에서는 시비(柴扉)라는 농기구를 사용하고 있었다. 시비는 번지의 일종으로 파종한 직후 복종(覆種)작업[흙을 뒤집고 씨를 뿌리는 것]에 사용되었다. 이를 이용해 건조한 토양에서 수분유지와 제초작업에 매우 큰 효과를 거둘 수 있었다. 아울러 『농가월령』에는 밀달조(密達租)라는 건경에 알맞은 새로운 벼 품종까지 소개되고 있다. 한편 18세기 후반 우하영(禹夏永)은 건앙법에서 특히 건경을 강조하였는데, 마른 땅을 부드럽게 하는 것은 한 번만 하는 것이 아니라 수차례 반복하여 전토가 재 가루처럼 곱게 될 때까지 하여야 한다고 하였다. 이렇게 하면 나중에 이앙한 후 분전(糞田)하지 않아도 배 이상의 수확을 거둘 수 있다고 하였다.[『천일

록(千一錄)』 제8책 「농가총람(農家摠覽)」]

이처럼 건앙법은 이앙법의 단점을 보완하는 보조적 방법이었다. 또한 건앙법의 보급은 이앙법의 발전을 뜻한다고도 할 수 있는데, 특히 남부지방에서 건앙법이 이앙법의 한 유형으로 널리 보급되고 있었다.

[참고어] 이앙법, 건경법

[참고문헌] 閔成基, 1983, 「朝鮮時代의 施肥技術 硏究」『부산대인문논총』 24 ; 염정섭, 2002, 『조선시대농법발달연구』, 태학사 ; 김용섭, 2006, 『朝鮮後期農業史硏究Ⅱ』, 지식산업사 〈우혜숙〉

걸부농장(桀富農場) ⇒ 마스토미농장

걸채 소의 등에 '걸치는 채'란 의미로, 부피가 큰 물건을 길마 위에 얹어 운반하는 도구.

걸채 농업박물관

지방에 따라, '돔발채'·'발구'·'발귀'·'발기'·'발채'·'베걸채' 등 다양하게 불렸다. 하지만 '발채'는 지게와 함께 쓰는 연장으로 약간 차이가 있다. 거을책(巨乙柵)·발책(發柵)으로 음차하였고 한자로는 우분(牛畚)이라 표기하였다. 길마(소의 등에 짐을 싣기 위해 얹는 안장의 일종) 위에 볏단·보릿단·나무와 같이 부피가 큰 것들을 올려서 실어 나를 때 사용하였다. 길마 위에 약 150㎝ 정도 길이의 굵은 나무 2개를 가로로 놓을 수 있는 나무틀 만들어, 양쪽 칸에 벼릿줄(늘어뜨린 줄)을 이어 거적 같은 바닥(걸챗불)에 연결하는 구조이다. 걸채의 무게는 약 13㎏ 정도이고, 바닥 부분에 볏단을 쌓으면 한번에 200~300㎏을 실을 수 있었다.

[참고어] 옹구, 길마

[참고문헌] 박호석 外, 2001, 『한국의 농기구』, 어문각

겨리 두 마리의 소에 쟁기를 메어 갈이에 사용하는 방식.

이우경(二牛耕)이라고도 한다. 쟁기나 극젱이 등의 농기구는 주로 소에 메어 고랑을 만들거나 복주기 등에 사용하였다. 우하영(禹夏永)의 『천일록(千一錄)』에서는 두 마리의 소에 쟁기를 메었으면 겨리라 하였고, 한 마리의 소에 쟁기(극젱이)를 메었으면 호리(胡犁), 즉 일우경(一牛耕)이라 하였다. 한편 서유구(徐有榘)의 『임원경제지(林園經濟志)』(1827년경)에는 각각 '쌍리(雙犁)홀이'와 '단리(單犁)멸이'로 표기되어 있다.

『천일록(千一錄)』에 부록된 「부산천풍토기(附山川風土記)」에는 18세기 당시 전국 각지에 쓰이던 쟁기가 설명되었는데, 주로 밭에서는 겨리를 사용하고 논에서는 호리를 사용하는 것으로 소개되어 있다. 따라서 밭농사가 위주인 중북부 지방에서는 주로 겨리를, 논농사와 밭농사를 병행하는 이남 지역에서는 호리와 겨리를 병행하였음을 알 수 있다. 『한국토지농산조사보고(韓國土地農産調査報告)』(1905)에서도 황해도, 함경도, 강원도 및 강원도 인접 각군(各郡)에서 겨리쟁기가 사용되고 있음을 알 수 있다.

겨리는 토질이 거친 밭농사에 적합하다고 볼 수 있는데, 박지원(朴趾源)의 『과농소초(課農小抄)』(1799)에 따르면 겨리 쟁기의 보습날은 두껍고 타원형이며 한 마리의 소가 동원되는 호리 쟁기는 뾰족하고 작았다. 100여 년 전의 적지 않은 농기구가 등장하고 있는 『기산풍속도(箕山風俗圖)』에서 등장하는 겨리 그림을 보면, 겨리소에 메운 쟁기가 보습이 두 개인 것도 있고 한 개인 것도 있어 지역에 따라서는 두 개의 보습을 사용하였음을 알 수 있다.

[참고어] 쟁기, 극젱이

[참고문헌] 金光彦, 1986, 『韓國農器具考』, 韓國農村經濟硏究院 ; 閔成基, 1988, 「朝鮮犁의 特質과 犁耕法의 展開」『朝鮮農業史硏究』, 一潮閣 〈정희찬〉

견아상입지(犬牙相入地) 군현의 특수구역으로, 경계가 마치 개의 이빨 모양[犬牙]이나 북두칠성의 모양[斗入]처럼 한 군현의 영역이 타읍의 영내에 깊숙이 침입한 구역[侵入他境].

두입지(斗入地)라고도 했다. 고려·조선시기에 월경지(越境地)와 함께 군현의 한 특수구역으로 광범하게 존속했다. 월경지가 소속읍의 경계와 전혀 접하지 않고 다른 군현 안에 포함된 지역이라면, 견아상입지는 소속읍에 한 면이 속해 있으면서 나머지 면은 가늘고 길게 다른 군현 안으로 들어간 지역이다.

고려 1018년(현종 9) 지방행정제도가 정비되면서

주·부·군·현의 영속 관계가 확립되었는데 지방관이 직접 관할하는 직촌(直村)과 토착세력에게 위임된 임내(任內)의 구분이 있었다. 대읍과 소읍은 규모와 토착세력에 현격한 차가 있어 주·부와 같은 대읍은 많은 임내를 소유한 데서 견아상입지가 많았다. 또한 몇 개 군현의 접경 지점에 위치한 임내가 독립하거나 격리된 군현에 이속(移屬)되는 과정에서도 견아상입지가 생기게 되었다.

상업이 발달하지 않고 조세·공물 부담을 군현 단위로 책임지웠던 중세사회에서는 한 군현이 될 수 있는 한 많은 호구와 토지를 확보하거나 특산물산지를 직접 장악하는 것이 필요했다. 따라서 농업 생산성이 높은 지역이나 조운(漕運)·조창(漕倉)의 거점 지역, 어염(魚鹽)의 산지를 확보하려는 데서 견아상입지나 월경지가 많이 생겼다.

특히 14세기에서 15세기를 거치는 동안 삼남지방을 중심으로 제언이 설치되어 개간이 확대되면서 각 읍의 접경지대에 위치한 오지·벽지의 개발을 촉진시켰다. 각 도의 대읍을 대표한 계수관의 관내에 산지와 해변을 확보하려는 데서 영역이 인접 군현에 침입한 견아상입지가 많았으므로, 견아상입지는 중소 군현보다는 대읍의 영역에 집중되었다. 또한 지역의 토착세력들도 월경지와 견아상입지 개발에 참여하여 자신의 기반으로 삼은 경우도 많았다.

중앙집권적 지방통치체제를 강화하는 차원에서 월경지와 견아상입지는 행정상 매우 불합리한 구획이었으므로 혁파의 대상이 되었다. 고려 후기에서 조선 초기에 걸쳐 개간이 확대되고 농업생산력이 발전하자 속현(屬縣)에 감무를 파견하거나 속현이 주읍으로 성장하기도 하고, 향·소·부곡·처·장(鄕·所·部曲·處·莊) 등의 특수행정구역이 소멸하면서 직촌화(直村化)하는 현상이 나타났다.

조선 태종 때에 대대적으로 군현제를 정비하면서 고려의 다원적인 도제(道制)가 일원적인 8도체제로 개편되었다. 또한 신분적·계층적인 군현 구획을 일률적인 행정구역으로 개혁하는 과정에서 속현과 향·소·부곡·처·장 등 임내의 정리, 속현의 병합, 군현 명칭의 개정 등을 단행하였다. 또한 자연촌의 성장과 함께 군현의 하부구획으로 새로운 면리제가 점차 정착되어 나갔다. 그러나 조선 전기에는 임내가 전국적으로 85개(속현 72, 부곡 11, 향 1, 소 1)나 존속해 있어서 후기처럼 면리제가 전국에 일제히 실시되지 못했다. 지방에 따라 직촌과 임내가 병존했고, 월경지와 견아상입지 역시 완전히 정리되지 못하고 존속했다.

군현의 병합과 군현경계의 정리는 토착세력의 이해와 밀접한 연관이 있었으며 통폐합의 대상이 되는 월경지나 견아상입지에 기반을 가진 토착세력은 갖은 방법으로 군현병합을 방해했다. 군현 병합의 실패에는 당시 수취체제의 모순에 기인한 것도 있었다. 당시 조세·부역·공물들은 주로 기존의 군현을 단위로 하여 배정되었기 때문에 군현에 따라 주민 부담에 현격한 차이가 있었다. 일반적으로 대읍에 유리하고 소읍일수록 불리했는데 대읍에 소속된 월경지나 견아상입지는 부근의 소읍에 이속되기를 원하지 않았고, 속현을 거느린 주읍은 각종 부담을 속현에게 떠넘기는 실정이었기 때문에 월경지나 견아상입지를 계속 유지하고자 했다. 이러한 사정으로 군현경계의 정리와 월경지·견아상입지 혁파 논의는 계속해서 제기되었지만 실효를 거두지 못했다.

1894년 갑오개혁 이후 근대적 국가체제와 행정제도를 정비하려는 과정에서 월경지·견아상입지의 혁파와 일률적인 지방 구획이 시도되었다. 1906년(광무 10) 9월 지방 구획 정리에 관한 칙령 제49호를 통해 견아상입지[두입지]가 소멸되었다. 또한 『관보(官報)』를 통해 혁파 대상이 되는 견아상입지를 공표했다.

[참고어] 월경처

[참고문헌] 李樹健, 1973, 「朝鮮朝 郡縣制의 一形態 '越境地'에 대하여」『東洋文化』 13 ; 朴宗基, 1982, 「14-15세기 越境地에 대한 再檢討」『韓國史硏究』 36 ; 金東洙, 1992, 「朝鮮初期 郡縣體制의 改編-主縣化 및 屬縣化, 任內의 이속작업 및 越境地의 정비작업을 중심으로」『擇窩許善道선생정년기념 한국사학논총』, 일조각 〈이석원〉

견종법(畎種法) 한전(旱田, 밭)에 이랑과 고랑을 만들고 고랑에 종자를 뿌리는 방법.

골고리농법이라고도 한다. 오랜 유래를 갖고 있는데, 각종 농서에 전해지는 바에 따르면 중국의 전설적인 인물인 후직(后稷)이 창안하였다는 견전법(畎田法)이 바로 견종법의 원리를 채택한 것이었다. 그리고 중국 한(漢)대에 조과(趙過)는 견전법을 발전시켜 대전법(代田法)을 고안하여 실행하였는데, 1무(畝, 이랑) 위에 3견(畎, 고랑)을 만들어 고랑을 파종처로 삼고 고랑과 이랑을 매년 바꾸어가는 방식이었다. 조선 후기에 유형원(柳馨遠), 박세당(朴世堂), 박제가(朴齊家), 박지원(朴趾源) 등은 대전법을 검토하고 보급을 주장하면서 결국 한전 작물을 견종법으로 경작해야 한다는 견해를 피력하였다.

17세기 초반에 고상안(高尙顔)이 편찬한 『농가월령(農家月令)』에 소개된 추모맥(秋麰麥)의 경작법은 고랑에 파종하는 것이었다. 그리고 고랑[骨巷]에 추모맥을 파종하는 방식을 '골고리'라는 특수용어를 붙여서 다른 방식과 구별하고 있었다. 또한 동모(凍麰)를 경작하는 방식과 추모맥과 동일하게 고랑에 파종하는 방식이었다. 서유구(徐有榘)의 『임원경제지(林園經濟志)』에 의하면, "지금 사람들은 보리를 파종할 때 모두 두 이랑 사이의 고랑에 파종한다. 대개 눈을 모아두고 시비한 오줌을 대는데, 고랑이 이랑보다 좋기 때문이다. 그리고 이랑을 쓰지 않고 남겨 두어 다음해 봄에 조와 콩을 파종하려고 생각하고 있다."고 했다.(今人種麥, 皆種于兩壟之間畎中. 蓋爲留雪澆尿, 畎勝於壟也. 且留壟以擬春種粟菽也.[『林園經濟志』「本利志」])

최근의 작물 재배법에서 견종법은 이랑에 파종하는 농종법(壟種法)과 대비되는 방식으로 겨울작물인 맥류(麥類)에 적용되고 있다. 맥류는 가을에 파종하여 겨울을 지나 초여름에 수확하게 되는데 우기인 여름을 보내기 위한 배수처리에 대한 우려가 없다. 또한 겨울의 혹한기를 보내기 위해서는 이랑보다 고랑에 파종하는 것이 방한(防寒)의 이로움을 얻을 수 있다.

조선시기 작물 재배법의 발달에서 견종법은 특히 보리의 경종법과 관련해서 여러 가지 설명이 제기되어 있다. 우선 1429년에 편찬된 『농사직설(農事直說)』과 신속(申洬)이 1655년에 편찬한 『농가집성(農家集成)』에 들어 있는 『농사직설』 증보내용을 비교하여 보리 경종법의 변화를 설명한 견해가 있다. 이에 따르면 1429년의 『농사직설』「종대소맥조」에 보이지 않는 "한전을 잘 다스리고 작은 이랑을 조밀하게 만들고 이랑 사이(즉 고랑)에 인분과 재를 섞어서 넣고 종자를 뿌리고 숙분(熟糞)을 편다"라는 추가된 구절이 신속이 1655년에 편찬한 『농가집성』의 『농사직설』에 보인다는 것을 근거로, 조선 전기에 보리를 농종법으로 경작하다가 17세기 이후 견종법으로 변화하였다고 한다. 그리고 한전에서의 견종법의 보급을 수전에서의 이앙법의 보급과 함께 나타난 조선후기 생산력 발달의 주요한 양상이라고 본다.

이상의 견해에 대해 여러 반론이 제기되었다. 우선 보리는 본래 건조와 추위에 약하기 때문에 견종 즉 고랑에 파종하고 조(粟), 콩류(豆)는 습기를 싫어하고 건조한 상태를 좋아하기 때문에 이랑에서 재배하는 것이 일반적이라는 견해가 있다. 또한 신속의 『농가집성』에 보이는 위에서 살핀 추가 구절이 조선후기가 아닌 조선 전기의 기술을 구체화시킨 것이라고 이해하기도 했다.

한편 『농사직설』 종대두소두(種大豆小豆)의 기사에 대해서도, 보리가 자라고 있는 이랑 사이를 갈아 대두와 수도를 파종하다고 보아 보리는 이랑에 심는 농종법이라고 보는 입장이 있는 반면, 보리가 자라는 전토의 이랑을 갈아 대두와 소두를 간종(間種)하는 방식이라고 설명하여 애초에 자라고 있는 보리는 이랑이 아닌 고랑에서 성장하고 있었다는 견해도 있다. 이에 따르면 한전에서의 생산력 발전이 1년 1작식에서 2년 3작 또는 2년 4작으로 이행한 작부방식의 변화에 있다고 설명하였다.

이상에 대해 최근에는 『농가집성』의 『농사직설』「종대소맥조」의 추가 구절을 검토하여, 이 구절은 원래의 『농사직설』에서도 요구되는 구절인데 누락되어 있던 것이고, 따라서 뒷시기의 기술체계를 보여주는 것이 아니라는 견해가 제출되었다. 그리고 추가 구절에 '씨를 뿌린다(撒種)'는 표현이 있는데 추가 구절 뒷 부분에 다시 '하종(下種)을 끝내다(下種訖)'라는 서술이 이어지는 모순점과 1429년의 『농사직설』 보리 경작법 서술에 시비에 대한 언급이 전혀 보이지 않는다는 점에 주목하여 1655년의 『농사직설』 보리 경종법 구절의 위치를 새롭게 조정하기도 하였다.

[참고어] 작무법, 농종법, 대전법

[참고문헌] 김용섭, 1969, 「朝鮮後期의 田作技術－畎種法의 普及에 대하여」『歷史學報』 43(1971, 『朝鮮後期農業史硏究』 Ⅱ －農業變動·農學思潮, 一潮閣 재수록) ; 閔成基, 1980, 「朝鮮前期 麥作技術考－『農事直說』의 種麥法 分析」『釜大史學』 4(1988, 『朝鮮農業史硏究』, 一潮閣 재수록) ; 염정섭, 2002, 『조선시대 농법 발달 연구』, 태학사

〈염정섭〉

결가(結價) ⇒ 결가제, 결렴, 결세

결가제(結價制) 토지에 부과한 세금을 쌀이나 콩 등 현물이 아닌 화폐로 납부하는 제도.

결가제는 토지 즉 결에 부과한 세금을 쌀이나 콩 등 현물이 아닌 화폐로 납부하는 제도를 의미한다. 결은 수확량을 기준으로 경작지의 면적을 표시하는 단위로서 토지의 비옥도에 따라 1등에서 6등까지 구분되었다. 척박한 6등급의 1결은 비옥한 1등급의 1결에 비해 그 절대면적이 4배나 넓다. 이 결에 부과한 지세를

결세(結稅)라 하며 이를 화폐로 산정한 것을 결가(結價)라고 한다. 결가제의 의미는 결부제를 기반으로 한 조세의 지세화와 금납화에 있다. 즉 결가제는 결부제에 기초하여 조세를 토지, 즉 결에 통합하여 부과해 간다는 점과 그것을 금납한다는 두 측면을 지녔다.

조선 국가는 조세를 현물로 거두다가 점차 화폐로 납부하는 비율을 높여가는 정책을 취했다. 1894년 음력 7월 10일 갑오정권은 갑오개혁을 통해 부세와 군보(軍保) 등 일체의 상납을 화폐로 납부해야 한다는 전면적 금납화 조치를 취했다. 이로 인하여 부세, 즉 토지에 부과되던 전세미, 대동미, 삼수미, 포랑미 및 부가세를 모두 지세로 통합할 분 아니라 이를 화폐로 납부하도록 하였다. 화폐로 납부하는 결가를 결전(結錢)이라고도 하였다. 주로 평민 신분에 부과되던 군보는 신분제의 폐지에 따라 모든 가호에 부과되는 호전(戶錢)이 되었다. 결전과 호전을 합하여 결호전이라 부른다.

결가를 얼마로 책정할 것인가는 정책을 시행하는 과정에서 중요한 문제였다. 갑오정권은 당시의 미가를 고려하여 비옥한 토지가 많은 평야지대의 연군(沿郡)에는 1결에 30냥, 산간지대의 산군(山郡)에는 25냥을 책정하였다. 이러한 수준은 지방에 따라 종래의 부담과 비교할 때 경중의 차이가 났고 그에 따라 납세자의 저항도 없지 않아 1896년 9월 각군의 결가를 13개 등급으로 나누어 공평을 기하는 방향으로 개정되었다. 화전(火田)과 속전(續田)의 결가는 별도로 책정하였다.

결가제의 시행은 지세의 금납화에만 머문 것은 아니었다. 종래 군현 단위로 결가가 불균등하고 그것이 납세자 농민의 저항을 초래하기도 하였는데, 갑오개혁에서 이를 전국적으로 통일한 것에도 의미가 있었다. 조선은 중앙집권적 체제를 유지해 왔지만 지방관과 향촌사회의 자치적 영역도 인정되어 왔다. 그래서 중앙정부에 의해 조세가 총액제로 부과되면 지방관과 향촌사회는 그 부과액을 타협적으로 배분하여 총액을 맞추게 됨으로써 군현마다 조세액의 편차가 발생하였다. 그런데 갑오개혁은 지방의 말단행정에 이르기까지 전국적 표준을 제정하여 조세를 부과하게 되었다. 균등한 지세부과를 실현한 의미를 지닌다. 각종 부가세의 폐지도 균등한 지세부과의 의미를 지녔다. 각군마다 상이한 규정에 의해 별도로 부과되던, 끝이 없는 부가세는 납세자의 저항을 불러일으킨 큰 요인이었는데, 이를 전면적으로 폐지한 것은 통일적인 결가제 시행의 전제 조건이기도 하였다. 이러한 통일적인 결가제의 시행은 중세사회의 지역적 불균형을 극복함으로써 근대국가의 재정적 기반을 확보한 의미를 지닌다.

결가제를 통해 균등한 조세정의를 실현하려면 무엇보다 화폐제도의 안정이 요구되었다. 그러나 갑오개혁 이후 당오전의 남발로 인한 인플레이션 때문에 계속해서 결가를 인상하지 않을 수 없었다. 1900년에는 30냥에서 50냥으로 인상되고, 1902년에는 다시 80냥으로 인상되었다. 이것은 납세자의 반발을 불러왔지만 그것보다 결가의 불균등이 더 큰 문제였다. 화폐로 인하여 지방에 따라 결가액의 실질적인 격차가 발생하여 납세자의 반발을 사지 않을 수 없었다. 그리고 1906년 이후에는 금본위제에 입각하여 새로 발행하게 된 신화와, 구화 즉 엽전 및 백동화를 교환하게 되는데, 그 교환비율의 격차에 따라 결가의 불균등이 초래되었다. 80냥의 결가를 화폐가치에 따라 엽전으로는 12환, 백동화로는 8환으로 산정함으로 지역에 따라 지세가 불균등하게 되었다. 엽전 유통지역인 전라도와 경상도에서 일어난 대대적인 균세운동이 조세저항운동으로 확산되고, 의병전쟁과도 결합하였다.

일본은 한국을 식민지화하고 토지조사사업을 실시하였는데, 이때 토지소유자와 면적 그리고 지가를 조사하였다. 소유자는 민적부에 등재된 성명을 사용하도록 하고 각 필지의 면적은 절대면적인 일본의 평(坪)을 도입 사용하는 한편, 각 지역의 생산성을 조사하여 각 필지의 지가를 책정하였다. 조선총독부는 갑오개혁 이후의 결가제를 결수연명부를 작성하여 시행하다 1918년 토지조사사업이 종결되면서 이때 조사한 지가를 토대로 전국의 토지에 지세를 부과하였다. 이렇게 하여 결가제로부터 지가제로 전환되었다.

[참고어] 결부제, 결수연명부, 결호전봉납장정, 지가제

[참고문헌] 배영순, 2002, 『韓末.日帝初期의 土地調査와 地稅改正』, 영남대학교 출판부 ; 왕현종, 1992, 「한말(1894-1904) 지세제도의 개혁과 성격」 『한국사연구』 77 ; 이영호, 2001, 『한국 근대 지세제도와 농민운동』, 서울대학교 출판부 〈이영호〉

결렴(結斂) 전세를 비롯한 각종 세목을 토지를 기준으로 책정·수취하는 것.

조선시기의 세금은 토지, 사람, 가호에 부과되었는데, 그중 원칙적으로 토지에 부과된 세금은 전세였다. 그러나 조선 후기 수취제도의 변화를 통해 변화·신설된 각종 세목들이 토지를 단위로 책정·수취되었는데, 이를 결렴이라 한다.

결렴으로 수취된 대표적인 세목으로는 대동세, 삼수미, 결작, 잡역, 환곡 등이었다. 정약용은 『목민심서(牧民心書)』에서 결렴을 비롯해 쇄렴(碎斂), 석렴(石斂) 등의 부과방식에 대해 언급했다. 우선 "계판이란 도리와 여러 아전들이 금년 세액의 비율을 의논하여 산출하는 것이다. 이것에는 세 가지의 구별이 있는데, 첫째는 국납, 둘째는 선급, 셋째는 읍징이다. 이 세 가지 중에는 각각 세 가지의 예가 있으니, 결렴, 쇄렴, 석렴이다.(計版者, 都吏諸吏, 議出今年稅額之率者也. 其別有三, 一曰國納, 二曰船給, 三曰邑徵. 三者之中, 其例有三, 一曰結斂, 二曰碎斂, 三曰石斂.)"라고 했다. 이어서 결렴은 매 결마다 거두는 것, 쇄렴은 해당 세액을 전체 전결로 나누어 부과하는 것, 석렴은 상납할 총 석수를 구해 매 석마다 일정액을 부과하는 것이라 설명했다. 또한 국납하는 것 중 결렴은 결당 전세미(田稅米) 6두, 대동미(大同米) 12두, 삼수미(三手米) 1두 2승, 결미(結米) 3두, 해서(海西)에서의 별수미(別收米) 3두 등이 해당하며, 쇄렴으로는 창작지미(倉作紙米) 2석, 호조작지미(戶曹作紙米) 5석, 공인역가미(貢人役價米) 5석이, 또한 석렴으로는 1석마다 가승미(加升米) 3승, 곡상미(斛上米) 3승, 경창역가미(京倉役價米) 6승, 하선입창가미(下船入倉價米) 7홉 5작이 있다고 했다.[이상 「호전 6조」 세법 하]

하지만 이상은 국납에 해당하는 것으로, 선급이나 읍징에는 더욱 다양한 세목과 많은 세액이 책정되기도 했다. 예컨대 읍징에서 결렴으로 거둔 세목에는 치계시탄가미(雉雞柴炭價米) 4두, 부족미(不足米) 몇 승, 치계색락미(雉雞色落米) 1승 6홉 등이 있었다. 이 중 시계치탄가미는 잡역을 이르는 것으로, 대동세의 일부인 유치미로도 충당되지 않는 각종 비용을 수령의 적절한 판단에 따라 부과토록 한 것이다. 한편 조선 후기 결렴화의 추세는 대전납(代錢納)과 함께 도결(都結)이라는 새로운 수취관행의 배경이 되기도 했다.

[참고어] 결세, 도결, 총액제, 결가제

[참고문헌] 『牧民心書』; 李哲成, 1993, 「18세기 田稅 比摠制의 實施와 그 성격」 『韓國史研究』 81 ; 이영호, 2001, 『한국근대지세제도와 농민운동』, 서울대학교출판부 〈윤석호〉

결명(結名) 조선 후기 토지를 측량하고 난 후 결세를 매길 때 세금을 부담하는 사람의 이름을 간략히 붙여 놓은 이름.

대한제국이 1898년부터 시행한 양전 관계발급사업에서 작성한 일부 양안에 등장한다. 결호(結戶)라고도 한다. 양안에 기록된 이름으로 양명(量名)과 유사하다. 광무양안 중 양지아문에서 작성한 양안은 중초책과 정서책으로 구분되며, 산림·천택을 제외한 전답·가사 등의 부동산을 조사 기록했다. 여기에는 토지소유자와 작인(作人)을 시주(時主)와 시작(時作)으로 표기하도록 원칙을 정했다. 광무양안에는 경자양안과 달리 구주명(舊主名)이 없으며, 시주·시작명에 직역명도 기록하지 않았다. 하지만 시주와 시작명에는 거의 예외없이 성과 이름을 함께 기록했다. 그런데 초기 조사지역인 온양군의 양안 가운데 「일북면(하)」와 「남상면」 등 일부 지역의 양안에는 전답주(田畓主), 시주, 작인과 함께 결명[결호]도 조사, 기록되어 있다. 여기에 나타나는 결명은 깃기에서 납세자명으로 사용되고 있던 호명(戶名)이었다. 결명은 노비류의 이름, 호명의 형태, 혹은 성명이 기재되어 있다. 결명은 서리가 깃기상에서 해당 필지의 전세 납부자에게 부여했던 호명을 옮겨 기록했거나, 현 시주의 호명이나 노명(奴名)을 기재한 것으로 보인다. 이는 특정한 성에다 노명이나 호명류를 조합시킨 형태로 전답의 소유주가 기록되었기 때문에, 실제 소유주가 결명을 차명(借名)하여 대록(代錄)한 것으로 추정하고 있다.

당시 양안에 기록된 전답 소유주인 '시주'는 대개 실명을 쓰고 있었고, 특정한 필지에 대록명을 사용하고 있었다. 실제로 결호는 시주나 시작 가운데 한 사람을 지정하여 기록하였다. 전세 납부자인 결호를 지정하는 방식은 지주와 작인과의 관계, 그리고 그 지역의 소작관행에 따라 결정되었을 것으로 추정된다. 당시 향촌에서 해당 토지의 소유자명이 실명이 아니라도 토지의 실질적인 소유주가 누구인지 알고 있었기 때문에 전세를 부과하고 수세하는 데는 별다른 어려움이 없었다. 또한 전답주가 실명을 사용하든 대록하든 자기 토지에 대한 토지소유권을 행사하는 데 전혀 문제를 느끼지 않았기 때문이었다. 다만 근대적 호적제도가 확립되지 않은 상황에서 자신을 표현하는 아명, 자명, 관명 혹은 호명 가운데 어느 하나에 대표성을 부여하여 양안에 기록한 것으로 보인다. 이리하여 광무양안상의 대록, 분록(分錄) 현상에 대해 호명이 시주명의 상당 부분을 차지하고 있고, 양안상의 인물이 거주호의 2~3배에 달하고 호적상의 인명과 일치하지 않는다는 연구도 등장하였다. 이에 따라 대한제국의 양전사업을 종래 조선 국가의 양전과 같은 수준으로 파악하여 국가수조지를 조사하기 위한 과정으로 보고 양안 자체의 사실성도 부정하면서 이를 '허부(虛簿)'라고 간주하였다.

그렇지만 양지아문이 정서책으로 정리하는 과정에서 결명은 굳이 기재할 필요가 없었기 때문에 시주와 시작 중 어느 한쪽으로 조사되어 정정되고, 기존 '결명'의 기록은 지워졌을 것이다. 또한 전답의 소유주와 마찬가지로 사표 소유주도 해당 결명을 다시 전답주의 성명으로 개서하여 일치시켰다. 대한제국 양전사업의 장부양식상 중초책 양안 이후 정서책 양안은 원칙대로 토지소유자인 시주와 작인인 시작으로 명확히 나누어 기록되고 수정되었다고 볼 수 있다.

양지아문 양안에 일부 나타난 결명, 결호는 실지조사를 하면서 종래 지세 납부자의 이름을 확인하는 과정에서 기록된 것이다. 양안상의 성명 기록 중에서 일부 결명에다 성을 붙인 형태가 있었던 것으로 보아 철저하게 토지 소유자의 실명을 확인해서 조사하지 못한 조사상의 한계를 보여주었다. 이는 근대국가의 호적 제도 완비와 토지 소유자의 실명 기재 등 제도적인 미비점을 나타내주는 것이며, 동시에 광무양안이 당시 농촌 현실에 대한 실제 조사를 통해 만들어진 것으로 토지조사사업의 '실지조사부'와 유사한 특성도 보여주었다.

[참고어] 광무양전사업, 시/시주/시작, 양지아문, 정서책, 중초책

[참고문헌] 김홍식 외, 1990,『대한제국기의 토지제도』, 민음사 ; 한국역사연구회 토지대장연구반, 1995,『대한제국의 토지조사사업』, 민음사 ; 김홍식 외, 1997,『조선토지조사사업의 연구』, 민음사 ; 한국역사연구회 토지대장연구반, 2010,『대한제국의 토지제도와 근대』, 혜안 〈왕현종〉

결민(結民) ⇒ 결가제

결부제(結負制) 곡식의 수확량을 나타냄과 동시에, 1결에서 일정량을 생산해 낼 수 있는 토지의 단위 면적 및 이를 대상으로 조세를 부과하는 제도.

[고대~고려] 결부제는 토지제도와 조세제도 운영을 위한 기층단위이다. 결부제의 명칭과 관련해『만기요람』에서는 벼다발 1악(握, 한 줌)을 산출할 수 있는 전답은 파(把, 줌·발)라 하고, 10파를 산출할 수 있으면 속(束, 뭇), 10속을 산출할 수 있으면 부(負, 짐), 100부를 산출할 수 있으면 결(結, 먹·멱·목)이라고 했다.[「재용편2」, 전결, 전제] 이는 결부제가 본디 세곡(稅穀)의 소출과 관련하여 발생, 제정되었음을 보여주는 것이다. 즉, 결부제의 기본단위에는 파·속·부·결이 있었다. 그리고 10파는 1속, 10속은 1부, 100부는 1결이다. 이러한 결부제는 수확량을 나타냄과 동시에, 1결을 생산해 낼 수 있는 토지의 단위 면적 및 그러한 단위 면적을 대상으로 조세를 부과하는 제도였다.

결부제가 언제부터 제도화되었는지는 확실하지 않다. 그러나『삼국사기』나 신라촌락문서 등의 고문서, 그리고 봉암사(鳳巖寺)의 지증대사적조탑비(智證大師寂照塔碑) 등의 금석문에서와 같이 신라통일기에도 결부법이 사용되었던 것 같다. 그러나 신라와 고려 중기까지의 기록에 나타나는 결부법은 중국 고유의 경무법(頃畝法)과 마찬가지로 일정한 전지 면적을 가리키는 법제적인 용어에 불과하였다. 따라서 결(結)과 경(頃)은 동일한 것으로 혼용되기도 하였다.

한편 고려 전기에 이르러 지적(地積) 중심의 결부제가 확립되었다. '방(方) 33보(步)=1결'의 원칙으로서 양전을 하는 가운데 결부가 산출되도록 새로운 양전방식을 마련한 것이다. 즉 양전척(量田尺)의 길이[步]로 파악한 '方 33步'의 토지 실적(實積)을 1결로 삼아 소출 세액(稅額)으로서의 파·속·부·결이 나오도록 하는 것이다.

새로운 양전방식은 1069년(문종 23)에 기록되었는데, "땅 재는 자수를 다음과 같이 결정하였다. 1결은 방 33보, 6촌을 1푼이라 하고 10푼을 1척이라 하며 6척을 1보라 한다. 2결은 방 47보. 3결은 방 57보 3푼. 4결은 방 66보. 5결은 방 73보 8푼. 6결은 방 80보 8푼. 7결은 방 87보 4푼. 8결은 방 90보 7푼. 9결은 방 99보. 10결은 방 104보 3푼이다.(定量田步數. 田一結方三十三步, <六寸爲一分 十分爲一尺 六尺爲一步> 二結方四十七步, 三結方五十七步三分, 四結方六十六步, 五結方七十三步八分, 六結方八十步八分, 七結方八十七步四分, 八結方九十步七分, 九結方九十九步, 十結方一百四步三分.[『고려사』권78, 식화1 전제])"고 했다. 그러나 이 양전식이 문종 대에 처음 생겨난 것은 아니었다. 국초부터도 이미 이 규정과 동일한 원칙으로 양전을 하고 있었다. 이는「약목군정도사석탑조성기(若木郡淨兜寺石塔造成記)」를 통해서 955년(광종 6)과 956년(광종 7)에 양전이 행해졌음을 알 수 있으며, 양전의 원칙이 문종 대의 양전식과 동일한 것이었음을 확인할 수 있다.

위의 사료에서 '방 33보=1결'의 양전식과 더불어 주목되는 것은 양전보수의 규정이다. 이 사료는 1결부터 10결까지의 양전보수를 정하였다는 것이다. 이렇게 확정한 양전보수의 의미에 대해서는 현재까지도 학자들 간에 의견이 분분하다.

이미 국초부터 '방 33보=1결'의 원칙이 존재하였으므로, 이 시기에는 다만 2결에서 10결에 이르는 농지의 측량법(개평치)을 추보(追補)하였거나, 양전척의 길이를 세주로 보완함으로써 양전을 할 때 척도의 혼란과 부정을 방지하기 위해 재확인하는 데 불과하였던 것으로 추측하는 의견이 있다.

혹은 문종 23년의 양전보수를 이전부터 사용한 '방 33보=1결'을 확정하고, 보 이하의 단위까지 세주로 기록하여 양전을 강화하려는 의도로 보았다. 즉 이러한 양전방식을 토대로 토지를 더욱 정확하게 양전하고 이를 통해 수조권 분급 또는 조세수취의 대상을 확보하기 위함으로 본 것이다.

이외에 문종 23년 양전식은 '방 33보=1결'에 있는 것이 아니라 그 아래 세주에 기록된 '십분위일보(十分爲一步)'(세주의 '척(尺)'을 '보(步)'의 오기로 보았다.) 에 있는데 이는 정확한 양전 즉, 보(步)의 1/10까지 양전을 통해 국가의 조세수입을 늘리기 위해 만든 규정으로 보는 견해도 존재하였다.

그렇다면 고려 전기의 양전규정에서 토지의 비척(肥瘠) 문제는 어떻게 처리하였을까. 고려에서는 이를 토지에 전품등제(田品等第)를 정하고 그 등급에 따라 세액을 다르게 부과하는 것으로써 해결하였다.

전품등제에 관한 규정은 다음과 같다. 전품의 등급은 토지의 비옥도에 따라 상등전(上等田), 중등전(中等田), 하등전(下等田)으로 구분하였다. 그리고 수전(水田)과 한전(旱田) 모두 상·중·하 등의 전품에 따라 수조율(收租率)을 차등 있게 규정하였다.

상술한 바와 같이 고려 전기의 결부제는 단일양전척(單一量田尺)으로 결의 면적을 파악하여 전지의 질에 따른 등급에 관계없이 그 결·부의 면적을 동일하게 하였다. 그러나 보 단위의 단일양전척으로만 결 실적을 파악하고 보면, 이것만으로는 결부제 조세제도의 원리를 살리기가 어려웠다. 즉, 모든 조세 운영의 기초에는 동일소출(同一所出) 동일수조(同一收租)의 원리와 농지의 결 실적 파악이 있다. 그러나 그 농지의 토성(土性)에는 비척의 차등이 있었으므로 동일한 실적의 농지라고 동일한 조세를 부과하기도 어려웠다. 그리하여 마련된 것이 결·부의 면적을 동일하게 책정하고 전품의 등급에 따라 수조율을 달리하는 제도였다. 이러한 제도를 '동적이세제(同積異稅制)'라고 한다.

그렇다면 양척동일제(量尺同一制)의 결의 면적과 생산량은 어느 정도였는가. 이 당시 1결의 면적이 얼마나 되었는지는 확실하지 않다. 따라서 당시의 1결의 실적에 관해 논의가 분분하였다. 특히 도량형제도에 대한 연구가 축적되지 않았던 1980년대 전반기까지만 해도 1결의 면적에 대한 견해가 크게 엇갈렸다.[이하 1평≒3.3㎡] 17,000여 평(김용섭), 7,260평(박흥수), 6,800여 평(강진철), 4,184평(박시형)에 이르기까지 다양한 견해가 제시되었다. 그러나 1980년대 중반 이후 대체로 1결의 면적을 1,400~1,500평(여은영, 이우태)이나 1,200평(이종봉) 정도로 축소하여 파악하고 있다.

고려 전기 '방 33보=1결'의 결당 생산량은 다음의 자료에 잘 드러나 있다. "성종 11년에 왕의 명령으로 제정하기를, 공전의 조는 수확의 4분의 1을 징수하였다. 논은 상등 1결에 조세 3섬 11말 2되 5홉 5작. 중등 1결에 조세 2섬 11말 2되 5홉. 하등 1결에 조세 1섬 11말 2되 5홉. 밭은 상등 1결에 조세 1섬 13말 1되 2홉 5작. 중등 1결에 조세 1섬 5말 6되 2홉 5작. 하등 1결에 기록이 누락되었음.(또 논은 상등 1결에 조세 4섬 7말 5되. 중등 1결에(조세) 3섬 7말 5되. 하등 1결에 (조세) 2섬 7말 5되. 밭은 상등 1결에 조세 2섬 3말 7되 5홉. 중등 1결에 (조세) 1섬 11말 2되 5홉. 하등 1결에 (조세) 1섬 3말 7되 5홉으로 한다.(成宗十一年 判, 公田租四分取一. 水田, 上等一結租三石十一斗二升五合五勺, 中等一結租二石十一斗二升五合, 下等一結租一石十一斗二升五合. 旱田, 上等一結租一石十二斗一升二合五勺, 中等一結租一石十斗六升二合五勺, 下等一結缺.(又水田上等一結租四石七斗五升 中等一結三石七斗五升 下等一結二石七斗五升 旱田上等一結租二石三斗七升五合 中等一結一石十一斗二升五合 下等一結一石三斗七升五合)[『고려사』 권78, 식화1 조세])"

위의 자료는 성종 11년의 공전조(公田租) 수취규정이다. 이 수취 규정을 통해 성종대 공전에서의 결당 생산량을 환산하면 다음의 표와 같다.

〈성종대 공전에서의 결당 생산량 환산표〉

토지종목	등급	조액	생산고
수전	상등전	<3石 11斗 2升 5合 5勺>	15石
	중등전	2石 11斗 2升 5合	11石
	하등전	1石 11斗 2升 5合	7石
한전	상등전	1石 12<正 13>斗 1升 2合 5勺	7石 3斗 5升<추정 7.5석>
	중등전	1石 10<正 5>斗 6升 2合 5勺	6石 12斗 5升<추정 5.5석>
	하등전	<결, 추정 13斗 1升 2合 5勺>	<결, 추정 3.5>

출처 : 강진철, 1984, 「田結制의 문제」 『高麗土地制度史硏究』, 高麗大 出版部, 391~394쪽.

그러나 고려 전기의 결부제는 오래 지속되지 못하였고 고려 중기 이후에 이르러 이전과는 다른 양전방식이 도입되었다. 바로 전품(田品)에 따른 수등이척제(隨等異尺制)의 도입이 그것이다. 수등이척제는 토지의 비척 정도에 따라 양전척의 길이를 달리하여 토지를 측량하던 제도이다.

이러한 결부제 변동과 관련하여 다음의 자료들이 주목된다.

〈결부제 변동 관련 사료〉

『세종실록』 권42, 10년 10월 신사	戶曹啓 前此己巳年以上量田時 三步三尺四方周回爲一負 三十三步四方周回爲一結 乙酉年改量時以爲三步三尺負數 於三十三步結數不準 而改以三步一尺八寸爲一負 一結之數 減至十二負四束 因此結負之數差重 請依己巳年例 三步三尺四方周回爲一負 令其負數 相準三十五步爲一結 量之 從之
『세종실록』 권49, 12년 8월 무인	摠制河演以爲……自前朝只以上中下三等定制 將農夫手二指計十爲上田尺 二指計五 三指計五爲中田尺 三指計十爲下田尺 六尺爲一步 以三步三寸四方周廻爲一負 二十五步爲一結而打量
『용비어천가』 제73장	舊制 田品只有上中下 所量之尺 三等各異 上田尺二十指 中田二十五指 下田三十指 而皆以實積四十四尺一寸爲束 十束爲負 百負爲結

위의 사료를 통해 볼 때, 전조(前朝), 즉 고려 중기 이후의 어느 시점부터 토지의 등급을 그 비척의 정도에 따라 상·중·하의 3등급으로 구분하였다. 또한 각 토지의 결수를 산출하는 양전의 척도를 농부의 지척(指尺)을 표준으로 삼아 각각의 등전(等田)에 따라 양전척의 길이를 조절하였다. 즉, 이는 고려시기 지척에 의한 3등척, 수등이척제로 변화된 것을 말한다. 그러므로 토지의 등급에 따라 단위면적인 1결의 실제 면적은 달라졌으나, 1결의 토지세 액수는 토지의 등급에 상관없이 모두 같았다.

이렇듯 고려 중기 이후에 수등이척제가 채택되었다. 따라서 고려시기 결부제는 양척동일제의 동적이세제에서 수등이척제의 이적동세제(異積同稅制)로 변화하였다. 이는 곧 '결'이 고려 전기와 같이 같은 넓이의 면적표준으로서가 아니라 비옥도에 따라 그 면적에 차등이 생기는 수세 표준으로 그 의미가 변화한 것이다.

그러나 언제부터 이런 제도가 채택되었는지에 대해서는 확실한 자료를 찾아볼 수 없다. 따라서 이 시기를 두고 연구자들 간에 의견이 분분하다. 이렇게 단일 면적의 결부제가 전품에 따라 면적을 달리하는 수등이척제로 바뀐 시기에 대해서는 고려 1069년(문종 23), 12C, 1232~1259년(고종 19~46), 1314년(충숙왕 1) 등 다양한 견해가 있다. 이들 견해 중 어떤 것이 사실에 가까운 것인지 단정하기는 어려우나, 대략 고려 중기 이후의 어느 시기에 전품의 차이에 대한 인식이 확대되면서, 그 이전의 단일 척도에 의한 결부제는 점차적으로 수등이척에 의한 3등급의 결부제로 대체되었다고 할 수 있을 것이다.

그렇다면 이러한 결부제의 변화 요인은 무엇인가. 이 시기 결부제의 변동 요인에 대해서는 확실한 기록이 남아있지 않다. 따라서 몇 가지의 요인을 짐작해 볼 수 있다.

결부제는 다양한 요소에 의해 변화될 수 있지만, 농업기술의 발달과 밀접한 관련을 가진다. 고려시기의 농업기술은 수리시설만 하더라도 제언과 아울러 방천제·방조제 등이 건설될 정도로 발달되었다. 또한 고려 후기에는 중국 강남의 선진농법인 수차(水車) 등의 보급이 시도되었다는 측면에서도 이전과 다른 기술상의 진보가 이루어졌다.

그리고 농서의 간행·보급도 활발하게 이루어졌다. 고려 전기 즉 12세기 이전에는 중국 농서가 이용되었다고 하더라도, 간행·보급의 단계까지 이르지는 못했다. 그러나 12세기 이후부터는 음의(音義)·향언(鄕諺) 등의 주(註)를 달아 『손씨잠경(孫氏蠶經)』, 『농상집요(農桑輯要)』 등을 간행·보급하여 이용하였다.

이와 같은 농업기술의 발전은 부농층이 출연하는 계기를 만들었고, 농지개간을 유도하였다. 고려 후기에는 신전개간으로 저습지·연해지 등의 개간이 상당부분 이루어졌다. 이러한 토지 개간은 수전농업의 비율을 점차 증대시켰고, 선진 수전지역에서는 이앙법이 실시되기도 하였다. 따라서 고려 후기에 농업기술의 발달이 현저하였다.

한편 결부제의 변화요인은 국가의 재정적 안정책이라는 측면도 고려되었다. 동적이세제는 면적을 파악하기 쉽지만 국가재정을 운용하기 어렵다. 반면 이적동세제는 토지 파악은 어렵지만 전체 결수를 통한 세수의 안정적 확보를 도모할 수 있다는 측면에서 유리한 제도다. 이러한 요소가 이적동세제로 변화시킨 요인이었다.

앞서 고려 전기 '방 33보=1결'의 절대면적이 고려 중기 이후에 수등이척제로 변화되었으며, 양전척 또한 지척으로 변화함에 따라 결의 면적도 변화하게 되었다. 수등이척제로 변화된 이후에는 상등전, 중등전, 하등전에 따라 결의 면적이 달랐다. 상등전 1결은 약 2,000평, 중등전 1결은 약 3,000평, 하등전 1결은 약 4,500평으로 추산된다.

이렇게 추산된 결의 면적을 고려 전기 결의 면적과 비교해 볼 때 결의 면적이 축소되었다는 견해와, 약간 증대되었다는 견해로 나누어 볼 수 있다. 전자는 농업생산력의 증대로 인해 결의 면적이 고려 전기 17,000여 평에 비하여 최고 1/9에서 최저 1/4까지 축소된다고 보고 있다. 후자는 결의 면적이 고려 전기 1,200~1,500여 평에 비해 약간 증대하였다고 본다. 이러한 현상은 국가에 의한 토지지배 효율성의 도모와 결당 생산량을 일정 정도를 생산할 수 있는 면적에 규정시키려는 의도와 관련되리라 보았다. 즉 수등이척제의 결부제는 일정면적에서 일정 생산량을 담보할 수 있고, 이를 기반으로 일정량을 수취할 수 있는 면적으로 변화하였다는 것이다.

고려 후기 토지면적의 결당 생산량을 알아보자. 고려 후기의 생산량을 알려주는 직접적인 자료는 없다. 다만 "모든 공, 사의 전조는 매 논 1결에 조미 30말, 밭 1결에 잡곡 30말로 한다.……무릇 토지를 가진 자는 모두 세를 바친다. 세는 논 1결에 백미두 말, 밭 1결에 콩 두 말로 한다.(凡公私田租, 每水田一結糙米三十斗, 旱田一結雜穀三十斗.……凡有田者, 皆納稅水田一結白米二斗, 旱田一結黃豆二斗.(『고려사』 권78, 食貨1 田制])"라는 기사를 통해 고려 후기 생산량을 추정할 수밖에 없다.

위의 자료는 녹과전(祿科田)의 제정과 함께 시행된 조세 수취규정으로 조는 2석(石)이고 세는 2두(斗)라는 것이다. 그런데 수(水)·한전(旱田) 1결당 조미(糙米) 2석과 잡곡 2석이 조세로 수취되었다는 것은 모든 1결의 토지가 이 정도는 납부할 수 있는 양을 생산하고 있음을 의미한다. 이러한 생산량은 14세기 말기뿐만 아니라 그 이전 시기까지도 소급될 수 있을 것으로 생각된다. 때문에 과전법 하에서는 이러한 양을 수취의 양으로 규정하였을 것이다. 따라서 과전법 하의 1결당 생산량은 수전 조미 20석, 한전 잡곡 20석으로 환산할 수 있다.

[조선이후] 고려 후기 수등이척제로의 전환과 이를 수용·보완한 과전법체제를 조선왕조는 계승하였다. 그러나 고려 후기 결부제는 그 자체로 수취체제의 모순을 해결할 수 있는 제도가 아니었다. 무엇보다도 토지의 다양한 비척(肥瘠)을 3등급으로는 반영할 수 없었다. 또한 결·부의 수를 산출하는 양전척의 기준이 농부의 수지척(手指尺)이었던 것도 불합리하였다. 더구나 과전법체제에서의 수조행위는 손실답험으로 운영되었는데, 이 경우 매 필지마다의 답험이나 수조액 집계 등이 토호와 향리에 일임되어 공정성을 담보하기가 매우 어려웠다. 그 결과 국가재정의 기반인 소농민은 침해의 대상이 되었으며, 따라서 조선 초 수취제도 개혁은 손실답험법과 결부·양전제를 하나의 문제로서 동시에 해결해야 했다.

사실 손실답험의 폐단은 국초부터 정비를 했으나 새로운 결부·양전제의 운영이 함께 이루어지지 않은 상태에서는 문제의 해결을 기대하기 어려웠다. 결국 세종조에 이르러 정부에서는 양자를 전면 개혁하는 방안으로서 공법을 마련했다. 논의 끝에 세종 25년 11월에는 공법제와 경무·양전제를 시행할 수 있는 제도적 장치, 즉 「분전품사목(分田品事目)」과 「양전사목(量田事目)」을 마련하였으며, 사업의 주무기관인 전제상정소도 설치하게 되었다. 그 중 결부제와 관련해 주목되는 것은 고려시기의 결부양전제 3등전품이 조선시기의 경무양전제 5등전품으로 개정되는 점이다. 특히 구양전에서 토지의 전품이 낮게 측정된 것에 반해 신전품에서는 전품이 대폭 상향조정되어 1, 2등전이 늘어나고 있음을 확인할 수 있다. 5개 항으로 이루어진 양전사목에서도 고려 후기의 양전과 달라진 점을 확인할 수 있다. 즉 기왕의 수등이척과 달리 주척(周尺) 5척을 1보로 한 단일양전척을 통해 농지를 파악하고자 한 것이다. 그러므로 모든 농지에 대해 시비의 구분없이 실적 파악만을 목표로 한 중국식 경무법이 도입되고 있음을 알 수 있다.

그러나 공법과 결합된 경무법으로의 개혁은 그대로 추진되지 못하였다. 이는 전품을 재조정하는 과정에서 상향조정된 토지가 많아, 상대적으로 고유(膏腴)한 토지를 많이 소유한 부민들의 반대가 커졌기 때문이다. 또한 정부의 조세, 과전, 출군, 부역 등 모든 행정체계가 결부제와 밀접히 연관되어 있는 것도 경무제를 채택하기 어렵게 하는 요인이 되었다. 이에 국왕과 신료들은 여론을 토대로 공법시행의 편부(便否)와 경무양전제의 문제점을 다시 토론할 수밖에 없었다. 따라서 이후 8개월에 걸친 토론 끝에 이듬해인 세종 26년 6월에는 주척을 근거로 하는 결부제, 전분 6등의 동과수조제(수등이척), 그리고 연분 9등제 등 새로운 공법의 수립을 위한 제 원칙에 일단 합의하였다. 그리고 11월에는 전제상정소가 지금까지 검토한 원칙에 따라 「토전결복개정급전품등제연분고하분간수세지법(土田結卜改定及田品等第年分高下分揀收稅之法)」(이하 「양전사목(量田事目)」)을 수립하고 국왕의 윤허를 얻어 확정·반포하였다.

「양전사목」은 고려의 결부제의 모순을 시정한 조선

결부제의 근간을 보여준다는 점에서 그 의미가 크다. 총 15개의 항 중에서 주요 내용을 정리하면 다음과 같다. 우선 전품을 6등으로 구분하고, 전품에 따라 양전척의 길이와 결 실적이 차이가 나도록 했다.[수등이척] 이때 기준척은 주척이며, 1등전척은 주척 4.775척으로 하고 등급에 따라 점점 늘어나 6등전척의 경우 주척 9.55척이 되게 함으로써 2배의 차이가 나게 하였다(다음의 표 참조).

〈세종대 양전사목 하의 전품과 면적〉

전분	周尺	면적(단위는 畝)
1등전	4자7치7푼	38.0
2등전	5자1치8푼	44.7
3등전	5자7치	54.2
4등전	6자4치3푼	69.0
5등전	7차5치5푼	95.0
6등전	9자5치5푼	152.0

둘째로는 이와 같은 결부제를 바탕으로 공법을 시행하기 위해서는 일정 면적에 대한 소출 파악이 전제가 되어야 했다. 전제상정소에서는 이에 대해 57무(고려 결부제에서 하등전의 실적)가 1등전일 경우 그 소출이 조미(粗米) 80석[=米 40석, 600두], 6등전일 경우에는 20석[=米 10석, 150두]임을 기준으로 제시하였다. 그러나 이것은 단순한 가정이 아니라 다양한 실측을 통해 계산된 수치였다. 즉 정부의 문무관과 별감의 의견을 듣고, 지방 객관으로 하여금 식리품관을 방문하고 둔전의 5년간 경종소수 상황을 보고받으며, 정부삼대신이 충청도 청안에서 실제의 농작상황을 친심해서 정한 바 자료를 기초로 하였고, 그 후에는 다시 충청도의 청안·비인, 경상도의 함안·고령, 전라도의 고산·광양 등지에서 조사한 바를 기초로 하여 이를 보완하였다.

셋째, 전제상정소에서는 이 같은 소출을 전제로 한 57무의 농지를 위아래로 밀고 늘려서 1등전(38무)에서 6등전(152무)까지의 실적을 조정하였다. 따라서 기준이 되었던 1등전 1결의 소출도 미 600두에서 400두로 조정되었으며, 1/20의 수취율에 따라 조세는 20두로 산정되어 모든 토지에 적용되었다.[동과수조(同科收租)] 그리고 이러한 세액을 연분 9등의 원칙에 의거 상상년(上上年) 20두에서 하하년(下下年) 4두까지 단계마다 2두씩 차액을 두어 산정하였다. 이로써 고려 후기보다 세밀해진 조선의 결부법이 공법과 함께 제도로서 정착되면서 조선 수취체계의 기본적인 틀이 갖추어지게 되었다.

『준수책(遵守冊)』(內題 : 『전제상정소준수조획(田制詳定所遵守條劃)』)은 그 제목으로 보아 주무관청인 전제상정소와 밀접한 연관이 있을 것으로 짐작된다. 앞서 살핀 바와 같이 전제상정소는 세종 25년(1443) 11월에 설치되었으며, 왕조실록에서 그 활동이 확인되는 것은 성종 6년(1475) 8월에 착수된 강원도 양전까지이다. 아마 강원도 양전 이후를 즈음해서 폐지되었을 것으로 추정할 수 있다. 그런데 현존하는 『준수책』은 효종 4년(1653) 9월 호조에서 간행한 것을 1659년 11월 청안현에서 등사한 것으로 최초 간행일자가 명확히 기재되어 있지 않다.

『준수책』은 6등 전품을 바탕으로 한 결부제의 틀을 유지하고 있다. 그럼에도 유의미한 변화가 담겨있는데, 결부제와 관련해서 보면 6등전품의 농지를 실적할 때 반드시 1등 양전척[周尺 4.775척]의 양승만을 쓰도록 한 것이 가장 큰 변화라 할 수 있다. 즉 6개의 양전척을 이용하던 수등이척제에서 1개의 양전척[1等田尺]만을 이용하는 단일양전척으로 바뀌었는데, 이는 세종 25년 당시 논의로만 그쳤던 경무법이 비로소 결부법과 연계를 통해 발현된 것이라 볼 수 있다. 하지만 이럴 경우 2등전부터 6등전까지의 결부를 어떻게 계산하느냐가 문제가 되는데, 전제상정소에서는 이를 '준정결부(准定結負)'의 표를 작성함으로서 해결하고 있었다. 즉 농지의 장광을 1등양전척으로 측량하여 1속~1결이라 한다면, 그것이 2등전~6등전의 경우 각각 몇 파, 몇 속, 몇 부가 되는지를 미리 계산하여 일람표로 만든 것이다. 그리고 이러한 준정결부를 비롯하여 만들어진 양전규식은 『속대전(續大典)』을 통해 법제화되었다.[「호전(戶典)」 양전조(量田條)]

〈준수책의 준정결부〉

		1등전	2등전	3등전	4등전	5등전	6등전
양전척		周尺 4.775尺	4.775尺	4.775尺	4.775尺	4.775尺	4.775尺
准定結負	把	1속	8파	7파	5파	4파	2파
		4속	3속 4파	2속 8파	2속 2파	1속 6파	1속
	負	1부	8속 5파	7속	5속 5파	4속	2속 5파
		4부	3부 4속	2부 8속	2부 2속	1부 6속	1부
	結	1결 (=2,759.53평)	85부 1파 (=2,759.53평)	70부 1속 1파 (=2,759.53평)	55부 7파 (=2,759.53평)	40부 (=2,759.53평)	25부 (=2,759.53평)
결 실적		2,759.53평	3,246.12평	3,936.00평	5,010.94평	6,898.82평	11,038.12평

이처럼 조선 초기에 전제상정소에서 마련하고 『준수책』에서 수록된 바 결부양전제는 치밀하게 계산된 제도로서, 그 개혁주체들은 그것을 완벽한 것으로 만들고자 하였다. 이는 결 실적, 소출, 세액을 하나의 제도

속에 조합한 후, 이를 단일양전척으로 운영하고 있었다는 점에서 합리적이고 수준 높은 제도였다. 그러나 조선 후기의 결부제는 조선 전기의 그것과 비교하여 그 외형은 크게 변하지 않았으나, 그 성격이나 의미는 적지 않게 달라지고 있었다. 이를 정리하면, 첫째 양안의 기주란에 농지소유자와 납조자의 자격을 '주'로서 표시하는 바가 뚜렷해지고 있었다. 조선 초기와 『준수책』 단계까지는 농지에 대한 권리를 소유한 자가 수조권자와 공존했었다. 따라서 양안 기주란에 농지소유권자와 조세수납자의 성명을 기입할 때 다만 '전부(佃夫)'라 칭하고 있었다. 그러나 수조권분급제가 소멸된 이래로 토지소유권 및 그 표시방법이 한층 발달하게 되었다. 조선 후기 양안상 '주'의 표기도 이러한 역사적 추세의 반영이다.

둘째로는 이전까지 분리되어 진행되었던 분전품사업과 타량사업이 하나로 통합되어 이루어지되, 차츰 농지의 실적을 객관적으로 정확하게 파악하는 타량사업만이 양전사업의 중요목표로 간주되었다. 즉 구양전의 전품등제를 부득이 고쳐야 하는 경우를 제외하고는 승강없이 신양안에 옮겨 쓰는 등 전품등제를 소홀히 다루게 되었다. 따라서 소출, 조세, 지적을 일치시키고 있었던 결부제가 이제는 균형을 잃고 분리되어가는 추세를 보이게 되며, 이는 결국 권력자, 유력자, 부민들에게 유리하도록 작용되었다.

셋째로는 1등전 양전척이 주척 4.555척에서 주척 4.9996척으로 그 길이가 늘어나게 되어 갑술양전부터 적용되었다. 이는 호조의 단순한 사무상 착오에 기인한 것이지만, 그 결과 1결당 세액은 그대로이나 실적이 증가하므로 국가에게는 결부감축으로 세입이 줄어들게 되었다. 또한 여전히 삼남을 중심으로 길어진 갑술척이 쓰이는 반면, 그 밖의 지방에서는 여전히 준수척이 쓰여 지역적 편차도 심각하였다.

넷째로는 숙종조의 경자양전부터 갑술척과 짝이 되는 해당 등급의 준정결부를 '5捨6入의 원칙'에 따라 소량 변동시켰다. 예컨대 3등전에서의 준정결수인 0.7011결을 0.7로 줄이는 것이다. 이것은 위에서 살핀 척의 변화보다 오히려 그 폭이 적은 것이었다. 그러나 갑술척으로의 변화는 변동폭이 더욱 컸음에도 결당 세액이 변동하지 않은 이유로 반발은 적었다. 하지만 지금의 변화는 소량이긴 하나 세액 줄어드는 것 때문에 적지 않은 논란이 있었다. 물론 법전에 그대로 수록되기는 했지만, 순조 경진양전의 「양전사목」에서 결부계산을 경자년의 준정결부로 시행하라고 한 규정은 이때까지 민과 정부사이에 준정결부 적용을 두고 갈등이 있었음을 보여준다.

마지막으로 결부제 자체의 변동은 아니지만, 결부제를 통해서 운영되었던 연분9등법이 조선 후기에는 폐지되고, 이를 대신해 정액세제(定額稅制)가 제정되었다. 그리고 이를 재결비총법(灾結比摠法)과 연계함으로써 조세제도·결부제를 운영하게 되었다. 또한 이 시기에는 조세제도가 전반적으로 변동하는 가운데 공납제가 개혁되어 대동법으로서 전결에 부과되고, 군역제가 개혁되는 가운데 종래의 군역세의 일부가 결전으로서 전결에 부과되며, 새로 제정되는 삼수미의 법이 또한 전결에 부과되는 등 제반 부세의 전결화 과정이 진행되고 있어서, 결에 부과되는 조세가 부가세까지 합하면 미 약 50두 이상이 되었다. 나아가 이러한 조세의 결렴화는 도결, 결환, 역근전 등의 관행도 발생시키고 있었다.

요컨대 조선 후기의 결부제 하에서는 단일양전척과 준정결부·해부법을 결합하여 완성된 『준수편』 이후의 결부·양전제뿐만 아니라, 수조권에 입각한 '사전'적 토지지배의 권리까지 소멸되고 있었다. 따라서 토지소유권자·농지소유주에 대한 정부의 조세수취만을 목표로 하는 중앙집권적 조세제도와, 그 기반으로서의 결부·양전제를 광범하게 정착시키고자 하는 것을 그 특징으로 들 수 있다. 즉 소출·지적·조세의 조합이라는 결부제의 본질이 점차 퇴색되고 있음을 확인할 수 있다. 조선 후기 결부제의 모순은 삼정의 문란뿐만 아니라 여러 사회·경제·정치적 문제들이 복합적으로 작용한 가운데 나타난다는 점에서 그 개혁의 방향도 이를 포괄적으로 해결하는 방향이어야 했다.

나음으로 대한제국기 광무개혁을 통해 두드러진 결부법 개혁 내용을 살펴본다. 우선 양전과 관련해 두드러지는 특징은 광무년간의 양전지계사업을 통해 토지소유권자에게 지계가 발급되었다는 점이다. 이는 구래의 토지소유권자들이 지니고 있던 토지소유권을 근대적 토지소유권으로 전환시켜줌으로써 국가가 그 소유권자를 분명히 파악하고 외국인의 토지 잠매(潛賣)를 방지하기 위함이었다. 또한 양안의 기주란에 전주의 성명과 함께 시작의 성명을 병기하도록 함으로서 시작농민의 경작권을 최소한으로나마 보호하였다.

둘째로는, 양안에 농지실적을 표기하는 방법이 종전보다 분명해졌다. 물론 동척제로의 전환 이후 실적에 대한 이해과 인식이 깊어졌음은 이미 소개하였지만, 양전지계사업에서는 결부수뿐만 아니라 이것이 산출되게 된 실적까지도 함께 기재하고 있다. 또한 수전과 한전의 지적을 농촌에서 관행하는 두락(斗落), 일경(日耕) 등으로도 표시하였다. 이는 농지소유자들에게 친숙한 농지면적의 단위를 기재함으로써, 척도로 파악한 농지실적이나 결부로 제시한 세액에서 발생할 수 있는 착오나 의문을 경무법을 대신해서 보완하고자 하는 방법이었다.

이처럼 광무년간의 양안을 살펴볼 때, 당국이 추구하는 기본적인 목표가 결부·세액을 파악하는 것이었지만, 동시에 농지실적을 객관적이고 정확하게 파악하는 것 또한 큰 목표였음을 알 수 있다. 그러나 구래의 결부법으로는 실적 파악에 한계가 있었다. 따라서 광무 6년 평식원(平式院)을 설치하고 도량형규칙을 마련함으로써 근대적 도량형의 틀을 만들었다. 이후 약간의 수정을 거쳐 광무 9년 법령 제 1호로서 도량형법을 공포하게 되었다.

도량형의 변동 중에서 결부제와 관련해 주목되는 것은 구래의 결부제가 새로운 결부제인 헥타르제로 바뀐 것이다.(1결=1헥타르) 물론 기존의 결·부·속·파에 합(合)·작(勺) 등의 세부단위가 더 만들어지기는 했지만, 구래의 결부제를 근대적 결부제로 재편성하고 그 명칭을 그대로 사용하였다. 이는 신·구 결부제의 기능이 본래 지적파악이라는 점에서 같고, 따라서 구래의 결부제를 지적을 파악하는 제도로서 앞으로 있을 토지측량·농지측량에서 그대로 이용해도 불합리한 점이 없다고 보았기 때문인 것으로 보인다.

町	3,000步·坪
段	300步·坪
畝	30步·坪
步,·坪	6척평방 - 尺은 新基本尺(30.303㎝)
合	步·坪의 1/10
勺	步·坪의 1/100

그러나 신·구 결부제는 그 유사성에도 불구하고 근본적인 차이가 존재한다. 즉 과거의 결부제가 지적파악과 함께 전품·결수파악·세액부과 등을 함께 고려한 것이라면, 헥타르제에서는 지적파악만이 그 소관사항이었다. 그러므로 세액부과의 문제는 결부제와는 별도의 제도로 운영하도록 제도를 개정되어야 했다. 기존의 결부제에서 분화된 한말의 조세제도는 근대국가의 조세금납, 지가를 기준으로 한 지세부과로 가는 과도적인 단계에 있었다. 또한 헥타르제로 개혁·전환되어가던 대한제국의 지적제도 역시 국권상실과 함께 소멸되었으며, 1909년(융희 3) 9월 법률 26호로 반포된 도량형법에 의해 일제의 정보법(町步法)으로 대체되기에 이른다.

[참고어] 양전척, 수등이척제, 공법, 전제상정소준수조획, 전품제

[참고문헌] 김태영, 1982,「조선전기 공법의 성립과 그 전개」『동양학』 12 ; 강진철, 1984,『高麗土地制度史硏究』, 고려대출판부 ; 박흥수, 1980,『度量衡과 國樂論叢』, 박흥수화갑기념논문간행회 ; 여은영, 1986,「高麗時代의 量田制」『嶠南史學』 2 ; 이우태, 1989,「新羅時代의 結負制」『泰東古典硏究』 5 ; 김용섭, 1995,『(증보)조선후기농업사연구』 Ⅰ, 일조각 ; 이영훈, 1995,「『전제상정소준수조획』의 간행년도」『고문서연구』 9·10 ; 최윤오, 1999,「세종조 공법의 원리와 그 성격」『한국사연구』 106 ; 김용섭, 2000,『韓國中世農業史硏究』, 지식산업사 ; 이종봉, 2001,『韓國中世度量衡制硏究』, 혜안

〈이종봉·윤석호〉

결성장씨가 농장(結城張氏家農場) 한말 일제시기 결성장씨 집성촌인 충청남도 연기군 동면 송룡리 일대를 근거삼아 대지주로 성장한 장석환(張奭煥)·장기황(張基璜) 부자가 경영한 농장.

조선 후기 이래 장기황 집안은 금강과 미호천 사이에 위치한 송룡리에서 누대에 걸쳐 향반으로 살아왔다. 장기황의 부친 장석환은 1903년 당시 13필지(1결 63부=약 7,500여 평, 논 1결 26부, 밭 32부, 대지 6부)의 토지를 소유한 성실 검약한 상층자작농이었다. 소유토지규모는 1912년 27,441평(논 17,969평, 밭 7,907평, 임야 889평, 대지 676평), 1930년에는 71,181평, 1945년에는 74,561평으로 급격하게 증가하였다. 이는 송룡리 소재의 토지이며, 송룡리 이외 지역까지 합친 전체 소유토지의 규모는 이보다 훨씬 더 컸다. 1929년 조선총독부 공식집계에 따르면 장기황은 연기군 100정보 이상 토지소유자 5명 중에 속했고, 1930년대 초반 소작수납고는 약 1,500석, 자산은 15만 원으로 집계되었다.

한말 일제시기 장석환 집안이 대지주로 성장하게 된 배경에는 그때까지 평범한 시골이었던 송룡리 일대에 조성된 유리한 농업환경과 장석환의 뛰어난 처세술이 큰 역할을 하였다. 1904년 말 송룡리 앞을 가로지르는 경부철도의 개통으로 신속 저렴하게 곡물을 운송할 수 있었고, 1929년 금강 상류 미호천의 제방이 축조되어 안정적인 수리시설도 갖추게 되었다. 그리고 장석환은 지역 양반들과 혼인을 통해 사회적 위상을 확보해갔다. 이조판서를 역임한 이헌직 집안에 출가한 큰딸의 도움

과 통감부의 화폐재정정리사업으로 야기된 금융경색과 지가폭락으로 1909~1910년 사이 장석환은 토지를 대량으로 구입할 수 있었다. 부인과 며느리도 당시 행세하던 양반집 출신이었으며, 관직진출에도 힘을 쏟았다. 장석환은 궁내부 특진관으로 있던 사돈 이현직의 도움으로 유강원(裕康園)의 참봉벼슬을 얻어 연기군 내에서 양반으로서의 사회적 위치를 확보할 수 있었다. 장석환은 능제사와 관리를 위해 서울에서 근무하다가 수년 후 송룡리로 돌아와 지주경영에 몰두하였다.

장석환은 양반가의 생활과 의식을 모방하면서 인정 많은 지주로 군림하였다. 아들 장기황도 문중의 결속력을 강화하고 후덕한 양반지주의 정체성을 유지하면서 일제시기 지주경영을 원만하게 꾸려갈 수 있었다. 동족이나 친분이 있는 사람들에게는 소출의 30%정도의 낮은 소작료를 받았고, 마을 주민들에게 쌀과 돈을 빌려 줄 때도 평균이율보다 적게 받았다. 흉년에는 지대를 감면해주거나 지세와 비료를 대신 납부 구입해 주기도 하였다. 전형적인 온정적 지주의 면모를 보였다. 논산·대전·개성 등 송룡리 이외 지역 토지에서는 송룡리 주민들에 비해 높은 수취와 타산적 경영을 하였지만, 고율지대와 지주이익만을 추구하는 가혹한 지주권력의 면모는 보이지 않았다. 그런 덕택에 소작인들과 큰 갈등 없이 지냈고, 1920~30년대 활발했던 연기군 소작운동에도 별다른 영향을 받지 않았다. 소작인은 310여 명 정도였고 이중 결성 장씨는 약 20%에 달했다. 소작인의 경작규모는 5두락 이하가 절반을 넘었고, 10두락 이상은 7~8%정도였다. 일본인 지주·농장처럼 농업생산·유통판매에 엄격한 관리감독이나 농외투자 같은 적극적인 자본축적활동은 없었지만, 나름대로 식민지 시장질서에 대처해갔다. 소작미는 각 토지소재지 창고에 보관했다가 7~8월 미가가 고가일 때 시장에 대량으로 내다팔았다.

송룡리는 일제정책을 잘 수행하는 '문화부락'으로 불리기도 했고, 지역유지 장기황은 일제권력과 원만한 관계를 유지하였다. 1926년 장기황은 연동초등학교와 면사무소 부지로 자신의 토지를 기부했고, 연기금융조합- 조합장(1931~1933년), 연동수리조합 조합장을 역임하였다. 금융조합과 연계되어 진행된 자작농창정사업에서 장기황은 송룡리 소작인 중 형편이 어려운 4명을 뽑아 1인당 4~5마지기 정도를 15년간 연부상환으로 소작지를 불하하기도 했다. 장기황은 각종 기부행위나 빈민구휼 행위 이외에도 자신의 사회정치적 관계망을 이용하여 마을 주민들의 청탁이나 이해관계를 대변해 주었다.

1945~1948년 농지개혁 실시의 소문이 무성한 가운데 장기황은 소유토지의 일부를 헐값에 매도했지만, 대부분 소유농지는 농지개혁의 대상이 되었다. 송룡리 주민 50여 명이 장기황의 농지 총 43,321평을 분배받았지만, 장기황은 배상으로 받은 지가증권(356,176원)을 고리대에 투자했다가 모두 날려버렸다. 해방 전에 토지를 상속받은 아들들도 지가증권을 가지고 산업자본으로 전환하지는 못했다. 1950년대 농지개혁으로 송룡리 주민 대부분은 자작농으로 전신했지만, 장기황 집안의 대토지소유는 철저하게 해체되었다.

[참고어] 농지개혁, 동태적 지주, 요기

[참고문헌] 김현숙, 2006, 「식민지 시대 종족마을의 토지소유 관계와 지주경영-충남 연기군 동면 송룡리 장기황가(家)를 중심으로」 『사회와 역사』 70

〈이수일〉

결세(結稅) 본래 토지에 부과된 조세(租稅)인 전세(田稅)를 의미했으나, 조선 후기 이후로는 토지를 기준으로 부과된 각종 세목을 통칭.

조선시기의 조세는 토지, 사람, 가호에 부과되었다. 이때 전세는 토지에 부과된 대표적인 세목이었으므로, 결세는 전결세 즉 전세를 의미하는 것이었다. 그러나 조선 후기 이래로 전세 이외의 세목이 토지를 단위로 부과되었는데, 이를 결렴(結斂)이라 하며 이로써 생긴 세목들 각각 혹은 모두를 결세라 칭할 수 있다.

조선 후기 결렴화된 세목으로는 우선 대동세(大同稅)를 들 수 있는데, 가호 단위로 부과되던 공물을 수조안의 전결을 단위로 수납하되, 세액은 여러 번의 변화를 거쳐 결당 12두로 수렴되었다. 훈련도감(訓鍊都監) 소속의 삼수병(三手兵)을 양성할 목적으로 징수하던 삼수미(三手米) 역시 전결을 단위로 부과되었는데, 세액은 기본적으로 2두 2승이었다. 또한 영조대 시행된 균역법은 그 자체로는 결렴화되지 않았으나, 이로 인해 부족해진 군포 수입을 보충하기 위해 신설된 결작(結作)은 결당 2두의 쌀[結米]이나 5전(錢)의 돈[結錢]으로 부과되었다.

이상의 세목이 법정 세금이라고 한다면, 지방 관서의 각종 비용 마련을 위해 징수하는 부가세로서의 결역(結役)도 있었다. 이는 흔히 잡역(雜役)이라고도 했는데, 대동세의 일부인 유치미로도 충당되지 않는 각종 비용을 수령의 적절한 판단에 따라 부과토록 한 것이다. 세액은 지역에 따라 일정치 않았으나, 영조 때 균역법이 제정되어 결전이 부과됨에 따라 결역가도 1결당 대개 4두 정도로 균일화되었다. 그러나 삼정 문란이 심해지는 19세기에는 중앙 관청의 물자 수요량이 증가하게 되어 지방에서의 유치미가 차지하는 비율이 격감하게 되었고, 이로써 부족해진 경비를 마련하기 위해 결역가의 명목이 많아졌고, 정규세를 상회할 정도로 세액도 늘어나게 되었다.

이처럼 결렴화로 인한 결세의 명목이 늘어나자, 새로운 수납관행이 생겨나기도 했다. 각종 결세 및 기타 세목을 아울러서 결당 세액을 책정해 화폐로 관이 수납하는 도결(都結)이 그것이다. 관이 호수를 대행했다 해서 관도결로도 불렸으며, 이때 화폐로 책정된 세액을 결가(結價)라고 했다. 예컨대 1847년(헌종 13) 충청좌도 암행어사 이승수(李昇洙)는 충청좌도 제읍의 실상을 보고하면서, 전세나 대동미를 오로지 돈[錢]으로만 수취하는데 시세보다 높은 가격을 매겨 백성이 부담해야 할 결가가 높아지고 있음을 폐단으로 지적했다.(元來四屬邑稅穀, 皆以本色米上納矣, 近來則專爲執錢取剩, 雖精白之米, 全數黜退, 屬邑吏民, 與民間戶首輩, 旣不能以米上納, 又無以從他買得, 仍以代錢防納之意, 圖囑于官, 乃以高價沒數執錢, 而以本邑田稅大同米, 換納取剩. 蓋以高價執錢之故, 屬邑結價, 隨以亦高, 四屬邑之民, 實受其弊矣.[『헌종실록』 13년 10월 8일(갑인)])

한편 결가에는 중앙에 이급해야 할 정규 세목 이외에도 각종 부가세목이 반영되기도 했다. 이에 농민의 부담이 높아져 1862년 농민항쟁 당시에는 결가의 인하가 주요 요구사항으로 등장하기도 했다. 이후 결세의 세목과 결가를 확정해 민의 침탈을 방지하려는 시도가 갑오개혁기 결가제(結價制)를 통해 이루어지기도 했다.

[참고어] 결렴, 총액제, 도결, 결가제

[참고문헌] 정선남, 1990, 「18·19세기 전결세의 수취제도와 그 운영」『한국사론』 22 ; 이철성, 2003, 『17·18세기 전정 운영론과 전세제도 연구』, 선인 〈윤석호〉

결수신고서(結數申告書) 1908년 대구 재무감독국에서 작부를 대신하기 위해 채용한 제도로, 납세자로 하여금 납세할 결수를 신고하도록 한 양식.

결수신고서는 종래 이서층이 간평과 고복, 표재의 결과 납세자의 결수를 확정짓고 이를 8결 또는 4결 단위로 묶어 작부하여 깃기를 작성하고, 4결 또는 8결 단위로 1인의 호수를 두어 납세를 책임지게 하던 방식을 폐지하기 위한 것이었다. 이를 통해 군수와 이서층을 조세 수취 과정에서 배제하고 통감부의 재무감독국이 장악함으로써 군수와 이서층의 은결을 발견하여 재정의 장악력을 높이려는 것이었다.

대구 재무감독국에서 마련한 결수신고서 작성 방법의 핵심은 납세자가 신고하도록 한 점에 있었다. "결수신고는 결민(結民)이 정해진 양식에 따라 작성하여 면장을 거쳐 재무서에 제출하는 규정"으로 마련되었다. "작부제를 폐지하고 신고주의를 채택한 것은 서원(書員) 등이 은결을 사복(私腹)하지 못하게 하며 현실 결수를 신고하게 하여 존재한 바의 은결을 승총"하려는 것을 목적으로 하였다. 그리고 "신고는 결민 스스로 해야할 것이지만 할 수 없는 경우에는 지사인, 이장, 기타인이 대신해도 무방하다. 하지만 결민은 결수를 사실대로 명백히 작성하게 해야 한다"고 강조하였다. 물론 신고한 결수의 조사절차를 마련하였는데, 종래 사용하던 3개년의 작부책, 광무양안의 결수 등과 대조하고 의심이 생길 때는 실지검사도 할 수 있도록 하였다.

결수신고서는 종래의 작부제를 폐지하고 납세자 결민이 직접 재무서에 납세결수를 신고하도록 한 점에 의의가 있다. 작부가 이서층에 의해 때로는 자의적으로 이루어져 결민은 이를 수동적으로 수용할 수밖에 없었다면, 결수신고는 자발적으로 정당한 결수를 제시할 수 있다는 점에 차이가 있었다. 스스로 정당한 결수를 신고하게 된 것은 납세결수가 토지소유와 연관될 가능성이 있다는 자각 때문이었을 것이다.

대구 재무감독국에서 활용한 결수신고서의 양식은 다음과 같다.

○○財務署前　　住所　　耕作人　또는　所有主 氏名　印

토지소재	字	番號	地目	結數	○○으로부터 移來	所有主住所氏名

토지소재는 군, 면, 동을 기재하도록 하였는데, 이 점은 결수신고서 작성 및 수합의 기본단위가 동단위였음을 가리킨다. 자(字) 및 번호(番號)는 깃기에 기재되어 있는 구 양안의 것이다. 지목은 전, 답, 화전 등을 기재하도록 하였다. 이래(移來)는 작년에 대한 변경을 나타내는 것이다. 결수신고의 주체는 '경작인 또는 소유주', 즉 기왕의 납세자이고 별도로 소유주의 주소와 성명을 기록하도록 정하고 있는데, 이 점은 1908년 6월 규정한 지주납세의 원칙을 반영한 것이다.

1909년 공주 재무감독국이 제정한 결수신고서 양식은 한 단계 진전된 것이다. 결수신고는 결수신고서의 양식에 따라 납세자에게 신고하도록 한 점에 변함이 없다. 면장은 면내의 일정한 장소에 '○○면 작부소'라는 표찰을 걸고 결수신고를 수리하도록 하였다. 그리고 작부를 할 때 표목을 세워 지압조사에 응하도록 하고, 신고결수는 양안의 결수와 대조하여 은결을 발견하고자 하였다. 또한 진결과 재결을 포함한 모든 토지를 신고하도록 한 특징을 보인다.

공주 재무감독국에서 활용한 결수신고서의 양식은 다음과 같다.

郡　　面　　洞里

納稅者 ─ 地主 / 小作人 / 代理人

年條	동리명	官號	지목	두락수	결수	세율	세액	지주주소 씨명	적요

결수신고는 납세자 단위로 되어 있는데 납세자로서 지주, 소작인, 대리인을 모두 기록할 수 있게 함으로써 아직 납세자를 지주로 확정하고 있지는 않은 모습을 보인다. 납세자가 지주일 경우 지주 주소 씨명은 생략하도록 하였다. 결수신고서는 납세자마다 별지에 작성되었는데, 납세자가 타면에 거주하더라도 토지 소재 면장에게 제출하도록 하였다. 진결, 재결을 불문하고 모두 등재하되 진결은 적요란에 그 여부를 기입하도록 하였다. 씨명은 변명(變名), 별명을 쓰지 않고 반드시 본명으로 기입하였다. 이 결수신고서를 곧 대장으로 삼아 「결복부(結卜簿)」라고 부르기로 하였다. 이 양식에 준하여 지목별로 면계, 군계, 소할계(所轄計)를 붙이도록 하였다.

결수신고서의 특징은 지주 납세 원칙을 정하고서도 납세자를 지주, 소작인, 대리인으로 구분하고 있는 점, 두락수를 기재하는 점, 그리고 지세 징수대장의 내용을 개인별 결수신고서에도 기록하게 한 점 등을 들 수 있다. 그리고 이 결수신고서를 지세대장으로 삼도록 하고 있다. 토지조사사업 이후 마련되는 지세명기장의 원형이 이러한 결수신고서에서부터 탄생하고 있었던 것이다. 이 신고서는 2년간 취합하여 마련하고, 그 이후에는 변동사항만 정정하도록 하였다.

1908년 대구 재무감독국의 신고주의에 입각한 결수신고서의 작성, 1909년 공주 재무감독국의 작부방침의 발전은 탁지부로 하여금 전국적으로 통일된 작부방침을 마련하는 방향으로 나가도록 하였다. 그 결과가 곧 결수연명부의 작성으로 이어졌다.

[참고어] 결수연명부, 지세명기장, 지세령, 토지신고서

[참고문헌] 배영순, 2002, 『한말 일제초기의 토지조사와 지세개정』, 영남대학교 출판부 ; 이영호, 2001, 『한국 근대 지세제도와 농민운동』, 서울대학교 출판부 〈이영호〉

결수연명부(結數連名簿) 일제가 지세를 확보하기 위해 면 단위로 납세자별로 결수를 조사하여 작성한 장부.

일제는 1908년 대구 재무감독국의 결수신고서 작성, 1909년 공주 재무감독국의 결수신고서 작성의 진전을 토대로 전국적으로 통일된 결수연명부를 작성하였다.

1909년 7월 마련된 결수연명부의 작성방침은 다음과 같다. ① 각인별 결수의 조사는 주로 신고에 의할 것. ② 신고는 토지소재지의 이·동장에게 신고할 것. ③ 이·동장은 별지의 양식에 따라 납세의무자마다 명기(名寄)로써 연명을 기입하여 한통은 재무서에, 한통은 면장에게 제출할 것. ④ 신고결수의 당부(當否)는 구양안, 기타 서류를 참고하고, 혹은 실지에 나아가, 혹은 그 지방의 지사자(知事者)에게 들어 판정할 것. ⑤ 신고서는 각 면마다 철하여 리·동계, 면계를 붙여 결수연명부라고 칭하고 재무서에 보존할 것. ⑥ 결수연명부 조제 후의 이동에 대하여는 그때그때 그것을 정정(訂正)할 것. ⑦ 결수연명부의 면계에 이동을 낳을 때에는 그 이동이 있을 때마다 지세징수대장의 면계를 정정할 것. ⑧ 신고를 엄중히 감독하여 각종 은결을 발견하는데 노력할 것. ⑨ 본건에 관한 경비는 별도로 그것을 배부할 것.[『韓國財務經過報告』 제4회, 63~64쪽]

이 결수신고서를 묶고 동리의 통계와 면의 통계를 붙인 것이 바로 결수연명부였다. 1910년에는 결수연명부 작성의 방침으로는 면단위로 신고할 것, 지주가 신고하게 할 것을 강조하였다. 이때 작성한 결수연명부의 양식은 다음 그림과 같다.

1909년의 작성방침과 다른 점은 세율과 세액을 기록하도록 한 점, 납세자를 지주로 규정하여 별도의 난에 기록하도록 한 점 등이었다. 다만 소작인이 납세할 경우에는 소작인도 기재하도록 하여 여전히 소작인 납세관행을 수용하고 있음을 알 수 있다. 그러나 이러한 양식의 변화과정은 지주납세로 이행되어 가는 추세를 보여준 것이다.

일제시기 조선총독부는 결수연명부 작성방침을 계속 발전시켜갔다. 당시 토지조사사업을 실시하고 있었

第一號（用紙美濃半截）　寸法輪廓内 縱八寸 横五寸五分

住所：何面何洞（里）「他面居住ノ例」 何郡何面何洞「他郡居住ノ例」 何洞（里）「其面居住ノ例」
姓名：某

土地ノ所在	字番號	地目	面積	結數	税率	税額	小作人住所姓名	摘要
何洞（里）何員（坪）	天一	畓	二斗落	結〇六〇	円八,〇〇〇	円四八〇		
何洞（里）	地五	宅地	五升落（三十五坪）	〇三〇	八,〇〇〇	二四〇		
何洞（里）何員（坪）	人三	田	一日耕	一三〇	八,〇〇〇	一,〇四〇		
計				二二〇		一,七六〇		四年十月一日現在

결수연명부 『韓國財務經過報告』 제5회, 44쪽

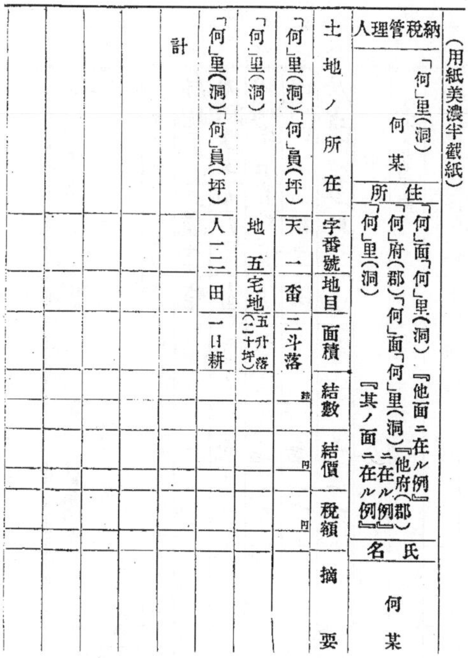
（用紙美濃半截紙）

納税管理人：「何」里（洞） 何某
住所：「何」面「何」里（洞）『他面ニ在ル例』 「何」府（郡）「何」面「何」里（洞）『他府（郡）ニ在ル例』 「何」里（洞）『其ノ面ニ在ル例』
氏名：何某

土地ノ所在	字番號	地目	面積	結數	結價	税額	摘要
「何」里（洞）「何」員（坪）	天一	畓	二斗落	結	円	円	
「何」里（洞）	地五	宅地	五升落（二十坪）				
「何」里（洞）「何」員（坪）	人一二	田	一日耕				
計							

결수연명부 취급수속 『조선총독부관보』 403호, 1911.12.29.

지만 소유권자와 과세면적, 지가 등을 확정하기 전에는 결수연명부에 근거하여 지세를 부과할 수밖에 없었다.

이리하여 1911년 11월 10일 결수연명부 규칙을, 1911년 12월 29일에는 그 작성방법과 그 절차를 정한 결수연명부 취급수속을 제정했다. 1912년 1월 1일부터 작성하기 시작하여 그해 하반기에 완결되었다. 이때 제정한 결수연명부 양식은 아래 그림과 같다. 결수연명부는 부윤 순수의 지휘아래 면장이 실무책임을 맡았으며, 작성단위는 면이었다. 책의 구성은 표지와 색인 본문 합계 등으로 구성되고 한 책 약 500매를 기준으로 했다. 표지에는 [결수연명부 ○○군 ○○면]이라고 표기하였다.

면내 소재 토지를 소유자별로 등록한 결수연명부는 세 종류로 분류하여 편철했는데, 이때 책의 편철방식은 다음과 같다. 첫째 면내 거주하는 소유자들은 거주리별로 속인주의 원칙에 따라 편철하되, 대체로 1개리 = 1책 원칙이었다. 둘째 면내 비거주자들의 결수연명부는 군내 거주자는 타면, 군외 거주자는 타부군으로 나누어 별도로 편철했다. 해당 결수연명부의 리명은 "○○리", "타면", "타부군" 등으로 붉은 색 글씨로 표기했다. 셋째 일본인은 면별로 별도로 편철하고 표지에 '내지인'으로 표기했으나, 분량이 적을 경우 조선인·일본인을 합철하기도 했다.

다음으로 결수연명부 양식의 항목을 보자. 양식의 오른쪽 첫 칸에는 납세 관리인의 주소성명을 기록하고, 다음에는 소유자의 주소 성명을 기록하였다. 종전의 소작인 주소 성명을 없애고, 대신 납세 관리인을 기록하는 난을 둔 점이 특징적이다. 하지만 납세책임은 지주가 지도록 했다. 그리고 소유한 토지를 필지별로 토지의 소재, 자번호, 지목, 면적, 결수, 결가, 세액, 적요 등으로 구분 작성했다. 양식상의 특징은 사표가 표기되지 않았다는 점이다. 따라서 결수연명부 만으로는 토지의 소재를 정확히 파악하기 어려웠고, 은결을 확인하기도 용이하지 않았다. 이리하여 일제는 토지소유자와 그 위치를 정확히 파악하여 은결을 색출하고 과세할 수 있도록 1911~13년 과세지견취도를 작성하였다. 과세지견취도는 리단위로 결수연명부의 필지의 구획에 따라 그린 일종의 지적도인데 각 필지에는 소유자와 지목 결수 두락 배미 등을 조사하여 기록한 것이다. 결수연명부와 과세지견취도는 일치하도록 했다.

결수연명부의 한계는 속인주의의 원칙 아래 편철하여 개별 지주의 결수연명부를 찾기가 쉽지 않았다는 점이다. 이를 해결하기 위해 책의 맨 앞에 토지소유자의 성명을 기록한 색인을 붙였다. 하지만 색인은 기존 토지소유자의 주소가 다른 리로 바뀌었을 경우에는 편철을 새로 하고 색인을 수정해야 하는 불편이 있었다.

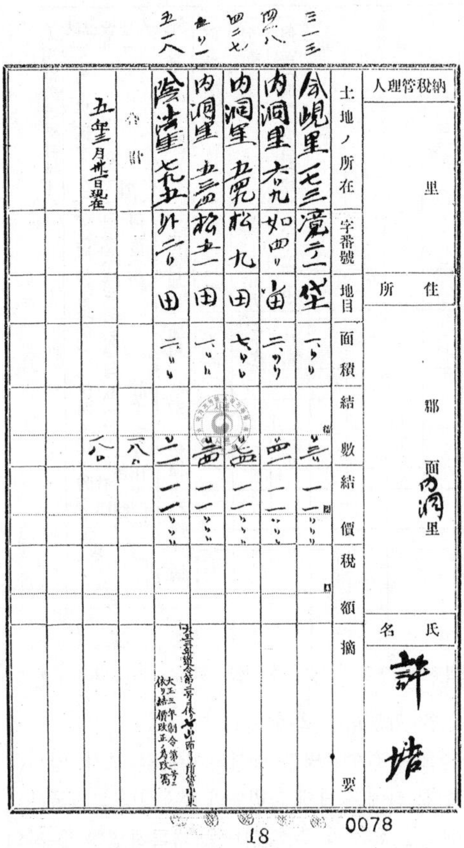

결수연명부(1910년) 국가기록원 소장

토지소유자가 다른 리로 이사갈 경우, 매매·상속·양여 등의 원인으로 소유자가 바뀌거나 새 토지가 과세지로 편입할 경우도 수정 및 조정의 번거로운 절차가 필요했다. 색인과 편철은 조선총독부가 1914년 4월 1일 조선 전체의 면동리를 통폐합하면서 새로 전면적으로 개편했다. 당시 통폐합은 식민통치를 원활하게 시행하기 위한 행정편의적 차원에서 실시한 것이다. 토지조사사업도 이에 따라 실시했으며, 결수연명부도 이를 그대로 반영했다. 이리하여 결수연명부를 이에 맞도록 수정하고 재편철하는 작업을 했다. 현재 남아 있는 창원군의 결수연명부에 기재한 쪽번호의 수정 재수정 등의 기록이 이 과정을 잘 보여 주고 있다. 결수연명부의 편철은 1리 1책을 원칙으로 했지만, 행정구역 통폐합 이후에 만들어진 현존 책은 2리를 1책으로 합철하거나 1개리를 두 책으로 편철하기도 하였다. 색인은 리별로 각각 작성했다. 각 리의 연명부 말미에는 결수 합계표를 붙였다.

1914년 3월 16일 지세령이 제정되면서 지세부과의 기초를 토지대장 또는 결수연명부로 삼았다. 토지조사사업으로 토지대장이 작성된 지역은 토지대장에 의거하고, 그렇지 않은 지역은 결수연명부를 계속 활용하도록 했다. 토지대장이 마련된 곳에서는 결수연명부를 폐기하고 토지대장에 준거하여 지세명기장을 작성하도록 했다. 하지만 지세는 지가가 아니라 여전히 결가제로 지세를 부과하도록 했다. 지세명기장 사용지역과 결수연명부 사용지역의 과세기준이 다른데서 오는 형평성의 문제 때문에 결가제를 준수한 것이다.

경상남도 창원군의 예를 들면, 창원군 결수연명부는 1916년 4월 1일 토지조사부와 지적도에 대한 사정공시가 이루어짐에 따라 최종 운명을 맞이하였다. 토지대장에 근거하여 지세명기장이 작성됨에 따라 수명을 다하고 폐기된 것이다. 이때 지세명기장을 작성하기 위해서 실시한 작업은 토지조사부와 결수연명부의 필지를 일일이 확인 대조하여 결수연명부 각 필지의 자번호 두락 결수를 토지조사부의 필지에 맞게 수정하는 일이었다. 이 작업을 위해 만든 장부가 토지조사부 등본이었다. 이리하여 결수연명부는 폐기되고 지세명기장이 작성되었다. 이 지세명기장은 토지조사사업의 성과에 따라 구획한 지번 지적을 기준으로 결수연명부의 결가를 조정하여 반영한 것이었다.

토지조사사업이 전국적으로 완료되기 이전까지 지세장부는 결수연명부와 지세명기장의 이중체제였다. 1918년 토지조사사업이 종결되면서 전국적으로 토지대장이 마련되자 일제는 지세령을 개정하여 과세표준을 지가로 변경하고 이를 반영한 전국의 지세명기장을 만들고, 결수연명부를 완전히 폐기하였다.

[참고어] 토지조사부, 토지조사부등본, 지세명기장, 지세령, 결수신고서

[참고문헌] 배영순, 2002, 『한말.일제초기의 토지조사와 지세개정』, 영남대학교 출판부 ; 이영호, 2001, 『한국 근대 지세제도와 농민운동』, 서울대학교 출판부 ; 한국역사연구회 토지대장연구반, 2011, 『일제의 창원군 토지조사와 장부』, 선인 〈이영호〉

결수연명부규칙(結數連名簿規則) 1911년 11월 10일 조선총독부가 발령한 결수연명부의 제조와 시행에 관한 행정명령.

결수연명부규칙은 전문 10개조로 조선총독부령 제143호로 공포되어 1912년 1월 1일부터 시행한 결수연명부의 제조방법과 내용 운영에 관한 규정이다. 일제는 한국을 강점하기 전부터 구래의 깃기를 폐지하고 면단위 결총을 집계한 지세징수대장, 그리고 지주 개인별 납세결수를 확정한 결수연명부를 작성하여 지세를 수

취한 바 있었다. 작인 납세제를 폐기하고 지주납세의 원칙 아래 작성한 것이었다. 이러한 방식의 수취는 1910년 이후에도 계속되었다. 토지조사사업이 진행되고 있었지만 지주 개인별 결수의 내용을 신고에 의거하여 파악한 결수연명부를 계속 작성하기로 결정하고 결수연명부 규칙을 제정했다.

결수연명부 규칙은 구래의 결수연명부의 활용도를 높이기 위해 작성원칙과 소유자 변동, 지목의 합병과 분할, 새로 지세를 부과하거나 면제할 경우 등의 신고규정, 열람규정 등을 체계화시켰다. 그리고 지세징수대장을 폐기하고 과세지집계부를 작성하도록 하였다. 또한 이 규칙에서는 소유권을 증명할 때 결수연명부와 대조하여 소유권의 이동을 확인하고 이를 수정하도록 하였다. 종래 토지가옥증명규칙에서는 사실조사주의로 증명해주었는데, 결수연명부 작성이 완료되면서 이를 근거로 증명을 해주는 것이 가능해졌다고 판단한 것이다.

나아가 1912년 3월 18일 조선부동산증명령이 공포되고, 이와 거의 동시에 1912년 3월 30일 결수연명부규칙을 개정하여 결수연명부에 토지공부로서의 자격을 부여하였다. 이 개정으로 결수연명부는 지세를 부과하는 지세장부, 나아가 조선부동산증명령에서 토지소유권을 증명하는 토지공부로서 기능하게 되었다. 이것은 조선총독부가 결수연명부의 내용에 대한 신빙성을 어느 정도 확신을 가지고 인정했다는 것을 의미한다. 그리고 토지조사사업의 신속한 진행을 위해 1913년 토지신고심득에서 토지신고서를 작성 대조하는 기본장부로서 결수연명부를 활용하도록 한 것도 이를 반증하는 것이다.

결수연명부 규칙은 1914년 지세령이 제정되면서 폐지되고 지세령에 따르도록 정했다. 그리고 1915년 지세령 시행규칙 개정에서 토지대장을 비치한 군의 결수연명부는 그날로부터 폐지한다고 정했다.

[참고어] 조선부동산증명령, 지세령, 토지신고서

[참고문헌] 최원규, 1994, 「한말 일제초기 토지조사와 토지법 연구」, 연세대학교 박사학위논문 ; 이영호, 2001, 『한국 근대 지세제도와 농민운동』, 서울대학교 출판부 ; 한국역사연구회 토지대장 연구반, 2011, 『창원군 토지조사사업과 장부』, 선인 〈최원규〉

결수연명부취급수속(結數連名簿取扱手續) 1911년 조선총독부가 결수연명부를 작성하는 방법과 내용을 기록하고 편철하는 방식 등을 구체적으로 정해놓은 절차 규정.

결수연명부의 작성방법은 1911년 12월 29일 조선총독부 부령 제92호 결수연명부취급수속으로 정했다. 먼저 제1조에 양식을 정하고, 이에 따라 각 항목을 등록하도록 했다. 결수연명부 내용은 결수연명부의 항목에서 제시한 그림에서 보듯, 오른쪽 첫 칸에 납세관리인, 소유자의 주소 성명 또는 명칭을 기록하고, 다음 칸에는 토지소재, 자번호, 지목, 면적, 결수, 결가, 세액, 적요 등 토지 관련사항을 적도록 했다. 등록사항은 부윤 또는 군수가 신고자의 입회, 또는 검사원이 필요하다고 인정할 때는 관계 관청원 면장 혹은 기타 등의 입회 아래 실지조사를 하여 대조하도록 했다.

실지검사를 하는 경우는 ① 유세지성(有稅地成 : 개간, 수면의 매립, 관유지의 불하, 또는 양도에 의하여 지세를 부과할 토지로 된 것), ② 면세지성(관용 공용 또는 공공의 용도를 위하여 지세를 면제하는 토지로 된 것), ③ 황지성(荒地成 : 복사, 포락 등에 의하여 지세를 면세할 토지로 된 것) ④ 황지를 환기한 것, ⑤ 공용 공공용을 폐지할 때, ⑥ 천성(川成) 해성(海成) 호수성(湖水成) 등이 발생했을 때이다. 그리고 결수연명부에 등록한 내용이 변동되었을 경우도 신고하도록 했다. 토지소유권이 이동되었을 때, 지목 변환, 주소와 씨명의 변경, 분할(합병), 지세미과세지의 과세지화의 경우(황지의 환기 신개간지, 관유지의 불하양도 등)와 반대의 경우 등인데, 이때도 실지와 대조하도록 했다. 이러한 변동을 반영하여 황지정리부, 면세지정리부, 과세지집계부 등의 장부도 동시에 작성하도록 했다.

다음은 결수연명부에 증명령의 공부로서의 자격을 부여하고 두 장부가 서로 일치하도록 맞추는 작업이었다. 이 일은 두 단계를 거쳐 실시하였다. 첫째는 부윤 군수가 증명관리로부터 토지소유권 이전의 통지를 받을 때였다. 이때는 즉시 결수연명부를 정정하도록 했다. 1913년에는 증명신청시 면장이 결수연명부와 대조하여 수정 등록하고 결수연명부와 대조를 완료하였다는 '결수연명부조합제(結數連名簿照合濟)'라는 인장을 날인하도록 했다. 둘째는 1912년 4월 15일에 증명령 이전에 증명을 해 준 토지도 대조하여 결수연명부에 기증명 도장을 날인하도록 조치한 것이다. 즉 증명부와 결수연명부를 일치시키는 작업이었다. 증명을 해준 토지는 결수연명부 상단에 '기증명(旣證明)' 도장을 찍었는데, 창원군에서는 토지가옥증명규칙이나 토지소유권증명규칙의 증명장부와 대조한 경우는 대조자가

앞의 경우보다 작은 크기의 '기증명' 도장과 본인의 인장을 같이 날인했다. 그리고 적요란에는 매득 매도 소유권보존 등 소유권 변동의 이유를 주로 기록했다. 결수연명부는 토지공부로서의 완결성을 갖기 위해 과세지견취도와 증명장부와 대조 확인하여 서로 일치시키는 작업도 했다.

마지막은 토지조사사업의 원칙에 따라 결수연명부의 해당 부분을 수정하는 작업이었다. 하나는 답 전 택지 잡(雜) 등의 지목 가운데, 토지조사령에서 정한 지목에 따라 택지를 대(垈)로 수정한 것이다. 또 하나는 지주명은 민적에 따른다는 토지조사의 원칙에 따라 두 장부가 다를 경우 결수연명부를 수정하였다. 그런데 더 큰 변화는 군면동리 통폐합 조치에 의거 변동된 행정구역에 따라 장부를 수정 조정하는 작업이었다. 편철 자체를 다시하고 색인도 전면 수정하지 않으면 안되었다.

결수연명부취급수속은 1914년 6월 27일 조선총독부훈령 제34호 지세사무취급수속을 제정하면서 이것으로 대체되고 폐지되었다.

[참고어] 결수연명부, 결수연명부규칙, 지세명기장, 토지조사부등본, 지세령, 지가제

[참고문헌] 『조선총독부관보』; 한국역사연구회 토지대장연구반, 2011, 『일제의 창원군 토지조사와 장부』, 선인 〈최원규〉

결작(結作) 균역법(均役法) 실시로 인해 부족해진 재정을 보충하기 위해 마련된 세목으로, 전결(田結)에 대한 부가세의 하나.

1751년(영조 27) 균역법의 실시를 통해 군포(軍布)가 2필에서 1필로 줄어들면서 발생하는 연간 약 30만 냥의 세입 감소분을 메우기 위해 제정되었다. 쌀로 납부하는 것을 결미(結米), 돈으로 납부하는 것을 결전(結錢)이라 하였다. 시행 초기에는 쌀과 돈으로 구별되었으나 백성들의 편의를 위해 돈으로 일원화되었다.

홍계희(洪啓禧)가 올린 결미절목(結米節目)을 기초로 평안도와 함경도를 제외한 전국의 토지에 부과하였는데, 개성부와 강화부 내의 토지에는 결작을 부과하지 않았고 수원부와 광주부의 결작은 각 부에서 사용하게 하였다. 바다를 접한 연해군(沿海郡)에는 1결당 쌀 2두를, 산악지역인 산간군(山間郡)에는 돈 5전씩을 부과했다. 결작이 부과된 토지는 매우 광범위하여 개인 소유지는 물론이고 공해(公廨)·향교·사원(祠院)·사찰의 부지와 적전(籍田)을 제외한 궁방(宮房) 및 각 관서에 소속된 면세지도 결작 부과 대상이 되었다.

상납 기한은 대동사목(大同事目)에 따라 돈은 정월, 쌀은 4월로 하였다. 선마가(船馬價)는 본래의 징수액에서 제외하나 쇄가(刷價)는 매 20냥 이상일 때 매 30리에 5분씩 계산하여 3백 리에 5냥, 6백 리에 10냥이 되게 하고, 잡역비는 별도 징수하게 하였다. 총세액은 상년(常年)의 전결(田結)로 계산하여 쌀과 돈을 모두 합쳐 계산하면 30여 만 냥이 되었으며 이것은 균역법 실시로 줄어든 재정의 부족분과 거의 같은 것이었다. 수납된 쌀과 돈은 균역청(均役廳)에서 관리하였다. 순조 때 편찬된 『만기요람』의 기록에 결작전 징수 총액이 36만 9천 3백 17냥이었던 것으로 보아 당시 결작전 수입이 균역청 1년 재정 약 60만 냥의 반 이상을 차지하였음을 알 수 있다.

결작은 인정(人丁)이 아닌 토지에 부과한 세금이었으므로 광대한 토지를 소유한 양반층에게도 역의 일부를 분담시킬 수 있었다. 그러나 실제로는 토지를 소유하지 않은 농민에게 전가되고 그 액수도 증가하는 등 폐단이 심화되었다.

[참고어] 균역법, 역-조선

[참고문헌] 『萬機要覽』; 정선남, 1990, 「18·19세기 전결세의 수취제도와 그 운영」 『한국사론』 22 〈우혜숙〉

결총(結總) ⇒ 총액제, 결렴, 결가제

결포법(結布法) 토지의 면적을 단위로 군포(軍布)를 부과하는 세법(稅法).

조선 후기 군역제에 대한 변통책의 하나로 거론되었다. 군정(軍政)의 문란과 피역(避役)의 문제를 해결하기 위해 숙종 대부터 양정(良丁)의 과중한 부담을 덜어주고 국가재정을 보충하기 위한 양역변통책(良役變通策)이 논의되었는데, 이때 호포론(戶布論), 구포론(口布論)과 함께 제기되었다. 호포론은 가호(家戶)를 단위로, 구포론은 구(口) 즉 모든 남정(男丁)을 단위로 군포를 징수하자는 것이라면, 결포론은 전결(田結)을 단위로 군포를 징수하고자 한 것이었다. 이들은 모두 양반층까지 징세의 대상으로 포함했다는 점에서 개혁성을 지니고 있었다. 특히 결포론은 토지에 부세원을 고정시킴으로써 안정적인 부세 확보가 가능한 점, 민의 경제력에 따라 차등적으로 세를 부과할 수 있다는 점 때문에 주목을 받았다. 또한 감필론(減匹論)과 연계되어, 감필이 결정된 후 부족한 재정을 보충할 수 있는 방안으로 주목되기

도 하였다.

영조 대에는 군역 이정책으로 「양역사정별단(良役査定別單)」(1742)과 「양역실총(良役實摠)」(1743)이 마련되어 각 군문과 아문의 군액과 각 지방의 군액을 조정하였다. 그러나 이러한 사정사업만으로는 '군다민소(軍多民少)'한 지방에서 발생하는 군액의 폐단을 해결될 수 없었다. 이에 1750년(영조 26)에는 홍계희 주도 아래 종래의 군역이정책과 결포론을 절충한 「양역절목(良役節目)」이 마련되었다. 이는 1750년(영조 26)의 「균역사목(均役事目)」, 즉 균역법의 골격이 되었다. 결포법은 그 자체로는 양반층의 강경한 반대로 결국 시행되지 못하였지만, 그 결포의 관념은 균역법에 반영되었다. 균역법 시행 후 매년 양정 1인에게 포 한 필을 감해주는 데서 오는 부족분을 보충하기 위한 결미(結米) 또는 결전(結錢) 징수 조항이 마련되었던 것이다.

결포제는 19세기에도 정부가 삼정이정책을 논의하는 가운데 계속 거론되었다. 특히 결포제는 호포제에도 한계가 있다고 보는 논자들이 제론하였다. 호포법의 부세대상이 되는 호는 고정되어 있지 않으므로 역포(役布)를 공정하게 평균하기 힘든 반면, 토지는 이동하거나 숨기기 어려운 것이므로 이를 단위로 부세하는 것이 부세균등을 이루는 데 유리하다는 것이었다.

결포법 시행을 주장한 대표적인 인물로는 경종 대의 이건명(李健明), 영조 대의 송인명(宋寅明)과 조현명(趙顯命), 홍계희(洪啓禧) 등이 있고, 이를 강력히 반대한 대표적인 인물로는 경종 대의 유복명(柳復明), 영조 대의 권적(權𥛚) 등이 있다.

[참고어] 균역법, 결작, 역-조선

[참고문헌] 金容燮, 2004, 『韓國近代農業史硏究(I)』, 지식산업사 ; 梁晋碩, 1997, 「삼정개혁론의 전개」 『한국사 32 : 조선 후기의 정치』, 국사편찬위원회

〈김미성〉

결호전봉납장정(結戶錢捧納章程) 1894년 가을 갑오개혁에서 지세의 금납화, 지세 부과와 징수과정 합리화를 위한 절차, 그리고 이를 담당한 향원(鄕員)의 지위와 역할을 규정하는 등 지세수취를 위하여 마련한 상세 규정.

갑오정권이 개혁을 추진하기 위해 설립한 군국기무처는 1894년 7월 종래 여러 가지 부세의 현물납과 삼정의 폐단을 시정하기 위해 각종 부세명목을 간소화하는 한편, 조세의 금납화를 추진하였다. 그 해 9월에 비로소 결가와 세목의 원칙이 확정되었다. 전세, 대동, 삼수, 포량 등 현물 조세를 통합하여 금납화하고, 종래 조운을 통해 미곡을 납부하던 지역과 산군(山郡)으로 목면을 납부하던 지역으로 나누어 당시의 미가(米價)를 기준으로 차등 부과하도록 결정하였다. 이어 1894년 10월 각도 각군별로 결호전(結戶錢) 부과액을 상세하게 규정한 결호전봉납장정을 반포하였다.

이 장정은 지세의 수취 원칙과 징수방법을 16조에 걸쳐 상세히 규정한 것이다. 1조에서 결정(結政)은 관에서 실결(實結)에 따라 작부하여 성책한 뒤 향원에게 이송할 것을 규정하였다. 향회에서 근면하고 정직한 자로 문무 생진(生進), 유생과 유학에 구애받지 말고 대읍에는 3인, 중읍에는 2인, 소읍에는 1인을 선출하여 고을의 향원으로 삼아 탁지아문의 지시를 받아 지세를 상납하도록 하였다. 각 면에도 면향원을 임명하고 향원의 직업과 성명을 탁지아문에 보고할 것 등을 규정하였다. 지세수취과정에서 종래 폐단을 일으켰던 이서층을 배제하고, 향원에게 지세수취를 담당하고 관리하는 자로서의 역할과 임무를 부여하기 위한 규정이었다.

갑오정권은 이 장정을 제정하여 수령과 이서층의 중간수탈을 배제하고 국가에서 직접 지세수입을 장악하도록 개혁하고자 하였다. 종래 양호(養戶) 작부, 방결(防結) 가복(加卜), 허결(虛結) 농단의 폐단을 일일이 적발하여 바로잡으려고 하였다. 이에 따라 지세의 부과과정은 수령과 이서에게 맡기되, 징수과정은 철저하게 향원에게 맡겼다. 각면 향원이 읍향원의 지시를 받아 지세를 읍에 내게 하거나 은행으로 직접 수송하게 하고, 읍향원은 탁지아문 파원의 지시에 따라 한성이나 은행에 납부하도록 하였다. 그렇지만 은행이 설치되지 않았기 때문에 실제로는 미상회사나 공동회사를 통해 지세를 수납하도록 하였다. 더욱이 지세의 부과와 징수를 담당하고 있었던 이서층들은 새로 거둔 결호전을 사사로이 착복하거나 종래의 관행대로 징수 업무도 같이 담당하려고 하였다.

이 장정은 1895년 4월 각읍 부세소와 징세서 설치를 통하여 관세사와 징세사의 제도로 정착시키려고 하였으나 결국 실효를 거두지는 못했다. 이는 종래 삼정의 폐단을 시정하고 새로운 결호전 제도로 개편하기 위해 지방관과 이서배를 배제하는 개혁조처이기는 했지만, 정착하지 못하고 중단되고 말았다.

[참고어] 대전납, 미상회사, 방결

[참고문헌] 배영순, 2002, 『韓末.日帝初期의 土地調査와 地稅改正』,

영남대학교 출판부 ; 왕현종, 1992, 「한말(1894~1904) 지세제도의 개혁과 성격」『한국사연구』 77 ; 이영호, 2001, 『한국 근대 지세제도와 농민운동』, 서울대학교 출판부 〈왕현종〉

결호화법세칙(結戶貨法稅則) 1895년 하반기 탁지부에서 편찬한 것으로 보이는 국한문 혼용의 재정관계서.

서울대학교 규장각한국학연구원에 1책 71장, 1책 66장의 두 책이 보존되어 있다. 본서의 작성경위는 잘 알려져 있지 않으며, 편자도 알 수 없다. 그렇지만 내용이 갑오개혁 이후의 토지, 호구, 화폐 등 재정관계를 종합 정리한 기록이므로 탁지부에서 편찬했을 가능성이 가장 높은 것으로 보인다.

결호화법세칙의 구성은 다음과 같다. 토지와 관련된 항목은 제1장 팔도오도결총고(八道五都結總攷), 제2장 각도지세일람표, 제3장 답결전산출표, 제4장 면세결수입표, 제5장 각도각군역결(各道各郡驛結), 제6장 각도둔토결수일람표, 제18장 전제비교 등이다. 제3장 답결전산출표의 범례에는 갑오개혁 때 금납지세로서 책정된 결전의 산출내역을 소개하고 있다. 제4장 면세결수입표에는 각 궁방 무토면세결, 각 궁방 유토면세결, 각 아문 면세결 등이 집계되어 있으며 비고란에 유토면세결(제1종, 제2종), 무토면세결의 개념을 소개하고 있어 많은 연구에서 참고하고 있다. 제18장 전제비교에서는 한국과 일본의 면적제도, 지세, 수확, 전답의 면적과 비율 등을 비교하였다. 갑오개혁의 재정개혁 연구에 아주 중요한 저술이다. 갑오개혁 때 일본인 고문관이 배치되어 일본식 개혁으로 유도되었는데 이 책도 그런 종류의 것으로 짐작된다.

[참고어] 결가제, 궁방전, 면세전

[참고문헌] 박준성, 1984, 「17·18세기 궁방전의 확대와 소유형태의 변화」『한국사론』 11 ; 이영훈, 1988, 『조선후기 사회경제사』, 한길사 ; 이영호, 2001, 『한국 근대 지세제도와 농민운동』, 서울대학교 출판부 〈이영호〉

겸병(兼幷) 고려 후기 권력자나 권력 기관 등에 의해 토지가 집중되는 것으로 전시과(田柴科)체제의 붕괴 원인이 되었던 현상.

고려 말 전제개혁 논의에서 빠짐없이 등장하는 것은 고려의 토지 법제, 즉 전시과체제가 호강겸병(豪强兼幷)으로 인해 붕괴되었다는 점이다. 예컨대 "근래에 권력 있는 자들이 겸병하여 전법이 크게 무너졌다.(近來豪强兼幷, 田法大壞.[『고려사』 권78, 「식화지」 1 전제 녹과전 신우 14년 6월])"고 하거나, "조종의 토지를 주고받는 법이 무너지자 겸병의 문이 열리게 되었다.(祖宗授田收田之法既壞, 而兼幷之門一開.[『고려사』 권78, 「식화지」 1 전제 녹과전 우왕 14년 7월 조준 등 상서])"라는 등은 겸병으로 인한 토지분급제의 붕괴를 지적한 것이다.

전기 이래 고려왕조를 경제적으로 지탱해 준 것은 전시과제도였다. 전시과체제에서는 위로 왕족으로부터 문무 양반과 군인, 향리에 이르기까지 모든 지배층은 국가에 대한 복무의 대가로 토지를 분급 받았다. 또 왕실로부터 중앙 각사나 지방의 말단 기관에 이르기까지 모든 지배기구 역시 토지를 분급 받아 운영 재원을 확보하였다. 반면 백성들은 자기의 소유지인 민전의 자가 경영을 통해 생활의 토대를 마련하는 한편, 부세를 납부하여 녹봉과 국용 및 군수 등의 지출을 지탱해 주었다. 그러나 이러한 체제는 12세기부터 흔들리기 시작하여 무신정권기를 거쳐 원간섭기 들어와서는 거의 파탄 상태에 이르렀다.

전시과체제에서 분급 토지 즉 수조지(收租地)는 중앙의 정쟁과 무신란, 농·천민항쟁, 몽골과의 장기간에 걸친 전쟁을 거치면서 지배층에 대한 관료적 통제가 마비됨에 따라 중앙 정부의 수조지에 대한 관리와 운영 능력이 한계에 다다르자 관료지배층은 수조지에 대한 권한을 강화하고 법을 어겨 세전(世傳)하였다. 그러나 수조지의 세전은 정부의 관리 능력의 마비로 인해서만 야기된 것은 아니었고 원래 전시과체제 아래에서 사실상 이루어지던 현상이었다. 양반 관료들은 관직의 취득을 통해, 군인·향리 등은 직역의 세습을 전제로 하여 현실적으로 세전되었다. 다만 이 전수 과정에 반드시 관의 공인이 매개되어야 했다. 이른바 '전정연립(田丁連立)'이란 관의 파악 아래에서 수조지가 세전, 체수(遞受)되는 것을 말한다. 이 토지는 그 수득자가 특별히 범법행위를 하여 처벌되지 않는 한, 관의 인정을 받아 본인의 당대는 물론이고 처·자손에게도 전수되는 것이었다. 이것이 위에서 조준 등이 언급한 '조종수전수전지법(祖宗授田受田之法)'이었다.

전시과체제하의 수조지가 가진 이러한 성격으로 말미암아 국가 권력의 규제를 벗어나면 수조권자의 권한은 강화되어 갈 수밖에 없었다. 수조지의 세전 특히 사적인 전수는 당사자가 죽으면 국가에 납부한다는 규정을 사문화시켰다. 즉 직역에 따른 반급과 점유라는 수조지 분급제의 기본 원칙이 무너진 것이었다. 직역 담당자는 수조지 점유에서 갈수록 배제되고 이에 반하여 무자격자가 수조지를 세전하는 사태는 더욱 심해졌다. 이로 인해 "선대에 지극히 공평하게 나누어주었던 토지가 한 집안 부자간에 사사로이 상속하는 바가 되어 한 번도 문밖에 나가 조정에 벼슬하지 않은 자, 한 번도 군문에 들어가 봉족하지 않은 자가 비단 옷을 입고 옥그릇으로 밥을 먹고 앉아서 그 이익을 누리고, 공후도 업신여기고 있으며, 비록 개국공신의 후손이나, 밤낮으로 시위하는 신하나, 많은 전투에서 수고한 군사들이라도 도리어 1무에서 나는 곡식과 송곳을 꽂을 만한 땅도 얻지 못하여 부모를 봉양할 수가 없게 되었다.[『고려사』 권78, 「식화지」 1 전제 녹과전 우왕 14년 7월 조준 등 상서]"는 상황이 벌어졌다.

수조지에 가해지던 양적 제한도 유명무실해졌다. 관료의 등급을 18과로 구분하여 각과에 따라 차등 있게 지급하던 전시과의 액수 제한은 허구화되었다. 재상으로써 300여 결의 토지를 분급 받아야 함에도 송곳을 꽂을 만한 땅도 받지 못하고, 360석의 녹봉을 받아야 할 재상이 20석도 채 받지 못하는 실정이었다. 반면에 토지 겸병가는 산천을 경계로 할 정도의 광대한 토지를 점유하였다. "근년에 이르러 겸병이 더욱 심해져 간흉한 무리들이 주를 넘고 군을 아우르고 산천으로 표하여 모두 조업전이라 일컬으며 서로 훔치고 서로 빼앗아 1무의 주인이 5, 6인을 넘고 1년의 수조가 8, 9번에 이른다.(至於近年兼幷尤甚, 奸兇之黨 跨州包郡, 山川爲標, 皆指爲祖業之田, 相攘相奪, 一畝之主, 過於五六, 一年之租收, 至八九.[『고려사』 권78, 「식화지」 1 전제 녹과전 우왕 14년 7월 조준 등 상서])"고 하였다.

이는 고려 후기 토지 분급제가 극도로 문란해졌음을 말해준다. 이러한 토지 분급제의 문란은 단지 수조지가 겹쳐서 여러 전주(田主)에 의해 농민들이 수탈당하는데 그치는 것이 아니라 광대한 지역에 대한 수조권의 침탈을 통해 수조지를 집적하는 형태로 토지 겸병이 나타나는 배경이 되었다.

수조지의 세전과 분급제의 와해는 수조지의 겸병을 수반하였다. 국가 권력과 수조권자 사이의 관계는 법제대로 유지되지 못하였고, 그러한 법제의 유지를 통해 수립되었던 집권적 질서는 크게 흔들렸다. 반면에 수조권자들의 수조지에 대한 권한은 강화되었다.

수조권의 강화가 국가와의 관계에서만 나타나고 있었던 것은 아니었다. 수조권은 수조지를 경작하던 농민 즉 전호 농민에 대한 전주의 지배라는 측면에서도 강화되었다. 전주의 수조권이 국가 권력의 간여를 배제하고 경작 농민들에 대한 지배력을 사적으로 강화함에 따라 전조 수취는 법정조율을 훨씬 상회하는 선에서 집행되었다. 토지 겸병가에서 전조(田租)를 징수하기 위해 파견했던 무리들은 마음대로 양전하여 1결을 3, 4결로 만들어 수조하기도 하였으며, 콩을 심었는데 벼를 받아가거나 원래 수조해야 될 액수의 2배 이상을 거두기도 하였다. 이것이 사전의 가산화(家産化), 즉 조업전화(祖業田化)에 따른 현상이었다.

이러한 토지 겸병은 더 나아가 권력을 동원한 불법적인 탈점도 병행하면서 크게 확대되었고, 수취체제의 문란을 수반하면서 전시과체제의 전면적 붕괴를 가져왔다.

토지 겸병은 이미 12세기 초엽부터 나타나기 시작하였다. 이자겸(李資謙)의 집권과 반란을 전후한 시기부터 그의 일문에 의한 토지 탈점과 겸병이 만연하였던 것 같다. 무신집권기에는 그러한 현상이 더욱 확대되었다. 정중부(鄭仲夫)를 위시하여 최씨 일가와 김준(金俊) 등 대부분의 무신집정을 비롯해 그들의 인척과 관련을 가진 권력자들, 토호, 승려들도 토지 겸병의 대열에 나섰다. 토지 겸병의 추세는 원간섭기 이후 더욱 보편화되고 전국적인 규모로 확대되었다. 이로 인해 겸병의 주체는 관료들뿐만 아니라 왕, 왕실, 국가 기관, 내료, 부원배, 토호나 사원 등 더욱 다양해지고 있다.

특히 30여 년에 걸친 몽골과의 전쟁, 삼별초의 난, 일본 원정 등으로 농경지의 황폐화와 막대한 인구 손실이 있었던 원간섭기에는 국가와 왕실의 재정이 거의 파탄 상태에 이르렀다. 이에 따라 여러 가지 불법을 동원하여 부족해진 재정을 채우고자 왕, 왕실, 국가 기관까지 토지 겸병의 대열에 가담했다. 그 위에 원간섭기의 정치 구조적인 혼란을 틈타 왕의 측근 세력이나 부원배, 원과 관련된 권력 기관까지도 토지 겸병에 앞장섰다.

왕에 의한 토지 겸병은 충렬왕 대부터 시작되었다. 원나라에 다녀오는 여행 경비인 반전(盤纏)의 지출이 많아졌는데, 국가 재정이 고갈된 상태에서 그것을 충당하고자 과렴뿐 아니라 왕이 직접 토지 겸병과 인구 집중에 나섰던 것이다.

이 시기 토지 겸병에 결정적인 역할을 한 것이 사패전(賜牌田)이다. 몽골과의 전쟁 직후에 토지 황폐화로 국가 재정은 파탄 상태에 처했다. 이런 상황에서 원의 정치적 간섭으로 정치 운영이 한층 더 불안해지자 국왕은 왕권 유지를 위해 측근이나 원과 관계를 맺고 있던 권력기관 등의 물적 토대를 마련해준다는 의미에서 사패전을 지급하였다. 한편 사패전으로 지급된 토지는 대체로 전쟁으로 인해 황폐화된 농경지였는데, 재력이 있는 권력층과 권력 기관으로 하여금 황폐전의 복구를 위해 개간에 참여케 한다는 목적도 있었다. 사패전을 지급받은 자들은 대개 제왕·재추, 호종신료·궁원·사사·공주 및 그의 겁령구 및 내료 등으로, 이들은 왕의 측근세력으로서 왕권 유지에 필요한 존재들이었다. 결국 이 시기 토지 겸병의 확대는 원간섭기 파행적인 정치권력 구조의 문제와 맞물려있었다.

사패전으로 지급된 진황지(陳荒地)는 산천(山川)으로 표시될 정도로 광대한 것이었으며 소유 면적에 특별한 제한이 가해지는 것이 아니었기 때문에 적게는 30~40결에서 많게는 2,000~3,000결에 달하였다. 이 결과 사패전을 통한 대토지 겸병은 성행할 수밖에 없었다. 개간이 거의 완료된 후에도 사패를 빙자하여 타인의 토지를 한광지(閑曠地), 무주진황지(無主陳荒地)라 사칭하고 탈점을 통해 토지 겸병을 행하였다. 그런데 사패는 일종의 개간 허가서인 동시에 개간지의 소유 허가서였다. 따라서 개간 후에는 소유권이 인정되었을 뿐 아니라 합법적으로 전조가 면제되었다.

중앙정치 구조의 문란은 지방사회에도 영향을 미쳤다. 지배 질서의 문란에 편승하여 지방으로 낙향한 관료나 지방의 부호, 향리, 사심관 등도 토지 겸병과 인구 집중에 나서고 있었다. 고려 후기 이래 정치적 혼란과 전쟁으로 인해 중앙 관인층과 동정직자(同正職者)의 귀향 추세가 강화되어 향촌 사회에는 재지품관 세력이 대두하였다. 이들은 향읍에서 농민들에 비해 월등한 정치 경제적인 지위를 가진 호우(豪右)들이었기 때문에 지배 질서의 문란을 틈타 많은 토지와 인구를 집중하였다. 또한 지방 행정의 실무자들인 향리들은 재경 세력가들과 결탁하여 토지 겸병을 꾀하였다.

한편 고려 후기의 정치 사회적 혼란과 수취체제의 문란, 국가에 의한 권농 정책의 붕괴 등으로 인해 당시 부호, 부강양반, 권세지가 등에 의한 고리대가 성행하게 되었는데 이것은 일반농민의 몰락을 촉진하였다. 국가에 바쳐야 할 세금과 사채에 몰린 농민들은 헐값으로 토지는 물론 자식까지 팔고 심지어 자신마저 팔아 노비로 전락하였다. 몰락농민들로부터 방출된 토지와 노동력이야말로 이 시기 토지 겸병의 확대에 결정적 역할을 하였다. 고리대인 장리(長利)와 헐값으로 방출되는 토지에 대한 매득(買得)은 불가분의 관계를 가지면서 토지 겸병의 요인으로 작용하였다.

앞에서도 언급했듯이 사패전은 전쟁으로 인해 황폐화된 농경지를 개간하고자 하는 목적도 가지고 있었다. 개간지는 원래 경작지였다가 황폐해졌던 곳이 주 대상이었을 것이다. 그러나 개간이 진전되면서 점차 경작이 불가능했던 지역도 농경지화 되어 갔다.

고려는 12세기 이후 연해안 저습지와 간척지 개발을 위한 하거(河渠) 공사와 방천(防川), 방조제(防潮堤) 공사가 활성화되면서 이들 지역으로 농경지가 확대되었다. 또한 환경 적응력이 강한 점성도(占城稻)와 같은 신종자의 보급도 농경지 확대에 한 몫 하였다. 이러한 연해안 저습지나 간척지 개발 기술이 축적되자 정치권력과 재력을 겸비한 호강자들에 의해 그러한 지역이 개발되어 농장화되었다. 또한 12세기 이후 수리 사업은 대규모 제언보다는 군현 단위나 향, 부곡과 같은 지역에 소규모 시설이 많이 축조되었는데 이들을 통해 주·군·현에 비해 상대적 낙후되었던 속현, 향, 부곡 등의 임내 지역의 개발이 활성화되었다. 14~15세기 삼남 지방을 중심으로 강안의 수량이 풍부한 지역을 중심으로 견아상입지(犬牙相入地)가 형성되고 있는 것도 그러한 개간이 확대되었던 증거이다. 이러한 개간지는 당연히 개간자의 사유지가 되었다. 이렇듯 토지 겸병에는 일부이기는 하나 새로운 개간지의 확대로 인한 것도 포함되었다.

[참고어] 과전법, 전시과, 농장, 사패전, 지주

[참고문헌] 宋炳基, 1969, 「高麗時代의 農莊-12世紀 以後를 中心으로-」『韓國史研究』 3 ; 李景植, 1986, 「高麗末期의 私田問題」『朝鮮前期土地制度研究』, 一潮閣 ; 洪承基, 1987, 「高麗末 兼倂에 대하여」『史學研究』 39 ; 姜晋哲, 1989, 「高麗의 權力型 農莊에 대하여」『韓國中世土地所有研究』, 一潮閣 ; 위은숙, 1998, 「사적 대토지소유와 경영형태」『高麗後期 農業經濟研究』, 혜안 ; 이숙경, 2007, 「모수사패전과 겸병」『고려말 조선초 사패전연구』, 일조각

〈위은숙〉

겸제고둔(兼濟雇屯) 고마고(雇馬庫)의 일종인 겸제고의 재원 마련을 위해 설치·운영한 둔전(屯田).

조선시기에는 물자의 운송이나, 수령의 교체 및 사객의 왕래 등에 대부분 말을 이용하였다. 지방관청의 경우 관속(官屬)에게 요역(徭役)의 형태로 부과한 쇄마역(刷馬役)을 통해, 역참(驛站)의 경우에는 역민(驛民)들의 입마역(立馬役)을 통해 필요한 말을 조달하였다. 이러한 쇄마입역제는 향리 등 관속의 유망과 피역, 역호의 유망, 말 값의 상승, 마필의 남승(濫乘) 등 많은 폐단을

불러일으켰다. 또한 16~17세기에는 요역제가 화폐중심으로 변화하면서 지방관청에서는 민간의 말을 돈을 주고 사는 쇄마고립제(刷馬雇立制)를, 역참에서는 국비로 말을 사서 각 역에 나누어 배치하는 역마고립제(驛馬雇立制)를 시행하였다.

쇄마가는 원칙적으로 병조나 호조, 또는 선혜청 등의 국고나 지방의 저치미로 충당하는 것이 상례였다. 그러나 점차 민결(民結)에서 고마조(雇馬租)·고마전(雇馬錢) 등을 징수하는 것이 관례가 되었고, 고마고 또는 고마청(雇馬廳)을 운영하기도 했다. 이처럼 운송에 필요한 말과 인부를 고립(雇立)하는 제도를 고마법(雇馬法)이라고 하며, 이때 그 비용을 충당하기 위해 각 지방마다 설치한 재정기구를 고마고라고 한다. 통상 고마고는 군현마다 하나씩 운영되었지만, 2개 이상 둔 곳도 있었다. 특히 평양은 고마고를 비롯해 종마고와 겸제고를 별개로 운영하고 있었는데, 겸제고둔은 겸제고의 비용 마련을 위해 설치한 둔전이다.

겸제마는 평안도 지방의 각 역참에 말과 별장(別將)을 두어 사신들의 짐을 운반하던 제도였다. 경종 3년 평안감사 오명항(吳命恒)의 장계에는 겸제마의 성격과 함께 겸제고둔의 설치과정이 나타난다. 우선 겸제마는 칙사(勅使)가 돌아갈 때 그 복물(卜物)을 수송하기 위해 말 5백여 필(匹)을 항시 마련해두고 인부[驅人]에게 매월 급료를 지급하던 제도였다. 또한 이를 운영하기 위해 전향군관(轉餉軍官)의 명목으로 포를 거두어 각 역참에 나누어주었고, 역참에는 별장을 두었다.(蓋勅使回還時, 爲輸其卜物, 自中和至義州, 恒立馬半千匹, 竝與驅人而月給厚料, 名之曰兼濟馬.[『경종실록』 3년 8월 11일 무오]) 한편 평양읍지에서는 겸제고가 1685년에 설치되었다고 하므로, 겸제마는 그 이전에 시행되고 있었을 것이다.

겸제고는 시행 초부터 둔전을 운영한 것은 아니었는데, 앞선 오명항의 장계에서 비로소 둔전의 설치가 건의되었기 때문이다. 오명항은 겸제고의 운영에 있어 재원부족 등으로 인한 폐단이 생기자, 관향사(管餉使)에게 지급된 둔전을 겸제마를 위한 마위전(馬位田)으로 나누어 주되 그 수가 부족하면 본영(本營)에서 토지를 매입해 그 수효를 채우겠다고 건의해 숙종의 재가를 받았다.(或給債或料辦, 法久弊生, 民情稱冤, 命恒欲矯其弊, 請以管餉屯田, 劃給馬位田, 如各驛馬位, 而數不相當, 則自本營經紀, 買土充給其數.[위와 같음])

한편 겸제고는 평양에서 처음 설치된 것으로 보이지만, 다른 지역에서도 동일한 명칭의 민고가 운영되고 있었다. 『만기요람』에는 평양을 비롯해 화성·경상·황해 등지에서 운영하는 겸제고 환곡액이 파악되어 있다.[「재용」6, 환총] 또한 전라좌수영에서도 겸제창을 운영하고 있었고, 자인군(慈仁郡)에는 대구부 소관의 겸제둔이 설치되어 있었다. 이처럼 겸제고는 평양에서의 사신영송을 위한 목적으로 설치되었지만, 조선 후기 고마제의 확산과 더불어 고마고의 일 형태로서 지방에 확산된 것으로 보인다.

[참고어] 민고, 민고전, 고둔

[참고문헌] 『景宗實錄』; 『萬機要覽』; 김용섭, 1980, 「조선후기 민고와 민고전」 『동방학지』 23·24; 장동표, 1990, 「조선후기 민고 운영의 성격과 운영권」 『벽사이우성교수정년퇴직기념논총』; 김덕진, 1992, 「조선후기 지방관청의 민고설립과 운영」 『역사학보』 13

〈윤석호〉

경계책(經界策) 토지의 측량 및 구획을 포괄하는 정책.

토지 측량과 구획[境界]뿐만 아니라, 이를 기초로 한 전제(田制)의 운영 원리를 포함한다. 농본(農本)을 기반으로 한 인정(仁政)은 경계로부터 시작된다. 맹자(孟子)는 등문공(滕文公)이 정전제(井田制)에 대해 묻자, "어진 정사[仁政]는 반드시 경계로부터 시작되니, 경계가 바르지 않으면 정지(井地)가 고르지 못하고 곡록(穀祿)이 공평하지 못하게 된다. 그러므로 포악한 임금과 탐오한 아전은 반드시 그 경계를 소홀히 한다. 경계가 이미 바르게 되면 전지를 분배하고 녹봉(祿俸)을 정하는 것을 가만히 앉아서도 정할 수 있다.[『맹자』「등문공장구(滕文公章句) 상」]"고 했다.

이처럼 경계를 기초로 한 제도는 동아시아 역사상 꾸준히 제기되었는데, 대표적으로 남송의 토지측량정책인 '경계책[경계법]'을 들 수 있다. 12세기 중엽 이춘년(李椿年)의 경계책은 토지를 직접 측량하되 장적(帳籍)을 작성하여 토지와 소유자를 확실하게 파악하고, 이를 바탕으로 세역(稅役)을 공평하게 부과하려는 것이었다. 주희(朱熹) 역시 부세불균(賦稅不均)을 해결하기 위해 이춘년의 경계법을 재연하였고, 이를 완수하기 위해 도장(圖帳, 어린도)을 제작하는 방법을 중요하게 여겼다.

한편 조선시기의 양전(量田)은 이같은 경계책을 실현하는 방안으로 추진되었지만, 본래의 뜻과 방법을 그대로 적용한 것은 아니었다. 즉 정전제 시행이 불가능하다는 정전난행(井田難行)의 입장을 수용한 정부지배층은 균세를 실현하는 것에 주된 목적을 두는 가운데 보수적인 경계책을 채택하였다. 그러나 이처럼 현실타협적인 입장에서 추진된 양전은 당시 토지문란을 해결하는 데 한계가 있었다. 이에 정전법(井田法) 혹은 방전법(方田法) 등의 경계책이 제기되기도 했다. 우선 정전제의 시행을 주장한 논의에서는 토지의 겸병과 농민의 몰락을 해결하기 위해 정전제[혹은 균전제, 공전제, 한전제] 등을 통해 토지개혁을 단행해야 하며, 경계책도 이를 바탕으로 시행되어야 한다고 보았다. 또한 유집일(兪集一, 1653~1724) 이래로 주창된 방전법 계열의 논의는 토지제도의 개혁이 불가능한 현실 하에서 토지의 측량만이라도 철저히 하자는 입장의 경계책이었다. 이들 경계책은 토지개혁을 추진하거나 모든 토지를 빠짐없이 측량해 내고자 했다는 점에서 양반토호층의 반대에 직면하게 되었고, 결국 시행되지 못하거나 중단되었다.

[참고어] 양전, 어린도, 방전론, 방전도설, 정전제, 정전론

[참고문헌] 최윤오, 2001, 「조선후기의 양전균세론」『조선시대사학보』 19 ; 김용섭, 2006, 『조선후기농업사연구Ⅱ』(신정증보판), 지식산업사 〈최윤오〉

경리영둔(經理營屯) 조선시기 경리영의 운영경비를 조달하기 위해 설치·운영했던 둔전.

경리영은 조선시기 북한산성을 관리하던 관청으로, 1712년(숙종 38) 북한산성에 설치되었다. 경리영둔은 1884년 총융청이 폐지됨에 따라 각 영아문으로 전속되었던 총융청둔을 경리영이 이관 받으면서 마련되었다. 이후 1894년 중앙 및 지방관제의 개편으로 경리영이 폐지되자 경리영둔은 모두 탁지부의 관할이 되었으며, 1897년에는 군부로 이관되었다. 1899년에는 왕실재정의 강화라는 명분에 따라 궁내부 내장원에서 토지를 관리하고 도조를 징수하였다. 1907년 다시 탁지부 관할이 되었다가, 장부상 국유로 편입시켰으며, 이후 토지조사사업을 거쳐 국유로 확정되었다. 1899년 내장원의 조사에 따르면 경리영둔의 면적은 전 1,400여 일경(日耕), 답 800여 석락(石落)과 전답 약 300결(結)이었다.

[참고어] 영문둔전, 총융청둔, 산성둔

[참고문헌] 『숙종실록』 ; 和田一郎, 1920, 『朝鮮土地地稅制度調査報告書』 〈남정원〉

경매(競賣) 채권자의 신청에 따라 법원이 하는 강제집행의 한 방법으로 부동산을 매각하는 절차에 따라 최고가격을 제시한 자에게 파는 방법.

경매는 집행 주체에 따라 국가기관이 주체가 되는 공경매와 개인이 주체가 되는 사경매로 나눌 수 있다. 공경매의 대표적인 예는 법원경매인데, 채권자가 채무자로부터 돌려받지 못한 자신의 채권을 회수할 목적으로 법원에 매각을 신청하면 법원이 입찰을 받아 채무자의 물건을 매각한 후 그 매각대금으로 채권자의 채권을 충당하는 방법이다. 그리고 이는 다시 집행권원의 필요여부에 따라 임의경매와 강제경매로 나눌 수 있다.

임의경매는 채권자가 채무자로부터 담보로 제공받은 부동산에 설정한 저당권, 근저당권, 유치권, 질권, 전세권, 담보가등기 등의 담보권을 실행하는 경매이므로 집행권원이 필요 없는 경우이다. 반면, 강제경매는 실행할 담보가 없는 경우로서 법원의 집행권원을 부여받아야 경매할 수 있는 것이다. 임의경매에서는 경매절차가 완료되어 매수인이 소유권을 취득했더라도 경매개시 결정전부터 저당권 등의 담보권이 없거나 무효였다면 매수인의 소유권 취득은 무효가 되지만, 강제경매에서는 집행권원에 표시된 권리가 처음부터 없었거나 무효였다 하더라도 매수인의 소유권 취득은 유효하다. 근거법은 민사집행법이다. 집행은 부동산이 있는 곳의 지방법원이 관할하며, 만일 부동산이 여러 지방법원의 관할구역에 있는 때에는 각 지방법원에 관할권이 있다. 이 경우 법원이 필요하다고 인정한 때에는 사건을 다른 관할 지방법원으로 이송할 수 있다.

한국에서 경매제도는 거류지를 설정할 때 처음으로 도입되었다. 거류지내 토지를 시가지 계획에 따라 분할하여 각 필지를 해당 국민에 매각할 때 '공박법(公拍法)'이란 이름으로 사용한 것이다. 일반지역에는 1906년 토지가옥전당집행규칙에 처음 입법되었으며, 1912년 조선부동산증명령과 조선부동산등기령이 제정되면서 일반화되었다.

[참고어] 토지가옥 전당집행규칙, 조선부동산증명령, 조선부동산등기령

[참고문헌] 구한말법령자료집 ; 이승일, 2008, 『조선총독부 법제정책 : 일제의 식민통치와 조선민사령』, 역사비평사 ; 현암사, 1985, 『도해 법률용어사전』 ; 김증한, 1988, 『최신법률용어사전』 〈이승일〉

경무법(頃畝法) 전근대 보(步)·경(頃)·무(畝) 등의 절대면적을 단위로 토지를 측량하던 방식.

경묘법이라 읽기도 한다. 소출을 기준으로 토지를 측량하는 결부제(結負制)와는 달리 토지의 생산성이 면적에 반영되지 않았다. 본래 경무제에서의 '무(畝)'는 농민 한 사람이 하루 동안 가는 면적을 기준으로 했다고

한다. 따라서 노동조건에 따라 무의 면적도 일정하지 않았다. 그러나 점차 일정한 지적을 가리키는 단위로 고정되었고, 주나라 때 100보를 1무로 하는 원칙이 마련되었다. 그 뒤 전국시대 철제농기구의 보급으로 하루 동안 치전(治田)할 수 있는 면적이 늘어나면서 1무의 면적도 크게 늘어났는데, 기원전 221년(진시황 26)에 1보를 6척으로 정하면서 1무의 면적도 240보로 늘렸다. 이후 240보를 1무로 하는 제도는 진나라에서 한나라 무제(武帝)를 거치는 동안 자리를 잡게 되었다.

중국의 경무법은 한국의 고대국가에도 영향을 준 것으로 보인다. 우선 신라의 경우 결부제를 사용하고 있었지만 경무법의 면적 단위가 혼용되고 있었음이 확인된다. 이에 대해 신라의 결부제가 경무법과 동일한 성격이라고 이해하기도 하며, 경무법 단위의 글자만을 차용한 것일 뿐 기본적으로는 결부제였다고 보는 견해도 있다. 한편 고구려는 소수림왕대 율령을 반포하면서 고구려척(高句麗尺)과 단보제(段步制)를 함께 시행했다. 그러나 이미 경무법의 영향이 있었음이 확인되는데, 『삼국사기』에 "유리왕 37년(A.D 18) 제수에게 금 10근, 밭 10경을 하사했다.(賜祭須金十斤田十頃.[권13, 유리명왕 37년])"는 기사가 그것이다. 그러나 이에 대해서도 신라와 같이 경무법의 단위만을 차용한 것이라 보는 견해가 있는 반면, 고구려 초기 한척(漢尺)을 수용하면서 경무법도 함께 수용했다고 보기도 한다.

이후 한국 전근대의 공식적인 토지 측량은 결부제로 운영되었다. 그러나 결부제는 전품과 수세(收稅)가 결합된 방식이었기 때문에 절대면적의 파악이 어려웠을 뿐만 아니라, 운영이 까다롭고 부정이 개입할 여지도 많았다. 이에 세종은 공법(貢法)의 논의과정에서 경무법의 시행을 계획하기도 했는데, 결국 관철되지는 못했다. 특히 양난 이후 결부제에 기초한 양전(量田) 및 부세제도의 한계가 노정된 이래로는 이를 해결하기 위해 경무법에 근거한 다양한 개혁안이 제기되기도 했다. 예컨대 숙종대 유집일(兪集一, 1653~1724) 이래로 전개된 방전론(方田論) 계열의 논의는 경지면적을 정확하게 파악할 수 있는 경무법의 장점을 채택한 것이었다. 또한 경무법을 바탕으로 토지제도의 개혁까지를 구상했던 논의들도 제기되었다. 대표적으로 유형원(柳馨遠, 1622~1673)을 들 수 있는데, 그는 『반계수록(磻溪隨錄)』에서 경무법을 통해 경계를 확정한 뒤 공전(公田)의 형태로 사민(四民)에게 차등적으로 지급하는 토지제도 개혁안을 구상하기도 했다. 이는 중국 고대 정전제(井田制)의 운영원리를 조선의 현실에 적용할 수 있다고 본 것으로, 공전제(公田制)를 통해 그가 구상한 경무법 및 토지개혁안은 이후 근기 남인계 실학자들에게 많은 영향을 주었다.

[참고어] 결부제, 단보제, 방전론, 공전제-유형원

[참고문헌] 李宇泰, 1989,「新羅時代의 結負制」『태동고전연구』 5 ; 김용섭, 2000,『한국중세농업사연구』, 지식산업사 ; 최윤오, 2001,「반계 유형원의 정전법과 공전제」『역사와현실』 42 ; 박찬흥, 2010,「고대 한국과 일본의 양전제 비교 고찰」『한국사학보』 41 〈윤석호〉

경상도지리지(慶尙道地理志) 『팔도지리지(八道地理志)』(1432)를 편찬하는 과정에서 1425년(세종 7)에 편찬된 경상도 지지.

세종의 명으로 『팔도지리지』를 편찬하게 되자, 예조를 통하여 각 도의 도지를 만들어 춘추관에 송치하였다. 당시 경상도 관찰사로 있던 하연(河演)이 대구군사(大丘郡事) 금유(琴柔), 인동현감 김빈(金鑌) 등과 함께 펴낸 책이다. 다른 도지는 현재 남아있지 않고 이 책만이 전한다. 서문 내용을 통해 원본은 춘추관에 보내고, 이 책은 경상도 감영에 비치되었던 부본으로 추측된다. 당시 경주부윤(慶州府尹) 오공식(吳公湜)의 건의에 따라 부본이 만들어져 경상도 감영(監營)에 보관되었기 때문이다. 책 끝에 "아래 12장은 없다[以下十二張無]"라는 추기가 있는 것으로 보아, 끝부분 몇 장이 손상되어 떨어져 나간 것으로 보인다. 다른 도의 지지가 남아있지 않은 이유는 다른 도에서는 따로 부본을 보관해 두지 않았기 때문으로 추정하기도 한다.

중앙정부에서 각 도에 보낸 통첩문에 의하면, 각 도에서는 지리지의 내용과 구성을 규식을 주어 서술하게 하였다. 『경상도지리』의 경우에 맨 앞에는 경상도의 총설을, 이어 각론으로 경상도를 경주·안동·상주·진주의 4도로 나누어 기술하였다. 각 지역별로 다루고 있는 지역은 다음과 같다.

경주도(慶州道)에서는 경주부(慶州府), 밀양도호부(密陽都護府), 양산군(梁山郡), 울산군(蔚山郡), 청도군(淸道郡), 흥해군(興海郡), 대구부(大丘府), 경산현(慶山縣), 동래현(東萊縣), 창녕현(昌寧縣), 언양현(彦陽縣), 기장현(機張縣), 장기현(長機縣), 영산현(靈山縣), 현풍현(玄風縣), 영일현(迎日縣), 청하현(淸河縣)까지 설명하였다.

안동도(安東道)에서는 안동대도호부(安東大都護府), 영해도호부(寧海都護府), 순흥도호부(順興都護府)를 비

롯하여 예천군(醴泉郡), 영천군(榮川郡), 영천군(永川郡), 청송군(靑松郡), 의성군(義城郡), 영덕현(永德縣), 예안현(禮安縣), 하양현(河陽縣), 기천현(基川縣), 인동현(仁同縣), 봉화현(奉化縣), 의흥현(義興縣), 신녕현(新寧縣), 진보현(眞寶縣), 비안현(比安縣)을 다루었다.

상주도(尙州道)에서는 상주목관(尙州牧官), 성주목관(星州牧官), 선산도호부(善山都護府) 등과 합천군(陜川郡), 초계군(草溪郡), 김산군(金山郡), 고령현(高靈縣), 개령현(開寧縣), 함창현(咸昌縣), 용궁현(龍宮縣), 문경현(聞慶縣), 군위현(軍威縣), 지례현(知禮縣)을 설명하였다.

마지막으로 진주도(晉州道)에서는 진주목관(晉州牧官), 금해도호부(金海都護府), 창원도호부(昌原都護府)와 함안군(咸安郡), 함양군(咸陽郡), 곤양군(昆陽郡), 고성군(固城郡), 거제현(巨濟縣), 사천현(泗川縣), 거창현(居昌縣), 하동현(河東縣)까지 기재하고 있다.

중앙에서 하달된 규식은 서문을 통해 확인할 수 있다. 대략 11개 조항으로 연혁, 국방, 국가의 수입과 관련 내용과 그 지역의 섬, 그리고 통신관계를 비롯하여 인물과 이적에 관련된 것까지 망라하고 있다. 그러나 실제로 작성된 것은 총론을 통해 그 대략을 확인할 수 있는데 서문 보다 상세한 지침으로 14개 조항으로 이루어져 있다.

결국 『경상도지리지』는 관내의 부·군·현의 행정 단위별로 연혁·계역(界域)·산천·관방(關防)·공물(貢物)·성곽·진영(鎭營)·병강(兵舡)·교통·고적·토의경종(土宜耕種)·토지·비척·호구·성씨·인물·봉화·기후·풍혈(風穴)·염분·목장·전설 등 빠짐없이 기록되었다. 당대의 도세 일반을 한눈에 파악할 수 있다. 군사관계·조세(租稅)·공부(貢賦) 등은 비교적 자세히 다루어졌다. 국방관계 내용이 많은 부분을 차지하고 있어, 이러한 서술 경향이 다도의 지리지에시도 나타났다면, 당시의 국제관계와 태종 이후 북진 정책의 영향 때문일 것으로 추측된다.

이 책은 현존하는 조선시기 지리지 중 가장 오래되었다. 또한 『삼국사기』 「지리지」 다음으로 오래된 지리지이기도 한데, 「지리지」가 역사서의 부록으로 작성되어 내용이 한정되어 있는 데 비해 이 책은 독립된 지리지로서 만들어졌다. 특히 함께 만들어진 타 도의 지리지가 현전하지 않으며, 결과물인 『신찬팔도지리지(新撰八道地理志)』 역시 남아 있지 않기 때문에 사료적으로 매우 높은 가치를 지닌다.

1책으로 이루어진 필사본은 규장각에 소장되어 있다. 이를 원본으로 하여 1938년 조선총독부 중추원에서 『경상도속찬지리지(慶尙道續撰地理誌)』와 함께 합본하여, 『교정경상도지리지·경상도속찬지리지』라는 제목하에 활자본으로 출판하였다. 1981년에는 아세아문화사에서 『전국지리지총서 (全國地理誌叢書)』 제1권으로 『삼국사기』 「지리지」·『경상도지리지』·『경상도속찬지리지』·『세종실록』 지리지와 함께 영인하여 간행하였다.

[참고문헌] 鄭杜熙, 1976, 「朝鮮初期 地理志의 編纂 1」 『歷史學會』 69 ; 이태진, 1979, 「『동국여지승람』 편찬의 역사적 성격」 『진단학보』 46·47합집 ; 한국문헌연구소편, 1981,「경상도지리지」 『전국지리지총서』 1, 아세아문화사 ; 서인원, 1997, 「세종실록지리지 편찬의 재검토」 『동국역사교육』 7·8합집 〈탁신희〉

경상좌도균전양전사절목(慶尙左道均田量田使節目)

조선 숙종 연간(1719~1720)의 경자양전(庚子量田) 준비과정에서 마련된 양전절목.

『양전등록(量田謄錄)』에 23개 항목이 기재되어 있으며, 경상좌도 균전사(均田使) 심수현(沈壽賢)이 올린 것으로 보인다. 경자양전은 1634년의 갑술양전(甲戌量田) 이후 80여 년간 대동법(大同法)과 각종 부세의 결렴화 등이 진행되면서 양전의 필요성이 대두되는 가운데 시행되었다. 그러나 양전사업을 통해 전국 토지가 낱낱이 파악되기 때문에, 이로 인한 이해득실의 차이로 논의과정이 순탄치 않았다. 최우선의 과제는 균세를 실현한다는 명분으로 전세 총액을 확정하고 조세수입을 명확히 하는 것이었다. 이에 1719년 삼남지방에 균전사를 파견하여 양전을 시행하되, 중앙에서 좌도 균전사를 파견하고 각 도의 감사가 우도 균전사를 맡는 방식으로 결정되었다. 또한 구체적인 양전절목이 논의되면서 통일된 양전사업이 추진되세 되었넌 것이다.

『양전사절목』에서 논의된 23개 항목은 주로 양전과 전답파악에 관한 내용이다. 앞부분에는 전답의 측량과 개간, 분록(分錄) 및 합록(合錄), 가경전(加耕田), 진전(陳田), 반답(反畓), 화전(火田), 해변이나 산골 개간, 하천변의 전답 등을 자세하게 파악할 것을 언급하고 있으며, 이어 5결(結) 1자(字)의 기준을 엄격히 하되 민전을 침탈한 궁방전·아문둔전 및 각종 위전답을 정확히 찾아내며, 제언을 개간한 것도 사실에 기반하여 기록하도록 하였다. 양전 비용도 민폐를 끼치지 않도록 규정을 정했으며, 나아가 양전 과정에서 벌어지는 착오를 바로잡는 방법으로 옛 양안 기록에 구애받지 말고 사실대로 기록할 것을 명하고 있다. 특히 가장 논란거리가 된 전품 등제의 경우 양전절목의 규정에도 불구하고 과거의 갑술양전 전품을 그대로 용인했다. 이는 실제의 토지 비옥도가 양전에 제대로 반영되지 못했다는 것을 의미하는데, 이는 전주(田主)의 대토지 소유자로서의 기득권이 인정된 것으로 이해할 수 있다.

[참고어] 양전, 갑술양전, 경자양전, 경자양안

[참고문헌] 『量田謄錄』(규장각, 經古 333.335-Y17) ; 염정섭, 2008, 「숙종대 후반 양전론의 추이와 경자양전의 시행」 『조선후기 경자양전 연구』, 혜안

경선궁장토(慶善宮庄土) 조선 고종의 계비(繼妃)인 순헌황귀비(純獻皇貴妃) 엄씨(嚴氏)의 궁인 경선궁에 소속된 장토.

경선궁은 1897년(광무 1) 순헌황귀비가 황자를 낳자 그 처소에 내려진 궁호이다. 이후 황자가 1900년(광무 4)에 영친왕(英親王)으로 책봉되자 영친왕궁이 경선궁 내에 설치되었다. 1907년(융희 1) 영친왕이 황태자로 책봉됨에 따라 폐지되었고, 소속 장토 등은 경선궁으로 옮겼다가 1907년 12월 황태자궁으로 환부토록 했다. 하지만 이는 실행되지 못했고, 영친왕궁장토는 계속 경선궁이 관리했다. 경선궁은 1911년 7월 순헌황귀비가 죽자 덕안궁(德安宮)으로 이름이 바뀌었고 이후 순헌황귀비의 사당으로 사용되었다.

경선궁장토는 궁인 엄씨가 1900년 8월에 순빈으로 책봉되면서 마련되기 시작했다. 일반적으로 조선왕조에서는 왕족이 대군·공주로 책봉될 때 유토(有土)·무토(無土)의 면세지가 지급되었지만, 갑오개혁 이래로 무토가 혁파되었기 때문에 당시 내장원(內藏院)이 관할하던 역둔토(驛屯土)가 지급되었던 것이다. 이외에도 개간, 매매 등의 다양한 방법으로 경선궁장토는 집적되었는데, 경선궁장토의 성립 기원을 정리하면 다음 표와 같다.

〈경선궁·영친왕궁의 토지마련 기원별 분포〉

개간(開墾)	매수(買收)	이래이부(以來以附)	축보(築洑)	축언(築堰)	투탁(投託)	미상	합계
1	28	10	-	-	3	1	43

출처 : 박성준, 2008, 「대한제국기 신설 궁의 재정 기반과 황실 재정 관리」 『역사교육』 105, 107쪽

경선궁장토의 기원 중 가장 큰 비중을 차지한 것은 매수이며, 그 다음이 이래이부였다. 면적으로 본다면 경선궁의 전체 토지 규모는 답이 2,234석락, 전이 541석락·232일경, 채전이 199판이었다. 그 중 매수를 한 토지는 답이 1,567석락, 전이 520석락·225일경으로 전체의 27%에 해당하는 비중을 차지했다. 또한 이래이부된 토지는 답이 601석락으로 전체 답 가운데 27%, 전체로는 24%에 해당하는 등 양자가 경선궁장토를 마련하는 주된 방법이었다. 이들 토지는 앞선 1894년 세제개혁으로 인해 면세의 특전은 없었다. 그 관리는 다른 궁장토처럼 도장을 두지 않고 궁이 직접 장토의 관리, 소작료의 징수 등을 맡았다.

경선궁장토 중 사립학교나 개인에게 기부한 것 또한 적지 않았다. 예를 들면 강화군의 토지를 진명여학교(進明女學校)에, 풍덕·이천의 두 군 토지를 양정의숙(養正義塾)에, 부평군의 토지를 박창선(朴昌善 : 엄비의 종형)에게, 여주군의 토지를 엄주익(嚴柱益 : 엄비의 조카)에게, 양주군의 토지를 김학식(金學植)에게, 평양부의 토지를 김규진(金圭鎭 : 이왕세자의 시종)에게 사여한 것과 같은 것이다. 이들 기부와 사여의 처분은 모두 '계(啓)' 즉, 칙허를 거쳐 이행되었다. 특히 양정의숙과 진명여학교의 설립자는 엄주익과 엄준원(嚴俊源)으로 엄황귀비의 친척이었다.

1907년 9월 영친왕이 황태자로 책봉되면서 영친왕궁 관할 재산이 경선궁으로 이속되었다. 이후 경선궁에 이속된 영친왕궁 재산을 동궁(東宮)으로 환속하도록 하였지만, 이 조치는 실현되지 않고 경선궁에서 계속 관할하였다. 1908년 칙령 제39호에 의해 황실재정에 대한 국유화조치가 있었다. 경선궁장토에 대해서는 사유지로 인정된 것이 69%, 국유지로 인정된 것은 31%였다. 하지만 이들 토지는 모두 사유지로 환급되었다. 매수나 국유화 이전에 기부·양도한 토지는 물론 사유로 인정받았으며, 그렇지 못한 31%에 대해서도 한국병합의 조건과 황실 무마를 위해 사유지로 인정되었다.

[참고어] 궁방전, 면세전

[참고문헌] 박성준, 2008, 「대한제국기 신설 궁의 재정기반과 황실재정 정리」 『역사교육』 105 ; 조영준, 2008, 「조선후기 궁방의 실체」 『정신문화연구』 112 ; 박성준, 2009, 「대한제국기 신설 궁의 지주경영」 『역사교육』 109 〈윤석호〉

경영지주(經營地主) 농업생산성 확대를 위해 병작(竝作) 경영보다 자작지 경영의 합리화를 꾀하며 조선후기 새로 등장한 지주층.

기존의 소유지확대와 병작경영에 전념하던 부재지

주의 중세적 지주경영과 달리 직영지 경영을 확대하여 농업생산성을 증대시키려던 지주층이다. 즉 소유지 확대보다는 경영확대를 통해 지주경영을 확대하던 일련의 지주층이라고 할 수 있다. 경영지주의 유형은 서민지주와 같은 방법으로 부를 축적하던 지주경영의 새로운 형태가 대표적이다. 그 외에도 양반지주 가운데서도 농업생산에 직접 참여하여 경영을 확대하던 경우도 있었으며, 토호층 역시 당시 상품경제 발달에 적응하기 위해 지주 경영과 직영지 경영을 혼합한 경영방식을 시도하고 있었다.

경영지주의 대표적인 경영방식은 병작 경영보다 소유토지를 직접 경영하여 경영을 합리화하는 방법이다. 이들은 적극적이고 동태적인 지주경영을 통해 상품작물 재배와 시장유통을 이용한 생산물 판매에 주력하였다. 이같은 지주의 원형으로 주목되는 인물이 허균(許筠, 호 蛟山, 1569~1618)이다. 그는 『한정록(閑情錄)』 치농(治農)편에서 농업경영의 주체로 호민(豪民)을 주목하고 그의 적극적인 농업경영을 서술했다. 호민은 이 시기 사대부계층이며 동시에 재야의 정치세력이었다. 또한 허균 자신일 수도 있었으며 재지의 양반지주층이 주도하는 호민적 농업경영을 말하고자 하였다.

호민의 경영은 경작지 100무 중 30무 정도는 노복[노비·고공]을 거느리고 직접경영을 행하고, 나머지 70무는 전인(佃人, 전호농민)에게 병작시키는 것이다. 호민이란 2~3결 정도의 토지를 경영하며 주종 10명을 거느리고 가계를 꾸리는 중소지주 규모라는 것을 알 수 있다. 또한 이러한 호민이 치부를 하기 위해서는 장소선택을 잘해야 하며 수륙 교통이 모두 발달한 곳을 가장 유망한 곳으로 생각했다. 즉 상업적 농업을 행할 수 있는 곳이 그곳이다.

허균이 이상적인 곳으로 생각한 모델 가운데 수륙교통이 편리한 곳은 장시와 포구유통망이 발달한 곳이라는 것을 알 수 있다. 지대 곡물을 상품화시킬 수 있기 위해서는 이같은 유통망 발달이 선결조건이기 때문이다. 이외에도 양반가나 토호층의 경영지주 유형으로서 자작과 병작을 겸하던 사례를 찾을 수 있지만, 서민지주처럼 적극적이지 못한 경우가 많았다. 그저 가세를 유지할 정도와 상속할 토지를 마련하는 정도라는 점에서 안분지족(安分知足)하는 양반지주의 경영합리화 유형이기도 했다. 한편 대한제국기 광무양안의 분석을 통해 병작지주와 구분되는 경영지주의 존재가 확인되기도 한다. 진천, 충주 등의 양안 분석을 통해 자작경영의 비율이 50%에 이르는 지주층을 확인할 수 있었는데 이들이야말로 병작경영 보다 자작경영이 집중하여 생산성을 확대하던 경영지주층이라고 할 수 있다.

경영지주층의 의의는 재지지주의 농업경영 방식 가운데 자작을 확대하면서 병작지를 축소하는 경향이 보이고 있었으며 이는 지주경영의 합리화 방향으로 나타났다. 단 이같은 자작경영 확대를 위해서는 노비노동 외에도 임노동 고용을 통해 합리화를 꾀하는 경우가 많았기 때문에 그 경영의 과도적이며 선진적인 형태를 확인할 수 있다. 이같은 경영지주의 농업경영은 대개 노비나 머슴, 또는 고용노동을 부분적으로 활용하던 형태라고 할 수 있으며 중세말 경영지주의 특징을 보여주는 것이다. 중국의 명말청초 경영지주 계층의 농업생산도 역시 그와 같은 성격으로 연구되고 있다.

[참고어] 지주, 서민지주, 부재지주, 재지지주, 병작, 광작

[참고문헌] 허종호, 1965, 『조선봉건말기의 소작제 연구』, 사회과학원출판사 ; 陳恒力, 1957, 『補農書硏究』 第三章 ; 楊生民, 1981, 「從『補農書』看明末淸初浙江嘉湖地區的 農業資本主義萌芽問題」 『明淸資本主義萌芽硏究論文集』 ; 金容燮, 1989, 「朝鮮後期 兩班層의 農業生産-自作經營의 事例를 중심으로-」 『東方學志』 64 ; 최윤오, 2005, 「대한제국기 광무양안의 토지소유와 농업경영에 관한 연구-충북 진천군양안의 전체분석을 중심으로」 『역사와 현실』 58

〈최윤오〉

경영형부농(經營型富農) 조선후기 경영합리화를 통해 생산성 확대를 추진하던 부농층.

소유지 확대를 통해 농업생산력 증진을 기하던 지주층의 정태적 생산방식에 비해 상품작물 재배나 노동생산성 확대를 통해 경영확대를 꾀하던 부농층을 일컫는다. 그들은 중세해체기에 나타났던 독립자영농민 가운데 자소작 상농층의 경영방식을 택하던 상층 부농층이기도 하였다. 이들은 자작지 경영뿐 아니라 지주층의 대여지를 차경하여 생산성을 증진시키는 방법을 택하였다. 차지경쟁을 통해 농업경영을 확대하는 것은 물론이고, 농법을 개량하여 농업생산력을 증진시키는 방법으로 생산성을 극대화시켰다. 또한 환금성이 좋은 곡물이나 상품작물을 재배함으로써 토지생산성을 확대시켜 갔다. 이들은 일반 농민에 비해 농지 경영 규모를 지속적으로 확대시켰으며 농지면적이 적어도 상품작물 재배를 통해 경영확대를 꾀했기 때문에 이들을 경영형부농이라고 명명할 수 있다.

경영형부농은 어떤 특정한 신분만으로 이뤄지지 않

았다. 전 신분계층이 이 시기 농업생산에 참여했으며 양반층 중에서 몰락양반들 같은 경우도 농업생산 확대에 관심을 기울였다. 경영형부농의 구성은 자신의 소유지로 자작하는 농민뿐만 아니라 차경하여 전작(佃作)하는 농민으로 이루어졌다. 이들 경영형부농은 일반적으로 가족노동의 규모를 넘어 경영규모를 확대할수록 고용노동을 이용해 농업생산성을 증대시키는 방법을 택했다.

대한제국기 광무양안 연구에서 확인된 농민층의 경영확대는 자작 규모에 제한되지 않고 차경지를 확대하는 경영형부농층의 대표적인 형태였다. 군현단위 농민층의 경영확대를 추적할 때 가장 눈에 띄는 계층으로서 자신의 소유토지 이상으로 지주의 토지를 차경하여 경작지 확대를 꾀하던 농민층이다. 경영형부농층은 주로 농업생산성을 극대화시킬 수 있는 농법이나 농업기술을 사용하는 한편 적극적으로 경작지를 확대하는 방법을 사용하였다. 또한 미곡생산에 있어 농번기 고용노동력 활용방법에 따라 수확이 달라지기 때문에 고용노동에 적극적이었으며, 밭작물에서의 상품작물 재배는 더더욱 생산성이 높기 때문에 담배나 면화, 인삼 등의 상업적 농업에 전력을 다하였다.

경영형부농층의 범주는 서양의 독립자영농과 같이 중세사회 해체기 등장한 부농층으로서 주목되지만 그 형성과정은 다르다. 자영농, 소작농[작인농민] 혹은 자소작농 가운데 형성되는 다양한 유형의 부농층 가운데 소유지 확대보다는 차경지 확대를 통해 부를 축적하기 때문이다. 물론 차경지 확대도 한계가 있기 때문에 경영형부농층의 성장과정은 한계가 있다. 이들 가운데 지주로 성장하는 계층도 있다는 점에서 고정된 계층범주로 파악하기 어렵다. 경영형부농층은 서민지주로 성장하기도 하며, 동시에 광작농, 혹은 경영지주, 요호부민층으로 성장할 수도 있다. 경영형부농층은 기존의 소유지 확대를 통해 부를 축적하던 지주층과는 다른 경영방식을 보여주었기 때문에 이 시기의 혁신적인 변혁주체로 나타날 가능성도 내포한다. 다만 서민지주나 경영지주, 요호부민층과 중첩될 가능성이 존재하는 한편 역사적 역할에 대해서도 검증하기 어려운 측면이 있어 그 존재를 비판하기도 한다. 비록 식민지로 전락하면서 경영형부농층의 존재가 사라지게 되었지만, 중세말 농민층 가운데 획기적인 방법을 통해 농업생산성을 증대시키던 농민층이 출현하게 되었다는 점은 역사적으로 중요하다.

경영형부농층에 관한 연구는 한국의 자본주의 맹아론과 밀접한 관련이 있으며 동시에 한국사회의 내재적 발전론의 중요한 근거로 제시되기도 했다. 즉 조선후기 자본주의 맹아론은 농업, 상업, 수공업, 광업 등의 연구를 통해 진행되었고, 그 가운데 경영형부농은 농업에서 자본가적 차지농과 유사한 범주의 농민층으로 주목되었던 것이다. 문제는 이들 부농층이 광범위하게 형성되었는가, 그리고 이들이 새로운 생산양식을 수립할 수 있는 새로운 사회세력으로 간주될 수 있는가 하는 점 때문에 후대의 논쟁을 낳게 되었다. 이처럼 경영형부농에 관한 연구는 자본주의 맹아론과 내재적 발전론에 관한 논쟁에 이르기까지 중요한 논점이 되었다. 경영형부농과 자본주의 맹아론의 검토는 중국과 일본의 자본주의 발전과도 관련하여 논의될 필요가 있다. 영국처럼 농업사회에서 근대 공업사회로 획기적인 전환형태를 보인 국가는 없기 때문이다. 또한 영국을 전형적인 근대모델로 설정할 것인가를 논의하는 동시에, 나아가 동양을 포함한 근대 개념에 대한 재정의를 통해 종합적인 검토가 필요하다.

[참고어] 경영지주, 광작, 서민지주, 요호부민, 농민층분해

[참고문헌] 金容燮, 1970, 「朝鮮後期의 經營型富農과 商業的農業」 『증보판 朝鮮後期農業史研究 II』(2006, 一潮閣) ; 최윤오, 2002, 「조선후기 사회경제사 연구와 근대-지주제와 소농경제를 중심으로」 『역사와 현실』 45 ; 리보중(이화승 옮김), 2006, 『중국 경제사 연구의 새로운 모색』, 책세상 ; 박찬승, 2007, 「한국학 연구 패러다임을 둘러싼 논의-내재적 발전론을 중심으로」 『한국학논집』 35 ; 염정섭, 2016, 「조선후기 사회성격을 어떻게 이해할 것인가」 『지역과 역사』 38

〈최윤오〉

경우궁장토(景祐宮庄土) 순조(純祖)의 생모인 가순궁(嘉順宮) 수빈박씨(綏嬪朴氏 : 정조의 후궁)의 사당인 경우궁의 제사비용 마련을 위해 설치된 장토.

경우궁은 1824년(순조 24) 북부(北部) 관광방(觀光坊) 계동(桂洞)의 용호영(龍虎營)이 있던 자리에 최초 창설되었다. 1896년(건양 1) 순화방(順化坊) 옥동(玉洞)으로 옮겼다가, 1908년(융희 2) 7월 칙령 제50호[향사 이전의 건]에 따라 육상궁(毓祥宮)에 합사(合祀)되었다. 1년 중 사계 및 절일의 제사를 지내는 것이 선희궁과 같았다. 1884년(고종 21) 갑신정변(甲申政變) 때에는 고종이 이곳으로 잠시 피난하기도 했다.

경우궁장토에는 수빈 생존 시 가순궁의 명의로 절수·사여한 유토(有土) 13결 87부 3속, 무토(無土) 1,010결이

있으며, 이후 폐궁된 경수궁(慶壽宮 : 정조의 후궁으로서 화빈 윤씨의 궁)의 장토, 폐영된 장용영(壯勇營) 소속 황해도 봉산군 사인둔(舍人屯)·사원둔(沙院屯) 등의 둔전(屯田)이 획급되었다. 이밖에 혼탈입지와 투탁지를 존속시킨 것은 다른 궁장토와 동일하다. 1891년(고종 28) 이래로 경우궁장토의 일부를 다른 궁과 능에 전속시켰기 때문에 궁의 수입은 약간 감축되었는데, 예컨대 정주군(定州郡)의 토지는 명례궁(明禮宮)에, 삼화군의 토지는 경선궁(慶善宮)에, 청량리의 토지를 홍릉(洪陵)에 이속시킨 바 있다. 또한 무토는 1894년 갑오승총 이래 소멸되어, 남은 궁장토는 유토, 혼탈입지, 투탁지의 세 종류가 되었다.

[참고어] 궁방전, 1사7궁, 면세전

[참고문헌] 박성준, 2008, 「대한제국기 신설 궁의 재정기반과 황실재정 정리」『역사교육』 105 ; 조영준, 2008, 「조선후기 궁방의 실체」『정신문화연구』 112 ; 박성준, 2009, 「대한제국기 신설 궁의 지주경영」『역사교육』 109 〈윤석호〉

경자양안(庚子量案)

경자양안(庚子量案) 1720년 경자양전(庚子量田)으로 만들어진 장부로서, 납세자 및 토지소유주[起主]의 파악을 위해 만든 토지대장.

경자양전은 조선 500년 양전사 가운데 가장 주목될 수 있는 양전사업으로서 그 결과물인 경자양안은 일부분만 남아 있지만 1720년(숙종 46) 당시의 생산력 수준 및 농민의 토지소유 형태를 비교적 잘 반영해주고 있다는 점에서 주목된다.

숙종 대 양전에 대한 논의는 1716년(숙종 42)로부터 시작되었으나 흉작을 이유로 논의가 연기되었다. 1717년(숙종 43)에 삼남의 양전 방침이 재확인되고 양전사목이 작성되었지만 흉작과 전염병으로 1719년(숙종 45) 기해년에 이르러서야 본격적으로 시행되게 되었다.

양전 과정은 측량과 초안(草案) 작성 후 초안을 정서한 정안(正案)이 작성되었다. 측량은 야외에서, 초안 작업은 읍내에서, 정안 작업은 도회소(都會所-監營)에서 각각 진행되었다. 또한 측량과 초안의 작성은 1634년(인조 12) 갑술양안(甲戌量案)의 자호지번(字號地番)에 의존하되 정서본에서는 새로운 자호지번을 붙였다.

양안의 명칭은 전적(田籍), 전안(田案), 전답안(田畓案), 대장(臺帳) 전안대장(田案臺帳), 양전도행장(量田導行帳) 등으로 불렸다. 군현-면리 단위의 양안의 경우에는 각각 읍양안, 면양안, 면리양안 등으로 구분했다. 이같은 양안은 양전의 규모나 시기에 따라 명칭을 달리했다.

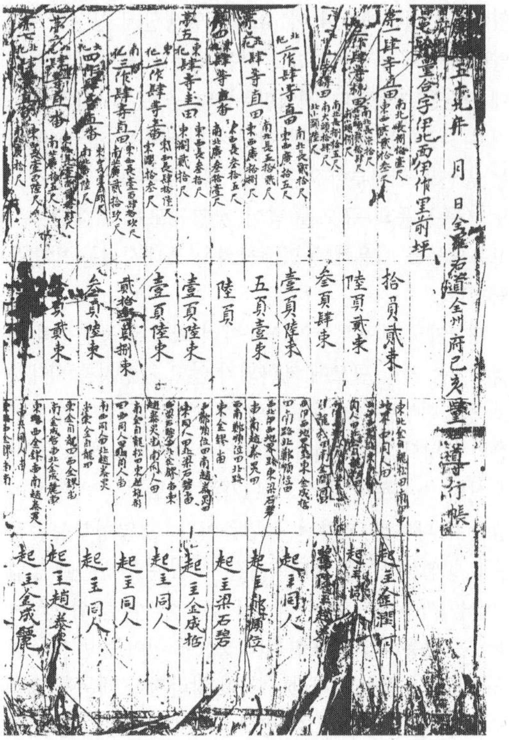

전주부 이북면 경자양안(全州府 伊北面 庚子量案)

경자양안은 현재 경상도와 전라도 지역의 양안만이 남아 있으며 경상도형, 전라도형이 다르다. 경상도의 정서본은 도회소에서 작성했기에 양전 원칙과 방침에 일치되었으며 통일성이 보였다. 이에 비해 전라우도형과 전라좌도형은 동일한 초안이면서도 양안지의 양식이나 기재방식 등에서 차이가 있었다. 완성도는 정안인 경상도형이 가장 높고, 그 다음은 전라우도형, 다음이 군현마다 조금씩 다른 전라좌도형이었다.

현재 규장각에 소장된 경자양안은 경상도 6개 읍(남해, 비안, 상주, 예천, 용궁, 의성)과 전라도 7개 읍(고산, 전주, 남원, 능주, 순천, 임실, 화순)으로서 모두 13개 양안이 있다. 이들 13개 양안은 동일한 경자양안이지만 엄밀하게 비교해보면 그 기재 형식은 각 균전사 담당 지역별로 약간의 차이가 있다.

경자양안의 기재형식은 자호지번(字號地番)과 양전방향, 전품(田品), 전형(田形), 척수(尺數), 결부수(結負數), 사표(四標), 기주(起主 또는 陳主) 등을 기재하였다. 자호는 5결마다 천자문의 자를 배정하고, 지번은 각 자호의 필지(筆地)를 기록한 것이다. 양전방향은 '동범(東犯)'·'서범(西犯)' 등 앞의 토지에 결합된 방향을 표시하였다. 전품은 1등에서 6등으로 나누어 기록했으며, 전형은 토지형태[方, 直, 句, 圭, 梯, 圓形 등]로 구분하였고, 척수는 토지의 가로세로 길이를 양전척(量田尺)으로 측량하여 표시하였다. 결부수는 결부법에 따라 등급별로 계산한 전답의 실제 넓이를 표시하는 동시에 생산력 및 조세부과의 기준으로 삼았다. 사표는 동서남북에 위치한 전답을 표시한 것이다. 기주 혹은 진주는 해당토지의 경작여부를 밝혀 소유자를 표시했다. 양반일 경우에는 직역[직함과 품계]을 적은 뒤 호명(呼名 또는 奴婢名)을 함께 표시하였고, 평민의 경우에는 직역과 성명, 천민일 경우에는 역(役)의 명칭과 이름을 기록하였다.

경자양안의 작성과 내용을 살펴보기 위해 경자양안 가운데 1719년(己亥, 康熙59) 전주부 양안[全州府己亥量田導行帳]을 검토해 보자. 그림에서 볼 수 있듯이 양안 서식은 세로쓰기 정렬방식으로서 15칸, 즉 15필지가 한 면에 정리되어 있다. 양안 형식을 세밀하게 살펴보기 위해서는 각각의 기재방식에 대한 설명이 필요하다.

④	③	②	①
西犯二作肆等梯田南北長柒拾尺 北大頭貳拾肆尺 南小頭捌尺	第一肆等直田南北長捌拾壹尺 東西廣貳拾參尺	今量合字 伊北面 伊作里 前坪	康熙五十九年 月 日 全羅右道全州府 己亥量田導行帳
陸負貳束	拾負貳束		
西伊西界路東南 同人田北金自龍松田	東北金自龍松田南伊西 地界西同人田		
起主同人	起主金潤可		

경자양안의 기재형식 전주부 이북면 양안

경자양안의 기재 방식을 보면, ①은 양전시행 년월일과 군현명을 나타내고, ②는 1719년 당시 천자문 가운데 '合'이라는 자호(字號)로부터 금량(今量)한 것으로서 이북면 이작리(伊北面 伊作里) 앞들녘[前坪]에서 시작했다는 것을 보여 주고 있다. ③의 첫 번째 칸은 지번 '第一'의 토지로써 6등전 가운데 4등 직전(直田)의 장광척(長廣尺)을 기재하여 넓이를 환산할 수 있도록 양전척수를 아울러 기록하였다. 두 번째 칸에는 결부(結負)를 적고, 세 번째 칸에서는 동서남북 사표를 표시하여 해당 토지의 상대적 위치를 표시했다. 네 번째 칸에서는 기주를 적는다. ④는 두 번째 지번을 적어야 하나 첫째 지번의 김윤가(金潤可) 토지 내 새로 기경(起耕)을 했거나 또는 분작(分作)하여 2필지로 나눈 경우 새로 지번을 매기지 않고 2작, 3작, 4작의 형식으로 적는 경우이다. 이 토지는 앞의 토지를 기준하여 서범(西犯)하니 서쪽 방향으로 범입(犯入)했다는 것을 표시한다. 나머지는 마찬가지로서 기주는 역시 앞의 김윤가이다.

위와 같은 형식으로 한 면 단위로 책을 만들어 묶으며 많으면 2책으로 하든가, 적으면 두개 면을 1책으로 엮는다. 이같은 양안의 형식은 도 단위로 차이점을 보이기도 하고, 파견된 균전사나 해당 지역의 감사·수령에 따라 조금씩 다른 형식을 갖는다.

양안이 갖는 특징은 해당 토지에 관한 정보를 하나의 문서에 담고 있기 때문에 복합적이다. 양안은 20년마다 시행되는 양전사업의 결과물로서 당시의 납세자 및 토지소유주의 변동을 반영하게 되었지만 전국양전이 지속적으로 이루어지지 못했다. 17세기 이후의 경우를 보면 1634년의 갑술양전과 1898~1902년 사이의 광무양전을 제외하면 모두 일부 지역 중심의 양전이 행해지고 있었다. 이같은 양안은 물론 해당 지역에서는 행심책(行審冊)으로 베껴내어 매년 농사형태를 조사하여 기록하고 있었기 때문에 토지변동 양상을 정확히 파악하고 있었다. 중앙정부의 토지파악은 양안을 통해 이루어지고 있었다면 지방정부의 토지파악은 행심책을 기준으로 그것을 복제하여 매년 변화되는 내용을 기록하여 파악하고 있었던 것이다.

양안은 위의 그림에서 확인할 수 있는 것처럼 소유권대장으로서의 역할뿐 아니라 동시에 토지의 위치를 확인할 수 있도록 전형과 사표를 기재하고 있고, 나아가 토지의 비옥도인 전품6등과 생산력을 가늠할 수 있는 결부를 기재하여 해당 토지에 대한 수취를 가능하도록 하고 있었다. 이러한 양안의 특징으로 인해 토지매매나 상속·저당 등의 요인이 발생하게 되면 양안의 정보를 베껴내어 근거로 삼았다. 개별 차원의 문기[賣買, 相續, 典當, 贈與 文記]에서도 양안의 정보가 그대로 이용되었던 것을 보면 그 중요성이 잘 드러난다.

이러한 양안의 종합적이며 복합적 형태는 대한제국기 광무양안과 일제하 토지대장을 거쳐 세분화되기에 이른다. 즉 양안 문서는 적어도 4가지 문서, 즉 ① 토지대장[土地臺帳 또는 建築物臺帳]과 ② 지적도(地籍圖 또는 林野圖), ③ 공시지가(公示地價), ④ 토지등기부(土地登記簿)로 세분화되어 이용되고 있다. 기주는 전주(답주)로 기재되어 토지대장에 다시 재확인되게 되고, 전답도형[方, 直, 句, 圭, 梯, 圓形 등]은 지적도로 정밀화되며, 전품6등에서 표현된 비옥도는 공시지가를 통해 가치평가의 기준이 된다. 또한 토지에 대한 권리를 기록하기 위해서는 토지등기부를 작성한다. 양안이 갖고 있던 토지에 관한 정보는 이와같은 4가지 문서로 나뉘어 기록되면서 새로운 소유권장부로 기능하게 된다.

경자양안의 성격은 조선 국가의 토지지배 방식을 보여주고 있기 때문에 특히 주목된다. 첫째로 기주(起主 또는 陳主·無主) 파악방식과 소유권의 관련성 문제는 가장 중요한 기록이다. 1720년 경자양안 때부터 공식적으로 표기되기 시작한 기주는 기경전(起耕田)이냐 진전(陳田)이냐에 따라 기주나 진주(陳主)로 표기되고 있었다. 혹은 양안의 기주를 구주(舊主)나 금주(今主) 등으로 표기하여 개간한 주체를 조사하기도 하였다. 경자양안의 구주는 1634년 갑술양전 당시의 '主'를 의미했던 것으로 추정된다. 이는 곧 시기마다 기주 또는 시주(時主)로 표기하였지만 전답의 소유주를 연속적으로 파악하고자 했던 정부의 토지파악 방식을 보여준다.

양안상의 전답주는 소유권자이지만 그렇지 않은 단순한 조세부담자도 파악한 경우도 보인다. 즉 대록, 분록, 합록 등이 존재하며 이같은 현상은 소유권자와 납세자를 파악하는 과정에서 나타난 임의적 기록방식이었다. 국가의 입장에서는 소유권자[기주]를 파악하는 것이 최우선이었지만 납세자명을 기록함으로써 해당 토지에 대한 납세 주체를 명확히 하고자 했던 데서 나타난 방편이었다. 실명[姓+名 기록]을 모두 기재하려한 것은 토지소유권자를 국가가 파악하는 동시에 소유권분쟁을 조정하려는 의도로 볼 수 있으며, 동시에 납세자의 정확한 파악을 통해 소유권자와 납세자를 일치시키려 하였다. 직역(職役)과 신분을 아울러 표시하였다.

이러한 토지소유자는 19세기 말 광무양전 때 예외없이 시주의 자격으로 관계(官契)를 발급받았다. 그것은 시주가 해당 토지의 소유주이기 때문이다. 이때는 양안상의 시주를 명확히 소유주로 확정해가고 있었던 것이다. 또한 절대면적을 도입하거나 전답도형을 새로 채용하는 과정에서 점차 오늘날의 지적도에 상당하는 역할을 부여하고 있었다. 이러한 점에서 양안의 기록은 보다 소유권장부로서 발전하면서 보다 정밀화되게 되었다.

두 번째로 지주제의 발달과 경자양전에 관한 논쟁이다. 정부지배층이 (일부 반대에도 불구하고) 경자양전을 추진할 수밖에 없었던 배경과 균세정책을 통해 민심을 수습하는 한편 지주제 발달의 배경이 되었다는 점이다. 양전사업의 진행 결과 개간과 매득을 중심으로 지주제 확대가 촉진되게 되었다는 점이다. 나아가 양안 분석을 통해 신분별 토지소유 상황이나 사회변동 양상을 확인할 수 있었다. 신분에 상관없이 토지소유를 할 수 있었으며 이는 서민지주나 경영형부농의 출현을 가능하게 하였다.

양안상의 소유 경영분해에 대한 연구는 양안과 호적, 추수기 등이 종합적으로 검토될 때 보다 정확한 분석이 가능하다. 이러한 배경에는 ① 호적(호구기준), 양안(전결기준)의 차이로 인한 문제, ② 양안상의 대록, 분록, 합록, ③ 호적제도 자체의 불철저성(漏戶, 漏丁, 漏籍, 增減年歲, 虛戶, 冒錄者)으로 양안의 기주를 파악해 내기가 어려우며, ④ 무토지소유자가 양안에서 누락되기 때문에 나타나는 농민층분해의 문제점, ⑤ 성명을 발음대로 표기하는 과정에서 나타난 한자이름 문제나 각 시기 국어상의 발음으로 인해 한자표기가 달라지는 문제가 존재하기 때문이다. 이러한 점이 해결될 때 비로소 양안상의 기주 신분과 신분에 따른 토지소유가 정확히 밝혀질 수 있을 것이다. 양안 분석을 통해 일정 지역에 존재하는 농민의 토지소유와 농업경영을 확인할 수 있다면 중세말 농민층의 존재형태를 아울러 추적할 수 있는 계기가 될 것이다.

세 번째로 양전과 부세제도에 대해서는 국가는 '起主' 기재를 통해 지주층까지 실명으로 파악하고자 함으로써 양안을 조세수취 장부로서의 공부(公簿)로 만들어가고자 하였다. 따라서 양안은 대록이나 분록-합록이 있다 하더라도 시집자(時執者)를 철저히 파악해 냄으로서 조세수취권을 장악하고자 했다. 이같은 양안의 조세장부로서의 역할은 물론 행심책이라든지 깃기[衿記]를 통해 보완되는 가운데 이루어질 수 있을 것이다.

1720년의 경자양안은 오늘날의 토지대장, 지적도, 공시지가, 토지등기부 등의 토지관련 문서로 분화되기 이전의 복합적인 형태의 문서였으며 부분적이지만 각각의 역할을 해내고 있었다. 물론 그 역할을 충실히 해내는 데는 한계를 보일 수밖에 없었겠지만 그것은 보조 문기를 통해 자기 완성도를 높이고 있었다. 따라서 조선시기의 양안을 평가하는 데는 그것이 태생적으로 지니고 있는 본래의 성격과 특징을 전제하지 않을 수 없다. 이 같은 점을 고려하지 않고 그것이 갖는 한계만을 부각시킨다면 그와 같은 양안은 거의 기능하지 못한 허부(虛簿)로밖에 평가되지 못할 것이다. 양안의 기능과 역할이 행심책을 통해 지속되었으며 나아가 깃기를 통해 보완되었다는 점을 통해 양안의 공부(公簿)로서의 의의를 확인할 수 있다.

경자양안은 17세기까지의 사회경제 발달을 기록한 자료이다. 그것은 당시의 생산력을 어떻게 양안에 반영시킴으로써 전국의 토지지배를 완성시키며 나아가 농민을 토지에 긴박시키고자 하였는가를 보여준다. 이같은 양안의 존재는 토지소유권자를 기주로 등재함과 동시에 그들을 납세자로 확인하는 근거가 되었다. 양안이야말로 소유권장부이면서 동시에 조세장부로서의 특징을 지니고 있으며, 양전사업을 통해 소유자와 납세자를 확정함으로써 토지지배를 완성하는 과정이기도 하였다.

[참고어] 양전, 양안, 갑술양전, 경자양전, 기주

[참고문헌] 『朝鮮王朝實錄』; 『經國大典』; 『大典通編』; 『續大典』; 『大典會通』; 김용섭, 1984, 『증보판 한국근대농업사연구』 상·하, 일조각 ; 이영훈, 1988, 『조선후기 사회경제사』, 한길사 ; 최윤오, 2006, 『조선후기 토지소유권의 발달과 지주제』, 혜안 ; 한국역사연구회 토지대장연구반, 2008, 『조선후기 경자양전 연구』, 혜안 ; 오인택, 1992, 「숙종대 양안(量案)의 추이와 경자양안(庚子量案)의 성격」 『부산사학』 23 〈최윤오〉

경자양전(庚子量田) 조선 숙종 연간(1719~1720)에 시행된 전국 차원의 토지조사사업.

경자양전은 조선 500년 양전사 가운데 가장 주목될 수 있는 양전사업으로서 1720년 당시의 생산력 수준 및 농민의 토지소유 형태를 비교적 잘 보여주고 있다. 『경국대전』 법규정에 따르면 20년 마다 양전을 시행하는 것으로 정해 놓았지만 양란 이후 진행된 전국양전은 1634년 갑술양전(甲戌量田), 1720년 경자양전, 그리고 1898~1904년 광무양전(光武量田)뿐이었다. 물론 이러한 전국차원의 양전사업을 보완하기 위해 도별, 군현별 양전사업이 병행되었다는 것을 감안하여 조선 국가의 양전사업을 이해할 필요가 있다.

경자양전은 양란 이후 파괴된 농업을 재건하고 조세수입을 증대시키기 위해 추진된 양전사업이었다. 임진왜란 직후 결총은 1634년(인조 12)의 갑술양전 직전까지 겨우 54만여 결에 지나지 않았으며, 갑술양전을 통해 확보된 전결은 삼남지방의 경우 약 87만여 결에 이르렀다. 원래 20년마다 시행하기로 했던 양전사업이었지만 1720년(숙종 46)에 이르러 전국 차원의 양전사업이 추진되게 된 것은 대동법의 전국적 시행뿐 아니라 각종 부세를 토지에 부과하게 되면서 정확한 결총 조사가 절실했기 때문이다. 게다가 지주제가 발달하면서 대토지소유와 농장경영이 확대되어 갔고 다른 한편으로는 농민의 몰락이 가속화되어 갔다. 이에 전국 차원의 양전사업을 통해 갑술양전 이후 지난 80여 년간의 토지개간 및 생산력 증대상황을 파악할 필요가 대두되었다.

경자양전 시기 균전사 파견 과정에서 나타난 토지조사 방식은 당시기 정부지배층의 전제 개혁 방식을 그대로 보여주고 있었다. 즉 어떠한 방식으로 전국의 토지조사를 완료하느냐 하는 방법론의 문제였기 때문이다. 이때의 방법론은 물론 양전법 차원의 토지조사 방식이었다.

1719년(숙종 45) 경자양전을 추진한 방법은 삼남지방에 균전사를 파견하되 각도의 좌도(左道) 균전사를 중앙에서 파견한 균전사가 맡고, 우도(右道) 균전사를 감사가 맡는 방식이었다. 한 도에 균전사를 1명씩만 파견하면, 검찰에 어려움이 있다는 지적에 따른 것이다. 이같은 결정이 내려지기까지 수차례의 논의가 이어지고 있었다. 즉 처음 논의되기 시작한 1717년(숙종 43) 9월의 양전 계획 단계에서는 감사[均田使]-도사[從事官]-수령에 의하여 시행하기로 했지만 추진되지 못했다. 이어 1718년(숙종 44) 4월 16일 양전구관당상 2명과 종사관 3명이 임명되면서 양전구관당상[從事官]-감사[都事] 중심의 2차 양전 계획이 마련되었다. 1차 때의 감사[都事] 중심의 양전이 추진력을 얻지 못하자 시도된 방안이었다. 그러나 중앙의 양전청을 중심으로 한 이같은 방안은 기획되자마자 중지 논의가 시작될 정도로 문제가 되었던 듯하다. 돌림병이 돈다는 이유였지만 각도의 감사는 양전의 중지 명령만을 기다릴 뿐 양전구관당상의 통제를 받으려 하지 않았던 것이다. 그리하여 1719년(숙종 45) 마련된 방법이 균전사가 감사와 더불어 도내 각읍의 양전을 감독하는 것이었다. 이렇게 결정된 균전사, 감사의 양전 방식은 결국 전통적인 토지지배 방식의 산물이라고 하지 않을 수 없다. 이와 같은 균전사의 파견과 동시에 양전사업이 시작되었으며 각 균전사를 중심으로 해당 관내 통일된 양전이 추진될 수 있었다.

지방군현의 양전조직은 최하 각 면에 설치된 1~2개의 분소를 중심으로 이루어졌고, 1개 분소의 구성원은 지시인 1명, 줄사령 2명, 분소감관 1명으로 구성되었다. 각 면마다 2개 분소의 양전이 동시에 시행되는 가운데 전국 차원의 양전이 시행되었다. 양전 과정은 측량과 초안 작성, 정안 작성이라는 단계로 진행되었다. 측량은 야외에서, 초안 작업은 읍내에서, 정안 작업은 도회

소(감영)에서 각각 진행되었고, 각각의 작업에는 나름의 작업조직이 있었다. 또한 측량과 초안의 작성은 갑술양안의 자호지번에 의존하고, 정안은 새로운 자호지번을 붙였다.

17세기 전국적인 토지개간과 농업생산력 증대의 결과를 반영하기 위해 시행된 경자양전은 농정 전반에 걸친 개혁을 배경으로 추진되고 있었다. 특히 대동법의 시행은 제반 부세를 토지에 귀결시킨 역사적 전환점으로서 양전사업의 필요성을 제기하게 된 결정적인 배경이 되었다. 이같이 조세제도 전반의 변동과 함께 진행된 제반 부세의 전결세화 과정은 결부제의 본래 기능인 소출-조세-지적(所出-租稅-地積) 간의 정확한 조사로부터 이루어지지 않으면 안되었다. 곧 토지면적과 소출이 늘어나게 되면서 전반적인 조세수취제도를 점검하지 않을 수 없게 되었으며 이는 전세 외에 대동, 결전, 삼수미 등의 결세 수취를 위한 토지조사로 나타났다.

1720년 전국적인 차원의 양전사업에 있어 최우선적 과제는 정부의 토지지배를 통해 균세를 실현하는 가운데 전세 총액을 확정하여 조세수입을 증대시키는 것이었다. 그것은 양전을 통해 결총(結總)을 확보하되 당시 생산력 수준을 극대화시킴으로써 조세수입을 증대시키는 방법이기도 했다. 그것은 이론적으로 현실적으로 가장 치밀하게 계산된 결부양전제(結負量田制) 방식에 의해 시도되고 있었다. 결부제란 조선 후기의 생산성을 담보하고 그것을 반영할 수 있는 것이어야 했으며 고려나 조선 초기의 결부제로부터 한 단계 더 발전된 것이어야 했다.

결부제란 당시기 전국의 토지생산성을 측정할 수 있는 방법으로서 지극히 정밀한 제도로 변화 발전되어 왔다. 전품등제(田品等第)뿐 아니라 척수-결부수(尺數-結負數)까지 기록함으로써 해당 토지에 대한 생산성을 한 눈에 평가할 수 있도록 정밀하게 제도화시켜 놓았던 것은 세종 공법(貢法)의 의의라고 할 수 있으며 나아가 조선 전시기에 걸쳐 토지파악의 원리로 작동되고 있었다. 뿐 아니라 해당 토지에 대한 면적 및 조세액까지 환산할 수 있었기 때문에 국가의 입장에서 결부제란 전국 토지에 대한 명확한 관리가 가능하다는 것을 의미했다.

경자년 양전사업의 최대 명분은 제반 부세의 불균을 해소하는 데 있었다. 이에 따라 균전사 파견을 통해 궁극적인 목표인 균세(均稅)를 실현하고자 하였다. 이같은 정부지배층의 양전사업은 주자의 경계법(經界法)에서 제시한 부세제도 개혁정책을 18세기 조선에 실현하는 것이고 나아가 그러한 선에서 사회모순을 해결하고자 했던 것이다. 경자양전으로 귀결된 조선 국가의 균세정책은 결국 지배층의 전통적 해결방안 대로 토지개혁 없는 부세개혁 방식으로 추진되었다는 것을 보여주고 있었다.

양전사업의 결과 기주(起主)를 중심으로 납세자를 확정하고 나아가 해당 토지에 대한 사적소유권을 인정하는 계기가 되었다. 이전부터 발전되어온 사적소유는 더욱 확산되는 한편 18세기 상품화폐경제의 발달을 배경으로 지주제는 더욱 발달하게 되었다. 조선 국가의 토지지배 방식은 이같은 점에서 해당 토지의 기주를 납세자로 파악하게 되었으며 나아가 일정 지역단위의 결총을 확보할 수 있게 되었다. 결부양전제를 통해 해당 지역의 토지면적과 생산력, 그리고 수취액을 파악함으로써 중세국가의 토지지배를 더욱 공고히 할 수 있게 되었다.

그러나 균전사 파견을 통해 진행된 균세정책은 오히려 토지모순을 해결하지 못한 채 더욱 확산시키는 계기가 되었다고 할 수 있다. 보다 근본적인 토지문제를 해결하지 못한 채 부세문제 개혁을 통해 체제모순을 해결하려 했던 정부지배층의 보수적인 전제개혁 때문이었다. 1720년 경자양전 이후 전국차원의 양전은 이루어지지 못했고 결국 군현 혹은 일정 지역 단위의 양전을 통해 문제를 해결하려 했던 당시의 양전방식이 그것을 더욱 가속화시켰다. 전국 혹은 삼남지방 차원의 대대적인 양전사업은 숙종 대 경자양전사업으로 종결되었고 향후 읍단위 양전사업 만이 전제개혁의 유일한 대안이 되었던 것이 그러한 상황을 잘 보여준다. 그것은 결국 당시기 지주제의 사적 토지지배를 그대로 인정하는 결과를 가져왔고 지주제가 확대되는 가운데 균세의 목적을 달성하려 했던 조선 정부의 농정책의 성격을 잘 보여주는 것이다.

나아가 정부의 양전사업은 정확한 토지파악과 조세부과를 표방했지만, 동시에 신분계급적 차별이 철폐되지 않은 상태에서 운영되었기 때문에 지주층에게 유리한 결과를 가져왔다. 국가의 양전사업을 통해서도 은결 및 여결 등이 여전히 파악되지 않았으며 향촌 내에서는 신분제를 전제로 한 공동납 때문에 소토지농민의 몰락을 막을 수 없었다. 이같이 토지를 둘러싼 갈등은 또다른 사회모순과 계급갈등을 심화시키게 되었다. 이러한 양상이야말로 결부양전제 운영과 정부층의 균세론이 지향하고 있는 한계라고 할 수 있을 것이다. 지주층의 입장에서는 이것을 이용하여 더욱 지주경영을 확대할 수 있었고 농민은 갈수록 몰락해가고 있었다. 경자양전 이후 지주제의 확산과 농민층의 몰락은 이같은 점을 잘 보여주고 있었다. 정부의 입장에서는 양전제를 통해 전결수를 확보하는 것이 중요했지만, 그와 같은 토지조사사업이 지속성을 갖기 위해서는 소농민을 보호하는 동시에 체제개혁의 밑거름이 되어야 했다는 것을 의미한다. 18세기 이후 토지개혁론의 대두는 이같은 사회모순을 잘 보여주고 있었다.

[참고어] 양안, 양전, 갑술양전, 경자양전, 경자양안, 기주

[참고문헌] 『朝鮮王朝實錄』; 『大典通編』; 『續大典』; 『大典會通』; 최윤오, 2006.『조선후기 토지소유권의 발달과 지주제』, 혜안 ; 한국역사연구회 토지대장연구반, 2008.『조선후기 경자양전 연구』, 혜안 ; 오인택, 2000.12「경자양전의 시행조직과 양안의 기재형식」『역사와 현실』 38 〈최윤오〉

경작권(耕作權) 농민이 농지를 경작하는 권리.

역사용어로서의 경작권이란 지주제 아래 작인에게 주어진 권리를 말하는 것이 보통이다. 지주가 소유한 토지를 경작하고 수확물의 일부를 지대(地代)로 지불하는 경작농민에게 주어진 권리가 경작권인 것이다. 전통적으로 지주제 경영에서 지주는 경작기간을 별도로 정한 계약서 없이 작인에게 경작권을 주는 것이 보통이었다. 그런데 지주가 마음대로 경작권을 박탈하거나 지대를 인상하는 경우도 많았고, 반대로 작인이 지주의 지대징수나 징수액에 대하여 반발하여 저항하는 경우도 적지 않았다. 즉 지주와 작인 사이의 분쟁은 경작권을 둘러싼 권리관계가 법적으로 정해지지 않아 불안한 가운데 제기된 것이었다.

조선 후기 쟁송 기록에 보이는 경작권 관련 분쟁은, 크게 지주와 작인 간의 분쟁과 작인 서로간의 분쟁으로 나타난다. 지대 납부가 제대로 되지 않은 경우 지주가 이작(移作) 즉 작인을 바꾸면 기존 작인이 저항하였다. 이것이 신구 작인 사이의 분쟁으로 이어지기도 하였다. 한편, 토지가 매매되어 소유권이 이전된 토지에서 경작권까지 옮겨가 기존 작인이 경작권을 잃게 되는 경우에도 분쟁이 발생하였다.

이러한 불안정한 농민의 경작권을 안정적으로 보장하려는 시도는 토지개혁의 주요 현안이었다. 개항기에 지주제를 주축으로 한 농업진흥론을 펼쳤던 유길준(兪吉濬, 1856~1914)은 지대를 경감하고 작인의 경작권을 보장하는 대신, 지세는 지주와 작인이 공동부담하는 방안을 제시하였다. 19세기 말 조선 정부 또한 토지에 대한 기존의 소유관계를 인정한 가운데 경작권 차원에서 농민경제의 안정을 이루고자 한 개혁안을 도출하였다. 대한제국기의 광무양안(光武量案)에는 시주(時主)와 함께 시작(時作)이 기록되고 있는데, 이때 '시작'은 소작인의 경작권을 일정한 물권으로 인정해주려는 의도로 기록된 것이라 할 수 있다. 대한제국은 조선 후기 이래 성장해온 토지소유권과 더불어 농민의 경작권도 동일한 물권으로 인정하려고 했던 것이다.

반면 일제에 의해 시행된 토지조사사업은 토지의 사유권에서 지주의 권리만을 인정하고 농민의 경작권을 비롯한 각종 권리는 모두 배제하였다. 이는 토지에 부착된 농민의 각종 권리를 모두 배제함으로써 일본자본의 토지 점유에 장애가 되는 요소를 제거하여 토지매매를 더 자유롭게 하고자 한 것이었다. 그 결과 경작권과 영구 소작권을 상실한 농민들은 영세소작인, 화전민, 또는 임금노동자로 전락하였다.

이후 1930년대까지 이어진 일제의 농업정책 아래 경작권자의 처지는 더욱 어려워졌다. 일제는 세습적 경작권을 부정하고 소작기간을 1년으로 제한하였다. 또한 경작권자에게는 소작료 이외에 비료대, 수리조합비, 노력봉사, 경조가 비용 등의 각종 부담까지 전가되었다. 이러한 지주의 횡포와 경작권자의 생존권 위협은 지주에 대한 투쟁, 즉 소작쟁의가 격렬하게 일어나게 되는 한 배경이 되었다. 소작쟁의의 요구사항은 주로 경작권[소작권]의 보장, 소작료 인하, 지세 및 수세의 전가 금지 등이었다.

해방 후 1949년 6월 21일 농지개혁법이 제정되어, 소작제도는 폐지되었다. 직접 경작하지 않는 지주의 농지는 국가에서 경작자들에게 유상분배하고, 그 농지 대금은 5년의 연부(年賦)로 상환하게 한 것이다. 이에 경작권을 둘러싼 분쟁은 해결될 수 있었다.

소작제도가 금지된 오늘날 경작권이란 소작권을 뜻할 수 없고, 다만 농지를 임차(賃借)하여 경작하거나 위탁받아 경작할 수 있는 권리를 뜻한다. 헌법에는 "농업생산성의 제고와 농지의 합리적인 이용을 위하거나 불가피한 사정으로 발생하는 농지의 임대차와 위탁경영은 법률이 정하는 바에 의하여 인정된다"고 규정하고 있다. 이러한 오늘날의 경작권은 임대차계약 또는 위임계약에 의한 임차권 또는 경작권으로 보호를 받는다는 점에서 전근대적인 소작권과 구별된다.

[참고어] 광무양안, 광무양전사업, 농지개혁, 소유권, 병작

[참고문헌] 愼鏞廈, 1982, 『朝鮮土地調査事業 硏究』, 지식산업사 ; 한국역사연구회 토지대장연구반 편, 1995, 『대한제국의 토지조사사업』, 민음사 ; 趙允旋, 1996, 「조선 후기의 田畓訟과 法的 대응책」 『民族文化硏究』 29 ; 최원규, 2002, 「개항기 지주제와 농업경영」 『신편 한국사 39』, 국사편찬위원회 〈김미성〉

경정전시과(更定田柴科) 고려시기 지배층에 대한 토지분급을 규정한 전시과를 1076년(문종 30)에 재개정한 제도.

목종과 덕종대에 개정된 전시과는 1076년(문종 30)에 다시 개정되었는데, 이를 경정전시과라 부른다. 『고려사』 권78, 식화지 전제 전시과 조목에, "문종 30년에 양반 전시과를 다시 개정하였다."라고 하였으며, 그 뒤에 각 과별로 전시의 지급액과 대상 관직명이 열거되어 있다.

경정전시과에서는 과등(科等)은 종전처럼 18과로 하되 과외(科外)는 없앴으며, 1과에는 중서령(中書令)·상서령(尙書令)·문하시중(門下侍中)이 속하며 전지 100결, 시지 50결을 받았으며, 18과에는 한인(閑人)·잡류(雜類)가 속하며 전지 17결을 받고 시지는 지급받지 못하였다.

경정전시과는 목종대의 개정전시과에 비해 우선 주목되는 점은 분급되는 전지와 시지의 규모가 감소한 것인데, 특히 시지가 더욱 감소의 폭이 크다. 전체 지급되는 전시의 규모는 1과의 경우 목종대 개정전시과에서 170결(전지 100결, 시지 70결)에서 150결로, 2과는 160결에서 135결로, 10과는 85결에서 65결로, 18과는 20결에서 17결로 감소하였다. 전시과 총액은 전체 관료수가 종전보다 증가하였을 것이므로 종전에 비해 다소 늘었을 것으로 추측된다. 시지를 제외하고 지급된 전체 토지는 10만 결 정도로 추정된다.

경정전시과는 각 관직을 관품의 순차에 따라 배치하였지만 중요한 관직은 원래의 과등보다 상위 과등에 배치하기도 하였다. 1과에 종1품이, 2과에 정2품이, 3과에 종2품이, 4과에 정3품이 배정되고, 이하 이러한 순서에 따라 각 관직의 과등이 결정되었다. 관품과 과등을 일치시키는 것을 원칙으로 하였지만 관직의 중요성을 고려하여 경우에 따라서는 관품보다 1~4단계 위 또는 아래의 과등에 배정시키기도 하였다. 정2품으로서 3과에 배정된 좌우복야와 정7품으로서 8과에 배치된 국자박사가 그러한 실례이다. 좌우복야는 낮게 배정되어 종2품의 과등인 3과였으며, 반면 국자박사는 관품보다 4단계 위의 과등을 받았다.

상위 등급에서는 과등과 관직의 상관관계가 높았지만, 10과에서 12과 사이에서는 관품과 과등이 불일치하는 예가 적지 않고, 특히 14과와 15과에서는 예외적인 경우가 훨씬 많으며 16과와 17과에는 아예 이속과 군인만이 전속되어 있다. 이것은 잡류가 한인과 더불어 경정전시과의 18과로 편입되면서 14과까지 연쇄 반응이 일어났기 때문이다.

경정전시과에서는 무관(武官)에 대한 대우가 현저히 상승되고 있다. 개정전시과에서는 무관의 최상위인 상장군(上將軍)은 5과에 위치하였으나 여기에서는 3과로 올라갔다. 상장군은 같은 정3품관인 육상서(六尙書)보다 오히려 1과가 높은 대우를 받고 있으며, 대장군(大將軍)·장군(將軍)·중랑장(中郞將) 등 이하의 무관 과등이 모두 상승되었다. 거란과의 긴 전쟁을 치르는 사이에 국방에 대한 인식이 높아지고 이에 따라서 무관의 지위가 상대적으로 상승한 결과일 것이다.

개정전시과에서 마군과 보군으로 구분되어 있던 군인층이 경정전시과에서는 마군·보군·감문군(監門軍)으로 분화되어 이전보다 높은 과등을 받게 되었다. 마군은 15과로 분류되어 9품관 및 최고의 서리들과 똑같이 25결의 전지를 받았다. 보군은 16과, 감문군은 17과에 배치되어 각각 22결, 20결의 토지를 지급받았다. 군인층에 대한 현격한 우대를 의미하는데 이는 무반직과 동일한 이유일 것이다.

또한 경정전시과에서는 등과자인 문림랑(文林郞)과 장사랑(將仕郞)은 각각 문산계의 종9품의 상·하에 해당하는데, 이들을 15과에 배정하고 전지 25결을 지급하도록 하였다. 목종의 개정전시과의 16과에서 제술(製述)·명경등과장사랑(明經登科將仕郞)에 대하여 전지 27결을 지급하고 17과에서 제업장사랑(諸業將仕郞)에 대하여 전지 23결을 지급하는 규정이 있었던 것에 비해 높은 대우를 받고 있다.

이속층(吏屬層)은 상층의 서리직(胥吏職)과 하층의 유외잡직(流外雜職, 雜路職)이 모두 분화하여 3과등으로 분속되었다. 서리직의 경우 개정전시과에서는 고급과 하급 서리로 나뉘어 각각 16과와 17과에 배정되었는데, 경정전시과에서는 주사(主事)·녹사(錄事)·대조(待詔) 및 별가(別駕) 등의 최고위 서리와, 영사(令史)·서사(書史)·서예(書藝)·의침사(醫計師) 및 예빈승지(禮賓承旨)·각문승지(閣門承旨) 등 차상위 서리, 그리고 서령사(書令史)·사(史)·상승승지(尙乘承旨) 등 하급 서리로

구분되어 각각 15과, 16과, 17과에 배속되었다. 이속층의 분화는 잡로직에서 더욱 뚜렷이 나타난다. 개정전시과에서는 모두 18과였는데, 경정전시과에서는, 세층으로 나누어 전구관(典丘官)은 최고위 서리들과 함께 15과에, 당인(當印)·당직(堂直)·감선(監膳)·전식(典食)·전설(典設) 등은 차상위 서리들과 같이 16과에, 그리고 나머지는 하급 서리들과 더불어 17과에 배정되었다.

이전에는 한외과(限外科)로 분류되었던 잡류가 한내(限內)로 편입되어 제18과에 자리잡게 되었다. 종전까지 병기(倂記)되어 오던 소위 '한외과'가 이번에는 완전히 모습을 감추어 버렸다.

개정전시과에서 보이지 않던 향직(鄕職)이 경정전시과의 지급대상자 안에 포함된 점이 주목된다. 즉 경정전시과의 규정에서는 향직의 대상(大相)(4품)·좌승(佐丞)(3품)이 전지 40결과 시지 10결을 받는 12과에, 원보(元甫)(4품)·정보(正甫)(5품)가 전지 35결과 시지 8결을 받는 13과에, 그리고 원윤(元尹)(6품)이 전지 30결과 시지 5결을 받는 14과에 각각 배치되어 있다. 향직에 대한 전시지급의 상한이 좌승(佐丞)으로 한정되어 있고 그 이상에 대한 전시 지급의 세칙이 보이지 않는데 이는 기록의 누락으로 보인다.

종전까지 전시과의 대상으로 토지의 지급을 받아오던 산직(散職)이 경정전시과에는 완전히 제외되어 수급대상에서 탈락하고 있다. 개정전시과에서 비록 실직보다 몇 단계 낮은 과등을 받기는 하였지만 실직에 못지않게 중요한 위치를 차지하고 있던 검교직(檢校職)과 동정직(同正職)이 경정전시과에서는 완전히 사라지게 되었다. 이는 곧 전시과의 토지 지급이 실직을 바탕으로 해서만 이루어졌음을 뜻하는 것이다.

경정전시과의 수급관직과 백관지의 관직을 서로 비교해 보면, 경정전시과의 수급관직 안에는 백관지에 보이는 관직이 상당수 누락되어 있음이 주목된다. 중추원 및 삼사의 여러 관직과 지방관이 누락되었으며, 또 좌우간의대부·기거주 등의 간관, 지사·잡단 등의 대관, 각문(閣門)의 인진부사(引進副使), 태사국(太史局)의 영대랑(靈臺郞), 액정국(掖庭局)의 내알자(內謁者) 등이 모두 빠졌다.

문종 대에 전시과가 경정된 이후, 새로운 개정은 행해지지 않았다. 이것은 관료사회의 변화에 대처해 국가가 전지를 새로이 분급하지 못함을 뜻하는 것이다. 이러한 추세 속에서 국가가 분급 전지에 대해 관리·통제하는 권한이 약화됨으로써 그것이 사사로이 전수되어 가산화(家産化)하기에 이르렀다.

〈문종 30년의 경정전시과〉

과	지급액수(結)		수급자(受給者)의 관직(官職)
	전지(田地)	시지(柴地)	
1	100	50	중서령(中書令), 상서령(尙書令), 문하시중(門下侍中)
2	90	45	문하시랑(門下侍郞), 중서시랑(中書侍郞)
3	85	40	참지정사(叅知政事), 좌·우복야(左右僕射), 상장군(上將軍)
4	80	35	육상서(六尙書), 어사대부(御史大夫), 좌·우상시(左右常侍), 태자첨사(太子詹事), 태자빈객(太子賓客), 대장군(大將軍)
5	75	30	칠시경(七寺卿), 비서감(秘書監), 전중감(殿中監), 국자좨주(國子祭酒), 상서좌·우승(尙書左右丞), 사천감(司天監), 태자소첨사(太子少詹事), 제위장군(諸衛將軍), 우소첨사(右少詹事)
6	70	27	이부제조시랑(吏部諸曹侍郞), 장작감(將作監), 소부감(少府監), 군기감(軍器監), 태의감(太醫監), 좌·우서자(左右庶子), 좌·우유덕(左右諭德), 제중랑장(諸中郎將)
7	65	24	칠시소경(七寺少卿), 비서소감(秘書少監), 전중소감(殿中少監), 장작소감(將作少監), 소부소감(少府少監), 사천소감(司天少監), 급사중(給事中), 중서사인(中書舍人), 어사중승(御史中丞), 국자사업(國子司業), 태자복(太子僕), 태자솔경령(太子率更令), 태자가령(太子家令)
8	60	21	제낭중(諸郎中), 태의소감(太醫少監), 군기소감(軍器少監), 내상시(內常侍), 합문인진사(閤門引進使), 태자좌·우찬선대부(太子左右贊善大夫), 태자중윤(太子中允), 태자중사인(太子中舍人), 합문사(閤門使), 국자박사(國子博士), 제낭장(諸郎將)
9	55	18	비서승(秘書丞), 전중승(殿中丞), 합문부사(閤門副使)
10	50	15	제원외랑(諸員外郎), 기거랑(起居郞), 기거사인(起居舍人), 시어사(侍御史), 육국봉어(六局奉御), 전중내급사(殿中內給事), 태사령(太史令), 제릉령(諸陵令), 태묘령(太廟令), 내알자감(內謁者監), 태학박사(大學博士), 중상령(中尙令), 사관정(四官正), 태자약장랑(太子藥藏郞), 전선랑(典膳郞), 태자세마(太子洗馬)
11	45	12	통사사인(通事舍人), 좌·우보궐(左右補闕), 전중시어사(殿中侍御史), 칠시승(七寺丞), 삼감승(三監丞), 사천승(司天丞), 비서랑(秘書郞), 육위장사(六衛長史), 국자조교(國子助敎), 경시령(京市令), 내직랑(內直郞), 전설랑(典設郞), 궁문감(宮門監), 시어의(侍御醫), 제별장(諸別將)
12	40	10	감찰어사(監察御史), 좌·우습유(左右拾遺), 합문지후(閤門祇候), 문하녹사(門下錄事), 중서주서(中書注書), 군기승(軍器丞), 육국직장(六局直長), 사문박사(四門博士), 첨사부사직(詹事府司直), 내시백(內侍伯), 내전숭반(內殿崇班), 제산원(諸散員), 대상(大相), 좌승(左丞)
13	35	8	상서도사(尙書都事), 칠시주부(七寺注簿), 삼감주부(三監主簿), 태학조교(太學助敎), 대관령(大官令), 대악령(大樂令), 대영령(大盈令), 전구령(典廐令), 내원령(內園令), 공역령(供驛令), 장야령(掌冶

			令), 태사승(太史丞), 제릉승(諸陵丞), 태묘승(太廟丞), 사천주부(司天主簿), 동·서두공봉관(東西頭供奉官), 제교위(諸校尉), 원보(元甫), 정조(正朝)
14	30	5	육위녹사(六衛錄事), 군기주부(軍器主簿), 사문조교(四門助敎), 경시승(京市丞), 중상승(中尙丞), 무고승(武庫丞), 대악승(大樂丞), 대영승(大盈丞), 태창승(太倉丞), 대관승(大官丞), 전구승(典廐丞), 내원승(內園丞), 공역승(供驛丞), 장야승(掌冶丞), 비서교서랑(秘書校書郞), 양온승(良醞令), 사의령(司儀令), 수궁령(守宮令), 전옥령(典獄令), 도염령(都染令), 잡직령(雜織令), 도교령(都校令), 장생령(掌牲令), 태의박사(太醫博士), 태의승(太醫丞), 설호정(挈壺正), 보장정(保章正), 율학박사(律學博士), 좌·우시금(左右侍禁), 좌·우반전직(左右班殿直), 제대정(諸隊正), 원윤(元尹)
15	25		도염승(都染丞), 잡직승(雜織丞), 도교승(都校丞), 장생승(掌牲丞), 수궁승(守宮丞), 사의승(司儀丞), 전옥승(典獄丞), 양온승(良醞丞), 사름(司廩), 사고(司庫), 태사사진(太史司辰), 태사사역(太史司曆), 태사감후(太史監候), 상식식의(尙食食醫), 율학조교(律學助敎), 서학박사(書學博士), 산학박사(筭學博士), 사천박사(司天博士), 태의의정(太醫醫正), 사천복정(司天卜正), 비서정자(秘書正字), 제주사(諸主事) 어사대녹사(御史臺錄事), 중추원별가(中樞院別駕), 문하대조(門下待詔), 문림랑(文林郞), 장사랑(將仕郞), 전전승지(殿前承旨), 도지(都知), 선두(船頭), 전구관(典丘官), 사인(司引), 마군(馬軍)
16	22		제령사(諸令史), 서사(書史), 주사(主事), 중서서예(中書書藝), 비서서예(秘書書藝), 사관서예(史館書藝), 태사서예(太史書藝), 의계사(醫計師), 사천복사(司天卜師), 사천복조교(司天卜助敎), 부전전승지(副殿前承旨), 예빈승지(禮賓承旨), 합문승지(閤門承旨), 수의박사(獸醫博士), 당인(當印), 당직(堂直), 감선(監膳), 전식(典食), 전설(典設), 역보군(役步軍)
17	20		제서령사(諸書令史), 제사(諸史), 상승내승지(尙乘內承旨), 부내승지(副內承旨), 태사(太史), 전사(典史), 주약(注藥), 약동(藥童), 통인(通引), 직성(直省), 지반(知班), 주금사(呪禁師), 공선(供膳), 주식(酒食), 공설(供設), 장설(掌設), 당종(堂從), 추장(追仗), 인알(引謁), 계사(計史), 시계사(試計史), 시서예(試書藝), 감문군(監門軍)
18	17		한인(閑人), 잡류(雜類)

경정전시과에 부대적(附帶的) 조항으로 '무산계(武散階)'와 '별사과(別賜科)'에 대한 전시과가 병설되어 있다. 무산계라는 명목으로 지급되는 토지의 액수는 6등급으로 구분되어 있으며, 1등급은 전지 35결과 시지 8결을 받도록 되었다. 무산계가 수여된 것은 노병사(老兵士), 향리(鄕吏), 탐라의 왕족(王族), 여진의 추장(酋長), 공장(工匠), 악인(樂人) 등으로 관료층과는 계열을 달리하는 부류였다. 이들에 대한 토지 지급이 무산계 전시과인데, 아마도 이국인인 탐라의 왕족과 여진의 추장에게는 무산계 전시가 지급되지 않았을 가능성이 크다.

29등급으로 구분된 무산계 중에서 제1급에서 제3급에 해당하는 표기대장군·보국대장군·진국대장군이 무산계 전시과의 지급대상에서 빠져 있으며, 6급의 중무장군(中武將軍)이 누락되어 있는데 이는 기록의 착오로 보인다.

〈무산계 전시과〉

등급	지급 액수	수급자
1	전35결, 시8결	관군대장군(冠軍大將軍, 4등급, 정3품), 운휘장군(雲麾將軍, 5등급, 종3품)
2	전30결	장무장군(掌武將軍, 7등급, 정4품하), 선위장군(宣威將軍, 8등급, 종4품상), 명위장군(明威將軍, 9등급, 종4품하)
3	전25결	영원장군(寧遠將軍, 11등급, 정5품하), 정원장군(定遠將軍, 10등급, 정5품상), 유기장군(遊騎將軍, 12등급, 종5품상), 유격장군(遊擊將軍, 13등급, 종5품하)
4	전22결	요무교위(耀武校尉, 14등급, 정6품상), 동부위(同副尉, 15등급, 정6품하), 진위교위(振威校尉, 16등급, 종6품상), 동부위(同副尉, 17등급, 종6품하), 치과교위(致果校尉, 18등급, 정7품상), 동부위(同副尉, 19등급, 정7품하), 익휘교위(翊麾(威?)校尉, 20등급, 종7품상), 동부위(同副尉, 21등급, 종7품하)
5	전20결	선절교위(宣折校尉, 22등급, 정8품상), 동부위(同副尉, 23등급, 정8품하), 어모교위(禦侮校尉, 24등급, 종8품상), 동부위(同副尉, 25등급, 종8품하), 인용교위(仁勇校尉, 26등급, 정9품상), 동부위(同副尉, 27등급, 정9품하), 배융교위(陪戎校尉, 28등급, 종9품상), 동부위(同副尉, 29등급, 종9품하)
6	전17결	대장(大匠), 부장(副匠), 잡장인(雜匠人), 어전부악건악인(御前部樂件樂人), 지리업(地理業), 승인(僧人)

〈시지의 소재〉

1일정 (一日程)	개성(開城), 정주(貞州, 開豊), 백주(白州, 白川), 염주(鹽州, 延安), 행주(幸州, 高陽), 강음(江陰, 金川), 토산(兎山, 金川), 임강(臨江, 長湍), 신은(新恩, 新溪), 마전(麻田, 漣川), 적성(積城, 漣川), 파평(坡平, 坡州), 창화(昌化, 楊州), 경주(見州, 楊州), 사천(沙川, 楊州), 봉성(峯城, 坡州), 임진(臨津, 長湍), 장단(長湍), 교하(交河, 坡州), 동성(童城, 金浦), 송림(松林, 長湍), 통진(通津, 金浦), 덕수(德水, 開豊)
2일정 (二日程)	안주(安州, 載寧), 동주(洞州, 瑞興), 봉주(鳳州, 鳳山), 수주(樹州, 富平), 포주(抱州, 抱川), 양주(楊州), 동주(東州, 鐵原), 수안(遂安), 토산(土山, 中和), 당성(唐城, 南陽), 인주(仁州, 富川), 김포(金浦), 양골(梁骨, 永平), 동음(洞陰, 永平), 황평(荒坪, 楊州), 승지(僧旨?), 황선(黃先?), 도척(道尺?), 아등곤(阿等坤, 安峽?), 안협(安俠, 安峽), 수안(守安, 金浦), 공암(孔巖, 陽川)

무산계가 없는 공장과 악인도 무산계 전시의 6등급에 편입되어 전지 17결을 지급받았다. 무산계 전시의 지급대상이 된 공장은 군기감을 비롯한 중앙의 여러 관서에 전속되어 있던 관속공장(官屬工匠)에 한정되며, 모든 공장이 대상이 되지는 않았을 것이다.

별사전시과는 대덕이라는 승직(僧職)의 법계(法階)와

대통·부통·지리사·지리박사·지리생·지리정 등 지리업(地理業) 출신이 받는 전시과이다. 별사전시과는 대덕을 제외하고는 모두 지리업관계자들에게 지급되었다. 고려시기에 풍수지리를 중시하였으므로, 이 분야에 종사하는 이들을 특별 대우한 것으로 이해된다.

〈별사 전시과〉

등급	지급액수	수급자
1	전40결, 시10결	대덕(大德)
2	전35결, 시8결	대통(大通)
3	전30결	부통(副通)
4	전25결	지리사(地理師)
5	전20결	지리박사(地理博士)
6	전17결	지리생(地理生)·지리정(地理正)

경정전시과에서는 시지의 구체적인 소재지를 제시하고 있다. 대체로 개경에 인접한 곳에 땔나무를 확보할 수 있는 초채지가 설정되었음을 알 수 있는데, 왕복할 수 있는 거리에 따라 1일정과 2일정으로 구분하고 있다.

[참고어] 전시과, 시정전시과, 개정전시과

[참고문헌] 강진철, 1980, 『고려토지제도사연구』, 고려대출판부 ; 이경식, 2007, 『고려전기의 전시과』, 서울대학교 출판부 ; 윤한택, 2011, 『고려 양반과 양반전 연구』, 경인문화사 ; 이경식, 2011, 『한국 중세 토지제도사-고려-』, 서울대학교출판문화원 ; 이경식, 2012, 『고려시기토지제도연구』, 지식산업사 ; 김용섭, 1975, 「고려시기의 양전제(量田制)」 『동방학지』 16 ; 김기섭, 1987, 「고려전기 농민의 토지소유와 전시과의 성격」 『한국사론』 17, 서울대 국사학과 ; 홍순권, 1987, 「고려시대의 시지(柴地)에 관한 고찰」 『진단학보』 64 ; 박국상, 1988, 「고려시대의 토지분급과 전품(田品)」 『한국사론』 18, 서울대 국사학과 ; 이진한, 2004, 「고려시대 토지제도의 변화와 향리」 『동방학지』 125 ; 이상국, 2005, 「고려시대 양반전 분급의 일양상」 『한국사연구』 128 ; 이상국, 2006, 「고려시대 토지소유관계 시론」 『역사와 현실』 62 〈이병희〉

경제육전(經濟六典) 조선왕조의 성립 직후인 1397년에 편찬되어 반포된 우리 역사상 최초의 성문법전.

1397년(태조 6) 12월 26일 영의정 조준(趙浚)의 책임 아래 1388년부터 1397년까지 10년간 시행된 법령과 장차 시행할 법령을 수집하여 편집하였다. 체제정비 작업에 여념이 없을 초창기에 법전이 편찬되었다는 것은 이미 전부터 계획되고 있었음을 보여준다. 즉 개국공신 세력은 오래 전부터 법전을 편찬하여 그것에 입각한 통치를 구상하였던 것 같다.

1388년은 위화도회군이 일어난 해로 이성계(李成桂) 일파가 정권을 장악한 시기이며, 이후 10년간 공포된 조례 중에서 법전에 수록할 것을 선정하여 육전으로 나누어 편찬하였다. 조준이 편찬을 주도하였지만 당시 정황으로 미루어보아 정도전(鄭道傳)도 함께 주도하였을 가능성은 충분하다. 대개 고려 말부터 시작하여 조선왕조에서 추진된 일련의 개혁방안들이 법제화되어 수록되었을 것이다. 조준·정도전 외에 적극 참여한 인물로 민제(閔霽)를 들 수 있다. 그의 묘지명에 따르면 예전(禮典)의 편찬을 주도하였는데, 그는 고려사회에서 왕실과 혼인을 할 수 있는 재상지종(宰相之宗)에 속하였으나 유교식 예제의 도입을 절실하게 추구했던 인물이기도 하였다.

이같이 결코 합치되기 어려운 인물들이 함께 모여 편찬한 『경제육전』에는 체제개혁의 성과가 집약되었으나, 상호 이질적인 입장 및 견해들로 인하여 문제가 발생할 수밖에 없었다. 얼마 지나지 않아 왕자의 난이 발발하여 정도전을 비롯한 일부 개국공신들이 제거되었는데, 이러한 정치 파동을 겪으면서 정국 주도세력이 바뀌었다. 태종이 권력을 장악하게 되면서 『경제육전』에 대한 문제점이 거론되기 시작하였고, 1404년(태종 4)에 『속육전(續六典)』의 개찬작업이 추진되었는데 여기에는 하륜(河崙)이 주도하였다. 여기에는 조준 계열과 민제 계열의 반대 양상이 동반되었고, 아울러 이들간의 불화와 갈등도 일어나고 있었다.

그러나 태종은 하륜을 신임하여 강력하게 후원하였고 1413년 2월 30일에 『속육전』을 반포할 수 있었다. 『속육전』의 수록 범위는 『경제육전』이 간행된 다음해인 1398년부터 1407년까지 국왕의 수교조례(受教條例)를 추가하였으며, 1413년에 『속육전』과 함께 『원육전』을 정식 명칭으로 하여 반포하였다.

세종대에는 다시 개찬사업이 재개되었다. 태종이 사망한 뒤인 1422년(세종 4) 8월부터 시작되었는데, 1426년에 일단락되었지만 세종은 10개월 동안 스스로 이를 직접 검토하여 보완 사항을 지시하였다. 다시 개찬하여 1428년에 『육전』 5권과 『등록(謄錄)』 1권을 편찬하였다. 이때 개찬을 주도한 인물은 이직(李稷)으로 1408년 이후의 수교조례를 추가하였다. 다시 1433년(세종 15)에 반포된 육전은 황희(黃喜)가 주도하였으며, 1397년에서 1432년까지의 수교조례를 종합하여 편찬한 것이다.

이러한 개찬은 단순히 조문을 수정하기 위한 의도에서 비롯된 것만이 아니었고, 이를 주도한 세력의 체제개혁에 관한 입장이 큰 폭으로 가미되는 과정이기도 하였다. 따라서 『경제육전』의 편찬 및 개찬사업을 주도한 계열과 당시 정국의 변화 추이를 살펴보면 새로운 통치 질서를 어떠한 체제로 수립할 것이냐를 두고 벌어졌던 지배층 내의 미묘한 견해 차이와 갈등의 의미를 좀더 선명하게 부각시킬 수 있을 것이다.

불행하게도 『경제육전』은 오늘날 원문이 전해지지 않아 자세한 내용을 알 수 없다. 다만 조선왕조실록에 간헐적으로 기록된 바에 따라 유추하면 이전·호전·예전·병전·형전·공전의 육전(六典)과 각 전마다 강목을 나누어 편찬하였던 것으로 생각된다.

법전의 문장 형태는 한자와 이두 및 방언이 혼용되어 사용되었고, 과거 공포된 원문과 시행 연월일이 붙어 있는 내용을 그대로 실어 놓았다. 뒤에 일부 수정 보완된 법전이 하륜·이직·황희 등에 의해 개찬되었다. 수정 보완된 법전과 조준이 만든 법전을 구별하기 위해 조준의 경제육전을 경제원육전(經濟元六典)·원육전(元六典)·이두원육전(吏讀元六典)·방언육전(方言六典) 등으로 부른다. 하륜이 수정한 경제육전은 조준의 경제육전에서 이두를 빼고 옮겨 적은 것이다.

경제육전에서 호전은 토지관계를 설정한 항목으로 공신전전수(功臣田傳受), 과전(科田), 둔전(屯田), 방매전지핵실(放賣田地覈實), 양전(量田), 전지수손급손(田地隨損給損) 등이 있어서 고려 초의 토지운영의 상황을 파악할 수 있는 중요한 자료를 제공하고 있다.

특히 과전의 경우 과전법 제정 당시를 바탕으로 한 것이어서 뒤에 편찬되는 『경국대전』에서 다루는 것과는 확연한 차이를 보이고 있다. 전지수손급손(田地隨損給損)은 답험손실을 행할 때 해당 전지가 재해를 당한 정도에 따라 세를 감해주거나 면세시키는 조항이 따로 설정되어 있었음을 보여준다. 즉 일정한 면적의 토지에 대하여 흉황에 따라 어느 정도의 세를 부담해야 된다는 조항과 답험손실작업을 수행하는 과정에서 재해로 인한 손실에 따라 그만큼 세를 경감해준다는 조항이 따로 설정되어 있었는데, 『경국대전』에서는 양자가 수세조라는 항목을 통해 통합되어 처리되었던 것이다.

이들 경제육전은 조선 초기 태조의 법치주의 이념이 담긴 것으로서 절대적인 가치가 부여되어 성종 때 『경국대전』이 만들어지기 전까지 법전의 초석이 되었다. 나아가 『경국대전』의 편찬에도 지대한 영향을 끼치는 등 조선왕조 법치국가의 기틀을 제공하였다.

[참고어] 조준, 과전법, 답험손실법

[참고문헌] 田鳳德, 1989, 『經濟六典拾遺』, 아세아문화사 ; 연세대학교 국학연구원 편, 1993, 『經濟六典輯錄』, 다은 ; 김인호, 2002, 「여말선초 육전체제의 성립과 전개」 『東方學志』 118 ; 尹薰杓, 2003, 「『經濟六典』의 編纂과 主導層의 變化」 『東方學志』 121 ; 임용한, 2003, 「『經濟六典謄錄』의 편찬목적과 기능」 『法史學硏究』 27

〈강은경〉

경주이씨가 농장(慶州李氏家農場) 한말 일제시기 경주지방의 대지주 수봉(秀峯) 이규인(李圭寅, 1857~ 1836) 집안이 경영한 농장.

고려 말 성리학자 이제현(李齊賢)의 직계후손으로 임진왜란 후 경주에서 세거해왔지만, 출사자는 없었다. 이씨가는 서당을 운영하면서 영세자작농 규모의 빈한한 가세를 유지하였다. 이씨가가 만석꾼으로 성장하게 된 시기는 수봉 이규인대에 들면서였다. 개항 직후인 1885년 무렵 그는 전답 60~70두락 정도 상속받았고, 이를 기반으로 영농과 고리대 사업, 개간을 통해 토지를 집적해갔다. 1880년 경 100석지기 정도의 소지주였던 이씨가가 1940년대에 530정보(논 250정보 내외) 규모의 토지를 소유한 대지주로 성장하였다. 특히 산미증식계획이 실시되던 1920~30년대에 대규모로 토지를 매입했으며, 토지매수 자금은 고리대 수익과 소작료 수입에서 조달하였다. 이씨가는 1명의 도마름과 각 지역별로 마름을 두고 소작농지와 소작인을 관리하였다. 소작료 징수법은 집조법이었고, 도마름이 매년 가을철 소작지가 있는 각지를 순회하며 간평을 하여 소작료를 결정하였다. 밭이나 대지의 경우, 정조법을 시행하였다. 지세는 지주부담이었고, 비료대와 종자비는 소작인의 전액 부담이었다. 소작인의 이주 같은 특별한 사정이 없는 한 계속해서 소작을 주었다.

일제시기 내내 적극적인 농외투자의 활동은 거의 없었고, 선대부터 서당을 운영해온 경험으로 근대적 교육사업에 관계하였다. 1920년 집안에 개설한 한문서당을 개화강습소로 개편하였고, 1924년에는 보통학교 부지를 기증했다. 1926년 2,000석 규모의 토지를 <이수봉정(李秀峯亭)> 명의로 등기하고 그 소출로 교육·의료·구빈사업을 전개하였다. 1936년에는 이수봉정 명의로 등기해 두었던 토지 40여만 평(20만 원에 해당)을 출연하여 사립학교 인가를 신청하였다. 이규인은 학교 설립을 보지 못한 채 1936년 5월 사망했지만, 이후 학교설립 작업은 계속되었다. 1938년 2월 수봉교육재단의 설립을 보게 되었고, 기초자산은 토지 약 80여만 평과 약간의 대지·임야였다. 동년 3월 재단이 사실상 운영했던 공립 경주중학교(지금의 경주중고등학교)도 출범하였다. 수봉의 손자는 일제 때 도의원을 역임하였다.

〈해방 전후 토지소유면적 추이(단위: 평/정보)〉

연도	논(평/정보)	밭(평/정보)	대지(평)	합계(평)
1943	707,513(235.8)	134,017(44.7)	5,881	847,411
1944	652,041(271.3)	113,167(37.7)	5,881	771,089
1945	649.177(216.4)	111,606(37.3)	5,881	766,664
1946	592.594(197.5)	106,128(35.4)	5,881	704,603
1947	552,098(174.0)	100,988(33.7)	5,590	658,676
1948	458,858(153.0)	96,560(32.2)	5,590	561,008
1949	141,685(47.2)	46,129(15.4)	1,516	189,330

출처 : 박석두, 1987, 「농지개혁과 식민지지주제의 해체-경주이씨가의 토지경영사례를 중심으로-」『경제사학』 11, 230~231쪽.

8·15 해방 후 농지개혁의 실시가 전망됨에 따라 이씨가도 토지를 순차적으로 매각해갔다. 1945년 말부터 1949년 초반 사이에 192.5정보가 처분(매각과 기부)되었는데, 특히 농지개혁 실시가 확정된 1948년 말에서 1949년 초 사이 소작지 120여 정보를 집중 처분하였다. 수봉교육재단에는 65.8정보를 기부했으며, 1948년 10월 경주중학교는 사립학교로 변경되었다.

농지개혁 당시 이씨가에서 분배당한 토지면적은 48.8정보(논 39.8정보, 밭 9.8정보)이었고, 수봉교육재단 명의로 분배당한 토지면적은 163.3정보(논 140정보, 밭 23정보)였다. 수봉교육재단 명의로 받은 지가증권은 중등교과서주식회사에 투자하였다. 농지개혁 이후 이씨가는 논 9,275평, 밭 4,068평만 남게 되었고, 머슴 3~4명을 고용하여 경작하였다. 1945년 소유토지 면적과 비교하면 논은 3%, 밭은 13.8%, 대지는 25.1%에 불과한 규모였다. 이로써 거대 지주로서의 면모는 완전히 사라졌지만, 소작지 매각대금을 가지고 1947년 12월 창립된 고려화재해상보험주식회사에 창립주주(창립 자본금 100만 원)로 참여하였다.

[참고어] 농지개혁, 동태적 지주, 마름, 재지지주

[참고문헌] 박석두, 1987, 「농지개혁과 식민지지주제의 해체-경주이씨가의 토지경영사례를 중심으로-」『경제사학』 11 〈이수일〉

경진양전사목(庚辰量田事目) 1820년(순조 20)에 계획되었던 양전 시행방안.

18세기말 이래로 야기된 삼정문란(三政紊亂)을 해결하기 위해서는 부세제도의 이정(釐正)과 함께 전정의 문란을 해소하는 대책 등이 필수적이었다. 특히 전정의 폐단은 농지 파악의 부실, 전결세 부과 과정에서의 문란에서 유래하는 것이 많았다. 무엇보다 양전은 전답의 결부를 파악하는 전정의 기초작업이었다. 그러나 1719년에서 1720년 사이에 하삼도(下三道) 지역에서 경자양전(庚子量田)을 실시한 이후 1820년까지 전역을 대상으로 삼은 양전이 실시되지 않았다. 군현단위로 양전이 시행된 곳도 있었지만, 대부분의 지역에서 활용하는 양안은 오래 전의 것이었다.

이처럼 양전이 제대로 시행되지 못한 부작용은 전정과 부세운영 전반에 걸쳐 나타났다. 우선 양안의 내용과 실제 사이에 괴리가 나타났으며, 부세수취를 위한 기준으로서의 가치를 상실했다. 또한 양안 자체도 오랫동안 사용되면서 마모되는 지경이었다. 둘째로 양안이 허실(虛實)하여 농지의 현황대로 부세 수취가 이루어지지 않았고, 이로 인해 진전 허복(虛卜)에 대한 백징(白徵)이 고질화되어 그 규모도 수십 결에서부터 천여 결까지 이르렀다. 셋째로는 부세가 공정·균평하지 않게 부과되는 폐단이었다. 이는 잡역세(雜役稅)의 지역적인 차이에서 연유하는 바도 있었지만, 근원적으로는 결부제에 기초한 양전제가 규정대로 운영되지 못한 것과 관련이 있었다. 넷째로 은루결(隱漏結)이 적지 않았던 점이다. 농지가 경작되고 있지만 조정의 징세대상에서 누락되는 경우, 상당 부분 지방세력가인 토호들에 의한 것이었지만, 이속(吏屬)이나 수령(守令)들의 농간에 기인한 것도 많았다. 마지막으로는 농지의 경계·소유권 분쟁이 적지 않게 일어나고 있었는데, 이러한 분쟁이 양안의 부실 때문에 해소되지 못하고 있었다는 점이다.

이상에 대한 문제제기는 꾸준히 이어져왔지만, 1819년 8월 이지연(李止淵)이 전정문란과 폐단을 지적한 것이 계기가 되어 양전 시행논의가 촉발되었다. 신하들 사이에 찬반 논쟁이 일어났으나, 순조는 각도의 방백·수령의 지휘감독 하에 도 단위의 양전을 수행하는 방식으로 하여 전국적 양전을 완료하도록 지시하였다. 그리고 양남에서 먼저 시량(試量)할 것과, 이를 위해 각 지방에 지시해서 양전을 위한 방략을 강구하여 보고하도록 명령하였다. 이에 따라 1820년 가을부터 양전을 시행하기 위한 준비가 진행되었다. 그러나 양전을 주도했던 인물들이 물러나고 8월 2일 전라감사 이서구(李書九)가 양전 시행 중단을 주장하자 조정에서 이를 받아들이게 되었고, 이전과 같이 사진(査陳)과 개량(改量)을 지역에 따라 부분적으로 시행하는 양전책으로 복귀하고 말았다.

양전이 실행되지 못한 원인은 표면적으로는 기민(饑民) 문제와 재원 부족 문제 때문이었다. 그러나 실제로는 양전을 둘러싼 사회적 갈등, 경제적 이해관계의

대립이 작용한 것으로 보인다. 양전의 실행이 불리했던 계층은 호우(豪右), 부호(富戶), 강호(强戶) 등 향촌사회의 유력자와 지방관청의 이속(吏屬)들이었다. 이들은 부세불균 속에서 이익을 획득하고 있었다. 지방관청 이속들도 정부 수세결을 중간에서 투식하고 있었기 때문에 이것이 드러나게 되는 양전을 환영하지 않았다.

경상감사 김이재(金履載)가 마련한 양전사목은 양전의 목표뿐만 아니라, 이를 반대한 이들의 입장과 근거를 짐작케 한다. 양전사목에서 특별히 초점을 둔 부분은 우선 전품 승강(陞降)의 불공정, 즉 전품의 불공정 문제였다. 또한 전단(田段)의 누락, 은루결 발생, 그리고 척량(尺量)의 영축(盈縮)을 사사롭게 하는 것, 진기(陳起)를 혼란시키는 것 등이었다.

그럼에도 순조 대에 이르러 앞선 영조, 정조 대에도 시행할 엄두를 내지 못하던 전국적인 양전을 구상하고 시행하려 한 점은 의의로 지적할 수 있다. 특히 경상감사 김이재가 전품의 공정한 등제(等第)와 은루결의 색출에 중점을 둔 것은 당시 통용되던 양안의 문제, 전정의 문제를 간파한 것이었다고 평가할 수 있다.

[참고어] 양전, 경자양전

[참고문헌] 김용섭, 1983, 「純祖朝의 量田計劃과 田政釐正문제」 『김철준박사화갑기념사학논총』, 지식산업사 ; 최원규, 1996, 「19세기 量田論의 추이와 성격」 『重山鄭德基博士華甲紀念韓國史學論叢』, 경인문화사 ; 염정섭, 2013, 「순조대 초반 勸農策의 시행과 量田 추진」 『역사교육논집』 50

〈이석원〉

계답(契畓) 조선시기 각종 계에서 운영하던 전답.

조선시기에는 혈연이나 지연 등을 기반으로 한 동계(洞契), 족계(族契) 등의 계가 조직되었는데, 향촌사회의 질서가 재편되는 조선 후기에 활성화되고 성격도 변화되었다. 특히 부세의 지세화·결렴화 주세에 따른 마을 단위의 공동납에 대응하기 위한 목적으로도 활용되었으며, 각종 목적계(目的契) 또한 다양하게 결성되었다. 이는 16~17세기 사족의 향촌지배기구로서 활용된 광역적 범위의 계와는 차원을 달리하는 것이었다.

계는 내용에 따라 조합의 성질이 있는 것과 마을의 규약으로 보아야 하는 것 등으로 대별된다. 대체로 계는 보통 기본금을 적립하거나 전답을 구입하여 그 수익으로 지출에 충당하였다. 계의 종류를 보면 다음과 같다. ① 공유관계에 속하는 조합의 성질이 있는 계로는 관혼상제 비용을 공조하는 것을 목적으로 하는 혼계(婚契), 위친계(爲親契) 등이 있다. ② 조상의 제사를 목적으로 하는 종계(宗契), 문계(門契) 등이 있다. 이들은 전답을 소유하고 그 수익으로 제사 비용에 충당하였다. ③ 종교를 목적으로 하는 불계(佛契), 관묘계(關廟契), 등촉계(燈燭契) 등은 사찰, 관묘 등을 유지하거나 제향비용을 마련하기 위해 기본재산을 설치한 것이다. ④ 학예를 목적으로 하는 학계(學契), 사계(祠契) 등은 학교를 설립하거나 학회를 설립했다. 사정을 설치하여 궁사의 기술을 연마시키기도 하였다. ⑤ 식림을 목적으로 송계(松契), ⑥ 수리를 목적으로 하는 보계(洑契), ⑦ 농사자금의 융통과 농사개량 등을 목적으로 한 농계(農契), ⑧ 입전, 지전, 와방 등과 같은 동업조합원들이 조직한 계, ⑨ 재액을 공동으로 구제할 목적으로 설립한 구황계(救荒契), ⑩ 단순 영리를 목적으로 한 식리계(殖利契) 혹은 취리계(取利契) 등이 있다. 계원의 출자액은 균일한 것이 통례이지만 계의 목적에 따라 계원 1인이 여러 명의 지분을 부담하거나 계원 각자의 자산을 기준으로 하여 출자액에 등차를 두는 등 경우에 따라 일정하지 않았다.

동계 또는 리중계는 동리내 각호로부터 평등하게 하거나 혹은 등급을 정해서 자금을 갹출하였다. 이식 또는 원금으로 호세를 납부하거나 도로, 구거, 교량 등을 수축하고 때로는 주문의 구조에 충당하기도 하였다. 이 경우 계장은 동리장이 맡고 그 동리에 호가 있는 자는 계의 부담을 면제 받을 수 없다. 계의 이익은 당연히 동민이 받게 되지만, 동리를 떠난 자는 계의 부담을 면함과 동시에 이익을 받을 자격도 상실하였다. 따라서 이러한 계는 마을의 규약이라고 보는 것이 타당하였다. 그리고 공산에 식림하는 송계, 부역에 관한 방역계, 공과에 관한 구폐계 등도 이에 속한다.

그리고 단순한 공유관계에 속하는 계가 있다. 여러 명이 공유로 농구 또는 우마를 구입하고 각자 필요에 따라 서로 돌아가면서 사용하는 우마계가 있다. 계에는 계장, 유사 등의 임원이 재산관리 및 기타 사무를 집행하였다. 중요 사항은 계원과 협의를 거쳐 결행하는 것이 보통이었으나 계의 성립, 해산 등에 관해서는 하등의 법령이 없었다. 그리고 종중, 학파간의 계에서는 자파계통에 속하지 않으면 배척하기 때문에 생기게 된 분쟁이 가장 많았다.

계답은 계의 운영을 보조하기 위한 재정수단으로 설치한 것으로, 해당 계에서 기록한 용하기(用下記) 등의 자료를 통해 특징을 살필 수 있다. 현전하는 자료들은 주로 동계와 족계와 관련한 것들이 많다. 먼저 동계의 물적 기반은 전답(田畓)과 계전(契錢)으로 구성되었다.

계전은 각 호(戶)로부터 돈 또는 곡물을 갹출하거나 기금을 모아 축적하였고, 식리(殖利)를 통해 계전을 늘리면 토지를 장만하여 안정적인 재원 확보를 꾀하였다. 동계가 공동의 토지를 소유하고 운영하였던 점에서, 동계가 단지 규약으로서만 존재하는 것이 아니라 동민의 일상적 삶에 밀착되어 있었던 자치조직이었음을 확인할 수 있다. 동계의 재산은 대동회(大同會)에서 선출된 유사(有司)가 관리하며 그 결산을 대동회에 보고하도록 되어 있었다.

족계로는 1664년(현종 5) 남평 문씨가의 족계와, 18세기 중엽 영암의 장암(場巖) 마을에 거주하던 문익현(文益賢)의 후손들의 소종계를 사례로 들 수 있다. 이들은 계의 지속적인 번창을 위해 재원을 마련한 다음 공동으로 그 재원을 관리했다. 이들은 계답에서 조를 수취했고, 각종 경비는 조(租), 전(錢), 미(米)의 형태로 지출했다. 용도는 대부분 제사, 계회, 연회, 접빈객, 부조 등이었다. 조를 통한 수입이 부족할 경우에는 계답을 방매하기도 했는데, 궁민(窮民)을 구휼하거나 족보를 간행하는 등 긴급한 경우가 이에 해당했다.

학계와 학교전의 대표적인 사례는 진도 송산리에서 찾아볼 수 있다. 이곳에서는 이미 17세기부터 경주이씨·창녕조씨·밀양박씨·현풍곽씨 등 4성을 중심으로 동계를 운영하고 있었으며, 19세기에는 동계와 서당을 창설했다. 『대동학계안(大同學契案)』에 따르면 20여 명이 돈을 모아 토지를 구입하였고 계전을 증식하여 아동들을 교육하고자 학계를 설립하였음을 밝히고 있다. 또한 흉년이 들었을 때 학계답을 매매하여 마을 주민들을 구호하는 데 사용하기도 했다.

한편 계는 전답 소유의 주체였지만, 토지조사사업에서는 이를 인정하지 않았다. 이에 위토가 대표자 1인의 이름으로 등기되면서, 해당 토지를 계원들의 동의 없이 임의 처분한 문제로 소송이 발생하기도 하였다.

[참고문헌] 조선총독부 임시토지조사국, 1918, 『조선토지조사사업보고서』; 정구복, 2000, 「한국 족계의 연원과 성격」 『고문서연구』 16·17 ; 오영교, 2003, 「조선후기 동계의 구조와 운영」 『조선시대사학보』 24 ; 김건태, 2010, 「조선후기 계의 재정운영 양상과 그 성격」 『한국사학보』 38 ; 김경옥, 2013, 「18~19세기 珍島 松山里의 洞契·學契 운영」 『지방사와 지방문화』 16 〈윤석호〉

계묘양전(癸卯量田) ① 1603년(선조 36)에 시행한 양전(量田). ② 1663년(현종 4)에 시행한 양전.

[1603년(선조 36)] 본래 경자년이었던 1600년(선조 33)부터 양전 논의가 시작되었으나, 계묘년인 1603년에 양전이 본격화되어 이듬해에 마무리되었다. 1600년 9월 비변사에서는 전제(田制)가 어지러워지고 공부(貢賦)가 고르지 못해 국가의 세입이 감축되었음을 들며, 양전에 관한 사목(事目)을 만들어 감사로 하여금 직접 수령들을 독촉해서 현재 기경(起耕)한 숫자를 각기 타량(打量)하도록 할 것을 아뢰었다.[『선조실록』 권129, 33년 9월 26일] 1601년 2월에 사간원에서 한 번 더 양전을 할 것을 아뢰었고, 이에 선조도 윤허하여 양전이 시작되었다. 계묘양전은 임진왜란 직후 전란의 피해 수습과 통치의 안정을 위해 긴급하게 실시된 것으로 전국의 시기전(時起田)만을 대상으로 하였고, 진전(陳田)은 양전대상에서 제외되었다.

당시에는 양전사업의 적합 여부를 둘러싸고 의견차가 존재했다. 1603년(선조 36) 2월 사헌부에서는 양전이 중요한 사업이기는 하지만 전란을 겪은 후 전야가 다 개간되지 않아 잡초와 수목이 무성하여 전답의 두둑을 분간할 수가 없으니, 양전을 한다 하더라도 등급을 나누어 결수를 정할 수 없을 것이라고 하였다. 오히려 이러한 사정을 이용하여 관리들이 침탈하게 될 것이니, 양전사업을 중지하자는 주장을 한 것이다. 반면 이항복(李恒福)은 양전사업이 천하의 일에서 근본적인 것임을 이야기하며, 전제의 법도를 살리기 위해 양전을 서둘러 진행할 것을 주장하였다.[『선조실록』 권159, 36년 2월 12일]

계묘양전은 임진왜란 이후 가장 먼저 시행된 양전으로서 의미를 가진다. 또한 전국 8도를 대상으로 한 것으로, 이때 작성된 양안은 이후의 갑술양전, 을유양전, 경자양전 등에서도 미처 파악되지 못한 지역에서 유일한 양안으로 기능하였다. 그러나 진황지를 토지대장에 등록하지 않았기 때문에, 이후 진황지의 개간 과정에서 은루결이 급증하는 결과를 초래했다. 또한 수령과 서원들이 토지 등급을 함부로 올리거나 내리는 등 잘못된 토지 등급 책정으로 후대에 문제가 되기도 했다.

[1663년(현종 4)] 이때의 양전은 그 성과가 미미했던 것으로 보인다. 양전을 통해 새로 얻은 전결이 한 배(倍)에도 미달된다고 하고 있기 때문이다.[『현종실록』 권6, 4년 2월 12일] 이때에는 양전과정에서 불성실한 수령들에 대한 처벌이 진행되기도 하였다. 이는 등수(等數)의 많고 적음에 따라 수령의 수행 능력 여부를 결정짓도록 함에 따라, 수령들이 실제의 토품(土品)과 상관없이 오로지 등수를 올려 결부를 많이 하려고 하는 데에서 생겨난 문제였다.

[참고어] 양전, 갑술양전
[참고문헌] 한국역사연구회 토지대장연구반, 2008, 『조선후기 경자양전 연구』, 혜안 ; 한명기, 문중양, 염정섭, 오상학, 이경구, 2014, 『17세기 대동의 길』, 민음사 〈김미성〉

계민수전(計民授田) 백성의 수를 헤아려 토지를 분배하는 것.

고려 말 정도전과 이성계 등이 표방하였던 토지개혁 방안이다.

공민왕대의 전민변정(田民辨正)이 특별한 성과를 내지 못함에 따라 사전(私田) 문제는 점차 심화되었다. 이에 위화도회군 후 1388년(우왕 14) 6월 우왕이 물러나고 창왕이 즉위하면서 "근래에 세력 있는 자들이 토지를 겸병하여 전법이 크게 문란해졌으니 그 폐단을 구원할 대책을 도평의사사(都評議使司), 사헌부(司憲府), 판도사(版圖司)에서 의논하여 보고하도록 할 것이다."라고 명령한 것을 계기로 대책이 논의되었다. 이에 조준(趙浚)·허응(許應)·이행(李行)·조인옥(趙仁沃)·황순상(黃順常) 등이 상소를 올려 수조지(收租地) 특히 사전에 대한 문제와 개혁방안을 제시하였다. [『고려사』 권78, 「식화」1 祿科田]

그러나 정도전은 소유지에 대한 근본적인 개혁을 구상하는 토지개혁방안을 제시하여 이를 계민수전(計民授田) 또는 계구수전(計口授田)의 방안으로 지칭했다. 이는 백성의 수에 따라 토지를 분배하자는 것으로, 고려 말 사전문제의 저변에 소유지의 겸병과 소유 불균형의 문제가 존재했다고 인식했던 것이다. 따라서 전시과 운영의 마비보다 소유지의 겸병과 지주전호제의 만연, 농민의 토지 유리를 더욱 근본적인 문제로 이해했다. 결국 조준 등이 제시한 것과 같은 토지제도 운영상의 문제를 지적하기보다, 농사짓는 농민이 땅을 소유해야 한다는 경자유전(耕者有田)의 원칙으로 돌아가 계민수전의 방식으로 토지를 재분배할 것을 주장했다.

계민수전은 나라 안에 있는 모든 토지를 공가(公家)로 귀속시켜 소유지 불균형과 겸병을 타개하는 근본적인 개혁 방안이라고 할 수 있지만, 당시 토지의 사적 소유 원칙을 부정하고 있다는 측면에서 실현에 옮겨지기 매우 어려운 것이었다. 그로 인해 당시 개혁파 내부에서도 결국 채택되지는 못했고, 결과적으로 고려 말 사전개혁은 수조지·수조권 차원에서의 사전 문제에 국한되어 재편되는 방향으로 귀결되었다.

[참고문헌] 『고려사』 ; 『고려사절요』 ; 『삼봉집』 ; 金泰永, 1988, 『朝鮮前期 土地制度史硏究』, 知識産業社 ; 姜晉哲, 1991, 『改訂 高麗土地制度史硏究』, 一潮閣 ; 朴京安, 1996, 『高麗後期 土地制度史硏究-13·14世紀 田制釐正政策의 推移』, 혜안 ; 金仁昊, 1999, 『高麗後期 士大夫의 經世論 硏究』, 혜안 ; 李景植, 2007, 『高麗前期의 田柴科』, 서울대학교출판부 ; 李景植, 2011, 『韓國 中世 土地制度史-高麗』, 서울대학교출판문화원 ; 李景植, 2012, 『韓國 中世 土地制度史-朝鮮前期』, 서울대학교출판문화원 ; 李景植, 2012, 『高麗時期土地制度硏究』, 지식산업사 ; 박경안, 2012, 『여말선초 농장 형성과 농학 연구』, 혜안 〈이현경〉

계방촌(契房村) 조선 후기 군역과 잡역을 면제 받기 위해 관청이나 이속(吏屬)과 결탁 관계에 있던 촌락.

조선 후기 지역민들이 가중한 군역 및 잡역을 피하는 방법 중 하나로 각급 관청의 사모속(私募屬)이 되는 방법이 있었는데, 계방촌은 사모속의 형태 중 하나였다. 이에 '모입동(募入洞)'·'모입소(募入所)'라고도 불렀다. 촌락 전체가 사적으로 어느 관청이나 이속에 사사로이 속하여 계방전(契房錢)을 거두어주고, 그 대신 군포의 할당액수를 줄여 받거나 잡역을 면제받았다. 이러한 계방촌은 지방재정의 궁핍화와 각종 잡역의 증가 등이 원인이 되어 생겨났다. 아전의 입장에서는 자신들이 손해를 보지 않고 상납과 조달을 하고, 그 중간에서 자신들의 이익을 도모하기 위하여 한 마을 전체와 결탁하여 계방촌으로 만들고자 하였다. 한편 일정한 금전이나 곡식을 아전에게 납부할 수 있는 부유한 촌민의 입장에서는 소액의 납부를 통해서 다액의 군역 및 잡역을 면하는 방법으로 계방촌이 되고자 하였다. 따라서 계방촌은 빈약한 마을보다는 부유한 사람들이 거주하는 부촌인 경우가 많았다. 이 시기에는 누호(漏戶)·누정(漏丁)의 문제가 많았는데, 이는 아전들이 계방촌의 주민을 아예 호적에서 누락시키는 경우와 관련이 있었다. 계방촌에서 면제받은 액수는 결국 다른 촌락에 전가되었으므로 폐단이 많았다. 그러나 계방이 하급관리들의 중요한 이권이었으며 지방재정에서 차지하는 비중이 컸던 만큼, 계방촌은 19세기 말까지 광범하게 존속하였다.

[참고문헌] 金容燮, 1982, 「朝鮮後期 軍役制의 動搖와 軍役田」, 『東方學志』 32 ; 金炯基, 1993, 「조선후기 稧房의 운영과 부세수취」, 『韓國史硏究』 82 〈김미성〉

계수작정(計數作丁) 고려시기 작정제(作丁制)에 입각하여 토지와 인정(人丁)을 일정한 단위로 묶어 전정(田丁)을 만드는 행정.

고려시기에는 부세 징수와 토지 분급의 편의를 도모하기 위하여 토지와 인정을 일정한 단위로 결합시킨 전정을 행정의 기초 단위로 파악하였다. 이를 위해 토지의 결수를 집계하여[計數], 전정을 만들었어야 하였다. 이러한 행정을 계수작정 또는 계결위정(計結爲丁)이라고 한다.

[참고어] 작정제, 고관작정

[참고문헌] 李景植, 1991, 「高麗時期의 作丁制와 祖業田」『李元淳敎授華甲紀念史學論叢』, 敎學社 ; 權寧國 外, 1996, 『譯註『高麗史』食貨志』, 韓國精神文化硏究院 ; 金琪燮, 2007, 『韓國 古代·中世 戶等制 硏究』, 혜안

계양농장(溪陽農場) 일제시기 전라북도 익산군 함라면 함열의 유력자 조용규(趙容奎, 1882~1953)가 세운 농장.

조용규 집안은 조선 후기 이래 함열에서 세거해온 향리가문이다. 개항이후 대지주로 성장하는 데 향리신분이 큰 역할을 했다. 향리직을 활용하여 연리 50%에 달하는 장리로 화폐자산을 단기간에 축적하였다. 조씨 일족은 고리대를 통해 모은 돈으로 신분상승을 꾀하고 토지도 집적해갔다. 조용규의 조부 조한기(趙漢箕, 1836 ~1903)는 사천군수와 정읍군수를 역임했고, 중추원 의관을 지낸 부친 조준식은 함열 3대 부호로 손꼽혔다. 1923년 5월 조용규는 집안의 전장을 한데 모아 조용규농장을 설립했고 나중에 계양농장으로 이름을 바꾸었다.

계양농장의 토지규모는 1926년에 362정보(논 327정보, 밭 5정보, 기타 30정보), 1936년에는 323정보(논 303.3정보, 밭 12.7정보, 기타 7.4정보)에 달했다. 농지는 익산군과 옥구군에 산재해있었고, 거주지와 가까운 익산군 함라면과 황등면에 전체 소유지의 27%와 31%가 집중되었다. 1936년 현재 소작인은 615명이며, 소작기간은 1년이었다. 소작권은 빈번하게 이동되었고 소작인에게 연대책임보증인까지 요구했다. 거주지인 함열면 함열리의 일부 농지는 직영하고 나머지는 모두 소작을 주었다. 1936년 현재 농장직영의 규모는 논 5,650평(33두락), 밭 1,034평이었다. 직영지는 농장에서 고용한 머슴(1949년 현재 7명)이 경작하였다. 소작인 및 농장관리는 농감(=마름)을 통해 이루어졌다. 농감의 가장 중요한 업무는 소작료 징수였고, 소작인에 대한 농사개량과 소작지 관리를 책임지고 있었다. 소작료 징수 성적이 좋지 않을 경우 농감이 교체되었으며, 수수료는 징수한 소작료 성적에 따라 지불되었다. 계양농장에서는 소작료를 도조로 받았고, 현물납이 원칙이었다. 1936년 도조는 1두락 당 대개 1석이며, 대금납부할 경우 1석은 13원 80전이었다. 수납한 소작미는 미가가 등귀하는 시기에 강경이나 이리의 일본 미곡상에게 팔았다.

조용규는 농장경영의 수익률이 높았기에 적극적인 농외투자는 하지 않았다. 다만 도회의원(1937년 당선)을 지닌 그의 아들 조해영(趙海英)은 호남산업주식회사·대륙호모공업주식회사·군산수산주식회사·조선수출공예주식회사의 주주가 되었지만 경영에는 적극적으로 참여하지 않았다. 해방 후 계양농장은 농지개혁에 대비한 사전방매 없이 300정보 전후 토지를 소유했고, 1949년 조해영을 위시한 조씨 일가가 신고한 소유농지는 883,342평(294.5정보)이었다. 농지개혁 당시 조씨가의 피분배면적은 논 232.1정보, 밭 11.4정보, 합계 243.5정보였다.

[참고어] 농지개혁, 동태적 지주, 마름, 재지지주

[참고문헌] 韓國農村經濟硏究院, 1985, 『農地改革 時 被分配地主 및 日帝下 大地主 名簿』; 홍성찬 외 지음, 2006, 『일제하 만경강 유역의 사회사』, 혜안 ; 임혜영, 2011, 「전북 익산 함라 趙氏家의 농업경영」『인문과학연구』 29

〈고태우〉

계연(計烟) 통일신라시기에 가호를 9등급으로 나눈 등급연(等級烟)에 기초하여 촌 별로 산출된 수치.

「신라촌락문서」에는 촌의 둘레, 공연(孔烟)에 이어 계연에 대해 기재하였다. 사해점촌(沙害漸村)의 계연은 '四余分三', 살하지촌(薩下知村)과 서원경(西原京) ○○촌 계연은 각기 '四余分二', '一余分五'라고 표기하였다. 다른 한 촌의 경우, 문서의 앞부분이 훼손되어 촌명(村名)과 계연의 수치를 알 수 없다. 계연의 수치는 하하연(下下烟)부터 상상연(上上烟)까지 기본수 1/6에서 순차적으로 9/6까지 부여하고, 거기에 가호를 9등급으로 나눈 등급연의 수를 곱하여 산출되었다. 계연 수치의 산출과정을 제시하면 다음 표와 같다.

촌명 / 등급연	기본수	사해점촌	살하지촌	○○촌	서원경 ○○촌
중상연	6/6				
중중연	5/6				
중하연	4/6	×4=16/6	×1=4/6		
하상연	3/6	×2=6/6	×2=6/6		
하중연	2/6		×5=10/6	×1=2/6	×1=2/6
하하연	1/6	×5=5/6	×6=6/6	×6=6/6	×9=9/6

합계		27/6	26/6	(8/6)	11/6
몫…나머지		4…3	4…2	(1…2)	1…5
문서의 표기		四余分三	四余分二		一余分五

* ○○촌은 앞 부분이 훼손되어 정확한 공연의 수를 알 수 없음.

1933년에 「촌락문서」가 일본 동대사(東大寺) 정창원(正倉院)에서 발견된 이래, '여분(余分)'에 대한 이해를 둘러싸고 논란이 많았다. '여분'을 소수점으로 보기도 하고, '계연사(計烟四)'와 '여분~(余分~)'을 끊어 읽고, 계연적 역역 부담호와 여분적 역역 부담호의 분립체계로 이해한 경우도 있었다. 또한 여분이란 계연의 수치를 정수로 하기 위해서 그 계산에서 제외된 잉여의 공연수로 보거나 '여분'을 나머지로 파악하기도 하였다. 현재 '여분'은 중상연(仲上烟)을 계연수 1(6/6)로 하고, 그 나머지 수치를 가리킨다고 이해하며, 당나라에서 이역(吏役)을 차역(差役)할 수 있을 정도로 안정적으로 과세할 수 있는 가호인 중상호(中上戶)를 참조하여 신라에서도 중상연을 계연치 1로 설정했다고 보고 있다.

계연의 기원과 관련하여 먼저 울진봉평신라비에 나오는 '공치오(共値五)'가 주목되었다. '공치오'는 어떤 잘못을 저지른 거벌모라(居伐牟羅) 또는 남미지촌(男弥只村)을 노인촌(奴人村)으로 강등시키고, 징벌적 조치로 그 촌락민에게 공동으로 어떤 경제적 부담을 부과한 내역을 일컫는다. 일반적으로 '공치 1'에는 촌락이 부담하는 과세액이 반영되어 있고, 그것은 인정의 숫자를 기초로 하여 산출된 수치로서 통일신라시기에 계연으로 계승되었다고 이해한다. 다른 한편으로 계연의 기원을 중국 북위(北魏)의 수취제도에서 찾기도 한다. 이에 따르면, 북위에서는 '솔호(率戶)', 즉 중중호(中中戶)를 기준으로 가호를 9등급으로 나눈 등급연마다 1/6의 비율로 동일하게 증감(增減)되는 이른바 '구품차조(九品差調 : 등급연에 따라 차등을 두어 부세를 부과하는 것)의 수취가 이루어졌다. 이때 '구품차조'가 계연의 수치와 마찬가지로 1/6의 비율로 각 등급연마다 증감되는 형태로 수취되었다는 점에서 계연의 직접적인 연원(淵源)으로 이해할 수 있다는 것이다.

살하지촌에 관해 기록하면서 나오는 새로 이사해온 가호[新收坐內烟]는 공연의 수에는 포함되었지만 계연 수치의 산출 자료에는 포함되지 않았다. 새로 이사해온 가호는 다음 번 「촌락문서」를 작성할 때에 어떤 기준을 근거로 해서 등급연으로 편제하고 비로소 계연의 수치에 반영하는 것이 관례였다. 일반적으로 관청의 허가를 받고 다른 촌으로 이사한 경우는 곧 바로 공연이 감소되었다고 추기(追記)하였으나 서원경 ○○촌에 관한 기록에서 보듯이 도망간 경우에는 공연의 감소 사실을 금방 추기로 표시하지 않았다. 당나라와 고대 일본 율령국가에서는 도망간 가호가 3년이 지나도록 돌아오지 않으면 호적(戶籍)이나 계장(計帳)에서 제거하는 것이 원칙이었다. 통일신라에서도 역시 도망간 공연(孔烟)이 3년이 지나도록 돌아오지 않으면 그 때 비로소 「촌락문서」에 그 사실을 반영한 것으로 보인다. 그 결과 농민들의 유망(流亡)과 도적화 현상이 크게 증가한 신라 하대에 촌의 호구 동태나 경제적인 상황 변화 등이 등급연을 기초로 책정된 계연의 수치에 정확하게 반영되지 못하면서 수취체계가 혼란에 처하게 되었던 것으로 보인다.

통일신라에서 등급연에 기초하여 계연 수치를 산정한 이유를 밝히는 것은 가호를 9등급으로 나눈 기준이 무엇인가를 규명하는 문제와 직결되어 있다. 가호를 9등급으로 나누는 기준에 대하여 현재까지 인정(人丁), 소유 토지면적, 총체적 자산(資産)의 다과라고 보는 견해가 제기되었다.

촌락문서가 발견된 이래 한동안 『고려사』 「형법지」에 '호를 편제함에 있어 인정의 다과를 가지고 9등으로 나누어서 부역을 정한다'라고 기록된 것을 근거로 통일신라에서도 역시 인정의 다과를 기준으로 가호를 9등급으로 나누었다고 이해하였다. 그런데 정남의 숫자만으로 산정한 등급연과 계연 수치와의 관계가 정확하게 대응하지 않기 때문에 정남+정녀의 수 또는 정남+정녀+조자(조여자)의 수와 더불어 또 다른 경제적 조건까지 고려하여 가호를 9등급으로 편제하였다고 이해하기도 하였다.

먼저 등급연의 산정 기준이 인정의 다과였다고 이해하는 경우에는 계연의 수치는 역역을 징발하는 기초 자료로 활용되었다고 보고 있다. 반면에 인정의 다과 이외에 다른 경제적 조건이 등급연의 산정에 반영되었다고 이해하는 경우에는 계연의 수치는 조(租)·용(庸)·조(調) 수취를 부과하는 기초 자료로 활용된 것으로 파악하고 있다.

그러나 「촌락문서」에 기재된 내용을 근거로 등급연의 산정 기준이 인정의 다과였음을 입증하기가 어렵다. 이 때문에 기존의 인정 기준설을 비판하면서 가호가 소유한 토지 면적의 다과를 기준으로 등급연을 산정하였다거나 또는 소유 토지 면적과 더불어 소와 말, 노비 등을 포괄하는 재산의 다과에 따라 등급연을 산정하였다고 보기도 한다. 이 경우에 계연의 수치는 조·용·조 수취에 모두 적용되었다고 보거나, 역역의 징발, 조포(調布)의 징수 등에 참고 자료가 될 수 있지만 궁극적으로 본래 각 행정 단위의 경제력을 손쉽게 파악하기 위하여 중상연을 1로 파악한 계산상의 연에 불과하다고 보기도 한다.

이밖에 토지와 인정이 결합된 농업 경영단위의 차이를 반영하여 등급연을 산정하였다고 보면서 계연은 조·용·조 수취 전반에 활용되었다고 이해하거나, 등급연의 산정 기준이 토지면적의 다과라는 전제 아래 계연의 수치를 기초로 직역(職役) 대상자를 선발하거나 수조권(收租權)을 지급하였다고 이해하기도 한다. 아울러 곡물의 양, 노비, 가옥과 소나 말, 인정 1인이 1년 동안 노동하여 창출할 수 있는 가치의 양을 포괄하는 총체적 자산을 고려하여 등급연을 산정했던 당나라의 제도를 수용해서 신라에서도 그와 같은 방식으로 가호를 9등급으로 나누었다고 파악한 다음, 계연의 수치는 직접적으로 조(租)와 조(調)의 수취에 활용되었을 뿐만 아니라 각 행정 단위별 역역의 징발이나 조세 감면을 위한 참고 자료로 활용되었다고 보기도 한다.

계연의 수치는 신라 국가가 각 촌 또는 군·현 단위의 경제력을 객관적으로 비교하기 위하여 인위적으로 설정한 것이라는 점에서 그 성격이나 기능을 밝히는 문제는 통일신라시기 수취체계와 재정 운영 양상을 해명하는 중요한 열쇠라고 볼 수 있다. 등급연의 산정 기준에 대하여 논란이 많은 이유는 그것을 규명할 수 있는 자료가 부족하기 때문이다. 근래에 고대 중국이나 일본의 적장제(籍帳制)와 호등제(戶等制) 운영에 관한 연구 성과가 국내에 소개되면서 통일신라 등급연의 산정 기준 및 계연에 대한 이해가 크게 진전되었다고 볼 수 있지만, 아직까지 어떠한 이해가 옳다고 단정하기 곤란한 실정이다. 앞으로 새로운 연구 방법론과 목간 등을 비롯한 최신 자료의 발굴이 이루어지면, 계연에 대한 이해가 한층 더 심화될 것으로 보인다.

[참고어] 신라촌락문서, 공연, 호등제

[참고문헌] 兼若逸之, 1979, 「新羅 '均田成冊'의 연구-이른바 民政(村落)文書의 分析을 중심으로-」『韓國史硏究』 23 ; 旗田巍, 1958·1959, 「新羅の村落-正倉院にある新羅村落文書の硏究」 I · II 『歷史學硏究』 226·227 ; 김기섭, 2007, 『한국 고대·중세 호등제 연구』, 혜안 ; 김기흥, 1991, 『삼국 및 통일신라기 세제의 연구』, 역사비평사 ; 明石一紀, 1975, 「統一新羅の村制について」『日本歷史』 322 ; 오장환, 1958, 「신라장적에서 본 9세기 전후 우리나라의 사회경제형편에 대한 몇 가지 문제」『력사과학』 1958-5 ; 윤선태, 2000, 「新羅 統一期 王室의 村落支配」, 서울대학교 박사학위논문 ; 이인재, 1995, 「統一新羅期 土地制度 硏究」, 연세대학교 박사학위논문 ; 이인철, 1993, 『신라정치제도사연구』, 일지사 ; 이인철, 1996, 『신라촌락사회사연구』, 일지사 ; 李泰鎭, 1979, 「統一新羅期의 村落支配와 孔烟」『韓國史硏究』 25 ; 1986, 『한국사회사연구-농업기술 발달과 사회변동-』, 지식산업사 ; 전덕재, 2009, 『한국고대사회경제사』, 태학사 ; 虎尾俊哉, 1974, 「正倉院所藏新羅民政文書に見える計烟の算出法について」『歷史』 45, 東北史學會 〈전덕재〉

계점사(計點使) 고려시기 지방의 호구(戶口)와 부세(賦稅) 징수를 위해 중앙에서 파견하였던 관리.

『고려사』의 「백관지」 기록에 따르면 1280년(충렬왕 6)에 여러 도에 계점사와 판관(判官)·녹사(錄事)를 각 2인씩 두었다고 되어 있으나(『고려사』 권77, 「백관」2 외직 계점사), 이보다 앞선 1279년(충렬왕 5) 9월에 계점사를 파견한 기사가 확인된다.(『고려사』 권79, 「식화」2 호구)

계점사는 호구와 부세 징수의 현황을 규찰하는 것을 임무로 하였던 것으로 보인다. 13세기 후반 전쟁과 흉년의 연속으로 재정이 궁핍해짐에 따라 관에서는 불법적으로 공물을 징수하였는데, 백성들 가운데에는 이것을 부담하기 힘들어 도망하는 사람이 늘어났고, 남아있는 호구에게는 이중의 부담이 매겨지면서 이를 조정해야 할 필요가 생기게 되었다. 때문에 초기에는 이에 대처하기 위하여 계점사를 파견하여 호구를 헤아리고 부세를 다시 제정하도록 하였다.

하지만 계점사의 임무가 이것에만 국한된 것은 아니었다. 예컨대 1279년(충렬왕 5) 9월의 기록은 계점사의 파견이 일본정벌을 앞두고 백성을 징발하여 군대로 편성하기 위함임을 보여주고 있다. 이 밖에도 1379년(우왕 5) 2월 기사에서는 양광도 계점사로 나가있던 안익이 면주에서 주민 80여 명을 은닉하고 있던 전 판관 최유룡(崔有龍)을 사형에 처하기도 하였다.[『고려사』 권134, 「열전」 47 우왕 5년 2월]

[참고문헌] 『고려사』 ; 『고려사절요』 ; 李景植, 2007, 『高麗前期의 田柴科』, 서울대학교 출판부 ; 李景植, 2011, 『韓國 中世 土地制度史-高麗』, 서울대학교 출판문화원 〈이현경〉

고가(雇價) 노동의 대가로 받는 임금.

조선 후기의 농민층 분화로 인해 빈농 또는 토지를 소유하지 못한 백성들은 노동력 판매자로서 국가의 각종 요역이나 농업부문에 고립(雇立)되어 생계를 유지하였다. 일부는 농촌을 떠나 유리하다가 도시로 몰려들어 도시빈민층을 형성하였고, 도성민으로 자리 잡고 임금노동자가 되었다.

일반적으로 농업노동고용에서의 고가는 1인당 1전(錢)에 세끼 식사를 제공받기도 하고, 미(米) 3승(升)과 전 5푼[分](1727년(영조 3))을 받기도 했다. 그러나 지역이나 농번기·농한기에 따라 고가는 일정하지 않았다. 대개 1일 고가는 1전을 기준으로 식사를 제공하는 관행이 많았던 것으로 보인다. 고지(雇只)의 경우에는 선불되었으나 대부분의 고용노동은 후불이 관행이었다.

18세기 이후 농업에서의 고용노동은 항상 있는 일이 아니었으며 노동력 효율성에 따라 필요한 계절에만 고용이 주로 이루어졌다. 1727년(영조 37) 박문수(朴文秀)의 계문에 따르면 호서지방에서는 서운(鋤耘)·추수·타장(打場)에 50명 정도의 고용노동력이 필요했으며, 고가로는 양미(粮米) 3승과 전 5푼이 지급된다고 했다. 또한 신돈복(辛敦復)의 『산림경제[보설]』에 따르면 가을 추수기의 임금으로 1석락(石落)에 이앙비(移秧費) 2석, 운서비(耘鋤費) 2석을 지불한다고 하였다.

농업부분 이외에도 국가의 주도아래 요역에서의 고립제인 모립제(募立制)가 활발히 진행되었다. 축성역(築城役), 산릉역(山陵役), 영건역(營建役)뿐만 아니라 제방, 도로 등의 토목공사에서 많은 인원이 소요되었다. 모군들은 대체로 30명을 단위로 하나의 패(牌)를 형성하고 있었다. 모군의 고가는 17세기 미·포의 현물로 지급되는 경우가 많았으나, 18세기 후반부터는 화폐로 지급되었다. 18세기 후반 우하영(禹夏永)은 모군의 1인당 1일 고가가 25문(文) 즉 2전 5푼이라고 하였는데, 이것은 당시 농업 임노동자나 훈련도감의 용병보다 더 높은 고가였다.

고가는 1747년(인조 25)의 창덕궁 수리공사에서 모군의 1개월 품삯으로 일단 면포 1필, 쌀 10두로 결정하였으나 모군들이 불응할 경우 쌀 6두에 면포 2필로 올려줄 것을 미리 내정해 놓기도 하였다. 18세기 이후 산릉역의 경우 모군의 1개월 품삯으로 면포 3필과 쌀 9두의 수준으로 관례화되었다. 영건역의 경우 1677년(숙종 3)을 전후로 면포 3필과 쌀 6두, 혹은 면포 2필과 쌀 9두로 일정해지고 있다. 이처럼 고가의 액수가 일정해지는 현상은 해당분야에서의 모군 고용이 관례화되고 이에 따라 일정액의 현물고가가 통용되고 있음을 말해준다.

처음에는 1개월 단위로 지급하는 고가 지급 방식이 일반적이었으나 화폐 사용이후 점차 일당의 형태로 변화하였다. 19세기 이후 대규모 역사의 사례에 따르면 5일 간격으로 정기적으로 후불하는 방식이 널리 적용되었다. 때로는 작업 일수가 아닌 작업량에 따라 고가가 책정되기도 하였는데 흙, 돌 등의 짐 수, 목재, 얼음 등의 개수에 따라 고가를 계산하는 방식이었다. 화성성역의 사례가 대표적이다.

고가의 수준은 토목공사의 종류에 따라 결정되었다. 산릉역의 경우처럼 고된 노역에는 경모군보다 많은 고가를 받을 수 있었으며, 전염병 등의 특별한 사정으로 인해 노동력이 부족할 때는 품삯의 액수가 조정되었다. 또한 야간작업이나 공역을 빨리 마쳐야 할 때는 고가 이외의 보수가 주어지기도 하였다.

[참고어] 고공, 고지

[참고문헌] 최윤오, 1992,「18·19세기 농업고용노동의 전개와 발달」『한국사연구회』77 ; 윤용출, 1998,『조선후기의 요역제와 고용노동』, 서울대학교출판부 〈윤석호〉

고공(雇工) 조선시기 농업생산 등에 고용(雇傭)된 다양한 유형의 노동인구를 두루 의미하나, 법제적으로는 주가(主家)에 장기간 기식하며 일정한 대가를 받고 노동을 제공하던 예속 노동인을 지칭.

안정적인 농업생산을 위해서는 노동력의 확보가 필수적이었는데, 이때 예속노동력인 노비(奴婢)의 대체노동력으로서 활용된 것이 고공이다. 따라서 노비가 봉건적 신분질서 하에 편성된 공적 예속신분이었던 것과는 달리, 고공은 고주(雇主)와의 고용관계에 기반하여 맺어지는 사적 예속신분이었다. 또한 경제적으로는 노비와 크게 다를 바 없었지만 신분상으로는 양인이었으며, 고주에 의해 양여·매매·상속될 수 없었다. 그리고 특정 고공을 제외하고는 출입이 자유로웠고, 군역의 의무도 원칙적으로 지녔다.

이 같은 일반적인 개념에도 불구하고, 고공의 성격에 대해서는 이견이 있는데 크게는 무임금의 예속적 사역인이라고 보는 입장과, 예속성이 없는 자유로운 임노동자라는 입장으로 대별된다. 이 같은 차이는 관례적으로 사용되는 고공의 함의와 국가에서 법제적으로 정의한 고공의 함의가 일치하지 않기 때문으로 보인다. 따라서 고공의 개념과 성격을 이해하기 위해서는 법제적 정의와 관행적으로 쓰이는 용례를 함께 살필 필요가 있다.

우선 고공이라는 용어가 처음 사용된 것은 15세기 초 중국의 『대명률(大明律)』을 형정(刑政)에 받아들였을 때로 알려진다. 그러나 이를 수용했던 당시의 조선

사회에서는 대명률에서 뜻하는 고공, 즉 일정한 기간과 임금을 작정(作定)하고서 고주의 집에 기식하며 노동을 제공하는 사람이 존재하지 않았다. 다만 남의 집에 기식하면서 부림을 받던 사람, 즉 잠정적이고 편의적인 무임금의 노동 인구[앙역무안고공(仰役無案雇工)]가 존재했었다. 혹은 수양(收養)·궤식(饋食)된 대가로 법에 따라 종신토록 수양된 집에서 사역당해야 하는 고공[수양입안고공(收養立案雇工)]이나, 국가가 역리(驛吏)에게 급보(給保)의 형태로 정해준 역리고공, 그리고 함경도의 향리·토호들에게 사역인으로 정해준 세전관하(世傳管下)라는 예속성이 강한 고공이 있었다. 하지만 이들은 일부에 지나지 않았으므로, 주된 고공은 우리말로는 '더부살이'나 '머슴'으로 일컬어졌을 앙역무안고공으로, 이것이 '고공(雇工)'이라는 대명률의 한자로 표현되기 시작했던 것이다.

그러나 고공에 대한 규정은 자세하지 못해서, 고공을 고용하는 절차나 입안(立案)의 작성, 연한(年限)의 장단(長短), 고치(雇値) 등이 법제화되지 못했다. 다만 『경국대전(經國大典)』에는 고공을 가장(家長)의 호적에 입적하도록 한 규정과[「예전」, 호구식(戶口式)], 형률 적용시의 고공처리규정[「형전」, 고존장(告尊長)]만이 마련되어 있었다. 아울러 비부(婢夫)의 형률을 고공인으로 논한다거나, 고공인은 노비에 비하여 1등을 감하고 처벌한다는 조항만이 관례로 내려올 뿐이었다.

고공에 대한 법제적 규정은 조선후기 구체화되었는데, 이는 당시 고공의 증가로 인해 고주와의 형사(刑事) 문제가 빈발하면서 그간의 고공률이 불합리하다는 논의가 일어났기 때문이다. 고공은 형률 적용시 노비에 비해서는 1등을 감하고 양인에 비해서는 1등을 가해 처벌토록 했었는데, 정작 고공에 대한 엄밀한 규정이 없어 혼선이 빚어졌던 것이다. 이에 대해 숙종 6년(1680)에는 고공정제를 통해 고공의 법제적 정의를 마련했다[『추관지(秋官志)』 고율부(考律部) 정제(定制) 고공(雇工)]. 즉 일시적으로 품을 파는 농민을 고공으로 칭하던 관례에 대해서는, 이들을 범인(凡人)으로 분류해 형률을 적용하도록 한 것이다. 반면 고주와의 공술(供述)을 거쳐 입안한 사람만을 고공으로 법제화되었다. 또한 반상을 막론하고 모두 고공이 될 수 있으며, 고공이 되려는 자는 입안하여 호적에 등재되어야 했다. 그리고 향곡토호배가 고공을 빙자하여 협호를 많이 거느리는 폐단을 막기 위해 1호(戶) 내에 1~2명 만 고공으로 등재할 수 있었다. 이상의 정제는 단기고공을 고공규정에서 배제시키는 것이 주요 목적이었는데, 이는 일시고용층을 제한하려는 의도가 아니라 국역체계 내에서 고공의 범주를 제한하고 이를 국가적으로 파악하기 위함이었다.

그러나 숙종연간의 정제에서는 고공의 연한이나 고치(雇値)에 대한 규정이 없었는데, 이는 정조 7년의 논의를 거쳐 『대전회통(大典會通)』에 실렸다.[「형전」 추단(推斷)] 이에 따르면 5년 이상 10냥(兩) 이상의 고가를 받는 사람[수임입안고공(受賃立案雇工)]에 한해 고공으로 인정하되, 돈을 받지 않거나 입안·입적되지도 않은 채 1, 2년 사환(使喚)하는 자는 범인(凡人)으로 취급하도록 했다.

이상에서와 같이 고공은 법제상 일정기간동안 일정 보수를 받되 호적에 등재된 자, 즉 '장기고공(長期雇工)'만을 의미하는 것이었다. 하지만 현실에서 고공의 함의와 용례는 더욱 다양해서, 입안여부와 상관없이 고인(雇人), 고용(雇傭), 용고(傭雇) 등으로 불리던 일·월·계절 단위의 단기고용노동도 고공으로 호칭되고 있었다.

[참고어] 고지, 고가, 마름, 일고

[참고문헌] 박준성, 1964, 「雇工硏究」 『史學硏究』 8 ; 한영국, 1979, 「朝鮮後期의 雇工」 『歷史學報』 81 ; 박용숙, 1983, 「18·19세기의 雇工」 『부대사학』 7 ; 최윤오, 1992, 「18·19세기 농업고용노동의 전개와 발달」 『한국사연구』 77 ; 이정수 외, 2009, 「17, 18세기 고공의 노동성격에 대한 재해석」 『경제사학』 47 〈윤석호〉

고공가(雇工歌) 임진왜란 직후 고공을 소재로 쓴 가사. 110행, 52구로 이루어져 있다. 1821년(순조 21)에 필사된 것으로 보이는 가사집 『잡가(雜歌)』에 실려 있다. 여기에는 「고공가」에 대한 답가로서 이원익(李元翼, 1547~1634)이 쓴 것으로 보이는 「고공답주인가(雇工答主人歌)」도 함께 실려 있다. 「고공가」는 임진왜란 직후에 선조가 지은 것으로 알려져 왔으나, 이수광의 『지봉유설』에 의하면 실제의 작자는 허전(許塡)이라고 하였다. 그러나 숙종대 이복(李馥)은 상소문에서 선조가 지은 것이라고 하였고, 이에 대한 반론이 나오는 등 「고공가」의 작자에 대해서는 당대부터 논란이 있었던 것으로 보인다. 이에 연구자에 따라서는 선조의 뜻을 담아 선전관 허전이 대작(代作)한 것으로 이해하기도 한다.

그 내용 구성은 ① 조상이 처음 큰집을 짓고 살았을 때는 고공들도 근검하였다, ② 고공들이 탐욕과 반목만 일삼을 때 왜적의 침입을 받았다, ③ 고공들은 새로운 마음으로 근검하며, 왜적의 재침을 막기 위해 항상

화살을 준비하라 등의 순서로 진행된다.

「고공가」에 대한 문학계의 연구에서는 작자가 당시 국록을 받아먹는 신하들의 부패상을 고공에 빗대어 우의적으로 고발했다고 해석하는 것이 일반적이었다. 처음의 한 어버이[이성계]가 살림살이를 차려놓았을 때는 고공[신하]도 근검하였는데, 요즘의 고공[신하]들은 밥사발[녹봉]의 크고 작음을 다투고 서로 시기하기만 하다가 화강도[왜적]에 가산이 탕진되어 집이 불타 먹을 것이 없어졌다는 내용을 담아서 서술했다는 것이다. 그러나 논자에 따라서는 「고공가」의 화자를 고주 그 자체로 보고, 무능력한 고주와 고공 간의 갈등을 담은 노래라고 해석하기도 한다.

한편 역사학계에서는 「고공가」와 그에 대한 「답가」가 임진왜란 직후 농업 재건이라는 문제를 둘러싼 정계의 농정관 대립 양상을 담고 있다고 해석하기도 한다. 즉 선조의 「고공가」는 농업 재건의 주체를 고공을 거느리고 농사를 하는 비교적 넉넉한 자경농민층으로 설정하였던 반면, 이원익의 「답가」는 그 주체를 대지주로 설정함으로써 지주전호제에 대한 개혁 여부에서 지향점의 차이를 보인다는 것이다.

[참고어] 고공

[참고문헌] 임기중, 2007, 『한국역대가사문학집성』, 누리미디어 ; 金容燮, 2009, 『(신정증보판)朝鮮後期農學史硏究』, 지식산업사 ; 김명준, 2010, 「<고공가>에 나타난 조선 후기 영세 경영농의 몰락과 그 의미」 『우리문학연구』 31 〈김미성〉

고관작정(告官作丁) 고려 말 과전법(科田法)에서 경기의 황원전(荒遠田)과 개간전(開墾田)을 사전(私田)으로 삼아 관리에게 지급할 때 취했던 행정 절차.

1391년(공양왕 3) 과전법이 공표되면서 각 과에 따라 관리들에게 토지를 분급하였다. '고관작정'은 과전법 규정에 나오는데, '경기에서 오래 묵어 황폐한 토지와 개간한 토지는 직무를 지니고 벼슬길에 오르는 자가 관아에 신고[告官]하면 정(丁)을 만들어[作丁] 과(科)대로 그 토지를 준다'고 했다. 과전법 실시 직전에 행해진 기사양전(己巳量田)에서 파악된 간전(墾田)의 액수가 관리들에게 나눠주기에 충분치 못했다. 이에 경기의 미처 개간하지 못했던 황원전과 방금 개간된 토지라도 받기를 원하는 관리가 있으면 관에 신고해서 작정하여 본인의 해당 과에 따라 받도록 했다.

[참고어] 작정제, 계수작정

[참고문헌] 權寧國 外, 1996, 『譯註 『高麗史』 食貨志』, 韓國精神文化研究院 〈정덕기〉

고노(雇奴) 고공(雇工) 가운데 장기간 고용된 장기고공(長期雇工)으로, 장고(長雇)나 머슴이라고도 함.

[참고어] 고공, 장고

고둔(庫屯) 조선시기 지방관청 소속 재정기구인 고의 경비 마련을 위해 운영한 토지의 통칭.

조선시기 지방의 행정기구는 중앙정부의 조직을 모방하여 이(吏)·호(戶)·예(禮)·병(兵)·형(刑)·공(工) 등 6방으로 구성되었다. 또한 각 방 예하에 창(倉), 고(庫) 등으로 불리는 재정기구를 부속하여 운영하였다. 이들은 각 지방의 필요와 형편에 따라 설치·운영되는 것이었으므로, 용도와 명칭 및 편재도 지역에 따라 편차가 있었다. 한편 각 재정기구의 경비를 마련하기 위해 운영한 토지를 통칭하여 고둔이라고 했다. 명칭은 통상 각각의 고명(庫名)을 따랐지만, 소재지의 지명을 따르거나 경상도의 교구둔(矯捄屯)과 같이 둔전 설치 이유에 따라 이름을 붙이기도 했다.

고둔은 관둔전으로 지급된 토지에 설정되거나 관의 공급으로 마련하기도 했다. 또는 공금을 포탈한 자로부터의 속공, 관찰사의 기부 등을 통한 매수, 부민(富民)의 원납지나 무후자(無後者) 전답의 속공 등으로 마련되었다. 고둔의 설치와 운영에는 중앙에서의 큰 간섭이 없었다. 주로 병작(並作)을 통한 지대를 수익으로 거두었으며, 매매·양여·교환 등의 처분도 지방관 차원에서 이루어졌다.

개별 고둔의 명칭과 용도를 대략 소개하면 다음과 같다. ⓐ 영고(營庫)는 감사에게 소용되는 쌀, 금전, 포목 등을 보관한다. ⓑ 보선고(補膳庫)는 식료품으로 제공하는 어육, 채소, 장, 간장 등을 보관한다. ⓒ 진휼고(賑恤庫)는 흉년에 굶는 백성에게 빌려주는 쌀을 관장한다. ⓓ 보군고(補軍庫)는 군량에 제공하는 쌀을 보관한다. ⓔ 군수고(軍需庫)는 병사의 수요에 제공하는 물품을 관장한다. ⓕ 군기고(軍器庫)는 화약, 창, 활 등을 보관한다. ⓖ 담학고(贍學庫)는 교육에 관한 경비를 관장한다. (평안도에 한함) ⓗ 양사고(養士庫)는 학생의 기숙과 식료 등을 관장한다. ⓘ 영선고(營膳庫)는 공해와 성첩 수선을 관장한다. ⓙ 겸제고(兼濟庫)는 중국 사신의 왕래 때 그 화물의 운반을 관장한다.(평안도에 한함) ⓚ 칙수고(勅需庫)는 중국 사신의 수요에 제공하는 물품을 관장한다. ⓛ 천유고(泉流庫)는 중국 사신의 여비, 기타 재화를 관장한다. ⓜ 관향고(管餉庫)는 심양(瀋陽)과 가도(椵島)에 주둔하는 병나라 군사에 제공하는 군량을 관장한다.(평안감영에 한함) ⓝ 지소고(紙所庫)는 공용에 제공하는 종이를 관장한다. ⓞ 고마고(雇馬庫)는 역마의 사용외 특수한 공용에 필요한 말을 제공한다. ⓟ 호고(戶庫)는 호구, 토지 부세 등에 관한 사무를 관장한다. ⓠ 공고(工庫)는 감사의 수요에 제공하는 토, 금, 목, 쇠, 도야 등의 공작물을 관장한다. ⓡ 무고(貿庫)는 군수품의 무역과 불하를 관장한다.

[참고어] 청답, 관둔전, 민고

[참고문헌] 和田一郞, 1920,『朝鮮土地地稅制度調査報告書』; 오영교, 1986,「조선후기 지방관청 재정과 식리활동」『학림』 8 ; 장동표, 1990,「조선후기 민고운영의 성격과 운영권」『벽사이우성교수정년퇴직기념논총』; 김덕진, 1992,「조선후기 지방관청의 민고설립과 운영」『역사학보』 13 〈윤석호〉

고등토지조사위원회(高等土地調査委員會) 일제의 토지조사사업에서 재결(裁決)과 재심(再審)을 담당하며 토지소유권을 확정한 최고의 심리기관.

고등토지조사위원회 규칙은 1910년 8월 23일 칙령 제43호로 토지조사법과 동시에 제정되었다. 구성원을 보면 위원장은 탁지부 대신이며, 위원은 탁지부 농상공부 토지조사국의 칙주임관 각 2명, 통감부 사법청 고등관과 통감부 재판소 판사 또는 검사 가운데 3명으로 하며, 간사와 서기를 두었다.

그러나 실제로는 1912년 8월 12일 칙령 제3호 고등토지조사위원회 관제에 의해 설치되었다. 구성원은 정무총감을 위원장으로, 위원 25명, 간사 6명, 서기 및 통역생 약간 명으로 조직하였다. 위원은 조선총독부 판사, 조선총독부 고등관 및 임시토지조사국 고등관 중 내각에서 임명하도록 하였다. 그리고 판사로서 위원인 자는 5명 이하로 할 수 없으며 간사는 조선총독부 고등관 또는 임시토지조사국 고등관으로 충당하였다. 서기와 통역생은 조선총독부 또는 임시토지조사국 판임관 중에서 조선총독이 임명하였다. 구성원 모두 일본인이었다. 사무조직은 "불복신립(不服申立) 사건은 그후 차제에 예상과 달리 다수에 달하고, 그 종류도 복잡하여 위원과 간사의 일부가 전문적으로 종사하지 않고서는 용이하게 사무를 진척시킬 수 없다."고 하면서 사무분장규정과 기구를 계속 확대 변경시켜 갔다.

위원회는 5부로 구성되었으며, 각 부에 부장을 두었다. 위원장이 제1부 부장이 되었으며, 다른 부의 부장은 위원 중 조선총독이 임명하였다. 부의 조직과 사무분배는 조선총독이 정하였다. 회의는 부회와 총회 둘로 구성되었다. 부회는 불복 또는 재심신청사건을 재결하기 위한 것으로 부장을 합하여 위원 5명 이상의 합의제였다. 총회는 법규의 해석을 일정하게 하거나 혹은 재결례를 변경할 필요가 있을 때 개회하고, 위원장과 위원을 합해서 16명 이상의 출석자가 있어야 했다.

고등토지조사위원회는 임시토지조사국의 사정에 불복이 있는 자는 사정공시기간 만료 후 60일 이내에 불복신청을 하도록 하였다. 또한 사정의 확정 및 재결이 처벌받을 행위를 기초로 했을 때는 그 행위에 대하여 판결이 있는 것은 사정의 확정 또는 재결이 있었던 날로부터 3년 이내에 재심을 신청할 수 있도록 하였다. 고등토지조사위원회는 재결신청자 이해관계자 감정인에 대한 소환권, 재결에 필요한 서류제출 명령권을 갖고, 재결의 결과를 불복신청자, 임시토지조사국, 지방관청에 각각 통지하고 공시할 의무가 부여되었다. 재결에 따라 토지소유자 또는 강계가 변경되었을 경우 토지대장과 지적도는 사정일로 소급하여 정정하였다. 본 위원회는 이같이 불복신청을 재결하고, 사정과 재결에 관한 재심을 담당하는 토지소유권 확정에 관한 최고 심리기관이었다.

위원은 업무가 증가하고 복잡해짐에 따라 9명에서 25명으로 점점 증가했다. 처음에 5명의 전임위원을 두었으며, 이들은 사법관들로 채용하였다. 불복신청사건은 예상 이상으로 증가하고 종류가 복잡했다. 신청총수 20,057건에 달하였다.

[참고어] 사정, 재심, 재결, 불복신립사건심사서류

[참고문헌]『舊韓國官報』,『조선총독부 관보』; 고등토지조사위원회,「高等土地調査委員會事務報告書」, 1920. 3 〈최원규〉

고려사 식화지(高麗史食貨志) 조선 초기에 편찬된『고려사』에서 경제 관련 내용을 중심으로 구성된 지(志).

『고려사』는 조선 건국 직후부터 고려 멸망의 필연성과 조선 건국의 정당성을 주장하려는 의도 하에 편찬하기 시작하였다. 그러나 조선건국 과정에 대한 기술, 찬술자 자신과 가문에 대한 왜곡, 천자국인 중국의 용어를 그대로 사용하는 문제 등으로 많은 논란이 있어 쉽게 완료되지 못하고, 여러 차례 수정 보완을 거쳐 1451년(문종 1)에 완성되었다. 김종서(金宗瑞)·정인지(鄭麟趾)·허후(許詡)·김조(金銚)·이선제(李先齊)·정창손

〈주요 사서 지의 편목 구성과 식화지의 비율〉

서명	편목 규모	편목명(권수)	식화지 비중
삼국사기(三國史記)	8편(9권)	제사(祭祀)·악(樂)(1), 색복(色服)·거기(車騎)·기용(器用)·옥사(屋舍)(1), 지리(地理)(4), 직관(職官)(3)	
고려사(高麗史)	12편(39권)	천문(天文)(3), 역(曆)(3), 오행(五行)(3), 지리(地理)(3), 예(禮)(11), 악(樂)(2), 여복(輿服)(1), 선거(選擧)(3), 백관(百官)(2), 식화(食貨)(3), 병(兵)(3), 형법(刑法)(2)	7.7% (3/39)
한서(漢書)	10편(18권)	율력(律曆)(2), 예악(禮樂)(1), 형법(刑法)(1), 식화(食貨)(2), 교사(郊祀)(2), 천문(天文)(1), 오행(五行)(5), 지리(地理)(2), 구혁(溝洫)(1), 예문(藝文)(1)	11.1% (2/18)
신당서(新唐書)	13편(50권)	예악(禮樂)(12), 의위(儀衛)(1), 거복(車服)(1), 역(曆)(6), 천문(天文)(3), 오행(五行)(3), 지리(地理)(7), 선거(選擧)(2), 백관(百官)(4), 병(兵)(1), 식화(食貨)(5), 형법(刑法)(1), 예문(藝文)(4)	10% (5/50)
송사(宋史)	15편(162권)	천문(天文)(13), 오행(五行)(7), 율력(律曆)(17), 지리(地理)(6), 하거(河渠)(7), 예(禮)(28), 악(樂)(17), 의위(儀衛)(6), 여복(輿服)(6), 선거(選擧)(6), 직관(職官)(12), 식화(食貨)(14), 병(兵)(12), 형법(刑法)(3), 예문(藝文)(8)	8.6% (14/162)
원사(元史)	13편(58권)	천문(天文)(2), 오행(五行)(2), 역(曆)(6), 지리(地理)(6), 하거(河渠)(3), 예악(禮樂)(5), 제사(祭祀)(6), 여복(輿服)(3), 선거(選擧)(4), 백관(百官)(8), 식화(食貨)(5), 병(兵)(4), 형법(刑法)(4)	8.6% (5/58)

(鄭昌孫)·신석조(辛碩祖) 등이 최고 책임자로서 편찬 방향의 설정이나 자료의 취사선택을 총괄하였다. 열전은 최항(崔恒)·박팽년(朴彭年)·신숙주(申叔舟)·유성원(柳誠源)·이극감(李克堪) 등이 맡았으며, 세가와 지·연표는 노숙동(盧叔仝)·이석형(李石亨)·김예몽(金禮蒙)·이예(李芮)·윤기견(尹起畎)·윤자운(尹子雲)·양성지(梁誠之) 등이 담당하였다.

기전체 형식을 갖춘 『고려사』는 세가 46권, 지 39권, 연표 2권, 열전 50권, 목록 2권 등 총 139권으로 구성되었다. 명에서 편찬된 『원사(元史)』의 체제를 따라 『고려사』를 편찬하였음은 범례에서 밝히고 있다. 『고려사』는 고려시기의 역사에 관해 가장 풍부한 내용을 담고 있는 역사책으로 성리학의 가치관을 수용하면서도 이단에 대해서 비교적 관대한 태도를 보이고 있으며, 서술 내용이 객관적이라는 평가를 받고 있다.

『고려사』의 지는 문물과 제도의 변천을 기록하고 있어 분류사로 볼 수 있다. 『고려사』 지의 구성은 천문(天文), 역(曆), 오행(五行), 지리(地理), 예(禮), 악(樂), 여복(輿服), 선거(選擧), 백관(百官), 식화(食貨), 병(兵), 형법(刑法) 등 모두 12편목으로 이루어져 있으며, 각 지의 서두에 편찬자의 서문이 실려 있다. 각 지는 또 여러 항목으로 분류되어 있는데, 연월이 없는 기사를 앞에 실었으며, 연월이 명시된 기사를 뒤에 기록하였다.

〈『고려사』·『송사』·『원사』 식화지의 항목〉

서명	항목
고려사 식화지	전제(田制), 호구(戶口), 농상(農桑), 화폐(貨幣), 염법(鹽法), 과렴(科斂), 차대(借貸), 조운(漕運), 녹봉(祿俸), 상평의창(常平義倉), 진휼(賑恤)
송사 식화지	농전(農田), 방전(方田), 부세(賦稅), 포백(布帛), 화적(和糴), 조운(漕運), 둔전(屯田), 상평의창(常平義倉), 역법(役法), 진휼(賑恤), 회계(會計), 전폐(錢幣), 회자(會子), 염(鹽), 다(茶), 주(酒), 갱야(阬冶), 반(礬), 향(香), 상세(商稅), 시역(市易), 균수(均輸), 호시박법(互市舶法)
원사 식화시	경리(經理), 농상(農桑), 세량(稅糧), 과차(科差), 해운(海運), 초법(鈔法), 세과(歲課), 염법(鹽法), 다법(茶法), 주초과(酒醋課), 상세(商稅), 시박(市舶), 액외과(額外課), 세사(勢賜), 봉질(俸秩), 상평의창(常平義倉), 혜민약국(惠民藥局), 시적(市糴), 진휼(賑恤), 해운(海運), 초법(鈔法), 염법(鹽法), 다법(茶法) * 동일한 항목이 둘로 나뉘어 배열된 것이 4개 있다.

『고려사』 지의 구성은 다음 표에서 알 수 있듯이 대체로 『원사』와 『송사(宋史)』의 지와 유사한데, 특히 『원사』의 지와 거의 동일하다. 『원사』의 지는 모두 13개 편목으로 구성되어 『고려사』의 지보다 한 편목이 많지만 편목의 이름이 대부분 일치하며, 편목의 배치 순서도 두 사서가 비슷하다. 『원사』의 지에는 예와 악이 한 편목으로 구성되었으나 고려사에는 분리되어 두 개의 편목으로 구성된 것, 『고려사』에 없는 하거와 제사가 『원사』의 지에 수록되어 있는 것이 다를 뿐이다.

식화지는 국가 재정과 경제 활동에 관한 내용을 수록하고 있다. 여러 사서의 지 가운데 식화지가 차지하는 비중은 큰 차이가 없다. 『고려사』 식화지는 지 전체 39권 가운데 3권으로 약 7.7%를 점하고 있으며, 『원사』와 『송사』에서는 식화지가 8.6%를 차지하고 있어, 약간의 차이를 보인다.

『고려사』 식화지는 전제(田制), 호구(戶口), 농상(農桑), 화폐(貨幣), 염법(鹽法), 과렴(科斂), 차대(借貸), 조운(漕運), 녹봉(祿俸), 상평의창(常平義倉), 진휼(賑恤) 등 모두 11개 항목으로 구성되었는데 반해 『송사』 식화지와 『원사』 식화지는 23개 항목으로 이루어져 있다. 『고려사』 식화지가 『송사』 식화지와 『원사』 식화지보다 다양한 내용으로 구성되었다고 보기 어렵다.

『고려사』 식화지와 『원사』 식화지의 항목을 비교해 보면, 완전히 일치하는 것은 농상, 염법, 상평의창, 진휼이고, 다른 항목은 유사한 것도 많지만 전혀 다른 것도 없지 않다. 『고려사』 식화지의 전제, 화폐, 과렴, 녹봉,

조운 등은 『원사』 식화지에서도 유사한 항목이 찾아지지만, 『고려사』 식화지에 보이는 차대 관련한 내용은 『원사』 식화지에 보이지 않는다. 반면 『원사』 식화지에 항목으로 편성되었으나 『고려사』 식화지에 보이지 않는 것은 다법, 주초과, 상세, 시박, 혜민약국 등이다.

『고려사』 식화지의 시작 부분에는 총괄하는 서문이 실려 있고 항목의 목차가 수록되어 있다. 각 항목마다 서문이 실려 있고, 관련 자료가 각 왕대별로 시간 순서에 따라 배치되어 있다. 다만 11개 항목 가운데 조운과 진휼에서는 서문이 없다.

식화지의 총괄 서문은 고려시기 경제에 대한 인식을 집약해 보이고 있다. 국초에 태조가 전제를 바로잡고 백성에게 법도 있게 수취하고 농상에 힘썼으며, 광종대에 공부(貢賦)를 정하였고, 경종대에 전시과를 세웠으며, 성종과 현종대에 법제가 더욱 상세히 갖추어졌고, 문종대에 절약과 검소에 힘써 국가재정이 넉넉하고 백성의 경제생활이 풍족하였다고 보았다. 반면 의종과 명종대 이후 권간(權奸)들이 국정을 농단함으로써 나라의 근본이 흔들리고 지출이 지나쳐 재정이 고갈되었으며, 원 간섭기에 가렴주구가 심해져 양민은 모두 권세가의 사민(私民)이 되었고, 전시과 제도가 무너져 사전(私田)이 되었으며, 권력자의 토지가 크게 확대되었고, 지나치게 조세를 거두어 결국 고려가 망하게 되었다고 보았다. 식화지의 전체 내용은 이러한 인식을 전제로 해서 기술하고 있다.

『고려사』 식화지 항목 가운데 가장 많은 분량을 차지하고 있는 것은 전제이다. 3권으로 구성된 식화지 가운데 한 권이 전제에 관한 내용이므로 전체의 1/3 분량을 차지한다. 식화지 2권에는 호구, 농상, 화폐(시고), 염법, 과렴, 차대, 조운 등 7항목이 실려 있고, 식화지 3권에는 녹봉, 상평의창, 진휼 등 3항목이 수록되어 있다(아래 표 참조). 『송사』나 『원사』 식화지가 염법, 다(茶), 주(酒), 상세(商稅), 시역(市易), 시박(市舶), 화폐(貨幣) 등 상공업 관련 내용이 많은 것과 대조가 된다.

식화지 1권의 전제 부분은 경리, 전시과, 공음전시, 공해전시, 녹과전, 답험손실, 조세, 공부 등 8개의 조목으로 구성되어 있다. 경리는 토지를 조사하고 관리하는 내용과 양전에 관한 내용이 중심이다. 전시과는 태조대의 역분전, 목종대의 전시과, 덕종대의 개정전시과, 문종대의 경정전시과의 토지지급 대상과 규모에 관한 내용을 수록하고 있으며, 구분전과 영업전에 관한 내용이 뒷부분에 추가되어 있다. 공음전시에서는 훈전, 공신전, 공음전시 등을 언급하고 있고, 공해전시에서는 각 지방의 공해전과 서경의 공해전 지급 규정을 기술하고 있다. 녹과전에서는 고종대 이후 설정된 녹과전을 비롯하여 고려 말의 전제개혁 상소문, 과전법 조항이 실려 있다. 답험손실에서는 농지의 작황을 조사해 조세를 감면하는 규정을 다루고 있고, 조세에서는 토지에서 징수하는 세에 관한 내용을 담고 있으며, 공부에서는 각 지방에서 징수하는 공물에 대한 규정을 언급하고 있다.

〈『고려사』 식화지 항목과 조목〉

차례	항목과 조목
식화1	서문(序文), 전제(田制)(경리(經理), 전시과(田柴科) 공음전시(功蔭田柴), 공해전시(公廨田柴), 녹과전(祿科田), 답험손실(踏驗損實), 조세(租稅), 공부(貢賦))
식화2	호구(戶口), 농상(農桑), 화폐(貨幣)(시고(市估)), 염법(鹽法), 과렴(科斂), 차대(借貸), 조운(漕運)
식화3	녹봉(祿俸)(비주(妃主), 종실(宗室), 문무반(文武班), 권무관(權務官), 동궁관(東宮官), 치사관(致仕官), 서경관(西京官), 외관(外官), 주진장상장교(州鎭將相將校), 잡별사(雜別賜), 제아문공장별사(諸衙門工匠別賜), 일반 기사), 상평의창(常平義倉), 진휼(賑恤)(은면지제(恩免之制), 재면지제(災免之制), 환과고독진대지제(鰥寡孤獨賑貸之制), 수한역려진대지제(水旱疫癘賑貸之制), 납속보관지제(納粟補官之制))

식화지 2권에 수록된 내용을 보면, 호구에서는 호구조사와 부역부담에 관한 내용을 취급하고 있고, 농상은 농사와 뽕나무 재배를 중심으로 국가의 권농정책을 언급하고 있다. 화폐에서는 고려에서 사용한 각종 화폐, 원에서 유입된 화폐를 언급하고 있으며, 뒤의 시고에서는 물가에 대해 기술하고 있다. 염법에서는 소금 전매제를 중심으로 언급하고 있으며, 과렴에서는 국가재정이 부족할 때 임시로 거두는 여러 세에 관한 내용을 다루고 있다. 차대 항목에서는 빌려주고 이자를 받는 행위에 대한 규정을 모아 놓았으며, 조운에서는 지방에서 조세를 징수해 중앙으로 운송하는 과정과 관련된 여러 내용을 싣고 있다.

식화지 3권의 녹봉 항목에서는 비주(妃主), 종실(宗室), 문무반(文武班), 권무관(權務官), 동궁관(東宮官), 치사관(致仕官), 서경관(西京官), 외관(外官), 주진의 장상장교(州鎭將相將校), 잡별사(雜別賜), 여러 아문 공장 별사(諸衙門工匠別賜)로 나누어 녹봉의 지급액을 자세하게 수록하였다. 상평의창에서는 물가를 조절하고 백성을 구휼하는 내용을 담고 있으며, 진휼 항목에서는 은혜를 베풀고 면세하는 것, 재해를 맞았을 때 면세하는 것, 홀아비, 과부, 고아, 아들 없는 늙은이를 구제하는 것, 수해, 한재를 입은 자와 전염병 환자에게 꿔주는 것,

곡물을 바친 자에게 벼슬 주는 것 등을 수록하고 있다.

『고려사』 식화지에 수록되어 있는 기사는 총 528개에 이른다. 진휼 항목에는 모두 190개의 기사가 실려 있어 가장 많은 수이며, 전체 기사의 약 36%를 차지하고 있다(아래 표 참조). 전제는 114개로서 약 22%에 달한다. 두 항목의 기사 수가 거의 60%를 차지하고 있다.

〈『고려사』 식화지 항목별 기사 숫자〉

차례	항목과 조목(기사수)	비율
식화1	전제(114) 경리(19), 전시과(15), 공음전시(6), 공해전시(6), 녹과전(17), 답험손실(5), 조세(24), 공부(19)	21.6%
식화2	호구(8)	1.5%
	농상(41)	7.8%
	화폐(30)	5.7%
	염법(19)	3.6%
	과렴(43)	8.1%
	차대(18)	3.4%
	조운(4)	0.8%
식화3	녹봉(50) 비주(1), 종실(2), 문무반(2), 권무관(2), 동궁관(2), 치사관(1), 서경관(2), 외관(4), 주진장상장교(1), 잡별사(1), 제아문공장별사(1), 일반 기사(31)	9.5%
	상평의창(11)	2.1%
	진휼(190) 은면지제(55), 재면지제(39), 환과고독진대지제(11), 수한역려진대지제(81), 납속보관지제(4))	36.0%
총	528개 기사	100%

〈『고려사』 식화지 기사의 왕대별 숫자〉

왕대	기사수	왕대	기사수	왕대	기사수
국초	1	순종	0	원종	18
태조	3	선종	6	충렬왕	61
혜종	0	헌종	0	충선왕	15
정종	0	숙종	18	충숙왕	26
광종	2	예종	15	충혜왕	12
경종	3	인종	22	충목왕	5
성종	21	의종	6	충정왕	1
목종	9	명종	17	공민왕	54
현종	31	신종	0	우왕	33
덕종	3	희종	0	창왕	10
정종	18	강종	0	공양왕	24
문종	61	고종	33	계	528

『고려사』 식화지에 수록된 528개의 기사를 왕대별로 살펴보면, 문종대와 충렬왕대가 61개로 가장 많으며 다음이 공민왕대로 54개이다. 그밖에 고종·우왕·현종대에도 기사가 많은 편이다. 무신란을 기준으로 전기와 후기로 나눌 경우 전기의 기사가 220개이고, 후기의 기사가 308개로 후기의 기사가 많음을 알 수 있다.

『고려사』 식화지에 경제 관련 기사가 집중되어 있지만, 병지 둔전 항목와 형법지 직제·호혼·금령·노비 항목에도 경제 관련 중요한 내용이 실려 있어 참고된다.

[참고어] 전제, 과렴, 전시과

[참고문헌] 한영우, 1981, 『조선전기 사학사연구』, 서울대출판부 ; 변태섭, 1982, 『『고려사』의 연구』, 삼영사 ; 김철준, 1990, 『한국사학사연구』, 서울대출판부 ; 정구복, 2002, 『한국중세사학사(Ⅱ)-조선전기편-』, 경인문화사 ; 박종기, 1996, 「『고려사』식화지의 사료성격」 『역주 『고려사』 식화지』, 한국정신문화연구원 〈이병희〉

고무래 흙을 고르게 하고 씨를 뿌린 후 흙을 덮는 데 사용하는 농기구.

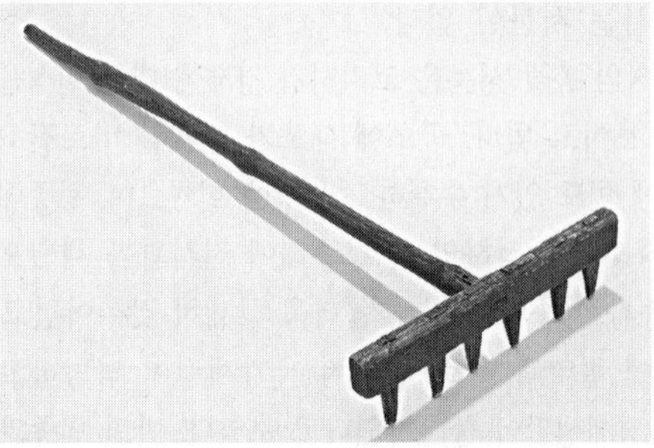

고무래 농업박물관

고무래는 무안 양장리 삼국시기 유적에서 출토될 정도로 한반도에서 사용된 역사가 매우 오래된 농기구 중 하나이다. 가을에 곡식을 햇볕에 말릴 때 곡물 알갱이를 펴서 고르게 햇볕에 노출되도록 하는 데 쓰인다. 길이 30~40㎝, 너비 10~20㎝인 나무판자에 1.5m 가량 길이의 자류를 박아서 제작한다. 충청도에서는 '땡길개', 경기도와 경상도에서는 '당그래', 전라도에서는 '당글개'라고도 하는데, 이는 끌어당기는 동작에서 연유한 명칭들이다.

아래는 역대 기록을 통해 나타난 고무래의 명칭들로서, 한글로는 '고미레', '고미릐'가 사용되었고, 한자표기로는 '파로(杷撈)', '로(撈)' 등도 보이지만, '팔(朳)'이나 '미탕자(米盪子)'가 주로 사용되었음을 알 수 있다. 『농사직설(農事直說)』(1429년)에서 파로(杷撈)는 고무래로서, 사용할 때 흙을 미는 동작을 취하는 데서 밀개[推介]라 하기도 하였다.

강희맹(姜希孟, 1424~1483)의 『사시찬요초(四時纂要抄)』에서 파씨를 뿌릴 때 가볍게 끌어 흙을 덮는 도구로서 설명되는 '로(撈)'는 고무래로 볼 수 있다. 홍만선(洪萬選, 1643~1715)의 『산림경제(山林經濟)』에서는 '목팔(木朳)'로 표현되고 있는데, 서호수(徐浩修, 1736~1799)의 『해동농서(海東農書)』에서 '팔(朳)'은 우리말로 '고미릐'라고 설명되고 있으며 "땅을 고르거나 곡물을 긁어모으고 곡식을 햇볕에 말릴 때도 펴거나 뒤집는다"고하여 현재의 고무래와 정확히 동일한 사용법이 서술되어 있다. 고무래를 팔(朳)로 표기한 것은 『물보(物譜)』(1820년)나 『농가십이월속시(農家十二月俗詩)』(1861년)도 마찬가지다. 역관 홍명복(洪命福) 등이 중국어 단어 하단에 우리말, 몽고어, 일본어 등을 한글로 적어 지은 『방언석의(方言釋義)』(1778년)에서는 고무래를 '米盪子 고미레'로 소개하고 있는데 '미탕(米盪)'이란 표현은 곡식을 말리는 과정에서 고무래를 사용하여 햇볕에 노출되는 면을 바꾸는 과정에서 곡식을 뒤집었기 때문일 것이다. 만주어를 집대성한 『한한청문감(韓漢淸文鑑)』(1779년)에서도 '미탕자(米盪子)'는 '쌀 미는 고미레'로 풀이되고 있다. 『기산풍속도(箕山風俗圖)』(1895년)의 그림 「춘경(春耕)」에 농부들이 씨를 심는 모습에서도 보이고 있으며, 『한국수산지(韓國水産誌)』 제1권(1908년)에서도 판자 모양이 네모난 것과 반달 모양인 두 가지 '고무릐'가 소개되고 있는 등 20세기 무렵에도 고무래 사용을 문헌자료에서 확인할 수 있으며, 여전히 주위에서도 흔하게 목격할 수 있는 친숙한 농기구라 할 수 있다.

[참고어] 곰방메

[참고문헌] 金光彦, 1986, 『韓國農器具考』, 韓國農村經濟研究院

〈정희찬〉

고방직(庫房直) 소작료를 징수한 후 수납이 완료된 소작료를 보관하는 업무를 대행하는 지주의 대리인.

고방직은 지주가 임명했으며 해당 전답의 소작인에게 맡기는 경우가 많았다. 고직(庫直), 고주(庫主), 고통(庫通), 곡주인(穀主人), 농막인(農幕人)이라고도 한다. 지주는 지주의 소작지 부근에 고방직이 거주할 주택과 농작물을 보관할 창고를 마련하고 고방직을 두었다. 전국에 분포하였으며 마름제도가 발달하지 않은 평안도, 황해도 지역에 특히 발달했다.

고방직의 주 임무는 소작료를 보관하는 일이었으며, 이외에 소작료 징수 업무를 보조하고 지주의 지시를 소작인에게 전달하는 등의 보조업무도 담당하였다. 별도의 보수계약은 체결하지 않는 경우가 많았으며, 그 대신 유리한 소작 조건을 부여받았다. 지주 주택의 일부 혹은 부근의 농막에서 거주하는 농막인도 고방직과 유사한 역할을 하였다. 농막 주변에 창고를 설치하여 고방직과 같은 임무를 수행하였다. 농막인 역시 황해도·평안도에 많았다.

[참고어] 농막인, 마름, 도마름

[참고문헌] 조선총독부, 1932, 『朝鮮ノ小作慣行(上)·(下)』; 조선총독부, 1932, 『朝鮮ノ小作慣行 : 時代と慣行』

고복채(考卜債) 조선 후기 서원(書員)이나 서리(胥吏)가 과세지의 납세액을 조사할 때 경비를 마련하기 위하여 결세 이외에 농민으로부터 징수하는 일종의 수수료.

고복작부(考卜作夫)는 매년 지세를 징수할 때 면서원이 과세지의 작황과 작부 면적을 조사하고 결부의 변동 상황을 살펴 납세액을 조사하는 일을 가리킨다. 서원은 여기에 소요되는 경비를 마련한다는 구실로 농민에게 보수나 사례비 명목의 고복채를 거두었다. 고복채는 1결에 1냥 내지 7, 8냥 정도였다.

고복채는 필가(筆價=대필료) 또는 걸복(乞卜)이라고도 한다. 아전들이 환곡과 함께 거둔 고복채는 사혼(私混)이라고 한다. 삼남지방에서는 전결이나 가호에 고복채 명목으로 곡식과 돈을 거두었는데 이를 고급조(考給租)라고도 하였다. 서원이나 아전이 민으로부터 고복채를 징수하여 작성한 모든 과세토지의 기록이 고복채책(考卜債冊)이며, 정전(正田)과 은결(隱結)의 구분 없이 모든 토지를 대상으로 작성하였다. 한말 일제초기에 작성한 납세장부를 고복장(考卜帳), 걸복장(乞卜帳)이라고 하였다. 여기에 납세액을 비롯해 토지소재, 자호, 지번, 지목, 배미수, 두락수, 결수, 사표, 지주의 주소, 성명, 소작인의 성명 순으로 지적에 관한 사항을 기재하였다.

[참고어] 서원, 작부제, 지세징수대장

[참고문헌] 『목민심서』 호전 ; 대한지적공사, 2005, 『한국지적백년사 : 자료편 4』; 정긍식·田中俊光 역, 2006, 『조선부동산용어약해』

〈고나은〉

고부 김씨가 농장(古阜金氏家農場) 한말 일제시기 전라북도 고창지방의 대지주이자 산업자본가로 활동한 김성수(金性洙)·김연수(金秊洙)가 경영한 농장.

조선 초기 이래 전라도 장성지방에서 세거해온 김성수 집안(울산 김씨)은 16세기 초중반 대유학자 하서 김인후(金麟厚)를 배출한 호남굴지의 양반 선비가였다. 19세기 중엽 김성수의 조부 김요협(金堯莢)은 고부군의 대지주 정씨 집안과 결혼하면서 고부군 부안면 인촌마을로 이주했다. 김요협은 만석꾼 처가의 도움과 부인의 근검절약으로 중소지주로 성장하면서 두 아들[김기중(金祺中)과 김경중(金暻中)]과 손자[김성수·김재수(金在洙)와 김연수]대에 대지주·산업자본가로 성장할 수 있는 기반을 마련하였다. 그의 말년에 이미 천석꾼으로

해리농장의 염전

성장했는데, 그런 성장의 배경에는 한말 정치적 변동기에 화순·진인·군위군수를 지낸 정치 경력이 결정적 역할을 하였다. 1907년 항일의병의 궐기를 피해 인촌마을 건너편 부안군 건선면 줄포로 이주하였다. 줄포에는 일본군헌병대가 있었고, 군산항과 더불어 개항 이래 전북평야의 미곡수출관문으로 경제중심지 역할을 하였다. 이후 줄포는 김씨일가 지주경영의 중심근거지가 되었다. 1909년 김기중은 부친으로부터 대략 1,000석을 추수할 수 있는 1,600두락(100정보 내외)의 토지를, 김경중은 200석을 추수할 수 있는 토지를 물려받았다. 이들 토지는 고창군·부안군·옥구군·정읍군·장성군 일대에 산재해있었다.

한말에서 일제초까지 김씨 일족의 지주경영은 전통적인 방식에서 크게 벗어나지 못했다. 1923~24년 현재 김기중-김성수·김재수 부자의 전장은 800정보의 광대한 규모였고, 그에 딸린 1,978명에 달하는 소작농민들은 차경면적 1정보미만의 영세소작농이었다. 3반보(5두락)미만이 전체 소작농의 57%를 점했으며, 영세한 소작지 규모는 현실적으로 지주권을 강화시키는 조건으로 작용했다. 또한 해마다 교체되는 소작농민도 상당수에 달했는데, 소작인의 58%가 1회 이상 소작권 변동을 겪었다. 빈번한 소작권 탈작·변동의 원인은 소작료=지대인상이었고, 불응하는 소작농민은 곧바로 교체되었다. 낯선 농민에게 소작권을 줄 경우나 지대를 올리면서 소작인을 교체할 때는 반드시 연대 보증인을 세우게 했다. 김씨가의 전장은 관리인(농감·마름)을 통해서 운영되었다. 1918년 현재 관리인은 38명이었고, 그중 28명이 전장 소속의 소작농민들이었다. 관리인의 임무는 지주가의 지시에 따라 전장경영에 관한 모든 일을 수행하는 것이지만, 그 중에서도 주된 것은 모든 소작농민으로부터 규정된 지대를 징수 보관하였다가 처분 상납하는 일과 우도나 대곡이자를 수납하는 일이었다. 1925년까지 징수한 지대는 관리인 집에 임시로 두었다가 쌀값이 상승하거나 돈이 필요한 시기에 판매하였다. 관리인의 보수는 관리지에서 징수하는 소작료의 7~10%를 지급받았다. 소작료 징수방법으로는 정액제인 원정제와 집조제를 병용하였다. 비옥한 농지나 수리시설이 갖추어진 토지에서는 원정제를 적용했으며, 원정제가 집조제보다 높은 지대를 징수할 수 있었다. 원정은 두락 당 평균 14.58두(지세를 포함하면 15.29두)이며, 집조는 12.58두였다. 김씨가에서는 1920년대에 접어들면서 수입이 감소해지자, 집조제로 징수하던 지대를 점차 원정제로 전환시켰다. 이때 지세까지 소작인에게 전가했다. 한말에서 1918년에 이르는 짧은 기간 동안, 일제가 토지조사사업을 시행하던 그 시기에 김기중 부자의 소유 토지는 7배 이상으로 확대되었고, 이후에도 증가일로에 있었다.

〈김기중 부자의 전체 소유규모 및 소작료 액 추이〉

연도	소유면적	소작료액(두)	소작료 금액
1918	11.707.0두락	130,711.4두	118,424.57원
1919	-	115,772.6두	122,429.52원
1920	11,900.3두락	114,752.2두	64,834.99원
1921	-	113,811.7두	100,358.81원
1922	12,034.9두락	135,079.2두	90,064.06원
1923	-	144,612.6두	112,074.80원
1924	13,605.8두락	74,817.0두	66,774.23원

출처 : 김용섭, 1998, 『한국근현대농업사연구』, 일조각, 225쪽.

이처럼 김기중의 지주경영은 이 시기 지주제의 일반적 경향과 같은 것이었으며, 그의 동생 김경중의 지주경영도 마찬가지였다. 농지를 마름이나 농감을 통해서 간접적으로 관리하고 전장을 반봉건적 생산양식의 재래식 지주제로써 경영하고 있었다. 단지 김경중의 지주경영은 형 김기중보다 더 철저했다. 한말에 겨우 200석을 추수하는 전장이었지만, 1923~24년 무렵 김경중은 15,000~18,000석을 추수하는 거대한 전장으로 확대시켰다. 토지소유 규모가 80~90배로 늘어났다. 이는 철저한 지주경영의 결과였으며, 이러한 증식과정에서 대금업이 매우 중요한 역할을 하였다. 1923년 두 아들(김성수·김재수)이 활동하고 있던 서울로 거처를 옮긴 김기중은 전장 경영을 종래대로만 할 수 없었다. 재래의 지주제 틀 안에서 수익성을 최대한으로 확보하려 했는데, 그 방안이 지대 징수법과 미곡 판매방법을 개선하는 일이었다. 소작료 징수에서 집조제를 줄이고 원정제 징수를 늘리는 한편 중간 관리기구의 간소화로 비용을 절감하였다. 김기중·김경중 두 형제가 줄포에 공동으로 정미소를 설치하고 소작농민들이 직접 정미소로 소작미를 납부하게 하고, 정미소에서 도정한 쌀을 자신들의 선박으로 군산으로 반출하였다. 이때 소작농민들에게 줄포항까지 운반해 오는 운임을 일정하게 지급했다. 소작농민에게 운반비로 1석 당 30전씩을 지급해도 관리인 보수지출보다 훨씬 저렴하고 미곡판매에서도 유리했다. 그에 따라 종래 관리인들은 대부분 해임되거나 기능이 대폭 축소되었다. 이와 병행하여 보다 근본적인 대책으로 지주자본을 일부 산업자본으로 전환함으로써 새로운 활로를 타개하였다. 1917년 경성직뉴의 인수에 뒤이어 1919년에 인가받아 1923년부터 조업을 시작한 경성방직주식회사의 설립으로 나타났다.

한편 구래의 지주경영을 변혁하여 새로운 농장제기구로 개편한 작업은 김경중의 전장에서 김경중의 둘째 아들 김연수에 의해 이루어졌다. 1921년 교토제국대학 경제학부를 졸업한 김연수는 경성방직의 전무와 경성직뉴의 상무로 회사경영을 맡고 있었고, 또한 1920년대 전반기 조선농촌에서 발생하고 있던 농업문제와 김씨가의 지주경영의 실태를 목도하고 있었다. 이 시기 현실 속에서 지주경영을 성장시키는 방법은 전통적인 지주경영을 일본인 농업자본가가 하는 것처럼 자본가적인 농업경영의 방식으로 개편하는 데 있다고 보았다. 그와 같은 일본인 농장들은 줄포 일대에서 얼마든지 널려 있었고, 실제로 그런 것을 모델로 실천에 옮겼다.

김연수의 첫 사업은 1923년 장성농장의 설립이었다. 이 지역에 그의 소유 토지가 가장 많이 집중되어 있었기에, 대단위 집단농장으로 쉽게 개편할 수 있었다. 장성 일대 농토를 하나로 묶고 장성정미소를 세워 단위농장 경영체제를 확립하였다. 장성농장은 농장개설 10년 만인 1934년에 1만석을 추수할 수 있는 410정보의 대단위 농장으로 성장하였다. 1924년 장성농장의 운영이 본궤도 오르자, 그해 10월 김연수는 선대로부터 내려오는 광대한 토지와 가산을 관리하는 기업체로 삼수사(三水社)를 설립하였다. 삼수사의 주도로 본격적으로 농장개설 작업에 착수했다. 농장설립의 기초 작업으로 먼저 소유 농지의 철저한 조사를 실시하였다. 구문기와 등기부를 일일이 대조하면서 집안의 모든 농지를 실측 확인하여 한 필지의 누락도 없이 토지를 전체적으로 파악할 수 있게 했다. 그런 다음 농장경영에 편리하도록 농지를 한 곳에 밀집시키는 작업을 행하였다. 자가 농지와 타인 농지를 교환하기도 하고 타인의 농지를 특청하여 매입하기도 하였다. 그렇게 하여 1925년 줄포농장, 1926년에 고창농장·신태인농장·고명농장, 1927년에 법성농장, 1931년 영광농장, 1937년 손불농장, 1938년 해리농장이 차례로 출범하였다.

158정보 규모의 줄포농장은 3개 구역으로 경지정리를 단행하고 소작농민들에게 일률적으로 2정보씩 배분하였다. 김연수는 소작농민의 자활은 영세농경에서 탈피하는데 있다고 보고, 소작농가 1호당 최소 2정보이상의 경지를 경작하게 하는 것을 농장경영의 기본원칙으로 삼았다. 그러나 종래 지주경영에서 영세소작농으로 농지를 소작해 온 많은 소작농들은 농장제 개편과 경지재분배 과정에서 탈락되고 말았다. 후일 농장측은 농장 토지를 배정받지 못한 농가를 구제하기 위해 줄포면 우포리와 흥덕면 신덕리에 공사 중이던 간척지를 인수하고 공사비 5만 3,000여 원을 들여 방조제를 쌓아 7만 5,000평의 논을 조성하였다. 줄포는 쌀의 집산지였기에 줄포농장은 삼수사·삼양사(三養社)의 핵심적 농업기지 역할을 담당하였다. 줄포농장은 1931년 삼양사 줄포지점으로 승격되었고, 늘어난 물량으로 1937년과 1940년에는 자체 수송선 줄포환 1와 2호가 운영되었다. 장성농장과 줄포농장에는 정미소를 설치하여 정미한 쌀을 일본 오사카 미곡시장에 출하하였다. 이때 가마니에 김(金)자를 새겼다.

고창농장은 1926년 12월에 약 270정보의 규모로 개설되었다. 고창군 명고포에 조성된 명고농장은 1,500석을, 정읍군 신태인면의 신태인농장은 5,000석을 수확하였다. 1929년 2월 명고농장을 재단법인중앙학원의 설립기금으로 희사했고, 1932년 보성전문학교 인수자금으로 재단법인중앙학원에 신태인농장을 기부하였다. 1927년 10월 영광군 법성포 일대 159정보 규모의 법성농장이 출범하였다. 1931년에 영광면의 여러 곳에 흩어져 있던 농토를 묶어 122정보의 영광농장을 개설했다. 토지를 집단화하여 협동농으로 하게 한 것이 농장조직의 기본원칙이었지만, 영광농장에는 이 원칙이 관철되지 못했다.

각 농장은 총대 책임아래 운영되어 갔다. 운영양상은 모든 농장에서 공통적으로 사용된 소작계약서 속에 명문화되었다. 작물의 재배수확, 농사개량, 농자대부, 소작료의 책정과 징수, 소작계약조건 및 해약조건 등 농장경영에 관한 모든 규정을 근대법적인 계약의 이름으로 마련하는 가운데 소작농민을 장악 지배하였다. 농장으로 개편된 후 소작료의 징수·도정·판매에 이르는 모든 과정이 보다 조직적으로 운영되었고, 그와 같은 합리적 자본가적 경영을 통해 지주수입은 증대되었고, 농지규모도 더 커졌다.

농장경영이 본궤도에 오른 1931년 4월 회사명을 삼수사에서 삼양사로 바꾸고 대규모 간척사업을 추진하였다. 당시 산미증식계획을 수행하고 있던 일제 당국의 권유와 적지 않은 자금지원도 뒤따랐다. 삼양사의 첫 사업이 1931년 함평간척사업이었다. 전라남도 함평군 손불면 앞바다를 메우는 공사로, 공사비는 92만여 원으로 책정되었다. 이중 조선총독부의 토지개량사업 보조금이 44만 4,000원이었고 자체 자금이 48만 3,000원이었다. 1933년 6월 공사를 완료하여 약 400정보의 농지를 확보하였다. 간척한 토지에 손불농장을 개설하였다. 간척공사에 투입된 농민들과 모집된 이주농민에게 정착비용을 지급하고 소작지로 논 2정보 밭 7반보씩 배정하였다. 오랜 제염작업을 거쳐 1940년 손불농장은 12,000석을 수추하게 되었다. 함평간척사업이 끝난 지 3년만인 1936년 4월 전라북도 고창군 심원면과 해리면의 앞바다 200만평을 매립하는 해리간척사업에 착수하였다. 1년 2개월 만에 준공을 보았는데 매립면적 730정보에 공사비는 총 123만 6천원에 달했다. 1938년 9월 681정보의 해리 농장을 개설하고 188가구를 정착시켰다. 해리농장은 간척지 내에 충분한 저수지를 마련하기 어려웠기에, 인근의 전답을 매수하여 750정보의 저수답·침수답을 마련하였다. 겨울에 물을 저수했다가 봄에는 이것을 트고 농사를 짓는 방법이었다. 1934년 11월 삼양사는 자본금 300만 원에 김연수를 대표사원으로 하는 합자회사삼양사의 법인조직으로 전환되었다. 본점은 서울에, 지점은 전라북도 부안군 줄포면 우포리에 두었다. 조직전환과 더불어 삼양사는 만주로 진출하였다. 1936년 3월 삼양사의 봉천사무소가 개설되었고, 봉천사무소는 농장개설에 참여할 이주민을 모집했다. 이후 1937년 만주 길림에 천일농장과 반석농장, 1938년 길림 교하농장, 1939년 만주 봉천에 매하농장·구대농장·삼양둔을, 1944년 만주 빈강에 다붕농장을 설립하였다.

8·15 해방과 더불어 삼양사는 크게 위축되었다. 미군정기 삼양사는 염전사업에 뛰어들었다. 일제시기 대부분의 민간염전이 38이북에 있었다. 38선으로 소금유통이 두절되자, 쌀 한가마니에 소금 한가마니로 물물교환이 될 정도로 소금 값이 비쌌다. 군정청에서 관영염전에서 생산되는 소금으로는 수요를 당할 수 없어 소금난 해결을 위해 관의 독점권을 개방하여 민간인에게도 소금 생산을 허용하게 했다. 삼양사는 해리농장에 아직 미완성의 농지가 남아 있어 염전개발을 신청하고, 1947년 2월부터 염전 축조작업에 들어갔다. 공사가 진척됨에 따라 삼양사는 해리농장을 해리지점으로 승격시켜 농업부와 염전부를 두었다. 1949년에 1차로 52.7정보의 염전 축조공사를 끝내고 천일염 8,989가마를 생산하였다.

농지개혁에 따라 연간 수확량 15만 석에 이르는 삼양사의 모든 농장은 해체되고 오직 해리염전만 남게 되었다. 한국전쟁 후 해리염전은 정지 축조공사를 진행하여 1954년 말 300여 정보 연간 2만 5,000M/T에 달하는 소금을 생산하는 거대 제염업체로 성장하였다. 1956년 6월 해리염전은 삼양염업사로 독립되었다. 합자회사 삼양사는 1953년 3월 주식회사체제로 전환했고, 이후 제당·수산제조업·방적업·폴리에스텔·화학산업 등 다양한 제조업분야로 진출하였다.

[참고어] 농지개혁, 동태적 지주, 간척, 개간

[참고문헌] 株式會社三養社, 1974,『三養五十年』, 삼화출판사, 1974 ; 金容燮, 1998,「古阜 金氏家의 地主經營과 資本轉換」『韓國近現代農業史硏究』, 一潮閣 ; 수당 김연수선생 전기 편찬위원회, 1996, 『한국 근대기업의 선구자-수당 김연수 선생 일대기』, 삼양사

〈이수일〉

고사신서(攷事新書) 1771년(영조 47)에 예문관 제학(提學) 서명응(徐命膺)이 『고사촬요(攷事撮要)』를 대폭 개정하고 증보·편찬한 일용(日用) 유서(類書) 성격의 책.

『고사신서』의 모본인 『고사촬요』는 1554년(명종 9) 어숙권(魚叔權)이 편찬한 유서로, 관리들이 알아두어야 할 여러 가지 문제에 대한 정보를 담고 있다. 중국과의 사대(事大)에 관한 내용이 특히 많고, 이외에 관제(官制), 과거(科擧), 서식(書式), 서책(書冊) 및 약물(藥物)의 가격, 도로(道路) 등에 대한 설명도 담겨 있다.

어숙권이 편찬한 이후 계속 개정 증보된 판본이 편찬되었는데, 시대가 내려오면서 본조기년(本朝紀年) 등을 추가하고 내용을 크게 보충하는 방향으로 개정 증보가 이루어졌다. 먼저 1585년(선조 18) 허봉(許篈)이 증보하였고, 1613년(광해군 5) 박희현(朴希賢)이 개찬(改撰)하였으며, 1636년(인조 14)에 이식(李植), 최명길(崔鳴吉) 등이 다시 증보하였다. 이후 현종, 숙종, 영조 대에도 계속 증보작업이 이루어졌다.

1771년 서명응이 『고사촬요』의 원모습을 찾기 어려울 정도로 대폭 개정·증보하여 3권 분량에서 15권 7책

으로 크게 확대시킨 『고사신서』를 편찬하였다. 『고사신서』의 15권의 구성은 천도문(天道門), 지리문(地理門), 기년문(紀年門), 전장문(典章門) 상하(上下), 의례문(儀禮門), 행인문(行人門), 문예문(文藝門), 무비문(武備門), 농포문(農圃門) 상하(上下), 목양문(牧養門), 일용문(日用門) 상하(上下), 의약문(醫藥門)으로 되어 있다. 이 가운데 농업 관련된 부분은 권10 농포문 상, 권11 농포문 하, 그리고 권12 목양문이다. 그리고 구황과 관련된 부분은 권13 일용문 상, 권14 일용문 하에 실려 있다. 그런데 농포문, 목양문, 일용문의 내용은 홍만선이 지은 『산림경제(山林經濟)』 치농, 치포, 목양, 구황의 서술 부분을 거의 그대로 옮긴 것이었다.

[참고어] 산림경제

[참고문헌] 김용섭, 1988, 『조선후기 농학사연구』, 일조각 ; 박권수, 「규장각 소장 『攷事新書』에 대하여」 『奎章閣』 36, 서울대학교 규장각 〈염정섭〉

고상안(高尙顔) ⇒ 농가월령

고주(雇主) 고공(雇工)을 일정 기간 고용하여 품삯을 제공하던 고용주.

[참고어] 고공

고지(雇只) 일종의 청부제(請負制)에 의한 고용노동으로, 작업의 일부 또는 전체를 계약에 의해 경작해주는 노동형태.

고지노동의 발전형태는 신돈복(辛敦復, 1672~1744)이 쓴 『후생록(厚生錄)』과 『산림경제보설(山林經濟補說)』에 잘 나타나 있다. 『산림경제보설』에 따르면, 농경지는 많으나 노동력이 적은 사람들이 세전(歲前)이나 춘기(春期)에 용고가(傭雇價)를 헤아려 지급해 필요한 노동력을 미리 고용했다고 한다.(近法我國振威水原農作之規, 田多人寡 則必於歲前或春期, 先計本田所入傭雇之價, 以錢貫或租石 豫募多人給之[『산림경제보설』 권1, 치농조(治農條) 용작지법(傭作之法)]) 책의 편찬시기를 18세기 중반으로 비정한다면, 이 시기 전후로 고지노동이 발달하고 있었음을 알 수 있다.

고지노동은 주로 평야지대에서 이루어졌으나, 상품작물의 재배가 확대되면서 밭에서도 이루어졌다. 보수는 전불(前拂)이 관례였는데[선고지(先雇只)], 이는 피고용자가 생활난으로 인해 춘궁기 혹은 동한기에 금전이나 현물 보수를 미리 받지 않으면 안되었기 때문이었다. 이로써 고지는 다른 고용노동과는 달리 채무노동의 성격을 가지며, 따라서 보수도 비교적 낮게 책정되는 경향이 있었다. 한편 고용자의 입장에서도 보통의 임금노동자를 고용하는 것보다 수익 상 유리하다고 판단될 때 고지를 활용했고, 지주 가운데에서도 병작(竝作)이 불리하다고 판단될 경우에도 고지를 활용했다.

고지의 고용자를 고지주(雇只主)라고 했으며, 피고용자는 고지군(雇只軍, 고지꾼)이라고 했다. 고지군은 단독노동이 적었으며, 보통 5~15명으로부터 많게는 80명까지 집단적으로 고용되었다. 이들은 통수(統首), 두목(頭目) 혹은 모개비라고 부르는 대표를 두고 있었다. 통상은 통수가 지주와 계약을 체결하지만, 경우에 따라서는 고지꾼과 지주가 1 : 1로 계약하기도 했다.

고지는 근로기간에 따라 일용노동자인 단고지[短雇只, 또는 산고지(散雇只)]와 계절적 단기노동자인 장고지[長雇只, 또는 전고지(全雇只), 통고지(統雇只), 종고지(終雇只)]로 구분할 수 있다. 또한 논고지의 경우 작업구간에 따라 춘경 또는 모내기까지 맡는 것을 1고지, 첫 김매기까지를 2고지, 두 벌 김까지를 3고지, 세 벌 김까지를 4고지, 수확까지를 5고지, 탈곡 등 전체구간을 맡는 것을 6고지 등으로 구분하기도 했다.

고가의 경우 단고지는 일당 대개 1전이 기본이었다. 임금만 지급하는 것을 순고지(純雇只)라 하고 임금 외에 음식, 담배 등을 제공한 것을 식고지(食雇只)·봉장공지(封腸雇只)라 했는데, 후자가 전자보다 임금은 낮게 책정되었다. 한편 장고지는 일정치 않은데, 재령에서는 4고지에 대해 논 한 섬지기에 쌀 12두(혹은 벼 30두)를 받았다. 또한 진위나 수원에서는 10마지기 논 모내기에 대해 벼 한 섬을 삯으로 주었다. 한편 삯을 많이 받는 대신 짧은 시간에 많은 노동을 완수해야하는 고지를 삭고지라 하기도 했다. 이상의 계약은 통상 구두계약이었으며, 이후에는 보수를 선불한 후 영수증을 받기도 했다.

고지노동에서 주목되는 점은 고가와 공식(供食)을 후하게 주는 곳을 찾아 이동했다는 점이다. 이는 초기의 고지가 채무노동의 성격을 띠고 있었던 것에 반해, 청부에 의한 노동력의 수요가 증대되면 점차 고지의 고가와 처우도 상승했음을 보여주는 것이라 할 수 있다.

[참고어] 고공, 일고, 고가

[참고문헌] 『厚生錄』 ; 『山林經濟補說』 ; 허종호, 1989, 『조선봉건말기의 소작제연구』, 한마당 ; 최윤오, 1992, 「18·19세기 농업고용노동의 전개와 발달」 『한국사연구』 77 〈윤석호〉

곡성 조씨가 농장(谷城曺氏家農場) 한말 일제시기 전라남도 곡성의 창녕 조씨 조원필(曺原弼)-조병순(曺秉順)·조병흠(曺秉欽)-조태환(曺台煥) 3대가 경영한 농장.

17세기 초 전라남도 곡성에 정착한 조원필 집안은 19세기 초부터 지역 향리로서 자리를 잡았다. 조원필·조병순 부자는 향리직을 배경으로 고리대로 재산을 모아갔으며, 곡성 일대 번성한 유기 및 도기 점촌에 자본을 선대하여 상인물주로서도 큰 이익을 취했다. 이렇게 축적한 화폐자산을 고리대에 재투자하거나 토지매입에 사용하였다. 1900년 조원필이 사망할 무렵 조씨가의 소유토지는 논 50여 두락과 약간의 밭과 산판 정도였지만, 1910년대에 약 300~400두락으로 확대되었다. 조씨 일족은 일제강점이라는 새로운 정치적 상황에 능동적으로 대처해갔다. 조병순은 동양척식주식회사 농감으로, 둘째 동생 조병흠은 곡성군 참사로 변신했다. 새로운 권력을 배경으로 조씨가의 고리대적 지주지배는 공고히 되어갔으며, 고리에 압박받고 있던 차금자의 전답을 헐값에 취매할 수 있었다.

조씨가의 토지소유규모는 1915년 37.7정보, 1917년 50.4정보, 1921년 61정보, 1936년에는 78.1정보로 확대되었다. 1930년대 조씨가는 지주자본의 일부를 산업자본으로 전환하였다. 조병순의 아들 조태환은 남조선철도주식회사의 주식을 매입하기도 했고, 1937년 일제의 산금정책에 따라 전라남도 광양군 옥룡면 소재의 금광경영에도 나섰다. 이 무렵 조병순의 셋째 동생 조병식은 곡성군 순사부장, 막내 동생 조병연은 진도군수로 근무하고 있었다. 1937년 이후 금광경영으로 소유토지는 답보상태를 보였고, 1943년경 금광경영의 실패에 따른 손실보전으로 1944년 68.6정보, 1945년 63.2정보로 감소했다. 해방이후 조씨가는 농지개혁을 예상하면서 토지방매와 분산소유의 방식으로 대처해갔지만 그 과정에서 지주경영은 해체되었다.

[참고어] 농지개혁, 동양척식주식회사, 동태적 지주

[참고문헌] 洪性讚, 1985,「韓末·日帝下의 地主制 研究-谷城 曺氏家의 地主로의 成長과 그 變動」『東方學志』 49 〈고태우〉

곤여만국전도(坤輿萬國全圖) 1602년 명나라 북경에서 선교사 마테오 리치(Matteo Ricci)가 오르텔리우스 도법으로 제작한 타원형의 세계지도.

서양지리학을 중국에 처음으로 소개한 마테오 리치와 명나라 학자 이지조(李之藻)가 1602년 북경에서 함께 만들어 목판으로 인쇄한 것이다. 오르텔리우스 도법으로 제작한 6폭의 타원형 세계지도로, 경위도선이 그려져 있으며 유럽·아시아 등의 5대주와 850개가 넘는 지명이 기록되어 있다. 당시의 서양지리학과 지도학에서 축적된 기술과 세계관을 보여주는데, 명에서도 그 수요를 채우지 못할 정도로 인기를 끌었다고 한다. 1603년(선조 36) 사행원으로 북경에 파견되었던 이광정(李光庭)이 돌아오면서 조선으로 가지고 왔는데, 홍문관(弘文館)에서 이를 열람했던 이수광(李睟光)은 그의 저서 『지봉유설(芝峰類說)』에서 "매우 정교하며 특히 서역이 상세"하다는 촌평문을 수록하였다.

하지만 현전하는 곤여만국전도는 이광정이 가지고 왔던 것이 아닌 1708년(숙종 34) 관상감(觀象監)에서 제작한 것이다. 최석정(崔錫鼎)이 숙종의 명에 따라 이 지도의 제작을 주관했으며, 화원 김진여가 모사를 담당했다. 지도는 전체 8폭 병풍으로 되어 있는데, 제1폭에는 원도의 제작자인 마테오 리치가 1602년에 쓴 서문이, 가운데 6폭에는 타원형 안에 그려진 세계지도, 제8폭에는 지도의 제작 경위를 설명한 최석정·이국화(李國華)·유우창(柳遇昌) 등이 쓴 서문이 있다. 채색 필사본으로 세로 172㎝·가로 531㎝이며, 현재 서울대학교 박물관에 소장되어 있다(보물 제849호). 이 곤여만국전도에는 마테오 리치의 북경판과는 다르게 지도의 여백에 각종 동물들과 바다를 누비는 탐험선 등이 그려져 있어서, '회입(繪入) 곤여만국전도'라고도 불리고 있다. 회입곤여만국전도는 서울대 박물관 소장본을 포함해 단 세 점만이 남아 있다.

[참고어] 천하고금대총편람도

[참고문헌] 국사편찬위원회 편, 1998,『한국사 31-조선중기의 사회와 문화』, 국사편찬위원회 ; 국토지리정보원 편, 2009,『한국 지도학 발달사』, 국토지리정보원

곰방메 논이나 밭의 흙덩이를 두들겨 부수거나 이랑을 다듬고 흙으로 덮는 데 사용한 농기구.

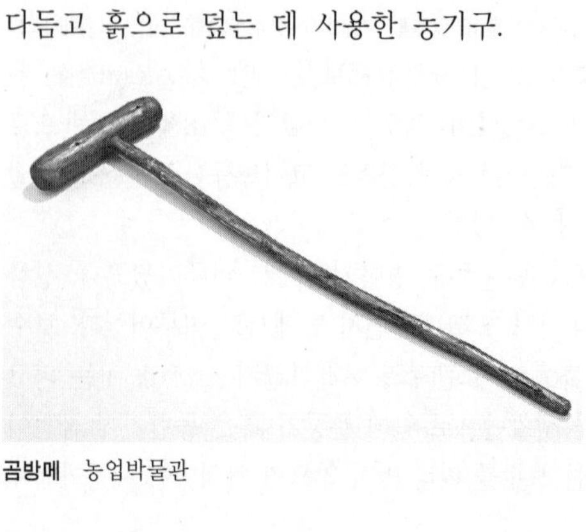

곰방메 농업박물관

쟁기로 논밭을 갈고 난 후 남아있는 흙덩이(쟁깃밥)를 잘게 부수는 데 사용되었으며, 씨를 뿌리기 전에 이랑을 다듬거나 씨를 뿌린 후 흙으로 덮는 작업에 쓰이기도 했다. 지름 5~10㎝, 길이 30㎝ 가량 되는 통나무에 길이 1~2m 남짓한 자루를 티(T)자 모양으로 박아서 제작하였다. 지방에 따라 '곱배', '곰뱅이', '몸통곰배', '통곰배'로 부르기도 하였으며, 곰방메를 사용하여 하루 약 500여 평 너비의 흙덩이를 부술 수 있었을 것으로 추정된다.

일찍이 『농사직설』(1429년)에 "땅을 갈고 씨를 뿌린 후 뇌목(檑木)[高音波]로 흙덩이를 부수고 흙을 덮는다."는 표현이 나오는데, 뇌목(檑木)은 고음파(高音波) 즉 곰방메였다. 『사시찬요초(四時纂要抄)』에서도 흙덩이를 깨어 평평하게 다듬는 용도의 뇌목이 언급되고 있다.

『훈몽자회(訓蒙字會)』(1527)에서 '우(櫌)'는 밭을 고르게 하고 씨앗을 덮는 농기(農器)로 설명되고 있는데, 고무래나 곰방메 중 한 농기구를 설명하는 것으로 보인다. 한편 『물보(物譜)』(1820)에서 '우(櫌)'는 "(흙)덩어리를 부수는 작은 방망이"로 풀이되며 이는 곰방메를 의미하는 것이다. 따라서 『훈몽자회』의 '우(櫌)' 역시 곰방메를 가리키고 있다고 보아도 무방할 듯하다. 일제시기 간행된 『조선의 재래농구(朝鮮の在來農具)』(1924)에서도 곰방메의 오기인 것으로 보이는 '공방이' 항목에 '우(櫌)'를 기재하고 "(흙)덩이를 여러 조각으로 나눔"이라는 설명을 달고 있다.

흥미롭게도 대표적인 실학자로 평가받는 박지원(朴趾源)이 『과농소초(課農小抄)』(1799)에서 흙덩이를 부수는 중국의 농기구인 '우(櫌)'를 설명하면서 "우리나라에는 본디 이러한 기구가 없다"고 하여 당시 조선의 농촌에서 사용되고 있었던 곰방메를 언급하지 않고 있었다.

[참고어] 고무래

[참고문헌] 金光彦, 1986, 『韓國農器具考』, 韓國農村經濟硏究院 ; 이호철, 1986, 『조선전기농업경제사』, 한길사 〈정희찬〉

곰배괭이 돌괭이의 일종으로, 어깨가 매우 뚜렷하고 날 폭이 훨씬 넓은 석기.

일반 돌괭이보다 어깨가 뚜렷하고 날 폭이 훨씬 넓다. 길이는 14~24㎝ 내외인 것이 일반적이며, 날 끝의 나비가 어깨 폭의 두 배가 넘는 것도 있다. 재질은 편암이나 점판암 계통의 무른 돌이 많다. 날 폭이 넓을 뿐 아니라 무른 돌로 제작된 경우가 많기 때문에 호미의 용도로 쓰였을 보인다. 한편 양 측면에 자루를 묶는 부분이 뚜렷한 점으로 보아 따비나 삽처럼 사용되었을 것으로 보기도 한다. 또한 곰배괭이의 출토례가 한반도와 중국 동북지방에 집중되는 것과 관련하여 이 지역은 부식 토양의 퇴적이 적어 심경용(深耕用) 갈이 연장이 필요하지 않으며, 잡초의 번식도 적어 제초구도 그다지 필요하지 않기 때문이라고 보기도 한다.

곰배괭이의 대표적인 출토 유적은 서포항·호곡동·농포동 등(이상 신석기후기 유적)과 무산 호곡동·회령 오동·나진 초도·중강 중덕리·초당리 등(이상 청동기시대 유적)이 있다.

[참고어] 괭이, 돌괭이, 뿔괭이, 보토괭이

[참고문헌] 장국종, 1989, 『조선농업사』, 농업출판사 ; 국립문화재연구소, 2001, 『고고학사전』 ; 박호석 외, 2001, 『한국의 농기구』, 어문각

공검지(恭儉池) 삼한시대 이래 사용된 것으로 추정되는 경상북도 상주시 공검면 양정리에 있는 저수지.

경상북도 기념물 제121호로 제천의 의림지(義林池, 충청북도유형문화재 제11호), 김제 벽골제(碧骨堤, 사적 제111호)와 더불어 3대 저수지로 알려져 있다. 기원을 전후한 시기 벼농사의 중요성과 함께 정치적·사회적 발전에 의한 노동력의 징발에 의해 만들어진 것으로 추정한다.

1195년(명종 25) 상주사록(尙州司錄) 최정분(崔正份)이 예로부터 있어 오던 제방을 그대로 수축했다고 한다. 저수지의 규모는 둑의 길이가 860보이고, 둘레는 1만 6천 6백 47척이라는 기록이 『신증동국여지승람』에 있어, 그 규모가 웅대하였음을 짐작할 수 있다.

공검지의 제방은 고대의 제방들에서 흔히 볼 수 있듯이, 토사(土砂)를 판축(板築)하여 단면이 사다리꼴이 되도록 쌓아 올린 것이다. 판축의 방법은 토성(土城)을 쌓는 방법에서 비롯되었으나 안팎의 물매를 더하여 물의 압력에 견디도록 아랫부분의 너비가 부채꼴로 넓게 되어 있다. 잔자갈과 흙을 다질 때 뻘흙을 사용하고 각각의 재료 사이에 있는 공극(空隙)을 거의 없앰으로써, 물분자가 공극으로 흡수될 틈을 막는 원리를 이용하였다.

오랜 세월을 거치며 폐허가 되어, 흔적만 남은 것을 1993년 확장공사를 벌여 수심 3.4m의 연못으로 조성하였다. 현재 규모는 주변이 모두 논으로 개답되고, 만수시 약 1,000평 정도의 작은 규모만 남아 있다.

[참고어] 제언, 천방, 의림지, 벽골제

[참고문헌] 『세종실록지리지』; 『신증동국여지승람』; 『증보문헌비고』; 이광린, 1961, 『이조수리사연구』, 한국연구원; 「공검지기(恭儉池記)」 〈이준성〉

공납(貢納) 국가의 수요품을 충당하기 위해 현물 또는 이에 상응하는 세액을 각 지역에 부과·수취하는 제도. **[고대~신라통일기]** 부여 초기에 가뭄이나 장마가 계속되어 오곡(五穀)이 영글지 않으면 그 허물을 왕에게 돌려 교체하거나 살해하였다. 초기의 부여 왕은 하늘을 섬기고, 즉 제사를 받들고 신의 계시를 받아 정치를 하는 무적(巫的)인 신이성(神異性)을 지녔다. 그런데 가뭄과 장마로 인하여 흉년이 들면 그 신이성이 상실되었다고 판단하여 왕을 교체하거나 살해하는 전통이 있었다. 신라의 왕호(王號) 가운데 차차웅(次次雄)은 무당, 즉 제사장을 가리키는 말이다. 이는 신라 초기에도 재해가 발생하여 흉년이 들면 왕을 교체하거나 살해하는 풍속이 존재하였음을 알려주는 것이다. 반면에 풍년이 들 경우에 부여와 신라 사람들은 하늘을 잘 섬겨 풍요를 가져다 준 보답으로 왕에게 수확한 곡물 가운데 일부를 바쳤을 것이다. 그 이외의 여러 나라에서도 어떤 정치체의 지배자에게 주민들이 제사 의례를 매개로 초수(初穗 : 처음 수확한 곡물)나 재화를 공여(供與)한 사례를 발견할 수 있다.

일반적으로 노동력이나 곡물 또는 재화를 제공 받은 정치체의 지배자가 어떤 기회나 통로를 통하여 그것을 제공한 사람들에게 다시 분배하는, 즉 상호주의 원칙이 철저하게 관철된 수취체계를 공납제적 수취체계라고 부른다. 흉년이 들었을 때, 즉 왕이 백성들에게 풍요와 안녕을 담보해주지 못하였을 때, 그를 교체하거나 살해했던 것에서 초기 부여 사회에서는 왕과 백성 사이에 상호주의 원칙이 철저하게 지켜졌음을 알 수 있다. 따라서 상호주의 원칙이 관철된 초기 부여의 수취체계를 공납제적 수취체계라고 규정할 수 있다. 그런데 정치체의 지배자가 권력을 강화함에 따라 공납물을 언제든지 그들의 사적 소유로 전환시킬 가능성을 안고 있었다.

고구려에서는 매년 10월에 제천 행사인 동맹제(東盟祭)를 거행하였는데, 이때 별도로 수신제(隧神祭)를 치렀다. 수신제의 내용은 나라 동쪽에 있는 수혈이라고 불리는 큰 굴에서 수신(隧神)을 맞이하여 나라의 동쪽 강위에 모셔와서 제사를 지내는 것으로 구성되었다. 이때 나무로 깎아 만든 수신상(隧神像)을 신좌(神座)에 앉히고 제사를 드렸다고 한다. 수신은 수신(水神)과 같은 뜻으로서 곡물의 신을 가리키며, 수신상은 나무로 만든 곡물의 이삭이거나 또는 나무에 곡물 이삭을 건 것으로 알려졌다. 일반적으로 수신은 주몽(朱蒙)의 어머니인 하백(河伯)의 딸을 상징하며, 수신제는 하백의 딸이 햇빛으로 상징되는 천신(天神)에 감응되어 주몽을 낳는다는 내용으로, 곧 고구려의 건국 신화를 의례로서 재현한 것으로 이해한다.

고구려의 시조 주몽은 천제(天帝)의 아들 또는 손자였고 그의 어머니는 하백의 딸이었다, 하백은 물의 신인데, 물은 대지에 생명을 불어넣는 원동력으로 일찍부터 수신을 지모신(地母神) 또는 곡물신과 연결시켜 이해했다. 자연히 천신과 지모신인 하백의 딸 사이에 태어난 주몽은 천신적 존재이면서도 농업신적인 성격을 지니게 되었다. 따라서 주몽을 기리는 동맹제는 고구려 시조에 대한 제사이면서 동시에 천신에 대한 제사, 농업신에 대한 제사, 즉 농경 의례적인 성격을 지녔다고 볼 수 있다. 고구려의 경우에서 보는 것처럼 농경의례와 조상신에 대한 제사가 결합되면서 제사 의례를 매개로 백성들이 바친 공납물은 왕실의 조상신에게 제사를 지낼 때 필요한 제수품, 즉 자성(粢盛)으로서의 성격을 지니게 되었다. 이로써 백성들이 바친 공납물이 반드시 공공 목적으로만 소비되지 않고 왕실의 사적 소유물로 전화시켜 사용하는 것도 가능해지게 되었다.

그렇다고 하더라도 당시 왕실의 조상신이 국가 전체를 망라하여 풍요와 안녕을 가져다주는 신격(神格)을 그대로 지니고 있었고, 지배자, 즉 왕이 그와 같은 신성성(神聖性)을 기초로 통치력을 강화했더라도, 그 이전부터 내려오던 상호주의 원칙 자체가 근본적으로 깨졌다고 보기 어렵다. 주나라의 기곡제는 후에 주왕(周王)이 주관하는 친경적전의례(親耕籍田儀禮 : 왕이 친히 자전을 가는 시범을 보이는 의례)로 발전되었다. 이때 자전의 규모는 1,000무(畝)였고, 그것은 주나라 주민들의 공동 노동으로 경작되었다. 그런데 곡물의 신을 상징하는 후직(后稷)을 조상신으로 삼은 이후에도 친경적전의례에 일반 주민들을 참여시켜 창고에 저장한 종자를 분배한다거나 또는 그곳의 곡식을 가지고 음식을 만들어 나누어주는 등의 절차가 포함되었다. 이러한 모습들은 후직을 조상신으로 제사한 이후에도 여전히 주나라에서 상호주의 원칙에 입각한 수취체계가 건재하였음을 알려준다. 고구려에서 동맹제를 국중대회(國中大會)

로 치른 시기, 즉 대규모의 제천 행사라는 형식을 빌어서 왕실의 조상신을 제향(祭享)하는 시기에도 제천 행사 자체는 국가의 통합력을 강화하는 측면으로 기능했고, 대회 때에 술과 음식이 제공되었다고 여겨지므로 여전히 상호주의 원칙이 준수되었다고 볼 수 있다. 비록 농경의례와 왕실의 조상 제사가 결합되면서 상호주의에 기초하여 공납을 수취하는 체계에 약간의 변화가 나타났지만, 그 당시에도 여전히 상호주의에 기초한 공납제적 수취구조의 기본 골격 자체가 완전히 무너지지 않았음을 반영한 것이다.

고구려 초기에 국가적인 차원뿐만 아니라 각 부(部)마다 제천 행사를 거행하였다. 예를 들어 전왕족인 소노부(消奴部)도 독자적으로 종묘(宗廟)를 세우고, 영성(靈星 : 농업을 관장하는 별)과 사직(社稷 : 토지신과 곡물신)에 제사를 지냈다. 종묘에 대한 제사는 소노부의 시조에 대한 제사를, 영성과 사직에 대한 제사는 농업신에 대한 제사를 가리킨다. 소노부의 시조와 관계된 설화 역시 주몽신화의 내용과 거의 유사한, 즉 시조모(始祖母)가 햇빛에 감응되어 시조를 낳는다는 내용이었다고 이해된다. 따라서 소노부의 대표가 종묘에 제사를 지내는 것은 제천 행사와 관계되었으며, 이때에 소노부의 시조모가 햇빛에 감응되어 시조를 낳는 내용의 시조 신화를 의례로서 재현하였을 것이다. 이 밖의 다른 부에서도 역시 자체적으로 제천 행사를 거행하였음은 물론이다. 신라 6부에서도 각기 그 시조가 하늘에서 내려온 존재라는 내용의 전승을 지니고 있었다. 그들 역시 각 부마다 독자적으로 종묘를 세워서 제사를 지냈을 것이다. 따라서 신라 6부의 시조에 대한 제사는 제천 행사와 관련이 깊다고 말할 수 있다. 고구려 5부와 신라 6부에는 그 내부에 여러 개의 하위 정치체, 즉 부내부(部內部)가 존재하였다. 부내부 역시 자체적으로 제천행사를 치렀을 것이다.

고구려 5부는 국왕이 주재하는 동맹제에 참여하는 것이 관례였다. 고구려의 수신제에서 왕실의 시조인 주몽의 탄생 과정을 의례로서 재현하는 것은 바로 왕실의 시조인 주몽과 그 후손들이 하늘의 자손으로서 신성한 존재임을 재확인하는 과정이었다. 이때 동맹제에 참여한 각 부의 대표들은 왕실의 신성성과 정당성을 다시 한 번 인정하고, 아울러 왕실에 대하여 앞으로도 계속 복속할 것을 맹세하였을 뿐만 아니라 복속과 충성의 표시로 왕에게 곡물 또는 다른 재화를 헌상하는 것이 관례였다. 각 부에서 제천행사를 치를 때에도 역시 부내부의 대표가 공납물을 헌상하였을 것이다. 신라의 경우도 고구려와 사정이 비슷하였을 것인데, 각 부의 대표가 국왕에게, 부내부의 대표가 부의 대표에게 복속 또는 충성의 표시로 헌상한 곡물 또는 재화 역시 공납이라고 정의할 수 있다.

삼국 초기에 고구려와 백제, 신라에 복속된 소국이나 읍락이 광범하게 존재하였다. 복속 소국과 읍락 역시 자체적으로 제천 행사를 거행하였다. 고구려에 복속된 동예의 경우 읍락마다 무천(舞天)이란 제천 행사를 치렀다. 복속 소국과 읍락의 지배자 역시 제천 행사를 주관하였고, 이에 대하여 그 주민들이 그들에게 공납을 납부하였을 것이다. 또한 복속 소국이나 읍락은 고구려와 백제, 신라에게 복속의 표시로 매년 정기적으로 공납물을 헌상하였다. 예를 들어 동옥저는 맥포(貊布)와 생선, 소금, 해초류 등의 공납물과 더불어 미인을 복속의 표시로 고구려에 헌상하였다. 신라 초기에 고타(古陁 : 지금의 안동)지역의 지배자가 복속의 표시로 푸른 소[靑牛]와 상서로운 벼이삭[嘉禾]을 공납물로 헌상하였고, 6세기 초반까지 우산국(于山國 : 울릉도)이 매년 토산물(土産物)을 공납으로 바친 사례가 발견된다.

복속 소국과 읍락의 지배자가 고구려와 백제, 신라왕에게 공납을 바치면, 왕은 그들에게 답례하는 것이 관례였다. 예를 들어 고대 일본의 경우 복속 소국의 지배자가 초수를 복속의 표시로 바치면, 그에 대한 반대급부로 종자를 그들에게 사여하였다고 한다. 이밖에 복속 집단에 재난이 닥쳤을 경우 왕은 그들에게 곡식 등을 진휼하는 조치를 취하였다. 어떤 정치체가 다른 정치체에게 복속의 표시로 공납을 바치는 수취체계 역시 상호주의 원칙에 기초하였다는 측면에서 공납제적 수취체계의 일종으로 이해할 수 있다.

제사 의례를 매개로 국가 또는 읍락의 지배자가 그 주민들에게 곡물, 즉 공납을 거두는 수취체계는 읍락 내부의 공동체적인 생산관계를 기초로 하였다. 고구려와 백제, 신라가 자체 내 지방의 복속 소국과 읍락을 해체시키지 않고, 공납을 수취하면서 그들의 세력기반을 용인해주고 간접적으로 지배했던 사회경제적 조치 역시 마찬가지였다.

4~6세기에 철제 농기구와 우경(牛耕)이 널리 보급되었다. 이 결과 읍락사회에서 농업생산성이 증대되었고, 읍락민 사이에 계층분화가 심화되면서 공동체적인 생산관계가 크게 약화되었다. 이에 삼국은 각 부집단과 복속 소국 및 읍락의 자치성을 부정하고, 5부와 6부는

왕경의 행정구획 단위로, 복속 소국과 읍락은 지방의 통치 구역으로 재편하면서 중앙집권적인 영역 국가체제를 정비하였다.

삼국은 중앙집권적인 국가체제를 정비하면서 동시에 각 정치체의 자체적인 제천 의례를 부정하고서 그것을 비롯한 여러 가지 제사 의례를 국왕이 주관하는 교제(郊祭)에 포섭하였다. 각 정치체의 자체적인 제천 행사의 부정은 그것을 매개로 하여 지배자들이 공납을 거두는 관행의 소멸과 연결되었다. 신라에서는 5세기 말 소지마립간 대에 김씨 왕실의 조상신을 배향(配享)하는 종묘, 즉 신궁(神宮)을 설치하였는데, 이와 더불어 품주(稟主), 즉 조주(租主)가 국가 차원의 제사 의례를 관장하고, 백성들에게 직접 부세를 징수하였으며, 국가의 재정을 총괄하였다. 국왕의 기밀사무(機密事務)를 맡은 품주가 국가 차원의 제사 의례와 수취 업무를 주관하기 시작하면서 백성들이 헌상한 공납은 점차 왕실의 사적 소유물로 전환되었다. 그 결과 상호주의 원칙에 기초한 공납제적 수취체계가 서서히 부정되고, 공납은 점차 국가 또는 지배층이 복속 집단이나 피지배층에게 징수하는 경제적 잉여의 성격을 강하게 띠게 되었다. 이러한 추세는 궁극적으로 국가가 영역 내의 공민(公民)에게 개별 가호 단위로 곡물과 베 및 비단을 부과하는 수취제도, 즉 개별 인신적인 수취제도의 확립으로 귀결되었다. 대체로 고구려에서는 3세기 후반에서 4세기 초반, 백제는 4세기 후반 또는 5세기 후반, 신라에서는 6세기 전반에 공납제적인 수취체계가 개별 인신적인 수취체계로 전환된 것으로 이해한다.

통일신라시기의 공납은 「신라촌락문서(新羅村落文書)」를 통해 살필 수 있다. 공물은 공연(孔烟) 단위로 명주[絹], 베[布] 등이 중심이 되었지만, 뽕나무·잣나무·가래나무 등의 그루 수와 3년 사이에 더 심거나 죽은 나무 수의 내역이 자세하게 기록된 것으로 보아 이 또한 공납의 수취 대상이었을 것으로 추측된다. 또한 촌마다 설정되어 공동 경작된 마전(麻田)에서의 삼[麻]도 공납으로 수취되었다. 한편 『삼국사기』와 『삼국유사』에 등장하는 비단, 실, 우황, 인삼, 가발, 조하주(朝霞紬)·어아주(魚牙紬) 등의 명주, 바다표범 가죽, 금, 은, 개, 소금, 기름 등도 각 지역의 특산물로서 공납으로 거두어들인 것으로 보인다. 이때 공연 단위의 부과 기준은 확실하지 않지만, 공연이 9등호로 편제되어 있었기 때문에 공납 또한 공연의 등급에 따라 9등급으로 나뉘어 차별적으로 징수되었다고 볼 수 있다. 즉 각 촌에 포함된 공연의 등급을 합해 그 촌의 경제적 능력을 합산해낸 계연(計烟)을 토대로 공납을 할당해서 부과하고, 촌에서는 각 공연 별로 호등의 등급만큼 거두어들였다고 보는 것이다. 그러나 이러한 경우 호등이 높은 지배층이 많은 양의 공납을 부담해야 했을텐데, 엄격한 신분제 사회인 신라에서 이러한 수취가 이루어지기는 어렵다고 보기도 한다. 따라서 공연의 호등에 관계없이 각 공연마다 같은 액수의 공물이 부과되었다거나, 호등별로 차등을 두어 징수하더라도 그 차이가 크지 않을 것이라고 이해하기도 한다.

[고려] 고려의 공납은 공부(貢賦)·토공(土貢)·외공(外貢)·세공(歲貢) 등으로도 쓰였다. 고려정부에서는 국가 운영에 필요한 물품 중 곡물을 제외하고는 대개 현물세로서의 공납을 통해 군현 단위로 징수하였다. 공납제는 949년(광종 즉위)에 처음 정해졌으며 그 후 양전과 호구조사의 진전에 따라, 또는 중앙 및 지방 제도와 경제 제도의 정비에 따라서 제도적으로 보완되었다.

고려시기 공납제에 대해서는 지금까지 다양한 의견이 제시되었다. 조세 체계를 보는 입장에 따라 공납제를 보는 관점이 다르기 때문이다. 공납을 조·포·역 삼세와는 다른 부담으로 보는 견해가 있는 반면, 조·포·역 중의 하나인 포, 즉 조포(調布)와 같은 세목으로 보는 견해도 있다. 그렇지만 고려시기 공물 품목의 구성을 구체적으로 살펴보면 공납은 삼세 중에 포와 역이 합쳐진 세목이라는 것을 알 수 있다.

공납의 품목에서 가장 큰 비중을 차지한 것은 직물류[布類]였다. 기록에서 확인할 수 있는 직물류에는 평포(平布)와 중포(中布), 저포(紵布), 면주(綿紬)가 있는데 그 중에서 평포가 기본 품목이었다. 또한 1115년(예종 10)에 삼사가 개정한 녹봉의 환산 규정에는 대견(大絹)·사면(絲綿)·소견(小絹)·소평포(小平布)·대릉(大綾)·중견(中絹)·면주(綿紬)·상평문라(常平紋羅)·대문라(大紋羅) 등 다양한 직물류가 보이는데[『고려사』 권80, 「식화지」 3, 녹봉], 이들 역시 군현 공물에 포함되어 좌창(左倉)에 납부된 것이라고 생각한다. 공물에 포함된 다양한 직물류의 대부분은 민호가 부담하였던 삼세 중의 하나인 포[조포]로 납부된 것이다. 특히 평포는 포[조포] 납부의 기준이 되는 기본 품목이었으며 다른 직물류도 환산 규정에 따라 포로 납부하였을 것이다. 공물에 포함된 직물류로는 위에서 열거한 품목 외에도 세마포(細麻布)와 세저포(細紵布)·황마포(黃麻布)·백저포(白紵布) 등 전문적인 기술을 요하는 품목이 있었다. 이들 고급 직물류는 일반 민호가 부담하였던 포[조포]의 품목에는 포함되지 않았을 것이다.

공물에는 직물류 외에도 국가에서 필요한 다양한 물품이 포함되었다. 특히 소(所)에서 생산되는 물품은 군현 공물의 중요한 품목이었다. 소는 국가에서 필요로 하는 물품 중 일반 민들이 생산하기 어려운 특수한 것을 전문적으로 생산하는 곳이었다. 고려시기에는 기록에서 확인할 수 있는 것으로 금소(金所)·은소(銀所)·동소(銅所)·철소(鐵所)·사소(絲所)·주소(紬所)·지소(紙所)·와소(瓦所)·탄소(炭所)·철소(鹽所)·묵소(墨所)·곽소(藿所)·자기소(瓷器所)·어량소(魚梁所)·강소(薑所) 등 다양한 종류의 소가 있었으며 각각에서는 그 물건을 생산하여 바쳤다. 이때 소에서 생산된 물품은 군현 단위의 공물에 포함되어 중앙 관청에 납부되었다.

군현 공물에는 직물류와 소에서 생산하는 물품 외에도 다양한 것이 포함되었다. 국가 운영에 필요한 거의 모든 물품을 공납제를 통하여 조달하였기 때문이다. 기록으로 확인되는 것으로 새우·조개·어포(魚脯) 등의 해산물, 쇠가죽·쇠근육·쇠뿔, 인삼, 유밀(油蜜), 홍지포(葒芝草) 등의 농축산물 등이 있다. 이들 품목은 대개 군현에 사는 일반 민호의 요역을 통하여 조달하였다. 이것을 공역(貢役) 곧 공물 조달의 역이라고 한다. 소에서 사는 사람들이 해당 물품을 생산하기 위하여 수행한 일도 일종의 공역이었다. 군현 단위로 부과된 공물의 품목이 여러 가지였기 때문에 그것의 조달을 위한 공역의 형태 역시 다양하였을 것은 물론이다.

고려시기의 공물은 민호의 포[조포]로 납부한 평포를 비롯한 여러 종류의 직물류, 소의 생산물, 민호의 공역으로 조달한 다양한 물품으로 구성되었다.

중앙 국가에서는 군현에 등록된 호구와 토지의 규모, 군현의 생산물 등을 기준으로 공물 징수 장부인 공안(貢案)을 작성하였고, 각 군현에서는 공안을 토대로 각 군현에 부과된 공물을 조달하여 정해진 기간까지 중앙 관청에 직접 납부하였다. 따라서 한 군현에서 여러 관청에 여러 물품을 납부해야 하는 경우도 많았다. 공물은 공안에 기록되어 매년 정기적으로 납부하는 공물인 상공(常貢)과 비정기적인 공물인 별공(別貢)이 있었으며, 이 외에도 왕실에 특별히 납부하는 물품도 있었다.

공물의 수납 책임을 졌던 군현의 수령과 향리는 민호로부터 조(調)를 징수하고, 공역을 징발하여 군현 단위로 정해진 공물을 조달하였다. 군현에서 공물 조달을 위해 조를 징수하거나 역을 징발할 때는 인정(人丁)을 기준으로 한 9등호제에 의하였다. 또한 소로부터 생산물을 징수하여 군현에 배정된 공물을 충당하였다.

공물은 전세와는 달리 소량의 다양한 물품을 수시로 운반하여야 하였기 때문에 주로 육로(陸路)를 통하여 중앙으로 운반되었다. 이때에는 역(驛)·원(院)·관(館) 등이 주로 이용되었으며 수령의 책임 아래 향리들이 민들을 짐꾼으로 징발하여 공물을 중앙으로 운반하여 정해진 관청에 납부하였다. 따라서 공물은 포와 역이 합쳐진 현물세라고 할 수 있다.

공물제의 변화 중 가장 두드러진 현상은 고려 후기에 공물 대납(代納)이 일반화 된 것이다. 조세의 선납·대납은 중기부터 나타나지만 공물 대납이 일반화 된 것은 후기에 이르러서였다.

공물의 대납은 원간섭기에 접어들면서 일반화되었다. 1296년(충렬왕 22) 홍자번(洪子藩)은 '편민십팔사(便民十八事)'에서 "근래에 외방에 사고가 많아 공물을 제때에 내지 못하자 여러 관청의 관리와 이익을 꾀하는 사람들이 먼저 공물을 내고 그 문서를 받아 향촌에 내려가 그 값을 더하여 취하기 때문에 백성들이 그것을 감당하지 못한다.(近來外方多故, 納貢失時, 諸司官吏及謀利之人, 先納已物, 受其文憑, 下鄕剩取其直, 民實不堪, 誠宜禁之.[『고려사』 권84, 「형법지」 1 직제])"고 하여 공물 대납의 금지를 건의하였다. 이 사례를 통하여 이때 공물 전체가 대납의 대상이 되었으며, 거두어들이는 관청의 관리와 이익을 꾀하는 사람이 대납을 주도하는 등 공물의 대납이 확대되었다는 것을 알 수 있다. 더 나아가서 1339년(충숙왕 후8) 5월의 감찰사(監察司)의 방(榜)에도 "여러 창고와 관청의 관리가 외방에서 공물을 바칠 때마다 곧 받아들이지 않고 일부러 시간을 끌어 뇌물을 강요하고 있다.(諸倉庫司署官吏, 每外方納貢, 不卽收納, 故延日月, 勒要苞苴, 今後一禁.[『고려사』 권84, 「형법지」 1 직제])"고 하여 대납이 방납(防納)의 형태로까지 발전하였음을 보여주고 있다.

이후에도 공물의 대납은 더욱 확대되었고, 그에 따라 국가에서는 그 폐단을 줄이기 위해서 1375년(우왕 원년) 2월 상평제용고(常平濟用庫) 설치를 추진하였다. 상평제용고는 중앙 각 관청의 공물 독촉 때문에 공물 납부를 위해서 서울에 올라온 지방의 향리가 사전(私錢)을 빌게 됨으로써 생기는 폐단을 줄이기 위하여 국가 차원에서 만들려고 한 일종의 재단이었다. 국가에서는 상평제용고를 설치하여 공물 대납에 필요한 자본을 이자 없이 빌려주어 대납의 폐단을 최소한으로 줄이고자 하였다. 현실적으로 존재하는 공물 대납을 금지하는 것이 곤란했으며, 또한 고리대와 연결된 폐단 역시 무시할 수 없었기 때문에 상평제용고의 설치를 추진하였다. 고려 말에 상평제용고가 실제로 설치·운영되었는지는 확인할 수 없지만, 그것을 설치하려고 했던 사실로도 당시 공물 대납이 일반화되었다는 것을 확인할 수 있다.

고려 후기 이후에 공물의 대납이 일반화된 배경에는 그 당시 국가 및 지방의 재정 상황, 공물 수납 구조상의 문제점, 상업·수공업의 발달과 상인층의 성장 등이 자리잡고 있었다. 특히 국가 운영에 필요한 거의 모든 물품을 공물제로 조달한다는 재정 운영 원칙이 유지되는 한 공물 대납은 나타날 수밖에 없었다. 중앙 정부가 국가 운영에 필요한 다양한 물품을 현물로 직접 거두어 쓰는 것이 사실상 불가능하였기 때문이다. 이렇듯 후기에는 공물의 대납이 일반화되었으며 그 폐단 또한 컸다. 그렇지만 당시 이에 대한 본질적인 대책은 세우지 못한 채 국가의 재정 상황과 관련하여 공물의 수납 기한만을 강조함으로써 이후 대납이 더욱 활발하게 전개되었고 이에 따른 폐단도 더욱 커졌다.

[조선] 상공과 별공으로 이루어진 고려의 공물제의 골격은 조선 건국 후에도 유지되었다. 조선왕조 성립 직후인 1392년(태조 1) 태조는 공부상정도감(貢賦詳定都監)을 설치하여 토지의 물산(物産)을 분변하여 공부의 등급을 정하고 이전의 액수를 감하여 상공(常貢)을 책정하였다. 그리고 상공으로 정할 수 없어 수시로 거두는 공물은 별공(別貢)이라 칭하였다.[『태조실록』 1년 10월 12일 경신] 그 후 1408년(태종 8) 9월에 제주, 1413년 11월에 함경·평안도에서 내야 할 공물의 품목과 수량을 제정함으로써 공납제는 전국으로 실시되게 되었다. 세종 때에는 공부상정안(貢賦詳定案) 즉 공안(貢案)이 제정됨으로써 정부의 1년 경비를 고려한 공물의 총액수가 정해졌고, 이를 각 군현의 전결(田結)과 호구(戶口)의 수를 기준으로 나누어 분정하였다. 이때 각 군현에 분정된 공물의 품목은 토산(土産) 여부를 고려하여 결정하는 것이 원칙이었다. 그 후 세조와 성종 연간에 여러 차례 공안 개정이 이루어졌으며, 또 세조 대에 공물의 용도별 재정지출 명세표인 횡간(橫看)이 제정됨으로써 공납제는 제도적으로 완결을 보게 되었다. 그 이후 대동법 시행 이전까지 공납과정에서 나타나는 여러 가지 폐단을 시정하기 위해 제도상의 미비점을 보완하거나 공납과정에서 나타난 중앙관청 관리의 농간을 제거하고자 공납제를 일부 개선하는 조치들이 이루어졌다.

공물은 상공(常貢)과 별공(別貢)으로 구분할 수 있는데, 상공은 정기적으로 징수하는 원정공물(元定貢物)로서 대개 농사의 일반 생산물 이를테면 면포·마포 등의 직물류를 비롯한 각종 수공업제품과 농산물 등이 해당된다. 상공은 국가에서 필요로 하는 물품의 종류와 수량을 미리 책정하고 거기에 따라 매년 초에 부과내용을 배정하게 되어 있으므로 대체로 그 부담액이 정해져 있었다. 별공은 주로 각 지방의 특산물을 수시로 필요에 따라 배정하였다.

공물의 배정은 일반적으로 지방 군현을 단위로 품목과 수량만 규정되었고, 공물의 부과와 수납과정에 대한 관리와 책임은 전적으로 지방 수령에게 위임되었다. 대체로 중앙정부가 공안에 따라 각 군현에 공물의 품목과 수량을 분정하면 각 지방에서는 부과된 공물을 백성들에게 직접 징수하거나 혹은 그 지방민들을 동원하여 생산하여 마련하였다. 「세종실록지리지(世宗實錄地理志)」에 따르면 지방에서 징수되는 공물의 품목은 일반공물, 약재, 종양약재(種養藥材)의 3종으로 분류되고 있는데, 일반공물은 자기·목기·저포(苧布)·채화석(彩花席) 등 271종이었고, 약재와 종양약재의 품목도 200종이 넘었다. 대개 민간에서 쉽게 마련할 수 있는 직물류·수산물·과실류·목재류 등은 일반민들에게서 징수하였고, 모피류·수육류 및 재배해야 하는 약재 등은 지방관청에서 마련하였다. 공물의 상납은 지방관청의 향리 중 하나인 공리(貢吏)에 의해 중앙에 있는 정부의 각 관청에 직접 납부하도록 하였는데, 공물의 운반 수송에 사용되는 노동력은 요역(徭役)의 형태로 지방민들에게 부과되었다. 공물의 상납 기한은 『경국대전』에 매년 2월까지로 정해져 있다.

조선시기의 공납제는 그 제도 및 운영과정에 다음과 같은 몇 가지 문제점을 내포하고 있었다. 우선 공물의 품목과 수량이 장기적으로 고정되어 중앙관청들의 재정확대에 적절히 대응하지 못하는 문제였다. 중앙 관청들은 부족한 재정수요를 채우기 위해 별공(別貢)의 명목으로 공안상에 규정되지 않은 품목을 수시로 징수하거나, 때로는 다음해에 징수할 공물을 미리 앞당겨 징수하는 인납(引納)을 시행하기도 하였다. 다음으로는 토산물로 각 군현의 공물을 분정하는 임토작공(任土作貢)의 원칙이 제대로 시행되지 않고 있다는 점이다. 징수하는 공물의 품목이 우선적으로 중앙관청이나 왕실의 용도에 따라 정해지기 때문에, 지방군현에는 때때로 그 지역에서 생산되지 않는 물품이 공물로 지정되기도 하였다. 특히 연산군의 사치가 심해지면서 이에 필요한 물품을 원칙 없이 배정하여 심한 경우에는 산간지대에 해산물을 배당하거나, 평야지대에 사냥한 짐승과 그 가죽 등을 배당하기도 하였다. 또한 한번 공물로 정해져 공안(貢案)에 오르게 되면 이를 바꾸는 것이 쉽지 않았으므로 이전에 흔하게 생산되던 물품의 생산이 단절될 경우나 농가에서 만들기 어려운 가공품(加工品) 등을 공납해야 할 경우에는 현물을 사서 바쳐야 했다. 이러한 구조적 모순을 이용하여 중간에서 이득을 취하는 상인 혹은 하급관리들이 있었다. 그들은 정부와 납공자(納貢者) 사이에서 대납을 함으로써 이익을 챙겼을 뿐 아니라, 자기들의 이익을 위하여 불법적인 수단으로 농민의 상납을 막기까지 하는 방납(防納)의 폐해를 낳았다. 상인이나 하급관리, 권세가 등은 방납구조에 기생하여 폭리를 취하였고 그 반대편에는 소농민(小農民)의 몰락이 이어졌다. 방납이 광범위하게 이루어지자 지방에서는 방납의 현실을 인정하고 되도록이면 민에게 피해가 적게 가는 방법을 모색했다. 공물가격을 미곡(米穀)이나 포(布)로 수취하여 방납을 통해 공물을 납부하는 관행이 확산되었는데, 이를 사대동(私大同)·대동제역(大同除役)이라 불렀다.

중앙정부 차원에서 공납제의 모순과 방납의 폐단을 시정하기 위한 개혁방안이 본격적으로 제기된 것은 중종반정(中宗反正)이후였다. 중종대 조광조(趙光祖)는 공안개정론(貢案改定論)을 제기하여 임토작공의 원리가 적용될 수 있도록 공안을 개정하고자 하였다. 이후 선조 때 이이(李珥)는 공물을 쌀로 대납하도록 하는 방안인 수미법(收米法)을 제시하였다. 이이에 의해 제기된 수미법은 임진왜란중인 1594년(선조 27) 군량조달을 목적으로 유성룡에 의하여 일시적으로 채택되었지만 정착되지 못하였고, 광해군 즉위 직후 이원익(李元翼) 등의 건의로 대동법이란 명칭으로 경기지역에 처음 실시되었다.(中宗朝, 文正公趙光祖有改貢案之議, 宣祖朝, 文成公李珥請行收米之法, 壬辰後, 右議政柳成龍亦言收米之便, 而事皆未就. 至宣祖戊申, 左議政李元翼建白, 刱行大同法, 收米于民結.[『만기요람(萬機要覽)』「재용(財用)」3, 대동작공(大同作貢)]) 대동법은 이후 충청·전라·경상도 등으로 확대되었고, 함경·강원·황해도에는 상정법(詳定法), 평안도에는 수미법이란 명칭으로 채택되어 1708년(숙종 34) 전국적인 시행을 보게 되었다.

대동법의 시행으로 공물·진상의 상당 부분이 전결(田結)에 부과되어 쌀로 수취됨으로써 전세화(田稅化)하였으며, 각종 역역(力役)의 물납화(物納化)·금납화(金納化)가 촉진되었다. 국가재정도 상대적으로나마 안정을 찾을 수 있는 계기가 되었다. 한편 대동법의 시행으로 종래 현물로 수취하던 각종 물품을 관청이 시장에서 구입하게 되었고, 공물납부를 담당하게 된 어용상인인 공인층이 성장함에 따라, 조선 후기 상업과 수공업 분야는 비약적인 발전의 계기를 마련하기도 하였다.

[참고어] 조세제도, 신라촌락문서, 공안, 대동법, 방납, 대전납

[참고문헌] 姜晋哲, 1980,「農民의 負擔」『高麗土地制度史硏究』, 高麗大學校出版部 ; 金載名, 1994,『高麗 稅役制度史 硏究』, 韓國精神文化硏究院 博士學位論文 ; 박종진, 2000,『고려시기 조세제도와 재정운영』, 서울대학교출판부 ; 이정희, 2000,『고려시대 세제의 연구』, 國學資料院 ; 고석규, 1985,「16·17세기 貢納制 改革의 方向」『한국사론』12 ; 박현순, 1997,「16~17세기 공납제 운영의 변화」『한국사론』38 ; 이재룡, 1999,『조선전기경제구조연구』, 숭실대출판부 ; 全德在, 2003,「신라초기 농경의례와 공납의 수취」『강좌 한국고대사』2(고대국가의 구조와 사회) ; 가락국사적연구원 ; 전덕재, 2009『한국고대사회경제사』, 태학사 ; 朴道植, 2011,『朝鮮前期 貢納制 硏究』, 혜안

〈전덕재·박종진·백승철〉

공동거류지(共同居留地) 여러 나라가 공동으로 거주 및 관리하도록 설정된 거류지.

[참고어] 개항장, 거류지, 조계

공물(貢物) ⇒ 공납

공박법(公拍法) ⇒ 경매

공법(貢法) 조선 세종 대 종래의 답험손실법(踏驗損實法)과 결부제(結負制) 등을 정비하여 마련한 전세제도.

조선 초기 전조(田租)의 수취는 과전법(科田法)에 규정된 3등의 전품(田品)과 1401년(태종 1)에 제정된 답험손실법에 의해 운영되고 있었다. 전품제는 토지의 비옥도를 기준으로 상·중·하의 3등으로 구분하고 상·중·하 전품에 따라 양전척(量田尺)을 달리하여 양전하여, 모두 1결에 1/10세인 30두씩을 동일하게 수조하도록 했다. 즉 전품에 따라 1결의 면적이 달랐으나, 1결당 수조액은 같았다. 한편 답험손실법은 매년 작황을 10분(分, 등급)으로 구분하여 손(損, 흉작) 1분에 조(租) 1분을 감해주고, 점차 손에 준하여 감하여 손이 8분에 이르면 조전액을 면제하는 제도였다. 이때 국가 수조지인 공전(公

田)은 관리가, 개인 수조지인 사전(私田)은 전주가 농작의 실황을 답험하도록 하였다.

이러한 과전법에 의한 전조수취는 곧 많은 문제점을 드러내었다. 3등전품제가 제대로 시행되지 못하여 토지가 가장 비옥한 경상도·전라도 지역에서 조차도 대부분의 토지가 하등전(下等田)으로 책정되어, 그 동안 지역에 따라 불균등하게 발전되어온 농업생산력을 제대로 반영하지 못하였다. 답험손실법 또한 그 자체로서는 이상적이었으나 조사관의 농간이나 전주의 과중한 세(稅) 책정, 답사를 구실로 한 허다한 잡세로 문제가 많았다. 공법은 이와 같은 손실답험의 폐단을 지양하고, 농업생산력의 발전에 상응하는 전품제의 개혁을 꾀한 제도였다.

공법에 대한 논의는 1428년(세종 10)을 전후해 본격적으로 제기되었는데, 1430년(세종 12) 8월에 지금까지 시행되던 답험손실법을 폐지하고 대신 상·중·하 3등전에서 농사의 풍흉에 관계없이 일률적으로 1결당 10두씩 징수한다는 시안을 내놓았다. 당시 세종은 '공법'이라는 새로운 세법 시안을 갖고 백성들에게 그 찬반의사를 묻는 국민투표를 3월 5일부터 8월 10일까지 무려 5개월간 실시하였다. 『세종실록』에 따르면 세종은 "정부·육조와, 각 관사와 서울 안의 전함(前銜) 각 품관과, 각도의 감사·수령 및 품관으로부터 여염(閭閻)의 세민(細民)에 이르기까지 모두 가부(可否)를 물어서 아뢰게 하라.[12년 3월 5일]"고 명을 내려 국민들의 의사를 묻도록 하였다. 투표결과는 수시로 세종에게 보고된 것으로 보인다. 1430년 7월 5일 호조판서 안순(安純)의 보고에 따르면, "일찍이 공법의 편의 여부를 가지고 경상도의 수령과 백성들에게 물어본 즉, 좋다는 자가 많고 좋지 않다는 자가 적었사오며, 함길·평안·황해·강원 등 각 도에서는 모두들 불가하다고 한 바 있습니다.(曾以貢法便否, 訪于慶尙道守令人民, 可多否少, 咸吉·平安·黃海·江原等道, 皆曰, 不可.[12년 7월 5일])"라고 하여 도별 찬반의사의 동향이 언급되고 있다.

1430년 8월 10일 호조에서는 공법 실시를 둘러싼 국민투표의 최종 결과를 보고하였는데, 17만여 명의 백성들이 투표에 참여하여, 9만 8,657명이 찬성, 7만 4,148명이 반대한 것으로 집계되었다. 절반이상의 찬성의견이 나왔지만 반대의견도 적지 않아 당시에는 별다른 결론을 얻지 못했다. 그러다가 6년이 지난 1436년(세종 18)에 공법상정소(貢法上程所)를 설치하여 연구를 거듭하였다. 그 결과 1440년에 전국 각 도를 토지의 비척에 따라 3등으로 나누어 경상·전라·충청을 상등도, 경기·강원·황해를 중등도, 평안·함경을 하등도라 하고, 각 도내의 주군(州郡)을 다시 각각 상·중·하의 등관으로 나누고 이 9등관의 토지를 각각 상전·중전·하전으로 나눔으로써 형식상 27종의 전등(田等)에 따라 각각 세율을 달리하는 안을 작성하였다. 그 다음해부터 이 방식을 하삼도 전 지역에 실시하였으나 많은 결함이 노출되어 1443년에 2번째의 대개혁을 시도했다. 그리고 마침내 1444년(세종 26) 개편된 공법이 확정되었다. 새로운 공법의 내용은 다음과 같다.

첫째, 1년 전 시안에서 채택되었던 경무법(頃畝法)을 버리고 종전대로 결부법을 쓴다. 둘째, 1년 전 시안에서의 5등전 밑에 다시 1등을 설정하여 도합 전분6등법(田分六等法)으로 한다. 셋째, 과전법에서의 수조율은 1/10이었으나 공법에서는 1/20로 한다. 넷째, 풍년·흉년에 따라 연분9등법 (年分九等法)으로 하며 각 등전의 수조액은 상상년(上上年)이 20두, 이하 등급별로 2두씩 체감하여 하하년(下下年)에는 4두로 한다. 다섯째, 동과수조(同科收租)하는 각 등전의 면적은 각각 1등전=38무(2,753.1평), 2등전=44무 7분(3,246.7평), 3등전=54무 2분(3,931.9평), 4등전=69무(4,723.5평), 5등전=95무(6,897.3평), 6등전=152무(1만 1,035.5평)으로 한다. 여섯째, 진황전(陳荒田)과 재상전(災傷田)에 대한 감면규정을 둔다.

이러한 내용을 가진 공법은 제정 즉시 양전과 함께 하삼도의 6현을 필두로 시험적으로 적용되었고, 이어 전라도는 1450년(세종 32)부터, 경기도·충청도·경상도는 1462년(세조 8)에서 1465년경까지, 황해도·강원도·평안도·함경도는 1471년(성종 2)부터 1489년(성종 20)까지 총 39년 걸려 순차적으로 전국에 실시되었다. 그리고 시행에 따른 문제점이 발생하자 공법의 내용을 부분적으로 개선해갔다. 우선 연분9등법의 시행단위는 읍이었는데, 상당히 넓은 지역이었기 때문에 그 내부 각 농지에서의 연분은 상당한 편차가 없을 수 없었다. 그리하여 1454년(단종 2)에는 면 단위로 하여 1읍을 동서남북 4면과 읍내로 구분하여 5종의 연분을 정하였다. 그 뒤 잠시 고원(庫員) 단위라 하여 산천으로 구획된 거의 동일한 지역적 조건을 가진 토지를 단위로 하는 방법을 실시한 적도 있으나, 결국 면 등급으로 일단락했다.

연분등제는 수령이 일차적으로 심사하여 정하고, 각 도 감사가 다시 조사하여 각 읍별 및 한전·수전별로 풍흉에 의하여 9등 연분을 중앙에 보고하면, 의정부·육조가 협의한 뒤에 국왕의 재가를 받아 결정했다. 그리고 필요하다면 정부는 다시 중앙관료를 파견하여 심사할 수도 있었다. 연분 결정의 실상은 수령이 친히 연분을 사정(査定)하기로 되어 있었으나 대개 권농(勸農)이나 이정(里正)에게 맡겼는데, 다시 수령이 1등 올리고, 감사가 1등 올리고, 호조에서 또 1등을 올리는 실정이었다.

공법제정 당시에 진황전(陳荒田)·침몰전(沈沒田)·재상전(災傷田)에 대한 감면제도가 규정되어 있었다. 재상은 10결에 달해야만 비로소 감면을 받을 수 있었기 때문에 9결의 재상이 있더라도 1결의 임실(稔實) 때문에 면세되지 않았다. 이 폐단을 완화하기 위해 1446년(세종 28)에 면세 단위를 10결에서 5결로 인하하였으며, 그것도 감면의 은전이 흡족하지 못하다고 하여 1451년(문종 즉위)에 재상과반전(災傷過半田)을 감면 단위로 삼았다. 다시 『경국대전』에 전손(全損) 재상자는 면세받도록 보완했으며, 재상과반전 및 질병으로 인해 경작치 못하여 전체가 진황한 것도 손실에 따라 면세한다고 규정했다. 이러한 보완·수정을 통해 소규모의 토지, 척박한 농지를 소유한 농민들을 위한 조치를 마련해갔다.

공법은 답험관의 중간부정을 근절시키고 일률적인 조세제도운영을 통해 국고의 증수를 도모하는 데 일정한 성과가 있었던 것은 사실이었다. 그러나 공법은 상층농민, 즉 대농이나 부농에게는 유리하고 하층농민에게는 불리했다. 연분등제는 부유한 층에게는 유리하게 등제되었고, 빈민은 재상을 입어도 제대로 혜택을 받지 못했다. 또한 수령이 직접 하지 않고 감고(監考)에게 맡겨 연분을 산정한 결과 민간에서의 접대와 뇌물제공의 폐단이 전날의 손실위관(損實委官) 때보다 심해졌다.

성종대 이후 연분이 하하년(下下年) 내지 하중년(下中年)으로 책정되어 가는 추세를 보이고 있는데, 이것도 하하년의 책정이 매우 무겁게 되어 있음을 반영하는 것이다. 그리고 진황전에 대한 면세도 제대로 실시되지 않아 척박한 토지를 소유한 농민은 그 부담이 훨씬 가중되었다. 이에 따라 농민층의 토지소유를 둘러싼 하향분화는 한층 가속화되었다. 공법의 실시는 토지소유권의 성장과 농업생산력의 발전과 관련되는 것이었지만, 현실적으로 지주제의 확대 속에서 소농층의 토지상실을 초래하였다.

[참고어] 조세제도, 전세, 전제, 결부제, 전품6등제

[참고문헌] 박시형, 1941, 「이조전세제도의 성립과정」『진단학보』 14 ; 김태영, 1983, 『朝鮮前期 土地制度史硏究』, 지식산업사 ; 이재룡, 1991, 「朝鮮前期 國家財政과 收取制度」『한국사학』 12 ; 김용섭, 1995, 『(증보)조선후기농업사연구』 Ⅰ, 일조각 ; 최윤오, 1999, 「세종조 공법의 원리와 그 성격」『한국사연구』 106 <백승철>

공부상정도감(貢賦詳定都監)

공부상정도감(貢賦詳定都監) 1392년(태조 원년) 10월 공물(貢物)의 부과·징수를 조정하기 위하여 설치되었던 임시관서.

[참고어] 공납, 공안

공수전(公須田)

공수전(公須田) 고려·조선시기 지방 관청의 경비와 외관의 녹봉 등의 재원 마련을 위해 주(州)·부(府)·군(郡)·현(縣)·관(館)·역로(驛路) 등에 지급된 토지.

고려시기 전시과에서는 관청의 경비 마련 등을 위해 공해전시(公廨田柴)를 설정했는데, 공수전·지전(紙田)·장전(長田) 등으로 구성되었다. 이때 공수전은 빈객의 접대와 관청의 경비, 외관의 녹봉을 조달하는 토지였다. 또한 공수시지(公須柴地)를 별도로 지급하여 연료를 마련할 수 있도록 했다.

한편 조선시기에 들어와서는 지방 관청의 운영비와 외관의 녹봉을 분리하여 전자를 공수전, 후자를 아록전(衙祿田)이라고 했고, 양자를 합쳐 늠전(廩田)이라고 하였다. 또한 과전법이 시행되면서 대부분의 시지는 폐지되었고, 대신 시탄(柴炭)을 사용하는 중앙관청에 대해 수변(水邊)에 땔나무 채취장인 시장(柴場)을 주도록 규정하였다. 그러나 시탄이 필요한 관사 중에서 『경국대전』에 누락된 것이 있었고, 지정된 시장이 고갈되면 다른 관사의 것을 침범하는 경우가 계속 발생하였다. 아울러 임진왜란 이후 국가재정이 극도로 곤궁해지면서 각 관사의 재정난을 해결하고자 시작했던 시장절급제도(柴場折給制度)가 광점(廣占)을 촉진하는 상황을 초래하기도 하였다.

고려의 공수전과 공수시지는 지방행정단위에서는 인정(人丁)의 다과를 기준으로, 역과 관에서는 시설의 규모[대·중·소]에 따라 지급되었다. 조액(租額)은 일정하게 정해져 있었으며, 전호제(佃戶制)로 운영되었다. 아울러 공수전 자체는 국유지(國有地)였으므로, 조율(租率)은 1/2로 파악되고 있다. 한편 지급목록은 아래의 표와 같다.

〈고려시대 공수전〉

주·부·군·현		향·부곡		역·관	
등급	규모(결)	등급	규모(결)	등급	규모(결)
1000정 이상	300	1000정 이상	20	대로역	60
500정 이상	150	100정 이상	15	중로역	40
200정 이상	?	50정 이하	10	소로역	20
100정 이상	70			대로관	5

100정 이하	60			중로관	4
60정 이상	40			소로관	3
30정 이상	20				
20정 이상	10				

〈고려시대 공수시지〉

구분	기준	결수
주·부·군·현	12목	100결
	1,000정 이상	80결
	500정 이상	60결
	500정 이하	40결
	100정 이하	20결
역(驛)	대로	동서도(東西道) : 50결, 양계(兩界) : 40결
	중로	동서도(東西道) : 30결, 양계(兩界) : 20결
	소로(小路)	동서남북로(東西南北路) : 15결

*단 지주사(知州事)의 경우는 100정 이하라도 60결에 해당하였다.

한편 조선의 공수전은 장전·부장전·수부전 등과 같이 민전(民田) 위에 설정된 수조지였다. 따라서 경작자가 국가에 납부해야 할 전조(田租)를 해당 수조권자[기관]가 각자수세(各自收稅)했다. 또한 수조권자가 국가기관이었으므로 수조권자가 국가에 납부해야 했던 전세(田稅)도 면제되었다. 이상은 『경국대전(經國大典)』「호전(戶典)」의 제전(諸田)조에 규정되었는데, 그 종류와 규모는 다음과 같다.

〈조선시대 늠전〉

부 대도호부 목	*아록전(衙祿田) : 50결. 판관이 있으면 40결을 더 준다. 원이 가족을 데리고 가지 않은 고을이면 절반을 줄인다. *공수전(公須田) : 15결. 도로연선일 경우에는 대로이면 10결, 중로이면 5결을 각각 더 준다.
도호부	*아록전(衙祿田) : 50결. 판관이 있으면 40결을 더 준다. 원이 가족을 데리고 가지 않은 고을이면 절반을 줄인다. *공수전(公須田) : 15결. 도로연선일 경우에는 대로이면 10결, 중로이면 5결을 각각 더 준다.
군 현	*아록전(衙祿田) : 40결, 원이 가족을 데리고 가지 않은 고을이면 절반을 줄인다. *공수전(公須田) : 15결. 도로연선일 경우에는 대로이면 10결, 중로이면 5결을 각각 더 준다.
역	*공수전(公須田) : 대로에는 20결, 황해도에는 25결, 동북계와 서북계(兩界)에는 10결을 더 준다. 중로에는 15결, 동북계와 서북계에는 7결을 더 준다. 소로에는 5결, 동북계와 서북계에는 3결을 더 준다. *장전(長田)·부장전(副長田) : 장(長)에게는 2결, 부장(副長)에게는 1결 50부. *급주전(急走田) : 급히 달리는 역졸[急走]에게는 50부[急走田]. 긴요한 도로이면 50부를 더 준다. *마전(馬田) : 큰 말[大馬]에는 7결, 보통 말[中馬]에는 5결 50부, 작은 말[小馬]에는 4결. 긴요한 도로이면 큰 말에는 1결, 보통 말과 작은 말에는 50부를 더 준다.
참	*아록전(衙祿田) : 5결→참전(站田)
원	*원주전(院主田) : 원주(院主)에게는 대로이면 1결 35부, 중로이면 90부, 소로이면 45부.
나루[渡]	*아록전(衙祿田) : 8결 *진부전(津夫田) : 진부(津夫)에게는 큰 나루면 10결 50부, 중간나루면 7결, 작은 나루면 3결 50부.
수릉군	*수릉군전(守陵軍田) : 1명마다 2결
수부	*수부전(水夫田) : 1명마다 1결 35부
빙부	*빙부전(氷夫田) : 1명마다 1결

[참고어] 공해전, 늠전, 아록전

[참고문헌] 『高麗史』; 『經國大典』; 姜晉哲, 1980, 「公田支配의 諸類型」 『高麗土地制度史硏究』, 高麗大學校出版部 ; 李淑京, 1989, 「高麗時代 地方官廳附屬地에 대한 一考察」 『東亞硏究』 17 ; 劉善浩, 1991, 「高麗時代 驛의 經濟構造」 『서울産業大學校論文集』 34 ; 權寧國 外, 1996, 『譯註 『高麗史』食貨志』, 韓國精神文化硏究院 ; 李景植, 2007, 『高麗前期의 田柴科』, 서울대학교출판부 〈윤석호〉

공신전(功臣田) 고려·조선시기 국가 또는 왕실에 특별한 공훈을 세운 공신에게 수여한 토지.

공신 작위의 세전(世傳)과 이에 수반하여 지급되는 공신전은 국왕·국가와 공신 사이 군신관계를 매개시켜 주는 물적 요소였다. 일반적으로 공신은 화란을 제거하고 종사를 안정시키는 공훈을 세우고 나아가 그 은택을 백성에게까지 미친 이들을 가리킨다. 공신은 관료제도 속에서 군주와의 특별한 유대관계가 전제된 존재였다. 숙위(宿衛)와 정란(定亂)으로 대표되는 공신들의 공업은 모두 군주를 위하여 진충보국(盡忠報國)한 결과였으므로, 군주에게는 반드시 남다른 봉작(封爵)의 영예로써 공신들을 지극하게 대우할 것이 요구되었다. 실제로 극심한 권력체계의 변동과 정치적 변란 속에 즉위한 군주는 태생적으로 자신을 옹립해 준 공신집단에 힘입어 정통성을 확보해 나갈 수밖에 없었다. 이때 납세의 의무가 없는 세록(世祿)=공신전은 군신 간 특별한 유대감을 형성하고 자손만대에까지 그 관계를 이어갈 수 있는 물적 기반이자 정치적 신뢰의 상징으로 작용하였다.

공신전의 기원을 977년(고려 경종 2) 3월에 개국공신(開國功臣)과 향의귀순성주(向義歸順城主) 등에게 50결에서 20결까지 차등을 두고서 지급했던 훈전(勳田)으로 보는 견해가 있다. 훈전은 그 뒤 전시과(田柴科) 제도가 정비되면서 공음전시(功蔭田柴)로 변화했는데, 공음전시와 고려 말·조선의 공신전은 그 성격상 직접적인 관련은 없다. 고려의 공음전시는 국초의 훈전을 연원으로 했지만 실제 법규에서는 5품 이상의 양반 관료에게 일정량의 토지를 지급한 것이었음에 반해, 고려 말과 조선의 공신전은 주로 개국과 왕위 계승 과정에 공로를 세운 공신에게 지급된 것이었다. 결국 조선과 유사한 사례로는 고려 후기 충선왕·충숙왕의 즉위와 왕위 유지에 공을 세웠던 신료들에게 지급했던 토지와, 공양왕의 추대로 수여 받았던 중흥공신(中興功臣)에게 내려준 토지 등을 들 수 있다.

조선에 들어와 첫 공신전은 개국공신에게 지급되었다. 태조는 전제개편을 단행하여 고려 구귀족의 물질적 기반을 무너뜨리는 한편 조선의 개창에 공을 세운 배극렴(裵克廉)·조준(趙浚) 등 43명의 개국공신에게 공신전과 과전을 새롭게 지급하였다. 구체적으로는 1등 공신에게 전지 170결 내지 220결과 노비 15구 내지 30구를, 2등 공신에게 전지 100결과 노비 10구를, 3등 공신에게 전지 20결과 노비 7구씩을 지급하였다. 공신전은 이후 정국의 변동 및 기타의 대외정사 등과 조응하며 더욱 확대되어 갔다.

조선 전기 변칙적 왕위계승은 공신전의 사급을 증대시킨 중요한 요인이었다. 태조 때 개국·회군(回軍)·원종(原從)·정사(定社) 공신, 태종 때 좌명(佐命)·원종(原從) 공신 등 선초 6차례에 걸쳐 책봉된 공신에게 사급(賜給)된 토지만 해도 총 4만 5,000여 결에 달하였다. 이후로도 대내외의 변란을 맞아 공신의 책봉이 이루어졌고, 조선 후기에는 정치적 알력이 왕위계승과 어우러져 복잡한 양상을 띠고 진행됨에 따라 공신 책봉이 이어졌다. 세조의 즉위와 관련된 정난(靖難)·좌익(佐翼)·적개(敵愾) 등 3공신과 예종 대의 익대공신(翊戴功臣), 그리고 성종의 즉위 후 책봉된 좌리공신(佐理功臣)을 비롯해 영조 때의 분무공신(奮武功臣)에 이르기까지 총 19차례에 걸친 조선의 공신 책봉은 그 결과였다.

책봉된 공신에게는 막대한 공신전이 하사됨은 물론 세제상의 특권이 함께 부여되었다. 공신전은 기본적으로 면세지였으므로 조선 후기 영정법(永定法)과 대동법(大同法)이 시행된 뒤에도 전세와 대동세는 면제되었다. 후기에 들어와 삼수미(三手米)와 균역법(均役法) 시행 이후에 부과된 결작(結作)만이 납부의 의무로 부과되었을 뿐이었다. 또한 공신전은 자손에의 상속이 허용되었다. 『경국대전』에는 공신전을 기본적으로 자손에게 상속이 허용된 토지로 규정하고 있는데, 적자가 상속할 경우 그 전액을 인정하고, 양천첩자가 계승할 때는 일부만을 상속하도록 하여 적서차별을 적용하였다.

공신전은 과전·별사전(別賜田) 등과 함께 사전(私田)으로 분류되었고, 사전의 경기 내 지급이라는 원칙에 따라 경기의 토지가 지급 대상이 되었다. 이후 공신전의 수효가 점차 늘어날 때에도 하삼도(下三道)로 옮겨 지급하거나 지급할 토지가 없을 경우 전세(田稅)로 대신 지급하도록 조처하기도 하였다. 또한 둔전(屯田) 등 군자(軍資)에 충당될 토지를 지급하기도 했으며, 중기 이후 원결(元結)에 포함되지 않은 양외가경전(量外加耕田)으로 지급하기도 했고, 사급액의 일부만을 지급하는 방법과 사패(賜牌) 사급 후 수십 년이 지난 뒤에 지급하는 방법 등을 사용하기도 하였다.

그럼에도 공신전의 부족은 해결되지 않았다. 이에 국가는 정도전(鄭道傳) 등과 같이 권력 투쟁에서 패배한 공신의 공신전을 환수한다든가, 두 번 공신에 책봉되었다고 하더라도 중첩해서 공신전을 지급하지는 않는 방법, 개국·정사·좌명의 삼공신을 제외한 공신전은 상속을 허용하지 않는 조처 등을 통해 공신전에 대해 통제를 가하기 시작했다.

1466년(세조 12) 8월 양반 전주(田主)에게서 과전의 세전과 직접 수조의 권한을 박탈한 직전법이 시행되고, 공신전을 제외한 수조지의 세전(世傳)·세록(世祿)의 의미는 박탈되었다. 이로써 합법적인 세전·세록으로서 전수될 수 있었던 것은 공신전만이 남게 되었고, 군주와 공신 간의 군신관계를 매개시켜 주는 물적 요소로서 공신전의 상징성은 여전히 유효하였다. 그러나 이러한 공신전 또한 1470년(성종 1), 직전(職田) 전조의 관수관급(官收官給) 원칙에 따라 전조의 수취와 분급을 관이 대신하게 되었고, 흉년·군자 등의 이유로 자주 그 전조의 분급이 이루어지지 않기도 하는 등 물적 기반으로서 공신전에 대한 국가의 통제는 조선시기 내내 계속해서 증가되어 갔다.

[참고어] 훈전, 사급전, 사전(賜田)

[참고문헌] 홍승기, 1977, 「고려초기의 녹읍과 훈전」『사총』 21·22 ; 강진철, 1980, 『고려 토지제도사 연구』, 고려대 출판사 ; 이성무, 1980, 『조선초기양반연구』, 일조각 ; 김태영, 1983, 『조선전기 토지제도사 연구』, 지식산업사 ; 한영우, 1983, 『조선전기 사회경제 연구』, 을유문화사 ; 이경식, 1986, 『조선전기 토지제도사 연구』, 일조각 ; 강진철, 1989, 『한국중세 토지소유 연구』, 일조각 ; 이정수, 1992, 「조선초기 공신전의 운영양태-조온 공신전권을 중심으로-」『역사와 세계』 15·16

〈김정신〉

공안(貢案) 고려·조선시기 지방의 여러 관부에 부과한 공부(貢賦)의 품목과 수량을 기록한 장부.

공안은 국가재정의 전체 예산표를 뜻하기도 한다.

중앙과 지방의 각 관부, 그리고 호조에서 보관하고 있었다. 중앙의 공안에는 지방에 징수할 공부의 품목, 물품의 수량 및 상납하는 관부의 이름 등을 월별로 기록하였다. 지방의 공안에는 각 관부에서 분정된 품목과 수량, 상납해야하는 궁·사 등을 월별로 기록하였다. 또한 호조의 공안에는 각 궁과 사의 것들이 통합 기록되어 있다.

공안의 대상은 전세를 비롯한 각종 부역과 공물·진상, 그리고 어세·염세·공장세·공랑세(公廊稅)·행상노인세(行商路引稅)·선세·신세포(神稅布)·노비신공포 등의 잡세였다. 전세는 농사의 풍흉에 따라 급손(給損)되었으므로 그 수납액이 일정하지 않았으나, 나머지 대부분은 거의 일정하였다.

공안은 고려시기에도 있었으나 그 내용과 운영에 대해서는 분명치 않다. 다만 1318년(충숙왕 5) 5월에 내린 하교에, "황제에게 별도로 진상하는 해산물로 새우와 조개 같은 물건들은 도진승(都津丞) 신훤(申烜)이 연례의 액수 외에 마음대로 그 수를 늘려서 그 전의 액수와 합쳐서 공안에 등재해 백성들에게 큰 피해를 주고 있다.(帝所別進海産, 若蝦蛤等物, 都津丞申烜, 於年例外, 擅加其數, 幷其舊額, 載之貢案, 大爲民害[『고려사』 권84, 「형법지」 1 직제])"고 한 용례가 보인다.

조선시기에 와서 태조는 즉위 직후 공부상정도감(貢賦詳定都監)을 설치하여 공안을 마련하였다. 그러나 경비를 과다하게 책정하여 폐해가 커지자 1438년(세종 20) 공부 부담액을 줄이려는 시도가 있었다. 1464년(세조 10) 공안을 전면 개정하고 중앙관청의 경비명세서인 경비식례(經費式例)와 국가재정의 세출예산표인 횡간(橫看)을 제정하면서 공부의 부담을 3분의 1 정도로 줄였다. 이후 1470년(성종 1)에 그 지역에서 생산되지 않는 물품을 공물로서 거두는 일을 없애고자 공안을 다시 고쳤다. 이듬해 백성을 부역에 동원할 때의 기준을 세운 역민식(役民式)이, 1473년에는 중앙관청의 비용지출에 관한 규정인 횡간조작식(橫看造作式)이 마련되어 다시 공납의 부담이 줄어드는 효과를 낳았다. 그러나 연산군은 공안상정소(貢案詳定所)를 두어 공안을 개정하였는데, 오히려 이전 시기보다 그 수량이 증가하는 결과를 가져왔다.

임진왜란 이후 공납제의 폐단이 심화되자 대동법(大同法)이 실시되었다. 대동법은 공물진상을 현물로 내는 대신 전세화(田稅化)하여 미와 포로 납부하게 하고 이것으로 소요 물품을 구입하여 사용하게 하는 것이었다. 이후 갑오개혁으로 재정제도가 개혁될 때까지 대동법 체제에 맞추어 변화하면서 대동사목(大同事目), 탁지정례(度支定例) 등과 함께 국가예산제도의 근간을 이루었다. 대표적인 자료로는 19세기 초 봉상시(奉常寺)의 공안으로 여겨지는 『공물정안(貢物定案)』과, 18세기 말 강원도의 공안으로 여겨지는 『강원도공물책(江原道貢物冊)』 등이 있다.

[참고어] 공납, 대동법

[참고문헌] 金玉根, 1996, 『高麗財政史研究』, 一潮閣 ; 한영국, 1998, 「대동법의 시행」『한국사』 30, 국사편찬위원회 ; 박종진, 2000, 『고려시기 재정운영과 조세제도』, 서울대학교출판부 ; 이정철, 2010, 『대동법, 조선최고의 개혁』, 역사비평사 〈윤성재〉

공역(貢役) 고려시기에 공물(貢物)을 조달하기 위해 부과한 역(役).

국가에서 수취하는 공물에는 국가에서 필요한 다양한 물품이 포함되어 있는데 이것을 조달하는 데 필요한 역을 말한다. 공역은 군현 차원의 역 중 가장 정기적이며 중요한 것이었다. 1108년(예종 3) 2월에 "경기의 주현은 상공 이외에 요역이 잦고 무거워 백성들이 이것을 고통스럽게 여겨 날로 도망하니, 주관하는 관청은 그 공의 많고 적음을 계수관에게 물어서 그 액수를 다시 정하여 시행하라. 구리·쇠·자기·종이·먹 등 잡소는 별공 물색을 아주 지나치게 거두어 장인들이 고통스러워 도피하니, 해당 관청은 각 소의 별상 공물의 다소를 다시 정하여 아뢰어 재가를 받으라.(京畿州縣, 常貢外, 徭役煩重, 百姓苦之, 日漸逃流. 主管所司, 下問界首官, 其貢役多少, 酌定施行. 銅·鐵·瓷器·紙墨雜所, 別貢物色, 徵求過極, 匠人艱苦, 而逃避, 仰所司, 以其各所別常貢物, 多少酌定, 奏裁. [『고려사』 권78, 「식화지」 1 전제 공부])"는 기사에서 보듯이 소(所)에서 사는 사람들이 해당 물품을 생산하기 위하여 한 일도 일종의 공역이었다. 특히 소에서 생산되는 물품은 군현 공물의 중요한 품목이었다. 소는 국가에서 필요로 하는 물품 가운데 금·은(金銀)이나 철(鐵), 자기, 종이, 기와 등 일반 민들이 생산하기 어려운 특수한 물품을 전문적으로 생산하는 곳이었다. 군현 공물에는 직물류와 소에서 생산하는 물품 외에도 다양한 것이 포함되었다. 확인되는 것으로 새우·조개·어포(魚脯) 등의 해산물, 소가죽이나 소뿔, 인삼, 유밀(油蜜), 홍지초(紅芝草) 등의 농축산물 등이 있다. 이들 품목은 대개 군현에 사는 일반 민호의 요역을 통하여 조달하였다.

고려시기 군현 단위로 부과된 공물의 품목이 다양하

였기 때문에 그것의 조달을 위한 공역의 형태 역시 여러 가지였을 것은 물론이다. 그런데 공역을 공물 조달의 역으로 보지 않고 공물과 요역의 줄인 말로 보는 경우도 있다.

[참고어] 공납, 공호

[참고문헌] 朴宗基, 1990, 『高麗時代部曲制硏究』, 서울大學校出版部 ; 權寧國 外, 1996, 『譯註『高麗史』食貨志』, 韓國精神文化硏究院 ; 박종진, 2000, 『고려시기 재정운영과 조세제도』, 서울대학교 출판부 〈윤성재〉

공연(孔烟) 통일신라기 생활과 과세(課稅)의 기초 단위로서 촌(村)을 구성하는 가호를 뜻하는 말.

현재까지는 「신라촌락문서」에서만 볼 수 있다. 「촌락문서」는 통일신라에서 4개 촌의 가호와 인구 동태, 여러 가지 경제적 상황 등을 파악하기 위하여 만든 것이다. 공연은 촌을 구성하는 기초 단위인데, 「촌락문서」를 작성한 시점에 사해점촌(沙害漸村)은 11개, 살하지촌(薩下知村)과 서원경(西原京 : 충북 충주) ○○촌은 각각 15개, 10개의 공연으로 구성되었고, 다른 한 촌은 앞부분이 훼손되어 촌명(村名)과 공연의 수를 알기 어려우나 적어도 8개 이상의 공연이 존재했을 것으로 추정된다.

공연은 9등급으로 구분된 등급연(等級烟)과 3년 사이에 새로 이사해온 가호[新收坐內烟]로 이루어졌다. 예를 들어 사해점촌에는 중하연(仲下烟) 4개, 하상연(下上烟) 2개, 하하연(下下烟) 5개가, 살하지촌에는 중하연 1개, 하상연 2개, 하중연(下仲烟) 5개, 하하연 6개와 3년 사이에 새로 이사해온 공연 1개가, 서원경 ○○촌에는 하중연 1개, 하하연 9개가 각각 존재하였다. 가호의 등급을 나누는 기준이 무엇인가를 둘러싸고 논란이 많으며, 현재까지 그 기준이 인정(人丁), 소유 토지면적, 총체적 자산의 다과(多寡)였다고 이해하는 견해가 제기되었다. 새로 이사해온 가호는 3년이 지나 다시 「촌락문서」를 작성했을 때 당시 기준에 의거하여 등급연으로 편제되었다.

사해점촌의 공연당 평균 호구 수는 13.4명, 살하지촌과 서원경 ○○촌은 각기 8.3명, 11.8명이었다. 공연당 평균 소유 토지면적은 사해점촌의 경우는 14결(結) 19부(負) 2속(束)이고, 살하지촌과 서원경 ○○촌은 각기 11결 93부 5속, 10결 21부 8속이었다. 통일신라시기에 공연의 평균 호구 수는 10여 명이었고, 토지는 10여 결(12,000~15,000평) 내외를 소유하였다. 이밖에 공연마다 평균 2~4마리의 소·말을 보유하였다. 일반적으로 관청의 허가를 받고 다른 촌으로 이사한 경우는 공연의 감소 사실을 문서에 곧바로 추기(追記)로 표시하였으나 도망간 경우는 3년이 지난 뒤에 비로소 「촌락문서」에 반영하는 것이 관례였다.

1933년 일본 동대사(東大寺) 정창원(正倉院)에서 「촌락문서」가 발견된 이래, 먼저 공연은 부역을 담당할 장정 수를 고려하여 자연호 2~3개 정도가 합쳐진 과호(課戶)의 성격을 지녔다는 견해가 제기되었으나 크게 주목을 받지 못했다. 한동안 「촌락문서」에 나오는 공(孔)과 연(烟)을 공연의 약자(略字)로 보면서 그것은 촌에 거주하는 보통의 가호, 즉 자연호(自然戶)라고 이해하는 견해가 널리 받아들여졌다. 그런데 공연이 자연호라면 촌의 가호 수가 너무 적고, 가호당 호구 수가 많은 점, 가호당 평균 토지소유 면적이 10여 결 내외로서 조선 초기 농민이 보통 1결정도를 소유한 것에 비하여 지나치게 넓다는 점 등이 문제점으로 제기된다.

1970년대 중반에 자연호설의 문제점을 지적하며 공연은 국가가 인위적으로 자연호 몇 개를 결합시켜 과역을 담당케 한 편호(編戶)였다는 주장이 다시 제기되었다. 이 주장의 근거가 된 핵심 자료는 살하지촌과 서원경 ○○촌 문서에 나오는 '을미년견사이피상연망회거공일(乙未年見賜以彼上烟亡廻去孔一) 이합인삼(以合人三)', '을미년견사이피상연망회거공일(乙未年見賜以彼上烟亡廻去孔一) 이합인육(以合人六)'이란 구절이다, 이것은 '을미년에 연을 볼 새(또는 보샤되) 그 상연이 도망해 가버린 공이 하나, 합하여 3인 또는 6인'으로 해석되는데, 여기서 상연(上烟)은 3인(살하지촌) 또는 6인(서원경 ○○촌)으로 구성된 자연호로서 공연의 구성에서 중심적인 역할을 수행했거나 공연 내의 위치상의 조건(윗집)을 뜻한다고 이해할 수 있어 공연이 편호였음을 입증해주는 결정적 증거로 제시되었다.

새로운 편호설이 제기된 뒤에 재차 공연의 구성 원리를 둘러싸고 논의가 활발하게 진행되었다. 자연호설을 지지하는 입장에서 당시 가족 구성은 부부 자녀뿐만 아니라 방계친, 그 외의 인원까지 포함되었다고 보거나 또는 몇 개의 자연 가호가 혈연적인 원리에 의거하여 결합한 세대공동체였다고 주장하였다. 그러나 「촌락문서」에서 공연에 방계친이 포함되었다거나 또는 세대공동체였다고 볼 수 있는 증거를 찾을 수 없다.

사해점촌에 관한 기록에서 공연이 하나 감소되었다고 추기로 표시하였다. 공연의 감소 이유는 추자(追子)

1명, 소자(小子) 1명, 정녀(丁女)와 정비(丁婢) 각 1명 등 4명의 가족이 다른 곳으로 이사한 것에서 찾을 수 있다. 살하지촌과 촌명을 알 수 없는 촌의 문서에 새로 이사해 온 공연이 보이는데, 이들은 조자(助子) 1명, 노공(老公) 1명, 정녀 2명과 정 1명, 추자 1명, 소자 1명, 정녀 2명, 추여자 1명으로 구성된 가족이었다. 공연 가운데 일부가 소가족으로 구성된 자연호였음을 입증해주는 증거들이다. 근래에는 이와 같은 편호설의 문제점을 지적하며 자연호설과 편호설을 절충하여 공연을 이해하는 것이 지배적이다.

1990년대 초반에 공연은 국가가 과세 단위로 설정한 편제호(編制戶)라는 전제 아래 국가에 부세를 납부할 수 있는 능력이 있는 가호는 자연호 그대로 공연으로 편제하고, 그렇지 못한 경우는 몇 개의 자연호를 결합하여 과세할 수 있는 조건을 갖춘 하하연(下下烟)으로 편제하였다는 견해가 제기되었다. 이 견해는 가호의 등급을 나누는 기준이 인정이 아니라 토지를 비롯한 재산이었다는 전제 하에 제기된 것으로서 공연의 구성 원리에 대한 이해를 크게 진전시키는 계기가 되었다.

이러한 견해를 발전시켜 공연은 단지 하나의 가족만이 아니라 가족과 노비, 또는 주가족(主家族)과 종속가족(從屬家族), 주가족과 개별적 편입인(編入人)으로 구성되었다고 보거나 또는 공연에는 혈연적 원리로 구성된 유형, 국가에 의하여 인위적으로 수취 단위로 편성된 유형, 공연(=중심연)과 상연(上烟 : 용작농의 가호)의 예속 관계로 구성된 유형이 존재하였다. 그런데 두 번째 유형의 대부분은 하하연으로서 그들은 항상 용작농, 즉 상연으로 전락할 가능성이 높으며, 세 번째 유형은 국가가 중심연에 상연을 인위적으로 결합시켜 편호한 것이 아니라 부유한 가호에 해당하는 중심연이 용작농을 고용한 현실을 그대로 인정하여 편호(編戶)한 것이라고 이해하기도 하였다. 통일신라시기에서 농민들의 계층분화와 몰락이 일상화됨에 따라 국가가 안정적인 수취원을 확보하기 위해 다양한 유형의 공연을 과세의 기초단위로 편제했다고 파악한 점이 특징적이다. 그러나 '윗 연'으로 해석되는 상연(上烟)을 부유층에게 고용된 용작농의 가호로 보기에는 곤란한 점이 있으며, 다양한 인적 구성을 지닌 가호를 어떠한 기준을 근거로 편호하였는가에 대한 설명이 부족한 점 등은 한계로 지적된다.

「촌락문서」에 대한 이해가 심화되면서 공연을 단순한 자연호로 이해하는 견해는 부정되었다. 아울러 공연 모두를 자연호 몇 개를 인위적으로 결합시킨 편호(編戶)였다는 주장 역시 문제가 있음이 밝혀졌다. 일부는 자연호 자체를 그대로 공연으로 편제하고, 다른 일부는 몇 개의 자연호를 결합하여 편호한 것이 분명하다. 그런데 아직까지 어떤 기준을 근거로 다양한 유형의 공연을 편성하였는가를 명확하게 규명하지 못하였다. 공연의 구성 원리가 명확하게 밝혀지면, 가호를 9등급으로 나누었던 기준과 공연을 기초로 하여 설정된 계연(計烟)의 기능에 대한 이해가 크게 심화될 것이다. 아울러 통일신라의 수취체계와 촌락 지배방식에 대한 지식도 크게 넓혀 줄 것으로 기대된다.

[참고어] 신라촌락문서, 연수유전답, 계연, 호등제

[참고문헌] 旗田巍, 1958·1959, 「新羅の村落-正倉院にある新羅村落文書の研究」 I·II 『歷史學研究』 226·227 ; 김기섭, 2007, 『한국 고대·중세 호등제 연구』, 혜안 ; 김기흥, 1991, 『삼국 및 통일신라기 세제의 연구』, 역사비평사 ; 明石一紀, 1975, 「統一新羅の村制について」 『日本歷史』 322 ; 浜中昇, 1986, 『朝鮮古代の經濟と社會』, 法政大學出版局 ; 安部井正, 1989 「新羅村落文書に見える九等戶區分について」 『朝鮮學報』 133 ; 오장환, 1958, 「신라장적에서 본 9세기 전후 우리나라의 사회경제 형편에 대한 몇 가지 문제」 『력사과학』 1958-5 ; 윤선태, 2000, 「新羅 統一期 王室의 村落支配」, 서울대학교 박사학위논문 ; 이인재, 1995, 「統一新羅期 土地制度 硏究」, 연세대학교 박사학위논문 ; 이인철, 1993, 『신라정치제도사연구』, 일지사 ; 이인철, 1996, 『신라촌락사회사연구』, 일지사 ; 이태진, 1979, 「統一新羅期의 村落支配와 孔烟」 『韓國史硏究』 25 ; 1986, 『한국사회사연구-농업기술 발달과 사회변동-』, 지식산업사 ; 이희관, 1999, 『통일신라토지제도연구』, 일조각 ; 전덕재, 2009, 『한국고대사회경제사』, 태학사

〈전덕재〉

공원지(公園地) 일반 공중의 보건·휴양 및 정서생활을 향상시키기 위하여 일정한 구역 내에 필요한 시설을 갖춘 토지로서의 지목.

공원지는 사람들에게 유람을 제공하기 위하여 국가 또는 지방단체가 설치한 일정한 장소이다. 현행 우리나라의 지목 28개 중의 하나로, 시민 생활의 보건·보안·휴게 등을 목적으로 하는 공개된 유원지를 일컫는다. 부호로 나타낼 때에는 차문자를 사용하여 '원'으로 표기한다. 조선 국가에는 공원이라는 별도의 지목은 없고, 관찰사 또는 군수의 관사 안에 '원(園)'이라고 일컬어지는 국유불과세지(國有不課稅地)가 있었다. 공원은 1910년 8월 23일 법률 제7호로 토지조사법이 공포되었을 때 제2호의 공원지로 분류되었다. 1912년

8월 13일 제령 제2호로 제정·공포된 법령인 토지조사령과 1914년 3월 16일 제령1호로 일제가 제정한 지세령에서도 그대로 설정되었다. 일제 초기 공원은 대개 일본인이 경영하고 있었다. 지적법 시행 이후 현행 한국의 지목분류에서 '공원'으로 구분된다.

[참고어] 지목, 토지조사령, 토지조사법, 지세령

[참고문헌] 정긍식·田中俊光 역, 2006, 『조선부동산용어약해』; 조석곤, 2003, 『한국 근대 토지제도의 형성』, 도서출판 해남; 주명식, 1981, 「지적법 해설」 『사법행정』 〈고나은〉

공유지(公有地) ⇒ **지목**

공음전(功蔭田) 고려의 고위 관료들에게 특권적인 생활을 세습적으로 누릴 수 있도록 경제적 토대로 마련해 준 토지.

고려왕조에서는 정치권력의 근간을 이루는 양반 관료들에게 그에 상응하는 경제력을 보장하기 위하여 양반전을 지급하였다. 그런데 이들을 위해서 양반전 이외에 공음전이란 명목의 토지법제가 따로 제정되었다.

이 제도가 법제화된 것은 1049년(문종 3) 5월인데, 먼저 그 해당 기록을 보면 다음과 같다. "문종 3년 5월 양반공음전시법을 제정하였다. 1품은 문하시랑평장사 이상으로 전지 25결·시지 15결, 2품은 참지정사 이상으로 전지 22결·시지 12결, 3품은 전지 20결·시지 10결, 4품은 전지 17결·시지 8결, 5품은 전지 15결·시지 5결인데, 자손에게 전한다. 산관은 5결을 삭감한다. 악공과 천구 출신으로 양민이 된 원리는 모두 참여할 수 없다. 공음전을 받을 자손이 나라를 위태롭게 한 경우, 대역 모반죄에 연루된 경우, 공적 혹은 사적인 여러 가지 죄를 범해 제명된 경우를 제외하고는, 비록 그 아들이 죄가 있더라도 손자에게 죄가 없으면 공음전시의 1/3을 지급한다.(文宗三年五月 定兩班功蔭田柴法 一品 門下侍郎平章事以上 田二十五結·柴十五結 二品 參政以上 田二十二結·柴十五結 三品 田二十結·柴十結 四品 田十七結·柴八結 五品 田十五結·柴五結 傳之子孫 散官減五結 樂工賤口放良員吏 皆不得與 受功蔭田者之子孫 謀危社稷 謀叛大逆延坐及雜犯公私罪 除名外 雖其子有罪 其孫無罪 則給功蔭田柴三分之一.[『고려사』 권78, 「식화지」 1 전제 공음전시])"

여기서 보듯, 공음전의 등급은 1품에서 5품으로 나누어져 있으며, 그 해당 전시 액수는 전지 25결·시지 15결부터 전지 15결·시지 5결에까지 이르고 있다. 각 품은 문하시랑평장사, 참지정사 등에서 알 수 있듯이 관직과 어떤 형태로든 관련되어 있었다. 또 현직 관료에 비하여 산관은 5결을 삭감하도록 하였으며, 악공·천구 출신자는 대상에서 제외되었다. 그리고 이 토지는 자손에게 상속되는데, 그 아들이 국가적으로 치명적인 범죄를 범했을 경우에는 대신 손자에게 1/3을 지급하도록 했다.

그런데 공음전의 수급 주체, 자격자의 범위, 음서와의 관련, 토지 소유권의 성격이나 실체 등에 대해 연구자들 사이에 적지 않은 의견의 차이가 있다.

첫째로 수급 주체와 관련해서는, 양반 자신이란 견해가 대다수이지만, 해당 양반의 자손도 해당된다는 소수의 의견이 있다. 둘째로 자격자의 범위와 관련해서는, 관품 5품 이상의 고위 관료라는 설과 전체 양반 관료 모두에게 해당된다는 설로 나뉘어져 있다. 셋째로 음서와 관련해서는, 범위를 관품 5품 이상으로 보는 경우에는 당연히 밀접한 관련을 전제하고 있지만, 전체 양반 관료를 그 대상이라고 보는 입장에서는 이와 달리 특별한 공로와 연계되는 제도로 파악하고 있다. 넷째로 토지 소유권의 성격과 관련하여, 양반에게 추가로 지급되는 것으로 이해할 경우에 공음전이 일반 양반전과 어떤 차이가 있는지가 문제가 된다. 이에 대해 양반전은 그 자격을 상실했을 경우 국가에 되돌려주어야 하는 까닭에, 해당 토지에 대한 지배력이 상대적으로 약한 한정유기지(限定有期地)인데 반해, 공음전은 자손들에게 세습되므로, 해당 토지에 대한 지배력이 강하게 인정되는 무기영대지(無期永代地)였다는 설명이 붙어 있다. 반면 공음전이 해당 양반의 자손에게 주어졌다고 볼 경우, 그 소유권의 차이는 고려할 필요가 없게 된다. 마지막으로 공음전의 실체와 관련하여서는, 관품 5품 이상의 고위 관료만을 대상으로 한 우대 제도였다는 것이 정설이지만, 전체 관료를 대상으로 하되 공로에 대한 보상이나 신분을 보장하기 위한 제도였다는 설도 있으며, 아예 공신전과 같은 것으로 보는 견해도 있다. 또한 공음전은 해당 양반의 자손 중 음서로 관료 세계에 들어가는 자에게 주어진 초입사전(初入仕田)으로서, 과거로 입사하는 자에게 주어지는 등과전(登科田)에 대응하는 것이라는 견해도 있다.

공음전의 시원에 대해서는 977년(경종 2) 3월에 개국공신 및 향의귀순성주(向義歸順城主)에게 50~20결 범위에서 차등 지급한 훈전(勳田)에서 찾고 있다. 그런데 이 시점은 고려 최초의 전시과 규정인 시정전시과(始定田柴科)가 공포된 976년 11월로부터 불과 4개월만의

일이다. 그리고 시정전시과는 인품(人品)이 지급 기준인 데 반해 훈전은 공로(功勞)가 기준이어서, 940년(태조 23)의 역분전(役分田) 규정 중 인품, 공로 양 규정을 각각 계승한 것으로 보아 추가적이기 보다는 보완적인 것으로 볼 여지도 있다. 공음전의 시행 사실과 관련한 보다 명확한 기록은 1021년(현종 12)의 판례에서 확인할 수 있다. 즉 직자(直子)가 범죄를 저지를 경우 그 손자에게 옮겨 지급하도록 했다. 이 판례는 약 한 세대를 거친 1049년(문종 3)에 법제화되면서 보다 정교해졌다. 즉 범죄의 조목이 명시되고, 지급 액수도 1/3로 줄어들고 있다. 또 1021년 시점에서 시행 세칙에 해당하는 판례가 내려짐을 보아 그 실시 시기는 훨씬 더 거슬러 올라갈 것이 틀림없다.

1049년의 법제화로 일단락 된 공음전 규정은 다시 약 한 세대가 지난 1073년(문종 27)에 또 한 번 시행 세칙에 대한 개정이 이루어졌다. 즉 공음전의 전급 대상인 아들이 없을 경우 대리 전급자로서 여서(女婿), 친질(親姪), 양자(養子), 의자(義子) 등을 들고 있다. 종래 공음전은 자손에게 상속되는 것인 만큼 자격을 상실하면 국가에 반납해야 하는 일반 양반전에 비하여 토지에 대한 소유권이 훨씬 강한 것으로 이해되었다. 그 결과 우리나라 중세 사회의 토지 사유권적 성격을 특징적으로 보여주는 토지로서 주목되었다. 그 바탕에는 일제 식민사학자에 의해 왜곡되어 왔던 조선 사회 정체성론의 중요한 근거로서 토지 국유론이 놓여 있었다. 그리고 이를 극복하기 위한 토지 사유론의 정립이 해방 이후 역사학계의 중심 과제였는데, 그 과정에서 공음전의 존재는 크게 주목을 받았다.

이와 관련하여 공음전의 소유권이 자손에게 상속된다는 강한 사유권적 성격에서 매매·처분도 자유롭게 이루어졌을 것이라는 추론이 제시되었다. 또한 해당 토지의 경영에 대해서도, 자기들의 사유지를 소작제에 의하여 직접 경영하고 관리하였던 것으로 간주되었다. 하지만 일반 민전이 보유·매매·상속·증여·수용이란 속성을 가지고 있는 토지라는 것이 밝혀진 지금의 연구 상황에서 공음전이 지니는 이런 속성은 그 의미가 상당히 줄어들 수밖에 없다. 그 대신 그러한 소유·경영을 바탕으로 하여 실현되는 지대, 지세 등의 성격을 규명하는 것이 더 중요한 과제로 떠올랐다. 이른바 공전, 사전에서의 차율수조(差率收租)의 문제가 더욱 중요해졌다.

공음전도 사전의 지목에 포함되는 것으로 간주되므로, 당연히 전주(田主)와 전호(佃戶) 사이에 이루어지고 있었던 분반지대(分半地代)가 실제로 관철되고 있는지를 확인하는 것이 중요하다. 이어서 왜 토지를 소유한 전주와 토지를 소유하지 못한 전호가 발생했는지, 그것은 우리 역사에서 언제부터 일어났던 현상인지, 또 그것을 잉여가치의 한 형태인 지대라고 부를 수 있는지, 그렇다면 역사적 성격은 무엇인지, 그것이 정당한 것인지 등에 대한 논의가 전개되어야 한다. 그 때 비로소 공음전의 실체도 보다 명확해질 것이고, 고려 사회, 우리나라 중세사회의 성격도 좀 더 분명하게 밝혀질 것이다. 또한 공음전과 양반전을 성격이 다른 토지로 파악했던 종래의 이해에서 한층 더 진전하여 어떻게 정합적으로 해석할 것인지의 논의도 필수적으로 요청된다. 이를 위해서는 음서와 공음전시 사이의 관련성을 보다 정치하게 밝히는 작업이 필요하다.

그 동안 고려 사회의 성격과 관련해서 관료제설, 귀족제설로 나뉘어 논쟁이 진행되어 왔다. 그러한 논쟁은 고려 사회의 성격을 보다 더 잘 이해하는 데 크게 기여했다. 그 가운데 공음전에 대한 이해는 귀족제설을 뒷받침하는 유력한 근거로 작용해 왔다. 아울러 이와 궤를 같이 하여 문벌귀족, 권문세족 등 고려 사회에서의 주요 가문에 대한 연구 성과도 많이 축적되었다. 본관과 세계(世系)에 대한 연구가 그러하다. 먼저 본관과 관련하여서는 지리지를 바탕으로 한 영역의 확정과 재편 등의 과정과 시기를 추정하고 각 영역의 내부 구조, 영역 간의 관계를 추론하는 작업이 이루어져 왔다. 이에 따라 향촌 사회 조직, 지방 통치 조직, 신분 편제 등에 대한 이해가 광범위하게 확충되었다. 또한 세계와 관련하여서는, 먼저 개인의 연보를 정리하고 세계도(世系圖)를 만드는 것에서 출발하여, 인류학적·민속학적 가설을 바탕으로 혈연 조직을 검토하기도 하고, 정치학이나 사회학 이론을 원용하여 통치 조직에 대한 이해 체계를 모색하는 등의 성과를 거두어왔다.

결국 인간과 대지의 결합체로서의 가문에 대한 연구는 세계와 본관을 씨줄과 날줄로 하여 그 위에 혈연 조직이라든가 중앙과 지방의 통치 조직, 나아가 신분 편제를 해명하는 방식으로 진행되어 온 것을 볼 수 있다. 그리하여 유력 가문은 음서제를 통하여 통치 조직에 특권적으로 참여하여 누대에 걸쳐 고위 관직을 독점하였으며, 이에 상응하는 경제적 토대인 공음전시와 폐쇄적 통혼권을 바탕으로 문벌귀족을 형성하고 국가를 독점적으로 운영해 갔던 것으로 이해했다. 이렇듯 공음전은 고려 국가의 성격을 특징적으로 보여주는 핵심적 존재로서 자리 잡았다. 그런데 이렇게 중요한 지표인 경제적 토대로서의 공음전과 정치적 토대로서의 음서와의 직접적인 제도적 상호 연관에 대한 연구는 상대적으로 소홀했다. 나아가 음서제와 함께 고려 국가 운영의 정치적 기초를 이루는 양대 축인 과거제에 대한 적지 않은 연구가 있음에도 불구하고, 이들을 상호 연관시키는 방법론적 전망도 상대적으로 소홀하게 다루어졌다. 이런 배경에서 과거와 등과전(登科田), 음서와 공음전시를 초입사(初入仕)의 수속으로 비교해서 이해해보려는 연구가 나타났다.

그러한 작업은 당연히 양반 가문에 대한 더 체계적인 기초 연구를 필요로 할 것이며, 가문과 가문의 연합체로서의 국가의 역할과 성격에 대한 보다 깊은 연구로 이어지게 될 것이다.

[참고어] 전시과, 양반전

[참고문헌] 姜晋哲, 1980, 『高麗土地制度史硏究』, 高麗大學校出版部 ; 朴龍雲, 1986, 「高麗時代의 蔭叙制에 관한 몇 가지 問題」『高麗史의 諸問題』, 三英社 ; 李佑成, 1991, 『韓國中世社會硏究』, 一潮閣 ; 윤한택, 2011, 『고려양반과 兩班田 연구』, 景仁文化社

〈윤한택〉

공전(公田) 국가나 공공 기관이 소유권을 갖거나, 또는 전세(田稅)를 수취하는 전지.

[고대-고려] 최초로 확인되는 용례는 신라통일기 최치원의 사산비명(四山碑銘) 중 하나인 숭복사비(崇福寺碑) 명문(銘文)이다. 이에 따르면 신라 38대 왕인 원성왕(元聖王, 재위 785~798) 능역의 부지를 장만할 때 대상 지역이 비록 왕토(王土)이지만 공전이 아니므로 값을 넉넉히 주어 2백여 결을 사들였다고 한다. 이때의 공전은 국유지·왕실소유지 또는 관유지로 이해되며, 매입 대상이 된 토지는 민유지를 의미하는 것으로 이해된다. 따라서 비록 모든 토지에 왕토사상이 관념적으로 적용되던 시대였지만, 공전이 아닌 토지를 왕의 능역으로 사용하기 위해 일정한 매입절차가 필요하였던 것이다. 그러나 이상의 사례 외에는 고대 공전의 용례가 전해지지 않아 구체적인 실상을 파악하는 데는 어려움이 많다.

한편 공전의 개념, 수조율, 소유권의 문제 등 그 실체를 비교적 상세히 파악할 수 있는 것은 고려시기부터이다. 고려에서는 토지지목을 공전과 사전(私田)으로 구분하였다. 『고려사』에서는 "고려의 토지제도는 대체로 당제를 모방하였다(高麗田制, 大抵倣唐制.[『고려사』 권78, 「식화지」1 전제 서문])"고 하고 있다. 물론 당과 고려의 토지제도가 완전히 일치한다고 볼 수는 없지만, 중국의 역사에서 토지지목을 공전과 사전으로 구분한 것은 당대가 유일한 것을 보면 고려의 토지지목 구분은 세부적인 내용에서는 차이가 있더라도 당제의 영향을 받은 것이 분명한 것 같다.

고려에서는 공전의 성격에 따라 1과공전, 2과공전, 3과공전으로 구분하였다. 1과공전은 왕실어료지(王室御料地), 2과공전은 각급 관청에의 분급지, 3과공전은 민전(民田)으로 추정된다. 즉 공전은 국가, 왕실, 국가기관의 소유지 혹은 그 조(租)가 왕실, 국고, 국가기관에 수납되는 토지를 의미한다. 여러 토지지목 가운데 내장전(內莊田), 장처전(莊處田), 공해전(公廨田), 둔전(屯田), 학전(學田), 적전(籍田), 민전(民田) 등이 이에 해당된다. 이를 세부적으로 살펴보면, 우선 1과공전은 왕실 재정의 기반이 되었던 왕실어료지이다. 고려의 왕실은 전국에 걸쳐 광대한 어료지를 지배하고 있었다. 그 중 내장전은 왕실 소유지로 보유 노비나 일반 농민을 동원하여 직영하는 토지였다. 왕실어료지 중 가장 큰 비중을 차지하는 것은 장처전으로 촌락 단위로 형성된 하나의 장원이라 할 수 있다. 장처전은 전기에는 왕실 재정을 주관했던 내장택에, 후기에는 요물고(料物庫)에 360개가 소속되어 있었다. 장처전은 양계 지역을 제외하고 전국에 분포되었다. 특히 경기, 충청, 황해도 지역에 집중적으로 설치되었는데, 이들 지역이 개경에서 멀지 않았기 때문이다. 장처는 촌락 단위의 장원으로 지방행정 단위의 하나였으며 향리가 배치되어 장처민을 지배하였다. 그러나 일반 군현민에 비해 신분적으로 차별대우를 받았다. 비록 장처전이 왕실어료지인 것은 분명하나, 장처민의 소유지에서 조를 수취하는 것이기 때문에 민전과 같은 성격이고 따라서 3과공전에 포함시켜야 한다는 견해도 있다.

2과공전은 각급 관청의 운영을 위해 분급된 토지로 공해전, 둔전, 학전, 적전 등이 여기에 속한다. 먼저 공해전은 국가 공공기관의 운영 경비를 조달하기 위해 지급된 토지로서 전지(田地)와 함께 시지(柴地)도 지급되어 공해전시(公廨田柴)라고도 불렀다. 공해전의 분급 대상은 크게 중앙 관청과 서경을 비롯한 주·부·군·현과 관·역 등의 지방 관아였다. 공해전은 관청의 일반적인 운영 경비와 관리들의 오료(午料 : 중식비) 및 조예(皂隷) 등의 천역자들에 대한 보수를 마련하기 위해 분급된 일반 공해전과 공공의 사무용품 조달을 위한 지위전(紙位田), 서적의 필사와 간행에 필요한 경비 마련을 위한 서적위전(書籍位田), 국가 제사의 비용을 조달하기 위해 마련된 유향전(油香田) 등으로 나눌 수 있다. 중앙의 모든 관청에는 그 비중에 따라 일반 공해전이 차등 지급되고, 대관청에는 지위전이, 국자감이나 한림원, 보문각 등의 교육 및 학술 관청에는 서적위전 등이 별도로 분급되었다. 지방 공해전은 주·부·군·현·향·부곡은 정수(丁數)에 따라 공수전(公須田), 지전(紙田), 장전(長田)을 달리 지급하였고, 관·역은 대로(大路)·중로(中路)·소로(小路)의 구분에 따라 공수전, 지전, 장전을 달리 하여 지급하였다. 공수전은 관아 운영에 필요한 일반 경비, 빈객의 접대 및 잡다한 용도를 위해 설정된 토지로, 그 수입으로 외관록까지 지급하였다. 지전은 지방 관아에서 필요한 사무용품을 조달하기 위한 토지이며, 장전은 호장의 직무 수당의 재원이 되는 토지였다. 지방 관아에는 전지 외에 공수시지(公須柴地)도 정수에 따라 지급되었다.

둔전은 변경 지역이나 군사상의 요충지에 설치하여 그곳에서 나오는 수입으로 군수에 충당하는 군둔전(軍屯田)과 지방의 군현에 설치하여 그 수확으로써 주로 지방 관아의 운영 경비에 보충하는 관둔전(官屯田)으로 나눌 수 있다. 군둔전은 방수(防戍)를 맡은 군인으로 하여금 평상시에는 둔전을 경작하여 얻은 수확물을 군수로 비축하게 하고 유사시에는 전투에 참여하도록 함으로써 군량 수송의 비용을 절감하고자 하는 취지에서 마련되었다. 고려 초기부터 설치되기 시작한 군둔전은 국방상의 요지였던 양계 지역은 물론 연해 주군에도 설치되었다. 군둔전은 주로 변경 지역의 개척 과정에서 설치되었으므로 개간되지 않은 황무지가 운영의 주된 대상이 되었다. 관둔전은 1099년(숙종 4)에 처음 설치되어 지방 관아의 운영 경비를 보충하는 재원이 되었는데 각 주·부·군·현이 5결씩만 운영할 수 있게 하였다.

학전은 국가 교육기관인 중앙의 국자감과 지방향교의 운영 경비를 조달하기 위한 재원으로 설정된 토지로, 유교 이념에 입각한 정치 운영을 본격화했던 성종 연간부터 지급되기 시작하였다. 적전은 국왕이 친경(親耕)을 실행함으로써 권농의 모범을 보이고, 농경신인 신농(神農)과 후직(后稷)에게 제사를 모시기 위해 경비를 마련하고자 설치한 토지였다.

3과공전인 민전은 공전 중에서 가장 큰 비중을 차지하고 있다. 민전이라는 용어는 고려시대 처음 등장한다. 신라통일기의 연수유전답(烟受有田畓)이 고려에 들어와 농민적 토지소유권의 성장에 따라 국가 차원에서 민의 토지로 인정하였던 것으로 볼 수 있다. 당의 균전제 하에서는 농민들에게 지급한 토지는 사전으로 분류되었지만, 고려는 농민들에게 토지를 분급하지 않았다. 따라서 민전은 민의 보유지로, 거기에서 수취하는 조는 녹봉과 국용, 군수 등에 쓰이고 있어 국가 재정의 원천이 되었다. 992년(성종11)의 판문에는 공전의 수조율은 1/4이라고 했으며, 토지를 수전(水田)과 한전(旱田)으로 구분하고 또한 토지의 비옥도에 따라 상·중·하등전으로 나누어 차율 수조하였다. 한편 민전은 3과공전이지만 수조율이 1, 2과공전과는 달리 1/10이었다는 견해도 있다.

[조선] 고려말 과전법(科田法)은 현직관료나 전직관료를 막론하고 그의 지위에 따라 18과로 나누어 수조권을 지급했다. 이때 지급된 과전(科田)은 경기지방에 한정해서 지급된 개인 수조지로서의 사전(私田)이었다. 즉 국가에서는 개인 수조지를 경기에 한정시키고, 그 이외의 모든 토지를 공전(公田)으로 만들어 수조지가 불법적으로 사유화되는 것을 방지하고자 했다.

과전법 하에서 모든 경작지에는 전조(田租)가 부과되었는데, 개인 수조지의 경우 수조권이 자신 소유지[사전] 위에 설정되면 전조가 면제되었고, 타인의 민전(民田) 위에 설정되면 전객(佃客)이 국가에 납부할 전조를 대신 수취했다[各自收稅]. 그리고 면조나 각자수세를 막론하고 전조 중 일부를 전세(田稅 : 수전 1결에 백미 2말, 한전 1결에 황두 2말)로서 국가에 납부해야 했다. 따라서 개인 수조지로서의 사전은 전세를 국가에 납부하는 토지를 의미하는 것이기도 했는데, 그 대표적인 예로 과전(科田)이나 사전(賜田)을 들 수 있다. 한편 수조권이 국가나 기관에 있던 공전(公田)의 경우에는 수취된 전조가 모두 귀속되었으므로 전세 납부의 의무가 애초 성립되지 않는 무세지(無稅地)였다. 따라서 과전법 하에서의 공전은 전세(田稅)는 전조 중 일부로서의 전세가 부과되지 않는 무세지를 지칭하는 것이기도 했다. 그러나 이상의 과전법 규정은 수조권의 귀속에 따른 공전·사전에만 해당될 뿐 소유권에 입각한 토지관계는 다루지 않았기 때문에 소유권 자체에는 별다른 변화가 없었다. 따라서 과전법 하에서 공전은 수조권 또는 수세권을 기준으로 할 경우 국용전·군자전·공해전·공수전 등의 국가·공공기관 수세지가, 소유권을 기준으로 할 경우 둔전 등과 같은 국공유지가 해당되었다.

한편 경기지방에 한정된 과전이 증가되고 여기에 세습이 허락된 공신전(功臣田)이 증가하면서 사전이 늘어갔다. 이로 인해 수조지인 사전의 소유권마저도 침탈하는 고려말 농장에서의 상황이 다시 나타날 위험이 있었다. 이에 1466년(세조 12) 직전제(職田制)를 실시하여, 수신전·휼양전·외역전과 같은 세습 수조지가 폐지하고 현직관료에게만 수조권을 분급하는 등 수조권분급제도는 크게 축소되었다. 그러나 역시 오래 실시되지 못하고 1556년(명종 11) 폐지되었다. 개인에게 수조권을 부여한 사전이 소멸된 것이다. 따라서 조선중기 이후에는 수조권의 귀속을 기준으로 한 사전 개념은 사라지고 오직 소유권의 귀속여부를 기준으로 한 사전 개념만이 남게 되었다.

수조권의 소멸은 공전의 개념에도 영향을 주었다. 대표적인 사전인 직전·사전의 전조를 국가에서 직접 수납하게 되면서, 수조권에 따른 공전과 사전의 구분이 불필요해진 것이다. 따라서 이후의 공전은 주로 국가나 기관 소유의 국공유지를 지칭하는 것으로 의미가 한정되었다. 아울러 이전까지 무세지로서의 공전 또한 의미가 변화되었다. 수조권의 폐기를 통해 수조권자의 의무인 전세 역시 소멸되면서 조(租)와 세(稅)의 구별이 모호해진 것이다. 따라서 이후로는 전세가 전조를 의미하게 되었으며, 『경국대전』에 실린 각종의 무세지 역시 전조의 일부로서 전세가 아닌 전조 납부의 의무가 없는 토지를 의미하게 되었다.

[참고어] 사전, 민전, 전시과, 과전법, 수조권, 소유권

[참고문헌] 『大典會通』; 『萬機要覽』; 旗田巍, 1972, 「高麗の公田」 『韓國中世社會史の硏究』, 法政大學出版局; 姜晋哲, 1980, 『高麗土地制度史硏究』, 高麗大學校出版部; 李成茂, 1981, 「公田·私田·民田의 槪念」 『韓沽劤博士停年紀念史學論叢』, 知識産業社; 安秉佑, 1984, 「高麗의 屯田에 관한 一考察」 『韓國史論』 10, 서울大學校國史學科; 김재명, 1993, 「공전·사전과 민전」 『한국사 14-고려전기의 경제구조』, 국사편찬위원회; 魏恩淑, 2004, 「고려시대 토지개념에 대한 재검토-私田을 중심으로」 『韓國史硏究』 124; 李景植, 2012, 『高麗時期土地制度硏究-土地稅役體系와 農業生産-』, 지식산업사

〈위은숙·윤석호〉

공전영수원(公錢領收員) ⇒ 국세징수법, 관세관 관제

공전제(公田制)-유형원 전국의 토지를 국가가 통일적·계획적으로 구획 조정하여 이를 다시 노동력·신분·사회분업관계를 고려해 재분배하려 했던 유형원(柳馨遠)의 토지개혁론.

유형원(1622~1673)의 본관은 문화(文化)이고, 자는 덕부(德夫), 호는 반계(磻溪)이다. 할아버지는 유성민(柳成民)이고, 아버지는 유흠(柳欽, 1596~1623)이며, 어머니는 이지완(李志完)의 딸이다. 유흠은 유몽인(柳夢寅)의 옥에 연좌되어 유형원이 2세 때 옥사하였고, 이후 유형원은 외삼촌 이원진(李元鎭)과 고모부 김세렴(金世濂)에게 글을 배웠다. 15세 때에 병자호란으로 강원도 원주, 지평(砥平) 화곡리(花谷里), 여주 백양동 등으로 피난한 바 있다. 할머니, 어머니, 할아버지의 상을 차례로 당하면서 두 차례 과거에 응시하였으나 낙방하였다. 복상(服喪)을 마친 32세에 전라도 부안군 보안면 우반동에서 은거하기 시작, 20여년 간의 여생을 보내며 『반계수록(磻溪隨錄)』을 저술하였다.

『반계수록』에서 유형원은 조선 후기 전반에 걸친 위기 상황 아래에서 현실을 직시한 뒤 방대한 국가개혁론을 구상했다. 그 방법으로 공전제를 통해 토지제도를 개혁하면 귀천과 상하 모두 본분에 맞게 '각득기직(各得其職)'을 할 수 있다고 보았다. 나아가 결부법을 고쳐서 경무법을 행함으로써 균부균세를 통한 '균민평정(均民平政)'이 실현될 수 있다는 균민론을 말하고 있다.

반계는 17세기 조선의 토지·조세제도의 모순을 정전제적 원리를 채택하지 못함에 따라 나타난 결과라고 보았다. 즉 정전제적 원리를 규명해 내지 못하고 후대의 균전제적 원리를 채용한 데서 나타난 모순이라는 것이다. 정전제(井田制)는 '이지위본(以地爲本)'을 원리로 삼고, 균전제(均田制)는 '이인위본(以人爲本)'으로 원리를 삼는데서 균전제를 통렬히 비판했다. 인정(人丁)을 기준으로 농지를 분배하고 병역을 정하는 균전제는 그 증감을 일정하게 유지하고 어렵고 경지의 경계를 바로 잡지 못하기 때문에 폐단이 발생할 수밖에 없다는 것이다. 반대로 토지를 기준으로 그 경계를 바로잡아 사람의 자격에 따라서 농지를 받게 하고 균등하게 조세와 병역을 부과하는 정전제의 원리를 기초로 균전을 이룬다면 부세 역시 바로 잡힐 것이라고 했다.

또한 반계는 전자(田字) 모양의 평양 기전(箕田)을 통해 정전제가 우리나라에도 시행되었으며 그 원리에 따라 토지제도 개혁이 가능함을 확신했다. 그는 정전제를 이상적인 제도로 인식했으나 이를 조선의 현실에 바로 적용할 수는 없다고 보았다. 대신 정전제의 이념을 계승하면서 그것을 당대에 시행할 수 있는 방법으로 공전제를 주장했다. 그 이유는 첫째로 지형이 넓지 않더라도 정전제를 시행할 수 있다고 믿었고, 둘째로 공전을 두지 않더라도 1/10세를 시행할 수 있으며, 셋째

로는 채지를 꼭 두지 않더라도 관리를 부양할 수 있다는 것이다. 즉 정자(井字) 형태로 구획하지 않더라도 정전의 실(實)이 모두 그 안에 갖추어지게 할 수 있다는 것이다.

반계의 공전제 원리는 공전을 설치하지 않은 형태의 정전제 운영원리이다. 고대 정전제에서는 공전 100무를 사전 농민이 공동경작하는 형태였는데 반계는 이러한 방식을 다시 복원하기 어렵다고 보았다. 대신 모든 토지를 국가적 소유로 환원하고 사전을 혁파하고자 했다. 사전을 혁파함으로써 토지세습제 역시 혁파하는데 이로써 토지겸병과 농민몰락을 막을 수 있다고 보았다. 반계는 모든 토지를 국가가 관리하게 되면 100무[1경, 40두락] 단위로 토지를 민들에게 분배하도록 했다. 일반 서민들에게 양인, 노비를 가리지 않고 동등하게 1부(夫)마다 1경씩을 토지를 지급하고 관료는 2~12경의 토지를 주어 우대하여 각 지역마다 토지를 차등 지급하고 맡은 바 직책을 담당하도록 했다. 왕실에 대해서도 우대하여 전지 12경과 사세전(賜稅田)을 넉넉히 지급하되 국가로부터 공세를 받게 하여 왕실의 토지 역시 국가가 관리하도록 했다. 모든 백성은 20세 이상이면 수전(受田)하고 사망하면 전지를 반납해야 한다. 백성에게 분배하는 토지를 매 4경마다 1전(佃)으로 구획하고 한 명의 병정을 내게 했다. 국가가 토지를 분배하고 그에 해당하는 조세와 군역을 수취하는 방식을 취한 것이다. 즉 100무씩 공전을 지급하여 백성들이 항산(恒産)을 갖도록 하고 나아가 나라를 부강하게 하는 방법으로 4경마다 출병토록 함으로써 농병일치를 제도화시켰다.

반계는 공전을 행하려면 결부법(結負法)을 고쳐 경무법(頃畝法)으로 해야 한다고 단언하고 있다. 결부법은 등급에 따라 토지 넓이가 다른 제도로 세수는 쉽게 드러나지만 각 등급의 전지 면적이 서로 달라 그 누탈을 살피기 어렵기 때문에 토지등급이나 면적을 측량하는 데서 오는 온갖 폐단을 막지 못하게 된다. 또한 전지에서는 세금만 받고 이와 별도로 병정은 장정을 수괄하여 쓴다. 토지와 병역이 일치하지 않는 것이다. 이에 비해 경무법은 각 등급의 땅 넓이는 모두 같게 하고 세(稅)에 차등을 두는 방식이다. 사람들에게 전지를 균등하게 주고 그 전지의 면적을 헤아려 출병하니 토지와 사람이 합일된다. 아울러 공권(公券)을 발급하고 전적(田籍)을 작성하여 분쟁이 일어나지 않도록 경계를 명확히 하고 수세의 기준을 세우도록 한다. 이러한 경무법으로 경계를 바로잡으면 부역이 공평하게 되고 백성들의 삶이 풍요롭게 되고 나라를 근실하게 할 수 있다는 것이다.

경무법으로 토지를 분배하는 공전에 전분과 연분으로 적절하게 수세를 하는 것이 균부균역의 관건이 된다. 반계는 세종의 전분6등이 미비하다고 보고 토지 등급을 9등으로 분류한 다음 서로의 차이를 5배로 해야 적절하다고 보았다. 반대로 공법(貢法)의 연분9등 대신 상중하년의 3등으로 구분하고 만약 흉년이나 재상을 입게 되면 피해의 비율에 따라 세금을 면제하는 급재(給災)를 해주도록 했다. 이러한 제도 등을 통해 민간이 부담하는 조세는 1/10세가 되도록 했고, 거두는 것에 맞추어 지출하는 양입위출(量入爲出)의 원칙을 따라야 한다고 했다. 이같은 전분법과 연분법, 그리고 급재법을 통해 수세 대상이 확정되면 총수(總首)를 정하여 조세를 받아들이게 한다. 이들이 조세를 모아서 바치며 이외에도 관부에서 사용하는 시초탄(柴草炭)이나 빙정(氷丁) 등도 모두 이와 같이 마련하도록 했다. 반계의 공전제는 당시의 기본적인 생산관계였던 지주제를 혁파하고 공전을 통해 점차 항산을 이룰 수 있도록 하는데 있었다. 이같은 공전제 위에 전제와 군제가 정비되고 제반 역제(役制)도 전결에 배정하도록 하면 국가는 부가해지고 농민을 풍요로워질 것이라고 보았다.

유형원의 개혁론은 그의 생전에는 크게 주목 받지 못하다가 그의 사후에 알려졌다. 숙종대에는 그의 전제·병제·학제의 시행에 대한 상소가 있었다. 영조대에는 경연에서 『반계수록』을 강하자는 논의가 있었고 영조가 직접 읽고 이를 널리 간행·반포하도록 명하기도 하였다. 또한 1753년(영조 29)에는 그의 업적을 기려 통정대부로 추증하고 이후 몇 차례 증직이 있었다. 17세기에 제시된 그의 개혁론은 실제로 실행되지는 못했지만, 19세기 정약용에 이르기까지 조선 후기의 실학사상에 지대한 영향을 미친 선구적 사상으로 평가되고 있다.

[참고어] 공법, 유형원, 반계수록, 균전론, 균전제, 정전론, 정전제

[참고문헌] 김준석, 1995, 「유형원의 공전제 이념과 유통경제육성론」『인문과학』 74 ; 나민수, 1995, 「유형원의 田制에 대한 연구」『경기대 논문집』 36 ; 최윤오, 2001, 「반계 유형원의 정전법과 공전제」『역사와현실』 42 ; 최윤오, 2013, 「반계 유형원의 봉건, 군현론과 공전제」『동방학지』 161 〈이석원〉

공조(公租) 국가에서 수취하는 부세의 하나로 공전(公田)에서 거두어들이는 조(租)를 가리킴.

전근대 국가에서 민들이 부담해야 하는 부세는 크게 조(租)·용(庸)·조(調)의 3가지로 나누어진다. 이 중에서 조는 전세(田稅), 즉 토지세를 가리킨다. 공조는 그 중에서도 공전에 설정된 토지세를 의미했다.

공전이란 국가가 지주로서 조를 징수하는 토지였다. 고려시기 공전이라고 지칭할 때에는 3과 공전에 해당하는 토지를 가리킨다. 그런데 공전에서 수취하는 조는 단순한 것이 아니었다. 공전 중에 왕실의 농장과 같은 토지에서는 반분(半分)이라고 해서 절반을 거두었다. 반면에 민전(民田)에서는 십일세(十一稅)라 해서 원칙적으로 1/10을 받았다. 그 밖에 사분취일(四分取一)이라고 해서 1/4을 징수하는 토지도 있었는데, 대체로 각급 관청에 소속된 특정한 농지였던 것으로 파악된다. 국가가 공전에 설정한 세율이 양반 지배층의 사유지보다 낮았던 이유는 전호 농민들에 대한 평상시의 노역 수탈 때문이라는 주장도 있다. 혹은 공전 형성 당시의 노력 동원에 대한 보상을 고려했기 때문이라고 파악하는 견해도 있다.

공조는 전근대 국가에서 가장 중요한 재정 수입원 가운데 하나였으며, 그의 감축은 국가재정이 줄어드는 것과 같은 의미라고 할 수 있다.

[참고어] 공전, 민전

[참고문헌] 金容燮, 2000,『韓國中世農業史硏究』, 지식산업사 ; 李景植, 2011,『韓國 中世 土地制度史-高麗』, 서울대학교출판문화원

〈정덕기〉

공증제도(公證制度) 돈거래 등 일상생활에서 일어나는 각종 분쟁을 미리 막기 위해 공적인 자격을 가진 공증인이 당사자들의 계약을 법률적, 공적으로 증명하는 제도.

한국에서 공증제도는 일제가 1913년 3월 17일 조선공증령을 제정하면서 5월 1일부터 시행되었다. 해방 후 대한민국에서는 1961년 9월 23일 공증인법을 제정, 공포하면서 본격적으로 출발하였다. 공증제도에 큰 변화를 가져온 것은 1970년에 제정된 <간이절차에 의한 민사분쟁사건 처리 특례법>에 따라 변호사들의 조합체인 합동법률사무소가 법무부장관의 인가를 받아 공증업무를 취급하면서부터이다. 당시 소송사건이 폭주하여 어음 수표의 공증제도를 새로 창안하고, 법인의 경우 등기원인의 정관, 주주총회, 이사회의 결의서는 반드시 공증인의 인증을 받도록 하는 입법조치를 마련하여 공증제도가 매우 활발하게 이용되었다. 이로써 전임공증인과 겸업공증인에 의한 이원적제도로 발전하였다.

다시 1982년 12월 31일 변호사법이 전부 개정되어 조직적 전문적 법률업무를 위한 법무법인제도를 도입하면서 합동법률사무소와는 다른 법무법인의 구성원인 변호사가 공증업무를 집행할 수 있는 3원적 제도가 되었는데, 2005년 7월 공증인가 합동법률사무소는 경과규정을 두고 폐지되었다. 공증인이 작성한 서류를 공증증서라고 하며, 민사재판이나 형사재판과 같은 판결문의 효력을 지니고 있어 어음·수표·매매계약·임대차 계약을 할 때 공증을 해 두는 것이 좋다. 주식회사와 법인 설립 시 정관과 모든 법인이 등기절차에 첨부되는 의사록은 반드시 공증해야 한다. 공증의 종류에는 여러 가지가 있으나 어음·금전·소비대차 계약 등 공정증서의 공증과, 차용증·매매계약서 등 사서증서의 공증, 유언공증의 세 가지가 널리 쓰이고 있다.

[참고어] 일본민법, 저당권, 공증제도

[참고문헌] 윤대성, 1992,「日帝의 韓國慣習法調査事業에 관한 硏究」『재산법연구』 9 ; 이승일, 2008,『조선총독부 법제정책 : 일제의 식민통치와 조선민사령』, 역사비평사 ; 현암사, 1985,『도해 법률용어사전』; 김증한, 1988,『최신법률용어사전』

〈이승일〉

공첩(公牒) 전근대 시기의 국가 행정에서 사용된 일련의 공문서들을 통칭하는 말.

첩(牒)은 본래 '글씨를 쓴 나무 조각'이라는 의미로 사용되는데, 나중에는 문서를 지칭하게 되었다. 공첩은 전근대의 국가 행정에서 사용하던 일종의 공문서이다. 서식이 비교적 간단한 공문(公文)이나, 임용장·증명서·소장(訴狀) 등의 매우 다양한 용도로 활용되었다. 공첩은 시대의 변천에 따라 명칭은 같아도 내용이 다른 경우가 있고, 내용이 다른데 이름이 같을 수도 있다. 우리나라에서 가장 오래된 공첩으로는『동문선(東文選)』에 실려 있는 고려시기 이규보(李奎報)의「화주답대경진주첩(和州答對鏡鎭州牒)」이다. 이는 경진주에서 보낸 공문에 대해 화주의 관부에서 답한 첩이다. 즉 관청과 관청 사이에 주고받았던 공문서라고 할 수 있다.

[참고문헌] 權寧國 外 6인, 1996,『譯註『高麗史』食貨志』, 韓國精神文化硏究院

〈정덕기〉

공해기지전(公廨基地田) 도청, 군아, 병영 등 관유 건

물의 부지. 조선 국가가 건설한 해(廨), 사(舍), 창고 등의 터를 경작한 전답. '공해기지(公廨基地, 公廨基址)'라고도 한다.

갑오개혁 때 각 도, 군의 공해가 많이 폐지되어 기지전의 수가 증가하였다. 당시 폐지된 공해로는 각 병영, 수영, 진영(鎭營), 진보(鎭堡), 산성(山城), 역우(驛郵), 도진(渡津) 등의 관사와 소속된 창고, 그리고 1895년 지방제도 개정으로 폐지된 각 청 등이 있다. 또한 세곡을 보관하던 조창도 1894년 조세 금납화 조처로 폐지되었다. 이들은 공토로 분류되었다가 토지조사사업에서 국유지로 확정되었다.

[참고어] 국유지, 둔전, 아문둔전, 영문둔전

[참고문헌] 박진태, 1996, 『韓末 驛屯土조사의 歷史的 性格 硏究』, 성균관대학교 박사학위논문 ; 송양섭, 2006, 『조선후기 둔전연구』, 경인문화사 〈박진태〉

공해전(公廨田) 고려에서 조선 초기까지 국가 공공기관의 운영경비를 조달하기 위해 지급된 토지.

전지와 함께 시지(柴地)도 지급되었으므로 공해전시(公廨田柴)라고도 하였다. 국가의 공공기관에 지급되었는데, 『고려사』「식화지」 서문에 따르면 국가의 공공기관은 장택(庄宅)·궁원(宮院)·백사(百司)·주(州)·현(縣)·관(館)·역(驛) 등을 말한다. 장택은 왕실재정을 관장한 내장택을, 궁원은 왕족이 거처하는 여러 궁전, 백사는 중앙의 여러 관청을 가리킨다. 장택과 궁원을 넓은 의미로 보아 일종의 국가 공공기관인 것처럼 이해한 것 같으나 관련 기사가 매우 희소하여 구체적인 실상을 파악하기 어렵다. 그러므로 관청에 분급된 것은 일반적 의미의 공해전으로, 장택 및 궁원의 그것은 넓은 의미에서의 공해전으로 이해하기도 한다. 그리고 주·현과 관·역은 모두 지방의 관아를 의미한다. 그러므로 분급 대상에 따라 크게 중앙 관청과 지방 관아 및 장택·궁원의 공해전으로 구분된다. 그리고 중앙 관청에 지급된 것을 중앙공해전, 지방 관청에 지급된 것을 지방공해전이라고 구분한다.

중앙·지방 공해전은 주로 국가 또는 각 관청의 소유지에 설정되는 2과공전(二科公田)에 해당한다. 이 경우 소재지 촌락농민의 요역노동(徭役勞動)이나, 해당관청에 예속된 관노비의 노동력으로 경작되는 방식으로 운영되었을 것이다. 하지만 관련 기록이 매우 희소하여 아직까지 뚜렷한 사실을 확인하기 어렵다.

분급 대상에 백사가 포함되어 있는 것으로 보아, 중앙의 각 관청에 공해전이 지급되었을 것이다. 뿐만 아니라 1023년(현종 14) 식목도감의 논의에 "현종 14년 6월 식목도감에서 의논하여 첨사부(詹事府)에 공해전 15결과 종이 공급하는 호 1호를 지급하기로 정하였다.(顯宗十四年六月 式目都監議定, 詹事府公廨田, 給十五結, 供紙一戶[『고려사』 권78, 「식화지」 32 전제])"고 한 것으로 미루어 동궁(東宮)의 사무를 관장하던 첨사부(詹事府)에 공해전 15결과 공지(供紙) 1호(戶)를 분급한 사실도 알 수 있다. 또 명종 때 중서성(中書省)의 공해전조(公廨田租)를 탈취하였다가 탄핵을 받은 조원정(曺元正)의 사례 등에서도 중앙 공해전의 존재는 확인된다. 그러나 이 밖에 그 실상에 대한 기록이 거의 보이지 않으므로 구체적인 내용은 알 수 없다. 다만 개경에 준하는 행정체계를 갖추었던 서경의 각 관사에 지급된 공해전의 내용을 통해서 그 윤곽만을 짐작할 수 있을 뿐이다.

1178년(명종 8)에 새로 개정된 서경공해전(西京公廨田) 지급규정에 따르면 유수관(留守官)에는 공해전 50결과 지위전(紙位田) 272결 37부 7속을, 6조(曹)에는 공해전 20결과 지위전 15결을, 법조사(法曹司)에는 공해전 15결, 제학원(諸學院)에는 공해전 15결과 서적위전(書籍位田) 50결을, 문선왕유향전(文宣王油香田) 15결을, 선성유향전(先聖油香田)으로 50결을, 약점(藥店)에는 공해전 7결을, 승록사(僧錄司)에는 공해전 15결과 지위전 15결을 각각 분급하도록 했다. 이것을 보면 서경의 공해전은 모든 관사에 공통적으로 분급된 일반 공해전과 특별한 용도로 지급된 지위전·서적위전·유향전 등으로 이루어졌음을 알 수 있다. 일반 공해전은 관청의 일반적인 운영경비와 관리들의 오료(午料 : 중식비) 및 조예(皂隷) 등의 잡역자들에 대한 보수를 마련하기 위해 설정된 토지였다. 지위전은 공공의 용지를, 서적위전은 서적의 필사와 간행에 필요한 경비를, 유향전은 제사의 비용을 조달하기 위해 마련된 토지였다고 생각된다. 서경의 사례로 미루어 보았을 때 중앙의 모든 관청에는 그 비중에 따라 공해전이 차등을 두어 지급되었을 것으로 판단된다.

지방공해전은 주·부·군·현 등 일반 지방의 행정관청과 향(鄕)·부곡(部曲) 등 특수 행정관청 및 관(館)·역(驛)과 같은 교통로의 요지에 설치된 기관에 지급된 것으로 구분된다. 지방 공해전에 관한 규정이 정해지는 것은 983년(성종 2) 6월의 일인데, 『고려사』「식화지」 공해전시조에 실려 있다. 그 지급 내역을 표로 작성하면 다음과 같다.

〈주·현 공해전〉

등급	공수전(결)	지전(결)	장전(결)
1,000정 이상	300		
500정 이상	150	15	5
200정 이상	(결)	(결)	(결)
100정 이상	70	10	
100정 이하	60		4
60정 이상	40		
30정 이상	20		
20정 이하	10	7	3

〈향·부곡 공해전〉

등급	공수전(결)	지전(결)	장전(결)
1,000정 이상	20		
100정 이상	15		
50정 이하	10	3	2

〈관·역 공해전〉

등급	공수전(결)	지전(결)	장전(결)
대로역	60	5	2
중로역	40	2	2
소로역	20	2	
대로관	5		
중로관	4		
소로관	3		

표에서 보는 바와 같이 분급 대상 지역의 정수(丁數)에 따라 지급받는 공해전의 액수가 달랐다. 정수가 많은 고을은 사무가 번잡했을 것이기 때문에 일을 보는 관리들도 다수였을 것이다. 자연히 넓은 면적의 공해전이 할당되었고, 그 반대의 경우에는 적은 액수가 주어졌다. 그리고 관·역의 대·중·소 등급 역시 각각 담당하는 일의 다과에 따라 구분된 것으로 이해된다.

지방관아의 공해전은 위 표에서 알 수 있는 바와 같이 공수전(公須田)·지전(紙田)·장전(長田)의 3가지 유형으로 구성되었다. 공수전은 빈객(賓客)의 접대와 기타 잡다한 용도 등의 관아 운영에 필요한 일반적인 경비를 조달하기 위해 설정된 토지이다. 특기할 만한 점은 조선시기에는 외관의 녹봉 지급을 위해서 공수전과 별도로 아록전(衙祿田)이 설치되어 있었다. 그런데 고려에서는 공수전의 수입으로 외관록(外官祿)을 지급했다는 점이 다르다. 지전은 서경 공해전조에 보이는 지위전과 같은 것으로서 관아에서 필요한 사무용 종이를 대기 위한 재원으로 마련된 토지였다. 그러나 주·부·군·현에 지급된 장전의 실체는 분명치 않다. 주·부·군·현의 장이 향장·부곡장·역장 등과 나란히 기록되어 있는 점으로 미루어 '장'이 수령과 무관한 것은 확실하다. 이에 대해 장전을 향리의 수장인 호장(戶長)의 직전(職田)으로 보는 견해가 있다. 하지만 지급 액수가 너무 적다는 이유 등으로 호장의 직무수당의 재원이 되는 토지로 해석하는 입장도 있다. 현재로서는 어느 쪽이라고 단정하기가 어렵다.

조선시기 공해전은 처음에는 고려의 제도를 답습하였다. 그 뒤 과전법(科田法)의 모순이 심화되면서 사전(私田)의 확대가 초래되자 세종 때 문제 해결을 위한 제도 개편이 단행되었다. 이 조치로 공해전이 정리되고 부족액을 관둔전(官屯田)으로 보충하는 방식으로 전환되었다.

조선 초기에는 중앙 공해전에 해당하는 경중(京中) 각사의 공해전과 지방 공해전에 해당하는 늠전(廩田)이 있었다. 각사의 공해전은 중앙의 각 관청에 분급된 수조지로서 거기서 나오는 조(租)의 수입은 주로 관리들의 조식(朝食)·오료의 마련에 충당되었는데, 일부는 용지·필묵·포진(鋪陳)·등유(燈油)·시거탄(柴炬炭)의 구입 비용 등으로 쓰였다. 1409년(태종 9)에 긴급하지 않은 각사의 공해전이 폐지되고, 이듬해 전부 폐지되었으나, 곧 바로 일부 관부의 것이 복구되었다. 하지만 1434~1445년(세종 16~27) 사이에 대부분 정리되었으며, 부마부(駙馬府)·기로소(耆老所)에만 남겨두었다. 1428년의 기록에 의하면, 두 기관 외에도 충훈부(忠勳府)·충익부(忠翊府)·내수사(內需司) 등 모두 5기관에 설치되었음이 확인된다. 이때 내수사를 제외한 다른 4기관의 공해전은 전부 폐지되었다. 1466년(세조 12)에는 내수사 공해전마저 없어짐으로써 중앙 공해전은 완전히 폐지되어 『경국대전(經國大典)』에 보이지 않게 되었다.

[참고어] 늠전, 공수전, 아록전

[참고문헌] 權寧國 外, 1996,『譯註『高麗史』食貨志』, 韓國精神文化硏究院 ; 姜晉哲, 1991,『(改訂) 高麗土地制度史硏究』, 一潮閣 ; 安秉佑, 2002,『高麗前期의 財政構造』, 서울대학교출판부 ; 박용운, 2008, 『고려시대사』, 一志社

〈윤성재〉

공호(貢戶) 12세기 후반 이후 공역, 즉 요역과 공물을 담당한 호(戶).

고려 전기에 본관제와 '토지와 역의 통일'을 바탕으로 조(租)·포(布)·역(役) 삼세(三稅)를 수취하던 체제는, 12세기 이후 농민층 분화가 격화되고 민의 유망이 확대되면서 1269년(원종 10)에 호구만을 기준으로 공부 액수를 정하는 방식으로 변화하였다. 이와 함께 민이 본관지를 떠나 유망하였을 때 해당 본관지로 추쇄(推刷)하던 것을, 12세기 이후부터는 현거주지에 적(籍)을 올리도록 하였으며 이를 유지하기 위하여 인보제(隣保

制)를 실시하였다. 결국 12세기 이후 본관제가 해체되기 시작하자 공물과 요역의 수취를 목적으로 공호제가 만들어진 것으로 파악된다.

『고려사』 식화지에는 1188년(명종 18) 3월 "각 주·부·군·현의 백성들은 각자 공역을 가지고 있는데 최근 지방관[守土員僚]이 사령에게 부당하게 청탁해 역가를 징수하고, 그 공부는 해가 지나가면 면제해 주고 있는 실정이다. 향리의 무리들도 이 방식을 사용하므로 요역이 불공평하게 되고, 공호의 민들은 이 때문에 몸을 피해 유리하게 된다. 각 도의 사자들은 맡은 지역을 순행해 감찰한 다음 불법을 자행한 관리는 처벌하고 보고할 것이며 그 나머지 향리들은 형법에 근거하여 직책에서 쫓아내 공부와 역역이 공평하게 이루어지도록 하라.(諸州府郡縣百姓各有貢役 邇來守土員僚 斜屬使令徵取役價 其貢賦經年除免 椽吏之徒 并遵此式 役之不均 貢戶之民因此逃流 各道使者 巡行按問 如此官以罪奏聞 其餘掾吏 依 刑黜職 令均貢役[『고려사』 식화지 명종 18년조])"는 제서(制書)를 내렸다는 기록이 남아 있는데, 이를 통해 공부 운영의 일면을 파악할 수 있다.

[참고어] 공역, 공납

[참고문헌] 北村秀人, 1981, 「高麗時代の貢戶について」『人文研究』 32-9 ; 채웅석, 1995, 「高麗後期 地方支配政策의 변화와 '貢戶'의 파악」『논문집』, 가톨릭대학교 ; 채웅석, 2000, 『고려시대 국가와 지방사회』, 서울대학교 출판부 〈이준성〉

공훈전(功勳田) ⇒ 공신전, 훈전

과농소초(課農小抄) 1799년(정조 23) 박지원(朴趾源)이 정조(正祖)가 1798년 11월에 내린 「권농정구농서윤음(勸農政求農書綸音)」에 호응하여 올린 농서.

박지원은 1777년(정조 1) 중앙 관직에서 물러나 금천(金川) 연암협(燕巖峽)에 은거하면서 여러 농서에서 필요한 부분을 뽑아낸 초록을 만들었다. 그리고 1797년 7월 면천군수로 부임한 이후 경전(經傳)에서 농(農)과 관련된 부분을 발췌 인용하여 『과농소초』 초본에 해당하는 작업을 수행하였다. 경전에서 발췌한 부분은 실제로 『과농소초』에 들어가지는 않았다.

1798년 11월 정조가 「권농정구농서윤음」을 내려 전국 각지의 사람에게 농서를 만들어 올릴 것을 명하였다. 이에 박지원은 『과농소초』를 만들어 올리기 위한 구체적인 작업을 시작하였다. 1799년 1월 정조의 독촉을 받은 박지원은 앞서 연암협 은거 이후에 작성한 농서 초록을 바탕으로 삼고, 서광계의 『농정전서』를 발췌 인용하였다. 또한 주석(註釋)이나 안설(按說)을 통해 자신의 주장을 정리하는 등 초본(草本)을 만들었고, 이를 다듬어 정본(定本)을 완성해 정조에게 올렸다. 그는 수령이 해야 할 권과농상(勸課農桑), 즉 과농(課農)을 착실히 수행하고자 하는 의지에서 『과농소초』라는 책명을 붙였다.

『과농소초』의 목차는 권수(卷首), 제가총론(諸家總論), 수시(授時), 점후(占候), 전제(田制), 농기(農器), 경간(耕墾), 분양(糞壤), 수리(水利), 택종(擇種), 파곡(播穀), 제곡품명(諸穀品名), 서치(鋤治), 비황잡법(備蝗雜法), 수확(收穫), 양우(養牛), 한민전명의(限民名田義) 등의 항목으로 구성되어 있다.

권수는 「편제(編題)」와 「진과농소초문(進課農小抄文)」이라는 2개의 글로 구성되어 있다. 이 가운데 「편제」는 『과농소초』를 정조에게 올리게 된 배경을 설명하는 부분에 해당한다. 그리고 「진과농소초문」은 『과농소초』를 올리면서 덧붙인 보고문에 해당하는 글이다. 따라서 두 개의 글에서 박지원이 『과농소초』를 편찬한 이유가 무엇인지 살펴볼 수 있다.

박지원은 「편제」에서 정조가 직접 지어서 내린 「권농정구농서윤음」을 그대로 수록하고 이어서 정조의 윤음에 대한 자신의 의견을 피력하고 있다. 먼저 정조가 영조를 잘 계술(繼述)하여 이러한 윤음을 내렸다는 것과 이 윤음이 농민을 깨우치고 백성들을 기르는 데 아주 정성을 다한 것이라는 점을 지적하였다. 박지원이 보기에 정조가 내린 윤음은 삼경(三經)과 삼위(三緯)를 골간으로 삼는 것이었다. 그리하여 박지원이 최종적으로 내린 결론은 이 윤음이 '만세(萬世)의 큰 규범'이 될 것이라는 것이었다.

이러한 평가는 그가 정조가 제시한 농서의 큰 틀에 대해서 동의하고 있다는 것으로 볼 수 있다. 정조는 윤음에서 농업기술의 가장 중요한 요소로 수리(水利), 토의(土宜), 농기(農器)를 강조하였다. 그리하여 수리의 진흥, 토의에 알맞은 곡종(穀種)의 선택과 경작법의 정리, 농기의 개량과 개선이라는 세 가지 요소를 가장 중요한 농업기술로 지목하였다. 박지원의 『과농소초』에서도 농기와 수리 부분이 다른 농서에 비해 크게 강조되고 있었다.

「진과농소초문」에는 『과농소초』를 올리게 된 경위가 설명되어 있다. 그는 정조가 왕명을 내려 이에 농서를 편찬하여 올리지 않을 수 없다고 하면서 1777년 연암협으로 은거하게 된 이후 농서를 읽고 초록하는 작업을 수행하였다고 언급하였다. 그리고 자신이 제출하는 농서가 더욱 내용이 풍부해졌다고 주장하였는데, 그것은 중국이나 조선의 농서에서 필요한 부분을 인용하는 데 그치지 않고 새롭게 박지원 자신이 주석과 안설을 붙였기 때문이라고 볼 수 있다.

『과농소초』에는 박지원 자신의 견해, 의견, 평가 등을 두 가지의 서두와 함께 정리하고 있다. 그러한 사정은 주자권농문(朱子勸農文)에 대한 부분에서 보다 확연하게 찾아볼 수 있다. 일단 박지원은 자신의 의견을 어떤 곳에서는 '신지원왈(臣趾源曰)'을 말머리로 삼아 개진하고, 어떤 곳에서는 신근안(臣謹按) 아래에 기재하고 있다는 점을 지적할 수 있다. 이는 일단 박지원의 주석이 달린 시기, 즉 자신의 의견을 정리한 시기의 차이로 설명할 수 있을 것으로 보인다. 「진과농소초문」에서 박지원은 자신이 정리한 것을 숨김없이 올리는데 안설을 대략 정리하여 올린다고 거론하였다. 추정하건대 안설은 『과농소초』를 올릴 당시인 1799년 1월에서 3월 사이에 적은 것으로 보이고, '신지원왈'로 시작되는 주석 부분은 그 보다 앞서 농서 초록을 수행하던 과정에서 적어놓은 것으로 추정된다.

박지원이 『과농소초』를 짓게 된 것은 무엇보다도 정조가 제시한 농업기술 혁신에 호응하기 위함이었다. 박지원은 『제가총론』 항목에서 서광계의 『농정전서』 가운데 일부만 이용하면서 자신이 정리한 사(士)의 실학론(實學論)을 제시하였다. 그는 『관자』와 『상자』를 인용하여 농본(農本)을 강조하고, 『여씨춘추』를 인용하면서 농리(農理)에 달통한 성어농자(聖於農者)를 제시하였다. 그리고서 마일룡의 『농설』을 인용하여 역전(力田)을 강조하고, 『주자권농문』을 인용하여 유자(儒者)의 책무 가운데 하나가 농(農)이라는 것을 강조하였다. 결국 박지원은 사(士)가 농본에 유념하고 농리에 달통한 성어농자가 되어 농민들이 역전에 나서도록 이끄는 것이야말로 '사(士)의 실학'이라고 제시하고 있었다.

대표적인 내용을 살펴보면, 우선 「전제」에서 박지원은 여러 가지 지목에 대한 설명과 함께 주석과 안설을 붙여놓았다. 박지원은 위전(圍田), 궤전(櫃田), 도전(塗田), 사전(沙田) 이렇게 네 가지 지목은 우리나라 강해(江海) 인근 지역에서 많이 찾아볼 수 있다고 파악하였다. 제전(梯田)과 이어질 수 있는 산화전(山火田), 구전법(區田法), 기자전(箕子田) 등은 자세히 다루었다. 우선 산화전을 자세히 설명하면서 농민들이 화전(火田)을 항전(恒田)으로 활용하고 있는 농업 현실을 수용해야 한다고 보았다. 또한 구전법과 같은 경작법을 유생들도 체득하여 활용할 것을 주장하였다. 그리고 평양에 남아 있는 기자전의 유적을 바탕으로 정전(井田)의 이상을 실현하기 위한 방책으로 법전(法田)의 설치를 주장하였다. 이러한 논리 전개를 따른다면 박지원이 전제의 정리를 통해 주장하려고 한 핵심 부분은 바로 법전 설치라고 보아야 할 것이고 생각된다. 박지원에 따르면 법전이란 기전을 기준으로 삼고, 정전을 모범으로 삼아 동서 양교(兩郊)에 설치한 기관이자 토지를 가리키는 것이었다. 이곳에 농리(農理)를 깊이 깨달은 사람을 사(師)로 삼아 사방의 힘써 농사짓는 자제(子弟)를 모아 경작법을 창안하고 이를 전파하게 하였다. 경작법은 고방(古方)을 살피고 편리함을 구하여 지금 행할 만한 것으로 만드는 것이었다. 이렇게 실효성을 가진 경작법을 익힌 자제들이 각각 향읍(鄕邑)의 스승이 되게 하는 방안이었다. 이렇게 볼 때 박지원이 주장한 법전은 경작법의 연구와 보급을 담당하는 기관이기도 하였다. 다시 말해서 새로운 농학을 크게 밝히기 위해 국가에서 설치할 관서였다. 농학의 수립, 실험과 연구를 통한 경작법의 정리와 보급 등의 측면에서 법전(法田)의 의의를 찾아볼 수 있다.

농기(農器)에 대한 변통론의 골자는 안설에 잘 드러나 있다. 그는 기계가 이로움을 주어야 일을 잘 풀어나갈 수 있는 것은 농업에서도 마찬가지라고 정리하였다. 또한 우리나라 농기가 중국과 다르다고 하면서, 중세 이래로 중국과 통하지 않아 그 편리함이 대단한 것을 알지 못하고 있는 것을 지적하였다. 그리하여 농업에 관련된 기계를 이롭게 만들고자 한다면 중국을 배우지 않을 수 없다고 결론을 내렸다. 그리고 '중국을 배우는 것은 성인의 법을 배우는 것'이라고 부연하면서 지금의 중국이 예전의 중국이 아니어서 배우는 것을 부끄러워하는 논리를 배제하려고 하였다. 즉 박지원이 『과농소초』에서 제시하고 있는 농기구 변통론은 중국 농기구 수입론이었다.

한편 「농기」편에서는 주로 『왕정농서』를 바탕으로 중국 농서를 소개했다. 그렇지만 뇌사, 누차(耬車) 등을 소개하는 부분에서는 연행의 견문을 들어 부연 설명하고 있다. 이와 같이 농업노동력을 보다 효과적으로 투하할 수 있도록 농기의 개량과 개선을 추진하는 데 북학의 입장에서 우수한 중국 농기구의 도입을 제시하였다. 그리고 사자지행(使者之行)으로 인하여 중국의 농기를 구입하여 뛰어난 것을 도(道)들에 널리 보내야 한다고 주장하였다.

「경간」 항목에서 박지원이 내세운 것은 대전법(代田法)과 견종법(畎種法) 보급론이었다. 기경(起耕)과 파로(耙勞)의 중요성을 강조하는 기사를 자세히 소개한 다음 당시 조선에서 대전법을 잘하지 않는 것을 비판하였다. 그런데 박지원이 대전법에 대한 장점을 설명하다가, 이를 견종법과 연결시켜 해설하고 있는 것은 오해에서 비롯된 것이었다. 박지원은 결론적으로 조선의 농민들이 견종법을 보급할 것을 강조하였지만, 이상론적인 주장이었다.

「분양」 항목에서 박지원이 제시한 것은 버려지는 모든 것들을 활용하여 시비재료로 전답에 넣어주어야 한다는 것이었다. 그는 여러 가지 시비재료를 끌어모으고, 특히 수레를 이용하는 것을 제안하면서 시비기술을 개선하자는 주장을 내세우고 있었다.

「수리」 항목에서 박지원이 강조한 것은 수리기술 개선론이었다. 특히 수차(水車)의 보급에 심혈을 기울여야 한다고 강조하였다. 용미차(龍尾車), 용골차(龍骨車), 통륜(筒輪)이라는 세 가지 수차의 장단점을 논하면서 재주 있는 공장으로 하여금 제조하게 한다면 이득이 있을 것이라며 중국의 수차를 도입하는 데 적극적인 입장을 나타내었다. 그는 수리를 잘 실행하기 위해, 적절한 인재를 찾는 것의 어려움과 필요한 재물을 확보하는 데 따르는 어려움을 잘 극복해야 할 것이라고 주장하였다. 이를 위해 수리에 능통한 수령에게 수리를 오래도록 맡겨야 할 것이라고 강조하였다.

마지막으로 박지원은 「한민명전의」에서 민의 명전(名田), 즉 개인의 토지소유 크기를 제한해야 한다고 주장하였다. 「한민명전의」에서 제시하고 있는 토지소유를 제한하자는 개혁론은 『과농소초』의 「전제」에 나와 있는 기전(箕田) 농장제, 정전 농장제와 연결점을 찾기 어렵다. 하지만 기전이나 정전 대신 박지원이 설치할 것을 제안하고 있는 법전과 「한민명전의」의 주장이 서로 연결된 것이었다. 박지원은 제한된 규모의 명전을 가지고 있는 개인들에게, 법전 설치의 결과물인 새로운 농리(農理)와 정리된 농학을 전수하려고 구상하고 있었다. 그리고 박지원은 자신의 실학을 수행하는 사(士)에게 토지소유의 변혁과 농업기술의 혁신을 연결시키는 역할을 부여하고 있었다.

박지원은 『과농소초』를 지어 농업기술의 혁신, 토지소유의 변혁이라는 자신의 농업개혁론을 제시하였다. 그의 농업개혁론은 현실적이면서 구체적인 것이었다.

[참고어] 박지원, 한전론

[참고문헌] 김용섭, 1968, 「조선후기의 농업문제 : 정조말년의 응지진농서의 분석」 『한국사연구』 2 ; 김용섭, 1970, 『조선 후기 농학의 발달』, 한국문화연구총서 2, 서울대 한국문화연구소 ; 민성기, 1988, 『조선농업사연구』, 일조각 〈염정섭〉

과렴(科斂) 고려 후기에 국가에 큰 일이 있어 비용이 충분하지 않을 경우 임시로 거두어 지출하는 비용.

과(科), 즉 등급에 따라 부과하여 징수하였다. 과렴은 원종·충렬왕 때 집중되었는데, 주로 대원관계와 관련된 많은 비용, 예컨대 왕실의 반전(盤纏) 비용, 몽골 군마의 유지비용, 원나라에 인질로 간 세자의 가례 비용 등을 충당하기 위하여 부과된 일종의 임시 부가세였다.

1295년(충렬왕 21) 4월에 "대장군 유복화(劉福和)와 지후(祗候) 김지겸(金之兼) 등을 보내어 세자에게 전폐(錢幣)를 보냈다. 이때 세자가 청혼하니 그 비용이 적지 않았으므로 안으로는 7품 이상에게 백금(白金)을 과렴하였다.(二十一年四月 遣大將軍劉福和·祗候金之兼等, 送錢幣于世子, 時世子請婚, 其費不貲. 內則七品以上, 科斂白金[『고려사』 권79, 「식화지」 2 과렴])"고 한 기사가 대표적인 예이다. 이것은 당시 급박한 재정 수요를 일시적으로 충당해야 할 국가의 입장에서는 가장 손쉬운 재원 확보 방법이었다. 과렴을 통하여 징수한 물품은 대원 관계와 관련된 금·은·포가 중심이었고, 특히 은은 원나라와의 관계 속에서 중요한 물품으로 여겼다. 과렴 대상은 제왕(諸王)·재추(宰樞)로부터 관료, 부인(富人)·상인·민호(民戶), 관청에 이르기까지 광범위하였으나, 주 대상은 비교적 경제적 기반이 갖춰진 제왕·재추들이었다.

[참고문헌] 金玉根, 1996, 『高麗財政史研究』, 一潮閣 ; 權寧國 外, 1996, 『譯註『高麗史』食貨志』, 韓國精神文化研究院 ; 박종진, 2000, 『고려시기 재정운영과 조세제도』, 서울대학교출판부 〈윤성재〉

과목전(果木田) 과수(果樹)를 재배하는 토지.

조선시기의 과목전은 왕실에서 이용할 과실을 얻기 위해 과일의 적산지를 택해 국초부터 국가가 재배·배양하고 지세를 면제한 토지를 가리킨다. 과전(果田), 과수원(果樹園), 과원(果園)이라고도 한다. 고려시기에는 과실수를 심는 토지를 원지(園地)라고 부르기도 했으며, 채소를 가꾸는 토지인 포지(圃地)와 함께 원포(園圃)라고 지칭하기도 했다.

조선 국가는 왕실의 원포 관리를 위해 사포서(司圃署)라는 관청을 두었다.(司圃署 掌園圃蔬菜, 『經國大典』「吏典」 京官職 司圃署) 그리고 과원의 과일나무 수를 파악하여 3년마다 장부를 작성하고 공조에 1부, 관찰사에 1부, 군현에 1부씩 보관하였다.(『경국대전(經國大典)』 공전 재식조(栽植條)). 이는 과일나무의 관리와 정확한 과실 수확을 통해 과실을 진상하기 위한 제도였다. 과목전에서 생산된 과일은 왕실에 공납했는데, 공납제도 폐지이후에도 과목전은 계속 면세되었다. 과전은 경기, 충청, 전라, 경상, 강원 5도에 존재했으며 군별 과전의 수량·면적은 자세하지 않다.

이후 1899년 내장원에서 광무사검을 통해 과전을 조사하였다. 그 종류로 잣나무전(栢子田), 밤나무전(栗子田), 비자나무전(榧子田), 유자나무전(柚子田), 귤나무전(橘田), 생강전(薑田)이 있었다. 단, 장원서(掌苑署)의 과전은 여기서 제외되었다. 제주도의 유자전·귤자전은 1901년 순찰사의 명에 의해서 폐지되었다. 과목전의 부세는 현물이나 돈으로 징수하였는데, 그 방법은 둔토와 동일하였다.

일제는 토지조사령에서 과전을 별도의 지목으로 분류하지 않고, 모두 전에 포함시켰다. 현재 지적법상의 28개 지목 중 하나인 과수원과 동일하다. 이러한 과수원은 일정한 구역을 정하여 과수류를 집단적으로 재배하는 토지와 이에 접속된 저장고 등 부속시설물의 부지를 말한다. 전·답에 임의로 과수류를 식재한 경우는 과수원으로 지목변경이 불가하며 밤나무, 호두나무 등을 토지에 집약적으로 재배하는 토지는 과수원으로 지목변경이 가능하지만 자생하는 토지는 불가능하다. 과수원은 부호로 '과'라 기재한다.

"좌정언 윤면이 아뢰기를, 지금 양전할 때 민간의 저전·칠림·죽림·과원 등을 아울러 양정(量定)하여 세를 거두게 하였는데, 신 등은 생각하기를, 이 두어 가지는 관가와 민간이 서로 필요로 하는 물건인데, 아울러 세를 거두면 이익을 다투는 것 같아서 크게 어그러집니다. 또한 이런 물건을 관가에서 백성에게 심게 하고, 또 세를 받게 되면, 그 세를 괴롭게 여기어 원전(園田)을 다스리지 않는 자도 많이 있을 것이니, 원하옵건대, 모두 세를 거두지 말게 하소서.(左正言尹沔啓 : 今量田之時, 民間楮田漆林竹林菓園等, 竝令量定收稅. 臣等以爲此數者, 官民相須之物, 而竝令收稅, 則似爲爭利, 有乖大體. 且此等之物, 官家令民培植, 又從而稅之, 則苦厭其稅, 不治園田者, 亦多有之, 願勿竝收.[『세종실록』 권102, 25년 11월 22일 계유])"

[참고어] 지목, 면세전, 광무사검

[참고문헌] 『조선총독부 관보』; 권인혁·김동전, 1998, 「조선후기 제주 지역의 수취체제와 주민의 경제생활」 『탐라문화』 19, 제주대학교 탐라문화연구소 ; 정긍식·田中俊光 역, 2006, 『조선부동산용어약해』 ; 이민기, 2007, 「지목제도의 개선방안에 관한 연구」, 명지대학교 석사학위논문 〈고나은〉

과세지견취도(課稅地見取圖) 결수연명부와 짝을 이루는 것으로 조선총독부가 과세지의 각 필지를 도면 위에 그리고 내부에 소유자, 자번호와 결수, 배미, 두락 등을 기록한 일종의 지적도.

일제는 1909년부터 지주(또는 납세자)에게 소유토지를 신고하도록 하여 결수연명부를 작성하고, 이어서 토지 소재지를 확인할 수 있는 도면인 과세지견취도의 작성 작업에 착수하였다. 이 작업은 1911년 6월 충청도에서 시범적으로 착수하였다. 1911년 6월 1일부터 9월 17일까지 충북 18개 군, 7월 15일부터 12월까지 충남 6개군에서 작성을 완료하였다. 조선총독부는 시범작업의 성과를 인정하고 전국적으로 과세지견취도 작성 작업을 추진하였다. 이를 위해 1912년 3월 4일에 '과세지견취도작성에 관한 건'을, 3월 19일에는 '과세지견취도작성수속'을 마련했다.

주요내용은 다음과 같다. 첫째 각 부군에서 계획을 수립하여 경찰 관헌에 원조를 의뢰하고 면장을 소집하여 설명할 것, 둘째 작업은 그해 5월 1일부터 7월 말일까지 완료하고 9월 말일까지 결수연명부와 대조사무를 완료할 것, 셋째 한 동리를 한 장에 그리되 구역이 넓을 경우 여러 장으로 그리고 연락도를 작성할 것, 넷째 작업이 끝나면 공시 열람하여 이의신청을 받아 수정하여 완성하도록 하였다. 그리고 여기에는 다음 사항을 기재했다. ① 각필지에는 지목, 자번호 야미수, 면적, 결수, 소유자 성명 등을 기록하고, 국민유계쟁지일 때는 계쟁지 표시를 하도록 했다. 과세지 사이에 있는 국유지는 국유지라는 표시와 지목을 함께 표시하도록 했다. ② 도로, 제방, 교량, 하천, 보, 지소, 호해(湖海), 산야 등의 지물도 표시하도록 했다. ③ 여백에는 면리동명, 나침방법, 결수와 필수계, 작성 연월일, 종사자의 서명날인과 리동장 이외의 종사자가 있을 때는 리동장의 서명날인, 한 동리를 여러 구로 나눌 때는 각 구의 도면에 시종(始終)의 자번호 등을 기재하도록 했다. 그리고 자번호와 도로는 주기하고 황지는 진으로 표기하도록 명시하고 있다. 그리고 필지의 면적이 좁아 필지내역을 경계선 안에 표기하기 어려울 경우 그 안에는 부호만 표기하고 내역은 견취도의 빈칸에 표기하였다. 이외에 임야 강 도로 등 지형, 경계선에 인접한 구획명과 리명 등도 표기했다.

과세지견취도는 결수연명부와 대조작업을 거쳐 서로 일치하지 않는 경우는 실지조사과정을 거쳐 수정했다. 토지신고서는 결수연명부를 기본 장부로 삼았지만, 과세지견취도도 대조하도록 했다. 김해군에서는 과세지견취도의 견취번호를 토지조사의 각 필지에 기록하였다. 전체적으로 창원군 각리의 과세지견취도는 1912년 5월 12일부터 8월 20일 사이에 제작되었다. 조선총독부의 처음 계획보다 한 달 가량 지체되었다.

과세지견취도는 전국적으로 작성되었지만 현재 김해시청, 하동군청, 창원시 합포구청 등에 일부가 남아있다. 그중 창원군 견취도의 구성을 보면 결수연명부와 마찬가지로 면을 단위로 편철했다. 책의 겉표지에는 면의 총책수와 해당 책의 번호를 기재하고, 책에 포함된 리와 지도의 매수를 기록했다.

리를 단위로 한 과세지견취도의 구성은 연락도와 구획별 과세지견취도로 편성되었다. 먼저 연락도를 보면, 리의 지형, 산과 하천, 다리, 정(井), 도로, 마을, 진 등 지형지물, 이웃 리와의 경계선, 리 내부의 구획선 등이 표기되어 있다. 리 내부의 구획은 정해진 규격의 종이에 담을 수 있을 만큼의 크기로 나누었다. 연락도의 여백에는 제작일, 종사원, 결수, 필수 등을 기록하고 상단에는 방위표시를 했다. 연락도 다음에는 각 구획별 과세지견취도를 구획순으로 편철했다.

과세지견취도 작성수속에는 정한 바 없지만, 현존하는 과세지견취도로 보았을 때 과세지견취도 완성 이후 이를 변경한 작업이 두 차례 있었다. 하나는 1914년 군면동리 통폐합 조치에 따라 면리의 경계가 변동되자, 결수연명부와 토지신고서를 신동리의 변경에 따라 다시 편철한 것처럼 과세지견취도도 이에 따라 다시 편철하거나 구획변동에 따라 다시 수정 및 삭제하는 작업을 했다. 다른 하나는 토지조사사업이 끝난 후 부여한 필지와 지번을 대조하여 과세지견취도의 각 필지를 원도의 필지에 맞게 수정하고 지번을 기재하는 일이었다. 대조의 기준은 원도이며, 여기에 맞추어 과세지견취도를 조정한 것이다. 대조의 목적은 지세납부의 연속성과 관련된 것으로 기존 과세대장인 결수연명부(과세지견취도)와 토지조사사업 이후 과세대장인 지세명기장과의 연속성을 고려한 것이었다. 과세지견취도상의 각 필지를 원도의 필지와 비교하여 과세지견취도의 필지 위에 새로 구획한 원도의 필지 구획을 다시 그리는 작업도 했다. 원도의 필지는 과세지견취도의 필지를 합필이나 분필한 결과물이었다.

이와 같은 필지 표기는 과세지만을 대상으로 한 것이고, 과세지가 아닌 필지의 표기방식은 달랐다. 진전은 '진(陳)' 한 글자만 표기했으며, 묘지도 마찬가지였다. 과세지가 아닌 경우 실내용을 기록할 필요가 없었던 것이다.

과세지견취도 작성의 성과는 다음과 같다. 첫째 소유권 확인 작업의 성과로 토지조사사업에서 신고서의 기초자료로 삼았다. 간접적으로 국유지를 재확인하는 한편, 은결이나 신간지 등 새로운 과세지를 확보하여 세수를 증대하고 납세자를 확정하는 성과를 달성하였다. 둘째 진·임야 등 비과세지는 견취도에서는 조사대상이 아니었지만 토지조사사업에서 작성한 지적원도에서는 조사대상이었다. 셋째 지형도를 도면에 확정하여 면동리 통폐합의 기초자료로 삼았으며, 이것으로 종래 속인주의적 행정체계를 속지주의로 확정 변경할 수 있었다. 넷째 과세지 견취도의 마지막 작업은 토지조사에서 확정된 지번을 해당 필지에 기입하는 일이었으며, 이것은 지세부과의 연속성을 부여하는 작업이었다.

이같이 과세지견취도의 작성목표는 소유자 조사, 과세지 조사, 국유지 조사인 동시에 식민지 통치를 위한 중앙집권적 행정체제를 짜기 위한 최종 조사과정이었다. 과세지견취도와 원도를 비교하여 차이점을 보면 다음과 같다. 첫째 과세지견취도에 표기된 필지는 결수연명부와 짝하는 관계에 있었다. 그리고 과세지견취도에서 제외되어 진으로 표기된 필지가 토지조사부에는 같은 방식으로 표기되었다. 둘째 토지조사사업에서 분·합필이 이루어지고 지목도 사업의 원칙에 맞게 재조정되어 원도에 표기되었다. 지번도 개편된 행정구역에 맞게 새로 부여되었다. 셋째 국유지는 견취도에는 '국'이라고만 썼으나 원도에는 과세지의 필지와 같은 방식으로 표기되었다. 진이라 표기된 비과세지는 대부분 임야·묘 등이고, 간혹 은결로서의 전(田)도 있었다. 넷째 매매, 상속 등을 이유로 적지 않은 필지에서 소유자의 변화가 있었다. 분쟁지도 더 구체적으로 표기되었다.

결론적으로 토지조사사업으로 전에 없던 새로운 토지가 측량대상으로 파악된 것은 아니었다. 과세지견취도 단계에는 일부를 제외하고 대부분 토지가 파악되었다. 과세지견취도와 토지조사사업에서 작성한 원도와 비교하면 적지 않은 면적이 토지조사부에 등재되어 중앙의 통치영역으로 들어갔음을 확인할 수 있었다. 그리고 조선총독부는 과세지견취도에 각 필지의 위치와 경계를 그림으로 그려 실지와 비교 확인할 수 있도록 하여 조선부동산증명령의 지적도 기능을 부여했다. 나아가 이를 기반으로 지주 직납제의 확립, 국유·민유의 재확인, 기경전과 진전의 구분, 동리의 경계 확인 등의 효과를 거둘 수 있었다. 이 일은 일제가 조선의 구석구석까지 파악하여 중앙집권적 식민통치를 강력하게 추진할 수 있는 기초작업이었다.

[참고어] 결수연명부, 지세명기장, 토지조사사업, 과세지견취도 작성에 관한 건

[참고문헌] 마산시청 소장, 『창원군 각면 과세지견취도』; 최원규, 2011, 「일제초기 창원군 과세지견취도의 내용과 성격」 『한국민족문화』 40 ; 이영학, 2013, 「1910년대 경상남도 과세지견취도의 비교」 『일제의 창원군 토지조사사업』, 선인 〈이영학〉

과세지견취도작성수속(課稅地見取圖作成手續) 조선총독부가 1912년 3월 19일 과세지견취도 작업을 전국적으로 시행하기 위해 작성하여 각 도장관에게 하달한 절차규정.

조선총독부는 관통첩 제78호 전문 제5장 46조로 구성된 과세지견취도 작성수속을 다음과 같은 내용으로 제정했다. 제1장 총칙은 6개조였다. 제1조에서 견취도는 과세지 각필의 개형을 그려 지적을 분명히 하는 것을 목적으로 한다고 한 다음, 작성 시기, 결수연명부와의 대조, 작성 구역, 계획 작성, 공시 등에 관한 사항을 정했다. 제2장은 준비사무로 제7조에서 제13조로 구성되었다. ① 부군이 면장을 소집하여 설명계획서를 4월 10일까지 제출할 것, ② 작업은 1912년 7월 말일까지 완료할 것, ③ 대지주와 일본인 지주에 설명하고 종사기술원을 소집해 연습시킬 것과 공시와 표항을 세울 것 등이다. 제3장은 작성 사무로 제14조에서 제32조까지였다. 견취도 작성 시에 1동리를 하나의 용지에 기재하되 구역이 광활할 경우 적당히 나누어 여러 장에 그리고 연락도를 작성할 것, 견취도 각 필에 기재할 사항, 지목구성, 자번호, 면적단위, 국유지표기법, 토지의 소재 또는 연락을 보이는 지물을 도상에 표기할 것 등을 정하였다. 또한 인접 면리명, 여백에 기재할 사항, 리동계, 도로, 방위와 사표, 견취도 기재 예, 방위표시 등에 대해서도 규정하였다. 제3장(조선총독부관보의 오류로 중복)은 부군의 감독에 관한 사항으로 제33조에서 제38조까지였다. 부군에 감독원 파견과 임무, 실지와의 부합 여부, 견취도와 실지와의 점검, 도장관에 경과보고 등이다. 제4장은 견취도와 결수연명부와의 대조사무로 제39조에서 제45조까지이고, 제5장은 경비 제46조였다. 견취도 작업이 끝나면 공시 열람하여 이의신청을 받아 수정하도록 했다. 완성본은 2부를 작성하여 1부는 면에, 1부는 부군에 제출하도록 했다. 작업은 신고주의의 원칙에 따라 작성했으며, 부군청의 직원이 감독했다.

과세지견취도 작성수속에서 정한 주요사항을 보자. 먼저 도면에 기재하도록 정한 사항이다. 첫째 각 필지에는 지목, 자번호, 야미수, 면적, 결수, 소유자 성명 등을 기록하고, 국민유계쟁지는 계쟁지 표시를 하도록 했다. 세부내용을 보면 지목은 답, 전, 택, 잡 등이었으며, 자번호는 구래의 자번호를 답습하고 신번호는 차례대로 부여하도록 했다. 면적은 실측을 완료한 것은 평수를, 기타는 구래의 칭호였다. 과세지 사이에 있는 국유지는 국유지라는 표시와 지목을 함께 표시하도록 했다. 둘째 도로, 제방, 교량, 하천, 보, 정(井), 지소와 호해(湖海), 산야 등의 지물도 표시하도록 했다. 셋째 견취도의 여백에 ① 면리동명, ② 나침방법, ③ 결수와 필수 계, ④ 작성 연월일, ⑤ 종사자의 서명날인과 리동장 이외의 종사자가 있을 때는 리동장의 서명날인, ⑥ 1동리를 여러 구로 나눌 때는 각 구의 도면에 시종(始終)의 자번호 등을 기재하도록 했다. 그리고 기재예에서 자번호와 도로는 주기(朱記)하고 황지는 진(陳)으로 표기하도록 명시하고 있다. 견취도 작성 작업이 끝난 다음에는 견취도와 결수연명부의 기재사항을 서로 대조하도록 했다.

작업 내용은 ① 양자가 부합하지 않을 때는 사유를 조사하여 연명부나 도면을 정정할 것, ② 탈락지, 신기간지 등이 연명부에 기재 누락되었을 때 견취도에 따라 연명부에 등록할 것, ③ 신지번을 붙인 것은 연명부에 지번을 이기할 것, ④ 각 필의 대조를 완료하고 결수연명부에 등록 또는 정정한 결과에 따라 결수연명부를 집계할 것 등이다. 그리고 토지신고서는 결수연명부를 기본장부로 삼았지만, 과세지견취도도 대조하도록 정했다.

[참고어] 결수연명부, 과세지견취도, 토지조사사업

[참고문헌] 『조선총독부관보』; 최원규, 2010, 「일제시기 조선토지조사사업 관계 장부의 내용과 성격 : 창원군 사례」 『중앙사론』 32 ; 최원규, 2011, 「일제초기 창원군 과세지견취도의 내용과 성격」 『한국민족문화』 40 〈최원규〉

과세지견취도 작성에 관한 건(課稅地見取圖作成에 관한 件) 1912년 조선총독부가 과세지견취도를 작성하기 위하여 내린 행정명령.

과세지견취도 작성 작업은 1911년 6월부터 9월까지 충청도에서 시범적으로 추진되었다. 조선총독부는 그 성과를 인정하고 전국에 걸쳐 과세지견취도 작성을 추진하기 위해 1912년 3월 4일 조선총독부령 제20호로 과세지견취도 작성의 건을 제정하고 4월 1일부터 시행하도록 했다. 전문 3개조와 부칙으로 구성되었다.

제1조에 면은 부윤 군수의 지휘에 따라 지세를 부과한 토지의 개형(槪形)을 표시한 견취도를 리 동 단위로 작성하고, 2통을 작성하여 면과 부군에 비치하도록 했다. 제2조는 토지소유자가 면장의 지휘에 따라 표항을 세우고 입회하도록 했으며, 표항에는 지목, 자번호, 면적, 배미(夜味)수, 결수, 토지소유자의 주소와 성명을 기재하도록 했다. 제3조에 작성 시기는 부윤과 군수가 정하도록 했다.

[참고어] 과세지견취도, 과세지견취도작성수속, 토지조사사업

[참고문헌]『조선총독부관보』; 최원규, 2011,「일제초기 창원군 과세지견취도의 내용과 성격」『한국민족문화』 40

과전법(科田法) 조선 초기 관료들에게 지급한 토지제도.

고려시기의 토지제도인 전시과 제도는 고려 후기에 심각한 폐단을 드러내고 있었고, 그것이 고려의 국가체제를 동요키고, 조선을 건국하는 중요한 원인이 되었다. 전시과 체제의 모순을 야기한 근원은 전지의 부족으로 인한 토지지급의 불균, 수조권 관리체제의 붕괴를 들 수 있다. 이것은 일시적 현상이 아니라 전시과 체제가 지닌 근본적인 모순과 한계라는 것이 문제였다.

고려 중기 이후 권문세가에 의한 불법적인 토지 점유, 점탈, 사패, 투탁, 기증 등으로 많은 사전이 사유지로 변했다. 그 결과 국가의 공전과 공민은 계속 줄어들었다. 지배층은 늘어나는 반면 공전은 줄어들어 신진관료에게 지급할 토지는 부족해졌다. 권문세가는 대토지를 소유한 반면 신진관료는 녹봉조차 제대로 받지 못하는 양극화현상이 발생했다. 공전과 공민의 감소로 국가재정이 부족해지면서 남아있는 토지와 농민에 대한 수탈이 증가되었다. 이것은 농민의 도망, 투탁을 조장하여 국가 수세원을 더욱 감소시키는 악순환이 시작되었다. 수조권의 관리와 이급도 잘되지 않아 하나의 토지에 여러 명의 전주가 수취를 하는 일전다주(一田多主) 현상이 발생했다. 고려는 전민변정도감을 개설하여 일전다주 현상을 제거하고, 권세가가 불법적으로 점유한 토지와 농민을 환원시키는 시도를 여러 번 했으나 이것은 정치적 숙청과 연관되어 숙청대상자, 정치적 약자의 전민을 몰수하는 효과만 거두었을 뿐, 근본적인 해결책이 되지 못했다. 오히려 정치적 대립을 조장하는 결과만 야기했다.

이런 현상의 근원은 고려의 수조권 분급제 자체에 있었다. 고려는 수조권을 관원뿐만 아니라 왕실, 관청, 사원 등 각급 기관에도 분급했다. 전주들은 수조지에 대해 경작지 관리, 답험, 수세, 감면, 심지어 경작자의 토지분쟁까지도 직접 관리했다. 고려 조선시기에는 경작자가 일시적으로 유망하거나 유고, 피난 등의 사유로 휴경지가 발생하면 생산력의 보존을 위해 다른 사람을 임시로 차정해서 토지를 경작하게 하는 관행이 있었다. 이런 토지를 관리하는 권한도 전주가 장악했다. 고로 전주는 휴경지를 바로 매입하거나 새 경작자를 자신의 노비로 대체하고, 귀환자에게도 돌려주지 않는 등의 방법으로 합법적으로도 수조지를 사유지로 변환시킬 수 있었다. 그 외에도 수조지의 전민에 대한 관리권을 토대로 고리대, 압력 등을 통해 수조지 내부와 인근의 토지를 집적하거나 양인 농민의 투탁, 압량위천 등도 진행할 수 있었다.

반면에 고려정부와 수령은 수조지와 전민에 대한 통합적이고 직접적인 관리체제, 주변 토지와 농민에 대한 보호능력을 갖추지 못했다. 그러므로 전시과 제도를 지속하는 이상 공전의 잠식과 전주의 직접 수조와 수조권 관리체제를 이용한 각종 모리와 불법을 방지할 수 없었고, 전민변정사업은 임시적이고 사후적인 조치가 될 수밖에 없었다.

위화도 회군으로 정권을 장악한 이성계파는 국가체제 전반에 대한 개혁을 시작했다. 이들은 그 중에서도 사전 문제가 핵심임을 인지하고 있었다. 그것은 토지와 생산관계를 둘러싼 관료층의 분열과 갈등을 치유하고, 전란이 아직 진정되지 않은 상태에서 군량을 확보하며, 농민의 안정과 사회불안을 진정시키기 위해서 무엇보다 시급한 과제였다.

이에 개혁파 사류는 정도전, 조준을 중심으로 사전 즉 수조권 분급제의 철폐를 전제로 한 사전개혁을 추진하게 된다. 그러나 고려의 구신들과 주로 이색의 제자들로 구성된 온건파 사류는 사전개혁에 반대하고, 전민변정도감이나 수조권 관리체제의 개선을 통한 일전다주 현상 등을 해소하는 하는 방안을 제시했다.

그러나 개혁파 사류는 온건론을 수용할 수 없었다. 사전 개혁은 위에 언급한 의의와 순수한 토지제도 개혁 그 이상의 의미가 있었다. 수조권 분급제는 국가재정, 조세, 군사제도의 개혁과도 밀접한 관련이 있었다. 무엇보다도 개혁파 사류가 추구하는 근본적인 목표, 중앙 집권적인 국가체제의 성립을 위해서는 수조권만이 아니라 수조권을 담보하기 위해 전주에게 위임하는 토지와 농민에 대한 관리, 재판권을 지방행정망과 수령을 통해 회수해야만 했다.

위화도 회군 직후인 1388년 7월 조준은 사전개혁을 상소했다. 이 상소는 단순한 상소가 아니라 법제화를 전제로 한 법안의 초안이었다. 과전법 상소는 수교로 반행되었고, 조선 건국 후 『경제육전』에도 수록되었다. 이 상소를 기점으로 개혁파는 바로 모든 공사전의 전조(田租)를 전주가 아닌 국고에 수납하게 했으며, 양계를 제외한 전국 6도 지역의 토지측량사업(기사양전)을 시행했다. 1390년(공양왕 2)에는 이전의 토지대장을 개성 시가에서 불태워 버렸다. 다음 해 5월에는 과전법 시행을 정식으로 공포했다.

과전법의 내용은 조준의 3차례의 상소에서 약간씩 내용이 달라진다. 이것은 반대세력의 반발을 의식한 결과였던 것 같다. 정도전은 왕실, 재상에서 군인, 향리 농민, 각종 국역자와 귀화인에게까지 일정한 전지를 분급하려고 했지만, 이 방안은 과전법 초안에서부터 시행하지 못했다. 1차 상소에서 구상했던 백정대전(白丁代田)도 빠졌다. 대전은 역을 담당하는 양인층에게 지급하는 토지이다. 대전의 의미는 가대전(家垈田)으로 볼 수도 있고, 소유지가 아닌 경작지를 지급한다는 의미로 볼 수도 있다. 명확한 증거는 없으나 후자일 가능성이 높아 보인다.

공양왕 3년 5월에 반포한 과전법에서 과전은 18과로 나누어 최고 150결부터 최하 10결까지 18과로 나누어 지급했다. 과의 분류기준은 1과에서 14과까지는 관직으로 하고, 15과 이후는 품계에 따라 편성했다.

그러나 기준이 관직에 따랐다고 해도 현직관료에게만 즉 실직을 기준으로 과전을 지급한 것은 아니었다고 보여진다. 18과에 산직이 일괄로 편제되어 있어서 현직에 있을 때는 실직을 기준으로 과전을 받다가 산관이 되면 18과의 산직으로 전환했을 가능성도 있지만, 과전법 규정에 실직, 산직을 막론하고 과에 따라 수조지를 절급한다는 내용으로 보면 산직이 된 후에도 실직의 품계를 기준으로 과전을 보유했음이 틀림없다. 18과의

〈과전의 편성과 지급량〉

과	관품	과전(결)
1	재내대군에서 문하시중까지	150
2	재내부원군에서 검교시중까지	130
3	찬성사	125
4	재내제군에서 지문하까지	115
5	판밀직에서 동지밀직까지	105
6	밀직부사에서 제학까지	97
7	재내원윤에서 좌우상시까지	89
8	판통례문에서 제시판사까지	81
9	좌우사의에서 전의정까지	73
10	육조제랑에서 제부소윤까지	65
11	문하사인에서 제시부정까지	57
12	육조정랑에서 지령판관까지	50
13	전의시승에서 중랑장까지	43
14	육조좌랑에서 낭장까지	35
15	동서반 7품	25
16	동서반 8품	20
17	동서반 9품	15
18	권무·산직	10

산직은 지방의 한량품관과 같이 산직만 받고 실직을 받지 못한 관원들에 대한 조치였다고 보여진다. 그러므로 과전을 받은 관리는 죽을 때까지 과전을 보유할 수 있었다. 이후 조선왕조의 관료제도가 품계를 기준으로 정리되어 가면서 1431년(세종 13)부터는 모든 과전을 품계(산관)를 기준으로 분급하게 했다.

전시과에서는 시지도 지급했으나 과전법에서 시지는 배제되었다. 과전의 지급지역도 경기로 제한했다. 태종 2년을 기준으로 경기도의 토지는 149,3000결이었는데, 이중 과전이 84,100결, 공신전이 31,240결로 전체 사전은 115,340결로 경기도 전체 토지의 77%였다.

경기 사전의 설치에 대해 사전을 철폐하자고 주장했던 개혁파 사류의 원래 구상과는 부합하지 않는 조치로 타협적인 조치였다고 보는 견해가 있다. 그러나 개혁파 사류에게도 경기 사전을 설치한 이유가 있었다. 경기 사전은 왕실의 울타리로서 관료와 군인을 경기에 거주하게 함으로써 신왕조의 지지세력을 집결시키고 왕조와 정권의 안정을 도모한다는 의미가 있었다. 대신 개혁파 사류는 관료제 개혁을 통해 관료의 세습을 억제하고 순환구조를 활성화함으로써 경기로 한정된 사전의 부족과 사전 수혜층의 보수세력화를 방지하려고 했다.

과전법에서도 왕실과 관청과 같이 기관에 지급하는 수조지가 완전히 없어지지는 않았다. 왕실에는 능침전, 창고전, 궁사전 등이 지급되었다. 그 외 기관에 분급된 수조지로는 외방 관아의 유지를 위한 아록전, 공해전,

외역전, 잡색위전이 있었다. 그러나 이는 극히 소수이고 대부분이 국가수조지로 바뀌었다. 이와 함께 과거 토지마다 사용처와 용도를 지정하는 방식을 폐지하고 전체 토지를 국용전, 군자전으로 구분했다. 국용전은 국가의 재정용도로 사용하는 것으로 이 조세수입에 따라 각처에 재정을 분배했다. 군자전은 군자에 충당하는 전지로 기사양전으로 얻은 50만 결의 1/5에 해당하는 약 10만 결이었다. 이외 녹봉에 충당하는 녹봉이 있었는데, 녹봉전은 약 5만 결이었다. 이것은 고려와 달리 중앙정부가 국가수조지와 재정운용권을 장악하는 것으로 집권적 국가체제의 확립에서 매우 중요하고 의미 있는 조치였다.

과전법에서 중요한 토지가 군전이었다. 군전은 모든 군역대상자에게 지급한 토지가 아니라 6도의 한량관리에게 지급한 토지로 본전의 다소에 따라 10결 또는 5결을 분급했다. 이 조치는 신왕조 초에 지방의 유력자인 한량관리를 포섭하기 위한 우대책으로 보는 견해도 있다. 그러나 그 보다는 적극적인 의미가 있었다. 군전을 받은 사람은 서울로 상경해서 숙위 업무에 종사하게 했다. 이들이 소위 수전패로서 시위군인 동시에 관료예비군적인 성격을 띤다. 정도전은 이들을 경기에 집단 거주하게 함으로써 정치개혁의 예비군으로서도 활용하려고 했다.

과전법에서 수세액은 공전, 사전을 막론하고 모두 1결 30두(2석)였다. 이는 일반적 생산량인 1결 300두(20석)에 대한 1/10세로서 이상적인 수세비율을 적용한 것이다. 과전에서는 수조한 30두 중에서 다시 2두를 국가에 세로 바치게 했다. 이것은 고려의 사전이 국가의 관리로부터 완전히 이탈했던 것을 염두에 둔 조치로 과전이 국가의 간여를 배제한 사전주의 완전한 지배를 받는 토지가 되는 것을 견제하기 위한 조치였다. 동시에 수조율 1/10의 법제화는 병작반수를 금지하는 의미도 있다.

농작의 현황을 10등급으로 나누어 수확이 1/10이 줄어들 때마다 수조의 1/10(3두) 씩을 감면하고 생산량이 2/10 이하로 떨어지면 전액을 감면하게 했다. 사전이 없어진 지역에서는 답험과 손실액의 상정은 수령이 시행하고, 관찰사에 보고하면 관찰사가 다시 담당관에게 보내 재심하고, 감사, 수령관이 3심하게 했다. 답험을 부실하게 한 것이 적발되면 처벌하게 했다. 그러나 과전의 경우는 고려의 관행을 답습해서 과전의 전주가 스스로 시행하게 했다. 그리고 전쟁이 발발해서 대군을 동원할 때와 같은 비상시국에는 공전, 사전을 막론하고 국가에서 정한만큼 공수(公收)할 수 있게 했다.

과전법에서 사전 전주의 각자답험을 허용했지만, 전주의 사적권력 행사를 차단하기 위한 조치를 마련했다. 전주가 전객의 경작지를 1부에서 5부 이상만 빼앗으면 태 20으로 처벌하고, 5부마다 1등을 더해 장80까지 처벌하게 했다. 1결 이상을 빼앗으면 과전을 박탈해서 다른 관원에게 주게 했다. 그러나 전객도 경작지를 임의로 매매하거나 양도하지 못하게 했고, 전객의 사망, 유망, 이사, 절호 등으로 무주전, 휴경지가 발생할 때, 전객이 게을러서 혹은 노동력 이상의 경작지를 확보해서 토지를 황폐하게 했을 때는 전주가 임의로 전지를 처분할 수 있게 했다. 이것은 고려시기 사전의 폐단을 발생시킨 중요한 원인으로 사전이 철폐된 타도 지역에서는 이 권한이 수령에게 전적으로 양도되었지만 과전 설치 지역에서는 여전히 전주의 권한으로 남았다. 이는 과전법 개혁의 타협성을 보여주는 것이었다.

전시과와 과전법에서 공히 나타나는 문제는 과전의 부족이었다. 조준의 과전법 개혁안에서부터 토지의 부족을 거론하고 있지만 최초의 지급 때부터 토지부족으로 신진 관리를 위한 여분이 없고 과전을 받지 못한 관원도 있었다. 조선은 경기 사전의 원칙을 고수하려고 했으므로 과전법을 시행할 때부터 부족한 토지는 기존 관료가 보유가 끝난 토지, 죄를 저질러 몰수하는 자의 과전, 기타 과외의 토지를 지급한다는 방침을 시행해야만 했다. 따라서 과전을 유지하기 위해 어떠한 경우에도 한번 과전으로 정한 토지는 과전수급자가 범죄를 저질러 몰수하는 경우라도 공전으로 돌릴 수 없게 했다. 과전도 1대 보유가 원칙이었다. 하지만, 실제로는 과전세습의 길이 열려 있었다. 관원이 사망했을 경우 관원의 처가 자식이 있고 수절하는 경우에는 수신전이란 명목으로 토지 전액을 받을 수 있었다. 자식이 없는 경우는 절반만 물려받았다. 부모가 모두 사망한 경우에는 자식이 미성년이면 휼양전이란 명목으로 전액을 이어 받았다. 단 20세가 되면 자신의 자격에 따라 해당하는 결수의 과전을 받았다. 공신전은 아예 세전이 허락되었다. 공신전만 전체 과전의 40%에 달했다.

토지는 면적이 같아도 지역에 따라 토질, 경작과 수송의 편리가 달라 생산량과 경제성이 크게 달라진다. 따라서 관원은 가능한 양질의 과전을 받거나 좋은 토지로 교체하기를 원했다. 자신의 소유지에 과전을 덧씌우는 것도 선호했다. 하지만 과전을 바꾸는 것은 일체

금지되었다. 다만 과전을 받은 부모가 사망했을 때, 자식이 자기 소유지가 있고 자기 소유지를 과전으로 설정하기를 원하면 교체를 허락했다.

과전을 몰수하는 경우는 관리가 장형 이상의 죄를 지어 직첩을 몰수당한 경우, 혼인이 금지되어 있는 친족 간에 혼인하거나 동성결혼을 한 자, 한량, 군인, 향리가 역에서 직임에서 도피하는 경우, 수신전을 받은 과부가 개가한 경우, 토지의 증명문서를 작성하지 않은 자 등이었다. 불법 결혼이 과전몰수의 근거가 된 것은 국가가 그만큼 친족제도와 혼인규정의 준수를 중시했던 탓이었다. 이는 성리학적 도덕관의 영향이기도 하지만, 결혼을 통해 권문세족이 성장했던 고려시기 정치사에 대한 반성이었다.

과전을 몰수당하거나 물려받을 부인, 자식이 없는 과전은 비로소 신진 관료가 이어 받을 수 있었다. 한량, 향리, 기타 유역인이 역을 이어받을 자식이 없이 사망했거나 본역에서 도망했을 때는 새로 역을 맡은 사람이 받게 했다.

[참고어] 공전, 사전, 전시과, 수조권, 전주

[참고문헌] 김태영, 1983, 『朝鮮前期土地制度史研究』, 지식산업사 ; 이경식, 1986, 『朝鮮前期 土地制度研究』, 일조각 ; 이재룡, 1993, 『朝鮮前期 經濟構造研究』, 숭실대학교 출판부 ; 임용한, 2002, 『조선전기 수령제와 지방통치』, 혜안 〈임용한〉

곽전(藿田) 미역이 생장하는 바위로 미역의 생산터전을 가리키는 말.

곽암(藿巖) 또는 곽반(藿盤), 화포(和布) 등으로도 불린다. 항상 고정되어 있으며, 생산되는 미역의 맛이나 빛깔 등에 따라 곽전의 품등이 매겨졌다. 국유·사유 등 소유관계가 다양하다. 곽전의 소유주는 곽전주, 곽암주, 곽주 등으로 불렸다. 가을이 되면 수면의 아래나 수면의 접촉 부분 바위에 부착되어 있는 바다 잡초를 제거하는 작업에 노동력을 집중 투여하며, 이듬해 봄 3~5월경에 채취작업을 한다. 여기서 생산되는 곽의 가치와 경제성은 상당했으며 부의 원천으로 여겼다. 따라서 어염에 버금가는 어촌의 중요 산물로 왕실이나 권문세가의 절수대상에 노출되었다. 이러한 곽은 해대(海帶)라고도 하며 방언으로 미역이라 한다. 미역은 산모에게, 혹은 공로나 직급 등에 따라 특별히 하사하는 경우가 있었으며 중요한 구황 물품이기도 했다. 균역법을 시행하면서 곽세는 어염선세 중의 한 품목이 되어 징수대상이 되었다.

정약용의 『경세유표』에 호남의 곽전은 주위가 백여 보의 섬에 대하여 사가(私家)에서 2~300냥씩 징수하며, 직경이 10여 보인 주먹만한 돌이 사가에서 2~300냥씩에 매매되고 있다는 기록이 있다. 이는 곽전의 경제적 가치와 수세관계를 잘 보여준다. 또한 호남과 영남의 곽전은 토호들이 독점하여 공물로 하지 못하는 반면, 관동지방은 사주가 없고 관에서 관리하지도 않아 누구나 채취할 수 있었다. 이리하여 연해민들이 공동으로 채취 분배하여 세액에 충당하기도 했다. 울진과 평해 지역에서는 곽 1동(50속)에 4냥 4전의 액을 정하여 곽세를 거두었다고 하였다. 보통 미역 1동의 가격이 7냥 반인데, 울산의 미역은 품질이 우수하여 특별히 10냥의 가격이 책정되었다. 하지만 곽전의 세액은 생산물의 50%에 달하였다. 이에 정약용은 부세를 공평히 하지 못하며 법제가 균일하지 못함을 지적하기도 했다.

조선 후기 국가는 곽전의 경제적 가치를 더 크게 인식하면서 그 소재를 명백히 조사하여 세수 증대를 기도하는 노력을 계속하였다. 곽전은 1878년 장기군 109곳, 영해군 37곳, 울산 22곳, 흥해 20곳, 영덕 19곳, 경주·기장에 각각 16곳과 10곳에 분포하였다. 경북 동해안의 곽전은 조선 후기 이래 대단한 규모의 경작처였다. 경상도 남해 지역은 거제가 38곳, 웅천 7곳, 사천 12곳, 고성과 진주가 각 6곳으로 동해안에 비해서는 훨씬 적은 곽전 분포를 보이고 있다.

1885년의 울진 남북진의 수세절목 자료에는 곽암이 개인에게 매매·귀속되는 것을 엄격히 금지하였으며, 수세액과 수세 방식은 종전의 방식을 따르도록 하였다. 대한제국에서는 1900년 곽세장정(藿稅章程)을 제정해 곽전의 수세방식을 정하였다. 곽전을 모두 내장원에 속하게 하여 토호의 폐단을 없애고 해민들의 수익물로 하되 규정에 따라 수세토록 하였다. 곽전주의 매매문권은 관찰부에서 모두 거두어들이고 곽암가를 거두는 자는 엄징하라고 했다. 곽세의 징수기준은 암고의 대중소에 따라 4등으로 나누었다. 이는 국가가 수세 확보를 목적으로 곽전에 대한 사유를 금지하고 국가의 권리를 성문화한 것이다. 하지만 1905년 일진회 및 모리배들이 곽전에 대한 징세 및 소유를 둘러싸고 분쟁을 일으키기도 하였다. 일제시기 곽전은 1908년 공포된 어업법에 의하여 제2종 면허어업 어장에 편입되었다. 1953년 9월 9일에 제정 공포된 수산업법(법률 제295호)에 의해 제1종 공동어업에 속해있으며 어촌계가 이를 공동으로 관리 및 이용하고 있다.

[참고어] 면세전, 절수, 지목

[참고문헌] 『경세유표』; 『증보문헌비고』; 박구병, 1966, 『한국수산업사』, 태화출판사 ; 이종길, 1997, 『조선후기 어촌사회의 소유관계에 관한 연구』, 서울대학교 박사학위논문 〈고나은〉

관국농장(觀國農場) 한말 일제시기 전라남도 함평지방의 유력가 이계선(李啓善, 1878~1940)이 설립한 농장.

조선후기 이래 이계선 집안은 전라남도 나주에서 함평이씨 동족마을인 함평군 다사면 영동리 초동마을로 이주 세거해온 양반가였지만, 19세기 세도정권의 출범과 함께 더 이상 관직에 나아가지 못해 정치적 경제적으로 조락해갔다. 논 4두락으로 분가한 이계선의 부친 이방헌(李邦憲)은 가솔의 생계를 위해 지역 특산물인 죽물세공에 종사해야만 했다. 이계선은 몰락한 집안을 일으키기 위해 치산에 뜻을 두고 문중의 반대에도 불구하고 상업에 투신하였다. 예로부터 수리시설이 잘 갖추어진 나주 영산강 일대는 미곡과 목면의 주산지로, 1897년 목포 개항의 경제적 영향을 직접 받았다. 목포항을 통해 미곡과 목면의 대일 수출이 활발해지자, 이계선은 미곡상과 면상을 겸영하면서 조금씩 자본을 모아갔다. 축적된 자본으로 1902~3년부터 거주지 초동마을을 중심으로 함평군 다시면 일대 토지를 집중 매입하여 자신의 호를 붙인 관국농장을 건설하였다. 농지소유 규모는 1920년에 약 30정보였고, 1940년 무렵에는 약 120정보(임야를 포함하면 약 145정보)까지 확대되었다. 토지집적 과정에서 이계선은 황폐한 농지와 척박한 토지를 저가에 매입하여 이를 수리시설을 갖춘 대규모 개간옥답으로 만들었다. 1930년 12월 구로즈미농장(黑住農場)의 일본인 대지주 구로즈미 이타로(黑住猪太郎)의 주도로 다시수리조합이 설립되어 다시천 상류의 물길이 끊기게 되자, 이계선은 다시천변의 진황지를 값싸게 매입하여 4㎞에 걸친 긴 제방을 쌓고 물을 끌어들여 논으로 개량하였다. 이 공사에 소요되는 막대한 자금은 조선식산은행 목포지점에서 장기 저리대출로 10여만 원을 조달하였다.

관국농장의 농업경영은 자작경영과 지주경영으로 이루어졌다. 자작경영의 규모는 30여 정보였고, 이에 필요한 노동력으로는 머슴이나 호외집을 활용하였다. 머슴은 5~6명가량, 소작농 중에 가옥도 대여 받은 호외집도 60~70세대 정도 되었다. 호외집은 차가료를 농번기에 농업노동으로 갚았다. 소작료 징수는 집조의 관행을 대체로 따랐고, 흉풍에 따라 차이가 있었지만 평균 두락 당 생산량은 8두 정도였다. 수리시설을 갖춘 논에서는 1~2두를 더 징수했다. 다시면 이외 농지에 대해서는 관리인을 두고 소작료를 철저하게 받았다. 농업경영 수입은 해마다 대략 2,000석(자작경영 1,000석, 지주경영 1,000석)정도였고, 다음해 농사를 위한 농자와 양곡을 제외한 나머지는 미가가 상승하는 시기에 시장에 내다 팔았다. 초기에는 목포의 일본인정미소를 이용했지만, 곧 자가 소유의 정미소를 세워 미곡 상품화를 확대시켜 갔다. 이계선의 농업경영은 재지지주로서 자작경영(=노동소작)하면서 지주경영을 하나의 기업으로서 행하고 있었다는 점에서 전통적인 부재지주나 일본인 농장과 구별되는 특징을 보였다.

1940년 농장주 이계선이 사망한 후에는 그가 벌여 놓은 대규모 사업을 그대로 계승하여 경영할 적당한 인물이 없었다. 일제말기 전시통제경제하에서 지주경영은 어려워지고 부채(10여만 원의 은행융자)의 압력도 커져갔다. 결국 이씨가의 자손들은 농장경영을 정리하였다. 1943년 화순과 장성의 농지를 매각하여 부채를 청산하였다. 다시면내 일부 농지를 조선신탁주식회사에 신탁경영을 맡기고, 자작경영지 규모도 최소한으로 축소하였다.

[참고어] 구로즈미농장, 동태적 지주, 조선신탁주식회사 신탁농장경영

[참고문헌] 金容燮, 2000, 「羅州 李氏家의 地主經營의 成長과 變動」 『증보판 韓國近現代農業史硏究』, 지식산업사 〈고태우〉

관도결(官都結) 도결(都結)의 시행 과정에서 수령이 호수(戶首)를 대행하여 결가(結價)의 수취와 상납을 직접 관장한 것.

관호작결(官戶作結), 관도호(官都戶), 관호수(官戶首), 관양호(官養戶)라고도 한다. 도결의 시행으로 조세의 수취방식에도 변화가 생겨났다. 통상은 8결마다 호수를 배출하여 조세의 수취를 전담하게 했으나, 도결제하에서는 관이 응세조직인 작부제를 통하지 않고 수취과정을 직접 장악하기도 했다.

[참고어] 도결

관두(官斗) 나라에서 규격화한 두(斗).

곡식의 양을 되는 두는 집에서 쓰는 것[식두(食斗)]과 시장에서 쓰는 것[시두(市斗)] 등이 서로 규격이 달랐다. 이에 고려와 조선의 조정에서는 관두를 규격화하여, 녹봉을 지급할 때나 세(稅)를 징수할 때 이를 기준으로

양을 측정하도록 하였다.

고려시기에는 수조노(收租奴)가 관첩(官牒)을 받지 않고 관두와 비교하지 않은 경우 장(杖) 일백으로 처벌[『고려사』 권78, 「식화지」1 전제(田制) 녹과전(祿科田)]하여, 조(租)를 거둘 때 반드시 관두를 기준으로 할 것을 규정하였다. 조선에서는 1446년(세종 28) 새 영조척(營造尺)으로 곡(斛)·두·승(升)·홉[合]의 체제를 다시 정했고, 각각의 길이·너비·깊이도 규정하였다. 이때 두는 길이 7촌, 너비 7촌, 깊이 4촌으로 용적이 1백 96촌이 되었다[『세종실록』 권113, 28년 9월 27일]. 그리고 새로 만든 영조척 40개를 서울과 지방에 나누어 주었다.

서울에서의 두곡은 봄과 가을마다 감찰(監察)과 경시서(京市署) 또는 평시서(平市署)에서 바로잡고 낙인하여 쓰도록 하였다. 지방에는 호조가 3년마다 두곡을 고쳐 만들어 각도의 계수관(界首官)에게 보낸 다음 소속된 여러 고을로 하여금 법에 맞춰서 만들게 하였다. 그러나 크기가 일정하지 않아 폐단이 여전하였는데, 이에 1474년(성종 5) 신숙주는 쇠자[鐵尺]를 만들어 계수관에게 나누어 주어 두곡의 크기를 일정하게 만들게 하고 감사(監司)로 하여금 순행하여 검찰하게 하여야 한다고 주장하였다.[『성종실록』 권49, 5년 11월 18일] 이후에도 두곡의 부정은 계속 문제가 되었고, 1597년(선조 30)에는 호조에서 각 참(站)의 두곡을 정하여 낙인으로 '官'자를 찍게 하는 조치가 취해지기도 하였다.[『선조실록』 권87, 30년 4월 20일] 또한 1715년(숙종 41)에는 동(銅)으로 두곡을 주조하여 팔로(八路)에 반포하기도 하였다.[『숙종실록보궐정오』 권56, 41년 2월 8일]

그럼에도 두곡의 크기가 일정하지 않은 문제는 계속해서 폐단으로 지적되었다. 예컨대 1790년(정조 14) 최현중(崔顯重)은 충청도에서 군보미를 되는 말과 전라도에서 세금을 되는 말에 대해 "소위 7두나 8두니 하는 것은 관두로 되면 9두나 10두에 이른(其所謂七斗或八斗者, 以官斗論之, 率不下於九斗十斗[『정조실록』 권30, 14년 4월 7일])"다고 했다. 또한 1796년(정조 20) 이명식(李命植)은 상소에서 쌀값에 대해 이야기하면서, 관두가 시두보다 작기 때문에 시두로 13두 남짓이면 관두로는 15두가 될 수 있다고 지적했다[『정조실록』 권45, 20년 8월 27일]

[참고문헌] 오호성, 2007, 『조선시대의 미곡유통 시스템』, 국학자료원

〈김미성〉

관둔전(官屯田) 고려·조선시기에 지방관청의 재정조달을 위해 설치하여 운영한 토지.

관둔전은 주·부·둔·현 등 지방행정기관과 포·진 등 군사기관에 의해 설치되었다. 관둔전은 고려 1099년(숙종 4)에 각 군현에 5결씩 설치되었는데, 공해전(公廨田)만으로는 지방재정의 유지가 어려웠기 때문이었다. 관둔전은 조선 건국 이후에도 그대로 존속하였다. 조선은 지방재정의 충당을 목적으로 공수전·아록전 등 늠전(廩田)을 차등지급하고 있었다. 늠전은 수조지로서 각자수세(各自收稅)에 해당하는 토지였으나 이것만으로는 지방관청의 경비를 충당하는 데 한계가 있었다. 각급관청은 관내의 황무지를 새롭게 개간·경작하고 그 수확을 통해 경비부족을 보충하도록 하였는데 그것이 바로 관둔전이었다. 관둔전으로부터의 수입은 주로 관아의 수리, 사객의 접대, 군관(軍官)의 공급(供給), 병기 수선, 미비한 공물조달 등에 지출되었다.

관둔전은 자경무세(自耕無稅)의 토지로서 지방 각급 관청의 소유지였다. 관둔전 정비 논의는 1406년(태종 6)부터 본격화되었는데 이는 이 시기 관둔전 운영과정에서 여러 가지 문제가 나타났기 때문이었다. 민전의 침탈, 종자만 나누어주고 수확물만 거두거나 일반농민을 사역으로 동원하는 등 문제가 끊이지 않았던 것이다. 이 때문에 결국 1416년(태종 16) 호급둔전(戶給屯田)과 함께 관둔전 폐지조치가 취해졌지만 지방관들은 경비부족을 메우기 위해 갖가지 불법적인 수취를 자행하는 등 문제는 수그러들 기미가 없었다. 1418년(태종 18) 관둔전을 전국적으로 설치하고 향리·일수(日守)·관노비 등의 노동력으로 경작하자는 논의가 대두된 것은 이러한 사정 때문이었다. 결국 1424년(세종 6) 관둔전은 다시 설치되었다. 당시 정부의 입장에서도 지방관청의 재정부족을 도외시할 수 없었던 데다가 지방재정을 국가재정으로 지원하면 여러 가지 문제가 발생할 수 있기 때문에 관둔전의 설치는 불가피한 것으로 받아들여졌던 것이다.

우선 각급관청의 관둔전 소유규모가 읍격(邑格) 별로 차등 설정되었다. 유수·목·대도호부는 10결, 도호부·지관은 8결, 현령·현감은 6결을 초과하지 못하도록 하였다. 관둔전의 정한(定限) 설정은 종전의 관둔전이 아무런 규제 없이 무절제하게 확대됨에 따라 나타난 지주·농민층의 저항, 국둔전의 침식 등에 대한 대책이었다. 아울러 관둔전의 경작에 일반농민의 사역을 금지하고 수확은 감사에게 보고하여 장부에 기재하도록 하고 사용도 감사의 재가를 얻도록 하였다.

관둔전제는 이후 한차례 폐지를 겪고 다시 시행되었다. 하지만 관둔전의 운영과정에서 나타나는 문제는 여전했다. 그것은 주로 관둔전의 정한이 제대로 지켜지지 않아 나타난 것이었다. 정액을 초과하는 불법적인 관둔전은 수외관둔전(數外官屯田)이라고 하였는데 정부는 이에 대한 금령을 내리는 것 외에 현실적으로 적절한 대책을 강구하지 못하는 실정이었다. 지방재정에 대한 근본적인 대책이 없는 상태에서 수외관둔전을 무작정 금지할 수만은 없었다. 결국 정부는 수외관둔전의 존재를 현실적으로 인정하고 이를 일정한 범위 내에서 합법화하는 방법, 즉 관둔전 규모의 상한을 높이는 방안을 검토했다. 논의는 마침내 유수부·목·대도호부는 20결, 도호부·군은 16결, 현은 12결로 종전의 2배로 확대하는 것으로 마무리 되어 『경국대전』에 명문화되었다. 즉 관찰사의 책임 하에 각관둔전의 결수(結數)·자호(字號)·사표(四標) 등을 장적(帳籍)하여 호조·감영·본읍에 1부씩 보관케 함으로써 둔전의 면적과 위치를 정확히 파악하여 그 변동을 감찰할 수 있도록 함으로써 관둔전의 관리와 운영에 관한 규정도 정비되었던 것이다.

관둔전과 유사한 형태로 지방의 포·진 등 군사기관이 설치하여 운영한 것이 바로 포진둔전(浦鎭屯田)이었다. 행정기관의 둔전이 주현(州縣) 관둔전이라면 군사기관의 둔전이 바로 포진 관둔전이었던 것이다. 포진 관둔전의 설치가 주로 각급 군영의 관할지역을 중심으로 이루어졌기 때문에 이를 영전(營田)이라고도 하였다. 포진둔전은 관둔전과 마찬가지로 처치사·만호·절제사·수령·판관 등 해당 군진의 책임자가 관할했으며 진수군(鎭戍軍)을 동원하여 경작되었다. 포진둔전은 차전차경(且戰且耕)의 경영을 원칙으로 하였으며 이로부터의 수입은 군영의 경비로 충당되었다. 포진둔전 또한 태종대에 호급둔전이 계획되면서 폐지되었다가 다시 복구되었다. 포진둔전도 군졸들의 저항이 심했던 데다가 책임관이 둔전을 자의적으로 처분하는 등 폐해가 심했다.

포진둔전도 처음에는 정한이 없었다. 하지만 세조대에 접어들어 관둔전의 정한이 재조정되면서 포진둔전도 절제사·처치사영 20결, 첨절제사·도만호영 15결, 만호영 10결로 한도가 정해졌다. 포진둔전으로부터 수입은 호조에 보고한 후 사용하고 남은 부분을 지방의 의창미로 전환하도록 하였다. 포진둔전은 군인노동력을 활용하여 경작한다는 점 외에 그 성격은 본질적으로 관둔전과 다르지 않았다. 포진둔전은 세조대 이루어진 진관체제(鎭管體制)의 완비 등 각종 국방강화책의 흐름과 기조를 같이 했다. 특히 진관체제의 정비로 인해 내륙의 주현에도 영진이 편성되어 외관군직(外官軍職)의 대부분을 수령이 겸직하게 되자 수령은 이제 주현과는 별도로 영진의 경비조달까지 책임지게 되었다. 포진둔전은 이제 완전히 관둔전의 체제내로 흡수되어 『경국대전』에 실리게 되었던 것이다. 이때 포진둔전의 규모는 주진(主鎭) 20결, 거진(巨鎭) 10결, 제진(諸鎭) 5결로 전에 비해 약간씩 감축되었다. 포진둔전 역시 수외둔전이나 지방관·지방세력의 침탈이 자행되는 등 관둔전과 운영상의 문제가 비슷했다. 포진둔전 외에 각역(各驛)에도 재정충당을 위한 20결의 관둔전이 배정되었다.

관둔전은 소속 관청의 노동력을 통해 경작하는 것이 원칙이었다. 노동력의 주종을 이루는 것은 인리·관노비였다. 그 중에서도 관노비는 절대적인 비중을 차지했는데 관둔전 경작에 동원되는 관노비는 문종대에 유수부 50인, 대도호부·목관·단도호부 40인, 지관 30인, 현관 20인으로 규정되었다. 이 숫자는 세조대 관둔전의 정한이 2배 늘어났을 때 함께 늘어났을 것으로 생각된다. 하지만 부역노동으로 인한 문제는 여전했다. 관둔전 경작에 동원되어 본역 외에 이중적인 부담을 지게 된 관노비들은 자기 영농에 크게 지장을 받을 수밖에 없었으며 이는 관둔전 자체의 생산성도 낮은 수준에 머물 수밖에 없도록 한 근본적인 요인으로 작용했다. 이러한 문제는 주로 군인들에 의해 경작된 포진둔전도 마찬가지였다.

왜란과 호란의 대규모 전란은 농업생산력의 급격한 위축과 농지의 광범위한 황폐화를 가져왔다. 관둔전의 결수 또한 급격히 감축되어 상당수의 지방관청이 법정한도액조차 채우지 못하는 실정이었다. 이러한 추세는 더욱 심해져서 18세기에는 지방관청의 관둔전이 법정액수의 70% 정도만 남아있을 정도였다. 관둔전의 감축에는 궁방전(宮房田)·능위전(陵位田)·공신전(功臣田)·묘하전(墓下田) 등 각종 명목의 토지로의 편입, 용도전환, 진폐의 진전 등의 요인이 작용하였다. 한편 자경무세지였던 관둔전에 대해 삼수미·결전·잡역 등의 부과도 이 시기 들어 나타난 하나의 추세였다. 관둔전의 관리는 호장이 담담하였는데 이로부터의 소출은 관청색이 관장하는 관청고에 비축·운영되었다. 관둔전은 종래 부역노동을 통한 직영 외에 일반민에게 병작을 주어 경작하는 형태가 점차 확산되고 있었다. 지대의 납부 또한 금납의 형태를 취하는 경우가 늘어났다.

하지만 대동법의 실시 이후 대동미가 지방재정의

공식적인 재원으로 자리를 잡게 되자 관둔전의 중요성과 재정기여도는 크게 낮아질 수밖에 없었다. 지방에 따라서는 관둔전이 무토(無土)의 형태로 운영되기도 하였고 규정을 초과하는 이른바 수외관둔전을 설치하여 운영함으로써 민원의 대상이 되기도 했다. 관둔전으로부터의 수입은 주로 수령의 주전비(廚傳費)에 지출되고 있었다. 관둔전의 중요성이 크게 낮아진 상태에서 중앙정부는 이에 대해 특별한 조치를 취할 필요가 없었고 지방관청은 지방관청대로 18세기 이후 어려움에 직면한 지방재정의 충당을 위해 관둔전을 포함한 기존의 토지재원과 별도로 환곡이나 식리 등 새로운 재원을 찾아 나서지 않으면 안 되는 상황이었다.

[참고어] 늠전, 둔전, 국둔전, 영문둔전, 아문둔전

[참고문헌] 이재룡, 1965, 「조선초기둔전고」『역사학보』 29 ; 이경식, 1978, 「조선초기 둔전의 설치와 경영」『한국사연구』 21·22 ; 안병우, 1984, 「고려의 둔전에 관한 일고찰」『한국사론』 10 ; 김덕진, 2003, 「조선후기 관둔전의 경영과 지방재정」『조선시대사학보』 25 ; 송양섭, 2006, 『조선후기 둔전 연구』, 경인문화사

〈송양섭〉

관료전(官僚田) 687년(신라 신문왕 7)에 문무관료(文武官僚)에게 관직을 기준으로 복무의 대가로 지급한 토지.

『삼국사기』에는 "교서를 내려 문무 관료들에게 토지[田]를 차등 있게 내려주었다.(敎賜文武官僚田有差[『삼국사기』 권8, 「신라본기」 8 신문왕 7년 5월])"고 기록되어 있다. 이에 의거하여 문무 관료들에게 토지를 내려주는 직전(職田)제도가 비로소 시행되었다고 보는 것이 일반적이다.

반면에 일반적인 토지분급제도의 성립을 가리키는 '지급하였다[給]'는 표현 대신, 일회적인 급부를 뜻하는 '내려주었다[賜]'는 용어를 쓴 것으로 보아 이때 사전(賜田)이나 훈전(勳田)을 한차례 하사한 것으로 이해하는 주장도 있다. 그러나 녹봉제를 폐지하고 다시 녹읍을 지급하였을 때에도 '사(賜)'라는 용어를 사용했던 점으로 미루어, 용어만을 가지고 사전이나 훈전을 준 것으로 간주하기는 어렵다.

또 사전이나 훈전을 하사하는 경우, 그 토지를 지급하는 특별한 사건이나 명목이 명시되고 받는 대상도 구체적으로 밝히는 것이 일반적이었다. 하지만 이 기록에는 내려주는 명목도 서술되지 않았고 대상도 구체적인 인물이 아니라 '문무 관료'라고만 기재되어 있어 이때 분급되는 토지를 사전으로 이해하기는 어렵다. 이러한 주장은 고려시기 전시과의 선행 제도가 녹읍제였다고 보았기 때문에 제기된 것으로 판단된다. 그것은 곧 일반적으로 전시과의 선행 제도로 파악되는 관료전제를 제도가 아닌 일회적으로 지급된 사전이나 훈전으로 보고자 했던 견해에서 유래되었다.

종래 관료전의 지급이 녹읍의 폐지 및 부활과 밀접한 관계가 있다고 여겨 왔다. 특히 직전, 즉 문무 관료전(文武官僚田)과 녹읍이 같은 것이라고 보기도 하고, 또는 녹읍의 수취 내용에 조세·공부·역역이 모두 포함된다고 이해하면서 녹읍의 지배 내용 안에 관료전적인 지배가 포섭되었기 때문에 녹읍이 부활되었을 때 관료전제가 폐지되었을 것이라고 파악하기도 했다. 하지만 녹읍은 관료전과 같은 토지 지목이 아니고, 관료전의 폐지 기사가 보이지 않는다는 점에서 녹읍과 관료전이 제도적으로 서로 대치되거나 포섭되는 관계로 판단하기는 어렵다.

신문왕 대 관료전이 지급된 배경에 대해서는, 일찍이 녹읍을 주었던 시절과 달리 점차 중앙 전제(專制)의 정치체제로 정비되는 과정에서 문무 관료들의 경제적 기반을 마련해주기 위함이라는 견해가 있다. 즉 신문왕 대 중앙 관부 및 지방제도의 정비가 완료되고 관료체제가 자리잡혀감에 따라 관료들을 경제적으로 뒷받침해 주기 위해 녹읍과 별도로 지급했다는 것이다.

또한 전쟁 기간 동안 황폐해진 토지를 복구하고, 지방의 황무지를 개척하려는 목적에서 직전인 관료전을 지급했던 것 같다. 「신라촌락문서」에는 관료전인 내시령답(內視令畓)이 개인 사유지인 연수유답과 별도로 기재되어 있어 관료전이 국유지였음을 알 수 있다. 관료전으로 지급된 국유지에 황무지가 포함되었는지는 분명히 알 수 없지만, 아마도 옛 백제와 고구려 지역의 토지를 비롯하여 몰락한 귀족에게서 몰수한 땅 등도 상당 부분 포함되었을 것이다.

중국의 경우 관료에게 직전을 지급했던 것은 부족한 녹봉을 보충하기 위함이었다. 신라의 경우 신문왕이 관료전을 분급하고서 2년이 지난 뒤인 689년에 녹읍을 혁파하고 녹봉을 지급한 사실과 관련시켜 본다면, 일정한 지역을 분급 받는 녹읍 대신에 관수관급(官收官給)의 녹봉을 받게 된 관료들의 불만을 달래면서 동시에 줄어든 것만큼의 보완책으로서 관료전을 나눠주었다고 이해할 수 있다.

관료전의 지급 대상은 모든 관료들이었다는 것이 일반적인 견해다. 이것은 관료전의 지급 대상을 막연히

'문무 관료'라고만 기록했기 때문이다. 하지만 특정한 관료층을 대상으로 지급했다고 보는 견해도 있다. 일본 고대의 직전이, 경관(京官)의 경우 대납언(大納言, 정3위) 이상의 관직자에게만 지급되었다는 점을 고려하여, 신라에서도 일정한 관등, 그 중에서도 진골과 6두품의 경계가 되는 5위 대아찬 이상의 진골 귀족 관료들에게만 주었던 것으로 보기도 한다.

반대로 경제 기반이 취약하였던 6두품 이하의 관료들을 주 대상으로 삼았다고 인식하는 견해도 있다. 비교적 적은 액수의 세조(歲租)를 지급 받았던 관계로 상대적으로 경제력이 취약한 하급 관료들에게 토지를 주었다는 것이다. 하급관료들에게 관료전으로부터 나오는 수입은 가계에 상당한 보탬이 되었을 것으로 보는 입장이다. 하지만 관료전의 지급 대상이었던 문무 관료는 문무관, 문무백관, 백관(百官)과 같은 뜻의 용어로 사용하기 때문에, 어떤 특정한 관등 이상이나 특별한 신분층의 관료를 가리키는 것이 아니라 전체를 아울러서 지칭하는 것으로 보아야 한다.

직전의 성격을 가진 문무 관료의 지급 기준은 관직이었다. 그것을 잘 보여주는 것이 「신라촌락문서」의 사해점촌(A촌)에 보이는 내시령답이다. "논은 모두 102결 2부 4속이다. <여기에는 이 촌의 관모답 4결, 내시령답 4결이 포함되어 있다.> (그 가운데) 연수유전답은 94결 2부 4속이다. <여기에는 촌주위답 19결 70부가 포함되어 있다.> 밭은 모두 62결 10부 [5속]이다. <모두 연이 받아 가진 것이다.>(合畓百二結二負四束 <以其村官謨畓四結 內視令畓四結> 烟受有畓九[十四]結二負四束 <以村主位畓十九結七十負> 合田六十二結十負[五束] <並烟受[有之]>[신라촌락문서, 사해점촌(沙害漸村, A촌)])"라고 하여, 사해점촌의 토지에 내시령답 4결이 포함되어 있음을 알려주고 있다.

내시령답은 내시령이라는 관직을 매개로 현직자에게 지급되는 관료전이다. 내시령답을 관료전의 일종이 아니라 내시령의 판공비 명목으로 설정된 토지였다고 이해하는 견해도 있다. 하지만 이것은 687년에 지급된 토지를 관료전이 아니라 일회적인 사전이나 훈전으로 보려는 관점에서 내시령답을 관료전으로 이해하지 않으려는 시도에서 나왔던 주장이라 그대로 따르기는 어렵다.

내시령답이 공해전(公廨田)적인 성격을 갖는 관모답(官謨畓)과 함께 기록되어 있으며, 일반 농민들의 사유지인 연수유전·답과 따로 기재되어 있다는 점에서 국유지였을 것으로 추정되기도 한다. 이렇게 내시령답을 국유지인 공전(公田)으로 이해하면서, 관료전의 지급이 토지 자체를 주는 것으로 파악하기도 한다.

그런데 「신라촌락문서」에 전내시령(前內視令)이 나오는 것을 볼 때, 내시령답은 전직 내시령이 재직 중이었을 때 지급 받았다가 현직자에게 다시 분급되는 토지였다고 생각된다. 따라서 내시령으로 재직하고 있을 때에만 내시령답으로부터 조(租)를 수취할 수 있었다. 그러므로 관료전은 소유권이 아니라 수조권을 지급받는 것이고, 현직에 있을 때만 수조할 수 있었다. 즉 해당 관직에서 물러나거나 임지(任地)가 바뀌면 반납해야 했다.

내시령의 성격에 대해서는 내성(內省)의 장관, 내성에서 파견되어 수취 관련 업무를 담당하였던 하급 사령(使令), 현 아래 촌사(村司)에서 조세 관련 업무를 담당하도록 중앙에서 파견한 하급 관원, 외사정(外司正) 등 다양한 견해가 있다. 그런데 내시령답 4결은 양이 너무 적은 듯하다. 촌주위답 19결 70부에 비교하면 더욱 그렇다. 아마도 내시령답은 다른 촌에도 설치되었을 가능성이 큰데, 이를 통해 볼 때 관료전도 여러 촌에 분산되어 지급되었을 가능성이 적지 않다. 그리고 관료전으로 지급된 내시령답은 일반 농민이 보유했던 연수유답보다 토지 비옥도가 더 높았을 것이다.

촌주위답이 있는 사해점촌에만 내시령답 4결이 설치되었다는 점은 주목할 만하다. 우연의 일치는 아닌 듯한데, 내시령이 촌주의 도움을 받아 업무를 수행할 수 있도록 배치를 했을 수도 있다. 이에 대해 촌주를 통해 내시령을 견제하려는 의도가 있다는 주장도 제기되었다.

한편 관료전에 대해서는 국유지인 공전에서 조를 수취할 수 있는 권리가 지급되었다는 견해도 있는데, 당시 공전과 사전이 분명하게 구분되어 인식되었는지에 대한 면밀한 검토가 필요하다.

고대 일본이나 중국의 직전 경영을 참고해볼 때 문무관료전의 경영도 이들과 크게 다르지 않았을 것으로 짐작된다. 관료전이 어떻게 경영되었는가에 대해서는 관모전·답과 마찬가지로 두 가지 견해가 있다. 첫째로 국유지인 마전(麻田)의 경우처럼 각 촌락 농민들의 집단노동에 의해 경작되었다고 보는 것이다. 즉 국가의 역역 의무가 있는 농민들이 관료전의 경작을 담당했다는 것으로, 구체적으로는 국가가 역역(力役)의 대역(代役)으로 인정해준 사력(事力)의 노동력이나 농민들의 요역(徭役)에 기초한 부역노동(賦役勞動)에 의해 경영되었다는 것이다. 이로 인해 내시령답이 설치된 사해점촌(A촌)의 농민들이 설치되지 않은 살하지촌(B촌)·□□□촌(C촌)·서원경 ○○○촌(D촌)의 농민들보다 불리했을 것이라고 지적하기도 했다. 하지만 국가의 역역동원이 각각의 촌을 단위로 이루어졌다기보다는 몇 개 촌이 묶여진 형태로 실행되었을 것이므로, 역역을 동원할 때도 분배와 조정이 가능했을 것이다. 따라서 촌락 간 역 부담의 불균형 현상이 별로 크게 일어나지 않았을 것이라는 반론도 있다. 또 내시령답의 면적이 4결에 불과해 촌락민 개인에게 할당된 부담은 그렇게 과중하지 않았을 것으로 보기도 한다.

둘째로 전호(佃戶) 농민에 의해 전호제적(佃戶制的)인 방식으로 경영되었다고 보는 것이다. 하지만 중국의 경우, 모든 관인을 대상으로 하는 직전제(職田制)를 운영했던 수·당나라 때에는 직전이 소재해 있는 해당 주현(州縣)의 지방관이 농민의 역역을 강제로 동원하는 '요역노동'에 의해 직전을 경영하였다. 소작적인 경영은 송대에 가서야 가능했다. 농업생산력이 열악한 시기에는 국가나 지배층의 농업경영이 예속노동력에 의존할 수밖에 없었기 때문에, 직전의 경영도 '역록(力祿)'이나 요역 노동이라는 국가의 공권력을 통해 실현되었을 것이다. 그러므로 신라에서도 진평왕대 득오곡(得烏谷)의 '수례부역(隨例赴役)[『삼국유사』 권2, 기이 2, 효소왕대 죽지랑]'의 예에서 보듯이 역록이나 요역노동으로 경영되었을 것으로 보는 편이 타당하다.

관료전에서의 조(租)의 수취는 결부 면적 단위로 이루어졌을 것이다. 관료전이 국유지에 설정되었고, 고려시기에 공전에서의 수조율이 1/4이었음을 감안하여 내시령답을 비롯한 관료전의 수조율이 1/4이었다고 추측하기도 한다.

녹읍의 수취 내역이 계연을 매개로 한 호(戶) 단위의 징수라는 입장을 염두에 두었을 때, 관료에 대한 대우·보수체계인 관료전에서 조의 수취가 결부의 면적 단위로 이루어졌다는 사실은 전에 비해 한 단계 진전된 것으로 평가할 수 있다. 그럼에도 불구하고 신라시기 관료들에 대한 주된 보수체계는 녹읍·녹봉이었고 관료전은 보조적인 것이었다.

신문왕 대 마련된 관료전제는 신라 말까지 폐지되었다는 기록이 보이지 않는다. 이에 근거하여 말기까지 관료전이 지속되었다고 보는 것이 일반적이다. 반면에 관료들에 대한 보수체계로서의 관료전이 보조적이고 일부분에 지나지 않았다는 점을 감안하면, 경덕왕 때 월봉을 폐지하면서 관료전을 확대, 지급하지 않았고 다시 녹읍을 주었던 것으로 보아, 관료전제도는 관료에 대한 대우보수로서는 기능을 제대로 하지 못하면서 점차 유명무실해갔다고 보기도 한다.

[참고어] 신라촌락문서, 내시령답, 관모전답, 녹읍

[참고문헌] 旗田巍, 1972, 『朝鮮中世社會史の研究』, 法政大學出版局 ; 崔吉成, 1960, 「新羅における自然村落制的均田制-旗田氏の「新羅の村落」に關する若干の問題-」 『歷史學研究』 237 ; 兼若逸之, 1979, 「新羅 『均田成冊』의 研究-이른바 民政(村落)文書의 分析을 중심으로-」 『韓國史研究』 23 ; 濱中昇, 1986, 『朝鮮古代の經濟と社會』, 法政大學出版局 ; 李仁在, 1995, 「新羅 統一期 土地制度 研究」, 연세대학교 박사학위논문 ; 李喜寬, 1995, 「統一新羅時代의 烟受有田·畓과 그 經營農民」 『史學研究』 50 ; 1999, 『統一新羅土地制度研究』, 一潮閣 ; 李仁哲, 1995, 「新羅帳籍의 烟受有田·畓과 農民의 社會經濟的 形便」 『國史館論叢』 62 ; 1996, 『新羅村落社會史研究』, 一志社

〈박찬흥〉

관리영둔(管理營屯) 조선시기 개성지역의 군무를 맡아보던 관리영의 운영경비를 조달하기 위해 설정했던 토지.

관리영은 1680년(숙종 6) 개성에 축성된 대흥산성(大興山城)의 관리와 개성지역의 군무를 주관하기 위해 설치되었다. 1463년(세조 9) 개성부에 있는 군자전(軍資田) 20결을 유수부에 이관하여 유수관둔이라 했는데, 관리영으로 이속됨에 따라 관리영둔이라고 했다. 이외에도 황해도 평산(平山) 등지에 둔전이 설치되었다.

관리영둔은 1894년 중앙 및 지방관제의 개편으로 관리영이 폐지되자 1895년부터 개성부윤이 관리했다. 1899년에는 왕실재정의 강화라는 명분에 따라 궁내부 내장원이 토지를 관리하고 도조를 징수하였다. 1907년 다시 탁지부 관할이 되었다가, 1908년 일제 통감부(統監府) 관할이 됨에 따라 국유화되었다.

[참고어] 영문둔전, 산성둔

[참고문헌] 『세조실록』; 『숙종실록』; 和田一郎, 1920, 『朝鮮土地地稅制度調査報告書』

관모전답(官謨田畓) 신라시기 관청의 운영 경비를 마련하기 위하여, 또는 중앙에서 파견된 관리의 업무수행에 필요한 경비를 제공하기 위해 촌(村)에 설정된 토지.

「신라촌락문서」에 보이는 토지 지목의 하나로, 4개

촌 모두에 분포되어 있다. 즉, “논은 모두 102결 2부 4속이다. <여기에는 이 촌의 관모답 4결, 내시령답 4결이 포함되어 있다.> (그 가운데) 연수유전답은 94결 2부 4속이다. <여기에는 촌주위답 19결 70부가 포함되어 있다.>(合畓百二結二負四束 <以其村官謨畓四結 內視令畓四結> 烟受有畓九[十四]結二負四束 <以村主位畓十九結七十負>[신라촌락문서, 사해점촌(沙害漸村, A촌)])”, “[논은 모두 63]결 [64]부 9속인데, 여기에는 이 촌의 관모답 3결 66부 7속과 [연수]유답 59결 98부 2[속]이 포함되어 있다. 밭은 모두 119결 5부 8속이다. <모두 연이 받아 [가진 것이다.]>([合畓六十]結[六十四]負九束 以其村官謨畓三結六十六負七束 [烟受]有畓五十九結九十八負二[束]合田百十九結五負八束 <並烟受[有之]>[신라촌락문서, 살하지촌(薩下知村, B촌)]”, “논은 모두 71결 67부인데, 여기에는 이 촌의 관모답 3결과 연수유답 68결 67부가 포함되어 있다. 밭은 모두 58결 7부 1속이다. <모두 연이 받아 가진 것이다.>(合畓七十一結六十七負 以其村官謨畓三結 烟受有畓六十八結六十七負 合田五十八結七負一束 <並烟受有之>[신라촌락문서, □□□촌(□□□村, C촌)])”, “논은 모두 29결 19부인데, 여기에는 이 촌의 관모답 3결 20부와 연수유답 25결 99부가 포함되어 있다. 밭은 모두 77결 19부인데, 여기에는 이 촌의 관모전 1결과 연수유전 76결 19부가 포함되어 있다.(合畓卄九結十九負 以其村官謨畓三結卄負 烟受有畓卄五結九十九負 合田七十七結十九負 以其村官謨田一結 烟受有田七十六結十九負[신라촌락문서, 서원경(西原京) ○○○村(D촌)])”고 기재되어 있어, 사해점촌(沙害漸村, A촌)에 4결, 살하지촌(薩下知村, B촌)에 3결 66부 7속, □□□촌(C촌)에 3결, 서원경 ○○○촌(D촌)에 관모답 3결 20부, 관모전 1결이 각각 설치되었음을 알 수 있다.

관모전·답이란 자전적(字典的)으로는 ‘관이 계획한 전답, 즉 관이 설치한 전답’이거나, ‘관에 계획된 전답, 즉 관의 몫으로 설치된 전답’을 뜻한다.

‘관’의 의미에 대해 중앙에서 파견된 관리로 파악하는 견해가 있다. 즉 고려시기 「정도사지오층석탑조성형지기(淨兜寺址五層石塔造成形止記)」에 보이는 양전사(量田使), 하전(下典) 등과 같이 중앙에서 양전 등을 위해 파견했던 관리라는 것이다. 그러므로 이들이 업무를 수행하는 데 필요한 경비를 제공하기 위해 마련된 토지가 관모전·답인 것이다. 하지만 일반적으로는 지방관청으로 이해하고 있다. A촌, B촌, C촌은 현(縣) 소속이고, D촌은 서원경에 속해 있으므로, 「신라촌락문서」에 보이는 관모전·답은 모두 지방 관청의 운영 경비를 마련하기 위해 관할 촌에 설정된 토지라는 것이다. A촌, B촌, C촌에는 관모답만 있으며, 관모전은 D촌에 설치되었다. 이는 단위 면적당 생산력이 높은 논을 주로 설치했음을 의미한다. D촌의 경우에, 관모답과 함께 관모전을 설치한 이유는 지형적인 요인 등으로 말미암아 논으로 전부 만들 수 없기 때문에 부득이 밭으로 조성해서 보충하기 위함이 아닌가 한다.

관모전·답을 포함하여 내시령답, 마전(麻田)이 사유지인 연수유전·답과 별도로 기재된 것으로 보아 국유지였을 것이다. 곧 공전에 해당한다. 신라에서 관모전·답을 언제 설치했는지를 알려주는 기록은 아직까지 발견되지 않았다. 다만 685년(신문왕 5)과 그 이듬해에 걸쳐 9주 5소경제가 확립되어 지방제도의 정비가 일단락되었고, 또한 중앙의 중요 행정관부와 5단계 관직체계도 이 시기에 최종적으로 완비되었다. 그리고 687년에 문무 관료에게 관료전을 차등 지급하였다. 이런 사실들을 고려했을 때, 685~687년 사이에, 또는 그로부터 그리 멀지 않은 시기에 관모전·답이 마련되었을 것으로 추측된다.

「신라촌락문서」에 보이는 4개 촌의 관모답은 모두 3~4결이고, 관모전은 D촌에만 1결이 설정되었다. 문서의 관모답 앞에는 ‘이 촌[其村]’이라는 표현이 첨부되어 있는데, 이는 상급 단위 관청에서 해당 촌에 관모전·답의 양을 할당하여 설정했음을 가리킨다. 각 촌에 할당된 관모전·답의 규모는 당연히 일정한 기준에 의해 정해졌을 것으로 추측된다.

초창기에는, 마전이 촌마다 1결 8부~1결 9부씩 설정되고 관모답이 3~4결이라는 점에서, 국가에서 각 촌마다 균등한 면적으로 설치했을 것이라는 견해가 제시되었다. 다만 관모답이 3~4결의 면적으로 설정되었는지에 대해서는 별다른 설명이 없었다. 이어서 관모전·답을 고려의 공해전(公廨田)과 유사한 성격의 토지로 보고, 고려 전기 각 군현의 공해전이 인구 내지 정(丁)의 숫자에 기초했다는 점을 근거로, 설치 기준이 인구 또는 정의 수(數)라고 추측하는 의견이 제시되었다. 이에 대해 각 촌의 인구 1인당 관모답의 면적이 2부 7속, 2부 9속, 4부 2속이고, 정 1인당 면적은 각각 14부 2속, 13부 6속, 16부 7속 18부 8속으로 인구수 또는 정수와 관모답의 면적 사이에 일정한 비례 관계를 찾기 어렵다는 비판이 가해졌다. 아울러 관모답이 인구나 정의 수에 근거하여 설정되었다면, 그것의 증감에 따라 넓이에도 변동이 생겼어야 했는데, 문서상에는 그런 사실이 보이지 않는다는 문제점도 지적되었다.

그 뒤에 각 촌락의 총전답면적에 근거하여 관모전·답이 설정되었다는 주장이 제기되었다. 여기서 총전답면적이란 마전을 제외한 연수유전·답, 관모전·답, 내시령답의 면적을 합한 것이다. 이때 밭은 논의 1/2 비율로 환산하여 합한 것이다. 총전답면적을 기준으로 관모전·답의 면적이 설정되었다는 주장은 어떠한 비율로 정해졌느냐에 따라 다음의 두 가지 견해로 나뉜다. 첫 번째는 4개 촌이 균전제적(均田制的) 촌락지배체제 아래에 있었다는 전제 위에서, 1/33이라는 계수(係數)가 관모전·답의 설치 기준이라는 주장이다. A촌, B촌, C촌의 경우는 총전답면적의 1/33에 해당하는 면적이, D촌의 경우는 2/33에 해당하는 면적이 각각 해당 촌의 관모전답으로 설정되었다는 것이다. 하지만 관모전답을 설정하는 데 1/33이라는 복잡한 분수의 계수가 설정되었을까 하는 의문과 함께, A촌, B촌, C촌과 D촌에서 사용된 계수가 1/33과 2/33으로 다르다는 지적이 제기되었다. 더불어 그렇게 계산된 계산치와 실제 면적 사이에 1~2결의 오차가 발생한다는 문제점도 있다.

두 번째 주장은 일반 현 소속의 A촌, B촌, C촌에서는 총전답면적의 3%가, 서원경 소속인 D촌에서는 5.5%가 각각 관모전답으로 설정되었다는 것이다. D촌의 설정 비율이 높은 이유는 당시 지방의 정치적·문화적 중심지였던 소경(小京)에 대해 국가에서 특별히 배려한 결과라고 이해하였다. 고려에서도 서경(西京)의 경우, 일반 주·군·현보다 훨씬 넓은 공해전이 설정되었다는 것을 방증으로 삼고 있다.

그리고 관모전·답의 설정 기준을 총전답면적으로 정했던 것은 당시 양전의 어려움 때문이라고 보았다. 3년마다 숫자가 증감하는 호구, 우마, 수목 등을 기준으로 삼았을 경우에는 그것의 변동에 따라 3년마다 관모전답의 면적을 조정해야 하는데, 이것은 3년마다 다시 양전을 해야 한다는 것을 전제로 했다. 하지만 오랜 기간에 걸쳐 많은 인력이 필요한 양전 사업을 3년마다 할 수 없기 때문에, 현실적인 여건을 고려하여 3년간의 변동이 반영되지 않는 총전답면적을 기준으로 정했다는 것이다. 아울러 당시 신라의 경제 운용에 있어서 전답의 중요성이 그만큼 커졌음을 암시한다고 할 수 있다.

관모전·답의 경영에 대해서는 두 가지 견해가 있다. 첫 번째는, 마전의 경우와 마찬가지로 각 촌락 농민들의

〈각 촌의 총전답 면적과 관모전·답 면적과의 관계〉

촌	총전답		관모전·답		총전답의 답해당면적 1결에 대한 관모전·답의 답해당면적
	전과 답의 면적	답해당 면적	전과 답의 면적	답해당 면적	
A	답/102결 2부 4속 전/62결 10부 5속	133결 7부 6속	답 4결	4결	3부
B	답/63결 64부 9속 전/119결 5부 8속	123결 17부 8속	답 3결 66부 7속	3결 66부 7속	3부
C	답/71결 67부 전/58결 7부 1속	100결 70부 6속	답 3결	3결	3부
D	답/29결 19부 전/77결 19부	67결 78부 5속	답 3결 20부 전 1결	3결 70부	5부 5속

출전 : 李喜寬, 1999, 『統一新羅土地制度研究』, 一潮閣, 133쪽

집단 노동에 의해 경작되었다는 주장이다. 농민들이 국가에 역역의 의무가 있으므로 관모전·답의 경작을 담당했으며, 원칙적으로 그것의 수확물은 모두 해당 지방 관청이 수취했을 것으로 보았다.

그런데 이렇게 볼 경우 A촌·B촌·C촌보다 상대적으로 넓은 관모전·답이 설치된 D촌민들이 다른 3개 촌의 민들보다 경작해야 할 면적이 넓기 때문에 크게 불리했을 것이라는 지적도 있다. 하지만 국가의 역역 동원이 각 촌단위로 행해졌기보다는, 몇 개 촌이 묶여진 형태로 이루어졌을 것이므로, 촌락 간 역 부담의 불균형 현상이 심각하게 드러나지 않았을 것으로 보는 반론도 있다. 다만 촌락민들의 집단 노동으로 관모전·답을 경영한다면, 국가가 민들로부터 토지와 노동력을 이중으로 수탈하는 것이므로 촌민들로부터 커다란 저항에 부딪칠 것이라는 의견도 제시되었다.

두 번째 견해는 전호(佃戶) 농민에 의해 경작되었다는 주장이다. 이는 촌락 간 역역 동원의 불균형이나, 토지와 노동력의 이중 수탈로 인한 농민들의 저항이 생길 것이라는 전제로부터 제시된 것이다. 4~6세기 이후 농업기술의 발달과 우경 도입 등 국유지에서의 괄목할 만한 생산력 발전을 토대로 관모전·답에서도 전호제적 경영이 이루어졌다고 보는 입장이다. 또 소작제 방식으로 관모전·답이 경작될 경우, 그것은 「신라촌락문서」에 보이는 등외연(等外烟)이 맡았을 것이라는 추측도 있다. 이때 국가에 납부해야 할 조(租)는 고려의 공해전과 마찬가지로 1/4이었을 것으로 보고 있다.

결론적으로 관모전·답이 관청의 제반 경비를 마련하기 위해 설치되었다는 점에서 고려의 공해전과 유사한 성격을 가진 토지 지목으로 이해하는 것이 일반적이다. 특히 공수전(公須田)과 비슷한 것으로 보는 견해도 있다. 반면에 관모전·답이 해당 촌의 총전답면적의 일정 비율에 따라 설정된 토지 지목이라는 점에서, 수조지가

분급된 고려나 조선의 공해전과 동일한 성격의 토지로 이해하는 것은 곤란하다는 지적도 제기되었다.

[참고어] 신라촌락문서, 마전, 공해전, 공수전

[참고문헌] 旗田巍, 1972, 『朝鮮中世社會史の硏究』, 法政大學出版局 ; 兼若逸之, 1979, 「新羅 『均田成冊』의 硏究-이른바 民政(村落)文書의 分析을 중심으로-」 『韓國史硏究』 23 ; 濱中昇, 1986, 『朝鮮古代の經濟と社會』, 法政大學出版局 ; 李喜寬, 1999, 『統一新羅土地制度硏究』, 一潮閣 ; 李仁在, 1995, 「新羅 統一期 土地制度 硏究」, 연세대학교 박사학위논문 〈박찬흥〉

관세관 관제(管稅官官制) 징세사무를 지방관으로부터 분리시켜 탁지부가 직접 장악하기 위해 1906년 칙령 제54호 전문10개조로 제정한 법령.

1904년 대한제국의 재정고문으로 임명된 메가타 다네타로(目賀田種太郎)는 재정정리의 방침으로 ① 궁중·부중(府中)의 혼효(混淆) 정리, ② 화폐제도 정리, ③ 금고제도 수립 및 세계(歲計) 정리, ④ 금융기관 정비, ⑤ 세제개혁 추진 등을 정했다. 이 중 세제의 개혁을 위해 1906년 관세관 관제를 제정하여 탁지부 대신의 직할로 각도에 세무감(稅務監)을 두고 관찰사가 겸직하여 세무감독의 임무를 감당하도록 했다. 그리고 주요지 36개소에 세무관을 배치하여 내국세무집행기관으로 하고, 그 아래 세무주사 168명을 각 군에 파견하여 세무의 집행을 분장시켰다.

관세관 관제는 탁지부대신 이하 세무감·세무관·세무주사로 편성되었다. 이들은 관할 구역 내의 세무사무를 담당하였다. 그러므로 기존의 세금 영수인이던 군수나 이서들은 관세관 파견으로 징세업무에서 완전히 배제되었다. 또한 각 군에 세무주사를 파견하여 세금영수를 전담시킴으로서 행정구역의 말단까지 탁지부가 장악하게 되었다. 세무감은 13명으로 각도의 관찰사가 겸임하도록 했고, 세무관은 36명, 세무주사는 168명으로 규정했다. 세무감의 주재소는 세무감부, 세무관의 주재소는 세무서, 세무주사의 주재소는 세무분서로 규정했다. 관세관에 대한 모든 일은 탁지부대신이 관장하도록 하였다.

그 해 10월 16일에는 칙령 60호 조세징수규정을 발포하여, 군 이하의 지세수취는 면장에게 그 권한을 부여하였다. 조세징수규정 7조에 지세와 호세는 면장에게 납입고지서를 발행하고, 면장은 면내의 납세다액자 5명 이상으로 임원을 정하여 협의한 뒤, 납세의무자에게 부과할 금액을 정하여 납입통지를 발부하도록 하였다. 또한 현금영수는 임원 중에서 선정된 공전영수원(公錢領收員)이 하도록 했다. 지세의 부과과정과 징수과정을 완전히 분리한 조치로써 지세수취에 군수나 이서·면장 등이 전혀 관여할 수 없게 되었다. 또한 면장·임원·공전영수원이 군수나 이서층으로 변화하지 않도록 하기 위해 이들의 선임에 특별히 주의를 기울였다. 이리하여 군수와 이서층을 지세수취권에서 완전히 배제하고, 세무관·세무주사→면장·공전영수원으로 이어지는 지세수취구조를 만들었다.

관세관 관제의 제정으로 조세징수업무가 군수에서 세무관으로 이관되었다. 종래 군수 중심의 지방통치조직이 와해되고 일본인이 배후에서 큰 영향력을 행사할 수 있게 되었을 뿐만 아니라 그들이 조세징수권을 장악하게 되는 결과를 가져왔다.

[참고어] 재무감독국

[참고문헌] 대한민국 국회도서관, 1971, 『한말 근대법령자료집 V』 ; 이영호, 2001, 『한국근대 지세제도와 농민운동』, 서울대학교출판부 〈남정원〉

관수관급제(官收官給制) 국가가 전객(佃客)으로부터 직전세(職田稅)를 거두어 전주(田主)에게 지급하던 제도.

15세기 조선은 고려 말 격심하게 진행되던 수조권(收租權)과 소유권(所有權)의 대립을 과전법(科田法)이라는 토지 조세체계의 재조정을 통하여 정리함으로써 집권적 봉건국가의 기반을 구축하고 있었다.

그러나 과전제도 또한 전시과제도와 마찬가지로 전주·전객 간의 대립을 원리상 필연적으로 동반하고 있었다. 이에 대해 국가권력은 주로 전주권(田主權)에 대해 여러 가지 통제를 가하고 있었으며, 이는 대체로 두 방향에서 취해지고 있었다. 즉 전주 측의 수조행위에 대해 수조 인마(人馬)의 수적 제한, 관두곡(官斗斛)의 사용, 전주의 조곡양개(租穀量槩) 금지, 잡물 남수(濫收) 금지 등을 강조하는 직접적 통제 방식과, 전주의 과전 점유에 대해 이따금씩 과전 전조의 공수공용(公收公用)으로 수조를 중단하거나 경기 군현의 변경 및 양전사업 등을 통해 과전을 이동하는 간접적 통제 방식이 그것이었다. 전주로서의 위치는 과전 점유가 시공간적인 영속성이 보장되는 데서 공고하게 구축될 수 있는 것인데, 국가권력에 의해 과전의 세전적 요소가 때때로 부정되어 갔던 것이다.

그러나 그렇다고 해서 국가의 전주권 통제가 전주의 직접적인 전객 지배나 과전의 세전적 권한 자체를 부정

한 것은 아니었다. 이에 전객의 불만과 항거는 점차 고조되어 조선 초 중대한 정치·사회문제로 등장하기에 이르렀다. 과전이 설정되어 있었던 경기지역 전객의 불만과 항거는 전주의 전객에 대한 무상수탈과 함께, 1년에도 서너 차례에 달하였던 국가의 부역 징발이 특별히 과중했던 것에 직접적으로 연유하는 것이었다. 전객의 이러한 처지는 국가와 전주 모두에게 각각 부역 징발을 어렵게 하고 과전의 점유와 전객 지배를 불안하게 한다는 점에서 심각한 문제로 대두되었다.

전객의 이와 같은 저항과 반발을 무마시킬 수 있는 방법은 전주의 과람한 전조 징수와 국가의 과중한 부역 중 어느 한편을 본격적으로 조정하는 것뿐이었다. 1417년(태종 17), 약 1/3에 달하는 사전(私田)의 하삼도(下三道) 이급(移給)과 관답험(官踏驗)의 실시는 전자, 즉 전주의 과람한 전조 징수를 조정하는 방향에서 단행된 시책이었다. 전주권은 전주의 직접 답험과 직접 수조, 이 두 가지 면에서 실현되는 것이었는데, 이때에 와서 마침내 전자가 폐기된 것이다.

물론 관답험으로 전주의 전객 수취에 차질이 생겼다고 하여, 전조 남수(濫收)가 사라진 것은 아니었다. 무엇보다도 수령(守令)·위관(委官) 등 답험 담당자들이 양반 전주와 이해관계를 함께 하는 층이었으므로 상호 결탁의 가능성을 결코 배제할 수 없었다. 또한 노정이 멀다는 이유로 대부분 포백(布帛)으로 징수하였던 외방 사전에서의 수조를 포가(布價)의 지역 격차를 이용하여 남징(濫徵)을 일삼았고, 쌀로 수조하는 경우도 마질·말섬[斗斛]을 조작하여 여전히 과중한 징수가 행해지고 있었다.

그러나 관답험 자체가 전주의 전조 남수에 제도적으로 제동을 거는 것이었으므로, 결과적으로 전주의 과도한 수조 행위가 불법이라는 점은 명확하게 확인되는 셈이었고, 이는 전주에 대한 전객 농민들의 항쟁을 한층 고조시키는 계기로 작용하고 있었다.

조선은 전주·전객 간 대립의 심화를 배경으로 전주권을 약화시키고 양반지배층 내 수전자(受田者)와 미수전자(未受田者), 전다자(田多者)와 전소자(田少者) 사이의 대립 격화를 이용하여 과전 절급의 권한을 강화하고 있었다. 결과적으로 과전 점유의 불균 사태는 역설적으로 국가의 통제를 강화시켜 태종 초 84,100여 결이었던 것이 세종조 후반에는 68,000여 결로 감축되었다. 나아가 이후 과전점유의 불균으로 인한 지배층 내부의 반목이 정쟁사태로까지 이어짐에 따라 국가는 이 문제를 현 과전 일체를 몰수하고 새로운 기준 아래 재분배함으로써 관료 전체가 수전할 수 있도록 하는, 제2의 사전개혁으로써 해결하고자 하였다. 1466년(세조 12) 8월, 과전의 폐지와 직전의 재분배는 그 귀결이었다.

직전제(職田制)의 실시를 통해 양반관료층의 수전 불균이 해소됨과 동시에 전주의 직접적인 전객지배가 해체되었다. 현직자만으로 분급대상을 축소하는 것은 물론 지급액수의 감소, 전조수취의 관수관급, 전관(田關) 즉 수전 문권의 국가관리, 전조 수수 기간의 한정 등을 내용으로 하는 직전제는 양반 전주에게서 과전의 세전과 직접수조의 권한을 박탈한 데 그 핵심이 있었다. 양반 관료들은 직전의 실시로 일시적으로는 수조지 분급에 균등하게 참여할 수 있게 되었으나, 그것은 수조지의 세전을 포기당한 대가로 획득한 성과였던 것이다.

직전제 하에서 전주의 수조방식 또한 변경되었다. 관답험의 시행으로 손실 사정(查定)을 통한 전조 남수가 어려워지고 그것도 재직 중에만 직전점유가 허용됨에 따라 전주들은 마지막 남은 직접수조의 권한을 이용한 전객수취에 한층 열을 올렸다. 이에 따라 전객농민의 항거가 다시 초래되었고, 1470년(성종 1) 직전 전조의 관수관급(官收官給) 결정으로 말미암아 전주권은 직접 수조의 권한마저 폐기 당하는 방식으로 다시금 재조정되기에 이르렀다. 원래 직전, 그것도 전조 하나 만에 국한되어 실시되던 관수관급제는 8년 후(1478년, 성종 9)에는 초가(草價) 징수에도 적용되는 한편 공신전·별사전으로 확대되었고 이후 사사전(寺社田)에까지 확대됨으로써 전 사전 수조지와 전 수취물을 대상으로 하게 되었다.

관수관급이라는 수조방식을 채택한 직전제는 수조권에 의한 토지·농민지배체계의 말기적 형태였다고 할 수 있다. 관수관급제의 실시 이면에는 농민층의 성장과 사적 소유권의 안정, 국가의 강화된 집권화 의지가 반영되어 있었다. 그나마 성종 초반에 이미 직전 부족의 현상이 나타나고, 15세기말 이후, 재정고갈이 만성화되어 가면서 간신히 명맥을 유지하던 직전분급 억제책은 꾸준히 강화되었고, 그 결과 직전 자체의 총액은 현저히 감축되어 갔다. 16세기 전반인 중종 말경에는 직전과 공신전·별사전을 포함한 사전의 총 결수가 대략 1만 결 내외였다. 당연히 직전 자체의 액수는 1만 결 미만으로 내려갔을 것을 알 수 있다. 여기에 관수관급제가 전면적으로 실시된 성종조 이후로는 전조액마저 결당 4두 내외로 관례화 되어 가고 있었다. 이러한 상황에서 양반 관료들에게 직전은 그 경제적 의미를 거의 상실하였다고 보아도 무방할 것이다. 결국 직전은 1566년(명종 11) 지속적인 흉년과 전란으로 재정이 궁핍해지자, 마침내 그 분급의 중단이 공식적으로 표방되었고, 이후 임진왜란을 겪으면서 완전히 폐지되었다.

[참고어] 전세, 전제, 직전법

[참고문헌] 김태영, 1983, 『朝鮮前期土地制度史研究』, 지식산업사 ; 이경식, 1986, 『朝鮮前期土地制度研究-土地分給制와 農民支配-』, 일조각 ; 이재룡, 1993, 『朝鮮前期 經濟構造研究』, 숭실대학교 출판부 ; 이경식, 1998, 『朝鮮前期土地制度研究 2-農業經營과 地主制-』, 일조각 ; 김용섭, 2000, 『韓國中世農業史研究』, 일조각 ; 이경식, 2006, 『한국 중세 토지제도사 : 조선전기』, 서울대학교 출판부 ; 이경식, 2012, 『한국 중세 토지제도사 : 고려』, 서울대학교 출판부 〈김정신〉

관수만록(觀水漫錄) 1783년(정조 7) 수원 거주 유생 우하영(禹夏永)이 수원 유수부 경영의 당면 과제와 개선책을 정리하여 정조에게 올린 책.

정조는 수원부를 1794년(정조 18) 유수부로 승격시키고 읍성을 축조하는 화성(華城) 성역(城役)을 대대적으로 시행했다. 또한 수원부의 재원 마련 방책으로 수리시설의 축조와 둔전 설치를 추진했다. 즉 1795년 화성 성역이 잠시 중단된 시기에 축조된 만석거(萬石渠)를 비롯하여 만년제(萬年堤), 축만제(祝萬堤, 西湖) 등의 제언을 축조하고 개축하였다. 당대의 농업문제의 핵심을 수리의 진흥이라는 측면에 설정하고 있었기 때문이다. 한편 만석거 축조와 때를 같이하여 대유둔(大有屯)을 설치했고, 대유둔 운영 규정인 대유둔설치절목(大有屯設置節目)을 제시하여 둔전 경영의 문제를 해결하려고 하였다. 몇 년 뒤에 축만제와 더불어 서둔(西屯)을 설치했다.

우하영은 18세기 후반 화성에서 태어나 활동하였는데, 자신의 학문적 성취를 바탕으로 조선의 농업현실을 분석하고 그에 대한 나름대로의 개혁론을 제시한 인물이었다. 그는 정조가 실시한 수원부의 수리시설 축조, 둔전 설치 등에 병행해야 마땅하다고 생각되는 자신의 방책을 『관수만록』에 정리하여 올렸다. 이외에도 그는 『천일록(千一錄)』을 지어 향촌 유생의 시각에서 당시 조선사회가 부딪히고 있던 현실의 문제를 분석 정리하고, 이를 토대로 자신의 개혁론을 제시하였다. 『관수만록』은 『천일록』 4책에 상하로 전하며, 체재가 다른 필사본도 있다.

『관수만록』은 수원 지역의 백성들이 고달파 하는 폐단과 그에 대한 개선책, 개혁론 등을 쓰고 있다. 수원 지역에 민인(民人)을 모취(募聚)하는 방책, 군자곡으로 활용할 수 있는 양향(粮餉)을 대량으로 적치하는 방법, 당시 분급(分給)과 봉상(捧上) 과정에서 커다란 폐단을 낳고 있던 환곡(還穀)을 균등하고 간편하게 운영하는 방책을 실려 있다. 그리고 산성에 쌓아둔 곡물을 변통하는 방법, 용주사(龍珠寺) 소속 승려들을 다른 곳으로 옮기는 방책, 독산산성을 개편하는 방법, 목장(牧場)을 파하고 둔전진(屯田鎭)을 설치할 방책 등도 들어 있다. 이외에 관방(關防)과 농업 전반에 관한 개선방안이 들어 있다.

18세기 말 수원 지방의 농업관행과 농업문제, 농민생활 등을 이해하는 데 생생한 자료이자, 당시 많은 관료, 학자들이 주장한 농업개혁론의 흐름을 파악하는 데 많은 도움을 주는 자료이다.

[참고어] 우하영, 천일록

[참고문헌] 김용섭, 1988 『조선후기 농학사 연구』, 일조각 ; 崔洪奎, 1995, 『禹夏永의 實學思想 研究』, 一志社 〈염정섭〉

관원(官園) 고대에 국가기관의 운영 경비를 조달하기 위해 관아에 소속되어 운영되는 장원(莊園)·농원(農園)을 가리키는 말.

관아에 딸린 장원이나 농원을 말하는 것으로 적어도 삼국시기 이후에는 만들어진 것으로 파악된다. 관원에 대한 최초의 기록은 기원 후 3년(고구려 유리왕 22)에 국왕이 대보(大輔)였던 협보를 관원으로 좌천시켰다는 사료에서 찾을 수 있다. 이를 통해 적어도 고구려 초기부터 관원이 있었고 이를 관리하는 관직도 있었음을 알 수 있다. 고대국가가 집권체제를 강화하는 과정에서 각종 기관의 운영을 위해 배정한 국유지나 관유지 중의 하나로 풀이되고 있다.

[참고어] 장원

[참고문헌] 李景植, 2005, 『韓國 古代·中世 土地制度史』, 서울대학교 출판부

관전(館田) 고려시기에 공무(公務)로 여행하는 사람들의 숙식을 제공하는 기관인 관(館)의 경비를 충당하기 위해 분급한 토지.

공수전시(公須田柴)의 하나로 분급했는데 관이 소재한 도로의 중요도에 따라 지급 액수가 달랐다. 즉 대로

관(大路館)·중로관(中路館)·소로관(小路館)에 각각 5·4·3 결씩을 지급하였다. 한편 조선시기에는 평안도 일대에 설치된 역(驛)을 관이라고 불렀으며 관군(館軍)·관부(館夫) 등을 소속시켜 일하게 했다. 그런데 이들 관의 운영 경비를 충당하기 위해 관전을 지급했는지는 확인되지 않는다.

[참고어] 공수전

[참고문헌] 姜晉哲, 1980, 「公田支配의 諸類型」『高麗土地制度史研究』, 高麗大學校出版部 ; 李淑京, 1989, 「高麗時代 地方官廳附屬地에 대한 一考察」『東亞研究』 17 ; 劉善浩, 1991, 「高麗時代 驛의 經濟構造」『서울産業大學校論文集』 34 ; 權寧國 外, 1996, 『譯註 『高麗史』食貨志』, 韓國精神文化研究院 ; 李景植, 2007, 『高麗前期의 田柴科』, 서울대학교출판부

관죽전(官竹田) ⇒ 죽전

괄간전(括墾田) 고려시기 경작 농지의 결부수(結負數)를 일정한 단위와 규모로 묶어 파악하는 조세행정 절차.

고려시기 양전(量田)을 통해 국가가 파악한 경작 농지의 결부 수를 말하며, 이를 근거로 일정한 단위와 규모로 묶어서 조세를 수취하는 행정 체계를 구축하였다.

[참고어] 양전

[참고문헌] 李景植, 2007, 『高麗前期의 田柴科』, 서울대학교출판부

광무사검(光武査檢) 대한제국의 국유지 정리사업.

궁내부 내장원이 1899년 6월부터 전국 13도에 사검위원(查檢委員)·독쇄관(督刷官)·봉세관(捧稅官)을 파견하여 전국의 둔토, 목장토, 역토를 사검장정(查檢章程)에 따라 조사한 사업으로, 중앙의 단일기관이 시행한 최초의 공토정리사업이다.

국왕 중심의 주체적인 개혁을 강조하였던 대한제국은 황제권을 강화하고 황실재정기관인 내장원을 확대하였다. 갑오개혁에서 중앙 및 지방관제의 개혁에 의해 각 영문·아문과 기타 각 둔이 폐지되었다. 이에 따라 그에 소속되었던 둔토는 각기 그 내용별로 탁지부와 궁내부, 군부에 나누어 이속 관리되어 오다가 1899년 모두 궁내부 내장원 관할로 재편되었다. 1895년에 역참(驛站)제도가 폐지되면서 전국의 각 역에 소속되어 있던 역토는 그 관리권이 농상공부, 군부, 탁지부로 이속되어 오다가 1900년 9월에 내장원으로 귀속되었다. 내장원은 이들을 통일적으로 관리하고 경영을 강화하기 위해 해당 토지를 정확히 파악하고 도조액을 재조정할 필요가 있었다. 이를 목적으로 내장원은 사검장정을 새로 마련하고, 1899년 6월부터는 둔목토(屯牧土)에 사검위원을, 이듬해 9월부터는 역토 조사를 위해 전국 각 도에 봉세관을 파견하여 역둔토와 목장토에 대한 전국적 조사에 착수하였다.

내장원의 조사대상 토지는 목장토와 아문둔토, 갑오개혁으로 폐지된 지방의 영·진 소관의 둔토, 관둔전, 역토 등으로서 각 궁의 장토를 제외한 국관유지, 제언전답, 교육재원과 관련된 서원전답과 낙육(樂育)전답, 그리고 공유지(共有地)적 성격을 가진 군근(軍根)전답 및 이청답·향청답·장교청답 등 각 청 전답과 민고답·고마답 등이었다. 이외에 각양 잡세 명목으로 탁지부에 세를 납부하던 봉산, 송전, 저전, 죽전, 강전, 율전, 귤전, 유자전, 노전, 초평, 시장(柴場), 염전도 조사 대상에 넣었다. 그리고 기경 전답뿐만 아니라 진전도 파악하였다. 환간(還墾)된 토지의 두락 수와 각 군의 관속 및 각 둔토의 마름이 은닉한 두락 및 결수를 철저히 조사하도록 하였다.

조사 내용은 조사대상 토지의 두락(또는 결부) 및 일경(日耕)의 실수를 파악하되 상·중·하 3등급으로 나누어 도조를 새로 책정하며, 경작자의 성명을 파악하여 기재하도록 하였다. 조사방법은 각 군에 소재한 군양안과 목토·역토·둔토 양안을 참고하여 사정하되, 양안이 서실된 경우는 답험척량(踏驗尺量)하여 사실대로 정리하도록 하였다. 각 도에 6~9품에 해당하는 1명의 사검위원 혹은 봉세관이 군의 서기 1인과 사용(使傭) 2인을 대동하여 조사하였다. 따라서 조사는 기본적으로는 문부조사의 성격을 띠고 있으나 이전의 조사에 구애됨이 없이 철저히 조사하도록 하였다.

지역별로 시차는 있으나 일차로 파견된 사검위원들은 그해 11월 경 두 종류의 문부를 작성하여 보고하였다. '역둔양안(驛屯量案)' 2건을 작성하여 내장원과 본군에 비치하고, 도조부에 해당하는 '정도성책(定賭成冊)' 3건을 작성하여 내장원과 본 군에 각각 1건씩 비치하고 1건은 마름에게 주어 수도상납(收賭上納) 자료로 삼게 하였다. 그리고 사검위원 및 봉세관은 위 두 종류의 문부를 토대로 각 군별 둔토별 전답의 면적과 도액의 합계를 산출하여 '각군각둔토집도도안(各郡各屯土執賭都案)'을 작성하여 내장원에 보고하였다.

역둔양안은 이때 전국적으로 시행된 광무양안과는 형태가 같지 않지만, 기본적으로 둔별로 면(面), 원(員) 등의 지역명과 자호, 지번, 지목을 기록하고 있어 토지

의 소재지와 토지의 종류를 명확하게 파악하고 있다. 면적과 관련해서는 결부와 두락을 아울러 조사 기록하였다. 조세와 도세 수취를 위한 자료일 뿐만 아니라 절대면적을 토대로 한 소유권 조사에 대응하는 측면도 있었다. 작인의 성명도 조사하였으나 이전과 같이 노명이나 호명을 그대로 기재하기도 하였다. 이들 작인을 조사한 것은 도세뿐만 아니라 갑오승총에서 정한 탁지부에 납부할 지세납부담당자를 확인하는 조치였다. 즉 현실의 작인을 그대로 도세와 지세납부의 담당자로 확정한 것이다. 문부에는 사검위원과 군수가 함께 서명하였다.

토지와 작인의 파악과 더불어 정도(定賭)를 통한 도조의 확보는 광무사검의 중요한 목적이었다. 사검위원은 작인 등과 함께 상중하 3등급의 토품에 따라 1899년의 사검 초기까지는 현물납인 도조와 금납 형태의 도전으로 적절히 정도할 수 있었다. 그러나 내장원은 잉여농산물의 상품화 과정에서 발생하는 이득을 차지하기 위해 그해 10월부터 이전에 도전으로 책정된 곳을 다시 조(租)·태(太)·모(牟)·속(粟)·직(稷) 등의 본곡과 목화 등의 현물로 정도하여 수봉 상납하도록 조처하였다. 또한 도조액이 낮게 책정된 토지는 가정도(加定賭)를 할 수 있도록 규정하고 있어 광무사검의 정도액은 상향 조정될 가능성이 있었다. 그리고 각 전답 소재지 부근의 신실인(信實人)을 마름으로 차정하여 역둔토 관리를 전담하게 하였다.

경상북도의 경우를 살펴보면, 광무사검 결과 환간된 토지와 은토의 신사집(新査執)으로 면적은 15~16% 증가했으나, 도조는 을미사판에 비해 더 증가한 것으로 나타나지는 않았다. 이후 일부지역에서 내장원의 도조 책정에 대해 둔전 작인들은 '일토양세(一土兩稅)'를 주장하며 지속적으로 항의하며 저항기도 했지만, 또 다른 둔전 작인들은 사답 도조율로 내장원과 타협해 가는 모습을 보이는 등 다양한 모습을 보였다. 광무사검은 구래의 수도관계를 조사하여 새로 법제화하려는 것인데, 내용적으로는 소유권 조사에 대비한 권리확보와 도조를 확정하기 위한 사장(私庄)조사로서의 성격을 지니고 있었다.

[참고어] 각군각둔토집도도안, 둔전, 국유지실지조사, 역전, 을미사판,

[참고문헌] 박진태, 1995, 「대한제국 초기의 국유지조사-1899, 1900년의 사검을 중심으로-」『대한제국의 토지조사사업』, 민음사 ; 박진태, 1996, 『한말 역둔토 조사의 역사적 성격 연구』, 성균관대학교 박사학위논문 ; 배영순, 1979, 「한말 역둔토조사에 있어서의 소유권분쟁-광무사검기의 분쟁사례에 대한 분석을 중심으로-」『한국사연구』 25 〈박진태〉

광무사검장정(光武査檢章程) ⇒ **광무사검**

광무양안(光武量案) 대한제국이 시행한 양전·관계발급사업에서 토지를 측량하고 토지의 상황과 소유자, 경작자 등을 기록한 장부. 양전을 실시한 고종의 연호가 광무였으므로 '광무양안'이라고 한다.

대한제국 정부는 1898년 7월 양지아문을 설립하고 1899년 4월부터 한성부와 전국 각도에서 양전을 시행하였다. 양지아문은 모든 부동산을 측량 대상으로 삼았다. 경작지는 지목을 크게 전·답으로 나누었는데, 전은 작물 재배 여부에 따라 자세히 구분하였다. 가사는 용도에 따라 공해·사찰·서원 등으로 표기하였으며, 수용(水舂)·방축(防築)·제언·토기점(土器店)·염전·화전 등도 상세히 조사 기록하였다.

개별 필지를 양안에 등록할 때의 순서는 종래 국조구전(國朝舊典)에 의거하여 천자문(千字文) 순서에 따른 자호(字號)체계를 그대로 유지하였다. 전품을 매기는 방식도 일정한 생산량을 기준으로 토지를 파악하는 방식인 결부제, 전품 6등에 따른 동적이세제(同積異稅制)를 그대로 준수하였다. 하지만 객관적인 토지면적을 파악하기 위한 조사방식을 새로 추가하였다. 매 필지의 면적을 기록할 때, 종래에는 장광척(長廣尺)만을 기록하였지만, 이때는 총실적수(總實積數)를 기입하여 절대면적을 표시하였다. 또한 종전 단순히 다섯 가지로 한정했던 전답도형을 10도형과 다양한 등변, 부등변형을 표기하여 더욱 자세하게 토지 형상을 파악하려고 했다. 또 전답도형도를 처음으로 도입함으로써 구래의 양선에서 토지형상을 파악하던 방식보다 한 단계 진전시켜 지적도제로 이행하려 하였다.

양지아문은 전국적인 양전 방침을 조속히 시행하기 위하여 1899년 6월 충청남도 아산군에서 시범양전을 실시했다. 이곳의 양전에서는 매필지마다 실지에 나아가 민간의 두락이나 구결부(舊結負)를 조사하였으며, 농지의 형상을 그대로 본떠 전답도형도를 그렸고 실적수를 정밀하게 표기하였다. 토지의 소유자인 전주, 답주 이외에 작인도 빠짐없이 조사하였으며, 심지어 대주(垈主)와 함께 가주(家主)도 조사하였다. 그런데 초기 양전에서는 각면마다 다른 양무위원이 각기 다른 양식

으로 조사하였으나, 이후 양안의 정리과정에서는 원래 양지아문 시행조례의 규정에 따라 토지소유자와 작인을 '시주(時主)'와 '시작(時作)'으로 양식을 통일하였다. 온양군 양안에는 결호·결명을 표기하여 조세담당자를 조사하였다는 점을 감안하면, 시작 조사는 경작자 납세제의 원칙을 확정하였다는 점과 관련된 것이라 볼 수 있을 것이다.

양지아문은 전국적으로 측량사업을 실시하면서, 대개 세 단계의 과정을 거쳐 양안을 작성·정리하였다. 첫째 각 지방에서 면단위로 실제 들에 나가 측량하고 관련사항을 기록하는 단계이다. 이러한 초기 양전과정에서 작성한 조사 장부를 '야초(野草)'라 하였다. 둘째, 실제 측량한 결과인 야초책을 정리하여 중초책(中草冊) 양안을 작성하였다. 군별로 양무위원과 학원들이 한데 모여 각 면별로 측량된 야초를 거두어 군단위로 새롭게 정리하였다. 측량한 면의 순서에 따라 자호의 순서와 지번을 부여하였으며, 면적과 결부, 시주와 시작, 사표와 시주의 일치 등을 검토 수정하였다. 경기도의 양안에서는 면 총목(總目)에 이전의 구결수(舊結數) 및 호수 총액을 조사하기도 하였으며, 충청남도 남부지역 양안에서는 가호(家戶)를 조사하면서 호적상에 기록된 원호(元戶)뿐만 아니라 협호(挾戶), 낭호(廊戶)도 조사하였다. 셋째, 각 군별로 정리된 중초책 양안을 양지아문에서 모아놓고 새로 정한 원칙에 따라 재수정하는 과정을 거쳐 정서책(正書冊) 양안을 완성하였다. 이때 양지아문의 조사위원들은 중초책 양안의 표지에 초사(初査), 재사(再査)를 붙여가면서 각 면별로 전답의 실적통계 및 결부수, 시주와 시작 등을 재검토하면서 붉은 색이나 검은 색으로 표기하는 방식으로 최종 기록을 확정하였다. 이때 중초책 양안에서 기재한 구결총이나 전답주와 작인 등의 표기는 삭제되었다. 이러한 과정을 거쳐 대한제국의 양지아문 양안은 통일된 형식으로 완성되었다. 이 양안은 야초의 작성단계에서 대개 3개월 정도의 측량과정을 거치고, 중초책 양안에서 정서책 양안의 정리단계에서 거의 1년 이상 기간을 거쳤다.

양지아문의 양안은 토지모양을 단순 추상적으로 표현한 구래의 전답 5도형제에서 벗어나 가능한 한 실상대로 그리기 위해 다양한 전답도형과 지적도 성격을 갖는 전답도형도를 채용하였다. 사표나 장광척의 표기 방식도 실제를 반영하였으며, 면적표기도 양전실적척(量田實積尺)을 기준으로 하여 절대면적제를 채용하였다.

하지만 1902년 설립된 지계아문이 작성한 양안은

〈지역별 양전 기관과 양안 분포 상황〉

양전	量地衙門		地契衙門
양안	量地衙門(A)	地契衙門(B)	地契衙門(C)
경기	果川*1900 廣州 1900 廣州 *1900 水原 1900 安山 *1900 安城 1901 陽城 1901 陽智 1901 驪州 1901 龍仁 1900 陰竹 1901 利川 1901 竹山 1901 振威 1901 高陽 長端	安城* 1902 陽城* 1902 陽智* 1902 振威* 1902	水原 1903 龍仁 1903 始興 南陽 楊州 楊根 砥平
충북	槐山 1900 文義 1900 延豊 *1901 陰城 1900 鎭川 *1901 淸安 1900 忠州 1900 淸州 沃川 淸風 報恩 丹陽 提川 永同 黃澗 靑山	永春* 1902 忠州* 1902 懷仁* 1901	
충남	鎭岑 1901 天安 1900 韓山 1901 石城 1901 木川 1900 扶餘 1901 牙山*1900 燕岐 1900 連山 1901 溫陽 1900 全義 1900 定山 1901 公州 林川 鴻山 恩津 魯城 藍浦 鰲川 靑陽 泰仁 保寧	石城* 1902 連山* 1901 韓山* 1903	德山 新昌 禮山 大興 海美 沔川 唐津 瑞山 泰安 洪州 庇仁 瑞川 結城 稷山 平澤 懷德
전북	南原 古阜 金堤 錦山 金溝 咸悅 淳昌 任實 高山 井邑 雲峰 長水 求禮		全州 勵山 益山 臨陂 扶安 茂朱 鎭安 珍山 沃溝 萬頃 龍安 龍潭
전남	羅州 靈光 寶城 興陽 長興 康津 海南 茂長 綾州 樂安 南平 興德 和順 高敞 靈巖 務安		
경북	大邱 永川 安東 醴泉 淸道 靑松 寧海 張機 盈德 河陽 榮川 奉化 義城 淸河 眞寶 軍威 義興 新寧 延日 禮山 英陽 興海 慶山 慈仁 比安 玄風 慶州		尙州 星州 金山 善山 仁洞 順興 龍宮 開寧 聞慶 咸昌 知禮 高靈 漆谷 豊基
강원			江原道전부(杆城 1903 平海 1902) 江陵 襄陽 春川
경남	密陽 蔚山 宜寧 昌寧 居昌 彦陽 靈山 昆陽 南海 泗川		昌原 金海 咸安 咸陽 固城 梁山 機張 草溪 漆原 巨濟 鎭海 安義 丹城 熊川 三嘉 晉州 河東 東萊 1904 山淸 1904 鎭南 1904 陜川 1904
황해	海州 瓮津 康翎		

* 비고 : 년도표시지역은 奎章閣에 量案을 소장한 지역, 그중 *표시지역은 正書冊 소장지역임..

* 자료 : 『增補文獻備考』, 田賦考2, 中卷, 645쪽 ; 奎章閣, 1982, 『奎章閣韓國本圖書解題-史部2』 ; 최원규, 1995, 「대한제국기 양전과 관계발급사업」『대한제국의 토지조사사업』, 민음사, 212~213쪽 일부 수정 재인용.

출처 : 왕현종, 2010, 「광무 양전·지계사업의 성격」『대한제국의 토지제도와 근대』, 혜안, 89~90쪽.

양지아문 양안과 형식을 달리하였다. 지계아문 양안은 관계발급과 직결되어 작성된 것으로 관계의 형식과 짝하여 내용을 기록한 것으로 보인다. 전답도형도를 생략하고 전답도형도 구래의 방식으로 되돌아갔다. 양전실적척을 그대로 기록하는 한편 전은 일경, 답은 두락이라는 절대면적 단위에 따른 실적척을 별도로 표시하였다. 특히 양지아문의 양안에 토지소유자와 경작자로 기록된 시주와 시작은 지계아문의 양안에서는 토지소유자에게 관계를 발급한다는 취지에 따라 시작이 생략되고 시주만 기록되었다. 다만 공토의 경우는 시작도 기록했다는 점이 특징적이다.

대한제국기에 작성된 양안에 기록된 토지소유자의 존재형태에 대해 여러 가지 논의가 있다. 1960년대 연구에서는 양안이 본래 토지에 대한 세를 부과하기 위한 장부로서 작성한 것이지만, 동시에 소유권을 기록한 토지대장의 기능도 있다고 보았다. 광무양안은 토지소유권의 보호를 위해 발급되는 지계제도의 원장부였다는 점에서 소유권 장부로서의 의의를 강조하였다. 1980년대 일부 연구에서는 조선시기 양전은 원래 국가의 수조 대상지를 조사하는 것이며, 토지측량도 매우 불철저하여 일제의 토지조사사업과 비교할 수 없다고 하였다. 더욱이 연기군 동일면의 사례연구에서는 토지소유자인 시주의 실명여부는 호적이나 족보와 비교하여도 커다란 차이를 보이고 있으며 형제들이나 사망한 선조의 이름으로 기록되는 등 분록(分錄), 대록(代錄) 등의 문제점이 있다고 지적하였다. 따라서 양안상에 기록된 기주(起主)는 곧바로 실제 농가세대로 간주하는 것은 무리이며, 또한 시주와 시작을 토지소유자와 경영자로 단순화하기 어렵다고 지적하였다.

대한제국의 양전사업에서는 현실의 토지소유자와 경작자를 정확하게 구별하여 파악하려는 방침을 세우고, 전답주로 조사되기도 한 시주와 작인인 시작을 조사하였다. 소유주와 작인 조사를 목표로 한 것이었다. 그렇지만 온양군 일북면 일부, 남상면, 서면 등지에서 특정한 성에다 노명(奴名)이나 호명(戶名)의 이름을 조합시킨 형태인 결명과 결호를 붙이기도 하였다. 이는 중초책과 정서책 양안의 작성과정에서 대체로 전주, 답주로 고쳐졌다는 점에서 종래 수세장부와 양전을 일치시키면서 조세납부자를 파악한 것으로 파악할 수 있다. 물론 시주명도 일부 지역에서는 노명이나 호명에서 비롯된 명칭을 보이는 한계를 보이기도 했다. 하지만 대한제국은 '일인 일성명제'의 원칙 아래 토지소유권자를 파악하려고 했다는 특징을 보였다는 점도 주목된다.

또한 양안상에 기록된 '시주'의 용어에 대한 설명도 일반적으로 '양전 조사 당시 시점에서의 토지소유자'로 설명하고 있다. 일부에서는 조선 국가는 당초 국가적인 토지지배의 성격을 가지고 있다고 파악하여 시주를 "인민의 임시적 내지 한시적 존재"로 보는 견해도 제기되었으나 이는 조선 후기 이래 사적 토지소유권의 성장과 발달을 인정하지 않는 견해이다. 당시 대한제국의 양안에서는 현실적으로 농촌에서의 지주 소작관계를 반영하는 형태의 시주와 시작의 기록을 남겼다는 점에서 의의가 있다.

광무양안에서는 국가수세지의 확충이라는 목표를 달성하기 위해 실제 경작농지의 면적을 파악하여 종래의 결총보다 많은 신결(新結)을 찾아냈으며, 가옥세나 호구조사와 연계하여 대지의 규모와 가옥 상태, 현거주자의 가호구성 여부 등을 정밀하게 파악하였다. 광무양전사업으로 1720년 경자양전 이래 180년만에 대한제국은 전국 양안을 작성할 수 있었지만, 러일전쟁 등의 여파로 전국의 3분의 2정도만 양안을 작성했다. 이 양안은 일제의 토지조사사업의 사정의 결과물인 토지대장과 같은 소유권 사정장부로서는 일정한 한계를 보여주는 장부이지만, 두 사업 간의 시간차, 그리고 일부지역에만 시행되고 중단된 관계발급과정까지 감안하면 경자양안 단계보다 질적으로 더 진전된 모습을 보여주었다.

[참고어] 광무양전사목, 광무양전사업, 대한제국전답관계, 양지아문, 지계아문

[참고문헌] 최원규, 1994,『韓末 日帝初期 土地調査와 土地法 硏究』, 연세대학교 박사학위논문 ; 김홍식 외, 1990,『대한제국기의 토지제도』, 민음사 ; 한국역사연구회 토지대장연구반, 1995,『대한제국의 토지조사사업』, 민음사 ; 김홍식 외, 1997,『조선토지조사사업의 연구』, 민음사 ; 한국역사연구회 토지대장연구반, 2010,『대한제국의 토지제도와 근대』, 혜안 〈왕현종〉

광무양전사목(光武量田事目) 대한제국의 양전 관계 발급사업의 실무기관인 양지아문과 지계아문이 각기 작성한 양전의 원칙과 방법에 관한 지침서. '양지아문 시행조례', '지계감리응행사목'이라고도 한다.

1898년 7월에 설립된 양지아문은 양전의 시행과 양안 작성의 원칙을 담은 조례를 제정하였다. 1899년 5월 전국 토지측량을 위한 양전 방식을 '양지아문 시행조례'로 제정 반포하였다. 모두 9개의 조항으로 이루어져 있다. 양전 방식의 특징으로는 첫째, 성책(成冊)의 방식은 우선 종전의 양안과 같이 각도, 각군, 각면, 평(坪), 혹은 원(員), 리(里)로 표시하여 토지의 위치를 표시하되, 실제 토지의 상태를 고려하여 배미(夜味)와 두락(斗落)을 이용하여 측량한다는 세부측량 원칙을 밝혔다. 이는 종래 결부제에 근거한 토지면적보다는 실제의 객관적인 토지면적을 고려한 것이었다. 둘째,

조사의 공정성을 확보하기 위해 해당 면내에 공정하고 일을 잘 이해하는 자를 선택하여 답감유사(踏勘有司)로 정하고 해당 서기와 면임과 각 농지의 전답주와 작인을 지휘 감독하게 하였다. 동시에 토지조사과정에서 은루와 착오의 폐단이 있을 경우 유사와 서기, 전답주 등에게 공동 책임을 지웠다. 셋째, 토지의 소유와 경영자로서 전답주와 작인을 동시에 조사한다는 원칙을 제시하였다. 이는 종전 토지소유자인 전답주만을 조사한 것과 달랐다. 토지의 소유자와 경작자를 시주(時主)와 시작(時作)으로 표기하여 양전 당시의 토지소유자와 경작자의 조사임을 강조하였다. 그렇지만 토지소유자가 자주 바뀌고 일가(一家)의 경우에도 이산(異産)이 많아 분호(分戶) 별산(別産)의 경우가 많고 토지소유자의 변동이 심하므로 전답주의 성명을 확인하는 작업을 민의 편의에 따르도록 할 것이라는 단서 규정을 두었다.

양지아문의 토지조사 방식은 사목과 같이 실제 측량과 양안 작성과정에서 적용되었다. 실제의 토지상태를 고려하고 배미와 두락을 이용하여 측량하도록 하였고, 토지의 전답주와 작인을 동시에 조사하였다. 다만 전답주는 엄밀하게 조사하는 것이 물의를 일으킬 수 있으므로 가급적 민인들의 편의에 따르도록 하였다. 전주와 답주, 그리고 작인의 명칭을 '시주'와 '시작'으로 표기하였다.

1903년 11월 지계아문에서도 '지계감리응행사목'을 통해 지계아문의 양전 방식을 발표하였다. 주요한 내용은 우선 전답의 등급을 나누고 결부를 정하는 규례는 모두 국조(國朝)의 옛 전법(典法)에 의하여 6등급으로 나누고, 전답의 지적 1만 척의 1등은 1결이고, 2등은 85부, 3등은 70부, 4등은 55부, 5등은 40부, 6등은 25부이다. 정전(正田)·정답(正畓) 이외의 땅의 품질이 험하고 메말라서 화곡(禾穀)이 패지 못하여 일역(一易 1년을 걸러 경작하는 전지)·재역(再易 2년을 걸러 경작하는 전지)·삼역(三易 3년을 걸러 경작하는 전지)의 밭은 일역전·재역전·삼역전을 가지고 따로이 등급 이름을 정하고, 결부는 6등급의 전답의 비례를 보아 체감하여, 지적 1만 척의 일역전은 12부, 재역전은 8부, 삼역전은 6부로 하며, 화속(火粟)과 속강(續降) 등의 명목을 쓰지 않는 것으로 정했다. 전답도형은 국조의 옛 전법의 방형(方形)·직형(直形)·제형(梯形)·규형(圭形)·구고형(句股形)의 다섯 가지 모양 외에, 원형(圓形)·타원형(橢圓形)·호시형(弧矢形)·삼각형(三角形)·미형(眉形)을 첨가하고, 이 열 가지 모양에 맞지 않는 것은 곧장 변(邊)의 모양을 가지고 이름을 정하여서, 등변(等邊)으로 다변형(多邊形)에 있어 변의 길이가 서로 같은 것이거나, 부등변, 즉 변의 길이가 같지 않은 것을 논한 것 없이 4변, 5변 변형에서부터 다변형에 이르기까지 모양에 따라 명명하였다. 공해(公廨, 관아의 건물)·민가(民家)는 모두 자로 재고, 가주의 성명 및 가택의 칸수를 기록하고, 대밭[竹田]·갈대밭[蘆田]·닥나무밭[楮田]·옻나무숲[漆林]을 분별하여 기록하였다. 묘진(墓陳)은 무덤에서 50보 밖은 진전으로 기록하는 것을 허락하지 않는다고 규정하였다. 더 자세한 규정은 '지계감리응행사목'에 나타나 있으며, 이 사목은 『완북수록』과 『증보문헌비고』(전부고 2, 645쪽)에 실려 있다.

[참고어] 광무양전사업, 양지아문시행조례, 지계감리응행사목, 지목, 전답도형

[참고문헌] 『완북수록』, 『증보문헌비고』 전부고 2 ; 1899, 『시사총보(時事叢報)』 52호, 53호 ; 한국역사연구회 토지대장연구반, 1995, 『대한제국의 토지조사사업』, 민음사 ; 한국역사연구회 토지대장연구반, 2010, 『대한제국의 토지제도와 근대』, 혜안 〈왕현종〉

광무양전사업(光武量田事業) 대한제국 정부가 1898년(광무 2)부터 1904년까지 실시한 토지조사사업.

광무양전사업은 양지아문과 지계아문이 차례로 담당하였으며, 지계아문에서는 관계도 발급하였다.

조선 국가가 전국적으로 실시한 토지조사사업은 경자양전사업(1720) 이후 170여 년 만의 일이다. 1897년 10월 수립된 대한제국은 각종 근대적 정책을 실시하기 위한 기본토대를 마련하기 위해 토지조사를 시행해야 했다. 토지조사는 국가적 부의 실체를 파악하기 위한 것이고, 아울러 그 토지의 소유관계를 확인하는 작업이었다. 이것은 또한 조세 중 가장 큰 비중을 차지하고 있었던 지세를 합리적으로 징수하기 위한 근거를 확보하는 작업이기도 했다. 대한제국이 개혁정책을 집행해 가기 위해서 가장 먼저 실시해야 할 작업이었다.

이같이 토지조사가 지니는 의미와 파급력은 대단히 컸기 때문에 많은 이해관계를 동반하고 있었다. 특히 19세기 이후 토지조사에 대한 논의가 제기될 때마다 찬반여론이 끊임없이 들끓었다. 찬성하는 견해는 토지의 형상과 비옥도 및 지목이 변화하였음에도 불구하고, 전국적인 양전을 실시하지 않아 그것을 제대로 파악하지 못함으로써 지세부과나 지세량 등이 매우 불균등하여 시급히 실시해야 한다는 것이었다. 반면 반대의견은 양전사업을 시행하기 위해서는 많은 재원과 전문적

인력이 들어가는데 그것이 갖추어져 있지 않았기 때문에 시기상조라는 의견이 주였다. 그러나 반대의견의 본 의도는 양반층과 서리, 수령 등의 은결과 누결이 발각될 것이라는 우려와, 양전사업에 의한 토지소유관계의 확인과 이에 기초한 새로운 생산관계의 변화를 두려워했기 때문이다.

이런 복합적인 측면이 있음에도 불구하고 개혁정책을 펴기 위해서는 국가 재부의 근원인 토지에 대한 조사를 실시하지 않을 수 없었다. 고종을 비롯한 광무정권의 담당자들은 그것을 강력하게 실시해가고자 하였다. 1898년 6월 23일 내부대신 박정양과 농상공부대신 이도재가 의정부에 「토지측량에 관한 청의서」를 제출하였다. 이 안은 대신들 사이에 격렬한 논의 끝에 부결되었지만, 고종은 여기에 구애되지 않고 양전사업을 실시하기로 결정하여 집행하도록 하였다. 1898년 7월 「양지아문직원급처무규정(量地衙門職員及處務規定)」이 반포되고, 주관기관인 양지아문을 설립하였다. 양지아문은 내부, 탁지부, 농상공부와 동등한 위치에 있으면서 서로 밀접한 관련을 맺도록 관계가 설정되었다. 양지아문의 직제는 본부 임원과 양전사업에 종사하는 실무진으로 구성되었다. 본부의 임원은 총재관 3명(내부대신 박정양, 탁지부대신 심상훈, 농상공부대신 이도재), 부총재관 2명, 기사원 3명, 서기 6명 등이었고, 양전사업에 종사하는 실무진은 양무감리, 양무위원, 조사위원, 기술진 등이었다. 양지아문은 양전조례(量田條例) 등 각종 법령을 정비하고 준비작업을 거쳐 1899년 여름부터 본격적으로 양전을 실시하였다.

대한제국의 양전사업이 구래의 그것과 다른 점은 농지에 국한하지 않고 전체 토지를 대상으로 조사를 실시한 점이었다. 농지만이 아니라, 산림, 천택, 가사 등 모든 토지의 종목을 조사하고자 하였다. 그것은 토지조사를 바탕으로 국가경영의 기반을 마련하고자 하는 의미를 담고 있었다.

초기의 양전사업에서는 그러한 의도를 관철시키고자 하였다. 이때 작성된 양안에서는 단순히 토지에 대한 정보만이 아니라 토지에 관련된 모든 정보를 기록하고자 하였다. 『충청남도 온양군 양안』의 「중초책」을 보면, 토지소유자인 전주, 경작자인 작인, 결세납부자인 결호 및 결명, 가옥의 종류와 칸수, 협호(挾戶)와 낭호(廊戶) 등을 모두 파악하려고 하였다. 그러나 그것은 너무 방대한 작업이었다. 양지아문에서 그러한 방식으로 모두 파악하기에는 너무 많은 인원과 시간, 그리고 비용이 드는 일이었다. 그리하여 양지아문에서 양안을 정서(正書)할 때는 토지소유자인 시주와 경작자인 시작을 중심으로 기록하였다. 양전사업은 1899년 여름에 충청남도 아산군부터 시작하여 전국으로 확대되었다. 그러나 양전을 실시한 지 2년만인 1901년 큰 흉년이 들어 사업을 계속할 수 없었다. 그해 12월에 양지아문에서 양전사업을 당분간 중지할 것을 선포하였다. 그때까지 양전사업을 마친 곳은 124개군이었다.

양전사업으로 토지소유권자를 조사 확인하여 양안에 기재함으로써 그 토지의 소유권을 확인해주었지만, 그 후의 변동관계에 대한 아무런 제도적 확인 장치가 마련되어 있지 않았다. 당시에는 상품화폐 유통경제의 발달로 매매 등을 통한 소유권 변동과 궁방의 민전 침탈, 도매(盜賣), 외국인의 잠매(潛賣) 등의 부정한 방법을 통한 소유권변동이 빈번히 일어나고 있었다. 당시 사회여론은 이러한 폐단을 막기 위해 토지소유권의 확인과 변동에 대한 관의 공인(公認)을 요구하였고, 대한제국 정부는 그 요구를 수렴하여 1901년 10월 20일에 지계아문(地契衙門)을 창설하였다. 지계아문은 토지소유권을 조사 확인하고 이를 근거로 관계(官契)를 발행하였다. 발급대상 부동산은 농지만이 아니라 전국의 모든 산림과 가사까지 포괄하였다. 관계발급 대상자는 대한제국 인민만으로 한정하여, 외국인은 법적으로 토지소유를 인정하지 않았으며 관계도 발급해주지 않았다.

1902년 1월부터 지계아문에서 양지아문의 양전사업과 양안 작성의 업무를 인수하는 작업이 수행되었으며, 그 해 3월 17일에 정부에서 지계아문과 양지아문의 사업이 병행되어야 한다는 것을 인식하고, 두 기구를 통합하여 지계아문을 토지 측량과 관계발급기관으로 정립하게 되었다. 지계아문의 초대 총재서리 부총재는 이용익이었다. 지계사업을 담당할 관리는 지계감독, 지계감리, 지계위원 등이었다. 지계감독은 각 도의 관찰사가 맡아 사업을 통괄하였고, 지계감리는 양전과 관계발행의 실무 책임자로서 각 도에 1명씩 파견되어 각 군의 지방관에게 지령을 내리면서 양전을 실시하고 관계를 발행하는 모든 업무를 실질적으로 관장하였다. 관계발급사업은 1902년 4월에 강원도부터 시작하여 11월에는 경기도, 충청도를 비롯하여 전라도 경상도 및 함경도까지 확대할 계획이었다. 이것은 국가경영의 단초를 이루는 작업이었지만, 지계아문의 사업은 일제의 강압으로 1904년 1월 중지되었다. 지계아문은 1902년부터 2년간 94개 군에서 양전사업을 마쳤다. 종래 양지아문에서 양전한 지역까지 합하면 218개 군으로 전국 군의 2/3에 해당하였다.

그런데 국가재정의 압박과 국제정세의 변화에 의해 대한제국의 국가권력이 불안정해짐에 따라 1904년 1월에 기구 개편으로 지계아문을 포함한 관청을 혁파하고, 대신 그 기구를 축소하여 탁지부에 편입시켰다. 그 후 탁지부 양전국(量田局)에서 관계발급은 중지하고 양전사업만 담당하게 되었으나 그마저도 제대로 실시되지 못하였다. 이러한 배경에는 일제가 외국인의 토지 소유를 금지시키는 대한제국의 정책에 반대하여 자신의 금융자본을 매개로 농업이민과 토지 침탈을 관철시키려는 정책이 작용하였기 때문이다. 더구나 1904년 메가타(目賀田種太郎)가 재정고문으로 부임하면서 일본의 이해관계에 맞는 재정정리사업의 시행으로 양전사업을 포기하였다. 1905년 2월에 양지국을 폐지하고 탁지부 사세국에 양지과를 두어 기구를 흡수하는 것으로 결정하였다. 양전사업의 결과, 양전사업을 실시한 지역에서 30% 정도의 지세가 증가하였고, 1년 지세액은 170만 원 정도였다.

대한제국의 양전사업의 의의는 다음과 같다. 첫째, 국가가 전국의 토지를 파악하고 소유권과 절대면적을 확인하고 이를 근거로 지세수입의 증대를 꾀한 사업이라는 점이다. 둘째, 국가가 토지소유자에게 토지소유권을 공인해주고 그 거래를 관리하는 관계제도를 실시했다는 점이다. 이전에는 매매문기를 통하여 사적으로 인정되었던 소유권을 국가가 관에서 발급해주는 문기를 통하여 확실하게 인정해줌으로써 매매과정에서 제기되는 도매 등의 불안성을 극복하고 전주들이 확실한 토지소유권을 행사할 수 있게 된 것이다. 조선 국가의 입안과 다르며, 근대적 등기제도를 지향한 제도이다. 셋째, 작인납세제의 확립이다. 이는 작인의 경작권(도지권이나 중답주권 등)을 일종의 물권으로 인정해줄 때 가능한 것이었다. 넷째, 결부제의 해체와 지가제의 도입을 위한 절대면적제의 도입과 지가조사가 이루어졌다. 근대적 지세제도의 단초를 마련하고 있다. 다섯째, 외국인의 토지소유 금지를 위한 제도적 장치를 마련했다는 점이다.

광무양전사업에 대한 평가는 두 견해가 있다. 조선 국가의 전통적인 양전사업을 넘어 근대적인 토지조사사업으로 이행해가는 역사적 의미가 있다고 평가하는 견해와, 여전히 구래의 조선 국가의 양전사업과 다름없는 범주에 머물렀다고 평가하는 견해가 양립하고 있다.

[참고어] 경자양안, 양지아문, 지계아문, 대한제국전답관계

[참고문헌] 김홍식 외, 1990, 『대한제국기의 토지제도』, 민음사 ; 한국역사연구회 토지대장연구반, 1995, 『대한제국의 토지조사사업』, 민음사 ; 김홍식 외, 1997, 『조선토지조사사업의 연구』, 민음사 ; 한국역사연구회 토지대장연구반, 2010, 『대한제국의 토지제도와 근대』, 혜안

〈이영학〉

광여도(廣輿圖) 19세기 전반기에 제작된 회화식 전국 군현지도집.

총 7책·381장·746면으로 구성된 채색도이며, 규격은 36.8×28.6㎝이다. 8도의 군현지도 이외에도 천하도, 중국지도, 일본지도 등이 실려 있다. 편자는 미상이지만, 충청도 도지도인 호서도(湖西圖)에서 1800년(순조 원년)에 처음 사용된 '노성(魯城)'이라는 군현명이 등장하는 것으로 보아 19세기 이후에 제작된 것이다.

광여도의 구성을 자세히 살펴보면, 제1책에는 천하도·중국도·류큐도[琉球圖]·일본도·요계관방지도(遼薊關防地圖)·조선전도(朝鮮全圖)가 수록되어 있고 각 도별 지도로 경기도(京畿圖)가 실려 있다. 제2책에는 현재의 충청도 지도인 호서도가, 제3책에는 전라도 지도인 호남도, 제4책에는 경상좌도 지도인 영좌도(嶺左圖), 제5책은 경상우도 지도인 영우도(嶺右圖), 제6책은 황해도 지도인 관서도(關西圖)와 해서도(海西圖)가, 제7책은 함경도 지도인 관동도(關東圖)와 관북도(關北圖)가 실려 있다. 도지도와 군현지도에는 전답이나 도로 등의 표시는 없지만, 산지는 녹색으로 하천은 쌍선 청색으로 채색하였다. 방위는 군현별로 상이하며, 도별·군현별 자료를 기록하였는데 그 중 인구 자료는 18세기 초의 자료가 첨부되었다. 또한 주요 군사요충지의 지도들도 실려 있다.

조선 후기에 편찬된 전국 군현지도집은 광여도를 포함하여 해동지도(海東地圖), 여지도(輿地圖) 등이 있는데, 지도의 유사성이나 18세기 전반기의 사정이 반영된 점 등은 관찬 지도집인 해동지도와 공통된다. 이처럼 광여도는 18세기의 관찬 군현지도집이 유출되어 민간에서 이를 토대로 만든 것으로 보이는데, 이는 영조 대 중반부터 계속되었던 관찬 회화식 전국 군현지도집이 영조 대 말부터 기호식 지도집으로 변화하면서 그 중요성이 상실되었기 때문이다. 또한 19세기의 정치적 혼란으로 인해 회화식 군현지도집이 민간에 유출되었기 때문이기도 하다. 한편 광여도에는 18세기 회화식 군현지도집과의 차이점이 나타나기도 하는데, 지도와

설명문이 분리되고 있다는 점, 설명문에 군현의 사회경제적 사정을 알려주는 항목들이 주로 설명되고 있다 점, 주요 도로의 표기가 상세화 되었다는 점, 천하도가 전통적인 것이 아닌 마테오 리치 계열의 서구식 세계지도로 수록되어 있다는 점 등이 변화된 부분이라고 할 수 있다.

[참고어] 해동지도, 여지도

[참고문헌] 국토지리정보원 編, 2009,『한국 지도학 발달사』, 국토지리정보원

광작(廣作) 조선 후기 이래 사회·경제적 변화에 따라 농민들이 경작지를 확대시켜 많은 토지를 경영하던 현상.

조선 후기의 상품화폐 유통경제의 발전과 사회적 생산력의 발달, 생산관계의 변화가 광작의 배경이 되었다. 우선 토지 매매를 중심으로 소유구조가 변화하고 있었다. 또한 새로운 농법이 보급됨에 따라서 농업 경영상의 변동이 야기되고 있었다. 특히 이앙법(移秧法)은 광작이 확대된 직접적인 계기로 꼽을 수 있다. 직파법(直播法)에서는 4~5차에 이르는 제초 작업을 해야만 제대로 경작이 가능했는데, 이앙법에서는 2~3차의 제초 작업만으로 경작이 가능하였다. 따라서 동일한 면적의 논을 경작하는 데 필요한 노동력이 절감되었고, 이로 인해 1인당 경작면적이 확대될 수 있었다. 또한 이앙법은 직파법에 비해서 생산량이 2배나 되었고, 모판에서의 벼 재배와 이앙을 통해 벼를 본논에서 재배하는 시기를 조정함으로써 보리 등을 이모작할 수 있다는 이점도 있었다.

조선 후기 광작농의 광범한 존재는『천일록(千一錄)』권10의 다음에서 잘 나타나고 있다. "근래 사람들의 마음에 애써 농사를 지으려 하지 않고, 권농하는 계책은 오로지 광작만을 능사로 삼는다. 그러므로 몇 명의 인원을 가진 집이 모두 수석락의 논을 경작하여 한 집이 경작하는 땅이 세 집이 경작할 수 있는 땅을 겸병하고 있다.……한 집이 세 집이 지을 수 있는 땅을 모두 빼앗음으로써 세 집의 가난한 백성이 경작할 땅이 없게 되었다(近來人心原無力穡, 勸農之計, 專以廣作爲能事. 故數口之家 皆作數石之沓 一家所作 已兼數三家可耕之土. ……以一戶而竝奪數三戶可耕之地, 致使數三戶窮民, 無所耕作.)."

하지만 이앙법의 보급에 따른 노동력의 절약만으로는 광작경영에 한계가 있었다. 광작이 더욱 확대되기 위해서는 이에 필요한 노동력의 공급이 확대될 필요가 있었다. 이러한 노동력은 광작에 따른 차경농민층의 분해과정에서 생성되었다. 당시 농촌사회에서는 이앙법의 보급에 따른 농업노동력의 절감, 소유지 확대 또는 차경지의 겸병이 치열하게 전개되고 있었다. 이 과정에서 소유 토지를 잃거나 차경지 경쟁에서 탈락한 농민들은 임노동을 통하여 생계를 유지할 수밖에 없었다. 광작농민들은 토지소유나 차경지 획득에서 배제된 농민들을 고용하여 더욱 더 경영을 확대하는가 하면 상품작물을 재배하여 수익을 올려 부를 축적하였고, 이를 바탕으로 더욱 더 많은 소유지나 차경지를 획득할 수 있었다. 소위 경영 지주, 경영형 부농층의 성장이 그것이다.

17세기 이후 광작은 지주제의 확대와 더불어 농촌사회의 위기를 촉발시키는 중요한 원인으로 지적되고 있다. 대농이나 부농 등으로 불리는 광작농이 경작지를 더욱 늘려감에 따라서 많은 수의 자작농이나 소작인층이 경작지를 확보하지 못해서 몰락하고 있었다. 그에 따라서 경작지 불균형 문제가 거론되기 시작하면서 광작이 비판의 대상이 된 것이다. 조선 후기 정전론, 균전론, 한전론, 여전론 등의 지주제 개혁방안과 아울러 소작지의 차경을 균등하게 하려는 균병작론(均竝作論)이 농업개혁의 방안으로 제기된 것은 이 때문이었다. 정조 대「응지진농서(應志進農書)」를 올렸던 이광한(李光漢)은 광작경영에 따른 여러 가지 문제점을 지적하면서 "한 사람이 겸병하여 여러 사람이 해를 입으니 이는 당시의 호구에 맞추어 전부를 개량하여 광작을 금하는 방도로 삼아야 한다.(一人兼竝 衆被其害 此所以時等戶口改量田賦 爲禁廣作之道.)"고 하여 소수의 농민이 토지를 겸병하게 되어 다수의 농민이 그로 인해 희생당하고 농업경영에서 배제되는 등의 폐해를 지적하면 광작경영을 철저히 금할 것을 주장하고 있다. 이처럼 광작은 조선 후기 농촌사회에서 한편으로는 새로운 계층을 성장시키는 긍정적인 역할과 함께 몰락농민의 확대라는 부정적인 측면을 동시에 지닌 농업문제였다.

[참고어] 병작, 지주, 농민층분해, 정전론, 균전론, 한전론

[참고문헌] 송찬식, 1970,「조선후기 농업에 있어서의 광작운동」『이해남박사화갑기념사학논총』, 일조각 ; 이경식, 1973,「17세기농지개간과 지주제의 전개」『한국사연구』9 ; 이영호, 1984,「18·19세기 지대형태의 변화와 농업경영의 변동」『한국사론』11 ; 김용섭, 1990,『(증보판)조선후기농업사연구』Ⅱ, 일조각

〈백승철〉

광천지(鑛泉地) 지하에서 온천수·약수·석유류를 비롯한 광천수가 솟아오르는 용출구 및 그에 필요한 부지의 지목.

현행 한국의 지목 28개 중의 하나. 1914년 지세사무취급수속에서 잡종지로 분류되었다가 1943년 3월 31일 제령 제6호로 제정한 조선지세령 개정에서 잡종지로부터 독립하여 독자적 지목으로 설정되었다. 광천지는 생산용 지목으로 분류할 수 있으며 부호로 표기할 때는 두문자를 사용하여 '광'으로 표기한다.

[참고어] 지목, 지세령

[참고문헌] 주명식, 1981, 「지적법 해설」『사법행정』; 손세원, 1999, 「지목의 변천과정에 관한 연구」『충청대학 논문집』 15 ; 이봉주, 2005, 「지목정보 분류체계의 개선에 관한 연구」, 서울시립대학교 석사학위논문 〈고나은〉

괭이 단단한 땅을 파고 흙을 고르는 데 사용하는 농기구.

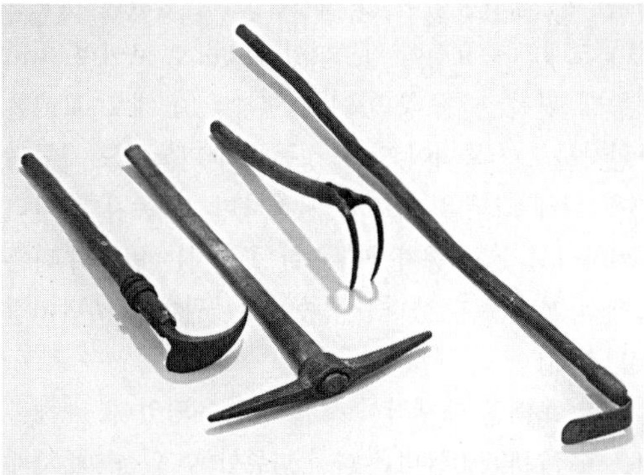

괭이 농업박물관

초기 농경시대의 뒤지개에서 발전하여 오랫동안 형태가 변하지 않고 유지되고 있다. 너비가 5~10㎝인 쇠날을 'ㄱ'자 모양으로 구부려 짧은 통에 자루를 끼울 수 있는 괴통을 만들고 1m 정도 길이의 자루를 끼워 고정하였다. 오늘날 괭이는 단단한 땅에 날을 찍어 일구는 곡괭이, 흙덩이를 부수거나 김을 매는 데 쓰인 가짓잎괭이, 토란잎괭이, 삽괭이, 긁괭이, 무논을 가는 데 쓰인 화가래, 자갈밭을 일구는 벽채괭이, 뿌리가 깊은 약초나 나물을 캐기 위한 약초괭이 등 여러 종류로 분화되었다. 괭이에 대해서는 조선시기 이후 여러 문헌에서 그 기록을 발견할 수 있다.

사육신(死六臣) 가운데 한 명인 하위지(河緯地, 1387~1456)의 유고를 모아 간행한 『단계유고(丹溪遺稿)』「물건기(物件記)」에 보면, 괭이의 한자표기는 발음을 차음하여 '괘이(卦伊)'로 하였다. 당시 하위지는 괭이를 6개나 가지고 있었는데, 이를 1969년 조사된 전국 각지 농가의 농기보유 현황과 비교하면 강원도 등 산간지역보다 많지는 않지만 경기도, 충청도 등지에 비해서는 2~3배 많았다. 이는 당시 농법이 볍씨를 뿌려 수확하는 육도법(陸稻法) 위주였음을 반증한다.

괭이를 발음이 비슷한 한자를 차용하여 표기한 경우는 『증보산림경제』(1766)의 '과이(鏫伊)', 『천일록』(18세기 후반)과 『육전조례』(1866)의 '광이(廣耳, 光伊)'의 용례가 발견된다. 『천일록』에는 괭이 몸을 철로 만든 '鐵廣耳'와 나무로 만든 '木廣耳'가 소개되고 있다. 괭이를 의미하는 한자 표기는 서호수(徐浩修, 1736~1799)의 『해동농서(海東農書)』나 『과농소초(課農小抄)』(1799), 『북학의(北學議)』(1778)에서는 '钁(곽)'으로 소개하고 있고, 1820년 편찬된 『물보(物譜)』에서도 괭이의 옛말인 '광히'는 '钁'으로 등장한다. 특히 서호수는 곧은괭이[直钁]와 가짓잎괭이[茄葉钁]로 괭이를 세분화하여 설명하고 있는데, 곧은괭이는 날 끝이 둥그스레하게 생겼고, 가짓잎괭이는 세모꼴과 비슷하여 날 끝이 날카롭게 생겨 오늘날의 토란잎괭이와 비슷하게 생겼는데, 이는 당시에는 토란잎괭이가 본격적으로 나타나기 이전의 상황이었기 때문인 것으로 보인다. 각자의 쓰임새는 생김새에 따라 차이가 있으며, 곧은괭이가 주로 흙덩이를 부수는 데 쓰인다면, 가짓잎괭이는 주로 골을 내는 데 쓰이고 토란잎괭이는 날카로운 끝으로 밭을 매기에 편리하다. 토란잎괭이는 『조선의 재래농구(朝鮮の在來農具)』(1924)의 광이[廣耳, 鍬] 소개에서 가짓잎괭이와 함께 그림을 곁들여 소개되고 있다. 한편 『역어유해(譯語類解)』(1690)에서는 '광이'를 '철과(鐵鍋)'나 '궐두(钁頭)'로 나타내는데 다른 문헌에서 찾아볼 수 없는 표현이다.

20세기 들어 일본인들이 편찬한 『한국농업경영론(韓國農業經營論)』(1903)에는 평안남도에서 '광이'를 사용한다는 언급이 있으며, 남부지방의 농업사정을 반영한 『한국농업론(韓國農業論)』(1904)은 『한국농업경영론』의 농기구 그림 및 설명을 거의 그대로 가져다 수록하면서 '괭이'라는 표현이 등장하고 있다. 『한국토지농산조사보고(韓國土地農産調査報告)』(경기도, 충청도, 강원도)(1905)에서는 한국의 괭이를 "매우 불완전하여 농구로서의 효용이 매우 열등하여 일본 농업에서와 같이 중요한 위치를 지니지 못한다"고 평가하고 있으나, 이는 한국에서는 쟁기가 발달하여 괭이의 쓰임새가 쟁기가 미발달한 일본에 비해 적었기 때문이라고 할 수 있다.

[참고어] 보토괭이, 쟁기

[참고문헌] 金光彦, 1986,『韓國農器具考』, 韓國農村經濟研究院

〈정희찬〉

교구둔(矯捄屯) 조선 후기 지방관청에서 설치한 고둔(庫屯)의 일종으로, 경상도관찰사가 영속의 폐를 바로잡을 재원을 마련하기 위해 설치한 둔전.

일반적으로 조선 후기 지방관청에서 설정한 고둔은 고마고둔(雇馬庫屯)·보선고둔(補膳庫屯)·군기고둔(軍器庫) 등과 같이 해당 고의 명칭을 따서 이름을 붙였다. 하지만 간혹 토지의 소재지 이름을 붙이거나, 둔토를 설정한 이유에 따라 이름을 붙인 경우가 있다. 교구둔이 바로 대표적인 예인데, 경상도관찰사가 영속(營屬)의 폐를 바로잡기[矯捄] 위해 돈을 기부하여 매입한 토지가 교구둔이다.

[참고어] 고둔

[참고문헌] 和田一郎, 1920,『朝鮮土地地稅制度調査報告書』

교맥(蕎麥) 메밀.

숙맥(菽麥), 화교(花蕎) 혹은 목맥(木麥)이라고도 하는데,[『임하필기(林下筆記)』 권35, 벽려신지(薜荔新志) ; 『산림경제(山林經濟)』] 정약용은 목맥(木麥)이라는 표현이 이두문자에서 잘못 표기된 것이라고 하였다.[『경세유표(經世遺表)』 권12, 지관수제 창름지저3]. 동북아시아의 온대지역인 바이칼호, 아무르 강변, 만주가 원산지이다. 중국 한나라 때의 분묘에서 교맥이 출토되고 있지만 일반에 알려진 것은 당나라 때인 7~9세기였고, 송·원 시기인 10~13세기에야 널리 보급되었다. 우리나라에는 언제 전해졌는지 확실하지 않지만, 8세기에 우리나라를 거쳐 일본에 전해졌다고 하므로 그 이전 시기에 들어왔을 것이다. 추위에 강하고 생육기간이 짧으며, 기후나 토양이 나쁜 지역에서도 잘 자라 구황식물로도 많이 재배되었다. 봄에 심어 여름에 수확하는 여름메밀과 여름에 심어 늦가을에 추수하는 가을메밀이 있는데, 우리나라에서는 주로 가을메밀이 재배되었다.

『산림경제』의 재배방법에 따르면, 심는 길일은 갑자·임신·신사·임오·계미일이며, 입추의 즈음에 심는데 일찍 서리가 오는 지역은 입추 전에 심는다고 하였다. 5, 6월, 그리고 씨 뿌릴 때까지 세 번 갈며, 밭이 척박해도 거름을 많이 하면 수확이 늘어날 수 있다고 하였다. 시비는 종자 한 말에 거름이나 요회(尿灰)를 한 섬 정도 섞어 주는데, 요회가 적으면 지종[漬種, 종자를 물에 담그는 것]을 해도 된다고 하였다. 조밀하게 심으면 결실이 많고 무와 섞어서 갈면 두 가지가 모두 잘 된다고 하였다. 수확은 열매가 흑백 반반일 때 베어 거꾸로 세워 놓으면 모두 검게 된다고 하였다.[『산림경제』 권1, 치농(治農)]

교맥은 고려시기 『향약구급방(鄕藥救急方)』에 처음 등장하였다. 이후 조선시기에는 보다 적극적으로 교맥을 활용하였다. 비록 여물지 않은 것이라 하더라도 심으면 싹이 잘 나고 묵밭에서도 잘 자라는 식물이었다.[『산림경제』 권1, 치농 택종(擇種)] 그래서 구황작물로 이용하거나 재해나 가뭄으로 인해 벼를 수확할 수 없을 때 대체작물로 경작하였다.

세종은 각도에 공문을 내어 『교맥경종고(蕎麥耕種考)』·『농상집요(農桑輯要)』·『사시찬요(四時纂要)』 및 본국(本國)의 경험방(經驗方)으로 시기에 따라 경작할 것을 권면하라고 지시하였다.[『세종실록』 권20, 5년 6월 1일 경술] 이 시기에 이미 『교맥경종고』가 있었던 것으로 보아 교맥의 중요성이 강조되었던 것으로 보이며, 역시 세종대 편찬된 『구황벽곡방(救荒辟穀方)』에도 교맥은 구황작물로 기록되어 있다. 성종대의 기록에도 구황(救荒)을 위해 교맥을 심도록 권면하며 그 종자를 미리 준비하라고 했고, 종자가 부족한 곳에서는 인근의 다른 도에서 보충토록 했다.[『성종실록』 권180, 16년 6월 8일 정해]

또한 교맥은 대체작물에 많이 사용되었다. 재해를 입은 수전(水田)에 논벼를 다시 파종할 수 없을 때, 재배기간이 짧은 교맥을 대신 파종했던 것이다. 예컨대 태종은 풍해도 백성들이 가뭄으로 인하여 농사를 망치자 맥세(麥稅)를 면제해 주고 충청도의 교맥씨 3천 석을 보내주었으며[『태종실록』 권9, 5년 5월 24일 무오], 영길도(永吉道) 갑산(甲山)지역에 서리가 내려 화곡(禾穀)이 말라 죽자 모두 번경(反耕)하고 교맥을 심도록 하였다.[『태종실록』 권27, 14년 5월 14일 병술]

[참고어] 대파법

[참고문헌]『林下筆記』;『山林經濟』; 尹瑞石, 1980,「救荒飮食」『韓國民俗大觀』 2, 高麗大 民族文化研究所

〈우혜숙〉

교본앙농장(橋本央農場) ⇒ 하시모토농장

구거(溝渠) 용수·배수를 목적으로 일정한 형태를 갖춘 인공적인 수로나 부속 시설물의 부지 혹은 유수가 있거나 있을 것으로 예상되는 소규모 수로의 부지를 가리키는 지목.

구거는 제언·보 등의 수원에서 경지로 물을 끌어들이기 위한 물길 즉, 도랑을 말한다. 제언이나 보의 부대시설이다. 전근대의 도랑은 대개 흙으로 둑을 쌓아 만들었는데 도랑의 바닥은 물에 침식되어 쉽게 파괴되므로 돌을 깔기도 하였다. 개거(開渠) 사업시 다른 사람의 토지를 침범할 때는 손해되는 땅을 계산하여 관개된 땅으로 대신 주도록 하였다. 구거의 취수구에 취수량을 조절하기 위하여 돌을 사용하는 경우가 많았다. 수원과 몽리지(蒙利地)와의 거리가 가까우면 구거의 길이는 짧았고 멀면 길어진다. 구거는 조선 국가의 양안에서 사표에는 표기되었지만 지목으로 등록되지는 않았다.

1910년 8월 23일 대한제국 법률 제7호로 토지조사법의 지목구분에서 도로·하천·제방·성첩 등과 함께 제3호로 분류되었다. 1912년 8월 13일 일제가 제정한 토지조사령에서는 제3호의 지목으로 분류되었으며, 1914년 3월 16일 공포한 지세령에서는 지세부과대상이 아닌 지목으로 분류되었다. 현재 하천법에 근거한 구거는 국유지 구거와 농지개량 시설인 구거를 제외한 다른 용도로 변경된 경우 사실을 조사하여 지목변경을 해야 한다. 부호로 나타낼 때는 '구'로 표기한다. 현행 28개 지목 중의 하나이다.

[참고어] 수리, 제언, 천방, 지목, 지세령

[참고문헌] 김현희·최기엽, 1990, 「한국 전통관개시설의 유형과 입지특성」『응용지리』 13 ; 손세원, 1999, 「지목의 변천과정에 관한 연구」『충청대학 논문집』 15 ; 이봉주, 2005, 「지목정보 분류체계의 개선에 관한 연구」, 서울시립대학교 석사학위논문

〈고나은〉

구고전(句股田) 직각삼각형 모양의 전답.

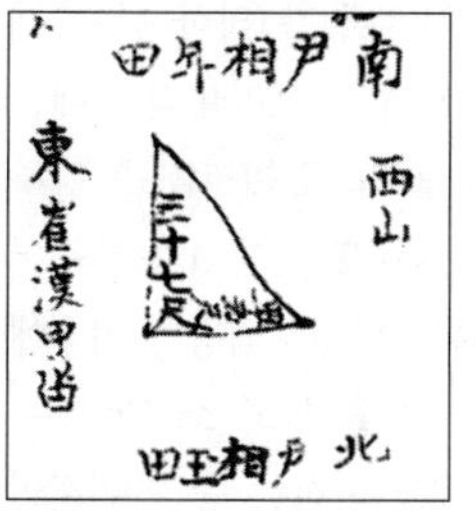

구고전 『경기도 용인군 양안』 1책 035a(규17645)

전답도형 중 하나인 구고형(句股形)의 전답이다. 구고형은 세종·세조 대를 거쳐 정형화된 기본 5가지 전형 중 하나이다. 대한제국의 양지아문 양안에는 그림과 같이 구고전을 도시하였다. 구고전을 셈하는 법으로는 신라 때의 천문수학 교재인 『주비산경(周髀算經)』 제1편에 전하는 구고법이 있는데, 피타고라스의 정리와 같다. 구고전은 구(句 : 삼각형의 밑변)와 고(股 : 직각삼각형의 높이)를 서로 곱한 후 절반하여 그 면적을 구한다.

"여러 모양의 전답을 계산하는 방법에 미숙한 사람은 계산하는 즈음에 일이 반드시 늦어지니, 다만 사람이 알기 쉬운 방전·직전·제전·규전·구고전 등의 형태로 유추하여 측량하면 아마 편리하고 쉬울 것이다."(各樣田形 算法未熟人員 乘除之際 事必遲緩 止以人所易知方田直田梯田圭田句股田等田形 推類打量 庶爲便易[『증보문헌비고』 「전부고」 권1 경계1])

[참고어] 광무양안, 전답도형, 직전, 사표

[참고문헌] 『만기요람』 ; 『목민심서』 ; 『경세유표』 ; 『증보문헌비고』 ; 최원규, 1995, 「대한제국기 양전과 관계발급사업」 『대한제국의 토지조사사업』, 민음사 ; 정긍식·田中俊光 역, 2006, 『조선부동산용어약해』

〈고나은〉

구니타케농장(國武農場) 1906년 12월 일본 후쿠오카현(福岡縣) 구루메시(米留久市)에 본사를 둔 구니타케합명회사(國武合名會社)가 경기도 수원에 세운 농장.

구니타케합명회사 대표 구니타케 기지로(國武喜次郞)는 사고로 실명한 아버지를 대신하여 10대 초반부터 지역 농가부업으로 제조된 면과 마의 혼성직물 구루메가스리(米留久絣) 장사에 나섰다. 이후 매뉴팩처 수준의 가내공장까지 세우고 교토(京都) 및 오사카(大阪) 상인들과 손을 잡아 판매망을 번외로 넓혀 갔다. 1880년대 기계화의 성공으로 대량생산체제가 구축되자, 구루메가스리는 일본 전역으로 확산되어 서민의 옷감으로 널리 애용되었다. 사업망은 중국까지 확대되었고, 구니타케는 '기업왕(機業王)' '구루메가스리의 대왕'이라 불리면서 신흥 방직자본가의 입지를 단단히 굳혔다.

러일전쟁 직후 일본사회 전반에 한국에 대한 침략적 척식여론과 투자열풍이 일어나자, 구니타케는 새로운 사업영역의 확장과 국가적 차원의 만한척식에 동참하기 위해 한국의 농업경영에 착수하였다. 1906년 9월 구니타케는 당시 한국 농업척식사업에 적극적이었던 후쿠오카현 당국의 장려금도 지원받고 두 아들과 함께 한국의 주요 농업지역을 직접 살펴보았다. 그해 12월 수원 권업모범장 책임자 농학박사 혼다 고노스케(本田幸介)의 조언에 따라 수원역 일대 토지를 대규모로 매수하여 농장경영에 착수하였다. 수원역 앞에 농장사무소와 창고·사택을 지었다. 구니타케농장은 권업모범장으로부터 신품종의 확보나 농사지도 같은 농장경영상의 도움도 세심하게 받을 수 있었다.

농장본점인 수원농장에 이어 1907년 1월에는 전라

남도 목포, 1910년 10월에 충청남도 강경에 농장지부를 설치하였다. 농장의 토지소유 규모는 1908년 900정보(논 500정보), 1915년 1,568정보(논 937정보), 1922년 2,047정보(논 1,369정보), 1929년 1,911정보(논 1,419정보), 1931년 1,095정보(논 862정보), 1935년 750정보(논 350정보)였으며, 1930년대 초반이후 토지소유 규모가 점차 감소하였다. 1922년 무렵 농장본부를 수원에서 목포로 이전했으며, 목포에서는 시가지경영도 하였다.

구니타케농장은 지역농장별로 소작인조합을 만들어 거대한 농지와 수많은 소작인을 조직적으로 관리 감독해갔다. 농장별로 소작인들을 수십 개의 조로 나누어 각 조에 조장 및 부조장을 두고 관리하였다. 소작료 징수법은 집조법이었고, 농장측은 소작인조합에게 소작료납부의 책임을 지웠다. 소작료 미납을 방지하기 위해 추수 때마다 소작인에게 벼 1두씩 의무적으로 저축하게 했고, 농장측이 인정하는 경우가 아니면 인출을 금지하였다. 이는 소작료미납을 대비한 담보물이기도 했다. 농장측은 우수소작인을 매년 표창하고, 당기·도급·수차 같은 일본식 개량농기구를 상품으로 주기도 했다. 구니타케농장은 이러한 조직적인 노무관리에 힘입어 일본식 농사개량과 품종개량을 적극적으로 추진해갔다. 소작미의 대부분을 일본 오사카(大阪) 미곡시장에 내다팔았기에, 일본인 입맛에 맞는 소신리키(早神力)을 위시한 일본 개량 품종을 재배했다. 농장측은 종자를 무이자로 대부해거나 소작미가 일본 개량종이 아닐 경우 소작료 수납 자체를 거부하는 방식으로 일본 개량종을 단시간 내에 확산시켜 갔다. 1914년 현재 일본 벼 품종 재배비율은 전체 소유면적의 75%였다. 농장측은 고율의 소작료 수입뿐 아니라 비료대금을 위시한 각종 농자금과 농사시설을 대부하여 적지 않은 이자수익도 챙겼다. 아울러 소작미의 포장과 품질 상태도 면밀하게 관리하여 일본미곡시장에서의 상품가치를 높였다.

구니타케농장은 한국 강점초기 후쿠오카현 미쓰이군(三井郡)에서 농업이민자를 모집하였다. 이들 이민자들은 초기 농장건설 과정에서 일본식 농업을 시행하고 한국인 소작농민을 지휘 감독할 담당자이자 농장의 기간요원으로 기대되었다. 농업이민의 조건은 이민자가 한국에 건너와 정착할 수 있도록 가족을 동반하도록 했고 초기 1년간 생활비와 농사비 200원 정도를 준비하도록 했다. 이주농민들의 조속한 정착을 위해 농장측은 주택과 농기구를 무료로 대여했고, 매우 유리한 소작경영의 조건을 제시하였다. 한국인 소작인보다 훨씬 넓은 소작지를 주었고, 저렴한 정액제 소작료를 적용하였다. 1911년 현재 모집된 이민자 수는 21호, 102명이었다. 이민자는 강경지부가 있는 충청남도 논산군과 부여군 지역 부락에 3, 4호씩 배치하였으며, 일부 이주농민들이 부적응으로 귀국하거나 농장에서 이탈하기도 했다. 농장경영이 안정됨에 따라, 농장측은 비용이 많이 드는 이주사업을 중단하였다.

[참고어] 동태적 지주, 소작인조합, 집조법

[참고문헌] 大橋淸三郎, 1915,『朝鮮産業指針 上 下』; 李東根, 2005,「1910-20년대 식민농정의 지역적 전개와 지주제-水原지역을 중심으로-」『史林』24 ; 하지연, 2012,「일제시기 수원지역 일본인 회사지주의 농업 경영」『이화사학연구』45 〈이수일〉

9등호제(九等戶制) 고려 전기 세금 징수를 위해 호(戶)를 아홉 등급으로 구분한 제도.

『고려사』「형법지」 호혼조(戶婚條)에는 “편호는 인정의 많고 적음을 기준으로 하여 9등으로 나누어 그 부역을 정한다.(編戶, 以人丁多寡, 分爲九等, 定其賦役.[『고려사』 권84,「형법지」1 호혼])”라고 하였다. 즉, 호의 편성과 등급을 호의 보유 재산의 빈부를 기준으로 하지 않고 인정의 많고 적음을다과를 기준으로 등급을 매기었다는 데 특징이 있다.

그런데 이 9등호제는 인정 수에 따른 구분이라는 점에서 고대적인 성격을 갖는다는 견해가 있으며, 고려 초에 일시적으로 나타나 과도기적인 성격을 지닌다는 견해도 있다. 한편으로는 위 기사에 나타나는 ‘부역’은 요역(徭役)으로, 요역이 인정의 노동력을 징발하는 것이기 때문에 그 역을 인정 수에 따라 징발하는 것은 자연스럽다는 견해도 있다. 고려 전기 3등호제의 실시와 연계하여 위 기사의 9등호제는 역역 수취를 위한 3등호제 내부의 구분일 뿐이라고 보기도 한다. 고려 후기에는 1375년(우왕 1)에 개경 오부(五部)의 호수(戶數)를 정하면서 빈약한 호에 대해서는 4가(家) 또는 3~4가를 묶어 1호로 삼아 1명의 군인을 내도록 하였고, 외방인 경우에는 3등호제에 따라 중호(中戶)는 둘을 묶고 소호(小戶)는 셋을 묶어 서로 도와 역(役)을 내도록 하는 등 인위적인 편호제를 실시한 기록도 보인다.

[참고문헌] 權寧國 外, 1996,『譯註『高麗史』食貨志』, 韓國精神文化研究院 ; 채웅석, 2009,『『고려사』 형법지 역주』, 신서원 ; 金載名, 1994,「高麗 稅役制度史 研究」, 韓國精神文化研究院博士學位論文 ; 이정희, 2000,『고려시대 세제의 연구』, 國學資料院 ; 박종진,

2000, 『고려시기 재정운영과 조세제도』, 서울대학교출판부

〈윤성재〉

구로즈미농장(黑住農場) 1905년 6월 일본인 구로즈미 이타로(黑住猪太郞)가 전라남도 나주군 영산포 일대에 설립한 농장.

구로즈미농장 가옥

1873년 오카야마현(岡山縣 御津郡 一宮村)에서 태어난 구로즈미는 오카야마 중학을 거쳐 도시샤(同志社) 대학 보통과를 졸업하였다. 1903년 3월 오카야마 현의원에 선출되어 지방행정에도 참여하기도 했다. 러일전쟁에서 일본의 승리가 거의 확정된 1905년 5월 말 구로즈미는 개항장 목포를 거쳐 나주평야의 길목인 영산포로 들어왔다. 영산강이 나주평야의 내륙으로 들어가는 물류 루트로 개척되자, 영산포 일대에는 일본인 촌이 만들어지기 시작했다. 구로즈미는 1906년 영산포 우편소장을 맡았으며 영산포 일대 일본인 사회의 정착, 안집에 주력하였다. 당시 외국인 토지소유권이 인정되지 않은 상황에서 그는 목포흥농협회의 도움을 받아 이 일대 토지를 잠매했는데, 특히 영산강 하류 미간지에 주목하였다. 목포흥농협회 영산포 지점 촉탁 시모노(下野善三郞)를 비롯한 인근 일본인들과 함께 영산강개발위원회를 조직하여 강 하류에 제방을 쌓아 헐값에 매입한 미간지를 농지로 정비해갔다. 1910년 354.3정보(논 188.3정보, 밭 70.1정보, 기타 95.9정보)를 소유한 대지주로 성장했다. 이후 지주경영의 안정적 수익 속에서 소유 토지는 계속 늘어났다. 1922년 455정보(논 209정보, 밭 203정보, 기타 33정보), 1930년에는 1,098정보를 소유한 거대지주로 군림하였다. 그는 농장경영뿐 아니라 농외투자에도 적극적이었다.

1912년 전남승입제조판매조합(全南繩叺製造販賣組合) 조합장, 1918년 조선승입주식회사 사장, 1919년 영산포운수창고회사 전무, 1925년 조선전기주식회사 사장, 영산포 학교조합 관리자, 1929년 전남제사주식회사 감사역, 1930년 용문저수지를 축조한 다시수리조합(多侍水利組合) 조합장 등 다양한 기업 활동을 전개하였다. 이러한 지주적 자본가적 기반 위에 전남지방조사위원·지주회 평의원·조선농회 평의원·전남농회 부회장으로 활동하였다. 1935년 지어진 구로즈미의 집은 현재 영산포 역사기념관으로 지정되어 보존되고 있다.

[참고어] 목포흥농협회, 동태적 지주, 간척

[참고문헌] 阿部勳 編, 1935, 『朝鮮功勞者銘鑑』, 民衆時報社

〈이수일〉

구마모토농장(熊本農場) 한말 일제시기 구마모토 리헤이(熊本利平)가 전라북도 부안군 정읍군·옥구군·김제군 일대에 세운 농장.

구마모토 리헤이는 나가사키현(長崎縣) 출신으로 모지상업학교(門司商業學校)를 거쳐 게이오쥬쿠(慶應義塾) 이재과를 중퇴하고 결혼문제로 모지상업학교 친구 마스토미 야스자에몬(桝富安左衛門) 집안에 의탁하던 중 조선으로 들어왔다. 1903년 10월 구마모토는 전라북도 옥구군 박면 내사리와 태인군 화호리에 농장을 개설하여 조선 농업경영에 착수하였다. 일본 지가에 비해 1/10에 불과한 매우 값싼 토지, 고율소작료의 관행, 비옥한 토양에 적절한 농업기반 시설만 갖춘다면, 조선 농업의 높은 수익성은 틀림없다고 판단하였다. 한국 농업척식의 정치경제적 중요성에 착목한 구마모토는 토지매수에 필요한 대규모 자금 확보에 나섰다. 후일 '일본의 전력왕'으로 불린 동향의 마쓰나카 야스자에몬(松永安左衛門)의 소개로 오사카 재계의 유력 자산가들과 연결되었다. 이들은 구마모토를 적극적으로 지원하고 투자하였다.

구마모토는 전주평야의 비옥한 기간지뿐 아니라 특히 만경강 일대 방치된 미간지와 왕실과 소유권 분쟁으로 갈등을 일으키고 있던 균전을 헐값에 집중적으로 매수하였다. 한국 농민으로부터 토지를 매입하는 일은 그렇게 어렵지 않았지만, 문제는 외국인의 토지소유를 인정하지 않는 대한제국의 토지법제였다. 불법적 잠매를 통해 확보한 토지에 대한 권리를 보호받지 못한다면 농업경영은 불가능한 일이었다. 이에 구마모토는 군산이사청의 지원 아래 일본인 토지취득자 단체인 군산농사조합을 조직하고 적극적인 토지매수에 나섰다. 1905년 구마모토는 자신의 농장경영뿐 아니라 투자의뢰인을 대신하여 1,400여 정보를 매수하고, 이 토지를 위탁받아 관리하였다. 1908년에는 약 1,581정보(구마모토

구마모토농장 화호지장 관리인 가옥

소유지 225정보)로 확대되었다. 구마모토는 1910년 한 해 동안 2,300여 정보라는 엄청난 규모의 토지를 매집했는데, 그 대부분은 그가 위탁경영을 맡고 있던 토지를 인수한 것이다. 1932년에는 대공황으로 일시 자금난에 빠진 오쿠라 요네기치(大倉米吉)로부터 지경농장(地境農場) 583정보를 구입하였다. 1935년에는 주식회사 구마모토농장(자본금 200만 원)을 설립했는데, 이는 당시 격해지고 있던 소작쟁의에 대한 대응책이자 금융기관으로부터 자금을 쉽게 조달할 목적에서였다.

구마모토농장은 1본장 3지장 1분장으로 나누어져 관리되었다. 개정본장(開井本場)·지경지장(地境支場)·대야지장(大野支場)은 금강과 만경강 사이에 존재한 옥구군 김제군 소재 약 1,300정보를 관리했고, 화호지장(禾湖支場)은 동진강 하류 부안·정읍군 소재 약 1,600정보, 그리고 전주지장은 전주 근교의 완주군 소재 900정보를 관리했다. 소유토지의 54%를 점하는 화호지장은 사실상 구마모토농장의 중심이었다.

〈구마모토농장의 토지소유(단위: 정보)〉

연도	논	밭	계
1909년말			225.0
1910년초	156.9	26.0	182.9
1910년 12월	2,286.0	184.0	2,470.0
1911년 12월	2,498.6	226.6	2,725.2
1916년	1,778.0	892.5	2,670.5
1922년말	2,322.5	210.7	2,533.2
1929년 7월	2,750.3	188.0	2,938.3
1932년 3월	3,320.0	197.8	3,517.8
1938년	2,907.5	92.9	3,000.4
1945년 11월	2,690.8	159.6	2,850.4

출처 : 주봉규 소순열 공저, 1996, 『근대 지역농업사 연구』, 서울대학교 출판부, 155쪽.

농장은 농장주 구마모토→본장장→지·분장장→직원→마름→소작인(5인의 연대보증인)으로 이어지는 수직적 관리체계를 구축하고 모든 영농과정에서 소작인을 장악해 갔다. 1936년 현재 49명의 직원이 마름

구마모토농장 관련 서류

67명을 동원하여 소작인 2,687명을 관리 감독했다. 농장직원들은 각 본·지장 밑에 농구(農區)를 설치하고 1인 100정보를 표준으로 소작인들에 대한 세밀한 농사기술 지도를 실행하였다. 또한 구마모토는 전통적인 마름제도를 변형시켜 소작인 관리와 소작료 징수에 적극 활용하였다. 마을 사정에 정통하고 신용 있는 유력자를 마름·총대로 삼고 농장직원을 보좌하도록 했다. 중간착취의 여지를 배제한 마름의 활동으로 농장 측은 고율 지대를 보다 효과적으로 수취할 수 있었다. 농장 소유지는 대체로 수리사업의 완비로 경지정리가 잘 이루어져 있었고, 소작료 징수는 정조법에 따랐다. 지정된 일본 벼 품종과 정조식을 강제했으며 평당 몇 주까지 심을 것을 세세하게 규정하였다. 소작미의 상품 가치를 높이기 위해 소작미의 품질·용량·포장에 대해서도 엄격하게 규정했고, 규정에 미달되면 할증 납입하게 했다.

농장 자산구성을 보면, 농외투자가 극히 적고 유가증권이나 대부금 비중도 매우 낮다. 소작료 판매수입이 총수입의 80~90%를 차지하였다. 1942~43년에는 55만 원, 1944년 47만 원의 당기순이익을 남겼다. 농장의 엄격한 소작인 관리와 과도한 경제적 수취로 말미암아 1930년대 소작쟁의가 자주 일어났다.

[참고어] 군산농사조합, 균전수도, 소작인조합, 동태적 지주

[참고문헌] 주봉규·소순열 공저, 1996, 『근대 지역농업사 연구』, 서울대학교출판부 ; 장성수 외, 2008, 『20세기 화호의 경관과 기억』, 눈빛 ; 함한희·조성실·박진영·문예은, 2010, 「식민지경관의 형성과 그 사회문화적 의미-전라북도 화호리를 중심으로」 『한국문화인류학』 43-1

〈남기현〉

구분(廐糞) 소나 말 등의 분뇨와 초목을 섞어 만든 비료.

외양간 두엄 또는 마구간 거름을 일컫는다. 소나 말의 우리에 초목을 넣어 주어 잘 밟게 하는 동시에 그 분뇨와 섞이게 하여 만드는 것이다. 구비분은 주로

보리를 심는 데 밑거름으로 사용되었는데, 『농사직설(農事直說)』에서는 대소맥(大小麥) 재배에 관해 설명하면서 "봄과 여름 사이 연한 버드나무 가지를 썰어 외양간에 펴두었다가 5~6일 마다 거두어 거름으로 쌓아둔 후 보리 재배에 쓰면 매우 좋다"고 했다. 한편 『농가집성(農家集成)』에서는 다른 여러 가지 원료를 이용한 다량의 구분 제조법을 담고 있다.

[참고어] 시비

[참고문헌] 염정섭, 2002, 『조선시대 농법 발달 연구』, 태학사 ; 김용섭, 2006, 『(신정증보판)조선후기농업사연구(Ⅱ)』, 지식산업사 ; 김영진·김이교, 2008, 「조선시대의 시비기술과 분뇨 이용」 『농업사연구』 7-1

구분위전(口分位田) 고려시기 향리(鄕吏)·진척(津尺)·역자(驛子) 등 국역 부담자에게 지급한 토지.

잡구분위전(雜口分位田)이라고도 한다. 향리나 진척·역자 등 특수한 국역을 부담한 자들에게 역의 대가로 지급한 토지였다. 관련 사료가 1345년(충목왕 1)의 기록에 보이고 있어 적어도 고려 후기에는 지급되었을 것으로 파악되고 있다. 그러나 고려 전기에 이러한 토지가 지급되었는지는 현재로서는 알기 어렵다.

구분위전은 크게 보면 인위전(人位田)·인위구분전(人位口分田)에 속하며, 실전(實田)으로 배정되었다. 인위전이 얼마나 분급되었는지는 정확하지 않으나, 고려 말~조선 초에는 약 2~3결정도가 배정되었다. 그러므로 분급 전토라는 점에서는 수조지와 같으나, 역리·역정 등이 자경(自耕)하는 것이 관습으로 굳어져 조선 초까지도 개인 소유지인 민전을 침탈하는 사태를 동반하였다. 한편 이들 토지는 공전(公田)으로 간주되고, 둔전과 유사하게 자경무세(自耕無稅)로 운영되었다.

역(驛)은 정치적·군사적으로 특수성과 중요성을 가지고 있었으므로, 역이 설치된 구역을 역촌(驛村)이라 했다. 역촌 내의 주민과 토지는 역의 유지·운영을 위해 사역되었다. 비록 역이 국가에 의해 설치되었지만, 인위전을 분급수조지로 지급할 수는 없었다. 따라서 역리 자신의 소유지 또는 역촌 내의 주민이 보유했던 토지를 역토로 승인하였는데, 그 중에 인위전이 포함되었다.

[참고어] 구분전

[참고문헌] 權寧國 外, 1996, 『譯註『高麗史』食貨志』, 韓國精神文化研究院 ; 安秉佑, 2002, 『高麗前期의 財政構造』, 서울대학교출판부 ; 李景植, 2011, 『韓國 中世 土地制度史-高麗』, 서울대학교출판문화원 〈정덕기〉

구분전(口分田) 통일신라시기부터 조선 초기에 이르기까지 지급되었던 토지 지목. 본래 중국에서 시행되었던 균전제에서 상속을 허용하지 않고 당대에 주어졌다가 도로 국가에 환수되는 토지를 가리킨다.

중국 북조(北朝)의 북위(北魏)에서 당(唐)나라 때까지 실시하였던 균전제에서 사용하였던 용어에서 기인했다. 실시 초창기였던 북위나 북제(北齊)에서는 구분(口分)이라든가 구전(口田)이라는 말이 사용되었다. 이는 각 개인에게 할당된 토지라는 뜻으로 노전(蘆田)뿐만 아니라 상전(桑田), 마전(麻田) 등에 대해서도 적용하였다. 구분전이 영업전(永業田)과 더불어 정식 지목의 명칭으로 등장했던 것은 수(隋)나라를 거쳐 당나라에 들어서였다. 특히 624년(당 고조 7)에 반포된 무덕령(武德令)에서는 '받은 바의 토지 가운데 10분의 2를 세업(世業)으로 하고 10분의 8을 구분으로 하는데, 세업하는 토지는 받은 사람이 사망하면 호를 승계하는 자에게 지급하며 구분하는 것은 관(官)에서 몰수했다가 문득 다른 사람에게 지급한다'라고 했다. 이때에 이르러 구분전이라고 칭해지면서 그 성격도 뚜렷해졌다. 즉 영업전의 대칭되는 개념으로써 국가에 환수되는 땅임을 분명히 했다. 자연히 특별한 경우가 아니라면 매매나 증여하는 것 등이 불가능하였다.

구체적인 지급 규정을 보면, 737년(당 현종 25)에 정해진 것에서는 21세부터 59세까지의 정남(丁男) 및 16세부터 20세까지의 중남(中男) 1명에게는 각각 구분전 80무(畝), 영업전 20무, 총계 100무씩을 주도록 했다. 60세 이상의 노남(老男)과 독질(篤疾) 및 폐질(廢疾)에게는 구분전 40무씩을, 그리고 과부에게는 구분전 30무씩을 지급하게 했다. 한편 100무를 지급받았던 정남과 중남을 제외한 일반 남녀의 호주(戶主)에게는 구분전 30무, 영업전 20무, 합계 50무씩을 지급하도록 했다.

그러나 영업전과의 관계에 대해서는 애매한 점이 많다. 영업전으로 응당 주어야 할 토지의 양 보다도 훨씬 넓은 면적을 지녔던 시기나 지역에서는 구분전 분급이 원활하게 실행되었을 것이다. 하지만 사정이 그렇지 못한 시점이나 곳에 따라서는, 즉 영업전의 지급이 상당히 곤란했을 경우에서는 어떻게 처리했는지가 의문이다. 이로 말미암은 탓인지 돈황(敦煌)이나 투루판(吐魯番) 등에서 발견되었던 균전제 실시와 관련된 문건에서는 실제 규정액대로 지급되었던 경우가 사실상 매우 적었다. 더구나 응수전(應受田), 이수전(已受田), 미수전(未受田)이 별도로 기록되었다는 점에서 반급(班給)하기 위한 목표액이었다는 주장이 설득력을 얻고 있는 실정이다. 한편 당나라 때에는 상층 농민층의 토지소유가 확대되고 있었기 때문에 점유의 한도액으로 설정했을 것이라는 견해도 만만치 않다. 더구나 실시의 직접적인 증거가 되었던 호적에 보이는 토지관계는 대체로 영업전을 기초로 해서 기록되었다. 즉 호적에 기록된 토지의 액수가 영업전을 중심으로 균전법규를 적용시킨 것으로 보인다. 그리고 종종 구분전과 영업전의 구별이 애매한 경우도 있었다. 그러므로 구분전의 회수와 다른 사람에게로의 지급이 어느 정도 행해졌는지가 여전히 연구상으로 여러 의문점을 낳게 한다.

동아시아의 여러 국가들에서 당나라의 율령제와 함께 균전제도 수용하려는 시도가 있었다. 우리의 경우도 예외가 아니었다. 하지만 전자에 비해 후자의 경우에는 전면적으로 실시했다는 증거가 발견되지 않았다. 다만 통일신라시기부터 구분전을 지급했다는 기록이 있어서 그와 관련된 논쟁이 제기되었다. 계속해서 고려를 거쳐 조선 초기에 이르기까지 지급에 관한 규정이 나옴으로써 그 성격과 역사적 의미에 관해 여러 각도에서 검토되고 있다. 균전제 실시와의 관련성뿐만 아니라 시간의 변화에 따른 성격상의 차이에 대해 상당한 고찰이 이루어지고 있다.

우선 통일신라시기에 효행으로 이름 높았던 향덕(向德)에게 지급되었던 예가 있다. “천보 14년(755, 경덕왕 14)에 흉년이 들어 백성들이 굶주렸고 전염병이 겹쳤다. 부모도 굶주리고 병이 났으며, 어머니는 또 종기가 나서 모두 거의 죽게 되었다. 향덕이 밤낮으로 옷도 벗지 않고 정성을 다하여 몸을 편안하게 하고 마음을 위로하였으나 봉양할 것이 없었다. 이에 자신의 넓적다리 살을 베어 내어 드시도록 하였고, 또 어머니의 종기를 빨아내어 모두 무사하게 되었다. 고을의 관청에서 이 일을 주에 보고하고 주에서 왕에게 보고하였다. 왕은 명을 내려 조 3백 섬과 집 한 채, 구분전 약간을 하사하였다.(天寶十四年乙未年荒, 民饑加之以疫癘, 父母飢且病, 母又發癰, 皆瀕於死. 向德日夜不解衣, 盡誠安慰, 而無以爲養. 乃刲髀肉以食之, 又吮母癰, 皆致之平安. 鄕司報之州, 州報於王, 王下敎賜租三百斛, 宅一區, 口分田若干[『삼국사기』 권48, 열전 향덕])”고 한다.

향덕에게 지급되었던 구분전은 사전에 정해놓은 제도에 의해 실시된 것이기보다 효행에 대한 개인적인 포상의 의미를 담고 있다. 자연히 그 성격에 관해 여러 견해들이 제기되었다. 특히 722년에 처음으로 백성들에게 나눠주었던 정전(丁田)과의 관련성을 놓고 논란이 벌어지기도 했다. 정전을 균전제 실시와 연계시킬 수 있다면 그 성격이 분명해질 것이다. 하지만 이에 관한 반론도 만만치 않으며 무엇보다 관련 자료가 부족하여 현재로서는 확실한 결론을 내리기 어렵다.

구분전 지급에 관해 제도화된 규정이 처음으로 선보였던 것은 고려시기였다. 하지만 지급 대상과 그 액수가 출발할 때부터 확정되었던 것은 아니었다. 일단 1024년(현종 15)에 이르러 아들이 없이 사망한 군인의 처에게 구분전을 지급하였다. 당시 거란과 치열한 전쟁을 치르는 중이었기 때문에 군인 가족의 처우 문제가 시급하였다. 그러나 이때 구체적인 지급 액수는 언급되지 않았다. 1047년(문종 1)에 공포되었던 판에 “6품 이하 7품 이상으로서 연립할 자손이 없는 사람의 처에게 구분전 8결을 지급한다. 8품 이하와 전사한 군인의 처에게는 모두 5결을 지급한다. 5품 이상 호의 부부가 모두 사망했으며 아들은 없고 출가하지 않은 딸이 있으면 8결을 지급하되 딸이 출가하면 관에 반납하도록 한다.(判, ‘六品以下七品以上, 無連立子孫者之妻, 給口分田八結, 八品以下, 戰亡軍人, 通給妻口分田五結, 五品以上戶, 夫妻皆死, 無男而有未嫁女子者, 給口分田八結, 女子嫁後, 還官’[『고려사』 권78, 식화지1 전제 문종 원년 2월])”라고 했다. 비로소 구체적인 액수와 함께 사망한 군인의 처 외에 6품 이하 관리의 과부와 5품 이상의 부모가 모두 사망하고 출가하지 않은 여자에게도 지급되었음이 확인된다. 아울러 국가로 환수되는 원칙도 정했다. 즉 딸이 출가하면 환수한다고 했는데 처의 경우에는 사망하면 반납했을 것이다.

그리고 얼마 뒤인 1069년(문종 23)에 70세 이상의 노병으로 역을 대신하는 자손이나 친척이 없으면 단지 구분전 5결만 주고 나머지는 국가에 환수토록 하였다. 아울러 해군도 이 예에 따르도록 했다. 즉 복무를 대신하는 사람이 없는 노병에게도 지급하였다. 노병도 사망하면 국가로 환수되었을 것이다.

전기에 나오는 지급 규정에 의하면, 스스로의 힘으로 생활하기가 어려웠던 노병이나 사망한 관리와 군인의 처, 부모와 남자 형제, 남편마저 없는 관리의 딸 등에 국한되었음을 알 수 있다. 이를 근거로 해서 일부 계층에게만 주어졌던 것으로 파악하려는 연구가 있다. 한 걸음 더 나아가 관리 중에서 무반에만 한정시키려는 성과도 있다. 이는 노병이나 자식 없이 사망한 군인의 처와의 관련성을 염두에 두고서 제시되었다.

그런데 후기에 들어가면 일부가 아닌 여러 다양한 계층에게 제도적으로 분급했던 기록이 나온다. 이로 인해 다양한 해석이 제기되었다. 먼저 1308년(충선왕 복위) 11월 국왕은 전농사(典農司)에 대해 경기 8현(京畿八縣)의 녹과전(祿科田)과 구분전을 제외한 토지의 조(租)를 조속하게 거둬서 저축하라고 지시했다. 이를 통해 경기 8현에 구분전이 지급되었음을 알 수 있다.

다시 1345년(충목왕 1) 8월 도평의사사에서 건의하기를, "바라옵건대 선왕께서 제정한 경기 8현의 제도에 의거하여 토지를 다시 경리하여 어분전, 궁사전과 향리·진척·역자의 잡구분위전은 원래의 토지대장을 확인하여 헤아려 지급하고, 양반·군인·한인의 구분전은 원종 12년 이전의 공문을 확인하여 지급하며, 그 나머지 사급전은 모두 거두어 들여 직전으로 균등하게 지급하십시오. 그 밖의 토지에 대해서는 국가가 조세를 거두어 국용에 충당하십시오'라고 하니 제가하였다.('乞依先王制定京畿八縣, 土田更行經理, 御分·宮司田, 鄕吏·津尺·驛子雜口分位田, 考覈元籍量給, 兩班·軍·閑人口分田, 元宗十二年以上, 公文考覈折給, 其餘諸賜給田, 並皆收奪, 均給職田. 餘田, 公收租稅, 以充國用'. 制可[『고려사』 권78, 식화지1 전제 충목왕 원년 8월])" 이것으로 경기 8현에 다양한 계층, 우선 양반과 군인, 한인 등에게 구분전이 지급되었음이 확인된다. 이어서 향리·진척·역자에게 지급된 잡구분위전이 문제인데, 앞의 구분전과는 구별되는 것으로 파악하는 견해가 있다. 즉 양반 구분전과 향리 등의 잡구분위전은 다르다는 것이다. 이에 반해 '잡(雜)'은 향리·진척·역자를 뭉뚱그려 가리키는 것이고, '구분위전(口分位田)'은 구분전과 위전을 합쳐서 부른 것으로 전자는 향리에게, 후자는 진척·역자에게 각각 지급했다고 해석하는 연구도 있다. 현재로서는 구별하는 입장이 우세한 편이다.

자료상으로 보면, 전기의 규정과 후기, 특히 원간섭기의 그것과는 차이가 있다. 이에 대한 논쟁은 크게 두 가지로 나뉜다. 먼저 자료들을 액면 그대로 해석해서 전기와 후기의 그것 사이에는 성격 차이가 분명하다는 입장이다. 이는 이른바 전기 구분전과 후기 구분전으로 나눠보려는 것이다. 전기에는 부양가족이 없는 노병이나 관리·군인의 자식 없는 과부, 부모도 없고 출가도 못한 관료 집안의 딸 등 스스로의 힘으로 살아가기 어려운 층의 생계를 돕기 위한 휼양(恤養)의 목적으로 지급되었다는 것이다. 반면에 후기에는 상대적으로 넓은 층에게 지급되었는데 양반 등에게는 양반·군인·한인 구분전, 향리 등에게는 잡구분위전을 주었다는 것이다. 다시 이는 토지의 성격에서도 차이가 나는데 전자는 수조지, 후자는 경작지라는 것이다. 후기에 들어오면 구분전이 휼양의 범주를 넘어서 직역과 연관되어 지급되었다는 것이다. 그것은 토지제도의 변동을 집약적으로 보여주는 것으로 이해하였다.

다음으로 후기의 자료에서 거론되는 양반·군인·한인 구분전은 전기까지 소급 적용시켜야 한다고 간주하는 주장이다. 이에 따르면 전시과의 일부를 구성했던 것으로 파악하면서, 직역과 연계되어 분급되었던 직전은 받은 토지의 대부분이 외방에 분포하였고, 그 나머지 일부는 구분전이라는 명목으로 경기에 주어졌다는 것이다. 최소한의 생활 자료로 삼기 위함이라고 한다. 이는 당시 운반비용이라든가 수취제도 등을 감안했을 때 불가피했다는 것이다. 교통이나 운송 수단 등이 충분하게 발달하지 않은 상태에서 개인에게 지급된 사전(私田)이 경기에 집중될 경우에는 여러 가지 면에서 많은 문제가 일어날 소지가 컸다고 이해했다. 자연히 국가재정과 개인 경리와의 균형을 유지하기 위해 경기에 최소한도의 구분전을 설정할 필요가 있었으며, 이는 그 원리를 미루어 보아 후기만이 아닌 전기에도 실시했을 것으로 파악했다. 그러므로 전기와 후기의 구분전이 성격상 구별되지 않는 것으로 보았다.

조선에서도 구분전은 지급되었다. 1405년(태종 5)에 정해진 호조의 속사(屬司)인 급전사(給田司)의 임무 가운데 영업전과 구분전의 지급도 포함되었다. 표면상으로 마치 균전제가 실시되었던 것처럼 보이지만 실제로는 과전법이 행해졌다. 따라서 그 일환으로 주어졌으며 일부 계층에 한정되었다. 먼저 6도의 인리(人吏)에게 5결씩 주었다. 그러나 세종 때에 이르러 한전(旱田)으로 3결만 지급하였다. 그리고 이전에 전라도 연해 고을에서 생활했었으나 왜구 방어를 위해 교동(喬桐)과 강화(江華)로 이주해서 좌우변(左右邊)에 소속되었던 수군들에게 1결 50부씩 지급하였다. 1417년(태종 17)에 이르면 대전(代田) 50부만 주고, 나머지는 모두 관으로 돌렸다. 한편 신분은 양인(良人)이나 천한 일에 종사했던 간척(干尺)에 속했던 사람에게도 지급하였다. 일시적이었지만 황해도의 철간(鐵干)에 대해 잡역을 면제하고 구분전을 지급하여 오로지 철을 단련하는 일에 종사시켰다. 이어 새로 설치한 삼전도(三田渡)에 다른 곳의 진척(津尺)을 배속시키면서 구분전을 주어 윤번으로 교대 근무하게 했다.

국역을 부담했던 노비층에게도 지급하였다. 먼저

각역(各驛)에 소속된 전운노비(轉運奴婢)와 급주노비(急走奴婢)들을 삼정(三丁)으로 1호(戶)를 삼아, 전자에게는 구분전 50부를, 후자에게는 1결씩을 주었다. 더불어 사신의 왕래가 잦았던 관계로 부담이 매우 컸던 평안도의 관역(館驛)에 대해 특별히 사사(寺社)의 종을 전운노로 삼아 배정하고, 보충군(補充軍)을 관부(館夫)라고 일컬어 속하게 하며 모두 구분전을 지급하였다. 선농단(先農壇)·우사단(雩祀壇)·선목단(先牧壇)·원단(圓壇)·산천단(山川壇)·사한단(司寒壇)·한강단(漢江壇)·백악당(白岳堂)을 지키는 노자(奴子)들에게도 2결을 주었다가 50부로 감축하였다.

그러나 1445년(세종 27)에 각 기관에 속해 있었던 국가수조지를 일원화시킨 국용전제(國用田制)를 실시하면서 인리, 교동과 강화의 수군 등에게 지급되었던 구분전을 혁파하였다. 이를 계기로 해서 여타의 구분전도 모두 환수되었을 것이다. 그 뒤에는 더 이상 지급 사례가 발견되지 않는다.

이처럼 조선에서는 인리로부터 수군의 일부, 신량역천(身良役賤)의 하나였던 철간과 진척, 국역을 부담하는 노비층에게 지급하였다. 그것은 특별한 국역을 부담하는 일부 계층에게 그 대가로 주어졌던 것으로 다른 시기의 것과 차이가 있었다.

균전제에서 유래했던 것으로 지급받았던 토지를 궁극적으로 국가로 환수하는 것을 특징으로 했던 구분전은 통일신라시기로부터 조선 초기까지 주어졌다. 시기마다 조금씩 내용과 성격이 달랐는데 균전제와의 관련성에 대해서는 아직까지 많은 의문점이 제기되었다. 통일신라 때에는 효행에 대한 포상으로 지급했던 사례가 보일 뿐이다. 고려에 들어와 제도화된 지급 규정이 나오고 있다. 전기와 후기에 걸쳐 나오는데, 전자의 시기에는 노병이나 관료와 군인의 과부, 부모 없이 출가 못한 관료의 딸 등에게 주어졌다. 후자의 경우에는 양반·군인·한인 등의 여러 계층에게 지급하였다. 이로 인해 단절과 연결에 대한 논쟁이 계속되었다. 조선 초기에도 지급했으나 실제 특별한 국역을 담당한 일부층에게 그 대가로 주워졌다가 얼마 뒤 혁파되었다. 이처럼 시기에 따라 많은 변화를 겪었는데 그것은 당해 사회의 토지제도의 운영 방식이 달랐기 때문이다.

[참고어] 균전제, 구분위전

[참고문헌] 武田幸男, 1967, 「高麗時代の永業田と口分田」『社會經濟史學』 33-5 ; 문병우, 1978, 「고려시기 구분전에 대한 연구」『력사과학』; 洪英基, 1987, 「朝鮮初期 口分田에 대한 一考察」『高麗末·朝鮮初 土地制度史의 諸問題』, 西江大學校, 人文科學研究所 ; 李景植, 1988, 「高麗時期의 兩班口分田과 柴地」『歷史教育』 44 ; 李喜寬, 2001, 「新羅 三國統一의 農民的 土地分給 問題」『韓國古代史研究』 23

〈윤훈표〉

구수농장(溝手農場)/구수보태랑(溝手保太郎) ⇒ 미조테농장

구재(舊災) 당해년 이전의 급재(給災)에서 이미 재결(災結)로 파악되었던 토지.

[참고어] 급재

구전법(區田法) 한전(旱田, 밭)에서 가로 세로 길이가 각각 1.5척(尺)에 깊이가 1척인 구(區)를 연속적으로 만들고 각각의 구에 숙분(熟糞) 등 시비재료를 넣은 다음 종자를 뿌려 재배하는 경작법.

구종법(區種法)이라고도 한다. 구전 규격에 맞게 한전을 구획하는 경지정리 방식과 그렇게 구획된 농지를 가리키는 의미이지만, 농지를 구획하는 것 자체가 이미 작물을 재배하는 방식을 가리키는 것이어서 구전법, 구종법은 한전에서의 작물 재배법을 의미하게 되었다.

구전법은 중국 북위 시기에 가사협(賈思勰)이 지은 『제민요술(齊民要術)』에 상세히 기술되어 있고, 원대(元代)의 관찬 농서인 『농상집요(農桑輯要)』, 명대(明代) 서광계(徐光啓)가 지은 『농정전서(農政全書)』에도 전재되어 있다. 그에 따르면 구전은 거름 기운[糞氣]을 요체로 삼고 반드시 비옥한 땅[良田]이 아니어도 괜찮다고 하였다. 그리고 야산이나 주거지 근처, 높은 지역의 경사진 곳 등에서도 활용할 수 있는 방식이었다. 구전은 작물이 자라는 바로 그 구역만 시비를 하면서 지력을 활용하고, 작물이 자라지 않는 이웃하는 땅을 활용하지 않는 것이었다. 따라서 애초에 경지의 전면(全面)에 대한 기경(起耕) 작업을 생략하는 방식이었다.

조선시기 농서들인 홍만선(洪萬選)의 『산림경제(山林經濟)』, 유중림(柳重臨)의 『증보산림경제(增補山林經濟)』, 박제가(朴齊家)의 『진북학의소(進北學議疏)』, 박지원(朴趾源)의 『과농소초(課農小抄)』 등에도 구전법에 대한 설명이 들어 있다. 특히 박지원은 "구전하는 법은 척박한 땅에서만 실행하는 것은 마땅하지 않고, 비옥한 땅에서 실행하면 더욱 좋을 것이다. 그리고 한전에만 적당한 것이 아니라 수전에서도 구전법을 실행하면 더욱 좋을 것이다.(區田之法, 不獨墝瘠之地宜行也. 凡於膏沃之土尤善, 不獨旱田爲宜, 雖水田亦好.[『課農小抄』, 「田制」])"고 했다.

19세기 초반 서유구(徐有榘)는 『임원경제지(林園經濟志)』에서 구전법에 대해 상세하게 소개했다. 특히 구전이 가뭄이 들었을 때에도 쉽게 물을 댈 수 있다는 점, 거름성분을 뿌리에 온전히 전해줄 수 있다는 점을 강조하였다. 그는 1811년(순조 11)에 극심한 가뭄이 들었을 때 구전으로 재배한 작물의 경우 가을에 수확할 수 있었다는 경험담도 전해주고 있다.

구전으로 재배하는 작물은 맥(麥, 보리), 두(豆, 콩)가 대표적이지만, 호마(胡麻, 깨), 임(荏, 들깨) 등도 적용할 수 있었다. 구전은 거름의 기운을 온전히 작물의 종자에게 향하게 하는 것이기 때문에 기름진 밭이 아니라도 적용할 수 있었다. 또한 산언덕이나 마을 근처의 높고 험한 곳이나 비탈진 곳, 그리고 산 구릉 등 대부분의 농경지에서 구전을 만들 수 있었다.

한편 조선의 농사 관련 일화 속에서 구전법과 관련된 것이 『과농소초』에 전한다. 이상진(李尙眞)이 아직 급제하지 않았을 때 집안이 매우 가난하였는데, 토교(土校) 전동흘(田東屹)의 도움으로 구전법을 실행하여 커다란 수확을 거두었던 일화이다. 그에 따르면 전동흘은 전주 건지산(乾支山) 아래에 있던 사람들이 쓰다가 버린 밭 반일경(半日耕)을 사서, 가을에 나무 말뚝 수천 개를 1척 길이로 만들어 망치로 밭 가운데에 박아놓았다가, 다음해 봄에 말뚝을 빼고 거기에 조를 심어 50석을 수확하였다는 것이다. 박지원은 이렇게 망치 하나와 나무말뚝으로 많은 곡식을 수확한 것을 구전법의 별법(別法)이라고 평가하고 있었다.

[참고어] 산림경제, 과농소초, 임원경제지

[참고문헌] 염정섭, 2012, 「燕巖의 『課農小抄』에 대한 綜合的 檢討」 『연암 박지원 연구』(실시학사 실학연구총서 04), 사람의무늬

〈염정섭〉

구정량법(丘井量法) 조선 후기 이래로 제기된 방전론(方田論) 중 하나로, 숙종대 유집일(兪集一)이 제창한 토지측량안.

현실의 결부법(結負法)으로 인한 폐단을 해결하기 위해 토지를 정정방방(正正方方)으로 구획하여 절대면적을 파악하고자 했던 논의들을 방전론이라고 한다. 구정량법은 방전론의 가장 선구적인 논의이다. 주(周)나라의 '四井爲邑, 四邑爲丘'하는 구정지법(丘井之法)을 양전방안에 도입한 것으로, 구정지법에서 유추하여 방전지도(方田之圖)를 작성한 까닭에 이를 '방전법'이라고도 했다.

유집일(1653~1724)은 본관이 창원(昌原)이며, 자는 대숙(大叔)이다. 정(淨)의 증손으로 할아버지는 여해(汝諧)이며, 아버지는 현감을 지낸 근(瑾)이다. 1680년(숙종 6) 진사로서 정시문과에 병과로 급제한 뒤 지평(持平)이 되었고, 1694년 김시걸(金時傑)·이인병(李寅炳)·유상재(柳尙載) 등과 함께 양사에 제수되었다. 위접관(慰接官)으로 대마도에 가서 울릉도와 독도의 영유권을 주장하기도 했으며, 1696년 승지를 거쳐 경상도관찰사·황해도관찰사·대사간·예조참판 등을 역임했다. 1718년에는 형조판서를 거친 뒤 이듬해 공조판서를 지냈으며, 1720년 숙종이 죽자 산릉도감제조(山陵都監提調)를 지낸 뒤 기로소에 들어갔다.

구정량법은 유집일이 황해도 관찰사에 재임하던 1701년(숙종 27)에 제시되었다. 이후 비록 실패로 끝났지만 황해도 3개 읍의 농지를 개량할 때 시행되기도 했다. 그러나 구정량법에 대해 유집일이 직접 남긴 기록은 전해지지 않는다. 다만 실록에서의 단편적인 기사와 함께 『목민심서(牧民心書)』와 『경세유표(經世遺表)』 등에서 정약용이 구정량법에 대해 재구성하여 설명한 것이 전하고 있다. 이에 따르면, 구정량법은 정전제에 대한 장재(張載)의 견해와 주희(朱熹)의 어린도설(魚鱗圖說)을 참고하여 만들어진 것임을 유집일 스스로 밝혔다고 한다. 즉 정전제가 현실에서 시행가능함을 전제로 하되, 파악된 토지를 어린도와 같은 지적도로 관리하는 형태로 고안한 것이다.

구체적으로 구정량법은 논두렁을 새로 만드는 방식이 아니라 사방에 돈대[墩]를 쌓아 표식을 만들어 구획을 정리하도록 했다. 이는 정전법 시행에 있어 가장 난점이었던 토지구획을 현실에 맞게 변용한 것으로 이해된다. 또한 360보(步)를 1리(里)로 하며, 각 돈대 사이의 간격을 1리로 하였다. 이때 돈대는 장광(長廣) 2척(尺)으로 쌓고, 사방 1리를 1정(井)으로 하였다.

이처럼 구정량법에서 제시한 토지구획 방안에 대해서는 정약용 등이 남긴 설명을 통해 간접적으로 살펴볼 수 있을 뿐, 조세수취방식 등과 같은 구체적인 사안에 대해서는 전하는 자료가 없다. 그럼에도 유집일의 구정량법에서 촉발된 방전논의는 이후로도 계승되었고, 정약용을 비롯해 19세기 후반 이기(李沂), 유치범(兪致範), 유진억(兪鎭億) 등이 제시한 토지측량 개선안에 그 원형으로 활용되었음을 확인할 수 있다.

[참고어] 방전론, 방전도설, 망척

[참고문헌]『목민심서』;『경세유표』; 최윤오, 1992,「숙종조 방전법 시행의 역사적 성격」『국사관논총』 38 ; 김용섭, 2004,「다산과 풍석의 양전론」『한국근대농업사연구』 Ⅰ, 지식산업사

〈윤석호〉

구황(救荒) 흉년으로 기근이 발생하였을 때 조정이나 향촌사회, 개인 등이 굶주린 사람을 구제하는 일.

농업생산에 커다란 차질을 전해주는 자연재해 등으로 흉년이 들면 대부분 기근(饑饉), 염병(染病) 등이 동반되었다. 이때 조정이나 향촌사회, 재산을 축적한 개인 등이 굶주린 사람들의 최소한의 생존을 보장하기 위해 구제에 나섰다. 이러한 구제활동을 흉년의 구제라는 점에서 구황(救荒)이라고 부른다. 조정의 구황책에 초점을 맞출 경우 황정(荒政)이라는 용어도 사용되었다. 황정이란 어느 한해의 농업생산이 가뭄과 홍수 등의 재해로 말미암아 소기의 성과를 거두지 못하게 되었을 때, 재해를 최소화하려는 노력을 기울이고, 농민이 회생할 수 있는 대책을 수립하여 추진하는 정책적인 과정을 가리킨다.

조선 정부의 구황실행 양상을 자세히 살펴볼 수 있는데, 먼저 조정에서는 구황을 수행하기 위해 사전 준비작업을 위해서 봄부터 가을까지 농사 작황(作況), 우택(雨澤)의 대소 등을 파악하였다. 이러한 사전 조사 결과 흉년이 확실하게 되었을 때 구황을 위한 다양한 시책을 실시하였다.

먼저 흉년을 맞이하여 수확을 제대로 거두지 못한 기민(飢民)의 부담을 덜어주기 위해 부세(賦稅)의 감면 등을 실행하였다. 이후 황정의 구체적인 단계인 구황은 외방의 관찰사와 수령이 담당하였다. 또한 조관(朝官) 가운데 구황 책무를 띤 경차관(敬差官)을 파견하여 진제(賑濟)를 도와주고, 감사와 수령을 독려하였다. 기민을 구제하기 위해 진제장(賑濟場)을 설치하여 기민에게 먹을 것을 무상으로 지급하고, 또한 의창곡을 활용하여 환자[還上]를 분급하였다. 의창을 통한 구황의 실제는 결국 종량(種糧) 즉 종자와 양식의 분급이었다. 구황의 실제 수행 과정에서 곡물을 군현 사이에 또는 도 사이에 이전하거나 기민의 일시적인 이주를 허용하는 방안이 실행되기도 하였다.

조정에서는 구황식물을 활용하는 구황방(救荒方)을 널리 보급하고, 이를 정리하여 수록한 구황서를 편찬하는 정책도 실시하였다. 구황식물은 흉년 때 농작물 대용의 야생 식용식물 등을 가리킨다. 구황식물을 사람이 먹을 수 있게 만드는 조리과정을 거쳐 구황식품으로 활용하였다. 구황방은 이들 활용 방법이라고 할 수 있다. 농촌에서 오랫동안 전승되어온 여러 구황방을 수집하고 정리하는 과정에서 구황서가 편찬되었다. 구황방은 농서 또는 유서(類書)에 수록되기도 하였다.

세종 대에는 백성들이 끼니를 잇지 못하고 있는데 이를 구해낼 방법이 없는 것을 걱정하여『구황벽곡방(救荒辟穀方)』이라는 구황서를 편찬하였는데, 지금은 전하지 않는다. 현재까지 전해지고 있는 가장 오래된 구황서는 1541년 중종 대에 충주목사로 재직하던 안위(安瑋)가 편찬한『충주구황절요(忠州救荒切要)』이다.『충주구황절요』의 내용을 보면 절량법(節糧法), 양식의 절약, 진휼관(賑恤官)의 임무, 식용 야생초목의 비축, 구황용(救荒用) 장(醬), 아사(餓死)에 직면한 사람에 대한 조치 등이 담겨 있었다. 또한 진황전(陳荒田)의 개간 권장, 흉년 때의 농우 사육 보조, 노비 축출 금지, 도적을 방비하는 대책 등이 실려 있었다.

『충주구황절요』에 이어서 1554년에 편찬된 구황서가 바로『구황촬요(救荒撮要)』이다. 각 구황방은 의역(意譯)으로 언해(諺解)가 첨부되었다. 한성부(漢城府)와 오부(五部), 관찰사와 수령으로 하여금 민간에『구황촬요』를 전파할 임무를 부여하고 있었다.『구황촬요』는 당대에 활용하던 구황방의 일부를 모은 것이었다. 당시 통용되던 구황방의 요긴한 바만 뽑아서 정리한 것이었다.『구황촬요』는 잘 알려져 있다시피 언해가 붙어 있어 농민의 재생산이라는 사회경제적 토대의 유지를 위해 편찬되었음을 짐작하게 해주고 있다.

조선 국가가 추진한 구황정책의 세부적인 내용과 관련해서『주례』에 나오는 황정을 살펴볼 필요가 있다.『주례』 지관(地官) 대사도(大司徒)에 실려 있는 '황정십이조(荒政十二條)'는 흉년이 닥쳤을 때 실행에 옮길 수 있는 구체적인 항목을 들고 있다. 그 가운데 곡식 종자와 양식을 나누어주는 것[散利]과 세금을 적게 거두는 것[薄征]은 가장 중요한 실행항목이었다. 이외에 형벌을 완화하는 것[緩刑], 금령을 없애는 것[舍禁], 형벌을 엄하게 하여 도적을 사라지게 하는 것[除盜賊] 등이 포함되어 있었다.『주례』에 수록된 12개 실행항목은 조선의 황정에서도 구황방안에 포함되던 것이었다. 그런데 좀더 따져보면, 이 '황정12조'가 곧 국정의 올바른 수행, 조정의 온갖 정사의 온전한 실시와 다른 것이 아님을 알 수 있다.

국가적 차원에서 금주령을 내린 것도 구황정책의 일환이었다. 예컨대 순조 대에는 "(비국에서) 또 아뢰기를, 술을 금지하는 일은 본래 백성을 위해 구황하는 뜻에서 나온 것인데, 듣는 바로는 근간에 오면서 양반 가호들의 금법을 위배하는 것이 갈수록 심해지고 있습니다. 이익을 독점하는 자는 어떻게든 모면하고 하소연할 곳 없는 자만 그 피해에 치우치게 걸려들어서, 금령이 차츰 문란하여 원망이 더욱 심해지니 백성을 구제하려던 것이 이제는 도리어 백성을 고통스럽게 하는 것이 되고 말았습니다.(又啓言 酒禁, 本出爲民救荒之意, 而聞自近日以來, 班戶犯禁, 愈往愈甚, 権利者必歸圖免, 無告者偏罹其害, 法禁漸壞, 怨讟愈多, 其所以救民者, 今反爲厲民而止.[『순조실록』 권18, 15년 1월 10일 병신, 48책 74면])"라고 했다.

『반계수록(磻溪隨錄)』을 지은 유형원(柳馨遠)은 황정 12조 가운데 큰 벼리, 즉 대강(大綱)에 해당하는 것으로 산리(散利)와 박정(薄征) 두 가지를 지목하였다. 유형원은 이미 창고에 보관되어 있는 공재(公財)를 푸는 것과 민이 내야 하지만 아직 거두지 않은 조(租)의 액수를 덜어주는 것이 황정의 가장 중요한 요체라고 파악하였던 것이다. 공곡(公穀)을 민간에 나누어주어 먹을 것을 보태주고, 부세(賦稅)를 견감(蠲減)하여 민의 부담을 덜어주는 것이 황정의 요체라는 설명이다.

조선 후기의 구황서 편찬은 먼저 『구황촬요』의 증보라는 방향으로 이루어졌다. 인조 대 김육(金堉)이 1639년에 『구황촬요』를 벽온방(辟瘟方)과 합쳐 충주에서 간행하였는데, 그 판본이 경상도 영천에서도 간행되었다. 한편, 1660년 서원현감 신속(申洬)은 『구황촬요』에 「구황보유방(救荒補遺方)」을 붙여 『신간구황촬요(新刊救荒撮要)』를 편찬·간행하였다. 17세기 후반 방각본(坊刻本)이 유행하면서 여러 책이 많이 출판되었는데, 거기에 『농가집성』과 더불어 『신간구황촬요』가 포함되었다. 1806년 전라도 태인(泰仁)에서 전이채(田以采)와 박치유(朴致維)가 방각본으로 『신간구황촬요』를 간행하여 세상에 널리 보급시켰다.

정조 대인 1783년 간행된 『자휼전칙(字恤典則)』은 구황서 중 뜻깊은 책으로, 아동 휼민(恤民)의 원칙을 새롭게 제시한 것으로 평가된다. 『자휼전칙』은 흉년에 살아남기 어려운 아이들을 구제하는 방책을 국가에서 제시하고 있다는 점에서, 이를 실제로 집행해야 할 국가기관뿐만 아니라 민간의 잠재적인 미래의 유기아(遺棄兒) 수양인들에게 알려주는 것이라는 점에서 중요한 의미가 있다.

19세기 초 서경창(徐慶昌)은 자신이 고방(古方)을 참고하여 '식송(食松)'하는 법을 지었다. 그는 송엽(松葉)의 효과 등을 설명하면서, 구황의 좋은 약제라고 주장하였다. 송엽의 이용은 그 이전부터 시도되었다. 예컨대 숙종대에는 상평청에서, "갑자년(1684) 겨울에 진휼청에서 『구황촬요』에 기재된 바 가정 연간의 계목 중에 솔잎을 먹는 방법을 상고해 가지고 민간에 권유하도록 여러 도에 알렸는데, 각 고을에서는 태만하여 이를 거행하지 않았으므로, 민간에서는 골고루 알지 못하고 실행하지 아니합니다.(常平廳啓曰, 甲子冬, 自賑恤廳, 考出救荒撮要所載, 嘉靖年啓目中, 松葉服食之方, 勸諭民間, 行會諸道, 而各邑慢不擧行, 民間不能遍曉而行之.[『숙종실록』 권17, 12년 11월 17일 정유, 39책 81면])"라고 아뢰기도 했다. 또한 서경창은 고구마 재배에도 주목하였는데, 소나무 식용법을 정리하여 책자로 만든 것도 구황하는데 소나무가 커다란 실효성을 지니고 있었다고 판단하였던 것이다.

이외에도 1800년대 초중반에 이정리(李正履)가 『구황초략(救荒草略)』을 편찬하였다고 전해지나, 현재 실물은 남아 있지 않는다. 그 외에 『구황필지(救荒必知)』, 『구황서(救荒書)』라는 구황서명도 전해지고 있다. 또한 1939년 박학종(朴鶴鍾)이 편찬한 『조선증보구황촬요(朝鮮增補救荒撮要)』는 구황방, 생식방(生食方), 벽곡방(辟穀方), 승선방(升僊方)으로 구성되어 있다.

조선시기에 조정에서 추진한 구황정책은 농민의 기본적인 재생산을 도모한 것이었다. 농민들에게 생산에 필요한 식량과 종자를 대여·분급하기도 하였다. 그리고 흉년으로 수확이 불충실한 것을 감안하여 분수(分數)로 부세를 감면해주었다. 또한 기민에게 무상(無償)으로 곡물 등을 나누어 주어 구제하기도 하였다. 조선 초기에는 구황의 주요한 기구인 의창(義倉)의 운영을 통해 국가 주도의 구황사업을 전개하였고, 이를 통해 자영농의 보호에 주력하였다. 또한 조선 정부는 민간의 부호(富豪)를 구황에 동원하기 위한 여러 가지 시책도 펼쳤다.

[참고문헌] 梁晉碩, 1989, 「18·9세기 還穀에 관한 硏究」 『韓國史論』 21, 서울대 국사학과 ; 鄭亨芝, 1992, 「朝鮮後期 賑恤政策硏究-18世紀를 중심으로-」 이화여자대학교 박사학위논문 ; 文勇植, 1995, 「18세기 후반 진휼사업과 賑資 확보책」 『史叢』 44, 고대 사학회 ; 조규환, 1996, 「16세기 救荒政策의 변화」, 서울대 국사학과 석사학위논문 ; 李玟洙, 2000, 『朝鮮前期 社會福祉政策 硏究』, 혜안

〈염정섭〉

국농소(國農所) 국둔전(國屯田)의 별칭으로, 군수와 국용을 조달하기 위해 국가가 설치하고 운영했던 토지.

조선 초 설치되었다가, 명종대 이래로 사실상 소멸되었다. 『경국대전』에 따르면 "그 땅이 있는 고을 경내의 진수군이 경작하여 수확하도록 해서 군량으로 충당한다.(以所在官境內鎭戍軍, 耕穫補軍資.[「호전」, 제전])"고 했으나, 주로 농민이나 노비 등을 통해 경작했다. 관찰사가 대상지를 선정해 중앙에 보고하면 호조에서 심의하여 가부를 통보하는 절차를 거쳐 설치되었고, 해당 지역의 수령이 관리를 담당하였다.

국농소는 국둔전의 별칭이었다. 예컨대 1426년(세종 8) 충청도 감사 유계문(柳季聞)이 국농소(國農所)에 폐단이 있는 까닭을 아뢰었는데, 세종은 "변진에서 군인을 모아 농사를 짓는 일은 옳지마는, 별도로 국둔전을 만들어 농민을 시켜 농사를 짓는 것은 옳지 않으니, 경도 폐단이 있는 것을 알 것이다.(在邊鎭聚軍人農作之事則可也, 別立國屯田, 驅農民以耕耨不可, 卿亦知有弊矣.[『세종실록』 권32, 8년 4월 16일 기묘])"라고 하여 국농소와 국둔전을 동일한 대상으로 이해하고 있었다. 또한 위 언급에서는 '차경차수(且耕且戍)'가 이루어졌던 일반적인 둔전과 달리, 국농소 즉 국둔전이 농민의 사역을 통해 경작되어 폐단이 되고 있음을 알 수 있다.

[참고어] 국둔전, 둔전

[참고문헌] 『經國大典』; 『世宗實錄』; 이상균, 2009, 「조선전기 國農所에 대한 역사지리적 해석」 『문화역사지리』 21-1, 한국문화역사지리학회

〈윤석호〉

국둔전(國屯田) 중앙의 재정과 군자 충당을 목적으로 설치·운영한 토지.

조선 초기 둔전제는 고려 말부터 내려온 제반 둔전문제를 정리하고 호급둔전(戶給屯田)의 치폐과정을 거치면서 복잡한 제도적 변화를 겪지 않을 수 없었다. 이 가운데 조선 정부가 직접 각도의 관찰사를 통해 설치한 것이 바로 국둔전이었다. 국둔전은 관찰사가 대상지를 선정하여 중앙에 보고하면 호조에서 심의하여 가부를 통보하는 절차를 거쳐 설치되었다. 국둔전의 관리는 해당 지역의 수령이 담당하였다. 국둔전은 국가재정이나 군자(軍資)에 충당하는 것을 목적으로 하였으며 관둔전과 달리 규모에 제한이 없었다. 국둔전은 국가의 소유지이자 직영지로서 '국농소(國農所)'라고도 지칭되었는데, 1392년(태조 1) 음죽 지방 둔전 하나만을 남기고 모두 폐지되었다가 1409년(태종 9) 복설되었다. 이는 이때가 당시 운영되고 있던 호급둔전제의 성과가 부진한데다가 군자의 충당이 필요한 시점이기 때문이었다.

국둔전의 경영은 일반농민들의 부역동원을 통해 이루어졌다. 이 과정에서 무리한 사역으로 농민들의 불만이 나타나기도 하였고 일반민의 경작지가 침탈당하는 등 부작용도 뒤따랐다. 부역제에 의한 경영으로 국둔전 운영은 그리 안정적이지 않았고 생산성도 높다고 할 수 없었다. 1424년(세종 6) 국둔전의 총수입이 1만 5천여 석으로 산정되었는데 만일 부역제의 형태로 경영되지 않는다면 2만석을 상회하는 수입을 올릴 수 있다고 한 보고는 바로 이를 지적한 것이었다. 결국 1426년 관둔전과 함께 국둔전의 폐지가 결정되어 토지는 일반농민에게 분급, 수세하는 형태로 운영되는 한편, 북방의 함경도와 평안도에 대한 둔전개간이 새롭게 이루어졌다. 양계를 중심으로 진행된 둔전책은 개간, 영토확장, 군량조달 등을 목적으로 하였으나, 군인 노동력 부족과 농민사역의 문제로 끝내 폐지되었다.

둔전개간은 1540년 문종이 즉위하면서 다시 추진되는데 주로 평안도 지역을 중심으로 논의되다가 함경도 일부지역과 황해도 자성까지 대상 지역이 확대되었다. 세조 대에 접어들면서 국둔전의 재건은 본격적으로 추진되었는데, 국둔전 경영의 성과가 있을 경우 시상하는 방침을 세울 정도로 적극적이었다. 정부는 당시 평안도의 곽산·안주·삼화, 황해도의 황주·수안·강령, 함길도의 정평·덕원, 강원도의 연곡·삼척·양양·고성·울진 등 중부 이북의 국둔전 외에 각도의 관찰사로 하여금 둔전의 설치를 독려함으로써 국둔전의 전국적 확장을 꾀하였다. 세조 대에 국둔전 제도가 강화·확장될 수 있었던 것은 대대적인 호구파악, 보법(保法)의 실시, 진관체제의 정비 등에 힘입은 바 컸다. 종래 북부지역 외에 밀양, 김포, 통진, 평강 등지에서 국둔전이 확인되는 것은 이러한 노력의 소산이다. 한편 관둔전의 정한(定限) 외의 한광지(閑曠地)가 있을 경우 국둔전으로 개발했다.

국둔전의 경영은 국역체계를 통해 동원된 노동력에 의해 이루어졌다. 농우·농기·종자 등 농업경영에 소요되는 제반 물자는 둔전 소속 기관에서 제공하였다. 경작은 군인·노비나 일반농민 등의 부역노동이 주종을 이루었다. 국둔전에 투입되는 노동력은 주로 군역자들이었고, 일반농민의 요역 동원이나 농민의 사적 경영은 원칙적으로 허용되지 않았다. 군인층 가운데 국둔전 경작에

주로 동원된 것은 선군(船軍)이었다. 양인층의 병종인 선군은 국초 이래 그 수가 가장 많았고 국둔전 경작노동력으로도 절대적인 비중을 차지했다. 선군 이외에 정병(正兵)·파적아(破敵衙)·팽배(彭排)·섭육십(攝六十)·차정군(次正軍)·수성군(守城軍)·잡색군(雜色軍) 등이 국둔전 경작노동력으로 투입되었다. 이들 군인노동력 이외에 중요한 노동력으로 들 수 있는 것이 공노비(公奴婢)였다. 공노비는 둔전 경작 노동력이 부족할 경우 대체 노동력으로 가장 일반적인 형태였다. 특히 1406년(태종 6) 대거 확보한 혁거사사노비(革去寺社奴婢)의 상당수가 전농시(典農寺)에 소속되어 둔전경작에 동원되었다.

국둔전 경작을 담당한 특정 신분층으로는 간농부(干農夫)가 주목된다. 간농부는 고려 이래 국둔전 경작을 임무로 하는 직역층으로 농장경영에 투입된 처간층(處干層)과 동일한 존재였다. 이들은 특정 신역의 농민층에 의한 국둔전 경작이 폐지되자 둔전경작에서 일단 배제되었으나, 그 일부가 선군에 편입됨에 따라 둔전경작에 동원되었다. 하지만 이들 노동력에 대한 관리가 철저하다고 할 수 없었고 이 때문에 농번기가 닥치면 일반 농민들을 동원하여 노동력의 부족을 메우기 일쑤였다. 수령은 국둔전 경작에 필요한 노동력이 부족할 경우 국가의 대사라는 명분과 관권의 강제를 통해 민간의 노동력을 징발하였다. 이에 따라 경작자들이 농업노동력을 집중해야할 농사철에 둔전과 자기영농을 동시에 수행해야하는 부담이 지어졌고 이는 기본적으로 국둔전이 병농일치(兵農一致)라는 신역체계를 기반으로 한데서 발생하는 모순이었다. 때문에 국둔전의 경작에도 부역제에 입각한 경작방식을 폐지하고 병작(竝作)을 도입하여 일정액 또는 일정비율의 지대를 수취하는 새로운 방식이 도입되었다. 16세기 이후 농업경영 전반에 나타나는 병작제의 확산이라는 추세에 국둔전도 자유로울 수 없었던 것이다. 이는 왕조정부의 개간활동과 소유지 확대의 대종을 이루어간 국둔전이 이제는 내적으로는 부역노동이 가진 모순과 한계 때문에 더 이상 지속되기 어려운 상태에 접어들고 있음을 보여준다. 17세기 황해도의 국둔전이 사실상 유명무실하다는 보고에서 보듯, 국둔전제는 조선 후기에 접어들면서 사실상 그 제도적 명맥이 끊어졌다. 국둔전 자체의 운영상 모순은 물론 왜란과 호란 이후 궁방·아문 등에 의해 이루어진 광범위한 절수(折受)가 기존의 방식과는 다른 둔전 개설 방식으로 자리를 잡아감에 따라, 국둔전 개설이나 유지의 필요성이 사실상 사라졌기 때문이었다.

[참고어] 둔전, 군둔전, 국농소

[참고문헌] 李鍾英, 1964, 「鮮初의 屯田制에 對하여」『史學會誌』 7, 연세대사학연구회 ; 李載龒, 1965, 「朝鮮初期屯田考」『歷史學報』 29 ; 李景植, 1978, 「朝鮮初期 屯田의 設置와 經營」『韓國史硏究』 21·22합집 ; 송양섭, 2006, 『조선후기 둔전 연구』, 경인문화사

〈송양섭〉

국무농장(國武農場)/국무희차랑(國武喜次郞) ⇒ 구니타케농장

국보(局報) 조선총독부 임시토지조사국의 기관지.

조선총독부 임시토지조사국은 집무 상 필요한 사항을 관련부서와 직원에게 공지하기 위해 1910년 11월 25일부터 『국보』를 발행하였다. 1915년 2월 제59호까지는 매월 5일과 20일에 발행되었고, 1916년 10월 5일 제116호까지는 매월 5일·15일·25일에 발간되었다. 주요 내용은 임시토지조사국의 각 부서 및 출장소에서 보고한 내용과 임시토지조사국에서 지시하는 법령 및 조사보고 등에 관한 것이었다. 편집순서는 법령·영달·사령·통계·휘보로 되어 있다. 1916년 말경 종간되었을 것으로 추정되고 있다. 1914년 『국보』 37호의 경우, 부록으로 면(面)의 명칭과 구획을 실고 있다.

[참고어] 임시토지조사국

[참고문헌] 임시토지조사국, 1914, 『국보』 37

국세징수법(國稅徵收法)/국세징수령(國稅徵收令) 일제는 1909년 2월 26일, 1906년 칙령 제60호로 공포한 조세징수규정을 폐지하고 법률 제5호로 국세에 해당되는 모든 세금을 징수하기 위하여 국세징수법을, 1912년에는 국세징수령을 제정했다.

국세징수법은 35개조로 4장과 부칙으로 구성되었다. 4장은 총칙, 징수, 체납처분, 벌칙 등이다. 국세는 관세 기타 별도로 규정한 것 외에는 이 법률에 따라 징수하도록 했다. 제1조에서 국세징수는 모든 다른 공과와 채권에 우선하는 것으로 했다. 탁지부대신의 지정에 의하여 면내 각종 국세를 징수하여 국고에 납부하는 기관으로 면을 선정하고, 납입금액에 따라 교부금을 주도록 했다. 면에는 재무서장이 인허한 공전영수인을 두고 국세를 징수하도록 했다. 제3장은 체납처분규정으로 압수, 체납불가품목 등을 정했다. 생활상 불가결한 물건, 제사배례에 관한 것 등이 그것이다. 압수물건은 유가증권, 동산, 부동산 등이었다.

그리고 악의로 납세를 거절하거나 교사 선동하여 납세를 거절하게 한 자는 태형 50이하에 처한다는 형벌 규정도 정하였다.

국세징수에 관한 구체적인 절차는 국세징수법 시행세칙에 정하였다. 이는 33조와 부칙으로 구성되었는데, 여기서 국세를 지세·호세·가옥세·선세·염세·주세·연초세·인삼세 등 8개로 정하였으며, 면교부금은 국고에 납입한 금액의 2/100로 정했다. 세칙에 정한 주요사항은 다음과 같다. 납세는 재무관리가 징수하는 것과 면에서 징수하는 것이 있는데, 후자는 재무관리가 면에 납액고지서를 발하면, 면장이 면수납부에 기재한 다음 납세자에 납세고지서를 발부하고, 공전영수원이 이를 징수한다. 체납의 경우는 독촉서를 발급한 다음, 소정의 절차를 거쳐 체납자의 재산을 압수하고 압수조서를 작성한다. 압수물건은 공매처분하는데, 입찰 또는 경매의 방법에 의하고 그 절차를 정했다.

일제는 한국을 강점한 다음 국세징수령을 제정하고 1912년 1월 1일부터 실시하였다. 국세의 징수는 국세징수법에 의하고(제1조), 모든 다른 공과와 채권에 우선하며(제2조), 납세자가 독촉을 받아 지정한 기한까지 독촉수수료 연체금과 세금을 완납하지 않을 때 체납처분을 할 수 있다(제3조)고 규정했다. 그리고 제23조의 3에는 부동산 또는 선박을 차압할 때는 수세관리가 차압 등기를 소관 등기소에 촉탁해야 하고, 그 말소 또는 변경의 등기에 대해서도 또한 같다고 했다. 차압 부동산은 공매를 통하여 처분하도록 했다(제24조). 그리고 체납처분 절차에 조선부동산 등기령에 의거하여 등기부에 기재하고 처리하는 절차를 도입하였다.

해방 후에는 1949년 12월 20일 법률 제82호로 제정되고, 1961년 12월 8일(법률 제819호)과 1974년 12월 21일(법률 제2680호)의 전문개정을 포함, 여러 차례 개정되었다. 국세징수에 관한 개별적인 사항은 각 세법에 규정되어 있고, 국세징수법은 일반적이고 공통적인 사항을 규정하고 있는 징수에 관한 기본법적 성격을 가진 절차법이다. 주로 체납 후의 징수에 관한 사항을 규정한 것으로 3장 88조 부칙으로 구성되어 있다. 그 내용은 총칙에 국세·가산금, 체납처분비의 징수순위, 납세완납증명서 등을 규정하고, 징수절차·징수유예·독촉·체납처분 등을 각 장절에 나누어 규정하고 있다.

[참고어] 지세령, 조선부동산등기령, 채권, 차압

[참고문헌] 내각법제국 관보과, 『관보』 4311호, 1909년 2월 26일 ; 조선총독부, 1940, 『조선법령집람』(상권2) 〈최원규〉

국용전(國用田) 고려 이래로 중앙의 각사[京中各司]에 분속되었던 수조지(收租地)를 1445년(세종 27) 국가에서 일괄 수세토록 한 토지.

조선초의 재정운영은 고려 이래의 '경비자판(經費自辦)' 원칙을 따르고 있었는데, 이는 중앙 각사 및 직역자에게 위전(位田)을 지급하여 이들에게 그 생산물이나 전세를 독자적으로 운영·수취케 한 것이었다. 그러나 1445년 국용전제(國用田制)의 시행이 결정되면서 개인이 수조하는 과전(科田)과 지방기관의 교통·행정을 위해 지급한 수소지 일부를 제외한 모든 토지는 국가에서 일괄 수세하는 국용전으로 편입되었다. 특히 16세기 이후로는 국초 약 10만결을 상회했던 과전이 소멸하면서 대부분 국용전이 되었다. 한편 조선후기에는 궁방전(宮房田)이나 영문 및 아문의 둔전(屯田) 등 수조지가 꾸준히 확대되기도 했는데, 면세결의 면적은 원결(元結) 대비 10%를 넘지 못하는 정도였다.

[참고어] 위전, 공법, 과전

[참고문헌] 오정섭, 1992, 「고려 말·조선 초 각사위전을 통해서 본 중앙 재정」 『한국사론』 27 ; 이혜정, 1997, 「朝鮮 初期 財政運營 方式과 國用田制」 『경희사학』 21 ; 이장우, 1998, 『조선 초기 전세제도와 국가재정』, 일조각 ; 강제훈, 2002, 『조선 초기 전세제도 연구 : 답험법에서 공법 세제로의 전환』, 고려대학교 민족문화연구원 〈윤석호〉

국유림구분조사(國有林區分調査) 1911년 국유림을 국가경영상 필요한 요존국유림과 민간에 처분할 불요존국유림으로 구분 조사한 사업. 이 조사는 임야소유권을 확정짓는 임야조사사업과 병행하여 1924년 완료되었다.

일제는 삼림령으로 국유림 관리와 운영, 처분 정책을 수립하면서 국유림구분조사를 실시하여 국유림을 확정해 갔다. 삼림법의 국유림은 지주의 자발적 신고 유무만으로 만들어졌다는 데 한계가 있었다. 1910년 임적조사사업을 시행했지만, 국유 민유의 구분 및 경계 등이 분명하지 않아 여기서 확인한 국유림 전체를 대상으로 국유림 정책을 시행하기에는 문제가 많았다. 일제는 임적조사와 삼림령으로 구분조사를 실시할 국유림을 정한 다음 보존도가 높은 임야는 국유로 확정하고, 보존 정도가 낮은 임야는 조림을 목적으로 민간에 대부하기로 방침을 정하였다. 삼림령에서 국유림 처분 방안으로 조림대부 규정을 두었지만, 국유림 가운데 어떤 토지를 대부지로 선정할 것인지가 문제였다. 이를 위해

서는 먼저 국유림을 구분하여 정리하는 작업을 하지 않으면 안되었다.

국유림구분조사는 1914년 4월 국유임야구분조사 및 처분조사의 건, 1915년 2월 국유임야구분조사내규, 1915년 5월 영림창 소관 임야구분조사내규를 발포하면서 진행되었다. 조사대상은 요존림과 제1종 불요존림이었는데, 이들의 조사구분은 한편으로 민유림과 제2종 불요존림을 사전 조사하는 작업이기도 했다. 요존 예정임야는 국토보안 및 산림경영상 국가소유로 보존할 필요가 있는 임야로서, 존치를 요하는 정도가 높고 낮음에 따라 다시 갑종(甲種)과 을종(乙種)으로 구분하였다. 불요존 임야는 요존치 예정임야에 해당되지 않는 임야로 연고유무에 따라 제1종과 제2종으로 구분하였다. 제1종은 연고자가 없는 임야로 민간에 양여, 대부, 매각할 수 있으며, 제2종은 연고자가 있는 임야로 민간에 양여, 대부, 매각할 수 없는 임야였다.

이외에도 국유림구분조사에서는 부락 평균 1호가 필요로 하는 사유림이나 연고림이 2정보에 미치지 못할 경우 그 부족분을 연고없는 국유림인 제1종 임야에서 부락림 예정지로 공제하도록 했다. 이들 부락림예정지는 임야조사사업에서 면 또는 동리를 연고자로 하여 임야를 신고할 수 있었다. 그런데 구분조사에서 만들어진 공동이용지는 면동리 통폐합으로 기존 동리가 변경되는 과정에서 자치성이 배제된, 새롭게 편제된 면동리를 연고자로 하는 임야였고, 이후 면유재산관리규정에 의해 면유로 편입되거나 동리 자격을 유지하더라도 그 관리는 면으로 통일되었다.

국유림구분조사는 임적조사사업의 결과를 바탕으로 한 국유림의 요존·불요존 구분이었고 그 결과를 도면과 조사서로 작성하였다. 그러나 이 조사는 국유림을 법적으로 확정한 것이 아니라 단순한 행정상의 내규에 근거하여 수행되었기 때문에 법적 행정적으로 불안정하였고, 분쟁지가 적지 않았다. 결국 국유림구분조사는 임야소유권을 확정짓는 임야조사사업과 병행하여 1924년 완료되었다.

[참고어] 불요존국유림, 요존국유림, 조선임야조사사업, 임적조사사업

[참고문헌] 강영심, 1998, 「일제의 한국삼림수탈과 한국인의 저항」, 이화여대 박사학위논문 ; 이우연, 2010, 『한국의 산림 소유제도와 정책의 역사, 1600~1987』, 일조각 ; 강정원, 2014, 「일제의 山林法과 林野調査 연구-경남지역 사례」, 부산대 박사학위논문

〈강정원〉

국유미간지이용법(國有未墾地利用法) 대한제국기 일제의 주도로 황폐한 땅을 개간한다는 명분아래 1907년 7월 4일 법률 제4호로 제정된 법률.

1906년 10월 26일 토지가옥증명규칙이 공포되면서 그해 12월부터 외국인의 토지소유가 허용되었다. 따라서 그 동안 불법적으로 매입한 기간지는 물론 민유미간지의 소유와 개간도 법적으로 허용되었다. 그러나 국유미간지의 소유에 관한 규정은 국유미간지의 개념규정과 함께 아직 마련되지 않았다.

일제는 토지조사사업이 시행되지 못하고 있는 상황에서 일본이 새로 획득할 토지의 사유권을 보장할 수 있는 법적 근거로 토지가옥증명규칙을 활용하는 한편, 국유미간지이용법을 제정하고자 하였다. 통감 이토 히로부미(伊藤博文)는 한국 각처의 원야, 소택 등 황폐한 땅을 개간하기 위해 법률 제정을 제안하였다. 그의 요구에 따라 1907년 7월 4일 법률 제4호 국유미간지이용법이 제정되었다. 이것으로 "민유 이외의 원야, 황무지, 초생지, 소택지 및 간석지" 등이 '국유미간지'라는 개념으로 국유로 확정되었다. 문제는 국유, 민유의 구분이 분명치 않은 상황에서 국유미간지 개념이 도출된 데 있었다. 국유미간지이용법이 제정되고 이에 따라 미간지의 국유화가 이루어진 바, 국유 민유에 대한 조사와 구별은 토지조사사업을 기다려야 하는 것인데도 불구하고 일제는 '일시적 편략수단'으로 국유미간지이용법을 제정하여 민유가 아닌 것을 국유라고 정리하고 개간을 추진한 것이다.

종래 민인들이 비교적 자유롭게 개간할 수 있었던 무주한광지(無主閑曠地)가 모두 국유미간지에 포함되었는데, 그 개간이 농상공부대신의 허가를 요하고 통감부에 의하여 통제됨으로써 농민들은 개간권을 상실한 것이다. 또한 경작된 적이 있는 진전의 경우 이를 개간한 뒤 주인이 나타나면 주인에게 돌려주는 것이 관습이었지만 국유미간지이용법에 의하여 지방관 및 농상공부의 행정적인 판단에 따라 국유미간지로 확정하여 대부허가를 하게 되면 원주인의 권리는 완전히 사라지게 된다. 따라서 국유와 민유를 구분하는 행정적인 판단이 문제가 되며 그것은 매우 자의적으로 시행될 수밖에 없었다. 물론 조선민과의 마찰을 피하기 위하여 잠정적으로 조선 구래의 관습을 인정하여 3정보를 한도로 개간권을 인정하기도 했지만, 1911년 법령 개정으로 이 규정마저 폐지되었다.

공유지라고 볼 수 있는 초생지, 노생지의 경우 모두

국유미간지에 편입되었다. 지역민의 연료 및 노초 생산지가 국유미간지로 되었다. 국유미간지이용법이 실시된 이후 미간지의 국유와 사유 분쟁은 계속되었다. 이 문제를 해결하기 위해 1912년 미간지의 국유와 사유를 구분하는 기준이 마련되었다.

국유미간지용법의 제정에 따른 또 하나의 문제는 일본인도 한국인과 똑같이 이 법에 따라 개간지의 대여와 대여 후 무상부여 및 불하의 혜택을 받을 수 있게 되었다는 점이다. 개간을 통한 무상부여와 불하는 일본인이 불법적으로 취득한 토지를 증명을 통해 소유권을 확보하는 것과는 달리, 소유권을 '원시취득(原始取得)' 하는 것이어서 토지조사사업에 기초한 등기제도가 마련되기 전에 개간을 통해 토지소유권 확보가 안정적으로 보장되게 된 것을 의미한다. 국유미간지이용법의 주 수혜자는 일본인 자본가였다.

[참고어] 무주한광지, 삼림산야급미간지 국유사유구분표준, 원시취득

[참고문헌] 대한민국 국회도서관, 1972, 『한말근대법령자료집 V』; 조선총독부임시토지조사국, 1918, 『조선토지조사사업보고서』; 이영호, 2000, 「일제의 식민지 토지정책과 미간지 문제」 『역사와 현실』 37 ; 조석곤, 2003, 『한국 근대 토지제도의 형성』, 해남 〈이영호〉

국유민유구별표준(國有民有區別標準) ⇒ 삼림산야급미간지 국유사유구분표준

국유삼림산야부분림규칙(國有森林山野部分林規則) 1908년 일제가 삼림법을 제정하면서 산림을 육성하기 위해 조림자의 출원으로 국유림에 부분림을 설정하기 위한 법제.

일제는 삼림법을 제정하면서 부분림 제도를 도입하여 산림을 육성하고 처분할 방안을 마련했다. 삼림법에서 "농상공부대신은 조림자와 그 수익을 나누는 조건으로 국유림에 부분림을 설정할 수 있다"(제3조), "부분림의 수목은 국가와 조림자의 공유로 하고 그 지분은 수익의 비율과 동일하게 한다"(제4조)는 조항을 두었고, 별도로 1908년 3월 국유삼림산야부분림규칙을 제정하였다. 그 내용을 보면, 출원면적은 최소 5정보 이상으로 면적 제한이 없으며, 분수비율은 민유 최대 9/10로 하였다. 설정 기간은 100년 이상으로 연장도 가능했다. 단 온돌문화로 인해 벌채기는 교림(喬林)에서 단기 20년, 왜림(矮林)에서 5년으로 제한하였다.

부분림에서 조림자가 관리인과 간수인을 둘 때는 부분림 존속 기간 내에 부분림 또는 근접한 국유삼림산야에 지역을 선정하여 100정보당 1호 비례로 1정보 이내의 경작지를 무료로 대부할 수 있도록 하여 개간권을 허용하였다. 1908~1911년 3년간 부분림 허가 건수는 일본인 12건, 한국인 10건으로 차이가 없으나 면적에서는 일본인 5,840정보, 조선인 1,582 정보로 4배나 넓은 면적을 대부받았다. 삼림법을 입안했던 도케 미쓰유키(道家充之)가 일본인 부호를 유치하여 조림사업을 경영하는 데는 부분림 제도가 적당하다고 역설하였듯이, 자본력이 우세한 일본인 부호를 유치하고자 했던 의도가 반영된 것이었다. 지역적으로 경상남도와 전라도에 편재되어 있어 일본인의 토지소유가 집중되어 있는 지역과 일치하였다. 일본인 지주는 부분림을 통해 산림의 소유면적을 확대해 나갔다.

그러나 부분림 제도는 일제의 적극적인 장려정책에도 불구하고 큰 성과를 거두지 못했다. 그 원인은 첫째, 산림 소유권과 경계가 확정되지 않은 상태에서 부분림을 설정하여 지역민들과의 대립을 초래하였다. 둘째, 부분림 제도는 조림자와 관청 사이에 절차가 복잡하였다. 셋째, 토지소유권자가 국가였기 때문에 조림자는 조림에 성공해도 수목 및 산물에 대한 수익권만 가질 뿐 소유권을 획득할 수 없어 자본유치가 원활하지 못했다. 넷째, 벌기(伐期)까지 수입이 없어 국가의 입장에서 치산사업을 활성화하는 일이 쉽지 않았고, 자본가의 입장에서도 투자가치가 떨어졌다. 이는 1911년 삼림령에서 조림대부제를 도입하는 중요한 배경으로 작용하였다. 부분림 제도의 실효성이 떨어지자 일제는 이를 대체하기 위해 '조림'을 명분으로 산림을 대부해 주고, 정한 기준에 부합하면 양여하여 소유권을 주는 방향으로 정책을 전환하였다.

[참고어] 삼림령, 삼림법, 조림대부제

[참고문헌] 道家充之, 1933, 「韓國時代の林業に關する思ひ出話」 『朝鮮林業逸誌』; 강정원, 2014, 「한말 일제의 산림조사와 삼림법 성격」 『한국근현대사연구』 70, 한국근현대사학회 〈강정원〉

국유지(國有地) 공유지, 관유지를 포함한 개념이 아니라 병립된 개념. 대한제국은 이들을 묶어 '공토(公土)'라고 명명하였는데, 일제는 토지조사사업에서 공토를 모두 국유지로 설정하였다.

갑오개혁 이후 왕실을 비롯하여 중앙 및 지방의 각 영·아문과 역이 소유한 토지는 역토·둔토·목장토·궁

장토 등으로 불렸지만, 후대 일제가 이들을 묶어버린 '국유지'와 같은 개념은 성립되어 있지 않았다. 대한제국은 이들을 묶어 '공토'라고 명명하였다. 궁장토는 공토에 포함되지 않은 경우도 있으나 공토는 사토에 대비되어 궁장토까지 포함한 국가기관 전체의 토지를 의미하는 것으로 볼 수 있다. 대한제국의 토지정책에서 국유지의 개념이 성립되지 않았음은 물론이다.

한국의 내정을 장악한 통감부는 토지법 제정을 위해 부동산법조사회를 조직하고 부동산 관습조사를 실시하였다. 이를 위해 마련한 9개의 조사문항 가운데 '관민유 구분의 증거', '국유와 제실과의 구별 여하'를 중요한 조사사항으로 설정했다.

① 관민유구분의 증거 : 토지에는 관유지, 민유지의 구별 있다. 관유지란 국가 또는 제실의 소유에 속하는 토지를 말한다. 민유지란 사인 또는 지방단체의 소유에 속하는 토지를 말한다. 이 양자의 구분은 왕왕 명확하지 않은 것이 있다. 한국에서도 정말 인민의 토지소유권을 인정하는 이상은 토지의 관유, 민유를 구별하는 것은 물론일 것이지만 그 관유인 것, 민유인 것의 증거는 어디에 있는가?

② 국유와 제실과의 구별 여하 : 근래 공법관념의 발달에 수반하여 군주국에서는 국의 경제와 제실의 경제를 명확히 구별하는 것을 예로 한다. 따라서 토지도 관유지를 다시 국유와 제실유로 나눈다. 한국에서도 이 구별을 인정하는가 아닌가. 만약 인정하지 않는다면 무엇에 의하여 양자를 구별하는가. 그 표준을 알고 싶은 것이다.

조사사항의 설정에서 보듯이 관유와 민유의 구분, 관유 가운데 국유와 제실유를 구분할 방침은 처음부터 강구된 바였다. 전국의 토지를 관유와 민유의 두 가지로 구분하여 그 소속을 분명히 해야 한다는 관점이 보인다. 중층적 토지소유 같은 것을 정리해야 할 의향도 비치고 있다. 관유 가운데서 국가와 왕실을 구분해야 한다는 의지는 분명하다. 이러한 조사지침에 따라 부동산법조사회에서는 1906~7년 전국 각지에서 구별의 근거에 대한 조사를 실시하였다. 각 지방에서 조사한 원 기록을 종합 정리한 결과는 다음과 같다.(法典調査局, 『不動産法調査報告要錄』, 1908)

① 관민유구분의 증거 : 관유지와 민유지의 구별은 보통 문기의 존재여부 또는 납세의 유무에 의거하여 정할 수 있다. 즉 관유지에는 문기가 없고 또 납세도 없는 것을 통례로 한다. 민유지에는 대저 문기가 있고 또 납세하는 것을 보통으로 하는 것이다. 그리고 양안에는 면세지를 등록하지 않는 것을 원칙으로 함으로써 양안도 역시 토지의 관민유를 구별할 증거로 삼을 수 있다. 그렇지만 관유지에도 때로는 문기가 있다. 즉 인민으로부터 사들인 토지에는 문기가 있고, 또 관유지라 하더라도 매매로 인하지 않고 개간 기타의 사실로 인하여 소유권을 획득한 것에는 문기가 없으므로 문기의 유무에 따라 관민유를 구별할 수 없는 경우도 있다. 또 관유지에서는 통상 납세하지 않지만 역전, 둔토, 교전(校田) 등에는 근년 과세하고 있고 또 민유지라 하더라도 전, 답 이외에는 과세가 없다. 특히 전, 답에서도 소위 은결이 적지 않으므로 민유지로서 납세하지 않는 것 있다. 때문에 납세의 유무도 역시 토지의 관민유를 구분할 확실한 표준이 되지 못한다. 결국 실지에 나아가 판별하는 수밖에 없다.

② 국유와 제실유의 구별 여하 : 지금에는 국유의 토지와 제실유의 토지를 구별하여 전자는 탁지부에서 관장하고 후자는 궁내부에서 관장한다. 제실유의 지소로서는 궁전, 역전, 둔토 등이 두드러진 것이고, 규장각·기로소 등에 속하는 지소, 관아의 부지, 교전, 기타 국유의 임야는 국유지가 확실한 것이다. 그렇지만 양자를 구별하는 데는 확실한 표준이 없다.

관유와 민유의 구분은 문기의 유무와 납세의 유무로 구분한다고 파악하였다. 그렇지만 이 기준은 절대적인 기준이 되지 못하므로 실지조사를 할 수밖에 없다는 견해를 보였다. 국유와 제실유의 구분에는 확실한 표준이 없고 단지 탁지부에서 관장하는 것은 국유이고, 궁내부에서 관장하는 것은 제실유로 볼 수밖에 없다고 하였다. 이것들을 궁내부의 각궁과 내장원에서 담당하였던 점은 생략되면서 아직 국유지의 개념을 설정하지 못한 것으로 보인다.

1906년 9월 농상공부에서 마련한 개간규칙에는 국유지, 관유지, 공유지, 민유지의 개념이 등장한다. "국유·관유·공유·민유지에 개간 기업(起業)하되 국유지는 산악·구릉·임수(林藪)·원야·피택(陂澤)·하안(河岸)·해포(海浦) 등지요, 관유지는 각 관청 관할에 속한 토지요, 공유지는 사원 촌리사(村里社) 등에 속한 공중이 관리사용하는 땅이요, 민유지는 인민이 사유로 계권(契券)이 있어 서로 매매하는 것을 말한다.[『大韓自强會月報』 3호(1906년 9월), 65~66쪽]" 여기서 국유지는 공유지, 관유지를 포함한 개념이 아니라 병립된 개념으로 존재하고 있다. 이로부터 국유미간지의 개념이 도출되어 1907년

7월 국유미간지이용법이 제정되기에 이르렀다. 국유미간지는 "민유 이외의 원야 황무지 초생지 소택지 및 간석지"로 규정되었다. '민유 이외의'는 '민유가 아닌' 것으로서 민유를 증명하지 못한 것을 포함하였다. 국유지의 개념이 성립되어 있지 않고 민유지와 구분이 분명치 않은 상황에서 일시적 편의수단으로 국유미간지의 개념이 도출되었다. 무주한광지, 진전, 초생지, 노생지 등이 모두 국유미간지에 포함되었다.

1908년 3월 탁지부에 설치된 토지조사위원회 내규에 의하면 토지는 국유토지, 제실유토지, 공유토지, 민유지로 구분되었다. 여기서 국유토지는 역토, 둔토, 목장토 등을 가리키고, 제실유토지는 궁장토를 가리키는 것으로 보인다.

일제는 1912년 2월의 '삼림산야 및 미간지 국유사유 구별표준'에서 자기 입장을 반영한 국유와 민유의 명확한 구분을 공표하였다. 결수연명부에 등재되어 지세를 납부하던 토지는 민유지로 인정되며, 기타 사패의 확실한 증거, 토지가옥증명규칙의 증명, 국가기관에서 개인에게 양도한 확실한 증거, 법률적 판결, 토지조사법의 처분을 받은 것을 민유지로 인정하였다.

결국 부동산법조사회의 결론처럼 지세의 납부실적이 있는 토지를 기록한 결수연명부의 등재여부를 기본 토대로 1910~18년 시행된 토지조사사업의 실지조사를 통해 확인함으로써 민유지를 확정하고, 국유지는 1909~10년 시행된 역둔토실지조사의 결과를 토지조사사업에서 추인함으로써 확정하였다. 일제의 국유지 정책은 기존 국유는 물론 광대한 양의 제실유도 모두 국유화하는 방향이었다.

[참고어] 토지조사사업, 국유지실지조사, 국유지대장

[참고문헌] 『大韓自强會月報』 3, 1906.9 ; 이영호, 2010, 「한말-일제초 근대적 토지소유권의 확립과 국유·민유의 분기」 『역사와현실』 77 ; 한국역사연구회 토지대장반, 2013, 『일제의 창원군 토지조사사업』, 선인

〈이영호〉

국유지대장(國有地臺帳) 1909년 일제의 주관 아래 탁지부 소관의 국유지를 실지 조사한 결과물로 국유지도와 짝을 이루어 각 필지를 순서대로 기입한 장부. 본래 명칭은 탁지부소관국유지대장이다.

국유지대장은 왼쪽 그림에서 보듯 양식의 항목은 소재 면동리, 지번, 구명칭, 지목, 면적, 소작료, 연혁, 소작기간, 소작인 주소, 성명 등으로 구성되었다. 지목은 답, 전, 화전, 대, 노전, 지소, 산림, 목장, 노전, 포형, 시장, 진황지, 잡종지(황진지 이상의 지목에 해당하지 않는 것)로 종전과 다를 바 없었다. 하지만 양안과 구성방식이 완전히 달랐다.

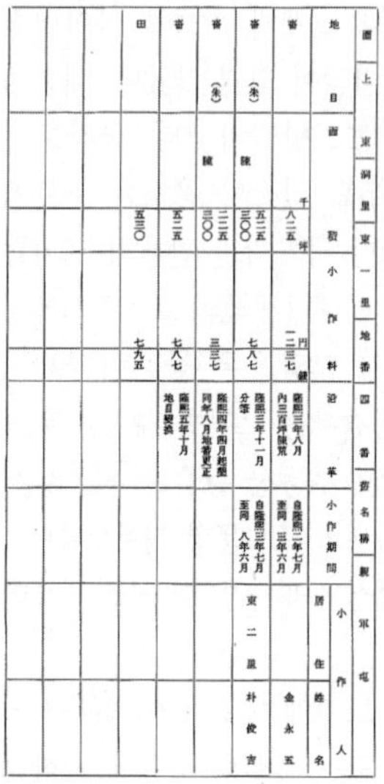
탁지부 소관 국유지대장

① 면을 단위로 하되 한 장에 여러 필지를 자번호 순으로 연속 기록한 구래의 장부(양안)와 달리, 동리별로 부여한 지번 순서에 따라 한 장씩 작성하고 편철하는 방식이었다. ② 필지 구획은 지목 또는 소작인이 다를 때마다 별필로 소작경영을 고려한 방식으로 소유자 중심으로 필지를 구획한 토지조사사업과는 달랐다. 여기서 필지의 번호는 구래의 자번호가 아니라 조사과정에서 새로 부여한 것이었다. 장부의 담당자는 군의 재무서였다. ③ 면적은 결부제를 폐기하고 절대면적의 평으로 측량하여 기록했다. ④ 국유지의 연원을 알 수 있도록 구명칭(친군둔)을 기록했다. ⑤ 지목, 면적, 소작료 등이 변동되었을 경우 연혁란에 사유를 기재했다. 특히 소작인의 주소, 성명, 소작료, 소작기간 등 소작관계를 명확히 기록하도록 양식을 정했다. ⑥ 지주납세제의 원칙이었지만, 국유지라는 점을 고려하여 지세 상당액을 소작료에 가산하여 정했다. 지도에는 상, 중, 하, 등외 등의 토지등급을 기록한데 반하여 국유지대장에는 이를 환산한 소작료를 기록했다. 국유지대장에 기록한 소작인은 실소작인이었다. 소작료는 원(元)소작인이 있는 토지와 은토는 실소작인으로부터 그가 원소작인(중답주) 또는 사식자(私食者)에게 납부한 실소작료를 조사하여 등급을 정하고, 민간관행의 소작료와 비교하여 그 액수를 정했다.

국유지 실지조사의 기초장부는 기존 역둔토대장이며, 이를 대상으로 실지를 조사하여 국유지를 확정했다. 확정된 소유권에는 토지조사사업의 '사정'과 같은 지위를 부여한 것으로 보인다. 이 소유권은 토지조사사업에서 다시 번복하지 않은 것으로 보인다.

그리고 소작인이 그 토지에서 계속 소작하기를 원하면 소작신고를 해야 하고, 신고를 했을 때만 소작권을 주는 신고주의 방식을 택했다. 소작신청은 그 토지의

소유권자가 국가라는 것을 인정하는 것을 전제로 한 행위라고 할 수 있을 것이다. 신고 소작인에게 소작토지에 소작인의 주소와 성명을 기재한 표목을 세우도록 했으며, 조사할 때 현장에 입회하도록 정했다. 훗날 이들이 분쟁을 제기했을 때 이 행위를 근거로 반론을 제기하지 못하도록 한 조치였다. 소작인이 신고하고 입회하여 결정한 사항을 소작인이 동의한 것이라고 간주한 것이다.

조선총독부는 토지조사사업을 시작하면서 국유지 실지조사를 종료했지만, 다음과 같은 처리과제가 남았다. 소유권원에 의심이 생겨 조사를 시도했음에도 불구하고 관계자가 허락하지 않아 하지 못한 곳과 위험지대는 토지조사사업으로 넘겼다. 지역별로 경남, 경기, 강원, 평북은 일부를 완료하지 못했으며, 전남은 매우 부진했다. 어쨌든 국유지 실지조사는 토지조사사업의 국유지 조사와 직결되었다. 이때 작성한 국유지대장과 국유지도가 국유지통지서에 그대로 이기되어 임시토지조사국에 통지되었으며, 이를 근거로 국유지로 확정하게 된 것이다.

[참고어] 국유지실지조사, 국유지도, 중답주, 국유지통지서

[참고문헌] 조선총독부, 1911,『역둔토실지조사개요보고』; 최원규, 2014,「일제의 토지조사사업에서 국유지통지와 국민유분쟁-창원군과 김해군 사례」『역사문화연구』49 〈최원규〉

국유지도(國有地圖) 일제가 1909년 6월에서 1910년 9월까지 '탁지부 소관 국유지실지조사'를 실시하면서 작성한 도면. 일부가 김해시청과 하동군청에 남아있다.

탁지부 소관 국유지 실지조사는 전국에 산재한 역둔토에 대하여 전국 6개 재무감독국의 관할 감독아래 60개의 조사반을 편성 파견하여 토지조사와 작인조사, 도조 책정 등을 행한 것이다. 조사반은 일본인 주사 1명, 기수 1명, 통역 1명 등 3명으로 구성했으며, 일본인 주사가 반장이 되어 반을 통솔하고 기수는 재산정리국 기수가 겸임하여 측량을 전담하였다. 이 조사 작업의 결과물이 국유지대장과 국유지도였다. 국유지도의 작성원칙은 다음과 같았다. 첫째 측량은 매필 측판(測板) 측량으로 축척 1/1200의 도해법에 의거한다. 둘째 일필지의 측량은 지형에 따라 편의상 교차법(交叉法), 도선법(道線法), 사출법(射出法), 지거법(枝距法)에 의한다. 셋째 지도에는 소재, 지번, 지목, 등급, 소작인의 주소, 성명, 면적, 사표, 나침방위 등을 기록하고, 여백에는 조사연월일, 관성명을 기재 날인한다. 넷째 국유지에 접속한 토지의 형상은 견취하여 지도상에 기재한다. 다섯째 지도는 동리 또는 지번 순으로 면별로 편철한다는 것 등이었다.

현존하는 김해군 하동면 조눌리 국유지도를 보면 도화지에 인쇄한 모눈종이에 각 필지를 측량하여 가린 다음, 작성원칙에서 정한 항목과 소작인을 조사하여 기록했다. 그리고 지도의 외곽 빈부분에 작성연월일과 기수, 주사 등을 기록했다. 면적이 적은 필지는 갑, 을, 병, 정 등의 기호를 부여하고, 빈 곳에 갑, ○○전, 면적, 등급, 소작인 등의 내용을 기록했다. 그리고 토지조사사업에서 지적도를 작성한 이후 지도의 각 필지에 지적도에 기록된 새 지번을 추가 기록했다. 실지조사에서 부여한 지번은 토지조사사업에서 민전과 함께 일괄로 새 지번을 부여한 후에 폐기되었지만, 국유지도에는 국유지 번호와 토지조사사업의 지번을 함께 기록했다. 국유지도의 필지 번호는 국유지통지서를 작성할 때 그대로 기록되었다. 이때 면적은 일본의 평으로 계산했다. 국유지도의 필지구분방식은 토지조사사업에서 작성한 원도와 달랐다. 국유지 실지조사에서는 지목과 소작인별로 필지를 구별했으나, 토지조사사업에서는 지목과 분쟁 여부를 기준으로 필지를 구분하였다. 국유지도는 토지조사사업에서 국유지통지서의 근거 장부로 활용되었다.

[참고어] 원도, 국유지, 국유지대장, 지적도, 국유지통지서

[참고문헌]『김해군 국유지도』; 조선총독부, 1911,『역둔토실지조사개요보고』; 이영학, 2013,「1910년대 경상남도 김해군 국유지실측도와 과세지견취도의 비교」『일제의 창원군 토지조사사업』, 선인 ; 최원규, 2014,「일제의 토지조사사업에서 국유지통지와 국민유분쟁-창원군과 김해군 사례」『역사문화연구』49

〈최원규〉

국유지실지조사(國有地實地調査) 일제가 1909년 6월부터 이듬해 9월까지 60개의 실지조사반을 편성하여 탁지부 소관의 국유지의 소재와 면적, 작인과 소작료를 조사 정리한 사업. 원명은 탁지부소관 국유지실지조사이다.

국유지실지조사는 일제가 역둔토뿐만 아니라 사궁장토까지 문부를 정리한 후, 배타적 소유권으로 국유지를 확정하고, 이에 기초하여 더 확실하게 관리하기 위하여 1909년 6월부터 이듬해 9월까지 60개의 실지조사반을 편성하여 전국 국유지의 소재와 면적, 작인과 소작료를 새로 조사한 것을 말한다.

일제는 전국적 토지조사에 대비하여 1905년부터 측량기술자를 양성하기 시작하여 1907년 6월경에는 약 300명에 가까운 기수(技手)를 확보하였다. 탁지부 양지과 소속 측량기술견습소와 대구 및 평양출장소에서는 그 소재지 부근인 경성, 용산, 대구, 평양 시내를 각각 측량하면서 실지연습을 하였다. 대구 시가지 측량에서는 도근(圖根)측량을 시행하였으며, 1908년 이후에는 소삼각측량을 사용하기 시작했다. 특히 후자를 기본으로 하는 측량규정이 제정된 이후에는 그 방식이 일반화되었다. 전국의 토지를 조사하기 이전에 시행된 역둔토실지조사는 민유지 조사에 앞서 국유지의 소유권을 먼저 확보하여 관리를 강화하는 것이 주목적이었지만, 또 한편 이때 양성된 기수들의 실지측량 연습을 국유지에서 시행하고자 하는 목적도 있었다. 나아가 1909년에는 의병활동도 점차 진압됨에 따라 국유지에 대한 실지조사를 모색하게 된 것이다.

국유지의 장부정리와 보존 임무는 임시재산정리국이 관장하였지만, 역둔토의 실질적인 관리는 이미 지방의 재무감독국과 그 관할 재무서에서 담당하고 있었다. 이러한 상황아래 역둔토실지조사 역시 탁지부 주관아래 각지의 재무감독국이 맡게 되었다. 탁지부는 전년도의 수조 사무가 일단락되자, 1909년 봄 재무감독국 주사 84명을 조사기간 동안 증치하고 재무감독국 분과 규정을 개정하여 국유지조사 업무를 개시하였다. 그 첫 조치로 5월말 탁지부령 제59호로 '탁지부소관 국유지실지조사절차'를 발포하고, 본격적으로 국유지조사를 시작하였다.

먼저 전국 6개의 재무감독국에서 합 60개의 실지조사반을 편성하였다. 경기도와 강원도를 관할구역으로 한 한성재무감독국은 8개, 공주재무감독국(충청남북도)은 13개, 전주재무감독국(전라남북도)은 8개, 대구재무감독국(경상남북도)은 14개, 평양재무감독국(평안남북도, 황해도)은 12개, 원산재무감독국(함경남북도)은 5개의 조사반을 설치하였다. 한 조사반의 구성은 정원 3명으로 조사원 2명과 측량원(기수) 1명이었다. 조사원 중의 한 명은 일본인 주사로 반장을 맡게 했고, 다른 한 명은 한국인 주사 또는 고용인으로 통역을 담당하였다. 반장 60명 가운데 각 재무감독국 정원 내의 전임주사 중에서는 3명씩 선출하였으며, 나머지 42명은 임시로 증원된 자들이었다. 측량기수는 임시재산정리국 기수가 겸임하였는데, 다수가 한인이었을 것으로 보인다. 그리고 각 재무감독국에는 1~2명의 감독원을 설치하여 실지를 순회하며 조사사무를 감독하고 기한 내에 조사를 완료하도록 독려하며, 조사반 업무의 통일을 기하도록 하였다. 이와 같이 총 60개 조사반의 180명의 조사원과 측량원이 역둔토실지조사를 수행하였으며, 조사는 일본인이 주관하였다.

조사는 빠른 곳은 1909년 6월부터, 늦어도 9월부터는 전국 각지에서 역둔토실지조사가 시작되었다. 조사대상은 역토와 둔토, 이전의 각 궁장토 및 능·원·묘 부속 토지, 종래 각 관청 소속의 공해기지전(公廨基址田) 등이었다. 조사내용은 각 필지의 소재, 지번, 지목, 면적, 사표(四標), 구 명칭 등과 더불어 지주경영과 관련하여 실납소작료, 토지등급 및 전정소작료(詮定小作料), 그리고 작인을 파악하는 것이었다.

1909년 5월 '탁지부소관 국유지실지조사절차'를 발포한 후 실지조사가 진행되는 과정에서 그해 10월경 '탁지부소관 국유지실지조사세칙'을 마련하고, 위 규정을 일부 개정하였다. '절차'가 조직 부문을 포함하여 실지조사 절차를 포괄적으로 규정하고 있다면, '세칙'은 기본조직은 그대로 유지하면서 각 조사반 사무의 통일을 기하기 위하여 감독원의 기능을 강화하고, 역둔토의 분포상황에 따라 반장과 기수의 업무분장을 효율적으로 조정하였다. 뿐만 아니라 이전에는 측량기수가 담당했던 면적산출 업무를 재무감독국으로 이속하게 하여 현지에서의 외업을 신속하게 진행할 수 있도록 효율성을 기하고 있다. 그리고 조사 내용도 은토조사의 지속적인 강조와 소작료전정의 강화 경향을 보였다. 기본적으로 제국주의 국가인 지주가 스스로 시행한 토지조사라는 측면에서 조사의 효율성과 정확성은 한층 강조되었다.

역둔토실지조사는 지주적 토지조사의 성격으로 인해 토지조사 그리고 작인조사와 소작료전정을 그 내용으로 하고 있다. 감독원은 조사반의 실지조사 이전에 준비사항의 정리를 담당하였다. 감독원은 조사반이 조사에 착수하기 10일 이전에 관할 재무서에 도착하여 은토와 국유지 집단상황을 파악하고, 역둔토대장을 비롯한 조사자료를 수집하는 한편, 면장과 소작인에게 조사방법과 심득사항을 주지시켰다. 특히 작인에게는 자기 경작지에 자기의 주소와 성명을 기재한 표목을 세우게 하였다. 감독원은 집단지 상황을 조사한 후 조사구역, 조사공정, 처리자를 정하고, 일정한 양식의 지정서를 작성하여 재무감독국과 조사반에 통보하였다. 이때 조사할 토지의 경계에 대한 사정이 이루어졌다. 또한 집단지는 주로 기수에게 측량하게 하고 비집단지는 반드시 반장이 측량 조사하도록 하였다. 효율성을 위해 감독원이 직접 주관하였다.

실지조사는 조사원의 국유지에 대한 기초조사와 표준지조사, 측량기수에 의한 절대면적의 산출과 측량도 작성, 그리고 측량지도를 바탕으로 한 조사원의 지압조사(地押調査) 등으로 이루어졌다. 조사반이 조사할 역둔토의 재무서에 도착하면, 감독원이 취집하여 의탁한 역둔토장부와 소작신고서 등 자료를 인계받아 조사에 착수하였다. 반장은 조사지의 관습과 기타의 상황을 살피고, 감독원이 수집한 자료 외에 실지의 마름과 도조징수 담당자들로부터 참고자료를 수집하여 지압조사 등에 대비하였다. 국유지의 경계와 소유권에 대한 사정은 가장 기초적인 조사작업으로 조사반이 일차적으로 담당하였으나 '세칙'을 반포한 이후에는 재무감독국에서 그것을 처리하도록 하여 조사의 신속성을 꾀하였다.

역둔토에 대한 경계와 소유권 사정을 전제로, 기수와 반장은 측량조사를 실시하였다. 측량은 매 필지의 지목과 경계를 결정하여 측판측량(測板測量, 平板測量)에 의거하였다. 대체로 축척 1/1200의 도해법에 따라 시행하였다. 소유권과 경계에 관한 이의신청이 있는 토지도 실황을 사찰하고 측량한 다음 이를 반장에게 통보하도록 하였다. 그리고 측량지도에는 소재, 지번, 지목, 등급, 소작인의 주소성명, 면적, 사표, 나침방위 등을 기재하고, 여백에는 조사연월일과 측량원의 관성명을 기재하여 날인하였다. 면적 산출은 1909년 10월경 '절차'를 개정하여 재무감독국의 임시국유지조사계에서 담당하도록 했다. 기본적으로는 구적기(求積器, planimeter)를 이용하되 40평 미만의 소면적일 경우는 반드시 삼사법(三斜法, 垂線法)을 사용하여 정확성을 기하도록 하였다. 역둔토실지조사의 외업공정은 1909년 6월부터 이듬해 9월까지 연반수 581반이 14,051일간 조사작업에 종사하여 634,271필지를 조사 완료하였다. 한 개 조사반의 하루 공정필수는 평균 45.1필이었다. 그 중에서도 1909년 10~12월과 이듬해 3~6월에 걸친 7개월간은 494,698필지를 조사하여 전체 조사필지수의 78%를 점하였다.

역둔토실지조사에서 측량이 완료된 역둔토 국유지의 총면적은 전국 13개도에서 356,842,846평(118,947정보)이고, 필수는 567,080필지에 이르렀다. 이는 조사 후 동양척식주식회사에 출자하고 임대한 것을 제외한 것이었다. 지목별로는 답이 44,632정보, 전이 45,778정보, 대지가 3,184정보, 그리고 노전을 비롯한 기타의 면적이 25,353정보였다. 한편 소유권 분쟁지나 위험지대로 조사가 이루어지지 않은 것은 167,798필지 20,353정보로 확인되고 있다.

역둔토실지조사에서 소작료는 민간 표준지의 소작료에 비준하여 새롭게 전정하도록 하였다. 대체로 일개 면마다 국유지와 그 지위 등급이 같다고 인정되는 민유전답을 3등급으로 나누어 일 표준지를 선정하였다. 조사원이 표준지를 측량하고 100평당 평년작 수확액과 소작료를 산출하였다. 국유지와 표준지의 측량조사가 종료되면, 조사반은 역둔토에 대한 지압조사를 실시하였다. 조사원은 측량된 지도를 휴대하고 각 필지에 나아가 지목의 적부, 소작인의 주소 성명을 확인하고 정하였으며, 토지 등급을 결정하고 표준지 소작료에 비준하여 신소작료를 책정하였다. 또한 지압조사에서는 조사원이 구 장부와 실측지도를 토대로 각 필지별로 실제 경작자를 소작인으로 조사하고 중간소작인을 배제하는 가운데 원장부에 누락된 토지, 곧 은토를 조사하였다. 조사 전반기의 은토 발견 면적은 조사 총 면적의 7.4%에 이르는 것으로 파악되었다.

역둔토실지조사의 결과물이 국유지대장과 국유지도이며, 이때 국유지로 조사된 것은 토지조사사업에서 국유지통지서에 기재되어 임시토지조사국에 통지되어 국유지로 최종 확정되었다. 따라서 국유지실지조사는 넓은 의미에서 토지조사사업에 포함된 사업이라 할 수 있을 것이다.

[참고어] 국유지도, 국유지대장, 국유지, 역둔토관리

[참고문헌] 박진태, 1996, 『한말 역둔토 조사의 역사적 성격 연구』, 성균관대 박사학위논문 ; 박진태, 2004, 「日帝의 驛屯土實地調査와 紛爭地 문제」 『역사문화연구』 20 ; 최원규, 2012, 「한말 일제초기 공토 정책과 국유민유 분쟁」 『한국민족문화』 45 <박진태>

국유지통지서(國有地通知書) 일제의 토지조사사업에서 관할 관청이 소속 관청의 장부에 근거하여 자기 소관 국유지를 임시토지조사국에 통지하기 위해 작성한 문건.

국유지 통지에 관한 사항은 토지조사법에서는 별도의 규정을 두지 않았지만, 업무지침으로 '통지'하도록 조사원에 하달한 것으로 보인다. 처음에는 역둔토대장이나 역둔토지도 등을 등사하여 제출하거나 이것으로 대체하는 방식으로 임시토지조사국에 통지하다가 국

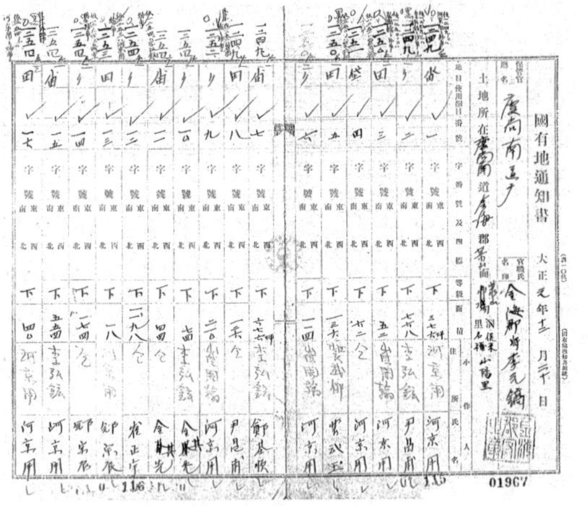
國有地通知書

大正　年　月　日

土地所在

01967

국유지통지서 국가기록원 소장

유지통지서 양식을 마련한 것으로 보인다. 그리고 1912년 8월 토지조사령을 공포하면서 제4조에 "토지의 소유자는 조선총독이 정한 기한 내에 임시토지조사국장에게 신고해야 한다. 단 국유지에서는 보관관청으로부터 임시토지조사국장에 통지해야 한다."는 단서 규정을 정식으로 마련하였다. 즉 국유지는 민유지처럼 토지신고서를 작성하여 신고한 것이 아니라 국유지통지서를 작성하여 임시토지지조사국에 통지하도록 한 것이다.

국유지통지서는 토지신고서와 양식이 달랐다. 국유지통지서라는 제목 아래 통지일을 기록하고 다음에는 보관관청명 관직 씨명 인(印), 그리고 토지소재지 등을 기록하도록 하였다. 다음 부분에는 지목, 사용세목, 번호, 자번호, 사표, 등급, 면적, 소작인 등을 필지별 연기하도록 하였다. 그 내용은 역둔토대장이나 국유지대장 등 관청에 비치한 장부에 근거하여 작성하도록 했다. 관청에 장부가 없는 경우는 통지할 수 없었으며, 임시토지조사국에서 실지조사 과정에서 국유지통지서의 용지에 '무통지취조서'라 표기하고 조사내용을 항목별로 기록하여 제출하였다.

국유지통지서의 특징은 다음과 같다. 첫째 국유지는 과세대상이 아니기 때문인지 결수란이 없었으며, 결수연명부에 기록할 대상도 아니었기 때문에 두 장부는 아무런 연관성이 없었다. 둘째 지주총대의 소관사무가 아니었기 때문에 지주총대란을 두지 않았다. 셋째 소작인을 파악하여 주소 성명을 기록하도록 하였다. 소작인을 기록하는 난을 둔 것은 탁지부소관 국유지실지조사 작업의 연장선에 있다는 점을 보여주는 것이다. 즉 종래 역둔토에서 중답주 제거작업을 반영한 것으로 '국가'가 배타적 소유권자임을 분명히 한 것이다. 넷째 가지번은 상부란 외에 기록하였다. 다섯째 국유지통지서는 보관관청에서 동리단위가 아니라 면단위로 한 묶음으로 작성하여 제출하거나 역둔토대장(혹은 국유지대장)으로 대체하는 경우도 있었다. 임시토지조사국에서는 이를 근거로 동리별 국유지 통지서를 재작성하여 리별 토지신고서철에 국유지통지서를 편철했다.

그리고 국유지통지서는 토지신고서처럼 '토지신고심득'을 마련하지는 않았지만, 국유지통지서의 머리에 다음과 같이 '주의'사항이 인쇄되어 있었다. (1) 사용세목(使用細目)은 ○도청부지, ○군청부지, ○관청관사부지, 정거장부지, ○농장 등 현재에 따라 기재하는 것으로 한다. (2) 번호는 보관관청에서 조리(調理)상 부친 지번을 기재하는 것으로 한다. 단 연속된 토지에 부(敷)지번을 부치는 것은 그 지번을 병기하여도 무방하다. (3) 자번호와 사표는 전항의 번호를 기재할 경우 한하여 생략하여도 무방하다. (4) 등급과 면적은 관부(官簿)에 등록한 것을 기재하는 것으로 한다. (5) 번호이하 각 란의 사항에 명료하지 않은 것은 기재하지 않아도 무방하다.

이 가운데 (2)의 번호는 탁지부에서 국유지실지조사를 할 때 부여한 번호를 기재하였다. 이때 조사하지 않은 것은 빈칸으로 두었다. 국유지통지서는 이같이 형식적 측면에서 보면, 1909년 국유지실지조사를 반영하도록 한 것이었다. 면적도 평으로 기입하도록 했다. 그리고 토지조사사업에서 민유지의 토지신고서는 소작인은 조사대상이 아니고 필지구획은 결수연명부의 구획에 따랐는데, 국유지통지서에는 국유지실지조사에서 조사한 소작인의 경작구획별 조사기록을 그대로 국유지통지서에 기입하도록 했다. 토지조사사업에서는 민유지나 국유지 구별없이 소유자와 지목을 기준으로 필지를 구획하고, 토지조사부를 작성하였다. 하지만 이에 따라 역둔토에서 지주경영이 불편하자 이를 해결하기 위하여 일제는 토지조사사업이 끝날 무렵인 1917~1918년에 역둔토 분필조사를 실시하였다.

[참고어] 토지신고서, 국유지실지조사, 국유지대장, 국유지도

[참고문헌] 宮嶋博史, 1991, 『朝鮮土地調査事業史の研究』, 東京大學東洋文化研究所 ; 한국역사연구회 토지대장반, 2011, 『일제의 창원군 토지조사와 장부』, 선인 〈최원규〉

국전(國田) 고려시기 농민들이 경작하는 개별적 보유지를 일컫는 말.

고려시기에는 왕토사상(王土思想)의 이념에 입각하

여 실제로는 농민의 사유(私有)에 속하는 토지를 도리어 그들에게 급부(給付)하는 형식을 취하였다. 그리고 이에 대한 반대급부로서 국가의 토지를 받은 농민들에게 직역을 포함한 기타의 수취를 요구하였다. 이 때문에 백성이 개별적으로 보유하는 민전(民田)·정전(丁田)·명전(名田) 등의 토지는 모두 명목상으로는 국전의 범주에 포함되었다. 농민은 국가에 필요한 수취를 부담함으로써, 현실적으로 그들의 사유에 속하는 개별적 소유지를 법적으로 공인받을 수 있었다.

[참고어] 왕토사상, 민전, 정전, 명전, 납공

[참고문헌] 李景植, 2011, 『韓國 中世 土地制度史-高麗』, 서울대학교 출판문화원 〈정덕기〉

국행수륙전(國行水陸田) 조선시기 국행수륙재(國行水陸齋)를 열었던 사찰에 지급한 토지.

사원전(寺院田)의 일종이다. 수륙재는 바다와 육지에 있는 고혼(孤魂)과 잡귀들을 천도하기 위한 의식이다. 왕실을 비롯하여 사대부·서인(庶人)의 집에서도 행하지만, 특히 왕실에서 행하는 것을 국행수륙재라 한다. 1424년(세종 6)에 양주 진관사(津寬寺)와 개성 관음굴(觀音窟)에 각각 국행수륙전 100결씩을 지급하였다.(開城觀音堀元屬田四十五結, 今加給一百五結, 水陸位田一百結,…… 津寬寺元屬田六十結, 今加給九十結, 水陸位田一百結, 居僧七十[『세종실록』 6년 4월 5일 경술]) 이 밖에 거창의 견암사(見庵寺), 오대산의 상원사(上院寺)에서도 국행수륙재를 행하였다. 『경국대전』에 따르면, 국행수륙전은 제향공상제사채전·내수사전·혜민서종약전 등과 함께 무세지(無稅地)였다.(國行水陸田, 祭享供上諸司菜田, 內需司田, 惠民署種藥田, 並無稅[「호전」 <제전>])

[참고어] 사원전, 무세지

[참고문헌] 『세종실록』, 『경국대전』

군관둔(郡官屯) 조선시기 각 군현에 설치되었던 관둔전 1895년의 군제개편 이후 통칭한 용어.

관둔은 중앙과 지방의 각 관청 경비를 조달할 목적으로 설치된 둔전이었다. 1895년에 각 목, 부, 군, 현의 제도를 폐지하고 모두 이를 군(郡)이라 하게 되었으므로, 관둔 역시 군관둔으로 통칭되었고, 소관도 탁지부(度支部)로 옮겨졌다.

[참고어] 관둔전

군기시둔(軍器寺屯) 무기 제조에 관한 사무를 관장하는 군기시의 경비를 충당하기 위하여 설치한 둔전.

군기시는 병조에 속한 아문으로서, 고려 목종 때 군기감(軍器監)이란 이름으로 설치되었다. 충렬왕이 이를 다시 고쳐 군기조성도감(軍器造成都監)이라 하였고, 1362년(공민왕 11) 군기시로 개칭되었다. 이후 군기감 또는 군기시로 번갈아가며 호칭되었는데, 조선 건국 이후에도 그 제도와 호칭이 계승되어 1392년(태조 1)에 군기감을 설치하였다가 1466년(세조 12)에 군기시로 완전히 개칭되었다. 관원은 도제조 1명과 제조 2명을 두었다. 도제조는 의정이 맡고 제조는 병조판서 또는 병조참판에서 1명, 무장 중에서 1명씩 각기 선발하도록 하였다. 그 밖에 여러 하급관리와 각종 장인을 배속하여 무기제조 업무에 종사하였다.

군기시의 경비를 충당하기 위하여 설치된 군기시둔은 각도에 산재되었을 것으로 여겨지나 정확한 위치와 설치시기, 전체규모 등은 파악되지 않는다. 다만 1867년 간행된 『육전조례』의 군기시 항목에, 당 관청의 수입 가운데 봉산둔세 일천냥, 인현전(仁峴田) 도지전 이십냥, 충주 둔세 정조 오십 석 등이 기재되어 있으며, 또 충청감영에서 펴낸 『충청도각읍상정마련성책(忠淸道各邑詳定磨鍊成冊)』에는 충훈부둔·훈련도감둔·수어청둔·군자감 마위전·성균관둔과 함께 군기시둔이 영내에 존재하고 있었다는 기록이 있어 군기시둔의 일부만 짐작해 볼 수 있는 있는 정도이다.

군기시둔은 인민에게 경작을 허락하여 도지를 징수하는 방식으로 운영하였는데, 전체적인 규모는 그리 크지 않았던 것으로 보인다. 여기에는 두 가지 이유가 있다. 하나는 군기시가 경비의 대부분을 기본적으로 공물에 의존하고 있었다는 점이며, 다른 하나는 임진왜란 이후 군기시의 기능이 축소되었기 때문이다. 군기시의 무기제조 기능은 훈련도감의 도감제 생산체제에 흡수되거나 화기도감(火器都監), 군기도감(軍器都監) 등 새로 개설된 기구들이 그 역할을 대신하게 되었다. 이어 군기시의 재정기반인 경기·경상·평안·함경도로부터 수취하던 공물마저 모두 삭감됨에 따라 이후 군기시는 유사시에 대비할 비축 무기를 보관하는 업무와 매년 정기적으로 왕실과 청에 바치는 무기 등 극소수의 정교한 제품을 생산하는 기관으로 역할이 축소되었다.

군기시둔의 규모와 운영 또한 자연히 그와 같은 군기시의 운명과 궤를 같이 하였다. 군기시둔은 1884년 군기시가 새롭게 설립된 기기국(機器局)으로 합병됨에

따라 호조로 이관되었다. 1899년에는 내장원으로 전속되었다가, 1908년 국유로 편입되어 분쟁에 휩싸였다.

[참고어] 군둔전, 둔전, 영문둔전, 아문둔전

[참고문헌]『六典條例』; 和田一郞, 1920,『朝鮮土地地稅制度調査報告書』 〈노상균〉

군둔전(軍屯田) 중세사회에서 국가의 군사기관의 재정 충당이나 국방상 요충지에 군사력을 투입·경작하여 군수를 조달하는 토지의 통칭.

둔전은 원래 교통과 운송이 미발달한 중세사회에서 국방상의 요충지에 주둔하고 있는 군사로 하여금 황무지·진전(陳田) 등을 개간·경작케 하여 군수에 충당하는 이른바 '차전차경(且戰且耕)'의 군사목적용 특수지목이었다. 이 때문에 원칙적으로 모든 둔전은 군둔전이며 여타 둔전의 범주에 포괄되는 각종 지목들도 사실상 그러한 원리를 차용하여 운영했다고 볼 수 있다. 조선정부는 고려 말의 제반둔전 문제를 정리하고 호급둔전(戶給屯田)의 실시과정을 거친 후 세조대에 이르러 일단 국둔전(國屯田)의 확대책과 관둔전(官屯田)의 정한제(定限制)를 시행함으로써 둔전제를는 정비해 나갔다. 하지만 국둔전과 관둔전은 누차에 걸쳐 치폐를 반복하였고 16세기에 접어들어 둔전제는 점차 쇠퇴일로에 접어들었다.

이와 같이 위축된 조선왕조의 둔전제는 임진왜란을 통해 새롭게 전개되는 계기를 맞았다. 둔전책은 전쟁기의 유력한 군수조달 방안으로서 각급 군사기관은 광범위하게 둔전을 설치해 나갔다. 특히 17세기 긴장된 국제정세를 배경으로 추진된 국방강화책은 둔전의 확대에 커다란 영향을 미쳤다. 군사둔전은 둔전의 여러 가지 형태 가운데 군사력을 노동력으로 활용하여 그 수입을 직접적으로 군수에 충당하는 것이었다. 노동력으로서 군졸은 각급 군사기관에 예속되어 군역을 매개로 둔전경작에 동원되었다. 초기의 군사둔전에서 경작노동력으로 나타나는 것은 응모군(應募軍), 포수(砲手), 살수(殺手), 초병(哨兵), 승병(僧兵) 등 다양한 역종으로 각처의 병영과 수영에서도 입번군사(入番軍士)를 둔전경작에 투입하였다. 정규전투병 외에 '노잔군(老殘軍)' '궐액군(闕額軍)' '잡탈(雜頉)' 등과 같이 정규병력이라고 하기 어려운 부류도 둔전을 경작하였다. 이러한 경우도 이들의 둔전경작이 군역체계와 괴리될 수 없었음은 물론이다.

한편 군사둔전의 또 하나의 유형은 유민들을 노동력으로 한 것이었다. 이른바 유민작대책(流民作隊策)은 생계가 어려운 유민을 모집하여 둔전을 경작케 하고 이들의 생활기반을 마련해 준 후 군졸로 편입시키는 방안이었다. 17세기 후반 수어청의 횡성·원주·홍천·지평·양근 등처에 둔전은 유민을 모아서 이들을 포수로 조련시키기 위한 것이었다. 비슷한 시기 황해도 등산진(登山鎭)에서 유민들에게 전답을 주고 이를 갈아먹게 한 후 토병(土兵)으로 삼은 사례나 강화도 10진보(鎭堡)의 진강·주문·장봉 3목장의 말을 다른 곳으로 보내고 백성들의 경작을 허용하여 둔전으로 삼은 후 이를 10개 진보에 분속, 그 소출을 변장(邊將)의 경비로 쓰고 경작민은 부대로 편성한 사례가 그것이다. 이러한 유형의 둔전은 개간을 통해 농지를 확보함은 물론 국가의 파악대상에서 이탈하여 유리유망하는 유민을 모집, 자립도를 제고시켜 국역편제로 흡수하려는 목적을 가지고 있었다.

군사둔전의 노동력으로 가장 대표적인 것이 아병(牙兵) 또는 둔아병(屯牙兵)이다. 둔아병은 둔전경작자 가운데 신체적인 조건이 좋은 사람을 선발하여 군사력에 충당하는 것이었다. 정부는 이들 둔아병을 부대로 편성하여 초관(哨官)의 주관 하에 군사훈련을 병행하였다. 둔아병의 생활기반은 둔전으로부터의 소출이었다. 따라서 둔민은 필요에 따라 아병에 편제되기도 했고 아병은 중앙군문의 군액을 채우는 대상으로 활용되기도 하였다. 물론 이미 부대로 편제된 아병도 필요에 따라서 다시 둔민으로 환원되는 조치가 취해지기도 하였다. 이들 아병의 역가(役價) 부담은 둔전경작과 긴밀하게 관련되어 있었다. 예컨대 수어청 둔아병은 둔전을 경작하는 경우에 비해 둔전을 경작하지 않는 경우의 역가가 월등히 높게 나타나고 있었다. 1703년(숙종 30) 이정청의 역가조정이 이루어지기전 '구군제(舊軍制)'로 나타난 둔아병의 역가는 양인 1냥=미 3두, 노병(奴兵)은 5전=미 1.5두를 부담하고 있었는데 그 중에서 둔전을 경작하지 않는 경우에는 양인 미 12두 노병 미 4두를 부담해야했다. 이같은 차이가 발생하는 가장 큰 이유는 둔전경작 아병을 중심으로 성조(城操) 등 역역동원(力役動員)이 이루어지고 여기에 둔토로부터의 지대납부 등의 부담 일체가 감안되어 그만큼 역가를 경감시켰기 때문이었다. 거꾸로 둔전을 경작하지 않는 둔아병의 입장에서 본다면 이들은 둔전을 경작하지 않음으로써 지지 않아도 되는 각종 역역동원이나 둔전경작으로 부담해야하는 지대 등이 모두 역가 속에 모두 포함된 것이라 볼 수 있다. 이들 간의 차액은 그러한 부담의 차이가 구체화된 것이었다.

농우·농기구·종자·농량 등 둔전 경영에 필요한 일체의 생산자료를 국가에서 구비하거나 지급하는 것이 원칙이었다. 17세기 전반 어영청의 경우, 별장·첨사가 둔전을 총괄하고 이들 밑에 둔장(屯長)이 산재한 토지를 구역별로 관리하였다. 서원·고자(庫子)·노(奴)·사령(使令) 등 행정이나 잡무를 담당한 인력도 배치되어 있었다. 이들은 각기 직임을 수행하는 대가로 급료를 받거나 복호(復戶), 신역면제의 혜택을 받고 있었다. 또 각 둔전마다 대부분 농업생산과 운반에 필요한 농우, 창고, 선박 등을 보유하고 있었다. 둔전경작자는 '둔민(屯民)', '모군(募軍)' 외에 별중초군(別中哨軍)이 나타나는데 이들이야말로 군사둔전의 전형적인 형태였다.

18세기 초 강화 선두포(船頭浦) 둔전의 경우 무학(武學)·속오(束伍)·장려(壯旅)·의려(義旅)·아병(牙兵)·교련관(教鍊官)·사청군관(四廳軍官)·오반영속(五班營屬)·도제도(都制導)·교사(教師)·별파진(別破陣) 등 다양한 군역·직역자가 나타나는데 역종에 나타나는 바와 같이 상당수가 군역자들이었다. 무학·속오는 매초(每哨)마다 각기 5석락지(石落只)를 분급받고 장려·의려는 매초마다 3석락지를 분급받고 있으며 이들의 관리는 초관이 담당하였다. 둔전의 경작은 '영(營)-사(司)-초(哨)-기(旗)-대(隊)'의 부대편제 중 '초' 단위를 중심으로 이루어지고 있었다. 당시 강화의 지방군이 1초에 100명으로 편제되어 있음을 감안할 때 무학·속오는 대체로 1인당 0.75두락, 장려·의려는 1인당 0.45두락 정도의 양을 개간·경작토록하고 있었음을 알 수 있다. 둔전의 분급은 둔전민이 지고 있는 신역의 경중을 가장 중요한 근거로 삼았다.

하지만 이 시기 국가가 의도·강행하고자 한 부역제적 둔전경영이 장기지속적으로 이루어지기에는 여러 가지 문제점이 있었다. 진황지·황무지의 경우 토질이 척박한 경우가 많았고 이를 농지화하는 데 들어가는 물력과 노동력을 소출이 상쇄하지 못할 경우에는 더 이상 둔전으로 유지되기 곤란했다. 1664년(현종 5) 경성에 소재한 국둔전의 토지가 매우 척박하여 경작에 부적합하였기 때문에 민원이 일어, 둔전을 폐지한 사례가 있었다.

신역을 매개로 한 군둔전은 조선왕조 말까지 명맥을 꾸준히 이어갔지만 정부의 이와같은 둔전책은 17세기 후반을 거치면서 부역제 자체가 가지고 있는 내적 모순으로 인하여 점차 그것을 관철하는 것이 어려워지게 되었다. 불안정한 경영상태에서 나타나는 낮은 생산성, 광범위하게 진행된 각종 신역의 물납화로 인한 역역징발이 어려움은 군둔전의 예속노동력을 긴박·동원하는 것이 더 이상 곤란한 지경에 이르도록 하였다. 유민적 계층을 모집하여 경작하던 둔전도 경작민의 속성상 자립적 기반이 매우 취약하여 수시로 이합집산함으로써 둔전경영이 극히 불안정한 상태에서 이루어지고 있었다. 따라서 둔전은 진폐(陳廢)되거나 세수의 감축이 불가피했고 이같은 제반 요인은 둔전경영 형태의 변화를 강제하는 복합적인 요인이 되었다. 이같이 군둔전이 자체의 모순으로 인해 경영의 어려움이 계속되자 점차 민전의 병작제를 채용하여 확산되기 시작했다. 농업경영상의 병작제의 확산은 군둔전에서도 예외가 아니었던 것이다. 하지만 군둔전은 이후에도 끊임없이 시도되었는데 이는 군사재정을 충당할 파격적인 재원의 발굴이 이루어지지 않는 한 불가피한 것이었다.

[참고어] 둔전, 국둔전, 관둔전, 영문둔전

[참고문헌] 정창렬, 1970, 「조선후기의 둔전에 대하여」『이해남박사화갑기념논총』; 박광성, 1976, 「영·아문둔전의 연구」『인천교대논문집』 10 ; 송양섭, 2006, 『조선후기 둔전 연구』, 경인문화사

〈송양섭〉

군면동리통폐합(郡面洞里統廢合) 일제가 1914년 기존의 군·면·동·리 등 행정구역과 기구를 식민지 통치체제 구축을 위한 행정편의주의 원칙아래 확대 개편하는 방향으로 통폐합한 조치.

조선총독부는 군·면·동·리 통폐합 작업을 1911년 가을에 착수하여 1913년 12월 29일 완료하였다. 317군을 220군으로 정리했다. 이 작업의 법적 효력은 1914년 1월 1일부터 발효되었다. 개편 원칙은 구래의 명칭은 그대로 유지하되 면적·호수·자력·교통·민정 등을 감안한 행정 편의주의 아래 최하 세포단위인 자연 마을인 동리를 포함하여 군·면·동·리 등 모든 행정구역을 전면 재조정했다. 행정단위의 크기는 종전보다 대구획으로 하고, 구획의 기준은 종래 '속인주의'에서 강계를 확정한 '속지주의'로 개편했다. 지역 행정의 중심 기구를 종전의 동리중심 체제에서 면중심 체제로 전면 재편한 것이다.

일제가 행정구역을 확대 개편한 목적은 조선사회를 중앙집권적 식민 통치구조로 재편하되 최하 행정단위를 면으로 구조화시키는 데 있었다. 이는 토지조사의

사업단위를 확정하는 작업이기도 하지만, 각 지방의 실태를 파악할 수 있었기 때문에 가능한 작업이었다. 즉 토지조사와 식민통치의 기초단위를 확정하는 일이었다. 이를 계기로 향촌사회의 자치기능은 점차 사라지고 위로부터 수직적인 식민지 지배체제가 수립되게 되었다. 대한민국의 행정구역은 이를 계승하여 필요에 따라 개편해 갔지만, 여전히 중앙의 지배력이 강하게 작동하여 지방자치기구가 그 기능을 제대로 수행하기 어려웠다.

[참고어] 토지조사사업

[참고문헌] 越智唯七述, 1917, 『신구대조 조선전도 부군면동리동 명칭일람』

군산농사조합(群山農事組合) 1904년 전라북도 군산에서 일본인 지주·자본가들이 한국 농업척식과 토지투자를 목적으로 설립한 부동산관리기구.

러일전쟁 전후 일본사회 전반에 한국에 대한 척식여론이 고조되자, 전라북도 군산 옥구 일대의 경제적 지리적 호조건에 주목한 일본인들이 대거 몰려들어왔다. 일본인들의 경쟁적인 토지매수로 이 일대의 지가가 앙등했고, 토지매수 과정에서 도매·이중매매 현상도 빈발하였다. 무엇보다도 외국인의 토지소유를 불허하는 한국정부의 방침은 일본인들의 한국 농업침탈과 경영에 결정적인 장애가 되었다. 그들이 당면한 절실한 문제는 매집한 부동산에 대한 법적 소유권을 제도적으로 보장받는 일이었다. 일본정부의 입장에서도 한국침략을 가속화하기 위해서라도 이 문제를 우선적으로 해결해야 할 사안이었다. 이를 위해 1904년 5월 군산지역 일본인 지주 45명은 토지매매의 문제점과 소유권의 불안정성을 해결하기 위하여 군산농사조합을 설립하였다.

창립 당시 조합장은 오쿠라농장(大倉農場)의 농장주 오쿠라 기하치로(大倉喜八郎)의 대리인 나카니시(中西讓一)였다. 조합설립의 표면적 목적은 농사의 개선진흥을 기도하고 조합원의 이익을 증진하는 것이었지만, 본질적으로는 조합원이 획득한 토지에 대한 권리를 안정적으로 보장해주기 위한 기구로 조직한 것이었다. 조합은 매수하거나 저당한 토지를 신고 등록하도록 하여 상호 이중매매와 이중저당을 막았으며, 군산이사청의 보호 속에서 일본인 지주 사이에 토지소유권의 조정기관의 역할을 수행했다. 조합원은 소유권이나 저당권을 가진 토지를 명시한 통지서를 조합사무소에 제출했고, 조합

〈군산농사조합·강경토지조합의 관할구역〉

군산토지연합조합		강경토지조합		군산농사조합	
전북	충남	전북	충남	전북	충남
전주 남원 고부 김제 태인 금산 익산 임피 김제 함열 부안 무주 순창 임실 진안 옥구 정읍 용담 운봉 장수 구례	보령 남포 비인 서천 한산	여산 진산 용안 고산	임천 홍산 정산 공주 부여 석성 은율 오성	옥구 임피 전주 김제 만경 함열 부안 고부 금구 익산 태인	서천

출처 : 日本農商務省, 1906, 『韓國土地農産調査報告 : 京畿道 忠淸道 江原道』, 739~747쪽

에서는 통지순서에 따라 토지대장에 등록하였다. 토지에 대한 소유권이나 저당권을 상실했을 때는 속히 대장등록 취소를 청구하도록 했다. 토지에 대한 권리는 등록순서에 따라 우선권이 정해졌다. 토지대장의 등록을 취소했을 경우, 토지대장을 군산이사청에 신청하여 공인받도록 했다. 토지대장에 등록된 토지에서 권리분쟁사건이 발생하면 조합에서 권리를 옹호해 주었다. 조합은 등록토지에 분담금과 등록료를 징수하였다.

임원으로 조합장 1명, 간사 1명, 평의원 7명을 두었다. 조합은 대지주 위주로 운영되었고, 조합원의 투표권은 토지면적의 크기에 비례하여 행사되었다. 설립 당시 14개 군 48명이 활동하였고, 당시 등록된 논은 24,586.7두락, 밭 458두락, 진전·염전·황지 1,192.5두락, 산지 9필이었다. 조합원과 투자액은 계속 증가하여 1910년경에는 조합원 196명, 총 투자액 196만 1,608원, 소유전답도 21만 894두락이었다. 1910년 현재 2,000정보 이상 지주가 1명, 100정보 이상 28명, 50정보 이상 17명이었고, 이들이 소유한 면적은 조합원 전체 면적의 84%를 차지했다. 나머지 조합원 150명은 전체적으로 평균 15정보를 소유했다.

1905년 4월 군산농사조합에서 강경토지조합이 분리되었다. 군산·강경 두 조합은 지역이 인접하여 토지등록의 충돌을 우려하여 군산토지연합조합을 조직하여 군산과 강경을 중심으로 관할구역을 나누었다. 일제강점 후 조선부동산증명령 같은 법적 장치가 마련되면서 해체되었다.

[참고어] 목포흥농협회, 오쿠라농장, 미야자키농장

[참고문헌] 日本農商務省, 1905, 『韓國土地農産調査報告 : 京畿道 忠淸道 江原道』; 日本農商務省, 1905, 『韓國土地農産調査報告: 慶尙道

全羅道』; 최원규, 1994,『한말 일제초기 토지조사와 토지법 연구』, 연세대학교 사학과 박사학위논문 〈고태우〉

군인전(軍人田) 고려시기 군역(軍役)의 안정적 수행을 위해 군인에게 지급하였던 토지.

양반 관료들이 관직에 근무하면서 직전(職田)을 받았던 것에 반해 군인은 군역이라는 직역(職役)을 수행하는 대가로 지급받았다. 이미 태조 때부터 군인에게 토지가 지급했던 예가 있었다. 940년(태조 23)에 “처음으로 역분전을 정하였는데, 통합할 때의 조신과 군사들은 관계를 논하지 않고 성품과 행동의 선하고 악함, 그리고 공로의 많고 적음을 살펴서 차등있게 자급하였다.(初定役分田, 統合時朝臣軍士, 勿論官階, 視人性行善惡, 功勞大小, 給之有差.[『고려사』 권78, 식화지1 전제 태조 23년])” 당시는 후삼국을 통일하고 얼마 지나지 않았던 시점이었으므로 자연히 그간 여러 분야의 공적을 쌓았던 사람들의 포상에 대한 관심이 고조되었기에 역분전 지급을 통해 이를 실행했다. 이때 성품과 행동의 선함과 악함, 공로의 많음과 적음 등을 살핀다고 한 것은 실제로 어느 정도의 공을 세웠는지를 조사해서 등급을 정하기 위한 조치로 보인다. 그에 의거해 토지를 지급함으로써 혹시 발생할지도 모르는 불공평함을 제거해서 불평불만이 나오지 않도록 사전에 조처했다.

그런데 역분전을 지급받았던 군사를 일반적인 군인으로 간주해서 후대 군인전 지급의 선구적인 사례로 취급하는 견해가 있다. 다만 그 지급은 중앙군에 한정되었을 뿐 지방군에게는 해당되지 않는다고 했다. 그리고 전문적인 병사들로 간주하여 비록 최하의 지위를 차지했을지언정 어디까지나 관료 체계의 한 귀퉁이를 차지하고 있던 존재로 보았다. 하지만 이에 반대해서, 그 때의 상황으로 미루어 대부분이 태조 휘하의 오래된 사병(私兵) 출신이었을 것이고, 거기에 일부의 특별한 전공을 세운 외부의 군인이 포함되었을 것으로 추측하는 견해도 있다. 특히 후자에 따르면 군사의 경우 매우 작은 비중을 점했을 뿐이어서 큰 의미를 부여하는 것은 곤란하다고 여겼다.

군사들에게 주어졌던 역분전에 대한 상반된 견해는 이후 군인전의 성격을 놓고 벌어졌던 논쟁의 단초가 되었다는 점에서 중요한 의의를 지닌다.

태조 때 군사에게 지급된 역분전의 내용과 그 규모가 얼마나 되는지가 정확하게 밝혀져 있지 않다. 군인전에 관한 구체적인 지급 규정은 전시과(田柴科)를 실시하면서 제시되었다. 그러나 976년(경종 1)에 처음으로 제정된 전시과에는 군인전 지급 규정이 포함되어 있지 않았다. 가능성이 매우 높다는 주장도 제기되었으나 실제적으로 입증되지는 않았다. 분명하게 나타나기는 988년(목종 1)에 전시과 제도를 개정하면서였다. ‘문무양반급군인전시과(文武兩班及軍人田柴科)’라는 제목처럼 제17과에 마군(馬軍)이 있어서 전(田) 23결(結)을 받았으며, 또 18과에 보군(步軍)이 있어서 전 20결을 받았다.

이후 1034년(덕종 3)에 다시 바뀌었는데, ‘양반급군한인전시과(兩班及軍人閑人田柴科)’에서 알 수 있듯이 이때에도 여전히 군인전은 지급하였다. 다만 지급된 전결수가 기록되지 않았기 때문에 정확한 액수는 알 수 없다. 1076년(문종 30)에 전시과를 갱정하면서 마군은 제15과로서 전 25결을, 역군(役軍)과 보군은 제16과로서 전 22결을, 감문군(監門軍)은 제17과로서 전 20결을 받는 것으로 규정했다. 전시과에 의거해서 토지를 분급하면서 마군을 위시하여 역군·보군, 감문군 등의 병종에 따라 군인전의 지급 규모에 차이가 있게 되었다. 그러나 군인전의 성격에 관해서는 지금까지 주로 함께 언급되었던 양반전과 동일한 것인지 아닌지가 논란이 되고 있다. 먼저 역분전과 관련성이 깊다고 보았던 쪽에서는 그 당시 조사와 군사가 함께 받았던 것처럼 전시과에서도 마찬가지였음을 강조하였다. 즉 같은 내용의 수조지(收租地)를 받았는데, 특히 일부의 특수층이 아니라 경군(京軍)을 구성하는 일반 병사들에게 지급했다는 주장이 주목된다. 그것은 양반 가운데 무반이 포함되었으며 병종별로 지급량이 달랐음을 증거로 내세우고 있다. 제도상으로는 전혀 구별되지 않으며 마군, 보군, 역군 등을 모두 특수층으로 분류하기에는 여러 가지로 많은 문제가 있다는 것이다. 따라서 군인전도 양반전처럼 수조지로 파악하는 것이 옳다고 여겼다.

한편 역분전과의 관계에 대해 회의적으로 파악하는 입장에서는 양반전과는 성격이 다르다고 보았다. 그 근거로 위 규정에서 최저 20결은 지급한다고 했는데 만약 그대로 모든 군인들에게 주었을 경우에는 당시 국가가 감당할 수 없을 정도의 규모가 된다는 것이다. 정확한 병력수가 나오지 않았으나 어림잡아 3만명으로 계산하면 군인전 총액이 무려 50만 결을 상회하여 도저히 성립될 수 없는 사실이므로, 군인전 규정은 지급액수의 상한선에 불과할 뿐이라고 했다.

더불어 수조지가 절대로 될 수 없으며 군인들이 농민으로서 소유해 오던 그들의 토지 위에 조세 면제를 조건으로 군인전은 설정했던 것이라고 했다. 다만 이럴 경우에 원래부터 토지를 다량 소유했던 군인에게는 문제가 없지만 당초 아무 것도 지니지 못했던 사람은 정말로 곤란해졌을 것이다. 이에 대해 간혹 공전(公田)으로 가급(加給)해주기도 했으나 이는 매우 드문 경우라고 했다. 그러므로 실제로는 만성적으로 부족했는데, 그런 사실을 뒷받침하는 사례가 많다고 했다.

그 밖에 특히 군인전을 수조지로 분급했다는 주장에 대해 의문을 표시하며 군인 자신의 소유 토지에 대한 면조(免租)의 권리를 부여받은 것으로 이해하는 연구 경향도 있다. 군인전의 성격과 관련된 입장의 차이는 거기에서 끝나는 것이 아니라 경영 방식 등과도 연계시키면서 전개되었기 때문에 한층 복잡한 양상을 띠었다.

그런데 1356년(공민왕 5)에 이르면 전기와 다른 지급 규정이 나온다. 즉 "국가가 전지 17결을 1족정으로 삼아 군인에 1정을 줌은 옛 전부의 유법이다(國家以田十七結, 爲一足丁, 給軍一丁, 古者田賦之遺法也.[『고려사』 권81, 병지1 병제 공민왕 5년])"라고 하였다. 여기에서는 군인에게 지급된 토지가 일률적으로 1족정, 즉 전지 17결로 되었다. 이는 병종에 따라 25결(마군), 22결(역군·보군), 20결(감문위)로 차등을 두어 지급하였던 문종 때의 경정전시과 규정과 크게 달랐다.

전부의 유법이었다는 표현에 의해서 1356년의 규정이 이미 고려 전기에 나왔던 것으로 이해할 수도 있다. 실제로 그렇게 보는 견해도 있다. 하지만 지금까지의 통상적인 이해에 따르면 전기의 것으로 간주하기 어렵다고 보았다. 즉 문종 이후 시대의 경과와 주위의 제반 사정의 변화로 말미암아 바뀐 것으로 파악했다. 그러나 구체적으로 어떤 과정을 거쳐 군인전 지급 규정이 변모하게 되었는지는 명확하게 설명하지 못했다.

한편 '족정'이라는 용어가 1077년(문종 31)의 기인선상(其人線上)에 관한 규정에 나오고 있는 점을 주목했던 연구 성과가 있다. 특히 거기서 기인의 입역(立役) 기준이 족정이라고 했는데, 이는 곧 전기부터 존재했음을 의미한다는 것이다. 그리고 군인전에도 적용시켰는데, 구체적으로 주현군 가운데 보승(保勝)·정용군(精勇軍)에게 지급되었다고 했다. 그렇게 되면 군인전은 두 계열의 토지로 구분되는데 전시과로서 지급된 것과 족정으로서의 그것이라고 했다. 전자는 경군에게, 후자는 지방군에 해당시켰다. 이렇게 보면 전부의 유법이었다는 언급이 자연스럽게 이해될 수 있다는 것이다.

이렇듯 군인전의 성격에 대해선 몇몇 설이 병존하고 있다. 따라서 경영 방식에 대해서도 다양한 견해가 있다. 먼저 1108년(예종 3) 2월에 내린 제(制)에 따르면, "근래 주현관이 다만 궁원전과 조가전만을 사람을 시켜 경작케 하고 군인전은 비록 비옥한 땅이라도 농사를 힘써 장려하지 않으며, 또한 양호로 하여금 곡식을 운반하게 하지도 않는다. 이로 인하여 군인은 춥고 배가 고파서 도망가 버린다. 지금부터 먼저 군인전에 각각 전호를 정하여 농사를 장려하는 일과 양식을 운반하는 일을 해당 관청이 상세히 보고하고 결재를 받도록 하라.(近來州縣官 祗以宮院·朝家田 令人耕種 其軍人田 雖膏腴之壤 不用心勸稼 亦不令養戶輸粮. 因此 軍人飢寒逃散 自今先以軍人田 各定佃戶 勸稼輸粮之事 所司委曲奏裁.[『고려사』 권79, 식화지2 농상 예종 3년 2월])"고 하였다. 당시 군인전의 경영에 심각한 문제가 발생하였던 관계로 이를 견디지 못한 군인들이 흩어져 도망치는 일이 벌어지고 있어 그 대책을 강구한다는 것이었다.

이에 대해 군인전이 수조지를 분급받아서 성립된 토지였다는 입장에서는 우선 주현관이 그 경작을 감독하고 권장하며 나아가 수확된 곡물을 군인에게 운반해주는 일까지 책임져야 있다는 사실에 주목하였다. 아울러 그 대책으로 다른 토지보다 먼저 전호를 정해서 농사짓거나 양식을 운반하는데 종전과 같은 소홀함이 발생하지 않도록 조치했던 점을 강조하였다. 이를 통해 군인전을 군인 가족과 전호가 함께 경작하지 않았음이 확인된다는 것이다. 그 이전에는 양호에 의해 경작하게 했다가 전호로 바꾸려는 것인데, 이는 국가에 의한 경작자의 배정에서 군인 스스로에 의한 것으로 변경됨을 의미했다고 한다. 아무튼 군인 가족이 경작의 주체는 아니었으며 국가가 깊숙이 개입하고 있음을 들어 양반전과 다름이 없는 방식으로 경영했음을 논증하였다.

다음으로 군인이 소유했던 토지 위에 설정된 것이라는 주장은, 양호가 양식을 운반하는 일을 맡았을 뿐만 아니라 경작에도 종사하여 그 가족들을 부양하는 데 큰 구실을 했다고 보았다. 특히 만약 수조지로서 다른 사람의 토지 위에 설정되었다면 새삼 양호를 설치할 필요가 없었을 것이라고 했다. 이미 그 토지를 경작하는 농민이 붙어 있었을 것이기 때문이라는 것이다. 즉 부족한 노동력을 보충하고자 양호를 투입했을 뿐이며 그 주체는 군인 가족이라고 했다. 그것은 전호제로 바뀌어도 마찬가지였다는 것이다.

끝으로 전시과로서의 군인전과 족정의 그것으로서 두 계열이 있다는 견해에서는 위 자료는 전자의 경우를 가리키는 것으로 파악했다. 우선 양호는 군인의 양식을 운반하는 일을 담당했을 뿐이라고 했다. 이어 전호에 대해서는 '먼저'라는 말에 주목하여 1108년 이전부터 이미 행해지고 있었다고 했다. 다만 전호를 충분히 확보하지 못해 문제가 발생했다는 것이다. 이로써 궁원전·조가전과 동일한 방식으로 경영했으며 이는 양반전과도 같았을 것이라고 했다. 한편 족정 계열의 군인전은 가족에 의해 경작되었을 것이라고 했다. 이처럼 군인전에 대한 성격 규정과 마찬가지로 경영 방식에 대한 이해도 연구자마다 서로 달랐다.

군인전은 세습이 원칙이었다. 그것을 입증하는 자료가 많은데, 군역을 승계해야 하기 때문에 당연한 것으로 여겼다. 기본적으로 후손이 이어받았으므로 한 개인이 아니라 그의 집안, 즉 군호가 받았다고 할 수 있다. 이 경우 순서가 문제되는데, 전정연립(田丁連立)과 관련해서 1046년(정종 12)에 적자(嫡子)가 없으면 적손(嫡孫)으로 하고, 적손이 없으면 같은 어머니에서 난 아우로 하고, 같은 어머니에서 난 아우가 없으면 서손(庶孫)으로 하고, 남손(男孫)이 없으면 여손(女孫)으로 한다고 규정되었다. 대개 군인전도 이런 원칙을 따랐을 것이다.

세습할 사람이 없거나 도망 등의 이유로 병력이 부족하면 새로 선발하여 보충해야 했다. 이때 선발된 군인에게도 군인전을 지급하였다. 이것은 선군급전(選軍給田)이라 한다. 1371년(공민왕 20) 12월에 내린 교(敎)에 의하면 "군인을 선발하면 토지를 준다는 것이 이미 법으로 이루어졌는데 근래 토지제도가 문란해져 부병은 땅을 받을 수 없게 되었으니 이는 심히 군대를 모집하는 뜻을 잃은 것이었다.(選軍給田, 已有成法, 近年, 田制紊亂, 府兵不得受田, 殊失募軍之意.[『고려사』 권81, 병지1 병제 공민왕 20년 12월])"라고 하였다. 일단 군인으로 선발되면 군인전을 받는 것이 법이었다. 다만 후기에 이르러 토지제도의 문란으로 제대로 실시되지 못했을 뿐이었다.

고려 말에는 토지제도 전반에 걸친 현상이기는 하지만 군인전의 운영이 극도로 혼란해졌다. 1388년(창왕 즉위)에 제출된 조준(趙浚) 등의 상소에 따르면, 군대에 들어가지도 않는 자가 군전(軍田)을 받았던 반면에 정작 여러 전투에 참여했던 자는 도리어 1무(畝)의 땅도 얻지 못하는 형편이라고 했다. 그런 사정들이 겹치면서 부전(府田)이 없어지니 부병(府兵)도 없어지는 결과가 초래되었다. 이는 군인전이 제대로 지급되지 않으면서 군인들의 이탈이 가속화되어 마침내 군사력이 크게 취약해졌다는 사실을 집약적으로 표현한 것이다.

체제 개혁을 통해 국정의 전면적 쇄신을 추진하였던 신흥사대부들은 군인전 문제를 해결한 다음에 이를 토대로 국방력을 증강시키고자 했다. 내용상의 차이가 있지만 골격은 유사하였다. 후대까지 큰 영향을 끼쳤던 조준 등의 방안에서는 군전의 경우 토지를 받을 자의 재예(才藝)를 시험하여 20세가 되면 지급하고 60세가 되면 반납하게 했다. 그리고 왕실(王室)의 제군(諸君) 및 1품에서 9품까지의 관원은 현직과 산직을 막론하고 품계에 따라 구분전(口分田)을 지급하며. 첨설직(添設職)을 받은 자에게도 그 실직(實職)을 조사하여 구분전을 주되 죽을 때까지 보유하도록 했다. 하지만 현임 이외의 전함(前銜)과 첨설직을 가지고 토지를 받은 자는 모두 오군(五軍)에 속하게 하고, 외방에 머무는 자에게는 다만 군전을 지급하고 군역을 부담하게 하자고 주장했다. 즉 군인과 더불어 현임 이외의 품관들에게도 군전을 주어 군역을 부담시키자는 것이다.

그러나 1391년(공양왕 3)에 제정된 과전법에서는 외방에 군전을 두되 6도의 한량관리(閑良官吏)에게는 자품(資品)의 높고 낮음을 따지지 않고, 그 본전(本田)의 많고 적음에 따라 각각 군전 10결 혹은 5결을 지급한다고 했다. 마침내 조준 등의 방안이 그대로 실현된 것은 아니었다는 점이 확인된다. 다른 의견이 없는 것은 아니었지만 이로써 군역을 수행하는 대가로 지급되는 군역전 제도가 더 이상 실시되지 않았다고 볼 수 있다.

군역을 수행하는 대가로 군인에게 주어졌던 군인전은 그 실체와 운영 방식을 놓고서 지금까지 여러 상반되는 견해들이 제출되었다. 이는 단지 한 면에 국한된 것이 아니라 고려 사회 전체의 성격 규정과 연관시키면서 전개되었다는 점에서 그 의미가 컸다. 그만큼 중요한 것이기 때문에 앞으로 다각도로 제기될 수밖에 없다.

[참고어] 직전, 역분전, 전시과, 과전법

[참고문헌] 姜晋哲, 1963, 「高麗初期의 軍人田」『淑大論文集』 3 ; 李基白, 1968, 『高麗兵制史硏究』, 一潮閣 ; 오일순, 1983, 「高麗前期 部曲民에 관한 一試論-田柴科制度·一品軍과의 관련을 중심으로」 『學林』 7 ; 馬宗樂, 1990, 「高麗時代의 軍人과 軍人田」『白山學報』 36 ; 李相國, 2003, 「高麗時代 軍役差定과 軍人田」『한국중세사연구』 15

〈윤훈표〉

군자시전(軍資寺田) 고려 말~조선 초 군자시에 분급되었던 토지.

군자위전(軍資位田), 군자전(軍資田)이라고도 한다. 고려 말 "1390년(공양왕 2)에 소부시를 혁파하고 군자시를 설치하였다. 뒤이어 전수도감마저 혁파한 뒤, 그 전곡의 문서를 모두 군자시에 위임하였다.(恭讓王二年革小府寺置軍資寺 又革轉輸都監 其錢穀文書悉委之[『고려사』 권76, 「백관」1 군자시])"는 기록을 보면, 군자시는 군수품의 저장과 보관의 일을 관장한 기구로 이해할 수 있는데, 군자시전은 여기에 지급된 토지이다.

군자시전은 고려 전기 토지와 역(役)이 결합되었던 군역(軍役)체제가 붕괴된 이후, 고려 말 군자미(軍資米)를 확보하기 위해 설정된 토지인데, 공민왕대 이래 군인전(軍人田)이 붕괴된 상황에서 권신(權臣)의 적몰지에서 충당하여 군수전(軍須田)을 설치하였고, 1391년(공양왕 3) 전제를 개혁할 당시 이를 계승하여 군자시전을 설정하였던 것이다. 당시 전제개혁의 기준이 되었던 과전법(科田法)체계에 의하면 1389년(공양왕 1, 己巳)에 양전하지 못한 연해안이나 해도(海島)의 토지, 당시 양전(量田)에서 누락되었던 토지, 측량의 착오로 남는 토지나 새로 개간한 토지 등은 매년 관리를 보내 답험(踏驗)하고 정(丁)을 만들어 토지대장에 올린 뒤 군수(軍需)에 충당하게 되어 있었다. 결과적으로 1389년 기사양전 이후에 새롭게 파악된 토지들이 군자시전으로 충당되었던 것이다. 이렇게 해서 군자시전에 편입된 토지는 관리들의 녹봉(祿俸) 지급을 위해 설치하였던 광흥창전(廣興倉田)의 거의 2배인 약 20만 결(結)이나 되었다.

이렇게 막대한 면적에 달하던 군자시전은 조선시기에 이르러서는 상당히 축소되었다. 조선은 건국 후 공신(功臣)들에 대한 논공행상(論功行賞)과 양반 관료층에 대한 회유정책을 뒷받침하기 위해 공신전(功臣田)·별사전시(別賜田柴)·과전(科田)을 지급하였는데 군자시전이 여기에 활용되어 1398년(태조 7) 당시에는 10만 결 정도로 축소되었다. 그것도 녹봉으로 전용(轉用)되기도 하는 등 군자의 축적이 어려워지자 사원전으로 충당하거나 녹봉으로의 전용을 금지하기도 하였다. 그 뒤 1445년(세종 27) 국용전제(國用田制)가 실시되어 국가재정의 일원화가 이루어지면서 군자전의 명칭은 소멸되었다.

[참고어] 군인전

[참고문헌] 千寬宇, 1965, 「韓國土地制度史(下)」『韓國文化史大系』 Ⅱ ; 邊太燮, 1968, 「高麗 按察使考」『歷史學報』 40 ; 1971, 『高麗政治制度史硏究』 ; 姜晉哲, 1980, 『高麗土地制度史硏究』, 고려대학교 출판부 ; 徐鍾泰, 1987, 「高麗後期 軍須田에 대한 一考察」『高麗末朝鮮初 土地制度史의 諸問題』, 西江大學校人文科學硏究所 ; 李章雨, 1988, 「朝鮮初期 軍資田에 대한 一考察」『歷史學報』 118 ; 李景植, 1988, 『朝鮮前期土地制度史硏究 Ⅱ-農業經營과 地主制-』, 지식산업사 ; 權寧國 외, 1996, 『譯註『高麗史』 食貨志』, 韓國精神文化硏究院 ; 朴龍雲, 2009, 『『高麗史』百官志 譯註』, 신서원 〈이현경〉

군전(軍田) 과전법(科田法) 하에서 지방에 거주하던 한량품관(閑良品官)에게 지급하였던 수조지(收租地).

연원은 전시과(田柴科) 하에서의 군인전(軍人田)에 있다. 그러나 군인전이 병종(兵種)에 따라 군인에게 지급되어 그 수확을 군사비용에 충당케 한 토지였던 반면, 군전은 지방의 유력자인 한량을 대상으로 지급된 수조지였다는 데에 차이가 있다.

1391년(공양왕 3)의 과전법 조문에 따르면, "외방은 왕실의 울타리이므로 마땅히 군전을 두어 군사를 기른다. 동서 양계는 옛 제도에 따라 군수에 충당하고 6도의 한량관리에게 자품에 관계없이 본전의 다소에 따라 각각 군전 10결 혹은 5결을 지급한다.(外方王室之藩, 宜置軍田, 以養軍士. 東西兩界, 依舊充軍需, 六道閑良官吏, 不論資品高下, 隨其本田多少, 各給軍田十結, 或五結.[『고려사』 권78, 「식화지」1, 전제, 녹과전])"고 했다. 고려 말의 한량관리는 전직관리[前銜品官]·첨설직(添設職)·검교직(檢校職)을 포괄하는데, 군전의 지급대상은 한량관리 중에서 경기 외에 거주하는 이들이었다. 한편 수조지 분급기준인 본전(本田)에 대해서는 이들의 소유지로 이해하거나, 또는 이전까지 받았던 수조지로 파악한 견해가 있다. 두 견해는 수조권이 설정된 토지가 무엇이었느냐에 차이가 있지만, 외방에서의 사전을 군전으로 지급된 5~10결로 제한하려했던 의도에 대해서는 동의하고 있다.

한편 서울에 거주하는 한량관리는 군전 대신 경기의 과전(科田)을 받았는데, 17과 이상의 과전은 선식관리에게만 지급되었다. 반대로 외방으로 퇴거하는 한량품관의 경우에는 과전 대신 군전을 지급받았다. 이로 인해 외방의 한량관 중 전직관리는 수조지의 규모에 있어서 외방 거주에 따른 불이익이 매우 컸는데, 이는 관인층이 외방으로 퇴거하는 것을 억제하고 외방에 거주하는 전직관리의 자발적 상경을 유도하기 위한 방안이었다.

군전을 받은 이들은 일반 정병(正兵)과는 다른 상층 군인으로, 말을 갖추어 교대로 번상(番上)하여 삼군도총부에 유숙하면서 도성 시위에 참여해야 했다. 그러나 이들이 모두 수전패(受田牌) 즉 군전을 받고 도성을 숙위했던 것은 아니었다. 시위를 대신 맡은 아들·사위·동생·조카에게 물려준 것을 제외하고는 조선 건국 후 회수(回收)나 신급(新給)된 군전이 없었기 때문이다. 따라서 군전의 혜택 없이 군역을 지는 한량층인 무수전패(無受田牌)가 크게 늘어나게 되었다. 또한 1409년(태종 9)에는 군자전(軍資田) 확대 시책과 시위제도(侍衛制度)의 변화 및 병종의 신설 등으로 1391년에 지급된 군전조차 몰수해 군자전에 편입시켰다. 이러한 과정을 통해 군전은 세종 때에 이르러 사실상 거의 폐지되었고, 세조 때 직전법(職田法) 실시 이후 제도적으로도 완전히 소멸되었다.

[참고어] 군인전, 군자시전

[참고문헌] 이경식, 1978, 「朝鮮初期 屯田의 設置와 經營」『한국사연구』 21·22 ; 김태영, 1982, 「과전법의 성립과 그 성격」『한국사연구』 37, 한국사연구회 ; 강은경, 1993, 「조선 초 무수전패의 성격」『동방학지』 77·78·79 ; 유승원, 1999, 「朝鮮 建國期 前銜官의 軍役」『한국사론』 42 〈윤석호〉

군토(軍土) 조선 후기 면·리 단위의 향촌사회 지역민들이 군역(軍役) 부담에 대응하기 위하여 마련한 토지.

조선 후기 삼정문란으로 군역제(軍役制)는 군역 담당 신분의 고정화, 군액의 총액제 운영, 역 부담의 불균등 현상을 드러내며 동요했다. 18세기 후반이 되면 군역은 실역이 아닌 조세화 되었다. 민인들은 군역으로부터 이탈하는 피역(避役)에 힘썼다. 민인의 인구이동, 신분상승을 통한 적극적인 피역, 관아에서 양정(良丁)을 사사로이 모입한 사모속(私募屬) 형태의 소극적인 피역 등으로 '군다민소(軍多民小)'의 문제가 발생하여 군역세 부담이 더욱 과중해졌다. 따라서 이를 징수하거나 부담하는 일이 점점 어려워졌다. '군다민소'한 지역에서는 족징(族徵)·인징(隣徵)·황구첨정(黃口簽丁) 등의 폐단이 생겨났다. 폐단은 갈수록 극심해져 19세기에는 족징, 인징 등의 연대책임제가 면리분징(面里分徵)으로 발전되어 갔다. 향촌민은 군역제의 붕괴와 피역자로 인한 군역세 전가로 조세부담이 가중되자 이에 대처하기 위해 공동의 자산을 마련하여 이를 감당하고자 하였다. 군포계[보군계(補軍契)]와 군토[軍役田] 등을 마련하여 여기에 대처해 간 것이다.

군토는 향촌주민들이 군역에 공동으로 대응하기 위하여 마련한 토지이다. 군전(軍田), 군역전(軍役田), 군역토, 군근전(軍根田), 역근전(役根田), 방군전(防軍田) 등으로도 일컫는다. 향촌민은 이 토지를 공동으로 경영해서 얻은 수익으로 군역세에서 모자란 액수를 충당 수납한 것이다. 군토 마련은 많은 자금을 필요로 하기 때문에 용이하지 않았다. 군토의 형성 방법은 다음과 같다. 첫째, 향촌민이 이사갈 때 군역세에 대한 책임을 지기 위하여 납토(納土)하는 방법이다. 이는 주로 중·상층의 농민일 경우에 가능하였다. 둘째, 향촌민이 후사 없이 사망하거나 친·인척도 없이 유망하는 경우 남은 재산을 면·리의 공유재산으로 수용하는 방법이다. 셋째, 피역·면천(免賤)의 대가로 농지를 면·리에서 기증받아 군토로 설치하는 방법이다. 교생(校生)·군관(軍官) 등으로 피역하고 있는 향촌의 부민(富民)을 군역세 연대책임에서 면해주는 대가로 납토하게 하는 사례가 있다. 넷째, 군역의 대역(代役)·대립(代立)·고립(雇立) 등의 방법으로 개인이 군토를 제공하는 경우이다.

이렇게 형성된 군토는 동민 공유지의 성격을 지니고 있었으며, 해당 면·리에서 관장하였다. 군토의 작인은 군역세 부담의 의무를 지면서 물권적 성격을 지닌 경식권(耕食權)을 부여받았다. 이는 매매와 양도의 권리가 포함된 일종의 도지권적 성격을 지닌 것이다. 군토에서 군역세를 수납하는 방식은 면·리가 직접 군토를 지주제로 경영하여 지대를 수납하는 방법과 군역대립자인 작인이 지대를 수납하는 방법 등이 있다.

피역 행위가 늘어남에 따라 군토도 늘어났다. 군토의 규모는 토지가 비옥한 남부지방의 경우 피역자 1인당 수전 약 3두락, 북부지방의 경우 한전 약 8~9두락 정도였다. 공유지로서의 군토의 총규모는 최소 수십 두락에서 수천 두락에 이르렀다. 군영이 많이 존재하고 신분적 갈등이 적은 북부 지역이 군포계의 규모가 크고 군토의 설치가 활발하였다. 용천, 의주, 삭주, 창성, 강계 등지에서 주로 나타났다. 한말 군토 정리에서 나타나는 분쟁지 기록은 평안도 지방을 비롯한 북부지방에 관한 것이 많다. 군토는 한말 군역제의 폐기와 일련의 제도개혁에 의해 공토·역둔토로 흡수되었다. 이 과정에서 군토를 둘러싼 각종 권리 분쟁이 발생하였다.

[참고어] 군전, 역전, 국유지

[참고문헌] 和田一郎, 1920, 『朝鮮土地地税制度調査報告書』; 김용섭, 1982, 「조선후기 軍役制의 動搖와 軍役田」『동방학지』 32 ; 김종준, 2009, 「1895~1907년 평안도 지역의 '軍土' 조사 작업과 관련 분쟁」『동방학지』 148 〈고나은〉

굴도지(굴賭地) ⇒ 영소작, 지대, 화리

굴봉(掘棒) 원시농경 상태 또는 식량 채집 단계에서 식물뿌리나 열매를 캐기 위해 땅 속을 뒤지거나 땅에 구멍을 내는 데 쓰이는 연모.

뒤지개라고도 불린다. 나무, 대나무, 뼈 등으로 제작되었다. 식량 채집 단계에서는 땅 속을 뒤져 먹을 수 있는 알뿌리 식물을 찾아 파내는 데 쓰였던 것으로 보인다. 이후 원시농경 단계에 와서는 땅에 구멍을 내어 씨앗을 뿌리거나 심는 데 쓰였으며, 화전농경 단계에서는 풀뿌리, 작은 나무 등을 제거하거나 개척작업, 곡식심기 등 광범위한 농업 활동에 쓰였을 것으로 추정된다. 이렇듯 굴봉은 돌연모나 뼈연모에 앞서 사용된 것으로 추정되는 가장 원시적인 농경도구이다. 이후 돌연모인 괭이나 도끼[打製石斧], 보습 등의 제작으로 이어져 농경지의 개척이나 풀 뽑기 및 씨뿌리기[播種] 등에 사용되었다.

신석기시대 이전부터 굴봉을 이용한 생산활동이 시작되었다고 여겨진다. 평안북도 궁산 유적에서 사슴의 뿔로 만든 굴봉이 보고되었는데, 이것은 나무로 만든 것에서 조금 발전된 형식으로 보인다. 한편, 오늘날 논두렁에 콩을 심을 때나 묘판에서 종자를 옮겨 심을 때 뒤지개 농사의 일면이 엿보인다.

[참고어] 괭이

[참고문헌] 길경택, 1985,「한국의 선사시대의 농경과 농구의 발달에 관한 연구」『古文化』27, 한국대학박물관협회 ; 권진숙, 1983,「韓國在來農具의 歷史的 變遷」『韓國의 農耕文化』, 경기대학교출판부 ; 이춘영, 1993,「한국농기구의 발달 소사(시론)」『민족문화』 6, 한성대학교 민족문화연구소 〈이준성〉

궁기농장(宮崎農場) ⇒ 미야자키농장

궁내부 제도국(宮內府制度局) 1906년 2월 3일 황실재정정리를 위한 기반을 마련하고자 제실제도정리국을 확대·개편하여 설치한 궁내부 산하 기구.

일제는 전국적인 토지조사사업에 앞서 대한제국을 앞세워 국유지 및 황실 재정정리 작업을 추진했다. 처음에는 궁내부 제실제도정리국에서 이를 담당했다. 1906년 2월 3일 개정된 궁내부 관제에 의거하여 이를 폐지하고 제실재정회의의 사무국인 궁내부 제도국을 설치하였다. 제도국에는 법제과와 정리과를 설치하고 총재 1명, 의정관 6명, 참서관 4명, 주사 6명 및 이사, 번역생, 촉탁 등을 두었다. 총재는 이재극(李載克), 민상호(閔商鎬), 민병석(閔丙奭), 김윤식(金允植) 등이 임명되었다. 의정관은 이근호(李根澔), 민병한(閔丙漢), 이중하(李重夏), 궁내부 협판 민경식(閔景植), 경리원 감독 유신혁(劉臣爀), 예식부경(禮式副卿) 고희경(高義敬) 등이 맡았다. 제도국은 의정관 회의에서 안건을 논의하였다. 업무를 총괄하는 실무자는 궁내부 고문 가토(加藤增雄)였다.

〈1904~1908년 황실재정 정리기구의 변천〉

궁내부(宮內府)	·제실제도정리국(1904.10.05)→제도국(1906.01.30) →제실재산정리국(1907.11.27~1908.08.28) ·각궁사무정리소(1905.0.3.08~1907.12.01)
내각(內閣)	·임시제실유급국유재산조사국(1907.07.04~1908.07.20)
탁지부(度支部)	·임시재산정리국(1908.07.23~1910.03.)→임시토지조사국

출처 : 김양식, 1998,「일제하 역둔토 조사와 소유권 분쟁지 사정」『사학지』31, 414쪽

제도국은 제실제법규(帝室諸法規)의 제정과 개폐, 제실재산재무 관련 문안의 기초·심사, 제실재정회의와 의정관회의에 관한 사항 논의, 제실제도의 실행 및 독려, 제실소속 토지와 영조물의 유지정리, 제실의 수입정리, 제실일반사무의 보고와 통계·회계 사무 등을 담당하였다. 그리고 1906년부터 목장 조사, 금광 조사, 규장각사무 조사, 제주도 진상물 가격 조사, 각 궁방 조사 등 황실재정 조사에 착수하였다. 그 외 재정회의에서 황실비 예산서 작성을 논의하고 궁내부의 경비 지출과 회계 업무도 담당하였다.

또한 제도국 내에 임시정리부를 설치하여 제실소속 산림·원야·광산의 정리 업무를 관장하였다. 제도국에서는 장예원(掌禮院) 및 화녕전(華寧殿) 관제 개정과 개정 제안, 승녕부(承寧府) 관제 증치를 비롯하여 제도국 분과규정 개정, 궁내부 신관제 반포 등을 실시하였다. 신관제에 근거하여 궁내부의 기구가 대폭 축소되었으며 경리원이 폐지되었다. 제도국의 2과 체제는 1907년 6월 6일 궁내부령 제2호 제도국 분과규정에 의해 법제과가 제1부로, 정리과가 제2부로 확대 개편되었다가 1907년 11월 27일 궁내부 신관제의 반포와 함께 제실재산정리국(帝室財産整理局)으로 계승되었다.

[참고어] 임시제실유급국유재산조사국, 임시재산정리국, 제실재산정리국, 제실제도정리국

[참고문헌]『조선왕조실록』『증보문헌비고』『제실제도정리국일기』(규13037) ; 宮嶋博史, 1991,『朝鮮土地調査事業史의 硏究』, 동경대학 동양문화연구소 ; 이상찬, 1992,「일제침략과「황실재정정리」(1)」『규장각』15 〈고나은〉

궁방전(宮房田) 조선 왕실에서 임진왜란 이후에 국왕

의 혈육인 대군, 군, 공주, 옹주, 그리고 왕비, 후궁 등에게 경제적 재원을 제공하기 위해 설치한 궁방(宮房)의 토지.

임진왜란 이후 조선 왕실은 국왕의 혈육인 대군, 군, 공주, 옹주, 그리고 왕비, 후궁 등에게 경제적 재원을 제공하기 위해 궁방을 본격적으로 설치하였다. 조선 초기의 경우 궁방은 과전법(科田法)에 의거하여 민전(民田)에서 일정한 결수(結數)를 획급 받고 있었다. 그런데 16세기말 직전법(職田法)이 폐지되면서 17세기 이후에는 오직 궁방만 직전(職田)의 혜택을 받게 되었다.

17세기 초반 이후 임진왜란으로 인한 수세(收稅) 토지의 전국적인 격감이라는 사회적인 배경 속에서 왕실과 궁방은 재원확보를 위해 광범위하게 토지를 절수(折受)하여 궁방전을 만들어나갔다. 이외에도 매득(買得), 영아문(營衙門) 둔전(屯田)의 이속(移屬), 몰입속공지(沒入屬公地)의 사여(賜與), 민전 절수, 민전 투탁(投托) 등의 방식으로 궁방전을 넓혔다. 궁방은 궁방전 이외에도 시장(柴場), 어전(漁箭), 염분(鹽分) 등도 절수, 매득 등의 방식으로 확보하여 경제적 재원을 확대하였다.

17세기 초중반 인조 대에서 현종 대에 이르는 시기에 왕자, 공주, 후궁을 비롯한 여러 궁방(宮房)이 개설되면서 이들 궁방의 경제적 기반 노릇을 하게 될 궁방전도 확대되었다. 이 시기의 궁방전은 궁방의 토지 절수에 의해서 확대되었다. 당연히 궁방전을 둘러싼 문제로 관료들이 가장 많이 제기하는 것도 궁방의 토지 절수에 결부되어 있는 문제였다. 절수는 원칙적으로 토지의 소유자가 없는 무주진황지(無主陳荒地)를 대상으로 해당 궁방에게 할급(割給)해주는 것이었다. 이럴 경우 궁방의 절수지는 당연하게 궁방의 소유지로 파악하게 되었다. 그리고 궁방이 획득한 궁방전의 경우 조정에서 당연하게 면세(免稅) 혜택을 부여하고 있었다.

그런데 궁방은 절수를 진황지만 대상으로 삼는 것이 아니라, 왕실의 일원이라는 권세를 내세워 주인이 있는 토지인 유주민전(有主民田)을 침탈하는 데에도 절수를 내세웠다. 궁방이 확보해야 할 개간 대상지인 진황지가 개간의 진전에 따라 줄어들었을 뿐만 아니라 궁방전을 손쉽게 개설하기 위해서 유주민전을 침탈하는 사례가 끊이지 않았다. 궁방에서 유주민전을 침탈(侵奪)하고 이에 토지의 본주(本主)가 항의하면서 논란이 조정에까지 번지는 일이 많이 일어났다. 이때 관료들이 궁방의 처분이 잘못된 것임을 지적하고 본주에게 돌려주어야 한다고 문제제기하면, 국왕은 궁방의 입장을 비호하는 방식으로 대처하곤 하였다.

한편 궁방의 유주민전 침탈은 궁방만 주체가 되어 벌이는 일이 아니었다. 일반 민인(民人)들이 자신들이 가지고 있던 민전을 궁방에 투탁하는 현상이 일어나곤 하였다. 궁방에 토지를 투탁하는 백성들은 조정에서 부과하는 정부(征賦)의 번중함을 피하고 면역(免役)의 혜택을 받기 위한 것이었다. 하지만 백성들이 자신의 민전을 궁방에 투탁하는 것은 곧이어 궁가의 민전 점탈로 이어지곤 하였다. 민전의 투탁은 해당 토지를 갖고 있던 민인의 입장에서 볼 때 공가(公家) 즉 조정에 내야 할 전세(田稅) 등을 사가(私家) 즉 궁가(宮家)에 내는 것으로 파악하였다. 그렇지만 궁가의 명의로 등재된 투탁 민전은 그 시일이 지나갈수록 본래 민인의 해당 토지에 대한 소유권을 되찾거나 소유권을 내세우는 것이 곤란하게 되었다.

궁방의 궁방전이 절수, 유주민전 침탈과 투탁 등으로 확대되어 나가는 상황에서 조정의 대처는 별 다른 것이 없었다. 인조 대의 경우 궁방 전답의 확대 자체에 대해서도 커다란 문제제기가 보이지 않는다. 하지만 1644년(인조 22) 둔전의 확대로 말미암아 세입(稅入)이 감축되고, 민전이 침탈당하는 등의 폐단이 지적되면서 둔전 혁파논의가 제기되었다. 궁방전 확대와 유주민전 침탈의 문제는 효종 대 이후에도 여전히 남아 있는 문제였다. 궁방의 절수가 유주민전 침탈과 겹쳐지는 문제는 특히 효종 대 이후 보다 커다랗게 확대되어 나갔다. 그 이유는 양전을 거쳐 양안에 기재된 무주진전(無主陳田) 이 궁방의 전답 확대를 위한 절수, 입안(立案)의 주요한 명목으로 제시되었는데, 실제로 양안에 무주(無主)로 기재된 진전의 대부분이 사실상의 주인이 있는 상황이었기 때문이다. 즉 개간이 진행되면서 황지(荒地)뿐만 아니라 진전도 개간의 주요한 대상지로 설정되어 있었고, 새로운 가경지(可耕地)가 크게 늘어나고 있었다.

인조 즉위 직후부터 궁가의 면세를 혁파해야 한다는 주장이 조정에서 제기되었다. 인조대 후반, 효종대 전반으로 가면서 궁방전 면세를 혁파하자는 주장에서 궁방전 면세 결수의 정한(定限)을 만드는 것으로 논의가 변화하였다. 효종 말년인 1659년(효종 10)에 이르면 궁방전 면세전의 결수를 정하여 궁방이 외방에 설장(設庄)하여 옥토(沃土)를 광점(廣占)하는 막아야 한다는 주장이 제기되었다. 즉 그해 윤3월 19일에 간원(諫院)이 아뢰기를, "궁가의 면세전에 대해서 본디 국가에 정해진 법제가 있는데 법망이 무너져내려 점점 외람되이 한계를 넘는 지경에 이르렀습니다. 근일 여러 궁가에서 외방에다 전장을 설치하면서 생기는 폐해가 이미 극도에 이르렀습니다. 옥토를 드넓게 점유하고 산택을 전부 수중에 넣는 것이 곳곳이 모두 그러한 실정이니, 이것이 어찌 성세에 있어야 할 일이겠습니까.(諫院啓曰, 宮家免稅之田, 自有國家定制, 而法網陵夷, 漸至蹤濫. 近日諸宮家外方設庄, 爲弊已極. 廣占沃土, 包羅山澤者, 在處皆然, 此豈盛世之所宜有哉.[『효종실록』 권21, 효종 10년 윤3월 기묘])"라고 했다.

당시 조정의 정책이 궁방전 면세는 법외(法外)의 특혜이기 때문에 혁파해야 한다는 주장에서 면세 결수를 제한하는 현실적인 방책으로 흘러간 것이었다. 1660년(현종 1) 무렵부터 궁방전 면세 결수의 정한을 획정하는 문제기 본격적으로 논의되었다. 그리하여 1663년(현종 4) 궁가 전답 면세 결수의 정한이 정해졌는데, "대군공주(大君公主)는 400결, 왕자옹주(王子翁主)는 250결"로 정해졌다.

17세기 후반 숙종재위 시기에 궁방전을 둘러싼 여러 문제 가운데 가장 핵심적인 것은 절수의 혁파 문제였다. 절수 혁파는 궁방의 소유지로 확보되는 전답을 더 이상 궁방에 절급(折給)해주지 않겠다는 것이었다.

17세기 후반 궁방전 절수 혁파의 유력한 조처로 기존의 연구성과에서 간주된 것이 바로 을해정식(乙亥定式)이다. 1695년(숙종 21) 을해년에 정리된 것으로 전해진 을해정식은 지금까지 숙종 대에 궁방전 절수 혁파를 결정한 유력한 조치로 간주되어왔다. 그런데 을해정식에 앞서서 숙종 대 궁가의 절수가 민전을 탈취하는 지경에 이르러 많은 폐단을 일으키고 있을 때 이에 대한 변통책으로 마련되어 시행한 것이 1688년(숙종 14)에 마련된 무진정식(戊辰定式)이었다. 을해정식은 사실상 무진정식을 재확인하는 것이었다.

1688년 8월에 마련된 무진정식의 중요한 내용은 절수의 혁파였다. 그리고 이미 절수 받은 것 이외에는 금후에 절수를 절대로 허용하지 않는 것이었다. 그리고 1663년(현종 4)에 내린 수교(受教)에 따라 대군 400결, 왕자·군·옹주 250결을 면세의 정한으로 삼는 것을 재확인하였다. 그리고 직전을 복설하는 대신 급가(給價)하여 궁방전을 개설할 수 있게 해주는 방안을 채택하였다. 숙종은 대군공주에게 은(銀) 5,000냥을 주고, 왕자·군·옹주에게 4,000냥을 주어 전답을 마련하게 하였다.

1688년 무진정식이 마련되어 시행된 이후 다시 궁가의 절수 문제가 계속 민인에게 피해를 주는 원흉으로 지목되면서 또 다른 변통책으로 마련된 것이 1695년(숙종 21)에 마련된 을해정식이다. 1695년 7월 조정에서 논의를 거쳐 정립한 을해정식의 주요 내용은 ① 절수 혁파 재확인, ② 민결면세제(民結免稅制)의 정립, ③ 급가매득제(給價買得制)의 확인, ④ 궁장(宮庄) 마련하기 전까지 미태(米太) 수송(輸送) 등이었다. 민결면세제의 경우 민결면세의 액수로 이때 정립된 결수가 200결이었다. 그리고 급가매득제 규정은 무진정식을 확인하는 것이었다. 마지막으로 궁장 마련하기 전까지 미태를 해당 궁에 수송하는 규정은 1695년 을해정식에서 새롭게 들어간 부분이었다. 무진·을해정식으로 정돈된 이 시기 궁방전의 구성은 민결면세지와 매득지·절수지로 이루어져 있었다.

영조 즉위 후 궁방전에 대한 논의가 이루어져 1725년(영조 1) 3월 12일에 민진원(閔鎭遠)이 말하기를, "선조 을해년(1695년, 숙종 21)에 대신이 여러 궁가의 절수에 대하여 무진년(1688년, 숙종 14)의 임금의 재결에 의거하여 모두 혁파하도록 하는 일을 경연에서 진달하여 정식으로 정하였습니다. 그런데 세월이 오래된 뒤에 가끔 절수하는 곳이 있었습니다. 그리하여 경자년(1720년, 경종 즉위)에 대신 이건명이 여러 궁가와 각 아문의 절수하는 것을 영원히 금단하도록 하는 일을 또 경연에서 진달하여 임금이 재결하였습니다. 근래 대신이 절수한 곳을 비국에서 서경한 다음에 임금이 재결을 받았습니다. 마땅히 선조 때의 정식대로 모두 혁파하는 것이 적당하겠습니다.(先朝乙亥, 大臣以諸宮家折受, 依戊辰定奪, 一時革罷事, 筵達定式矣. 歲久後, 間間有折受處. 故庚子, 大臣李健命, 以諸宮家各衙門折受, 永爲禁斷事, 又爲筵達定奪矣. 近來大臣, 以折受處, 自備局署經事定奪. 宜依先朝定式, 盡爲革罷.[『영조실록』 권4, 1년 3월 경술])" 하니, 상고하여 품지하도록 명하였다.

이와 같은 논의를 거쳐 1729년(영조 5) 1월 9일에 궁방전의 성격에 관련된 중요한 조처가 실시되었는데, 바로 정액(定額) 이외의 궁방전에 대하여 면세 혜택을 박탈하고 응세(應稅)하게 한 것이었다. 이때 수진(壽進), 명례(明禮), 용동(龍洞), 어의(於義), 창의(彰義) 등 오궁(五宮)의 면세전은 1,000결로 제한하고, 동조(東朝)에서 관할하는 명례(明禮), 용동(龍洞) 2궁에 500결을 더해주며, 수진궁(壽進宮)에 붙어 있는 제전(祭田)은 이런 규정에 해당되지 않게 하였다. 그리고 기타궁방은 800결, 사묘(私廟) 제전은 500결, 세자사친제전(世子私親祭田)은 300결로 제한하였다. 이 정수(定數)를 넘는 부분은 응세(應

稅) 즉 출세(出稅)하게 하였다. 궁방전 면세결수 정한 이외의 전답에 대해서 출세 조처를 취한 이후 궁방전은 면세를 받는 토지와 면세되지 않고 출세되는 토지로 나뉘게 되었다.

1750년(영조 26) 균역법이 시행되는 시기를 전후하여 궁방전 파악방식의 변화가 나타났다. 즉 앞선 시기인 1720년(숙종 36) 경자양안(庚子量案)에서 민결면세와 영작궁둔(永作宮屯)으로 파악되었던 궁방전의 유형이 1752년(영조 28) 무렵에 민결면세와 유토면세(有土免稅)로 나뉘어 파악되고 있었다. 이는 곧 영작궁둔에 해당하는 궁방전을 유토면세로 이름붙인 것이었다. 유토면세라는 용어를 사용하게 된 것은 절수, 매득 등으로 그 유래가 나뉘는 영작궁둔을 굳이 따로 파악할 필요 없이 출세하지 않고 면세하는 궁방의 전답이라는 의미에서 유토면세로 지칭할 것이었다. 유토면세와 짝을 이루는 무토면세(無土免稅)와 관련된 기록을 1752년『승정원일기』 기사에 보인다.

정조가 즉위한 이후 실시한 궁방전 관련 조처는 바로 궁차(宮差, 導掌, 宮奴)가 징세하는 법을 혁파한 것이었다. 1776년(정조 즉위년) 9월 마련된「각궁방면세이정절목(各宮房免稅釐正節目)」이 바로 그러한 내용을 담고 있는데, 궁방의 무토면세를 적용 대상으로 삼는 것이었다. 여기에서 궁방의 수세도 규정하고 있는데, 무토면세결 1결에서 거두는 것이 전(錢)이면 7냥 6전 7분이고 미(米)이면 23두(斗)로 설정하고 있었다. 그리고 도장(導掌)의 무리들이 법외로 횡렴(橫斂)하고 있으니 지금부터 도장을 영구히 혁파할 것을 규정하였다. 다음으로 경기 지역의 수봉(收捧) 방식을 전(錢)으로 정하고 있었다. 순조 대 이후 궁방전은 앞선 시기에 마련된 규정을 준수하고 있는데, 궁방은 특히 무토면세결을 확보하는 데 주안점을 두었다.

궁방전은 궁방이라는 왕실의 일원에게 소속된 전답이었기 때문에 많은 폐단이 발생하였다. 무주진황지의 절수로 만들어지기 시작한 궁방전은 17세기 이후 여러 차례 조정의 정책 변화를 통해 성격이 바뀌었다. 조정에서는 궁방전이 야기하는 폐단을 없애기 위해 절수의 혁파, 면세 액수의 정한 규정, 정액 이외의 면세결의 출세 전환, 도장 파견 금지 등의 조처를 취하였다. 이를 위해 숙종대에는 무진정식, 을해정식 등을 제정하였고, 이후 여러 가지 절목 등을 만들어졌다. 하지만 신하들의 많은 문제제기에도 불구하고 국왕은 궁방을 옹호하는데 전력을 다하였다. 이러한 점에서 궁방전은 조선 국가의 성격, 조선사회의 진면목을 잘 보여주는 대상이라고 할 수 있다.

[참고어] 궁원전, 둔전, 면세, 면세전, 임시재산정리국

[참고문헌] 朴廣成, 1971,「宮房田의 硏究-그 展開에 따른 民田侵及과 下民侵虐을 中心으로-」『인천교육대학교논문집』 5, 인천교대 ; 金容燮, 1971,『朝鮮後期 農業史硏究』 II, 一潮閣(증보판, 1990) ; 박준성, 1984,「17·18세기 宮房田의 擴大와 所有形態의 變化」『韓國史論』 11, 서울대 인문대학 국사학과 ; 이영훈, 1988,『조선후기사회경제사연구』, 한길사 〈염정섭〉

궁원전(宮院田) 고려시기 궁(宮)·원(院)에 소속된 토지. 궁수전(宮受田)이라고도 하며, 말기에 이르러 궁사전(宮司田)으로도 불림.

궁원은 왕과 후비(后妃), 비빈(妃嬪)을 포함한 왕족들이 거주하는 공간을 말한다. 국가가 궁원에 토지, 노비 등의 재산을 사급한 것은 왕족을 예우하기 위한 차원이었다. 이러한 의미에서 궁원전은 양반에게 내린 사전(賜田), 공음전(功蔭田)과 성격이 비슷하다고 보기도 한다. 그렇지만 그 성격에 상관없이 왕족의 중요한 재정적 기반으로 기능하였다.

궁원전은 궁원이 원래부터 소유하고 있던 토지라든가 국가·왕실로부터 받은 사급전 등으로 구성되는 사전(私田)과 운영 경비를 조달하기 위한 재원으로서 마련된 공해전(公廨田) 등의 공전(公田)으로 구분된다. 한편 원래부터 소유하고 있었던 것은 순수궁원전으로, 수조지(收租地)의 그것과 구별해서 파악하는 견해도 있다. 이 밖에도 장·처전(莊處田)이 있는데, 사유지로 볼 것인가, 수조지로 간주해야 할 것인가에 대해서 연구자마다 견해의 차이가 있다.

한편 최근에는 궁원의 소유지에는 장·처 계열의 토지가 속하고, 수조지에는 국가에서 분급한 토지가 속한다고 파악하는 연구가 나왔다. 그에 의하면 수조지의 경우 전호(佃戶)로 불린 농민이 경작하였는데, 궁원은 균현제를 통해 궁원전을 경영하고 수조하였다는 의견도 있다.

궁원전의 지급 액수는 전시과의 규정에 보이지 않으므로 구체적인 내용을 파악하기 어렵다. 단지 1023년(현종 14) 윤9월 판(判)에, “무릇 여러 주·현에 설치된 의창의 법은 도전정(都田丁)의 수를 사용하여 일과공전(一科公田)에서는 1결에 조(租) 3두, 이과공전 궁원전·사원전·양반전에서는 (1결에) 조 2두, 삼과공전과 군인·기인호정(其人戶丁)은 조 1두를 거두어 둘이는 것으로

이미 규정되었다. 만약 흉년을 만나 백성들이 굶주리면 이것으로 급한 것을 구제하고, 가을에 갚도록 하되 낭비하지 않도록 하라.(凡諸州縣義倉之法, 用都田丁數, 收斂, 一科公田一結, 租三斗, 二科及宮寺院兩班田, 租二斗, 三科及軍其人戶丁, 租一斗, 已有成規. 脫遇歲歉, 百姓阻飢, 以此救急, 至秋還納, 毋得濫費.[『고려사』 권80, 식화지3 상평의창 현종 14년 윤9월])"고 하였다. 이로 미루어 보아 의창(義倉)에 조를 납부할 때 이과 공전 및 사원전·양반전과 같이 2두의 조율(租率)이 적용된 것으로 보이며 삼과 공전에 준하는 군인전 보다는 많은 액수가 지급된 것으로 보인다. 군인전이 그 병종에 따라 23결에서 20결에 이르는 토지를 지급받았으므로 궁원전은 그보다 더 많았을 것이다.

궁원전은 많은 경우 국왕의 하사에 의해서 형성되었다. 태조가 대서원부인(大西院夫人)과 소서원부인(小西院夫人)에게 지급한 전민(田民)이나, 1016년(현종 7) 궁인 김씨(宮人金氏)가 아들을 낳자 연경원(延慶院)에 내려준 전장(田莊)도 모두 하사를 통해 조성된 궁원의 토지이다. 그런데 중기 이후에 각 궁원들이 국가로부터 사패(賜牌)를 받는 형식으로 황무지의 개간에 참여하거나 타인의 토지, 특히 민전을 빼앗는 등의 수법으로 규모를 확대시키는 경우가 많았다. 일찍이 현종 연간에 경상도 사주(泗州)에서 민전을 탈취하여 궁원의 전장(田庄)에 속하게 하였으므로 백성들이 부과되는 세를 감당하지 못하였다는 기록은 이런 사실을 뒷받침한다. 궁원전의 확대는 결국 권세가들의 사전 확대와 성격을 같이하는 것으로서 후기 사회 토지제도 혼란의 한 가지 요인으로 작용하였다.

궁원전은 세습이 허용되었다. 전해 받았던 궁주(宮主)나 원주(院主) 등이 죽으면 그 소생 자녀들에게 적당히 분배되었고 또한 먼 후손들에게까지 이어져서 영구히 상속되었는데, 이것이 이속(移屬)의 경우이다. 궁원이 혁파되거나 비는 경우에는 다른 궁으로 옮겨지거나 왕궁에 회수되었다. 1112년(예종 7) 예종의 모후인 명의태후(明懿太后)가 죽자 그 다음해 태후가 생전에 소유했던 명덕궁(明德宮)의 토지와 노비 및 열쇠를 봉하여 동생인 대원공(大原公) 효(侾)에게 하사하였다. 이때 효에게 전수된 토지가 곧 궁원전일 것이며 이는 이속의 예에 속한다. 인종 초기에 공족(公族)으로 현달한 사람이 없어서 별궁이 많이 비었는데, 수창궁(壽昌宮)에서 관장하던 토지를 모두 왕부(王府)로 귀속시켰던 것은 회수의 사례에 해당한다. 그러므로 궁원전은 사실상 국가의 수조지 범주에서 벗어나 있었다.

한편 궁원의 토지가 임금의 뜻에 따라 사원에 이속되기도 했다. 현종이 현화사를 창건하자 여러 궁원이 전지를 헌납했던 것이나 문종 때에는 경창원(景昌院)에 소속된 전시(田柴)·노비 등을 흥왕사(興王寺)에 이관시켰던 사실이 그러한 예에 속한다. 반면에 1080년(문종 34)에 흥왕사의 토지를 만령전(萬齡殿)에 이속시킨 것처럼 사원전을 궁원에 옮긴 사례도 있다. 이렇게 사원과 궁원 사이에 토지의 이속이 가능했는데, 궁원전을 사원으로 보내는 것은 왕실재정의 축소를 가져오기 때문에 반대하는 목소리가 많았다.

경영 방식으로는 주변에 거주하는 농민을 요역제나 자체 보유하고 있던 노비들의 노동력을 징발해서 경작하는 직영제와 농민에게 빌려주어 경작하게 하고 수확의 반을 조로 받는 전호제(佃戶制)가 있었다. 어느 쪽이 우선이었는가에 대해서는 견해가 엇갈리고 있다. 궁원전은 기본적으로 국가에 세를 내지 않는 면세전이었으나, 의창의 재원 마련을 위해 부과된 특별세인 의창조의 수세대상 토지에 포함되어 사원전·양반전 및 이과공전 등과 같이 1결당 2두를 납부하였다.

관리하는 관사로 궁사(宮司)가 있었으며, 관리로는 권무관(權務官)으로 충원되는 사(使)·부사(副使)·녹사(錄事) 등이 배속되었다. 궁원전은 초기부터 있었는데, 중기 이후 각종의 별궁이 증치되면서 전체적인 수가 크게 늘어났다. 이는 점차로 커다란 사회 문제로 발전했다.

[참고어] 공음전, 사전, 사급전, 궁방전

[참고문헌] 權寧國 外, 1996,『譯註『高麗史』食貨志』, 韓國精神文化硏究院 ; 姜晉哲, 1991,『(改訂) 高麗土地制度史硏究』, 一潮閣 ; 安秉佑, 2002,『高麗前期의 財政構造』, 서울대학교출판부 ; 박용운, 2008,『고려시대사』, 一志社 ; 김기덕, 1998,『高麗時代 封爵制 硏究』, 청년사

〈윤성재〉

권농(勸農) 농업이 기간 산업이었던 전근대 사회에서 생산력 향상과 농민의 경제적 안정을 위하여 정부 차원에서 농상(農桑)을 장려한 여러 가지 정책을 일컫는 말. **[신석기~고려]** '농자천하지대본(農者天下之大本)'의 표현은 전근대 사회가 농업 생산을 매우 중시했음을 보여준다. 당시 농업에는 여러 가지 내용이 포함되어 있었다. 생산과 관련해서는 곡물, 채소, 과수, 양잠 등이 있었으며, 기술과 관련해서는 개간, 농기구 제조, 종자 개량, 작부체계, 수리관개, 노동력 및 그 동원 방식, 농사시기, 우경 등이 있었다. 이와 함께 고려되어야

할 부분은 지배층의 농업에 대한 이해와 장려를 위한 이념, 그리고 그에 대한 실천이었다.

농업은 신석기 시대에 본격화되었다. 그리고 청동기 시대에 들어와 농업생산이 늘면서 여러 계층이 생겨났다. 삼한사회에 들어오면서 농업생산에 대한 관심이 폭넓어지고 깊어졌는데, 주술적 기곡 측면에서 농경문 청동의기가 만들어졌다. 그것의 존재는 초기국가 시기에 주술적 측면을 갖지만 자연현상에서 보이는 농사의 때와 농기구, 파종처 등을 알려주는 중요한 것이었다. 더불어 특정 계층이 촌락민들에게 농사의 때 등에 대해 주지시키고 기곡을 하는 농경제의를 주도했음을 알려준다.

삼국시기 초기부터 각국은 권농정책을 시행하였다. 특히 농상의 풍흉을 점치는 것은 군장 혹은 군주의 자격에 해당하였다. 예를 들면 동예에서는 새벽에 별자리의 움직임을 관찰하여 그 해의 흉풍을 미리 알았다고 전한다. 신라 벌휴니사금의 경우 바람과 구름을 점쳐 홍수와 가뭄, 그리고 그 해의 흉풍 여부를 미리 알았다고 한다.

신라에서는 서기전 41년(혁거세 17)에 혁거세와 왕비 알영이 주군을 순행하면서 농상을 권장 독려했다. 또 백제에서도 서기전 5년(온조왕 14) 2월에 임금이 부락을 순무하면서 힘써 농사를 지을 것을 권하였다.

다시 신라로 돌아가 82년(파사 니사금 3)에도 유사로 하여금 농상을 권장토록 하였다. 144년(일성니사금 11)에는 농사가 치도의 근본이고 먹는 것이 백성의 하늘이라면서 여러 주군의 제방을 수리하고 전야(田野)를 개간토록 하였다. 187년(벌휴니사금 4) 3월과 272년(미추니사금 11) 2월, 318년(흘해니사금 9) 2월에는 토목공사를 일으켜 농시(農時)를 빼앗는 일이 없도록 하였다. 489년(소지마립간 11) 정월에는 놀고먹는 자들로 하여금 귀농토록 하는 조치가 있었다. 502년(지증마립간 3) 3월에는 "주주(州主)와 군주(郡主)에게 각각 명하여 농사를 권장케 하였고 우경을 장려하였다.(三月, 分命州郡主勸農, 始用牛耕.[『삼국사기』 권4, 신라본기4 지증마립간 3년 3월])"라 하였다. 681년(문무왕 21) 문무왕의 유조 가운데 "무기를 녹여 농기구를 만들었으며 백성을 어질게 하고 장수하는 땅으로 이끌었다.(鑄兵戈爲農器 驅黎元於仁壽[『삼국사기』 권7, 신라본기7 문무왕 21년 7월])"라는 구절은 권농과 관련하여 주목되는 부분이다. 583년(평원왕 25) 2월에 사신을 지방으로 보내 농상을 장려한 바 있다.

삼국시기의 경우 수전(水田) 개발이 보다 널리 추진되었고 저수관개시설의 정비도 잇따랐다. 백제에서는, 33년(다루왕 6)의 기록에 나라 남쪽 주군에 도전(稻田)을 만들도록 했다고 해서 수전 개발을 독려했음을 알 수 있다. 242년(고이왕 9)에는 국인들로 하여금 남택(南澤)에 도전을 개간토록 하는 조치가 있었다. 4세기 전반기에는 벽골지와 같은 저수지를 축조하게 했다. 신라에서는 790년(원성왕 6)에 노동력을 징발하여 벽골제를 증축하였다. 859년(헌안왕 3) 4월에도 제방을 수리했다.

권농을 위한 농경제의도 주목할 수 있다. 신라에서는 선농·중농·후농에 대한 제사를 올려 풍년을 기도하였다. 고구려에서는 오곡의 종자를 비둘기 다리에 달아 날려 보내 농업신의 격을 갖게 되는 유화부인을 모시고 제사를 올려 기곡을 하였다.

이상 삼국시기의 권농을 보면, 농상의 권장, 제언 축조와 수리, 농시의 보장, 농지 개간, 우경 실시, 농기구의 제조 등 농업 생산의 향상과 관련된 노력이 많았다. 그리고 가뭄이나 홍수, 기근 등으로 인한 생산 기반의 붕괴를 막고 농민층의 안정을 위해 창고를 열어 진휼하는 정책을 실시하였다.

고려시기의 권농은 매우 다양하게 전개되었다. 중농이념, 농업생산 안정, 기곡제의, 월령, 지방관의 권농과 포폄, 진휼, 개간 장려, 과실수재배 장려, 수리시설 축조, 농서 보급 등으로 나타났다.

먼저 중농이념을 확립하고 권농정책을 체계적으로 전개하기 위해 유교 경전의 중농사상을 받아들였다. 나라의 근본은 백성이고 백성은 식(食)을 하늘로 삼으니 농상 장려를 통해 생산을 늘려야 한다는 것이 기본 논리였다. 특히 지배층이 농민 생활의 고단함과 농사의 어려움을 알아야 권농하는 뜻을 효율적으로 실천할 수 있다면서 국왕과 신하들은 선농단 제사 및 궁경적전(躬耕籍田)을 친히 실시했다. 더불어 곡식의 재배와 수확 상황을 직접 가서 보기도 했다. 제사를 통해서는 풍년을 비는 기곡 제의를 행한 것이다.

이를 바탕으로 다양한 농업정책을 추진했다. 먼저 농업생산기반의 안정책이 시도되었다. 여기에는 직접 생산자층인 농민의 생업 안정을 위한 지원과 함께 조세 정책 등이 뒤따랐다. 태조는 전세(田稅)와 요역(徭役)의 세율을 낮췄다. 백성들에게 조세를 수취하는 데는 법도가 있어야 한다[取民有度]고 하였다. 신료들을 우대하고 염치를 기른다는 명목으로 지배층의 수탈을 최소화하기 위해 940년에는 역분전(役分田)을 지급하였다.

경종 대에는 지배층에 대한 토지분급제도인 전시과(田柴科) 제도가 성립되었다. 또 949년(광종 즉위년)에 각 지역에 대한 양전(量田)과 함께 주현에서 바치는 세공액수(歲貢額數)를 정하여 과중한 과세와 수세를 방지했다. 결국 토지분급제와 전세 및 요역, 공부 등에 대한 규정이 갖춰짐으로써 경제구조에서 안정된 위치를 차지하게 되었다. 나아가 국왕이 농사의 어려움을 직접 체험하면서 풍년을 기도하는 모범을 보여 갔다. 983년(성종 2년) 정월 성종이 "친히 적전(籍田)을 갈고 신농(神農)에 대해 제사하는데 후직(后稷)을 배위로 삼았다.(躬耕籍田, 祀神農, 配以后稷[『고려사』 권3, 성종 2년 정월 을해])"는 기록은 이를 말해준다.

농시의 중요성도 인식했다. 백성들이 때에 맞춰 농사에 전념할 수 있도록 농번기 때 역역 동원을 줄이고자 하였다. 철저히 농사철을 고려한 정책을 수행하였다. 훈요십조에 언급된 '백성을 부리는데 때에 맞추어 하라[使民以時]'나 986년(성종 5) 5월 '삼농의 힘씀을 빼앗지 말라[不奪三農之務]'고 한 것, 1036년(정종 2) 정월 '백성을 부리는데 때에 맞지 않으면 농사에 방해가 된다[使民不時 有妨農事]'고 한 것 등은 이를 말해준다. 이를 보다 확대하면서 사시 12월의 자연 변화와 농사를 비롯한 산업, 제사, 군주의 정치 활동 등을 기록하는 「월령(月令)」을 수용하여 지배층의 농사에 대한 이해와 적용을 도왔다.

지방관의 역할도 매우 중요하였다. 지역에 대한 직접 통치자로서의 위상 때문이다. 982년(성종 1) 6월 최승로가 상서문에서 수령 파견을 아뢴 데 따라 983년(성종 2) 2월 12목을 설치하면서 지방관을 파견하였다. 그리고 986년(성종 5) 9월 지방관의 임무에 대해 부세를 공평히 하고 민심을 교화하는데 있다면서 이를 위해 봉행 6조를 정하였는데 "일체 지방관들은 재판 사무를 지체하지 말고 창고들에 곡식이 충만하게 하며 곤궁한 백성들을 구제하고 농업과 잠업을 장려하며 부역과 조세는 가볍게 하고 처사는 공평하게 하라.(凡爾牧民之官, 無滯獄訟, 懋實倉廩, 賑恤窮民, 勸課農桑, 輕徭薄賦, 處事公平[『고려사』 권3, 성종 5년 9월 기축])"고 하였다. 이를 중심으로 지방관의 성적을 평가하는 기준으로 삼았다.

1375년(우왕 원년) 2월에는 수령의 성적을 평가하는 기준에 대해 '전야(田野)의 개간, 호구(戶口)의 증가, 부역(賦役)의 공평, 소송(訴訟)의 간명, 도적이 없어진 것(田野闢, 戶口增, 賦役均, 詞訟簡, 盜賊息[『고려사』 권75, 지29 선거3 전주 신우 원년 2월])'으로 정하였다. 1388년(신창 즉위년) 조준은 지방을 다스리는 안렴사에 대해 "전야의 개간과 호구의 증가와 송사의 간명과 부역의 공평과 학교의 진흥을 기준으로 주군을 순찰할 것[田野闢, 戶口增, 賦役均, 詞訟簡, 學校興]" 등을 건의한 바 있다.

농경지의 파악과 그 경작의 기본 목표는 상등의 상경전 확보에 있었으나 그 내면으로는 최소한 경작지의 황무지화를 최대한 억제하고자 했다. 이에 진전의 발생을 막고 개간을 장려하였다. 973년(광종 24) 12월 조치 중 "진전을 개간한 사람은 사전이면 첫해의 수확은 모두 지급하고 2년에 비로소 전주와 반분하고 공전이면 3년까지 전부 지급하고 4년에 비로소 법에 의하여 조를 거둔다.(陳田墾耕人, 私田, 則初年, 所收全給. 二年, 始與田主分半, 公田, 限三年全給. 四年, 始依法收租.[『고려사』 권78, 지32 식화1 전제 광종 24년 12월])"는 것은 이를 말해준다.

진전 발생을 막고 개간을 장려하는 것이 지방관의 주 업무였다. 이에 따라 농사 기반을 잃은 농민들에게 곡종과 농기구, 농우 등을 보급케 하고, 지품(地品)에 의거해 뽕나무묘목이나 마, 밤나무, 닥나무 등을 심도록 권장했다. 지방관으로 하여금 권농사를 겸대토록 하고 또한 그의 권농 내용을 인사고과에 반영하여 포폄함으로써 권농 활동을 장려하였다. 결국 이는 농업생산의 안정 기반 구축과 농시 보장, 백성으로 하여금 힘써 농사를 짓도록 하는 것[力農·力田] 등을 위한 조치였다.

농민안정을 위한 노력은 진휼정책에도 적용되었다. 일시적으로 피해를 입은 농민층을 대상으로 생계와 생업을 지원하기 위한 목적에서 추진되었다. 동시에 농민의 보호와 향촌사회의 안정을 꾀하면서 군주의 인정·덕정을 보여줄 수 있다는 점에서 농민안정책 중 가장 선호되는 방식이었다. 이는 은면(恩免), 재면(災免), 환과고독진대(鰥寡孤獨賑貸), 수한역려진대(水旱疫癘賑貸) 등으로 나눌 수 있으며, 그로 인해 재해를 입은 백성들의 삶을 안정시키는데 도움을 주었다.

다만 고려시기 권농을 위한 농서 편찬은 활발하지 않았다. 고려 중기 임경화(林景和)가 송에서 편찬된 『손씨잠경(孫氏蠶經)』을 보고 이를 방언으로 번역하였고, 조정에서는 이것을 중외에 반포하였다. 또한 원 대사농사(大司農司)에서 『농상집요』 편찬이 이루어지자(1273) 고려에 반포되었는데, 이것이 다시 고려각본으로 편찬되어 전하고 있다.

12세기를 전후하여 산전(山田) 등 신전(新田) 개발이 늘어났다. 정목(鄭穆)의 경우는 덕지원 인근을 소토(燒

土)하여 개발하였고 장문위(張文緯)는 수주의 동쪽 천습한 지대에 수로를 팠으며 최보순(崔甫淳)은 불을 지른 뒤 물을 대 개간하는 '화경수누(火耕水耨)'의 방식으로 농지를 개발하였다. 주로 평지나 구릉지 등이 그 대상이 되고 있다. 이는 12세기에 산전개발과 함께 내륙저습지나 해택지 등 신전 개발이 시도되었음을 알려준다.

그러한 시도는 여몽전쟁기 때인 고종 대부터 더욱 본격화되었다. 몽골과의 전쟁 속에서 고려 정부는 강화도로 천도하였고 해도입보 정책을 추진하면서 지배층 및 농민층 모두 농지의 개척에 열중하였다. 전란의 과정에서 어쩔 수 없이 선택되었던 연해지 개발이 원간섭기에 이르러 그를 통한 경제성이 확인되자 연해지 개간 형태로 늘어났다고 할 수 있겠다.

개간의 확대에는 제언 및 관개 시설이 연관되어 있었다. 그러나 고려는 새로운 제언을 축조하기보다 수축(修築)에 힘썼다. 방조제를 쌓아 개간한 경우도 있었으나 초기 단계에 대규모 노동력과 비용이 들어가고, 이후 관리 비용이 컸다는 점에서 좀 더 경제적인 방향을 선택하였다. 따라서 소규모 보를 만들어 관개하는 형태가 주를 이루게 되었다. 하지만 보들은 가뭄이나 홍수 등에 약하였다. 이에 1362년(공민왕 11) 밀직제학 백문보(白文寶)는 고려의 지형을 고려해 중국 강남에서 만들어 썼던 수차(水車)를 이용하여 물을 끌어올리자고 제안하기도 하였다.

이상 고려의 권농은 크게 중농이념-권농정책-조세정책-진휼정책 등이 연결된 것임을 이해할 수 있다. 농민층의 농업생산 안정에 초점을 둔 것이었다. 대다수 농민은 소농(小農)이었다. 토지소유 규모나 운영 능력은 상대적으로 매우 취약했다. 따라서 재해와 전쟁, 수탈 등에 쉽게 노출되었고, 그것은 농민층의 몰락을 초래하였다. 이러한 구조적 문제에 대한 개혁이 절실했다.

[조선] 조선에서 농사는 백성과 나라의 존립을 근저에서부터 보장해 주는 토대였다. 따라서 권농은 농본(農本)을 내세운 조선사회에서 농정책의 기반이었다.

조선왕조가 추진한 권농은 말 그대로 '농사의 권장'이지만, 이를 좀 더 풀이하면 '농사의 권장과 장려'로 나누어 볼 수 있다. 하나는 농본을 원리적으로 표방하는 것이었는데, 농사 권장 즉 가장 일차적인 권농이었다. 다른 하나는 농사 권장을 적극적으로 수행하면서 이를 현실화시키게 만드는 여건의 조성 즉 농업 장려였다. 전자는 외면으로 보면 국왕이나 신하들의 농본 의식 고취로 나타나지만 실제로는 모든 통치의 전반적인 측면에서 관철되는 것이었다. 특히 목민관인 수령(守令)과 감사(監司)에게 농상(農桑)을 강조하는 모습으로 표출되었다. 후자는 농사를 제대로 지을 수 있는 여건을 마련해주는 것으로 제언(堤堰) 등 수리시설 축조, 농서(農書) 편찬과 활용, 새로운 품종 보급 등을 살펴볼 수 있다.

조선시기에 권농을 일차적으로 수행한 것은 바로 국왕이었다. 조선왕조의 역대 국왕은 농사의 권장을 강조하여, 각종 왕명(王命)을 내렸다. 특히 조선 후기 숙종대 이후에는 권농교, 또는 권농윤음(勸農綸音)을 매년 연초에 반포하는 것이 상례가 되었다. 그리고 농사짓는 일을 중시하는 것은 지방에 파견된 수령, 목민관(牧民官)의 필수적인 자질에 해당되는 것이었다. 또한 중앙 관료들도 농본을 항상 염두에 두고 권농방안을 마련하는 데 몰두하였다.

조선왕조는 특별히 권농을 전담하는 관서를 설치하지 않았다. 사실 그러한 관서를 설치하는 것 자체가 불가능한 일이었다. 왜냐하면 호조, 의정부를 포함한 수많은 관청들이 농정에 관련된 정책을 입안하고 결정하는 과정에 관여하고 있었기 때문이다. 다만 권농의 특정한 측면을 전담하여 담당하는 아문이 있었는데, 바로 전농시(典農寺)였다. 전농시는 동서 적전(籍田)의 관리를 담당하였는데, 평상시 주변 농민을 동원하여 경작하게 하였다. 그런데 때에 따라서 여러 가지 곡물을 시험 재배하는 일을 담당하기도 하였다.

중앙정치 기구로 권농을 관장하는 관청이 없었지만, 사실 조선 초기 농정책 수행의 핵심적인 역할을 담당한 것은 바로 지방통치체제의 골간을 형성하고 있던 감사와 수령이었다. 조선왕조는 지방지배체제를 강력하게 구축하면서 농업문제를 '농상은 왕정의 근본이며, 학교는 풍화(風化)의 원천(源泉)이라'고 하듯이 통치의 근본으로 인식하였다. 특히 중앙집권체제를 강화시켜 농정책의 목표를 달성하고자 하였기 때문에 지방관이 해야 할 일로 농상의 권장이 크게 강조되었다. 농상의 권장을 통해 농업생산을 증대시키고, 이를 통해 국가체제를 안정적으로 운영해 나가려는 것이었다.

조선 초기 수령의 권농활동은 실제로 국왕에게 하직 인사를 올리는 사조(辭朝)에서 시작된다고 할 수 있다. 세종을 비롯한 조선의 국왕은 사조하는 수령과 감사를 불러보는 자리에서 '농상에 힘쓰고, 환자[還上]를 제대로 하라'고 당부하는 일을 잊지 않고 실행에 옮겼다. 수령은 이 자리에서 농상성(農桑盛)이라는 과제를 가슴에 담지는 못할지언정 머릿속에서 떠나보내서는 안 된다는 각오를 다질 수밖에 없었다.

수령은 경종(耕種)과 제초(除草) 그리고 수확이라는 세 가지 중요한 농시(農時)를 맞이하게 될 때 농사 현장에 가까이 지내면서 이를 장려하거나 독려하고, 나아가 농민을 어루만지는 임무를 수행하였다. 따라서 수령을 적당한 인물로 채워야 하는 데 많은 노력을 기울였다. 당시에 이러한 적임자 선발을 득인(得人)이라고 하였다. 수령이 근실하고 태만하지 않으면 권농이 잘 원만하게 진행될 수 있었고, 그에 따라 백성이 혜택을 받아 충분히 살아나갈 수 있었다. 따라서 우선 적임자를 수령에 임명하는 것이 필요하고, 계속해서 수령의 근만(勤慢)을 파악하기 위해 조관(朝官)을 보내어 감독하는 것이 중요하였다.

또한 수령은 권농책을 수행하면서 자신을 보좌하는 권농(勸農)·권농관(勸農官)과 감고(監考) 등의 하급 관원을 임명하였다. 권농관으로 통칭되는 이들이야말로 현실적으로 가장 농민의 농사일에 밀착해서 농정을 수행하는 관리들이었다. 본래 농무(農務)를 감독하는 것은 권농관에게 맡겨진 것이었지만, 수령은 따로 감고를 차정하여 이들에게 여러 가지 일을 위임하기도 하였다. 사정이 이렇기 때문에 수령은 권농과 감고를 차정(差定)할 때 가능하면 성실하고 유식한 인물을 선택하도록 종용받았다.

농사철에 수령은 권농을 임시로 차정하여 파종과 제초를 독려하는 임무 즉 감농의 책무를 맡기기도 하였다. 이때 너무 각박하게 농민들을 몰아세워서 폐해를 일으키는 경우도 있었다. 그리고 각관(各官)의 감고는 구황의 실행도 담당하였다. 그리하여 구황을 온전히 잘 수행하여 기민(飢民)이 죽는 지경에 이르지 않게 되면 시상을 받았나. 각 고을에 실치된 진제장(賑濟場)에서도 감고는 색리(色吏)와 더불어 기민 구휼을 맡아서 수행하였다. 물론 일을 잘못 처리할 경우에는 처벌도 뒤따랐을 것이다. 이와 같이 이들은 외부적으로는 권농의 직임을 띤 것으로 표현되었지만 감농, 황정 등을 겸하여 수행하였다.

수리시설로 제언을 쌓는 것은 권농 차원일 뿐만 아니라 흉년을 대비하는 계책이기도 하였다. 수령에게 제언을 축조하도록 독려하는 것은 바로 이러한 의미를 지닌 것이었다. 당시에도 제언 내의 경작 가능지를 모경(冒耕)하기 위하여 제방을 헐어내어 저수(貯水)가 불가능하게 만드는 사례들이 발생하고 있었다. 이에 따라 수리(水利)의 효과를 상실시키는 이러한 모경(冒耕) 행위를 엄중히 처벌하려고 하였다. 또한 제방이 상실된 제언의 새롭게 보수하여 수리의 효과를 거둘 수 있게 하였다.

수리시설과 더불어 농업을 장려하기 위한 여건을 마련하는 데 요긴한 것이 농우(農牛)의 확보였다. 기경(起耕)에 동원되는 우력(牛力)으로 인력(人力)을 대체하는 것은 매우 어려운 일이었다. 소의 존재가 기경작업 등 축력을 이용하는 농기구의 활용에 관건이 되었기 때문에 국가적인 관심사의 하나가 소의 사육과 번식 문제였다. 소를 사육하고 번식하는 방책이 제대로 수행되려면 소를 도살하는 것을 막는 금령도 동시에 추진되어야 했다. 이른바 우금(牛禁)이라는 금제(禁制)는 조선시기 대부분의 국왕의 강조사항이었다.

조선시기 중앙정부가 수행한 권농정책의 한 방향은 개간(開墾)의 권장이었다. 정조는 개간의 장려를 위해 역대 조정이 마련한 여러 가지 시책을 계승하여 수령에게 개간을 독려하고, 나아가 개간자에게 시상을 하기도 하였다. 중농(重農)을 표방하는 정사에서 개간을 권장하는 것보다 더 중요한 것이 없다고 간주하고 있었다.

한편 농업장려 나아가 농법의 정리와 보급을 위한 농서 편찬 역시 권농의 일환이었다. 태종 대 이전은 물론이고 세종 대 이후에도 고려 말 합천(陜川)에서 복각(復刻)한 『농상집요』를 실제 권농에 활용하였다. 그러다가 1429년(세종 11) 하삼도 지방의 농업기술을 정리한 『농사직설(農事直說)』이 편찬되었다. 『농사직설』의 편찬은 당시 하삼도 지역의 가장 선진적인 농업기술을 평안·함경 지역에 보급시키고, 경기·강원도 지역의 농업기술상의 격차를 극복하려는 목표에서 이루어진 것이었다. 세종은 1437년(세종 19) 7월에 제도(諸道) 감사(監司)에게 전지(傳旨)하여 『농사직설』의 내용을 농민들에게 잘 일깨워 주도록 지시하였다. 이때 세종은 그동안 『농사직설』을 권장하는 데 미흡하였음을 지적하고 새로 인쇄한 것을 각 군현에 보내어 농민을 가르치고 권고해야 함을 강조하였다.

조선왕조의 권농은 농민의 재생산을 확보하기 위하여 국가적인 차원에서 진행된 주요한 정책 활동이었다. 국왕, 중앙관료, 수령들은 농사를 권장하고 장려하기 위한 방안을 마련하고 이를 시행에 옮겼다. 제언과 천방을 효율적으로 관리하게 하고, 진황지의 개간을 장려하였으며, 농서를 편찬하여 보급하기도 하였다. 조선왕조는 권농의 실행을 통해 농업생산의 안정성을 높였고, 이를 통해 전세를 수취하고, 농업경제를 발달시킬 토대를 마련하였다.

[참고어] 농서, 수리, 개간

[참고문헌] 이광린, 1961, 『이조수리사연구』, 한국연구원 ; 이춘녕, 1964, 『이조농업기술사』, 한국연구원 ; 김태영, 1983, 『조선전기토지제도사연구』, 지식산업사 ; 김용섭, 1984, 「조선 초기의 권농정책」 『동방학지』 42 ; 이태진, 1989, 「제2장 세종대의 농업기술정책」 『조선유교사회사론』, 지식산업사 ; 김훈식, 1993, 『조선초기 의창제도연구』, 서울대학교 대학원 국사학과 박사학위논문 ; 이경식, 1998, 『조선전기토지제도연구』 (Ⅱ), 지식산업사 ; 염정섭, 2002, 『조선시대 농법발달 연구』, 태학사 ; 전덕재, 2006, 『한국고대사회경제사』, 태학사 ; 한정수, 2007, 『한국중세유교정치사상과 농업』, 혜안 ; 이정호, 2009, 『고려시대의 농업생산과 권농정책』, 경인문화사 〈염정섭·한정수〉

권매(權賣) 임시로 판다는 뜻으로, 일정기간 내에 원래의 가격으로 되살 수 있다고 약정한 후 토지·가옥 등을 매매하는 거래 관행.

고위(姑爲)라고도 한다. 권매는 매매가 성사되어 토지의 소유권과 점유가 매수인에게 이전된 이후에, 매도인이 원래의 가격으로 환퇴(還退 : 샀던 땅이나 집을 되물림)할 것을 약정한 매매이다. 매수인은 환퇴될 때까지 토지를 소유하면서 사용수익을 취할 수 있다.

담보제도인 전당(典當)과 함께 특히 토지의 경우, 채권을 담보하는 방법으로서 소유물을 환매(還買)할 조건으로 매도하는 '환매조건부 매매'가 17세기 중엽부터 성행하였는데, 권매와 퇴도지매매(退賭地賣買 : 권매와 유사하지만 소유권은 유지하면서, 사용수익권 즉 경작권만을 매도하는 것)가 바로 그것이었다.

권매는 '되물릴 수 있는 매매'라는 의미에서 '환퇴매매'라고 할 수 있는데, 환퇴는 '매매+재매매예약(해제조건부환매)'을 의미한다. 그리고 보통의 매매와를 구별하기 위하여 '영영방매(永永放賣)'한다는 용어를 사용하기도 하였다. 결국 권매(權賣)·환퇴(還退)·고위방매(姑爲放賣)는 동일한 의미로 사용되었다고 할 수 있다. 특히 권매를 담보라는 측면에서 살펴보면, 매도인이 받은 매매대가를 원본으로, 매수인이 그 동안 수확한 것을 이자로 볼 수 있다. 즉 채권·채무의 관계에 있는 것으로도 볼 수 있다.

환퇴시기에 관해서는 ① 시기의 약정 없이 매도인이 희망할 때 언제든지 본가(本價)로 환퇴하는 경우, ② 특정기간을 약정하여 그 기간 동안에 언제든지 환퇴할 수 있는 경우, ③ 기간을 정하여 그 기간이 만료한 후에 환퇴하는 경우, 세 가지 형태가 있었다. 그 기간은 대략 3~10년이었다고 한다. 환퇴기간을 정하지 않는 경우에는 일반적으로 수확 후 파종 전에 매매되고 환퇴하였는데, 환퇴하지 못한 경우에 관한 특약은 하지 않았다. 그러나 특정기간을 정한 경우에는 그 기간 내에 환퇴하지 않을 시, 그 토지는 영구히 매수인에게 귀속한다는 특약, 즉 일종의 유질특약(流質特約)을 하였다. 이러한 권매관행은 17세기경까지는 별로 성행하지 않았다가, 18세기 중엽부터 성행하였다. 특히 19세기 전후에 작성된 민장(民狀)류의 자료에서는 권매와 관련한 분쟁 사례가 자주 등장한다.

권매가 성사될 경우 대부분의 매수인은 유질특약을 요구하여 영구히 소유권을 차지하는 사례가 많았다. 매도인이 대부분 환퇴능력이 없으면서도 일단 매수인의 요구대에 응해 계약상 유질특약을 맺었던 것인데, 이러한 조건을 수용하지 않으면 매매금을 얻을 수 없었기 때문이었다. 그리고 이러한 권매가 성행했다는 것은 곧 도시의 고리대금업자가 농촌에 침투하게 된 사정을 보여주는 것이기도 하였다. 참고로 해당 문기 형식을 들면 다음과 같다.

權賣文券
年號幾年<丁未>某月日 某姓名前明文
右文記事段 無他以要用所致 某邑某面某里伏在 畓結幾負幾斗落 幾夜味果 某字田幾負幾日耕 限三年<或五年/或十年> 權賣爲去乎 若過此限以此田畓 永永次知之意 成文記事
田畓主 姓 名
證 筆 姓 名

권매문권
연호 ○년<간지>○월○일 ○성명 앞 명문
이 문기의 일은 다름 아니라 쓸 데가 있어서 ○읍 ○면 ○리에 있는 논 ○결 ○부 ○마지기 ○배미와 ○자 번지의 밭 ○부 며칠갈이를 3년<또는 5년, 또는 10년>에 한하여 권매하거니와 만약 이 기한이 지나면 이 전답을 가지고 영구히 차지할 뜻으로 문기를 작성하는 일이다.
전답주 성 명
증 필 성 명

[참고어] 토지매매문기, 입안, 입지

[참고문헌] 鄭肯植·田中俊光 역, 2006, 『朝鮮不動産用語略解』, 한국법제연구원 〈고태우〉

권업모범장(勸業模範場) 1906년 6월 일제 통감부가 한국농업을 장악할 목적으로 설립한 농업시험연구기관.

개항이후 조선정부와 개화파 인사들은 식산흥업·부국강병의 일환으로 서구의 실험농학과 조선의 전통적인 경험농학을 결합시켜 농업근대화의 농학적 기술과 체계를 마련하고자 하였다. 1884년 농무목축시험장이 개설된 이래 20여 년 동안 시험장운영에 대한 경험이 축적되었고, 1901년 잠상시험장과 1905년 농상공학교 부속농사시험장이 잇달아 문을 열었다. 이러한 흐름의 연장선상에서 대한제국의 농상공부는 농학과 농업기술의 연구와 실용화를 위하여 대규모 농사시험장 개설을 준비하고 있었다. 일제 통감부는 한국정부 주도의 농사시험장 설치가 한국농업침탈에 방해가 될지도 모른다는 우려에서 농사시험장 개설을 사전에 봉쇄했을 뿐 아니라, 1906년 5월 31일 농상공학교부설농사시험장도 폐장시켰다. 그 대신 통감부는 농상공학교부설농사시험장이 있던 뚝섬에 원예모범장과 경기도 수원 서둔벌 궁장토에 '일본이 지도자가 되어 한국농업의 개량을 도모하는' 권업모범장을 만들어 '일본식 농업방법을 한국인들에게 보여서' 일본농업기술과 체계를 이식보급하기 시작하였다. 권업모범장은 대한제국의 농업근대화의 움직임을 제압하고 한국지배를 위한 '한국농업의 일본화'를 추진해갔다. 통감부는 한국 농민들의 저항을 감안하여 권업모범장을 1907년 4월 1일부터 한국정부에 잠시 이관했다가 강점이후 조선총독부의 소속기구로 편재하였다. 설립 당시 수원 본장의 규모는 87정보였지만 1929년 농사시험장으로 바뀐 이후 1940년에는 460.6정보까지 확대되었다.

1910년 권업모범장 관제에 따르면, 권업모범장은 수도품종·잠업·면화·원예작물의 시험과 조사, 개량품종의 육성과 배부, 농사지도와 장려를 기본업무로 삼았으며 일본 농법과 기술체계의 이식보급을 총괄하였다. 권업모범장의 핵심사업인 시험과 조사는 일본 품종의 적응·적부실험이었고, 조선 풍토에 맞는 품종을 선별 육성하는 작업이었다. 선별된 품종들은 1910년 12월 설치된 각도 종묘장에서 육성되어 농민들에게 보급되었다. 육종·적부시험·육종배부로 구성되는 농업연구기관의 기본편재로 본다면, 일본의 농사시험장이 육종과 관련된 업무를 담당하고 조선의 농업기관은 권업모범장이 적부시험을, 도 종묘장이 육성배부를 맡았다. 권업모범장의 시험과 조사는 미곡과 양잠, 면화의 개량증식에 집중되었다. 이는 조선농업의 발달보다는 자본축적구조가 취약한 자본주의의 절실한 필요에서 나온 것이었다. 양잠과 면화는 일본의 국제수지 개선에 큰 영향을 미치는 전략적 원자재였다. 양잠의 개량 증산은 당시 일본 총 수출액의 상당부분을 차지했던 생사의 대미수출을 촉진했으며, 면화의 개량 증식은 일본 면방직 산업을 위해 일정량의 육지면(陸地綿) 수입을 대체할 수 있게 했다. 권업모범장은 1910년 9월 용산지장을 신설하고, 다음해 2월 대한부인회가 운영하던 양잠강습소를 인수하여 여자잠업강습소로 개편하고, 원잠종의 제조와 배부, 잠업기술연구와 인력양성을 위한 교육훈련을 실시하였다. 1906년 7월 권업모범장 목포출장소를 설치하여 육지면 재배와 개량에 주력하였다. 품종불량·성능열등의 이유로 재래잠종 대신 일본잠종을 장려품종으로 지정해서 보급하였다. 물론 양잠과 면화의 개량·증산도 중요했지만, 무엇보다 일본자본주의의 자본축적의 근간인 저임금 저미가 체제를 유지하고 식량문제를 해결하는 미곡증산이 가장 중요한 사안이었다.

따라서 일제 농정의 핵심은 미곡증산에 있었고, 1910년대 무단농정의 핵심기관인 권업모범장은 조선의 재배 벼 대신 일본인 입맛에 맞는 일본 개량 벼 품종의 이식과 보급, 농사지도·장려에 총력을 기울었다. 그 과정에서 조선의 전통적 관행과 농업기술은 무시되고 배제되었다. 권업모범장은 각도 풍토에 맞는 일본 개량종을 장려품종으로 지정하고 집중적으로 보급하였다. 1910년대 대표적 개량 벼 품종은 소신리키(早神力)이고, 1920년대는 고쿠료토(穀良都)였다. 한발에 강한 조선 재래종과 달리 다수확 품종인 일본 개량종은 수리(水利)와 다비(多肥)를 동반하지 않으면 다수확의 효과를 볼 수 없었기에, 수리시설이 갖추어진 지역의 일본인 농장과 지주들이 주도적으로 보급하였다. 특히 1920년대 수리관개사업의 정비 확충을 근간으로 한 산미증식계획의 실시로 일본 개량종은 급속히 확산되어 갔으며, 1927년 이후 일본 미곡시장에서 조선미 과잉문제가 일어날 정도로 미곡증산과 일본 이출의 효과도 보였다. 그러나 화학비료의 투입은 지력의 급격한 소모와 산성화를 일으켰으며, 소신리키나 고쿠료토는 내비성에 약한 단점을 노출하였다. 결국 기계적인 이식이 아니라 조선의 풍토에 맞는 내비성(耐肥性)과 내병성(耐病性)의 다수확 신품종을 필요로 했다.

이에 권업모범장은 단순한 적부적응시험을 넘어선 전문적인 육종연구로 나아가게 되었고, 1929년 9월 농사시험소로 재편되었다. 1930년 전라북도 이리에 남선지장을 설치하여 남부지방에 맞는 우량품종의 육성보급에 힘썼으며 또한 전라북도 김제 아베이치상점 김제농장(阿部市商店金堤農場) 구내에 간척지 제염법연

〈권업모범장 산하기관의 설립 및 변천〉

기관명	일시	변동사항
권업모범장 본장 농사시험장	1906.4 1907.4. 1910.9. 1929.9. 1944.5.	통감부 권업모범장 수원 한국정부로 이관 조선총독부로 이관 농사시험장으로 개칭 농업시험장으로 개칭
목포출장소	1906.7. 1908.3. 1909.2. 1910.9. 1917.6.	목포출장소 임시면화재배소 종묘장 신설을 위해 폐지 목포지장 폭포면작지장
군산출장소	1907.4. 1908.1. 1909.2.	군산시험지 군산출장소 종묘장 신설을 위해 폐지
평양출장소	1908.1. 1910.10.	평양출장소 평양지장
대구출장소	1908.4. 1910.10. 1914.4.	대구출장소 대구지장 폐지
뚝섬지장	1910.9. 1917.6. 1924.12.	뚝섬지장(권업모범장 인수) 뚝섬원예지장 폐지
용산지장	1910.9 1914.4.	용산지장 폐지
여자잠업강습소	1910.10.	여자잠업강습소(수원)
원잠종제조소	1914.4. 1917.6.	원잠종제조소 잠업시험소
덕원지장	1912.4. 1914.4. 1917.6. 1923.	원산출장소 덕원지장 덕원원예지장 폐지
세포출장소	1913.4. 1914.4. 1917.6. 1924.12.	세포목양장(강원도 평강) 세포출장소 세포목양지장 폐지
난곡목마지장	1916.4. 1917.6. 1928.3	난곡목마사업지(강원도 회양) 난곡목마지장 폐지
서선지장	1920.3.	서선지장(사리원)
용강면작출장소	1920.3. 1923.3. 1932.3.	용강면작출장소(평남 용강) 목포면작지장소속 폐지
남선지장	1930.3.	남선지장(이리)
김제간척출장소	1930.3.	
차련광잠업출장소	1930.3.	평북 철산
북선지장	1931.3.	북선지장(함남 갑산 보천보)
도농사시험장	1932.3.	도종묘장을 개편

출처 : 이한기, 2002, 「개화기 및 일제시기의 농사시험연구와 지도」 『농업사연구』 창간호, 85쪽.

구와 내염성 간척지 벼 품종 육성을 위해 간척지출장소를 설치하였다. 1931년 북부지방의 고원지대 농사를 장려하기 위해 북선지장을 신설하고 수원본장은 중부 이북 지역의 육종사업을 관장하였다. 1932년 각도 종묘장을 농사시험장 산하 도 농사시험장으로 편입시키고 권업모범장이 해왔던 시험조사의 업무를 담당하게 하였다. 종래 도 종묘장의 주된 업무인 육성배부는 조선농회나 식산계로 이관되었다. 농사시험장으로 개편된 후 육종연구는 남선지장에서 활발하게 이루어졌다. 1930년대 새로 선정된 다수확 품종이 긴보우즈(銀坊主)와 로쿠우132호(陸羽132號)였다. 1931~34년 사이 인공교배 조합 수가 1,000개를 넘었고, 이 중에 남선지장 번호를 매긴 우량품종이 175종이나 되었다. 그 가운데 우수한 것을 각도 농사시험장에 종자를 배부하여 위탁시험을 의뢰하였다. 이때 시험을 통과한 신 품명을 받은 것이 호교쿠(豊玉)·즈이코우(瑞光)·니신(日進)·난센13호(南鮮13號)·핫코우(八紘)·조우고우(朝光)였다. 긴보우즈를 모친으로 한 이들 품종들은 내병성 다수확품종으로, 1970년대 통일벼가 나올 때까지 주로 재배된 벼 품종이었다. 1944년 농사시험장을 농업시험장으로 개칭하였다. 해방 후 1947년 농사개량원, 1949년 농업기술원, 1957년 농사원으로 개편되었다가 1962년 농림부 산하 농촌진흥청으로 독립하였다.

[참고어] 농무목축시험장, 농상공학교부설 농사시험장, 산미증식계획, 아베이치상점 김제농장

[참고문헌] 김도형, 1995, 「권업모범장의 식민지 농업지배」 『한국근현대사연구』 3 ; 우대형, 2006, 「일제하 조선에서의 미곡기술정책의 전개 : 이식에서 육종으로」 『한국근현대사연구』 38 ; 이한기, 2002, 「개화기 및 일제시기의 농사시험연구와 지도」 『농업사연구』 창간호 ; 김도형, 2010, 『권업모범장의 설립과정과 역사적 성격』 『농업사연구』 9-1

〈이현희〉

귀속농지(歸屬農地) ⇒ 신한공사

규장각둔(奎章閣屯) 규장각의 경비를 충당하기 위하여 설치·운영한 토지.

『문헌비고』에 따르면 규장각의 경비 충당을 위해 1782년(정조 6) 처음으로 평안도 곽산 등 4읍 소재의 양외전답(量外田畓)으로 지급했다. 이후 점차 확장되어 평안남도·평안북도와 전라남도에 다수의 둔전이 설치되었다. 당초에는 규장각에서 직원을 파견하여 둔전의 관리를 맡겼지만, 그 폐단으로 인해 1818년(순조 18) 각 속의 파견을 금지하고 소재지 군수에게 둔전의 관리와 둔세의 수납을 전담시켰다고 한다.

둔세는 최초에 1,000냥을 넘지 않았으나 둔전의 확장으로 인하여 그 수입액이 계속 증가하였다. 1894년 갑오개혁 때 규장각을 폐지하고 그 소속 둔전을

궁내부로 이관시켰다가, 1899년 다시 내장원으로 이관되었다. 1899년 내장원이 조사한 각둔성책에 의거하면 규장각둔의 면적은 대략 답 400여 석락, 전 70여 일경이다.

[참고어] 아문둔전

[참고문헌] 和田一郎, 1920,『朝鮮土地地稅制度調査報告書』

규전(圭田) 위쪽이 뾰족하고 아래쪽은 넓은 이등변삼각형 모양의 전답.

규전 『경기도 용인군 양안』 1책 047b(규17645)

규전은 전답도형 중 하나인 규형(圭形)의 전답이다. 규형은 세종·세조대를 거쳐 정형화된 기본 5가지 전형 중 하나이다. 대한제국의 양지아문 양안에는 제시된 그림과 같이 규전을 도시하였다. 면적은 밑변과 높이를 서로 곱한 후 절반하여 구하였다. [계산법 : 밑변×높이÷2=규전(圭田)의 면적] 한편『만기요람』에서는 "효종 계사년(1654)……전지의 모양이 각각 다르고 명색이 현란하게 되기 쉬우므로 다만 알기 쉬운 방전·직전·제전·규전·구고전 등의 5가지 명색으로 타량하여 양안에 기록하였다.(孝宗癸巳……田形各異名色易眩 故只以人所易知 方田直田梯田圭田句股田五名色 打量錄案.[『만기요람』 재용편, 권제2 전결])"라고 하였다.

[참고어] 경자양안, 광무양안, 광무양전사업, 전답도형

[참고문헌]『만기요람』,『목민심서』,『경세유표』; 최원규, 1995,「대한제국기 양전과 관계발급사업」『대한제국의 토지조사사업』, 민음사 ; 정긍식·田中俊光 역, 2006,『조선부동산용어약해』

〈고나은〉

균병작론(均竝作論) ⇒ **균작론**

균역법(均役法) 조선 후기 군역제도 개선책으로 시행된 수취제도.

조선 전기의 군역제(軍役制)는 양인개병(良人皆兵)의 원칙 아래 모든 군역대상자를 일정기간 번상(番上)하여 근무하는 정군(正軍)과 입역기간 동안 정군호(正軍戶)의 생활을 보조하는 봉족(奉足)으로 편성하여 운영했다. 16세기에 들어서는 지주전호제의 발달에 따른 양인층의 몰락과 피역이 증가하여 양인부족과 군역불균 현상이 심해졌고, 군사가 사람을 사서 번상시키는 대립제(代立制)가 일반화되었다. 결국 성종·중종 대에는 국가가 대립가를 공인하고, 군역수취 방식에서도 보병에 한해 정해진 군액만큼 지방관이 직접 수포하여 병조에 납부하는 군적수포제(軍籍收布制)가 도입되어 군역의 조세화가 시작되었다.

양난 이후 조정은 통치체제의 회복이란 차원에서 군사기구 재정비를 시도했다. 중앙군의 일부는 고용병으로 대체하고, 5군영(五軍營)을 설치하여 대대적인 양정색출 정책을 시행하여 군영별로 군액의 일부는 번상병으로, 일부는 조세원으로 확보함으로써 번상의 안정을 기하려 했다. 그러나 이미 신분제가 동요하고, 지주전호제와 상품화폐경제의 발달이 진행된 상황에서 양정확보 정책은 양인층의 도피와 이에 따른 부세불균을 촉발시켰다. 군액에 따른 수조액은 군현별로 총액이 할당·고정되었는데, 부유한 농민들이 양반신분을 사서 국역부담에서 빠져나감에 따라 가난한 양민들은 빠진 자의 할당액까지 부담하게 되었다. 이에 백골징포(白骨徵布)·황구첨정(黃口簽丁)·족징(族徵)·인징(隣徵) 등의 현상이 발생하고 사회모순과 농민의 불만이 늘어갔다.

효종 대에서 숙종 대에 이르는 동안 정부에서는 이러한 문제를 해결하기 위해 군역변통을 위한 많은 방안을 논의 검토하였다. 그 방안은 대체로 군사비 지출을 줄이기 위한 군사 수의 감축, 군문의 축소와 같은 소변통론(小變通論)과 군역제의 철폐를 전제로 한 호포·구전·결포·유포 등의 대변통론이 여러 사람에 의해 각기 내용을 달리하여 주장되는 등 활발히 전개되었다. 그 결과 한때는 금위영(禁衛營)이 폐지되고, 한시적이기는 하나 관서지방에 호포가 실시되기도 했으나, 군사력 약화를 우려하는 국왕과 신분적 특권을 앞세우는 양반층의 이해관계가 얽혀서 별다른 성과를 거두지 못하고 바로 원상태로 돌아가고 말았다.

영조는 즉위 후 양역사정청(良役査定廳)을 설치하고, 전국에 관리를 파견하여 군역 폐단의 실상을 조사하고 서울 거주민의 의견을 수렴하는 등 양역변통에 대한 노력을 기울였다. 영조는 호포론에 동조하여, 왕실의 궁방에서 먼저 솔선수범하여 수납하겠다고 했다. 그러나 대신들의 반대로 좌절되었고, 결국 1751년 홍계희(洪啓禧)·조현명(趙顯命)의 주장에 따라 1인당 내는 군포의 양을 줄여줌으로써 군역문제를 해결하자는 감필론인 균역법을 확정하고 균역청을 설립해서 구체적 안을 마련하게 했다. 이에 1752년 6월 7일 균역법의 시행세

칙인 「균역청사목」이 반포되었다.

균역법에서는 농민 1인당 2필씩 납부하던 군포를 1필로 줄여주었다. 그리고 당시에 군포징수는 국가재정 수입에서 중요한 부분을 차지하고 있었기 때문에 군포를 줄여줌으로써 감소된 재원을 충당하기 위한 대책이 동시에 마련되었다. 그 내용은 군포수입이 줄어듦에 따라 관청의 예산을 절감하는 방안인 감혁(減革)과 줄어든 세액수입 대신 다른 세역을 거둬들여 보충해주는 급대(給代)로 구성되었다.

당시 군포납부자의 수는 약 50만 명 정도였기 때문에 균역법에 의해 줄어드는 재정수입은 1인당 1필 씩 약 50만 필이었다. 즉 돈으로 환산하면 약 100만 냥의 세액이 줄어든 것이었다. 이에 정부에서는 먼저 재정지출액을 줄여나가는 예산삭감정책, 즉 감혁의 조치를 취했다. 군영의 일부 군사와 사옹원(司饔院)의 원인, 지방의 영진·포의 군사와 군보를 감축하여 이들을 군포납부자로 전환시키고, 병조 기보병(騎步兵)은 1필이 아니라 1/3필만 감해주는 등의 조치를 취했다. 이리하여 50만 냥 정도의 예산을 삭감했지만, 줄어든 세액이 100만 냥이었으므로 아직도 국가예산상 50만 냥이나 부족했다. 이에 급대의 방법을 통해 부족분 50만 냥을 충당하고자 했다.

먼저 왕족이나 권세가에게 사점되거나 지방관아에서 자체 징수하여 재원으로 삼던 어전(漁箭)·염분(鹽盆)·곽전(藿田)·태전(苔田)과 선박에 세를 부과하여 균역청에 속하게 했다.(약 10만 냥) 그리고 정부의 묵인하에 지방관아에서 지방경비로 쓰던 은결과 여결 약 2만 3,000결의 세수를 균역청으로 이관하게 했다.(약 8만 냥) 그리고 양민 가운데 군역을 빠져나간 자를 대상으로 하여 군관포를 거두기로 했다.

군관포는 양반층에게 군역세 징수를 하지 않는 상황에서 양반의 서얼이나 신분상승을 통해 역을 지지 않고 부유농민층에게 세를 부과하기 위한 편법이었다. 이들에게 양민과 똑같이 군역을 부과할 수는 없었으므로 선무군관(選武軍官)이란 것을 만들어 이들 2만여 명에게서 평소에는 군역에 종사하지 않고 1년에 포 1필씩을 내게 한 것이다.(약 4만 냥) 인원 수는 도별로 할당하여 수령이 선발, 관리하게 했다. 그리고 군역세의 일부를 토지세화하여 결미(結米, 또는 結錢)를 신설하여 함경도 평안도를 제외한 6도에서 토지 1결당 쌀 2말 또는 동전 5전을 내게 했다.

결전은 면세 혜택을 받고 있던 향교전·사원전·사찰전·공해전과 궁방의 유토면세전(有土免稅田)과 복호(復戶) 전결에서도 징수했고(약 30만 냥), 이외 삼남 저치미(儲置米) 1만석과 영수미(營需米) 1천석, 삼남과 강원도의 세작목(稅作木) 5,000필을 균역청이 쓰게 했다. 그리고 균역청에 환곡을 설치하여 고리대로 운영하게 하여 그 이자를 재원으로 쓰게 했다. 즉 비변사 군작미 10만석과 호남병영미 5,850석을 회록하여 균역청군작미라 하여 반은 비상용으로 창고에 보관하고, 반은 민간에 빌려주어 이자를 거두어 수입원으로 삼았다. 이와 같이 마련된 연평균 약 50만 냥을 군포수입의 감소로 재정이 궁핍해진 각 군문에 나누어 주게 했다.

이상과 같이 균역법은 농민의 큰 부담이던 군포를 2필에서 1필로 줄여주고, 그 대신 나머지 명목의 세를 더 거둠으로써 양민부담의 완화라는 효과를 거둘 수 있었다. 더욱이 인두세의 일종이던 군역세의 일부를 토지를 대상으로 하는 재산세의 일종인 결미로 전가함으로써 신분제적 조세제에서 한걸음 벗어날 수 있었다. 그러나 이 균역법으로 군역문제가 근본적으로 해결될 수는 없었다. 즉 조선 후기에 군정이 문란했던 이유는 신분제가 붕괴하고 있는데도 신분차별을 전제로 하는 봉건수취체제가 강행되고 있었기 때문이다. 군역문제의 해결을 위해 제시된 균역법도 양반층의 군역면제라는 신분차별의 원칙이 전제되었으므로, 그 자체에 한계를 지니고 있었다.

이후 농촌사회의 분화와 신분제 해체는 더욱 가속화되었고, 거기다가 군현별로 수세 총액은 고정되어 있어 피역자가 증가함에 따라 잔민의 조세부담액은 계속 증가했다. 또한 지방관아의 재정수입원을 균역청으로 옮겨감에 따라 지방관아에서는 그 부족분을 채우기 위해 이미 고리대로 운영되던 환곡을 증가시키거나 잡역세로써 이 문제를 해결했다. 결국 균역법은 군정문란의 문제를 근본적으로 해결하지 못했을 뿐만 아니라 또 다른 조세문제를 낳게 되었고, 군정문란은 조선 말기까지 해결되지 않은 상태로 지속되었다.

[참고어] 역-조선, 요역

[참고문헌] 차문섭, 1961, 「임란이후의 양역과 균역법의 성립」 『사학연구』 10·11 ; 박광성, 1975, 「균역법시행이후의 양역에 대하여」 『성곡논총』 3 ; 정만조, 1977, 「조선후기의 양역변통론의에 대한 검토」 『동대논총』 7 ; 방기중, 1986, 「조선후기 군역세에 있어서 금납조세의 전개」 『동방학지』 50 ; 김종수, 1990, 「17세기 균역제의 추이와 개혁론」 『한국사론』 22

〈백승철〉

균역청둔(均役廳屯) 균역청의 경비를 보용하기 위해 설치·운영한 토지.

1751년(영조 27) 균역법이 시행되면서 종래 양민에게 부과한 양포(良布)가 2필에서 1필로 감소하였는데, 균역청은 이에 따른 재정의 부족을 각 관청에 보충해주기 위해 설치되었다. 어염세(魚鹽稅)·은여결(隱餘結)·군관포(軍官布)·결전(結錢) 등에서 재원을 마련하고, 이를 징수·관리하는 등의 업무를 총괄하여 담당하였다. 균역청은 2년 뒤인 1753년(영조 29)에 정세기관의 통일을 위해 선혜청(宣惠廳)에 예속되었다.

균역청둔의 기원은 순조 대로 볼 수 있다. 그 유래를 살펴보면, 조선 초에 전도의 노비를 내수사와 각 궁방에 예속시켜 이들로부터 공포(貢布)를 징수하고 이로써 궁사의 경비를 보충하였다. 이를 양향청(糧餉廳)에서 관장하였는데 1801년(순조 1)에 내외의 노비를 청산하면서 종래 양향청의 경비를 충당하던 둔전을 장용영(壯勇營)으로 이관시켰다. 그리고 다음 해인 1802년(순조 2) 장용영을 폐지하면서, 종래 장용영이 관장한 사무를 균역청으로 인계시켰다. 또한 소속 둔전을 균역청에 전속시켰는데 이것이 균역청둔의 기원이다. 이처럼 균역청둔은 당초 양향청둔으로부터 기원하였고, 장용영에 소속되기도 하였다. 또한 균역청이 선혜청의 부속 관청이었기 때문에 균역청둔은 혜둔[선혜청둔]이라고도 불리기도 하였고, 친둔[친군영둔], 장둔[장용영둔], 훈둔[훈련도감둔] 등의 다양한 명칭으로 불리게 되었다. 『만기요람(萬機要覽)』에 따르면 함경도와 유수부를 제외한 전국 각지에 총 23007결 44부 9속의 면세지가 분포하고 있었다.[「재용편 2」 수세]

균역청은 1894년 그 주관 관청인 선혜청과 함께 폐지되었고, 그 소속 둔토는 탁지부로 이속되었다. 1899년(광무 3) 다시 내장원으로 이관되었다가, 1908년(융희 2) 6월 칙령 제39호「宮內府所管 및 慶善宮所屬財産의 移屬 및 帝室債務의 整理에 關한 件」에 의거하여 다시 탁지부의 소관이 되었다.

[참고어] 아문둔전

[참고문헌] 『영조실록』; 『萬機要覽』; 和田一郎, 1920, 『朝鮮土地地税制度調査報告書』

〈윤석호〉

균작론(均作論) 조선 후기 토지개혁론의 하나로, 토지에 대한 사적 소유는 인정하되 그 관리권을 국가가 장악하여 경작권을 농민에게 균등히 분배하자는 주장.

균병작론(均竝作論) 혹은 균경균작론(均耕均作論)이라고도 한다. 정전론(井田論)이나 균전론(均田論)이 사적 소유의 제한을 통한 토지재분배를 지향하는 것과는 구별되는 주장이다. 정상기(鄭尙驥, 1678~1752)가 말년의 저서인 『농포문답(農圃問答)』에서 설명한 균전제가 대표적이다. 그는 토지소유주의 소유권은 인정하면서 지방을 단위로 농지의 경작권을 농민에게 균등하게 배분할 것을 주장하였는데, 농민은 20세에 일정면적의 농지를 받아 60세에 반납하되, 양반사대부는 농민의 2배, 상공인은 농민의 절반, 녹봉을 받는 자와 유리걸식자 및 양반집 노복에게는 농지를 주지 말 것을 주장하였다. 지대는 10분의 5로 하고 설혹 지주가 자경하더라도 농민 1부의 경작면적을 넘지 않도록 제한하고 나머지는 모두 전작(佃作)을 주게 하자고 주장하였다.

이규경(李圭景, 1788~?)도 『오주연문장전산고(五洲衍文長箋散稿)』의 「방정전균수균세변증설(倣井田均授均稅辨證說)」에서 군현을 단위로 수령이 주관하는 균작론을 제시하였다. 그는 각 군현의 수령이 그 고을의 결부수와 호구의 다과 및 노동력의 장약(壯弱)을 헤아려서 그 고을의 민에게 경작지·경작권을 분급하되, 토지를 많이 소유한 자라도 많이 경작할 수 없고, 신분의 귀천에도 구애됨이 없이 농지를 균등하게 배분하여 경작하게 하며, 국가에 납부하는 전세와 지주에게 바치는 지대는 현행의 제도대로 할 것을 주장하였다. 균작론은 토지의 사적소유 자체를 철폐해야 실행 가능한 정전제·균전제와는 달리 현행 소유권을 인정한 위에서 관리·경작권만을 국가가 소유하여 농민에게 분배하는 방식이기에 보다 현실적인 토지개혁론으로 인식되었다.

이와 같은 균작론은 토지개혁에 대한 농민들의 요구에도 계승되었는데, 동학농민군이 제시한 폐정개혁안(弊政改革案)에서의 "토지는 평균(平均)으로 분작(分作)케 할 것"이라는 조목에 균작제의 주장이 담겨 있다고 이해되기도 한다.

[참고어] 대전론, 정전론, 균전론, 한전론

[참고문헌] 이윤갑, 1983, 「18세기 말의 균병작론」『한국사론』 9, 서울대학교 국사학과 ; 김용섭, 2007, 「조선후기 토지개혁론의 추이」『조선후기농업사연구(Ⅱ)』(신정증보판), 지식산업사

〈허원영〉

균전론(均田論) 인정(人丁)을 기준으로 토지를 균등하게 분급하거나 그 이념을 계승한 논의로서, 정전제 붕괴 이후 그 이상을 실현하기 위해 제시한 개혁론.

중국의 북위와 수, 당대 300년 동안 시행되었던 균전

제는 동아시아 균전제의 이념적 모델이 되었고 이후 신라나 고려, 조선에도 전파되어 토지정책 수립에 커다란 영향을 미쳤다.

중국의 균전제는 정전제 붕괴 이후 토지겸병이 확산되면서 농촌사회가 붕괴되자 농민의 토지소유권을 보장하고 매매를 금지함으로써 농민의 몰락을 막는 방안으로 제시되었다. 이에 노동력을 가진 인정을 대상으로 일정 토지를 분급하였는데 당나라 때는 영업전(永業田) 20무(畝)와 구분전(口分田) 80무를 합하여 100무를 지급하였다. 100무는 주나라 정전제 하에서 지급된 규모이고 그것을 계승하는 방법으로써 균전적 토지분급 기준을 마련한 것으로 보인다. 영업전은 세습하지만 구분전은 60세가 되면 반환하도록 하였고 원칙적으로 매매를 금하는 방식이었다. 영업전과 구분전은 균전제의 이념에 따라 부분적이나마 복원되었다.

북위 균전법 이래 중국의 토지제도는 수당대의 균전제로 일단락되지만, 균전제의 구체적 실태는 시기별로 국가별로 약간의 차이가 있다. 그러나 토지에 대한 균전제적 지배는 당시 동아시아 사회에 큰 영향을 미쳤으며 일본의 반전제(班田制)에 영향을 미친 것처럼 신라에도 영향을 주었던 것으로 보인다. 신라 『균전성책(均田成冊)』에 나타난 연수유전답(烟受有田畓) 역시 농민층에게 분급된 토지로 보고 있으며 이는 수당 균전제의 영향을 받은 균전제 이념의 신라적 수용이라고 할 수 있다. 다만 균전제 운영에서 토지를 분배하는 데 목적을 두었는가 아니면 조용조 등의 세역을 원활하게 징수하기 위한 것으로 보아야 하는가 하는 수용의 방식에 대한 해석의 여지가 남아 있다.

고려의 토지제도 역시 당의 제도를 모방(『고려사』 권78, 식화지1, 전제 서문)한 것으로 이해되고 있다. 고려 말 사전(私田) 혁파를 둘러싼 논의가 진행될 때 선왕의 균전제를 회복하는 주장도 나온 것도 균전제 이념에 대한 고려적 변용이 있었음을 살필 수 있는 근거이다. 다만 신라와 마찬가지로 토지균분의 형태로서 영업전과 구분전을 언급하지 않았다는 점은 균전의 본래 이념과 다르다. 때문에 불법적인 토지침탈을 해결하는 방안으로서 균전제 이념을 채용하되 전시과제도를 통해 변용시킨 것으로 볼 수 있다. 즉 전시과의 1과에서 18과에 이르는 토지분급체계는 관직에 상응하여 분급된 것이라는 점에서 균전의 변용이라 보기도 한다.

고려 때에는 통일신라의 사회구조를 계승하고 있다. 전시과제도를 통해서는 토지분급제로서의 관료제 지급방식을 창출함으로써 영업전의 성격을 일정 부분 수용하고자 했다. 다만 농민에 대한 토지분급에까지 미치지 못했다는 점은 균전제 본래의 이념과 다르며, 중국은 물론이고 신라, 고려와 조선에서도 균전제는 복원되지 못하고 부분적인 변용에 그쳤다고 할 수 있다. 이같은 균전론은 정전제 붕괴 이후 농민의 몰락을 막고자 추진되었던 제도였지만 정전제 하의 농민의 항산을 실현하지 못했다.

조선후기에 이르러 토지겸병이 심해지자 정전제를 복원하여 농민경제를 안정시키려는 움직임이 나타났다. 17세기 조선의 사회경제적 위기를 타개하고자 토지개혁을 구상했던 반계 유형원의 공전론이 그것이다. 그는 당나라의 균전제가 근본적인 대책이 되지 못했기 때문에 토지겸병이 계속 나타나게 되었으니 균전제가 근본적인 문제가 있다고 보았다. 균전제는 인구의 증감에 따라 토지분배를 행하는 것이 어렵기 때문에 균전법 역시 무너질 수밖에 없다는 것이다. 즉 균전제는 사람을 기준으로 하여[以人爲本] 토지를 나누어주었기 때문에 인구증가에 따른 토지분배를 조정할 수 없어 무너질 수밖에 없었다는 것이다. 따라서 토지면적을 기준으로 경계를 정하고 농민을 배치시키는 방법[以地爲本]을 마련하여 정전제의 이념을 실현할 수 있는 공전제를 시행해야 한다고 주장하였다.

한편 균전제를 시대에 맞게 시행한다면 토지겸병 문제를 해결할 수 있다고 생각한 실학자들도 있었다. 정제두(鄭齊斗, 1649~1736), 이익(李瀷, 1681~1763), 안정복(安鼎福, 1721~1791)이 대표적인 균전론자였다. 이들은 농민의 항산을 보장할 수 있도록 1결에서 3결 정도에 해당하는 토지를 차등있게 지급하는 방법을 구상하였다. 하한선을 1결로 하고 3결 이상의 토지를 소유하지 못하도록 제한하는 방법이기도 하다. 토지를 국가가 장악하여 관리함으로써 농민의 항산을 보장하는 것이다.

정제두는 1호당 3결의 토지소유를 넘지 못하도록 제한하고 국가가 철저히 관리하도록 하였다. 지대 역시 병작반수에서 1/10로 경감하면 토지겸병이 해체되어 자연스럽게 균전이 이루어질 것이라고 보았다. 이익은 1경(頃) 단위의 영업전을 지급하되 매매하지 못하도록 금하고 자영농 중심의 소농경제를 구상하였다. 안정복 역시 1정(丁)의 농민에 대해 1경의 토지를 분배하되 매매는 철저하게 금하는 정전법(丁田法)을 제시했다.

조선후기 균전론에 관한 토지개혁 방안은 1결에서 3결 정도의 토지를 분급하여 소농경제를 안정시키는 데 있었다. 물론 토지매매를 원칙적으로 금하여 농민의 몰락을 막고자 하였으며 항산전을 국가가 보장해 주는 것이다. 이같은 균전론은 대토지겸병을 막는 한편 농민에게는 항산전을 지급하여 소농경제를 안정시키고 국가 재정 역시 충실하게 하는 데 최종 목표를 두었다. 다만 현실적으로는 균전제의 부분적인 수용에 그침으로써 농민의 몰락을 막을 수 없었던 것이다.

균전제를 시행하자는 주장은 19세기에도 계속되었다. 19세기 들어 대토지소유자의 토지겸병이 더욱 확대되고, 삼정문란이 심화되면서 마침내 민란이 폭발하며, 군도(群盜)가 출현하는 등 체제 해체 위기가 고조되었기 때문이다. 그에 더해 문호개방을 요구하는 외세의 침략도 이어졌다. 체제 위기의 근본원인이 되는 토지소유 불균등 문제를 해결하는 것은 더욱 절박해졌고 균전론 요구 또한 따라서 높아졌다. 19세기에 균전론은 철종조 농민항쟁 수습책으로 집중 제기되었다.

이 시기 균전론 개혁을 주장한 유생들은 토지겸병에 의한 민산(民産) 불균(不均)을 심지어 '살인지도(殺人之道)'로, 민심을 들끓게 하고 도적을 낳게 만드는 원인으로 지탄하였다. 이들 균전론에서 주목할 만한 변화는 토지수용방법론에서 진전이었다. 다수의 논자가 여전히 사유지를 몰수하여 농민에게 균분하라고 국왕의 결단을 촉구했지만, 일부 논자는 이 방안이 현실성이 없다고 판단하고 실현 가능한 새로운 토지수용 방법론을 제시하였다. 곧 조원순(曺垣淳, 1850~1903)과 송은성(宋殷成, 1836~1898)은 국가가 환곡을 폐지하고 그 기금으로 사전(私田)을 매입하고 궁방전을 편입시키는 방식으로 공전(公田)을 확보하고, 이를 농민에게 균분하는 균전제를 실시할 것을 제안하였다. 이들은 또한 사전(私田)의 경우는 그 소유권을 인정하되 다전자(多田者)에게는 토지 매입을 금하고 무전자(無田者)에게는 허락함으로써 균전이 되도록 유도하자는 방안도 제시하였다.

균전론은 19세기 말 동학농민군과 활빈당의 토지개혁 강령으로 계승되었다. 동학농민군은 1894년 농민전쟁과정에서 집강소 폐정개혁 요강으로 "토지는 평균으로 분작(分作)하게 할 事"를 제시했는데, 이것이 균전제의 시행을 목표로 했다고 이해되기도 한다. 활빈당도 「십삼조목대한사민논설(十三條目大韓士民論說)」에서 "사전(私田)을 파(罷)하여 균전(均田)으로 만들고 구민(救民)의 법을 채택해야 할 것"이라 하여 균전제 실시를 주장하였다. 동학농민군이나 활빈당은 농민층이 주체가 된 아래로부터의 혁명의 토지개혁 방안으로 균전제 실시를 주장한 것이다. 앞서의 균전론은 균등한 소농경제를 기반으로 유가(儒家)의 이상인 상고(上古)의 삼대(三代) 이상지치(理想至治)의 대동(大同)사회를 구현하려 한 토지개혁론이었다. 이에 비해 동학농민군과 활빈당의 균전론은 근대화·개화를 성취하려는 토지개혁론으로 이전의 균전론과는 성격을 달리 하는 것이었다.

동아시아 균전론의 이념은 시기마다 지역마다 달리 변용되어 나타났지만 그 목표는 농민경제 안정과 부국강병을 실현시키는 방법론으로써 언급되었다. 신라나 고려, 조선에 이르기까지 균전 이념은 비록 부분적인 수용에 그쳤지만 조선후기 지주제의 확대와 농민의 몰락이 가속화되는 체제위기의 상황 속에 균전론을 전면적으로 검토하기 시작했던 것이다. 정부지배층에서는 수취제도의 개선을 통해 균세를 달성하는 방법을 통해 균전의 이념을 달성하려 했지만, 일군의 실학 지식인들은 그것을 근본적으로 재검토하고 균전론을 통해서만 농민 몰락을 막을 수 있다고 보았던 것이다.

[참고어] 균전제, 정전제, 한전론, 공전제-유형원

[참고문헌]『磻溪隨錄』,『星湖僿說』; 兼若逸之, 1979,「新羅 《均田成冊》의 硏究-이른바 民政(村落)文書의 분석을 중심으로」『韓國史硏究』 23 ; 김유철, 1989,「균전제와 균전체제」『강좌중국사』II, 지식산업사 ; 김용섭, 1989,「조선후기 토지개혁론의 추이」『신정증보판 조선후기 농업사연구 II』; 김기섭, 2010,「신라 중고기·중대 균전제 이념의 수용과 전개-신라와 고려의 연속성과 관련하여」『한국중세사연구』 29 ; 김기섭, 2012,「高麗·唐·日本의 국가적 토지분급제와 토지법」『역사와 세계』 41 〈최윤오〉

균전사(均田使) 양전 시 전답의 측량이나 품등(品等) 결정 등의 실무를 감찰하기 위해 중앙에서 파견한 관리.

양전사(量田使) 또는 양전어사(量田御史)라고도 한다. 조선시기에는 20년마다 양전을 시행토록 법제화했다. 양전에서는 기진(起陳) 여부, 전답 측량, 결부(結負)·두락(斗落)의 사정(査正), 전품 결정 등이 이루어지며, 그 내용은 양안에 기록되어 매년의 수세 시 근거자료로 활용되었다. 하지만 양전과정에서는 실무를 담당한 지방의 관리나 아전들이 농간을 부리는 일이 잦았으며, 이로 인해 농민들의 불균등한 부세 부담이나 재정수입원의 축소 등 폐단이 발생했다. 따라서 조정에서는 양전의 제반 실무의 엄밀성을 기하고 담당 관리들의

협잡을 방지하기 위해 지방에 관리를 파견하였는데, 이를 균전사 혹은 양전사라고 했다.

균전사의 연원은 양전경차관(量田敬差官)에서 비롯되었다고 볼 수 있다. 조선 초에는 다양한 목적 하에 경차관을 파견했는데, 그 중 양전의 사무를 관장하고 감찰하기 위해 파견된 것이 양전경차관이었다. 세종 11년이 사례에 따르면 전답 1만 결 당 1명의 경차관이 배정되었으며, 경상도와 충청도의 일부 군현에만 파견된 것으로 보아 비정기적으로 양전이 시행되는 군현에만 파견되는 것으로 볼 수 있다.[『세종실록』 11년 10월 10일 계미] 또한 이들은 주로 5품 이상이었는데, 해당 지방관이 3품 이상일 때는 신문논죄(申聞論罪), 4품 이하에 대해서는 직단시행(直斷施行)할 수 있는 권한이 있었다.[『세종실록』 10년 8월 25일 기해] 실록에 따르면 15세기에는 양전경차관[혹은 분전품경차관(分田品敬差官)]의 파견이 잦았지만, 16세기에는 거의 확인되지 않는다.

왜란으로 인해 국토가 황폐해져 양전의 필요성이 대두되었고, 이를 감독할 관리의 파견도 논의되었다. 이로써 광해군 4년 11월 3일에는 전란 후 처음으로 양전사를 파견하기로 했다. 이후 양전사는 균전사·양전어사(量田御史) 등으로도 불리다가, 1662년(현종 3) 현종이 명칭을 '균전사'로 함이 합당하다는 견해를 내놓았음에도[『현종개수실록』 3년 8월 5일 을사(乙巳)] 통일되지는 않았다.

갑술양전(甲戌量田)[인조 12, 1634] 때에도 균전사의 파견은 확인되는데, 호남우도의 균전사로 파견된 김황(金潢)이 갑술척이 장척(長尺)임을 지적한 기록이 있다. 하지만 1708년(숙종 34)부터 시행된 강원도 양전 이후로는 균전사의 파견으로 인해 백성이 동요할 수 있다는 이유로 감사(監司)가 균전사의 업무를 겸하게 되었다. 이같은 원칙은 삼남양전의 시행을 결정한 1716년에도 이어졌다. 그러나 감사와 수령이 양전 시행의 왕명을 미루는 등의 폐단이 나타났고, 균전사를 대신해 중앙에 임시관아로 양전청을 설치하여 양전구관당상(量田句管堂上)과 종사관(從事官)을 두는 등의 대안을 마련하기도 했다. 그러나 중앙에 설치된 양전청으로는 지방에서의 양전시행을 압박할 수 없는 한계가 있었고, 이에 1719년 7월 전라감사 신사철(申思喆)의 의견에 따라 균전사를 차출하여 삼남에 하송하였으며, 9월에는 균전사가 우도를 맡고 감사가 좌도를 맡는 방식으로 결정되었다.

한편 『속대전(續大典)』에는 균전사의 직임과 권한이 법제화되었다. 이에 따르면 수령을 감찰·논핵할 수 있었는데, 수령의 품계가 당하관 이하이면 스스로 처결하고 당상관 이상은 조정에 보고토록 했다. 또한 양전의 실무를 담당한 도감관 이하의 부정행위에 대해서도 최고 장 100 유 3000리의 처벌권을 가지고 있었다.(均田使論劾該道守令, 通訓以下自斷, 通政以上啓聞 都監官以下刑推, 若係朝官則申聞, 應爲照律者, 發配後申聞. 改量時, 監官等以起爲陳, 以陳爲起, 田形失實, 循私落漏, 用意妄冒者, 每一負笞一十, 至杖一百而止, 通計滿一結者, 杖一百流三千里, 土豪·佃夫之符同用奸者勿論朝官, 一體定罪, 其田之全庫落漏者屬公.[『속대전』, 호전(戶典) 양전(量田)])

이처럼 균전사의 품급과 임무·권한은 전기의 양전경차관에 비해 커졌지만, 지방의 실정에 어두운데다가 향촌을 일일이 돌아다니면서 전품사정과 부세율(賦稅率)을 책정하는 것이 사실상 불가능하였다. 또한 수세지를 늘리기 위해 부세율을 올리거나 진전 등을 경작지로 양안에 기재하는 등의 부정을 저지르기도 했다. 대표적인 예로 1890년(고종 27) 말에 전라도 균전사로 파견된 김창석(金昌錫)을 들 수 있는데, 그는 이 지역 출신임을 이용하여 이미 개간된 토지를 진전으로 파악해 면세를 청하고는 실제로 징세한 후 착복했다. 또한 일부의 땅을 자기 명의의 토지로 전용하는 등의 부정을 자행하였다. 그의 부정으로 인한 피해는 특히 고부지방에서 심했는데, 그 결과 1894년의 농민봉기 때에는 '균전사가 폐단을 없앤다고 하는 것이 도리어 폐를 낳는다'라는 폐정개혁(弊政改革)의 요구 사항으로까지 나타나게 되었다.

[참고어] 양전사, 양전

[참고문헌] 『속대전』; 한국역사연구회 토지대장연구반, 2008, 『조선후기 경자양전 연구』, 혜안 ; 염정섭, 2000, 「숙종대 후반 양전론의 추이와 경자양전의 성격」 『역사와 현실』 36

〈윤석호〉

균전수도(均田收賭) 한말 고종 대 전라북도 서해안 연안지방에서 장기간 수한해로 황폐한 전답의 개간·균전 사업을 둘러싸고 왕실과 농민 사이에 발생한 도조의 징수와 소유권 귀속 문제.

1876년 이래 5차례의 큰 한발·흉작으로 말미암아 전라북도 서해안 연안지역에 엄청난 규모의 진·폐전(陳廢田)이 발생했고, 장기간 복구되지 못한 채 황폐화된 채로 방치되었다. 정부에서는 진전대책으로 1890년 김제·정읍·전주 등 11개 읍에 대해 진전개간사업을 실시하고 균전사를 파견할 것을 결정하였다. 이때 파견된 균전사는 진전개간과 진기조사(陳起調査)를 겸했다. 정부는 왕실자금으로 진전을 개간하게 하여, 균전 사업은 왕실과 지역농민 사이의 문제로 진행되었다. 개간사업은 1891년에서 1894년 봄까지 7개 읍(김제·전주·금구·태인·옥구·부안·임피)에서 실시되었으며, 동학농민전쟁의 발발로 중단되었다.

이 지역의 진전은 본시 농민들의 소유지였지만, 왕실은 진전개간에 자금을 대었다는 이유로 왕실의 장토·소유지로 간주했다. 왕실에서는 개간된 토지를 균전으로 명명하고 균전양안에 모두 수록하였다. 균전 양안에는 균전만이 아니라 결세 경감을 받기 위해 기경전도 들어간 경우도 있었다. 왕실은 감리·위원·마름 등 토지 관리 기구를 갖추고 균전에 도조를 징수하였다. 균전의 총면적은 대략 3천 석락(石落)이고, 그 세는 1만석에 달했다. 균전에서 걷어드리는 세를 왕실에서는 균도(均賭)·균조(均租)·균세(均稅)·도조(賭租) 등으로 불렀다. 왕실의 도조징수는 농민들에게 토지소유권의 상실이자 왕실의 토지수탈이었다. 균전농민들은 왕실의 균전경영에 항조하고 항쟁을 거듭하였다.

균전수도문제를 둘러싼 왕실과 농민들의 항쟁은 균전이 존재하였던 전 기간을 통하여 전개되었고, 항쟁의 양상은 단계적으로 격화되었다. 첫 단계는 균전 사업이 진행되고 있던 1890년 전주민란으로 나타났고 동학농민운동으로 연장되었다. 균전농민들은 왕실의 남도(濫賭)를 규탄하고 기만적인 균전사를 혁파할 것을 주장하였다. 왕실은 진전개간을 권장하기 위하여 진전개간자에게는 3년간 균도를 면제한다고 약속했지만 실제로는 1년으로 제한했으며, 균전사도 균도의 면세문제와 관련하여 어떤 토지이건 균전이 되면 정부에 수납하는 결세를 영영 감액해준다고 공약했다. 비옥한 전답을 가진 농민들도 결세를 피하기 위해 균전으로 자원하여 가입하는 일도 있었지만, 균전사의 약속은 지켜지지 않았다. 오히려 균전사는 결세를 빙자해서 균도를 인상했다. 이는 농민들의 이해관계를 크게 자극하는 처사였다.

제2단계 항쟁은 1899년(광무 3)에 일어났다. 이때 정부의 양전사업과 왕실의 사검사업이 진행되고 있었기에, 균전농민들은 자기토지의 소유권을 분명히 해야만 했고 또한 왕실은 균전 경영을 일층 강화하려 했다. 상반된 입장 속에서 농민들은 균전반환을 왕실에 요구했고, 왕실은 이를 거부했다. 왕실의 거부로 균전농민들은 민란을 일으켰다.

제3단계 항쟁은 1902년(광무 6)이후 계속해서 일어났다. 이 무렵 정부는 토지소유증명서를 발행하는 관계사업을 진행하고 있었고, 농민들은 균전의 토지소유권을 만회할 좋은 기회로 생각했다. 왕실은 사검사업의 완료에 따라 균전을 완전히 왕실 장토로 만들기 위해 균전경영을 더욱 강화했다. 왕실의 조치에 대해 균전농민들은 수도율(收賭率)의 저하나 진전결세의 탈급(頉給)을 주장하기도 하고 때로는 균전 혁파를 주장하기도 하면서 항조도 하고 민란을 일으키기도 했다. 이러한 항쟁은 해마다 일어났지만, 해결기미는 없었다. 결국 균전농민들이 새로운 항쟁의 방법을 생각하지 않을 수 없었는데, 그것이 균전의 매각이었다.

그런데 이렇게 시끄러운 토지를 살 사람이 한국인 가운데 있을 리는 없었다. 균전을 사려했던 사람들은 이 시기 한국농업침탈을 시도하고 있던 개항장 군산에 거주하고 있던 일본인들이었다. 일본인들은 러일전쟁을 앞두고 토지매수에 열을 올렸고 왕실의 균전경영에 항거하는 균전농민들에게 접근했다. 내륙지방의 토지매수는 불법이었지만, 한국침탈에 자신을 가진 일본인들은 불법적 잠매를 강행하였다. 한국인 거간꾼들이 균전농민들에게 균전매매를 권유했으며, 균전농민들은 균전잠매가 왕실에 수탈당하는 것보다는 유리했다. 균전농민들은 시끄러운 균전을 일본인들에게 잠매했고, 그 수는 날로 늘어났다. 1904년(광무 8년) 6월 현재 4개 군의 잠매균전만 400석락(잠매된 토지의 2/3에 해당)이 넘었다. 균전소재 군 전체를 조사하면 더 많았을 것이다. 정부와 왕실의 균전잠매 금령에도 불구하고 균전잠매는 더욱 성행하였다. 일본인들이 잠매한 토지는 균전에만 한하는 것은 아니었다. 그들은 일반 사전도 잠매하였다. 일본인들은 이렇게 잠매한 농지로 지주제 농장을 설립하였다. 러일전쟁 이전 전라북도 여러 지역에 일본인농장들이 잇달아 설립되었다. 결국 균전농민에 대한 왕실의 수탈은 일본인 농업 자본가들의 균전잠매를 초래했고 그 후 일본인 토지매점 침탈의 한 접점이 되었다.

결국 10여 년 동안 왕실과 균전농민 사이에 지속된 갈등과 항쟁은 한국정부 스스로에 의해서는 해결되지 못했다. 균전문제가 해결되는 것은 러일전쟁 후 일제 통감부 하에서 한국 토지침탈법제의 수립 속에서 해결되었다. 통감부는 균전을 혁파하고 토지소유권을 농민들에게 돌려주는 것으로 처리했다. 그러나 균전문제가 이렇게 해결되었을 때는 이미 많은 균전이 일본인들 수중에 들어가 있었다. 균전문제의 해결은 불법적이었던 일본인의 잠매 토지를 합법적인 것으로 전환시켜준 결과가 되었다.

[참고어] 균전사, 개간, 결세

[참고문헌] 김용섭, 1968, 「고종조의 균전수도문제」『동아문화』 8 〈이수일〉

균전제(均田制) 중국 북조(北朝)의 북위(北魏) 시절부터 780년[당(唐) 덕종(德宗) 건중(建中) 1] 양염(楊炎)의 건의에 의해 양세법(兩稅法)이 창안되기 전까지 시행되었던 토지제도.

기본적으로 일정한 연령에 도달한 농민에게 국가가 토지를 분배했다가 사망하거나 노령 등의 이유로 더 이상 경작이 어렵게 되면 환수하여 다른 사람에게 재분급하는 식으로 운영되었다. 아울러 토지를 지급받았던 사람은 의무적으로 국가에 조세를 납부해야 했다.

구체적인 내용은 시기별로, 국가별로 약간의 차이가 있었다. 최초로 실시를 선언하였던 485년[북위 효문제(孝文帝) 태화(太和) 9]의 균전에 관한 조서(詔書)에서는 15세 이상의 남자인 남부(男夫)에게는 노전(露田) 80무(畝)와 상전(桑田) 40무, 마전(麻田) 10무를 지급한다고 규정했다. 그리고 부인(夫人)에게는 노전 40무와 마전 5무를 지급하는 것으로 되었다. 노비는 양인에 준하도록 했다. 정우(丁牛), 즉 경작하는 소에게도 1마리당 노전 60무를 지급하되 4마리에 한정(限定)시켰다. 한편 노인이 되어 과를 면하거나 사망하면 환수한다고 했다. 대체로 노전에는 곡식을, 상전에는 과수(果樹)를 재배하는 것으로 알려져 있다. 마전은 마포(麻布)를 만드는데 들어가는 재료를 길렀던 토지였다. 한편 국가에 납부하는 세는 균부제(均賦制)로 불렸으며 부부(夫婦)에 대해서는 조(租)로 조[粟] 2석(石), 조(調)는 백(帛) 1필인데 마포의 경우에는 포 1필을 부담해야 했다. 미혼인 남부에게는 4분의 1, 노비에게는 8분의 1, 소에 대해서는 20분의 1로 줄였다.

실시했던 배경으로는 장기간의 전쟁으로 인한 사망자와 유민의 증가로 인해 주인 없는 황폐지가 크게 늘어났다는 점을 우선 들 수 있다. 한편 부유한 세가(勢家)들은 대토지를 점유했던 반면에 그에 예속된 음부호(蔭附戶)나 무전(無田) 농민들은 극심한 생활고에 시달리게 되었다는 사실도 심각하게 작용했다. 나아가 장기간의 혼란에 따른 공권력의 부실로 토지소유권 분쟁이 격화되었던 사실 역시 적지 않게 영향을 주었다. 이런 상황에서 민생 안정을 조속하게 실현하기 위해서는 계구수전(計口授田)의 원칙에 입각하여 농민들에게 토지를 나눠주어야 했다. 이것이 마침내 균전제 실시로 귀결되었다.

북위가 동서로 분리된 뒤 서위(西魏)에서도 재정비하여 실시하였다. 인구가 10이면 택(宅) 5무, 9이하는 택 4무, 5이하는 택 3무로 정했다. 또 가정을 가진 자에게는 전지 140무, 없는 정(丁)에게는 100무를 지급한다고 규정되었다. 너무나 간략한 내용만 담고 있었으나 어쨌든 실시되었음이 확인된다.

북위, 서위 등의 북조의 왕조들은 중국 본토의 북방만을 지배했기 때문에 전국에 걸쳐 시행되었다고 보기 어렵다. 수(隋)나라가 전체를 통일한 뒤에 비로소 전국에 걸친 확대 실시가 가능하였다. 582년에 문제(文帝)는 전국에 걸쳐 균전제 실시를 공포했다. 당시 특히 전 왕조였던 북제(北齊)의 제도를 준하도록 했는데, 그에 따르면 정남(丁男)에게는 노전 80무와 영업전(永業田) 20무, 부인에게는 노전 40무를 지급하도록 했다. 복례(僕隷)는 양인에 준한다고 했다. 노전은 반환해야 했으나, 영업전은 그렇게 하지 않아도 되었다. 하지만 수나라는 얼마 지나지 않아 도처에서 반란이 일어나면서 빠르게 멸망하였다. 이로 말미암아 일률적으로 실시되었는지가 의심된다.

618년 수를 대신하여 당이 세워지면서 전국에 걸쳐 비로소 실질적으로 시행되었다. 이미 고조(高祖) 때부터 균전의 지급 규정이 발표되었는데, 그 뒤에 몇 차례 개정 조치가 이루어졌다. 정남과 중남(中男)에게는 영업전 20무, 구분전 80무가 지급되었다. 노인과 환자 및 장애인에게는 구분전 40무가, 과부에게는 30무가 주어졌다. 어린 나이의 남녀와 성인 여성, 환자나 장애인 등에게는 영업전 20무, 구분전 20무가 지급되었다. 공장이나 상인에게는 농민의 절반에 해당하는 영업전과 구분전이 주어졌다. 영업전은 상속되나 구분전은 환수 대상이 되었다. 관인(官人)에게도 영업전이 지급되었다. 다만 5품 이상에 대해서는 각각 품계에 따라 차등해서 지급하는 규정이 보이나 6품 이하는 주었다고 언급만 되어 있을 뿐 구체적인 내용은 발견되지 않는다.

균전제의 실시를 둘러싼 연구자들 사이의 논쟁은 끊임없이 이어지고 있다. 특히 돈황(敦煌)과 투루판(吐魯番)에서 그 실시를 보여주는 문서가 발견되었던 것을 계기로 국제적으로 확대되었다. 전면적인 실시에서 일부 점령지나 개간지에 국한되었을 것이라는 주장에 이르기까지 다양하다. 그런데 실시 여부를 떠나 더 중요했던 것은 그 이념과 원리였다. 즉 민에게 균등하게 토지를 나눠준다는 것은 전근대 시기의 농업 사회에서 민생 안정을 근본적으로 달성할 수 있는 시책으로 받아들여졌다는 사실이다.

당의 영향을 많이 받았던 동아시아의 여러 나라들도 균전제를 도입하고자 했다. 가장 대표적인 사례가 일본의 경우였다. 645년 다이카 개신(大化改新)을 단행한 뒤 당의 율령제(律令制)를 받아들였다. 그리고 이에 의거해서 반전수수법(班田收受法)을 실시했는데 그 모체가 되었던 것이 당의 균전제였다. 다만 상속이 허락된 영업전은 받아들이지 않았으며 구분전의 규정만을 채택하였다. 그에 따르면 남자에게는 2단(段), 여자에게는 2/3단에 해당하는 면적의 땅을 반급해주었다.

고구려에서는 373년(소수림왕 3), 신라에서는 520년(법흥왕 7)에 각각 율령을 반포하였다. 하지만 균전 실시에 관한 어떤 내용도 보이지 않는다. 다만 진흥왕 때 단양의 적성(赤城)에 세운 「신라적성비(丹陽新羅赤城碑)」의 '국법중분여(國法中分與)'라는 구절이 주목될 뿐이다. 여기서 국법은 곧 율령을 가리키며 명확한 것은 알 수 없으나 토지를 민에게 분여하는 것과 관계가 있다고 이해된다.

신라에서는 삼국통일 이후에 당나라 제도 문물의 수용을 염두에 두고 통치 체제를 전면적으로 정비했던 것을 계기로 어떤 형태로든 실시했을 가능성이 높았다. 특히 681년에 문무왕이 남긴 조서에서 율령과 격식 가운데 불편한 것들은 즉시 편의대로 고처 반포할 것을 후임 군주에게 당부했던 것이 주목된다. 곧 이어 687년(신문왕 7)에 문무관료전을 내리되 차등을 두도록 했다. 이는 당의 직분전(職分田), 관인영업전(官人永業田)에 상응하는 조치로 파악된다. 더불어 민에 대한 조치도 단행되었다고 보기도 한다. 이는 구체적으로 촌락문서에 나오는 연수유전답(烟受有田畓)을 통해 확인된다. 연호(烟戶)가 받아가진 전(田)과 답(畓)이라는 뜻으로 국가에서 민호(民戶)에게 토지를 지급했다는 것으로 이해된다. 그러므로 정확한 시기나 내용은 확인되지 않지만 균전제의 의미를 담고 있다고 한다.

다시 722년(성덕왕 21)에 처음으로 백성들에게 정전(丁田)을 지급하였다. 일부 학자들은 이 조치를 신라적인 균전제 실시의 일환으로 간주하기도 한다. 그에 따라 연수유전답과 동일한 토지로 파악하기도 한다. 하지만 입증할만한 단서는 아직까지 발견하지 못했다.

사료상으로 실시했다는 분명한 증거가 제시되었던 것은 고려시기였다. 먼저 『고려사』 식화지(食貨志)의 전제(田制) 서(序)에서 "고려의 토지제도는 대체로 당나라의 제도를 모방하였다.(高麗田制, 大抵倣唐制.)"는 것과 더불어 1388년(창왕 즉위) 9월에 허응(許應) 등의 상소에서 "신들이 근래 사헌부·판도사·전법사와 번갈아 글을 올려 선왕의 균전제도를 복구하기를 청하였는데, 전하께서 허락하시니 사방에서 듣고 기뻐하지 않는 자가 없었습니다.(臣等, 近與司憲府·版圖·典法, 交章申聞, 請復先王均田之制, 而殿下依允, 四方聞者, 莫不欣悅.[『고려사』 권78, 식화지1 전제 창왕 즉위년 9월])"라는 구절 등을 예로 들어 시행되었던 것으로 간주하기도 한다.

좀 더 구체적으로, 1041년(정종 7) 정월에 호부에서는 "상주 관내 중모현, 홍주 관내의 혜성군, 장단현 관내의 임진현·임강현 등의 민전의 많고 적음과 비옥도가 고르지 않습니다. 관리를 보내 양전하고 식역을 균등히 하기를 바랍니다.'(尙州管內中牟縣, 洪州管內槥城郡, 長湍縣管內臨津·臨江等縣民田, 多寡膏埆不均, 請遣使量之, 均其食役.[『고려사』 권78, 식화지1 전제 정종 7년 정월])"라고 상주했고, 윤허를 받았다. 여기서 민전은 민이 사적으로 소유한 토지였다. 그럼에도 불구하고 많고 적음과 비옥도가 고르지 않았다고 해서 국가가 관리를 파견하여 양전한다는 것은 곧 민전을 양적, 질적으로 균등하기 위한 조치였다는 것이다. 이어서 그것을 통해 식(食)과 역(役)을 균등하게 만들었다는 것은 먹을 것과 더불어 국가에 납부해야 하는 역도 균일하게 했던 것으로 해석되었다. 이렇듯 개인이 보유하고 있던 토지에 대해 국가가 직접 개입해서 균등하게 만들었던 것이 균전제 실시의 구체적인 증거라는 것이다.

한편 같은 시기에 문하성에서는 "옛법에 범죄자는 영업전을 받을 수 없다고 하였는데, 상장군 이홍숙은 일찍이 헌장을 범하여 영남지방으로 유배갔으므로 그 처와 자손에게 토지를 지급하는 것은 부당합니다.(舊法, 凡犯罪者, 不得受永業田, 上將軍李洪叔, 曾犯憲章, 流配嶺表, 其妻子孫, 不當給田.[『고려사』 권78, 식화지1 전제 정종 7월 정월])"라고 아뢰었는데, 이로써 영업전은 분급받았던 자의 자손에게 상속되었음을 알 수 있다. 이어서 6품 이하 7품 이상으로서 연립할 자손이 없는 사람의 처에게는 구분전 8결을, 8품 이하와 전쟁에서 사망한 군인의 처에게는 모두 구분전 5결을 지급한다는 규정도 있다. 결국 이상으로 세부적인 차이가 있다고 해도 균전제를 수용해서 실시했음이 분명하다는 것이다.

이에 대한 반론도 만만치 않았다. 만약 균전제를 전면적으로 실시했다면 그에 대한 규정이 반드시 공포되어야 했는데, 실제로 보이지 않는다는 것이다. 그 대신 전시과(田柴科) 실시의 규정만 몇 차례 개정되어 반포되었을 뿐이었다. 아울러 영업전이나 구분전도 균전제의 틀 안에서 운영되었다고 보기 어렵다. 다만 그 용어와 의미의 일부만 차용해서 사용했을 뿐이라고 했다. 특히 일부 군현에서 민전의 많고 적음과 고르지 못한 비옥도에 대해 관리를 파견해서 균등화하려 했다는 것 자체가 균전제 실시와 거리가 멀다는 것이다. 그 같은 현상이 결코 일부 한정된 군현에만 나타나는 것이 아니었기 때문이다. 민생이 극도로 어려워져서 주민들이 살아가기가 힘들어 대거 이탈해버려 공동화 현상이 일어날지도 모르는 곳만 선정해서 강력한 조치를 취했다고 이해하는 편이 합리적이라는 것이다.

무엇보다 토지사유제가 이미 확고하게 자리잡혀 있어 누구나 자유롭게 매매하거나 증여, 양도가 가능했던 상황에서 균전제를 전면적으로 실시했다는 것은 생각하기 힘들다. 설사 실시했다고 해도 좁고 한정된 지역을 대상으로 단행되었을 것이다. 하지만 그 이념이나 원리가 농촌경제 및 민생 안정을 이루는 데 결정적으로 기여할 것이라는 믿음이 상하에 걸쳐 확고했기 때문에 어려운 상황에 처하면 다양한 형태로 수용 문제를 심각하게 고려했다.

고려 말에 이르러 수조지 분급제의 혼란으로 촉발되었던 사회경제적인 위기가 최고조에 달하면서 그 실시가 진지하게 검토되었다. 앞서 허응 등의 상소에서 균전제를 거론했던 것도 바로 그런 상황을 염두에 둔 것이었다. 당시 급진개혁파의 대표격이자 조선 건국의 일등 공신이었던 정도전(鄭道傳)은 『조선경국전(朝鮮經國典)』을 통해 경내(境內)의 토지를 모두 몰수하여 공가(公家)에 귀속시키고 백성의 인구수를 헤아려 토지를 지급함으로써 옛날 전제(田制)의 올바름을 회복시키려 했으나 여러 가지 사정으로 말미암아 끝내 실현하지 못한 것을 안타까워했다.

이렇듯 균전제는 민생 안정을 이룩할 수 있는 근원적인 시책으로서 널리 인식되었다. 그런 점은 조선에 들어와서도 변함이 없었다. 이미 세종 때부터 균전제를 실시하자는 건의가 있었다. 그 뒤에도 이어졌는데 토지 소유의 불균형 현상이 크게 확산되었던 중종 때 재차 거론되었다. 하지만 국왕은 "균전은 지금 시행할 수 없는 형세로 자기의 것을 갈라서 남에게 주는 것을 원망할 뿐만 아니라, 가난한 백성은 씨를 뿌릴 수가 없어서 부호들에게 도로 팔아넘기게 될 것이니 이익될 것이 없다.(均田之事, 其勢今不可行. 非徒割己與人之爲怨, 貧民不能耕種, 還賣於豪富, 亦無益矣.[『중종실록』 권33, 13년 5월 27일 을축])"고 하였고, 이후에 더 이상 논의가 진척되지 못했다.

후기에 들어와서는 농지 보유의 격차가 더욱 벌어지면서 빈부의 차이가 확대되고 그로 인해 양극 분해가 심화되었다. 절대 빈곤층이 늘면서 농촌 경제가 약화되자 문제의 근원적 해결을 위한 시도로 균전 실시가 집중적으로 거론되었다. 특히 실학의 출발로써 널리 알려진 유형원(柳馨遠)은 이전보다 이론적으로 한층 정교해진 균전론을 제출하였다. 비록 이 역시 당대에는 채택되지 못했으나 후대의 여러 학자들에게 많은 영향을 주어 다각도로 논의되는 계기를 만들었다.

균전제는 중국 북조의 북위 효문제 때 처음 실시되어 당나라 때까지 시행되었다. 중간에 제도와 시행 여부를 둘러싸고 숱한 우여곡절을 겪었으며 폐지된 이후에도 오늘날에 이르기까지 계속해서 많은 논쟁에 휩싸여 있다. 일정 연령에 도달한 농민에게 국가가 토지를 지급해준다는 기본 내용이 고대의 이상적인 토지제도인 정전제(井田制)의 원리를 가장 가깝게 구현했다는 평가와 더불어 얼마나 시행되었는지에 대한 끊임없는 의문이 제기되었다. 그런 점에서 우리도 예외가 없었다. 신라 때부터 당의 문화를 받아들이며 그 실시가 논의되었다. 그 뒤 부분적인 실시의 증거는 찾았으나 전면적인 것은 발견하지 못했다. 하지만 민생 안정의 획기적인 방안으로 인식되어져 학문적으로 상당한 연구가 축적되었으며 조선 후기의 실학파들에 의해 크게 활성화되었다.

[참고어] 균전론, 신라촌락문서, 정전제

[참고문헌] 김택민, 1998, 『中國土地經濟史硏究』, 고려대출판부 ; 金琪燮, 2010, 「신라 중고기·중대 균전제 이념의 수용과 전개-신라와 고려의 연속성과 관련하여」 『한국중세사연구』 29 ; 姜晋哲, 1980, 『高麗土地制度史硏究』, 高麗大學校 出版部 ; 千寬宇, 1952~3, 「磻溪柳馨遠 硏究-實學 發生에서 본 李朝社會의 一斷面」 『歷史學報』 2~3

〈윤훈표〉

그네 벼나 보리의 낟알을 털어내 탈곡하는 도구로, 손홀태에서 보다 발전한 농기구.

그네라는 명칭은 18세기 서호수(徐浩修)가 쓴 『해동농서(海東農書)』에 처음 등장하는데, 그네의 한자식 명칭인 '도저(稻箸)'로 기록되어 있다. 1886년 간행된 『농정촬요(農政撮要)』에는 '도급(稻扱)'이라는 이름으로 적혀 있다. 하지만 지방에 따라 그네를 '홀태'라고도 부르기도 하였다.

그네는 손홀태에서 발전한 도구로, 길이가 20㎝가량 되는 빗살처럼 날이 촘촘한 틀을 끼운 몸체[홀태]에 30~40㎝정도 되는 4개의 다리를 가위모양으로 박아 고정시킨 형태이다. 작업 중에 들리지 않도록 몸체 양쪽에 줄을 묶어 발판을 달아서 고정할 수 있게 하였다. 사용자가 한쪽 발로 발판을 밟아 흔들리지 않게 고정하고, 그네에 추수한 벼나 보리의 이삭을 걸어 잡아당기면 탈곡된다. 빗과 같은 모양의 손홀태는 한 손만 사용할 수 있지만, 그네는 빗살 개수가 많고 두 손을 이용할 수 있기 때문에 보다 손쉽게 많은 낟알을 얻을 수 있다.

그네의 빗살은 처음에 나무판을 파서 만든 날을 사용하였지만, 19세기 말에 쇠로 된 20여 개의 긴 이빨을 가진 빗살 또는 나무판에 굵은 철사를 촘촘히 박아 만든 빗살이 일본에서 들어와 쓰이기 시작하였다. 이것은 일본에서 17세기 말에서 18세기 초에 개발된 천치(千齒)라는 것으로 전통적으로 사용되었던 그네와는 차이가 있으며, '쇠홀태' 또는 '왜홀태'라고 불리기도 하였다.

[참고어] 홀태, 개상

[참고문헌] 박호석 外, 2001, 『한국의 농기구』, 어문각

극젱이 주로 바닥이 좁고 험한 논밭을 얕게 갈 때 쓴 농기구.

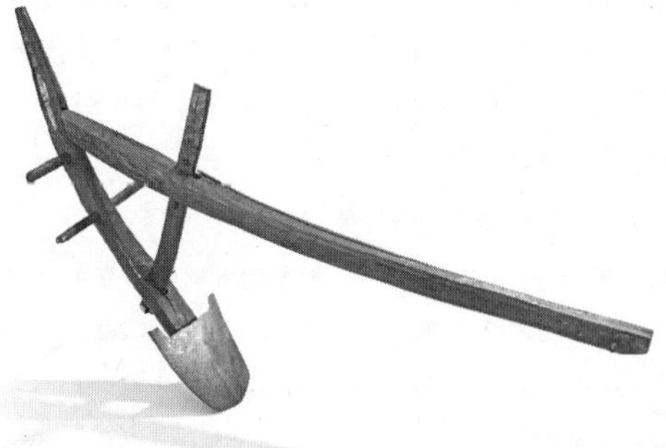

극젱이 농업박물관

쟁기와 유사한 구조를 가졌지만 크기가 작고 가벼우며, 쟁기에서 중요한 역할을 하는 볏이 없고 보습이 조금 크고 덜 휘어져서 끝이 둥근 것이 특징이다. 보통 소 한 마리를 연결하여 끄는데, 손잡이를 잡고 어깨로 밀면서 땅을 간다. 소가 들어가기 어려운 곳이나 소를 구하기 힘든 곳에서는 사람이 매어 끌기도 하였는데, 처음부터 사람이 끌게 만든 것으로는 '인걸이'라 하였다. 극젱이는 주로 땅이 좁고 험한 밭을 얕게 가는데 사용하였고, 논에서는 보통 쟁기로 갈아 놓은 땅에 골을 타는 용도로 사용하였다. 즉 평지에서는 극젱이를 밭의 이랑을 만들거나 밭고랑의 풀을 없애 북을 주는데 주로 사용하였다. 반면에 산골의 경사가 있는 밭에서는 볏이 필요 없고, 쟁기를 사용할 수 없는 곳이 많아서 극젱이를 갈이에 주로 사용하였다. 따라서 일부 산간지역에서는 쟁기와 극젱이의 구분이 따로 없었고, 각 지역에 따라 극젱이의 구조나 모습이 크게 달랐으며, 명칭도 '훌칭이'·'흑징이'·'후치' 등으로 다양하게 사용되었다.

이처럼 쟁기와 극젱이의 기능적인 차이가 모호하였기 때문에 기존 문헌에서는 '극젱이'라는 명칭이 거의 나타나지 않았다. 그러나 홍만선(洪萬善, 1643~1715)의 『산림경제』와 우하영(禹夏永, 1741~1812)의 『천일록』에 극젱이에 대한 기록이 등장하는데, 『산림경제』에서는 '호리(胡犁)', 『천일록』에서는 '후치(後庤)'라는 한자로 기록되어 있다.

[참고어] 인걸이, 쟁기

[참고문헌] 박호석 外, 2001, 『한국의 농기구』, 어문각

근경법(根耕法) 한전(旱田, 밭)에서 앞서 경작한 작물을 수확하고 그 뿌리를 갈아엎은 다음 작물을 심는 방법.

'그루갈이'라고도 부른다. 한전에서 1년 사이에 연속으로 두 가지 종류의 작물을 경작하는 방식으로, 다양한 작물을 많이 생산하기 위해 고안되었다. 그 명칭은 앞 작물의 뿌리[根]를 갈아엎는[耕] 데에서 붙여졌다. 조선 전기의 한전 경작방식을 1년 1작식, 1년 2작식, 2년 3작식 등으로 파악할 때, 근경법은 간종법(間種法)과 함께 1년 2작식, 또는 2년 3작식의 근간을 이루었다.

근경법의 구체적인 모습은 앞작물과 뒷작물의 관계를 통해서 살펴볼 수 있다. 다음의 표는 『농사직설』을 검토하여 전작물(前作物)과 후작물(後作物)을 순서대로 기록한 것이다. 이에 따르면 전작물과 후작물을 연속으로 경작하는 경우 대부분 맥근(麥根) 또는 양맥근(兩麥根)이 전작물로 설정되어 있었다. 즉 양맥을 경작한 다음에 뒷작물로 두(豆), 속(粟), 호마(胡麻) 등을 경작할 수 있었다. 그런데 양맥의 후작으로 제시되어 있는 점물곡속(占勿谷粟), 강직(姜稷), 대두(大豆), 소두(小豆), 호마는 모두 특수한 조건을 충족해야만 후작물이 될 수 있었다.

우선 점물곡속과 강직은 둘 다 만종(晩種)하여도 조숙

〈『농사직설』에 보이는 한전작물의 前作·後作 연결 관계〉

前作	後作	비고	조목
麥根	占勿谷粟	晩種早熟 粟 芟除林木爲上 久陳田次之 麥根爲下	種黍粟
兩麥底	姜稷	晩種早熟 六月上旬 可種	種稷
兩麥根	大豆小豆	晩種 鄕名根耕, 早種 鄕名春耕	種大豆小豆
黍豆粟木麥根	大小麥	布草 火焚	種大小麥
麥根	大小麥	(1年 1作)	種大小麥
麥根	胡麻	若熟田 四月上旬 和糞灰 稀種	種胡麻

(早熟)하는 품종이었다. 그리고 대두와 소두의 경우도 만종에 해당하는 품종에 한정되어 근경법을 적용할 수 있었다.

또한 호마를 맥근전(麥根田)에 경작하는 것도 상당한 조건이 충족되어야 가능한 것이었다. 이러한 점에서 『농사직설』에 보이는 양맥을 중심으로 설정된 작물 사이의 연계관계를 1년 2작이나 2년 3작 방식을 일반적으로 보기 어렵고, 근경법이 일반적으로 채택된 상황은 아니었다고 볼 수 있다.

16세기를 거쳐 17·18세기를 경과하면 한전에서 근경법이 크게 일반화되었다. 『농가월령(農家月令)』에 보이는 근경법, 간종법 등은 앞선 15세기에 편찬된 『농사직설』에 비해 훨씬 상세한 것이었다. 특히 근경을 수행할 때 따라붙던 여러 가지 제약요소가 떨어져 나간 것이었다. 고상안(高尙顔)이 지은 『농가월령』에 보이는 한전작물의 작부체계는 근경법을 근간으로 삼아 양맥을 중심으로 1년 2작하는 경작방식이었다.

17세기 이후 한전 경작방식이 근경법을 바탕으로 1년 2작이라는 점은 한전에 대한 조정의 급재(給災) 원칙에서도 확인할 수 있다. 정부는 국가적인 조세체계에서도 한전의 이모작 관행을 당연시하여 한전에 급재하지 않는 원칙을 세우고 강력하게 수행하였다. 18세기 후반에 편찬된 『탁지전부고』에 실린 연분조목(年分條目)에 따르면 "한전은 1년에 재경(再耕)하기 때문에 본래 급재사목에 수록되는 것이 없다"라는 규정이 그러한 내용이었다. 이와 같이 조선 후기에 정부는 한전에 수전과 달리 급재하지 않고 나아가 한전에서는 기경 여부에 관계없이 전세를 징수하였는데, 그 근거는 바로 한전에서 근경법을 바탕으로 1년에 두 차례 작물이 재배되고 있다는 점이었다.

[참고어] 간종법, 양맥, 농가월령, 맥근전

[참고문헌] 金容燮, 1988, 『朝鮮後期農學史硏究』, 一潮閣 ; 李春寧, 1989, 『한국農學史』, 民音社 ; 閔成基, 1990, 『朝鮮農業史硏究』, 一潮閣 ; 李鎬澈, 1986, 『朝鮮前期農業經濟史』, 한길사 ; 염정섭, 2002, 『조선시대 농법 발달 연구』, 태학사 〈염정섭〉

금납제(金納制) ⇒ 대전납

금양(禁養) 조선시기 관리하는 주체와 용도를 정해 타인이 함부로 벌채하지 못하도록 지정한 산림.

글자대로는 다른 사람의 간섭을 금하고 산림을 양성한다는 뜻이지만, 산림의 양성보다는 분묘, 개간, 화전, 산불, 도벌 및 토석채취 등 타인의 이용을 금지하는 것에 초점이 두어졌다. 금양은 주체에 따라 두 가지로 나눌 수 있는데, 첫째는 국가에서 금양하는 산림으로 서울 주변의 금산, 봉산(封山), 향탄산(香炭山), 관방림(關防林), 관용 시장(柴場) 등이 해당된다. 둘째는 국가가 아닌 일반 백성 또는 단체가 금양하는 사양산(私養山)이다. 대개 분묘 주변의 산림이나 촌락의 송계림(松契林)이 그 대상이 되었다. 소유자 및 금양자는 경계를 표시한 입안(立案), 사패문기(賜牌文記), 송계절목(松契節目)과 같은 공증 문서를 갖추고 산지기를 고용하여 산을 관리하고 보호하였다. 그러나 조선시대의 산림은 농지와 달리 양안(量案)에 등록되지 못했기 때문에 정확한 경계를 설정하거나 소유권과 이용권을 확정하기 어려웠다.

[참고어] 송금, 봉산, 사양산

[참고문헌] 김선경, 1993, 「조선후기 山訟과 山林 所有權의 실태」 『東方學誌』 77·78·79 합집 ; 배재수, 1998, 「일제하 관습적인 산림이용권의 해체과정」 『한국임학회지』 87-3 ; 배재수, 2002, 「조선후기 송정의 체계와 변천 과정」 『산림경제연구』 10-2

〈윤석호〉

금양잡록(衿陽雜錄) 15세기 후반에 경기 금양 지역에서 퇴거하던 강희맹(姜希孟, 1424~1483)이 지은 농서.

15세기 후반에 강희맹은 관직생활 중에 보고 들은 것과 금양(현재 경기 시흥·과천 지역)에 물러나 생활하면서 경험한 것을 모아 『금양잡록』을 지었는데, 그의 문집인 『사숙재집(私淑齋集)』에 실려 있다. 1581년(선조 14)에 선조가 신하들에게 내려준 내사본(內賜本) 『농사직설(農事直說)』에 합철되기도 했고, 인조 대에 신속(申洬)이 편찬한 『농가집성(農家集成)』에도 『농사직설』 등과 더불어 포함되었다. 또한 『금양잡록』에 소개된 벼를 비롯한 여러 작물의 품종에 대한 정리 부분은 17세기 중반 이후에 등장하는 여러 농서에 대부분 그대로 인용되었다. 이러한 점에서 조선시기에 걸쳐 주요한 농서로 활용되었다고 할 수 있다.

『금양잡록』은 15세기 후반 이후 새로운 농서 편찬 흐름이 나타나기 시작하는 양상을 대표하는 농서이다.

15세기 후반에 이르면 관찬 농서 편찬이라는 조선 초기 이래의 농서 편찬 흐름 대신에 관료, 유생 등 개인이 스스로 농서를 편찬하는 사찬 농서 편찬의 흐름이 나타났다. 강희맹은 성종 대에 사환에서 물러나 금양 지역의 농업 관행에 주의를 집중하여 『금양잡록』으로 정리하였다.

농가곡품(農家穀品), 농담(農談), 농자대(農者對), 제풍변(諸風辨), 종곡의(種穀宜), 선농구(選農謳)의 6장으로 구성되었으며, 책머리에 조위(曺偉)의 서문이 있다. 대부분 강희맹과 금양 지역의 노농(老農) 사이의 문답 형식으로 정리되어 있다. 이를테면 강희맹이 "파종의 소밀(疏密)은 어떻게 해야 마땅한가"라고 묻자, 노농이 대답하기를, "빈민은 곡물 종자를 아까워하여 매우 희소하게 파종하는데 이는 곡물의 모가 저절로 무성하기를 기대하는 것이다. 토지가 비옥하면 하나의 낟알이 불어나는 것이 많으면 30여 줄기나 될 것이니 어찌 조금만 소비하고 많이 얻는 것을 하지 않을 것인가. 그러나 이와 같이 하게 되면 쌀로 얻는 것이 적고 완전하지가 않다. 이치를 따져서 말하자면 곁줄기에서 추가로 나온 이삭의 경우 기를 받은 것이 온전하지 못한 까닭이다. 곡종을 잘 준비하여 조밀하게 파종하는 것이 마땅하다."고 대답하는 방식이다.

주요 내용을 살펴보면, 우선 「농가」는 농사의 중요성을 강조하고, 금양 지역 부로들의 말을 인용하여 농사의 주요 사항을 정리한 부분이었다. 이어서 나오는 「곡품」 부분은 벼와 다른 잡곡의 품종을 정리하여 소개한 것이다. 「농담」은 금양의 지역적 농업 현황을 설명하고 있는데, 깊게 갈기[深耕], 빨리 파종하기[早種], 씨앗 많이 뿌리기[密播], 자주 김매기[數耘] 등을 꼭 해야할 일로 지목한 부분이다. 그리고 「농자대」에서는 농부 중에 천시(天時)와 지리(地利)를 잘 알아 백배의 수확을 얻는 상농(上農)과 천시와 지리는 모르지만 뛰어난 기술이 있어 10배의 수확을 얻는 중농(中農), 별다른 능력이 없이 부지런히 노력하여 배의 이익에 그치는 하농(下農)의 존재를 나누어 설명하면서, 선비들도 발군의 노력을 기울여야 한다는 점을 강조하였다. 이외에 바람의 성격에 대해서 설명한 「제풍변」, 파종의 적당함을 지적한 「종곡의」, 농가를 채록하여 수록한 「농구」 등으로 구성되어 있다.

강희맹의 『금양잡록』은 개인이 자신의 힘으로 편찬한 사찬(私撰) 농서라는 점에서 그리고 금양지역의 농사기술 특색을 담고 있는 지역농서(地域農書)라는 점에서 중요한 역사적 의의가 있다.

[참고어] 강희맹, 농서, 농사직설

[참고문헌] 金容燮, 1988, 「『衿陽雜錄』과 『四時纂要抄』의 農業論」 『조선후기농학사연구』, 일조각 ; 박경안, 1999, 「姜希孟(1424~1483)의 家學과 農業經營論-'理生'문제에 대한 認識과 관련하여-」 『實學思想硏究』 10·11합집-홍이섭 선생 25주기 기념호, 毋岳實學會 ; 염정섭, 2000, 「조선시대 農書 편찬과 農法의 발달」, 서울대학교 대학원 국사학과 박사학위논문 〈염정섭〉

금위영둔(禁衛營屯) 조선 후기 영문둔전(營門屯田) 중 하나로, 5군영 및 3군문 중 하나인 금위영의 재정을 보용하기 위해 설정한 토지.

금위영은 국왕 호위와 수도 방어를 위해 중앙에 설치된 군문이다. 1682년(숙종 8) 병조판서 김석주(金錫胄)의 건의에 따라, 병조 소속의 갱번군(更番軍)이던 정초군(精抄軍)과 훈련도감 소속의 갱번군이던 훈국중부별대(訓局中部別隊) 등을 하나로 합쳐 창설되었다. 지휘부는 자문기관인 도제조(都提調)와 제조(提調) 각 1명, 대장(大將)·중군(中軍)·별기위별장(別騎衛別將) 각 1명, 천총(千摠) 4명, 파총(把摠) 5명, 낭청(郎廳) 2명, 초관(哨官) 41명 등으로 구성되었는데, 초기에는 병조판서가 대장직을 겸직하다가 1754년(영조 30)에 독립된 군영이 되었다. 병력은 기병[별무사(別武士), 기사(騎士), 별기위(別騎衛) 등], 포병[별파진(別破陣)], 보군으로 구성되었으나, 주축은 보군이었다. 보군의 군총은 설립초기 1영 4부(전부, 좌부, 우부, 후부) 20사 100초(1초당 127명)였으나, 1688년(숙종 14) 5부(전부, 좌부, 중부, 우부, 후부) 25사 125초로 개편한 후 평안도 착호아병(捉虎牙兵)으로 편성된 별좌우사(別左右司) 10초를 합하여 총 135초를 이루었다. 그러다가 1704년 양역변통에 따른 군제개혁시에는 별좌우양사 10초와, 이후 추가된 별중초 1초를 폐지하여 1영 5부 25사 125초로 복구되었다. 몇 번의 개편을 거치다가 흥선대원군 집권기에 일시적으로 강화되기도 했지만, 1881년(고종 18) 장어영으로 통합되었다가 1895년에 폐지되었다.

금위영은 어영청의 예에 따라 만든 군영으로서 원칙적으로 보인에게 징수하는 미포로 운영되었는데, 많을 때는 보인이 9만 명에 달했다. 그리고 1750년(영조 26) 균역법(均役法) 실시 이후에는 각 군문의 재원 일부를 균역청에서 지급하기 시작하였던 바, 『만기요람(萬機要覽)』에 따르면 목(木) 19동 25필, 포(布) 8동 4필, 전(錢) 6007냥 7전, 미(米) 약 9019석(石)을 균청급대의 명목으로 금위영에 지원하였다[재용편 3, 급대].

이처럼 금위영의 재정이 보가를 중심으로 운영되지만, 재원이 이것 뿐만은 아니었다. 그 양은 많지 않았지만, 다른 아문들과 마찬가지로 금위영 역시 둔전의 확보를 통해 재원을 마련하기도 했다. 대표적으로 1684년(숙종 10) 금위영에서는 영암(靈巖)의 소안도(所安島), 비미도(飛迷島) 두 섬의 밭과 대지를 합쳐 70결을 매입했는데, 이에 대해 조정에서는 면세 조치를 내려주었다.[『숙종실록』, 10년 6월 9일] 1년 뒤에는 해서와 관서의 각 읍에 폐기된 통(筒)을 금위영에 획급하여 둔을 설치하고 개간토록 했다.[『승정원일기』 숙종 11년 3월 25일] 또한 영조 31년의 실록 기사에서는 적몰전(籍沒田)을 금위영에 지급하여 그 세입을 활용토록 한 사례가 있음이 확인되기도 한다.[『영조실록』 31년 7월 4일] 이처럼 금위영이 여러 경로를 통해 마련한 둔전 중에서 『만기요람』이 파악한 면세지는 해서지방의 18결 25부 3속에 불과하다.[재용편 2, 면세] 하지만 이는 면부면세전에 해당하는 것으로, 면부출세하는 둔전은 더 많았을 것으로 생각된다. 예컨대 영조 5년에 작성된 「제아문둔전출면세별단(諸衙門屯田出免稅別單)」에 따르면, 금위영의 둔전 중에서 '지봉세미질(只捧稅米秩)' 즉 대동 등의 부세는 면제하나 전세는 거두는 토지는 67결 23부로 파악되기도 했다.

갑오개혁기 군제개편으로 금위영이 군부에 속하게 되면서 소관 둔전은 탁지부의 관리로 옮겨졌으며, 이후 왕실재정의 강화 분위기 속에서 궁내부의 내장원으로 이관되었다. 1907년 다시 탁지부로 이속되고, 이듬해 궁방전(宮房田)·역토(驛土)와 함께 일제에 의해 국유화 되었다.

[참고어] 영문둔전

[참고문헌]『續兵將圖說』; 『度支田賦考』; 『萬機要覽』; 「諸衙門屯田出免稅別單」; 김양식, 2000, 『근대권력과 토지』, 해남 ; 송양섭, 2006, 『조선후기 둔전 연구』, 경인문화사 ; 서울대학교 규장각한국학연구원 엮음, 2012, 『둔토양안』, 민속원 〈윤석호〉

금융조합(金融組合) 1907년 농촌금융기구로 설립되었고 일제시기에는 농촌 및 도시를 아우르는 서민금융기관으로 발돋움했다가 해방 후에는 농업은행을 거쳐 농업협동조합으로 승계된 조직.

대한제국은 농업근대화의 일환으로 신용대부로 농민층의 금융수요를 충족시키고 고리대적 금융구조를 조절하기 위한 소농금융기관으로 금융조합을 구상했지만, 실제로 금융조합의 설립과 운영은 한국을 침략하는 일제 통감부가 주도하였다. 통감부는 화폐재정정리사업을 통해 대한제국의 금융 주권을 침탈해갔으며, 그 선후처리와 금융경색 완화를 위해 1906년 농공은행과 1907년 지방금융조합을 잇달아 설립하였다. 지방금융조합은 농민금융을 소통하여 농사개량에 이바지하고 농업발달과 농민경제의 향상을 기도하는 것을 목적으로 내세웠다. 1907년 5월 공포된 칙령 제33호 지방금융조합규칙에 근거하여 동년 8월 전라남도 광주지방금융조합을 필두로 1908년 말까지 모두 10개의 지방금융조합이 설립되었다. 지방금융조합은 조합원에게 농업자금을 대부하고, 조합원이 생산한 곡류를 창고에 보관·위탁판매를 하며, 종묘·비료·농기구를 교부·대여해주었다. 조합원은 조선인 농업자로 한정되었다. 조합운영자금은 설립 당시 교부받는 1만원의 정부대여금과 조합비, 농공은행의 차입금으로 구성되었지만 정부대여금에 전적으로 의존했다. 예금업무는 취급하지 않았고, 정부대여금은 대한제국 정부가 니혼고교은행(日本興業銀行)에서 조달한 금융차관에서 사용되었다. 결국 통감부는 대한제국이 조달한 금융자금으로 한국농촌을 지배하는 금융기구를 만들어 갔다. 운영자금을 제공한 정부가 총체적인 감독권을 장악하고 운영합리화를 위해 관선이사제를 실시하였다. 조합원이 선출하는 조합장이나 평의원은 업무집행에 대한 권한이 거의 없었고, 실제업무는 통감부가 파견한 일본인 관선이사가 조합설립에서 일상 업무까지 총괄했다. 소농금융의 구상과 달리 조합원은 일정정도 자산을 소유한 자작상층이상 재지유력자나 지주층이 주를 이루었고 신용대부가 아닌 동산이나 부동산을 위주로 하는 담보대부였다. 일제는 금융조합을 매개로 농촌지역 조선인 유력자들을 조선지배의 협력자로 포섭해 갔고, 조선인 유력자들은 금융대부를 통해 농촌사회에 대한 지배력을 유지강화할 수 있었다. 1913년 말 현재 지방금융조합은 209개(거의 1개 군에 1개씩)에 이르렀고, 조합원 수는 8만여 명에 달했다. 조합원 1인당 대출한도액은 50원이었고, 조합원대출액은 1907년 16,000여 원에서 1913년 209만원으로 대폭 늘어났다. 대출금의 80%가 경우(耕牛) 구입과 농업용 자재구입에 사용되었다.

1914년 일제는 농공은행령과 제령 제22호 지방금융조합령을 잇달아 공포하고 식민지 금융기구의 개편에 나섰다. 조선총독부는 조선농촌·농업지배의 강화를 위해 지방금융조합의 취약한 농촌금융 기능을 보강했다. 자제자금조달력을 높이기 위해 보통은행처럼 예금을 취급하기 시작했고 1계좌 당 10원의 조합원출자금제도도 도입하였다. 더욱이 일본인 농민도 조합원으로 허용하여 농촌 내 유휴자금을 광범위하게 흡수하여 다시 농촌에 대출·살포하면서 조선총독부의 농정을 현장에서 보조하였다. 조합원의 창고보관물을 담보로 창하증권(倉荷證券)을 발행했고, 농공은행의 대리업무도 하였다. 조합원의 대출한도는 50원에서 100원으로 인상되었다. 1917년에는 조합 수 207개, 조합원수 12만 명, 대출액은 376만 원에 이르렀다. 부족한 대출금은 농공은행에서 충당했지만, 농공은행의 자본력이 취약했기에 차입금은 그다지 많지 않았다. 대체로 1910년대 지방금융조합은 농촌금융기구의 본연의 임무보다는 신구 화폐교환 같은 화폐정리사업의 수행, 납세에 관한 선전 및 징세, 일본식 농사개량에 진력하는 식민 행정임무에 더 주력하였다.

1918년 조선식산은행이 농공은행을 대신하여 식민지 산업개발은행으로 새롭게 출범하자, 지방금융조합도 식산은행에 수직 계통화하면서 조직쇄신과 자본확충을 도모하였다. 동년 6월 공포된 금융조합령에 따라 공식명칭을 지방금융조합에서 금융조합으로 변경하고, 각도에는 도 금융조합연합회, 일본인 중소상공인들이 집중해있던 도시에는 도시금융조합을 신설하였다. 종래 농촌에 있던 지방금융조합은 촌락금융조합으로 변경되었다. 이제 도시든 농촌이던 구역 내 거주자면 직업에 관계없이 일본인이든 조선인이든 누구나 가입할 수 있었다. 1928년까지 설립된 조합 수는 537개소(도시금융조합 60개소), 조합원 수는 약 50만 명(도시금융조합원 2만 7천명)으로 늘어났다. 도시금융조합의 설립으로 농업에만 한정되었던 대출금의 사용용도제한도 없어졌고, 조합원에 대한 대출한도는 촌락금융조합은 400원, 도시금융조합은 500원까지 인상되었다. 도 금융조합연합회는 도내 금융조합사이의 자금과부족을 조절해가면서 도시금융조합과 촌락금융조합의 상위기관으로서 업무지휘와 감독을 수행해갔다. 도내의 각 금융조합들은 여유자금이 생기면 도 금융조합연합회에 예치하고 부족하면 도 금융조합연합회로부터 대출을 받았다. 보통은행보다 높은 예금금리 덕분에 비조합원의 돈이 몰린 도시금융조합의 예금은 도 금융조합연합회를 경유하여 촌락금융조합에 대부되었다. 예금 잔고는 1918년 200만원에서 1928년 7,130만원으로 급격하게 늘어났지만 대부액도 700만원에서 9,138만원으로 그 이상으로 증가하였다. 부족한 대출자금은 도 금융조합연합회가 일본 금융자본의 유입통로였던 식산은행으로부터 차입하여 각 금융조합에 공급했다. 1차 세계대전의 전시특수로 유동성이 넘쳐났던 일본금융시장에서 식산은행의 채권은 세제특혜 속에서 인기가 높았다. 식산은행이 각도 연합회에 공급한 자금은 1918년 60만 원에서 1930년 약 3,100만 원으로 크게 늘었는데, 이는 금융조합의 자본구성에서 40%를 넘는 높은 비중이었다. 식산은행-도 금융조합연합회-금융조합으로 이어지는 식민지 산업금융의 계통화 속에서 일본 금융자본은 조선의 도시와 농촌 구석구석에서 초과이윤을 실현할 수 있었다. 1929년 금융조합령 개정으로 종래 농사개량이나 위탁판매 같은 겸업업무가 완전히 폐지되고 금융업무만 담당하게 되었다. 1920년대 금융조합의 자본구성에서 식산은행 차입금이 거의 절반을 차지했지만 예금도 빠르게 증가했다. 금융조합은 조선총독부와 식산은행의 지원을 받으면서 일반은행의 영업기반을 위협할 정도로 높은 예금금리로 예금점유율을 확대해갔다. 예금비중은 1917년 13%에서 1930년 50%까지 늘어났다. 예금증가로 자금자립도가 높아졌고, 그만큼 식산은행으로부터의 차입금 비중이 감소해갔다.

1930년대 초반 금융조합은 농촌진흥운동의 주도적 실행기관으로 부각되었다. 금융조합은 농촌진흥운동의 핵심인 농가갱생계획의 부채정리사업과 자작농지 구입사업에 필요한 자금을 공급했으며 식산계(殖産契)를 조직하여 지도금융을 통해 조선농촌·농민을 직접 장악해갔다. 이 과정에서 조선총독부는 종래 횡적 연계를 결여한 각도 금융조합연합회체제를 중앙집권적 조직으로 개편하였다. 1933년 8월 출범한 조선금융조합연합회는 종래 13개의 도 금융조합연합회를 지부로 편입하고 그 산하에 금융조합 674개, 산업조합 54개를 거느렸다. 조선금융조합연합회는 출자자본금 15배 한도로 조선금융채권을 발행할 수 있게 되어 식산은행의 영향력에서 벗어나서 일본 금융시장에서 직접 자금을 조달할 수 있게 되었다. 1935~1942년까지 발행한 채권은 총 46,478천 원에 달했으며 대부분 대장성 예금부가 인수하였다. 증가일로에 있던 예금과 채권으로 조달된 자금은 농촌진흥운동의 농민구제금융으로 살포되었다. 1940년까지 부채정리자금 5,100만원이 48만 농가에 대부되어 고리채정리에 사용되었다. 그리고 1933~1944년까지 607,105호의 농가가 자작농지 구입자금으로 151,371,325원을 대부받아 총 198,975정보의 농지를 매입하여 평균 3.5단보의 자작 농지를 소유하게 되었다.

이러한 농가갱생자금의 살포로 금융조합의 조합원 구성에서 자소작농·소작농 계층의 비율이 높아졌고, 그만큼 경영상 위험도 증가했다. 이 문제를 해결하기 위해 1935년 식산계가 설립되었다. 영세자작농 및 자소작농을 식산계원으로 삼고 법인조직 식산계를 금융조합회원으로 가입시켰다. 이들 농민들은 식산계원으로 금융조합 사업에 편재되었다. 금융조합은 대출금의 안정적 회수를 위해 대출농가에 대해 지도금융을 실시하여 농업생산과 판매에 개입할 수 있었다. 대출금은 식산계를 통해 공동판매를 지도하고 판매대금에서 회수되었다. 1937년 총 농가호수의 5%였던 식산계원이 1942년 82%, 1943년에는 92%에 달했고, 금융조합도 1935년 전체 농가의 50%, 1943년에는 약 75%, 1945년에는 거의 100% 수준으로 조직화하였다. 이러한 금융조합-식산계-농민으로 수직계통화된 지도방식은 전시식량증산·노동력공출·강제저축에 핵심적 역할을 수행하였다.

1937년 중일전쟁이후 금융조합은 전시금융체제의 일환으로 강제저축운동을 주도하면서 전쟁비용 조달에 진력하였다. 농민들은 식량공출대금으로 대출금을 상환하고 일정금액을 금융조합에 저축해야 했다. 강제저축의 결과 자본구성에서 예금비중은 1937년 50%(1억 8,816만원)를 넘었고 1944년 95%(17억 5,187만원)로 절대적 위치를 차지했다. 강제저축을 통해 결집된 예금은 조합원대출이 아니라 전쟁자금으로 대부분 국채를 위시한 유가증권 매입에 쏟아 부었다. 유가증권의 매입비중을 보면, 1937년 5%, 1941년 15%, 1945년에는 83%를 차지하였다. 특히 1940년 이후 식산은행 채권을 집중적으로 매입하였다. 당시 식산은행은 국채인수나 군수사업체의 유가증권 매입과 자금지원에 집중하고 있었기에, 식산은행 사채를 매입하는 것은 곧 전쟁자금과 비용을 제공하는 일이었다. 1930년대까지 예금여력이 있는 계층만 금융조합의 높은 예금금리 혜택을 향수했다면, 전시하 금융조합의 저축은 오히려 낮은 금리와 강제성으로 인해 농민경제를 파탄으로 이끌었다.

해방후 자금공급원을 상실한 조선금융조합연합회는 1949년 대한금융조합연합회로 전환되어 정부대행기관으로 물자구입과 예금업무에 치중하였다. 1956년 농업은행과 농업협동중앙회의 설립으로 대한금융조합연합회가 해산되고, 1961년 농업협동조합으로 통합되었다.

[참고어] 농공은행, 농촌진흥운동, 조선식산은행

[참고문헌] 윤석범 외, 1996, 『한국근대금융사연구』, 세경사 ; 이경란, 2002, 『일제하 금융조합 연구』, 혜안 ; 정병욱, 2004, 『한국근대금융연구』, 역사비평사 ; 최재성, 2006, 『식민지 조선의 사회경제와 금융조합』, 경인문화사 ; 이동원, 1992, 「일제하 조선금융조합의 설립과 성격-1907-1918년의 지방금융조합을 중심으로」 『한국독립운동사연구』 6 〈이수일〉

금촌농장(今村農場)/금촌일차랑(今村一次郞) ⇒ 이마무라농장

금화경독기(金華耕讀記) 서유구(徐有榘, 1764~1845)가 19세기 초반 금화에 거주하면서 농사와 독서를 병행하면서 쓴 책.

1806년(순조 6) 이후 은거에 들어간 서유구는 1809년부터 1815년 사이에 거주하던 곳인 금화에서 여러 책을 저술하였다. 서유구가 살던 금화는 지금의 경기도 포천시 영중면 거사리 금화봉 주변으로 추정된다. 은거시기에 서유구는 농사짓기와 고기잡기 등을 실행하면서 『임원경제지(林園經濟志)』 등의 저술에 몰두하였는데, 이때 독서를 통해 획득한 지식, 다방면에 걸친 관심사 등을 수록한 『금화경독기』도 함께 저술했다.

『금화경독기』는 현재 일본 도쿄도립중앙도서관에 소장되어 있는데, 조창록이 발굴하여 학계에 보고하였다. 본래 8권이었던 것이 마지막 8권이 결락되어 지금 7권 7책이 남아 있다. 그동안 『임원경제지』에 인용되어 있는 구절을 통해 『금화경독기』의 성격을 『임원경제지』의 저본으로 파악하였다. 그런데 일본에 소장되어 있는 『금화경독기』의 내용을 살펴보면 『임원경제지』에 인용되어 있는 부분이 거의 보이지 않고 있다. 이러한 점에서 『금화경독기』를 서유구의 독자적인 저술로 간주할 수 있다.

『금화경독기』의 권1에서 권7까지 11항목에서 54항목으로 구성되어 모두 241개 항목에 이르고 있다. 권1은 주로 『전국책』, 『사기』 등 역사서의 오류나 의문점 등을 지적한 것이다. 그리고 권2는 서유구 집안의 가학(家學)인 역수(曆數), 성률(聲律)에 관한 것이다. 권3은 『시경』 등 경학서, 『제민요술』 등 농서, 그 이외의 여러 책에 대한 내용이다. 권4의 경우 중국 문사의 시문에 대한 논평, 상원(上元) 약반(藥飯) 등 풍속에 대한 서술이

들어 있다. 권5는 서화나 서적 등에 대한 항목으로 구성되어 있다. 권6에는 기이한 일화, 도량형, 농업제도 등에 대한 견문이 보인다. 권7의 경우 종이, 안경, 염전, 석탄, 광물 등 산업과 이용후생에 대한 내용이 들어 있다.

『임원경제지』의 본문 중에 『금화경독기』에서 인용한 것으로 되어 있는 항목이 총 642곳으로 파악된다. 그런데 현존하는 『금화경독기』와 『임원경제지』에 인용된 부분을 비교하면 『금화경독기』의 항목 전체가 아닌 몇 구절만 수록하거나, 혹은 한 항목을 여러 조목으로 분산하여 수록하기도 하였다. 그렇지만 두 책의 내용 가운데 서로 일치하지 않는 부분이 압도적으로 많다.

『금화경독기』 내용 가운데 특기할 만한 것은 수학자 김영(金泳)의 일실(逸失)된 것으로 알려진 저술 내용을 수록한 부분이다. 『금화경독기』 권2에 들어 있는 「기삼백해」, 「역상계몽」 항목이 그것인데, 각각 약 8면, 13면에 걸쳐 수록되어 있다. 서유구는 김영의 저술을 후세에 전하려는 의지를 내비치고 있다. 또 하나 주목할 부분은 광물 채굴 산업의 육성에 대하여 자세하게 서술한 부분이다. 권7에서 금의 채굴의 필요성과 금은 채굴에 따르는 폐단을 없앨 수 있는 방안 등을 세세하게 규정하고 있다. 여기에서 서유구의 이용후생을 추구하는 태도를 찾아볼 수 있다.

[참고어] 서유구, 임원경제지

[참고문헌] 이성우, 1981, 『韓國食經大典』, 향문사 ; 노기춘, 2006, 「『임원경제지』 인용문헌 분석고(1)-농학분야를 중심으로」 『한국도서관·정보학회지』 37 ; 조창록, 2010, 「풍석 서유구의 『금화경독기』」 『한국실학연구』 19, 한국실학학회 〈염정섭〉

급가매득지(給價買得地) 돈을 주고 사들인 땅이지만 역사적으로 살펴보면 조선 후기 궁장토 형성의 한 유형.

17세기 이후 궁장토는 성립기원에 따라 급가매득지, 절수사여지, 민결면세지 등으로 유형화할 수 있다. 임진·병자 양란 이후 궁방은 부족한 재원을 주로 절수사여지를 통해 마련하였다. 이 절수사여가 민전을 침탈하는 문제를 낳으면서 1695년 을해정식(乙亥定式)을 발포하여 절수를 금지하고 급가매득제를 시행하도록 하였다. 이 궁방에 돈을 지급하여 토지를 매입하는 제도이다. 그렇지만 궁방에 하사할 재정을 마련하는 일은 또 큰 어려움이 있었다. 이렇게 매입된 토지는 민간의 지주제와 유사한 방식으로 운영되었는데, 제1종 유토로 분류되었다. 일제의 토지조사사업에서 국유지로 정리되었다.

[참고어] 궁방전, 면세전, 무토면세지, 영작궁둔, 유토면세지

[참고문헌] 박준성, 1984, 「17·18세기 궁방전의 확대와 소유형태의 변화」 『한국사론』 11 ; 이영호, 2010, 「한말~일제초 근대적 토지소유권의 확정과 국유·민유의 분기 : 경기도 안산 석장둔의 사례」 『역사와 현실』 77 ; 이영호, 2011, 「근대전환기 궁장토 소유권의 향방 : 경상도 창원 용동궁전답 '영작궁둔=조200두형'의 사례」 『한국학연구』 24. 〈이영호〉

급복(給復) 조선시기 특정 대상자에게 복호(復戶)의 혜택을 주는 것.

복호란 특정 고역(苦役)의 종사자나 효자·열녀 등의 포상자에게 호역의 일종인 잡역을 면제해주던 제도로, 급복은 표면적으로는 복호의 혜택을 준다는 의미를 지닌다. 하지만 혜택의 실질은 시기마다 변화했는데, 우선 『경국대전(經國大典)』 「병전(兵典)」의 <복호>조에는 대상자와 함께 요역을 면제토록 했다. 그러나 법의 취지를 잘못 이해해 면세의 범위가 전세(田稅) 및 공부(貢賦)까지 확대되는 경우가 빈발했고, 특히 여러 궁가에서 이를 남용하는 폐단도 많았다. 이에 1629년(인조 7)에는 왕명으로 잡역 이외의 면세를 엄금하기도 했다.

한편 조선 후기 대동법 시행 하에서의 급복은 전결에 부과된 공부를 면제함으로써 그 혜택을 주었다. 이때 역민이 토지를 보유한 경우에는 해당 대동미가 면세되고 전결만 납부하면 되었다. 그러나 그렇지 못한 역민이 혜택을 받지 못하는 경우가 발생했고, 이에 1704년(숙종 30)에는 민결에서 대동미를 수세할 수 있는 민결급복(民結給復)을 허용하게 되었다. 이후 영조 대에 이르면 민결급복은 보편적인 현상이 되어, 결국 경기 제역(諸驛)의 역리졸은 1인당 1결, 삼남의 제역은 5결, 해서의 제역은 12결, 관군에게는 3결씩의 복호결이 지급되었다.

이상과 같이 조선시기의 급복은 잡역의 혜택에서 시작했으나 대동법 실시 이후 대동미의 면세까지로 확대되었다. 또한 이때 자기결복에의 급복은 면부출세의 혜택을 뜻했으며, 민결 에의 급복은 대동세에 해당하는 결세를 취식할 수 있게 한 것을 의미했다. 이같은 민결급복의 경우 해당 민전의 납세자의 입장에서는 복호결이 대동세에 상응하는 세목을 뜻하는 것이 되었다.

[참고어] 복호, 대동법

[참고문헌] 조병노, 2002, 「조선 후기 유곡역의 경제기반과 재정운영」 『사학연구』 66 〈윤석호〉

급재(給災) 재상(災傷)을 입은 전지에 대하여 전세 등을 감면 또는 면제해 주던 제도.

전근대사회의 토지는 지력(地力)과 상경여부(常耕與否)가 균일하지 않았다. 따라서 전세를 균평하게 부과하려는 노력이 여러 차원에서 이루어졌다. 무엇보다 각 토지의 생산력을 반영하여 전품(田品)을 달리 책정하고 이에 따른 세액(세율)을 결정해야 했지만, 매해의 농형을 반영하여 세를 감면해 주는 조치도 필요했다. 이처럼 재상 등으로 인해 평균생산량에 미치지 못하는 전지에 대해 그 세액을 감면하는 제도를 급재(給災) 또는 재면(災免)이라고 한다.

초기의 급재는 재상을 입은 토지에 국한해 예외적으로 시행되는 조치였다. 자료상 급재에 대한 규정이 처음 나타난 것은 『고려사』「식화지」의 '답험손실(踏驗損實)'조에 실린 성종 7년 2월의 판문이었는데, 화곡(禾穀)이 잘 여물지 못한 주현에 대해 서울과의 군의 거리에 따라 호부에 재해정도를 보고할 연한을 제정하여 준수케 하였다. 또한 「식화지」의 '재면'조에는 그 정도가 실렸는데, 성종 12년 7월 왕의 명령에 의해 재해로 수확의 4할 이상이 감소되면 조(租)를, 6할 이상이면 조와 포를, 7할 이상이면 조·포·역을 면제한다는 것이었다. 한편 문종 4년 11월에는 '답험손실'조에 답험규정이 추가되었는데, 손실이 발생할 경우 촌전(村典)이 수령에게 보고하며, 수령의 답험 후 호부와 삼사로의 보고, 안찰사 주도의 답험 등을 통해 감면을 결정한다는 것이었다. 이상을 바탕으로 볼 때, 고려의 수세는 전품에 따라 책정된 정액의 세를 가감없이 수취하는 것이 기본이었다. 따라서 급재는 재상을 입은 전지에 대해 예외적으로 시행된 조치였으며, 그 방식에 있어서도 손이 일정 비율에 도달하면 미리 규정된 세목의 전액을 면제해주는 것이었다. 또한 공전의 경우 손실의 1차적인 파악은 해당 촌전의 답험과 보고를 통해서였고, 관은 상부로의 보고와 재차 답험을 통해 재면여부를 결정하였다.

이처럼 재상을 입은 토지에 대해 예외적으로 시행되던 고려의 급재는 과전법 시행과 더불어 크게 변화되었다. 특히 매 필지의 생산량을 일일이 파악해서 감세의 여부과 그 정도를 결정했던 답험손실(踏驗損實)이 시행되면서, 급재는 따로 시행할 필요가 없이 그 과정에 내재되었다. 또한 손실의 방법에 있어서도 기본적으로는 평균생산량을 10등분하여 감액분만큼 세액을 감면해주는 '수손급손(隨損給損)'을 시행했고, 필지마다의 작황은 매년 답험을 통해 파악되었다. 이로써 급재는 필지마다의 생산량을 가늠해서 세액을 정하는 답험손실법을 통해 함께 이루어질 수 있었다.

하지만 여말선초 답험손실에 의한 급재는 농민의 부담을 가중시켰다. 무엇보다 관내의 모든 농지를 수령이 1차 답험하게 했지만 이는 사실상 불가능했다. 대부분은 토착향리에 의해 답험이 실시되어, 그 과정에서 여러 가지 농간과 협잡이 자행되었던 것이다. 답험 과정에서의 폐단은 전주답험이 실시되는 사전[과전]의 경우 더욱 심하게 나타났다. 답험에 나선 대부분의 전주들은 손실을 거의 인정하려 하지 않았으며, 추수가 끝난 뒤에 답험함으로써 손실이 발생하지 않았을 때 징수하는 조액인 실수(實數)대로 징수하기도 하였다. 이를 시정하기 위해 한때 사전에서도 관답험(官踏驗)이 실시되었으나, 관원의 응대나 답험결과에 대한 불만 등의 부작용으로 관답험 역시 치폐를 거듭했다.

이처럼 개별필지의 답험을 통해 풍흉의 파악과 급재를 함께 시행했던 답험손실법은 세종 26년에 시행된 공법(貢法)을 통해 폐지되었다. 공법에서는 연분과 급재를 별도로 파악했는데, 우선 풍흉에 대해서는 연분9등의 등급에 따라 2두씩의 전세를 감면했다. 무엇보다 연등이 면단위로 부여됨으로써 답험손실법에서의 폐단이었던 매필지 답험이 혁파되었다.

한편 개별필지에 대한 재상의 조사와 급재는 별도로 시행되었다. 이는 연분의 책정단위가 면이었던 한계로 인해, 개별필지의 재상은 따로 파악하려 했던 것이다. 『경국대전(經國大典)』「호전(戶典)」의 '수세(收稅)'조에 따르면, 전재상전(全災傷田)과 전진전(全陳田)은 면세하고, 반이 넘게 재상을 입은 전지는 재상의 정도에 따라 60~90%까지 세를 감면하는 비율급재방식이었다.

그러나 현실에서는 공법의 규정이 지켜지지 않았다. 우선 양전이 20년마다 시행되지 못해 연분의 구분이 무의미해졌고, 이에 인조 12년의 영정법을 통해 일률적으로 1결당 4두 내지 6두로 전세가 고정되었다. 이로 인해 급재의 방식에도 변화가 나타났는데, 연분사목(年分事目) 하에 반포되는 재명(災名)에 따라 급재하는 방식이 시행된 것이다. 또한 지방에서 연분사목을 근거로 파악한 재실(災實)·진기(陳起)를 심사하기 위해 중앙에서 경차관[도사]이 파견되었으며, 한전에서는 급재를 인정하지 않게 되었다.

이상의 특징 하에서 당시 시행되던 급재과정을 정리해보면, 우선 매년 호조에서는 당해의 풍흉을 참작하여 연분사목을 작성해 각도에 내려 보낸다. 이에 수령은 관내 경지의 재실과 진기를 조사해 감사에게 보고하고, 이를 감사가 다시 조사해 중앙에 보고하면 중앙에서는 경차관을 파견해 심사하였다. 그리고 끝으로 각 도에서 올라온 연분문서를 받아 중앙에서 급재 결수를 정해 지방에 내려주었다. 요컨대 매년 가을 경차관의 답험을 통해 세의 부과 대상 및 감면 대상을 파악한 뒤, 호조에서 인정해 주는 급재결수(給災結數)를 제외한 나머지 실결에 대해서만 일정한 세액을 징수한 것이다.

이상의 경차관답험제는 연분사목의 재명에 따른 급재와 철저한 답험의 준수를 전제로 실현될 수 있는 제도였다. 그러나 재명에 의한 급재로는 재상의 다양한 형태를 수렴할 수 없었고, 추수 후에 파견되는 경차관에게 철저한 복심을 기대하기란 어려웠다. 따라서 중앙에서 정한 혹은 비년을 기준으로 실결과 재결을 결정해 반포하는 이른바 비총제가 숙종 연간부터 실시되기 시작했다.

비총제 하에서는 경차관 파견이 실질적으로 정지된 대신, 매년 호조에서 그 해의 풍흉을 참고하여 기준년과 비교해 급재결과 실결의 총수를 정했다. 그리고 이를 바탕으로 연분사목을 만들어 왕의 윤허를 받은 후, 곧 각 도에 사목을 반포해서 재결을 나누게 했다. 이때 연분사목으로 정해준 급재를 사목재(事目災)라고 하는데, 만약 사목재가 부족할 경우에는 감사가 사유를 갖추어 재결을 더 지급해줄 것을 요청하면 호조에서 급재결수를 더 내려주기도 했는데, 이것을 장청재(狀請災)라고 한다. 연분사목이 내려오면 수령은 관내의 경지를 답험해 재실(災實)을 감사에게 보고했다. 그리고 감사는 이를 다시 조사해 각 읍별로 초실(稍實)·지차(之次)·우심(尤甚) 등으로 재실의 등급을 정하고, 급재결수를 분정한 뒤 연분성책(年分成冊)을 마감해 호조에 보고했다. 이리하여 원장부전답(元帳簿田畓) 가운데 여러 가지 면세결(免稅結)·진잡탈(陳雜頉)과 그 해의 재결을 빼고 난 나머지 실결(實結)만이 등급에 따라 세를 부담하였다. 각 읍은 도에서 받은 급재결수를 토대로 다시 각 면리(面里)에 재결수와 실결수를 정해주었다. 이 과정에서 호조에서 정해준 급재결수와 실결수의 비율, 각 읍·면·이의 분등(分等)과 결총(結總) 등이 기준이 되었다. 그런데 서북 양도는 관례적으로 원세(元稅)내에서 1/3을 감해주므로 사목으로 급재하지 않고, 다만 실결로써 기준년과 비교해 비총하였다.

이러한 급재방식은 1760년(영조 36)에 법제적으로 추인되어 『만기요람(萬機要覽)』·『대전통편(大典通編)』 등에 규정되었다. 이후 1894년 갑오개혁 때까지 실시되었는데, 운영 과정에서 많은 문제점도 드러내고 있었다. 사목재결수가 실제 급재대상 결수에 훨씬 못 미치는 수준이었던 까닭에, 향촌 사회에서의 급재는 형식적으로 이루어질 수밖에 없었던 것이다. 따라서 백징(白徵)·인징(隣徵)·족징(族徵) 등의 폐단은 구조화되었으며, 각종 부세가 소민(小民)·빈농(貧農)에게 전가되는 결과를 초래하였다. 이러한 연분 방식은 전결세 징수의 기초 작업의 하나인 급재운영을 군현 또는 향촌의 말단 행정조직, 즉 면·이·동에 위임하면서 결총제(結總制)에 의해 운영했던 이른바 공동납적인 징세 방식이었다.

[참고어] 총액제, 답험손실법, 전세

[참고문헌] 李景植, 1986, 『朝鮮前記 土地制度硏究-土地分給制와 農民支配』, 일조각 ; 김용섭, 2000, 『한국중세농업사연구』, 지식산업사 ; 최윤오, 1999, 「世宗朝 貢法의 原理와 그 性格」『韓國史硏究』 106 ; 강제훈, 2002, 『朝鮮初期 田稅制度 硏究-踏驗法에서 貢法 稅制로의 전환』, 고려대학교 민족문화연구원 ; 이철성, 2003, 『17·18세기 전정 운영론과 전세제도 연구』, 선인 〈윤석호〉

급전도감(給田都監) 고려시기 전시과(田柴科) 제도 하에서 토지분급을 담당한 관청.

『고려사』「백관지」에 따르면 문종 대 설치 기록이 나타나지만, 국초부터 토지분급이 이루어진 것을 감안한다면 설치시기는 보다 소급될 수 있다. '도감(都監)'이라는 명칭에서 알 수 있듯이, 상설관청이 아닌 특설관청으로 업무가 있는 경우에만 설치되었다가 과업이 끝나면 폐지되는 것이 원칙이었다. 정확히 언제 치폐(置廢)되었는지 그 내력을 알 수는 없지만, 1257년(고종 44) 설치되었다는 기사와 1259년(원종 원년) 급전도감이 이전에 분급한 녹과전의 재분급을 수청(奏請)한 사실, 그리고 1308년(충렬왕 34) 급전도감 및 5부(部)를 개성부에 합하였다는 사실을 통해 대략을 추측할 수 있다.

특히 급전도감의 임명과 관련한 실례는 무신정권기 최자(崔滋)가 급전도감녹사(給田都監錄事)에 임명된 기사가 유일한데, 이러한 사례에서 알 수 있듯이 급전도감은 주로 강화천도 후 녹과전제의 시행과 긴밀히 연관되어 운영된 것으로 보인다. 즉 천도 후 양반관료의 과전수득과 녹봉지급이 어려워지면서, 조정에서는 녹과전제를 시행하여 녹봉 대신 토지를 분급하고자 하였다. 이 과정에서 '분전대록(分田代祿)'을 담당하는 기구로 급전도감을 설치하였던 것이다. 하지만 권문세가의 반대로 그 기능을 제대로 발휘하지 못했고, 환도 이후 녹과전의 지급범위가 경기 8현으로 축소되자 급전사도 1308년(충렬왕 34) 개성부에 병합되었다.

이후 급전도감은 1388년(창왕 즉위) 복구되었고, 고려 말 과전법 제정과 관련하여 일정 역할을 수행했다. 그러나 1392년 관제개혁 때 호조로 통합되면서 폐지되었다.

[참고어] 절급도감

[참고문헌] 『고려사』; 박용운, 2009, 『『고려사』백관지 역주』, 신서원; 이경식, 2011, 『한국 중세 토지제도사』, 서울대학교출판문화원 〈이현경〉

급전사(給田司) 조선 전기 토지에 관한 사무를 관장하기 위해 설치된 호조 소속의 관서.

1405년(태종 5)에 규정한 6조직분표(六曹職分表)에 따르면, 판적사(版籍司)·회계사(會計司) 등과 함께 호조에 부속된 3사의 하나였다. 업무는 고려시기 급전도감과 유사하다고 볼 수 있는데, 과전(科田)·직전(職田)·구분전(口分田)·원택(園宅)·늠전(廩田)·둔전(屯田) 등을 관장했다. 1466년(세조 12)에 시행된 직전법으로 인해 분급수조지인 사전의 규모가 줄어들었고, 이로 인해 급전사가 관할하는 토지의 규모 또한 줄어 관부의 규모도 정랑 1인, 좌랑 1인으로 축소되었다. 이후 『경국대전』 단계에 이르러서는 신설된 경비사(經費司)가 그 일을 대신하였다.

[참고문헌] 『경국대전(經國大典)』

급주전(急走田) 조선 시대 각 역(驛)에 소속되어 긴급한 전령이나 전신을 전달하던 급주노(急走奴)에게 지급된 토지.

입역(入役)의 대가로 지급된 유역인전(有役人田)의 하나였다. 1426년(세종 6)에 경기우도와 강원도의 역에 대해 의논하면서 "전운하고 급주하는 노자는 3정을 1호를 삼고, 한전 및 토지를 많이 점령한 자의 진황전으로 매 1호당 50부씩 준다(轉運急走奴子, 以三丁爲一戶, 將閑田及多占田地人陳荒之田, 每一戶各給五十卜[『세종실록』 권23, 6년 3월 25일])"라고 하였다. 1427년에 경기도와 충청도의 역의 이해관계를 의논할 때에는 급주노비 1호에 1결(結)을 주었으나 부족하다고 하였다[『세종실록』 권27, 7년 2월 25일]. 이후 『경국대전』에서는 50부씩 지급하되, 다만 중요한 역에 대해서는 50부를 추가로 지급하도록[「호전(戶典)」 제전(諸田)] 규정되었다.

급주전은 해당 토지의 세를 급주노가 거둬들여 사용하던 각자수세(各自收稅)의 토지로, 그 소유자는 별도로 존재하는 민전(民田)이었다. 그러나 대한제국기 국유지 조사과정에서 급주전 및 공수위전(公須位田), 장전(長田), 부장전(副長田) 등의 무토(無土)인 역토를 국유지로 파악해 분쟁이 일어나기도 했다.

[참고어] 늠전, 역전, 무세지, 각자수세

[참고문헌] 愼鏞廈, 1982, 『「朝鮮 土地調査事業」 硏究』, 지식산업사; 박진태, 2010, 「갑오개혁기 국유지조사의 성격」 『대한제국의 토지제도와 근대』, 혜안 〈김미성〉

기간조(期間租) 지주가 소작인에게 미납소작료에 대한 손해배상을 이유로 소작료에 더해 징수하는 소작관행으로 전라북도에서 부르던 명칭.

기간조는 지주가 소작인이 미납한 소작료에 대해 손해배상을 청구하여 징수한 배상액을 가리킨다. 지주는 소작인이 흉작이나 생계유지 등을 이유로 소작료를 체납하는 경우, 소작이나 소작료 납부에 태만하여 지주가 손실을 입은 경우 소작인에게 손해배상을 청구하였다.

체납시 1~2년 내에 소작지를 회수하는 것이 일반적이지만 3~10년간 소작료를 인상하며 독촉만 하는 경우도 있다. 소작계약을 체결할 때 앞으로 발생될 미납소작료에 대한 손해배상액을 설정하는 경우는 드물고, 대부분 소작계약이 체결되어 있는 기간에 배상액을 징수하였다. 손해배상액과 징수율은 지주와 지역에 따라 각각 다르다. 충청도·전라도·평안도 등지에서는 미납 소작료의 1~2할을 징수하는 경우가 많고, 그 밖의 지역에서는 3~10할의 높은 징수율을 보이는 경우도 존재하였다. 전라북도에서는 미납 소작료액의 1푼(分)에 해당하는 이자를 체납일수에 곱해서 징수하기도 했다. 또 소작료 벼 1석당 체납일로부터 10일마다 2승씩 소작료에 가산하여 징수하거나 5일마다 1석당 2승 5홉씩 징수하는 경우도 존재하였다.

기간조의 발생 시기는 알 수 없으며, 전국 각지에 드물게 존재하였다. 기간조와 유사한 사례로는 소작료를 체납하는 경우에 소작인에게 소작료를 증징하는 벌금벼(罰金籾)가 있다.

[참고어] 소작제도관행조사, 조선의 소작관행

[참고문헌] 조선총독부, 1932, 『朝鮮ノ小作慣行(上)·(下)』

〈고나은〉

기경전(起耕田) 경작하고 있는 토지.

경간전(耕墾田)·간전(墾田)·소경전(所耕田)이라고도 한다. 현재 경작하고 있어 소출이 있는 땅이므로 황무지가 된 진전(陳田)과 대조되는 개념이다. 또한 새로 개간하여 경작하고 있으나 아직 양안(量案)에 올리지 않은 가경전(加耕田)과도 구분되는 개념이다. 기경전은 세금을 징수하고, 진전은 세금을 징수하지 않는 것이 원칙이었다. 따라서 양전(量田)과 양안 작성의 주된 목적은 현재 경작중인 기경전과 경작하지 않는 진전을 구분하여 파악하고, 기경전에 대한 조세 부과를 확정하는 데에 있었다고 할 수 있다. 한편 기경전은 연작 여부에 따라 해마다 경작하는 정전(正田)과, 경작하기도 하고 묵히기도 하던 속전(續田)으로 구별되었다. 『경국대전(經國大典)』에서 속전은 수기수세(隨起收稅) 즉 기경하는 대로 수세한다고 하여, 기경전이 된다는 것이 곧 수세의 대상이 됨을 보여주고 있다.

[참고어] 진전, 가경전, 정전, 속전

[참고문헌] 『경국대전』; 李景植, 2011, 『韓國 中世 土地制度史-高麗』, 서울대학교출판문화원 〈김미성〉

기곡제의(祈穀祭儀) 전근대 시대 신년을 맞이해 계절에 따른 기후의 순조로움을 바라고 풍년을 기원하기 위해 국가가 관할하는 길례 제사 체계인 사전(祀典)의 공간에서 일정한 의식 절차 등을 갖춰 신에게 올리는 의식.

전근대 사회의 기간산업은 농업이었다. 농사의 풍흉에 따라 농민 삶의 질과 국가재정이 좌우되면서 사회 안정과도 연결되었다. 이에 따라 나라의 근본이 백성이고, 백성의 근본은 식(食)이며, '식'의 근본은 농상(農桑)이라는 중농(重農)의 이해가 나타났다. 중농을 실현하기 위해 다양한 권농정책(勸農政策)을 펼치고, 더불어 진휼제도(賑恤制度), 조세 수취 및 토지제도 등을 정비하여 농민의 생산 구조를 안정시키려 했다.

이외에 천명(天命)을 받은 왕조라는 인식에서 하늘과 조상, 여러 신 등에 대해 별도 공간과 시설을 만들고 의례 절차를 구상하여 풍년을 비는 제사 등을 행하였다. 그것이 기곡제의였다. 국왕을 비롯한 지배층, 백성들은 한 해 농사에 대해 제사의 형식을 빌려 다양한 형태로 풍년을 기원하였다. 한편으로는 가뭄과 태풍, 홍수, 우박, 때에 맞지 않는 서리와 날씨, 충해 등이 일어나지 않도록 하며 시후(時候)가 순조롭기를 빌었다. 최종적으로 곡식이 잘 익어 풍년이 되기를 바랐다. 나아가 추수에 따른 감사제적 성격을 갖는 제의로 이어지기도 했다.

이 같은 기곡제의는 사전체계(祀典體系)가 갖춰지면서 실현되었다. 다만 시대별로 내용과 특징이 조금씩 달랐다. 우선 농경의 시작과 함께 실현되었다. 청동기 시대의 경우 농경문청동기를 통해 알 수 있듯이 농경제의 형태로 전개되었다. 한편 『삼국지』 「위서」 동이전 한조에서는 농경의 풍속을 전하고 있는데, "해마다 5월이면 씨뿌리기를 마치고 귀신에게 제사를 지낸다. 떼를 지어 모여서 노래와 춤을 즐기며 술 마시고 노는데 밤낮을 가리지 않는다. 그들의 춤은 수십명이 모두 일어나서 뒤를 따라가며 땅을 밟고 구부렸다 치켜들었다 하면서 손과 발로 서로 장단을 맞추는데, 그 가락과 율동은 탁무(鐸舞)와 흡사하다. 10월에 농사일을 마치고 나서도 이렇게 한다.(常以五月下種訖, 祭鬼神, 羣聚歌舞, 飮酒晝夜無休. 其舞, 數十人俱起相隨, 踏地低昂, 手足相應, 節奏有似鐸舞. 十月農功畢, 亦復如之.[『삼국지』 권30, 위서30 동이전30 한])"의 내용이 보인다. 이는 마한에서 5월에는 파종제를, 10월에는 수확제를 행하였음을 전한다. 비록 파종 및 수확제의 성격을 띠었지만 귀신에 대한 제사, 각종 춤 등을 절차에 맞춰 행했던 것 등이 확인된다.

삼국시기의 사전(祀典)을 알려주는 것이 『삼국사기』 「제사지」이다. 고구려의 경우 10월 하늘에 제사지내는 동맹(東盟)을 비롯하여 영성(靈星)·해[日]·기자(箕子)·가한(可汗), 그리고 신수(神隧) 및 사직(社稷) 등의 사전이 갖춰져 있었다. 음력 3월 3일에는 낙랑 언덕에 모여 돼지와 사슴을 사냥하여 하늘과 산천에 제사했다. 또 주몽과 유화부인을 제사하는 신묘(神廟)가 설치되었는데, 기곡과 함께 국가 안정을 빌었을 것이다.

백제에서는 2년(온조왕 20) 2월 천지에 제사하는 단을 마련하고 매년 정월과 10월에 제를 올렸다. 『책부원귀(冊府元龜)』에 의하면 사계절의 중간달인 사중지월(四仲之月)에 하늘과 오제의 신에 제사했다. 즉, 2·5·8·11월에 올렸다. 천지에 대한 국가제사라는 점을 보면 기곡과 수확의 성격이 있었던 것이다.

신라에는 선농(先農)·중농(仲農)·후농제(後農祭)에 대한 설명이 나온다. 선농은 입춘 후 해일(亥日)에 명활성(明活城) 남쪽 웅살곡(熊殺谷)에서 행하고 있었다. 중농제는 입하(立夏) 후 해일에 신성북문(新城北門)에서, 후농제는 입추(立秋) 후 해일에 산원(蒜園)에서 올렸다. 그런데 1414년(태종 14) 예조에서 중농과 후농이 옛 예전(禮典)에 없는 것이므로 혁파하여 사전을 바르게 해야 한다고 주장했던 것에서 신라 이래 고려시기까지 유지되었음을 알 수 있다. 하지만 조선 건국과 함께 중농과 후농은 폐지되었다. 이와 함께 기곡제의의 성격을 갖는 것으로는 입춘 후 축일(丑日)에 견수곡문(犬首谷門)에서 풍백(風伯)에게 하는 것, 입하 후 신일(申日)에 탁저(卓渚)에서 우사(雨師)에게, 입추 후 진일(辰日)에 본피유촌(本彼遊村)에서 영성(靈星)에 대한 것 등이 있다.

다만 삼국시기 사전의 의식 절차에 대한 내용이 전하지 않아서 기곡제의를 이해하는 데 어려움을 주고 있다.

한편 고려에서도 통치 질서와 지배 체계가 안정되자 국가적 사전체계의 정비를 추진하였다. 신라와 차별되는 체계를 구축하되 사전이 천신(天神)·지지(地祇)·인귀(人鬼)를 대상으로 왕실과 국가의 안위를 비는 길례(吉禮)의 차원에서 정비되었다. 나아가 그 위상에 따라 대사(大祀)·중사(中祀)·소사(小祀)로 구분하였다.

길례의 사전체계가 지닌 목표의 하나는 기곡이었다. 그것은 983년(성종 2) 정월에 처음으로 행해진 제사에서 나타났다. 성종 때 원구(圓丘)에서 풍년을 기원하는 원구의(圓丘儀)를 처음으로 행하였고, 여기에 태조의 신위도 갖췄다. 이는 하늘과 태조에게 풍년을 빈다는 상징적 의미를 갖는 것이었다. 또한 같은 달에 친히 적전(籍田)을 갈고 신농(神農)과 후직(后稷)에 대해 기곡(祈穀)의 제의를 행했다.

기곡제의의 내용을 갖는 사전에는 환구·사직·선농자전·선잠·풍사·우사·뇌신·영성 등이 있다. 제의의 대상이 되는 주신과 배신은 천도(天道)와 시후(時候), 음양(陰陽) 등의 조절과 관련이 있었다. 그렇기 때문에 여러 성격을 띠었는데, 가장 주된 것은 역시 풍년을 기원하는 제사적 측면이다. 다음으로 일상의 흐름을 벗어나는 재이(災異)를 사라지게 하거나 물리치기를 비는 기양(祈禳)의 면도 있었다. 그 중 주된 것은 가뭄을 해소하는 기우제였다.

먼저 대사 중에서 기곡제의와 관련된 것으로 원구와 방택, 사직 등이 주목된다. 먼저 원구의 경우, 중기의 대표적 문장가인 이규보(李奎報)가 원구제에서 기곡하는 축문을 지었는데, "하늘의 일은 소리가 없어도 만물이 힘입어 자라나는데, 나라를 다스리는 근본은 식(食)에 있습니다. 바야흐로 상춘(上春)이 되매 풍년이 되기를 기도하니 상제가 내리는 바가 아니면 이 백성들이 어찌 힘입을 수 있겠습니까?(上天之載無聲, 物資以遂, 有國之本在食, 人恃而生, 方届上春, 用祈嘉穀, 非帝之賜, 斯民何資. [『동국이상국집』 전집 권40, 釋道疏祭祝 上辛祈穀圓丘祭祝 上帝祝])"라고 하였다. 또 원구제 때 배위된 태조 신위에 대한 기곡 축문에서 "생각건대 거룩하신 열조께서 일찍 터전을 잡으신 공이 막대하여 능히 저 천제에 짝하였으니 예 또한 고훈(古訓)에 해당합니다. 왕림하여 흠향하시고 풍년의 상서로움을 도와주소서.(思皇烈祖, 功莫大於肇基, 克配彼天, 禮亦宜於古訓, 宜臨侑坐, 助介年祥. [『동국이상국집』 전집 권40, 釋道疏祭祝 配帝祝])"라고 하여 풍년을 하늘과 태조에게 기구했던 것을 알 수 있다. 『고려사』「예지」 길례에서 원구 제사는 매년 음력 정월 상신일(上辛日 : 간지에 새해 처음으로 맞는 辛日)을 상일(常日)로 정했다.

방택의 경우, 1031년(현종 22) 정월 방택에 친제(親祭)하였다는 기록이 처음으로 나온다. 중기 인물인 김부일(金富佾)이 송으로부터 예기(禮器)·제복(祭服) 등을 받은 뒤에 이에 대한 사례를 표하는 글에서 "그것으로 원구에 제사하면 천신이 모두 강림하고, 그것으로 방택에 제사하면 지신(地神)이 나타나 때 맞춰 비가 오고 때 맞춰 볕이 나서 해마다 풍년이 들고 경운(慶雲)이 일어나며, 감로(甘露)가 내리고 지초(芝草)가 빼어나며, 예천(醴泉)이 솟아나는 등 모든 복의 상징과 태평의 상서가 모두 이르오니, 이 어찌 밝은 징험이 아니겠나이까?(以之祀圓丘則天眞降臨, 以之祭方澤則地祗出見, 于時雨暘時若, 年穀屢豐, 慶雲起而甘露零, 芝草秀而醴泉湧, 諸福之物, 大平之符, 莫不畢臻, 豈非明應.[『동문선』 권34, 표전 謝賜禮器祭服薦享曲譜禮器款識等表])"라고 했다. 또 1127년(인종 5) 3월 인종은 서경(西京)에서 유신(維新)의 조서를 내리면서 방택에서 토지의 신에게 제사지내고, 사교(四郊)에서 기운을 맞아들이고자 했다. 이를 보면 방택도 기곡제의의 측면을 지녔음을 알 수 있다. 『예기(禮記)』「예기(禮器)」편에서 원구는 동지에, 방택은 하지에 행하는 것으로 되었으나, 고려의 경우 상일(常日)에 대한 언급이 없다. 다만 사료 상에서는 정월과 2월, 3월, 10월에 행하였다.

사직은 991년(성종 10) 윤2월에 비로소 세워졌다. 토지의 신과 곡식의 신에 대해 봄에는 기곡을 행하고 가을에는 수확에 대한 보답의 제사를 올리는 춘기추보(春祈秋報)의 단이었다. 이규보가 제술한 후토제축(后土祭祝)과 후직축(后稷祝)을 보면 춘기추보의 성격이 나타나 있다. 후토제축에서는 "토덕을 맡아 만세에 이익을 베푸신 지라 가을을 맞이해 순일한 정성의 제사를 받드오니 황료를 미미하게 하여 큰 풍년이 들기를 바랍니다.(作土德之官, 利施萬世, 候金行之, 令祭致一純, 潢潦雖微, 京坻是望.[『동국이상국집』 전집 권40, 석도소제축 秋例社稷祭祝]"라 하였다. 대직축(大稷祝)에서는 "식은 팔정의 먼저이니 그 무엇으로 대신하랴? 신은 오곡의 장이니 지극합니다. 바라옵건대 서직의 향내를 흠향하사 창상의 쌓임을 이룩하게 하소서.(食八政之先, 孰尸焉者, 神五穀之長, 其至矣乎. 冀歆黍稷之馨. 俾遂倉廂之積.[『동국이상국집』 전집 권40, 석도소제축 秋例社稷祭祝])"라고 했다. 제사는 중춘 및 중추의 상무(上戊), 12월 납제(臘祭)에 행하였다.

중사와 소사에 해당하는 사전으로 선농·중농·후농 및 적전(籍田)과 선잠(先蠶), 풍사(風師)·우사(雨師)·뇌신(雷神)·영성(靈星) 등도 기곡제의에 해당하였다. 먼저 선농·중농·후농은 신라의 것을 계승한 것으로 입춘·입하·입추 후 해일에 각기 행하여 풍년을 기원하였다. 선농의 경우 신농(神農)과 후직(后稷)에 대한 기곡과 함께 국왕의 친경적전(親耕籍田) 및 섭사(攝事)로 행했다. 선잠은 양잠과 관련된 것으로 선잠서릉씨(先蠶舒陵氏)에 제사를 올려 풍년을 기원하였다. 주로 담당 관사에서 국왕을 대신하여 행했다. 풍사는 입춘 후 축일(丑日)에, 우사 및 뇌신은 입하 후 신일(申日), 영성은 입추 후 진일(辰日)에 각기 행하며 풍년을 빌었다. 대표적으로 영성제축(零星祭祝)을 보면 "바야흐로 아름다운 곡식이 성숙할 때라 약소하나마 제수를 베풀어 기도하오니 바라건대 이 정성을 흠향하고 풍년을 내려주소서.(食爲民命, 權係天田, 方嘉穀之向成, 陳信籩而瀝懇, 庶歆誠享, 終賜年登.[『동국이상국집』 전집 권40, 석도소제축 零星祭祝])"라고 했다.

고려시기의 기곡제의는 사전체계의 정비와 보조를 같이하면서 국가적 제사로 자리 잡았다. 이는 천명을 대신하는 군주가 순천(順天)을 통해 시후조절자로서의 기능을 확인하고 중농이념(重農理念)의 실현을 위한 농경제의로서의 성격을 띠었다. 기곡이 동시에 기양(祈禳)을 위한 제의로서의 성격을 갖게 되었던 것은 기곡의 대상 신이 호국안민적 성격을 띠고 있다고 이해했기 때문이다.

조선시기는 고려의 것을 계승하면서도 사대관계를 고려하여 그 위상에 맞춰 정비했다. 대표적인 변화가 원구단 혁파와 중농·후농의 철폐였다. 먼저 원구단의 경우 1394년(태조 3) 8월에 삼국시기 이래로 원구에서 하늘에 제사를 올리고 기곡(祈穀)과 기우(祈雨)를 행한 지 이미 오래되어 경솔하게 폐할 수 없다 하여 명칭만 원단(圓壇)으로 고쳤다. 1405년(태종 5) 7월 한양 신도읍지에 원구를 새로 축조했다. 그러나 참례(僭禮)라 하여 고려 때와 같은 원단제는 혁파되었다. 『세종실록』 오례의에 원단이 포함되지 않았던 이유이기도 했다. 그러나 원단 자체는 그대로 유지되었고, 기우를 위한 제사는 올렸다.

한편 1457년(세조 3) 정월 보름에 세조가 친히 원구단에 올라 호천상제위(昊天上帝位)·황지기위(皇地祇位) 및 태조위(太祖位) 등에 대해 기곡을 위한 제사를 올림으로써 제도가 다시 회복되었다. 하지만 이후의 왕대에 원구제 관련 기록이 보이지 않으며, 『국조오례의』에도 원구제는 포함되지 않았다. 그렇지만 원단은 유지되어 기우제 등의 주요 제사처로서 기능하였다. 그런데 1895년(고종 32) 윤5월 고종의 명에 따라 다시 세워졌다. 원구단 제사는 대사(大祀)로 동지 및 정월 상신일에 기곡대제(祈穀大祭)로 시행되었다.

그리고 1414년(태종 14) 4월 태종은 고전(古典)에 선농제는 있지만 중농과 후농의 제사는 없었다며 이를 혁파하였다. 성종 6년 정월에는 선농제와 함께 친히 적전(籍田)을 가는 행사를 진행하였는데, 이러한 사실에 대해 성균생원 조한주(趙漢柱)는 "엎드려 주상 전하(主上殿下)께서 비로소 은례(殷禮)라 일컬으시며, 친히 선농제(先農祭)를 지내시고 몸소 자전을 가시는 것을 보았습니다. 신 등은 그윽이 생각하건대, 자전의 의의는 큽니다. 수고로운 제사를 근심하고 풍년을 비는 것은 어려움을 백성에게 보이고 자성(粢盛)을 종묘에 받드는 까닭입니다. 이러므로 기곡(祈穀)의 제도는 『예경(禮經)』에 나타나 있고, 궁경(躬耕)하는 글은 한사(漢史)에 기재되어 있으니, 진실로 백왕(百王)의 좋은 법입니다.(伏覩主上殿下, 肇稱殷禮, 親祀先農, 躬耕籍田. 臣等竊惟, 籍田之義大矣哉. 所以恤毖祀祈豐年, 示艱難於百姓, 奉粢盛於宗廟也. 是以祈穀之制, 著於禮經, 躬耕之文, 載在漢史, 誠百王之令典也.[『성종실록』 권51, 6년 정월 25일 을해])"라 하여 그 의미를 서술하였다.

기곡제의는 그동안 농경의례 및 제의에 대한 관심, 국가적 사전체계의 정비 과정 속에서 길례가 지닌 제사의 성격을 조명하면서 연구되기 시작했다. 본격적으로 장서각(藏書閣)에 소장된 조선 후기 사직서의궤와 등록을 분석하면서 언급되었다.

고려시기의 경우에는 사전체계의 정비과정과 길례 제사의 설행 과정을 기곡제의에 초점을 맞춘 연구가 나옴으로써 진전된 바 있다. 하지만 아직까지 농경의례 속에서 기곡제의의 구체적 내용을 집중적으로 검토하지 못하고 있다. 앞으로 국가적 차원의 중농이념과 권농, 사전체계의 정비, 실제 길례의 설행과 축문, 왕실의 위상 등에 대한 종합적 분석 위에서 확대될 필요가 있다.

[참고어] 농경의례, 선농제

[참고문헌] 金海榮, 2003,『朝鮮初期 祭祀典禮 研究』, 集文堂 ; 李範稷, 1984,「高麗時期의 五禮 ; 朝鮮初期 五禮 成立背景」『歷史教育』 35, 역사교육연구회 ; 李範稷, 1991,『韓國中世禮思想研究』, 一潮閣 ; 이욱, 2000,「朝鮮後期 祈穀祭 設行의 의미-藏書閣 소장 社稷署 儀軌와 謄錄을 중심으로-」『藏書閣』 4, 한국정신문화연구원 ; 전덕재, 2006,「신라 초기 농경의례와 공납의 수취」『한국고대사회경제사』, 태학사 ; 한정수, 2004,「高麗時代 祈穀儀禮의 도입과 운영」『韓國思想과 文化』 26, 韓國思想文化學會 ; 한정수, 2007,『한국중세 유교정치사상과 농업』, 혜안 ; 한형주 외, 2009,『조선의 국가 제사』, 한국학중앙연구원 〈한정수〉

기로소둔(耆老所屯) 기로소의 경비를 충당하기 위해 설치·운영한 토지.

기로소는 조선시기 연로한 고위 문신들의 친목 및 예우를 위해 설치한 관서였다. 태조가 60세가 되던 1394년(태조 3)에 기영회에 들어가면서 60세 이상이 된 임금의 진영(眞影)을 봉안하고 입소된 임금들의 어첩(御帖)을 봉안한 곳이 되었고, 국초부터 정2품 이상 문관으로서 70세 이상 된 자의 이름을 어필로 기록하고 전토와 노비 등을 하사하였다.

기로소둔은 기로소 소속의 공전 또는 진황지로서 두 가지 종류가 있었는데, 국왕으로부터 사여된 사패와 기로소의 신청에 따라 지급된 절수가 있었다. 기로소에서는 도장이라는 직원을 두고 토지의 관리와 추수의 사무를 관장시켰고, 토지 수익의 일부로 도장의 급료도 충당하였다. 이들 토지 외에 어전, 염분 등에 관한 수세권을 하사하는 경우도 있었다.『기사경회력(耆社慶會曆)』의「우양이전(優養彝典)」에 토지의 사여와 절수에 관한 역대의 사적이 실려 있다. 또한『만기요람(萬機要覽)』에 따르면 전라도·충청도·강원도 일대에 총 1561결 75부의 면세지가 분포하고 있었다.[「재용편 2」 수세]

1894년 기로소가 폐지되자 소속 둔전은 탁지부 소관이 되었고, 1899년(광무 3) 내장원으로 이속되었다. 1902년에 다시 기로소가 설치됨에 따라 환부되기도 했으나, 1909년 기로소가 폐지되면서 궁내부 소관이 되었다. 1894~1902년 동안 환부하지 않거나 구래의 내장원 소관을 잘못하여 기로소에 인계하는 등 착오가 발생하기도 했다. 이때 내장원으로부터 기로소에 환부된 둔전의 도조액(賭租額)을 보면 토지는 전국에 산재하여 있었고, 조(租) 382섬 3말 2되 4홉 8작, 돈 959냥 7전 8푼, 쌀 2말 7되였다. 한편 기로소둔이 국유화되는 과정에서 정읍·옥구·고창·구례·고흥·무안·서천 등지에서 707건 2,154필의 분쟁이 발생하였다.

[참고어] 아문둔전

[참고문헌]『萬機要覽』; 和田一郎, 1920,『朝鮮土地地稅制度調査報告書』; 愼鏞廈, 1979,『「朝鮮土地調査事業」研究』, 韓國研究院

기비법(基肥法) 파종 전에 거름을 주는 시비법(施肥法).

밑거름이라고도 한다. 시비는 경작지에 거름을 주는 것으로 '분전(糞田)'이라고도 했다. 분(糞)은 본래 가축의 분이나 사람의 대소변을 가리키지만, 전주(田疇)에 시비하여 기름진 토질을 만든다는 의미를 지니기도 했다.『금양잡록(衿陽雜錄)』에 따르면 농사를 상(上), 차(次), 하(下) 세 단계로 나누고 그 중 상농(上農)은 하늘도 재해를 내리지 못하고 사람도 궁핍하게 만들 수 없는 것으로 평가하였는데, 상농의 조건은 바로 분전을 하느냐 안하느냐하는 것이었다.

시비는 그 재료와 시비의 시기, 대상 작물에 따라 각기 방법이 달랐는데, 그 중 시기에 따라서는 파종 전에 시비하는 기비와 파종 후에 시비하는 추비(追肥)로 구별된다. 기비와 추비를 구별하고 추비를 시행한 것은 고려 말의 자료에서도 보이나, 조선 전기의 대표 농서『농사직설(農事直說)』에서는 기비를 근간으로 시비를 설명하고 있다. 조선 후기 추비의 중요성이 강조되고 여러 가지 방법과 재료를 개발하고 있으나, 역시 기본적으로 기비를 철저히 시행토록 했다.

기비법은『농사직설』에 잘 나타나 있다. 먼저 조도(早稻)를 수전(水田)에서 경작할 때에는 두 번의 기비를 하는데, 추수 뒤 기경을 한 후 겨울에 분을 넣어주며 정월에 다시 기경하고 분이나 새 흙을 넣어준다. 즉 총 세 번에 걸친 기경작업 가운데 1차 기경과 2차 기경 사이와 2차 기경과 3차 기경사이에 두 차례 분전하는 방식이다. 다음으로 만도(晩稻)를 수전에서 경작할 때는 정월에 기경한 다음 흙이나 분을 넣는다. 그런데 차가운 물이 나오거나 진창인 곳에서는 신토(新土)나 사토(莎土) 혹은 우마분(牛馬糞), 연지저엽(連枝杼葉), 인분(人糞), 잠사(蠶沙) 등을 넣도록 했다. 또한 만도를 건경(乾耕)할 때에는 다른 벼농사와는 달리 기경하고 숙치(熟治)한 다음 파종할 때 시비했다. 이를 분종법(糞種法)이라 했는데, 재료 역시 다른 방법들과 달라서 숙분(熟糞) 또는 요회(尿灰)를 시비했다. 숙분은 우마분과 인분을 잘 숙성시킨 것이고, 요회는 소의 오줌과 곡물 껍질 등을 태워 만든 재를 잘 섞어서 만든 것으로 시비의 재료를 혼합하여 그 효과를 극대화 시킨 것이었다. 이처럼 만도의 건경은 봄 가뭄의 열악한 조건에서 시작하는 것이었으므로 특별한 시비법이 요구되었다.

한전(旱田)의 경우 1차 기경한 후에 풀을 태워 회(灰)를 만든 후 또 기경한다고 하였고, 박전(薄田)은 녹두를 심어 자라면 갈아엎었다[엄경(掩耕)]. 이는 녹두를 추수하는 것이 아닌 그 자체를 비료로 사용하기 위함으로, 이 역시 기경한 후 파종 전에 시비하는 기비법을 사용한 것이다. 또 황지(荒地)는 7~8월 사이에 기경하여 풀을 덮어주고 다음해 얼음이 풀리면 또 기경하는 방식으로 시비한다고 하였다.

이처럼 조선 전기의 시비법은 만도의 건경을 제외하고는 모두 초경한 후 파종 전에 거름을 주는 기비의 방식을 택하고 있었다. 『농사직설』에서 역시 시비작업은 아직 기경작업과 분리되지 못한 채 경종법(耕種法)에 수반되어 설명되고 있었다.

[참고어] 시비, 추비, 분종법

[참고문헌] 閔成基, 1988, 『朝鮮農業史硏究』, 一潮閣 ; 염정섭, 2002, 『조선시대농법발달연구』, 태학사 〈우혜숙〉

기사양전(己巳量田) 1389년(공양왕 1) 경기와 5도를 대상으로 시행한 양전.

1388년(우왕 14)에 시작하여 다음해에 완료되었다. 기사양전으로 파악된 전결은 실전(實田) 62만 3,097결, 황원전(荒遠田) 17만 5,030결로서 모두 79만 8127결이었다. 이렇듯 황폐농지는 경작농지의 1/3에 육박하였다. 이때의 황원전은 한 번도 경작한 적 없었던 땅이 아닌, 경작한 적이 있으나 토질·인력·재해·전란 등의 이유로 방치된 진황지를 일컫는 것이었다.

기사양전은 1391년(공양왕 3)의 전제개혁, 즉 과전법(科田法) 실시에 앞서 시행된 양전으로서 의미가 있다. 1388년 5월의 위화도회군 이후 조선왕조 건국세력들은 토지제도의 개혁에 착수하였다. 이때 전국적으로 양전을 실시하여 불법적으로 점탈 및 약탈된 토지를 조사하고 새로 제정된 전제(田制)의 요목에 의하여 국가수조지, 왕실수조지, 분급수조지 등을 재론할 것이 건의되었다. 이러한 배경 속에서 기사양전이 시행되었고, 그 양전사업의 주된 목표는 사전(私田)의 혁파와 3년간 전조(田租)의 국가 수용에 있었다.

그러나 기사양전은 그 과정에서 산술(算術)이 미숙하였고 기한에 쫓겨 결부 책정에 문제가 있었으며, 적지 않은 토지가 누락되었던 문제가 있었다. 특히 바닷가와 섬의 토지는 왜구의 침탈로 인해 양전에서 제외되었다. 이에 기사양전이 끝나고 과전법을 시행할 때, 정부는 이에 대한 보완책으로 별도의 조치를 취했다. 각 도의 관찰사로 하여금 매년 관원을 뽑아 바닷가와 섬의 누락지, 타량이 법대로 되지 않아 남은 농지[餘剩田], 그리고 새로 개간한 토지를 답험하여 작정(作丁)한 후 양전대장에 기록하고 주무 담당관에게 보고하도록 한 것이다.

[참고어] 양전, 과전법

[참고문헌] 李景植, 1998, 『朝鮮前期土地制度硏究(II)』, 지식산업사 ; 李景植, 2012, 『韓國 中世 土地制度史 : 朝鮮前期-증보판』, 서울대학교출판문화원 〈김미성〉

기상(記上) 공·사노비가 전답이나 노비 등의 재산을 관이나 상전에게 상납하는 것.

'기상(己上)'으로도 쓰였는데, 노비들이 자기의 재산을 상전에게 바치는 경우와 소속 관사나 상전이 노비의 재산을 차지하는 경우에 주로 사용되었다. 이 경우 '노모기상전답(奴某記上田畓)'이나 '노모기상비(奴某記上婢)'라고 표기되었다. 토지매매문기나 분재기에서 주로 사용되며 노비로부터의 토지소유 경위를 밝히는 것이다. 대체로 조선시기 노비의 토지소유라는 측면에서의 의미를 말한다. 기상전답(記上田畓)과 함께 기상노비(記上奴婢)도 존재한다.

조선시기 최하위 신분층이었던 노비들은 재산을 유지하고 상속하는 것에 있어서 자유롭지 못했다. 노비주는 소유노비들의 재산을 침해하고 제약할 수 있었는데 그 대표적인 형태가 기상이다. 조선은 법제적으로 자손이 없이 죽은 노비의 기물에 대한 기상을 허용하고 있었다.『경국대전』을 기반으로 하여 『속대전』에도 자녀 없이 죽은 공·사노비의 재산은 공노비는 소속된 관에, 사노비는 그 주인에게 주며, 만약 다른 사람의 비에 장가들어 자손이 있는데도 주인이 기상하면 제서유위율(制書有違律)로 논한다고 명시하였다.

그러나 법제적 기준은 지켜지지 않았으며 노비주들은 신분적 위세와 노주지분(奴主之分)의 의리를 내세워 노비들에게 기상을 강요하였다. 노비주들은 소유노비를 매개로 경제적 이득을 취하기 위해 다양한 방법으로 기상을 강요하였으며 무후노비가 아닌 자녀가 있는 경우에도 기상을 강요당했다. 특히 사노(私奴)가 공천이나 다른 집의 비(婢)와 혼인하거나 상전가에 경제적 손해를 입혔을 경우 배상을 위해서도 기상하였다. 그러므로 노비들은 자신의 전답이나 노비 등의 재산을 자손에게 상속하기 위해서는 그 재산의 일부를 기상할 수밖에 없었다. 신분적 예속이 강했던 노비 층에게 법은 실효를 거두기 어려웠다.

상전이 노비의 재산을 기상 받을 때는 일반적으로 기상문권이 작성되었다. 기상문권은 기상명문과 재주, 증인, 필집의 진술서인 초사, 그리고 이를 토대로 하여 관에서 발급하는 입안으로 구성되었다. 그러나 조선 후기에 작성된 기상문권의 대부분은 입안 절차 없이 기상 자체만으로 그 효력을 발생하였다.

조선 후기 노비들은 농업 경영의 합리화와 광작 등을 통해 전답이나 노비를 소유할 수 있었다. 조선 후기 무후노비의 재산을 속공하는 일이 궁방전(宮房田) 확대 요인의 하나였다. 또한 노비추쇄사업을 실시하면서 도망, 은루노비와 더불어 무후노비의 재산도 추쇄하고 있었던 것으로 보아 이들의 재산이 상당했음을 알 수 있다. 내수사를 비롯한 궁방에서는 이들의 재산을 별도로 파악하고 기상전답 또는 속공전답으로 부르고 있었다. 기상전답을 통해 본 노비의 토지소유 규모는 내노비의 경우 『무후노비기상전답타량성책(無後奴婢記上田畓打量成冊)』의 분석 결과 함경도와 경기도를 제외한 전국에 토지를 소유하고 있었으며, 소유량은 최하 2부 2속에서 최고 9결 6속의 심한 차이를 보였다. 그러나 밭이 많고 열등한 토지가 대부분이었으며 농업소득에 있어서는 일반 양인보다 우위에 있다고 볼 수는 없었다.

조선 후기 일부의 소송사례에서는 노비의 기물을 대상으로 의법기상(依法記上)이라는 상전 측의 주장과 위법기상(違法記上)이라는 노비 측의 주장이 맞서고 있다. 이것은 조선 후기 노비와 주인 사이의 충돌로 노비층의 기상저항이라는 측면에서 그 의의를 찾을 수 있다.

[참고어] 궁방전

[참고문헌] 김경숙, 2009, 「소송을 통해 본 조선후기 노비의 記上抵抗-1718년 求禮縣 決訟立案을 중심으로-」 『역사학연구』 36 ; 전형택, 2010, 『조선 양반사회와 노비』, 도서출판문현 〈우혜숙〉

기선측량(基線測量) 일제의 토지조사사업에서 삼각측량의 기초가 되는 한 변의 길이를 재는 거리측량.

일제의 토지조사사업에서 기선측량은 1910년 6월 대전기선(大田基線)에서 시작되어 1913년 10월 4일 고건원(古乾原)의 기선 측량으로 완료되었다. 기선장(基線場)의 길이는 대략 2~5㎞이며, 측량은 삼각망의 확대가 가능한 평탄하고 견고한 지반 13개소에서 이루어졌다. 일제는 기선측량을 정밀하게 하기 위해 프랑스·독일·영국·미국 등 4개 국가에서 최신기계를 도입하였다. 기선척은 불변 금속제로 만든 미국의 에데린식 인바(Invar)를 사용했다.

기선측량은 기선로의 개설에서 시작되는데, 기선의 양단은 대삼각본점 측량원이 선정하였다. 양단에는 점표(覘標)를 설치하여 대삼각본점 표석을 매설하였다. 선로의 폭은 3m, 경사는 1/25을 초과하지 않도록 하였다. 측량작업의 방해요소는 모두 제거하고, 구거나 습지 등은 메우거나 가교를 설치하였다. 기선로는 20m 쇠줄자로 길이를 개략 측정하고 경사를 측정한 후 기선로 공사 계획도를 작성하였다. 25m마다 말목(木杭)을 설치하고 기선중간점도 약400m마다 정하여 말목으로 표시하였다. 기선측량에는 총 13명의 측량원을 배치했다.

기선척 하나를 측량하는 데 소요되는 시간은 약 1분 40초 내외로 하고, 측량 중 고장 등의 사고가 생겨도 오차 발생을 고려해서 5분 이상을 넘기지 않는 것을 원칙으로 하였다. 측량은 오전·오후에 측량원을 바꿔 2회 실시한 뒤 그 평균을 측정치로 하여 오차를 최소화하였다. 인바의 신축도를 감안하여 측량은 온도 변화가 적은 날을 택하고 매회의 측정치는 반드시 온도 감응에 적합한지의 여부를 살폈다. 또한 기선척의 검정에도 주의를 기울여 일본 육지측량부의 기선척과도 각각 400회씩 비교 검정하였다.

조선에서 실시한 기선장 13개소 및 기선측량 수치는 다음과 같다. 가장 먼저 측량된 기선은 대전기선과 노량진기선으로 1910년 11월에 완성되었다. 대전기선은 길이 2,500m로 충남 대전읍내에 있으며, 노량진기선은 3,075m이다. 1911년에는 4개소의 기선측량이 완료되었다. 안동기선은 경북 안동 읍내에서 약 100m 떨어진 낙동강 연안에 있으며 길이는 2,000m이다. 하동기선은 경남 하동 읍내에서 가까운 섬진강의 강가에 있으며 길이는 2,000m이다. 의주기선은 경의선 백마정거장 남쪽에 있으며 기선장으로 적합한 곳으로 길이는 2,701m이다. 평양기선은 평양시의 동쪽에 위치하고 있으며 길이는 4,625m이다. 1912년에도 4개소에서 기선측량이 끝났다. 먼저 전남 영산포 근교의 영산포기선은 그 길이가 3,400m이다. 간성기선은 강원도 간성 근교로 동쪽으로 동해 연안, 서쪽으로 금강산의 지맥이 끝나는 곳에 위치하며 길이는 3,126m이다. 지세가 험난하여 기선 측량에 가장 긴 시일이 걸렸다. 함흥기선은 함경남도 함흥 근교 청진강 인근 평야에 있으며 길이는

4,000m이다. 길주기선의 위치는 함경북도 길주 근교 평야로 길이는 4,226m에 이른다. 1913년 3개소의 기선측량을 끝으로 기선측량의 전 작업을 완성하였다. 강계기선은 평안북도 강계읍 남문 밖에 위치하며 길이는 2,524m이다. 혜산진기선은 함경남도 갑산군 근교 압록강 연안에 위치하며 길이는 2,175m이다. 이곳은 기후가 험악하여 작업에 곤란을 겪었다. 마지막으로 고건원기선은 함경북도 경원군 고건원에 있으며 길이는 3,000m이다.

[참고어] 토지조사사업, 수준측량, 대삼각본점측량, 대삼각보점측량, 삼각측량

[참고문헌] 조선총독부 임시토지조사국, 1918, 『조선토지조사사업보고서』; 리진호, 1999, 『한국지적史』, 도서출판 바른길 ; 리진호 역, 2001, 『삼각측량작업결료보고』, 도서출판 우물 ; 사단법인 한국측량학회, 2003, 『측량용어사전』, 건설교통부 국토지리정보원 〈고나은〉

기유양전(己酉量田) 1669년(현종 10)에 충청도와 황해도에 실시한 양전.

충청도의 양전은 1668년 11월부터 도 안에서 가장 큰 4읍인 홍주, 공주, 청주, 충주부터 시행되었다. 이후 감사 민유중(閔維重)의 계청에 따라 도 전체로 확대되었고, 민유중은 감사를 체직하고 균전사(均田使)로서 양전을 전담했다. 한편 황해도 양전은 영의정 정태화(鄭太和)의 반대에도 불구하고 판부사 송시열(宋時烈), 호조판서 민정중의 강력한 요청에 따라 실시되었다. 그러나 이듬해 농사철 전까지 완료하지 못했고, 가을에 재개하려고 했지만 수재와 해일 피해로 계속할 수 없었다. 특히 충청도의 경우 양전 과정에서 민원(民怨)이 많았고, 양전을 반대했었던 영의정 정태화와 좌의정 허적(許積)의 의견에 따라 미처 양전하지 못한 곳은 이듬해 가을까지 중단하기로 했다. 그러나 결국 이듬해에도 계속되지 못한채, 충청도는 21읍만, 황해도는 4읍만 양전하는 데 그쳤다.

갑술양전(甲戌量田, 1634)시 전품을 낮게 매기고 은결(隱結)을 다 색출하지 못한 것으로 인해 기유양전은 전품을 1등씩 높게 매기고 또 단척(短尺)으로 측량해서 결수(結數)를 늘이는 데에 치중하였다. 또 수기수세(隨起收稅)의 토지인 속전(續田)을 모두 원전(元田)으로 들어가게 하였다. 이에 양전 직후부터 민원이 크게 일어났고, 이무(李堥)는 양안을 폐기하자는 상소를 올리기도 하였다. 이후 재양전해야 한다는 여론이 일어났고, 결국 풍년을 기다려 다시 양전하기로 하였다. 그러나 전국적인 흉년과 기근이 계속되어 1720년(숙종 46)의 경자양전이 이루어질 때까지 재양전이 이루어지지 못했다. 이에 양전한 신결(新結)을 따르되, 세미(稅米)를 반으로 줄여 걷는 조처가 취해지기도 했다.

[참고어] 양전, 갑술양전, 경자양전

[참고문헌] 한국역사연구회 토지대장연구반, 2008, 『조선후기 경자양전 연구』, 혜안 〈김미성〉

기인전(其人田) 고려 초기 지방 호족(豪族)의 자제를 뽑아 개경에 두고 그 고을의 사정을 물었는데, 이러한 기인(其人)의 역(役)을 담당하던 이들에게 지급된 토지.

고려에는 기인이라 하여 지방의 향리(鄕吏)자제를 뽑아서 개경에 볼모로 두고 그 고을의 사정을 물어보는 고문(顧問)으로 활용하는 제도가 있었다. 이때 개경에 올라와 기인을 선발하는 기준은 지방마다 차이가 있었다.

1077년(문종 31)에 정해진 규정에 따르면 "1천 정(丁) 이상의 고을이면 족정(足丁)이라 하여 연령 40세 이하 30세 이상의 사람을 뽑아 올려 보내고, 1천 정(丁) 이하의 고을이면 반족정(半足丁)이라 하여 병창정(兵倉正) 이하 부병창정(副兵倉正) 이상을 논하지 말고 신체가 건강하고 마음이 정직한 사람[富强正直者]을 뽑아 올려 보내되 1족정은 15년을, 반족정은 10년을 기한으로 하여 역(役)을 담당한다. 반족정은 7년, 족정은 10년이 되면 동정직(同正職)을 허락해 주고 역의 기한이 끝나면 관직을 더 준다.[『고려사』 권75, 「선거」3 銓注 其人 문종 31]"라 하였다. 하지만 고려 후기에 가면 초기 고문의 역할로 규정되었던 것과 달리 심한 노역에 시달리게 되어 고통을 견디다 못해 도망하는 이들이 많아지고, 이들이 예속되었던 관사(官司)에서는 해당 주(州)·군(郡)에 일수(日數)를 계산하여 값을 징수하니 주·군의 백성이 이 부담을 떠안아 많이 유망(流亡)하는 상황에 이르게 되었다고 한다.[『고려사』 권75, 「선거」3 銓注 其人 충숙왕 5]

이러한 역을 담당하던 이들에게 기인전을 지급하였는데 이를 '기인호정(其人戶丁)'이라고도 한다. 이는 수조권이 분급된 것이었는데 주로 자기 소유의 토지에서 면조(免租)받는 형식이 대부분이었고 부족한 부분은 다른 국가 수조지에서 지급받았을 것으로 추정된다.

[참고문헌] 金琪燮, 1969, 「高麗의 田丁制에 관한 연구사 검토」 『한국중세사연구』 3 ; 金容燮, 1975, 「高麗時期의 量田制」 『동방학지』 16 ; 安秉佑, 1990, 「高麗前期 地方官衙 公廨田의 設置와 運營」

『李載龒還曆紀念 韓國史學論叢』, 한울 ; 韓沽劤, 1992, 『其人制硏究』, 일지사 ; 박경안, 1996, 『고려후기 토지제도 연구』, 혜안 ; 이경식, 2011, 『한국 중세 토지제도사-고려』, 서울대학교출판문화원 〈이현경〉

기자정전(箕子井田) 중국의 은나라가 멸망한 뒤 동래(東來)했다는 기자가 평양(平壤)에 설치했다는 정전.

기전(箕田)이라고도 한다. '전(田)'자 모양의 할지법(割地法)에 의해 구획된 토지로, 은나라 멸망 후 동래한 기자가 평양 외성(外城)의 남쪽에서 대동강변에 이르는 지역에 설치한 것으로 전해진다. 기자정전의 잔형 중에서 가장 정제된 형태를 갖춘 구역은 평양 외성의 함구문(含毬門)과 정양문(正陽門) 사이에 있던 64구(區)이다. 이 기자정전의 기본 구조는 64무(畝)의 면적인 4개의 '구'와 십(十)자 모양의 일묘로(一畝路)로 구성된 '전(田)'이 가로·세로 각 4열씩 모두 16개가 배치되고, 각 '전' 사이에 3묘 넓이의 삼묘로(三畝路)가 갖추어진 형태였다.

64구의 기본 구조를 이루는 하나의 '구'는 고구려척(高句麗尺)을 기준으로 가로·세로 각 512척인 정사각형을 이루며, 64구의 기본 구조 또한 정사각형이다. 기본 구조의 외곽 삼면에는 통행을 주목적으로 한 9묘 넓이의 큰 길이 형성되어 있으나, 이는 기본 구조의 구성 요건은 아니었던 듯하다.

한편 강에 잇닿아 있는 지역에는 하나의 '전'을 이루지 못하고 2~3개의 '구'만을 갖춘 여전(餘田)이 있었는데, 이 여전의 각 '구'도 64무의 면적인 정사각형이었다. 이러한 평양의 기자정전 구획에는 중국 하·은 시대의 양전법이 사용되었다고 보이는데, 길이 조금 넓다는 점에 차이가 있다. 그리고 이 기자정전의 할지법은 후일 '사마정전법(司馬井田法)'의 형성에 큰 영향을 미쳤다고 평가된다.

그런데 이와 같은 기자정전은 고구려의 평양 천도를 전후한 시기에 이루어진 도성의 도시 계획에 따른 것이라는 설명도 있으며, 고구려 멸망 후 평양에 주둔했던 당나라 군사가 설치한 둔전(屯田)에서 전해 온 것이라는 주장도 있다. 또 그 설치 지역이 평양외성의 안쪽이었다는 기록도 있으며, 잔형이 외성 밖뿐만 아니라 중성(中城)의 내천(內川) 지역에도 있었다는 의견도 있다. 뿐만 아니라 기자정전의 구조도 전자 형의 '전' 16개를 단위로 한 형태가 아니라 주나라의 정전과 같은 '정(井)'자 모양이었다는 견해도 있고, 각 '구'의 형태가 정사각형이 아니었을 것이라는 이설도 있다. 기자정전에 대해 고려 때까지는 세를 거두지 않았으나, 조선 태조 때 이르러 1/10세를 거두고 공상(供上)을 부과하였는데, 그 세를 마채(麻菜)라 하였다.

기자에 대한 신앙은 이미 삼국시기부터 있었으며, 고려·조선시기에는 기자를 실존인물로 확신하고 그에 대한 신앙이 국가정책은 물론이요 학문·사상적으로도 중요한 의미를 지니게 되었다. 특히 조선시기에는 국초부터 기자조선이 정사(正史)에 편입되었을 뿐 아니라, 조선후기에는 주자의 정통론의 영향을 받아 기자조선을 한국사상 정통국가의 시발로 설정하는 새로운 국사체계가 수립되기도 하였다. 나아가 기자정전은 현실의 토지문제와 연관하여 토지개혁론의 전범(典範)으로 거론되고 논의되었다.

기자정전에 대한 논의가 본격화되었던 것은 16세기에 들어와서이다. 16세기 후반 조선은 수조권을 중심한 토지제도가 점차 축소 소멸하는 가운데 소유권에 입각한 토지집적이 성행하고 있었다. 양반지배층을 중심으로 한 토지겸병의 심화는 '부유한 자는 전지의 천맥이 서로 잇달아 있고, 가난한 자는 송곳 하나 찌를 땅도 없다(富者田連阡陌, 貧者無立錐之地)'라고 일컬어질 정도로 심각한 사회문제로 대두되고 있었다. 이러한 상황에서 당시의 관인 유자층은 균전론(均田論), 한전론(限田論) 등 토지개혁에 대한 제반의 논의들을 끌어내는 동시에 토지제도의 시원으로서 기자정전에 주목하고 있었다. 조선에서 기자는 공자와 맹자에 버금가는 성인(聖人)으로서 부각되었거니와, 정전(井田), 팔조(八條)의 가르침, 예교(禮敎)를 비롯한 선진적인 기술 문명에 기초하여 고대국가를 만들고 운영한 인물로 자리매김 하고 있었다.

조선시기에 편찬, 간행된 '기자조선' 관련 자료는 대체로 ① 사서 속의 '기자조선' 관련 기사와 ② '기자조선'의 역사와 문화를 전론한 책으로 나누어 볼 수 있다. 사서 속의 기자조선 자료는 조선 초기에 간행된 『제왕운기(帝王韻紀)』, 『응제시주(應製詩註)』, 『삼국사절요(三國史節要)』, 『동국통감(東國通鑑)』 등에서 이미 나타나며 조선 후기로 들어와 그 내용이 보다 풍부해지는 양상을 보인다. 허목(許穆, 1595~1682)의 『동사(東事)』, 임덕상(林象德, 1683~1719)의 『동사회강(東史會綱)』, 이종휘(李種徽, 1731~1797)의 『동사(東史)』, 안정복(安鼎福, 1712~1791)의 『동사강목(東史綱目)』 등 이 시기에 만들어진 사서에서 기자조선에 대한 자료적 보강이 광범위하게 이루어지고 그 역사적 인식 또한 단군조선과의 관계, 그리고 부여나 고구려와의 연관성 속에서 체계화되는 것을 볼 수 있다.

기자조선의 역사와 문화를 전론한 책은 16세기 후반 윤두수(尹斗壽, 1533~1601)가 『기자지(箕子志)』를 편찬해 처음으로 나타나며, 이후 그 성과를 이어받아 이이(李珥, 1536~1584)의 『기자실기(箕子實記)』, 서명응(徐命膺, 1716~1787)의 『기자외기(箕子外紀)』 등이 연달아 편찬되었다. 이들 여러 종의 기자조선 관련 서적의 출현은 조선사회에서 주자성리학이 본격적으로 확산되는 과정과 맞물려 있다.

이와 같이 조선사회에서 기자조선 관련 자료가 다양하게 편찬 간행되고 후대로 갈수록 그 현상이 강화된 것은 조선에서 기자조선에 대한 관심이 점증했음을 보여준다. 그 중에서도 기자정전에 대한 본격적인 검토는 한백겸(韓百謙, 1552~1615)으로부터 시작되었다. 한백겸은 기전을 확신하는 가운데 1608년(선조 41) 「기전유제설(箕田遺制說)」과 「기전도(箕田圖)」를 지어, 기자정전을 주의 정전제가 아니라 은의 정전제를 받아들여 시행한 은전(殷田)이었다고 주장하였다. 또한 토지의 구획 모양을 정자(井字)형의 정전이 아니라 전자(田字)형의 정전으로 파악하였다.

기자정전에 대한 한백겸의 문제의식은 정전제가 실재했던 제도임을 입증하고 그 정전제 이념, 즉 경자유전의 원칙에 입각한 토지제도 개혁의 역사적·이론적 근거를 마련하고자한 데 있었다. 이러한 견해를 바탕으로 그는 주자가 개치구혁(改治溝洫)에 비용과 인력이 많이 든다는 점을 들어 맹자의 정전론을 부정했던 것은 주자 평생의 정론이 아니라고 주장하였다. 한백겸의 이러한 주장은 그 자체로 주자설에 대한 직접적인 반론은 아니라 할지라도 결국은 주자의 정전난행설(井田難行說)을 완곡하게 부정하는 것이었다고 할 수 있다.

한백겸의 기전설(箕田說)은 이후 유형원(柳馨遠)·이익(李瀷)·안정복·서명응·이가환(李家煥) 등 반주자적(反朱子的) 토지론을 적극적으로 주장한 개혁론자들에게 많은 영향을 주었다. 이들은 기자의 정전을 유가의 경사(經史)에서 보이는 내용 그대로를 원용하는 것에 그치지 않고, 이 제도 속에 깃들어있는 정신·원리를 취하고 이를 조선의 현실에서 구현할 수 있는 실제적인 길을 모색해 나갔다. 특히 서명응은 1776년(영조 52) 평안도 관찰사로 부임한 뒤 그곳에서 『기자지』 두 본을 얻어 보고 『기자외기』라는 독립적인 저서를 완성했다. 『기자외기』라고 명명한 것은 이이의 『기자실기』를 의식한 것이며 동시에 기자 동래 이후의 사기(事紀)라는 의미도 있다. 본문은 모두 상·중·하 3편으로 구성되었으며, 상편은 이이의 「기자실기」와 본인이 저술한 「기자본기(箕子本紀)」로부터 서술(敍述)·편장(篇章)·제도(制度)·출초(出處) 등을, 중편은 도학(道學)을, 하편은 논설(論說)·사적(事蹟)·가영(歌詠)·묘향(廟享) 등을 차례로 서술하였다. 기자정전과 관련하여서는 「정전도(井田圖)」·「낙서위정전연원도(洛書爲井田淵源圖)」·「팔진위정전대위도(八陣爲井田對位圖)」, 기타 「낙서(洛書)」의 여러 그림 등이 부기되어 있다. 서명응은 이 글들에서 기자정전에서 나타나는 전자형 토지구획의 4구는 사상(四象)을 응용한 것이고, 이러한 전자형이 가로 세로 4개씩 모여 이루는 8개의 구는 팔괘(八卦)를 응용한 것이라 하여, 기자정전을 홍범(洪範)의 역리(易理) 속에서 이해하는 모습을 보여주고 있다.

조선에서 기자정전의 실체를 역사 속에서 확인하고자 한 관인유자들의 노력들은 정전의 실재나 토지제도의 전면개혁에는 부정적이었던 주자의 토지론에 간접적으로 반대하는 입장을 표명한 것이었다고 할 수 있다. 나아가 기자정전의 실체를 긍정함으로써 정전제 원리에 의한 토지개혁의 실현 가능성을 적극적으로 인정하고 그 전범을 마련하고자 한 것이었다고 할 수 있다.

[참고어] 정전제, 정전론

[참고문헌] 박광용, 1980, 「箕子朝鮮에 대한 認識의 變遷」 『韓國史論』 6 ; 한영우, 1982, 「高麗-朝鮮前期의 箕子認識」 『韓國文化』 3 ; 李景植, 1988, 「朝鮮前期의 土地改革論議」 『韓國史研究』 61·62 ; 김용섭, 2000, 『韓國中世農業史研究』, 일조각 ; 김문식, 2000, 「18세기 후반 順菴 安鼎福의 箕子 인식」 『韓國實學研究』 2 ; 김문식, 2003, 「星湖 李瀷의 箕子 인식」 『退溪學과 韓國文化』 33 ; 김용섭, 2007, 「朱子의 土地論과 朝鮮後期 儒者」 『朝鮮後期農業史研究』 II (신정 증보판), 지식산업사

〈김정신〉

기주(起主) 농사를 짓던 토지인 기경전(起耕田)의 전주.

조선시기 농민에 대한 호칭은 크게 전객(佃客), 전부(佃夫), 기주, 시주(時主)로 변화하였다. 먼저 전객은 1391년(공양왕 3) 과전법(科田法) 개혁 당시 일반 농민의 호칭으로서 자구적으로 해석하면 일반 농민은 국왕 소유의 토지를 잠시 빌려서 경작하는 나그네라는 뜻이다. 역성혁명을 통해 건국한 조선 왕조가 국전제(國田制)적 통치 이념을 분명히 하고 있음을 알 수 있다. 그러나 객이라는 호칭은 당시 일반 농민의 사적 토지소유 관념을 감안할 때 지나치게 이념적이었다. 이에 1460년(세조 6) 『경국대전』에서는 일반 농민을 전부로 호칭함으

로써 신분적 지위를 객에서 농부로 격상시켰다. 그러나 한편 전(佃)이라는 명칭을 여전히 사용함으로써 국전제적 통치 이념을 고수하고 있음을 알 수 있다.

17세기 이후 사적소유 관계의 변동은 당시 생산력 발달과 그에 따른 토지제도의 모순에 의해 확산되고 있었다. 조선 후기에 이르러 전주전객 관계가 해체되는 가운데 지주제가 전면적으로 발달하게 되고 수조권을 통해 지배하던 정치적 사회적 법적 외피를 서서히 벗어던지게 되었다.

그 결과 1662년(현종 3) 경기도의 양전과 1720년 경자양전(庚子量田)에 이르면 일반 농민을 '기주'로 규정하게 된다. 기주는 현재 기경 중인 토지의 주인이라는 뜻이며 진황지의 주인을 의미하는 진주(陳主)와 구별되어 사용되었다. 전부에서 기주로의 호칭 변화는 조선왕조의 국전제적 통치 이념에도 불구하고 일반 농민의 사실적 토지소유의 진전을 국가 권력이 인정하지 않을 수 없었던 것이다.

조선 초기의 토지소유권 발달과정과 그것의 조선 후기로의 이행과정은 대체로 두 계통으로 파악될 수 있다. 수조권 계통의 전주전객제 내에서의 변화로서 전부가 기주로 전화하는 과정이 그 하나라면, 또 하나는 실제 소유권자였던 지주로서의 전주와 전객 및 전부, 전호, 전작자가 명실공히 사적 토지소유자로서의 기주로 등장하는 과정이다. 곧 조선 초기 수조권을 배경으로 한 전주전객층이 전안에서 사라지고 17, 18세기 양안상의 기주로 재등장하는 과정이기도 하다. 정부지배층은 직접생산자로서의 기주를 적극 보호하고 관리하는 방법을 통해 전국의 토지를 중앙집권적 차원에서 관리하고 나아가 그것을 결부법적 양전제를 통해 조세로 흡수하는 과정을 강화시켜 가고 있었다.

이같은 기주는 전주로부터 한 단계 발전한 형태로 주목되며 국가의 입장에서는 양안상의 기주 규정을 통해 토지지배 방식을 강화시켜 가는 한편 계속 발달해 가던 사적소유에 대해 지속적으로 파악하는 계기로 삼았던 것이다. 그러나 양안을 통한 제도적 장치는 한계가 컸다.

조선시기 토지문서인 양안에는 토지의 사방 경계를 표시한 사표(四標)와 전주 이름을 기록했는데, 토지가 기전(起田)인지 진전(陳田)인지에 따라 다르게 기록했다. 즉 기전이면 전주의 이름 앞에 기주, 또는 기(起)를 표기하고 진전이면 전주의 이름 앞에 진주라고 표기했다.

양안 작성에서 기주의 기재는 양반일 경우에는 직함이나 품계를 적은 뒤 본인의 성명과 가노(家奴)의 이름을 아울러 표시하였고, 평민의 경우에는 직역과 성명, 천민일 경우에는 천역(賤役) 명칭과 이름만 기록하도록 되어 있었다.

양반의 경우 자신의 이름이 양안에 기재되는 것을 꺼려하여 소유 노비의 이름으로 기록하는 등 원칙을 엄격하게 지키지 않았다. 양안에 올라 있는 기주 중에는 다른 지역의 기주도 있고, 하나의 호적 안에 있는 다른 사람이 양안에 기주로 기록된 경우 등이 있었다. 또한 호적 자체에 누락된 호(戶)와 정(丁)이 많아 호적의 실수가 실제보다 적었다. 따라서 같은 군현의 양안에 기재된 기주수가 호적의 호수보다 많은 것이 보통이었다.

또한 군현 양안의 경우 토지 면적에 기준을 둔 토지의 소유관계를 중심으로 기록하고 병작관계를 거의 기록하지 않기 때문에, 양안의 기록만으로는 기주가 지주인지 자작농인지 전호 농민인지가 불분명하다. 개인 양안의 경우 시작인(時作人 : 전호농민)을 기주로 기록한 경우도 있다.

양안의 기주가 완전히 법제화된 형태로서의 배타적인 사적소유권자로 등장하기까지는 19세기 말 광무양안까지 200여 년을 기다려야 했으며, 갑술·경자양전 시기의 토지소유권 규정은 그러한 발전으로의 과도적 형태로서 주목될 수 있다.

[참고어] 양안, 경자양안, 시/시주/시작, 대록/분록/합록

[참고문헌] 김용섭, 1995, 『조선후기농업사연구』 1 (증보판), 지식산업사 ; 최윤오, 2001, 「17세기 土地所有權 發達과 起主의 등장」 『동방학지』 113 ; 김봉준·이한경, 2013, 「조선 토지 조사 사업에 관하여」 『경영사학』 65(28-1) 〈이석원〉

기현농장(崎峴農場) 한말 일제시기 전라북도 옥구군의 대지주 문종구(文鍾龜, 1884~1952)가 설립한 농장.

삼우당(三憂堂) 문익점(文益漸)의 18세손인 문종구는 16세부터 모친을 도우면서 농사경영에 나섰다. 1885년 감역이었던 문종구의 부친 문한규(文漢奎)가 전염병으로 사망하자, 고씨 부인은 강한 생활력으로 가산을 조금씩 증식시켜갔다. 모친의 생활력에 큰 감화를 받고 문종구는 영농과 독서에 힘썼다. 문종구는 한말 일제초기 현실정치의 변화에 적극적으로 편성하면서 지주경영의 유리한 사회경제적 조건을 만들어갔다. 1910년대 초 옥구군 참사로 임명되었고, 1915년 6월 일제 당국으로부터 독행자로 뽑혀 표창을 받기도 했다. 1916년 3월부터 1917년 7월까지 전라북도 지방토지조사위원

문종구 가옥

회 임시위원으로 일제의 토지조사사업에 협력했으며, 1920년 전라북도 도평의 의원으로 선출되었다.

소유 토지는 세거지인 옥산면 일대에 집중되어 있었고, 지주경영의 합리화를 위해 토지와 가산을 한데 모아 기현농장을 설립하였다. 일본인 주임(나중에 아들 문원태가 맡음)을 내세우고 품종개량을 위시한 일본식 농사개량에 힘썼다. 소작인조합을 조직하여 소작인과 영농과정 전반에 대한 관리감독을 시행하였다. 특히 그는 퇴비증산에 관심을 쏟았다. 15정보에 달하는 면적에 자운영을 재배했고, 소작인들에게 돼지를 배부하여 비료의 자급화를 도모하였다. 매년 4월 17일 소작인조합대회를 개최하여 우량소작인을 표창하였다. 소작인의 상호부조를 위해 소작인경조공제회를 조직하여 노자협조적 관계를 만들어 갔다. 기현농장의 토지소유규모는 1926년 현재 논밭과 임야를 합해 197.8정보, 1930년 390정보(논 356정보, 밭 9정보, 기타 25정보), 1936년 500여 정보를 소유하였다. 문종구는 활발한 사회정치 활동과 더불어 농외투자도 진행하였다. 1919년 전라북도의 일본인·한국인 대지주들이 출자하여 설립한 군산흥농주식회사 이사, 1920년 조선인 지주와 상인들이 만든 삼남은행 대주주로 참여하였다. 1939년에는 전주에서 남선임업주식회사를 설립하고 대표이사에 취임였다. 이런 직간접투자는 투자수익뿐 아니라 지역의 사회적 지배관계망을 유지 확보하는 한 방편이기도 했다. 1928년 일본 정부로부터 훈장을 받았고, 1939년 6월 중추원 참의에 임명되었다. 해방 후 1949년 반민특위에서 조사를 받은 후 기소유예 처분을 받았고, 농지개혁 당시 문종구 명의의 토지 55.3정보가 피분배되었다.

[참고어] 농지개혁, 소작인조합, 동태적 지주, 농촌중견인물양성

[참고문헌] 鎌田白堂, 1936,『朝鮮の人物と事業』, 實業之朝鮮社 ; 韓國農村經濟硏究院, 1985,『農地改革時 被分配地主 및 日帝下 大地主名簿』; 홍성찬 외, 2006,『일제하 만경강 유역의 사회사』, 혜안

〈고태우〉

길고(桔槔) 땅이 높아 물을 대기 어려운 곳에 물을 퍼올리는 기구.

길고[용두레] 崔漢綺,『陸海法』

중국 고대로부터 사용하던 원시적인 양수기들 중의 하나이다.『왕정농서(王禎農書)』에 호두(戽斗), 녹로(轆轤) 등과 더불어 그림으로 소개되어 있다. 이에 의하면 길고의 형태는 긴 나무를 높은 나무 위에 매달아 지렛대로 삼고, 그 한 쪽 끝에는 무거운 돌을 매달고, 다른 한 쪽 끝에는 바가지를 두레박줄에 매어, 그 줄을 당기고 놓으면서 우물물을 퍼 올리는 것이었다. 한편 호두는 우리의 맞두레와 같은 것으로 두 사람이 바가지 양쪽에 달린 줄을 당겨 물을 퍼 올리는 것이었고, 녹로는 길고보다 깊은 곳의 물을 끌어 올릴 수 있는 도르레의 원리를 이용한 양수기였다.

조선에서 사용한 양수기는 맞두레, 용두레, 두레, 무자위 등이었다. 그 중 용두레와 두레는 모두 '길고'로 기록된 용례가 있다. 먼저『훈민정음해례(訓民正音解例)』의 드레[汲器]나『농가월령가(農家月令歌)』,『재물보』와『물명고』의 길고는 용두레를 가리키는 말이다. 지방에 따라 용두레를 '통두레', '파래', '풍개'라고도 불렀고, 한자로는 '桔槔'(『재물보』,『물명고』)·'長柄槔'(『북학의』)라고 썼다. 한편 두레는 '드레'(『사성통해』,『훈민정음해례본』,『사류박해』,『역어류해』,『물보』)나 '두레'(『재물보』)라고 했고, 한자로는 '桔槔'(『물보』)·'汲器'(『훈민정음해례본』)·'灑'(『사성통해』)·'水斗'(『재물보』,『역어류해』,『사류박해』)라고 썼다. 그리고 지방에 따라 '두리', '파리', '두레체'라고도 불렀다.

용두레는 긴 홈통형의 두레박을 세 개의 다리로 지탱한 받침대에 그네처럼 매어놓고 물을 퍼 올리는 것이다. 통나무를 배 모양으로 길게 파거나 직사각형의 통을

짜서 몸통을 만들고 그 가운데 양쪽에 작은 구멍을 내어 가는 나무를 끼우고 여기에 끈을 매었다. 이 끈은 긴 작대기 세 개의 끝을 모아 원통형으로 세운 꼭대기에 매어 사용하였다. 나무통 윗부분에는 들어온 물이 넘치지 않도록 몇 개의 나무 조각을 가로로 대었다. 용두레의 무게는 7㎏ 정도이다. 용두레의 경우 한 번에 퍼 올릴 수 있는 물의 양은 1회에 30~40리터였고, 한시간에 15~20톤의 물을 대는 것도 가능했다.

두레는 용두레를 쓸 수 없는 깊은 바닥의 물이나 거리가 멀어 맞두레를 쓸 수 없는 곳에서 주로 사용했다. 긴 둥근 나무의 한 쪽은 언덕에 놓고, 다른 한 쪽은 기둥 세 개를 세워 만든 받침대에 올려놓고, 그 둥근 나무 가운데 긴 나무를 십자모양(十)으로 놓고 끈으로 묶는다. 긴 나무의 끝에는 물통(두레박)을 달고 반대편에서 사람이 노 젓는 것처럼 당기고 밀어서 물을 퍼 올렸다. 손잡이 나무 끝에는 작대기를 가로로 끼워 물통을 쉽게 엎을 수 있게 하였다. 두레박이 작은 것은 혼자서 사용하고, 큰 것은 2~4명이 함께 했다.

조선 후기 수차를 다룬 모든 농서에는 길고의 사용이 거론되고 있다. 또한 이러한 원시 수리기구가 넓은 면적의 논에 물을 댈 정도의 규모는 아니었으므로 수차의 개발·보급에도 많은 논의와 실험이 있었다.

[참고어] 수차, 수리, 맞두레, 용두레

[참고문헌] 김광언, 1969, 『한국의 농기구』, 문화공보부 문화재관리국 ; 박호석, 안승모, 2001, 『한국의 농기구』, (주)어문각 ; 문중양, 1994, 「조선후기의 水車」 『한국문화』 15.

길마 소의 등에 얹는 안장의 일종으로, 각종 물건을 올려 운반하는데 사용하는 도구.

길마 농업박물관

길마의 옛말은 '기르매'·'기르마'·'기(犬)마'이며, 지역에 따라 '지르마'(충청북도)·'질매'(경상남도)·'질마'(충청남도)·'지르매'(강원도)라고도 불렸다. 한문으로는 안장을 뜻하는 안(鞍)이나, 안가(鞍架), 부안(負鞍), 태안(駄鞍) 등으로 썼다.

길마는 소의 등에 얹는 안장의 형태로 받침대 역할을 하는데, 그 위에 옹구·걸채·거지게·발채 등의 용구를 올려 다양한 물건을 운반하는 데 사용하였다. 소가 균형을 잃지 않게 물건을 양쪽에 얹게 되는데, 실은 짐이 소의 등이나 옆구리에 닿지 않게 하는 역할도 겸하였다. '∩'의 모양을 한 2개(앞가지와 뒷가지)의 소나무판을 40~50㎝ 정도의 막대로 박아 고정한 형태로, 막대에 앞뒤로 끈을 달아서 길마가 소에서 떨어지지 않도록 묶을 수 있게 하였다. 길마 안쪽에는 멍석이나 거적처럼 짚으로 짠 겉언치를 대어 소의 등이 상하지 않도록 하였다. 하지만 험한 길을 가야할 경우에는 길마를 소 등에 얹지 않았는데, 실은 물건이 전복될 경우에 소도 크게 다칠 수 있었기 때문이다. 보통 길마는 소의 등에 얹어 사용하였지만, '마길마'라고 하여 말의 등에 얹는 길마도 있으며 이는 말의 체격에 맞게 만들어 사용하였다.

[참고어] 옹구, 걸채

[참고문헌] 박호석 外, 2001, 『한국의 농기구』, 어문각

김성수(金性洙)/김연수(金秊洙) ⇒ **고부 김씨가 농장**

김안국(金安國) 조선 전기의 문신으로, 『농서언해(農書諺解)』와 『잠서언해(蠶書諺解)』의 간행자.

김안국(1478~1543)의 본관은 의성(義城)이고, 자는 국경(國卿), 호는 모재(慕齋)이다. 아버지는 김연(金璉)이다. 김굉필(金宏弼)의 문인으로 1501년(연산군 7) 생진과에 합격, 1503년에 별시문과에 을과로 급제하여 승문원(承文院)에 등용되었으며, 1507년(중종 2)에는 문과중시에 병과로 급제하였다. 예조참의·대사간·공조판서 등을 지내다가 기묘사화 때 파직되어 경기도 이천에 내려가 있었다. 1532년에 다시 등용되어 예조판서·대사헌·병조판서·좌참찬·대제학·판중추부사 등을 거쳤다.

1517년 경상도관찰사로 제수되었을 때 그곳 향촌의 교화사업에 힘쓰면서, 풍속을 바로잡을 수 있는 책을 택하여 거기에 언해(諺解)를 붙여 도내에 반포하여 가르치게 하였다. 이때 농서(農書)와 잠서(蠶書)에도 언해를 붙여 『농서언해』, 『잠서언해』를 간행하였다.

[참고문헌] 『중종실록』

김양직(金養直) 1798년(정조 22) 권농정구농서윤음(勸

農政求農書綸音)에 응하여 글을 올린 27인 중 한 사람.

전(前) 동지(同知)로 기록되어 있다. 그는 상소문에서 화성(華城)의 논밭에 못을 터서 물을 대고, 4월 그믐이 되기 전에 모내기를 할 것을 주장하며 8조목의 방략을 이야기하였다. 8조목에서는 주로 제방과 보를 설치하는 방안과 마을의 지력에 따라 종자와 농사를 달리할 것, 모내기를 할 것, 척박한 땅에 부세를 과하게 하지 말 것 등을 주장하였다. 이에 정조는 비답을 내려 채용할 수 있는 것을 의정부로 하여금 초기(草記)하도록 하였다.

[참고문헌] 『정조실록』; 농촌진흥청 역, 2009, 『응지진농서Ⅱ』, 진한M&B

김천숙(金天肅) 1798년(정조 22) 권농정구농서윤음(勸農政求農書綸音)에 응하여 글을 올린 27인 중 한 사람.

전(前) 동지(同知)로 기록되어 있다. 그는 상소문에서, 제때 일찍 밭을 갈고 파종할 것, 토질의 차이에 따른 거름의 차이, 농사일과 개간을 권하고 살피는 직무, 호역(戶役)을 부과할 때 농사일에 방해가 되지 않도록 할 것 등을 간언했다. 정조는 이에 대해 비답을 내리며 김천숙이 선무(先務)를 알고 있다고 하였다. 또한 목민관이 제때 농사일을 권과(勸課)하지 못한 것에 대해서는 특별히 칙유(飭諭)하였고, 나머지 사항에 대해서도 의정부에서 품처(稟處)하도록 비답을 내렸다.

[참고문헌] 『정조실록』; 농촌진흥청 역, 2009, 『응지진농서II』, 진한M&B

김하련(金夏璉) 1798년(정조 22) 권농정구농서윤음(勸農政求農書綸音)에 응하여 글을 올린 27인 중 한 사람.

전라도사(全羅都事)로 기록되어 있다. 그는 상소문에서, 당시 바닷가에서 수차(水車)를 만들 수 있는 재목을 구하기 어려우니 평안북도의 자성(慈城)·우예(虞芮)·여연(閭延)·무창(茂昌) 등 4군(郡)에서 그 재목을 구해 뱃길로 옮길 것을 주장하였다. 또한 수차를 제작하는 방법을 알고 있는 전 찰방(察訪) 이우형(李宇炯)을 자성 부근지역에 파견하여 수차를 제작·보급하게 할 것, 그리고 바닷가 고을에도 수차의 재목이 될 나무를 많이 심도록 할 것 등을 주장하였다.

[참고문헌] 『정조실록』; 농촌진흥청 역, 2009, 『응지진농서Ⅱ』, 진한M&B

김훈(金勳) 1798년(정조 22) 권농정구농서윤음(勸農政求農書綸音)에 응하여 농서를 올린 40인 중 한 사람.

정산(定山)의 유학(幼學)으로 기록되어 있다. 그가 올린 책자에는 제방을 수리 보수할 것, 늦은 시기에 옮겨 심는 것보다는 대파(代播)하는 것이 낫다는 것, 담배를 금지할 것, 작통(作統)하여 사람들의 출입을 살피고 매달 회강(會講)하며 잡기를 금지할 것, 전부(田賦)를 쌀과 콩으로 양을 정하여 함부로 더 받는 폐해가 없게 할 것, 진전(陳田)을 일군 곳은 세금을 감면해주되 산전(山田)에서 나온 곡식의 세금으로 그 감면된 수를 보충할 것 등을 주장하였다. 그 밖에 학교(學校), 향약(鄕約), 군정(軍政), 생물(生物) 공납, 산송(山訟), 살인사건, 별어사(別御使) 등에 관한 논의들도 서술하였다.

[참고문헌] 『정조실록』; 농촌진흥청 역, 『응지진농서Ⅱ』, 진한M&B

깃기[衿記] 조선 후기 지세를 수취하기 위하여 납세자별로 납세결수를 파악하여 기록한 지세징수대장.

국가의 토지장부인 양안(量案)은 20년마다 작성토록 한 규정도 따르지 못할 정도로 작성주기가 길었으며, 토지이동 등의 변화를 반영하여 수정할 수도 없었기 때문에 현실의 토지소유와 경작을 파악하기에는 한계가 있었다. 또한 작성방식도 필지별로 자호지번 순으로 작성되어 납세주체인 토지의 소유자와 그의 전체 토지소유 현황을 파악하기도 쉽지 않았다. 이에 따라 지세를 수취하는 각 지방의 지세수취실무자인 서리들은 납세자별로 소유·경작하는 토지를 파악하여 지세를 조정, 부과하는 장부를 별도로 만들어 운영하였다. 이 장부가 바로 깃기이다.

깃기는 작성주체에 따라 다양한 형식을 띠나, 기본적으로는 납세자별로 관련 필지를 양안의 내용에 의거하여 자호(字號)와 결부(結負)등의 내용을 기록하였다. 이외에 실면적인 마지기(斗落)를 기록하거나 토지의 소유주 및 그 거주지 등을 기록하는 경우도 있었다. 깃기는 양안과는 달리 실무를 담당한 서리들에 의하여 지세징수의 편의를 위하여 개별적으로 작성되었기 때문에 양식도 다양했고, 작성하여 사용하는 실무자가 아니면 구체적인 내용도 파악하기가 어려웠다.

[참고어] 양안, 수조안, 행심책

[참고문헌] 이영훈, 1980, 「조선후기 팔결작부제에 대한 연구」 『한국사연구』 29; 최윤오, 2006, 『조선후기 토지소유권의 발달과 지주제』, 혜안 〈허원영〉

ㄴ

나가노현 한농조합(長野縣韓農組合) 1908년 일본 나가노현(長野縣)에서 한국에서 농업이민과 척식사업을 목적으로 설립한 농업조합.

러일전쟁에서 일본이 승리하자, 일본 사회 전반에 걸쳐 한국에 대한 척식론과 토지투기열이 고조되었다. 일본 각 지방 부현의 지주·상공인들은 부현 당국의 재정적 지원 속에서 농업회사나 농업조합을 설립하여 한국척식사업에 나섰다. 1908년 9월 나가노현의 지주 유력자들은 농사를 목적으로 한국에 이주하거나 토지·가옥을 구입하려는 자에게 각종 편의를 제공할 목적으로 재단법인 나가노현 한농조합을 설립하였다. 조합 사무소를 나가노현청 내에 설치하고, 필요에 따라 한국 출장소를 설치하기로 했다. 1908년 9월부터 1909년 12월까지 조합 이사를 한국에 파견하여 농업상황을 조사했으며, 조사결과를 보고서로 만들어 배포하기도 하고 이민사업의 자료로 삼았다. 조합에서는 종묘구입 할인, 한국에서 임시숙박비 할인 같은 농업 이주자들을 위한 여러 편의조치를 마련했지만, 현비 보조가 1년에 그쳤고 조합출자금 증액도 여의치 않아 활동이 중단되었다. 당시 한국 각 지역에서 반일 의병운동이 활발하게 전개되었고 또한 수지타산의 관계상 소작제 농장경영이 더 유리했기에, 조합의 소규모 이민척식사업은 큰 성과를 거두기는 어려웠다.

[참고어] 후쿠오카현 농사장려조합, 한국흥농주식회사, 오카야마현 한국농업장려조합

[참고문헌] 『韓國中央農會報』 2-10, 1908 ; 한국농촌경제연구원 편, 2003, 『한국농업·농촌 100년사 상』, 농림부 〈고태우〉

나래 논밭의 흙을 평평하게 고르거나, 곡식을 모으거나 펴는 데 사용하는 도구.

논이나 밭의 바닥을 평평하게 고르기 위해 높이 쌓인 흙을 낮은 곳으로 끌어내리게 되는데(바닥걸기질), 이

나래 농업박물관

때 사용하는 연장이 바로 나래이다. 논바닥에 물이 고르게 펴지도록 하거나, 개간시 논밭의 토사를 처리할 때, 집터를 닦거나 보(洑)를 막을 때, 그리고 곡식을 모으거나 펼치는 데에도 사용되었다. 또한 이러한 기능으로 인해 염전에서도 널리 이용되었다. 형태는 일반적으로 나무로 된 손잡이와 기본틀 아래쪽에 여러 개의 널빤지를 이어 만든 판나래가 많았다. 하지만 지역이나 용도에 따라 다양했는데, 끝부분에 널빤지 대신 짚이나 싸리를 엮기도 하고 쇠날(칼나래)이나 말굽쇠 모양의 날(삽나래)을 달아 사용하기도 하였다.

나래라는 명칭은 오래전부터 사용되었는데 한자로 '괄판(刮板)'이라 쓰였고, 지역에 따라 '번지'라는 이름으로 혼용되기도 하였다. 이는 써레에 덧대어 사용하는 번지가 바닥을 평평하게 고르는데 사용하는 널빤지였기 때문인 것으로 보인다. "나래 한 틀은 10여 명의 사람품과 맞먹는다"는 이야기가 있을 정도로 유용하게 사용되었고, 무게는 평균 5~7㎏으로 10여 년 정도 사용할 수 있었다.

[참고문헌] 박호석 外, 2001, 『한국의 농기구』, 어문각

나주 이씨가 농장(羅州李氏家農場) ⇒ 관국농장

나주박씨가 농장(羅州朴氏家農場) 한말 일제시기 전라남도 나주지방의 유력자 박재규(朴在珪)·박정업(朴正業)·박준삼(朴準三) 3대가 경영한 농장.

박씨가는 16세기 중엽 이래 집성촌인 전라남도 나주군 왕곡면과 공산면에서 세거해 오다가, 1872년 박재규의 부친 박성호(朴聖鎬) 대에 나주 성내로 들어왔다. 박성호는 전라남도 영암군 한대리에 위치한 서창의 일을 맡아보던 향리였다. 박재규는 동학농민운동 때 나주 수성의 공으로 참봉벼슬을 얻었고, 1897년 궁내부주사, 1908년 장흥군수에 임명되었다. 이때부터 박씨가는 나주에서 박장흥댁으로 불렸고, 일제강점과 함께 곡성군수에 임명되었지만 부임하지는 않았다. 그의 아들 박정업은 나주지역의 유력인사로, 1920년대 초반 나주면 협의회원·나주금융조합평의원·나주청년회부회장·민립대학설립기성회 나주군 지부 회금보관위원을 역임하였다. 그의 아들 박준삼은 서울 중앙고등보통학교 재학시절 3·1운동에 연루되어 검거된 이후 나주지역 사회운동에 깊게 관계했고, 해방직후에는 나주읍 인민위원장을 맡기도 했다. 박준삼의 동생이 광주항일학생운동의 도화선이 된 나주역 사건의 주인공 박준채(朴俊埰)였다. 1930년 현재 박정업은 223정보(논 207정보, 밭 14정보, 기타 2정보)의 농지를 소유했으며, 나주지역 조선인 지주 가운데 두 번째로 많은 토지소유자였다. 박씨가는 일제하 해방공간 나주지역의 정치적 사회경제적 움직임의 중심에 서있던 집안이었고, 그 사회활동의 기초는 한말이래 지주로서의 물적 기반이었다.

1897년 목포개항 이후 박씨가의 소유전답은 급속하게 확대되었다. 목포의 배후지인 나주는 목포개항의 경제적 혜택을 입었다. 대일미곡수출의 증가로 미가는 상승했고, 지방장시를 통해 쌀을 상품화해오던 박씨가는 고가로 목포에 내다팔았다. 1864년 박씨가의 소유농지는 500여 두락(170여석의 미곡판매)이었지만, 1904년 무렵에는 1,522여 두락(1,000여석 미곡판매), 1918년 2,810여 두락(2,000여석 미곡판매)에 달했다. 1921년 2,912두락까지 증가하여 최고 정점을 이루었다. 개항 전에는 토지가 연간 25두락 정도 증가했지만, 목포개항 후에는 거의 100두락씩 증가한 셈이다.

철저한 지대수취와 미곡 상품화를 통해 얻은 수익은 다시 토지매입에 사용되었고, 고리대를 통해서도 토지매집 자금을 조달하였다. 월 3-5%의 이자를 받았으며,

박경중 고택 전경

당시 지주가 경영에서 보이는 일반적인 이자율 수준이었다. 현금을 빌려주고 조(租)로 이자를 받게 되면, 1냥에 연간 조 1두를 받았다. 1863년 박씨가는 도전(稻錢) 989냥을 조 989두로 회수했다. 20세기 초반 박씨가의 고리대 자금은 1년에 1만 냥 정도였고 이자율은 월 3-7%였다. 박씨가는 고리의 압박에 견디지 못한 차금자들의 담보토지를 헐값으로 자신의 소유지로 삼을 수 있었다. 박씨가는 개항 후 기간지 매수를 통해서 뿐 아니라 성벽기지나 하천부지, 삼림을 불하받아서 소유지를 넓혀가기도 했다.

박씨가의 전답은 자작지와 소작지로 구분된다. 1863년 자작지는 27.7두락이었다. 자작경영은 주로 연고(年雇)에 의존했는데, 부족할 때는 일고를 투입했다. 1863년 연인원 380명이 일고로 박씨가의 농작업과 가사에 동원되었다. 일고의 대가는 현금이나 곡식 지불, 농우대여 아니면 자기 집 머슴으로 하여금 일고로 들어온 사람의 농사일을 품앗이했다. 일고의 40~50%는 박씨가 소작인으로 무상으로 동원되었다. 대부분의 소작인들은 박씨가와 혈연적 관계가 없는 사람들이었고, 특별한 이유가 없는 한 소작권은 보장되었다. 소작권 이동비율은 1900년대 초반 30~40%에서 1920년대 후반에는 10~20%로 낮아졌다. 소작인 1인당 경작규모는 5~5.5두락으로 영세한 규모였다. 소작규모의 영세성은 그만큼 지주권 강화를 의미하였다. 소작인들은 대부분의 논에서 만앙(晩秧)을 하여 열악한 수리환경을 극복해갔다. 소작료 징수방법은 집조법이었고, 지세는 소작인부담이었다. 1918년 지세령 개정을 계기로 지주가 지세를 부담하게 되자, 소작료 징수법을 정조법으로 전환하였다. 박씨가의 지세부담은 전체 소출 중에 4~8%정도였고, 지세가 상승한 만큼 지대를 인상했다. 대부분의 소작미는 쌀값이 오를 때까지 기다려서 목포와 인근 장시를 통해 방출했다. 미곡보관을 위해 조선미곡창고주식회사 목포지점 농업창고를 이용하기도 했다.

박씨가는 농외 투자에도 적극적이었다. 1920년대 호남은행주식을 사들이고 금융조합에 출자도 하고 전기회사에 투자하기도 했다. 1932년 4월 금융조합 배당금 27.5원, 전기회사 배당금 93.5원을 받았다. 이러한 간접투자뿐 아니라 1929년 박준삼은 나주협동상회에 자금을 투자하고 상무이사를 지냈다. 1930년대 일제의 압력으로 문을 닫게 되어 경제적 손실을 적지 않게 입었다. 정미소도 경영했지만, 농업공황으로 인한 미가 폭락으로 손해를 입었다. 1930년대 초반 박씨가는 금전적 압박을 심하게 받았다. 박씨가의 유동성 위기는 지인 이기성(李基性)의 연대보증에서 말미암은 것이었다. 이기성은 나주에서 조면업과 미곡상을 하면서 미두 투기를 하였는데, 1920년대 중반 이래 막대한 손해를 보았다. 그의 손해는 보증인이었던 박씨가에게 전가되었다. 두 집안은 선대부터 각별한 관계를 유지해 왔었기에, 박씨가는 전답을 팔아 이기성의 빚을 갚아주었다. 거액의 빚보증으로 큰 타격을 받은 상태에서 1936년 박정업이 다시 탄광에 투자하여 몰락의 길을 재촉하였다. 이러한 쇠락의 결과 해방 후 농지개혁 당시 나주지방에는 피분배지 면적이 30정보 이상 되는 지주가 1명도 없었다.

[참고어] 농지개혁, 동태적 지주, 재지지주, 금융조합

[참고문헌] 김건태, 2002, 「한말 일제하 나주 박씨가의 농업경영」 『대동문화연구』 44 〈이수일〉

나카시바농장(中柴農場) 1906년 나카노 소사부로(中野宗三郎)가 전라북도 김제군 만경면에 설립한 농장.

일본 야마구치현(山口縣) 구가군(玖珂郡) 출신인 나카노 소우사부로는 러일전쟁 직후 김제군 만경면에 들어와 익명조합 나카시바산업부를 만들어 토지매입과 농장경영에 나섰다. 나카시바산업부의 사업내용은 보통 농사와 과수재배·토지수탁경영·예탁우·식림·개간사업이었고, 사무소를 만경면 화포리에 두었다. 1910년 현재 344.8정보(논 254정보 밭 73.7정보 기타 17.1정보)의 농지를 소유했으며, 1918년 10월 나카시바산업주식회사(공칭자본금 24만 원, 1921년 100만 원으로 증자, 불입자본금 58만 2,000원)으로 조직을 개편하였다. 사장에 나카노 소사부로, 상무에 아들 나카노 소이치(中野宗一) 이사에 나카시바 만키치(中柴萬吉)가 취임했다. 미곡경기의 호조 속에서 지주경영은 확대되었고, 1922년 농장의 소유농지가 588.7정보(논 451.5정보, 밭 121.5정보, 기타 15.7정보)에 달했다. 1924년 김제군 청하면 동지산리로 농장을 이전하였고, 충청남도 논산에도 출장소를 신설하였다. 1934년 현재 나카시바산업주식회사는 총 1,215정보(김제군일대 소유지 992정보와 위탁관리지 7정보, 논산군 일대 소유지 93정보와 위탁관리지 123정보)의 농지를 지주소작제로 운용했으며, 소작농민은 1,600여 명에 달했다.

전통적인 마름제도를 폐지하고, 1919년부터 소작농이 거주하는 마을단위로 경작조합을 만들어 소작인을 관리하였다. 경작조합마다 농업기술원인 참사(회사직원)을 두고 소작인 중에서 이사를 뽑아 소작인에 대한 체계적인 영농지도와 노무관리를 실시했다. 1919년 이래 전라북도 관내에서 13개 조합, 충청남도 관내에서 8개 경작조합이 있었다. 회사는 직영의 시작전답을 운영하면서 농사개량에 전력을 다했다. 2정보 규모의 시작답에서는 벼 품종비교재배·비료시험·이모작시작·다비경작을, 1정보 규모의 시작전에서는 보리와 대두의 채종원·소채원·과수원으로 구획하여 각종 농사실험을 실시하였다. 다양한 농사실험을 바탕으로 현지 환경에 적합한 개량종자를 보급하고 일본식 농사법(정조식 보급, 개량묘대와 박파(薄把)의 장려, 추경심경 및 피 제거, 이모작의 장려 등)을 소작농민에게 강제하였다. 퇴비증산 및 시비법 개선에 힘썼고, 제초기를 비롯한 일본식 개량농구 보급에도 적극적이었다. 소작료를 완납하기 전까지 수확물에 대한 전매·양도·담보·저당행위를 금하였다. 소작료는 정조법으로 징수했고 흉작 시에는 검견을 통해 감액하였다. 소작미 운반은 0.5리 이내는 소작인이 무상으로 운반했고 0.5~1리 사이는 농장에서 벼 1석당 5전을 운반료로 지급했다. 0.5리씩 증가할 때마다 1석당 5전을 가산했다. 소작농민에게 농사자금과 화학비료를 대부하고 금융조합과 동일한 이자율을 적용하였다. 회사 구내에 12마력 발동기를 설치하여 하루 300가마니를 조제하고 오사카와 나고야 미곡시장에 직송하였다. 나카시바농장의 현미는 일본 미곡시장에서 호평을 받았다.

나카시바농장 인근 일본인 지주들과 협력하여 경지정리조합 몽산보계·중석보계를 조직하고, 바둑판처럼 농지를 구획하여 농사경영의 효율성을 높여 갔다. 모범소작인을 선발하여 상금을 수여했고 소작미 수납성적에 따라 경작인 조합을 표창하였다. 매달 농사강습회를 개최하였고 농촌개량사업에도 적극 나섰다. 양잠·양돈·가마니짜기 같은 농가부업과 부인노동을 적극 장려하였다. 가마니 짜기 대회를 열어 우수자에게 상금을

수여하고 가마니의 대량생산을 도모하였다. 모범 소작인마을을 선정하여 개량부락보조금을 지급하였다. 모범마을에 기술원을 파견하여 비황저축(저축금 1만 원) 및 위생 생활개선사업을 전개하였다. 나카노 소사부로는 1927년 중앙축산회로부터 축산공로자로서 표창을 받을 정도로 축산장려에 노력하였다. 만경축우조합을 설립하고 축산강습회를 개최하여 우량종돈과 개량달걀을 무료로 배포했다. 농외투자로 1927년 만경축산주식회사(자본금 70만 원, 불입금 17만 5천원)를 설립했고, 나카노 소이치가 사장으로 경영을 맡았다. 나카시바농장은 나카노의 노력에 힘입어 호남에서 모범농장으로 손꼽혔다.

[참고어] 소작인조합, 위탁경영, 동태적 지주

[참고문헌] 謙田白堂, 1936, 『朝鮮の人物と事業』, 實業之朝鮮

〈이수일〉

난곡기계농장(蘭谷機械農場) 1920년 일본 아이치산업주식회사(愛知産業株式會社)가 강원도 회양군 난곡면에 세운 대규모 유축전작농장(有畜田作農場).

제1차 세계대전이 발발하자 일본은 독일조차지였던 칭다오(靑島)를 공격하여 독일인 5천명을 포로로 삼았다. 이들은 1918년 11월까지 일본 전역에 위치한 20개 포로수용소에 수감되었다. 500명이 수용된 아이치 현 나고야수용소(名古屋收容所)에는 독일 농업대학을 졸업한 후 몇 년간 독일농장에서 일했던 사람들도 몇몇 있었다. 종전 후 이들은 독일로 돌아가는 대신 당시 조선 농업척식사업을 준비하고 있던 아이치 산업주식회사와 연결되었다. 회사가 토지와 건물·농기구와 같은 일체의 자본을 제공하고, 이들 독일인이 농장경영을 책임지면서 해마다 일정한 이윤과 이자를 지급한다는 위탁계약을 맺었다. 조선총독부와 교섭에는 조선총독부 촉탁이면서 아이치산업주식회사 상담역으로 있던 농본주의자 야마자키 노후요시(山崎延吉)의 활약이 있었다. 1919년 말 조선에 들어온 독일인들은 다음해 3월 강원도 회양군 난곡면에 독일식 대규모 유축농장을 건설하기 시작했다. 농장 가까이에 경원선 세포역이 위치해 있기에 서울로 나가는 접근성이 뛰어났다. 농장은 난곡면의 중앙고원에 위치했으며, 농장 남쪽에는 조선 왕실의 목마장(=조선총독부 난곡목마 지장, 이왕직목마장)이 있었다. 덤프트럭·풍차·증기쟁기·탈곡기·우물펌프·제분기·파쇄기·종자선별기·파종기 등 각종 독일산 대형농기계를 사용했기에 기계농장(機械農場)이라 이름이 붙여졌다. 일제시기 난곡 기계농장은 금강산·왕실목마장과 함께 북선 관광의 3대 명물로 알려졌다. 아이치산업주식회사는 난곡 기계농장 이외에 소작제로 운영되는 전작만 하는 난곡농장도 개설하였다.

난곡 기계농장은 축산과 밭농사가 병행 결합된 복합영농의 전작유축농장이지만, 축산이 주였다. 밭농사는 주로 자급사료로 활용되었다. 밭농사를 통해서 사료를 자급하고, 가축동물들의 분비물이 개간된 토지의 지력을 향상시키고, 그에 따라 축산의 효율도가 높아지고, 육류와 그 부산물 가공도 증진하는 복합 순환구조를 추구하였다. 따라서 농장은 사료지구와 원예지구로 구분되었고, 윤작체계로 밭작물을 재배하였다. 농장 개설 3년 동안은 개간정지작업과 농장시설물 구축에 주력하면서 난곡지역에 적합한 밭작물 시험재배에 전력을 다했다. 잡석을 제거하고 100마력의 증기쟁기 2대로 평탄하게 땅을 고르는 작업을 꾸준히 해나갔다. 농장 내 시험포와 시험원에서 난곡지역의 기후와 풍토에 맞는 작물개량실험을 하였다. 정지작업의 다음단계는 토지개량과 지력확보였다. 농장토질에 맞는 윤작재배체계를 시험포의 재배실험에서 찾아내었다. 콩→호밀→감자→옥수수→콩의 순서로 재배하면서 척박한 개간지의 지력을 유지 향상시켜갔다. 콩을 갈아엎고, 젖소·돼지·면양 등 가축들의 분뇨를 두엄으로 최대한 활용하였다.

난곡 기계농장의 대표적 전작물은 흑빵의 원료인 호밀과 감자였다. 호밀은 1년에 4번 정도 수확할 수 있었고 제분되어 일본으로 직송되었다. 사료 중 가장 중요한 목초는 8정보 규모의 목초지를 따로 운영했지만, 대부분의 목초는 인근 야산에서 구했다. 기계농장은 밭 160정보에 호밀 40정보(25%), 피 20정보(13%), 감자 15정보(9%), 옥수수 6정보(4%) 목초 및 야채 15정보(10%)를 재배하였다.

또한 농장에서는 젖소와 돼지사육에 주력하였다. 젖소는 사료가 많이 드는 북부독일 홀스타인종과 조선재래종을 교배한 개량종을 사육했다. 돼지(독일 하노버종)는 4~11월까지 미간지에 방목했기에, 지력향상에도 도움이 되었고, 사료 값도 절약할 수 있었다. 반은 햄과 소세지로 가공 판매했고, 나머지 반은 새끼일 때 일반농가에 팔았다. 체력이 튼튼한 개량종 젖소에서 생산된 우유는 유가공으로 제조 판매되었다. 1920년대 중반이후 환자나 유아들만 마셨던 우유가 가정이나

카페로 보급되면서 서울의 우유소비량이 급격하게 확대되기 시작했다. 이에 난곡 기계농장에서는 본격적으로 난곡우유판매에 착수하였다. 1928년 7월부터 서울에 난곡순정우유(蘭谷純正牛乳)라는 우유판매소와 저온살균 우유소독소를 설치하였다. 아침에 짠 우유는 날마다 기차로 서울로 운송되었고, 남은 우유로 생크림과 치즈를 제조하였다. 판매우유의 매출은 1928년 48,600리터, 1929년 73,260리터였다. 우유를 생산할 수 없게 된 젖소나 수소 그리고 돼지는 도살 후 독일식 햄과 소시지로 만들어 판매하였다. 서울·도쿄(東京)·요코하마(橫濱)·고베(神戶)·상하이(上海)·칭다오에서 주문이 쇄도하였고, 조선에서 햄하면 '난곡산 햄'을 연상시킬 정도였다.

1920년 개업할 당시에는 농장주임 칼 크브레너(기계담당)·존 멜라트(회계판매담당)·자이펠트(원예기사)·허셀 바하(미장이)·슈왈츠(목수)·호프만(우유전문)으로 구성된 독일인 중심의 경영조직이었지만, 1928년 이후부터 아이치산업주식회사가 농장을 직영하였다. 난곡 기계농장은 설립 당시부터 포로출신의 독일인들이 운영하는 농장이라는 점, 순환형 농업의 실천사례라는 점 그리고 기계와 과학을 활용한 합리적 경영을 행하는'이상적 대농장'으로 큰 관심을 불러일으켰다. 조선총독부는 난곡 기계농장을 서북지역 전작경영의 새로운 대안으로 주목하면서 식민지 농정의 차원에서 자금지원도 적극적으로 해주었다. 조선총독부로부터 농무관계 국고보조금을 1926년부터 지급받았는데, 1926~29년 동안 해마다 3만 원씩, 1932년에는 14,250원을 받았다. 국고 보조금 덕택에 기계농장은 겨우 적자를 면할 수 있었다. 1931년 7월 현재 난곡농장과 난곡 기계농장을 합해 아이치산업주식회사가 소유한 면적은 밭이 2,000정보, 산림이 1,000정보였다. 그 중 난곡 기계농장은 160정보가량이었다.

1933년 6월 아이치산업주식회사는 직영농장인 난곡 기계농장과 소작농장인 난곡농장을 합병하여 기계농장부와 소작관리부로 재편하였다. 기계농장부는 경지 약 2,000정보, 가축 젖소 60여 두, 면양 200두, 돼지 100마리, 경우 23두를 사육하였다. 소작관리부는 소작지 550정보였지만, 해마다 30~50정보를 증가시켜 1,000정보를 목표로 하였다. 조선인 소작인 300여 명으로 그 중에 자작 겸 소작농도 적지 않았다. 기계농장 부근의 소작인은 1-2정보의 밭을 보유하면서 기계농장의 출가형 일용노동자로 급여를 받았지만 경제적으로는 안정되었다.

1935년 아이치산업주식회사의 제16회 주주총회에서 난곡농장이 계획목적 미달성이라는 불만의 목소리가 높았다. 축산수련장·경쟁마육성장·종모생산조합(種牡生産組合)도 운영되었지만, 경영은 개선되지 않았다. 재정운영난으로 인해 1939년 난곡농장은 동양척식주식회사에 인수되어 '직할특종농장 동척난곡농장'으로 전환되었다. 당시 농장면적 3,000정보, 그중 소작지 2,300정보(소작인 600인), 직영지 180정보, 채초방목지 80정보, 산림 2,000정보였다. 산림 2,000정보 중에 700정보는 신탄림 1,300정보를 식재지로서 운용했고, 식재지 1,300정보에 300만 그루의 조선 오엽송과 낙엽송을 심었다. 농장직원은 동척사원으로 되었다. 이후 규모도 확대되고 내용도 충실해졌다. 북선개척의 모델농장이 되어 관광 견학자로 붐비기도 했다. 1945년 동척은 조선낙농사업계획을 발표했는데, 사업목적은 재래의 밭농사에 낙농업을 결합시켜 밭농사의 획기적 개선을 촉진한다는 것이었다. 사업지역도 평강군과 회양군 일대 총면적 3만 정보였고, 난곡농장도 그 속에 들어갔다. 일제의 패망으로 사업은 중단되었고, 38도선 이북에 위치한 난곡 기계농장은 북한 농업구조 속으로 들어갔다.

[참고어] 동양척식주식회사, 동태적 지주, 개간

[참고문헌] 『京城日報』 1922년 7월 28일~8월 7일 ; 河田嗣郎, 1925, 「朝鮮の雜種農業(二·完)」 『經濟論集』 20-5 ; 『동아일보』 1925년 2월 11일, 1931년 7월 15일 ; 三浦洋子(김태곤 역), 2008, 「일제강점기 조선 난곡기계농장의 대규모 농장제 육축전작 농업경영 실태」 『농업사연구』 7-1 ; 三浦洋子, 2011, 『北部朝鮮·植民地時代のドイツ式大規模農場經營-蘭谷機械農場の挑戰』, 株式會社明石書店 〈이수일〉

난호군둔(欄護軍屯) 조선 후기 난호군의 군향을 충당하기 위해 설치·운영한 둔전.

난호군은 난후군(欄後軍) 또는 선위사(善衛士)라고도 한다. 1747년(영조 23)에 평안도 병사 이일제(李日濟)의 상청으로 평안도 안주와 그 가까운 읍에 설치한 군대로, 날쌔고 건장한 병사 2,000여 명을 뽑아 난후충의사라고 칭했다.

난호군둔은 중앙의 각 영문(營門)에서 운영한 영문둔전의 일종이다. 4부에 동(垌)을 구축하고 개간하여 답으로 삼고, 4부 각 장군에게 휴번 때 농작토록 한 것이 둔전의 제도와 같았다. 이후 이를 남한산성 요충지에 설치해 휴번병에게 한광지를 개간토록 했다. 둔토의

관리는 난호군을 양성했던 병영과 금위영(禁衛營), 훈련도감(訓練都監) 등이 맡았다. 둔명 역시 관리를 담당하는 기관의 명칭을 따서 병영둔, 금위영둔[금둔], 훈련도감둔[훈둔] 등으로 혼칭되었다. 따라서 난호군둔[혹은 난후군둔]이라고 칭했던 것은 실제로는 극히 적었으며, 이후 병칭을 잃고서는 다른 병영둔, 근위영둔, 훈련둔에 합병되었다.

1895년 난호군이 폐지된 후 난호군둔의 명칭이 남은 것은 옥천, 전의, 함평, 강서의 각 군에 있는 4개 정도였다. 이들은 일단 소재 군청으로 이관되었다가 1897년에 군부 소관으로 바뀌었고, 1908년 국유지로 편입되었다. 이후 국유지 실지조사와 토지조사사업을 거쳐 국유지로 편입되었다.

[참고어] 영문둔전, 금위영둔, 훈련도감둔

[참고문헌]『度支田賦考』;『萬機要覽』; 和田一郞, 1920,『朝鮮土地地稅制度調査報告書』 〈윤석호〉

난호어목지(蘭湖漁牧志) 1820년경 서유구가 저술한 어류학(魚類學)에 관한 기술서.

서유구(徐有榘, 1764~1845)가 조선 후기 최대의 농서로 인정받고 있는『임원경제지(林園經濟志)』를 찬술하기에 앞서 편찬한 수산업에 관한 저술이다. 1책 70장의 인쇄본으로 서문·목차·발문 등이 없다. 본래「어명고(魚名攷)」와「전어지(佃漁志)」로 구성되어 있었으나 현재는「어명고」만 전하며,「전어지」는『임원경제지』의 권37~40에 수록되었다.

어명고는 강어(江魚)·해어(海魚)·논해어미험(論海魚未驗)·논화산미견(論華産未見)·논동산미상(論東産未詳) 등으로 나누어 논술하고 있다. 그 내용으로 보아 어류학이라고 해도 과언이 아니다. 물고기의 이름을 한자와 한글로 각각 적은 뒤 그 모양과 형태·크기·생태·습성·가공법·식미(食味) 등에 대하여 서술하고 있다.

강어로는 잉어[鯉]·숭어[鯔]·거억정이[鱸]·독너울이[鱒]·붕어[鮒]·납작어[鰤]·참피리[鰷]·모래무지[鯊]·잠마자[杜父魚]·소갈어[鱖]·위어[鱭]·끼나리[細魚]·누치[訥魚]·모장이[모章魚]·발강이[赤魚]·깔담이[葛多岐魚]·그리채[文鞭魚]·망둥이[望瞳魚]·밀어[밀魚]·거북자라·큰자라·게·가장작은조개[蚌]·말씹조개[馬力]·가막조개[蜆]·우렁[田蠃]·달팽이 등 55종을 수록하고 있다.

해어는 조기[石首魚]·황석수어[黃石首魚]·민어[鰵魚]·준치[鰣]·반당이[勒魚]·도미[禿尾魚]·비웃[靑魚]·가자미[鰈]·서대[舌魚]·넙치[華臍魚]·병어[鯧]·방어[魴]·연어(年魚)·송어(松魚)·전어(錢魚)·황어(黃魚)·선비[鮮白魚]·범고기[虎魚]·물치[水魚]·삼치[麻魚]·중고기[和尙魚]·횟대[膾代魚]·무럼[洪魚]·청다래[靑障泥魚]·수거리[繡鋸魚]·멋[鮧鱒]·오징어[烏賊魚]·호독이[柔魚 : 꼴뚜기]·문어[章文]·낙지[石距]·주꾸미[望潮魚]·물암[水母]·해삼(海蔘)·새우[鰕]·대모(玳瑁)·생복[鰒]·바다긴조개[海蚌]·대합조개[文蛤]·모시조개[白蛤]·참조개[蛤蜊]·함진조개·가장큰조개[車螯]·강요규[蚶]·홍합[淡菜]·가리맛[蟶]·굴조개[牡蠣]·흡힘[海蠃] 등 78종을 수록하고 있다.

논해어미험에서는 저자가 경험하지 못한 물고기들을『본초강목(本草綱目)』·『화한삼재도회(和漢三才圖會)』 등을 인용하여 풀이하고 있는데, 그 수는 전(鱣) 등 9종이다. 논화산미견에서는『산해경(山海經)』 등 중국 서적에 있는 것 가운데 저자가 보지 못한 물고기를 기록하였는데, 서(鱮) 등 11종을 들고 있다. 또 우리나라에서 나는 것으로 알 수 없는 담라(擔羅) 1종을 들고 있다. 이 책에서 다루고 있는 물고기의 총수는 154종에 이른다. 물고기 이름뿐 아니라, 그 조리법까지도 상세히 전하고 있다. 국립중앙도서관에 소장되어 있다.

[참고어] 서유구, 임원경제지

[참고문헌] 김영진, 1982,『농림수산고문헌비요』, 한국농촌경제연구원 〈정두영〉

남극엽(南極曄) 1798년(정조 22) 권농정구농서윤음(勸農政求農書綸音)에 응하여「농서십구조(農書十九條)」를 올린 사람 중 한 명.

「농서십구조」는 경치(耕治), 분전(糞田), 파종(播種), 수종(水種), 조종(旱種) 등의 19개 조항에 대해, 조선의 농서들에 근거를 두면서 그 현황을 간략하게 정리하고 있다.『애경당유고(愛景堂遺稿)』에 전한다.

[참고어] 응지진농서

[참고문헌] 문중양, 2000,『조선후기 수리학과 수리담론』, 집문당

남집(濫執) ⇒ **거집, 잉집**

납공(納公) 고려시기 전시과 체제에서 자신이 받은 수조지를 나라에 반납하는 행정 절차.

전시과에서 분급된 토지는 양반·군인·향리 등 각자의 직역(職役)과 연계되어 주고받는 직역전이었으므로 궁극적으로 국전(國田)이라고 할 수 있다. 이것은 직역의 지속적인 이행을 전제로 분급되는 것이었으므로,

선대의 토지가 후손에게 계승되는 것도 가능하였다. 그러나 사적 소유지와는 달리 임의로 상속·증여할 수는 없었다. 만약 직역전의 소지자가 자신이 직역을 이행할 여건이 소멸되거나 상실되는 경우에 이르면, 관아에 나아가서 분급 받은 전토를 국가에 반납하는 수속을 밟아야 했다. 이것은 선대의 토지가 후손에게 계승되는 경우라 하더라도, 원칙적으로는 반드시 지켜야 할 행정 절차 중의 하나였다. 이와 같이 직역전의 소지자가 분급 받은 전토를 국가에 반납하는 수속 행정을 납공이라고 한다.

[참고어] 국전

[참고문헌] 李景植, 2011,『韓國 中世 土地制度史-高麗』, 서울대학교 출판문화원

낫 풀이나 곡식을 베거나 나뭇가지를 쳐서 꺾는 데 사용한 '기역(ㄱ)'자 모양의 농기구.

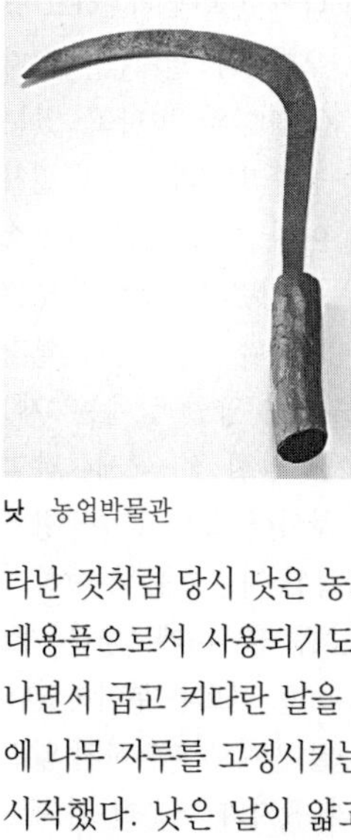

낫 농업박물관

한국에서 사용된 역사가 매우 오래되어 삼국시기 출토된 쇠낫은 무려 수백 점에 이르러 농기구 가운데 가장 많다. 돌칼을 이용하여 곡물을 수확하던 방식에서 벗어나 쇠낫 사용이 일반화된 것은 3세기 후반 이후로 추정된다. 고구려 벽화에 나타난 것처럼 당시 낫은 농기구로서의 쓰임새 외에 무기 대용품으로서 사용되기도 하였다. 통일신라시기를 지나면서 굽고 커다란 날을 지니고, 쇠로 만든 슴베 부분에 나무 자루를 고정시키는 재래식 낫의 모습을 갖추기 시작했다. 낫은 날이 얇고 가벼워 풀이나 곡식을 벨 때 사용하는 평낫(풀낫), 날이 두껍고 육중하여 나뭇가지를 찍는 데 사용하는 우멍낫(나무낫), 크기가 매우 작아 날 길이가 10㎝에 불과하고 뽕나무를 베는 데 사용하는 버들낫, 호남과 제주 등지에서 갈이나 들풀을 벨 때 사용한 긴 자루의 대형 낫인 벌낫 등이 있다. 지방에 따라 낫 모양도 조금씩 달라지는데, 경기도 및 영남지역의 낫은 날이 곧고 슴베 부분이 긴 데 반하여, 강원도 및 호남지역의 낫은 날 등이 굽고 슴베가 비교적 짧은 특징을 지닌다.

낫의 한글 표기는『훈민정음해례본(訓民正音解例本)』(1447)에서 '낟'으로 하고 있으며, 한자 표기는 주로 '겸(鎌)'으로 되어 있다. 예컨대 사육신 하위지(河緯地, 1387~1456)의『단계유고(丹溪遺稿)』「유권(遺券)」에 보면 '겸(鎌)'으로 기재되어 있다. 또한『역어유해(譯語類解)』(1690)의 '겸도(鎌刀)',『천일록(千一錄)』(18세기 후반)의 '겸자(鎌子)'도 낫에 대응하는 한자들이다.

한편 낫을 큰 낫과 작은 낫으로 구분하거나, 조선낫의 세부적인 특징을 부각하는 표현들을 발견할 수 있는데, 가령 강희맹(姜希孟, 1424~1483)의『사시찬요초(四時纂要抄)』에 등장하는 '시겸(柴鎌)'은 땔나무를 마련하는 데 사용되는 큰 낫으로서 오늘날의 우멍낫에 해당된다고 할 수 있다.

또한 조선 중기 한자 학습의 기본서인『훈몽자회(訓蒙字會)』(1527)에는 '벼를 베는 굽은 칼'로서 '鎌(낟 렴, 國音 겸)', '釤(낟 삼, 大鎌)', '鍥(낟 결, 小鎌)', '벼 이삭을 따는 칼'인 '銍(낟 딜)' 등이 낫에 대응하는 한자로서 풀이되고 있다.『한한청문감(韓漢淸文鑑)』(1779)에도 풀을 베는'큰 낫'인 '芟刀'가 등장하는데 실제로 당시 만주 지방에 자루 길이 180㎝ 가량으로 우리나라의 벌낫과 유사한 낫이 사용되고 있었으므로 이 표현은 만주낫을 나타내는 표현일 수도 있다.『재물보(才物譜)』(1798)의 경우 '銍'은 '곡식을 베는 작은 낫', '釤'은 '큰 낫[大鎌]'이라고 되어 있다.『물보(物譜)』(1820년)도 마찬가지로 구체적인 크기를 알 수는 없지만 '鎌(낫)', '銍(쟈근 낫)', '艾, 刈(큰 낫)' 등으로 낫을 의미하는 한자의 뜻을 새기고 있다.

서호수(徐浩修, 1736~1799)는『해동농서(海東農書)』에서 '鎌(낫)'에 대해 우리나라의 낫은 중국 낫에 비해 "날 끝이 갈고리처럼 구부러져 있다"는 설명과 함께 중국 농서에 등장하지 않는 주변에서 실제 사용하고 있는 그림을 함께 수록하였다. 서호수의 아들로 대를 이어 농학(農學)의 업적에 기여한 서유구(徐有榘, 1764~1845)가 남긴『임원경제지(林園經濟志)』에서도 '鎌' 항목에서 "우리의 것은 鉤鎌인즉 이름하기를 낫이라 한다"고 하며 조선낫의 특징을 설명하였다.

『한국토지농산조사보고(韓國土地農産調査報告)』(경기도, 충청도, 강원도)(1905)의 '낫(鎌)' 항목은 조선의 낫에 대하여 "불완전하다"고 평가하면서 날과 자루의 각도에 따라 직각, 둔각, 일직선 등 3가지 형태로 구분하고 각각의 유형과 용도의 차이에 대해 서술되고 있다.『조선의 재래농구(朝鮮の在來農具)』(1924) 단계에 와서야 조선의 낫을 평낫과 우멍낫으로 나누어 설명하게 된다.

[참고문헌] 金光彦, 1986,『韓國農器具考』, 韓國農村經濟硏究院 ; 이호철, 1986,『조선 전기농업경제사』, 한길사 〈정희찬〉

낫땅/내땅/우리땅/자기땅/기토 ⇒ 지주

내농작(內農作) 조선시기 궁궐에서 정월 대보름날에 볏짚으로 곡식의 이삭처럼 만들어 나무 위에 걸어 놓고 그 해의 풍년을 기원하는 풍속.

가농작(假農作)이라고도 한다. 본래는『시경(詩經)』빈풍(豳風) 7월편에 있는 '경작하고 수확하는 대목'을 본떠서 정월 대보름에 궁궐에서 행하여진 행사이다. 조선에서는 국왕을 중심으로 풍년을 기도하는 모의 왕실 농경의례로 세조~명종초까지 행해졌다.

내농작은 본래는 향촌사회의 민간에서 행해지던 행사였으나 후대에 궁궐에 전해진 것으로 보인다.『연려실기술』에 그 과정이 자세하게 묘사되어 있는데, 정월 대보름날 궁중에서는 볏짚을 묶어서 곡식 이삭을 만든 다음 빗자루에다 매달아서 열매가 많이 열린 모습을 형상하고, 나무를 세워 새끼로 얽어매어 그 해의 풍년을 빈다고 한다.

한편, 내농작에는 연극적인 요소가 포함되어 있다. 궁중에서 신하들이 농민 분장을 하고 6명의 승지(承旨)를 3명씩 나누어 두 대(隊)가 승부를 겨룬다. 이때 내농작에 가담하는 관리들은 경쟁적으로 묘한 가물(假物)을 만들어 내기에 열중한다.

내농작은 처음에는 농사를 장려하기 위하여 시작한 것이지만 중종 무렵 변질되어 나갔는데,『연려실기술』에서는 '관리와 공장들이 새로운 기교를 다투어 가짜의 형상을 만들어 내고, 극도로 묘하게 만들려고 물감을 거두어들이니 시정 점포가 텅비어 버렸다'고 전한다. 이 때문에 대간에서 무익한 일이라 하여 결국 중지시키게 되었다.

[참고어] 농경의례

[참고문헌]『詩經』;『朝鮮王朝實錄』;『燃藜室記述』; 홍미라, 1997,「조선시대 宮中 內農作의 연극성에 대하여」『한국연극학』9권, 한국연극학회 ; 배영동, 2007,「궁중 내농작과 농가 내종작의 의미와 기능 : 궁중풍속과 민속의 관계를 생각하며」『한국민속학』45, 한국민속학회 〈이준성〉

내분(內分) 양안 상의 토지에 자호와 지번을 부여할 때, 토지의 위치를 누락 없이 연속적으로 파악하기 위해 양전의 주방향에서 벗어난 토지에 지번을 붙이는 방식.

조선 후기 양전사업을 실시한 후 양전의 성과를 양안에 기재할 때는 지목과 소유자를 고려하여 필지를 구획하고 자번호를 부여하였다. 각 필지의 자호와 지번은 양전의 주방향에 따라 필지순으로 부여하는 것이 원칙이었다. 이때 내분은 양전의 주방향에서 벗어난 토지에 지번을 붙이는 경우로 양안 상에서 필지를 더 정확히 파악하기 위해 도입한 방식이었다. 모든 토지를 연속적으로 빠짐없이 파악하여 각 토지의 위치관계를 알 수 있도록 고안한 방식이다.

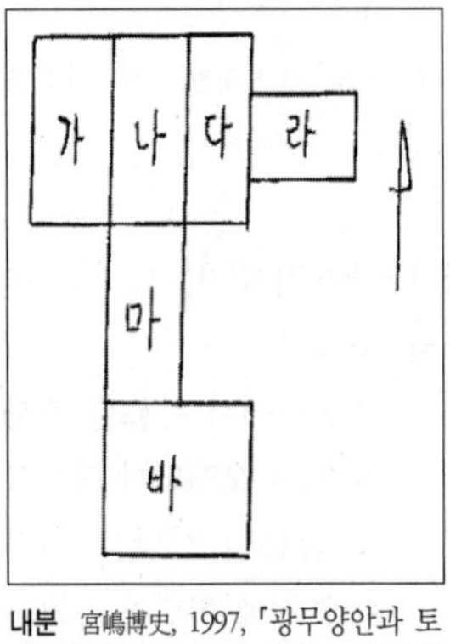

내분 宮嶋博史, 1997,「광무양안과 토지대장의 비교분석-충남 논산군의 사례-」『조선 토지조사사업의 연구』, 민음사.

내분의 실례로 왼쪽 그림을 참고할 수 있다. 그림에서 보듯 양전의 주방향은 가→나→마→바이다. '다'와 '라' 필지의 경우 주방향에서 벗어난 나의 동쪽에 위치하고 있으며, '라' 필지는 지진처(地盡處)와 만나고 있는 동쪽 방향의 마지막 필지이다. 이럴 경우 자번호는 양전의 주방향에 있는 가→나→마→바의 필지에 진행 순서대로 부여되었다. 즉 양안 상에는 '제1 동범 전'→'제2 남범 전'→'제3 남범 전'→'제4 남범 전' 순으로 자번호를 기재한 것이다. 그리고 주방향에서 벗어난 다, 라는 따로 독립된 자번호를 부여하지 않고 나의 자번호인 '제2 남범 전' 내에 '내분 제1답', '내분 제2 답'이라는 형식으로 번호를 부여하였다. 이때 '나'의 필지를 하나의 동일 필지로 파악하지 않고 내분으로 표기한 것은 '나'의 필지와 내분한 필지의 소유주나 지목이 다를 경우였다.

[참고어] 경자양안, 광무양안, 사표, 범향

[참고문헌] 최원규, 1995,「대한제국기 양전과 관계발급사업」『대한제국의 토지조사사업』, 민음사 ; 宮嶋博史, 1997,「광무양안과 토지대장의 비교분석-충남 논산군의 사례-」『조선 토지조사사업의 연구』, 민음사 〈고나은〉

내섬시둔(內贍寺屯) 조선시기 내섬시의 재정을 보용하기 위해 설치·운영한 둔전.

내섬시는 1392년(태조 1) 설치된 덕천고(德泉庫)가 1403년(태종 3)에 이름이 바뀐 것으로, 1405년에 육조의 분직과 소속을 정하면서 호조의 속사(屬司)가 되었다. 『경국대전(經國大典)』에 의하면 내섬시는 각궁(各宮)·각전(各殿)에 공급하는 물품, 이품 이상 관원에게 하사하는 술, 일본인과 여진인에게 보내는 음식물[供饋]와 직조(織造) 등을 관장했다. 또한 공주를 낳은 왕비의 권초(捲草)를 봉안하기도 했다. 양난 후인 1637년(인조 15) 재정 궁핍을 타개하려는 의도로 내자시(內資寺)를 병합했으나, 얼마 뒤에 다시 분리되었다. 1800년(정조 24) 4월에 다시 국가의 재정 지출을 줄이기 위해 공상물종이 비슷한 의영고(義盈庫)에 병합되었다. 또한 국제관계의 변화 등에 따라 전기에 담당했던 일이 폐지되었고, 다만 기름과 식초 및 소찬(素饌)을 공급하는 일을 담당하였다.

내섬시둔은 내섬시의 재정을 보용하기 위해 설치한 전답으로, 『만기요람(萬機要覽)』에 따르면 광주부에 3결의 면세 둔전이 설치되어 있었다.[「재용」2 면세(免稅)] 한편 『육전조례(六典條例)』에는 충주(忠州)의 위답(位畓)에서 세전(稅錢)으로 18냥 7전 3푼을, 교하(交河)의 둔전에서 조 4섬 12말을 수취한다고 했다.[「호조(戶曹)」 내자시(內資寺)] 이후 1882년 내섬시의 폐지와 함께 내섬시둔은 사옹원으로 이관되었다.

1895년 사옹원 역시 폐지되자 궁내부에서 관리했다. 1908년 이후 다른 역둔토와 함께 탁지부 관리 하에 들어갔다가 국유지실지조사와 토지조사사업을 거쳐 대부분 국유로 편입되었다.

[참고어] 아문둔전

[참고문헌] 『만기요람』; 『육전조례』 〈윤석호〉

내수사(內需司) ⇒ 내수사전, 1사7궁

내수사전(內需司田) 조선시기 왕실 재정을 담당했던 관청인 내수사에 소속·관리되던 토지.

내수사장토(內需司庄土)라고도 한다. 조선 왕실의 소유지는 고려의 장처전(莊處田)과 각종 사패전(賜牌田), 태조·태종 등의 사유지를 토대로 조성되었다. 이에 더하여 건국 초 각종 사전과 적몰지 등도 왕실소유지로 편입해 관리했는데, 이를 본궁(本宮)이라고 했다. 이후 1430년(세종 12) 내수소(內需所)로 개편했고, 1466년(세조 12) 내수사로 고쳤다. 한편 왕실재산이 비대해지고 폐해 또한 극심해지자 성종 대 이후로 '군주는 사장(私藏)을 가져서는 안 된다'는 유교적 명분론에 입각한 내수사 혁파 주장이 대두되었으나, 그 때마다 논의에 그쳤을 뿐이었다. 1801년(순조 1) 한때 내수사의 노비원부를 불태워 내수사 노비를 혁파한 일도 있으나 폐지되지 않다가 고종 대에 내장사(內藏司), 내장원(內藏院) 등으로 개편되었다.

내수사에서 관할하는 토지는 본래 본궁에 속한 토지 이외에도 내수사 소속의 공해전(公廨田)이 있었다. 『경국대전』 「제전(諸田)」 항목을 보면 내수사전은 면세였고, 내노(內奴 : 내수사 소속의 노비) 또는 위차(委差)가 관리자로 파견되었다. 1449년에 가속군자전(假屬軍資田)에서 2,000결을 떼어 내수소에서 수세하도록 했던 것이나, 1472년(성종 3)에 군자전을 떼어서 3,000결을 마련한 경우도 모두 공해전에 해당되었다. 또한 1503년(연산군 10)에는 죄인으로부터 몰수한 재산 중 3분의 2를 내수사에 소속시키기도 했다. 한편 1472년(성종 3)에는 삼사(三司)의 간쟁(諫爭)을 받아들여 내수사 소속의 농장 325개소를 237개소로 줄이기도 했다.

직전법이 폐지된 이후로는 무주진전(無主陳田)·무주공한지(無主空閑地) 및 민전을 침탈해 궁방전(宮房田) 및 둔전(屯田)이 확대되었다. 하지만 궁방전들이 절수를 통해 확대된 것과 달리 내수사 토지는 소속 노비의 기상(記上), 이속, 내노비 혁파 후의 급대 등을 통해 확대되었다. 예컨대 내수사 양안의 표지에는 '무후(無后)'라고 기재된 경우가 많은데, 이들은 무후노비의 기상전답을 뜻하는 것이었다. 특히 내수사에는 내노비의 수가 3900여 구에 이르렀는데, 그 중 자손이 없는 노비에 의한 토지의 기상이 많았던 것으로 보인다. 기상뿐만 아니라 타 궁방에서 이속된 토지도 다수를 이루었다. 먼저 1755년(영조 31)에는 저경궁(儲慶宮), 1778년(정조 2)에는 연우궁(延祐宮)의 토지가 내수사로 이속되었다. 또한 정조 즉위년에는 대빈궁(大賓宮 : 희빈 장씨), 명선공주방·명혜공주방 등이 혁파되어 그 중 상당부분이 내수사로 이속되었다. 정조 원년에도 영빈방(暎嬪房)의 절수 면세지가 출세지로 전환되면서 소유권이 내수사로 이속되었다.

이상의 증가는 정조 대 이후에 주로 진행되었으며, 그 이전까지는 전체 규모가 크지 않았을 뿐만 아니라 소규모의 토지가 전국에 분산된 양상을 보이고 있었다. 1787년(정조 11)에 작성된 『내수사급각궁방전답총결여노비총구도안(內需司及各宮房田畓摠結與奴婢摠口都案)』에 따르면, 본래부터 내수사 소속이었던 토지는 897여 결이었고, 정조 즉위 당시의 내수사 토지는1,176여 결이었다. 반면 작성 당시의 내수사 토지는 3,733여 결로,

정조 대 초반 혁파된 궁방의 토지가 이속되면서 본래 규모의 3배에 달하는 토지가 증가했음을 알 수 있다.

소유형태로 본다면, 원래 내수사전에는 내수사가 소유권을 지닌 영작궁둔(永作宮屯) 즉 무토(無土)의 면적이 적었다. 하지만 다른 궁방에서 이속된 토지의 대부분이 무토였다. 이는 내수사 토지수입의 급증으로 이어졌는데, 『속대전』에 따르면 본래 내수사전의 다수를 차지했던 유토(有土)의 면세지는 결당 23두의 조만을 수취한 반면, 무토는 200두의 조를 수취할 수 있었다. 따라서 증대된 면적보다 훨씬 많은 양의 수입이 늘어났을 것으로 보인다. 한편 순조 연간에 편찬된 『만기요람』에 의하면 내수사전은 3,797결에 달했다고 한다.

토지의 관리방식도 유토와 무토는 달랐다. 유토에는 노비가 직접 경작·징수하는 직할전답(直轄田畓)과, 원격지에 대해 도장이 관리하는 도장전답(導掌田畓)이 있었다. 도장 밑에는 감관(監官), 마름[舍音] 등이 있으며, 이들은 도장의 지휘를 받아 소작인의 감독과 추수에 관한 일에 종사했다. 한편 무토에서는 감관, 사음 등을 두지 않았다. 다만 도장이 연1회 실지에서 규정된 세액을 징수했는데, 이 역시도 1783년(정조 8) 폐지되었다. 따라서 도장 대신 해당 수령이 정규의 수조[1결 당 쌀이면 23말, 돈(錢)이면 7냥 6전 7푼]을 징수하여 호조에 납입했고, 호조는 이를 다시 내수사에 지급했다. 그러나 이러한 규정이 충분히 실행되지 않는 곳이 있었다. 예를 들면 투탁지는 실제 민유지인데도 내수사전이라는 이름이 있었기 때문에 도장이 관리하기도 했다.

[참고어] 궁방전, 1사7궁, 감관, 도장

[참고문헌] 『內需司及各宮房田畓摠結與奴婢摠口都案』; 조영준, 2009, 「조선후기 왕실재정의 규모와 구조-1860년대 1사4궁의 재정 수입을 중심으로」 『한국문화』 47 ; 박현순, 2010, 「내수사 양안에 수록된 토지의 성격과 주 기재 방식」 『규장각』 37 〈윤석호〉

내시령답(內視令畓) 신라촌락문서 사해점촌(沙害漸村)에 기록된 토지의 한 종류로 내시령(內視令)에게 지급된 토지.

신라촌락문서에 보이는 토지의 종류는 민의 개별 소유지로 보이는 연수유전답(烟受有田畓)을 비롯하여 관모답전(官謨畓田), 촌주위답(村主位畓), 내시령답(內視令畓), 마전(麻田)이 있다. 관모답은 각 관청의 운영을 위한 토지로 생각되고, 촌주위답은 촌주(村主)에게 지급된 토지라고 생각되며, 마전은 촌락에서 마(麻)를 공동 경작하기 위한 토지로 보인다. 내시령답은 신라촌락문서의 사해점촌 8~9행, 실명촌 11행에 나오는데 그 내용은 다음의 표와 같다.

〈신라 촌락문서에 나오는 내시령답 관련 사료〉

沙害漸村 8~9행	合畓百二結二負四束 以其村官謨畓四結 內視令畓四結 烟受有畓九十四結二負四束 以村主位畓十九結七十負
○○○村 11행	合桑七百卅 以三年間中加植雙九十 古有六百卅 合栢子木卅二 竝前內視令節植內之 合秋子木百七 竝古之

촌락문서 사해점촌에 내시령답 4결이 설치되어 있고, 실명촌에서는 '전내시령(前內視令) 때 심은 잣나무 중에서 13그루가 죽고 42그루가 남아 있었다'고 하여 내시령이 식목(植木)에 관여한 것을 알 수 있다.

내시령의 실체에 대해서는 다양한 견해가 있다. 초기에는 내성의 장관인 내성 사신으로 이해하였지만, 현재는 하급관료나 사령으로 보는 견해가 유력하다. 내시령을 내성사신으로 이해한 견해는 촌락문서 서원경 소속 촌에 나오는 '□성(□省)'을 '내성(內省)'으로 판독하여 신라에서 '성(省)'자가 들어간 관부는 '내성'밖에 없다는 주장에서 나왔다. 그러나 문헌기록에 보이는 관부명이 통일신라 관부를 모두 포괄하고 있다고 볼 수도 없으며, '내(內)'자로 보기도 어렵다. 다만 '□성(□省)'과 촌락과의 관계는 추정할 수 있다. 촌 소속 사람들의 전출을 보고하는 모습과 마우(馬牛)의 감소분에 대해서도 보고하는 모습으로 보아 '□성'이라는 관부는 서원경에 소속된 관부 조직의 하나라고 사료된다. 그러므로 내시령을 내성사신으로 보는 견해는 성립되기 어렵다.

내시령을 내성사신, 하급관료나 사령, 외사정으로 보는 등 견해가 다양하지만 내시령답이 관료에게 지급된 직전(職田)이라는 견해에는 대부분 의견을 같이하고 있다. 통일신라는 687년(신문왕 7)에 문무관료전제(文武官僚田制)를 시행하였는데 내시령답은 바로 문무관료전의 일부로서 내시령이라는 관직을 가진 관료에게 지급된 직전이라고 보고 있다.

또한 내시령답이 관모답과 함께 기록되어 있고, 사유지라고 여겨지는 연수유전답과 구분되어 있는 점을 볼 때 국가의 소유임을 알 수 있다. 그리고 실명촌에 '전내시령'이 기록된 것으로 볼 때, 내시령답은 전내시령이 재직 중에 있을 때에는 그에게 지급되었다가 현재의 내시령에게 다시 지급된 토지라고 볼 수 있다.

문서에 기록된 내시령답 4결은 1호당 10~14결에 이르는 각 촌의 연수유전답 면적이나 촌주위답 19결 70부와 비교해 보면 매우 적다고 할 수 있다. 이러한 점에서 문무관료전은 녹봉이나 녹읍에 비해 중요도가 덜했고, 관료들의 경제생활을 보장할 정도의 규모가 되지 못했다고 할 수 있다. 그렇지만 내시령답은 사해점촌의 4결 이외에 다른 촌에도 설치되었을 것이다. 신라촌락문서에는 내시령답 4결(結)만 기재되어 있지만 실제 내시령에게 주어진 토지는 이보다 많았을 것으로 보는 견해가 일반적이다. 특히, 신라에서는 왕경인(王京人) 가운데서도 4두품 이상만이 관직에 나아갈 수 있었기 때문에, 내시령 또한 왕경에 자신의 사유지를 가지고 있었다고 보인다. 또한 촌주위답이 있는 사해점촌에만 내시령답 4결이 설치되었다는 점에서 촌주와 내시령은 상호 견제하면서 보완하려는 관계였다고 볼 수 있다.

이러한 한계에도 불구하고 내시령에게 답 4결이 지급되었다는 것은 새로운 현상임에는 틀림없다. 통일신라에서는 687년 비로소 토지의 결부면적을 단위로 관료들에게 관료전을 지급할 수 있었는데 내시령답이 바로 관료전의 실체를 보여주는 토지이기 때문이다. 내시령답은 녹읍보다 한단계 앞서나간 관료의 봉급체계로, 녹읍처럼 지역을 단위로 수취가 이루어지던 방식에서 벗어나 토지자체가 지급되는 제도를 보여준다.

[참고어] 신라촌락문서, 관모전답, 촌주위답

[참고문헌] 김기흥, 1991, 『삼국 및 통일신라 세제의 연구』, 역사비평 ; 김창석, 2001, 「신라 촌락문서의 용도와 촌락의 성격에 관한 일고찰」 『韓國古代史硏究』 21, 한국고대사학회 ; 朴明浩, 1999, 「新羅村落文書에 보이는 內視令의 性格」 『史學硏究』 58·59, 한국사학회 ; 박찬흥, 2001, 「신라중·하대 토지제도 연구」, 고려대학교 대학원 박사학위논문 ; 安秉佑, 1992, 「6~7세기의 토지제도」 『한국고대사논총』 4, 가락국사적개발연구원 ; 이경식, 2004, 『한국 고대 중세초기 토지제도사』, 서울대학교출판부 ; 李仁在, 1995, 「新羅統一期의 土地制度 硏究」, 延世大學校大學院博士學位論文 ; 李仁哲, 1996, 『新羅村落社會史 硏究』, 일지사 ; 李喜寬, 1997, 「統一新羅時代의 內侍令과 村落支配」, 歷史學報153 ; 李喜寬, 1999, 『통일신라토지제도 연구』, 일조각 ; 전덕재, 2006, 『한국고대사회경제사』, 태학사

〈백영미〉

내자시둔(內資寺屯) 조선시기 왕실 아문 중 하나인 내자시의 재정을 보용하기 위해 설치·운영한 토지.

내자시는 왕실에서 사용되는 쌀·국수·술·간장·기름·꿀·채소·과일 및 내연직조(內宴織造) 등을 관장하는 한편, 왕자를 낳은 왕비의 권초(捲草)를 봉안하였다. 태조 1년 설립 시에는 내부시(內府寺)였으나, 1401년(태종 1) 내자시로 개칭되었고, 1405년 호조에 소속되었다. 양난후 재정지출을 줄이기 위해 1637년(인조 15) 소관 사무가 비슷한 내섬시(內贍寺)에 병합되었다가 곧 다시 부활되었다. 사온서(司醞署)를 병합하여 존속하다가 1882년(고종 19)에 혁파되었고, 이후 해당 사무는 사옹원이 관장했다. 소속 관원으로 정(正, 정3품), 부정(副正, 종3품), 첨정(僉正, 종4품), 판관(判官, 종7품), 주부(主簿, 종6품), 직장(直長, 종7품), 봉사(奉事, 종8품) 각 1인을 두었다. 또 왕실에서 필요한 물품을 직접 제작하기 위하여 옹장(翁匠) 8인, 화장(花匠) 2인, 방직장(紡織匠) 30인, 성장(筬匠) 2인의 공장이 소속되었다.

내자시둔은 내자시의 재정을 보용하기 위한 토지로, 주로 한양 부근에 설치되었다. 둔전의 수확물로 궁에서 소비되는 쌀, 보리, 술, 간장, 기름, 꿀, 채소, 과일 등을 구매했다. 또한 진상하는 채소를 소속 노비가 직접 경작하기도 했는데, 이를 공상채전(供上菜田) 혹은 내자시위전(內資示位田)이라고도 했다. 『육전조례(六典條例)』에 따르면, 내자시 소속의 위전은 양주 동쪽 10리 지역, 고양 상동도(上東道)의 둔지산(屯地山) 및 우이산(牛耳山), 공덕리(孔德里), 마포(麻浦), 도화동(桃花洞) 등 도합 7곳의 11결 49부 8속으로, 총 21석 14두 4승 1홉의 세미가 수납되었다. [「호조(戶曹)」 내자시(內資寺)]

이상의 둔전은 1882년 내자시의 폐지와 함께 사옹원으로 이관되었고, 1895년 사옹원의 폐지 이후에는 궁내부의 종목과로 전속했다. 1907년 국유지로 편입되어 탁지부 관리 하에 있었으며, 이후 국유지실지조사와 토지조사사업을 거쳐 국유로 사정되는 과정을 거쳤다.

[참고어] 아문둔전

[참고문헌] 『육전조례』 ; 和田一郎, 1920, 『朝鮮土地地稅制度調査報告書』

〈윤석호〉

내작지(內作地) ⇒ **가작**

내장전(內莊田) 고려시기 왕실이 소유한 토지.

왕실의 재정을 담당하는 내장택(內莊宅)에 소속되어 관리되고 있었다. 일반적 의미로는 왕실이 소유하여 직접 경영하던 직속지를 지칭하지만, 넓은 의미로는 수조지(收租地)인 장·처전도 포함시킨다. 이들 역시 내장택의 관리 아래에 있었기 때문이다.

고려 왕실은 전국에 걸쳐 광대한 어료지(御料地)를 지배했는데, 가장 큰 비중을 차지하는 것이 촌락을 단위로 하는 수조지인 장·처전이다. 장·처의 촌락민은 일반 촌락의 주민과 마찬가지로 주로 자기의 토지를

경작하는 농민이었다. 이들이 경작하는 토지는 곧 그들의 소유지였으므로 왕실에서는 그 위에 장·처를 설치, 지배하여 수조권을 행사하였다. 그런데 왕실이 소유하여 직접 경영하는 토지도 있었다. 양자는 성격이 다른 만큼 구별해서 보아야 할 것이다. 내장전하면 왕실의 소유지에 한정시키는데, 이것을 좁은 의미로 순수 내장전이라고 볼 수 있다.

내장전은 고려 초부터 존재하였다. 일찍이 태조가 내속노비(內屬奴婢)로 궁(宮)에 남아서 공역(供役)하는 일부를 제외한 나머지는 출궁시켜 밖에 나가 살게 하고 왕실의 토지를 경작하여 세를 바치게 했다. 이때 밖으로 나가서 경작한 왕실 토지가 내장전이었을 것이다. 그리고 무신정권기에 희종이 당시 권신인 최충헌(崔忠獻)에게 내장전 100결을 하사하였다는 기록(春正月, 賜崔忠獻, 內莊田一百結[『고려사절요』 권14 희종 원년 1월])으로 미루어 보아 적어도 고려 중기까지 존속하였음을 짐작할 수 있다. 이는 수조지로서의 장·처전이 아닌 순수한 내장전을 가리키는 것으로, 그 규모가 100결이라는 면적으로 표시하고 있다는 점에서 미루어 알 수 있다. 그런데 이후로는 내장전 관계 기록이 거의 보이지 않으므로 언제까지 존속하였는지를 정확히 알 수 없다. 다른 한편으로 대몽 항쟁 직후에 전기의 내장전은 소멸되었다는 견해도 있다. 그러나 국초부터 내장택에 소속되어 왕실의 재정을 지탱하였던 장·처전이 고려 말까지 요물고(料物庫) 소속으로 존속하였다는 사실로 미루어 그 때까지 남아 있었을 것으로 추정된다.

좁은 의미의 내장전은 왕실의 소유지였으므로 장·처전과는 달리 직접적으로 경영을 담당하였다. 당시 국·공유지를 경영하는 방식에는 전호제(佃戶制)와 직영제(直營制)의 두 가지가 있었다. 전호제란 농민에게 빌려주어 경작시키고 소정의 조(租)를 수취하는 것이다. 직영제는 보유 노비들에게 맡기거나 주변 농민의 요역 노동을 동원하여 경작하여 그 수확물을 수취하는 경영 형태이다. 내장전의 경우에는 두 가지 경영 형태가 모두 채택되었을 것이다. 다만 근래 비록 노비를 시켜 경작한다고 해도 토지가 외방에 위치하였으므로 전호제의 형태를 취했을 가능성이 높다는 견해가 제기되었다. 직영할 경우에는 수확은 모두 왕실에 귀속되었지만, 전호제를 채택했다면 세는 1/2을 내는 지대였을 것으로 보고 있다.

내장전은 내장택(內莊宅, 內庄宅)이라는 왕실 재정기구에서 관리하였다. 1308년(충선왕 복위)에 재정관서가 개편될 때 내장택은 상식국(尙食局)에 병합되었다. 그리고 그것의 관리 아래에 있었을 장·처전은 왕실의 미곡을 관장하였던 요물고로 귀속되었다.

[참고어] 어분전, 조가전

[참고문헌] 權寧國 外, 1996, 『譯註 『高麗史』 食貨志』, 韓國精神文化硏究院 ; 채웅석, 2011, 『『고려사』형법지 역주』, 신서원 ; 박용운, 2012, 『『高麗史』 選擧志 譯註』, 경인문화사 ; 姜晉哲, 1991, 『(改訂)高麗土地制度史硏究』, 一潮閣 ; 국사편찬위원회, 1993, 『한국사 14-고려 전기의 경제구조』 ; 安秉佑, 2002, 『高麗前期의 財政構造』, 서울대학교출판부 ; 박용운, 2008, 『고려시대사』, 一志社 〈윤성재〉

내지둔전(內地屯田) 서유구(徐有榘, 1764~1845)가 제안한 둔전론(屯田論)에서 내륙지역에 설치하려고 했던 경둔(京屯), 영둔(營屯), 읍둔(邑屯)을 아울러 지칭하는 말.

서유구는 「의상경계책(擬上經界策)」에서 둔전론을 제기하였는데, 그가 제안한 둔전의 종류는 크게 내지둔전과 변지둔전으로 나눌 수 있다. 이때 내지둔전은 변경지역이 아닌 내지에도 둔전을 설치하자는 것으로, 먼저 경둔을 설치하고, 경둔이 성공하면 이후 팔도에도 둔전을 보급하도록 구상하였다. 즉 내지둔전은 서울에 두는 경둔, 지방에 두는 영둔, 읍둔을 아울러 지칭한다. 경둔은 서울의 동서남북에 각각 하나씩 두되 전체면적이 1천 경이 되게 하고, 영둔은 각 도의 영 근처에 설치하되 많으면 7~8백 경, 적으면 4~5백 경 정도로 하며, 읍둔은 수백 경, 적으면 70~80경이 되도록 구상하였다.

내지둔전을 설치하는 데 드는 자금은 기존의 정부시설이나 자금출처가 있는 곳은 그것을 그대로 이용하고, 기존 시설이 없는 곳은 그 둔전을 운영하게 될 해당 기관에서 비용을 마련하도록 하였다. 각 도 감영의 경우에는 별비전(別備錢)을, 각 읍의 경우에는 수령의 공사고(公使庫)를 활용하여 비용을 마련하는 방안을 제시하였다. 둔전에서 얻어지는 수확은 그 반을 둔전경영을 위한 경비로 사용하고, 나머지 반은 국고에 저장하도록 제안하였다.

[참고어] 둔전론-서유구

[참고문헌] 金容燮, 2004, 『(신정 증보판) 韓國近代農業史硏究』, 지식산업사 ; 정명현, 2014, 『서유구의 선진 농법 제도화를 통한 국부창출론』, 서울대학교 대학원 〈김미성〉

넉가래 곡식을 밀어서 모으거나, 눈을 한 곳으로 치우는 데 사용하는 도구.

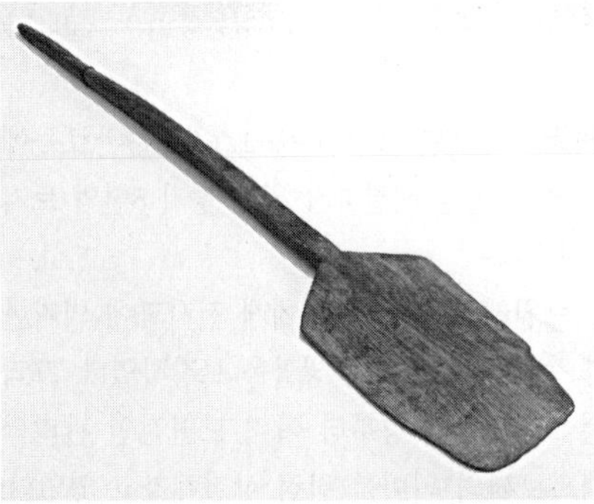

넉가래 농업박물관

'넉가래'라는 명칭은 '널찍한 날을 가진 가래'라는 의미에서 나온 것으로, 지역에 따라 '가래'(경상도)·'나무가래'(강원도)·'죽가래'(충청도·전라도)·'목가래'라고도 불렀다. 과거에는 '나모가래'·'넙가래'라고도 불렀고, 한자음으로 '목가내(木可乃)'로 한문으로는 '목험(木枚)'·'험(枚)'으로 기록하였다.

가래와 유사하게 생겼는데, 자루와 날 부분을 일체형으로 깎은 것으로 자루는 둥글고 날 부분은 넙적한 사각형으로 되어 있다. 즉 큰 나무 삽 모양으로 날의 너비가 30~50㎝정도 큰 편이다. 타작할 때 곡물을 공중으로 퍼 날려 불순물을 제거할 때 주로 사용하는데, 이를 '넉가래질'이라고 한다. 곡식을 말릴 때도 넉가래를 이용하여 모으거나 펴기도 하고 삽처럼 퍼 담기도 한다. 또 눈을 치우거나 쌓을 때도 사용한다. 벼농사를 주로 하는 지역이나, 눈이 많이 오는 지방에서는 보통 1~2개 이상의 넉가래를 갖추고 있었고, 손이 큰 것을 넉가래에 비유하여 '넉가래 같은 손'이라고 부르기도 하였다.

[참고어] 가래, 화가래

[참고문헌] 박호석 外, 『한국의 농기구』, 어문각, 2001

노익원(盧翼遠) 1798년(정조 22) 권농정구농서윤음(勸農政求農書綸音)에 응하여 농서를 올린 40인 중 한 사람.

[참고어] 응지진농서

노재황(盧再煌) 1798년(정조 22) 권농정구농서윤음(勸農政求農書綸音)에 응하여 농서를 올린 40인 중 한 사람.

고성(高城) 유학(幼學)으로 기록되어 있다. 그가 올린 농서에서는, 개간한 땅에서 세금을 감면하고 개간하여 경작한 자를 주인으로 삼아 개간을 장려할 것, 토지에 좋지 않은 것은 파종하지 말 것, 곡식의 종류에 따라 때에 맞춰 심고 거둘 것, 소의 도살을 금지하는 법을 재량껏 행할 것 등을 이야기하고 있다.

[참고어] 응진진농서

[참고문헌] 『정조실록』; 농촌진흥청 역, 2009, 『응지진농서Ⅱ』, 진한M&B

노전(蘆田) 조선 국가의 양안에 등재된 갈대[蘆草]의 소생지. 갈대밭, 갈밭, 갈전이라고도 한다.

노전은 하천의 퇴적작용으로 하류지역에 형성되는 저습지이다. 강변처럼 땅이 물에 채워져 있어 곡식을 파종하는 데 적절하지 않은 토지로, 갈대를 비롯한 습지성 식물이 주로 서식한다. 생산물인 갈대의 활용처가 다양하고 수요가 많은데다 경영에 많은 노동력이 들지 않아 높은 수익을 내기 때문에 호조(戶曹)에서는 노전을 과세 대상토지로 분류하였다. 그러므로 노전은 저전(楮田)·죽전(竹田) 등과 함께 양안의 주요 지목으로 설정되어 있었다. 또한 개간과 간척이 쉬워 토지집적과 관련하여 관심의 대상이 되어 왔으며, 16세기 이래 더욱 주목받았다. 이러한 노전은 황해도의 황주·안악·봉산·재령 등지, 만경강·금강·낙동강 하구의 삼각주 지대에 넓게 형성되어 있었다.

이들 노전 인근의 주민들은 관으로부터 입안을 받아 노전을 소유지로 만들어 갈대를 이용하거나 개간하였다. 궁방·아문·권세가들도 17세기부터 노전을 절수하여 갈대를 팔거나 장토를 확대하였다. 이 과정에서 갈대로 발과 자리를 만들어 생계를 유지하던 민인들의 거센 반발과 저항이 있었으며, 개간 이후에도 소유권과 지대를 둘러싼 대립이 끊이지 않았다.

노전주들은 입안, 입지, 상속, 매득 등을 통하여 소유권을 획득하였다. 처음에는 강 하구의 강가나 중간 모래벌[泥生地]이 생기면 입안이나 입지를 받아 개간권을 확보하였다. 그 다음에는 모래벌에 갈대를 심는 식노(植蘆) 과정이 필요했다. 식노의 목적은 갈대의 이용뿐만 아니라, 소금기에 잘 견디는 갈대의 성질을 이용하여 모래의 침전을 촉진시키고 제방을 보호하여 개간을 용이하게 하거나 개간지를 보호하는 데 있었다. 식노에는 노동력과 비용이 들었으므로 니생지의 소유자와 식노자(植蘆者)가 다른 경우 그 권리를 둘러싸고 분쟁이 제기되기도 하였다.

노전은 대부분 개인 소유였으나 계·종중·마을이 공동으로 소유하기도 하였다. 공동 소유의 경우 '노계입의(蘆契立議)'를 만들거나 '동중식노개수안(洞中植蘆改修案)'을 만들어 공동 소유지임을 확실하게 밝히고 규칙을 정하였다. 그런데 17세기 궁방과 훈신들이 사패·입안절수를 통하여 노전의 이익을 점탈해 분쟁이 자주 발생했다. 궁방 절수지의 노전민들은 노전 절수지를 민결과 다름없는 자기 것으로 인식하고 매매, 상속, 전당 등의 권리를 행사하고 있었다. 궁방에서는 노전세를 수취하는 데 지장이 없는 한 이러한 권리 행사를 규제하는 특별한 조처를 취하지는 않았으며, 양안에는 이들을 기주(起主)로 표시하였다.

집 근처의 소규모 노전주는 노전을 스스로 관리하고 직접 또는 인부를 사서 갈대를 베어 팔거나 이용하였다. 원거리의 대규모 노전주는 노전의 경계가 뚜렷하지 않으므로 지역 사정에 정통한 이들이나 노전의 관리, 수세상납을 수행할만한 부와 영향력을 지니고 있는 자를 관리자로 선발하였다. 감관·마름·수직(守直) 등이 그들이다. 이들은 노전 관리의 대가로 갈대의 일부를 떼어 받거나 노전을 임차하기도 하였다.

궁방 절수 노전에서 노전지대·노전세의 부담자는 원칙적으로 노전의 실질적 소유자인 노전주들이었다. 그러나 현실에서는 노전매매가 빈번하고, 노전이 소수에 집적됨에 따라 노전주와 노세를 부담하는 사람이 분리되고 있었다. 궁방 절수 노전에서 궁방과 노전 소유·이용자와의 관계는 ① 궁방-노전주, ② 궁방-노전주-이용자, ③ 궁방-노전주-수직, ④ 궁방-노전주-수직-이용자의 형태를 띠고 있었다. 조선 후기 노전의 실제 소유 사례로 18세기 양산 지역에 112결 70부를 소유하고 있었던 용동궁과 19세기 300결이 넘는 노전을 소유하고 있었던 대구 서씨가를 들 수 있다.

1894년 갑오승총 이후 노전은 탁지부에서 관리하다가 내장원으로 이관되었다. 1899년 내장원에서 각 둔토를 조사할 때 노전도 함께 조사하여 도세(賭稅)를 징수하였다. 노전의 권리관계가 복잡하여 내장원에서 징수한 도세는 일정하지 않았으며, 대략 수확량의 4분의 1을 징수하였다. 1908년 칙령 제39호「궁내부 소관 및 경선궁 소속재산의 이속 및 제실채무의 정리에 관한 건」으로 각 둔토와 같이 탁지부 소관으로 옮겨졌다가 국유지 실지조사를 거쳐 국유로 처리된 경우가 많았다.

[참고어] 궁방전, 둔전, 절수, 저전, 죽전

[참고문헌] 정긍식·田中俊光 역, 2006,『조선부동산용어약해』; 김용섭, 1969,「조선후기의 경영형 부농과 상업적농업」『조선후기농업사연구Ⅱ』; 이경식, 1972,「17세기 농지개간과 지주제의 전개」『한국사연구』9 ; 송찬섭, 1984,「17·18세기 신전개간의 확대와 경영형태」『한국사론』12 ; 박준성, 1995,「조선후기 김해·양산 노전지대의 노전소유와 경영」『국사관논총』 〈고나은〉

녹과전(祿科田) 1271년(고려 원종 12) 양반 관료들에게 녹봉 지급의 부족을 해결하기 위해 경기 8현의 토지를 분급한 제도.

고려에서는 원래 양반 관료들에게 전시과에 의거한 토지 분급과 녹봉을 지급하여 생활을 보장하였다. 그러나 전시과는 고려 중엽 경부터 이미 보편적인 관리의 생활 보장책으로써의 의미를 점점 상실해가고 있었다. 광범위하게 전개되기 시작한 토지겸병이라는 제도 운영상의 문란도 그 하나의 원인이었지만, 전시과제도 자체의 모순도 역시 문제였다. 관리들의 진퇴와 이동이 거듭됨에 따라 토지의 수수, 첨삭을 조정하는 것이 어려웠다. 더욱이 관직이 가문을 중심으로 세습되는 경우가 많은 귀족사회에서 토지도 역시 세습되는 경우가 많았다. 따라서 귀족적 가문의 전통이 없는 신진 관료들은 관직에 따른 전시 지급을 보장받기 어려웠으며, 녹봉에만 의존할 수밖에 없었다. 이런 상황에서 토지제도와 수취체제의 문란으로 국고 수입에 차질이 생기면서 녹봉 지급 역시 여의치 않게 되었다.

국가의 재정난으로 녹봉을 감급하는 사례는 이미 12세기 말엽인 명종 대부터 나타났다. 무신집권으로 토지 겸병이 본격화되고 전시과체제가 붕괴되기 시작하였기 때문이다. 더하여 대몽항쟁을 위해 강화도로 천도하고 수십 년 동안 전국이 전쟁의 참화로 황폐되자 사정이 더욱 악화되었다. 이 문제를 해결하고자 토지의 급여가 처음 시도된 것이 1257년이었다. 즉 "고종 44년 6월 재추가 모여 관원들의 녹을 대신하여 토지를 나누어 줄 것에 대해 의논하였으며, 드디어 급전도감을 설치하였다.(高宗四十四年六月, 宰樞會議, 分田代祿, 遂置給田都監.[『고려사』권78,「식화지」1 전제 녹과전])"고 한 것이다. 실제로 피난지였던 강화도의 토지 가운데 2,000결은 공름에, 3,000결은 당시 무신 집권자인 최이(崔怡)에게 지급하고, 하음(河陰), 진강(鎭江), 해녕(海寧)의 토지를 제왕 및 재추 이하에게 차등 있게 지급하였다. 그러나 한정된 토지로 충분한 급전은 불가능하였을 것이다. 그 뒤 1270년(원종 11) 개경으로 환도한 후 경기 일원에 대한 고려 조정의 통치력이 회복 강화되자, 이듬해 정월에 정식으로 분급함으로써 녹과전이 성립되었다.

그런데 녹과전의 설치는 단순히 관리의 생활 보장책 마련을 위해서라기보다 고려 정부의 새로운 체제 정비를 위한 일련의 시책 중 하나였다. 1269년(원종 10) 당시의 무신 집권자 김준(金俊)이 제거된 것을 계기로 전민(田民)의 변정(辨正), 민호(民戶)의 계점(計點), 공부(貢賦)의 갱정(更正)이라는 개혁 조처가 실시되었다. 이 시책들이 토지제도와 수취체제 전반에 걸친 개혁을 수반한 것은 아니었지만 고려 조정이 오랜 강도(江都) 생활을 청산하고 개경으로 환도하는 데 대한 준비 작업으로서의 의미를 지니는 것이었다. 따라서 환도 이듬해에 이루어진 녹과전 설치도 새로운 상황에 접어든 정부가 체제의 재정비를 꾀하는 가운데 그 일환으로 이루어진 것이라 하겠다.

녹과전이 어떤 토지에 설치되었는가에 대해서는 여러 견해가 있다. 사료에 의하면 녹과전은 경기 8현 즉 장단(長湍), 송림(松林), 임진(臨津), 토산(兎山), 임강(臨江), 적성(積城), 파평(坡平), 마전(麻田)의 양반 조업전을 제외한 반정(半丁)을 혁파하고 설치되었다고 하기도 하고, 조업구분전을 제외하고 나머지 토지에 설치되었다고 하기도 한다. 이 부분에 대해서는 전시과의 토지제도에 대한 견해가 다양한 만큼이나 견해가 엇갈려있다.

그런데 분명한 것은 족정(足丁)과 반정이 군인, 기인 등의 직역과 연계되어 있는 토지로 알려져 있기 때문에 녹과전은 경기 지역에 한해서 최소한 직역과 연계된 반정을 혁파하고 설치된 것으로 보인다. 그러나 양반조업전이 제외된 것은, 이때 이미 사전의 광범위한 조업전화 현상이 일어나고 있는 실정이었기 때문에 기왕의 분급 수조지가 조업전화한 현상을 인정하고서 조업전화한 분급 수조지를 제외시켰음을 의미한다. 이것은 이후 일반적 현상이 된 역(役)과 토지의 분리 현상을 정부가 일부나마 인정한 것으로 보아야 할 것이다.

경기 8현이 녹과전의 설정지였다는 사실은 이 이외의 지역은 여전히 기왕의 수조지 점유 관계, 곧 전시과계통의 수조지 점유 관계가 존속하고 있었다는 것을 의미한다. 그러므로 녹과전이 설치되었다 하더라도 토지 분급제와 관련된 지배층의 물적 기초는 여전히 전시과계통의 사전이었다. 따라서 녹과전은 고려 전기의 전시과제도를 대체하는 토지제도가 아니라 그 보완책이었다고 보아야 할 것이다.

녹과전은 설치된 지 얼마 되지 않은 1278년(충렬왕 4)에 다시 절급되었다. 토지겸병이 광범위하게 이루어지는 추세 속에서 녹과전도 탈점 대상이 되었기 때문이다. 그러나 1345년(충목왕 원년) 경기 8현의 토지를 양전하면서 녹과전을 개편, 보강하기도 하는 것을 보면 한계가 있기는 하지만 관료들의 경제 기반으로서의 역할을 과전법이 성립하기까지 지속하고 있었던 것 같다.

녹과전이 경기 8현에만 국한하여 지급된 것은 전시과가 양계 지방을 제외한 전국의 주현에 설치되었던 것과는 큰 대조를 이루고 있으며, 한편으로 과전법의 경기 지급 원칙과 상통하고 있다.

경기 8현으로 국한한 것은 중앙의 관리가 대부분인 급여 대상자에게 경기의 토지를 주어 예우하고 편리를 제공한다는 뜻과 토지 겸병 추세 속에서 녹과전을 보호한다는 의미를 지닌다. 녹과전의 설치 당시 고려는 북방에서는 반란이 일어나 1270년(원종 11) 자비령 이북은 동녕부가 설치되어 몽골에 편입되고, 화주 이북의 동계는 이미 1258년(고종 45)에 쌍성총관부가 설치되었다. 남방에서는 삼별초의 영향력이 여전히 미치는 상황이었기 때문에 조정의 통치력 작용 범위도 실제로 제약을 받고 있었다. 이러한 여건에서 잠정적으로 경기 8현에 설치되었던 녹과전이 고려 말에 이르러서도 그 지역을 벗어나지 못하고 유지된 것으로 보인다.

녹과전의 분급 대상에 대해서는 구체적인 내용은 보이지 않고 다만 '문무관'·'백관'·'양반' 등으로만 기록되어 있다. 그러나 녹과전이 녹봉에 대신하여 지급되었다는 것은 그 분급이 녹봉 지급 원칙과 일정한 관계가 있을 것임을 짐작케 한다.

고려의 녹봉제는 1076년(문종 30)에 정비되는데 비주록(妃主祿), 종실록(宗室祿), 문무반록(文武班祿), 권무관록(權務官祿), 동궁관록(東宮官祿), 서경관록(西京官祿), 외관록(外官祿), 잡별사(雜別賜), 제아문공장별사(諸衙門工匠別賜)로 구분되어 규정되고 있다. 이러한 녹봉제는 1121년(예종 16)에 추가 정비되고, 인종 대에 이르러 녹제의 전면적인 경정(更定)이 이루어졌다. 그러나 고려 후기 전시과체제의 붕괴로 인한 재정 파탄은 녹봉 지급에 있어서도 큰 차질을 가져왔다.

그런데 이상의 각종 녹봉 가운데 일반 관리 특히 현직자를 대상으로 한 것이 문무반록이었다. 녹과전의 분급이 녹봉제와 연관을 지니면서 그 대상으로 백관, 문무관, 양반을 지적했던 점을 고려할 때 구체적인 녹과전의 분급 결수는 알 수 없으나 문무반록의 급여 체계대로 녹과전도 지급되었을 가능성이 있다. 1259년(고종 46)부터 녹과 규정은 9품등 9과등제로 새로 정해지게 되었다. 즉 녹봉 지급을 보완하기 위해 마련된 녹과전도 9품등에 의한 9과등제에 의거하여 지급되지 않았을까 하는 견해도 있다.

그리고 녹과전이 수직체수(隨職遞受)한다는 것은 문무반록과 마찬가지로 현직 양반관리에게만 지급되는 직전이었음을 의미한다. 그리고 설정 지역이 경기 8현에 국한되었기 때문에 구체적인 지급 액수는 알 수 없지만 아마 그리 많은 양은 아니었을 것이다.

이처럼 녹과전이 양반관리들을 급여 대상으로 삼았다는 점에서 관리는 물론 군인, 한인, 잡류, 향직자 등을 대상으로 토지를 분급했던 전시과의 경우와 비교해 볼 때 주목해야 할 것 같다.

녹과전의 설치가 전시과의 전면적인 부정, 혁파를 통해 이루어진 것은 아니지만 토지제도가 전반적으로 문란해진 상황에서 새로운 조처로서 녹과전이 설치되었을 때 군인이나 한인 계층이 그 대상에서 제외된 것은 토지제도상의 새로운 흐름이라 할 수 있다.

녹과전은 관리들의 녹봉이 부족하게 되자 이를 보충하기 위해 토지를 분급한 것이지만, 그렇다고 녹과전의 설치로 녹봉 지급이 없어진 것은 아니었다. 명종 때부터 재정난으로 녹봉 지급이 제대로 이루지지 못한 적도 있지만 녹봉을 관장하는 좌창의 기능과 반록의 명맥은 미약하나마 유지되고 있었다. 녹봉은 미흡하나마 고려말까지 존속되어 녹과전과 더불어 관료들의 생활 보장책으로써 함께 주어졌던 것은 분명한 사실이다.

녹과전은 현직의 양반관료만이 분급 대상이 되었다. 반면 군인, 한인 등 직역과 연계되어 전정을 지급받던 계층들에 대해서는 녹과전 설치와 비견될 적극적, 개혁적 조치는 이루어지지 못한 것 같다. 다만 주인 없는 땅이 있으면 그것을 군인, 한인 등에게 주어서 입호충역(立戶充役)하게 하라는 소극적인 조처만 보인다. 사실상 새로운 조처가 취해지지 않음으로써 그 붕괴가 방치, 촉진되어 마침내 역과 유리되어 구분전으로 파악되기에 이르렀다.

이 시기 광범위하게 전정과 직역이 분리되고 있었기 때문에 그런 현상을 정부가 현실로 인정하지 않을 수 없는 상황이었다. 그에 따라 군인, 한인전 등은 적극적으로 정부가 나서서 토지를 확보하지 않은 이유이기도 하다.

당초 전정제(田丁制)가 붕괴되는 것은 그것을 가져야 할 계층이 갖지 못하게 되었던 것에서 시작되었지만 실제로는 전정과 역의 분리된 상태가 그 붕괴의 내용이었다. 역, 신분, 토지의 여러 부분에 걸친 사회 관계의 변화에서 초래된 전정의 붕괴를 소극적 조치를 통해 환원, 복구시키려는 시도 자체가 무리였다. 경기 지역에 한한 것이기는 하지만 직역과 관련된 반정을 혁파하고 녹과전을 설치한 것은 이후 직역과 연계된 토지가 어떤 방향으로 처리될 것인가를 짐작케 하는 것이다.

군인전의 경우 당시 그 지목은 유지되고 있었으나 실제 군역을 지는 군인에게 토지가 돌아가지 않고 남에게 침탈당하거나 군역을 지지 않는 유력자의 차지가 되었다. 결국 1356년(공민왕 5)에 3가를 하나의 군호로 묶어 군역을 부과하는 방법(三家爲一戶制)으로 군역 부과에 따른 족정 지급을 포기하는 것으로 전정과 군역의 분리 현상을 정부가 현실로 인정하였다.

한인전의 경우도 마찬가지였던 것으로 보인다. 고려후기 한인전은 직역에 대한 반대 급부로서의 역분전이 아니라, 직역의 개념과는 무관하게 생활 보장의 의무만을 지니는 구분전으로 인식되고 있었다.

이후 과전법에서는 시산(時散)을 막론하고 거경의 사대부에게는 경기의 과전을 주고, 외방의 한량 관리에게는 군전을 주도록 되어있다. 주목되는 것은 관리에 대한 급전은 과전으로 일원화되어 있다는 점이다. 현직자에 한하여 품질에 따라 지급되는 녹과전시와 현직자, 산직자 모두에게 공통적으로 품질에 따라 지급하는 구분전이 합쳐져서 현직자와 산직자의 대우에 차이를 크게 두는 과등 규정이 마련되고 이 과등에 따라 일원적으로 지급하게 된 것이 과전이었다. 과전법은 현직자가 주 지급대상이었고, 산직자에 대한 토지지급 액수는 극히 적었다. 이것은 고려 후기 녹과전의 현직 위주의 성격이 과전으로 이어졌음을 말해준다.

한편 과전법에 나타나는 군전은 한량관리에게만 지급되었는데, 고려 전기 군역과의 긴박 관계 하에서 전시과 속에 포함되어 있던 군인전은 완전히 사라지고 말았다. 다시 말해 과전법이 성립되면서 녹과전은 과전으로 계수되지만 직역과 연계되어 있던 군인, 한인전 계열의 토지는 제도상으로 완전히 소멸되어 국가적 토지분급 제도에서 사라지게 되었다.

[참고어] 전시과, 과전법, 군인전, 군전, 한인전

[참고문헌] 閔賢九, 1971,「高麗의 祿科田」『歷史學報』53·54합집 ; 李景植, 1986,「高麗末의 私田捄弊策과 科田法」『朝鮮前期土地制度硏究』, 一潮閣 ; 오일순, 1994,「고려후기 토지분급제의 변동과 祿科田」,『14세기 고려의 정치와 사회』, 민음사 ; 위은숙, 1996,「녹과전의 설치」『한국사 19-고려 후기의 정치와 경제』, 국사편찬위원회 ; 崔貞煥, 2002,「高麗後期 祿俸制와 宰·樞臣의 祿科」『한국중세사연구』13

〈위은숙〉

녹비(綠肥) 풀이나 나뭇잎을 생으로 매입하는 풋거름.

식물체를 그대로 흙 안에 매입하여 토양 중에서 분해시켜 작물에 양분을 공급하는 거름 방식이다. 녹비로는 야생의 초목을 그대로 쓰는 경우도 있었는데, 이는 초분(草糞)·초목분(草木糞)이라 했다. 한편 거름을 목적으로 재배하여 쓰는 경우도 있었는데, 이는 묘분(苗糞)이라 했다.

재배 녹비로는 주로 콩과 식물이 쓰였다. 예컨대 『농사직설』에서는 시비용의 작물을 재배하는 것을 말하고 있는데, "척박한 땅에 녹두를 심어 무성하기를 기다려 엎어갈면 잡초가 자라지 않고 벌레가 꼬이지 않아 척박한 땅이 변해 좋아진다.(薄田耕菉豆, 待其茂盛掩耕, 則不莠不虫, 變墑爲良.[『농사직설』「경지(耕地)」])"라고 했다. 시비뿐만 아니라 충해 방지의 효과가 있었던 것이다. 녹비로는 녹두 말고도 참깨[胡麻]도 쓰였다. 『농사직설』의 대소맥재배 부분을 보면 "혹 그 밭에 녹두나 참깨를 재배하였다가 5~6월에 갈아엎어 풀이 썩으면 대소맥을 파종할 때 다시 갈아엎는다.(或於其田先種菉豆或胡麻, 五六月間掩耕, 待草爛後, 下種時又耕.[『농사직설』「종대소맥(種大小麥)」])"라고 한 것이다. 이처럼 『농사직설』에서는 '녹비'라는 명칭이 쓰이지는 않았지만 이상의 방식은 왕정(王禎)이 『왕정농서』에서 설명한 묘분(苗糞)으로서, 녹비의 한 방식에 해당한다.

한편 『농사직설』에서는 잡초가 무성할 때 갈아엎어 거름으로 쓰는 초분도 설명하고 있다. 피밭[稷田]에서는 이랑 사이에 잡초를 펴고 갈아서 파종했으며, 늦벼밭[晩稻田]은 1차로 간 뒤에 잡초나 떡갈나무의 잎을 폈다. 그리고 못자리[秧基]의 작성에서는 특히 버드나무 가지를 썰어 넣고 발로 밟아 그것이 진흙땅 속에서 시비가 되게 하였다.

이상의 녹비의 방법은 조선 전기의 대표적 농서인 『농사직설』뿐만 아니라, 서호수(徐浩修)의 『해동농서(海東農書)』, 서유구(徐有榘)의 『임원경제지(林園經濟志)』 등 조선 후기 다수의 농서들에도 묘분(苗糞), 초목분(草木糞)으로 소개되었다.

[참고어] 시비

[참고문헌] 민성기, 1983, 「조선시대의 시비기술 연구」『인문논총』 24 ; 이정철, 2000, 「18세기 조선의 소빈농층과 모내기」『한국사학보』 8 ; 김영진·김이교, 2008, 「조선시대의 시비기술과 분뇨이용」『농업사연구』 7권 1호 〈김미성〉

녹읍(祿邑) 신라에서 관리에게 녹봉 대신 일정한 지역의 수취권을 지급한 제도.

관리에게 일정한 지역[邑]에서 수취할 수 있는 권리나 거기에서 거둔 수취물을 복무의 대가로 지급한 급여제도이다. 수취 내용에 대하여 구체적으로 언급한 기록이 전해지지 않기 때문에 그 권리나 물품의 범위를 둘러싸고 논란이 많다. 현재까지 제기된 견해들은 크게 세 가지로 분류하여 정리할 수 있다. 첫 번째는 중앙과 지방 관리에게 녹읍을 지급할 때 조세(租稅)의 징수권뿐만 아니라 역역(力役)의 징발권과 공부(貢賦)의 수취권까지 부여하였다고 보는 견해이다. 이는 신라가 고대국가로 팽창해가는 과정에서 새로운 영역으로 편제된 여러 지방의 수장층을 중앙 귀족으로 편입시키고 그들에게 옛날에 지배하였던 지역을 녹읍의 형식으로 분급하여 기존의 지배권을 다시 인정해주었다고 이해했던 것에서 비롯되었다.

두 번째는 녹읍지의 농민들로부터 조세를 거둘 수 있는 권리, 즉 수조권(收租權)을 중앙과 지방 관리에게 지급하였다고 보는 견해이다. 이 견해는 촌락사회에서 이미 농민들의 토지 사유 현상이 어느 정도 발전한 상태에서 녹읍제가 시행되었으며, 그에 따라 그 내용도 토지세의 성격이 짙은 조세 수취에 한정되었을 것이라는 판단이 내포되었다. 다만 이 견해를 수용하더라도 조세의 수취 방식에 대해서 의견이 엇갈리는데, 하나는 녹읍주가 녹읍민에게 토지 면적에 따라 수확량의 1/10을 전조(田租)로 수취하였다고 인식하는 것이고, 다른 하나는 호등(戶等)에 따라 차등을 두고 조세를 거두었다고 보는 것이다.

세 번째는 녹읍주의 녹읍 지배가 조세 수취를 제외한 역역의 징발, 공부의 징수, 우마(牛馬)에 대한 지배에 한정되었다고 보는 견해이다. 이는 「신라촌락문서」를 역역, 공부 등 구체적인 수취량을 지정하기 위하여 작성된 녹읍 지배의 기초 문서라고 규정한 전제에서 내려진 결론이다.

1980년대 이전까지 주로 첫 번째 견해가 널리 수용되었다가 1980년대 중반부터 두 번째의 견해가 많은 공감을 얻고 있는 추세이다. 근래에 들어와 첫 번째와 두 번째 견해를 절충하여 삼국통일 이전에는 녹읍주에게 곡물과 베 또는 비단을 함께 수취할 수 있는 권리를 지급하였다가 그 이후에는 곡물, 즉 조세만을 수취할 수 있는 권리, 즉 순수한 의미의 수조권을 지급하였다고 보는 견해가 새롭게 제시되기도 하였다. 녹읍제에 관한 자료가 워낙 적기 때문에 현재로서 어느 견해가 옳다고 단정하기 곤란하며 앞으로도 연구가 진전되면서 수취 내용에 대한 새로운 견해가 제기될 가능성이 높다.

삼국통일 이전에 신라에서는 진골의 관리들에게만 급여로서 녹읍을 지급하고, 6두품 이하 신분의 관리들에게는 세조(歲租 : 매년 일정 양의 벼를 급여로 지급하는 것)를 주었다. 757년(경덕왕 16) 녹읍 부활 이후에 국학(國學)에서 수학하는 학생들에게 거노현(巨老縣 : 경남 거제시)을 녹읍으로 지급하였듯이 하대에 이르러서는 진골과 더불어 6두품 이하의 관리들에게도 지급한 것으로 보인다. 이밖에 중앙의 행정 관청에도 녹읍을 지급하였음이 확인된다. 삼국통일 이전에는 대체로 관등을 기준으로 녹읍을 지급하는 것이 원칙이었는데, 그 이후에는 관직과 관등을 모두 고려하여 지급하였다. 이때 대아찬 이상의 관등을 보유한 진골은 관직의 제수(除授) 여부와 상관없이 관등에 따라 세조와 녹읍을 지급받았는데, 관직을 제수 받은 경우에는 그에 해당하는 세조나 녹읍을 별도로 받았다. 한편 아찬 이하의 관등을 보유한 경우에는 관직을 제수받은 경우에만 관직에 따라 차등을 두고 세조와 녹읍을 지급했다고 이해하고 있다.

진골 출신의 관리들은 문객(門客), 가신(家臣)을 직접 녹읍지로 보내서 조세를 수취하는 것이 관례였다. 935년(태조 17) 5월 고려 태조 왕건이 "마땅히 공경장상(公卿將相), 즉 고위 관리들로서 나라의 녹(祿)을 먹는 사람들은 내가 백성들을 사랑하기를 아들같이 여기고 있는 뜻을 잘 알아서 너희들 녹읍의 백성들을 불쌍히 여겨야 할 것이다. 만약 가신 중의 무지한 무리들을 녹읍지에 보내, 오직 (그들이) 함부로 마구 거두어들이는 데만 힘쓰고 마음대로 빼앗아간들 너희들이 어찌 능히 이를 알 수 있겠는가?[『고려사』 권2, 「세가」 2 태조 17년]"라고 말했다. 이로써 고려 초창기에 고위 관리들이 녹읍지에 가신을 보내 직접 조세를 거두었음을 알 수 있다.

한편 진평왕 때 사리(使吏) 간진(侃珍)이 추화군(推火郡 : 경남 밀양시)에서 능절(能節)의 조세 30석을 왕성(王城)으로 운반했던 적이 있었다. 여기서 능절은 왕성에 사는 진골 관리이고 간진은 추화군에 있는 능절의 녹읍지에서 조세를 거두어 왕성으로 운반했던 자였다. 사리 간진의 사례는 신라에서도 진골의 관리들이 가신 등을 녹읍지에 보내 직접 조세를 수취하였음을 알려주는 증거이기도 하다. 그러나 모든 관리들이 가신 등을 녹읍지에 보내 직접 조세를 거둔 것은 아니었다. 하대에 거로현을 학생들에게 녹읍으로 지급하였는데, 이때 국학이 직접 조세를 거둔 것이 아니라 거로현의 현령(縣令)이 거두어 학생들에게 제공하였다. 마찬가지로 군·현에 파견된 지방관이 가신 등을 거느리지 못한 6두품 이하 신분의 하위 관리들의 녹읍지에서 조세를 거두어 그들에게 제공하였을 가능성이 높다.

녹읍제를 언제부터 시행하였는지는 분명하지 않다. 그러나 689년(신문왕 9)에 녹읍을 폐지하였다는 기록이 보이므로 적어도 그 이전부터 실시하였음은 확실하다. 녹읍제가 관료 조직의 정비와 밀접한 관련을 가진다는 점을 고려할 때, 그것은 17관등체가 완비된 6세기 전반 무렵부터 시행하였을 가능성이 높다. 녹읍제는 689년에 매년 관리들에게 세조를 지급하면서 폐지되었다가 757년(경덕왕 16)에 월봉(月俸)의 혁파와 동시에 부활되어 고려 초까지 존속하였다. 녹읍의 폐지 이후 한 동안 관리들에게 세조를 급여로 지급하다가 8세기 전반 성덕왕 대에 월봉을 지급하는 방식으로 제도를 개편한 것으로 이해된다. 지금까지도 689년에 녹읍을 폐지하고, 757년에 그것을 부활한 배경과 이유를 둘러싸고 논란이 많다.

일반적으로 689년에 신문왕이 진골 귀족들의 경제기반을 약화시키고 왕권을 강화하기 위한 목적에서 녹읍을 폐지하였다고 이해하였다. 그러나 녹읍제의 존폐 여부가 왕과 녹읍주인 관리, 일반 민 사이 지배관계의 변화를 수반한다는 점을 고려했을 때 왕과 진골 귀족과의 역관계의 변화에만 초점을 맞추어 폐지의 배경을 살피는 것에는 한계가 있다. 일찍이 귀족 관리들이 일정 지역의 인민을 다분히 사적으로 지배하는 과거의 토지 지배 질서를 부인하고, 토지와 인민을 국가의 지배하에 두는 율령체제의 전제(田制)를 확립하려는 목적에서 687년(신문왕 9)에 문무관료전을 지급하고, 689년에 녹읍을 혁파하였다고 보는 견해가 제기되었다. 근래에 이러한 견해를 수용하여 녹읍주들이 녹읍을 통하여 지배력을 더욱 확대하려는 움직임에 제동을 걸려고 국가가 폐지하였다고 보는 입장과 더불어 삼국통일 이후 신라 국가가 대농민 지배를 한층 더 강화하여 지배체제를 안정시킬 목적으로 혁파하였다는 의견이 새롭게 제기되었다. 신라 정부의 대농민지배 강화에 초점을 맞추어 녹읍 혁파 배경에 접근함으로써 녹읍제의 변천을 보다 동태적으로 설명할 수 있는 토대가 마련되었다고 평가할 수 있다.

녹읍을 부활한 이유에 대해서도 다양한 견해가 제기되었다. 종래에 일반적으로 진골 귀족의 전제 왕권에 대한 지속적 반항과 성장, 그에 따른 왕권의 쇠퇴 결과로 녹읍을 부활하기에 이르렀다고 이해하였다. 그러나 녹읍을 부활한 757년 무렵에 진골 귀족 세력이 성장하고 왕권이 크게 위축되었음을 알려주는 어떠한 증거도 발견되지 않기 때문에 이러한 견해는 문제가 있다. 1990년대 초반에 기존의 통설적 견해를 비판한 다음, 통일 이후에 중앙 정부가 경제력의 계량적 파악에 힘입어 관료들의 녹읍을 계량된 만큼의 전조와 연계하여 받게 한 제도 정비 상에서 녹읍의 부활이 이루어졌다는 견해가 제기되었다. 즉 통일 이후 전국에 걸쳐 양전(量田)을 추진하고 중앙 및 지방제도의 정비에 힘입어 정전(丁田)을 지급하는 등, 전국의 토지·재산·호구 등에 대한 정확한 파악과 원활한 행정력의 뒷받침 속에서 월봉을 폐지하고 녹읍을 부활했다고 이해하였다. 특히 당시 집권 세력이 녹읍을 부활시킨 이유를 정확한 경제력의 파악에 근거하여 마련된 계연(計烟) 수치를 매개로 관리들의 녹봉에 해당하는 수조권을 각 지역과 연계시켜 분급함으로써 행정적 번거로움을 줄일 수 있었다는 것이다. 그런데 이와 같은 논리를 따를 경우, 녹읍이 부활된 지 10여 년 뒤에 도적이 봉기하는 등 지배 체제가 크게 동요하는 현상에 대해서는 설명이 궁색해지고, 또 녹읍을 혁파한 후에 국가가 모든 농민에게서 직접 조세와 공부를 징수하고 역역을 징발했는데, 전국의 농민과 토지에 대한 계량적 파악 없이 이렇게 할 수 있었을까하는 대한 의문이 제기된다.

근래에 녹봉제도가 국가의 재정 운용과 깊은 연관성을 가진다는 측면을 주목해 757년 무렵 국가 재정이 궁핍해지자, 그것을 타개하기 위하여 녹읍을 부활하였을 것이라는 새로운 견해가 제기되었다. 이에 따르면 755년(경덕왕 14) 봄의 큰 기근으로 농민들의 몰락과 유망이 증대한 결과, 756년, 757년 무렵에는 국가의 재정이 넉넉하지 않았는데, 이에 정부에서는 국가 개정의 궁핍함을 타개하고 진골을 비롯한 관리들의 불만을 해소할 수 있는 방안으로 다시 녹읍을 급여로 지급하는 방안을 강구하였다는 것이다. 녹읍제는 고려 초기에 호족 세력을 비롯한 건국의 공훈자에 대한 경제적 처우의 한 방식으로 변질되어 존속되었다가 후삼국 통일과 더불어 완전히 폐기되었다.

역사적 의의는 주로 녹읍의 수취 내용과 통일신라 사회 성격의 규명과 연계되어 논의되었다. 녹읍의 수취 내용을 조세의 징수권뿐만 아니라 역역의 징발권과 공부의 수취권까지 부여하였다고 이해했던 연구자들은 통일신라를 고대사회로 파악하였다. 그들은 고대사회를 친족공동체(親族共同體)를 기반으로 하던 족장세력(族長勢力)의 정치 지배 시대로 규정한 다음, 녹읍을 바로 지방의 족장 세력이 중앙 귀족으로 전화(轉化)한 뒤에 신라 국가로부터 그들의 옛 지배 지역에 대한 통치권을 그대로 인정받은 경제적 조치로 이해하였다.

반면에 녹읍주가 녹읍민에게서 토지 면적에 따라 수확량의 10분의 1을 전조로 수취하였다고 주장한 연구자들은 녹읍을 전주전객제(田主佃客制)를 내용으로 한 중세 사회 초기 토지제도의 한 유형으로 파악하였다. 이에 따르면 삼국 중반기 이후 토지소유관계를 중심으로 한 지배 질서가 정립되면서 지주전호제(地主佃戶制)가 발전하고, 다른 한편으로 국가는 관리들에게 일정한 지역의 전조를 수취할 수 있는 권리를 녹봉 대신 지급하는 녹읍제를 실시하였는데, 이때 녹읍주는 수조권을 매개로 녹읍민을 전호처럼 지배하는 전주로서의 성격을 지녔다는 것이다.

녹읍주가 녹읍민에게서 호등(戶等)에 따라 조(租)를 수취하였다고 이해한 연구자는 통일신라의 주요 과세 대상은 토지가 아니라 가호(家戶), 즉 인호(人戶)였고, 녹읍제는 바로 인호세(人戶稅)가 국가의 핵심적인 세원(稅源)이었던 고대 사회의 대표적인 급여제도라고 규정하였다. 아울러 후삼국 시대에 궁예가 처음으로 토지 면적에 따라 수확량의 일부를 전조로 수취하는 세제를 정비하면서 비로소 지배층의 소유 토지도 국가의 과세 대상에 편입되었고, 그 뒤 고려왕조에서 전조를 거둘 수 있는 권리, 즉 수조권을 급여의 한 형태로 관리들에게 지급하는 역분전(役分田)과 전시과(田柴科)를 시행하기에 이르렀다고 주장하였다. 즉 녹읍제는 인호의 수취에 기초한 고대사회에서 관리들에게 지급한 급여제도이고, 역분전과 전시과는 토지가 주요 과세 대상으로 부각된 중세 사회의 급여제도 또는 토지제도의 한 유형이라는 것이다.

녹읍의 역사적 의의와 관련하여 그것과 문무 관료전, 전시과의 관계를 어떻게 설정하느냐를 둘러싸고도 많은 논의가 이루어졌다. 녹읍의 수취 내용을 총체적 수취권으로 이해한 연구자들은 687년(신문왕 7)에 처음 지급한 문무 관료전을 직전(職田)으로 파악하고 이것은 고려시기 전시과와 계통을 같이하는 토지제도라고 주장하였다. 반면에 녹읍의 수취 내용을 전조 수취권으로 이해한 연구자들은 문무관료전의 지급을 후대 공훈전(功勳田)·공신전(功臣田) 및 삼국 초기부터 보이는 사전(賜田) 지급과 맥락을 같이하는 토지의 분급이라고 파악하고, 녹읍과 전시과를 모두 전주전객제를 내용으로 하는 동일 계통의 토지제도로 규정하였다. 한편 호등에 따라 조를 수취하였다고 이해한 연구자는 문무관료전을 직전으로 보면서도, 그것은 토지 자체를 분급한 것으로서 수조권을 분급한 전시과와 계통이 전혀 다른 토지제도였고, 아울러 녹읍 역시 전시과와 계통적으로 연결시키기 어렵다는 입장을 표명하기도 했다.

현재 녹읍의 수취 내용을 어떻게 파악하느냐에 따라 녹읍제의 역사적 의의에 대한 평가 및 녹읍제와 문무관료전, 전시과와의 관계 설정에 대한 이해가 크게 달라진다. 앞으로 추가 자료가 발견되기까지 이와 같은 흐름은 근본적으로 바뀌지 않을 가능성이 높다. 그러나 새로운 방법론을 수용하여 녹읍제에 접근하거나 또는 고대 중국과 일본의 녹봉제도 및 고려 녹봉제·전시과제도와 신라의 녹읍제를 상호 비교 검토하는 연구가 활성화된다면, 녹읍제를 둘러싼 견해 차이를 어느 정도 해소할 수 있는 단서를 찾을 수 있을 것으로 기대된다.

[참고어] 관료전, 전시과, 공훈전, 공신전, 사전(賜田), 수조권

[참고문헌] 강진철, 1987, 「新羅의 녹읍에 대한 若干의 問題點」『佛敎와 諸科學』; 1989『한국중세토지소유연구』, 일조각 ; 강진철, 1969, 「新羅의 녹읍에 대하여」『李弘稙博士回甲紀念韓國史論叢』; 1989, 『한국중세 토지소유연구』, 일조각 ; 김기섭, 1999, 「統一新羅 土地分給制의 展開와 中世의 起點」『釜大史學』 23 ; 김기흥, 1991, 『삼국 및 통일신라기 세제의 연구』, 역사비평사 ; 김영두, 1996, 「高麗初期의 녹읍제-歸順城主에 대한 경제적 대우와 관련하여-」『韓國史硏究』 94 ; 김용섭, 2000, 『한국중세농업사연구-토지제도와 농업개발정책-』, 지식산업사 ; 김철준, 1962, 「新羅貴族勢力의 基盤」『人文科學』 7 ; 1990『한국고대사회연구』, 서울대학교출판부 ; 木村誠, 1976, 「新羅の祿邑制と村落構造」『歷史學硏究』 428 別冊(世界史の新局面と歷史像の再檢討) ; 武田幸男, 1977, 「新羅の村落支配-正倉院所藏の追記をめぐって」『朝鮮學報』 81 ; 박시형, 1960, 『조선토지제도사』 상, 과학원출판사 ; 박찬흥, 2001, 「신라 중·하대 토지제도 연구」, 고려대학교 박사학위논문 ; 안병우, 1994, 「신라 통일기의 경제제도」『역사와 현실』 14 ; 윤선태, 1998, 「新羅의 力祿과 職田-祿邑硏究의 進展을 위한 提言」『韓國古代史硏究』 13 ; 윤선태, 2000, 「新羅 統一期 王室의 村落支配」, 서울대학교 박사학위논문 ; 이경식, 2005, 『한국 고대·중세초기 토지제도사』, 서울대학교출판부 ; 이순근, 2004, 「녹읍의 수취내용에 대하여-전기녹읍을 중심으로-」『역사와 현실』 52 ; 이인재, 1995, 「統一新羅期 土地制度 硏究」, 연세대학교 박사학위논문 ; 이희관, 1999, 『통일신라토지제도연구』, 일조각 ; 전덕재, 2009, 『한국고대사회경제사』, 태학사 ; 허종호, 1991, 『토지제도발달사』 1, 과학·백과사전종합출판사 ; 洪承基, 1977, 「高麗初期의 祿邑과 勳田」『사총』 21·22 〈전덕재〉

녹전(祿轉) 군현의 조세 가운데 중앙으로 운반하여 관리의 녹봉 곡으로 충당하는 세목(稅目).

1339년(충숙왕 후8) 5월에 감찰사(監察司)가 금령을 내걸어, "양창(兩倉)의 녹전과 각사의 공물이 근래에 운반하여 납부하는 시기를 잃어 쓰임새가 부족하게 되어 화식지도(貨殖之徒)로 하여금 틈을 타고 이익을 누려 그 액수를 먼저 납입하고 곧 그 지방에 가서 이자를 배로 거두게 하는 데까지 이르렀으니 민이 어찌 견디겠는가.(兩倉祿轉, 各司貢物, 近因輸納失期, 用度不足, 致使貨殖之徒, 乘時射利. 先納其本, 卽往其鄕, 倍收利息, 民何以堪.[『고려사』 권78, 「식화지」 1 전제])" 하였다. 이로 보아 좌창(左倉)과 우창(右倉)에 녹전을 납입했음을 알 수 있다. 그런데 녹전의 의미가 지방에서 거둔 조세 중 중앙으로 옮길 것이라는 뜻으로 전용되어 전미(轉米)·전미세(轉米稅) 등으로도 사용되었고, 시기가 지날수록 녹전은 조세, 전조와 거의 같은 용례로 쓰이기도 하였다.

[참고어] 조세제도

[참고문헌] 權寧國 外, 1996, 『譯註『高麗史』食貨志』, 韓國精神文化硏究院 ; 박종진, 2000, 『고려시기 재정운영과 조세제도』, 서울대학교출판부 ; 국사편찬위원회, 1993, 『한국사 14-고려 전기의 경제구조』 〈윤성재〉

농가갱생계획(農家更生計劃) ⇒ **농촌진흥운동**

농가설(農家說) 16세기 후반 1592년 이전에 전라도 옥과(玉果, 현 곡성군 옥과면) 유생 유팽로(柳彭老)가 지역적인 농업기술을 정리하여 편찬한 농서.

『농가설』은 16세기 후반 지역농서의 편찬 흐름을 잘 보여주는 농서이다. 유팽로(1554~1592)는 『농가설』을 「유가설(儒家說)」, 「병가설(兵家說)」과 더불어 설의 하나로 저술하였다. 그러나 『농가설』의 내용 가운데 각 달별로 농가에서 수행해야 할 작업을 지적한 부분이 가장 중요한 곳인데 이와 같은 정리 방식은 월령식농서(月令式農書)의 틀을 갖춘 것이었다. 게다가 월령으로 정리한 부분의 앞에 강희맹(姜希孟, 1424~1483)의 『금양잡록(衿陽雜錄)』의 내용을 많이 전재하고 있다.

유팽로(1554~1592)는 전라도 옥과[현재 전남 곡성군 옥과면 지역]에서 거주하다가 임진왜란 당시에 순절

하여『호남절의록(湖南節義錄)』에도 자세히 소개된 인물이었다. 1588년(선조 21) 식년시 문과에 등제하여 권지 성균관 학유가 되었다가 이듬해 부정자(副正字)로 있을 때 부친을 봉양하기 위해「걸양소(乞養疏)」를 올리고 고향으로 돌아갔다. 그런데 다음해에 부친상을 당하여 이후 계속 고향에 머무르다가 1592년 홍문관 박사가 되었다. 유팽로는 이때 세 차례에 걸쳐 구언소(求言疏)를 올려 "정성을 다하여 수덕(修德)하는 것"을 구폐책(捄弊策)으로 삼고, "재물을 다스려 양병하는 것"을 변란의 대비책으로 삼아야 함을 극진히 주장하였다. 1592년(선조 25) 4월 왜란이 일어나자 거의지계(擧義之計)를 가지고 다시 고향으로 돌아와 순창현감 안곡(安穀)과 더불어 기의(起義)하였다. 고경명(高慶明), 양대박(梁大樸), 안영(安暎)등과 같이 북상하여 금산에서 조헌(趙憲)의 의병과 합세하여 왜군과 전투를 벌이다가 순절하였다.

『농가설』은『유가설(儒家說)』·『병가설(兵家說)』과 더불어 그의 유고집인『월파집(月坡集)』권2에 실려 있다. 유팽로가『농가설』을 저술한 시기는 대략 추정할 수 있는데, 우선 그가 1592년에 순절하였다는 점에서 이보다 앞선 시기에 저술하였던 것이 확실하다. 그리고 본문 가운데 "우리나라는 성인(聖人)이 계속 이어져 햇수로 장차 200년이 된다"라는 구절이 있는데, 조선이 건국한 해가 1392년임을 감안하면 장차 200년이 될 것이라는 미래형의 구절을 썼던 당시는 아직 200년간에 이르지 못한 시기가 된다. 따라서 유팽로가『농가설』을 편찬한 시기는 1592년 이전으로 대략 1580년대로 추정할 수 있다.

『농가설』은 내용상 네 부분으로 구분해 볼 수 있다. 우선 처음 단락에서는 의식의 근원이 농(農)이며 왕정이 마땅히 농을 먼저 해야 한다고 지적하고 있다. 두 번째는 강희맹의『금양잡록』을 발췌한 부분이다.『금양잡록』의「농자대삼(農者對三)」의 일부분과「종곡오(種穀五)」의 일부분을 발췌하고 몇 마디 언급을 추가해 놓고 있다. 세 번째 부분은『효경(孝經)』의 한 구절을 인용하고 이에 근거하여 농업의 어려움과 근로할 것을 주장하고 있다. 여기에서는 특히 파종(播種), 제초(除草), 분전(糞田), 수리(水利), 양잠(養蠶), 양마(養麻)를 강조하였다.

네 번째 부분은 월별로 필수적으로 해야 할 농사일을 정리해 놓았는데 지역적 농법의 모습을 보여주는 부분이라고 할 수 있다. 정월(正月)에는 피당(陂塘)과 대보(大洑)를 다스리는 일이 크게 강조되고 있다. 이월(二月)에는 해충을 제거하기 위해 두둑을 불태우는 일과 분전에 힘써야 하는 일을 지적하면서 한식절(寒食節)에 침종(沈種)하였다가 4, 5일 후에 낙종(落種)할 것을 말하였다. 삼월(三月)에는 특히 목화 재배에 적당한 파종시기와 토질을 거론하였다. 이에 덧붙여 앙판(秧坂)을 한번 제초하라는 작업지시를 내리고 있다. 이러한 작업 지시는 이앙을 하기 위해 앙판 즉 앙기(秧基)를 마련하고 앙기에서 일차적으로 제초하여야 한다는 것이었다. 이앙법을 채택하고 있음을 확실히 알 수 있다. 사월(四月)에서는 망종(芒種)이 이앙하는데 경계시기임을 지적하고 권농을 맡은 자가 힘써 일할 것을 강조하였다. 오뉴월(五六月)에는 제초를 열심히 해야 되고, 칠월(七月)에는 보리를 심어야 되는데 추모(秋牟)와 더불어 춘모(春牟)의 적당한 파종시기를 적시하였다. 구월(九月)이 되면 수확을 하는데 천기(天機)를 잘 살펴 어긋나지 않도록 하고 근실히 수확한 것을 지키도록 하였다. 삼동(三冬)에는 신초번리승옥(薪樵藩籬乘屋) 등의 일을 해야만 하는데, 나태하여 이를 도외시하는 폐풍을 경계하고 있다. 마지막 부분에서는 국왕과 수령이 성심으로 백성을 이끌어 해마다 풍년이 들면 우리나라가 비단 예의지방(禮義之邦)일 뿐만 아니라 의식지향(衣食之鄕)이 될 수 있을 것이라고 마무리를 하고 있다. 이와 같이 월령에 맞춰 농가에서 해야 할 농사일을 정리해두고 있었다.

『농가설』에 의거해 16세기 후반 전라도 옥과 지역의 농력(農曆)을 재구성할 수 있다. 이때『농가설』이 분명하게 절기에 따라 농작업을 지시하지 않은 경우도 있기 때문에, 이는 각 농사일의 선후관계를 고려하여 절기마다 배치할 수 있다.

우선『농가설』은 이앙을 망종을 계한(界限)으로 삼아야 한다는 설정하고 있었다. 그런데 망종을 5월에 해당하는 절기이기 때문에 4월의 절기인 입하와 소만에도 이앙을 부지런히 힘써야 할 것이라는 지적과 상통한다고 보았다. 따라서 4월부터 5월초 망종에 이르기까지 이앙을 수행하는 기간으로 설정하였다.

『농가설』의 농력은 상당히 간략한 것이지만, 기경에서 파종으로 이어지는 경종법의 전반적인 내용을 담고 있다. 그리고 밭작물의 경우 보리[大麥]와 밀[小麥]의 춘종(春種)과 추종(秋種)을 구분하면서 재배 적기를 지시하고 있다. 조선 초기 이래 전반적으로 재배면적이 확산되고, 경작이 장려된 목화의 재배법을 간략하지만 정리한 부분이 이채롭다. 그리고『농가집성(農家集成)』의『농사직설』「증보문(增補文)」에 보이는 목화의 잡종이 수확에 좋지 않다는 지적을 담고 있다는 점도 의미가 있다. 하지만 주요한 밭작물이라고 할 수 있는 서속(黍粟), 두류(豆類) 등을 한차례 "두태서직소채가우(豆太黍稷蔬菜茄芋)의 등속은 또한 사람들이 먹는 바이니 전간(田間)에 다종(多種)할 것"이라고만 지시하고 있어서 밭작물에 대한 관심이 현저하게 낮게 나타나고 있다.

벼농사에 관련된 부분에 한정하여 농작업을 24절기에 따라 배열하여 농력을 작성하면 다음 표와 같다. 명확한 일자가 정해져 있는 것이 아니기 때문에 24절기에 맞추어 배열하였다.

〈16세기 후반 전라도 옥과 지역 벼농사의 농력〉

절기	입춘	우수	경칩	춘분	청명	곡우	입하	소만	망종	하지	소서	대서	입추	처서	백로	추분	한로	상강	입동
작업		우경	재경		침종	앙판	이앙	이앙	이앙	-운	초-						예확		
			분양		주앙	제초													

출처 : 유팽로, 『농가설』

표를 살펴보면 벼농사를 짓기 위해 기경(起耕)을 적어도 두 차례 이상 실시하고 있다. 그리고 재경(再耕)하는 시기에는 시비하기 위한 적당한 준비 작업을 필요로 하였다. 벼농사는 확실하게 이앙법을 경종법(耕種法)으로 채택하고 있었다. 이 점은 『농가설』의 전체 내용 속에서 다른 경종법에 대한 설명이 전혀 없다는 점에서 확인된다. 이앙을 위한 주앙(注秧)은 청명절(淸明節) 즉 3월 초순 하반기에 시행하고 있다. 그런데 주앙하는 시기가 이 시기에만 한정된 것은 아니었다. 왜냐하면 망종(芒種)을 이앙의 계한(界限)으로 삼고 있는데 망종에 이앙하기 위해서는 입하절(立夏節) 이전에만 주앙하면 충분하기 때문이었다. 따라서 청명에서 입하(立夏) 사이의 시기에 적당한 기후조건이 갖추어진 상태라면 주앙할 수 있었고, 이후 망종절이 끝나기 전까지 이앙하면 수확을 기대할 수 있었다. 이앙한 뒤에는 곧바로 제초에 돌입한다. 제초는 하지(夏至), 소한(小暑), 대서(大暑) 3개 절기 사이 기간 동안에 지속적으로 수행해야 한다는 권고를 하고 있다. 몇 차례에 걸쳐 제초작업을 수행하는지 보다는 근실하게 제초할 것을 당부하였다. 그리하여 7월과 8월에는 특정한 벼농사를 짓기 위한 농작업이 없다. 이후 9월에 들어서면 수확작업을 수행하면 한 해의 농사를 마치게 된다.

옥과 지역의 벼농사 농력은 우수절(雨水節)부터 시작해서 한로절(寒露節)에 이르는 16절기에 걸쳐 있었다. 벼농사에 힘을 쓰는 데 대략 240일이나 걸리는 기나긴 여정이었다. 벼가 실제로 생장하는 시기는 청명부터 한로까지 13절기 대략 190일 정도였지만, 벼농사 짓기 이전의 준비작업, 수확한 다음의 저장과 탈곡작업 등을 포괄하면 일 년 가운데 겨울철을 제외한 대부분의 시간을 벼농사에 투하해야 했다. 물론 입추에서 추분에 이르는 60여 일 동안 벼농사에 직접 관련되는 작업이 수행되지는 않았지만, 이 기간 동안에도 전토에서 자라고 있는 벼를 돌보는 일상적인 간수활동마저 그만두는 것은 아니었기 때문에 한 해 농사를 마무리하는 것은 전력을 다해야 하는 일이었다.

이처럼 『농가설』은 『농사직설』처럼 항목과 조목으로 구성된 일정하게 정리된 체계를 갖춘 농서는 아니었지만, 월별로 농가에서 해야 할 일을 정리하여 지시하는 등 월령식 농서의 모습을 보여주고 있었다. 게다가 전라도 옥과 지역의 농업관행을 보여주는 지역적인 특색을 지니고 있다는 점과 개인적인 저술이라는 점에서 이 시기 이후의 농서편찬의 흐름을 잘 보여주고 있다.

[참고어] 농서, 금양잡록, 이앙법, 24절기

[참고문헌] 김용섭, 1988, 『조선후기농학사연구』, 일조각 ; 염정섭, 2000, 『조선시대 농서 편찬과 농법의 발달』, 서울대학교 대학원 국사학과 박사학위논문 〈염정섭〉

농가요람(農家要覽) 편자와 연대는 미상의 농가 민속에 관한 잡술서.

52장의 한글본으로, 농서라기보다는 농가에서 이용하였던 일종의 방술서라고 할 수 있다. 여러 가지 잡다한 내용이 수록되어 있는데, 간지와 풍흉을 연관지어 설명하는 것이 주요한 내용이다. 그 내용이나 용어로 볼 때 당나라 말기 한악(韓鄂)이 쓴 『사시찬요(四時纂要)』 또는 이를 따온 강희맹(姜希孟)의 『사시찬요초(四時纂要抄)』에서 초록한 것으로 보인다.

구체적으로는 육갑(六甲)에 따른 그해의 간지와 곡종별 풍흉을 관련지어 설명하고 있다. 예를 들면 신(辛)자가 드는 해는 대마와 보리가 귀한 대신 벼가 잘 여문다든가, 임(壬)자가 드는 해에는 쌀과 보리는 풍작이나 두태(豆太)가 귀하다는 것 등이다.

1월에서 12월까지는 월별로 12간지와 관련지어 그 해의 풍흉을 점치고 있다. 이를테면 입춘일에 갑(甲) 또는 을(乙)이 드는 일진이면 풍년이라든가, 병정(丙丁)이면 큰 추위가 있고 경신(庚申)이면 사람이 편안하지 못하다는 등의 내용이다.

순산법(順産法), 잡인출입법(雜人出入法), 뱀을 쫓는 법, 빈대 없애는 법, 잃은 물건 찾는 법 등 모두 16종의 내용이 수록되어 있는데, 대부분 합리적인 근거 없이 민간에서 통용되는 내용이다. 예를 들면 순산법으로 콩 한 개를 쪼개어 한쪽에는 날 일(日)자를 쓰고 한쪽에는 가로 왈(曰)자를 써서 삼키면 순산한다는 것이다.

궁합보는 법, 혼인길삭법(婚姻吉朔法) 등 10여 종의 내용도 마찬가지이며, 심지어 25종의 각종 부적(符籍)이 그림으로 제시되어 있다. 연세대학교 도서관에 소장되어 있다.

[참고문헌] 김영진, 1982, 『농림수산고문헌비요』, 한국농촌경제연구원

〈정두영〉

농가월령(農家月令) 17세기 초반 경상도 상주(尙州) 지역에서 고상안(高尙顔, 1553~1623)이 지은 농서.

고상안은 1611년(광해군 3) 광해군대에 조정(朝廷)의 정사(政事)가 날로 문란해지는 모습을 보고 초동(草洞)이라는 곳으로 은거하였는데, 이곳은 바로 상산(商山) 즉 상주의 북쪽 90여 리에 있는 곳이었다. 그는 여기에 수간(數間)의 가옥을 짓고 지내다가 1623년(인조 1) 10월 향년 71세로 세상을 떠났다.

고상안은 1619년(광해군 11) 67세 되던 해에 『농가월령』의 서문(序文)을 지었는데, 당시 그는 사환에서 물러나 전원에 퇴거해 있었다. 관료생활의 대부분의 기간을 지방 수령(守令)으로 보냈던 고상안은 관직에서 물러나 향촌에 퇴거한 상황에서 농업기술을 제대로 정리하는 문제를 자신의 일로 삼아 농서를 편찬한 것이다. 편차는 서, 농사에 관한 제반사, 1월부터 12월까지의 월령, 잡령 등으로 이루어져 있다.

『농가월령』의 특징으로, 우선 16세기 중후반 이후 이앙법(移秧法)이 지역적으로 확산되고 보급되어나간 전후 사정을 『농가월령』에서 찾아볼 수 있다. 고상안은 이앙법에 대한 어떠한 거부감도 보이지 않고 있었다. 농우(農牛)가 당엽(糖葉)에 붙어 있는 청색소왜(靑色小蛙)를 먹으면 죽게 된다는 점을 지적한 것에서 그러한 사정을 찾아볼 수 있다. 이때 농우의 주인이 삽앙(揷秧) 즉 이앙에 온 힘을 기울이다가 소가 어디로 가는지도 모르는 모습을 당연한 것으로 묘사하는 사정은 바로 이앙법을 일반적으로 채택하고 있기 때문이었다. 특히 『농가월령』에는 건경법(乾耕法) 즉 건경직파법(乾耕直播法)이 설명되어 있다. 또한 시비(柴扉)라는 독특한 농기구를 이용하여 건조한 토양에서 수분의 유지와 제초작업에 매우 효과를 거둘 수 있도록 배려했다.

아울러 고상안은 『농가월령』에서 도종(稻種)을 조도(早稻)·차도(次稻)·만도(晩稻) 이외에 조앙종(早秧種)·차앙종(次秧種) 등으로 구별하였다. 이앙법을 채택하고 있는 농업현실에 기반을 두어 이앙법에 적합한 품종을 조앙종·차앙종·만앙종(晩秧種)으로 세분한 것이다. 그는 도종의 세분된 분류 이외에 여러 가지 새로운 벼품종을 소개하였다. 4월 입하(立夏)에 건부종(乾付種)할 수 있는 밀달조(密達租)를 소개하였다. 밀달조는 오월절 망종(芒種)에 이앙할 때 앙(秧), 즉 모가 부족하고 전(田)이 남을 경우 주앙하여 보식(補植)하는 것이 가능한 품종이었다. 그리고 4월 소만(小滿)에 건부종하지 못한 경우 만앙종으로 주앙하여도 수확이 가능한 품종으로 유모왜조(有毛倭租)와 홍도(紅稻)라는 품종도 소개하였다. 이 밖에 내풍(耐風)·내우(耐雨)하는 품종의 하나로 점조(粘租)·조왜조(早倭租)를 소개하기도 하였다. 고상안이 견문(見聞)하여 소개한 밀달조·유모왜조·홍도라는 벼 품종의 공통점은 만파하는 품종이라는 점과 이앙법과 긴밀하게 연결되어 있다는 점이다. 그리고 밀달조와 유모왜조는 내풍·내우하는 품종이었다. 벼 품종이 지역적인 성격, 나아가 당시 벼농사에서 중심적인 문제를 해결하는 방향으로 고안되고 개량되는 현실을 보여주는 것이다. 그리고 이 세 도종은 새로 개발된 신품종이거나 아니면 경상도 상주 지역에서 전래되던 품종으로 보인다.

『농가월령』의 또다른 특징은 16세기 중반 이후 양맥(兩麥)의 경종법과 이에 연관된 한전농법의 변동을 상세하게 찾아볼 수 있다는 점이다. 『농가월령』에 보이는 양맥 경작법은 춘모맥(春麰麥)과 동모(凍麰), 그리고 추모맥(秋麰麥)이라는 세 부류로 나뉘어졌다. 그리고 여기에 덧붙여 양맥의 후작(後作)으로 다른 작물을 경작하는 근경법이 설정되어 있었다. 우선 춘모맥의 경종법은 충분한 시비와 결합되어야만 수행될 수 있는 것이었다. 따라서 시비재료의 준비에 충실한 노력을 경주하는 것이 필요하였다. 춘모맥의 파종이 빠르면 빠를수록 좋다는 논리를 펴고 있었다. 춘모맥의 경작은 대두(大豆)의 간종(間種)으로 이어지기도 하였다. 그리고 대두를 간종하기 위해서는 애초에 춘모맥을 파종할 때부터 사전 정비작업을 수행하는 것이 필요하였다. 호치(虎齒) 등을 이용하여 양간(兩間)을 천경(淺耕)하는 것은 바로 간종할 자리를 만들어서 들깨 등을 파종하기 위한 작업이었다. 결국 춘모맥의 경종법은 춘모맥을 1년1작으로

경작하거나, 춘모맥을 키우면서 대두를 간종으로 경작하는 방식이 결합된 것이었다.

다음으로 동모는 추모종에 특수한 처리를 더하여 가을이 아니라 이른 봄에 모종(麰種)으로 파종하는 것이었다. 입춘(立春)에 앞서 대한(大寒)에 지종(漬種)작업을 수행하여 입춘일(立春日)에 꺼내서 밖에 두고 얼게 만드는 작업을 수행하였다. 고상안은 동모를 만드는 이유로 추모를 파종하는 것에 따르는 두 가지 난점을 지적하였다. 추모를 파종하는 곳이 햇볕이 제대로 들지 않는 곳일 경우와 겨울에 눈이 내리는 것이 평상시보다 많을 경우에 추경(秋耕)한 추모가 죽어 버려서 되살아나지 않는 난점을 지적하였다.

고상안은 대한에 추모를 지수(漬水)하고 철기(鐵器)에 넣어 토실(土室)에 두는 방식으로 동모를 만들어 이것을 이른 봄에 파종하는 방법으로 위에서 지적한 난점을 해결할 수 있다고 했다. 혹 동모를 만들지 못하였을 때에도 추모를 입춘에 그대로 파종하는 것도 가능하다고 파악하였다.

동모를 파종하기 위한 준비 작업은 전년 10월부터 시작되었다. 10월 소설(小雪)에 한전을 추경할 때 동모를 이른 봄에 파종할 곳으로 작은 고랑을 만들어 두는 작업을 수행하였다. 다음해가 되어 만들어놓은 동모는 우수에 파종하였는데, 이것은 춘모맥을 대부분 경칩 그리고 가능하면 우수에 파종하는 것에 비해서 1절기 정도 일찍 파종하는 것이었다. 동모를 파종하고 이후 춘분에 이르게 되면 파종처의 양간을 기경하여 속(粟)·적소두(赤小豆)·대두 등을 간종하였다.

다음으로 추모맥의 경작법은 동모를 경작하는 방식과 동일하게 제시되어 있었다. 동모의 파종처가 고랑이라는 점이 명백한데 이와 마찬가지로 추모맥을 파종하는 방식도 고랑에 파종하는 것이었다. 고랑(骨巷)에 추모맥을 파종하는 방식을 '골고리'라는 특수용어를 붙여서 다른 방식과 구별하고 있었다. 또한 추모맥을 한전에서 재배하면서 중간에 숙속(菽粟)을 간종으로 경작하고 있었다.

16세기 후반 이후 영농기술의 한 단계 발달을 추동한 것은 시비기술의 발달이었다. 시비기술의 발달은 고상안의 『농가월령』에서 뚜렷하게 찾아볼 수 있다. 고상안은 비료를 만드는 것의 중요성을 특히 인분(人糞) 즉 대소변과 관련해서 강조하고 있었다. 수전(水田)에서의 이앙법의 보급과 이를 전제로 하는 도맥이모작(稻麥二毛作)의 전개, 한전에서의 1년2작식 경작방식의 확립 등이 가능하기 위해서는 지력을 유지시키고 작물의 성장을 도와주는 시비법의 발달이 수반되지 않을 수 없었다.

[참고어] 농서, 이앙법, 간종법

[참고문헌] 김용섭, 1988, 『조선후기농학사연구』, 일조각 ; 민성기, 1990, 『조선농업사연구』, 일조각 〈염정섭〉

농가월령가(農家月令歌)

농가월령가(農家月令歌) 정학유(鄭學游, 1786~1855)가 지은 월령체(月令體) 가사(歌辭).

원본은 현전하지 않으며, 필사 이본으로는 권경호본(權卿鎬本, 1876)·이탁본(李鐸本)·정규영본(丁奎英本, 1925)·안춘근본(安春根本)·이능우본(李能雨本) 등이 전한다. 그 중 선본인 권경호본의 발문에 "병자년(1876, 고종 13) 2월에 단양 아중에서 쓰다. 이 농가월령가는 곧 우리 외숙이신 정운포공이 엮은 것이다. 살펴보니 느껍고 그리워서 옮겨 베껴 집에 전하고자 한다. 해는 병자년 한봄 상순에 생질 권경호 삼가 쓰다.(병ᄌᆞ 이월일 단양아듕셔. 此農家月令歌卬我內臭丁耘迪公所纂也. 披玩感慕, 玆以飜謄, 以爲傳家. 歲在丙子仲春上澣, 甥姪權卿鎬謹書.)"라고 쓰여 있어, 저자는 정학유임이 확정적이다.

정학유는 다산 정약용의 둘째 아들로 알려져 있는데, 나주정씨족보에 따르면 부친은 약용(若鏞)이며, 형은 학연(學淵)이요, 누이동생은 윤영희(尹榮喜)의 부인이었다. 자(字)는 치구(穉求)이며, 아내는 청송 심씨였는데 30에 일찍 죽었고, 재취로 맞이한 남양 홍씨도 47세를 일기로 1844년에 죽었다. 슬하에 3남 2녀가 있었는데, 큰아들 대무(大懋)는 현감을 지냈고, 둘째아들 대번(大樊)은 농업에 종사하였으며, 셋째아들 대초(大楚)는 의금부도사를 지냈다고 한다.

농가월령가는 12달을 노래한 12단락과 서사(序詞), 결사(結詞) 등 총 14단락으로 구성되어 있다. 서사에서는 해·달·별의 운행과 역대의 월령 및 당시 쓰이던 역법의 기원에 대해 설명하고 있으며, 결사에서는 농사에 힘쓸 것을 권장하고 있다. 또한 각 달의 월령에서는 절기와 각종 농사일, 세시풍속 등을 노래하고 있다. 이를 표로 정리하면 다음과 같다.

〈농가월령가의 주요 월령〉

월(절기)	월령
1월(입춘, 우수)	일년 농사준비(농기구, 농우), 재거름, 보리밭시비, 정조(正朝)의 세배와 행사 등
2월(경칩, 춘분)	농기구 다루기, 봄갈이(봄보리, 목화), 담배모종, 가축기르기 등
3월(청명, 곡우)	한식(寒食), 파종, 보리밭 김매기, 과일나무

	접붙이기, 장담그기 등
4월(입하, 소만)	이른 모내기, 간작(間作), 분봉(分蜂), 봄 갈쌈, 꿀벌의 산란 등
5월(망종, 하지)	보리타작, 고치따기, 모심기, 단오 등
6월(소서, 대서)	간작·북돋우기, 유두의 풍속, 장 관리, 삼 수확, 길쌈 등
7월(입추, 처서)	꼴 베기, 김매기·피고르기, 선산(先山)의 벌초(伐草)하기, 김장할 무·배추의 파종 등
8월(백로, 추분)	백곡(百穀)의 무르익음과 수확, 목화와 고추 말리기, 보리밭갈이, 며느리의 친정 근친(覲親) 등
9월(한로, 상강)	가을 추수, 이삭 줍기, 목화타기, 기름짜기 등
10월(입동, 소설)	무·배추 수확, 겨울 준비 등
11월(대설, 동지)	책력 반포, 메주쑤기, 동지의 풍속, 가마니짜기, 외양간 살피기 등
12월(소한, 대한)	무명과 명주 염색, 새해 준비 등

이처럼 『농가월령가』는 농사의 시기를 알려주며 농촌의 생활과 정취를 느끼게 해주는 작품이다. 한편 농민 스스로가 자신의 생활을 노래한 작품이 아닌 까닭에, 실제의 농촌현실과는 거리가 있다는 점과 교훈적인 부분이 많다는 점이 아쉬움으로 지적되기도 한다.

[참고어] 농가월령, 월령

[참고문헌] 이상보, 1970, 「농가월령가에 대한 연구」『명지어문학』 4 ; 민현식, 1996, 「<농가월령가>에 대한 텍스트 언어학적 고찰」『문학한글』 10 ; 김형태, 2006, 「<農家月令歌> 창작 배경 연구」『동양고전연구』 25 ; 권정은, 2013, 「조선시대 농서(農書)의 전통과 <농가월령가>의 구성 전략」『새국어교육』 97 〈윤석호〉

농가지남(農家指南) 1925년 이종현(李鍾炫)이 옛 농서를 집대성하여 지은 농업서.

『농사직설(農事直說)』을 비롯해 『금양잡록(衿陽雜錄)』, 『양잠요의(養蠶要義)』 등의 농서를 종합한 『농가집성(農家集成)』을 모본으로 하여 농서들의 내용을 수록하고, 약간의 첨삭을 가하여 저술하였다. 1권 1책으로, 편찬자의 자서와 목록, 본문 4편으로 구성되어 있다.

제1편은 정초(鄭招)가 1429년(세종 11)에 편찬한 『농사직설』 등의 내용이 대부분 그대로 수록되어 있으며, 원문의 뜻이 손상되지 않는 범위에서 첨삭을 가하였다. 예를 들면 원문에 들어 있는 참깨[種胡麻] 항목은 빠져 있고, 길일을 선택하는 방법 등은 첨가되어 있다. 원문에는 한글로 토를 달고 있어 해독하기 쉽도록 되어 있다. 제2편은 주자의 권농문 2편이 수록되어 있다. 여기서도 약간의 글귀를 첨삭하였다. 제3편에는 강희맹(姜希孟)이 1480년대에 저술한 『금양잡록』을 전문 그대로 옮겨 놓았으며, 마찬가지로 글귀를 첨삭하고 표현을 달리하는 등 손질을 하고 있다. 이 편에는 책을 편찬하던 당시 경상북도 종묘장에서 시험을 거쳐 만들어 낸 벼·보리·밀·피·콩·감자·고구마·목화 등의 내병다수성 품종을 소개하고, 지대에 따라 적합한 재배지를 열거한 내용이 임의로 삽입되어 있다. 또한 『금양잡록』의 농담편(農談篇)을 대폭 축소한 노농문답(老農問答)이 들어 있는데, 끝부분의 토기진순(吐氣振唇)은 제외되어 있다. 제4편은 강희맹의 『양잠요의』를 삽입하고 있는데, 원문을 확인할 수 없으나 첨삭을 가했을 것으로 추정된다. 『양잠요의』의 구절에는 강희맹이 초록한 『사시찬요초(四時纂要抄)』의 구절과 똑같은 내용의 것이 많이 삽입되어 있다. 종과법(種瓜法)과 종죽법(種竹法)의 경우도 사시찬요초』에서 뽑은 것이다.

이 책은 경상북도 종묘장에서 당시까지 실시한 품종비교시험의 결과를 초록, 삽입한 것을 제외하면 1655년(효종 6)에 신속(申洬)이 편찬한 『농가집성』을 모본으로 하여 대부분 그대로 옮긴 것이지만, 경우에 따라 편자 자신의 독단적 판단에 의해 첨삭을 가하고 있다. 다만 난해한 옛 농서에 한글 토를 달아 이해하기 쉽게 한 것과 신품종 선발에 관한 기록을 삽입했다는 점에 그 의의가 있다.

[참고어] 농사직설, 금양잡록, 농가집성

[참고문헌] 이성우, 1981, 『한국식경대전』, 향문사 ; 김영진, 1982, 『농림수산고문헌비요』, 한국농촌경제연구원 〈정두영〉

농가지대전(農家之大全) 정조(正祖)가 편찬하려고 계획했던 농서의 이름.

1798년(정조 22) 정조는 권농정구농서윤음(勸農政求農書綸音), 즉 농사를 권장하고 농서를 구하는 구언 전지를 내렸다. 이 윤음에 응하여 사람들이 농업에 대한 방책이나 농서를 올리면 정조는 이를 절충하여 『농가지대전』을 편찬하여 여러 주와 군에 반포하려는 계획을 가지고 있었다. 이는 그 이듬해 을미년이 선왕(先王)이었던 영조가 친경(親耕)을 행했던 해의 환갑이 되는 해였던 것에 의미를 두고, 중농(重農)의 뜻을 이어나가고자 하는 명분으로 계획된 것이었다. 정조는 교서에서 천시(天時), 지리(地利), 인사(人事)를 농사의 세 가지 조건으로 이야기하며 각각의 내용을 개괄하여, 이에 대한 방책들을 올릴 것을 유도하였다.

정조는 일찍부터 농서를 편찬하여 반포하고자 하였으나, 옛날과 지금이 사정과 풍토(風土)가 다르고, 빈부를 고르게 하기 어려우니 획일적으로 정하여 놓고 그것만을 지키게 할 수 없음을 밝혔다. 이에 서울과 지방의 대소 관료 및 백성에게 널리 좋은 방책을 구한 것이었다. 이때 정조는 이속(異俗)이나 옛 방법에 구애받지 말고 바닷가와 산골, 기름진 땅과 메마른 땅에 맞추어서 각자 마땅한 방법을 진달할 것을 명하였다. 정조는 진달된 방책들을 모두 받아들여 절충해서 쓴다면 이를 곧 '농가의 대전(大典)'이라고 부를 수 있을 것이라고 했다.[『정조실록』 권50, 22년 11월 30일] 즉 『농가지대전』은 당시의 실정에 맞는 전국 각지의 농법 관행, 농업개혁 방안 등을 모두 수렴하여 실질적인 내용의 종합농서를 편찬하여 간행할 것으로서 계획된 것이었다고 할 수 있다. 이는 16세기 중반부터 18세기 말까지 지역농서가 편찬되고 종합농서를 지향하던 흐름 속에서 이해할 수 있다.

이 국가적 종합농서의 편찬은 규장각을 중심으로 추진되었다. 이때 당시 유사당상(有司堂上)이었던 이서구(李書九)는 윤음에 응하여 올라온 상소와 농서를 검토하고 정리하는 일을 맡아 주도적인 역할을 하였다. 정조가 계획했던 이 『농가지대전』은 구언 전지를 내린 지 2년 만에 정조가 승하함에 따라 실제로 완성되지는 못했다. 그러나 정조의 전지에 응하여 올린 상소문과 농서, 즉 응지진농소(應旨進農疏)와 응지진농서(應旨進農書)는 『정조실록(正祖實錄)』, 『일성록(日省錄)』, 『승정원일기(承政院日記)』, 『비변사등록(備邊司謄錄)』과 개인 문집에 수록되어 있어 현재 농업사 연구에 중요한 자료로 이용되고 있다.

[참고어] 응지진농서

[참고문헌] 김용섭, 1995, 「18세기 농촌지식인의 농업관」 『(증보판) 조선후기농업사연구(I)』, 지식산업사 ; 염정섭, 2001, 「18세기말 정조의 '농서대전' 편찬 추진과 의의」 『한국사연구』 112

〈김미성〉

농가집성(農家集成) 1655년(효종 6) 신속(申洬)이 『농사직설(農事直說)』과 세종(世宗)의 권농교서(勸農教書), 「주자권농문(朱子勸農文)」, 강희맹(姜希孟)의 『금양잡록(衿陽雜錄)』과 『사시찬요초(四時纂要抄)』를 하나로 묶어 편찬하고 효종(孝宗)에게 올린 농서.

신속(1600~1661)의 본관은 고령(高靈)이고, 자는 호중(浩仲), 호는 이지(二知)이다. 신속은 신경락(申景洛)의 둘째아들로 태어났는데, 어머니는 윤기묘(尹起畝)의 딸이다. 그는 신숙주(申叔舟)의 대를 잇는 종가로 출계(出系)되어 신경식(申景植)의 양자(養子)가 되었다. 『국조방목(國朝榜目)』에 따르면 1624년(인조 2) 진사시(進士試)에 합격한 다음 성균관에 들어가 수학하였다. 1625년 우의정 신흠(申欽)이 주재한 경서(經書) 시험에서 수석을 차지하여 회시(會試)에 직부(直赴)할 수 있는 포상을 받았다. 이후 1644년(인조 22)에 치러진 정시(庭試) 문과에 을과 2인으로 등제(登第)하였다. 신속은 인조 대와 효종 대에 걸쳐 중앙에서 지평(持平), 장령(掌令) 등의 관직을 지냈다. 1649년 인조가 죽자 산릉감역(山陵監役)에 임명되기도 하였다. 그러나 역모로 처형된 김자점(金自點)과 인척관계에 있다는 이유로 이후의 벼슬은 크게 떨치지 못하였다. 주로 지방 수령직을 여러 차례 거쳤는데 양주(楊州), 공주(公州), 청주(淸州)의 목민관을 역임하였다. 이러한 수령직을 역임하면서 권농(勸農)과 감농(監農) 과정에서 농업기술에 대한 관심을 키웠을 것으로 보인다.

신속은 1655년(효종 6) 공주목사로 있으면서, 농가의 귀감이 되는 『농사직설』을 실제로 구하기 어려웠던 상황을 안타깝게 여겨 여러 농서와 권농문을 모아 『농가집성』을 편찬했다. 『농가집성』 발문(跋文)에서 그는 당시 『농사직설』의 보급 상황에 대해 "농가(農家)의 귀감(龜鑑)이지만 인본(印本)으로 전해지는 것이 없어서 아는 사람이 적다"라고 설명하고 있다. 즉 농가에서 살펴보아야 할 중요한 전범이 제대로 보급되지 않은 상황을 타파하기 위해 『농가집성』을 편찬한 것이다.

신속은 『농사직설』 등의 여러 농서와 권농문을 종합하여 하나의 책으로 편찬하되, 원본을 있는 그대로 모으는 것에 그치지 않았다. 그가 살던 시기 또는 그 이전부터 농민들이 관행적으로 활용하던 방식이지만 『농사직설』에 보이지 않는 경작법을 속방(俗方)이라는 표시를 달아 『농가집성』에 수록하였다. 『농가집성』을 편찬하는 작업에서 특히 『농사직설』의 증보, 수정에 주목하였다. 세종의 「권농교서」, 주자의 「권농문」 등이 농사를 장려하고 농업을 진흥하는 데 도움을 주는 글이지만 농업기술의 실제 내용을 담고 있는 『농사직설』이 보다 유용하다고 판단한 것이었다.

한편 『농가집성』이 기본적으로 여러 농서를 합간(合刊)한 것이라는 점에서 신속을 편찬자가 아닌 편집자로 파악하는 것도 가능하다. 신속이 수행한 기본적인 작업이 『농사직설』을 포함한 여러 농서를 하나로 묶는 것이었다. 여러 농서의 내용을 특정한 기준에 맞춰 새롭게 편집하여 형식적인 개편을 한 것이 아니었다. 이러한 점에서 여러 농서를 하나로 묶어서 편집 작업을 수행하였던 것으로 간주할 수 있다. 하지만 『농가집성』에 들어 있는『농사직설』의 내용 속에 많은 증보와 수정 부분이 보인다는 점에서 신속을 단순한 편집자로 보기보다는 편찬자로 보아야 할 것이다.

신속은『농사직설』을 증보하는 데 굉장한 열의를 가지고 여러 가지 민간에서 사용되던 작물경작법을 모아 속방이라는 이름을 붙여『농사직설』의 해당 규정에 붙여놓았다. 이러한 편찬방식은 신속이 한편으로 조선 전기 농서를 계승하는 작업을 수행하면서 다른 한편으로 새로운 농법의 변화내용도 적극적으로 수용하는 작업을 병행하고 있음을 보여준다.

신속이『농가집성』을 만드는 과정에서 커다란 도움을 주었던 홍주세(洪柱世)는『농가집성』후서(後序)에서 신속의 편찬태도와 성취에 대하여 "공(公)은 이 책의 내용을 끝까지 탐구하고, 지극히 조사하여, 얻은 대로 곧 수록하였으니 농가의 대성(大成)을 끌어모아 유실되거나 남아 있는 것이 없다고 일컬을 수 있다"라고 평가하였다. 홍주세는 또한 "『농가집성』이 널리 퍼져서 사람들이 경험하면 우리 선왕(先王)의 경세(經世)하고 무본(務本)하는 방도와 주부자(朱夫子)가 백성들에게 힘써 농사짓도록 권장한 것을 동시에 볼 수 있을 것"이라고 지적하기도 하였다. 이런 측면에서 신속의『농가집성』편찬은 17세기 중반 이전의 여러 농서를 집대성하는 작업이었다.

신속은『농가집성』에서『농사직설』의 여러 조항을 증보하는 방식으로 15세기 중반에서 17세기 중반에 걸쳐 일어난 농업기술의 변화를 반영하였다. 그리하여『농사직설』을 새로『농가집성』에 수록하면서 나타날 수밖에 없는 농업기술의 시대적 부적합성을 극복하려고 하였다. 먼저 신속은『농사직설』증보 방식으로 본문보다 일행(一行)을 낮추는 것을 선택하였다.『농사직설』원문이 가지고 있는 권위를 행(行)의 고저(高低)를 통해서 나타내려는 의도였다. 그리고 신속은 증보 내용을 속방이라고 불렀다. 속방에 대한 구체적인 설명은 보이지 않는다.

속방이라는 용어 자체의 의미를 살펴보면, 속(俗)이란 아(雅)와 대비되는 고상하지 못함을 의미함과 동시에 풍습을 가리키는 뜻을 가지고 있다. 그리고 방(方)이라는 것은 방도(方途) 즉 하나의 방법 내지는 '일을 해나갈 길'이라는 뜻을 가지고 있다. 따라서 신속이 속방이라는 이름에 부여한 의미는 '세속(世俗)의 방법(方法) 또는 방도'로 볼 수 있을 것이다. 이는 다시 말해서 신속이 생존하던 당시 또는 그보다 앞선 시기에 농사짓기라는 작업에 들어와 있던 농업기술을 속방이라고 일컬은 것이라고 할 수 있다. 결국 신속은 자신의 견문 속에서 확보한 어느 지역에선가 통용되고 있던 정형화된 농업기술을 모아두었다가 이를『농사직설』에 증보하였던 것이다. 또한 무엇인가 속방으로 부를 수 있는 농업기술의 내용을 정리한 또 다른 책자, 농서를 참고하였을 것으로 볼 수도 있다.

다음으로『농가집성』의 원문에 보이는 증보의 대상과 증보의 실제를 검토하면, 증보 방식을 크게 2가지로 나누어 볼 수 있다. 먼저 '○' 표시로 증보된 부분을 독립된 조문의 형태를 갖추게 한 경우가 있고, 두 번째로 '○' 표시 없이『농사직설』의 본문에 이어쓴 경우이다. 후자의 경우는『농사직설』의 본문의 대자(大字)로 기술된 부분과 세자(細字)를 쌍행(雙行)으로 처리한 부분 모두에 보인다. 그리고 증보된 부분이 신속이「농가집성」발문에서 지적한 방식대로 일행을 낮추어 수록된 경우와 그렇지 않은 경우를 나누어 볼 수 있다.

『농사직설』의 원문에 쌍행으로 증보 부분을 추가한 경우를 포함하여 위에 제시한 증보 방식은 '직설불록(直說不錄)'이라는 단서를 달던가, 속방이라고 밝혀놓던가, '경상좌도인행지(慶尙左道人行之)'와 같은 단서가 달려 있어 증보문이라는 점을 분명하게 파악할 수 있다. 또한『농사직설』의 원문과 구별되는 표시나 단서가 달려있지 않은 경우라도 증보문의 내용이 하나의 독립적인 내용상의 특색을 지니고 있어『농사직설』의 원문과 대조할 경우 쉽사리 증보문임이 파악된다.

『농가집성』의『농사직설』증보문 가운데 가장 주목되는 부분은 벼농사의 경종법으로 이앙법에 대한 증보가 대대적으로 이루어져 있다는 점이다. 신속이 이앙법을『농사직설』에 대대적으로 증보한 것은 이앙법의 보급이 이미 상당 수준에 도달하였기 때문으로 보인다. 당시의 기술 수준에 입각하여 이앙법 등을 정리하려는 측면이 신속의 편찬 의도였을 것이다.

『농가집성』의『농사직설』「종대소맥조」에 본래의『농사직설』에 보이지 않는 구절이 들어 있다. 이 구절에 대한 해석이 여러가지로 이루어지고 있는데, 어떠한 해석을 따르느냐에 따라 조선 전기 보리 경종법(耕種法)에 대한 설명이 달라지게 된다. 크게 보면 해당 구절을 신속 당대에 이루어진 증보문으로 보는 견해와 본래의『농사직설』에 들어 있어야 하는 구절인데 누락되어 있던 것을 추가한 구절로 보는 견해가 있다. 전자와 같이 17세기 중반에 이르러 증보된 구절을 보게 되면 해당 구절의 기술적인 내용을 조선 후기 보리경종법의 구체적인 모습으로 보게 되고, 따라서 본래의 『농사직설』의 서술 내용은 조선 전기의 보리경종법으로 파악하게 된다. 이와 달리 해당 구절을 본래 『농사직설』에 있어야 하는 구절로 볼 경우, 『농가집성』의 해당구절을 포함한 기술 내용이 조선 전기 이래 조선 후기까지 계속 실행된 것으로 파악하게 된다. 『농가집성』「종대소맥」의 해당구절은 자그마한 이랑을 조밀하게 만들고, 이랑 사이에 분회(糞灰)를 섞은 종자를 뿌리는 방식을 가리키는 것이었다. 이는 묘간(畝間) 즉 이랑과 이랑 사이를 보리의 종자 파종처로 활용하는 이른바 견종법으로 해석되는 것이다. 이상으로, 해당 구절의 해석이 어떻게 이루어질 것인가의 여부에 따라 조선시기 보리경종법의 변화상, 성격 등에 대한 설명이 크게 달라짐을 알 수 있다.

이처럼 『농가집성』은 『농사직설』과 더불어 조선시기 농업기술의 변화를 연구하는 데 활용하는 기본적인 농서이다. 또한 17세기 중반 이후 농서 편찬이 주곡(主穀) 이외의 다른 작물 재배법을 포괄하고, 나아가 지역적인 농업기술의 특색도 반영하는 방향으로 나아갈 것임을 보여주고 있다.

[참고어] 농사직설, 금양잡록, 견종법, 이앙법, 농서

[참고문헌] 李盛雨, 1981, 『韓國食經大全』, 鄕文社 ; 金容燮, 1988, 『朝鮮後期農學史硏究』, 一潮閣 ; 廉定燮, 2002, 「17세기 중반 申洬의 『農家集成』 編纂과 意義」 『崔承熙敎授停年退任記念論文集 朝鮮의 政治와 社會』, 集文堂 〈염정섭〉

농가총람(農家摠覽) 우하영(禹夏永, 1741~1812)의 저서인 『천일록(千一錄)』 8책에 수록된 농서.

[참고어] 천일록

농경문청동기(農耕文靑銅器) 밭을 갈고 있는 모습이 새겨진 청동기시대(서기전 3세기경)의 청동제 의기(儀器).

청동기시대에 본격적인 농경이 시작되었음을 말해주는 유물로 주목받아왔다. 1970년 대전의 한 상인이 고철수집인에게 구입하여 알려지게 되었으며, 현재는 국립중앙박물관에 수장되어 있다. 하반부가 떨어져 없어진 상태로, 크기는 남은 길이 7.3㎝, 너비 12.8㎝, 두께 1.5㎝이다. 윗부분 가장자리에 6개의 네모난 구멍이 있으나 양끝의 2개가 많이 닳아 있어 오랫동안 사용한 것으로 보고 있다.

농경문청동기

앞면의 오른쪽 구간에는 사람이 두 손으로 따비로 추정되는 농기구를 잡고 한 쪽 발을 농기구에 얹어놓고 있는 모습이 조각되어 있다. 그 아래는 밭고랑으로 볼 수 있는 10개의 평행선을 가로로 새겨 넣었다. 그 밑에는 또 한 사람이 두 손으로 괭이를 치켜들고 있는데, 상반신만 남아 있다. 뒷면의 밭가는 형상은 당시의 농경이 따비나 괭이를 사용해 밭을 가는 고도의 단계에 이르렀음을 말해준다.

농경문청동기는 당시 사회의 제의(祭儀)와 관계가 깊은 의기(儀器)로, 봄·가을의 제사행사 때 쓰던 솟대 끝에 매달았던 의식도구로 보는 견해가 있지만 자세한 용도는 알 수 없다.

[참고문헌] 한병삼, 1971, 「先史時代 農耕文靑銅器에 대하여」 『考古美術』 112, 한국미술사학회 ; 한병삼, 1974, 「토기와 청동기」 『국사교양총서』 8, 세종대왕기념사업회 ; 고광민, 1994, 「濟州道 '따비'로 본 農耕文靑銅器 解析」 『한국상고사학보』 15, 한국상고사학회 〈이준성〉

농경의례(農耕儀禮) 농경사회에서 농사가 잘 되기를 기원하는 국가 및 지역 공동체의 제사 의례.

농업이 가장 중요한 산업이었던 전근대에는 한 해 농사가 잘 되기를 기원하는 다양한 의례가 존재하였다. 우리나라 고대의 신화나 제천의례의 기록들은 인간의 생활에 영향을 미치는 초자연적인 힘에 대한 숭배를 드러내는 가운데 농경과 관련된 초월자에 대한 신앙을 보여준다. 단군신화에서는 바람·구름·비 등 풍흉을 관장하는 자연을 인격화한 신에 대한 숭배를 볼 수 있고, 이규보의 동명왕편에 인용된 구삼국사의 구절에서도 주몽(朱蒙)의 어머니와 아들 주몽의 관계가 오곡종과 보리씨를 매개로 하여 곡모(穀母)와 곡령(穀靈)의 관계로 묘사되어 있다. 『삼국지』 위서 동이전 등 중국사서들에 실려 있는 영고(迎鼓)·동맹(東盟)·무천(舞天)·제천(祭天) 등 봄·가을의 큰 축제도 모두가 고대의 주기적

농경의례로 추측된다. 『삼국사기』의 기록을 통해서는 신라에 설·가배·수리·유두·선농(先農)·중농(中農)·후농(後農)·풍백·운사·영성(靈星) 등의 정기적 의례와 기우(祈雨)·압구(壓丘)·벽기(辟氣) 등의 부정기적 의례가 행하여졌음을 알 수 있다.

고려시기에는 연등회와 팔관회 등 농경의례의 속성을 띤 불교 및 토속의례가 국가적으로 거행되었다. 고려 성종 대부터는 원구와 적전에서의 유교식 기곡의례를 거행하기도 하였다. 풍년을 기원하거나 재변을 물리치고 때에 맞춰 비가 내리기를 기원하는 등 연사가 잘 이루어지기를 다양한 방식으로 기원한 것이다. 유교에서의 기곡의례는 단지 초월적인 힘을 가진 존재에 대한 기원을 통해 연사가 잘 이루어지기를 바라는 것이 아니라, 만물을 길러내는 하늘의 덕에 함께 참여함을 보여주는 의식으로 그 성격이 달라지지만 고려시기에는 다양한 기복적 제의를 통해 연사를 기원하는 행위가 보다 일반적이었다.

조선시기에는 중화세계의 일원으로 스스로를 위치지우면서, 천에 대한 제향인 원구제를 중단하였다. 태종 대와 세조 대 원구단에서 기우제를 지내는 문제를 둘러싼 논쟁에서도 볼 수 있듯이, 국가 및 공동체에서 지속해오던 민생에 대한 기원으로서의 농경의례는 당연히 거행되어야 한다는 의견과 제후국에서는 하늘에 제사지내지 않는다는 명분론을 절충하는 방향으로 문제를 해결해갔다. 이러한 가운데 조선 전기에 실질적으로 가장 중시되었던 농경의례는 적전의례였다. 사직 및 원구에서의 기우제도 연사에 대한 국가의 염려를 상징하는 의례로 거행되었다.

조선 전기 유교적 농경의례를 정비하고 시행해나가는 한편으로는 전통적인 주술적 농경의례도 지속되었다. 지방 공동체에서 관행적으로 행해지던 내농작(內農作) 혹은 가농작(假農作)의 의례가 궁중에서도 거행된 것이다. 1년 동안의 농사의 내용을 흉내내어 파종에서부터 수확까지의 농경과정을 모방하여 수행하면 풍년을 기약할 수 있다는 믿음에 기초한 의례로 세조 대에서 명종 대까지 궁중에서 행해지다가 선조 대 이후로는 전통이 이어지지 않았다.

사직이나 원구를 대신해서 조선 전기 기곡의례로서 중시된 것은 적전의례였다. 선농단에 친제를 올리고 동교의 적전(籍田)에서 밭을 가는 것으로 농사가 풍년이 들기를 기원하고 농사를 권면했다. 숙종 대 초반에도 오랫동안 중지되었던 친경의례를 다시 거행하려다가 중지된 바 있었는데, 이를 통해 숙종의 기곡의례에 대한 의지를 읽을 수 있다.

사직이 본격적으로 기곡의 장소가 된 것은 1683년(숙종 9)에 사직기곡제를 처음으로 거행하면서부터였다. 1696년(숙종 22)에는 국왕이 처음으로 사직에서 직접 기곡제의를 올렸다. 숙종은 1695년 11월에 『예기(禮記)』 「월령(月令)」에 맹춘(孟春)의 달 원일(元日)에 상제에 기곡한다는 기록이 있는데, 농사가 나라의 근본이니 한 해의 처음에 기곡제를 친행하겠다고 하고 이에 대한 대신들의 의견을 듣고자 했다. 『예기』의 기곡제의는 교사(郊祀)의 예이지만 전조(田祖)에 기곡하는 것은 나라가 있으면 행하는 일[有國之事]로서 행하는 데에 문제가 없다고 하여 시행하게 되었다. 바로 다음해 정월 4일에 사직 기곡제를 친행하기로 하고 절목이 마련되었다.

1696년 정해진 절목에 따라 사직 기곡제의가 처음으로 거행되었고, 이후 1702년에도 거행되었다. 1704년에는 8월 1일에 친제를 거행했다. 1732년(영조 8) 11월 매년 상신에 사직 기곡제를 친행하겠다고 천명한 후 사직에서의 기곡친제가 정례화되었다. 정조 대에는 매년 정월에 사직기곡제를 거행하고, 기곡제 후 환궁길에 백성과의 소통을 강화하여 민생을 위한 가장 중요한 의례의 의미를 확인시켰다.

오랜 가뭄이나 홍수 등 자연 재해는 농업을 경제의 근간으로 삼는 조선사회에서 민생을 어려움에 빠뜨릴 수 있는 큰 문제였다. 재해와 민생의 파탄이 정치와 관련이 있다는 인식이 있는 상황에서 유교 의례뿐 아니라 구래의 전통 의례를 활용하여 기우제의를 국가적으로 거행하였다. 비가 내리지 않을 때 여러 곳에 예관을 보내 제의를 시행하는 기우제차도 성립했다. 그러나 15세기에는 왕이 직접 기우제를 지내는 일은 없었다. 기우제를 친행하는 논의가 처음 있었던 것도 중종 대의 일이었다. 처음에는 역대에 행한 적이 없다는 이유로 정지되었고, 결국 1527년(중종 22) 사직에서 처음으로 왕이 기우제를 올렸다. 중종은 같은 해에 종묘기우제를 한차례 더 올렸고, 이후로 1537년에 남교기우친제를 거행하였다. 1540년(중종 35)에는 세자를 보내 남교에서 기우하게 했고 사직에서도 기우친제를 올렸다. 1553년(명종 8) 남교에서 기우제를 친행했고, 1570년(선조 3) 사직기우제를 친행하였다. 광해군 대에는 1614년(광해 6)과 1615년에 사직기우친제를 지냈다. 인조 대에도 1628년(인조 6)에 사직기우제와 남교기우제, 1631년에 사직기우제 및 남교기우제를 지냈다.

기우제를 지낼 때 지붕이 없는 가마를 타고, 의장 및 복색을 간소하게 하여 삼가는 모습을 보이는 규례도 중종대 처음 친행기우제를 행할 때 마련되었다. 1537년 중종은 『송사(宋史)』를 읽다가 인종(仁宗) 대의 일을 참조해서 종묘에서 기우제를 친행할 때 통상 타는 연 대신에 여를 타고 갔고, 남교에서 기우제를 지낼 때에도 원유관에 강사포로 여를 타고 나갔다가 익선관에 곤룡포로 여를 타고 환궁했다. 명종 대와 선조 대, 광해군 대에는 특별히 여를 타거나 의장을 줄였다는 기록을 볼 수 없다.

병자호란 이후인 1638년(인조 16)에 사직기우친제, 1639년에 사직기우친제를 지냈다. 전쟁 전에 있었던 남교기우제는 1652년(효종 3)에야 다시 거행되었다. 왕이 익선관, 곤룡포에 소여로 행차하고, 의장도 소가법을 따르되 그 중에서도 더 줄일 수 있는 것은 줄이도록 했다. 1656년에는 사직기우제를 친행했고 남교기우제를 준비했지만 비가 내려 정지했다. 남교기우제는 1652년의 전례에 준하도록 했는데 익선관·곤룡포에 소여를 타는 것은 같지만 법가노부로 마련했다. 사직기우제를 올릴 때에는 대가노부를 쓰고 원유관·강사포에 연을 타고 가 친제례에 준했다. 이렇게 효종 대에 마련된 규례는 숙종 대에도 적용되었다. 현종 대에는 사직기우제만 두 차례 친행했다.

숙종 대에는 1678년에는 종묘, 1679년과 1681년에는 사직, 1683년에는 종묘와 사직, 1685년 사직, 1686년는 사직에서 친행기우제를 올렸다. 1692년과 1695년, 1697년에는 남교에서 기우친제를 올렸다. 1701년과 1702년에는 사직, 1704년에는 종묘·사직·선농단에서, 1705년에는 남교에서 기우친제를 올렸다. 1704년 선농단에서의 기우제는 역대에 처음으로 거행된 것이었다. 영조 대에는 남교, 선농단 등 교외의 제단과 종묘·사직뿐 아니라 우사단·북교까지 친행기우제의 장소로 등장하였다.

조선시기 국가적 농경의례가 정비되고 시행되는 속에서도 민간의 전통적인 주술적 농경의례도 지속되었다. 지신밟기, 거북놀이, 사자놀이, 별신굿 등의 주술적 연희행위를 통해 연사를 기원하거나 점복이나 놀이의 결과를 통해 한 해의 풍흉을 가늠해보는 의례적 행위들이 그것이다. 국가는 천시의 운행에 따라 때에 맞춰 씨를 뿌리고 밭 갈고, 수확하고, 이듬해의 농사를 준비하며 묵묵히 노력할 뿐 복을 구하며 요행을 바라지 않는다는 유교 의례에 담긴 정신을 지속적으로 보이고 전파시키고자 했지만 혹세무민하지 않는 한 전통적 농경의례도 민간에 보전될 수 있었다.

[참고어] 선농제, 선잠제, 친경례, 친잠례, 적전

[참고문헌] 김택규, 1985,『한국농경세시의 연구』, 영남대학교 출판부 ; 이범직, 1991, 『韓國中世禮思想硏究』, 일조각 ; 최광식, 1994,『고대 한국의 국가와 제사』, 한길사 ; 나희라, 2003,『신라의 국가제사』, 지식산업사 ; 金海榮, 2003,『朝鮮初期 祭祀典禮 硏究』, 집문당 ; 한형주, 1996,「조선 세조대의 제천례에 대한 연구」『진단학보』 81 ; 이욱, 2002,「조선후기 祈穀制 설행의 의미-장서각 소장 社稷署儀軌와 謄錄을 중심으로」『장서각』 4 ; 서영대, 2009, 「한국 고대의 제천의례」『한국사 시민강좌』 45 〈김지영〉

농공병진정책(農工竝進政策) 1930년대 초반 조선총독부가 공황타개를 목적으로 추진한 식민지 경제통제 정책.

1929년 세계대공황과 그를 뒤이은 만성적인 농업공황이 일본경제를 엄습하자, 공황탈출을 위해 일본자본주의는 강력한 통제경제 속에서 시장과 생산력 확충을 목표로 엔(円)블록 광역경제의 구축에 나섰다. 이는 만주사변과 만주국 수립 후 일만(日滿) 블록의 제창과 만주개발계획으로 구체화되어 나타났다. 1931년 조선총독 우가키 가즈시게(宇垣一成)도 일만 블록과 만주개발을 수직적으로 결합시킨 일만선(日滿鮮) 블록노선을 제창하고 총력전체제에 이바지하는 식민지 생산력 확충을 위해 조선 자원·산업개발을 추진해갔다. 1920년대 육군상으로 재직하던 시절부터 일본 형 총력전체제를 구상해온 우가키의 일만선 블록은 일본을 정공업(精工業)지대, 조선을 조공업(粗工業)지대, 만주를 농업원료지대로 하는 블록 분업적 개발론이었다. 그런 기조 위에서 1930년대 초반 우가키와 조선총독부는 농공병진 즉 조선공업화와 농촌진흥운동을 전격적으로 추진해갔다.

농공병진정책의 관건은 자원개발과 공업화를 위한 자본 확보, 그리고 값싼 노동력의 원천인 조선농촌사회의 정치적 경제적 안정화에 있었다. 일본 정부의 충분한 자금지원을 기대할 수 없었기에, 우가키는 일본 민간자본의 유치에 전력을 다했다. 이 시기 세계공황과 경제통제로 어려움에 처한 일본 신흥독점자본에게 조선은 매력적인 투자처였다. 조선총독부는 자본유치를 위해 여러 가지 경제적 특혜를 제공했고 무엇보다도 조선은 중요산업통제법의 범위 밖에 있었다. 우가키 총독재임 시기인 1932~37년 사이에 일본자본의 조선 투자액은

총 9억 4천만 엔에 달했고, 그 중 민간자본이 56.1%를 차지했다. 또한 조선총독부의 관치 경제통제도 기실 자본유치를 위한 독점 강화, 독점본위의 통제였다. 우가키와 조선총독부는 공장법 제정도 미루고 노자협조의 이데올로기를 강조하면서 조선인 노동자의 희생을 강요하였다.

이러한 경제통제의 기조는 농촌개발정책인 농촌진흥운동에도 관철되었다. 농업공황으로 인구의 대다수를 차지하는 농민경제의 파탄과 수탈적인 지주제의 모순은 더욱 심해졌고, 그에 따라 격렬한 소작쟁의와 사회주의운동이 빈발하였다. 치안확보를 위한 농가경제의 안정과 강력한 사상통제 없이는 조선 산업개발=식민지 생산력 확충이라는 일만선 블록의 경제적 목표를 달성하기 어려운 일이었다. 조선총독부는 장기적 계획과 통제 아래 농가수지를 개선하고 지주와 소작인의 상호협력을 유도하면서 농민경제의 안정화를 도모해갔다. 농촌진흥운동의 핵심인 농민경제의 안정(=농가갱생)은 크게 두 방면에서 추진되었다. 한편으로 조선농지령을 제정하고 자작농창정사업을 시행하여 수탈적인 지주소작제를 일정하게 조정해가면서, 다른 한편으로 심전개발(心田開發) 같은 파쇼적 농본주의이념 아래 조선농민을 장악하고 조선농촌을 재편해갔다. 조선공업화와 농촌진흥운동을 축으로 총력전체제를 준비했던 농공병진정책은 1930년대 중후반 중일전쟁 이후 조선인과 조선사회에 대해 무제한의 수탈을 강제하는 전시동원체제로 개편되었다.

[참고어] 농촌진흥운동, 조선농지령, 자작농창정사업

[참고문헌] 방기중, 2003, 「1930년대 朝鮮 農工併進政策과 經濟統制」『동방학지』 120 ; 이윤갑, 2007, 「우가키 가즈시게(宇垣一成) 총독의 시국인식과 농촌진흥운동의 변화」『대구사학』 87

〈김현숙〉

농공은행(農工銀行) 일제 통감부가 한국침략과 지배를 위한 척식산업금융의 확보를 위해 1906~07년 서울과 관찰사가 주재하는 10곳의 지방도시에 세운 특수은행.

대한제국의 재정고문 메가타 다네타로(目賀田種太郎)는 근대적 재정체계와 금본위제의 확립이라는 명분아래 1905년 1월부터 화폐재정정리사업을 추진하였다. 실제 의도와 목적은 대한제국의 금융체계를 무력화시키고 경제침탈의 통로를 장악하여 한국강점을 조속히 실현하는 데 있었다. 사업의 결과 일제 통감부는 일본제일은행권(第一銀行券)을 대한제국의 법화로 유통시키고, 백동화와 엽전의 교환·회수조치를 강행하고, 갑오개혁이후 지방의 조세를 상업자금으로 활용해오던 외획제도를 폐지하였다. 이로 말미암아 한국인 상인들은 극심한 전황에 시달리게 되었고, 지방은 자금난으로 상거래마저 크게 위축되었다. 금융경색과 유동성 고갈로 서울과 지방의 한국인 상인들의 파산이 잇달았으며, 반일 감정은 고조되었다. 일제 통감부는 화폐재정정리사업의 사회경제적 충격과 정치적 반발을 완화하고 동시에 한국에 건너온 일본인들의 척식침략사업을 원활하게 할 후속조치로 농공은행설립에 박차를 가했다.

1906년 3월 농공은행조례가 제정되고, 한국농공업의 개량·발전을 위한 자금 대부를 목적으로 보통은행업무를 겸한 특수은행으로 출범하였다. 동년 6월 한성농공은행을 시작으로 1907년 함흥농공은행에 이르기까지 11개 농공은행[한성·대구·평양·전주·광주·진주·경성(境城)·충주·해주·공주농공은행]이 잇달아 설립되었으며, 1907년 6월 한성농공은행·충주농공은행·공주농공은행이 한호농공은행으로 합병되었고, 1908년 8월 재차 합병을 통해 6개 농공은행체제(한호농공은행·경상농공은행·평안농공은행·함경농공은행·전주농공은행·광주농공은행)로 개편 정착되었다. 농공은행의 주주와 중역들은 영업지역 내 조선인 지주·상공인·유력자들로 구성되었지만, 일체의 은행 업무는 통감부가 파견한 일본인 간부와 행원에 의해 주도되었다. 따라서 농공은행은 한국침략을 완결하려는 통감부와 일본인들이 원하는 유리한 방향으로 운영되었다.

화폐재정정리사업의 신속한 선후처리, 조선인지주·상공인의 사회경제적 포섭, 재조선일본인들에게 척식자금 공급을 위해 농공은행은 처음부터 단기자금 동원과 상업대출에 주력할 수밖에 없었다. 1907년 총 대출액 220.3만 원 중에 상업대출이 194.7만 원(88.5%), 농공업대출이 19.7만 원(9%)이었고, 1917년의 경우 전체 대출액 1,768.6만 원 중 상업대출이 1,090.3만 원(61.7%), 농공업대출이 476.1만 원(26.9%)이었다. 민족별 대출액에서도 1908년 이래 일본인대출액은 계속 증가해 갔으며, 1915~16년에는 조선인대출액을 일시 능가하기도 했다.

1914년 조선총독부는 농공은행조례를 개정한 농공은행령을 발포하여 동양척식주식회사→농공은행→금융조합으로 수직계통화된 식민지 산업금융체계를 구축하였다. 농공은행령에 따라, 농공채권을 인수한 동양척식주식회사는 농공은행의 상급금융기관으로 위치

하고, 농공은행은 동양척식주식회사의 업무대리와 금융조합에 대한 자금공급의 역할을 담당하게 되었다. 이는 강점이후 본격적으로 진행된 재조선일본인들을 위한 척식자금의 공급확대를 위한 조치였다.

1914년 현재 전체 농공은행의 공칭자본금은 120만 원, 불입자본금은 55만 5,250원이었지만, 농공은행의 경영실적은 부실을 면치 못했다. 1912년 조선총독부의 조치로 농공은행이 심각한 심각한 부채와 경영난에 시달리고 있던 한성공동창고와 수형조합을 인수하면서 농공은행마저 감당하기 힘든 경영부실에 빠지기 시작하였다. 1915년 6월말 전체 대출액 1,057만 원 중 연체대출액이 420.6만 원(39%)이었고, 연체대출액의 43.5%에 해당하는 181.3만 원이 결손예상대출이었다. 1917년에는 연체대출액 357만 원 중 57%에 해당하는 203.7만 원이 결손예상대출이었으며, 각 농공은행은 자본 감자로도 결손대출을 처리할 수 없는 상황에 이르게 되었다. 결국 조선지배의 산업인프라를 구축하기 위해 장기저리의 개발자금을 공급한다는 농공은행의 임무는 1918년 농공은행을 모체로 설립된 조선식산은행으로 넘겨졌다.

[참고어] 조선식산은행, 금융조합, 동양척식주식회사, 외획

[참고문헌] 波形昭一, 1985, 『日本植民地金融政策史研究』, 早稻田大學出版部 ; 배영목, 1992, 「한호농공은행에 관한 연구」 『사회과학연구』 9-1 ; 윤석범 외, 1996, 『韓國近代金融史研究』, 세경사 ; 정병욱, 1997, 「1910년대 農工銀行의 상업금융과 조선인 상인의 주변화」 『역사문제연구』 2 ; 洪性讚, 1999, 「韓末·日帝下 全南지역 한국인의 銀行設立과 經營-光州農工銀行·湖南銀行의 사례를 중심으로」 『省谷論叢』 30-2

〈이수일〉

농담(農談) 1894년(고종 31) 수여(隨如) 이종원(李宗遠)이 저술한 농업 토목학에 관한 기술서적.

화은(華隱) 장석범(張錫範)이 교정했다. 현존 농서 가운데 방조제(防潮堤)나 제방 축조 및 도수법(導水法) 등에 관한 가장 오래된 것으로 농업토목사상 중요한 의미를 지닌다. 활자본으로 목차없이 서문, 본문, 발문, 후서 등으로 구성되었다. 우선 이희덕(李熙悳)과 유경종(劉敬鐘)의 서문에는 수리사업과 제언(堤堰)의 중요성, 그리고 삼면이 바다로 둘러싸인 조선에서 경지 확장을 하는데 간척(干拓)에 유리한 점 등이 기술되어 있다. 이어 저자의 서언에서는 이 책을 저술한 이유 세 가지가 강조되어 있다.

본론에서는 먼저 「제언사회설(堤堰社會說)」에서 부국강병의 기초가 간척을 통한 경지 확대와 수리화(水利化)에 있음이 강조되었다. 한편 「석홍예철망철구론(石虹蜺鐵網鐵笱論)」은 이 책의 가장 중요한 부분으로, 돌과 철을 써야 제방이 무너지지 않으며, 돌을 무지개형으로 쌓아 기와지붕처럼 시설하되 개의 어금니가 서로 물린 것 같은 모양[犬牙相制]으로 하면 벼락이 쳐도 파괴되지 않는다고 설명하였다. 또 방조제의 기초를 만들 때는 철망(鐵網)과 철구(鐵笱)를 이용해야 하는데, 철망은 여러 개의 철선을 양쪽 기슭에 닿도록 매어 놓고 그 사이를 철선으로 적절히 얽으면서 그 사이에 돌을 채워 넣는 방법이며, 철구는 철망주머니에 돌을 넣어 겹겹이 쌓아 물살이 심한 방조제의 기초 공사를 하는 것이다. 철망법은 방조제 전체가 하나의 긴 돌주머니가 되는 셈이며, 철구는 작은 철망의 돌주머니를 무수히 쌓아 놓는 것이다. 이 가운데 철구법은 방조제 공사의 부분 마무리에 현재도 사용되는 방법이다.

이어 책의 끝부분에는 최석순(崔錫舜)의 농담발(農談跋), 이창(李昶)의 서농담후(書農談後), 윤태연(尹泰然)의 농담후서(農談後序)가 있다. 내용은 주로 저자의 학구열과 공법개발의 공을 찬양한 것과 간척을 위한 제언 수축이 농정의 시급한 과제임을 지적한 것이다.

[참고어] 간척, 제언, 방조제

[참고문헌] 김영진, 1982, 『농림수산고문헌비요』, 한국농촌경제연구원

〈정두영〉

농대(農對) ⇒ 서유구

농막인(農幕人) 지주의 가옥 일부 혹은 지주가 부근에 설치한 독립된 가옥에 거주하면서 지주의 토지를 소작하는 자.

농막인은 지주의 농토 부근에 규모가 작은 가옥인 농막(農幕) 혹은 농상(農床)을 설치하고 그곳에 거주하면서 소작에 종사하는 자를 일컫는다. 이들은 지주의 가옥 일부나 지주 가옥 근처에 세운 농막에 주거세(住居稅)를 납부하지 않고 살면서 거주지 근처의 지주 토지를 경작하였다. 대부분 지주와 종속적인 관계를 맺고 지주가에 노동력을 제공한다.

남자의 경우 지주가의 농경, 연료채집, 퇴비제조, 기타 여러 노작(勞作)에 종사할 뿐만 아니라 말을 길들이는 일도 담당하였다. 여자의 경우 물을 길어오거나 세탁, 취사에 종사한다. 따라서 농막인이 부여받은 소작지는 양질의 토지인 경우가 많고, 소작료는 일반

소작지에 비해 저렴하다. 또한 농막인은 지주로부터 소채원(蔬菜園), 경우(耕牛) 등을 무료로 대여 받고 농구, 비료, 종자, 식량의 일부를 좋은 조건으로 대부받는 등 지주의 보호를 받는 사례도 많다. 농막인의 소작권은 지주의 소작계약 해제 의사가 없는 한 이동되지 않는다. 전국에 널리 퍼져있는 종속인 소작관행으로 농막인의 발생 시기는 정확히 알 수 없다.

농막인과 유사한 명칭으로는 협막인(挾幕人), 협방인(挾房人), 행랑인(行廊人), 차호(次戶), 협호(挾戶), 사랑(舍廊)살이 등이 있다. 그 밖에 충청남도에서는 행랑살이(行廊살이)·낭속(廊屬), 전라북도에서는 호저(戶底)·남살이·가정(家丁), 전라남도에서는 호구(戶丘)·호제(戶第), 경상남도의 고세작(雇貰作), 평안남도의 막간살이(幕間살이)·솔인(率人), 평안북도의 사랑인(舍廊人)·막정인(幕定人)·방작인(房作人) 등이라 불렸다. 강릉지방에서는 입경(入耕)이라고도 칭한다. 협방인은 지주-소작인 간의 종속관계가 강하게 형성되어 있는 반면, 농막인은 단지 소작만 하는 것으로 그치는 경우가 많았다. 농막인은 경지가 넓은데 비해 경작인이 적은 경우에 발생한다. 지주가 유랑해 온 화전민(火田民) 등을 주택의 일부 혹은 새로운 농막에 거주시키고 경작지의 소작을 주게 된 것에 기인하는 것이다. 그러므로 인구가 적고 경지가 많은 산지 지역에서 주로 나타난다.

지주 한 명당 지주의 주택 일부에 거주하는 소작인의 수는 1호가 보통이고 2, 3호가 존재하는 경우도 있다. 지주 주택 부근에 독립적으로 거주하는 농막인의 수는 적게는 1~2호, 많게는 20~30호 또는 70~80호에 이른다. 한반도 중·남부 지역에는 농막인이 1호만 존재하는 경우부터 집단 마을을 형성하고 있는 경우까지 다양하며 서·북부 지역에는 농막인·협방인이 집단 부락을 형성하고 있는 경우가 드물다. 일제시기에는 농막인으로 대표되는 종속 소작인이 지속적으로 증가했으며, 농막이나 행랑이 유료인 경우도 존재하고 있다.

1930년대 지주 주택의 일부를 대여해서 거주하는 협호·협방인은 78~9,261호, 농막인은 35~15,082호가 분포하고 있었다. 평안도에서 가장 많은 분포를 보인다. 농막인으로 대표되는 종속 소작인의 도별 분포호수는 다음 표와 같다.

〈1930년대 농막인·협방인의 각 도별 분포호수〉

도명	경기	충북	충남	전북	전남	경북	경남
지주주택 일부대여 호수	228	1,417	2,437	728	1,007	660	189
농막대여 호수	321	178	277	35	125	788	88
도명	황해	평남	평북	강원	함남	함북	계
지주주택 일부대여 호수	1,838	2,381	9,261	410	204	78	20,838
농막대여 호수	826	2,620	15,082	201	616	165	21,322

출처 : 조선총독부, 1932, 『朝鮮ノ小作慣行』(上), 45쪽.

[참고어] 고방직, 소작제도관행조사, 조선의 소작관행

[참고문헌] 조선총독부, 1932, 『朝鮮ノ小作慣行(上)·(下)』; 조선총독부, 1932, 『朝鮮ノ小作慣行 : 時代と慣行』 〈고나은〉

농무도감(農務都監) 고려 후기 일본정벌을 위한 군량미 확보를 위해 1277년(충렬왕 3) 설치하였던 임시관서.

고려를 정벌한 원나라가 1270년(원종 11)이 되어 일본정벌의 사전 준비작업으로 고려에 둔전책(屯田策)을 실시했고, 이듬해인 1271년에는 농무별감을 여러 도에 나누어 보냈다. 이를 통해 농우(農牛)·농기(農器)·곡물 등을 징발하여 원의 둔전에 공급하게 했는데, 이때 파견된 농무별감을 관할하는 관서로 1277년(충렬왕 3) 설치된 것이 농무도감이었다. 『고려사』「식화지」에는 "충렬왕 3년 2월 농무도감을 설치하였다.(忠烈王三年二月 置農務都監[『고려사』「식화지」2 농상조])"는 설치 기사가 보인다.

한편, 고려에서는 이미 1243년(고종 30)에는 권농별감을 파견한 바 있는데 이는 농무별감의 전신이라 하겠다. 그러나 원종 대의 농무별감 파견은 권농의 소임보다는 방어체제의 구축에 주목적이 있었고, 그렇기 때문에 그 관할관서인 농무도감의 성격도 권농이나 농무에 그 일차적인 목적이 있는 것이 아니라 하겠다. 농무도감은 원나라의 일본정벌계획이 끝났을 때 폐지된 것으로 보인다.

[참고어] 농무별감, 둔전

[참고문헌] 김남규, 1978, 「高麗의 別監에 대하여」『경남대학교논문집』 5 ; 문형만, 1985, 「高麗特殊官府硏究」『釜山史學』 9 ; 한국정신문화연구원, 1996, 『역주 『고려사』 식화지』 〈이준성〉

농무목축시험장(農務牧畜試驗場) 1884년 설립된 최초의 근대적인 농업축산시험장.

1876년 개항 이래 정부와 개화파 인사들은 부국강병과 식산흥업의 일환으로 서구의 실험농학과 조선의 전통적인 경험농학을 결합시켜 새로운 농학기술과 체계를 마련하려는 작업을 지속적으로 추진해왔다. 농무

목축시험장의 설립은 그러한 농업근대화의 지향을 제도화하는 중요한 계기였다. 농무목축시험장은 민영익(閔泳翊)을 단장으로 한 보빙사 일행이 미국 순방 후 고종에게 건의하여 1884년 초 설립되었다. 보빙사 일행은 1883년 9~10월 미국의 주요 도시를 방문하고 근대적 농업시설과 산업경관에 큰 인상을 받았다. 특히 다양한 농기구들이 전시된 보스톤 박람회를 방문하고 월코트 모범농장(J. W. Walcort Model Farm)을 견학한 후, 민영익은 조선농업의 근대화를 위하여 과학적인 시험농장의 설치, 개량농기구의 구입, 서구농산물의 종자와 종축의 도입 등 근대적인 농법의 조속한 수용의 필요성을 절감하게 되었다. 이에 미국 농무성으로부터 각종 농작물의 종자를 지원받고, 국무장관 프렐링휘센(F. T. Frelinghusyen)에게 농업기술자 파견과 지원을 약속받았으며, 뉴욕에서 벼 베는 기계·인분뿌리는 기계·탈곡기·재식기·보습·쇠스랑·서양저울 등 미국 농기구를 다량으로 주문하였다.

농무목축시험장의 관리책임자는 보빙사 일원이었던 훈련원 첨정 최경석(崔景錫)이었으며, 왕실직속으로 운영되었다. 위치는 남대문 밖과 고종이 하사한 동적전(東籍田) 인근 망우리 일대에 조성되었다. 남대문 밖에 위치한 시험장에는 밭작물 및 원예작물의 시험장이었고, 개설 당시 재래종뿐 아니라 최경석이 미국에서 가져온 서양의 각종 농작물·채소·과수·염료직물·약용식물 등 344종을 심었다. 수확물로부터 얻은 종자를 전국 지방 군현에 작물재배해설서와 함께 배부하였으며, 시험장에서 재배한 채소 일부를 외국공사관에게 나누어주기도 했다. 망우리 일대에 조성된 시험장은 목장으로 가축시험소 역할을 했다. 1885년 7월 미국으로부터 캘리포니아산 말 3두, 젖소 3두, 조랑말 3두, 돼지 8두, 양 25두를 들여와서 가축의 품종개량 및 사육법개선 그리고 버터와 치즈의 생산 같은 목축 낙농까지 계획하였다. 1886년 봄 운영을 책임지고 있던 최경석의 갑작스런 병사로 시험장의 관리가 제대로 이루어지지 않게 되자, 동년 7월 왕실직속에서 내무부 농무사 산하 종목국(種牧局)으로 이관 개편되었다. 남대문 밖 시험장이 남종목국(南種牧局)으로, 망우리 일대 시험장은 동종목국(東種牧局)으로 편재되었다. 1887년 9월 내무부 농무사에서 영국공사의 알선으로 영국인 농업기술자 제프리(R. Jaffray)를 고용하여 시험장의 활성화를 시도했다. 동종목국의 축산시험장을 지금의 신촌역 부근으로 이전했지만, 1888년 7월 제프리마저 사망하고 말았다. 1894년 6월 갑오개혁 관제개혁으로 종목국은 농상공부에 속하게 되었으며, 다음해 3월 궁내부 종목과로 다시 개편되었다. 1896년 프랑스인 쇼트(Schott)를 초빙하여 신촌의 축산모범시험장을 5년 동안 운영 관리하게 했고, 대한제국의 출범과 함께 1899년 궁내부 내장원 소속으로 다시 변경되었다. 1902년 신설된 전생과(典牲課)와 종목과에서 1906년까지 관리하다가, 일제 통감부가 권업모범장을 설립하면서 폐쇄되고 말았다.

[참고어] 권업모범장, 농상공학교부설 농사시험장, 농상아문

[참고문헌] 이광린, 1999, 『한국개화사연구』, 일조각 ; 이한기, 2002, 「개화기 및 일제시기의 농사시험연구와 지도」『농업사연구』 창간호 ; 김영진·홍은미, 2006, 「농무목축시험자의 기구변동과 운영」『농업사연구』 5-2 〈이수일〉

농무별감(農務別監) 1271년(고려 원종 12) 4월에 원나라의 둔전(屯田)의 수요에 대비하여 농우(農牛)와 농기(農器) 징수임무를 부여하여 파견한 관리.

고려는 몽고에 항복한 뒤 내정간섭을 받고 각종 물자를 공출당했다. 1270년(원종 11) 몽고는 일본을 정벌하려고 고려에게 출정군과 전함을 준비하게 하였다. 뿐만 아니라 둔전경략사(屯田經略司)를 봉주(鳳州 : 지금의 황해도 봉산)에 두고 황주와 봉주에 둔전을 설치하고, 여기에 소요되는 농우 3천두와 농기와 종자(種子) 및 그 해 가을까지의 군량(軍糧) 등을 부담하게 하였다.

이에 고려에서는 전중감(殿中監) 곽여필(郭汝弼)을 몽고에 보내어 농기와 농우, 곡식과 종자는 백성에게 근본이 되는 것이므로 감해줄 것을 간청하였으나 거절당하였고, 결국 고려는 몽고의 뜻대로 1271년(원종 12)에 농무별감을 각 도에 파견하였다.

『고려사』「식화지」에는 "원종 12년 4월에 여러 도에 농무별감을 나누어 파견하여, 농우와 농기를 황주와 봉주에 보내도록 재촉하여, 원나라의 둔전의 수요에 대비하게 하였다.(元宗十二年四月 分遣諸道農務別監 催納農牛農器于黃鳳州 以備元屯田之需[『고려사』「식화지」2 농상, 원종 12년 4월조])"라 하여 여러 도에 농무별감을 나누어 파견하여, 농우와 농기를 황주와 봉주에 보내도록 재촉하여, 원나라의 둔전의 수요에 대비하게 하였음이 확인된다.

[참고어] 농무도감, 둔전

[참고문헌] 『高麗史節要』 ; 이병도, 1961, 『한국사-중세편-』, 을유문화사 ; 한국정신문화연구원, 1996, 『역주 『고려사』 식화지』 〈이준성〉

농민도량(農民道場) 1930년대 중반 조선총독부가 농민도(農民道)라는 파쇼적 농본주의 구호를 내세우면서 조선농촌청년들의 노동력 수탈과 농촌사회 통제를 목적으로 한 조직.

중일전쟁이후 본격적으로 확대된 일제의 전시농촌 수탈정책은 조선농민·농촌청년들을 광범위한 전시노동력수탈구조 속으로 내몰아갔다. 1930년대 초반 농촌진흥운동 당시 전개된 농촌중견인물양성의 전시체제 형태인 농민도량은 노동력 부족이 심각해지는 노동력을 확보하고 농업생산력을 유지하고자 하는 목적이었다. 일제는 농민도·황국농민이라는 파쇼적 농본주의 구호 속에 노동력 징발과 수탈을 은폐하였다. 함경남도 농민도장 규정에서는 농민도·농업경영·교련 및 무도·창가·낭영을 수련하여 농촌갱생운동의 지도적 인물을 양성한다고 했다. 농민도량 수련생들은 타의 모범이 될 것을 전제로 한 것이었으므로 노동강도는 대단히 높을 수밖에 없었다. 1943년 황해도 신계 동양척식농장에 배치된 농민도장 수련생들의 하루 일과는 이른 아침부터 늦은 저녁까지 식사를 제외하고는 한 치의 휴식도 허용하지 않는 고된 노동의 연속이었다. 이들의 노동시간과 강도는 하나의 기준이 되어 식민권력은 일반 농민들에게도 이에 상응하는 노동을 강요하였다. 이런 고된 노동수탈을 황국근로라는 이름으로 무마했다. 이들 수련생 중에는 조선농업청년보국대에 편재되어 노동력의 강제동원당하기도 했다.

[참고어] 농촌중견인물양성, 조선농업청년보국대, 농촌진흥운동

[참고문헌] 『朝鮮總督府官報』 2790호, 1936.5.5 ; 安德根, 1943, 「現地報告, 微笑하는 農村의 先驅-新溪東拓農場見學記」 『朝光』 9-7 ; 이송순, 2008, 『일제하 전시 농업정책과 농촌경제』, 선인

〈고태우〉

농민층분해(農民層分解) 봉건사회(封建社會)가 해체되고 자본주의(資本主義)로 이행하는 과정에서 일어나는 농민의 양극적 분해 현상.

중세 말 상품화폐경제의 확산과 농업생산력 발전으로 고립·분산적인 소농(小農)은 격렬한 경쟁 상태에 놓이게 되며, 경제적·경제외적 요인에 의한 경영확대의 과정 속에서 토지자본을 축적하는 농민과 몰락하는 농민으로 분화된다. 전형적인 자본주의적 농민층분해는 극소수 농민이 자본주의적 경영을 영위하는 농업자본가로 성장하는 반면, 대다수의 농민들은 토지를 상실하고 임금노동자로 전락해가는 과정을 밟는다. 이는 자본주의적 생산양식이 사회 전 영역으로 확산되는 결정적인 기동력인 동시에 자본의 본원적 축적과정의 일 국면이다.

그러나 근대적 시초자본의 축적과 농민층분해의 양상은 각국의 사회발전정도에 따라 다르게 나타난다. 특히 토지에서 배제된 수많은 농민을 충분히 흡수할 수 없는 자본발전이 뒤쳐진 지역의 경우, 이들 농민들은 상당 기간 동안 가혹한 지주제(地主制)의 잔존 속에서 거대한 농촌과잉인구로 존재하면서 값싼 노동력의 사회적 원천으로 기능한다. 농촌과잉인구는 자본주의 생산양식의 고도화 속에서 점차 해소되지만 농촌사회 내부의 계층 분화는 자본주의 시장질서 속에서도 지속적으로 진행된다. 따라서 장기간에 걸친 농민층분해의 양상을 포착하는 것은 일국사의 자본주의 생성 발전과정을 확인하는 작업이다. 우리의 경우 1960~70년대 이래 활발하게 진행된 조선후기사회에 대한 총체적 연구에서 본격화되기 시작했는데, 주로 양안(量案) 등의 분석을 통한 양극분해 또는 양극분화의 연구가 진행되었다.

조선후기 농민층분해 연구에서는 주로 토지소유와 경영의 집중화 현상을 주목하고 상품유통경제 및 상업·수공업·광업의 발달에 따른 노동력의 상품화가 그런 분화를 촉진시킨 요인으로 파악하였다. 농촌사회의 붕괴와 함께 신분과 토지소유의 상관관계가 무너지며 나아가 토지소유와 경영에 따라 양극화가 진전되게 되었다. 양반뿐 아니라 서민·노비층 역시 토지소유에 따라 지주·부농층으로 성장하기도 하고, 몰락하여 빈농이나 임노동자로 양극화되게 된다. 주목할 점은 지주층의 다수는 여전히 양반과 토호층이었으나 상·천민 가운데 양반을 능가하는 농민층이 출현하였다는 점과, 양반층 가운데 몰락하여 빈농층으로 전락하는 경우가 나타난다는 점이다. 특히 19세기에 들어 농촌사회의 계급구조를 보면, 상층부에 대지주와 중소지주·부농층이 포진하며, 하층부에는 대다수의 농민층이 빈농이나 임노동층으로 위치하게 된다. 여러 가지 방법으로 토지를 확대해온 대지주층은 주로 양반관료와 궁방으로 이루어져 있으며, 그 외 서민지주나 상인지주의 경우 토지매입과 농업경영을 통해 중소지주로 성장하기도 했다. 하층농민의 경우 광작이나 경영확대를 통해 성장해가던 농민도 존재했는데, 경영지주(經營地主)·경영형부농(經營型富農)·광작농(廣作農)이 이에 속한다고 할 수 있다. 이들은 임노동고용과 화폐경제를 이용해

농업경영을 확대하면서 동시에 상업적 농업을 행하기도 하였다. 곡물시장을 이용하는 것은 물론이려니와 인삼·면업·연초업 등 상품작물을 재배하여 시장에 판매하였다. 또한 몰락하던 최하층 농민의 경우 차지경쟁(借地競爭)에서도 밀려 차경지에서 쫓겨나는 경우도 나타났다. 지주 역시 근실한 작인농민을 선호하면서 작인층 가운데서도 분화가 일어난 것이다.

농민층분해에 대한 연구는 조선후기 농촌사회에서의 계급분해와 이를 통한 내재적 변화상을 논증하는데 목적이 있었다. 그러나 분해된 양 극단의 실상에 대한 문제제기가 있었으며, 이로써 축적된 자본이 상공업 부분으로 전화하여 새로운 생산관계의 단초가 되었는가에 대해서는 여전히 과제로 남겨져 있다. 한편 이른바 소농사회론에서는 조선후기 비로소 소농이 안정화되었다가, 19세기를 전후로는 내외적 요인으로 생산력의 하락을 통한 하향분화가 나타난다고 보기도 한다. 또한 이를 근거로 부농의 출현을 비롯한 농민층분해에 대해서도 부정적인 견해를 보이기도 한다.

[참고어] 경영지주, 경영형부농, 부재지주, 서민지주, 광작, 소농

[참고문헌] 이영훈, 2002,「조선후기 이래 소농사회의 전개와 의의」『역사와 현실』 45 ; 미야지마 히로시, 2003,「동아시아 小農사회론과 사상사연구」『한국실학연구』 5 ; 김용섭, 2005,『(신정증보)조선후기농업사연구』 Ⅰ·Ⅱ ; 최윤오, 2006,『조선후기 토지소유권의 발달과 지주제』, 혜안 ; 미야지마 히로시/김경태 역, 2009,「유교의 제민사상과 소농사회론－조선후기 대구 조방암의 사례」『국학연구』 14 〈최윤오〉

농방신편(農方新編) ⇒ 실리농방신편

농사문답(農事問答)

농사문답(農事問答) 1912년 4월 편찬된 작물·원예·축산을 망라한 종합 실험농서.

편찬자는 실명 미상의 전라북도 남원군 운봉(雲峰)의 삼복루주인(三福樓主人)으로, 총 198면으로 된 국한문 혼용체의 필사본이다. 『농사문답』은 한말 구미의 실험농학이 도입되는 과정에서 편찬된 일련의 사찬농서 중 마지막에 해당되는 농서이다. 서술방식은 조선 후기 농서인 이대규(李大奎)의 『농포문답(農圃問答)』과 같은 문답식 풀이형식이다.

구성을 보면, 제1편 답에서는 농사예비·논갈이·종자고르기·수리·기음매기·비료 등 6장, 제2편 전에서는 밭갈이와 배수·보리재배·옥수수재배·담배재배·고구마·인삼 등 6장, 제3편 포(圃)에서는 온실효과·참외·호박·수박·배추·무·가지·파·버섯·대마·딸기·토마토·해바라기·충해방제 등 15장, 제4편 화분에서는 모두풀이·월계·국화·석죽화(패랭이꽃)·도토리분재 등 5장, 제5편 원(園)에서는 모두풀이·과목(재배·해충·정지·접목·생리)·복숭아·능금·배·벗·자두·파사조·포도 등 9장, 제6편 잡지에서는 크로바(에스큐시·알팔파·콤푸레아)·우태(牛太)·편태(扁太)·해바라기·아스파·살피시·미나리·팬지·백일홍 등 4장, 제7장 목축에서는 모두풀이·싸이로·말·소·양·돼지·거위·닭·꿀벌·누에기르기 등 9장으로, 모두 7편 54장으로 되어 있다.

주곡 작물풀이가 빠져있지만, 구스베리(딸기)·일년감(토마토)·식용 대황(각종 파이의 재료로 소개)·아라사해바라기(착유와 사료용으로 소개)·팬지·파피루스·쇠콩·알팔파 같은 새로운 작물과 목초의 재배법과 농업기술을 처음으로 소개하고 있다. 또한 농사문답은 종래 경험을 기초로 편찬된 농서와 달리 농업생산의 과학적 비교시험과 성적을 기초로 했다. 양열온상에 벽과 지붕을 유리시설로 하되 후고전저(後高前低)의 입체식 유리온실과 전깃불 조명에 의한 튤립 재배법, 새로운 간작작물로 복분자 소개, 해충의 생물학적 방제법과 물리적 처리기법, 작물의 기지(忌地)현상, 여러 작물의 분석표, 싸이로 건축과 사일리지(埋草) 소개, 각종 화학비료와 농약의 사용법, 새로운 돌려짓기와 사이짓기(間種法)의 소개 등 종래 전통적인 경험농학·전통농법에서 볼 수 없는 새로운 내용들을 자세하게 풀이하고 있다.

[참고어] 간종법, 농서

[참고문헌] 김영진·홍은미, 2004,「새로 발견된 농서『농사문답』의 농업기술」『농업사연구』 3-1 〈이수일〉

농사시험장(農事試驗場) ⇒ 농상학교부설 농사시험장

농사직설(農事直說) 1429년(세종 11)에 왕명에 따라 조선의 농법을 정리하여 수록한 농서.

『농사직설』의 편찬 작업은 1428년(세종 10) 윤4월에 세종이 경상도 관찰사에게 왕명을 내려 평안도와 함길도에 전습시킬 만한 농법을 노농(老農)을 탐방하여 그 내용을 추려서 올리게 하면서 시작되었다. 세종은 경상도 지역에서 실제 농민들이 실행하고 있는 농업기술 가운데 평안·함길 양계(兩界) 지역에 옮겨서 가르칠 만한 것을 정리해서 보고하라고 지시한 것이었다. 그리

고 3개월 뒤인 그 해 7월 세종은 충청도 관찰사와 전라도 관찰사에게 경상도에 내렸던 왕명과 동일한 명령을 내렸다. 세종의 명령에 따라 하삼도(下三道) 관찰사가 자신의 지역의 노농들로부터 얻어들은 농업기술에 대해서 정리한 보고서를 올렸고, 이를 기반으로 1429년 5월 정초(鄭招)와 변효문(卞孝文)이 편찬한 결과물이 바로 『농사직설』이다.

『농사직설』은 세종대의 다른 서적 편찬과 달리 편찬자의 역할이 책 내용을 책임지는 저작자가 아니라 주어진 자료를 정리하는 정리자였다는 점에서 특별한 것이었다. 『농사직설』에 실려 있는 농업기술에 관한 내용은 앞서 하삼도 관찰사가 정리해서 올린 책자에 담겨 있던 각 지역 노농의 지식과 경험이었다. 정작 편찬을 담당한 정초와 변효문이 한 일은 책자에 실려 있는 농업기술의 내용을 세목별로 분류하고 정서하는 작업이었다. 이와 같이 『농사직설』의 편찬자로 이름이 올라 있는 정초와 변효문이 수행한 역할은 다른 서적의 편찬자의 그것과 크게 달랐다.

세종이 『농사직설』을 편찬하게 한 가장 커다란 이유는 조선의 풍토가 중국과 달라 중국 농서를 그대로 활용하기 어렵고 따라서 조선의 농업기술을 정리한 농서의 편찬이 필요하였기 때문이었다. 태종대에 편찬된 『농서집요(農書輯要)』가 기본적으로 중국농서인 『농상집요(農桑輯要)』를 초록하고 그런 다음 이두로 번역한 것이었기 때문에 국가적인 차원에서 지방에 보내주거나 지방민을 가르치는 데 한계가 있었다. 즉 『농서집요』의 이두문은 조선의 농법을 전혀 도외시한 것은 아니었지만, 본래 『농상집요』가 중국의 농법을 담은 책이라는 점에서 한계가 있었다. 따라서 전적으로 조선의 풍토 즉 토질상태와 기후조건에서 형성되고 발전한 조선의 농법을 정리한 농서의 편찬이 시급한 과제였다.

정초가 작성한 「농사직설서」에 따르면 세종이 『농사직설』을 편찬하게 한 목적은 함경도와 평안도에 하삼도의 농법을 전수하려는 것으로 보인다. 세종 자신이 함경도와 평안도의 농업기술에 대하여 큰 관심을 보이고 있었다. 이에 따라 『농사직설』의 편찬을 하삼도 지방의 앞서 있는 농법을 평안도 함경도 지방에 전수하려는 것으로 볼 여지도 충분하다. 하지만 「농사직설서」에 보이는 오방(五方)의 풍토의 차이라는 점은 중국과 조선 사이에만 적용되는 것이 아니라 하삼도 지역과 양계 지역 사이에도 설정되어 있다는 점에서 위의 설명에 이의가 제기된다. 하삼도 지역과 양계 지역은 위도상으로 상당한 차이가 나고 있어서 양쪽지방의 농업상의 환경조건을 무시할 수 없을 정도였다. 이것을 무시하고 하삼도의 농업기술을 함경도와 평안도지방에 전파하는 것은 어려운 일이라고 할 수 있다. 따라서 하삼도의 농법을 양계지역에 보급시키기 위해 『농사직설』을 편찬한 것으로 보기는 어렵다.

농업여건의 지역적인 차이를 분명하게 당시에도 확인하고 있음에도 불구하고 세종이 양계 지역으로 선진 농법을 전수하려는 목적으로 내세우고 있는 것은 농업기술을 정리하는 작업에 부가한 표면적인 명분상의 표현이었다고 볼 수 있다.

세종은 『농사직설』을 편찬한 다음해인 1430년(세종 12) 2월에 제도(諸道) 감사(監司), 주부군현(州府郡縣)의 수령, 경중(京中)의 시직(時職)과 산직(散職) 2품 이상 관원에게 『농사직설』을 나누어 주었다. 이와 같이 세종은 『농사직설』을 나누어줄 해당 지역을 조선 팔도 전체로 넓게 잡아 놓고 있었다. 또한 세종은 1437년(세종 19) 7월에 다시 제도 감사에게 왕명을 내려 『농사직설』의 내용을 농민들에게 잘 일깨워 주도록 지시하기도 하였다. 이때 세종은 그동안 『농사직설』을 권장하는 데에 미흡하였음을 지적하고 새로 인쇄한 것을 각 군현에 보내어 농민을 가르치고 권장해야 함을 강조하였다. 세종이 『농사직설』을 편찬한 뒤에 여러 지역에 나누어 주고 『농사직설』의 기술 내용 보급에 힘쓰는 양상을 살펴보면 『농사직설』을 다만 양계 지역만 염두에 두고 편찬한 것으로 보기 어렵다. 결국 『농사직설』은 양계 지역을 위한 특별한 작업의 결과가 아니라 제도에 적용하기 위한 것이었다. 『농사직설』의 편찬이 농업기술을 정리하여 이를 전체 농민에게 보급시키려 한 것이었고 이같이 널리 효유시키고 있었다. 실제 세종이 『농사직설』을 국가적인 차원에서 편찬한 내면적인 목적은 농업기술의 정리를 통해 농업생산을 보다 안정시키고 이를 바탕으로 조세수입을 확고히 하려는 것이었다.

『농사직설』에 수록된 내용은 목차에서 대체로 파악할 수 있다. 먼저 비곡종(備穀種)에서 곡물의 종자를 준비하는 방법을 설명하고 있다. 그런 다음 경지는 전답을 갈고 고르는 방법을 설명한 부분으로 춘경(春耕), 추경(秋耕)의 원리, 척박한 땅을 비옥하게 만드는 방법, 황지(荒地)를 개간하는 방식 등을 서술하고 있다. 계속해서 종마(種麻) 항목은 마를 경작하는 방법을 소개한 부분이다. 다음으로 종도(種稻)는 벼 경작법을 설명한 항목인데, 앞 부분에 벼를 재배하는 3가지 경종법으로 수경(水耕), 건경(乾耕), 삽종(揷種)을 소개하고 있다. 다른 작물에 비해 훨씬 자세하게, 경종(耕種), 숙치(熟治), 시비(施肥) 기술을 정리하고 있다. 또한 밭에서 키우는 한도(旱稻)에 대한 것도 덧붙어 있다.

『농사직설』에 마 이외의 밭작물에 대한 항목도 들어 있는데, 종도 다음으로 종서속(種黍粟)에서 기장과 조의 경작법을 설명하고, 종직(種稷)에서 직(稷)의 재배법을 서술하고 있다. 계속해서 종대두소두녹두(種大豆小豆菉豆)에서 콩, 팥, 녹두 경작법을 설명한다. 그리고 종대소맥(種大小麥)에서 보리와 밀의 경작법이 소개되고 있다. 이외에 교맥(蕎麥, 메밀), 호마(胡麻, 참깨) 등의 경작법도 들어 있다.

이후『농사직설』은 국가적 차원의 농서로서 그 중요성이 강조되면서 전국에 보급되었다. 조선 전기『농사직설』의 보급 상황을 대략적으로 보여주는 것이『고사촬요(攷事撮要)』에 실려 있는 책판(冊版) 목록이다.『고사촬요』는 어숙권(魚叔權)이 1554년(명종 9)에 편찬한 것인데 이후 1771년(영조 47) 서명응(徐命膺)이 대폭 개정 증보하여『고사신서(攷事新書)』로 이름을 바꿀 때까지 10여 차례에 걸쳐 개수(改修) 작업이 이루어졌다. 그런데 1621년(광해군 13) 박희현(朴希賢)이 속찬(續撰)하여 간행한『고사촬요』이후로 책판 목록이 완전히 제거되어 있기 때문에 책판 목록이 수록된 것은 16세기 말 이전에 간행된『고사촬요』판본뿐이다.

허봉(許篈)이 1585년(선조 18)에 편찬한『고사촬요』는 국립중앙도서관에 소장되어 있는데, 책판목록이 실려 있다. 이를 통해 1554년에서 1585년경까지 전국 팔도의 각읍(各邑)에 보관되어 있던 책판 목록을 확인할 수 있는데, 그중『농사직설』의 판목(板木)이 여러 고을에 소장되어 있었음을 찾아볼 수 있다.

『고사촬요』의 팔도책판목록은 독립적인 항목으로 수록되어 있는 것이 아니라, 팔도 정도(征途)를 기록한 부분에 별호(別號)와 더불어 같이 기록되어 있다. 책판 목록에 등장하는 농서 관계 판목을 조사하면 다음 표와 같이 총 16읍에 24개의 판목이 당시까지 조사되어 있었다는 점을 알 수 있다.

각읍에 소장된 책판 가운데『농사직설』의 판목임이 명백한 경우는 전라도 전주(全州) 한 곳에 불과하고 무장(茂長)에 보관된 책판이『농사직설요집(農事直說要集)』이어서『농사직설』과 계통을 같이하는 것으로 편입시킬 수 있을 뿐이다. 그리고 전주에 보관된『농사직설』판목은『농서(農書)』와 같이 등재되어 있어 각각 다른 책판을 지시하는 것으로 구별되어 있었다. 그렇기 때문에 다른 지역에 보관되어 있는『농서』의 책판을『농사직설』을 가리키는 것으로 보기도 어렵다. 이렇게 보면『농사직설』판목의 실제 보급 상황은 극히 미미한 것이었다고 추정할 수 있다.

〈『고사촬요』에 보이는 농서 관계 판목(板木) 현황〉

도명	정도(征途)	읍명	판목명(板木名)
황해도	4일정(日程)	해주(海州)	안평권농교(安平勸農敎)
강원도	5일정	회양(淮陽)	진간재농서(陳簡齋農書), 양잠방(養蠶方)
	5일반정	정선(旌善)	양잠경조최요(養蠶經繰最要)
전라도	5일반정	전주(全州)	농사직설(農事直說), 농서(農書), 잠서(蠶書), 잠서추구(蠶書推句)
	7일정	무장(茂長)	농사직설요집(農事直說要集)
	8일정	곡선(谷城)	양생대요(養生大要)
	8일정	담양(潭陽)	농서(農書)
경상도	5일정	상주(尙州)	식료찬요(食療纂要)
	6일정	안동(安東)	농상집촬(農桑集撮), 농서(農書), 잠서(蠶書)
	6일반정	의성(義城)	전제(田制)
	7일정	성주(星州)	수친양로서(壽親養老書)
	8일정	합천(陜川)	농상집요(農桑輯要)
	9일정	경주(慶州)	구황촬요(救荒撮要)
	9일반정	진주(晋州)	산거사요(山居四要), 농서(農書)
	10일반정	고성(固城)	수친양로서(壽親養老書)
평안도	6일반정	평양(平壤)	농서(農書), 잠서(蠶書)

『농사직설』에서 연원한 판목이 전주와 무장 두 곳에만 보관되어 있다는 것은『농사직설』의 간행 보급이 세종 당대 이후에는 거의 이루어지지 않았음을 알려주는 것이라고 생각된다. 반면에『농사직설』이전에 만들어진 농서로 추정되는『농서』는『농사직설』과 달리 5곳에서 판목이 보관되어 있었다. 다만 무장에 소장되어 있는 판본이『농사직설요집』이라는 점을 주목해야 한다.『농사직설』이 편찬된 이후 각 지역에서 나름대로 증보를 덧붙여 간행되고 있었다는 점에서『농사직설요집』이라는 책판은 바로 그러한 경향을 보여주는 것으로 평가할 수 있다.

『농사직설』에 보이는 여러 작물에 대한 서술내용을 토대로 조선 전기의 수전농법, 한전농법, 그리고 각 개별 작물의 재배법 등을 연구하고 있다. 또한『농사직설』이 조선 초기 15세기에 이르기까지 논밭에서 작물을 경작하면서 체득하고 발전시킨 농업생산기술을 집약적으로 보여준다는 점이 강조되기도 한다. 논밭에서 작물을 경작해온 오랜 역사적 영농 경험이 종합되어 15세기에 편찬된『농사직설』에 수록된 점을 주목할 수 있다.

[참고어] 세종, 농서, 농가집성

[참고문헌] 金容燮, 1988,『朝鮮後期農學史硏究』, 一潮閣 ; 염정섭, 2002,『조선시대 농법발달 연구』, 태학사 〈염정섭〉

농사직설보(農事直說補) 『농사직설』을 증보한 편자 미상의 농서.

세종대에 관찬된『농사직설』은 이후 당대의 농업실정과 관련하여 여러 차례 증보되었는데, 그중 하나가『농사직설보』이다. 홍만선(洪萬選)이『산림경제(山林經濟)』를 편찬할 때 이용한 농서였기에 그 존재를 짐작할 수 있지만, 현존 여부나 증보자를 확인할 수는 없다. 다만『산림경제』의 저술시기로 추정해 볼 때 17세기에 증보된 것으로 보인다.

한편『산림경제』에 인용된 부분을 통해 증보된 내용을 살펴볼 수 있는데, 특히 종도조(種稻條)에서의 증보가 주목된다. 양묘처(養苗處), 즉 못자리[秧基]의 작성을 중요시하고, 벼의 건파(乾播) 재배에 이앙법(移秧法)을 도입하였으며, 수전(水田)에서의 새로운 제초법을 제기하였다. 이는 당시 수전 농업이 당면한 제초의 어려움과 거기에 소요되는 노동력의 문제를 인식한 가운데, 벼의 재배법이 직파법에서 이앙법으로 전환되던 과정을 반영한 것이었다고 할 수 있다.

[참고어] 농사직설, 이앙법, 제초

[참고문헌] 김용섭, 2009,『(신정증보판)조선후기농학사연구』, 지식산업사 〈김미성〉

농산어촌진흥운동(農山漁村振興運動) ⇒ 농촌진흥운동

농상공부역답사판규례(農商工部驛畓查辦規例) 1895년 농상공부가 공토를 조사 측량하는 작업인 을미사판(乙未查辦)을 실시하기 위해 작성한 조사방침.

1895년 3월에 설치된 농상공부가 1895년 9월 농상공부령 제8호에 의해 을미사판을 실시하기 위한 조사의 세부방침으로 작성했다. 농상공부는 1895년 행정구역 개편에 의한 23개 부 중 제주부를 제외하고 전국 22개 부에 33명의 사판위원을 파견해 이듬해 6월까지 현지 조사를 끝내고 9월경에 조사 자료의 정리를 완료했다.

을미사판의 목적은 각 군과 역 전답의 원래 결부수와 탁지부에서 승총(陞總)한 결부수, 드러나지 않은 은결 등을 철저히 조사하여 기록하는데 있다. 이를 위해 작성한 농상공부역답사판규례는 총28조로 구성되어 있다. 주요내용은 첫째, 전답의 실제 두락과 일경 수, 상·중·하의 등급, 작인의 성명을 조사하고, 불법의 매각, 등급조작, 진폐(陳廢) 혹은 재개간한 두락 수, 공수위 전답의 두락 수 등을 조사 기록하도록 했다. 둘째, 조사방법으로 각 군과 역에 있는 양안을 참고하여 조사하고, 양안이 없을 때는 직접 측량하여 결수를 산정하도록 했다. 셋째, 마름에 관한 사항으로 전답 소재지 인근에 사는 신실한 자를 택해 1참(站) 혹은 2참마다 1인의 마름을 두며, 그 경비는 100두락에 30냥으로 정해 현금 소작료와 함께 균등 배분하여 징수한다. 넷째, 도조(賭租)의 책정과 징수에 관한 규정으로서 도조는 현금으로 정하되 그 액수는 전라도와 경상도의 경우 논은 100두락에 250냥, 밭은 100두락에 50냥, 그 외 지역은 각각 200냥과 40냥으로 하고, 밭 1일경은 논 7두락과 같도록 도조를 정한다고 했다. 또한 도조액은 상·중·하의 토지 등급에 따라 가감하되 마름과 동의 두민, 그리고 작인이 회의 타협하여 정한다. 도조의 징수와 상납은 논의 경우 1895년부터 11월 이내에 징수하여 군수에게 납부하면 군수가 12월 내로, 밭의 경우는 1896년부터 마름이 6월내로 농상공부에 상납하도록 했다.

[참고어] 을미사판, 갑오승총, 역둔토분쟁

[참고문헌] 박진태, 1996,『한말 역둔토 조사의 역사적 성격 연구』, 성균관대학교 박사학위논문 ; 박진태, 1997,「갑오개혁기 국유지 조사의 성격-역토조사과정을 중심으로」『사림』 12·13 〈남정원〉

농상공학교부설 농사시험장(農商工學校附設農事試驗場) 1904년 근대적 실업교육을 담당한 농상공학교 농업과에 부설된 농사시험장이자 소속 학생들의 농업 실습장.

대한제국 정부는 부국강병과 식산흥업을 위해 1895년 2월 교육조서를 반포하고, 그에 의거하여 1899년 6월 근대적인 실업교육을 실시할 목적으로 중학교 관제의 상공학교를 설립하였다. 1904년 6월 8일 상공학교에 농업과를 증설하여 농상공학교(예과 1년, 본과 3년)를 창설했다. 농업과 학생들의 실습을 위해 1905년 12월 29일 칙령 제60호로 <농상공학교부속 농사시험장관제>를 공포하고, 동대문 밖 뚝섬(=纛島)에 480정보 규모로 농상공학교 학생들의 실습장이자 각종 농사시험을 행하는 농사시험장을 조성하였다. 대한제국 정부는 이를 통해 근대적인 서구의 농사기술과 농학을 도입하고자 했다.

1906년 5월 일제 통감부는 설계상 결함과 위치 문제를 핑계로 농사시험장을 폐지하였다. 대신 통감부는 1906년 9월 <원예모범장 관제>를 공포하고, 뚝섬에 13정보 규모로 각종 과수·채소·화훼 등을 재배 시험하는 원예모범장을 설치하였다. 1906년 4월 일본에서 1년생 사과 묘목 10그루를 가져와 재배했으며, 1907년 배·포도·복숭아·감·앵두·매실·은행·사과 등 서양의 각종 과수도 심었다. 원예모범장 책임자는 농상공부 농무국장이 겸임했다. 초대 및 2대 장장은 1906년 8월 서병숙(徐丙肅)과 정진홍(鄭鎭弘)이었으며, 제3대 장장은 원예모범장 일본인 기사였던 히사지(久次米邦藏)였다. 1908년 이래 해마다 농학실험보고서를 출간했다. 12정보에 달하는 원예모범장의 시험포는 600평씩 구획하여, 모범지와 시험지로 나누어 운영하였다. 모범지는 과수·채소·화훼재배의 모범을 보여주는 곳으로 이곳에서 생산된 종묘는 일반농가에 분양되었다. 시험지는 새로운 작물의 증식과 경종법을 연구했다. 원예모범장은 1910년 강점 후 권업모범장 뚝섬지장이 되었다.

[참고어] 권업모범장, 농무목축시험장, 농상아문

[참고문헌] 小早川九郎, 1944,『朝鮮農業發達史 政策編』; 구자옥, 2010,「서둔벌의 근대농학 교육과 과학기술 전개」『농업사연구』 9월 1호 ; 김영진 김상겸, 2010,「한국 농사시험연구의 역사적 고찰-권업모범장을 중심으로」『농업사연구』 9월 1호 ; 한국농촌경제연구원 편찬, 2003,『한국 농업 농촌 100년사 상』, 농림부

〈이현희〉

농상아문(農商衙門) 조선 말기 및 대한제국 시기 농업·상업·공업에 관련된 행정을 관장하던 중앙 관서.

1894년(고종 31) 갑오개혁이 추진되면서 그해 7월 군국기무처는 중앙정부구조를 궁내부와 의정부로 개편했고, 의정부 아래에는 아문관제에 따라 내무·외무·탁지·법무·학무·공무·군무·농상 등 8개 아문을 설치했다. 7월 20부터 농상아문은 농업, 상무(商務), 예술(藝術, 기술), 어렵(漁獵), 종목(種牧), 광산(鑛山), 지질 및 영업회사 등의 일체 사무를 관리하게 되었다.

직제의 구성은 대신(大臣)과 협판(協辦)을 각각 1명씩을 두고, 그 아래 7개의 국을 두었다. 각 국의 실무를 담당하는 참의(參議) 5명[겸임 포함], 주사(主事) 28명이 있었다. 총무국(總務局)은 각 국의 사무를 총괄하는 기관으로 참의 1명, 주사 2명이 있으며 비서관을 겸했다. 농상국(農桑局)은 개간, 종수(種樹), 잠상(蠶桑), 목축, 편찬사무를 담당하며 참의 1명, 주사 8명이 있다. 공상국(工商局)은 국내와 국외 상무(商務), 도량형의 심사 및 각종 물품의 제조, 상공업 장려[勸商興工]를 담당하며 참의 1명, 주사 8명이 있다. 산림국(山林局)은 산림경제(山林經濟), 사유산림(私有山林)의 통계 및 산림학교(山林學校) 등의 사무를 담당하며 참의 1명, 주사 2명이 있다. 수산국(水産局)은 어업의 선박 및 기구[漁採船具], 해산물의 번식, 어개(魚介)의 제조 및 수산회사 등의 사무를 담당하며 참의 1명[산림국장(참의)이 겸함], 주사 2명이 있다. 지질국(地質局)은 토질의 비옥도 판별[辨地質土性肥瘠], 식물 및 화토비료(化土肥料), 광류(礦類) 분석, 지형의 측량·제도(製圖) 등의 사무를 담당하며 참의 1명[산림국장(참의)이 겸함], 주사 2명이 있다. 장려국(奬勵局)은 식산흥업(殖産興業)의 장려 및 전매특허를 담당하며 참의 1명[산림국장(참의)이 겸함], 주사 2명이 있다. 회계국(會計局)은 본 아문의 출납 및 장부[財簿]를 담당하며 참의 1명, 주사 2명이 있다.

1895년 4월 의정부가 내각으로 개편되면서 8개 아문도 7개의 부로 재편되었다. 공조의 일부 업무를 분할한 농상아문(農商衙門)과 공무아문(工務衙門)을 합쳐 농상공부(農商工部)가 되었다. 농상공부는 농업·상업·공업 및 우체·전신·광산·선박·해원 등에 관한 일을 관장했고, 소속 기관으로는 대신관방(大臣官房)·통신국(通信局)·농무국(農務局)·상공국(商工局)·광산국(鑛山局)·회계국(會計局)의 6국과, 대신관방 소속의 비서과·문서과, 농무국 소속의 농사과·삼림과·산업과, 통신국 소속의 체신과·관선과(管船課)의 7개 과가 있었다. 관원은 대신 1명, 협판 1명, 국장(局長) 5명, 참서관(參書官) 4명, 기사(技師) 7명, 주사 18명을 정원으로 하고, 기사를 7명, 기수를 13명 이하로 두었다.

1895년 3월 농상공부 분과 규정에 의해 대신관방과 각 국의 과(課) 설치 및 사무 분담이 이루어졌는데, 내용은 다음과 같다. 대신관방의 비서과는 기밀, 관리의 진퇴신분(進退身分), 대신관인(大臣官印) 및 부인(部印)의 관수, 박람회, 포상에 관한 사항을 맡았으며, 문서과는 공문서 및 성안문서의 접수와 발송, 통계 및 보고의 조사, 공문 서류의 편찬과 보존, 도서와 보고 서류의 간행과 관리를 담당하였다.

농무국의 농사과는 농업과 농업 토목, 농산물의 병충해 예방과 구제, 기타 농산물에 관계된 일체의 손해 예방, 수의·제철공(蹄鐵工 : 편자공)·축산·수렵을 관장하였다. 삼림과는 삼림시업, 삼림구역경계, 삼림보호·

이용·처분, 삼림 편입·해제, 삼림 통계·장부, 임산물과 삼림에 속한 토지·건조물을 담당하였으며, 산업과는 어업·어선·어구, 염전염정(鹽田鹽政), 양잠·삼업·제다(製茶) 및 농사과와 삼림과의 주 업무에 속하지 않는 사항을 맡아보았다. 통신국의 체신과는 우체·전신·전화·육운·전기사업 등에 관한 사항을 담당하였고, 관선과는 선박·해원·항로표시·표류물·남파선·항칙·수운회사, 기타 수운사업 감독에 관한 일을 맡아보았다. 상공국은 상업과 영업을 주장하는 모든 회사에 관한 일, 도량형, 공업과 공장에 관한 사항을 관장하였다. 광산국의 광업과는 광산 조사, 광산의 채굴권 허가 여부, 광구, 광업 보호, 광업 기술을 담당하고, 지질과는 지질·지층구조의 조사, 주산식물(主産植物), 토성의 시험, 지형 측량, 지질도·토성도·실측지형도의 편제와 설명서 편찬, 유용물료(有用物料)의 분석과 시험을 관장하였다. 회계국은 본부 소관 경비와 모든 수입의 예산·결산·회계, 본부 소관의 관유재산·물품·장부조제를 담당하였다.

농상아문[농상공부]은 상무회의소를 육성함으로써 상업 발달을 도모하고 잠업시험장을 설치하는 등 근대적 양잠업 발전에 힘을 기울였다. 광무개혁 당시에 농상공부의 농무국과 광산국은 양지아문(量地衙門)과 유기적 관계를 가지면서 양안 사업에 협조했다. 그러나 광무정권은 전제군주제를 강화하는 차원에서 근대화를 추진했기 때문에 농상공부의 기구를 유지하면서도 궁내부(宮內府)의 권한과 기능을 강화했다. 따라서 광무연간에 상업, 광산업, 철도 등의 근대화 사업은 농상공부가 아니라 궁내부가 추진했고 농공상부의 역할은 축소되었다.

이런 상황 속에서 '농상공부관제'와 분과 규정이 여러 차례 개정되었고, 관장 업무의 변화, 소관 부서의 통폐합과 증설, 소속 인원의 증감 등이 잇따르면서 1910년까지 존속하였다.

[참고문헌] 柳永益, 1990, 『甲午更張硏究』, 一潮閣 ; 주진오, 1994, 「갑오개혁의 새로운 이해」 『역사비평』 26 ; 이영학, 1997, 「대한제국의 경제정책」 『역사와현실』 26 〈이석원〉

농상집요(農桑輯要) 원나라 세조 대 대사농사(大司農司)에서 1273년 편찬한 농서.

맹기(孟祺), 창사문(暢師文), 묘호겸(苗好謙) 등이 편찬을 담당한 것으로 알려져 있다. 중국 화북지방의 농업을 중심으로 서술되었으며, 『제민요술(齊民要術)』을 기본으로 하되 그때까지의 여러 중국 농서를 참작하여 편찬되었다. 내용은 경간(耕墾)·파종(播種)·재상(栽桑)·양잠(養蠶)·과채(瓜菜)·과실(果實)·죽목(竹木)·약초(藥草)·자축(孳畜)·세용잡사(歲用雜事) 등으로 구성되어 있다. 『제민요술』보다 뽕나무와 양잠, 새로운 채소와 약초에 대한 내용이 많이 첨부되었으며, 점후(占候)와 같은 미신적 요소와 금기가 많이 사라졌다는 특징이 있다. 원은 국가 차원에서 여러 차례 걸쳐 판각하고 보급하였는데, 이는 개인 차원에서 편찬되어왔던 기왕의 농서들과 구별되는 『농상집요』의 관찬농서로서의 성격을 보여주는 것이다.

『농상집요』는 이암(李嵒, 1297~1364)에 의해 고려로 수입된 것으로 알려져 있다. 이는 당시 농업생산력을 발전시키고자 방안을 강구하고 있었던 고려 지식인들의 동향을 바탕으로 한 것이었다. 당시 『농상집요』는 여러 판본이 있었는데, 이암은 그중 왕반(王磐)과 채문연(蔡文淵)의 서(序)가 있고 맹기의 후서(後序)가 있는 진주로총관부(辰州路總管府)의 대자(大字) 중간본(重刊本)을 입수하였다. 고려에서는 이를 저본으로 하되 소자본(小字本)으로 축소해 『원조정본농상집요(元朝正本農桑輯要)』의 이름으로 간행했다. 이를 추진한 것은 강시(姜蓍, 1339~1400)였으며, 이색(李穡)과 설장수(偰長壽)의 후서도 첨부되었다. 이색의 농상집요후서(農桑輯要後序)는 『목은집(牧隱集)』「문호(文藁)」편에 남아있으며, 고려 말 『농상집요』가 중각(重刻)되었던 과정을 기록하고 있다. 이후 『농상집요』는 조선시기 『농서집요(農書輯要)』나 『농사직설(農事直說)』 등의 농서 편찬에 영향을 미쳤다.

[참고어] 이암, 강시, 농서집요, 농사직설

[참고문헌] 김용섭, 2000, 『한국중세농업사연구』, 지식산업사 ; 위은숙, 2000, 「『원조정본농상집요』의 농업관과 간행주체의 성격」 『한국중세사연구』 8 ; 최덕경 역주, 2012, 『농상집요 역주』, 세창출판사 〈김미성〉

농상통결(農桑通訣) ⇒ 왕정농서

농상회사(農桑會社) 한말 농업개발과 개량을 위해 만들어진 근대적 형태의 농업회사.

개항 초기부터 개화파 인사들은 부국강병과 식산흥업의 요체로서 서구 회사제도의 도입을 주장해왔으며, 정부도 교민흥업(敎民興業)하는 개화정책의 일환으로 회사설립에 적극 나섰다. 개항 후 제기된 농업근대화의 방략은 서양농학을 도입하여 농업기술을 개량하고 농지개발을 추진하여 농업생산력을 발전시키는 데 있었다. 1883년 11월 통리군국사무아문이 공포한 농과규칙에서 농업생산력 증진의 구체적 사안으로 경지확장과 수리시설의 신설과 보수, 뽕나무심기와 양잠을 적극적으로 장려하고 있으며, 이러한 사업을 추진하기 위해 농상회사가 설립되었다.

농상회사는 당시 농촌사회에 널리 퍼져있던 향약이나 계의 바탕 위에 조직되었지만, 서구의 주식회사처럼 자본을 사회전반에서 널리 모집하여 농업개발과 개량을 도모하는 영리조직이었다. 1885년 2월 정부는 중앙에는 경성농상회사장정(京城農桑會社章程)을, 지방에는 교하농상사절목(交河農桑社節目)을 만들어 회사 설립에 관한 구체적 방안을 제시하였다. 이들 농상회사의 자본출자와 사원자격은 신분에 무관하게 누구나 가능했지만, 대체로 양반지주층을 중심으로 일반 농민층을 끌어들이는 방식이었다. 1인당 50냥을 기본 출자금으로 했고, 이익금의 배당은 출자금액에 따랐다. 진전의 개간이나 밭을 논으로 만들어 농지를 확보하고, 이렇게 개간된 토지를 임노동에 의거한 회사직영이나 소작경영을 통해 수익을 확보하였다. 아울러 파괴되어 방치된 제언이나 보를 고쳐 수리시설을 완비하여 농업생산의 안정화를 도모하고자 했다. 밭을 논으로 만들 때, 밭주인에게 새로 조성된 논의 1/2 혹은 1/3을 주었다. 이에도 뽕나무·과일나무·닥나무·칠나무 등도 밭둑 빈곳에 심어 이득을 취하고자 했다.

이들 농상회사의 경영은 기본적으로 자본가적인 방향을 지향하는 것이었으나, 신분제적 농민통제기능을 완전히 탈피한 것은 아니었다. 이 점은 1894년에 경성농상회사장정을 기초로 재정비한 관허농상회사장정(官許農桑會社章程)에서 수정 보완되었다. 특히 관허농상회사장정에서는 대자본을 확보 할 수 있는 길이 모색되어 대규모 황무지개간과 농지개발, 수리사업 같은 농업시설 구축사업을 실제적으로 가능하게 만들었다. 경성농상회사처럼 사업자금을 단순 모집된 사원(계원)의 투자에만 의존하는 것이 아니라 국채발행과 외국차관으로 조달하여 장기적 사업운영을 할 수 있게 했다. 도입된 자본으로 서양식 경작기기 및 직조기계를 도입하고, 외국인 기술교사를 초빙하여 농업기술자를 양성하게 했다. 이를 바탕으로 관허농상회사는 황무지 미간지를 크게 개간하고 제언을 수축하여 유민들을 널리 모집하여 안주시켜 농촌사회의 안정과 농업근대화를 동시에 도모하고자 했다. 나아가서 신분제적 요소가 제거되어 근대회사로서의 면모를 갖추어 갔다

[참고어] 개간, 제언, 천방, 무주한광지

[참고문헌] 경성농상회사장정(京城農桑會社章程) ; 관허농상회사장정(官許農桑會社章程) ; 김영희, 1985, 「개항후 잠업진흥정책의 일 연구(1876-1905)」 이화여대 석사학위논문 〈이수일〉

농서(農書) 곡물(穀物), 채소(菜蔬), 수목(樹木) 등의 재배기술과 수리시설, 시비법, 농기구 등을 수록한 서적.

농업기상(農業氣象), 점후(占候), 화훼(花卉), 잠상(蠶桑), 축목(畜牧) 등에 관한 내용을 수록한 책도 넓은 의미에서 농서에 포함시킬 수 있다. 또한 농서의 범위 속에는 농업생산기술 및 농업생산과 직접 관계가 있는 지식 이외에 농업경제와 농업정책의 성격을 지닌 전문서적과 중농(重農) 및 전제(田制), 황정(荒政) 등을 설명한 책도 포함시킬 여지가 있다.

근대 이전 시기의 서적 분류법인 사부분류법(四部分類法)은 경사자집(經史子集)으로 서적을 분류하는 것인데, 이에 따르면 농서는 대부분 자부(子部) 농가류(農家類)에 포함된다. 『한서(漢書)』「예문지(藝文志)」에 따르면 농가는 "농직(農稷)을 맡은 관리의 직무에서 나온 것이고, 주요하게 백곡(百穀)을 경작하게 하고, 농사(農事)와 잠상(蠶桑)을 권장하여, 이로써 의식(衣食)을 풍족하게 하는 것에 관련된 것"이라고 설명하고 있다. 이렇게 볼 때 '농가류'에 해당하는 서적들을 농서로 간주할 수 있다. 하지만 자부 이외에 경부(經部), 사부(史部), 집부(集部)에 분류된 책 중에도 농서에 해당하는 것을 찾을 수 있다. 화훼에 대한 감상과 더불어 재배법, 종자 보관법 등을 설명하는 서적인데 집부에 분류된 경우, 농사짓기에 대한 전반적인 상황을 매일 또는 며칠마다 기록하여 일기(日記)로 간주되어 사부에 분류된 경우 등이 이에 해당한다.

농서가 역사상 등장하는 시기와 관련하여 주목되는 책이 『여씨춘추(呂氏春秋)』이다. 『여씨춘추』에 실려 있는 「상농(上農)」, 「임지(任地)」, 「변토(辯土)」, 「심시(審時)」 등 4편 가운데 앞의 1편은 농업정책에 대한 것이고 뒤의 3편은 농업기술에 대한 것이라는 점에서 이들 4편의 기사를 농서에 해당하는 편장기사(篇章記事)로 파악하였다. 그리고 『여씨춘추』의 뒤에 등장하는 『범승지서(氾勝之書)』의 경우 경작방식에 대한 서술이 주요한 내용을 구성하고 있다는 점에서 말 그대로 가장 전형적인 농서로 평가되고 있다.

고려시기에는 중국에서 편찬된 농서를 수입하여 활용하였는데, 권농책을 수행하면서 중국에서 편찬된 농서를 이용하였다. 농서의 색채를 띠고 있는 『예기(禮記)』「월령(月令)」을 활용하였다. 또한 송나라에서 고려에 요구한 서적 목록 가운데, 중국 한대(漢代) 범승지(氾勝之)가 지은 『범승지서』라는 농서도 포함되어 있었다. 11세기 고려사회에서 『범승지서』라는 중국 농서가 소장되어 있었다는 점에서 당시 중국농서가 고려에 유입되어 농정(農政)에 활용되고 있었다는 것을 알 수 있다. 고려 중후기에 이르러서도 중국에서 간행된 『제민요술(齊民要術)』, 『잠서(蠶書)』 등이 활용되고 있었다.

고려 말에 이르면 국내에서 중국 농서를 재간행하여 활용하기도 하였다. 고려 말에 이르러 중국 원대(元代)에 편찬된 농서인 『농상집요(農桑輯要)』가 경상도 합천에서 재간행하였다. 1372년(공민왕 21)에 국내에서 간행된 새로운 『농상집요』 판본을 『원조정본농상집요(元朝正本農桑輯要)』라고 부르는데, 앞서 이암(李嵒)이 중국에서 가져온 『농상집요』를 대본으로 삼은 것이었다. 고려 말 재간행된 『농상집요』는 조선왕조가 들어선 이후에도 계속 주요한 참고 농서로 이용되었다. 태종 대에는 『농상집요』를 초록하여 이두로 번안한 농서인 『농서집요(農書輯要)』가 편찬되기도 했다.

중국 농서를 그대로 이용하거나 초록하여 이용하는 사정이 크게 바뀐 것은 세종 대의 일이었다. 조선의 풍토에서 유래한 농업기술을 수록한 농서로 1429년(세종 11)에 『농사직설(農事直說)』이 편찬되었다. 『농사직설』은 조선의 농업기술을 정리한 최초의 농서로 커다란 의의를 지녔다. 하삼도(下三道) 관찰사들이 각각 정리하여 올린 농업기술을 정초(鄭招) 등이 정리한 것으로, 세종은 이를 각 지역에 보급하는 데 힘썼다.

15세기 후반에 강희맹(姜希孟)은 금양(衿陽)에서 『금양잡록(衿陽雜錄)』이라는 농서를 편찬하였다. 『금양잡록』은 지역의 고유한 농법을 정리한 지역농서(地域農書)라는 성격과 함께 개인의 저작물이라는 점에서 사찬농서(私撰農書)이기도 하였다. 앞서 태종 대에 편찬된 『농서집요』와 세종 대에 만들어진 『농사직설』이 국가적인 차원에서 편찬된 관찬농서(官撰農書)였던 것과 대비된다.

17세기를 전후한 시점에 이르러 『농사직설』과 『금양잡록』이 갖고 있는 아쉬움과 한계점을 뛰어넘는 새로운 단계의 농서 편찬이 진행되었다. 그러한 농서 편찬의 흐름을 분석하면 대략 세 가지 양상으로 전개되었음을 찾아볼 수 있다. 첫 번째로 노농(老農)의 농업기술, 즉 노농의 경험, 지혜를 보다 본격적으로 정리한 농서가 편찬되면서 문자로 정리된 농서의 내용이 실제의 농법을 보다 충실하게 반영하게 되었다는 점이다. 두 번째로 국지적인 기후와 토양 조건, 그리고 지역적인 농사경험에 근거한 이른바 지역농법이 보다 적극적으로 농서 편찬에 반영되게 되었다. 농법의 지역성이 비로소 문자화된 농서에 수록되기 시작한 것이었다. 세 번째로 곡물 중심의 경작법 서술에서 벗어난 채소와 과수 등 농업생산, 특히 농민의 자급자족을 달성하기 위해 절대적으로 필요한 여러 생산물에 대한 기술적인 측면을 포괄한 종합농서(綜合農書) 편찬이 이루어졌다.

16세기 후반 이후 농업기술에 관심을 갖고 있는 관료와 재지사족(在地士族)들이 각 지역의 특색을 담고 있는 지역농법을 정리하여 지역농서를 편찬하였다. 현재까지 알려진 것을 보면 전라도 옥과(玉果, 현 곡성군 옥과면) 지역의 유팽로(柳彭老)가 『농가설(農家說)』을 편찬하였고, 경상도 상주(尙州) 지역에서 고상안(高尙顔)이 『농가월령(農家月令)』을 편찬하였다. 『농가설』은 월별로 농가에서 해야 할 일을 정리하여 지시하는 등 월령식 농서의 모습을 보여주고 있었고, 『농가월령』은 아예 절기별로 농작업을 지시하는 월령식 농서 형식을 그대로 띠고 있었다. 이렇게 개인이 농업기술에 관심을 가지고 농법을 정리하면서 동시에 농업기술의 지역성을 담은 지역농서 편찬작업은 이후 더욱 활발하게 진행되었다.

17세기 중반에 공주(公州) 목사로 재직하던 신속(申洬)은 『농가집성(農家集成)』을 편찬하여 효종에게 올렸다. 이 책은 『농사직설』과 세종의 권농교서(勸農敎書), 「주자권농문(朱子勸農文)」, 『금양잡록』, 『사시찬요초(四時纂要抄)』 등을 한데 모아 편찬한 것이었다. 신속은 『농가집성』을 편찬하기에 앞서 『농사직설』을 증보하여 공산(公山, 公州)에서 간행하기도 하였다. 그는 『농가집성』에서 『농사직설』의 내용을 대대적으로 증보하였는데, 17세기 중반 이전부터 현실 농법으로 채택되어 실제 농업생산활동에 적용되고 있던 농업기술을 정리하여 초록(抄錄)한 것이었다. 또한 『농사직설』의 증보에 종목화법(種木花法)이라는 항목을 추가하면서 농서 편찬이 채소와 과수를 포함한 다양한 농업생산물의 경작법, 재배법을 포괄해나가야 한다는 앞으로의 방향을 제시하기도 하였다.

18세기 초 홍만선(洪萬選)이 편찬한 『산림경제(山林經

濟』는 단순한 농서가 아니라 산림에 거처하는 처사(處士)가 익숙하게 알아야할 여러 가지 내용을 담고 있는 책이었다. 그는 관직생활의 상당 부분을 외방에서 목민관(牧民官)으로 지내면서 산림에 나아가기 위한 준비의 하나로 『산림경제』를 편찬하였다. 『산림경제』 권1, 「치농(治農)」이 식량작물의 생산기술을 담고 있는 구체적인 농서에 해당하는 부분이었다. 이 부분의 서술을 살펴보면 두 가지 서로 성격이 다른 계통에서 인용한 부분으로 구분할 수 있다. 하나는 『산림경제』 이전에 편찬된 여러 농서로부터 인용한 부분이고, 다른 하나는 농서가 아닌 견문(見聞)이나 전문(傳聞)에 의거하여 수합한 속방(俗方)을 기록한 부분이다. 그리고 『산림경제』 「치농」에 인용된 많은 농서 가운데 『농사직설』 즉 신속의 『농가집성』에서 증보된 『농사직설』이 제일 많은 인용 건수를 나타내고 있다는 점을 두드러지게 찾아볼 수 있다.

18세기 중반 이후 『산림경제』를 증보한 농서 이른바 '산림경제증보서(山林經濟增補書)'가 연이어 편찬되었다. 그 중에서 가장 대표적인 것이 유중림(柳重臨)의 『증보산림경제(增補山林經濟)』이다. 의관(醫官)이었던 유중림은 1761년(영조 37) 내의원 의관으로서 세손(世孫)이던 정조(正祖)의 병을 치료하는 데 주요한 기여를 하기도 하였다. 그는 『증보산림경제』에서 『산림경제』를 대대적으로 증보하였다.

18세기 후반 1798년(정조 22) 11월 정조가 「권농정구농서윤음(勸農政求農書綸音)」을 반포하면서 조선의 농정(農政)을 혁신하고, 국가적인 차원에서 새로운 농서를 편찬하는 사업을 추진하였다. 이때 많은 사람들이 응지농서(應旨農書)를 올렸다. 정조가 추진한 새로운 농서의 명칭을 '농서대전(農書大全)'이라고 부를 수 있다. '농서대전' 편찬 작업은 1798년 12월 이후 응지농서에 대한 검토를 어느 정도 일단락지은 1799년(정조 23) 4월 하순 이후 본격화되었다. 이때 검토한 새로운 응지농서의 주요 내용을 신편(新編)하는 농서에 상세히 기재하라는 명령이 자주 내려지고 있었다. '농서대전'의 편찬 추진은 규장각을 중심으로 수행되었지만, 그 과정에서 주도적인 인물은 이서구(李書九)였던 것으로 보인다. 정조가 추진한 '농서대전' 편찬은 실제 자료를 정리하는 단계에서 중단되어 버렸다. 이후 본격적인 초고를 만드는 작업으로 제대로 진입하지 못하였다. 그렇지만 조선 후기의 국가적인 농서 편찬사업이라는 점, 응지인이 올린 지역농서에 해당하는 응지농서를 편찬의 기본 자료로 이용하고 있다는 점, 그리고 조선 후기 농업기술의 발달을 총괄하여 집대성하려는 것이었다는 점에서 의의를 찾아볼 수 있다.

19세기에 들어서면 농서 편찬은 다양한 특성을 지니게 되었다. 그 중에서도 전라도 능주(綾州, 현 화순군 능주면)에서 가문의 농법을 바탕으로 지역농법을 정리한 농서가 한석효(韓錫斅)가 지은 『죽교편람(竹僑便覽)』 「치농편(治農篇)」이었다. 그는 지역적인 농사관행을 정리하면서 집에서 내려오는 전래의 '농서'인 「가훈치농장(家訓治農章)」에 의거하여 이 지역에 적당한 기경법(起耕法)을 소개하기도 하였다. 이와 같이 「죽교편람」 「치농편」에 기술된 벼농사 기술은 강한 지역성을 지닌 것이었다.

한편 19세기에 들어서면서 새로운 종합적인 농서의 집대성 작업이 이루어졌다. 1834년(순조 34) 호남순찰사(湖南巡察使)로 노령(蘆嶺) 남북(南北)을 돌아보면서 감저(甘藷) 즉 고구마 재배를 통한 구황(救荒)의 달성을 목표로 그때까지 알려진 감저재배법(甘藷栽培法)을 종합 정리하여 『종저보(種藷譜)』를 저술하기도 한 서유구(徐有榘)는 달성(達成) 서씨(徐氏)집안의 일원이었는데, 아버지인 서호수(徐浩修)가 『해동농서(海東農書)』를 편찬한 것을 비롯하여 할아버지 서명응(徐命膺)이 『본사(本史)』라는 농서를 편찬한 것에 이르기까지 3대가 모두 농서를 편찬하여 농학(農學)을 가학(家學)으로 삼고 있었다. 서유구가 여러 가지 농서를 집대성하고 종합적인 영농의 이모저모를 모아 만들어낸 것이 바로 『임원경제지(林園經濟志)』이다. 서유구가 농업기술 가운데 역점을 두고 제언한 것은 바로 농법개량에 관한 것이었다. 그리고 그는 『행포지(杏蒲志)』에 수록된 도종(稻種)의 정리 작업과 같이 당대의 농법을 종합 정리하고, 지역적인 벼품종의 정착을 소상하게 소개하면서 지역농법의 정리에도 관심을 기울였다. 이와 같이 서유구의 『임원경제지』는 사실 가장 조선적인 입장에서 농업기술의 종합을 완수하려는 것이었다고 보인다.

조선시기에 편찬된 여러 농서를 분석하여 당시 활용되었던 농업기술을 찾아낼 수 있다. 또한 당시 추진되었던 농업정책, 수리정책 등과 관련하여 농서는 중요한 분석 자료이다. 그리고 시기에 따라 농서 서술 내용의 변화를 파악하여 농업기술의 변화양상을 찾아낼 수 있다. 조선시기에 만들어진 농서는 당대 현실의 농업기술을 문자화시킨 것이었고, 농업생산력의 증진을 위해 편찬된 것이었다. 선진적인 농업기술을 보급하고, 기존의 농업기술을 개선하고 개량하려는 입장에서 편찬되었다.

[참고어] 농상집요, 농서집요, 농사직설, 금양잡록, 산림경제, 임원경제지

[참고문헌] 石聲漢 著, 渡部武 譯, 1984,『中國農書が語る2100年-中國古代農書評介』, 思索社 ; 李盛雨, 1981,『韓國食經大全』, 鄕文社 ; 金容燮, 1988,『朝鮮後期農學史硏究』, 일조각 ; 金榮鎭, 1984,『朝鮮時代前期農書』, 農村經濟硏究院 ; 염정섭, 2000,「조선시대 農書 편찬과 農法의 발달」, 서울대 국사학과 박사학위논문 ; 김영진, 이은웅, 2000,『조선시대 농업과학기술사』, 서울대학교 출판부

〈염정섭〉

농서집요(農書輯要) 조선 태종 대에 중국 원대(元代) 농서인『농상집요(農桑輯要)』를 초록하고 이두로 번역문을 붙여 편찬된 책.

중국 원대에 편찬된『농상집요』는 고려 말 경상도 합천(陜川)에서 복간(復刊)되었다. 당시 이암(李嵒)은 고려에 가지고 들어온『농상집요』판본을 바탕으로『원조정본농상집요(元朝正本農桑輯要)』를 간행하였다. 이후『농상집요』는 조선의 농정책(農政策)을 수행하는 데 참고서적으로 인용되었고, 다른 한편으로는 조선의 농업현실에 맞는 농서(農書)를 편찬하는 데 저본(底本)으로 이용되었다.

특히 태종 대의 권농책에서 농서에 대한 관심은『농상집요』의 활용 방안을 한 단계 변화시켰다. 즉『농상집요』에 수록된 농업기술을 초록하면서 조선의 농업현실을 반영한 번역문을 첨부하는 방식으로『농서집요』가 편찬된 것이었다.『농서집요』는『농상집요』의 일부분을 발췌하고 이를 이두로 번역하면서 대부분은『농상집요』의 내용을 그대로 번역하였지만 일부에서는 우리의 농법에 알맞게 번안한 농업기술을 서술하기도 하였다. 한편,『농서집요』가 편찬된 태종 대에는 또한『농상집요』에서 양잠방(養蠶方)을 추출하여 이두로 번역한 책자도 만들어냈는데 그것이『양잠경험촬요(養蠶經驗撮要)』이다. 이 책의 편찬도『농서집요』와 마찬가지로 이행, 곽존중이 맡아서 수행하였다. 이행이『농상집요』내용 중에서 양잠방을 뽑아낸 것을 스스로 체험하여 많은 효과를 거두게 되자 이를 간행하였다. 이후 국가에서 민간에서 한문을 해득하지 못하는 것을 걱정하여 의정부(議政府) 사인(舍人) 곽존중에게 명령하여 이두로 주석을 붙여 간행 반포하게 하였다.

이행과 곽존중이 맡아서 편찬한『농서집요』는「경간(耕墾)」과「파종(播種)」의 일부만을 발췌하고 번역한 것이었다. 또한『농상집요』의 내용 순서가『농서집요』에서 달라지기도 하였다.『농서집요』의 주요 내용을 보면 경지(耕地) 항목 부분에 춘경(春耕), 추경(秋耕), 초경(初耕)의 실행법, 약토(弱土)와 강토(强土)를 기경하는 법, 작물비(作物肥), 답분법(踏糞法)을 서술하였고, 수곡종(收穀種) 항목에 종자선별법, 풍년 종자 찾는 법 등을 설명하였다. 이어서 여러 작물에 대한 경작법을 수록하고 있는데. 대소맥(大小麥, 보리 밀), 수도(水稻), 한도(旱稻), 서제양출(黍穄粱秫, 기장·조·참기장·차조, 대소두녹두(大小豆菉豆), 촉서(蜀黍, 수수), 교맥(蕎麥, 모밀), 호마(胡麻, 참깨), 마(麻, 삼) 등의 경작법이 기록되어 있다.

태종 대에 만들어진『농서집요』는 이후에 농서로서 자주 인용되면서 여러 가지로 이용되었다. 특히 세종은 1428년(세종 11) 윤4월에『농사직설』을 간행하기 위해 경상감사에게 노농(老農)의 견문을 정리하여 책자(冊子)로 만들어 올리게 명령하면서 동시에『농서』1,000부를 인쇄하여 올리도록 명령하였다. 세종은 또한 평안도와 함길도의 농사가 그다지 신통치 않은 것을 염려하여 승정원으로 하여금 양도인을 만나서 농작(農作) 상황을 묻게 하고 아울러『농서』를 가르치도록 지시하기도 하였다. 그리고 세종은 1438년(세종 21)에는 함길도관찰사의 계문에 의거하여 예조가 요청하자『삼강행실도(三綱行實圖)』와 함께『농잠서(農蠶書)』를 함길도 부거현(富居縣)에 보내주기도 하였다.

『농서집요』가 편찬된 이후 세종 대에 이르기까지 국가적인 차원에서 지방에 반포되거나 지방민을 가르치는데 이용되고 있었지만『농서집요』자체가 지닌 부족한 점 때문에 다른 성격의 농서가 필연적으로 필요하였다. 다시 말해서『농서집요』가『농상집요』를 초록하여 정리하면서 이두문에 조선 고유의 농법을 고려하기는 하였지만 조선의 농업환경에 전적으로 근거한 농업기술만 충실하게 담고 있는 것은 아니었다. 결국『농서집요』는 조선의 풍토에서 즉 토질이나 기후조건에 따라 현실에서 수행되고 있던 조선의 농법을 문자화하려는 노력의 산물이 아니었던 것이다. 따라서 조선의 농업현실에서 채택되어 적용하고 있는 기술내용을 담은 새로운 농서를 편찬하는 것은 하나의 시대적 과제였다. 세종 대에 이러한 과제에 부응하는 농서로서『농사직설(農事直說)』이 편찬되었다.

현재 전해지고 있는『농서집요』는 태종 대에 편찬된 원본이 아니라 16세기 초반에 새롭게 신간(新刊)된 것을

다시 후대에 필사한 필사본(筆寫本)이다. 태종 대에 간행된 『농서집요』가 이후 세상에 전해지다가 중종 대에 이르러 다시 신간되었고, 이렇게 신간된 판본이 후대에 필사되어 현재까지 전해지고 있다.

[참고어] 농서, 농상집요, 양잠경험촬요

[참고문헌] 李光麟, 1965, 「『養蠶經驗撮要』에 대하여」 『歷史學報』 28, 역사학회 ; 金容燮, 1988, 「『農書輯要』의 농업기술」 『朝鮮後期農學史研究』, 一潮閣 ; 李丞宰, 1992, 「『農書輯要』의 吏讀」 『震檀學報』 74, 진단학회 ; 吳仁澤, 1999, 「『農書輯要』를 통해서 본 조선초기의 耕種法」 『지역과 역사』 5, 부경역사연구소 ; 김기흥, 1996, 「신라의 '水陸兼種' 농업에 대한 고찰-'回換農法'과 관련하여-」 『韓國史研究』 94, 韓國史研究會 ; 염정섭, 2007, 「14세기 高麗末, 朝鮮初 농업기술 발달의 추이-水稻 耕作法을 중심으로」 『농업사연구』 6-1, 한국농업사학회 〈염정섭〉

농서총론(農書總論) ⇒ 조영국(趙英國)

농시(農時) 농사짓는 적절한 시기.

농시는 기경(起耕)에서부터 수확(收穫)에 이르는 전 과정을 때맞추어 순조롭게 진행하도록 맞춰져야 했다. 보통 농시에 관해 삼농(三農) 또는 삼시(三時)를 빼앗지 말도록 하라는 표현이 많이 쓰였다. 이때 삼농과 삼시는 춘경(春耕), 하운(夏耘), 추수(秋收), 즉 봄에 밭 갈고, 여름에 김매고, 가을에 거두는 것을 이르는 것이었다. 이는 농시의 기본적인 내용이었다. 이 밖에도 농시는 곡식의 종류, 그리고 절기와 기후에 따른 적절한 시기를 말하는 것이기도 했다. 농시를 지키는 것은 농업생산력의 안정에 있어 중요한 문제였다.

이에 고려부터 조선까지 왕의 권농교서(勸農敎書)에서는 농시가 으레 강조되었다. 예를 들어, 고려시기 1188년(명종 18) 3월의 농상제칙(農桑制勅)에서는 권농(勸農)을 크게 세 부분으로 보고 그 중 첫째가 농시에 따른 농작물 재배작업의 안정이라고 하였다. 조선 전기 세종 대에도 농서를 편찬하고 왕이 직접 농사를 지으며 적극적으로 권농을 하면서 농시를 강조하였고, 이에 천문 관측기구와 시계를 발명하기도 하였다. 또한 조선 후기 1798년(정조 22)에 내려진 권농정구농서윤음(勸農政求農書綸音)에서도 농사일의 세 가지 중 천시(天時)를 첫 번째로 이야기하였다. 이 윤음에 응하여 올린 상소문과 농서들에서도 다수의 논자들이 농시의 준수를 강조했다.

이렇듯 농시가 강조되면서 농민들이 농시를 지킬 수 있는 여건을 조성해 주려는 권농책들도 제시되었다. 그 내용은 대체로 농사철에 농민들을 노역(勞役)이나 잡역(雜役)에 동원하지 말 것, 농사일에 소요되는 물자 중에 부족한 부분을 보충해 주는 것, 농민이 부실할 경우 이를 회복시켜 충실을 기하게 하는 것, 조세를 감면 또는 면제하는 것 등으로 나타났다. 이 중 특히 농사철에 농민들을 사역하는 것을 제한하는 조치가 대표적이었다. 고려 전기 980년(성종 5)의 교서(敎書)에서는 가을 추수까지 모든 잡무(雜務)를 폐기하고 오로지 농업에 종사할 수 있게 하라고 하였다. 또한 조선 전기 세종은 경복궁 후원에서 1결의 땅을 직접 농사지어본 결과 경기도 일반 농가보다 몇 배의 소출을 냈다. 세종은 이에 대해 농민들이 부역에 너무 자주 동원되어 농시를 제대로 지키지 못하면서 생긴 차이라고 판단하였고, 이에 연간 부역 일수를 10일로 제한하기도 하였다. 조선 후기 정조의 구농서윤음에 응하여 올려진 농서들에서도 다수의 논자들은 부역이 과중하여 농민들이 농사의 시기를 놓치는 문제를 지적하면서 부역의 제한을 주장하였다.

[참고어] 월령, 24절기

[참고문헌] 농촌진흥청 역, 2009, 『응지진농서Ⅱ』, 진한M&B ; 이경식, 2007, 『고려전기의 전시과』, 서울대학교출판부

〈김미성〉

농어촌고리채정리사업(農漁村高利債整理事業) 1961년 군사정부가 영세농어민의 경제적 구제와 민생고해결을 위해 고리부채를 정부보증 하에 일소한 경제조치.

1950년대 한국농촌은 절량농가가 농촌인구의 상당 비중을 차지했고, 식량조달 및 현금의 필요성 때문에 농가부채는 날로 증가해갔다. 1953년 농가부채의 총액이 약 201억 환이었는데, 1959년에는 1,504억 환으로 늘어났다. 농업금융의 미비와 절대빈곤 속에서 농가부채의 상당수는 정상적인 상환이 불가능한 연리 50%이상의 고리채였고, 고리채의 지배를 제거하기 않고서는 농가경제의 회생은 기대하기 어려운 상태였다. 1958년 자유당에서는 제4대 민의원 선거를 앞두고 농가부채정리를 민생안정의 최우선 과제로 내세웠다. 1960년 1월 대통령선거를 앞두고 농업은행의 주도로 고리채정리자금(2억 5천만 원, 융자건수 5만 3천여 건, 1건당 4,549원)이 살포되었지만 예산부족으로 중단되었다. 민생고해결을 최우선 과제로 표방한 군사정부는 민의수습을 위해 가장 먼저 농어촌고리채정리 사업을 단행하였다.

1961년 5월 25일 국가재건최고회의는 농어촌고리채정리령을 발표하고 고리채 일소에 강력한 개혁의지를 표방하였다. 연리 20% 이상의 금전 또는 현물부채를 고리채로 규정하고, 채권채무자는 15,000원 이내의 고리채를 동리 농어민대표 4인으로 구성된 동리(洞里) 정리위원회에 신고하도록 했다. 15,000원을 초과하는 고리채는 정리대상에서는 제외되었지만 신고대상에는 포함시켜 연리 20% 이상의 이자를 받지 못하게 했다. 채권채무자로 신고한 인원은 685,015명(전체 농가의 29%), 신고건수와 액수는 117만 671건(농민 1,145,120건, 어민 25,251건), 48억 600만 원(농민 4,599백만 원, 어민 207백만 원)이었으며, 이중 고리채로 판명된 것은 29억 2,700만원이었다. 고리채로 판정된 금액은 농협이 대신 변제했다. 농협이 채권자에게 연리 20%의 농업금융 채권을 교부하고, 채무농민에게는 채무를 농협에 연리 12% 2년 거치 5년 분할 상환하도록 했다. 농업금융채권이 26억 6,300만원이 발행되었으며, 8%의 이자손실을 국가가 부담하였다.

고리채를 신고하지 않으면 채무변제청구권을 소멸시키고 불성실신고자나 부정행위자는 징역이나 벌금을 물게 하여 강력한 집행의지를 드러내었다. 군사정부가 강력한 행정력을 동원하여 신고를 강제했지만, 농민들의 반응은 냉담했고 효과는 그렇게 크지 않았다. 고리대는 영세농민들이 의존할 수 있는 유일한 비공식 신용이었기에, 부채농민으로서는 신고를 통한 단절보다는 채권자와 장기적으로 관계를 유지하는 편을 더 선호했다. 여기에는 전통적 유교적 관념도 적지 않게 작용했다. 그에 따라 신고누락·허위신고·부실신고가 난무했다. 신고가 저조하자, 군사정부는 상환기간을 1년 거치 4년 분할로 단축하고 액면 1,000원 이내의 채권은 1년 안에 상환하도록 했다.

그러나 기본적으로 부채농가의 소득이 증대되지 않았기에 채무농민들의 상환은 지지부진했다. 채무자의 대부분은 비과세대상자, 무토지 소유자, 0.5정보미만의 경작자들이었다. 1964년 말 농어촌고리채정리법을 개정하여 채권자들이 농업금융 채권으로 정부소유주식·국고재산·귀속재산을 매입하거나 농협에 대한 채무변제가 가능하도록 조치하였다. 1966년 현재 농업금융 채권은 22억 5,000만원이나 상환되었지만, 회수된 채무농민의 융자상환금은 8억 원에 불과했다. 그 나머지 상환금과 이자는 정부자금과 농협의 자기자본으로 충당할 수밖에 없었다. 1969년 제정된 <고리채 정리법 중 변제의무에 관한 특별조치법>에 따라 신청·조사·확인된 변제불능채무자의 채무를 국가에서 보상하는 것으로 결정 실행하였다. 1971년 12월 31일 현재 채무농민의 융자잔액 17억 5,200만원 중 회수불능의 채무는 9억 2,700만원(농업금융채권 상환액의 47.7%에 불과)으로 판정되었고 채무면제를 받았다. 나머지 회수가능한 채무의 상환 회수도 경기침체로 오랫동안 지연되었다가 1981년 농협이 이를 종결시키고 끝냈다. 농어촌고리채정리 사업은 농협의 자금사정을 악화시켰으며, 민간채권채무에 국가가 개입한 사례로 적기할 수 있다.

[참고어] 장리, 농촌진흥운동

[참고문헌] 한국농촌경제연구원, 2003, 『한국농업·농촌 100년사(하)』; 이환규, 1992, 「농어촌고리채 정리 '농정반세기의 증언」 『한국농정50년사』, 농림부 ; 이명휘, 2010, 「농어촌 고리채정리사업 연구」 『경제사학』 48 〈이봉규〉

농업보습학교(農業補習學校) 일제시기 농민육성을 목적으로 설립 인가된 실업보습학교.

1911년 일제는 실업교육 강화하기 위해 실업학교(2~3년제) 및 간이실업학교를 제도화하였다. 1922년 조선교육령 개정으로 실업학교 수업연한은 3~5년으로 늘어났고, 간이실업학교 대신 직업학교(2년제)와 실업보습학교가 신설되었다. 실업보습학교의 일종인 농업보습학교는 농업학교나 고등보통학교의 중등과정을 이수할 형편이 못되는 학생들을 대상으로 농업기술(수업연한 1~2년)을 강습했다. 농업실수학교로 불리기도 했다. 1935년 실업학교규정의 개정으로 실업보습학교의 수업연한을 1년으로 조정할 수 있도록 하여, 1년제와 2년제 농업보습학교가 병존하였다. 교육내용은 이론보다 실제 기능을 중시했다. 1학년 때 전반적인 농업부문을, 2학년 때는 밭농사·논농사·원예특작을 구체적으로 학습하였다. 교직원은 교장 1명, 교사는 1년제 1명, 2년제는 2명이었다. 교사는 일본인이 대다수였고, 실제 농사일에 숙련된 자들이었다. 1935년부터는 전원 기숙제로 운용되었고, 기숙사 별로 분담된 실습농지에서 영농이 진행되었다. 밭농사·논농사 및 채소재배는 전교생 모두 실시했고, 닭·소·돼지·벌 의 사육은 기숙사 별로 한 가지씩 분담했다. 졸업생들은 일제 농업정책을 마을 현장에서 실천하는 농촌중견인물이나 모범농민으로 육성 지도되었다.

[참고어] 농촌진흥운동, 농촌중견인물양성, 조선농업청년보국대

[참고문헌] 리진호, 2007, 「간이농업학교·농업보습학교 목록

(1910~1945)」『측량과 지적』 5 ; 농림부, 2003, 『한국 농업·농촌 100년사 상』, 한국농촌경제연구원 〈김미현〉

농업이민(農業移民) ⇒ **후지농촌, 동양척식주식회사 이민사업, 탕천촌, 만한이민집중론, 구니타케농장**

농업청년보국대(農業青年報國隊) ⇒ **조선농업청년보국대**

농장(農莊) 대토지소유의 한 형태. 넓은 지역에 토지를 집적하고, 농민, 노비를 통해 집중 경영하는 방식.

농장의 기원은 사적토지소유권의 확립과정과 대토지소유의 발달과정과 밀접한 관련을 지녔다. 그러나 토지에 대한 사적소유권의 발달과정이 불명확한 상황에서 농장의 기원을 판명하기는 어렵다. 고대·삼국시기에 농장과 같은 형태가 있었는지도 불확실하다. 삼국시기에 녹읍, 식읍과 같은 대토지의 지급이 있었으나 이것은 소유권이 아니라 수조권의 지급이라는 견해가 우세하다.

대체로 농장이 사료상에서 직접 등장하는 것은 고려 중기 이후부터이다. 고려 초기에도 왕실과 사원이 장(莊), 처(處)와 같은 광역의 지역을 지배한 사례가 있다. 장, 처의 규모는 알 수 없지만 여주의 등신장, 광주의 미원장 같은 곳은 조선시기 1개 면 정도의 규모였다. 그러나 장, 처의 특성과 지배형태를 정확히 알 수 없고, 이것이 농장과 같은 형태로 볼 수 있느냐에 대해서도 연구자마다 해석이 달라지고 있다.

고려시기의 농장이 주목받은 이유는 이것이 고려 후기 토지제도의 문란과 국가체제 붕괴의 주원인으로 지목되기 때문이다. 또한 이는 불수불입권에 기초한 중세 장원의 형태와 비교되어 주목을 받았다.

고려의 농장은 불수불입권을 보장받지는 못했다. 하지만 농장의 실체는 아직 분명하지 않다. 고려시기 토지지배 형태는 수조권에 의한 지배와 소유권에 의한 지배가 있다. 여기서 수조권을 조세권의 변형으로 볼 것이냐 아니면 특수한 토지배형태로 보느냐는 문제가 발생한다. 수조권을 토지지배형태로 보는 입장에서는 고려시기에는 소위 수조권에 기초한 농장이 발달했다고 본다. 그렇다면 장, 처 등도 농장의 한 형태이며 중기 이후에 발달한 농장과 일정한 연계성을 지니게 된다. 반면 수조권적 토지지배를 인정하지 않는 논자들은 실제 장사(莊舍)를 설치하고 주변의 토지를 직접 지배, 관리하는 형태가 농장이라고 한다.

농장의 경작인의 신분에 대해서도 양인설과 노비설이 대립하고 있다. 그러나 경작가가 양인이냐 노비냐는 것은 농민의 신분적 권리와 국가의 입장에서 수세와 사역의 대상을 파악하는 차이이다. 전주의 입장에서 보면 경작자의 관리와 농번기의 집단적 동원이 용이하다는 정도의 장점은 있고, 수조지 내부에서 지주전호제의 발달이 제약된다는 특징은 있겠지만, 경작자가 노비라고 해서 대규모 집단노동과 같은 이질적인 경영형태가 시도된다고 보기는 어렵다. 그러므로 양인, 노비가 농장을 판별하는 기준이라고 보기는 어렵다. 다만 전주의 입장에서는 노비를 경작자로 두는 것이 수익과 관리 차원에서 유리했으므로 노비를 선호했고, 국가는 수세원의 보호를 위해 이를 견제하고 양민을 되찾아 오기 위해서 노력했을 것이다.

어느 개념을 적용하든지 간에 농장의 발달은 전시과 체제 붕괴와 대토지 겸병의 발달과 관련이 있다. 무신정권 이후 권문세가와 관료군이 증가하면서 자신들의 토지를 확대하기 시작했다. 대토지 겸병의 경우 토지를 필지별로 분산시키는 것 보다는 집중하는 것이 경작지와 경작민의 관리에도 유리했고, 치외법권적 권력을 확보하기에도 유리했다. 농장의 규모는 작게는 30~40결, 크게는 100결, 아주 큰 것은 2,000~5,000결에 달하는 것도 있었다고 한다. 1,000결이 넘는 농장은 너무 커서 수조지로 보는 견해가 있다. 또는 여러 농장을 합친 총 소유지로 보기도 한다.

토지의 확대방식은 사전(賜田), 개간(開墾), 기진(寄進), 강점(强占), 약탈(掠奪), 매득(買得), 묘지(墓地), 장리(長利) 등 다양한 방법이 사용되었다. 그러나 이중에서도 제일 중요한 요인이 탈점이었다고 한다. 탈점을 강조하는 경우는 고려의 농장이 경제적인 방법에 의한 것이 아니라 권력을 이용한 권력형 농장이었다는 데에 시대적 특징이 있다고 보기 때문이다. 그러나 사료상에 보이는 탈점이 강탈과 같은 무단적인 점유를 의미한다고 보기는 어렵다. 현장에서는 여러 합법적인 방법, 또는 합법적인 방법을 가장한 토지 겸병이 이루어지고 있어도 정부에서는 이를 탈점으로 이해할 수 있다.

처음에 토지 겸병의 대상은 민전이었지만, 권세가가 증가하고, 수조지 관리체제가 문란해지자 권세가들은 종묘전, 학교전, 창고전, 군전, 군자전과 같은 각종 수조지를 개인 수조지나 소유지로 잠식하기 시작했다. 이것은 국가수세지인 공전을 사전화하는 것이므로 국가의 입장에서 보면 불법적인 점유 즉 탈점이었다.

그런데 사전, 개간, 매득 등은 토지확대의 보편적인 방식으로 조선시기에도 사용되었다. 농장발달의 고려적인 특징은 전시과 체제가 보장하는 수조권적 토지지배가 농장형성의 유력한 수단이 되었다는 것이다.

수조권은 토지에 대한 답험과 직접 수조권만이 아니라 불량한 전호(佃戶)에 대한 관리 교체권, 휴경지에 대한 경작자의 교체권까지 보유했다. 전근대 사회의 농업은 자연재해에 취약하고, 소농경영은 항상 불안해서, 유민, 휴경, 경작포기 등의 상황이 항상적으로 발생했다. 전주는 권력과 재력, 경작지에 대한 관리권을 이용해서 수조지 내에서 자신의 소유지를 집적할 수 있었다. 이 경우 새로운 경작자를 자신의 노비로 대체하면 국가는 토지와 경작자에 대한 수세권을 동시에 상실하게 된다.

12세기 이후 지배층이 증가하고 권력투쟁이 심화되면서 수조지가 부족해지고 수조지를 둘러싼 갈등도 증가했다. 이에 권세가들은 공전인 민전을 수조지로 확보하거나 기관, 타인의 수조지를 탈점하는 한편, 토지를 안정적으로 확보하기 위해 수조지의 소유지화, 소유권에 기초한 민전의 탈점에 더욱 열중하게 되었다. 흔히 고려 말 토지제도의 문란을 사전(私田)의 확대로 표현하는데, 사전의 확대는 공전의 사전화, 사전의 소유지화라는 두 경향을 포함한 것으로 수조권이 소유지 확대와 농장형성의 유력한 수단이 된다는 것이 고려시기 농장의 시대적 특징이었다.

한편 고려시기에는 권문세가의 농장만 있었던 것은 아니다. 지방 사족, 토호, 향리들도 자신의 권력과 경제력을 이용해서 농장을 확대하고 있었다. 다만 이들의 농장은 수조권과 권력의 보호가 없어 권문세가의 농장에 비해서는 규모와 권력이 취약했다.

농장은 장원과 같은 합법적 권력을 부여받지 않았지만, 산천위표한다고 할 정도로 대단위로 설정되고, 그 위에 수조지가 겹치면 국가나 수령이 토지와 경작자를 정확히 파악하고 지배력을 행사하기가 어려웠다. 이를 배경으로 농장은 각종 탈법의 온상이 되었다.

사전과 농장의 발달로 국가수조지와 양민이 감소함에 따라 남아 있는 공전과 농민에게 조세가 전가되었고, 권세가의 보호를 받는 지역은 상대적으로 특혜를 누렸다. 그러자 농민들은 부세의 부담을 줄이기 위해 권세가의 농장으로 투탁했고, 권세가들은 재력과 권력을 이용해 농민을 강제로 자신의 전호나 노비로 흡수했다.

14세기 이후 고려가 북로남왜의 전란에 휩쓸리게 되면서 이런 현상은 급증했다. 군정의 징발을 맡은 장군과 지방관들은 권세가의 농장은 잘 건드리지 못했다. 농민들은 징병을 피해 권세가의 농장으로 투탁했다. 심한 경우는 군사징발권을 악용해서 부실한 농민을 자신의 농장으로 유인하는 불법을 자행했다. 또 위장전입한 농민과 토지를 실제로 자신의 노비와 소유지로 전환하는 경우도 많았다. 이로 인해 고려 후기에는 압량위천을 호소하는 소송이 크게 증가했다.

전란은 경제적 방법으로도 농장을 확대하는 수단이 되었다. 전란의 피해를 입은 농민은 종자, 식량, 농기구를 자비로 마련할 수 없었다. 권세가와 토호는 권력과 재력을 이용해 이들을 농장으로 흡수했다. 그 결과 국가의 공전과 공민은 더욱 감소하여 전시동원은 물론이고 왜구의 침입을 막을 병력조차 부족한 상황이 도래했지만, 그럴수록 농장은 더욱 확대되는 악순환이 발생했다. 이것이 고려 말 개혁파 사류가 사전혁파론을 제기하고, 결과적으로 고려왕조가 멸망하는 근본적 요인이 되었다.

고려시기 사전의 폐단을 목격한 조선에서는 사전혁파를 통해 수조권을 이용한 권력형 농장의 발달을 억제했다. 그러나 소유지의 확대와 이로 인한 농장의 개설까지 방지할 수는 없었다.

과전법에서는 경작지의 매매를 금지했다. 그러나 이는 과전이 설정된 지역에 한해서이고, 그 이외의 지역에서는 토지의 매매, 취득은 자유롭게 진행되었다. 세종 6년에는 과전 지역에서의 토지매매 금지 조치도 해제되었다.

그러나 조선시기에는 수령을 통한 공전과 공민에 대한 국가의 관리, 감독권이 강화되었다. 과거 전주에게 위임되었던 휴경지에 대한 관리와 경작자 차정권도 수령에게 이양되었다. 『경국대전』에서는 농민의 사망, 유망, 도망 등으로 인해 휴경지가 발행하면 수령이 무전자를 새로운 경작자로 차정하고, 대신 군역을 감당하도록 했다. 그리고 5년이 지나도록 이전 소유자가 돌아오지 않으면 소유권마저 이양하도록 했다.

그러므로 조선시기의 토지 집적은 매득, 장리와 같은 경제적 방법이 위주가 되었다. 내수사, 권문세가의 권력을 이용한 민전의 탈점도 여전히 자행되었다. 그러나 이 방법으로 농장을 형성하기는 어렵다. 농장을 형성하려면 광역의 지역에 단일한 소유지를 확보하는 것이 관건이었다. 농민들은 대체로 소규모 농지를 소유하고 있고, 탈점, 매득은 필지별로 이루어지므로 토지집중이 필요한 농장을 형성하기에는 어려움이 있었다. 1900년에 작성한 광무양안을 보면 토지소유의 양극화가 대단히 심하기는 하지만, 최대 지주라고 해도 한 군현에 수십 결 정도의 토지를 집적하는 경우가 최대였다. 또 이들의 토지는 거의가 필지별로 분산되어 있다. 토지가 비교적 집중된 지역이라고 해도 농장을 형성할 만큼 넓고 집중적인 집적은 거의 찾아보기 힘들다. 오히려 토지조사사업과 대규모 자본투여를 통해 형성된 일제시기의 농장보다도 집중도가 떨어진다. 광무양안의 실정을 조선시기에 일괄로 적용하기는 어렵지만, 15, 16세기의 사례를 보아도 고려시기처럼 수백, 수천 결을 소유한 토지는 발견하기 어렵다. 특별한 경우에도 100결 정도를 소유한 경우가 최대이며, 16세기 경상도 지역 지주들의 분재기를 분석할 결과를 보아도 5~6결에서 50~60결 정도의 토지를 소유하고 있었다. 그리고 이 토지들 역시 여러 필지로 분할되어 있었다. 이는 매득에 의한 농장형성이 쉽지 않다는 사실은 잘 보여준다.

조선시기에 광역의 토지를 한번에 집적할 수 있는 제일 좋은 방법은 개간이었다. 따라서 조선시기에는 개간이 농장형성의 제일 대표적인 방법이 되었다. 조선 초기에는 국가재정의 증대를 위해 개간이 크게 장려되었다. 기존의 황무지는 물론 저습지, 연해지, 해택(海澤) 개간이 활성화 되었다. 특히 왜구의 침입이 안정되면서 생산성이 높은 수전으로 개발이 용이한 연해지 개발이 정책적으로 장려되었다. 조선 후기에는 해안선의 굴곡이 심한, 남, 서해안의 해안지역과 도서지역에서 간척사업도 활발하게 이루어졌다. 간척사업은 대규모 노동력을 동원해야 하고, 수익을 올리는 데 오랜 시간이 걸리지만 한꺼번에 대규모 토지를 얻을 수 있다는 매력이 있었다.

개간은 국가에서 관민을 동원하여 시행하는 경우도 있고, 민간에서 시행하는 경우도 있다. 민간에서 시행할 경우는 여러 부호들이 공동으로 참여하는 경우도 있었다. 그런데 개간에는 많은 자금이 투여되므로 왕실과 공신재상가가 주도하는 경우가 많았다. 관에서 개간한 경우에도 나중에 민간에 불하하거나 민간 소유지로 변화하기도 했다.

규모는 작지만 토지집적의 유력한 수단이 되었던 것이 진전개간이다. 진전은 관에서 관리하고, 가능한 둔전으로 확보하게 되어 있었지만, 권세가들은 현지의 유력자, 농민을 통해 정보를 얻거나 수령과의 개인적 친분을 이용해서 진전개간권을 확보하고, 자기 소유지로 확보하는 경우가 종종 발생했다. 특히 토질이 저급하거나 천재지변을 통해 대규모로 재해를 입은 지역은 농장형성의 좋은 수단이 되었다. 세종 10년에는 개간을 명분으로 평안, 황해, 강원도의 진전을 왕족과 고관들에게 관품에 따라 40결에서 10결씩 절급하기도 했다. 『실록』에는 권세가가 수령을 통해 이런 지역의 토지를 개간하거나 민전을 탈점하는 사례를 제법 발견할 수 있다. 그러나 이런 기사는 진전개간을 통한 탈점과 농장형성이 쉽지 않았다는 증거로 받아들일 수도 있다. 조선은 수령을 통해 이런 토지를 관리할 수 있는 방지책을 마련해 놓았기 때문에 권력형 비리를 근절하지는 못했지만, 농장의 확대가 수조지를 기반으로 행해지던 고려시기의 농장처럼 광범위하게 행해지지는 못했다.

권세가들만이 아니라 품관, 향리들도 농장을 형성했다. 수조권이 철폐되고 병작반수제가 일반화되면서 지주전호제에 의한 농장형성이 더욱 자유롭게 발전할 수 있고, 산곡 지역과 보(洑)를 이용한 소규모 개간에는 이들이 더욱 유리했다. 그러나 이들 농장의 규모는 권세가의 농장에 비해 더욱 제한적이었고, 지리적 특성에도 많은 영향을 받았다.

농장의 경작자는 신분적인 제한이 있는 것은 아니었다. 그러나 세조 8년에 좌찬성 황수신이 아산의 관둔전을 불법으로 불하받아 농장으로 전용한 죄로 탄핵을 받았을 때, 그가 관둔전 5개소에 노비를 두지 않고 다만 병작반수로 운영했으니 농장이 아니라고 변명하는 것을 보면 15, 16세기까지도 농장이라고 하면 노비를 경작하는 것으로 관념되었던 것 같다. 노비는 국역의 면제대상으로 국가의 간섭없이 노동력을 안정적으로 확보할 수 있고, 지주에 대한 예속도도 강하므로 농장주들로서는 노비가 여러 모로 유리했다. 또 농장이 형성되면 인정을 은닉하거나 노비로 위장하기도 유리했다. 따라서 농장을 중심으로 투탁, 압량위천의 폐단이 발생했다. 그러나 투탁과 압량위천에 대한 단속이 강화되고, 양인들도 노비화를 꺼려하자 고공, 비부들도 농장의 경작인으로 선호되었다. 이들은 신분적으로는 양인이지만, 지주에 대한 예속도를 일정하게 유지할 수 있다는 점이 장점이었다. 고공과 비부의 등장을 조선시기에 농장경영 방식이 병작반수로 일반화되면서 토호양반이 농장경영을 위해 새롭게 창출한 계층으로 이해하는 견해도 있으나 이 견해가 뒷받침 되려면 노비경영이 지니는 병작반수와는 다른 특수한 경영형태가 먼저 확정되어야 한다. 그러나 노비를 이용한 농장경영도 근본적으로는 소농경영의 형태와 큰 차이가 없다고 본다면 고공, 비부의 의의는 사적인 예속성을 보장한다는 데에 의미가 있었다고 보아야 한다.

[참고어] 사전(私田), 전민변정도감, 과전법, 병작, 개간

[참고문헌] 周藤吉之, 1934,「麗末鮮初における農莊について」『靑丘學叢』17 ; 宋炳基, 1969,「高麗時代의 農莊」『韓國史硏究』3 ; 姜晋哲, 1989,『韓國中世土地所有硏究』, 一潮閣 ; 안병우, 1994,「고려후기 농업생산력 발달과 농장」『14세기 고려의 정치와 사회』, 민음사 ; 이재룡, 1989,「조선 전기의 농장」『국사관논총』1 〈임용한〉

농정신서(農政新書) 1881년(고종 18) 안종수(安宗洙, 1859~1896)가 저술한 농서.

내제는 『농정신편(農政新編)』이다. 안종수의 본관은 광주(廣州)이고 호는 기정(起亭)이다. 1881년 일본으로 파견된 조사시찰단의 일원인 조병직(趙秉稷, 1833~1901)을 수행했던 그는 일본에서 신진농학자였던 쓰다센(津田仙)과 많은 접촉을 하였다. 쓰다는 네덜란드의 농학자 호이브렌크(Daniel Hooibrenk)로부터 농업재배의 삼대법(三大法)을 배우고 이를 실제로 연구·시험해 본 다음에 『농업삼사(農業三事)』를 간행한 인물이다. 안종수는 그를 통해 서양농법을 접했고, 귀국 후 일본에서 가지고 온 각국의 농서를 참고·정리하여 4권 4책의 『농정신서』를 완성, 1885년에 간행했다.

권두에는 신기선(申箕善), 유봉희(柳鳳熙)의 서문이 있고, 목차, 논문, 그리고 저자와 이조연(李祖淵), 이명우(李明宇) 등의 발문이 있다. 본문은 토성변(土性辨), 배양법, 분저법(糞苴法), 분배법(糞培法), 육부경종(六部耕種) 등의 항목으로 나누어 각종 토지의 이용과 비료의 제조법과 효능, 각종 식물의 생태와 재배법을 설명하고 있다. 초간본에는 서양농법의 여러 면을 보여주는 20여 면의 목판화가 담겨 있는데, 이외의 본에서는 찾아볼 수 없다.

지석영(池錫永)은 상소문에서 국민을 개명케 하는데 도움이 된다고 언급하는 등 이 책은 당시 조선의 여러 개화 인사들로부터 인정받았으며, 정부는 널리 유포하여 농업 개량에 참고하도록 하였다. 1905년 박문사(博文社)에서 재판본을 냈고, 조선총독부에서는 1931년 한글번역본을 간행하여 보급하였다. 이 책은 서양의 근대 농법을 소개한 우리나라 최초의 근대적 농서로 평가받고 있다.

[참고어] 농서

[참고문헌] 이광린, 1968,「『農政新編』에 대하여」『역사학보』37 〈윤석호〉

농정요지(農政要旨) 1838년(헌종 4) 우의정 이지연(李止淵, 1777~1841)이 편찬한 농서.

1838년 당시 경기와 호서의 한발 피해면적은 농경지의 77%와 57%에 이르는 수준이었다. 봄철의 가뭄으로 제때 이앙법(移秧法, 모내기)를 한 면적이 20~30%에 불과했을 뿐만 아니라, 6~7월에 비가 내린 후에 시행된 모내기도 당시 품종으로는 소출이 어려울 만큼 늦은 것이었다. 이처럼 논농사에 한재(旱災)가 빈발하는 것은 농민들이 수고를 덜고도 수확이 많은[省力多收] 모내기만을 따르기 때문이었다. 이에 조정에서는 지형상 불가피하거나 물을 댈 수 있는 곳을 제외하고는 직파법(直播法) 즉 부종법(付種法)을 시행토록 하는 방침을 각도에 내렸다. 이러한 대책은 당시 우의정이었던 이지연의 상주에 따른 것으로, 그는 이앙법에 비해 많은 노동력이 필요한 부종법을 농민들이 보다 효과적으로 시행할 수 있도록 『농정요지』를 집필하기도 했다.

『농정요지』는 서북지방의 건답농법(乾畓農法)을 표본으로 했지만, 서북지방 내에서의 농법상 편차나 해서지방의 농법도 고려되었다. 이지연은 이들 농업을 취사선택하되 중부 이남의 농민도 재배법을 쉽게 이해하고 받아들일 수 있도록 명료하게 저술했다. 13첩 분량의 간략한 책자인 『농정요지』는 이후 한재(旱災)에 대한 조정의 방침과 함께 지방에 하달되었다. 여기에는 씨뿌리는 법, 쟁기·호미 만드는 법, 이랑 만드는 법, 건파총론(乾播摠論) 등 9편의 본문과 농기도 4면이 수록되어 있다.

『농정요지』에 기술된 건파기술은 6개의 작업과정으로 구성되어 있다. 첫째는 대시이경(待時而耕)으로, 흙이 곱고 기름지며 부드럽고 습기가 없이 흙먼지가 일어나는 때를 기다렸다가 일구는 것이다. 둘째는 기경작무(起耕作畝)로, 일군 밭을 숙치(熟治)한 뒤 별도로 작무, 즉 이랑을 만드는 것이 아니라 기경과 작무의 공정을 함께 진행하는 것이다. 당시 평안도에서는 두 방법이 모두 시행되고 있었는데, 그 중 후자가 작업과정이 단축되어 노동력이 절약되는 이점이 있었다. 이때 기경은 6촌(寸) 간격으로 하도록 했는데, 기경한 쪽은 고랑[甽, 파종처]이 되고 기경하지 않은 쪽은 이랑[畝]이 되어 기경과 작무가 동시에 이루어지는 것이다. 또한 심경(深耕)을 하여 두텁게 파종하면 싹이 트기 어렵기 때문에, 기경의

깊이도 3~4촌으로 하는 것이 적당하다고 했다. 셋째는 파종(播種)인데, 고랑의 가운데에 4촌의 폭으로 판상(板狀)의 조파(條播, 줄뿌림)을 하는 것이다. 넷째는 기예복종(其曳覆種)으로, 파종이 끝난 뒤 복토를 할 때 복종과 진압을 겸하는 기예(其曳)라는 도구를 소에 끌리는 것이다. 이 과정에서 이랑의 흙이 부서져 내리면서 골에 뿌린 씨를 덮게 된다. 다섯째는 도예제초(刀曳除草)로, 칼게매[刀曳]라 불리는 건답직파 전용의 농구로 제초(除草)하는 것이다. 칼케매는 낫처럼 날이 선 쇠붙이의 양쪽을 구부려 나무판에 고정시킨 것으로, 소가 이를 끌면서 풀을 벨 수 있었다. 마지막으로 여섯째는 탕토흥기(盪土興起)로, 여름철 큰 비가 내려 건답에 물이 차기를 기다렸다가 중경(中耕) 작업을 하는데, 당초 이랑이었던 자리를 평후치로 탕토하는 것이다.

이상과 같이 이지연은 『농사직설(農事直說)』에 수록된 건파법과는 달리 평안도 지방의 건파법을 표본으로 하여 『농정요지』를 저술했다. 특히 평안도의 건파법 중에서도 조방적인 농법을 주로 도입했는데, 이는 당시의 한해 대책으로서 건파법을 장려하기 위해서는 노동력의 절약하는 농법 개선이 필요했기 때문이었다. 이로써 편찬된 『농정요지』는 실제 남부지역에서 활용도가 크지 않았을 것으로 보이지만, 평안도 지방의 농업 관행 및 농법을 정리하고 있다는 측면에서 의의가 있는 농서이다. 『농정요지』는 저술 직후 소책자로 여러 지방에 발송되었지만 이는 현재까지 발견되지 않았으며, 다만 그의 문집인 『희곡유고(希谷遺稿)』 권9에 수록되어 전하고 있다.

[참고어] 건경법, 직파법, 이앙법

[참고문헌] 金容燮, 2009, 『(신정증보판)朝鮮後期農學史研究』, 지식산업사

〈윤석호〉

농정전서(農政全書) 명말의 학자·정치가인 서광계(徐光啓)가 저술한 중국 농서.

서광계(1562~1633)의 자는 자선(子先), 호는 현호(玄扈)이며, 시호는 문정(文定), 세례명은 포오로(保祿)이다. 1604년 진사가 된 후 베이징에 살면서 마테오 리치의 지도를 받아 신앙을 두텁게 하는 한편, 그로부터 천문·역산(曆算)·지리·수학·수리(水利)·무기(武器) 등의 서양 과학을 배웠다. 마테오 리치의 사후(死後)에는 관직에서 물러나 톈진에 살면서 농학(農學) 연구에 힘써, 그의 일생의 대저(大著)이며 중국 농서(農書)의 집대성인 『농정전서(農政全書)』를 완성시켰다.

『농정전서』는 총 60권으로, 한대(漢代) 이후 특히 발달하기 시작한 농가(農家)의 여러 설을 총괄·분류하고 사이에 저자의 견해를 덧붙였다. 마테오 리치와 친교가 있었던 서광계는 유럽의 수리(水利)를 설명한 「태서수법(泰西水法)」을 옮겨 싣는 등 새로 수입된 서양의 수력학(水力學)과 지리학도 참고하여 이 책을 편찬했다. 이 책은 농본(農本)·전제(田制)·농사(農事)·수리(水利)·농기(農器)·수예(樹藝)·잠상(蠶桑) 등 12문(門)으로 되어 있다. 특히 제27권 종저법(種藷法), 제35권 목면(木棉), 제44권 제황소(除蝗疏)는 참고할 만한 명저로 알려져 있다.

이 책은 단순한 농업기술서가 아니라 그 제목에 드러나는 것처럼 농정서로서 중요하며, 조선 후기 우리나라 농학에도 큰 영향을 미쳤다. 특히 조선 후기 실학자 최한기(崔漢綺)는 『농정전서』에서 관계와 수리 분야를 따와 본인 나름대로 정리하여 『육해법(陸海法)』으로 남기기도 하였다.

[참고어] 태서수법, 육해법

[참고문헌] 박종렬, 홍종운, 1990, 「中國古代農書考 3 : 明, 清代篇」 『새마을교육연구』 3, 춘천교육대학교 새마을연구소 ; 김형석, 1995, 『명말의 經世家 徐光啓 연구』, 경희대학교 박사학위논문 ; 조창록, 2012, 「전근대 동아시아 국제관계의 재인식 ; 조선 실학에 끼친 서광계(徐光啓)의 영향 -서유구 가문을 중심으로-」 『사림』 41권, 수선사학회

〈이준성〉

농정촬요(農政撮要) 1886년(고종 23) 정병하(鄭秉夏, 1849~1896)가 지은 농서.

정병하는 중인 출신 관리로, 본관은 온양(溫陽), 호는 남고(南皐)이다. 1881년에 일본에 파견된 조사시찰단에 기계구입을 위해 동행하는 등 대외관계에서 활동이 많았다. 1888년부터 1894년경까지 밀양부사로 재임하면서 나라가 상업으로 자강하기 위해서는 먼저 농업을 진흥시켜야 한다는 생각에서 동양과 서양의 농학을 종합한 『농정촬요』를 저술하였다. 서구 농법을 도입하는 과정에서 먼저 그 영향을 받은 일본의 농법을 다시 도입한 것으로 보인다. 자서와 목록, 본문으로 구성되어 있으며, 서문과 목록은 순한문, 본문은 국한문 혼용이다. 이건초(李建初)가 교정하였다.

내용은 토양·비료·주곡작물과 목화·담배의 재배법을 종합적으로 서술하고 있다. 상·중·하 3권으로 나누고 1장부터 34장까지 구분하여 서술하였다. 1·2장은 농업의 대의와 1년 12개월의 행사를 매월마다 24절후와 관련시켜 설명하고 있으며, 3장은 1년 중 6경(耕)과

천시(天時)를 관련시켜 설명하고 있다. 4장은 비료를 활물류(活物類)·초목류(草木類)·토석류(土石類)로 대별하여 그 효용에 대하여, 5장은 토양의 통기(通氣)·비료수(肥料水)의 제조법 등을, 6~8장은 토양 분류와 그 물리적·화학적 구성에 대하여 설명하고 있다. 9장의 견기(見機)는 공기와 지기(地機)를 합친 작물 재배의 원초적인 것을 설명하고 있으며, 10장의 논이수(論利水)는 용수의 중요성과 보·제언의 필요성을 논술하고 있다. 11장은 전답의 척도계산법, 12장은 농기(農器), 13장은 파종시의 종자선별법, 14장은 볍씨의 침수법(浸水法), 15장은 못자리의 설치, 16장은 모심기, 17~19장은 논의 제초·물관리·병충해방제·수확 등에 대하여 설명하고 있다.

20장은 육도(陸稻)의 재배, 21장은 추경(秋耕)과 춘경(春耕)의 이점, 22·23장은 가을보리와 봄보리의 재배법, 24장은 춘추맥의 교혼법(交婚法), 25장은 벼농사의 보리농사로의 전환법, 26~28장은 구황작물의 재배법, 29장은 두류(豆類), 30장은 조, 31장은 피, 32장은 기장, 33장은 목화, 34장은 담배의 재배법을 각각 다루었다.

이 책은 당시 개화파의 중요 정책 가운데 하나였던 농업진흥책의 일환으로 엮은 것이다. 개화파는 농촌경제를 안정시킴으로써 농민의 불만을 해소시키고, 다른 한편으로는 부국강병의 근대 국가를 세울 수 있다고 믿었음을 알 수 있다. 책의 내용은 과거 우리 실학파에 의한 전통 농학을 계승 발전시킨 것은 아니다. 그러나 당시 개화파의 농업관을 살펴보는 데 도움이 되며, 신기술 도입의 측면에서 농업기술사적 의의를 지니고 있다. 국사편찬위원회와 규장각에 소장되어 있다.

[참고어] 농서

[참고문헌] 김영진, 1982, 『농림수산고문헌비요』, 한국농촌경제연구원

〈정두영〉

농정회요(農政會要) 1830년경 최한기(崔漢綺)가 편찬한 농서.

최한기(1803~1877)의 본관은 삭녕(朔寧)이고, 자는 지로(芝老), 호는 혜강(惠岡)·패동(浿東)·명남루(明南樓)·기화당(氣和堂)이다. 아버지는 최치현(崔致鉉)이고, 어머니는 청주(淸州) 한씨(韓氏)이다. 그의 일생에 대해서 알려진 바는 거의 없으나, 그가 남긴 수많은 저술을 통해 학문과 사상을 짐작할 수 있다. 한편 이규경(李圭景)은 『오주연문장전산고(五洲衍文長箋散稿)』에서 최한기를 많은 저술을 남긴 뛰어난 학자로 소개했으며, 그가 중국의 신간서적을 많이 가지고 있다고 하였다. 또한 최한기는 김정호(金正浩, ?~1866)와 친분이 두터워 1834년 김정호가 『청구도(靑邱圖)』를 만들자 제(題)를 쓰기도 했다.

최한기가 남긴 저술로는 『농정회요』를 비롯하여 『육해법(陸海法)』, 『청구도제(靑丘圖題)』, 『만국경위지구도(萬國經緯地球圖)』, 『추측록(推測錄)』, 『강관론(講官論)』, 『신기통(神氣通)』, 『기측체의(氣測體義)』, 『감평(鑑枰)』, 『의상이수(儀象理數)』, 『심기도설(心器圖說)』, 『소차유찬(疏箚類纂)』, 『습산진벌 (習算津筏)』, 『우주책(宇宙策)』, 『지구전요(地球典要)』, 『기학(氣學)』, 『운화측험(運化測驗)』, 『인정(人政)』, 『신기천험(身機踐驗)』, 『성기운화(星氣運化)』, 『명남루수록(明南樓隨錄)』 등이 있다. 제목들에서 확인할 수 있듯이, 최한기는 서양의 과학기술 및 세계 각국의 문물을 도입하고 소개하는 데 적극적이었다. 그는 코페르니쿠스의 지동설을 받아들였으며, 서양의학의 소개에서도 업적을 남겼다.

초기 저술에서는 농학에 대한 관심이 반영되어 있다. 특히 1830년경에 편찬한 것으로 추정되는 『농정회요』는 중국의 농학과 조선의 농서와 제도를 망라하여 정리한 종합 농서로 농업사 연구에서 중요한 자료로 평가된다. 1834년에 편찬한 『육해법』에서는 수리와 관개에 관한 최신의 기술을 소개하였고, 1842년의 『심기도설』에서는 기중기나 인중기(引重器) 등 농촌사회의 일상생활에서 소요되는 각종 기계를 소개하였다.

『농정회요』는 본래 10책 22권의 필사본이나, 현전하는 유일본인 일본 교토대학 가와이문고본[河合文庫本]에는 1책[권1~2]이 빠져 있다. 권3~22는 토의(土宜), 수리(水利), 곡종(穀種), 공작(功作), 어음(淤陰 : 거름하기), 공치(攻治), 축취(蓄聚), 농여(農餘 : 나무가꾸기), 치선(治膳) 등의 내용을 차례로 담고 있다. 여기에는 작물, 원예, 축잠, 양어, 식품 등의 내용뿐 아니라 조선의 전부(田賦)제도, 토지등급, 대동법 등의 내용이 망라되어 있다.

『농정회요』는 그 서술방식에서 청나라 농서인 『수시통고(授時通考)』와 유사하여 이를 모본으로 편찬한 것으로 파악된다. 또 『여씨춘추(呂氏春秋)』, 『범승지서(氾勝之書)』, 왕정(王禎)의 『농서(農書)』, 『농상집요(農桑輯要)』, 『농상촬요(農桑撮要)』, 『농정전서(農政全書)』 등 중국의 농서들을 망라하였다. 아울러 조선의 『산림경제(山林經濟)』, 『고사신서(攷事新書)』, 『증보산림경제(增補山林經濟)』, 『동의보감(東醫寶鑑)』, 『만기요람(萬機要覽)』 등의

관련서적과 대동법(大同法)이나 적전제(籍田制) 등 조선 고유의 제도들을 필요한 곳에 삽입하여 풀이하였다. 먼저 본문을 쓰고 주(註)를 달아 풀이하였으며, 부족한 내용은 다시 소(疏) 또는 전(箋)을 덧붙여 구체화하였다.

한편 『농정회요』는 "지구가 천중(天中)에 있어 쉬지 않고 운행한다(地居天中運化不息)"고 하여 코페르니쿠스의 지동설을 우리 농서에 처음으로 소개한 것으로 의미를 지닌다. 또한 권4의 수리 부분에서는 서양의 고저측량법과 용적계산법을 소개하고 있다. 일본 교토대학 가와이문고(河合文庫)에 소장된 필사본이 유일본이다.

[참고어] 육해법, 농정전서

[참고문헌] 김용섭, 1983, 「농서소사」 『한국학문헌연구의 현황과 전망』, 아세아문화사 ; 김영진, 2005, 「해제」 『(고농서국역총서 10) 농정회요I』, 농촌진흥청

〈김미성〉

농종법(壟種法) 한전(旱田, 밭)에 이랑과 고랑을 이랑과 고랑을 만들고 이랑에 종자를 뿌리는 방법.

이와 반대로 고랑에 파종하는 방법을 견종법(畎種法)이라고 하고, 전혀 이랑을 짓지 않고 밭을 평평하게 고른 다음 그 위에 흩어 뿌리는 파종법을 만종법(漫種法)이라고 한다. 농종법은 한전에 이랑과 고랑을 만드는 작무(作畝)와 연관되어 있다. 한전에 이랑과 고랑을 만드는 것은 농경이 시작된 이후 오랜 세월에 거쳐 시행착오를 거쳐 이루어진 것이라는 점에서 작물의 특성에 맞춰 농종법으로 파종하는 작물과 견종법으로 파종하는 작물이 정해져 있었다고 볼 수 있다.

조선 전기의 조를 파종하는 종속법(種粟法)은 『농사직설(農事直說)』에서 볼 수 있듯이 농종법이었다. 또한 기장의 경작법도 농종법으로 이루어지고 있었다. 『농사직설』 「종서속(種黍粟)」 항목에서 서속(黍粟)의 성질에 대하여 "고조(高燥)한 곳에 마땅하고 하습(下濕)한 곳에 마땅하지 않다"라고 설명하고 있는데, 이는 서속의 경우 고랑이 아니라 이랑에 파종하는 것이 적당하다는 지적이었다.

또한 서속의 제초방식을 설명하는 대목에서도 서속의 파종법이 농종법이라는 점을 확인할 수 있다. 서속이 자라고 있는 상황에서 두 이랑 사이에 잡초가 무성하면 입에 망을 씌운 소를 몰아서 제초해야 한다는 설명이었다. 따라서 양쪽 이랑에 서속이 자라고 있는 상황이라는 점에서 조선 전기 서속의 파종법은 농종법이었다.

조선 후기의 조의 파종법도 농종법이었다. 『임원경제지』를 지은 서유구(徐有榘)는 당시의 종속법(種粟法)이 농종(壟種)이라는 점을 분명하게 지적하였다. 그는 『행포지(杏蒲志)』에서 종속을 견종하는 것이 올바르다고 주장하면서 조선 농민들이 잘못하는 것 7가지 가운데 첫번째로 농종을 지적하고 있었다. 또한 그는 견종법에 대해 "밭을 갈아 이랑을 만들고 두 이랑 사이에 재를 펴고 흙을 고르게 덮어준 뒤, 고랑에 발뒤꿈치로 오목하게 자국을 만든다. 호리병박에 조의 종자를 담는데 호리병박의 바닥에는 작은 구멍을 뚫어 그 구멍으로 종자가 균일하고 알맞게 떨어지도록 만든다.(耕地作壟, 布灰兩壟之間, 覆土均之, 以踵作窠. 盛粟於葫蘆, 底作小孔, 瀉下均適.[『林園經濟志』 「本利志」])"고 설명했다.

서유구와 마찬가지로 조선 후기 여러 실학자들은 농종의 문제점을 지적하면서 중국의 대전법(代田法)을 도입해야 한다는 주장을 펼쳤다. 견종법은 한전(旱田)을 고랑과 이랑으로 조성하고 고랑에 파종하는 방식으로 오랜 유래를 갖고 있었다. 각종 농서(農書)에 전해지는 바에 따르면 중국의 전설적인 인물인 후직(后稷)이 창안하였다는 견전법(畎田法)이 바로 견종법의 원리를 채택한 것이었다. 그리고 중국 한(漢)대에 조과(趙過)는 견전법을 발전시켜 대전법을 고안하여 실행하였는데, 1무(畝, 이랑) 위에 3견(畎, 고랑)을 만들어 고랑을 파종처로 삼고 고랑과 이랑을 매년 바꾸어가는 방식이었다.

유형원(柳馨遠), 박세당(朴世堂), 박제가(朴齊家), 박지원(朴趾源) 등은 대전법을 검토하고 보급을 주장하면서 결국 한전 작물을 견종법으로 경작해야 한다는 견해를 피력하였다. 즉 당시 조선의 농민들이 한전에서 채택하는 방식을 농종법이라고 지목하고 이를 고쳐야 한다는 주장을 펼친 것이었다.

[참고어] 작무법, 견종법, 대전법

[참고문헌] 김용섭, 1969, 「朝鮮後期의 田作技術－畎種法의 普及에 대하여」 『歷史學報』 43(1971, 『朝鮮後期農業史硏究』 II-農業變動·農學思潮, 一潮閣 재수록) ; 閔成基, 1980, 「朝鮮前期 麥作技術考-『農事直說』의 種麥法 分析」 『釜大史學』 4(1988, 『朝鮮農業史硏究』, 一潮閣 재수록) ; 염정섭, 2002, 『조선시대 농법 발달 연구』, 태학사

〈염정섭〉

농지개혁(農地改革) 1949년 6월 제정되고 1950년 3월 개정된 농지개혁법에 근거하여 지주의 농지를 유상으로 매수하여 소작농민에게 유상으로 분배한 농업개혁.

8·15 해방 후 신국가 건설과정에서 우선적으로 해결해야 할 과제는 농업생산력 향상과 농촌사회의 발전을

근저에서 저해하는 반봉건적 식민지지주제의 해체=농업·토지문제의 해결이었다. 경자유전(耕者有田)의 원칙에 입각한 토지분배는 시대적 요청이었지만, 경자유전의 원칙을 실현하는 방법을 둘러싸고 미군점령 하 38이남과 소련군점령 하 38이북, 좌익과 우익 사이에 첨예한 대립·갈등양상을 보였다. 38이북과 좌익은 낡은 지주소작제를 무상몰수 무상분배 방식으로 해체시켜 인민민주주의국가의 창출을, 우익은 유상매수 유상분배 방식을 통한 자본주의국가의 창출을 지향하고 있었다. 8·15해방 직후 남한의 총 경지 232만 정보 중에서 147만 정보(64.2%)가 소작지였고, 논의 경우는 128만 정보 중 89만 정보(71.2%)가 소작으로 경작되었다. 1945년 말 현재 전체 농가 206만호 중 49%가 순소작농, 35%가 자소작농으로, 농민 대다수가 수탈적인 소작제 아래 긴박되어 있었다.

고율소작료를 강제한 지주소작제의 해체는 해방과 더불어 분출된 농민들의 강렬한 정치경제적 염원이었다. 소련군의 전폭적 지원 속에서 38이북의 각도 인민위원회·농민위원회는 일본인 친일파의 토지를 몰수하여 농민에게 경작하게 했으며, 지주층 일반에 대해서도 소작료 3·7제의 적용과 지주 잉여미에 대한 공출정책을 통해 지주경영을 극도로 위축시키는 조치들을 추진하고 있었다. 북한에서 토지개혁은 사실상 1945년 말 단계 이미 농촌현장에서 시작되고 있었다. 38이남의 미군정은 1945년 10월 5일 미군정법령에 의거하여 종래 소작료를 수확량의 3분의 1로 제한했을 뿐 일본인 토지와 재산을 미군정 관리(=신한공사)하에 두고 군사점령에 절대적으로 필요한 식량의 안정적 공급처로 삼았다. 1946년 3월 38이북에서 무상몰수·무상분배 방식의 토지개혁이 단행되자, 미군정은 토지개혁의 요구와 좌익의 공세를 차단 방지하기 위해 신한공사에 귀속시킨 일본인 소유농지(=귀속농지)의 불하를 시도했지만, 미군정 종료 직전에야 신한공사의 토지가 불하되었다. 1948년 3월 11일 미군정 당국은 과도정부법령을 공포하여 신한공사가 관리하고 있던 일본인 소유농지에 한하여 매각을 단행하였다. 미군정이 실시한 귀속농지 매각의 골자는 유상매수·유상분배를 원칙으로 하고 농가 호당 2정보를 상한으로 한다는 것이었다. 농지가격은 해당농지에서 생산되는 연간생산량의 3배의 현물로 하며, 지불방법은 연간생산량의 20%씩을 15년간 상환하도록 하였다. 이러한 원칙하에 귀속농지 29만 100정보가 해당농지를 경작하던 소작농민에게 매각 분배되었다. 농지분배 업무를 맡았던 중앙토지행정처는 1948년 8월 15일 대한민국정부가 수립되면서 농림부로 이관·접수되었다.

1948년 7월 17일에 제정된 제헌헌법 제86조에 농지는 농민에게 분배한다고 명기하여 농지개혁을 기정사실화하였다. 헌법규정에 따라 농지개혁법 입법이 추진되었다. 먼저 정부의 농림부 안이 만들어졌다. 농림부의 농지개혁법 안은 1949년 1월에 국회에 제출되었다. 농림부안의 골자는 농지를 징수당하는 지주에 대해 평균수확량의 15할을 3년 거치 10년간 분할하여 보상하도록 하는 것이었다. 농민의 소유한도는 1호당 2정보로 하였다. 농지를 분배받는 농민은 평균수확량의 12할을 6년간 2할씩 상환하도록 하고 그 차액은 국가가 지원하며, 모든 농지의 자유매매·증여·저당·소작임대차가 금지되는 법안이었다. 농림부 안은 사유권 행사의 제한과 농지의 실질적 국가관리, 소작제의 항구적 방지를 강하게 규정하였다. 이승만 정부는 농림부 안을 재검토하여 기획처 안을 정부안으로 제출하였다. 기획처 안은 지주에게 평균수확량의 20할을 10년간 분할 보상하고, 분배농지에 대해 평균생산량 20할을 10년간 2할씩 분할 상환하도록 하였다. 1호당 소유상한은 3정보였고, 분배농지에 한해 상환완료시까지 권리행사가 금지되며, 모든 농지에 대한 소작임대차도 금지되는 안이었다. 기획처 안은 지주에게 유리하였고, 사유권에 대한 제한도 완화된 법안이었다. 그러나 1949년 3월에 국회 산업노동위원회의 농지개혁법 안이 국회 본회의에 상정되었다. 산업노동위원회 안은 농지를 매수당하는 지주에 대해 평년작의 30할을 10년간 분할 보상하도록 하고, 1호당 소유한도를 3정보로 규정하였다. 분배받은 농민은 보상액과 동일한 평년작의 30할을 10년간 분할 상환하도록 하였다. 산업노동위원회 안에 대해 무소속 소장파 의원을 중심으로 격렬한 비판이 제기되었다. 이후 국회에서 정부의 기획처안과 국회 산업노동위원회 안에 대해 광범한 수정이 가해졌다.

1949년 4월 26일 지주에 대한 지가보상 15할, 농민의 상환지가 12.5할을 골자로 하는 농지개혁법 초안이 국회를 통과하였다. 이승만대통령은 지가보상과 상환액의 차액을 정부가 부담할 수 없다는 이유를 들어 거부권을 행사하고, 5월 16일 농지개혁법을 국회로 환송하였다. 그러나 국회는 농지개혁법 초안을 재의결하였고, 정부는 1949년 6월 21일 전문 6장 29조로 구성된 농지개혁법을 공포하였다. 농림부는 공포된 법률에 따라 농지개혁을 1949년 내에 실시하려고 소요경비의 재원조달을 강구하는 한편 농지개혁 실시를 위해 전국적인 농가실태조사에 착수하였다. 농가실태조사는 농가의 경작실태와 실정을 파악하기 위한 대규모 사전조사로 1949년 11월 말에 거의 완료되었다. 농가실태조사 결과 총 농가호수는 247만 3,833호, 농가인구는 1,441만 6,365명, 농가당 인구는 5.8명이었다. 총 농지면적은 207만 577정보였다. 매수대상 면적은 총경지면적의 28%에 해당하는 60만 1,049정보였다.

정부는 농지개혁법이 공포되었지만 재정부담을 이유로 농지개혁 실시를 지연시켰다. 농가실태조사가 진행되는 동안 정부는 농지개혁법의 불합리한 점을 개정하고자 하였다. 국회 산업노동위원회는 농지개혁법을 재검토하여 1949년 10월 25일 개정안을 본회의에 상정하였다. 국회 본회의는 정부 측 의도에 따라 농민의 상환지가를 15할로 하여 지주 보상지가와 동일하게 규정하였다. 지주에게는 지가증권을 발급하여 이를 기업에 투자토록 하여, 지주들도 일반산업에 참여할 수 있게 하였다. 개정 법률안은 국회를 통과하여 1950년 3월 10일 공포되었다. 이로써 농지개혁 실시를 위한 입법조처가 완전하게 갖추어지게 되었다. 일반농지에 대한 농지개혁 실시와 더불어 귀속농지도 농지개혁법의 테두리 안에 포함되었다. 귀속농지의 지가는 연간생산량의 3배이던 것이 1.5배로, 상환기간 15년이 5년으로 줄어들었다.

1950년 3월 정부방침에 따라 각 읍면에서는 농지개혁 사업을 원활하게 수행하기 위해 농지계를 설치하고 담당직원을 채용하는 등 사업이 본격적으로 추진되었다. 이 과정에서 지주와 농지를 분배받는 소작농민들의 농지개혁사업에 대한 각종 상담요구가 늘어났다. 농지개혁과 관련한 각종 상담에 효과적으로 대응하기 위한 기구로 각 읍면사무소 단위로 농지상담소가 설치되었다. 농지상담소는 농지개혁법 및 실시에 관한 질의에 대하여 친절하고 명확한 대답, 지주보상신청서 및 이의신청서 등 제반 신청서의 작성, 지주 및 농가에 대하여 편의를 제공한다고 인정되는 사항 등을 처리하는 것이 주 임무였다. 또한 농지개혁법의 원활한 운영을 원조하기 위하여 중앙과 지방 행정단위에 농지위원회가 설치되었다. 읍면농지위원회는 위원장 1인과 위원 7인을 두되 관청에서 1인, 민간에서 6인으로 구성하도록 하였다. 농지위원은 학식과 덕망, 공정 무사한 인격 등을 갖춘 자를 뽑도록 했다. 농지위원의 구성 비율은 피분배자 측과 수분배자 측을 반반으로 구성하게 하였다.

농지분배는 지주소유의 농민 소작지와 3정보를 초과한 자경농지가 그 대상이 되었다. 이들 농지는 분배농지 일람표를 작성하여 일정 기간 종람하고 난 뒤에 이의가 제기되지 않으면 분배농지로 확정되었다. 이러한 절차를 거치는 과정에서 먼저 농지소표가 작성되었다. 1949년 농가실태조사 때 발생한 신고누락·중복, 그리고 신고 후의 변동 등에 대해서 대지(對地)조사를 실시하여 잘못을 시정하는 것이 바로 농지소표였다. 농지소표 작성이 완료되면 이것을 다시 경작자별로 분류해서 농지일람표를 작성하고 종람하는 절차를 거쳤다. 농지일람표 종람 후 농지분배예정지통지서가 발부되었다. 농지위원회에서 분배농지에 대한 이의신청과 지주보상신청을 받아 처리하면, 사실상 농지분배 작업은 완료되고 이어서 지가 상환업무가 시작되는 것이다. 지역별로 농지분배 일정은 차이가 있지만 대체로 6·25전쟁 직전에 분배되었다. 충청남도 서산군 근흥면의 경우는 1950년 4월 6일자로 농지분배예정지통지서가 발급되었고, 경상남도 울주군 상북면의 경우는 4월 9일에 교부되었다.

그런데 농지개혁의 실제시행은 농지개혁법 개정 법률이 1950년 3월 초에 공포된 것에 비추어 보면 대단히 빠른 속도로 진행되었다. 더구나 농지개혁 관련 법률의 정비보다 농지분배가 더 빨리 진행되는 행정모순도 나타났다. 농지개혁법시행령은 1950년 3월 25일에 마련되었고, 시행규칙은 4월 28일에, 점수제규정은 6월 23일에 공포되는 등 일련의 법적 제도적 장치들이 농지의 실제 분배보다 뒤늦게 마련되었다. 농지개혁이 본격적인 시행단계에 들어간 직후 6·25전쟁이 발발해 경상남도 일대를 제외한 전국의 농지개혁은 중단되었다. 이후 1950년 9월 28일 서울이 수복되면서 농지개혁 관계서류의 소실 및 분실 등의 문제가 많았지만 농지개혁 사업은 다시 착수하게 되었다.

농지개혁 시행으로 분배된 농지의 합계는 귀속농지 29만 1,000정보와 한국인 소유농지 32만 2,000정보를 합해서 모두 61만 3,000정보에 이르렀다. 1945년 당시 소작지 144만 7,000정보의 42.4%에 해당하는 61만 3,000정보만이 농지개혁으로 분배되고 83만 4,000정보는 분배에서 누락되었다. 분배에서 누락된 농지는 대부분 지주들에 의해 사전 방매되었다. 지주들이 방매한 농지의 면적은 해방 후부터 1947년 말까지 12만 2,000정보, 1947년부터 1949년 6월까지 45만 5,000정보, 1949년 6월부터 1951년까지 12만 1,000정보였다. 지주들의 방매 시기는 농지개혁이 임박했던 1948년과 1949년에 절반이상이 방매되었다는 연구와 농지개혁의 실시전망이 높았던 1946년 1월부터 5월, 1947년 11월부터 1948년 3월까지 집중되었다는 연구가 제시되어 있다. 농지의 방매가격은 고가 강매설·헐값 방매설 그리고 고가 강매설을 부정하면서도 지역적인 특성과 개혁의 실시전망, 예상되는 개혁의 성격에 따라 지주들이 적절히 대응하여 결코 파격적으로 헐값에 방매한 것이 아니라는 견해로 나뉘어져 있다.

농지분배가 확정되면 수분배(受分配) 농가단위로 상환대장을 작성하고 이를 구·시·읍·면사무소와 관할 세무서에 비치했다. 이어 상환대장에 근거해서 상환고지서가 발부되고, 농지대가 상환액과 상환방법을 약정하고 상환액 수납상환을 증명하는 상환증서도 발행되었다. 농지대가를 상환하기 위해서 먼저 농지대가를 결정했다. 일반농지의 평가는 공통배율을 적용했고, 공통배율은 각 지역에서 보고한 표준중급농지를 기초로 하여 농림부가 작성하는 것이었다. 농지개혁법 제13조는 상환액과 상환 방법에 대해 구체적으로 규정하고 있다. 상환액은 농지개혁법 제7조에 의하여 결정한 해당 농지의 보상액과 동액으로 하였다. 상환은 5년간 균분연부로 하고 매년 정부가 지정하는 대금을 납입하여야 했다. 농지개혁법에는 상환액 미납분을 제외한 모든 상환은 원칙적으로 대금으로 납부하도록 규정되었다. 그러나 정부는 관수양곡이 부족한 상황에서 전쟁을 수행하는 데 필요한 군량 확보와 대금 수납 과정에서의 물가변동에 따른 복잡한 절차와 과정, 인플레이션을 막는데도 도움이 되었기 때문에 현곡(現穀)상환을 강요했다. 농민의 입장에서 현곡 상환은 현금 상환보다 훨씬 큰 부담이 되었다.

정부가 상환고지서를 발부하도록 지시한 것은 1950년 6월 9일이었고, 고지날짜는 7월 1일자로 하고 상환기간은 7월 25일까지 하도록 하였다. 그러나 지역에 따라서는 이미 6월 중순경에 고지서를 발부하고 상환을 독려하기도 하였다. 6·25전쟁이 발발하여 농지개혁 행정에 차질이 빚어진 지역이 많았지만, 북한군에게 점령당하지 않은 지역은 거의 예정대로 추진되었다. 울주군 상북면의 경우 1950년 7월 19일자 공문에서 이미 하곡상환이 시작된 것으로 언급하고 있다. 따라서 울주군 지역에서는 7월경부터 상환 행정을 진행하고 있었다.

법정상환기간은 1950년부터 1954년까지 5년이었다. 이 기간 동안 전국의 상환실적은 70.54%였다. 서산군 근흥면은 1954년까지 73.5%가 상환되었고, 연기군 남면은 66.2%의 상환 실적을 보였다. 북한군에게 점령되지 않았던 울주군 상북면의 경우에는 1954년까지 78.9%로 다른 사례지역이나 전국평균보다 높았다. 연도별로 보면 1952년도의 상환 실적이 저조했다. 정부의 적극적인 수납 독려에도 불구하고 한발로 인한 흉작 때문에 전국적으로 저조한 실적을 보였다. 정부는 상환실적이 부진하자 납부독려책임자를 임명하고, 주민들을 모아 완납의 필요성을 설명하였으며, 납부각서를 작성하도록 강요하기도 했다. 심지어 이장이나 국민반장으로 하여금 탈곡현장에 가서 곡식을 가져올 것을 지시하는 등 상환실적을 높이기 위한 여러 방법을 동원하기도 하였다.

상환곡 납부부담이 너무 큰 경우에 상환액 감면신청을 하거나 상환기간을 연장해 줄 것을 요청하는 경우도 종종 발생하였다. 상환기간 연장신청은 농지개혁법 제13조의 '농가의 희망과 정부가 인정하는 사유에 따라서 일시상환 또는 상환기간을 신축할 수 있다'는 규정에 근거하여 이루어졌다. 농지대가 감면 신청의 원인은 주로 황지, 수침매몰 등이었다. 상환기간 연장신청의 경우 행정당국은 농가의 수확이 전무하거나 평년작에 비해 7할 이상 줄어든 부분에 대해 연장을 허용한다는 원칙적 입장을 가지고 있었다. 농지대가의 과오납액에 대한 조사와 이것의 반환 업무도 진행되었다. 상환액이 농지 가격이나 등급에 비추어 너무 높게 책정된 경우에는 상환액이 과중한 농지를 조사하여 감액 초치를 취하기도 하였다. 농지를 분배받은 농가는 상환을 완료할 때까지 매매, 증여 등의 처분을 할 수 없었다. 분배농지에 대한 소유권도 상환을 마친 이후에 행사할 수 있었다. 전국의 지가상환율은 1957년에 86.44%, 1958년에 90.07%, 1959년에 93.28%, 1960년에는 95.38%에 이르렀다. 미납 상환량의 수납은 1960년대에도 계속되었다. 1963년 12월 말의 전국 총 상환율은 99.1%에 이르렀다. 서산군 근흥면은 1960년도에 상환을 완료하였고, 연기군 남면은 1960년까지 일반농지 99.6%, 귀속농지 98.3%의 상환율을 보였다. 울주군 상북면은 1961년 6월 현재 99.9%의 상환율을 기록했다.

농지를 매수당한 지주에게 농지대가를 지불하는 것이 보상이다. 보상 방법은 당해 연도 당해 농지 주산물 수량을 기재한 지가증권을 발급하고, 매년 액면농산물의 법정가격으로 산출한 원화를 지급하는 방식이었다. 보상율은 평년작 생산고의 150%이고 보상기간은 5년 연부였다.

해방 후 지주의 이해를 대변한 한국민주당은 지주계급을 근대적인 산업자본가로 육성하려는 구상을 가지고 있었다. 그러나 이것은 법제정과 시행과정에서 제대로 관철되지 못했다. 정부는 지주가 가진 자본을 산업건설에 활용하는 것을 최상의 방책으로 생각했기 때문에 지주자본전환과 관련된 정책은 '지가증권의 산업자금화정책'으로 구체화하여 실현되어 나갔다. 이 과정에서 지주층들은 배제되고 지주자본의 일부는 신흥자본가계급에게 이전됨으로써, 결국 지주자본이 1950년대 이후 한국 자본주의의 부분적인 토대를 마련하게 되었다. 정부의 이러한 정책 방향 속에서 지가보상행정이 전개되었기 때문에 지주보상금 지불은 가능한 한 억제되었다. 법정 보상기간인 1954년분까지의 보상금 지불률은 27.6%에 불과했다. 보상실적이 부진했던 이유는 6·25전쟁의 발발과 상환곡 수납의 부실로 인한 보상자금 부족, 전시인플레방지를 위한 정부의 자금방출 억제 등에 원인이 있었다. 그러나 보상실적 부진의 가장 큰 원인은 지주보상금 지불이 인플레이션을 유발시켜 원조경제체제의 확립에 저해요소로 작용할 것이라고 보았던 정부의 인식 때문이었다. 농지대가 상환곡 수납은 많은 행정력을 동원하여 철저하게 추진하면서도 농지대가보상금 지불은 지지부진하게 진행했던 이유의 일단도 여기에서 찾아볼 수 있다.

농지개혁이 실시되자 농지를 분배당한 지주들의 향후 생계대책문제가 불거져 나왔다. 농지개혁법 제10조에는 '지주에게 그 희망과 능력 기타에 의하여 정부는 국가경제발전에 유조한 사업에 우선 참획케 알선할 수 있다'고 규정하였다. 정부는 각급 농지위원회에 지주전업분과위원회를 설치하도록 하였다. 이 분과위원회는 '지주전업에 대한 행정기관의 자문을 받는 일과 현기업주와 지주가 합자하도록 알선하고 지주자격을 심사하는 일'을 맡도록 규정되었다. 1950년 5월에 농림부는 「지주전업알선처리요령」을 국무회의에 상정했다. 농림부는 1950년 5월 20일 지주들의 의견을 듣기 위해 지주간담회를 개최하였다. 지주간담회에는 전국에서 약 200명의 지주가 모여들었다. 그러나 지주전업을 위한 여러 법적·제도적인 장치와 노력은 6·25전쟁 발발로 효과를 발휘하기가 어려웠다.

정부는 1951년 3월 이래 지주전업 알선 및 지가증권의 활용대책에 관한 의견을 조정했다. 이러한 과정을 거쳐 1951년 8월 16일「귀속재산처리법 시행령」개정이 국무회의에서 의결되고, 지주전업 알선사업은 활기를 띠었다. 원래 귀속재산 매수의 순위에서 지주는 하위에 있었다. 개정된 귀속재산처리법에서는 우선순위는 그대로 두었지만 지주를 우대하는 조항을 신설했다. 이로써 지주전업 알선 사업은 법적으로 뒷받침되었다. 그러나 이러한 대책은 별 성과 없이 마무리 되었다.

지주전업을 위한 정부 차원의 노력과는 별도로 지주들도 자체적으로 전업 추진을 위한 모임을 조직하고 활동하기도 하였다. 경상남도의 경우 1951년 1월에 '보상대금으로 국가 산업 발전에 기여하는 동시에 지주전업 달성을 적극 추진하는 것'을 목적으로 한 경상남도 지주전업추진회가 조직되었다. 경상남도 지주전업추진회는 경남도청 내에 사무소를 설치하고 각 시군에 지부를 두었다. 그러나 이러한 노력은 큰 성과를 내지 못했다. 결국 지주들은 농지개혁과 6·25전쟁을 겪으면서 산업자본가로 변신하지 못했으며 지주제 역시 소멸되는 과정에 있었다.

한편 1953년 7월 휴전이 되면서 남한에 귀속된 38선 이북지역의 수복지구에 대한 농지처리 문제가 대두되었다. 이를 위해 정부는 1958년 4월 10일 '수복지구에 대한 농지개혁법 시행에 관한 특례'와 '수복지구농지개혁사무처리요강'을 마련하고, 4월 20일부터는 수복지구의 농지개혁에 착수하였다. 수복지구에 대한 농지개혁은 1956년 12월 1일 현재의 지주와 농가를 상대로 농지를 매수, 분배하고, 보상과 상환은 1958년 하곡부터 실시하며, 지가와 상환기간 및 기타사항은 1950년의 농지개혁법에 준하도록 하는 것이 그 골자였다. 수복지구 농지개혁에 의해 분배된 농지면적은 일반농지 2,880정보, 귀속농지 903정보, 합계 3,783정보에 달하였으며, 이를 8,254호의 농가에 분배하였다.

농지개혁의 마지막 단계는 분배농지의 소유권 이전이다. 농지개혁법 제16조에는 수분배자가 상환을 완료하면 상환 완료일 30일 이내에 시·구·읍·면장이 농지의 소유권 이전 등기를 하도록 규정되어 있다. 1954년 법정 상환기간이 끝나고 난 뒤 1955년부터 본격적인 등기 사무가 진행되었다. 1955년부터 1969년까지의 등기 사무는 농림부가 한국사법서사협회와 위탁계약을 체결하여 진행하였고, 그 이후는 개별 수분배자가 직접 진행하였다. 1961년까지의 등기는 농지대가를 상환하고 난 뒤의 정식 이전 등기가 주를 이루었다.

1962년부터의 등기 사무는 「분배농지 소유권 이전 등기에 관한 특별조치법」에 따라 전매매(轉賣買)된 분배농지의 등기에 집중되었다.

농지대가 상환이 완료된 분배 농지는 각 지역 읍면장이 상환증서에 상환이 완료되었다는 것을 증명한다는 문구를 기록함으로써 확인되었다. 상환 완료 분배 농지의 등기는 사법서사를 통해 등기청구서를 첨부하여 부동산 소유권 이전 등기 신청서를 등기소에 제출함으로써 시작되었다. 등기 업무는 원활하게 진행되지 못했다. 1961년 말까지 등기 총대상 건수 473만 건의 60.7%인 287만 건이 등기 완료되었다. 1955년부터 1969년까지 분배농지 소유권 이전 등기는 모두 470여만 건이 완료되었고 약 2만 5천건이 완료되지 않은 것으로 추계되었다. 울주군 상북면의 경우, 1961년 11월 현재 총분배 농가수 468호 중에서 등기를 완료한 호는 221호로 47.2%였다. 울주군 상북면의 분배농지 소유권 이전 등기는 1964년까지 96%가 완료되었고 1967년에 종결되었다.

농지개혁은 유상매수·유상분배의 방법과 머슴을 분배대상에서 제외한 점, 임야 및 생산수단을 분배하지 않은 점, 농가부채를 무효화하지 않은 점 등 기본적인 한계를 가진 개혁이었다. 그러나 농지개혁을 통해 지주계급은 타파되었고 소작농민들은 대부분 자작농이 되었다. 1960년 현재 소작지율은 11.9%였다. 이것은 1945년 해방 당시 소작지율 약 63%, 1949년의 소작지율 약 40%에 비해 현저히 낮아진 것이다. 또한 소작농가 비율도 25.3%로써 해방 당시의 소작농가 비율 약 84%에 비해 현저히 낮아졌다.

농지개혁은 지주의 토지를 농민에게 분배함으로써 지주의 소득 일부가 소작농의 소득으로 이전되는 결과를 낳았다. 따라서 농지개혁은 소득분배의 개선 혹은 소득재분배 효과를 가져왔다. 농지개혁은 대다수의 소작농이 새롭게 소유권을 획득함에 따라 영농의욕의 증대로 인해 나타날 수 있는 농업생산성의 증대 효과를 산출할 것으로 기대되었지만, 농업생산력 향상이라는 측면의 목적은 별다른 성과를 가져오지는 못했다. 울주군 상북면의 사례를 들어 본다면, 농지개혁은 농민들이 자작농적 기반을 유지하고 생산할 수 있도록 기초를 닦아준 획기적인 개혁으로 위치한다. 그러나 1960년대 중반 이후부터 인구가 전반적으로 감소하는 가운데 수분배 농민들의 토지소유는 감소하는 추세에 있었다. 또한 자작농 육성책, 안정적 농지제도 마련, 도시화와 산업화에 따른 농민의 농촌이탈 방지책 등 강력한 후속 정책이 뒷받침되지 못하자, 농민들은 토지를 잃고 농촌에서 이탈해갔다. 농촌에서 이탈한 농민들은 한국 자본주의 발전을 위한 인적 자원으로 활용되었지만, 농촌사회에서는 적지 않은 규모의 소작지가 재생되었다. 1997년 말 현재 전체 농지의 43.5%인 83만 7,000정보가 다시 소작지로 되돌아감으로써 새로운 농업문제로 떠올랐다. 농지개혁은 한국자본주의 발전을 크게 촉진하였다. 농지를 분배받고 자작농이 된 농민들은 자녀 교육을 확대할 기회를 가졌고, 여기서 배출된 저렴한 노동력은 한국의 산업화 과정에서 고도성장의 원동력이 되었다. 상인과 자본가계급은 지주의 지가증권을 사들여 귀속재산을 불하받아 자본을 축적하였다. 결국 지주들의 지주자본은 산업자본으로 전환되어 한국자본주의 발전에 밑거름이 되었다.

[참고어] 농지개혁법, 한국민주당의 토지강령, 좌우합작위원회의 토지강령, 조선공산당의 토지강령, 한전론

[참고문헌] 김성호 외, 1989, 『농지개혁연구』, 한국농촌경제연구원 ; 장상환, 1985, 「농지개혁에 과정에 관한 실증적 연구-충남 서산군 근흥면의 실태조사를 중심으로-」 『해방전후사의 인식 2』, 한길사 ; 장상환 외, 1993, 『쟁점 한국근현대사』 3, 한국근대사연구소 ; 이지수, 1994, 「해방후 농지개혁과 지주층의 자본전환문제」, 연세대학교 사학과 석사학위논문 ; 홍성찬 편, 2001, 『농지개혁연구』, 연세대학교 출판부 ; 하유식, 2010, 「울산군 상북면의 농지개혁 연구」, 부산대 사학과 박사학위논문 〈하유식〉

농지개혁법(農地改革法) 제헌헌법 제86조에 근거하여 1949년 6월 21일 제정되고 1950년 3월 10일 개정된 농지개혁 시행법률.

농지개혁법은 농지를 농민에게 적절히 분배함으로써 농가경제 자립과 농업생산력 증진을 통해 농민생활의 향상, 국민경제의 균형발전을 도모하는 것을 목적으로 하였다. 1948년 7월 17일 공포한 제헌헌법 제86조에는 "농지는 농민에게 분배하며, 그 분배방법, 소유의 한도, 소유권의 내용과 한계는 법률로써 정한다"고 명시되었다. 이승만 대통령은 국회에서 한국민주당을 견제하고 내각구성에 대한 불만을 잠재우며 국민적 지지 및 정당성을 확보하기 위하여 농지개혁을 추진할 적임자로서 조봉암을 농림부장관에 임명하였다. 조봉암은 농림부차관에 강정택, 농지국장에 강진국, 주무과장에 윤택중, 분배업무를 맡을 사정과장에 안창수, 시행 후 분쟁을 맡을 조정과장에 배기철을 임명하였다.

1948년 9월 농림부의 조봉암·강정택·강진국과 기획처장 이순탁으로 구성된 농지개혁법기초위원회가 발족되어 농지개혁 입법작업이 착수되었다.

1948년 11월 22일과 23일에 열린 전국 각 시도 농업경제과장 회의에서 농림부 초안이 발표되었다. 이후 공청회를 개최해 초안에 대한 의견을 청취하고 문제점을 보완한 후 1949년 1월 24일 국무회의에 농림부안을 상정했다. 농림부 안은 지주에게 평년생산량 150%를 3년 거치 10년간 보상하고, 농민들에게는 평년생산량의 120%를 연 20%씩 6년간 상환하도록 하는 방안이었다. 이러한 지가보상과 상환 원칙은 지주층에게는 불리하고 농민층에게는 상당히 유리한 것이었다. 농림부 안은 국무회의의 지시에 따라 기획처에서 수정되었다. 기획처 수정안은 지주보상액과 농민상환액을 200%로 정하였고 연 20%씩 10년간 균분하도록 하였다. 기획처 안은 1949년 2월 4일 국무회의에서 통과되었다. 정부는 기획처 안을 1949년 2월 5일 농지개혁정부 안으로 확정하여 정식으로 국회에 제출하였다. 국회 산업노동위원회는 정부가 제출한 기획처 안을 참고자료 수준에서 활용했을 뿐 새로운 농지개혁법 안을 만들었다. 원래 농림부 안과 기획처 안은 토지개혁이라는 명칭을 마련하였으나 국회심의 과정에서 농지개혁으로 명칭이 바뀌었다. 산업노동위원회가 만든 농지개혁법 안은 농림부 안 및 기획처 안과는 기본 성격을 달리하여 지주들의 이해관계를 반영한 것이었다. 산업노동위원회 안은 지주보상액과 농민상환액을 300%로 하고 연 30%씩 10년간 균분하도록 하였다. 그러나 산업노동위원회 안은 국회 소장파의 반대에 부딪혀 좌절되었다.

1949년 4월 28일 지주에 대한 지가보상 15할, 농민의 상환지가 12.5할을 골자로 하는 농지개혁법 초안이 국회를 통과하였다. 상환액과 보상액의 차액은 일제가 남긴 귀속재산 판매대금과 일본인 토지 분배로부터 들어오는 상환액에서 메우도록 하였다. 이승만대통령은 지가보상과 상환액의 차액을 정부가 부담할 수 없다는 이유를 들어 거부권을 행사했다. 국회는 5월 15일 정부의 거부통고를 거부하고 원안대로 법을 확정해 정부에 재 회송하였다. 결국 국회는 1949년 6월 21일 보상액과 상환액 차이규정을 그대로 둔 채 농지개혁법을 공포하였다. 농지개혁법이 국회를 통과하는 과정에서 보상지가가 국회 산업노동위원회가 제시한 평년작의 3배와 정부안의 2배보다 감액된 1.5배로 확정되었다.

농지개혁법이 공포되었지만 정부는 재정 부담을 이유로 농지개혁 실시를 미루었다. 이를 비난하는 국민여론이 높아지자 국회는 1949년 10월 25일 농민의 상환지가를 15할로 하여 지주 보상지가와 동일하게 규정하였다. 이 개정은 지주보상액을 12.5할로 하지 않고, 농민의 상환액을 15할로 높인 것에서도 볼 수 있듯이 정부재정 부담을 줄여주는 대신 부담을 농민에게 떠넘긴 것이다. 농지개혁법에 규정된 보상 및 상환지가 15할은 당시 농지시세와 비슷하거나 약간 낮은 수준이었다. 보상과 상환지가 15할은 자체 비율로는 낮은 것이었지만 매년 납부해야 하는 연간 상환량 3할은 지세와 각종 부과세 부담을 고려하면 결코 낮은 수준이 아니었다. 당시 농림부는 농가의 연간 부담 가능량이 1~2할 정도라고 파악하고 있었다. 이런 과정을 거쳐 1950년 3월 10일 농지개혁법이 개정 공포되었다. 3월 25일 시행령이 마련되고, 4월 28일 시행규칙이 공포되었다. 이로써 농지개혁은 본격적인 시행 단계에 들어갔다.

농지개혁법의 주요 조항은 매수대상농지 규정, 매수제외농지 규정, 매수농지에 대한 평가, 매수농지지가보상 규정, 지주전업대책, 분배대상 농가와 분배방법, 분배농지상환액 및 지가상환 방법, 분배농지의 보존과 관리, 지주와 농민간의 이해관계 조정 등이었다. 매수대상농지는 농지개혁법 제5조에 규정된 '농가 아닌 자의 농지, 자경하지 않는 자의 농지'와 제6조에 매수제외농지에 해당되지 않는 '1호당 3정보 이상을 초과하는 부분의 농지, 과수원·종묘포·상전 등 다년성 식물 재배농지를 3정보이상 자영하는 자가 소유하고 있는 그 밖의 농지' 등이었다. 농지개혁법 제6조에는 매수대상에서 제외되는 농지를 명시하였다. 매수제외농지는 농가로서 자경 또는 자영하는 1호당 총면적 3정보 이내의 소유농지, 다년성 식물을 재배하는 농지, 비농가로서 소규모 가정원예로 자경하는 5백평 이내의 농지, 정부·공공단체·교육기관 등에서 사용목적을 변경할 필요가 있다고 정부가 인정하는 농지, 공인된 학교·종교단체·후생기관 등의 소유로서 자경이내의 농지, 학술·연구 등 특수한 목적에 사용하는 정부 인허 범위내의 농지, 소작료를 징수하지 않는 위토로서 분묘 1기당 600평 이내의 농지 등이었다. 또한 제25조 2항에 농지개혁법 공포일 현재 미완성한 개간지, 간척지 또는 농지개혁법 공포일 후에 개간 혹은 간척한 농지는 농지개혁법 적용을 받지 않는다고 규정하여 법 이후에 조성된 개간지·간척지도 매수 대상에서 제외되었다.

매수농지에 대한 평가는 농지개혁법 제7조에 규정

하였다. 농지 평가는 각급 농지위원회의 의결을 거쳐 정하도록 하였다. 각 시군읍면별로 지목별 표준중급농지를 선정하여 평년작 주생산물 생산량의 15할을 해당 토지임대차가격과 대비하여 해당 시읍면의 공통배율을 정하고 이에 따라 각 지번별 보상액을 정하도록 하였다. 다만 다년성 식물을 재배하는 농지는 시가에 따라 별도로 사정하고, 개간·간척 및 특수 사용지는 특별보상액을 첨가하는 것으로 하였다. 농지개혁법 제8조는 농지를 매수당한 지주에 대한 지가보상에 대해 명시하였다. 지가보상은 지가증권 발급방식으로 하고, 지가증권을 기업자금에 사용할 때 정부의 융자 보증을 받을 수 있게 하였다. 증권의 액면은 보상액을 환산한 당년도 당해농지 주생산물 수량으로 표시하도록 하였다. 증권의 보상은 5년간 균분연부로 하여 매년 액면농산물의 법정가격으로 산출한 원화를 지급하는 방식이었다.

농지개혁법 제10조에는 농지를 매수당한 지주에게 희망과 능력, 기타에 의하여 정부가 국가경제발전에 유조한 사업에 우선 참여하도록 알선하는 지주전업 대책을 규정하였다. 농지를 유상매입 당해 생계에 어려움을 겪을 지주를 보호하고, 지주자본을 산업자본으로 유도하기 위한 정부의 여러 가지 대책은 이 규정에 따라 추진되었다. 농지개혁법 제11조는 분배를 받는 농가에 대한 규정이고, 제12조는 농지 분배 방법에 대한 조항이다. 농지를 분배 받는 농가는 현재 당해농지를 경작하는 농가, 경작능력에 비하여 과소한 농지를 경작하는 농가, 농업경험을 가진 순국열사의 유가족, 영농력을 가진 피고용 농가, 국외에서 귀환한 농가의 순위에 따라 정하도록 규정하고 있다. 또한 농지의 분배는 농지의 종목, 등급 및 농가의 능력, 기타에 기준한 점수제에 의거하되 1호당 총 경영면적 3정보를 초과하지 않도록 했다.

분배농지의 상환액은 농지개혁법 제13조에 지주 보상액과 같은 양으로 규정되었다. 상환은 5년간 균분연부로 하고 매년 정부가 지정하는 대금을 납입하도록 하였다. 농가의 희망과 정부가 인정하는 사유에 따라서 일시상환 혹은 상환기간을 줄이거나 늘릴 수 있었다. 농지개혁법 제4장 제15조부터 제21조까지는 분배농지의 보존과 관리 사항을 규정하였다. 분배농지는 상환이 완료될 때까지 매매나 증여, 기타 소유권의 처분, 저당권·지상권·선취득권·기타 담보권의 설정 등을 금하였다. 농민이 상환을 완료하였을 경우 시·군·읍·면장은 상환 완료일로부터 30일 이내에 상환자 명의로 해당농지의 소유권 이전등기를 하도록 명시되었다. 수배농가가 상환을 완료하지 않은 채 이농하거나 농지의 전부 혹은 일부를 반환할 때에 정부는 기상환액의 전액 또는 일부를 농가에 반환하며, 농지의 개량시설이 있을 때에는 그 금액 전부를 정부가 보상하도록 하여 농민을 보호하는 규정도 명시되었다.

농지개혁법 제22조와 23조에 지주와 농민 가운데 농지개혁 실시와 관련해 이의가 있는 자는 농지위원회에 재사(再査)신청을 할 수 있도록 하였다. 재사신청에 대한 결정에 불복할 때는 순차적으로 상급 농지위원회에 항고할 수 있었고, 항고는 시도농지위원회까지 할 수 있었다. 이의신청을 받은 농지위원회는 심사 종료 후 일주일 이내에 결정통지서를 이해 당사자에게 발송하도록 하였다. 농지개혁법은 농가의 농지소유 한도를 3정보로 제한하여 소작·임대차 또는 위탁경영을 금지하고 매매도 제한하였기 때문에 농민의 영세화를 가져왔다. 이의 시정을 요구하는 여론이 높아지자 헌법 제121조에서 농지의 소작제도는 금지하되, 농업 생산성의 제고와 농지의 합리적인 이용을 위한 임대차 및 위탁경영은 법률이 정하는 바에 의하여 인정된다고 규정하였다. 농지개혁법은 1960년 10월 13일 2차 개정이 있었고, 1994년 12월 22일 농지법(법률 4817호)이 제정됨으로써 폐지되었다.

[참고어] 농지개혁, 농지대가상환, 한전론

[참고문헌] 김성호 외, 1989,『농지개혁연구』, 한국농촌경제연구원 ; 유인호, 1989,「해방 후 농지개혁의 전개과정과 성격」『해방전후사의 인식』 1, 한길사 ; 방기중, 2001,「농지개혁의 사상 전통과 농정이념」『농지개혁 연구』, 연세대학교 출판부 〈하유식〉

농지국(農地局) 대한민국 정부가 농지개혁을 주관하기 위해 1948년 농림부 산하에 설치한 부서.

해방 직후부터 식민지지주제를 청산하고 농민적 토지소유를 창출하기 위한 토지개혁 논의가 활발하게 전개되었다. 1946년 북한에서 토지개혁이 실시되자 미군정이 귀속농지 불하정책을 실시하는 한편, 농지개혁의 필요성도 더 강하게 대두되었다. 1948년 대한민국은 헌법에 농지개혁의 실시를 명문화하고, 11월 4일 대통령령 제23호로 농림부직제를 제정하여 농지개혁의 주관부서로서 농지국을 설치하였다. 농지국은 농지개혁을 주관하고 각 도·시·군·읍·면의 농지 행정부서를 지휘하기 위해 지정과(地政課), 사정과(査定課), 조정과(調整課), 농지개량과(農地改良課) 등 4개 과로 구성되었다. 이 중 농지개량사업과 국유미간지 및 농업용 공유수면 매립 등의 업무를 담당한 농지개량과를 제외한 3개과가 농지개혁 실시를 위한 준비작업을 전담하였다. 지정과는 농지개혁 관련정책과 계획, 지정과는 분배농지에 대한 감사, 사정과는 농지의 등급사정과 정리 및 분배조정, 조정과는 농지의 분배 및 취득농지의 관리를 담당하였다.

농지국은 1950년 3월 농지개혁 업무의 효율성을 높이기 위해 설치 당시 농지개혁 실무를 담당했던 지정과, 사정과, 조정과를 지정과와 분배과로 개편하였다. 지정과는 농지개혁에 관한 제반기획과 조사, 분배농지에 대한 감사, 농지의 정리, 농지분배에 관한 분쟁조정, 보상과 상환 등을 담당하였다. 분배과는 농지의 사정, 분배, 지적정리, 등록 교환 분합과 조정 및 관리를 관장하였다.

농지국은 1952년 4월 농림부 직제 개정으로 귀속농지 관리국을 흡수·합병하여 농지관리국으로 명칭을 변경하였다. 또한 농지개혁 시행경험을 토대로 각과의 업무를 더욱 구체화하여 농지과, 보상상환과, 처분과, 개량과로 확대 개편하였다. 농지과는 농지의 확장, 개량보전 및 농지개혁에 관한 조사와 기획, 농지개량사업 인가, 국유미간지와 공유수면매립에 관한 면허, 농지에 관한 특별회계, 소속단체에 관한 사항 등을 관장하였다. 보상상환과는 농지개혁에 따른 보상상환, 농지를 매수당한 자에 대한 대책과 분배, 처분농지의 감사를 담당하였다. 처분과는 농지개혁에 수반한 농지의 조정, 분배, 지적정리, 등록, 분쟁조정, 귀속농지와 그 부대재산의 관리처분, 농지위원회에 관한 사항 등을 담당하였다. 개량과는 농지의 확장, 개량사업의 지도감독, 농지의 교환, 분합(分合)정리에 관한 사항을 담당하였다.

농지관리국은 1950년대 후반 농지개혁이 계획량의 80% 이상 완료되자, 특별회계의 폐지와 함께 조직의 축소가 검토되기 시작하였다. 이후 농지관리국은 제1차 경제개발 5개년계획 시행으로 농업정책의 방향이 전환됨에 따라 1961년 농지국으로 변경되었고, 조직도 지정과·수리과(水利課)·관간간척과(關懇干拓課)로 축소 편성되었다. 또한 농지국의 핵심사업이었던 농지개혁 정리 사무를 포함한 농지행정은 지정과의 농지계에서 전담하였다.

[참고어] 농지개혁, 농지개혁법

[참고문헌] 한국농촌경제연구원, 1989, 『농지개혁사연구』

〈남정원〉

농지대가상환(農地代價償還) 농지개혁 당시 농지를 분배받은 농가가 농지 대가를 정부에 납입하는 것.

농지개혁은 정부가 지주로부터 유상으로 사들인 농지를 농민에게 유상으로 나누어주고 그 대가를 거두어 들이는 상환으로 끝났다. 농지를 매입하는 가격(=지주에 대한 농지보상액)과 농지를 분배받는 농민이 갚아야 하는 가격(=농민의 농지상환액)은 같았고, 일반농지의 평가는 표준중급농지를 기초로 작성된 공통배율을 적용했다. 상환은 5년간 균분연부로 하고 매년 정부가 지정하는 대금을 납입하여야 했다. 다만 상환연장이나 체납으로 미납된 1~3년차 상환분에 대해서는 정부가 지정한 현물이나 대금으로 납부해야 했다. 상환기간도 최종 상환일로부터 3년 이내로 한정되었다. 이와 같이 상환액 미납분을 제외한 모든 상환은 원칙적으로 대금으로 납부하도록 규정했다.

대금상환 원칙에도 불구하고 정부는 정책적으로 현곡상환(現穀償還)을 유도하였다. 정부는 관수양곡이 부족한 상황에서 전쟁수행에 필요한 군량을 확보해야 했고, 현금으로 수납했을 때 물가변동에 따라 복잡한 절차를 거쳐야 하는 부담감이 있었으며, 무엇보다 전시 인플레이션을 막는데도 도움이 되었기 때문에 현곡상환을 강요했다. 농민의 입장에서 현곡상환은 현금상환보다 훨씬 큰 부담이었다. 현곡상환은 농사작황에 따라 수납에 큰 영향을 주었기 때문에 체납의 주된 요인으로 작용하기도 하였다. 현물상환이 금납제로 이행한 것은 1960년 10월이었다. 그 이전에도 현금상환이 가능하였지만 예외적인 경우에만 한정되었다. 농가경제의 향상을 도모하는 것을 목적으로 하는 농지개혁의 취지에 비추어 볼 때 현곡상환은 농민의 희생을 강요한 정책 방향이라 할 수 있다.

6·25전쟁이 발발하여 농지개혁 행정에 차질이 빚어진 지역이 많았다. 상환곡 수납도 늦어졌지만, 북한군에게 점령당하지 않은 지역은 대체로 예정대로 추진되었다. 법정 상환기간은 1950년부터 1954년까지 5년이었다. 이 기간 동안 전국의 상환실적은 70.5%였다. 상환곡 납부부담이 너무 큰 경우에 분배농가는 상환액 감면신청을 하거나 상환 기간을 연장해 줄 것을 요청하였다. 상환기간 연장신청은 농지개혁법 제13조 '농가의 희망과 정부가 인정하는 사유에 따라서 일시상환 또는 상환기간을 신축할 수 있다'는 규정에 근거하여 이루어졌다. 감면신청의 원인은 황지나 가뭄·홍수해 같은 자연재해 등으로 인한 부작(不作)이었다. 감면신청

서에 신청자·상환량·미납량 그리고 피해 일자와 피해 유형을 작성하여 해당 읍면에 제출하면 큰 하자가 없는 한 감면을 결정해 주었다. 상환기간연장 신청의 경우에 행정 당국은 농가의 수확이 전무하거나 평년작에 비해 7할 이상 줄어든 부분에 대해 연장을 허용한다는 원칙적 입장을 가지고 있었다. 또한 농지대가의 과오납액에 대한 조사와 반환 업무도 진행되었다. 과오납은 상환완료·지적정리로 인한 상환액 감소, 개인별 과오납·소송·기타 사무착오로 발행한 것이었다. 상환액감면이나 연장조치에도 불구하고 상환액부담으로 분배농지를 포기하는 농가도 생겨났다. 포기신청서를 제출한 농가는 대부분 1955년까지 정상적으로 농지지가를 상환하지 못한 상황에 처해 있었다. 분배받은 농지가 토질이 불량하거나 수해로 인해 유실 매몰되고, 그로 인해 폐답·황무지가 되어 1년 작황이 연 상환액수에 미치지 못하는 경우가 대부분이었다. 일부농민은 현금으로 상환하기 위해 포기신청을 하고 재분배를 받은 경우도 있었다.

농지를 분배받은 농가는 상환을 완료할 때까지 매매·증여 등 처분을 할 수 없었다. 분배농지에 대한 소유권도 상환을 마친 이후에 행사할 수 있었다. 분배농가가 상환한 농지대가는 지주에게 지불되는 일반보상과 특별 및 부속시설보상금으로 사용되었다. 귀속농지 상환액은 정부와 지방자치단체가 실시하는 농지개량사업을 비롯한 각종 농업개발 사업비로 이용되었다. 농가가 상환의무를 이행하지 않을 경우 정부는 분배받은 농지를 반환하라고 요구하는 소송을 관할 법원에 제소할 수 있었다.

전국 상환율을 보면, 1957년 86.4%, 1958년 90.1%, 1959년 93.3%, 1960년에는 95.4%에 이르렀다. 미납상환의 수납은 1960년대에도 계속되었다. 농지대가는 1960년도 추곡부터 현물과 현금을 병행하여 수납하고 있었지만 지역에 따라서는 상환을 완료하기 위하여 현물수납을 종결하고 현금 수납을 독려하기도 하였다. 1963년 12월 말 전국의 총 상환율은 99.1%에 이르렀다. 상환은 1968년 3월 13일 공포 시행한 농지개혁사업정리에 관한 특별조치법에 의해 다음해 3월 13일 농지분배가 종결됨으로써 법적으로 완료되었다.

[참고어] 농지개혁, 농지개혁법, 농지국

[참고문헌] 김성호 외, 1989, 『농지개혁연구』, 한국농촌경제연구원 ; 장상환, 1885, 「농지개혁 과정에 관한 실증적 연구-충남 서산군 근흥면의 실태조사를 중심으로」 『해방전후사의 인식 2』, 한길사 ; 유기천, 1990, 「농지개혁과 토지소유관계의 변화에 관한 연구-충남 연기군 남면의 사례를 중심으로-」, 서울대학교 경제학과 석사학위논문 ; 하유식, 2010, 「울산군 상북면의 농지개혁 연구」, 부산대 사학과 박사학위논문 〈하유식〉

농지소표(農地小票) 농지개혁 당시 농지위원들이 경작농지를 직접 확인하고 필지별로 토지현황을 기록한 농지기초자료.

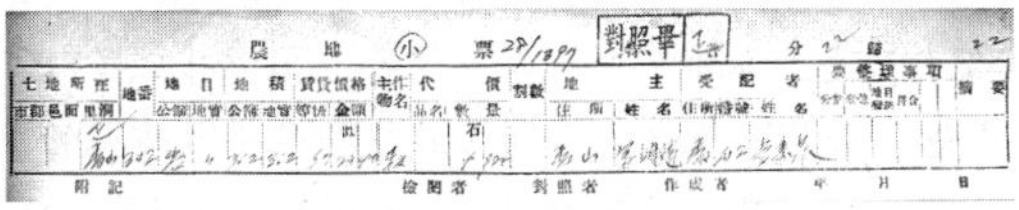

농지소표 울주군 상북면

농지소표는 1950년 2월 3일 농림부가 마련한 「농지소표취급요령」에 따라 작성되었다. 1949년도에 실시한 대인(對人)조사 방식의 농가실태조사 때 발생한 신고누락, 중복신고, 신고 후 변동에 대해 재조사의 필요성이 대두되었고, 이에 따라 대지(對地)조사 방식으로 농지의 실제상황이 농지소표로 작성되었다. 이동(里洞) 농지위원들이 농가실태조사신고표를 기초로 하여 토지대장·토지명기장·지적도와 대조하고 실제농지를 직접 확인한 후 농지소표를 작성하였다. 기재내용은 농가실태조사신고표의 내용보다 훨씬 더 간단했다. 1949년 6월 21일 현재의 농지소재지, 지번·지목·지적 및 토지등급, 자작·소작별 구분, 주재배작물명 및 경작연월일, 농지변동사유, 임대가격과 소유자의 주소, 성명을 기재했다. 농지소표 작성이 완료되면, 경작자별로 농지일람표를 작성하고 종람하는 절차가 이어졌다. 농지소표 작성은 1950년 3월말 거의 완료되었다.

[참고어] 농지개혁, 농지국, 농지개혁법

[참고문헌] 김성호 외, 1989, 『농지개혁연구』, 한국농촌경제연구원 ; 하유식, 2010, 「울산군 상북면의 농지개혁 연구」, 부산대 사학과 박사학위논문 〈하유식〉

농촌중견인물양성(農村中堅人物養成) 1930년대 농촌진흥운동을 마을단위에서 이끌어갈 지도인물을 육성하는 정책.

일제는 한국강점 후 식민지배와 통치의 조속한 안정화라는 차원에서 조선사회 전 영역에서 크고 작은 협력세력을 공식·비공식적으로 구축하는데 진력하였다. 1914년 지방제도 개정과 1917년 면제확립을 통해 식민지 행정력의 공식적인 지배통로를 구축하고 전통적인 자치조직을 가능한 배제하면서 농촌지방사회의 재편을 추진해갔다. 지역유지·명망가·유력 지주들을 포섭하여 협조를 이끌어 내거나 식민행정체계와 업무를 보조하는 인물을 획득·양성하여 지배정책의 원활한 수행을 도모하고자 했다. 1910년대 일제는 지역지배의 거점으로 우량면리·모범면리를 선정하고, 일본식 농사개량 정책을 충실하게 수행하는 역농가를 선발하여 모범면리원(模範面里員)·모범농민(模範農民)·독농가(篤農家)·독행자(篤行者) 등의 이름으로 표창하였다. 모범이나 우량은 일제정책을 잘 수행하는 협력적 순응적이라는 의미였다. 이들은 대체로 지주와 일부의 자작상층농민으로, 일제의 말단 행정당국과 일정한 관계를 유지하면서 읍면 동리의 공적 영역을 장악했다. 지역개량사업이나 공공시설 건설에 힘썼고, 각종 관제조합이나 지주회에 가입 활동했으며, 학교설립에 토지나 돈을 기부하기도 했다. 특히 다로다비적(多勞多肥的)인 일본농법에 따라 일본개량 벼로 농사를 지었던 독농가나 모범농민은 1910년대 무단농정으로 불리는 일제의 농사개량 정책에 부응한 재촌 경작지주나 부농층으로, 주변의 조선농민들에게 일본 개량농법의 보급에 일정한 영향을 미쳤다. 1920년대 초반부터 일제는 일본의 모범부락·우량부락을 모방하여 조선농촌에도 지방개량과 사상 선도를 목적으로 곳곳에 모범부락을 설정하여 정책선전과 농촌질서재편을 시도해갔다. 조선총독부는 모범부락에 교부금을 지원하고 읍면의 행정지도와 감독을 집중적으로 실시하였다. 1932년까지 166곳에 모범부락이 선정되었고, 모범부락이 거둔 농사개량·생활개선의 일정한 성과를 다른 부락들에 알려 분발과 따라하기를 유도하였다. 또한 지주제를 축으로 진행된 산미증식계획기간 동안 지주와 소작인간의 계급적 갈등이 고조되자, 모범부락은 생산증진의 장(場)으로서뿐 아니라 격렬한 농민운동에 대한 농촌치안대책의 공간으로도 기능했다.

1930년대 일제는 공황타개책으로 식민지 총동원체제를 준비해가는 농촌진흥운동을 실시하였다. 자력갱생의 슬로건 하에 갱생지도부락과 갱생 농가를 설정하여 강력한 행정지도와 감독을 통해 농촌경제의 안정화를 추구하고자 했다. 특히 농촌진흥운동이 본격적으로 진행되는 1935년부터 갱생지도부락과 지도농가가 조선 전체 촌락과 농민을 대상으로 확대되자, 일제는 부족한 행정력을 보조하고 갱생운동을 이끌어갈 촌락내 중심·중견인물을 정책적으로 양성하기 시작하였다. 조선총독부는 갱생계획을 완료한 성적이 우수한 촌락을 자율적인 공려부락(共勵部落)으로 전환하고 중견인물에게 부락지도를 맡겼다. 읍면 직원과 부락민 사이를 매개하는 부락의 중견·중심인물에는 기존의 지역명망가·독농가·모범농민도 포함되었지만, 조선총독부는 미래의 농촌지도자로서 일제 동화교육을 받은 일본어가 유창한 20-30대 자작·자소작농 상층의 농촌청년들을 주목하였다. 1935년부터 각종 중견인물양성시설이 설립되었고, 농업실습과 황국농민이라는 파쇼적 농본주의이념을 주입 교육하였다. 처음에는 보통학교졸업생지도를 축으로 중견인물을 양성해갔지만, 농촌진흥운동의 확대 속에서 조선총독부·도·군에서 주최한 청년강습회, 농회나 도에서 운영하던 각종 농민훈련소(면작전습소 지방개량훈련소 등) 그리고 농업보습학교(1939년 현재 110개) 등을 거쳐 교육받은 농촌청년들도 조선총독부의 정책에 충실한 정농가·중견인물로서 조직적으로 양성되었다. 1937년 당시 중견인물을 양성하는 도별 시설은 모두 40개로 1,226명을 수용하고 있었다. 1941년에는 농회주도의 초단기 양성시설이 설치되면서 1년에 약 3만 명에 가까운 중견인물을 양성할 수 있는 시설을 갖추게 되었다. 일제는 이렇게 육성된 중견인물·청년들을 전시동원체제의 농촌조직화를 위한 인적 기반으로 활용해갔다.

[참고어] 농촌진흥운동, 조선농업청년보국대, 농업보습학교

[참고문헌] 이하나, 1995, 「1910~32년 일제의 조선농촌 재편과 '모범부락'」, 연세대학교 사학과 석사학위논문 ; 이송순, 2008, 『일제하 전시 농업정책과 농촌경제』, 선인 ; 김민철, 2012, 『기로에 선 촌락』, 혜안, 1·3장 〈고태우〉

농촌진흥운동(農村振興運動) 1932년부터 1940년까지 조선총독부가 추진한 관제농민운동.

1929년 세계대공황은 자본재생산구조가 취약한 일본자본주의를 깊은 불황 속으로 밀어 넣었고, 강점이래 지주제를 기축으로 일제의 식량·원료공급기지로 기능해온 식민지 조선경제는 더 큰 타격을 입었다. 만성적인 농업공황과 미가폭락으로 파산농민들이 속출했지만, 지주들은 미가폭락에 따른 경영손실을 소작료인상으로 전가했다. 소작쟁의는 격렬한 형태로 더욱 빈발했고 민족혁명운동으로까지 발전했다. 조선농촌의 경제적 파탄과 농민의 혁명적 세력화는 일제의 조선지배를 근저에서 위협하는 요인이었다. 1931년 조선총

독으로 부임한 우가키 가즈시게(宇垣一成)는 농촌위기를 극복하는 공황타개책으로 일만선 블록경제를 주창하면서 식민지 산업구조의 재편(농공병진의 조선공업화와 농산어촌진흥운동)을 통해 식민지 총력전체제를 적극적으로 준비해갔다. 농촌진흥운동은 농촌사회의 계급적 대립과 농민경제의 파탄을 완화시키면서 강력한 권력적 통제 속에서 농촌동원체제를 구축해가려는 포석이었다. 농가갱생의 슬로건 아래 지주소작제의 부분적 개선(조선농지령 실시·자작농지 창설사업)을 추구하면서 심전개발(心田開發)·농민도(農民道) 같은 천황제파시즘의 농본주의 이데올로기를 강제하여 궁극적으로 조선농민과 조선농촌을 전쟁을 위한 수탈체제로 재편해갔다.

일제는 1932년 10월 1일 공포된 「조선총독부농촌진흥운동위원회 규정」에 근거하여 정무총감을 위원장으로 하는 조선총독부농촌진흥위원회를 발족하고, 그 하위조직으로 각 도·부·군·읍면·촌락 단위로 농촌진흥위원회를 계통적으로 설치하였다. 1933년 3월 정무통감 통첩 「농산어촌진흥계획 실시에 관한 건」을 신호탄으로 하여 농촌진흥운동의 핵심사업인 「농가갱생계획수립방침」 및 「농가갱생계획실시요강」을 잇달아 내놓았다. 농촌진흥운동은 부락진흥사업과 개별농가에 대한 농가갱생계획이 결합된 것이었지만, 초기에는 개별농가의 갱생계획을 축으로 진행되었다. 농가갱생계획은 각 읍면에서 지도부락 1곳을 선정하고, 지도부락 내 30~40호를 지도대상 농가로 지정하여, 지도농가별로 실행 가능한 농가갱생5개년계획을 작성하여, 식량충실·현금수지균형·부채상환이라는 농가갱생 3대 목표를 관철해간다는 것이었다. 조선농촌의 빈곤을 농민의 나태와 무지에서 비롯되었다고 본 우가키와 조선총독부는 기본적으로 농민 개개인의 정신적 각성과 분발을 요구했고, 근검절약의 노력과 자력갱생의 의지로 갱생의 물질적 목표를 달성할 것을 강조하였다. 그런 전제 위에서 운동의 일관된 기본방침은 잉여노동력 이용에 의한 영농의 다각화, 부업장려, 자급자족에 의한 경비절약이었다. 그에 따라 선정된 지도농가는 농가갱생목표를 완성할 수 있도록 정신지도를 중심으로 행정지도·농사지도·금융지도의 관리감독을 받았으며, 읍면·금융조합·농회·경찰서·학교 등의 다양한 지도기관과 단체들이 농촌진흥위원회를 매개로 종합적 지도체계를 구축했다.

1933~34년 시범적으로 5,110개소의 지도부락, 12만 호(1934년 총 농가호수 3,013,104호의 약 4%)의 지도 농가를 설정하고 농가갱생계획을 실시하였다. 농가갱생계획을 수립하지 않은 비지도 농가도 일반적인 장려사항을 농촌진흥회를 통해 시행하도록 했다. 농촌진흥운동을 마을 현장에서 직접 지도 독려한 농촌진흥회는 초기에는 지도부락을 중심으로 설치되었지만 점차 전체 촌락으로 확대되었고, 농촌진흥회 회장은 대체로 마을의 구장이 맡았다. 1935년 1월 조선총독부는 갱생지도부락을 모든 촌락으로 확대하는 갱생지도부락확충계획을 발표하여 총동원체제를 본격적으로 구축해가기 시작했다. 갱생지도부락확충계획은 전체 74,864촌락 중에서 이미 지정된 5,110촌락을 제외한 69,754촌락(1읍면 당 30부락)을 10개년 간 연차적으로 갱생지도부락으로 지정하고, 갱생지도를 개별 농가에서 마을단위의 집단지도 방식으로 전환시켜 간다는 것이었다. 지도갱생부락이 모든 촌락으로 확대되자, 조선총독부는 부족한 행정력을 보완하면서 갱생지도를 대행할 수 있는 마을·촌락지배의 촉수로서 기능할 농촌중견인물양성에 주력했다. 갱생계획이 만료된 촌락을 자율적인 공려부락으로 전환하여 그 지도를 중견인물에게 맡기고 읍면의 행정관리는 확대된 갱생지도부락을 맡게 하였다. 동화교육을 받은 보통학교졸업생지도·중견인물양성소·청년훈련소·농업보습학교·도군 주최 강습회 등을 이수한 농촌청년들이나 자수성가한 독농가들이 농촌중견인물의 주축을 이루었다.

농촌진흥운동에서 보다 강력하게 조직적으로 진행된 개별농가와 마을에 대한 농사지도나 행정감독은 기존의 모범부락이나 개별 지도부락에서 행해오던 사업이었지만, 이 시기 이를 실제적으로 뒷받침해준 것이 고리채정리사업과 자작농지설정사업과 같은 개별농가의 경영개선을 위한 금융지도였다. 금융지도의 주체는 유일한 농촌금융으로 기능했던 촌락금융조합이었다. 농촌진흥운동이 진행되는 동안 금융조합은 부채정리와 자작농지 구입에 필요한 자금을 공급했으며, 식산계를 조직하여 농촌진흥운동의 실질적 지도주체로 영향력을 확대해갔다. 금융조합은 고리채정리를 위해 조합원을 상대로 부동산 담보여부에 따라 200원에서 1,000원까지 대부해주었다. 1940년까지 부채정리자금으로 대부된 액수는 5,100만 원에 달했고, 부채를 정리한 농가가 48만 호를 넘었다. 또한 고율소작료를 강제하는 식민지지주제 아래 전체 농가의 70%가 소작농인 현실(그중 5단보이하 영세농이 40% 정도)에서 농가갱생은 요원한 일이었기에, 조선총독부는 수탈적인 지주소작관행을 조정규율하기 위해 조선농지령을 제정하고 자작농창설사업을 추진하였다. 금융조합이 주축이 된 자작농지창설작업은 5단보 표준 농가를 목표로 소작지의 일부를 지주로부터 구매하는 방식으로 진행되었다. 1933년에서 1944년까지 금융조합의 농지구입자금을 대부받은 호수는 607,105호, 농지면적은 198,975정보, 1농가당 평균 대부금액은 약 250원, 설정규모는 평균 3.3단보였다. 금융조합의 부채정리 자금이나 자작농지설정자금은 1년 이내 갚아야 하는 고율의 단기자금이 적지 않게 포함되었다. 그런 단기 자금은 회수율이 높았고, 회수된 자금은 곧바로 다시 대부되어 대부호수와 대부금액을 늘리는 역할을 하였다. 1937년 중일전쟁이후 농촌진흥운동은 전쟁수행을 위한 식량증산을 목표로 마을단위의 생산보국(生産報國)슬로건을 내세우면서 전시물자동원체제의 구축으로 전환되었다.

농가 및 부락지도의 성과를 보면, 1933~39년까지 7년에 걸쳐 계획에 동원된 지정부락과 지도농가는 33,000부락(총 부락의 40%), 75만 호(영세농가 230만 호 중 26%)에 달했다. 당초 총독부가 추정한 230만 호의 영세농가의 약 1/3이 지도대상으로 선정된 셈이다. 농가갱생계획에 대해 조선총독부는 상당한 성과를 올린 것으로 자체 평가를 하고 있지만, 계획기간 중 소작농을 중심으로 탈락한 농가가 꽤 많았다. 1933~37년에 자작농이 이전기간에 비해 5만 호 증가하였지만, 소작농은 약 21만 호 증가하였고, 자소작농은 12만 호나 감소했다. 1938~40년에도 소작농은 계속 증가했다. 더욱이 일반농가의 동향을 포함하여 생각한다면, 당시 농민층의 전반적인 몰락 경향을 저지할 정도의 성과는 올리지 못했다. 일제는 1940년 10월 국민총력조선연맹의 결성과 함께 농촌진흥운동을 국민총력운동으로 해소시켰다.

[참고어] 자작농창정사업, 조선농지령, 농촌중견인물양성

[참고문헌] 지수걸, 1984, 「1932~35年間의 朝鮮農村振興運動-植民地 '體制維持政策'으로서의 機能에 관하여-」『한국사연구』 46 ; 이윤갑, 2008, 「농촌진흥운동기(1932~1940)의 조선총독부의 소작정책」『대구사학』 91 ; 이송순, 2003, 「日帝末期 戰時 農業統制政策과 朝鮮 農村經濟 變化」, 고려대학교 박사학위논문 〈김현숙〉

농포문답(農圃問答)-이대규 1798년(정조 22)의 권농정구농서윤음(勸農政求農書綸音)에 응하여 이대규(李大奎)가 지은 문답식 농서.

[참고어] 이대규

농포문답(農圃問答)-정상기 정상기(鄭尙驥, 1678~1752)가 현안에 대한 견해를 문답식으로 밝힌 저서.

정상기의 본관은 하동(河東), 자는 여일(汝逸), 호는 농포자(農圃子)이다. 7세에 아버지를 여의고 편모슬하에서 자랐는데, 병약하여 일찍이 과거를 단념하고 역사·지리분야를 비롯해 의약·기계·농업 등 다방면의 학문에 전념하였다. 인척간이기도 했던 이익(李瀷, 1681~1763)과 교분이 두터웠는데, 100리를 1척으로 환산한 백리척(百里尺)으로 『동국지도(東國地圖)』를 제작하자 이익이 "정상기가 처음으로 백리척을 축척으로 써서 지도를 그렸고, 또 가장 정확하다."고 높이 평가하기도 했다.

『농포문답』은 농사를 짓는 사람과 채소밭을 가꾸는 사람의 대담형식을 빌려 저자의 견해를 서술한 책이다. 서술연도는 분명하지는 않으나, 내용이 담고 있는 경륜으로 미루어 보아 말년인 1750년 전후에 저술된 것으로 추정된다. 목차, 저자의 서언(緖言), 정인보(鄭寅普)의 서문(序文), 본문, 결언 등으로 구성되어 있으며, 본문은 30여개 항으로 사회·경제 전반의 현안을 다루고 있다. 이를 나열하면 균전제(均田制)·지민수(知民數)·행통법(行統法)·설병제(設兵制)·균민역(均民役)·절재용(絶財用)·양전등(量田等)·제결폐(除結弊)·평조적(平糶糴)·착조거(鑿漕渠)·정과규용천벽(定科規用薦辟)·시치군(試治郡)·택곤수(擇閫帥)·간병서(刊兵書)·논진법축성돈(論陣法築城墩)·설관애(設關隘)·수도성작보장(守都城作保障)·이병기(利兵器)·비군용(備軍用)·금풍수(禁風水)·논의약(論醫藥)·명계보(明系譜)·광서적(廣書籍)·별의관(別衣冠)·거폐막(祛弊瘼)·개법령(改法令)·정아악(正雅樂)·정예의(定禮儀)·청사송(聽詞訟)·설방금(設邦禁) 등이다.

이들 중 농업과 관련된 내용을 살펴보면, 서언에서는 실농(失農)한 농부라도 천시(天時)와 지리(地理)를 익히면 성공할 수 있으며, 나라를 다스리는 것도 농사를 짓는 것과 같아 그 방법을 알면 된다고 했다. 이어 나라를 다스리는 방책으로 균전제(均田制)를 다루었는데, 농지의 사유권은 인정하되 관리권은 국가가 행사해야 하며, 1결당 쌀 20두의 평균생산량을 기준으로 전품을 6등분하여 전국 150~160만결의 농지를 인구 3,525,580명에게 나누어주고 식년마다 농지를 교환토록 했다. 지민수(知民數)에서는 백성의 수를 정확하게 아는 것이 통치의 근본임을 강조하면서 인구 통계의

작성법을 제시했다. 백성의 조직과 통치를 위한 말단조직인 오가작통법(五家作統法)을 행통법(行統法)에서는 서술하고 있다.

양전등(量田等)에서는 부세를 공정하게 하기 위해 농지의 면적과 등급을 재조정할 필요가 있음을 지적하며, 당해년의 풍흉을 고려하여 6등급으로 구분하였다. 또한 양전은 이정(里正)에게 실무를 맡기되 공정성을 시험하기 위해 제비를 뽑아 몇 곳을 재확인하도록 했다. 제결폐(除結弊)에서는 전정(田政)을 그르치는 서원(書員)의 농간, 토호와 관속의 결탁으로 이루어지는 양호(養戶)를 금단하는 방법을 논했다. 그리고 평조적(平糶糴)에서는 조적(糶糴) 즉 환곡의 균평함을 논했는데, 곡가가 올랐을 때 시가보다 싼 값으로 나누어주고 추수기 곡가가 쌀 때 비싼 값으로 거두어들이는 것이었다. 아울러 조선의 재원은 삼남에 의존하는 바가 큼에도 세곡의 해상 운송이 어려움을 지적했다. 이에 해난 사고가 심한 안흥(安興) 등지에는 육지에 배가 다닐 수 있는 큰 도랑인 조거(漕渠)를 파야 함을 착조거(鑿漕渠)에서 언급했다.

[참고어] 동국지도-정상기

[참고문헌] 이익성 역, 1973, 『농포문답』, 을유문화사 ; 김영진, 1982, 『농림수산고문헌비요』, 한국농촌경제원 〈윤석호〉

농형(農形) 조선시기에 수령과 감사가 때때로 파악하여 조정에 장계로 보고하던 각지의 농사 형편을 가리키는 용어.

조선시기에 군현의 수령과 각도 관찰사는 봄에 기경(起耕)을 시작할 때부터 수확할 때까지 그때그때의 농사 형편을 파악하여 조정에 보고하였다. 한 해 농사가 시작될 무렵부터 조정의 농형의 파악은 시작되었고, 이 작업은 추수(秋收) 이후까지도 계속되었다. 팔도의 농사 형편은 언제나 확실하게 조정에 그 정확한 정보가 집결되어야 했지만, 특히 가물거나 큰물이 났을 때는 더욱 그러하였다. 각지의 농형을 조정에 보고할 책무는 당연하게도 수령(守令)과 감사(監司)가 짊어지고 있었다. 각도의 농사 형편은 조정에서 논의하는 주요한 문제였다.

농형보고의 내용은 수전(水田, 논)과 한전에서 재배하는 작물의 생장 형편, 그리고 작물을 재배하는 농작업의 진행 상황이 가장 주요한 것이었다. 작물 재배 농작업의 진행 상황과 작물 생장 형편을 수전의 경우 파종 상황, 입묘(立苗) 실상, 이앙 실시 정도, 제초 횟수, 출수(出穗) 여부 등을 그 때마다 살펴서 보고하였다. 또한 배태(胚胎) 여부, 이삭 충실함의 정도, 수확 여부 등도 보고 대상이었다. 그리고 한전의 경우도 포기의 조밀(稠密)함, 입묘 정도, 제초 실시 횟수, 상재(霜災) 여부, 근경(根耕)의 실시 정도 등을 조사하여 장계로 보고하였다. 또한 한전에서도 배태 여부, 무성함의 정도, 출수 여부, 이삭 충실함의 정도, 수확 여부 등을 보고하였다. 특히 목화(木花)의 경우 기경, 파종, 입묘, 제초 횟수, 기화(起花), 결과(結顆), 적취(摘取) 등의 농작업의 수행 형편을 보고하였다.

그리고 작물 수확시기가 되면 전반적인 농사 성적에 대한 보고가 농형 보고의 일환으로 진행되었다. 이때 각 군현(郡縣)의 농사 실상을 10분 비율로 산정하여 몇 분(分)이 충실하고, 몇 분 부실한지 상세하게 분간하여 보고하였다.

조선시기에 농형 장계(狀啓)를 올리는 것은 수령과 관찰사의 일상적인 기본 업무였다. 농사철 동안에 대략 10일마다 구체적인 농업생산활동의 형편에 대하여 조사하여 보고하였다. 특별히 가뭄이 심하다가 비가 오게 되면 당시까지의 농형을 보고하였다. 또한 감사는 수령으로부터 받은 농형장계를 하나로 모아 호조에 종합 보고하였다. 이렇게 수합된 농형과 우택은 하지부터 입추 전까지 차례대로 조보에 올렸다.

조선의 국왕은 각지의 농형을 제대로 파악하기 위하여 중앙의 관원 가운데 휴가를 받아 귀향하였다가 복귀하는 경우 도중에서 살핀 농형을 물어보기도 하였다. 또한 사관이나 선전관을 교외에 보내 농형을 살펴보게 하였다. 특별한 임무를 수행하기 위해서 파견된 암행어사도 농형을 파악하여 보고하게 하였다.

국왕과 조정에서 팔도 각지 군현의 농형을 파악한 것은 재해 발생 유무에 대하여 정보를 수합하고 이를 통해 수확량의 대소를 판별하기 위한 것이었다. 재해의 발생이 예상될 경우 이를 극복하기 위한 진휼, 부세 등에 관한 대비책을 마련하게 하였다. 또한 수령은 농형과 더불어 우택의 상황을 파악하기 위하여 지역을 순시하면서 농사일을 독려하는 감농(監農) 활동을 수행하였다. 수령과 감사의 견문에 근거한 보고뿐만 아니라 조관을 활용하여 각지의 농사 작황에 대한 정보를 수합하였다. 이러한 농작 독려와 농형 파악이라는 과정은 농사 감독의 긴밀함과 농형 파악의 일상성이라는 특징을 지닌 것이었다.

[참고어] 권농, 답험손실법, 급재

[참고문헌] 吳永敎, 1999, 「18세기 原州牧의 행정체계와 향촌조직의 운영」『韓國史硏究』 104, 韓國史硏究會 ; 廉定燮, 2003, 「18세기 후반 正祖代 農政策의 전개」『韓國文化』 32, 서울대 韓國文化硏究所

〈염정섭〉

눌제(訥堤) 전라북도 정읍시 고부면에 축조되었던 저수시설.

정읍시 고부면 관청리와 부안군 줄포면 신흥리 사이에 축조되었던 고부천(古阜川)의 저수시설이다. 기원은 자세히 알 수 없으나 『정읍군사』에는 삼국시기로 추정하고 있으며, 견훤(甄萱)이 축조했다는 견해도 있으나 분명하지 않다. 김제의 벽골제(碧骨堤), 익산의 황등제(黃登堤)와 더불어 호남 삼호(三湖)의 하나였다.

주목되는 점은 세종초 눌제 주변의 농경지에서 정전제(井田制)를 시행했다는 기록이 전한다는 것이다. 우선 1419년(세종 1) 전라도감사 이안우(李安愚)는 "고부 눌제 아래 경작할 수 있는 땅이 1만여 결로 추산되오니, 정전의 법에 의하여 함께 공전을 가꾸게 하여 주시옵소서.(古阜訥堤下可耕萬餘結, 乞依井田之法, 同養公田.[『세종실록』 권3, 1년 2월 20일 을미])"라고 주청했고, 세종의 윤허를 받았다. 이후 정전제에 의한 경작은 실제 이루어졌던 것으로 보인다. 이는 세종 3년 눌제의 수축에 대해 전라도 수군도절제사 박초(朴礎)가 올린 장계에, "고부군의 눌제는 무술년[1418, 세종 즉위] 가을에 겨우 만 명을 사역하여 한 달 만에 완성하였고, 옛적 정전법에 의거해 11의 법으로 구획하여 경계를 삼고, 사전 1결을 받은 자 아홉이 공동으로 공전 1결을 경작하여 바치는데, 그 토지가 비옥하여 공사의 수확하는 바가 모두 풍족하므로, 그 이익이 큰 것이라야 돌을 세워 공적을 기록한 것이 역시 벽골제와 맞먹는 것이었습니다.[且古阜之訥堤, 歲戊戌秋, 僅役萬人, 閱月而成. 依古者井田什一之法, 畫爲經界, 受私田九結者, 同養公田一結. 其地沃饒, 公私所獲, 俱爲贍足. 其利之博, 立石紀績, 亦與碧骨相侔, 今不幸値雨潰決, 非堤不固, 乃監守者不能疏通之致也.[『세종실록』 권11, 3년 1월 16일 기묘])"라고 한 것에서 알 수 있다.

하지만 당시 전라감사 장윤화(張允和)가 장마로 인해 무너진 눌제를 폐쇄할 것을 건의한 바 있었는데, 『증보동국여지승람』에서 1530년(중종 25) 폐쇄되어 논이 되었다는 기록이 있는 것으로 볼 때 이 무렵 비로소 폐쇄된 것으로 보인다. 이후 다시 개축되었던 눌제는 1873년(고종 10)에 마지막으로 폐쇄되었는데, 당시 제방의 길이는 1.5㎞, 둘레는 16㎞였다. 눌제는 우리나라 도작문화(稻作文化)의 발전과 더불어 호남지방의 식량 생산이나 농업경제상 중요한 구실을 한 수리시설의 하나였다고 평가받는다.

[참고어] 수리, 제언, 벽골제, 정전제

[참고문헌] 『세종실록』 ; 이광린, 1961, 『이조수리사연구』 ; 지두환, 1998, 「朝鮮初期 井田論 論議」『동양학』 28, 단국대학교 동양학연구원

〈윤석호〉

늠전(廩田) 조선시기 지방의 행정관서나 공무기관에 지급되었던 전지(田地)의 총칭.

관둔전(官屯田)과 함께 국초부터 운영되던 대표적인 지방재정 수입원이었다. 연원은 고려시기 각 주·현 및 역참 등에 지급된 공해전(公廨田)이다. 1466년(세조 12) 직전법(職田法)을 제정하면서 종래 과전법(科田法) 하의 공해전을 기초로 늠전으로 확립했다. 특히 지방관청의 운영비와 외관의 녹봉을 분리하여 전자를 공수전(公須田), 후자를 아록전(衙祿田)이라고 하였다. 『경국대전』 「호전」의 제전(諸田)조에는 아래의 표와 같이 지방 공무기관에 늠전으로 지급된 토지의 종류와 규모가 열거되어 있다.

〈조선시대 늠전〉

부 대도호부 목	*아록전(衙祿田) : 50결. 판관이 있으면 40결을 더 준다. 원이 가족을 데리고 가지 않은 고을이면 절반을 줄인다. *공수전(公須田) : 15결. 도로연선일 경우에는 대로이면 10결, 중로이면 5결을 각각 더 준다.
도호부	*아록전(衙祿田) : 50결. 판관이 있으면 40결을 더 준다. 원이 가족을 데리고 가지 않은 고을이면 절반을 줄인다. *공수전(公須田) : 15결. 도로연선일 경우에는 대로이면 10결, 중로이면 5결을 각각 더 준다.
군 현	*아록전(衙祿田) : 40결. 원이 가족을 데리고 가지 않은 고을이면 절반을 줄인다. *공수전(公須田) : 15결. 도로연선일 경우에는 대로이면 10결, 중로이면 5결을 각각 더 준다.
역	*공수전(公須田) : 대로에는 20결, 황해도에는 25결, 동북계와 서북계(兩界)에는 10결을 더 준다. 중로에는 15결, 동북계와 서북계에는 7결을 더 준다. 소로에는 5결, 동북계와 서북계에는 3결을 더 준다. *장전(長田)·부장전(副長田) : 장(長)에게는 2결, 부장(副長)에게는 1결 50부. *급주전(急走田) : 급히 달리는 역졸[急走]에게는 50부. 긴요한 도로이면 50부를 더 준다. *마전(馬田) : 큰 말[大馬]에는 7결, 보통 말[中馬]에는 5결 50부, 작은 말[小馬]에는 4결. 긴요한 도로이면 큰 말에는 1결, 보통 말과 작은 말에는 50부를 더 준다.

참	*아록전(衙祿田) : 5결→참전(站田)
원	*원주전(院主田) : 원주(院主)에게는 대로이면 1결 35부, 중로이면 90부, 소로이면 45부.
나루[渡]	*아록전(衙祿田) : 8결 *진부전(津夫田) : 진부(津夫)에게는 큰 나루면 10결 50부, 중간나루면 7결, 작은 나루면 3결 50부.
수릉군	*수릉군전(守陵軍田) : 1명마다 2결
수부	*수부전(水夫田) : 1명마다 1결 35부
빙부	*빙부전(氷夫田) : 1명마다 1결

위에 따르면, 우선 지방관의 녹봉 명목으로 지급된 아록전은 지방군현·나루·참 등에 지급되었다. 또한 관청의 경비에 충당하는 공수전은 지방군현과 역에 지급되었다. 한편 역에는 아록전이 없는 대신 역장과 부장에게 장전·부장전이, 급주자에게는 급주전이, 말을 기르기 위한 토지로서 마위전이 각각 지급되었다. 또한 원의 주인에게도 원주전이 지급되었으며, 진부·수릉군·수부·빙부 등에게도 각각 토지가 지급되었다.

이 중에서 마위전·원주전·진부전·수릉군전 등은 해당 기관 소유의 토지로서, 기관의 종사자 또는 역마의 사육자가 자경하되 면세되는 자경무세(自耕無稅)의 전지였다. 한편 아록전·공수전·장전·부장전·수부전 등은 민전 위에 설정된 수조지로서, 경작자가 국가에 납부해야 할 전조(田租)를 해당 수조권자[기관]는 스스로 수취하는 각자수세(各自收稅)의 전지였다. 또한 수조권자가 국가기관이었으므로, 통상 수조권자가 국가에 납부해야 했던 전세(田稅)도 면제되었다.

이상과 같이 조선 초 규정된 늠전은 『속대전』 하에서 수부전과 빙부전이 폐지된 것이나 대동미(大同米)를 수세토록 한 것 이외에는 조선 전시기 동안 큰 변화 없이 유지되었다. 이는 관둔전이 변화와 치폐를 거듭한 것과는 다른 것으로, 양자가 지방재정의 두 축을 담당하고 있지만 그 계통과 성질은 상이함을 보여주는 것이다.

[참고어] 공해전, 아록전, 공수전, 관둔전

[참고문헌] 『經國大典』; 『續大典』; 김태영, 1983, 『조선전기토지제도사연구』, 지식산업사 ; 김옥근, 1994, 「지방재정의 세입구조」『조선왕조재정사연구』 1, 일조각 ; 김덕진, 2003, 「조선후기 관둔전의 경영과 지방재정」『조선시대사학보』 25 〈윤석호〉

능원묘위전(陵園墓位田) 능·원·묘의 관리 경비를 위해 지급된 토지.

각릉원위전(各陵園位田)이라고도 한다. 능은 왕과 왕비의 분묘(墳墓), 원은 왕세자·왕세자비·왕세손·왕세손비 및 왕의 생모인 빈(嬪)의 분묘, 묘는 제빈(諸嬪) 및 제왕자·공주·옹주의 분묘를 말한다. 조선시기에는 능·원·묘의 관리를 위해 위전(位田)을 부속시켜서 그 수익으로 제사의 비용을 충당하고, 직장·참봉 등 수위관(守衛官)의 경비에 충당하도록 하였다. 1777년(정조 원년)에 능원묘위전의 액수를 일정하게 규정하여 법문화하려는 조처가 있었는데 건원릉의 능위전이 80결이었던 것이 기준이 되었고, 『대전통편』에서도 "각 능원(陵園)의 위전은 80결(結)로 한다.(各陵園位田八十結[「호전」 제전(諸田)])"라고 규정되었다. 그러나 『춘관통고』에 기록되어 있는 각 능·원·묘의 위전은 그 면적이 일관되지는 않는다. 『만기요람』에서는 각 묘(廟)와 능·원·묘의 위전이 2,016결이라고 기록하고 있다.

대한제국기 역둔토 사검 때 능원묘위전도 역둔토(驛屯土)에 포함시켜 내장원으로 이관하려 했으나,능원과의 분쟁 등으로 종전대로 유지되었다. 그러나 일제의 토지조사사업에서는 능원묘위토도 역둔토에 포함되었는데, 지세만 궁방이나 관아에 납부할 뿐 소유자는 따로 있는 민유지인 경우가 많았으므로 국유지 점유에 저항하여 분쟁이 일어났다. 또 일제는 능원묘위토뿐만 아니라, 능원묘를 둘러싼 산맥의 안팎을 이루었던 해자(垓子)까지 국유지에 편입시켰다. 이에 내외해자에 포함된 민인들은 사유지 인정을 요구하는 청원을 계속하였다. 이에 일제는 내해자에 대한 청원은 일축하는 한편 외해자에 대해서는 증명서를 갖고 청원하는 경우 심사하여 결정한다고 하였다. 그러나 청원의 절반 가량은 결국 국유화되었고, 해당 토지에서 소작농의 도지권과 경작권도 부정되었다.

[참고어] 능침전, 분묘지

[참고문헌] 愼鏞廈, 1982, 『「朝鮮 土地調査事業」 硏究』, 지식산업사 ; 박성준, 2001, 「韓末 陵園墓位田의 변화와 光武査檢」『慶熙史學』 23 〈김미성〉

능침전(陵寢田) 고려·조선시기에 왕릉의 보호와 관리에 필요한 경비 마련을 위해 설정된 토지.

국가 기관의 경비 마련을 위해 설정된 공해전(公廨田)의 하나로 고려 말기 전제개혁(田制改革) 과정에서 처음으로 등장하였다. 조선시기에는 능위전(陵位田)·능전(陵田) 등으로 불렸으며, 능·원·묘에 지급된 위전을 합해 능원묘위전이라고도 한다.

[참고어] 공해전, 능원묘위전

[참고문헌] 權寧國 外, 1996, 『譯註 『高麗史』食貨志』, 韓國精神文化硏究院 ; 李景植, 2007, 『高麗前期의 田柴科』, 서울대학교출판부

ㄷ

다목농장(多木農場)/다목구미차랑(多木久米次郎) ⇒ 다키농장

다카세농장(高瀨農場) 일제시기 부산의 일본인 상인·자본가 후쿠나가 마사지로(福永政治郎)가 전라남도 여수, 경상남도 부산·동래, 경기도 안양, 경상북도 김천 등지에 설립한 농장.

1864년 일본 오우미국(近江國) 간자키군(神崎郡) 다케베촌(建部村)에서 태어난 후쿠나가는 1886년 1월 부산으로 들어왔다. 당시 부산에는 그의 숙부 다카세 마사타로(高瀨政太郎)가 다카세상점(高瀨商店)을 운영하고 있었다. 1880년 부산에 정착한 다카세는 일본에서 설탕·밀가루·면포 등을 수입 판매하는 잡화상이었다. 그는 1893년 건강상의 이유로 후쿠나가에게 상점을 맡기고 일본으로 돌아갔다. 상점경영을 책임지게 된 후쿠나가는 당시 조선에서 각광을 받으면서 시장규모가 커지고 있던 영국산 면포의 수입판매에 전력을 다했다. 특히 청일전쟁에서 일본이 승리하자, 조선의 수입면포시장에서 일본상인의 강력한 경쟁 상대였던 청국상인의 위세가 꺾이게 되었고, 이를 계기로 후쿠나가는 시부사와 에이이치(澁澤榮一)의 제일은행 동래지점으로부터 거액의 자금을 지원받아 영국산 면포 수입판매 사업을 크게 확장하였다. 아울러 후쿠나가는 청일전쟁이후 양산되기 시작한 일본산 공장제 면포를 조선에 주도적으로 수입 살포함으로써 부산의 일개 면포상인에서 조선제일의 면포상인의 길을 달리게 되었다. 면포 수입판매 사업은 1914년 1차 대전의 발발과 함께 그 절정에 달했다. 당시 일본자본주의는 미국과 함께 전시특수를 향유하였고, 특히 면포는 세계시장에서 전쟁물자로서 수요가 급증했다. 다카세상점도 전시특수의 호경기를 톡톡히 누렸다.

후쿠나가는 한국강점 직후부터 면포무역으로 축적한 자본을 토지매수와 농장경영에 투자하기 시작하였다. 1910년 말 그는 면포상인답게 전남 여수 일대 목화밭 3,000두락을 매수했다. 청일전쟁이후 일본의 산업혁명을 주도한 면방직업계는 국제수지의 악화를 초래하는 수입원면을 값싸게 대체 공급할 수 있는 곳으로 조선에 주목했고, 통감부는 여수·목포·순천을 위시한 전라남도 일대에 미국산 육지면재배에 열을 올렸다. 면포상인 후쿠나가는 누구보다 이런 사정을 잘 알고 있었고, 1911년 3월 미쓰이물산(三井物産)을 통해 미국에서 육지면 종자를 수입하여 여수농장에서 재배하기 시작하였다. 초기 여수농장은 보성군·광양군·순천군·여수군·하동군에 걸쳐 있었고, 이곳의 목면 생산액이 연간 수백만근에 달했다. 후쿠나가는 목면생산에 이어 직접 면포공장을 운영하기도 했다. 1917년 부산부로부터 '은사수산기업전습소(恩賜授産機業傳習所)'를 위탁받아 운영하다가 1924년 이를 합명회사 다카세상점 직포공장으로 삼았다. 강점 후 여수농장에 이어 1917년 부산 동래농장, 1918년 경기도 안양농장, 1919년 경상북도 김천농장을 차례로 설립하였다.

후쿠나가가 심혈을 기울인 여수농장은 육지면재배뿐 아니라 간척사업에도 주력하였다. 1915년 4월 여수군 소라면 복산리·관기리(1918년 12월, 250정보), 봉산리(1919년 11월)일대 간사지를 간척하였다. 사업규모가 점점 커지자, 후쿠나가는 1917년 다카세상점을 '합명회사 다카세상점(合名會社高瀨商店)'으로 개편하고 사업영역을 다각화하였다. 자본금 100만 엔의 합명회사 다카세상점(대표사원 다카세 마사타로, 1919년 후쿠나가가 대표사원을 계승, 1920년 자본금 150만 엔으로 증자)의 사업영역은 각종 직물과 잡화의 판매, 토지가옥의 임대, 조림과 개간, 농사경영이었고, 부산(1941년 1월 본점을 경성으로 이전)에 본점을, 경성·군산·목포·평양·원산·대구·여수에 각각 지점을 두었다.

합명회사 다카세상점의 핵심농장인 여수농장은 1927년 주식회사 다카세농장(자본금 120만 엔)으로 독립하였다. 사장은 후쿠나가, 상무이사는 여수농장 주임 오쓰카 지사부로(大塚治三郎), 이사는 다카세 마사타로(高瀨政太郎), 다카세 헤이지로(高瀨平治郎), 쓰지모리 에이조(辻森榮三)였다. 회사는 농림업과 개간, 토지가옥의 임대업과 매매, 창고업, 비료판매 및 대리업, 기타 부대업무를 사업영역으로 삼았다. 주식회사로 독립할 당시 여수농장은 소유농지 1,000정보, 3,000여 명의 소작인을 거느린 거대농장이었다. 1927년 여수농장 인근에 대규모 간척사업을 실시하여 1932년 간척지 농장 덕양농장을 개설하였다. 총공사비 70만 원이 소요되었고, 여수군 율촌면 신풍리, 소라면 대포리·덕양리, 쌍봉면 해산리, 삼일면 화시리 일대 면적 500여 정보를 개답하였다.

다카세농장의 토지소유현황을 보면, 1915년 1,370.7정보(논 430정보, 밭 264.9정보, 기타 675.8정보), 1922년 2,131.5정보(논밭 862정보), 1925년 1,022.4정보, 1929년 882정보, 1932년 1,500정보에 달했다. 과도한 고율소작료 강제로 말미암아 1930년대 초반 여수농장과 안양농장에서 소작쟁의가 일어났다. 동래온천에 있던 동래농장 땅에 별장 위친암(爲親庵)을 지었고, 경상남도 밀양군 천왕산에 대규모 임업단지를 조성하였다. 농장건설을 위한 간척사업뿐 아니라 1917년 여수 시가지조성 매립사업에도 참여하였는데, 1920년 3월 지금의 여수시 충무동·서교동·광무동 일대 공유수면 161,984㎡을 매립 완료하였다. '여수의 후쿠나가'냐 아니면 '후쿠나가의 여수'냐란 말이 나올 정도로, 그는 일제시기 여수의 도시화에 일정한 역할을 했다.

[참고어] 동태적 지주, 개간, 간척

[참고문헌] 朝鮮總督府殖産局, 『朝鮮の農業』, 1929·1933년도 ; 이가연, 2015, 「부산의 '식민자' 후쿠나가 마사지로(福永政治郎)의 자본축적과 사회활동」 『석당논집』 61 〈이수일〉

다키농장(多木農場) 1917년 일본 비료자본가 다키 구메지로(多木久米次郎)가 전라북도 김제군에 세운 농장.

다키는 일본 효고현(兵庫縣) 벳푸(別府)촌 출신으로 1885년 일본 최초로 동물뼈를 이용하여 인조비료를 만들었다. 다키제비소(多木製肥所, 1918년 주식회사다키제비소로 개편)를 설립하여 각종 비료의 제조판매에 주력하여 큰 부를 쌓아 비료왕으로 불렸다. 그가 한국에 관심을 가지게 된 계기는 1908년 유럽여행을 마치고 시베리아철도를 경유하여 만주와 한국을 통과해 귀국하던 때였다. 그의 눈에 들어온 한국은 토지·산림·광물 등 산업 전반에 걸쳐 개발의 여지가 많은 미개척의 보고로 비쳐졌다. 특히 자신의 비료사업과 관련하여 한국은 농사경영에 호적지이며 비료판매의 좋은 시장이 될 것이라고 생각했다.

귀국 후 다키는 한국 농업조사에 착수하였다. 1911년 다키제비소(多木製肥所) 직원 히라노(平野房太郎)를 한국에 파견하여 전국의 농업사정과 토지상황을 조사하게 했고, 1913년에는 직원 우에노(上野元彦)에게 전라북도의 농업상황을 파악하게 했다. 1915년 효고현 당국이 만한관광여행단을 조직하자, 회사직원을 여행단에 참가시켜 한국의 토지조사 및 시장조사를 담당하게 했다. 또한 효고현 농회 회장으로 선임된 다키는 한국을 일본 농업의 불황을 타개할 수 있는 새로운 사업투자처로 생각하고 이를 타진하기 위해 제1회 효고현 농회 조선시찰단을 구성하였다. 1915년 4월 한 달 동안 시찰단은 부산·삼랑진·대구·수원·서울·인천·진영·개성·평양·군산 및 뚝섬을 돌아보고, 보통농사·축산·임업·양잠·이민 및 농산물 수출입 상황을 소상하게 파악하였다. 시찰단의 보고는 다로다비(多勞多肥)의 일본농법 이식을 통해 농업생산력을 크게 증진할 수 있으며 조선을 매우 유망한 농업투자처라고 결론내렸다. 1916년 제2회 효고현 농회 조선시찰단에 히라노를 참가시켜 서울에서 이완용과 토지구입 교섭을 시도하였다. 이때 이완용도 이에 응했고, 후일 이완용은 다키에게 토지를 매도하였다.

이러한 면밀한 사전조사와 교섭 끝에 다키는 1917년 전라북도 김제군 진봉면·성덕면·만경면 일대 한국인 이명구의 소유토지 557정보를 10만 5천원에 구입했으며, 1918년 6월 김제군 죽산면 대창리 소재 이완용의 소유지 71정보를 1만 8천원에, 같은 해 7월 전라북도 김제군 진봉면 성덕면 만경면에서 야마모토(山本唯太郞, 야마모토농장주)로부터 540정보의 토지·건물·기타 일체의 물건 및 권리를 매입하였다. 1917년부터 영업을 시작한 다키김제농장은 김제읍에 사무소를 두고, 우시오(牛尾壽郞)를 초대 농장주임으로 삼았다. 이후 농장사무소를 진봉면 고사리[일제시기 '다키촌'·'다목촌'이라 불림]로 옮기고, 다키만경농장(多木萬頃農場)으로 변경했다. 1925년 현재 농장의 소유면적은 1,688정보(투자금 40만 엔)이고, 소작인수는 1,173명이었다. 일본인 농업이민도 실시했는데, 1925년 현재 이민호수

〈다키농장의 토지소유규모와 소재지(단위: 정보/엔)〉

연도	토지 면적	소재지	구입 대금	농장명
1917.11	570.2	전북 김제군 진봉면 성덕면 만경면	105,000	만경농장
1918.6	71.2	전북 김제군 죽산면 대창리	18,000	만경농장
1918.7	540.0	전북 김제군 진봉면 성덕면 만경면	170,000	만경농장
1919	184.0	전북 익산군 망월면 화산리, 용안면	141,000	함열농장
1919	73.7	전북 정읍군 고부면 소성면 영원면	-	고부농장
1920.	442.0	전북 익산군 함열면 와리	810,000	함열농장
1931	506.0	충남 부여군 규암면	-	부여농장
계	2387.1			

출처 : 金玄, 2009, 「植民地朝鮮と多木久米次郎-朝鮮における事業基盤と參政權問題」『海港都市硏究』 4, 92쪽.

는 132호였다. 다키농장은 산림경영에도 적극적이었다. 농장 내에 산림부를 설치하고 1918~21년 사이 경기도 양평군과 포천군·경상북도 영덕군·충청북도 영동군·전라북도 익산군의 국유림 9,806정보를 불하받아 산림지주로서 임야 녹화사업을 실시하였다.

[참고어] 동태적 지주, 간척, 소작인조합

[참고문헌] 阿部勳, 1939, 『朝鮮功勞者明鑑』; 多木久米次郎傳記編纂會, 1958, 『多木久米次郎』; 金玄, 2009, 「植民地朝鮮と多木久米次郎-朝鮮における事業基盤と參政權問題」『海港都市硏究』 4 〈남기현〉

단(壇) 전근대 국가에서 국가의 신에게 길례(吉禮)의 제사를 지내는 곳.

단은 보통 천신지기(天神地祇)를 받들어 모시는 제사 장소를 가리킨다. 제왕을 받들어 모시는 장소도 단이라고 부른다. 제장으로서의 단은 사전(祀典)체제의 정비를 통하여 설치되었다. 원구, 종묘, 사직제도 등 중국의 유교 예제는 고려 성종 대에 도입되었다. 조선 국가에서는 사전체제와 국가의례를 더욱 강화하였다. 1474년(성종 5) 『국조오례의』로 집대성했다. 1592년 임진왜란 이후 국가의례와 제사처에 변화가 생겼으며, 이는 1744년(영조20)에 편찬된 『국조속오례의』에 반영되었다. 여기에 명시된 국가 사전체제는 대사(大祀)·중사(中祀)·소사(小祀)·기고(祈告)·속제(俗祭)·주현(州縣)의 제(祭) 등으로 구별되었으며, 이러한 제사를 지내는 곳을 단(壇)·단묘(壇廟)라고 지칭하였다.

각 도읍의 북쪽 끝에는 여단(厲壇), 성황단(城隍壇), 사직단(社稷壇)을 설치하였다. 여단에서는 여역(厲疫)을 피하기 위하여 여제(厲祭)를 거행하였다. 성황단은 성황신, 즉 토지신을 제사지내는 곳이다. 여단에서 여제를 지내기에 앞서 성황단에 고제하는 것이 일반적이다. [『증보문헌비고(增補文獻備考)』 권61, 예고 8] 사직단은 사직신, 즉 국가의 수호신을 봉사하는 장소이다. 사직단의 경우 783년(선덕왕 4)부터 이미 창설되었다. 한말에 이르러 1897년(광무 1) 태사(太社)·태직(太稷)으로 승격, 위패를 고쳐 만들었다. 바람과 비를 빌기 위한 풍사단(風師壇), 뇌신단(雷神壇)도 있었다.

조선시기 도성의 단묘들은 주로 동교·남교에 위치하였다. 선초에는 원구단과 적전(籍田)이 사전(祀典)의 대상이 되었다. 이후 사전체제가 정비되면서 대사의 제장인 사직단과 종묘는 성내에 있었으며, 중사의 제장인 선농단(先農壇), 선잠단(先蠶壇), 우사단(雩祀壇) 등과 소사의 제장인 마조단(馬祖壇) 또는 마보단(馬步壇), 포단(酺壇), 선목단(先牧壇), 마사단(馬社壇), 노인성단(老人星壇), 영성단(靈星壇), 마제단(禡祭壇) 등은 성내, 동교, 남교 등에 위치하였다. 북교에 위치한 단묘도 일부 있었다. 단에서는 주로 농업과 관련한 제사를 올렸다. 이밖에 명의 장수와 군사를 위해 제사를 올리는 민충단(愍忠壇)도 있었다. 제사 지내는 곳인 단은 보통 공전으로 취급되어 과세하지 않았다.

대한제국기의 국가제례는 독립국가의 위상을 강화하고자 황제례로 재편하였다. 1897년(광무 1) 천지에 제사를 올리는 환구단(圜丘壇)을 설치하고 곡식의 신에게 제사지냈다. 1900년(광무 4)에는 전쟁에서 사망한 장군과 병사의 제사를 지내는 장충단(奬忠壇)을 설치하여 제사를 지냈다.

일본이 국권을 침탈한 이후 이러한 의례와 단의 설치는 대폭 축소 통합되었다. 1907년부터 국가 사전체제가 해체되기 시작하면서 단은 통합, 훼손, 폐지의 길을 걸었다. 도성 내의 단묘와 남교의 단들은 대부분 다른 용도로 이용되거나 사라졌다. 환구단은 1914년 조선총독부 철도호텔이 들어서면서 사라졌다. 1922년에는 단만 보존한 채 사직단이 공원화되었다. 1960년대부터 서울의 단묘들은 사적지로 지정되었다. 단의 토지는 토지조사사업에서 국유로 조사되었다.

"조선왕조의 사직은 도성 안의 서부 인달방에 있다. '사'는 동쪽에 있고, '직'은 서쪽에 있다. 양단은 각각 길이가 2장 5척, 높이가 3척이며, 사방으로 각각 3단의 섬돌을 내고, 단의 장식은 방색(方色)에 따라 황토를 덮었다. '사'에는 석주가 있는데 길이가 2척 5촌이고 크기는 1척의 정 4각이며, 그 위는 뾰족하고 아래의 반은 배식하였는데, 단의 남쪽 섬돌 위에 당하였고, 네 개 문은 한 담을 동일하게 하며, 사방 25보에 둘레 담으로 둘렀다. 국사는 후토씨로 배제(配祭)하고, 국직은 후직씨로 배제한다. 또한 1897년(광무 1) 태사(太社)·

태직(太稷)으로 승격하여 위패를 고쳐 만들었다.(本朝社稷, 在都城內西部仁達坊. 社在東, 稷在西. 兩壇各方二丈五尺, 高三尺, 四出陛各三級, 壇飾隨方色纛以黃土. 社有石主, 長兩尺五寸, 方一尺, 剡其上, 培其下半, 當壇南陛之上, 四門同一壝, 方二十五步, 繚以周垣. 國社以后土氏配, 國稷以后稷氏配, 今上光武元年, 陞爲太社太稷, 改造位牌[『增補文獻備考』 권54 禮考 1])"

[참고어] 공전, 사직, 선농제, 선잠제, 적전

[참고문헌] 이영춘, 2002, 「朝鮮後期의 祀典의 再編과 國家祭祀」 『한국사연구』 118 ; 정긍식·田中俊光 역, 2006, 『조선부동산용어 약해』 ; 장지연, 2009, 「권력관계의 변화에 따른 東郊 壇廟의 의미 변화 : 근대 先農壇과 東關王廟를 중심으로」 『서울학연구』 36

〈고나은〉

단기고공(短期雇工, 短雇) ⇒ 고공

단보제(段步制)

단보제(段步制) 삼국시기 고구려에서 사용하였던 양전제도.

고구려에서는 처음 중국 경무법(頃畝法)의 영향을 받아 경(頃)을 면적단위로 사용했던 것으로 보인다. 다만, 이것이 중국 경무제의 경과 동일한 면적이나 내용을 갖는 것인지, 아니면 용어만 차용하고 전혀 다른 면적을 나타내는 것인지에 대해서는 잘 알 수가 없는 상황이다. 또한 이때의 척도도 한척(漢尺) 계열의 척도인지, 아니면 고구려척도인지 불분명하다.

그 뒤 고구려는 35.6㎝ 정도의 고구려척을 독자적으로 마련하고, 이를 양전척으로 삼아 그 5척을 1보(步)로 제도화하였다. 그리고 이를 기준척도단위로 하여 1단(段)=250보의 단(段)을 설정함으로써 단보제가 마련된다. 1단의 면적 250보는 791.2제곱미터(약 239.61평)에 해당하며, 그 모양은 50보×50보 또는 25보×10보의 형태였을 것이다.

단보제가 제도화된 시기에 대해서는 먼저 태천군의 농오리산성 석각에서 보가 면적단위로 쓰이고 있음을 통해, 이 산성이 축조된 것으로 추정되는 555년(양원왕 11) 이전에 단보제가 마련되었음을 추측할 수 있다. 특히 고구려척이라는 독자적인 척도를 제정하면서 아울러 독자적인 양전제인 단보제가 마련되었을 가능성이 크다는 점에서, 고구려척을 사용하여 건축된 안학궁이나 정릉사가 처음 만들어진 5세기 초에 단보제 또한 이미 마련되었을 것으로 볼 수 있다. 이에 더하여 신라의 양전제와 율려의 반포가 밀접한 관련이 있고, 당나라 제도의 수용과 당척(唐尺)의 도입이 있은 뒤에 결부제가 제도화되었음을 고려하여, 고구려척의 마련과 단보제의 성립을 율령이 반포된 고구려 373년(소수림왕 3)으로 보기도 한다.

한편, 고구려척과 단보제는 신라와 일본에 영향을 주었다. 특히 양전제와 밀접한 관련이 있는 것이 도시구획인 바, 신라의 경주 구획 등에 이용되었을 것으로 추측된다.

[참고어] 양전, 양전척, 결부제, 경무법

[참고문헌] 『令集解』 ; 박찬흥, 1995, 「高句麗尺에 대한 연구」 『사총』 44 ; 김용섭, 2000, 「結負制의 展開過程」 『한국중세농업사연구』, 지식산업사 ; 유태용, 2001, 『35.6의 고구려자』, 서경문화사 ; 박찬흥, 2002, 「고구려의 段步制」 『한국사학보』 12, 고려사학회 ; 박찬흥, 2010, 「고대 한국과 일본의 양전제 비교 고찰」 『한국사학보』 41, 고려사학회

〈이준성〉

담보(擔保)

담보(擔保) 채무자의 채무불이행에 대비하여 채권자에게 채권의 확보를 위하여 제공되는 수단.

민법상의 담보는 크게 인적 담보와 물적 담보로 나누는데, 토지에 관련된 담보는 물적 담보이다. 물적 담보는 책임재산 중에서 특정 재산을 가지고 채권의 담보에 충당하는 제도로 유치권(留置權), 질권, 저당권 등의 담보물권이 이에 속한다. 1912년 조선부동산등기령이 제정되고, 토지조사사업이 완료되어 토지대장과 등기부가 마련됨에 따라, 토지소유권을 담보로 금전대차를 할 때 등기부의 을구(乙區)에 반드시 담보물권의 거래 내역을 명기하도록 하였다.

이러한 등기제도는 채무자가 차금을 상환하지 않을 경우 담보물권의 소유권을 제한하는 동시에, 최종적으로는 이를 완전히 박탈할 수 있는 여러 제도를 뒷받침하는 장치이기도 했다. 이 중 가장 강력한 것으로 일반적으로 이용하는 제도는 경매제도였다. 차압, 압류, 가등기 등의 방법도 사용되었다. 이러한 토지소유권 처분제한조치는 일본인 금융자본과 대금업자들이 토지 담보금융제도를 이용하는 데에 결정적인 역할을 하였다. 그 결과는 일본인 지주자본가의 토지확대와 한국인 토지소유자들의 토지상실로 나타났다.

[참고어] 조선부동산등기령, 저당권, 채권

[참고문헌] 조선총독부, 1940, 『조선법령집람』 ; 홍성찬 외, 2006, 『일제하 만경강 유역의 사회사』, 혜안

답(畓)[전(田)]임자/답(畓)[전(田)]주 ⇒ 지주

답감유사(踏勘有司) 양전사업 때 현장에 가서 토지를 직접 보고 조사하는 소임 또는 직책.

유사는 조선시기 동수(洞首)·이도(里導)·존위(尊位)·좌수(座首) 등의 자치행정의 총책임자 아래에서 영좌(領座)·좌상(座上)·두민(頭民) 등과 함께 동리의 일을 맡아 보던 임원이었다. 한편 계 등의 특정 조직에서 금전출납, 연락, 문서작성 등의 사무를 맡아보는 소임도 유사라고 하였다. 그러나 답감유사는 특히 양전사업시 현장에서 직접 토지를 보고 조사하는 일을 담당하였던 직책으로, 촌락조직의 실무자 중 하나였던 것으로 보인다.

답감유사의 활동은 대한제국기의 광무양전사업에서 확인된다. 양지아문에서는 사업을 시행하기에 앞서, 각도에 양무감리(量務監理)를 두어 양전지역을 선정하고 시행일자와 준비사항을 통보하는 작업을 거쳤다. 이때 답감유사는 해사인(解事人)과 더불어 민인들에게 구체적인 양전방식을 규정한 응행규례(應行規例)를 알리고 방곡(坊曲)에 게재하여 모두 알게 하는 역할을 하였다. 또한 양전을 시행하는 동안 양안상의 측량오류, 결수 증가 등의 문제로 소장을 올리는 일이 많아지자, 두민 및 유사를 참여시켜 양전 과정의 문제를 직접 이정하도록 하였다. 이처럼 답감유사는 양전사업을 준비하고 진행하는 동안 각 지역의 토지를 조사하고 측량하는 실무를 담당하였던 것으로 보인다.

[참고어] 양전, 광무양전사업

[참고문헌] 金鴻植 외, 1990,『대한제국기의 토지제도』, 민음사 ; 왕현종, 1995,「대한제국기 量田·地契事業의 추진과정과 성격」『大韓帝國의 土地調査事業』, 민음사 〈김미성〉

답중종모법(畓中種牟法) 벼와 보리를 같은 토지에서 연속하여 경작하는 방법.

한전농법(旱田農法)과 수전농법(水田農法)이 하나로 결합된 것으로, 도맥이모작(稻麥二毛作)이라고도 한다. 원래 보리[麥]는 밭[旱田]에서 수확하던 작물로 영세농이나 벼농사가 흉작일 때 중요한 작물이었다. 조선후기 농사기술의 발달은 보리의 수전재배를 가능하게 하였으며 특히 도맥이모작이 보급되어 일반화되기에 이르렀다. 남부지방의 농민들은 수전에 벼를 심고 그것을 추수한 후에 다시 보리를 이식하여 1년에 이모작을 하니 이익이 크다고 하였다.[『증보산림경제(增補山林經濟)』 권15, 증보사시찬요 5월, 이앙] 조선시기 춘맥(春麥)은 파종시기가 조도(早稻) 등 다른 여러 곡물의 파종시기와 겹치며 춘맥의 품질과 맛이 추맥(秋麥)만 못하여 추맥이 특별히 장려되었다. 특히 조선 후기 도맥이모작에서는 논에서 벼를 재배한 다음 바로 보리 파종해야 했으므로 춘맥보다는 추맥을 선호하게 되었다.

본래 한전에서의 추맥 경작은 세밀한 전토작업이 필요한 것이었다. 대체로는 5~6월 무렵에 미리 밭을 갈아[1차 기경(起耕)] 볕에 쬐었다가 목작(木斫)으로 땅을 고른다.[마평(摩平)] 8~9월 파종할 때에 다시 갈고서[2차 기경(起耕)], 철치파(鐵齒擺)나 등써레[木斫背]로 잘 다듬어 자잘한 이랑을 치밀하게 만든다.[작우(作畝)] 여기에 종자를 거름과 요회(尿灰)에 섞어서 심는데 숙분(熟糞)을 펴 종자를 두텁게 덮고 이듬해 3월경 한 차례 김을 매준 후 5월에 추수한다. 그러나 답중종모법으로 농사를 지을 경우 이같은 기경→마평→기경→작무의 작업은 선경(旋耕) 한 번으로 이루어진다. 즉 벼농사 중에 미리 풀거름을 마련했다가 벼 수확 즉시 이를 넣어 기경하는 것이다.

특히 수전에서의 보리 경작이 한전에서와 다른 점은 벼를 추수한 후 논의 물을 빼서 마른 땅으로 만든 후 보리를 경작한다는 것이다. 마찬가지로 보리를 추수한 후에는 다시 물을 넣는 과정이 반복되었다. 따라서 답중종모법에서는 지력회복과 유지를 위한 시비법의 발달이 수반되어야 했다.

답중종모법은 이앙법이 함께 시행되어야 효과적이다. 이앙법을 통한 제초작업의 간소화로 노동력 절감과 수확량의 증가를 기대할 수 있기 때문이다. 그리고 이앙법을 통해 한 달 정도 벼와 보리의 겹치는 생육기간을 조정할 수 있었다.

그러나 이앙법이 도맥이모작과 함께 시행된 것은 아니다. 이앙법은 많은 장점에도 불구하고 가뭄에 의한 실패가 가장 큰 고충이었고, 이를 금지하자는 논의도 분분하였다. 정조대 경상도 유학 정응삼(鄭應參)은 응지농서(應旨農書)에서 수전종맥(水田種麥)의 장점을 이유로 이앙법을 금지하면 안된다고 하였다.(『일성록(日省錄)』, 정조 23년 3월 19일) 수전종맥은 도맥이모작을 지칭하는 것이다. 그러나 여러 상소에서는 수전종맥법 실시 지역을 '남중민(南中民)', '남야지농(南野之農)'이라고 표현하고 있어 전국적으로 실시된 것은 아니며 삼남지방 중심의 경작법 이었음을 짐작할 수 있다. 정확히는 금강(錦江)이남의 삼남지방으로 볼 수 있으며, 그 가운데서도 영남지방을 중심으로 가장 발달하였다. 중부나 북부지방은 여름이 짧아 그 시기가 맞지 않았으며, 호서지방의 금강 이북지역도 철이 좀 늦으면 망설이고 있기 때문이다. 특히 화성지역에서는 농사지을 논에는 보리농사 짓는 것을 금지시키고 있었다.

이처럼 도맥이모작은 이앙법의 발달로 가능하게 된 것이며, 춘궁기 농민들의 소중한 식량보급을 위해 절실한 필요에 의해 개발되고 보급된 것이었다. 또한 부농(富農)들에게는 부를 축적하는 수단이 되고 있었다. 국가와 농촌 식자층은 도맥이모작을 장려하여 농서보급을 주도해 나갔다.

[참고어] 이모작, 이앙법, 응지진농서

[참고문헌] 김용섭, 2006, 『朝鮮後期農業史硏究Ⅱ』, 지식산업사 ; 염정섭, 2002, 『조선시대농법발달연구』, 태학사 〈우혜숙〉

답험손실법(踏驗損實法) 1391년부터 1444년까지 시행된 토지조세 부과방법으로, 작황을 직접 파악하는 답험법과 작황 등급을 반영하는 손실법을 병용한 방식.

고려 말 1391년(공양왕 3)에 시행되기 시작한 과전법(科田法)에서 제정된 조세규정은 1444년(세종 26)에 새로운 전세제도인 공법으로 개혁되기까지 준행되었는데, 당시 여러 가지 시행정책 중 하나가 손실답험법으로 '수손급손법(隨損給損法)'이라고도 한다.

과전법에서 조(租)와 세(稅)는 구별되어 경작자가 수조자에게 바치는 것은 조라 하고, 수조자가 국고에 바치는 것을 세라 하였다. 공전과 사전을 막론하고 1결당 30두의 조를 바치도록 하였으므로, 1결의 수확고 300두(20석)에 대한 1/10의 수조율이 된다. 하지만 이것은 한해의 작황에 따라 달라졌는데, 이를 측정하는 것이 바로 답험규정과 그에 따른 손실규정이었다.

먼저 손실 규정에서 공전(公田)과 사전(私田) 모두 손실의 정도를 10등분하고, 명년에 비해 수확이 1할 감소할 때마다 조도 1할씩 감면해 주도록 하였다. 그리고 수확이 8할 이상 감소하면 조는 전액 면제시켜 준다는 내용으로 이루어져 있다. 문제는 한 해의 농업 작황을 현지에 나가 조사하여 등급을 정하는 답험규정이었다. 공전과 사전이 다르게 규정되었는데, 공전은 지방관에게 맡겼으나 사전은 전주(田主)에게 일임하는 전주답험제(田主踏驗制)를 채택하였다.

공전은 1차로 각 군현의 수령이 각기 관내의 작황을 답험하여 그 내용을 관찰사에게 보고하면, 관찰사는 다른 고을 출신 유향품관인 임시 관원과 위관(委官)을 보내어 재심하게 하고, 중앙에서는 해마다 경차관을 파견하여 조사하도록 하였다. 원래 이 수세법은 흉작으로 인한 농민의 고충을 덜어줄 목적에서 시행되었으나, 법 자체의 불합리성으로 실제로는 별다른 효과를 거두지 못하고 오히려 농민의 부담만 가중시켰다.

우선 1차 책임자인 수령이 모든 전답을 친히 답험할 수 없었으므로 지방 거주 사족(士族)을 위관(委官)으로 삼아 활용하였다. 이들 위관이 현지에 나가 전답의 필지마다 일일이 답사하고 경작자를 상대하였다. 위관으로서 사무를 담당한 인원이 매우 많아 8도에 걸쳐 거의 1천여 명에 이르렀다. 그렇게 많은 수의 공평하고 청렴함 품관을 선임하기도 어려웠고, 위관들은 소농민과 상대하는 답험실무를 기꺼이 응하려 하지 않았다. 결국 실제 답험은 토착세력인 향리(鄕吏)가 행하였고, 그 과정에서 여러 가지 농간이 자행되었다.

뿐만 아니라 수령들은 답험 실시에 필요한 경비를 농민에게 전가시켰다. 농민들은 답험관에 대한 접대를 해야 했는데, 손실의 산정이 이들에 의하여 좌우되므로 많은 접대비를 부담하였다. 이러한 제도외적 부담뿐 아니라, 손실의 산정에서도 객관적 기준이 모호하여 세력 있는 부자의 전답에는 재해에 의한 손이 많이 산정되고 소농민의 전답에서는 그 반대였다. 불공정으로 인한 소농민의 침해가 심각하였다.

한편 경차관은 왕명을 직접 받아 파견되었던 만큼 각 군현의 수령이 그에 대한 접대를 소홀히 할 수가 없었다. 경차관도 각 군현의 전답을 두루 답험한다는 것은 불가능한 일이었으므로, 각 수령의 책임 아래 시행되는 답험손실에서의 불공정을 살피는 역할을 수행하였고 그것은 상당히 위협적인 소임이 되었다. 위관과 경차관도 수령·향리들과 농간을 부려 사욕을 채우는 데 급급하였다.

답험손실을 집계하는 과정에서도 향리들의 농간도 잇따랐다. 손실의 유무와 다소를 문서화하는 과정에서 소농민에게 더 많은 세를 부담케 하였고, 집계과정에서 수십 결의 실전이 은폐되는 은결의 조작도 행하였다.

이와 같은 공전과는 별도로 사전의 경우에는 전주 스스로 심사하고 검사하여 조를 거두도록 되어 있어 더욱 가혹하게 이루어졌다. 답험에 나선 대부분의 전주들은 손실을 거의 인정하려 하지 않았으며, 추수가 끝난 한참 뒤에 답험함으로써 늘 손실이 전혀 발생하지 않았을 때 징수하는 조액인 실수(實數)대로 징수하기도 하였다. 1석 즉 15두의 조를 바치는 데에 23~24두를 바쳐야 하였고, 그 밖에도 숯·땔나무·재목과 기타 잡물도 바쳐야 했다.

과전법의 답험손실법은 1393년(태조 2)에 1차로 개정되었다. 손실답험 규정을 그대로 두고, 다만 동일 5결(結) 단위 지번(地番)의 경지 내에 작황이 상이한 부분이 있으면 급손(給損) 방식을 규정하여 미비점을 보완하였다. 또 2할 이하의 수확 감소는 조의 감면을 인정하지 않았다.

이후 태종 때에 크게 수정되었는데, 손실 규정은 2할 이하의 수확 감소에도 조를 감면하는 혜택을 다시 부여하되, 수확이 1할 증대되면 조도 1할 더해서 징수하도록 하였다. 답험 규정은 다른 도의 품관 중에서 선발된 위관이 1차 답험을 하고, 이 위관의 결과를 수령이 검사하도록 하였다. 또 조정에서 파견한 경차관(敬差官)이 답험을 불공정하게 한 경우는 처벌하게 하였다. 이를 위해 공평하고 청렴한 지방 거주 사족으로 위관을 삼아 실무를 맡게 하고, 수령을 그 책임자로, 경차관을 그 감독관으로 제도화하였다.

한편 사전의 답험 과정에서 야기되는 폐단을 시정하기 위해 관청에서 답험하는 관답험(官踏驗)이 실시되었으나, 더 큰 부작용을 가져왔다. 농민은 전주뿐 아니라 답험 관원까지 응대해야 하는 부담을 져야 했고, 답험한 결과에 대해 전주들은 항상 불만을 표시하였다. 이로 인해 1415년(태종 15)에 전주답험으로 복귀하게 하였다가, 1417년에는 사전의 1/3을 하삼도로 옮기게 되면서 관청에 의한 답험으로 변경하였다. 이듬해에 다시 전주답험제로 바뀌었으나, 1419년(세종 1) 이후 관청의 답험이 항구화하였다. 답험 과정에서 나타나는 폐단은 전주답험이든 관답험이든 쉽게 근절될 수 있는 것이 아니었다.

그리하여 수조권을 통한 전주의 토지지배는 세종 원년을 기점으로 일대 변화를 보였다. 사전에서의 수조권 행사는 답험손실에 있었는데, 그 권한이 수조권자인 전주의 수중에서 국가관리로 귀속하게 되었다. 이는 전주의 사적 수조권의 행사에 대한 과전법 규정을 부분적으로 부정하는 것이었다.

이러한 변화의 바탕에는 사전도 공전과 마찬가지로 국가의 공적 관리하에 두어야 한다는 국가관리권의 성장이 자리하고 있었다. 또한 그것은 토지를 개별적으로 소유하고 있는 농민의 보편적인 토지소유권의 성장이 그 밑바탕이 되었다.

한 해의 농업 작황을 파악하기 위해 실시하는 답험의 관행은 이미 고려시기 전시과(田柴科)에서도 마련된 것이었다. 고려의 제도가 정비되던 문종 때에 지세 규정과 함께 1050년(문종 4)에 답험손실법이 정비되었다. 그 때에는 1차 답험자가 촌주층(村主層)인 촌전(村典)이었다. 그에 비하면 조선 초기의 답험손실은 어느 정도 발전된 측면이 있었다.

첫째, 답험의 1차 책임자가 수령으로 규정되고 있어, 농민을 보다 직접적으로 파악하는 중앙집권정책의 강화와 관련되고 있다. 둘째, 답험의 실무를 현지의 주민인 촌전 대신에 공평하고 청렴한 품관으로 맡게 하되, 지역을 바꾸어 답험하게 하였다. 그럼에도 답험손실의 실제는 고려 이래의 전통적인 방식이 거의 그대로 답습되고 있었다.

따라서 답험손실법의 결함을 극복하고 농업생산력의 발전을 기반으로 한 새로운 토지경영의 변화 등을 고려한 새로운 전세제도가 필요하였고, 1444년에 공법으로의 개혁이 이루어졌던 것이다.

[참고어] 양전, 급재, 공법, 농형

[참고문헌] 박시형, 1941, 「이조전세제도의 성립과정」『진단학보』 14 ; 김태영, 1983, 『조선전기 토지제도사연구』, 지식산업사 ; 이경식, 1986, 『조선전기 토지제도사연구』, 일조각 ; 이재룡, 1994, 「조세」『한국사 24 조선 초기의 경제구조』, 국사편찬위원회 ; 강제훈, 2000, 「답험손실법의 시행과 田品制의 변화」『한국사학보』 8, 고려사학회 ; 강제훈, 2001, 「조선초기 田稅制 개혁과 그 성격」『조선시대사학보』 19, 조선시대사학회 〈강은경〉

대(垈) 집을 짓는 집터인 택지, 즉 가옥의 대지를 가리키는 말.

대(垈)는 대(代)와 통용해 쓰인다. 대는 이두로, 윗부분의 대(代)는 터라는 옛말의 음을 표기한 것이고, 그 밑의 토(土)는 토지관계의 글자임을 표시한 것이다. 가옥의 부지를 가리키는 말로 대라고 할 때는 가옥이 있는 곳만을 칭하는 것이 아니라 토지도 포함하여 대전(垈田) 또는 공대(空垈)라고 한다. 대전, 가대(家垈), 가기(家基) 또는 기지(基址, 基地)라고도 한다. 가옥을 짓기 전에 채소, 죽목 등을 식재하는 곳으로 이용할 경우 가전(家田) 또는 가원(家園)이라고도 한다. 관아가 설립된 부지는 공해기지(公廨基址), 사원의 부지는 사기지(寺基地)라고 한다. 전(殿), 누(樓), 당(堂) 등은 기지라는 명칭을 사용하지 않는다. 양안에는 과세 대상에서 제외된 것으로 표기되었다.

조선 국가에서는 가사규제를 통해 가대의 크기를 제한하였다. 1395년(태조 4)에 장지화 등의 상소로 택지 분급규정을 마련하였다. 정1품부터 서인에 이르기까지 각 품계에 따라 집터를 정하여 나누어주었다. 정1품은 35부, 정2품은 30부, 정3품은 25부, 정4품은 20부, 정5품은 15부, 정6품은 10부, 정7품은 8부, 정8품은 6부, 정9품은 4부, 서인은 2부로 정하였다. 현행 평수로는 1품은 1,365평이고 서인은 78평 정도였다. 1397년(태조 6) 태조가 도평의사사에 명하여 한성부에 거주하는 품관들에게 가기를 주었다. 성종 대에는 왕실 족친에 대한 조가지(造家地)의 제한 조치를 마련하여 『경국대전』에 법으로 등록하였다. 대군과 공주는 30부, 왕자군과 옹주는 25부, 1·2품은 15부, 3·4품은 10부, 5·6품은 8부, 7품 이하는 4부이며 서인은 2부로 정하였다.

이러한 가대에는 세금이 부과되었다. 집터인 가대 자체에 부과되는 세금이 가대세(家垈稅) 혹은 가기세(家基稅)이다. 가대 위에 설치된 가옥에는 가옥세를 징수하였다. 1412년(태종 12) 7월 3일 태종실록의 기사에 "옛날 조용조(租庸調)의 법에 의하여 서울의 각 호에 가대세를 저화(楮貨)로 바치게 하되, 그 부수(負數)를 헤아려서 차등 있게 하소서."라는 기록이 보인다. 이를 보면 호별로 납부하라고 한 점에서 언뜻 호세처럼 보이나 부수를 헤아려 차등 있게 부과하였다는 점에서 가대세는 지세로 파악되었다는 것을 알 수 있다. 가대세 징수에 대해 관료들을 비롯한 지배층은 거세게 반대하였다. 가대세가 부수의 차이, 곧 빈부의 차이에 따라 차등으로 부과되어 넓은 집터를 가진 관료 및 지배층들에게는 불리한 제도였기 때문이다. 태종 때는 반대가 심하여 한시적으로 가대세 징수를 폐지하기도 했으나 임진왜란 이후에도 계속 징수하였던 것으로 보인다.

1425년(세종 7) 8월 20일 『세종실록』 기사에서는 호조가 "서울 안 가기세를 전에는 8과(科)로 나누어서, 1과 집터가 30부(卜)이면 저화 10장을 수납하고, 3부가 넘을 때마다 1장을 더 수납하며, 3부가 못 되는 것은 8과에는 제외되며, 1부 이상 3부까지는 1장을 수납하고, 1부가 못 되는 것은 면세하기를" 청하고 있으나 가대세는 여전히 징수하지 않고 가대 위에 설치된 가옥에만 가옥세를 징수하였다. 가옥세는 가호를 대호, 중호, 소호, 잔호, 잔잔호의 5등급으로 구분한 다음, 대호는 쌀 1말 5되, 중호는 1말, 소호는 5되, 잔호는 5되의 반, 잔잔호는 5되의 3분의 1을 징수하였다.

가대세는 조선 후기 훈련도감의 승호군 등 군병들이 상경했을 때 한성부의 공유지인 공대(公垈)를 차입하여 주거를 마련해 준 경우 그 대가로 징수하기도 하였다. 자가 거주가 많았던 16세기와는 달리 17~18세기에 이르면 한성부민의 거주형태는 차입, 세입 등이 일반화되어 갔다. 또한 1798년(정조 22)의 전교에 "화성 성지(城址)의 가기로서 납세를 하지 않아야 하는데도 납세를 한 곳 및 화소(火巢)에 추가로 경계가 정해진 전토로서 관천고(莞千庫)에 소속되고도 미처 면세를 받지 못한 곳을 아울러 면세해주도록 하라."고 하였다. 가대세 징수가 나름의 수취원칙에 입각하여 계속 관철되고 있었음을 확인할 수 있다.

1443년(세종 25) 세종조의 양전사목에 의하면 가대는 농지(農地), 저전(苧田), 저전(楮田), 완전(莞田), 과원(果園), 칠림(漆林), 죽림(竹林) 등과 함께 파악 대상이었다. 관청과 사원의 기지는 양전 대상에서 제외되었다. 조선 국가에서는 기본적으로 택지와 경지는 구분하지 않았음을 알 수 있다. 다만 가대세가 일반 토지세와 다른 점은 전품을 헤아리지 않고 일괄적으로 삼등으로 고정시켜 세금을 부과했다는 점이다. 조선 후기에는 관청·사원의 기지도 파악 대상이 되었다.

숙종 대 경자양전으로 작성된 양안에는 대지가 "第十五 北犯 一等 圭 垈田" 또는 "第十八 北犯 二等 直垈田"(경상북도 용궁현 읍내면 경자개량전안)으로 표기되었다. 양안의 지목란에 기록된 대전을 통해 대주의 토지소유 여부를 파악할 수도 있다.

대한제국의 양지아문 양안에는 전답 등 농지 외에 대지와 더불어 가옥을 조사하여 대주와 가주를 별도로 파악하고 있다. 대는 양안의 기재란 중 지목을 표기하는 란에 기록하되 전(田) 항목에 기재하고 가사의 실태도 함께 기재하였다. 가대 위에는 가사의 용도에 따라 공해(公廨), 강당(講堂), 사찰(寺刹), 교궁(校宮), 서원(書院), 사창(社倉), 리숙(里塾), 사정(射亭) 등으로 표기되었고 일반 민가는 소유주만 기록하였다. 일례로 양지아문의 온양군 일북면 양안에는 가대가 "第十五 西犯 直田 一座 四等 結 二負八束 垈主 安轍承 家主 李承一 草三間"으로 표기되었다. 이렇듯 가대는 모두 양안에 표기되어 수세하였으며, 일반전보다 등급이 높았다.

양지아문의 뒤를 이어 양전을 담당한 지계아문 양안에서는 전답만 기재하고 다른 부동산은 별도의 장부를 만들어 기재하였는데 가사는 「가사안(家舍案)」에 기록하였다. 「가사안」은 양안처럼 자호지번을 쓰지 않고 통호에 따라 가사를 배열하였기 때문에 어떤 대지 위에 어떤 가사가 있는지 알기 어렵다. 성질이 다른 두 부동산인 가사와 대지를 분리하여 처리한 점은 양지아문 양안과 다른 점이다.

가사를 별도 장부에 기록하자 대지의 기재방식도

바뀌었다. 양지아문 양안에서는 시주란에 가대를 종합 처리하였는데 지계아문 양안에서는 지역별로 차이가 있다. 강원도 평해군, 경기도 수원·용인 지역은 가대 표시가 없고 간성군은 전답도형란에 대를 기록하였으며 경남지역에는 시주란에 대라고 표시하였다. 경상남도 일부 지역의 「가호안」에는 자호지번이 양안과 일치하도록 작성하여 양안에 지대라는 지목과 가호안이 상호 연락관계를 갖는다는 점에서 「가사안」과 차이점을 나타낸다. 지계아문 양안에서는 가사는 물론 대지도 지목 분류에서 제외하기도 하였다. 한 사람이 소유한 서로 붙어있는 두 개의 대지는 합쳐서 한 필지의 전으로 표기하기도 했고 전과 같이 두 필지로 표기하기도 했다. 이후 지계아문에서 관계를 발급하였는데 이때의 관계 발급 대상은 산림, 전답, 천택, 가사 등 모든 부동산이었다. 가대는 대지와 가옥을 동시에 소유하는 경우와 타인 소유 토지를 대여 받아 가옥을 건축하고 대가로 소작료에 준하는 대지료를 지불하는 경우가 있다. 관습법에서도 가사와 대지는 별도로 취급하였으며 근대법에서도 이 둘은 별개였다.

1910년 8월 23일 법률 제7호 토지조사법 제3조의 규정에서 지목을 3개 유형 18개 종류로 구분하였는데 대는 직접적 수익이 있는 토지이며 현재 과세 중에 있고 장래 과세의 목적이 있는 제1호 토지로 분류되었다. 일제가 제정한 토지조사령(1912년 8월 13일 제령 제2호)에서도 토지조사법의 지목을 그대로 적용하였다. 1914년 3월 16일 제령 제1호로서 과세부과의 목적으로 일제가 제정한 법인 지세령에서 토지의 3유형 지목분류 중 제1호에 대가 포함되어 있다. 이후 수많은 법령의 변화와 지목의 변천이 이루어졌다. 지적법이 제정된 이후 지목의 변천은 총 28개의 지목으로 구분한 지적법 제2차 전문개정 시행부터 현재까지의 기간에 걸쳐 이루어졌다. 현행 우리나라의 지목은 총 28개 유형이며, 대·가대는 대지로 분류된다.

[참고어] 가사관계, 가계제도, 가사안, 광무양전사업, 지목, 토지조사법

[참고문헌] 주명식, 1981, 「지적법 해설(1)」『사법행정』 251 ; 한국역사연구회 토지대장연구반, 1995, 『대한제국의 토지조사사업』, 민음사 ; 박경안, 2008, 「선초 가대(家代)의 절급에 관하여」『역사와현실』 69 ; 유승희, 2009, 「17~18세기 漢城府內 軍兵의 家垈 지급과 借入의 실태」『서울학연구』 36 〈고나은〉

대개장(大槩狀) 조선 후기 각도 감영에 보고하는 지방 수령의 연례 작황보고서.

매년 추수가 끝난 후 지방 수령이 관할지역에서 조세를 거둘 수 있는 실제 결수(結數)와 재해(災害)를 입은 결수 총액을 조사하여 해당 관찰사에 보고했던 문서를 말한다.

수령이 대개장을 작성할 때 원래 전답의 결수를 모두 기록하고, 그 해에 재해를 입은 전답의 결수를 계산하여 기재했다. 이때 면세 대상이 될 전답의 이름, 진전(陳田)의 상황을 기록했는데, 때로는 재해의 원인을 밝힌 경우도 있었다. 지방 수령이 재해를 입은 전답의 결수를 적어 보고한다고 해도 모두 조세 면제를 받을 수 있는 것은 아니었다. 각 도의 관찰사가 대개장을 다시 심사하여 중앙에 보고하고, 국왕의 재가를 얻어 면세가 승인된 전답을 제외한 나머지 전답에 조세를 부과했다. 따라서 대개장은 재해 전답을 파악하고 조세를 면제하는 기본 자료로 활용되었으며, 조세 징수를 위한 보고서라기보다는 재해를 입은 전답 농민을 구휼하기 위한 것이었다.

그러나 재정 부족으로 중앙 정부가 허용하는 면세액은 일정하게 제한되어 있는 반면, 각 도의 재해 총액은 날로 증가하는 추세였다. 그래서 지방 수령들은 면세액이 삭감될 것을 예상하여 대개장을 작성할 때 재액의 총수를 늘려서 보고하는 것이 관례였다고 한다.

1868년(고종 5) 7월에 순천부(順天府)에서 만든 대개장을 보면, 구개장(舊槩狀)과 신개장(新槩狀)으로 이루어졌다. 구개장에는 전해의 결총(結總)이 항목별로 밝혀져 있으며, 신개장에는 구개장과 같은 항목으로 새로이 조사된 결총 및 구개장과의 차이점이 표시되어 있다. 군 전체의 정전답(正田畓), 관둔전답(官屯田畓), 위전답(位田畓), 사궁전답(司宮田畓) 등의 전체 결부수(結負數) 및 각 전답의 진·기결부수(陳·起結負數), 그해의 재해결부수(災害結負數), 정전답·가경전답(加耕田畓)의 수조액(收租額), 항목별 면세전답의 결부수가 종합적으로 기재되어 있다.

또한 도 단위로 관찰사가 작성한 대개장도 있는데, 1900년(광무 4) 12월에 작성된 충청북도 연분대개장이 그 대표적 자료이다. 이 대개장은 결세(結稅)를 수취하기 전 지방 각군이 그해의 수확을 조사하여 감영에 보고하고, 감영이 이를 참고하여 면세재결(免稅災結)을 각 군에 지급하면, 이에 각 군은 이를 근거로 하여 그해의 출세결(出稅結) 상황을 확정하여 감영에 보고하는 책이다. 감영이 각 군의 대개장을 마감하여 다시 각 군에 내려 보내면 그해의 출세액은 확정되는 셈이다.

각 군은 이 대개장의 액수를 전제로 하여 각 농민들의 출세결을 작부(作夫)를 통해 조정하게 된다. 그리고 실제의 결세 수취는 이듬해 2월경에 이루어진다.

도 단위의 연분대개장 형식은 대략 다음과 같다. 우선 양안상(量案上)의 원전답(元田畓)의 총결수를 전답별로 밝히고, 이어 면세결(免稅結)로서 아문둔진(衙門屯陳), 잡위(雜位), 구진잡(舊陳雜), 구진(舊陳)을 원전답에서 제하고 있다. 다음으로 제감(除減)될 금진(今陳 : 未移畓과 晩移畓)을 기재하고 이어서 양안상의 원전답에서 면세결을 제한 수조정전답(收租正田畓) 곧 출세결(出稅結)을 기재하고 있다. 다음에는 양안외(量案外)의 토지로서 가경전(加耕田)·폐제언기경전(廢堤堰起耕田)·은루전(隱漏田)으로 파악된 것들이 출세결에 추가되고 끝에 이상(已上)이란 출세결의 집계가 있다. 끄트머리에는 위와 각 군의 '이상' 부분을 종합 집계한 도 전체의 출세실결(出稅實結)이 정리된 '도상(都上)'이 있고, 이를 마감한 관찰사의 인장(印章)이 찍혀 있다.

대개장은 결세의 수취체계에 관한 자료일 뿐 아니라, 조선 후기와 구한말 당시 군현의 토지의 이용 상황을 살피는 데도 도움이 될 수 있는 자료이다.

[참고어] 전세, 총액제, 원전, 면세전, 가경전

[참고문헌] 『朝鮮民政資料』 牧民篇 ; 『各司謄錄』 近代篇 ; 김용섭, 1995, 『(증보판) 조선후기농업사연구』 Ⅰ, 지식산업사

〈이석원〉

대교농장(大橋農場)/대교여시(大橋與市) ⇒ 오오하시농장

대납(代納) 납세자를 대신해 공물(貢物) 등의 조세(租稅)를 납부하고 이익을 취하는 행위.

[참고어] 공납, 대동법, 방납

대동농촌사(大同農村社) 1937년 6월 대동광업주식회사 사장 이종만(李鍾萬)이 농촌갱생과 경제자립의 기치 아래 이상농촌건설을 목표로 설립한 비영리농업조직.

출자금 15만 원으로 시작한 대동농촌사는 향후 50만원의 기금으로 집단농지를 마련하고 자작농창정사업을 통해 자립적 집단농촌건설을 목표로 하였다. 출범 당시 대동농촌사는 사업요강에서 경작자들은 일정 규모의 토지를 영구 경작하되, 30년간 매년 소출의 3할을 대동농촌건설의무금(=연부상환금)으로 납부하며, 30년 후에도 집단농장 유지를 위해 토지소유권은 영구히 대동농촌사 명의로 한다고 선언하였다. 이런 취지하에 대동농촌사는 1937년 8월 영흥농촌·문산농촌·평원농촌, 1938년 서해농장, 1939년 하동농촌 등 모두 5개 집단농촌을 건설하였다.

① 영흥농촌 : 함경남도 영흥군 억기면 율산리를 중심으로 영흥평야 동남쪽 개간지에 건설되었다. 매입 당시 개간 중이었기에 집단농촌건설은 개간사업과 병행되었고, 이민촌과 자연촌을 결합한 형태를 취했다. 1940년 현재 경지면적은 295.4정보(논 255정보, 밭 5.5정보, 기타 34.9정보)이며, 경작호수는 163호(이주농민 64호, 원주농민 99호)였다. 생산량은 벼 3,000-4,000석에 달했고, 이민농민은 1호당 평균 2정보의 토지를 분배받았다.

② 문산농촌 : 경기도 연천군 적성면 장파리를 중심으로 임진강 연안의 개간지에 건설되었다. 동양척식주식회사가 개간에 실패한 이 일대 송림지를 대동농촌사가 인수하여 150마력 모터를 설치하여 양수관개문제를 해결하여 개간에 성공했다. 영흥농촌과 마찬가지로 개간지 이주농민과 현지농민을 수용하는 방식을 취했다. 1940년 현재 경작면적은 100.9정보(논 41.4정보, 밭 11.9정보, 기타 46.6정보)이며, 경작호수 46호(이주농민 20호, 원주농민 26호)였다. 대략 1,000석 정도의 벼를 수확하였다.

③ 평원농촌 : 함경남도 평원군 서강면 연풍리 해안가 간사지 개척지에 건설되었다. 평원농촌은 이주농민을 모집한 이민촌이 아니라 연풍리 농민을 모집하여 건설한 자연촌 방식을 취했다. 1940년 현재 경작면적은 64.9정보(논 64.9정보)이며, 경작호수 52호였다. 농가 1호당 평균 4,000여 평 규모로 농지가 분배되었고, 3,000여석의 수확을 보였다.

④ 서해농장 : 함경남도 평원군 서해면 보덕리와 보원리 일대 간사지 간척지에 위치한 대동학원산하 농장이다. 이 농장은 1920년 경성의 토건회사 황해사(黃海社)가 개척한 것을 1931년 조선식산은행의 자회사인 성업사가 인수했다가, 1934년 숭실전문학교가 이를 인수하여 숭실경제농장으로 운영해 왔다. 1937년 10월 이종만이 폐교결정이 내려진 숭실전문학교를 인수하여 대동학원을 개설하고, 숭실경제농장도 서해농장으로 개칭하고 대동농촌사에 위임 경영하게 했다. 1940년 현재 경작규모는 254.3정보(논 186정보, 밭 0.3정보, 기타 68정보)이며, 경작호수 95호였다.

⑤ 하동농촌 : 경상남도 하동군 북천면 직전리와 사

평리 일대 10만여 평의 기경지에 건설되었다. 복잡한 소유권 분쟁과 소작쟁의에 휘말린 토지소유주가 직업학교 설립을 조건으로 토지를 이종만에게 기부하자, 이종만이 기존 소작인들을 대상으로 자작농창정을 시행하고 대동농촌사에 편입시켰다. 다른 농촌사 운영방침과 달리 원리균등 연부상환방식에 상환기간은 20년, 토지대금 이율은 3분 5리로 결정했다. 하동농촌 성립의 특성상 다른 집단농촌 같은 성격을 별로 갖지 않았지만, 하동농촌의 자작농지 설정은 일제하 조선인 상호간에 사적으로 추진된 대표적 사례로 볼 수 있다. 1940년 현재 하동농촌의 규모는 34.8정보(논 29.9정보, 밭 2.7정보, 기타 2.2정보), 경작호수 83호였다.

대동농촌사가 건설한 집단농촌의 운영기조는 농촌협동화였다. 대동농촌사가 각종 공동생산 설비를 제공하는 가운데 계획적 통제적으로 영농지도를 하고 각 집단농촌은 조합법에 의한 자치체제의 합의기관을 설치하여 농촌민의 정신적 물질적 협동화와 조직화를 도모한다는 것이었다. 그러나 집단농촌 창설 초창기에는 자치적 운영보다 생산여건을 확보하기 위한 대동농촌사의 영농지도와 통제가 우선되었다. 영농지도는 경영규모의 적정화, 생산기술의 향상도모, 공동작업, 농업기계화, 합리적 노동력분배 같은 노무조직의 합리화에 주안점이 두어졌다. 중앙의 영농지도와 저리의 농업자금융통은 자력갱생의 정신을 약화시킬 우려가 있었지만, 생산성이 낮은 개간간척지라는 집단농촌들의 현실을 고려할 때 불가피한 사정이었다. 하동농촌은 자작농지연부상환금을 일시불로 처리하여 경작농민들에게 소유권을 이전했지만, 나머지 집단농촌은 대동사업체가 해체되는 1943년까지 일정하게 정리된 것으로 추정된다.

[참고어] 동태적 지주, 간척, 개간

[참고문헌] 方基中, 1996, 「日帝末期 大同事業體의 經濟自立運動과 理念」『韓國史硏究』 95

〈이수일〉

대동법(大同法) 조선 중기 이후 공물(공물)을 미곡으로 통일하여 바치게 하던 부세제도.

조선의 세제는 전통적인 동양의 조(租)·용(庸)·조(調) 삼세 수취체제에 입각하여 전세(田稅), 신역(身役)과 요역(徭役), 공물·진상(進上) 등의 명목으로 구성되어 있다. 이중 특히 부과기준이 모호하고 물품이 다양했던 공납(貢納)은 조선 전기부터 각종 문제점을 드러내어 이미 16세기 초부터 그의 폐지·개혁이 논의되고 강구되고 있었다. 공물은 농민의 생산물량을 기준으로 한 과세가 아니라 국가의 수요를 기준으로 한 과세였기 때문에 과세량에 무리가 있었다. 또한 고을에 따라서는 생산되지 않거나 이미 절산된 물품이 부과됨에 따라 방납이 성행하게 되었다. 그러나 공물·진상은 국가재정에서 차지하는 비중이 가장 컸을 뿐만 아니라, 부분적으로는 국왕에 대한 예헌(禮獻)의 의미마저 지니는 것이어서 좀처럼 개혁되지 못하였고, 또 방납인들의 이권이 개재되고 있었던 데서 쉽사리 개선되지도 못하였다. 그 결과 공납제는 임진왜란 이전부터 이미 공물의 과중한 부담과 방납의 폐단이 만연하면서 농민층 유망의 중요한 원인이 되고 있었다. 그리하여 공납제의 개혁논의는 임진왜란을 겪기까지 아무런 성과를 거두지 못하였다. 나아가 임진왜란 이후에는 정부가 재정 파탄을 수습하기 위해 재정수입을 급격히 확대시키는 과정에서 농민들의 공물 부담이 늘어나면서 그 징수의 기반마저 붕괴될 정도에 이르게 되었다. 이와 같은 폐해를 조정하여 농민의 유망을 방지하면서 한편 국가재정 수입원을 안정적으로 확보하기 위해서는 공납제의 개혁이 필수불가결한 실정이었다.

공납제 개혁을 위한 여러 방안이 논의되는 가운데 임진왜란 이전부터 주된 검토 대상이 된 방안은 공물을 미곡으로 대신 거두는 대공수미(代貢收米)의 방안이었다. 1569년(선조 2) 이이(李珥)에 의해 건의된 대공수미법은 징수된 공납미를 정부가 지정한 공납 청부업자에게 지급하고, 이들로 하여금 왕실·관아의 수요물을 조달케 함으로써 종래 불법적으로 관행되던 방납을 합법화시켜 정부의 통제 하에 두고 이를 통하여 재정을 확충하려는 의도에서 나온 것이었다. 대공수미법은 임진왜란 중 유성룡(柳成龍)의 건의로 잠시 실시되었는데 그 내용을 살펴보면, 각 군현에서 상납하던 모든 물품을 쌀로 환가(換價)하여 그 수량을 도별로 합산해서 도내 전토에 고르게 부과·징수(대체로 1결에 쌀 2말)하게 하고, 이를 호조에서 수납하여 공물과 진상·방물의 구입경비로 쓰는 한편, 시급하였던 군량으로도 보충하게 하는 방안이었다. 그러나 대공수미법은 계속 실현되지 못하였고, 전쟁이 끝난 이후 전국의 토지결수가 줄어 재정수입이 감소하게 되자 이를 타개하기 위한 방법의 하나로 다시 제기되면서 대동법이라는 이름으로 실시되었다.

대동법의 시작은 1608년(광해군 즉위) 한백겸(韓百謙)·이원익(李元翼) 등의 건의에 따라 선혜(宣惠)의 법이라는 이름으로 우선 경기도에 시험적으로 실시한 것이었다. 이후 찬반양론의 격심한 충돌이 일어나는 가운데 1623년(인조 1) 강원도, 1651년(효종 2) 충청도, 1658년 전라도의 해읍(海邑), 1662년(현종 3) 전라도의 산군(山郡), 1666년 함경도, 1678년(숙종 4) 경상도, 1708년(숙종 34) 황해도의 순으로 100년 동안에 걸쳐 확대 실시되었다. 대동법이 전국적으로 확대 시행되는 과정은 『만기요람』 「재용편 3」의 <대동작공>에 다음과 같이 서술되고 있다. "선조 무신년(1608)에 이르러 좌의정 이원익의 건의로 대동법을 비로소 시행하여 민결에서 미곡을 거두어 경공을 이작하였는데, 먼저 경기에서 시작하여 마침내 선혜청을 설치하였다. 인조 갑자년(1624, 인조 2)에 이원익이 다시 건의하여 강원도에도 시행하게 되었으며, 효종 임진년(1652, 효종 3)에 우의정 김육 건의로 호서에도 시행하게 되었다. 정유년(1657, 효종 8) 에는 김육이 또다시 청하여 호남 연읍에도 시행하였으며, 현종 임인년(1662)에는 형조판서 김좌명이 청하여 산군에까지도 아울러 시행하였으며, 숙종 정사년(1677, 숙종 3)에는 도승지 이원정이 청하여 영남에도 시행하였으며 무자년(1708, 숙종 34)에는 황해도 관찰사 이언경의 상소에 의하여 황해도에도 시행하게 되었다. 그 방법은 경기·삼남에는 밭과 논을 통틀어 1결에 쌀 12말을 거두고 관동도 이와 같게 하되 양전이 되지 않은 읍(邑)에는 4말을 더하며, 영동[대관령 동쪽]·영서[대관령 서쪽]의 구별이 있는 데에는 2말을 더하고, 해서에는 상정법(詳定法)을 시행하여 15말을 거두니, 통틀어 이름하기를 '대동'이라 하였다.(至宣祖戊申, 左議政李元翼建白, 刱行大同法, 收米于民結, 移作京貢. 先始畿甸, 遂置宣惠廳. 仁祖甲子, 元翼復建白, 行於關東, 孝宗壬辰, 右議政金堉建白, 行於湖西. 丁酉, 堉又請行於湖南沿邑. 顯宗壬寅, 刑曹判書金佐明請幷行山郡. 肅宗丁巳, 都承旨李元禎請行嶺南. 戊子, 因海伯李彦經疏行於海西. 其法, 畿甸 三南, 通田畓一結收米十二斗, 關東同, 而未量邑加四斗. 嶺東 關東,有嶺東, 嶺西之別. 加二斗. 海西, 行詳定法收十五斗.)"

이와 같이 대동법이 전국적으로 실시되는 데 100년이란 시간이 걸린 것은 새로운 토지세인 대동세를 부담하게 된 양반지주와 중간이득을 취할 수 없게 된 방납인들의 반대가 심했기 때문이었다. 다만 제주도는 조선왕조가 이 지역을 번속으로 여겼던 까닭에 실시되지 않았고, 평안도에는 민고(民庫)의 운영과 함께 1647년(인조 14)부터 수미법이 시행되어 이미 대동법의 효과를 대신하고 있었던 때문에 시행되지 않았다.

경기도에 처음 실시된 대동법은 그 사목이나 사례가 전하지 않아 자세한 내용을 알 수 없으나, 단편적인 기록에 따르면, 수세전결에서 1결당 쌀 16말씩을 부과·징수하여, 그 중 14말은 선혜청에서 경납물의 구입비용으로 공인에게 주어 납품하게 하고, 나머지 2말은 수령에게 주어 그 군현의 공·사 경비로 쓰게 하였던 것으로 나타난다. 그리고 각종 공물·진상으로부터 마초(馬草)에 이르는 모든 경납물을 대동미로 대치시켰을 뿐 아니라, 지방 관아의 온갖 경비까지 대동미에 포함시킨 데서 농민의 편익이 크게 도모된 제도였다.

1623년(인조 1) 강원도·충청도·전라도로 확대, 실시되었지만, 그 해와 그 이듬해에 걸쳤던 흉작과 각 지방의 특수성을 고려하지 못한 시행세칙의 미비, 그리고 이를 틈탄 지주·방납인들의 반대운동으로 인하여 1625년(인조 3) 강원도를 제외한 충청·전라 2도의 대동법은 폐지되고 말았다. 대동법의 확대 실시는 이로 인해 한때 중단되었다. 그러나 두 차례의 호란(胡亂)으로 인하여 재정부족 현상이 더욱 가중되자 대동법의 확대 실시는 불가피하게 되었다.

1654년(효종 5) 조익(趙翼)·김육(金堉) 등 대동법 실시론자들이 시행세칙을 새롭게 수정, 보완하여 충청도에 다시금 실시하게 되었고, 뒤이어 그 성공적인 결과로 <호서대동사목(湖西大同事目)>에 준하는 대동법이 각 도별로 순조롭게 확대되어 갔다. 그리고 앞서 실시된 경기도·강원도의 대동사목도 이에 준하여 개정되어 대동법은 선혜청(宣惠廳)의 관장 아래 하나의 통일된 재정제도를 이루게 되었다. 다만, 함경도·황해도·강원도의 대동법이 그 지역적 특성으로 인하여 군현별로 부과·징수를 상정하는 이른바 상정법의 특이한 규정을 두게 되었을 뿐이다.

이처럼 대동법 하에서는 공물을 각종 현물 대신 미곡으로 통일하여 징수했고, 과세의 기준도 종전의 가호에서 토지의 결수로 바꾸었다. 따라서 토지를 가진 농민들은 1결 당 쌀 12두만을 납부하면 되었으므로 공납의 부담이 다소 경감되었고, 무전농민이나 영세농민들은 일단 이 부담에서 제외되었다. 대동세는 쌀로만 징수하지 않고 운반의 편의를 위해서나 쌀의 생산이 부족한 고을을 위해 포나 전으로 대신 징수하기도 했다. 따라서 충청·전라·경상·황해의 4도에서는 연해읍과 산군을 구별하여 각각 미혹은 포, 동전으로 상납하도록 했다. 농민들로부터 거두어진 대동미·대동포·대동전은 처음에는 지방관아의 경비로서 절반이 유치되고 나머지는 중앙으로 보내어지다가 점차 대부분이 중앙으로 상납되었다. 이를 관리하는 전담기관으로서 선혜청이 신설되었고, 여기서는 징수된 대동미를 물종에 따라 공인(貢人)들에게 공물가로 지급하고 필요한 물품을 받아 각 궁방과 관청에 공급했다. 따라서 공물의 조달은 선혜청으로 일원화되었다.

대동법의 시행으로 국가는 임진왜란 이후 파국에 이른 재정난을 일정하게 타개할 수 있었다. 그리고 공인들의 활동에 의해 유통경제가 활발해지고 상업자본이 발달했으며, 또한 공인의 주문을 받아 수요품을 생산하는 도시와 농촌의 수공업도 활기를 띠었다. 공인의 상업자본가로의 성장과 수공업자의 상품생산자로의 변신은 조선 후기 사회경제 발전의 일면을 나타내는 것이었다. 한편 대동법 시행에 따른 농촌수공업의 발전은 농민층분화를 촉진시켜 토지소유관계의 변화를 가져옴으로써 새로운 지주층의 성장도 가능하게 했다.

[참고어] 조세제도, 공물, 상정법

[참고문헌] 한영국, 1960·1961,「호서에 실시된 대동법」『역사학보』13·14 ; 유원동, 1964,「이조공인자본의 연구」『아세아연구』7-4 ; 한우근, 1965,「이조후기 貢人의 신분」『학술원논문집-인문사회과학』5 ; 고석규, 1985,「16·17세기 공납제 개혁의 방향」『한국사론』12 ; 德成外志子, 1987,「조선후기의 공물무납제」『역사학보』113 ; 김옥근, 1988,『조선왕조 재정사연구』Ⅲ, 일조각 ; 지두환, 1997,「선조·광해군대 대동법 논의」『한국학논총』19 ; 1977,「인조대의 대동법 논의」『역사학보』155 ; 박현순, 1997,「16~17세기 공납제운영의 변화」『한국사론』38 〈백승철〉

대동여지도(大東輿地圖) 1861년 김정호(金正浩, ?~1866)가 제작한 전국지도로 22첩으로 된 목판지도.

1 : 16만 정도의 축척을 가진 목판본 조선전도(朝鮮全圖)이다. 1861년(철종 12) 초판본이 나온 뒤 1864년(고종 1)에 재간행되었으며, 조선시기 지도학의 성과들을 종합하여 만든 지도로 평가받는다. 현존하는『대동여지도』중에서 1861년에 간행된 것은 각각 성신여자대학교 박물관 1본(보물 제850호) 그리고 서울역사박물관에 1본(보물 850-2호)이 소장되어 있으며, 1864년에 간행된 것은 서울대학교 규장각 한국학연구원에 1본(보물 850-3호) 소장되어 있다.

일반적으로 호칭되는 목판본『대동여지도』는 조선 전체를 북쪽에서 남쪽으로 120리 간격으로 잘라서 22층으로 나누고, 각 층을 다시 동서로 80리 간격으로 접어서 병풍처럼 첩을 만들었다. 즉 22첩의 '병풍식' 또는 '절첩식(絶帖式)' 전국 지도책이라고 할 수 있다. 22개의 첩을 모두 연결하면 가로 410㎝, 세로 660㎝의 대형 전도가 된다. 이러한 방식으로 지도를 제작한 것은 대축적지도로서 대형 지도였던『대동여지도』의 휴대와 열람을 간편하도록 만들기 위해서였다. 또한 목판본으로 제작한 것은 흑백이라는 단점이 있지만 대량 생산하여 보다 많은 사람들이 이용할 수 있도록 하기 위해서였다.

김정호는『동여도지(東輿圖地)』를 쓴 후 최성환(崔惺煥)과 함께『여도비지(輿圖備誌)』를 편찬하고 이러한 지지(地誌)들을 종합하여『대동지지(大東地志)』를 편찬하였다. 더불어『청구도(靑邱圖)』·『동여도(東輿圖)』·『대동여지도』등의 3대 지도를 제작함으로써 정상기(鄭尙驥, 1678~1752)의『동국지도(東國地圖)』가 나온 지 약 100년 만에 조선지도학을 완성하였다. 특히『청구도』는 책으로 묶여 있어 각각의 지도 간에 연결 관계를 파악하기가 힘든 단점이 있었는데,『대동여지도』를 통해 그 연결 관계를 파악할 수 있게 하였다. 또한『청구도』가 지도와 지지의 결합을 추구한 반면『대동여지도』는 철저하게 지도적 속성에 초점을 맞추어 제작되었다.

『대동여지도』는 지방의 군현·산·강 등을 중심으로 묘사하였는데, 특히 도로 나타낸 선 위에는 10리마다 표시를 하여 거리를 가늠할 수 있게 하였고, 각종 범례를 사용하여 최대한 많은 지리 정보를 수록하였다. 특히 해안선과 지형의 정확성은 매우 높았고, 산지를 산줄기로 연결시켜 그렸다는 특징이 있는데, 여기에는 풍수적 사고가 반영되었다는 평가도 있다. 그리고「지도유설(地圖類說)」이 첨부되어 있는데, 이는 지도와 지리지의 기원과 중요성을 고찰하면서 지도책의 편찬목적과 지도제작의 원리를 제시한 것이었다.

이와 같이『대동여지도』는 김정호의 최고 걸작품인 동시에 조선의 지도를 집대성해 놓은 최고의 고지도(古地圖)라고 할 수 있다.

[참고어] 동국지도, 수선전도

[참고문헌] 김인덕 外, 2005,『과학문화(한국 미의 재발견 2)』, 솔 ; 국사편찬위원회 編, 1998,『한국사 35-조선 후기의 문화』, 국사편찬위원회 ; 국토지리정보원 編, 2009,『한국 지도학 발달사』, 국토지리정보원 ; 양보경, 1998,「대동여지도」『한국사 시민강좌 23』, 일조각 〈윤정환〉

대동지지(大東地志) 조선 후기에 김정호(金正浩, ?~1866)가 편찬한 전국 단위의 지리지.

김정호는 1834년 『청구도(靑邱圖)』를 제작한 후, 헌종과 철종대에 『동여도지(東輿圖地)』를 만들고 이를 저본으로 『대동여지도(大東輿地圖)』를 판각하였다. 『대동여지도』 완성 뒤에 『동여도지』를 기초로 새로운 지지 편찬을 시도하였는데 이것이 『대동지지』이다. 1861년(철종 12)에 『대동여지도』 완성 후 편찬에 착수하여 1866년(고종 3)까지 수정 보완을 하다가 미완으로 끝난 책이다.

구성은 「총목(總目)」, 「문목(門目)」, 「인용 서목(引用書目)」으로 이루어진 앞부분, 「팔도지지(八道地志)」 권1~24, 「산수고(山水考)」·「변방고(邊方考)」의 권25·26, 「정리고(程里考)」 권27·28, 「역대지(歷代志)」 권29~32 등 여섯 부분으로 이루어져있다. 이중 권25 「산수고」·26 「변방고」는 현재 결질(缺帙)이다. 역사 지리지이며 다루고 있는 시기는 신라 시조(新羅始祖) 원년(元年) 갑자(甲子)[B.C. 57년]로부터 시작하여 1863년(철종 14)까지의 내용을 기술하였다.

「팔도지지」 24권은, 권1이 경도(京都) 및 한성부(漢城府), 권2~4가 경기도, 권5·6이 충청도, 권7~10이 경상도, 권11~14가 전라도, 권15·16이 강원도, 권17·18이 황해도, 권19·20이 함경도, 권21~24가 평안도이다.

내용을 보면 경도와 다른 지역은 조금 차이가 난다. 경도에는 국조기년(國朝紀年)·도성(都城)·궁궐(宮闕)·제궁(諸宮)·단유(壇壝)·묘전(廟殿)·묘정배향제신(廟庭配享諸臣)·진전(眞殿)·궁묘(宮廟)·동반부서(東班府署)·서반부서(西班府署) 등으로 구성되어있다. 한성부에서는 연혁(沿革)·고읍(古邑)·방리(坊里)·호구(戶口)·산수(山水)·강역(疆域)·형승(形勝)·성지(城池)·영아(營衙)·봉수(烽燧)·역참(驛站)·진도(津渡)·교량(橋梁)·토산(土産)·시전(市廛)·궁실(宮室)·누정(樓亭)·단유·묘전·침묘(寢墓)·사우(祠宇)·전고(典故) 등이다.

그 밖의 각 도에서는 첫 부분에 전체 목록·도별 연혁·영진(營鎭) 등을 기록하고, 끝 부분에 각 관읍의 강역·전민수(田民數)를 일람표로 부가하고 있다. 그리고 각 도의 역참·봉수·방면·인구·전답·군보(軍保)·장시(場市)·기발(騎撥)·보발(步撥)·목장(牧場)·제언(堤堰)·능소(陵所)·원소(園所)·묘소(墓所)·단유·사액서원(賜額書院)·창고(倉庫) 등의 명칭 혹은 총수를 집계하고 있다.

권27·28의 2권은 「정리고」인데, 첫머리에 그 목록을 싣고 있다. 국내 육로(陸路)의 간선(幹線)과 지선(支線), 수로(水路), 그리고 중국·일본·유구(琉球)로 통하는 육로 및 수로에 대하여 통과 지점과 그 거리를 기록한 내용이다.

권29~32는 「방여총지(方輿總志)」 1~4로 「역대지」라고도 한다. 권29에서는 단군조선(檀君朝鮮)·기자조선(箕子朝鮮)·위씨조선(衛氏朝鮮)·한사군(漢四郡)·한이부(漢二府)·요번제국(遼蕃諸國)·삼한제국(三韓諸國), 신라가 병합한 여러 나라(新羅所竝諸國), 그리고 지명 비정이 확실하지 못한 여러 나라 등을 다루었다. 권30에서는 신라의 국도(國都)·군현(郡縣), 통일 전의 강역, 통일 후의 9주(州)를 다루었다. 거기에 지도를 덧붙여 이해를 돕고 있다. 이 밖에 동호이처(同號異處), 통일 후의 강역, 미상지분(未詳地分) 등을 다루었다. 권31에서는 가야·백제·고구려·발해국과 후삼한(後三韓)의 기년(紀年), 국도·군현·강역·미상지분 등을 다루었다. 권32에서는 고려의 기년·국도·오부방리(五部方里)·주군·강역·조창(漕倉)·포창(浦倉)·역도(驛道)·목장(牧場)·미상지분 등을 다루고 있다.

김정호가 편찬한 다른 지지인 『동여도지』, 『여도비지』와 『대동지지』는 조선 후기 일반적인 읍지 구성과 크게 다르지 않은 듯하나, 몇 가지 점에서 중요한 차이점이 보인다. 『신증동국여지승람』과는 달리 인물, 성씨, 시문 관련 항목들이 제외되었다는 점이다. 이점으로 『대명일통지(大明一統志)』의 형식을 따랐다고 하는 평가도 있다.

군사적 특성이 강조되어 있는 것도 특징 중에 하나이다. 전고(典古)조를 독립 항목으로 설정하여 역대 전투를 상세히 기록하였다. 또한 산수·성지·영아·전보·봉수·창고 등의 조항에서도 국가의 방어와 관련되어 설명하고 있다. 이외에도 철저한 사실성과 고증을 기초로 하고 있는 점, 지속적인 보완을 통해 지역의 변화상을 반영하려는 노력한 점도 도드라진다.

『대동지지』는 상세한 내용뿐만 아니라 김정호 자신의 독자적인 견해가 정리되어 있다. 『동여도지』 형승조와 비교하면 그 특징이 잘 드러난다. 『동여도지』에서는 문헌에서 옮겨 싣거나 광범위하게 수집한 것을 서술하였으나, 『대동지지』에서는 김정호 본인이 파악한 지역의 특성으로 대치하고, 견해가 불확실한 지역은 기록을 없애 버렸다. 형승조뿐만 아니라 연혁·고읍·전고조 등 이설이 많은 역사적 장소에서도 이를 확인할 수 있다.

또한 종합적 시각으로 지역의 특성을 반영하는 지지를 편찬하였다. 『동여도지』에 비하면 항목 수를 대폭 감소시키고, 그 내용들을 통합하여 종합화시킨 것으로 평가된다. 예를 들면 기존의 산총·수총·영로·강역조 등은『대동지지』에서는 산수조로 통합하였고 그 안에는 사찰과 고적에 관련된 내용도 함께 실었다.

그리고 역사지리학적 위치 비정, 지명 변천, 산천의 맥세 파악 등에 많은 노력을 기울인 것을 볼 수 있다. 이를 단적으로 보여주는 것이 책머리에「문목(問目)」에 있는 "방언해(方言解)"이다. 이 밖에 저자의 다른 작품에서 조선을 청구(靑邱)나 동국(東國) 또는 동여(東輿)로 부르던 것과 달리 대동(大東)이라고 부르는 것 등을 통해 자주사상이 발현되고 있다고 평가된다.

이처럼『대동지지』는 조선 지지 편찬의 전통과 실학적 지리학의 연구 성과를 집대성하고 한국 지리학의 새로운 발전 방향을 제시한 지리지이다. 국립중앙도서관과 고려대학교 도서관에 소장되어 있으며 규장각에도 있다. 그 중에서 고려대학 소장본은 저자의 친필로 추정된다.

[참고어] 대동여지도

[참고문헌] 김정호, 1976,『영인본 대동지지』, 아세아문화사 ; 박인호, 1997,「『大東地志』「方輿總志」에 나타난 金正浩의 역사지리 인식」『韓國學報』89 ; 김정호(임승표 역), 2004,『역주 대동지지』1, 이회문화사 ; 양보경, 2011,「지역 정보의 보고, 지리지」『한국역사지리』, 푸른길

〈탁신희〉

대두(大豆) ⇒ 두

대록(代錄)/분록(分錄)/합록(合錄) 조선시기의 토지대장인 양안(量案)에 소유자의 이름을 그대로 쓰지 않고 다른 사람의 이름으로 대록되거나, 1개 호(戶)가 나뉘어 분록되기도 하고 2개 이상의 호가 합록되는 양상.

양전(量田)은 토지에 대한 소유자를 확인하고 납세자를 확정하는 과정이었다. 양전사업의 일차적인 목적은 조세원 파악에 있었지만, 이 과정에서 사적 토지소유자 기주(起主)에 대한 파악이 동시에 이루어지고 있었다. 그에 따라 제작된 양안은 소유권의 발달 정도를 측정할 수 있는 중요한 문건이었다.

조선 후기 양전사업은 양란 이후 폐허가 되어버린 전 국토의 토지를 재조사하는 데 최우선의 목적을 두었다. 양전사목(量田事目)은 1717년(숙종 43)의 정유양안에서 기본 사항이 마련되었고, 1720년(숙종 46)의 경자양안에서 그 내용을 추적해볼 수 있다. 양안에서 가장 중요한 것은 조세 부담자를 확정하기 위해 소유권자를 확인하고, 그를 통해 토지에 조세량을 부과하는 일이었다. 즉 기주의 성명을 파악함과 동시에 토지의 경계를 명확히 하는 것이었다. 따라서 토지소유권에 대한 확인과 보전 기능이 가장 중요하였다.

진전(陳田)의 경우에는 진주(陳主)라 하고, 무주지(無主地)인 경우에는 무주(無主)라고 표기하였다. 만일 무주지를 양전후 경작하려고 하면 호조에 입안(立案)을 제출한 후에야 자기 소유지로 만들 수 있다. 소유권 취득 과정에 대해서도 입안을 통한 방법을 명확히 제시해두고 있다. 본 소유주가 먼 곳에 있는 부재지주(不在地主)이기 때문에 전답소송이 일어나는 경우가 잦았는데, 이때는 양안에 시집(時執)한 자를 임시로 달아놓고 후에 판결이 나는 대로 바꾸도록 하라는 조항이 있다.

그런데 기주를 모두 소유주로 보기에는 어려웠다. 은결은 대개 지방 토호로부터 나오는데, 은결에 대한 전가사변율(全家徙邊律)의 적용을 두려워한 토호들이 노명(奴名)을 전부(佃夫)로 대록하는 경우다. 이 경우 노명이 기주로 등재되어 있어도 실제 소유주가 아닌 것은 분명하다. 이러한 경우가 많아지자 기주에 대한 기재방식을 명확히 하고자 1820년(순조 20)에 조항을 추가하여 폐단을 방지하고자 하였다. 사대부와 양민, 공사천을 기주로 현록하는 방식을 규정한 것이다. 양반의 경우 2품 수감사(守監司) 이상은 성(姓)·직역·노명을 기록하고, 3품 이하는 성명·노명을, 양민은 성명을 모두 쓰고 공사천은 단지 이름만 쓰도록 하였다. 부재지주인 경우 경작자인 시작(時作)이 지주의 노복이 아닌 경우에는 기주와 시작을 모두 기록하게 하였다. 양안에서 기주는 입안을 통해 소유주로 등재된 자인 기주, 진주 또는 무주를 내용으로 하는 자로서 해당 토지에 대해 권리를 행사하는 자였다.

하지만 국가의 의도와는 달리 향촌에서는 노비를 소유한 양반 기주의 경우 노비명(奴婢名)이나 호명(戶名)으로 대록하는 관행이 있었으며, 나아가 호를 나누어 분호별산(分戶別産)하거나 호를 합하는 합호(合戶)를 통해 자신의 토지를 관리하는 경우도 고려하지 않을 수 없다. 기주와 소유권 관계가 절대적으로 일치하지만은 않는다는 점이다. 그것을 국가 차원에서는 은결과 관련있다는 점에서 어떠한 방법이든 실명(實名)을 노출시키고자 하였으나 개인 소유주 차원에서는 달랐다. 왜냐하면 노명이나 호명을 통해 양안에 기재하더라도 소유권을 행사하는 데는 아무 문제가 없었기 때문에 실명을 밝히지 않고 있었다.

실제로 동일한 지역의 양안에 기재된 기주의 수가 호적상의 호수보다 배 이상 많은 것이 상례였다. 이러한

현상은 대체로 등재된 기주 중에 다른 지역의 호적에 올라 있는 사람이 다수 있었다는 점, 누호자(漏戶者)·누정자(漏丁者)·누적자(漏籍者) 등으로 인해 호적의 호수가 실제보다 적었다는 점, 하나의 호적 안에 있는 가족이 양안으로는 기주로 등재되는 경우가 많았다는 점 등에 연유하는 것이었다.

양안의 기주가 양안상에 분호되거나 합호 형태로 기록된 경우가 있음은 소유권 추적에서 고려할 부분이다. 한편 대록, 분록, 합록된 경우가 많기 때문에 양안은 그대로를 믿을 수 없으며 허부(虛簿)에 지나지 않는다는 부정적인 견해도 나와 있었다. 이러한 관행은 대장에 본명을 노출시키는 것을 천시하는 풍습에서 연유했다고 알려져 있으며, 나아가 자신의 토지를 보호하는 방편으로서 실명을 밝히지 않는 경우도 있었다.

현재 남아 있는 양안 중에 가장 마지막에 이루어진 것은 대한제국기 양지아문에서 추진한 양전사업의 결과물인 광무양안(光武量案)이다. 광무양안에 대한 연구가 심화되면서 그 기능과 성격에 관해서 여러 가지 논의가 제기되었다. 초기 연구에서는 양안이 본래 토지에 대한 세를 부과하기 위하여 작성하는 것이지만, 그것은 동시에 소유권을 보호하기 위한 등기부(登記簿)의 기능도 있다고 보았다. 특히 광무양안은 토지소유권의 보호를 목적으로 발급되는 지계(地契) 제도를 수립하기 위한 것이었다는 점이 강조되었다.

그러나 이에 대한 반론으로 광무양전이 국가의 수조대상지 조사과정에 불과했다고 비판하였다. 특히 연기군 동일면의 사례에서 소유주인 기주, 즉 시주(時主)의 실명여부를 분석하였다. 호적이나 족보와 상호 비교하였는데, 실제 양안상의 호와 호적상의 호는 커다란 차이를 보이고 있었고 동일인으로 확인된 167명 가운데 불과 48명만이 정상적으로 기록된 형태이고 나머지는 분록과 대록 등으로 형제들이나 사망한 선조의 이름으로 기록되었다는 점이 밝혀졌다. 이로써 '기주'를 곧바로 '농가세대'로 간주하는 것은 무리이며, 또한 시주와 시작을 토지소유자와 경영자로 단순화하기 어렵다는 점이 제기되었다.

양안상의 시주 실체를 보다 분명히 파악하기 위해서는 광무양전사업에서 추진된 농가 조사방식과 소유자의 파악과정에 보다 주의할 필요가 있다. 이 시기 양전사업에서는 농촌사회에서 현실의 토지소유자와 경작자를 정확하게 파악하려는 방침을 세우고 있었다. 실제 양전사목(量田事目)으로 채택되었을 것으로 추정되는 오병일(吳炳日)의 '양전조례'에서는 "양전을 실시하기 전에 해당지역에 훈령을 내려 전주(田主)가 자기 성명의 표를 세워 경계를 판별하도록 할 것"을 채택하고 있었다. 이렇게 전주의 자진신고를 기초로 하여 소유자 조사가 이루어지는 것을 원칙으로 하였지만, 실제 대부분의 경우에는 지주들이 일일이 참여하지는 않았던 것으로 보인다.

양지아문의 양전방식 중에서 특이한 것은 전답주라고 간주되는 시주만 조사하지 않고 경작자라고 할 수 있는 시작도 조사했다는 점이다. 또한 일부 지역에서는 결명(結名)·결호(結戶)를 조사하는 경우도 있었다. 이는 초기 양전지역의 하나인 온양군 일북면의 일부, 남상면, 서면 등이 해당된다. 여기서 시주와 시작의 기재란에 더불어 표기된 결명과 결호는 특정한 성(姓)에다 노명이나 호명류(戶名類)의 이름을 조합시킨 형태를 취하고 있었다.

결명은 전답주와 작인 사이에 위치하면서 다양한 관련형태를 나타내고 있었다. 결명은 대부분의 경우 전주·답주와 밀접한 관련성을 가지고 있어서 실질적인 토지의 소유자가 결명을 차명하여 대록하고 있는 것으로 추측된다. 이렇게 결명도 기록한 것은 시주·시작을 파악하기 위한 하나의 과정이었다. 종래 서로 분리되었던 수세장부와 양안을 일치시키는 동시에 조세납부자를 파악하고자 했기 때문이다. 그러한 과정을 통하여 양안의 기재양식상으로는 현실의 조세납부의 대상자가 곧 토지의 소유자인 시주로 귀착되었다는 점을 알 수 있다.

양안상의 대록·분록·합록과 같은 관행은 자신의 토지를 관리하는 데 전혀 문제가 없었다는 점에서 양안이 갖고 있는 시대상을 반영하는 것으로서 이 시기 문서의 특징이기도 하다. 곧 양안 문기의 종합적·복합적 특징이라고 할 수 있다.

[참고어] 양안, 양전, 경자양안

[참고문헌] 김용섭, 1995, 『증보판 조선후기농업사연구 1』, 지식산업사 ; 이영훈, 1989, 「광무양안의 역사적 성격-충청남도 연기군 광무양안에 관한 사례분석」 『근대조선의 경제구조』, 비봉출판사 ; 이영훈, 1990, 「광무양안에 있어서 '時主'파악의 실상-충청남도 연기군 광무양안의 사례분석」 『대한제국기의 토지제도』, 민음사 ; 최윤오·이세영, 1995, 「光武量案과 時主의 실상-충청남도 온양군 양안을 중심으로」 『대한제국의 토지조사사업』, 민음사 ; 최윤오, 2006, 『조선후기 토지소유권의 발달과 지주제』, 혜안

〈강은경〉

대삼각보점측량(大三角補點測量) 일제 토지조사사업의 삼각측량에서 대삼각본점측량 후 소삼각측량을 하기 위해 본점의 사이에 보조적인 삼각점 및 삼각망을 설치하고 그 거리와 각도를 측량하는 방식.

삼각측량의 두 번째 단계인 대삼각보점측량은 가장 먼저 소삼각측량의 기지점(旣知點)으로 삼기 위한 보점을 선점(選點)한다. 대삼각본점측량에서 선점된 본점간의 거리가 멀어 소삼각측량의 기지점으로 삼기에 부적합하기 때문이다. 보점은 본점을 기준으로 지도상에 위치가 결정된다. 본점만을 기초로 설정된 삼각점을 제1차점이라고 하고 이에 의거하여 선점되는 점들을 순차적으로 제2차점, 제3차점이라고 부른다. 특별한 경우가 아니면 제5차점 이상은 선점하지 않는다.

이렇게 선점된 대삼각보점은 이미 선점된 본점을 포함하여 경도 20분, 위도 15분의 방안 내에 9개가 설치된다. 각 삼각점 사이의 거리는 약 10㎞이다. 또한 이 삼각점은 내각이 30°~60° 정도 되도록 설치된 국가기준점으로 이등삼각점이라고도 한다. 삼각점의 위치가 결정되면 그 자리를 깃발로 표기하였다가 이후 방추형의 점표를 건설하는 조표(造標)를 실시한다. 점표의 덮개는 보통 5단이고, 방추형의 점표는 둘레 약 2.4m, 높이 약 5m이다. 표석은 화강암으로 만들어지는데 둘레 4촌, 길이 2척2촌의 주석과 둘레 9촌, 길이 2촌7분의 반석으로 구성되어 있다. 주석에는 '대삼각점'의 네 글자를 새기고 반석의 중앙에는 십자를 파넣어 점표의 중심과 일치하도록 매석하였는데, 조표·관측시에 실시하였다. 관측은 독일 칼반베루히 제품인 17.5㎝경위의를 사용하여 5초의 1/10까지 측정하였다. 대삼각보점망 각도의 관측은 방향마다 6회 실시하여 그 결과의 평균을 채택하였다. 선점과 관측이 끝날 때마다 선점의 위치 및 관측결과를 장부에 기록하였다. 이 측량은 1910년 6월 대삼각본점측량을 개시하면서 동시에 착수하였다. 1910년 경상남도부터 시작하여 1914년도 11월 모든 작업을 완료하였다.

선점과 조표, 관측의 결과에 따라 평면직각 종횡선의 평균을 계산하고, 이를 바탕으로 필요한 방향각과 거리를 산출하여 나머지 종횡선을 계산했다. 평면직각 종횡선은 ㎝까지, 방향각은 초 이하 1위까지를 산출하였으며 값이 2개 이상일 경우에는 평균값을 채용하였다. 대삼각보점측량 과정에서의 계산 작업은 진척이 느렸지만, 1912년에 562점, 1913년에 591점, 1914년에 641점을 완성하고, 1915년의 489점의 계산을 끝으로 총 2401점의 계산을 완료하였다.

1910년도의 측량작업은 구릉, 수목이 적은 지형 등 측량에 용이한 지역으로 측량 자체에 어려움이 적었으나 1911년부터는 지리산의 험악한 산로나 불편한 교통, 도서지역의 교통 및 작업 곤란, 평북지방의 삼림지대, 백두산의 밀림지대, 우기와 추위 등 난관이 많았다. 또한 일본의 측량 작업은 한국인의 반발을 샀으며, 중국 접경지역에서도 갈등이 빈번하였다. 일제는 측부의 안전과 측량작업의 수월한 진전을 위하여 각지의 헌병대에 지원을 받아 식민지 지배를 위한 측량 사업을 계속해갔다.

[참고어] 기선측량, 대삼각본점측량, 삼각측량, 소삼각측량, 토지조사사업

[참고문헌] 조선총독부 임시토지조사국, 1918, 『조선토지조사사업보고서』; 리진호 역, 2001, 『삼각측량작업결료보고』, 도서출판 우물; 사단법인 한국측량학회, 2003, 『측량용어사전』, 건설교통부 국토지리정보원 〈고나은〉

대삼각본점측량(大三角本點測量) 일제의 토지조사사업에서 삼각측량을 위해 국가의 측량 기준점인 삼각점을 정하는 측량의 첫 단계.

대삼각본점은 국가 기준점인 삼각점 중 가장 규모가 크고 정밀도가 높은 삼각점이다. 측량한 기선의 확대변을 기초로 위도 15분, 경도 20분의 방안 안에 삼각점 1개를 설정하는 비율로 대삼각본점망을 구성하여 측량하는 방식이다. 대삼각본점측량에서는 측량의 기준이 되는 삼각점의 위치를 미리 예정하는 선점(選點) 작업이 가장 먼저 이루어진다. 높은 숙련도와 정밀함을 요하는 선점에 사용하는 기계로는 조준의(照準儀), 측판과 다리, 망원경 및 쌍안경 등이 있으며 원거리의 경우 벨트럼의 회조기(回照器)를 이용하였다. 이때 설정된 삼각점 중 가장 정확하게 측량되어 정밀도가 높은 삼각점을 대삼각일등본점(1st order geodetic control point)이라고 한다. 설정된 삼각점 사이의 변의 평균 길이는 약 30㎞이고 이등변 삼각형이 되도록 선점하였다. 삼각점을 이어 형성된 대삼각본점망은 전 13개도를 23개의 망으로 분할하는데 1개망의 면적은 300여 방리에서 1,200여 방리까지 다양하다.

일제는 대마도의 1등 삼각점인 온다케(御嶽), 아리아케산(有明山)과 가장 가깝게 연결되는 절영도와 거제도에 대삼각본점을 선점해서 측량 작업을 시작했다. 1910년에는 부산~대구 간선을 비롯해 총 74개의 대삼각본

점과 기선망을 선점했으며, 1911년에는 총 184점, 1912년에는 109점을 선점했다. 1913년에는 함북망과 고건원 기선망을 비롯한 총 31점을 선점하여 조선의 대삼각본점과 기선망의 선점을 완료하였다. 선점총수 400점, 그 중 기선증대점 78점, 대삼각본점 322점이다.

선점 작업이 끝나면 측량이 종료될 때까지 점의 위치를 쉽게 볼 수 있도록 점표(覘標)를 설치하고 표석을 매설하는 조표(造標) 작업을 실시하였다. 기선망 삼각점의 점표는 방추체형으로 덮개널판은 5단, 추체의 높이는 5m이고, 대삼각본점은 방추체형으로 덮개널판은 7단, 추체의 높이는 6m였다. 표석은 화강암으로 주석과 반석을 만들어 주석에 '대삼각점'이라고 기입하고, 주석과 반석의 상면에는 십자를 파넣고 십자의 교차점을 점의 중심으로 하여 이것을 삼각점의 중심과 일치하도록 매설하였다. 이 교차점에 수구(垂球)의 첨단을 일치시켰다. 점표의 설치는 각 조에 배치된 조수의 담당작업으로 선점작업과 함께 진행되었으며 1910년에 60점, 1911년에 195점, 1912년에 109점, 1913년에 32점, 1914년에 4점을 설치함으로써 작업을 완료하였다. 선점과 조표 후에 지구의 곡률을 고려한 관측과 계산작업이 이루어졌다.

먼저 각 점에서 작업에 관계되는 다른 점과의 수평각을 측정하는 관측 작업을 실시하였다. 측량기계는 독일의 칼반베루히 경위의를 사용하였다. 기선망 관측은 정·반위 각 12회, 대삼각본점은 정·반위 각 6회의 방향관측을 통해 수치를 얻어 그 중 사이값을 채택하였다.

관측시간은 새벽녘부터 오전 10시, 오후 3시부터 황혼이 끝날 때까지 하였으며, 흐린 날에는 종일 관측하기도 하였다. 1910년 온다케, 아리아케산의 1등 삼각점과 절영도·거제도의 대삼각본점으로 형성되는 삼각망 관측으로부터 1914년 최난지인 두문·압록강 유역과 중국 국경 지역에 접하는 지방의 관측에 이르기까지 총 454점표를 관측하였다. 기선망 및 대삼각본점망의 계산은 일본의 육지측량부 계산 방식을 따랐다. 이를 통해 얻은 측량의 기본점인 절영도와 거제도의 위치는 절영도의 경우 경도 약 129도 3분 16초, 위도 약 35도 4분 46초이고 거제도의 경우 경도 약 128도 41분 34초, 위도 약 34도 50분 56초이다. 두 점간의 거리는 약 41,758m이다. 각 삼각망에 대한 계산이 끝나면 위도 및 경도, 자오선 방향각, 평면직각 종횡선, 평균방향각 및 관측방향각, 거리의 대수를 기입한 성과표를 작성하였다. 이 작업에 종사한 인원은 1910년 5월에 작업을 개시한 이후 1915년 2월 작업이 완료될 때까지 외업 연인원 14,349명, 내업 연인원 11,096명이다. 보통 대삼각본점의 측량 작업은 1개조에 측량주임 1명, 부수 1~2명이 편성되었고 여기에 조수 2~4명, 측부 5~7명이 배치되었다. 일본인의 측량과 관측 작업은 곳곳에서 한국인의 반발을 사기도 하였다.

[참고어] 대삼각보점측량, 기선측량, 삼각측량, 토지조사사업

[참고문헌] 조선총독부 임시토지조사국, 1918, 『조선토지조사사업보고서』; 리진호, 1999, 『한국지적史』, 도서출판 바른길 ; 리진호 역, 2001, 『삼각측량작업결료보고』, 도서출판 우물 ; 사단법인 한국측량학회, 2003, 『측량용어사전』, 건설교통부 국토지리정보원

〈고나은〉

대전(垈田)/대주(垈主) ⇒ 대(垈)

대전납(代錢納) 현물로 받던 각종 조세를 화폐로 바꾸어 거두는 것.

17세기 이래 상품화폐경제의 확대를 배경으로 전개되기 시작했으며, 1894년에 이르러 근대적인 재정개혁의 일환으로서 제도화되었다. 대전납의 발달은 대동법(大同法)이나 균역법(균역법) 등의 조선 후기 조세제도의 전반적인 개혁조치와 상품유통경제의 발달 및 그에 따른 동전유통의 확대를 배경으로 전개되었다.

조선 후기 정부는 대동법, 균역법으로 대표되는 일련의 조세제도의 개편을 통해 조세수취의 불균등을 시정하는 한편 국가의 재정수입 증대를 모색하였다. 그 결과 조세징수에서 주류를 이루고 있었던 다양한 현물의 직접적인 수취와 노동력 징발은 그 수취물에 있어 점진적인 미납(米納)과 포납(布納)의 방향으로 전개되고 있었다. 이에 따라 대동세 징수의 경우 군현을 단위로 미납 혹은 포납이 이루어졌다. 또한 조선 후기 훈련도감을 비롯한 5군영의 설치와 그 운영과정에서 확대된 수포군의 증가는 국가의 면포수취량을 급격히 증가시키고 있었다. 당시 면포는 장시를 비롯한 시장에서 화폐의 역할을 수행하고 있었는데 이러한 국가의 면포수취는 농민경제는 물론 유통경제에 심각한 영향을 주었다. 포납조세의 극대화는 이 시기 농업생산력 특히 면업의 발달에 기초하는 것이었지만, 대다수의 농민은 국가의 징수 기준에 맞는 양질의 면포를 구하기 위해 궁박판매(窮迫販賣)를 단행해야만 하는 실정이었다. 이러한 포납조세의 확대는 이 시기 전개된 상품유통경제의 발달과 맞물리면서 17~18세기 장시에서의 동전유

통, 나아가 금납조세의 확대를 성립시키는 원동력이 되었다. 즉 조세 전반에 걸쳐서 현물인 면포나 쌀 대신 돈으로 대신 거두는 작전(作錢) 관행이 나타나게 되었고, 정부 또한 금속화폐인 동전의 유통을 장려하기 위한 방안으로 금납(金納)을 부분적으로 허용하게 된 것이다. 1679년(숙종 5)에 정부가 마련한 작전 규정은 이러한 상황을 반영한 것이었다. 이후 전세·대동세·군역세 등을 수납하는 데 있어서 미납이나 포납 대신 동전으로 납부하는 조세금납화가 일부지역에서 제도화되었다.

이 시기 조세 금납화는 이러한 배경과 관련하여 몇 가지 특징을 보이고 있다. 우선 금납화가 포납조세에서 현저하게 발달하였고, 이에 의해 재정운영의 화폐화가 점진적으로 이루어짐으로써 미납조세의 금납화도 부분적으로 공인되고 있다는 점이다. 그리고 이와 같이 금납화가 확대되면서 작전가와 작전율을 둘러싸고 국가와 조세부담자 상호간의 분쟁이 심화되었다. 포납조세의 금납은 처음 시가(市價)에 따른 대전납조세로 출발하였지만, 집요한 조세부담자의 금납화 운동을 통해 작전가의 정액화를 실현시켜 나갔다. 또한 포납 징세지대에 속하는 군현에서 금납이 허용되는 비율인 작전율도 면포와 동전을 반반씩 납부하는 전목참반(錢木參半)이 제도화되었고, 특히 면작이 이루어지지 않는 비면작지대를 중심으로 모두 돈으로 납부하는 순전납(純錢納)이 성행하였다. 미납조세 또한 정액으로 출발하였지만, 작전가가 고율이었기 때문에 조세부담자의 항쟁이 전개되었고, 그에 따라 작전가의 절하가 어느 정도 실현되었다.

다른 한편 이러한 금납화의 전개 양상은 조세의 종류나 지역에 따라 편차를 보이고 있다. 징세지대가 체계적으로 설정된 전결세의 금납화는 포납지대였던 산군(山郡)에서 발달하였고, 또한 미납지대에 포함된 산군에서는 일부가 금납화 되었다. 반면 군포는 산군이나 평야지대에 속한 연군(沿郡)을 막론하고 모든 지역에서 금납화가 활발하게 이루어졌는데, 그중에서도 특히 비면작지대(非綿作地帶)인 연군에서 더욱 발달하였다. 이처럼 금납화는 대체로 연군에서는 군포를 중심으로, 산군에서는 군포를 포함한 전결세까지 이루어지고 있었다.

이렇게 조세부담자의 주도하에 전개된 금납화는 18세기 전반까지도 국가에 의해 큰 제약을 받고 있었다. 이는 한편으로는 국가가 재정운영과 관련되어 활동하고 있던 공인, 시전상인 등의 이해를 대변하지 않을 수 없었고, 다른 한편으로는 이들을 담당주체로 하는 유통경제구조를 유지해 나가기 위해서였다. 조세 금납화의 지나친 확대는 여전히 대부분의 재정운영을 미나 포에 의지하고 있던 국가재정 운영을 심각하게 위협하는 것이었다. 이 시기까지 군보미와 대동미의 금납화는 법적으로는 물론 사실상으로도 전개되지 못하였다.

19세기에 들어서면서 금납화는 조세전반에 걸쳐 전개되었다. 조세금납의 비율을 보면 1807년(순조 7) 한해에 선혜청의 경우 총수입의 25%가 화폐조세였으며, 호조의 경우 25%, 균역청의 경우 75%에 이르렀다. 한편 조세금납화가 확대되면서 향촌사회에서는 금납에 따른 상대적 이익은 지주·상인·조세청부업자등 상품유통경제에 잘 적응하는 계층에게 돌아갔다. 반면에 이에 적응하기 어려운 가난한 농민들의 경우 조세납부에 필요한 화폐를 마련하기 위해 생산물을 싸게 파는 지경에 이르기도 하였다. 조세금납은 이와 같이 조세제도의 변화를 배경으로 화폐경제의 발전에 따라서 확대되고 또 그것을 자극시키는 역할을 하기도 하였다.

1894년 개화파에 의해 추진된 조세금납화는 이전부터 전개되어온 금납이 제도적으로 완결된 형태이다. 이 시기의 주요한 경제개혁은 당오전(當五錢)의 혁파와 신식화폐 발행장정(新式貨幣發行章程)으로 대표되는 화폐개혁, 재정기관의 통일, 조세의 징수 및 지출제도의 개혁이 추진되면서 각종 부세가 금납화되었다는 점이다. 개화파들은 금납화를 비롯한 재정개혁을 통해 봉건적 조세체계를 개혁하고 재정의 일원화를 꾀했다. 조세수취에 있어 이서배의 농간을 제거하고 세부담을 완화시키는 한편, 양전이나 호구조사를 통해 누락되어왔던 세원을 파악하여 조세수입을 늘리고 수입과 지출의 관리를 합리화한다는 방안도 마련했다. 또한 국가에 의한 지폐 발행을 통해 상업 및 산업의 발전을 이룩하는 동시에 재정수입을 늘리고자 했다. 그러나 이 시기에 금융기관을 적절하게 정비하지 못했고, 징세제도의 개혁을 수반하지 못함으로써 그 한계를 노출시켰다. 한편 납세를 위한 화폐 획득을 강제하는 과정에서 농민들은 불가피하게 쌀을 내다 팔게 되었다. 이는 결국 미곡 수출을 증대시킴으로써 국내 미가의 앙등과 농촌 사회분해를 심화시키는 결과를 가져왔다. 금납화는 농촌사회를 상품경제에 편입시키는 동시에 일본에의 농산물 수출을 촉진하는 가운데 일본에 대한 판매시장을 확충시키는 결과를 초래했다.

[참고어] 결세, 결가제, 대동법, 균역법, 총액제, 도결

[참고문헌] 방기중, 1984, 「17, 18세기 전반 금납조세의 성립과 전개」『동방학지』 45 ; 오두환, 1984, 「갑오개혁기의 부세 금납화에 관한 연구」『경제사학』 7 ; 방기중, 1986, 「조선후기 군역세에 있어서 금납조세의 전개」『동방학지』 50 〈백승철〉

대전론(貸田論) 조선 후기 병작지의 균등 분배와 관리 개선 등을 주창한 제 논의.

대전법(貸田法), 균작법(均作法), 균경법(均耕法), 균병작론(均竝作論) 등으로 불리기도 했다. 경작지 보유의 불균 및 빈부농 사이의 대립에 주목했던 농업개혁론으로, 조선 후기 실학자 및 농촌지식인들에 의해 널리 제기된 이래 19세기 말에 이르기까지 농업개혁론의 한 흐름을 이루었다. 이는 유형원(柳馨遠)·이익(李瀷)·정약용(丁若鏞) 등이 주장했던 균전론(均田論)·한전론(限田論)·여전론(閭田論) 등이 토지의 균등분배를 통한 지주제적 현실의 개혁을 구상한 것과는 차이가 있다. 즉 지주제를 인정하되 경작지를 가지지 못한 빈농들에게 병작지를 균등 분배하고 그것을 국가의 공권력으로 조정 및 관리하자는 것에 초점을 두었다. 나아가 소작료의 수취에도 일정한 비율을 적용해 민생의 안정을 강구하고자 했다. 일반적으로는 전자를 중국 고대의 정전법(井田法)과 수나라와 당나라의 균전법에 근거를 두고 있었기 때문에 균전론(均田論)으로, 후자를 병작제(竝作制) 즉 대전제(貸田制)의 개혁을 담고 있기 때문에 대전론으로 분류한다.

병작제 개선론으로서 대전론의 선구적인 논의는 정상기(鄭尙驥, 1678~1752)의 『농포자(農圃子)』에서 제기되었다. 그는 이 방안이 정전론 등의 토지개혁론에는 비하지 못하지만, 빈부를 비교적 고르게 할 수 있다고 보았다. 구체적인 내용을 보면, 농민은 20세에 일정 면적을 수전하고 60세에 환전하되 15세의 여부가 있으면 20부를 더 준다. 한편 양반사대부는 농민경작지의 2배, 상공인은 절반, 환과(鰥寡)로서 자식이 없으면 20부, 병자로서 아내가 있으면 25부를 준다. 또한 녹봉을 받는 자나 유리걸식자, 양반집 노복에게는 토지를 주지 않는다. 그리고 이처럼 경작지를 배분했을 때 전작농민은 지주에게 수익의 5/10을 바쳐야 하며, 대신 지주는 자경할 경우에도 농민 1부의 경작면적 이상의 토지는 모두 전작농민에게 경작시켜야 한다는 것이다. 요컨대 농포자의 이 토지론은 지주제를 그대로 인정하되 경작권만을 정부의 관리 하에 균분하려는 것이므로, 지주제의 해체를 전제한 토지개혁론은 아니었다. 그럼에도 당시 경영확대 등을 통해 시작지의 차경에서 배제되는 많은 영세농을 안정시키는 데 목적을 둔 방안이었다.

이처럼 소작지만이라도 안정적으로 확보하려던 논의는 겸병광작이 더욱 확대된 18세기 후반 이후 더욱 일반화되었다. 특히 이것이 구체적인 정책 건의안으로 나타난 것은 1789년(정조 13) '권농정구농서윤음(勸農政求農書綸音)'의 구언(求言)에 따른 『응지진농서(應旨進農書)』의 여러 논설들에서였다. 이때 69인의 지식인들이 농서나 대책을 지어 바쳤는데, 그 중에서 이광한(李光漢)·이제화(李齊華) 등이 병작제, 즉 대전의 개선 방안을 제시하였다. 이러한 대전론의 배경에는 당시 토지의 대부분을 점령하고 있던 대지주들의 소작지 분급이 소작료의 징수가 쉬운 여력있는 소농가에 편중되던 현상이 있었다. 그 결과 영세빈농들은 소작지마저도 얻기 어려워 생계를 위협받는 실정에 있었다. 이것은 중소자영농민의 광작(廣作) 경향을 조장했고, 광작이 확산되면서 빈농들의 소작지 확보는 더욱 어려워졌다. 그리하여 균전제나 한전제 등에 의한 지주제의 타도가 불가능하다면, 무전농민들의 소작지 보유나마 균등하게 해야 한다는 주장이 나오게 된 것이다.

1789년의 『응지진농서』 중 대전론을 언급한 대표적 것은 강원도 홍천의 유학인 이광한이 제기한 논의이다. 그는 22개항에 달하는 농정책을 제안하면서, 그 중 7개항에 걸쳐 빈부농문제와 그 해결책을 다루었다. 그는 광작을 부정적으로 인식했는데, 그 이유로 우선 광작 하에서는 노동력이 한정되기 때문에 기경과 제초, 시비 등이 충분치 못해 옥토가 척박해진다는 것이었다. 또한 이로 인해 전품이 문란해지고, 다수의 소농민이 침해를 받을 수 있다고 보았다. 따라서 그는 광작경영을 제한하고 농민들에게 소작지를 균분하기 위해 균전론을 제기하였다. 하지만 이광한의 균전론은 조선 후기 토지개혁론으로서의 일반적 균전론과 성격을 달리한다. 즉 성호 이익의 경우와 같이, 균전론은 지주층의 토지겸병을 혁파하고 이를 농민에게 균분하는 논의였다. 즉 지주적 토지소유를 제한하거나 부정하는 것이 핵심인 반면, 이광한의 균전론은 지주적 토지소유를 그대로 인정하되 소작지를 균분하는 것이었다.

소작지의 균분을 위해 이광한이 강구한 방안이 바로 대전법이다. 우선 이의 시행을 위한 기초조사를 실시하자고 했는데, 전국 각지에 농관(農官)을 두고 수령과 함께 의논해 읍 단위로 호구 및 부농의 수와 토지 면적, 빈농의 수와 경작지 소요량 등을 조사해 대장을 만든다.

기초 조사가 끝나면 부농들의 농지를 현행 소작관계의 예에 따라 빈농들에게 적당히 분배한다. 또한 이때의 지대는 정액지대인 도조(賭租)로 규정되었다. 이는 정율제인 타조(打租)보다 소작민에게 유리한 것이었지만, 흉년에는 오히려 부담이 될 수도 있었다. 따라서 평년에는 전세수취 결수에 따라 소작료를 징수하게 하나 흉년에는 그 피해를 살펴 소작료를 가감하게 하는 등 도지와 급재감(給災減)을 병용코자 하였다. 그리고 이상의 운영세칙은 절목(節目)으로 작성해 한 부는 관가에, 한 부는 마을에 비치하도록 했다.

한편 경상도 상주의 유학인 이제화도 대전론을 제시했는데, 원칙은 이광한과 크게 다르지 않았다. 무토빈농들의 자립을 목표로, 빈농가를 추출해 부호들에게 나누어 배정시키고 경작지와 종자를 나누어주어 자립할 때까지 소작을 보장케 한 것이다. 또한 이를 위해 국가 통제하의 강제 조처가 필요함도 지적했다. 실학자 이규경(李圭景)도 지주제를 인정한 바탕에서, 해마다 수령들이 농지 결수와 각 호의 노동력을 헤아려 귀천을 막론하고 경작지를 균등 분급할 것을 주장하였다. 이를 통해 부농층의 광작 확대와 무전자의 경작지 상실을 방지하고자 한 것인데, 다만 전세나 지대는 현행의 제도를 그대로 유지하고자 하였다.

이상의 대전론이 경작지의 균등한 배분에 초점을 두었다면, 균경균작의 문제를 지대를 인하하는 감조문제와 일괄 처리해야함을 주장한 논의도 제기되었다. 신사준(愼師浚, 1734~1796)이 대표적인데, 사전에서의 지대를 공전에서의 지대의 2배로 제한하는 것이었다. 이처럼 낮춰진 지대 하에서 자경지의 한 역시 정해졌는데, 양반은 5결, 상민은 3결로 하고, 그 이상의 농지는 빈족과 이웃 사람들에게 경작토록 하였다.

감조론과 결합된 대전론은 강위(姜瑋, 1820~1884)와 김병욱(金炳昱, 1808~1885) 등도 피력했다. 강위는 전결에 부과하는 세는 10분의 1세로 늘리고, 호강들이 반타작하는 지대는 국가 수취의 선을 넘지 못하게 하여 토지 겸병을 소멸시키고자 하였다. 김병욱 역시 소작료율을 수확의 3분의 1로 한정하고, 소작지 영구 보장을 통해 지주제를 개혁하고자 하였다.

이상의 대전론은 조선 후기 무전농민들을 위한 최소한의 구제책으로 제기된 것이었다. 그러나 이것마저도 당시의 정부 당국에 의해 채택되지 못하였다. 국왕은 이 제도가 온건하고 실현 가능한 민생 안정책이라는 점에서 호의를 가지고 있었다. 그러나 대지주들이었던 양반관료들은 사유지에 대한 국가의 통제와 간여가 부당하다는 이유였지만, 그들의 직접적 이해관계에 저촉되었기 때문이기도 했다.

[참고어] 균작론, 균전제, 정전제, 정전론, 한전론

[참고문헌] 이윤갑, 1983, 「18세기 말의 균병작론 : 홍천 유생 이광한의 대전론을 중심으로」『한국사론』 9 ; 김용섭, 2003, 『(신정증보)한국근대농업사연구』 I, 지식산업사 ; 김용섭, 2005, 『(증보)조선후기농업사연구』 I, 지식산업사 〈윤석호〉

대전법(代田法) 경지에 세 쌍의 두둑과 고랑을 만들어 고랑을 파종처로 이용하는데, 해마다 고랑과 두둑을 교대로 바꾸어 만드는 농법.

대전은 대전법을 적용하는 밭, 또는 대전법에 따라 농사를 짓는 방식을 가리킨다. 중국에서 현존하는 종합적 농서로서는 가장 오래된『제민요술(齊民要術)』등에 따르면, 대전법은 후직(后稷)의 견종법(畎種法)이라는 이름으로 흔적이 남아 있던 것을 바탕으로 중국 한대(漢代)에 조과(趙過)라는 관리가 고안한 농법이다. 1묘(畝, 이랑)에 3견(畎, 고랑) 만드는 방식인데, 고랑과 고랑 사이에 두둑[壟]이 자연히 조성되면 두둑이 아닌 고랑을 계속 파종처로 삼는다. 또한 해마다 고랑의 위치를 바꾸어 동일 경지의 전면 이용을 가능하게 한 것으로, 경작지 자체를 놀리는 세역(歲易)과 다른 방식이었다. 조선 후기의 실학자 박지원(朴趾源)은 자신이 요동(遼東)에서 작은 이랑과 고랑을 만들어 밭작물을 경작하는 것을 직접 견문한 것도 짤막하게 소개하면서 대전법을 곧바로 견종법과 일치시켜 파악하였다. 그리고 다른 실학자들도 대전법을 견종법과 같은 것으로 파악하여 조선의 농민들에게 널리 보급시켜야 한다는 주장을 펼쳤다. 이처럼 조선 후기에 대전법을 다룬 서책을 살펴보면 유형원(柳馨遠)의『반계수록(磻溪隨錄)』, 박세당(朴世堂)의『색경(穡經)』, 박제가(朴齊家)의『진북학의(進北學議)』, 박지원의『과농소초(課農小抄)』, 서유구(徐有榘)의『임원경제지(林園經濟志)』「본리지(本利志)」등을 들 수 있다.

한편 실학파가 대전법을 오해했다고 보는 견해도 있다. 특히 가장 큰 오해는 파종처인 견(畎)[고랑]을 만들기 전에 쟁기에 의한 '일경삼파(一耕三耙)'를 전제하고 있었다는 점이라고 보았다. 즉 실학자들은 대전법에서도 당시의 기경방식과 마찬가지로 기경(起耕)과 파로(耙勞) 작업을 수행하였을 것으로 간주했다. 그러나 기경과 파로 작업과 같은 전토(田土)의 전면(全面) 반전경(反轉耕)과 숙치(熟治) 작업을 하게 되면, 대전법의

특징인 파종처를 '매년 바꾸는 곳[歲代處]'으로 설정하는 것이 불가능할 뿐만 아니라 아예 그럴 필요가 없어지는 것이었다.

한편 1391년(공양왕 3)에 조준(趙浚) 등이 올린 상서(上書)에서 제시된 전제(田制)의 하나도 대전이라는 이름이 붙어 있었다. 백정(白丁)이 국역(國役)에 차역(差役)되어 종사한 대가(代價)로 지급된 토지로서 대개 호(戶)에 전(田) 1결(結)을 주는 것으로 설정되어 있었다. 또한 1401년(태종 1)에 공부상정도감(貢賦詳定都監)에서 공부(貢賦)의 수를 정할 때 공부에 해당하는 꿀이나 기름, 면포 등의 공상(供上)을 위해 정해진 전지(田地)로 대전이라는 이름이 나오는데, 여기에 등장하는 대전은 역전(易田)을 가리키는 것으로 생각된다. 해당 기사를 보면 미(米)를 거두는 전에 포함된 대전은 포화(布貨)와 잡물(雜物)로 정부(定賦)한다는 구절이 보인다. 그런데 계속해서 예전에 포화와 잡물을 거두던 전에 들어 있는 실전(實田)은 미(米)를 거두게 한다는 구절이 이어지고 있다. 뒤 구절에 나오는 실전은 미를 거두는 전토이기 때문에 다른 공부가 정해져 있는 토지와 마찬가지로 상경(常耕)하는 전토로 간주할 수 있고, 그렇다면 이러한 실전에 아직 못 미치는 단계의 토지로 설정되어 있는 대전은 휴한하는 전토로 파악할 수 있다고 생각된다.

[참고어] 작무법, 견종법, 농종법

[참고문헌] 민성기, 1988, 「제2장 조선후기 실학파의 대전론」『조선농업사연구』, 일조각 〈염정섭〉

대지위등급조사규정(垈地位等級調査規定) ⇒ 지위등급조사

대창(大倉) 고려시기 서경(西京)에 설치되어 중심적인 역할을 했던 창고.

저장된 곡식의 양이 국부(國富)의 상징으로 표현될 만큼 대창은 고려의 대표적인 창고였다. 그에 관한 기록은 1088년(선종 5)에 나오는데, 서경에는 문종 대에 이미 대창이 있었으므로 개경에도 설치되었을 것으로 추정된다. 그러나 개경의 대창은 실체가 분명하지 않다.

곡물을 수납하여 관리하는 서경의 중심적인 창고로 기능했다. 대창의 관리·감독은 대창서(大倉署)를 두어서 맡도록 했다는 견해가 제출되었다. 그 설치 유무에 대해서는 재론의 여지가 있지만, 적어도 1076년(문종 30)의 규정에 따르면 정원은 알 수 없으나 영(令)·승(丞)을 두어 관리하였음이 확인된다.

대창은 녹봉의 지급, 진휼곡의 출납 외에 여러 가지 국용을 담당하였으며, 여타 창고의 재정이 부족할 경우에 대비하는 예비 창고로도 기능하였다. 또한 예하에 전해고(典廨庫)가 설치되어 있어 그 곳의 쌀을 왕이 하사하는 일에도 활용되었다. 한편 몽골과의 전쟁 중에 강화도로 도읍을 옮겼던 시기에는 대창에서 관인 녹봉의 반급(頒給)을 담당하기도 하였다.

서경의 재정을 관할하는 주요 창고였으므로 서경의 분사제도(分司制度)가 변동될 때 그것을 관할하는 상위 관청이 변동되는 경우가 있었으나, 1178년(명종 8) 이후에는 창조(倉曹)에 소속되었다. 또한 서경의 여러 창고들이 분대어사(分臺御使)에 의해 운영상의 감찰을 받았으므로, 대창 역시 그에 따라야 했다.

[참고문헌] 金載名, 1986, 「高麗時代의 京倉」『淸溪史學』4 ; 朴鍾進, 1990, 「高麗前期 中央官廳의 財政構造와 그 運營」『韓國史論』23, 서울大國史學科 ; 權寧國 外, 1996, 『譯註『高麗史』食貨志』, 韓國精神文化硏究院 ; 金玉根, 1996, 『高麗財政史硏究』, 一潮閣 ; 安秉佑, 2002, 『高麗前期의 財政構造』, 서울대학교출판부 〈정덕기〉

대창농장(大倉農場)/대창희팔랑(大倉喜八郞) ⇒ 오쿠라농장

대택〔대택인(大宅人)〕 ⇒ 마름

대파법(代播法) 주작물을 수확할 수 없게 되었을 경우에 주작물을 대신하여 다른 작물을 파종하는 것.

대체로 심한 가뭄이나 홍수 등 자연재해로 곡식 씨앗을 뿌리지 못했거나 심었던 씨앗의 싹이 제대로 트지 않았을 때 다른 곡식으로 바꾸어 심는 대파법을 실시한다. 조선 후기에 대파법은 특히 가뭄에 대한 대비책으로서 이해되고 권장되었다. 1782년(정조 6) 6월 기전(畿甸)·해서(海西)·삼남(三南)의 가뭄에 대한 대책으로 정조는 메밀[蕎麥] 등의 잡곡을 대파할 것을 지시하면서, 창고에 유치(留置)되어 있는 잡곡을 민간에 넉넉히 지급하여 파종할 수 있도록 하라고 하였다.[『정조실록』 권13, 6년 6월 3일] 이러한 대파법은 이듬해인 1783년(정조 7) 6월과 7월에도 전라도와 경기도에 시행되었다. 또한 이렇게 다른 작물을 대파한 전답은 세금을 면제해주었다.[『정조실록』 권15, 7년 6월 26일] 한편 1798년(정조 22)에는 그 지방의 토질에 맞는 대파곡(代播穀)을 각 고을마다 미리 조적(糶糴)해 둠으로써 장래의 수요에 대비토록 하라고 하였는데, 이는 우의정 이병모(李秉模)

의 의논에 따른 것이었다.[『정조실록』 권49, 22년 8월 14일] 이렇듯 대파법을 권장한 결과 호서에서 대파한 지역이 거의 1만 결(結)에 이른다는 보고[『정조실록』 권49, 22년 9월 21일]가 전하기도 한다.

특히 서유구(徐有榘)는 이앙법(移秧法)에서 모를 심는 시기를 놓쳤을 때 행하는 농법으로 대파법을 이해하였다. 이때 대파법은 벼의 이앙이 불가능하게 되었을 때 다른 품종을 대파하여 얻은 소득에 생계를 의존하려는 뜻에서 취해지는 것이었다. 서유구는 대파법을 개선하여 더 많은 소출을 올리게 되면, 이앙으로 말미암은 한재(旱災)의 피해를 막을 수 있다고 하였다. 1838년(헌종 4) 흉년 구제책에 대해 올린 상소에서 서유구는 대파법의 개선 방법으로서, 대파에 적합한 품종을 선택하여 파종하되 중국에서 대파에 적합한 종자를 수입하여 보급하자고 하였다. 그는 우리나라의 곡식 종자 중에서 대파에 적합한 것, 즉 늦게 파종해서 먹을 수 있는 것은 오직 메밀과 녹두(綠斗) 두 종류라 하였다. 그런데 가뭄이 극심한 끝에는 반드시 큰 비가 오므로, 습한 것을 싫어하고 건조한 것을 좋아하는 메밀과 녹두는 대파하여도 성과를 얻기 힘들다고 하였다. 이때 서유구는 그가 순창군수(淳昌郡守)로 있던 시절, 볏모를 심는 시기가 지나자 조정에서 대신 메밀을 심도록 하였던 때의 경험을 들어 이야기하였다. 즉 서유구에 따르면, 메밀과 녹두는 대파법에 적합하지 않은 종자였다. 서유구는 이를 대신할 수 있는 중국의 종자를 소개하였다. 그는 중원(中原)·통주(通州) 등지에서 초가을에 파종하여 초겨울에 수확하는 60일벼[六十日稻], 상해(上海)·청포(青蒲) 등지에서 6월에 파종하여 9월에 성숙하는 홍도(紅稻), 덕안부(德安府)에서 파종한 지 5~60일만에 열매를 얻는 향자만도(香秄晩稻) 등을 수입하여 팔도(八道)에 전해 주어 심게 할 것을 주장하였다.

[참고어] 교맥, 이앙법

[참고문헌] 김용섭, 2007, 『(신정증보판)조선후기농업사연구(II)』, 지식산업사 〈김미성〉

대한강역고(大韓疆域考) 다산(茶山) 정약용(丁若鏞)이 지은 『아방강역고(我邦疆域考)』를 저본으로 하여 1903년에 위암(韋庵) 장지연(張志淵)이 증보하여 출간한 책.

장지연은 『황성신문』에 1903년 4월에서 5월 사이에 「아한강역고(我韓疆域考)」 13회, 「아한강역고 서북연혁(西北沿革)」 4회, 「아한강역고 후설(後舌)」 4회씩 모두 21회에 걸쳐 한국 역대 왕조의 강역에 대해 연재했다. 이 글들이 『대한강역고』로 정리 편찬되었다.

당시 간도를 둘러싸고 1880년대 조선과 청나라 양국간의 국경선을 정하는 회담은 두만강 상류 지역을 제외하고는 청나라의 일방적인 주장이 수렴하는 쪽으로 정리되었다. 이는 1880년대 국제상황에 따른 것이었다. 그러나 청일전쟁 이후 청나라의 영향력이 전과 같지 않았고, 대한제국 수립 이후 당시 정부는 토문강(土門江)이 두만강(豆滿江)이 아니라는 설을 주장하며 다시 간도 영유권 문제를 제기하였다.

1900년 의화단 사건의 발생, 러시아군의 주둔, 청나라 비적에 의한 생명과 재산의 약탈이라는 일련의 상황은 간도 한인들의 생존을 위협하고 있었다. 그들은 정부에 보호를 요청했고, 대한제국은 변경경무서를 설치하였다. 이런 국내외적 상황에서 장지연이 『대한강역고』를 편찬하였다.

그가 참고한 정약용의 『아방강역고』는 한백겸(韓百謙)의 『동국지리지(東國地理誌)』, 이중환(李重煥)의 『택리지(擇里志)』와 함께 실학자가 저술한 대표적인 역사지리서였다. 『대한강역고』에서는 정약용의 견해는 용안(鏞按)을 붙였고, 연안(淵按)이라 하여 장지연의 견해를 나타내었다. 본문 외에 책머리에 삼한·사군·신라·백제·북간도의 도판 5매를 첨부하였고, 서문에는 권중현(權重顯)·조정구(趙鼎九)·김택영(金澤榮)·김교홍(金敎鴻)과 장지연의 자서(自序)를 붙였다. 범례에 원본의 재편성과 증보를 9권으로 한다는 원칙을 밝혔다. 책 끝에는 정약용의 손자 정대무(丁大懋)와 증손인 정문섭(丁文燮)의 발문이 붙였다.

권1에는 조선고(朝鮮考)·사군총고(四郡摠考)·낙랑고(樂浪考)·현도고(玄菟考)·임둔고(臨屯考)·진번고(眞番考)·낙랑별고(樂浪別考)·대방고(帶方考)가 수록되있다. 권2는 삼한총고(三韓摠考)·마한고(馬韓考)·신한고(辰韓考)·변한고(弁韓考)·변진별고(弁辰別考)·임나고(任那考)가 수록되어 있다. 임나고는 일본 고사(古史)에서 장지연이 추록한 것이다. 3권은 졸본고(卒本考)·국내고(國內考)·환도고(丸都考)·안시고(安市考)·위례고(慰禮考)·한성고(漢城考)로 되어있다. 권4는 옥저고(沃沮考), 예맥고(濊貊考), 예맥별고(濊貊別考), 말갈고(靺鞨考), 권5는 발해고(渤海考), 발해속고(渤海續考)이며, 6권에는 북로연혁고(北路沿革考), 7권에는 서북로연혁고(西北路沿革考)와 부록으로 구련성고(九連城考), 8권에는 패수변(浿水辨)·백산보(白山譜), 9권에는 백두산정계비고(白頭山定界碑考)로 되어 있다.

장지연은 2권의 임나고 이외에, 새로 발견된 황초령비문(黃草嶺碑文)과 당시 문제시되었던 백두산정계비고를 증보하였다. 백두산정계비고는 김노규(金魯奎)가 펴낸 『북여요선(北輿要選)』을 적극 인용하였다. 당시 '간도문제'에 대한 김노규의 글과 장지연의 글은 대한제국의 간도정책과 러일전쟁 발발가능성과 맞물려 이후 간도문제 인식에 중요한 전범으로 기능했다. 계몽운동기에도 간도문제에 대한 국민적 관심사를 불러일으키는 데 중요한 역할을 하였다. 구한말에서 일제시기를 살았던 밀양의 유학자 이병곤(李炳鯤)의 일기를 보면 음력 1910년(경술년)에 12월 24일(양력 1월 24일) 일기에 "오후에 사촌 형님이 와서 『여지승람』과 『강역고』를 가지고 갔다.(午後伯從兄來, 持輿地勝覽及疆域考而去.[『退修齋日記』 第四卷 庚戌年 臘月 二十四日 甲午])"고 하는 것을 통해 실제로 도서가 발간된 뒤 지방까지 유통 회람되었음을 알 수 있다.

1905년 황성신문사(皇城新聞社)에서 신활자로 인쇄하였다. 장지연은 『대한강역고』를 우리말로 번역하여 『조선강역지(朝鮮疆域誌)』 상·하권을 1928년 문우사(文友社)에서 간행하였다.

[참고문헌] 『張志淵全書』 3 ; 朴敏泳, 2005, 「張志淵의 北方疆域 인식 : 『大韓疆域考』의 「白頭山定界碑考」를 중심으로」 『한국독립운동사연구』 25 ; 은정태, 2007, 「대한제국기 '간도문제'의 추이와 '식민화'」 『역사문제연구』 17 ; 李炳鯤, 2007, 『退修齋日記 上』, 국사편찬위원회 〈탁신희〉

대한권농주식회사(大韓勸農株式會社) 1907년 6월 일본 야마구치현(山口縣) 출신 기업가·상공인들이 한국에서 농업경영을 목적으로 설립한 회사.

러일전쟁에서 일본이 승리하자, 일본 사회 전반에 걸쳐 한국에 대한 척식여론과 경영론이 고조되었다. 군사적 승리에 뒤이어 척식사업으로 한국강점을 완결하자는 척식여론은 한국에 대한 토지투기열을 불러일으켰다. 일본 각 지방의 지주·상공인들은 지방 당국의 지원 속에서 농업회사나 농업조합을 조직하여 한국농업이민·척식사업에 뛰어들었다. 대한권농주식회사는 이런 분위기 속에서 한국침략의 최선두에 섰던 야마구치현 출신의 지주 상공인들이 만든 농업회사이다. 한국 농업개발을 설립목표로 내세웠지만 설립초기에는 농업경영보다는 주로 부동산담보대부=대금업에 주력했다. 설립자본금은 100만 원(불입자본금 40만 원)으로 당시로는 상당히 큰 규모였다. 본사는 야마구치현에 두고 서울에 사무소를 내었다. 사장은 야마다 도사쿠(山田桃作), 전무이사 하라 가쓰이치(原勝一), 백인기·성문영·조진태도 임원으로 들어갔다. 1910년 조선권농주식회사로 개칭하고, 정관의 일부를 고쳐 시가지·차가경영, 농산물·농잠구·비료의 판매, 농경지개량 및 개간간척 업무를 추가하였다. 회사직영으로 경기도 고양군 송포면 일대 한강변 미·기간지 400여 정보를 매수하여 송포농장을 열었다. 또한 농산물 판매를 위해 상업부를 설치하고 대일 농산물 무역에도 주력을 했다. 누에고치 100석을 매집하여 일본에 내다팔고 대신 들깨를 수입하여 국내에 판매하기도 했다. 1910~12년 동안 10%의 배당을 유지할 정도로 수익을 내었지만, 이후 영업부진과 손실로 유동성 위기를 맞았다. 1910년대 도시인구집중이나 도시화의 부진으로 시가지 및 차가경영에 상당한 자금이 고정되어 자금회전에 어려움을 겪기 시작했고, 농산물 외상판매 대금의 회수가 난관에 봉착하면서 자금난을 부채질했다. 지속된 경영난으로 1915년 주주총회에서 자본금을 25만(전액 불입)으로 감자하여 손실보전 조치를 취했지만, 경영 상태는 개선되지 않았다. 결국 1917년 야마구치현 출신 사업가 가다 긴자부로(賀田金三郎)가 회사를 인수했다. 가다는 대만(臺灣) 개발의 원로로 알려졌지만, 러일전쟁 당시 조선피혁주식회사를 설립하여 군수물자로 피혁은 일본군에 대량으로 조달했다. 1907년 충청북도 영흥군 영동금산주식회사로부터 금은동광을 매수하여 광산경영에도 손을 댔다. 가다는 1918년 12월 조선권농주식회사의 정관 일부를 변경하고 시가지 및 농사경영이외 산림경영을 추가하였다. 1919년 5월 전라남도 장흥군 천관산 국유림 약 1,749정보를 불하받아 산림지주로서 임산물채취나 조림사업에 진력했다. 동년 조선피혁주식회에서 불하받은 함경북도 부령군 관해면 임야 735정보, 전라남도 영암군 시수면 월출산 약 1,591정보, 강진군 월출산 약 263정보, 영암군 학산면 일대 192정보, 장흥군 월암산 242정보의 임야도 위탁관리하였다. 가다는 대만에서 이민개척농장 하전촌(賀田村)의 건설경험을 살려 조선에서도 이민농촌을 건설하고자 했다. 농장은 전라북도 부안군 상서면과 주안면 일대 미간지 250여 정보를 확보하여 1923년부터 개간에 착수하였다. 1926년 수백만 원을 투자하여 저수지를 건설하고 60여 정보 개답하여 조선인 농민을 이주시켰다. 이주농민들에게 1호당 논 5단보, 밭 3.5단보, 뽕나무밭 2.5단보, 대지 3반보를 배급하고 무이자로 2년 거치 8년 연부상환하게 했다. 개간 완료 후 이주농민은 140호에 달했고 일본에서 양잠기사를 초빙하는 등 양잠농사에 주력하였다.

1927년 8월 조선권농주식회사는 조선권농신탁주식회사로 개칭하고 정관의 일부를 개정하여 일반신탁업무를 추가하였다. 송포농장(430정보)은 1931년 조선총독부가 궁민구제사업의 일환으로 추진된 한강하류 방수공사로 한강 본류 양측에 견고한 축제가 조성되어 농지침수문제를 일거에 해결할 수 있었다. 이후 안정적인 관개배수 시설의 완비로 생산량도 증가했고 지가도 덩달아 상승했으며, 1933년 9월 고가로 송포농장을 매각할 수 있었다. 고양농장의 매각은 누적된 부채를 일거에 청산하여 영업 정상화에 결정적인 역할을 하였다. 그리고 5만여 평 규모의 영등포농장은 대도시 경성을 소비지로 삼아 양계·양돈·채원으로 수익을 올렸다. 조선권농신탁주식회사는 부동산 위탁관리 사업을 활발하게 전개했다. 1927년 황해도 연백군 고가농장(古河農場, 450정보)을, 1930년에는 경성부 아현리 조선인 주택지(6,240평, 263호)를 위탁받아 경영하였다. 고가농장은 가다 긴자부로의 사위이자 조선피혁주식회사 사장 가다 나오지(賀田直治)의 친척인 이왕직차관과 제실재산정리국 장관을 지낸 고미야 미호마쓰(小宮三保松)의 소유였고, 아현리의 조선인 주택지는 그의 지인 오사카(大阪)의 실업가이자 마이니치 신문사(每日新聞) 사장 모토야마 히코이치(本山彦一)의 소유였다. 상습적인 수해지였던 고가농장은 위탁경영 후 배수시설을 정비하면서 수확량이 늘어났다. 아현리 시가지경영(1936년 전매)이나 고가농장(1933년 황해농업주식회사에 전매)의 경영개선으로 회사의 위탁수익도 상당했다.

조선권농신탁주식회사는 신탁업 요건으로 자본금 200만원 이상을 요구하는 조선신탁령 시행을 앞둔 1931년 12월 다시 조선권농주식회사로 복귀했다. 이 시기 조선권농주식회사의 영업 전략은 시세차익을 노리는 부동산 매매였다. 특히 영등포 지역이 토지매매 투기의 첫 대상지였다. 1930년대 초반 일본 대자본이 유입되면서 공장부지 수요와 부동산 수요가 강하게 일어나자, 영등포 지가가 앙등하였다. 조선권농주식회사는 영등포 농장과 추가로 매입한 땅을 소화기린맥주회사와 동양방적주식회사 공장부지로 매각하였다. 이어서 강원도 울진군 죽변 항 부근 1만여 평을 매입했는데, 죽변 항 어항계획과 삼척 탄전개발 사업 그리고 동해안선 철도 개통 속에서 개발시세차익을 노렸다. 1930년대 초중반 조선권농주식회사는 시세차익을 목적으로 한 성공적인 부동산 투기로 장기불황에서 벗어날 수 있었다. 이후 경영정상화 속에서 소액대출 금융사업에 주력하면서, 1942년까지 3~5%의 배당을 꾸준히 실시했다. 전시 통제경제 하에서는 조선권농주식회사는 자산을 토지와 유가증권에 분산하여 자금운용의 다양화를 도모해갔다. 유가증권 매입은 군수산업체에 집중했으며, 대판해상화재보험을 위시한 몇몇 보험회사의 대리점을 운영하기도 했다.

[참고어] 동태적 지주, 개간, 간척

[참고문헌] 김명수, 2006, 「일제하 일본인의 기업경영-조선권농주식회사를 중심으로」『역사문제연구』 16 ; 이승렬, 2007, 『제국과 상인』, 역사비평사 〈윤정환〉

대한전토매매증권(大韓田土賣買證券) 1901년 지계아문에서 토지소유자가 토지를 매매할 때 지방관이 토지 소유권자와 거래내용을 확인하여 증명해 줄 수 있도록 제정한 증권.

지계아문은 1901년 10월 한성부와 13도 지역의 전토계권을 정리하는 기관, 즉 토지의 답사, 신계(新契)의 발급과 구계(舊契)의 격쇄(繳鎖), 매매증권의 발급 등을 담당할 목적으로 설립되었다. 그 해 11월 '지계아문직원급처무규정'을 제정하면서 토지소유권을 관리하기 위한 증명서로 토지소유자라는 것을 증명하는 문서인 대한전토지계와 토지매매를 보증하는 문서인 대한전토매매증권 양식을 만들었다.

대한제국 정부는 지계아문을 출범시켜 양안을 근거로 대한전토지계를 발급할 것을 계획하는 한편, 전토를 매매할 때 발생하는 잠매·도매 등을 방지하기 위하여 토지거래도 관에서 관리할 필요가 있다고 판단하고 대한전토매매증권을 고안하였다. 이 증권은 다음 그림에서 보듯 표제 밑에 발행일을 적고 그 밑에 오른쪽으로부터 토지의 소재지를 한성부와 각도별로 기록한 다음, 토지의 내용과 매매 당사자들을 기록하도록 하였다. 자번호, 지목[畓田], 두락(일경), 전형, 등급, 실적, 결수, 병지계(竝地契), 매주(賣主)와 매주(買主)의 성명과 주소지, 가격 등이었다. 마지막에는 담당관인 한성판윤과 지방의 군수 등의 성명, 그리고 해당 관서의 주사와 서기의 성명을 기입하고 관장(官章)을 찍도록 하였다. 토지를 매매할 때 지방관과 실무 서기가 토지소유권자를 확인하도록 하여 부정의 소지를 방지하고자 한 것이었다. 이 증권은 좌우동형의 한쌍으로 제작되었으며

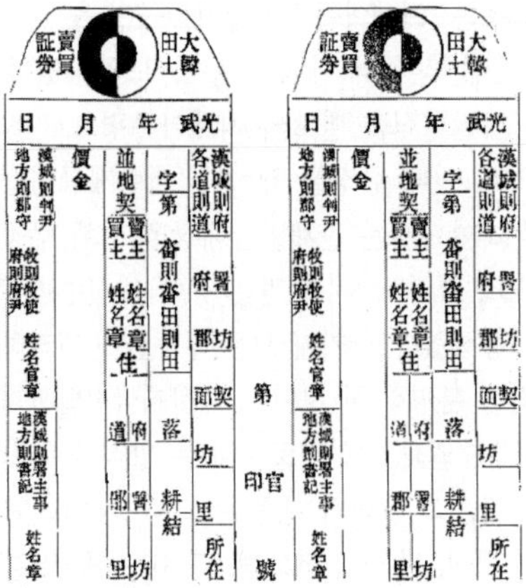

대한전토매매증권 『한국관보』 74책 044a (2024호 3면, 19011022) (규17289)

가운데에 발행호수를 기록한 다음 오른쪽 편은 새 주인에게, 왼쪽 편은 해당 관청이 나누어 갖도록 하였다. 새 증권을 발행할 때 구증권은 지방관청에서 격쇄하도록 하였다.

따라서 매매할 때 매득자는 소유권 획득의 증거물로 원지계(原地契)와 새로 발행한 증권을 같이 보관하도록 하였다. 전토지계에는 형·등·적 등 토지 모양과 크기가 기록되어 있는 반면, 증권에는 매매한 두 사람의 주소, 성명, 토지 가격이 기록되어 있다는 점에서 차이가 있다. 이는 양자의 용도가 서로 달랐기 때문이며, 이에 따라 양식도 상호 보완적 기능을 갖도록 작성하였다. 이리하여 양자는 각기 별개로 존재하는 것이 아니라 항상 토지소유자가 동시에 소지하도록 하였다.

대한제국이 지계를 발행하고 매매증권을 발행하려 한 것은 소유권의 보호와 이전에 대한 국가관리제도를 확립하려 한 것이다. 지계를 발급한 뒤 전토를 매매하는 경우에 해당 지방관이 매매증권을 발급해 주고, 해당 매매증권을 영유한 자가 다시 타인에게 전매할 경우에는 지방관이 구증권을 격쇄하고 원지계는 환급하여 새 증권을 발급해 주는 것으로 하였다. 그리고 지계를 전집(典執)할 경우에도 해당 지방관에게 청원하여 인허를 받은 후에 시행하기로 하였다.

하지만 현실 사회에서는 소유권 매매로 이전할 때는 두 종류의 관문서를 생산하여 관리한다는 것은 번거로운 일이었다. 이리하여 대한제국은 1901년 11월 지계아문직원급처무규정을 개정하면서 두 양식을 하나로 통합하였다. 대한제국 전답(가사)관계가 그것이다. 이때는 토지의 위치를 표시한 사표가 추가되었으며 동일 양식을 두 쪽이 아니라 세 쪽을 만들어 지계아문과 지방관청, 그리고 개인이 나누어 소지하게 함으로써 토지소유권의 국가관리를 더 간편한 방식으로 하려고 하였다.

대한제국의 지계아문이 토지소유권의 보호와 이전에 관한 제반 법제를 수립하여 국가가 관리하는 방식은 근대적 토지소유권 관리제도인 부동산 등기제도에 걸맞는 제도로 평가할 수 있을 것이다. 다만 저당권 등 부동산 담보금융제도의 활성화를 위한 제도가 뒷받침되지 않았다는 한계는 있었다.

[참고어] 담보, 대한제국전답관계, 대한전토지계, 저당권, 지계아문

[참고문헌] 『관보』 2024호, 광무5년 10월 22일 ; 김용섭, 1975, 「광무년간의 양전 지계사업」『한국근대농업사연구』; 최원규, 1995, 「대한제국기 양전과 관계발급사업」『대한제국의 토지조사사업』

〈최원규〉

대한전토지계(大韓田土地契) 지계아문이 양안에 근거하여 토지소유권자(시주)에게 발급해 주기로 한 토지소유권 증서.

대한전토지계는 지계아문이 양안상의 시주에게 발행하기로 한 소유권 증명서였다. 지계에 기록한 내용은 아래 그림과 같다. 대한전토지계라는 표제 밑에 발행일을 가로로 적고, 그 밑에 세로로 우측부터 토지와 시주 관련사항을 기재했다. 우측부터 토지소재, 자호지번, 지목, 두락, 일경, 형(전답도형), 등(등급), 적(척수), 결수 등 해당 필지의 내용을 적은 다음에 시주의 성명과 주소, 지계발행 담당관의 성명과 관장 등을 기재하도록 했다. 발행은 한성부에서는 지계 총재관이, 지방에서는 지계감리가 담당하도록 했다.

지계의 양식은 동일한 형태의 양식을 좌우에 각각 배치한 것인데, 이를 발행할 때 가운데에 발행호수를 기록한 다음 관인을 찍고 둘로 나누어 지방관청과 시주에게 각각 한쪽씩 나누어 주었다. 처음 발급한 것을 원지계(原地契)라 하며, 소유권을 이전할 때 매주(買主)에 환급해 주도록 하였다. 즉 지계는 지계아문에서 한번 발행하고, 한부는 지계아문에서, 다른 한부는 시주가 보관하도록 하였다. 이 양식을 지계아문 양안과 비교하면, 장광척이 빠진 점과 시주의 주소가 첨가된 점을 제외하고는 내용이 일치하였다. 지계아문 양안이 지계 발급을 염두에 두고 작성한 양안이라는 점을 확인할 수 있다. 1901년 11월 이 제도를 폐기하고 관계를 발급하기로 결정했다.

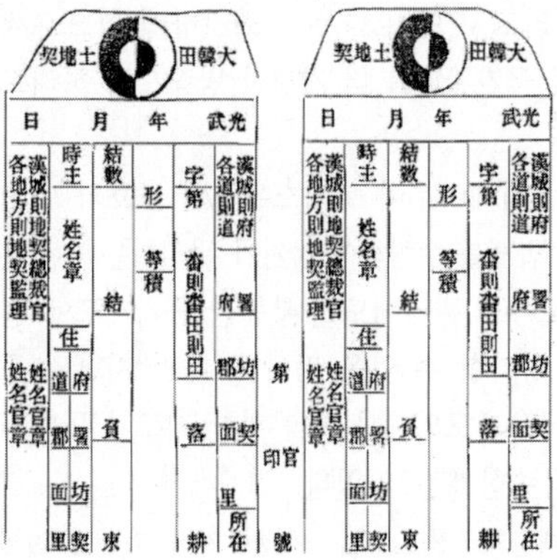

대한전토지계 『한국관보』 74책 044a(2024호 3면, 19011022) (규17289)

[참고어] 대한전토매매증권, 대한제국전답관계, 지계아문

[참고문헌] 『관보』 2024호, 광무5년 10월 22일 ; 김용섭, 1975, 「광무년간의 양전 지계사업」 『한국근대농업사연구』 ; 최원규, 1995, 「대한제국기 양전과 관계발급사업」 『대한제국의 토지조사사업』 〈최원규〉

대한제국전답관계(大韓帝國田畓官契) 1901년 11월 지계아문에서 대한전토지계와 대한전토매매증권을 폐지하고, 전답소유자에게 대한제국 정부가 그 소유권을 증명하기 위해 발급해 준 토지증명서.

지계아문은 종전에 계획했던 대한전토지계와 대한전토매매증권 발행계획을 폐지하고 대한제국전답(가사)관계로 양식을 수정하여 전답(가사)소유자에게 발급해 주기로 결정했다. 그 이유는 지계가 외국인의 토지소유금지를 명시하지 않았다는 점도 있지만, 형식상 다음과 같은 문제점을 내포하였기 때문이었다. 첫째 지계발급 이후에는 토지소유권 관리를 지방관청에서 전적으로 담당하기 때문에 종래 부동산거래상의 문제점을 해소하기 어렵다는 점이다. 즉 중앙관청에서 감시감독할 수 있는 장치를 지계에는 마련하지 않았다는 점이다. 둘째 가사나 산림, 천택에 대한 지계 발급 계획을 상정하지 않은 점이다. 셋째 토지소유권의 이전관계를 살필 수 없기 때문에 토지소유권 분쟁의 여지가 여전히 남게 된다는 점이다. 지계에는 최초의 소유자, 그리고 매매증권에는 현재의 소유권자와 바로 직전의 소유자만 기록됨으로써 원지계를 분실하였을 때 소유권의 이전관계를 알 수 없게 된다. 넷째 지계와 증권에는 사표를 기록하는 난이 없었다. 양안을 참조하지 않으면 사실상 토지의 소재와 모양을 확인하기 어렵다는 점이다. 개정은 불가피 하였다.

대한제국 정부는 '지계아문직원급처무규정'을 개정하면서 종전 계권 양식의 단점을 수정 보완하였다. 개정령에서는 계권형식을 별도의 지계아문령으로 정하도록 하였으며, 이때 설정한 양식이 '대한제국전답(가사)관계'였다. 여기서는 관계발급대상을 전체 부동산으로 확대하고, 명칭도 '지계'라는 용어 대신 '관계'라는 명칭을 사용하였다. 국가가 모든 부동산을 관리하는 주체라는 점을 분명히 한 것이다. 대한제국전답관계는 대한전토매매증권과 대한전토지계 두 양식을 통합하여 조제하였다. 그 양식의 내용은 그림에서 보듯, ① 소재지, 자호지번, 지목, 전답도형, 열·좌, 두락·일경, 등급, 결부, 사표 ② 발행년월일, 시주의 주소 성명, ③ 매매가격, 보증인과 매주의 주소성명을 기재하고, 마지막으로 지계아문 총재와 지계감독이 도장을 찍었다. 처음 관계를 발급할 때 ①부분은 양안에 기록한 내용이었으며, 이를 통해 구권(토지매매명문)과 대조하여 진정한 시주를 확인한 다음 구권을 없애고 새로 관계를 발급하는 방식을 거쳤다. 기존 문기를 없앤다는 점에서 '원시취득'의 의미를 갖는 사정과정이라고 할 수 있다. 그리고 토지를 매매할 때는 방매한 사람(전소유자)과 보증인의 주소 성명을 기록함으로써 소유권의 이전관계를 분명히 표기했다. 이러한 형식의 관계발급을 지방관청과 지계아문에서 동시에 관리하고 증명해 줌으로써 부동산거래에서 발생하는 도매 사기 등의 문제를 해결할 수 있었다.

그리고 관계는 방매이유와 단서를 생략하였다는 점에서 기존의 매매문기와 내용상 차이가 있었지만, 관계의 목적이 소유권자를 확정하기 위한 것이었기 때문에 매매명문의 형식도 담지 않으면 안 되었다. 따라서 관계는 매매명문의 내용을 포괄하면서도 국가의 소유권 관리증명서라는 점을 감안하여 양식을 정했다. 이러한 관계의 특성을 살펴보면 다음과 같다.

첫째 매득자 명의를 기록하는 방식이 기존 명문과 달랐다. 종래에는 매매명문의 소지 여부가 토지소유자를 결정하는 것이었기 때문에 매득자명을 기입하지 않는 경우도 많았으며, 일본인들은 이 점을 이용하여 토지를 잠매했던 것이다. 관계는 관의 공문서이며 제3자 대항권도 고려하여 이를 허용하지 않았다. 토지소유자는 관계발급시 토지명문을 지참하여 관청에 나가 양안과 대조하여 토지소유자라는 것이 확인되면 관계를 발급했다. 이때 구래의 명문은 격쇄하였다.

둘째, 명문에서는 양안의 결부와 민간 관행의 두락을

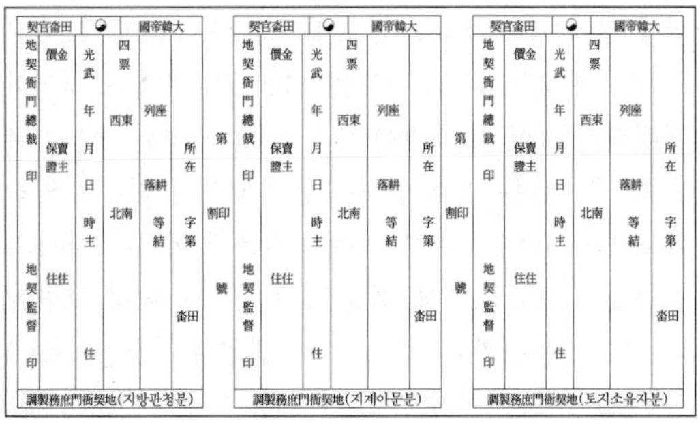

대한제국전답관계(토지)

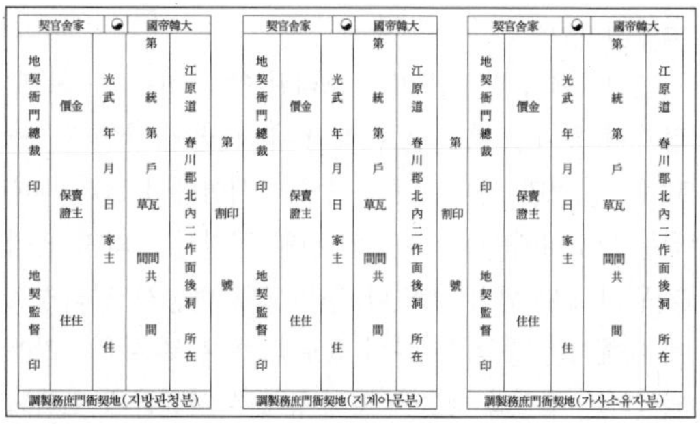

대한제국전답관계(가사)

사용하였지만, 관계에서는 결부와 함께 두락·배미 등을 사용하였다. 이 두락은 절대면적제의 두락이지만, 민간에서 사용하는 도량형제이기에 누구나 쉽게 토지의 절대면적을 확인할 수 있었다.

셋째, 명문에는 토지소재는 기록하였으나 자호지번·전답도형·사표 등을 생략하여 그것만으로는 토지의 위치와 형상을 제3자가 정확히 알 수는 없었다. 이러한 점을 감안하여 관계에서는 민간관행의 토지구획단위인 열좌(배미)를 기록하는 외에 위의 모든 사항을 기록하도록 하였다. 이같이 관계는 매매명문과 양안의 형식을 결합시켜 조제하였다. 양안에서는 토지의 측량부분, 매매명문에서는 소유자를 주요한 기준으로 삼은 것으로 보인다. 이때 양자가 차이가 나면 다시 타량하여 결정하도록 하였다.

넷째, 관계는 강제발급주의이고 소유권을 이전할 때는 관계를 환거하고 새로 발급하는 방식을 채택하였다. 이는 해당 토지의 관계가 여러 장 유포될 때 발생할 가능성이 있는 불법적 토지거래를 방지할 의도였다. 이를 위반할 때는 해당 부동산을 속공하도록 했다. 관계는 양안과 달리 토지대장(지방관청)과 부동산등기부(지계아문)의 역할을 할 수 있도록 체제를 갖추고 있었다. 이러한 점에서 일제의 토지조사나 등기제도와는 방식과 형태는 달랐지만, 국가가 토지소유권을 관리하여 빈발하던 분쟁을 해결할 수 있다고 판단된다. 관계는 등기와 달리 신청주의가 아니라 강제발급주의를 채택하였기 때문에 자번호 순서대로 발급하고 편철함으로써 매매나 전당시 이를 쉽게 찾아 관계의 진위여부를 확인하는 것이 가능하였다.

다섯째, 관계는 한 필지에 하나의 관계만 발급하였다는 점이다. 차명매매나 사상매매를 했을 경우에는 해당자는 병일률에 처하고 당해 부동산은 속공하도록 하였다. 이러한 점에서 관계발급을 담당하는 관리의 책임은 대단히 중요하였으며, 이에 따라 관계발급 과정에서 발생된 문제는 관리에게 책임을 물었다.

여섯째, 관계발급은 국가재정 확보라는 측면에서도 주요한 것이었다. 발급비용을 매매 양 당사자에게 부과하였다. 이 비용은 대단히 막대하여 주요한 국가수입원이 될 수 있었다. 매매 당사자 양측이 절반부담하는 조건으로 부동산원가의 1/100을 지방관청에서 거두어 지계아문에서 수납하도록 하였다. 이같이 매매가격을 의무적으로 기록하게 한 점은 훗날 결부제적인 지세부과방식에서 벗어나 지가제로 전환할 수 있는 기틀을 마련할 수 있었다.

마지막으로 관계는 양안상의 전답 및 대지만을 대상으로 한 것이 아니라 가사에도 발급했다. 가사관계의 형식은 가사안의 내용을 그대로 전재하도록 하였다. 가사관계의 기록 내용은 통호제에 따라, 가옥의 규모는 와초를 구분하여 각기 칸을 기록하도록 하였다. 이러한 방식의 가사관계를 발행하기 위해서 지계아문에서는 가사안을 별도로 작성하여 별문제가 없었지만, 양지아문 양안을 이용할 때는 양지아문 양안과 지방청 보관의 '오가통성책'을 동시에 거두어야만 가능했다.

관계발급대상은 전국토의 모든 부동산이었으며, 조사순서에 따라 발급의 우선순위가 결정되었을 것이다. 양전지계사업에서 예외로 인정한 곳은 한성부와 조계지내의 가계뿐이었다. 이 사업은 대한제국의 추진능력과 국제환경에 따라 사업 진행과정과 내용에서 제한성이 없지 않았지만, 광무정권은 토지문제의 해결이라는 나름대로의 목적의식 아래 양전사업과 관계발급사업을 추진한 것이다.

[참고어] 광무양전사업, 대한전토지계, 지계아문, 가사관계

[참고문헌] 최원규, 1994, 『韓末 日帝初期 土地調査와 土地法 硏究』, 연세대학교 박사학위논문 ; 한국역사연구회 토지대장연구반, 1995, 『대한제국의 토지조사사업』, 민음사 ; 한국역사연구회 토지대장연구반, 2010, 『대한제국의 토지제도와 근대』, 혜안

〈최원규〉

도(稻) 벼·쌀.

한반도에서 발견된 가장 오래된 야생 벼는 충청북도 청주시 흥덕구 옥산면 소로리 유적 볍씨(기원전 1만 5천년 경)이며, 재배 벼로는 동북아시아에서 널리 재배되는 자포니카(Japonica) 종인 경기도 일산 가와지 볍씨(기원전 2,300년경)가 있다. 한반도의 벼농사 전래경로에 대해서는 중국으로부터 육로를 통해 북부에서 전래되었다는 주장과 해로를 통해 중북부 서해안에 도입되었다는 주장이 유력하다. 벼농사에 대한 고고학적 자료로는 경기도 고양시 일산 가와지 유적 토탄층에서 출토된 볍씨, 경기도 여주시 점동면 흔암리 주거지에서 출토된 기원전 7세기경 탄화미, 평안남도 평양 남경유적에서 출토된 기원전 10~9세기경 탄화미, 경상남도 김해시 회현리 조개무지에서 출토된 기원후 1세기경 탄화미 등이 있다. 또한 룽산문화[龍山文化]와 동일한 반달돌칼이 한반도에 널리 분포되어 있는 사실도 벼농사전래를 밝히는 중요한 근거로 볼 수 있다. 벼농사에 대한 문헌자료는 삼한(三韓)시기부터 나타난다. 『삼국지(三國志)』「위서(魏書)」 동이전(東夷傳) 변진조(弁辰條)에는 "토지는 비옥하여 오곡과 벼를 가꾸기에 알맞다(土地肥美宜種五穀及稻)"라고 하였다. 이후 삼국시기에도 벼농사 기록이 계속 발견된다. 『삼국사기(三國史記)』「백제본기(百濟本紀)」 다루왕(多婁王) 6년 2월 "남쪽 주군의 남택에 비로소 벼농사를 시작하라(令國南州郡始作稻田於南澤)"라는 기록과 고이왕(古尒王) 9년 2월 "백성들로 하여금 남택에 벼농사할 땅을 개간하도록 하였다(命國人開稻田於南澤)"는 기록이 있다. 고려시기 충렬왕 때 원나라로부터 강남미(江南米)가 도입되었는데, 당시 중국에 널리 보급되었던 점성도(占城稻)일 것으로 추측된다. 조선 전기 농서인 강희맹(姜希孟)의 『금양잡록(衿陽雜錄)』에 나오는 찰뫼벼[粘山稻]와 보리산도[麰山稻], 그리고 조선 중기 허균(許筠)의 『한정록(閑情錄)』에 나오는 볍씨 선(秈)도 모두 점성도로 여겨진다.

조선시기 농서에는 벼 품종을 재배법에 따라 논[水田]에서 자라는 논벼[水稻]와 밭[旱田]에서 경작하는 밭벼[旱稻·陸稻·山稻·田米]로 나누고 재배법을 소개하고 있다. 논벼는 무논에 직파하거나 건앙법(乾秧法)이나 이앙법(移秧法)으로 재배하였다. 밭벼의 수확량은 논벼보다 훨씬 낮지만 가뭄에 견디는 힘이 강한 장점을 가지고 있었다. 세종 때 농서 『농사직설(農事直說)』에 기록된 밭벼의 경종법을 보면, 2월 상순에 기경하고 3월 상순에 중순에 또 기경하며, 파종을 위해 이랑[畝]을 만들고, 이랑 위에 씨를 뿌리고 발로 밟아 다진다고 했다. 때때로 육도에 피[稷]와 팥[小豆]을 2 : 2 : 1의 비율로 섞어서 재배하기도 했고, 척박한 땅에는 잘 숙성된 거름이나 오줌재를 뿌려주었다. 밭벼는 논벼에 비해 쌀알은 약간 길고 큰 편이며 끈기가 적어 밥맛은 떨어졌다. 18세기 견종법이 보급되면서, 육도도 이랑이 아니라 고랑에 파종하는 견종법(甽種法)으로 바뀌었다. 『금양잡록(衿陽雜錄)』에서는 경기도지역의 3종류[우득산도(牛得山稻)·모산도(牟山稻)·점산도]의 산도를 소개하고 있다. 정약용은 『경세유표(經世遺表)』에서 밭에 심는 여러 곡식류 중에 산도를 그 첫째로 꼽았고, 정조 대 정도성(鄭道星)은 상소문에서 "볍씨에는 강한 종자가 세 가지가 있는데, 천상도(天上稻), 두어라산도(斗於羅山稻), 순창도(淳昌稻)가 그것입니다. 이 세 가지 볍씨는 그 성질이 아주 강하기 때문에……2월에 땅을 갈고 3월에 씨를 뿌리면 늦모를 낼 때쯤 이 세 종류의 벼는 줄기가 이미 절반 정도 성장하며, 결실 역시 빨라서 비록 가뭄이나 홍수를 만나더라도 조금도 손상되지 않습니다.[『정조실록』 권50, 22년 11월 30일 기축]"고 하여 산도를 권장하였다. 서유구도 『행포지(杏蒲志)』에서 산도의 하나로 서양벼(西洋稻)를 소개했다. 또한 벼의 파종 시기에 따라 크게 조도(早稻, 이른벼)와 만도(晩稻, 늦벼)로 구분하는데, 『농사직설』에서는 조도의 재배법으로 수경법(水耕法)을, 만도의 재배법으로는 수경법과 건경법(乾耕法)을 수리조건에 따라 선택하도록 권하고 있다. 『금양잡록』에서는 조도, 차조도(次早稻, 중생벼), 만도로 나누고, 당시 경기도 지역에서 재배하고 있던 27종의 벼품종을 소개하고 있다. 파종 시기를 보면, 조도는 청명, 차조도는 청명 이후, 만도는 곡우 무렵에 심었다. 홍만선(洪萬選)은 『산림경제(山林經濟)』에서 새로운 벼품종으로 계명도(鷄鳴稻, 닭올벼)를 설명하고 있으며, 1798년(정조 22)의 권농정구농서윤음(勸農政求農書綸音)에 답한 상소문에는 기존 농서에 없는 여러 품종들이 언급되고 있다. 대체로 조선 후기 각 지역별로 최적화된 벼 품종들이 상당히 많이 존재했는데, 1910년대 초반 일제의 재래 벼 현황조사에 따르면 1,400여 종이나 채취되었다. 조사 당시 주로 재배된 품종으로는 조동지(趙同知)·정건조(正建租)·몽동이조·더덕조·진조(眞租)·중조(中租)·왜조(倭租)·노인도(老人稻)·녹두조(綠豆租)·냉조(冷租)·석산조(石山租)·맥조(麥租)·흑대구조(黑大邱租)·용천조(龍川租)·다다조(多多租) 등이다.

일제시기 조선총독부가 일본자본주의의 식량부족

문제를 해결하기 위해 미곡증산·수탈정책을 실천해가는 과정에서 조선 전래의 재래 벼는 일본인 입맛에 맞는 일본 개량 품종으로 빠르게 대체되어 갔다. 강점초기 권업모범장에서는 다수다비(多水多肥)를 요하는 일본 개량품종의 이식보급에 주력했고, 1929년 농사시험장으로 개편된 후에는 조선 풍토에 맞는 육종개발에 본격적으로 나섰다. 조선의 재래종은 내한력이 강하고 이삭이 여물 때까지 일수가 짧기에, 관개수나 비료가 부족한 곳에도 잘 자라는 편이지만, 1890년 전후 개발된 일본 근대농학의 산물인 개량품종은 다수와 다비가 동반되지 않으면 다수확의 효과를 기대하기 어려웠다. 그렇기에 미곡증산을 위해 일제는 수리조합 설립이나 증비를 전제로 한 농사개량에 주력하면서 개량종 이식에 박차를 가했다. 시기별 대표적인 개량품종을 보면, 1910년대는 소신리키(早神力), 1920년대 고쿠료토(穀良都), 1930년대 긴보우즈(銀坊主)와 로쿠우(陸羽) 132호가 주종을 이루었다. 농사시험장 남선지장은 긴보우즈이후 조선 풍토에 맞는 내비성·내병성(耐病性)의 다수확 신품종으로 호교쿠(豊玉)·즈이코우(瑞光)·에이코우(榮光)·니산(日進)·핫코우(八紘)·난센(南鮮) 13호·조우고우(朝光) 등 7개 신품종 재배에 성공했다. 이들 품종은 1950~60년대 초 우리 정부에 의해 모두 장려품종으로 지정되었을 뿐 아니라 통일벼가 도입되기 전까지 미곡성장을 주도하였다. 쌀 자급을 가져온 '기적의 볍씨'로 불린 통일벼(IR667, 육종기간 1965~1971)는 1971년 농촌진흥청의 주도로 자포니아 품종과 인디카(Indica) 품종의 원연교잡에 의해 개발된 다수확품종이다. 통일벼의 단위면적당 생산량은 일반 벼보다 30%이상 증가했고 병충해에도 강했다. 일반 벼에 비해 찰기가 적어 밥맛은 떨어졌지만, 보릿고개를 이 땅에서 사라지게 한 녹색혁명의 일등 공신이었다. 통일벼 이후 꾸준한 벼 품종개량과 신품종 육성에 힘입어 현재 매우 다양한 기능성 벼 품종들과 지역 특산미가 해마다 등장하고 있다.

[참고어] 미-도정, 건경법, 건앙법, 농사직설, 산림경제, 수도작, 금양잡록, 권업모범장

[참고문헌] 薰陶李弘稙博士停年紀念冊發刊委員會, 1998, 『식용작물의 기원과 발달』, 서원 ; 禹大亨, 2006, 「일제하 조선에서의 미곡기술정책의 전개 : 移植에서 育種으로」 『한국근현대사연구』 38 ; 김영진·이은웅, 2000, 『조선시대 농업과학기술사』, 서울대학교출판부 ; 김용섭, 2006, 『朝鮮後期農業史硏究 II』, 지식산업사 ; 염정섭, 2002, 『조선시대농법발달연구』, 태학사 〈이수일〉

도결(都結) 전세(田稅)를 비롯한 여러 명목의 세를 한데 묶어 결세(結稅)를 책정해 납부·징수하던 관행.

조선 후기 지방재정의 운영과정에서 나타난 조세수취 관행으로, 주로 19세기를 전후해 성행했다. 특히 비총법의 시행을 통해 군현에 할당된 전세·대동세·환곡·잡역세 등의 세목은 토지를 기준으로 세액이 부과되었다. 이 과정에서 각종 세목의 결당 세액을 책정하여 합한 다음 소유한 경지면적에 비례하게 세금을 부과하였는데, 이를 도결이라 했다. 이들 결렴화된 조세는 금납화되었는데, 애초에 화폐로 부과된 세목도 있었으며 결가책정과정에서 금납화된 세목도 있었다. 또한 결민에게는 결가의 형태로 한꺼번에 징수하였지만, 중앙에 상납할 때에는 화폐만 활용된 것은 아니었다. 세목에 따라 현물로 방납하기도 한 것이다.

한편 조세 징수방식에서도 도결의 특징이 나타나는데, 이전까지는 작부제(作夫制)라고 하여 8결 단위로 호를 묶고 호수(戶首)를 지정해서 조세수납의 책임을 지도록 했다. 하지만 도결에서는 호수제를 대신해 관이 직접 화폐로 수취했으며, 시가가 낮을 때 다시 쌀이나 면포로 바꾸어 국가에 수납했다. 이로써 관에서는 기왕에 호수가 누렸던 수취과정에서의 이익을 누릴 수 있었고, 이를 조세 부족분을 보충하는 데 쓰는 것이 도결 시행의 명분이었다. 이처럼 관에서 '양호(養戶, 호수)를 방결(防結)한다'는 뜻에서 처음에는 관양호(官養戶)·관호(官戶)·관결(官結)·관도결(官都結) 등으로 불렸으며, 이후 일반화되면서 도결이란 명칭으로 고정되었다.

도결은 빈농층의 담세능력 상실에 따른 조세 부족분을 토지에서 확보하기 위해 생겨났다. 총액제 하에서 군현에 할당된 세액은 줄지 않음에도, 지주와 부호층은 조세부담에서 벗어나 빈농의 부담능력이 한계에 달한 것이다. 이에 기왕의 결렴화 추세에 편승해 각종 세목을 일률적으로 토지에 부과하여 결가를 책정해 수납한 것이다. 그러나 이러한 의도에도 불구하고 여전히 결가는 소작인에게 전가되는 경우가 많았다. 또한 지방관이 조세 총액만이 아니라 군현별 군포나 환곡의 미수분까지 당시의 쌀값으로 환산하여 토지에 부과해 세액이 갈수록 늘어나게 되었다. 아울러 도결은 상품화폐경제의 발달과 미곡 상품화의 진전을 배경으로 시행된 것이었으나, 쌀값의 계절별·지역별 차이가 컸기 때문에 시가조작 등의 부정이 개입될 여지가 컸다.

결국 도결은 곧 지방관의 착취수단으로 변하여, 이들의 착복분까지 결가에 전가되었다. 결가는 계속 상승하

여 1862년 임술농민항쟁 때 회양(淮陽)의 결가(結價)는 64냥, 진주(晉州)는 90냥에 달했는데, 당시 농민이 요구한 결가는 보통 70~80냥이었다. 이같은 도결의 시행과 결가상승은 평민뿐 아니라 지방양반층에게도 불만이 되었다. 이들은 지역 내의 조세징수에 책임을 지고 있었는데, 도결의 시행으로 과거 호수로서의 잉여수입을 상실했다. 뿐만 아니라 계속적인 결가상승과 농민층 분화의 진전으로 인징(隣徵), 족징(族徵), 소작인 전가 등의 방식도 한계에 달하자 수령은 양반에게도 부담을 강요했다. 1862년 임술농민항쟁에서는 도결문제가 최대의 쟁점이 되었으며, 지방지배층의 일부가 항쟁을 주도하거나 가담했던 것도 이런 사정 때문이었다.

그러나 도결문제에 대한 입장은 양자가 달랐다. 양반층의 도결혁파 주장은 결가 인하와 함께 이들의 면세특권 인정과 작부제로의 회귀를 뜻하는 경우가 많았다. 반면에 농민들은 도결제 자체보다는 결가 인하, 전결세 정액화를 요구하며 봉건 조세체제와 지주층에 대한 저항으로 발전했다. 농민항쟁 이후 정부는 여러 곳에서 도결 폐지를 선언하지만, 도결제 자체가 봉건 수취체제의 모순에서 출현한 것인 만큼 유사한 문제가 1894년 갑오농민전쟁 때까지도 계속 발생했다.

도결은 조세의 조선 후기 급속히 진행된 조세의 결렴화와 금납화에 따라 생겨난 관행이지만, 도입에 있어서는 군포와 포흠된 환곡 등의 지방재정의 부족분을 채우려했던 관의 의도가 크게 작용하였다. 즉 피역자나 이서층의 책임져야할 세액을 결렴화된 다른 세목과 함께 결가로 수취한 것으로써, 납세자인 결민에게는 결세의 증가를 의미하는 것이었다. 이처럼 도결의 관행이 민에게 부담이 되는 것이었으므로, 중앙에서는 도결에 의한 결가의 책정을 인정하여 제도화하지 않았다. 하지만 도결은 전국에 공통적으로 적용되는 규정이 없이 각 고을에서 자의적으로 정하여 시행되어, 세금의 명목이나 세액도 시기와 장소에 따라 각각 달랐다. 이로 인해 지방관들이 중간에서 수탈을 할 여지가 많아서, 관곡이나 군포를 사사로이 착복하고 이를 보충하기 위해 도결을 규정 이상으로 거두어들이는 일이 흔했다. 특히 수령과 이서층은 중앙에 상납할 미(米)와 목(木) 등을 방납하는 과정에서 잉여를 남기기도 하였는데, 이는 결민의 부담을 가중시킴과 동시에 국가재정을 위축시키는 일이었다. 결국 도결의 과다한 징수는 임술농민항쟁을 일어나게 한 주요한 원인의 하나가 되었다.

[참고어] 관도결, 총액제, 결세, 결가제

[참고문헌] 『牧民心書』; 안병욱, 1989, 「19세기 부세의 도결화와 봉건적 수취체제의 해체」 『국사관논총』 7 ; 김선경, 1990, 「1862년 농민항쟁의 도결 혁파요구에 관한 연구」 『이재룡 박사 환력기념한국사학논총』, 한울 ; 정선남, 1990, 「18, 19세기 전결세의 수취제도와 그 운영」 『한국사론』 22 〈윤석호〉

도곡농장(嶋谷農場)/도곡팔십팔(嶋谷八十八) ⇒ 시마타니농장

도근측량(圖根測量) 일제의 토지조사사업에서 일필지측량에 필요한 도근점(圖根點)을 측량을 통해 설치하는 업무.

도근측량은 지형측량의 한 방법으로, 지적도 제작의 기초가 되는 세부측량인 일필지측량의 기초가 되는 작업이다. 이는 측량지역이 너무 광대하거나 삼각점간의 거리가 먼 경우에 각 도면을 밀접하게 연결시키기 위하여 사용된다. 측점은 도로·하천의 교차점, 고지대 등으로 정하는 것이 보통이다. 각 도엽(圖葉)마다 6개 이상의 도근점을 설정하여 삼각점들을 연결함으로써 측량작업을 용이하고 정확하게 한다. 도근측량의 초기에는 칸[間] 단위를 사용하다가 1911년 6월 이후에는 m단위를 사용하였다. 도근삼각측량이라고도 하며 보통도근측량, 특별도근측량으로 구분한다.

보통도근측량은 선점, 관측, 계산, 도표제작의 순으로 실시하였다. 선점은 지형지물을 고려해 일필지측량의 실시 여부를 조사하고 도선을 설정한다. 도선은 1등도선·2등도선이 있다. 여기에 삼각점과 1등도선을 연결한 제1차점, 삼각점과 2등도선을 연결한 제2차점을 설정하였다. 새로운 삼각점이 필요한 경우에는 보조삼각점을 설정하기도 한다. 선점은 일필지측량 원도의 1 도곽 내의 축척 1/1200구역에 4개 이상, 1913년 10월 이후에는 6개 이상의 점을 배치하였다. 축척 1/600인 시가지에서는 8개점 이상을 배치하였다. 도선과 각 점간의 거리는 축척 1/2400지역에서는 200m 이내, 축척 1/1200지역에서는 150m 이내, 축척 1/600지역에서는 100m 이내로 정했다. 1개 도선 내 점의 수는 1등도선 40개, 2등도선 20개 이내로 하되 오차를 줄이기 위해 1등도선은 보통 30개 이내로 개정하였다. 1915년 6월 이후에는 1등도선 50개, 2등도선 30개 이내로 개정하고 산간지방의 지형 등과 같이 선점이 어려운 경우에는 선점의 개수를 늘릴 수 있도록 했다. 도선측량의 시행이 어려운 부득이한 경우에만 보통삼각점이나 도선을 기

초로 하여 교회점(交會點)을 설치했다.

선점 후 각도 및 거리를 측정하는 관측을 실시하였다. 각도는 삼각점 및 도근점 간의 방위각을 기초로 도선점 또는 교회점 간의 방위각을 측정한다. 미국 가-레 회사의 1분독전경 경위의(Transit)로 측정하였다. 거리는 축척 1/1200 또는 1/2400지역의 경우 양거척(量距尺, Stadia rod)을 이용하여 데시미터(decimeter)까지 두 번 측정해서 평균을 채용하였다. 측량이 어려운 경우에는 대나무자를 사용하여 직접 2회 측정해서 중간값을 기록하였다. 거리를 측정한 다음에는 이를 수평거리로 환산하기 위해 수평각과 경도각을 측정하고 앙각(+)과 부각(-)에 부호를 붙여 등경사와 강경사를 구분하였다. 이를 바탕으로 경사거리를 수평거리로 환산하였다. 보조삼각점의 관측은 도선법 및 교회법과 달리 방위각을 사용하지 않고 삼각형의 내각을 측량하여 계산에 의해 방위각, 거리 및 종횡선을 산출한다. 각도의 측정은 전방교회법, 측방교회법, 후방교회법을 사용해서 실시했다.

다음으로 측량부에 기재되어 있는 관측치를 기초로 수평거리 및 직각좌표를 계산한다. 계산시에는 경사각 1~25°, 거리 90~150m에 해당하는 환산표를 작성해서 사용하였다. 계산으로 인한 오차의 한계는 지형의 난이도, 종사원의 기량, 축척 등에 따라 다르게 설정되었다.

도근측량부에는 관측·계산한 결과를 기재하고 군·면명, 도선 및 점의 번호, 수평거리, 개정방위각, 계산오차, 중요 비고 등을 기입하였다. 일필지측량의 기반을 마련하기 위하여 각 동리마다 행정구역 내에 있는 삼각점, 도근점 및 교회점의 번호, 각호, 계산된 거리를 기록하고 필요한 경우에는 도근점 성과표를 제작하였다. 이를 바탕으로 도근망도를 작성하는데 축척 1/10000로 방안지에 원도의 도곽을 그리고 삼각점, 도근점, 교회점을 전개하고 선점약도를 참조해서 수정하였다.

산간지방이나 도서지방처럼 삼각점을 기초로 한 도근측량을 실시하기가 곤란한 지역에서는 특별도근측량을 실시하였다. 이를 실시한 지역은 함경북도, 함경남도, 평안북도, 강원도 전 지역을 비롯하여 평안남도 강동, 순천, 양덕, 개천, 덕천, 맹산, 영원 등의 7개군, 황해도 수안, 곡산, 신계 등의 3개군 및 도서 등지이다. 특별도근측량을 시행하는 경우는 ① 산간부에 위치하여 도근측량 조사지로부터 약 300간 이상 떨어져있고 조사지 이외의 토지에 둘러싸여 있으면서 그 면적이 축척 1/1200지역에서는 약 200,000평, 축척 1/2400지역에서는 약 500,000평을 초과하지 않는 경우, ② 도서지방으로 섬 내에 삼각점이 없거나 다른 삼각점을 전망할 수 없는 경우가 있다. 삼각점이 있는 경우에는 그 삼각점을, 삼각점이 없는 경우에는 도근원점을 새로 설정해서 기준점을 삼아 선점 및 관측하고 도근망도 및 도표를 제작하였다. 하지만 특별도근측량 시행 조건에 부합하더라도 그 집단면적이 축척 1/1200지역에서 약 100,000평이고 축척 1/2400지역에서 약 300,000평을 초과하지 않는 토지에 대해서는 도근측량을 생략하였다.

이러한 도근측량은 측량원 1명이 일필지측량 전 준비가 완료된 1개 면을 담당하는 것이 보통이었다. 이 작업은 1909년 11월 경기도 부평군에서 시험조사를 한 이래 1916년 10월 경상남도 사천군 부속도서에서 종결될 때까지 7년에 걸쳐 이루어졌다. 도근점의 위치에는 표석을 설치하였다. 1916년에 2,394개점, 1917년에 5,040개점으로 총 7,434개점에서 이루어졌으며 1917년 11월에 종료되었다.

도근측량은 일필지측량과 같은 측지업무로써 초기에는 측지 1개반에 1개 분반이 배치되었다. 그리하여 감독원 1명, 감독원부 2명, 측량원 10명이었으나 1911년에는 측량원이 다소 증가하였다. 분반수도 3개 분반에서 14개 분반, 16개 분반으로 증가하였다. 시가지 측량을 위한 임시분반은 1912년 6월~1913년 5월까지 운영되었으며 감사원 1명, 부속원 1명, 측량원 2~3명 정도였다. 표석설치공사에는 감사원 1명, 측량원 약간명을 편성 동원하였다. 도서특별조사에는 측량의 경험이 있는 자를 동원하여 작업을 진행하였다. 측량원은 1명당 측부 3명을 고용했는데 측부는 기계 운반 및 손질, 표항의 운반 및 타입, 거리측정 등의 작업에 종사하였다.

[참고어] 삼각측량, 일필지측량, 지형측량, 토지조사사업

[참고문헌] 『조선토지조사사업보고서』; 사단법인 한국측량학회, 2003, 『측량용어사전』, 건설교통부 국토지리정보원 ; 남영우, 2011, 『일제의 한반도 측량침략사 : 조선말~일제강점기』, 법문사

〈고나은〉

도량형규칙(度量衡規則) 1902년 10월 구제도와 신제도를 참고하여 도량형의 기본 규정을 새로 정하고 미터법과 도량형을 비교하여 재가(裁可)된 총 36개조의 도량형 관련 기본 규칙.

도량형은 길이·부피·무게를 재는 법 또는 그 도구를 가리키는 말로 물건을 헤아리는 표준이자 국가체제 확립의 기본이다. 한말 개항 이후 외국과의 통상·교역이 이루어지면서 도량형기의 문란으로 혼란이 야기되

었다. 특히 청일과의 거래에서 조선 상인들이 막대한 피해를 입고 있었다. 이에 평식원총재 이재완은 "이런 때에 그 제도를 바로잡아서 외국의 것과 대략 같게 만들지 않으면 상업 권위와 공적인 이익에 대해 피해를 예측할 수 없을 것입니다. 또 구제(舊制)와 신식(新式)의 경중과 장단(長短)이 사실 크게 차이나지 않아서 통용할 때에 혼란될 단서가 없다고 담보할 수 있습니다. 그래서 고금(古今)을 참작해서 규정을 새로 정하고 삼가 접본(摺本)을 갖추어 올려 폐하의 재결을 바랍니다."라고 상소를 올려 도량형제를 새롭게 정할 것을 건의하였다.

1902년 10월 10일 이재완의 주도 하에 부칙 포함 총 36개조의 도량형규칙이 정해졌다. 도량의 기본은 척(尺)으로, 형(衡)의 기본은 양(兩)으로 정하였으며, 백금제의 봉(捧)을 원기(原器)로 삼았다. 길이 측정 방식인 도(度)는 그 단위 명칭을 호·리·분·촌·척·장·리로, 부피 측정 방식인 양(量)은 작·합·승·두·석으로, 무게 측정 방식인 형(衡)은 호·리·분·전·양·근으로 나누어 설정하였다. 도량형 외에도 측지에는 종래 관용하던 주척(周尺)을 병용하되 그 길이는 척의 66/100으로 설정하고 측지도거리 및 지적의 단위 명칭을 설정하였다. 측지도거리의 단위 명칭은 정·분·주척·보·간·연·리·식이며, 지적의 경우 작·합·파·속·부·결이다. 포백을 잴 때에는 종래 관용되던 1척 7촌의 포백척을 병용하도록 했으며 단위 명칭은 분·촌·포백척·장으로 정하였다. 이는 새로운 제도와 기존 제도를 병용하여 혼란을 최소화시키고 실제로 융통성있게 실시하기 위한 조치였다.

그리고 미터법을 도입하여 도량형이 서로 통용될 수 있도록 하였다. 즉 도·량·형 및 측지도거리·지적을 미터법의 각 단위, 즉 ㎜·㎝·㎞ 등의 단위와 비교하여 혼란이 없도록 한 것이다. 또한 도·량·형기 각각의 형상·물질·종류를 세분화하여 각각의 쓰임에 맞도록 구별하고 그 한계를 정하였다. 도량형기의 공차(公差)도 세분화하여 설정하였다. 이들 도량형기의 원기(原器)는 평식원 총재가 보관하도록 하고 제조 역시 평식원 제조소에서 맡아서 하되 사사로이 제작하는 것은 금지되었다. 도량형기의 수리 역시도 평식원의 허가가 있어야 가능하도록 함으로써 도량형규칙의 철저한 시행을 꾀하였다. 이러한 도량형규칙은 시대의 추세에 따라 절대면적제를 채택한 것이다. 1양전척은 5주척이며 5주척은 20㎝로, 곧 양전척 1척은 1m였다. 이를 면적 단위로 환산하면 1파가 1㎡, 1부가 1a=100㎡였으며, 1결이 1ha였다. 이 시기 6등 전품등제가 여전히 시행되고 있었다는 점을 감안하면 이는 기준 전품인 1등전의 면적을 미터법에 맞추어 지적 단위로 정하고 나머지 전품은 이에 준하여 계산하도록 정한 것으로 여겨진다. 그러나 결부를 지적 단위로 하면서도 전품에 관한 언급이 없다는 점에서 측량은 절대면적을 기준으로 하였으며, 결부도 단위 면적당 수세액을 보여주는 이상의 의미는 없었다. 도량형규칙은 부칙 제36조로 '1903년 9월 1일부터 시행할 것'이 고시되었으나 제대로 시행되지 못하였다.

새로운 도량형규칙은 토지소유권을 사정하여 관계를 발급한다는 양전·관계발급사업의 최소한의 목적을 달성하는 데에 유효한 것으로 대한제국의 개혁사업 가운데 하나였다. 물론 분명한 한계도 존재하였다. 전국에 걸쳐 시행되지 못하였으며, 도량형기를 제작하고 수급하는데도 일본인 기술자와 차관이 도입되었다. 정비과정에서 전통의 기준척을 상실하고 외국 척을 그대로 도입한 것도 개입의 여지를 남기는 것이었다. 도량형규칙은 향후 식민지배를 대비하여 한국의 도량형을 일본과 동일한 것으로 만들고자 하였던 통감부의 의도에 따라 수차례에 걸쳐 개정되었고, 결국 1909년 도량형법을 일본식으로 개정하여 전국적으로 실시하게 되었다.

[참고어] 결부제, 도량형법, 미터법, 양전척, 조선도량형령

[참고문헌] 송병기 외 편저, 1971, 『한말근대법령자료집Ⅲ』, 대한민국국회도서관 ; 최원규, 1995, 「대한제국기 양전과 관계발급사업」『대한제국의 토지조사사업』, 민음사 ; 송혜영, 2011, 「韓末 度量衡制 硏究」, 부산대학교 사학과 석사학위논문 〈노상균〉

도량형법(度量衡法) 1902년 10월의 도량형규칙을 바탕으로 1905년 3월 대한제국 법률 제1호로 반포된 도량형에 관한 법률.

1902년 제정되어 1903년 9월 1일부터 전국에 순차적으로 시행하고자 했던 도량형규칙이 제대로 시행되지 못하고 있는 가운데, 1904년 러일전쟁이 발발하였다. 일본은 국가체제 확립의 기본이 되는 도량형의 중요성을 일찍이 깨닫고, 한국 침략을 위한 기초작업으로 1904년 11월 한국의 도량형에 관한 법령 개정을 논의하였다. 도·량·형 중 일본과 크게 다른 양제(量制)를 중심으로 한 개정안을 한국 정부에 권고하였다. 1905년 3월 21일 의정부 회의에서 도량형규칙을 법률로 발표할 것을 결의하고, 1905년 3월 29일 『관보』에 법률 제1호 도량형법을 공포하였다. 그 내용은 도량형규칙의 큰 틀은 유지한 채 양제를 중심으로 일부 수치를

변경한 것이다. 그 해 11월 1일부터 시행할 것을 정하였다. 1905년 12월 11일에는 제17호 도량형법 개정에 관한 의정서를 통해 도량형기 및 임검원에 관한 세부항목을 변경하기도 하였다.

1905년 11월 을사조약을 체결하고 1906년 통감부가 설치되면서 일본은 본격적으로 한국사회를 장악하기 시작하였다. 도량형법도 일본 도량형제와 유사하게 고치고자 하였으며, 1909년 9월 20일 법률 제26호 도량형법 개정의 건을 반포하였다. 이 개정건의 반포일로부터 기존의 도량형법은 폐지되었다. 같은 날 농상공부령 제3호 도량형법시행규칙을 정해 도량형기의 제조, 수리, 판매 및 도량형 관련 범죄 등에 대해서도 세부적으로 언급하였다. 1909년 법률 제26호 도량형법은 1909년 11월 1일부터 서울과 경기도의 일부 지역에, 1912년 강원도와 함경남·북도에 실시됨으로써 전국적으로 시행되게 되었다.

1909년의 도량형법은 조선의 전통적인 도량형 단위들은 남아 있었으나 일본 도량형의 운영원리를 많이 채용했다. 1905년의 도량형법에서 수정되지 않았던 도·형제를 변경하였으며, 결부제에 근거한 명칭이 사라지고, 일본의 지적 단위가 그대로 유입되었다. 또한 주척을 기준으로 하는 측지도거리 항목과 포백척 항목이 모두 삭제되고, 일본의 '리(里)' 명칭 및 단위를 사용하였다. '척(尺)', '승(升)' 및 '관(貫)' 역시 일본 도량형법과 동일하다고 표기하고 있다. 도량형기 역시 일본에서 제작된 것을 수입해서 쓸 수 있도록 규정하였다. 미터법에 대한 언급은 없다. 이렇듯 1909년의 도량형법에 의한 도량형을 소위 '척관법(尺貫法)'이라고도 한다.

일제는 1910년 한국을 강점한 이후 조선의 효율적 지배를 위해 도량형 통일에 적극 노력하였다. 구 도량형기의 사용을 금지하고 파기하였으며, 부정 도량형기에 대한 단속과 도량형기의 관리 감독을 철저하게 실시하였다. 척관법의 도입으로 구래의 토지파악 방식 역시 변화하여 토지조사사업에서 토지는 결부가 아니라 평(坪)·정(町)으로 측량하였다. 일제는 이같이 일본의 도량형제를 도입하여 이를 강제함으로써 별다른 불편 없이 조선을 파악하고 통제 지배할 수 있었다. 1909년에 개정된 도량형법은 1916년 개정을 거쳐 1926년 조선도량형령으로 변경되었다.

[참고어] 결부제, 도량형규칙, 미터법, 양전척, 조선도량형령

[참고문헌] 송병기 외 편저, 1972,『한말근대법령자료집Ⅷ』, 대한민국국회도서관 ; 이종봉, 2015,「일제강점기 도량형제의 운용양상」『한국민족문화』 57 ; 송혜영, 2011,「韓末 度量衡制 研究」, 부산대학교 사학과 석사학위논문 〈고나은〉

도로(道路) 일반 공중의 교통운수를 목적으로 보행 또는 차량 운행에 필요한 일정한 설비와 형태를 갖추어 이용되는 토지의 지목(地目).

1·2차 산업에 간접적으로 이바지 할 수 있는 공공용 지목이다. 두 지점 간에 사람과 물자를 이동시키기 위하여 설치한 지상의 시설을 말한다. 사회간접 시설로서 기능한다. 도로는 2필지 이상의 대(垈)에 진입하는 통로, 관계법령에서 도로로 인정하는 토지는 도로로 지목을 설정하여야 한다. 도로가 다른 용도로 변경된 경우에는 사실을 조사하여 지목변경을 해야 한다. 부호로 나타낼 때에는 두문자를 사용하여 '도'로 표기한다.

조선시기에 도로는 양안상의 지목은 아니었다. 다만 사표에 로(路)로 표기되어 있다. 1910년 8월 23일 법률 제7호로 토지조사법과 탁지부령 제26호로 토지조사법 시행규칙을 공포했을 때 설정된 지목구분에서 도로는 제3호로 분류되었다. 지목 제3호는 도로, 하천, 구거, 제방, 성첩, 철도선로, 수도선로로서 일반적으로 개인 소유를 인정할 성질이 아니고 과세하지 않는 토지라고 정리했다. 이에 속하는 토지는 지번을 붙이지 않을 수도 있다고 하여 신축성 있게 규정하였다. 1912년 8월 13일 제정된 토지조사령에서도 도로는 제3호의 지목으로 분류되었다. 1914년 3월 16일 제령 제1호로 제정한 지세령에서는 제2호의 지목으로 분류되었다. 현재 우리나라의 28개 지목 중 하나이다.

[참고어] 지목, 토지조사법, 토지조사령, 지세령

[참고문헌] 주명식, 1981,「지적법 해설」『사법행정』; 손세원, 1999,「지목의 변천과정에 관한 연구」『충청대학 논문집』 15 ; 조석곤, 2003,『한국 근대 토지제도의 형성』, 도서출판 해남

도리깨 수확한 곡물을 두드려 알곡을 떨어내는 탈곡 농기구.

사람 키보다 조금 큰 장대 윗부분에 구멍을 내어 꼭지를 달고 꼭지에 물푸레나 대나무의 얇은 가지 2~4개를 하나로 묶어 만들었다. 꼭지에 연결된 얇은 가지 2~4개의 명칭은 아들, 손잡이 역할을 하는 장대의 명칭은 장부인데, 장부를 들고 아들을 뒤로 향했다가 아래로 내리치면서 마당에 깔아놓은 곡식을 두드리는 방식으로 사용하였다. 도리깨의 아들은 가늘고 길면서 질긴 재질이 요구되었기에 물푸레나무나 닥나무 휘추

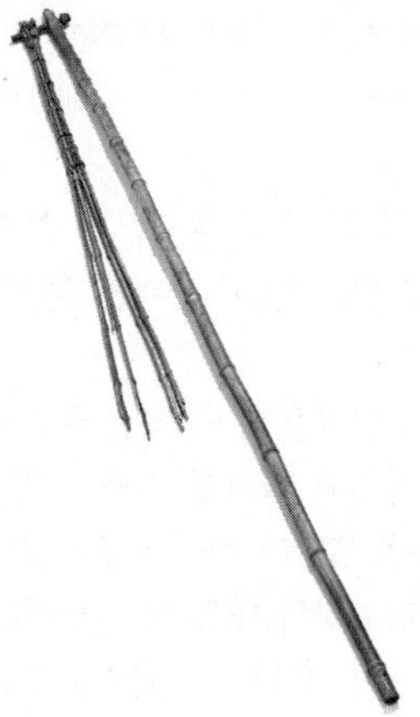
도리깨 농업박물관

리로 만들었고, 남부지방은 주변에서 쉽게 구할 수 있는 대나무로 아들과 장부를 만들기도 하였다. 도리깨로 탈곡 작업을 할 경우, 보통 서너 명이 조를 이루어 한 사람은 메기고 나머지는 때리는 방식으로 역할을 분담하여 진행하였다. 도리깨는 지방에 따라 '도루깨', '도리깨', '돌깨' 등으로 다양하게 불렸으며, 아들을 자리 엮듯이 촘촘하게 엮었다고 하여 한자어로는 '연가(連枷)'로 불려졌다.

일찍이 『농사직설(農事直說)』(1429)에서 도리깨를 한자로 '고로(栲栳)'로, 향명(鄕名)은 '도리편(都里鞭)'으로 음차하여 표기하였으며, 『훈몽자회(訓蒙字會)』(1527)에서는 대응 한자어 '연가(連枷)', 속칭 '도리채'라고 하였으니 조선 전기 도리깨는 도리채로 불렸음을 알 수 있다. 『역어유해(譯語類解)』(1690)에서도 앞서 문헌과 마찬가지로 도리깨는 '연가(連枷)'/'都里鞭'로 표기되었다. 한편 도리깨의 구성부분에 대한 명칭도 기록을 통해 알 수 있는데, 『한한청문감(韓漢淸文鑑)』(1779)은 도리깨 아들을 가리키는 명칭으로서 '連枷齒(도리채아ᄃᆞᆯ)', 『재물보(才物譜)』(1798)와 『물보(物譜)』(1820)는 아들과 장부를 연결하는 꼭지를 '連枷關(도리ᄭᅢ쏙지마리)'로 표기하고 있다. 『농가월령가(農家月令歌)』(19세기 전반)에서 '도리ᄭᅢ'가 등장하는 것으로 보아, 18세기 이후 도리채는 점차 도리깨로 불리게 것으로 보인다.

박지원(朴趾源)과 서호수(徐浩修)는 각각 『과농소초(課農小抄)』와 『해동농서(海東農書)』의 연가(連枷) 항목에서 중국과 조선의 도리깨를 비교하면서, 중국은 아들이 넷 이상이고 조선은 둘밖에 안된다는 설명을 하고 있는데, 이는 중국과 조선의 농업 사정을 잘 이해하지 못한 데서 비롯된 것으로 보인다. 박지원이 양국의 도리깨를 비교한 데에는 우수한 중국의 도리깨를 본받아야 한다는 인식이 전제되어 있지만, 『해동농서』에 그려진 조선의 도리깨 그림을 보면 아들의 중간 부분이 벌어지게 묶여 있어서 곡식 알갱이를 떠는 작업에 능률을 발휘할 수 있도록 고안되어 있었으며, 아들이 많은 중국의 도리깨는 무게로 인한 체력 소모가 더하다는 점에서 반드시 아들이 많다고 더욱 효율적이라고 장담할 수만은 없기 때문이다. 또한 우리나라의 남부 지방에 대나무로 만들어진 도리깨의 경우 아들이 4~5개였으며, 중국의 『천공개물(天工開物)』(1636)에는 아들이 둘인 도리깨가 그려져 있어 중국에서 아들이 둘인 도리깨를 사용하지 않은 것도 아니었다. 서호수의 아들 서유구(徐有榘, 1764~1845)는 『임원경제지(林園經濟志)』(1827) 연가(連枷) 항목에서 속명(俗名)이 '도리ᄭᅢ'를 소개하며 조선은 아들이 셋인 도리깨를 주로 사용한다고 설명하였다. 실제로 『기산풍속도(箕山風俗圖)』(1895)에 타작하는 모습을 그린 그림에 등장하는 도리깨는 가운데 아들이 가장 짧게 제작된, 아들이 셋인 도리깨였다.

[참고문헌] 金光彦, 1986, 『韓國農器具考』, 韓國農村經濟硏究院

〈정희찬〉

도마름(都舍音) 소작지 관리인인 마름(舍音)을 관할하는 우두머리 마름.

지주는 소작지를 관리하기 위해 토지관리인인 마름을 두었다. 그런데 대지주의 경우 마름이 많아 통제하는데 어려움이 있었다. 그리고 지주가 소유한 전답이 흩어져 있을 경우, 부재지주의 경우 등도 마름을 지주가 직접 관리하기 곤란한 경우가 많았다. 이때 이들을 총괄적으로 지배 관리하기 위해 파견된 관리인을 도마름이라고 한다. 도회지(都會地)에 거주하는 마름을 가리키는 말로 사용하기도 한다. 보통의 토지관리인인 마름에 비해 큰 규모를 관할한다는 뜻으로 대마름(大舍音)이라 부르기도 한다. 도마름·대마름에 대응하는 보통의 토지관리인은 전사마름(田舍舍音), 소마름(小舍音)이라고도 했다. 충청남도에서는 도마름을 도장(賭丈), 황해도에서는 도감(都監)이라고 했다. 일제시기 회사 농장에서도 지주대리인, 농장주임, 지배인, 외무원 등으로 부르는 소작지 관리인을 두었다. 토지관리의 전책임을 부여받은 마름과 달리 농장관리의 일부 전문분야만을 관할하였다.

도마름의 임무는 지주를 대리하여 마름을 관리 감독하는 일이었다. 또한 이들은 관할 지역의 소속 관리인을 선택하는 권한을 갖기도 했다. 일제시기 도마름은 각 도에 존재하였으나 함경남도에는 그 예가 없다. 각 도에 파견된 인원수는 조사 당시 각 도당 1~22명이고 도마름의 총 소작지 관리 면적은 적게는 120정보에서 많게는 약 3,700여 정보에 달하였다. 도마름 소속 관리인 수는 각 지역별로 다양하였다. 도마름은 총 121명으로서 전라남도, 충청남도, 경기도 순으로 분포하였다. 소속 소작지 총 면적은 18,960정보이며 소속관리인 수는 668명에 이른다. 각 도별 도마름의 분포 및 관리현황은 다음의 표와 같다.

〈각도 도마름의 분포 및 관리 현황〉

도명	경기	충북	충남	전북	전남	경북	경남
인원수(人)	10	4	22	8	31	1	2
관리면적(町)	1,644	230	3,788	599	1,896	950	3,175
소속관리인수(人)	72	8	189	26	144	22	42
도명	황해	평남	평북	강원	함북	계	
인원수(人)	11	20	1	10	1	121	
관리면적(町)	1,127	3,000	120	1,931	500	18,960	
소속관리인수(人)	31	95	13	38	6	668	

출처 : 조선총독부, 1932, 『朝鮮ノ小作慣行(上)』, 680~682쪽.

[참고어] 마름, 간평원, 조선의 소작관행

[참고문헌] 조선총독부, 1927, 『朝鮮の農業』; 조선총독부, 1932, 『朝鮮ノ小作慣行(上)·(下)』 〈고나은〉

도매(盜賣) 개항 직후 조선인과 일본인 사이에 이루어진 토지매매 과정에서 특히 많이 발생한 위조문권 매매나 이중전매 같은 사기적 거래행위.

사적소유권이 발달한 조선후기 부동산 거래는 매주(賣主)가 계약 체결 시 작성한 문기나 수표 외에 그 이전의 거래관계를 보여주는 문권 일체를 넘겨주는 것으로 완결되었다. 국가가 각종 권리를 직접 관리하는 제도는 없었지만, 민간관행에 따라 별 문제없이 거래되었다. 이러한 거래방식은 관습적인 불문법으로 작용했고, 부동산소유자가 권리를 행사하는 데 큰 지장이 없었다. 개항 후 한국의 토지침략에 열중한 일본인들도 외국인의 토지소유를 금지하는 통상조약과 조선정부의 법을 무시한 채 이런 관행과 방법을 이용하여 내륙의 토지를 잠매해갔다. 일본인들은 매득인명(買得人名)을 중시하지 않고 문기소유 자체를 중시하는 관행적 매매문기의 예를 적절히 이용하였다. 이들은 한국인명의를 빌리거나 매매문기에 매득인의 이름을 기입하지 않는 방법을 사용하였다. 한국인명의를 빌려 문기를 작성하더라도 문기는 실소유자인 일본인이 갖고 있기 때문에 별 문제가 없다고 판단했다. 이 방법이 위험하다고 느낄 때는 매득인의 이름을 기입하지 않는 방법을 이용하였다. 이때는 반드시 촌로 등 지역 유력자를 보증인으로 세워 소유권을 확실히 하였다. 지세는 이전 소유주나 심부름꾼 명의로 납부하였으며, 그 후 기회를 보아 납세자명을 자기명의로 바꾸어 점차 소유권을 인정받도록 하였다.

잠매 시 일본인들은 직거래가 아닌 거간을 통한 간접거래 방식을 채택하였다. 거간을 통해 매물이 확보되면, 일본인들은 현장을 조사한 뒤 매입에 착수하였다. 그들이 가장 주의했던 점은 사기적 도매현상을 막기 위해 토지소유자와 문기 등의 진실성 여부를 조사하고 이에 대한 대응조치를 마련하는 일이었다. 만약 이전 소유주가 이중전매 등의 문제를 일으킬 경우, 무력 등 강권을 동원하여 자기가 주인임을 보여주도록 하였다. 일본인 투기적 자본가와 한국인 사기꾼이 근대적 증명제도가 미비한 틈을 노리고 위조문건이나 이중전매의 사기거래를 자행하였다. 이에 외국인의 토지소유를 금지하고 있던 대한제국 정부는 농업근대화의 일환으로 지계아문에서 근대적 토지조사를 실시하고 토지·산림천택·가사 등 부동산을 소유한 사람에게 배타적 소유권을 보증하는 관계(官契)를 발급하였다. 관계에서 토지를 매도한 전 소유자명과 보증인의 주소와 성명을 기록하게 함으로써 소유권의 이전관계를 표시하도록 하였다. 그러나 관계발급으로 도매·투매를 막고 근대적 등기제도를 확립하고자 했던 대한제국 정부의 노력은 일제 침략으로 좌절되고 말았다.

[참고어] 대한제국전답관계, 잠매, 토지가옥증명규칙

[참고문헌] 최원규, 1995, 「대한제국기 量田과 官契發給事業」『대한제국의 토지조사사업』, 민음사 〈고태우〉

도문기(都文記) ⇒ 문기

도잔농장(東山農場) 1907년 미쓰비시재벌(三菱財閥) 3대 총수 이와사키 히사야(岩崎久彌)가 경기도와 전라남북도 일대 소유 토지를 기반으로 세운 농장.

이와사키 히사야는 일제 통감부의 강력한 권유에 따라 1907년 1월부터 1909년 말까지 경기도 수원·안산·과천·인천·남양, 전라북도 전주, 전라남도 영산포·나주·영암·광주 등지에 4,000정보 이상의 토지를 대거 매수하고 서울에 농장 본부를 차렸다. 도잔은 미쓰비시재벌을 창업한 이와사키 야타로(岩崎彌太郎)의 호이다. 미쓰비시합자회사(三菱合資會社)가 농장경영을 맡았으며, 1910년 12월 현재 소유면적은 4,057정보에 달했다. 1919년 11월 미쓰비시재벌은 일본 도쿄(東京)에서 한국의 도잔농장, 홋카이도(北海道)의 타쿠호쿠농장(拓北農場) 그리고 미쓰비시합자회사 니가타 현(新瀉縣)사무소를 통합한 자본금 500만 엔의 도잔농사주식회사(東山農

事株式會社)를 출범시켰다. 도잔농사주식회사는 농업·임업 및 목축을 주요 사업영역으로 삼았고, 한국의 도잔농장과 니가타에 지점을 두었다. 1920년 자본금을 1,000만 엔으로 증자했고, 이후 일제가 패망할 때까지 5,000정보 규모의 토지를 경영하였다.

〈도잔농장의 각 지점별 토지소유 현황(단위: 정보)〉

		1908	1913	1915	1922	1925	1929	1931
경기도	논				4,062.2	1,192.3	1,199.8	1,340
	밭				870.4	329.6	335.8	354
	기타				480.1	273.5	264.6	5
	계				5,411.7	1,795.4	1,800.2	1,709
전라북도	논				1,255.7	1,255.7	1,313.3	1,328
	밭				171.0	191,.0	247.0	242
	기타				27.0	153.2	91.8	65
	계				1,455.7	1,599.4	1,622.1	1,635
전라남도	논				870.0	1,373.7	1,618.2	1,634.0
	밭				4,061.0	438.8	366.1	352.4
	기타				512.0	-	24.9	131.2
	계				5,453.0	1,812.5	2,013.2	2,119.6
계	논	2,912	4,051.9	3,400	6,186.9	3,821.2	4,131.3	4,272
	밭	775		675	5,102.4	959.4	918.9	955
	기타	605		755	1,019.1	426.7	381.3	201
	계	4,292		4,830	12,319.4	5,207.3	5.431.5	5,428

출처 : 하지연, 「日本人 會社地主의 植民地 農業經營-三菱재벌의 東山農事株式會社 사례를 중심으로-」 『사학연구』 88, 865쪽.

미쓰비시재벌이 한국 농업침탈에 적극적으로 나서게 된 계기는 통감부 농상공무 총장이자 이와사키 야타로의 사위인 기우치 주시로(木內重西郎)의 권유였다. 일본 농상무성 상공국장으로 있던 기우치는 러일전쟁 직후 통감부로 옮겨 한국강점을 목표로 하는 농업척식정책을 책임지고 있었다. 당시 일본 재벌과 독점자본이 한국 농업경영에 경쟁적으로 뛰어들고 있던 상황도 이와사키 히사야를 자극했던 요인이었다. 이미 오쿠라 기하치로(大倉喜八郎)와 시부사와 에이이치(澁澤榮一)가 한국에 거대한 농장과 농업회사를 설립 운영하고 있던 상태였고, 무엇보다도 일본에서 토지수익률이 점차 떨어지기 시작한 경제적 상황도 무시할 수 없었다. 일본에 비해 대단히 저렴한 한국의 지가, 고율소작제의 관행과 비옥한 토양은 일본 대자본이 한국농업을 일거에 장악할 수 있는 경제적 제 조건들이었다. 따라서 미쓰비시재벌의 한국농업경영은 한국침략이라는 국책을 완수하는 동시에 막대한 투자수익을 올릴 수 있는 더 없이 좋은 사업이었다.

1915년 말 현재 도잔농장의 토지소유규모는 4,830정보(논 3,400정보)에 달했는데, 이는 동양척식주식회사와 조선흥업주식회사에 이어 당시 3번째로 큰 규모였다. 도잔농장의 경기도 지역은 지금의 수원과 진위·안산·인천 일대이며, 가장 먼저 개설된 수원농장은 한국 사업을 총괄하는 본부였다. 수원은 지리적으로 서울·인천과 가깝고 철도이용이 편리했으며, 권업모범장이 있기에 농사경영에도 유리한 곳이었다. 수원농장은 1920년대 중반 동양척식주식회사·구니타케농장(國武農場) 등 일본인 대지주들과 함께 수룡수리조합(水龍水利組合)을 건설하였다. 이때 만수면적 80정보의 저수지를 축조하기 위해서 용인군 수지면 수몰지역 내 농가 48호를 강제 철거하였다. 경기지역 농장에서는 미작 이외 포도·배·사과 같은 과수재배도 했으며, 1908년 7월 설립된 인천출장소는 과수원만 경영하였다.

전북농장은 1907년부터 만경강 상류 전주군 조촌면 반월리 일대 1,622정보의 토지매수로 개설되었다. 강점 직후 조선총독부의 지방제도 개정에 따라 행정지명이 반월리에서 동산리로 변경되었다. 동산리에는 면소무소·우편국·전신·전화·철도역(전주-이리간 경편철도 노선)가 개설 개통되었고, 학교·경찰서까지 설치되었다. 동산리의 제 시설은 '동산촌(東山村)'='이와사키 왕국의 신첩(臣妾)'이라는 말까지 나돌 정도로 이와사키의 소왕국이었다. 1925년 현재 전북농장의 소작인은 1,700여 명에 달했다. 전남지부의 본부는 나주군 나주읍 영산포의 천동출장소이며, 기간지매수뿐 아니라 영산강 일대 미간지 수백정보를 개간하기도 했다. 또한 1940년 4월 강원도 평강군에 2,000정보에 달하는 성산농업주식회사(城山農業株式會社, 자본금 70만 원)를 설립하여 밭농사와 목축·임업경영에도 착수하였다.

거대한 소작지에서 높은 토지수익률을 올리는 관건은 엄격한 소작인 노무관리와 그에 기초한 모든 영농과정에 대한 엄격한 농사지도·감독에 있었다. 각 농장은 농장직원→중간관리인=마름→소작인조합→소작인으로 이어지는 수직적 지배관리체계를 구축하였다. 농장직원은 1930년대 중반 약 70명 정도였고 소작인은 3,600호를 상회했다. 도잔농장은 재래의 마름을 변형시켜 중간관리자로 적극적으로 활용하였다. 현지사정에 정통한 한국인 마름들은 소작인 감독과 고율소작료 징수에 매우 효과적이었다. 이 경우 마름은 회사지시에 따라 움직일 뿐, 전통적인 중간수탈자로서의 모습을 탈각한 상태였다. 또한 각 농장별로 소작인조합을 만들어 5인 1조로 소작인들을 조직화했다. 소작인조합은 소작료 납부의 연대책임을 지고 있었고, 농장이 지시하는 대로 농사개량과 품종개량을 소작인들에게 강제하였다. 1916년 현재 185개 소작인조합에 4,631명의 소작인을 조합원으로 편재했다. 농장측은 소작인의 생활 상태를 정밀하게 조사하여 개인별 신용대장을 만들어 소작계약 갱신 때 기초자료로 활용하였다. 생산의욕을 고취할 목적으로 농장의 지도방침에 순종하는 우수소작인을 선발하여 포상하였다.

소작료 징수법은 집조법이었고, 일본 미곡시장에서 좋은 가격을 받기 위해 일본 벼 품종 개량에 주력하였다. 농장에 원종답·채종답을 만들어 농장 지역의 토질에 맞도록 일본 벼의 품종개량 실험을 했으며, 여기에서 확보된 개량종자를 소작인들에게 배부하였다. 농장측은 지정한 품종이 아닐 경우 소작료수납 자체를 거부했다. 이런 식으로 단기간 내 재래종을 구축하고 일본 개량품종을 확산시켜갔다. 1919년 현재 일본 벼의 보급률은 농장 전체 재배면적의 98%에 달했다. 농장측은 화학비료를 위시한 증비를 장려했는데, 수원농장과 전북농장의 시험답에서는 화학비료의 생산성 비교실험을 했다. 비료대는 이자를 붙여 소작료에 가산되었고, 개량농구 대여비나 구입비도 소작인들이 부담해야 했다. 강점 초기에 농사개량과 부업장려를 촉진시키기 위해 모범촌을 지정 운영하기도 했다. 1912년 4월 경기도 수원군 태장면 지동에 논 88정보, 밭 40정보의 모범촌을 설정하고, 경기도청으로부터 보조금까지 받았다. 1919년 현재 소작료 수입은 벼 5만석에 달했고, 1940년에는 소작인 3,500명에 소작미가 45,000석을 넘었다. 현미로 도정된 소작미는 오사카 미곡시장으로 반출되었고, 동미(東米)로 알려졌다. 동미는 일본 국내 쌀과 비교해도 손색없는 우량미로 간주되었다.

그러나 소작인에 대한 가혹한 수탈로 농장에 소작쟁의가 몇 차례 일어났다. 1926년 전남 나주군 영산면 산정리 소재 도잔농장에서는 일방적으로 소작료를 인상하여 그해 작황의 70~80%를 소작료로 징수하려 하자, 농장소작인들은 추수기가 지났는데도 벼를 베지 않고 절반소작료를 요구하면서 불납동맹으로 맞섰다.

[참고어] 오쿠라농장, 조선흥업주식회사, 소작인조합

[참고문헌] 大橋清三郎, 1915,『朝鮮産業指針 上·下』; 中村資良編, 1942,『朝鮮銀行會社組合要錄』; 하지연,「日本人 會社地主의 植民地 農業經營-三菱재벌의 東山農事株式會社 사례를 중심으로」『사학연구』 88

〈이현희〉

도장(導掌) 일반적으로 궁장토의 관리와 수조(收租)를 담당하는 자.

도장과 도장권(導掌權)은 조선 후기 이래 궁장토에서 형성된 권리자와 그 권리관계를 말한다. 도장은 대체로 궁장토의 수조와 관리를 담당하는 자를 일컫지만, 일반 농지에서의 마름과는 달리 도장권을 가지고 있었기 때문에, 농민[庄民]과 소작 관계의 형성과 더불어 중간 지주로서의 성격을 지니기도 하였다. 도장권은 토지나 가옥과 마찬가지로 재산으로 취급되어 활발하게 매매되었다. 일제는 도장권을 정리할 때 도장을 도장권의 발생 유형과 관련하여 역가도장(役價導掌, 役導掌), 납가도장(納價導掌, 納導掌), 작도장(作導掌), 그리고 투탁도장(投托導掌) 등 4유형으로 구분하였다.

우선 역가도장은 장토 개간과 관련하여 성립한 도장이다. 궁방에 속해 있던 미간지, 곧 수재로 파손된 전답이나 연해의 간석지, 초평(草坪) 등을 궁방이 아닌 민인이 자기의 자본이나 노동력을 투입하여 개간함으로써 이를 경작지화 하였을 경우 궁방은 그 대가로 도장권을 주었다. 개간을 위한 새로운 제언 수축뿐만 아니라 궁장토가 절수될 때 함께 절급된 국가소관의 제언을 비롯하여 다양한 수리시설을 민력민재(民力民財)로 보수했을 때도 동일한 결과가 발생하였다. 역가도장은 인력이나 재력을 투입하여 토지에 대한 지배권을 획득하였다. 이리하여 역가도장의 궁방 상납액은 비교적 가벼웠으며, 작인들로부터 받는 지대액은 병작제에 의해 수확량의 2분의 1에 달하여 이들은 막대한 차액을 수취할 수 있었다.

납가도장은 궁방에서 일정한 액수의 돈을 받고 차정한 도장권에 기초해 있다. 궁방에서 장토를 매입하여 신설할 때 그 자금의 일부를 충당해주고 그 대가로서 도장으로 임명되는 경우를 비롯하여 일반적으로 궁방에 일정한 금액을 지불하고 도장권을 매득한 경우가 납가도장에 해당한다. 납가도장도 장토에 대한 일정한 권리를 지니고 있음은 역가도장과 마찬가지였다.

작도장은 특정한 유형으로 분류하기보다는 궁방에 공로가 있거나 궁방이 특별히 신임하는 자를 차정하여 궁장토의 수조와 관리를 담당하게 한 도장을 지칭하였다. 예컨대 성천포락(成川浦落)을 칭하고 항조(抗租)가 심하거나 혹은 전상매매(轉相賣買)로 그 소유권이 불명해진 궁장토를 되찾아 준 공으로 도장이 되는 경우 등을 들 수 있다. 작도장은 경제적 관계를 토대로 한 특정한 토지지배권을 가지고 있다기보다는 궁방이 부여한 특권으로서의 도장권을 지니고 있을 따름이었다. 따라서 그 권리의 형성과정이 불분명하거나 굳이 분류할 필요가 없어지면서 그냥 도장으로 작(作)한다는 의미

로 사용되기도 하였다.

마지막으로 투탁도장은 토지소유자가 자기의 토지를 궁방에 투탁하여 마치 궁장토인 것처럼 가장한 경우에 그 투탁자를 도장으로 차정한 것이다. 따라서 투탁도장은 명칭만 도장일 뿐 일반 지주와 실제로 다를 바 없으므로 도장의 범주에 넣을 성질의 것은 아니다. 또한 국가에서 민전의 궁방 투탁을 금지하였으므로 투탁도장의 첩문(帖文)도 일반도장의 그것과 동일하게 발행하였기 때문에 실제로 그 숫자를 확인하기는 어렵다.

이처럼 도장권의 발생유형과 관련하여 그 권리개념도 수세 청부권에서부터 사용, 수익권에 이르기까지 다양하였다. 이것은 사권(私權)으로 확립된 물권적 성격을 갖는 것이었기 때문에 그 권리는 양도, 매매, 상속이 자유롭다는 점에서는 공통적이다. 도장권은 궁방의 '소유권'을 전제로 성립하는 것이어서 토지처분권과는 관계가 없지만, 궁방에 대한 의무는 정액의 사업의무만으로 한정되고 그 권리는 궁방이 다시 매입하지 않는 한 소멸될 수 없는 성질의 것이었다.

도장권이 설정된 토지의 총 수확고 가운데 도장순익과 궁방상납액을 비교해 보면, 전체 123명의 조사대상 도장 가운데 1 : 1 이하는 15명(12.2%)밖에 없고 108명(87.8%)은 도장순익이 궁방상납액을 상회하였다. 그 중 도장순익이 궁방상납액의 5배를 넘는 경우도 85명(78.7%)에 이르고 있다는 사실은 도장권의 강도를 짐작하게 한다. 즉 도장은 지주인 궁방의 취득분 이상을 차지하면서 궁방의 통제나 간섭을 받지 않고 경영의 독자성을 유지하면서 실질적인 지주경영을 행하고 매년 정액의 상납액수만 궁방에 납부하면 그만인 존재였다. 그 상납액수란 워낙 소액이어서 지주에게 내는 지대로 볼 수가 없을 정도였다.

이와 같이 도장은 궁방의 지주경영에 기생하는 존재라기보다는 차라리 궁방의 지주경영권을 장악해 가면서 전형적인 봉건지주제를 전환시켜 간 존재로서 일정하게 전진적 의미를 지니고 있었다.

그러나 일제의 국유지 조사사업에서는 궁방의 권리를 소유권으로, 도장권을 이에 부수된 권리로 간주하고 도장권을 배제하는 가운데 궁방의 권리를 배타적 소유권, 즉 국유지로 정리한 것이다. 다만 도장의 성격이나 권리의 강도를 판정하여 무상 또는 유상으로 정리하였다. 배상은 도장 순익의 3년분을 공채(公債)로 10년에 걸쳐 분할 지불하는 것이었다. 배상금을 받은 도장은 모두 123명, 그 총액은 116,809원(圓) 90전(錢) 4리(厘)였다. 한편 투탁도장의 경우는 일제에 의해 인정된 것이 8명(9.3%) 21건(15.6%)에 불과한 반면 78명(90.7%) 114건(84.4%)의 다수가 부인(否認)되었는데, 이는 투탁의 은밀한 특징으로 볼 때 민유지로서 투탁지의 국유화로 설명될 여지가 많다.

[참고어] 국유지, 궁방전, 중답주, 마름

[참고문헌] 김용섭, 1964, 「司宮庄土의 管理 : 導掌制를 中心으로」 『사학연구』 18 ; 배영순, 1980, 「韓末 司宮庄土에 있어서의 導掌의 存在形態」 『한국사연구』 30 ; 박진태, 1996, 『韓末 驛屯土조사의 歷史的 性格 研究』, 성균관대학교 박사학위논문 〈박진태〉

도전(渡田) 고려·조선시기 주요 나루[渡津]의 운영 경비 조달을 위해 지급한 토지.

고려시기와 조선시기에는 전국의 강변에 많은 진(津) 또는 도(渡)를 설치하였다. 이는 왕래자의 규찰, 명령의 전달, 도강(渡江)을 위한 교통의 기능 등을 위해 설치된 것이었다. 이곳에는 관선(官船)인 진도선(津渡船)이 배치되었고, 사선(私船)과 수참선(水站船) 등도 이곳을 드나들었다. 고려 태조 이래 진도선의 운행을 담당하는 진척(津尺)이 있었으며, 성종대 이후에는 구당(勾當)이라는 관원이 파견되기 시작하였다. 조선시기에는 국초부터 한강변에 기존의 진 이외에 노량진(鷺梁津)·흑석진(黑石津)·공암진(孔巖津)·도미진(度米津)·광진(廣津)·삼전도(三田渡) 등의 많은 나루를 추가로 설치하였다. 또한 각 나루터에는 지휘관원으로 도승(渡丞)과 뱃사공으로서의 진척(津尺)을 두고 각기 늠급위전(廩給位田)과 진척위전(津尺位田)을 절급하였는데, 도전은 이를 합칭한 것이다.

도진제도는 세종 때 다시 정비되었는데, 1445년(세종 27) 경중(京中)의 두 창(倉)과 각사(各司)의 위전을 없애고 모두 국용전(國用田)으로 칭하게 하면서 도전도 축소시켰다. 한강도(漢江渡)·삼전도(三田渡)·노도(路渡)·양화도(楊花渡)·임진도(臨津渡)의 도승에 지급된 늠급위전은 본래 모두 8결 50복이었는데 8결로 축소시켰고, 진척의 위전도 각 나루마다 일정하게 축소시키도록 하였던 것이다. 이에 『경국대전(經國大典)』에서는 늠급위전을 아록전(衙祿田)이라 하여 8결, 진척위전을 진부전(津夫田)이라 하여 대도(大渡)에 10결50부, 중도(中渡)에 7결, 소도(小渡)에 3결 50부씩 지급한다고 규정하였다[「호전」 제전(諸田)]. 각 도진의 진부의 수를 대도 10인, 중도 6인, 소도 4인으로 정하고 있었던 것[『경국대전』 권4, 「병전」 잡류(雜類)]을 감안하면, 진부의 수와 진부전의 면적이 대략적으로 비례하였던 것을 확인할 수 있다.

도승에게 지급되었던 아록전은 민전(民田) 위에 설정된 각자수세(各自收稅)로서, 국가에 납입되어야 할 해당 토지의 세를 각 도승이 스스로 취득하도록 했다. 한편 진부전은 진부 개인에게 나누어준 것이 아니라 소속 진부 전체를 대상으로 하여 진(津)에 분급한 것이다. 이는 자경무세(自耕無稅)의 공전(公田)이었고, 각 진부들이 해당 토지를 스스로 경작하여 취식하되 국가에 대해서는 조세의 부담이 없었다.

[참고어] 늠전, 진부전, 무세지, 각자수세

[참고문헌] 『경국대전』; 김태영, 1983, 『조선전기 토지제도사연구』, 지식산업사 〈김미성〉

도전정(都田丁) 전적(田籍) 혹은 전안(田案)으로 불리어진 토지대장, 혹은 군현별로 모든 전정(田丁)의 수조권 귀속처를 기록한 장부.

『고려사』의 1023년(현종 14) 기사에는 "윤 9월에 판하기를, 무릇 여러 주현의 의창법은 도전정의 수에 의거하여 거두되, 1과공전은 1결당 조 3두를, 2과공전 및 궁원전·사원전·양반전은 조 2두를, 3과공전 및 군인호정·기인호정은 조 1두씩을 내도록 이미 규정한 바 있으니, 혹 흉년을 만나 백성들이 굶주릴 때는 이것으로 위급함을 구제하였다가 가을에 이르러 환납토록 하되 남용되는 비용이 없도록 할 것이다.(閏九月判, 凡諸州縣義倉之法, 用都田丁數收斂, 一科公田一結租三斗, 二科及宮寺院兩班田租二斗, 三科及軍其人戶丁租一斗, 已有成規, 脫遇歲歉百姓阻飢, 以此救急, 至秋還納, 毋得濫費.[『고려사』 권80, 지34 식화 3, 상평 의창])"고 하였다. 이와 관련하여 도전정을 전적 혹은 전안으로 불린 토지대장으로 보기도 하며, 군현별로 모든 전정의 수조권 귀속처를 기록한 장부로 이해하기도 한다.

[참고어] 양안, 수조안

[참고문헌] 『高麗史』; 강진철, 1980, 「공전의 經營形態」『高麗土地制度史硏究』; 박종진, 1993, 『高麗時代 賦稅制度硏究』, 서울대 박사학위논문 ; 한국정신문화연구원, 1986, 『역주 『고려사』 식화지』 〈이준성〉

도지(賭只) ⇒ **정조법**

도행장(導行帳) 토지대장인 양안을 지칭하는 이두식 표기.

[참고어] 양안

독농가(篤農家) ⇒ **농촌중견인물양성**

독쇄관(督刷官) 광무사검(光武査檢) 당시 각 도에 파견되어 공토 조사와 지대 징수업무를 담당했던 관원.

대한제국 정부는 전국적인 양전사업에 앞서 전국의 공토를 일괄 조사·정리하였다. 특히 이때의 광무사검은 내장원 관리하에 있던 전국의 공토를 통일적으로 조사하여 정리한 사업이었다. 내장원은 1899년 6월부터 목둔토(牧屯土)에 대하여 사검위원(查檢委員)을 파견하여 조사에 착수했다. 그리고 같은 해 12월부터는 사검위원이 독쇄관을 겸임하게 하여, 도조(賭租)와 각종 세전(稅錢)을 독촉하여 거두어들이는 사무를 담당하도록 하였다. 이듬해 9월부터는 봉세관(封稅官)이 각 도에 파견되어 역토에 대한 조사를 담당하였는데, 이때 예전의 독쇄관이었던 인물이 그대로 봉세관으로 임명되는 경우가 많았다.

내장원의 역둔토 관리체계에서 사검위원·독쇄관·봉세관은 역둔토를 조사하고 도조액을 정하는 역할을 담당하였으며, 마름에게 정해진 도조를 수봉하여 내장원으로 직납하도록 하는 과정을 지휘하는 역할도 담당하였다. 둔토 관리를 담당하던 기존의 행정기구와는 별도로 내장원에서 따로 독쇄관을 파견한 것은 내장원 수입의 확대를 의도한 것이었으며, 이는 둔토의 작인에 대한 소작료 수취 및 통제가 이전보다 강화되었음을 의미하는 것이었다. 이에 독쇄관은 백성에게 폐단을 일으키는 존재로 인식되어 폐지의 대상으로 지적되기도 하였다.

[참고어] 광무사검

[참고문헌] 김양식, 2000, 『근대 권력과 토지 - 역둔토 조사에서 불하까지』, 해남 ; 조석곤, 2003, 『한국 근대 토지제도의 형성』, 해남 〈김미성〉

돈녕부둔(敦寧府屯) 돈녕부의 경비를 충당하기 위하여 설치·운영한 토지.

조선 초기에는 외척들도 봉군제(封君制)를 통해 정치에 참여할 수 있었다. 그러나 1409년(태종 9) 봉군제가 폐지되자 이들은 정치에 참여할 수 없게 되었는데, 이에 종친부에 들어가지 못하는 임금의 친척과 외척의 예우를 위해 1414년(태종 14) 돈녕부가 설치되었다.

돈녕부둔은 돈녕부의 경비를 충당하기 위한 것으로, '토지의 사여'와 '징세권의 사여(원결면세)'라는 두 종류가 설치되었다. 『만기요람』에 따르면 그 정액은 양자를 합하여 400결이였고, 그 전결에 따라 돈·쌀·벼·콩 등을 징수하였다. 『육전조례』 이전(吏典)에는 응입 돈 1,167냥, 쌀 424섬, 조 10섬, 콩 2섬이라고 기록되어 있다.

1894년(고종 31) 돈녕부가 폐지되어 종정부(宗正府)에 합병되었고, 그 둔토는 내장원의 소관이 되었다. 이때 봉세관 또는 수조관을 파견하여 연년 도조를 징수하여 이를 왕실의 수입으로 삼았다. 그리고 1907년에 다른 역둔토와 함께 국유로 편입되었다.

[참고어] 아문둔전

[참고문헌] 『萬機要覽』; 和田一郎, 1920, 『朝鮮土地地稅制度調査報告書』

돈대(墩臺) ⇒ 방전론

돈도지(돈賭地) 조선 후기 이래 작인이 지대를 금전으로 납부하는 소작관행.

돈도지는 작인이 소작료를 금납(金納) 혹은 대금납(代金納)하는 경우를 가리키는 재래용어이다. 금납은 소작인이 소작료를 돈으로 지불하는 것을 가리키고, 대금납은 현물 소작료를 시가로 환산하여 금전으로 납부하는 것을 말한다. 대전(代錢), 작전(作錢), 인환납(糼換納), 도지전(賭只錢), 땅세, 환납(換納), 전지정(錢支定), 세곡대(稅穀代)라고도 한다. 함경남·북도와 전라북도 일부 지역에서는 소작료를 금전으로 먼저 납부하는 화리관행도 존재하는데, 이를 화리금(禾利金), 선도지(先賭錢) 등으로 일컫는다.

현물 소작료를 징수하기 어려운 지주가 금납이나 대금납의 방식으로 지대를 거두었다. 돈도지 관행은 종중토지나 향교전, 묘위토, 계답, 역둔토 등의 관·공유지에서 주로 행해졌다. 또한 개인지주는 소작료를 주로 현물납의 방식으로 징수한 데 반해 부재지주의 경우는 금납·대금납의 방식을 많이 채택하였다.

돈도지 관행은 전답 및 원(園)에서 모두 행해지고 있으며, 생산이 가능한 모든 작물에 적용되었다. 금납, 대금납은 특히 전매제 작물인 연초, 약용인삼 및 경찰취체령에 의한 양귀비 등의 소작물에 주로 실시되었고 특정 장려작물인 사탕무[甛菜]의 경작에도 많이 나타났다. 소채(蔬菜)와 박류(瓜類)를 재배하는 경우에도 돈도지를 징수했다. 이들 작물은 생산물 처분의 편의상 금납 혹은 대금납의 방법으로 소작료를 거두는 것이 효율적이다.

돈도지 소작은 소작료의 운반·관리 비용의 절감, 소작료 품질로 인한 지주-소작인 간의 갈등이나 계량의 부정이 소멸되는 등의 장점이 있다. 하지만 현물의 시가 환산에 기초하는 대금납의 경우 시가의 등락으로 인해 지주-소작인 중 한쪽의 손실을 가져올 수 있어 불안정한 요소가 존재한다는 단점도 있다.

조선 후기 이래 전국에 분포 실시된 돈도지 관행은 일제시기 역둔토, 동양척식주식회사 및 기타 영농회사 농지·철도용지 등에서 실시되었다. 1910년대 이후 금납·대금납 소작은 개인지주, 특히 부재지주를 중심으로 해마다 증가하였다. 1930년대에 이르면 돈도지 소작계약은 답에서 약 6%, 전에서 약 8%, 상원·과수원 등에서 약 54%의 분포상황을 보인다.

[참고어] 화리, 대전납, 조선의 소작관행

[참고문헌] 조선총독부, 1927, 『朝鮮の農業』; 조선총독부, 1932, 『朝鮮ノ小作慣行(上)·(下)』

〈고나은〉

돌괭이 신석기시대 및 청동기시대에 땅을 파거나 씨를 뿌리기 위해 골을 내거나 땅을 평평하게 고를 때, 그리고 흙덩이를 잘게 부술 때 사용하는 굴지구(堀地具).

돌괭이로 분류하는 석기는 나무자루를 어떻게 묶느냐에 따라 호미·따비·삽 등으로 그 쓰임새가 달라진다. 농사이외에 야생식물의 뿌리를 채취하거나 집터를 파고 산림을 개간하는데도 사용되었을 것으로 추정된다. 돌괭이의 날은 자루에 매기 위해 어깨가 날 부분에 비해 좁은 편인데, 특히 한반도의 신석기·청동기시대 유적에서 출토되는 돌괭이는 대체로 날이 넓고 어깨가 좁은 이른바 곰배괭이 형태이다. 작은 것은 길이는 13~20㎝정도이며, 큰 것은 30㎝가 넘는 것도 있다. 주로 20㎝ 안팎의 것이 많다.

재질은 각암·안산암과 같이 단단한 돌을 깨서 만든 것이 많고, 드물게는 갈아서 만든 것도 있다. 출토 사례를 살펴보면 함북 서포항·함북 회령 오동유적·평남 궁산·양양 오산리·서울 암사동 유적·경남 진주 어은유적 등이 대표적이다.

한편, 농경문청동기(農耕文靑銅器)에는 따비와 괭이로 밭고랑을 일구는 모습이 새겨져 있는데, 괭이의 재질이 나무인지 돌인지 분명하지 않지만, 돌괭이일 가능성을 배제할 수 없다. 또한 돌괭이·돌삽·돌보습·돌가래 등으로 불리는 연장들은 그의 자루가 발굴되거나 사용흔적을 과학적으로 분석하여 정확한 기능과 형태를 파악해야 할 필요가 있다.

[참고어] 농경문청동기, 괭이, 돌낫, 돌보습, 돌삽

[참고문헌] 장국종, 1989, 『조선농업사』, 농업출판사 ; 국립문화재연구소, 2001, 『고고학사전』 〈이준성〉

돌낫 날에 직교하게 나무자루를 끼워서 사용하는 수확용 석기.

신석기시대부터 청동기시대까지 지속적으로 사용된 것으로 파악된다. 신석기시대의 돌낫은 등과 날이 같은 방향으로 약간 휜 장방형이 주류를 이룬다. 반면, 청동기시대의 돌낫은 요즘 낫과 유사하다. 길이는 20~25㎝ 정도가 일반적이며, 반달돌칼에 비하면 대형이지만, 상대적으로 두께는 1㎝ 정도로서 매우 얇다.

일반적으로 동아시아 지역의 수확용구는 그루터기를 베는 낫보다 이삭을 따는 칼이었다는 견해가 주를 이루는데, 돌낫 역시 반달돌칼(半月形石刀)과 같은 방식으로 곡식의 이삭을 따거나 풀을 뜯는 데 사용되었을 가능성이 크다. 한편, 돌낫은 반달돌칼에 비해 출토되는 빈도가 극히 적어 수확용구로서의 기능을 의심하기도 한다. 즉, 풀이나 잔가지를 자르는 용도로 더 많이 사용했을 것으로 보인다.

[참고어] 반달돌칼, 돌보습, 돌삽, 돌괭이

[참고문헌] 지건길·안승모, 1983, 「한반도 선사시대 출토 곡류와 농구」『한국의 농경문화』 1, 경기대 출판부 ; 박호석 외, 2001, 『한국의 농기구』, 어문각 ; 국립문화재연구소, 2001, 『고고학사전』 〈이준성〉

돌보습 신석기시대 이래 씨를 뿌리기 위하여 땅을 갈아엎는 데 썼던 석기.

돌보습은 쟁기나 극젱이의 술바닥에 맞춰 쓰는 연장으로, 땅을 파서 일구는 기능을 지녔을 것으로 추정된다. 버들잎(柳葉形) 모양 혹은 신발의 바닥 모양을 한 것이 많다. 작은 것은 길이가 15~20㎝정도이고, 큰 것은 50~65㎝에 이르기도 한다.

황해도 지탑리·서울 암사동·함북 서포항 등 신석기 중기 이전의 유적에서 출현하기 시작한다. 지탑리유적에서는 편암이나 판암으로 만든 보습이 75점이나 출토되었는데, 전면을 간 것과 전혀 갈지 않은 것이 있고, 날 쪽과 가장자리 부분이 사용으로 마모되어 윤기가 있다. 또한 세로로 깊이 긁힌 자리가 자주 보여 사용된 흔적을 잘 보여주고 있다. 암사동 돌보습도 앞, 뒷면에 간 부분이 있으나 본래의 표면이 많이 남아 있고, 날이 닳아서 뭉뚝한 것도 있다. 남부지방에서는 청원 쌍청리·대전 둔산·군산 노래섬·합천 봉계리·여수 송도 유적 등의 후기 유적에서 주로 나왔다. 남부지방의 돌보습은 길이가 13~20㎝, 너비 10㎝ 정도로 아주 작고, 날 부분만 갈거나 깨서 만든 것이 대부분이다. 이들 연장들은 쟁기보다는 괭이나 따비의 날로 쓰였을 것으로 추정되며, 이로 인해 20㎝ 미만의 소형은 보습보다는 돌삽이나 돌가래(石鍬)로 구분되기도 한다. 청동기 시대부터는 돌보습이 거의 출토되지 않는데 아마도 목제 농기구가 돌보습의 기능을 대신했기 때문이다.

[참고어] 돌괭이, 돌낫, 돌삽, 돌괭이

[참고문헌] 지건길·안승모, 1983, 「한반도 선사시대 출토 곡류와 농구」『한국의 농경문화』 1, 경기대 출판부 ; 황기덕, 1984, 『조선 원시 및 고대사회의 기술발전』, 과학백과사전출판사 ; 길경택, 1985, 「한국 선사시대 농경과 농구의 발달에 관한 연구」『고문화』 ; 박호석 외, 2001, 『한국의 농기구』, 어문각 〈이준성〉

돌삽 신석기시대 이래 씨를 뿌리기 위하여 땅을 갈아엎는데 썼던 석기.

돌보습은 쟁기나 극젱이의 술바닥에 맞춰 쓰는 연장인데, 그 가운데 20㎝ 미만의 소형을 '돌삽'이라고 부른다. 돌삽은 돌괭이보다 날쪽이 훨씬 더 넓어 흙을 파거나 무엇을 퍼담을 수 있는 구조를 가지고 있지만, 지금의 삽처럼 사용되었다고 단정할 수는 없다. 황해도 지탑리·평남 금탄리·함북 서포항과 청원 쌍청리·대전 둔산·군산 노래섬·합천 봉계리·여수 송도 유적 등의 신석기 유적에서 출토되었다.

[참고어] 돌괭이, 돌낫, 돌보습, 돌괭이

[참고문헌] 지건길·안승모, 1983, 「한반도 선사시대 출토 곡류와 농구」『한국의 농경문화』 1, 경기대 출판부 ; 황기덕, 1984, 『조선 원시 및 고대사회의 기술발전』, 과학백과사전출판사 ; 길경택, 1985, 「한국 선사시대 농경과 농구의 발달에 관한 연구」『고문화』 ; 박호석 외, 2001, 『한국의 농기구』, 어문각 〈이준성〉

동고농장(東皐農場) 한말 일제시기 전라남도 화순군 동복면의 대지주 오자섭(吳子攝)·오건기(吳建基) 부자가 세운 농장.

오건기 집안은 동복 일대에서 오랫동안 세거해온 향리가문으로, 부친 오자섭의 탁월한 치부활동을 발판으로 대지주로 성장하게 되었다. 오자섭은 한말 격동기 토착향리라는 신분적 특수성을 활용하면서 지역 특산물인 목단과 인삼 같은 한약재의 독점판매와 약초생산 농가에 대한 상업적 고리대지배를 통해 자산을 모아갔

다. 그렇게 축적한 화폐자산을 가지고 화순군 일대의 토지를 매집해갔다. 오자섭의 농업경영은 재래 지주경영에서 크게 벗어나지 못했지만, 1920년대 초반 일본유학을 마친 오건기는 식민지 시장경제에 적응하는 농장제로 재편하였다. 농장 내에 자본제적 부문을 도입하고 농장 외부에서는 산업자본으로 자본전환을 추진하였다. 1933년 오자섭이 사망하자, 오건기는 소유 전장을 부친의 호를 따서 동고농장으로 명명하였다. 상속받은 토지 991.1정보(논 252정보, 밭 21정보, 임야 714정보)는 대부분 동복면과 인근지역에 집중해 있었다. 일제 말기 동고농장은 화순군·곡성군·순천군·여수군·담양군·보성군 일대 1,763정보(논 388.2정보, 밭 39.4정보, 임야 1355.4정보)를 소유하였다.

〈동고농장의 토지소유 현황〉

	상속분	1923말 증여분	1924-1935년 매수분	1935년 8월이후 매수분	합계
논	758,419평 (252.8정보)	89,805평 (29.9정보)	174,607평 (58.2정보)	141,720평 (47.2정보)	1,164,551평 (388.2정보)
밭	64,448평 (31.5정보)	11,831평 (3,9정보)	24,216평 (8.0정보)	17,598평 (5.9정보)	118,093평 (39.4정보)
대지	8,390평 (2.8정보)	-	2,117평 (0.7정보)	289평 (0.1정보)	10,796평 (3.6정보)
임야	2,41,600평 (714.0정보)	-	321,400평 (107.1정보)	1,603,200평 (45.4정보)	4,066,200평 (1,355정보)

출처 : 洪性讚, 1986,「日帝下 企業家的 農場型地主制의 存在形態-同福 吳氏家의 東皐農場 經營構造分析-」『경제사학』 10, 65-66쪽.

농장조직은 토지소작부·토지자작부·양잠부·임야부·축산부의 농업생산부문과 정미부·상사부·제재부의 농업유통부문 그리고 농장경영에 소요되는 자금조달과 운용을 총괄한 금융부문으로 분업화되어 농장생산물을 가공·조제·출하·판매까지 일괄 처리할 수 있었다. 농장제 개편의 목적이 미곡생산의 극대화와 안정적인 고율소작료의 수취에 있었기에, 동고농장에서는 조직개편과 더불어 소작인의 선발, 소작지의 관리, 농사지도에 철저한 감독과 세심한 주의를 기울였다. 농장은 농장주→본부직원→군·면 각 구역책임자→동리 책임자→소작인→연대 보증인으로 이어진 수직적 관리 지배망을 구축하여 모든 영농과정에서 소작인을 지도 감독하였다. 각 지역의 농작상황은 수시로 상세하게 보고받았다.

농장은 동고농장토지대장을 작성하여 소작지의 필지별 등기사항, 지형과 토질, 농업환경을 일괄적으로 파악하여 소작료 책정과 토지개량에 기초자료로 삼았다. 동고농장의 소작계약기간은 3년이었고, 계약불이행에 대응한 안전장치로 연대 보증인을 요구하였다. 보증인의 신용이 박약해지면, 새로운 보증인의 추가나 교체를 요구했고, 이를 이유로 소작권을 박탈하기도 했다. 3년의 소작계약 기간이 만료되면, 농장에 대한 충성도·경작능력·보증인의 신빙성 여부 등 제반 사항을 재검토하여 소작지규모를 가감하는 형식으로 재계약하거나 혹은 해지하였다. 소작농 1호당 경작규모는 1942년 현재 3.76두락으로 매우 영세한 규모였다. 소작농민의 영세한 소작규모는 지주권을 강화시키는 조건으로 작용했다. 소작인들은 농장 자작의 시험답에서 지역 토질에 맞게 개량된 일본 벼품종을 재배했으며 추수 후 지정한 규격으로 포장하여 소작료를 납부해야 했다. 동고농장은 일제 말기 거의 400정보에 달하는 전답에서 2,000~3,800여 석을 추수하였다.

〈일제말기 동고농장의 실수납 소작료 총액〉

연도	1941	1942	1943	1944
실납 소작료액	698,160근 (3,876석)	333,766근 (1,833석)	701,328근 (3,853석)	505,003근 (2,774석)

출처 : 洪性讚, 1992,『韓國近代農村社會의 變動과 地主層』, 知識産業社, 199쪽.

동고농장의 각 부서별 활동내용을 보면, 자작부는 농장의 농업시험소 역할을 했으며, 모두 임노동으로 운영되었다. 시험 자작답 60여 두락과 목단전·대마전·상전·조림묘포장 등 특용작물 자작지 90여 두락을 설치하여 각종 작물의 시험재배·개량에 주력하였다. 시험답의 작황을 토대로 소작료액이나 감면규모의 기준으로 삼았다. 1920년대 후반 양잠부에서는 자작상전과 3동의 잠실을 마련하고 양잠기사를 채용하여 잠종제조소를 운영했다. 잠종은 대부분 자급하였고 여성노동력이 투입되었다. 장차 제사업 진출을 전망하면서 잠종제조소를 운영했으며, 오건기는 전남도시제사의 경영진으로도 활동하였다. 임야부도 임업기사의 지도하에 직영 묘포장에서 묘목을 자급했고, 원목가공 및 출하를 관장하는 제재공장도 설립했다. 이것 역시 제재공장을 갖춘 대규모 임산물가공업으로 자본전환을 전망하면서 취한 사전조치였다. 축산부는 농장 내 축사에서 종돈·송아지·말을 직접 사육하여, 농장 소비용 돈육과 자작지 경영에 필요한 축력과 두엄을 얻었다. 또한 대우(貸牛) 경영에도 주력했다. 농장측이 송아지를 구입하여 소작농가에 대여사육하게 한 후 시세가 좋은 때 팔아 이익금을 분배하였다. 일제 말기 소가 100여 마리였다. 농장 정미공장에서 미곡을 조제 가공하여 검사를 거쳐 출하했고, 출고가마니에 농장마크를 새겨 목포로 보내졌다. 목포 미곡창고로 운반된 미곡은 보관료와 보험료를 내고 미가가 가장 높은 5~7월까지 기다렸다가 판매하였다. 조합부는 동복생약조합(조합장 오건기)을 주관하면서 지역 특산물인 목단·마포 등의 생산·가공·판매를 총괄하였다.

이러한 농장제 조직화와 외연적 확대, 사업구조의 다각화에 필요한 막대한 자금은 토지와 미곡상품을 담보로 은행에서 장단기자금을 차입하여 조달되었다. 그에 따라 시장의 경기변동과 금리등락에 따라 농장경영은 원리금 상환을 위해 또 다른 은행자본의 대부→상환→재대부→재생환의 순환구조 속으로 들어갔다. 1939년 회계연도 현금지출 총액 중 약 6할 정도가 은행대부상환에만 충당되었다. 일제 말기까지 오건기가 관선·민선으로 도의원과 동복면장을 몇 차례 역임하면서 지역 유력인사와 긴밀한 접촉을 유지했던 것도 이러한 금융지원과 신용확보를 위해서였다.

해방과 더불어 고조된 농업개혁의 열망에 대응하여 오건기는 소유 농지를 형제와 아들에게 분재하고 소작인들에게 소작지 방매를 거듭하였다. 1949년에는 재단법인 동고과학연구회를 설립하여 자신의 토지를 재단에 넘겨주었다. 동고농장이 재단설립을 위해 내놓은 토지는 논 176,368평, 밭 24,119평 대지 722평, 유지 3,902평 등 205,119평(약 68.4정보)으로, 연간 소작료 500석을 수추하는 큰 규모였다. 재단설립은 중공업 분야로 진출을 위한 인적 물적 자원을 확보하려는 의도였다. 1950년 3월 농지개혁으로 동고농장은 전답 1,859두락-재단명의로 767두락, 농장명의로 1,092두락-을 분배 당했고, 그 보상으로 6,749석의 농지보상지가증권을 받았다. 오건기의 중공업 진출 구상은 오건기의 죽음과 6·25전쟁으로 실현될 수 없었다. 그 대신 오건기의 장남 오영(吳瑛)은 농지매각대금과 보상자금, 지가증권 매각자금을 토대로 1950년대에 운수업과 벌목업에 진출하여 전라남도 광주에서 유수한 기업가로 변신하였다.

[참고어] 농지개혁, 동태적 지주, 소작인조합

[참고문헌] 洪性讚, 1992, 『韓國近代農村社會의 變動과 地主層』, 知識産業社

〈이수일〉

동국명산기(東國名山記) 조선 후기 실학자 성해응(成海應)이 전국을 아홉 구역으로 나누어 각 지역의 명승지를 설명한 책.

연경재(研經齋) 성해응은 청성(靑城) 성대중(成大中)의 아들로, 1788년(정조 12)에 규장각 검서관으로 임명되었으며, 이덕무(李德懋)·유득공(柳得恭)·박제가(朴齊家) 등 당시 실학자들과 교유하였다. 정조의 명에 따라 『존주휘편(尊周彙編)』의 편수에도 참여하였다. 박학적(樸學的)이고 고증학적인 학문 경향을 가지고 있었다.

성해응은 어려서부터 아버지 부임지를 따라 여러 지역을 다녔기에 주변의 명소들을 유람할 기회가 많았다. 그 지역을 보면 선양(仙槎 : 울진지역)에서는 불영사, 주천대, 죽령, 단천, 제천, 원주 등을 유람하고, 설산(雲山 : 평안북도 지역)에서는 영변, 안주, 평양, 송악 등을 유람하였고, 흥해(興海)에서는 조령에서 낙동강까지 두루 유람하였다.

이를 통해 어려서부터 산수 유람에 관한 관심을 가지게 하였을 것으로 추정된다. 또한 본인의 부임지 주변을 비롯하여, 서해주변, 단양, 청양, 호좌지역 등을 유람한 경험까지 포함하면 거의 전국에 걸친 지역을 둘러보았다고 할 수 있다. 이런 유람행력들은 1811년 52세에 「산수기(山水記)」 상(上)을 짓는 토대가 마련되었다. 유람에 관심이 많던 그는 각종지리지 및 서적 등을 통해 자료를 읽고 정리하였을 뿐 아니라 유람을 다녀온 사람들과 교류를 통해 장소에 대한 정보를 얻기도 하였다. 유람한 곳 외의 지역에 관한 자료도 모아 「산수기」 하(下)를 지었다. 나중에 두 권을 체계적으로 정리하고 첨삭을 하여 『동국명산기』를 완성하였다.

『연경재전집』 제51권, 52권에는 「산수기」 상·하가 수록되어 있다. 상권에는 주로 본인이 직접 유람했던 곳을 중심으로 기술되어 있고, 하권에는 유람한 곳 이외의 지역도 포함되어 있다. 하권에는 경도, 기로, 해서, 관서, 호중, 호남, 영남, 관동, 관북의 아홉 구역으로 나눈 뒤에 서술하고 있다. 『동국명산기』는 「산수기」 상·하의 내용을 두루 포함시키고, 체제는 「산수기」 하의 것을 따라 편제하였다. 서문은 『연경재전집 속집』 11권에 「명산기서(名山記序)」가 별도로 있다.

각 지역별 다루고 있는 명승지는 다음과 같다. 경도편(京都篇 : 서울)에는 인왕산(仁王山)·삼각산(三角山)이, 기로(畿路 : 경기도)에는 도봉산(道峰山)·수락산(水落山)·백운산(白雲山)·백로주(白鷺洲)·석천곡(石泉谷)·삼부연(三釜淵)·화적연(禾積淵)·금수정(金水亭)·창옥병(蒼玉屛)·미지산(彌智山)·소요산(逍遙山)·만취대(晩翠臺)·보개산(寶蓋山)·성거산(聖居山)·천마산(天摩山)·천성산(天聖山)·화담(花潭)·임진적벽(臨津赤壁)·청심루(淸心樓)·앙덕촌(仰德村)·석호정(石湖亭)이 서술되어 있다.

해서편(海西篇 : 황해도)에는 총수산(葱秀山)·석담(石潭)·구월산(九月山)·백사정(白沙汀)을, 관서편(關西篇 : 평안도)에는 가수굴(佳殊窟)·묘향산(妙香山)·금수산(錦

繡山)을 다루고 있다.

호중편(湖中篇 : 충청도)에는 계룡산(鷄龍山)·선담(銑潭)·용담(龍潭)·병천(屛川)·속리산(俗離山)·천정대(天政臺)·고란사(皐蘭寺)·조룡대(釣龍臺)·반월성(半月城)·자온대(自溫臺)·사비수(泗沘水)·간월도(看月島)·안흥진(安興鎭)·안면도(安眠島)·영보정(永保亭)·황강(黃江)·단양읍촌(丹陽邑村)·하선암(下仙巖)·중선암(中仙巖)·수일암(守一庵)·유선대(遊仙臺)·사인암(舍人巖)·운암(雲巖)·장회촌(長淮村)·구담(龜潭)·도담(島潭)·풍수혈(風水穴)·한벽루(寒碧樓)·도화동(桃花洞)·수옥정(漱玉亭)·고산정(孤山亭)·선유동(仙遊洞)·탄금대·달천(達川)·가흥(可興)·손곡(蓀谷)·법천(法泉)·흥원창(興元倉)·월악(月嶽)을 기술하고 있다.

호남편(湖南篇 : 전라도)에서는 금골산(金骨山)·덕유산(德裕山)·서석산(瑞石山)·금쇄동(金鎖洞)·월출산(月出山)·천관산(天冠山)·달마산(達摩山)·한라산(漢拏山)·지리산(智異山)·변산(邊山)이 실려있다.

영남편(嶺南篇 : 경상도)에는 가야산(伽倻山)·청량산(淸凉山)·도산(陶山)·소백산(小白山)·사불산(四佛山)·옥산(玉山)·빙산(氷山)·태백산(太白山)·금산(錦山)·내연산(內延山)등이 서술되어 있다.

관동편(關東篇 : 강원도)에는 금강산(金剛山)을 핵심으로 하여 자세히 설명하고 있으며, 오대산(五臺山)·성류굴(聖留窟)·한계(寒溪)·설악(雪嶽)·화음산(華陰山)·청평산(淸平山)도 언급하였다. 관북편(關北篇 : 함경도)에는 칠보산(七寶山)·학포(鶴浦)·국도(國島)·백두산(白頭山)을 소개하고 있다.

18세기 이전에는 산수에 대한 인식이 자연을 통해 성정과 인격을 도야하는 데 비중이 컸다면, 18·19세기에는 흥을 돋우고 유락적인 분위기도 함께 띠게 되었다. 이는 산수 그 자체에 대한 관심으로 나타났다. 거기에 당시의 고증학적 학문 분위기가 더해져 이 책에도 자세한 관찰과 역사와 지리 고증이 함께 된 것을 확인할 수 있다. 명산 명승에 대해 위치·형세·형승뿐만 아니라 고사 및 명인(名人)의 소거(所居) 사실 등을 설명하고 있다.

단순히 자연 경관의 감상에서 더 나아가 우리나라를 동국(東國)으로 인식하고, 그 속에서 드러나는 문명 또한 뛰어남을 재발견하고 있는 것은 금수산, 백두산에 관한 기록 등에서 확인할 수 있다. 기존의 유람기에서는 미수(眉叟) 허목(許穆)의 『기언(記言)』의 산수경물에 대한 객관적이면서도 간략하고 사실적으로 서술하는 방식에 영향을 받았던 것으로 생각된다.

다만, 당시의 측량 기술로 인해 산의 높이가 기록되지 못하였고 관북·관동의 교통로가 불편한 명산이 제외되었다는 점, 강의 승경에서는 전체적인 기록이 없이 작은 범위로만 언급되었다는 것은 한계로 지적된다. 금강산과 금수산을 중심으로 금수강산 명승의 부각에 중점을 두었다고 평가되기도 한다.

1책 66장으로 이루어진 필사본은 규장각 한국학연구원에 소장되어 있다. 이 외에도 『동국명산기』 사본 1책이 반환문화재(返還文化財)로 국립중앙도서관에 소장되어 있다. 1909년에 동경외국어대학 한국 교우회가 번각하였다.

[참고문헌] 成海應, 『研經齋全集』 「山水記」 上,下 ; 東京外國語大學 編, 1909, 『東國名山記』, 日韓書堂 ; 楊在星, 2009, 「研經齋 成海應의 山水記 硏究-『東國名山記』를 중심으로-」 영남대학교 대학원 석사학위논문

〈탁신희〉

동국여지지(東國輿地志) 유형원(柳馨遠)이 1656년(효종 7)에 편찬한 전국 지리지.

유형원(1622~1673)의 본관은 문화(文化), 자는 덕부(德夫), 호는 반계(磻溪)이다. 세종 때 우의정을 지낸 유관(柳寬)의 9세손으로, 현령 유위(柳湋)의 증손자이고, 할아버지는 정랑 유성민(柳成民)이고, 아버지는 예문관검열 유흠(劉欽)이며, 어머니는 참찬 이지완(李志完)의 딸이다. 2세 때 부친상을 당했으나, 5세부터 성호(星湖) 이익(李瀷, 1681~1763)의 당숙이자 외삼촌인 태호(太湖) 이원진(李元鎭, 1594~1665)과 고모부인 동명(東溟) 김세렴(金世濂, 1593~1646)에게서 수학했다. 이원진은 하멜이 표류했을 당시 목사였고, 『탐라지(耽羅志)』를 편찬하기도 했다. 김세렴은 1636년 통신사로 일본에 다녀와 『해사록(海槎錄)』을 남긴 인물로, 황해도·함경도·평안도 관찰사를 거쳐 호조판서에 이르렀다. 이같은 양가의 분위기는 반계의 학문적 성장에 주요한 토양이 될 수 있었다.

유형원은 어려서 여행을 많이 했는데, 15세인 1636년에 병자호란이 일어나자 고모부를 대신해 조부모와 고모, 어머니 등을 모시고 강원도 원주로 피난했다. 이듬해에는 부안으로 이거한 할아버지를 뵈러 전라도를 내왕했고, 철산부사 심은(沈誾)의 딸과 결혼한 이후로는 경기도 지평과 여주 등지에서 살기도 했다. 또한 22세에는 함경도 관찰사로 있던 고모부 김세렴을 만나러 갔다가, 그가 평안도 관찰사로 발령을 받자 관서와

관북을 관람할 기회를 가지기도 했다. 이외에도 1653년 부안의 우반동에 은거하기 이전까지 영호남 남부를 제외한 전국을 거의 다녀왔을 정도였고, 이때 수집한 자료와 느낀 경험 등이 그의 학문과 저술에 많은 영향을 주었다.

현전하는 『동국여지지』(이하 지지)는 9권 10책의 필사본으로, 현재 서울대학교 규장각에 소장되어 있다. 초고는 우반동으로 이거한 지 3년 되는 해인 1656년에 완성되었는데, 현존하는 지지는 초고본이 아닌 것으로 보인다. 그 근거로는 내용 중 현종(1659~1674 재위)을 '금상(今上)'이라고 표현하거나, 1662년의 서(序)가 들어있는 허목(許穆)의 『척주지(陟州志)』 등이 참고문헌으로 제시되었기 때문이다. 뿐만 아니라 남인계 영수였던 허목과의 교유를 확인케 하는 내용들이 지지에 수록되어 있는 점 등을 미루어 그 기록상 하한선을 1666년(현종 7)으로 추측해 볼 수 있다. 따라서 현전하는 지지는 1656년의 초고를 말년까지 수정·보완한 결과물로 보인다.

지지의 권별 구성을 보면, 1권은 경도(京都)·한성부·개성부, 2권은 경기[좌도 22읍, 우도 15읍], 3권은 충청도[좌도 21읍, 우도 33읍], 4권은 상·하(上·下)는 경상도[좌도 35읍, 우도 31읍], 5권은 상·하는 전라도[좌도 33읍, 우도 21읍], 6권은 황해도[좌도 14읍, 우도 10읍], 7권은 강원도[영동 9읍, 영서 17읍], 8권은 함경도[남도 13읍, 북도 9읍], 9권은 평안도[서도 21읍, 동도 21읍]이다. 이 중 권4의 상(上)에 해당하는 경상좌도 35개 군현의 읍지는 결여되어 있다.

내용 서술에 앞서 1책 앞부분에는 책에 대한 소개가 6개의 절목에 담겨 있다. 우선 「동국여지지사요총목(東國輿地志事要總目)」에는 항목과 항목에 수록한 내용을 요약했다. 그리고 「수정동국여지지범례(修正東國輿地志凡例)」에는 책의 전체적인 구성원칙과 함께 내용을 구성하는 제 항목의 작성원칙·범위, 그리고 이것들과 『여지승람』·『대명일통지(大明一統志)』 항목간의 차이점을 설명했다. 또한 「찬집제서(纂輯諸書)」에는 참고문헌을, 「동국여지지목록후(東國輿地志目錄後)」에는 권별로 수록된 군현명을, 「동국여지지총서(東國輿地志總敍)」에는 역대의 강역을 소개했다. 마지막으로 「동국여지지목록(東國輿地志目錄)」은 좌우도, 진관 소속 체계 등을 기록한 권별 목차이다.

이상에는 반계가 지지를 서술한 목적도 드러나 있다. 「범례」에서는 지지가 『신증동국여지승람(新增東國輿地勝覽)』을 바탕으로 증수한 것이라고 밝혔으며, 「연보」에서도 여지승람이 시문을 위주로 한 까닭에 그 서명이 옛사람들이 지지를 만든 뜻에 부합하지 않음을 지적했다. 따라서 반계의 지지는 신증동국여지승람을 바탕으로 하되, 그간의 여행과 답사를 통해 체득한 실상을 고려해 수정한 것으로 이해할 수 있다. 특히 「동국여지지총서」는 역대 강역의 변천을 서술한 역사·지리적 총론으로서, 저자가 우리나라의 영역과 위치 등 역사지리에 깊은 관심을 가지고 이 책을 편찬하였음을 잘 보여준다.

지지의 내용은 한전(旱田), 수전(水田), 건치연혁(建置沿革), 군명(郡名), 형세(形勝), 풍속(風俗), 산천(山川), 토산(土産), 성곽(城郭), 공서(公署), 학교(學校), 궁실(宮室), 창고(倉庫), 봉수(烽燧), 우역(郵驛), 관양(關梁), 사묘(祠廟), 능묘(陵廟), 사찰(寺刹), 고적(古蹟), 명환(名宦), 유우(流寓), 인물(人物), 열녀(列女) 등으로 구성되어 있다. 이들 중 여타 지리지에서는 볼 수 없는 항목으로, 각 군현의 경지 면적인 '한전'·'수전'이 읍지의 첫 항목으로 두어져 있다. 또한 그 면적 단위는 당시에 통용되던 결부(結負)가 아닌 절대면적인 경무(頃畝)였다. 그러나 구체적인 수치는 토지제 개혁을 통해 경무 면적이 국가적으로 파악된 이후에나 가능한 것이었다. 따라서 지지에서는 항목만 설정해둔 채 공백으로 남겨 놓았다. 결국 이같은 내용 구성은 전제 개혁을 근간으로 한 저자의 사회개혁안과 그 의지가 반영된 것으로 보인다. 한편 『신증동국여지승람』에서 강조되었던 성씨(姓氏)와 제영(題詠)조는 삭제되었고, 누정(樓亭) 등 일부 항목도 관련된 내용으로 통합함으로써 항목수를 줄였다.

이상의 내용 구성 하에 서술된 『동국여지지』는 다음과 같은 특징이 있다. 첫째, 17세기 이래 실학파 지리학의 주요한 흐름이 된 강역·위치·지명 등 역사지리적인 측면을 중시하였다. 또한 그 결과를 지리지에 결합시키려 하였다. 이러한 우리 국토에 대한 관심의 증가는 우리나라 문화와 역사에 대한 자부심을 바탕으로 한 것이며, 자국(自國)·자기(自己) 중심적인 공간 인식을 반영하는 것이다. 이렇게 강역(疆域)을 중시한 결과 북부 지방과 만주 지역에 대한 적극적인 고찰이 이루어졌다. 둘째, 지역을 위주로 문제를 인식하고 지지를 편찬하여, 지역의 실상에 접근하는 지지를 편찬하려 하였다. 이러한 사실적인 국토 인식은 산천, 형승, 고적, 인물 관계 기록에서 특징적으로 드러난다. 셋째, 실증적이고 실용적인 지지 편찬 방식이 돋보이는데, 이 책은 지역의 사실을 정확하게 파악하고 체계화하려 하였다. 군현마다 저자가 상세하게 수정한 곳, 앞으로 보충해야 할 곳, 가보지 못한 곳 등을 나누어 표시한 것을 예로 들 수 있다.

『동국여지지』는 우리나라 최초의 사찬 전국지리지로서, 16세기 후반부터 활발하게 만들어졌던 사찬읍지의 성과를 종합한 것이다. 즉 저자는 읍지가 지니는 지방적 한계를 극복하기 위해 그 서술범위를 전국으로 확대했으며, 이를 바탕으로 국가적인 차원에서 지역과 사회현상을 올바로 파악하기 위해 전국지리지인 『동국여지지』를 편찬한 것이다. 또한 이 책은 역사 지리적 측면을 중시하고, 국토를 실증적이고 사실적으로 인식하며, 실용적인 지리지를 편찬하여 사회개혁안의 자료로 삼고자 하였던 실학자 유형원의 사고가 담겨 있으며, 신경준(申景濬)을 비롯하여 그 이후의 실학자들에게도 영향을 주었다. 1983년 아세아문화사에서 한국지리지총서(韓國地理誌叢書)의 『전국지리지(全國地理志)』 3권으로 영인·간행하였다.

[참고어] 공전제-유형원, 반계수록, 유형원, 신증동국여지승람, 동국여지지

[참고문헌] 朴仁鎬, 1989, 「柳馨遠의 東國輿地志에 대한 一考察-歷史意識과 關聯하여-」 『청계사학』 6 ; 양보경, 1992, 「磻溪 柳馨遠의 地理思想-東國輿地志와 郡縣制의 내용을 중심으로-」 『문화역사지리』 4 〈윤석호〉

동국지도(東國地圖)-양성지·정척 1463년(세조 9) 정척(鄭陟)과 양성지(梁誠之)가 만든 우리나라 지도.

1463년 전 판한성부사(判漢城府事) 정척과 동지중추원사(同知中樞院事) 양성지가 만든 우리나라 지도로, 당시 제작된 원본은 전하지 않는다.

1436년(세종 18) 세종은 지승문원사(知承文院事)였던 정척에게 명하여 상지(相地)와 화공(畫工)을 거느리고 함길도·평안도·황해도 등의 산천형세를 그려 올 것을 명하였다. 이후 1451년(문종 1) 정척은 「양계지도(兩界地圖)」를 찬진하였다. 당시 문종은 이제까지의 지도 가운데 가장 상세한 것이라 평가하였다.

1453년(단종 1) 수양대군은 일찍이 『고려사』 「지리지」를 편수한 양성지에게 『조선도도(朝鮮都圖)』, 『팔도각도(八道各圖)』, 『주부군현각도(州府郡縣各圖)』의 편찬을 관장하게 하였고, 1454년에는 8도 및 서울의 지도를 작성하고자 정척, 강희안, 양성지 등에게 상지, 화원, 산사(算士)와 함께 삼각산에 올라가 산천의 형세를 살피도록 하였다. 이렇게 꾸준히 지도제작에 대한 관심이 이어져 오다가 1455년(세조 1) 양성지에게 지리지편찬과 지도제작을 명하였고, 1463년 정척과 양성지에 의해 최종 감수된 『동국지도』가 찬진되었던 것이다.(前判漢城府事鄭陟 同知中樞院事梁誠之等進 東國地圖 先是 命陟及誠之等 會議政府 考定 東國地圖 至是成.[『세조실록』 권31, 9년 11월 12일])

현재 원본은 전하지 않지만 국사편찬위원회에 소장되어 있는 「조선팔도지도(朝鮮八道地圖)」와 일본 도요문고(東洋文庫)에 소장된 「조선회도(朝鮮繪圖)」가 『동국지도』의 필사본으로 추정된다. 국사편찬위원회 소장본은 세로 140㎝, 가로 97㎝의 채색사본이고 장지바탕에 그려져 있고, 특징으로는 앞서 작성된 지도에 비해 하천과 산계가 보다 자세하고 실제에 가깝게 표현되어 있다는 점과 도로·부·군·현·병영·수영 등의 인문자료가 기록되었다는 점이다. 이후 영조대 정상기에 의해 제작된 『동국지도』의 바탕이 되었다.

[참고어] 동국지도-정상기, 조선팔도지도, 대동여지도

[참고문헌] 『세종실록』; 『문종실록』; 『단종실록』; 『세조실록』; 李燦, 1995, 「韓國 古地圖의 發達」 『문화역사지리』 7 〈이현경〉

동국지도(東國地圖)-정상기 18세기 실학자 정상기(鄭尙驥)가 백리척(百里尺)을 사용해 제작한 최초의 축척지도.

최초의 동국지도는 세조 7년(1463)에 정척(鄭陟)과 양성지(梁誠之)가 만든 것으로, 18세기 정상기(1678~1752)의 동국지도가 출현할 때까지 널리 사용되었다. 하지만 정상기가 제작한 동국지도의 발문에 기록된 바와 같이 이전 시대의 지도들은 거리와 방위가 부정확해 지도의 역할을 다하지 못하는 측면이 있었다. 기존의 지도들이 지면(紙面) 모양에 따라 제작됨으로써 거리나 방위가 부정확하였기 때문이었다.

정상기는 이를 극복하기 위하여 백리척이라는 독창적인 축척을 만들어 사용하였는데, 백리척은 대략 9.4~9.8㎝의 긴 막대모양을 그린 것으로 지도의 1척(尺)이 100리를 표시한다. 즉 지도에 축척을 표시하여 지도상에서 실제 거리를 산출할 수 있도록 한 것이다. 영조대에 제작된 정상기의 『동국지도』는 모두 9장으로 된 지도책으로, 전국도(全國圖)와 이를 팔도로 나누어 첩으로 만든 팔도분도(八道分圖)로 구성되어 있다. 각 도별도(道別圖)는 백리척을 사용하여 약 42만 분의 1 축척으로 작성하였으며, 8장 모두를 합치면 거대한 전국도가

되도록 하였다. 그리고 채색을 하여 도별(道別)·성읍(城邑)을 구분하였으며, 산천·도로·경계·봉수·역 등도 식별할 수 있게 하였다. 또한 조선 전기의 지도에 비하여 압록강과 두만강 유역의 국경 부분이 현재 지도와 비슷한 수준으로 정확해졌고, 2,580여 개의 자연지명과 1,000여 개의 인문지명을 수록하고 있다.

이처럼 정상기의 『동국지도』는 백리척을 사용한 최초의 독창적인 축적 지도로서, 북부 지방의 왜곡을 수정하여 국토의 원형 확립을 확립하였고 기존의 지도에서 볼 수 없었던 다양한 정보를 수록하였다. 또한 1757년 조정에 알려지게 되면서 홍문관과 비변사에 비치되었고, 이후 제작된 대축척 전도의 효시가 되어 민관 지도제작의 기본도가 되었다.

[참고어] 동국지도-정척·양성지, 조선팔도지도, 대동여지도

[참고문헌] 오상학, 1999, 「농포자 정상기와 동국지도」 『국토(구 국토정보)』 210호 ; 이기봉, 2007, 「정상기의 「東國地圖」 제작 과정에 관한 연구-『동국여지승람』과 『해동지도』 계통의 위치 정보를 중심으로」 『奎章閣』 30 ; 국토지리정보원 編, 2009, 『한국 지도학 발달사』, 국토지리정보원

동국지리지(東國地理誌) 조선시기 학자 한백겸(韓百謙, 1552~1615)이 생의 말년에 지은 것으로 추정되는 최초의 사찬 역사지리서.

구암(久菴) 한백겸은 실학의 선구자로 알려져 있다. 그는 일찍이 오운(吳澐)이 편찬한 『동사찬요(東史纂要)』에 동의할 수 없었던 부분들을 비판 극복하면서 사서의 자료를 수집하고 고증하여 『동국지리지』를 저술하였다. 구체적으로는 삼한(三韓)과 사군(四郡)의 위치비정에 대한 의문이 저작의 시발점이 되었다고 하겠다.

내용은 서(序), 전한서조선전(前漢書朝鮮傳), 후한서고구려전(後漢書高句麗傳), 후한서동옥저전(後漢書東沃沮傳), 후한서예전(後漢書濊傳), 후한서부여국전(後漢書扶餘國傳), 후한서읍루전(後漢書挹婁傳), 후한서삼한전(後漢書三韓傳), 사군(四郡) 등이 순서대로 실려 있다. 그 외에 고구려의 국내성(國內城), 환도성(丸都城), 평양(平壤) 등 여러 성과 백제의 도읍, 신라의 소병지(所幷地), 고려의 여러 도읍과 부(府), 현(縣), 진(鎭) 등이 실려 있다. 그러나 단군조선에 대한 서술은 없다. 목록에서 알 수 있듯이 초기국가에 대한 기록을 중국사서에서 인용한 부분, 삼국 그리고 고려를 다루었는데 크게 삼등분으로 나누어 우리나라의 역대 강역(疆域)을 서술하였다.

초기국가에 대한 기록은 『전한서』 「조선전」, 『후한서』 「고구려전」·「동옥저전」·「예전」·「부여전」 등의 원전을 약간 생략하고 대부분 그대로 인용하였다. 자신의 견해는 사서의 기록을 먼저 기록하고 뒤에 우안(愚按)이라고 표현하고 덧붙이고 있다.

삼국에 관한 부분은 고구려·백제·신라의 순서로 기술하였다. 국도(國都)·봉강(封疆)·형세(形勢)·관방(關防)에 중점을 두고 있다. 국도는 각 나라의 도읍지를 시대순으로 쓰고 도읍지로 삼게 된 이유를 밝히고 있는데, 첫 국도에는 개국신화를 함께 적었다. 마지막 국도에는 왕들이 몇 대에 걸쳐 몇 년만에 나라가 멸망하였다는 내용이 기재되었다. 봉강 부분에서는 그 나라의 영역 내에 흡수된 초기국가나 역사적 유래가 있는 지명에 대한 설명이 있다.

삼국의 형세·관방에 대한 부분에서는 당시 전투에서 요충지였던 강(江)·현(峴)·영(嶺)·성(城)·책(柵)·진(鎭)이 적혀 있다. 예를 들어 고구려의 경우 압록강(鴨綠江), 패강(浿江), 살수(薩水)에 대해 기록하고, 부기(附記)하여 분명하지 않은 곳에 대해서는 역사적 기록을 바탕으로 저자의 견해를 밝히고 있다.

마지막 부분인 고려에 관해서는 국도 부분에서 개성부(開城府)·서경(西京)·남경(南京)·동경(東京)·강도(江都)·중흥전(重興殿)·신경(新京)·북소궁(北蘇宮)에 대해 설명하고, 봉강·형세·관방에 대한 내용을 기록하였다. 또한 부, 진, 현에 대해 기록하고 니성부(泥城府), 수주(隋州)까지 다루었다.

『동국지리지』에 인용된 역사서를 살펴보면, 앞부분인 초기국가에 관해서는 중국의 역사서인 『전한서』, 『후한서』의 동이열전(東夷列傳) 등을 참고 하였으며, 그 밖에 『위씨춘추(魏氏春秋)』·『두씨통전(杜氏通典)』·『동관서(東觀書)』 등을 인용하였으나, 우리나라 자료는 인용하지 않고 있다.

삼국시기 부분에서는 『동사찬요(東史纂要)』, 김부식(金富軾)의 『고구려지(高句麗志)』(『삼국사기』지리지), 『고려사』·『동국여지승람』·『통전(通典)』·『문헌통고(文獻通考)』·『송사(宋史)』 등이 인용되었으나, 출처를 언급하지 않고 서술한 부분이 많다. 세 번째 부분인 고려시기를 서술할 때 참고한 것은 『고려사』 「지리지」, 『동국여지승람』의 인용이 한두 차례 있을 뿐 어느 사서에서 인용되었는지는 기록 없이 서술되고 있다.

이 책은 우리나라 역사지리학의 창시라는 점에서 중요한 가치가 있을 뿐만 아니라 이후의 역사지리 연구

에 많은 자극을 주었다. 유형원(柳馨遠)의 『동국여지지(東國輿地志)』, 신경준(申景濬)의 『강계고(疆界考)』와 『동국문헌비고(東國文獻備考)』 「여지고(輿地考)」, 안정복(安鼎福)의 『동사강목(東史綱目)』, 정약용(丁若鏞)의 『아방강역고(我邦疆域考)』 등에 영향을 미쳤다.

목판본, 필사본, 1900년대의 등사본의 판본이 있고 규장각에 소장되어 있다.

[참고문헌] 정구복, 1987, 「한백겸의 사학과 그 영향」 『진단학보』 63 ; 원유한, 1999, 「한백경의 『동국지리지』 성립배경」 『실학사상연구』 13 ; 정구복, 2005, 「조선후기 역사지리학의 발달」 『한국실학사상연구』 1, 혜안 〈탁신희〉

동답(洞畓) ⇒ **계답**

동람도(東覽圖) 『동국여지승람(東國輿地勝覽)』의 권수(卷首)에 첨부된 「팔도총도(八道總圖)」 1매와 각 도(道)의 첫머리에 첨부된 「도별도(道別圖)」 8매를 합하여 이르는 말.

1481년(성종 12)에 완성된 『동국여지승람』 50권은 각 도의 역사·지리·인물·시설을 기록한 것으로 국가통치의 기본 자료로 활용되었다. 이후 몇 차례 수정과 증보를 거쳐 1530년(중종 25)에 총 55권의 『신증동국여지승람』으로 간행되었다. 「팔도총도」와 「도별도」는 1481년 완성 당시부터 삽입되어 있었는데, 「팔도총도」와 「도별도」의 판심(版心)에 판각된 명칭을 따라 『동람도』로 불리게 되었다.

『동람도』는 앞서 제작된 이회(李薈)의 『팔도도(八道圖)』나 정척(鄭陟)의 『동국지도(東國地圖)』의 영향을 받았을 것으로 여겨진다. 『동람도』의 「팔도총도」는 남북의 길이가 동서의 길이에 비해 많이 축소되어 있다. 때문에 지도 전체가 남북으로 압축된 것처럼 보이는데, 이는 『동국여지승람』의 판본 비율에 맞추기 위해 지도의 형태를 조정한 것으로 여겨진다.

또한 앞서 제작된 이회의 『팔도도』나 정척의 『동국지도』보다 소략하고 부정확한 측면이 보이는데, 이는 전자의 지도들이 대축척지도이기도 하지만 『동람도』의 경우 이미 다양한 지역정보를 담고 있는 『동국여지승람』의 부도(附圖)로서 기능하였기 때문이라고 여겨진다. 예를 들어 이회와 정척의 지도는 산맥과 하천, 영(嶺), 현(峴)을 자세히 표시하고 지형과 교통로, 일정(日程)을 표시하여 인문지리적 조건을 풍부하게 드러낸 것에 비해 『동람도』는 산맥보다는 각각의 산의 위치를 표시하는 등 자연적 위치를 드러내는데 보다 치중하고 있다. 이것은 『팔도도』나 『동국지도』의 제작목적과 달리 『동람도』의 경우 『동국여지승람』의 부도로서 제작되었기 때문인 것으로 보인다.

[참고어] 신증동국여지승람

[참고문헌] 이찬, 1979, 「東覽圖의 特性과 地圖發達史에서의 位置」 『震檀學報』 46·47 ; 韓國圖書館學硏究會, 1977, 『韓國古地圖』 〈이현경〉

동모법(凍麰法) 보리를 봄에 파종하기 위해 보리씨를 물에서 싹을 틔운 후 일정기간 저온에 두는 농법.

고상안(高尙顔)의 『농가월령(農家月令)』에서 구체적인 방법을 살펴볼 수 있는데, 먼저 대한(大寒)에 보리씨를 물에 적시고 철기(鐵器)에 넣어 토실(土室)에 두었다가 입춘(立春)이 되면 이를 꺼내 그늘진 곳에서 저온 상태로 얼린다. 이 상태를 동모(凍麰)라고 하며, 이를 우수(雨水)에 파종하도록 하였다. 동모의 파종 이후 춘분(春分)이 되면 파종한 곳의 이랑 사이를 갈아서 적소두(赤小豆), 대두(大豆) 등을 간종(間種)하도록 하였다. 동모는 하지(夏至)가 되면 수확하였고, 곧바로 콩과 조[菽粟]의 제초작업을 하라고 하였다. 또한 소서(小暑)와 입추(立秋)가 되면 동모를 심었던 자리를 분경(分耕)하여 콩과 조[菽粟]의 뿌리를 덮어주게 하는 작업을 수행하도록 하였다. 이와 같이 동모법은 콩과 조의 간종을 적극적으로 결합시킨 것이었다.

이러한 동모법은 가을보리[秋麥]의 농사에서 생기는 난점을 극복하기 위한 것이었다. 고상안은 가을보리를 파종하는 곳이 햇볕이 제대로 들지 않는 곳일 경우의 난점과 겨울에 눈이 많아 가을에 경작한 가을보리가 죽어버려서 되살아나지 않는 난점 등을 지적하였고, 동모법은 이에 대한 대책이었다. 동모법은 『농사직설(農事直說)』에는 없었던 농법으로 보리의 경종법(耕種法)에서 기술적 진전이 있었음을 엿볼 수 있게 하는 것이며, 또 보리의 경작과 수확이 당시 농민들에게 그만큼 중요한 의미를 지닌 것이었음을 짐작하게 한다. 이 동모법은 1928년 소련의 리센코(Lysenko, 1898~1976)에 의해 개발된 보리의 춘화처리(Vernalization) 방법과 비교되기도 한다.

[참고어] 간종법, 맥

[참고문헌] 염정섭, 2002, 『조선시대 농법 발달 연구』, 태학사 ; 김용섭, 2007, 『(신정증보판)조선후기농업사연구(Ⅱ)』, 지식산업사 〈김미성〉

동양척식주식회사(東洋拓殖株式會社, The Oriental Development Company) 일본 제국주의가 한일 양국의 합작을 표방하며 1908년 한국에 일본인을 이주시키는 한편, 산업 각 분야에 진출하여 체계적으로 독점 착취하기 위해 설립한 국책회사.

동양척식주식회사(이하 동척)는 일반 회사법이 아니라 일제가 동양척식주식회사법을 제정하여 설립한 특수법인이다. 일본은 1908년 3월 제국의회에서 법안을 통과시키고, 한국 정부에 강요하여 황제의 재가를 얻어 8월 27일 한일 양국에서 동시에 공포하고, 운영을 위한 정관을 마련했다. 이같이 처음에는 한국과 일본의 이중 국적회사로 출발했지만, 강점과 더불어 일제의 관영기업으로 발전해갔다. 창립위원은 일본측 83명, 한국측 33명을 양국 정부에서 각각 임명했다. 위원장은 백작 오기마치(正親町實正)이고, 일본측 위원은 일본 정부의 고위관료와 한국에 주재하는 통감부 관리였다. 한국측 위원은 서울에 거주하는 금융계 인사, 귀족, 고위관료 등 7명과 각도의 지주 2명씩 모두 33명이었지만, 이들은 형식적 참여에 불과했다.

창립자본금은 1천만 원, 주식은 20만 주였다. 주식은 한국 정부에서 토지로 6만 주를 출자하고, 14만 주는 일본 왕실 5,000주, 일본 왕족 1,000주, 한국왕실 1,7000주를 인수하고, 나머지 132,300주는 일본과 한국에서 일반 공모하였다. 그 결과 일본인이 136,139주, 한국인이 63,862주의 분포를 보였다. 창립주의 인기도는 응모주 수가 공모주 수의 35배에 달할 정도였지만, 일본에서는 거의 광적인 반면 한국내 반응은 극히 냉담하였다. 그 이유는 회사 운영방식이 확정되지 않아 불안했을 뿐만 아니라 동척이 한국경제를 지배할 목적으로 창립되었기에 한국인의 호감을 사지 못했기 때문이었다. 환영과 냉담의 상반된 반응 속에서 동척은 1909년 1월 29일 창립되었으며, 도쿄의 동양협회에 임시 사무실을 두었다.

창립 당시의 운영진은 총재에 현역 중장인 남작 우사가와(宇佐川一正), 부총재에 요시하라(吉原三郞)·민영기(閔泳綺), 이사에 이와사(岩佐璭藏) 하야시(林市藏)·이노우에(井上孝哉)·한상룡(韓相龍), 감사에 마쓰시다(松下直平)·노다(野田卯太郞)·조진태(趙鎭泰) 등이었다. 총재 등 고위직은 일본의 군·관·정계 인사들이 차지했다. 임원진도 대부분 일본인이었다. 동척은 1909년 2월 6일부터 서울에 본점을, 영산포·마산·사리원·대구·김제·원산·평양 등 조선 주요지역에 출장소를 설치하고 운영을 개시했다.

회사 토지는 한국 정부의 출자지가 17,714정보(논 12,523정보 밭 4,908정보 잡종지 282정보), 매입토지가 47,148정보(논 30,534정보, 밭 12,563정보, 임야 1,968정보, 잡종지 2,082정보 : 1913년 현재)였다. 소유지는 전라남도·전라북도·황해도·충청남도 등 곡창지대에 집중되었지만, 한국 통치를 고려하여 전국 각지에서 토지를 사들였다.

토지조사사업이 완료된 뒤에는 역둔토를 불하받는 규모가 더욱 확대되어 1920년말 현재 소유지는 9만7백여 정보에 달했다. 동척은 지주경영을 위주로 했으나 일본에서 유치한 일본인 농업이민에게 불하 양도하여 직영지 면적은 점점 감소되어 갔다. 1937년 회사 직영지의 규모는 6만여 정보였다. 또 임야경영에도 주력하여 국유림을 불하받아 막대한 면적의 산림을 소유하였다. 1942년 말 임야는 16만여 정보에 달했다.

〈동척의 연도별 지목별 면적 변동(단위: 정보)〉

년도	답	전	택지	산림	잡종지	계
1914	46,642	18,753	-	2,265	2,482	70,146
1915	49,080	19,594	-	2,244	2,444	73,364
1916	49,022	19,648	-	2,272	2,438	73,380
1917	50,008	19,473	351	2,289	2,547	74,738
1918	50,134	19,422	440	2,620	2,560	75,176
1919	51,149	20,145	694	3,872	2,660	78,520
1920	51,130	20,228	633	4,217	2,423	78,631
1921	51,800	21,273	643	11,318	2,443	87,477
1922	51,644	21,161	788	11,583	2,467	87,643
1923	51,297	21,358	784	12,354	2,550	88,334
1924	50,992	20,975	780	12,930	2,583	88,260
1925	49,647	20,233	771	13,507	2,735	86,893
1926	49,143	20,160	718	20,516	2,853	93,390
1927	48,579	20,172	697	20,241	3,178	92,862

동척이 설립 초기에 주력한 사업은 일본농민 식민사업이었다. 일제는 경제적인 목적보다도 만주와 한반도를 포괄하는 '대일본제국'을 건설하기 위한 정치 군사적인 목적아래 '만한집중이민론'을 국가정책으로 내세우고 사업을 추진했다. 이 사업은 한국에 일본인 집단 거주지를 건설하여 각종 특혜를 주고 일본의 하층 농민을 이주시켜 지배의 거점으로 삼는 동시에 일본의 인구문제, 농촌문제를 해결하려는 다목적 사업이었다. 이민모집을 시작하자 응모자가 쇄도했다. 동척은 지배의 담당자가 될 만한 사람을 엄선하여 불러들였다. 식민사업은 1911년에 시작하여 1926년 제17회 이민을 끝으로 일단락되었다. 일본이민 때문에 농촌에서 쫓겨나는 조선농민의 반발도 거세었으며, 이주 일본인 농민

들은 배당지를 조선농민에게 소작 주고 농촌을 떠나는 등 당초 일제의 계획대로 사업이 추진되지 못했기 때문이었다. 뿐만 아니라 일본인의 진출이 격증하여 이들이 조선의 요충지에 자리를 잡게 되자 이주촌락을 건설할 필요성도 크게 줄어들었다.

어쨌든 동척은 거의 1만 호의 일본인 농민을 한국에 이주시켜 '동척촌'을 건설하였다. 이 여파로 농토를 잃고 농촌을 떠나는 조선농민이 날로 격증하였다. 주 행선지는 만주였다. 만주 거주한인은 정치적 망명자도 있었지만, 토지조사사업과 일본인 이민정책에 따라 농토를 잃고 무작정 만주로 이주한 농민들이 대부분이었다. 이를 기화로 동척은 1921년 남만주철도주식회사와 합작으로 동아권업공사를 설립하여 조선농민의 만주 이주정착을 후원한다는 명목 아래 이민사업을 추진했다. 그러나 동척의 후원은 조선에서 한 일본인 이주사업과 달리 정착에 필요한 토지를 알선 배당하는 정도에 그쳤다. 그나마 이 회사로부터 농지를 배당받은 남만주 이민은 겨우 4천여 호(인구 2만여 명)에 불과하였다. 조선인의 만주이민은 1930년대 이후 더욱 격증하여 1945년 현재 재만 조선인은 150만 명에 달했다. 동척은 당초 설립목적과 달리 조선 땅에서 조선인을 축출하고 일본인을 여기에 정착시키는 일에만 몰두한 것이다.

이러한 점을 감안하여 일제는 조선에서 일본인 농촌 이주사업을 포기하고 정책 전환을 시도했다. 이에 짝하여 동척도 사업방향을 바꾸기 위해 1917년 동척법을 개정했다. 토지경영보다는 부동산담보대부에 주력한 것이다. 일제가 조선에서 '공업화'정책을 취하기 시작하면서 투자사업도 공업·건설부문으로 전환하고 농업 이민사업은 점차 관심에서 멀어져갔다.

동척은 강점과 더불어 일본 국적의 회사가 되면서 조직도 개편했다. 창립시 이토(伊藤博文)가 한국 정부의 자본 참여를 강요하고 한국인을 설립위원과 임원으로 선출한 것은 대한제국의 협력 없이는 사업목적을 달성하기 어려웠기 때문이었지만, 대한제국을 강점하면서 한국 정부가 출자했던 6만주도 자동 인계받는 등 전권을 행사할 수 있게 되었다. 조선총독부는 이를 일본 실업인에게 양도하여 1918년 증자 때에는 겨우 5천5백 주를 소유한 정도에 불과했다.

일제는 1917년 10월 본점을 도쿄로 이전하는 한편, 동척의 활동범위와 사업영역을 확장하여 본격적으로 식민지 확대의 첨병 역할을 할 수 있도록 했다. 임원진 구성에서도 조선인을 배제하였다. 1920년 총재와 이사는 모두 일인이었고 감사 3명 가운데 조진태만 선임되었을 뿐이었다. 영업지역도 지역 제한을 철폐하여 조선 이외에 외국에서도 영업을 할 수 있도록 하였다. 이것은 일제가 한국을 거점으로 대륙침략 나아가 남방진출을 기도하면서 동척을 선봉에 세우려는 의도에서 마련한 것이었다. 동부노령아시아 바이칼호 이동, 중국의 하북성 산동성 강소성, 필리핀과 남양군도, 말레이반도, 브라질, 쟈바 등이 차례로 영업지역에 포함시켰다. 이를 관장하기 위해 봉천(奉天), 대련(大連), 하얼빈 신경(新京), 상해 등지에 지점을 열고, 간도 천진에는 출장소를 두었다. 조선의 지위가 상대적으로 저하되었지만, 조선의 절대적인 우위성을 유지하기 위해 사업의 강도는 더욱 강화했다. 조선에는 서울·평양·원산·사리원·대구·목포·대전·이리·부산 등에 지점을 설립했다.

사업분야는 농업경영과 이민사업 이외에 금융이나 공업 등 여러 분야로 확대해갔으며, 증자도 계속 실시했다. 동척은 식민지 경영이라는 국책 차원의 목적에 늘 충실했다. 식민지 내의 정치세력을 육성하여 통치기반을 다지기 위해 정부나 군의 명령에 따라 만몽독립운동자금 등 정치자금을 지원하거나, 부동산금융기관으로서 조선인 지주에 대한 대부사업을 추진하기도 했다. 그리고 직접 기업을 설립하여 경영하거나 주식이나 출자를 통해 기업을 지배하는 방식 등을 취했는데, 이 중에서 후자가 주류를 이루었다. 전자는 조선 '산미증식계획'기의 수리조합사업이나 간척사업(강서 농장 : 최대의 간척사업 평양 진남포), 염전사업, 면작사업, 면양사업, 토지주택사업, 임업사업 등이 대표적인 분야였다. 후자는 알코올, 철도, 선박, 중공업, 비행기, 농기구, 석유, 항공, 경금속, 모직, 방적 등 경공업에서 중공업에 이르는 사업분야의 85개사 정도를 지배했다.

동척의 국책사업은 특히 전력분야에서 전형적인 모습을 볼 수 있다. 동척은 1930년을 전후한 시기에 기간산업인 전력분야에 깊숙이 진출하여 9개 전력회사를 소유하거나 자본투자를 하여 조선의 전력사업을 한 손에 장악했다. 전시체제기에는 일제가 조선전력관리령을 공포하고 전력의 국가관리정책을 수립하자, 조선전업으로 이들을 통합하는 데 주도적 역할을 했다. 그리고 전시 통제경제의 핵심기구인 조선농지개발영단, 조선식량영단, 전시금융금고를 설립할 때도 자금을 출자하는 등 그야말로 식민지 경영전반에서 촉수역할을 다했다.

동척의 투자액은 1942년 말 현재 약 6억 원에 달했다.

〈지역별 투자상황의 추이(1940. 6) (단위: 천元)〉

구분	조선	만주와 관동주	중국	남양
대부금	142,532	57,630	8,849	7,212
주권	72,737	45,949	5,990	18,234
채권	370	2,400	300	-
특수사업 수탁 사업비	4,470	506	7,464	2,115
토지	31,903	3,086	-	-
산림	3,075	-	-	-
건물	2,269	2,653	-	-
지소 건물 양도고	11,392	15,049	1,974	-
물품 대부고	1,689	-	-	-
기타	13,787	4,481	6,406	34
계	282,232	129,382	30,983	27,596

이 가운데 대부금이 48%로 가장 비중이 컸다. 유가증권이 37%, 토지·산림·건물이 11%, 특수사업이 4%를 차지했다. 동척은 직접 경영보다 자본참여와 대부를 통한 홀딩컴퍼니(holding company)로서 투자지역과 투자액을 확대해갔다. 투자액은 조선, 만주, 관동주, 중국, 남양 등의 순이었다.

결국 동척은 창립 당시에는 조선에서 식산흥업의 길을 열고 부원을 개척하여 민력의 함양을 기도하기 위해 설립한다고 했지만, 이는 표면상의 목표이고 실제로는 일제의 선봉에 서서 농업뿐만 아니라 각 분야에 문어발식으로 사업을 확장시켜 간 다국적 기업이며 일제 국가자본의 대명사였다. 1945년 패망과 더불어 연합군총사령부의 명령으로 폐쇄되었다. 한국내의 자산은 신한공사에 편입되었다가 청산작업으로 해체되었다.

[참고어] 동양척식주식회사 이민사업, 신한공사, 토지조사사업

[참고문헌] 동양척식주식회사, 1918, 『동척 10년사』; 동양척식주식회사, 1938, 『동양척식주식회사 30년지』; 大河內一雄, 1982. 『幻の 國策會社 東洋拓殖』; 최원규, 1992, 「한말 일제초기 일본척식과 농업이민」 『동방학지』 77·78·79 〈최원규〉

동양척식주식회사 이민사업(東洋拓殖株式會社 移民事業) 일제강점기 동양척식주식회사가 한국침략과 지배를 위해 실시한 대규모 한국농업이민사업.

1910년 한국강점과 더불어 동척은 일본인 농민을 한국에 대량으로 이주시켜 과잉인구문제를 해결하는 동시에 한국을 영구히 지배하기 위한 인적 기반을 확보하려 했다. 동척은 1910년 이주규칙을 제정하고 1911년 제1회 이민을 시작으로 1927년까지 17차례의 한국농업이민을 실시하였다. 초기에 동척은 갑종과 을종 2종류의 농업이민을 실시했다. 갑종이민은 회사 사유지를 이민자들에게 2정보 규모로 시가로 할당하여 연리 6분 25년 연부상환으로 토지소유권을 양도해주는 자작이민이었고, 을종이민은 소작이민이었다. 1915년 제5회 이민까지 갑종이민이 4,446호, 을종이민은 39호(1.9%)로, 2정보 자작이민이 초기 동척이민의 중심이었다. 단호이민(單戶移民)이 많았지만, 단체이민도 적지 않았다. 그런데 2정보 자작이민(갑종이민)은 영구정착에 적지 않은 문제점을 드러냈다. 동척은 그 결함을 보완하는 차원에서 동척이주규칙을 3차례(1915년·1917년·1921년)나 개정해갔다.

개정은 자작이민의 기조 위에 지주 형 이민을 덧붙이는 형태로 이루어졌다. 자작이민은 일제의 지주적 농정과 식민지 시장경제의 변동 속에서 이민농가의 경제적 자립과 생활상 안정에 어려움을 겪었다. 실제로 이민자들의 자작경영규모가 평균 2정보에 미치지 못했고, 미가하락 시 연부상환금은 고사하고 생활비마저 조달하기 어려운 상황에 빠지게 되었다. 미가변동에 속수무책인 자작보다는 소작농민에게 부담을 전가할 수 있는 지주경영이 더 유리했다. 또한 자작이민은 기존 한국인 소작농민의 경작권을 박탈하고 강행된 기간지 이민이었기 때문에 한국인 농민들은 생존권유지를 위해 격렬하게 저항했다. 동척은 지주 형 이민을 한국인 소작농민의 경작권을 유지시켜 저항을 완화하는 한편 이민 지주들이 소작농민을 지도 감독하여 수익을 증대시킬 수 있다고 생각했다.

1915년 개정된 이주규칙에서는 을종이민을 없애고 지주형 이민을 도입하였다. 자작이민을 제1종 이민으로 하고, 10정보 이내의 경지를 할당한 제2종 이민을 새로 추가하였다. 갑종이민으로 들어온 기존 이주민에게도 토지를 더 추가시킬 수 있게 했다. 1917년 다시 개정된 이주규칙에서는 제1종 이민 중 단체이민을 폐지했고, 제2종 이민의 경우 종전에 토지대금의 처음 일시 불입금을 절반씩 납부하던 것을 1/4로 그리고 연이율은 7분 5리에서 7분으로 내렸다. 이민성적은 부진했지만 조선 통치 상 이민 사업을 완전히 포기할 수 없었기에, 일제와 동척은 미간지 이민과 지주 형 이민으로 돌파구를 모색하였다. 동척이 지주형 이민을 전담하고, 미간지 이민을 후지흥업주식회사(不二興業株式會社)와 같은 일반회사에게 맡기는 형태로 이민 사업을 지속해간다는 것이다. 이를 위해 1921년 개정된 동척이주규칙에서는 제1종 이민=자작이민을 폐지하고 제2종 이민=지주형 이민(할당지 규모는 5정보로 한정)을 전면화했다. 모집방법도 낮은 토지가격과 소작

료보다 싼 토지매입자금의 연부금, 양질의 토지할당, 가벼운 공과부담, 저리금융의 지원이라는 좋은 조건을 내걸었으며 '이민이 지주로 되는 첩경'이라고 선전활동도 강화하였다.

동척은 이주민들을 정착과정에서 한국인 농민들과 마찰을 효과적으로 대처하기 위해 출신지별로 집단적으로 배치했다. 함경북도와 평안남도 2도를 제외한 한국 전체 218개 군 중에 82개 군(38%), 총 2,464개 읍면 중에 349개 읍면(14%)에 배치했다. 동척은 소수분산주의적 배치방침을 채택하여 전국 각지에 동척촌(東拓村)을 건설하였다. 이주민들은 기간조직으로 현인회(縣人會)를 구성하고, 이 안에 청년회·부인회·강(講)·계(契)·신사(神社) 등 세포조직을 만들어 내적결속력을 강화했다. 초기 이주민들은 '낙후된 한국농업을 일본식 농업으로 개량하면 높은 이윤을 쉽게 축적할 수 있다'는 각종 한국안내서의 주장에 따라 농사개량사업을 펼쳤다. 그러나 한국의 농업환경과 특성을 고려하지 않은 채 기계적으로 일본농법을 이식한 결과 실패를 맛보기도 했다. 이에 동척은 이주민 정착지에 사원을 파견하여 농사강화회·품평회·농사시찰을 시행하고, 필요한 경우 보조금도 지급했다. 이민자들은 권업모범장의 지원 속에서 현지 풍토에 맞는 일본 우량품종을 재배하였다. 양잠조합·양계조합·양돈조합을 조직하여 농가부업을 행하고, 과수원경영과 채소재배를 통해 현금수입을 극대화하려 했다. 이 같은 다각적 영농의 전제조건은 노동력 문제의 해결이었다. 1호당 평균 2인 정도에 불과한 이주민들은 이주민조합을 조직하여 공동으로 해결을 꾀했다. 그래도 부족한 노동력은 주변 한국농민을 고용하였다. 동척과 일제는 이런 방법으로 한일농민간의 교류를 지향했으며, 이것은 조선농법을 일본농법으로 동화시켜가는 과정이기도 했다.

여러 지원책에도 불구하고 동척 이민농민들은 대체로 몰락하는 분해현상을 보였다. 이들의 경제생활을 악화시킨 첫째 요인은 미가하락이었다. 상환 초기인 1920년대 초반과 세계대공황 이후 1930년 초반 계속된 미가하락은 이민자들에게 치명적이었다. 둘째는 할당지의 가격 책정문제였다. 일본지가의 15~20%에 불과한 조선의 싼 지가 때문에 동척이민의 지원율이 비교적 높았지만, 동척 할당지 가격이 문제였다. 동척은 할당지 가격을 시가에 준한다는 원칙을 고수했다. 1921년에는 낮게 책정하기도 했지만 전체적으로 일반 지가상승과 함께 계속 상승했다. 여기에 이민자들이 금융대부혜택을 무리하게 활용하여 토지를 매수한 것도 악재로 작용했다. 미가하락은 금융비용을 크게 증가시켰다. 이런 원인으로 일부 이주민은 토지상환대금은 말할 것도 없고 심한 경우는 생계조차 어려운 실정이었다. 적지 않은 호수가 임노동으로 겨우 생계를 유지해 가거나 심한 경우 계약을 해제 하고 떠나갔다. 이주민의 분해현상보다 더 근원적인 사태는 한국농민의 저항이었다. 소작권을 빼앗긴 한국농민들은 만주나 시베리아로 가족을 이끌고 떠나가야 했지만, 지속적인 한국농민의 항쟁 끝에 동척이민을 폐지시켰다. 이후에도 일제는 미간지이민이나 만주이민을 계속 추진했지만, 내용과 형태를 달리한 것이었다.

[참고어] 불이농촌, 만한집중이민론, 탕천촌

[참고문헌] 高承濟, 1972,『韓國移民史研究』, 章文閣 ; 최원규, 2000,「동양척식주식회사의 이민사업과 동척이민반대운동」『한국민족문화』 16

〈이수일〉

동적이세(同積異稅) ⇒ 결부제

동진수리조합(東津水利組合) 1929년 설립된 전라북도 김제군·정읍군·부안군에 걸친 관개면적 18,000정보에 달하는 동진강 유역 최대 규모의 수리조합.

러일전쟁 전후 호남평야의 동진강 유역과 전주평야의 만경강 유역은 일본의 농업침탈의 집중적 대상지였다. 만경강 유역은 관개 배수설비가 불충분하여 수한해의 피해가 컸던 반면에 동진강 유역은 저수지·보·제언 같은 전통적인 수리시설이 잘 정비되어 있었기에 '삼남의 보고 중의 보고'로 불릴 정도로 벼농사의 최적지였다. 그렇기에 만경강 유역은 옥구서부수리조합을 위시하여 일찍부터 수리조합이 잇달아 설립된 것에 비해 동진강 유역에서는 훨씬 나중에 수리조합 설립을 보게 되었다.

동진강 유역에 진출한 일본인 대지주들 사이에 몇 차례 수리조합 설립의 시도가 있었지만, 그때마다 조합비부담액을 둘러싼 대립 등 이해관계가 엇갈려 진척되지 못했다. 일제 당국도 동진강 유역 용수원 개발을 위한 조사와 계획을 수립했지만, 용수량 부족과 현지 주민들의 반대로 무산되었다. 1924년 호남평야에 들이닥친 한발은 수리조합 설립을 둘러싼 그동안의 이견들을 자연스럽게 조율해주었다. 동진수리조합 예상지역이 가장 큰 피해를 입었다. 인근의 기설 수리조합 지역 내에서는 큰 가뭄에도 불구하고 오히려 예년에 비해서 증수를 보았기에, 이 지역 지주들은 수리조합사업을 더 이상 미룰 수 없었다.

조선총독부에서도 정무총감이 직접 지역을 시찰하고, 특별보조금·저리자금 지원을 약속하며 조합창설을 종용하였다. 수차례의 지주대회를 거쳐 1925년 5월 조합설치운동이 다시 일어났고 동년 8월 조합설립이 인가되었다. 초대조합장은 전라북도지사를 역임한 이스미 나카조(亥角仲藏)를 영입하고, 4여 년의 공사 끝에 1929년 6월 준공을 보았다. 설립 당시 조합의 관개구역은 동진강 유역의 김제군·정읍군·부안군의 3개 군에 걸친 약 14,560여 정보였다. 수리조합의 설치로 몽리구역 내 반당 평균 수량은 3석 5두 6승으로 반당 1석 9두 5석의 증가를 보였다.

동진수리조합은 몽리면적을 기준으로 할 때 설립 당시 전국에서 가장 큰 수리조합이었다. 1929년 3월 29일 제1차 구역확장사업, 1930년 2월 제2차 구역확장사업이 인가되었다. 조합설치사업과 1·2차 구역확장사업으로 관개혜택을 받는 전체 몽리면적은 18,500정보가 되었고, 총사업비는 10,394,200원으로 늘어났다. 사업비는 보조금(1,862,081원, 전체 사업비의 18%)을 제외한 전액이 기채로 충당되었다. 차입금(8,455,000원, 전체 사업비의 81.2%)은 조선식산은행(4,470,000원, 연리 7.3%)과 동양척식주식회사(3,985,000원, 연리 7.2%)에서 조달했다. 총저수량 6,900만 톤에 달하는 운암제(雲巖堤) 댐 공사(1925년 3월 착공, 1928년 12월 완공, 높이 33m, 길이 613m)로 인하여 과도한 사업비가 투여되었고, 이는 조합원의 조합비에 고스란히 반영되었다. 창립 당시 조합원수는 3,569명이었다. 그 중 100정보 이상 토지를 소유한 조합원은 11명이었고, 1천정보 이상 소유한 조합원도 5명이나 되었다. 대다수는 3정보 미만을 소유하고 있다.

전체 조합원의 0.3%에 불과한 11명의 대지주가 소유한 면적이 약 8,380정보로, 전체 몽리면적 14,560정보의 57.5%에 해당한다. 이들은 조합창립 당시 상설위원이나 설립위원으로 활동하면서 조합설립에 깊이 관여했으며 조합설립으로 가장 큰 혜택을 받는 자들이었다. 동진수리조합 구역 내 100정보이상 소유자를 보면, 동진농업회사(東津農業會社)·동양척식주식회사·구마모토 리헤이(熊本利平, 구마모토농장)·이시카와현 농업회사(石川縣農業株式會社)·다키 구메지로(多木久米次郎, 다키농장)·우콘 곤자에몬(右近權佐衛門, 우콘농장)·마스토미 야스자에몬(桝富安左衛門, 마스토미농장)·아베 후사지로(阿部房次郞, 아베이치상점 김제농장)·하시모토 나카바(橋本央, 하시모토농장)·오사카마이니치신문사(大阪每日新聞社) 사장 모토야마 히코이치(本山彦一)·김자규(金子圭) 등이었다.

다른 수리조합처럼 동진수리조합도 소수의 설립추진자=일본인 대지주에 의하여 다수인 농민의 의사와 관계없이 설립되었다. 설립에 주도적이었던 대지주들은 자신들의 자금을 별도로 투자하지도 않고 자기들의 이해에 따라 조합구역을 설정하였다. 그 결과 조합 설립 전까지 천수답이었거나 황무지에 가까웠던 땅들이 관개답이 되는 경우가 많았다. 반면에 조합 구역에 편입되지 못한 농민들은 기존의 용수공급원을 상실하거나 수리조합의 제방과 갑문 설치 등으로 인해 배수가 어려워져 가뭄이나 홍수 피해를 입게 되었다. 그리고 동진수리조합 확장공사에 따라 몽리구역으로 새롭게 편입된 김제군 만경·청하·공덕지역은 창립 당시 몽리구역에 비해 조합비가 무겁게 부과되면서 조합원의 불만은 더욱 커졌다. 그러한 사정은 조합비불납으로까지 비화되기도 했다. 1928년 처음 관개를 시작한 이래 조합비 산정에 대한 불만이 끊이지 않았고 불납동맹을 맺는 일까지 빈번하였다.

1941년 2월 동진수리조합이 고부수리조합을 합병하여 김제·정읍·부안을 아우르는 전 유역의 수계통합을 이미 시작하였다. 해방 이후 동진수리조합은 1961년 12월 김제방조수리조합과 동신방조수조를, 1973년 김제농지개량조합(1961년 금구수리조합·금평수리조합·대율수리조합의 합병으로 만들어진 조합)을 합병함으로써 동진강을 하나의 수계로 통합하였다.

[참고어] 전북수리조합, 아베이치상점김제농장, 수리조합

[참고문헌] 농업진흥공사 편, 1976, 『한국농지개량사업30년사』; 임혜영, 「동진수리조합의 설립과정과 설립주체」 『전북사학』 33; 정승진, 「한국 근현대 농업수리질서의 장기적 재편과정(1908-1973)-만경강 유역 전북수리조합의 합병 사례분석-」 〈이현희〉

동진농업주식회사(東津農業株式會社) ⇒ **아베이치상점 김제농장**

동척이민(東拓移民) ⇒ **동양척식주식회사 이민사업**

동태적 지주(動態的地主) 일제시기 '근대적' 경영기법으로 시장경제에 적응한 자본가적 지주.

1930년대 일제 관학자나 농정관료들은 일제하 지주

경영의 특징 및 지주의 존재양태를 동태적 지주와 정태적 지주(靜態的地主)의 두 유형으로 구분하고 이에 대한 편향된 정치경제적 의미를 부여하였다. 동태적 지주를 자본주의적 관념으로 무장한 농업기술발전을 선도하고 농업생산에 전력하는 일본인 지주로, 정태적 지주를 자본주의적 생산의식을 결여한 소작료에만 기생하는 봉건적 조선인 지주로 규정하였다.

이러한 정체론적 관점의 식민지지주 이원론을 처음으로 주장하고 유형화시킨 학자는 오오카와 카스시(大川一司)와 도우바타 세이치(東畑精一)이다. 그들의 견해에 따르면, 조선농업의 생산방법(경종법·미품종·수리시설 등), 조선인지주와 농민, 조선의 사회기구가 모두 정태적 관행적 보수적이기에, 조선농업·조선미곡경제의 발전은 근대과학으로 무장한 일본 정부, 자본가적 기업가로서의 일본인지주 그리고 양자의 교량역할을 한 동양척식주식회사나 조선토지개량주식회사 같은 국책기관에 의해 이루어졌으며 앞으로도 그러할 수밖에 없다고 단정하였다. 조선인지주는 근대적 시장경제를 선도할 수 없으며 농업생산력의 발전을 도저히 기대할 수 없는 바라고 했다.

이러한 식민지지주 양분론·이원론은 조선총독부 농정관료 히사마 겐이치(久間健一)가 더욱 뚜렷하게 개념화시켰다. 그에 따르면, 동태적 지주는 일본으로부터 도래한 영리적인 토지투자 소유자군으로, 일제의 '관청적 개발'과 제휴하여 조선농업의 근대화개발에 공헌한 선각자들이고, 동양척식주식회사를 비롯하여 조선 각지에 산재한 일본인 농장·농업회사는 모두 이런 유형에 속하지만, 이에 대비되는 정태적 지주를 조선의 양반귀족에서 연원하는 토지소유자군=재래형 지주로 파악하였다. 전자가 종자·비료 같은 생산수단을 소작농에게 전대하고 소작경영에 대해 주도면밀한 관리를 행하고 정미를 겸영하면서 미곡증산·품질향상·미곡상품화에 적극적으로 대응해가는 지주인 반면, 후자는 생산력증진이나 상품경제에 소극적으로 대응하는 단순한 소작료 수취인으로 간주하였다.

나아가 조선총독부 농정관료 야마다 다쓰오(山田龍雄)는 1940년 전라북도 농가의 경영실태 조사에서 경영방법에 따라 지주를 기업가적 지주·비료대적 지주(肥料代的地主)·재래지주라는 3가지 유형으로 나누었다. 야마다는 비료대적 지주를 소작지외에 비료·종자·농사자금·농량을 대부하는 지주로 규정하였다. 비료대적 지주가 일본인 지주인지 조선인 지주인지 언급하고 있지는 않지만, 실제로는 양자를 다 포함하고 있다고 할 수 있다. 농사개량의 명목으로 이루어진 비료대·농자 등의 대부는 토지생산력을 높이는 수단인 동시에 그 자체가 고리대적 선대자본의 수탈과 이익을 보장해 주는 것이었다. 농장이나 농장회사에서는 소작인조합이나 소작인 연대인보증제를 통하여 대여금의 불납·체납을 철저하게 방지하면서 추수기에 물납 혹은 현금으로 원금과 이자를 회수하였다. 이때 지주는 자신의 자금뿐 아니라 일제 금융기관으로부터 융자받은 자금도 적극적으로 이용하였다. 대출받은 자금을 대출금리보다 더 높은 이자율을 적용하여 농자금으로 소작농민에게 대여하여 그 이자율 차액을 취했을 뿐 아니라, 금비(金肥)를 도매가격으로 대량으로 구입하여 소작농들에게 소매가격으로 대여함으로써 그 차익을 취하기도 했다.

이처럼 정체론과 식민지 근대화론이 결합된 식민지지주 양분론-이원론은 일제의 한국침략과 지배를 한국의 근대화·자본주의화로 정당화·논리화하는 데 앞장선 근대일본 관학아카데미즘의 흐름 속에서 나온 개념이었다. 실제로 일본인 지주의 활동상=동태적 지주의 모습은 조선인 지주에서도 빈번하게 검출되는 형태였다. 영농 전반에 대한 지주의 엄격한 농사관리체계, 이윤극대화를 위한 농사개량과 다각적 농업경영을 위한 시도, 지주자본의 농외투자나 산업자본으로의 전환은 일본인 지주만의 전유물은 아니었다. 식민지 근대화의 관점에서 민족적 우열을 깔고 있는 식민지지주 양분론은 1970년대까지 학계통설로 내려왔지만, 이후 풍부한 실증적 객관적 연구 속에서 존립기반을 상실하였다.

[참고어] 동고농장, 학파농장, 고부 김씨가 농장

[참고문헌] 東烟精一·大川一司, 1935, 『朝鮮米穀經濟論』, 日本學術振興會 ; 久間建一, 1943, 『朝鮮農政の課題』, 成美堂書店 ; 山田龍雄, 1941, 「全羅北道に於ける農業經營の諸相」 『農業と經濟』 8-8 ; 蘇淳烈, 1990, 「植民地(朝鮮)地主制論」 『全北大論文集 人文社會科學編』 32

〈이수일〉

두(豆) 콩[大豆], 팥[小豆], 녹두(綠豆), 강낭콩[菜豆], 완두(豌豆) 등 콩류의 총칭.

한반도에서 콩과 팥의 재배는 청동기시대에 이미 시작된 것으로 추정되고 있다. 그 근거가 되는 고고학 자료로 첫째, 함경북도 회령군 오동(五洞)의 청동기 유물인 토기의 밑바닥에서 팥, 조와 더불어 탄화된 콩이 출토된 점, 둘째, 경기도 양평군 팔당 수몰지구에서

밑바닥에 콩의 무늬가 있는 청동기 유물이 출토된 점 등이 있다. 문헌자료로는 『삼국지(三國志)』 「위서(魏書)」 동이전(東夷傳) 변진조(弁辰條)에 "토지는 비옥하여 오곡과 벼를 가꾸기에 알맞다(土地肥美宜種五穀及稻)"라는 기록이 있어, 오곡 중 하나였던 콩이 삼한(三韓)시대에 재배되고 있었음을 확인할 수 있다. 한편, 녹두의 재배도 비교적 오래되었을 것으로 추정된다. 부여(扶餘) 부소산의 백제군창지(百濟軍倉地)에서 녹두와 팥의 유물이 출토되었기 때문이다. 한편, 강낭콩은 도입 시기가 밝혀지지 않았다.

콩은 여러 가지 작부방식에 알맞은 곡식이었다. 무상일수(無霜日數)가 짧은 지역에서는 보통 홀로짓기[單作]로 다른 작물과 돌려짓기[輪作]를 하였다. 옥수수, 수수, 깨, 고구마와는 섞어짓기[混作]도 하였고 지방에 따라서는 맥류나 감자를 거두기 전에 이랑 사이에 사이짓기[間作]를 하기도 하였다. 중남부 평야지대에서는 맥류의 뒷그루로 그루갈이[根耕, 이모작]하기도 하였다. 그리고 논두렁이나 밭두렁을 이용하여 둘레짓기[周圍作]를 하는 경우도 많았는데, 특히 논두렁은 토양습도나 통기상태가 좋아 전통적으로 많이 이용하였다.

『농사직설(農事直說)』에서는 콩, 팥, 녹두의 경작법을 적고 있다. 콩과 팥의 종자에는 이른 것이 있고, 늦은 것이 있다고 하였으며, 종자는 한 구멍에 3~4알이 넘지 않아야 한다고 하였다. 또한 콩을 심을 때는 밭을 지나치게 잘 손질할 필요가 없다고 하였으며, 거름을 많이 쓰는 것은 좋지 않고 호미질도 두 번을 넘지 않도록 했다. 콩과 팥의 그루갈이에 대해서도 설명하였는데, 밭이 적은 사람은 보리와 밀이 패지 않았을 적에 두이랑 사이를 얕게 갈고 대두를 심었다가, 보리와 밀을 거두고 나서는 다시 보리 심었던 데를 갈아 콩 뿌리를 덮어주라고 하였다. 콩밭 사이에 가을보리를 심는 것도 설명하였다. 한편, 녹두와 변도(藊豆)에 대해서도 적고 있다.

강희맹(姜希孟)의 『금양잡록(衿陽雜錄)』에서는 온되콩[百升太], 오해파지콩[吾海波知太], 유월콩[六月太], 봄갈이팥[春小豆], 근소두[根小豆], 올팥[早小豆], 산다리팥[山達伊小豆], 저배부채팥[渚排夫蔡小豆], 잉동팥[伊應同小豆], 검정팥[黑小豆], 녹두, 몰의녹두(沒衣菉豆), 동부[藊豆], 광장두(光將豆) 등 콩의 품종을 소개하였다. 이러한 콩의 품종들은 조선 후기 홍만선(洪萬選)의 『산림경제(山林經濟)』에도 그대로 반영되었다. 『임원경제지(林園經濟志)』에서는 콩 여섯 품종, 팥 세 품종이 새로 추가되었다. 환부콩[鰥夫豆]·검은올콩[黑早大豆]·눈검정콩[黑眼大豆]·아롱콩[班廠大豆]·다다기콩[猤子大豆],·파랑콩[靑大豆]과 재령이팥[再寧小豆], 쉬인날팥[五十日小豆], 용의눈팥[龍眼小豆]이 그것이다. 『증보산림경제』에서는 산달이팥[山小豆], 져비부채팥[燕子扇小豆], 봄갈이팥[春小豆] 세 품종이 추가되었다.

[참고문헌] 薰陶李弘稙博士停年紀念冊發刊委員會, 1998, 『식용작물의 기원과 발달』, 서원 ; 김영진·이은웅, 2000, 『조선시대 농업과 학기술사』, 서울대학교출판부 〈김미성〉

두락(斗落) 논밭의 면적을 측량하는 단위로, 벼 1말을 뿌릴 만한 면적. 한말, 두말 하는 두(斗)와 씨앗을 뿌리는 낙종(落種)에서 따온 말이다.

두락의 단위는 종자량을 기준으로 한 일정 면적의 산출량을 따지는데 보통 평지, 산지, 또는 토지의 비옥도에 따라 면적이 달랐다. 대체로 논은 150~300평, 밭은 100~400평을 1두락(마지기)으로 하였다. 답에서는 1두의 벼, 전에서는 1두의 대두(大豆)를 파종하는 면적을 말한다.

신라시기에 농민들은 관행적으로 토지의 면적을 헤아리는 방식으로 파종량을 기준으로 한 두락이나 석락(石落) 등을 사용하였다. 최초의 기록은 신라 문호왕(文虎王) 법민(法敏)이 지금의 광주지방인 무진주(武珍州)의 주리(州吏)였던 안길(安吉)에게 소목전(燒木田)과 산하전(山下田)을 주었는데, 이때 안길이 받은 산하전은 30무(畝)로 하종량(下種量)은 3석이었다고 한다.(『삼국유사』 권2, 문호왕 법민조) 이때 30무는 3석락지이고, 1경은 10석락지로 사용되었다고 할 수 있다. 1석의 씨앗을 뿌릴 수 있는 면적도 1석락이라고 하지만, 1석의 기준은 20두 또는 15두 등으로 달랐다.

고려·조선시기에는 국가가 정한 토지면적 단위는 일정한 소출을 기준으로 하는 결부제였지만, 민간에서는 관행적으로 두락을 그대로 사용하였다. 1904년 일본인들이 조사한 자료에 의하면, 경기도 서북부 연안지방과 북부 산간지방에서는 두락의 최대면적은 230평이고, 최소 76평이라고 했다. 충청도에서는 경기도와 비슷하다고 했다. 전라북도 전주에서는 150~300평, 군산지방은 90~300평으로 각기 달랐다. 경상남도 마산포지방에서는 120~180평, 경상북도 대구부근에서는 120~134평, 경남 김해의 경우에는 115~141평일 정도로 같은 지방에서도 지역에 따라 달랐다.

전국적으로 두락의 면적은 일정하지 않았으며, 대개

밭은 논의 절반 정도인 경우가 많았다. 경북 인동 지방은 답에서도 일경(日耕)을 쓰며, 두락의 5배의 면적이라고도 하였다.(일본농상무성, 1906, 『한국토지농산조사보고서』(경기·충청·강원편), 294~298쪽). 이렇게 두락은 지역에 따라 각기 달랐는데, 절대면적에다 지역적인 생산력의 수준을 반영한 단위였음을 알 수 있다.

대한제국기 양지아문에서는 충청남도 아산군 시험양전에서 기존 민간에서 사용하는 두락을 조사하기도 했다. 실제 민간에서 쓴 두락과 양전에서 쓰인 결부는 크게 달랐다. 다만 양지아문의 양전에서는 농지의 정확한 면적을 산출하기 위해 실적수(實積數)를 기준으로 하여 면적을 표시하였다. 종전보다 객관적인 기준으로 토지를 측량한 것이다.

지계아문의 양전에서는 종래 실적수를 민간에서 쓰고 있던 두락과 일경을 도입 환산해서 정리하려고 시도했다. 이때 답은 두락, 전은 일경으로 통일하였다. 양전 실적척수는 답의 경우 500척(약 151평)을 1두락으로 하고, 승낙(升落), 두락 등으로 10단위로 하고, 석락은 15단위로 파악하였다. 전의 경우에는 125척(약 38평)으로 하여 1각경(刻耕, 1일경=4시경, 1시경=8각경)으로 구분하였다. 이에 따라 일경은 32각경, 1각경은 15분으로 맞추어 1시경은 8각경으로 2시간, 4시경은 8시간으로 하루 노동 시간에 맞추었다.

대한제국의 양전사업에서 도입한 두락과 일경은 농민들이 익숙하게 사용하던 면적 표기법으로 추수기나 매매문기에도 일반적으로 사용하던 측량단위였다. 대한제국이 이를 국가제도 속에 흡수하여 민간관행과 국가제도의 불일치를 해소한 것이다. 이에 따라 대한제국은 민간관행의 매매문기제도를 국가제도 속에 흡수하여 관계를 용이하게 발급할 수 있었을 것이다. 향후 두락과 일경이 국가가 토지를 측량할 때 법적인 절대면적단위로 도입될 가능성을 예상할 수 있을 것이다.

[참고어] 광무양전사업, 양지아문, 지계아문, 일경, 배미

[참고문헌] 『삼국유사』; 일본농상무성, 1906, 『한국토지농산조사보고서』(경기·충청·강원편); 이경식, 2012, 『한국중세토지제도사』, 서울대학교 출판문화원; 한국역사연구회 토지대장연구반, 1995, 『대한제국의 토지조사사업』, 민음사 〈왕현종〉

두량(斗量) ⇒ 두세, 잡세

두렁세(두렁稅) 한말·일제시기 지주와 소작인이 소작계약을 체결할 때 이를 보증하기 위하여 소작인이 담보로 제공하는 돈.

〈1930년대 소작계약에 두렁세(보증금(保證金))를 거두는 지주-소작인 수〉

도명	경기	충북	충남	전북	전남	경북	경남
지주	12	10	5	35	24	11	45
소작인	385	326	17	3,486	2,092	699	931
도명	황해	평남	평북	강원	함남	함북	계
지주	24	16	37	18	6	6	249
소작인	958	25	123	506	197	6	9,751

출처 : 조선총독부, 1932, 『朝鮮ノ小作慣行』(上), 32~33쪽.

일반적으로 널리 행해진 관행은 아니다. 한말부터 소작계약에 두렁세를 내는 관행이 생겨나기 시작하여 일제초기에 증가하였다. 보증금은 함경남도를 제외한 각 도에서 나타났으며 전라북도, 경상남북도, 강원도 등에 사례가 많다. 명칭은 보증금이나 부금(敷金)이라고 대부분 칭하였지만 이외에도 경기도에서는 전세(前貰), 충청남도에서는 두렁세, 입세(入稅) 소작저금(小作貯金), 경상남도에서는 소작채(小作債) 사랑도지(買收賭地) 담보금(擔保金), 황해도에서는 선납금(先納金), 평안남도에서는 예지정금(豫支定金), 평안북도에서는 도지금(賭地金), 강원도에서는 적금입금(積金立金) 소작담보금(小作擔保金) 소작계약금(小作契約金) 등으로 불렀다.

소작계약을 맺을 때 보증금과 함께 보증인을 두기도 하였다. 이는 지주가 소작인이 소작료나 결세(結稅)를 미납하는 것을 방지하기 위한 목적에서 주로 행해졌다. 그리고 안정적인 소작권 확보와 흉년 대비를 위해 소작인측에서 보증금 제공을 요구하기도 했다. 또는 지주와 토지관리인이 매수토지의 상환, 사업자금, 건축자금 등 금융자금을 마련하기 위한 목적 혹은 지주의 이식(利殖) 수단으로 징수하기도 한다. 두렁세가 토지관리인의 보수에 충당되는 경우도 있었다. 하지만 이런 경우 두렁세를 징수하는 경우보다 소작료를 미리 납부하는 사례가 더 많다.

보증금 액수와 결정기준은 계약마다 다르다. 소작계약이 종료되어 두렁세를 반환할 때는 대부분 이자 없이 원금만을 반환하였다. 드물게 이자를 붙여 반환하는 경우도 있었다. 최종 소작년도의 소작료에 충당하는 사례도 있다. 두렁세는 보통 금납이고 그 액수는 평당(두락당) 1엔에서 10엔까지 다양하였다. 두렁세를 설정한 소작계약은 대부분 증서계약이었다. 정조나 집조소작의 경우에 많았다. 일반소작에 비해 장기간이고, 소작료도 비교적 저렴하였으나 두렁세를 납부하지 못하는 영세한 소작인들은 이로 인해 소작권을 얻지 못하는 경우도 많았다.

[참고어] 정조법, 집조법, 소작제도관행조사

[참고문헌] 조선총독부, 1932, 『朝鮮ノ小作慣行(上)·(下)』; 조선총독부, 1932, 『朝鮮ノ小作慣行 : 時代と慣行』 〈고나은〉

두레 우리나라에서 마을을 단위로 농민들이 구성한 공동 노동조직이자 문화공동체.

두레는 생산 주체인 피지배 농민들이 구성한 노동조직이라는 점, 대상의 범위가 전통인 생활문화 공간이었던 마을을 단위로 하고 있다는 점에서 특별했다. 이에 따라 두레는 단순한 노동조직 이라기보다 마을 문화의 총체적인 모습과 관련되면서 기능하고 있었다.

두레의 용례는 『삼국사기』 권1에 나오는 가배(嘉俳)로부터 시작된다. "왕은 이미 6부를 정한 후에 이를 2패로 나누어 왕녀 2명으로 각각 부내 여자들을 거느리도록 하여 붕당을 만들어 가지고, 7월부터 날마다 대부의 뜰에 모여서 길쌈을 하는데 밤늦게야 일을 파했다"는 기록은 공동적마(共同績麻)가 '길쌈두레'의 기원임을 보여준다. 신라시기 향가 가운데 <도솔가>에 나오는 '두레놀애'·'도리놀애'에서 '두리'·'도리'를 두레의 어원으로 보는 견해도 있다. 또한 두레작업과 관련해서 '두르다'는 말에서 왔다고도 하며 논밭을 '윤번'으로 공동경작한다는 데에서도 그 어원을 찾기도 한다. 두레는 순수한 사전적인 의미로는 공동작업조직을 뜻하며, 그밖에 풍물이나 물 퍼붓는 도구를 말하기도 한다. 두레는 한국사회에서 전통적인 단체 개념을 의미하는 계·보(寶)·도(徒)·접(接)·사(社)·회(會)·모갯지·회치·대일이 등과 같은 맥락을 지닌다.

두레와 같은 민중 조직의 선행 형태로는 고려~조선시기의 향도나 각종 동린계들을 떠올릴 수 있다. 성현(成俔, 1439~1504)의 『용재총화』에서는 향도연회를 "대체로 이웃의 천민들끼리 모여 회합을 갖는데 적으면 7~9인이요, 많으면 혹 100여 인이 되며 매월 돌아가면서 술을 마시고, 상을 당한 자가 있으면 같은 향도끼리 상복을 마련하거나 관을 준비하고 음식을 마련하며, 혹은 상여 줄을 잡아 주거나 무덤을 만들어 주니 이는 참으로 좋은 풍속이다."라고 묘사하였다. 조선 후기의 허목(許穆, 1595~1682)도 『기언(記言)』에서 "제를 지내는 날에는 새해의 풍흉과 가뭄·홍수·질병을 점치며 기도하였다."라고 하여, 사족 중심의 유교적 이념과 의식이 덧씌워지기 이전 마을 주민들이 자체적으로 행해 왔던 생활공동체적 모습을 전해 주고 있다.

이 같은 전통적인 마을 주민들의 공동체적 조직이었던 향도는 조직 범위를 대부분 자연 마을로 하였고, 구성원도 하층민들이었으며, 인원 수는 적으면 7~9인에서 많으면 100인 정도였다. 한편 이들이 주체가 되어 행했던 행사들도 공동노역이나 혼례와 상례, 민속, 무속적 신앙과 관련된 마을 제사(동제나 당제) 등 공동체적 생활에 직결된 것이었다. 여기서 보이는 산천 수목신에 대한 제의는 농경을 위주로 하는 기층 사회의 신앙민속으로 오랜 전통을 가지는 것들이었다.

이러한 기층 농민들의 공동체 조직은 사족 중심 의 지배질서가 확립되면서 지주제적 강제와 신분제적 제약, 그리고 이념적으로는 향약질서의 강요로 말미암아 사족들의 통제구조에 점차 예속되게 된다. 즉 향약 실시 논의와 함께 이 촌락민 조직들은 고려 말 이래의 자연촌적 모습을 잃고 점차 사족들의 동계나 향약의 하부 단위로 예속되어 갔다. 임진왜란과 병자호란을 거친 이후 동계를 다시 만들면서 기존의 촌락과 그 조직들은 거의가 지배층과 피지배층이 결합된 상하합계(上下合契) 형태의 동계 조직 아래 수렴되어 간 것으로 추정된다.

조선 후기 촌락사회의 변화와 아울러 두레가 활성화되고 확산되어 갔다. 자연촌들은 18세기 후반 이후 독자적인 조직과 규모를 지닌 독립된 마을로 분화 발전되었다. 촌락의 분화 과정에서 사족들의 동계·동약 조직은 관념적인 형태로 남게 되었고, 그 영향력의 범위는 사족들의 본동(本洞·本里)에 한정되었을 가능성이 크다. 본동 이외의 지역에서는 대부분 분리된 마을 단위의 조직을 통하여 운영되어 가고, 그 과정에서 기존의 소규모 생활문화 공동체가 새롭게 기능을 발휘하였을 것이다. 많은 촌락이 사족의 지배권에서 벗어나 공동체 조직의 기능이 활성화되고 또한 이앙법이 발달하자, 농민의 노동조직인 두레의 기능도 활성화되었다.

흔히 두레는 상부상조하면서 공동으로 농사를 짓던 농민들의 대표적인 조직으로 널리 알려져 있다. '두레'는 마을 단위 농업생산조직의 대표일 뿐 실제 생산형태와 지역에 따라 그 명칭이 다양하다. 한반도 북부지방에서는 '황두'라고 하여 청천강 건답직파(乾畓直播) 지역에만 존재하는 독특한 명칭이 있고, 제주도에서는 공동노동을 '수놀음'이라 부르기도 했다. 역사적으로는 신라시기 불교에서 비롯되어 향촌공동체 조직이 된 향도(香徒·鄕徒)가 조선시기를 거치면서 '황두'로 잔존하거나 '두레'라는 전혀 다른 조직을 만들어 나간 것으로 보여진다. 따라서 두레는 이앙법의 확산과 더불어 삼남 지방을 중심으로 한 수도작농업 지역의 공동노동을 의미하는 통칭어임을 알 수 있다.

그밖에 두레의 용례는 지역에 따라서 두레·돌개·둘개·돌개김·향두·향두품어리·동네논매기·공굴·공굴이·황두·농사(農社)·농계(農契)·농상계(農桑契)·농청(農廳)·계청(契廳)·청(牧廳) 등이라 불렸고, 조직의 규모에 따라서 동두레(대두레)·두레, 일감에 따라 농사두레(초벌·두벌·세벌 김매기두레, 풀베기두레, 모심기두레), 길쌈두레(모시두레·삼두레·두레길쌈·삼둘계) 등으로 나눠졌다.

대체로 두레의 조직 범위는 하나의 자연 마을을 기본으로 한다. 물론 아주 큰 마을은 몇 개의 두레가 결성된 경우도 있고 작은 마을에는 아예 없거나 몇 개의 이웃 마을이 합두레를 짜는 경우도 있다. 그렇지만 적절한 규모의 인구와 농지가 있는 마을에서는 두레꾼이 확보되면 언제든지 조직이 가능하였다.

10~50명이 가장 일반적인 두레 규모였고, 마을 내의 주민들로 구성되므로 신분보다는 나이에 따라 서열이 결정되었다.

두레조직은 보통 모내기를 끝내고 나서 두레꾼들이 모여서 만들었다. 이를 '두레짠다'고 하는데, 먼저 두레의 역원을 뽑고 일의 순서를 결정했다. 마을단위로 농사를 짓고 있는 성인남자는 의무적으로 가입하고, 가입할 때는 '진서'라는 일정한 성년식의 절차를 거쳐야 한다. 각 자연마을 단위로 구성됨으로써 철저하게 마을 내 인적결합의 조직이었다. 생산활동을 효과적으로 수행하기 위해서 임원과 유사를 두었다. 즉 영상과 좌상으로 불리는 노령의 감독 및 지도 고문이 있고, 그를 보좌하거나 각종 보조역을 하는 우상, 문서잽이, 공원(유사), 그리고 실제적인 두레패의 지휘자인 총각대장(총각대방, 수머슴)이 있었다. 우상은 좌상을 보좌하며, 공원은 대개 밥 공원과 논 공원으로 구분하는데, 논 공원은 두레패가 동원되는 대상 농지의 조건을 구분하여 노역가를 산출하고 밥 공원은 식사를 조달하였다.

수평적인 농민들로 이루어지는 조직이기 때문에 두레노동회의는 매우 민주적인 농민회의의 전형이었다. 농사 전에 호미모둠이라는 회의가 열리고, 일이 끝난 뒤에는 결산하면서 하루를 노는 백중절 또는 호미씻이 등의 행사를 크게 벌였다. 일관된 노동과정을 위하여 농민들 스스로 위계를 잡고 강력한 규율과 벌칙을 통하여 공동노동의 단결성을 확보했다. 마을의 노약자나 과부 등 노동력이 없는 집에 대해서는 경지를 무상으로 지어주는 역할도 담당했으며, 두레풍물패는 마을의 기금을 확보하여 마을 대소사에 자금을 마련해주는 기능도 했다.

두레조직이 체계화된 것은 절기별이나 노동주기와 깊은 관련을 갖는다. 여름철에 해야 하는 김매기와 모내기는 일시에 집약된 노동력을 필요로 한다. 이러한 집약성은 필연적으로 효율적인 노동관리체계, 능률적인 농사방식, 다양한 농민문화의 조직화를 요구하게 된다. 김매기는 농민들에게는 가장 힘이 드는 일이고 호미를 사용해 섬세한 작업을 해야만 한다. 그래서 대개 초벌·두벌·세벌의 3번에 걸친 김매기를 해야 하고, 세벌 김매기가 거의 끝나는 칠월 칠석경에 이르러서야 한 해 농사의 힘겨운 고비를 겨우 넘기게 된다. 두레의 최대 제축행사라 할 수 있는 호미씻이가 바로 7월 15일을 전후해서 행해졌다는 사실은 두레의 대규모 공동노동이 김매기에 전격적으로 투입되고 있었음을 시사해준다.

조선 후기 농업 생산활동의 중심으로 자리잡은 두레는 민중들의 역사적 성장과 농민문화의 성장을 의미한다. 그러나 지배계급은 두레를 이해하지 못하는 경우가 많았고, 두레의 변혁적 힘을 두려워하기도 했다. 1738년(영조 14) 전라도 부안에서는 두레의 농기와 농악기가 민중들의 반란에 군용물로 이용될 수 있다고 해서 몰수해 버린 일도 있었다. 그럼에도 불구하고 대한제국 말기에 이르러서는 한반도 북부지역의 일부를 제외한 수도작 농업 지역 전체에 두레의 공동노동방식이 확산되었다. 이것을 증명해 주는 1906년의 「한국토지농산보고서」에는 당시 전라도·경상도·강원도·경기도·충청도 지역 전체에서 두레가 행해졌음을 알려주고 있다. 즉 두레가 강원도·경기도를 분계선으로 하여 그 이남 지역에서 집중적으로 행해졌고, 이는 수도작농업의 분포선과도 일치한다는 것을 의미한다.

[참고문헌] 李泰鎭, 1989, 「17·8세기 香徒 조직의 分化와 두레 발생」 『震檀學報』 67 ; 주강현, 1996, 「두레의 組織的 性格과 運營方式」 『역사민속학』 5 ; 이해준, 2005, 「농민이 두레를 만든 까닭」 『조선시대 사람들은 어떻게 살았을까1』, 한국역사연구회 〈이석원〉

두민(頭民) 촌락에서 나이가 많고 식견이 높은 사람으로서 조선시기 동리의 일을 맡아보던 임원.

동리의 동수(洞首)·이도(里導)·존위(尊位)·좌수(座首) 등의 자치행정의 총책임자 아래에서 영좌(領座)·좌상

(座上)·유사(有司) 등과 함께 동리의 일을 맡아보던 임원이었다. 두민은 그 호칭에도 나타나듯이, 경제적으로 여유가 있으며 학식과 덕망 있는 사람이 추대되어 백성들을 교화하면서 자치(自治)하는 역할을 하였다. 촌락 행정에서 자생하던 이러한 두민의 존재는 1895년(고종 32) 향회조규(鄕會條規)가 제정됨에 이르러 정부에 의해서도 공인(公認)되었다. 두민은 수령과 동리의 민인들 사이의 중간자적인 위치에 있으면서 수령의 지시나 명령을 민인에게 전달하거나 또는 민들의 편에 서서 그들의 이익을 대변해 주는 역할을 하였다. 한편 두민은 마을의 공동 재산을 관리하고 조세 공동납의 과정을 담당하기도 하였는데, 그 과정에서 마을의 역토와 궁방전 등을 사사로이 매도하거나 세금을 중간에서 가로채는 등의 폐단을 일으킨 사례도 있었다.

두민은 해당 지역의 실정을 잘 아는 자였으므로 양전 과정에 참가하여 토지소유자명을 보고하거나 토지측량의 공평성을 보장하는 등의 역할도 하였다. 대한제국기 양지아문에서 양전을 시행했을 때 각동의 두민은 지심인(指審人)이나 동장(洞長) 등과 함께 참석하여 토지의 소유자명을 양무학원(量務學員)에게 보고하였다. 한편, 지계아문에서 양전을 시행할 당시에는 양안상의 측량 오류, 결수 증가 등의 문제로 소장을 올리는 일이 많아지자, 양전을 할 때 두민 및 유사를 참여시켜 양전 과정의 문제를 직접 이정하도록 하였다.

[참고문헌] 왕현종, 1995,「대한제국기 量田·地契事業의 추진과정과 성격」『大韓帝國의 土地調査事業』, 민음사 ; 송만오, 2005,「조선 후기 頭民에 관한 몇 가지 검토」『大同史學』4 〈김미성〉

두세(斗稅) 소작료의 수납을 위해 두량(斗量)의 업무를 하는 두량인의 품삯.

두는 계량, 세는 임료(賃料)를 의미하는 것으로 소작료를 징수할 때 전답의 수확물을 계량하는 임무를 맡은 두량인의 임금을 가리킨다. 또한 시장에서 미곡 거래를 하는 경우에도 상인이 농민의 수확물을 계량한 후 계량의 대가 명목으로 두량세(斗量稅)를 받았다. 두세는 지방에 따라 말세, 말렴, 두량세, 두령(斗零), 두저(斗底), 슬세(膝稅), 근세(斤稅) 등으로도 불린다. 말세·말렴 등에서 '말'은 승(枡)의 재래명칭이며, 슬세의 '슬'은 무릎이 꺾인 되 그릇을 가리킨다. 근세는 소작료를 근량(斤量)으로 징수하는 경우에 명칭을 붙인 것이다. 이를 말밑으로 칭하기도 하는데, 두량을 한 후 남은 것을 두세에 충당한 것을 가리키는 말이다. 일본의 입승(入枡)과도 같다. 이러한 관행은 소작인이 부담하는 소작료 이외의 특수부담으로 주로 답에서 실시되었다. 타조법에 의해 소작료를 곡식 등 현물로 징수하는 경우 많이 나타난다. 또한 부재지주가 관리인을 두거나 추수원을 파견해 소작료를 징수하는 경우에 많다.

두세 관행은 함경북도를 제외한 각 도에서 실시되었다. 경기도, 충청남북도, 강원도의 중부이남 각 군, 황해도의 일부 등에서 널리 시행되었으며 전라남북도, 경상남북도에도 일부 존재했다. 경기 일부 지역에서는 부재지주가 소작료를 징수할 때 두량인을 대동하여 소작료를 징수하였는데, 이때 두량인의 품삯도 함께 징수했다. 이것이 곧 두세 관행이다. 평안북도를 포함한 기타 여러 지역에서는 궁장토에서 두세를 징수하는 관행이 있었다.

한반도 중·남부 지방, 황해도와 강원도 지방에서는 1석 혹은 1두락 당 약 5승을 두세로 징수했다. 두세액을 결정하는 기준은 ① 소작료의 총액, ② 소작지의 면적, ③ 소작물 계량의 장소, ④ 소작료의 납입횟수 등이 있다. ①을 기준으로 정하는 경우가 가장 많고 ②의 경우가 뒤를 잇는다. 1920년대 시장에서 미곡거래를 할 때 두량세로 1두 1전(錢)씩 징수한 예도 있다.

두세 관행의 발생 시기는 정확히 알 수 없으나 그 기원이 오래되었다. 이는 표면상 두량인의 품삯이지만 사실상 지주와 계약한 관리인·추수원의 보수 등의 명목으로 소작인에게 부당하게 전가된 것이었다. 두량은 1920~30년대에 점차 폐지되었으나 소작료에 가산하여 징수함으로써 표면상으로만 폐지된 경우도 있었다.

[참고어] 가도지, 장세, 색조

[참고문헌] 전라남도, 1923,『小作慣行調査書』; 조선총독부, 1932,『朝鮮ノ小作慣行(上)·(下)』 〈고나은〉

둔감(屯監) 둔전(屯田)의 감관(監官).

조선시기에 지방에 주둔한 군대의 군량이나 관아의 경비에 쓰도록 지급된 토지였던 둔전은 임진왜란 이후 재정 부족에 직면한 영문(營門)·아문(衙門)의 주요 재원이 되었다. 이때 둔전은 지주제로 경영되었는데 그 관리를 위해 파견된 관원이 둔감이었다. 둔감은 사료상으로 감관, 둔전별장(屯田別將), 둔전관(屯田官) 등 다양한 명칭으로 나타났다. 대체로 군사적 임무를 띠고 파견되는 경우 별장으로 지칭하고, 그렇지 않은 경우 감관으로 지칭하는 경향이 있었으나, 임무의 구분없이 감관이나 둔감으로 부르는 것이 보편적이었다.

둔감은 주로 조세의 징수와 상납을 담당하였으며, 둔전의 경작과 수확을 지휘 감독하였다. 이들은 파종에서 추수까지 전 과정을 관할 감독하는 둔전경영의 실질적인 책임자였다. 둔감은 말단 군교(軍校)나 이속(吏屬)이 맡는 경우가 많았다. 17세기에 주로 군영문들이 둔전개설을 주도함에 따라 그 관리자에게도 군사적 임무가 중시되었다. 이 경우 주로 군영문 소속의 군관이나 장교를 둔감으로 파견하여 둔전을 관리·경영하게 하는 한편 둔민을 부대로 편성하여 군사훈련을 병행하기도 했다.

둔전의 관리 기구는 둔감을 중심으로 마름[舍音] 등을 배치하여 둔전·둔민을 효율적으로 장악하고 지대수취의 극대화를 꾀하는 방향으로 운영되었다. 둔감에게는 급료가 지급되거나 별도의 급료가 없는 경우 둔전 소출의 일부를 취식할 수 있도록 규정되어 있었다. 그러나 둔감은 조세 징수과정에서 부정하게 부를 축적하는 경우가 많아 문제시되었고, 18~19세기에는 둔민의 저항을 야기하기도 하였다. 대한제국 초기 역둔토 사검 때 내장원에서는 이전의 둔감·마름이 적치한 각 곡물의 수량과 품등환농(品等幻弄)을 봉세관으로 하여금 조사하게 하였다. 내장원에서는 사검위원을 통하여 마름을 새로 차정하고, 이들로 하여금 역둔토를 전관케 하여 역둔토 관리과정에서 발생하는 둔감과 마름 등의 작폐를 막고자 하였다.

[참고어] 감관, 둔전

[참고문헌] 송양섭, 2006, 『조선후기 둔전 연구』, 경인문화사 ; 박진태, 2010, 「한말 역둔토조사를 둘러싼 분쟁사례」 『대한제국의 토지조사사업』, 혜안 〈김미성〉

둔민(屯民) ⇒ **둔감, 둔전**

둔안(屯案) 둔전의 내역을 기록한 장부.

둔안은 지방관청의 운영경비를 보조하기 위해 두었던 둔전을 기록한 장부로, 18세기 사료에서 그 존재가 확인된다. 영조 대에 경리청(經理廳)의 둔안이 언급된 바 있다.[『승정원일기』 737책, 영조 8년 1월 13일] 정조 대에는 훈련도감의 둔전으로 바뀐 금천군(金川郡)의 토지에 대한 둔안이 언급된 바 있다.[『비변사등록』 170책, 정조 11년 4월 17일]

둔안은 특히 대한제국기 역둔토 조사사업 과정에서 조사결과를 담아 새로 작성·보고된 문건으로 주목된다. 1899년 이른바 광무사검(光武査檢)의 일환으로 작성된 군 단위의 둔안에는 해당 지역명, 원명(員名)과 자호(字號), 지번(地番), 지목(地目), 결부수(結負數), 두락수(斗落數), 작인(作人)이 기재되어 있다. 각책의 말미에는 전답(田畓)의 합계와 둔별, 내역별 결부수가 표시된 후 해당 군수, 사검위원(査檢委員)의 이름이 기재되었다. 책에 따라서 군수만 표시되어 있는 경우와 군수와 사검위원 외에 마름[舍音]까지 표시되어 있는 경우가 있었다. 당시 역둔토를 조사하여 국유화하던 과정에서 민유지이면서 둔안에 실려 있던 토지의 경우는 실소유주와 내장원 사이의 소유권 분쟁을 야기하였다.

[참고문헌] 한국역사연구회 토지대장연구반, 2010, 『대한제국의 토지제도와 근대』, 혜안

둔전(屯田) 중세사회에서 국방상 요충지에 군사력을 투입, 경작하여 군수를 조달하거나 국가의 각급 군사·행정 기관에서 재정 충당을 위해 설치한 토지를 통칭.

[고대~고려] 둔전제는 국가가 공권력을 통하여 농민을 동원·사역하여 토지를 개간·경작함으로써 군수·재정을 확보하는 중세적 토지지배형태의 하나였다. 둔전제의 운영은 낮은 사회적 생산력으로 인한 미개간지의 광범위한 온존, 중세적 국방체제·군사제도와 재정운영방식의 유지, 자연재해나 여타 사회경제적 모순에 취약한 상태로 노출되어 끊임없이 반복 재생산되는 유민(流民)의 존재가 전제가 되었다. 설치 목적과 주체에 따라 국둔전(國屯田)과 군둔전(軍屯田), 관둔전(官屯田) 등으로 구분된다. 대부분의 국둔전은 군수를 확보하기 위한 것이어서 군둔전과 거의 동일하였다.

전방에 주둔하는 군대의 군량을 조달할 목적으로 설치하는 것이었던 만큼, 둔전이라고 이름을 붙이지 않았어도 주둔지에서 군인을 시켜 농사를 짓게 하고 그 소출로 군량을 충당하던 방식은 일찍부터 시행되었을 것이다. 최초의 둔전 설치 사례는 삼국통일전쟁 시기 한반도에 주둔한 당나라 군대가 평양과 남원에 설치한 것이다. 고구려가 단양의 적성지역에서 시행하였던 전사법(佃舍法)도 둔전제이거나 그와 유사한 형태의 농업경영 방식이었을 가능성이 있다.

둔전은 본래 '차경차수(且耕且戍)' 즉 군인이 경작과 방어를 동시에 수행한다는 원리에 따라 군대 주둔지에서 경작하는 농경지이다. 따라서 군대가 주둔하는 국경지대에 설치되었다. 고려에서도 방수군의 군량을 확보하기 위하여 북계와 동해 연변, 그리고 서해도 같은 변경지대에 주로 위치하였다. 동해 연안에 있던 둔전은

농장으로도 불렸다.

『고려사』에서 처음 보이는 둔전 기록은 1020년(현종 11)에 왕이 안서도(安西道)의 둔전 1,240결을 현화사(玄化寺)에 시납한 것이다. 안서도의 둔전은 통일신라 후기 패강진(浿江鎭)의 개척, 궁예(弓裔)의 진출과 진(鎭) 설치 등의 과정에 조성되었을 것으로 보인다. 군대의 주둔과 함께 둔전을 설치한 사례는 1163년(의종 17) 가을에 인주(麟州)와 정주(靜州) 관내의 섬에 "급사중 김광중이 병마부사가 되어 땅을 수복하여 공을 세우려고 함부로 군사를 동원하여 그들(금나라 사람들)을 공격하여 집을 불사르고 방수군과 둔전을 두었다.(給事中金光中爲兵馬副使, 欲復地邀功, 擅發兵擊之, 火其廬舍, 仍置防戍屯田. [『고려사절요』 권11, 의종 19년 3월])"라고 한 데서 볼 수 있다.

국가에서는 둔전사(屯田司)를 설치하여 둔전을 관리하였다. 동계에 설치되었던 동로둔전사는 소, 종자, 농기구 등 경작에 필요한 여러 도구를 보유하고 관리하였다. 후기에는 지방관과 별도로 둔전관(屯田官)을 파견하여 관리하였다.

둔전은 방수군이 경작하는 것이 원칙이었다. 그러나 1024년(현종 15)에 가주(嘉州) 남쪽의 둔전에 하음부곡(河陰部曲)의 주민을 사민하여 경작을 담당하게 한 사례에서 보듯이, 이주한 농민을 시켜 경작하기도 하였다. 또 군인이나 노비 등을 직접 역사시켜 그 소출을 모두 군량으로 사용하는 방식과 일정한 면적의 둔전을 나누어주고 생산물의 일부를 수취하는 방식을 함께 사용하였다. 후자는 1103년(숙종 8)의 "주진의 둔전군 1대에 전지를 1결씩 지급하고 한전 1결에서는 1석 9두 5승, 수전 1결에서는 3석을 거두어들인다.(州鎭屯田軍一隊, 給田一結, 田一結收一石九斗五升, 水田一結三石)"라고 한 규정에서 볼 수 있다. 둔전이 국유지였던 만큼, 이 규정에서 정한 수조액은 국·공유지의 지대율인 1/4조를 적용한 것으로 보인다.

관둔전은 공해전과 함께 지방관아의 재정원이 된 토지로서, 1099년(숙종 4)에 처음으로 각 군현에 5결씩 설치되었다. 이때의 관둔전 설치는 공해전만으로는 지방재정을 운영하기 어려웠던 사정을 해소하기 위해서였지만, 토지의 사적 소유의 진전에 따라 지방관아가 토지를 소유하기 시작한 추세를 인정한 것이기도 하였다. 고려 후기에도 관둔전은 유지되어 관아의 경비로 사용되었고, 때로는 중앙정부의 과렴(科斂)에 대비한 재원으로 이용되었다.

관둔전은 관아가 독자적으로 개간 등의 방법으로 확보한 공유지였고, 관아 소유의 노동력으로 경작함이 원칙이었다. 인리(人吏)가 지휘 감독을 하고 주로 관노비가 경작을 담당하였다. 그러나 일반 농민을 동원한 경작이 다반사였고, 그 수입을 지방관이 임의로 사용하는 폐단이 상존하였다. 또한 부를 축적하기 위하여 지방관이 정액 이상으로 관둔전을 경작하는 현상도 비일비재하였고, 그 과정에서 민전을 침탈하기도 하였다.

몽골과의 전쟁 기간에 섬이나 산성으로 백성을 들여보내는 정책을 취하면서 연해지역의 토지가 개간되었다. 수도가 옮겨간 강화도에서는 1256년(고종 43)에 문무 관리들에게서 인부를 갹출하여 해안에 축대를 쌓아 좌·우둔전을 개발하였다. 이것은 국가가 인부를 동원하여 방조제를 쌓아 연해지를 국둔전으로 개간한 사례이다.

몽골도 주둔군과 남송 및 일본 정벌에 필요한 군량을 확보하기 위해 고려에 둔전을 설치하였다. 1270년 둔전경략사(屯田經略使)를 파견하여 서해도의 황주(黃州)·봉주(鳳州) 등지에 둔전을 개설하고, 종전군(種田軍)을 배치하여 경작하였다. 둔전 경영에 필요한 소, 종자 등은 고려에서 조달하였다. 그러나 둔전의 생산성이 낮아 그 소출로는 주둔군과 둔전을 경작하는 병력의 식량을 대기에 부족하여 고려에서 미곡을 징발하는 등 여러 가지 폐단을 일으켜 원성을 샀다. 시간이 흐르면서 둔전은 남송 정복 과정에서 투항한 군인을 일시적으로 수용하는 장소로 변질되었고, 강남지역의 재원을 접수한 후에는 더 이상 고려의 군량을 필요로 하지 않게 되어 1278년에 폐지되었다.

원 간섭기에 둔전은 전반적으로 황폐해졌고, 권세가가 탈점하거나 지방관이 사사로이 경작하는 형편이었다. 황폐해진 둔전은 공민왕이 반원정책을 수행하면서 대대적으로 복설하였다. 공민왕은 별도로 둔전관을 파견하여 파괴된 둔전을 복구하는 한편 신전을 개간하였고, 우왕 때에는 왜구 침입에 대비하여 연해지역에 대대적으로 둔전을 설치하였다. 이로써 황폐해진 연해지역의 토지를 개간하는 효과를 거두었으며, 포(浦)와 진(鎭)을 단위로 설정되어 포진둔전을 형성하게 되었다. 이 둔전은 영전(營田) 혹은 둔수군(屯戍軍) 둔전으로도 불렸으며, '차경차수'의 본래 취지에 충실한 군둔전이었다. 그러나 농민을 동원하여 둔전을 경작하고 그 수입이 국고에 제대로 들어오지 않는 등의 폐단은 여전하였다.

[조선] 조선건국 이후 정부는 군수와 재정의 보용을 위하여 둔전정책을 정비해나갔다. 조선왕조의 둔전은 설치 목적이나 운영주체에 따라 다양한 명칭으로 나타난다. 20세기 초 파악된 둔전의 종류만 해도 양향둔(糧餉屯), 금둔(禁屯), 어둔(御屯), 총융둔(摠戎屯), 용호둔(龍虎屯), 장용둔(壯勇屯), 무위둔(武衛屯), 기로둔(耆老屯), 종친부둔(宗親府屯), 충훈둔(忠勳屯), 돈녕둔(敦寧屯), 균역둔(均役屯), 봉상시둔(奉常寺屯), 적전(籍田), 사옹둔(司饔屯), 사복둔(司僕屯), 사포둔(司圃屯), 내섬둔(內贍屯), 선공둔(繕工屯), 빙고둔(氷庫屯), 장화둔(掌花屯), 사축둔(司畜屯), 혜민둔(惠民屯), 규장각둔(奎章閣屯), 의금부둔(義禁府屯), 호조둔(戶曹屯), 진휼둔(賑恤屯), 통영둔(統營屯), 수어둔(守禦屯), 관리영둔(管理營屯), 진무영둔(鎭撫營屯), 총리영둔(摠理營屯), 향탄둔(香炭屯), 진어영둔(鎭御營屯), 감영둔(監營屯), 병영둔(兵營屯), 수영둔(水營屯), 방영둔(防營屯), 각진둔(各鎭屯) 등이 있다.

조선 전기의 둔전으로는 중앙정부 주도하에 설치한 국둔전을 빼놓을 수 없다. 국둔전은 관찰사가 대상지를 선정하여 중앙에 보고하면 호조에서 심의하여 가부를 통보하는 절차를 거쳐 설치되었다. 국둔전의 관리는 해당 지역의 수령이 담당하였다. 국둔전은 국가재정이나 군자(軍資)에 충당하는 것을 목적으로 하였으며 관둔전과 달리 규모에 제한이 없었다. 국둔전은 국가의 소유지이자 직영지로서 국농소(國農所)라고도 지칭되었다. 국둔전은 1392년(태조 1) 음죽 지방 둔전 하나만을 남기고 모두 폐지되었다가 1409년(태종 9) 복설되었다.

국둔전의 경영은 일반농민들의 부역동원을 통해 이루어졌다. 이 과정에서 무리한 사역으로 농민들의 불만이 나타나기도 하였고 일반민의 경작지가 침탈당하는 등 부작용도 뒤따랐다. 1426년(세종 8) 폐지되었던 국둔전은 문종 대를 거쳐 세조 대에 접어들어 다시 추진되었다. 국둔전의 경영은 국역체계를 통해 동원된 노동력에 의해 이루어졌다. 농우(農牛)·농기(農器)·종자 등 농업경영에 소요되는 제반 물자는 둔전 소속 기관에서 제공하였다. 경작은 군인·노비나 일반농민 등의 부역노동을 통해 이루어지는 것이 주종을 이루었다.

국둔전이 중앙정부 주도로 설치·운영되었다면 관둔전은 지방의 각급기관에 의해 개설되어 재정에 충당하는 형태였다. 관둔전 설치는 주·부·둔·현 등 지방행정기관과 포·진 등 군사기관에 의해 이루어졌다. 각급관청은 관내의 황무지를 새롭게 개간·경작하여 그 수확을 통해 경비를 충당하는 형태로 관둔전을 운영하였다. 관둔전으로부터의 수입은 주로 관아의 수리, 사객(使客)의 접대, 군관(軍官)의 공급(供給), 병기수선, 미비한 공물 조달 등에 지출되었다.

관둔전은 자경무세(自耕無稅)의 토지로서 지방 각급 관청의 소유지였다. 관둔전은 여러 가지 문제로 1416년(태종 16) 폐지되었다가 1424년(세종 6) 다시 설치되었다. 당시 정부의 입장에서도 지방관청의 재정부족을 도외시할 수 없었던 데다가 지방재정을 국가재정으로 지원하면 여러 가지 문제가 발생할 수 있기 때문이었다. 이때 관둔전은 읍격별로 유수·목·대도호부 10결, 도호부·지관 8결, 현령·현감 6결로 정한이 설정되었다가 이후 유수부·목·대도호부는 20결, 도호부·군은 16결, 현은 12결로 확대되어 『경국대전』에 실리게 된다. 관둔전과 유사한 형태로 지방의 포(浦)·진(鎭) 등 군사기관이 설치하여 운영한 것이 바로 포진둔전(浦鎭屯田)이었다. 행정기관의 둔전이 주현(州縣) 관둔전이라면 군사기관의 둔전이 바로 포진(浦鎭) 관둔전이었다. 포진둔전도 절제사(節制使)·처치사영(處置使營) 20결, 첨절제사(僉節制使)·도만호영(都萬戶營) 15결, 만호영(萬戶營) 10결로 정한이 설정되었다. 『경국대전』에 포진둔전의 규모는 주진(主鎭) 20결, 거진(巨鎭) 10결, 제진(諸鎭) 5결로 정액이 설정되었다. 포진둔전 외에 각역(各驛)에도 재정충당을 위한 20결의 관둔전이 배정되었다.

한편 태종 때에는 토지 분급 없이 봄에 종자(種子)만 지급하고 가을에 수확의 일부를 받았던 호급둔전(戶給屯田)이 실시되었다. 1407년(태종 7) 의정부는 둔전, 사원전, 황무지 등에 민에게 경작케 하여 선군(船軍)의 양식으로 조달하고자 하였지만 토지의 확보가 여의치 않자 파종할 수 있는 종자(種子)를 지급하고 수확의 일부를 둔전세로 납부하는 방식, 즉 호급둔전이 채택되었던 것이다. 농민들은 격렬히 저항했고 호급둔전은 폐지되었지만 1409년(태종 9) 다시 부활한다. 진휼이나 군량미의 확보를 명분으로 실시된 호급둔전은 편호(編戶)를 통해 분등(分等)을 하고 이를 바탕으로 종자 지급량에 차등을 두는 형태로 운영되었다. 하지만 그 수탈적 성격은 여전했고 호급둔전은 결국 1414년(태종 14) 폐지된다.

조선 후기에 접어들어 둔전제는 새로운 양상을 띠게 되는데 임진왜란은 그 결정적 계기였다. 둔전책은 전쟁기 군수조달을 위해 제시된 여러 가지 방안 중 가장 효과적이고 현실적인 것으로 받아들여졌고 그만큼 의욕적으로 추진되었다. 둔전의 설치는 전쟁기의 임시적

시책에 불과했으나 전쟁이 끝난 후에도 이러한 관례는 계속 이어져서 그대로 답습되었을 뿐 아니라 오히려 확대일로에 접어드는 양상이 전개되었다.

17세기 대내외적 위기상황 속에서 둔전은 군아문의 재정확보는 물론 전쟁으로 발생한 대량의 황무지를 개간하고 유민(流民)을 안집시키는 적절한 방법으로 간주되었다. 이 시기 국가가 추구한 둔전은 군영문의 예속노동력을 동원·경작하는 방식과 모민설둔(募民設屯), 즉 유민이나 농민들을 동원하여 경영하는 형태였다. 하지만 이러한 형태의 둔전은 경영의 불안정과 낮은 생산성을 드러내고 있었는데 이는 기본적으로 부역제 자체의 모순에서 비롯된 것이었다. 이 때문에 군아문은 개간자 제한의 철폐 등 각종 조치와 함께 병작제(竝作制)를 채택하게 되었다. 둔전에서의 병작제의 확산은 17세기 후반 농업변동의 전반적인 추세를 반영하는 것으로서 신역의 일환이나 국역편제의 완충 또는 예비단계로 존재하는 경작민을 통하여 이루어지던 둔전경영을 낡은 것으로 만들면서 그 인신적 지배예속관계를 탈피하는 방향으로 나아가고 있음을 보여준다.

둔전의 증설은 여러 가지 문제점을 가져왔는데 그 가운데 가장 심각한 것이 바로 면세결의 확대로 인한 국가세입의 감축이었다. '각아문 둔전과 여러 궁방의 농장에 대한 면세가 거의 국중(國中)의 절반을 차지하여 조종조의 구결(舊結)로 수세한 것이 모두 그 가운데로 들어갔다. 그 때문에 호조의 세입이 한 해에 겨우 10여만 석인데, 상세(常稅)에서 군량미로 떼어가는 것이 또 7·8만 석에 달한다. 그 나머지로 관리의 녹봉 및 종묘와 여러 신들에게 제사하는 데에 쓸 것은 3만여 석에 불과하다.(『현종개수실록』 권22, 11년 1월 2일 경술)'라는 비판은 이 시기 둔전으로 인한 국가재정의 문제가 어느 정도 심각한지 잘 보여준다.

정부의 대책이 여기에 집중되는 것은 당연했다. 17세기 말 「을해정식(乙亥定式)」은 그 귀결이었다. 「을해정식」의 골자는 공식적으로 절수제(折受制)를 폐기하고 이에 대한 대안으로 정부의 재정지원을 통해 둔전을 구입하도록 한 이른바 급가매득제(給價買得制)의 채택이었다. 「을해정식」으로 절수로 대표되는 정치적·폭력적 방식의 둔전 설치는 더 이상 용인되지 않고 이제는 국가의 자금 지원을 통해 토지를 구입하는, 보다 경제적인 방법으로 전환했던 것이다. 아울러 「을해정식」에서는 민결면세제(民結免稅制)를 실시하였다. 민결면세제는 민인들의 소유권을 온전히 한 채 민전설둔(民田設屯)의 추세를 양성화하여 이에 대한 수취량(1결당 미23두)을 규정한 것이었다. 「을해정식」 이후에도 정부는 둔전출세(屯田出稅) 등 각종 조치를 꾸준히 취해나갔으며 이는 기존에 주요 아문·군문이 누리던 특권이 지속적으로 제한되는 결과를 가져왔다.

한편 둔군(屯軍)이 양역부과에서 제외됨에 따라 이에 대한 규제책도 취해졌다. 그것은 둔군에 대한 지속적인 사괄(查括)과 정액작업(定額作業)의 형태로 나타났다. 둔군에 대한 감수정액책(減數定額策)은 1748년(영조 24) 『양역실총(良役實摠)』의 간행으로 마무리된다. 또한 둔전의 설치가 아문·영문별로 독자적으로 이루어짐에 따라 국가재정 운영에 여러 가지 난맥상이 나타나자 이에 대한 대책으로 제기된 것이 둔전 전체를 호조에서 통일적으로 관할하는 방안, 즉 호조전관제(戶曹專管制)였다.

하지만 둔전의 호조전관제는 끝내 관철되지 못하였고 대신 수취과정 상 중간수탈을 줄이기 위해 궁방·아문의 감관·차인 파견을 중지하고 수령으로 하여금 둔전수취를 담당케 하는 수령수취제가 점차 채택·확산되었다. 전면적으로 실시되지는 못했지만 수령수취제를 계기로 수취권을 장악하기 위한 '호조·감사·수령'과 군·아문 사이의 분쟁이 점차 격화되었다. 이러한 분쟁의 이면에는 기존의 이해를 지키려는 군문·아문의 입장과 둔전수취권의 운영을 통해 지방재정을 확보하려는 수령, 그리고 둔전에 대한 장악력을 높이려는 지주층의 이해가 복잡하게 얽혀있었다.

18세기 중반 이후 둔전은 여전히 불안한 경영과 세수 감축이 계속되는 가운데 아문둔전을 중심으로 도장제(導掌制)가 확산되고 있었다. 둔전의 경영도 지주가 토지를 대여하고 전호가 이를 차경(借耕)하는 보다 경제적·계약적 성격의 병작제(竝作制)가 주를 이루었다. 이 시기 둔전은 소유권에 따라 유토둔전(有土屯田)과 민결면세지(民結免稅地)로 구분할 수 있다. 법적인 소유권이 군·아문에 귀속되는 유토둔전은 분반타작지(分半打作地)도 있었으나 일종의 정액지대인 도지제(賭地制)가 보다 일반적이었다. 다양한 도지액은 군아문의 명목적 소유와 둔민의 사실상의 소유가 가지는 소유지분의 편차를 반영하고 있었다. 민결면세지는 지주의 토지에 대한 소유권을 명확히 한 채 호조·선혜청에 내야할 결당 미 23두의 전결세를 군아문에 납부하는 것에 불과했다.

한편 둔전을 농토로서 유지시킨 실질적인 주체인 둔전민은 둔전내에 세력을 떨치고 있던 지주층과 경작을 담당하는 작인층으로 구분할 수 있다. 전자는 둔토내의 실질적인 지주로 존재하면서 작인과 토지를 장악하고 군아문과 지속적인 길항관계를 형성하고 있던 존재였다. 이들이 존재하는 둔전은 '군·아문-중답주-전호'의 중층적 소유구조를 형성하였다. 하지만 둔민의 대부분은 직접생산자로서 둔전경작민이었다. 이들의 처지는 극히 영세한 것으로 나타나는데 이는 둔전에 대한 차지경쟁의 격화와 작인들에게 가해지는 각종 수탈적 부담 때문이었다. 이들 둔민은 둔전을 오랫동안 경영·경작해오면서 형성된 사실상의 소유권을 근거로 끈질긴 항조투쟁을 벌이고 있었다. 둔민들의 저항은 현상적으로는 지대인하를 주장하는 것이었지만 실질적으로는 둔전에 대한 내적 지배력을 어느 정도 구축한 상황에서 이를 법적으로 추인받음으로써 토지를 명실상부한 자신들의 소유지로 만들려는 의도가 도사리고 있었다. 항조(抗租)·거납(拒納)의 주체는 대부분 향촌사회 내부에 재지적 기반을 확고히 구축한 지주층들이었다. 이는 당시 둔전제가 내적으로 지주층을 비롯한 민인들에 의하여 밑에서부터 파기되는 방향으로 나아가 궁극적으로는 수취나 소유구조면에서 일반민전과 동일한 형태로 수렴하는 노정에 놓여있음을 보여준다. 둔민의 저항은 지대의 점진적 저하와 둔전결수의 감축을 초래하였다.

이러한 현실에 대하여 군·아문은 둔전 내부의 개별적인 진기(陳起)나 재해상황을 파악하지 않고 해당 년의 작황을 3등급 정도로 나누어 총액을 설정하고 이를 수취하는 정총제(定摠制)를 채택하여 안정적 수입을 유지하고자 하였다. 정총제 하의 수취과정에서는 수령과 면리조직을 중심으로 한 향촌내 제세력의 역할이 두드러진다. 정총제의 과정에서 수취총액을 관철하려하는 중앙의 군·아문과 어떻게든 이를 삭감하려하는 지역의 둔민·수령의 사이에는 팽팽한 긴장관계가 형성되었다. 더구나 급재(給災)를 둘러싸고 실제 재해상황을 반영하여 수취를 하도록 하는 이른바 종실수세(從實收稅)의 요구는 거의 일상적이었다. 정총제의 채택은 이제 둔전의 수취가 토지의 실제상황의 파악에 대한 통해 이루어지고 있는 것이 아니라 이미 탄력성을 잃고 추상화된 결수를 기준으로 산정한 수취액을 일방적으로 관철하는 과정임을 적나라하게 드러내는 것이었다. 19세기 단계에 접어들어 둔전제는 사실상 재지세력의 수중에 장악되어 허구화되는 단계에 접어들고 있었다. 하지만 이러한 중세적 토지지배기제로서 둔전제는 완전히 청산되지 못하고 개항 이후까지 이어짐으로써 20세기 초 일본제국주의의 토지조사사업과정에서 국유지 분쟁의 불씨가 된다.

둔전은 군수를 조달하기 위해 군대가 주둔하는 지역에서 경영한 토지로서, 본래는 군인이 농사를 지었다. 그러므로 국가재정의 측면에서 보면 군량을 현지에서 조달하여 운반 경비를 절감하는 효과적인 물적 기반이었다. 또한 둔전은 대개 황무지나 진전을 개간하여 설치하였으므로, 국가나 관청에 의한 토지 개간의 성격을 가졌다. 그것은 결과적으로 국·공유지를 증대시켰으며, 민유지와는 다른 국·공유지 경작 형태를 창출하였다.

[참고어] 관둔전, 국둔전, 영문둔전, 아문둔전, 궁방전

[참고문헌] 이재룡, 1965, 「조선초기둔전고」 『역사학보』 29 ; 정창렬, 1970, 「조선후기의 둔전에 대하여」 『이해남박사화갑기념논총』 ; 박광성, 1976, 「영·아문둔전의 연구」 『인천교대논문집』 10 ; 이경식, 1978, 「조선초기 둔전의 설치와 경영」 『한국사연구』 21·22 ; 이경식, 1979, 「16세기 둔전경영의 변동」 『한국사연구』 24 ; 안병우, 1984, 「고려의 둔전에 관한 일고찰」 『한국사론』 10 ; 강상택, 1988, 「여말 선초의 둔전에 관한 일고찰」 『부산사학』 14·15합집 ; 김덕진, 2003, 「조선후기 관둔전의 경영과 지방재정」 『조선시대사학보』 25 ; 이강한, 2007, 「고려 후기 원 둔전의 운영과 변화」 『역사학보』 196 ; 송양섭, 2006, 『조선후기 둔전 연구』, 경인문화사 ; 신소연, 2010, 「고려 원종말·충렬왕초 원의 둔전 치폐와 여원관계」 『역사교육』 115

〈안병우·송양섭〉

둔전론(屯田論)-서유구 서유구(徐有榘)가 제안한 농업개혁론으로 둔전(屯田)을 설치하여 농촌문제를 해결하고 농업경영을 효율적으로 수행하려는 방안.

19세기 초반에 서유구는 둔전의 설치, 둔전의 경영 등을 새롭게 개혁하여 이로써 조선의 농업체제를 변혁시키는 방안을 제시하였다. 서유구의 둔전론은 「의상경계책(擬上經界策)」이라는 글에 잘 드러나 있다. 서유구는 1820년(순조 20)에 그동안 자신이 농촌생활에서 경험하고, 각종 문헌자료를 섭렵하면서 구상한 농업개혁론을 하나의 책자로 완성하였다. 당시 조정에서 양전(量田)을 실시하기 위해 여러 가지 논의가 이루어지고 있었다. 서유구는 당시 양전을 계획하고 추진하던 순조에게 올리기 위해 「의상경계책(擬上經界策)」을 작성하였다. 「의상경계책」은 서유구 자신의 농정개혁론을 체계적으로 정리해놓았는데, 그동안 농업에 대해 변통론, 개혁론으로 제시할 수 있는 것들을 묶어서 조직화시

킨 글이었다.

서유구는 「의상경계책」에서 "세상에서 쟁기를 잡고 전답에서 일하는 무리들에게 분명하게 알게 해야 한다. 전토를 이와 같이 다스리면 이치에 맞고 그렇게 하지 않으면 잘못된다는 것, 그리고 종자 파종하는 것을 이와 같이 하면 수확을 풍족히 먹을 수 있고, 그렇게 하지 않으면 굶주리게 된다는 것을 알게 해야 한다. 교묘함과 졸렬함의 나뉨이 곧 수고로움과 편안함으로 판이하게 나뉜다는 것, 그리고 잘하고 잘못하는 것의 다름이 곧 이로움과 해로움으로 현격하게 갈라진다는 것 등을 알게 해야 한다. 그런 연후에 다투어 살펴보려 하고 권장하는 것이 저절로 일어날 것이니 명령하지 않더라도 따라올 것이다. 그러므로 둔전을 늦추어서는 안된다.(使世之執耒耟而服田疇者, 曉然知. 治田, 如此則理, 不如此則荒, 種穀, 如此則食, 不如此則饑. 巧拙之相形而勞逸判焉, 善否之相違而利害懸焉. 然後競相興勸, 不令而趨. 故屯田不可緩也.[『楓石全集』 「金華知非集」 卷11, 策, 擬上經界策 ; 農政之亟宜施措者六, 六曰廣屯田以富儲蓄])"고 하여, 둔전 설치의 필요성을 지적했다.

서유구가 제시하는 둔전론은 경사둔전(京師屯田) 4곳의 설치에서 시작한다. 동서남북에 설치하는 경사사둔은 농법 뿐만 아니라 수리법도 같이 제시하여 시범을 보여주는 곳이었다. 경사둔전 4곳을 합하여 총 1,000경(頃)을 조성하는데, 10경마다 쟁기를 끌 소 4마리, 역거(役車) 2대, 그리고 농민 5인을 두어, 전체적으로 500명의 농민이 동원되는 규모였다.

소는 영남에서 동원하고, 논에서 농사짓는 농민은 경상 좌도의 백성으로, 조밭을 경작할 농민은 황해도나 평안도의 백성으로 모집하여 채우게 하였다. 또한 매 1둔전에 농무(農務)에 밝은 사람 1인을 전농관(典農官)으로 삼아 그 일을 관장하게 하였다. 그리고 여러 가지 수리기계와 농기를 제작하는 것도 경사둔전에서 담당하게 하였다.

둔전의 논에서는 경상도의 벼농사 짓는 법을 채택하여 사용하고, 밭에서는 지금 사용하는 방법을 전면적으로 바꾸어 서유구가 강조한 대전법(代田法)을 활용하게 하였다. 이렇게 하여 경사둔전에서 수확을 하게 되면 그것을 창고에 축적하고, 시행한 지 몇 년이 지나 성과를 거두게 되면 비로소 사도(四都) 팔도(八道)로 확장한다. 즉 수륙절도영의 영하둔전과 열읍도호부의 열읍둔전은 경사둔에 이어 순차적으로 설치되는 것이다. 이처럼 서유구가 제시한 둔전은 보다 현대적인 표현방법으로 성격을 규정한다면 조선적인 '농사시험장(시범농장)'에 해당하는 것이었다. 논밭을 다스리는 방법, 작물을 경작하는 방법의 기본 원리를 찾아내어, 농민들에게 교묘함과 졸렬함의 차이, 선부(善否)의 크게 차이나는 양상 등을 살펴볼 수 있게 해준다는 점에서 그러하다.

한편 농사시험장(시범농장)으로서의 둔전론은 경사둔전, 영하둔전, 열읍둔전으로 마무리되는 것으로,북방지역의 둔전은 이들과는 성격이 다른 북방지역 개발의 거점에 해당하는 것이었다. 북방둔전은 두만강, 압록강의 경계로 삼아 두 강까지 사이의 북방지역을 개척, 개발하기 위한 방책으로 제시된 것이었다. 즉 토지를 개간해서 강역을 넓히고, 곡식을 쌓아두어 변방을 근실하게 하는 것 두 가지 모두 조선에서는 하지 않고 있는데 이를 실행에 옮겨야 한다는 주장이었다. 이러한 지역개발을 추진하는 과정에서 둔전을 방편으로 삼는 것이었다. 지역이 개발된 이후에는 군읍(郡邑) 또는 진보(鎭堡)를 설치하는 과정에 이르게 되었다. 서유구는 부민(富民) 가운데 관직(官職)을 얻고자 하는 자를 활용하여 백부장(百夫長), 천부장(千夫長)으로 삼는 방안을 제시하였다. 결국 북방의 압록강, 두만강에 이르는 농사짓지 않고 묵혀두고 있는 땅을 개척하는 거점으로 둔전을 설치하고, 둔전 설치를 통해서 농업경영이 활발하게 이루어지고 많은 사람들이 이주해서 거주하게 되면 이를 일반 군읍이나 군사적인 진보로 변환시키는 것이었다.

서유구가 제시한 둔전론은 지력을 다 활용해야 한다는 전제에서 출발하는 농정개혁론이었다. 즉 농본(農本)의 강조, 중농(重農)의 실행, 그리고 농법의 변통을 바탕으로 국가재정의 보충을 겨냥한 개혁론이었다. 이를 위한 구체적인 방편이 한성부지역에 경사둔전(京師屯田)이라는 농사시험장(시범농장)을 설치하고 이를 모범으로 삼아 영하와 열읍에 둔전을 만드는 것이었다. 또한 북방둔전 설치는 군읍, 진보 설치로 이어지는 것으로 점진적인 북방 지역 개발의 방법론, 그리고 북방둔전은 지역개발의 거점(전초기지)였다.

[참고어] 서유구, 임원경제지

[참고문헌] 김용섭, 1992, 「18,9세기의 농업실정과 새로운 농업경영론」 『증보판 한국근대농업사연구 상』, 일조각 ; 김용섭, 1992, 「朝鮮後期 土地改革論의 推移」 『增補版 朝鮮後期農業史研究』 II, 일조각 ; 유봉학, 1995, 「燕巖一派 北學思想 연구」, 일지사 ; 송양섭, 2006, 『朝鮮後期 屯田 硏究』, 경인문화사 ; 염정섭, 2014, 『18~19세기 농정책의 시행과 농업개혁론』, 태학사

〈염정섭〉

뒤웅박 박을 쪼개지 않고 속을 파내어 만든 그릇으로, 물품 등을 보관하는 저장용기.

뒤웅박 농업박물관

함경도 지역에서는 뒤웅박에 구멍을 내고 속이 빈 작대기를 꿰어 씨를 뿌릴 때 사용하였는데, 옛말 그대로 '드베' 또는 '두베'라고 불렀다. 이처럼 뒤웅박은 지역에 따라 '두베'·'두벵'·'됨박'·'주름박'·'뒝박'·'뒴박'·'두룸박' 등으로 다양하게 불렸으며, 『훈민정음 해례본(訓民正音 解例本)』에서는 '드베(호(瓠))'라고 기록하였다.

완전히 영글지 않은 늦가을의 박을 자르지 않고, 꼭지 주변에 손이 들어갈 정도의 구멍을 뚫어 속을 파내어 그대로 말려 만든 바가지 형태의 그릇이다. 선반이나 마루 등에 두고 사용하거나, 입구에 끈을 달아 처마나 방문 밖에 매달아 놓고 사용하였다.

뒤웅박은 습기를 흡수하는 성질이 있기 때문에 여름철에는 도시락으로 이용하기도 하였고, 달걀 같은 것을 담아두기도 하였으며, 가을에는 메뚜기를 잡아 담는 통으로도 사용하는 등 다양한 물품들을 보관하는 저장용기로 사용하였다. 도시락이나 달걀 보관용으로 사용한 뒤웅박은 구멍을 뚫지 않고 꼭지 부분을 잘라 뚜껑으로 사용하였다. 주로 이듬해 쓸 씨앗을 갈무리해 두는 그릇으로 씨앗을 넣어 보관하였는데, 씨를 뿌릴 때도 뒤웅박을 그대로 사용하였다. 박의 크기에 따라 저장용량이 다양하지만 일반적으로 5~10리터를 담을 수 있다.

[참고문헌] 박호석 外, 2001, 『한국의 농기구』, 어문각

뒤주 수확한 곡식을 담는 나무로 만든 궤(櫃).

쌀을 담아 두는 쌀뒤주와 벼를 보관하는 나락뒤주가 있다. 쌀뒤주는 쌀을 담아두는 저장고로 나무판으로 짜서 만든 것과 통나무 속을 파내서 통 형태로 만든 것이 있다. 나무로 짠 것은 궤짝처럼 생겼으며 위쪽에 2개의 천판(天板 : 천장을 이루는 널)을 달아 절반이 열리는 뚜껑처럼 사용하였는데, 거기에 쇠장석을 달아 자물쇠를 채우게 하였다. 통나무로 만드는 것은 통나무의 속을 파내고 위와 아래에 나무판을 달았는데, 머리 부분의 한쪽을 여닫을 수 있도록 하였다. 쌀뒤주에는 50~200리터의 쌀을 담을 수 있으며, 대략

뒤주 농업박물관

한 가마(80㎏)를 담을 수 있는 것이 많았다. 부엌이나 대청마루에 놓고 사용하였는데, 자개를 입히거나 옻칠을 하는 등 고급스럽게 꾸민 것들도 있다. '쌀궤'라고 부르기도 하지만 보통은 쌀뒤주라고 불렀다.

나락뒤주는 나락을 담아 두기 위하여 야외에 집처럼 만든 뒤주인데, 땅에서 20~30㎝ 높이에 마루바닥을 설치하고 나무나 짚으로 벽을 만들어 이엉이나 기와로 지붕을 덮은 시설물이다. 크기는 농가에 따라 매우 다양한데 작은 것은 벼 10섬에서 큰 것은 수십 섬을 저장할 수 있었다. 대나무로 만든 것은 10섬 정도를 저장할 수 있었다. 한편 무속신앙에는 뒤주 속에서 죽음을 당한 사도세자의 원혼을 모시는 '뒤주대왕신'이 있는데, 평안과 재수의 신 역할을 한다.

[참고문헌] 박호석 外, 2001, 『한국의 농기구』, 어문각

등과전(登科田) 고려·조선시기 과거에 급제한 사람에게 지급한 토지.

958년(고려 광종 9)에 과거를 처음으로 실시하면서 지급했을 것으로 보인다. 급제자는 비록 당장 관직에 임명되지 않더라도 장차 관료가 될 후보자이므로 그들을 특별히 대우하기 위한 것이다. 그러나 관련 기록의 부재로 말미암아 언제, 얼마나 주었는지는 확인되지 않는다. 998년(목종 1) 12월에 제정된 개정전시과(改定田柴科)에 의해 구체적인 지급 면적이 처음으로 나타난다. 그에 따르면 제16과 제술등과장사랑(製述登科將仕郞)·명경등과장사랑(明經登科將仕郞)에게는 전(田) 27결을, 제17과 제업장사랑(諸業將仕郞)에게는 전 23결을 지급하는 것으로 되었다.

등과전은 문종 때 이르러 재정비되었다. 1076년(문종 30)에 개정된 경정전시과(更定田柴科)에서는 제15과에 속한 문림랑(文林郞)과 장사랑(將仕郞)에게 전 25결을 지급하도록 규정되었다. 문림랑과 장사랑은 각각 문종

때 정해진 문산계(文散階)의 종9품 상·하(上下)에 해당한다. 이 중에서 장사랑은 개정전시과에 보이는 제술등과장사랑·명경등과장사랑 및 제업장사랑과 동일한 것으로 보이며, 문림랑은 아마도 등과자 중에서 성적이 특히 우수한 사람에게 수여되었던 것으로 판단된다.

한편 1076년(문종 30) 12월에 내린 판(判)에 따르면, "이 달(12월)에 판하여, 나라의 제도에 제술과·명경과·명법과·명서과·명산업 출신에게는 첫 해에 토지를 지급하는데, 갑과는 20결, 그 나머지는 17결을 주도록 하고, 하론업 출신으로 의리(義理)에 통효(通曉)한 사람에게는 제2년에 토지를 지급하며, 기타 수품잡사 출신자에게는 역시 4년 후에 토지를 지급하도록 되어있다. 다만 의업·복업·지리업에는 정해진 법이 없지만 역시 명법업·명서업·명산업의 예에 의하여 토지를 지급하도록 하라.(是月, 判, 國制, '製述·明經·明法·明書·算業出身, 初年, 給田甲科二十結, 其餘十七結, 何論業出身, 義理通曉者, 第二年給田, 其他手品雜事出身者, 亦於四年後給田. 唯醫·卜·地理業, 未有定法, 亦依明法·書·算例, 給田.'[『고려사』 권74, 선거지28 과목2 숭장지전])"고 하였다. 즉 제술과(製述科)·명경과(明經科)·명법업(明法業)·명서업(明書業)·명산업(明算業) 출신자에게는 첫 해에 최우등의 성적에 해당하는 갑과(甲科)는 20결을, 그 나머지는 17결의 토지를 지급하고, 하론업(何論業) 출신으로 경전의 뜻에 통달한 자는 둘째 해에 토지를 지급하며, 그 외 수품잡사(手品雜事) 출신자도 또한 4년 뒤 토지를 지급하도록 되었다. 종전에 의업(醫業)·복업(卜業)·지리업(地理業) 출신자의 경우에는 정해진 규정이 없었는데, 이제부터 명법·명서·명산업의 예에 따라 토지를 지급한다고 했다. 새로 개정하면서 그 동안 지급 대상에서 제외되었던 출신자에게도 형평에 맞게 주도록 했다. 이때 주목되는 점은 중요하게 여겨지는 과업(科業)의 출신자 경우 첫 해부터 지급하고, 그렇지 않은 과업 출신자에게는 제2년 또는 4년 뒤에 내려주는 등의 급여 시기에 차등을 두었다는 점이다. 그리고 성적에 따라서도 토지 액수에 얼마의 차이가 났음을 알 수 있다.

그와 함께 오랫동안 과거 합격자를 배출하지 못한 지방의 공부를 장려하기 위한 조치도 베풀었다. 같은 달인 1076년(문종 30) 12월에 내린 판(判)에 따르면, "무릇 주현에서 과거방방(放榜)에 빠진지 30년 혹은 40·50년에 이르러서여 제술과나 명경과에 급제한 사람은 전 17결을 지급하고, 100년 후에 등과한 사람에게는 전 20결을 지급하며, 노비도 각각 1구씩 주도록 하였다.(文宗三十年十二月 判 凡州縣闕榜 至三十年 或四五十年 登製述·明經科者 給田十七結 百年後登者 給田二十結 奴婢各一口.[『고려사』 권74, 선거지28 과목2 숭장지전])"고 하였다. 결국 과거시험에 30년 혹은 4·50년이 되도록 급제자를 내지 못한 주·현 출신으로 제술과와 명경과에 합격한 자에게는 토지 17결을 지급하고, 100년 만에 합격한 자에게는 토지 20결과 노비 각각 1명씩을 주도록 하여 지방 공부를 장려한 것이다.

그런데 앞서 경정전시과에서는 어느 업의 급제자인지에 대한 구분이 없이 제15과에 속한 문림랑과 장사랑에 대하여 일률적으로 전 25결을 지급하였는데, 똑같은 해 내린 판문에는 갑과로 합격한 자에게는 전 20결을, 그 나머지 사람들에게는 17결을 지급하는 것으로 규정되었다. 같은 해의 기록임에도 양자에 차이가 나는 이유에 대해서는 현재로서는 알기 어렵다. 등과전의 성격은 분명히 알 수 없지만, 관료들에게 지급되는 과전과 마찬가지로 수조지일 가능성이 크다.

이 제도는 조선이 개국한 이후에도 한동안 실시되었다. '친시지전(親試之田)'·'친시등과전(親試登科田)' 등의 명칭으로 보아 친시에서 등제한 사람에게만 지급했던 것으로 보인다. 지급 규모는 확실하지 않으나 1407년(태종 7)의 친시에 을과(乙科) 제일인(第一人)에 뽑혔던 변계량(卞季良)에게 전(田) 20결과 노·비 각 1구(口)를 하사하였다. 그리고 제이인(第二人) 이하에게도 모두 차등을 두어 지급하였다. 그런데 의례로 내려준 사전(賜田)을 환수하는 조치를 취함에 따라 국가에 반납되었다. 1411년에 태종의 명에 의하여 사패(賜牌)가 수여된 뒤 다시 돌려주었으며 상속이 허용되었다. 하지만 1425년(세종 7)에 본성(本姓)에는 자손이 없고 외손만 있으면 후사가 없는 공신의 예에 따라 국가가 회수하도록 했다. 성종 때까지 존속했던 것으로 확인되나 그 이후에는 관련 기록이 없어 지급이 중단된 것으로 추정된다.

[참고어] 전시과, 개정전시과, 경정전시과

[참고문헌] 權寧國 外, 1996,『譯註『高麗史』食貨志』, 韓國精神文化研究院 ; 박용운, 2012,『『高麗史』選擧志 譯註』, 경인문화사 ; 姜晉哲, 1991, 『(改訂) 高麗土地制度史研究』, 一潮閣 ; 국사편찬위원회, 1993,『한국사 14 - 고려 전기의 경제구조』; 박용운, 2008,『고려시대사』, 一志社

〈윤성재〉

등급조사부(等級調查簿) ⇒ 지위등급조사

등급조사심득(等級調查心得) ⇒ 지위등급조사

등기부(登記簿) ⇒ 조선부동산등기령

등본농장(藤本農場)/등정관태랑(藤井寛太郎) ⇒ 후지흥업주식회사

따비 쟁기를 사용하기 어려울 정도로 돌과 나무뿌리가 많은 땅을 일구는 데 사용되던 갈이 농기구.

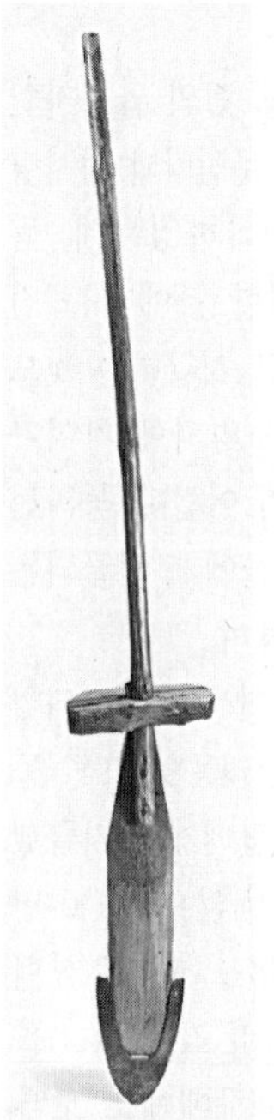
따비 농업박물관

따비의 모양은 일반적으로 안으로 굽은 몸체 하단에 주걱, 또는 말굽쇠 모양의 쇠날을 끼우고 그 위의 몸체에 발판이 달려 있고, 자루 상단에 작은 손잡이를 가로 대어 따비를 옆으로 돌릴 수 있도록 고안되었다. 흙 속에 따비의 날을 박아 자루를 뒤로 당겨 흙을 일구고 가로 손잡이를 당겨 일군 흙덩이를 뒤집는 방식으로 갈이 작업이 이루어진다.

초기 농경시대 굴봉(掘棒)으로부터 쟁기로 발달하는 중간과정의 농기구로서, 춘경(春耕)과 추수기의 제사의식이 묘사된 청동기에 등장할 정도로 따비는 유래가 오래된 대표적인 재래 농기구이다. 기원 전후부터 철제 따비날이 출토되기 시작하는데 5세기 이후로는 쟁기 등이 따비의 기능을 대신하면서 출토 철제 농기구 가운데 따비의 비중이 줄어들기도 하였다. 20세기 들어서는 제주도 등의 일부 도서 지방과 해안지방에서만 사용되고 있다. 일반적으로 한국의 따비는 날이 한 개인 외날따비와 날이 두 개인 쌍날따비로 나뉘며, 날의 모양에 따라 주걱형, 말굽쇠형, 송곳형, 코끼리 이빨형(쌍날따비)으로 구분되는데 주걱형, 말굽쇠형이 다수를 차지한다. 쌍날따비는 중국에서 2세기 이후 사라졌음에도 한국에서는 제주도에서 근래까지 사용되었다. 지역에 따라, '따부', '따보', '때비', '탑', '보습'으로도 불리며, 따비로나 갈만한 작은 밭을 '따비밭'으로 지칭하기도 한다.

따비를 다루는 문헌자료에서 주로 등장하는 한자어 표기는 뢰(耒)와 사(耜)였다. 『농사직설(農事直說)』(1429)에 향명(鄕名)이 '地寶'로 하는 뢰(耒)로 소개되고 있으며, 『훈몽자회(訓蒙字會)』(1527)에는 '짜보릐 耒', '짜보ᄉᆞ 耜'로 표기되었고, 『신증유합(新增類合)』(1576)에서도 '짜부뢰 耒', '보심ᄉᆞ 耜'로 등장하고 있다. 『물보(物譜)』(1820) 또한 '짜뷔자루 耒', '짜뷔날 耜' 표현이 등장한다.

한편 『증보산림경제(增補山林經濟)』(1766)에서는 '뢰거(耒耟)', 『재물보(才物譜)』(1798)에서는 '짜븨 踏犁'로 표기하고 있는데, 이러한 용례는 다른 문헌에서 볼 수 없다.

종래 따비를 의미하는 뢰(耒)와 사(耜)에 대해 뢰(耒)는 연장의 상부, 사(耜)는 쇠날 부분을 가리킨다는 의미로 해석되어왔으며, 『임원경제지(林園經濟志)』(1827년경)에서 서유구(徐有榘)는 뢰(耒)는 우리나라의 '짜뷔'라는 견해를 제시하였다. 20세기 들어 쓰쭝슈(徐中舒), 아마노 모토노스케(天野元之助) 등 농학자들의 연구 결과 애초부터 뢰(耒)와 사(耜)는 별개의 형태를 지닌 따비의 두 종류로서 뢰는 코끼리 이빨형, 사는 말굽형 따비에 해당한다. 다만 농학에 해박한 지식을 지닌 서호수(徐浩修, 1736~1799)조차 『해동농서(海東農書)』의 '짜뵈 長鑱' 항목에서 중국의 농서인 『농정전서(農政全書)』의 그림과 설명을 그대로 옮겨 놓고 조선의 따비에 대한 아무런 언급도 없었던 것처럼, 조선시기 농기구를 설명하는 많은 농서들이 우리나라의 따비를 조사하여 뢰(耒)와 사(耜)를 구분하여 사용하였을 가능성은 극히 적으므로 뢰(耒)에는 통용되던 여러 형태의 따비를 통칭한 것으로 이해할 수 있다.

[참고어] 굴봉, 장기

[참고문헌] 金光彦, 1986, 『韓國農器具考』, 韓國農村經濟硏究院 ; 朴虎錫, 1994, 「韓國 따비에 관한 考察」 『韓國의 農耕文化』 4, 경기대학교박물관 ; 정연학, 2003, 『한중농기구 비교연구-따비에서 쟁기까지-』, 민속원

〈정희찬〉

땅임자/땅님자 ⇒ 지주

ㄹ

뢰사(耒耜) ⇒ **따비**

리(里) 한국, 중국, 일본 등 동아시아에서 전근대시대에 사용했던 길이의 단위.

리는 고대 중국의 도량형(度量衡) 단위계인 척관법(尺貫法)에 의한 길이의 단위이다. 척관법은 고대 중국 문명의 영향을 받아온 동아시아 각국에서 널리 사용하였으며, 한국에서도 고대부터 일상생활에 사용되었다. 오늘날 길이의 법정 계량단위로 리는 거의 사용하지 않고, 미터(m)를 사용하고 있다. 1리의 길이는 조선시기 세종 때는 374.31미터(m), 조선 후기에는 540미터(m), 대한제국 때는 420미터(m)로 바뀌어 왔다. 현재 국가표준으로 1리는 392.727273미터(m), 약 400미터(m)이다. 1875년 국제미터협약에서 전 세계적으로 미터법을 사용하기로 협약을 체결하였다. 대한제국에서는 1902년(광무 6) 궁내부(宮內府)에 도량형에 관한 사무를 관장하기 위해 평식원(平式院)을 설치하고 도량형규칙을 제정하였다. 1905년 대한제국 법률 제1호로 도량형법을 제정 공포하여 척관법을 미터법과 서양에서 사용하는 야드-파운드법과 혼용하도록 하였다.

[참고어] 도량형법

[참고문헌] 이규철·전봉희, 2009, 「개화기 근대적 도량형의 도입과 척도 단위의 변화」『대한건축학회지』 25권, 대한건축학회

리유지(里有地) ⇒ **면동리유재산**

ㅁ

마름(舍音) 조선 후기 이래 소작인과 지주 사이에서 지주 대신 소작인을 감독하고 소작료를 징수하는 등 소작지 관리를 위임받은 사람.

『대명률직해』(1395)에 나타나는 '사주(舍主)'는 관장(管莊)으로 기록되어 있다. 관장은 왕실의 사유지 장전(莊田)을 관리하는 사람으로 관장인(管莊人)이라고도 한다. 관장인은 지주로부터 소작권을 위임받아 농장을 관리하는 사람을 가리킨다. 사주는 후대의 마름으로 이어진다. 조선 후기 토지사유제가 발달하고 이에 따른 토지집적으로 대토지 소유자가 등장하면서 마름이 등장하였다. 궁장토에도 중간관리자인 마름이 나타났다. 개항 이후 마름의 존재영역은 더욱 확대·발전하였다. 관리·상인이 미곡상품화에 편승하여 부의 증식을 위해 토지에 대한 투자를 본격화하면서, 이로 인해 대지주층이 형성되었기 때문이다. 일제시기 식민통치 하 사회구조적 변동에 따라 마름도 동태적인 변화를 보였다.

이러한 마름이란 지주로부터 소작지의 관리·감독 및 조세의 징수를 위임받은 토지관리인이다. 물건을 재고 마른다고 하는 뜻의 순우리말로서 한자로는 사음(舍音)이라고 표기한다.

소작지 관리인의 명칭은 경상·전라·충청에서는 마름으로 불렸으며 함경도에서는 농막(農幕)·농막주인(農幕主人)이라는 말이 사용되었다. 평안도 지역에서는 수작인(首作人)·대택인(大宅人)이라는 용어로 쓰이기도 한다. 그 외에도 입작인(立作人)·농수(農首)·식주인(食主人)·지심(指審)·간사인(看事人)·곡주인(穀主人)·도작인(都作人) 등이 있다. 일본의 '차배인(差配人)'과 같다. 동양척식회사의 등장과 함께 농감(農監)이라는 명칭이 새로이 등장하게 된다. 동척은 물론이고 일본인 농장에서는 지역사정에 밝은 기존 한국인 마름을 지주경영·농장관리에 적극적으로 활용하였다. 이 경우 마름이나 농감은 종래와 같이 소작인에 대한 막강한 권한과 영향력을 행사하지 못했으며, 농장직원의 감독통제를 받는 농장과 소작인을 매개하는 농장에 고용된 중간관리자에 불과하였다. 일본인 농장들은 대체로 소작인의 원성을 일으키는 마름제도 대신에 소작인조합 또는 경작조합을 통해 소작인을 관리해갔는데, 이 경우 기존 마름을 소작인조합 총대나 농감으로 삼아 농장직원을 보좌하게 했다. 그럼에도 불구하고 지주경영의 한 구성물로서의 마름이나 농감은 경제적, 경제외적 관계의 힘을 발휘하는 위치에 있었다. 일제시기 소작인관리인의 명칭으로 농무원(農務員)·구장(區長)·지부장(支部長)·총대(總代) 등이 나타났다.

마름은 상층부의 도(都)마름과 하층부의 해(該)마름·지(支)마름으로 구성된 구조를 띠고 있었다. 도마름은 지주로부터 직접 토지관리의 위탁을 받은 자이며 해마름·지마름은 다시 도마름으로부터 토지관리를 위임받은 부대리인(複代理人)이다.

지주가 마름을 두는 경우는 여러 가지가 있다. ① 주로 영세소작농을 토대로 지주경영을 하는 대지주 및 궁방·부재지주의 경우, 중간 소작관리자인 마름을 필연적으로 요구하였다. 이외에도 ② 지주가 상공업 및 그 외 다른 업무에 종사하는 경우, ③ 회사 소유자 또는 일본인 지주로 농업 사정을 잘 모르는 경우, ④ 지주가 나이가 어린 유소년이거나 혹은 부녀자일 경우, 드물지만 ⑤ 지주가 문자를 해독하지 못하는 경우에 지주는 소작지의 중간관리자로 마름을 두었다. 이는 대체로 지주가 현지 농업사정에 정통하고 농업경영에 관심을 갖고 있었다기보다 토지 투기를 통한 소작료 수취에만 관심을 가지고 있었을 가능성이 높았던 당시의 사정에 기인한다. 따라서 소작농민과 같이 현지에 거주하며 그 지역의 농업상황과 그 내력을 잘 아는 마름이 지주와 소작농민 사이에서 소작지를 관리했던 것이다.

마름의 임무는 ① 소작료의 징수 및 징수보조·관리, ② 소작인·소작지·농경의 순회지도 감독 및 조사, ③ 지주·소작인의 제통지의 전달, ④ 소작료의 감면·증징에 관한 조사 또는 입회 및 실시, ⑤ 소작인 및 보증인의 신용조사 및 지주에게의 의견진술, ⑥ 소작권의 이동 및 소작계약의 직접 혹은 대리 체결, ⑦ 지주로부터의 급여품 보관·배급과 대부한 소작지의 종자 비료의 구입·알선·보관·배급, ⑧ 소작인에게 전가된 소작지의 공조공과(公租公課)의 징수·납입, 미납의 대납, 기타 지주의 토지사무 대리, ⑨ 지주 또는 소작인이 부담하는 소작지 및 소작지에 부대하는 각종 시설물의 수선개량 혹은 제거작업 등의 감독, ⑩ 지주가 대부한 금품 및 이자의 징수, ⑪ 소작인에게 배급한 채종포(採種圃) 등의 경영, ⑫ 징수 소작료의 매각 알선, ⑬ 지주의 가사 또는 재산상의 관리, ⑭ 미납 소작료의 대납 및 보충, ⑮ 토지 매각·구입의 알선, ⑯ 소작인이 사용하는 비료 농구의 공동구입 알선 등이다. 이렇듯 마름은 지주를 대신해 광범위한 관리권을 행사했다.

소작관리계약을 문서로 하는 경우 마름의 임무가 나름대로 명기되어 그 임무에 대해 지주는 일정하게 규제할 수 있었다. 이에 따라 지주들은 마름을 통해 소작농민에 대한 수탈을 대리시키고 소작농의 저항도 중간에서 제어함으로써 소작농민에 대한 착취를 용이하게 실행할 수 있었던 것이다. 하지만 추상적인 구두약속이 많았으므로 대부분의 경우 마름의 역할은 관행에 의해 이루어졌다. 특히 ④, ⑤, ⑥과 같은 소작료 증감에 대한 조항이나 소작권의 이동 및 해약을 다루는 조항은 소작농민에 대한 마름의 자의적인 수탈 여지를 충분히 제공하고 있다. 또한 많은 지주가 부재지주로 소작현장에 익숙하지 못했기 때문에 마름이 소작관리 과정에서 지주의 간섭을 받을 여지는 적었고 소작농민을 관리·지배할 수 있는 소지는 컸다. 그러므로 지주는 자신의 지주권을 침해받지 않기 위해 소작지를 원활히 관리할 수 있는 소작농민으로 신용있는 독농가(篤農家), 친척관계에 있는 자, 친교가 있는 자, 상당한 재산과 생활 여유가 있는 자 등을 마름으로 삼으려 했다.

마름의 계약기간은 보통 3~5년, 길게는 10년 이상으로 대체로 1년 정도였던 소작계약기간에 비하면 길다. 지주측은 계약기간의 유무에 관계없이 마름이 관리상 계약 및 관행을 위반한 경우 일방적으로 계약을 해제할 수도 있었다.

마름의 보수는 현물·마름답(畓)·금전 등으로 하였다. 현물로 하는 경우가 보편적이었고 거의 벼로 지불했다. 지주가 마름답을 제공할 경우 소작료를 면제하거나 감면했다. 이외에 금전으로 하는 경우도 드물게 있었다. 보수액 산출은 크게 소작료를 기준으로 한 경우와 소작지 면적을 기준으로 하는 경우가 있는데, 그 보수 정도는 소작료 1석당 1~5승 정도이거나 소작료의 1할까지 상당하는 경우도 있었다. 마름의 보수는 지주가 부담하는 경우가 많았다. 지주가 마름의 보수를 지급할 때는 평년의 예정 수입 소작료를 기준으로 정액 보수를 정하든지 소작지가 넓은 경우 전체 소작료의 일부로 하는 경우도 있었다. 마름이 소작농민으로부터 보수를 징수할 때는 두세(斗稅)·장세(場稅)·색조(色租) 등에 의해 징수했다. 또 지주와 소작농민 양자가 부담하는 경우 타조는 두세·장세·색조 등으로 먼저 제한 뒤에 각자가 부담하고, 간혹 정조·타조·집조에 관계없이 각기 예정 보수액의 반반씩 부담하기도 했다. 그러나 마름 중에는 무보수 마름도 있었다.

1930년도 통계에 의하면 농업에 종사하는 마름 중 지주가 1,136명, 자작농이 8,496명, 자소작농이 5,330명, 소작농이 14,533명으로 소작농이 반 정도를 점하고 있다. 마름의 경제적 처지는 그다지 좋은 편은 아니었지만 점차 지주나 자작농으로 경제적 상승을 꾀하는 모습이 나타난다. 또한 이 당시 총 소작지 면적 중 마름 등 중간관리인이 관리한 면적의 비율을 살펴보면 전국적으로 24.1%에 이르는데 이 중 경상도를 제외한 지역에서는 49%에 가까운 소작지가 마름 등의 소작관리인의 관리영역에 있었다. 논의 경우 좀 더 높은 비율의 소작지가 관리인의 관리영역에 있었다. 총 소작농민 중 마름 등의 소작관리인에 소속된 소작농민 수의 전체 소작농민에 대한 비율은 경기도는 86%, 중남부지역의 경우 50%정도였으며 전체적으로는 38.3%에 이른다. 이는 적지 않은 소작농민이 중간관리인인 마름의 관리 및 간섭 하에 있었음을 의미한다.

[참고어] 간평원, 농막인, 도마름

[참고문헌] 조선총독부, 1932, 『朝鮮の小作慣行』(上) ; 주봉규, 1977, 「일제하 사음에 관한 연구」『經濟論集』 16-3 ; 김용섭, 1992, 『한국근현대농업사연구』, 일조각 ; 최석규, 1995, 「일제시기 마름을 둘러싼 소작문제」『인하사학』 3 ; 김상윤, 2013, 「古制 語彙 '舍音'(마람) 小攷」『인문과학연구』 36 〈고나은〉

마상초(馬上草) ⇒ 행심책

마스토미농장(桝富農場) 1906년 일본인 마스토미 야스자에몬(桝富安左衛門, 1880~1934)이 전라북도 김제군 월촌면 월봉리에 세운 농장.

마스토미는 일본 후쿠오카현(福岡縣) 모지(門司) 출신으로 모지상업학교(門司商業學校)를 거쳐 와세다 대학(早稻田大學) 상과를 중퇴하였다. 러일전쟁 출정 중 조선농업의 경제적 유망함을 직접 확인하고, 1905년 12월 군에서 제대하자마자 조선농업경영에 뛰어들었다. 일본보다 현저하게 저렴한 지가, 고율소작료의 소작관행, 그 위에 적당한 수리시설을 갖추고 일본식 농법을 적용한다면, 조선농업의 수익성은 확실하다고 보았다. 1906년 6월 군산에 들어온 마스토미는 당시 군산과 옥구군 일대에서 토지브로커로 활동하고 있던 모지상업학교 동창생 구마모토 리헤이(熊本利平)를 통해 280정보의 농지를 헐값에 매수하고 김제군 월촌면 월봉리에 농장 거점을 마련하였다.

마스토미농장의 목표는 미곡증산과 고율소작료에 입각한 지주수익의 극대화에 있었기에, 소작인에 대한 엄격한 관리감독과 일본식 농사개량에 진력하였다. 농장은 소작쟁의를 사전에 차단하고 농장경영의 안정화를 위해 소작인 선정과정에서 소작인의 품성과 성질을 매우 중시하였다. 면밀한 실지조사를 거쳐 온순근면한 자로 가려 뽑았으며, 각 구역별 마름들은 농사상황 전반과 소작인의 행동을 일일이 평가한 '소작인근태부'를 작성하여 농장에 보고하였다. 농장측은 이 내용에 근거하여 소작계약의 연장여부를 결정하였다. 마스토미농장의 소작권 박탈 비율은 1919년 19%, 1921년 21%였다. 소작계약은 1년이었고, 소작료 불납 시에 대납할 책임을 지는 연대 보증인을 세우게 했다.

농장은 소작인 5인을 1조로 하는 소작인조합을 만들고, 마름이 소작인조합을 통해 소작인관리 감독을 조직화하였다. 마스토미농장은 3개의 대구역, 40개의 소구역으로 나누고, 각 소구역마다 1명의 마름을 배치하였다. 농장은 농장지배인-농장직원-마름-소작인조합-소작인으로 내려가는 수직적 지배구조를 구축하여 모든 영농과정을 철저하게 장악해갔다. 소작인 1인당 평균 경작면적은 1정보 이하로 영세했고, 영세한 만큼 농장에 대한 예속성은 강했다. 소작료징수는 집조법이었고, 소작지의 전대와 소작권 매매는 금지되었다. 소작미를 농장에서 지정한 규격으로 포장하여 김제역과 태인역 앞에 설치된 소작료 수납소에 지정한 날까지 납부하도록 했다. 마스토미농장은 소작료납부 상황표를 작성하여 각 구역 간 경쟁을 붙였으며, 소작료 수납성적이 좋은 마름을 표창하였다. 소작료 수납실적에 따라 마름 수수료를 지불하였다.

〈마스토미농장의 토지소유면적(단위: 정보)〉

	1910년	1925년	1929년	1930년	1936년	1939년
논	318.3	530.0	516.3	516	353	355.0
밭	52.4	98.4	85.7	85	34	25.8
기타	-	30.0	10.2	10	-	-
합계	370.7	658.4	612.2	611	387	380.8

출처 : 이규수, 1910, 「일본인 지주 마스토미 야스자에몬(桝富安左衛門)과 '선의(善意)의 일본인론' 재고」 『아세아문화연구』 19, 174쪽.

마스토미농장은 체계적인 노무관리를 토대로 미곡증산을 위한 일본식 농사개량에 매진하였다. 농장 안에 시험답·파종답·감독답을 설치하여 지역토질에 맞는 일본 벼의 품종개량에 신경을 썼다. 그런 시험을 거친 일본 벼 품종을 소작인들에게 강제했고, 시비도 독려하였다. 종자대와 비료대는 농장과 소작인이 각각 절반씩 부담했다. 고율소작료에 기초한 지주경영의 높은 수익성에 힘입어 마스토미가 사망하는 1934년 전후까지 농장의 소유지는 꾸준히 늘어났고, 소작인 수도 350~620여 명에 달했다.

부인의 영향으로 독실한 기독교신자가 된 마스토미는 농장수익을 바탕으로 종교사업과 교육사업을 주도하면서 지역유력자로 행세하였다. 1911년 12월부터 경영하기 시작한 11정보 규모의 고창군 사과과수원은 일본까지 팔려나갈 정도로 뛰어난 맛을 자랑했으며, 과수원 수익은 오산고등보통학교와 하오산교회(나중에 오산교회로 개명)의 운영자금, 농장소작인을 대상으로 하는 선교잡지 『성서지강의(聖書之講義)』(나중에 『성서지연찬(聖書之硏鑽)』과 『복음과 현대』로 개명)의 발간자금으로 사용되었다. 1922년 과수원사업의 부진으로 마스토미가 오산학교를 폐교하기로 결정하자, 고창군민들은 모금활동을 통해 학교를 인수하고 고창고등보통학교로 개명하여 새롭게 출범하였다. 1932년 지역의 조선인 지주 홍종철(洪鍾徹)에게 과수원을 매각하였다. 농장지주로서의 마스토미와 기독교 신자로서의 마스토미에 대한 엇갈린 평가가 공존한다.

[참고어] 구마모토농장, 마름, 소작인조합, 동태적 지주

[참고문헌] 大橋清三郎, 1915, 『朝鮮産業指針 上 下』; 鎌田白堂, 1936, 『朝鮮の人物と事業 第1輯 湖南編』, 實業之朝鮮出版部 ; 이규수, 2009, 「일본인 지주 마스토미 야스자에몬(桝富安左衛門)과 '선의(善意)의 일본인론' 재고」 『아세아문화연구』 19 〈이수일〉

마전(馬田) 조선시기 교통·통신기관이었던 역에 말을 사육하는 대가로 지급했던 토지.

마위토(馬位土), 마위전(馬位田), 마청답(馬廳沓), 마토(馬土)라고도 한다. 역마를 사육하는 대가로 입마(立馬) 대상자인 역리·역졸 등에게 대마(大馬)는 7결, 중마(中馬)는 5결 50부, 소마(小馬)는 4결씩 지급되었다.[『경국대전』「호전」, 제전 ; 늠전] 마전은 관유지였으며, 역졸들에게 경작하게 해서 그 생산물을 세금 없이 모두 그들의 경비에 충당토록 한 자경무세(自耕無稅)의 토지였다. 그러나 일반적으로 먼 거리에 흩어져 있었기 때문에 마호들의 자경보다는 전대하여 지대를 수취하는 지역이 많았다. 이때 마위전의 경작권을 가진 자를 마호주(馬戶主)라 한다.

조선 후기에 마위전으로 지급할 토지가 부족해짐에 따라 마호에 대해 급복(給復)을 시행했다. 이로써 마위전은 면부세지(免賦稅地)가 되어 국역부담이 줄었으며, 마호는 이를 소작제로 경영하기도 하였다.

갑오개혁기 근대적인 우편체제가 마련되면서 역제가 폐지되자 마위전은 국유로 귀속되었고, 마호들의 의무와 권리도 해제되었다. 이같은 제도 개편으로 인해 사실상 소유화가 진행되었던 마전에서 지세와 지대를 모두 납부해야 하는 상황이 발생했고, 이는 소유권 분쟁과 납세 거부 운동이 일어나는 배경이 되었다. 또한 대한제국 정부에서는 1900년 역둔토를 내장원으로 귀속시켰고, 내장원이 수입 확대 차원에서 지대수취를 강화해가자 분쟁이 더욱 격화하였다. 1908년 탁지부 소관 하의 국유지로 편입되었다. 이후 일제는 토지조사사업을 통해 분쟁을 강권적으로 마무리하고 대부분 국유지로 처리하였다.

[참고어] 늠전, 역전, 복호, 급복, 무세지

[참고문헌] 鄭肯植·田中俊光, 2006,『朝鮮不動産用語略解』, 한국법제연구원(朝鮮總督府, 1913, 『朝鮮不動産用語略解』) ; 김양식, 2000,『근대권력과 토지』, 해남 ; 조석곤, 2003,『한국 근대 토지제도의 형성』, 해남 ; 서태원, 2007,「한말 진천군 역토의 구조와 운용」『광무양안과 진천의 사회경제변동』, 혜안 〈고태우〉

마전(麻田) 통일신라시기 촌락 공동으로 마를 재배하던 토지.

마전은 신라촌락문서(新羅村落文書)와 『삼국사기』 열전 소나조(素那條)에서 보인다. 먼저 신라촌락문서의 용례는 다음 표와 같다.

〈신라촌락문서에 나타나는 마전의 용례〉

沙害漸村	合畓百二結二負四束 以其村官謨畓四結 內視令畓四結 烟受有畓九十四結二負四束 以村主位畓十九結七十負 合田六十二結十負五束竝烟受有之 合麻田一結九負
薩下知村	合畓六十三結六十四負九束 以其村官謨畓三結六十六負七束 烟受有畓五十九結九十八負二束 合田百十九結五負八束 竝烟受有之 合麻田一結
○○○村	合畓七十一結六十七負 以其村官謨畓三結 烟受畓六十八結六十七負 合田五十八結七負一束 竝烟受有之 合麻田一結□負
서원경 ○○村	合畓卄九結十九負 以其村官謨畓三結卄負 烟受有畓卄五結九十九負 合田七十七結十九負 以其村官謨田一結 烟受有田七十六結十九負 合麻田一結八負

촌락문서에 기재된 마전의 면적이 각 촌에서 모두 1결 정도로 균등한 것으로 볼 때, 마전은 관모답전(官謨畓田)의 경우와 같이 국가의 정책에 따라 각 촌에 일률적으로 설정된 것으로 추측할 수 있다. 그런데 마전의 귀속관계나 생산물에 대한 과세 여부 등이 기록되어 있지 않아 그 성격을 알기 어렵다.

한편 『삼국사기』 소나조에 아달성의 주민들이 날짜를 정하고 일제히 나가서 삼을 심었다는 기록이 있으므로, 이를 근거로 마전은 촌락의 농민들이 공동으로 경작하는 토지였다고 보기도 한다. 공동으로 삼을 심는 날이 정해져 있으며 촌락민은 이를 어기지 못하였다는 것이다.

그러나 이와 달리 촌락문서에 보이는 마전의 면적은 각 촌마다 '합마전(合麻田)'이라는 방식으로 기록되어 있으며, 이는 각 가호에서 소유하고 있는 소규모 마전의 합계라고 보아야 한다는 견해도 있다. 특히 소나조의 기록에 대해서는 당시 675년은 전쟁시기이므로 변경의 약탈을 방지하기 위해 개별적으로 밭에 나가기보다는 한 날을 정하여 경작한 것이라고 보았다. 그러므로 이러한 사례로 당시 농업경영방식을 촌락공동체 경영으로 논할 수 없다고 본 것이다.

마전에서 생산된 마는 공물의 형태로 과세되었다. 삼국시기 과세 관련 기사는 『수서(隋書)』, 『주서(周書)』, 『북사(北史)』에 보이는데 고구려, 백제, 신라의 제도상의 차이도 있고, 시대적인 차이도 있겠지만 이에 따르면 수취 내용이 속(粟), 곡(穀), 견(絹), 포(布), 견포(絹布), 세포(細布)이다. 그러므로 마전의 생산물 역시 당시 과세 대상이었다고 사료된다.

[참고어] 신라촌락문서, 관모전답, 촌주위답, 내시령답

[참고문헌] 박찬흥, 2001,「신라중·하대 토지제도 연구」, 고려대학교대학원 박사학위논문 ; 安秉佑, 1992,「6~7세기의 토지제도」『한국고대사논총』4, 가락국사적개발연구원 ; 이경식, 2004,『한국 고대 중세초기 토지제도사』, 서울대학교출판부 ; 李仁在, 1995,

「新羅統一期의 土地制度 硏究」, 延世大學校大學院博士學位論文 ; 李仁哲, 1996, 『新羅村落社會史 硏究』, 일지사 〈백영미〉

만기요람(萬機要覽) 서영보(徐榮輔)·심상규(沈象奎) 등이 왕명에 의해 18세기 후반기부터 19세기 초까지의 왕조 재정과 군정에 관한 사항을 정리한 책.

초본(草本)을 그대로 이용했으나 간행하지는 않았다. 완성된 시기는 알 수 없으나, 관찬 사서의 기록이나 수록된 통계자료로 볼 때 1808년(순조 8) 무렵으로 짐작된다. 책의 권수는 사본(寫本)에 따라 일정하지 않으나 집옥재본(集玉齋本)을 기준으로 보면 재용편은 6편 62절목, 군정편은 5편 23절목으로 분류·서술했다. 각 항목마다 간략한 연혁과 각종 통계자료, 법규 등을 수록함으로써 각 관청과 제도의 실상을 한 눈에 볼 수 있게 했다.

「재용편」의 권1은 공상(供上)과 각공(各貢)으로 궁중과 관아의 경비를 다루었다. 공상은 왕과 왕후, 그밖에 왕가에서 사용하는 물품 230여 종의 값과 전체 액수를 기록했다. 각공은 선혜청 57공(貢)과 진휼청·상평청·균역청 산하의 17공을 통하여 각 관아에 나누어주는 500여 종의 공물 및 공가(貢價)를 기록했다. 권2에는 전결과 각종 세제에 관한 규정을 수록했다. 전결에서 전제(田制)와 양전법, 각 도의 전결수를 밝히고, 이어 연분(年分)과 수세(收稅)의 원칙, 면세 규정 및 면세전답의 결수를 기록했다. 조전(漕轉)에서는 조창(漕倉), 조전의 규칙 등을 서술했다. 이어서 녹봉인 요록(料祿)과 삼수미(三手米)·무세(巫稅)·장세(匠稅)·삼포(蔘布) 등의 세제를 설명했다. 권3은 대동법·균역법과 관련되는 내용을 서술했다. 호조공물과 대동작공에서는 대동법의 시행과 관련해 각 도에서 상납해야 하는 대동미·목·전의 양과 수조(收租)의 방식을 설명했다. 이어 균역법과 그 급대책에 대한 전반적 상황이 서술되어 있다. 권4에는 주전(鑄錢)·용전(用錢)에 관한 사항과 각종 광물의 채굴 및 용도, 또한 호조와 선혜청의 영조·정조·순조 대의 1년 세출과 세입의 상·중·하년의 실례를 들었다. 이어서 중요 재정관청의 각 사례와 강계지방의 세삼(稅蔘)관계를 기록했다. 권5는 각종 재정 및 노동력 동원정책과 시전을 비롯한 국내 상업활동, 청나라·일본 등과의 각종 국제무역과 비용규정에 관한 사항들이 서술되어 있다. 권6은 환총(還摠)과 제창(諸倉)으로 전국의 각종 환곡에 관한 사항들과 중앙과 지방의 중요 창고시설을 기록했다.

「군정편」의 권1은 5위(五衛)·호위청·비변사 등 군무를 관장하는 주요기관의 설립경위와 제도의 변화과정과 기능, 직제에 관해 기록했다. 경영진식(京營陣式)에서는 국왕이 5군영을 사열할 때 각 군영의 배치를 설명했고, 형명제도(形名制度)에서는 각종 군기(軍旗) 및 신호용 기구를 설명했다. 조점(操點)은 군사조련에 관한 내용, 봉수(烽燧)와 역체(驛遞)에서는 군사상의 교통·통신에 관한 내용을 서술했다. 비변사에서는 조선 후기의 가장 중요한 관서의 하나인 비변사의 직제, 회의규정, 각종 관할 사항의 각종 규정과 재정 등에 대하여 밝혔다. 권2에는 병조의 설치경위와 임무, 직제, 정원, 기능 및 운영에 관한 각종 규정과 구체적 사례와 서식을 기록했다. 용호영과 훈련도감에 대해서도 설치연혁 및 정원, 선발·조련과 각종 규정, 재정 등에 관하여 서술하고 있다. 권3은 금위영·어영청·총융청의 설치연혁, 정원 및 배치, 취재(取才), 조련과 구체적 임무, 재정 등에 관하여 서술하고 있다. 권4는 관방(關防)·해방(海防)·주사(舟師)에 관해 서술되어 있다. 관방에서는 한성을 비롯해 개성부·수원부·강화부·광주부와 전국 8도의 성곽을 비롯한 방어시설, 주요 방어요충지를 기록했다. 해방에서는 해안방어를 위한 요충지를 기록하고, 압록강과 두만강, 일본에 이르는 해로를 명하고 있다. 주사에서는 삼도통어영(三道統禦營)·경기수영(京畿水營)·삼도통제영을 비롯한 각처의 수영에 관해 속읍(屬邑)·속진(屬鎭)·병선(兵船)·병력 등을 기록했다. 이어서 전선(戰船)의 개조 연한 등을 밝혔다. 권5는 육진개척(六陣開拓)·백두산정계(白頭山定界)·폐사군사실(廢四郡事實)·원주사실(原州事實)·가도시말(椵島始末) 등으로 조선왕조가 개국된 이래 일어난 국방관계의 주요사실들을 정리했다.

조선총독부 중추원에서는 이 사본 중 집옥재본을 기본으로 삼아 교감작업을 거친 다음 1938년에 활판으로 간행하였다. 또한 민족문화추진회(현 고전번역원)에서는 1971년에 한글로 번역해 간행하였다. 이 책은 19세기 초엽을 중심으로 한 조선 후기의 경제사뿐만 아니라 군사 제도 및 군사 정책을 연구하는 데에 있어서 매우 중요한 사료이다.

[참고문헌] 정석종, 1969, 「만기요람」『한국의 고전백선』, 동아일보사 ; 김규성, 1971, 「만기요람해제」『국역만기요람』, 민족문화추진회 〈정두영〉

만년제(萬年堤) 경기도 화성시 효행로[안녕동]에 있는 제방(堤防).

만석거(萬石渠, 정조 19년 수축)와 축만제(祝萬堤, 정조 23년 수축)와 함께 정조 대 화성에 수축된 3대 제언 중 하나로, 현륭원 남쪽 3리 지점에 위치해 있다. 만년제는 이전부터 있었던 방축수(防築藪)라는 제언을 1795년(정조 19)에 개칭한 것이었다. 이후 1798년(정조 22) 2월 13일에 증축이 시작되어 같은 해 4월 15일에 완공되었는데, 공사비도 상당했을 뿐만 아니라 이전에 비해 훨씬 확대된 규모로 완성되었기 때문에 실질적인 만년제의 축조를 1798년으로 보기도 한다.

정조는 경기도 양주군 배봉산에 있던 사도세자의 영우원(永祐園)을 수원시 화산(華山) 아래로 옮겨 현륭원(顯隆園)이라 개명하는 한편, 화산 북쪽에 있던 읍성을 팔달산 아래로 옮겨 신도시를 조성한 뒤 화성(華城)으로 고쳐 부르게 했다. 또한 현륭원과 화성의 경영을 위한 경제적 기반의 확보와 백성 생활안정을 목적으로 둔전(屯田) 및 제방을 설치했다. 이로써 수축된 만년제등의 제언과 대유둔(大有屯), 서둔(西屯) 등의 둔전은 화성 건설과 운영에 담긴 정조의 권농책을 보여주는 중요한 사적으로 평가된다.

[참고어] 수리, 제언, 천방, 만석거, 축만제, 정조

[참고문헌] 최홍규, 2007, 「만년제의 수축과 역사적 의의」『경기사학』 10 ; 염정섭, 2010, 「18세기 말 화성부(華城府) 수리시설 축조와 둔전(屯田) 경영」『농업사연구』 9

만석거(萬石渠) 1795년(정조 19) 정조의 왕명으로 화성(華城) 성역(城役)을 중단하고 축조한 저수지.

장안문 북쪽 지역의 황무지를 개간하여 둔전(屯田)을 조성하면서 안정된 둔전 경영을 위해 축조하였다. 1794년(정조 18) 전국적으로 극심한 한재(旱災)가 발생하자, 정조는 10월 19일 화성 성역의 계속 진행여부를 제신(諸臣)과 논의했다. 이 자리에서 정조는 화성 성역의 중단 문제를 제기한 반면, 채제공(蔡濟恭)은 첫째 성역을 일으키는 것이 구황(救荒)의 한 방법이라는 점, 둘째 한번 공사를 중단하였다가 다시 시작하려면 수고와 비용이 많이 들어간다는 점에서 정역(停役)에 반대하였고, 좌의정 김이소(金履素), 우의정 이병모(李秉模) 및 여러 비당(備堂)도 정역을 반대하는 의사를 표명하였다. 다만 행부사직 이재학(李在學), 우윤 서유신(徐有臣), 예조 참의 윤행임(尹行恁) 등 몇몇 인사만 정조의 정역 주장에 찬성의 뜻을 나타내었다.

정조는 성역을 계속 진행하기에 경제적인 어려움이 상당하다는 문제점을 지적하면서 화성 지역에서 재원을 마련할 방도를 강구해야 한다고 논의를 정리하였다. 계속해서 정조는 "화성 북쪽 평평하고 비어 있는 땅을 여러 척(尺)에 한정하여 부토(浮土)를 척거(拓去)하고, 인수(引水)하여 관개(灌漑)하며, 백성으로 하여금 기간(起墾)하게 하면 10년이 지나지 않아 옥야(沃野)가 될 것이다."라고 정역하려는 본래의 목적을 분명하게 내비쳤다. 정조가 성역을 중단하려는 진정한 의도는 화성을 계속적으로 유지하고 관리해 나갈 수 있는 재원을 둔전의 설치를 통해서 마련하려는 것이었다. 그리고 둔전의 원활한 농업생산을 위하여 새로운 수리시설을 축조하여 물을 안정적으로 공급하려는 것이었다.

만석거는 1795년 3월 1일 공사가 시작되어 5월 18일 완성을 보게 되었다. 둘레가 1,022보(1보=주척 6척(20.8㎝×6)=1.25m, 1,275.5m), 상심(上深)이 7척(포백척이므로 3.27m), 하심(下深)이 11척(5.14m), 제장(堤長)이 725척(338.6m), 하후(下厚)가 52척(24.3m), 상수광(上收廣)이 17척여(약 8m)의 크기였다. 뚝은 남쪽 토안(土岸)에서 시작하여 북으로 석애(石崖)로 이어졌다.

위치는 장안문을 나와 북으로 5리 정도 떨어진 기하동(芰荷洞) 입구에 있는 진목정(眞木亭) 아래였다. 1795년 가을 저수를 마치고 남쪽 제방에 영화정(迎華亭)이라는 정자를 세웠다. 특이한 것은 제방이 필로(蹕路) 즉 국왕의 어로(御路)로 이용되었다는 점인데, 이는 정조의 농업강화책을 비유적으로 잘 드러내는 모습이라고 생각된다. 물론 만석거를 축조하면서 넓은 길을 만든 데는 바로 이러한 어로의 확보라는 부수적인 목적이 있었다.

만석거에는 관개수를 쉽게 이용할 수 있도록 두 가지 형태의 수문(水門)이 설치되었다. 하나는 북쪽 바위 층을 파서 만든 수구(水口)로 만석거 내부의 수위(水位)를 일정하게 유지하고 수위가 올라갈 때 자연스럽게 물이 흘러나갈 수 있는 통로 역할을 하는 것이었다. 다른 하나는 만석거의 남단 수로 입구에 설치한 수갑(水閘)이었다. 수갑은 중국의 강남지역에서 널리 보급되었던 수문으로, 판목(板木)을 열어 물을 내보내면서 그 다과에 따라 내보내는 물의 양을 조절하는 방식이었다. 1795년에 수원부 판관으로 있던 홍원섭(洪元燮)은 봄철에 파종할 때에 가뭄이 들면 한 사람이 삽으로 수갑을 열 수 있을 것이라고 지적하였다. 홍원섭은 얻는 물의 양의 다과에 따라 수백경(數百頃)을 관개하는 것도 가능하다고 설명하였다.

만석거 아래의 수리의 혜택을 입는 곳은 고등촌(古等

村) 북평(北坪)에 해당하는 지역이었고, 장안문 바깥의 신간처로부터 모두 대유평(大有坪)이라고 이름을 붙였다. 화성 장안문 밖의 넓고 척박했던 대유평은 만석거를 통해 수전지역으로 바뀌어 둔전으로 운영할 수 있었다. 만석거의 관리를 위하여 감관 1원으로 장교를 차출하였고, 그 밖에 감고(監考) 1원이 더 있었다. 만석거를 매년 수축하는 데 들어가는 물력(物力)은 북둔(즉 대유둔)의 조(租) 가운데 매년 100석씩 마련하여 일단 수성고(守城庫)에 보내 감색(監色)이 출납을 관장하게 하였다.

만석거의 농업상 효과는 1797년(정조 21)과 1798년(정조 22)의 가뭄을 겪으면서 뚜렷하게 정조와 화성 주민에게 인식되었다. 연이은 한재로 삼남지역 전부를 비롯한 많은 지역에 피해를 입었으니, 화성지역의 대유둔전은 만석거에 힘입어 무사히 극복할 수 있었다. 정조는 이러한 가뭄 극복의 과정에서 보다 직접적으로 수리시설의 효용성을 확인하였고, 자신감도 주었던 것으로 보인다. 뒤이어 계속해서 화성에 여러 제언이 새로 축조되는 것은 이러한 배경 속에서 이해할 수 있다. 만석거는 1998년에 만석공원으로 개발 매립되어 원래 수면의 반 이상이 주차장, 테니스장, 자전거광장, 도로 등으로 변하였고, 현재는 원래의 1/3가량만이 남아있다.

[참고어] 수리, 제언, 천방

[참고문헌] 최홍규, 1995, 『우하영의 실학사상 연구』, 일지사 ; 유봉학, 1996, 『꿈의 문화유산, 화성』, 신구문화사 〈염정섭〉

만한이민집중론(滿韓移民集中論) 1909년 2월 제2차 가쓰라 타로(桂太郎) 내각의 외무상이었던 고무라 주타로(小村壽太郎)가 일본 중의원 연설에서 공식적인 외교방침으로 천명한 만주와 조선에 대한 침략적인 척식이민론.

19세기 말·20세기 초 일본자본주의는 산업혁명을 거치면서 과잉인구와 만성적인 식량부족 문제에 시달렸다. 저임금 저미가의 자본축적구조를 유지하기 위해서는 무엇보다 과잉인구와 식량부족 문제를 해결하지 않으면 안되었다. 일본자본주의는 이 문제를 한국침략으로 일거에 해결하려고 했다. 청일전쟁 이후 일본정부는 한국에 대한 척식사업을 면밀하게 준비해갔으며, 일본사회 전반에 '척식(拓殖)을 통해 한국강점'을 완결한다는 침략적인 여론을 조직화하였다. 일본 농상무성은 1900년 농상무성 기사 가토 쓰에로(加藤末郎)의 한국 파견을 계기로 한국산업의 근간인 농업부문에 대한 조사[1902년 실업조사, 1903년 산림조사, 1905년 면작조사와 수리조사]를 집중적으로 실시하고 한국 척식침략사업의 실제적 근거를 확보해갔다. 이들 조사는 공통적으로 한국 내에 '개발의 손길을 기다리는 미간지가 넘쳐나며 농업개발의 이원(利源)·부원(富源)이 풍부하다'는 점과 '제국의 팽창'을 위한 국가사업으로 한국척식개발의 긴급함을 강조하였다. 러일전쟁 개전과 더불어 제기된 황무지개척권요구는 이러한 국가적 척식에 의한 한국농업 개발론의 연장선에서 나온 것이었다.

러일전쟁 승리로 '척식을 통해 침략을 완수하자'는 사회여론은 절정에 달했으며, 한국 농업이민과 척식사업의 경제적 유망함을 알리는 각종 도한안내서(渡韓案內書)와 조사보고서가 넘쳐났다. 특히 경제계에서는 '총칼의 승리[=러일전쟁]를 최종적으로 담보하는 것은 무엇보다도 식민지에서의 실업가(實業家)의 경영'이라는 주장 속에서 한국 농업이민·척식사업을 선도해갔다. 이 무렵 과격한 소작쟁의로 몸살을 앓고 있던 일본 지주들은 정체된 지주경영수익을 만회할 수 있는 새로운 투자처로 한국농업에 관심을 돌리기 시작했다. 일본에 비해 1/3에 불과한 싼 지가, 고율소작료의 소작관행, 적절한 농업설비를 갖춘다면, 다로다비적인 일본의 메이지농법(明治農法)의 이식을 통해 상당한 수익을 거둘 수 있다고 보았다. 이에 일본 각 부현의 지주·상공인들은 지방당국의 지원 아래 한국 농업이민·척식사업에 뛰어들었다.

러일전쟁 직후 일본정부와 통감부 그리고 일본인 지주·자본가들이 3위 1체가 되어 본격적인 농업척식사업을 통해 한국지배의 기초를 구축해갔다. 이 과정에서 합법을 가장한 폭력이 동반되었다. 가능한 한 사람이라도 더 많은 일본인이 한국에 건너와 영구·정착할 필요가 있었기에, 일본정부와 통감부는 일본과 한국에 가로놓여 있는 법적 장애물들을 신속하게 제거 무력화시켜갔다. 일본정부는 먼저 일본인의 자유로운 도한(渡韓)을 위해 이민법을 개정하여 척식사업의 인적자원을 확보해갔으며, 통감부는 을사늑약 이후 잠매형태로 이루어진 불법화된 일본인의 토지소유를 합법화해가는 작업을 추진해갔다. 토지가옥증명규칙·토지가옥전당집행규칙·토지소유권증명규칙을 발포하여 일본인의 불법적인 토지소유를 합법화했으며, 산림령·국유미간지이용법·광산법·수리조합조례를 제정하여 일본인이 제한 없이 한국의 자원을 침탈할 수 있도록 법적 조치를 취했다. 이로써 이전의 한시적인 나들이형 도한(渡韓)과 달리 영구정주·정착의 산업이민(産業移民)을 본격적으로 추진할 수 있게 되었다.

이러한 법적 조치를 배경으로 한국의 서해와 동해에 면해 있는 서일본지방의 지주·상공인들은 지방당국의 지원 속에서 농업조합이나 농업회사를 설립하고, 한국에 조사시찰단을 파견하여, 조사결과를 바탕으로 한국 농업 경영과 이민사업에 착수하였다. 그런 목적을 위해 설립된 회사·조합으로는 후쿠오카현 농사장려조합(福岡縣農事奬勵組合, 1905)·가가와현 한국권업주식회사(香川縣韓國勸業株式會社, 1906)·와카야마현 한국농업장려조합(和歌山韓國農業奬勵組合, 1908)·한국개척주식회사(1906)·야마구치현 대한권농주식회사(1907)·산음도산업주식회사(山陰道株式會社, 1907)·한국기업주식회사(1907)·나가노현 한농조합(長野縣韓農組合, 1908)·이시카와현 농업주식회사(石川縣農業株式會社, 1908) 등을 들 수 있다. 지방당국이 지원하는 농사조합이외 호소카와농장(細川農場)이나 구니타케농장(國武農場)처럼 일본인 대지주 농장의 응모에 의한 단체농업이민도 진행되었다.

이들 농업조합이나 농장은 일본 농촌에서 유리된 소작농·자소작농을 이주시켜 한국인소작농과 농업경영을 통해 상호 협력하여 한국 농촌 내에 신일본촌(新日本村)·일한연합촌(日韓聯合村) 건설을 표방하였다. 이는 일본인 이주민들을 소작경영으로 지배하다가 향후 자작농으로 육성 성장시켜간다는 목표 아래 전개된 지주경영의 일환이었다. 이들 이주농민들은 초기 농장건설 과정에서 한국인소작농을 지도 감독하고 일본식 농법의 우수성을 보이고 그 보급에 힘쓰게 하는 농장경영의 기간요원으로 활용되었다. 그리고 원활한 지주경영을 위해 순수일본인촌의 건설이 아닌 한국인촌에 2-3호씩 혼재시켰다. 일상에서 농사개량 방법을 한국인소작농에게 항상 지도 감독할 수 있게 했고, 여기서 동화정책 수행의 효율도 기대하였다. 그러나 농업조합이나 농장은 지주경영이 목적이었기에, 농장경영의 안정화 속에서 비용이 많이 소요되는 이주사업은 더 이상 지속되지 못했다.

이처럼 러일전쟁 직후 지주와 자본가의 주도로 진행된 제한된 규모의 농업이민 사업으로는 일본자본주의가 직면한 농업문제·인구문제를 해결하기에는 역부족이었다. 1909년 말 현재 일본인 농가는 총 1,741호에 불과했다. 일본자본주의의 사활이 걸린 한국지배의 중요성에 비추어 볼 때 일본인 이주민수가 절대적으로 부족하다는 여론이 비등하였다. 1909년 2월 일본 외상 고무라는 중의원 연설에서 국책으로 만한이민집중론을 공식적인 외교방침으로 천명하였다. 고무라의 만한이민집중론은 청일전쟁 이후 일본 조야에서 한국경영론·한국개발론·만한이민론 등으로 다양하게 제기되고 조직적으로 실행에 옮겨진 척식침략론의 완결판이었다. 고무라는 만한이민론의 대표적 주창자일 뿐 아니라 러일전쟁 당시 제1차 가쓰라 내각의 외상이기도 했다. 고무라의 만한이민집중론은 국방우선의 이민론이었다. 러일전쟁의 승리로 일본과 그 세력권에 들어온 만주와 한국에 1억 정도의 인구(당시 일본 인구는 5천만 명)를 집중시켜야 제국의 안전을 기도할 수 있으며, 향후 20년간 100만 명을 만주와 한국에 보내야 한다고 주장하였다. 경제·국방의 측면에서 기본토대가 되는 소농민층을 한국에 대량으로 이주시켜 한국강점을 매듭지으려는 것이었다. 당시 미국의 일본인이민배척운동으로 인해 더욱 절실하게 요구되었던 만한이민집중론은 인구·농업문제를 완화·해결하는 동시에 한국강점을 눈앞에 둔 상황 속에서 침략의 교두보를 확실하게 마련한다는 제국의 사활이 걸린 문제였다.

고무라의 만한이민집중론=대량이민론은 한국강점을 계기로 빠르게 탄력을 받았다. 하루 속히 한국사회를 일본자본주의가 요구하는 대로 만들어가야 한다는 경제적 측면에서 대규모 국책이민사업의 필요성은 더욱 부각되었다. 이를 실현하기 위한 방안이 동양척식주식회사의 국책이민 사업이었다. 일본 이주민들을 한국 각 지방 구석구석에 침투시켜 농촌사회를 장악하는 동시에 이들을 한국지배의 중추세력으로 삼고자 했다. 동척 이민사업은 1910년부터 1926년까지 총 17회나 진행되었다. 동척이주민은 강점체제유지의 안전판인 동시에 1910년대 일본 농법을 한국에 강제로 보급시키는 농사개량사업의 추진담당자이기도 했다. 한국인들의 격렬한 동척이민반대투쟁에 직면하여 1926년 이민사업은 중단되었지만, 한국 땅에 한국인보다 더 많은 일본인을 거주시켜 한국지배를 완성해간다는 조선총독부의 국책이민사업의 이념적 지향은 후지흥업주식회사(不二興業株式會社)가 주도한 일본인 자작농촌 후지농촌(不二農村)의 건설을 통해 계속되었다.

[참고어] 구니타케농장, 동양척식주식회사 이민사업, 탕천촌, 호소카와농장, 후지농촌

[참고문헌] 고승제, 1973, 『한국이민사연구』, 장문각 ; 김용섭, 1992, 『한국근현대농업사연구』, 일조각 ; 최원규, 1993, 「일제의

초기 한국 식민책과 일본인 농업이민」『동방학지』77·78·79

〈이수일〉

망척(網尺) 해학(海鶴) 이기(李沂)가 제안한 양전론(量田論)으로, 가로·세로 줄을 쳐서 땅을 측량하는 방량법(方量法).

1894년의 동학농민운동 이후 전면적인 국가제도 개혁이 추진되는 가운데 해학 이기(1848~1909)는 토지제도와 양전법 개혁의 구상을 당시 탁지부대신 어윤중(魚允中)에게 서신으로 보냈고, 그 내용이『해학유서(海鶴遺書)』1권,「전제망언(田制妄言)」에 실려 있다. 그의 견해는 후일 광무양전사업에 부분적으로 반영되기도 했다. 유형원과 정약용의 계보를 잇는 학자인 이기는 갑오개혁이 일본의 대한정책의 일환으로 제기되었다고 해서 이를 무조건 버려서는 안 되고 주체적 입장에서 추진해 나가야 한다고 생각했다. 그는 선학들의 견해를 비판적으로 수용하여 농민생활 안정과 국가재정 확보를 위한 전결제(田結制 : 토지제도와 조세제도) 개혁을 우선적으로 주장했다.

이기는 선학들의 토지론이 다분히 이상적이라고 평가하고, 대신 현실적인 기반 위에 타개책을 모색하고자 했다. 그는 정전론(井田論)이나 한전론(限田論)을 모두 실현성 없는 것으로 보고, 국가경제는 토지를 '치표지술(治標之術)'과 '치본지술(治本之術)'로 다스림으로써 유족해질 수 있다고 했다. 즉 당시의 제도(소유권·결부법·양전법) 위에서 개선책을 구상했는데, 그가 생각하는 '치표지술'은 두락제(斗落制)를 이용하여 공사(公私)의 국세(國稅)를 조정하려는 것이었고, '치본지술'은 국가에서 토지를 공적으로 매입하고 사전(賜田)을 금함으로써 결국 공전제(公田制)를 시행하고자 하는 것이었다. 그리고 현재의 입장에서 국가가 시행해야 할 일은 '치표지술'에 있는 것으로 보았다.

이기가 '치표지술'로서 두락제를 내세운 것은 토지 파악의 방법으로서 결부제의 결함을 보완하려는 것이었다. 결부제에서는 동일 면적의 전답에도 전품의 등급에 따라 결부가 차이가 나기 때문에 토지면적을 파악하는 데는 근본적인 결함이 있었기 때문이다. 이를 시정하기 위해 여러 사람들에 의해 경무법(頃畝法)의 채택이 주장되어 왔고 이기 역시 궁극적으로 경무법을 채택해야 한다고 보았다. 그러나 당대의 위급한 상황 속에서 경무법을 시행할 여유가 없다고 판단하고 그 대안으로 두락제를 결부법과 더불어 병용할 것을 제기한 것이다. 두락으로 전답의 대소를 논하는 것은 조선 후기 농촌사회에서 하나의 관례로 되어 있었고 두락제에서는 별다른 착오가 없었기 때문에 한편 이기는 공세(公稅 : 전세)와 사세(私稅 : 지대)의 개정을 제기하여 공세는 올리고 사세는 내림으로써 공사세간의 격차를 줄이려고 했다. 이는 지주제나 지대 자체를 부정하지 않으면서도 세율을 조정하여 실질적으로 고율지대의 지주제를 폐지시키려는 것이었다. 그와 같은 개혁을 위해 토지를 정확히 파악할 수 있는 양전방법을 구상하였다. 이기는 원칙적으로 구래의 양전법을 그대로 준수하면서 두드러지게 나타나는 결점을 시정하고자 했다. 토지파악의 방법으로서 결부법을 우선 그대로 사용해도 좋을 것으로 생각했고, 그 결점을 보완하기 위해 두락제를 채택하여 결부와 더불어 병용할 것을 주장했다.

다음으로 영조 때 황해도에서 실험하여 성과를 거둔 바 있었던 망척제, 즉 방량법을 사용하고자 했다. 결부법으로는 전국의 농지를 일목요연하게 파악할 수 없고 전답의 형태에 따르는 측량이 제대로 되지 못하기 때문에 망척제를 채택하여 전답의 형태를 좀더 구체적으로 다양하게 파악해야 할 것으로 생각했다. 방량법은 사방에 대를 쌓고 표목을 세운 다음 먼저 둘레 줄을 치고 그 둘레 안에 다시 가로·세로[경위(經緯)] 줄을 쳐서 경작지의 면적을 계산하는 방법이다. 가로·세로줄이 마치 새끼줄로 그물을 뜬 것처럼 보이기 때문에 망척이라고 부른다. 이기는 망척법에 따라 측량할 때 조선의 지세를 고려하여 전답의 모양을 사각형, 원형, 직사각형, 반원형[활모양], 다양한 삼각형[양면이 직선이고 다른 한면은 원형인 경우 포함]으로 상정하고 그 계산법을 마련했다. 또한 전안(田案 : 토지대장)에 그림[圖]과 장부[籍]를 모두 기록해야 한다고 주장했는데, 그림은 명대의 어린도(魚鱗圖)와 같은 전답 지도를 말하고, 장부는 양안(量案)를 일컫는다. 즉 이기는 어린도를 기초로 새로 양안을 작성하고 전답의 도형(圖形)을 반드시 기입하도록 했다. 또한 전안을 작성한 후 토지 소유권자에게 입안(立案)·공안(公案) 등의 소유권증서[公券]를 발급하도록 해야 한다고 했다. 은결(隱結) 문제를 해결하기 위해서 양전할 때 수령과 양전관의 성명을 양안에 기록해 두고 수년 후에 조사관을 파견하여 조사한 후 범법자를 처벌할 것을 주장했다.

[참고어] 전제망언, 방전론

[참고문헌] 김용섭, 2004,「해학 이기의 토지론과 양전론」『한국근대농업사연구 2』(신증 증보판), 지식산업사 〈이석원〉

망태기 새끼를 꼬아 만든 주머니로, 곡물이나 물건 등을 담아 운반하는데 쓰는 도구.

망태기 농업박물관

망태기라는 명칭은 '망(網)으로 된 자루(袋)'라는 의미에서 왔으며, 망태·망탁이라고도 불렸다. 한자음을 빌러 망대(網袋)라 썼으며, 한문으로는 두양(篼襄)(『재물보(才物譜)』)·두자(篼觜)(『농가십이월속시(農家十二月俗詩)』)·녹양(漉襄)(『물보(物譜)』·『사류박해(事類博解)』)으로 적었다. 그리고 지역에 따라 주루막을 구럭으로, 꼴망태를 깔망태라고 부르기도 하였다.

망태기는 가는 새끼나 노를 엮어서 네모꼴의 형태로 만든 주머니다. 대체로 입구가 좁고 속을 깊게 만들었으며, 담는 물건의 종류와 사용하던 지역에 따라 그 형태가 매우 다양하였다. 그 중에서 '낫망태'는 호미나 낫과 같은 작은 연장을 넣어 한쪽 어깨에 메고 다닐 수 있도록 만든 것이고, '주루막'은 입구를 닫아 양 어깨에 멜 수 있도록 한 것으로 산간 지역에서 사용되었다. '꼴망태'는 소에게 먹이는 꼴을 나르는 데 사용했는데, 성글게 망을 떠서 입구를 조일 수 있도록 만들었다. 이처럼 망태기는 종류와 크기가 매우 다양하였지만, 대략 30~50리터의 부피를 담을 수 있었다.

[참고어] 주루막

[참고문헌] 박호석 外, 2001, 『한국의 농기구』, 어문각

맞두레 무넘기가 높은 곳에서 물을 퍼 올리는 데 사용하던 농기구.

맞두레 농업박물관

물을 담기 쉽게 바닥이 좁고 위가 넓은 오동나무나 소나무 판자로 만든 두레박의 네 귀퉁이를 줄로 묶어 만들었다. 무넘기[논물을 담아두는 둑]가 높아서 용두레나 무자위로 물을 퍼올리기가 적당하지 않을 경우 사용되었으며, 두 사람이 마주보고 각각 두레박의 두 줄을 잡아 물이 담긴 두레박을 끌어올리는 방식으로 물을 퍼내었다. 지방에 따라 쌍두레, 물두리, 물파래, 겟두레, 곳두레 등으로 불렸다.

조선시기 문헌에서 맞두레에 대한 한자어 표기와 관련하여 설명을 살펴보면, 『사성통해(四聲通解)』(1517)는 '戽斗' '호두'라 하고 'ᄑᆞ개'라고 의미를 풀이하였는데, '戽斗', 또는 '戽'를 'ᄑᆞ개', 또는 'ᄑᆞ래(ᄑᆞᄅᆡ)'로 풀이한 것은 후대에 간행된 『왜어유해(倭語類解)』(1701~1709), 『방언유석(方言類釋)』(1778)에서도 마찬가지다. 또한 『사류박해(事類博解)』(1839)에서는 '戽斗'를 '통드레', '고리드레'로 풀이했다. 한편 호두(戽斗)를 "배에 고인 물을 떠내는 기구"라는 설명도 있으나(『자류주석(字類註釋)』, 1856), 이는 서명응(徐命膺)이 『본사(本史)』(1787)에서 '호두'를 설명하기를, 본래 배의 물을 퍼내던 것이었지만 물 대는 기구로 바뀌어 버들이나 널로 짠 그릇에 줄을 매고 두 사람이 물을 떠올린다고 서술한 것으로 보아 중국의 호두가 우리나라의 맞두레와 같은 것임을 분명히 밝히고 있다. 다만 'ᄑᆞ개'와 '파리'가 어떤 연유로 맞두레로 변하였는지는 아직 정확히 규명되지 않았다.

20세기 들어 『한국토지농산조사보고(韓國土地農產調查報告)』(경기도, 충청도, 강원도)(1905년), 『한국수산지(韓國水產誌)』(1908~1911년)등 일본인들의 한국농업에 대한 조사결과에서도 맞두레에 대한 서술을 발견할 수 있다. 단, 『한국수산지』에는 바가지에 끈을 꿰어 놓은 그림을 수록하고 '쓰레(맛바)'라 소개하고 있으나 모양이나 쓰임새로 보아 맞두레를 잘못 표기한 것으로 보인다. 『조선의 재래농구(朝鮮の在來農具)』(1924)에는 한자로 맞두레를 '길고(桔槔), 급통(汲桶)'이라 표기하고 '고리두레'로 소개하고 있는데, 이는 예전에 고리버들을 조밀하게 엮어 두레박을 만들어 썼기 때문이다.

[참고문헌] 金光彦, 1986, 『韓國農器具考』, 韓國農村經濟研究院

매수제외농지(買收除外農地) 정부가 소작농민에게 농지를 분배하기 위해 지주의 농지를 매수할 때 정부의 매수에서 제외되는 농지.

농지개혁법 제6조와 제25조에 따라 매수에서 제외되는 농지는 농지개혁법 규정에 따라 요건이 충족되면 자동적으로 제외되는 농지와 별도의 행정처분이 있어

야 제외되는 농지로 구분된다. 자동적으로 제외되는 농지로는 자경·자영하는 농가의 3정보 미만의 소유농지, 자영지로서 과수원·종묘포·뽕나무밭·기타 다년성 식물 재배농지, 비농가소유의 500평 이내의 가정원예지, 미완성 개간지 및 간척지, 농지개혁법 실시 이후 개간 또는 간척한 농지 등이다. 별도 행정처분이 있어야 매수에서 제외되는 농지는 사용목적 변경농지, 위토(位土), 학교·종교단체 및 후생기관의 자경농지, 학술·연구 등 특수목적에 사용하는 농지 등이다.

농지개혁법은 논과 밭 등 일반농지의 경우 농가당 농지소유의 상한을 3정보로 제한하고 3정보를 초과하는 부분은 자경여부에 관계없이 매수하도록 하였다. 그러나 정부가 인정하는 산간·고원 등 특수지대 농지의 경우 농민생활의 안정을 위해 5정보 이내는 매수대상에서 제외되었다. 또한 다년성 식물 재배농지를 자영하는 경우 3정보 상한의 제한을 받지 않았다. 소유농지의 자경여부는 경작 사실을 확인하는 것만으로 판단될 수 있었다. 자경의 경우에는 큰 문제가 발생하지 않았지만, 자영농지의 경우 그 기준에 대한 판단여하에 따라 이해당사자간 견해를 달리할 소지가 많았다. 자영의 인정범위, 개간 및 간척지에서 완성·미완성의 한계 등을 둘러싸고 마찰의 소지가 컸다. 이러한 마찰의 결과 본래의 소작농지가 자영농지로 둔갑한 사례도 적지 않았다.

행정처분을 필요로 하는 매수제외농지 가운데 가장 규모가 컸던 것은 위토였다. 위토로 인정되어 분배대상에서 제외되려면, 분묘를 수호하기 위한 목적의 기존 위토로서 소작료를 징수하지 않는 1묘당 600평 이내의 농지여야 했다. 위토제도는 고유의 습속을 제도화한 것으로 농지개혁법 입법 과정과 이후 이 규정을 적용하는 데 많은 논란을 불러 일으켰다. 여러 차례 행정방침으로 법규의 미비점을 수시로 보완했지만 위토에 관한 분쟁이 빈번하게 일어났다. 농지위원회의 조정으로도 해결하지 못해 소송에 이르는 경우도 허다했다.

정부와 공공단체, 교육기관에서 공용으로 사용하기 위해 사용목적을 변경할 필요가 있다고 인정되는 농지도 매수에서 제외되었다. 공용시설에는 공설운동장·학교대지·학교실습지·국방용지·도시계획지·도로확장용지·수로·저수지·발전소용지 등이 포함되었다. 학교와 종교단체, 후생기관 등의 소유로서 그 단체가 직접 경작하고 있는 농지는 정부로부터 확인을 받으면 매수에서 제외되었다. 교육법 제81조 및 82조에 의해 설립된 각급 학교와 유치원이 여기에 해당되었다. 종교단체는 기독교·대종교·불교·천도교·유교 및 기타 문교부장관이 인정하는 경우에 해당되었다. 후생기관에는 고아원·양로원·빈민구제수용소·요양원·나병환자수용소 등이 해당되었다. 기관이나 단체는 농가가 아니므로 원칙적으로 농지를 소유할 수 없고, 농업경영을 목적으로 농지를 경작하고 있는 것도 아니었다. 그러나 농지개혁에 의해 이런 농지가 상실된다면 해당기관이나 단체의 경영 및 운영에 지장을 가져오게 되어 사회적으로 큰 문제가 될 소지가 컸기 때문에 매수대상에서 제외하였다. 공공 또는 공익단체의 자경농지는 기관의 운영상 농지소유가 필요한지를 판단하고 경작실태를 심사하여 확인했을 경우에만 자경이내의 농지로 인정하고 매수대상에서 제외하였다. 학술 연구기관 또는 단체에서 학술·연구용 등 특수목적에 사용하는 농지로서 정부가 인정한 농지 역시 매수대상에서 제외되었다. 농업기술원 관하 각종 시험장의 시험포·원종포·채종포와 임업시험장·영림서의 묘포를 비롯한 연구기관의 실험포·전시포 등이 해당되었다. 이러한 농지는 자작지든 소작지든 정부가 인정하면 모두 해당되었다.

1970년에 총 결산된 분배농지의 면적은 342,365정보였다. 1949년 농가실태조사 결과 매수대상 면적은 총경지면적의 29%에 해당하는 601,049정보로 집계되었다. 따라서 1949년도를 기준 연도로 하고 1970년을 분배가 완료된 연도로 했을 경우 258,684정보의 농지가 매수에서 제외되었다. 1949년 농가실태조사 당시 매수대상 농지의 약 43%가 매수에서 제외된 셈이다.

[참고어] 농지개혁, 농지개혁법, 종중재산

[참고문헌] 김성호 외, 1989, 『농지개혁연구』, 한국농촌경제연구원 ; 하유식, 2010, 「울산군 상북면의 농지개혁 연구」, 부산대 사학과 박사학위논문

〈하유식〉

매지권(買地券) 죽은 사람이 묻힐 땅을 매매한 증서.

주로 돌이나 항아리에 새겨 땅 속에 묻는다. 중국 후한대(後漢代)부터 비롯된 장속(葬俗)으로 묘권(墓券) 혹은 지권(地券)이라 부르기도 한다. 무덤을 쓴 뒤에라도 아무도 이 땅을 침범하지 못하며, 또 유체(遺體)의 안녕과 보호를 신에게 부탁한다는 사상에서 나온 것이다. 형식에는 신에게 묘의 안호를 기원한 것, 묘지소유권을 확인한 매매계약문서의 두 가지가 있으나, 뒤에 이 두 형식은 도교신앙과 융합, 발전되면서 병합되어 지신에게 돈을 주고 묘지를 구입하는 형식으로 변하게 되었다. 이에

통용되는 화폐나 고전(古錢) 또는 지전(紙錢) 등을 묘지를 만들 때 함께 넣어 지신에게 묘소에 쓸 땅을 매입하는 형식을 밟아, 증서에 해당하는 문서내용을 돌에 새겨 광중(壙中)에 함께 넣는 방식이 일반적이다.

우리나라에는 백제 무령왕릉에서 왕 및 왕비의 지석(誌石)과 함께 출토된 매지권이 대표적이며, 이외에 고려시기의 매지권으로 1141년(인종 19)에 만들어진 고려 현화사(玄花寺) 주지(主持) 천상(闡祥)의 매지권, 1143년에 만들어진 고려 송천사(松川寺)의 승려 세현(世賢)의 매지권 등이 있다.

매지권은 토지에 대한 당대인의 의식을 보여주는 것으로 사회경제사적 측면에서 매우 귀중한 자료로 평가받고 있다.

[참고어] 무령왕매지권, 세현매지권, 천상매지권

[참고문헌] 池田溫, 1981, 「中國歷代墓券略考」『東洋文化硏究所紀要』제86책 ; 성주탁·정구복, 1991, 「誌石의 形態와 內容」『百濟武寧王陵』, 공주대학교 백제문화연구소 ; 이희관, 1997, 「武寧王 買地券을 통하여 본 백제의 土地賣買問題」『百濟硏究』 27, 충남대학교 백제연구소 ; 이우태, 2010, 「한국의 買地券」『역사교육』 115, 역사교육연구회

〈이준성〉

매통 벼의 껍질을 벗기는 데 사용하는 두 개의 통나무로 만들어진 도구.

매통 농업박물관

『해동농서(海東農書)』나 『증보산림경제(增補山林經濟)』에서는 '목마(木磨)'로 기록되어 있고, 『물보(物譜)』에는 '롱(礱)'으로 표기되어 있다. 지역에 따라서는 매·목매·나무매·통매·목마라고 부르기도 하였다.

매통은 크기가 같은 두 짝(한 짝의 길이는 70㎝ 내외)의 통나무로 구성되는데, 맷돌과 유사한 형태이다. 위에 올려놓은 것을 '위짝'이라 하고, 아래에서 받치고 있는 것을 '아래짝'이라고 한다. 위짝과 아래짝이 맞물리는 면에는 요철(凹凸)이 있어서, 벼를 위짝에 넣고 손잡이를 돌려 비비면 마찰력에 의해 벼의 껍질이 벗겨지면서 옆구리로 왕겨와 매조미쌀(벼의 왕겨만 벗기고 속겨는 벗기지 않은 쌀)이 나오게 된다.

아래짝을 위짝과 연결하여 고정하는 기둥은 '고줏대'라 하고, 위짝에 달려 있는 손잡이는 '맨손'이라고 한다. 아래짝의 바닥에는 도래방석이나 맷방석을 깔아서 알곡을 받는데, 매통을 사용하면 한말을 벗기는 데 10여 분 정도 소요되며 하루 동안 4~5가마의 벼를 탈곡할 수 있다. 매통은 보통 100년 이상 자란 소나무로 만들고 무게는 대략 30㎏ 내외이며, 수명은 최대 20여 년 정도이다. 처음 만들 때 보통 팔꿈치 높이에 손잡이가 올 수 있도록 만들지만, 사용할수록 요철 부분이 닳아 다시 깎게 되면서 높이가 줄어들게 된다.

[참고어] 맷돌, 토매

[참고문헌] 박호석 外, 2001, 『한국의 농기구』, 어문각

맥(麥) 보리[大麥], 밀[小麥], 메밀[木麥, 蕎麥], 호밀[胡麥], 귀리[燕麥] 등 맥류의 총칭.

한반도에서 보리가 재배되었음을 확인할 수 있는 고고학적 근거는 기원전 5~6세기경의 것으로 추정되는 겉보리가 경기도 여주군 점동면 흔암리(欣岩里)에서 출토된 사실이다. 문헌자료에서는 『삼국유사』에서 기원전 1세기경에 주몽(朱蒙)이 부여로부터 남하하였을 때 그의 생모 유화(柳花)가 비둘기목에 보리씨를 기탁하여 날려 보내니 주몽은 이 비둘기를 활로 쏘아 잡아서 보리알만 뽑아내고 물을 뿜어 비둘기를 되살려 보냈다는 기록이 있다. 또 『삼국사기』에 의하면 우박이 내려 콩이나 보리에 피해가 많았다는 기록이 있다. 한편, 밀은 중국의 화북지방에서 우리나라 북부지방으로 전래되었을 것으로 추정된다. 밀 재배와 관련한 고고학적 자료로는 경북 경주시의 반월성지(半月城趾), 평남 대동군 미림리(美林里) 유적, 충남 부여읍 부소산 백제군량창고의 유적에서 각각 탄화된 밀알이 출토된 것이 있다. 보리와 밀에 비해 우리나라의 호밀과 귀리의 재배 역사는 오래되지 않은 것으로 알려져 있다.

『농사직설(農事直說)』에서는 보리와 밀이 신곡과 구곡의 사이를 잇대어 먹는 것이어서 농가에서 가장 긴요하게 여기는 곡식이라 하였다. 맥류는 겨울에 재배할 수 있는 작물이어서 농민들이 여름에 재배한 양곡을 다 소비했을 때 그들의 생계를 유지시켜 줄 수 있는 것이었기 때문이다. 또한 맥류는 다른 작물들과 적절히 조합되어 윤작되었으므로, 한전(旱田, 밭)에서의 농법 특히 근경법(根耕法) 또는 간종법(間種法) 발달의 관건이 되는 것이었다. 한편 『농사직설』에서는 메밀에 대한 설명도 포함하고 있었으며, 강희맹(姜希孟)의 『금양잡록(衿陽雜錄)』에서는 가을보리[秋麰], 봄보리[春麰], 양

절모(兩節麰), 쌀보리[米麰], 참밀[眞麥], 막지밀[莫知麥] 등 보리와 밀의 품종을 소개하였다.

조선 후기의 보리와 밀 품종은 일곱 가지로 나타난다. 중보리[僧麥], 얼보리[凍麰], 하나보리[一顆麰], 올보리[春早麰], 육모보리[六稜麰], 검은보리[烏稃麰], 중밀[僧麥] 등이 그것이다. 『임원경제지(林園經濟志)』에 따르면, 중보리는 까락이 없고, 얼보리는 땅이 얼어있는 정월에 파종하고, 하나보리는 봄보리이며 알의 크기가 크고, 올보리는 봄보리이며 가을보리와 숙기가 같고, 육모보리는 이삭이 육모로 되어 있어 밥이 부드럽고, 검은보리는 까락이 검다고 한다. 특히 검은보리는 외국배가 충남 홍성에 표류하여 얻은 것이라고 하였다. 이규경의 『오주연문장전산고(五洲衍文長箋散稿)』의 흑맥변증설(黑麥辨證說)에는 충주에서 1839년 검은보리 씨앗 10여 알을 얻어 시험재배한 내용이 담겨 있다. 정약용의 『경세유표(經世遺表)』에서는 보리와 밀 외에 메밀과 귀리도 함께 소개하였다.

[참고어] 근경법, 간종법, 맥근전

[참고문헌] 金容燮, 1988, 「朝鮮後期의 麥作技術」 『동방학지』 60 ; 薰陶李弘稙博士停年紀念發刊委員會, 1998, 『식용작물의 기원과 발달』, 서원 ; 김영진·이은웅, 2000, 『조선시대 농업과학기술사』, 서울대학교출판부 ; 염정섭, 2002, 『조선시대 농법 발달 연구』, 태학사 〈김미성〉

맥근전(麥根田) 맥을 경작한 토지.

맥근은 맥의 뿌리로도 해석될 수 있지만, 맥을 경작한 토지를 뜻하는 경우가 많았다. 『농사직설(農事直說)』에서는 한전(旱田) 작물들을 결합시켜 경작하는 방식을 정리하면서 먼저 심는 전작(前作)과 나중에 심는 후작(後作)을 설정하였는데, 맥근은 그 전작의 대부분을 차지하는 것이었다. 바꿔 말해, 맥 또는 양맥을 경작한 땅에 다른 작물을 많이 심었다는 것이다. 맥근전에 심는 후작물로는 점물곡속(占勿谷粟), 강직(姜稷), 대두(大豆), 소두(小豆), 호마(胡麻) 등이 설정되었다. 이때 속(粟), 직(稷)은 늦게 심어도 일찍 익는 품종만을, 대두와 소두도 늦게 심는 품종만을 그 대상으로 하였다. 한편 맥근전의 후작물로 양맥, 즉 대맥(大麥)과 소맥(小麥)이 다시 설정된 경우도 있었다. 이때에는 본래 1년 1작으로 대소맥을 경작할 때의 시비하는 방식을 그대로 이용할 것이 권장되었다.

한편 우하영(禹夏永)의 『농가총람(農家摠覽)』에서는 모맥전(牟麥田)에 콩을 간종(間種)하는 법을 설명하면서, 3~4월에 모맥이 자라고 있는 동안 이랑 사이에 콩 종자를 심고, 모맥을 수확한 다음에는 땅을 갈아 맥근을 갈아엎어 콩의 묘(苗)를 북돋아주도록 적고 있다.

[참고어] 근경법, 맥

[참고문헌] 염정섭, 2002, 『조선시대 농법 발달 연구』, 태학사 ; 金容燮, 2007, 『(신정증보판)朝鮮後期農業史硏究(Ⅱ)』, 지식산업사

맷돌 바닥이 평평한 두 짝의 둥근 돌 사이에 곡식을 넣어 한 짝을 돌려 곡식의 껍질을 까거나 빻는데 사용되는 농기구.

맷돌 농업박물관

돌로 아래짝과 위짝을 만들고 위짝에는 매를 돌리는 맷손을 박고 곡식을 넣는 구멍을 낸다. 위짝과 아래짝이 접한 부분을 우툴두툴하게 다듬어 곡식의 낟알이 잘 빻아지도록 만든다. 마른 곡식을 맷돌을 이용하여 갈 때 보통 맷방석을 깔고 그 위에 맷돌을 올려놓으며, 젖은 곡식을 갈 때는 함지 위에 맷다리를 걸치고 그 위에 맷돌을 놓기도 한다. 아예 맷돌의 아래짝과 함지가 결합하는 경우도 있는데 이러한 맷돌은 '풀매'라고 불리며, 『한국토지농산조사보고(韓國土地農産調査報告)』(경상도, 전라도)(1905)에는 매함지와 맷돌 아래짝이 한 몸으로 연결된 맷돌이 등장한다. 맷돌의 크기와 모양은 매우 다양하여 작은 것은 지름 20㎝에 불과하지만 큰 것은 1m가 넘기도 한다. 큰 맷돌은 혼자 쓰지 못하고 두 사람이 마주 앉아 맷손을 잡고 같이 돌린다. 『기산풍속도(箕山風俗圖)』(1895)에는 두 여인이 둥근 나무 함지 위에 얹힌 맷돌을 돌리며 '망질'(맷돌을 평안도나 함경남도에서는 망이라 하였다)하는 모습이 그려져 있다.

『훈몽자회(訓蒙字會)』(1527)에서 맷돌은 '磨(매 마)'로 표현되고 있으며 '여석(礪石)', '마석(磨石)'도 함께 등장하고 있고, 『역어유해(譯語類解)』(1690)나 『동문유해(同文類解)』(1748)에서는 '마아(磨兒)'가 맷돌의 한자식 표현으로 사용되었다. 『증보산림경제』(1766)의 '석마(石磨)'는 아마 풀매로 여겨진다. 『방언석의(方言釋義)』(1778)는 '마자(磨子) 돌매'로 뜻을 새기고 있으며, 『한한청문감(韓漢淸文鑑)』(1779)의 '돌매'는 '괴마자(拐磨子)'

로 표현되고 있다. 서호수(徐浩修, 1736~1799)의 『해동농서(海東農書)』는 돌매[石磨]와 나무매[매통, 木磨]를 소개하면서 돌매는 곡식 가루를 내는데 사용되고, 나무매는 곡식의 껍질을 벗기는 데 사용된다고 설명하였다.

[참고문헌] 金光彦, 1986, 『韓國農器具考』, 韓國農村經濟研究院

〈정희찬〉

멍석 곡물이나 채소 등의 농작물을 말리는 데 사용한 자리.

멍석 농업박물관

장방형으로 크기는 다양하며 가는 새끼로 날을 세우고 그 사이로 볏짚을 엮어 짜는 방식으로 만들어진다. 멍석 한 장당 보통 벼 한 가마를 널 수 있고, 혼례 등의 대소사에는 마당에 멍석을 깔고 사람이 앉는 용도로 사용되기도 하였다. 사용되지 않을 때는 둘둘 말아서 보관하였다. 『사류박해(事類博解)』(1839)에는 멍석을 '멍셕'으로 표기하였고, 『증보산림경제(增補山林經濟)』(1766)에는 비슷한 음의 한자인 '망석(網席)'을 사용하기도 하였다.

[참고문헌] 金光彦, 1986, 『韓國農器具考』, 韓國農村經濟研究院

면동리유재산(面洞里有財産) 조선총독부가 제정한 면동리유재산관리규정에 따라 면동리가 소유한 재산.

구래의 면은 보통 특별한 재산을 갖지 않고, 특수한 경우에만 재산을 소유하였다. 반면 동리는 단독으로 전, 답, 대, 산야, 제언 등 재산을 소유하고 있는 곳이 적지 않았다. 재산은 동리민이 공동으로 개간한 것, 계승자가 없는 유산, 병역 기타 전호 잡역을 피해서 도망간 동리민의 유산, 특별히 동리에서 매수한 전토 등이다. 재산 관리는 면장과 동리장이 담당하였고 계약 기타 법률 행위는 면장과 동리장이 대표로 하는 것이 일반적이었다. 그러나 때로는 두민(頭民) 등이 연서한 사례도 있어 그 재산을 처분하는 데 면동리민의 전부 또는 중책에 있는 자와 협의하는 것이 통례였다. 그 수속은 별도의 법령으로 정해진 것도 없고 지방에 따라 관행에 차이가 있었으나 일반적으로 면장이나 동리장이 단독으로 처분할 수 없었다.

조선총독부는 1912년 면동리유재산관리에 관한 건과 면동리유재산관리규칙을 공포하여 면동리의 재산권 관리방식의 원칙을 통일했다. 면동리유재산은 면장이 관리할 것, 부동산은 기간을 정하여 임대할 것, 면동리유재산을 처분할 때는 부윤 군수의 인가를 받을 것, 면유재산에서 생긴 수입은 면경비에 충당하거나 적립할 것, 동리유재산에서 생긴 수입은 부윤 군수의 허가를 얻어 동리민 공동의 이익에 충당하거나 적립할 것, 그리고 면장은 면동리유재산에 이동이 생길 때마다 부윤 군수에 보고하고 매년 1회 도장관에 보고할 것 등이다. 이리하여 면이 기존 재산의 관리주체가 되었으나, 조선총독부는 공동묘지 설치처럼 면 행정상 필요한 경우를 제외하고는 면동리민이 공동재산을 형성하는 일을 금지했다. 뿐만 아니라 행정 동리의 하부단위인 마을재산도 면동리에 편입시키도록 했다. 부득이한 경우에는 마을소유가 아니라 동민이 공동소유로 등록하게 했다.

이 원칙은 1914년의 군면동리통폐합으로 구 면동리를 개편하면서도 그대로 적용하도록 했다. 면동리의 명칭은 준비조사 때 조사한 명칭으로 하고, 구 면동리의 토지는 신 면동리로 이속하기로 결정하고 세부원칙을 정했다. 토지신고서는 신 면동리를 단위로 수합 정리했는데, 이때 합당한 관리자나 면동리재산관리규정이 없는 경우 구관에 정한 관리자가 신고하도록 했다. 통폐합 조치로 소속이 변경된 경우는 토지신고서를 고치도록 했다. 이때 재산권은 새 면동리로 이전 관리하도록 주체를 변동시킨 것이다.

면동리의 재산은 부동산·현금·증권·곡류·수차 등 다양했다. 주는 부동산이고, 면적은 임야가 다수를 차지했다. 연도별 수입액 변동을 보면, 면은 수입이 5년간 10여 배 증가했다. 동도 일부 증가했지만 대체로 감소하는 추세였다. 그것은 곡가 변동, 소작료의 개정 등 보다는 기본재산의 증감이 주원인이었다. 면은 동리재산이 면으로 이전되거나 기본재산이 축적되어 수입이 증가해 간 반면, 동은 면이나 학교에 재산을 기부하여 수입이 축소되는 경향을 보였다. 동리가 면에 종속되어

간 것이다. 또한 면은 국유재산의 관리자인 동시에, 결수연명부를 관장하며 지세수납의 말단 중심 기구가 되었다. 동리는 행정의 주체가 아니라 면의 하부기관으로 총독부 지배체제에 편입되었으며, 향촌 공동체로서의 독자성은 배제되었다. 토지조사사업으로 구래의 향촌질서가 해체되면서 조선총독부의 중앙통제가 최하단위까지 곧바로 미치게 되었다.

토지조사사업에서 면동리재산분쟁은 다음과 같은 경우에 발생했다. 첫째 종래 조선의 행정구역에는 강계가 불명확한 경우가 많았기 때문에 인접 동리와 분쟁이 발생했다. 둘째 계승자가 없는 사망자, 병역 기타 전호잡역을 면하려고 도망한 자들의 재산은 관습에 의해서 동리의 재산으로 귀속되는 경우가 많았는데, 그 후 친척이라고 자칭하는 자들이 나타나 분쟁을 제기하는 경우 등이었다. 셋째 기존 동리장, 두민 등이 주인 동의 없이 일본인에게 잠매하여, 동민과 이를 매수한 일본인 사이에 분쟁이 제기되었다.

[참고어] 군면동리통폐합, 결수연명부, 토지조사사업

[참고문헌] 조선총독부 임시토지조사국, 1918, 『조선토지조사사업보고서』; 최원규, 2014, 「일제초기 조선부동산 등기제도의 시행과 그 성격」 『한국민족문화』 17 〈최원규〉

면세(免稅) 전세(田稅) 중 일부 또는 전체가 면제됨을 의미하나, 전세가 국고(國庫)가 아닌 특정 기관에 귀속되는 것을 아울러 지칭.

전근대사회의 세제에서는 왕토사상을 근거로 직접생산자에게 소정의 토지세를 납부케 했는데, 이것이 전조(田租, 전세)이다. 그러나 전조는 평균생산액을 기준으로 책정되었기 때문에 토지가 진폐하거나 흉년을 만나는 등의 경우에는 세액을 전부 수취할 수 없었다. 따라서 이러한 경우 전조의 일부 혹은 전체를 면제했는데, 이를 면세(=免租)라고 한다.

이상의 용례는 전조가 존속하는 동안 꾸준히 사용되었다. 예컨대 세종 25년 5월 사간원에서는 진황지는 면적에 관계없이 면세하지만 전지는 반드시 전부 손재를 당해야 면조하는 현 공법의 폐단을 지적했다.(貢法之內, 苟或一田小有陳荒, 則許令免稅, 其法精矣, 至於損田, 必待一戶所耕全損, 然後方許免租.[『세종실록』 25년 5월 16일 경오]) 이때 '면조'와 '면세'는 모두 직접생산자가 부담한 전조[=전세]가 면제됨을 의미하는 것이었는데, 『경국대전』 「호전」 수세(收稅)조에는 이처럼 재해·진황·해택(海澤)·귀화인(歸化人) 등에 대한 전조 면제조항이 규정되어 있다.

하지만 면세가 전조의 감면을 의미하는 것은 아니었다. 예컨대 『속대전』에서는 모든 면세전(免稅田)은 해당 궁방(宮房)과 아문(衙門)에서 각자수세(各自收稅)한다고 명기되었다.('凡免稅田, 該宮, 該衙門各自收稅.'[「호전」 제전(諸田)) 이때의 면세전은 전조가 국고가 아닌 해당 기관으로 수취되는 토지를 의미하는데, 이같은 규정이 『속대전』에 수록될 수 있었던 이유는 수조권의 폐지를 전후로 한 전조 함의의 변화에 기인한다.

과전법 하에서는 모든 경작지에 전조가 부과되었다. 이때 직역 등의 대가로 개인 및 기관에게 수조권이 지급되었는데, 개인이 수조권자인 토지를 사전이라 했고 기관이 수조권자인 토지를 공전이라 했다. 수조권이 해당 개인 및 기관의 소유지 위에 설정될 경우에는 전조가 면제되었고, 민전 위에 설정될 경우에는 전객(佃客)이 국가에 납부할 전조를 대신 수취했다.[各自收稅]

이처럼 국가로부터 수조권을 취득하여 각자수세한[면조된] 경우, 전주는 그중 일부를 전세로서 국가에 납부해야 했다. 대표적으로 직전(職田), 과전(科田)이나 사전(賜田)이 해당된다. 반면 수조권이 국가기관에 있거나 공유지였던 공전은 전조가 모두 해당 기관으로 귀속되었으므로, 전세 납부의 의무가 애초 성립되지 않는 무세지(無稅地)였다. 이처럼 과전법 하에서의 전세는 수조권자가 수취한 전조의 일부를 국가에 납부한 것을 뜻했으며, 무세지란 전세 납부의 의무가 성립하지 않는 공전을 지칭하는 것이었다.

그러나 성종(成宗) 이래 관수관급제(官收官給制)의 실시를 계기로 사전에서의 수조권은 폐기되었다. 이로써 수조권자의 의무로서의 전세도 그 함의가 소멸되어 조(租)와 세(稅)의 구별이 모호해졌고, 이후로는 모두 전조를 전세라 혼칭하게 되었다. 한편 이러한 변화로 인해 이전까지 공전을 '무세'로 파악하던 방식도 실효를 상실하게 되었다. 대신 수조권 폐기 이후 모든 토지의 전조(=전세)가 국고로 귀속된다는 원칙에 비추어, 수조권이 잔존했던 토지에 대해 이를 '면세지'로 파악하게 되었다. 물론 이때의 면세는 직접생산자의 전세 납부 자체가 면제됨을 의미하는 것이 아니었으며, 수조권을 가진 기관이 국가를 대신해 전세를 취식함을 뜻하는 것이었다.

19세기 초에 편찬된 『만기요람』의 「면세」 연혁(沿革)조에 따르면, 아문·궁방 수조지로서의 면세지는 조선초 무세지인 공전에 그 연원을 두고 있다. 그러나 관수

관급제의 실시 이후 왕족·궁방 및 아문에게 지급된 수조권이 폐지되어 이들의 재정 마련에 대한 요구도 증대했다. 특히 양난 후 황폐한 농토를 회복할 필요가 절실한 가운데, 훈련도감의 둔전 개발을 시초로 각 궁방 및 아문(영문) 등에서 절수·매득·투탁 등의 방법으로 면세지인 각종 둔전을 설치해 나갔다. 『속대전』에서는 이들 면세전에 대해 수세한도를 1결(結) 당 미(米) 23두(斗)로 정해두었다. 또한 『만기요람』「면세」 면세식(免稅式)조에는 이들 무세지의 종류와 규모가 규정되어 있으며, 각각의 면세방식을 면부면세(免賦免稅), 면세출부(免稅出賦), 출세면부(出稅免賦) 등으로 구분하고 있다. 우선 면부면세지로는 관둔전(官屯田)·늠전(廩田)·제전(祭典)·궁방전(宮房田)·능원묘위전(陵園墓位田)·각양잡위전(各樣雜位田)·진상청죽전(進上靑竹田)·관죽전(官竹田)·저전(楮田) 등이다. 한편 늠전 중 아록전(衙祿田)과 공수전(公須田)에 대해서는, 대동법 시행 이후에는 지방에 수미(需米)가 지급되었다는 이유로 면세출부되었다. 한편 각 영문·아문·군문의 둔전의 경우는 애초 한정된 결수 내에서 면부면세하다가, 그 규모가 커져 폐단이 나타나자 일체 면부출세토록 했다. 그리고 '팔도사도면세전답결수(八道四都免稅田畓結數)'조에는 이상의 명목에 따라 전국에 분포된 면세지의 규모가 기록되어 있다. 총 규모만 소개하면, 1807년 기준으로 총 204,635결이다. 지역별로는 경기(20,644), 호서(21,175), 호남(38,888), 영남(31,861), 해서(16,667), 관동(12,021), 관서(16,069), 관북(42,808), 수원부(1,836), 광주부(1,655), 개성부(595), 강화부(416) 등이다.

한편 면세지는 수취대상지의 고정여부에 따라 유토면세지(有土免稅地)와 무토면세지(無土免稅地)로 구분할 수 있다. 『만기요람』의 '면세식'조에 의하면 궁방전은 유토와 무토의 구별이 있는데, 토지를 매득해 영원히 궁둔(宮屯)으로 만들어서 혹은 진폐되더라도 이환할 수 없는 것을 유토면세라고 했다. 또한 호조에서 실결을 획급하되 3년[정조 대 4년으로 바뀜]을 기준으로 도내 각읍에 윤정(輪定)하는 것을 무토면세라고 했다.('凡折受田結, 自該宮買得土地望呈戶曹永作宮屯, 雖或陳廢毋得移換者, 謂之有土免稅. 自戶曹劃給實結, 準限三年輪定於道內各邑者, 謂之無土免稅, 三年輪定之規.) 즉 유토면세지는 궁방 및 아문이 무주지를 절수하거나 매득(買得)한 토지로서, 기관의 소유지였기 때문에 수조권은 고정되어 있었다. 한편 절수를 통한 면세지의 확장이 민전을 침탈하는 등의 폐단을 일으켰고, 1695년 을해정식(乙亥定式)을 통해 시행코자 했던 급가매득제 역시 재원마련이 쉽지 않았다. 이에 일반 민전에서의 수조권을 기관에 분급한 이른바 민결면세제(民結免稅制)가 시행되었다. 이들 토지에서는 기관이 소정의 지세만을 수취했으나 3~4년마다 윤회이정(輪回移定)했으므로 무토면세지라 한 것이다.

면세전은 각종 면세 혜택 등으로 인해 국가재정에 부담이 되었고, 축소하자는 논의가 여러 차례 일어나 『속대전』에서도 그 결수를 제한하는 등의 시도가 있었으나 큰 효과는 없었다. 이후 1894년(고종 31) 갑오개혁을 통해 궁방전 등의 면세특권과 무토면세의 제도는 폐지되었으며, 유토면세전은 황실 소유가 되어 궁내부로 이관되었다.

[참고어] 무세지, 면세전, 궁방전, 둔전, 급재

[참고문헌] 『大典會通』; 『萬機要覽』; 박준성, 「17·18세기 궁방전(宮房田)의 확대와 소유형태의 변화」 『한국사론』 11 ; 강상택, 1986, 「조선후기 유토둔전과 무토둔전의 확대와 그 개혁논의에 관하여」 『역사와 세계』 10 ; 송양섭, 2006, 『조선후기 둔전 연구』, 경인문화사

〈윤석호〉

면세전(免稅田) 조선시기 국가에서 조세를 면제해 준 땅. 1종·2종 유토면세결과 무토면세결로 구분할 수 있다.

갑오개혁 때 탁지부에서 작성한 『결호화법세칙(結戶貨法稅則)』에서는 궁방아문의 면세결을 크게 유토면세결과 무토면세결로 구분하고 있다. 첫째 유토면세결에 2종류가 있는데 그 구별은 다음과 같다. 제1종은 각궁의 재산으로 매입한 토지에 조세를 면제해 준 것이다. 단 각궁은 대개 소작인으로부터 매년 수확의 절반을 징수하고 있다. 제2종은 관으로부터 혹 민유지를 한정하여 세금을 부여한 것을 말한다.

둘째 무토면세결은 혹 민유지를 한정하여 관으로부터 세금을 부여한 것을 말한다. 앞의 유토면세결 제2종과 차이는 다음과 같다. ① 유토는 그 토지가 영구히 변치 아니하나 무토는 대개 3, 4년에 그 토지를 변환한다. ② 무토는 반드시 관에서 징세하여 각궁에 부여하나 유토는 그렇지 않다. 각궁이 직접으로 징수하거나 각읍이 각궁에 송납케 하거나 둘 중 하나에 속한다.

제1종 유토면세결은 궁방에서 매득한 궁방의 소유지를 말한다. 1695년 을해정식(乙亥定式)에서 말한 급가매득지가 이것이다. 이것은 소유의 주체가 분명하므로 근대적 토지소유권 개념으로 보아도 배타적 권리를

가질 수 있는 장토이다. 다만 호조에게 결세를 면제해 주었으므로 궁방은 지세를 납부하지 않고 소작인으로부터 생산량의 절반에 이르는 지대를 온전히 확보할 수 있었을 것이다. 제2종 유토면세결과 무토면세결은 민유지의 결세를 호조에서 걷지 않고 궁방의 수익으로 부여한 것을 말한다. 그런데 유토는 고정되어 있는 장토에서 각궁이 징수하고, 무토는 3, 4년만에 수취할 대상이 옮겨지고 호조에서 수취하여 궁방에 보내는 차이가 있다고 하였다.

제2종 유토면세결과 무토면세결의 차이는 장토의 고정 여부, 수취방식의 차이로 설명되어 있으나 현실의 궁장토에서는 다른 모습이 나타난다. 무토면세결은 민결면세결과 같은 것이지만 제2종 유토면세결은 소유구조가 다양하였다. 제2종 유토면세결에서의 지대액은 절반에 이르는 급가매득지의 지대와, 미 23두 즉 1/10 정도에 이르는 민결면세지의 지세액의 중간정도에 위치한다. 급가매득지의 지대에 육박하기도 하고, 민결면세지의 지세에 가깝기도 하다. 장토의 성립과정에서 지대가 낮은 수준에서 형성되어 그 때문에 중답주와 같은 중층적 토지소유가 존재하기도 한다. 이것은 근대적 토지소유제도의 성립과정에서 해소하지 않으면 안되는 중요한 과제가 된다.

[참고어] 궁방전, 둔전, 면세

[참고문헌] 박준성, 1984, 「17·18세기 궁방전의 확대와 소유형태의 변화」『한국사론』 11 ; 이영호, 2010, 「한말~일제초 근대적 토지소유권의 확정과 국유·민유의 분기 : 경기도 안산 석장둔의 사례」『역사와 현실』 77 ; 이영호, 2011, 「근대전환기 궁장토 소유권의 향방 : 경상도 창원 용동궁전답 '영작궁둔=조200두형'의 사례」『한국학연구』 24

〈이영호〉

면양안(面量案) ⇒ **양안**

면유지(面有地) ⇒ **면동리유재산**

면임(面任) 면 단위에서 행정실무를 맡아보던 사람.

면임은 조선시기 주현(州縣) 아래에 있었던 면의 장으로서 풍헌(風憲)·약정(約正)·집강(執綱) 등과 유사한 지위에 있었으며, 향소 또는 향약의 영향력 속에 있었다. 면론(面論)을 거쳐 뽑았으며 향청(鄕廳)에서 그 가부를 결정하였다. 18세기 후반 삼남지방에서는 부유한 상민(常民)이 면임을 맡는 경우도 많았다. 면임은 지방관의 명령전달, 면내의 상황보고, 권농(勸農)과 제언(堤堰) 관리, 군역 부과, 군포 징수 등을 담당했다. 특히 면임은 이임(里任)·감고(監考) 등과 더불어 호구 파악과 대장 작성의 실무를 맡았다.

[참고어] 총액제, 방장, 서원

[참고문헌] 김용민, 1998, 「19세기 面의 運營層 强化와 面任의 역할」『韓國史學報』 3·4

면작(棉作) 면화(綿花) 즉 목화(木花)의 재배.

조선시기의 면포(綿布)는 의류수단이자 유통수단으로서 절대적 지위를 차지하고 있었다. 면직업(綿織業)이 마직업(麻織業)을 대체한 것은 세종 대 이후이며, 그 후 면포생산의 급격한 증가를 배경으로 15세기 후반부터 포화(布貨)의 주재가 마포에서 면포로 대체되었다.

면업의 정착과 변천 과정에 대해서는 1364년(공민왕 13) 진주사람 문익점(文益漸, 1329~1398)이 원나라에 사행을 떠났다가 돌아오는 길에 가지고 들어온 목화씨를 그의 장인 정천익(鄭天益)이 재배에 성공했다는 설이 일반적인 이해이다. 그러나 최근 백제시대의 유적지인 부여 능산리 절터의 출토 유물에서 목면으로 된 직물이 발견되어 삼국시기에도 면직이 이루어졌음이 확인되었다. 이로써 논자에 따라서는 14세기 후반 문익점이 목화씨를 가지고 들어오면서 면직이 시작되었다는 기존의 이해가 잘못된 것이라 주장하기도 한다. 이들은 『삼국사기』나 『양서(梁書)』, 『한원(翰苑)』 등의 기록을 근거로, 품종은 다르지만 삼국시기 이전부터 모, 마, 면 등을 직조해 왔다고 주장한다. 이러한 연구들로 문익점이 목화씨를 가져오면서 면직물 생산이 처음 시작되었다는 기존의 통설은 비판되고 있지만, 문익점과 정천익의 목면(木棉) 재배와 보급이 면직물 생산을 널리 보급하는 데 기여하였으며, 이를 계기로 백성들의 옷감이 삼베에서 무명으로 바뀌게 되었다는 사실은 여전히 부정할 수 없는 사실이다.

실제로 목면의 재배는 고려 말까지는 시험 재배 단계에 불과했다. 그 후 조선 초 정부의 면업 보급과 육성의 노력이 적극적으로 행해져 태종 조에는 남부 일부 지역에서 면업이 보급되었으며 세종 조에는 하삼도 전역에 보급·정착되었다. 또한 세종 조 말년부터는 하삼도 지역에서 확립된 면업을 기반으로 북방지역에까지 면작 지역을 넓히는 정책이 취해졌고, 그 결과 선조 대에는 북방 면업이 대체적으로 확립되었다. 결국 조선의 면직업은 선초부터 본격적으로 성장해서 늦어도 임진왜란 직전까지는 전국에 확산되고 있었다고 할 수 있다.

목면은 선초 이래 국가정책으로서 그 재배 보급이 추진되어 왔고, 인민의 의생활에 큰 변화를 재래한 작물이었으므로, 가장 크게 각광 받는 경제작물이기도 하였다. 면포는 역에 대한 징포의 대상이 되거나 화폐의 기능을 하였으며, 일본에 대해서는 국가무역의 대상이자 지불수단이 되는 등 목면의 경제적 비중은 점차 커져갔다. 이에 따라 국가로서는 면포를 더욱 많이 징수하지 않으면 안 되었고 농민들 또한 이를 상품으로 재배하거나 아니면 재배하여 자급할 필요가 있었다.

국가경제의 차원에서나 농민경제차원에서 목면의 상품가치 또한 높아져 감에 따라 목면의 재배법은 농서에서 자세하게 소개되기 시작했다. 선초 세종 조의 『농사직설(農事直說)』이나 성종 조의 『금양잡록(衿陽雜錄)』에서는 목면의 재배법이 다루어지지 않았고, 『사시찬요초(四時纂要抄)』에서는 목면의 재배를 다루었으나 이에 의거하여 목면을 재배하기에는 내용이 너무나 소략하였다.

그러나 임진왜란 전 선조연간에 이르면 창평현(昌平縣) 개간본(開刊本) 『농사직설』(1540년 경)과 조선 중각본(重刻本) 『사시찬요』(1590년간)를 복간하며 목면경종법(木綿耕種法)을 새롭게 증보하여 수록하는 등 목면의 재배기술은 점차 많은 농서에 다양한 양상으로 수록되고 소개되기 시작했다.

일단 조선의 면작기술은 16세기 선조 대에 복간된 『사시찬요』와 『농사직설』에서 확립되었다. 이후 이 기술은 임진왜란 이후 피폐화된 농업 생산력을 회복하기 위해 정책적 차원에서 편찬한 17세기 중엽의 『농가집성(農家集成)』에서 새롭게 종합되어 더욱 발전된 모습으로 실리게 되었다.

『농가집성』에 수록된 조선의 면작기술을 중국과 비교해 보면 파종하기까지의 작업 과정, 즉 적합한 토양조건[土宜], 파종 전의 종자 처리[種子預置], 정지(整地), 파종법, 시비법의 경우 그 기술은 독자적이되 질적인 수준은 중국의 그것과 동일하였다고 할 수 있다. 그러나 발아 후의 성장 관리, 즉 제초작업[鋤治], 솎아내기[間苗], 끝순 제거 작업[摘心], 수확 시기 및 방법, 택종(擇種) 및 종자의 보관 등에서는 중국에 비해 기술 수준이 뒤떨어져 있었다고 할 수 있다. 제초작업, 솎아내기 작업, 끝순 제거 작업 등은 면작 재배 과정에서 노동력의 투여에 많은 비중을 차지하는 것이고, 생산량의 다소에 영향을 미치는 바가 큰 것이었다. 그러나 조선 전기의 농서들은 이렇게 중요한 생산 과정들을 매우 간략하게만 서술하고 있어 그 기술이 아직 정치한 수준에 도달하지 못하였음을 보여준다.

이와 같은 조선 전기의 면작기술은 조선 후기에 들어와 상당한 변화를 겪게 된다. 특히 파종에 적합한 토양조건이나 정지 작업, 시비법, 제초작업에서의 변화는 큰 발전을 이루었다. 무엇보다도 토양 조건에 제약받지 않고 적극적으로 면작에 임하는 면모가 눈에 띈다. 이는 토양조건의 제약을 극복하기 위해 파종 후에 다양한 비료를 추비(追肥)로 투여하고 수확할 때까지 노동력을 지속적으로 투여하여 제초 작업을 꾸준히 수행한 결과였다. 시비법의 경우 『성호사설(星湖僿說)』의 기록에서 알 수 있듯이 목면 전업자들에 의해 한정된 양의 비료를 효율적으로 투여하는 감종법(坎種法)이 개발되기도 하였다.

조선 후기 면작기술은 전기의 그것에 비해 노동력의 집약적 투여가 이루어졌다. 목면의 집약적 생산 과정은 면전(綿田)의 정지(整地)와 작무(作畝)에서도 나타났다. 16, 17세기의 정지와 작무는 대략 3번의 번경(飜耕 : 땅을 갈아 뒤엎음)과 6척 너비의 무를 만드는 것이었다. 그런데 『민천집설(民天集說)』의 기록에 의하면 많은 경우 7, 8번까지 번경을 수행했음을 알 수 있다. 특히 『성호사설』의 기록에 의하면 목면 전업자들의 경우 종횡으로 번경을 했고 2척 너비로 무를 만들었음을 볼 수 있다. 이들은 2척 너비의 무 위에 포백 반 척 지름의 구덩이를 파서 집중적인 시비를 하고 파종했으며 발아 후에는 반드시 솎아내기 작업을 했다. 또한 잡초의 유무를 막론하고 세심의 주의를 지속적으로 기울이며 제초 작업을 꾸준히 수행했다. 『천일록(千一錄)』에 따르면 이와 같이 집약적인 생산과정에 의해 조선 후기 목면의 수확은 최고 8배까지 증가했음을 알 수 있다.

[참고어] 농사직설, 농가집성

[참고문헌] 박성식, 1979, 「麗末鮮初의 木綿業에 대하여」 『대구사학』 17 ; 민성기, 1988, 『朝鮮農業史研究』, 일조각 ; 문중양, 1992, 「朝鮮時代 農書에 나타난 木棉栽培技術」 『한국과학사학회지』 14-2 ; 김용섭, 2009, 『朝鮮後期農學史研究 -農書와 農業 관련 文書를 통해 본 農學思潮-』(신정증보판), 지식산업사 〈김정신〉

명례궁장토(明禮宮庄土) 조선시기 내탕(內帑) 중 하나였던 명례궁에 소속된 토지.

이른바 1사7궁(一司七宮) 중 하나이다. 내수사(內需司)가 대전(大殿)의 내탕이었다면, 조선 후기 대전 외 전궁

(殿宮) 소용의 내탕은 4궁이 맡았다. 수진궁(壽進宮)·명례궁·용동궁(龍洞宮)·어의궁(於義宮)이 그것인데, 명례궁장토는 명례궁의 재정을 보용하기 위해 설정한 토지이다. 명례궁은 서울 중구(中區) 정동(貞洞)에 있는 덕수궁(德壽宮)의 전신으로, 본래 덕종(德宗)의 맏아들인 월산대군(月山大君)의 사저(私邸)였다. 선조(宣祖)가 임진왜란 뒤 의주(義州)에서 환도하여 머무르면서 궁으로 사용하게 되었다. 창덕궁(昌德宮)이 복원된 뒤 광해군(光海君) 7년(1615)에 경운궁(慶運宮)이라고 불리었다가, 인조(仁祖) 즉위 후 명례궁으로 이름을 고쳤다. 이후 건양(建陽) 원년(1896)에 고종(高宗)이 이곳으로 이어하면서 다시 경운궁으로 고쳤다가, 융희(隆熙) 원년(1907)에 순종(純宗)이 덕수궁(德壽宮)으로 이름을 바꾸어 현재에 이른다.

한편 명례궁은 인목대비가 은거하게 되면서 자전(慈殿 : 임금의 어머니)에 대한 내탕이 되었다. 인조 즉위 후 경기도 풍덕군 소재의 궁방전을 이속시켰으며, 이후 절수(折受), 사여(賜與), 별사여(別賜與), 민전분급 등을 통해 유토(有土)와 무토(無土)를 집적하였다. 숙종 대에 호조에서는 임자년 이후에 만든 제 궁가의 절수를 파하도록 계언했지만, 명례궁 외 3궁은 자전의 내탕이라는 이유로 허용되지 않았으며, 평안도 안주군의 누영동과 영유군의 소호동이 추가로 절급되기도 했다.

이후에도 민전 침탈 등을 통해 장토의 면적이 확대되자, 영조 5년(1728)에는 면적을 1,500결로 제한하도록 했고, 『속대전』에는 다시 1,000결로 축소하는 규정을 만들어 4궁에 적용하였다. 하지만 당시 궁의 세력이 왕성했기 때문에 쉽게 실행되지 못했고, 『탁지전부고』와 『만기요람』 '면세'조 등에는 명례궁장토의 면적이 모두 1,700여 결 이상으로 파악되었다.

장토의 형성과정과 종류 및 관리 등은 궁방전의 일반적 특징과 같다. 1894년(고종 31) 제도 개혁으로 유토에서의 면세 특권과 무토에서의 수조권이 폐지되었다. 유토 또한 왕실 소유로 하여 궁내부에 이관시켰다. 1908년 탁지부 소관 국유로 편입시킨 후, 일제는 국유지실지조사와 토지조사사업을 거쳐 국유로 확정해갔다. 이 과정에서 일제는 국민유분쟁을 강권적으로 처리해 갔다.

[참고어] 궁방전, 1사7궁

[참고문헌] 박성준, 2008, 「대한제국기 신설 궁의 재정기반과 황실재정 정리」『역사교육』 105 ; 조영준, 2008, 「조선후기 궁방의 실체」『정신문화연구』 112 ; 박성준, 2009, 「대한제국기 신설 궁의 지주경영」『역사교육』 109

명문(明文) ⇒ 문기

명의신탁(名義信託) 부동산에 관한 소유권을 보유한 자가, 그 등기를 타인의 명의로 하기로 한 약정.

이 관행은 등기제도 시행 이후 법인격을 인정받지 못한 단체의 토지소유권 획정 과정에서 판례로 정착되었다.

명의신탁이란 부동산에 관한 소유권 기타 물권을 보유한 자나 사실상 취득하거나 취득하려고 하는 자가 타인과의 사이에서 내부적으로는 실권리자가 부동산에 관한 물권을 보유하거나 보유하기로 약정하고, 그에 관한 등기를 타인 명의로 하기로 하는 약정(위임·위탁매매의 형식에 의하거나 추인에 의한 경우를 포함)을 말한다.

법인이 아니면서도 사실상 법인에 준하여 처리되는 것이 편할 경우 그 단체를 소유주로 하였다. 이러한 예외를 인정한 단체로는 면동리의 소유에 관계된 것, 신사·사원·향교·외국교회의 소유와 관계된 것 등이다. 따라서 서원, 종중 재산이나 사립학교 등의 토지에 대해서는 그들이 법인자격을 갖추었는지 조사한 후 법인이 아닌 단체는 그 성질에 따라 공유(共有)로 신고하도록 하였다. 따라서 이 토지는 관계자 전원의 공유로 인정하되, 사정에 의해 개인명의로 신고된 것에 대해서는 그 명의인을 지주로 하였다. 법인이라는 근대법적 개념은 조선에는 존재하지 않았는데, 조선민사령에서 일본민법을 조선에도 적용할 수 있도록 하였기 때문에 일본의 법인규정을 조선에서 통용하도록 하였다. 법인은 민법 또는 기타 법률의 규정에 의해서만 성립 가능하였다.

문제는 법규정이 없어 법인이 될 수 없었던 서원이나 종중의 경우였다. 따라서 이들의 소유 토지는 법인자격을 취득하지 않는 한 개인 명의로 신고할 수밖에 없었다. 이에 따라 관행과 법질서 사이에서 괴리가 나타나 법운용에 큰 혼란이 발생하였다. 서원의 경우 유림이 선현의 공덕을 기리기 위해 설치한 것으로, 그 운영비와 제사비를 충당하기 위하여 토지를 보유하였으며, 개인 소유가 아니었다. 또한 종중 토지는 조상의 유산이나 종중원의 기부에 의거 조상의 제사에 드는 비용을 충당하였다. 이는 문중의 문장유사(門長有司) 등의 개인소유가 아님이 분명하고 양안에도 '○○종중' 등과 같이 기재되어 있었다. 관례상 이들은 문중의 동의 없이 단독의사로 종중 재산을 처분할 수 없었다.

민법에 규정된 공유란 공유 집단의 각 구성원이 각각의 개별 재산에 대하여 확정된 지분을 갖고 있으며, 공유자 상호간의 인간적 결합 정도가 미약하여 각 공유자는 언제든지 분할 청구하여 공유관계를 해지시킬 수 있는 공동소유관계이다. 그러나 종중구성원은 종중 재산에 대하여 확정된 지분도 갖지 못했고, 종중 재산에 대한 분할청구권도 갖고 있지 않았다. 따라서 조선 특유의 종중 재산을 공유재산으로 개인을 권리의 주체로 보는 것은 옳지 않았으나, 판례는 '하모[何某, 종중재산]'라고 기록된 것은 하모의 단독소유로 간주한다고 규정하였다. 또한 고등법원은 1917년 5월 8일 종중 토지를 1인의 명의로 결수연명부에 등록한 경우에는 공유자가 그 1인에 대해 권리를 신탁 양도한 것으로 인정할 수 있다고 해석, 이른바 명의신탁 이론의 길을 열었다. 공동체 소유의 토지가 특정 인물의 명의로 등기부에 등록되게 되는 관례가 생성되어 종중 토지의 처분을 둘러싼 무수한 분쟁이 야기되었다.

[참고어] 토지조사사업, 조선민사령

[참고문헌] 현암사, 1985,『圖解 법률용어 사전』; 이승일, 2008,『조선총독부 법제정책 : 일제의 식민통치와 조선민사령』, 역사비평사 ; 최원규, 2014,「일제초기 조선부동산 등기제도의 시행과 성격」『한국민족문화』56 〈김대현〉

명자책(名字冊) ⇒ **깃기**

명전(名田) 고려시기 전시과 제도에 의해 정(丁)으로 파악되어 개인 명의로 분급된 사전(私田).

명전은『고려사』「병지」에만 보인다. 이로 인해 초창기의 연구에서는 군인이 가지고 있는 민전이나, 군인의 영업전을 의미한다고 생각하였다. 이후 전시과 제도에 대한 이해가 진전됨에 따라 명전은 전정주첩(田丁柱貼)과 관련되어 나타나는 용어로 이해되기 시작하였다.

전시과에서 전정(田丁)은 전정 수득자의 성명과 엮어 관리하였다. 이는 각 고을마다 양안과는 별도로 작성하는 작정장적(作丁帳籍), 즉 전정주첩에 정마다 그 수득자인 전주(田主)의 성명을 기재하도록 되었다. 그리고 이를 통해 해당 정이 어떤 사람의 소수(所受)·전수(傳受)·체수전토(遞受田土)임이 확정되고 보장되었으며, 각 정의 수수·전수·체수·환수·몰수·가급·보급 등의 여러 변동 사항이 정리되고 파악되었다. 이를 통해 분급된 전정은 수득자의 명의가 되었으며, 소유지·소유권에 대해서도 수조지·수조권의 지배성과 점유성을 강력하게 발휘하도록 되었다.

따라서 명전은 전주가 전정주첩에 기재된 토지라는 의미로, 전시과 상의 분급 수조지 일반을 총칭하는 용어가 되기도 하였다. 전정의 점유 분쟁이 발생했을 때 전주에게는 정의 수수시에 발급한 공문, 즉 문계(文契)·전권(田券)과 함께 전정주첩을 근거로 자신의 소유를 주장할 수 되었다.

[참고어] 전시과, 사전(私田)

[참고문헌] 姜晋哲, 1980,『改訂 高麗土地制度史硏究』, 一朝閣 ; 金玉根, 1996,『高麗財政史硏究』, 一朝閣 ; 權寧國 외, 1996,『譯註『高麗史』食貨志』, 韓國精神文化硏究院 ; 李景植, 2007,『高麗前期의 田柴科』, 서울대학교출판부 ; 李景植, 2011,『韓國 中世 土地制度史-高麗』, 서울대학교출판문화원 〈정덕기〉

모경(冒耕) 경작이 금지된 곳에서 함부로 농사짓는 것.

제언(堤堰)의 안쪽이나 봉산(封山), 목마장(木馬場) 등은 모두 각각의 용도나 목적이 있는 곳으로 경작이 금지되었으나, 이를 어기고 농경지로 활용하는 경우를 말한다. 예컨대 1842년(헌종 8) 영의정 조인영(趙寅永)은 한재에 대비한 방책 중 하나로 제언 내의 기간을 금지하는 것을 강조했는데, "제언을 쌓는 것은 저수하기 위함이고, 물을 모아 두는 것은 가뭄을 대비하기 위함입니다. 진실로 흐르고 통하는 것을 법과 같이 하고, 모으고 줄이는 것을 때를 맞추어 하게 하면, 제언 아래의 논·밭두둑이 모두 비옥하게 될 것이니, 어찌 말라 죽고 수확하지 못할 우려가 있겠습니까? 그런데 백성이 무지하여 구차하게 지척의 땅만을 도모하여, 올해에는 모경하고 내년에는 침계하여 제언의 물이 말라서 한갓 한 사람의 사유물로 돌아가 마침내는 천묘의 농지에 해를 끼칩니다. 말과 생각이 여기에 미치니 어찌 한심하지 않겠습니까?(築堤, 所以儲水, 儲水, 所以備旱. 苟使疏濬如法, 滀洩以時, 則堤下疇隴, 俱成膏沃, 豈有乾枯失稔之患? 而小民無知, 苟圖咫尺之地, 今歲冒耕, 明年侵界, 以至於堤水盡涸, 而徒歸一夫之私, 竟貽千畝之害. 言念及此, 寧不寒心?[『헌종실록』9권, 8년 6월 5일 임오])"라고 하여 제언 내 모경의 폐단을 지적했다.

[참고어] 제언, 봉산

[참고문헌]『헌종실록』

모리기쿠농장(森菊農場) 1919년 6월 일본인 모리기쿠고로(森菊五郞)가 전라북도 옥구군·김제군·익산군·군산 일대를 기반으로 설립한 농장.

일본 효고현(兵庫縣) 츠나군(津名郡) 출신인 모리기쿠고로는 오사카(大阪)에서 가업인 미곡상을 운영하다가 한국에 대한 척식여론과 토지투기열이 고조되기 시작한 러일전쟁 직전인 1904년 1월 개항장 군산으로 들어왔다. 오사카 미곡시장에서 잔뼈가 굵은 모리기쿠는 누구보다 조선과 미곡무역에서 큰 이익을 남길 수 있다는 사실을 알고 있었다. 1890년대 중후반 이래 일본자본주의는 산업혁명의 도정에 들어갔지만, 급격한 인구증가에 반해 식량은 그를 따라가지 못하는 상황이었다. 모리기쿠는 군산에서 모리기쿠상점(森菊商店)을 열고 입도선매를 통해 조선 쌀을 매집하여 오사카시장에 내다팔았다. 개항장 미곡상인 모리기쿠가 직면한 문제는 일본으로 팔아넘기는 조선 쌀의 품질상태였다. 조선 재래의 방법으로 도정된 조선의 백미는 건조정도가 낮고 수분함유가 높아 장기수송과 보관에 어려움이 많았다. 여름철에는 쉽게 부패되었고, 게다가 일본 백미보다 협잡물도 너무 많이 들어갔다. 이것이 조선 쌀의 상품가치를 떨어뜨리는 주범이었기에, 일본인 미곡 상인들은 벼를 매집하여 일본식 현미로 도정하여 일본으로 보냈다. 정미업은 개항장의 새로운 수익사업으로 부상하였다. 모리기쿠는 미곡무역과 함께 일찍부터 소규모 정미공장을 인수하여 운영하였다. 강점 후 최신식 정미기계와 도습구를 갖춘 대규모 정미공장을 설립하였다. 군산항에서 나가는 쌀의 상당부분이 그의 정미공장을 거쳐 나갔다. 모리기쿠는 군산미곡상조합을 창설하고 군산미곡취인소 이사장을 역임하는 등 군산 미곡시장을 대표하는 일본인으로 부상하였다.

1919년 미곡무역과 정미업을 통해 축적한 자산으로 충청남도 강경의 소마농장(相馬農場)을 위시하여 전라북도 옥구군·김제군·익산군, 충청남도 부여군·논산군·서천군 일대 토지를 매집하여 모리기쿠농장을 출범시켰다. 1934년 3월 자본금 50만 원(불입자본금 50만 원, 1937년에 75만 원으로 증자, 전액불입)의 주식회사 모리기쿠농장으로 법인화했다. 정관상의 사업내용은 농사경영·토지개간·산림경영, 농업자금 대부와 보험업무 대리, 유가증권 투자 등이었고, 본점은 옥구군 당북리 874번지에 두었다. 미곡 상인답게 모리기쿠는 미곡의 상품가치를 높이기 위해 미질향상과 벼 품종개량에 세심한 주의를 기울였다. 농장에서는 변형된 마름제도와 소작인조합을 통해 모든 영농과정에서 소작인을 일사불란하게 관리 감독을 하였다. 마름은 농장에 고용된 중간관리인일 뿐 전통적인 마름과 성격을 달리했다. 농장에서는 현지 사정에 밝은 조선인 마름들을 통해 일체의 농사개량을 독려하고 소작료수납을 담당하게 했다. 소작농은 농장의 지시에 따라 영농작업을 수행했으며, 1936년 현재 소작인수는 659명이었다. 소작료징수법은 초기 집조법에서 점차 정조법으로 전환하였다. 소작농에게 농자와 비료대 등을 대여하여 수확기 때 일정한 이자를 붙여 대금을 회수하였다. 농장의 소유 토지는 1926년 501정보(논 399정보, 밭 48정보, 임야 24정보, 기타 30정보), 1929년 351정보, 1936년 326정보, 1939년 470정보였다. 평균적으로 4천석을 상회하여 추수했으며, 미곡의 생산·조제·판매를 일괄 처리하였다. 1921년 군산에서 설립된 금강토지건물주식회사[사장 하시모토 나카바(橋本央)]에 대주주로 참여하고, 1926년 군산미곡신탁회사를 설립하여 사장으로 취임했다. 그외 군산상업회의소 평의원, 전라북도 도평의원, 조선신탁주식회사 이사, 조선미곡창고주식회사 이사 등을 역임하였다.

[참고어] 미곡취인소, 하시모토농장, 마름, 동태적 지주, 소작인조합

[참고문헌] 大橋清三郎編, 1915, 『朝鮮産業指針 上下』; 宇津木初三郎, 1928, 『(湖南の寶庫)全羅北道發展史, 一名 全北案内』, 文化商會; 鎌田白堂, 1936, 『朝鮮の人物と事業 第1輯 湖南編』, 實業之朝鮮社出版部

〈이수일〉

모리타니농장(森谷農場) 1906년 일본인 모리타니 겐이치(森谷元一)가 전라북도 옥구군 서수면에 설립한 농장.

모리타니 겐이치는 히로시마현(廣島縣) 사에키군(佐伯郡) 이츠가이시(五日市) 출신으로, 부친은 촌장까지 지낸 지역의 호농이었다. 러일전쟁 직후 일본사회 전반에 한국에 대한 침략적인 척식여론과 토지투기열이 고조되자, 모리타니는 한국농업경영에 뜻을 두고 군산 옥구지역으로 들어왔다. 군산 옥구지역은 러일전쟁 이전부터 일본인 농업자과 투자자들이 갖은 방법으로 불법적으로 토지를 매집하여 농사경영에 착수한 곳이었다. 당시 왕실과 소유권 분쟁으로 지역농민들이 균전을 일본인들에게 싼 값에 매도하기도 했다. 서수면 신리기에 자리를 잡은 모리타니는 미간지와 기간지를 잠매하고 농장경영에 착수하였다. 비옥한 만경강 하류 값싼 미간지나 천수답에 수리시설만 안정적으로 갖추어진다면, 고율소작료에 기초한 농장경영은 높은 수익

성을 보장해줄 것으로 보았다. 모리타니는 1909년 후지이 간타로(藤井寬太郎)를 위시한 인근 일본인 지주들과 협력하여 임익수리조합을 설립하고 수리사업 및 토지개량사업에 꾸준히 노력했다. 수리관개시설의 확보와 더불어 농장에서는 산미증산과 수익극대화를 위해 농사개량에 전력을 다했다. 조선 재래종 대신에 일본 개량 벼를 심었고, 소작인들에게 일본식 영농법을 장려 강제하였다. 농장 안에 시험답을 조성하여 현지에 맞는 벼 품종개량시험·비료시험을 행하고, 소작인들에게 시비법 및 경종법 개선(개량묘대·추경심경·정조식 장려)을 적극적으로 유도하였다. 경우를 소작인에게 빌려주고 우도지를 받았다. 소작인조합을 만들어 영농과정 일체를 관리 감독하였다. 우량소작인을 표창하고 모범 소작인 부락에 서당을 설립하는 등 생활개선을 도왔다.

모리타니는 자가 소유지 이외에 상당 규모의 수탁관리지도 함께 운영하였다. 1929년 현재 서수면 일대 위탁관리지만 169정보였으며, 위탁지에서 수납한 소작료의 2할 전후하는 위탁수수료도 농장수익에 적지 않은 부분을 차지하였다. 1933년 8월 농장조직을 주식회사모리타니농장으로 변경했다. 사업내용은 처음에는 일반농사·식림·개간과 위탁관리로 한정했지만 1936년에 농사자금 대부와 유가증권의 투자를 새로 추가하였다. 단순 농업회사에서 금융투자를 새 사업 분야로 첨가한 것이다. 금융기관으로부터 신용을 일으켜 농장운영자금으로 적극적으로 활용하였다. 금융기관으로부터 대출받아 소작인들에게 농자금이나 비료대 혹은 생활비로 빌려주고 수확기에 대출이자보다 높은 이자를 붙여 회수하였다. 주주와 임원은 모리타니의 친인척이외 고향사람이나 학교 동창으로 구성되었다. 모리타니는 농외투자로 지역의 일본인 조선인 지주들이 설립한 조선잠업주식회사·군산흥농주식회사·임피양어주식회사·전북축산주식회사 등에 대주주로 참여하였다.

〈모리타니농장의 토지소유현황, 단위 : 정보〉

	1914년	1920년	1926년	1932년	1939년	1945년
논	155.7	154.5	155.7	167.0	194.3	212.5
밭	18.6	23.8	26.3	28.5	48.3	30.9
기타	4.6	5.1	6.6	13.2	0.5	8.7
합	178.9	183.4	188.6	208.7	243.1	252.1

출처 : 홍성찬 외, 2006, 『일제하 만경강 유역의 사회사』, 혜안, 238쪽.

[참고어] 균전수도, 소작인조합, 동태적 지주, 위탁경영

[참고문헌] 홍성찬 외, 2006, 『일제하 만경강 유역의 사회사』, 혜안 ; 謙田白堂, 1936, 『朝鮮の人物と事業, 第1輯 湖南編』, 實業之朝鮮社出版部

〈남기현〉

모미(耗米) 고려시기 세곡(稅穀)을 조창(漕倉)에서 경창(京倉)으로 운반하는 과정에서 생기는 손실을 보충하기 위하여 징수한 부가세.

1053년(문종 7) 6월의 기사에 따르면 "삼사에서 옛 규정에는 세미 1석에 모미 1승을 거두었습니다. 지금 12창의 쌀을 경창에 수납할 때 여러 번 수로와 육로로 운반하므로 소모되어 줄어드는 것이 실로 많아 수송하는 사람이 배상하느라 고통을 받습니다. 1곡에서 모미를 더 거두어 7승으로 할 것을 청합니다고 하니, 제하여 허가한다고 하였다.(七年六月 三司奏, 舊制, 稅米一碩, 收耗米一升, 今十二倉米, 輸納京倉, 累經水陸, 欠耗實多, 輸者苦被徵償. 請一斛, 增收耗米七升. 制可.[『고려사』 권78, 「식화지」 1 조세])"라고 한 것에서 제도의 변동을 알 수 있다. 처음에는 세곡 1석에 1되를 기준으로 하였으나, 1053년(문종 7)부터는 크게 증액되어 1석당 7되씩을 거두게 된 것이다. 그러나 실제로는 단순한 손실 보전의 의미를 넘어 수송비적 성격까지 띠게 되면서 규정보다 과중하게 징수되는 경우가 허다하였다. 1176년(명종 6) 7월에는 제를 내려 "1석에 모미를 합쳐 17두를 넘지 못한다.(一石幷耗米, 不過十七斗[『고려사』 권78, 「식화지」 1 전제])"는 규정을 만들어 1석당 모미 2말을 초과할 수 없도록 규제하기도 했으나 관련자들의 반발로 곧 철회되고 말았다.

그런데 모미를 증액시킬 수 있었던 것은 수취 강화에 그 목적이 있겠지만, 역설적으로 그 정도로 생산력의 발전이 있었다는 것을 반증하는 것이라는 점을 주목하는 견해도 있다.

모미는 운반비인 수경가(輸京價)와 함께 납세자인 농민이 부담하였다. 60포(浦)를 중심으로 한 기존의 세곡 운송체계가 조창제(漕倉制)로 전환되면서 운반비 대신 거두기 시작하였기 때문에 모미의 제도가 생긴 후 수경가는 없어진 것으로 추정되기도 한다.

[참고어] 조운, 환곡

[참고문헌] 北村秀人, 1979, 「高麗時代の 漕倉制에 대하여」 『朝鮮歷史論文』 上卷 ; 채웅석, 1990, 「12, 13세기 향촌사회의 변동과 '민'의 대응」 『역사와 현실』 3 ; 국사편찬위원회, 1993, 『한국사 14 - 고려 전기의 경제구조』 ; 權寧國 外, 1996, 『譯註 『高麗史』 食貨志』, 韓國精神文化硏究院 ; 박종진, 2000, 『고려시기 재정운영과 조세제도』, 서울대학교출판부

〈윤성재〉

목민심서(牧民心書) 조선 후기 남인계 실학자인 정약용(丁若鏞, 1762~1836)이 수령(守令)이 지켜야 할 지침에 대해 정리한 목민서.

정약용이 57세 되던 해이자 해배되던 1818년(순조 18) 유배지 강진읍(康津邑)의 다산서옥(茶山書屋)에서 완성되었다. 그는 16세부터 31세까지 아버지 정재원(丁載遠, 1730~1792)이 여러 고을의 수령을 역임할 때 임지에 따라가서 견문을 넓힌 일이 있었다. 자신 또한 33세 때 경기도에 암행어사로 파견되어 지방 행정의 문란과 부패로 인한 민생의 궁핍상을 생생히 목도하였다. 뿐만 아니라 곡산(谷山) 등지의 지방관을 역임하기도 했고, 유배지에서는 수령과 서리의 협잡, 그로 인한 백성의 고통을 직접 체험하였다. 『목민심서』는 다산의 이러한 경험을 바탕으로 당시 부패한 지방행정을 바로잡고 백성을 다스리는 방안으로 저술된 것이다. 특히 자서(自序)에서는 '목민(牧民)'이란 백성을 기른다는 뜻이요, '심서(心書)'란 목민할 마음은 있으나 몸소 실행할 수 없기 때문이라며 저술동기를 밝히고 있다. 『목민심서』는 부임(赴任)·율기(律己)·봉공(奉公)·애민(愛民)·이전(吏典)·호전(戶典)·예전(禮典)·병전(兵典)·형전(刑典)·공전(工典)·진황(賑荒)·해관(解官)의 12편으로 구성되었으며, 각 편은 다시 6조로 나뉘어 모두 72조로 편제되어 있다. 이는 『경세유표(經世遺表)』 천관편(天官篇)의 수령고적(守令考績)에서 제시한 9강 54목을 확대한 것이다.

각 조는 강목(綱目)의 체재를 이루었는데, 강에서는 자신의 의견을 제시하고 목에서 한국과 중국의 경전·사서(史書)·법전·문집 등에서 인용한 사례를 근거로 비판하며 결론과 처리 방법을 제시하고 있다. 인용한 전적은 다양하나, 중국 전적으로는 사서(四書)·육경(六經)과 사기(史記)·한서(漢書) 등 중국 정사(正史), 당대 두우(杜佑)의 『통전(通典)』, 원대 마단림(馬端臨)의 『문헌통고(文獻通考)』, 명대 정선(鄭瑄)의 『작비암일찬(昨非菴日纂)』, 명말·청초 고염무(顧炎武)의 『일지록(日知錄)』 등이 주로 참고되었다. 또한 한국의 전적으로는 『경국대전(經國大典)』부터 『대전통편(大典通編)』까지 조선왕조의 기본 법전과 『고려사(高麗史)』 또는 정재륜(鄭載崙)의 『공사문견록(公私聞見錄)』·안정복(安鼎福)의 『임관정요(臨官政要)』 등이 많이 인용되었다.

특히 「호전」에는 부세제도를 비롯한 당시의 농정과 농촌실상에 대한 사실적인 묘사와 함께, 이에 대한 정약용의 비판적 인식과 개혁안이 담겨 있다. 우선 전정(田政)에서는 토질(土質)이 시일과 환경에 따라 변화되므로 종래의 결부법(結負法)은 비현실적이라 보고, 대신 경무법(頃畝法)과 어린도법(魚鱗圖法)을 제시해 토지개혁의 필요성을 주장했다. 또한 은결(隱結)을 적간해 국가 재정을 늘리고, 진전(陳田)의 세액은 낮추어 토지개간을 권장할 것도 함께 주장했다. 세법(稅法)에서는 현행의 연분9등법으로 인해 국가 수입이 줄어드는 원인을 규명하는 한편, 은누결(隱漏結)의 확대가 수령·아전의 협잡으로 인한 것임을 지적하면서 이를 제거하는 방향으로 세제개혁안을 제시했다.

곡부(穀簿)에서는 백성을 구제할 목적으로 마련된 환곡(還穀)이 오히려 백성을 곤궁에 빠뜨리고 있음을 지적하면서 곡명란(穀名亂)·아문란(衙門亂)·석수란(石數亂)·모법란(耗法亂)·순법란(巡法亂)·이무란(移貿亂)·정퇴란(停退亂) 등 여덟 가지의 문란을 들었다. 이어 그 대책으로 순분법(巡分法)의 폐지, 수령의 친반(親頒), 아전의 포흠 방지 등을 제시했으며, 환곡관리의 방안으로 총수표(總數表), 분류표(分留表) 및 마감성책(磨勘成冊) 등의 양식을 작성하고자 했다. 호적(戶籍)에서는 이를 부세문란의 근원으로 보고 핵법(覈法)과 관법(寬法)이란 새로운 호구조사법을 제시하였다. 또한 관내의 민가를 한눈에 볼 수 있는 지도 작성 요령을 구체적으로 밝혔으며, 지도에 의하여 인적 사항을 자세하게 파악할 수 있는 경위표(經緯表)라는 일람표의 양식도 함께 제시하였다. 아울러 호적작성과정에 드러나는 아전들의 횡포를 열거하면서, 그 대책으로 명대에 왕양명(王陽明)이 실시했던 10가패식(十家牌式)을 기초로 한 작통(作統)·작패(作牌)의 방안을 제안했다.

평부(平賦)에서는 '부역균(賦役均)'을 수령칠사(守令七事) 중 가장 중요한 조항으로 내세워서 부역은 절대 공평해야 한다고 역설했다. 그는 토지에 부과되는 전세(田稅)와 호산(戶産)에 근거하여 매겨지던 부(賦)가 혼동되었음을 밝히면서, 그 근거로 『서경(書經)』 우공(禹貢)편에 나오는 부(賦)와 『주례(周禮)』에 있는 구부법(九賦法)을 들었다. 또한 민고(民庫) 운용에서 드러난 폐단의 원인을 규명하고, 민고절목(民庫節目)의 양식을 작성했다. 아울러 계방(契房)을 혁파해야 할 이유를 자세히 밝히는 한편, 고마법(雇馬法)의 폐단과 균역법(均役法) 실시 이후 어염세(魚鹽稅)·선세(船稅) 등 징수 과정에서의 횡포를 지적했다. 끝으로는 부역을 공평히 하려면 호포법(戶布法)과 구전법(口錢法)을 시행해야 한다고 지적했다.

권농(勸農)에서는 '농상성(農桑盛)'이 수령칠사의 첫

째 조항임을 밝히는 동시에 권농의 유일한 방법은 조세를 경감하는 일이라고 역설했다. 그리고 권농에 있어서는 곡식 농사뿐만 아니라 원예·목축·양잠 등도 권장해야 한다고 설명하며, 농기(農器)·직기(織器) 등을 제작하여 백성들의 생활을 돕는 것도 수령의 책임이라고 거듭 강조했다. 또한 농사는 소로 짓는 것이므로, 소의 활용을 원활히 할 것, 소의 도살을 막아 번식시킬 것 등을 주장했다. 이어 명대 서광계(徐光啓)의 『농정전서(農政全書)』에 있는 농기구 및 소의 돌림병 등에 쓰이는 약재를 소개했다. 또한 권농의 일환으로 6과(六科)를 정하여 직책을 각기 맡기고 그 성적을 평가해 우수한 자에게 벼슬을 주기도 하고, 농사를 짓는 과정에서의 조만을 가지고 상벌을 내리는 것도 좋은 방법이라고 강조하고 있다.

이상과 같이 『목민심서』는 수령의 지침뿐만 아니라 다산의 목민관과 당대의 모순에 대한 개혁안이 구체적으로 제시된 역작이다. 한편 『목민심서』는 판각(板刻)으로 간행되지는 못하였으나, 필사본(筆寫本)과 신활자본(新活字本) 등으로 국내외에 현전하는 것이 수십 종이 넘는다. 필사본으로는 16책본, 8책본 등이 있고, 신활자본은 1902년(광무 6) 백당(白堂) 현채(玄采) 등의 교정을 거쳐 광문사(廣文社)에서 간행된 광문사본과 1936년 위당(爲堂) 정인보(鄭寅普) 등의 교정을 거쳐 신조선사(新朝鮮社)에서 간행된 신조선사본이 대표적이다.

[참고어] 정약용, 경세유표, 여전론

[참고문헌] 최윤오, 2013, 「조선후기 권농책의 추이와 실학」 『사학연구』 109 〈윤석호〉

목자(牧子) 고려·조선시기에 국가의 목장에서 우마(牛馬) 사육에 종사하는 사람.

고대 이래 모든 국가는 국영목장(國營牧場)과 사목장(私牧場)이 설치되어 우마를 생산하여 왔다. 『고려사』의 "큰말 4필에 양노 1명이 맡는다"(大馬四匹, 養奴一名[권82, 志36, 兵2, 「마정」])이라는 기사와, 1422년(세종 4) 윤4월 20일의 "노자의 자식을 목자로 더 정할 것이며"(孫奴子加定爲牧子[『세종실록』 권18, 4년 윤12월 계유])라는 기사에서, 삼국시기 이래 사회의 최하층에 속했던 노자(奴子)가 우마 생산에 종사하였던 것을 알 수 있다.

그런데 원(元)이 고려를 지배하자 그들은 일본 정벌의 필요에서 1273년(원종 14)부터 탐라도(耽羅島, 제주도) 경영에 착수하더니 그 3년 후인 1276년(충렬왕 2)에 목마장(牧馬場)을 건설하여 몽골의 말과 말 사육 종사자인 목호(牧胡)를 보내 본격적으로 방목케 하였다. 이후 모든 기록에 목자가 나오는 것으로 보아 삼국 이래 우마 생산에 종사하던 사회 최하층의 노자가 몽골 지배하에 들어간 때부터 목자로 부르게 되었던 것으로 보인다. 이와 같이 노자로부터 목자로의 변경은 단순한 명칭만의 개칭이 아니라, 원과의 관계에서 마필 사육 기술이나 사회적 신분 측면에서 질적인 변화가 있었던 사실을 뜻하는 것이었다. 고려 사회에서 종신 또는 세습적으로 우마생산에 종사하여야만 했던 노자는, 충렬왕대 이후 조선시기에 이르기까지 이른바 목자로 불리면서 그 역의 의무기한이 정해지고 또 각 계층에서 충당되면서 실제상 양인(良人)으로 승격되었다고 하겠다.

목자의 신분은 양인이고 또 16세로부터 60세까지 역이 부과되었는데 그에 대한 대가로 국가로부터 몇 가지의 특혜가 주어졌다. 첫째, 목자에게 생활 유지비용으로 전지(田地), 즉 목자위전(牧子位田)이 지급되었다. 조선 초기부터 2결의 전지가 지급되었으며 『속대전』에도 2결 지급 규정이 나와 있는 것으로 보아 전지 지급이 조선 후기까지 실시되었음을 알 수 있다. 또한 『속대전』에는 목자에 대해 복호(復戶)를 주도록 규정하고 있는데 목자는 세미(稅米)만 내고 대동미(大同米)는 면제되었다. 이밖에 목자에 대해서는 그 근무성적에 따라 승진의 길, 또는 포상을 받을 수 있도록 『경국대전』에 규정되어 있다. 매년 감목관(監牧官)은 목자의 근무성적을 조사하여 우수한 성적을 받으면 군부(群副), 군두(群頭)로의 승진을 보장하고, 목자에서부터 승진한 군부·군두가 그 근무 성적이 우수할 때는 천호(千戶)·백호(百戶)의 지방직과 경관직에 서용하도록 했다. 또한 말 번식에 실효를 거둔 목자에게 별도로 미포(米布)를 포상했다.

목자는 양민으로서, 적어도 국가로부터 특별한 보호를 받는 하나의 관리적인 성격을 띤 사회적 신분층이었음을 알 수 있다. 그러나 이것은 법제상의 신분이었고, 실제 면에서 보면 목자의 사회적 지위는 노비와 같은 처지를 면치 못하였던 것이다. 즉 목자는 실제로 거의 종신토록 고역을 면하지 못할 뿐 아니라, 세습직으로서 자손에게까지 전하여지는 것이 통례였다.

목자들은 정역 이외에도 말사료 준비 및 목마군(牧馬軍)으로서의 의무를 다하여야했고, 지방의 특산물인 소와 말의 고기, 가죽 등의 토산물을 바쳐야 했다. 또한 국가로부터 거주 이전의 자유, 마필 매매 및 고기 식용 등의 간섭을 받았을 뿐만 아니라 1년에 2, 3회에 달하는 감목관·감사(監司)·사복시(司僕寺) 관원 및 점마별감(點馬別監) 등의 순행 시찰에 따른 수탈로 말미암아 가산을 탕진하고, 결국 도적이나 유민으로 전락했던 것이다. 사실상 목자의 신분은 조선사회에서 '신분은 양인이지만 역이 천한 자'(身良役賤)로 취급을 받게 되어 천인과 같은 지위를 면할 수 없었던 것이다.

고려시기 목자는 4필의 말을 기르면 되었지만, 1422년(세종 4)에는 목자의 직무가 말 10필로 증가되었다. 1425년(세종 7)에 다시 우마 25필로 증가되었으며, 매년 그것을 사육하여 새끼 20필 이상을 얻도록 했다. 시기에 따라 변화된 목자의 직무는 『경국대전』 단계에서 제도적으로 완비되었다. 『경국대전』 병전(兵典) 구목(廐牧)에 의하면 각 도(道)의 목장에 암말 100필, 수말 15필로 1군(群)을 삼고 1군마다 군두(群頭) 6인, 군부(群副) 2인[목자 중에서 우수한 자를 골라서 정함], 목자 4인씩 배정하고, 종6품의 감목관이 목장을 순시 감독하게 했다. 또한 매년의 새끼 책임량은 80필에서 85필로 증가했다. 따라서 목자의 우마 사육 담당량은 28필 내지 29필이며, 1년간의 책임 새끼 생산량은 21필 내지 22필로 증가되었다. 근무 태만에 의한 우마 손실에 대해서도 처벌 규정이 정해졌다. 손실의 등급에 따라 태형(笞刑)이 가해지고 유실한 우마를 추징하도록 했는데, 말의 경우 제주도를 제외한 지역에서는 모두 면포(綿布)로 대신 징수하도록 했다.

목자에 대한 이상과 같은 직무규정은 『속대전』 및 『대전통편』에 동일하게 나타나고 있어 조선 후기 사회에까지 적용되었음을 보여준다. 다만 『속대전』에서는 한층 가중된 처벌 규정을 추가하고 있다.

1663년(현종 4)에 만들어진 『목장지도(牧場地圖)』에는 전국 목장이 표시되어 있을 뿐 아니라 목자의 수, 우마 필수가 기록되어 있다. 이에 따르면 경기도에 874명, 충청도에 705명, 경상도에 166명, 전라도에 1,006명, 황해도에 421명, 평안도에 176명, 함경도에 444명, 제주목에 754명, 정의현(旌義縣)[제주]에 365명, 대정현(大靜縣)[제주]에 126명, 별목장(別牧場)[제주]에 141명이 배치되어 있어 17세기 후반 당시 목자의 수는 목자가 없었던 강원도를 제외한 7도에 총 5,178명이 있었다.

[참고어] 목장토

[참고문헌] 남도영, 1965, 「朝鮮牧子考」『동국사학』 8 ; 남도영, 1996, 『韓國馬政史』(馬文化硏究叢書 1), 한국마사회 마사박물관

〈이석원〉

목작(木斫) 모내기할 논의 바닥을 평평하게 만들기 위해 써레의 발 앞에 대는 널판 모양의 농기구.

[참고어] 번지

목장토(牧場土) 우마(牛馬)를 목축하는 목장을 비롯한 주변 토지를 가리키는 말로 목장(牧場), 목자위토(牧子位土), 목위토(牧位土)로 구성된 목축용 지목.

목장은 주로 우마를 먹여 기르는 곳을 가리킨다. 목장은 관설과 사설 두 가지가 있으나 대개 황실용, 군용 또는 참역(站驛)의 공문서 전달에 필요한 말을 기르는 관설이 많았다. 이들 목장은 주로 도서지역에 설치했으며, 방목이나 보호의 방식 중 한 가지를 택해 말을 길렀다.

목장을 두고 목마(牧馬)를 시행한 것이 정확히 언제부터인지는 알 수 없으나, 『삼국유사』 등의 기록에서부터 목마와 관련한 기록이 등장한다. 이후 고려시기가 되면 목장과 목축에 관한 여러 규정 및 기록들이 본격적으로 나타나는데 『고려사』 권82, 지제36, 병(兵) 2, 마정(馬政)조에는 고려시기 마정에 관련한 제반 사항들을 파악할 수 있다.

고려시기에는 용양(龍驤), 농서(隴西), 은천(銀川), 양란(羊欄), 좌목(左牧), 회인(懷仁), 상자원(常慈院), 엽호현(葉戶峴), 강음(江陰), 동주(東州) 등 10곳에 목장이 존재하고 있었다. 목장에는 목축을 담당·관리하는 목자(牧子)나 목관(牧官)을 두었는데 1025년(현종 16) 5~9월에 대마(大馬) 4필당 목자인 양노(養奴)를 1명씩 배치했다는 사실이 그 구체적 사례이다. 고려 국가는 목장에서 이루어지는 목축을 매우 중요하게 여겨 섬에 있는 우리에서 말을 사육하면서 제대로 기르지 못해 폐사할 경우 담당 도리(嶋吏)에게 죄를 부과하였다. 또 주진(州鎭)의 관마(官馬)가 노쇠하거나 망실되었을 때는 공수둔전(公須屯田)에서 징수한 수입으로 말을 매입하도록 하였다. 1159년(의종 13)에는 목장을 관리하는 전목사(典牧司)의 건의에 따라 여러 목감장(牧監場)에서 기르는 말에게 주는 사료에 관한 규정을 전마(戰馬)와 보통 말을 구분하여 정하고 있으며, 왕실에서 사용하는 말은 태복시(太僕寺)를 따로 두어 관리케하기도 하였다. 또한 1288년(충렬왕 14)에는 마축자장별감(馬畜滋長別監)이라는 목관을 두어 필요한 수요를 충족시키고자 하였다.

조선시기에 마정은 더욱 발달하여 전국의 목장이 154개소에 이르기도 했으며, 1663년(현종 4)에는 133개소 정도가 존재하였다. 1598년(선조 31)경에 이르면

'목장은 조선 남부에 30여 곳 정도로 가장 많고 서북 지방은 적어 양계(兩界)에는 10곳도 되지 않는다.'고 하였다. 당시 양마(良馬)가 나는 곳으로는 제주도 외에 강화(江華)의 진강(鎭江)과 철산(鐵山)의 대곶(大串)·가도(椵島), 단천(端川)의 두언대(豆彦臺), 함흥의 도달포(都達浦) 등이 가장 유명했다. 목장에는 감목관(監牧官)을 두어 마필의 관리·감독을 맡겼으며 매년 봄·가을에 마필을 점고(點考)하기 위해 중앙의 사복시(司僕寺)에서 점마별감(點馬別監)을 임시로 파견하였다. 또한 목장에는 암말(암소) 100필, 수말(수소) 15필을 1군(群)으로 하고 1군마다 군두(群頭) 1명, 군부(群副) 2명, 목자 4명을 정해 우마를 관리하고 보살폈으며 매년 85필 이상을 늘릴 경우 군두에게 계급을 더해주었다. 하지만 조선 후기로 갈수록 마정은 점차 쇠퇴하였으며 영·정조시기가 되면 말에 대한 정책이 국가의 중요한 업무임에도 불구하고 점차 해이해져 가고 있음을 지적하는 사례가 빈번하였다. 이후 마정이 점차 피폐해지자 1894년 각도의 공마(貢馬)와 목장을 폐지하였다.

이렇듯 전통적인 농경사회에서 우마는 생산도구 및 국방·통신수단으로 이용되어 매우 중요시되었으므로 목장의 체계적인 관리는 국가의 중요한 업무 중 하나였다. 그러므로 이들 목장이 위치한 목장토의 규모는 작지 않았다. 이러한 목장토는 대체로 목장, 목자위토, 목위토로 구성되었다. 목장은 목마용(牧馬用)으로 설정한 관유지(官有地)이며 목자위토 또한 목자들에게 경작권만을 지급한 관유지였다. 목자위토의 경우 목자 1명당 2결씩을 자작지로 급여하여 그 수익으로 각자의 급료에 충당하도록 한 것으로, 만약 그 위전을 매매하면 역마위전 매매의 예에 따라 처벌하였다. 목자의 직역은 자손에게 세습되었으며 그 위전도 자손에게 전승하는 것을 허가하였다. 그에 반해 목위토는 목장의 경비에 충당하기 위하여 특별히 부속시킨 토지로, 목장에 인접한 민유지에서 결세만을 징수할 수 있었으며 토지소유권이 목장에 부속되어 있지는 않았다.

이들 목장토는 내장[내목(內牧)·내둔(內屯)]과 외장[외목(外牧)·외둔(外屯)]으로 구분한다. 내장은 목축과 직접적인 관련이 있는 목장과 목자위토를 가리키며, 외장은 우마 사육지에 부속하는 토지인 목위토를 의미하였다. 목위토 중에는 단순한 목장의 부속지와 목장의 경비에 충당하기 위하여 특별히 부속시킨 토지가 있는데, 이러한 목위토 중 사복시의 경비에 충당하기 위해 설정한 사복둔(司僕屯)과 같이 둔명이 있는 경우도 있다. 그 외에 목장의 경비에 충당하기 위하여 설치한 토지는 이래목(移來牧)과 소모목(召募牧)으로 구분하기도 한다. 외장인 목위토는 사토(私土)에 해당하는 목장 부근의 민유지로 전답, 시장, 염막 같은 것들이 포함된다. 여기에서 나온 결세는 목장 감독관에게 징수되어 목장에 관한 경비에 충당되는 방식, 즉 민유지의 징세권만을 목장의 직원에게 지급하는 형태로 운영되었다.

당초 목장의 내·외장은 뚜렷하게 구별되었으나 조선 중기 이래 마정이 쇠퇴하며 목마의 기능을 상실한 목장이 생겨나면서 내·외장의 구별이 무의미해져 가는 곳이 늘어났다. 이 경우 주변 농민들은 목장토를 모경(冒耕)하기도 하고 사복시의 묵인 혹은 승낙 하에 경작하고 일정한 세액을 부담하기도 하였다. 이때의 세액 징수는 소작료도, 완전한 세금도 아닌 두 가지 방식을 혼합한 것으로 토지는 점차 완전한 민유의 형태와 다를 것이 없었다. 즉, 무마목장의 내장까지도 점차 사유화되고 전매현상까지 일어났던 것이다.

각 목장의 토지는 1894년 사복시를 태복시로 개칭함과 동시에 궁내부의 관할로 이관되었으며 이후 목장토에는 일괄 도전이 책정되었다. 이에 따라 본래 민유지에 해당하는 외장의 경우 도세와 결세를 모두 징수하는 일토양세(一土兩稅)가 행해지는 결과가 나타났으며, 1908년에는 목장토가 통감부 하의 탁지부로 이관되면서 국유지로 편성, 소작료를 징수하기로 하였다. 그리하여 목장토에서의 국·민유 분쟁이 본격적으로 야기되었다. 목장에 관한 분쟁은 2,164건, 4,722필이며 고양, 고흥, 제주, 여수, 울산, 강릉, 웅진, 보령의 각 군 도에 소재하고 있었다.

[참고어] 갑오승총, 국유지, 면세지, 지목, 목자

[참고문헌]『고려사』; 조선총독부 임시토지조사국, 1918,『조선토지조사사업보고서』; 和田一郞, 1920,『朝鮮土地地稅制度調査報告書』; 배영순, 1984,「일제하 국유지정리조사사업에 있어서의 소유권분쟁의 발생과 전개과정」『인문연구』5 〈고나은〉

목포흥농협회(木浦興農協會) 1902년 8월 목포의 일본인 지주·자본가들이 농업척식과 토지투자를 목적으로 설립한 농업조합.

1900년대 초반 군산이나 목포지역에 들어온 일본인 지주·농업 자본가들은 외국인토지소유를 불허하는 한국 정부의 방침에도 불구하고 갖은 방법으로 토지를 잠매해갔다. 그들이 당면한 절실한 문제는 매집한 부동산에 대한 법적소유권을 제도적으로 보장받는 일이었

다. 이 문제는 일본 정부의 입장에서도 우선적으로 해결되어야 할 사안이었다. 목포흥농협회는 목포상업회의소의 주도로 일본공사관과 일본외무성의 지원 아래 부동산관리기구로서 조직되었다. 와카마쓰(若松) 영사, 목포상업회의소 회두 니시카와(西川太一郎), 부회두 기무라(木村健夫), 상임위원 후쿠다(福田有造)·후지모리(藤森利兵衛)·히라오카(平岡寅治郎) 등이 발기인으로 참여했고, 니시카와가 회장, 후쿠다가 부회장에 추천되었다. 임원으로 회장과 부회장, 5명의 이사를 두었고, 임원의 임기는 모두 3년이었다. 협회의 기본사업은 전답을 매수하거나 사용권을 얻어 농업을 경영하는 동시에 전답을 저당잡고 대부하는 일이었다. 일본영사가 협회를 감독했고, 협회 사업에 필요한 자금지출을 인가했다. 자금모집은 한 구좌에 50원을 매월 5원씩 10개월 불입하는 방식으로 진행되었다. 협회사무소는 목포상업회의소 내에 두었다. 영산포에 출장사무소[사무소 촉탁은 시모노(河野喜三郎)]를 설치하고, 여기를 거점으로 영산강 유역에 총 63정보의 토지를 매입했다.

협회는 회원들이 토지를 매수할 때 매수지역을 조정하여 일본인 사이의 매수경쟁에 따른 지가앙등과 이중매매를 방지하는 것을 중요한 업무로 삼았다. 또한 일본에 한국농업의 실상을 상세하게 소개하여 이민과 척식투자를 적극적으로 유도했으며, 농업조사시찰이나 농업이민을 목적으로 한국에 건너오는 일본인들에게 다양한 정보와 편의를 제공하였다. 한국강점 이후 협회는 불입액을 5만 원으로 증가시켰으며, 1912년 협회는 15만 원을 받고 모든 사업을 동양척식주식회사에 넘기고 해산하였다.

[참고어] 군산농사조합, 한국흥농주식회사, 후쿠오카현 농사장려조합, 구로즈미농장

[참고문헌] 日本農商務省, 1904, 『韓國土地農産調査報告-慶尙道·全羅道 篇』; 島根縣, 1906, 『韓國實業調査復命書』; 木浦誌編纂會, 1914, 『木浦誌』; 최원규, 1994, 『한말 일제초기 토지조사와 토지법 연구』, 연세대학교 사학과 박사학위논문 〈고태우〉

묘위토(墓位土) ⇒ 능원묘위전, 묘전

묘전(墓田) 묘제(墓祭) 및 묘지관리를 위한 비용을 조달하던 토지.

위토(位土)의 하나로, 기제사를 위해 승중자(承重子)에게 부여되었던 제전(祭田)이 신주(神主)의 4대손이 모두 사망해 묘사(墓祀)로 이전되면 묘전이 되었다. 『주자가례(朱子家禮)』 제전조(祭田條)에는 "사당을 처음 세울 때 현재 밭의 면적을 계산하여 감실 하나에 그 20분의 1을 취하여 제전으로 삼고 친진(親盡)하면 묘전으로 삼는다"고 하였다. 조선 후기 『주자가례』와 4대봉사가 점차 정착되면서, 4대봉사 후 1년에 한차례 거행하는 묘제사와 함께 영구적인 봉사의 재원으로서 묘전의 마련도 성행되었던 듯하다.

묘전으로 전환될 제전이 없었던 경우에 자손들이 각자 갹출하거나 부유한 동족원이 재산을 종중에 기부한 것으로써 마련하기도 하였다. 묘전은 종가 단독소유로 하거나 문중 공동소유로 하였으며, 문서를 만들고 약조를 맺어 개인이 팔 수 없도록 하였다. 시기가 뒤로 갈수록 묘전의 규모는 커지고, 승중자손(承重子孫)이 임의로 처분하는 것을 막기 위해 종약(宗約)을 맺어 공동소유하는 경향이 있었다.

묘전을 마련하는 과정과 방법을 담은 기록으로는 해남윤씨 윤선도가에 소장되어 있는 「기축년(1649) 5월 29일 파산선조묘위답문권(坡山先祖墓位畓文券)」과 1702년과 1703년에 각각 윤두서에 의해 작성된 통문 두 통 등이 있다. 이들 자료를 근거로 한 사례연구에 따르면, 묘전의 재원은 ① 봉사조에서의 전환, ② 후손들의 갹출, ③ 매득 등의 방법으로 마련되었다. 특히 이때 후손들의 출자 방식이 자신들이 소유한 논을 스스로 출자할 면적만큼 내놓는 방식이었다는 점이 특이하다. 이는 묘소 주변에 이미 후손들이 세거하고 있었던 윤씨가의 특수한 사정에 기인하는 것으로 추정된다.

제전은 적장손이 주관하여 경작하였던 반면, 묘전은 묘지기[墓直] 또는 노비를 시켜 경작하거나 남에게 빌려주고 그 대신 지대(地代)를 받기도 하였다. 묘전의 담당자였던 묘지기는 문중 또는 종계(宗契)의 실무자였던 유사(有司)의 감독을 받았다. 조선 후기 묘전의 경작에서는 소작료를 미리 정해놓고 소작하게 하게 하는 정조법(定租法)이 나타나기도 하였다.

묘전은 일찍부터 보호의 대상이었던 것으로 보인다. 『고려사』에서는 타인의 묘전에 몰래 무덤을 묻은 자는 장 60대에 처하고, 타인의 묘전을 몰래 경작한 자는 장 100대에 처한다.[권85, 「지」 39 형법]고 하여, 묘전을 보호하였다. 한편 조선 후기에는 정온(鄭蘊)의 위토(位土)가 무신란(戊申亂) 때 정희량(鄭希亮)의 사유재산으로 잘못 파악되어 국고로 적몰되었다가, 60여 년 후 후손들과 영남 유생들의 청원으로 1819년 반환된 사례가 있었다. 적몰된 토지의 반환에 대한 법적 근거가 없었으나,

개인의 토지가 아닌 문중의 토지라는 명목으로 결국 반환된 것이었다. 그러나 이후 관리권, 소유권, 경작권을 둘러싼 지방 유생과 경작자들의 분쟁이 나타나기도 했다.

[참고어] 능원묘위전, 분묘지

[참고문헌] 김성갑, 2006,「조선후기 籍沒 '位土' 회복과정 연구」『古文書硏究』28 ; 김소은, 2008,「조선시대 적몰 위토 반환과 분쟁 양상의 검토」『崇實史學』21 ; 문숙자, 2013,「17세기 해남윤씨가(海南尹氏家)의 묘위토(墓位土) 설치와 묘제(墓祭) 설행 양상」『역사와 현실』87 〈김미성〉

묘지(墓地) ⇒ 분묘지

무농염철사(務農鹽鐵使) 고려 후기 설치된 전농사(典農司) 관원에게 준 임시 직책.

무농염철사는 고려 충선왕 때 전농사의 관원으로서, 지방에 파견된 사람을 이르던 말이다. 전농사는 고려 때 나라의 큰 제사에 쓸 곡식을 맡아 관리하던 관청으로 원래 이름은 사농경(司農卿)이었으며 충선왕(忠宣王) 때 전농사, 저적창(儲積倉)으로 고쳤다가, 공민왕(恭愍王) 때 사농시(司農寺), 전농시(典農寺) 등으로 이름을 바꾸었다.

전농사는 국가의 제사에 사용할 곡식을 조달하는 업무를 맡아보았으므로, 무농염철사는 지방에 파견되어 곡식을 거두어들이는 일을 관장했을 것으로 보인다. 즉 전농사 관원이 지방의 궁중 소속 전지 등으로 나갈 때 무농염철사의 임시 직책을 주었던 것이다. 전농사는 그 뒤 곧 저적창으로 바뀌었는데, 무농염철사도 이와 함께 폐지되었는지 혹은 공민왕 때 사농시로 이름을 바꾸면서 폐지되었는지는 분명하지 않다.

[참고어] 사농시

[참고문헌]『고려사』

무라이농장(村井農場) 1904년 일본인 무라이 기치베에(村井吉兵衛)가 경상남도 창원·김해 일대에 설립 운영한 농장.

1864년 일본 교토(京都)에서 담배판매상의 차남으로 태어난 무라이는 일찍부터 숙부를 따라다니면서 연초 경작과 판매의 일을 배웠다. 1894년 연초회사인 합명회사무라이형제상회(村井兄弟商會)를 도쿄(東京)에 설립하고 한국에까지 담배판매를 확대하였다. 1904년 일본 정부가 연초 전매제를 실시하자, 무라이는 정부로부터 배상금 2,400만 원을 받고 연초사업을 청산하였다. 그 대신 합명회사무라이은행(合名會社村井銀行)·주식회사무라이저축은행(株式會社村井貯蓄銀行)을 설립하여 사장에 취임하는 등 금융업에 진출하는 한편 유망한 신사업으로 한국 농업경영에 눈을 돌리고 배상금의 일부를 한국토지에 투자하였다. 러일전쟁 중인 당시는 일제의 한국에 대한 식민지화 작업이 강력하게 추진되고 있었고, 또한 일본사회 전반에 한국에 대한 침략적인 농업척식 여론과 투자 붐이 고조되고 있던 때였다.

1904년 무라이는 무라이은행의 다무라(田村武治)를 내세워 경상남도 김해군 진영읍에 사무소를 내고 낙동강 수계에 임한 이 일대 대규모 미간지의 실황을 조사하였다. 낙동강의 빈번한 범람을 막을 수 있는 적절한 수리시설만 갖춘다면, 대단히 싼 지가와 고율소작료의 관행은 큰 수익을 보장해줄 것으로 보았다. 무라이는 1905년 5월부터 고쿠시(國枝仁三郎)를 농장지배인으로 삼고 지역 사정에 밝은 조선인중개인을 앞세워 이 일대 토지를 헐값에 매수하였다. 1905~1906년 사이 무라이는 김해군 하계면 진영과 창원군 대산면·동면일대 2,600정보에 달하는 토지를 매집하였다. 당시는 외국인의 토지소유권을 인정하지 않았지만 무라이는 한일 양국의 최고 권력자인 이토 히로부미(伊藤博文)과 이완용의 도움을 받아 손쉽게 토지를 매입할 수 있었다. 그런 권력적 배경 하에서 동장이나 두민들을 앞세워 동리민 전체의 의사도 묻지 않고 잠매하여 사후에 대금을 전달하였다. 이에 대해 조선인 농민들은 항의하고 소송을 제기했지만, 일제의 재판부는 동장·두민들의 대표성을 인정하였다. 결국 무라이가 승소한 것이다.

1907년 말까지 무라이는 115,000원을 투입하여 현재의 주남저수지와 동판저수지 일대를 중심으로 토지를 집중 매수하여 2,700정보(자작지 2,500정보, 소작지 200정보)에 이르는 대농장을 구축하였다. 당시 쌀 1석이 15원 내외였고 쌀 1석으로 땅 1정보 정도를 구입할 수 있었던 사정을 감안한다면, 비록 낙동강의 빈번한 범람으로 인해 방치된 풀밭·갈대밭의 황지라 할지라도 무라이는 대단히 싼값에 매입한 셈이었다. 이후 본격적인 농장경영을 위해 무라이는 낙동강 제방공사를 실시하여 미간지를 농경지로 전환시켜 갔고 자본금을 추가로 투입하여 소유지를 확대시켜 갔다. 낙동강의 범람을 막고 안정적으로 농사를 지을 수 있도록 제방을 쌓고 갑문을 설치하는 관개개간사업은 초기 농장경영의 성패가 걸린 사안이었다. 1907년 제방공사와 함께 개간작업이 시작되었다. 일본인 농민들을 이주시켜 조선인과 함께 개간시키기도 했고, 농장직영으로 미국식 농기구를 이용하여 대규모로 개간하였다. 1908년 양수펌프를 설치하여 논에 물을 대었고, 1909년 제방 보강증축사업을 시행하였다. 농장건설과정에서 진영역과 무라이 농장을 중심으로 '일본 타운'이 형성되었다. 소택지와 저습지를 매립하여 직선으로 도로를 놓고 구역 내 경지를 정리하고 교량을 설치하여 교통가로망을 만들어 갔다. 진영역 부근의 농장창고에서 농장사무소에까지 경편궤도를 부설하여 곡물이나 화물의 운반, 일반인과 사무소원의 교통 편리를 도모하였다. 농장사무소와 창고, 급수장과 갑문, 병원과 전화기, 동본원사포교소 등 농장의 제시설이 정비되면서, 일본인 소작농들도 증가하여 1915년 경 100여 호에 달했다.

1910년대 초반 낙동강 범람을 어느 정도 제어할 수 있게 되자 본격적으로 농업생산증진에 진력하였다. 무라이는 소작미의 상품가치를 높이기 위해 조선 재래종 대신에 일본인 입맛에 맞는 소신리키(早神力)·고쿠료토(穀良都) 같은 일본 개량종을 재배했고, 양잠기술자를 일본에서 초빙하여 양잠을 적극 장려하였다. 소작미는 모두 상품화되어 진영역을 통해 마산과 부산으로 운반되어 일본 오사카(大阪)미곡시장으로 출하되었다. 미곡경기의 전반적 호조 속에서 무라이는 소유 토지를 꾸준히 확대시켜갔다. 1907년 2,700정보(자작지 2,500정보, 소작지 200정보), 1910년 4,692정보(논 408정보, 밭 941정보, 산림 1,138정보, 기타, 2,205정보), 1914년 6,136.6정보(논 1,151.9정보, 밭 1,991.3정보, 기타 2,992.7정보), 1927년 3,574정보(논 2,624.5정보, 밭 357정보, 기타 592정보)였다. 1920년대 조선총독부의 산미증식계획의 실시와 더불어 무라이는 밭을 논으로 바꾸거나 수리조합건설을 통해 관개면적을 확대시켜 쌀 증산을 극대화하였다. 1921년 동면수리조합의 건설을 주도하였고, 1922년에는 대산수리조합의 창립에 주도적으로 참여하였다. 특히 지금의 주남저수지 일대를 관장한 동면수리조합은 무라이의 토지 700정보와 다른 사람의 소유지 200정보를 합쳐 만든 것으로, 무라이의 수리조합이라 불릴 정도였다. 그러나 1927년 일본 금융공황으로 인해 무라이은행이 도산하자, 1928년 무라이는 농장을 하자마 후사타로(迫間房太郎)에게 매도하고 철수하였다. 이후 이 농장은 하자마농장(迫間農場)으로 운영되었다.

[참고어] 하자마농장, 동태적 지주, 산미증식계획, 수리조합

[참고문헌] 이영학, 2007, 「한말 일제하 식민지주의 형성과 그 특질 : 村井 進永農場을 중심으로」『지역과 역사』 21 ; 이영학, 2013, 『한국 근대 연초산업연구』, 신서원 〈이현희〉

무령왕 매지권(武寧王買地券) 백제 25대 왕인 무령왕과 왕비의 지석(誌石).

왕과 왕비의 장례를 지낼 때 땅의 신에게 묘소로 쓸 땅을 사들인다는 문서를 작성하여 그것을 돌에 새겨 넣었다. 지석은 1971년 무령왕릉이 발견될 때 함께 출토되었다. 출토 상황을 보면 널길의 입구에 있던 2개의 장방형 판석 중 널길 입구에서 볼 때 오른쪽에 왕의 지석이 놓여 있었고, 왼쪽에 왕비의 지석이 있었다고 한다. 이 유물의 성격을 둘러싸고 발견 당초부터 적지 않은 논란이 있었다. 앞면의 내용에 생시의 행적이 기록되지 않고 일반적인 묘지의 체제를 갖추지 않았기 때문에 지석이라기보다는 신에게 묘의 안호(安護)를 기원하고 묘지 소유권을 확인하는 매매계약문서인 매지권이라고 보는 견해와, 묘지로서는 매우 소략하지만 표면에 왕호·사망일자 등이 더 중요하게 다루어졌기 때문에 지석으로 보아야 한다는 견해도 제기되었다.

그런데 왕비 지석의 뒷면에 왕의 매지권이 새겨져 있고, 왕과 왕비 지석의 가운데 뚫린 구멍의 위치가 반대로 되어 있다. 이로 보아 원래 왕의 매지권으로 사용하였던 것을 왕비를 추가장할 때 그 뒷면을 이용하여 왕비의 지석을 새긴 것으로 파악된다.

무령왕 매지권은 상하로 4.3~4.4㎝ 간격의 음각종선을 9개 그은 다음 2번째 행부터 6칸을 새겼다. 총 글자 수는 48자이다. 첫째 행에 보이는 '전일만문(錢一萬文)'은 토지를 매매한 액수이며, '우일건(右一件)'은 토지 매입 문서 내용을 말한다. 또한 매지권 위에 묶여 있던 중국 철제 오수전(五銖錢) 90여 개는 그 매입대금으로 파악된다. 이어서 둘째와 셋째 행의 '을사년-백제사마왕(乙巳年-百濟斯麻王)'은 525년 8월 12일 왕을 능에 모신 날과 문서의 매매 주체를 표기한 것이며, '전건전(前件錢)'은 앞의 전일만문을 가리키는 것으로서, '이전건전-상하중관이천석 매갑지위묘(以前件錢-上下衆官二千石 買申地爲墓)'는 "앞에 든 돈으로 토왕, 토백, 토부모, 연봉 이천석 이상의 상하 중관에게서 신지를 사서 묘를 만들었다"고 해석된다. 다음으로, '고립권위명(故立卷爲明)'은 "문서를 만들어 증명으로 삼는다"는 것이며, 마지막에 보이는 '부종율령(不從律令)'은 "율령을 따르지 않는다"로 해석되는데, 이와 관련하여 백제 현실세계에서 토지 매매를 금하고 있던 율령을 무령왕이 사후세계에

서 어기고 토지를 매입하였으므로 이를 명시하였다는 견해가 있다.

무령왕의 매지권은 내용과 형식에서 중국 것과 몇 가지 다른 점이 있다. 우선 중국의 묘권과 달리 매매금액과 매매건명을 맨 앞에 내세우고 있으며, 매매된 토지의 위치와 면적, 경계 등을 구체적이지 못하고 단순히 간지만으로 방향을 표기하였다는 점 등이 지적되었다.

무령왕 매지권은 삼국시기의 능에서 발견된 유일한 사례로 당시 백제인들의 매장풍습뿐 아니라 백제의 토지제도 등을 이해하는 데 가장 유력한 자료가 되어 왔다. 백제 사회에서 중국풍의 상장요소인 매지권이 어느 정도 유행하였는지 알기 어렵지만, 그렇지만 한성 시기 이래로 중국 문물이 꾸준히 수입되어 백제 지배층의 여가생활 및 상장의례에 활용된 점에 주목하고 아울러 웅진시기에 무령왕릉 이외에도 송산리 6호분, 교촌리 2호분과 3호분과 같은 전축분이 축조되고 있음을 고려한다면 왕족 혹은 그에 준하는 인물들의 무덤 축조에 매지권이 일정 기간, 일정 범위에 걸쳐 활용되었을 가능성을 고려할만 하다.

또한 무령왕릉에서 발견된 다른 유물들과 함께 6세기 초 백제와 중국 남조와의 문화적 교류를 보여주고 있다.

[참고어] 매지권, 세현 매지권, 천상 매지권

[참고문헌] 성주탁·정구복, 1991, 「지석의 형태와 내용」『百濟武寧王陵』, 공주대학교 백제문화연구소 ; 이희관, 1997, 「武寧王 買地券을 통하여 본 백제의 題」『百濟硏究』 27, 충남대학교 백제연구소 ; 이희관, 1998, 「武寧王 買地券을 통하여 본 熊津時代 百濟의 租稅制度」『국사관논총』 82, 국사편찬위원회 ; 이우태, 2010, 「한국의 買地券」『역사교육』 115, 역사교육연구회 ; 장수남, 2011, 「武寧王陵 買地券의 起源과 受用背景」『백제연구』제54집, 충남대학교 백제연구소

〈이준성〉

무세지(無稅地) 수조권자가 수취한 전조(田租) 중 일부로서 납부해야했던 명목인 세(稅, 田稅)가 성립되지 않는 토지를 의미했으나, 수조권 분급제가 소멸된 후로는 전조 일반이 면제된 토지를 지칭.

과전법(科田法) 하에서는 모든 경작지에 생산량의 1/10에 해당하는 전조가 부과되었다. 또한 직역 등의 대가로 개인 및 기관에게 수조권이 지급되었는데, 개인이 수조권자인 토지를 사전(私田)이라 했고 국가나 공공기관이 수조권자인 토지를 공전(公田)이라 했다. 이때 수조권이 개인의 소유지 위에 설정될 경우에는 전조가 면제되었고, 타인의 민전(民田) 위에 설정될 경우에는 전객(佃客)이 국가에 납부할 전조를 대신 수취했다.[各自收稅] 이처럼 개인이 국가로부터 수조권을 취득하여 각자수세하거나 면조(免租)받은 경우, 전주는 그중 일부를 전세(田稅 : 수전 1결에 백미 2말, 한전 1결에 황두 2말)로서 국가에 납부해야 했다. 따라서 개인 수조지로서의 사전은 전세를 국가에 납부하는 토지를 의미하는 것이기도 했는데, 그 대표적인 예로 과전(科田)이나 사전(賜田)을 들 수 있다.

한편 수조권이 국가나 공공기관에 있던 공전(公田)의 경우는 수취된 전조가 모두 귀속되었으므로, 전세 납부의 의무가 애초 성립되지 않는 무세지였다. 따라서 과전법 하에서의 공전은 전세는 전조 중 일부로서의 전세가 부과되지 않는 무세지를 지칭하는 것이기도 했다. 예컨대 1402년(태종 2)에는 무세지였던 공신전(功臣田)과 사사전(寺社田)에서 세를 수취하여 군자에 보충하기를 상소해 윤허를 받기도 했는데, 그전까지 기내(畿內)의 창고전(倉庫田)·공신전·각사위전(各司位田), 기외(畿外)의 창고전·아록전·공해전·늠급전(廩給田)·사사전 등이 모두 무세지였다.[『태종실록』 3권, 2년 2월 5일 무오]

그러나 성종대 이래로 관수관급제(官收官給制)가 실시되면서 사전에서의 수조권은 폐기되었다. 이러한 변화는 수조권 분급체제 하 '무세지'였던 공전의 의미에도 변화를 주었다. 수조권에 따른 공전과 사전의 구분이 불필요해졌기 때문이다. 따라서 이후의 공전은 주로 국가나 기관 소유의 국공유지를 지칭하는 것으로 의미가 한정되었다. 또한 수조권자의 의무인 전세 역시 소멸되면서 조(租)와 세(稅)의 구별이 모호해졌고, 이후로는 전세가 주로 전조를 지칭하게 되었다.

아울러 1445년(세종 27)에 시행된 국용전제(國用田制)를 통해 수조지의 범위와 규모가 크게 축소되었다. 국용전이란 관서별로 수조권(收租權)을 행사하던 토지를 국가에서 일원적으로 수세토록 한 것이다. 이 과정에서 광흥창과 풍저창의 위전, 각사위전, 군자위전은 모두 국용전(國用田)에 포함되었다. 또한 제위전도 폐지되었고, 제사 비용은 일체 국고에서 부담하기로 했다. 다만 지방기관의 교통·행정을 위해 지급한 분속수소지 일부는 존속되었으나, 그 규모가 축소되어 『경국대전』에 일괄 기록되었다. 결국 이같은 변화로 인해 『경국대전』에 실린 각종의 무세지는 전조 일부로서의 전세가

아닌 전조 자체의 납부 의무가 없는 토지를 의미하게 되었다.

『경국대전』「호전」 <제전(諸田)> 조에 따르면, 무세지는 다음과 같은 세 가지의 계통이 있었다. 첫째는 자경무세(自耕無稅)로, 관둔전(官屯田)·마전(馬田)·원전(院田)·진부전(津夫田)·빙부전(氷夫田)·수릉군전(守陵軍田) 등이 해당한다. 이들 토지에서는 기관의 종사자가 스스로 경작해 그 생산물을 전용했다. 또한 수조권이 해당 기관의 공유지 위에 설정된 까닭에 전조는 면제되었다. 둘째는 무세지인데, 역시 해당 기관의 공유지로서 전조가 면제되었다. 다만 자경무세지와는 달리 기관의 종사자가 아닌 기관의 관노 등 예속노동력이 경작을 담당하는 것이 원칙이었으나, 이후에는 병작 등이 활용되었다. 대표적으로는 국행수륙전(國行水陸田)·제향공상제사채전(祭享供上諸司菜田)·내수사전(內需司田)·종약전(種藥田) 등이 해당한다. 마지막으로는 각자수세(各自收稅)인데, 민전 위에 기관의 수조권이 설정되어 전조를 전객(佃客)으로부터 수취했다. 사전(寺田)·아록전(衙祿田)·공수전(公須田)·도전(渡田)·숭의전전(崇義殿田)·수부전(水夫田)·장전(長田)·부장전(副長田)·급주전(急走田) 등이 대표적이었다.

이처럼 무세지는 애초 전조가 공공기관에 의해 수조되거나 면제되는 토지인 공전에서 성립했고, 전조 중 일부로서 납부해야 했던 전세의 의무가 성립하지 않았다. 그러나 관수관급제 이후 수조권을 기준으로 한 공전과 사전의 구분은 실효를 잃었고, 전세는 전조를 지칭하는 것으로 의미가 변화되었다. 결국 수조권 분급제의 폐지로 인해 모든 토지는 원칙적으로 국고로의 수세 대상이 된 것이다. 그러나 여전히 수조권이 남아 있던 일부 토지에 대해서는 무세라는 개념을 대신하여 전세[=전조]의 국고 납부가 면제된다는 뜻의 '면세(免稅)'라는 용어가 사용되었다. 19세기 초에 편찬된 『만기요람』「면세」의 <연혁(沿革)>조에서 아문과 궁방의 면세전이 조선초 무세지인 공전에 그 연원을 두고 있는 것도 이러한 이유이다. 그리고 이때의 면세지는 직접생산자의 전세 납부 자체가 면제되는 것이 아닌, 수조권을 가진 공공기관이 국가를 대신해 전세를 취식함을 뜻하는 것이었다.

[참고어] 과전법, 면세, 면세전, 공전, 사전, 국용전, 각사위전

[참고문헌] 『經國大典』, 『續大典』, 『萬機要覽』 〈윤석호〉

무수전패(無受田牌) ⇒ **군전, 수전패**

무신고지(無申告地) 일제의 토지조사사업에서 토지신고서를 제출하지 않은 민유지.

일제는 토지조사사업에서 토지신고서를 제출하지 않은 무신고지의 경우, 실지조사할 때 조사원이 무신고지취조서를 작성하여 임시토지조사국에 제출했다. 이때 무신고지취조서만 작성하거나 조서를 함께 작성하는 두 방식이 있었다. 무신고지취조서는 토지신고서 양식을 그대로 사용하여 작성하였다. 토지신고서라는 글자를 두 줄로 지우고 '무신고지취조서'라 썼다. 이때 신고일은 빈칸으로 두고, 지주란에 "무신고 또는 불명(不明)"이라 기록했다. 조서를 작성한 경우는 상부란 외에 '조서작성'이라 기록하고 지주총대가 날인했다. 창원군의 경우 무신고지는 대부분 묘였으며, 이해관계인이 신고했다. 지주의 주소와 성명이 불명한 것은 무주(無主)로 처리하였다. 묘지는 주소가 분명하지 않더라도 성명이 분명한 것은 소유를 인정하였다. 조사요항이 구비되지 않는 것은 실지를 임검하여 조사할 때 빠지지 않도록 유의하였다.

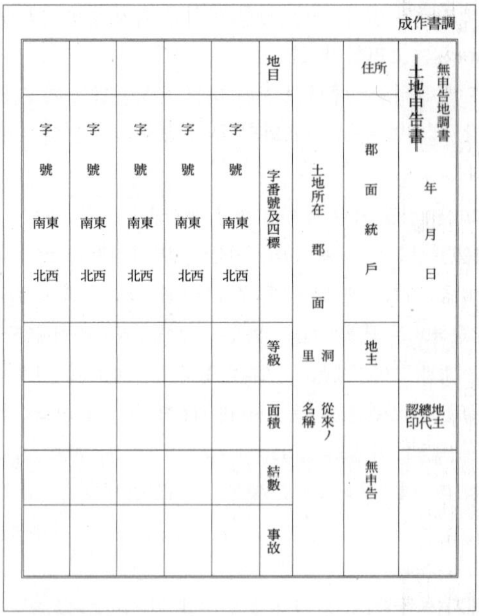

무신고지취조서

무신고지의 처리방법은 다음과 같다. ① 지방토지조사위원회의 자문 이전에 신고서를 제출한 자는 증거서류와 신고가 지연된 이유서를 제출하도록 하여 심사한 후, 이유가 있다고 인정되면 지주로 인정하였다. ② 지주의 주소와 성명이 분명한 것과 주소가 분명하지 않으나 이해관계인 기타 토지관리인의 주소, 성명이 분명한 것은 그에게 무신고지통지서를 발송한 다음,

경찰관헌에 의뢰하는 등 가능한 한 신고를 하도록 하였다. ③ 통고를 하였음에도 불구하고 신고를 하지 않거나 소유권 포기 의사를 표명하는 서면을 제출한 자, 그리고 성명, 주소 등이 분명하지 않기 때문에 통고할 수 없는 것은 무주로 처리하였다. ④ 통고에 따라 같은 토지에 각 관계인이 신고하였거나 혹은 소유권에 의문이 있는 경우에는 분쟁 또는 소유권에 의문이 있는 것으로 처리하였다. ⑤ 지주의 주소지가 분명하지 않으나 그 성명 및 토지의 자번호 또는 과세지견취도의 번호가 분명하고, 통고에 따라 신고한 것은 증명관서에 조회하여 그 토지가 소유권으로 증명 또는 등록되어 있는 것이라면 공부상 지주로 인정해야 할 자의 주소와 성명을 조사해서 신고와 부합되는 경우 지주로 인정하였다. ⑥ 만약 조사결과 지주의 성명과 부합하지 않거나 공부에 등록되어 있는 자의 소유권을 부인할만한 상당한 이유가 있을 때는 서류와 사실을 재조사해서 신고와 부합되면 지주로 인정하였다.

[참고어] 분묘지, 과세지견취도, 지방토지조사위원회, 지주총대

[참고문헌] 조선총독부 임시토지조사국, 1915, 『토지조사예규』 3 ; 최원규, 2009, 「일제초기 창원군 토지조사과정과 토지신고서 분석」 『지역과 역사』 24 〈최원규〉

무위영둔(武衛營屯) 조선 후기 궁궐의 수비를 맡은 무위영의 운영경비를 조달하기 위해 설정·운영했던 토지.

무위영은 궁궐의 수비를 위해 1881년(고종 18) 무위소(武衛所)와 훈련원(訓鍊院)을 통합하여 만들어졌다. 무위영둔은 경리청 소관의 북한관성소(北漢管城所)의 둔전을 이관해 마련되었다. 1882년에 무위영이 폐지됨에 따라 총융청으로 환속되었다가 그 후 친군영둔에 합병되었다. 1894년 중앙 및 지방관제의 개편으로 친군영이 폐지되자 탁지부의 관리로 되었다가, 1897년에 군부로 이관되었다. 1899년 왕실재정의 강화라는 명분에 따라 궁내부 내장원이 토지를 관리하고 도조를 징수하였다. 1908년에는 탁지부 관할의 국유로 이속되었다. 그후 국유지실지조사와 토지조사사업을 거쳐 대부분 국유로 사정되었다.

[참고어] 영문둔전

[참고문헌] 和田一郎, 1920, 『朝鮮土地地稅制度調査報告書』

무장세(巫匠稅) 고려 후기에 무격(巫覡)과 공장(工匠)에게 징수한 세금.

1343년(충혜왕 후4)에 임금이 재정 확보를 위해 무당과 수공업 생산자들에게 거두어들인 잡세의 일종으로, 무당세·공장세를 가리킨다. 충혜왕의 패행인 민환(閔渙)이 악소배(惡少輩)를 동원하여 포(布)로 징수하였는데, 백성이 고통을 견디지 못할 정도였다.[『고려사』 권124, 「열전」 패행 민환]

[참고어] 잡세

[참고문헌] 權寧國 外, 1996, 『譯註 『高麗史』 食貨志』, 韓國精神文化硏究院 ; 박종진, 2000, 『고려시기 재정운영과 조세제도』, 서울대학교출판부 ; 전병무, 1993, 「고려 충혜왕의 상업활동과 재정정책」 『역사와 현실』 10 ; 安秉佑, 1998, 「高麗後期 臨時稅 징수의 배경과 類型」 『한신논문집』 15

무종수전(畝種水田) 수전(水田, 논)에서 건경(乾耕) 직파(直播) 방식으로 무(畝, 이랑)에 파종하여 볏모를 발아시키고, 이후에 물을 넣어주어 생육하는 방법.

이중환(李重煥)의 『택리지(擇里志)』에 기술되어 있는 수전 경종법의 하나이다. 「복거총론(卜居總論)」에서는 평양 대동강 중의 벽지도(碧只島), 남원 부근의 성원(星園)과 구례(求禮) 사이, 충주 말마리(抹馬里), 공주 갑천(甲川) 주변, 전주 율담(栗潭) 일대의 수전 중에서 무종하는 곳이 많다고 했다.

이에 대해 무종수전(畝種水田)을 '이랑에 파종하는 수전'으로 해석하여, 건경 직파를 실행할 때 조성하는 도휴(稻畦)와 무종의 무(畝)가 서로 계승되는 것으로 파악한 견해가 있다. 그리하여 건경 직파의 전통이 천방(川防)의 보급 등으로 수리 조건이 풍족해진 뒤에도 그대로 사라지지 않고 한차례 변용된 것이 무종수전이라고 보았다. 또한 춘한(春旱) 시기에는 건경으로 무종수전하고 발아(發芽) 후에는 수경(水耕) 단계에서 풍부한 수원을 활용하는 경작법이라고 이해했다.

이같은 견해에 대해 본격적인 반론이 제기되지는 않았지만, 몇 가지 재고해야 할 점들이 있다. 공주 갑천 주변을 비롯하여 무종하는 수전이 소재한 곳이 대부분 관개 여건의 측면에서 다른 곳보다 월등 우월한 곳이라는 점이다. 또한 『택리지』의 「복거총론」에도 "앞에 대천(大川)이 있어 수전에 관개(灌漑)하고 무종(畝種)하는 것이 많다"(충주 말마리), 또는 "강 가운데 있어 물이 빠진 뒤에 니생(泥生)한 곳이어서 토인(土人)들이 수전을 만들어 모두 무종"(평양 벽지도)라고 서술하고 있어, 무종수전의 위치가 관개 혜택을 충분히 받을 수 있거나 또는 물이 많이 차오르는 곳임을 주목할 수 있다. 이렇게 살펴보면 무종수전은 건경직파 방식의 변용이라기

보다는, 관개 혜택이 충분하거나 수리여건이 튼실한 곳에서 활용하는 수경 직파의 한 방식으로 볼 여지가 있다고 보인다.

[참고어] 택리지, 건경법, 수경법, 직파법

[참고문헌] 이태진, 1983, 「乾耕直播稻作과 '稻畦' '畝種水田'」 『사학연구』 36, 한국사학회 ; 이태진, 1986, 『韓國社會史 硏究 : 農業技術발달과 社會變動』, 지식산업사 〈염정섭〉

무주공산(無主空山) 조선 국가의 산림천택여민공지(山林川澤與民共之) 이념 속에서 존재하며, 사적 소유권이 형성되어 있지 않은 산림.

무주공산은 산림천택여민공지의 이념에서 나온 산림소유와 이용의 한 현상이다. 조선의 산림은 봉산(封山)과 금산(禁山) 등으로 대표되는 국가가 설정한 산림과 양반지배층의 사점 산지, 마을 주변에서 마을사람들이 삶의 터전으로 이용하고 있었던 공동이용림, 무주공산으로 이루어져 있었다. 무주공산은 국가가 소유하고 관리하던 산림이 아니라, 인민들이 자유롭게 산림산물을 채취하거나 점유, 보호해 온 토지였다. 지배층 또한 일반 인민과 마찬가지로 자신의 노비노동으로 산림 내 자원을 이용할 수 있었다. 그리고 국가는 인민들에게 다양한 형태로 노동력을 징발하여 산림을 대상으로 한 생산활동에 종사시키거나 진상·공물제도를 통해 산림 산출물을 수취하였다.

조선 후기 상품화폐경제가 발달하자 개간, 땔감, 송추의 확보를 통해 경제적 이익을 얻을 수 있는 곳으로 산림이 인식되어 사점 현상이 전국적으로 확산되었다. 무주공산이 사점의 주요 대상지였다. 사점 주체는 궁방, 아문, 양반지배층이었다. 이들은 입안(立案), 절수(折受), 사패(賜牌), 분산금양(墳山禁養) 등의 방법을 이용하여 사점을 현실화하였다.

무주공산이 분할 사점되면서 인민들의 산림이용은 제약을 받을 수밖에 없었다. 인민들 가운데서 일부는 경제력을 바탕으로 매매나 몰락양반의 분묘를 침탈하거나, 개간을 통해 소유권을 확보하면서 사점에 동참하였고, 또 다른 일부는 공동으로 이용권을 확보하기 위해 노력하였다. 조선 후기 산림은 지배층의 사점으로 사적 소유가 성장하고 있었지만, 다른 한편에서는 동계나 송계의 결성부터 마을간 규율이나 관행으로 산림을 운영하면서 '이용'에 중점을 둔 운영방식이 자리잡아 갔다.

한말 무주공산을 둘러싼 산림문제는 대한제국의 개혁사업으로 해결되지 못하고 일제의 일물일권(一物一權)적 소유권 체계에 따라 정리되었다. 일제는 무주공산(無主空山)을 무주공산(無主公山) 즉, 국유로 인식했다. 이때 문제가 된 것은 무주공산 가운데 지역민과 밀접한 관련을 맺고 있는 경우였다. 1910년 임적조사사업(林籍調査事業)의 조사과정에서는 이들 산림을 사유로 분류했지만, 조사결과를 기초로 만들어진 '한국 임야정리에 관한 의견서'에서는 봉산, 금산과 같이 관리기관이 있는 국유림과 무주공산인 관리기관이 없는 국유림, 조사과정에서 사유로 분류했던 지역민과 밀접한 관련을 가진 공산까지 모두 국유로 파악하였다. 국유로 파악된 임야는 1912년 일제가 정한 '삼림의 연고자 및 목재업자의 자격에 관한 건'에 따라 연고 유무를 정하여 연고가 없는 제1종 임야와 연고가 있는 제2종 임야로 구분하였다. 연고있는 제2종 임야 가운데서 삼림령(森林令) 시행 전 금양하고 평균 입목도(立木度) 3/10 이상을 충족하면 민유로 인정해 주었다. 반면 연고가 없는 임야인 1종 불요존 국유림은 대부, 양여, 매각의 대상으로 민간에 처분되었다.

전근대 다양한 권리관계를 포함하고 있었던 무주공산은 일물일권이 적용되는 근대사회에서 가장 먼저 정리되어야 할 대상이었다. 일제는 무주공산을 공산=국유라는 인식 아래 소유권을 중심으로 정리하였다. 이 과정에서 무주공산을 이용하고 점유하고 있었던 인민들은 일제가 정한 연고자의 자격 안에 들지 못했고, 입산과 채취가 금지되거나 제한적이 되면서 산림에서 배제되어 나갔다.

무주공산의 소유권적 수준과 그 안의 다양한 권리관계에 대해 많은 연구가 필요하다. 현재까지는 무주공산을 인민들의 실질적인 소유지로 파악하는 견해와 자유접근체제로 규정하는 견해로 크게 나뉘어져 있다.

[참고어] 삼림법, 국유림구분조사, 조선임야조사사업, 조선특별연고삼림양여령, 임적조사사업

[참고문헌] 김선경, 1999, 「조선 후기 山林川澤 私占에 관한 연구」, 경희대 박사학위논문 ; 최병택, 2010, 『일제하 조선임야조사사업과 산림정책』, 푸른역사 ; 이우연, 2010, 『한국의 산림 소유제도와 정책의 역사, 1600~1987』, 일조각 ; 강정원, 2014, 「일제의 山林法과 林野調査 연구-경남지역 사례」, 부산대 박사학위논문

〈강정원〉

무주한광지(無主閑曠地) 개간(開墾) 등 이용한 일이 없던 원시적인 황무지인 미간지로 국가에서도 관리한

적이 없었던 토지.

미간지는 아직 경작하지 못하지만 개간을 하면 농지로 변할 수 있는 토지로, 농토였다가 쑥대밭으로 변해버린 땅인 진전(陳田)과 구별되는 개념이다. 경작할 땅이 없었던 농민들은 미간지를 개척하고자 했고, 정부에서도 전지(田地)와 세원의 부족을 보충하려고 미간지의 개척을 장려하여 왔다.

미간지 개척은 고려 이전까지는 자유로웠던 것으로 보이나, 전시과제도(田柴科制度) 시행 후 973년(광종 24)부터는 개간전규례(開墾田規例)를 제정하여 미간지를 개간한 경우에도 세금을 부과하였다. 사전(私田)의 경우 첫 해의 수확은 경작자가 차지하고 개간 2년째부터는 전주(田主)와 반분하도록 하였다. 공전(公田)의 경우에는 3년의 수확을 경작자가 차지하고 4년째부터 국가에 조세를 바치도록 하였다. 992년(성종 11)에는 개간전의 세율을 다시 제정하여, 사전은 수확량의 2분의 1, 공전은 수확량의 4분의 1을 바치도록 하였다. 그 후 1111년(예종 6)에는 사전으로서 개간기간이 3년이면 3년째부터 전주와 반분하고, 개간기간이 2년이면 2년째부터 3분의 1을 전주에게 주고, 개간기간 1년이면 4분의 1을 전주에게 주도록 개정했다.

조선 전기에는 1401년(태종 1) 심구령(沈龜齡), 정분(鄭芬) 등의 진언에 따라 해변 고을의 개간전을 측량하고 과세하였다. 1417년(태종 17)에는 해변 및 도서지방에서 새로 개간한 땅은 매년 답험하여 정(丁)을 만들어서 장적(帳籍)에 쓰게 하였다. 1457년(세조 3)에는 황해도, 평안도의 미간지 개척을 장려하는 절목을 만들어, 개간한 땅은 전호에게 우선적으로 주고 2년 동안 세금을 거두지 않도록 하였다. 강원도와 황해도의 미간지개척을 장려하기 위해서는 1458년부터 5년간 새로 개간한 땅에 면세하기로 결정하였다.

조선 후기 1696년(숙종 22)에는 호란 이후 방치되었던 압록강 하류의 섬들을 고을 백성들이 개간하도록 하였으며, 이듬해에는 관서의 전야에서 황폐한 곳을 조사하여 개간하고 종자 곡식을 나누어 주어 농사를 권장하도록 하였다. 영조와 정조 때에도 미간지의 개간을 독려하고 권장하는 권농책이 꾸준히 이어졌고 개간은 꾸준히 장려되었으며, 1800년(정조 24)에는 수원에서 많은 땅을 개간한 사람이 있어서 포상하기도 하였다. 양안에 파악되지 않았던 미간지는 소유권 분쟁의 주요인이 되었다. 조선 정부에서는 양전을 통해 새로 개간된 땅을 입안하도록 하였는데, 이때 궁방이나 세력가들이 입안을 통해 자신의 소유지로 만들어 놓고 경작하지는 않고 있다가 기경자(起耕者)가 나타나 개간하면 소유권을 주장하고 나서는 문제가 있었다.

이러한 문제 발생을 막기 위해 조선 정부는 16세기 "모든 미간지는 개간한 자를 소유주로 한다.(凡閒曠處以起耕者爲主[『속대전』「호전」, 전택(田宅)])"는 원칙을 확고히 하여 입안자보다 기경자를 우선시하였다. 또한 "간혹 미리 개간에 관한 입안을 제출하고서도 스스로 개간하지 않고 그것을 빙자하여 남의 경지를 빼앗거나 개간계획서만으로서 개간할 땅을 사사로이 매매하는 자는 침점전택률로 논죄한다.(其或預出立案不自起耕, 而憑藉據奪者, 及以其立案私相買賣者, 依侵占田宅律論[위와 같음])"라고 법으로 규정하였다. 이것은 실제로 노력을 들인 자를 보호하고 그에게 해당 기간지의 소유권을 주는 것을 원칙으로 한다는 것이었다. 그리고 미리 개간허가를 받고도 착수하지 않고, 타인이 개간한 후에 자기가 받은 허가를 침해하였다는 구실로 그 토지를 점탈하려고 하는 자와 허가받은 개간권을 사적으로 타인에게 매매한 자는 국법으로 처리한다는 규정도 제정했다. 하지만 종래에는 왕왕 개간권만을 매매하거나 심지어는 개간 허가를 받은 다음 개간에 착수하지 않고 방치하였다가 다른 사람이 노력을 들여 그 토지를 개간하는 것을 방관하고 있다가 개간이 성공하면 전에 받은 허가를 이유로 그 토지를 횡령하고 실제로 기간한 자를 괴롭히는 사례가 많아 적지 않은 분쟁이 발생하였다.

개간권을 둘러싼 분쟁을 근원적으로 처리하기 위해 대한제국은 국가가 개간권을 전면 통제 관리하는 방안을 도입하였다. 그 첫 시도가 1906년 7월 궁내부 관할 토지에 대한 개간권을 전면 금지하는 '토지개간에 관한 건'을 제정한 것이다. 그 내용은 첫째 황무지의 개간인허를 금지하고, 둘째 이 법을 공포하기 전에 개간허가를 받은 것이라도 정당한 절차를 밟지 않은 것은 무효로 하였다. 셋째 정당한 절차를 밟아 개간허가를 받은 자라도 본령 발포 후 1개년 내에 개간에 착수하지 않으면 허가를 취소한다. 넷째 궁가가 개별적으로 하는 개간 인허가를 금지했다. 그리고 궁가의 소속지에 대한 개간도 궁내부 대신을 거쳐 칙허를 받도록 했다. 궁내부 소속 토지에 대한 배타적 소유권의 행사였다.

다음 조치는 국가가 전 국유미간지에 대한 개간 인허가 제도를 도입한 것이다. 1907년 국유미간지이용법을 제정하여 민유지 이외의 원야, 황무지, 초생지, 소택지 및 간석지를 전부 국유미간지로 해석하고 이 법령의 적용을 받도록 하였다. 개간, 목축, 식수, 제염, 양어 등을 위해서 국유미간지의 이용을 희망할 때에는 농상공부에 출원하여 해당 지역을 대부받아 예정한 사업이 성공할 경우에는 불하 또는 무상대부를 받을 수 있도록 하였다. 그리고 3정보를 초과하지 않는 국유미간지를 이용하는 것에 대하여는 당분간 구관에 따르고 본법의 규정에 따르지 않도록 하였다. 1911년에는 이 규정을 삭제하였다. 이에 따라 1907년을 기점으로 무주지는 더 이상 존립하지 않게 되었다. 민유를 증명할 수 없는 토지는 모두 국유미간지로 돌아갔다. 민들은 개간권을 전면적으로 박탈당했다. 하지만 일본인을 비롯한 일부 조선인 지주 자본가들은 이들을 대부와 불하받는 과정을 거쳐 대규모의 토지를 확보할 수 있었다. 이리하여 일제는 토지조사사업을 수행하면서 허가없이 개간한 땅을 국유로 사정하는 조치를 취했다.

[참고어] 진전, 국유미간지이용법, 개간, 간척

[참고문헌] 조선총독부 임시토지조사국, 1918,『조선토지조사사업보고서』; 이경식, 2012,『한국중세토지제도사』, 서울대학교 출판문화원 ; 이영호, 2000,「일제의 식민지 토지정책과 미간지 문제」『역사와 현실』37 ; 염정섭, 2003,「18세기 후반 正祖代農政策의 전개」『한국문화』32 〈김미성〉

무토면세지(無土免稅地) 수취대상지가 고정되어 있지 않고 일정한 해가 지나면 수취할 토지를 옮기는 윤회지.

민결면세지는 수취대상지가 고정되어 있는 유토면세지와, 일정한 시간이 지나면 다른 토지로 옮겨 정하는 무토면세지로 구분된다. 민결면세제도는 1695년 을해(乙亥)정식 이후 나온 제도인데, 유토와 무토의 개념은 18세기 중엽 이후에 생겨났다. 처음에는 토지의 고정성을 중심으로 표현되었으나 점차 소유권의 귀속 여부를 포함하는 의미로까지 개념이 확장되었다.『만기요람』에 의하면 궁장토의 면세결을 절수하는 것에는, 해궁에서 토지를 매득하여 호조에 올려 영작궁둔으로 하고, 진폐되더라도 옮길 수 없는 것을 유토면세라 하고, 호조에서 실결을 획급하여 3년을 기준으로 도내 각읍에 윤정(輪定)하는 것을 무토면세라고 하였다. 유토는 해궁에서 도장을 파견하여 수세하고 무토는 해읍에서 호조에 직납하고 호조에서 궁방에 지급한다고 하였다. 이렇게 무토와 유토의 개념이 널리 사용되게 되었다.

[참고어] 면세전, 유토면세지, 둔전, 궁방전

[참고문헌] 박준성, 1984,「17·18세기 궁방전의 확대와 소유형태의 변화」『한국사론』11 ; 이영호, 2010,「한말~일제초 근대적 토지소유권의 확정과 국유·민유의 분기 : 경기도 안산 석장둔의 사례」『역사와 현실』77 ; 이영호, 2011,「근대전환기 궁장토 소유권의 향방 : 경상도 창원 용동궁전답 '영작궁둔=조200두형'의 사례」『한국학연구』24 〈이영호〉

무통지(無通知) ⇒ **국유지통지서, 통지없는 국유지조서**

문기(文記) 조선시기 노비, 전답, 가사 등의 물권을 거래할 때 이를 확인하고 보증하기 위해 주고받는 문서.

문기는 조선시기 물권의 매매 당사자들 간에 분쟁의 소지를 없애고 매매의 사실 관계를 분명히 하기 위해 작성한 문서이다. 즉, 거래를 확인·보증하고 이를 기록함으로써 서로의 권리·의무를 나타내는 문서인 것이다. 매매명문(賣買明文), 명문(明文), 문권(文券)이라고도 한다. 문기는 거래 당사자와 증인, 집필인이 작성하며 토지매매시 매도인은 새 문기와 권리전승의 유래를 증명하는 구문기를 함께 인도한다.

매매문기의 대상물은 토지, 가사, 우마, 가축, 염전, 곽전, 선척 등을 비롯하여 전당, 자매 등 종류가 다양한데 전답과 가사가 주를 이룬다. 거래 방법에 따라 매매, 상환, 환퇴를 입증하는 문서로서 문기를 작성하기도 한다. 매매문기는 소유권을 증명하는 거의 유일한 증거 문서이기 때문에 보존의 중요성이 강조되었다.

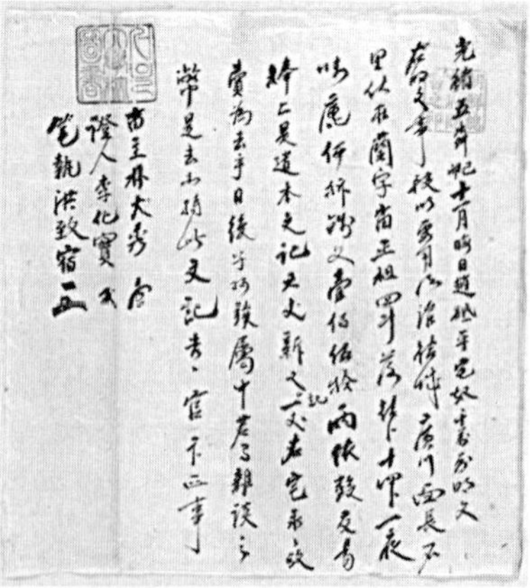

토지매매문기-光緖五年 己卯 十一月晦日趙砥平宅奴千萬前明文 내수사『충청도 장토문적』25책(규19300)

매매문기는 비교적 정연한 문서 양식을 갖추고 있었다.『유서필지』에서는 전답을 비롯하여 노비 매매문기의 표준화된 내용과 양식이 제시되어 있다. 필수 기재사항은 ① 매매 연월일, ② 매수인과 문서명, ③ 기두어와 매매의 사유와 물건 소유 경위, ④ 물건의 소재지인

사표나 노비인 경우 거주지 및 나이, ⑤ 매매 가격과 지불방법과 여부, ⑥ 매도 사실에 대한 보증 문구 및 구문서의 유무와 점련 여부, ⑦ 담보의 말과 결사, ⑧ 답주·필집·증인의 착명과 서압 등으로 구성된다.

매매 연월일은 매매 행위가 발생한 연월일이며, 문서명은 매수인이 포함되어 매수인의 관계와 문서의 유형을 확인하는 주요 단서가 된다. 전답 매매문기의 기두어와 매매 사유의 전형화된 양식은 '우명문사단 절유긴용처(右明文事段 切有緊用處)'이며, 노비 매매문기는 '우명문사단 의신 빈곤소치(右明文事段 矣身 貧困所致)'로 시작한다. 매매 대상물이 전답인 경우 전답 소재지의 사표로 전답 소재지의 방위, 자호, 지번, 결부수, 두락, 가격을 기재하였으며, 노비의 경우는 거주지나 나이, 자녀 등을 기재하였다. 매매의 형태는 방매, 상환, 납공, 전당 등이 있으며 방매 사유는 환자, 장리, 이매차 등이 있었다. 매매 가격은 당시의 현실가로 합의되면 물물 교환의 방식으로도 지불되었다. 매매가 활성화되면서 매매 사실에 대한 보증문구가 첨가되었다. 여러 차례 방매된 전답의 경우 매득문서를 구문기, 본문기, 본문기 대장이라 하면서 구문기를 점련하고 있다. 마지막으로 기록에 합의했음을 밝히는 착명·수결을 함으로써 백문기로서 완성이 된다. 권원증서 역할을 하는 구문기를 분실, 소실, 오손한 경우에는 사실을 증명하는 관의 입안 또는 입지를 성급받아서 구문기에 대신하였다. 구두계약으로 매매하였다 하더라도 후에 문기를 작성하여 인도를 받아야 했다.

대체로 17세기 이전에는 노비 매매문기가 많이 나타나다가 이후에는 전답이나 가사 매매문기가 더 늘어나게 된다. 재산을 처분할 때 『경국대전』에 명시된 대로 100일 안에 관아에 매매문기를 제출하여 입안을 받도록 되어 있었으나 조선 후기가 되면 입안을 거치지 않은 백문기로도 효력을 유지하였다. 18세기가 되면 사민들은 전답 매매 시에 수노(首奴)를 대행시키기 위해 배자를 발급하여 이들이 문기를 작성하였는데, 이를 고목을 통해 상전에게 보고하였다. 그리고 양인이나 노비들이 전토를 매입하면서 한글로 명문, 배자, 고목, 수표, 다짐 등을 작성하는 일이 확산되어갔다.

[참고어] 수표, 깃기, 입지, 토지매매문기, 화회문기

[참고문헌] 조선총독부, 1932, 『朝鮮の小作慣行』(上) ; 이수건, 2004, 『16세기 한국 고문서 연구』, 아카넷 ; 이상규, 2011, 『한글 고문서 연구』, 도서출판 경진 〈고나은〉

문종구(文鍾龜) ⇒ **기현농장**

미(米)-도정 쌀. 벼에서 왕겨 또는 쌀겨층[糠層]까지를 벗겨낸 것.

벼는 타작과정에 따라 달리 불렸다. 떨어진 벼의 낟알을 모을 때 돌, 흙, 모래, 검불, 티끌 등의 협잡물이 뒤섞이게 되는데, 이를 키질을 해서 걸러낸 상태의 벼를 정조(正租), 그렇지 못한 벼를 황조(荒租)라 했다. 일반적으로 조(租)라 하면 정조를 의미했다. 타작된 벼는 도정(搗精)을 거쳐 쌀이 되었는데, 그 정도에 따라서도 쌀의 명칭은 달랐다. 우선 벼의 구조를 살펴보면, 바깥층은 씨앗을 보호하는 역할을 하는 왕겨[겉겨, 매조밋겨]로 감싸져 있는데 그 무게는 벼 전체의 15~30%에 해당된다. 왕겨를 벗겨낸 쌀이 현미(玄米)인데, 현미는 다시 겉에서부터 과피(果皮)와 종피(種皮), 호분층(胡粉層)으로 감싸져 있다. 이들을 통칭해서 강층(糠層, 쌀겨층)이라고 하는데, 그 안쪽에는 쌀의 거의 대부분을 차지하는 배유(胚乳, 배젖)이 있다. 또한 과피의 안쪽 한편에는 어린 싹과 뿌리를 간직한 배아(胚芽, 쌀눈)도 있다. 따라서 일반적으로 쌀을 도정하고 남은 쌀겨라고 하면 쌀겨층과 쌀눈을 합한 것을 말하며, 백미(白米)는 현미에서 쌀겨를 제거하고 남은 녹말 입자로 가득 찬 전분층만으로 구성된 쌀을 말한다.

밥을 짓기 위해서는 벼의 왕겨를 벗겨 현미를 만들거나, 다시 쌀겨층을 벗겨내야 한다. 현미 전립(全粒)의 중량과 비교했을 때 쌀겨층은 5~6%, 쌀눈은 2~3%, 전분층은 92%의 비율을 차지한다. 현미에서 쌀겨층을 벗겨낸 정도를 도정도(搗精度)라고 하는데, 현미 중량의 8%를 차지하는 쌀겨 전체를 10으로 보고 그 중 몇 할을 깎아내었는가를 숫자로 표시한 것이다. 따라서 10분도미(分度米)의 중량은 현미의 92%, 7분도미는 94.4%, 5분도미는 96%가 된다. 그러나 이와 같은 도정도에 따른 쌀의 구분은 근대 도정기술의 발전 이후로 분별이 가능한 것으로, 전근대 쌀의 명칭이나 도정도와는 차이가 있다.

한편 벼 투입량에 대한 쌀 산출량의 비율을 도정수율이라고 한다. 무게를 기준으로 할 경우, 요즘은 제현율(製玄率, 벼에서 현미 산출 비율)이 82~85%이고 현백율(玄白率, 현미에서 백미 산출비율)이 90~92%이므로 도정수율은 70%내외가 된다. 또한 부피를 기준으로 할 경우에는 제현율은 55% 내외이고 현백율은 92~96%로, 도정수율은 50% 정도이다. 조선시대에는 벼와

쌀의 환산비를 부피로 측량했다. 당시의 도정수율에 대한 정밀한 자료는 없으나, 이익(李瀷)의 『성호사설(星湖僿說)』에서는 40%로, 정약용(丁若鏞)의 『경세유표(經世遺表)』에서는 50%로 보았다. 일반적으로 부피당 백미의 가격이 벼의 2~2.5배였으므로, 도정비용을 감안한다면 대략 40~50% 사이였을 것으로 보인다.

쌀의 도정도와 관련한 조선시대의 명칭은 백미, 중미(中米), 조미(糙米) 등이 있었다. 과전법 하에서는 1결당 30두의 전조(田租)를 조미로 납부케 했는데, 1635년(인조 13) 영정법(永定法)의 시행과 함께 일부지역을 제외하고는 백미로 받았다. 상거래시에도 일반적으로 백미가 사용되었다. 백미는 쌀겨를 제거한 쌀인데, '精米'나 '正米'로도 표기되었다. 일반적으로 '미(米)'라고 하면 백미를 지칭했다. 그러나 평균적인 도정도가 지금의 10분도에 미치지 못했으며, 도정이 균질하지도 못했다. 일례로 일본은 메이지(明治) 연간부터 10분도미를 소비했는데, 1900년대에 조선에서 활동한 미곡상들은 조선에서 수집한 백미를 다시 도정해서 일본에 팔았다.

조미는 지금의 현미에 해당하는 것으로, 왕겨만 벗겨내고 쌀겨는 제거하지 않은 쌀이었다. 우리말로는 매조미쌀[매조미, 조미]로 불렸으며, '造米'·'粗米'·'麤米' 등으로도 표기되었다. 중미는 백미와 조미의 중간 정도로 도정된 쌀이다. 이들 역시 도정도가 균질하지 못했는데, 조미의 경우 왕겨가 벗겨지지 않은 것과 섞인 경우가 많았다. 19세기말 일본인들이 목격한 바로는 조선의 현미에는 왕겨가 벗겨지지 않은 벼가 대량으로 섞여 있었다고 한다.

이러한 사정은 도정방식과도 연관된다. 조선 초기에는 전세를 조미로 받았다가 그 중 일부를 중미나 백미로 도정해서 녹봉으로 지급해야 했다. 따라서 경창(京倉)이나 부근에 도정시설이 있었을 것으로 보인다. 한편 조선후기에는 조미로 납부되던 것을 백미로 받았기 때문에, 농민들은 세금을 납부하기 위해 직접 쌀겨까지 도정을 해야 했다. 어떤 경우이건 보관과 품질유지를 위해 추수 후 벼의 상태로 보관되었고, 농민들은 필요와 용도에 따라 벼를 도정했다. 따라서 조미를 따로 만들 이유가 없었고, 도정방식 또한 조미와 백미의 공정을 별도로 거치지 않고 대개는 절구나 방아[연자방아, 물레방아, 디딜방아]로 찧는 시간과 힘을 조절해 한 번에 이루어졌다. 왕겨를 벗겨 조미를 만드는 도구인 매통이 서호수(徐浩修, 1736~1799)의 『해동농서(海東農書)』에서 처음 등장한 것도 이와 무관하지 않다.

백미, 중미, 조미 외에도 조선시대 문헌에는 도정 정도에 따른 다양한 명칭이 등장한다. 『세종실록지리지』의 각 도별 부세에서는 여러 종류의 쌀 명칭이 등장하는데, 찹쌀[粘米] 종류를 제외하고도 백미, 갱미[세갱미(細粳米), 차갱미(次粳米), 상갱미(常粳米)], 중미[간중미(間中米), 상중미(常中米)], 조미 등이 있다. 이들 각각의 도정도가 어떠했는지 명확하지 않다. 다만 1412년(태종 12) 태종이 녹봉을 갱미 대신 조미로 지급케 했는데 [『태종실록』 24권, 12년 8월 26일 무인], 이때의 갱미는 조미보다 도정이 더 정밀하게 된 쌀을 의미하는 것으로 보인다. 또한 갱미는 도정도에 따라 세갱미, 차갱미 등으로도 구분되었다. 예컨대 세조는 세갱미(細粳米)로 지은 밥 대신 중미로 지은 밥을 수라로 올리게 했는데, 중미가 너무 거칠다는 대신들의 의견에 따라 차갱미(次粳米)로 짓게 했다.[『국조보감(國朝寶鑑)』 11권, 세조조2, 3년] 따라서 도정도는 대체로 조미-중미-갱미-백미 순이었던 것으로 이해된다. 한편 조선 말기에 쓰인 것으로 알려진 '한양가(漢陽歌)'에는 육의전 미전에서 파는 쌀의 종류가 나오는데, 도정도에 따른 명칭은 극상미(極上米), 중미(中米), 하미(下米)였다. 이러한 구분은 도정도와 품질이 함께 고려된 것으로 보인다.

[참고어] 도, 산미증식계획, 미작개량정책

[참고문헌] 오호성, 2007, 『朝鮮時代의 米穀流通 시스템』, 국학자료원 ; 정연식, 2008, 「조선시대 이후 벼와 쌀의 상대적 가치와 용량」 『역사와현실』 69, 한국역사연구회 〈윤석호〉

미간지(未墾地) ⇒ 무주한광지

미곡검사제도(米穀檢査制度) 일제시기 일본으로 이출되는 미곡의 상품가치를 높이기 위해 미곡의 건조·조제·중량·포장 같은 품질 일반을 검사하는 제도.

1876년 개항 이후 특히 일본자본주의가 산업혁명에 돌입하는 1890년대부터 조선 쌀이 대량으로 일본에 수출되기 시작하였다. 개항장마다 일본인 미곡 상인들이 조선 백미를 매집하여 오사카(大阪) 미곡시장으로 보냈다. 조선재래의 방법으로 도정된 백미는 건조정도가 낮고 수분함유가 높아, 장기수송이나 보관에 어려움이 따랐다. 여름철에는 쉽게 부패되었고, 일본 백미보다 협잡물이 너무 많이 들어갔다. 벼의 건조 상태와 과도한 협잡물은 일본 미곡시장에서 조선 쌀의 상품가치를 떨어뜨리는 주범이었다. 이에 개항장 일본인 미곡상들은 자체적으로 미곡검사를 실시하였다. 1902년 군산의 일본인 미곡수출상조합은 미곡검사를 시행하여 검사에 통과한 쌀에 대해서만 겉포장에 붉은 색의 군검(群檢) 낙인을 찍었다. 인천에서는 1908년 인천곡물협회가 미곡검사를 실시했지만, 곡물협회 회원이외에는 강제력이 없었고, 그마저 1910년 3월에 폐지되었다. 목포에서는 1909년 12월부터 미곡검사가 실시되었다.

강점 후 일본인 미곡수출 상인들은 조선총독부 주도의 강력한 미곡검사제도를 요청하였다. 1913년 7월 조선 쌀에 대한 관세가 폐지되자, 일본 미곡시장에서 조선미는 가격경쟁에서 우위를 확보할 수 있었다. 조선미의 상품가치를 높이기 위해 부정 상인을 제재하여 이물질이 많은 조악미의 수이출을 금지하였다. 미곡검사는 미곡무역을 통해 이익을 취하는 일본인 미곡수출 상인의 요구였지만, 조선총독부는 무단농정의 일환으로 미곡검사를 실시하였다. 1910년대 조선총독부는 조선 재래종 대신에 일본인 입맛에 맞는 일본 개량종의 보급과 증산을 강행하였다. 조선총독부는 조선미의 개량을 위해 표준화된 검사제도를 만들 필요가 있었다. 1913년 6월 조선총독부는 각 도장관(=도지사)에게 상업회의소나 미곡상동업조합의 주관 아래 미곡검사를 실시하도록 통첩을 내렸다. 이미 강점 전부터 미곡검사를 자체적으로 시행하고 있던 군산과 목포에 더하여 부산·인천·진남포에서도 지역 상업회의소 주관으로 미곡검사가 실시되었고, 다음해인 1914년에는 경부선 연선의 평택·대구·김천·왜관·경산·청도의 곡물동업조합이 현미검사를 시작하였다. 이 시기 이출미에 대한 미곡검사는 법령에 의한 검사가 아니고 임의적인 것으로, 효과가 크지 않았다.

일본으로 이출되는 미곡량이 증가함에 따라 조선총독부는 조선미의 개량을 위해 미곡검사를 강화해갔다. 1915년 2월 조선총독부는 미곡검사규칙(조선총독부령 제4호)을 공포하고 지방장관의 책임 하에 미곡검사를 시행하게 했다. 전라남북도와 충청남북도에서는 도가 직접 검사를 했지만 대체로 도령(道令)에 따라 미곡상인단체인 미곡개량조합에게 대행시켰다. 검사대상은 주로 현미였지만, 경기도와 충청남북도에서는 백미검사도 실시하였다. 검사항목은 건조정도, 협잡물 혼입의 다과, 용량 및 포장의 적부 등이었고, 협잡물혼입 한도는 8/100로 설정하였다. 미곡검사는 유통되는 모든 쌀이 아니라 일본으로 이출되는 미곡만을 대상으로 했다. 그에 따라 수이출용 쌀과 조선 내 유통용 쌀이 각각 다른 가공공정을 거쳐 유통되었다. 각도별로 검사규격이 동일하지 않아 수이출 거래과정에서 문제점이 발생하기도 했다. 이에 조선총독부는 1917년 9월 미곡검사규칙을 개정(조선총독부령 62호)하여 종래 민간단체 위탁검사를 폐지하였다. 강원도와 함경도를 제외한 모든 도가 지방비사업으로 직접 미곡검사를 실시하도록 했다. 검사등급은 특등·1등·2등·3등의 4등급으로 나누고, 불합격품은 수이출뿐 아니라 도외반출도 금지했다.

이처럼 1910~20년대 조선총독부는 미곡검사제도를 내세워 일본 개량종 보급을 적극적으로 유도하였다. 일본 미곡시장에 쌀을 내다팔려면 먼저 수이출미곡검사를 받아야 했다. 미곡검사과정에서 개량품종의 현미는 1등급 이상으로 매겨졌고, 미곡 상인들은 벼를 매수할 때 재래종보다 개량종을 더 값을 쳐주었다. 그에 따라 식민지 시장경제구조에 적응하기 시작한 조선인 지주들도 재래종 대신에 점진적으로 개량종을 더 선호하게 되었고, 산미증식계획의 실시로 그런 추세는 더 한층 진행되었다.

산미증식계획의 실시와 더불어 1922년 미곡검사규칙도 개정되었고, 백미검사가 추가되었다. 백미 이출은 날로 증가하여 1921년 이미 현미를 능가했다. 현미 이출량이 158만석에 비하여 백미는 163만석이었다. 조선 백미의 판로확대를 위하여 백미검사는 도정정도(搗精精度)의 향상과 협잡물 제거에 중점을 두었다. 검사는 백미를 특등·1등·2등·등외의 4등급으로 나누고 등외는 수이출을 금지하였다. 백미검사 후 일본 미곡시장에서 조선백미가격이 상승하였다. 1926년 산미증식갱신계획이 실시되자, 미곡검사제도도 개정되었다. 특히 현미에 대한 검사가 강화되었다. 현미등급이 특등과 1-4등급의 5단계로 개정되었고, 불합격품(등외미)은 수이출은 물론 도외반출도 금지되었다. 또한 석발현미와 보통현미를 구분하였다. 석발현미는 돌 혼입을 일체 인정하지 않을뿐더러 기타 협잡물의 혼입도 보통현미보다 적었다. 석발현미에 대해서는 가마니에 인증낙인을 찍고 보통현미와 구분했다. 1930년부터 모든 현미는 석발미의 수준에 도달하지 않으면 등외불합격으로 처리되었다. 그리고 수도와 육도를 구분을 하여 검사를 실시했다. 종래 육도는 모두 불합격으로 처리되었지만, 산미증식계획으로 육도재배가 늘어나자, 육도는 가마니 표면에 육(陸)자를 찍어 반출하였다. 이런 조치와 함께 일본 미곡시장에서는 조선미의 상품가치를 보호하기 위해 조선미 표식을 분명히 하여 대만미 등 기타 외래미와 혼동을 막았다. 겉포장에 대만 쌀은 대(臺), 중국 쌀은 지(支)를 찍고 표전을 첨부하였다.

일본미곡시장에서 상품경쟁이 격화할수록 현미검사에서 건조도는 더욱 엄격하게 요구되었다. 1929년 각 등급의 수분함률을 일률적으로 15% 이내로 정하고 약간이라도 초과하면 불합격품으로 처리하였다. 이 시기 특별히 건조 상태가 중심문제로 부각된 이유는 일본 미곡시장에서 시장경쟁력 강화와 과잉미처리 때문이었다. 건조 상태의 미비로 여름에 쉽게 부패한다는 인식을 불식시켜야만 했고 대만과 일본 각지의 미곡거래소에서 수도미로서 조선 쌀이 결제되었기에, 장기보관을 위해 건조 상태는 필수적이었다. 또한 1920년대 중반 일본 미곡시장에서 쌀 공급과잉문제가 제기되었고, 과잉미 해소의 정책수단이 미곡의 장기저장이었다. 여기에 세계대공황과 농업공황에 따른 미가폭락과 미곡과잉의 심화가 결정적으로 작용하였다. 조선 쌀은 일본과 조선 안에서 계절별 수이출량을 조절해야 했고, 대규모 미곡창고에 쌀을 장기간 보관하기 위해서는 미곡창고의 설립은 물론이고 입고되는 모든 쌀에 대한 엄격한 건조 상태검사를 필요로 하였다.

따라서 1930년대 초반 조선총독부는 미곡의 유통가공과정에 직접 통제를 가하기 시작했고, 미곡검사제도는 조선총독부 직영의 국영검사체제로 이행되었다. 1931년 조선총독부는 미곡검사제도를 국영화로 입안하고 1932년 10월부터 새롭게 출범한 곡물검사소 주관하에 현·백미의 국영검사를 실시하였다. 곡물검사소는 경성에 본부를 두고 인천·군산·목포·부산·진남포·원산에 지소를 설치하고 전국을 모두 6개 지역으로 나누어 검사를 행했다. 6개로 나누어진 검사관할구역은 종래 행정구역 대신에 쌀 생산 및 거래상권지역을 고려하여 설정되었고, 전국적으로 통일된 검사를 실시하였다. 각 지소 산하에 지정검사소는 총 1,035곳(인천 227개, 군산 210개, 목포 121개, 진남포 212개, 원산 91개, 부산 174개)에 분포했다. 유통되는 모든 현·백미는 반드시 조선총독부의 지정검사를 거쳐야 했다. 또한 수이출미의 경우 검사유효기간을 설정하여, 검사기간 경과 후 수이출을 할 경우 재검사를 받아야 했다. 4월 1일에서 6월말 사이 수이출하는 경우 수검 후 현미는 90일(백미는 40일), 7월 1일부터 10월말 사이에 수이출하는 경우는 수검 후 현미는 60일(백미는 40일)을 유효기한으로 했다. 1934년 10월 조선인검사규칙(朝鮮籾檢査規則, 부령 제104호)을 공포하여 벼의 희망검사를 실시하였고, 다음해 8월 곡물검사시행규칙개정(부령 제96호)으로 모든 벼의 강제검사가 실시되었다. 미곡의 강제검사는 지주의 쌀을 일관적으로 매집하는 벼의 공동판매제도를 확충시켰다. 국영검사비용은 생산자가 부담했지만, 지주는 이를 소작농에게 의무인 것처럼 전가시켰다. 소작미를 검사를 통과한 벼만을 납부하게 하여 새로운 소작문제를 초래하기도 했다. 벼 강제검사에 촉발되어 1935년부터 공판제도는 조선농회를 중심으로 본격적으로 전개되었다. 1937년 중일전쟁의 발발과 전시체제로의 이행으로 미곡시장의 자율성은 크게 위축되고 결국 국가통제 하에 들어가게 됨으로써 미곡검사제도는 사실상 붕괴하고 만다. 식량공출제도 하에서 미곡검사란 종래와 다른 의미의 공출미 수납검사만 이루어졌을 뿐이고, 시장을 향한 미곡검사제도는 폐기되고 말았다.

[참고어] 미곡수이출제도, 산미증식계획, 도, 미-도정

[참고문헌] 鮮米協會, 『朝鮮米の進展』, 1935 ; 전강수, 「식민지기 조선의 미곡저장장려정책과 벼검사 공동판매제도-1930년대를 중심으로」, 『경영경제』 10 ; 李熒娘, 2015, 『植民地朝鮮の米と日本-米穀檢査制の度展開過程』, 中央大學出版部 〈고태우〉

미곡단작(米穀單作) 일제가 조선의 농업정책을 추진하면서 농업체계를 논농사 중심의 식민지농업체제로 개편한 것을 일컫는 말.

일제가 1910년대 일본 벼 품종의 보급을 추진하고 1920년대에 산미증식계획을 실시한 결과 미곡단작(米穀單作)이 심화되었다. 일제는 1910년대 이후 식민지 농업정책을 추진하면서 농업체계를 논농사 중심으로 개편하였다. 1913년 당시 조선에서 재배하는 작물을 재배면적 순으로 보면 다음과 같다. 벼 144만 정보, 보리 66만 정보, 조 64만 정보, 콩 64만 정보, 밀 30만 정보, 팥 25만 정보, 피 11만 정보, 수수 8만 정보, 고추 7만 정보, 면화 7만 정보, 옥수수 7만 정보, 귀리 7만 정보, 쌀보리 5만 정보, 무 4만 정보, 감자 3만 정보, 배추 2만 정보 순이었다. 그런데 산미증식계획이 마무리되는 1934년에는 논 171만 정보, 맥류(보리·밀·쌀보리·호밀)는 135만 정보, 두류(콩·팥·녹두·땅콩·강낭콩·완두 기타)는 108만 정보, 잡곡(조·피·기장·수수·옥수수·귀리·메밀)은 57만 정보, 서류는 22만 정보, 면화 19만 정보, 대마 3만 정보, 무 6만 정보, 배추 5만 정보 등이었다. 미곡을 생산하는 논의 면적은 크게 증가한 반면에 밭의 면적은 오히려 감소한 편이었다.

조선총독부는 1910년대에는 미곡 중심의 곡물·면화·누에고치 등 3대 농산물을 역점을 두는 사업을 펼쳤으며, 1920년대는 산미증식계획을 실시하였다. 그 결과 미곡을 생산하는 논의 면적은 급격하게 증가해 간 반면, 맥류·두류 등을 재배하는 밭의 면적은 줄게 되면서 미곡단작화 농업은 심화되어 갔다. 이러한 현상은 일제하 식민지기 전반에 걸쳐 진행된 현상이었다.

[참고어] 산미증식계획, 미작개량정책

[참고문헌] 박현채, 1972, 「日帝植民地統治下의 韓國農業 : 1920年부터 1945年까지의 展開過程」『창작과 비평』 7 ; 조동걸, 1984, 「1920년대의 일제 수탈체제」『사학연구』 38 ; 정연태, 1988, 「1910년대 일제의 농업정책과 식민지 거주제 : 이른바 「미작개량정책」을 중심으로」『한국사론』 20 〈이영학〉

미곡수이출제도(米穀輸移出制度) 1930년대 일본정부가 일본 미곡시장으로 유입되는 식민지 쌀을 조절·통제할 목적으로 실시한 법적 제도와 장치.

일제는 강점 이후 조선경제를 일본자본주의 발전을 위한 식량 원료공급기지로 만들어갔다. 특히 1918년 쌀소동(米騷動)으로 폭발한 일본자본주의의 식량위기를 계기로 조선총독부는 1920년부터 일본 금융자본을 대규모로 동원하여 산미증식계획을 추진해갔다. 산미증식계획의 결과 미곡생산은 해마다 증가했고, 일본미곡시장으로 상품화되어 반출되는 수량도 그만큼 늘어났다. 1920년 미곡 총생산량 12,708천석 중 일본 이출량이 2,875천석이었는데, 1927년에는 총생산량 15,300천석, 이출량 6,187천석, 1928년에는 총생산량 17,298천석, 일본이출량 7,405천석에 달했다. 급기야 일본미곡시장에서는 식민지 쌀의 대량 유입에 따른 미가하락과 공급과잉문제가 제기되기 시작했으며, 세계대공황과 그를 뒤이은 만성적인 농업공황으로 미가는 급격하게 하락했다. 1926년 현미 1석에 약 33원이던 미가는 1930년 24원, 1931년에는 15원으로 하락했고, 계속 유입된 식민지 쌀은 미가폭락을 더욱 부추겼다. 1929년 일본정부는 미가안정과 일본 지주와 농민구제를 위해 미곡조사회를 설치하고 식민지 쌀 특히 조선 쌀의 유입문제를 본격적으로 논의하기 시작했다. 미곡조사회는 가격과 품질 면에서 경쟁력을 가진 조선 쌀의 대량유입을 미곡과잉과 미가하락의 주요인으로 간주하고, 1930년 3월 미가안정을 위해 조선미의 수량을 월별 평균적으로 조절할 것을 조선총독부에 촉구하였다.

이에 조선총독부는 농정의 방향을 미곡증산에서 미곡저장으로 수정하고 1934년에는 산미증식계획도 전면 중단했다. 농정의 기조가 조선 내 식량수급 사정이 아닌 철저하게 일본자본주의의 요구에 따라 전환되었다는 점에서 식민지적 속성을 그대로 반영했다. 이 시기 미곡정책은 일본에 유입되는 조선 쌀의 양을 줄이기 위한 외국곡물의 수입제한과 일본정부의 조선 쌀 매상, 그리고 월별 수이출을 조절하기 위한 미곡창고 건설로 나타났다. 1918년 쌀소동 이후 일본미곡시장의 안정화를 위해 실시되어 온 미곡법의 일부 조항을 조선에도 적용하여 외국곡물수입을 제한하는 조치를 취했다. 당시 조선에서는 영세농과 도시 하층민의 대용식으로 값싸고 품질이 조악한 만주좁쌀과 외국미가 수입소비되고 있었기에, 일본정부는 이들 곡물에 대한 수입제한을 통해 조선 쌀의 조선 내 소비를 늘려 일본으로 유입되는 쌀의 양을 줄일 수 있다고 보았다. 1928년 '외미수입제한령'을 발동한 조선총독부는 외국미와 만주좁쌀의 수입허가제를 실시하고 까다로운 수입절차와 함께 수입관세를 2배로 인상했지만, 조선 쌀의 조선 내 소비는 예상처럼 증가하지 않았다. 1932년 개정 미곡법과 1933년 미곡법을 대체한 미곡통제법이 조선에도 적용되어 일본정부에 의한 조선 쌀 매상이 본격적으로 실시되었다. 미가지지를 위해 공정가격으로 미곡매상이 이루어졌던 일본과 달리 조선에는 은미가가 가장 싼 궁박 판매가 극성에 달한 수확기의 시가로 미곡매상이 이루어졌다. 결정적으로 일본정부의 재정상 문제로 조선 쌀의 매상규모도 소량(10만석~50만석)이었기에, 실질적인 효과는 미미했다. 그에 따라 미곡정책의 중점은 미곡저장을 위한 미곡창고의 확대에 두어졌다. 조선 쌀의 일본이출은 수확 직후인 11월부터 이듬해 2월까지 4개월간에 편중되었다. 4개월간 이출되는 계절별 과잉수출미가 연간 수출량의 51%에 달했으며, 창고확충을 통해 쌀 이출시기를 분산시켜 월별 평균화를 이루고자 했다.

조선총독부는 조선식산은행의 정책자금을 동원하여 1930년부터 15개년(뒤에 17개년으로 연장) 동안 현미 250만석의 수용력을 가진 미곡창고를 건설한다는 계획을 수립하였다. 창고건설계획은 목표치를 무난히 달성해갔는데, 1930년 1,966천석, 1936년에는 3,227천석을 저장하였다. 창고 증설과 저장미의 확대로 미곡수출의 월별 평균화 추세는 크게 진전되었지만, 조선 쌀의 일본 수출량 자체는 더 증가하였다. 1936년 일본정부는 미곡자치관리법을 발동하여 미곡통제조합에게 식량관리를 위임하였다. 지주와 미곡 상인이 주체가 되어 설립한 미곡통제조합이 과잉미곡의 할당·저장·보관의 역할까지 부여받았으며, 조선에서도 각도에 미곡통제조합이 설립되었다. 그러나 1937년 중일전쟁 이후 전시식량 확보가 국가적 사안으로 부각됨에 따라, 미곡통제조합의 미곡 저장·보관 업무를 위한 창고 건설은 좌초되었다. 이후 곡물정책의 초점은 미곡과잉이 아닌 미곡증산으로 옮겨졌으며, 자유유통체계를 대신하여 강력한 미곡통제정책(전시공출과 배급)이 실시되었다.

[참고어] 산미증식계획, 미곡검사제도, 식량공출제도

[참고문헌] 김선미, 1990,「1930년대 미곡정책과 식민지지주제의 전개」『부산사학』 18 ; 전강수, 1993,『식민지조선의 미곡정책에 관한 연구』, 서울대학교 박사학위논문 ; 한국농촌경제연구원 편, 2003,『한국농업·농촌 100년사 상』, 농림부 ; 이송순, 2008,『일제하 전시 농업정책과 농촌 경제』, 선인 〈고태우〉

미곡취인소(米穀取引所) 일제가 곡물가격의 변동을 예측하게 하여 거래의 활성화를 도모하기 위해 만든 곡물거래소. 1932년 군산·진남포·대구·부산 등지에 설립되었다.

미곡취인소는 곡물가격의 변동을 예측하게 하여 거래의 활성화를 도모하기 위해 만든 곡물거래소이다. 그리고 미곡 곡물상 조합원이 주도하던 기존 미곡 현물시장이 선물거래로 투기장화 되어가는 것을 일정하게 막기 위한 것이기도 했다. 미두취인소는 일본인이 1896년 인천개항장에 처음으로 설치하였다. 이곳에서는 당시 쌀과 콩 등의 곡물가격을 3개월 뒤에 시세가격을 미리 정하였다. 현재의 측면에서 살펴보면, 곡물을 바탕으로 한 선물거래소 같은 것으로 투기성이 매우 강하였다.

세계대공황에 따른 농업공황을 거치면서 미가가 크게 폭락하자 이같은 수급불안 사태를 막기 위해 조선총독부는 1931년 조선취인소령을 제정하고 이 법에 따라 1932년에 군산·진남포·대구·부산 등지에 미곡취인소 설립을 허가했다. 미곡취인소에서는 오사카(大阪)의 쌀값을 기준으로 그 변동 시세를 정하였다. 이리하여 고급 정보를 갖고 있었던 권력층이나 대지주 자본가들은 투자에 유리하였지만, 이러한 정보에 어두운 소액투자가들은 미곡취인소의 거래장세에서 돈을 잃을 수밖에 없었다.

미곡취인소 설립은 두 가지 목적이 있었다. 하나는 조선인 유휴 자본을 미곡취인소로 유인하여 투기를 하게 함으로써 자본 집중을 강화해 갈 수 있었다. 다른 하나는 미곡취인소를 통하여 조선의 미곡을 집중적으로 매입하여 일본으로 이출해가게 하는 유통로의 역할을 기대했다. 미곡취인소는 전시통제경제 체제아래 1939년 조선미곡시장회사가 설립되면서 문을 닫게 되고, 전국적으로 미곡공출제가 시행되었다.

[참고어] 미곡수출제도, 식량공출제도

[참고문헌] 이형진, 1992,「일제하 투기와 수탈의 현장 ; 미두·증권시장」『역사비평』 18 ; 문영주, 2009,「20세기 전반기 인천 지역경제와 식민지 근대성 : 인천상업회의소(1916~1929)와 재조일본인(在朝日本人)」『인천학연구』 10 〈이영학〉

미상회사(米商會社) 갑오개혁 당시 정부가 상무에 숙달된 곡물상을 지정하여 설립하게 한 주식회사.

갑오개혁에서 핵심적인 것 중의 하나는 모든 조세를 결세(結稅)와 호세(戶稅)로 통합하여 화폐로 징수하는 전면적인 금납화를 시행한 것이었다. 이 정책은 조세 상납에서 동전과 쌀의 교환과정을 무력화시켰다. 또한 물가의 변동이나 지방의 재정적 필요에 따라 그 징수 규모가 불규칙하고 불균등했던 이전의 도결(都結)과는 달리 세 부담이 적은 정액제였기 때문에 당시 백성들 역시 결호전(結戶錢)제도를 지지하였다. 그러나 1895년 말 이후 개화파 정부는 을미사변과 단발령에 저항하는 지방 의병들의 활발한 활동으로 심각한 정치적 위기에 직면했다. 공전(公錢)을 서울로 운송하는 일도 위험하였다. 당시 조선에는 은행 등의 국고가 마련되지 않아 현실적인 금융거래는 상인들에게 절대적으로 의존하고 있었다. 따라서 조선 정부는 은행의 역할을 수행하면서 화폐와 쌀의 유통을 담당할 미상회사를 설립하고자 하였다.

1804년 7월 군국기무처에서 고종에게 올린 의안에 따르면, 미상회사의 설립목적은 "도성의 미전(米廛) 대행수(大行首)와 오강(五江)의 강 주인들, 쌀을 사서 파는 좌고(坐賈)들로서 장사 일에 밝은 사람들에게 모두 합동하여 회사를 만들게 하고, 농상아문에서 특별히 승인증명을 만들어 주어 규정을 협의 결정하게 함으로써 공납을 편리하게 하고 상업을 발전시키기 위함"이라고 하였다. 이에 따라 미상회사는 사원들을 각 지방에 파견하여 공전을 발급받아, 이것으로 미곡을 매입해 서울지역에 미곡을 조달하고 공전(公錢)을 대납하는 일을 주업무로 하게 되었다.

갑오정부의 미상회사 설립은 조세금납화의 후속조치이기도 하지만, 한편으로는 인천을 통한 미곡의 일본 수출에 대해 국내 미곡시장을 보호하기 위한 것이었다.

[참고어] 결가제, 외획, 결호전봉납장정

[참고문헌] 김윤희, 1993, 「개항기 외획제의 운영과 상업활동 : 갑오 광무 개혁기를 중심으로」, 고려대학교 석사학위논문 ; 이승렬, 2007, 『제국사 상인』, 역사비평사 〈남정원〉

미야자키농장(宮崎農場) 1903년 일본인 미야자키 게이타로(宮崎佳太郎)가 전라북도 옥구군 미면 축동에 세운 농장.

일본 구마모토현(熊本縣) 아마쿠사군(天草郡) 시마코촌(島子村) 출신인 미야자키는 향리에서 농업과 상업에 종사하다가 1890년 2월 한국에 건너와 서울에서 인삼 장사로 재산을 모았다. 경성일본인거류지회 의원으로 그리고 1902년 일본 도쿄(東京)에서 한국 척식사업을 주도할 목적으로 조직된 조선협회의 경성지회 간사로 활동하였다. 당시 제일은행 군산지점장으로 가있던 친구 하라다 시게마쓰(原田茂松)의 권유로 군산지역을 둘러본 미야자키는 만경강 일대 호남평야의 개간 가능한 넓은 갈대밭이나 진전에 주목하였다. 일본에 비해 1/10에 불과한 싼 지가와 고율소작료의 관행, 거기에 적절한 수리시설을 확보하여 일본식으로 농사개량을 한다면, 큰 이익을 볼 수 있다고 판단하였다. 1903년 3월 군산으로 옮긴 미야자키는 외국인의 토지소유를 불허하는 대한제국의 법제에도 불구하고 온갖 수단을 동원하여 미간지·기간지를 불문하고 토지를 대규모로 잠매하였다. 만경강 일대 방치된 미간지뿐 아니라 이 시기 왕실과 농민 사이에 소유권 분쟁으로 갈등을 일으킨 균전도 헐값에 대거 매수하였다. 이렇게 잠매한 토지를 기반으로 1903년 6월 옥구군 미면 축동에 60정보 규모의 농장을 개설하였다. 농장경영과 함께 그는 일본인 지주·자산가와 농업이민자들을 위해 토지매수를 대행하거나 매수한 토지를 위탁경영하기도 하였다. 1904년 4월 미야자키는 만경강 호남평야 일대에 진출한 일본인 지주들과 협의하여 군산이사청의 보호 속에서 군산농사조합을 조직하였다. 군산농사조합은 대규모로 잠매한 토지의 소유권을 공증하고 일본인지주 사이에 매수경쟁과 중복매매를 방지하는 사설등기소 역할을 했다. 미야자키는 1905년 이래 1911년 해산할 때까지 군산농사조합의 조합장으로 활동하였다.

한편 미야자키는 안정적인 농업생산을 위해 수리관개사업 및 농사개량에 사업에 착수하였다. 만경강 하류 지역은 제방을 쌓아 조수의 범람을 막고 인공수로를 만들어 수해와 한해를 막지 않는 한 안정적인 농사경영이 어려운 상황이었다. 1909년 9월 군산농사조합 지주들과 협의하여 옥구군 미면과 개정면 일대에 방조제와 배수갑문, 수로 굴착공사를 시작했다. 미야자키는 지주 총대의 대표자로서 공사를 총지휘했으며, 1910년 4월 완공을 보았다. 1909년 가을 시마타니 야소야(嶋谷八十八)·구마모토 리헤이(熊本利平)·후지이 간타로(藤井寛太郎) 등 일본인 지주 24명과 함께 임익남부수리조합 설립에 착수하여 1914년 완공을 보았다. 만경강 상류 전주천과 고산천이 만나는 지점에 둑을 쌓고 수로를 설치하여 익산군 익산면·오산면과 옥구군 대야면 일대 농지 2,540정보에 농업용수를 공급할 수 있게 되었고, 미야자키는 임익남부수리조합의 평의원으로 활약했다. 1911년부터 임익남부수리조합의 겨울철 잉여수를 끌어들여 임피군 서남부에서 옥구군 동부 사이 일대 토지 2,780정보를 관개할 목적으로 임옥수리조합 공사를 시작하였다. 이 일대 토지는 임익남부수리조합보다 해안가에 더 가까이 위치하여 농사짓기에 불리한 악답이었다. 임옥수리조합의 완공으로 농업용수를 충분하게 확보할 수 있게 되었고, 미야자키는 1920년 익옥수리조합으로 통합될 때까지 임옥수리조합의 조합장을 맡았다.

수리시설의 정비와 더불어 미야자키는 농업경영의 효율성을 증진하기 위해 인근 일본인 지주들과 함께 경지정리작업에 들어갔다. 1921년 미산토지개량계[계장은 미야자키 야스카즈(宮崎保一, 미야자키 게이타로의 아들), 계원 63명, 공사비 25,000원]와 경장토지개량계(계장은 미야자키 야스카즈, 계원 43명, 공사비 16,200원)를 조직하여 미면 경장리 둔율리, 개정면 조촌리, 옥산면 쌍봉리 일대 360정보의 경지정리를 단행하였다. 이 공사로 미야자키농장 소유 토지 7할이 토지개량·경지정리의 혜택을 누릴 수 있었다. 1932년에는 쌍봉리토지개량계(계장에 미야자키 야스카즈, 계원 18명, 공사비 13,500원), 시마타니농장의 농장주 시마타니를 계장으로 하는 죽산계, 구마모토농장의 농장주 구마모토를 계장으로 하는 옥산계의 공동경지정리사업에 참여하였다. 일련의 경지작업의 결과 미야자키농장은 소유토지 전체를 토지개량·경지정리를 이루게 되었다. 또한 군산의 대안에 위치한 충남 서천군 서남면 일대 간사지 약 308정보를 간척하고, 이를 관리 경영하기 위해 서천군 장항에 농장의 분장을 설치하였다. 원래 이 간석지는 강경에 거점을 둔 아라마키농장(荒巻農場)의 것이었는데, 미야자키가 가타기리 와조(片桐和三)의 중개로 인수하였다. 미야자키는 서천수리조합을 간척지 용수원으로 삼아 개답에 성공하였다.

1910년 8월 현재 농장의 소유농지는 487정보(논 450정보, 밭 10정보, 기타 27정보)이었지만, 1936년에는 709정보(논 703정보, 밭 6정보)로 증가했고, 소작인 수는 823명, 농장 직원 9명, 마름은 9명이었다. 1937년 농장의 작황과 토지소유규모는 표와 같다.

〈1937년 현재 미야자키농장의 현황〉

	직할	대야면죽산	장항	계
총면적(평)	993,777	640,949	555,916	2,190,642 (730.2정보)
실소작료(근)	1,071,424	682,694	386,014	2,140,132 (12,589석)
소작인 수(인)	399인	250인	142	791

출처 : 秋山忠三郎 編, 1938, 『宮崎佳太郎翁傳』, 13쪽.

미야자키는 2정보 규모의 모범전(시험답·시작답·채종답)을 자경하여 일본식 농사개량의 시험과 보급에 노력하였다. 농장소속 소작농들에게 지역 환경에 맞는 일본 벼 품종을 심게 했고, 단책 묘대와 정조식을 강제하였다. 소작인조합을 만들어 영농과정 일체를 관리 감독했으며, 비료와 종자를 대여하여 수확기에 이자를 붙여 이익을 취했다. 농사개량의 공로로 일본농회로부터 공로상을 받기도 했다. 그리고 미면 면사무소에 적지 않은 토지를 기부하는 등의 행위로 1918년 면사무소 마당에 '송덕비'가 건립되기도 했다. 1936년 미야자키가 사망하자, 군산 옥구지역 재조선 일본인들은 그를 '농업개척의 선배'로서 추모했다.

[참고어] 군산농사조합, 균전수도, 동태적 지주, 소작인조합, 간척

[참고문헌] 秋山忠三郎 編, 1938, 『宮崎佳太郎翁傳』; 謙田白堂, 1936, 『朝鮮の人物と事業, 第1輯 湖南編』, 實業之朝鮮社出版部; 三輪規·松岡塚磨 共編, 1907, 『富之群山(湖南寶庫)裡里案內』, 群山日報社

〈이수일〉

미원장(迷元莊·迷原莊) 고려 후기 공민왕과 우왕 대에 걸쳐 왕사(王師)와 국사(國師)에 임명된 승려인 태고(太古) 보우(普愚)의 농장(農莊).

보우는 고려 말 승려로 충목왕대 원(元)의 연경(燕京)에서 머물며 궁중에서 반야경(般若經)을 강설하였고, 이후 인가를 받아 고려에 돌아왔다. 그의 속성(俗姓)은 홍주(洪州) 홍(洪)씨이고 홍규(洪規)의 후손으로, 부계(父系)는 지방 토호로서의 세력을 가지고 있었다. 1356년(공민왕 5) 보우가 왕사로 임명될 때 그의 내향(內鄕)인 홍주는 목(牧)으로, 모친 정씨의 고향인 익화현(益和縣)은 양근군(楊根郡)으로 승격되었고, 그가 우거하던 미원장도 미원현으로 승격되었다. 하지만 이후 땅이 좁고 인가가 적어 다시 양근현에 소속되었다. 정확한 시기를 알 수는 없지만 보우의 집안은 모친 정씨의 고향으로 이주해 있었는데, 1352년(공민왕 1)에 이미 보우는 미원장 소설암에 우거하고 있었다.

당시 미원장은 전원(田園)을 널리 점유하고, 들에는 목마가 가득하였다고 하는데, 이를 내승(內乘) 즉 궁중에서 사용하는 마필(馬匹)이라 하여 다른 사람의 곡식을 해치더라도 감히 쫓아내지 못하였다고 한다. 또한 본래 현에 파견되는 지방관인 감무의 존재도 이곳에서는 허수아비였을 뿐이었다고 하는데(『고려사』 권38, 「세가」 38, 공민왕 원년 5월 계유), 이러한 사실로 보아 미원장이 현(縣)으로 승격되었다 하더라도 실질적으로는 보우의 농장과 다를 바 없이 운영되었을 것으로 여겨진다.

미원장은 각 기록마다 달리 표기되어 있는데, 『고려사』와 『고려사절요』에는 '迷元莊'으로 기록되어 있으나, 보우의 행장(行狀)·비문(碑文)이나 『신증동국여지승람』, 『세종실록지리지』 등에는 '迷原莊'으로 표기되어 있다.

[참고어] 농장

[참고문헌] 『고려사』; 『고려사절요』; 崔景煥, 2010, 「太古普愚의 人脈과 恭愍王代初 政治活動」, 서울대학교 석사학위논문; 李景植, 2011, 『韓國 中世 土地制度史-高麗』, 서울대학교출판문화원

〈이현경〉

미작개량정책(米作改良政策) 일제가 조선의 농업을 쌀 단작형 농업체제로 재편하면서 증산 위주로 시행한 정책.

미작개량정책은 통감부를 설치한 이래 조선농업에 대한 지배정책을 구체화한 것으로, 식량공급기지의 구축과 식민지 상품생산체계의 확립이라는 일제의 요구에 따른 것이다. 1912년 3월 조선총독 데라우치 마사타케(寺內正毅)는 이후 일제가 추진할 조선농업정책의 기본 방향을 제시한 「미작(米作)·면작(棉作)·양잠(養蠶)·축우(畜牛)의 개량증식에 관한 중대훈시」를 발표하였다. 그 중 가장 중요한 것은 「미작의 개량장려에 관한 훈시」였다. 이것은 "쌀의 개량증식이 가장 긴요한 것이

기 때문에 더욱이 우량 미종의 보급, 건조(乾燥) 조제의 개량, 관개수의 공급, 시비의 장려에 관해 새로 그 개량 요항을 지시하니 각도 장관과 권업모범장은 이것에 의거하여 한층 정성껏 농민 지도에 힘쓰도록 하라."는 것이었다. 이에 따라 1912년부터 품종개량을 기축으로 수리·시비·농기구의 개량을 통해 일본인의 기호에 맞는 쌀을 생산하여 일본시장으로의 수출 확대를 목표로 한 미작개량정책을 시행하였다.

이와 같은 요구아래 진행된 미작개량정책은 제1차 세계대전 이전의 열악한 일본자본주의의 발전단계와 조선사회의 정치 경제적 조건에 제약됨으로써 품종개량을 주축으로 하고 수리 시비 농기구의 개량을 종으로 하는 형태로 구체화하였다. 미작개량정책은 생산자농민의 노동 지출의 강화와 농업 경영비 부담의 증대를 기반으로 전개되었다. 즉 노동집약적 농업기술체계를 강화하여 생산물의 증대를 기하려는 방행으로 진행되었다. 미작개량정책은 통감부 이래 식량공급기지-식민지적 상품생산체계의 확립이라는 일제의 요구를 구체화한 한국 농업수탈 정책이었다. 그 결과 일제초기 조선 농업은 쌀 단작형 농업체계로 재편되어 갔다.

[참고어] 지주회, 산미증시계획, 미곡단작, 권업모범장

[참고문헌] 정연태, 1988,「1910년대 일제의 농업정책과 식민지지주제 ; 이른바「미작개량정책」을 중심으로」『한국사론』 20

〈남정원〉

미조테농장(溝手農場) 1911년 5월 일본 오카야마현(岡山縣)의 지주 미조테 야스타로(溝手保太郎)가 전라북도 김제군·정읍군·논산군 일대에 세운 농장.

18세기 말이래 대금업을 통해 대지주(1868년 현재 소유농지 84정보, 1,000석 소출)로 성장한 미조테 집안은 1910년 한국강점을 계기로 본격적으로 농업척식사업에 착수하였다. 동년 10월 미조테 야스타로는 오카야마현 농업장려조합 밀양출장소의 안내로 한국 각지의 농업상황과 실태를 직접 살펴보고 정밀한 조사와 시찰 끝에 전라북도 김제군·정읍군 일대를 중심으로 토지매수에 나섰다. 낮은 지가(오카야마현의 1/7~1/4가격), 고율소작료에 기초한 높은 토지수익률 그리고 한국강점이라는 식민지지배의 확실성에 기초하여, 미조테 야스타로는 일본에서 하고 있던 지주경영방식을 그대로 한국에 이식시켰다.

미조테 집안은 일본에서 지주경영을 유지하면서 한국에서도 토지소유를 확대해갔다. 일본농장이 본점이었고, 조선농장은 지점의 위치에 있었다. 조선농장 경영은 일본 본점에서 파견된 농장지배인과 사무주임이 총괄 담당하였다. 미조테농장의 토지소유 추이를 보면, 1911년 77.7정보(논 65정보), 1915년 154.5정보(논 134정보), 1923년 168정보(논 145정보), 1935년 183정보(논 156.6정보)였다.

〈미조테가의 토지소유(단위: 정보)〉

연도	일본	조선
1782	20.0	-
1819	93.0	-
1903	114.3	-
1911	116.2	65.9
1915	113.9	134.0
1923	113.6	145.0
1932	113.0	165.0

출처 : 소순열, 2005,「일제하 조선에서의 일본인 지주경영의 전개와 구조-몇 가지 지주 경영사례를 통하여-」『농업사연구』 4-1, 112쪽.

농장설립 초기 조선농민에게 대부금을 대량으로 살포하여 한국농민에 대한 경제적 지배를 용이하게 만들었다. 사업확장에 따라 농장사무소를 김제역 앞으로 신축 이전했다. 1932년 현재 미조테농장(163정보)의 소작인 수는 304명이었다.

소작료 징수방법은 초기에는 집조법이었다가 1931년부터 정조법으로 전환했다. 마름은 농장에 고용된 소작료 징수와 소작인 관리자의 지위로 전락하였지만, 농장 측에서는 현지 사정에 밝은 한국인 마름을 적극적으로 소작인 지배에 활용하였다. 미조테농장은 엄격한 소작인 노무관리 위에 미곡의 증식과 상품가치의 상승에 주력하였다. 다로다비적(多勞多肥的)인 일본식 농법에 의거하여 다카치호(高千穗)를 비롯한 일본 벼 품종을 보급 재배하고 일본식 개량묘대에 정조식으로 모를 내게 하고 시비투입을 독려하였다. 농장에서는 우수한 소작인을 표창하고 소작지를 더 내어주었다.

조선농장은 1913년·1931년·1940년을 제외하고 연간 5,000~25,000엔의 순수익을 올렸으며, 1918년 이후부터는 연액 2,500~25,000엔을 일본 본점에 송금하였다. 조선농장의 수익금은 미조테 집안의 전체사업수익(일본농장의 소작료 수입, 유가증권의 배당이자, 조선농장의 송금수익, 잡수입 등) 중에서 10-20%를 차지하였다. 이처럼 미조테농장은 일본지주제의 식민지적 재편이었다.

[참고어] 동태적 지주, 소작인조합, 집조법, 오카야마현 농업장려조합

[참고문헌] 鎌田白堂, 1936,『朝鮮の人物と事業, 湖南編』, 實業之朝鮮

社出版部 ; 森元辰昭, 1979, 「日本地主の植民地(朝鮮)振出-岡山縣溝水家の事例分析-」『土地制度史學 82 ; 소순열, 2005, 「일제하 조선에서의 일본인 지주경영의 전개와 구조-몇 가지 지주 경영사례를 통하여-」『농업사연구』 4-1 〈이수일〉

미주과군(彌州跨郡) 고려 후기 농장(農莊)의 형성이 급속히 확대되고 광범위해진 것을 묘사한 말.

농장의 범위가 군(郡)을 넘어 주(州)에 이른다는 표현으로, '표이산천(標以山川)'과 같은 의미로 사용되었다.

고려 후기 농장 중에는 크기가 광범위한 사례가 나타난다. 그 규모에 대해서는 몇 개의 촌락이 하나의 농장으로 편성된 것, 혹은 하나의 촌락이 그대로 농장으로 편성된 것 등으로 이해하는데, 이와 같이 광역화 된 농장을 지칭하는 표현 가운데 하나가 '미주과군'이었다. 한편 '미주과군'으로 지칭되는 것 외에도, 30~40결 정도의 비교적 규모가 작은 농장도 존재하였다. 이들 역시 경작지에 대한 지배라는 점과 거점인 장사(莊舍)가 설치되고 농장의 경영과 관리 사무를 맡는 장주(莊主)·장두(莊頭)·간사(幹事)가 존재한다는 점에서 농장으로 이해된다. 농장과 유사한 사례로 또한 장(莊)·처(處)가 있는데, 농장이 '경작지'를 중심으로 한 일정 면적에 대한 지배를 지칭하는 것과 달리 장·처는 일종의 행정구역적 성격의 '지역'에 대한 지배를 의미한다.

[참고어] 표이산천, 농장

[참고문헌] 『고려사』; 姜晋哲, 1980, 「高麗의 農莊에 대한 一研究 : 民田의 奪占에 의하여 형성된 權力型農莊의 實體追求」『사총』 24 ; 裵象鉉, 1991, 「高麗後期 農莊奴婢의 形成과 社會經濟的 地位」『역사와 경계』 5 ; 이상국, 2000, 「고려후기 농장의 경영형태 연구 : 농장 경작인의 존재양상을 중심으로」『역사와 현실』 36 ; 신은제, 2010, 『高麗時代 田莊의 構造와 經營』, 경인문화사 ; 박경안, 2012, 『여말선초의 농장형성과 농학연구』, 혜안 〈이현경〉

미터법(meter法) 미터(m), 리터(ℓ) 및 킬로그램(kg)을 기본으로 한 십진법의 국제적인 도량형 단위.

1790년 프랑스의 정치가이자 외교관이었던 탈레랑(Charles-Maurice de Talleyrand-Périgord), 1754~1838)의 제안에 따라 파리과학아카데미가 정부의 위탁을 받고 만든 것이다. 지구자오선 길이의 1/4000만을 1m로, 각 모서리의 길이가 1/10m인 정육면체와 같은 부피인 4℃ 물의 질량을 1kg로, 이때의 부피를 1ℓ로 했다. 또한 배량(倍量 : 곱하기 양)에는 그리스어의 접두어[예 : k(χίλιοι, 천)]을, 분량(分量 : 나누기 양)에는 라틴어에서 따온 접두어[예 : c(céntimo, 1/100)] 등을 각각 붙였다.

미터법의 보급은 순조롭지 않았고, 프랑스에서는 1840년 강제 집행하기에 이르렀다. 1875년 국제적인 미터조약이 성립되었고, 이어 1889년 국제원기가 제정되었다. 또한 1960년에는 제11차 국제도량형총회에서 국제적인 단위의 길이표준을 크립톤 86(86Kr)의 원자가 방사하는 오렌지색의 스펙트럼선 파장으로 바꾸는 등 개정의 노력이 장기간에 걸쳐 계속되었다. 그동안 각 국가들도 미터법의 전용에 힘쓰게 되어 1967년에는 미터법을 국법으로 채용한 나라가 70개국을 넘어섰고, 학술적인 제반 단위는 거의 전부가 미터법을 토대로 했다.

한국에서도 19세기 말 이래 근대적 개혁이 진행되면서 도량형의 정비가 중요한 문제로 떠올랐다. 1898년(광무 2) 9월 16일자 『독립신문』은 도량형 개량계획에 대해 논평했는데, 아직 통일된 도량형이 전국에 사용되지도 않고 있으니 새로운 도량형으로 미터법을 채택하자는 주장이었다. 마침내 평식원(平式院)에서 1902년(광무 6) 10월 10일 제정한 「도량형규칙(度量衡規則)」에는 도량(度量 : 길이와 부피)과 형(衡 : 무게)의 기본을 각각 척(尺)과 량(兩)으로 하되 미터법을 도입하여 도량형이 서로 통용될 수 있도록 하였다. 이때의 기록을 보면, 길이 1미터는 주척 5척, 면적 1센티아르[先知夏, ca=㎡]는 1파(把), 1아르[夏, a=100㎡]는 1부, 1헥타르[赫得夏, ha=10,000㎡]는 1결(結), 부피 1리터[翊突, ℓ]는 5홉(合) 5작(勺) 4초(秒) 3찰(撮) 5규(圭), 10리터[=1daL]는 5승 5홉 4작 3초 5찰 2규 등으로 되어 있다. 하지만 도량형규칙은 부칙 제36조로 '1903년 9월 1일부터 시행할 것'이 고시되었음에도 제대로 시행되지는 못하였다.

통감부는 1909년 9월 도량형법(법률 제26호)을 반포하고 그해 11월 1일부터 일부 지역에서부터 실시했다. 그리고 1926년에는 미터법을 토대로 한 조선도량형령(朝鮮度量衡令)을 공포하여 미터법을 실시하였다. 그러나 실제로는 조선시기 시행되었던 전통 도량형, 서구의 미터법과 야드·파운드법 등이 혼용되고 있었다.

척관법의 실시는 도량형의 원리뿐만 아니라 구래의 토지파악 방식을 변화시켰다. 1909년 이전의 양전은 결부제(結負制)의 원리를 기본으로 추진하였고, 이에 따라 양안에는 결부속으로 토지를 파악하였다. 그런데 일제는 1910년 3월에 설치된 토지조사국을 그해 10월 조선총독부 토지조사국으로 계승시키고, 1912년 토지조사령을 발표하여 1918년까지 토지조사사업을 강행하였다. 토지사업을 통해 토지대장과 지도가 작성되었는데, 토지대장은 파악된 토지를 평(坪)·정(町)으로 작성하였다. 이러한 평은 1964년 1월 1일 미터법이 시행된 이후에도 한국사회의 유효한 토지파악 방식으로 잔존하였고, 지금도 제도적으로 소멸되었지만, 민간의 습속으로 유효하게 남아있다.

해방 이후 남한은 1909년의 척관법, 1926년의 미터법, 야드·파운드법 등을 미터법으로 통일시키기 위해 1959년 6월 10일 국회에서 척관법 폐지를 위한 계량법안(전문42조 부칙1조)을 수정·통과시켰고, 1961년 법령을 공포하여 1964년 1월부터 척관법과 야드·파운드법 등을 폐지하기로 결정하였다. 이에 따라 1909년 이후 일제에 의해 실시된 척관법은 1964년 1월 1일부터 한반도에서 제도적으로 사라지게 되었지만, 민간에서 관용적으로 사용되고 있는 척관법과 야드·파운드법 등은 쉽게 사라지지 않고 있다.

2007년 정부에서 '개정계량법'을 발표하여 평·돈 등의 단위를 폐기하고 제곱미터와 그램 등으로 표기하게 하였다는 것은 일제 식민지 잔재의 계량단위인 척관법이 21세기에 이르기까지 소멸되지 않은 반면 도량형은 미터법으로 완전하게 통일이 이루어지지 않았음을 보여주는 것이다.

[참고어] 결부제, 양전척, 도량형규칙, 도량형령

[참고문헌] 박성래, 1997, 「한국도량형사」『한국의 도량형』, 국립민속박물관 ; 박흥수, 1999, 「조선시대의 도량형」『한국사』 24, 국사편찬위원회 ; 宋惠永, 2011, 「韓末 度量衡制 硏究」, 부산대학교 석사학위논문 ; 이종봉, 2015, 「日帝 强占期 度量衡制의 운용 양상」『한국민족문화』 57

〈이석원〉

민결면세지(民結免稅地) 조선 후기 민전에서 관이나 궁방 등이 세를 수취하는 대신 국가에 내는 세금은 면제한 토지.

17세기 궁방이 무주지를 절수하여 개간하면서 민전을 침탈하는 문제들이 발생했다. 그래서 조선 정부는 1695년 을해정식(乙亥定式)을 발포하여 절수를 금지하고 급가매득제를 시행하도록 하였다. 그러나 지급할 재원을 마련하는 일이 쉽지 않아 민결면세제를 시행하게 되었다. 일반 민전에서 결세를 호조에 내지 않고 면세하는 대신 이를 궁방에 납부하게 한 것이다. 즉 민결에서 결당 미 23두의 결세를 궁방에서 수취하는 제도이다. 그 결과 정부 재정은 줄어들었지만, 궁방은 재원을 확보할 수 있게 되었다.

[참고어] 면세전, 무토, 궁방전

[참고문헌] 박준성, 1984, 「17·18세기 궁방전의 확대와 소유형태의 변화」『한국사론』 11 ; 이영호, 2010, 「한말~일제초 근대적 토지소유권의 확정과 국유·민유의 분기 : 경기도 안산 석장둔의 사례」『역사와 현실』 77 ; 이영호, 2011, 「근대전환기 궁장토 소유권의 향방 : 경상도 창원 용동궁전답 '영작궁둔=조200두형'의 사례」『한국학연구』 24

〈이영호〉

민고(民庫) 조선 후기 각 지방에서 잡역(雜役) 및 기타 관용 비용을 조달하기 위하여 설치한 재정기구.

민고는 법제상의 제도나 기구로서 설치된 것은 아니었으며, 각 지방의 관청에서 지방민과 상의 하에 잡역세 운영상의 편의를 도모하기 위해 읍사례로서 마련한 것이었다. 지방관의 재량에 따라 자유로이 설치될 수 있었기 때문에 그 수는 점차 늘어갔지만, 성립 시기나 운영방식 등이 지역에 따라 일정하지 않았다. 정약용(丁若鏞)은 『경세유표(經世遺表)』에서 민고가 대동법 이후에 발생했다고 했다.[「지관수제(地官修制)」 부공제(賦貢制)] 그런데 1790년(정조 14) 경상도 관찰사 이조원(李祖源)의 보고에 따르면, 도내 약 70여 개의 군현 중 30여 개에서 민고류가 설치되어 있었으며, 몇몇은 꽤 오래 전부터 운영되었다고 했다. 따라서 17세기 후반즈음 설치되기 시작해 18세기 중후반 이래로 일반화되었다고 볼 수 있다.

명칭은 통상 민고(民庫)나 보민고(補民庫) 등이 쓰였지만, 대동고(大同庫)·노세청(路貰廳)·방역청(防役廳) 등으로도 불렸다. 또한 민고가 모든 잡역을 통합해서 설치된 것이 아니었으므로, 고마고(雇馬庫)·대동고·보민고 등과 같이 일부 필요한 재원을 중심으로 설치되어 명명되기도 했다. 그러나 이같은 여러 명칭은 점차 민고의 명칭으로 통합되었다. 예컨대 앞선 이조원의 보고에서는 각 군현에서 보민·쇄마·차역 등의 목적으로 설치했던 고를 모두 민고로 파악하고 있었다. 또한 정조연간의 평안도지방 민고절목에서는 대동고·부마고(夫馬庫)·종마고(從馬庫)·식견소(息肩所)·보민고·군기고(軍器庫) 등이 모두 민고로 통칭되었다.[『평안도내각읍민고정례절목(平安道內各邑民庫定例節目)』]

민고의 기능은 이른바 잡역으로 불리는 잡종 세를 부담하는 것이었다. 잡역은 각 읍의 공역(公役)을 뜻하는데, 이는 지방마다 내용이 다양하였다. 대체적으로는 감사·수령의 영송(迎送)에 따른 부마쇄가(夫馬刷價), 사

신 접대를 위한 지칙(支勅) 비용 등이 있었다. 또한 경각사구청(京各司求請 : 중앙의 상급 관청에서 하급 관청에 물품을 청구하는 것), 진상첨가(進上添價), 칙사지대(勅使支待), 감사의 복정(卜定 : 여러 고을에 물산을 책임지워 납부하도록 하는 것), 경·영주인역가(京營主人役價) 등 각 읍의 공공 경비를 부담하기도 하였다. 결국 민고는 백성으로부터 잡역세를 징수하여 이를 감영과 중앙의 각 사에 상납하거나 지방의 경비를 조달하는 재원으로 삼았다.

이처럼 민고가 각종 잡역을 부담하는 것이었지만, 그 재원은 많은 경우 민으로부터 징수한 잡역이나 잡세로 마련되었다. 그 중에서도 가장 중요한 것은 토지에 부과하는 결렴(結斂)과 호구에 부과하는 호렴(戶斂)이었는데, 남부지방은 결렴을, 서북지방은 호렴을 더 많이 실시하였다. 결렴은 정규의 전세 이외에 더 징수하는 것이었지만, 전세 그 자체를 민고의 재정으로 돌리거나 진전(陳田)을 개간한 뒤 징수한 세액 또는 무토궁방전(無土宮房田)의 면세결을 재원으로 삼기도 했다. 한편, 호구에 부과하는 것은 대체로 양반을 제외한 민호(民戶)나 신분적 차등을 두어 특정 신분계층인 군관(軍官)·교생(校生)·보(保)를 정하여 그들에게서 세전(稅錢)을 징수해 충당하였다. 이와 같은 방법으로 확보된 재원은 민고절목(民庫節目)을 작성하여 운영되었다.

민고가 최대의 지방재정기구로 성장해 감에 따라 재정에서 차지하는 비중도 높아지게 되었다. 민고가 활용된 측면은 크게 두 가지로 나눌 수 있는데, 하나는 관청 내에 여러 기구와 직임에 자금을 지원하는 임무이고, 또 다른 하나는 각종 자금의 이식(利殖)을 대행하는 임무이다. 일례로 전자의 경우 경상도 합천의 민고에서는 통인청(通引廳)에 조(租) 25석을 지원한 것과, 전라도 구례민고에서는 공례사(公禮使)에 350량, 승발(承發)에 300량, 공방색(工房色)에 400량을 지급한 사례가 그것이다. 후자는 확보된 전곡(錢穀)을 식리(殖利)하여 그 수입으로써 관용 경비에 보충하는 존본취리(存本取利)와, 민고전(民庫田)을 구입하여 그 지대(地代) 수입으로 충당했던 방법 이외에도 민고는 공금 또는 공곡(公穀) 등을 보관하는 일도 맡았다.

그러나 민고는 여러 폐단을 초래하기도 했는데, 운영규정이 법제화되지 않은채 설치와 운영이 각양각색이었기 때문이었다. 그중 가장 두드러진 폐단은 민고재원의 세출이 팽창한 것이었다. 이를 시정하기 위해 조정에서는 민고절목을 상세히 정하여 양입위출(量入爲出)에 의한 예산제도의 실시 및 관고제(官庫制)의 시행을 강구하기도 했다. 한편, 정약용은 『목민심서(牧民心書)』에서 민고 폐단의 한 방책으로 공전(公田)을 설치해야 한다고 주장했다. 뿐만 아니라 당시 민고의 급채이자가 40~50%의 고율이었기 때문에 금리 인하 방안을 제기하여 20%로 낮추는 규정을 절목에 반영하기도 하였다. 또한 민고전을 설치하여 지주 경영을 통한 지대 수입으로써 충당하기도 하였다. 그러나 이러한 민고전도 갑오개혁과 대한제국기의 광무사검 등을 통해 내장원 소속의 역둔토(驛屯土)로 편입되어 점차 소멸되었다.

이상과 같이 민고는 농민이 국가에 대한 부세 이외의 잡역 부담을 덜기 위해 공동체적 납세조직의 성격을 띤 농민 대응기구의 하나로 설립되었으나, 이후 노정된 폐단이 해결되지 못한 채 결국 초기의 의도와는 달리 관의 자금 조달을 합리화하는 기구로 전락하였다. 또한 삼정(三政)의 문란과 함께 오히려 농민에 대한 수탈을 가중시키는 폐단이 되어, 후일 민란의 한 원인이 되기도 하였다.

[참고어] 민고전, 고마고

[참고문헌] 『平安道內各邑民庫定例節目』; 김용섭, 1980, 「조선후기 민고와 민고전」 『동방학지』 23·24 ; 장동표, 1990, 「조선후기 민고운영의 성격과 운영권」 『벽사이우성교수정년퇴직기념논총』; 김덕진, 1992, 「조선후기 지방관청의 민고설립과 운영」 『역사학보』 13

〈윤석호〉

민고전(民庫田) 조선 후기 각 지방에서 잡역(雜役) 및 기타 관용 비용을 조달하기 위하여 설치·운영한 토지.

민고는 세정이나 지방재정의 운영을 위해 설치·운영되었지만, 늘어나는 관용지출과 부정으로 인해 수탈적 성격이 강화되는 폐단이 끊이지 않았다. 따라서 이를 해결하기 위해 민으로부터 잡역이나 잡세나 잡역을 징수하는 것과는 별도로, 민고 스스로가 보유한 자체 재산을 통해 초과되는 지출을 보완하는 방안이 강구되었다. 대표적으로는 민고가 동산으로서의 전곡(錢穀)을 기금으로 소유하여 식리활동을 하는 것이고, 다른 하나는 부동산으로서 토지를 소유하여 운영하는 것이다. 일례로 1790년(정조 14) 경상감사 이조원(李祖源)은 도내 민고 설치여부에 대한 보고에서, 민고의 재원을 돈으로 거둘 경우에는 본전을 세워두고 이자를 늘렸고 곡식인 경우에는 돈으로 만들어 둔전(屯田)을 샀다고 했다.[『정조실록』 14년 5월 26일 병오] 이와 같이 민고전은 민고 재원의 자체 재생산을 위해 설치·운영한 토지였다.

민고전이 설치되려면 막대한 자금이 필요했는데, 우선은 관에서 잡세 등으로 마련된 민고용 기금으로 식리 증자해 토지를 매입한 경우가 있었다. 또한 민이 민자를 구취(鳩聚)하여 매입하거나, 향약이나 계를 통해 공유하던 농지를 민고전으로 전환하는 경우도 있었다. 이로써 마련된 민고전은 우선 민고 경비를 절약하는데 사용되었다. 대표적으로는 고마의 위양(喂養)을 위해 설치한 고마전을 들 수 있다. 이는 신구관 교체시의 부쇄비를 절약하기 위해 설정한 것으로서, 고마를 위양하는 마부에게 경비조로 지급한 토지였다. 사실 조선 후기에는 고마법을 통해 쇄마 및 쇄마가를 지급하도록 했는데, 원칙적으로 병조나 호조, 또는 선혜청 등의 국고나 지방의 저치미로 충당하는 것이 상례였다. 그러나 점차 민결에서 징수하는 것이 관례가 되면서 고마조(雇馬租)·고마전(雇馬錢) 등의 잡세가 생겨났고, 고마전은 이 비용을 절약하기 위해 설정되었다. 예컨대 평양감사 오명항(吳命恒)은 사신의 영송을 위해 도내 역참에 설치했던 겸제마의 경비를 보충코자 관향사에게 지급된 둔전을 마위전으로 활용키도 했다.(或給債或料辦, 法久弊生, 民情稱冤, 命恒欲矯其弊, 請以管餉屯田, 劃給馬位田, 如各驛馬位, 而數不相當, 則自本營經紀, 買土充給其數.[『경종실록』 3년 8월 11일 무오])

민고전은 보다 적극적으로 활용되기도 했는데, 지주경영을 통한 지대수입으로 민고가 부담하는 관비를 보충하는 데 사용하기도 했다. 즉 민고전을 마호나 일반민에게 소작을 주고 도지[지대]를 수취했던 것이다. 이로써 마련된 재원은 민이 부담하게 될 잡역세의 일부를 대신해서 사용되었다.

이상의 두 형태는 점차 후자의 형태로 수렴되었는데, 그것은 조선 후기 역제(役制)가 동요하는 가운데 고립제(雇立制)가 발달한 영향이다. 즉 고마나 고부, 고마전을 모두 설치하지 않더라도, 고마가 필요할 경우에는 마위전을 지주제로 운영한 수입으로 고마를 고립할 수 있었기 때문이다. 또한 민고전이 고마와 관련하여 설치된 것이 아니라, 애초 민고 전체의 경비일반을 보충하기 위해 설치된 것이었다. 따라서 고마전은 점차 지주경영과 지대수입을 목표로 하는 형태로 확대되었다.

[참고어] 민고

[참고문헌] 김용섭, 1980, 「조선 후기 민고와 민고전」 『동방학지』 23·24 ; 장동표, 1990, 「조선 후기 민고운영의 성격과 운영권」 『벽사이우성교수정년퇴직기념논총』 ; 김덕진, 1992, 「조선 후기 지방관청의 민고설립과 운영」 『역사학보』 13 〈윤석호〉

민대식(閔大植) ⇒ 영보합명회사

민유림(民有林) 일제의 조선임야조사사업에서 사정으로 확정된, 국가 소유 이외의 단체나 개인이 소유한 산림.

전근대 사회에서 양안 외 토지였던 미간지나 산림은 소유권이 불분명했다. 조선 후기 전국적인 사점현상으로 산림에서 사적 소유가 증대하였지만, 이를 인정할 만한 법적·제도적 장치가 마련되지 않았다. 대한제국의 양전 관계발급사업에서 산림을 대상으로 전면적인 조사를 계획했지만, 현실적으로 시행되지 못했다. 산림에서 국유와 민유의 구분이 마련되고 소유권이 법적으로 확인된 것은 일제의 산림 관련법 제정과 임야조사사업이었다.

일제는 토지의 조사방식과 같은 원칙 아래 임야조사를 국유림 조사와 민유림 조사로, 단계별로 시행하면서 민유림을 확정해 나갔다. 1908년 공포된 삼림법에서는 민유림을 '지적신고'를 통해 분류했다. 권리를 증명할 만한 장부가 없었던 산림을 대상으로 국유림 정책을 펼치기 위해서 민유림을 신고를 통해 분류해 놓고 미신고지를 국유로 선언하였다. 그러나 신고림의 처리문제와 신고실적 부진 등으로 그다지 효과를 거두지 못하자 각종 법령을 통해 조정하였다. 1911년 제정한 삼림령에서는 영년금양(永年禁養)의 인정과 조림대부 조항을 두어 신고제에서 파생된 문제를 완화하려 하였다. 미신고지 가운데 금양실적이 있는 경우는 조림대부→사업성공→양여라는 행정절차를 거친 후에 소유를 회복시켜 주었고, 금양실적이 없는 경우는 삼림령에 따라 조림대부를 받아 성공한 후 양여를 받을 수 있도록 하였다. 또한 1912년 훈령 4호로 삼림산야 및 미간지 국유 사유 구분표준을 마련하여 1908년 삼림법 신고림의 심사기준을 정하였다. 이 구분표준에서는 납세 여부, 국가의 소유권 인정 여부, 금양 여부 등을 사유의 기준으로 삼았는데, 이 표준은 임야조사령 단계까지 이어져 임야 소유권을 판정하는 기준이 되었다.

일제는 1917년 신고림과 연고림을 확인하여 민유 여부를 법적으로 확정하는 임야조사사업을 실시했다. 소유권 조사 작업은 국유림 조사와 민유림 조사로 단계별로 시행했다. 국유림 조사는 1911년 국유림구분조사에서 작성한 요존림과 제1종 불요존림의 도면과 조사서를 바탕으로 통지서를 작성하고, 이를 근거로 조사작업을 추진했다. 민유림 조사는 신고림과 제2종 불요존림인 연고림의 소유권과 연고권을 조사해서 소유권을 확정해 나갔다.

민유림 조사는 두 방향에서 추진되었는데, 하나는 토지조사사업에서 추진된 임야조사이고, 다른 하나는 임야조사사업에서 실시한 조사였다. 먼저 토지조사사업을 통해 조사 대상 경지 내에 개재되어 있는 소규모 임야에 대한 소유권 조사를 진행하였다. 그 결과 조사된 임야는 287,000정보였다.

다음은 1917년부터 시행한 임야조사사업이었다. 이 사업에서 신고림과 연고림을 신고대상으로 하였으며, 소유권 인정기준에 따라 심사하여 사정을 완료하였다. 삼림법의 신고는 국유림 조사를 위한 범위를 정하기 위해 시행된 민유림 신고였다면, 임야조사사업의 신고는 신고림과 연고림으로 민유림의 인정범위를 넓혀 조선임야조사령시행수속 제27조의 인정기준에 따라 이를 심사하여 민유로 인정해 주기 위한 조치였다.

조선임야조사령시행규칙 제1조에서 연고자의 범주를 정하였는데, 그 가운데 삼림법 당시 신고를 하지 않아 국유로 귀속된 산림의 종전 소유자 또는 그 상속인과 삼림법 시행 전부터 적법하게 점유하고 금양한 자 가운데 입목도 3/10 이상인 경우 소유를 인정해 줌으로써 소유권 인정범위가 넓어졌다. 조선임야조사령시행수속 제27조의 소유자 인정기준에서 "지적신고여부를 불문하고"의 조항은 신고를 하지 않아 국유로 귀속된 연고자들의 소유를 인정해 주기 위해 정한 것이었다. 그러나 이것으로 임야조사가 완결된 것은 아니었다. 임야조사에서 연고있는 국유림으로 분류된 임야의 처리문제가 남아 있었다. 일제는 임야조사사업에서 1차로 연고림의 일부를 민유로 인정해 주었고, 2차인 1926년 조선특별연고삼림양여령으로 남은 연고림 문제를 해결해 나갔다.

조선특별연고삼림양여령의 대상임야는 임야조사를 시행한 지역에서는 ① 고기(古記) 또는 역사가 증명한 바에 의하여 임야에 연고를 가진 사찰, ② 삼림법 시행 전 적법하게 점유하고 금양하였지만, 평균 입목도 3/10에 미치지 못한 임야의 점유자를 대상으로 하였고, 임야조사를 시행하지 않은 지역에서는 ① 삼림법에 따라 지적을 신고하지 않아 국유로 귀속된 임야의 소유자 또는 상속자, ② 삼림법 시행 전부터 적법하게 점유하고 금양한 경우 가운데 평균 입목도 3/10에 이르지 못한 경우였다. 이 양여령으로 280만 정보의 연고림이 민유로 전환하였다.

일제는 삼림법에서 조선특별연고삼림양여령에 이르는 임야조사를 통해 국유림과 민유림을 확립하고, 여기에 배타적 소유권을 부여하였다. 통치 초기에는 효율적인 식민을 위해 국유림을 우선 확보하고 경영하는 데 초점을 두었지만, 통치기반이 갖추어지면서 국유림으로 보존할 산림을 제외한 나머지는 민유화하였다. 1930년대 일제 산림정책의 중심은 증대된 민유림을 대상으로 전환하였다. 일제는 1933년 민유림지도방침대강(民有林指導方針大綱)과 1938년 개정안인 민유림용재림조성계획(民有林用材林造成計劃)을 발표하면서 민유림 규제를 강화하였고, 사유림에서 용재림조성을 계획하였다. 이를 통해 전시체제에 필요한 목재수요에 대비하고, 식림의 책임과 그에 소요되는 비용을 조선인 임야소유자들에게 전가하였다.

일제의 민유림정책은 임야에 대한 배타적 소유권으로 일물일권주의를 관철하려는 것이었지만, 실제로는 일단 국유림을 창출한 다음 국가의 정책적 의도에 부합하는 산림지주, 자본가, 연고자들에게 불하하는 방식을 택했다. 나아가 산림에 대한 기존의 공리(共利)관념을 부정하고 국익이라는 이름아래 소유자들에게 부담을 전가하는 방향으로 나갔다.

[참고어] 삼림법, 삼림령, 조선임야조사사업, 조선특별연고삼림양여령

[참고문헌] 강정원, 2014, 「일제의 山林法과 林野調査 연구-경남지역 사례」, 부산대 박사학위논문 ; 최병택, 2008, 『일제하 조선임야조사사업과 산림정책』, 푸른역사 ; 이우연, 2010, 『한국의 산림소유제도와 정책의 역사』, 일조각 〈강정원〉

민전(民田) 고려·조선시기 민의 경작지 혹은 민의 소유지를 지칭하는 용어로, 민과 토지라는 의미로 사용되기도 함.

현전하는 기록에 의하면 민전이라는 용어는 고려 현종(顯宗) 대 처음 그 용례가 확인되어 조선 고종 대에 이르기까지 사용되었다. 예컨대 『고려사』에서는 12건의 민전 용례가, 『조선왕조실록』에서는 500여 건의 용례가 확인된다. 고려시기의 경우 민전은 북계에도 존재하고 있어 전국에 걸쳐 산재해 있었음을 알 수 있다. 조선시기 역시 변경지역에서 경기에 이르기까지 두루 그 존재가 확인된다.

민전은 민의 토지로 이해되어 왔다. 이때 핵심적인 문제는 민이 어떤 의미인지, 또한 민이 토지와 어떤 관계를 맺고 있는지 였다. 사료에서 확인된 민은 다양한 의미로 이해될 수 있다. 계급적 의미를 담고 있는 피지배층으로 민을 간주할 경우, 민전은 피지배민의 토지가 된다. 이렇게 이해하면 민전은 피지배 계급이었던 일반 농민의 토지, 특히 고려의 경우 백정 농민의 토지가 된다.

그러나 사료에서 민은 계급적 의미로만 사용되지 않았다. 많은 사례에서 민은 관(官)에 대응하는 민간(民間)이라는 의미로 사용되었다. 이 경우 민의 토지는 국가 혹은 관아의 토지 이외의 것, 즉 민간의 토지가 된다. 특히 민전에 관한 용례에서 관전(官田)의 반대말로 사용되는 경우가 자주 확인된다. 1022년(고려 현종 13) 사주(泗州)에 궁장(宮庄)을 설치하면서 민전을 추감한 사례(『고려사』 권78, 「식화지」 전제 경리), 수군절제사 김을보(金乙寶)가 민전을 빼앗아 영전(營田)으로 삼은 사례(『태조실록』 권14, 7년 6월 임술), 휘덕전(輝德殿)에 진상하는 채포(菜圃)가 부족해 성(城) 밑의 민전을 더하게 한 사례(『문종실록』 권3, 즉위년 8월 정유) 등이 대표적이다. 이처럼 민전을 민간의 토지로 파악하면, 민전에는 일반 농민 즉 평민의 토지에 한정되지 않고 관료들, 양반들, 그리고 향리들이 국가로부터 사여받지 않았던 토지들도 포함된다. 실제 민전은 특정 계급의 토지만을 지칭하는 것이 아니라 관 혹은 국가기관에 속하지 않는 민간의 토지를 지칭하는 경우가 많았다. 당연히 민간의 토지에는 일반 농민의 토지도 있었을 것이고 양반이나 향리들의 토지도 존재했을 것이다.

민전을 민간의 토지로 이해할 때 제기되는 또 하나의 문제는 토지에 대한 민의 관계이다. 민전은 우선 민의 경작지였다. 『세종실록』에는 민전에 대해 다음과 같이 기록하였다. "구례(舊例)에 따르면 비록 대대로 경작하던 토지라도 만약 각역(各驛)의 위전(位田)에 속하게 되면, 역리(驛吏)가 으레 빼앗아 경작하였는데……정사년에 이르러 역리들이 말을 대비하려는 목적이 아니면 함부로 민전을 빼앗지 못하도록 금지하였다.(『세종실록』 권83, 20년 10월 정축)" 대대로 경작하던 땅, 즉 민전을 역리들이 빼앗아 경작하지 못하게 한 이 조치에서 민전이 경작지였음을 확인할 수 있다. 일견 민전을 민의 경작지로 간주할 경우 그 경작자가 일반 농민으로 한정되는 것처럼 보인다. 그러나 자신이 직접 경작하지 않으면서 그 토지를 관리하는 것도 경작[所耕]으로 표현한 사례도 있으므로, 경작을 반드시 생산 노동에 종사하는 이들의 전유물로 파악할 필요는 없다. 예컨대 세종은 "신녕궁주(愼寧宮主)·효령대군(孝寧大君)·공녕군(恭寧君)·윤계동(尹季童) 등이 경작하던 토지 64결 24복(卜 : 負)를 군자에 소속시켰다.(『세종실록』 권34, 8년 12월 무자)"라고 했다. 이때 신녕궁주와 효령대군 등이 토지를 직접 경작했다고는 볼 수 없다. 이 경우 군자에 소속시킨 토지는 신녕궁주 등이 관할하고 있던 땅이었다. 따라서 경작이라는 단어는 생산계급에 한정되지 않았다.

한편 경작은 소유권의 또 다른 표현이었다. "황무지는 경작한 자를 주인으로 삼는다.(其間曠處, 以起耕者爲主)"라는 『속대전』의 기록은 경작과 소유의 관련성을 잘 보여준다. 경작지였던 토지가 소유지가 되기도 했다면, 민 혹은 민간의 경작지인 민전도 민 혹은 민간의 소유지가 될 수 있다. 물론 경작만이 소유를 표현하지 않는다. 소유의 표현 방식은 다양하다. 민전이 소유지였음은 탈점의 사례를 통해서도 확인가능하다. 고려시기 이후 조선에 이르기까지 민전은 권세가들의 탈점 대상이 되었던 토지였다. 해당 토지의 소유자를 전제하지 않고서는 탈점을 논하기 어렵다. 또 탈점된 민전을 본래의 주인에게 돌려주라고 건의하거나, 돌려주는 조치들이 시행되고 있어 민전에 주인이 존재하였음을 쉽게 확인할 수 있다. 예컨대 조선 성종 때 낙산사(洛山寺)의 홍지(弘智)가 사찰 인근에 농장을 개설하여 남의 토지를 빼앗고 집을 철거하자 사간원 대사간(司諫院大司諫)이었던 성현(成俔) 등이 점탈한 민전을 본래의 주인에게 돌려주기를 건의하기도 했다.(『성종실록』 권10, 10년 5월 계해)

민전은 매매의 대상이 되기도 했다. 삼포에 있었던 왜전(倭田)에 대한 수세를 논의하면서 예조판서 이승소(李承召)는 '왜인들이 사사로이 매입한 민전[倭人私買民田]'에 대해 수세할 것을 주장했다.[『성종실록』 권8, 8년 12월 기해] 이러한 이승소의 주장을 통해 당시 민전이 매매되고 있었음을 알 수 있다.

민 혹은 민간의 경작지이자 소유지였기 때문에, 민전은 국가의 수세대상지였다. 고려 충렬왕 때 "응방(鷹坊)과 케링코우[怯怜口] 및 내수(內竪) 같은 미천한 자들도 모두 왕이 내리는 사전(賜田)을 받았는데……이 사전의 가까이에 위치한 민전에서도 전조(田租)를 받아냈으므로 주현(州縣)에서는 부세(賦稅)를 거둘 곳이 없게 되는" 일이 발생했다. 즉 응방 등이 민전에 대해서 거두기

전에는 주현에서 이들 토지에서 조세를 수취하고 있었던 것이다. 국가 수세지였으므로 민전은 양전(量田)의 대상이 되었다. 국가는 정기적으로 민전에 대한 조사를 실시해 수취량을 결정하였다. 고려 정종(靖宗) 7년(1041)에 "상주(尙州) 관내 중모현(中牟縣)·홍주(洪州) 관내 추성군(樞城郡)·장단현(長湍縣) 관내의 임진현(臨津縣)과 임강현(臨江縣)의 민전이 그 면적과 비옥도에서 균등하게 분배되어 있지 못하자 사자를 보내 양전"(『고려사』 권78, 「식화지」 경리)했던 사례를 통해서 국가가 정기적으로 민전을 양전하여 수취했음을 알 수 있다.

그런데 민전과 관련된 용례에서 주목해야 할 점은 때때로 민과 토지를 지칭할 때도 있다는 사실이다. 제한적인 예이기는 하지만 사료에 기록된 민전은 때로 전민(田民)을 의미하기 하였다. "조민수는 임견미와 염흥방이 주살될 때 자신에게 화가 미칠 것을 염려해 무릇 빼앗은 민전을 모두 본래의 주인에게 돌려주었다.(敏修當林廉之誅, 恐禍及己, 凡攘奪民田, 悉還其主)"라고 『고려사절요』에서는 기록하고 있다. 그런데 『고려사절요』의 본 기록인 『고려사』 「조민수전」에서는 "임견미와 염흥방이 처형당하자 조민수는 화가 자신에게 미칠까 우려해 과거에 점탈했던 전민을 모두 옛 주인에게 돌려주었는데(林·廉誅, 敏修恐禍及己, 所嘗攘奪田民, 悉還其主)"라고 기술되어 있다. 같은 내용의 사실이, 한편에서는 민전으로, 다른 편에서는 전민으로 표기된 것이다. 따라서 민전과 전민은 같은 의미로 사용되었음을 알 수 있다. 고려 후기 전민변정도감에서 토지와 노비를 변정하였다는 점, 조선시기 분재기에서 자식들에게 상속하는 토지와 노비를 전민으로 표현하였다는 점 등을 고려하면, 전민은 토지와 그 토지를 경작하는 경작민을 지칭하고 특히 경작민은 주로 노비였다. 따라서 전민과 동의어로 사용된 민전 역시 민과 토지로 간주되어야 한다. 그렇다면 민의 토지를 의미하는 민전과 민과 토지를 의미하는 민전은 엄격하게 구분되어야 할 것이다.

민전과 관련된 문제에서 가장 큰 논란은 민전과 공전(公田)·사전(私田)과의 관계였다. 민전과 공전·사전의 관계를 이해하기 위해서는 공전·사전의 개념에 대한 이해가 전제되어야 한다. 공전과 사전의 의미는 크게 두 측면에서 파악할 수 있다. 첫째는 소유권의 귀속처에 따라 공전을 국유지 혹은 관유지로, 사전을 사유지로 간주하는 것이다. 둘째는 수조권(수세권)의 귀속처에 따른 구분으로, 국가 혹은 관에 조(租)를 납부하는 토지를 공전, 개인에게 납부하는 토지를 사전으로 규정하는 것이다. 특히 고려와 조선에서 공(公)은 관(官)과 같은 의미로, 사(私)는 민(民)과 같은 의미로 사용되기도 하였으므로 민전은 사전과 같은 의미로 파악될 수 있다. 예컨대 고려 충숙왕 12년(1325) 10월에 "관노(官奴)와 사노(私奴)의 자식이 거짓으로 남반(南班)이라 칭하고서 양가(良家)의 부녀를 꾀어 혼인하는 행위를 법에 따라 금지하며 위반자는 처벌할 것이다(官私奴子, 妄稱南班, 引誘良家婦女婚嫁, 據法禁理)."는 교서가 내려졌다. 이 교서에 언급된 사노는 민간이 소유한 노비이므로 사는 곧 민간이라는 의미를 가진다. 사를 관의 반대어로 이해할 경우 민전은 사전과 같은 의미로 파악할 수 있다.

그런데 공전과 사전은 조의 귀속처에 따라 구분되기도 했다. 실제 민전과 관련된 공전·사전의 문제에 대한 논의는 주로 조의 귀속처에 따른 구분에 따라 전개되었다. 민전은 수조(收租)의 대상이 된 토지이자 국가가 정기적으로 양전한 땅이므로, 민전은 공전, 특히 고려 현종 대의 의창조(義倉租) 수취 규정에 기록된 3과 공전으로 간주되어 왔다. 이 경우 공전인 민전에서 수취하는 조율(租率)을 생산량의 1/4로 보는 입장과 생산량의 1/10로 파악하는 견해가 제출된 바 있었는데, 현재 후자가 보다 많은 지지를 얻고 있다.

문제는 민전과 사전의 관계 즉 민의 소유지이자 국가의 수취 대상인 민전과 개인에게 분급된 사전과의 관계이다. 공전의 조율을 1/10로 간주하는 견해에 따르면, 민의 소유지인 민전 역시 개인들에게 분급되어 민전은 사전이 될 수 있다. 이에 반해 공전은 1/4의 조율로, 사전은 1/2의 조율로 수조되었다는 주장에 의하면, 민전은 사전과 엄격하게 구분된다. 공전과 사전의 조율이 같지 않으므로 공전과 사전은 엄격하게 구분되어야 하고, 그러므로 공전 특히 3과 공전인 민전은 사전이 될 수 없는 것이다. 최근에는 전자의 견해가 더 많은 지지를 받고 있다.

결국 민전은 민의 소유지로 국가에 생산량의 1/10을 바치는 토지였으며 국가 수조지인 공전이 되기도, 개인 수조지인 사전이 되기도 했다는 것이 최근의 중론이다.

사유지인 민전은 다양한 방식으로 경영되었다. 경영은 민전의 규모에 의해 결정되었다. 일반 농민의 소유지로 자경(自耕)할 경우 민전은 소농에 의해 자가(自家) 경영되었다. 이에 반해 민전이 대사유지로 존재했을 때 그 경영 방식은 다양할 수 있다. 첫째는 전작(佃作)의 방식으로 지주는 민전을 노비 혹은 농민에게 토지를 차경(借耕)시키고 해마다 일정량의 수확물을 수취하였다. 둘째는 직영(直營)의 방식으로 주로 노비를 동원해 민전주가 직접 토지를 경영하는 것이다. 셋째는 작개(作介)의 방식이다. 작개란 주로 노비에게 작개지와 사경지를 구별하여 나누어 주고 사경지의 수취물은 경작자인 노비가 취하고 작개지의 수취물은 전주(田主)가 취하는 것을 말한다.

민전과 관련된 마지막 논란은 국가가 민전을 법률적 개념으로 규정하고 있었는지의 문제이다. 즉 민전을 관이 소유하고 있던 관전(官田) 혹은 국가가 소유하고 있던 공전과 구별되는 법률적인 토지 지목으로 사용했는지, 단순히 민간의 토지를 지칭하는 관용어로 사용하였는지의 문제이다. 만약 후자의 입장을 견지한다면 민전을 3과공전으로 한정하는 것, 혹은 그것을 사전과 동일한 법률적 의미를 가진 단어로 파악할 수는 없다.

중국 송나라의 경우 부세 항목을 공전의 부(賦)와 민전의 부(賦)로 나누었다. "공전의 부라는 것은 무릇 토지가 관에 있을 경우 민이 경작하는 것에 세를 부과해 그 조를 거두는 것이고 민전의 부라는 것은 백성들이 각각 그것을 오로지 하는 것이었다.(曰公田之賦, 凡田之在官, 賦民耕而收其租者是也, 曰民田之賦, 百姓各得專之者是也[『송사(宋史)』 권174, 「식화 상(上) 2」, 방전(方田) 부세])" 이 경우 민전은 공전에 대응하는 법률적 의미를 가지고 있었다.

문제는 고려와 조선의 민전 역시 이와 같은 의미로 사용되었는가이다. 조선시기의 경우 명종 때 저술된 『경국대전주해』에는 "자경하여 세가 없는 것은 모두 공전이고 각자 세를 거두는 것은 모두 민전이다.(自耕無稅 皆公田也, 各自收稅 皆民田也)"라고 기술하고 있다. 그러므로 조선시기에도 민전이 법률적 의미를 가진 것으로 이해될 수 있는 여지가 있다. 다만 개별 용례에서 민전은 관용적으로 관전 혹은 공전의 반대말로 사용되는 경우가 많기 때문에, 법률적 토지지목으로 민전이 사용되었다고 단언하기는 어렵다. 특히 고려시기의 경우 민전이 법률적 의미를 가지고 있었는지를 확증하기란 쉽지 않다. 개념은 시간의 추이에 따라 변화된다는 점을 고려하면, 이 문제는 각각의 시대적 상황에 따라 세밀하게 연구될 필요가 있다.

[참고어] 사전, 공전, 소유권, 수조권

[참고문헌] 旗田巍, 1972, 『朝鮮中世社會史の研究』, 法政大學出判局 ; 有井智德, 1985, 『高麗李朝史の研究』, 國書刊行會 ; 강진철, 1980, 『고려토지제도사연구』, 고려대학교출판부 ; 김석형, 1957, 『조선봉건시대 농민의 계급구성』, 사회과학원 ; 정현규, 1955, 「14~15세기 봉건 조선에서의 민전의 성격」 『역사과학』 1955-2·3 ; 이성무, 1981, 「공전·사전·민전의 개념-고려·조선초기를 중심으로」 『한우근박사정년기념사학논총』, 지식산업사 ; 박종진, 1984, 「고려초 공전·사전의 성격에 대한 재검토」 『한국학보』 37 ; 하태규, 1997, 「고려시대 민전의 성격과 국가의 파악방식」 『전북사학』 19·20 ; 안병우, 1997, 「고려민전의 경영」 『김용섭교수 정년기념한국사학논총』, 지식산업사 ; 신은제, 2001, 「고려시대 민전 용례의 재검토」 『한국중세사연구』 10 〈신은제〉

민천집설(民天集說) 1752년(영조 28) 두암노인(斗庵老人)이 편찬한 농서.

두암노인은 그 신원을 정확히 알 수 없다. 『민천집설』은 처음 편찬 후 추가 첨보되었고 현재는 사본으로만 전한다. 10부문으로 구성되어 있는데 연구사에서 분석된 부분은 농포문(農圃門)이다. 이 책은 『농가집성(農家集成)』과 『산림경제(山林經濟)』 등을 이용하여 편찬하였는데, 그 뒤에 나온 농서를 이용하거나 당시 관행하던 농법을 참고하여 그 내용을 보완하였다. 예를 들면, 목면(木綿) 재배에 대하여 『농가집성』의 종목화법(種木花法)을 그대로 전재하고, 그 끝에 영남지방의 목면 재배법을 첨보하는 방식이었다. 이 책은 상품작물로서의 목면과 가삼(家蔘)의 재배법도 소개하고 있다. 또한 38가지의 술 담그는 법을 소개하고 있어 주목된다.

[참고어] 농사집성, 산림경제

[참고문헌] 김용섭, 2009, 『(신정증보판)조선후기농학사연구』, 지식산업사

민호작결(民戶作結) 작부제 하에서 호수를 민간에서 배출하여 납세하는 것.

[참고어] 작부제, 도결

ㅂ

박세당(朴世堂) ⇒ 색경

박지원(朴趾源) 조선 후기의 북학 계열의 학자로, 『과농소초(課農小抄)』·『열하일기(熱河日記)』 등의 저자.

박지원(1737~1805)의 본관은 반남(潘南)이고, 자는 미중(美仲)·중미(仲美), 호는 연암(燕巖)·연상(煙湘)·열상외사(洌上外史)이다. 할아버지는 박필균(朴弼均)이고, 아버지는 박사유(朴師愈), 어머니는 이창원(李昌遠)의 딸이다. 아버지가 관직생활을 하지 않아 할아버지 박필균이 양육하였다고 전한다. 처의 숙부인 이양천(李亮天)을 통해서 『사기(史記)』 등의 역사서를 접하고 문장 쓰는 법을 터득하였다. 처남 이재성(李在誠)과 평생 문우로 지냈으며, 1768년 백탑(白塔) 근처로 이사한 후에는 이웃의 박제가(朴齊家)·유득공(柳得恭)·유금(柳琴)·이서구(李書九)·서상수(徐常修) 등과 학문적으로 교유하였다. 홍대용(洪大容)·이덕무(李德懋)·정철조(鄭喆祚) 등과 이용후생(利用厚生)에 대해 자주 토론하여, 이용후생학파로 불린다.

1780년(정조 4)에는 삼종형 박명원(朴明源)이 청나라 건륭(乾隆) 황제의 70세 진하사절로 북경으로 가게 되자 이를 수행하여 북경과 열하를 다녀왔고, 이때의 견문을 정리하여 『열하일기(熱河日記)』를 저술하였다. 그는 청나라의 문물을 수용해 우리의 현실이 개혁되고 풍요로워진다면 이를 받아들여야 한다고 하여, 북학사상(北學思想)의 대표적 인물로 평가된다. 그의 개혁론은 정치·경제·사회·군사·천문·지리·문학 등의 각 분야에서 나타났다. 특히 경제 문제에서는 토지개혁정책, 화폐정책, 중상정책(重商政策) 등을 제창하였다.

박지원은 과거나 벼슬에는 뜻을 두지 않고 학문과 저술에만 전념했던 학자로 전해진다. 1765년 과거에서는 뜻을 이루지 못하였고, 1786년에 뒤늦게 음사(蔭仕)로 선공감감역에 제수된 후 평시서주부(平市署主簿), 사복시주부(司僕寺主簿), 한성부판관, 안의현감(安義縣監), 면천군수(沔川郡守) 등을 거쳤으나 1800년 양양부사를 끝으로 관직에서 물러났다.

그는 홍국영(洪國榮)이 정권을 잡았던 1777년 경에는 서울을 떠나 황해도 금천(金川) 연암협(燕巖峽)으로 은거하였다. 그의 아호가 연암으로 불린 것은 이에 연유한다. 그곳에서의 생활은 곤궁하여 당시 개성유수였던 유언호(兪彦鎬)의 도움을 받아 겨우 살았다고 한다. 곤궁한 환경 속에서 박지원은 직접 농사를 지으려 하였으나 농토를 갖고 있지 않아 실현하지는 못하였다. 다만 이때 학문적으로는 농학 연구에 몰두하게 되었다. 그는 은거생활 이전부터 귀농할 것을 생각하고 옛 농서를 구하여 정리하였다고 한다. 그는 농서의 농법이 현실의 농법과 다름을 알고, 농부들에게 직접 옛 농법을 설명하기도 하였다.

연행의 경험과 지방관직 생활은 그의 농학 연구가 체계화하는 계기가 되었다. 연행은 중국 농업의 현황과 중국 농학의 최근 성과를 수용할 수 있게 하였고, 지방관으로서의 생활은 우리의 농업 현실을 관찰하고, 그동안 연구한 농학과 비교할 수 있게 한 것이다. 1792년 안의현감 시설에는 북경 여행의 경험을 토대로 실험적 작업을 시도했으며, 1797년 면천군수 시절의 경험은 『과농소초』 등의 저술을 남기게 하였다. 『과농소초』는 1798년(정조 22) 권농정구농서윤음(勸農政求農書綸音)에 응하여 올린 농서였지만, 이 윤음이 있기 이미 오래 전부터 마련된 초고를 바탕으로 「한민명전의(限民名田議)」를 첨가해 올린 것이었다.

[참고어] 과농소초, 한전론, 응지진농서

[참고문헌] 김용섭, 2009, 『(신정증보판)조선후기농학사연구』, 지식산업사 ; 유봉학, 1995, 『연암일파 북학사상연구』, 일지사

〈김미성〉

반계수록(磻溪隨錄) 17세기 실학자인 유형원(柳馨遠, 1622~1673)이 통치체제 전반의 개혁 구상을 담아 집필한 책.

반계(磻溪)는 유형원의 호이고, 수록(隨錄)은 수시로 기록한다는 뜻이다. 반계는 32세에 전라도 부안군 우반동으로 낙향한 이래로 반계서당을 짓고 제자 양성과 학문에 매진했다. 『반계수록』은 이 시기 저술된 대표적인 책으로, 양난 이후의 조선을 재건하기 위한 포괄적이고도 체계적인 개혁방안을 담고 있는 역작이다. 편자를 살펴보면, 권1·2는 전제(田制), 권3·4는 전제후록(田制後錄), 권5·6은 전제고설(田制攷說), 권7·8은 전제후록고설, 권9·10은 교선지제(敎選之制), 권11·12는 교선고설(敎選攷說), 권13은 임관지제(任官之制), 권14는 임관고설로 구성되었다. 이어 권15·16은 직관지제(職官之制), 권17·18은 직관고설(職官攷說), 권19는 녹제(祿制), 권20은 녹제고설, 권21은 병제(兵制), 권22는 병제후록, 권23은 병제고설, 권24는 병제후록고설, 권25·26은 속편(續篇), 말미에는 보유편의 군현제로 되어 있다.

양란 이후 17세기의 조선사회를 살았던 반계 유형원은 당대의 정치적 혼란과 민생의 도탄에 대해 근본적인 처방을 모색했다. 유교 경전과 중국 및 조선의 역사를 폭넓게 연구했던 그는 성왕의 통치가 이루어졌던 삼대(三代, 하·은·주) 특히 『주례(周禮)』를 전거로 한 주대(周代)를 이상화하면서, 그 이후를 제도의 문란과 지배층의 탐욕으로 인한 혼돈과 부패의 시기로 인식했다. 특히 자신의 살던 당대의 정치 상황도 시급히 근본적인 개혁이 필요한 때라고 규정했다.

이에 유형원은 『반계수록』에서 삼대의 이상적 제도와 현실적 조건을 고려한 개혁안을 개진했다. 이는 그의 사민직분(四民職分)에 대한 이해와 불가분의 관계가 있다. 사민 즉 사(士)-농(農)-공(工)-상(商)의 구분은 유교의 인성론(人性論)에 따른 인민편제 원칙이다. 예컨대 『맹자』에서 말한 노심자(勞心者)와 노력자(勞力者)의 구분은 노동 여부를 기준으로 한 것이지만, 그 자체로 지배-피지배의 수직적 관계를 내포하는 것이기도 하다. 반계도 사민의 구분, 이에 따른 노심자와 노력자의 귀천을 인정했다. 나아가 이러한 분별을 바탕으로 각자가 직분에 충실하며 그 대가로 항산(恒産)이 보장되는 사회를 이상적인 유교사회로 인식했다.

그러나 반계는 사민의 직분이 선천적이거나 세습되는 것은 아니라고 보았다. 노심자로서의 사는 향당에서의 교육을 통해 현능한 사람으로 선발되었는데, 그 모집단은 농민이었다. 공과 상도 직분에 따른 차이는 인정되었으나, 선택이나 노력에 의해 농 혹은 사로 이동할 수 있었다. 천민도 마찬가지였다. 그는 노비세습제를 점진적으로 폐지하는가 하면, 무당이나 승려 등의 천인잡류 역시 '양인(良人)'으로 포섭하고자 했다. 이로써 재편성된 양인 즉 사민을 구성원으로 한 것이 『반계수록』에 구상된 유교국가였다.

이러한 사민론은 『반계수록』에 집약된 그의 토지개혁론인 공전제(公田制)와도 밀접히 관련되어 있다. 반계는 대체로 정전난행(井田難行)의 입장을 고수했던 집권유자들과는 달리, 정전제의 원리를 현실에 적용할 수 있다고 믿었다. 이로써 제시된 공전제는 그의 개혁안의 뼈대를 이루는 핵심적인 제도인데, 그 중 사민의 항산과 관련한 운영원리를 정전제와 비교해 본다면 다음과 같다.

주의 정전제에서는 노력자인 직접생산자에게 1부(夫) 당 100무(畝)의 전지가 지급되었다. 이들은 병역의 의무를 졌으며, 8부 마다 정전 가운데의 공전(公田)을 공동경작해서 그 생산물을 조세로 납부했다. 한편 반계의 공전제에서는 직접생산자에게는 1부 당 1경씩, 사에게는 2경부터 12경의 전지가 지급되었는데, 이처럼 피치자를 포함한 사민 모두가 직역의 대가로 받은 전지를 유형원은 공전이라 명명했다. 또한 직접생산자는 4부(夫)마다 1인의 병역과 3인의 보인(保人)을 내어 병역을 충당했고, 조세는 1/10을 세율로 하되 전품과 풍흉을 반영해 세액이 책정되었다. 요컨대 주대 정전제에서는 공동경작지인 공전을 통해 조세를 납부하던 것이 반계의 공전제하에서는 정율세인 1/10세로 변화되었으며, 그 이외에 절대면적으로 구획된 전지를 직접경작자에게 항산으로 지급했던 방식 등은 그대로 유지되었다. 이는 조선의 결부제(結負制) 전통이나 당대 유자들의 시각에 비한다면 근본적인 처방이기도 했는데, 토지로써 근본을 삼아야 한다[以地爲本]는 반계의 믿음 때문이었다.

노심자의 항산은 정전제와 공전제의 방식에 큰 차이가 있다. 먼저 정전제에서는 노심자에게 채지(采地)와 세록전(世祿田)이 지급되었는데, 채지는 대부 이상에게 지급된 봉토였으며 세록전은 사 이하의 관직자에게 지급된 녹봉(祿俸)이었다. 양자 모두 경작지를 지급한 것이 아닌 해당 전지 내 공세의 수입을 갖게 한 것이었는데, 이는 치자이자 노심자인 지배층의 속성이 고려된 방식이었다. 또한 세습성을 특징으로 했던 봉건제의 특성상 노심자의 항산은 세전(世傳)될 수 있었다.

정전제와 달리 공전제 하에서 노심자에게 보장된 항산은 공전, 녹봉, 사세전(賜稅田)으로 세분화되었다. 그 중 공전은 사(士), 즉 학생 이상의 지배층이 2경에서 12경까지 관품에 따라 수전했고, 수전자는 병역이 면제되었다. 이때의 공전은 노심자의 공전과 마찬가지인 경작지였는데, 이는 식세지(食稅地)의 지급을 통해 노심자와 노력자 간의 명분과 존귀를 구분했던 정전제와는 다른 것이었다. 이처럼 공전은 사민, 즉 노력자와 노심자 모두에게 지급된 기본적인 항산이었지만, 면적의 차등과 병역의 면제 등을 통해 노심자의 존귀함과 양사(養士)의 본의가 계승되었다.

그러나 경작지인 공전이 지급되었다고 해서 고전의 유제(遺制)가 완전히 사라진 것은 아니었다. 우선 녹봉은 고전에서의 세록전과 성격이 유사한데, 다만 관직생활이 영속적이었던 봉건제와는 다른 현실을 반영하여 관직에 임명된 기간 동안만 지급되었다. 또한 방식에 있어서도 식세가 아닌 관품(官品)에 따른 정액을 관에서 지급했는데, 이는 현행의 제도를 이은 것이었다. 한편 식세의 전통은 사세전으로 계승되었다. 사세전은 '봉건제의 유의[古裂土之遺意]'로서, 민전을 획정하되 공세의 수입만을 이급토록 한 것이었다. 왕족 및 공신, 각 영(營)·진(鎭)·학(學)·역(驛) 등이 수전자(受田者)가 되었는데, 고제에서 식세자가 직접 수취했던 것과 달리 사세전에서는 수령이 직접 수취한 후 관창(官倉)에 보관했다가 지급했다. 또한 수전자가 원할 경우에는 자신이 받은 전지의 조세를 면제하는 것으로 대체할 수 있었으며, 그 나머지는 민전에 계정(計定)할 수 있었다.

이처럼 공전제에서 노심자의 항산을 보장하기 위한 방안은 고제와 합치하지 않았으며, 계통을 달리하는 3가지가 다소 복잡해 보이기까지 한다. 그러나 이는 노심자의 존귀를 고려함과 동시에 정전제와 봉건제가 연동하던 고제의 뜻을 현실에 살릴 수 있는 방편이었다. 무엇보다 고제에서의 노심자는 치자이자 관직자였기 때문에 고정된 식세를 통해 항산을 보장할 수 있었다. 그러나 현실에서는 노심자가 항시 치자나 관직자이지 못했다. 이러한 차이로 인해 노심자의 항산을 직분(職分) 그 자체로서 받는 것과 치자이자 관직자의 직역(職役)으로서 받는 것으로 구분할 필요가 있었던 것이다. 따라서 전자에 대해서는 관직 여부와 관계없이 공전을 지급하되, 면적의 차등과 병역면제를 통해 노력자와 구별되는 노심자의 존귀함을 드러냈다. 한편 후자에 대해서는 관직수행과 업적에 따라 추가적으로 획득할 수 있는 급부로 녹봉과 사세지를 설정한 것이다.

반계가 사민의 귀천에 입각해 항산의 양과 지급방식 등에 엄격한 차이를 두었지만, 동시에 항산의 세습성을 제한하는 장치들 또한 마련했다. 이는 사민을 후천적 직분으로 파악했던 그의 인식에 따른 것이다. 구체적으로 보면, 사민에게 모두 지급되었던 공전은 소유권이 개인에게 주어진 사전(私田)이 아니었기 때문에 사후 환수되었다. 예외적으로 고독자(孤獨子)로서 유약(幼弱)한 자는 부친의 공전 중 최대 4경까지[대부의 경우, 사는 2경] 상속할 수 있으나, 20세가 되면 자신의 규정에 의거해 수전지의 면적이 조정되었다. 또한 자손이 없이 처만 남은 경우에는 구분전(口分田)의 명목으로 처에게 상속이 되었으나, 이 역시 자손이 세전되는 전지는 아니었다.

한편 사세지의 경우 자손에게 전해주는 것을 허락하되 적장(嫡長)에게 주어서 종족(宗族)과 더불어 공유하게 했다. 만약 따로 살면 그 수를 3분하여, 그 2분은 족계(族孫)에게 고루 나누어 주고, 나머지 1분은 적장에게 더 주었다. 그러나 세습 대수(代數)에 한정이 있었는데, 왕자와 공신은 증손까지, 왕녀는 그 아들까지였고, 다만 봉사하기 위한 30곡지(斛地)만은 제한을 두지 않았다[왕녀는 증손까지]. 또한 녹봉은 관직기간에 한정해 지급하는 것으로, 세전의 여지가 전혀 없는 것이었다.

『반계수록』은 이상의 사민론과 공전제를 큰 틀로 하여 조세·교육·군제·상공업·녹제·군현제 등 체제 전반에 대한 개혁안을 담고 있다. 그러나 개혁의 주체를 왕의 결단에 둔다거나, 공전 설치의 현실적 방안이 모호한 점 등은 한계로 지적되고 있다. 그럼에도 토지제도를 비롯한 전면적인 개혁안은 후대 이익(李瀷)·안정복(安鼎福)·정약용(丁若鏞) 등의 실학자에게 많은 영향을 주었다. 영조 대에 양득중(梁得中)·홍계희(洪啓禧)·원경하(元景夏) 등의 추천으로 임금과 세자에게 소개되었고, 1770년(영조 46) 왕명에 의해 경상감영에서 관찰사 이미(李瀰)가 주관하여 목판으로 간행하였다.

[참고어] 유형원, 공전제-유형원, 정전제, 정전론

[참고문헌] 김준석, 1996, 「柳馨遠의 公田制理念과 流通經濟育成論」 『인문과학』 74 ; 김선경, 2000, 「반계 유형원의 이상국가 기획론」 『한국사학보』 9 ; 최윤오, 2001, 「반계 유형원의 정전법과 공전제」 『역사와 현실』 42 ; 제임스 B. 팔레/김범 역, 2008, 『유교적 경세론과 조선의 제도들-유형원과 조선후기』 1·2, 산처럼 ; 이정철, 2009, 「반계 유형원의 전제개혁론과 그 함의」 『역사와 현실』 74 ; 송양섭, 2013, 「반계 유형원의 公田制論과 그 이념적 지향」

『민족문화연구』 58 ; 최윤오, 2013, 「반계 유형원의 실학과 『磻溪隨錄』 讀法」 『지역과 역사』 32 〈윤석호〉

반달돌칼 신석기시대 이래 곡식의 낟알을 거두어들이는 데 쓰던 수확용구.

반달돌칼은 그 생김새가 대체로 한쪽이 곧고 다른 한쪽이 둥근 반달처럼 생겼다 해서 붙여진 이름이다. 중국 신석기시대의 앙소·용산문화에서 유래된 것으로 주로 이삭을 따는 데 사용하는 수확용구이다. 장방형·빗·배·삼각형 등으로 그 형태가 다양하면서, 한반도 남단에 이르기까지 전역에 걸쳐 분포하는데, 각기 지역적 분포를 보인다.

두께 0.5㎝ 안팎의 납작한 편암·점판암 계통의 돌을 많이 썼는데, 겉을 매끈하게 갈고 한쪽 가에 날을 세웠다. 반달돌칼의 중앙 부분에는 보통 1개 내지 2개의 구멍이 뚫려 있는데 이 구멍 사이에 끈을 꿰어 끈 사이로 손가락을 집어넣어 사용하였다. 반달 모양으로 생긴 것이 많으나 그 형태는 다양하여 물고기모양(魚形), 배모양(舟形), 세모꼴(三角形), 긴네모꼴(長方形), 빗모양(櫛形) 등 여러 가지가 있고 지역에 따라 생김새에 차이가 있는 것으로 나타난다. 날의 형태도 한쪽에만 날을 세운 것과 양쪽을 갈아 만든 것이 있다.

평북 용천군 청등말래유적의 출토 예와 같이 이미 신석기시대 말부터 사용되기 시작하여 본격적으로 농경이 시작되는 청동기시대에 들어서서 한반도 전역에 널리 파급되었던 것으로 생각된다. 특히 청동기시대에 많이 쓰였는데, 지금까지 드러난 한국 청동기시대의 집자리유적에서는 거의 예외 없이 반달돌칼이 나왔으며 그것도 많은 비중을 차지하는 대표적인 유물에 속한다. 이러한 사실은 당시 사람들의 생산활동에서 농업의 비중이 컸다는 것을 말하여 준다.

한편, 반달돌칼은 농경의 도구임이 분명하나 농경의 시작과의 관계는 명확하지가 않다. 반달돌칼 사용 이전인 황해도 지탑리 지층에서 탄화된 조와 함께 곰배괭이가 발견되어 반달돌칼 이전으로 농경이 소급될 가능성을 시사해주고 있다. 게다가 반달칼은 수확의 도구이지 재배하는 도구는 아니라는 점에서 반달돌칼과 농경의 관계는 아직 불분명하다.

[참고어] 곰배괭이

[참고문헌] 지건길·안승모, 1983, 「韓半島先史時代出土 穀類와 農具」 『韓國의 農耕文化』, 경기대학교출판부 ; 안승모, 1985, 「한국 半月形石刀의 연구-발생과 변천을 중심으로」, 서울대학교 석사학위논문 ; 김원용, 1960, 「한韓國 半月形石刀에 대한 一考察」 『사학지』 6, 단국대학교 ; 최정필, 2000, 「農耕道具를 통해 본 韓國 先史農耕의 起源」 『韓國 古代 稻作文化의 起源』, 학연문화사 ; 국립문화재연구소, 2001, 『고고학사전』 ; 손준호, 2002, 「한반도 출토 半月形石刀의 변천과 地域相」 『先史와古代』 17, 한국고대학회 ; 국사편찬위원회, 2013, 『청동기문화와 철기문화(한국사 3)』, 탐구당

〈이준성〉

반정(半丁) 고려 국가에서 특정한 사회적 신분을 유지하는 데 필요한 경제적 기반 단위의 절반에 해당하거나 그 토대를 충족시킬 만한 단위에 미치지 못하는 토지.

고려에서는 근대 국가에서와 달리 토지가 단순히 농업 생산에 필요한 물질적 수단으로서 배타적이고 독점적으로 존재한 것이 아니라 사회적 신분과 연계되어 파악됨으로써 전정(田丁)이라고 불리고 있었다. 그런데 전정은 그 토지소유자의 사회적 신분과 관련되어, 인정, 정호 등 사람, 호구와 밀접하게 연관되어 사회적으로 운영되었다.

전정이 지니고 있는 제도적 특성 때문에 이 용어와 '정'을 공유하며 같은 동일한 사회적 배경 아래서 작동되던 반정에 대한 이해도 족정에 대한 이해와 함께, 전정의 이해에서처럼 각각 사람, 토지, 호와 연관시킨 여러 가지 이해가 등장하였다.

먼저 반정을 인정으로 이해한 경우, 만 20세에서 59세까지의 장정을 족정으로 보는 견해와 짝을 이루어 만 16세에서 20세까지의 청년으로 파악되었다. 전정에 대한 이해 범위가 확장되면서, 토지와 관련된 설명이 등장하자 족정과 마찬가지로 반정에 대해서도 또 다른 설명들이 추가되었다. 한편에서는 국가에서 지급한 토지 규모로서 해당 사회적 신분을 유지하기에 충분한 토지 17결의 절반에 해당하는 7~8결정도를 의미하는 것으로 파악되었다. 또 다른 한편에서는 양전(量田)의 단위이자 조세 수취의 단위인 정에 충족되는 경우를 족정이라고 하였는데, 이 단위에 모자라는 경우를 대비하여 반정을 마련해 두었다고 이해하기도 하였다. 또한 전정을 호와 연관시켜 이해할 경우, 족정호가 국가에 직역을 담당할 정도로 비교적 부유한 자연가호 즉 정호층을 가리키는데, 이 중 반정호는 족정호가 보유하고 있는 토지 17결의 절반에 해당하는 8~9결정도의 토지를 보유하고 있는 호라고 파악하기도 하였다.

반정도 족정과 마찬가지로 일종의 분반지대(分半地代)를 낳는 토지로 이해되는데, 그 경영 및 수송과 관련

하여서는 여러 가지 주장이 있을 수 있다. 그 경작 주체인 전호(佃戶), 수송 주체인 양호(養戶)를 어떻게 해석하는가에 따라 의견이 갈리며, 그 소유 주체와 관련해서도 소유 주체의 직접적 관리, 국가를 매개로 한 간접적 관리 등으로 주장이 나뉘어져 있다. 분반지대로 이해했을 경우, 당시 결(結) 당 수확량이 수전(水田)의 경우 미(米) 20석, 한전(旱田)의 경우 미 10석이었으므로, 한전의 경우를 가정하면, 반정의 총 수확량은 미 85석이 되고, 그 지대는 절반인 미 약 42석으로 된다.

[참고어] 족정

[참고문헌] 韓沽劤, 1958, 「麗代 足丁考」『歷史學報』 10 ; 金容燮, 1975, 「高麗時期의 量田制」『東方學志』 16 ; 深谷敏鐵, 1982, 「高麗足丁·半丁 再檢討」『朝鮮學報』 102 ; 金琪燮, 1993, 「高麗前期 田丁制 硏究」, 釜山大學校博士學位論文 ; 尹漢宅, 1995, 『高麗前期私田硏究』, 高麗大學校民族文化硏究所 〈윤한택〉

반종법(反種法) 조선 후기 제초 노동력을 절약하는 방법의 하나로 고안된 농법.

논에 물이 없고 잡초가 무성하여 제초하기가 쉽지 않을 때, 물을 대고 모를 뽑아 묶어두고서 논을 모두 갈아엎고 고른 후 뽑았던 모를 다시 심는 것을 말한다. 이는 논물을 뺀 다음 마른풀을 모 위에 고르게 펴놓고 불을 지른 후 물을 다시 댐으로서 잡초들을 모두 죽게 하는 화누법(火耨法)과 비교되는 제초법이다.

신속(申洬)의 『농가집성(農家集成)』에서는 『농사직설(農事直說)』의 이앙법(移秧法)을 증보(增補)하면서 모내기 한 뒤 묘종처(苗種處)에 물이 없고 잡초가 황무(荒蕪)하였을 때의 대책으로 반종법을 기술하였다. 제초에 드는 노동력을 절약하는 의도에서 마련한 것인데, 직파전(直播田)이나 이앙전(移秧田)의 어느 경우에도 적용될 수 있는 제초법이었다. 또한 우하영(禹夏永)은 『농가총람(農家摠覽)』에서 농작물의 이식(移植)을 이야기하며 반종법을 농가의 가장 중요한 일로 꼽기도 하였다. 이외에도 서유구의 『임원경제지(林園經濟志)』 본리지와 박지원의 『과농소초(課農小抄)』의 파곡(播穀) 부분에서도 반종법이 다뤄지고 있다.

[참고어] 제초

[참고문헌] 김용섭, 2009, 『(신정증보판)조선후기농학사연구』, 지식산업사 ; 김영진·이은웅, 2000, 『조선시대 농업과학기술사』, 서울대학교출판부

발괄[白活] 사람 혹은 관청에게 억울한 일을 하소연하고 구원을 청하는 행위나 그 문서.

통상 민원관계 문서를 지칭하며, 소지(所志)의 일종이다. '白活'로 표기한다. 서민들의 일상생활 중 관아의 판결이나 처분을 필요로 하는 모든 사항에 걸쳐 있어 그 내용이 다양하며 시대상을 이해하는 데에도 요긴하다. 발괄, 즉 소지의 내용 가운데 가장 많은 것은 분묘와 관련된 산송(山訟)이며, 재산분쟁·구타·상해 및 손해배상·원한호소 등도 많은 부분을 차지하고 있다.

토지문제와 관련하여 다음과 같은 발괄의 사례가 있다. 1901년 정월 경기 양주군에서는 녹양리·입석리 등 11개 지역 녹양역토(綠楊驛土) 작인들 87명의 연명으로 내장원에 발괄하였다. 발괄의 이유는 1900년 가뭄 피해로 대다수 토지가 진황되었지만, 세금을 납부하도록 되어 백지징세(白紙徵稅)라는 원망이 많았다. 여기에 1901년 들어 갑자기 도조(賭租)를 첨가하여 밭 1일경(日耕)에는 2두, 논 1두락에는 1두 6승을 각각 배정하여 관에서 순교(巡校)를 보내 납부를 독촉하자, 집단적인 민원이 발생하였다.

[참고문헌] 法制處, 1979, 『古法典用語集』 ; 최승희, 1981, 『한국고문서연구』, 한국정신문화연구원 ; 박진태, 2010, 「한말 역둔토조사를 둘러싼 분쟁사례」, 한국역사연구회 토지대장연구반 편, 『대한제국의 토지제도와 근대』, 혜안 〈고태우〉

방결(防結) 조선 후기 납세과정에서 지방 아전이나 수령이 납세대상이 되는 전결을 빼돌려 해당 세액을 착복하는 것.

조선시기 조세의 납부과정에서 시행한 작부제(作夫制)는 8결[혹은 4결 단위]로 납세자를 묶어 그 대표가 납부를 담당케 했던 제도였다. 이는 국가의 입장에서는 응세자와 일일이 대면할 필요가 없는 효율적인 방식이었지만, 그 과정에서 농간이 개입될 소지가 많기도 했다. 특히 납세대상 토지를 주비 단위로 묶는 과정에서, 각종 면세전이나 은결 등의 명목으로 거짓 기재한 다음 해당 세액을 고을 이서나 수령이 착복하는 관행이 성행했다. 이는 조선 후기 비총제 하에서 작성된 수조안에 해당 군현의 납부총액이 명기되어 있었지만, 실제 납부과정에서 응세전결을 조직하는 것은 해당 군현에게 일임되어 있었기 때문에 가능한 것이었다. 이로 인해 납세자와 면세자가 뒤바뀌는 등 조세형평이 무너졌으며, 그 과정에서 이서와 수령은 세액을 착복하는 등의 폐단을 저질렀다.

방결은 이같은 관행 중 하나로, 납세대상 토지를

복호(復戶)·은결(隱結)·위재(僞災)·싱미(賸米) 등의 면세 명목으로 허위 조작한 다음 해당 세액을 이서가 착복하는 것이었다. 즉 방결은 '결세의 납부를 (이서가) 방해한다'는 의미를 가진다. 실록에는 영조 대 이후로 방결 및 양호(養戶) 등과 같은 납세관행에서의 폐단이 꾸준히 등장하고 있다. 특히 『목민심서(牧民心書)』에는 방결의 관행이 구체적으로 설명되어 있는데, 전지 1결마다에 혹은 돈 12·13냥[평년작의 경우]이나 미 45두[적게는 30두]를 징수해서 관에는 하나도 내지 않고 아전이 전부 착복하며, 또한 방납하는 백성에게는 일체의 전역(田役)을 면제하는 것이라고 했다.[「호전 육조」 세법 상]

[참고어] 작부제, 주비[矣], 양호-조선, 호수, 총액제

[참고문헌] 『牧民心書』, 『萬機要覽』 〈윤석호〉

방곡령(防穀令) 조선시기 천재와 병란 등 여러 사정으로 식량공급의 부족이나 쌀값의 폭등현상이 일어날 때 지방관의 직권으로 외부로 자기 관할지역의 양곡유출을 금지시키는 조치.

흉년이 들어 곡물이 부족해질 때 지방관의 명령으로 외부로 식량유출을 금지하는 일은 조선뿐 아니라 중국이나 일본에서도 오래 전부터 시행해왔다. 조선시기 방곡의 방법은 지방 행정력을 발동하여 지역 내 곡물의 매매와 운반을 금지시키고 구입곡물을 차압하는 것으로, 방곡행위는 법으로 규정된 것은 아니고 민심수습을 위한 관습법적 구호조치였다. 방곡을 발동시키게 하는 곡물수급의 교란은 자연적 재해로 인한 흉작뿐 아니라 부민과 부상들의 매점농간으로도 적지 않게 발생되었다. 특히 조선 후기 상품유통경제의 발전과 그에 편승한 미가의 지역적 격차를 노린 무곡행위로 말미암아 곡물 유통구조는 심한 곡가변동에 시달렸고 수급상의 취약성도 여지없이 드러내었다. 지방관은 민심수습의 차원에서 수요곡물 확보를 위한 방곡을 실시했지만, 중앙정부는 지방의 방곡조치에 대해 반대의 입장을 취했다. 지방의 방곡이 심해지면, 서울로 유입되는 곡물수량이 감소하여 서울의 곡가가 급등하기 때문이었다. 그렇지만 식량부족에 직면한 지역민을 수습, 안집하기 위한 방곡은 사회적 구호의 필수조치였으며, 정부의 금지에도 불구하고 지방의 방곡은 19세기 초 순조연간 이후 일반화되어 갔다.

개항을 계기로 일본과 미곡무역을 시작하면서, 곡물수급 구조의 변동성은 더욱 커져갔다. 1883년 이후 일본 미곡상인들은 개항장을 벗어나 점차 내륙으로까지 들어가서 갖은 방법으로 쌀·콩 등을 대량으로 매점하였다. 통제받지 않고 곡물이 계속 개항장을 통해 일본으로 유출되자, 각 지방관은 당연히 지역 내 곡물시장을 보호하기 위해 방곡을 발동하였다. 정부도 1883년 7월 재조선국일본인민통상장정을 일본과 체결하여 방곡의 법적 장치를 가지게 되었다. 방곡령 발동 1개월 전에 미리 일본에 통고해야 한다는 제한적인 조건이었지만, 이후 지방관들은 이에 근거하여 방곡령을 적극적으로 발포하였다. 1904년까지 100여 건에 달하는 방곡령이 발동되었다. 1880년대와 1890년대 일본 상인을 대상으로 방곡령이 가장 빈번하게 발동되었지만, 방곡의 효과를 극대화할 수는 없었다. 조선에서 미곡을 위시한 식량 원료자원의 확보는 일본자본주의의 생사가 걸린 문제이었기에, 일본은 조선 정부에 전 방위적으로 외교적 압박과 군사적 위협을 가해왔다. 급기야 1889년과 1890년 황해도와 함경도의 방곡령은 일본과 외교마찰로 번졌으며, 결국 조선 정부는 막대한 배상금마저 물어주기도 했다.

배상금 지불 사태 이후 조선 정부는 지방관의 독자적인 방곡령 발동을 금지하는 쪽으로 선회하였다. 그리고 방곡령을 실시할 때 1개월의 여유를 주었기에 일본 상인들은 이 기간을 통해 구입한 곡물을 일본으로 반출할 수 있었고 1개월 내 운반하지 못한 곡물은 방곡령이 해제된 후 한꺼번에 수출할 수 있었기에 사실상 일본 상인에게는 큰 효력을 발휘하지 못하였다. 일본 상인과 거래하는 조선 상인들을 제한하는 방책도 마련되기도 했지만, 지방관이 방곡령을 발동해도 비밀리에 일본 상인과 거래한 자도 있었다. 또한 조선 정부는 당시 재정이 어려웠던 만큼 곡물수출을 금하게 되면 자연히 관세수입이 감소되었으므로 방곡령을 오래 실시할 수가 없었다. 더욱이 갑오개혁 이후 조세금납화가 이루어지면서 지방관과 아전들이 방곡을 악용하여 사익을 취하는 일도 빈번하게 발생하였고, 급기야 방곡령의 본래 목적마저 상실하게 되었다.

청일전쟁 이후 일제의 한국 침략이 노골화되면서 방곡령의 실시회수도 급속하게 감소하였다. 지방관이 민의 요구에 따라 방곡을 발동했을 때 발생할 소지가 많은 배상문제를 스스로 책임져야했기에 방곡령의 실시는 급감했고, 오히려 방곡령을 빙자하여 사복을 채우는 일은 지속되었다. 이로 인해 초기 의병항쟁에서 방곡령 발동을 촉구하기도 했고 활빈당의 강령에서도

방곡령 실시를 주장하기도 했지만, 1904년 러일전쟁 직후 방곡령은 자취를 감추게 되었다.

[참고어] 개항장, 대전납

[참고문헌] 이광린, 1982, 『한국사강좌』, 일조각 ; 하원호, 1985, 「개항 후 방곡령실시의 원인에 관한 연구」『한국사연구』 49-51권 ; 吉野誠, 1978, 「李朝末期における米穀輸出の展開と放穀令」『朝鮮史研究會論文集』 15 〈이수일〉

방납(防納) 납세자가 공물(貢物) 등 조세를 직접 납부하는 것을 막고, 중간에서 이를 대신하여 이익을 취하는 행위.

조선초까지는 대납(代納)·선납(先納)과 같은 의미로 쓰인 용례[『세종실록』 18권, 4년 윤12월 17일 경오]도 확인되나, 점차 여러 구실을 들어 납세자의 직납(直納)을 막고 대신 납부하는 관행을 지칭하게 되었다.

[참고어] 대납, 공납, 대동법

방량법(方量法) ⇒ 방전론

방아 곡물의 껍질을 벗기거나 빻아서 가루로 만드는 데 쓰는 도구.

디딜방아 농업박물관

방아는 갈돌에서부터 출발하는데, 갈돌은 크게 두 가지 부류의 연장으로 발전하였다. 첫째가 맷돌·토매와 같이 아래짝에 알곡을 받치고 위짝의 도구로 으깨거나 부수는 것이고, 둘째가 절구·디딜방아·물레방아 등으로 공이로 내리쳐 찧거나 빻는 것이다.

우선 방아는 '방애' 또는 '남방애'(제주도)라고도 불리는데, 도자기나 흙으로 만든 것도 있지만 대부분은 돌과 나무로 만들었다. 1m정도 되는 원형 모양의 나무통에 다리처럼 받침대를 달았고, 나무통의 가운데 20㎝ 정도의 둥그런 홈을 파서 돌확을 박았다. 여기에 주로 손잡이 부분을 가늘게 깎아 만든 원통형의 공이를 사용하였다. 절구처럼 알곡을 찧거나 빻는 용도로 사용하였는데, 이때 밖으로 튀어나오는 낟알을 돌확에 쉽게 쓸어넣을 수 있다.

디딜방아는 발로 디뎌서 알곡을 찧거나 빻는 방아의 일종으로 방아 중에 가장 흔히 볼 수 있는 도구이다. 디딜방아에는 한 사람이 다리 하나를 이용하여 밟는 외다리방아와 두 사람이 밟는 양다리방아가 있다. 특히 외다리방아는 고구려의 고분벽화(안악 3호분)에 등장할 만큼 오래 전부터 사용되어 왔는데 그 모습이 오늘날 것과 유사하다. 고구려의 승려 담징(曇徵)이 일본에 전래한 것으로도 알려져 있다. 디딜방아는 지방에 따라 '딸각방아'·'발방아'라고도 불렸으며, 한문으로는 '대(碓)'·'강대(礀碓)'라고 썼다.

[참고어] 갈돌

[참고문헌] 박호석 外, 2001, 『한국의 농기구』, 어문각

방어영둔(防御營屯) 조선시기 군사요충지에 설치했던 방어영의 운영경비를 조달하기 위해 설정·했던 토지.

1398년(태조 7) 수군방어사 김을보(金乙寶)가 민전을 빼앗아 영둔이라고 한 데서 시작되었다. 그 후 1593년(선조 26) 광주 방어사 변응성(邊應星)이 용진, 삼광진, 삼전도 부근의 한광지(閑曠地)를 개간하여 방어영둔을 설정하였다. 이후 각 방어영도 이를 모방해 관유재산으로 전답을 매수하거나 공금을 포탈한 자로부터의 속공, 부민의 기부나 상속자가 없는 전답의 귀속 등 다양한 방법으로 둔전을 설정하였다. 그러나 방어사를 소재 지방관이 겸임한 경우가 많았기 때문에 방어영둔 역시 따로 설정하지 않고 지방관아 소속 둔전으로 그 비용을 충당하는 것이 일반적이었다.

1894년 중앙 및 지방관제의 개편으로 1895년 방어영이 폐지되자 방어영둔은 대부분은 지방관아의 관둔이 되었다. 평안도 삼화, 용강, 창성, 가산 등의 몇 개소에만 남아있던 방어영둔은 1897년 군부의 소관이 되었다가, 1899년에 왕실재정의 강화라는 명분에 따라 궁내부 내장원이 토지를 관리하고 도조를 징수하였다. 1908년 탁지부 관할의 국유로 이속되었다. 그후 국유지실지조사와 토지조사사업을 거쳐 대부분 국유로 사정되었다.

[참고어] 둔전, 영문둔전

[참고문헌] 和田一郎, 1920, 『朝鮮土地地稅制度調査報告書』 〈남정원〉

방장(坊長) 중앙과 지방의 방 단위에서 행정실무를 맡아보던 사람.

방장은 조선시기 주현(州縣) 아래에 있었던 방의 장

(長)으로서, 방수(坊首)라고도 한다. 풍헌(風憲)·약정(約正)·집강(執綱) 등과 유사한 지위에 있었으며, 향소 또는 향약의 영향력 속에 있었다. 한성부의 5부(部) 아래에 있었던 방에서 업무를 처리한 사람도 방장이라고 하였다. 지방에서 방장의 일은 행정명령을 백성들에게 알리고, 특히 조세의 납부를 독촉하는 등의 심부름이었다.

조선 후기 조세수취제도는 각 개별 호(戶)에 대한 파악과 그들의 개별 부담을 전제로 하면서도, 군현단위의 총액제로 운영되는 경향을 보였던 만큼, 방장과 같은 지방 말단의 임원들의 역할이 중요하였다. 또한 이들이 양전 또는 호적 조사, 그리고 조세 징수와 관련한 실무를 맡았던 만큼 그 과정에서 폐단을 일으키는 경우도 있었다. 대한제국기 양지아문은 양전비용의 확보에 전력을 기울이고 있었는데, 이때 면, 리 이하 각 방의 방장과 동임배(洞任輩)들은 양전관리의 환심을 사기 위해 접대를 하면서 양비(量費)라 칭하고 민간에 이를 전가하여 물의를 일으키기도 하였다.

[참고어] 총액제, 면임, 서원

[참고문헌] 愼鏞廈, 1982, 『「朝鮮 土地調査事業」硏究』, 지식산업사 ; 왕현종, 1995, 「대한제국기 量田·地契事業의 추진과정과 성격」『大韓帝國의 土地調査事業』, 민음사 〈김미성〉

방전(方田) 양전의 결과 측량된 전답도형 중 하나인 네모반듯한 정사각형 모양(方形)의 전답.

방전 『경기도 용인군 양안』 1책 007a(규17645)

방형은 세종·세조 대를 거쳐 정형화된 기본 5가지 전형 중 하나이다. 광무양안에는 경자양안의 전답도형만이 아니라 그림과 같이 전답도형도를 함께 제시하고 있다. 면적계산법은 한 변의 길이에 곱하기 2(自乘), 즉 '한변(가로)×한변(세로)=방전의 면적'이다.

"전제고에 '전지를 측량하는 법에 방전·직전·규전·구전·제전이 있다. 수법으로써 승제하고, 그 면적의 실제 숫자를 알아서 결·부를 만든다.' 하였다. 살피건대, 방전이란 네 모서리가 반듯한 것이고, 직전이란 반듯하면서 긴 것이고, 규전이란 위쪽은 뾰족하면서 아래쪽은 넓은 것이고, 구전이란 굽은 것이고, 제전이란 위쪽은 넓으나 아래쪽이 좁은 것이다. 그러나 방전에는 사방과 난방이 있고 직전과 규전도 또한 그러하다(田制考曰, 量田之法, 有方田直田圭田句田梯田. 以法乘除, 得其所積之實數, 以作結負. 臣謹案, 方田者, 四角正方也. 直田者, 正方而長者也. 圭田者, 上銳而下闊也. 句田者, 倨句之曲折也. 梯田者, 上豐而下殺也. 然方田, 有斜方亂方, 直田圭田亦然.[『경세유표』 지관수제 전제고 6])"

[참고어] 전답도형, 경자양안, 광무양안, 방전론

[참고문헌] 『만기요람』 ; 『목민심서』 ; 『경세유표』 ; 정긍식·田中俊光 역, 2006, 『조선부동산용어약해』 ; 최원규, 1995, 「대한제국기 양전과 관계발급사업」『대한제국의 토지조사사업』, 민음사 〈고나은〉

방전도설(方田圖說) 1897년 12월 경기도 양근 출신 유진억(兪鎭億)이 대한제국 양전사업에서 방전법을 채택할 것을 주장한 의견서. 방전조례(方田條例)라고도 한다.

유진억은 1897년 중추원에 양전측량에 대한 건의서로 이 책자를 제출하였다. 내용은 ① 황극(皇極), ② 설돈(設墩), ③ 보수(步數), ④ 척제(尺制), ⑤ 표목(表木), ⑥ 양법(量法), ⑦ 분등정세(分等定稅), ⑧ 연분(年分), ⑨ 농호(農戶), ⑩ 산택(山澤), ⑪ 이간찬(易簡贊) 등으로 구분되어 있다. 그는 주대(周代)의 정전법을 성인이 제작한 가장 이상적인 제도임을 인정하면서 그것을 현실에 원용하여 적용시킬 수 있는 방법으로 종래 폐단이 많이 발생한 결부제를 폐지하고, 새로 방전경무법을 채택할 것을 주장하였다.

유진억이 주장한 내용의 특징은 다음과 같다. 첫째, 토지를 측량할 때 황극인 서울을 중심으로 8도로 확대시키고 사방의 표준으로 삼으며, 일정한 토지를 구획하여 객관적인 면적을 측량하기 위해 돈대를 쌓는 방법을 주장하였다. 매 300보마다 1방을 설정하여 사방에 4개의 돈을 세우고 9방을 1정(井)으로 삼아 결국 1정의 한변 길이를 900보로 삼고, 주위와 내부에 모두 16개의 돈을 쌓는 방식이었다. 둘째, 토지등급의 판정을 위해 토품을 기준으로 한 결부제가 아니라 토지가격의 차이를 고려하여 결정하자고 하였다. 동일 지역 내의 토지도 가격에서 커다란 차이를 보이고 있는데, 농지에서 나오는 소출이 최하에서 최고까지 대략 20배의 차이가 나는 만큼 토지가격도 20등급으로 나누어 등급을 결정하자고 주장했다. 셋째, 양안은 4부를 작성하여 본리, 본읍, 순영, 호조 등에 보관하게 하고, 매구를 단위로 한 편을 잘라 하나를 전안에 붙이고 다른 하나는 전주에게 발급하여 입지하게 하는 제도인 지계를 발급하는 방법을 고안하였다. 넷째, 산림 천택은 일체 공유(公有)로 할

것으로 주장하였다. 민간의 토지는 소유권을 인정하되 소농민을 보호하기 위하여 농민으로부터 10의 2를 수취하여 반은 지세로, 나머지 반은 지대로 내게 하는 소작료의 획기적인 감하를 주장하였다. 다섯째, 어린도를 작성하여 내부의 토지를 빠짐없이 기록하고자 하였다. 그의 주장은 선대의 유집일(兪集一)의 방전법을 계승한 선친 유치범(兪致範)의 방전 논의를 기본으로 하였다. 이 책은 별도의 책자로 간행되었으며, 중추원에서 건의서를 모은 『전안식(田案式)』의 첫 머리에도 수록되어 있다.

유진억의 방전도설은 이 시기에 제기된 『구정량법사례병도설(丘井量法事例竝列圖說)』과 밀접한 관련을 맺고 있다. 방전 경무법을 통하여 전국 토지를 정확히 파악하고 토지소유자에게 전안(田案)을 발급하는 방식이다. 국가가 전국 토지의 관리를 강화하면서, 지주의 토지소유를 제한하고 소농민의 농업경영을 보장하기 위한 개혁안이었다. 방전도설은 국사편찬위원회와 미국 버클리 대학 동아시아도서관에 소장되어 있다.

[참고어] 구정량법, 방전론, 어린도, 전안식

[참고문헌] 최원규, 1994, 『韓末 日帝初期 土地調査와 土地法 硏究』, 연세대학교 박사학위논문 ; 왕현종, 1995, 「대한제국기 양전지계사업의 추진과정과 성격」 『대한제국의 토지조사사업』, 민음사

〈왕현종〉

방전론(方田論) 조선 후기에 제창된 토지측량법의 하나로, 농지를 정정방방(正正方方)의 형태로 구획하고자 했던 제 논의.

조선시기 토지측량 및 부세부과는 토지의 생산성을 기준으로 한 결부제(結負制)로 운영되고 있었다. 그러나 결부제 하에서는 경작지의 절대면적을 파악하기 어려웠을 뿐만 아니라, 전품(田品)의 책정 등에서도 엄밀성을 기하기 어려운 단점이 있었다. 특히 양안(量案) 상 누락된 경작지인 은결(隱結)이 증가하는 등의 폐단은 당시 토지측량의 구조적 한계를 보여주는 것이기도 했다. 따라서 토지면적을 정확히 파악하고 부세수취에 있어서도 누락과 불균형을 해소하는 것이 주요 과제였다. 이에 대해 전국의 토지를 방전(方田)의 형태로 측량하고 관리하는 것을 주창한 여러 논의가 제출되었는데, 이를 통칭해서 방전론이라 할 수 있다.

방전론 계열의 논의가 최초 제기된 것은 1702년(숙종 28) 유집일(兪集一, 1653~1724)에 의해서였다. 유집일의 방전법(方田法)은 황해도관찰사로 재임하던 1701년에 제시되었는데, 비록 실패로 끝나긴 했지만 황해도 3개 읍의 농지를 개량(改量)할 때 시행되기도 했다. 그러나 방전론에 대해 유집일 본인이 직접 남긴 기록은 없고, 다만 실록에서의 단편적인 기사 및 『목민심서(牧民心書)』와 『경세유표(經世遺表)』 등에서 정약용(丁若鏞)이 유집일의 논의를 재구성해 설명한 것만이 전하고 있다. 이들에 따르면, 방전법은 유집일에 의해 처음 창안된 것이 아니라 정전제(井田制)에 대한 장재(張載)의 견해와 주희(朱熹)의 어린도설(魚鱗圖說)을 참고하여 만든 것이라고 했다. 즉 주(周)나라의 '四井爲邑 四邑爲丘'하는 구정지법(丘井之法)을 양전방안에 도입해 방전지도(方田之圖)를 작성했기 때문에 이를 '구정량법(丘井量法)' 또는 '방전법'으로 칭한 것이다. 요컨대 정전제가 현실에서 시행가능함을 전제로 하되, 파악된 토지를 어린도와 같은 지적도로 관리하는 형태로서 구정량법을 고안했다는 것이다.

구체적으로 살펴보면, 구정량법은 논두렁을 새로 만드는 방식이 아니라 사방에 돈대[墩]를 쌓아 표식을 만드는 것으로 구획정리를 계획했다. 이는 정전법 시행에 있어 가장 난점이었던 토지구획을 현실에 맞게 변용한 것이다. 또한 360보(步)를 1리(里)로 하며, 각 돈대 사이의 간격을 1리로 했다. 이때 돈대는 장광(長廣) 2척(尺)으로 쌓았으며, 사방 1리는 1정(井)이 되었다. 이처럼 방전법에서의 토지구획 방안은 정약용이 남긴 설명을 통해 살필 수 있지만, 조세수취방식 등 방전법 운영의 구체적인 내용은 전하는 바가 없다.

유집일에 의해 촉발된 방전론은 이후 계승되었는데, 대표적으로 정약용(丁若鏞)을 들 수 있다. 그는 현행의 양전이 토지면적을 정확히 파악할 수 없다는 점에서 비판적이었다. 무엇보다 결부제는 형태가 없는 비척(肥瘠)을 기준으로 전품을 규정했기 때문에 면적이 부정확함을 지적했다. 또한 양안에서 측량을 위해 방전(方田), 직전(直田), 규전(圭田), 구고전(句股田), 제전(梯田) 등으로 지형을 구분하고 있음에도 실제의 토지형태는 매우 다양하여 정확한 면적을 산출하기도 어렵다고 하였다. 뿐만 아니라 1자(字) 5결(結)의 원칙이나 사표(四標)의 표시 등도 복잡할 뿐만 아니라 실제 지적을 정확히 파악하는 데 어려움이 있다고 보았다. 이상의 난점으로 인해 그동안 양전이 제대로 시행되지 못했다고 본 그는 새로운 대안을 제시했는데, 그것이 바로 방량법(方量法)이다.

정약용의 방량법은 정전법 시행을 골자로 하는 그의

농업개혁론과 밀접히 연관되어 있는데, 결부제를 경무법(頃畝法)으로 개정한 전제 위에서 방량법과 어린도법의 시행을 구상한 것이다. 그는 농지를 정정방방으로 구획할 수 있는 곳은 이를 구혁(溝洫)으로써 구획하고, 그렇지 못한 곳은 어린도 상으로나마 구획함으로써 전국의 농지를 일목요연하게 파악하고자 했다. 이로써 파악된 농지는 1정(井)을 9부(畉, 부는 100畝 또는 40斗落), 1부(畉)를 4휴(畦, 휴는 25畝 또는 10斗落)으로 구분하여, 원부의 농민에게는 1부의 농지를, 여부(餘夫)의 농민에게는 1휴를 분급하도록 했다. 이때 분급의 최하 기준이 되는 농지는 오오(五五)로 개방(開方)되는 휴이며, 실제의 양전에서도 이를 기반으로 하여 부와 정(畊)을 또한 정정방방으로 구획하고자 했다. 한편 방량할 때 측량의 모범이 되는 토지로서 모전(模田)을 만들도록 했다. 즉 정정방방으로 측량한 휴전의 사방에 표영(表楹)을 세운 다음, 이것이 쓰러지지 않도록 방면 각 1보, 높이 2척의 축돈(築墩)을 하여 누구나가 정사각형 25무의 휴전임을 알아보게 하였다.

방량법과 어린도법은 서유구(徐有榘)도 제창한 바 있다. 『의상경계책(擬上經界策)』에서 그는 현행 부세제도의 문란이 결부제와 양전의 모순에 기인함을 지적했다. 대신 방량법과 어린도법을 통해 토지의 면적을 정확히 파악·계산해야 하며, 이로써 부세제도의 개혁도 가능하다고 보았다. 그러나 정약용이 정전제적 토지개혁의 사유 속에서 방량법을 기획한 것과는 달리, 서유구의 방량법은 병작제적 현실을 용인하고 있었다는 점에서 차이가 있다.

이는 이기(李沂)의 방전론에서도 마찬가지였다. 이기는 정전법을 복구하거나 경무법을 도입하여 토지를 재분배하자는 주장에 대해서는 반대했다. 즉 결부제를 그대로 유지하면서 이를 보완하는 방안을 강구했는데, 민간에서 사용하는 두락(斗落)을 결부법과 병용하는 것이었다. 또한 토지를 빠짐없이 엄밀하게 파악하는 방법으로 망척제(網尺制) 즉 방전법을 채용했으며, 전답의 형태를 다양하게 파악하기 위해 어린도를 작성하고 양안에 전답의 도형을 기입할 것을 주장하였다.

한편 한말 유학자였던 유진억(兪鎭億)이 1897년 중추원에 제출한 「방전조례(方田條例)」에도 방전법이 채택되었다. 이는 숙종 대에 유집일이 제창한 구정량법과, 이를 계승한 선친 유치범(兪致範)의 방전론을 기반으로 한 것이었다. 즉 토지의 객관적 측량을 위해 돈대(墩臺)를 쌓아 기준점을 마련하고, 그 내부에 있는 토지를 경무법을 채용하여 엄밀히 조사하는 것이다. 뿐만 아니라 그는 전품제의 한계를 극복하기 위해 토지등급의 기준을 전품이 아닌 토지가격으로 바꾸고, 등급도 기왕의 6등급에서 20등급으로 더욱 세분화했다.

이상에서와 같이 방전론은 토지를 정정방방의 형태로 측량하는 제 논의였는데, 특히 조선 후기 방전론이 다양하게 개진된 것은 결부제 및 양전의 폐단을 해결하는 데 있어 토지 절대면적의 파악이 중요한 과제였기 때문이다. 다만 논자에 따라 길이와 면적의 척도가 달랐으며, 무엇보다도 토지제도 개혁과의 연관성 등에 따라 세부적인 논의에서는 차이가 있었다.

[참고어] 방전론, 구정량법, 방전도설, 망척

[참고문헌] 『經世遺表』; 『擬上經界策』; 최윤오, 1992, 「숙종조 방전법 시행의 역사적 성격」 『국사관논총』 38 ; 김용섭, 2004, 「다산과 풍석의 양전론」 『한국근대농업사연구』 I, 지식산업사 ; 김용섭, 2004, 「광무연간의 양전·지계사업」 『한국근대농업사연구』 II, 지식산업사 〈윤석호〉

방전조례(方田條例) ⇒ **방전도설**

방조제(防潮堤) 해안에 밀려드는 조수를 막아 간석지를 농업용지나 염전으로 활용하기 위해 만든 인공제방.

조수간만의 차이가 큰 서해안의 발달된 간석지는 일찍부터 소규모 방조제가 축조되어 경지나 염전으로 이용되어 왔다. 1255년(고종 43) 고려 고종 대에 방조제 축조기사가 나오며, 방축·축언이라 불렸다. "문무 3품 이하 권무 이상의 관리에게 영을 내려 장정들을 차출하여 제포와 와포에 방축을 쌓고 좌둔전을 만들고 이포와 초포에 우둔전을 만들었다.(會文武三品以下權務以上 出丁夫有差 防築梯浦瓦浦 爲左屯田 狸浦草浦 爲右屯田)"는 기록이 나타난다. 김방경(金方慶)이 서북면병마판관(西北面兵馬判官)으로 있을 때 몽고병이 침입하자 무리를 이끌고 "위도에 들어가 간척이 가능한 10여 리 땅에 방조제를 쌓고 농사를 지었다.(葦島有十餘里 平衍可耕 患海潮不得墾 方慶令築堰 藩種)"는 기록도 있다. 조선시기에 들어와서 1643년(인조 21)에 김자점(金自點)이 황해도 사리원의 여주(廬州)를 개척할 때 방조제를 축조한 기록이 있다.

평안도에서 전라도에 이르는 서해안 해안가에 근대적 방식의 방조제 축조와 간척사업은 일제시기에 일본인 농업회사·지주에 의해 주도되었다. 러일전쟁 전후 서해안 개항장 및 각 포구에 일본인 지주와 농업회사

자본가들이 몰려와 기간지는 물론이고 미간지·황지·천수답을 값싸게 매입하여 보·제언 같은 재래의 수리시설을 활용하거나 새로이 수리조합을 설치하여 소작제에 기초한 농장경영을 시작하였다. 강점 후 일본인 지주·농장회사는 일본 개량품종의 보급·증산과 일본인 농업이민을 목적으로 조선총독부의 막대한 재정지원과 행정협조 속에서 대규모 간사지 간척개간사업에 착수하였다. 간척을 위해 축조된 방조제는 새로 만들기도 했고 재래의 방조제에 덧붙여 연장하거나 좀 더 근대적인 방조제로 개축한 것도 있었다. 1916년 말 현재 전라북도에는 그 연안을 따라 103개소, 총연장 108㎞에 이르는 방조제가 존재하였다. 1920~30년대 대표적인 간척지와 방조제는 군산 옥구지역의 후지농촌(不二農村)과 방조제, 김제군 광활 간척지와 방조제이다. 이 시기 한국인 대지주가 시설한 간척지로는 삼양사 김연수의 함평간척지농장과 현준호의 학파농장을 들 수 있다.

해방 후 국토종합개발사업의 하나로 서해안 일대 방조제 축조 및 대규모 간척사업이 추진되었다. 이 사업은 방조제 인근 지역에 농공용수의 공급과 대규모 간척 농지조성을 목적으로 하였다. 1970년대 농업개발사업의 일환으로 전라북도 부안군의 계화도 지역에 방조제가 축조되었고, 1973년에는 충청남도 아산만 일대와 경기도 화성시 일대에 방조제가 축조되어 농공업용수를 공급하였다. 1979년에는 삽교천 방조제가 축조되면서 경기도와 충청도의 교통로로 이용되었다. 1984년에는 서산 A·B지구 방조제가 완성되면서 대규모 담수호가 생겨났으며 이 지역에는 넓은 농토가 조성되어 벼농사가 이루어지고 있다. 서해안 일대 해안과 도서지역의 간척사업은 2000년대 초반까지 간헐적으로 진행되고 있다. 방조제 축조로 농공용수를 공급하고 해수의 역류를 막고 간석지를 새로운 농토로 만들지만, 갯벌을 파괴하여 생태계에 부작용을 유발하고 어민들의 어장을 침해하는 등 여러 문제도 아울러 유발하기도 하였다.

[참고어] 천방, 제언, 간척, 후지농촌, 아베이치상점 김제농장

[참고문헌] 『고려사』; 『조선왕조실록』; 이광린, 1961, 『이조수리사연구』, 한국연구도서관 ; 최원규, 1992, 「조선 후기 수리기구와 경영문제」 『국사관논총』 29 ; 이민우·최원규·염정섭 외, 2010, 『조선 후기 간척과 수리』, 민속원 ; 허수열, 2011, 『일제초기 조선의 농업』, 한길사 〈김현숙〉

배미[夜味] 두둑으로 구획된 한 구획 내의 농지로 필지 내부의 영농 실제 구획 최하단위.

주로 답의 1필 또는 1필 안을 작게 나눈 몫으로 야미(夜味)라고도 한다. 논이나 밭의 가장자리로 낮게 쌓여진 둑이나 두렁(언덕)으로 구분된 구역이다. 평지에서 한 배미는 넓지만, 산간에서는 좁다. 논(畓)의 경우 열(䂖), 밭(田)이나 대(垈)는 좌(座)라고 구분하여 표기한다. 사다리꼴의 다락논 면적을 나타낼 때 주로 쓰였다.

정조 때 봉상시(奉常寺)의 수세를 위한 양안에도 '23배미(貳拾參夜味)'라는 기록이 있다. '배미'라는 단위는 실제 영농단위로 추수기 등에 주로 사용되었는데 조선 정부에서 공식적으로 사용하기도 했던 것으로 보인다. 순조 20년의 「경진양전사목(庚辰量田事目)」에 의해 경상도에서 시험적으로 시행된 양전에는 전답에 자호(字號), 제차(第次), 부수(卜數), 두수(斗數)와 야미수(夜味數), 전부(田夫)성명 및 호명(戶名)을 등록한다는 점 등 양전제의 변화가 나타났다. 두락, 야미수는 이전 양안에는 기록하지 않았는데, 개별 필지를 더 정확히 파악하기 위해 새로 도입하고자 한 것으로 보인다. 대원군 시기에 작성한 양안에는 배미를 실제 표기하고 있기도 하다. 대한제국의 양지아문에서 시행한 양전사업에서 토지의 측량시에 소유자별로 인근의 배미를 열과 좌로 나누어 파악하고 열·좌를 서로 합하는 방식의 측량법을 택했다. 또한 지계아문에서는 절대면적 단위인 두락을 도입하는 동시에 배미도 표시했는데, 논은 열로, 밭은 좌로 표기하는 방식을 도입했다. 민간 추수기 등에서 실제 토지의 구획단위로 사용하던 배미[䂖·座]를 양안에 공식 도입한 것이다.

배미는 논의 모양새를 표현하는 데도 사용되었다. 그 용례를 살펴보면 다음과 같다. 장구처럼 양쪽이 퍼지고 가운데가 오목한 논은 장구배미, 반달처럼 초승달 형상을 지닌 논은 반달배미, 삼각형으로 생긴 논은 보습같이 생겼다고 하여 보십배미라고 칭했다. 삿갓배미는 머리에 쓰는 삿갓만큼 좁은 논이나 밭을 의미한다. 넓은 들판의 논이란 뜻의 넓은배미도 있다. 배미를 단위로 농지의 구획을 나누고 이름을 붙이는 예는 일제 시기 이래 경지정리가 추진됨에 따라 점점 사라져갔다.

[참고어] 경진양전사목, 광무양안, 양지아문

[참고문헌] 김영진, 1982, 『농림수산고문헌비요』, 한국농림경제연구원 ; 최원규, 1995, 「대한제국기 양전과 관계발급사업」 『대한제국의 토지조사사업』, 한국역사연구회 토지대장연구반, 민음사 ; 주강현, 2006, 『농민의 역사, 두레』, 들녘 ; 박노석, 2007, 「조선시대 토지 매매 단위는 무엇인가」, 고문서향기 〈고나은〉

배의(裵宜) 1798년(정조 22) 정조의 「권농정구농서윤음(勸農政求農書綸音)」에 응하여 글을 올린 27인 중 명.

당시 충의위(忠義衛)로 기록되어 있다. 그는 상소문에서 자신은 본래 농부이기에 농사짓는 일에 대해 잘 알고 있다며 세 가지 조목을 올렸다. 첫째, 옛날과 지금은 농사짓는 시기가 달라서 지금은 씨를 뿌리거나 이앙하는 것을 반드시 일찍 해야 한다고 하였다. 둘째, 논에서 보리와 벼 두 가지를 다 거두어야 한다고 하였다. 셋째, 가난한 자와 부유한 자가 서로 도와야한다고 하였다. 정조는 이 세 가지 조항이 모두 실용에 적합하다고 하였다.

[참고어] 응지진농서

[참고문헌] 『정조실록』; 농촌진흥청 역, 2009, 『응지진농서Ⅱ』, 진한M&B

배지(牌旨) 조선시기에 지위가 높은 사람이 낮은 사람에게 어떤 일을 맡기기 위해 권한을 위임할 때 그 증거로 작성하여 지급하던 문서.

'牌子, 牌紙, 牌題'로도 표기했다. 배지는 주로 금전과 관련된 문제에 작성하였고, 대다수는 토지의 매매를 위한 것이었다. 일반적으로 조선의 양반들은 토지매매 등 금전거래에 직접 매매당사자로 나서지 않고 가노(家奴)에게 그 일을 형식상 위임하였다. 이로 인하여 "모집의 노 아무개(某宅奴某)"의 형태로 매매당사자가 기록되게 되는데, 이 경우 매매의 실제 주체는 노비가 아니라 그 상전이다. 상전은 매매의 권한을 위임한 가노에게 그 증거로서 배지를 작성해 주었고, 매매가 성사될 때 신구문기(新舊文記)와 함께 매수인에게 인도하였다.

[참고문헌] 이재수, 2003, 『조선중기 전답매매연구』, 집문당; 최승희, 2006, 『한국고문서연구』(증보개정판), 지식산업사 〈허원영〉

배토기(培土機) 배토하는 데 사용하는 도구.

배토란 이랑 사이의 토양을 작물의 포기 밑으로 북돋아주는 작업이다. 일반적으로 작물이 자라는 중에 토양을 뒤집어주는 중경(中耕)과 함께 실시한다. 중경과 배토는 밭에서는 딱딱해진 토양의 투수성과 통기성을 높여 작물의 뿌리가 잘 자라게 하며, 논에서는 토양 속에 산소를 공급하게 한다. 또한 기본적으로는 토양을 갈아엎기 때문에 제초의 효과도 있다.

배토기는 논밭에서 축력이나 동력을 이용하여 고랑을 내거나 흙을 일구는 데 사용하는 연장이다. 인력으로 밀면서 풀을 뽑거나 약간의 흙을 일구는 연장인 제초기

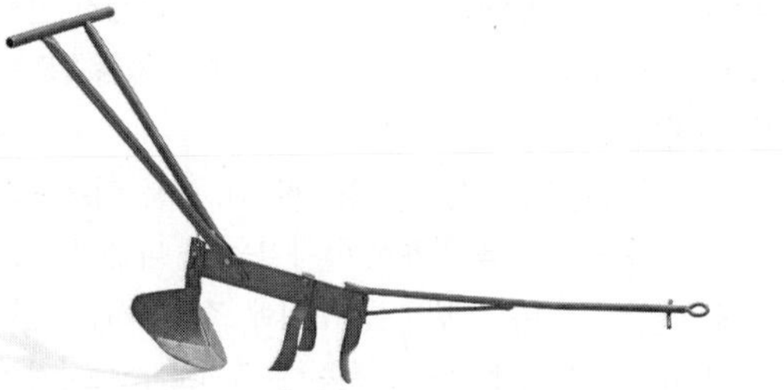

배토기 농업박물관

와는 다르게, 가축이나 기계의 힘을 이용하여 배토나 반전경기(反轉耕起 : 흙을 뒤집어 파 일으키는 일)를 한다. 날과 소잡이 등 모두 철제로 만들어졌으며, 주로 근래에 사용되었다.

[참고어] 제초, 제초기

[참고문헌] 박호석 外, 2001, 『한국의 농기구』, 어문각

백근(白根) 전주(田主)가 유망(流亡)하여 묵혀지게 된 전지를 차지하여 경작하는 사람.

조선 전기에 주로 쓰인 용어로, 해당 토지의 소유권을 증빙할 근거가 없기 때문에 붙여진 명칭이다. 조선 전기에는 '백근지법(白根之法)' 혹은 '백근지교(白根之敎)'라고 하여 백근의 경작권을 인정한 규정이 있었는데, 그 구체적인 내용은 확인되지 않는다. 다만 1421년(세종 2) 경기관찰사가 전지(田地)의 결절(決絶)에 대해 "백성들이 혹시 농사철에 상고를 당하였거나 역질 등의 큰 변고로 하여 경작하지 못하게 되면, 간사하고 교활한 무리들이 그 묵은 것을 핑계하고 경작하여 도리어 백근이라고 칭탁하고 끝내 돌려주지 않는 경우가 있습니다. 지금 이후로는 강제로 본 주인에게 돌려주게 하여 영구히 정한 법으로 하게 할 것이요, 2년 이상 경작한 것은 시비를 따지지 말고 모두 백근에게 줄 것입니다.(一, 人民或當農時, 以遭喪、疫疾等項大故, 不得耕作. 奸猾之徒, 因其陳荒而起耕, 反稱爲白根, 終不還給者有之. 今後勒還本主, 以爲定法. 其二年以上耕作者, 勿論是非, 竝從白根.[『세종실록』 11권, 3년 1월 19일 임오])"라고 하자, 세종은 "연고로 인해 타인의 전지를 대신 경작하는 것은 5년을 한도로 그 주인에게 돌려주라(因有故, 代耕他人田者, 限五年竝還其主.[위와 같음])"고 한 사례가 있다. 이를 통해 볼 때, 백근은 본래의 전주가 유망하는 등의 사유로 황폐해진 전지를 몰래 차지해 경작하는 사람을 뜻하는 것으로 보인다. 그러나 전주가 질병이나 상고를 당해 부득이하게 경작하지 못한 토지에 대해서도 이를 경작하여 백근이라 칭탁하는 경우가 발생했고, 이에

세종은 주인이 유망이 아닌 사고를 당해 황폐해진 전지에 대해서는 특별히 5년까지 본 주인에게 돌려주도록 한 것이다.

한편 주인이 있는 진전을 경작한 뒤, 춘분 이후로는 송사가 중단되는 것을 악용하여 시일을 끈 다음 백근을 칭해 침탈하는 경우도 빈발했다. 이에 조정에서는 전주를 가리는 동안 해당 토지를 둔전에 임시로 소속시켜서 송사의 지체와 토지 침탈을 막고자 했다. 그러나 오히려 해당 관리들이 이를 악용하여, 송사를 늦추어 이를 둔전으로 편입시키는 등의 폐단도 발생했다.

[참고어] 진전, 소유권

[참고문헌] 『세종실록』; 『성종실록』 〈윤석호〉

백남신(白南信)/백인기(白寅基) ⇒ 화성농장

백정대전(白丁代田) 고려시기 백정(白丁)의 차역(差役)과 결부해 절급하는 토지.

고려시기 백정은 양반부터 간척(干尺)에 이르는 모든 직역층과는 구별되며, 특정한 직역을 세습하여 담당하는 층이 아니었다. 따라서 신분은 양인이지만, 천인의 바로 위에 놓였던 계층이었다. 그럼에도 불구하고 차역의 대상이 되기도 했다.

백정의 차역은 충군(充軍)·역역(驛役)·봉수역(烽燧役)·간척역(干尺役)이나 수묘(守墓)·사원에 소속되어 역사(力事)에 동원되는 등 공사의 천역(賤役)을 주로 담당하였다. 이들은 정호(丁戶)·정역호(定役戶)와는 구분되었으며, 이들의 예비대로 인식되었다. 따라서 이들의 차역 역시 국역의 내용을 특정 어휘로 표현할 수 없었으므로, 여분·예비·대리·임시를 나타내는 말로서 분급한 전토를 대전이라고 표기하였다.

그러나 입역한다고 해서 백정이 절급 받은 모든 토지가 백정대전이 되는 것은 아니었다. 백정대전은 주로 군역(軍役)·역역·봉수역·공사천역(公私賤役)에 차역되었을 때 절급되는 토지였다. 백정대전의 분급대상 단위는 호였고 전조(田租)는 납부하지 않았다. 주로 절급되는 대전은 무주전이나 한전(閑田)·전지를 많이 점유한 이의 진황전·국유지나 관유지로서의 공전 등으로 추정되며, 자경무세(自耕無稅)가 원칙이었다. 이러한 토지들은 소유 관계상 공전이어서 사용 수익권만 허용되고 처분권은 없었을 것으로 추측되고 있다.

[참고어] 공전, 무세지

[참고문헌] 權寧國 외, 1996, 『譯註 『高麗史』 食貨志』, 韓國精神文化研究院; 金容燮, 2002, 『韓國中世農業史研究』, 지식산업사; 李景植, 2007, 『高麗前期의 田柴科』, 서울대학교출판부; 金琪燮, 2007, 『韓國 古代·中世 戶等制 硏究』, 혜안; 李景植, 2011, 『韓國 中世 土地制度史-高麗』, 서울대학교출판문화원 〈정덕기〉

번지 모내기할 논의 바닥을 평평하게 만들기 위해 써레의 발 앞에 대는 널판 모양의 농기구.

써레에 덧대는 널빤지의 크기는 일정하지 않으나 폭 30㎝, 길이 150~200㎝가 일반적이다. 번지로 바닥을 고르게 하는 작업을 번지질이라 하였다. 지역에 따라 번데기왕판, 미래, 번디로 불리며, 번지라는 이름을 지닌 연장으로서 살번지, 매번지, 통번지, 밀번지, 발번지 등이 있으나 그 생김새나 용도가 번지와는 구분되었다. 살번지는 파종 이후 복토를 하고 흙을 다지는 연장이며, 매번지는 겉의 흙을 긁어내어 김을 매는 데 사용되었다. 밀번지와 통번지는 각각 밭과 논에서 사잇갈이와 김매기에 쓰였고 발번지는 논에서 갈아놓은 흙덩이를 부수고 제초하는 데 사용되었다.

『농사직설(農事直說)』(1429)에는 씨를 푸린 다음날 씨를 덮는 농기구로서 향명(鄕名), 즉 우리나라 말로는 '翻地(번지)'를 한자어 '판로(板撈)'로 표기했는데, 『증보산림경제(增補山林經濟)』(1766)와 『재물보(才物譜)』(1798)에서는 발음이 같은 '板撈'로 표기하였다. 18세기 후반 『해동농서(海東農書)』는 '밭의 진흙을 평평하게 고르는 기구'라는 중국 농서의 설명과 그림을 그대로 수록하면서 번지를 '평판(平板)'으로 소개하고 있다.

[참고어] 써레

[참고문헌] 金光彦, 1986, 『韓國農器具考』, 韓國農村經濟研究院 〈정희찬〉

범승지서(氾勝之書) 범승지(氾勝之)가 편찬한 중국 전한시대의 농서(農書). 총 18편으로 이루어져 있다.

현재 원전은 전해지지 않으며, 『제민요술(齊民要術)』에 남아 있는 내용에서 뽑아 기록한 편집본을 통해 그 내용을 알 수 있을 뿐이다.

18편으로 이루어진 이 농서는 관중(關中)지방의 농경과 재배기술에 대한 경험을 종합하였으며, 경전(耕田)·수종(收種)·구전법(區田法)을 포함해 대두(大豆)·소두(小豆) 등 약 18종의 품종에 대한 지배기술을 다루고 있다.

이 농서의 특징은 정경세작(精耕細作)을 통한 단위면적당 생산량을 높이는 방법을 제시하고 있다는 점이다. 특히 이 농서에 제시하고 있는 다수확 농법인 구전법은 파종하는 곳만을 경작하고 그곳에 물과 비료를 주는 농법으로, 청대까지 영향을 준 획기적인 농법이었다.

[참고어] 제민요술

[참고문헌] 민성기, 1973, 「『氾勝之書』 農法의 一考察 : 溝 種法의 系譜考」 『부산대학교 논문집』 15 ; 민성기, 1975, 「『氾勝之書』의 耕犁考 : 漢代犁의 性格」 『동양사학연구』 8·9합집 〈이준성〉

범향(犯向) 양전할 때 토지를 측량하는 방향을 가리키는 용어. 범(犯)이라고도 한다.

고려시기의 양전에서도 용례가 보인다. 고려 국가도 초기부터 전답의 매필지마다 소유주, 전품, 토지의 형태(田形), 양전의 방향(犯), 사표(四標), 양전척의 단위, 총척수(總尺數), 결수(結數) 등을 조사하여 양안에 기록하였다. 양전의 방향은 범이라 기입한 후 그 방향을 덧붙여 기입하는 형태로 나타난다. '범남(犯南)'으로 표기된 것이 그 예이다.

17·18세기의 갑술·경자양안에 기재된 12개 항목에는 해당 필지의 위치를 나타내는 자호(字號)·지번(地番)과 함께 범향이 포함되어 있었다. 광무양전사업의 결과물인 광무양안의 기재항목에도 양전 방향이 표기되어 있다. 광무양안은 야초책→중초책→정서책의 세 단계를 거쳐 완성되었다. 그 중 야초책의 기재양식을 살펴보면 4개의 칸으로 분류되어 첫째 칸에는 토지모양, 지목, 양전방향, 대지의 초가·와가 칸수 및 전답의 열좌수를 기재하였다. 광무양안을 작성할 때에도 야초책에서부터 양전방향을 기입하고 있었음을 알 수 있다. 이후 중초책과 정서책에도 각 필지마다 4칸으로 나누어 양전사항을 기재하였는데 그 중 첫째 칸에 양전방향을 기입하여 토지와 양전에 대한 자세한 정보를 알 수 있도록 하였다.

이같이 조선시기 양안에 필수적으로 기재된 범향표기는 고려와는 다르게 동·서·남·북 중 해당 방향을 기재하고 그 뒤에 범을 붙이는 방식으로 나타난다. 예컨대 동범(東犯)은 서쪽에서 동쪽으로, 서범(西犯)은 동쪽에서 서쪽으로, 남범(南犯)은 북쪽에서 남쪽으로, 북범(北犯)은 남쪽에서 북쪽으로 측량을 실시하였다는 것을 가리킨다.

[참고어] 양안, 광무양안, 내분, 경자양안

[참고문헌] 한국역사연구회 토지대장연구반, 1995, 『대한제국의 토지조사사업』, 민음사 ; 오인택, 1996, 『17·18세기 量田事業 硏究』, 부산대학교 박사학위논문 ; 대한지적공사, 2005, 『한국지적 백년사 : 자료편4』 ; 정긍식·田中俊光 역, 2006, 『조선부동산용어 약해』 〈고나은〉

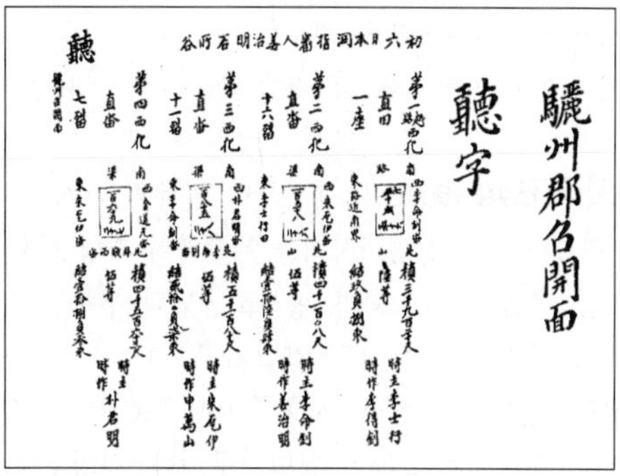

범향 예시 『경기도 여주군 양안』 003a(규17642)

법인(法人) 자연인으로는 목적을 달성하기 어려운 사업을 수행할 수 있도록 '사람의 결합'이나 '특정 재산'에 대하여 자연인처럼 법률관계의 주체로서의 지위를 인정한 것.

법률행위의 주체는 자연인과 법인으로 나눈다. 법인은 자연인으로는 목적을 달성하기 어려운 사업을 원활히 수행할 수 있게 하기 위하여 '사람의 결합'이나 '특정한 재산'에 대하여 자연인과 마찬가지로 법률관계의 주체로서의 지위를 인정한 것이다. 법인은 크게 공법인(公法人)과 사법인(私法人), 영리법인과 비영리법인, 사단법인)과 재단법인, 내국법인과 외국법인 등으로 나뉜다.

법인은 특별한 규정이 없는 한 당해 법인을 규율하는 법률에 따라 정관의 작성을 비롯한 일정한 요건을 갖추고, 주된 사무소의 소재지에서 설립 등기를 함으로써 성립한다. 법인의 소멸은 해산과 청산을 거쳐서 단행된다. 법인은 해산만으로는 소멸하지 않으며 청산이 사실상 종료됨으로써 소멸한다.

법인에는 의사 결정기관으로서 사원총회, 대표·집행기관으로서 이사, 감사기관으로서 감사가 있다. 사원총회는 사단법인에서는 필수기관이나 재단법인에서는 있고, 이사는 사단법인과 재단법인 모두의 필수기관이고, 감사는 임의기관이지만 필수기관으로 규정되는 경우도 있다.

조선 국가는 법률로 법인을 정하지는 않았지만, 사원 서원 문중 계 동리 등을 관습상 소유주체로서 법인격을 인정했다. 하지만 일제는 조선부동산등기령을 제정하면서 구래의 단체 가운데 통치행위와 관련된 면 등을 제외하고 대부분은 법인으로 인정하지 않았다. 그들의 필요에 따라 법으로 정한 것만 법인으로 인정했다.

[참고어] 자연인, 조선부동산등기령

[참고문헌] 김증한, 1988, 『최신법률용어사전』 〈이승일〉

법전조사국(法典調査局) 대한제국이 일본의 압력 아래 1907년 12월 부동산법조사회를 계승하여 칙령 제61호로 민법, 형법, 민사소송법, 형사소송법과 부속법령을 기안할 목적으로 설치된 입법기구.

1906년 설립된 부동산법조사회를 이어 1907년 12월 23일 칙령 제61호로 설치된 입법기구이다. 의정부에 소속되었으며, 민법, 형법, 민사소송법, 형사소송법 및 부속법령의 기안을 목적으로 설치되었다. 고문에 우메 겐지로, 위원장에 구라토미(倉富勇三郎)(법부 차관), 위원으로는 유성준(내각 법제국장), 김낙헌(법부 형사국장), 마쓰데라(松寺竹雄)(법부서기관), 아즈미(安住時太郎)(법부서기관) 등이 임명되었다. 그 외의 직원으로는 오다(小田幹治郎), 하타(八田岩吉), 이와야(岩谷武市), 시타모리(下森久吉), 가와사키(川崎萬藏), 야마구치(山口慶一), 와타나베(渡邊勇次郎) 등이 임명되었으며, 이후 변동이 있었다. 1908년 5월 20일에는 법전조사국 분과규정을 제정하여 서무과·조사과·회계과 등 실무 부서를 두었다.

부동산법조사회가 폐지되고 법전조사국이 설치된 배경은 이토 히로부미의 한국침략 구상과 밀접한 관계가 있었다. 원래 이토는 한국에서 사법제도 개편과 민법 제정을 추진하는 한편, 법무보좌관을 각 재판소에 파견하여 사법관행을 고치려 하였다. 이토는 1907년 헤이그 밀사사건을 빌미로 한국황제와 내각을 위협하여 정미 제7조약을 체결하면서 이 작업을 본격적으로 추진했다. 이 조약에는 사법제도 개편에 관한 내용이 들어 있었다. 이토는 일본의 사법제도를 모방하여 1907년 12월에 재판소구성법을 제정하고 재판소를 설치하기 시작하였으며, 일본인들을 판사나 검사에 임용할 수 있도록 관련 법규를 개정하였다.

이와 아울러 한국을 실질적으로 지배하기 위해서는 민법, 상법 등을 제정하는 것이 필요하다고 판단하고 법전조사국을 설치하였다. 법전조사국은 부동산법조사회와 마찬가지로 관련 법률을 제정하기에 앞서 한국의 관습과 제도를 조사하기로 하였다. 이 작업은 실지조사와 문헌조사를 병행했다. 실지조사는 일반조사, 특별조사, 중복조사를 포함하여 약 70여 개 지역에서 실시했다. 문헌조사는 조선 재래의 법전, 예서, 실록 및 등록류, 각종 사문서 등에 있는 사항을 조사하였다. 그리고 1910년에 조사를 마무리하면서 관습조사보고서를 출판하였다.

법전조사국의 관습조사는 강점 이후 취조국, 참사관실, 중추원 등에서 사무를 인계받아 1938년까지 지속되었다. 관습조사사업에서 조사한 이른 바 '한국의 관습' 가운데 친족과 상속에 관한 부분은 일제시기 조선의 사법재판에서 재판기준으로 일부 활용되기도 하였다.

[참고어] 부동산법조사회, 우메 겐지로, 조선관습조사보고서

[참고문헌] 윤대성, 1992, 「日帝의 韓國慣習法調査事業에 관한 硏究」 『재산법연구』 9 ; 이승일, 2008, 『조선총독부 법제정책 : 일제의 식민통치와 조선민사령』, 역사비평사 ; 이영미, 2011, 『한국사법제도와 우메 겐지로』, 일조각 ; 조선총독부 중추원, 1938, 『朝鮮舊慣制度調査業槪要』 〈이승일〉

베돈(粄金) 소작인이 벼 수확 전에 금전을 빌리고 추수 후에 수확물인 벼로 갚을 것을 약정(約定)한 금융관행.

주로 8~9월경에 행해지는 경우가 많았다. 입모매매(立毛賣買)와 비슷하다. 하지만 입모매매의 관행은 벼가 자라고 있는 상태인 청전(靑田) 자체를 직접 매매하는 반면, 베돈은 대부한 돈을 추수 이후 수확물로 갚는다는 점에서 차이가 있다. 이 관행은 예상수확량이 확실히 보장될 때 행하는 경우가 많았다. 또한 추수를 앞두고 소작인의 생활이 궁핍한 시기에 일반적으로 행해졌다.

충청북도 진천군을 중심으로 인근의 지역에 분포하는 관행이다. 정조(定租)·집조(執租)·타조(打租) 소작의 모든 경우에 이 관행이 시행되었으나 주로 타조 소작지에서 많이 나타난다. 정확한 발생 시기는 알 수 없으나 일제시기 이전부터 실시되어 일제시기에도 활발하게 행해졌다.

[참고어] 입모매매

[참고문헌] 조선총독부, 1932, 『朝鮮ノ小作慣行(上)·(下)』 ; 조선총독부, 1932, 『朝鮮ノ小作慣行 : 時代と慣行』 〈고나은〉

벽골제(碧骨堤) 4세기에 만들어진 김제의 저수지.

『삼국사기』 기사에 따르면 330년(신라 흘해 21, 백제 비류 27)에 처음 축조된 것으로 전해지고 있다. 당시 백제 영역이었음에도 『삼국사기』 신라본기 흘해이사금조(訖解尼師今條)에 기록되어 있어 논란이 있지만, 대체로 이 기사 속의 벽골제를 현재까지 전라북도 김제에 남아 있는 벽골제로 이해하고 있다. 790년(원성왕 6) 신라는 전주(全州) 등 7주(州)의 주민을 징발하여 벽골제를 증축(增築)하였다. 또한 고려 현종연간과 1143년(인종 21)에도 보수 공사가 이루어졌다.

옛 수문

조선이 개창된 후 1408년(태종 8) 9월 17일 당시 전라도 병마도절제사였던 강사덕(姜思德)이 벽골제의 옛터에 근거하여 새롭게 수축하고 혁파한 사사(寺社)의 노비로 둔전을 경영할 것을 건의하여 국왕의 재가를 받았다.

또한 1415년(태종 15)에 대대적인 보수 증축이 시행되었는데, 1415년 8월 전라도 도관찰사 박습(朴習)이 벽골제를 수축할 곳을 직접 살펴보니 길이 7,196척, 너비 50척, 수문 4처에 달하고 제방 아래에 경작할 만한 곳을 크게 확보할 수 있다고 건의하였다. 이에 태종이 김제 벽골제를 수축하라는 왕명을 내리면서 1415년 10월 20일부터 벽골제 수축 공사가 시작되었다. 1416년(태종 16) 초에 완공되었을 것으로 보이는데, 벽골제 아래의 개간 가능지가 무려 6,000여 결에 달하는 것으로 평가되었다. 그리고 벽골제 아래 자리한 진지(陳地)는 국가적인 차원에서 둔전을 설치하는 것으로 처리되었다.

그런데 수축한 지 얼마 지나지 않아 벽골제의 제방이 무너지는 일이 벌어졌다. 1418년(세종 즉위년) 9월 우희열(禹希烈)은 김제 벽골제의 석주(石柱)만 좌우에 나란히 서 있을 뿐이고, 제언의 둑이 무너져 있다고 지적하였다. 그리고 1420년(세종 2) 벽골제의 둑이 무너져 제언 아래 2,098결에 피해를 주었다는 보고가 올랐다. 이후 다시 벽골제를 보수하는 문제를 놓고 많은 논의가 전개되었지만, 벽골제를 새롭게 수축하였다는 기사는 보이지 않는다. 대신 『세종실록지리지』에 실려 있는 김제 벽골제 관련 설명을 보면 "이득이 적고 폐단이 많아 곧 무너졌다.(本朝, 太宗十五年, 更築, 以利小弊多, 尋墮之.)"라고 기록되어 있다. 벽골제의 형편이 태종 대 수축되었다가 세종 대 이미 무너진 상황이었다.

17세기 이후 벽골제의 상황에 대해 유형원(柳馨遠)이 『반계수록(磻溪隨錄)』에서 "호남(湖南)의 벽골제, 눌제(訥堤), 황등제(黃登堤)는 모두 커다란 저수지들이고 여러 군현에서 혜택을 받는 곳인데, 지금은 모두 무너지고 제 노릇을 하지 못하고 있고 호세(豪勢)들이 차지하는 바가 되고 말았다"라고 지적하는 것처럼 제대로 저수지 구실을 하지 못하고 있었다. 18세기 후반에 정조(正祖)도 제언 기능을 제대로 발휘하지 못하고 있는 대표적인 수리시설로 벽골제를 지목하였다.

벽골제는 1925년 동진수리조합에서 제방 가운데를 파서 간선수로를 설치하면서 원형이 크게 훼손되었다. 전라북도 김제시 부량면 신용리에서 월승리에 걸쳐 약 3㎞에 이르는 제방이 현존하고 있으며 현재 수문 5개 가운데 장생거와 경장거 두 곳의 수문 석주가 남아 있다. 그리고 벽골제 농경문화박물관이 개설되어 벽골제의 역사와 농경문화의 제반 면모를 전시 설명하고 있다.

[참고어] 수리, 제언, 천방, 눌제, 수산제, 청제

[참고문헌] 李光麟, 1961, 『李朝水利史研究』, 韓國研究院 ; 윤무병, 1976, 「김제 벽골제 발굴보고」 『백제연구』 7 ; 李鎬澈, 1987, 「農具 및 水利施設」 『朝鮮前期農業經濟史』, 한길사 ; 전덕재, 2000, 「삼국시기 영산강유역의 농경과 사회변동」 『지방사와 지방문화』 3-1

〈염정섭〉

변효문(卞孝文) ⇒ 농사직설

별사전(別賜田) 고려시기 승려와 지리 관계 기술직에게 지급된 토지.

승직(僧職)과 지리업자(地理業者)에게 지급된 토지로 1076년(문종 30) 경정전시과(更定田柴科)에서 처음으로 제도화되었다. 경정전시과의 12과에 준하는 별사전시과(別賜田柴科)로 정착하였다. 고려시기 불교와 풍수지리설의 성행을 잘 보여주나 고려 후기에 전시과제도가 붕괴되면서 사실상 소멸되었다. 모두 6등급으로 구분되었는데 정리하면 다음의 표와 같다.

무산계 전시과의 6등급에는 전(田) 17결을 받는 지리업(地理業)과 승인(僧人)이 사료에 보인다. 즉 "田 十七結 <大匠·副匠·雜匠·人御前部樂件樂人·地理業·僧人>[『고려사』 78, 「식화지」 1, 전시과, 무산계]"으로 기록되었다. 하지만 이는 본문의 오기로 보여 받아들이기 어렵다. 아울러 천문관계 기술직들은 일반전시과에 규정된 데 비해 지리 관계 기술직들이 별사전시과에 수록된 이유는 정확히 알 수 없다.

한편 별사전시과의 최고 등급인 대덕은 승과에 합격

〈별사전시과의 지급(단위: 결)〉

등급	지급 전(田)	지급 시(柴)	수급자	분류
1	40	10	大德	승직의 법계(法階)
2	35	8	大通	지리 관계 기술직
3	30	·	副通	
4	25	·	地理師	
5	20	·	地理博士	
6	17	·	地理生·地理正	

한 승려가 처음으로 받는 법계이다. 따라서 그 이상의 승계도 국가로부터 경제적인 대우를 받았을 가능성이 있는데 자료가 남아있지 않은 이유를 조선시기의 억불 정책으로부터 비롯되었다는 견해도 있다.

[참고어] 사전(賜田), 경정전시과

[참고문헌] 姜晋哲, 1980,「私田地排의 諸類型-宮院田-」『高麗土地制度史硏究』, 高麗大學校出版部 ; 權寧國 外, 1996,『譯註『高麗史』食貨志』, 韓國精神文化硏究院 ; 朴胤珍, 2006,「고려시대 王師·國師에 대한 대우」『歷史學報』190

〈정덕기〉

병경(倂耕) 경상남도 고성군 및 진주군 내에서 관행적으로 시행되던 특수한 방식의 소작관행.

병경(並耕)이라고도 한다. 병경의 관습은 진주군 금곡면과 고성군 영오면 및 영현면 일대와 개천·구만·마암면 등에 산재하고 있다. 주로 답에서 행해지고 드물게는 전에서도 행해진다. 병경 관습이 존재하는 지역에는 자작 농경지 및 자작농을 친경(親耕)이라 칭하고, 토지의 면적인 두락을 실종(實種)이라 칭하고, 두락의 1/2에 해당하는 면적을 화명(化名)이라고 부르는 독특한 관행이 있다. 일반 소작관계와 달리 병경권(倂耕權)을 소유한 자에게는 영대소작의 권리와 소작권 처분의 자유가 주어졌다.

병경관행은 18세기부터 나타나는데, 그 기원은 두 견해가 있다. 하나는 종중(宗中) 토지의 소작인에게 영대소작의 권리가 포함된 경작권을 매도하면서 발생했다는 견해이다. 다른 하나는 병경관행이 존재하는 지역이 인구는 많은 반면 토지가 적어서 소작인들이 안정적인 소작권을 보유하고자 지주의 토지구입에 일정 정도의 자금을 제공하고 영대소작권인 병경권을 얻었다는 견해이다. 경상남도 진주·고성은 인구가 많은 도시 중 하나이지만 병경관행이 존재하는 지역은 산지가 많고 교통편이 불편한 곳으로써 경작지가 양적으로 부족했음을 알 수 있다.

이 지역에 병경관습이 계속 발생한 이유는 다음과 같다. ① 관리의 수탈을 피해 세력가의 토지에 투탁하여 병경권을 얻은 경우, ② 토지소유자가 자금 마련을 위해 토지의 소유권에서 병경권을 분리하여 소작인에게 매각한 경우, ③ 지주의 토지매수에 소작인이 일정한 자금을 내어 병경권을 획득한 경우, ④ 소작지에서 영대소작을 하는 소작인이 자기의 경작권을 매각하고 이를 병경권으로 부르는 경우, ⑤ 자기 소유지를 매각해서 더 넓은 지역의 병경권을 보유하게 된 경우 등이다. 특히 19세기 말 이 지역에 전염병이 돌아 궁핍해진 자작소농이 생계유지를 위해 자기 토지를 팔고 병경권을 획득한 경우도 많았다.

병경은 증서계약을 통해 이루어졌다. 병경 소작료는 주로 집조소작(執租小作) 방식으로 생산물을 징수했으나 드물게 정액법인 정조[지정(支定)]도 존재한다. 소작료의 액수는 수확량의 약 5할로 하고 토지에 관한 각종 부담은 소작인이 부담한 것으로 보이지만, 소작료 이외에 부과되는 과중한 특수부담은 거의 없었다.

병경의 관습은 도지권과 같은 형태의 영대소작 권한과 소작권 처분의 자유를 가지는 것이 특징이다. 병경권자는 자유롭게 매매, 전당, 상속, 증여할 수 있었다. 따라서 지주의 매매와 전당 행위에도 구지주와 신지주에 대항하는 효력을 지녔다. 전대는 가능하지만 거의 존재하지 않았다. 병경권의 매매는 대개 수확 후 다음해 봄까지 이루어졌다. 병경권의 가격은 면적과 비옥도에 따라 다르지만, 해당 토지 시가의 약 1/2에서 매매되었다. 병경권의 가격은 병경가(倂耕價) 또는 도지가(賭地價)라고 칭하기도 했다.

병경하는 작인은 수백·수천에 이르렀으며 병경지의 면적도 500~600정보에 달하였다. 한말 일제시기에는 토지매매는 물론 병경권의 매매도 빈번했다. 작인의 변경이 잦아 지주는 소작료 징수에 어려움을 겪었다. 지주는 병경권을 매수하거나 궁핍한 생활을 하는 소작인의 소작지를 인상함으로써 강제로 소작인의 병경권 처분 권한을 금지하였다. 이리하여 병경권은 점차 쇠퇴했으며, 병경지를 보통 소작지로 바뀌갔다.

이러한 지주의 조치로 분쟁이 발생했다. 1911년 병경 소작인이 병경권의 자유처분 권한을 소멸시키려는 지주의 처분에 대응하여 면장에게 병경권의 보호를 요청하기도 했으나 큰 효과는 없었다. 또한 도지관행과 마찬가지로 병경권 확인 소송이 취하되기도 하였다. 일제시기 소유권 절대성의 원칙이 확립되면서 지주는 병경권을 무시하고 지주권을 강화해나갔으며 병경권의 자유로운 처분은 점차 금지되어 갔다. 그럼에도 불구하고 관습상의 병경권을 소작인이 계속 보유하고 있는 경우는 상당수에 달했다. 그리하여 1930년대에 소작인들이 병경 소작지의 병경권에 대한 확인을 요구하는 진정서를 제출하기도 하였다. 하지만 이 시기에 오면 병경권은 거의 소멸된 상태였으며, 매매 사례도 찾아보기 힘들었다.

[참고어] 경작권, 영소작, 집조법, 소작제도 관행조사

[참고문헌] 조선총독부, 1932,『朝鮮ノ小作慣行(上)·(下)』; 조선총독부, 1932,『朝鮮ノ小作慣行 : 時代と慣行』 〈고나은〉

병영둔(兵營屯) 조선시기 병영의 운영경비를 조달하기 위해 설정·운영했던 토지.

병영은 조선시기 지방 병마절도사(兵馬節度使 : 종2품)가 주둔하던 영문(營門)으로, 이곳에서 첨절제사(僉節制使 : 종3품)·동첨절제사(同僉節制使 : 종4품)·절제도위(節制都尉 : 종6품) 등을 지휘하며 방위임무를 수행하였다. 정식 명칭은 병마절도사영(兵馬節度使營)으로 휘하의 거진(巨鎭)과 제진(諸鎭)을 통할했다.

병영둔은 병영의 이원, 병졸 등의 급료와 영내의 일반 경비에 충당하기 위하여 설치한 것으로, 병영과 소속 진아(鎭衙)의 계급에 따라 일정한 둔전(屯田)을 지급하였다. 그 결수는 주진인 병영은 20결, 거진인 절제사영과 첨절제사영은 10결, 제진인 만호도위(萬戶都尉)는 5결이었다. 1899년 내장원의 조사에 의하면 병영둔의 면적은 대개 전 3,000일경(日耕), 답 543석락(石落)이었다. 또한 1908년 탁지부가 조사한 보고서에 의하면 병영둔은 대체로 관유재산으로 민유지를 매수하거나, 범죄자의 토지 속공, 또는 백성이 자원 투탁 등의 방법으로 설정되었다.

병영둔은 1894년 중앙 및 지방관제 개편 때 모두 탁지부의 관리가 되었다가, 1897년 군부에 이관되었다. 1899년에 왕실재정의 강화라는 명분에 따라 궁내부 내장원이 토지를 관리하고 도조를 징수하였다. 1908년 행정적으로 탁지부가 관할하는 국유로 이속시켰다.

[참고어] 둔전, 영문둔전

[참고문헌] 和田一郞, 1920,『朝鮮土地地稅制度調査報告書』

〈남정원〉

병작(並作) 전답(田畓)을 소유하고 있는 지주(地主)가 소작인(小作人)에게 전답을 빌려주어 농사짓게 하고, 생산된 소출을 지주와 소작인이 나누어 갖는 농업경영방식.

병작이란 말은 본래 지주와 소작인이 같이 농사를 짓는다는 뜻에서 나온 말이다. 자신의 소유지를 자신이 동원할 수 있는 노동력으로 경작하는 자작(自作)과 다르고, 또한 지주가 자신이 소유한 노비노동력으로 농사짓게 하는 가작(家作)과도 다르다. 지주는 가작지 농업생산에 동원하는 노비를 자신의 소유물로 간주하고 있었다. 하지만 지주의 전답을 병작하는 소작인을 노비와 동일하게 간주할 수는 없었다. 그렇다고 자신의 땅을 경작하는 소작인을 지주 자신과 대등한 존재로 인정한 것도 아니었다. 이러한 점에서 병작이란 말을 있는 그대로 지주와 소작인의 '공동경작'으로 이해하기는 어렵다.

농민이 일시적으로 경작불능 상태가 될 경우, 순수한 의미에서 이웃, 친척간의 상호보완적인 경작이 이루어지는 것도 병작이라고 불렀다. 병작을 통해 경작불능 상태에 빠진 농민들이 실농(失農)하거나 부호의 지배 속으로 편입되는 것을 방지하는 것이었다. 이와 같이 예외적인 경우가 있기는 하지만 병작은 소작의 다른 말로 경제적인 지배관계와 경제외적 지배관계를 포괄하는 지주와 소작인 사이의 경제적인 관계를 주로 가리키는 말이다.

고려 말 권문세족의 토지 탈점(奪占)으로 야기된 농민의 경제적 몰락과 노비로의 투탁(投托) 현상이 광범위하게 나타나고 있을 때 병작도 또한 존재하고 있었다. 이때 권문세족이 겸병한 토지는 사전(私田)으로 불리고 있었는데 기본적으로 전조(田租)를 수취하는 형태 즉 병작반수(並作半收)의 경영형태로 운용되고 있었다. 당시 권문세족은 대토지를 경작할 노동력을 확보하기 위해 양인을 함부로 노비처럼 부렸고, 또한 먹고살 길이 사라진 양인 농민들은 이들 권세가의 집에 투탁하여 처간(處干)이라는 처지를 달게 여기기도 하였다. 결국 고려 말 병작제는 예속 노동의 성격이 강한 농업경영이었다.

1391년 과전법이 공포되고, 조선왕조가 개창되면서 양인을 확보하기 위한 정책을 펼쳐나갔기 때문에 이에 따라 자영농이 다수를 차지하게 되었다. 그리고 병작반수제는 법령으로 금지되었다. 물론 대토지소유자의 사적 토지소유에 기반을 둔 농업경영방식은 노비노동을 활용하는 농장제(農莊制) 이외에 소작인을 부리는 병작제(並作制)도 존재하고 있었다. 조선 전기 자영농이 다수 창출되면서, 당시 사료에서 "지주가 5퍼센트, 자영농이 70퍼센트, 소작농이 25퍼센트"로 표현되기도 하였다. 반면에 병작제로 경영되는 토지는 많지 않았

다. 소토지를 소유한 양반지주들은 병작을 행하였는데, 유리민(流離民)들에게 토지뿐만 아니라 농구나 종자 등도 대여해주고 수확물의 반을 수취하는 병작반수를 행하였다.

조선 전기의 경우 대체적으로 농장제 농업경영이 우세한 상황에서도 자영농민의 농업경영이 활성화되어 있었다. 과전법이 존속하기 위한 바탕이 바로 자영농이었다. 당시 조선 정부는 자영농을 보편적인 국역대상자로 확보하기 위하여 이미 전개되고 있던 병작제를 제한하고 있었다. 병작제는 토지가 없는 농민이 많은 토지를 갖고 있는 사람에게 토지를 빌려 경작하고 그에 대한 대가를 치르는 것이었다. 작은 규모의 토지를 소유하고 있던 소농민경영의 내부에서 토지를 상실하고 병작 전호농으로 전락하거나 생산수단의 확보를 통한 중농·부농으로 상승하는 계층 분화가 진행되고 있었다. 소농민경영의 내부에서 토지를 상실하고 병작 전호농으로 전락하거나 생산수단의 확보를 통한 중농·부농으로 계층분화하는 현상이 필연적인 추세로서 나타나고 있었다. 게다가 조선 전기의 토지매매 금지규정이 1424년(세종 6)에 폐기되면서 그러한 추세는 더욱 강화되었다.

16세기 이후 토지소유관계가 사적 토지소유로서 정립되면서 농업경영의 형태도 변화하였다. 16세기 이후 소농민경영의 분화는 더욱 촉진되면서, 대토지소유의 확대와 지주경영의 전개가 본격화하였다. 관인층을 전형으로 하는 권세가들이 점차 토지를 축적하게 되자 자영농은 그에 예속되는 소작인으로 전락하였고, 신분상으로도 노비로 떨어지는 것이 커다란 대세를 이루게 되었다.

지주적 농업경영에서 병작제의 확대는 소농민의 토지상실의 진전 속에서 진행되었다. 선조 대의 기록을 보면 병작이 토지가 없는 농민들이 생계를 해결할 수 있는 가장 가능성이 높은 방도였다. 병작이란 토지소유자는 농지를 제공하고 농민은 경작을 위한 노동력을 제공함으로써 농사를 한 후 그 소출(所出)을 반씩 나누는 농업관행을 의미하게 되었다.

조선 초기 대토지를 소유하고 있던 지주들의 농업경영은 16세기까지 노비 노동을 이용하는 직영지 경영, 흔히 농장제라고 일컬어지는 방식을 취하고 있었다. 그러다가 16세기 후반 지주들은 대토지 농업경영을 농장적인 요소를 띤 노비제적인 경영에서 병작제로 전환하게 되었다. 이때 양반지주는 자작지(自作地)에서는 노비의 사역을 통해 구현하는 자작제 경영 형태를 주로 채택하면서도, 일정한 토지를 '작개(作介)'라 하여 노비의 책임 경작지로 할당하고 노비의 생계를 위해 별도의 '사경(私耕)'을 지급하는 작개+사경 경영 형태를 채용하였다. 작개제(作介制)는 양반지주의 직영지 경영이 자작제에서 병작제로 이행하는 도중의 과도적인 성격의 것으로 파악되고 있다. 한편 16세기 지주층의 토지 집중은 유통기구의 성장·발달과 밀접하게 관련된 것이었고, 방납 구조나 사행무역 등에 참여하고 국가의 조세 수취과정에 편승하면서 토지를 집적하였다.

17세기로 들어서면 지주의 직영지 경작의 규모는 대폭 축소되고 병작제를 중심으로 지주제가 전개되었다. 병작제의 확대는 소농민의 토지 상실의 진전 속에서 진행된 것이었다. 더욱이 상품화폐경제 발달에 따라 사회적 재부의 재분배 과정에서 신분제의 변동과 함께 농업경영·토지소유 등의 측면에서 광범위한 농촌사회의 분화·분해가 나타났다. 농민층 분해의 진전으로 임노동적인 기반 아래 시장성을 고려한 상업적 농업을 영위하는 농민들이 등장하였고, 신분제의 변동의 영향으로 일반 양인, 노비층 가운데 부농, 지주가 성장하는 경우도 나타났다.

조선 후기에 병작제에 근거한 지배층의 지주경영은 소작농민들의 권리가 일정하게 성장하는 가운데 변동이 나타나고 있었고, 다른 한편으로 소생산자적 농민층의 분해가 진전되면서 임노동적인 기반 아래 시장성을 고려한 상업적 농업을 영위하는 농민들이 등장하고 있었다. 즉 한편으로는 병작제 내에서 경제외적 강제가 약화되면서 지대의 경감과 조정이 불가피하게 요청되고 있었다.

병작제의 확대는 수리시설에 소유와 경영의 측면에서도 촉발되었다. 제언(堤堰)이나 보(洑)와 같은 수리시설은 국가적인 노동력 동원에 의해서 수축되기도 하였지만 궁방, 권문세가에 의해서 고군(雇軍), 모군(募軍)을 동원하여 만들어지기도 하였다. 지주들은 병작농민을 동원하여 수리시설을 수축하였고 수세를 징수하거나 개축할 때 새로운 비용을 농민들에게 부담시켰다.

병작제에서의 수취방식은 여러 가지 형태로 나뉜다. 타조법(打租法)은 소출이 끝난 다음에 지주와 소작인이 실제 생산량을 반분(半分)하는 것이었다. 이와 달리 집조법(執租法)은 작물을 수확하기 직전에 지주와 소작인이 함께 농작물의 상태를 살펴보고 분배량을 결정하는 소작 관행이다. 집조법은 소출이 끝나기 전에 생산량을 가늠해보는 것이기 때문에 수확과정에서 소작인이 농간을 부리는 것을 막을 수 있는 방법이었다. 여기에서 한 걸음 나아간 방식이 바로 도조법(賭租法)이다. 도조법은 봄철에 미리 가을 수확한 후에 지주가 소작인에게 받을 작물 분량을 결정해놓는 방식이었다. 도조법은 소작인이 생산량을 늘릴 경우 자신에게 떨어지는 몫을 크게 만들 수 있는 방법이었다. 따라서 소작인이 미개간지의 개간과정이나 간척지 형성 과정에서 커다란 기여를 했을 때 지주가 내려주는 방식이었다.

병작제는 고려 말 이후 등장하는 농업경영형태로서 당대의 사회경제적 배경 속에서 구체적인 내용을 달리하면서 존재하였다. 보다 예속적인 성격이 강한 노동력을 소작인으로 활용하던 단계에서 보다 합리적인 계약관계에 따라 토지를 임차하는 관계로 변해갔다. 이러한 흐름은 소작인의 토지에 대한 권리를 강화하는 방향이었다. 그리고 지주는 점차 지대(地代) 자체만 획득하는 것으로 만족해야 했다.

[참고어] 지주, 작인, 전호, 지대

[참고문헌] 김용섭, 1970, 『조선후기농업사연구』 I, 일조각 ; 김태영, 1983, 『조선전기토지제도사연구』, 지식산업사 ; 이영호, 1984, 「18·19세기 지대형태의 변화와 농업경영의 변동」 『한국사론』 11, 서울대 국사학과 ; 이태진, 1986, 『한국사회사연구 -농업기술의 발달과 사회변동-』, 지식산업사 ; 이호철, 1986, 『조선전기농업경제사』, 한길사 ; 김건태, 2004, 『조선시대 양반가의 농업경영』, 역사비평사

〈염정섭〉

보법(保法) 조선 세조 대 양인 장정 2명을 보인(保人)으로 정하여 각종 군역을 지는 군인인 정군(正軍)을 경제적으로 지원하도록 한 제도.

1464년(세조 10)부터 기존의 봉족제(奉足制)를 대신하여 실시된 뒤 규정이 다소 바뀌어 『경국대전』에 실림으로써 확정되었다. 고려 말부터 시행된 봉족제는 조선 건국 초에 어느 정도 토지를 소유한 자연호를 기반으로 하여, 대체로 3정1호(三丁一戶)의 원칙에 의해 군인을 내는 제도로 정착되었다. 그런데 자연호 안에 장정이 많은 경우 그 가운데 1명만 정군이 된 것과 달리, 장정이 1~2명에 불과한 호에서는 비슷한 처지의 다른 자연호와 묶어 장정 3명을 이룬 후 정군을 내도록 했으므로, 가난한 양인일수록 군역을 지기가 어려웠다. 또한 봉족제는 토지를 소유한 양인을 주된 군역 부과 대상으로 삼았던 까닭에, 토지를 소유하지 못한 양인 농민이 차츰 늘고 그 상당수가 노비로 전락하게 되자 많은 병력을 확보하려는 국가의 노력에 장애가 되었다. 이러한 문제점을 개선하려는 취지에서 1464년에 2정1보(二丁一保)의 인위적 편제를 바탕으로 한 보법을 실시했다.

보법에서는 토지소유 여부에 관계없이 모든 양인을 군역 대상자로 정하고 소유 토지 5결을 장정 1명으로 환산하는 한편, 군인의 자연호에 속한 고공(雇工)·비부(婢夫)·노자(奴子)까지도 장정으로 간주하여 보로 편성했다. 이처럼 봉족제에서 보법으로 바뀌면서 달라지는 내용은 양성지(梁誠之)의 상소에 잘 나타나 있다. 즉 "전일에는 사람 2정을 1보로 하거나 전지 5결을 또한 1보로 하여 이로써 보를 만들어 군적을 기록하였습니다. 신이 생각하건대 보는 곧 호인데, 3정을 1보로 하면 1인은 호수가 되어 군사를 다스리고 1인은 솔정이 되어 농사를 다스리고 1인은 여정이 되어 평상시에는 부역에 이바지하고 행군할 때에는 치중을 가지게 되니, 1보가 충실하게 됩니다. 지금은 2정을 1보로 하여 1인이 군사를 다스리고 1인은 농사를 다스리면서 또 부역에 이바지하게 되니, 이렇게 하면 보가 충실하지 못합니다.(前日以人二丁爲一保, 以田五結亦爲一保, 以此作保以編軍籍. 臣以爲保卽戶也, 以三丁爲一保, 則一人爲戶首. 以之治兵, 一人爲率丁, 以之治農, 一人爲餘丁. 平時則供賦役, 行軍則持輜重, 此則一保實矣. 今以二丁爲一保, 則一人治兵, 一人治農, 又供賦役, 此則保不實矣.)"라고 했다. 보법으로 병력이 급격히 증가되어 보인의 부담이 증가된 것이다.

보법의 시행으로 인해 혈연관계에 의한 자연호를 대신해 2명을 한 단위의 정군과 보인으로 묶었으며, 남는 수는 다른 정군의 보로 편성하였다. 또한 토지가 없는 양인 농민도 군역을 지게 함으로써 사회적으로 커다란 반발을 초래했다. 특히 정군이나 보인이 되지 않아도 되는 여정(餘丁)을 인정하지 않은 점이 중요한 문제로 부각되었다. 토지나 노비 등을 장정에 준하게 한 조치는 해당 호의 장정 수가 적을 경우 많은 토지와 노비를 소유했다 해도 병력을 늘리는 데는 별다른 의미가 없었으나, 대개 재산이 많으면 장정도 많았으므로 대토지소유자인 양반의 이해와 상충되었다. 이로써 양반 자제가 적극적으로 군역을 피해나가는 것은 물론 상당한 재산이 있는 양인들도 향교의 교생이 되거나 보인이 충분히 주어지는 갑사(甲士)로 진출하는 현상이 두드러졌다. 반면에 가난한 군인들은 보인을 확보하지 못하는 일도 많아 상대적으로 군역에 대한 부담이 더 컸다. 따라서 군역에서 도망하여 권세가나 내수사(內需司)의 노비로 투탁하거나 중이 되는 양인 농민의 수가

급증했다.

결국 『경국대전』에서는 이러한 문제들을 고려하여 보법을 개정했는데, 우선 정병의 경우 정군의 자연호에 대해서 여정 2명을 인정했고, 수군의 정군도 장정이 3명인 호의 경우에 1명을 보에 포함시키지 않도록 했다. 다음으로 소유 토지 5결을 장정에 준하도록 하는 규정을 폐지하고 노비의 경우도 그 수의 절반만을 보인에 준하도록 했다. 또 정군에 대한 보인의 재정적 보조는 매월 면포 1필로 제한했다. 그러나 각종 군인에게 배정된 보인의 수는 종전에 비해 많이 줄어서 실제로는 그다지 개선된 것이 아니었다. 갑사는 2보 곧 보인 4명을 지급받게 되어 전보다 반으로 줄고, 기정병(騎正兵)과 수군은 각각 보인 3명, 보정병(步正兵)은 보인 2명을 지급받게 되어 역시 1~3명씩 줄었기 때문이다. 뒤이어 보인의 자연호에도 여정을 지급하는 규정이 마련되었으나, 병력의 대부분을 차지하는 수군과 보정병은 대개 가난한 농민이 역을 진데다가 역의 부담마저 무거웠던 까닭에 규정만큼의 보인도 확보하지 못하는 형편이어서, 실상 보인은 물론 정군도 여정이 있는 경우가 드물었다. 그 위에 지휘관이 정군에게 대립에 따른 대립가를 받거나 방군수포(放軍收布)를 강요하면서 정군의 보인에 대한 침탈도 가중되었다.

과도한 수탈 속에 정군과 보인 모두 납포군(納布軍)으로 변화되어 갔고, 마침내 1541년(중종 36) 번상하는 보정병에 대해 수령이 군적에 의거하여 대립가(代立價)를 거두어 올려 보내면, 이를 병조에서 정병이 근무할 각 관청에 지급하여 대립하는 사람을 쓰도록 한 것은 이를 제도화한 것이었다. 즉 보정병의 정군과 보인 모두가 납포군으로 규정됨으로써, 정군과 보인 사이에 상정되어 있던 정군은 군인이 되고 보인은 이를 경제적으로 뒷받침한다는 구별이 형식으로만 남게 된 것이다. 이러한 양상은 기병을 제외한 다른 군인들에게도 차츰 확산되어 보법이 변질되어 갔다. 그 결과 조선 후기에는 상당수의 보인이 정군과 무관하게 5군영을 비롯한 중앙과 지방의 여러 군영과 관청에 직접 소속되어 그 재정을 충당하는 존재가 되었다.

[참고어] 역-조선, 균역법

[참고문헌] 이재룡, 1964, 「봉족에 대하여-조선초기 군역제도를 중심으로-」 『역사학연구』 2 ; 차문섭, 1973, 『조선시대군제연구』, 단국대학교 출판부 ; 민현구, 1983, 『조선초기의 군사제도와 정치』, 한국연구원

〈백승철〉

보선고둔(補膳庫屯) 조선 후기 감영에서 관찰사에게 제공되던 음식물을 관장하던 기구인 보선고의 재정을 보용하기 위해 설치·운영한 토지.

[참고어] 고둔

[참고문헌] 和田一郎, 1920, 『朝鮮土地地稅制度調査報告書』 ; 김덕진, 1999, 『조선후기 지방 재정과 잡역세』, 국학자료원

보성 양씨가 농장(寶城梁氏家農場) 한말 일제시기 전라남도 보성군 득량면 송곡리 박실 마을의 양반가 양신묵(梁信默, 1851~1919)·양재성(梁在誠, 1896~1951) 부자가 설립 운영한 농장.

양신묵의 집안은 조선 중종 대의 유학자 학포공(學圃公) 양팽손(梁彭孫)의 후예로, 16세기 이래 보성군 득량면에 세거해온 지역양반 가문이었다. 19세기 말 20세기 초 정치 사회경제적 격변 속에서 학포공의 12대손 양신묵은 세전되어온 소규모 가산을 토대로 부를 축적해 갔다. 양신묵은 보성군일대 토지를 소작시켜 1901년 80석, 1904년 82석, 1907년 120석을 추수하였다. 아울러 20~30두락 규모의 자작지도 머슴과 호저(戶底)집 노동력(7~8호)을 고용하여 경작했다. 자작답에는 만조·몽동이벼·진도·정건조·더덕벼 같은 재래벼를 재배하여 종자벼를 마련하였다. 연이율 50%에 달하는 고리대와 장리는 양씨가의 손쉬운 치부수단이었다. 전당권을 활용하면서 고리에 견디지 못한 채무자들의 담보물[토지·농우·염부(鹽釜) 등]을 쉽게 소유할 수 있었다.

다수의 시장(柴場)을 소유했던 양씨가는 수시로 시속을 발매하여 매각했다. 인근의 자염업자들이 시속의 중요한 소비자였으며, 1900~1908년까지 해마다 수익금이 150~300냥 정도였다. 빼놓을 수 없는 중요한 수익사업이 소사육과 대우였다. 양씨가는 송아지를 구입하여 인근농가에 사육시킨 후 사육료(1909년 현재 1두당 10~20냥)를 지급한 후 적당한 시기에 매각하였다. 또한 득량만의 자연지리를 이용하여 소금생산으로 적지 않은 이익을 올렸다. 소금 솥을 대여하거나 자염업자들에게 시속을 팔았다. 소작미를 판매한 대금으로 포목이나 남초·누룩을 매매하여 시세차익을 올렸다. 이처럼 양신묵은 모든 치부수단을 동원하여 부를 쌓아 이미 1910년대 초에는 보성군·순천군·장흥군 등지에서 1,200두락 이상의 농지를 소유한 대지주로 성장하였다.

양씨가는 한말 일제초기 정치적 변화에 능동적으로

대처하였다. 전라남도 관찰사·보성군수·보성읍내 향리들과 결탁함으로써 봉건적 수탈과 압력에서 벗어날 수 있었다. 1907년 통감부가 주요도시에 농공은행을 설립하자, 양신묵도 광주농공은행 주주로 참여하였다. 양씨가는 의병궐기에 몸을 피신했으며, 의병진압을 위해 경무소에 쌀 2석을 보내기도 했다. 1908년 3월 읍내 설치된 일본군전사자분향소를 찾았으며, 1909년 9월 의병토벌개환비를 납부하였다. 1910년 3월에는 인근 옥암면 면장을 지냈다. 그와 같은 사회적 활동을 배경으로 1910년대 양씨가의 지주경영은 확대일로에 있었다. 1917년 보성군에서만 41만여 평(논 38만 9,535평, 밭 2만 6,804평, 138정보)를 소유하였다. 1919년 10월 양신묵이 상해임시정부에서 파견된 요원에 의해 죽임을 당했지만, 장남 양재성은 1920년대 이후에도 지주경영을 계속 확대하여 갔다.

〈일제시기 양씨가의 소작지 규모 현황, 단위 : 두락〉

	1919	1923	1927	1935	1939	1940	1942	1944
규모	1,105	1,212	1,268	1,495	1,617	1,703	1,582	1,389

출처 : 홍성찬, 2001, 「한말 일제하의 지주제 연구-보성 양씨가의 지주경영과 그 변동」 『동방학지』 114, 64~65쪽.

양씨가는 지주경영에서 강력한 지주권을 행사하였다. 중간소작이나 지형변경을 금지하였고, 소작료 징수는 소작계약 때 미리 약정하였다가 가을 작황을 보아 최종 결정하는 방식이었다. 소작료는 충분히 건조 조제하여 지정 날까지 납부해야 했다. 이를 어기면 소작인은 수납장소 변경이나 출장에 따른 추가비용을 부담하였다. 소작료 불납 시에는 소작권을 박탈했고 보증인에게 연대책임을 물었다. 지세는 소작인부담이었다. 양씨가는 다수확을 위해 일본 벼 품종으로 교체하였다. 한말까지 재래종을 심었지만, 일제시기에는 긴보우즈(銀坊主)·츄신리키(中神力) 같은 일본개량종을 심었다. 양씨가는 소작지에서 1,000석 내외 추수를 할 수 있었다. 소작미는 보관료를 주고 소작인이나 마름 집에 보관하였다가, 장리로 운용하거나 적당한 시기에 매각하여 토지매수에 재투자하였다. 대우경영, 고리대금의 식리활동도 계속했으며, 점포나 전방을 구입하여 임대사업도 하였다. 양씨가는 지주적 기반을 활용하여 치부할 수 있는 모든 방면에서 다 투자하여 이익을 축적하였다.

이와 같은 전 방위적 식리활동에는 정치적 배경이 필요했는데, 일제시기 득량면 면장을 줄곧 양씨 일족이 맡았다. 1921년 양재성은 송곡저축계(송곡저축조합)를 설립하였다. 득량면 일대 주민 31명을 창립계원으로 한 대부업 조직(연이율 36%)으로, 농촌금융의 공급이라는 명분으로 지역민에 사회경제적 영향력을 확보해 갈 수 있었다. 양재성은 의용소방조·일본적십자사·지주회·농회에서 활동하였다. 활발한 농외투자의 모습은 보이지 않으며, 양씨가는 재래의 지주경영 방식이나 자본축적 방식을 유지 고수하였다.

[참고어] 동태적 지주, 장리, 지주회, 재지지주

[참고문헌] 홍성찬, 2001, 「한말 일제하의 지주제 연구-보성 양씨가의 지주경영과 그 변동」 『동방학지』 114 〈이수일〉

보성 이씨가 농장(寶城李氏家農場) 한말 일제시기 전라남도 보성의 이병응(李秉應, 1846~1936)·이득래(李得來, 1880~1947)·이용의(李容儀, 1902~?) 3대에 걸쳐 지주경영을 한 농장.

이병응 집안은 전라남도 보성 일대에서 조선 초기 이래 세거해온 토착 양반가이다. 이병응은 형 이병구로부터 가산을 분재 받아 1870년대 이후 독자적으로 지주경영을 꾀했다. 그는 고리대경영을 통해 토지를 집적해 갔다. 고리대의 긴박 속에 있던 차금자의 토지를 헐값에 확보할 수 있었고, 소작농에게는 농량·식량을 대여하거나 미납소작료를 익년도 수확기까지 대여하는 장리·갑리의 방법으로 높은 이자수익을 취했다. 1883년 현재 논 132두락(5결 97부 4속), 밭이 48.5두락이었다. 일부 토지는 노비나 호외노동 및 임노동자를 동원하여 자작하였고, 나머지는 모두 소작을 주었다. 소작논의 규모는 1896년 124두락, 1900년 214두락, 1903년 163두락, 1910년에는 226두락에 달했다. 소작인도 26명에서 44명으로 늘었다. 두락 당 평균소작료는 11두 정도였다. 소작농의 경작면적은 5두락 이하가 7할 이상으로 매우 영세하였다.

이씨가의 소유농지는 일제의 지주적 농정과 미곡경기의 호조 속에서 점차 증가하여 1917년 현재 56.1정보(논 49.3정보, 밭 5.7정보, 대지 1.1정보)에 달했다. 1920년대 소유 토지를 집중시켜 영창농장(永昌農場)을 개설하였다. 이 시기 계속된 소작쟁의에 대응하고 경영합리화를 통한 지주수익의 극대화를 위하여 기업적 농장제로 전환하였다. 소작료나 대여금의 체납 불납에 대비하여 소작인에게 연대보증인 2명을 요구하였다. 소작계약서에는 영농의 모든 과정에서 소작인이 실행해야 하는 의무조항과 소작권이동사유를 자세하게 규정하였고, 소작분쟁 시 관할재판소를 명기하여 소작쟁의에도 사전 대응하였다. 소작인이 임의로 소작지를 전대·

양도·교환하거나 경계·지형·지목·지편의 변경도 일체 금지했다. 소작인에게 품종종자를 지정했고 일본 개량벼를 재배하게 했다. 종자나 비료대 등 영농자금을 소작농에게 대부해주고 수확기 때 이자를 붙여 회수하였다. 소작료 납입 전에는 수확물·입모의 소작인 임의 처분이 금지되었다. 제3자로부터 입도선매에 대한 차압수속이 이루어져 강제집행을 당한 때에도 이씨가는 소작료납입통지유무에 상관없이 배당에 참여할 수 있었다. 소작료 징수방법은 정조가 원칙이었으나 수수전에 검견하여 감면하는 것이 상례였다. 단 소작인의 실기·태만으로 감수된 때와 밭작물에서는 감면이 허용되지 않았다. 지정품종으로 건조·정선·조제를 충분히 하고 가마니에 포장하여 납부하되 이를 위반하거나 기일을 어기거나 3회 이상 분납하면 소작료의 1할 또는 매석 당 15근의 위약료를 징수하거나 소작권을 박탈했다. 소작료의 운반거리가 20리 이상일 경우에는 지주가 운반비용을 부담하였다. 1934년 현재 농장은 61.7정보의 농지를 소유했다. 1930년대 농업공황과 지주경영의 어려움을 타개하는 방안으로 수리시설도 불비하고 거주지에서 멀리 떨어져 있는 전장을 모두 팔고 거주지 복내면에 자작지를 마련하여 임노동에 입각한 자작경영을 하였다. 자작지 수익은 소작지보다도 높았다.

이용의는 면 협의회원·학교평의회원 등 지역 권력기구에 참여했고, 식민지 금융기관으로부터 자금 대부를 받아 농장경영을 유지해갔다. 1930년대 이씨가는 소작지와 자작지의 경작과 함께 금융대부업과 장리대여도 계속했다. 소규모이지만 증권투자나 양잠경영으로 자본전환을 꾀하기도 하였다. 해방 후 이씨가는 농지의 사전방매를 통해 농지개혁에 대응해갔다. 이씨가는 농지개혁으로 3정보 미만의 농지만을 소유한 채 구래의 지주경영을 해체되었다.

[참고어] 농지개혁, 장리, 동태적 지주, 소작인조합

[참고문헌]『農地改革時 被分配地主 및 日帝下 大地主 名簿』; 洪性讚, 1986,「韓末·日帝下의 地主制研究-50町步地主 寶城 李氏家의 地主經營事例」『東方學志』53 〈고태우〉

보안림(保安林) 공익상의 필요에 따라 국가가 벌채·개간을 금지하며 보호하고 관리하는 삼림.

조선시기에는 금산(禁山) 또는 봉산(封山)을 지정해서 국가에 필요한 산림의 벌채를 금하는 보안림과 유사한 제도가 있었다. 그런데 보안림을 법으로 처음 정한 것은 1908년 공포된 삼림법 제5조 규정이었다. 농상공부대신이 국토안보나 국유임야의 경영상 국토보전의 필요성이 있다고 판단되는 지역의 산림을 보안림으로 지정할 수 있도록 하였다.

이에 따라 1908년 서울 근교의 산림과 능원묘(陵園墓) 부근의 산림이 보안림으로 지정되었고, 다음해에 경기도 수원의 팔달산과 경상북도 안동 부내면 일대의 국유림이 보안림으로 지정되어 농상공부 대신의 허가 없이 벌목이나 개간이 금지되었다. 국토보안과 보존을 위해서는 사유림도 보안림에 편입될 수 있도록 했으며, 사유림 소유자는 보안림 편입으로 이익을 보는 자에게 손해배상을 청구할 수 있었다. 또 농상공부 대신이 보안상 필요한 산림산야의 소유자에게 조림이나 보호를 명할 수 있었다.

1911년 6월 20일 제령10호로 공포한 삼림령에서 보안림 규정은 강화되었다. 조선총독은 국토의 보안, 위해의 방지, 수원의 함양, 항행의 목표, 공중의 위생, 어부(魚附) 또는 풍치를 위하여 필요하다고 인정하는 때 산림을 보안림으로 지정할 수 있게 되었다. 국유로 보존할 필요가 있는 산림은 공용이나 공익사업 외에는 처분할 수 없도록 규정을 강화하였다. 삼림법에서는 보안림의 벌목과 개간을 금지하였으나 삼림령에서는 지방장관의 허가 하에 필요한 임상을 해치지 않는 정도에서 사용과 수익을 허용했다. 그리고 삼림법에서 보안림 편입에 의해 산림소유자가 손해배상을 청구할 권리를 인정하였으나 삼림령에서는 그 규정을 삭제하였다.

일제의 삼림령에 따른 보안림 면적은 계속 늘어나 1910년에 9,366ha였던 것이 1939년에 45만 3,948ha가 되었다. 보안림은 그 지정과 해제가 조선총독의 재량에 의해 결정할 수 있도록 하였기 때문에 산림소유권에 대해 중대한 제한을 가하는 것이었다.

[참고어] 봉산, 삼림법, 삼림령

[참고문헌] 岡衛治, 1945,『朝鮮林業史』, 조선산림회(2001, 한국임정연구회 편역, 산림청); 강정원, 2014,「일제의 山林法과 林野調査 연구-경남지역 사례」, 부산대 박사학위논문 〈강정원〉

보토괭이 밭의 골을 매거나 북을 주는데 사용하는 도구.

보리밭에 흙을 넣어준다고 하여 '보토(補土)괭이'라 불렸다. 주로 춘기(春期)에 보리밭의 골을 매고 북을 주는데 사용하였는데, 흙을 퍼서 밭에 뿌리거나 땅을 긁는 작업에 활용되었다. 1m가 넘는 자루에 바가지 형태의 철망이 달려있는 구조이다. 철망 끝부분에는 삽처럼 생긴 날이 달려 있어 땅을 긁거나 푸는데 사용할

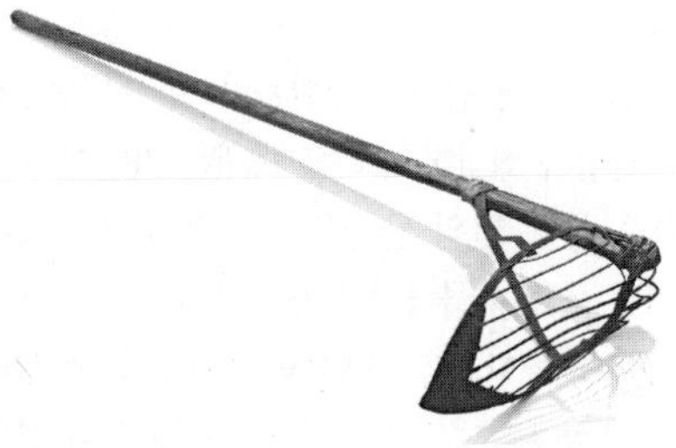

보토괭이 농업박물관

수 있었고, 이 머리 부분을 'ㄱ'자로 꺾거나 'ㅣ'자로 펴서 사용하기도 하였다. 일제시기부터 사용되었다고 한다.

[참고어] 괭이

[참고문헌] 박호석 外, 2001, 『한국의 농기구』, 어문각

복덕방(福德房) ⇒ 가쾌

복사전(覆沙田) 수해(水害)를 입어 모래가 뒤덮인 토지.

진전(陳田)의 한 종류로 급재(給災)의 대상이 되었다. 전주(田主)가 수령에게 장고(狀告)하게 하고, 수령이 직접 살펴서 관찰사에게 보고하여 세를 거두지 말도록 하는 것이 보통이었다. 1479년(성종 10) 경상도 언양현(彦陽縣)의 수재(水災)와 경성(鏡城)의 수재 때에는 각각 관찰사에게 친히 복사전의 결복수(結卜數)를 살펴 아뢰도록 하기도 하였다. 연산군대의 기록에 따르면 복사전이 되고 나면 해당 년도에만 농사를 지을 수 없을 뿐 아니라 3, 4년에 이르도록 농사를 지을 수 없다고 하였다. 복사전이 된 경우에는 급재를 해야 하고 양전(量田)에서도 양안(量案)에는 진전으로 등재되어야 했지만, 그렇게 하지 않아 민원(民怨)이 일어나기도 하였다.

[참고어] 진전, 급재

[참고문헌] 한국역사연구회 토지대장연구반, 2008, 『조선 후기 경자양전 연구』, 혜안

복태진(卜台鎭) 1798년(정조22) 권농정구농서윤음(勸農政求農書綸音)에 응하여 글을 올린 27인 중 한 사람.

본관은 면천(沔川)이며, 아버지는 복일성(卜日省)이고, 어머니는 임성(林渻)의 딸이다. 1759년(영조 35)에 식년시(式年試) 병과(丙科)에 급제하였다. 1798년(정조 22) 정조(正祖)의 구언 전지에 응하여 글을 올릴 때는 부호군(副護軍)으로 기록되어 있다. 그는 상소문에서 각지 제언(堤堰)의 복원과 화전(火田)에 대한 법의 엄격화, 소와 술에 대한 금령의 운영방안 등을 이야기 하였다. 또한 무익한 작물을 재배하여 유익한 작물의 생산이 줄어드는 피해를 걱정하였고, 관리의 수를 줄여 농사짓는 자의 수를 늘릴 것을 주장하였다.

[참고어] 응지진농서

[참고문헌] 『정조실록』; 농촌진흥청 역, 2009, 『응지진농서Ⅱ』, 진한M&B

복호(復戶) 조선시기 특정한 대상자에게 호에 부과하는 요역(徭役) 부담을 감면하던 제도.

대상자에 따라 왕족·장권(獎勸)·진휼·특수인·군호(軍戶)·정역(定役)의 6종으로, 수혜기간에 따라 영구히 면제해 주는 영년복호(永年復戶)와 일정기간만 면제해 주는 한년복호(限年復戶)로 구분한다. 대동법 실시 이후에는 대동미(米)·포(布)·전(錢)의 면제를 의미하게 되었다.

『경국대전』에는 다음과 같은 규정이 있다. ① 내금위(內禁衛)와 별시위(別侍衛)로서 솔정(率丁) 10인 이하거나 전지가 10결 이하인 자와 각종 군사로서 솔정이 5명 이하이거나 전지가 5결 이하인 자에게는 모두 복호한다. ② 대소인(大小人)으로서 80세 이상이고 솔정이 10명 이하이거나 전지가 10결 이하인 자에게는 복호한다. 90세 이상이면 전지와 솔정의 다소를 막론하고 복호한다. ③ 임금의 종성(宗姓)인 단면(袒免) 이상의 친족과 외가성(外家姓) 및 왕비의 동성인 시마(緦麻) 이상의 친족으로서 전지가 15결 이하인자는 복호한다. ④ 실직(實職)이 2품 이상인 관직을 지내고 70세 이상이 되어 시골에 가서 사는 자는 복호한다. ⑤ 공무로 인하여 죽은 자에게는 3년, 새로 귀화한 사람에게는 10년 동안 복호한다. ⑥ 무릇 사찰에 대해서는 공부(貢賦) 이외의 요역은 면제한다. 특히 복호는 단지 원거주 호에만 호역을 면제한다는 단서를 달았으며, 평민과 공·사천도 솔정 5인 이하거나 전지 5결 이하인자에게도 복호하였다. 또한 특별히 전사자인 경우 5년 동안 복호하였다. [「병전(兵典)」 복호]

이후 『대전회통』에는 남한산성의 장교와 군병 등에게는 특별히 전지 180결을 급복한다고 명시하였다. 각 능직자들과 충신·효자·열녀 등의 복호는 『경국대전』 「호전」 요부(徭賦)조에 명시하였으며, 호조 선혜청(宣惠廳)이 관장하도록 하였다. 그러나 규정외의 복호 시행이 많아짐에 따라 백성들의 요역 부담이 커져가는 폐단이 발생하였다.

요역의 부과는 1428년(세종 10)부터 경작하는 토지

의 결수에 기준을 두어 부과하였는데, 『경국대전』에는 경작지 8결당 1부로 정해서 연간 6일 동안 국역에 동원도록 규정하였다. 요역은 국역(國役)의 하나로 주로 노동력을 제공하는 역이었지만, 이외에도 공물(貢物)의 마련과 같은 공부의 역도 이에 포함되어 요부(徭賦)라 불리기도 한다.

원래 복호는 잡역만을 면제하는 것으로 가호의 역을 면제해 주는 것이지 그 전결의 역을 면제하는 것이 아니었다. 그러나 점차 전세·공부까지 면제하는 사례가 많았고, 특히 여러 궁가(宮家)들의 복호 남용은 빈번하였다. 1627년(인조 5) 내수사 노비의 복호를 철폐하기도 했으나, 복호를 이용한 탈세는 계속되었다. 예컨대 1633년(인조 11) 평양의 한 부에서 개간된 토지가 8천 3백 64결 51부인데 이 중 복호시킨 것이 4천 3백 82결 43부이고, 실역의 수는 3천 9백 81결 8부이었다. 또 감영의 관속, 부의 관속들은 노소를 막론하고 모두 복호시키고 어호(漁戶)라고 핑계대고 면세된 것도 2천 7백 70여 결이었다. 심지어 1783년(정조 7) 비변사에서 올린 글에 따르면 역마다 마호(馬戶)가 미리 복호의 위전을 팔아먹는 등의 일로 인해 역로의 곤궁을 가져오는 폐단도 있었다.

한편 정조는 수원부 백성들에게 약속한 복호의 혜택이 토지를 가지지 못한 백성들에게는 반영되지 못하자 이들에게 500결의 토지를 하사하고 적극적으로 복호의 혜택을 주고자 하였다.

[참고어] 급복

[참고문헌] 조병노, 2002, 「조선후기 유곡역의 경제기반과 재정운영」 『사학연구』 66

〈우혜숙〉

본정서(本政書) 중국 송(宋)의 임훈(林勳)이 지은 농정서.

임훈은 하주(賀州) 사람으로, 1115년(정화(政和) 5)에 진사가 되었다. 남송(南宋) 고종(高宗) 3년 광주주학교수(廣州州學教授)로 재직하며 『본정서』 13편과 『비교서』 2편을 올렸는데, 『본정서』는 토지개혁론을 중심으로 농정의 이정(釐正)에 대한 방책을 논한 책이다.

임훈이 살았던 송대에는 토지 겸병·토지집중으로 인한 농민층의 토지 상실이 큰 문제로 대두되었다. 이 현상은 당 중기 이후 균전제가 붕괴되는 가운데 전개되었으며, 남송대에 이르러서는 절정에 달하고 있었다. 이 시기에는 집권체제가 확립되고 관료제도가 발달하였으므로 권력을 배경으로 한 귀족·대소관료[官戶]·향촌유력자[上戶] 및 사원 등이 대토지를 집적하고 있었다.

임훈은 남송의 토지 겸병과 농민몰락 및 농민항쟁의 상황에 깊은 관심과 심각한 우려를 보내는 가운데 토지문제의 해결을 통해 민의 균산을 모색한 유학자였다. 그는 당말 이래 농민이 몰락하고 재용이 부족하여 굶주리는 백성들이 속출하고 도적이 번성하게 된 작금의 현실은 모두 본정(本政)을 닦지 않았기 때문이라 보았다. 임훈은 불공평한 부세제도와 행정으로 말미암아 농민몰락·농민항쟁이 유발되고 있으며, 이에 따라 남송사회는 내정개혁, 특히 '이농위본(以農爲本)'하는 농정의 이정(釐正)을 시급히 해결해야 한다는 문제의식 아래 『본정서』를 저술하였다.

그가 저술한 『본정서』에는 남송의 사회체제를 소농적 기반 위에 재건하기 위한 토지개혁론으로서 정전제(井田制)와 한전제(限田制)를 종합한 균전론이 소개되어 있다. 임훈의 토지개혁론에서 먼저 눈에 띄는 요소는 정전제이다.

그러나 그의 정전제는 옛 정전 그대로는 아니었으며, 다만 그 이념을 취한 정전제였다. 그는 정전의 균산 이념에다, 한전제의 매매를 통한 조정방법을 도입한 균전적인 정전제를 제시하고 있었다. 즉 토지를 수용하지 않고 그 소유의 상한선만을 정한 채 이를 지켜 나가게 하면, 수 세대를 지나는 사이에 상속·매매 등 자연현상으로서 부민의 점유는 줄고 빈민들이 점차 그 토지를 얻게 되리라는 구상이었다.

이를 위해 임훈은 토지소유에 있어 표준이 되는 농민, 즉 양농(良農)을 50무의 토지소유자로 정하고, 모든 농민을 양농의 수준으로 끌어올리는 것을 토지개혁의 목표로 삼았다. 이를 위해 임훈은 50무 이상의 토지를 소유한 자, 즉 대토지소유자가 여분의 토지를 팔고자 한다면 이는 허가하되 새로운 토지를 매입하는 것은 불허할 것을 주장하였다. 또한 50무 이하의 토지소유자나 무전자, 즉 차농과 예농에게는 토지의 매입만을 허가함으로써 점차 양농의 수준으로 끌어올릴 것을 주장하였다. 그는 이같이 하면 토지개혁에 수반되는 부민의 저항과 반발을 피할 수 있고 농민경제의 균산화도 기할 수 있다고 생각하였다.

이와 같이 한전의 점진적 방안을 채용한 임훈의 균전책은 토지개혁을 모색한 조선의 실학자들, 특히 성호 이익(李瀷)에게 많은 영향을 주었다. 이익은 국가의 제도개혁과 토지문제를 강구하는 과정에서 임훈의 저술인 『본정서』를 접하였고, 그 개혁의 방법이 자신의 방안과 유사함에 새삼 감탄하였다. 이익은 토지소유의 표준으로서 1경의 농지를 영업전(永業田)으로 하고, 영업전 외의 토지에 대해서는 자유로운 매매를 허용하는 것을 원칙으로 하였다. 토지의 자유로운 매매를 허용하면서 토지 겸병을 억제하려고 하는 것은 얼핏 모순되는 것 같지만, 이익은 빈민이 영업전을 팔지 않으면 부민의 토지 겸병이 어렵고, 또 부민에게 대토지소유를 인정한다 하더라도 후손에 대한 분재 등 여러 가지 이유에서 그들의 토지도 결국에는 소규모로 분산될 것으로 보았다.

임훈과 이익의 토지개혁론은 일단 대토지의 소유와 그 자유로운 매매를 허용하고 있다는 점에서 기존의 봉건지주제를 당분간 그대로 온존하는 것이었다. 그런 점에서 한전법(限田法)을 채용한 그들의 주장은 토지개혁론으로서는 불철저한 듯이 보이기도 한다. 그러나 이 방안은 토지개혁론에 저항하는 대토지소유자·호세가를 일거에 타도할 수 없는 상황에서 긴 안목으로 토지개혁을 완수할 수 있는 현실적 방안이기도 하였다. 즉 임훈과 이익의 토지개혁론에는, 한전에 의한 점진적인 균산책을 장기간에 걸쳐 꾸준히 추진해 나가면 당장 목전의 효과를 거두기는 어렵지만 먼 앞날에는 점진적으로나마 민산의 균등화, 자경 소농경제의 안정을 기할 수 있다는 확신이 짙게 깔려있었던 것이다.

[참고어] 정전제, 정전론, 균전론, 한전론

[참고문헌]『宋史』卷422,「列傳」181 ;『星湖先生文集』卷45, 論括田 ;『星湖僿說』卷3, 人事門 均田·本政書 ; 金容燮, 2007,「朱子의 土地論과 朝鮮後期 儒者」『朝鮮後期農業史研究』Ⅱ(신정 증보판), 지식산업사 〈김정신〉

봉대둔(烽臺屯) 조선시기 봉수(烽燧)를 관리하던 봉수군의 급료를 충당하기 위해 설정·운영했던 토지.

봉수군이 경작하고 조세를 면제하는 자경무세지였다. 조선 중기 이래 점차 둔전에 대한 정부의 관리가 부실해지자 봉수군이 사사로이 이를 매매하거나, 봉대둔 부근의 거주자가 이를 허가 없이 경작해 사전화(私田化)한 경우가 적지 않았다. 또한 다른 관둔전에 겸병되는 경우도 있었다.

봉대둔은 1894년 근대적인 통신제도의 도입으로 봉수제가 폐지되자 탁지부로, 1899년에는 내장원으로 이관되었다. 1908년 다시 탁지부의 관할이 되었으며, 이때 국유로 이속되었다.

[참고어] 영문둔전

[참고문헌] 和田一郎, 1920,『朝鮮土地地稅制度調查報告書』

봉산(封山) 특별한 용도의 목재를 지속적으로 조달하기 위해 그 수목을 보호했던 지역.

조선 전기의 금산(禁山)을 제도적으로 계승한 것으로, 구역을 지정하고 봉표(封標)를 표시해 일반 백성들의 이용을 제한하였다. 봉산의 종류에는 조선용재 공급을 위해 주로 바닷가에 위치했던 선재봉산(船材封山), 왕실의 관곽재(棺槨材)인 황장목을 공급하던 황장봉산(黃腸封山), 왕실의 신주(神主)를 만드는 밤나무를 보호하기 위한 율목봉산(栗木封山), 능묘의 제사에 쓰이던 향목과 목탄을 생산하기 위한 향탄봉산(香炭封山), 왕실에 공급하던 산삼의 채취지였던 삼산봉산(蔘山封山) 등이 있다.

전란으로 인한 산림관리의 부실과 민간부분 목재수요의 증가로 국가 필수 임산물 수급이 차질을 빚게 되자, 17세기 후반 벌채금지 구역이 불분명한 금산을 대신해 보호 수종(樹種)과 금지 범위, 관리 책임자를 구체적으로 명시한 봉산제도가 시행되었다. 조선 전기에 비해 보다 체계적으로 국가에서 필요한 목재를 관리하려 했다는 점에서 의의가 있다. 그러나 봉산은 조선 후기 상품화폐경제의 발달과 산업용 목재 수요의 급증, 왕실과 권세가들에 의한 임야사점의 확대, 대동법의 시행 등으로 점차 그 기반을 잠식당했다.『만기요람』「재용편5」송정(松政)조에는 공충·전라·경상·황해·강원·함경 등 6도의 봉산이 282곳으로 파악되어 있다. 한편 일제는 조선임야조사사업에서 임야를 국민유로 구분하면서 봉산은 국유로 하고 봉산제도는 소멸시켰다.

[참고어] 송금, 보안림, 조선임야조사사업

[참고문헌] 和田一郎, 1920,『朝鮮土地地稅制度調查報告書』; 이기봉, 2002,「조선 후기 봉산의 등장 배경과 그 분포」『문화역사지리』14권, 한국문화역사지리학회

봉상시둔(奉常寺屯) 봉상시의 경비를 충당하기 위해 설치한 토지와 시장(柴場).

봉상시는 조선 건국 직후 고려의 제도를 수용해 설치되었다. 1409년(태종 9) 전사시(典祀寺)로 개칭되었다가 1421년(세종 3) 봉상시로 환원되었다. 한양 서부 여경방에 있으며, 종묘·사직 등에 쓰이는 자성(粢盛 : 나라의 큰 제사에 쓰는 기장과 피)을 위한 동적전(東籍田)·서적전(西籍田)을 관리했다. 경비에 충당하기 위하여 봉상시둔을 두었는데,『만기요람』에 따르면 경기도와 광주·

개성유수부 일대에 총 205결 32부 7속의 면세지가 분포하고 있었다.[「재용편 2」 수세]

『경국대전』 공전과 『육전조례』에는 "위전세 200냥, 봉산 화전세 140냥, 각 처 가대세 65냥, 시장 주위 20리"라고 기록되어 있다. 여기서 '위전'과 '가대'는 한양 부근에 있는 토지로서, 위전의 대부분은 봉상시의 노비에게 제사에 쓰는 채소를 경작했고, 가대는 택지로서 민간의 거주를 허락하여 그 거주자로부터 차지료를 거두는 것이었다. 또 화전세란 화전의 경작자로부터 일정한 세액을 징수하는 것이며, 시장이라는 것은 공용의 연료를 채취하는 곳을 말한다.

1894년 봉상시가 궁내부 소속이 된 이후에도 계속 둔토를 관리하였는데, 1895년 명칭이 봉상사(奉常司)로 개칭되었다. 봉상시둔은 1899년에 내장원으로 이관되었고, 1907년 다른 역둔토와 마찬가지로 국유화되었다.

[참고어] 아문둔전

[참고문헌] 和田一郎, 1920, 『朝鮮土地地税制度調査報告書』

부·군·도소작위원회(府郡島小作委員會) ⇒ 조선소작조정령

부동산권소관법(不動産權所關法) 1906년 대한제국이 토지소관법 기초위원회를 조직하여 당면한 부동산권 관련 문제를 해결하기 위해 기안한 법안.

대한제국은 당면한 부동산권 관련 문제를 해결하기 위해 부동산권소관법을 기안하여 1906년 8월 15일 통감부의 동의를 얻고자 '제10회 시정에 관한 협의회'에 제출했지만, 일제의 반대로 시행되지 못했다. 부동산권소관법은 전문 24개조로 구성되었다. 대한제국 정부가 답·전·산림·천택 기타의 토지·가옥·토지의 정착물 등 모든 부동산권[매매, 전당, 임조(賃租), 양여]을 국가에서 관리할 의도 아래 일종의 등기제도를 도입하기 위해 기안한 법이었다.

그 내용은 다음과 같다. 첫째 부동산권이 변동될 때는 그 사유를 지권에 명기하여 이장과 면장(통수)의 인증을 받아 군수·부윤·감리에 청원하여 인허를 받도록 했다. 이때 해당 관리는 이를 등기부에 기입하도록 했다. '부동산등기제도'를 도입한 것이다. 등기제도는 국가가 토지조사를 한 뒤 소유권자와 토지내역을 사정하여 등록한 토지대장을 마련한 다음 시행할 수 있는 제도라는 점에서, 중단한 양전사업을 다시 시행하거나 아니면 새로 토지조사를 해서 토지대장을 마련해야 시행할 수 있는 제도였다.

둘째, 외국인의 토지소유는 불허하고, 전통적인 가족법제를 법으로 명문화한 토지매매제도를 채택했다. "호주의 허가 없이는 토지를 매도할 수 없다."는 규정이 그것이다. 이 규정은 당시 소유권분쟁이 주로 가족이나 친족이 매매문기를 절취하여 마음대로 도매(盜賣)하는 일이 빈발하고, 외국인이 이를 더욱 부추겨 토지매매가 급속히 진전되어 농민들이 토지에서 배제되고 공동체적 질서가 붕괴되어 가는 현실을 막기 위한 조치라 할 수 있겠다.

셋째, 소유권은 물론 임조권도 등기사항으로 정했다. 임조권에는 가옥의 임대는 물론 경지의 소작도 포함하였다. 이것은 당시 작인납세제 아래 조세를 담당하던 경작자들의 경작권을 물권으로 법제화한 조치라고 할 수 있다. 대한제국이 양전사업에서 시주와 함께 시작을 조사한 것과 맥을 같이 하는 것이다.

넷째, 등기제도 위반자를 처벌하는 규정도 마련하였다. 허위로 인허를 신청하는 자, 허위임을 알고 매수한 자와 인허를 해 준 면장, 이장, 지방관, 그리고 등기부 관리를 규정대로 하지 않은 관리 등을 처벌하도록 하였다. 태형과 징역형 등 형법과 손해배상제도 등 민법을 아울러 적용한 매우 강력한 것이었다. 특히 등기부 범죄는 더욱 엄하게 다스렸다.

이 법은 토지가옥증명규칙을 주도한 이토(伊藤博文)의 의도와는 커다란 차이가 있었다. 그는 외국인의 토지소유 허용과 증명제도를 목표로 했지만, 이 법안은 외국인의 토지소유금지와 등기제도를 의도했다. 그리고 전자가 소유권만을 증명대상으로 했으나, 후자는 임조권도 물권에 포함했다는 점에서도 차이가 있었다. 일본인들의 토지소유를 합법화하고 지주제를 강화하려는 일제의 입장에서 이 법은 받아들이기 어려웠다. 이토는 일본인 법학자 우메겐지로(梅謙次郎)에 의뢰하여 1906년 10월 16일 '토지 건물의 매매 교환 양여 전당에 관한 법률'을 공포하고, 이를 보완하여 곧바로 토지가옥증명규칙을 공포하고 실행에 옮겼다.

[참고어] 우메 겐지로, 토지가옥증명규칙, 지권

[참고문헌] 『일한외교자료집성』; 최원규, 1996, 「대한제국과 일제의 토지권법 제정과정과 그 지향」 『동방학지』 94 〈최원규〉

부동산등기법(不動産登記法) 부동산등기에 관한 사항을 규정할 목적으로 제정된 법률.

대한제국에서 도입하려다 좌절되고 일제시기 일제

가 의도한 방향으로 제정되어 오늘에 이르렀다. 해방 후 한국은 1912년 공포한 조선부동산등기령에 따른 일본식 등기제도를 의용하다가 1960년 1월 1일 법률 제536호 부동산등기법을 공포하여 시행하게 되었다. 이 법은 총칙, 등기소와 등기공무원, 등기에 관한 장부, 등기절차, 이의(異議), 벌칙, 보칙 등 7장으로 구성되고, 전문 192조와 부칙으로 되어 있다. 등기대상은 구분건물(區分建物)의 표시와 소유권·지상권·지역권(地役權)·전세권·저당권·권리질권(權利質權), 임차권의 설정·보존·이전·변경, 처분의 제한 또는 소멸 등이다.

등기는 등기할 권리의 목적인 부동산의 소재지를 관할하는 지방법원, 그 지원(支院) 또는 등기소를 관할 등기소로 하며, 부동산이 여러 등기소의 관할 구역에 걸쳐 있을 때는 신청을 받아 그 각 등기소를 관할하는 상급법원의 장이 관할 등기소를 지정하도록 하였다. 등기부는 토지등기부와 건물등기부의 2종으로 하였다.

동일한 부동산에 관하여 등기한 권리의 순위는 법률에 다른 규정이 없으면 등기의 전후에 의하며, 등기의 전후는 등기용지 중 동구(同區)에서 한 등기는 순위번호에 의하고, 별구(別區)에서 한 등기는 접수번호에 의한다. 부기등기(附記登記)의 순위는 주등기(主登記)의 순위에 의하지만 부기등기 상호간의 순위는 그 전후에 의한다. 가등기를 한 경우에는 본등기의 순위는 가등기의 순위에 의한다. 등기는 법률에 다른 규정이 있는 경우를 제외하고 당사자의 신청이나 관공서의 촉탁이 없으면 하지 못한다. 등기는 등기권리자와 등기의무자 또는 대리인이 등기소에 출석하여 신청하여야 한다.

등기제도는 공시제도의 하나이므로 이를 어떻게 조직하느냐에 따라 거래의 안전에 크게 영향을 미친다. 여기에는 두 가지 점이 중요시된다. 첫째, 일정한 어떤 사실 또는 법률관계, 예를 들면 부동산소유권의 이전은 당사자의 의사표시 외에 이를 등기하지 않으면 성립되지 않거나 효력이 생기지 않는다고 하는 성립요건주의를 취할 것인가, 그렇지 않으면 당사자의 의사표시만으로 성립 또는 그 효력이 생기고 이를 제3자에 대하여 주장하는 데 등기를 필요로 하는 대항요건주의를 취할 것인가 하는 문제이다. 한국은 예컨대 회사의 설립과 부동산에 관한 법률행위로 인한 물권의 득실변경에 관하여는 성립요건주의를 취하고 있다.

부동산의 등기에 관하여 구법에서는 프랑스의 대항요건주의에 따랐으나, 현행 민법에서는 독일법의 성립요건주의로 바꾸었다. 등기의 강제가 더 철저하고 직접적이며, 당사자 사이의 효력발생과 제3자에 대한 효력의 발생을 획일적으로 다루는 성립요건주의가 거래의 안전을 위한 공시제도로서 바람직하다고 한 것이다. 실제 문제는 등기는 있으나 그에 대응하는 일정한 사실 또는 법률관계가 실질상 존재하지 않는 경우이다. 이러한 경우 등기를 신뢰하고 거래한 자를 위하여 등기부에 기재된 그대로의 진실한 권리관계가 존재한 것과 같은 법률효과를 인정하는 것이 공신의 원칙이다. 거래의 안전과 원활에 이바지하는 등기제도의 이상은 등기에 공신력을 인정해야 이룰 수 있다. 독일·스위스, 그리고 토렌스식 등기제도에서는 모두 이 공신의 원칙을 채택하고 있으나 한국에서는 이를 인정하지 않는다.

한국 부동산등기제도의 중요한 특징을 보면, 첫째 등기부에는 토지등기부와 건물등기부가 있고, 등기부에는 한 필의 토지 또는 한 동의 건물에 대하여 한 용지를 사용하도록 하고 있다. 권리의 객체인 하나의 부동산을 단위로 편성하는 물적 편성주의를 취한 것이다. 둘째 허위의 등기가 행하여지는 것을 막기 위하여 등기신청이 있을 때, 그 신청이 과연 적법한가 또는 부적법한 것인가를 심사하는 등기공무원의 심사권에 관하여는 실질적 심사주의와 형식적 심사주의의 대립이 있다. 전자는 등기신청의 실질적 이유 내지 원인의 존재와 효력까지도 심사하게 하는 것이고, 후자는 등기절차상의 적법성 여부에 심사를 한정하는 것이다. 한국의 등기법은 등기 공무원에게 형식적 심사권만을 부여하고 있어 절차는 신속하나 허위의 등기 내지 부실한 등기를 막을 길이 없는 흠이 있다. 이를 막기 위하여 등기신청의 접수와 관련해서 실질적 심사주의를 채택하거나 등기신청서류에 대한 특별한 공증을 요구하고, 또 공신력을 인정하여 진실한 권리자가 권리를 잃어 불의의 손해를 입게 될 때는 이를 배상하는 제도가 전제되어야 한다.

[참고어] 저당권, 채권, 질권, 조선부동산등기령

[참고문헌] 현암사 법전팀, 1997, 『도해 법률용어사전』, 현암사 ; 곽윤직, 1979, 『부동산등기법』, 대왕사 ; 이승일, 2008, 『조선총독부 법제정책 : 일제의 식민통치와 조선민사령』, 역사비평사

〈이승일〉

부동산법조사보고요록(不動産法調査報告要錄) 일본이 부동산법조사회를 통해 시행한 조선 부동산 관례조사결과를 요약한 책. 부동산법조사회를 계승한 법전조사국에서 1908년 간행하였다.

『부동산법조사보고요록』은 부동산법조사회에서 한국의 부동산에 관한 법제와 관습을 조사한 결과를 바탕으로 간행되었다. 부동산법조사회는 1906년 조선 토지의 제도 정리 및 토지 관계 법률을 제정하기 위해 설치되었으며, 1906년 7월 26일부터 경성·인천·개성·평양·수원·대구·마산·부산 등 주요 지역을 대상으로 부동산 관례조사를 실시하였다. 1906년 8월『한국부동산에 관한 조사기록(韓國不動産に關する調査記錄)』은 그 결과물이었다. 그리고 보좌관보 가와사키 만죠(川崎萬藏)가 1907년 4월『한국부동산에 관한 관례 제1철(韓國不動産に關する慣例 第一綴)』을, 촉탁 히라키 간타로(平木勘太郎)가『한국부동산에 관한 관례 제2철(韓國不動産に關する慣例 第二綴)』과『한국 토지소유권의 연혁을 논한다(韓國土地所有權ノ沿革オ論ス)』를, 나카야마(中山成太郎)가『한국에서의 토지에 관한 권리일반(韓國ニ於ケル土地ニ關スル權利一班)』을 저술하였다. 이러한 조사회의 토지제도 및 토지소유권 관례 일반에 대한 모든 조사결과를 취합하여 1908년 법전조사국에서『부동산법조사보고요록(不動産法調査報告要錄)』을 간행한 것이다.

이 책의 조사사항은 토지에 관한 권리의 종류, 명칭과 내용, 관유·민유 구분의 증거, 국유와 제실유와의 구별, 토지대장 또는 그러한 종류의 장부의 존재여하, 토지에 관한 권리 양도의 자유와 조건 수속, 토지의 강계, 토지의 종목, 토지의 측량방법, 시가지와 기타지역과의 차이 등을 요약 서술하고 있다. 토지대장 조사에서 전라도 만경현 양안, 개성부 양안, 정산군 목면 양안, 경상남도 동래감리서 지권, 평안남도 삼화감리서 지권, 경성 제1차에서 제4차에 이르는 가계, 경기도 수원군과 대구의 가계 등의 형식을 보고하여 참고할 수 있다는 점이 특징적이다. 하지만 전반적으로 이 책의 간행 시점에는 일제의 조선 토지제도와 지세제도에 대한 인식이 초보적인 수준에 머물고 있었다.

[참고어] 법전조사국, 부동산법조사회, 우메 겐지로

[참고문헌] 조선총독부, 1935,『施政二十五年史』; 조선총독부중추원, 1938,『朝鮮舊慣制度調査事業』; 宮嶋博史, 1991,『朝鮮土地調査事業史の硏究』, 東京大學 東洋文化硏究所 〈고나은〉

부동산법조사회(不動産法調査會) 1906년 7월 24일 한국의 부동산에 관한 제도와 관습을 조사하고 항구적인 부동산 관련법을 제정하기 위하여 설치된 입법기구.

부동산법조사회는 한국 내각(의정부) 소속으로 설치되었으며, 회장에는 일본인 민법학자인 우메 겐지로(梅謙次郎)가 임명되었다. 조사위원으로는 내부, 법부, 탁지부의 관리들 가운데 토지소유권에 관한 고래의 제도를 숙지한 사람, 토지에 관한 법규 및 선례 등을 숙지한 재판관, 납세제도에서 신구 두 법에 정통한 자를 선발 기준으로 하여 이건영, 김량한, 정인흥, 이원경, 김택, 김낙헌, 원응상, 석진형 등이 임명되었다.

부동산법조사회는 이토 히로부미(伊藤博文)가 주도하여 설치하였다. 임무는 각종 부동산에 관한 연혁과 관습을 조사하는 일이었지만, 한국의 토지침탈과 한국에 거주하는 일본인의 재산권을 보호하기 위하여 부동산 입법 및 민법의 제정을 추진하는 것이었다. 이토는 부동산이 개인의 가장 중요한 재산임에도 불구하고 한국은 부동산권에 대한 법제가 정비되지 못하고, 부동산권을 공증하는 제도도 부실하여 일본인의 재산권 보호에 취약하다고 판단하였다.

이토는 한국의 토지법 제정을 주도할 인물로 우메를 초빙하였다. 우메는 토지에 관한 법률을 제정하기 위해서는 부동산에 관한 종래의 관습 및 제도를 조사할 필요가 있다고 판단하고, 1906년 7월 26일부터 부동산에 관한 관례를 조사하였다. 가와사키(川崎萬藏), 나카야마(中山成太郎), 야마구치(山口慶一), 히라키(平木勘太郎) 등의 일본인 조사관이 한국인 통역관을 대동하여 조사하였다. 정부에서는 관찰사·감리·군수에 훈령을 내려 조사활동에 편의를 주도록 하는 한편, 조사사항 설명서도 미리 발송하여 답변에 차질이 없도록 하였다.

부동산법조사회는 1906년 7월 26일부터 경성·인천·개성·평양·수원·대구·마산·부산 등 주요 지역을 대상으로 부동산 관례조사를 실시하였다. 조사항목은 소유권을 비롯한 각종 토지권의 지방별 관습의 실태와 내용이었다. 이러한 조사활동은 한국지배를 위한 기본법을 제정하는 데 필요한 기초사료를 확보하기 위한 과정이기에 조사위원들의 주관이 조사활동에 크게 영향을 미쳤다. 이 조사는 위원들이 직접 이사청, 관찰부, 부윤, 군수에게 질문하는 방식으로 진행되었으며, 그 결과는 1908년『부동산법조사보고요록』으로 간행되었다.

부동산법조사회는 조사활동과 더불어 이토의 지시에 따라 법제정 작업도 실시하였다. 우메는 조선의 민법체계는 일본과 달라야 하지만 토지제도만큼은 국적에 차별이 없도록 해야 한다는 입장이었으며, 이토도 마찬가지였다. 이러한 원칙아래 당장에 쓸 수 있는 임시조치법을 마련하고자 하였다. 1906년 9월 24일에 이식규례(법률 제5호), 10월 26일에 토지가옥증명규칙

(칙령 제65호), 11월 26일에 토지가옥전당집행규칙(칙령 제80호) 등을 제정하였다. 일련의 입법을 통하여 당시까지 불법적이었던 외국인의 토지소유를 합법화하였다.

그러나 토지가옥증명규칙에 의해 증명을 받을 수 있는 토지는 신규거래가 이루어지는 경우에 한정되는 한계가 있었다. 그리고 이 법은 소유권만을 대상으로 한 것이고, 증명도 필수요건으로 규정한 것도 아니었다. 따라서 그 증명 자체가 제3자에 대한 대항력을 가진 것은 아니었다. 법적 효력이 임시방편적인 성격이 강하였다.

[참고어] 우메 겐지로, 법전조사국, 부동산법조사보고요록, 토지가옥증명규칙, 토지가옥전당집행규칙

[참고문헌] 최원규, 1996,「대한제국과 일제의 土地權法 제정과정과 그 지향」『동방학지』94 ; 윤대성, 1992,「日帝의 韓國慣習法調查事業에 관한 硏究」『재산법연구』9 ; 이영미, 2007,「近代韓國法과 梅謙次郞」『동아법학』39 ; 조선총독부 중추원, 1938,『朝鮮舊慣制度調査業概要』 〈최원규〉

부민협회 조선농장(富民協會朝鮮農場) 일제시기 일본 오사카마이니치(大阪每日) 신문사 산하의 재단법인부민협회가 전라북도 정읍군에 세운 농장.

1927년 10월 재단법인 부민협회는 일본 농민에게 실용적이고 과학적인 농업지식을 보급하여 농민계몽과 농가수익 증대에 이바지하는 것을 목적으로 설립되었다. 재단의 기본자산은 오사카마이니치신문사 사장을 지낸 모토야마 히코이치(本山彦一)가 기부한 20만원과 모토야마가 소유하고 있던 전라북도 정읍군(129.1정보)·김제군(120정보)·부안군(16.8정보) 일대 토지 265.9정보였다. 기부 토지는 모토야마가 1904년 러일전쟁 중 군산·정읍·김제 일대에서 농장경영주이자 토지브로커로 활동하던 구마모토 리헤이(熊本利平)를 통해 매수한 것으로, 매수 토지 중에는 왕실과 소유권 분쟁으로 갈등을 일으킨 균전도 포함되어 있었다. 당시 한국 농업척식의 정치경제적 중요성에 착목하고 토지매수에 필요한 자금 확보에 진력하고 있던 구마모토는 후일 '일본의 전력왕'으로 불린 동향의 마쓰나카야스쟈에몬(松永安左衛門)의 소개로 오사카 재계 인사들과 연결되었고, 당시 만한척식론(滿韓拓殖論)을 주창하던 모토야마는 미쓰이은행(三井銀行) 오사카지점장 히라가 사토시(平賀敏)로부터 구마모토를 소개받았다. 모토야마는 구마모토에게 토지매수와 위탁경영을 맡겼다. 이후 이런 인연으로 모토야마는 구마모토 리헤이·미야자키 게이타로(宮崎佳太郎) 등 군산 옥구지역의 일본인 지주들이 조직한 군산농사조합의 초청으로 조선에 건너와 강연을 하기도 했다.

부민협회의 시설로는 오사카부(大阪府) 센부쿠군(泉北郡)의 부민협회사업소, 전라북도 정읍군 용북면 신태인리의 조선출장소(조선농장), 강원도 회양군 상북면 상전난리의 산림사무소, 오사카부 센부쿠군의 센부쿠시험농장(1.6정보), 오사카부 미시마군(三島郡)의 미시마시험지(4단보), 대만 신죽남 군(新竹南郡)에 위치한 농업박물관 등이 있었다. 조선출장소는 1928년 4월에, 산림사무소는 1931년 5월에 각각 개설되었다. 1934년 1월 조선출장소는 농장사무소로 개칭되었다. 재단법인 부민협회의 사회사업은 일본농민을 대상으로 미곡다수확 장려, 다산계(多産鷄) 포상, 정농(精農) 표창, 우량농사조합 표창, 부민상 표창, 농사개량 및 부업장려 사업조성, 전람회 개최, 농업강습회 개설, 농업도서간행 및 우량종묘 배급 등이었다. 이러한 재단의 활동과 사업운영에 소요되는 일체 비용은 조선농장의 소작료로 충당되었다. 조선농장의 소작료수입이 부민협회의 핵심 자금원이었기에 조선농장의 토지소유 규모는 1945년 패전 때까지 크게 변동 없이 유지되었다. 강원도 산림은 줄곧 2정보 규모로 보유하다가, 1941년 조선총독부로부터 강원도 회양군 소재 약 5,000정보의 산림지를 무상으로 양도를 받아 재단 소유로 했다.

〈재단법인 부민협회 조선농장 토지소유 추이(단위: 정보)〉

연도	논	밭	산림	택지	합계
1928	188.19	56.51	1.68	0.07	246.85
1932	225.80	52.83	2.14	0.05	281.27
1934	232.72	55.03	2.14	0.96	281.84
1938	223.96	55.82	2.14	0.97	282.29
1941	208.35	56.40	5,033.31	1.02	5,299.08
1944	208.31	56.66	5,350.34	1.05	5,616.36

출처 : 소순열, 2003.6,「일제하 일본인 지주의 일 존재형태」『농업사연구』2-1, 133-134쪽.

재단법인 부민협회의 유일한 수입원이 조선농장인 이상, 농장측은 농사개량과 엄격한 소작인 관리를 바탕으로 미곡증수와 소작미의 상품가치 향상에 진력하였다. 소작계약 시에 소작인 5명 이상 공동명의로 연대소작계약서를 작성했고, 소작인 5명을 기본단위로 소작인조합을 구성하고, 소작료 미납이나 대여 받은 농자금 체불 시에 소작인조합에게 연대책임을 물었다. 소작지의 대여나 원형변경을 금지하고 소작료 징수는 정조법으로 했다. 농장은 농장직원-마름-소작인으로 이어

지는 관리감독체계를 구축하였다. 마름은 농장에 고용된 단순한 중간관리자에 불과했으며, 현지 사정에 밝은 조선인 마름은 소작인 관리에 매우 유용했다. 1936년 현재 조선농장에는 직원 4명, 마름 11인, 소작인 482명이 있었다. 이러한 소작인 관리체계를 바탕으로 소작미 증산을 목표로 농사개량이 면밀하게 추진되었다. 농장은 현지 지역에 적합한 일본 벼 품종 개량을 위한 원종포·채종답·시험답을 마련하여 개량종자를 보급하고, 일본식으로 묘대를 바꾸고, 정조식으로 모를 내게 하고, 시비 증가를 독려 강제하였다. 우량소작인에게는 경우를 저리로 대부해주었고, 부인단을 조직하여 여성노동을 적극 활용하였다. 소작미는 5말 짜리 가마니로 받았고. 건조 상태에서 규격포장까지 엄격하게 관리하여 일본 미곡시장에서 출하하였다. 해방 후 미군정에 의해 부민협회 조선농장의 토지는 귀속농지로 소작인에게 분배되었고 산림은 국유지로 편입되었다.

[참고어] 균전수도, 구마모토농장, 군산농사조합, 소작인조합

[참고문헌] 소순열, 2003,「일제하 일본인 지주의 일 존재형태-부민협회의 설립과 농장경영」『농업사연구』 2-1 〈이수일〉

부분림(部分林) ⇒ **국유삼림산야부분림규칙**

부세(賦稅) ⇒ **조세제도**

부재지주(不在地主) 자신의 소유지 또는 경작지 부근에 거주하지 않고 중소도시 혹은 서울에 살면서 고율 지대(地代)를 수취하던 지주.

자신의 소유지 경영에 직접 관여하지 않고 중간관리인을 두어 대신 경영하는 지주의 경영방식을 일컫기도 한다. 이들의 부재지주 경영은 일제하에 이르기까지 대지주경영의 특징적인 형태로 존재했다. 전근대 부재지주는 전국을 대상으로 토지를 집적하고 중간관리인을 두어 관리하고 있었던 것으로 보인다. 이들은 양전사업의 최하 작성단위로서의 면 단위를 기준으로 그 경계를 넘어 토지소유를 하고 있다는 점과 관련하여 토지소유와 농업경영의 부재지주적 특징을 파악하기 위해 범주화한 지주층이다. 군현·도 단위의 병작지 확대를 통해 전국 차원의 지주경영에 이르기도 한다. 이들의 부재지주 경영이 활발해지던 배경에는 토지와 노동력의 상품화가 진전되면서 유통망이 발달하는 가운데 원거리 토지에 대한 지주경영이 가능했던 조선후기에 이르러서였다고 할 수 있다.

부재지주의 경영은 유통망의 발달을 배경으로 계속 확대될 수 있었으며, 강변이나 해안가에서는 포구 유통망이나 원격지 유통망을 이용하고 있었다. 지대 운반비용은 지역에 따라 약간의 차이가 있었으며, 18세기 후반의『전율통보(典律通補)』에 의하면 충청도 연해읍 등 서울에서 가까운 고을은 미태(米太) 10석당 1석, 경상도 등의 경우는 3석을 규정하고 있었다. 부재지주들의 토지집적은 지대수취가 목적이기 때문에 지대수취가 용이한 강이나 해안 지역의 토지를 중심으로 이루어지고 있었다.

부재지주의 농업경영 방식은 토지소유와 농업경영이 결정적으로 분리되어 있다는 특징을 갖고 있다. 대토지소유자로서 존재했던 지주층의 경우 양안 상에 거주지인 가대(家垈)를 갖고 있더라도 실제 생활은 지방도시나 서울에 거주하고 있었다. 그 외 지역의 토지는 가대지가 없었고 중간관리인을 통해 병작 혹은 도지경영을 행하였던 것으로 보인다. 대한제국기 광무양안에 나타난 충주 지역의 부재지주들은 모두 중앙 정계에 진출한 거대 척족 세력으로서 남한강 유통망을 이용하여 지대를 수취하여 운반해 간 사례로 보인다. 권력을 이용하여 토지를 집적할 수 있었을 뿐 아니라 부재지주 경영을 통해 생산물을 수취한 경우라고 할 수 있다.

일제 하 부재지주는 전국 104,823호 중에서 약 3만3천호로 파악되고 있다. 여기에는 자작을 겸한 지주층을 제외하면, 농촌에서 직접 경영에 참가하지 않는 지주 대부분이 부재지주로 보인다. 이들 부재지주층은 소지주도 포함하지만 전 소작지의 1할4분을 차지하고 있는 100정보 이상의 대지주 1,059호를 포함한 통계이다. 비옥한 하삼도 지역의 토지가 양반귀족과 문무관료, 양반배들에 의해 장악되었던 19세기까지의 토지지배 상황을 그대로 반영하고 있다. 부재지주의 토지소유와 경영방식은 구래의 지주경영을 극복하지 못했다는 평가를 받기 때문에 농업의 정상적인 발전을 저해한다고 비판되었다. 농업문제를 거론할 때 가장 먼저 개혁대상으로 지목되는 것도 이같은 부재지주의 토지소유와 경영방식의 후진성 때문이었다.

[참고어] 지주, 재지지주, 경영지주, 광작

[참고문헌] 인정식, 1948,『農村問題事典』, 新學社 ; 최윤오, 2004,「대한제국기 충주군 양안의 지주제와 부농경영」『동방학지』 128 ; 최윤오, 2005,「대한제국기 광무양안의 토지소유와 농업경영에 관한 연구-충북 진천군양안의 전체분석을 중심으로」『역사와 현실』 58 〈최윤오〉

부종법(付種法) 땅에 씨를 직접 뿌려 심는 법.

[참고어] 직파법

북관지(北關誌) 함경남북도 각 군(郡)의 읍지(邑誌)를 모아 편찬한 17세기 지리지.

목판본으로 2권 2책이다. 택당(澤堂) 이식(李植)이 1616년(광해군 8)에 함경도 평사(評事)로 근무하면서 북방 변경 지역의 주요 인문지리 내용을 북관지(北關志)라고 하고 저술을 시작하였으나 완성하지 못하였다. 이후 1662년(현종 3)에 그의 아들 이단하(李端夏)가 북평사로 임용되어 완성은 하였다. 그러나 간행하지는 못하였는데, 그 후 30년이 지난 1693년(숙종 19)에 북평사로 부임한 신여철(申汝哲)이 증수하고 간행하였다. 1784년에는 신여철의 후손 신대겸(申大謙)에 의하여 중간되었다.

상·하 두 권에 북병영 관할 십부(十府)의 읍지를 개괄하였다. 상권에는 경성(鏡城府)·길주부(吉州府)·명천부(明川府)·부령부(富寧府) 등 4개 부와 하권에는 회령부(會寧府)·무산부(茂山府)·종성부(鍾城府)·온성부(穩城府)·경원부(慶源府)·경흥부(慶興府) 등의 6개 부를 수록하였다. 신여철은 이단하가 완성한 원고에 선생안(先生安)을 보충하고, 호구(戶口), 전부(田賦)의 변경된 내용을 추록하였다. 또한 1694년(숙종 10)에 설치된 무산부(茂山府)에 관한 사실들을 보충하였다.

다루고 있는 항목은 건치연혁(建置沿革)·군명(郡名)·관원(官員)·강계(疆界)·산천(山川)·관방(關防)·해진(海津)·성곽(城郭)·봉수(烽燧)·관우(館宇)·학교(學校)·이사(里社)·역원(驛院)·사묘(祠廟)·불우(佛宇)·고적(古蹟)·성씨(姓氏)·인물(人物)·토산(土産)·풍속(風俗)·관안(官案)·호액(戶額)·전안(田案)·재곡(財穀)·공안(貢案)·진상(進上)·약재(藥材)·병안(兵案)·이안(吏案)·천안(賤案)·제영(題詠)·잡기(雜記) 등이 서술되어 있다. 함경도 지역이기 때문에 변경 방비책에 관한 관방·해진·성곽·봉수 항목 내용이 특히 자세하다. 또한 일반 읍지의 체계를 따라 각 지역의 효자·열녀·충신·유생·문과(文科) 등을 세분하여 '인물' 항목에 수록했으며, 지방의 주요한 특산물[농산·해산물]도 '토산' 항목에 기재했다. 함경도 지역에 부임했던 도순문찰리사(都巡問察理使)·도절제사(都節制使)·도사(都事)·판관(判官)의 명단을 '관안' 항목에 수록했다.

관방(關防)과 관련된 '병안' 항목에는 우청군(右廳軍)·무학(武學)·갑사(甲士)·보병(步兵)·봉군(烽軍)·위군(衛軍)·병영군(兵營軍) 등에 대한 내력과 숫자가 기재되어 있다. '잡기' 항목에는 각 부의 특이한 사실들을 자세히 적어, 그 지역에서 일어난 고사·일화·외적침입 사례 등을 수록하였다. '제영' 항목에는 함경도 지역의 풍물과 사정을 읊은 병사들의 시를 모았다. 호액조·전안조 등은 선조연간 이나 인조연간의 조사 내용을 수록하고 있어서 16~17세기의 함경도 실정을 파악하는 데 도움을 주고 있다. 전래되고 있는 읍지의 다수가 고종 때 편찬된 것이거나 연대 미상의 필사본인 데 비하여, 이 책은 간행 연도가 뚜렷한 목판본으로 사료적으로 가치가 높다. 또한 단일 지방 읍지가 아니라, 함경도 전역의 읍지를 포괄하고 있어 당시 관북 지방의 행정실태·제도·역사·인물·풍속·자연 등을 함께 살필 수 있는 자료이다.

이 책은 신여철에 의해 간행되기 전에 이미 조정에 소개되었는데, 1666년(헌종12) 정문부(鄭文孚)의 논상을 의논할 때 당시 수찬(修撰)이었던 이단하가 상소하면서 이식의 『북관지』 내용을 소개하여 정문부에게 포상을 청하였다. "수찬 이단하도 상소하여 아뢰기를, 신의 아비 이식이 일찍이 북평사로 있으면서 남·북도의 사실을 널리 채집하여 『북관지』를 지었는데, 문부가 의병을 일으켜 적을 토벌한 일을 상세하게 기록하였습니다. 그 기록에 '그 당시 북도의 성읍이 다 반적(叛賊)에게 점거당하고 원융(元戎) 이하가 거의 적에게 함락되었으나, 오직 문부만이 유생과 모의하여 의병을 일으켜, 먼저 경성(鏡城)을 회복하고 반적을 죽였다.'(修撰李端夏亦上疏言 : 臣父植, 曾爲北評事, 博採南北道事實, 述『北關志』, 詳記文孚倡義討賊事. 其記曰 : '當其時北道城邑, 悉爲叛賊所據, 元戎以下, 陷賊殆盡, 獨文孚, 與儒生謀起義兵, 先復鏡城, 誅叛賊.[『현종실록』 권12, 7년 5월 계묘(23일)])" 또한 후대에도 『북관지』는 조정에서 참고한 자료로, 『만기요람』 군정편에도 인용되고 있는 것을 확인할 수 있다. 서울대학교 규장각에 소장되어 있는데, 이것은 신대겸이 복간한 중간본의 필사본이다. 1990년에 한국읍지총람 『조선시기 사찬읍지』 44권에 『관북지』·『북관읍지』·『경흥부읍지』 등 함경도의 다른 읍지들과 함께 영인·출간되었다.

[참고문헌] 서울대학교도서관 편, 1984, 『규장각한국본도서해제』-사부 4-, 서울대학교도서관 ; 한국인문과학원편, 1990, 『조선시대 사찬읍지』 44권 ; 강석화, 2000, 「제2장 중앙정부의 함경도 개발정책」 『조선후기 함경도와 북방영토의식』, 경세원 〈탁신희〉

북새기략(北塞記略) 홍양호(洪良浩)가 쓴 『삭방풍토기(朔方風土記)』를 저본으로 하여 손자 홍경모(洪敬謨)가 추록·재편집한 조선 후기의 북방지리서.

홍양호는 정조가 등극하고 1년 뒤 홍국영에 의해 좌천되어 1777년(정조 1) 10월부터 1여 년간 함경도 경흥부사(慶興府使)로 재직하였다. 그는 그곳에서 북관지역을 답사하고 경흥지역의 왕실 유적을 조사하고 정비하였으며, 재직시 경험을 바탕으로 『삭방풍토기』를 저술하였다. 홍양호 사후 그의 손자인 홍경모는 조부의 문집 정리 작업을 하면서 저본인 『삭방풍토기』에 『동국여지승람(東國輿地勝覽)』·『청일통지(淸一統志)』 등의 지리 정보를 덧붙이고 체제를 정리하여 홍양호의 문집에 『북새기략』을 수록하였다. 기존에는 『이계집(耳溪集)』에 북새기략이 수록되어 홍양호만의 저작으로 알려졌다. 그러나 홍양호 생전에 '북새기략'이라는 이름으로 유통된 서적이 없다는 점과 그 내용에 홍양호 사후에 발간된 『만기요람(萬機要覽)』의 내용이 그대로 발췌되어 있는 점 등을 통해 문집을 정리하던 홍경모의 재정비가 있었음이 최근 연구를 통해 밝혀졌다.

저본인 『삭방풍토기』 이전에도 함경도에 관련된 기록들이 없었던 것은 아니며, 각 지역의 읍지에도 일정부분 정보가 수록되어 있다. 그러나 홍양호는 읍지류에는 수록되기 어려운 풍속·언어 등 함경도 사회의 구체적인 모습을 서술하였다. 또한 다양한 지리 정보도 수집하고 정리하였다.

함경도 여러 읍들의 위치 및 향촌제도, 가옥제도, 사회, 풍속, 언어, 특산물 산업, 의복제, 지방제, 장례 및 제례, 회령과 경원에서 열리는 개시의 절차 및 주요 거래 품목 등에 대해 편목의 구분 없이 서술하였다. 그 밖에 「북변한로(北邊旱路)」, 「북변수로(北邊水路)」, 「강외산천(江外山川)」, 「자회령지영고탑노정(自會寧至寧古塔路程)」, 「자영고지오라노정(自寧古至烏喇路程)」, 「백두산고(白頭山考)」 등의 항목을 별도로 두어 이 지역의 지리사정을 상세히 소개하였다. 북관지방의 각읍, 각역 사이의 거리 및 포구간의 거리를 이해하기 쉽게 서술하였으며 함경도뿐 아니라 두만강 이북지역의 지리와 노정에 대해서도 자세히 기록하였다.

더 구체적이고 체계적으로 기술되는 것은 홍경모의 손을 거친 『북새기략』에 이르러서이다. 『북새기략』에서는 『삭방풍토기』에서 다룬 내용을 「공주풍토기(孔州風土記)」, 「북관고적기(北關古蹟記)」, 「교시잡록(交市雜錄)」, 「강외기문(姜外記聞)」, 「백두산고(白頭山考)」, 「해로고(海路考)」, 「영로고(嶺路考)」 등 7편의 항목으로 편집되었다.

「공주풍토기」는 경흥 지방의 풍토기로서, 자연환경·민호(民戶)·교통·풍속·산물(産物)들을 기록하고 있으며 당시 함경도 방언도 수록되어있다. 「북관고적기」에는 용당(龍堂)·적지(赤池)·적도(赤道)·구덕릉(舊德陵) 등의 고적지에 대한 설명과 웅주(雄州)·영주(英州)·공험진(公嶮鎭)·다신산성(多信山城) 등의 예전의 주·군·현과 진(鎭)·성(城)의 역사와 유래 등을 이야기하고 있다. 북관지역에 있는 왕실관련 사적과 고적, 선춘령을 비롯하여 두만강 이북에 위치한 고적에 대해서도 기록하고 있다.

「교시잡록」에서는 국경에서 열리는 단시(單市)·쌍시(雙市)와 개시(開市)·공시(公市)등의 교역을 기록하고 있다. 「강외기문」에서는 두만강의 바깥 지역인 영고탑(寧古塔)·혼춘(渾春)·길림(吉林)·선성(鄯城)·흥경(興京) 등의 경계와 유래 등을 설명하고 있다. 「백두산고」에서는 백두산의 위치, 명칭의 유래, 천지연의 크기와 주요 산봉(山峯)과 천지연에서 발원하는 강들을 고찰하고 있다. 백두산에 관한 중국측 기록도 첨부하였고 백두산 부근 지도를 부기하였다.

나머지 두 편은 관북지방의 여러 고을로 통하는 길에 대한 설명으로 「해로고」에서는 동해안에 위치한 고을과 고을 사이의 뱃길의 방향과 거리를 적고 있다. 「영로고」에는 회령·경성·경원·단천·함흥 등 관북지방의 여러 고을들 사이에 통하는 고갯길을 적고 있다. 함경도 중에서도 특히 마천령 이북지역의 제도와 풍속, 북관개시의 실태에 대해 중점을 두어 서술하였다.

이 책은 내용이 풍부할 뿐 아니라 체재나 수록 항목에서 이후 함경도 지역에 관한 저술의 전범으로 평가받았다. 또한 백두산 천지연을 중심으로 지리 정보를 자세히 수록하고 있어 백두산을 둘러싸고 일어나는 국경 분제에 중요한 자료라고 할 수 있다. 『북새기략』은 홍양호의 문집에 수록되어 당대 및 이후에도 많은 영향을 미쳤다. 1911년에는 조선고서간행회에서 『발해고』 및 『북여요선』과 함께 출간하였고, 1970년대에는 백산학보를 통해 활자화 되어 소개되었다. 한국고전번역원에서 『이계집』의 원문을 제공하고 있다.

[참고문헌] 『耳溪集』; 「北塞記略」(洪良浩) 『白山學報』 21(1976); 강석화, 2000, 「제2장 중앙정부의 함경도 개발정책」 『조선 후기 함경도와 북방영토의식』, 경세원; 손성필, 2014, 「『북새기략』의 편찬 경위와 편찬자 문제」 『民族文化』 43 〈탁신희〉

북여요선(北輿要選) 대한제국기에 김노규(金魯奎)가 백두산정계비(白頭山定界碑) 및 간도(間島)의 영유권 문제에 대해 적은 책.

조선과 청(淸)나라가 국경을 정한 정계비가 1712년(숙종 38)에 세워졌으나 그 후 두 나라 사이에 자주 분쟁이 일어났고, 1880년대에 이르면 청이 만주의 봉금지역을 개방하면서 두만강 이북[간도]지역에 거주하던 조선인들의 쇄환 문제로 갈등이 증폭되어 갔다. 1885년과 1887년 두 차례에 걸친 국경선 담판은 두만강을 국경선으로 하고 함경북도 무산 위쪽의 상류 발원지만 미정인 채로 마무리 되었다. 이때는 토문강이 두만강이라는 설에 따른 것이었다. 그러나 청일전쟁 이후 대한제국이 수립되고 또 이 지역에 러시아 세력이 대두됨에 따라 다시 토문강이 두만강이 아니라는 설이 주장되기 시작하였다.

이 책의 저자 김노규는 함경북도 경원(慶源)에 살고 있던 유생으로, 경계선 문제에 많은 관심을 가지고 있었다. 그는 간도관찰사 이범윤(李範允)의 요청을 받고 고금의 여러 책에서 자료를 모으고, 필요한 대목에는 자신의 견해를 붙여 책을 완성하였다.

원고가 완성된 뒤 1903년에 출간할 예정이었으나 출간이 지지부진 하던 차에 원본을 분실하는 일이 있었다. 그러나 그 후 김노규 문하에 있던 오재영(吳在英)이 초고본에 의거해 원고를 다시 작성해서 간행을 재추진하였고 1904년에 조항식(曺恒植)의 재정 지원으로 2권 1책으로 100부를 간행하였다.

상권에는 「백두고적고(白頭古蹟攷)」·「백두구강고(白頭舊疆攷)」·「백두도본고(白頭圖本攷)」·「백두비기고(白頭碑記攷)」가 수록되어 있으며, 하권에는 「탐계공문고(探界公文攷)」·「감계공문고(勘界公文攷)」·「찰계공문고(察界公文攷)」·「사계공문고(查界公文攷)」가 수록되어 있다.

「백두산고적고」에서는 백두산에 대한 여러 인사들의 서경시(敍景詩)를 인용하여 지세를 설명하면서, 백두산에 발원지를 둔 강(江)을 서술했다. 『북관지(北關誌)』·『용비어천가(龍飛御天歌)』·『여지승람』 등을 전거로, 두만강 일대의 조선 고적들을 서술하면서 태조(太祖)의 선조들이 간도와 두만강 일대를 무대로 활약했던 사실들을 서술하여 이곳에 대한 역사적 연고성을 강조하였다.

「백두구강고」에선 일대가 고구려의 고토(古土)인 점을 언급하였고, 윤관(尹瓘)의 구성(九城)을 간도지역에 비정하여 이 지방이 우리 민족의 옛터임을 주장하고 있다. 또한 조선의 건국과 관련된 유역이 이 일대 임을 밝히고 있다. 「백두도본고」에서는 1712년(숙종 38)의 <숙종어제제백두산도(肅宗御製題白頭山圖)>의 사(辭)가 실려 있고, 백두산 일대의 자연지리에 주목하면서 이곳의 지형을 고찰하고 백두산에 관한 지도 여러 이본들을 하나하나 설명하였다. 정계비를 백두산에 직접 세운 청나라의 오랄총관(烏喇摠管) 목극등(穆克登)과 조선의 이의복(李義復)이 쓴 기행문을 비교한 다음 목극동과 이의복이 가리킨 정계비의 위치가 같으므로 그 당시에도 양국이 토문강(土門江)을 국경선으로 인식하고 있었다고 주장했다. 「백두비기고」에서는 1712년에 건립된 정계비의 내용을 검토하고, 토문강이 두만강을 말하는 것이 아님을 강조하였다.

하편 「탐계공문고」에서는 청과 조선의 분쟁 이후를 다루고 있다. 1881년(고종 18) 이후 청나라의 길림장군 명안(銘安)과 흠차대신 오대징(吳大徵)이 조선 빈민에 대한 쇄환요구를 한 뒤 이에 대해 어윤중(魚允中)의 대처와 간도와 두만강 연변에 사는 한인(韓人)들의 반응을 기술하였다.

「감계공문고」에서는 1883년(고종 20) 9월 안변부사(安邊府使) 이종하(李重夏)를 심계사(勘界使)로 삼아서 토문지계(土門地界)를 조사하게 한 이후의 일련의 움직임을 적었다.

「찰계공문고」에선 1897년 함경북도 관찰사 조존우(趙存禹)가 지계와 형세를 조사하고 살펴서 작성한 도본(圖本)의 부설을 소개하였다. 「사계공문고」에선 1898년 종성(鍾城)사람 오삼갑(吳三甲)의 상언(上言)을 받아, 정부에서 관찰사 이종관(李鐘觀)으로 하여금 사람을 보내 정계비 일대를 조사케 한 내력을 적었다.

하권의 여러 편에서는 안설(按說)로 자신의 의견을 더하고 있다. 하권의 기록 대부분이 『구한국외교문서』 「간도안」 등에 남아 있어 비교할 수 있다.

『북여요선』이 내부에 올라온 지 얼마 되지 않아 내부 지방국장(內部地方局長) 우용정이 북간도민 보호에 관한 의견서를 제출했는데, 이범윤의 보고서와 함께 『북여요선』을 상당 부분 인용했다. 당시 대한제국기 간도 정책과 관련 있던 내부 관리들과 현지의 관리사에게 직접적인 영향을 미쳤음을 알 수 있는 부분이다. 이처럼 『북여요선』은 장지연의 『대한강역고』와 함께 국내에 간도에 대한 여론을 형성과 환기에 큰 역할을 하였다.

1903년의 원본은 필사본으로 서울대학교 규장각한국학연구원에 소장되어 있다. 이 필사본에는 지도를 포함하고 있다. 1904년에는 출간된 판본은 전사자체(全

史字體) 활자를 사용하여 인쇄하였고 이 역시 규장각 등에 소장되어 있다. 1925년에 이창종(李昌鍾)이 지은 『증보현토북여요선(增補懸吐北輿要選)』은 국립중앙도서관 등에 소장되어 있다.

[참고문헌] 조광, 1983, 「北輿要選 解題」『領土 問題 硏究』 1, 高麗大學校 民族文化硏究所 ; 김노규 (이동환 역), 1983, 「北輿要選」『領土 問題 硏究』 1, 高麗大學校 民族文化硏究所 ; 朴敏泳, 2005, 「張志淵의 北方疆域 인식 : 『大韓疆域考』의 「白頭山定界碑考」를 중심으로」 『한국독립운동사연구』 25 ; 은정태, 2007, 「대한제국기 '간도문제'의 추이와 '식민화'」 『역사문제연구』 17 〈탁신희〉

북학의(北學議) 조선 후기의 실학자인 박제가(朴齊家, 1750~1805)가 청나라의 풍속과 제도를 시찰하고 돌아와서 쓴 기행문.

박제가의 본관은 밀양(密陽)이고, 자는 차수(次修)·재선(在先)·수기(修其)이며, 호는 초정(楚亭)·정유(貞蕤)·위항도인(葦杭道人)이다. 박율(朴栗)의 6대손이며, 아버지는 박평(朴坪)이다. 서자(庶子)였기 때문에 과거에 응시할 수 없었으나, 소년시절부터 시·서·화에 뛰어나 이름이 알려졌다. 일찍이 이덕무(李德懋), 유득공(柳得恭) 등과 같은 서얼출신 지식인뿐만 아니라 연암(燕巖) 박지원(朴趾源) 등 북학파 인사들과도 교류했다. 1776년(정조 즉위년)에는 이덕무·유득공·이서구(李書九) 등과 함께 『건연집(巾衍集)』이라는 사가시집(四家詩集)을 내어 이름이 청나라에까지 알려졌다. 정조의 서얼 등용 조치로 1779년 규장각 검서관직(檢書官職)을 맡았고, 이후 13년간 규장각직에 근무하면서 소장된 서적들을 통해 지식을 쌓을 수 있었다. 1794년에는 춘당대(春塘臺) 무과(武科)에 장원으로 급제하였다.

박제가는 1778년과 1790년(2차례), 1801년 등 평생 4번의 연행을 다녀왔다. 그 중 첫 번째의 연행은 서장관(書狀官) 심염조(沈念祖, 1734~1783)의 종사관으로 수행했던 친구 이종무와 함께 정사(正使) 채제공(蔡濟恭, 1720~1799)의 종사관으로 수행한 것이었다. 귀국 후 이때 체득한 견문을 바탕으로 『북학의』의 초고를 완성하고 자서(自序)를 썼다. 이후 수년간 내용을 보완하여 내편과 외편의 체계를 갖춘 『북학의』를 완성했고, 박지원과 서호수(徐浩修)에게 부탁하여 「서문」을 받았다. 한편 1798년 영평현령으로 재직하던 중에 정조의 권농정구농서윤음(勸農政求農書綸音)에 응해 기왕의 『북학의』 중에서 농사와 관련한 항목을 추리고 수리·지리·주앙(注秧)·농기구 등의 항목을 추가해 상소문과 함께 총 29개 조항을 바쳤다. 이를 '진소본북학의(進疏本北學議)' 또는 '진북학의소(進北學議疏)'라고 한다. 따라서 『북학의』는 '내편'과 '외편', '진소본'으로 구성되며, 이들 중 진소본북학의에는 박제가의 농업론이 집약되어 있다고 볼 수 있다.

북학의에서 박제가는 농정이 왕정의 제일의(第一義)라고 하여 농업을 중요시했다. 또한 무위도식하는 유생과 낙후한 유통수단을 농업에 해를 끼치는 요인으로 파악한 뒤, 유식양반(遊食兩班)을 산업인구화하고 유통수단을 개선할 필요성을 제기했다. 아울러 농가소득을 올리기 위한 방편으로 생산성의 향상과 함께 상업적 농업에 주목했다. 생산성은 과다한 토지의 소유보다는 집약적 경영을 통해 달성되는 것이 바람직하다고 보았고, 상품작물은 지역의 자연조건에 알맞게 집중적으로 재배해야 한다고 주장했다. 한편 중국으로부터 농업기술을 도입하여 각종 농법, 직조기술, 유통수단, 농기구 등을 개선할 것을 주장했다. 이처럼 『북학의』에서 나타난 박제가의 농업론은 당대 농업의 과제를 토지소유의 차원에서 접근하기 보다는 토지생산성 증대 및 농작물의 상품화, 농업환경의 개선 등의 측면에서 해결하려 한 특징이 있다.

[참고문헌] 이춘녕, 1981, 「進北學議를 통하여 본 朴齊家의 農業論」 『진단학보』 52 〈윤석호〉

분묘지(墳墓地) 일제의 토지조사령에서 정한 18개 지목 가운데 하나로, 사람의 시체나 유골이 매장된 토지와 이에 접속된 부속 시설물의 부지.

묘지는 능(陵), 원(園), 묘(墓) 및 일반 분묘로 구분된다. 능은 왕이나 왕비의 봉분을 말하고 원은 왕세자, 왕세자비, 왕의 생모인 빈궁 등의 분묘이다. 묘는 제빈 및 제왕자의 분묘로 제왕이나 위인의 신위를 봉안하는 곳이다. 조선 국가에서는 태묘(太廟) 이외에도 지방 도읍에는 반드시 문묘나 무묘가 있다. 문묘는 공자를, 무묘는 관우를 제사지낸다. 모두 국유지로 간주되며 과세하지 않았다. 일반묘지는 능, 원, 묘 이외 일반인의 분묘를 말한다. 분묘지는 대부분 개인이 소유한 것이나 마을주민이 공동으로 사용하는 공동묘지도 있다. 또한 분묘에 제사지내거나 보호 등에 필요한 자금을 충당하기 위해서 묘위토(墓位土)를 마련하기도 하였다. 묘위토는 사망자의 유산이나 자손이 각출하여 마련하였다. 이 토지는 묘직이 경작하였으며, 그 수익은 제사나 기타 비용 또는 묘직의 보수에 충당하였다.

한국사회는 전통적으로 분묘를 매우 존중하여 묘지를 선정하는데 노력과 비용을 아끼지 않았으며, 묘지에 관한 관습과 법률이 상세하였다. 조선 국가는 개인의 분묘권을 인정하고 계급에 따라 경작과 목축, 중장(重葬) 등 침범할 수 없는 한계를 정하였다. 토지소유권자라도 마음대로 이를 범하는 것을 금지하였다. 만약 몰래 파묻는 자가 있을 때는 관에 결정을 구하여 이장하도록 하였다. 『대전회통(大典會通)』에 분묘의 한계를 정하고 그 구역 안에서는 경작과 목축을 금하였다. 그 구역은 품계에 따라 등차(等差)를 두었다. 종친1품은 사방 100보(步)를 한계로 하였고, 2품 이하는 각각 10보씩 감하고 6품은 50보를 한계로 하였다. 또 문무관은 앞의 보수에서 각각 10보씩을 체감하고, 7품 이하와 생원, 진사, 유음(有陰) 자제는 6품과 같고, 여자는 남편의 직위에 따르도록 하였다.

관습상 죽은 사람의 가족이 마음대로 묘지를 선정하는 것이 아니라 먼저 지관(地官)에 부탁하여 묘지를 결정하여야 하였다. 지관이 지정한 장소에 자기 소유지가 있으면 문제가 없으나 타인의 소유지에 묘지를 선정하기도 하여 산송(山訟)이 끊이지 않았다. 고위관직에 있거나 부자들은 적당한 묘지를 선정하는 데 어려움이 없었으나, 빈곤하고 힘이 없는 자들은 적당한 땅을 선정하기 어려워 부득이 무주공산(無主空山)에 암장(暗葬)하기도 하였다. 부호들은 묘지에 석비와 묘수각(墓守閣)을 세웠으며, 파수꾼인 산직에게는 산직전을 주었다. 관곽을 안치하는 분총 뒤의 산을 주산(主山), 그의 좌우를 포위하는 산맥의 왼쪽을 청룡, 오른쪽을 백호라 한다. 주산과 상대되는 산악을 안산(案山)이라고 부른다. 이들 분수천을 포위하는 장소를 내해자(內垓字), 그 외곽에 있는 토지를 외해자(外垓字)라 칭하였다.

『형법대전』에서는 분묘계한(墳墓界限)·상장위예(喪葬違禮)·장매위범(葬埋違犯)·분묘침해(墳墓侵害) 등에 대한 형벌에 관하여 상세한 규정을 두고 있으며 재판사무의 많은 부분이 분묘 관련 소송이었다. 분묘지 분쟁은 분묘를 설정한 후 장기간 그 한계 내에서 경작과 목축을 허용하지 않아 타인 소유지에 분묘를 설치한 때 발생하였다. 한쪽은 조상 이래 자기 가문 소유의 묘지라고 주장하고, 다른 한쪽은 다만 분묘의 설정을 허용한 것에 불과하고 토지소유권은 자기 것이라고 주장하는 경우가 많았다. 또 묘위토는 분묘가 존재하는 한 영구히 존치해야 할 성질의 재산인데, 자손 중에 이를 처분하는 일이 있어 종족 간에 분쟁이 생기거나 해가 지남에 따라 묘직과 분묘 소유자간에 묘위토 쟁탈을 하는 등의 사례가 많았다. 토지조사사업에서 묘위토분쟁사건은 대부분 화해가 성립되었으며, 소유권을 심사 결정해야 했던 것은 36건, 139필이었다.

하지만 토지조사사업 이후에도 위토분쟁은 끊이지 않았다. 일제는 문중을 법인으로 인정하지 않았다. 위토는 종손 개인이나 공유(共有)로 토지신고를 하도록 하고 등기를 하도록 했는데 이후 등기권자가 문중의 동의 없이 매매하는 일이 발생하였기 때문이다.

'북망산(北邙山)' 또는 '무주공산'은 무연고자의 공동묘지였다. 여기에는 중앙과 지방의 군 종사자나 걸식하던 자가 사망하였는데 인수자가 없는 사체, 행려사망자, 표류사체, 유행병 기타 천재지변으로 전 가족이 일시에 사망한 사체를 매장하였다. 따라서 북망산은 분묘가 서로 인접되어 있고, 방위 등도 풍수설을 염두에 두지 않았기 때문에 양반이건 상민이건 여기에 매장하기를 싫어하였다. 사망자가 있을 때마다 각기 특정지에 분묘를 만들어 해가 갈수록 그 수가 증가하자, 일제는 1912년 6월 「묘지 화장장 매장과 화장 취체규칙」을 발포하여 묘지의 남설을 금지하였다. 또 타인 소유지에 무단으로 사체 혹은 유골을 매장하거나 개장한 때는 3개월 이하의 징역 또는 100원 이하의 벌금에 처하도록 하였다.

이들 분묘지는 1910년 8월 23일 공포한 토지조사법에서 제2호의 분묘지로 분류되었다. 1912년 8월 13일 제정·공포된 토지조사령과 1914년 3월 16일 공포된 지세령에서도 마찬가지이다. 지적법 시행 이후 현행 한국의 지목 분류에서 '묘지'라고 했다.

[참고어] 묘전, 능원묘위전, 토지조사사업, 지목, 무주공산

[참고문헌] 조선총독부 임시토지조사국, 1918, 『조선토지조사사업보고서』; 주명식, 1981, 「지적법 해설」『사법행정』; 한국역사연구회 토지대장연구반, 1995, 『대한제국의 토지조사사업』, 민음사 ; 손세원, 1999, 「지목의 변천과정에 관한 연구」『충청대학논문집』 15 ; 정긍식·田中俊光 역, 2006, 『조선부동산용어약해』

〈최원규〉

분배농지상환대장(分配農地償還臺帳) 농지개혁 당시 분배받은 농지의 대가 상환에 필요한 내용을 기재한 기초 장부.

상환은 농지를 분배받은 농가가 농지의 대가를 정부에 납입하는 일이며, 상환업무는 분배농지상환대장에 등재된 정보에 따라 진행되었다. 분배농지상환대장은

농지분배의 유일한 법정대장이었다. 분배농지상환대장에 등재되지 않은 농지는 분배농지로 인정받을 공적 증거가 없었다. 각 지역의 표준중급농지를 기초로 작성된 공통배율이 고시되면 분배농지상환대장 작성에 들어갔다. 분배농지에 대한 경작자별 농지일람표 종람기간에 이의신청이 없으면, 분배농지상환대장에 근거하여 상환증서와 상환고지서가 분배농가에게 발행 발부되었다. 분배농지상환대장에는 상환자의 주소와 성명, 총상환액과 1년 상환량, 수배농지의 지번·지목·지적·등급·임대가격을 기재하였다. 농지대가의 수납여부와 소유 권리의 이동관계도 분배농지상환대장을 통해서만 법적확인이 가능했다. 분배농지상환대장은 사무취급자가 마음대로 바꾸거나 고칠 수 없었다. 감독기관의 사전승인이나 농지위원회의 의결을 거치지 않으면 분배농지상환대장에 기재된 농지표시와 인적사항을 변경할 수 없었다. 변경하더라도 법적으로 인정받지 못했다. 1950년 6월초부터 분배농지상환대장이 전국적으로 작성되기 시작했으며, 구·시·읍면 사무소와 관할 세무서에 비치되었다.

[참고어] 농지개혁, 농지개혁법, 표준중급농지, 상환증서

[참고문헌] 김성호 외, 1989, 『농지개혁연구』, 한국농촌경제연구원 ; 하유식, 2010, 「울산군 상북면의 농지개혁 연구」, 부산대 사학과 박사학위논문 〈하유식〉

분양법(糞壤法) 농작물의 생육을 도와주는 각종 시비(施肥) 재료를 제작하여 전답에 시기에 맞춰 넣어주는 방법.

분양과 동일한 의미를 지닌 용어가 분전(糞田)이다. 분전은 말 그대로 밭을 기름지게 만드는 작업이라는 뜻이고, 분양도 땅을 기름지게 만드는 농사일을 의미한다는 점에서 두 용어 모두 시비와 같은 뜻이다. 농사작업에서 분양, 분전은 몇 가지로 나누어 볼 수 있는데, 먼저 종자에 시비를 해주는 분종(糞種), 곡물의 줄기부분에 시비를 해주는 분과(糞科), 그리고 시비 재료를 넣어주는 부분이 논밭 전체로 확대한 분전, 분양으로 나누어 볼 수 있다. 분(糞)은 본래 우마(牛馬) 등 가축의 배설물 또는 사람의 대소변을 가리키는 말이었는데, 논밭을 기름지게 해주는 주요 시비 재료로 이용되면서 땅을 의미하는 양(壤)과 결합하여 논밭을 기름지게 해주는 작업을 가리키는 용어가 되었다. 분전에 사용하는 시비 재료는 자연비료 즉 생분(生糞)과 인공비료 즉 숙분(熟糞)으로 나눌 수 있다. 자연비료 또는 생분은 별다른 가공과정 없이 자연에서 채취한 초목 등을 가리킨다. 그리고 인공비료 또는 숙분은 자연이나 일상생활에서 채취하였지만 농작물에 투하하기 전에 상당한 시간과 노동력을 투하하여 조성한 비료를 가리킨다.

조선 초기 1429년(세종 11)에 편찬된 『농사직설(農事直說)』에 의하면 자연비료에는 초목과 객토(客土)에 활용하는 토(土), 가공하지 않은 인분(人糞)과 우마분(牛馬糞)이 분양의 주요 재료였다. 그리고 인공비료에는 초목을 불태워 얻은 초목회(草木灰), 인분과 우마분에 초목이나 초목회를 넣어 부숙시킨 숙분, 우마의 우리에 초목을 넣어주고 우마가 잘 밟게 하여 만든 구분(廐糞), 그리고 녹두(菉豆), 소두(小豆)와 같은 두과작물을 파종하여 자라게 한 다음 엄경(掩耕)하여 다른 작물의 시비 재료로 활용하는 작물비(作物肥) 등이 있었다.

16세기 중후반 이후 시비법의 발전은 시비재료의 확대와 시비 시기의 확산이라는 방향으로 전개되었다. 1580년대에 유팽로(柳彭老)가 편찬한 『농가설(農家說)』에도 "2월에……분양하는 일은 농가에서 크게 중요한 일이니 그 사이에 힘을 다해야 한다.……또한 낙종하는 방도는 미토를 택하여 기경하고 또 기경하여 그 분양을 두텁게 하고 한식을 기다려서 침종하고 그런 4~5일 후에 낙종하면 좋다."고 나온다.(二月……糞壤之事 農家之大關 間盡其力……又爲落種之道 擇其美土 耕而又耕 厚其糞壤 待寒食浸種 後四五日 落種 則可矣.[「農家說」『月坡集』])

수전(水田, 논)의 시비법에서 가장 주목되는 것은 앙기(秧基)에 대한 시비가 강조되어 여러 가지 시비 재료를 마련하고 있다는 점이다. 그리고 양맥의 경우 분양을 넉넉하게 해야 하는 것으로 받아들여지고 있었다. 또한 인분을 집약적으로 이용하는 데 관심이 기울여져 있었다. 대소변을 적극적으로 활용하기 위해 집에 측간을 설치하고 이를 통해 인분의 축적을 도모하였다.

전면적인 분양법의 발달에 따라 시비의 방식에서도 기경할 때의 기비(基肥) 이외에 작물이 생장하고 있는 중간에 시비하는 추비(追肥)가 도입되고 있었다. 특히 수전에서 추비가 활용되는 것은 중요한 의미가 있는데, 17세기 중반부터 그 사례가 발견되며 이후 이 방식은 18세기 중반에 편찬된 유중림(柳重臨)의 『증보산림경제(增補山林經濟)』에 정리되었다.

한편 농서에서 분전은 점차 독립항목으로 설정되었다. 『농사직설』에서 분전작업은 논밭을 갈고 씨를 뿌리는 경종(耕種) 단계의 하나로 소개하고 있다. 17세기 초 고상안의 『농가월령』에서 분전작업의 중요성이 상

세하게 서술되기 시작하였다. 그리고 18세기 초반 홍만선(洪萬選)의 『산림경제(山林經濟)』 「치농(治農)」에서는 다른 농서와 달리 시비기술과 연관된 여러 조목을 하나로 묶어서 독립시켜 '수분(收糞)'이라는 항목으로 새롭게 설정하고 있다. 유중림의 『증보산림경제』도 마찬가지의 편찬 방침에 따라 「치농」을 구성하였다. 그리고 서호수(徐浩修)의 『해동농서(海東農書)』에서도 분전을 독자적인 농작업의 한 단계로 설정하고 있다.

[참고어] 시비

[참고문헌] 李泰鎭, 1979, 「14·5世紀 農業技術의 발달과 新興士族」 『東洋學』 9(1986, 『한국사회사연구』, 지식산업사 재수록) ; 閔成基, 1988, 「朝鮮時代의 施肥技術」 『朝鮮農業史研究』, 一潮閣 ; 염정섭, 2002, 『조선시대 농법 발달 연구』, 태학사 〈염정섭〉

분쟁지심사서(紛爭地審査書)-토지 일제의 토지조사 과정에서 화해가 되지 않은 분쟁지를 조사원이 조사하여 보고한 서류를 대상으로 분쟁지심사위원회에서 최종 심사하여 작성한 문건.

樣式
紛爭地審査書
甲當事者
乙當事者
一、件名
「所有權（境界）紛爭事件」
二、紛爭地
何道何郡何面何洞（里）
假何番田（當其ノ特殊目記載ノコト）「所有權紛爭ノ場合」
何道何郡何面何洞（里）假何番田（當其ノ他地目ヲ記載ノコト）「境界紛爭ノ場合」
三、認定
甲（乙）當事者ノ所有（主張ハ正當）ト認ム
四、當事者申立ノ要旨
「甲當事者ノ申立ハ何ト云フニ在リ
乙當事者ノ申立ハ何ト云フニ在リ」
五、調査官吏ノ意見
書記何某ハ何ニ依リ甲（乙）當事者ノ主張ヲ相當ト認メタリ
六、理由
「本件ハ甲當事者ハ何ト云ヒ乙當事者ハ何ト云フモ何ナリ何トナレハ實地ハ何ニシテ何ノ證據書類ニ何トアリ且書記何某ノ調査ニ依レハ何トアルヲ以テ何ト認ムルヲ至當トス」

분쟁지심사서양식 『조선총독부관보』 제225호, 1913년(大正2) 6월 7일, 54쪽

토지조사사업을 종결하기 위한 최종절차가 사정인데, 분쟁이 발생하면 임시토지조사국에서는 사정에 앞서 분쟁지심사위원회를 개최한다. 위원회에서는 조사원들이 조사한 보고서를 토대로 인정 여부를 심의 결정한 다음, 분쟁지심사서를 작성하였다. 심사결과가 현지에 하달되면, 토지조사부에 이를 기입한 다음 사정절차에 돌입했다. 분쟁지 심사위원장은 와다 이치로(和田一郎)이고, 최종 결재권자는 임시토지조사국장이었다.

분쟁지심사서의 구성내용은 다음과 같다. ① 건명은 '소유권(강계)분쟁사건'이라 기록하고, ② 분쟁지는 분쟁지의 소재지와 분쟁내용, ③ 인정항목은 '○○○의 소유라 인정한다.'고 기록했다. ④ 당사자 신립의 요지에는 양측의 주장을 기록했다. ⑤ 조사 관리의 의견도 기재했으며, ⑥ 마지막으로 이를 인정하는 이유를 기록하는 것으로 구성되어 있다. 분쟁지심사서 다음에는 토지대조표, 소송토지대조표, 추수기 등 각종 증거서류를 첨부했다. 그리고 임시토지조사국원이 사건을 조사 분석한 「계쟁지 사실 취조서」 등을 첨부하기도 했다.

분쟁은 화해를 하는 경우와 조서를 작성하는 경우로 구분했다. 전자는 토지신고서에 화해조서를 붙이는 경우이고, 후자는 임시토지조사국에서 조서를 작성하고 심사하여 소유권자를 판정하는 경우이다. 이때는 어느 한편의 소유로 '인정'하는 경우와 심사과정에서 서로 화해 조서를 작성한 다음 '취하'하는 경우가 있다.

분쟁지 사실취조서는 계쟁지조사반의 감사원, 서기, 부서기 등이 취조하여 작성했으며 청취서의 진술인은 분쟁당사자, 이장, 지주총대 등이었다. 그리고 각종 증거서류를 첨부했다. 분쟁지심사서류는 『○○군 분쟁지심사서류』라는 제목 아래 분쟁 서류를 편철했는데, 인정과 취하를 각각 분리해 별도로 편철했다.

[참고어] 토지조사부, 사정, 임시토지조사국 조사규정

[참고문헌] 마산시청 소장, 『불복신청심사서류』 ; 조선총독부 임시토지조사국, 1918, 『조선토지조사사업보고서』 ; 『조선총독부관보』 〈최원규〉

분쟁지조서(紛爭地調書)-임야 임야조사사업의 분쟁지에서 당사자가 화해를 하지 않았을 때 권리관계를 판정하기 위해 필요한 사실관계를 조사하여 작성한 문서.

분쟁은 동일 토지에 대해 2명 이상이 권리를 주장하거나 혹은 경계가 문제가 되었을 때 발생하였다. 분쟁 발생시 기본적인 처리방침은 화해 유도였다. 화해가 성립했을 경우는 당사자가 분쟁화해서를 작성하여 신고서에 첨부하는 것으로 분쟁을 해결하였다. 분쟁화해서에는 토지소재, 지번, 가지번, 지목, 협정 소유자 또는 연고자, 비고를 기재하고, 왼쪽에는 분쟁 당사자들의 주소와 성명을 기록하고 날인하였다.

화해가 성립되지 못했을 경우, 우선 당사자는 물론 증거서류, 증인참고인의 조사, 분쟁 지역에 대한 물적 현황답사와 그 외 각종 자료를 수집 검토하였다. 다음으로 조사결과에 준하여 분쟁지조서를 작성하였다. 조서는 사건명(소유권분쟁, 연고분쟁), 분쟁지의 소재, 지번, 지목, 분쟁 당사자들의 진술 요지, 참고인 또는 진술 요지, 의견, 이유 등으로 구성되었다. 이어 각종 증거서류로 신고서 또는 통지서의 원본, 임야조사야장, 원도의 사본, 증거서류의 등본 또는 원본, 분쟁 당사자의 진술서, 증인 참고인의 진술 및 지주총대의 의견 청취서, 기타 관계서류를 첨부하였다. 그리고 증거서류 등

紛争何號
紛争地調書

何道何郡何面何洞里何番地 甲當事者 何某
何道何郡何面何洞里何番地 右代理人 何某
何道何郡何面何洞里何番地 乙當事者 何某
何道何郡何面何洞里何番地 右代理人 何某
何道何郡何面何洞里何番地 參考人又ハ證人 何某

一. 件名 所有權緣故ノ紛争
二. 土地ノ所在地番及地目
何郡何面何洞里何番地
山何番假地番林野
三. 當事者參考人又ハ證人陳述ノ要旨
甲事者陳述要旨
何々
乙當事者陳述要旨
何々
參考人又ハ證人眞術要旨
何々
四. 意見
何々
五. 理由
何々

年 月 日

府尹又ハ面長氏 名 印

분쟁지조서 양식

본의 여백에는 '원본조회(原本照會)'라 기록하고 도장을 찍도록 하였다.

분쟁 당사자가 진술서를 제출하기 어려운 경우 혹은 제출한 진술서가 불충분한 경우에는 청취서를 작성하여 서명·날인하도록 하였다. 분쟁사실이 복잡한 경우에 대해서는 일체의 관계서류, 실지 상황, 이해관계인 및 실지입회인의 진술, 관계 관공서의 의견 등을 취조한 뒤 사실취조서를 만들어 조서에 첨부하였다.

조사 단계에서 분쟁지로 구분된 임야에 대해서는 재차 관계서류를 검토하거나 재조사를 실시하였다. 국유림 분쟁일 경우는 미리 소관관청인 조선총독부의 의견을 구해 국유림구분조사와 연락관계를 가지면서 분쟁관계를 규명하도록 하였다. 사정에서도 분쟁지 처리의 방침은 화해권유였고, 만약 화해가 성립되지 못하면 도지사의 자문기관인 임야심사위원회에서 이를 심사, 결정하였다. 임야심사위원회는 부윤 면장이 제출한 조사 성적에 대하여 일반 사정 심사를 수행하였고, 분쟁지에 대한 귀속을 결정하였다. 분쟁지 처리를 포함한 일체의 사정이 완료되면 이것을 부군도마다 정리하여 임야조사서, 임야도, 신고서류를 소관 부군도로 보내고, 30일간 일반에 공시하였다.

[참고어] 임야조사위원회, 분쟁지심사서-토지, 불복신립사건심사서류-임야

[참고문헌] 慶尙南道 金海郡, 1921,『紛爭地調書』; 강영심, 1998,「일제의 한국삼림수탈과 한국인의 저 항」, 이화여대 박사학위논문 ; 이우연, 2010,『한국의 산림 소유제도와 정책의 역사, 1600~1987』, 일조각 ; 강정원, 2014,「일제의 山林法과 林野調査 연구-경남지역 사례」, 부산대 박사학위논문 〈강정원〉

분전대록(分田代祿) 관료들이 받을 녹봉이 부족하자, 토지 분급으로 이를 대체했던 방식.

고려시기 관료들은 전시과와 녹봉을 통해 경제적 보수를 받았다. 전시과는 전현직 관인·군인·한인 모두에게 지급된 반면 녹봉은 현직관료에게 한정된 것으로, 그 형태를 보면 전시과는 수조권이지만 녹봉은 국가에서 조세로 수취한 미(米) 등의 현물을 지급하였다. 녹봉은 관직의 반차에 따라 차등지급되었는데, 관직이 높을수록 많은 액수를 받았다. 하지만 모든 관료가 녹봉을 받았던 것은 아니었기 때문에 무록관(無祿官)과 유록관(有祿官)이 구분된다.

이렇게 녹봉제는 관인의 염치(廉恥)를 기르고 경제생활을 윤택하게 하는 방편으로 제정된 것이었지만, 원(元)의 침략으로 인해 강화로 천도한 이후 고려정부는 조세수취에 많은 어려움을 겪어 현물로 지급하는 녹봉을 줄 수 없는 지경에 이르게 되었다. 당시 함께 강화로 이주한 관인들 역시 자신의 수조지에서 과전액을 수급하기 어려운 상황이었기 때문에, 이들에 대한 경제적 급부를 제공할 방편이 필요하게 되었고 이 과정에서 녹과전제를 시행하게 되었다. 분전대록이란 수조권을 분급하는 과전법과 현물을 제공하는 녹봉제를 연결한 것으로서, 현물로 지급하기 어려운 당시 사정을 감안하여 관료들에게 현물 대신 녹봉액에 해당하는 만큼의 토지를 분급한 것이다. 하지만 당시 상황에서 이전에 받았던 만큼의 녹봉액과 동등한 정도의 수조액을 보장하는 토지분급은 어려웠을 것이라고 추측된다.

[참고어] 녹과전, 수조전

[참고문헌] 민현구, 1972,「고려의 녹과전」『역사학보』53·54합집 ; 강진철, 1980,『고려토지제도사 연구』, 고려대학교출판부 ; 이진한, 1999,『고려전기 관직과 녹봉의 관계 연구』, 일지사 ; 이경식, 2011,『한국 중세 토지제도사』, 서울대학교출판문화원

〈이현경〉

분종법(糞種法) 조선시기 보급된 시비법(施肥法)의 하나

로, 종자에 시비 재료를 묻히거나 흡수시켜서, 또는 분회(糞灰)를 종자와 혼합하여 함께 뿌리는 방법.

초기의 농법에서는 농지는 넓으나 거름이 부족한 경우 종자에 거름을 묻혀 뿌리는 분종법을 시행하였다. 시비법의 초기 단계인 분종의 방법은 점차 선택이 아닌 필수적인 과정이 되었다. 농사의 시작은 종자의 선택과 질에 따라 좌우되는 것이었으므로 종자의 분종은 중요한 과정이었다. 15세기 수전 농업에서는 객토(客土)와 초목비(草木肥)를 중심으로 한 시비가 행하여졌다. 특히 수전에서는 저습한 토양에 완전히 썩지 않은 비료를 넣어 쟁기질로 골고루 갈아 잘 익도록 하였다. 또한 한전에서도 1차 기경 전후의 시비법, 그리고 파종 시와 파종 후의 시비법이 있었지만, 가장 많이 행해진 것은 분종법이었다.

분종법은 중국 한나라 때의 농서인 『범승지서(氾勝之書)』에서도 찾아 볼 수 있는 방법이었다. 이 책에서는 종자를 골즙(骨汁)이나 분즙(糞汁)에 담궜다가 파종하는 지종법(漬種法)을 소개하고 있다. 이러한 방법은 『농사직설(農事直說)』에도 소개되어 있다. 『농사직설』의 택종조(擇種條)에서는 종자가 습기에 상하거나 쭈글쭈글하면 벌레가 생기니 눈 녹은 물[雪汁]에 담근다고 하였다. 겨울에 큰 항아리를 땅 속에 묻어 얼지 않게 하고 섣달이 되면 눈을 담고서 거적으로 두텁게 덮어 빗물이 들어가지 않게 한다. 낙종할 때 종자를 그 속에 담갔다가 건져내어 말리는데 이렇게 세 번 반복하면 벼가 추위를 잘 견디고 잘 자라 수확도 배가 된다고 하였다.

조선 전기 시비는 숙분(熟糞)과 요회(尿灰), 초목이나 생분을 주로 사용하였다. 숙분과 요회를 통칭 분회라고 한다. 숙분은 우마분(牛馬糞)과 인분을 잘 숙성시킨 것이고, 요회는 소의 외양간 밖에 웅덩이를 파서 확보한 소의 분뇨에 곡물 껍질 등을 태워 나온 재를 섞어서 만든 것이었다. 수전(水田)의 벼에는 만도(晩稻) 건경(乾耕)에만 숙분과 요회를 이용하고, 다른 경종법에는 초목이나 생분을 이용하였다. 수전에서의 시비는 1차 기경 후 파종 전에 시비하는 기비(基肥)의 방법을 주로 사용하였다. 그러나 만도 건경의 경우는 도종(稻種) 1두(斗)에 분회 1석(石)을 섞어 분종(糞種)하였다.[『농사직설』, 종도(種稻)] 만도 건경은 봄 가뭄으로 수경하지 못한 불가피한 상황에서 하는 것이었으므로 효과가 높은 시비를 사용한 것이었다.

한전(旱田)에서는 수전보다 분종법을 많이 사용하였다. 분종을 할 경우 분회 외에도 우마분이나 잡초, 재 등을 사용하였다. 『농사직설』에서는 사속(黍粟)은 밭이 척박한 경우 서속 2, 3승에 분회를 1석(石) 섞어 파종한다고 하였다. 이 밖에도 분종을 기본으로 척박한 밭의 피(稷)나 대·소맥(大小麥)에는 분회를, 대두·소두·녹두에는 분회를 조금(小) 넣고, 참깨[胡麻]밭에는 분회를 묽게 섞어서 심으며, 메밀[蕎麥]에는 종자 1두(斗)에 분회 1석(石) 정도 섞어 준다. 그러나 요회가 적으면 지종(漬種, 종자를 물에 담그는 것)을 해도 된다고 하였다. 한전에서의 시비는 대부분 파종할 무렵에 하였으며 분종으로 정해져 있었다.

한편 조선 후기 농서인 『산림경제(山林經濟)』에서는 『사시찬요(四時纂要)』를 인용하여 소 오줌에 고치 번데기를 삶아 그 물에 종자를 담그는 방법도 소개하였다. 그리고 황충(蝗蟲)의 피해로부터 강하게하기 위해서는 말뼈를 부수어 물에 달여 그 물에 종자를 담갔다가 그늘에서 말리기를 서너 차례 반복하고 낙종할 때에 다시 종자를 그 남은 물에 묻혀 낙종을 하면 좋다고 하였다. 또한 『산림경제』에서는 『한정록(閑情錄)』을 인용하여 맥(麥)의 종자는 부순 창이(蒼耳, 도꼬마리)나 쑥과 버무려 더운 날 바싹 말려 열기가 식기 전에 거두어 옹기에 담는데 항아리 바닥에 볏 집의 재를 깔고 그 위에 두고 다시 재로 덮으면 벌레가 생기지 않는다고도 하였다.

『증보산림경제(增補山林經濟)』에서는 '큰 항아리에 대소변을 받아 거기에 물을 붓고 분회수(糞灰水, 糞漬)를 만든다. 이 물을 떠내어 요회(尿灰)에 섞어서 맥종(麥種)에 점착시키거나 스며들게 하고 건조시키기를 서너 차례 한다. 그리고 이것을 논에 펴거나 혹은 추맥(秋麥)과 목화종(木花種)에 점착시켜 심으면 대단히 좋다'고 하였다.(治農條)

우하영(禹夏永)의 『농가총람(農家摠覽)』에서도 분종법이 소개되었는데, 소두(小豆)와 참깨(水荏) 또는 서(黍)·속(粟)을 섞어서 경작하는 잡종법을 설명하였다. 여기에서 그는 양전(良田)에서의 이모작이 일상적인 것인데 만약 양전이 아닐 경우에는 반드시 분종의 방법을 사용하라고 하였다. 이때 그가 제시한 방법은 『농사직설』의 시비법보다 시비의 비율이 강화된 것이었다. 그는 서속(黍粟)과 분회의 배합을 『농사직설』에서 '서속 2, 3승(昇)에 분회를 1석(石) 섞어 파종'한다고 한 것에 대해 '매승 1석이나 매승 2석'으로 그 비율을 강화하였다. 또한 분회가 없을 때는 생초를 베어 펴두고 불에 태우는 방법을 제시하면서 분종을 필수적인 과정으로 설명하

였다.[『농가총람(農家摠覽)』 종서직(種黍稷)]

[참고어] 시비

[참고문헌] 김용섭, 2006, 『朝鮮後期農業史硏究Ⅱ』, 지식산업사 ; 염정섭, 2002, 『조선시대농법발달연구』, 태학사 ; 염정섭, 2010, 「18세기 말 우하영의 『千一錄』 편찬과 農法 정리」 『한국민족문화』 36 ; 李鎬澈, 2002, 「토지제도와 농업」 『신편한국사 24-조선 초기의 경제구조』, 국사편찬위원회 〈우혜숙〉

불망기(不忘記) 부동산을 매매할 때 점련(粘連)할 이전의 매매문서가 없는 경우, 그 이유를 증명하기 위해 첨부하는 증명서.

불망기는 구문기가 없는 부동산을 매도할 경우, 매주(賣主)가 구문기[明文]가 없는 사유를 증명하기 위하여 작성하였다. 새 문기에 첨부하여 매주(買主)에게 교부한 일종의 증명문기이다. 따라서 불망기는 독립된 문기라고 할 수는 없지만 문기를 망실한 경우는 이에 의거하여 권리를 증명할 수 있다. 이러한 불망기를 작성한 예는 적은 편이다. 관습상 새 문기의 말미에 문기가 없는 사유를 간단히 기재하는 것이 일반적이다.

[참고어] 문기, 토지매매문기, 가사문기

[참고문헌] 조선총독부, 1932, 『朝鮮の小作慣行』(上) ; 최승희, 2003, 『한국고문서연구』(증보판), 지식산업사 ; 이수건, 2004, 『16세기 한국 고문서 연구』, 아카넷

불복신립사건심사서류(不服申立事件審査書類)-임야 임야조사사업의 사정(査定) 결과에 불복한 자가 임야조사위원회에 이의를 제기하여 심사한 재결 서류철.

불복신립사건심사서류인 재결서에는 불복신청인의 주소, 성명, 주문, 임야조사위원회의 결정문인 '주문'을 결정한 사실과 이유, 결정일, 임야조사위원회의 위원 성명 등으로 이루어졌다. 주문에는 불복신청에 대한 결정사항을, 사실과 이유에는 불복신청인이 사정에 불복하게 된 이유와 관계서류, 임야조사위원회에서 사정인 명의로 사정하게 된 경유, 불복신청의 타당성 여부 등을 기재하였다. 재결은 사정결과에 불복하여 이의를 제기한 임야를 재차 심의하여 확정하는 단계로 임야조사위원회에서 담당하였으며 1935년에 완결되었다. 재결단계에서도 사정에서와 마찬가지로 화해조정에 중점을 두었다. 임야조사위원회는 '진실발견주의'라는 명분 아래 적극적으로 각종 증거를 수집하여 재결판정을 내렸다. 이의신청에서 소유권을 판정할 때 중요하게 취급했던 것은 문서로 된 증빙서류였으며, 증거자료가 불충분할 때는 진술이나 증언도 조사하였다. 국유와 사유의 주장이 충돌할 때 확실한 증거를 제출해야만 민유지로 인정이 가능했고, 문기(文記)없는 관습적 사유지는 대체적으로 사정에서 불리하였다. 한편 불복신청의 경우 재결까지 가기도 했지만, 스스로 취하한 경우도 적지 않았다. 재결 결과는 임야대장에 '사정'이라 기록할 곳에 '재결'이라 기재하는 것으로 사정과 같은 원시취득의 자격을 획득했다.

[참고어] 조선임야조사사업, 임야조사위원회, 분쟁지조서-임야

[참고문헌] 朝鮮總督府農林局, 1938, 『朝鮮林野調査事業報告』 ; 岡衛治, 1945, 『朝鮮林業史』, 조선산림회(2001, 한국임정연구회 편역, 산림청) ; 강정원, 2014, 「일제의 山林法과 林野調査 연구-경남지역 사례」, 부산대 박사학위논문 〈강정원〉

불복신립사건심사서류(不服申立事件審査書類)-토지 일제의 토지조사사업에서 사정에 불복(不服)한 자가 고등토지조사위원회에 이의를 제기하여 심사한 재결(裁決) 서류철.

토지조사사업의 재결 서류철인 불복신립사건심사서류는 현재 경상남도 창원군 토지조사사업에서 생산한 총 3책 중 두 번째 책이 남아 있다. 이는 사건번호 '고위 제5578호부터 제5663호'인데, 마산시청이 소장하고 있다. 이 서류철의 내용은 다음과 같다. 표지에는 제목과 작성자인 고등토지조사위원회, 책의 권호를 표기하고, 목록과 심사서류를 사건 순서대로 편철하였다. 서류철은 재결방식에 따라 취하(取下)와 재결(裁決) 두 방식으로 구분하여 편철했다.

먼저 후자의 경우를 보면, 맨 앞에는 고등토지조사위원회의 재결서를 철했다. 재결서의 형식은 불복신립인의 주소 성명, 고등토지조사위원회의 결정문인 '주문(主文)' '주문을 결정한 사실과 이유', 결정일, 고등토지조사위원회의 위원의 이름과 도장 순으로 이루어졌다. 때로는 재결서 다음에 담당자가 재결서를 작성하기 위한 초안에 해당하는 재결서안(裁決書案)을 첨부한 경우도 있는데, 재결서와 내용은 같았다. 취하의 경우는 고등토지조사위원회의 결재서류의 표지가 맨 앞에 편철되어 있었다.

불복신립사건의 심사는 불복신립인(不服申立人)이 사정에 대한 불복신립서를 제출하면서 시작되었다. 이때 토지조사사업 당시 작성한 문서와 증거서류를 함께 제출하였다. 토지조사사업 관계서류는 토지조사부, 토지신고서, 국유지통지서, 토지조사부등본 등이

고, 증거서류는 대부분 토지매도증서와 영수증, 소유권 보존증명신청서, 부동산목록, 토지소유권 보존증명제증, 소유권명의정정승낙서 등이었다. 그리고 국·민유 분쟁의 경우에는 고등토지조사위원회에서 국유지 관할관청에 조회하는 절차를 거쳤다. 토지사정불복신립사건에 대한 조회(고등토지조사위원회)와 토지사정불복신립사건의 건 회답(경상남도장관) 등이 왕복서류였다. 그리고 소유를 판정할 증거서류들을 첨부했다. 고등토지조사위원회에서는 이들 서류를 근거로 조서를 작성하고 심사를 했다.

취하는 불복신립인이 심사과정에서 재결에 이르기 전에 사정에 따르겠다는 의미에서 사건을 원상으로 되돌리는 행위이다. 이때 불복신립인은 토지사정불복신립취하원을 작성하여 제출했다. 편철순서는 결재서류 다음에 불복신립취하원, 토지사정불복신립원, 토지조사부(사본), 토지신고서, 그리고 증거서류였다.

경상남도 창원군의 불복신립사건 서류철에서 이 지역 최대지주인 무라이 기치베에(村井吉兵衛)와 동리주민이 다툰 사건이 주목되는데, 이 사건의 관계서류를 예시하면 재결서, 불복신립일부취하원, 토지사정불복신립서, 추신서(追申書), 명문(10장), 무신년조 납부지세영수증, 결비, 변명서, 추가변명서, 토지사정불복신립에 관한 건, 증인신문조서, 판결, 토지조사부, 위임장, 토지매매계약서, 토지매매계약증, 명문, 계쟁지지도, 토지사정불복신립사건에 관한 통고, 토지신고서, 토지분쟁화해서, 위임장, 불복신립일부취하의 건 등을 들 수 있다.

[참고어] 고등토지조사위원회, 무라이농장, 불복신청, 재결

[참고문헌] 조선총독부 임시토지조사국, 1918, 『조선토지조사사업보고서』; 최원규, 2011, 「창원군 토지조사사업 관계장부의 종류와 성격」『일제의 창원군 토지조사와 장부』 〈이영학〉

불복신청(不服申請) 일제의 토지조사사업에서 사정장부인 토지조사부와 지적도를 공시 열람한 다음 그 결정에 불복하여 낸 이의 신청.

불복신청은 판결이나 결정 명령 등이 행해진 경우 상급기관에 이의를 신청하는 것으로, 불복신청의 건은 고등토지조사위원회에서 처리하였다. 토지조사사업에서 제기된 총 분쟁건수는 분쟁지 33,937건(125,868필), 소송관계 6,976건, 불복신청 20,148건(102,282필)으로 총 61,061건 257,450필로서, 1,000필당 13필지가 분쟁지였다. 이 가운데 사정 불복신청건수는 사정작업의 진행속도와 보조를 같이하여 1915년 이후 급격히 증가하였다.

불복신청에 대한 처리실태를 보면, 1,444건은 재결사항이 아니어서 반환하고, 나머지 반은 취하하였다. 따라서 실제 처리한 재결건수는 전체건수중 47%인 9,388건이었다. 그런데 재결서에 나타난 불복신청건은 토지소유주가 신고 또는 입회를 하지 않아 잘못 사정된 경우가 대부분이었다. 사정과정에서 분쟁지로 처리한 것이 아니라, 사정 장부를 열람할 때 오류를 발견한 경우였다.

불복신청건수를 도별로 보면, 경기, 전남북, 경남 순이었다. 이 지역은 열람신청률이 다른 지역보다 낮았으나, 사정 당시 분쟁건수는 많았다. 열람률이 낮은 반면 불복신청률은 높았던 것이다. 전체적으로 일본인 지주들이 불복신청을 주도했지만, 특히 이 지역에서는 일본인의 불복신청률이 다른 지역보다 높은 비중을 점했다. 토지조사 전과정을 일본인지주들이 주도했음을 보여주었다.

도별 불복신청필수는 사정필수의 0.5%밖에 안 되었다. 그러나 부의 경우는 도에 비해 백분비로 볼 때 인원에서 2배, 필수에서 10배정도로 불복신청이 제기되었다. 시가지(市街地)에서 소유권 분쟁이 더 빈발했음을 보여주고 있다. 그것은 소유권 문제가 일본인의 토지투자활동과 밀접한 관련이 있음을 보여주는 것이다. 전체적으로 일본인 20%, 한국인 80%가량의 불복신청 비율을 보이고 있지만, 부에서는 일본인 58%, 한국인 42%로 일본인의 비율이 오히려 높다. 이러한 현상은 한국인에 비하여 일본인의 토지소유가 더 불안정하고, 그만큼 일본인이 토지조사사업을 더 적극적으로 활용하여 소유권을 안정시키고 있음을 보여주는 것이다.

불복신청의 종류도 이러한 모습을 보여주었다. 불복신청대상은 소유권 사정과 강계 사정의 두 종류인데, 여기서도 지역별로 편차를 보였다. 경기, 전남북, 경남 지역이 신청건수가 많으며, 소유권 불복율도 높다. 황해도는 건수는 중간정도에 해당하나, 소유권문제가 심하게 제기되었다. 어느 지역이나 일본인의 농업경영이 왕성한 지역이었다. 그 이외의 지역도 소유권 분쟁도 많은 비중을 차지하지만, 강계불복신청의 비중이 앞 지역보다 상대적으로 많았다. 소유권분쟁의 차원을 넘은 강계분쟁의 비중이 높다는 점은 그 만큼 소유의식이 강화되었다는 것을 말해주는 것이다.

결국 일제는 구래의 불안정한 소유권(또는 물권)을

〈불복신청사건 종류〉

도별	수리건수	소유권			강계	기타
		전체	부분	%		
경기	2058*	1718	132	90%	180	28
충북	141	86	19	74%	6	30
충남	438	241	85	74%	84	28
전북	1815*	1370	166	85%	260	19
전남	5126*	3393	1539	96%	140	54
경북	816	650	58	87%	45	63
경남	3467*	2851	222	89%	212	182
황해	1085*	829	89	85%	161	6
평남	857	459	206	78%	148	44
평북	1310	826	194	78%	264	26
강원	705	523	66	84%	94	22
함남	1409	806	123	66%	160	320
함북	921	287	68	39%	301	265
합	20148	14039	2967	84%	2055	1087

자료 : 고등토지조사위원회, 1920, 「고등토지조사위원회 사무보고서」, 33~35쪽.

토지조사라는 법적 제도적 장치를 동원하여 배타적 소유권으로 일원화시켜 절대적 안정성을 제공한 것이다. 이러한 과정을 거쳐 확정된 소유권과 증명 또는 등기의 소유권이 저촉될 때는 후자를 말소시킬 수 있도록 절대권을 부여하여 권리관계를 확정하였다. 토지조사사업으로 기존의 모든 분쟁은 제도적으로 말소되었으며, 그 이후 현재까지 한국사회에 통용된 토지소유권은 토지조사에서 사정으로 확정된 일지일주의 배타적 소유권이었다.

[참고어] 불복신립사건심사서류, 고등토지조사위원회, 재결, 사정, 토지조사부

[참고문헌] 조선총독부 임시토지조사국, 1918, 『조선토지조사사업보고서』; 최원규, 2003, 「일제 토지조사사업에서의 소유권 사정과정과 재결」『한국근현대사연구』 25 ; 조석곤, 2003, 『한국 근대 토지제도의 형성』, 해남

〈최원규〉

불요존국유림(不要存國有林) 국유림 가운데 요존 임야에 해당하지 않는 국유림으로 일반에 개방하거나 민유로 이권 처분이 가능한 임야.

연고자 유무에 따라 제1종과 제2종으로 구분하였다. 제1종 불요존 임야는 연고자가 없는 국유림으로 양여, 대부, 매각 교환처분이 가능한 임야이다. 그중 가장 많은 비중을 차지한 것은 조림대부였다. 조림대부는 사업이 성공하면 양여과정을 통해 산림소유권을 획득할 수 있다는 점에서 대부자에게 유리했다. 이 때문에 조림대부는 조림을 수행할 수 있는 대자본에 유리하였다. 양여도 조림용으로 할 것을 촉진하였고, 부득이한 경우에 한해 매각, 교환의 방법으로 처분하였다. 제1종 불요존 임야 중 조림을 필요치 않는 구역, 또는 경지 택지 등 조림용 이외의 용도로 적합한 개소, 광업용지, 조림대부를 해서는 안되는 임야는 주로 매각 처분 대상이었다.

제2종 불요존 임야는 연고자가 있는 임야로 일반에 개방이 불가능한 임야이다. 제2종 불요존 임야에 해당하는 연고림은 ① 능원묘(陵園墓)와 기타 유적이 있는 임야, ② 고기(古記) 또는 역사의 증명에 따라 사찰과 연고가 있는 임야, ③ 삼림법에 의하여 지적신고를 하지 않아 국유림으로 귀속된 임야, ④ 개간, 목축, 조림 또는 공작물의 설치 등을 위해 대부받은 임야, ⑤ 삼림법 시행 전부터 합법적으로 점유한 임야, ⑥ 영년금양(永年禁養)한 사실이 명확한 임야 등이다. 제2종 불요존 임야는 임야조사사업에서 연고 있는 국유림으로 사정되었다. 연고림은 대부분 마을 부근에 위치하여 인민들의 생활과 직결되었기 때문에 산림 소유와 이용을 둘러싼 갈등과 저항이 컸다. 일제는 1926년 조선특별연고삼림양여령을 발포하여 연고권을 인정해 주는 방향으로 나아갔다.

[참고어] 국유림구분조사, 요존국유림, 조림대부제, 조선특별연고삼림양여령

[참고문헌] 岡衛治, 1945, 『朝鮮林業史』, 조선산림회(2001, 한국임정연구회 편역, 산림청) ; 강영심, 1998, 「일제의 한국삼림수탈과 한국인의 저항」, 이화여대 박사학위논문 ; 강정원, 2014, 「일제의 山林法과 林野調査 연구-경남지역 사례」, 부산대 박사학위논문

〈강정원〉

비력질(夫役) 소작인이 지주 혹은 토지관리인에게 무상으로 노동력을 제공하는 소작관행.

정확한 기원은 알 수 없으나 소작제도가 발생한 시기부터 오래도록 내려온 관행으로 보인다. 전국 각도에서 행해졌으며, 지방마다 명칭이 다양하였다. 그 중 가장 일반적으로 사용된 명칭은 부역(夫役)이었다. 그 밖에 경기도에서는 운역(運役)·신부조(身扶助)·작인사(作人事)·과(過), 충청남도에서는 견가·조역(助役)·마름조(舍音條)·차역(借役), 전라북도에서는 역사(役事), 전라남도에서는 간섭(間攝)·사전조(事轉助), 황해도에서는 공품(空品)·여공(餘空), 평안남도에서는 앙역(仰役), 평안북도에서는 곤집일·곤간일·애역(哀役)·전주(田主)네 일, 강원도에서는 모음일·도조(賭助), 함경남도에서는 품·신역(身役) 등으로 부르기도 하였다. 경기도, 충청남·북도, 경상남·북도에서 가장 발달했다.

비력질은 대개 소작인은 많고 소작지가 적은 곳에서 소작지를 확보 유지하기 위한 방편으로 발생하는 경우가 많다. 갑오개혁을 통해 신분제도가 폐지되기 이전에는 신분에 기초한 소작인의 부역도 많았다. 소작인의 비력질은 관습이나 소작계약으로 정해졌다. 비력질의 종류에는 지주와 관리인의 농경지 경작, 농작물의 수확과 가공, 수해토지의 복구, 연료채취, 온돌정비 등이 있었다. 건축, 직물, 묘지 관리, 소작료 운반, 관혼상제, 기타 물 긷기, 지주가의 세탁이나 취사 등과 같은 가사노동에 동원되는 경우도 많았다

소작인이 비력질에 종사하는 일수는 지주나 각지의 사정에 따라 달랐다. 일반소작인은 1개년 중 1, 2일내지 5, 6일, 때로는 10일 내외로 동원되는 경우도 있었으나, 2~3일이 일반적이다. 하지만 지주 중에는 비력질로 자작이나 소작농업을 하는 경우도 있었다. 비력질은 1920년대 초반까지 널리 행해지다가 소작쟁의가 빈번해지자 점차 감소하였다. 이 관행이 유지되는 곳에서도 노동력 제공 일수를 줄이고 임금을 지급하는 경향이 나타났다.

[참고어] 농막인, 소작제도 관행조사, 조선의 소작관행

[참고문헌] 조선총독부, 1927, 『朝鮮の農業』; 조선총독부, 1932, 『朝鮮ノ小作慣行(上)·(下)』 〈고나은〉

비료대적 지주(肥料貸的地主) ⇒ 동태적 지주

비변사지도(備邊司地圖) 18세기 중엽 비변사에서 제작한 도별 군현지도.

규장각 한국학연구원에는 '비변사(備邊司)'라는 도장이 찍혀 있는 지도가 12종 42책 660장이 있다. 이 가운데 특히 18세기 중엽에 제작된 것으로 추정되는 '비변사지도'가 보물 제1583~1589호로 지정되어 있다. 이들은 도별 군현지도 유형의 지도집으로 1리 방안(方眼) 위에 지도를 그렸는데, 그 크기가 7.0~8.5㎜ 내외이므로 축척은 약 1 : 53,000~1 : 64,000에 해당한다. 1747년(영조 23)~1750년(영조 26)에 편찬된 것으로 보이며, 조선 후기 국정을 총괄했던 비변사에서 제작·소장했던 관찬지도이다.

현대 기본도의 축적이 1 : 50,000임을 감안해 볼 때 비변사지도는 축척이 크고 내용이 상세한 대축적지도라고 볼 수 있다. 각 지도의 여백에는 경도(京都)와의 거리, 인구수·전답(田畓)·세곡(稅穀)·군정(軍丁)·역참(驛站) 등의 상세한 정보들이 주기되어 있다. 중앙정부에서 지방의 실정 파악을 위해 일괄적으로 제작한 것으로 보이며, 범례를 두어 특정 정보는 기호화하여 표시하는 방식을 사용하였다. 또한 도로를 대·중·소의 크기에 따라 구별하고 각각 적색·황색·청색의 직선으로 표현하여 당시 도로를 중시했던 시대적 분위기를 반영하고 있다.

이처럼 비변사지도는 1리 방안을 사용한 대축적지도로, 군사적 내용과 도로를 강조하면서 상세한 주기로 다양한 정보를 제공하고 있다. 또한 회화식 지도임에도 불구하고 기호화가 상당부분 이루어졌다는 특징이 있는데, 이러한 특징들은 18~19세기에 현저한 발달을 보이는 지도 발전의 원형적 모습이었다고 할 수 있다.

[참고어] 조선지도

[참고문헌] 楊普景, 1992, 「18세기 備邊司地圖의 고찰-奎章閣 소장 道別 郡縣地圖集을 중심으로」 『奎章閣』 15 ; 국토지리정보원 編, 2009, 『한국 지도학 발달사』, 국토지리정보원 ; 양보경, 2005, 「鬱陵島, 獨島의 역사지리학적 고찰-韓國 古地圖로 본 鬱陵島와 獨島」 『북방사논총』 7

빙고둔(氷庫屯) 조선시기 빙고의 재정을 보용하기 위해 설치·운영한 토지.

빙고에 대한 최초의 기록은 505년(지증왕 6) 11월로, 왕명으로 얼음을 저장해 쓰게 했으므로 6세기경 설치된 것으로 보았다. 고려에는 구체적인 기록이 없으나, 조선 초 제도화되어 예조에 속했다. 한양 두 곳의 빙고를 설치했는데, 두모포(豆毛浦)의 동빙고는 제사에 제공하는 얼음을 보관하였고, 둔지산(屯地山)의 서빙고는 임금과 백관에게 제공하는 얼음을 보관하였다. 또한 각각 10명과 40명의 빙부(氷夫)를 배치했으며, 인근의 백성과 정병을 동원하기도 했다.

빙고서둔은 한양 서부에 있는 채전(菜田)과 고양군에 있는 초평(草坪) 두 곳이 있었다. 초평은 빙고에서 사용하는 갈대를 생산하는 토지로서 평직·봉족(奉足) 등을 두고 관리시켰고, 봄·가을에 감예관을 파견해 이를 채취하였다. 『만기요람』과 『육전조례』에는 "빙고 16결 98부 5속, 동빙고 초완(草薍) 재운(載運) 선가(돈 90냥, 楊花稅錢중에서 지급) 대개 복초예(覆草刈) 단가 쌀 134섬 13말 6되 2홉을 취하고, 감예미 134섬 13말 6되 3홉"이라고 기록되어 있다. 한편 초평은 선공감둔(繕工監屯)에 인접하여 경계가 명확하지 않았기 때문에, 간혹 선공감의 초평에 혼입되기도 하였다.

한양 서부에 있었던 채전은 1894년 빙고서의 폐지와

함께 궁내부 종목과(種牧課)에 이관되었고, 1907년 역둔토와 함께 국유로 편입되었다.

[참고어] 아문둔전, 선공감둔

[참고문헌] 『萬機要覽』; 『六典條例』; 和田一郎, 1920, 『朝鮮土地地税制度調査報告書』

빙부전(氷夫田) 조선시기 동빙고(東氷庫)·서빙고(西氷庫) 및 각 지방에서 얼음을 떠내는 빙부(氷夫)의 급료와 관리비 등을 충당하기 위해 지급한 토지.

조선시기 지방행정기관의 경비 마련을 위해 지급한 토지인 늠전(廩田)의 하나이다.

조선에서는 왕실과 관료에게 필요한 얼음을 공급하기 위하여 동빙고와 서빙고를 설치하고, 각각 10명과 40명의 빙부를 배치하였다. 또한 이들이 노동력을 제공한 대가로 1인당 토지 1결씩을 지급했는데, 관둔전·마전·원전·진부전·수릉군전 등과 함께 자경무세(自耕無稅)의 토지였다.[『경국대전』 호전 제전] 1445년(세종 27) 시행된 국용전제(國用田制) 하에서도 존치했으나, 조선 후기 빙부를 대신해 빙계(氷契)를 통해 정부에 필요한 얼음을 조달하게 되면서 빙부전도 폐지되었다.

[참고어] 늠전

[참고문헌] 『경국대전』; 김태영, 1983, 『조선전기토지제도사연구』, 지식산업사 〈이준성〉

뿔괭이 신석기시대 이래 흙을 파고 고르는 데 쓰는 연장.

두 가지 형태가 대표적인데, 하나는 사슴뿔의 뾰족한 끝을 그대로 사용한 것이고, 다른 하나는 사슴뿔을 잘라 긴 가지를 자루로 하고 뿔의 밑동 쪽에서 갈라진 작은 가지를 괭이 날로 사용한 형태이다. 돌괭이와 함께 야생식물의 뿌리를 캐는 뒤지개나 파종할 씨앗의 구멍을 파는 굴봉의 용도로 이용되었을 것으로 추정하고 있다. 청동기시대 유적에서도 간혹 출토되는 예가 있다. 대표적인 출토 유적으로는 평남 궁산 패총과 함북 서포항 패총 등이 있다.

[참고어] 괭이, 돌괭이

[참고문헌] 지건길·안승모, 1983, 「한반도 선사시대 출토 곡류와 농구」 『한국의 농경문화』 1, 경기대 출판부; 황기덕, 1984, 『조선원시 및 고대사회의 기술발전』, 과학백과사전출판사; 김경택, 1985, 「한국 선사시대 농경과 농구의 발달에 관한 연구」 『고문화』; 박호석 외, 2001, 『한국의 농기구』, 어문각 〈이준성〉

ㅅ

사(祠) 선인(先人)의 신주·영정을 봉안하고 제향을 행하는 땅인 사당묘우(祠堂廟宇)의 총칭.

사는 선조 숭배관념과 충신의 공덕을 기리는 보본숭현사상(報本崇賢思想)을 바탕으로 선현을 봉향하는 곳이다. 충신·의사 또는 국가에 위대한 공훈이 있는 자를 숭배·표창하기 위하여 건설한 것으로 매년 봄가을에 관에서 제사를 지낸다. 사는 사우(祠宇), 영당(影堂), 향현사(鄕賢祠), 별묘(別廟), 향사(鄕祠), 세덕사(世德祠), 유애사(遺愛祠), 리사(里祠), 생사당(生祠堂)이라고도 한다. 사는 사현(祀賢)의 기능을 수행하며 사묘의 구조를 지니고 있다. 주 목적은 유공자에 대한 보답과 사현을 통한 향촌민의 교화이다. 사우는 서원과 달리 사현의 기능만 있고, 교육적 기능은 없다. 사묘와 그 일대는 보통 국유·비과세지였다.

삼국시기부터 사우가 건립되었다. 성리학이 전래되는 여말선초 이후 증가하기 시작하여 숙종 대에는 남설 현상까지 나타났다. 이렇게 건립된 사는 전국에 약 500여 곳이 분포하였으며 전라·경상·충청도에 가장 많았다. 고종 대의 서원 훼철령으로 서원·사우는 47개소만 남게 되었다. 1900년대 초 일제는 조선사회의 내부구조를 파악하기 위한 작업의 일환으로 전국의 서원·사우를 조사하였으며, 식민지 조선통치를 원활하게 하기 위해 사를 복설·신설하는 모습을 보였다. 해방 후에도 삼남지방에 많은 사우가 복설·신설되었다. 사우에는 가향(家鄕), 순절자, 유배자, 중국의 장군이나 유학자 등을 제향하였다.

대표적인 사로는 1472년(성종 3)에 건립되어 환인·환웅과 단군을 제사지내는 삼성사(三聖祠), 1593년(선조 26) 건립되어 명의 장군들을 제사지낸 무열사(武烈祠), 진주 전투의 순절자 김시민 장군 등 25인을 제향한 진주의 충민사(忠愍祠) 등이 있다. 1885년(고종 22)에는 청의 흠차(欽差)인 오장경(吳長慶)을 제사지내는 정무사(靖武祠)가 설립되기도 하였다.

[참고어] 지목, 국유지, 서원전, 향교전

[참고문헌] 정만조, 1975, 「17~18세기의 서원·사우에 대한 시론-특히 사림의 건립활동을 중심으로」『한국사론』 2 ; 박주, 1980, 「조선 숙종조의 사우 남설에 대한 고찰」『한국사론』 6 ; 전용우, 1985, 「조선조 서원·사우에 대한 일고찰-건립추이 및 제향인물을 중심으로」『역사와 담론』 13

〈고나은〉

사경(私耕) 조선 전기 농장제에서 노비의 몫으로 분급된 토지, 또는 일정 기간 일해 준 대가로 주인이 머슴에게 주는 곡물이나 돈.

새경 또는 사래라고도 불린다. 원래 조선 전기 농장제에서 노비의 몫으로 분급된 토지를 가리키는 용어였으나, 후기에는 양인 신분의 고용 노동자인 머슴의 1년 품삯을 가리키는 새경이라는 말로 변했다.

16세기에 들면서 과전법(科田法) 체계가 무너지고 수조권(收租權) 분급제(分給制)가 소멸된 뒤 직접 토지를 확보하여 경제 기반을 보장받으려는 추세와 더불어 농장(農莊)이라 불리는 지주지(地主地)가 늘어났다. 농장은 여러 가지 형태로 경영되었는데, 먼저 지주 자신 또는 그 대리인이 노비 등 예속인을 동원하여 농장을 직영(直營)하는 형태가 있었다. 또한 노비에게 작개지(作介地)라고 하는 토지를 분급하고 책임을 지워 경작시키는 방법도 있었다. 이는 노비 신공(身貢)의 일환으로, 여기서 거둬들인 수확량의 거의 전부가 지주에게 수취되었다. 반면 노비는 노동력을 제공하거나 경영을 맡은 대가로 주인으로부터 사경지(私耕地)를 대여받기도 하였다. 여기서 거둬들인 수확물은 노비들의 몫이었다. 특히 사경지는 작개지와 짝이 되어 이 시기 농장을 경영하는 중요한 방법이 되었다. 한편 지주와 경작인 사이에 한 토지의 수확물을 반분하는 병작제(竝作制)도 시행되었지만 그 비중은 크지 않았다.

그러나 16세기 후반 신분적 예속과 경제외적 강제에 반발하여 노비들이 작개경작에 대해 저항하기 시작했고, 한편으로는 양인농민들이 몰락하면서 병작제가 확대되기 시작했다. 17세기로 들어서면 지주의 직영지 규모는 대폭 축소되고 병작제를 중심으로 지주제가 전개되었다. 동시에 광범위한 농촌사회의 분화·분해가 나타나면서 영세농민은 전호로서 병작하거나, 고공(雇工, 머슴) 등 임노동을 통해 생계를 유지하거나, 상업이나 수공업에 종사하였다. 그에 따라 지주층이나 부농층의 직영지에는 농번기에 집중적으로 노동력을 구매하는 현상이 나타났고, 일 년 단위로 계약을 맺고 의식주를 보장하면서 싼 임금[새경]으로 머슴을 고용하는 경우가 많았다. 한편 묘지기나 마름이 수고의 대가로 얻어서 부치는 논밭을 가리키는 '사래'도 있었다. 토지 자체를 임대해주고 거기서 나온 수확물로 생계를 꾸리게 한다는 점에서 사래는 조선 전기의 '사경'과 유사한 것이었다. 반면 새경은 고용노동자에게 현물이나 곡물로 지급되는 1년 단위의 임금을 가리키는 용어로 사용되었다.

1년 단위로 고용할 경우 보통 머슴은 정월 대보름 무렵에서 2월 사이에 들이게 된다. 이때 정해진 머슴은 그해의 농사를 다 짓고 난 다음인 10월 그믐께나 섣달에 나가게 된다. 머슴들은 주로 고용주의 집에서 먹고 자고 입는 것을 원칙으로 하였으므로, 의복과 식사, 거주할 방을 제공 받았고 별도로 정기적인 생활비가 들지 않았다. 그래서 한 해치 품삯인 새경을 한꺼번에 계산했는데, 현금으로 계산하는 경우도 있었지만, 통상 곡물로 계산하였다. 새경에는 머슴이 들어올 때 미리 지불하는 들새경[선새경]과 나갈 때 지불하는 날새경이 있었는데, 들새경은 날새경에 비해 1/5 정도에 불과했으며 일종의 계약금 같은 성격을 지니고 있었다.

머슴은 노동력과 농사경험에 따라 등급이 있었으며 그에 따라 새경도 차이가 있었다. 즉 상머슴과 중머슴, 꼴담살이[대개 소년으로 보조적인 노동을 함]가 있었다. 상머슴은 1년에 벼 5~7석(石), 중머슴은 3~5석을 받았고, 꼴담살이는 새경 없이 의식주만을 제공받았다.

머슴의 고용과 새경 지급이라는 현상은 이후로 더욱 증가하여, 특히 1894년(고종 31)의 갑오개혁 후 노비제 폐지를 통해 해방된 노비들도 머슴으로 많이 전화하였고, 호칭도 머슴으로 고정되어 갔다.

일제시기에 들어 일제의 토지약탈과 인구증가로 인하여 몰락농민층은 더욱 증가하였고 머슴수도 상당해졌다. 1930년 통계로 보면 고용주 44만 2908명에게 머슴 53만 7432명이 고용되었다. 머슴의 수효는 1940년경까지 계속 증가하였다고 생각된다. 그러나 1940년대 이후 지원병·징병으로 노동력이 차출되고, 약간의 공장도 건설되고 경기가 좋던 만주로 많은 인구가 유출됨에 따라 특히 서북지방의 농가에서는 머슴을 고용하기가 어려워졌다. 머슴들은 몰락농민이 많던 삼남지방에 주로 고용되었고 고용주는 지주 외에도 소작농과 순소작농도 있었다. 대부분의 고용농가에서 머슴은 가족노동력의 보충에 불과하였지만, 경우에 따라서는 상업적 농업을 목적으로 머슴을 고용하기도 하였다.

8·15 광복 후에도 머슴은 존속되어 1950년에는 남한만 해도 27만 578명의 머슴이 있었다. 더구나 6·25전쟁을 겪은 다음부터는 더욱 증가하였고, 1960년 통계에 따르면 21만 9157호에 고용된 머슴의 수가 24만 4557명이나 되었다. 이러한 고용농가는 전체 농가호수의 약 1할에 달하는 숫자였다. 이러한 머슴의 고용형태는 산업화가 시작된 1960년대 중반에 들어서 점차 변화하기 시작하였다. 산업화로 인해 농촌인구의 이농이 활발해져 머슴과 같은 농업노동력을 얻는 것도 쉽지 않았으며 임금이 계속 상승하였으므로 고용농가의 영농비를 압박하였다. 그러므로 머슴은 점차 사라져갔고, 현재는 순수한 농업임금노동자로서의 머슴이 이따금 있을 따름이다.

[참고어] 작개, 병작

[참고문헌] 최완기, 1997, 「임노동의 발생」『한국사 33-조선후기의 경제』, 국사편찬위원회 ; 안승준, 2007, 『조선전기 사노비의 사회경제적 성격』, 경인문화사

〈이석원〉

사급전(賜給田) 본래 사전(賜田)의 한 유형으로서 원(元) 간섭기 이후 부원배(附元輩) 및 왕의 측근세력에게 사패부전(賜牌付田)의 형식으로 한전(閑田)을 지급한 것. 수조권과 더불어 개간을 통해 소유권까지 갖게 됨으로써 농장 확대의 매개체 역할을 하였다.

고려 중기 이후 나타난 농민의 유망(流亡)현상은 광범위하고 심각하였다. 더구나 30여 년에 걸친 대몽항쟁은 국토를 폐허화시켰다. 농업생산은 쇠퇴하고 진전화(陳田化) 현상은 만연하였다. 줄어든 인구에 늘어나는 국용(國用)은 남은 백성들을 궁지에 몰아놓고 있었다.

여러 가지 어려운 상황 속에서나마 그나마 사직을 지키기 위해서는 왕실과 신료에 대한 대책을 마련하지 않으면 안되었다. 이에 1271년(원종 12) 2월 경기 8현의

간전(墾田)에 한하여 녹과전(祿科田)을 지급한 데 이어, 1285년(충렬왕 11) 3월에는 한전에 대하여 사패(賜牌)를 주어 개간하게 함으로써 실제로는 수조권(收租權)을 지급하는 것과 같은 효과를 갖도록 하는 조처가 취해졌다. 여기서 한전은 휴한지(休閑地)와는 다른 개념으로 경작을 방기(放棄)한 무주진전(無主陳田)을 가리키는 것이다. 당시 소를 빌리거나 인력으로 농사를 지어야 했던 대다수 농민들의 처지를 고려할 때, 광범위한 진전을 개간하기 위해서는 경제적 여력을 갖춘 제왕·재추·호종공신·궁원·사사(寺社) 등에 의존하지 않을 수 없었다.

사급전은 국왕이 임의로 주었다는 점에서 사전과 유사하지만, 고려 전기 이래로 순수하게 수조권만을 지급해온 사실과는 다른 것이었다. 수조권을 부여받는 사실 외에 개간을 매개로 한 사패의 지급은 소유권을 겸유(兼有)할 수 있는 계기를 이루는 것이며, '사급전', '사패부전' 혹은 '사전'으로 일컫는 가운데 고려 후기 토지지배관계에 큰 영향을 주게 된 것이다.

당시 사급전을 받은 대상은 때로 '공신', '권귀(權貴)', '권세지가', '호세지가(豪勢之家)'따위로도 불려졌다. 위사공신(衛社功臣)의 경우 무신정권으로부터 왕정으로 복귀하는 데 결정적인 공헌이 있었으므로 이들을 위무시킬 필요가 있었으며, 또한 왕정은 복구되었다 하더라도 원의 간섭이 심화됨에 따라 부원배의 청을 거절할 수도 없었으리라는 점, 그리고 나아가 이 두 세력 사이에서 불안정한 상태에 있었던 왕으로서는 자신의 왕권을 유지, 강화해야할 입장에 있었으며 그 방법은 측근세력의 육성에 두고 있었을 것은 쉽게 짐작할 수가 있다. 사급전의 지급은 이처럼 원과의 관계 속에서 지배층 내의 정치적 상황이 크게 작용하고 있었다.

사급전이 지급되고 또한 문제된 것은 주로 기현(畿縣) 지역이었다. 이는 개경과 가깝다는 관리상의 이점도 작용하였으나 상대적으로 다른 지역에 비해 황폐의 정도가 컸던 사실과 관련이 있다. 그러나 사급된 지역은 점차 인근 서해도(西海道)로 확대되고 있었고 그 범위가 작지 않았음에도 크게 문제되지 않았던 것은 이 지역이 관인층의 사전(私田)보다는 피역민의 토지[公田]이 많았기 때문이었을 것이다.

사급전은 원래 무주진전 즉 양안(量案)에 주인이 부적(付籍)되지 않은 토지에 한하여 지급될 수 있었다. 또한 비록 무주진전일지라도 백성이 이미 개간한 경우는 탈점을 금하였는데 그것은 아직 양안에 부적되지는 않았지만, 경작권을 보호함으로써 공호(貢戶)를 확보하기 위한 '경자유전(耕者有田)'의 원칙을 적용한 것으로 보인다.

그런데 세원(稅源)의 확보라는 측면에서 보면, 양안에 기록된 무주진전은 그렇게 흔하지는 않았을 것이다. 그러므로 무주 여부를 확인하기 위해서는 양안을 통해서가 아닌 실제 경작 여부를 확인해야 했다. 그러나 당시 취약한 왕권으로 인하여 강압에 못 이겨 내주는 경우도 있어서 미처 확인하지 않는 경우도 많았다. 때로는 유주(有主)의 진전까지도 모수사패(冒受賜牌)하여 스스로 '본전(本田)'이라고 칭하면서 산천(山川)을 경계로 다투어 점유하기도 하였던 것이다. 예컨대 충목왕 대에 도평의사사는 "근래 여러 공신 및 권세지가에서 거짓으로 사패를 받아 스스로 본전이라고 하면서 산천을 경계로 삼아 다투어 문서를 꾸며 차지하니 옛 제도에 어긋납니다.(近來諸功臣權勢之家, 冒受賜牌, 自稱本田, 山川爲標, 爭先據執, 有違古制.[『고려사』 권78, 식화1, 전제, 녹과전, 충목왕 원년 8월])"라고 하여, 그 폐단을 지적했다.

사급전의 관리를 살펴보면, 우선 노비를 지급하지는 않았다. 더러는 노비를 사패로 지급받는 경우도 있었으나 토지의 개간 및 경작에 동원된 사람들은 대체로 몰락농민으로 구성된 전호(佃戶)가 주류를 이룬 것으로 보인다. 이는 당시의 피역민의 유망 혹은 도호(逃戶) 현상과 밀접한 관련이 있었다.

신분적 측면에서 보면, 몰락농민이 대부분을 차지하였을 사급전의 경작민은 대개의 경우 사민화(私民化)되어 외거노비로 존재하였을 가능성이 높다. 왜냐하면 경제적인 면에 있어서 내부적으로 사실상 지주전호제적 생산관계가 유지된다고 하더라도, 피역 수단과 관련하여 경작민은 사급전주(賜給田主)와의 신분적 예속관계를 탈피할 수가 없었기 때문이다.

한편 진전을 사급받는다는 것은 개간이 뒤따르는 것이기 때문에 단순한 수조지와는 다른 양상을 띠게 된다. 특히 무주(無主)의 진전은 개간을 통해 소유권까지 갖게 되어 일반 수조지와는 달리 사적소유지로서 토지에 대한 지배력을 강화해 나가게 된다. 사급전이 농장으로 발전할 수 있게 된 것은 수조지로서의 면세특권과 함께 사적토지소유권으로서의 지배력 강화를 통하여 가능하였으며, 고려 후기 사급전의 집적으로 이루어진 농장은 주로 이와 같은 조건하에서 이루어진 것이었다.

이처럼 사급전은 고려 전기 이래의 사전과는 다른 것이었으나 그 자체로서는 문제가 되는 것이 아니었다. 오히려 토지분급제가 마비되고 국가재정이 고갈되어 관료에 대한 생계보장이 여의치 않던 시기에 있어서는 그 역할은 커질 수밖에 없었다.

그러나 사급전 지급은 진전이 상례화되어 가고 있던 시기에 이루어진 수동적 조처로서, 비록 무주진전의 원칙을 내세웠지만, 사실은 유주의 진전인 경우가 대부분이어서 공사전(公私田)을 막론하고 심각한 문제점을 안고 있었다. 공전의 경우 공납(貢納)을 거부하게 되어 국가의 재정적 측면과의 충돌이 불가피하였다. 이는 여말 군수비용이 증가하면서 더욱 두드러졌다. 사전의 경우, 특히 양반절수지인 녹과전 지역까지 사패를 받음으로써 하급 내지는 신진관료들의 생계를 위협하는 요소가 되었다.

더구나 사급전의 확대는 잔여공민(殘餘公民)의 수취부담을 가중시키는 일이었다. 때로는 사패를 지급받고서 아예 개간을 포기한 채, 도인진황전(逃人陳荒田)의 밀린 전조(田租)를 연고자에게 부담시켜 괴로움을 주는 일도 있었다. 당시 몰락농민의 증가는 전민(田民)의 탈점을 통한 불법적 농장경영과 직간접으로 연결되어 있었다. 나아가 사급전은 개간을 통해 소유권을 확보하고 수조권까지 지급받음으로써 유리한 생산관계를 바탕으로 국가의 공납체계를 근본적으로 흔들고 있었다.

이처럼 사급전으로 인한 모순이 누적되어 있으면서도 폐해를 제거하는 것은 쉬운 일이 아니었다. 토지분급제의 근본적 개혁이 없는 한 사급전의 혁파는 어려운 일이었다. 충선왕이 대대적인 사급전 공수(公收)를 시도했음에도 불구하고 끝내 성공할 수 없었다. 사급전을 둘러싼 논란이 계속되는 가운데 결수를 제한하는 조처가 나오는가 하면, 몽고세력이 약화되면서 사급전은 본래의 모습인 '대유공(待有功)'의 원칙으로 되돌아가야 한다는 상소가 나오기도 하였으나 기전(起田)이 부족한 상황 아래에서 진전의 사급은 어쩔 수 없는 추세였다.

예컨대 여말에 이르러 왜구로 인한 전야의 손실은 지방에 토대를 둔 관료들의 생계조차 위협하고 있었다. 진전개간을 통한 기전의 확보는 어느 때보다 당면한 과제로 되고 있었다. 사전개혁의 주동자의 한 사람이었던 조준(趙浚)이 망읍(亡邑)의 황지개간에 대하여 20년 동안 '불세기전(不稅其田)', '불역기민(不役其民)'하고자 주장했던 사실은 바로 이러한 긴박한 상황에 근거하고 있는 것이다.

한전에 사패를 주어 개간하도록 한 것은 무농중곡(務農重穀)의 농본주의적 사고가 있었기 때문이었다. 그런데 부원배를 비롯한 권세지가에서 사패를 원했던 것은 기본적으로 면세지를 전제한 것이었다. 또한 개간 및 경작을 위한 노동력을 확보하기 위해서는 유민 내지는 몰락농민의 초유가 불가피하였으며 이는 면세지를 바탕으로 한 농장경영과 밀접한 관련이 있었다. 국가적으로 볼 때 당장은 개간을 촉진시키는 효과가 있었다고 하더라도 결국은 공납체계의 근간을 흔드는 것이며 수조권 분급질서의 와해와 결부된 것이었다. 권세지가의 줄기찬 저항에도 불구하고 모수사패는 물론 사급전 자체에 대한 회의적 시각이 끊임없이 제기된 것은 그 때문이었다.

[참고어] 사전(賜田), 무주한광지, 수조권, 소유권

[참고문헌]『고려사』;『고려사절요』; 森平雅彦, 1996,「高麗後期の賜給田をめぐる政策論議について-14世紀初葉の政局情勢にみるその浮上背景-」『朝鮮學報』160 ; 浜中昇, 1982,「高麗後期の賜給田について-農莊研究の一前提」『朝鮮史研究會論文集』19 ; 박경안, 1996,『高麗後期 土地制度研究 ; 13·14世紀 田制釐正政策의 推移』, 혜안

〈박경안〉

사농시(司農寺) 고려·조선시기 나라의 제사에 사용하는 곡식과 적전(籍田)을 관장한 관청.

고려 목종 때 처음 설치되어 사농(司農)이라 하였으나 곧 폐지되었다. 충선왕 때 전농사(典農司)가 설립된 이래로 저적창(儲積倉), 사농시(1356년, 공민왕 5) 등으로 개칭되었다. 관원으로는 판사(判事, 정3품), 경(卿, 종3품), 소경(小卿, 종4품), 승(丞, 종5품), 주부(注簿, 종6품), 직장(直長, 종7품) 등을 두었다. 1362년 전농사로, 1369년 다시 사농시로 바뀌었다가, 1372년 전농시로 개칭되면서 경·소경이 정·부정으로 바뀌었는데 이는 조선에도 계승되었다.

한편 세조 때 관제를 재편하면서 봉상시(奉常寺)에 병합되었고, 관원들도 모두 해산되었다. 사농시의 업무는 전부 봉상시에 이관되었는데, 동·서 적전의 관리를 위해서 낭관(郎官) 2인이 특별히 배정되었다. 한편 봉상시내에서 종전의 사농시의 업무담당부서를 특히 분봉상시(分奉常寺)라고 불러 구별하였다.

[참고어] 봉상시둔, 아문둔전

사민월령(四民月令) 후한(後漢) 최식(崔寔)의 저서로, 사민이 준거해야 할 연중행사를 기록한 책.

최식은 탁군(涿郡) 안평(安平) 사람으로 자는 자진(子眞)이다. 환제(桓帝) 때 의랑(議郞)에 올랐으며, 외직으로 나가 오원태수(五原太守)가 되었다. 이후 의랑이 되어 여러 유학박사(儒學博士)들과 함께 『오경(五經)』을 정리했다. 『정론(政論)』에서는 시정(時政)을 비판하고 국가 통치 질서에 대한 입장을 제시했는데, 그 내용이 매우 긴요하고 조리가 있다고 평가된다.

한편 『사민월령』은 『예기(禮記)』의 월령을 모방하여 사(士)·농(農)·공(工)·상(商)의 사민이 준거해야 할 연중 행사를 기록한 책이다. 내용은 제사·종족·농사·가계·교육·도둑의 방어·치병 등에 이른다. 완본은 전하지 않고, 여러 서적에 인용되어 있는 일문(逸文)을 모은 것이 『한위유서초(漢魏遺書抄)』 『전상고삼대진한삼국육조문(全上古三代秦漢三國六朝文)』 등에 수록되어 있다.

[참고어] 월령, 24절기

[참고문헌] 세종대왕기념사업회, 2001, 『한국고전용어사전』; 임종욱 편저, 2010, 『중국역대인명사전』, 이회문화사 〈이준성〉

사방사업(砂防事業) 식묘, 파종을 해도 뿌리를 내릴 수 없을 정도로 황폐한 임야에서 종자나 묘목이 쓸려 내려가지 않도록 토건 구조물을 설치한 이후에 파식(播植)하는 산림복구 방법.

대한제국은 1907년 서울 북부 창의문 내 백운동 국유림에서 지반정리사업을 펼침으로써 최초로 사방사업을 실시하였다. 강점 이후인 1911년까지는 주로 도시 풍치증진을 위한 식림사업이 중심이었고, 1917년까지 간단한 산지사방사업이 북한산 남쪽 기슭에서 시공되었다. 일제는 1918년 '수원함양조림'이라는 명목으로 충청남도 연기군 일대의 미호천 유역, 남원군의 섬진강 유역 등을 대상지로 선정, 민유림 사방사업을 시험적으로 실시하였다. 1922년에는 한강, 금강, 낙동강 등 8대 하천 유역 임야 중 117,900정보를 선정하여 국비 사방사업을 시행하기로 결정하였으나 예산관계로 지지부진하다가 1924년에 다시 실시하였다. 당시 사방사업은 대부분 국비로 진행되었는데, 일본 정부와 조선총독부의 재정 사정이 여의치 않아 계획이 취소되거나 사업 자체가 중지되는 경우가 많았다. 1931년 농업공황의 여파로 농민들이 경제적으로 몰락하자 농촌이 값싼 노동력의 공급지로 지목되면서 싼 임금으로 사방사업을 실시할 수 있는 계기가 마련되었다. 이에 1932년 전국에 걸쳐 황폐 임야의 현황을 조사하였다. 그 결과 황폐임야는 풀 한포기도 없는 임야가 219,000여 정보, 나무가 드문드문 존재하지만 지피물이 없는 임야가 52,000여 정보로 대략 271,000 정보로 조사되었는데, 대부분 중부 이남에 편재되어 있으며 지역적으로도 집단화되어 있다고 파악하였다. 또한 빈약한 임상 탓에 매년 홍수가 계속되어 그 피해가 누적되고 있다고 진단하고 사방사업을 적극적으로 실시할 것을 주장하였다.

일제는 그 일환으로 '궁민구제사업(窮民救濟事業)'이란 명분아래 1933년까지 1차로 궁민구제사방사업을 실시하였다. 제1차 사업 당시에는 '납세 성적 및 저축심의 향상'이라는 명분을 내세워 임금으로 살포된 돈의 상당액을 세금명목으로 곧바로 징수하거나 강제로 저축하도록 하였다. 이 사업으로 상당한 성과를 거두었다고 자평한 일제는 1934년부터 2개년 간 총액 270만 원을 투입하여 제2차 궁민구제사방사업을 실시하였다. 이와 동시에 1932년과 1933년에 별도로 국비와 도비를 책정하여 '시국 응급 시설 국비 및 도비 사방사업'을 시행하였다.

1933년에는 사방사업 실시 지역에 사유지를 강제로 편입할 수 있도록 하고, 공사 지역 내 임야 소유자들에게 사업비 명목으로 비용을 강제할 수 있도록 하는 규정을 마련하였다. 조선사방사업령과 조선사방사업령시행규칙(1934)이 그것이다. 이에 힘입어 일제는 '수재·이재민 구제 사방사업'과 '한해 이재민 구제 사방사업'을 비롯한 국비 사방사업을 잇달아 실시하였다. 사방사업은 1935년에 종료할 예정이었으나 1936년 중부 이남에 대홍수가 발발하여 민둥산이나 황폐지에 대한 사방사업의 실시, 풍수해로 인한 재해임지의 급속 복구 등 대대적인 사방사업이 요구되었다. 그러자 계획을 수정하여 경기도, 충청남북도, 전라남북도, 경상남북도에 국비로 15년간 사방사업을 시행하기로 하였다. 특히 1933, 1934년 연속해서 대수해가 발생한 낙동강 유역은 국비로 시행해야 하는 지역을 제외하고 남은 58,680정보에 대해 낙동강유역 사방사업계획을 수립하였다. 10개년 완성을 목표로 수립된 낙동강 사방사업의 경비는 80%는 도비에서 충당하고 나머지 20%는 지방민의 부역으로 부담하도록 하였다.

사방사업은 산림녹화라는 명분 아래 시행되었다. 그것은 궁민구제 혹은 수해 이재민 구제라는 이름으로 조선인의 노동력을 무임이나 저임금으로 동원하는 한편, 임야소유자들에게 사방사업비를 전가하는 방식이었다. 또 개울공사 등 주요 공사 시행과정에서 공사비

절약을 명목으로 제대로 공사를 진행하지 않아 매년 복구공사를 시행해야 하는 경우도 적지 않았다.

[참고어] 조선임야조사사업, 국유림구분조사

[참고문헌] 岡衛治, 1945,『朝鮮林業史』, 조선산림회(2001, 한국임정연구회 편역, 산림청) ; 행정기록안정부 국가기록원, 2011,『국가기록원 일제문서해제-임정편』 〈강정원〉

사복시둔(司僕寺屯) 사복시의 재정을 보용하기 위해 설치·운영한 토지.

사복시는 여마(輿馬)·구목(廐牧) 및 목장에 관한 일을 맡은 관서로, 1392년(태조 1) 고려의 제도를 수용하여 설치되었다. 3개소가 있었는데 창경궁 안과 경복궁 영추문(迎秋門) 안에 있는 것을 내사복시라고 하였고, 중부 수진방에 있는 것을 외사복시라고 하였다.

사복시둔은 목마(牧馬)에 소요되는 지초·잡곡 및 기타 사복시의 경비를 충당하기 위하여 설치된 것으로, 다른 아문둔과 같이 면세의 특전이 있었다. 설정방법은 시대에 따라 다소 차이가 있지만, 대체로 폐목장의 편입, 다른 공전의 절수, 민전의 혼탈이었다. 숙종 대 이래로 주로 설치되었으며, 둔토의 관리와 징수를 위해 매년 수확기 서리를 직접 파견하였다.『만기요람(萬機要覽)』에 따르면 강원도와 함경도 및 광주·개성유수부를 제외한 전국 각지에 총 11687결 27부의 면세지가 분포하고 있었다.[「재용편 2」 수세]

사복시는 1894년(고종 31)에 태복시(太僕寺)로 개칭되었고, 이후 1895년에 태복사(太僕司)로 개정되면서 소속 둔토는 각도의 목장과 함께 궁내부 내장원으로 이관되었다. 종래 면세의 특전은 폐지되었고, 민전과 같이 결세를 징수하는 것 외에 도조도 거두어 들였다. 1908년 다른 역둔토와 함께 탁지부 소관이 되어 국유로 편입되었다.

[참고어] 아문둔전

[참고문헌] 和田一郎, 1920,『朝鮮土地地税制度調査報告書』

사시찬요(四時纂要) 중국 당(唐)나라 때 한악(韓鄂)이 월령(月令) 체제를 모방하여 편찬한 농서.

당나라 말인 996년 한악에 의해 초간되었다.『범승지서(氾勝之書)』,『사민월령(四民月令)』,『제민요술(齊民要術)』 등을 참고해서 편찬하였다.

『사시찬요』는 농업생산, 농업 부산물의 가공, 농가의 일상생활에 필요한 각 방면의 지식을 광범위하게 수록하고 있으며, 북위대에 편찬된『제민요술』에서 송대에 편찬된『농서』에 이르는 기간까지의 공백을 메우고 있다는 평가를 받는다. 다만 다소 미신적인 내용이 전제 내용 중 상당량을 차지한다는 점이『사시찬요』의 결점이라 하겠다. 그러나 이러한 내용들은 당시의 민속사(民俗史)를 이해하는 데 중요하며, 사회경제사, 그리고 경제사상을 밝히는 데에도 중요한 자료로 인정받고 있다. 한편 조선 전기에는『사시찬요』에서 필요한 사항을 발췌하고 조선의 농업과 관련된 사항을 추가하여『사시찬요초(四時纂要抄)』를 편찬하였다.

[참고어] 월령, 사시찬요초, 사민월령, 제민요술, 범승지서

[참고문헌] 김용섭, 1988,「『農事直說』과『四時纂要』의 木綿耕種法 증보」『동방학지』 57, 연세대학교 국학연구원 ; 김영진, 홍은미, 2005,「15세기 한국농학의 환경인식과 농서편찬 : 중국 농서 이용」『농업사연구』 4-1, 한국농업사학회 〈이준성〉

사시찬요초(四時纂要抄) 저자 미상의 조선시기 농서.

1960년 일본에서 1590년(선조 23)에 판각한『사시찬요』(995년 송 태종 때 중국본의 복제)가 발견되어, 1961년에 그 영인본이 야마모토서점(山本書店)에서 간행된 적이 있다. 한악의『사시찬요』는 명대에 사라진 것인데, 조선왕조의 복제판각본이 일본에 있었던 것이다.

『사시찬요초』는 신속(申洬)이 편찬한『농가집성』 하편에 들어 있는데, 당나라의 한악(韓鄂)이 지었다는『사시찬요』를 초록한 것으로 보이기도 하나 실상 대부분이 한국적인 내용의 농서이다. 초록한 부분의 내용은 기피하고 예방하는 미신적인 민속이 대부분이며, 농업기술에 관한 내용도 한반도 환경에 맞는 방식으로 되어 있다. 속방(俗方)이라는 구절도 가끔 나오며 우리말 명칭(국문 또는 한자로 표음)이 나오는 것을 보아도 상당히 한국적인 농서라고 할 수 있다. 24절기별로 구분하여 서술한 것은 중국본을 모범 삼았기 때문으로 보이며, 이에 따라 책의 제목을 붙인 듯하다.

내용을 개관하면, 월과 절기별로 각종 작물의 재배관리법을 비롯하여 양잠·양봉·양축·식품가공 등의 농가행사와 과목·수목·화목들의 식수와 꺾꽂이법에 의한 번식·육성 등이 자세히 설명되어 있다. 작물로는 수도(水稻)를 비롯하여 각종 밭곡식의 원예작물인 채소류, 특용작물인 목화·삼종류, 잇과 쪽 등 염료작물, 그리고 많은 약초류의 재배법이 기재되어 있다. 이것은『농사직설』과『금양잡록』의 두 농서가 곡식류에 중점을 둔 것과 대조적으로 원예작물과 특용작물과 이에 보태어 양잠과 나무 심는 일에도 자세한 설명을 하고 있는

것이다. 또한 술 빚기, 장 담그기, 누룩 만들기, 식초 담그기, 게장 담그기, 집장 담그기 등 계절에 따른 식품 가공법이 삽입되어 있다.

[참고어] 사시찬요

[참고문헌] 「四時纂要」(唐韓鄂撰, 1590年朝鮮朝重刻本影印 ; 『守屋美都雄解題』, 日本東京 山本書店刊, 1961) 〈정두영〉

사양산(私養山) 국가가 아닌 개인이나 단체가 관리·보호하던 산림.

조선에서는 '산림은 백성과 공유한다(山林川澤與民共之)'는 이념 아래 산림정책을 운영하였다. 그러나 개인에 의한 산림 점유가 완전히 금지된 것은 아니었는데, 『경국대전』 예전 상장(喪葬)조에 "분묘는 한계를 정하여 경작과 목축을 금한다. 종친인 경우, 1품은 4방 각 100보, 2품은 90보, 3품은 80보, 4품은 70보, 5품은 60보, 6품은 50보를 한계로 한다. 문무관인 경우에는 10보씩 체감하되 7품 이하 및 생원·진사·유음자제는 6품과 같이하고, 여자는 남편의 관직에 따른다."라고 하여, 분묘 주변의 산림인 분산(墳山) 일부에 대해서는 점유를 어느 정도 인정해 주었다. 이처럼 타인의 간섭을 금하여 산림을 양성하도록 한 금양(禁養)의 권리가 개인에게 주어진 산림을 사양산이라고 한다.

조선후기 이래로 분산의 범위가 확대되었을 뿐만 아니라 시장(柴場)의 입안이나 촌락의 금송계 등을 통해 사양산의 관리 주체와 규모가 확대되었다. 이에 사양산의 관리 주체는 산림에 대한 소유·이용권을 증명하기 위해 입안(立案)·사패문기(賜牌文記)·송계절목(松契節目) 등과 같은 문서를 구비하거나, 산직(山直)을 고용하여 순산(巡山)을 정례화하기도 했다. 이와 같은 사양산의 확대는 민소(民訴)에도 반영되어, 비단 분묘와 관련한 산송(山訟)뿐만 아니라 금양과 관련한 이용권·소유권 분쟁으로 확대되는 양상을 보였다. 그럼에도 조선후기 사양산의 금양권은 현재의 일물일권(一物一權)이 적용되는 근대적 소유권과 같은 배타적 권리를 인정받지 못하였다. 따라서 입안의 형태로 공증을 받았다 하더라도 자신보다 더욱 권세가 있는 자에게 침탈당하는 사례가 나타나기도 했다. 한편 사양산은 일제하 임야조사사업과 특별연고삼림양여사업 등을 거치면서 개인의 분묘 주변의 산림만 금양권을 인정받아 사유림으로 전환되었다.

[참고어] 송금. 봉산, 금양, 조선임야조사사업

[참고문헌] 김선경, 1993, 「조선후기 山訟과 山林 所有權의 실태」 『東方學誌』 77·78·79 합집 ; 김경숙, 2003, 「조선후기 사양산(私養山)의 투작(偸斫)과 공동체적 대응」 『조선시대의 사상과 문화』, 집문당 ; 김무진, 2011, 「조선후기 식목활동에 관한 연구」 『한국학논집』 43 〈윤석호〉

사여지(賜與地) 17세기 궁방의 부족한 재원을 마련하기 위해 국왕이 사패지를 내리는 등의 방법으로 마련한 토지.

17세기 궁방의 부족한 재원을 마련하기 위해 조선의 국왕은 사패지를 내리거나 무주지를 절수하여 개간하여 마련하도록 하였다. 사여는 국왕의 소유지를 하사하는 의미인데, 왕토사상 하에서 무주지는 모두 국왕의 토지이므로 사실상 무주지를 절수하는 것과 큰 차이는 없다. 그런데 무주지라 하더라도 실제로는 '무주진전기경자위주(無主陳田 起耕者爲主)'의 원칙에 따라 민간인이 개간한 토지인 경우가 많았다. 이미 개간하였지만 양안상에 반영이 안 된 땅들을 절수 사여했을 때 소유권 분쟁이 일어나지 않을 수 없었다. 또한 절수사여지는 그 자체로서는 수익을 낼 수 있는 것이 아니고, 개간과정을 거쳐야 하기 때문에 많은 비용이 들었다. 궁방에서는 민간에 자금을 모집하고 주민의 노동력을 동원하여 개간하는 경우가 많았다. 각각 개간에 기여한 만큼 토지에 대한 권리를 주장할 수 있고 여기에 중층적 토지소유가 발생하게 된다. 즉 한 필지의 토지 위에 '국가-궁방-중답주-작인'의 구조가 성립한다. 절수사여지에 성립된 중층적 토지소유, 즉 중답주의 존재가 토지소유제도의 근대화 과정에서 해소해야할 중요한 과제가 된다.

[참고어] 면세전, 무토면세지, 궁방전, 절수

[참고문헌] 박준성, 1984, 「17·18세기 궁방전의 확대와 소유형태의 변화」 『한국사론』 11 ; 이영호, 2010, 「한말~일제초 근대적 토지소유권의 확정과 국유·민유의 분기 : 경기도 안산 석장둔의 사례」 『역사와 현실』 77 ; 이영호, 2011, 「근대전환기 궁장토 소유권의 향방 : 경상도 창원 용동궁전답 '영작궁둔=조200두형'의 사례」 『한국학연구』 24 〈이영호〉

사옹원둔(司饔院屯) 사옹원의 운영을 위해 설치·운영되었던 토지.

사옹원은 조선시기 정3품 아문으로 왕의 식사와 궐내의 음식 공급 등에 관한 일을 관장하였다. 1392년에 설치된 사옹방(司饔房)을 개칭한 것이다. 사옹원둔은 사기(砂器)를 구워 만드는 데 소요되는 경비를 충당하기

위하여 설치한 둔전이다. 『만기요람(萬機要覽)』에 따르면 경기도·경상도 일대에 총 258결 78부 4속의 면세지가 분포하고 있었다.[「재용편 2」 수세]

사옹원은 1894년 중앙 및 지방관제의 개편으로 궁내부의 소속이 되었다가, 1895년 전선사(典膳司)로 개칭되었다. 이때 사옹원 분원과 소속둔전이 폐지되었는데, 1899년 내장원이 왕실재정의 강화를 위해 사옹원둔을 다시 둔토에 편입시켜 도조를 강화하자 도조납부거부 투쟁을 일으키기도 했다. 1908년 탁지부로 이관되었다가 토지조사사업을 거쳐 대부분 국유로 사정되었다.

[참고어] 아문둔전

[참고문헌] 『萬機要覽』; 和田一郞, 1920, 1920, 『朝鮮土地地稅制度調査報告書』 〈남정원〉

사원전(寺院田) 불교의 사원이 운용재원으로 사용하는 토지.

사위전(寺位田)·사전(寺田) 또는 사사전(寺社田) 등으로 불렸다. 전근대에 불교는 국가와 사회의 존속과 질서 유지를 위해 많은 기능을 수행하였다. 특히 고려시기까지 국가에서는 불교에 상당한 관심을 기울이고 여러 가지 정책적 배려를 하였다. 그에 따라 사원의 경제가 크게 발달하였다. 사원이 농지를 경영하기도 했고, 상업 활동이나 고리대 행위에도 적극 참여하였다. 무엇보다 불교가 더욱 성해지면서 사원의 토지인 사원전이 크게 팽창하였다. 사원은 사실상의 대지주로 다수의 토지와 노비를 소유했다.

사원전은 다양한 계기에 의해 형성되었다. 그 성격에 따라 본래부터 사원이 소유하던 사유지와 국왕이나 귀족, 일반 농민들이 기진한 시납전(施納田), 그리고 국가가 공적으로 사원에 절급한 수조지(收租地) 등 크게 세 유형으로 나눌 수 있다.

불교가 우리나라에 수용된 것은 372년(고구려 소수림왕 2)의 일인데 신라의 경우를 제외하고는 사원전에 관한 구체적 자료가 전혀 보이지 않으므로 그 실태를 알 수 없다. 『삼국유사』의 「가락국기(駕洛國記)」에 따르면, 451년(신라 눌지왕 즉위)에 왕후사(王后寺)에 10결(結)의 토지를 사급하였는데 기록상으로는 이것이 사원전의 효시로 보인다. 신라뿐 아니라 고구려·백제에서도 토지를 사원에 바치는 예는 흔히 있었으며, 이러한 기진행위를 통해서 사원의 토지소유 내지 지배가 점점 늘었다. 신라의 삼국통일 이후에 불교의 종교적·세속적 위력이 더욱더 강성해짐에 따라 사원전의 면적도 증가해서 마침내 사찰은 거대한 재산을 축적하였다.

고려에 들어와서도 그런 현상은 그치지 않았다. 이전 시기부터 지녔던 토지소유권을 전면적으로 재조정하지 않았기 때문이다. 또한 사찰은 개간이나 매득에 의해서도 토지를 확보할 수 있었다. 해인사의 경우 신라 하대에 매입한 문기를 조선 전기까지 보관하고 있었다. 사원이 토지소유자로서 토지대장인 양안(量案)에 기재되는 경우는 흔한 일이었다.

사원전의 조성 사례 가운데 시납전의 비중이 가장 큰 편이었다. 고려 일대를 통하여 국왕이 사원에 광대한 토지를 시납 또는 기진한 사례는 흔히 볼 수 있었다. 특히 태조는 사찰에 많은 토지를 사급하였다. 전쟁 과정에서 승려의 도움을 받았을 때 그의 소속 사찰에 토지를 사급하기도 했고, 직접 사찰을 중건하거나 폐허가 되었던 것을 복구했을 때 토지를 지급하기도 하였다. 그 이후에 경종이 보원사(普願寺)에 전 1,000경을 기진하고, 성종이 합계 1,050결에 달하는 전토를 장안사(長安寺)에 시납했던 것이 그 대표적 사례에 속한다.

한편 사원은 수조지를 지니고 있었다. 1058년(문종 12)에 궁원의 하나였던 경창원(景昌院)에 소속된 토지를 흥왕사(興王寺)에 이속했다가 1080년(문종 34)에 다시 호부에서 만령전(萬齡殿)에 지급하는 사례가 보인다. 만일 이것이 흥왕사의 소유지였다면 호부에서 마음대로 처리할 수 없었을 것이다. 이 토지는 흥왕사의 수조지로 추정된다. 수조지는 국가와의 관계 속에서 획득할 수 있었기 때문이다. 흥왕사는 국왕의 진영(眞影)을 모시는 진전(眞殿)이 설치된 사원이었기 때문에 수조지를 지배할 수 있었다. 국가에 의해 특별히 사액(賜額)된 사원의 경우에도 성격상 수조지 지급이 수반되었을 것이다. 사액 사원으로는 안화사(安化寺), 자제사(慈濟寺), 효신사(孝信寺), 민천사(旻天寺) 등이 확인된다. 그밖에 국왕이나 신료들이 늘 중시하는 사원인, 태조 대에 건립된 사원도 비보사원(裨補寺院)이라고 하여 수조지를 분급 받았다.

소유지나 수조지와는 성격이 다른 토지로 장·처전(莊處田)이 있었다. 1388년(우왕 14)에 창왕이 즉위하여 내린 교서에서도 그 양상이 발견되는데, "근래에 호강한 자들이 겸병하여 전법이 크게 무너지니 그 폐단을 구하는 법을 도평의사사와 사헌부와 판도사로 하여금 의론하여 아뢰도록 하고, 그 요물고에 속한 360 장·처의 전토와 선대에 사원에 시납한 것은 모두 요물고에 반환하도록 하라.(近來豪强兼幷, 田法大壞, 其救弊之法, 仰都評議

使司司憲府版圖司, 擬議申聞, 其料物庫屬三百六十莊處之田, 先代施納寺院者, 悉還其庫.[『고려사』 권78, 「식화지」 1, 녹과전])"고 하였다. 즉 요물고에 360개의 장·처전이 있었는데, 그중 사원에 시납되었던 것들을 다시 반환하라고 명령을 내린 것이다. 이때의 장·처는 단순한 면적 단위의 토지집적을 의미하던 장원(莊園)을 뜻하는 것이 아니라 지역적 행정구획을 단위로 하는 토지지배의 객체였으며, 군현의 하부 단위인 단수 혹은 복수의 촌락으로 형성되었다. 장·처는 왕실·궁원·사원에 소속된 수조지 지배에 입각하는 일종의 장원이었다. 그 수조지는 사원의 사유지가 아니라 전조(田租)를 국고에 바치는 대신 사원에 바쳐야 했던 곳이다. 나아가 사원은 전조뿐 아니라 용·조(庸調)에 상응하는 것도 징수하였다.

사원은 개간을 통해 토지를 확대하기도 했다. 1056년(문종 10)에는 '역(役)을 피해 사문에 의탁한 무리들이 불법을 수행하는 장소를 떼어 내어 파·마늘 밭을 만들고 있음'을 지적하였다. 그리고 무신집권기에 수암사(水嵓寺)에서는 토지를 개간하여 토지를 확보하였다. 사실 사원은 개간에 적극적으로 참여할 수 있는 조건을 갖추고 있었다. 현화사(玄化寺), 왕륜사(王輪寺), 석방사(石方寺)의 경우 소를 소유하고 있었는데, 이는 개간에 유리한 조건이었다. 특히 몽골과의 전쟁 이후에 정부에서는 적극적으로 개간을 장려하였는데, 사원은 사패를 받아 전쟁으로 황폐해진 토지를 개간하였다. 여타의 지배층과 마찬가지로 사원도 사패전(賜牌田)을 분급받았다.

사원전의 확대로 인해 경영 방식도 다양해졌다. 우선 면세의 특혜가 부여되었을 뿐만 아니라 승려에게는 요역(傜役)의 의무가 면제되었으므로, 농민들 중에 그 혜택을 노려 사원에 전토를 기진하고 승려의 신분을 얻는 자도 있었다. 비승비속(非僧非俗)의 이른바 수원승도(隨院僧徒)는 대개 요역을 기피하고자 불문에 투탁(投托)하고, 자신의 소유지를 사원에 시납하여 사원전의 전호가 된 자들로 추정된다.

사원전은 공간적인 분포 면에서도 여러 양상을 띤다. 금강산 장안사(長安寺)의 경우 사원전이 전라도의 함열현·인의현·부녕, 양광도의 행주·안산현, 서해도의 백주·평주 등에 분포하였다. 사원에서는 관리인인 지장(知莊)을 두고서 멀리 떨어진 토지라도 충실하게 운영할 수 있었다. 토지가 주위에 있을 때에는 사원 살림을 맡았던 직세승(直歲僧)이 수취에 대한 책임을 졌다. 뿐만 아니라 농기구와 소를 소유하고 있다가 경작농민에게 대여했는데, 종자까지 대여함으로써 영농 과정에서도 영향력을 행사할 수 있었다.

사원전의 운영에서 빼놓을 수 없는 것은 장생표(長生標)를 설치하는 일이다. 국왕이 거대한 면적의 토지를 사원에 기진, 시납하였을 경우 사원에서는 시납전을 보호하기 위하여 장생표를 세워서 사령의 지배범위를 표시하는 계표(界標)로 삼았다. 장생표에 둘러싸인 사령지(寺領地)는 다양한 방법으로 운영되었다. 수조지의 경우와 마찬가지로 경작농민으로부터 일정한 조를 수취하는 양식의 경영을 취하기도 했다. 더불어 사원 본래의 사유지와 같이 사찰내의 노동력을 부려 직영하는 방식을 취하기도 했다. 다시 전호(佃戶)나 외거노비(外居奴婢)에게 경작을 시켜 지대(地代)를 수취하는 경우도 있었다.

대표적인 사례로 통도사(通度寺)를 들 수 있는데, 14세기 초엽을 전후해서 약 12개의 장생표에 둘러싸인 사령지를 갖고 있었다. 그 주위만 해도 4만 7천 보(步)나 되는 광대한 면적이었다. 통도사는 장생표 안의 백성을 배타적으로 지배하였으니, 그 영내에 있던 직간은 곧 처간으로 상정되었다. 이곳은 장·처전과 유사한 지배력을 갖고 있었다.

고려 후기에는 사원이 토지를 더욱 더 크게 확대하였다. 막대한 재력을 이용하여 토지를 매입하거나 탈점에 의해서 사유지를 늘렸다. 또 국가 내지 국왕이 주도해서 사찰을 건립할 경우 여전히 수조지가 지급되었다. 공민왕 대 운암사의 경우 2,240결이라는 엄청난 규모의 토지가 지급되었다. 그 결과 1406년(태종 6)의 조사에 따르면 고려 말 사원전 수조지의 면적은 대략 10만 결 정도로 추산되는데, 이 면적이 모두 실전(實田, 또는 正田)이었다면 당시 전국 실전 총 62만여 결 중 6분의 1정도가 사원전이었던 셈이 된다. 이 시기에는 사원의 노비도 격증하였는데, 조선 초기에 혁거한 수만도 8만 명을 넘었다. 사원은 사원전의 경영을 통해서 얻은 이득을 장리(長利, 고리대)에 투자하여 막강한 경제력을 구축하였으나, 그 폐단이 드러나자 세간의 빈축을 사기도 하였다.

사원이 소유한 토지는 국가에 대해 조세를 부담하는 것이 원칙이었으나 후기에는 면세지가 될 가능성이 높았다. 특히 비보사원으로 새로이 지정되는 것과 관련해서 면세지는 확대되었다. 한편 사패전과 관련해서도 사원의 면세지가 늘어났다. 사원전의 확대와 면세지화로 국가의 재정수입은 줄어들었고, 사원과 국가 사이에 갈등이 발생하기 시작했다.

고려 말기에는 이러한 문제를 해결하기 위한 다양한 정책이 추진되었다. 그 중의 하나가 승려가 되는 길에 제한을 두는 것이었다. 승려의 증가는 국역 부담자의 감소를 의미하기 때문이었다. 공민왕은 1352년부터 도첩(度牒)이 있어야 승려가 될 수 있도록 만들었다. 공양왕 대가 되면 배불론자들이 도첩이 문제가 아니라며 모든 승려를 환속시키고 불교를 철저히 없애자는 주장까지 제기하기에 이르렀다. 결국 과전법에서는 사원전에 대한 전면적인 개혁은 이루어지지 않았지만, 수조지의 재분급과 관련해서 더 이상 사원에 대한 토지의 시납이 금해졌으며 승려가 토지를 받지 못하도록 규정되었다.

고려 말기에 약 10만 결에 달하던 사원의 수조지는 조선에 들어와 숭유억불(崇儒抑佛) 정책의 적극적인 실천으로 갈수록 감축되었다. 세조 대 이후부터는 1만 결정도에서 유지되었다. 수조지로서의 사원전은 이후에도 큰 변동이 없었는데, 이것은 『세종실록』「지리지」에 수록된 전국의 토지 163만여 결에 비하면 160분의 1도 안 되는 셈이다. 경작지 총결수에서 차지하는 사원전 수조지의 비중이 엄청나게 저하되었다.

조선시기에 사원전의 수조지에 대한 개혁이 세 차례 실시되었다. 제1차 개혁은 1402년(태종 2)에 이루어졌는데, 밀기부비보사사(密記付裨補寺社) 70사와 상주승 100명이 넘는 사원을 제외하고는 모든 사원의 수조지가 영구히 폐지되어 그 수조는 군자(軍資)에 충당하였다. 그 뒤 태조 이성계(李成桂)의 견제로 다소의 곡절을 겪은 뒤인 1406년에 2차 개혁이 단행되었다. 전국의 사원으로서 수조지를 보유할 수 있는 것은 12종(宗) 212사(寺)로 제한되었다. 사원전의 수조지는 1424년(세종 6)을 기준으로 1만 1천여 결이 되었다.

1424년 제3차 개혁을 통하여 불교 12종은 선(禪)·교(敎) 양종으로 개편되었고 여타의 사원전은 회수돼 다시 7,950결로 감축되었다. 그 뒤 세조와 세조비 등 왕실 내부에서 불교를 숭상함에 힘입어 다소의 증액되기는 하였으나, 사원전의 억제는 조선왕조의 하나의 기본정책으로 큰 변화는 없었다. 대체로 1만 결 정도의 선에서 그 총액이 통제되었다. 드디어 수조지로서의 사원전은 여러 차례에 걸친 개혁으로 인하여 토지제도사상 그 중요성을 잃게 되었다.

사유지로서의 사원전은 일반 민전이나 다름없이 국가에 대해 전조(田租)·요역·공물 등의 부담을 담당해야 했다. 조선시기의 사원전은 이미 종교적인 특권의 혜택이 부정되어 일반 민전과 다름없는 부담을 져야 하는 토지의 종목으로 변하였다. 조선왕조 500년 동안 사원전은 꽤 큰 비중을 가지는 토지로 존재하였으나, 사원전 지배에 따르는 특권은 이미 찾아볼 수 없게 되었다.

[참고어] 사찰림, 장생표, 소유권, 수조권, 개간

[참고문헌] 李炳熙, 1988, 「高麗前期 寺院田의 分給과 經營」『韓國史論』 18, 서울大學校 國史學科 ; 이병희, 1993, 「사원전」『한국사 14-고려 전기의 경제구조』 ; 이상선, 1994, 「사원의 경제활동」『한국사 16-고려 전기의 종교와 사상』 ; 裵象鉉, 1995, 「高麗後期 寺院田과 그 經營에 關한 硏究」, 嶺南大學校 博士學位論文 ; 배상현, 2001, 「高麗時期 寺院田과 國家, 村落, 그리고 農民」『韓國中世社會의 題問題』, 韓國中世史學會 〈강은경〉

사전(梭田) 베틀의 북 모양으로 길쭉하고 양 끝이 뾰족한 마름모꼴의 전답.

사전 『충청남도 아산군 현내면 양안』 1책 009a(규17664)

사전은 양전의 결과 측량된 전답도형 중 하나인 사형(梭形)의 전답이다. 『목민심서』에서 기본 5가지 전답도형에 사형을 추가할 것을 제안하였다. 오병일이 중추원에 제출한 「양전조례(量田條例)」에도 기본 5도형 이외에 사형을 포함한 여러 형태의 토지에 대한 면적계산법을 예시하고 있다. 대한제국의 양지아문 양안에는 제시된 그림과 같이 사전을 도시하였다. 사전은 마름모꼴이므로 전답의 서로 다른 대각선을 곱한 값을 절반하여 그 면적을 구한다. 계산법 : [(대각선)×(다른대각선)]÷2=사전의 면적

[참고어] 전답도형, 양전조례, 광무양전사업, 광무양안

[참고문헌] 최원규, 1995, 「대한제국기 양전과 관계발급사업」『대한제국의 토지조사사업』, 민음사 ; 대한지적공사, 2005, 『한국지적백년사 : 자료편4』 ; 정긍식·田中俊光 역, 2006, 『조선부동산용어약해』 〈고나은〉

사전(賜田) 왕이 국가나 왕실에 공로가 있는 인물들에게 특별히 하사하는 수조지(收租地).

지급대상 혹은 액수에 관한 명문규정이 없다. 삼국시기 기록을 보면 나라에 특별한 공로가 있을 경우에 국왕이 토지를 하사하곤 하였다. 고구려의 장수왕은

위(魏)나라에서 민노구(民奴久) 등이 투항하자 전택(田宅)을 주었으며, 신라의 경우에도 사다함이 가야를 멸하자 진흥왕은 그 공으로 토지를 주었으나 사양하고 대신 알천(閼川)의 불모지를 달라고 했고, 문무왕 시절 백제의 파가(波伽)가 투항했을 때에도 전택과 의물(衣物)을 주었다.

이처럼 논공행상에 따른 토지지급은 고대 이래로 하나의 관행이었다. 물론 토지와 함께 집, 의물이 제공되기도 하였다. 고려왕조도 마찬가지인데, 관인층에게 양반전(兩班田), 공음전(功蔭田), 향리전(鄕吏田) 등 급전체계에 따라 지급하는 일정한 명목의 사전(私田) 이외에도 신하들에게 수시 임의로 특별히 토지를 주는 일이 많았다.

이를테면 왕순식(王順式)은 명주(溟州) 사람으로 그 고을의 장군으로 있었는데 오랫동안 굴복하지 않으므로 태조가 이를 근심하고 있었다. 이때 시랑(侍郞) 권열(權說)이 아뢰기를 "아비가 아들을 명령하고 형이 아우를 훈계하는 것은 당연한 이치입니다. 그의 부친 허월(許越)이 지금 중이 되어 내원(內院)에 있는바 그를 파견하여 설득하는 것이 좋겠습니다."라고 하였다. 태조가 그 말을 좇으니 마침내 큰 아들 수원(守元)을 보내 귀부하자 사성(賜姓)과 함께 전택을 주었다. 이 무렵 흥달(興達)은 고사갈이(高思葛伊)의 성주(城主)로 있었는데, 태조가 강주(康州)를 순행하며 지나가자 아들을 보내 귀부의 뜻을 비쳤다. 이에 백제가 설치한 여러 성의 군리(軍吏)가 모두 귀부하였으므로 태조가 기뻐하여 전택을 상으로 주었다.

그런가 하면 박영규(朴英規)는 견훤의 사위였으나 견훤이 고려에 투항하자 왕건에게 내응의 뜻을 비치었다. 그러자 태조는 "견훤이 나라를 잃어버리고 멀리 와서 있는데 그의 신하들이 한 사람도 옛 주인을 위로하는 사람이 없었다. 그런데 홀로 그대 부부가 천리 밖에서 소식을 전하여 성의를 표시하였고 겸하여 나에게 귀순할 뜻을 표시하였으니 이 의리를 잊을 수 없다"고 하면서 좌승(佐丞)으로 임명하고 토지 천 경(千頃)을 주었으며 역마(驛馬) 35필로써 그의 가족들을 맞아 오게 하였으며 그의 두 아들에게 벼슬을 주었다.

또 『신증동국여지승람』에 의하면 신숭겸(申崇謙), 복지겸(卜智謙)도 많은 사전을 받고 있다. 이를테면 신숭겸은 삼탄(三灘)에 이르러 태조의 명에 따라 활을 쏘아 기러기를 명중시키자 상으로 근방 300결의 땅을 하사하여 그 곳의 조세를 세식(世食)하도록 했다는 것이다.

이밖에 사심관에게도 사전이 지급되었는데 대체로 개국초창기의 정치적 배려에 의한 것으로 보인다. 사전을 지급한 예는 여말에도 있었다. 이를테면 이방실(李芳實)은 충목왕을 따라 원에 갔을 때 공민왕을 시종한 공로를 인정받아 중랑장(中郞將)에 이어 호군(護軍)이 되었으며 사전 백 결을 받았다. 1384년(우왕 10)에 왕은 최영(崔瑩)에게 사전을 주었으나 나라의 창고가 비었다는 이유로 받지 않았다

이밖에 국왕은 때로 개인적 은총의 표시로서 그의 측근자 시종에게 토지를 사여하는 경우도 있었다. 이를테면 현종은 언효(彦孝)·효질(孝質) 두 사람이 왕을 옆에서 지켜준 공으로 양전(良田)을 주었으며 정신용가(鄭神勇家)에 사전 20결을 주었는데, 이는 모두 거란과의 전쟁과정에서 왕을 호위하거나 전공을 세운 일에 대한 보상이었다. 그 뒤 인종은 이자겸의 4녀 폐비이씨(廢妃李氏)에게는 왕을 독살하라는 아버지의 뜻을 거스르고 왕을 살려준 공으로 전택과 함께 노비를 지급하였다.

이처럼 사전은 그 지급대상이 신료에 한정된 것도 아니었으며 다양하였다. 충숙왕 시절 손기(孫琦)는 당초 신분이 상인이었으나 시종한 공으로 토지와 노비가 제공되었다. 같은 폐행이었던 신청(申靑)도 역시 본래 미천하였으나 매를 잘 길러 충숙왕의 총애를 받고 역시 토지와 노비를 받았으나 문죄(問罪)되어 회수되었다. 또한 1377년(우왕 3)에 왕은 유모(乳媼) 장씨(張氏)에게 글을 보내 자신을 키워준 공을 치하하고 토지 백 결과 노비 10구를 주기도 하였다.

국왕이 특별히 하사하는 사전은 국가에 공이 있는 사람들에게 주었다는 점에서 역분전(役分田), 훈전(勳田), 공음전(功蔭田), 공신전(功臣田), 투화전(投化田) 등과 유사한 특징을 보인다. 그러나 역분전은 여초 논공행상의 의미로 지급된 일시적인 것이었고, 공음전은 5품 이상의 문무양반을 특별히 우대하기 위하여 마련된 특정전시과였다. 또한 훈전은 개국공신, 향의귀순성주(向義歸順城主)의 토지를 인정해 준 것으로 전시과계열의 토지는 아니다.

그런데 『고려사』에는 사전지급과 관련하여 '賜田', '賜田宅', '賜田宅奴婢'과 같은 표현도 등장하지만 '(來投)賜田宅', '爲~等功臣 各賜田民(혹은 賜田及臧獲)'와 같은 기록들도 다수 보인다. 그러나 전자의 경우는 사전과 비슷하지만 외국인에게 지급된 투화전(投化田)이라는 점에서, 후자는 공신전(功臣田)으로 왕위의 회복이나 유지에 큰 공을 세운 공신에게 주관부서가 봉작(封爵),

녹용(錄用), 허통(許通) 등의 특전과 등급에 따른 토지 및 노비를 지급한 것이라는 점에서 사전과 차이가 난다.

사전으로 지급되는 토지는 대개 왕이 임의로 처분이 가능한 왕실 소속의 내장전(內莊田)이라든가 수조지인 장·처전(莊處田), 더러는 공전이 지급되는 경우도 있었다. 예컨대 문종은 "대운사는 선왕께서 처음으로 세워 나라에 복을 빌었으나 지급한 공전이 척박하고 토지세가 적어 공양에 부족하니 토질이 좋은 땅 일백경을 추가로 주도록 하라.(制 大雲寺先王始創 以福邦家 基所給公田 地瘠稅少 齋供不周 加賜良田一百頃[『고려사』 권8, 세가, 문종 18년 여름 4월 경오])"고 하여 공전을 사전으로 지급했다. 한편 희종은 최충헌에게 내장전을 사전으로 지급하기도 했다.[『고려사절요』 권14, 희종 원년 봄 정월]

이러한 토지들이 갖는 공통점은 기본적으로 급전체계에 따른 것으로서 토지의 소유권을 지급하는 것이 아니라 수조권의 분급이라는 점이다. 사전은 전시과제도와 구별되는 별도의 급전방식이라고 할 수 있으나 양전체계를 벗어난 것은 아니었다. 이를테면 왕명에 의한 별도의 사전지급이라고 할 수 있으나 급전이라는 관점에서 보면 전시과와 다를 바가 없었다.

다만 단순한 수조권의 지급이었으나 공음전과 마찬가지로 자손세식(子孫世食) 즉 세습하는 토지였다. 그러나 공음전이 국가반역과 같은 중죄가 아닌 한 세습된 점에 비추어 사전은 신청의 경우에서도 알 수 있는 바와 같이 죄를 지을 경우 회수되기도 하였다.

그런데 원 간섭기 이후에는 공신전과도 구별되면서 사전 혹은 공신사전(功臣賜田)이 지급되는 경우가 있었다. 이를테면 1289년(충렬왕 15) 기록을 보면 환관(宦官), 권귀(權貴) 등이 사전을 지급받아 많게는 무려 2~3천결에 이르렀다는 것이다.(王獵于西海道, 時宦官及權貴皆受賜田, 多至二三千結, 各占良民皆蠲賦役.[『고려사』 권30, 세가 30, 충렬왕 15년 9월 1일]) 이 무렵 왕의 측근 혹은 권귀들에게 지급된 것으로 개간 및 전민의 탈점과 관련되는 등 그 양상이 사패를 통한 사급전과 동일한 것이 아닌가 생각된다. 앞서 박영규에게 지급한 땅도 경무법(頃畝法)으로 표시된 것으로 보아 양급(量給)과정을 거치지 않은 것으로 보인다. 이처럼 사전은 황무지를 지급받는 경우도 있었는데, 개간을 매개로 하는 사전은 고려후기에 이르러 이른바 사급전(賜給田) 혹은 사패부전(賜牌付田)이라는 명목으로 남발되어 전제문란의 큰 원인이 되었다.

사전(賜田)은 사전(私田) 즉 수조권의 분급이었다. 따라서 넓게 보면 전시과체제에 속하는 것이었으나 일정한 기준이 있는 것이 아니었다. 그러나 원 간섭기를 거치면서 왕권이 취약하게 되었을 뿐만 아니라 국토가 황폐된 조건하에서 개간을 담보로 한 사급전으로 변질되어 토지제도 문란의 원인이 되었다.

[참고어] 사급전, 사전(私田), 공신전, 훈전

[참고문헌] 『고려사』; 姜晋哲, 1980, 「賜田」『高麗土地制度史研究』; 박경안, 1983, 「高麗後期의 賜田研究-陳田開墾을 중심으로-」, 연세대 사학과 석사학위논문; 박경안, 1985, 「高麗後期의 陳田開墾과 賜田」『學林』 7; 申榮鎬, 1990, 「朝鮮 初期의 賜田의 相續法制」『石堂論叢』 16; 박경안, 1996, 『高麗後期 土地制度研究; 13·14世紀 田制釐正政策의 推移』, 혜안; 이경식, 2012, 『韓國 中世 土地制度史: 朝鮮前期-증보판』

〈박경안〉

사전(私田) 전근대 토지지배관계에서 수조권(收租權) 또는 소유권(所有權)이 개인에게 귀속되는 토지.

[고려까지] 사전은 일반적으로 두 가지 의미가 혼용되어 사용되고 있다. 첫째는 수조권이 개인에게 분급된 토지를 지칭하는 경우로 수조권이 국가에 있는 공전(公田)에 대비되는 것이다. 다른 하나는 소유권의 귀속여부를 기준으로 구분하는 개념으로 민전(民田) 즉 민의 소유지를 지칭하며, 공전(公田) 즉 국공유지와 대비되는 개념으로 보았다.

공전이라는 용어는 신라통일기에도 보이지만 사전은 고려에 들어와서 처음으로 등장한다. "고려의 토지제도는 대체로 당제를 모방하였다.(高麗田制, 大抵倣唐.制[『고려사』 권78, 「식화지」1 전제 서문])"고 했는데, 물론 당과 고려의 토지제도가 완전히 일치한다고 볼 수는 없다. 그러나 중국역사에서 토지지목을 공전과 사전으로 구분한 것은 당대가 유일한 것을 보면 고려의 토지지목 구분은 세부적인 내용에서는 차이가 있더라도 당제의 영향을 받은 것이 분명한 것 같다.

역사적으로 볼 때 수조권의 귀속여부에 따른 공전, 사전의 개념이 일반적으로 사용된 것은 고려 전시과(田柴科)에서였다. 고려왕조는 지방의 호족세력을 복속시키면서 중앙집권적 통치체제를 갖추게 되었고, 이에 기반한 전시과체제를 성립시켰다. 경종 대에 성립된 전시과는 전국토가 국가의 것이라는 공전의식 즉 "하늘아래 왕의 토지가 아닌 것이 없다(普天之下莫非王土)"는 관념을 바탕으로 했기 때문에, 국가가 모든 토지에 대하여 수조권을 가지게 되었고, 그 일부를 국가기관이

나 관리 및 직역자에게 분급하는 형식을 취했다. 그리하여 수조권이 국가에 귀속되는 토지를 공전, 수조권이 개인에게 귀속되는 토지를 사전이라고 하는 공·사전 개념이 널리 쓰이게 되었다.

1023년(현종 14)에 마련된 제주현의창지법(諸州縣義倉之法)에서는 공전은 1, 2, 3과로 구분하여 의창미를 부과했는데, 이때 사전 중에서도 궁·사원·양반전은 2과 공전과 함께 분류되었고, 군·기인호정은 3과 공전과 함께 분류되어 의창미가 부과되었다. 이를 통해 사전은 크게 궁원전(宮院田), 사원전(寺院田), 양반전(兩班田), 군인전(軍人田), 기인전(其人田) 등으로 구성됨을 확인할 수 있는데, 당나라와 마찬가지로 국가가 개인에게 수조권을 분급한 토지를 지칭하는 용어로 볼 수 있다. 즉 양반은 관직 복무의 대가로, 궁원은 국가왕실의 번병으로, 사원은 국가 지배의 이데올로기 담당자로, 군인과 기인 등은 직역을 담당하는 대가로 분급받은 토지가 사전에 해당되었다.

사전을 세부적으로 살펴보면 우선 양반전은 전시과 규정에 따라 문무양반 관료가 관직에 복무하는 대가로 지급받은 토지이다. 양반전은 관직을 그만두거나 사망 등으로 수급자의 봉공(奉供)이 끝나면 원칙적으로 국가에 반납하여야 했으나 전정연립(田丁連立)의 원칙에 따라 자손에게 전수되었다. 전수는 관에 신고하여 허락을 얻은 후 실행할 수 있었다. 다만 수급자가 죄를 범하면 세전이 인정되지 않고 곧바로 국가에 회수되었다. 양반전은 경기지역의 양반구분전(兩班口分田)과 외방 주현의 과전(科田)으로 구분되어 있었으며, 전지(田地)와 함께 시지(柴地)도 분급되었다. 경기 지역의 구분전은 개경에 거주하는 양반관리들의 생활의 안정을 위해 신속히 식량을 조달할 수 있는 근거리의 과전을 필요로 하였기 때문에 경기 내에 설치하였다. 그 규모는 아무래도 작을 수밖에 없었고 대개 과전의 1/8~1/7정도의 수준에 불과하였다.

한편 관직 복무의 대가로 지급된 양반전과는 별도로 지배층인 양반 신분 그 자체에 대한 우대의 특전으로 지급되는 공음전시(功蔭田柴)도 있었다. 공음전시는 자손에게 세습하는 것이 원칙이었는데 아들이 죄를 범해도 손자에게 이급할 수 있었고, 자식이 없을 경우 방계 자손들에게 전급할 수 있을 정도로 세전성이 강한 토지였다.

한인전(閑人田)은 현직 관료는 아니지만 동정직을 제수 받아 실직에 임명되기까지 구체적인 직사가 없는 일종의 관료대기군인 한인(閑人)에게 최소한의 경제적 보장을 위해 지급된 토지였다.

한편 지배층에게 직접 분급했던 과전 외에 그것을 상속받을 수 없는 사정이 발생했을 때 가족들의 생계보장을 위해 지급하는 토지가 구분전(口分田)이다. 양반이나 군인 등이 전정연립을 할 수 있는 자손을 남기지 못하고 사망했을 경우에 그 처와 딸에게 주었으며, 군역을 수행할 수 없는 연로한 군인에게도 지급하였다. 한인구분전(閑人口分田)은 한인의 자제로 관직에 나아가지 않고 결혼하지 않은 자에게 지급되는 토지였다. 반면에 잡구분전(雜口分田)은 향리, 진척(津尺), 역자 등에게 지급되는 것으로 특정한 역의 수행과 관련된 토지였다.

향리전(鄕吏田)은 지방 통치에서 행정 실무를 담당하고 있던 향리에게 직역 수행의 대가로 지급된 토지로 향리외역전(鄕吏外役田)이라고도 한다. 향리전의 존재는 분명하지만 지급 규정 자체가 명확치 않다. 본래 고려시기 호장들에게는 향직(鄕職)과 무산계(武散階)가 수여되었다. 그런데 전시과에서 향직과 무산계를 지닌 자에게 토지를 지급하는 것을 보면 그것이 바로 향리전이라고 볼 수 있다. 호장층 이하 향역 수행에 큰 비중을 차지하던 향리들은 기인호정을 지급받았다. 이들 향리전, 기인전 등은 전정연립의 원칙에 따라 직역을 계승한 자손에 의해 세습되었다.

군인전은 경군(京軍) 소속의 군인들에게 군역에 복무하는 대가로 국가가 지급한 토지이다. 군인전 역시 전정연립의 원칙에 따라 군역의 세습과 함께 전해졌다. 군인전을 세습할 자손이나 친족이 없을 경우에는 선군(選軍)하여 선발된 군인에게 지급하였는데, 이것을 선군급전(選軍給田)이라 하였다.

궁원전은 궁·원에 지급된 토지이다. 궁·원은 주로 왕태후를 비롯하여 왕후, 부인, 궁주 등 왕의 비빈이나 왕족들이 거주하던 곳을 의미하는데, 그들에 대한 예우로써 지급된 토지로, 왕족들의 중요한 재정적 기반이 되었다. 궁원전의 지급 액수는 전시과 규정에 나타나지 않아 구체적인 내용은 파악하기 힘들다. 다만 상당히 많은 토지를 보유했을 것으로 추정된다. 궁원전도 다른 사전과 마찬가지로 세습이 허용되었는데 궁주나 원주가 죽으면 그 소생 자녀에게 분배, 상속되었다.

사원전은 사원이 보유한 토지이다. 불교는 고려왕조의 통치에 있어 중요한 이데올로기를 제공하는 역할을 하였기 때문에 국가로부터 정책적 지원과 더불어 사원에는 많은 토지가 시납되었다. 또한 귀족이나 일반 백성의 삶에도 큰 영향을 끼치고 있었기 때문에 그들로부터도 토지를 시납 받았으며, 개간이나 매득 등에 의해서도 토지를 취득하였다.

이외에 사전에는 왕자, 왕손 등 종친과 왕실의 외척, 공신들에게 지급된 식읍(食邑), 외국인이 고려에 내투 귀화했을 때 지급한 투화전(投化田), 과거에 합격한 자에게 지급된 등과전(登科田) 등이 있었다.

고려 후기에 들어서면 이러한 공, 사전 개념은 수조권 분급지인 사전의 가산화(家産化)와 이를 바탕으로 한 대토지 겸병 현상이 광범위하게 나타나면서 변화하였다. 즉 수조권의 소유권화가 진전됨으로써 수조권의 귀속여부에 입각한 사전 개념과 개인 소유지로서의 사전이 일치하는 불수조의 사전이 권문세가의 농장(農莊)이란 형태로 나타난 것이다. 여기에서 말하는 불수조의 사전이란 개인수조지로서의 범위를 넘어서 사유지화(私有地化)된 토지를 말한다. 고려 말 권문세가의 농장은 겸병(兼倂)·사패(賜牌)·탈점(奪占) 등의 불법적인 방법으로 사물화 되어 '주와 군의 경계를 넘고 산천을 경계로 삼을(跨州包郡, 山川爲標.)' 정도로 확대되었다.

이와 같이 고려 말의 농장은 겸병·탈점·매점·기진 등에 의해서 토지를 집적했고, 그 위에 불법적으로 사패를 얻어 국가에 조세를 내지 않았다. 그러므로 고려 말의 사전은 개인수조지와 불법으로 사유화된 불수조의 사유지를 통칭하는 개념으로도 쓰이게 되었다. 그러나 이러한 사전개념은 본래의 사전개념이 아니고 상당히 변질된 개념이었다. 본래의 공전과 사전은 수조권의 귀속으로 구분하는 공·사전과 소유권을 기준으로 구분하는 공·사전의 2가지 개념으로 나누어져 있었는데, 고려 말의 사전은 수조지로서의 사전뿐만 아니라 불법으로 사물화된 토지까지도 포함하는 개념으로 쓰이게 된 것이다.

[조선] 조선시기에 들어와 이러한 변질된 사전 개념은 고려 말 토지제도 개혁의 결과물인 과전법(科田法)의 실시로 인해 점차로 소멸하게 되었다. 과전법은 현직관료나 전직관료를 막론하고 그의 지위에 따라 18과로 나누어 수조권을 지급했다. 그런데 이때 지급된 과전은 경기지방에 한정해서 지급한 개인수조지로서의 사전이었다. 국가에서는 개인수조지를 경기에 한정시키고 그 이외의 모든 문란상이 일어나지 못하게 토지를 공전으로 만들어 고려 말기와 같은 불수조의 사유화 경향을 방지하고자 했다. 과전법에서는 단지 수조권의 귀속을 가지고 구분하는 공·사전에 대해서만 규정하고 있다. 그런데 과전법에서는 소유권에 입각한 토지지배에 대해서는 손대지 않았기 때문에, 소유권 자체에는 별다른 변화가 없었다. 특히 민전(民田)은 조상 대대로 물려받은 일반 민의 전토로, 상속·증여·매매될 수 있는 사유지였다. 민전은 사유지이기 때문에 반드시 소유주가 있었다. 비록 국가에서 민전에 대하여 일정한 관리 처분권을 가지고 있었으나 이는 전란·재난·변란 등 위급한 사태가 발생했을 경우이고, 그 이외에는 국가가 민전의 소유권을 인정하고 보호하는 것을 원칙으로 했다.

한편 과전으로 지급된 사전은 일대(一代)에 한정되었으나 수신전(守信田)이나 휼양전(恤養田)의 명목으로 상속이 허락되어 사실상 세습되었다. 그 후 경기지방에 한정된 과전이 증가되고 여기에 세습이 허락된 공신전(功臣田)이 증가하면서 사전이 늘어갔다. 고려 말 농장에서 나타난 수조권 분급지로서의 사전이 사물화하여 소유권마저도 획득하는 상황이 다시 나타날 위험이 있었다. 이에 1466년(세조 12)에는 국가는 과전법을 크게 수정하여 직전제(職田制)를 실시하게 되었다. 직전제의 실시로 수신전, 휼양전, 외역전과 같은 수조권 세습이 사라지고 전직관료를 제외한 현직관료만이 수조권을 분급받게 되어 수조권분급제도는 크게 축소되었다. 그러나 이것도 오래 실시되지 못하고 1556년(명종 11)경에는 직전제마저 폐지되었다. 개인에게 수조권을 부여한 사전이 소멸된 것이다. 이에 따라 조선 중기 이후에는 수조권의 귀속여부를 기준으로 한 사전 개념은 사라지고 오직 소유권의 귀속여부를 기준으로 한 사전 개념만이 남게 되었다.

[참고어] 공전, 민전, 소유권, 수조권, 전주

[참고문헌] 深谷敏鐵, 1944, 「朝鮮における近代的土地所有の成立過程」『史學雜誌』 55·2·3 ; 이우성, 1965, 「고려시대의 왕토사상과 공전」『趙明基博士華甲論叢』; 姜晋哲, 1980, 『高麗土地制度史硏究』, 高麗大學校出版部 ; 김당택, 1982, 「고려시대의 사전의 개념에 대한 재검토」『진단학보』 53·54합집 ; 박종진, 1984, 「고려초기 공전·사전의 성격에 대한 재검토」『한국학보』 37 ; 김재명, 1993, 「공전·사전과 민전」『한국사』 14, 국사편찬위원회 ; 尹漢宅, 1995, 『高麗前期私田硏究』, 高麗大學校民族文化硏究所 ; 魏恩淑, 2004, 「고려시대 토지개념에 대한 재검토-私田을 중심으로」『韓國史硏究』 124 ; 李景植, 2012, 『高麗時期土地制度硏究-土地稅役體系와 農業生産』, 지식산업사 〈위은숙·백승철〉

사전혁파론(私田革罷論)–활빈당 대한제국기의 무장

농민집단인 활빈당(活貧黨)이 토지의 사적소유를 혁파하고 균등히 분배하자는 주장.

조선 후기 지주제의 확대와 소농층의 몰락 경향을 체제위기로 인식하던 이들에게 근본적인 문제의 해결은 사전(私田)을 혁파하고 공전(公田)화하여 농민에게 분배·경작하게 하는 것이었으며, 이는 정전론(井田論)이나 균전론(均田論) 등으로 구체화하였다. 그러나 이와 같은 토지개혁론은 현실에서 실현불가능한 이상론으로 간주되는 경우가 많았다. 좀 더 현실적인 대안으로 토지에 대한 사적소유는 인정하면서 경작권만을 국가에서 장악하여 농민에게 균분하는 균경균작론(均耕均作論)이나, 토지소유의 상한선을 제한하는 한전론(限田論), 지대에 대한 지주층의 일정한 양보를 통하여 현실을 개선하려는 감조론(減租論) 등이 제시되기도 하였다. 그러나 근본적인 해결책으로서의 사전혁파론은 몰락의 길을 걷고 있던 당사자인 농민들에 의해서 보다 급진적 방향으로 표출되었다. 그 모습은 1894년(고종 31) 6월 동학농민군이 전주화약(全州和約)의 조건으로 제시한 폐정개혁안(弊政改革案)에 제시된 평균분작(平均分作)의 주장을 넘어, 1900년에서 1904년까지 남한 각지에서 활동한 무장농민집단 활빈당(活貧黨)이 강령으로 제시한 '대한사민논설(大韓士民論說)'을 통하여 잘 드러난다. 전체 13개조로 구성된 '대한사민논설'은 왕도정치를 전제로 하면서도 반침략적이고 반봉건적인 당시의 역사적 과제를 반영하고 있다. 이 가운데 토지개혁과 관련한 내용은 3개항에 걸쳐 있다. 여기에서 활빈당은 사전을 혁파할 것을 주장하면서, 토지의 사점으로 인한 고율의 소작료가 농민을 궁지로 몰고 있는데 '왕토(王土)를 사전으로 만들어 백성을 굶어죽게 하는 것은 목민(牧民)의 공법(公法)이 아니니, 사전을 혁파하여 균전으로 만들고 구민(救民)의 법을 채택해야 한다'고 주장하였다.

[참고어] 정전론, 균전론, 한전론, 균작론

[참고문헌] 오세창, 1969, 「활빈당고」『사학연구』 21 ; 박재혁, 1995, 「한말 활빈당의 활동과 성격의 변화」『부대사학』 19

〈허원영〉

사정(査定) 조선총독부 임시토지조사국에서 토지조사로 작성한 토지조사부와 지적도를 기반으로 토지소유권과 강계를 확정하는 행정처분.

토지조사사업의 기본절차는 사정으로 마무리되었다. 토지조사부는 리를 단위로 한 필지마다 지번 순으로 가지번, 지목, 지적, 신고 또는 통지년월일, 소유자의 주소, 성명 또는 명칭을 등록한 장부이다. 지적도는 한 필지마다 위치, 지목, 지주를 달리하는 필지와 필지의 강계선, 동일지주가 소유한 일필지와 일필지의 한계, 조사시행지와 미시행지, 즉 도로, 구거, 산야 등의 지계를 표시하는 지역선을 그려 소유권의 한계를 구획한 그림이었다. 전자는 소유권, 후자는 강계를 표시하여 토지소유권과 강계를 사정하는 장부였다. 이때 지목과 면적은 사정대상에서 제외했다. 사정으로 공고할 사항은 지방토지조사위원회에 자문을 받도록 했다. 자문과 답신이 일치하지 않는 것은 다시 정밀히 조사한 다음 채택 여부를 결정하였지만, 반대 답신은 12건에 불과했다.

사정의 기초자료는 민유지에서는 지주가 제출한 토지신고서, 국유지에서는 해당 관청이 제출한 국유지통지서였다. 조사원은 이를 실지와 대조하여 기재사항에 이상이 없으면, 신고지주를 지주로 확정하였다. 다만 이해관계인이 신고한 경우, 소유권원에 의문이 있는 경우, 무신고 무통지의 경우, 분쟁지 등은 다시 조사 확인하는 과정을 거쳤다. 분쟁지는 소유권 주장자가 2명 이상이거나 강계에 분쟁이 있는 경우였다. 이때 먼저 화해를 시도하여 쌍방의 의견이 일치하면, 화해서를 작성하여 토지신고서에 첨부하였다. 재판의 판결과 사정이 서로 저촉할 것을 우려하여 소송중인 토지는 법원과의 연락관계를 중시하였다. 소송 중인 토지는 취하를 원칙으로 하되, 취하하지 않는 경우는 그 이유를 부기하도록 하였다. 화해가 성립되지 않으면, 증거서류, 약도, 진술서를 제출하게 하고, 군청 기타에서 증거를 수집하여 전말서를 작성하였다. 국·민유 분쟁지는 관계관청에서 국유지 취급을 하는 근거 등을 조사하여, 가능한 한 설명서를 교부하도록 하였다.

그리고 사정일은 신고 또는 통지 당일 현재로 하고, 이를 하지 않은 토지는 사정당일 현재로 하였다. 사정으로 확정된 소유권은 '원시취득(原始取得)'한 것이기 때문에, 정당한 권리자가 소유권 신고일 이후 사정이 확정되는 사이에 전당권 설정 계약을 하고, 등기 또는 증명을 거쳤으나 우연히 소유권 사정에 의하여 다른 자에 확정된 경우에는 이같은 증명이나 등기는 무효로 하였다. 따라서 사정이나 재결 이전에 불복신청 절차를 밟아 소유권을 확인받지 않으면 안 되었다. 착오신고나 사정잘못으로 인한 경우도 마찬가지였다. 사정공시 때 토지소유자가 토지조사부와 지도를 열람하지 않고 불복신청 기간을 지나쳐 신청기회를 잃는 경우 그 결과에 대한 책임은 지주가 지도록 법규를 제정하였다.

토지조사의 원칙은 현장조사주의였지만, 동시에 모든 책임은 신고의무자인 지주가 지는 지주책임제를 기본 원칙으로 하였다. 정당한 사유 없이 신고나 입회를 하지 않는 자는 사정에 이의를 제기할 수 없다는 단서를 달아 토지조사에 협조하지 않아 생기는 불이익은 당사자가 지도록 했다.

그러나 법의 강제력에 따른 부작용을 줄이기 위하여 일제는 토지신고서 제출, 지주의 입회, 지주의 사정공시 열람, 이동신고서 제출 등에 관리들이 힘써 줄 것을 당부하고 있었다. 그럼에도 불구하고 정당한 권리자가 소유권을 상실하거나 악의나 고의없이 우연히 소유권을 취득한 사례도 적지 않았다. 허위신고자도 사정으로 확정되면 소유권을 취득할 수 있으며, 반면에 정당한 권리자라도 이 과정에 참여하지 않으면 피해를 받을 수밖에 없다는 토지조사의 원칙이 관철되었다. 이같이 토지조사 과정에서 많은 문제가 야기되자, 정무총감은 토지조사에 관한 범칙자 고발에 관한 통첩을 발하기도 하였다.

사정이 갖는 법적효력이 이렇기 때문에 일제는 사정에 불복하는 자는 공시기간 만료 후 60일 이내에 고등토지조사위원회에 신청해 재결을 구할 수 있도록 하였다. 그리고 사정으로 확정된 사항 또는 재결을 거친 사항은 ① 처벌받을 행위로서 사정 또는 재결되었을 때 ② 사정 또는 재결의 증거가 된 문서가 위조 또는 변조되었을 경우는 그 처벌될 행위에 대한 판결이 확정된 경우에 한해서 사정 확정 또는 재결이 있었던 날로부터 3년 이내에 고등토지조사위원회에 재심을 신청할 수 있었다.

일제는 토지조사사업으로 확정할 토지소유권은 원래 사법재판에 의한 판결확정을 거부할 수 없는 동시에, 토지조사령이 정하는 바에 따라 행정처분으로 최종 확정되어야 하는 사항에 대한 사정 확정 또는 재결된 것은 사유 여하를 불문하고 다시 이것을 사법재판에 회부할 수 없도록 정했다. 그리고 토지조사사업 이전의 소유권은 사정행위로 단절되도록 법으로 정했다. 토지조사사업으로 확정된 소유권은 법적으로 구래의 소유권과 완전히 단절되고 새로 출발하는 것으로 절대적 지위를 보장받았다.

사정작업은 1913년 11월 12일 충청북도 청주시가지의 사정을 시작으로 남쪽에서 점차 중부, 서북부 지역으로 향했다. 1917년 12월 28일 평안북도 자성군 외에 2개 도, 10개 군의 사정으로 작업이 전부 완료되었다. 사정 총필수는 19,107,520필이고, 이 가운데 지주의 신고대로 한 것이 19,009,054필로 약 99.5% 가량 되었다. 분쟁지는 70,866필로 총필수의 0.04% 였다. 이해관계인이 신고한 필수는 3,766필로 총필수의 0.0002%이고, 상속미정 필수는 14,479필로 총필수의 0.0008%, 통지가 없이 국유지로 인정된 것은 8,944필로 총 필수의 0.0005%였다. 무신고지로서 민유라 인정한 것은 411필이었다.

[참고어] 토지조사부, 지적도, 재결, 재심, 불복신청

[참고문헌] 조선총독부 임시토지조사국, 1918,『조선토지조사사업보고서』; 宮嶋博史, 1991,『朝鮮土地調査事業史の硏究』, 東京大學 東洋文化硏究所 ; 최원규, 1994,『한말 일제초기 토지조사와 토지법 연구』, 연세대학교 박사학위논문 〈최원규〉

사정공시(査定公示) 토지조사사업에서 토지소유자와 이해관계인 기타에 대하여 사정의 결과를 종람시키는 수속.

사정공시는 사정 종료와 동시에 시행하는 것을 원칙으로 했다. 사정 개시의 공고에는 사정지역, 도부(圖簿) 종람장소와 기간, 불복신청방법과 기한 등이 포함되었으며, 조선총독부 관보와 도보(道報)로 일반에게 알렸다. 사정장부인 토지조사부와 지적도를 토지소재의 부군도청에 비치하여 30일간 종람하도록 하고, 이에 대한 불복신청은 공시기간 만료 후 60일 이내에 하도록 정했다.

공시문은 인쇄하여 도 내외의 중요한 장소에 게시하도록 하고, 사정 도부의 공시는 17개 조항의 순서를 정하여 시행하였다. 종람기간, 공시문 게시, 다수가 종람할 수 있는 방법의 강구, 군청내 공시소 마련, 휴일 없는 종람과 종람시간 지정, 면동리장 지주총대의 입회, 도부의 분실 손실 방지, 종람자 명부비치, 종람자 편의제공, 기간내 불복신청서 제출 설명, 열람자수 통보, 공시도부 반송 등을 규정하였다.

공시 성적은 총지주수 1,871,636명이고, 종람자는 연인원 1,004,352명으로 지주총수 대비 53.7%였다. 초기에는 열람자가 적었으나 1916년 이후에는 8~9할에 이르렀다고 한다.

[참고어] 사정, 지주총대, 토지조사부, 지적도

[참고문헌] 조선총독부 임시토지조사국, 1918,『조선토지조사사업보고서』

사직(社稷) 신라, 고려 및 조선시기 국가에서 책임지는 토지와 인민의 안녕을 기원하는 제향을 올리던 장소.

조선시기에 사직은 종묘와 함께 국초부터 설치되어, 그 제향이 대사로서 중시되었다. 태종은 국가제례를 정비하면서 사직단의 제도도 정비했다. 1405년(태종 5)에 태종은 명나라에 사신을 파견하여 제례를 거행할 때 사용할 복식과 악기를 요청했고, 1412년(태종 12)에는 제례 의식을 규정한 전례서를 요청했다. 당시 조선에서는 고려시기의 제도를 따르고 있었는데, 이에 대해 명나라에서는 '본래의 풍속을 따르라.'고 답변하면서 협조하지 않았다. 1413년에 예조는 국가제례에 관한 규정을 정리했는데, 사직제는 고려의 예제를 기록한 『상정고금례(詳定古今禮)』에 의거하여 대사(大祀)로 규정되었다.

태종은 지방의 군현에도 사직단을 건설했다. 1406년(태종 6) 예조에서는 모든 지방에 사직단을 건설하고 사직제는 지방관이 주관하도록 할 것을 건의했는데, 이는 『홍무예제(洪武禮制)』의 기록에 근거를 둔 것이었다. 명나라 태조 때에 정리된 『홍무예제』를 보면 '부·주·군·현에는 모두 사직단을 세워 봄과 가을에 제례를 거행하고, 서민들은 이사(里社)에 제사를 지낸다'는 구절이 있는데, 태종은 이에 근거하여 모든 군현에 사직단을 건설하라고 명령했다.

조선시기 사직단은 2개의 단으로 구성되며 동쪽에 사단(社壇), 서쪽에 직단(稷壇)이 있다. 제단은 사방 2장(丈) 5척(尺)으로 북쪽에서 남향을 하고 높이는 3척이다. 고려시기의 사직단은 사방 5장에 높이가 3척이었으므로, 조선시기에는 제단의 길이가 반으로 줄어들었다. 제단의 사방에는 3층의 계단이 있고, 제단 위에는 2척 5촌(寸)의 석주가 있다. 이곳에 놓게 되는 신위판은 사단과 직단에 각 두 개씩 총 네 개가 있는데, 사단의 정위는 국사지신(國社之神) 배위는 후토씨지신(后土氏之神)이며, 직단의 정위는 국직지신(國稷之神) 배위는 후직씨지신(后稷氏之神)이다. 신위판의 길이는 2척 2치 5푼이며, 너비가 4치 5푼, 두께가 7푼이고, 신위판의 받침은 사방이 6치, 높이는 4치 6푼이다. 신위판과 받침은 봉산(封山)의 밤나무로 만든다.

사직단의 바깥에는 유(壝)라 불리는 담이 있으며, 그 밖에는 일정한 거리를 두고 제단을 둘러싼 담장인 주담(周垣)이 있다. 유에는 4개의 유문(壝門)이 있고, 주담에는 4개의 신문(神門)이 있는데, 북신문만 3개의 문으로 되어 있다. 이는 사직단에 모신 신들이 출입하는 문이기 때문이다. 북유문과 북신문 사이에는 국왕의 판위(版位)가 있고, 그 주변에는 관리들의 자리가 있다. 위판을 보관하는 신실(神室)은 주문담의 서남쪽 모서리 안쪽에 북향으로 있는데, 정면과 측면이 각 2칸인 4칸짜리 건물이다.

『국조오례의(國朝五禮儀)』에는 사직제 의식 네 가지가 수록되어 있다. 「춘추급납제사직의(春秋及臘祭社稷儀)」, 「춘추급납제사직섭사의(春秋及臘祭社稷攝事儀)」, 「기고사직의(祈告社稷儀)」, 「주현춘추제사직의(州縣春秋祭社稷儀)」가 그것이다. 이는 『세종실록·오례』에서 정리된 의식에서 한 번 더 정리된 것이다. 춘추(春秋) 및 납일(臘日)에 왕이 사직에 올리는 친제의 의주는 『국조오례의』에 가장 첫 번째로 수록되었지만, 역대에 사직에의 통상적인 제향은 거의 모두 관원을 보내 섭행하였다. 예조에서 주관하는 사직 제향은 춘향대제[2월 초 7일, 상무일(上戊日)], 추향대제[7월 초 7일, 상무일], 납향대제[12월 초 5일] 등 매년 세 차례였다. 이외에도 사직에서는 국가에 큰 변고가 있거나 민생에 걱정이 있을 때 고유하는 제향을 올렸다. 매년 거행되는 사직 대제를 국왕이 직접 지낸 일은 매우 드물어서, 세조가 1455년 8월 5일에 사직 친제를 거행한 일이 있었고, 1471년(성종 2) 8월에 사직친제를 지냈다. 1505년(연산군 11) 정월에 역적 토벌 후 기고제(祈告祭)를 친히 지낸 일이 있었다.

사직 친제를 올리는 대신 국왕이 사직에서 직접 올린 제향은 주로 기우제(祈雨祭)였다. 중국에서 천자의 기곡제 장소로서 여겨진 원구단 역시 조선에서는 기곡보다는 기우제를 올리는 장소로서 중시되었다.

사직이나 원구를 대신해서 조선 전기 기곡의례로서 중시된 것은 적전의례였다. 선농단에 친제를 올리고 동교의 적전(籍田)에서 밭을 가는 것으로 농사가 풍년이 들기를 기원하고 농사를 권면했다. 숙종 대 초반에도 오랫동안 중지되었던 친경의례를 다시 거행하려다가 중지된 바 있었는데, 이를 통해 숙종의 기곡의례에 대한 의지를 읽을 수 있다. 1683년(숙종 9)에 사직기곡제를 처음으로 섭행례로서 거행하게 된다.

국왕이 처음으로 사직에서 기곡제의를 올린 것은 1696년(숙종 22) 정월의 일이었다. 숙종은 1695년 11월에 『예기(禮記)』「월령(月令)」에 맹춘(孟春)의 달 원일(元日)에 상제에 기곡한다는 기록이 있는데, 농사가 나라의 근본이니 한 해의 처음에 기곡제를 친행하겠다고 하고 이에 대한 대신들의 의견을 듣고자 했다. 『예기』의 기곡제의는 교사(郊祀)의 예이지만 전조(田祖)에 기곡하는 것은 나라가 있으면 행하는 일[有國之事]로서 행하는데 문제가 없다고 하여 시행하게 되었다. 바로 다음해 정월 4일에 사직 기곡제를 친행하기로 하고 절목이 마련되었다. 숙종 대 마련된 기곡제의의 절목은 대사의 예에 맞춰 출환궁시에 대가노부를 배설하고 국왕은 원유관-강사포를 입으며 백관은 품계에 따라 조복과 흑단령을 입고, 행례시에는 국왕은 면복, 백관은 4품 이상은 조복, 5품 이하는 흑단령, 제관은 제복을 입게 했다. 이러한 규정은 숙종 대까지 사직에서 기우친제를 올릴 때와 동일하다.

1696년 정해진 절목에 따라 사직 기곡제의가 처음으로 거행되었고, 이후 1702년에도 거행되었다. 1704년에는 8월 1일에 친제를 거행했다. 1732년(영조 8) 11월 매년 상신에 사직 기곡제를 친행하겠다고 천명한 후 사직에서의 기곡친제가 정례화되었다. 정조 대에는 매년 정월에 사직기곡제를 거행하고, 기곡제 후 환궁길에 백성과의 소통을 강화하여 민생을 위한 가장 중요한 의례의 의미를 확인시켰다.

[참고어] 농경의례, 선농제

[참고문헌] 이범직, 1991, 『韓國中世禮思想硏究』, 일조각 ; 金海榮, 2003, 『朝鮮初期 祭祀典禮 硏究』, 집문당 ; 김문식 외, 2010, 『왕실의 천지제사』, 돌베개 〈김지영〉

사진(査陳) 진전(陳田)만을 조사한 부분적인 양전(量田).

사진양전(査陳量田)의 준말이다. 양전은 법제상 20년에 한 번씩 실시되며, 이때 매다 새로 양안(量案)을 3부씩 작성하여 호조와 당해 도·읍에 각각 보관하도록 규정되었다. 그러나 양전은 대규모 사업으로서 그 비용과 인력의 소모가 막대하였고, 토지소유자 간에 이해관계가 첨예했기 때문에 원칙대로 이루어지기가 어려웠다. 이에 은누결을 적간하고 백징(白徵)·남징(濫徵)을 해결하는 등의 목적 하에, 전체 토지에 대한 양전 대신 진전의 파악에 중점을 둔 사진이 시행되었다. 특히 경자양전(1720년, 숙종 46) 이래로 양전정책이 도별단위의 대규모 양전에서 읍별양전이나 사진양전으로 변화했다.

이때 사진양전은 진전만을 선별적으로 조사하는 것이므로, 비교대상으로서 정확한 토지대장이 갖추어져 있어야 했다. 따라서 경자양전이 실시되었던 삼남지방을 주로 대상으로 했으며, 시행시기도 18세기 중·후반에 한정되었다. 또한 사진의 결과는 대개 면세나 감세의 조치로 반영되었다. 결국 사진은 갑술양전(1634년, 인조 12)과 경자양전을 통해 결총이 급격하게 증가되었던 삼남을 대상으로, 백징 등의 폐단을 해소하기 위해 시행된 부분적인 양전방식이었다.

[참고어] 양전, 경자양전

[참고문헌] 오인택, 1996, 「18세기 중·후반 査陳의 실태와 성격」 『역사와 경계』 31

사찰림(寺刹林) 사찰의 경내 풍치 보존과 사찰운영상 필요한 운영비 및 자재의 조달을 목적으로 사찰이 소유하고 있는 삼림.

불교가 융성했던 신라와 고려시기에 사찰의 입지가 산지에 자리 잡기 시작하면서 사찰 인근의 삼림은 성속(聖俗)을 구분지어 주는 불교의 수행공간으로서의 종교적 기능과 사찰의 운영과 유지에 필요한 각종 임산물과 목재를 제공하는 역할을 했다. 또한 이 시기 사찰림은 국가로부터 소유권에 대한 초월적 지위를 부여받았다. 삼림에 대한 사점(私占)을 금지했던 조선시기에는 사찰림을 봉산(封山)으로 지정해 국가가 관리했다. 치악산 구룡사 일대와 사자산 법흥사 일대의 사찰림을 황장봉산으로 지정해서 이 지역의 사찰림을 왕실이 필요로 하는 관곽재(棺槨材), 궁궐재(宮闕材), 조선재(造船材)와 같은 국용재(國用材)의 조달처로 활용했고, 사찰이 그것을 보호하는 역할을 수행하게 했다. 또한 왕릉에 필요한 향탄(香炭)을 조달하기 위해 송광사와 금룡사, 남해 용문사의 사찰림을 향탄봉산(香炭封山)으로 지정하고, 왕실에서 필요한 송홧가루를 조달하기 위해 경남 통영 안정사의 사찰림을 송화봉산(松花封山)으로 지정 관리하게 했다.

일제는 임야조사사업 과정에서 '임야에 대한 금양의 실적'이 확실하여 연고권을 가진 것으로 보이는 사찰에게 일단 소유권을 인정하고, 사업 종료 후 각 사찰이 해당 소유 임야에 대한 금양 혹은 식목 시업을 하겠다고 하는 '사찰유임야시업안'을 제출하도록 강제하였다. 당시 사찰은 1911년 제정·공포한 사찰령에 의해 조선총독부가 관리·통제하고 있었기 때문에 사찰림의 소유권은 형식상 사찰에 준 것에 불과했다. 또한 일제의 사찰령으로 주지의 권한 강화와 무리한 사찰운영으로 재정위기가 심화되면서 사찰림은 조림과 보호의 대상이 되기보다 재정위기를 타개하기 위한 방편으로 정기적인 벌목과 판매, 화전 경작, 임산물 생산 판매의 대상이 되었다.

[참고어] 사원전, 조선임야조사사업

[참고문헌] 岡衛治, 1945, 『朝鮮林業史』, 조선산림회(한국임정연구회 편역, 산림청, 2001) ; 최병택, 2014, 「일제하 사찰소유 임야 관리의 실태」 『사학연구』, 한국사학회 〈남정원〉

사축서둔(司畜署屯) 사축서의 재정을 충당하기 위해 설치·운영한 토지.

사축서는 조선시기 외국사신의 향연에 제공하는 잡축(雜畜)을 기르던 일을 관장했으며, 무악산 남쪽에 위치하였다. 호조의 속사(屬司)로서 1392년(태조 1)에 고려시기 전구서(典廐署)를 모방해 설치되었다. 1636년(인조 14) 전생서(典牲署)로 합병되었다가, 1767년(영조 43) 다시 호조로 이관되었다. 기르는 잡축의 수는 40두 정도였으며, 궁중 조달기능만 했을 뿐 민간 축정(畜政)을 발전시키는 데는 기여하지 못하였다.

전생서와 사축서의 둔토는 두 서에서 직접 관리하였고, 한양 여의도, 경기도 광주군·양근군(楊根郡) 등에 설치되었다. 토지는 등급에 따라 상·중·하의 3등급으로 구분하여 고직에게 직접 경작시켰다. 매년 수확기에 현지 검사를 통하여 일정한 세액을 징수하였다. 또한 봄과 가을에 감예관을 시장(柴場) 파견하여 정액의 연료를 수납했다. 『만기요람』의 각 아문 면세결 조에는 "전생서둔은 204결 51부 7속, 사축서둔은 51결 45부 7속"으로 파악되어 있다. 1894년 전생서와 사축서는 함께 폐지되었고, 소속 둔토는 대부분 이관되었다.

[참고어] 아문둔전, 전생서둔

[참고문헌] 和田一郎, 1920, 『朝鮮土地地稅制度調査報告書』

사포서둔(司圃署屯) 사포서의 경비를 충당하기 위하여 설치·운영한 토지.

사포서는 조선 초기 왕실 소유의 원포(園圃)와 채소재배 등을 관장하기 위하여 설치되었던 관서이다. 처음은 정6품의 아문이었다가 뒤에 실제 주재관인 별제의 품계에 따라 종6품의 아문이 되었다. 사포서둔은 개성군에 있는 공전을 절수한 것을 시초로 점차 확장되어, 한성부와 경기, 전라, 경상, 황해의 각 도에도 설치되었다. 『만기요람』에 따르면 이들 지역에 총 2009결 26부 3속의 면세지가 분포하고 있었다.[「재용편 2」 수세] 또한 『육전조례』에 의하면 둔전에서 거둔 세미 550섬 7말 7홉, 돈 4,374냥 5전3푼으로 각 항의 공용에 응하였다고 한다. 사포서둔의 둔세는 쌀 또는 이를 환산한 금전으로 징수하였고, 대개 토지 소재의 군에 위탁하여 수납하도록 하였다. 다만 한성부에 있는 사포서의 직할 농포(農圃)에는 원군(園軍)과 농우를 배치하고 궁내의 수요에 제공하는 채소를 경작하도록 하였다.

1882년(고종 19) 사포서가 폐지된 후 그 소속 둔전은 사옹원(司饔院)의 소관으로 옮겨졌는데, 1895년 사옹원이 전선사(典膳司)로 이름을 바꾸면서 한성부에 있는 둔전은 궁내부, 지방에 있는 둔전은 탁지부의 소관이 되었다. 또한 일부는 홍릉과 의친왕궁에 이속되기도 하였다. 이후 1899년(광무 3) 내장원으로 이관되었다. 1908년 탁지부로 이속하고 국유로 처리했다. 이후 토지조사사업을 거쳐 대부분 국유지로 사정되었다.

[참고어] 아문둔전

[참고문헌] 『萬機要覽』 ; 『六典條例』 ; 和田一郎, 1920, 『朝鮮土地地稅制度調査報告書』 〈이현희〉

사표(四標) 조선시기 양전에서 각 필지의 경계를 표시하는 방법으로 해당 필지의 사방(동서남북)을 둘러싼 토지의 지주와 지목을 양안 상에 문자로 기록한 것.

전답도형도(四標圖) 『경기도 용인군 양안』 1책 068b(규17645)

양안에 기재된 사표는 해당 토지의 상대적 위치를 표시한 것이다. 토지의 경계를 동서남북 사방에 인접한 경지를 비롯하여 자연적 지형물이나 인공적 지물로 표시하였다. 해당 필지까지 5개의 토지를 묶어 표시함으로써 인접토지와의 연결을 통해 해당 토지의 위치를 알게 한다. 사표를 기재하는 것은 해당 토지의 위치를 확정하고 권리자를 파악하는데 목적이 있다.

사표를 기재할 때 자번호나 지주 성명을 생략하기도 하였다. 인접한 토지에서 여러 종류의 지목이 중복되어 나타나는 경우에는 여러 종류의 지목과 자번호를 병기한다. 사표의 최초 기록은 신라시기 개선사(開仙寺) 석등기 중 891년(진성여왕 5)에 작성된 7~10행까지의 기록에서 볼 수 있다. "동쪽은 영행의 토지이고 북쪽도 마찬가지다. 남쪽은 지택의 토지이고 서쪽은 개울이다.(東令行土北同土南池宅土西川.[「개선사 석등기」 『譯註韓國古代金石文』Ⅲ, 1992])"라는 사표 기록과 함께 토지 소재지, 지목, 토지면적, 매주 등이 표기되어 있다.

고려시기에도 토지의 위치와 경계는 사표로 표기했다. 1309년(충선왕 원년)의 삼일포 매향비(埋香碑)에는

"동북쪽은 농사짓지 않는 진답이고, 큰 제방이 있습니다. 남쪽은 길이 있습니다. 서쪽은 백정 우달의 경작지입니다.(東北陳畓大冬音南道西白于達起畓, 「삼일포 매향비」『韓國金石全文』 中世下, 1984)" 등의 내용이 기록되어 있어 사표의 기재내용 및 방식을 알 수 있게 해준다.

조선 초기 태종 대에는 귀속처가 불분명한 토지의 경우 사표를 근거로 삼아 수조하도록 호조에 하명한 사례가 있다. 조선시기 1634년의 갑술양안과 1720년의 경자양안에서 사표의 기재양식은 기술적(記述的)이었으나 이는 1820년(순조 20) 무렵 수립된 양전계획으로 변하였다. 예부터 사표에 인명을 기록하였는데, 같은 이름이 많고 매매로 인해 경지의 상주(常主)가 없으므로 인명을 기록했다가 변화하는 경우가 있어 적절하지 않다고 여겼던 것이다. 그리하여 사표를 모두 '某字第幾田 某字第幾畓'으로 등록해서 영구적으로 변함이 없도록 하고자 했다. 이를 통해 1개의 사표로서 5개 필지의 근거로 삼을 수 있다고 보았다.

사표에는 분필이나 합필, 매매시의 변동사항이 나타나지 않아 분쟁의 원인이 되기도 했다. 사표 표기방식의 문제점을 인식한 정약용 등은 어린도 제작을 주장하기도 하였다.

대한제국의 양지아문양안에는 전답도형도에 사표를 표기하였다. 전답형태를 그린 전답도형도 위에 사표를 기재하여 사표도(四標圖)라고도 하였다. 전보다 토지의 위치와 실태파악을 더 정확하게 할 수 있게 되었다. 일제의 토지조사사업에서 지형지모의 조사를 통해 토지의 경계가 선으로 나타나는 지적도를 제작하면서 사표는 사용하지 않았다.

[참고어] 광무양전사업, 양안, 전답도형

[참고문헌] 최원규, 1995, 「대한제국기 양전과 관계발급사업」『대한제국의 토지조사사업』, 한국역사연구회 토지대장연구반, 민음사 ; 김추윤, 1998, 「사표(四標)」『지적』 274 ; 정긍식·田中俊光 역, 2006, 『조선부동산용어약해』 ; 최윤오, 2008, 「조선후기 양안의 기능과 역할」『조선후기 경자양전 연구』, 한국역사연구회 토지대장연구반, 혜안

〈고나은〉

산가요록(山家要錄) 15세기 중반 의관이었던 전순의(全循義)가 편찬한 것으로 전해지는 농서이자 음식 조리서.

채소, 수목, 약초 등의 재배법, 가축, 물고기, 벌 등의 생육법 등을 수록한 농서이자, 각종 음식을 만드는 조리법 등을 소개 설명한 조리서이다.

『산가요록』의 농업관련 서술 부분은 특별한 목차가 설정되어 있지 않기 때문에 『농상집요(農桑輯要)』의 항목명을 참고할 수 있다. 『산가요록』의 목차를 재구성해 보면 양잠(養蠶), 과실(果實), 죽목(竹木), 과채(瓜菜), 약초(藥草), 자축(孳畜), 금어(禽魚) 등 농업생산에 관련된 부분을 찾아볼 수 있다. 그리고 여기에 술 만드는 법, 장 담그는 법, 식초 만들기, 김치 담그기 등 식품조리서에 해당되는 부분, 옷 만들기, 염색 방법 등을 설명한 부분으로 구성되어 있다. 이러한 내용 구성은 조선 초기 1429년(세종 11)에 편찬된 농서인 『농사직설(農事直說)』이 곡물 중심으로 서술된 것을 뛰어넘어, 농업생산의 전반적인 부분을 다루는 구성이라고 할 수 있다.

한편 『신가요록』과 『농상집요』의 서술 내용을 비교하면 『산가요록』의 편찬자가 채택한 『농상집요』 인용 방식의 특색을 찾을 수 있다. 첫 번째로 『산가요록』은 『농상집요』를 저본으로 삼아 충실하게 발췌 인용하는 것을 가장 기본적인 서술 방식으로 채택하고 있었다. 두 번째로 특정 분야에서는 『산가요록』의 찬자가 『농상집요』의 서술 내용 가운데 일부만 발췌하고 있다. 약초 부분에서는 『농상집요』의 내용 가운데 지치[芝草], 잇꽃[紅花], 쪽[藍], 치자(梔子), 지수[地黃], 국화[菊], 양귀비[罌粟]만 수록하고 나머지는 제외하였다. 세 번째로 『산가요록』의 찬자는 『농상집요』를 인용하면서도 자신의 의견을 추가하여 집어넣어 서술하였다. 『농상집요』의 과실 부분을 옮겨 적으면서 자신의 의견을 집어넣은 구절을 찾아볼 수 있다. 배나무의 경작법을 소개하는 중간에 접목(椄木)을 설명하는 부분이 있다. 마지막으로 『산가요록』의 '말'을 비롯한 자축(孳畜)에 해당하는 항목들에 적용된 서술 방식을 지적할 수 있다. 그것은 가축을 기르는 데 수반되는 병증 치료법에 눈길을 두지 않았다는 점이다.

『산가요록』 농서 부문의 서술방식과 관련해서 주목할 부분은 당시 조선에서 통용되고 있던 관행적인 농작업에 대한 인식이 반영되고 있다는 점이다. 다음으로 『산가요록』에서 구체적으로 조선의 재배법, 경작법의 흔적을 찾아볼 수 있는 부분이 과채들에 대한 서술이다. 『산가요록』 과채 부문의 서술은 『농상집요』의 해당 항목 내용을 축약하여 인용하면서 조선의 재배법을 보여주고 있었다. 또한 『산가요록』 찬자는 소를 기르는 방법에 이어서 구비(廐肥) 생산기술을 소개하면서 조선의 퇴비 생산 방식을 고려하여 서술하고 있었다.

조선의 농업기술을 감안하여 『농상집요』를 활용하는 서술방식은 조리에 관련된 부분에서도 찾아볼 수

있다. 조선의 조리 관행이 『산가요록』의 서술에 반영된 사례로 「주방(酒方)」 항목에 나오는 도량형 단위들을 지목할 수 있다.

마지막으로 「동절양채(冬節養菜)」 조목의 경우 겨울철에 채소를 기르는 것인데 온돌을 이용한 지중가온(地中加溫)과 수증기를 이용한 공중가온(空中加溫)이란 이중의 가온법(加溫法)을 채택하고 있다. 여기에 유지(油紙)를 이용한 독창적인 보온 기술이 서술되어 있다. 조가(造家)의 남쪽 면에만 기름 바른 종이창을 만들어 햇빛이 투과할 수 있게 하고 방수성을 높여 가내 온도의 지속적인 유지를 도모한 것으로 보인다. 그리고 조돌(造突)작업은 온돌이 당시 양잠에서도 활용하고 있었고, 구황을 위한 작삼(作糝) 등에도 활용하고 있었기 때문에 동절양채에 동원한 것은 당연한 흐름이었다. 마지막으로 동절양채 기술을 서술한 부분에서 양채(養菜)라는 용어에 주목해 보면, 양화종채(養花種菜)를 염두에 두고 있었던 것으로 보인다. 이러한 점에서 사포서(司圃署)뿐만 아니라 장원서(掌苑署)도 동절양채와 연관된 관청이라 생각된다.

[참고어] 농서, 농상집요

[참고문헌] 김영진, 2003, 「『농상집요』와 『산가요록』」 『농업사연구』 2-1, 한국농업사학회 ; 이호철, 2003, 「『산가요록』의 채소기술과 '동절양채'」 『조선시대 농업사 연구』, 한국농업사학회 ; 한복려, 2003, 「『산가요록』의 분석 고찰을 통해서 본 편찬 연대와 저자」 『농업사연구』 2-1, 한국농업사학회 ; 염정섭, 2011, 「『산가요록』 농서 부문의 편찬과정과 서술방식」 『지역과 역사』 28, 부경역사연구소

〈염정섭〉

산견백만석증식계획(産繭百萬石增殖計劃) ⇒ 양잠조합

산농공려조합(山農共勵組合) 일제가 화전민을 통제하고 정주농민으로 만들기 위해 화전민 부락에 설치한 조직.

1908년 통감부는 삼림법을 공포하여 무단 화전경작을 금지하였다. 1916년 조선총독부는 '화전 정리에 관한 시책 방침'(내훈 제9호)을 세워 화전조사를 시행했지만 화전경작은 좀처럼 사라지지 않았다. 1926년 다시 화전정리방침을 천명하고, 1928년 3월 화전조사요강을 발표하였다. 같은 해 12월 정무총감을 위원장으로 하는 화전조사위원회를 설치하고, 화전민 생활지도를 위해 산농공려조합을 만들기로 결정했다. 정리대상으로 지목된 화전민 부락에는 5백호 당 산농지도구를 설치하고, 10곳의 산농지구대를 한데 묶어 이를 총괄하는 감독사무소를 두었다. 감독사무소의 지도 아래 부락마다 중견인물을 양성하고 산농공려조합와 산농계를 만들어 화전민들을 조직화하였다.

산농공려조합은 화전민의 이동을 통제하고, 숙전농법을 장려하여, 한 곳에 정주시킬 목적에서 만들었다. 회원자격은 해당 산농지도구 내에 거주하는 화전민으로 화전대장에 등록된 자로 하였다. 부락의 중심인물 중에서 선임된 조합장·부조합장·평의원이 조합운영을 맡기로 했지만, 실제로는 지도위원·고문이 조합업무를 주도했다. 지도위원은 산농지도구의 지도자가 맡았고, 고문은 해당지역 경찰주재소 수석이나 삼림보호구 주사·면장이 취임했다. 산농계는 공동체적 유대가 약한 화전민들 사이에 인보상조의 정신을 함양하고 조합의 활동을 강화하는 조합 산하조직이었다. 주로 화입행위의 감시, 공동경작, 퇴비장 설치, 방풍림 조성, 농경지 배수구공사 같은 공동 작업을 담당하였다.

1930년대 조선총독부에서 시행한 화전정리사업은 이전 실패를 바탕으로 화전민을 쫓아내는 것보다 화전민들을 집단 이주시킨 다음 안정적인 수입원을 얻도록 하여 다시 화전민이 되지 않도록 통제하는 것에 주안점을 두었다. 이러한 방침은 화전민들이 당시 추진 중이던 북선개척사업에 걸림돌이 되지 않게 하기 위해서 취해진 조치였다. 조선총독부의 화전민 정리사업 결과로 1941년 무렵에는 3만여 호의 화전민이 이주했으며, 총면적이 46,512정보에 달하였다. 그러나 사업시행 과정에서 이전지가 농사에 적합하지 않아 폐농하는 화전민들이 속출하는 등 많은 문제가 발생하였다.

[참고어] 화전, 화전정리사업, 농촌중견인물양성

[참고문헌] 국가기록원편, 2011, 『일제문서해제-임정편』, 국가기록원 ; 최병택, 2012, 「조선총독부의 화전 정리 사업」 『한국문화』 58

〈윤정환〉

산림경제(山林經濟) 18세기 초 홍만선(洪萬選)이 편찬한 농서.

홍만선(1643~1715)의 본관은 풍산(豊山), 자는 사중(士中), 호는 유암(流巖)이다. 아버지는 홍주국(洪柱國)이다. 1666년(현종 7) 진사시에 합격하고, 음보(蔭補)로 벼슬을 얻어 이후 사옹원봉사(司饔院奉事), 공조좌랑, 공조정랑, 익위(翊衛), 사옹원·사재감·장악원·사복시 등의 정(正), 연원찰방, 함흥, 대구, 대흥, 합천, 고양,

배천, 단양, 인천, 부평, 상주 등의 지방관을 역임하였다.

홍만선의 『산림경제』 편찬 작업을 옆에서 지켜본 삼종형 홍만종은 「산림경제서(山林經濟序)」에서 홍만선이 지방 수령으로 좋은 평가를 받았지만 본래 산림에 나가서 자신의 뜻을 실현하기 위해 『산림경제』를 편찬하였다고 설명하였다. 홍만종의 설명만을 고려하면 홍만선이 산림에 은거하기를 결심한 이후에 『산림경제』를 편찬한 것으로 보인다. 하지만 『산림경제』의 구성체제가 방대하고 수많은 인용문헌을 담고 있다는 점, 그리고 허균(許筠)의 『한정록(閑情錄)』에서 많은 영향을 받았다는 점 등에서 오랜 기간에 걸쳐 편찬작업을 했을 것으로 보인다. 특히 여러 군현의 수령을 거치면서 획득한 속방(俗方)을 「치농(治農)」에 수록하고 있다는 점도 『산림경제』가 오랜 준비과정을 거쳐 이루어졌음을 보여준다고 할 것이다.

『산림경제』는 농서로서 농림축잠업을 망라하였을 뿐 아니라, 의약(醫藥)과 구황(救荒), 민속, 취미 등에 대해서도 논술하고 있다. 이후 유중림(柳重臨)에 의하여 증보되었고, 서유구(徐有榘)의 『임원경제지(林園經濟志)』 저술에 큰 바탕이 되었던 것으로 보인다.

『산림경제』의 전체적인 체제를 보면 총 4권으로 구성되어 있고, 그 항목은 복거(卜居), 섭생(攝生), 치농(治農), 치포(治圃), 종수(種樹), 양화(養花), 양잠(養蠶), 목양(牧養), 치선(治膳), 구급(救急), 치약(治藥), 구황(救荒), 벽온(辟瘟), 벽충(辟虫), 선택(選擇), 잡방(雜方) 등 총 16조이다. 이 가운데 「치농」이 본격적인 작물 경작법을 정리한 부분이고, 치포, 종수, 양화, 양잠, 목양, 구황 등의 항목은 종합적인 농서로 편입시킬 수 있는 부분이다. 채소류의 재배, 나무와 꽃 재배, 나머지 음식 만드는 치선 항목, 의약에 포함되는 구급, 벽온, 벽충, 치약 등의 항목, 택일의 기준을 설명한 선택, 최후에 잡방 등이 붙어 있다.

『산림경제』 권1, 「치농」이 식량작물의 생산기술을 담고 있는 구체적인 농서에 해당하는 부분이다. 「치농」의 체제는 『농사직설(農事直說)』, 『농가집성(農家集成)』으로 이어지는 조선 농서와 특징적인 양상과 그대로 연결된다. 주곡(主穀) 작물 위주로 서술되었다는 점과 각 작물별 재배법을 하나의 조목으로 정리하였다는 점, 그리고 『산림경제』의 내용 자체가 『농사직설』 등에서 인용하면서 구성되어 있다는 점에서 그러하다고 할 수 있다. 「치농」의 내용은 두 가지 서로 성격이 다른 계통에서 인용한 부분으로 구분할 수 있다. 하나는 『산림경제』 이전에 편찬된 여러 농서로부터 인용한 부분이고, 다른 하나는 농서가 아닌 견문(見聞)이나 전문(傳聞)에 의거하여 수합한 속방을 기록한 부분이다. 농서에서 인용한 부분은 다시 두 가지로 구분할 수 있다. 하나는 조선에서 편찬된 농서로부터 인용한 것이고, 다른 하나는 중국 농서로부터 인용한 것이다.

『산림경제』의 역사적 가치는 첫째, 『농사직설』을 비롯한 이전의 국내 농서를 총망라하여 인용함으로써 그 당시까지 국내에서 얻어진 우리풍토 중심의 농학적 성과를 모두 포함시켰다는 점이다. 홍만선은 국내 기존 농서를 중시하였음은 우리 풍토에 맞는 현실적 농서를 엮고자 함이었다. 둘째, 내용이 다양하고도 풍부하면서 매우 체계적이다. 『농사직설』이 비록 체계적이기는 하나 곡물 중심으로 단조로운 농서이며, 『농가집성』이 1655년(효종 6)까지의 농학적 성과를 대부분 포함시켰다고 하나, 농사직설을 증보한 외에 세종의 「권농교문」, 「금양잡록」, 「사시찬요초」, 「주자권농문」 등을 합철한 것에 중점이 있었다. 셋째, 우리나라 농서 사상최초의 종합농서이다. 『산림경제』의 내용은 농사뿐 아니라 복거, 섭생, 치선, 구급, 치약, 구황, 군온, 군충, 선택, 잡방까지 총망라한 일종의 가정대백과사전 같은 감이 있으나 그 중 치농, 치포, 종수, 양화, 양잠, 목양 등 주곡 중심에서 벗어나 우리 농업기술의 주요 부분은 모두 종합하여 포함시키고 있다. 이와 같이 『산림경제』는 자급자족적 소농경제하에서 생활에 필요한 모든 부문의 농사를 기록하였다.

『산림경제』의 편찬 태도는 당시 국내의 농서에서 부족한 속방, 문견 등 농촌에서 실제로 시행하던 농법을 중심으로 보충하고 그래도 부족한 점만을 중국의 농서에서 우리 실정에 맞는 부분을 골라 수록함으로써 종합농서 체제를 완벽하게 갖추려는 것이다. 이러한 점들을 밝혀 볼 때 우리 농서사상 『산림경제』의 농서적 가치는 매우 크다고 할 수 있다.

[참고어] 농서, 농사직설, 농가집성

[참고문헌] 이성우, 1981, 『한국식경대전』, 향문사 ; 김용섭, 1988, 『조선후기농학사연구』, 일조각 ; 염정섭, 2002, 「18세기 초중반 『산림경제』와 『증보산림경제』의 편찬 의의」 『규장각』 25 ; 신승운, 2007, 「『산림경제』 해제」 『국역 산림경제』, 민족문화추진회

〈염정섭〉

산림경제보(山林經濟補) 『산림경제(山林經濟)』의 증보본 중 하나.

『산림경제보』의 서문이나 발문이 전하지 않으며, 언제 누가 증보했는지는 밝혀지지 않았다. 증보된 내용을 보아 증보본 가운데서도 초기에 속하는 것으로 추정된다. 증보사항의 대부분은 『색경(穡經)』의 내용이 참고된 것으로, 『산림경제』와 『색경』의 종합서와 같은 성격을 띠고 있다. 『산림경제』의 치농조(治農條)에는 없었던 전가월령(田家月令)·변토(辨土)·운확(耘穫) 등의 항목이 추가되었고, 속과작물(粟科作物)을 종곡(種穀)과 종서직(種黍稷)으로 구분하여 기술하는 등 편목상에서도 변화가 보인다.

[참고어] 산림경제, 색경

[참고문헌] 김용섭, 2009, 『(신정증보판)조선후기농학사연구』, 지식산업사

산림경제보설(山林經濟補說) 『산림경제(山林經濟)』의 증보본 중 하나.

이 책의 본래 표제는 『산림경제』이나 본래의 『산림경제』를 증보한 것으로 『산림경제보설』이라고 한다. 서문이나 발문이 없어 언제 누가 증보했는지는 전해지지 않으나, 그 찬자를 신돈복(辛敦復)으로 추정하는 견해도 있다. 5권 10책이며 매면은 10행 20자로 되어 있다. 이 증보본은 다른 증보본과는 달리, 증보할 사항을 원본 각 항목 서술 속에 삽기하거나 원본 내용을 그대로 전사한 뒤 그 항목의 마지막 부분에 한 자 낮추어 따로 쓰는 방식을 취했다. 치농조(治農條)에서 4개 항과 90건의 기사를, 치포조(治圃條)에서 1개 항과 19건의 기사를 보설하였다. 여기에서는 중국의 자료도 참고하였으며, 당시 조선 현실의 농업관행도 '근법(近法)'이라는 이름으로 제시하였다.

[참고어] 산림경제

[참고문헌] 김용섭, 2009, 『(신정증보판)조선후기농학사연구』, 지식산업사

산림경제보유(山林經濟補遺) 『산림경제(山林經濟)』의 증보본 중 하나.

저자의 종질(從姪) 규섭(圭燮)이 1852년에 쓴 발문(跋文)이 들어있는데, 이를 통해 저자가 규섭의 종숙부(從叔父)인 용남(榕南) 홍병례(洪秉禮, 1761~1836)임을 추정할 수 있다. 발문에 의하면 저자는 일찍이 민흉(閔凶)사건에 연루되어 벼슬길이 막혔고 노년기에는 생활이 어려웠지만, 향촌민의 경제문제에 유의하며 사람들이 『산림경제』의 뜻을 잘 이해하지 못하자 아홉 조목으로 된 증보본을 편찬했다고 한다. 이 책은 특히 가난한 선비[寒士小農]들에게 농업생산의 지침을 주려고 하고 있으며, 이에 한전(旱田) 농업과 상업적 농업을 제시하고 있어 주목된다.

[참고어] 산림경제

[참고문헌] 김용섭, 2007, 『(신정증보판)조선후기농업사연구(II)』, 지식산업사

산림천택(山林川澤) 본래 산과 숲, 내와 못을 의미하지만 조선시기에는 대지를 구성하는 주요한 부분으로서 농경지에 대칭하는 생산수단으로 인식한 대상.

조선 초에 국가는 산림천택의 공동 이용을 표방하고 이에 입각한 통치체계를 마련하였다. 조선시기 산림천택에 대한 기본 사상은 '여민공지(與民共之)'에 근거하고 있다. 이는 맹자가 전국시대 위나라 양혜왕에게 "도끼를 제때에 산림에 넣는다면 재목을 이루 다 사용할 수 없다.(斧斤以時入山林, 材木不可勝用也)"고 말한 것 대해, 주자가 "산림과 천택을 백성과 함께 이용하되, 엄중한 금지가 있어서 초목의 잎이 떨어진 뒤에 자귀와 도끼를 가지고 산림에 들어가게 했다.(山林川澤與民共之而有厲禁, 草木零落然後斧斤入焉)"라고 풀이한 것에서 유래한 것이다.[이상 『맹자집주』 권1, 양혜왕장구 상, 7장]) 산림천택이 백성과 더불어 이용해야 할 대상으로 백성이 나무를 하고 고기를 잡고 소금을 얻어 혹은 살아가는 밑천으로 삼고 혹은 무천(懋遷)하는 삼을 만한 생산의 장소이며, 위에 있는 사람이 이익을 농단해서는 안 되는 곳이라는 이념이었다.

따라서 지배층은 산림천택의 사적 지배를 통해 잉여노동·생산물을 수취할 수 없었으며, 일반 인민은 산림천택의 자유로운 이용자의 지위에 있었다. 산림천택은 이용의 측면에서는 공동이용지였지만 소유권적 측면에서는 공한지로서 위치하였다. 공동이용지로서의 산림천택의 존재는 조선 국가를 중앙집권적 봉건국가로 유지하는 데 중요한 물적 토대의 하나로서 작용하였던 것이다.

'여민공지'의 이념은 고려 말부터 부각되기 시작하였다. 1325년(충숙왕 12)의 교서에 산림천택은 '여민공리(與民共利)'라 하였고, 조선 초 1406년(태종 6)에도 '일국인민소공리자야(一國人民所共利者也)'라고 하여 권세가에 의한 산림천택의 광점과 천단을 제어하려고 하였다. 하지만 실제로는 국가권력의 비호를 받는 존재에 의해 산림천택이 독점되었던 현실 상황이 끊임없이

있었다. 따라서 산림천택의 사점이 전개되기 시작한 16세기, 가장 왕성하게 이루어진 17세기야말로 '산림천택 여민공지'라는 이념이 가장 자주 언급되었던 시기였다.

한편 산림천택은 자연물로서의 대지 자체만을 가리키는 것이 아니었다. 고기를 잡는 시설인 어전(漁箭)이나 소금구이 시설인 염분(鹽盆)까지도 그 일부라고 생각하였다. 이밖에도 시장(柴場)·제언(提堰)·해택(海澤)·어장(漁場)·포구·초장 등도 산림천택에 포함되어 있었다.

산림천택은 조선 후기에 지배층에 의해 활발하게 분할되었다. 산림천택의 사점(私占)과 이를 통한 잉여의 수취는 권력내 지위나 사회신분에 따라 좌우되었다. 국가는 '산림천택 여민공지'라는 이념아래 사점을 제어하고자 하였으나 실제로는 국가의 조세수취와 충돌하지 않는 사점은 용인되었다. 이미 많은 산림이 사점되어 더 이상 인민의 공동이용지로서 존재하지 않았으며, 천택도 국가의 수취가 미치지 못하는 곳에서는 여전히 지배층에 의해서 사점되어 잉여수취의 기반으로 존재하였다.

양반층이 산림천택의 분할에 참여한 것은 크게 세가지 방법이 있었다. 국왕의 사패(賜牌), 지방수령이 주는 입안(立案), 분산(墳山)의 금양(禁養) 등이다. 입안은 특히 지방 양반들이 주로 사용한 사점 방법이었다. 입안의 대상으로는 '거친 산, 첩첩 봉우리, 먼 갯벌, 작은 섬' 등이 있었다. 사패지의 경우 '구릉을 포함하고 벌판까지 뻗쳐 모두 내 땅이라' 한다고 하였다. 개간을 위해서 미리 허가를 받고 임시로 개간권을 얻은 것이다. 그러나 실제로는 입안에 한 번 오르고 나서는 이를 양반들이 사점했던 것이다.

조선 후기에도 여전히 공동이용지로서의 산림천택은 존재하여 농민이나 생산자들의 생활과 생산의 터전으로서 기능하였다. 특히 봉건해체기에는 농민층 분해로 떨어져 나온 사람들이 생애를 의존할 곳은 산림천택이라는 공동 이용지였기 때문에 이를 확보하려는 인민과 권력 내의 지위와 사회신분을 앞세워서 산림천택을 사점하는 지배층 사이에 심각한 갈등이 전개되었다. 이에 대응해서 국가는 지배층의 산림천택 분할과 잉여수취를 제한하고 조세를 확보하는 정책을 폈다. 그러나 지배층은 여전히 권력과 사회신분을 통해 산림천택을 독점하고 잉여를 수취하거나 산림천택의 이용에서 인민을 배제시켰기 때문에 인민과의 갈등관계가 형성되었다. 또한 국가의 산림천택을 이용하는 생산분야에 대한 조세수취 역시 지방 군현이 책임을 지는 수취형태를 취하게 되어, 새로운 생산양식과 부합하지 않았을 뿐만 아니라 수령과 군현 지배층에게 의존하는 조선 국가의 지방지배체제 모순을 심화시키는 역할을 하였다.

[참고어] 송금, 무주공산, 금양, 사양산

[참고문헌] 남원우, 1988, 「16세기 산림천택(山林川澤)의 절수(折受)에 대한 연구」, 연세대 석사학위논문 ; 윤정, 1998, 「조선 중종대 훈구파의 산림천택 운영과 재정확충책」 『역사와 현실』 29, 한국역사연구회 ; 김선경, 1999, 「조선후기 산림천택 사점(私占)에 관한 연구」, 경희대 박사학위논문 ; 김선경, 2000, 「17~18세기 산림천택 절수에 관한 정책의 추이와 성격」 『조선시대사학보』 15, 조선시대사학회 ; 김선경, 2000, 「17-18세기 양반층의 산림천택 사점과 운영」 『역사연구』 7, 역사학연구소 〈강은경〉

산미증식계획(産米增殖計劃) 일제시기 조선총독부가 일본자본주의의 식량문제를 해결하기 위해 실시한 쌀 증산수탈정책.

19세기 말 20세기 초 과잉인구와 식량부족 문제에 시달리고 있던 일제는 1910년 강점을 계기로 조선경제를 일본자본주의 발전을 위한 식량 원료공급기지로 짜맞추어갔다. 조선총독부는 조선의 전통적인 농업체계를 대신하여 일본인 입맛에 맞는 일본 벼 품종과 일본식 농법을 강제하면서 식민지지주제를 기초로 미곡생산에 진력하였다. 일본자본주의의 식량위기가 1918년 쌀소동(米騷動)으로 일거에 폭발하자, 조선총독부는 일본자본주의의 식량문제 해결과 일본 정부의 국제수지 개선을 위해 산미증식계획을 수립하고 실천해갔다. 일본에서는 높은 투자비로 인해 미곡증산효과를 거두기 어렵고 외국미 수입은 무역수지의 악화를 초래하는 일이었다. 결국 일본자본주의가 항구적으로 안정적인 식량공급을 통해 저임금 저미가의 자본축적 구조를 유지하면서 식량부족 문제를 해결할 수 있는 할 수 있는 유일한 공간이 식민지 조선이었다. 조선은 저렴한 지가와 값싼 노동력 덕택에 일본에 투자되는 자본의 30~40%를 가지고서도 동일한 식량증산의 효과를 거둘 수 있을 것으로 관측되었다. 그에 따라 1920년부터 시작한 산미증식계획은 이후 일본자본주의의 상황에 따라 3차례(1920~25년 산미증식계획, 1926~34년 산미증식갱신계획, 1940~45년 조선증미계획)에 걸쳐 시행과 중단을 거듭했다. 기본적으로 산미증식계획은 조선농민의 생활상 안정이나 농가경제의 향상이 아니라 오로지 일본자본주의의 요구와 필요에 따라서 이루어졌다.

1910년대 무단농정에서 나타난 것처럼 수리시설이 동반되지 않은 다로다비적(多勞多肥的) 일본 개량농법의 이식=농사개량은 미곡증산의 현저한 효과를 기할 수 없었기에, 조선총독부는 산미증식계획의 중심사업으로 수리조합의 설립과 확충을 통한 토지개량사업에 집중하였다. 향후 30년에 걸쳐 논 80만 정보의 토지개량을 완성한다는 과도한 계획을 세운 일제는 제1차 계획으로 1920~34년의 15년 동안 총 사업비 236,210,000원(국고보조금 63,010,000원, 정부알선기금 75,000원, 기업가조달자금 98,200,000원)을 투입하여 427,500정보의 토지개량사업(관개개선 225,000정보, 지목변경 112,500정보, 개간간척 90,000정보)과 농사개량을 통해 약 8,995,000석의 미곡을 증산한다는 계획을 실행하였다. 제1차 계획은 1925년 실적부진으로 중단하고 1926년부터 갱신된 제2차 계획을 수립 실시하였다. 1차 계획의 6년간 진행된 토지개량사업의 실적은 사업착수예정 면적 16만 5천 정보에 대해 9만 7,500정보, 준공예정 면적 12만 3,000정보에 대하여 7만 6,040정보에 그쳤다. 토지개량사업의 핵심인 수리조합사업도 저조했고, 무엇보다도 고율(연리 9분 5리에서 1할 1분)의 금리, 물가상승에 의한 공사비 증가, 그리고 예산부족으로 예정대로 원활하게 진행되지 못했다. 거기에 고율소작료를 동반하는 식민지지주제의 높은 토지수익이 적극적 투자를 유도하지 못했다.

1926년부터 시작된 산미증식갱신계획은 총공사비 325,334,000원[토지개량상업자금 285,334,000원(국고보조금 65,070,000원, 정부알선자금 198,197,000원, 기업가조달 22,067,000원), 농사개량사업 자금 40,000,000원(정부알선)]을 투입하여 35만 정보의 토지개량사업(관개개선 19만 5천 정보, 지목변경 9만 정보, 개간간척 6만 5천 정보)을 통해 8,167,875석을 증산한다는 것이다. 조선총독부는 토지개량사업의 활성화를 위하여 대행기관을 설치하고 거액의 정부알선자금을 조달하였다. 1차 계획의 실적부진이 기본적으로 장기저리의 사업자금을 충분히 확보하지 못한 점에서 기인했기에, 갱신계획에서는 자금수급개선에 중점을 두고 적극적으로 수리조합건설 사업을 지원하고 농사개량에 대한 관리 감독도 강화하였다. 1926년 그동안 조선총독부 내무국 사회과에서 주관해온 수리조합 사무를 식산국으로 이관하여 토지개량과·수리과·개간과를 신설했으며, 1927년에는 식산국에 토지개량부를 증설하여 3과의 사무를 통괄했다. 이와 아울러 1926년 토지개량 시행지역의 측량·설계·자금알선조달·공사감독·사업유지관리를 대행하는 반관반민(半官半民)의 조선토지개량주식회사 및 동양척식주식회사의 토지개량부가 토지개량사업의 대행기관으로 새롭게 만들어졌다. 조선식산은행이나 동양척식주식회사로부터의 저리알선자금은 이들 대행기관을 통해서 수리조합이나 농업회사에게 대부되었다. 1차 계획에서는 사업비를 사업자조달자금에 크게 의존했지만 제2차 갱신계획에서는 저리의 정부알선자금을 충분하게 활용하였다. 조선식산은행과 동양척식주식회사가 자금의 반을 일본 대장성 예금부(연리 5분 1리)로부터, 나머지 반을 각각 회사채(연리 7분 7리)로 조달하였다. 1차 계획 당시 금리가 9분 5리에서 1할 1분에 비하면, 2차 계획의 금리는 상당히 저리였을 뿐 아니라, 회수 조건도 25년간 원리균등상환이었다.

〈토지개량사업 보조금 및 알선자금 융통 현황(1926-1933년)〉

	보조금(원)	알선자금(원)	합계
수리조합	19,658,042 (62%)	68,676,174 (88%)	88,334,216 (80%)
개인 및 기타	12,273,751 (38%)	9,294,090 (12%)	21,531,841 (20%)
합계	31,895,793 (100%)	77,970,264 (100%)	109,866,057 (100%)

출처 : 조선총독부, 『조선토지개량사업요람』(1934년도판), 6~7쪽.

장기저리자금의 조성과 사업대행기관의 설치로 사업 자금난과 수리공사 기술자 부족문제가 해결되면서 수리조합건설 사업은 크게 활성화되었다. 1925년 수리조합 54개 몽리면적 79,499정보였던 것이 1934년 187개, 184,940정보로 늘어났다. 1926~1937년 동안 토지개량사업 실적을 보면, 공사 착수면적 162,000정보, 준공면적이 153,800정보였다. 착수면적의 85%, 준공면적의 90%가 수리조합을 통하여 이루어졌다. 그리고 이 시기 농사개량사업은 다소 형식적 행정지도에 머물렀던 1차 계획 때보다 지도감독을 강화하였다. 농사개량 자금 4천만 원을 동양척식주식회사와 조선식산은행 그리고 금융조합을 통하여 알선했으며, 농사개량 알선자금의 80%를 금비(金肥, 판매비료) 구입에 사용했다.

1930년대 초반 산미증식계획은 안팎에서 위기에 봉착했다. 1920년대 중반부터 일본 미곡시장에서 미곡과잉문제가 제기되었고, 1929년 세계대공황과 그를 뒤이은 농업공황으로 미가는 대폭락하였다 1926년 현미 1석에 약 33원이던 미가는 1930년 24원, 1931년에는

15원 수준으로 떨어졌다. 대공황 이후에도 계속 유입된 조선 쌀이 일본 미곡시장의 미곡과잉과 미가폭락을 더욱 부추겼다. 이에 일본정부는 일본 지주와 농민을 구제 보호하기 위해 일본 미곡시장으로 들어오는 조선 쌀의 공급을 통제하기 시작하였다. 일본 미곡시장의 미곡수급통제 조치로 말미암아 조선총독부의 미곡증산정책에 결정적인 제동이 걸리게 되었다. 게다가 거액의 금융자본·타인자본을 동원하여 대규모 수리간척사업을 추진한 농장·농업회사나 수리조합 구역 내 지주들은 미가폭락에 따른 수익급감으로 이자는 고사하고 원리금상환마저 어려운 정도로 심각한 재정난·경영난에 봉착했다. 불량수리조합이 속출했고 파산하는 농장과 농업회사가 잇달았다. 1930년부터 토지개량을 위한 정부알선 저리자금의 공급도 급격하게 줄어들기 시작했고, 토지개량사업도 정체에 빠졌다. 1931년 동양척식주식회사의 토지개량부가 폐지되고 1932년에는 산미갱신계획의 실질적 추진기관인 조선총독부 토지개량부가 폐지되었다. 전체 사업도 조선총독부의 농림국 소관으로 이관되고 규모가 크게 축소되었다. 일본 내 지주들의 조선 쌀 배척운동으로 1934년 산미증산계획은 중단되었고, 다음해 조선토지개량주식회사도 해산되었다.

산미증식계획의 결과, '조선농업의 일본화' '미곡단작 형 생산구조'가 고착되었다. 이는 일본자본주의의 식량 원료공급기지로 전락한 조선농업의 식민지적 성격을 극명하게 보여주는 사실이었다. 일본인 입맛에 맞는 쌀 증산을 위해 조선의 재래농법과 재래품종이 배제되고 일본 개량품종과 농업기술이 이식되었다. 일본 개량 품종의 작부면적과 수확량은 1912년에 3%와 5%에 불과했지만, 1926년에는 73%·79%, 1934년에는 82%·85%로 급속히 증가하였다. 시기별 대표적인 개량품종에는 1910년대 소신리키(早神力), 1920년대 고쿠료토(穀良都), 1930년대 긴보우즈(銀坊主)와 로쿠우(陸羽) 132호였다. 또한 일본 개량품종은 재래품종과 달리 다수(多水)와 다비(多肥)를 필수조건으로 했기에, 산미증식계획 당시 농사개량자금의 대부분이 화학비료의 구입에 투입되었다. 관개설비를 갖춘 논의 비율이 1920년 무렵에는 약 22%(관개답 431,200정보, 천수답 약 120만 정보)에 불과했지만 1930년대 중반에는 68.3%(관개답 1,161,448정보, 천수답 540,050정보)까지 증가하였다.

산미증식계획에 따른 미곡일변도의 증산정책은 조선후기 이래 크게 성장 발달해온 조선의 밭작물 생산을 결정적으로 위축시켰고, 식민지지주제를 크게 강화시켰다. 지주권의 강화로 소작농민에 대한 수탈은 더욱 심해갔다. 지주들은 수리조합비의 일부를 수세명목으로 소작농민에게 전가했고, 소작농민들은 일본 개량농법의 보급으로 생산비(비료대·종자대 등)의 일부도 부담하였다. 또한 수리조합 구역 내 영세한 조선인 자작농·자소작농 및 중소지주들은 과도한 조합비의 부과·징수로 경제적 어려움에 빠졌다. 대공황 시기 미가폭락에 따른 파산으로 이들의 토지를 헐값에 방매하지 않을 수 없었고, 이들의 토지는 규모의 경제를 유지하고 있던 일본인 대지주들의 수중에 들어갔다.

〈1912-1939년 조선 쌀의 생산량·이출량 및 조선인 1인당소비량〉

연도	생산량(천석)	이출량(천석)	이출비율(%)	1인당소비량(석)
1912	11,568	291	2.5	0.7724
1913	10,865	393	3.6	0.6988
1914	12,109	1,099	9.1	0.7120
1915	14,130	2,058	14.6	0.7370
1916	12,846	1,439	11.2	0.6731
1917	13,933	1,297	9.3	0.7200
1918	13,687	1,980	14.5	0.6801
1919	15,318	2,875	18.8	0.7249
1920	12,708	1,751	13.8	0.6342
1921	14,882	3,081	20.7	0.6706
1922	14,324	3,316	23.1	0.6340
1923	15,014	3,624	24.1	0.6473
1924	15,174	4,723	31.1	0.6.032
1925	13,219	4,620	34.9	0.5186
1926	14,773	5,430	36.8	0.5325
1927	15,300	6,187	40.4	0.5245
1928	17,298	7,405	42.8	0.5402
1929	13,511	5,609	41.5	0.4462
1930	13,701	5,426	39.6	0.4506
1931	19,180	8,409	43.8	0.5201
1932	15,872	7,570	47.7	0.4119
1933	16,345	7,972	48.8	0.4117
1934	18,192	9,426	51.8	0.4167
1935	16,717	8,857	53.0	0.3804
1936	17,884	9,513	52.9	0.3877
1937	19,410	7.162	36.9	0.5679
1938	26,796	10,703	39.9	0.7031
1939	24,138	6,052	25.1	0.7761

출처 : 朝鮮總督府 農林局, 『朝鮮米穀要覽(1940年版)』, 2~3쪽.

물론 이러한 농업생산시설의 구축과 개선으로 1920-1934년 동안 미곡은 해마다 증산되었다. 증산된 미곡은 일본 미곡시장으로 이출되어 일본 식량문제를 해결하는 데 결정적 역할을 했지만, 동 기간 동안 조선인 1인당 쌀 소비량은 급감하였다. 산미증식계획은 일본의 식량문제를 해결했지만 그 대신 조선에 심각한 조선인의 식량난을 야기하였다. 산미증식계획은 일제의 전형적인 '수탈을 위한 증산 정책'이었다.

[참고어] 조선증미계획, 도, 수리조합, 동태적 지주, 미곡수이출제도

[참고문헌] 林炳潤, 1971, 『植民地における商業的農業の展開』, 東京大出版會 ; 이애숙, 1985, 「일제하 수리조합의 설립과 운영」 『한국사연구』 50·51 ; 河合和男, 1986, 『朝鮮における産米增殖計劃』, 未來社 ; 韓相仁, 1992, 「1930年代 植民地朝鮮農村の再編成」, 동경대박사학위논문 ; 박수현, 2001, 「日帝下 水利組合事業과 農村社會의 變動」 『중앙사론』 15 〈이수일〉

산사(算士) 조선시기 양전(量田)과정에서 계산을 위하여 차임되었던 산학청(算學廳)의 종7품 관원.

주사(籌士)라고도 하였다. 1392년(태조 1) 7월 관제 제정 때 수창궁제거사(壽昌宮提擧司)의 관직으로 산학박사를 두었으나, 1466년(세조 12) 산학을 호조에 부속시키면서 산사로 개칭하였다. 처음에는 정원이 2인이었으나 『경국대전』에서 1인으로 조정되었다. 산사는 종8품 계사(計士) 1인, 종9품 회사(會士) 1인과 함께 궐내외 각 부서의 회계업무를 총괄하였다.

조정에서는 양안의 결부(結負) 수를 계산 또는 검산하기 위하여 임시관청을 별도로 설치하였는데, 이때 수에 능한 산사를 차임하기도 했다. 예컨대 1475년(성종 6) 강원도에서 양전을 할 때는 토지 3백결마다 산사와 위관(委官)을 각각 한 명씩 임명하도록 하였다.[『성종실록』 권58, 6년 8월 8일] 1720년(숙종 46) 전라도 균전사(均田使) 김재로(金在魯)는 각 읍의 초안(草案)이 다 도착하면 균전사가 서울로 올라와 균전청을 설치하고 호조의 산원(算員)과 각사의 서리 중에서 문서와 계산에 능한 자들을 다수 차임시킬 것을 건의하였다. 그리고 충청도 균전사 김운택(金雲澤)은 각 고을의 계산에 능한 사람들을 도회처(都會處)로 불러 모아 사역시키되, 감관(監官)의 예에 따라 급료를 지급할 것을 건의하여 허락받았다.[『숙종실록』 권65, 46년 1월 2일]

한편 양전과정에서 산사들이 일으키는 폐단도 문제된 바 있었다. 전토의 손실을 심사할 때 손실 여부를 조작하고 실전(實田)을 속이거나 숨기는 폐단이 있었다. 또한 손실답험(損實踏驗)의 비용이라 칭하여 잡다하게 거두어들이는 횡포도 문제되었다.

[참고어] 양전, 양안

[참고문헌] 김용섭, 1995, 『(증보판)조선후기농업사연구(I)』, 지식산업사 〈김미성〉

산성둔(山城屯) 조선시기 산성의 운영경비를 조달하기 위해 설정·운영했던 토지.

한광지(閑曠地)나 화전의 개간 등으로 설정되었다. 명칭은 대개 소재지의 지명으로 하였는데, 인조 이후 총융영, 수어영, 금위영 등이 설치되자 일부는 이들 영문에 이관되었다.

산성둔은 1895년(고종 32) 산성방어체제가 폐지되자 탁지부의 관리가 되었다가, 1897년 군부로 이관되었다. 또한 1899년 왕실재정의 강화라는 명분에 따라 궁내부 내장원의 소관이 되었다. 1908년 탁지부 관리의 국유로 되었으며, 그후 국유지실지조사와 토지조사사업을 통해 대부분 국유로 사정되었다. 다만 과천군, 강화도, 인천부 등에 있는 산성둔은 경친왕궁과 경선궁에 이관되었고, 그 후 사립학교 또는 개인에게 증여하여 결국에는 사유지가 된 경우도 많았다.

[참고어] 영문둔전

[참고문헌] 和田一郎, 1920, 『朝鮮土地地稅制度調査報告書』

산세(山稅) 고려시기 주로 유실수(有實樹)를 이용한 대가로 징수한 잡세(雜稅)의 일종.

다른 잡세에 비해 비교적 이른 시기부터 거두기 시작하였다. 1088년(선종 5)에 이미 밤나무와 잣나무의 큰 것은 3되, 중간 것은 2되, 작은 것은 1되를 세금으로 징수하고, 옻나무는 나무마다 1되씩 징수하는 규정이 마련되었다. 이후의 변화는 잘 알 수 없으나, "1343년(충혜왕 후4) 11월 강릉도에서 산세로 잣 3천석을 바쳤다.(忠惠王後四年十一月 江陵道, 獻山稅松子三千石.[『고려사』 권78, 「식화지」 1 전제])"고 할 정도로 수탈이 과중해졌다. 원간섭기에는 권세가들이 산림을 점탈하여 과세하는 경우가 많아지면서 국가 재정이 궁핍해지고 민의 생활이 쇠잔해지는 폐단이 빈발하였다. 이에 1356년(공민왕 5)에는 그간 권세가들이 차지했던 산림을 선공시(繕工寺)에 소속시켜 철저하게 관리하고 산세를 낮추어 민의 부담을 덜어주었다. 대체로 군현(郡縣)보다는 도(道)를 단위로 부과, 수취된 것으로 보인다.

[참고어] 잡세

[참고문헌] 權寧國 外, 1996, 『譯註 『高麗史』 食貨志』, 韓國精神文化研究院 ; 박종진, 2000, 『고려시기 재정운영과 조세제도』, 서울대학교 출판부 ; 金載名, 1994, 「高麗 稅役制度史 研究」, 韓國精神文化研究院博士學位論文 〈윤성재〉

산송(山訟) 산소(山所)에 관한 송사(訟事).

노비와 관련된 노비송(奴婢訟), 토지와 관련된 전답송(田畓訟)과 함께 조선 후기 3대 사송의 하나이다. 18세기 이후에는 상언(上言)의 10중 8, 9는 산송이라는 지적이 있을 정도로 조선 후기에 빈번하게 발생했다.

이러한 현상은 이 시기 사회변동과 밀접한 관련이 있다. 고려시기까지만 해도 혼인 후 남성이 처가에서 거주하는 경우가 흔했고 사망 후에 처가 쪽 묘역에 묻히는 일도 드물지 않았기 때문에, 부계원대조상(父系遠代祖上)에 대한 인식이 그리 강하지 않았다. 이러한 상황은 부계 조상의 분묘가 여기저기 흩어지는 결과를 가져왔다. 하지만 16세기 이후 성리학이 안착하며 부계 중심의 종법 질서가 확립되면서, 잃어버린 부계조상의 묘를 회복하려는 움직임과 함께 이를 한 곳에 집중하는 현상도 나타났다. 이 과정에서 부계 조상의 분묘가 처가나 외가의 산에 있는 경우가 많았기 때문에, 분산(墳山)의 소유관계에 관한 분쟁으로 산송이 발생하기 시작한 것이다.

산송이 급증한 또 하나의 원인은 이중적인 조선의 법체계에 있었다. 조선시기에는 분산의 규모와 경계를 법제로 명확히 규정했는데, 『경국대전』「예전」에는 관직에 따라 보수(步數)를 차등하여 적용했다. 그런데 16, 17세기 분묘의 중요성이 커져감과 동시에 『주자가례』가 본격적으로 보급되면서, 유교적 택지관에 근거해 분묘의 풍수를 중요시하게 되었다. 이에 사대부들은 경국대전의 보수규정을 지키지 않고, 좌청룡과 우백호를 확보하기 위해 분묘의 영역을 넓게 잡기 시작했다. 하지만 풍수에 근거한 택지는 매우 주관적인 개념이었기에, 용호(龍虎)를 어디로 설정하느냐에 따라 수호범위도 천차만별로 달라졌다. 이는 곧 묘를 쓰려는 자와 이를 막으려는 자 간의 합의가 쉽지 않음을 의미했다. 이로 인해 타인의 분묘영역에 묘를 쓰는 투장(偸葬)과 타인의 매장을 막는 금장(禁葬), 밤에 몰래 타인의 분묘 영역에 매장하는 야장(夜葬), 타인의 분묘 영역에 봉분 없이 평평하게 몰래 매장하는 평장(平葬) 등의 사례가 나타나면서 더욱 확산되었다.

한편 시기가 내려올수록 산송의 범위는 시장(柴場) 및 산림의 금양(禁養) 문제로까지 확대되어, 삼림이용권과 삼림소유권을 둘러싼 분쟁으로서의 성격을 띠기도 했다. 이처럼 18세기 이후 산송의 증가는 유교문화의 보급 및 친족질서의 변화에 따른 부계조상을 중심으로 한 종족의식의 강화와 삼림의 사적소유권 분쟁의 확대라는 조선 후기 사회의 변화상이 총체적으로 반영된 것이다.

[참고어] 분묘지, 산림천택

[참고문헌] 김선경, 1993, 「조선 후기 산송과 산림소유권의 실태」 『동방학지』 77, 연세대학교 국학연구원 ; 한상권, 1996, 「조선 후기 산송의 실태와 성격」 『성곡논총』 27 〈남정원〉

산전(山田) 산지에 위치한 농경지.

평지에 위치한 평전(平田)에 대비되는 전지이다. 평전에 비해 생산력이 떨어졌으므로, 세액을 줄이거나 결당 절대면적을 크게 책정했다. 또한 산전의 위치에 따라서도 생산력이 달랐으므로, 산하전(山下田)·산요전(山腰田)·산상전(山上田) 등으로 구분했다.

[참고어] 평전, 전품제, 결부제

살포 논에 물꼬를 트거나 막을 때에 사용하는 농기구.

네모 형태의 몸통에 가늘고 긴 투겁(괴통)이 평행하게 연결되어 있다. 중국과 일본에서는 잘 보이지 않는 한국 특유의 농기구이다. 그 중에서도 주로 충청도 이남에서 출토되며 한강 이북의 고구려유적에서는 발견된 예가 없어 남부지방의 독특한 농기구로 생각된다.

4세기 경 금강유역 백제영역에서 처음 출현하는데 날 모양이 사다리꼴에 가깝다. 5~6세기에는 신라문화권에서 가장 성행하여 모양도 매우 다양해진다. 이때 살포가 신라권으로 확산되는 것을 논농사의 전파와 결부시키기도 한다. 6세기 중엽이 되면 크기가 작아진 형태로 출토되어 의례용 도구로 변하였음을 알 수 있다. 7세기 이후부터 무덤에 부장되지 않기 때문에 출토되는 예가 드물다. 살포는 주로 수장층의 무덤에서 출토되기 때문에 수장이 농사를 장악하고 통치하는 상징적 의미가 강하며, 조선 시대의 살포는 임금이 신하에게 하사하는 궤장(几杖)으로 변모하였다.

[참고문헌] 김재홍, 1997, 「살포와 鐵鋤를 통하여 본 4~6세기 농업기술의 변화」 『科技考古硏究』 2 ; 박호석, 안승모 공저, 2001, 『한국의 농기구』, 어문각 ; 김재홍, 2010, 「철제 농기구의 발전과 지역성」 『한국고대의 수전농업과 수리시설』(한국고고환경연구소학술총서8), 서경문화사 〈이준성〉

삼각측량(三角測量, triangulation) 일제의 토지조사사업에서 시행한 측량업무 중 지반측량의 첫 단계로, 각종 측량의 기준점인 삼각점의 위치를 정하기 위한 측량.

일제의 토지조사사업은 소유권조사, 지가조사, 측량업무로 나누어져 시행되었다. 그 중 측량을 통해 지형도를 제작하고 이를 바탕으로 지상에 있는 자연적 및 인공적인 지물의 고저, 맥락, 분포 등을 자세히 조사한 후 이것을 지도상에 표시하였다. 이러한 측량업무는 지반측량, 면적계산, 제도, 이동지측량, 지형측량 등이 있다.

측량업무의 첫 단계인 지반측량은 다시 삼각측량, 도근측량, 일필지측량의 세 가지 단계로 나뉜다. 이때 도근측량 및 일필지측량의 기초점을 제공하기 위한 삼각측량이 가장 먼저 시행되었다. 삼각측량은 각종 측량에서 골격이 되는 기준점인 삼각점(triangulation station)의 위치를 삼각법으로 정밀하게 결정하기 위하여 실시하는 측량방법으로, 측량구역의 넓이에 따라 대삼각측량(또는 대지삼각측량, 측지삼각측량)과 소삼각측량(또는 소지삼각측량, 평면삼각측량)으로 나눌 수 있다. 주로 거리가 멀거나 지형상 측량의 어려움이 있는 경우 삼각측량의 방법이 사용되었다.

삼각측량은 기선측량→대삼각본점측량→대삼각보점측량→소삼각측량→험조(驗潮)→수준측량의 과정을 거쳐 완성되었다. 삼각측량을 위해서는 기준변이 되는 기선(基線)을 관측하는 기선측량이 먼저 이루어져야 한다. 일제는 1910년 대전기선을 시작으로 고건원기선까지 총 13개의 기선측량을 완료하였다. 이를 바탕으로 구해진 삼각점은 평균 변의 길이, 교각 등을 기준으로 한 관측정밀도에 따라 평균 변의 길이가 30㎞인 일등삼각점, 10㎞인 이등삼각점, 5㎞인 삼등삼각점, 2.5㎞인 사등삼각점으로 나뉜다. 이때 일등과 이등삼각점은 대삼각점, 삼등과 사등삼각점은 소삼각점이 된다. 일제는 일등삼각점을 기준으로 하는 대삼각본점측량과 이등삼각점을 기준으로 대삼각본점망을 보조하는 대삼각보점측량을 통해 일본의 일등삼각본점과 조선을 연결하여 조선 전도(全道)에 대삼각망을 만들고 이것을 기준으로 삼등, 사등삼각점에 해당하는 소삼각점을 차례로 배치하였다. 그 중 경성과 대구의 일부지역은 대한제국 시기에 시행한 소삼각측량을 확장하여 그대로 적용하였으며, 시가지측량으로 미처 대삼각측량이 이루어지지 못한 곳과 대삼각측량이 어려운 도서지역에는 특별소삼각측량이 이루어지기도 하였다. 이렇게 관측한 삼각망들의 각 길이를 지구표면의 표준인 해수면상의 길이로 환산하기 위해 평균 해수면 높이를 결정하는 작업이 험조이며 이는 청진, 원산, 목포, 진남포 및 인천 등 5개소의 험조장에서 시행되었다. 다음으로 험조를 통해 얻어진 평균중등조위를 바탕으로 기준수준점을 정하고 이를 기초로 삼각점의 절대고도 및 고저를 측정하는 작업인 수준측량까지 이루어지면 삼각측량은 모두 완료된다. 이러한 삼각측량의 결과를 정리하여 성과표를 만들어 활용하였다. 일제의 삼각측량으로 총 13개소의 기선측량이 이루어졌고 대삼각본점 400점, 대삼각보점 2,401점, 소삼각점 31,646점 및 수준점 2,823점 등이 선점되었다. 그 선로의 길이는 총 6,693㎞이다. 삼각측량의 전 과정에 소요된 경비는 총 1,951,542원94전94리이며 1914년에 종료되었다.

[참고어] 대삼각본점측량, 대삼각보점측량, 소삼각측량, 도근측량, 일필지측량

[참고문헌] 조선총독부 임시토지조사국, 1918, 『조선토지조사사업보고서』; 리진호 역, 2001, 『삼각측량작업결료보고』, 도서출판 우물; 사단법인 한국측량학회, 2003, 『측량용어사전』, 건설교통부 국토지리정보원; 유복모·유연, 2013, 『측량학개관(제2판)』, 박영사

〈고나은〉

삼곡농장(森谷農場)/삼곡원일(森谷元一) ⇒ 모리타니농장

삼국농장(森菊農場)/삼국오랑(森菊五郎) ⇒ 모리기쿠농장

삼농(三農) 봄에 씨뿌리고(播種), 여름에 김매고(除草), 가을에 거두어들이는(收穫) 세 가지의 농사과정.

『주례(周禮)』 천관(天官) 대재(大宰)에 '삼농생구곡(三農生九穀)'이라 하는 데서 나온 표현이다. 후한(後漢) 정중(鄭衆)의 주에서 봄에 씨뿌리고, 여름에 김매고, 가을에 거두어들이는 세 가지를 의미한다 했다. 다른 의미로, 평지농(平地農)·산농(山農)·택농(澤農)을 칭하기도 하며, 원농·습농·평지농을 의미하는 것으로 보기도 한다. 또한 『고려사』에는 986년 5월 성종의 하교로 "국가는 민을 근본으로 삼고, 민은 먹는 것을 하늘로 삼는 법이니, 만백성의 마음을 품으려 한다면 오로지 삼농의 때를 빼앗지 않아야 할 것이다.(國以民爲本, 民以食爲天, 若欲懷萬姓之心, 惟不奪三農之務否.[『고려사』 권79, 지33 식화 2, 농상])"라는 용례가 나오는데, 이때는 파종, 제초, 수확을 칭하는 것으로 보인다.

[참고문헌] 『주례』; 『고려사』; 한국정신문화연구원, 1996, 『역주 『고려사』 식화지)』

〈이준성〉

3등호제(三等戶制) 고려 후기 세금 징수를 위해 호(戶)를

세 등급으로 구분한 제도.

고려 초의 호등제는 「형법지」 호혼조(戶婚條)에 “편호는 인정의 많고 적음을 기준으로 하여 9등으로 나누어 그 부역을 정한다.(編戶, 以人丁多寡, 分爲九等, 定其賦役.[『고려사』 권84, 「형법지」1 호혼])”라는 내용을 토대로 하여 인정의 많고 적음에 따라 9등호로 구분하는 것으로 보인다. 그러나 고려 전기에 이르면 인정의 많고 적음에 따라 부과되던 세금 기준이 점차 달라졌으며, 고려 후기에 들어와서는 소유 토지의 많고 적음에 따라 3등호로 구분하게 되었다.

1283년(충렬왕 9) 3월에 제왕(諸王)·백관(百官) 및 공상(工商)·노예(奴隷)·승도(僧徒)들에게 군량을 차등 있게 내도록 하였는데, “가인(賈人) 대호(大戶)는 7석, 중호(中戶)는 5석, 소호(小戶)는 3석을 내도록 한 것[『고려사』 권82, 「병지」 2 둔전])”이나, 1362년(공민왕 11) 9월에 “국용 조달이 넉넉하지 못하여 백성들로부터 증액하여 거두었는데, 대호는 쌀과 콩 각 각 1석, 중호는 쌀과 콩 각 10두, 소호는 쌀과 콩 각 5두으로 하였다.(以調度不給, 增斂於民, 大戶米豆各一石, 中戶米豆各十斗, 小戶米豆各五斗.[『고려사』 권79, 「식화지」 2 과렴])”을 보면 이미 각각 상고(商賈)와 민을 대상으로 대·중·소 3등호제가 실시되고 있었음을 알 수 있다. 상고에 대해서도 3등호로 구분한 기준은 확실하지는 않으나 그들이 소유한 자산을 기준한 것으로 보인다.

1375년(우왕 1) 2월에 교(敎)한 기사에는, “지금부터 외방(外方) 각처의 민호(民戶)들은 모두 경중(京中)에서 현재 행하는 법에 의거하여 대·중·소 3등으로 분간하고, 그 중 중호(中戶)는 둘로 하나를 삼고 소호(小戶)는 셋으로 하나를 삼아 무릇 역의 징발에 대하여 힘을 합해 서로 도와서 삶의 기반을 잃지 않도록 하라.(今後, 外方各處民戶, 一依京中見行之法, 分揀大中小三等, 其中戶, 以二爲一, 小戶, 以三爲一, 凡所差發, 同力相助, 毋致失所.[『고려사』 권84, 「형법지」 1 호혼])”라고 하였다. 도성 오부의 호등제는 집의 크기를 기준으로 하고 있었던 것이 알려져 있으나 일반 민호의 호등 구분의 기준은 분명하게 알 수 없다. 다만 외방 각처의 민호를 대·중·소 3등으로 구분한 것에서 3등호에 의한 호등제가 실시되었음을 알 수 있다.

그러다가 1388년(우왕 14) 8월 대사헌 조준의 상소에 따르면, “지금 양전하는 때를 맞아 경작하는 토지의 많고 적음을 살펴 호를 상·중·하 3등으로 정하고, 양인·천인을 분간하여 호적을 작성하십시오.(願今當量田, 審其耕作之田, 以所耕多寡, 定其戶上中下三等, 良賤生口, 分揀成籍.[『고려사』 권79, 「식화지」 2 호구])”라고 권하고 있다. 경작하는 토지의 많고 적음에 따라 3등호제가 실시되었으나 아직 완전히 재산에 따라 세금을 징수한 것은 아닌 단계에 들어선 것을 보여준다. 이러한 상황은 군현 수취의 기준을 비록 충숙왕 대 이후에서나 군현의 전결과 호구 수에 기준을 두게 되었지만, 민에 대한 호등의 기준 속에 전결이 포함됨으로써 점차 전결에 대한 수취가 강화되고 있었던 것으로 생각된다.

다른 견해로는 고려 전기 호등제는 신라의 9등호제를 계승하여 토지와 인정을 고려하여 새롭게 족정호(足丁戶), 반정호(半丁戶), 백정호(白丁戶)의 3등호제로 새롭게 구축되었으며, 후기에는 토지 소유 등 재산 크기에 따른 호등제로 변화했다고 보기도 한다.

[참고어] 9등호제

[참고문헌] 權寧國 外, 1996,『譯註『高麗史』食貨志』, 韓國精神文化研究院 ; 박종진, 2000,『고려시기 재정운영과 조세제도』, 서울대학교출판부 ; 金載名, 1994,『高麗 稅役制度史 研究』, 韓國精神文化研究院博士學位論文 ; 이정희, 2000,『고려시대 세제의 연구』, 國學資料院 ; 채웅석, 2009,『『고려사』 형법지 역주』, 신서원 ; 이혜옥, 1994,「고려 후기 수취체제의 변화」『14세기 고려의 정치와 사회』, 민음사

〈윤성재〉

삼림령(森林令) 삼림법에 따른 신고림 처리와 부분림 제도의 문제점을 보완하고, 강제로 창출된 ‘선언적 의미’의 국유림을 효과적으로 정리 경영하기 위해 일제가 1911년 공포한 법령.

1908년 법률 제1호로 삼림법을 공포하여 미신고 삼림을 국유로 선언한 일제는 임적조사를 통해 조선 산림에 대한 현황을 파악한 뒤, 본격적으로 국유림을 조사하고 효율적인 이용방안 마련에 착수했다. 1911년 6월 제령 제10호 삼림령과 부령 제74호 삼림령시행규칙, 8월에 훈령 제73호 삼림령사행수속은 이를 위해 마련한 법령이다. 일제는 이 법의 시행목적을 조선 종래의 관습에 기초를 두고, 시세의 추이에 따라 지방인민에게 편의를 제공하고, 식림을 보급하며, 황폐한 임야정리와 국유임야의 정리 경영을 위해 시행하게 된 것이라고 표방했다.

그러나 삼림령에서 제시한 구체적 내용은 첫째, 삼림법의 부분림 제도를 산림 수익면에서 투자자에게 유리하게 개선하고, 둘째, 국유림의 이용 제한을 완화하며, 셋째, 신고제의 문제점을 개선하고, 넷째, 임적조사에

서 제시된 정책방향을 수용하는 차원에서 마련된 것이었다. 그중에서도 국유림의 관리운영과 처분에 관한 부분이 비중이 컸다. 국유림 관리운영은 국유림 구분 정리와 입회관행의 조사 정리였다. 국유림 구분 정리는 세 방향에서 이루어졌다. 첫째 보안림과 요존림 등 국유로 보존할 임야를 분류하고, 둘째 미신고지 가운데 영년금양을 기준으로 점유나 사유를 가려내며, 셋째 신고림 가운데 국유와 민유의 기준을 정하는 일이었다. 1912년 삼림산야급미간지국유사유구분표준(森林山野及未墾地國有私有區分標準)이 그것이다.

입회관행 조사와 정리는 삼림법에서 금지시킨 입회관행을 어느 정도 인정하고, 1912년 연고자 자격 범주에 포함시켜 처리하는 것이었다. 국유림 처분은 조림대부제의 도입으로 본격화하였다. 삼림령에서는 조림을 조건으로 국유림을 대부하는 규정을 설치하여 신고제로 인해 파생된 문제를 완화시키고, 국유림의 처분방향을 제시하였다. 조림대부는 일본인 자본가에게 대면적의 산림소유를 가능하게 한 것이었다. 삼림령은 전문 30조로 구성된 간단한 법령이지만, 일제가 효율적으로 한국의 산림을 지배하기 위해 마련한 식민지 임정의 기본법령이었다.

[참고어] 삼림법, 임적조사사업, 조림대부제, 국유림구분조사

[참고문헌] 강영심, 1998,「일제의 한국삼림수탈과 한국인의 저항」, 이화여대 박사학위논문 ; 이우연, 2010,『한국의 산림 소유제도와 정책의 역사, 1600~1987』, 일조각 ; 강정원, 2014,「일제의 山林法과 林野調査 연구-경남지역 사례」, 부산대 박사학위논문

〈강정원〉

삼림법(森林法) 1908년 일제가 산림 산야의 소유권을 신고를 기준으로 정리하고, 이를 관리 경영하기 위해 제정한 법령.

한말 일제는 관습조사를 실시하면서 일본민법적 소유관념에서 한국의 무주공산(無主空山)을 국유라고 인식했다. 이러한 인식을 토대로 산림에서 배타적 소유권을 관철시키고, 산림에 대한 이권을 장악하기 위해 1908년 삼림법과 시행세칙을 공포하였다. 삼림법은 부칙 4개 조를 포함하여 총 22개 조로 구성되었는데, 삼림산야의 종류, 국유삼림산야 처분, 부분림 설정, 보안림 편입 해제, 영림감독, 삼림경찰 형벌 등을 제시하여 국가의 통제와 감독을 강화하는 한편, 부속법령에서는 임업경영, 그 가운데서도 국유림 경영을 통해 수익을 증진시키고자 했다.

그 내용을 살펴보면, 삼림법은 민유림을 신고하게 하여 국·민유를 구분한 뒤, 만들어진 국유림을 대상으로 정리와 처분을 해 나갔다. 삼림법에서는 경지와 마찬가지로 산림산야를 제실림(帝室林), 국유림(國有林), 공유림(公有林), 사유림(私有林)으로 구분하였다. 부칙 19조에서는 지적신고 조항을 두어 산림소유자가 신고하도록 하고, 이를 기준으로 일단 국유를 따로 구분하였다. 신고조항에서는 "산림소유자는 3년 이내에 지적과 면적의 약도를 첨부하여 농상공부 대신에게 신고할 것과 신고하지 않은 산림은 국유로 간주한다"고 정했다. 일제는 소유자로부터 신고를 받아 그것을 심사 결정한다는 원칙을 수립하였다. 권리를 입증할 만한 뚜렷한 문건이 없었던 산림을 대상으로 신고제를 도입한 것이다. '신고'하지 않은 미신고지를 국유로 선언한 다음, 국유림을 용도에 따라 조사 정리하여 경영하고자 한 것이다.

그러나 신고실적은 저조했다. 이는 관련 기관들이 신고절차와 처리를 둘러싸고 업무상 혼선이 빚어졌기 때문이었다. 또 측량 비용에 따른 부담과 사유림에 대한 국가의 강한 통제도 신고부진의 원인이었다. 그 결과 신고된 산림은 전체 1,600만 정보 가운데 220만 정보에 불과했고, 나머지 1,380만 정보에 달하는 임야가 국유로 간주되었다.

일제는 미신고지를 국유로 간주하고 국유림 정리작업을 추진했다. 이때 국유림에 배타적 소유권을 부여하면서 종래 인민에게 부여된 각종 선점권을 제한하였다. 농상공부 대신의 허가없는 개간금지(12조), 소유자 허락없는 분묘입장 금지(13조), 지방관 또는 경찰 관리의 허가없는 삼림산야에 입화 금지(14조), 산림에서 주·부산물을 훔칠 경우 형법대전을 근거로 처벌할 것(15, 16조) 등이다.

삼림법에서는 국유림 관리와 처분에 관한 내용도 규정하였다. 먼저 국유림 관리와 육성에서 주목할 것은 보안림과 부분림이었다. 보안림은 국가가 공익상 필요에 의해 보호관리하는 산림이며, 부분림은 산림 육성을 위해 국가소유 산림을 민간 자본으로 운영하여 수익을 창출한다는 점에서 차이가 있었다. 특히 부분림은 산림 녹화라는 명분 아래 자본력이 우세한 일본인에게 유리하게 작용하였다.

다음으로 국유림 이용과 처분에서는 국유림 이용과 생산물 처리에 관한 규정으로 1908년 4월 삼림법시행세칙, 국유삼림산야급산물처분규칙(國有森林山野及産物處

分規則), 국유삼림산야처분심사회규칙(國有森林山野處分審査會規則) 등을 차례로 발포했다. 이 규정을 적용할 범위로 국토보안 또는 국유림 경영상 국유로 보존할 필요가 있는 삼림산야를 제외하고, 나머지 국유삼림산야와 산물에 대한 매각, 양여, 교환 등 처분에 관한 사항을 구체화하였다. 그리고 국유삼림산야에 대한 처분은 국유삼림산야처분심사회의 논의를 거치도록 했다.

[참고어] 삼림령, 국유삼림산야부분림규칙, 무주공산, 삼림산야급미간지 국유사유구분표준

[참고문헌] 최병택, 2010,『일제하 조선임야조사사업과 산림정책』, 푸른역사 ; 이우연, 2010,『한국의 산림 소유제도와 정책의 역사, 1600~1987』, 일조각 ; 강정원, 2014,「한말 일제의 산림조사와 삼림법 성격」『한국근현대사연구』 70, 한국근현대사학회

〈강정원〉

삼림산야급미간지 국유사유구분표준(森林山野及未墾地及國有私有區分標準) 1912년 삼림법 제19조 지적신고조항에 따라 신고서를 제출한 산림의 소유권을 구분하기 위해 마련된 지침.

일제는 1908년 삼림법 제19조 신고조항에 따라 제출된 신고서를 바탕으로 임야의 소유권 문제를 처리하고자 하였다. 삼림법에 따라 신고된 소유를 배타적 소유로 확정하기 위하여서는 이를 결정할 판정기준을 마련할 필요가 있었다. 이를 위해서는 임야조사사업을 시행해야 했지만, 토지조사사업에서는 재정적 여건 등으로 일단 제외되고 후일을 기약했다. 이때 특히 문제가 된 것은 증명규칙에서 증명을 받고도 신고하지 않은 산림에 대한 소유권 처리였다. 증명규칙에서는 사유였지만, 삼림법에서는 국유였기 때문이다. 이에 일제는 삼림법을 기본틀로 하고 증명규칙을 종속시키는 방향으로 문제를 처리한다는 방침을 결정하였다. 이에 근거하여 1912년 조선총독부 훈령 제4호 삼림산야 국유사유구분표준을 정하여 국유와 사유를 구분하는 기준으로 삼았다.

사유로 인정할 수 있는 산림은 신고서를 제출한 임야 가운데 다음의 규정에 해당하는 경우였다. ① 결수연명부에 등재된 토지 및 이에 등재되지 아니하였으나 현재 지세를 부과하거나 이미 지세를 부과한 토지, ② 토지가옥소유권증명규칙 시행 이전에 관청에서 사유임을 인정한 토지, ③ 토지가옥증명규칙 또는 토지가옥소유권증명규칙에 의해 사유임을 인정한 토지, ④ 판결확정 또는 토지조사법의 처분에 의해 사유임을 인정한 토지, ⑤ 확증이 있는 사패지, ⑥ 관청이 환부, 부여 또는 양도한 확증이 있는 토지, ⑦ 1908년 칙령 제39호 시행 이전에 궁내부에서 사인(私人)에게 환부, 부여 또는 양도한 확증이 있는 토지, ⑧ 영년수목을 금양한 토지, ⑨ 앞의 각 호 이외 조선총독이 특별히 사유라고 인정한 토지는 사유라 인정하였다. 여기서 정한 소유권 사정 기준은 납세 여부, 국가의 소유권 인정 여부, 금양 여부였다. 일제는 구래의 국가에서 사여한 토지, 법과 장부로 인정한 토지는 사유를 인정했다. 그리고 증명규칙이나 토지조사법에서 사유라 인정한 토지도 사유로 인정했다. 일제는 민간의 관습법과 증명규칙 등 양자를 다 소유로 인정하는 정책을 취했다. 이는 관습적 소유를 부정할 때 후자도 부정당하기 때문이었다. 이렇게 인정받은 소유는 증명령이 발효되면서는 단순한 계약상의 공증상태를 넘어 제3자 대항권까지 확보한 배타적 소유권을 획득할 수 있게 되었다.

그러나 이 표준만으로는 임야와 미간지에 대한 소유권 증명을 신청할 때 문제가 있었다. 하나는 증명이 잘못된 경우이고, 다른 하나는 사유이면서 앞에서 규정하지 않은 경우이다. 일제는 1912년 관통첩 제32호, '삼림산야미간지 및 국유사유구분표준에 관한 건'을 발하여 국유사유구분표준에 기초하여 구분하되, 전자의 경우는 원상대로 회복시키고, 후자는 ⑨항에 근거하여 사유로 인정하도록 하였다. 이어 1913년에는『조선삼림산야 소유권에 관한 지침』을 발간하여 국유사유구분표준이 나오게 된 배경과 각종 법령 및 조항에 대한 해설, 기타 국유로 귀속된 산림에 대한 구제방법 소개 등 소유권 행사에 필요한 지침들을 수록하였다.

구분표준은 1918년 조선임야조사령 및 시행규칙, 시행수속이 발포되기 전까지 국유 사유를 구분하는 기준이었다. 조선임야조사령시행수속 제27조의 소유권 구분기준도 여기서 크게 벗어난 것은 아니었으나 삼림법에서 정한 신고서를 제출하지 않은 임야도 포함하였다는 점, 화전을 별도로 처리한 점, 조선총독이 임의로 사유를 지정할 수 있는 규정을 제외한 점 등에서 차이를 보였다. 또 조선임야조사령시행규칙 제1조에 정한 연고자 가운데 삼림법 시행 전 적법하게 점유하고 계속 금양한 자 가운데 금양실적이 3/10 이상이면 바로 사유로 사정할 수 있도록 정하였다. 삼림산야 및 미간지 국유사유 구분표준은 조선임야조사령이 발포되기 전까지 산림의 국유 사유를 구분하는 기준으로 작용했고, 조선임야조사령의 소유권 구분도 이를 계승했다고 할

수 있다.

[참고어] 삼림법, 조선임야조사사업, 조선임야조사령

[참고문헌] 朝鮮總督府, 1913, 『朝鮮森林山野所有權에 관한 指針』; 이우연, 2010, 『한국의 산림 소유제도와 정책의 역사, 1600~1987』, 일조각 ; 강영심, 1998, 「일제의 한국삼림수탈과 한국인의 저항」, 이화여대 박사학위논문 ; 강정원, 2014, 「일제의 山林法과 林野調査 연구-경남지역 사례」, 부산대 박사학위논문 〈강정원〉

삼림조합(森林組合) ⇒ 임야세

삼림철도부설(森林鐵道敷設) 1930년대 북선개척사업에 필요한 운송체계 구축을 위해 추진한 교통망 정비사업.

일제는 1932~46년까지 15개년 예정으로 압록강 상류지대인 개마고원의 대밀림 216만 정보의 광대한 지역을 개발하기 위해 북선개척사업을 계획하고, 여기에 필요한 운송체제를 구축하고자 삼림철도부설사업을 추진했다. 북선개척사업의 주요내용은 삼림사업, 척식도로개수, 척식철도부설이었는데, 그 가운데서도 원료 수송과 만주와의 경제블럭권 완성을 위해 철도, 도로 정비가 사업의 선결과제였다. 교통망 정비를 위해 도로 11개 노선 778.5㎞를 개수하고, 함북선과 혜산선을 연결할 척식 철도 188㎞를 부설하고자 하는 계획이 수립되었다. 이 계획으로 추진된 철도가 백무선이고, 여기에 1927년에 수립된 조선철도 12년 계획선인 도문선, 혜산선, 만포선 등이 연계되었다. 백무선은 1932년 5월부터 착공된 삼림철도로 혜산선의 백암을 기점으로 두만강 유역 목재집산지인 무산까지 연결되는 선이다. 백암을 출발하여 무산령을 가로질러 산양대-연암-유평동-연사-연면수-상창평-무산에 도달하는 188㎞의 철도로 두만강과 압록강 상류의 목재반출 강화를 목적으로 추진되었다.

1927년 조선총독부가 북부지역의 개발을 위해 실시한 조선철도 12개년 계획에 의해 부설된 혜산선은 함경도 길주를 기점으로 합수, 백암을 거쳐 최북단 국경인 혜산진에 이르는 142㎞로 두만강, 압록강 상류 일대의 삼림개발을 목적으로 추진되었다. 백무선이 백암에서 혜산선과 연결됨으로써 혜산선의 목재운반 기능은 더욱 강화되었다. 혜산선 개통으로 5,010㎥의 목재를 길주로 운반, 동해를 거쳐 일본으로 반출할 수 있게 되었다. 이외 도문선과 만포선도 두만강 유역의 목재반출을 본격화하는 데 일익을 담당하였다.

이들 철도는 북부 국경지방에서 종단간선이고, 횡으로 연접하게 될 각선을 완성하여 개척사업의 목적을 달성하고, 만주방면으로의 진출도 용이하게 하려는 것이었다. 이로써 만주와 조선, 일본의 연결망이 강화되어 엔블록경제체제가 더욱 긴밀하게 구축될 수 있었다.

[참고문헌] 강영심, 1998, 「일제의 한국삼림수탈과 한국인의 저항」, 이화여대 박사학위논문 ; 배재수, 1997, 「일제의 조선 산림정책에 관한 연구」, 서울대 박사학위논문 〈강정원〉

삼세(三稅) 고려시기 일반 민호가 국가에 부담하였던 기본세인 조(租)·포(布)·역(役)의 총칭.

조·포·역은 조·조(調)·용(庸)으로도 쓰였으며, 또한 고려 후기의 기록에 보이는 상세(常稅)·삼대공(三大貢)·삼세대공(三稅大貢)도 같은 의미로 사용된 것으로 보인다.

먼저 조는 조세·전조로도 쓰였는데, 이것은 민전(民田) 경작자가 토지를 경작하고 국가에 내는 지세(地稅)로 쓰인 것과 국유지 경작자가 국가에 내는 지대(地代)로 쓰인 것이 있다. 그 구분을 분명히 하기 어려운 사례도 적지 않지만, 대체로 지세적 의미로 쓰인 경우가 많다. 다음으로 포는 조(調)·조포(調布)·세포(稅布)로도 기록되었다. 역은 주로 요역으로 쓰였으며 역역(力役)으로 쓰인 예도 있다. 공물 조달의 역인 공역(貢役)과 조세 운반의 역인 수역(輸役)·징수(徵輸)는 요역의 한 갈래였다.

고려 전기 조·포·역의 감면 규정을 보면 그 해의 토지 손실[田損]에 따라 조·포·역이 차례로 감면되도록 규정되어 있어서 토지 손실의 비율에 따라 전조(田租)만 감면되는 말기 과전법의 답험손실(踏驗損實) 규정과 달랐다. 이것은 고려 전기 민호에 대한 조·포·역의 부과가 민호의 토지 경작을 전제로 이루어졌기 때문이다. 즉 고려에서는 민전을 경작하는 많은 민호로부터 조·포·역 삼세를 부과한 셈이다. 이것은 당시 일반 민호의 사회경제적 처지를 어느 정도 반영한 것이지만 또한 남의 땅을 빌려서 경작하는 농민을 고려하지 않은 것이다. 또한 조·포·역의 감면 규정을 통하여 조·포·역의 부과가 서로 보완적으로 이루어졌다는 것도 알 수 있는데, 이것은 과도한 역을 진 사람에게 조포나 전조를 감면해 준 사례를 통해서도 확인 할 수 있다. 즉 1030년(현종 21) 6월 "나성을 쌓고 중광사를 만들 때 역을 진 사람은 그해 조포를 감해주도록 한(顯宗二十一年六月 築羅城 營重光寺 赴役者減今年調布)[『고려사』 권80, 「식화지」 3, 진휼, 은면지제]” 사례와 1136년(인종 14) 5월 “임금이 명으로 여러 주현의 병사 중 성을 쌓은 사람과 수군 중 군량을 운반한 사람에게 그 해 전조의 반을 준(仁宗十四年五月 詔 諸州縣兵築城者 水軍輸軍餉者 賜今年田租之半)[『고려사』 권80, 「식화지」 3, 진휼, 은면지제]” 사례가 있다.

[참고어] 조세제도, 전세, 역-조선, 공납

[참고문헌] 李惠玉, 1982, 「高麗時代 三稅制에 대한 一考察」 『梨大史苑』 18·19합집 ; 朴鍾進, 1991, 「高麗時期 稅目의 用例檢討」 『國史館論叢』 21 ; 박종진, 2000, 『고려시기 조세제도와 재정운영』, 서울대학교출판부 〈박종진〉

삼수미(三手米) 훈련도감의 사수, 살수, 포수의 운영을 위해 거둔 세미.

삼수미세 혹은 삼수량(三手糧)이라고도 한다. 임진왜란이 진행되던 1593년(선조 26) 서울에 훈련도감을 설치하면서 그 경비를 마련하기 위해 거둔 전결세이다. 훈련도감은 왜군의 방어에 적합한 것으로 알려진 중국 절강병법에 따라 총을 쏘는 포수, 활을 쏘는 사수, 창과 검을 쓰는 살수 등 삼수병(三手兵)으로 편성되었다. 초기에는 화포연습을 중점적으로 했는데, 하루 쌀 2승씩을 주는 조건으로 기민을 모집하여 군대를 만들었다. 훈련도감에 포수, 살수, 사수가 모두 편제되는 것은 1594년(선조 27)이었다. 훈련도감은 인조반정 이후 군문의 영향력이 커짐에 따라 정치적 군사적 비중이 무척 높았으며, 편제 역시 효종 때까지 지속적으로 확대되었다. 삼수미는 이러한 훈련도감의 재원 운영을 위해 마련된 특별 목적세였다.

훈련도감은 용산에 보관되었던 당속미(唐粟米) 2천석을 기반으로 설치되었다. 하지만 이 재원은 곧 고갈되었고, 1593년(선조 26)에는 훈련도감 군인에게 군사 훈련의 여가를 이용하여 황무지를 개척하고 그 소출을 군량으로 삼도록 하였다. 또한 둔전을 설치하거나, 시장(柴場)을 운영하거나, 세곡 운임에서 경비를 보충하기도 하였다. 1595년(선조 28)부터는 훈련도감의 경비 일부를 호조에서 지급하도록 하였지만, 재정적 문제는 해결되지 않았다.

삼수미세는 이러한 재정적 곤란을 해결하기 위해 신설되었다. 1602년(선조 35) 평안도와 함경도를 제외한 전국 각도의 수전(水田)과 한전(旱田)에 삼수미세(三手米稅)가 설정되어 매년 1결에 쌀 1두씩을 징수하였다. 삼수미세는 1608년(광해군 즉위)에 다시 두 배로 늘어나 결당 2두씩이 되었고, 1616년(광해군 8)에는 또 2승씩이 추가되었다. 이로써 삼수미세는 평안, 함경도를 제외한 전 지역에서 결당 2두 2승씩으로 인상되었다.

그 후 1634년(인조 12)에 삼남지방에 양전을 실시하여 토지 전결이 크게 늘어남에 따라 이 지역에 한하여 삼수미세를 결당 1두씩 감액해 주었다. 또 병자호란이 일어난 후에는 전쟁 피해가 컸던 경기도는 삼수미세를 면제하였다. 삼남의 삼수미세는 전답을 막론하고 쌀로 징수하였고, 강원도와 황해도의 경우에는 한전에 한해 좁쌀로 징수하였다. 삼수미도 전세·대동 등 다른 결세와 같이 산군(山郡)을 중심으로 포나 전으로 대신 내는 것을 허용했는데, 쌀 1석은 포목 3필, 돈으로는 5냥이었고, 전미 1석은 4냥, 황두 1석은 2냥 5전이었다. 이렇게 삼남과 강원, 황해도에서 삼수미세를 징수하는 규정은 이후 『속대전』에 등재되었다. 1760년(영조 36) 삼수미는 각종 면세전에도 부과 징수토록 하였다. 이에 마위전(馬位田)과 훈련도감을 제외한 각 궁방전·각 영·아문전을 비롯한 모든 면세전에 대해서도 삼수미가 부과되었다.

삼수미는 대미 혹은 전미를 수납토록 했으나 황해도에서는 별수미(別收米)란 명목으로 1결 당 쌀 3두를 더 거두었다. 이들 삼수미는 전세와 함께 중앙으로 상납되어 호조가 관리하는 군자감 별영(別營)으로 들어왔다. 세수 규모는 약 6만석 정도였다. 호조에서는 이 세로 훈련도감군의 급료를 지급하였다. 도감군 급료 이외의 훈련도감 운영경비는 선조 말년에 설치된 양향청(糧餉廳)에서 담당하였다.

[참고어] 전세, 훈련도감둔

[참고문헌] 김옥근, 1984, 『조선왕조 재정사 연구』, 일조각 ; 김종수, 2003, 『조선후기 중앙 군제 연구-훈련도감의 설립과 사회변동』, 일조각 〈이철성〉

삼수사(三水社) ⇒ **고부 김씨가 농장**

삼양사(三養社) ⇒ **고부 김씨가 농장**

삼정도설(三政圖說) 1884년(고종 21) 광주(廣州)의 유생 조문(趙文)이 저술한 토지측량에 관한 책.

책의 끝에 조문이 쓴 지문(識文)이 있으며, 1884년에 올린 「청개량소(請改良疏)」라는 상소문도 함께 실려 있다. 서문과 목차가 없이 바로 본론이 시작되며, 대체로 토지를 둘러싼 협잡과 폐단을 토지측량법의 개선을 통해 해결하고자 하는 방향성을 띠고 있다.

먼저 이 책에서는 국초 호조안(戶曹案)에 등록되어 있던 전답의 결수가 200만 결이었던 것이 지금은 90결도 되지 않는다고 하며, 그동안 관개시설 확충과 농지 개간에도 불구하고 전체 결수가 줄어든 원인을 분석하였다. 새로 개간하였으나 누락시켜 면제받는 은결(隱結), 백지(白地)로 면제 받는 허복(虛卜), 갑이 손실되면 을에게 첨가하는 가세(嫁稅), 건몰(乾沒)로 거짓핑계 대는 권재(權災) 등이 그 원인이라는 것이다.

또한 우리나라의 지형은 산이 높고 골짜기가 깊어 토지 구획이 어렵고, 수재로 인해 토지의 원형이 자주 변하여 이러한 폐단이 증가한다고 하였다. 규두(圭頭), 사복(梭腹), 연미(鳶尾), 봉요(蜂腰), 겸체(鎌體), 서면(鋤面), 호양(壺樣), 서편(蒜片) 등 어려운 형태의 토지 측량의 문제를 이야기하였다. 이를 해결하기 위해서는 개량삼관첩법(改量三款捷法)을 통하여 토지의 측량을 정확히 하여야 한다고 하였다. 이때 양전관(量田官)은 서기(書記)와 화원(畵員), 그리고 조강군역(照綱軍役) 10~20인을 인솔하여 다니는데, 그 지필묵 값과 음식 값은 1결당 1냥씩 전주(田主)에게 물려야 한다고 하였다.

조문은 양전척(量田尺)으로 망척(網尺)을 채택하고, 대망도(大網圖)와 소망도(小網圖)를 그림으로 설명하였다. 대망도와 소망도를 이용하기 위해서는 각 지역의 양안이 완성된 후 어린도(魚鱗圖)를 작성해야 했다. 경작하는 전부(佃夫)나 납세하는 호(戶)가 바뀌더라도 어린도와 관대지(官帶紙), 이대지(里帶紙)를 겹쳐놓고 비교하면 폐단을 막을 수 있다고 하였다. 또한 『삼정도설』에는 6등급의 전답에 대한 각각의 면적환산표를 싣고 있다. 이어서 파(把), 속(束), 부(負), 결(結), 자(字), 부(夫)의 계량단위를 적용하는 방법에 대한 설명이 나온다. 그 뒤에는 소망영전척양선결도(小網影田尺量鮮結圖) 및 대망영전척량선결도(大網影田尺量鮮結圖), 그리고 어린도 형태의 예시와 면적과 인구, 수확량 등을 정리한 표가 소개되어 있다.

[참고문헌] 『삼정도설』; 김영진, 1982, 『농림수산 고문헌 비요』, 한국농촌경제연구원; 최윤오, 1992, 「肅宗朝 方田法 시행의 역사적 성격」 『국사관논총』 38

〈김미성〉

삼정이정절목(三政釐整節目) 임술민란(壬戌民亂)의 원인이 되었던 삼정의 문란을 바로잡기[矯捄] 위하여 반포한 절목.

1862년의 전국적인 농민항쟁을 수습하기 위한 방안으로, 철종은 6월 전국에 책문(策問)을 내려 삼정을 바로잡는 방안을 청취했다. 이때 올라온 삼정소를 기초로 하여 조정에서는 8월 말부터 본격적인 이정 방략을 작성했다. 한 달여의 작업을 거쳐 윤8월에 반포된 「삼정이정절목」이 그것으로, 당시 조정에서 시행되었던 삼정이정책의 핵심적인 방안이었다. 작성은 이정청의 총재관(總裁官)이었던 조두순(趙斗淳)이 맡았는데, 이정청에서 이를 첨삭·수정하기로 했으나 실제 그러하지는 못했다. 절목이 조두순의 『삼정록』과 정부의 『이정청등록』 및 『일성록』에 전하는데, 두 계열의 자료가 글자가 다른 곳을 제외하고는 내용상의 차이가 없는 것도 이러한 이유에서이다.

절목에는 전정(田政) 13개 항목, 군정(軍政) 5개 항목, 환곡(還穀) 23개 항목이 각각 개선방안으로 제시되어 있다. 우선 전정 이정의 내용은 과외 수렴의 금지, 도결(都結)·방결(防結)의 금지 등으로, 수세상의 결함과 폐단을 제거하는 것이었다. 이는 구래의 제도를 유지하는 가운데 그 폐단만을 시정하는 수준이었는데, 심지어 양전에 대해서도 당장은 이를 시행할 수 없다는 입장이었다. 군정 이정의 내용은 유아·노인에 대한 부세의 금지, 모칭유학(冒稱幼學)의 탈역(頉役) 방지, 각 군현 군액의 재조정 등이다. 기본적으로는 전정의 이정안과 같이 기존의 규정대로 징수가 잘 이루어지도록 하는데 목적이 있었지만, 군역의 부과에 있어 동포제(洞布制) 시행을 제안하는 등 부분적인 제도개혁 방안도 제시되었다. 마지막으로 환곡 이정의 내용으로는 파환귀결(罷還歸結)과 사창제의 실시를 들 수 있다. 파환귀결은 현행 환곡제도를 혁파하는 대신 이를 전세로 현실화하여 모든 시기전결에서 2냥씩을 균징하는 것이다. 이는 유전자(有田者)를 납세 대상으로 한다는 점에서 삼정의 체제 내에서는 큰 변통(變通)이었다. 한편 환곡제의 진대 기능은 사창제(社倉制)로 대체할 수 있다고 보았는데, 이후 1866년(고종 3) 이래 실시되었다. 이상과 같이 절목의 이정방략은 응지삼정소에서 개진된 다양한 차원의 방안 중 부분개선 내지는 부분개혁에 해당하는 것이었다. 즉 전면적인 세제개혁이나 토지개혁론은 반영되지 못했는데, 이는 철종이 반강한 삼정책문의 취지에 충실한 것이기도 했다.

절목 끝에는 시기전결수(時起田結數), 환총(還摠)·별치질(別置秩), 저유곡질(儲留穀秩), 상납질(上納秩)로써 결여전(結餘錢)과 환여전(還餘錢)의 상납규정 등이 기록되어 있다. 한편 고려대학교 소장본에는 1862년 윤

8월 11일에 있었던 이정당상입시시연(釐整堂上入侍時筵)의 내용과 참가한 인물들의 이름이 기록되어 있으며, 끝에 별책으로 정원용(鄭元容)의 환정이정절목이 붙어 있다. 그러나 장서각도서본에는 이들 대신「사창절목(社倉節目)」과「삼정교략의(三政矯略義)」,「예문관명(藝文館銘)」이 실려 있다.

[참고어] 응지삼정소

[참고문헌] 김용섭, 2004,『(신정증보판)韓國近代農業史硏究』Ⅰ, 지식산업사 ; 송양섭, 2012,「임술민란기 부세문제 인식과 三政改革의 방향」『한국사학보』49 ; 송찬섭, 2012,「1862년 三政釐整廳의 구성과 삼정이정책」『한국사학보』49 〈윤석호〉

상경농법(常耕農法) 특정한 한 필지의 전답에서 매년 작물을 심어 농업생산을 거르지 않고 수행하는 농법.

같은 의미로 연작농법(連作農法)은 어느 한 필지의 전토에서 농업생산을 매년 거르지 않고 수행하는 것을 가리킨다. 상경농법에서 상경은 단순히 땅을 갈아주는 기경(起耕) 작업을 가리키는 것이 아니라 경식(耕食)이라는 단어에서 알 수 있듯이 '매양 농사짓기'를 의미한다고 보아야 한다. 이러한 측면에서 연작농법과 상경농법은 동일한 의미를 가지고 있다.

연작이라는 것은 농업생산과정에서 주된 파악 대상을 전토를 중심으로 설정하고, 전토를 농업생산에 이용하는 빈도의 문제로 파악할 때 나오는 개념이다. 어느 한 필지의 전토에서 농업생산을 매년 거르지 않고 수행하는 것을 연작이라고 할 수 있다. 그런데 연작이라는 전토 이용방식은 농업생산과정에 노동력을 투하하고 있는 생산자의 입장에서 도출한 개념이 아니라는 점에 주의할 필요가 있다. 개별 농가는 당시의 토지 이용방식의 수준이 휴한농경(休閑農耕)의 단계에 놓여 있어도 어느 한 해라도 농업생산 자체를 내버려둔 채 손을 놓고 있는 것이 아니었다. 개별 농업생산의 주체인 농민은 매년 농업생산에 종사하고 있다.

연작농법과 달리 휴한농법은 하나의 개별 필지를 매년 경작하는 것이 아니고 1년에서 수년간 경작을 수행하지 않고 놀린 채 내버려두는 방식이었다. 그리고 휴한농법은 지력(地力)의 회복을 위해 취하는 방식이었다. 그리고 제초의 효과도 거둘 수 있는 토지이용 형태였다. 따라서 휴한농법에서 연작농법으로 이행하기 위해서는 휴한을 하였을 때 획득하는 효과를 보충할 수 있는 기술적인 발전을 동반해야 하는 것이었다. 즉 연작농법은 제초와 지력 회복의 문제에서 휴한의 우월함을 따라잡을 수 있는 기술 발전이 전제가 되어야 했다. 즉 제초법과 시비법의 기술적인 수준이 향상되는 것이 요구되었다.

한편 15세기에 편찬된『농사직설』에 정리된 벼 재배법이 수경직파법 중심의 연작법인 것을 확인할 수 있다. 또한 15세기 초반 태종 대에 편찬된『농서집요』의 경지 항목을 보면 춘경(春耕)과 추경(秋耕) 등을 소개하고 있는데, 이는 곧 춘파(春播)와 추파(秋播)와 결합된 것이었다. 이러한 점에서 추경하여 추파하는 작물인 대소맥(大小麥)의 경우 1년 1작의 방식, 즉 휴한법이 아닌 연작법의 방식이 적용되고 있다고 볼 수 있다. 마찬가지로 춘경하여 춘파하는 다른 한전 작물들도 연작법으로 경작하고 있다고 볼 수 있다. 하지만 아직 어느 시기에 휴한농법에서 연작농법으로 이행하였는지 명확한 결론이 내려진 상황은 아니다.

국가적 차원에서도 양전할 때 상경[=연작] 경지와 휴경 경지를 정전(正田)과 속전(續田)으로 구분하여 정확히 기록하는데 주의를 기울였다. 즉『경국대전』에서는 "매번 경작하는 토지를 정전이라 하고, 경작하기도 하고 묵히기도 하는 토지를 속전이라 한다. 정전이라고는 부르지만 토질이 척박하여 곡식이 잘되지 않는 토지와 속전이지만 땅이 기름져서 소출이 곱절이나 많이 나는 토지에 대해서는 고을 수령이 장부에 기록하였다가 관찰사에게 보고하여 다음 번 식년에 고친다.(常耕者稱正田, 或耕或陳者稱續田, 其稱正田而地品瘠薄, 禾穀不者, 續田而土性肥膏, 所出倍多者, 守令置簿, 報觀察使, 式年改正. [『경국대전』권2, 호전, 양전])"라고 규정했다.

신라통일기에서 조선 초기에 걸쳐 휴한농법에서 연작농법으로의 전환이 이루어진 것과 관련해서 경지이용방식으로 파악되고 있는 휴한법과 연작법의 관계에 대해서는 아직 분명한 실체 확인이 이루어지시 않고 있다. 지금까지 고려시기 농법에 대한 연구는 당시의 농업생산력을 규명하는 일환이었는데, 대체로 경지이용방식을 중심으로 농업기술을 고찰하는 가운데 이뤄져 왔다. 휴한법과 연작법을 경지이용방식의 차이로만 설명하는 것 자체도 문제의 하나라고 할 수 있다. 휴한과 연작은 단순한 경지이용방식의 차이가 아니라 농업기술, 농법의 커다란 혁신으로 파악해야 할 것이다.

[참고어] 상경전, 휴한농법, 세역

[참고문헌] 李泰鎭, 1979,「14·15세기 農業技術의 발달과 新興士族」『東洋學』9(1986,『韓國社會史硏究』, 지식산업사 재수록) ; 金容燮, 1988,『朝鮮後期農學史硏究』, 一潮閣 〈염정섭〉

상경전(常耕田) 쉬게 하거나 묵히지 않고 해마다 경작하는 토지.

법제적으로는 정전(正田)이라 쓰였는데, 때때로 휴경(休耕)하거나 진황시키는 속전(續田)에 대칭되는 말이다. 속전의 경우 매년 경작하지 않는 토지이므로 '수기수세(隨起收稅)'라 하여 경작한 해에만 세금을 거두었던 반면, 상경전은 면세되지 않는 토지로 국가의 전세 수입의 기본 대상이 되었다.

고려시기까지는 휴한농법(休閑農法)의 비중이 컸기 때문에, 1년을 쉬게 하는 토지인 일역전(一易田)과 2년을 쉬게 하는 토지인 재역전(再易田)에 대비시켜 '불역전(不易田)'이라는 용어를 법제적으로 사용하였다. 그러나 고려 후기 이래 연작농법(連作農法)이 크게 발달하고 휴한농법이 많이 극복되어 상경전이 보편화됨에 따라 이를 지칭하는 용어로 사용되었으며, 정전으로 법제화되었다.

[참고어] 상경농법, 세역, 정전, 속전

[참고문헌]『세종실록』;『경국대전』; 金泰永, 1983,『朝鮮前期土地制度史研究』, 知識産業社 ; 金容燮, 2000,『韓國中世農業史研究-土地制度와 農業開發政策』, 지식산업사 ; 李景植, 2005,『韓國 古代·中世初期 土地制度史』, 서울대학교출판부 ; 李景植, 2011,『韓國中世 土地制度史』, 서울대학교출판문화원 〈이현경〉

상속(相續) 사람의 사망으로 인한 재산상 법률관계의 포괄적 승계를 가리키는 말.

종래 한국에서 상속은 제사자 신분의 승계와 재산승계가 있었다. 조선총독부는 한국의 상속을 제사상속, 호주상속(戶主相續), 재산상속 3종류로 구분하였다. 제사상속은 그 집의 제사자의 지위를 승계하는 것이고 호주상속은 호주 지위의 상속, 재산상속은 죽은 자의 유산을 승계하는 것이다.

1933년 조선고등법원에서 제사상속은 인정하지 않고, 호주상속과 재산상속만 법률상 행해졌다. 해방 후에는 재산상속과 더불어 호주상속을 인정하는 복합적인 상속제도를 취하였다. 호주상속은 호주권의 승계를 위한 일종의 신분상속이며, 생전상속(生前相續), 강제상속, 남계우선(男系優先), 적서차별(嫡庶差別)의 성격을 가졌다. 1977년 12월 상속법의 일부를 개정했지만, 1990년 1월 상속법 개정에서 그 체계와 내용이 대폭 변경되었다. 우선 호주상속제도를 폐지하고, 이것을 임의적인 호주승계제도(戶主承繼制度)로 변경하여 민법 제4편 친족법에 규정하였다. 상속법의 구조도 제1장 상속, 제2장 유언, 제3장 유류분으로 변경되었다.

상속인의 범위를 8촌 이내의 방계혈족(傍系血族)에서 4촌 이내의 방계혈족으로 축소 조정하였다. 배우자의 상속순위를 부부간에 평등하게 개정하였다. 그리고 기여분제도(寄與分制度)를 신설하여 공동상속인 사이의 형평을 기하도록 하였다. 또한 동순위 상속인 간의 상속분의 차별을 없애고, 균등한 것으로 개정하였다. 배우자의 상속분을 확대하였으며, 특별연고자에 대한 분여제도(分與制度) 등을 신설하였다.

결과적으로 남녀평등, 부부평등, 상속인 간의 공평을 도모할 수 있도록 개선한 것이다. 종래 호주 상속인에게 귀속되던 분묘 등의 승계권을 재산상속의 효과로서 상속법에 규정하고 제사주재자(祭祀主宰者)가 승계하도록 하였다.

[참고문헌] 한국법제연구원 편, 2000,『관습조사보고서(개역판)』

〈이승일〉

상정법(詳定法) 조선 후기 함경도·강원도·황해도에 실시되었던 대동법(大同法)의 일종.

대동법은 전국 모든 토지에서 같은 액수의 대동미(포·전)를 거두어들이는 것이 원칙이었으나, 상정법은 고을별로 부과액수를 상정하여 거두어들이는 방법이었다. 즉 함경도·강원도·황해도에서는 각 고을별로 형편의 차이가 심하여 도전체에서 일률적으로 같은 액수를 거두기가 곤란하였다. 이에 정부는 군현의 실정과 토지의 등급에 따라 형편에 맞게 세액을 부과하도록 하고, 이를 대동상정법(大同詳定法)이라 하였다.

함경도는 도내의 양전(量田)이 끝난 1666년(현종 7)에 상정법으로 시행되었다. 각 군현별로 기존의 진상·공물가에 상당하는 전미(田米)와 마포(麻布)를 군내의 토지에서 균등하게 걷게 하고, 정전(正田)에 한하여 미두잡물(米豆雜物) 등을 적당히 거두어 감영 경비에 쓰도록 상정했다. 그런데 징수액이 각 수령에게 일임되자 세액이 과도하게 추가 징수되는 문제가 계속 발생하여 1763년(영조 39) 원공(元貢) 일부를 줄이고 수령의 징수액을 규제하며 중앙 각 관청에 직접 납부하던 진상·공물가를 모두 상평청에 납부하도록 고쳤다. 함경도 상정법은 징수와 지출에 일정한 규제가 없었기 때문에 속전(續田)이 증가되고 세금이 과다하고 불공정하게 징수되는 폐단을 일으키기는 했으나, 각 군현의 실정을 반영시킬 수 있는 장점이 있었기 때문에 상황이 비슷한 강원도와 황해도로 확대되었다. 1623년(인조 1)부터 대동법이 실시되고 있었던 강원도는 1710년(숙종 36)에 일부 고을에 양전을 행한 뒤 26개 군현을 3부분으로 나누어 징수액을 상정했다. 1754년(영조 30)과 1758년 이를 다시 고쳐 토지 1결당 쌀 12말로 균일하게 하면서, 상정세를 추가하여 군현별로 거두게 했다.

황해도의 경우 공물의 수미상납제(收米上納制)와 사대동(私大同)이 겸하여 행해지고 있었는데, 『만기요람』「재용편 3」 대동작공(大同作貢)조에 "무자년(1708, 숙종 34)에는 황해도 관찰사 이언경(李彦經)의 상소에 의하여 황해도에도 시행하게 되었다. 그 방법은 경기·삼남에는 밭과 논을 통틀어 1결에 쌀 12말을 거두고 관동도 이와 같게 하되 양전이 되지 않은 읍에는 4말을 더하며, 영동·관동에는[세주 : 영동과 영서의 구별이 있다] 2말을 더하고, 해서에는 상정법을 시행하여 15말을 거두니, 통틀어 명칭하기를 '대동(大同)'이라 하였다.(戊子, 因海伯李彦經疏行於海西.其法, 畿甸, 三南, 通田畓一結收米十二斗, 關東同而未量邑加四斗. 嶺東, 關東, 有嶺東, 嶺西之別. 加二斗, 海西, 行詳定法收十五斗.)"라고 하여 1708년부터 상정법이 시행되었음을 밝히고 있다. 황해도의 상정법은 군현에 따른 징수액의 차이가 심했기 때문에 1710년에 17두(별수미 3두 포함)로 균일화시켰다가, 1747년(영조 23)에 모두 15두(별수미 포함)로 통일했다. 그러나 징수 및 중앙 상납에 있어서는 각 군현의 실정에 따라 상정세를 별도로 거두어 상정법을 병행했고, 징수와 지출에 있어서도 상정법 체제를 그대로 지속시켜갔다.

상정법은 일률적인 세액을 부과함으로써 야기된 대동법의 문제점을 개선하기 위하여 고안되어 지방에 따라 효과적으로 시행되기도 하였으나, 제도의 미비점과 시행상의 어려움 때문에 또 다른 문제점을 낳기도 하여 더 이상 확대 실시되지는 못하였다. 상정미는 1894년 갑오개혁 이후 지세제도가 실시되자 대동미와 함께 지세에 포함되었다.

[참고어] 대동법, 공법, 전품6등제

[참고문헌] 한영국, 1960·1961, 「호서에 실시된 대동법」『역사학보』 13·14 ; 유원동, 1964, 「이조공인자본의 연구」『아세아연구』 7-4 ; 한우근, 1965, 「이조후기 貢人의 신분」『학술원논문집-인문사회과학』 5 ; 고석규, 1985, 「16·17세기 공납제 개혁의 방향」『한국사론』 12 ; 德成外志子, 1987, 「조선후기의 공물무납제」『역사학보』 113 ; 김옥근, 1988, 『조선왕조 재정사연구』Ⅲ, 일조각 ; 지두환, 1997, 「선조·광해군대 대동법 논의」『한국학논총』 19 ; 1977, 「인조대의 대동법 논의」『역사학보』 155 ; 박현순, 1997, 「16~17세기 공납제운영의 변화」『한국사론』 38 〈백승철〉

상환증서(償還證書) 농지개혁법 제11조와 제13조, 농지개혁법시행령 제39조에 근거하여 정부가 분배농지를 받은 농민에게 교부한 증서.

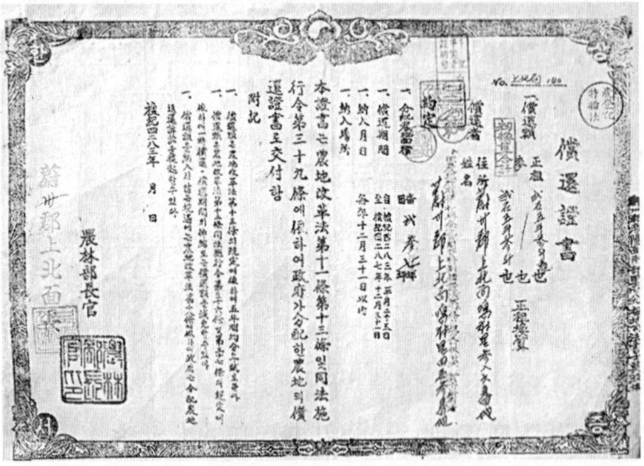
償還證書

本證書는 農地改革法第十一條第十三條및同法施行令第三十九條에依하여政府가分配한農地의償還證書로交付함

附記

農林部長官

상환증서 「단기 4283년도 관계철」, 울주군 상북면 소장.

농지개혁 당시 상환증서는 상환액의 상환방법을 약정하고 수납상황을 증명하기 위하여 발급되었다. 상환증서에는 분배농지의 상환액·상환자·분배면적·상환기간·납입월일이 기재되어 있다. 그리고 상환액의 일시상환, 상환기간의 연장 또는 상환액을 감면할 수 있다는 것과 상환액을 납입치 않은 경우 정부는 분배농지 반환 소송을 제기할 수 있다고 명기되어 있다. 분배농지가 전매되었을 경우, 상환자의 주소 성명 옆에 '분배농지 소유권 이전 등기에 관한 특별조치법 제2조의 규정에 따라 사실상의 소유자'라는 문구를 찍어 수배자가 변경된 사실도 알려주었다. 농림부는 분배예정면적 60만 정보에 대한 상환증서 100만장을 서울 마포형무소에서 일괄 인쇄하여 각 시도에 공급했고, 1950년 6월 중순부터 농지분배와 동시에 분배농가에 교부했다.

상환증서는 상환을 완료하고 소유권 이전등기를 마치면 그 자체가 토지소유 권리증이 되었다. 상환증서가 토지권리문서로서 효력이 있었기 때문에 상환증서의 위조 및 변조사건이 자주 발생하였다. 상환증서 용지는 인쇄가 단조로워 위조하기 쉬웠고, 취급관서의 보관 및 취급부주의로 부정유출·도난 등의 사고가 자주 일어났다. 증서를 위조하여 사용한 토지사기는 농촌지역보다는 땅값이 비싼 서울·부산 등 주로 대도시 근교의 관리가 소홀한 사유지나 국공유지를 대상으로 발생했다. 상환증서 위조 사건은 1960년대부터 1970년대 후반까지 계속해서 일어났다.

[참고어] 농지개혁, 농지개혁법

[참고문헌] 김성호 외, 1989, 『농지개혁연구』, 한국농촌경제연구

원 ; 하유식, 2010, 「울산군 상북면의 농지개혁 연구」, 부산대 사학과 박사학위논문 〈하유식〉

새경 ⇒ 사경

색경(穡經) 17세기 후반 박세당(朴世堂)이 중국 원(元)에서 편찬된 『농상집요(農桑輯要)』를 대본으로 삼고, 자신의 농사 견문을 보태서 편찬한 농서.

박세당(1629~1703)의 본관은 반남(潘南)이고, 자는 계긍(季肯), 호는 잠수(潛叟)·서계초수(西溪樵叟)·서계(西溪)이다. 할아버지는 박동선(朴東善)이고, 아버지는 박정(朴炡), 어머니는 윤안국(尹安國)의 딸이다. 4살 때 아버지를 여의고 홀어머니 밑에서 자라다가 고모부인 정사무(鄭思武)에게 수학하였다. 1660년(현종 1)에 증광문과에 장원 급제하여 벼슬에 오른 뒤 예조좌랑·병조좌랑·정언·병조정랑·지평·홍문관교리 겸 경연시독관·함경북도병마평사(兵馬評事) 등을 거쳤다. 관직생활 중 그는 비각(秘閣) 즉 교서관에 딸린 서고(書庫)에서 『농상집요』를 구해보았는데, 이를 열람하였을 때 마치 자신을 가르칠 스승을 얻은 것처럼 기뻐하였음을 실토하였다. 그는 『농상집요』를 옮겨 적으면서 번잡하고 거친 부분을 깎아내고, 두텁게 중복되는 부분을 제거하여 한권으로 다듬어 참고하기에 편리하도록 하였다. 한편 그는 당쟁으로 인해 두 아들을 잃자 1668년(현종 9) 이후 관료생활을 그만두고 양주군(楊州郡) 수락산(水落山) 서쪽의 석천동(石泉洞)에서 농사를 지으며 학문연구와 제자 양성에 힘썼다.

박세당은 석천동 은거지에서 치농(治農)에 열중하면서 『색경』을 편찬하였는데, 이는 자신이 직접 보고들은 농사 경험에다 『농상집요』를 주로 참고하여 저술한 것이다. 치농(治農)이란 직접 영농(營農)에 종사하는 것을 가리키는 측면 보다는 '농사짓는 것을 다스리기' 또는 '농사의 지도감독' 정도에 해당되는 행위를 가리키는 말이다. 하지만 치농을 자신이 직접 실제 농사짓기에 참여하면서 개선과 개량, 감독과 관리를 수행하는 모습을 포함한 말이기도 하였다. 박세당은 직접 손에 호미와 쟁기를 들고 농업노동에 종사하면서 하루 종일 논밭에서 시간을 보낼 정도로 농업생산 현장의 우여곡절을 몸소 체험하였다. 석촌동에서 박세당이 얻은 농사 경험은 스스로 농사에 참여하면서 획득한 것이기도 하고, 다른 사람 특히 노농(老農)의 농사짓는 방식을 듣고 본 것에서 얻은 것이었다. 이러한 박세당의 농사경험은 농서를 짓는 데 중요한 자산이 되었을 것이다.

박세당은 『색경』을 편찬하는 데 『농상집요』를 주로 참고하였다. 『농상집요』는 고려 말 이암(李嵒)이 들여온 것을 지합주사(知陜州事) 강시(姜蓍)가 1372년(공민왕 21)에 합천(陜川)에서 고려본(高麗本)으로 간행한 판본이었던 것으로 보인다. 그런데 박세당은 조선 전기에 편찬된 『농사직설』이나 17세기 중반 편찬된 『농가집성』을 크게 활용하지 않고 『농상집요』를 주요 대본으로 참고하였다. 이는 17세기 후반 『농사직설』이나 『농가집성』이 널리 보급되지 않은 상태였기 때문으로 보인다. 앞서 17세기 초반 『농가월령(農家月令)』을 지은 고상안(高尙顔)은 『농사직설』의 인본(印本)으로 당시까지 전해지는 것이 없다는 점을 아쉬워하였고, 그리하여 스스로 『농가월령』을 짓기에 이른 것이다. 그리고 1655년(효종 6) 신속(申洬)이 완성한 『농가집성』은 충청도와 전라도 등지에서 인쇄되었지만 본격적으로 널리 보급된 것은 아니었다. 따라서 박세당이 『농가집성』을 참고하기 어려웠을 것으로 보인다. 그렇기 때문에 『색경』에서 『농가집성』을 언급하지 못한 것으로 추정된다. 『색경』은 『농상집요』의 내용을 간략하게 요약하는 방식으로 이루어졌다. 실제로 『농상집요』의 '초록(抄錄)'을 만드는 것이라고 할 정도였다. 구체적인 실례를 보면, 『농상집요』의 구전법(區田法)을 설명한 부분을 크게 축약하여 정리한 내용을 『색경』에 실어놓았다.

박세당이 『색경』을 편찬한 목적은 바로 농업생산의 안정성을 높이고 수확의 증대를 도모하기 위한 것이었는데, 서문에서 "이 책은 장차 농가(農家)의 훌륭한 스승이 될 것이고, 그리하여 사람들이 기한(飢寒)의 걱정을 모면하게 될 것이다"라고 설명하였다. 그는 스스로 『색경』이 농토에 거주하면서 농사짓는 기술을 배우려는 자들에게 커다란 도움이 될 것이라고 평가하였다. 또한 노농(老農)과 노포(老圃)에게 농업기술을 습득하는 것과 대등한 수준으로 『색경』에서 많은 것을 얻을 수 있으리라고 자신하였다.

한편 박세당은 1676년(숙종 2)에 서문을 지었는데, 이 무렵 『색경』 편찬을 한 단계 마무리한 것으로 보인다. 하지만 계속 『색경』을 보완하고 수정하는 증보과정을 진행하고 있었다. 1690년(숙종 16) 무렵에 박세당이 쓴 「제색경후(題穡經後)」라는 시를 보면 당시까지도 계속 『색경』을 정리하는 작업을 수행하였다. 하지만 이러한 노력은 의지와 무관하게 1693년(숙종 19) 이후에 별다른 진척이 없었을 것으로 추정된다. 왜냐하면 1693

년 이후 계속 병에 시달리면서 다른 저술 작업도 중단 상태였기 때문이다.

박세당은 『색경』에 대하여 대단한 자부심을 가지고 있었다. 1694년(숙종 20) 무렵 처남인 남구만(南九萬)이 『색경』이 굶주림을 구해줄 수 없다고 비아냥거리자 박세당은 『색경』 편찬이 경제업(經濟業) 이상의 의미를 갖고 있다는 점을 강조하는 시를 짓고 있었다. 그는 농사를 지어도 오랜 굶주림을 면하지 못하는 속세의 어려움을 『색경』에 의지해서 극복해낼 수 있을 것이라는 자부심을 갖고 있었다. 정조(正祖)도 『색경』에 대해 고(故) 판서 박세당이 일찌감치 은퇴하여 전야에서 생활을 하였는데, 그가 지은 색경은 가장 경력이 있고 가장 절실한 내용이다. 수리와 토질의 마땅함, 파종하는 방법, 농기구의 이용 등을 그림처럼 상세히 기록해 놓아 살펴서 행할 수 있으니, 농서를 구하고자 한다면 마땅히 이 편이 으뜸이 될 것이다."라고 높이 평가하기도 했다.

『색경』의 목차 구성을 살펴보면 『농상집요』의 목차와 유사한 점을 찾아볼 수 있다. 『색경』 상권에 곡물의 경작법 등을 서술하고 있는데, 임지(任地), 변토(辨土), 경지(耕地), 파종(播種), 종곡(種穀), 대소맥(大小麥), 수도(水稻), 한도(旱稻), 서제(黍穄), 촉서(蜀黍), 대두(大豆), 소두(小豆), 완두(豌豆), 호마(胡麻), 마자(麻子), 마(麻), 저마(苧麻), 목면(木棉), 구전(區田)의 순서이다. 그리고 과채(瓜菜), 과(果), 수(樹) 등의 경작법도 서술되어 있는데, 종제과채법(種諸瓜菜法)이라는 대항목을 두고 그 아래에 과(瓜), 서과(西瓜) 등을 기술하는 방식을 취하고 있다. 종제과채법 다음으로 종제과법(種諸瓜法), 종제수법(種諸樹法), 종제화약법(種諸花藥法) 등을 수록하고 있다. 다시 끝부분에 절기(節氣)를 설명한 부분부터는 대소항목의 구별이 사라지고 각 항목이 대등한 위치에서 서술되어 있다.

『색경』 하권은 양상법(養桑法), 양잠경(養蠶經) 등 양잠(養蠶) 관련 내용을 앞 부분에 수록하고 있다. 이어서 전가월령(田家月令), 전가점험(田家占驗) 등 농가에서 매달 해야 할 일을 모아 놓은 부분을 실었다. 그리고 다음으로 천문류(天文類), 지리류(地理類), 초목류(草木類), 조수류(鳥獸類), 절후류(節侯類)가 실려 있다. 『색경』 하권에서 『농상집요』의 내용과 크게 달라진 부분을 찾아볼 수 있는데, 바로 저(猪), 계(鷄), 아압(鵝鴨) 등을 소개한 곳이다. 『색경』의 저(猪), 계(鷄), 아압(鵝鴨) 소개 부분은 『농상집요』 권7, 자축(孳畜)에서 초록한 것이다. 그런데 『농상집요』는 양마우총론(養馬牛總論), 마(馬), 우(牛) 등의 항목을 앞에 두고 이어서 저(猪), 계(鷄), 아압(鵝鴨) 등을 소개하였다. 하지만 『색경』은 양마우총론, 마, 우를 빼놓고 있다. 이러한 누락 부분은 본래 편찬된 『색경』이 후대에 필사되는 과정에서 탈락된 것으로 보인다. 따라서 소와 말에 대한 설명을 일부러 누락시킨 것으로 보아 『색경』의 성격을 소농 중심의 농업기술 정리로 평가하기는 어려울 것이다. 물론 누락된 부분이 애초의 박세당의 초록에서 연유한 것일 가능성은 여전히 남아 있다.

[참고어] 농서, 농상집요

[참고문헌] 金榮鎭, 1982, 『農林水産 古文獻 備要』, 한국농촌경제연구원 ; 李盛雨, 1981, 『韓國食經大全』, 鄕文社 ; 金容燮, 1988, 『朝鮮後期農學史硏究』, 一潮閣 〈염정섭〉

색경증집(穡經增集) 저자 미상의 『색경』 증집본.

2책 필사본이다. 일본 동양문고 소장본의 발문에는 증집자가 '산포노졸(山逋老拙)'로 되어 있으나, 그가 누구인지는 알 수 없다. 또한 정미년 봄에 발문을 썼는데, 1787년(정조 11) 혹은 1727년(영조 3)으로 추정된다. 증집본의 증보 목표는 『색경』의 편찬 취지에서 벗어나지 않는 한도 내에서 미흡하다고 생각되는 부분을 일부 보충하는 것이었다. 증보된 내용으로는 우선 각 작물의 약리학적 특징을 부기했는데, 해당 조항의 맨 끝에 본문 보다 한 단을 낮추어서 기술했다. 작물을 첨가할 경우에는 조항을 늘리기도 했고, 기존의 작물에 덧붙이기도 했다. 또한 재배법상 중요하다고 생각되는 부분도 조항 중에 첨가했다. 그러나 전반적으로 증보의 대상은 답작(畓作)을 제외한 전작물(田作物)과 경종법(耕種法)에 한정된 것으로, 한전농업(旱田農業)을 위주로 한 『색경』의 편찬 원칙을 지키고 있었다.

[참고어] 색경

[참고문헌] 김용섭, 1988, 『조선후기농학사연구』, 일조각

색리(色吏) 감영(監營) 또는 군아(郡衙)에서 곡물을 출납하고 간수하는 일을 맡아보던 아전.

조선 후기에는 지방의 말단 향리를 일반적으로 색리라고 하였고, 이들은 향역(鄕役)을 도맡아 하는 자였다. 지방의 감고색리(監考色吏)는 감고서원(監考書員), 감고색장(監考色掌) 등의 향리들과 더불어 지방의 전세(田稅)·공물(貢物) 징수를 담당하였다. 또 색리는 각 읍의 압령관(押領官)의 하나로서 각 지방의 곡식을 서울로 운송하는 일을 담당하였다.

곡물의 출납과 수세의 과정에서 색리들은 농간을 일으키는 일이 많아 조선 전기부터 전세·공물의 징수 과정에서 이들을 배제하고 수령이나 권농관으로 하여금 담당하게 하는 조치가 취해지기도 했다. 그러나 수세과정에서 색리가 일으키는 폐단은 조선 후기까지 지속되어 농민항쟁의 원인이 되기도 하였다. 색리들은 수세지가 되어야 할 농지를 은닉하여 중간에서 투식하는 경우가 많았으므로, 은닉지가 발각될까 우려하여 정부의 양전(量田)을 환영하지 않는 경향을 보였다. 따라서 양전이 실시될 때에도 양전의 실무자였던 색리들은 여러 폐단을 만들어 민원의 대상이 되었다. 첫째, 세력가 또는 토호지주의 전답은 하등으로 매기고 궁민들의 전답은 상등으로 매기는 경우, 둘째, 오래된 진전(陳田)을 기경전(起耕田)으로 기록하는 경우, 셋째, 수십 년 동안 개간되지 않은 곳을 땅 없는 농민들 명의로 기경전으로 등재하는 경우 등이 그 예였다.

한편 갑오개혁 이후에는 역둔토(驛屯土)를 차지하고 있는 색리들이 많아져 이들이 전개하는 항조운동도 일반적이었는데, 이들은 행정 실무자였기에 그 항조의 형태가 일반 작인들의 경우보다 지능적이고 철저한 편이었다.

[참고문헌] 金容燮, 2004, 『(신정증보판)韓國近代農業史研究(I)』, 지식산업사 ; 이세영, 2008, 「조선 숙종대의 양전의 정치학」『조선 후기 경자양전 연구』, 혜안 〈김미성〉

색조(色租) 소작료를 징수하기 전에 수확물의 견본인 벼를 징수하는 소작관행.

색조는 발생 시기를 정확히 알 수 없으나 예로부터 지주가 소작료를 징수할 때 소작료 이외에 소작인으로부터 추징물을 받는 특수관행의 하나였다. 궁장토의 소작료 징수를 위해 타작관인 추수원(秋收員)을 파견하여 소작료의 징수에 앞서 수확할 벼의 견본, 즉 간색조(看色租)를 징수하는 관행이 그 기원이다. 두세(斗稅), 장세(場稅)와 마찬가지로 타조하는 답에서 주로 행해졌다. 경기도, 충청남·북도, 강원도, 황해도의 남부지방에 주로 분포하며 부재지주지에서 시행되는 경우가 많다.

색조의 액수는 두세와 같은 형태로 소작지 1두락 또는 소작료 1석에 대해 벼 5승을 징수한다. 혹은 소작인 1명·소작계약 1구(口) 당 벼 5승을 징수하는 것이 보통이다. 이러한 색조액은 소작료의 견본으로 징수하기에는 과중한 액수였으며, 이를 타작관인 추수원이나 소작지 관리인의 보수로 삼았다. 부당하게 과중 징수하는 경우가 많아 소작인이 불평을 많이 제기하였다. 그리하여 색조의 관행은 두세, 장세와 함께 점차 액수가 감면·폐지되어 나갔다. 하지만 타조 소작을 정조법으로 바꿀 때 색조액만큼을 소작료에 포함, 인상시키는 경우도 있었다.

[참고어] 두세, 가도지, 장세, 추수원

[참고문헌] 전라남도, 1923, 『小作慣行調査書』 ; 조선총독부, 1932, 『朝鮮ノ小作慣行(上)·(下)』 〈고나은〉

서(黍) 기장.

우리나라에서 기장[黍]의 재배 역사는 오래된 것으로 알려져 있지만 전래된 경위는 분명하지 않다. 함경북도 회령읍 오동의 청동기시대 유적에서 기장이 출토된 바 있고, 『산해경(山海經)』에 부여에서 기장을 먹었다는 기록이 있으며, 『맹자(孟子)』에서도 "맥(貊)에는 오곡이 나지 않고 다만 기장이 난다(貊五穀不生惟黍生之)"라고 하였다. 『삼국지(三國志)』「위서(魏書)」 동이전(東夷傳) 변진조(弁辰條)에서는 "토지는 비옥하여 오곡과 벼를 가꾸기에 알맞다(土地肥美宜種五穀及稻)"라 하였는데, 기장은 이 오곡 중에 하나였던 것으로 추정된다.

『농사직설(農事直說)』에서는 기장의 경작 방식을 조[粟]와 함께 설명하였다. 먼저 팥[小豆]을 드문드문 흩뿌린 다음 밭을 갈고, 족종(足種 : 종자를 뿌리고 양쪽 발의 뒤꿈치를 이용하여 흙을 덮어주는 파종법)의 방법으로 기장과 조를 들깨[水荏子]와 함께 파종한다고 하였다. 또 기장과 조를 파종한 이랑[畝]과 이랑 사이에 잡초가 무성하면 소를 이용하여 제초를 하되 곡식[禾]에 손상이 가지 않도록 하라고 하였다. 한편, 기장의 시비법은 분회(糞灰)를 사용하거나, 잡초를 이랑 사이 뿌렸다가 경종하는 방식을 이용하였다.

[참고문헌] 염정섭, 2002, 『조선시대 농법 발달 연구』, 태학사 〈김미성〉

서량(西糧) 17세기 초 후금에 대항해 평안도 가도에 주둔한 명의 무장 모문룡(毛文龍, 1576~1629)의 부대에 지원했던 군량미.

모량(毛糧), 당량(唐糧)이라고도 했다. 명이 보급로가 끊긴 모군의 군량미를 조선에 요구해오자, 광해군이 전국에 토지 1결당 1두 5승씩 부과하여 서쪽 변경으로 운반토록 한 것이 시초이다. 1646년(인조 24) 모군이 청군에 의해 격파되자 서량도 폐지되었으나, 이후에도 별수미(別收米)라는 명칭으로 결당 3두씩 수취되어 훈련도감의 급료를 지급하는 등에 쓰였다.

[참고어] 삼수미

서민지주(庶民地主) 17세기 농업생산력 향상을 바탕으로 서민 중에 농업경영을 확대하던 서민층 지주.

상품경제의 발달과 토지의 상품화를 배경으로 경영확대를 꾀하던 서민지주층 일반을 지칭한다. 대동법과 경자양전의 시행으로 18세기 상품경제가 확대되면서 서민들 중에 부를 축적하는 농민층이 형성되게 되었다. 이들은 상품작물로서 주목받던 미, 두 외에도 인삼, 담배, 면화 등의 밭작물 재배를 통해 부를 축적할 수 있었다. 축적한 부를 토지에 투자하면서 지주경영을 확대하게 되고 이들은 잉여를 극대화시키기 위해 양반관료층의 부재지주 경영보다는 직접경영을 선호했다고 할 수 있다. 또한 병작경영을 하더라도 합리적인 경영방식을 채택하는 경향이 높았다. 이로 인해 농업생산을 극대화시키려는 서민지주층의 경우 부지런한 작인농민을 선택하게 되고 따라서 차지경쟁 또한 치열해지는 계기가 되었다.

서민지주의 등장은 조선후기 신분제 해체를 배경으로 하층 농민이나 상인 가운데 부를 축적할 수 있는 계층이 많아지게 되었다는 점을 보여준다. 또한 이들은 기본적으로 서민이었기 때문에 신분적인 주종관계보다 경제적 지배관계를 기초로 토지를 경영했고 이것이 경영확대의 계기를 만들었다. 이들의 경영방식은 일률적이지는 않지만 새로운 농업경영 방식을 선호하면서 경영지주나 경영형부농으로 나타날 가능성을 보여주었다. 서민지주는 농업에서의 지주경영 확대를 구래의 특권적인 양반관료 지주경영과 대비시켜 새로운 지주층의 등장을 주목한 연구이다. 다만 서민층에 대한 엄밀한 규정과 농업경영에서의 특징을 체계적으로 종합하여 범주화시키는 작업이 요청된다.

[참고어] 지주, 경영지주, 경영형부농, 요호부민, 농민층분해

[참고문헌] 허종호, 1992, 『조선토지제도발달사 2』, 과학백과사전종합출판사 〈최윤오〉

서속(黍粟) 기장과 조.

서수농장(瑞穗農場) ⇒ 가와사키농장, 구마모토농장

서원(書員) 지방 관아에 소속되어 세금 징수와 손실답험(損實踏驗) 등을 맡아하던 아전.

고려시기의 기서지원(記書之員) 또는 기관(記官)은 조선 건국 후 서원으로 개칭되었는데, 중앙 관청 소속의 서원은 세조 대에 소멸하였고, 지방의 서원은 조선 말까지 존속하였다. 지방의 면(面)에 있는 서원을 면서원(面書員)이라고 하고, 면서원을 감독하는 자를 도서원(都書員)이라고 하였다. 각 면의 서원은 대개 6월에 분정되었고, 많아도 1면에 3명을 넘지 않았다. 도서원은 하나의 군에 1명부터 5명까지 두었다.

행심(行審), 급재(給災), 작부(作夫)의 세 단계에 걸쳐 진행되었던 조선의 조세수취체계 속에서, 지방의 서원은 토지의 등급, 면적 및 결수 등을 사정(査定)하여 해마다의 작부를 조사하는 역할을 담당하였다. 그 과정에서 불법을 자행하거나 사리를 도모하는 등의 폐단을 일으키기도 하였다. 19세기에는 이액의 증가 및 지방재정의 결핍, 전결세의 징수 관행 변화를 배경으로, 서원의 이직화(吏職化)가 일반적인 현상으로 나타났다. 서원의 업무를 통해 얻을 수 있는 이득으로 인해 아전들 사이에서 서원 직임의 매매가 이루지기도 하였다. 특히 19세기 후반 도결(都結)이 만연하는 가운데, 서원을 차임하고 결역(結役)을 주관하였던 도서원은 그 역할과 비중이 커져 요직으로 인식되었다.

[참고어] 면임, 방장

[참고문헌] 裵基憲, 1995, 「朝鮮 後期 作廳의 運營과 그 性格」『啓明史學』 6 ; 최윤오, 2008, 「조선후기의 양안과 행심책」『조선후기 경자양전 연구』, 혜안 〈김미성〉

서원전(書院田) 조선 후기 서원이나 국가가 서원의 경비를 지출하기 위해 마련한 전지.

서원은 유림의 제창에 의해 선현(先賢)이나 향현(鄕賢)에 제사를 지내고 유생을 교육하던 사설 교육기관이다. 주자학적 질서체계를 이끌어갈 정치 지배세력 양성기관이자 향촌사회를 지배하는 거점이 되기도 하였다. 서원의 경제적 기반인 서원전은 1541년(중종 36) 풍기군수 주세붕이 백운동 서원을 창설했을 때 속공한 사사전 및 노비 약간을 지급한 것이 시초이다. 그 뒤 1550년(명종 5) 풍기군수로 나간 이황의 요청으로 소수서원이라는 어필편액(御筆扁額)을 받았다. 사액서원의 시초이다. 이후 서원이 경쟁적으로 세워져 16세기 말에는 100여 곳에 달하였으며, 서원전도 증가하였다.

서원전은 속공전(屬公田), 사사위전(寺社位田), 면역전(免役田), 원납전(願納田), 매득전(買得田) 등으로 조성되었다. 국가적 차원에서 획급된 것과 서원이 주체적으로

마련한 두 종류가 있다. 주로 사액 서원에 제공되었던 국가 사여지(賜與地)는 정부나 관찰사 또는 수령이 마련하였다. 대상지는 속공전 외에 둔전, 적몰전, 훼철서원전, 상송전 등이 있었다. 서원이 마련한 서원매득지는 주로 서원이 지주경영이나 고리대를 통하여 매득하였다. 매득전이나 서원 참여계층이 바친 원납전이 17·18세기 서원전의 중핵이었다.

서원전은 수세지가 절급되거나 면세지가 사여되었다. 수세지는 서원에 민전의 수세를 넘겨주는 것으로 대개는 사사전이 대상이었고, 면세지는 서원의 소유지에 면세해 주었다. 서원전은 학전이므로 관학의 학전과 같이 취급해야 한다는 것이 면세의 명분이었다. 사액서원의 서원전은 면세·면역되었는데 한도를 놓고 늘 논란이 있었다. 1721년(경종 원년)에 면세위토를 학전 3결로 한정하고 법제화하였다. 비사액서원은 납세함이 원칙이다. 서원전의 작인은 순수작인, 서원촌민, 노비 등이 있다. 서원전의 지대수취는 19세기경 타조에서 도조로 전환되었다.

정조 때에는 전국의 서원이 700여 곳에 이르러 관학의 학전을 압도했다. 서원전의 면세조치는 국가재정을 압박했다. 1864년 흥선대원군이 집권하면서 서원을 47곳만 남기고 정비함으로써, 면세 서원전이 대폭 줄어들었다. 이후 서원전은 감영·유영(留營)에 속하거나 선현의 자손, 혹은 유림의 사유로 소속이 바뀌었다. 2년 후 각 도와 군에 별포군(別砲軍)을 두고 서원전을 부속시키기도 하였으나, 뒤에 별포군이 폐지되자 여기에 소속된 각 서원전은 각 도·군에 속하게 되었다.

1895년에 탁지부의 관리 하에 속하면서 일부분은 홍릉(洪陵)에 이속시키고, 또 일부분은 학부(學部)가 소재 지방학교에 부속시켰다. 1899년 내장원에서 각 둔토를 조사 점검할 때 서원전도 조사하였고, 각 학교에 부속한 것도 모두 조사하였다.

[참고어] 면세전, 사원전, 학전, 향교전

[참고문헌] 최원규, 1988, 「조선후기 서원전의 구조와 경영」『孫寶基博士 停年 紀念韓國史學論叢』, 지식산업사 ; 이경식, 2006, 『한국중세토지제도사』, 서울대학교출판부, 2006 ; 정긍식·田中俊光 역, 2006, 『조선부동산용어약해』

〈고나은〉

서유구(徐有榘) 조선 후기 소론 계열의 실학자이자 농학자.

서유구(1764~1845)의 호는 풍석(楓石), 달성 서씨의 현달한 양반가문 출신이다. 1790년(정조 14) 문과에 급제한 후 규장각 초계문신·순창군수를 거쳐 이조판서·대제학까지 역임했다.

서유구의 학문은 가학을 기반으로 정조 대 규장각 활동과 편찬사업 그리고 관리생활을 통해서 이론적 실제적 내용을 갖추어갔다. 특히 그의 농학은 조부 서명응(徐命膺)과 부친 서호수(徐浩修) 그리고 그 자신의 3대에 걸쳐서 연구된 것으로, 할아버지 서명응은 「고사신서농포문(攷事新書農圃門)」, 아버지 서호수는 『해동농서(海東農書)』를 찬술하였다. 서유구는 이 같은 가문의 농학연구를 확대발전시켜 『임원경제지(林園經濟志)』를 완성하였다. 그의 집안은 정조 및 규장각과 밀접한 관련을 맺고 있었다. 서명응은 정조가 즉위한 1776년 규장각 대제학에 임명되어 규장각을 설립하고 정비해 나가는 데 결정적인 역할을 했으며, 서호수는 1780년(정조 4) 규장각 직제학에 임명되어 큰 활동을 하였다. 서유구도 초계문신에 선발되어 규장각에서 학문을 수련했으며, 1792년 규장각 대교로 임명되어 국가적 편찬사업에 실무진으로 참여하였다. 그는 규장각에 소장된 국내외 서적들을 널리 열람하면서 학문적으로 성장할 수 있었고, 또한 정조와의 만남을 통해서도 학적 영역을 넓힐 수 있었다. 서유구는 초계문신이나 규장각 각신의 자격으로 정조의 책문에 대한 대책문을 작성했는데, 『시책(詩策)』, 『십삼경책(十三經策)』, 『농대(農對)』가 이에 해당한다. 특히 정조의 농정에 대한 구언교에 답해 올린 『농대』(1792)에서 당대의 급무로서 새로운 농서를 편찬할 것을 제안하였다. 또한 지방관리 생활을 통해 축적한 현장경험은 그의 농학에 깊이를 더해 주었다. 1798년 11월 30일 정조가 권농정구농서윤음(勸農政求農書綸音)을 내릴 때, 순창군수로서 현지 경험을 바탕으로 「순창군수응지소(淳昌郡守應旨疏)」를 작성해 올렸다. 응지소에서 관개시설이 미비한 곳에서는 한전을 수전으로 번작하는 것을 금지해야 하며, 제언 설치공사에 국가의 적절한 조치를 요구했다. 또한 각도마다 관찰사가 국(局)을 설치하고 각지의 풍토·생산작물·파종시기·농사경험을 채록하여 규장각에서 이를 모두 수합하여 체계화된 농서로 편찬하자고 주장했다. 전국의 농사경험을 집성한 농서를 편찬하자는 서유구의 제안은 정조의 사망으로 실현되지 못했지만 후일 『임원경제지』를 편찬하는 바탕이 되었다.

1806년 이후 서유구는 17년간 은거기에 들어갔다. 이 시기에 그는 고향인 경기도 장단을 중심으로 임원에 거주하면서 농학서적을 연구하고 농사기술을 시험해 보았다. 그 결과 서유구는 임원경제지의 저본이 되는 『금화경독기(金華耕讀記)』와 『난호어목지(蘭湖漁牧志)』를 편찬했고, 1820년경 자신의 농정방안을 밝히는 『의상경계책(擬上經界策)』을 작성하였다. 같은 시기 그는 아들 서우보(徐宇輔)와 함께 『임원경제지』 편찬을 진행했으며, 자신의 연구가 현실에 응용되기를 강하게 희망하였다. 1823년 정계에 복귀한 후 서유구는 자신의 농학연구를 현실에 적용하기 위해 왕성한 활동을 보였다. 1834년 전라감사 재직시 지역민의 기아방지를 위해 감자의 종자를 구해 관내에 보급했고, 그 재배법을 알리기 위해 『종저보(種藷譜)』를 편찬 간행하였다. 1838년 6월 대사헌으로 재직할 때, 기호지방 가뭄 대책으로 젊은 시절 정조에 올린 「순창군수응지소」에서 제시한 방책을 구황책으로 제시했는데, 수리시설의 정비 이외 중국벼 종자의 도입을 적극 주장하였다.

서유구는 관리생활을 통해 축적된 현장경험을 바탕으로 『임원경제지』를 편찬했고, 그 내용을 다시 현장에 적용하면서 계속 수정했다. 따라서 그의 농학은 가학의 완성일 뿐 아니라 당시 심각한 위기양상을 드러내고 있던 조선사회의 농업문제를 합리적으로 해결해가고자 하는 시대적 흐름에 맥이 닿고 있었다. 그가 대성한 농학의 체계나 농정개혁론은 두 단계의 연구과정을 거치면서 완성되고 있었다.

그 첫 단계는 20~30대 젊은 시절 작성된 「순창군수응지소」와 『농대』에 보이는 농업론으로, 무농지도(務農之道)를 위해 3가지 요소[전제(田制)·수리(水利)·가기(稼器)]를 제기했다. 첫째 전제는 한전제(限田制)를 시행하자는 것이었다. 이를 시행하면 당시 사회문제였던 무전농민을 구제할 수 있고 또 사람은 드물고 땅은 넓은 곳에서의 다작(多作)의 폐단도 막을 수 있다는 것이다. 토지소유의 상한을 제한함으로써 무전농민에게는 농지를 분배하여 빈부의 격차를 없이하고 다작농민에게는 다작으로 인한 농작의 부실을 막을 수가 있기에, 농업에서 균산의 문제와 소출증대의 문제를 해결할 수가 있다는 것이다. 둘째 수리는 수리시설을 갖추자는 것으로, 수리시설의 보급을 위해서 특별한 방안의 정책화를 제안하였다. 중국 고대에 있었던 방전과(方田科)의 제도를 살려서 각 군현마다 수리시설 확충에 부호(富戶)를 적극 활용하자고 주장했다. 셋째 가기는 농기구의 개량으로, 농기구를 모두 일정한 규격으로 제작 보급하여 노동생산력을 높인다는 것이다.

이러한 농업론의 구상은 현장경험과 더해져서 『임원경제지』와 「의상경계책」의 농업론으로 구체화되었는데, 초기 농업론의 토대 위에서 장년기와 노년기의 오랜 세월에 걸친 연찬의 결과이다. 『임원경제지』는 초기 농업론의 농업기술상의 문제를 계승 발전시킨 것이고 「의상경계책」은 초기 농업론의 농지분배론을 계승 발전시켜 국영농장적 둔전론(屯田論)을 제기하였다.

[참고어] 둔전론-서유구, 임원경제지, 한전론

[참고문헌] 김용섭, 1992, 「18, 9세기의 농업실정과 새로운 농업경영론」 『증보판 한국근대농업사연구 상』, 일조각 ; 유봉학, 1995, 「燕巖一派 北學思想 연구」, 일지사 ; 송양섭, 2006, 『朝鮮後期 屯田研究』, 경인문화사 ; 염정섭, 2014, 『18~19세기 농정책의 시행과 농업개혁론』, 태학사

〈이수일〉

서적위전(書籍位田) 고려시기 서경(西京)에 둔 관립 학교의 용지 조달 및 서적 관계 재정을 마련하기 위해 설정된 토지.

1178년(명종 8) 서경의 관제를 개편하고 공해전(公廨田)을 다시 마련할 때 제학원에 지급되었다. 이때의 제학원이라는 명칭은 묘청(妙淸)의 난 이후 서경의 관제를 개편할 때 처음 나타나며, 이전의 분사국자감(分司國子監 : 諸學士院)과 분사태의감(分司太醫監 : 醫學院)을 합친 것으로 보인다. 따라서 서적위전은 서경에 있는 학원들의 용지 조달과 서적의 구입·필사·간행 등의 비용을 마련하기 위해 설정된 토지이며, 규모는 50결이었다.

[참고어] 공해전

[참고문헌] 姜晋哲, 1980, 「私田地排의 諸類型-宮院田-」 『高麗土地制度史研究』, 高麗大學校出版部 ; 權寧國 外, 1996, 『譯註『高麗史』食貨志』, 韓國精神文化研究院 ; 安秉佑, 2002, 『高麗前期의 財政構造』, 서울대학교출판부

서적전(西籍田) 조선시기 개경의 동남문인 보정문(保定門) 밖 20리에 설치되었던 적전(籍田).

본래 고려시기의 적전을 가리켰다. 조선 태종 때 국왕의 친경(親耕) 의례를 위해 한성의 흥인문 밖에 새로 적전을 설치하였다. 이에 한성에 설치한 새로운 적전을 동적전(東籍田)이라 하고, 원래 개경에 설치된 구래의 적전을 서적전이라고 하였다.

조선시기에 들어와서 국왕의 친경 의례와 종묘·사직의 큰 제사에 소용되는 자성(粢盛)은 동적전에서의 수확으로만 충당하였고, 서적전은 개성유후사(開城留後司)의 국고로 귀속하였다. 규모는 태종 때 300결이었으나,

세종 때에는 70결밖에 남지 않았다. 조관(朝官)이나 개성 주민의 침탈에 따라 일어난 일이었다. 중종 때 경차관을 파견해 이를 추심하고자 했으나, 누대에 걸쳐 상속·매매가 이루어져 민전화되었기 때문에 토지에 대한 민원을 고려해 환급하였다.

[참고어] 적전, 친경례

[참고문헌] 金泰永, 1983, 『朝鮮前期 土地制度史硏究』, 知識産業社

〈정덕기〉

서명응(徐命膺) ⇒ 서유구

서호(西湖) ⇒ 축만제

서호수(徐浩修) ⇒ 서유구, 해동농서

선공감둔(繕工監屯) 고려·조선시기 토목과 영선(營繕)을 관장했던 선공감의 재정을 보용하기 위해 설치·운영한 토지.

고려 목종 때 장작감(將作監)으로 설치되었다가, 1298년(충렬왕 24)에 선공감, 1308년(충선왕 즉위년) 선공사(繕工司), 1356년(공민왕 5) 선공시(繕工寺) 등으로 계속 이름이 바뀌었다. 조선 개국 후인 1392년 7월 선공감을 설치해 토목·영선·시탄(柴炭)을 지응(支應)하는 일 등을 맡겼다. 제조(提調) 2인을 두는데 판관(判官) 이상 1인은 구임(久任)으로 한다고 했다. 관원으로 정(정3품) 1인, 부정(종3품) 1인, 첨정(종4품) 1인, 판관(종5품) 1인, 주부(종6품) 1인, 직장(종7품) 1인, 봉사(종8품) 1인, 부봉사(정9품) 1인, 참봉(종9품) 1인이 있었다. 『속대전』에서 정·첨정·판사·직장·참봉을 감원하고 봉사(奉事, 종8품) 1인, 감역관(監役官, 종9품) 3인, 가감역관(假監役官, 종9품) 3인을 증치하였다.

둔전은 김포(金浦)와 고양(高陽) 두 군의 초평(草坪)으로, 선공감의 창설과 동시에 설정되었다. 초평은 완(薍) 즉, 갈대를 생산하는 토지다. 갈대에는 정완(正薍)과 초완(草薍)이 있는데, 정완은 발[簾]·대자리[簟]·키[箕]·빗자루[箒] 등을 만들 때 쓰이고, 초완은 천막[棚]·교량·토우 등에 쓰인다. 초평에는 평직(坪直), 봉족(奉足) 등의 관리인을 두며, 매년 봄가을 두 번 선공감에서 감예관(監刈官)을 파견해 갈대를 채취했다. 한편 고양군 압도(鴨島)에 있는 초평은 빙고서의 초평과 연접할 뿐만 아니라 부근의 민이 초평을 개간하여 숙전(熟田)으로 만든 것이 적지 않아 그 경계가 분명하지 않았다.

이처럼 선공감 소속의 면세 둔전은 경기도에 한정되어 있었으며, 그 규모는 영조 5년에 130결 90부 3속이던 것이[『증보문헌비고』 「전부고(田賦考)」], 순조 7년에는 31결 64부 7속으로[『만기요람』 「재용」2 면세(免稅)] 줄어들었다. 1894년 선공감이 폐지되면서 둔전은 궁내부의 내장사로 이관되었다. 1907년 다른 역둔토와 마찬가지로 탁지부로 이속되었다가 1908년 이후 토지조사사업을 거쳐 국유로 사정되었다.

[참고어] 둔전, 아문둔전

[참고문헌] 『太祖實錄』; 『增補文獻備考』; 『萬機要覽』; 和田一郞, 1920, 『朝鮮土地地稅制度調査報告書』

〈윤석호〉

선농단(先農壇) ⇒ 단, 선농제

선농제(先農祭) 선농, 즉 농업의 신인 신농씨(神農氏) 염제(炎帝)에 대해서 제사하는 의례.

신라에서 입춘 후 해일(亥日)에 명활성 남쪽 웅살곡(熊殺谷)에서 선농에, 입하 후 해일에는 남산 신성(新城) 북문에서 중농(中農)에게, 입추 후 해일에는 산원(蒜園)에서 후농(後農)에게 제사를 지냈다. 중농과 후농은 중국의 예전(禮典)에는 전하지 않는다. 신라에서는 일찍부터 입춘 후에 풍년을 기원하는 기년제(祈年祭)를 거행하였고, 입하와 입추 후에 파종제와 성장기원제 등과 같은 농경의례를 치렀다. 통일신라시기에는 중국의 선농제를 수용하면서 기년제를 선농제에 포섭하였고, 파종제와 성장기원제를 중농, 후농이라고 명명한 것으로 보인다. 고려에서도 신라의 제도를 본받아 정월의 길한 해일에 선농에, 입하와 입추 후의 해일에 중농과 후농에 제사지냈다. 조선 초기 태종 대에 이르러 중국의 예전에 없다는 이유로 중농과 후농에 대한 제사를 폐지하고, 선농에게만 경칩(驚蟄) 후 해일, 즉 2월 해일에 제사지냈다.

중국에서 한 문제(文帝 : 재위 기원전 179~기원전 157)가 농사는 천하의 근본이라고 천명하며 처음으로 적전을 열고 몸소 밭을 갈은 이래로 유교적인 제사의례인 선농제를 지낼 때에 황제가 친히 적전을 가는 의례, 즉 친경적전의례(親耕籍田儀禮)를 동시에 거행하는 것이 관례화되었다. 적전은 제전(帝田) 또는 적전(籍田)이라고도 부르며, 천신인 상제(上帝)를 위해서 백성의 힘을 빌려 경작하는 토지라는 의미를 갖고 있다. 고려와 조선시기에서도 중국의 제도를 받아들여 선농제를 지낼 때에 친경적전의례를 같이 거행하였다. 신라의 경우 적전을 설치하여 왕이 친히 가는 의례를 치렀다는 기록이 전하지 않으나 아마도 그러하였을 가능성이 높다.

명활성 웅살곡은 왕궁이 위치한 월성의 동쪽에 위치하므로 신라에서 동교(東郊)에서 선농제를 지냈음을 알 수 있다. 고려와 조선에서도 동교에 적전을 만들고 거기에 선농단(先農壇)을 설치하였다. 『예기』에서 천자는 남쪽 교외에, 제후는 동교에 적전을 만들도록 규정하였는데 신라와 고려, 조선에서는 제후의 예를 따랐다고 볼 수도 있다. 그러나 당나라에서 동교에 적전을 설치한 다음 거기에서 선농제를 지냈고 한나라나 그 이전 시기에 동쪽에 적전을 설치했던 사실 등을 고려해 보았을 때, 반드시 신라와 고려가 제후의 예를 따랐다고 단정하기 어렵다.

고려와 조선 모두 선농제는 사전 체계상에서 중사(中祀) 길례(吉禮)에 포함시켜 거행하였다. 선농단에는 신농씨를 주향(主享)으로 하고, 후직씨(后稷氏)를 배향(配享)하였다. 신농씨의 신위(神位)는 단 위 북쪽에 남향으로 설치하고, 후직씨는 단 동편에 서향으로 설치하였으며 밑에는 돗자리를 깔았다. 고려 선농단의 규모는 너비 사방 30척(尺), 높이 5척이며, 단의 4면으로 오르내리는 층계가 있었다. 너비가 25보(步)인 낮은 담장[壝] 2개로 선농단을 둘러쌓았다. 조선시기 선농단은 너비가 23척, 높이가 2척 7촌으로서 고려보다 약간 축소된 규모이다. 이는 조선에서 제후의 격에 맞추어 제단을 설치한 사실을 반영한다. 본래 천자는 적전 1,000무(畝)를 설치하고, 제후는 100무를 설치하여 종묘의 자성(粢盛)으로 삼도록 하였다. 고려에서는 천자의 예에 따라 적전 1,000무를 조성하였고 조선에서는 제후의 예에 따라 100무의 적전을 설치하였다. 특히 조선에서 동·서적전을 둔 것이 특징적인데 서적전은 개성부 동쪽 20리에, 동적전은 한양 동교 10리에 위치하였고, 동·서적전의 면적은 합하여 400결(結)로서 서적전이 동적전보다 2배 정도 넓었으며 동적전에서만 친경 의례를 행했다.

선농제는 크게 두 가지 의례로 구분된다. 하나는 국왕이 선농단에서 선농에 제사를 지내는 것이고, 다른 하나는 국왕이 몸소 문무백관들을 거느리고 적전에서 밭갈이를 하는 친경의례이다. 이러한 관계로 이 둘을 합쳐서 선농적전(先農籍田)이라고 부르기도 한다. 중국에서 선농적전의 의례가 체계적으로 정비된 것은 당나라 때였다. 당의 선농적전 절차를 보면, 재계(齋戒)-진설(陳設)-난가출궁(鑾駕出宮)-궤향(饋享)-경적(耕籍)-난가환궁(鑾駕還宮)-노주(勞酒)의 순이다. 고려의 선농적전 절차는 당나라의 그것과 크게 다르지 않았고, 다만 노주의 절차가 반덕음(頒德音)으로 되어 있는데 반덕음은 내용상 노주와 대동소이하였다. 조선에서는 당나라와 고려의 제도를 참조하여 선농적전 절차를 정하였는데, 출궁(出宮)-친향선농(親享先農)-친경(親耕)-교서반강(敎書頒降)-친임노주(親臨勞酒)-환궁(還宮)의 순으로 진행하였다. 고려시기에는 사농시(司農寺) 혹은 전농시(典農寺)가 선농제를 관장하였고, 조선에서는 봉상시(奉常寺)가 동적전과 서적전을 관리하였다.

선농제에서 가장 중시된 절차가 선농에 대한 제사와 경적, 즉 왕이 몸소 적전을 가는 절차인데 후자가 훨씬 더 강조되었다. 『예기』에 천자가 삼공(三公)·구경(九卿)·제후(諸侯)·대부(大夫)를 인솔하고 몸소 적전을 갈되, 천자는 쟁기로 세 번 갈고, 삼공은 다섯 번 갈며, 경·제후는 아홉 번 간다고 규정하였다. 한편 당나라의 개원례(開元禮)에서는 황제는 세 번, 삼공과 제왕(諸王)은 다섯 번, 상서(尙書)와 경(卿)은 아홉 번 간다고 규정하였다. 고려에서는 초기에 왕은 다섯 번, 왕태자는 일곱 번, 삼공과 상서, 경 등은 아홉 번 갈도록 하였다가 1144년(인종 22)에 왕은 다섯 번, 제왕·삼공은 일곱 번, 상서·열경(列卿)은 아홉 번 갈도록 수정하였다. 조선에서는 왕은 다섯 번, 종실(宗室)과 재상은 일곱 번, 판서(判書)와 대간(臺諫)은 아홉 번 쟁기질을 한 다음, 이어 전농시윤(典農寺尹)이 서인(庶人)을 거느리고 나머지 적전을 갈았다.

고려시기에 왕이 친히 적전에서 밭을 간 경우는 983년(성종 2), 1031년(현종 22), 1144년(인종 22) 뿐이었다. 조선시기에는 건국 초기부터 동·서적전을 두고 거기에서 수확한 곡물을 종묘에 바치는 예를 마련하였으나 국왕이 직접 적전에서 밭을 간 것은 성종 대에 처음 보인다. 1475년(성종 6) 1월에 적전에서 처음 친경(親耕)한 이래, 1481년(성종 12), 1488년(성종 19), 1493년(성종 24)에 다시 친경례를 거행하였다. 이후 친경은 국가의 중사(中祀)로서 매해 초에 거행해야 하는 성대한 예식으로 인식되었음에도 불구하고 자주 행해지지 못했다. 연산군 대 1회, 중종 대 2회, 명종 대 1회, 선조 대 1회, 광해군 대 1회만이 거행되었을 뿐이다.

이후 한동안 친경 의식이 중단되었는데 흉년과 전염병 유행이 직접적인 이유였다. 거기에 광해군 대의 친경의례가 궁궐 영건과 함께 국력을 낭비한 무모한 정책으로 비판받은 것도 크게 작용하였다. 오랫동안 중단되었던 친경의례는 영조 대에 부활되어 4차례에 걸쳐 거행되었고 이후 1871년(고종 8)과 1908년(융희 2)에 두 차례 더 거행되었다. 1908년 11월에 선농단과 선잠단(先蠶壇)의 신위가 사직단(社稷壇)으로 옮겨 배향되면서 선농단은 제단으로서의 기능을 상실하였다. 1909년 4월 5일에 융희황제(隆熙皇帝)는 선농제를 생략한 채 동적전에서 친경만 시행하였는데 이때 농업과 함께 임업을 권장하는 조치를 취하였다. 이것이 해방 후 식목일을 제정하는 배경이 되었다. 융희황제는 1910년 5월 5일에도 친경을 시행하였으나 3개월 후인 8월에 한일합방이 체결되면서 친경 의례가 완전히 폐지되었다.

중국과 우리나라에서 선농에 제사지내고, 친경적전 의례를 거행한 목적은 국가 차원에서 한해의 농사가 잘되기를 빌고 농민들에게 농업을 권장하기 위해서였다. 선농제가 중국 한대(漢代)에 유교적인 제사 의례로서 처음 정립되었고, 통일신라에서 유학을 통치이념으로 확립하면서 중국에서 선농제를 수용하였다. 유학의 통치이념에서는 정치가 잘되고 나라가 잘 다스려지는 것은 민생의 안정으로 말미암아 이룩된다는 점을 강조한다. 농업이 가장 주요한 산업이었던 신라와 고려, 조선에서 민생의 가장 중요한 기초는 농사였고, 천지제사의 주 내용도 '기곡(祈穀)', 즉 '풍년의 기원'이었다. 신라와 고려, 조선의 지배층은 선농단에서 농업의 신인 신농씨에게 제사하고 적전에서 왕이 몸소 밭갈이 시범을 하는 의례, 즉 적전 친경 의례를 거행함으로써 민생에 중점을 둔 유교적 통치 이념을 실천하고자 했다.

[참고어] 농경의례, 친경례, 적전

[참고문헌] 谷口義介, 1988, 『中國古代社會史硏究』, 朋友書店 ; 김문식·김지영·박례경·송지원·심승구·이은주, 2011, 「선농제·선잠제-농사와 양잠의 신을 위한 제사-」『왕실의 천지제사』(조선 왕실의 행사1), 돌베개 ; 나희라, 2003, 『신라의 국가제사』, 지식산업사 ; 전덕재, 2003, 「신라초기 농경의례와 공납의 수취」『강좌 한국고대사』 2(고대국가의 구조와 사회) ; 2009, 『한국고대사회경제사』, 태학사 ; 한정수, 2004, 「고려전기 중농이념과 농경의례」, 건국대학교 박사학위논문 〈전덕재〉

선잠단(先蠶壇) ⇒ 단, 선잠제

선잠제(先蠶祭) 고려·조선시기에 선잠단(先蠶壇)에서 양잠(養蠶)을 처음으로 시작하였다는 신(神)인 서릉씨(西陵氏)에게 지낸 제사.

선잠제와 관련된 채상(採桑 : 뽕잎을 땀)의 기록이 『주례(周禮)』와 『예기(禮記)』에 나오므로, 그 기원이 중국 주대(周代) 이전임을 알 수 있다. 그러나 선잠제가 유교적인 국가 제사로 제도화된 것은 한대(漢代)이며, 당대(唐代) 이후 사전(祀典)에 중사(中祀)로 규정되었다.

선잠제가 우리나라에서 언제부터 시작되었는지는 알 수 없다. 고대에는 선잠제의 기록이 없고, 고려시기에는 『고려사』 권62, 「예지」 4 길례중사(吉禮中祀) 선잠조(先蠶條)에 그 제향 절차가 수록되었지만, 연대기 기사가 따로 없기 때문이다. 위 기록에 따르면 선잠단의 크기는 사방 2장, 높이 5척이고, 폐백은 흑색(黑色)이며, 희생은 돼지 한 마리이다. 헌관은 정3품인 태상경(太常卿) 이하가 담당하였다. 그렇지만 선잠제와 관련된 왕후의 채상과 잠실(蠶室)의 기록이 없어 당시 왕비의 친잠 여부는 확인할 수 없다.

선잠제의 내용은 조선시기에 더 강화되었다. 태종대 후반기에 사방 2장 3척, 높이 2척 7촌, 양유(兩壝)로 제단이 마련되었고, 헌관은 정1품관으로, 희생은 양, 돼지 각 한 마리로 바꾸어 제의(祭儀)의 내용을 새롭게 하였다. 이 규정은 약간의 수정을 거쳐 『국조오례의』에 기재되었다.

조선에서는 고려와 달리 채상단(採桑壇)에서 왕비가 친잠례(親蠶禮)를 거행하였다. 친잠례는 1477년(성종 8) 3월 임오일에 왕비가 내외명부를 거느리고 채상단에 나가 행한 것이 최초였다. 이를 준비하는 과정에서 친잠의(親蠶儀)가 완성되었고, 후원(後苑)에 사방 3장, 높이 5척 4촌의 채상단과 잠실이 설치되었다. 아울러 선잠단은 북교(北郊)에, 채상단은 후원에 있어 왕비의 친제가 어렵다 하여 제사는 관리가, 왕비는 친잠을 하도록 조처하였다. 이후 이에 근거하여 친잠례가 시행되었는데, 조선시기에 모두 8차례의 사례가 보인다.

정례화된 선잠제의 제사 시기는 음력 3월의 길사(吉巳 : 길한 사일)이다. 선잠제는 왕이 선농단(先農壇)에서 제사한 후 적전(籍田)에서 농사지어 제수(祭需)를 마련하면, 왕비가 선잠단에서 제사한 후 북교에서 누에를 쳐 제복(祭服)을 만든다는 이념 아래 설정되었다. 선농단은 현재 서울 동대문구 제기동에, 선잠단은 성북구 성북동에 위치했다.

선잠제는 북교의 선잠단에서 정1품의 초헌관이 주관하는 제사와 후원의 채상단에서 왕비가 주관하는 친잠례의 2단계로 구성되었다. 제사 당일 헌관이 제단에 도착해서 전폐(奠幣)와 작헌(酌獻), 송신(送神)의 순서로 의식을 진행했다. 전폐는 서릉씨에게 초헌관이 향을 세 번 올리고 폐백을 드린 후 절을 하는 과정이다. 작헌에서는 초헌관이 먼저 서릉씨에게 술잔을 올리고 엎드린 후 축문을 읽고 절을 하는 초헌례가 진행되고, 이어 아헌례와 종헌례가 같은 방식으로 진행된다. 이때 축문은 읽지 않는다. 헌례가 끝나면 음복(飮福), 수조(受胙)를 하고 제기를 거둔다. 이후 제수를 구덩이에 파묻고 헌관 이하가 퇴장한다. 이렇게 제사가 끝나면 왕비가 내외명부를 거느리고 궁을 나와 후원의 채상단에서 친잠례를 행하였다. 이때 왕비는 채상단에서 뽕잎 5가지를 따고, 이후 내외명부 1품은 7가지, 내외명부 2품과 3품은 9가지를 차례대로 딴다. 채상을 마치면 왕비는 궁으로 돌아가고, 내외명부가 잠실에서 뽕잎을 누에에게 뿌리면 의식이 마무리된다. 1908년 7월 선잠 신위를 선농 신위와 함께 사직단으로 옮겨 배향한 후 선잠제는 중단되었다.

[참고어] 농경의례, 친잠례

[참고문헌] 박경용, 1990, 「조선전기의 잠업 연구」『국사관논총』 12 ; 이의명, 1991, 「15·16세기 養蠶政策과 그 成果」『한국사론』 24 ; 김문식, 김지영, 박례경, 송지원, 심승구, 이은주, 2011, 『왕실의 천지제사』 1, 돌베개 〈이석원〉

선취특권(先取特權) 법률이 정한 특수한 채권을 보유한 자가 채무자의 총재산 또는 특정한 재산으로부터 채권자에 우선하여 변제를 받는 담보물권.

선취특권은 목적물을 점유할 권리를 수반하지 않으며 목적물을 경매하여 우선변제를 받는 것을 내용으로 하고, 물상대위(物上代位)의 효력이 있었다. 공평의 원칙, 산업보호 등의 이유로 특수한 채권자를 보호하려는 것으로, 채권 채무관계의 자유주의를 제약하는 것이었다. 따라서 근대법은 이 제도의 채용에 신중을 기하고 있으나, 채권관계에 대한 국가의 적극적 간섭의 진전에 따라 이 제도가 특별법에 의하여 확장되는 경향이 있다.

일제는 조선의 관습조사에서 일본민법상의 선취특권이 있는지 여부를 조사하였는데, 조세 등 공과(公課)와 횡령의 추징은 고래로 사채(私債)에 우선하여 징수한다고 보았다. 또한, 사채라도 어떤 종류의 채권에 대해서는 관습상 다른 채권에 우선하여 변제를 받는 것을 인정한 것으로 보았다. 그리고 공익비용을 원인으로 하는 채권에 대해서는 일반의 선취특권을 인정하였다. 토지임대에서 생긴 채권, 예컨대 소작료의 수취권은 그 토지의 수확물상에 특별한 선취특권을 인정하였다고 보았다. 그리고 그 순위는 공과, 공익비용, 특별선취특권 등의 순서로 보았다.

현행 민법은 구법의 선취특권이 거의 실효성이 없고, 경매대금의 배당만 복잡하게 한다는 등의 이유로 이 제도를 폐지하였다. 그리고 구법에서 실효성을 가졌던 것만을 법정질권(648·650조), 법정저당권(649조), 저당권설정청구권(666조) 등으로 존속시켰다. 그러나 다른 법률에는 선취특권과 같은 성질의 우선변제권이 많다. 상법의 회사사용인의 우선변제권(468조), 해난구조자의 우선특권(858조), 선박우선특권(861~870조), 조세에 관한 법정담보권(국세기본법 35조, 관세법 20조), 임금채권의 우선변제권(근로기준법 30조의 2) 등이 그 예이다.

[참고어] 채권, 경매, 질권

[참고문헌] 윤대성, 1992, 「日帝의 韓國慣習法調査事業에 관한 硏究」『재산법연구』 9 ; 이영미, 2007, 「近代韓國法과 梅謙次郎」『동아법학』 39 ; 이승일, 2008, 『조선총독부 법제정책 : 일제의 식민통치와 조선민사령』, 역사비평사 〈이승일〉

선희궁장토(宣禧宮庄土) 영조의 후궁 영빈 이씨(暎嬪李氏)의 사당인 선희궁에 소속된 장토.

1764년 영빈 이씨가 사망하자 시호를 의열(義烈)이라 추증하고 묘의 이름을 의열묘라고 했다가, 1788년(정조 12)에 선희궁으로 고쳐 격을 높였다. 또한 궁장토를 지급해 운영에 필요한 경비로 사용하게 하였다. 선희궁장토는 영빈 이씨의 제사비용에 충당하기 위해 1761년(영조 38) 이래 설정한 것이다. 당초에는 영빈이 살아있을 때 절수(折受) 또는 사여(賜與) 받은 전토와 전결을 이속하여 제위조(祭位條)라고 했으나, 그 후 절수 또는 매수에 의해 점차 확장되었다. 원래 제위조는 4대에 한정하여 지급하고 5대에 이르면 그 지급액을 환공(還公)하도록 정해졌으나, 1823년(순조 23) '사궁(四宮)과 제향이 있는 각 궁은 거론하지 말라'는 왕명에 따라 선희궁장토는 이 제한에 포함되지 않고 선희궁에서 영구히 소유하도록 하였다.

『속대전』 규정에 의하면 세자 사친궁인 선희궁은 300결 이상의 장토를 소유할 수 없도록 했지만, 『탁지전부고』와 『만기요람』에 의하면 면적이 총 3,400여 결이었다. 1870년(고종 7) 선희궁의 폐지와 함께 모두 내수사에 이속되었다가, 1897년 선희궁이 다시 중건됨에 따라 내수사로부터 장토를 반환받았으며 동시에 별도로 궁내부로부터 다수의 둔토를 인계받았다. 1901년 궁내부 경리원으로부터 매년 궁의 제사비용(조 2,000섬, 돈 6,000원)이 지급되게 되면서, 궁내부에서 인계한 둔토는 경리원으로 전속되었다.

한편 통감부는 1907년 7월 임시제실유급국유재산조사국(臨時帝室有及國有財産調査局)을 특설하고 황실재산과 국유재산을 조사했다. 또한 같은 해 11월에 황실재산정리국을 설치하여 황실소유재산과 국유재산을 분리시킨 다음, 1908년 6월 궁내부 소관 및 경선궁 소속 부동산은 모두 국유로 이속시켰다. 아울러 궁내부가 징수하던 제세(諸稅) 역시 국유로 이속시켰고, 황실재산정리국을 폐지한 이후로는 황실재산 정리에 관한 사무를 임시재산정리국에서 계승하도록 하였다. 이로 인해 선희궁장토는 대부분 탁지부 관리의 국유지로 편입되었는데, 이 가운데 농민소유지가 포함되어 농민들의 저항에 부딪히기도 했다. 이 분쟁이 토지조사사업에서 국민유분쟁으로 이어졌지만, 대부분 국유로 판정되었다.

[참고어] 궁방전, 1사7궁

[참고문헌] 和田一郞, 1920, 『朝鮮土地地稅制度調査報告書』; 대한지적공사,2005, 『한국지적백년사』 〈남정원〉

섬(石) 곡물이나 사료 따위를 담기 위해 짚으로 엮어 만든 자루.

섬 농업박물관

가마니가 나오기 전에 많이 사용하였는데, 곡식의 양을 재는 단위이기도 하다. 섬은 다양한 명칭으로 기록되어 있는데, '셤'(『훈몽자회』)·'공석'(『산림경제』)이라 적혀있고, 한자음으로 '석(石)'(『농사직설』)·'공석(空石)'(『산림경제』)으로 썼으며, 한자로는 '담(擔)'(『증보산림경제』)·'표(俵)'(『월여농가』)·'고천(藁篅)'(『산림경제』)·'점(苫)'(『훈몽자회』)이라고 표기했다. 섬은 새끼로 날을 삼고 짚으로 거칠게 엮어서 거적처럼 짜서 반으로 접은 후, 양끝을 안으로 우겨넣고 꿰매어 만든다. 섬 자체는 매우 약하였는데 표면이 거칠고 성글기 때문에 곡식이 새기도 하였다. 하지만 이를 막기 위해서 두껍게 짜지는 않았는데, 짚이 많이 들고 무거워졌기 때문이다. 그래서 운반할 때에는 가로·세로로 새끼줄을 매었다.

가마니가 등장한 이후로 섬은 점차 사라지게 되었고, 이후 곡식의 용량을 세는 단위가 되었다. 보통 한 섬이라고 하면 두 가마니의 용량을 말한다. 자세히 살펴보면 1섬은 1말(斗)의 10배에 해당하는 부피를 말하고, 이때 한자로 '석(石)' 또는 '곡(斛)'이라 적었다. 가마니에는 보통 5말이 들어가기 때문에 2가마니가 1섬이 되는 것이다.

[참고문헌] 박호석 外, 2001, 『한국의 농기구』, 어문각

성균관둔(成均館屯) 조선시기 성균관의 경비를 충당하기 위하여 설정·운영한 토지.

성균관은 조선시기에 인재양성을 위하여 서울에 설치한 국립대학격의 유학교육기관이다. 성균관둔은 1398년(태조 7) 성균관이 설립되면서 처음 지급되었고, 1484년(성종 15)에 400결로 그 수가 법제화되었다. 그러나 그 뒤 양사비(養士費)의 증가로 토지가 점점 더 지급되었는데, 임진왜란이 일어나기 전까지 성균관에 지급된 토지는 600결에 이르렀다. 임진왜란이 끝나자 성균관전은 여러 궁가(宮家)에 의해 점탈(占奪)당하면서 점점 감소되다가, 순조 때는 경기도를 비롯해 삼남지방에 걸쳐 531결을 확보하게 되었다.

성균관둔을 비롯한 학전은 면세지(免稅地)였기 때문에 이를 구실로 한 겸병(兼倂)의 폐단이 많았다. 이로 인해 학전의 규모를 제한했고, 1744년(영조 20) 성균관둔도 400결로 축소되었다.

『만기요람』에 따르면 경기도·경상도·전라도·충청도 일대의 지역에 총 531결 10부 1속의 면세지가 분포하고 있었다.[「재용편 2」 수세] 성균관둔의 관리는 토지소재지의 수령에게 일임하였다. 수확기에는 성균관에서 서리(書吏), 차노(差奴) 등을 파견하여 이를 거두기로 하였다. 소작료는 쌀, 포등을 징수하는 것을 원칙으로 하였고, 때로는 이를 금전 또는 기타의 물품으로 환산하여 거두는 일도 있었다. 성균관둔은 1907년 성균관이 학부(學部)로 전속됨에 따라 그 소관으로 옮겨졌다가, 이후 국유지로 편입되는 절차를 밟았다.

[참고어] 아문둔전, 학전

[참고문헌] 『萬機要覽』; 和田一郞, 1920, 『朝鮮土地地稅制度調査報告書』 〈남정원〉

성업사(成業社) 1931년 5월 조선식산은행이 보유 부동

산을 전문적으로 관리·경영·처분하기 위해 만든 자회사.

성업사가 출범한 1931년은 세계대공황과 만성적인 농업공황이 극에 달할 때였다. 미가가 사상최악으로 떨어지는 가운데 중소지주는 물론이고 대지주·대농장·농업회사조차 심각한 경영위기를 맞아 몰락하고 있었다. 특히 1920년대 산미증식계획의 실시와 함께 거액의 타인자본·금융자본을 동원하여 대규모 수리간척사업을 벌인 농장·농업회사나 수리조합 구역 내 지주들은 미가폭락에 따른 수익률 급락으로 이자는 고사하고 원리금상환마저 힘든 지경이었다. 채무압박을 견디지 못한 이들은 결국 채권은행에 담보부동산의 소유권을 넘기거나 질권 설정 후 사용수익권을 넘겨야 했다. 대공황기 이러한 경제적 사정 때문에 강점 이래 토지·농업금융을 담당해온 조선식산은행이나 동양척식주식회사는 저당권 설정에 의해 유입(流込)된 담보부동산으로 넘쳐났다. 이에 조선식산은행은 유입된 부동산을 전문적으로 관리 경영할 농업회사로 성업사를 설립하였다. 식산은행에서 창립자본금 전액을 출자했고, 창업요원 전원을 파견하였다. 성업사는 모든 농지를 관리 경영하는 데 그치지 않고 수익성·상품성 높은 매물로 만들어 고가에 처분함으로써 식산은행의 자산기초를 공고히 하는데 경영의 일차적 목표를 두고 있었다.

성업사가 인수 관리하는 농장은 거액의 부채와 관리부실로 수익성이 현저하게 떨어져 수지타산조차 맞추기 힘든 상태였기에, 각 농장의 농업생산력 증진을 농장관리의 최우선적 과제로 삼았다. 성업사는 먼저 기존의 농장운영 상황에 세밀한 경영분석과 함께 수원농사시험장에 토성검사를 의뢰하여 이를 토대로 과학적 영농기술개선안을 마련하였다. 지역토양에 맞는 품종을 다시 선정하고 수리시설의 정비와 경종법 개선에 주력하였다. 또한 관개시설의 개선을 도모하여 농업증산을 위한 생산기반설비를 개선 정비해갔다. 특히 대부분의 농장들이 간척지 농장이었기에, 배수불량을 제거하고 지력확보를 위해 제염작업과 시비에 세심한 지시와 감독을 시행하였다.

성업사는 각 농장과 농지에 직할농장과 수탁농장(위탁관리자) 그리고 출장소를 설치하고 중앙집권적으로 관리 운영해갔다. 본사에서는 각 농장과 출장소에서 제출한 예산서·농사계획서·전년도 영농실적 등을 기초로 농장별 영농계획서를 작성하여 목표책임생산량과 소작료 수량을 각 농장에 할당하였다. 각 농장과 출장소는 영농계획서에 따라 운영했고, 묘대 상황에서부터 이앙·제초·생육·시비·소작료수납에 이르는 모든 상황을 정기적으로 본사에 보고하였다. 본사에서는 영농계획서대로 작업이 진행되고 있는지 수시로 감독조치했고, 각 농장에 맞게 필요한 영농지침과 심득사항을 그때그때 지시하였다.

각 농장과 출장소는 할당된 생산수량 달성을 위해서 소작인 대책·관리통제에 철저를 기했다. 소작인은 모든 영농과정에서 농장의 지시와 통제를 받아 작업을 수행했다. 태만·성질불량·의무불이행 등 농장운영에 방해되는 소작농에 대한 지도와 통제를 위하여 회사조직을 총동원하였고, 일제 관헌과 유기적 협조 하에 소작계약 해제와 소작권 박탈까지 강행하였다. 성업사의 연간 총 소작료 수취량은 1930년대 후반 1940년대 초 대략 직할농장 2만석, 수탁농장 1만 5천석이상이었다. 수탁농장의 수익=수탁관리수수료는 식산은행과 약정한 생산량의 일정부분이었기에, 더 많은 관리수수료를 받기 위해 직할농장보다 더욱 철저한 증산을 요구했다. 이러한 영농개선의 노력, 생산독려와 통제는 반당 생산력 향상에 기여했지만, 소작인에 대한 수탈과 소작인의 항조를 야기하였다.

자산가치가 회복된 보유부동산을 가능한 빨리 매각처분하는 것이 부동산관리 처분회사인 성업사의 기본입장이었다. 미가가 회복되고 경기가 호전되기 시작한 1934~1936년 시기 성업사는 보유부동산을 대거 매각하기 시작하였다. 농장수익이 당시 주식 이회율(연 6%대)보다 낮거나 같은 농장이 우선 매각대상이었다. 매각자금으로 주식을 보유하는 것이 수익성 면에서 유리했다. 1931~1933년 설립 초기 성업사의 총자산대비 부동산구성비가 8할을 차지했고 부동산관련수입도 총수입대비 8할을 차지했다. 보유부동산의 꾸준한 매각으로 성업사의 자산비중은 큰 변화를 보였다. 1934~1936년 사이에는 총자산에서 부동산구성비가 5할로 감소하고, 1937년 이후부터는 3할로 떨어졌다. 그럼에도 불구하고 성업사의 소유 토지는 1938년 4,000정보, 1942년 4,500정보에 달했고, 그에 딸린 소작 농가가 2천 수백여 호에 달했다.

성업사는 부동산매각대금으로 유가증권을 매수하여 부동산관리 처분회사에서 지주회사로 면모를 일신하였다. 1934년 말 조선개척주식회사 주식을, 1935년 후지흥업주식회사 주식을 인수하여 양사 총 주식의 55.7%, 54.6%를 소유한 최대주주가 되었다. 성업사는

〈성업사 농장·출장소 개폐현황〉

소재지	농장명	개설일	폐지일
경남 창원군 북면	창원농장	1931.5.30.	1939.10.31.
황해 옹진군 용연면	천좌농장	1931.6.16.	-
황해 옹진군 용연면	옹진출장소	1931.6.16.	1935.8.20.
강원 철원군 철원면	철원농장	1931.8.7.	1935.6.10.
평남 평원군	평원출장소	1932.4.	1934.6.30.
충남 서산군 대산면	서산출장소	1932.4.1.	1936.3.31.
황해 연백군 온정면	연백출장소	1932.4.16.	1935.5.10.
경기 수원군 장안면	수원출장소	1932.4.16.	1932.9.7.
충남 당진군 신평면	당진출장소	1932.5.2.	1935.2.28.
경기 광주군	광주출장소	1932.5.5.	1934.12.31.
경기 이천군	이천출장소	1932.8.1.	1934.12.31.
경기 포천군 영북면	영북출장소	1933.2.1.	-
황해 재령군 재령면	재령출장소	1933.2.1.	1935.6.10
충남 보령군 대천면	대천출장소	1933.3.7.	-
전남 장흥군	장흥출장소	1933.4.1.	1942.4.18
평북 정주군 남서면	서수농장	1933.4.1.	1939.8.30.
경남 함안군 말산리	함안농장	1933.10.1.	1939.10.31.
경기 김포군 하성면	김포농장	1934.12.2.	1940.8.26.
함북 경흥군 로서면	경흥출장소	1935.4.1.	-
충남 논산군 논산읍	논산출장소	1935.4.1.	1936.6.30.
전북 부안군 상서면	부안출장소	1938.1.30.	1939.2.28.
황해 옹진군 북면	말영농장	1939.2.1.	-
황해 옹진군 서면	귀두농장	1939.2.20.	-
평북 정주군 남서면	서수농장	1939.8.30.	-
경기 양주군 노해면	창동농원	1940.4.1.	-
황해 안악군 서해면	원전농장	1942.3.25.	-
평남 강서군 적송면	적송농사주재소	1943.4.1.	-
평남 평원군 서해면	평원출장소	1943.4.1.	-
강원 통천군 통천면	통천출장소	1943.5.1.	-

출처 : 洪性讚, 1993, 「日帝下 金融資本의 農企業 支配-朝鮮殖産銀行의 成業社 設立과 그 運營」『東方學志』 68, 143쪽.

두 회사를 산하의 자회사로 거느린 지주회사가 되었고, 모회사인 조선식산은행은 자회사인 성업사를 매개로 다수의 손자회사를 거느리는 거대 금융콘체른을 구축하기 시작하였다. 1936년 말 정관의 사업목적에 유가증권의 취득 및 처분을 새로 추가하고, 이후 식산은행의 지시 속에서 본격적으로 회사를 인수하거나 주식을 매수하였다. 1936년 조선제련주식회사, 1938년 조양광업주식회사, 1939년 이후 한강수력전기주식회사·조선무연탄주식회사·국산자동차주식회사·일본고주파중공업·조선저장식량주식회사 등의 주식을 대량으로 인수하였다. 1939년 조선농기구제조주식회사를 설립하고, 1944년 조선개척주식회사를 후지흥업주식회사에 합병시켰다. 후지흥업주식회사는 동양척식주식회사에 버금가는 단일 거대농업회사가 되었다.

해방 당시 성업사는 남북에 4만 8천여 정보의 농경지를 소유하고 있었다. 그러나 38도 이북에 소련군이 주둔함에 따라 성업사를 접수한 미군 수중에는 그 2할에도 못 미치는 황해도 옹진군의 가와사농장(川佐農場)·아카리농장(鬼頭農場)·미라이농장(末永農場)과 충남 대천출장소의 농경지만 남았다. 성업사는 1965년 10월 5일에 정식으로 해산되었다.

[참고어] 조선식산은행, 후지흥업주식회사, 동태적 지주, 농지개혁

[참고문헌] 洪性讚, 1993, 「日帝下 金融資本의 農企業 支配-朝鮮殖産銀行의 成業社 設立과 그 運營」『東方學志』 68 〈이수일〉

성천포락(成川浦落) 수재(水災)를 입어 토양이 유실된 내려가고 뭍이었던 곳이 하천이 된 현상.

천반포락(川反浦落)이라고도 한다. 성천포락은 더 이상 경작할 수 없으므로 양전(量田) 과정에서 발견되면 별도로 구분하여 기록하였다. 1714년(숙종 40) 간행된 것으로 추정되는 『양전등록』에 따르면, 성천포락(천반포락)에 대한 양전 규정은 다음과 같다. 천반포락은 내[川]를 이루어 모래로 덮인 곳은 전형(田形)의 유무를 파악하여, 이후에 기경(起耕)할 수 있을 것으로 판단되면 "계속 묵혀지고 있음[仍陳]"으로 기재하고, 아예 전형(田形)이 파악되지 않는 경우 원래 양안(量案) 상의 토지 파악 순서를 준수하되 다만 '천반포락(川反浦落)'으로 기재하도록 하였다. 전자와 후자의 차이는 성천포락의 상태가 일시적인지 아니면 영구적인지였지만 동일하게 진전(陳田)이었다. 진전일 경우, 토지에 부과되는 각종 조세와 잡역(雜役) 등의 부과가 면제되었기에 양전 사업의 주된 목적 중의 하나는 묵힌 땅이었다가 개간된 토지를 파악하여 조세를 부과하는 데 있었다. 따라서 조선시기 타량(打量) 업무를 수행하는 감관(監官)들이 사적으로 진전과 기경전을 실상과 다르게 조사하여 양안에 기재할 경우, 법에 따라 엄하게 처벌하였다. 『대전회통』에 따르면 면적 1부(負)에 태(笞) 10대로 죄를 다스렸으며, 만약 1결(結)이 넘을 경우 장(杖) 100대, 유배 3,000리(里)로 처벌하였는데 이는 사형(死刑) 다음에 해당되는 중형이었다. 그러나 이러한 엄벌 규정에도 불구하고 실제로는 토호들이 고을의 수령 및 감관과 결탁하여 기경전이 성천포락의 명목으로 빼돌려져 조세 납부 대상으로부터 제외되는 경우가 자못 적지 않았다.

하지만 성천포락은 계절에 따른 강수량의 변동이 극심하여 상시적인 수해(水害)의 가능성을 안고 있는 한국의 기후를 감안하면 그리 예외적인 특수한 현상이라기보다는 매년 발생하는 일반적인 현상으로 파악해야 할 것으로 보인다. 따라서 조세를 부과하는 경작

토지[수세실결(收稅實結)]의 감소를 우려하는 중앙정부의 입장과 조금이라도 관할 지방의 상납 조세 부과를 가볍게 하고자 하는 관찰사(觀察使) 및 수령의 입장이 '성천포락'을 매개로 첨예하게 대립하였다. 조선시기에는 재해를 입은 전지(田地)를 재결(災結)로 파악하여 면세 혜택을 부여하는 제도가 있었는데, 이러한 급재(給災)제도 하에서 관찰사나 수령들은 급재 혜택을 받는 재결을 더 확보하고자 성천포락을 활용하기도 하였다. 정부로서는 한편으로 조세를 영구히 면제하는 진전의 범위를 수재로 인한 성천포락으로 엄격하게 규정하는 한편, 『양전등록』의 규정에서도 나타났듯이 '성천포락'을, 유실되기 직전에 경작하던 토지였거나 또는 이후에 곧바로 복구될 수 있는 경우로 세분화하였다. 성천포락이라고 하여 무조건 조세를 감면하는 혜택을 허락하려 하지 않았던 것이다.

[참고어] 복사전, 진전, 급재, 사방사업

[참고문헌] 吳仁澤, 1996, 『17·18세기 量田事業研究』, 釜山大博士學位論文 ; 宋讚燮, 2002, 「진전의 개간과 양전사업」『한국사 30』, 국사편찬위원회

〈정희찬〉

성호사설(星湖僿說) ⇒ 이익

세역(歲易) 논밭에서 번갈아 가며 1년 내지 2년씩 농지를 놀리며 농사를 짓는 방식.

휴한(休閑)을 다르게 표현한 용어이다. 특정한 논밭을 번갈아 가면서 놀리는 방식이기 때문에 지력(地力)을 유지시킬 수 있는 방법이었다. 시비법 등이 지금처럼 발달하지 못한 상황에서 한 농지에 계속해서 농사를 지으면 땅이 척박해져 소출을 기대할 수 없었으므로, 한 해 또는 두 해 정도 경작을 하지 않아 지력을 회복했던 것이다.

세역은 『주례(周禮)』의 역전(易田) 설명 항목에 함께 등장한다. 역전은 1년이나 2년을 휴한시키고 경작하는 토지를 가리키는데, 역전에서의 농사짓는 방식이 바로 세역이었다. 또 『제민요술(齊民要術)』에는 세역으로 벼농사 짓는 방법이 소개되어 있다.

한편 1054년(고려 문종 8)에 제정된 전품(田品) 규정에는 휴한하지 않는 땅을 상(上)으로 삼고, 1년 휴한하는 땅을 중(中)으로 삼으며, 2년 휴한하는 땅을 하(下)로 삼는다는 내용이 있다. 여기에서 휴한을 하지 않는다는 것은 그만큼 토지 상태가 좋다는 것을 의미하지만, 한국사에서 세역농법 즉 휴한농법을 극복하고 상경농법 단계로 전환된 시기에 대해서 견해가 몇 가지로 나뉜다. 그 가운데 신라통일기에 이미 평지의 경우 상경농법이 일반화되었고, 고려 전기에 산지에서 휴한법이 실시되었다는 견해가 있다. 또한 고려 후기 내지 조선 전기에 휴한법에서 상경법으로 발전하였다는 견해도 있다. 그러나 이러한 차이에도 불구하고 공통적으로 지적된 것은 휴한에서 상경으로 전환하기 위해서는 지력을 회복시킬 수 있는 시비(施肥) 기술의 발전이 반드시 선행되어야 한다는 것이다.

한편 1429년(세종 11)에 편찬된 『농사직설(農事直說)』에 보이는 벼농사 기술은 상경으로 벼를 재배하는 방식이었다. 또한 이미 밭작물의 재배도 이미 1년 1작을 기본으로 2년 3작이 이루어진 것으로 보인다. 그런데 1464년(세조 10) 2월 1일 기록을 보면 "병조에서 함길도 군사 등의 상언에 의거하여 아뢰기를, '경상도·전라도·충청도는 토지가 기름지고 비옥하여 전지에 준하여 장정을 지급할 수 있지마는 본도는 토전이 척박하여 모두 다 세역하여 경작하는데, 만약 전지를 계산하여 정역을 작정한다면 백성이 역을 감당할 수가 없을 것입니다.'(兵曹據咸吉道軍士等上言啓 慶尙全羅忠淸道, 土地膏沃, 可以準田給丁, 本道則土田瘠薄, 率皆歲易而耕, 若計田作丁, 則民不堪役.[『세조실록』 권32, 10년 2月 갑신])"고 하여, 동북쪽의 함경도에서는 세역이 일반적이었음을 전하고 있다.

세역 방식에서 상경 방식으로 변화하는 시기와 그 배경을 살피는 것은 토지에 관련된 국가제도, 곡물 등을 경작하는 농업기술, 인구변천과 지역 개발 양상 등을 고려해야 보다 정확한 결론을 내릴 수 있을 것으로 보인다. 또한 토지소유 규모, 지역적인 농업 관행 등과 같은 농업경영, 관행농법 차원에서의 검토도 필요할 것이다.

[참고어] 휴한농법, 상경농법

[참고문헌] 이태진, 1986, 『한국사회사연구』, 지식산업사 ; 이종봉, 1993, 「고려시기 수전농업의 발달과 이앙법」『한국문화연구』 6, 부산대 한국문화연구소 ; 위은숙, 『고려후기 농업경제연구』, 혜안 ; 김용섭, 1975, 「고려시기의 양전제」『동방학지』 16, 연세대 국학연구원 ; 이정호, 2002, 「고려후기의 농법-농법 발달과 무신정권기 사회변화의 관계를 중심으로-」『국사관논총』 98, 국사편찬위원회

〈염정섭〉

세적(稅籍) 고려시기 세금을 걷기 위해 작성한 장부.

세금징수와 관련된 여러 사항, 즉 징세 대상, 징세

기준, 징세 품목, 수량, 수납 기관 등이 기록되었을 것으로 여겨지지만 그와 관련된 구체적인 자료는 보이지 않는다. 단지 1041년(정종 7) 4월에 문하성에서 북로(北路)와 동로(東路) 부근의 지역에 부과되는 세금에 대해 아뢰면서 "기묘년 간에 담당 관청에서 아뢰어 세액을 정하여 양로 주현의 1년 공포 5만 209필을 후량 1만 4천49곡으로 절납하였는데 이를 변방의 백성들이 좋아하지 않으니, 세적에서 빼줄 것(己卯年間, 有司奏定稅額前項兩路州鎭, 一年貢布, 五萬二百九匹, 折納餱糧, 一萬四千四十九斛. 由此, 邊民不樂, 請除放稅籍.[『고려사』 권79, 「식화지」 1 전제])"을 청한 기사가 보인다. 고려시기에 이와 비슷한 것으로 공안(貢案)·공적(貢籍) 등이 보인다.

[참고어] 공안

[참고문헌] 權寧國 外, 1996, 『譯註 『高麗史』 食貨志』, 韓國精神文化研究院 ; 채웅석, 2009, 『『고려사』 형법지 역주』, 신서원 〈윤성재〉

세종(世宗) 조선왕조 제4대 왕.

재위기간(1418~1450) 동안 훈민정음의 창제, 농업과 과학기술의 발전, 의약기술과 법제의 정리, 공법(貢法)의 제정 등 유교적 농업국가의 기틀을 마련했다고 평가받는다. 이름은 도(裪), 자는 원정(元正), 시호는 장헌영문예무인성명효대왕(莊憲英文睿武仁聖明孝大王), 묘호는 세종(世宗)이다. 태종과 원경왕후(元敬王后) 민씨(閔氏)의 셋째 아들로 1397년(태조 6)에 태어났다. 비(妃)는 청천부원군(靑川府院君) 심온(沈溫)의 딸 소헌왕후(昭憲王后)이다. 1408년(태종 8) 충녕군(忠寧君)에 봉해지고, 1412년 충녕대군에 진봉(進封)되었으며, 1418년 6월 왕세자에 책봉되었다가 같은 해 8월에 태종의 양위를 받아 즉위하였다.

세종은 1420년에 집현전(集賢殿)을 설치하고 정치·경제·사회·문화 등 유교국가로서 조선왕조의 전반적인 기틀을 수립하였다. 1436년(세종 18), 의정부서사제(議政府署事制)를 실시하여 의정부의 의결 기능을 부활시키고 의정부와 6조의 관계를 정비함으로써 군신공치(君臣共治)의 유교적 정치 이상을 실현하기 위해 노력하였다. 나아가 집현전을 국가의 학술기관으로 확장하여 정인지(鄭麟趾)·신숙주(申叔舟)·성삼문(成三問)·박팽년(朴彭年)·최항(崔恒) 등 신진 학자를 등용하여 인재양성과 학문진흥을 꾀하였다.

1443년(세종 25), 집현전 학자들의 협력을 받아 훈민정음(訓民正音)을 창제하고, 3년간의 검증 기간을 거쳐 1446년에 반포하였다. 우리말에 맞는 글자가 창제됨으로써 농민층을 기본으로 하는 절대다수의 국가구성원이 비로소 자신의 의사를 문자로 표현할 수 있는 문화생활권 안으로 들어설 수 있는 바탕을 마련하였다.

세종은 유교경서와 의례서, 문학서, 훈민정음 관계서, 지리서, 농서, 역사서, 법률, 천문서 등 다양하고 방대한 편찬사업을 통해 유교적 정치·제도의 기틀을 마련하는 한편 조선의 문화수준을 한 단계 높은 수준으로 끌어올렸다.

세종 대의 수많은 치적 중에서도 가장 주목되는 것은 생산자 농민층을 교도하고 농업생산력을 장려하는 다양한 농정책이었다. 먼저 세종 대에는 농사법의 개량을 위해 농서의 편찬에 많은 노력을 기울였다. 중국의 농서인 『농상집요(農桑輯要)』·『사시찬요(四時纂要)』 등과 우리나라 농서인 『본국경험방(本國經驗方)』, 『농사직설(農事直說)』 등의 농업서적을 편찬하여 농업기술의 계몽을 선도하였다.

그 중에서도 『농사직설』은 우리의 농업전통을 이해할 수 있는 최고(最古)의 체계적인 농서로서 이 책의 반포는 조선시기 농업과 농업기술사에 중요한 의의를 가진다. 『농사직설』은 조선 삼남지방의 수전중심의 농업을 대상으로 하고 있으며 화경(火耕)농법 등 조방적인 농업의 일면은 물론 권농정책으로서의 신전(新田) 개발, 특히 대농경영에 주력하는 면모를 보이고 있다. 세종은 『농사직설』의 편찬을 통해 구래의 낡은 농법을 지양하고, 삼남(三南) 지방의 선진 농법, 특히 수전 농업을 북부지방까지 보급시키고자 노력하였다.

농정과 관련한 세종 대의 치적으로 세법의 개정을 빼놓을 수 없다. 종래의 세법이었던 답험손실법은 관리의 부정으로 인해 농민에게 주는 폐해가 막심했기 때문에 그 개혁이 불가피하였다. 이를 대체할 새로운 세법으로서 1428년(세종 10)부터 공법(貢法)이 논의되기 시작하여 수다한 논란과 수정 끝에 1444년에 확정, 반포되었다. 공법은 답험손실법·결부제의 모순점을 지양하고 객관적인 기준에 의거하여 당시 토지생산력에 상응하는 수취를 기함과 동시에 농민경영의 안정과 국가세수의 증대를 목적으로 한 새로운 수세법이었다. 공법은 주척(周尺)이라는 양전척(量田尺)과 전분6등·연분9등이라는 합리적인 기준에 의해 양전과 수세(收稅)를 수행하도록 제정됨으로써, 이론상으로는 농민경영의 안정과 국가세수의 증대라는 이중의 목적을 달성할 수 있게 되었다.

세종의 치세에는 농정을 지원하는 과학기술도 큰

발전을 이루었다. 천문대와 천문관측기계 방면에서의 발전이 그 주요한 요소로 꼽히고 있다. 세종 14년부터 시작된 대규모의 천문의상(天文儀象)의 제작사업과 함께 경복궁의 경회루 북쪽에 높이 약 6.3m, 세로 약 9.1m, 가로 약 6.6m의 석축간의대가 세종 16년에 준공되었다. 그리고 이 간의대에는 혼천의(渾天儀)·혼상(渾象)·규표(圭表)와 방위(方位) 지정표(指定表)인 정방안(正方案) 등이 설치되었다.

혼천의는 천체관측기계로서, 문헌상으로는 세종 15년 6월에 만들어진 것이 우리나라 최초의 혼천의이다. 그리고 같은 해 8월에 또 하나가 만들어졌는데, 정초(鄭招)·정인지(鄭麟趾) 등에게 고전(古典)을 조사하게 하는 한편, 장영실(蔣英實) 등 기술자들에게 실제 제작을 담당하게 하였다. 이 혼천의는 천구의(天球儀)와 함께 물레바퀴를 동력으로 해 움직이는 시계장치와 연결되어 천체의 운행과 맞게 돌아가도록 되어서 일종의 천문시계의 성격도 가졌다.

또한, 시간을 측정하는 해시계와 물시계도 제작되었다. 해시계로는 앙부일구(仰釜日晷)·현주일구(懸珠日晷)·천평일구(天平日晷)·정남일구(定南日晷) 등이 있다. 그러나 해시계는 갠 날과 낮에만 쓸 수 있는 것이므로 공적인 표준시계로는 물시계가 더 유용했는데, 자격루가 그것이다. 자동시보장치가 붙은 물시계인 자격루는 세종이 크게 관심을 가졌던 것으로, 장영실을 특별히 등용해 세종 16년에 완성하였다.

세종은 천문·역서(曆書)의 정리와 편찬에도 큰 관심을 가져 『칠정산내편(七政算內篇)』·『칠정산외편(七政算外篇)』을 편찬하여 조선의 역법(曆法)을 정비하였다. 그것은 중국력(中國曆)과 회회력(回回曆)을 비교·참작하고, 조선의 왕도(王都)를 기준점으로 하여 자연현상의 고유한 이법을 객관적이며 긍정적인 시각으로 탐구한 결과 성취된 것이었다.

측우기의 발명도 이 시기 과학기술의 발달에서 주목할 만한 업적이다. 측우기는 세종 23년 8월에 발명되어 강우량의 새로운 측정제도가 마련되었고, 그 미흡한 점은 이듬해 5월에 개량·완성되었다. 농업국가인 조선에서 측우기를 통한 강우량의 과학적 측정은 농업기상학의 괄목할 만한 진전을 이룩한 것이라 평가할 수 있다.

아울러 도량형 제도도 세종 13년과 28년에 확정되어 『경국대전』에 그대로 법제화되었다. 이때의 도량형은 12율(律)의 기본음인 황종률(黃鐘律)을 낼 수 있는 황종관(黃鐘管)을 표준기(標準器)로 삼은 것으로, 황종관의 길이는 자로 길이의 단위를 삼았고, 그 속에 담기는 물은 무게의 단위로 삼았다.

이와 같이 다양한 편찬사업과 과학기술의 정비를 바탕으로 한 세종 대의 농정책은 토지와 농민에 대한 법제적·공적 지배와 지주제에 기반한 양반층의 사적 농민지배, 즉 소농경영과 지주제의 균형과 안정을 모색하고 있었던 것에서 그 특징을 찾아볼 수 있다.

여말선초의 사회변동은 단순한 왕조 교체에만 머문 것은 아니었다. 비록 동일한 중세사회 내부에서의 변화였고 봉건국가라는 본질에는 변함이 없었지만 집권성의 강화와 국가 공적 영역의 확장이라는 방향 속에서 새로운 국가운영 원리를 모색하고 정착시켰다는 점에서 조선의 개창은 일정한 질적 변화를 수반한 것이었다. 조선은 봉건국가의 집권력 강화라는 일관된 방향 속에서 정치적으로는 중앙집권적 관료제와 군현제의 정비, 경제적으로는 토지제도와 조세제도의 개혁, 사회적으로는 양천제에 기초한 신분질서의 확립, 사상적으로는 유교·주자학에 입각한 사상 교화 정책의 추진 등을 추진하였다. 중앙집권적 정치체제의 확립과 국가의 공권력 강화는 중간 수탈을 배제하고 민의 성장을 체제적으로 보장할 수 있는 바탕이 되었다.

그러나 여기에서 간과하지 말아야 할 것은 조선왕조의 통일권력, 집권체제가 외형상 전제군주권을 정점으로 한 일원적 정치구조를 지향하고 있었지만 조선은 본질상 양반지주층의 이익을 우선적으로 보장·반영하는 봉건국가였다는 점이다. 조선왕조가 집권체제의 근간이라 할 수 있는 토지와 민을 지주의 농업경영을 주축으로 파악함으로써 국가권력의 행사를 양반지주층의 지원과 경제기반에 의존하였던 이상 양반지주층의 토지소유와 농민지배는 인정되고 보호되어야만 했다. 때문에 농민적 소유권만이 일방적으로 발전할 수는 없었으며, 집권력·공권력이 표방하는 '공'의 이념이 실제 현실에서 그대로 구현된다는 것은 불가능한 일이었다.

세종 대의 농정책이 농민층의 재생산기반을 안정시키고 자영농의 증가를 모색하고 있었음은 두말할 나위가 없다. 그러나 한편으로 『농사직설』 편찬으로 상징되는 권농정책이 농업생산의 표본을 대경영자나 소농상층의 부유한 농민에게 두고 그들을 중심으로 농업생산을 발전시켜 나가려 했다는 점, 그리고 공법이 토지에 대한 철저한 파악과 공평한 수취를 바탕으로 강력한 집권국가를 지향하였으되 토지개혁과는 무관한 조세제도 차원의 개혁이었던 점은, 봉건국가에서 농민경제의 안정이란 지주제의 건강한 발달을 위한 전제로서 그 존재 가치를 가지고 있었던 점을 확인시켜 주는 것이었다고 하겠다.

세종은 지주제가 소농민의 안정에 기초할 때 봉건질서에 대한 농민의 저항을 최소화하고 신분질서를 확고히 할 수 있다는 점을 명확하게 간파하고 있었다. 결국 세종 대의 농업 정책은 국가의 재정 확보책이나 민생과 관련한 제반 시책들을 양반층의 지주경영과 조화롭게 병존시키는 데 역점을 두고 있었던 것에서 그 특징을 찾을 수 있다고 하겠다.

[참고어] 공법, 농상집요, 사시찬요, 농사직설, 전분6등제

[참고문헌] 한영우, 1983, 『조선전기사회사상연구』, 지식산업사 ; 김태영, 1983, 『조선전기토지제도사연구』, 지식산업사 ; 이경식, 1986, 『조선전기토지제도연구』, 일조각 ; 이태진, 1986, 『조선사회사연구』, 지식산업사 ; 이호철, 1986, 『조선전기농업경제사연구』, 한길사 ; 최윤오, 1999, 「世宗朝 貢法의 原理와 그 性格」 『韓國史硏究』 106 ; 김용섭, 2000, 『韓國中世農業史硏究 : 土地制度와 農業開發政策』, 지식산업사 ; 김용섭, 2009, 『朝鮮後期農學史硏究』(신정 증보판), 지식산업사 〈김정신〉

세종실록지리지(世宗實錄地理志) 1454년(단종 2)에 간행된 『세종장헌대왕실록(世宗莊憲大王實錄)』에 부록으로 수록된 전국지리지(全國地理志).

1432년에 완성된 관찬 지리지인 『신찬팔도지리지(新撰八道地理志)』를 저본으로 하고 있다. 1424년(세종 6)에 세종은 대제학 변계량(卞季良)에게 지지(地誌) 및 주·부·군·현의 연혁을 정리하여 지지를 만들어 올리게 하였다. 이에 춘추관(春秋館)에서 이를 주도하여 전국적으로 자료가 될만한 것을 수집하는 하고, 각 주·부·군·현에서 문적(文籍)을 찾아서 정확한 지리지의 편찬을 기하였다. 1425년에는 『경상도지리지(慶尙道地理志)』가 발간되었고, 그리고 나머지 7도의 지리지를 한데 모아서 『신찬팔도지리지』가 편찬되었다.

1432년(세종 14) 정월 19일의 실록 기사에 의하면 영춘추관사(領春秋館事) 맹사성(孟思誠), 감관사(監館事) 권진(權軫), 동지관사(同知館事) 윤회(尹淮)·신장(申檣) 등이 『신찬팔도지리지』를 세종에게 바쳤다. 그리고 1454년(단종 2) 3월에 『세종실록』 중에 실록지리지(권148~155)가 포함되어 완성되었다.

『실록지리지』의 첫 부분에 "우리나라 지지가 대략 『삼국사』에 있고, 다른 데에는 상고할 만한 것이 없더니, 우리 세종대왕이 윤회·신장 등에게 명하여 주군의 연혁을 상고하여 이 글을 짓게 해서, 임자년(1432)에 이루어졌는데, 그 뒤 (주군이) 갈라지고 합쳐진 것이 한결같지 아니하다. 특히 양계에 새로 설치한 주·진을 들어 그 도의 끝에 붙인다.(東國地志, 略在『三國史』, 他無可稽. 我世宗大王命尹淮·申檣等, 考州郡沿革, 乃撰是書, 歲壬子書成. 厥後離合不一, 特擧兩界新設州鎭, 續附于其道之末云. [『世宗莊憲大王實錄 地理志』「序」])"라는 기사가 있다. 여기에서 임자년이라는 것을 통해 이 책이 바로 『신찬팔도지리지』을 알 수 있다. 『신찬팔도지리지』를 만든 뒤의 행정구역 등의 변화를 반영하고, 기타 내용을 가감하고 정리하여 실록지리지를 만든 것이다. 8도를 8권으로 각각 나누어 기입하였는데, 권148의 경도한성부(京都漢城府)·구도개성유후사(舊都開城留後司)·경기도관찰(京畿道觀察)에서 시작하여, 권149 충청도·권150 경상도·권151 전라도·권152 황해도·권153 강원도·권154 평안도, 마지막으로 권155 함길도 순이다. 항목은 경도한성부와 기타 도는 다소 차이가 있다.

경도 한성부를 보면, 처음에는 수도로서의 개관적인 내용으로 연혁(沿革)·부윤(府尹)·판사(判事) 등의 관직, 종묘·궁실의 건립, 도성(都城)의 주위, 사대문(四大門)과 사소문(四小門) 등을 소개하고, 다음에 한성부 내의 행정구역인 동·서·남·북·중의 오부(五部)와 그 소속 방명(坊名)·방수(坊數)·호수·간전(墾田)·결수(結數)를 설명한다.

이어서 종묘·사직·문묘·왕궁·궁전·누(樓)·교(橋)·관(館) 등에 관하여 각각 명칭 유래를 비교적 자세히 서술하였다. 그 다음에는 산천·제단(祭壇)·적전(藉田)·도진(渡津)·빙고(氷庫)·조지소(造紙所)·수년(水輾)·활인원(活人院)·귀후소(歸厚所)·사찰·봉경(封境) 등의 주석을 달면서 그 위치·수량·유래 등을 설명하였다. 구도개성유후사조에서는 대체로 경도한성부의 항목과 비슷하나, 다소 간략하고 송도 팔경(松都八景)·영이(靈異) 등을 더하였다.

경기조를 보면 처음에는 관원(官員)과 정원·연혁·사경(四境)·행정구역·명산·대천 등의 역사적 고찰과 자연환경을 기록하였고, 다음에는 호구·군정(軍丁)·간전·공부(貢賦)·약재·진영(鎭營)·역(驛) 등 경제·재정적 항목을 비교적 자세히 설명하였다. 다음에는 이에 속한 1목(牧)·8도호부(都護府)·6군(郡)·26현(縣)을 모두 단위조(單位條)로 들어 설명하였다.

경기도를 비롯하여 각 도 및 그 아래의 단위조의

내용 구성을 정리하면 대체로 연혁·사경·산천·궐토(厥土)·풍기(風氣)·토의(土宜)·호구·군정·성씨·간전·토산 및 토공(土貢)·약재·목장·어량(魚梁)·염소(鹽所)·철장(鐵場)·도자기소(陶磁器所)·고적·역전·조운(漕運) 등의 20개 항목이다.

실록지리지에서는 몇 가지 특징을 보이는데, 후세의 관찬지리지 보다 기재 내용이 정확한 점, 전국지리지임에도 각각의 지역성을 파악한 점, 토산과 관련하여 자세하고 상세하다는 점이다. 그리고 지인상관론(地人相關論)에 맞게 항목을 배열하였다고 파악된다.

기재 내용의 정확을 기하기 위해 숫자와 통계에 비중을 두고 인구·거리·면적 등을 정확한 숫자로 표시하였다. 후세의 관찬 지리지는 숫자와 통계에 있어서 『세종실록지리지』에 미치지 못한다고 평가 받는다. 예컨대 경상도의 경우를 보면, 호(戶) 4만 2천 2백 27호, 구(口) 17만 3천 7백 59명이며 군정(軍丁)에서 시위군(侍衛軍)이 2천 6백 30단(單) 1명, 영진군(營鎭軍)이 3천 8백 76명, 선군(船軍)이 1만 5천 9백 34명이며, 간전은 30만 1천 1백 47결(結) 등으로 상세히 기록하고 있다.

기후와 민속 항목을 보면 그 지역성이 두드러진다. 같은 사항을 반복하기보다는 독특한 기후나 민속을 가지고 있을 때에만 기록하였다. 물산에 관해서는 도단위와 군현단위로 4~5개의 물산 항목으로 자세히 기록하고 있다. 이는 국가의 조세제도와 관계가 있을 것으로 생각된다. 토산품 위주라기보다는 수취 물종들을 기록하고 있기 때문이다. 내용상으로는 목장·철장·염소·어량·약재에 관한 내용은 매우 자세하여 현재에도 많은 참고가 되고 있다.

기존의 지리지와 비교했을 『삼국사기』와 달리 국토의 위치와 연혁에 치중하여 하지 않고, 인문지리, 자연지리, 경제·군사적인 내용을 상세히 기술하여 이후 지리지의 전범역할을 했다고 평가 받고 있다. 역사지리 인식에 있어서도 『삼국사기』와 달리 고조선과 삼한, 삼국의 강역을 한반도 내로 축소시켜 보고 있다. 이는 17세기 이후에야 극복되어진다.

조선 초기에 만들어진 『신찬팔도지리지』 등이 남아 있지 않은 상황에서 『세종실록』「지리지」는 현존하는 최고(最古)의 전국 지리지이며, 경제·사회·군사·재정·교통·산업·지방 제도 등을 상세히 기술하고 있어 15세기 조선시기의 전반을 파악하는 데 귀중한 자료이다. 뿐만 아니라 국가 행정에 필요한 군사 관계 사항, 주민들의 신분 구성 사항등은 국가 통치에 긴요하게 쓰였을 것으로 추정된다.

실록은 4대 사고에 나누어져 보관되었으나, 임진왜란 이후 전주 사고(全州史庫)에 있던 것을 원본 삼아 3벌을 다시 만들고, 강화의 정족산(鼎足山), 무주의 적상산(赤裳山), 봉화의 태백산(太白山), 평창의 오대산(五臺山) 사고에 나누어 보관하였다. 오대산사고본은 없어졌고, 다른 3사고본은 현재 규장각 등에 소장되었다. 이 밖에 1929년에 편사한 『세종실록지리지』 8권 8책이 국사편찬위원회에 소장되어 있고, 1937년에 조선총독부 중추원에서도 『교정세종실록지리지』를 발간하였다.

[참고문헌] 『세종장헌대왕실록』「지리지」; 서인원, 1999, 「세종실록지리지 편찬의 재검토(1)」『동국역사교육』 7·8 ; 조성을, 2006, 「『세종실록』「지리지」와 『고려사』「지리지」의 역사지리 인식」『조선시대사학회』 39 ; 소순규, 2014, 「『신증동국여지승람』 토산 항목의 구성과 특징」『東方學志』 165 〈탁신희〉

세천농장(細川農場)/세천호립(細川護立) ⇒ 호소카와 농장

세현 매지권(世賢買地券) 1143년(인종 21)에 만들어진 고려 송천사(松川寺)의 승려 세현(世賢)의 매지권. 1141년 만들어진 현화사(玄花寺) 주지 천상(闡祥) 매지권과 함께 현존하는 대표적인 고려시기의 매지권이다.

형식을 살펴보면, 우선 행을 바꿀 때마다 문장의 배열이 상하가 달라지는 독특한 형식을 취하고 있다. 이러한 형식을 보통 회문(回文)이라고 하는데, 세현 매지권은 우리나라의 금석문 중에는 유일한 회문의 사례이다. 또한 묘지명의 뒷면에는 앞면과 동일한 문장을 새기다가 중간에 폐기한 흔적이 보인다. 그런데 앞면과 다른 점은 행마다 상하가 바뀌는 회문의 형식이 아니라 일반적인 형태로 기록되었다는 것이다. 그리고 뒷면의 4행의 문장은 긁어서 지운 흔적이 남아 있는데, 아마도 처음에는 뒷면에 매지권의 문장을 새겼는데, 회문의 형식이 아니었기 때문에 이를 회문의 형식으로 바꾸기 위하여 뒷면의 문장을 긁어서 폐기하고 현재의 앞면에 다시 새겼던 것으로 보인다.

글씨는 전문가의 솜씨로 보기는 힘들며, 판독문은 다음과 같다. "황통(皇統) 3년 계해년 5월(초하루가 정사일) 7일 계해일에 고려국 흥왕사(興王寺)와 가까이에 있는 송천사(松川寺) 주지 묘능삼중대사(妙能三重大師) 세현이 죽었다. 故(고) 亡人(망인)이 원하여 사람들 앞에서 19,990문(文)의 돈으로 황천부(皇天父)와 후토모(后土母)의 사직(社稷) 12변(邊)에 나아가, 전건(前件)의 묘전(墓田)을 사들이니 둘레가 1경(頃)이다. 동쪽으로는 복용에 이르고, 남으로는 주작에 이르며, 서로는 백호에 이르며, 북쪽은 현무에 이르며, 위로는 창천(蒼天)에 이르고, 아래로는 황천(黃泉)에 이르니, 사방이 분명하다. 당일에 돈을 천지신명에게 주었다. 보인(保人)은 장발과 이정도(李定度)이며, 지견인(知見人)은 동왕공(東王公)과 서왕모(西王母)이며, 서계인(書契人)은 석절조(石切曺)이며, 네계인은 김주부(金主簿)이다. 서계인은 하늘로 오르고 독계인은 황천으로 들어가, 빨리빨리 율령대로 시행하라."

본 매지권의 문장형식과 등장하는 인명들은 비슷한 시기의 중국의 매지권들과 유사한 점이 많다. 특히 사천성(四川省) 팽산현(彭山縣)에서 출토된 962년의 마이십사낭(馬二十四娘) 매지권과 1137년에 만들어진 섬서성 봉상부(鳳翔府) 출토의 주근(朱近) 매전권(買田券)과 비슷하다고 평가된다. 세현의 생애나 활동을 추적할 수 있는 더 이상의 자료는 없지만, 이 매지권만으로 보더라도 그가 중국과 밀접한 교류가 있었음은 쉽게 추측할 수 있다. 아울러 세현 매지권의 작성자를 중국에서 고려로 귀화한 승려로 추측하기도 한다.

[참고어] 매지권, 천상 매지권, 무령왕 매지권

[참고문헌] 이우태, 2010, 「한국의 買地券」『역사교육』제115집, 역사교육연구회 〈이준성〉

소경전(所耕田) 전객(佃客)이 경작(耕作)하는 토지.

[참고어] 과전법, 전주

소농(小農) 가족 노동력에 의해 경리(經理)되는 농업 소생산자.

소농은 가족 협업의 농업경영과 소득만으로 가족을 부양하는 생산과 생활이 일체화된 자급적 소생산자이다. 경영규모는 대체로 가족 노동력의 한계를 벗어나지 않으며, 시기에 따라 자작농(自作農)이나 자소작농(自小作農)·소작농(小作農)으로 존재하였다. 봉건사회(封建社會)에서 농업생산의 사회적 주체인 소농은 우연적인 자연조건 및 국가에 의한 조세 수취와 기타 수탈 등에 따라 봉건적 양극분화(兩極分化)의 가능성을 항상 가지고 있었고, 특히 자본주의(資本主義) 이행기에는 상품유통경제의 발전과 근대적 시장형성과정에서 농민층분해(農民層分解)를 통해 일부가 경영확대를 통해 부농(富農)·대농(大農)으로 상승하거나 아니면 대부분 빈농(貧農)이나 반프롤레타리아트, 임금노동자로 전락하는 계층이다.

중국의 경우 송·명대의 소농경영은 주로 자경(自耕) 농민과 전호(佃戶) 농민에 의해 다양한 결합 방식으로 나타나고 있었고, 고려나 조선시기의 소농 역시 자신의 토지를 자경하거나 농장(農莊) 및 지주가(地主家)와 결합된 농민으로 존재하였다. 소농의 자립도 여부는 역사적으로 소농경영의 평균규모와 조세나 지대 납부량에 따라 영향을 받게 된다. 자연재해나 제반 경제외적 강제로 인해 소농의 몰락은 반복되고 있었기 때문에 정부 농정책의 중심에는 소농보호가 항상 최우선적으로 등장했다. 조선 초 사전(私田) 혁파는 고려 말 권문세족의 대농장 소유와 소농민의 예속화를 막기 위한 제도적 조치였으며, 과전법(科田法)을 통해 소농민을 창출하는 방안을 마련하게 된다. 과전법 하의 농민은 '소경전(所耕田)'의 경작자로서 경작지의 '다소(多少)'와 1년의 '소출(所出)'을 기준으로 파악되었으며, 세종 대 제정된 공법(貢法)에 이르러서는 소경전의 비척도를 기준으로 전분(田分) 6등을 나누고 풍흉에 따라 연분(年分) 9등을 정함으로써, 소농보호의 기준을 마련하게 되었다. 뿐만 아니라 소농민 보호정책은 제반 전제개혁 때마다 거론되는 가운데 농본정책의 명분으로 등장하게 되었으며, 흉년 때는 부역 동원을 금하거나 감면해주는 조치 등으로 나타났다. 조선 후기에 이르러서는 대동법(大同法) 제정을 거쳐 전정(田政), 군정(軍政), 환곡(還穀) 등 삼정문란(三政紊亂)의 대책을 마련하면서 균세(均稅)를 지향하는 소농보호책이 추진되게 되었다.

과전법 단계에서의 소농은 소경전(所耕田)을 경작하는 농민으로서, '전객(佃客)'·'전부(佃夫)'·'전호(佃戶)' 등으로 파악되었다. 소농의 존재를 이같은 소경농민으로 파악한 것은 왕토사상(王土思想)에 영향을 받은 것으로 이해될 수 있다. 즉 '온 하늘아래 왕토가 아닌 곳이 없다.(普天之下, 莫非王土.)'라는 국가의 입장이 반영된 것으로, 농민의 사적소유와는 별개의 파악방식이었다. 따라서 왕토를 경작하는 농민을 전객, 전부, 심지어는 전호로 파악하는 가운데 관료에게 수조권(收租權)을 분급했던 것이다. 이와 별개로 소농을 이용한 병작(竝作)이 늘어나고 심지어 병작반수(竝作半收)의 폐단이 거론되기도 했다. 이는 고려 말 사전 혁파 이후에도 사라지지 않았던 농장 혹은 병작제 경영방식으로서, 국가에서는 소농민 보호라는 명분하에서 엄금했지만

이러한 금령은 조선 초기 농장제나 지주제 발달에 따라 유명무실해 질 수 밖에 없었다.

한편 소농층의 분화는 농업생산력 발달과 상품화폐 경제를 계기로 나타나고 있었으며, 특히 조선후기 농민층분화는 이앙법(移秧法)과 상품작물 재배를 통해 양극화되게 된다. 소농층의 상승은 광작농민이나 부농층, 서민지주로 나타났고, 반대로 소농층의 몰락은 대다수 빈농이나 몰락농의 양산을 가져오게 되었다. 특히 지주제의 발달 역시 이 같은 과정에서 확대되는 가운데 대다수 몰락농을 작인농민으로 흡수하여 또다시 토지에 긴박시키게 되었다. 이에 대해 조선후기에 자립적 소농이 비로소 안정되었다가, 19세기를 전후해서는 하향평준화했다는 논의도 제출되었다. 향후 소농과 소농경영에 대한 보다 심층적인 연구를 통해 농민층분화에 대한 체계적인 자료검토와 종합적인 해석을 통해 소농민의 존재와 그 경영형태를 보다 명확히 할 필요가 있다.

[참고어] 지주, 전호, 병작, 농민층분해

[참고문헌]『三國史記』,『高麗史』,『朝鮮王朝實錄』; 김용섭, 2000, 「토지제도의 사적 추이」『한국중세농업사연구』, 지식산업사 ; 최윤오, 2002, 「조선후기 사회경제사 연구와 근대-지주제와 소농경제를 중심으로」『역사와 현실』 45 ; 이영훈, 2002, 「조선후기 이래 소농사회의 전개와 의의」『역사와 현실』 45 ; 미야지마 히로시, 2003, 「동아시아 小農사회론과 사상사연구」『한국실학연구』 45 ; 미야지마 히로시/김경태 역, 2009, 「유교의 제민사상과 소농사회론-조선후기 대구 조방암의 사례」『국학연구』 14 ; 염정섭, 2016, 「조선 후기 사회성격을 어떻게 이해할 것인가」『지역과 역사』 38호.

〈최윤오〉

소삼각측량(小三角測量) 일제의 토지조사사업에서 삼각측량 시에 대삼각본점 및 보점 측량의 결과를 바탕으로 소삼각점 및 소삼각망을 설치하고 그 거리와 각도를 측량하는 방식.

소삼각측량은 도근측량의 기초가 되는 작업으로 구소삼각측량, 보통소삼각측량, 특별소삼각측량의 세 가지로 구분한다. 각각 선점(選點), 조표(造標), 관측, 계산의 과정을 거친다.

한말 대삼각측량의 결과에 의하지 않고 일부 지역에 한해 독립적으로 소삼각측량을 실시한 것을 구소삼각측량이라 한다. 대만과 오키나와 등에서 채용한 측량법과 측량규정을 참고하였다. 구소삼각측량은 1등~4등 삼각점으로 나누는데 이때 1등 삼각점은 대삼각점이며 2등 삼각점부터 소삼각점에 해당한다.

구소삼각점은 평탄하고 단단한 지반에 선점하여 기선을 설정하였다. 기선장(基線場)은 450간(間)~900간 내외로 하였으며 각 기선간의 간격은 12,000간 내외로 한다. 2등 삼각점의 경우 1구역의 면적은 약 50방리로 하고 축척은 1/60000을 사용해서 약도를 그렸다. 구소삼각점을 쇠사슬이나 망의 형태로 배치하는데, 이때 2등 삼각점의 각 점 간 거리는 2,750간 내외이다. 3등 삼각점은 2등 삼각점을 기준으로 설정되며 상호간의 거리는 1,400간 내외이다. 4등 삼각점은 2·3등 삼각점 내부에 설정하는 것으로 상호간의 거리는 700간 내외이다. 이때 1등 삼각점인 대삼각점의 측량은 이루어지지 못했다. 선점에 사용하는 주요 기계는 측판, 측각, 방광나침, 쌍안경, 망원경 등이다. 구소삼각점의 조표 및 매설 방법은 대삼각측량과 크게 다르지 않다. 구소삼각점으로 형성된 각도 관측의 경우 독일 오트휀넬 제품인 17㎝ 경위의를 사용하였다. 수평각의 관측은 방향관측법을 이용하였으며 수직각 관측은 좌우 방향에서 각 2회씩 실시하였다. 이 측량은 1907년 대한제국 탁지부 양지과에서 경성·평양 두 시가지에 실시하였다. 1910년 3월에 이르기까지 대구·평양·전주 각 출장소에서 측량작업을 시행한 결과 총 면적 170방리 선점·조표 및 관측 각 647점을 측량하였다.

하지만 대삼각측량이 실시되면서 구소삼각측량 방법은 폐지되었다. 대삼각측량에 기초하여 삼각점을 선점·조표하고 관측하는 것을 보통소삼각측량이라 한다. 보통소삼각측량은 1/10만 축척을 사용하여 5㎞의 방안 내에 1등점 1개, 2등점 3개를 배치하였다. 1등점과 2등점은 각각 그 상호간의 거리가 5㎞, 2.5㎞이며 특별히 지정한 지역은 1.5㎞이다. 선점의 방법은 대삼각측량과 동일하다.

관측에 사용된 측량 기계는 독일 칼반베르히제 13.5㎝ 경위의이며 수평각 관측은 1등점 4회, 2등점 3회 측정한다. 보통 소삼각 1등점 이상의 삼각점에서는 정·반 관측을 실시하여 수직각의 평균값을 산출하였다. 이 경우 측지 작업에 필요한 변장, 방위각 및 종횡선 외에 지형측량에 필요한 경위도, 고정의 계산을 했다. 보통소삼각측량을 시행하기 위하여 1911년부터 측량기술원을 증원하였다. 1911년의 성과는 선점 5,795점, 조표 5,304점, 관측 3,652점이다. 1912년도에는 경상북도를 시작으로 선점 7,185점, 조표 7,830점, 관측 8,332점을 측량했다. 1913년에는 선점 6,445점, 조표 6,780점,

관측 6,814점의 측량 작업이 이루어졌다. 1914년에는 선점 5,961점, 조표 5,961점, 관측 7,211점을 측량하였으며 1915년에는 선점, 조표 및 관측이 각각 3,644점 시행되었다. 그리하여 총 29,542점의 측량이 실시되었다.

1912년에 특별소삼각측량을 실시하였다. 이는 대삼각측량이 미완료된 지역인 평양 외 17개소와 대삼각점이 연결되지 않는 도서지방에서 독립된 소삼각측량을 실시한 것을 가리킨다. 이 측량의 선점 작업에서는 소요지역을 덮을 수 있도록 소삼각 1등점망형을 조성한다. 이때 각 점의 거리가 대략 2~4㎞이다. 이를 여점(與點)으로 설정한 2등점 간의 거리는 1.5~2㎞로 하였다. 기선은 망내의 적당한 곳에 선정했는데 길이가 400m~1㎞ 정도였다. 조표 단계는 점표(覘標)의 설치 및 표석의 매설 방법이 보통소삼각측량과 동일하다. 관측 시에도 독일 칼반베루히 제품인 13㎝ 경위의를 사용하여 측정하였다. 수평각의 관측은 3회 측량하였고 수직각의 측정에서는 정·반 관측을 실시하여 평균값을 택하였다. 마지막으로 특별소삼각측량의 측정치를 통한 계산 작업은 기선전장 계산과 특별소삼각점 계산의 두 가지로 나눌 수 있는데 그 중 기선전장 계산은 구소삼각 측량과 흡사하고 간략하다. 특별소삼각점 계산의 경우 기선의 종횡선을 원점으로 평면직각종횡선을 계산하여 산출한다. 이를 통해 1912년에는 선점, 조표 및 관측을 각각 200점씩 시행하였다. 1913년도에는 각각 23점씩을 측량하였다.

이러한 소삼각측량에 종사한 측량원은 한말에 양성된 조선인 측량원과 일본에서 특별히 강습을 받아 한국으로 온 일본인 측량원으로 구성되었다. 총 일본인 65명과 한국인 36명이 소삼각측량에 종사했다. 그 외 인부를 포함하여 외업 연인원은 62,551명, 내업 연인원은 62,265명이 이 측량 작업에 배치되었다. 여기에 소요된 경비는 1,009,491.586원으로 1개점당 약 32원이 지출되었다.

[참고어] 지형측량, 대삼각본점측량, 대삼각보점측량, 토지조사사업, 삼각측량

[참고문헌] 『조선토지조사사업보고서』; 리진호 역, 2001, 『삼각측량작업결료보고』, 도서출판 우물 ; 사단법인 한국측량학회, 2003, 『측량용어사전』, 건설교통부 국토지리정보원 〈고나은〉

소수전(所受田) 고려시기의 전시과 제도와 관련하여 수조권자의 입장에서 수조지(收租地)를 일컫는 말.

전시과 제도에서 과전을 받은 사람과 과전이 설정되어 있는 민전의 경작자 간의 관계는 단순히 조(租)를 거두는 사람과 조를 납부해야 하는 인물의 관계로 파악하기 어렵다. 전조(田租)의 수취와 납부는 양자가 토지를 매개로 신분적·권력적·정치적 예속 관계 등의 경제외적 강제를 수반하였다.

이러한 관계는 지배 신분인 전주가 피지배 신분인 전객 농민에 대해 경제외적으로 강제함으로서 유지되었고, 그 배후에는 국가 권력의 지원이 있었다. 전주는 전객이 농지 경작과 전조 등의 납부를 착실하게 이행하도록 강제하였다.

대부분의 전시과는 사유지에 설정된 것이므로, 그 토지 소유주로서의 전주는 소경전의 주인이었다. 이들 토지는 대다수가 민(民)의 토지이므로 보통 민전(民田)이라고 지칭되었다. 그러나 이들은 수조권·수조지와의 관계에서는 전주(田主)가 아닌 전호(佃戶)·전객(佃客)으로 지칭되었다. 즉 본래 민이 소유하고 있는 토지였지만, 수조권과 관련해서는 수조권자가 받은 토지, 다시 말해 소수전으로 파악되었다. 그러므로 소수전은 수조권자인 전주의 입장에서는 수조권을 받은 토지였고, 실제 소유권자인 전객의 입장에서는 전조를 납부해야 하는 토지를 의미했다. 이로 인해 수조권은 단순한 조세 징수권으로 기능했던 것이 아니라 타인의 소유지 및 생산물에 대한 일종의 점유권 역할을 수행했다.

[참고어] 수조권

[참고문헌] 權寧國 외, 1996, 『譯註『高麗史』食貨志』, 韓國精神文化研究院 ; 李景植, 2007, 『高麗前期의 田柴科』, 서울대학교출판부 ; 李景植, 2011, 『韓國 中世 土地制度史 - 高麗』, 서울대학교출판문화원

〈정덕기〉

소유권(所有權) 인간이 생존을 위해 물건을 자유롭게 처분할 수 있는 권리.

자연에 대한 인간의 노동력 투하는 해당 토지나 가옥에 대한 사유(私有) 의식을 강화시켜 왔으며, 이같은 의미에서의 소유권은 초역사적이고도 넓은 의미의 소유권이라 할 수 있다. 소유권은 고대나 중세를 거치면서 각 시기 재산제도의 존재방식에 따라 변화하였으며 나아가 근대적 소유권으로 발전되었다. 여기에서의 근대적 토지소유권은 사유재산의 근대법적 특징을 잘 보여주는 협의의 소유권 개념일 따름이다.

근대적 소유권은 재산을 지배할 수 있는 가장 기본적인 물권으로서, 일물일권적(一物一權的)·배타적 소유권을 특징으로 한다. 따라서 전근대 사회의 일전양주(一田

兩主)와 같은 현상은 허용되지 않는다. 또한 해당 물권을 전면적·일반적으로 지배하는 권리이기 때문에, 사용권(使用權)·수익권(受益權)·처분권(處分權) 등의 일부 권리만을 인정하는 지상권(地上權)·전세권(傳貰權)·저당권(抵當權)·질권(質權) 등과 구별된다. 이같은 소유권의 발전은 재산권의 가장 기본적인 범주로서 근대의 법적 보호 장치를 통해 완성되게 된다. 한국의 근대적 토지소유권은 대한제국기 관계발급사업을 계기로 정비되기 시작하여, 일제 하 토지조사사업에 의해 마무리되게 된다.

한편 전근대 사회의 소유권은 고대적·중세적 사회의 토지지배 구조에 따라 다른 특징을 보인다. 원시사회의 농업공동체 발생과 해체의 과정에는 공동체적소유와 사적소유가 존재했던 양상이 잘 나타난다. 특히 『시경』의 '온 하늘 아래 왕의 땅이 아닌 곳이 없고, 온 나라 안에 왕의 신하가 아닌 자가 없다.(普天之下, 莫非王土, 率土之濱, 莫非王臣.)'에 나타난 왕토왕민사상(王土王民思想)은 신라시기 이래 소유권의 두 계통을 이해하는 배경이 되고 있다. 즉 왕토사상은 농민의 실질적 토지소유에 대한 관념적·명목적 토지지배 사상을 보여주는 것이다. 국가에서는 왕토에 대한 지배를 관철시키기 위해 수조권(收租權)을 행사했는데, 수조권의 귀속처를 기준으로 공전(公田)과 사전(私田)으로 구분하는 한편으로 민간의 소유지를 민전(民田)으로 나누어 파악했던 것도 이러한 국가의 토지지배 방식과 무관하지 않았다.

한편 전근대 사회의 농민의 소유권은 왕토사상의 관념 아래 실질적 토지지배권으로 존재했다. 토지의 사적 소유권은 누구에게나 인정되고 있었다. 토지의 소유권이 점유권과 구분되는 근거는 토지의 소유주체가 자기의사에 따라 매매·상속·양도할 수 있는 권리가 주어지고 있는 점이다. 토지 소유권자들에게는 이러한 권리가 제도적으로 인정되고 있었으며, 그러한 권리가 개인·관·국가에게도 주어질 수 있었다. 따라서 토지의 소유 주체에 따라 사적소유지 또는 관유지, 국유지가 될 수 있었다.

국가의 입장에서는 농민의 토지를 파악하기 위해 경작자를 기록했다. 조선 초 과전법 단계에서 기록된 경작자는 '전주(田主), 전객(佃客) 또는 전부(佃夫), 전호(佃戶), 전작자(田作者)' 등으로 나타났다. 즉 국가의 수조권적 토지지배를 배경으로 농민의 존재형태를 파악했던 것이다. 농민은 비록 왕토를 경작하는 존재라고 하더라도 해당 토지의 실질적 소유자였던 것이다. 그들은 소유권을 배경으로 지주전호의 형태나 자영농의 존재로 나타나게 된다. 특히 지주제의 발달과 토지제도의 문란은 17세기 이후 더욱 극심해 지면서 개혁적 지식인에 의해 지주제, 즉 소유권에 대한 전면적인 개혁론으로 나타난다. 반계(磻溪) 유형원(柳馨遠)의 공전제(公田制)나 다산(茶山) 정약용(丁若鏞)의 여전제(閭田制)·정전제(井田制) 구상은 토지 겸병의 폐단과 농민층의 몰락이 지주제의 폐단에서 연유했다는 점을 지적한 것이다. 이는 역사적으로 '기물(己物)'을 소유하고 매매·상속한 것을 토대로 확산된 토지문란 현상이었던 것이다.

17·18세기 양전사업[1634년 갑술양전(甲戌量田), 1720년 경자양전(庚子量田)]에서는 기주(起主), 즉 '기경자위주(起耕者爲主)'라는 규정을 통해 농민의 토지소유권을 확인하기 시작했으며, 토지에 대한 농민의 소유권을 '영작기물(永作己物)'로 기록하게 되었다. 국가의 입장에서 토지를 장악하는 한편 농민의 토지소유권을 보호하는 근거로 삼은 것이다. 이어 1898년부터 시행된 대한제국의 광무양전사업에서는 토지 소유자를 '시주(時主)'로 파악했고, 1918년 일제의 토지조사사업에서는 이를 '지주(地主)'로 기록하는 가운데 해당 토지에 대한 배타적 소유권을 보장하게 되었다.

소유권에 대한 연구는 공전과 사전에 대한 이해 등과 관련되어 심도있게 이루어졌으나, 왕토와 사적소유 등에 대한 종합적인 해석이 필요하다. 이는 공동체적 소유가 사회주의·공산주의적 소유로 부활했다는 점과 사적소유의 완성태로서의 자본주의적 소유가 성립했다는 점을 광의의 소유권 개념으로 전제할 때 가능한 것이다. 이런 점에서 소유권 개념을 보다 치밀하게 전개하기 위해서는 협의의 소유권 연구를 포함하여 광의의 소유권 연구가 함께 이루어져야 한다.

[참고어] 왕토사상, 공전, 사전, 민전, 수조권, 지주, 지상권, 저당권, 질권

[참고문헌] 李佑成, 1965, 「新羅時代의 王土思想과 公田」『曉城趙明基博士華甲記念佛敎史學論叢』, 論叢刊行委員會 ; 李成茂, 1980, 「公田·私田·民田의 槪念」『朝鮮初期兩班硏究』, 一潮閣 ; 김용섭, 2000, 「土地制度의 史的 推移」『韓國中世農業史硏究』, 지식산업사 ; 李景植, 1988, 「朝鮮前期의 土地改革論議」『韓國史硏究』 61·62합집 ; 최윤오, 2013, 「반계 유형원의 공전·사전론과 공전제 계보」『이화사학연구』 46 ; 이상국, 2014, 「고려~조선초 공·사전의 개념과 王土思想」『대동문화연구』 85

〈최윤오〉

소유권보존등기(所有權保存登記) 등기권리자가 미등기부동산에 대한 관의 증거서면을 근거로 신청하여 최초로 하는 등기.

소유권 보존등기는 미등기부동산에 대하여 소유권을 보존하기 위하여 하는 것이다. 이 등기는 그 부동산에 관하여 최초로 하는 등기이므로, 보존등기를 하게 되면 그 부동산에 관한 등기용지가 새롭게 개설되고, 이후에 일어나는 그 부동산에 관한 권리변동과 그에 따른 등기는 보존등기를 기초로 하여 이루어지게 된다. 보존등기는 보존등기라는 형식을 취하는 것이 원칙이지만, 취득시효(取得時效)나 공용수용(公用收用) 등과 같은 원시취득의 경우에는 소유권이전등기를 함으로써 보존등기에 갈음한다.

부동산등기법상, 보존등기는 등기의무자가 존재하지 않으므로 등기권리자의 단독신청에 의한다. 토지소유권보존등기는 자기 또는 피상속인이 토지대장이나 임야대장에 소유자로서 등록되어 있는 것을 토지대장등본이나 임야대장등본으로 증명하는 자, 판결로 소유권을 증명하는 자, 수용으로 소유권을 취득하였음을 증명하는 자가 신청할 수 있다.(부동산등기법 제130조) 건물소유권 보존등기는 건축물대장 등본으로 자기 또는 피상속인이 건축물대장에 소유자로서 등록되어 있는 것을 증명하는 자, 판결 또는 시·구·읍·면장의 서면에 의하여 자기의 소유권을 증명하는 자, 수용으로 소유권을 취득하였음을 증명하는 자가 신청할 수 있다(131조). 미등기부동산에 대하여 소유권의 처분제한 등기의 촉탁이 있는 때에는 등기관은 직권에 의하여 보존등기를 한다(134조)고 정하였다.

[참고어] 토지조사사업, 부동산등기법, 토지대장등본

[참고문헌] 自由國民社 編輯部, 2011, 『圖解에 의한 法律用語辭典(補訂4版)』; 현암사, 1985, 『圖解 법률용어사전』 〈이승일〉

소유권처분제한조치(所有權處分制限措置) 토지 담보로 제공한 거래에서 채무자가 빌린 돈을 상환하지 않을 경우 담보물권의 소유권을 제한하는 조치.

토지조사사업의 종결과 함께 토지소유권이 법적으로 확정되어 토지대장에 등록되고, 다시 등기부에 등록되어 소유권이전이나 담보물건 제공이 가능하게 되었다. 토지담보거래는 그 사실을 등기부의 을구(乙區)에 기입하여 물권 확보가 가능하게 되어 실현된 것이다. 따라서 채무자가 차금을 상환하지 않을 경우 담보물권의 소유권을 제한하는 동시에, 최종적으로는 이를 완전히 박탈할 수 있도록 여러 제도적 장치도 마련하였다. 이를 담보물권에 대한 소유권 처분제한조치라 통칭하였다.

이러한 처분제한 조치의 종류로는 경매, 강제경매, 질권, 차압, 가압류, 가처분, 가차압 등이 있다. 이 중 가장 강력하고도 일반적으로 이용하는 제도가 경매제도였다. 이 제도는 채무자가 대부금을 상환하지 않을 때 저당권자는 법원에 경매를 신청하여 허락을 받아 경매를 개시하고 경락(競落)이 되면 채권액 한도 내에서 대부금을 회수할 수 있도록 한 것이다. 경락이 되지 않는다 하더라도 채권자는 경매신청 자체로 채무자를 압박하여 투자금을 회수하는 경우가 많았으며, 자기가 직접 경매에 참여하여 낙찰을 받기도 하였다. 경매 외에 차압, 압류, 가등기 등도 채무이행을 강제하는 방법이다. 차압은 주로 세금관계에 이용되었다. 담보부동산을 채권을 변제할 때까지 채권자에 인도하는 질권도 사용되었다.

토지소유권 처분제한조치는 일본인 금융자본과 대금업자들이 토지 담보금융제도를 이용하는 데에 결정적인 역할을 하였다. 그 결과는 조선인 토지소유자들의 토지상실 그리고 금융자본과 일본인 대지주들의 토지확대로 나타났다.

[참고어] 토지대장, 경매, 차압

[참고문헌] 自由國民社 編輯部, 2011, 『圖解에 의한 法律用語辭典(補訂4版)』; 현암사, 1985, 『圖解 법률용어사전』 〈김대현〉

소작관(小作官) 1929년 9월 24일 개정된 조선총독부 지방관관제에 의거 설치되어 조선농촌의 소작문제 해결을 주 임무로 하는 관리.

조선총독부는 1920년대 후반 소작문제가 점점 심각해지자 소작문제 해결을 위한 대책 마련에 착수하였다. 1928년 7월 26일 각 도지사에게 응급조치로서 '소작관행 개선에 관한 건'을 통첩하여 소작관행에 대해 행정지도를 명령하는 한편, 1929년 9월 24일에는 지방관관제를 개정하여 소작관제도를 실시하였다.

소작관은 초기에는 전국에 설치한 것이 아니라 부재지주가 많고, 소작쟁의가 빈발하던 전북, 전남, 경북, 경남, 황해 등 5개도에 설치했다. 그리고 경기, 충남에는 소작관보가 각각 1명씩 설치되어 소작쟁의의 조정과 방지, 소작관행조사 등의 업무를 담당하였다. 조선총독부에서는 이들이 커다란 역할을 할 것으로 기대하고 있었다. 그러나 1933년 이전까지는 소작관이 일부 지방

에만 설치되었고, 더구나 그 권한에 강제력이 주어지지 않았다. 이리하여 1928년 1,590건(참가인원 4,863명), 1929년 423건(5,419명), 1930년 726건(13,012명), 1931년 667건(10,282명)이나 발생하던 소작쟁의는 물론, 소작관행개선에 효율적으로 대응하는 것은 무리였다. 1933년부터 소작관과 소작관보 배치가 30명이상으로 크게 늘어났으며, 조선소작령, 조선농지령의 실시로 그들의 직무 권한도 점차 늘어났다. 소작관은 소작조정에 대해 재판소에서 자기 의견을 진술할 수 있고, 재판소는 필요할 때 소작관에게 사실 조사를 촉탁하거나 의견을 구할 수 있었다. 그리고 소작관은 소작위원회에 출석하여 의견을 진술할 수도 있게 되었다.

그러나 1933~39년 소작관과 소작관보가 한 조정은 전체 소작쟁의 조정 가운데 0.3%에 불과할 정도로 그 역할이 매우 작았다. 오히려 군·읍·면직원, 경찰관이 적극적으로 소작쟁의에 개입하여 중요한 역할을 하였다. 이것은 소작쟁의의 확산을 우려한 조선총독부가 지방행정기관과 경찰력을 통해 이를 강압적으로 신속 처리하여 농촌치안을 유지하려는 정책적 결과였다. 일본의 소작관제도가 소작쟁의와 소작업무에서 큰 역할을 한 것과는 대조적이다.

[참고어] 소작쟁의, 조선농지령

[참고문헌] 정연태, 1990, 「1930년대 '조선농지령'과 일제의 농촌통제」, 『역사와 현실』 4 ; 이윤갑, 2013, 『일제시기 조선총독부의 소작정책연구』, 지식산업사 〈이승일〉

소작관행조사서(小作慣行調査書) ⇒ 소작제도관행조사

소작료통제령(小作料統制令) 일본 정부가 전시체제하 소작료를 통제하기 위하여 가격등통제령과 별도로 1939년 12월 6일에 공포한 법령. 조선에는 18일부터 실시하였다.

소작료통제령은 일본 정부가 전시체제하에서 가격, 운송임, 임대료 등을 통제하기 위하여 국가총동원법 제19조에 근거하여 1939년 10월 18일에 가격등통제령을 제정, 공포하였다. 그런데 소작료는 농업정책상 중요 과제이고 사회적으로도 복잡한 관계를 가지고 있으며 내용도 다양하여 이 법령과 별도로 1939년 12월 6일 소작료통제령을 공포하였다. 조선에서는 12월 18일부터 실시하였다.

조선총독부가 실시한 소작료통제령의 주요 내용은 다음과 같다. 통제대상으로 ① 경작을 목적으로 임차되는 농지, ② 영소작과 도지권의 소작료, ③ 종별 소작료의 액·율, ④ 감면조건, ⑤ 농지의 임대차 계약, ⑥ 영소작 또는 도지권의 설정 계약은 물론이고 공조공과, 마름 등의 보수, 종곡·비료 등의 생산자재, 개량비, 소작인이 지주에게 제공하는 노무의 조건, 소작인이 지주에게 지불하는 권리금 등 매우 폭이 넓다.

통제 내용과 방법은 다음과 같다. ① 소작료 등의 인상 금지 : 1939년 9월 18일 현재 소작조건이 결정된 농지는 소작료 액·율, 소작료의 종별, 감면조건을 소작인, 영소작권자 또는 도지권자에게 불리하도록 변경할 수 없다. 그리고 현재 소작조건이 정해지지 않은 경우는 이 이후 최초로 정한 소작조건이 기준이 된다. 단 토지개량으로 수확량이 크게 증가하거나, 소작인이 지주의 친척 등 특별한 관계로 소작료가 저렴한 경우와 같이 특별한 사유가 있을 때에는 도지사의 허가를 얻어 소작료 인상 등을 실시할 수 있다. ② 적정 소작료 등의 결정 : 부군도소작위원회가 필요하다고 인정할 때는 도지사의 허가를 받아 소작료 종별, 소작료의 액·율, 감면조건을 정할 수 있다. 정해진 소작조건도 도지사의 인가를 받아야 한다. ③ 소작료 등의 변경 명령 : 부군도소작위원회는 소작료 종별, 소작료의 액·율, 감면조건이 현저하게 부당하다고 인정될 때 지주에게 해당 조건의 변경을 명령할 수 있다. ④ 재판, 조정 등에 의한 적정 소작료 결정 : 재판, 재판상의 화해, 조선소작조정령에 의한 인가의 결정이 있는 화해 권유 등에 의해 소작인에게 유리하게 변경된 소작료 종별, 소작료의 액·율, 감면조건은 그 이후 해당 농지의 기준이 된다. 이 조항에 의해 지주 및 소작인이 변경되어도 당초의 소작료를 초과하는 소작료는 정할 수 없다.

이상과 같은 소작료통제령은 전시체제하에서 저물가 정책의 일환으로 소작료 인상을 억제하면서 농촌질서의 안정을 유지하고, 중요 농산물의 생산을 확보하는 등 국가총동원을 원만히 수행하기 위한 통제 조치였다. 이로써 지주소작관계에 대한 총독부의 통제는 크게 강화되었다.

조선총독부는 소작료통제령의 취지를 선전하는 한편, 소작관계 실태를 조사하여 이를 위반한 지주들에게 시정명령을 내리거나 국가총동원법에 따라 검거, 기소 등의 조치를 취하였다. 이 법령의 실시상황은 신문기사를 통해 일부 파악할 수 있으나 더 구체적인 상황, 특히 적정소작료 등의 결정에 관한 제4조와 소작료 등의 변경 명령에 관한 제6조의 운영상황과 실적은 제대로 파악되고 있지 않다. 제3조의 소작료 인상금지 조항은 기존의 고율소작료와 과다한 소작조건은 그냥 두고 인상만을 금지한 조항인데 반해, 제4조와 제6조는 기존의 고율소작료의 인하와 소작조건을 시정할 수 있도록 한 조항이었다. 따라서 이 운영상황을 파악하는 일은 당시 소작문제를 분석하는데 매우 중요한 사항이라고 할 수 있다.

[참고어] 조선농촌재편성정책, 조선농지령, 조선소작조정령

[참고문헌] 정연태, 1990, 「1930년대 '조선농지령'과 일제의 농촌통제」『역사와 현실』 4 ; 정연태, 1994, 『日帝의 한국 農地政策 : 1905-1945년』, 서울대학교 박사학위논문 ; 이윤갑, 2013, 『일제강점기 조선총독부의 소작정책연구』, 지식산업사 〈이승일〉

소작인조합(小作人組合) 한말 일제하 지주소작제로 운영된 농장이나 농업회사에서 소작인들을 효율적으로 관리지배하기 위해 만든 조직.

소작인 통제수단으로 조직된 소작인조합은 일본인 지주·농장에서 먼저 시행되었고, 이후 한국인 지주들도 이를 모방하여 운용해갔다. 일본인 지주들은 조선재래의 마름제도를 자신들의 농장경영에 맞게 변형시켜 활용하거나 마름제도 대신 소작인조합을 만들어 소작인들을 관리 통제해 갔다. 5인 1조로 한데 묶는 소작인조합은 일본 도쿠가와 바쿠후시대(德川幕府時代) 이래 지주경영의 관행으로, 일제시기 식민지적으로 재편된 것이다. 일본인 지주들은 소작인조합을 지주경영=농장경영의 하부조직으로 삼고 소작인을 모든 영농과정에서 철저한 관리 감독을 관철해갔다. 조합의 주된 사업은 지주-농장의 지시에 따라 일본식 개량농법 즉 개량묘대와 정조식 사용, 심경과 퇴비증산, 일본식 농기구의 사용과 개량, 관개 수리시설의 설비, 병충해 예방구제, 농담회 개최 등을 적극적으로 실천하는 데 있었고, 지주농업경영의 수익을 최대한 보장해주었다. 농장마다 자체적인 소작인규약을 정하고, 소작계약시 반드시 소작인조합 가입을 의무조항으로 하였다. 지주는 약간의 논밭을 소작인조합 운영기금으로 내놓기도 했으며, 매년 수확기 때 지주와 소작인이 공동으로 소정의 소작인조합비를 거두어 기금으로 활용하였다. 가와사키농장(川崎農場)의 소작인조합은 지주와 소작인이 융화 일치하여 농사의 개량을 도모한다고 표방했고, 후지흥업주식회사(不二興業株式會社)의 농장도 조합원이 협력 일치하여 농장의 지휘감독을 받아 제반의 모범사업에 종사한다고 규정하였다. 표면적으로는 지주소작인의 상호협력·복리증진을 표방했지만, 일방적으로 지주권이 소작인조합을 통해 일산분란하게 조직적으로 관철되어 갔을 뿐이었다.

소작인조합은 지주의 농사경영·노무관리의 조직일 뿐 아니라 상호연대보증을 통해 소작료징수나 선대자본의 회수에도 매우 유용하게 활용되었다. 지주는 소작인조합을 통해서 소작료 및 각종 대부금의 불납결손을 막을 수 있었다. 소작농이 여러 가지 이유로 소작료나 대여금을 납부하지 않을 때, 소작인조합의 5인조 보증인에게 연대책임을 물었고, 적립된 소작인조합기금을 그런 상황에 대한 일종의 보험금으로 확보하였다. 소작인 중에서 조합장이나 이사가 선출되었지만, 이들은 농장을 허락을 얻어 취임한다는 규약 상 단서로 인해 소작인의 이해를 헌신적으로 대변할 수는 없었다. 소작인조합은 소작인의 이익이 아닌 농장·지주경영의 하부관리조직으로 철저하게 농장주의 이익을 보호하였다.

[참고어] 조선흥업주식회사, 후지흥업주식회사, 가와사키농장, 도잔농장

[참고문헌] 裵英淳, 1983, 「韓末 日帝初 日本人 大地主의 農場經營-水田농장을 中心으로」『인문연구』 3 ; 하지연, 2010, 『일제하 식민지 지주제 연구』, 혜안 〈이수일〉

소작제도관행조사(小作制度慣行調査) 1920년대 후반 소작쟁의가 빈발하자 조선총독부가 그 대응책의 하나로 소작입법에 필요한 기초자료를 수집하기 위해 실시한 소작제도 조사작업.

조선총독부는 1923년부터 각종 농민단체가 결성되고 소작쟁의가 폭발적으로 발생하자, 대응방안으로 소작관행의 개선을 검토하기 시작하였다. 1923, 24년에 연이어 소작관행 개선안을 비밀훈령의 형식으로 발표하여 소작문제를 규율하려고 하였다. 그러나 이 훈령은 제대로 시행되지 않았고, 소작쟁의의 증가 추세도 막지 못하였다. 1920년대 후반에 접어들면서 각지에 농민조합이 결성되면서 소작쟁의는 조직적이고 격렬한 투쟁양상을 보이기 시작하였다. 상황이 이렇게 되자 일제는 1927년경부터 소작문제를 적극적으로 검토하여 대응책을 모색하기 시작하였다.

조선총독부의 대응책은 두 가지 차원에서 진행되었다. 하나는 일반 소작관행에 기초하여 행정적 지도를 강화하여 소작쟁의를 사전에 조정하는 것이고, 다른 하나는 소작쟁의가 정치투쟁으로 발전하지 못하도록

이를 체재내화하기 위한 소작입법을 검토하는 것이었다. 그리고 이러한 정책을 추진하기 위한 기초 작업으로 소작관행에 관한 조사 작업을 추진하였다. 조선총독부는 1927년 쇼다 마사히로, 요시다 마사히로를 책임자로 소작관행 조사 작업에 착수하였다. 이들은 먼저 조사방침, 방법에 관한 구체적인 요강을 만들어 임시소작조사위원회에 기초자료를 제공하였으며, 그 후에는 주로 문헌자료를 조사 수집하였다.

1928년 3월 설치된 임시소작조사위원회는 소작문제를 종합적으로 검토하기 시작하였다. 이 위원회는 조선총독부 식산국장을 위원장으로 하고, 각국의 과장 등 19명을 위원으로 하여 구성되었다. 위원회는 18회에 걸친 회의결과를 토대로 소작문제 조사항목과 소작문제 조사요강을 제시하고, 특히 후자의 요강에 입각하여 입법사항과 장려사항을 총독에 보고하였다. 이들은 1930년 2월 소작관회의에서 면단위의 실지조사방식을 택하고 전면적인 조사작업에 착수하였다. 동년 4월 19개 항목의 소작관행조사요항을 시달하고 5월부터 각도, 군, 면의 기관을 총동원하여 조직적으로 조사작업에 착수하였다. 그 결과를 토대로 하여 각도별로 소작관행조사서를 만들고, 이를 종합하여 1932년 『조선의 소작관행(상)(하)』를 발간하였다.

여기서 주목되는 것은 각도의 소작관행조사서에서 적극적인 소작관행 개선방안을 제시하고 있는 점이다. 소작기간을 보통작물 소작은 5년 이상, 특수작물 소작은 10년 이상으로 하여 소작권을 물권화하고 소작료율을 4할 정도로 적정화하며, 기타 마름의 폐단을 시정하는 등 소작관행 전반에 걸친 개선방안을 제시하였다.

[참고어] 조선농지령, 소작관, 조선의 소작관행

[참고문헌] 정연태, 1994, 『日帝의 한국 農地政策 : 1905-1945년』, 서울대학교 박사학위논문 ; 이윤갑, 2008, 「농촌진흥운동기(1932~1940)의 조선총독부의 소작정책」 『대구사학』 91 ; 이송순, 2010, 「1930~40년대 조선총독부의 농촌통제정책과 농민지배」 『International Journal of Korean History』 15 〈이승일〉

속(粟) 조.

한국 고대사회에서 주식(主食)으로 여겨질 만큼 중요한 곡물 중 하나였다. 재배역사가 오래된 것으로 생각되고 있지만 전래된 경위는 분명하지 않다. 『삼국사기』에는 '곡(穀)'이 자주 기술되고 있는데, 이때 곡은 조를 나타내는 것으로 이해하는 견해가 있다. 통일신라시기에도 조가 중요한 작물로 기술되어 있으며, 『계림유사(鷄林類事)』에 의하면 고구려에서도 오곡 가운데 조가 가장 많았다고 한다. 조선 후기에 쓰인 역사서이지만 한치윤(韓致奫)의 『해동역사(海東繹史)』에서는 고려시기에서도 오곡 가운데 차조가 가장 많았다고 하였다. 고려시기에 비록 쌀의 생산량이 늘어가기 시작하였으나 역시 조의 생산량에는 미치지 못하였던 것으로 보인다. 조선시기에도 조는 벼나 보리와 함께 주요 식량작물이었다.

『농사직설(農事直說)』에서는 조의 경작 방식을 기장과 함께 설명하였다. 먼저 팥[小豆]을 드문드문 흩뿌린 다음 밭을 갈고, 족종(足種 : 종자를 뿌리고 양쪽 발의 뒤꿈치를 이용하여 흙을 덮어주는 파종법)의 방법으로 조와 기장을 들깨[水荏子]와 함께 파종한다고 하였다. 또 조와 기장을 파종해 둔 이랑[畝]과 이랑 사이에 잡초가 무성하면 소를 이용하여 제초를 하되 곡식[禾]에 손상이 가지 않도록 하라고 하였다. 한편, 조의 시비법은 숙분(熟糞)이나 뇨회(尿灰)를 분종(糞種)하여 척박한 토질에서도 수확을 기대할 수 있는 시비방식을 채택하였다.

조의 품종은 조선 전기에 15품종이 육성되었으며, 조선 후기에도 17품종이 육성되었다. 조의 품종은 크게 메조와 차조로 나뉘는데, 『임원경제지(林園經濟志)』에는 메조로서 별옥조[蚤粟], 바람구을이조[風轉粟], 먹조[墨粟], 채알거리조[草便條粟], 쌀조[米粟], 쇠등넘이조[牛背越粟], 올조[早粟], 새조[新粟], 돌조[石粟], 피조[稷粟] 등 10품종, 차조로서 쇠모리차조[牛頭黏粟], 방망이차조[木椎黏粟], 고양발이차조[猫粟], 자개차조[貝黏粟], 여호꼬리차조[狐尾黏粟], 니붓그리차조[稉愧黏粟] 등 7품종이 소개되어 있다.

[참고문헌] 薰陶李弘稙博士停年紀念發刊委員會, 1998, 『식용작물의 기원과 발달』, 서원 ; 김영진·이은웅, 2000, 『소선시대 농업과학기술사』, 서울대학교출판부 ; 염정섭, 2002, 『조선시대 농법 발달 연구』, 태학사 〈김미성〉

속전(續田) 조선시기 상경(常耕)하지 못하는 토지를 칭하는 법제적 용어.

조선시기 양안에서는 상경을 기준으로 토지를 별도로 파악했다. 이에 『경국대전』에서는 "항상 경작되는 땅은 정전이라 칭하며, 때로 경작하고 때로 묵히는 땅은 속전이라 칭한다.(常耕者, 稱正田, 或耕或陳者, 稱續田.[「호전」 양전(量田)])"고 하여 정전과 속전을 규정하고 있다. 이때 정전은 매년 경작하는 토지로서 전품이

부여되며 진황되더라도 면세되지 않았다. 한편 속전은 산허리[山腰] 이상의 화전(火田)과 같이 해를 걸러 경작하는 척박한 토지로서, 경작하는 해에는 전세만 납부하며 경작하지 않는 해는 전세도 면제되는 토지였다. '속전'이라는 용어는 정전을 원장부에 등재한 뒤, 경작하기도 묵히기도 하는 토지를 속록(續錄)하거나 속안(續案)에 별도로 기재한 것에서 유래한다고 본다. 이는 연작상경(連作常耕) 보편화 하에서 상경전인 정전을 기초재원으로 간주한 가운데, 여전히 휴한경(休閑耕)으로 남아있던 토지를 별도로 파악했던 것이다.

언급한 바와 같이 속전은 수기수세(隨起收稅)가 적용되었다.[『경국대전』「호전」 수세(收稅)] 또한 속전이라 하더라도 땅이 기름져서 소출이 많은 것은 수령이 장부에 올렸다가 관찰사에게 보고하여 다음 식년(式年)에 고치도록 하였다.[『경국대전』「호전」 양전] 그러나 경자양전(庚子量田) 이래로 속전은 정전과 같이 전품이 부여되어 원전으로 편입되었다. 이는 『속대전(續大典)』에 반영되어, "속전이나 가경전도 이미 상시 경작하는 경우에는 모두 정전의 예에 의하여 등급을 나눈다.(續田加耕田, 已作常耕者, 幷依正田, 分等.[『속대전』「호전」, 양전]"고 했고, 주로 6등 전품이 부여되었다. 또한 그간 적용되었던 수기수세도 폐지되어 매년 수세의 대상이 되었는데, 이로 인해 경작하지 않는 속전에서도 백징(白徵)하는 경우가 있어 18세기 말까지 폐단이 되었다.

한편 정전이라도 토질이 점차로 저하하여 본래 정한 전등(田等)을 유지하지 못하는 경우가 많았다. 16세기 이래 이를 속전으로 강등시켜 수세하자는 논의가 계속 전개되었고, 18세기에는 그러한 조처가 취해지기도 했다. 이때 강등하여 속전이 된 토지는 강속전(降續田)이라 하였다.

[참고어] 양전, 정전, 원전, 강속전, 화전, 수기수세

[참고문헌] 한국역사연구회 토지대장연구반, 2008, 『조선후기 경자양전 연구』, 혜안

〈윤석호〉

손실경차관(損實敬差官) 답험손실법(踏驗損實法) 하에서 농경지의 풍흉 및 재상 등을 파악·심사하기 위해 중앙에서 파견한 관리.

답험손실법은 1391년(공양왕 3)의 전제개혁 때부터 1444년(세종 26) 공법(貢法)이 시행되기 전까지 존속한 제도로서, 해마다의 풍흉 및 재상 정도를 파악해 전조를 감세·면세하던 제도였다. 이때 통상 사전(私田)에서의 답험은 전주(田主)가, 공전(公田)에서는 위관·수령 등이 시행했으나, 제도의 변개가 많았다. 다만 답험 및 손실 과정에서의 비리 등을 감찰할 목적으로 지방에 관리를 파견했는데, 이를 손실경차관이라고 한다.

손실경차관의 파견은 답험손실이 시행되는 동안은 항례였던 것으로 보인다. 예컨대 세종 3년에는 호조에서는 손실경차관을 파견하는 것이 이미 항례가 되어 있으므로, 따로 계문하지 말고 매년 7월 보름에 호조에서 이조로 공문을 보내 파견하는 것으로 절차를 간소화하자고 제안해 윤허를 얻었다.(戶曹啓, 諸道損實敬差官發遣之事, 旣是恒例. 請除啓聞, 每年七月望時, 本曹移文吏曹發遣. 從之.[『세종실록』 3년 8월 6일 병신])

하지만 공법 하에서는 기왕의 답험손실을 폐지하는 대신, 풍흉은 연분의 책정을 통해, 개별 전지의 재상은 별도의 재상경차관 파견을 통해 파악되었다. 따라서 손실경차관의 역할은 공식적으로 폐지되었다.

[참고어] 답험손실법, 공법, 양전경차관

[참고문헌] 정현재, 「조선초기의 경차관에 대하여」 『경북사학』 1 ; 이장우, 1990, 「조선초기의 손실경차관과 양전경차관」 『국사관논총』 12 ; 최윤오, 1999, 「세종조 공법의 원리와 그 성격」 『한국사연구』 106

〈윤석호〉

송계(松契) 조선시기 마을 및 친족의 삼림을 보호하고 이용하기 위해 자치적으로 결성한 조직.

전통사회의 삼림은 촌락민의 가장 기본적인 생계 수단인 농업생산과 직결되어 있을 뿐만 아니라 건물·교량의 재목과 땔감의 공급원이었으며, 조상들의 무덤이 있는 곳이었다. 따라서 공동이용의 대상이었던 마을 주위의 산림을 보호하기 위해 송계가 조직되었다. 송계는 산계(山契)·산리계(山里契)·금송계(禁松契)라고도 하였다.

송계의 조직범위는 하나의 동(洞)이 되는 경우도 있지만, 몇 개의 동을 포함하기도 하였다. 조선 정부는 송계가 소나무의 보호와 세도가들의 세력 확대, 백성들의 난민화를 방지하는 효과가 있다고 판단하고 송계의 자치적 운영을 묵인했기 때문에 관청에서 결성하거나, 민간에서 결성한 것이라도 관청과 밀접한 관계를 맺고 운영되는 경우가 많았다.

송계산의 산림을 도벌하다가 발각될 경우 과중한 벌금을 물게 하며 그 벌금은 계의 운영기금으로 활용했다. 송계는 해마다 일정한 시기에 모임을 가지고, 그 해의 결산을 보고하고 다음해의 담당자[유사(有司)]를 선출하여, 선산(先山)과 삼림의 관리문제를 논의했다.

또한 분묘를 보호하고 삼림을 공동으로 이용하는 일도 맡았다. 한편 송계의 소나무 벌목 금지 조처가 심한 경우에는 땔감 판매로 생계를 유지하는 초군(樵軍)들이 반발하기도 하였다.

송계는 1917년 10월 1일 면제(面制) 시행규칙의 시행으로 동유재산 및 계의 공유재산이 면유재산으로 몰수되고, 「계취체규칙(契取締規則)」으로 동 단위 자치조직으로서의 계가 쇠퇴하면서 많은 지역에서 사라졌으나, 지금도 남아 있는 것이 있다.

[참고어] 송금, 송전

[참고문헌] 김선경, 1993, 「조선후기 산송과 산림소유권의 실태」 『동방학지』 77, 연세대학교 국학연구원 ; 한상권, 1996, 「조선후기 산송의 실태와 성격」 『성곡논총』 27 〈남정원〉

송금(松禁) 소나무에 대한 벌목 금지제도.

소나무는 재목으로서의 가치와 풍치적 가치로 인해 일찍이 그 벌목이 금지되었다. 이는 국용의 목재를 원활하게 수급하기 위한 조처이기도 하였다. 따라서 일찍부터 송전(松田)에 대한 금양(禁養)이 엄격했고, 소나무의 재식(栽植)이 권장되었다. 고려시기 1013년(현종 4)의 기록에 이미 성내(城內) 소나무의 남벌과 공용(公用) 외의 벌송을 금지하였다. 조선시기에는 각 지방에 금산(禁山) 또는 봉산(封山)을 정하여 송금을 엄격하게 적용하였다. 또한 사산감역관(四山監役官)을 도성 주위 사산(四山)의 성첨과 수목을 관리토록 했고, 도성 밖은 수령이 맡아 엄하게 금단하게 하였으며 관찰사를 보내 이를 감독하게 하였다.

금송에 대한 상벌도 규정되었다. 1461년(세조 7)에 마련된 규정에 따르면, 10년 동안 벌목이 한 차례도 없도록 금산을 잘 지키면 그 산지기는 상을 주어 산관직(散官職)으로 승진시켰으며, 반면 금송의 벌목이 일어난 경우에는 몇 그루를 베었는지에 따라 그 벌목자와 산지기, 해당 관리에 대한 처벌규정이 달랐는데, 10그루 이상 벤 자는 곤장 100대에 전 가족을 변방으로 내쫓고, 산지기는 장 100대에 군인으로 보내며, 관리는 장 100대에 파면시키도록 하였다. 1469년(예종 1)에 반포된 「사산송목금벌사목(四山松木禁伐事目)」 역시 소나무를 벌채한 자, 또 그것을 감독하지 못한 산직(山直), 사산의 감역관(監役官), 병조·한성부(漢城府)의 해당관리에 대한 벌칙이 엄하게 규정되어 있다. 한편 1754년(영조 30)에는 「사산송금분속군문절목(四山松禁分屬軍門節目)」을 반포해 사산감역관을 개편했는데, 새로 무과에 급제한 사람중에서 선전관(宣傳官)이 후보로 추천한 사람을 사산참군(四山參軍)으로 선발해 그 임무를 대신토록 했다.

그러나 이러한 송금에도 불구하고 금산의 소나무가 남벌되는 사례가 많았다. 17세기 이래로는 선박의 재료로서, 염장(鹽場)에서의 연료로서, 또 증가한 서울 인구의 땔감과 건축자재로서 목재의 용도가 다양해졌고 목재에 대한 수요도 크게 증가하였다. 이에 목재상인들은 필요한 목재를 확보하기 위하여 관문이나 첩문을 발급받아 합법적으로 목재를 벌채하게 되었다. 그러나 아전, 산지기들과 결탁하여 허가받은 것보다 많은 수량을 남벌하는 경우도 많았다. 송금을 어긴 자를 처벌하는 방법 중 하나였던 속전(贖錢)의 징수도 오히려 목재 작벌을 용인하는 통로로 이용되었다.

한편 목재가 아닌 토지를 목적으로 금산을 범하는 경우도 있었다. 금표 안의 땅에서 경작을 하거나, 화전을 일구기 위해 불을 지르는 경우, 무덤을 사용하는 경우 등이 그것이다. 1725년(영조 원년) 변산의 송목 남벌에 대한 보고 내용에 따르면, 금표안에서 경작하고 있는 것이 수백 결에 달하며 양전할 때 양안에 등록하여 매매하기도 하였다고 하였다.

따라서 숙종 대 이후로는 각종 사목과 절목을 반포해 적극적인 송금책을 시행했다. 특히 1788년(정조 12)에는 「제도송금사목(諸道松禁事目)」이 반포되어 소나무를 보호, 육성의 원칙을 규정했다. 내용은 전문(前文)과 28개 조항의 사목으로 구성되어 있는데, 주된 내용은 먼저 산림행정의 기구로 각 읍진(邑鎭)에는 도감관(都監官)을, 면에는 면감관과 감고(監考)와 도산직(都山直)을, 이에는 이산지기[里山直] 등을 두었다. 또한 이들의 정원, 근무연한, 육지와 해도(海島)의 업무분담, 사무인계시의 확인요령 등을 규정했을 뿐만 아니라, 그 근무상태를 좌수(座首)와 수령이 확인하는 요령, 근무상태에 따른 상벌규정이 자세히 규정되어 있다. 무엇보다 사목을 한글로 번역하여 관할 주민에게 고루 주지시키도록 했다. 그리고 감관과 산지기에게 일체의 잡역이나 군역을 면제해 주도록 했다.

송금의 문제는 농업의 문제와 관련하여서도 논의된 바 있다. 1798년(정조 22)에 내려진 권농정구농서윤음(勸農政求農書綸音)에 응하여 올린 상소문과 농서들에서 다수 논자들이 송금에 대해 논하였다. 이때 송금에 대한 입장은 크게 두 갈래로 나뉘어, 송금을 엄격히 해야 함을 주장하는 논자와 송금을 완화할 것을 주장하는 논자가 모두 나타난다. 송금을 엄격히 해야 한다고 한 논자들은 대체로 과도한 화전(火田) 개간을 지적하며 수원(水源)의 확보 또는 재목의 양성을 근거로 송금을 강조하였다. 반면 보(洑)의 축조를 위해 필요한 재목을 구할 수 있도록 송금의 완화를 주장한 논자도 있었다.

[참고어] 봉산, 금양, 송전

[참고문헌] 배재수, 2002,『조선후기 산림정책사』, 임업연구원 ; 김대길, 2006,『조선후기 牛禁 酒禁 松禁 연구』, 경인문화사 ; 농촌진흥청 역, 2009,『응지진농서Ⅱ』, 진한M&B 〈김미성·윤석호〉

송전(松田) 조선시기 양안에 등재된 소나무 배양지.

소나무 조림은 신라의 화랑도에 의한 식송(植松)에서 시작되었다. 고려·조선시기에도 소나무는 귀중한 임산자원으로 인정되어 보호되었다. 조선은 선재목(船材木) 및 다양한 국가재용을 마련하기 위한 방편으로 송전 확보에 주력하였다. 양안에는 송전이 주요 토지항목에 포함되어 있었으며, 송전은 정부의 산림정책에 따라 관리되었다. 조선 국가의 산림정책은 금산(禁山)·봉산(封山)·시장(柴場)·임수·향탄산(香炭山)·능원묘의 해자(垓字)·금송(禁松), 그리고 특수용도로 사용되는 수종의 식림과 납세 등을 들 수 있다. 기본적으로 '산림천택여민공지(山林川澤與民共之)'를 원칙으로 산림의 사점을 금지하고 금송정책을 단행하였다. 수령에게 벌채를 감독하도록 했으며 매년 맹춘(孟春)에 소나무를 심도록 하였다. 감사는 수령이 얼마나 소나무 관리에 충실한가를 조사하여 근무성적에 반영하였다.

세종 때에는 연해주군(沿海州郡)의 도서와 곶(串)을 대상으로 소나무 배양지로 적합한 후보지를 확보하는 데 주력하였다. 그 후보지로 서남해의 강진, 광양, 나주, 낙안, 무안, 순천, 영광, 영암, 장흥, 진도, 함평, 해남, 흥양의 도서·곶을 선정하였다.『만기요람』재용편, 송정(松政) 총례에는 저명 송산으로 충청도의 안면도, 전라도의 변산·완도·고돌산·팔영산·금오도·절이도, 영남의 남해·거제, 충청의 순위·장산, 관동의 태백산·오대산·설악산, 관북의 칠보산을 기록하고 있다. 섬은 소나무 배양지로 적합하고 벌목한 목재를 수로(水路)를 이용하여 운송하는 데 편리했다. 강진의 고금도, 나주의 안창도·자은도·기좌도, 영암의 보길도 등은 19세기에 이르기까지 배의 재목을 조달하였다. 순천의 금오도는 왕실용 황장목(黃腸木)을, 영암의 노도는 궁가의 제택을 영선하는 데 필요한 목재를 제공했다. 강진 완도의 송전은 조선시기 으뜸이라 칭하였다. 외양에 위치한 청산도는 한말까지 목재를 벌목하여 섬 주민들의 생계를 꾸려나갈 정도였다.

조선시기 소나무는 ① 전선(戰船)·병선(兵船)·조운선(漕運船) 등의 선박용 재목, ② 구황(救荒)을 위한 껍질과 솔잎, ③ 궁가·관청·사찰·서원의 건축용 목재, ④ 해택지 개간시의 제방 건설용, ⑤ 소금을 구울 때의 땔감 등으로 사용되었다.

조선 국가의 송전 확보 노력은 1675년(숙종 원년) 나주 암태도 주민을 쫓아내고 송전을 설치하려고 했던 것, 1682년(숙종 8)에는 나주 안창도와 기좌도에 설치된 목장을 송전으로 전환한 것 등이 있다. 그리고 1786년(정조 10)에 비변사는 연해의 송전에 표식을 세워 소나무를 확보하고자 하였으며, 벌목시에는 승인절차를 문서로 작성하도록 하였다. 1675년(숙종 1) 전라도순무사(全羅道巡撫使) 이세화(李世華)의「응행절목(應行節目)」에는 전라도 순무사가 반드시 이행해야 할 항목으로 송전을 관리하고, 송전을 잠식하는 목장·둔전·궁방을 철저히 조사하여 대책을 강구하도록 사목을 정하였다. 이같이 정부에서는 금송정책을 세워 적극적으로 송전 보호책을 강구했지만, 각 아문과 궁방에서 절수하면서 국가의 의도대로 제대로 관철되지는 못하였다. 궁가와 아문이 산림을 점유하여 백성들은 땔감을 구하지 못하거나, 가축을 방목할 곳을 잃는 등 여러 문제가 발생하였다.

[참고어] 봉산, 시장, 지목, 산림천택, 송금

[참고문헌]『조선왕조실록』;『만기요람』;『비변사등록』; 김경옥, 2000,「조선후기 서남해 도서지방의 경제기반 변화」『역사학연구』14 〈고나은〉

수갑(水閘) ⇒ 만석거, 수문

수경가(輸京價) 고려시기 현물로 수취한 각 지방의 조세와 공물을 조운선이 경창(京倉)까지 운반하는 비용.

농민은 각 군현의 전세를 요역[輸役]의 형태로 관할 지역 또는 인근의 포에 위치한 조창까지 운반했다가 조운을 통해 개경의 경창으로 운송하였다. 따라서 포에는 조운에 이용되는 조운선이 있었고, 조운을 위탁한 군현은 조운선의 사용료, 즉 수경가를 지불해야 했다. 992년(성종 11)에 "개경까지 조세를 운송하는 조운선에 지불할 배 삯을 정하였다.(成宗十一年 定漕船輸京價[『고려사』권80,「식화지」2 조운])"라는 기사로 미루어 이전에는 이에 대한 규정이 없었는데, 지방 제도가 정비되는 때에 이르러 일정한 액수로 정해진 것으로

보인다. 이때 정해진 수경가는 다음 표와 같다.

단계	포 이름 (포구 수)	운송량	船價	비율(%)
1	통조포(通潮浦)·나포(螺浦) (2)	5석	1석	20
2	파평포(波平浦)·조양포(潮陽浦)·풍조포(風調浦)·해안포(海安浦)·안파포(安波浦)·이경포(利京浦)·여수포(麗水浦)·은선포(銀蟾浦) (8)	6석	1석	16.6
3	조동포(潮東浦)·남해포(南海浦)·통진포(通津浦)·덕포(德浦)·곤강포(崐岡浦)·황려포(黃麗浦)·해위포(海葦浦) (7)	8석	1석	12.5
4	이통포(利通浦)·여섭포(勵涉浦)·부용포(芙蓉浦)·속통포(速通浦)·조종포(朝宗浦)·제안포(濟安浦)·고봉포(古逢浦)·서하군포(西河郡浦) (8)	9석	1석	11.1
5	이섭포(利涉浦)·풍해포(風海浦)·회해포(懷海浦)·편섭포(便涉浦) (4)	13석	1석	7.6
6	미풍포(媚風浦)·식랑포(息浪浦)·백천포(白川浦) (3)	15석	1석	6.6.
7	조해포(潮海浦)·청수포(淸水浦)·광통포(廣通浦)·양류포(楊柳浦)·덕양포(德陽浦)·영석포(靈石浦)·거안포(居安浦)·자석포(慈石浦) (8)	21석	1석	4.8
8	징파포(澄波浦)·안석포(安石浦)·류조포(柳條浦)·이화포(梨花浦)·녹화포(淥花浦)·장암포(丈嵒浦)·양원포(陽原浦)·화제포(花梯浦)·은파포(恩波浦)·우산포(虞山浦)·신어포(神魚浦) (11)	10석	1석	10
9	상원포(尙原浦)·화평포(和平浦)·노수포(鹵水浦)·종산포(從山浦) (4)	18석	1석	5.5
10	덕원포(德原浦)·심원포(深原浦)·동덕포(同德浦)·심축포(深逐浦)·단천포(丹川浦) (5)	20석	1석	5.0

수경가는 수송 거리나 항해의 난이도 등을 고려하여 10단계로 구분되었는데 최고 20%에서 최하 4.8%에 이르렀다. 이런 차이는 세곡 운송의 비용을 운항 거리에 따라 합리적으로 정함으로써 조운의 기능을 원활하게 만들어 국가 재정을 충실하게 할 목적에서 시행된 것이었다.

[참고어] 공납, 조운

[참고문헌] 최완기, 1993,「조운과 조창」『한국사 14 고려전기의 경제구조』, 국사편찬위원회 ; 權寧國 外, 1996,『譯註『高麗史』食貨志』, 韓國精神文化硏究院 ; 국립해양문화재연구소, 2009,『고려, 뱃길로 세금을 걷다』 〈윤성재〉

수경법(水耕法) 조선시기에 벼를 재배할 때 무논을 만들어 종자를 직파(直播)하던 경종법(耕種法).

논에 물을 가둔 다음 써레질을 하여 논을 고른 후 싹을 틔운 볍씨종자를 논 표면에 뿌리는 방법이다. 수경직파법(水耕直播法)이라고 하며, 수파법(水播法)이라고 부르기도 하였다. 1429년(세종 11)에 편찬된『농사직설(農事直說)』에서 수도(水稻) 경종법 3가지 가운데 하나로 소개되었는데, 향명(鄕名)은 수사미(水沙彌)[수삶이]였다. 16세기 이전까지 벼를 재배하는 주된 경종법으로 활용되었다.

그리고『농사직설』에서 본격적인 벼 재배법을 소개하는 첫머리에 먼저 도종(稻種)을 조도와 만도로 나누어 놓고 있었다. 종자를 파종하는 조만(早晩)에 따른 차이를 설명한 다음에 기재된 부분이 경종법에 대한 것이었다.『농사직설』의 종도조(種稻條)에 기록된 경종법은 수경과 건경(乾耕), 그리고 삽종(揷種), 즉 묘종(苗種)·이앙(移秧)이었다. 그중 수경법이 첫 번째로 소개되었는데, 이를 통해 수경법을 주요한 벼 재배법으로 삼고 있던 당시의 사정을 알 수 있다. 수경법은 조도(早稻)와 만도(晩稻) 양자 모두에 적용될 수 있는 기술이었다.

『농사직설』에 따라 수경직파법을 실행하는 작업과정을 찾아보면 다음과 같다. 먼저 추수를 끝낸 다음 수원(水源)이 있는 비옥한 논을 택하여 추경(秋耕)을 실시하였다. 겨울에 시비를 하고 2월 상순에 다시 한 번 기경하였다. 써레[木斫]와 쇠스랑[鐵齒擺]을 이용하여 숙치(熟治)를 하였는데, 이는 숙치 작업은 논 표면을 잘 정돈하여 벼 종자가 뿌리를 쉽게 내릴 수 있도록 만들어주는 일이었다. 그런 다음 종자를 침종(沈種)하여 섬[空石]에 넣어 발아를 시켰다. 종자를 잘 선택하는 작업은 일 년 농사를 짓는 가장 기본적인 일의 하나였다.

수경직파법의 구체적인 파종방법은『농사직설』의 경우 균살(均撒)이라고 표현되어 있었다. 균살은 고르게 뿌린다는 뜻만 갖고 있어서 어떻게 작업하는 것인지 명확하지 않다. 그런데 유중림(柳重臨)이『증보산림경제(增補山林經濟)』치농(治農)에서 수경법 파종의 주의할 점으로 "만약 바람이 부는 날을 만나면 반드시 고르지 않게 된다."는 언급을 하고 있다는 점을 참고할 수 있다. 그리고 유중림은 복종(覆種)에 사용하는 농기구로 번지를 제시하고 있었다. 따라서 바람의 영향을 받아 고르게 파종되지 않을 수 있다는 주의를 주고 있다는 점과 번지를 복종용 농기구로 활용하고 있다는 점에서 종자의 줄 지워 뿌리는 조파(條播)를 상정하기 어렵다. 종자의 간격을 균등하게 헤아려 가면서 파종하는 만종법(漫種法)을 파종 방법으로 채택하고 있다고 볼 수 있다.

복종한 후에 논에 물을 대고 새들이 종자를 먹지 못하도록 방비하였다. 논에 물을 대는 방법 중에는 길고(桔槹) 즉 두레박을 이용하기도 하였다. 대개의 경우 논에 물대는 것은 물고랑을 통해 지형의 고저 차이를 이용하는 것이 상례였다. 제언에서 수로를 따라 내려오는 물이 고랑을 지나가게 되면 물구멍을 만들어 논에 물이 들어오게 하였다. 이에 반해서 길고는 바가지에 끈을 달아 사람의 힘을 이용하여 낮은 데 위치한 물을 높은 위치에 있는 논에 끌어올리는 기구였다. 웅덩이나 개울물을 대상으로 대개 가뭄이 들기 시작하면 논을 이용하였다.

수경법은 직파법이기 때문에 제초가 가장 힘든 농작업으로 따라다녔다. 호미를 이용한 제초작업과 손을 활용하는 제초가 행해졌다. 제초횟수는 경우에 따라 다르지만 4~5회 이상이었다. 따라서 수경법은 제초노동력을 많이 투하하는 경종법이었다. 잡초와 벼의 모가 동시에 생육한다는 점에서 제초에 많은 노력을 기울이지 않을 수 없었다. 한편 이앙법은 제초 횟수가 2~3회 정도로 수경법에 비해 월등 줄일 수 있었다. 이 점이 바로 수경직파법에서 이앙법으로 지배적인 벼 경종법이 변화된 배경으로 지목되고 있다.

조선 초기 15세기에 논에서 벼를 재배하는 일반적인 벼 재배 경종법은 수경직파법이었다. 1457년(세조 3)에 충청도 옥천(沃川) 사람인 곽유(郭瑜)가 올린 상서(上書)에서도 당시 지배적인 경종법이 수경직파법임을 알 수 있다. 그런데 16세기부터 점차 논에서 벼를 재배하는 경종법에서 이앙법이 보급되어 나갔다. 이에 따라 수경법은 점차 지배적인 벼 경종법의 지위를 잃게 되었다. 특히 18세기에 이르면 하삼도 지역의 대부분의 논에서 이앙법이 실행되는 지경에 이르게 되면서, 수경직파법은 널리 행해지는 경종법의 자리에서 더욱 멀어지게 되었다.

[참고어] 직파법, 건경법, 이앙법

[참고문헌] 宮嶋博史, 1977, 「李朝後期の農書」『人文學報』43, 京都大人文科學研究所 ; 이성우, 1981, 『한국식경대전』, 향문사 ; 김영진, 1984, 『조선시대전기농서』, 한국농촌경제연구원 ; 이호철, 1986, 『조선전기 농업경제사』, 한길사 ; 이태진, 1986, 『한국사회사연구-농업기술의 발달과 사회변동-』, 지식산업사 ; 김용섭, 1988, 『조선후기농학사연구』, 일조각 ; 민성기, 1990, 『조선농업사연구』, 일조각 ; 김용섭, 1991, 『증보판 조선후기농업사연구』 II, 일조각 ; 염정섭, 2002, 『조선시대 농법 발달 연구』, 태학사

〈염정섭〉

수기수세(隨起收稅) 경작할 때만 세금을 부과하여 거두는 방식.

수경수세(隨耕收稅)라고도 한다. 척박한 토질 등의 이유로 매년 경작할 수 없는 토지에 적용했던 세금 수취 방식으로, 농사를 지을 경우에만 세금을 받도록 한 것이다. 그에 비해 매년 경작할 수 있는 토지는 국가에서 파악하여 양안(量案)에 기재하고 일정액의 세금을 해마다 부과했다.

고려시기와 그 이전에는 휴한농법의 비중이 커 법제적으로 불역전(不易田 : 매년 경작이 가능한 농토), 일역전(一易田 : 1년간 휴경하고 경작하는 농토), 재역전(再易田 : 2년간 휴경 후 경작하는 농토)의 구분이 있었다. 농업생산력의 발전으로 조선시기에 들어와 상경(常耕)의 연작농업(連作農業)이 보편화되자 농경지 구분과 수세 방식을 새로 제정하게 되었다. 1444년(세종 26)에 제정된 공법(貢法)에서는 농경지를 전품(田品)에 따라 6등분하고 1/20세율을 적용했다. 이들은 다시 매년 경작하는 정전(正田)과 휴경하는 속전(續田)으로 구분하였는데, 정전은 휴경을 불허하여 매년 수세키로 했으며 속전은 경작할 때만 세금을 부과하는 수기수세가 적용되었다. 속전의 휴경은 수령·관찰사의 심사 보고를 거쳐 면세하도록 했다. 또 토질과 생산력을 수령이 조사하여 감사에게 보고하도록 하여 다음 양전 때 정전을 속전으로, 반대로 속전을 정전으로 바꿀 수 있도록 했다.

이후 『경국대전』에는 경지에 대해 정전·속전·강등전(降等田)·강속전(降續田)·가경전(加耕田)·화전(火田)의 여섯 가지 기준을 설정하였다. 이중 속전, 강속전, 가경전, 화전은 수기수세가 적용되었다. 화전에 대하여는 각 도마다 세율의 규정이 다양하였으며 평안도·함경도에는 예로부터 화전이 많아 수기수세하고 일정한 세율은 없었다.

15세기 후반 이래로 지주지의 집적과 함께 토지를 잃게 된 소농민층의 파산과 유리도산이 진행되고 있었다. 이에 소농민층의 몰락을 막기 위해서 호세가의 대토지소유를 제한하자는 균전론(均田論)·한전론(限田論)이 제기되었으며, 한편으로는 도망·절호 등에 따라 생겨난 진황전(陳荒田)을 토지 없는 빈민에게 경작케 하되 이후부터는 수기수세토록 하자는 주장이 일어났다. 또한 임진왜란 이후로는 토지가 황폐해지고 경작민이 유리 도산된 상황에서 정전과 속전을 구분할 수 없었기 때문에 어느 토지를 막론하고 경작에 따라 수세하는 수기수세의 방식이 행해졌다. 그 후 여러 차례

이루어진 양안 작업을 통해 정전과 속전의 구분은 사라지고 기경전(起耕田)과 진전(陳田)의 구분이 더욱 중요하였다. 그 결과 1718~1720년에 걸쳐 실시된 경자양전에는 모든 전토를 기·진(起陳)으로 구분하였다. 따라서 속전에 적용되던 수기수세의 원칙은 사라지게 되었다.

반면 진전 개간에 대하여 1641년(인조 19)부터 3년을 면세하도록 하였고, 1653년(효종 4)에는 수기수세를 적용하여 경작할 때에 한하여 세금을 걷도록 하였다. 그리고 한광지(閑曠地) 개간은 3년 면세하다가, 1647년(인조 25)부터 수기수세하였다. 해택지(海澤地) 개간에 대해서도 17세기 초 이래 3년의 면세규정을 두었다. 국가는 이로써 경작지를 상당수 확보하였다. 이는 면세되던 토지를 수기수세의 형태로 전환함으로써 수세지를 늘려갔음을 보여주는 것이었다. 이러한 조치는 상당한 성과를 거두어 순조 대에는 10여만 결이 증가했다. 이처럼 수기수세는 매년 경작할 수 없는 토지에 적용했던 세금 수취 방식이었는데, 전쟁 이후 진전을 다시 개간하여 피폐된 재정을 확보하고 유랑한 농민을 안정시키기 위한 방법으로 활용되었다.

[참고어] 전세, 속전, 진전, 경자양전

[참고문헌] 李載龒, 1982, 「16세기의 量田과 陳田收稅」『孫寶基博士停年紀念韓國史學論叢』, 지식산업사 ; 金泰永, 1989, 「朝鮮前期의 均田·限田論」『國史館論叢』 5

〈이석원〉

수남상회농장(壽南商會農場)

수남상회농장(壽南商會農場) 한말 일제시기 종로포목점 수남상회가 운영한 농장.

수남상회의 김씨가는 서울의 무반계 가문이었지만, 현달한 무관의 지위까지 올라가지 못했다. 19세기 후반 크게 성장하고 있던 서울 상업계의 움직임에 고무된 김씨가는 무반으로 출세하기보다 상인의 길로 방향을 돌렸다. 1890년대 김상열(金相悅)·김상태(金相台)·김상학(金相學) 3형제는 종로 1가에서 포목점 수남상회를 합자하여 공동으로 운영하였다. 3형제 중 둘째인 김상태가 수남상회의 경영을 사실상 주관했으며, 1908년부터 그의 아들 김태희(金泰熙)가 맡아 이어갔다. 1913년 김태희는 수남상회를 단독출자에 의한 개인 기업으로 만들었으며, 1935년에는 주식회사체제로 개편하였다.

수남상회는 각종 직물의 도소매와 대금업을 통해 상당규모의 상업자본을 단기간에 축적하였고, 이를 바탕으로 1905년 러일전쟁 전후부터 토지매집에 본격적으로 나섰다. 당시는 일제 통감부가 한국경제침탈의 통로를 장악할 목적으로 화폐재정정리사업을 실시하고 있던 때였기에, 극심한 금융경색으로 파산하는 상인도 잇달았고 화폐공황으로 지가도 폭락했다. 포목상으로 자금사정이 좋았고 인근 상인들과 자산가들에게 농지를 담보로 대금업을 해왔던 수남상회는 헐값으로 토지를 대거 매수하거나 전당권을 행사하여 담보 토지를 소유지로 삼을 수 있었다. 1904~1910년 사이 수남상회는 약 30정보의 토지를 확보할 수 있었다. 매입한 토지는 오랜 상거래를 통해 지역사정을 잘 아는 서울과 경기도를 위시하여 인천과 뱃길로 가까운 황해도·충청도·전라도의 서해안 곡창지대에 산재하였다.

거액의 자금을 오랫동안 농지에 묻어둘 만큼 풍부한 자금력을 가지지 못했기에, 수남상회는 처음에는 지주경영을 통한 지대수익을 추구하기보다는 단기매매를 통한 시세차익 확보에 집중하였다. 일부는 지주경영을 했지만 대부분 적당한 가격에 토지를 팔아치웠다. 대금업의 유동성 확보를 위해서라도 지대수취보다는 매매수익에 치중할 수밖에 없었다. 그러다가 1920년대부터 수남상회는 본격적으로 지주경영에 주력하기 시작하였다. 이 같은 방향전환은 그 동안 수남상회의 주요 수입원이었던 대금업의 정체에 따른 것이었고, 지주경영의 확대는 소유토지의 증대를 가져왔다. 1920년대 말 전국에 걸쳐 약 300정보의 농지를 소유하였다.

〈수남상회 소유토지의 현황(단위: 평/정보)〉

	1914	1916	1918	1919-20	1921-22	1923	1925	1926
논	35,000	212,280	274,352	274,352	346,617	521,442	517,843	570,914
밭	13,154	40,254	57,967	56,913	66,755	118,435	223,463	222,231
합계	48,154평	252,534	338,319	337,265	418,922	545.877	741,306	793,135
	16.1정보	84.2	112.8	112.4	139.6	182.0	247.1	264.4

출처 : 洪性讚, 2003, 「韓末 日帝下의 地主制 硏究-서울 鐘路 布木商店 壽南商會의 農地投資 사례-」『東方學志』 122, 283쪽.

수남상회의 지주경영 목표는 농업생산력 향상에 기초한 지대수익의 극대화에 있었다. 토지가 전국에 산재해 있던 관계로 수익극대화를 위해서는 소작인과 소작지에 대한 효과적인 관리감독체계의 확립이 필수였다. 수남상회는 추감원(秋監員)→마름→소작인으로 이어지는 관리지배 망을 통해 황해도·경기도·충청도 일대 토지와 소작인을 장악하였다. 지역 농장(천안·연기농장, 면천농장, 양주농장, 연백농장, 진천농장 등)의 책임자격인 추감원이 마름관리에서부터 농지매입과 소유권 이전, 수리시설공사 그리고 소작료의 수납·판매까지 모든 것을 총괄하였다. 소작계약은 문서를 통해서 이루어졌고, 결세와 수리조합비는 소작인이 부담하였다. 비료를 구입하여 소작인에게 대부하여 추수 때

이자를 붙여 대금을 회수했다. 미곡증산을 위해 시비뿐 아니라 제언·거사(去沙)·방축 등 농지의 수축공사에도 관심을 기울였다. 1911년 연안군 송청면 도마포 일대에서 대규모 축보(築洑)·축동사업(築垌事業, 공사비 187원)을 하고 다음해 논 120두락(기간비 162원)을 개간하였다. 1918년 2월 음성에서, 1919년 7월 진천에서 밭을 논으로 만드는 작답공사를 실시하여 진천농장을 대대적으로 정비하였다. 이러한 토지개량사업은 농지의 재산가치 상승은 물론이고 미곡증산을 통한 지대수입의 극대화에도 필요했기에, 수남상회는 지역사정에 따라 수시로 이를 실시하였다.

소작료는 타조로 징수했고, 추수할 물량이 많을 때는 신속한 두량을 위하여 별도의 두인(斗人)을 썼고, 도량형기의 통일을 위해 신도량 형기를 구입하여 현지에 보내기도 했다. 수납한 소작미는 일부는 현지에서 일부는 차와 배로 인천 등 적당한 곳으로 옮겨 다음해 봄이나 여름에 고가로 팔았다. 소작인은 자신의 부담으로 지정된 장소까지 소작미를 운반하였다. 수남상회는 매매차익을 노린 순수한 미곡매매에도 적극 나섰다. 추수직후 소농들의 궁박 판매로 인해 미곡가격이 떨어질 때 미곡을 대량으로 매집하여 창고에 1년 정도 보관했다가 적당한 시세에 맞추어 내다팔아 이익을 보기도 했다. 1920~30년대 수남상회의 총 수익 중 농지수익이 절반을 넘었다. 1950년대 농지개혁 당시 피분배농지면적은 200정보 가량이었다.

[참고어] 농지개혁, 소작인조합, 동태적 지주, 장리

[참고문헌] 洪性讚, 2002, 「韓末 日帝下의 서울 鐘路商人 硏究-布木商 金泰熙家의 壽南商會 運營을 中心으로-」『東方學志』 116 ; 洪性讚, 2003, 「韓末 日帝下의 地主制 硏究-서울 鐘路 布木商店 壽南商會의 農地投資 사례-」『東方學志』 122 〈이현희〉

수도용지(水道用地) 물을 정수하여 공급하기 위한 시설과 그에 접속된 부속시설물 부지 및 수도관 매설부지의 지목(地目).

1910년 8월 23일 공포한 토지조사법의 지목분류에는 사사지(社寺地), 분묘지, 공원지, 철도용지, 수도용지를 지목 제2호로 구분하고 있다. 제2호는 직접적인 수익은 없으나 대부분이 공용에 속하며 지세를 면제하는 토지지목을 가리킨다. 이를 개정 공포한 1912년 8월 13일의 토지조사령과 1914년 3월 16일의 지세령에서도 수도용지는 제2호 지목으로 분류되었다.

[참고어] 지목, 토지조사법, 토지조사령

[참고문헌] 김남식, 1993, 「한국 지목제도에 관한 연구」, 청주대학교 석사학위논문 ; 손세원, 1999, 「지목의 변천과정에 관한 연구」 『충청대학 논문집』 15 ; 이민기, 2007, 「지목제도의 개선방안에 관한 연구」, 명지대학교 석사학위논문

수도지(水賭地) 소작인이 매매문서를 작성해 소작권을 매매하는 특수한 소작관행.

수도지는 지주의 허락 아래 소작권을 매매하는 관행을 가리킨다. 경상남도 고성군의 구만(九萬), 마암(馬巖), 대가(大可), 상리(上里) 등의 각 면에서 행해진 특수한 소작 관행이다. 도지(賭地) 또는 물도지(物賭地)라고도 한다. 수도지 매매계약은 소작권 매매문서인 명문(明文)을 작성하여 이루어졌다. 수도지는 병경(倂耕)의 관행이 있었던 경상남도 고성군에서 실시된 소작관행이지만 병경권과는 다르다. 병경권의 경우 소작인이 전답의 개간·매매에 노동력 및 토지대금의 일부를 제공함으로써 획득한 것으로 영대소작 및 소작권 처분의 자유를 가지는 일종의 물권적 소작권이다. 하지만 수도지는 소작인이 노자(勞資)를 제공하여 실질적인 권리가 형성된 것이 아니라, 지주의 승낙 아래 관행적으로 행해진 관습의 하나였다. 수도지 관행은 일제시기 지주권이 강해지면서 지주들이 점차 금지함으로써 소멸되었다.

[참고어] 경작권, 병경, 영소작

[참고문헌] 조선총독부, 1932, 『朝鮮ノ小作慣行(上)·(下)』 ; 조선총독부, 1932, 『朝鮮ノ小作慣行 : 時代ト慣行』 〈고나은〉

수등이척제(隨等異尺制) 고려 중기 이후 전품(田品)에 따라 양전척(量田尺)의 길이를 달리해 토지를 측량하던 제도.

고려시기 결부제의 변동은 동 시기 사서(史書)에는 기록되어 있지 않다. 다만 조선시기의 『용비어천가(龍飛御天歌)』와 『세종실록(世宗實錄)』의 기록을 통해 수등이척제의 도입을 짐작해 볼 수 있다.

세종 10년 자료에서 주목되는 점은 기사양전이 문종 23년 양전식처럼 '방(方) 33보(步)=1결(結)'을 기준으로 하였다는 점이다. 또한 종전의 양전규정에서는 양전의 단위를 모두 결단위 이상의 양전(量田)에 대해서만 언급하고 있었는데, 개정된 양전규정에서는 결의 하부단위인 부(負)의 면적을 양전의 기준 단위로 삼았다는 점이다.

세종 12년 자료는 농부의 지척(指尺)에 의한 3등전제(等田制), 상전척(上田尺)·중전척(中田尺)·하전척(下田尺)의 제도를 시행하였다고 한다. 또한 3등전제를 시행하

〈결부제 변동 관련 사료〉

『세종실록』 권42, 10년 10월 신사	戶曹啓 前此己巳年以上量田時 三步三尺四方周回爲一負 三十三步四方周回爲一結 乙酉年改量時 以爲三步三尺負數 於三十三步結數不準 而改以三步一尺八寸爲一負 一結之數 減至十二負四束 因此結負之數差重 請依己巳年例 三步三尺四方周回爲一負 令其負數 相準三十五步爲一結 量之 從之
『세종실록』 권49, 12년 8월 무인	摠制河演以爲……自前朝只以上中下三等定制 將農夫手二指計十爲上田尺 二指計五 三指計五爲中田尺 三指計十爲下田尺 六尺爲一步 以三步三寸 四方周廻爲一負 二十五步爲一結而打量
『용비어천가』 제73장	舊制 田品只有上中下 所量之尺 三等各異 上田尺二十指 中田二十五指 下田三十指 而皆以實積四十四尺一寸爲束 十束爲負 百負爲結

면서 '3보(步) 3촌(寸)'의 사방둘레를 1부로 삼았다.

이때 사용된 자는 농부의 손마디 길이를 표준으로 한 지척으로서, 상등전은 20지, 중등전은 25지, 하등전은 30지를 각각 1자로 계산하였다. 즉, 장년 농부의 식지(食指)와 장지(長指)를 마디에서 밀착시켜 그 가로폭의 길이를 열 번 거듭한 전체의 길이를 상등전 1척으로 삼았다. 또 이와 같은 방법으로 5번을 거듭한 뒤에 여기에 식지·장지·무명지(無名指)를 밀착시켜 그 마디의 가로폭을 5번 거듭하여 그 전체 길이를 중등전 1척으로 삼았다. 하등전 1척은 식지·장지·무명지 세 손가락을 밀착시켜 그 마디의 가로폭의 길이를 10번 거듭한 길이였다.

『용비어천가』 자료는 전품의 구분이 생겨 상·중·하의 3등급으로 구분되었으며, 양전척도 각각 상전척·중전척·하전척으로 나누어져 있다고 했다. 즉, 이는 고려시기 양전척이 수등이척인 지척의 3등척으로 변화되었음을 알 수 있다.

위의 사료를 통해 볼 때, 전조(前朝), 즉 고려 중기 이후의 어느 시점부터 토지의 등급을 그 비척의 정도에 따라 상·중·하 3등급으로 구분하였다. 또한 각 토지의 결수를 산출하는 양전의 척도를 농부의 지척을 표준으로 삼아 각각의 등전(等田)에 따라 양전척의 길이를 조절하였다. 이를 통해 지척에 의한 수등이척제가 실시되었음을 알 수 있다. 그러므로 토지의 등급에 따라 단위면적인 1결의 실제 면적은 달라졌으나, 1결의 토지세 액수는 토지의 등급에 상관없이 모두 같았다.

이렇듯 고려 중기 이후에 수등이척제가 채택되었다. 따라서 고려시기 결부제는 양척동일제(量尺同一制)의 동적이세제(同積異稅制)에서 수등이척제의 이적동세제(異積同稅制)로 변화하였다. 이는 곧 '결'이 고려 전기와 같이 같은 넓이의 면적표준으로서가 아니라 비옥도에 따라 그 면적에 차등이 생기는 수세 표준으로 그 의미가 변화한 것이다.

그러나 언제부터 이런 제도가 채택되었는지에 대해서는 확실한 자료를 찾아볼 수 없다. 따라서 이 시기를 두고 연구자들 간에 의견이 분분하다. 이렇게 단일 면적의 결부제가 전품에 따라 면적을 달리하는 수등이척제로 바뀐 시기에 대해서는 고려 1069년(문종 23), 12C, 1232~1259년(고종 19~46), 1314년(충숙왕 1) 등 다양한 견해가 있다. 이들 견해 중 어떤 것이 사실에 가까운 것인지 단정하기는 어려우나, 대략 고려 중기 이후의 어느 시기에 전품의 차이에 대한 인식이 확대되면서, 그 이전의 단일 척도에 의한 결부제는 점차적으로 수등이척에 의한 3등급의 결부제로 대체되었다고 할 수 있을 것이다.

또한 결부제의 변동 요인에 대해서도 확실한 기록이 남아있지 않다. 그렇다면 결부제의 변동 요인은 무엇인가. 결부제의 변화는 농업기술의 발달과 국가의 재정정책 등에 의해 이루어졌다.

먼저 농업기술의 발달은 선진농업기술을 전수하기 위한 농서의 간행과 보급, 토지의 수리안전답화 및 수·한재로부터 보호하기 위한 수리시설의 건설 등을 들 수 있다.

농서의 간행과 보급은 선진농업기술을 후진지역에 보급시킴으로써 전반적인 농업기술의 발달을 통한 농업생산력의 증대를 도모할 수 있었다. 고려 전기 즉 12세기 이전에는 중국 농서가 이용되었다고 하더라도, 간행·보급의 단계까지 이르지는 못했다. 그러나 12세기 이후부터는 음의(音義)·향언(鄕諺) 등의 주(註)를 달아 『손씨잠경(孫氏蠶經)』, 『농상집요(農桑輯要)』 등을 간행·보급하여 이용하였다. 이와 같이 고려 전기에는 중국 농서를 단순하게 도입하여 이용하던 단계라 한다면, 12세기 이후는 실제 농서를 간행·보급하여 농업생산력을 높이는 단계였다.

수리시설 역시 경지면적의 확대와 관련해 수리불안전답을 수리안전답으로 전환하기 위해서는 필수적 농업기술이었다. 고려시기는 전반적으로 한재가 빈번하였기 때문에 그에 대한 대책인 권농정책을 통해 수리시설의 건설을 적극 유도하였다. 그러한 과정에서 이전의 제언(堤堰)과는 다른 형태의 수리 시설들도 활발히 건설되었다. 그것은 준거(浚渠), 굴지(掘地), 하거(河渠), 구혁(溝洫) 등의 방법을 통한 수리시설의 건설이었다. 고려 후기에는 중국 강남의 선진농법인 수차(水車) 등의 보급이 시도되었다는 측면에서도 이전과 다른 기술상의 진보가 이루어졌다.

이와 같은 농업기술의 발전은 부농층이 출현하는 계기를 만들었고, 농지개간을 유도하였다. 고려 후기에는 신전개간으로 저습지·연해지 등의 개간이 상당부분 이루어졌다. 이러한 토지 개간은 수전 농업의 비율을 점차 증대시켰고, 선진 수전지역에서는 이앙법이 실시되기도 하였다. 따라서 고려 후기에 농업기술의 발달이 현저하였다.

한편 결부제의 변화요인은 국가의 재정적 안정책이라는 측면도 고려되었다. 동적이세제는 면적을 파악하기 쉽지만 국가재정을 운용하기 어렵다. 반면 이적동세제는 토지의 파악은 어렵지만 전체 결수를 통한 세수의 안정적 확보를 도모할 수 있다는 측면에서 유리한 제도이다. 이러한 요소가 이적동세제로 변화시킨 요인이었다.

앞서 고려 전기의 1결 방 33보의 절대면적이 고려 중기 이후에 수등이척제로 변화되었으며, 양전척 또한 지척으로 변화함에 따라 결의 면적도 변화하게 되었다. 수등이척제로 변화된 이후에는 상등전, 중등전, 하등전에 따라 결의 면적이 달랐다. 상등전 1결은 약 2,000평, 중등전 1결은 약 3,000평, 하등전 1결은 약 4,500평으로 추산된다.

이렇게 추산된 결의 면적을 고려 전기의 결의 면적과 비교해 볼 때 결의 면적이 축소되었다는 견해와, 약간 증대되었다는 견해로 나누어 볼 수 있다. 전자는 농업생산력의 증대로 인해 결의 면적이 고려 전기 17,000여 평에 비하여 최고 1/9에서 최저 1/4까지 축소된다고 보고 있다. 후자는 결의 면적이 고려 전기 1,200~1,500여 평에 비해 약간 증대하였다고 본다. 이러한 현상은 국가에 의한 토지지배 효율성의 도모와 결당 생산량을 일정 정도를 생산할 수 있는 면적에 규정시키려는 의도와 관련되리라 보았다. 즉 수등이척제의 결부제는 일정면적에서 일정 생산량을 담보할 수 있고, 이를 기반으로 일정량을 수취할 수 있는 면적으로 변화하였다는 것이다.

이러한 토지면적의 결당 생산량은 어느 정도였을까. 고려 후기의 생산량을 알려주는 직접적인 자료는 없다. 다만 "모든 공, 사의 전조는 매 논 1결에 조미 30말, 밭 1결에 잡곡 30말로 한다.……무릇 토지를 가진 자는 모두 세를 바친다. 세는 논 1결에 백미 두 말, 밭 1결에 콩 두 말로 한다.(凡公私田租 每水田一結 糙米三十斗 旱田一結 雜穀三十斗……凡有田者 皆納稅水田一結白米二斗 旱田一結黃豆二斗.[『고려사』 권78, 食貨1 田制])"라는 기사를 통해 고려 후기 생산량을 추정할 수밖에 없다.

위의 자료는 녹과전(祿科田)의 제정과 함께 시행된 조세 수취규정으로 조는 2석이고 세는 2두라는 것이다. 그런데 수(水)·한전(旱田) 1결당 조미(糙米) 2석과 잡곡 2석이 조세로 수취되었다는 것은 모든 1결의 토지가 이 정도는 납부할 수 있는 양을 생산하고 있음을 의미한다. 이러한 생산량은 14세기 말뿐만 아니라 그 이전 시기까지도 소급될 수 있을 것으로 생각된다. 때문에 과전법 하에서는 이러한 양을 수취의 양으로 규정하였을 것이다. 따라서 과전법 하의 1결당 생산량은 수전 조미 20석, 한전 잡곡 20석으로 환산할 수 있다.

[참고어] 결부제, 전품제, 양전척

[참고문헌] 박흥수, 1980, 『度量衡과 國樂論叢』, 박흥수화갑기념논문간행회 ; 여은영, 1986, 「高麗時代의 量田制」 『嶠南史學』 2 ; 이우태, 1989, 「新羅時代의 結負制」 『泰東古典研究』 5 ; 김용섭, 2000, 『韓國中世農業史研究』, 지식산업사 ; 이종봉, 2001, 『韓國中世度量衡制研究』, 혜안

〈이종봉〉

수륙겸종(水陸兼種) 삼국시기에 논농사와 밭농사를 매년 교대로 실시하는 농법.

관련된 기록은 『수서(隋書)』, 「신라전(新羅傳)」에 처음으로 등장한다. 특히 한치윤은 『해동역사(海東歷史)』에서 수륙겸종을 보리와 벼의 이모작으로 파악했는데, 이러한 이해는 이후에도 이어져 특히 백남운은 벼와 보리의 이모작에 대한 윤작농법(輪作農法)으로 설명하였다. 결국 이러한 견해는 계속 발전하여 수륙겸종을 논과 밭에 벼를 모두 재배하는 것으로 보다가, 논농사와 밭농사를 교대로 짓는 회환농법(回換農法)으로 정리되었다. 북한에서 간행된 『조선전사』에도 이에 동의하고 있으며, 사회경제사 상의 시대구분의 기준으로 언급되었다. 또한 이를 근거로 최근에는 삼국시기에 이미 논농사의 비중이 높았다는 주장이 제기되기도 했다.

그러나 회환농법은 해마다 경작을 바꾸는 휴한농법(休閑農法)을 가리키는 것이므로 이를 '수륙겸종'과 연결시키기 곤란하다는 견해도 있다. 이에 따르면 수륙겸종의 수륙은 각각 논과 밭을 말하는 것으로 밭농사가 크게 우세한 중에서도 논농사가 점차 확대 보급되는 추세를 반영한다는 것이다. 한편 수륙겸종은 기본적으로는 밭농사로서 마른 밭에 직접 씨를 뿌리다가 비가 내리면 마치 논농사처럼 경작하는 방법을 표현한다고

파악하는 의견도 있다.

[참고어] 회환농법, 휴한농법, 이모작

[참고문헌] 金容燮, 1983, 「前近代의 土地制度」『韓國學入門』; 2000, 『韓國中世農業史硏究』, 지식산업사 ; 金基興, 1996, 「신라의 '水陸兼種'농업에 대한 고찰」『韓國史硏究』 94 ; 全德在, 2006, 「통일신라의 水利施設과 永川 菁堤」『한·중·일의 고대수리시설 비교연구』; 李景植, 2005, 『韓國 古代·中世初期 土地制度史』, 서울대학교출판부 〈정덕기〉

수륜원(水輪院) 대한제국시기 황무지·미간지의 개간사업과 수리업무를 담당하기 위해 궁내부에 설치한 기관.

조선 후기 왕실은 늘어나는 왕실비용을 충당할 목적으로 황무지나 해택지의 개간간척사업을 주도해 갔다. 1897년 대한제국의 출범과 더불어 개간사업은 궁내부의 주요 업무의 하나로 자리 잡았다. 1899년 2월 궁내부 소속 내장사에 수륜과가 설치되고 관·민유지의 황무지·광한지 개간사업을 담당하도록 했다. 산록의 건조한 곳에는 수차를 이용하여 관개 개간하고 연해안의 범람지와 갯가는 물을 막아 간척하였다. 수륜과는 공토의 황무지를 개간하여 내장사의 경영지로 삼고 일반 백성의 황무지개간에 대한 허가와 개간지에 대한 과세를 행사하였다.

1900년 3월 수륜과 관제를 개정하고 13명의 외과장과 주사 13명을 각도에 파견하여 수륜과의 업무체계를 강화하였다. 1902년 4월 수륜과를 수륜원으로 개편하고 수륜과·공상과·제언과의 3과 제체로 확대 운영되었다. 농상공부와 업무가 중첩되기도 했지만, 수륜원은 진황지를 관개 개간하고 뽕나무를 심어 양잠하는 일을 담당하는 중요기관으로 되었다. 관원으로 총재·부총재·국장 각 1명씩, 과장(3명)·기사(6명)·기수·주사를 두었다. 수륜원은 전국의 진황지 실태조사를 실시하여 과세의 근거를 확보하고자 했다. 1902년 8월 13도 관찰부에 뽕나무를 심을 수 있는 황무지를 조사하게 했으며, 각도에 검쇄관을 파견하여 물레방아와 진황처를 조사 과세하기도 했다.

수륜원은 개간·제언·잠업의 업무를 장악하여 왕실수입의 재원을 확대하고자 했지만, 1904년 일제의 황무지 개간권 침탈요구에 맞서 어공원으로 개편 폐지되었다.

[참고어] 개간, 무주한광지, 진전

[참고문헌] 이영호, 2000, 「일제의 식민지 토지정책과 미간지문제」『역사와 현실』 37 〈이수일〉

수릉군전(守陵軍田) 늠전(廩田)의 하나로, 왕과 왕비 및 왕족의 무덤인 능(陵)·원(園)·묘(墓)를 지키는 수릉군(守陵軍)에게 직역(職役)의 대가로 지급한 토지.

수릉군은 조선시기 왕과 왕비 및 왕족의 무덤인 능·원·묘를 지키는 군사였다. 『경국대전』「병전(兵典)」 잡류(雜類) 조에 따르면 선왕릉(先王陵)과 선왕후릉(先王后陵)에는 각각 70인의 수릉군을 배정하되, 복제(服制)에 따라 상복을 입는 대(代)가 끝나 신위를 묘로부터 영녕전(永寧殿)으로 옮기면 수릉군 5인씩을 배정하며 여타의 능묘에는 2인 내지 3인씩을 배정하게 하였다. 이들에게 공역(公役)에 종사하는 대가로 토지가 지급되었는데, 이것이 수릉군전이다. 태조 대에 처음 설치된 것으로 보이는데, 『경국대전』「호전」 제전(諸田) 조에는 지방관청에 재원으로 지급되었던 늠전의 일종으로 규정되었다. 이에 따르면 각각의 수릉군에게는 2결이 지급되었는데, 해당 기관에 직속된 국유지로서 직역 종사자가 직접 경작하는 자경무세지(自耕無稅地)였다. 1445년(세종 27) 개별 국가기관에서 수조하던 토지를 국가에서 직접 수조하도록 과전법의 운영체계를 바꾸면서[국용전제(國用田制)] 국가에 역을 부담하고 있는 사람에게 토지를 지급하던 것을 폐지하였으나, 수릉군전은 빙부전(氷夫田)과 함께 그대로 남았다. 하지만 대동법이 실시된 조선 후기에는 면부출세지(免賦出稅地)로 규정되어 대동세 12두(斗)가 면제되고 전세(田稅)는 부과되었다.

[참고어] 늠전, 무세지

[참고문헌] 『經國大典』; 『續大典』; 『萬機要覽』 〈윤석호〉

수리(水利) 농사에 필요한 물을 조달하고 농지에 물을 관개하는 일.

자연 상태에 존재하는 하천이나 계곡의 물을 인간이 특정한 목적에 맞게 이용하기 위해서는 물에 대한 관리가 필요하다. 자연 상태의 물을 인간의 목적에 따라 이용하는 일을 넓은 의미에서 수리로 이해할 수 있다. 따라서 수리라는 용어의 의미는 물을 관리하는 목적의 차이로 인해 시대와 지역에 따라 서로 다르게 나타난다.

고대 중국에서는 홍수 피해를 막고 물자를 운송하는 데 목적을 두고 거대한 거(渠)의 축조가 주로 이루어졌는데, 이 시기에는 수리라는 용어가 수해(水害)를 막기 위해 물길을 내어 하천이 범람하지 않고 바다로 흘러가도록 하는 사업을 의미하였다. 중국에서 송(宋)·원(元)

에 이르러 강남지방에서 수도작(水稻作)이 발달하기 시작하면서 수리의 의미는 농지에 관개수를 대기 위한 다양한 기술적 방법으로 변화하였다. 이후로 농업기술에서 수리가 직접적으로 활용되기 시작하였으며, 한국사에서도 수리라는 용어는 대체로 농사에 필요한 물을 조달하고 농지에 물을 관개하는 일이라는 의미로 사용되었다.

농사에 수리를 활용하기 위해서는 지리·기후에 맞는 다양한 시설이 필요한데, 이를 통칭하여 수리시설이라 한다. 중국 고대로부터 활용되던 수리기술은 다음과 같이 크게 네 종류로 구분할 수 있다. ① 배수구(排水口)를 뚫고 하천을 준설하여 물을 흘려보내는 배수(排水) 기술, ② 둑을 쌓아서 물이 넘치는 것을 막는 방수(防水) 기술, ③ 저수지를 수축하여 물을 모아두는 저수(貯水) 기술, ④ 수차(水車) 등의 양수기를 활용하거나 수문(水門)을 이용하여 물을 조절하는 기술이다. 한반도의 경우에는 자연조건의 특성상 배수형의 수리시설은 거의 나타나지 않고 저수형 수리시설들이 주로 발달하였다.

이러한 수리시설을 만들기 위해 자연지형을 변화시키는 고도의 기술적 방법들을 수리기술이라고 부른다. 한반도에서는 조선 후기에 이르기까지 제언(堤堰)과 보(洑)가 주로 이용되는 수리시설이었는데, 청동기시대 농경유적에서부터 제언과 보의 원시적인 형태가 나타나는 것으로 보아 이른 시기부터 한반도의 자연지형과 기후에 맞는 수리기술이 형성되어 관행적으로 꾸준히 행해지고 있었음을 알 수 있다. 중국에서는 당(唐) 말 이후 수리기술이 점차 발전함에 따라 송·원에 이르러 선진적인 관행 수리기술을 지식인층이 체계적으로 정리하는 과정을 거쳐 수리에 대한 지식이 하나의 독자적인 학문의 분야를 형성하였다. 수리에 대한 체계화된 지식으로서 수리학은 수리기술과 상호관련성을 가지고 발전해 간다. 중국에서 고도로 발달한 수리학은 한국으로 전파되었는데, 이에 대한 이해와 수용의 과정은 한국의 수리기술의 발전에도 큰 영향을 주었다.

수리시설을 조성하고 관리하는 데는 막대한 물자와 노동력이 필요했기 때문에 전통시대에는 국가가 주도적으로 수리에 대한 정책을 수립하는 상황이 일반적이었다. 특히 대규모 수리시설의 경우 대개 강력한 국가권력과 밀접한 관련을 맺고 조성되는 경우가 많았다. 국가의 수리를 진흥하기 위해 정책을 수립하고, 이를 전담하는 기구와 관계 법령을 만들고 실행하는 과정을 통틀어 수리정책이라고 부를 수 있다. 전통시대 수리에서 국가의 수리정책이 차지하는 비중은 매우 크다. 안정적인 수리는 농업 전반에 큰 도움을 주기 마련이지만, 작물과 농법의 특성상 한전농업(旱田農業)보다는 특히 수전농업(水田農業), 즉 수도작(水稻作) 농업과 밀접한 관련을 맺는다. 따라서 수도작 농법이 확대되어갈수록 수리의 중요성이 커지며, 수도작 농법의 변화 과정은 수리 조건에 따라 좌우되는 경향이 크다. 전통시대 수리시설과 수리기술 및 수리학의 발전, 국가의 수리정책의 변화는 수도작의 비중 확대와 수도작 농법의 변화와 밀접한 상호관련성을 가진다.

전통적으로 관개용으로 활용해 온 수리시설로는 이른바 제·언·보의 세 가지를 대표적으로 꼽을 수 있다. 예컨대 18세기 후반 정조의 권농정구농서윤음(勸農政求農書綸音)에서 "대개 산(山)에 가까운 곳에는 제(堤)가 있고 제는 저수(貯水)하는 것이다 들에 가까운 곳에는 보(洑)가 있고 보는 인수(引水)하는 것이다. 바다에 가까운 곳에는 언(堰)이 있고 언은 방수하는 것이다. 제·언·보 세 가지는 수리사업을 진작하여 한재(旱災)에 대비하는 것이다."라고 하였다.

제(堤)는 제언(堤堰)을 의미하는데, 매우 이른 시기부터 이용하던 수리시설이었다. 제언에는 산곡형(山谷形)과 평지형(平地形) 두 종류가 있었다. 산곡형은 하천이 산곡으로부터 평지로 흘러가는 지점에 제방을 쌓아 계곡물을 모아두는 형태이다. 평지형은 평지의 오목한 지형을 이용하거나, 지대가 낮은 곳을 파낸 뒤에 그곳에 제방을 쌓아서 빗물이나 용천수(湧泉水)를 모아두는 형태이다. 조선시기 제언은 일반적으로 산곡형이었으며, 특히 영남지역에 산곡형 제언이 많이 분포하였다. 평지형 제언은 주로 호남지역에 많았다.

보(洑)는 작은 하천의 중간에 둑을 쌓고 인위적으로 수면을 높여서 물을 옆으로 빼돌려 도랑을 통해 농지에 물을 대는 시설을 가리킨다. 기록에 따라 천방(川防), 방천(防川), 방보(防洑), 방축(防築), 축천(築川) 등 다양한 이름으로 불리기도 하였다. 보에는 두 가지 형태가 있었는데, 물이 높고 논이 낮은 지형의 경우에는 상설적으로 둑을 쌓고 그 안에 모인 물을 수로를 통하여 관개하였다. 반면 물이 낮고 논이 높은 지형에서는 물이 적은 겨울철에 하천에 둑을 높게 쌓아서 평소의 낮은 수면을 높여 주변 논에 관개하였다가 장마철이 되면 철거하는 형태가 이용되었다. 대부분의 보는 제언에 비해서 소규모였지만, 조선 후기에 들어 몽리(蒙利) 면적이 매우 큰 대규모의 보가 만들어지기도 하였다.

언(堰)은 바닷물의 침입을 막아 농지로 만들기 위해 쌓은 제방을 말하는데, 바닷가에 주로 축조된다는 점에서 해언(海堰)이라고 불리기도 하였다. 주로 간척사업을 하는 데 활용되었으며, 언을 쌓아 새로 만들어진 토지를 언전(堰田)이라고 하였다. 새로 조성한 토지에 남아 있는 짠물을 빼고 관개에 이용하기 위해 별도의 저수지나 구거(溝渠) 등의 수원(水源)을 갖춘 것을 언이라 하고, 강과 바다가 만나는 지형에 설치하여 별도의 수원을 갖추지 않은 것을 동(垌)이라 구분하기도 하였다. 언의 경우 제와 보에 비해 지역적으로 편중되고 기록상에서 언급되는 사례도 많지 않으나, 주로 서북부와 서남부의 해안지역에 광범위하게 존재하였다.

관개에 필요한 물을 끌어내기 위해 수축한 도랑을 구거(溝渠)라고 하였는데, 제언이나 보로부터 논까지 물을 대기 위해서는 구거의 역할이 필요하였다. 지형에 따라서는 별도의 둑을 쌓지 않고 하천으로부터 물을 끌어오는 구거의 수축만으로 관개를 하는 경우도 있었다. 그밖에도 논 아래에 있는 하천의 물을 퍼 올려서 관개하거나, 논 안의 물을 밖으로 퍼내는 데 이용하는 양수기구로서 수차(水車)가 있었으나, 실제 농경에서 널리 사용되지는 않았다.

문헌상에는 『삼국사기』 초기 기록(3~4세기경)에 수리시설의 조성 혹은 수리에 관한 기사가 처음으로 등장하나, 최근에는 청동기시대 농경유적에 대한 발굴조사에서 보와 제언의 원시적인 형태가 발견되었다. 가장 이른 시기에 만들어진 수리시설로는 330년에 새로 쌓았다고 하는 벽골제(碧骨堤)를 들 수 있다. 벽골제의 기능에 대해서는 저수지라기보다는 방조제였다는 주장이 있어 확정하여 결론을 내리기는 어렵지만, 그 뒤로 5세기에 접어들면 새로 제언을 수축하였다거나 수리하였다는 기록이 여러 곳에서 나타나는 것으로 보아 대략 4~5세기경에는 국가가 주도적으로 수리시설을 만들고 관리하였음을 확인할 수 있다. 그렇지만 이 시기에는 아직 수도작이 전체 농업에서 차지하는 비중이 그렇게 높지 않았기 때문에 수리시설을 일반적으로 농경에 이용하는 상황이었다고 보기는 어렵다. 수리시설에 관한 기록이 본격적으로 등장하는 것은 고려시기부터인데, 이 무렵부터 벼의 재배 비중이 점차 확대되면서 수리시설의 중요성이 더욱 커졌기 때문이다.

고려 후기인 12세기에 이르러 새로운 수전(水田)의 개간이 활발해지고, 벼 재배의 비중이 확대되면서 수리시설의 중요성에 대한 인식이 커지고 수리시설의 축조가 늘어나기 시작하였다. 김제의 벽골제, 밀양의 수산제(守山堤)가 이 시기에 와서 크게 개축된 대표적인 제언이며, 상주의 공검지(恭儉池), 양산의 황산언(黃山堰) 등이 12세기 이후 새로 축조되었음이 고고학적으로도 확인된 대표적인 사례이다. 조선건국 이후에는 수리사업이 가장 중요한 농업정책의 하나로 자리 잡기 시작하였고, 그 가운데에도 제언의 수축과 관리는 국가가 가장 많은 관심을 기울인 분야가 되었다. 태종 및 세종대에는 국가의 적극적인 정책으로 전국에 많은 제언을 수축하여 괄목할 만한 성과를 거두었다. 정부는 제언의 수축과 관리에 관한 체계적인 규정을 마련하는 한편, 수리정책을 수립하고 수리 사업을 관리·감독하는 등의 수리 행정을 담당하는 부서로 제언사(堤堰司)를 설치하여 운영하였다. 이러한 노력의 결과 중종 대에 이르면, 경상도에 800여 곳, 전라도는 900여 곳, 충청도에 500여 곳의 제언이 존재한다는 보고가 있을 정도로 많은 제언이 전국에 수축되었다. 비교적 소규모의 시설이었던 보의 경우는 지방의 재지 사족(士族)의 주도로 15~16세기부터 적극적으로 개발되었는데, 보의 개발을 동반한 개간 사업은 이들이 지방 향촌에 정착하는 데 크게 기여하였다.

17~18세기에 이르면 수도작이 전체 농업에서 차지하는 비중이 과거에 비해 훨씬 커졌으며, 특히 이앙법(移秧法)이 일반화되면서 수리 문제의 중요성이 이전 시기에 비해 매우 절실해졌다. 이앙법이 보급과 확산은 조선 전기 이래로 수리시설이 꾸준히 확충되었기 때문에 가능한 일이었지만, 16세기 후반까지도 이앙법의 실현을 안정적으로 보장할 만큼의 수리 조건이 확보되지는 못하였다. 여기에 16세기 말에서 17세기 전반기에 임진왜란과 병자호란을 겪으면서 국토가 황폐화되고 많은 수리시설이 피해를 입었다. 이러한 상황에서 17세기 이후 조선 정부와 지식인은 수리에 대해 높은 관심을 가지고 이를 진흥하기 위해 많은 노력을 기울였다.

현종 대에 제언사를 새로 설치하면서 만든 진휼청제언사목(賑恤廳堤堰事目)은 17세기 중반 조선 정부가 새로운 제언과 보의 축조, 보 중심의 수리 정책, 지방관에 의한 수리 시설 관리라는 조선 전기 이래 수리 정책의 기본 방향을 그대로 유지하면서 발전시켜 가고 있었음을 보여준다. 이러한 상황은 18세기 후반 정조 대에 반포된 제언절목(堤堰節目)에 이르러 새로운 제언의 축조보다는 이미 존재하는 제언을 보수·유지·관리하는

데 초점을 맞추는 방향으로 변모하였다. 18세기 말에 이르러 수리시설의 개발은 이미 최고도에 달하여 전국에 수리시설을 축조할 만한 곳에는 모두 축조되어 있는 상황이라고 평가될 정도였지만, 이를 제대로 보수하고 관리하지 못하여 대부분의 시설이 설치된 후 오래가지 못하고 폐기와 수축 및 복구를 반복하거나 기능을 충분히 발휘하지 못하였기 때문이다.

수리의 중요성에 대한 인식이 커짐에 따라 체계적인 수리에 대한 지식으로서 수리학에 대한 학문적 관심도 증가하였다. 18세기 이후 조선의 지식인들은 중국의 수리학 지식을 적극적으로 수용하는 한편 이를 현실에 활용하고자 노력하였다. 18세기 후반 정조는 농업 문제의 해결 방안을 모색하고자 '권농정구농서윤음(勸農政求農書綸音)'을 반포하였는데, 이를 계기로 전국적으로 수리를 일으키는 방안에 대한 논의가 일어났다. 이때 제출된 응지농서(應旨農書)들은 중국의 수리학에 대한 풍부한 지식과 조선 수리시설의 현실에 대한 인식을 바탕으로 수리시설을 활용하는 방안을 담고 있었다. 비록 이를 바탕으로 『농서대전(農書大典)』을 편찬하고자 했던 정조의 계획은 이루어지지 못했지만, 수리학 지식에 대한 조선 지식인들의 관심은 19세기 전반 서유구(徐有榘)의 『임원경제지』로 종합되었다.

조선 후기 수리시설의 현황을 파악하는 데는 세심한 주의가 필요하다. 수도작의 확대와 이앙법의 보급으로 수리시설의 필요성이 매우 커진 만큼 자연히 수리시설의 숫자와 규모가 증가했으리라고 보인다. 그럼에도 조선 후기 여러 자료를 통해 확인되는 제언의 숫자는 예상과는 달리 별다른 증가세를 보이지 않는다. 아래 표에서 확인되듯이 경상도 지역에서는 제언의 숫자가 16세기 이후 꾸준히 증가한 데 반해, 전라도와 충청도에서는 16세기 이래 20세기 초까지 이르도록 제언의 수가 별다른 변화를 보이지 않았다.

이러한 상황은 기록에 보이는 제언의 숫자가 공식적인 조사과정을 거쳐서 확인된 것만 기록한 것으로 실제로 활용되던 모든 시설을 파악하지는 못하였기 때문이다. 또한 전라도와 충청도의 경우 애초에 이 지역에서는 제언보다 보와 같은 다른 수리시설을 더욱 많이 이용했다는 사정도 감안해야 한다. 일부에서는 이러한 자료를 근거로 19세기 이후에는 국가 기강의 이완으로 적극적인 수리시설의 조성과 관리가 이루어지지 않았다고 이해하기도 한다. 그렇지만 제언 이외에 보와 같은 수리시설이 널리 활용되었던 점을 고려할 때, 국가가

〈조선시대 삼남 지역 제언 수의 변천〉

	15세기 후반	1518년	1782년	19세기초	1908년	1910년경
경상도	721	800	1,522	1,666(99)	1,317	1,752
전라도	-	900여	913	912(24)	745	800
충청도	-	500여	503	518(17)	248	319

출처 : 宮嶋博史, 1983, 「李朝後期の農業水利-堤堰灌漑を中心に」『東洋史研究』 41-4

공식적으로 파악하는 제언의 숫자만으로 18세기 말 이후 수리시설의 양상을 단정하기는 곤란하다.

[참고어] 수세, 수차, 제언, 천방

[참고문헌] 이광린, 1961, 『李朝 水利史 硏究』, 한국연구도서관 ; 이태진, 1981, 「16세기 천방[洑] 관개의 발달-士林勢力 대두의 경제적 배경의 一端」『한우근박사정년기념사학논총』 ; 宮嶋博史, 1983, 「李朝後期の農業水利-堤堰灌漑を中心に」『東洋史研究』 41-4 ; 문중양, 2000, 『조선후기 水利學과 水利담론』, 집문당 ; 염정섭, 2012, 「중·근세의 농법과 수리시설」『중앙고고연구』 10

〈이민우〉

수리조합(水利組合) 한말 일제시기 근대적 토목공사를 통해 관개배수시설을 갖추어 미작안정과 치수(治水)를 목적으로 설립된 조합법인.

수리조합은 한말 일제가 한국농업을 침탈하는 과정에서 등장했으며, 일제하 한국농업생산과 농촌지배의 핵심기제장치로 기능하였다. 러일전쟁 전후 일본사회 전반에 한국에 대한 척식여론과 토지투기열이 고조되자, 일본인 지주·자본가들이 개항장이나 포구를 중심으로 내륙으로 불법적인 토지매집에 나섰다. 일본에 비해 매우 싼 지가와 고율소작료의 농업관행, 거기에 안정적인 수리시설만 갖춘다면, 다로다비적(多勞多肥的) 메이지농법(明治農法)의 이식을 통해 높은 토지투자 수익을 올릴 것으로 보았다. 특히 이들은 만경강·동진강 일대 호남평야나 영산강·낙동강 일대의 넓은 갈대밭이나 미간지에 주목하였다. 그런 토지는 수리시설을 갖추지 않으면 빈번한 수한해로 정상적인 농작을 기대하기 어려운 상황이었기에, 수리시설의 정비가 농업경영의 최우선적인 사안이었다. 다수(多水)가 전제되지 않은 다비의 농사개량만으로는 일본농업의 이식이나 미곡증산은 어려운 일이었다. 따라서 이들은 메이지유신 이후 일본 농촌사회에 보급되기 시작한 근대적 수리시설인 수리조합을 이식하기 시작했다.

이러한 수리조합설립의 움직임을 처음 주도한 이가 후일 조선의 수리왕(水利王)으로 불린 후지이 간타로(藤

井寬太郞)였다. 그는 화폐정리사업으로 개인적 친분을 쌓은 대한제국 재정고문 메가타 다네타로(目賀田種太郞)에게 수리사업의 전폭적 지원을 요청했고, 1906년 4월 수리조합조례가 공포하였다. 13개의 간단한 조항으로 이루어진 수리조합조례는 1917년 조선수리조합령이 공포될 때까지 수리조합 설립의 법적 근거로 기능하였다. 수리조합은 일본에서 종래 촌 중심의 전통적인 공동체적인 수리조직을 해체하면서 등장한 지주중심의 근대적인 수리시설·조직이었다. 수리조합조례와 1908년 수리조합설립요령에서 이러한 일본 수리조합의 기본특징이 이식되었다. 조합원을 토지소유자로 한정했고, 설립은 조합원이 될 5명이상의 청원과 탁지부의 인가로 가능했으며, 부채원리금지급에 대해 정부보증을 받았다. 1908년 조선인 지주들의 주도 하에 옥구서부수리조합이 창설된 이래 만경강 수계에는 일본인 대지주들에 의해 임익수리조합·임익남부수리조합·전익수리조합·임옥수리조합이 잇달아 설립되었다.

그러나 1910년대 말까지 수리조합 설립은 그렇게 활발하게 이루어지지 못했다. 1908~1917년 동안 전국에 설치된 수리조합 수는 14개에 불과했고 조선총독부는 재정부족으로 제언이나 보 같은 재래 수리시설을 보수 개축하는 데 중점을 두었다. 한국인 지주들의 소유 토지는 대체로 수리환경이 좋은 비옥한 토지였기에 일본인 지주만큼 수리조합 설립이 시급한 사안은 아니었다. 오히려 수리조합이 설립되면 비옥한 토지를 잃거나 피해를 당하는 경우도 많아 수리조합 설치를 반대하기도 하였다. 이에 일제는 토지조사사업이 거의 마무리되는 시점인 1917년 7월 조선수리조합령과 1919년 수리조합보조규정, 그리고 1920년 토지개량사업보조규칙을 공포하여 수리조합 사업의 활성화를 도모해갔으며, 특히 대지주의 주도로 조합설립이 신속 원활하게 이루어질 수 있게 했다. 조합구역 토지 2/3이상에 해당되는 토지소유자의 동의가 있으면 설립인가를 받을 수 있었다. 그리고 조합원의 절반이 설립을 반대할지라도 그들의 소유토지가 전체면적의 1/3을 넘지 못하면 반대의사가 관철될 수 없도록 명문화하여 소토지소유자의 조합설치 반대를 합법적으로 봉쇄했다. 조선총독부는 총공사비의 10~30%정도를 보조해주었고, 나머지 공사비는 조합채 발행을 통해 조달·시공할 수 있었다. 조합은 조합원에게 조합비를 강제징수할 수 있는 권한을 부여받았기에 조합비체납사태에 적극적으로 대응할 수 있었다. 수리조합은 민간단체이지만 실제로는 조선총독부-도청-군청-수리조합으로 이어지는 행정체계에 편입된 반관반민(半官半民)단체였다. 조합장을 비롯한 조합의 주요 간부직원은 도장관(도지사)이 임명하거나 사전인가를 받도록 했으며, 조합원들의 자율성은 거의 보장되지 않았다.

이러한 법률적 제도적 보강 속에서 1920년대 산미증식계획 기간 수리조합 설립 붐이 일어났다. 1918년 일본자본주의의 식량위기가 쌀폭동(米騷動)으로 폭발하자, 조선총독부는 식량문제 해결을 위해 산미증식계획을 추진하였다. 산미증식계획의 핵심은 토지개량사업을 축으로 하는 수리조합 설립에 있었다. 1920~1925년 제1차 산미증식계획 기간 동안 토지개량사업은 높은 금리, 물가상승에 따른 공사비 증액, 예산부족 등으로 예정대로 원활하게 진행되지 못했다. 이 시기 신설된 수리조합이 54곳, 관개면적은 72,453정보에 불과했고, 식산은행으로부터 정기 연부상환방식으로 8~10%의 이자율로 자금을 대부받았다. 1926년 조선총독부는 산미증식갱신계획을 수립하고 토지개량사업에 장기저리자금을 본격적으로 대규모로 투입하였다. 1926~1933년까지 5.5~6.4%의 저리이자로 방출된 식산은행의 대장성예금부의 저리자금 덕택으로 수리조합 건설은 그 절정기를 맞이하였다. 이 시기에만 133개의 수리조합이 신설되었고, 관개면적은 216.766정보에 달했다. 식산은행 대출액의 추이를 보면 1920년에 26개 수리조합이 4,060천원, 1927년에는 76개 수리조합(총 87개)이 44,315천원을, 1931년에는 106개 수리조합(총 124개)이 56,538천원을, 1937년에는 125개 수리조합(총 190개)이 72,453천원을 대출받았다. 식산은행 자금은 일본 금융시장에서 조달되었기에, 1920년대 식민지 조선의 최대 개발사업인 산미증식계획의 토지개량사업은 조선총독부·일본 금융자본=식산은행·수리조합=대지주의 3위 1체적 합작품이었다. 조선총독부는 일본자본주의의 식량문제를 해소하고, 일본금융자본은 식민지농업에서 초과이윤을 안정적으로 실현해갔으며, 그리고 식민지지주제 위에 군림한 대지주는 수리조합의 농업개발이익을 향유하였다.

수리조합 지역 토지소유자들은 수리조합의 설립과 함께 기채의 원금상환과 이자를 부담해야 했다. 일본의 토지개량사업에서는 국고보조금이 전체 공사비의 70~80%에 달했지만, 조선의 토지개량사업=수리조합 설립에서는 총 공사비의 70~80%를 조합원들의 기채로 충당했다. 조선에서는 수리조합 건설의 채산성이 충분하다는 이유에서 조선총독부 보조금을 20~30%로 낮추었는데, 이는 국가담당의 치수사업비를 사적 토지소유자에게 전가한 것이었다. 기채를 통해 공사비의 대부분을 조달함으로써 수리조합은 시장의 경기변동과 금리상황, 금융자본의 지배에 취약성을 보이지 않을 수 없었다.

결국 1929년 세계대공황과 그를 뒤이은 만성적인 농업공황은 수리조합의 재정을 파탄으로 내몰았다. 조합비 징수실적은 미곡증산실적과 곡가수준에 의해 좌우되었기에, 지속된 미가하락과 폭락은 조합원의 조합비부담을 증가시켰다. 1926년 일본 미곡시장에서 현미 1석에 약 33원이던 미가는 1930년 24원, 1931년에는 15원 수준으로 떨어졌다. 그로 인해 수리조합의 유일한 수입원인 조합비는 미납 연체되고 조합채 상환도 어렵게 되었다. 증산실적의 부진·정체, 조합비 체납의 급증, 부실·부정공사에 의한 공사비 추가, 홍수재해 복구비용, 방만한 조합운영과 횡령 등 다양한 이유로 인해 조합재정은 더욱 악화되었다. 결국 악화된 조합재정을 채우고 손실을 보전하기 위해 추가기채가 불가피했고, 추가기채에 따른 부채증가는 조합비 증액을 더 부추겼다. 그에 따라 이자 및 원금상환 부담은 갈수록 커져갔다. 특히 1920~1926년 산미증식계획 기간 중 8~10%대의 대출이자로 기채한 수리조합의 경우, 부담은 더욱 가중되었다. 1920년대 중반 이래 지속된 저금리 추세 속에서 조합채 9%의 고정금리는 1930년대 초반의 시중금리를 상회하는 고금리였다. 조합은 합법적 권한으로 체납조합비의 징수를 위해 체납자의 토지 강제차압을 공공연하게 자행하였다. 장기적인 관점에서 조합은 조합비의 지속적 증액을 통해 건전자립재정을 확립하고자 했다. 실제로 조합비 비중은 1925년에는 13.3%였지만 1937년에는 67.2%까지 상승하였고, 조합채 의존도는 1925년 10.2%에서 1937년 8.3%로 감소했다. 수리조합 사업의 결과, 수리 안정성이 높아지고 1단보당 평균 2석 전후의 미곡증산이 달성되었지만, 1930년대 초반의 경우 그 수익은 조합비 증액으로 상쇄되었다.

한편 경제적 부담능력이 약한 수리조합 구역 내의 중소지주-자작농들은 과도한 조합비 징수에 대해 수세[=조합비]불납운동을 주도하기도 했지만 결국에는 압박을 견디지 못하고 소유 토지를 방매하기도 했다. 1930년대 초반 지가하락의 추세 속에서 이들의 토지 궁박 판매는 지역의 지가를 더욱 하락시켰고, 헐값에 내놓은 토지는 대지주들의 수중으로 집중되었다. 그리고 늘어난 조합비 부담은 소작농에게도 직접적인 영향을 미쳤다. 수리조합 사업이 수확량의 증대를 가져온다는 이유로 지주는 자신이 부담해야 하는 조합비를 소작농에게 직간접적으로 전가하였으며, 이는 소작쟁의의 한 원인으로 작용했다.

1930년대 초반 적지 않은 수리조합이 재정적자에 빠졌으며, 급기야 자체구제가 어려운 불량수리조합이 속출하였다. 1929~1932년 조선총독부는 조합채 상환부담을 덜어주기 위해 대장성예금부자금을 융통하여 8.5%이상의 고리채를 5~6%이자로 교체·차환해주고, 상환기간을 연장해 주었다. 조선총독부는 고리채 차환이나 상환기간 연장조치에도 불구하고 회생이 어려운 조합에 대해 적극적인 구조조정에 나섰다. 1934년 10월 말 현재 수리조합은 전부 196개로 몽리면적은 22만 정보였다. 그중 68개(35%, 몽리면적 6,432정보)의 수리조합을 불량수리조합으로 판정하고, 다음해 5월부터 불량수리조합정리에 들어갔다. 조합의 재정부실 정도와 조합비 부담능력에 따라 갑조합·을조합·병조합으로 나누고 그에 맞는 조치를 취했다. 갑조합은 경영난이 가장 심한 조합채 상환불능의 조합으로 폐지되는 조합이었다. 모두 5개 조합이 폐지되었는데, 총부채 중 조합부담액을 제외한 나머지는 조선총독부와 융자금융기관에서 부담하여 청산했다. 을조합은 35곳으로, 조합채(총액 2,900만원)의 금리인하 및 상환기간 연장, 국고보조금 1,647만원(30년간 분할지급 후 20년간 환수)의 지원을 통해 경영정상화를 꾀했다. 을조합은 이런 조치를 통해 갱생이 가능하다고 하여 갱생수리조합이라 불렀고, 35개 을조합을 묶어 갱생수리조합연합회를 만들었다. 갱생수리조합연합회는 국고보조금의 수령 및 반납, 차입자금의 대체 및 상환사무를 관장했으며, 갱생수리조합에는 관선이사와 주임기사가 파견되었다. 경영부실이 가벼운 28곳의 병조합은 조합채 상환기간을 30년으로 연장하고 특별보조금을 통해 개량공사를 시행하였다. 1934년 산미갱신계획의 중단에 따라 공사 중에 있던 기존 수리조합을 제외하고 수리조합의 신설이나 증설을 중단했다. 1937년 말 현재 수리조합 수 125개 몽리면적 164,993정보에 달했다.

1937년 중일전쟁 발발로 전시식량증산 문제가 전면에 대두되자, 조선총독부는 중단된 수리조합 사업을 부분적으로 재개하였다. 이 시기 건설된 수리조합은 몽리면적 200정보 이하의 소규모로, 조선총독부의 보조금 없이 조합원의 기채로만 설립 운영되었다. 그렇기에 농촌진흥운동기 자력갱생의 수리조합이라는 의미에서 공려수리조합(共勵水利組合)이라 불렀다. 공려수리조합은 1937~1939년 동안 57개가 건설되었고, 몽리면적은 6,058정보였다. 침략전쟁의 장기화에 따라 조선총독부는 전시총동원체제 하에서 본격적인 전시식량조달에 주력하게 되었고, 1940년 다시 조선증미계획을 수립 실시하였다. 조선총독부는 전시하 토지개량사업을 위해 조선총독부보조금 비중을 20~30%에서 55%로 늘렸고 조선수리조합연합회와 조선농지개발영단을 설립하여 토지개량사업을 대행시켰다. 조선수리조합연합회(1940년 7월)는 모든 수리조합을 회원으로 삼고 어들에 대한 농사개량지도, 토지개량사업지의 조사·측량·설계·공사감독을 전담하였다. 1943년 1월 발족한 특수법인 조선농지개발영단은 수리조합 사업 시행주체로서 토지수용을 책임졌다. 수리조합 사업의 적지로 판단되면 조선농지개발영단은 토지소유자의 의사와 무관하게 토지를 수용하여 사업을 강행할 수 있었다. 조선농지개발영단은 300정보이상 수리·개간 공사를 주관했고, 그 이하 규모는 도지사 소관으로 돌렸다. 조합수는 1939년 245개에서 1945년에는 598개로 증가했다. 1945년 8월 현재 수리조합의 전체 관개면적은 35만 6,677정보였고, 남한에만 18만 8,166정보(52.3%)였다. 해방 후 수리조합은 토지개량조합·농지개량조합으로 변경되었다가 농업진흥공사를 거쳐 농어촌공사에 통합되었다.

[참고어] 동진수리조합, 산미증식계획, 옥구서부수리조합, 전북수리조합

[참고문헌] 농업진흥공사 편, 1976,『한국농지개량사업30년사』; 이애숙, 1985,「일제하 수리조합의 설립과 운영」『한국사연구』 50·51 ; 이경란, 1991,「일제하 수리조합과 농장지주제-옥구·익산지역의 사례」『학림』 12·13 ; 이영훈 외, 1992,『근대조선 수리조합연구』, 일조각 ; 박수현, 2001,「일제하 수리조합사업과 농촌사회의 變動」『중앙사론』 15 〈이수일〉

수문(水門) 개폐(開閉)하여 진흙과 모래가 농지로 들어오는 것을 방지할 뿐 아니라 물을 가두거나 흘려보내는 수리시설.

수문은 우리나라보다는 중국에서 발달한 수리시설이다. 중국의 수리시설은 당송(唐宋)시대 이전에는 산간의 계곡을 언(堰)으로 막아 조성된 저수지인 파(陂), 혹은 평지의 오목한 지형에 자연적으로 형성된 저수지나 제방을 쌓아 인위적으로 조성한 저수지인 당(塘)을 활용하는 방식이 전부였다. 그렇지만 이러한 파, 당의 수리시설을 통한 수도작은 휴한농법을 극복하기 어려웠을 뿐 아니라 지형적인 조건으로 인하여 관개면적이 제한적이라는 한계를 지니고 있었다. 중국 강남의 양쯔강 델타 지역은 여전히 자연적인 저습지에 머물러 있었고 저습지의 무성한 풀을 불을 놓아 태워버린 후 파종하는 원시적인 벼농사가 이루어지고 있었다.

그러나 양쯔강의 상습적인 범람을 극복할 효과적인 배수 기능을 갖춘 수리시설이 등장함으로서 중국 농업상의 획기적인 변화가 나타났다. 양쯔강을 끼고 있는 호수와 하천은 양쯔강의 수량이 늘어나 발생하는 역류와 범람에 매년 노출되었으나, 당(唐)나라 말기부터 배수 기능을 갖춘 수문이 설치된 제방을 쌓아 만든 수리전(水利田)이 본격적으로 등장하였던 것이다. 두문(斗門)이라고 불리는 수문을 설치된 제방을 '우안(圩岸)'이라 하였고, 이러한 우안을 갖춘 수리전을 '우전(圩田)'이라 하였는데 우전 내의 수량은 두문을 열어 물을 유입시키고 우전 바깥의 수위가 높아지면 두문을 닫아 적절한 수위를 유지하였다. 두문과 더불어 우전의 형성에 중요한 역할을 수행하는 수리시설은 우전과 연결되어 종횡으로 뻗은 용수로로서, 용수로의 입구인 포구(浦口)에 '수갑(水閘)'이라 불리는 수문을 설치하여 개폐(開閉)를 통해 용수로 내의 수위를 조절할 수 있었다. 즉 수문을 활용한 수리시설의 발달을 통해 배수를 인위적으로 통제할 수 있게 되면서 중국의 양쯔강 델타지역은 수도작 중심지로 발돋움할 수 있었던 것이다.

중국 왕정(王禎)이 1313년 편찬한『농서(農書)』에는 수문 가운데 수갑에 대해서만 다루고 있지만, 그밖에 저수지의 둑 속에 둥근 동을 파묻어 물을 농경지 바깥으로 배출하는 '와두(瓦竇)' 또한 수문의 일종이라고 할 수 있다. 수리학을 집대성한 서유구(徐有榘)의『임원경제지(林園經濟志)』(1827년경)에 따르면 조선에서 활용된 수문은 수갑이 아니라 다만 물을 빼내는 시설인 와두와 유사한 수문통(水門筒)이었다. 그러나 수문통의 재료는 중국의 와두와 같은 질그릇과 돌이 아니라, 나무였고 통을 보호하는 돌무더기를 설치하지 않아 쉽게 통이 썩어 망가져 보수하고 고치는 공력과 비용이 매우 많다고 지적하였다.

[참고어] 수리, 제언, 천방

[참고문헌] 최원규, 1992,「朝鮮後期 水利기구와 經營문제」『國史館

論叢』 39, 國史編纂委員會 ; 염정섭, 2009, 「『林園經濟志』<本利志>의 農政改善論」『震檀學報』 108, 진단학회 〈정희찬〉

수부전(水夫田) 조선시기 수운(水運)을 통해 조세곡을 서울로 운반하던 수부들에게 지급한 토지.

조선시기 조세곡의 운반에는 수운과 함께 해운(海運), 육운(陸運)의 3가지 방법이 있었다. 이 중 수운의 경우 한강과 예성강에서 가까운 경기도·충청도·경상도·강원도·황해도 각 고을의 조세곡을 서울로 운반하는 데에 주로 이용되었다.

수운에 속한 조졸은 수부라고 했다. 이들은 세습직이었으며, 본래 신분은 양인이나 누구나 기피하는 천역에 종사하기 때문에 신량역천(身良役賤)에 속하는 계층이었다. 수부전은 원래 1인 2결(結)씩 절급했으나, 1445년(세종 27) 국용전제(國用田制)의 실시에 따라 1결 50부로, 『경국대전』에서는 다시 1결 35부로 감축되었다. 또한 『경국대전』에는 "사원전, 아록전, 공수전, 도전, 숭의전전, 수부전, 장전, 부장전, 급주전 등은 각자 세를 걷는다.(寺田, 衙祿田, 公須田, 渡田, 崇義殿田, 水夫田, 長田, 副長田, 急走田, 則各自收稅.[『경국대전』 호전 제전])"라고 규정하고 있어, 수부전 등이 직역전(職役田)으로서의 수조지(收租地)였음을 알 수 있다. 한편 조선 후기 이래로 전세를 무명이나 돈으로 환산해 받는 조세곡의 작목(作木)·작전(作錢) 현상이 커짐에 따라 수운 제도가 점차 사라져갔고, 수부전 또한 혁파되었다.

[참고어] 참전, 늠전

[참고문헌] 『經國大典』; 김태영, 1983, 『조선전기 토지제도사 연구』, 지식산업사 〈이준성〉

수산제(守山堤) 경상남도 밀양시 하남읍 수산리에 위치한 저수지.

김제의 벽골제(碧骨堤), 제천의 의림지(義林池), 상주 공검지(恭儉池)와 함께 고대이래 논농사를 위한 대표적인 저수 시설의 하나이다. 위치는 밀양의 속현이었던 수산현으로, 현재의 하남읍 수산리·귀명리 지역과 초동면의 검암리·금포리에 걸치고 있다. 이 지역은 삼한시대에 '미리미동국(彌離彌凍國)'이라고 하였는데, '미동'은 우리말로 물동·물둑(제방)을 뜻한다.

고대에 벼농사의 중요성과 함께 정치적·사회적 발전에 의한 노동력의 징발에 의해 만들어진 것으로 추정된다. 신라시기 왕이 순행하여 놀던 곳이라고도 하고, 패총 혹은 삼국시기 고분 유적이 주변에 분포하는 것으로 미루어, 고대에 이미 축조되었을 것으로 보고 있다.

『세종실록지리지(世宗實錄地理志)』에 수산제의 둘레가 728보라 하였고, 『동국여지승람(東國輿地勝覽)』에서는 고려 원종, 충렬왕 대의 장군 김방경이 이 둑을 쌓아 일본을 정벌하기 위한 군량미를 공급했다고 하였다. 한편 『밀주구지(密州舊志)』에서는 김방경의 작업이 제방의 증축이었으며 토질이 모래흙이라 농사를 위한 성과를 거두지는 못하였다고 하였다.

1463년에 제방을 모으고 국둔전(國屯田)으로 만들었다가 200결이나 되는 경작지의 반은 평민들에게 경작하도록 하고 나머지 반은 봉선사(奉先寺)에 주었다가 성종 때 다시 환속시켰다고 한다. 이후 임진왜란 이후에 황폐하여 이용하지 못하였다고 하며, 지금은 없어지고 저수지는 논으로 변하였다. 1986년에 수산제의 수문이 발견되어 1990년 경상남도 지방기념물(제102호)로 지정되었다.

[참고어] 제언, 수리, 벽골제, 의림지, 공검지

[참고문헌] 『世宗實錄地理志』; 『新增東國輿地勝覽』; 김광철, 2006, 「여말선초 밀양 지역사회와 수산제」『석당논총』 36, 동아대석당학술원 〈이준성〉

수선전도(首善全圖) 19세기 초반 김정호(金正浩)가 제작한 것으로 추정되는 목판본 한양 지도.

1820년대 초 한양의 모습을 세밀하게 그린 도성도(都城圖)인데, '수선(首善)'은 『한서(漢書)』「유림전(儒林傳)」의 "건수선자경사시(建首善自京師始)"에서 유래된 명칭으로 수도를 의미한다. 보물 제853호인 수선전도 목판(木板)은 가로 67.5㎝, 세로 82.5㎝의 크기로 고려대학교 박물관에 소장되어 있으며, 다양한 인쇄본이 존재한다.

이 지도의 필치나 내용으로 보아 김정호의 『청구도(靑邱圖)』에 실려 있는 한양 지도를 바탕으로 제작되었을 것으로 보인다. 또한 지도에 1824년(순조 24) 이후에 지어진 경우궁(景祐宮)의 명칭이 등장하고, 1834년(순조 34)에 명칭이 바뀌어 사라진 계생동(桂生洞)이 등장하는 것으로 보아 1824~1834년에 제작된 것으로 추정하고 있다.

실측에 의하여 제작된 지도이고 다른 지도들보다 필법이 매우 섬세한 것이 특징이다. 성 안은 대축척, 성 밖은 소축척을 사용하여 도성 공간을 하나의 소우주로 부각시켜 표현하였다. 지도는 남쪽으로 한강을 경계로 하고, 북쪽으로 도봉산, 서쪽으로 마포 성산, 동쪽으로 안암·답십리까지 포함하고 있다. 도성 내부의 궁궐·

관청·행정구역 등이 표시되어 있으며, 도로망은 단선으로 하계망은 쌍선으로 묘사되었다. 더불어 성곽 주위의 동리 이름과 산까지 기록되어 있는 상세한 시가지도이다. 이처럼 수선전도는 그 정확성이나 정밀함, 그리고 크기에서 한양 도성지도 중에서 가장 뛰어난 지도로 평가되며, 목판본 자체의 가치도 높게 평가되고 있다.

[참고어] 대동여지도

[참고문헌] 김인덕 外, 2005, 『과학문화 (한국 미의 재발견 2)』, 솔 ; 국토지리정보원 編, 2009, 『한국 지도학 발달사』, 국토지리정보원

수세(水稅) 수리시설을 이용하여 관개하는 토지에 대해 징수하는 이용료.

수리시설은 농지에 물을 관개하는 것을 목적으로 설치하기 때문에 기본적으로 토지에 부속하는 경우가 대부분이다. 전통시대에는 일반적으로 농지를 경작하는 농민 혹은 토지 소유주가 자신들의 농지에 물을 관개하기 위해 직접 수리시설을 수축하거나, 혹은 국가가 주민의 노동력을 직접 동원하여 수리시설을 수축하고 관리하는 경우가 대부분이었기 때문에 수리시설에 대해 별도의 이용료가 성립하기 어렵다. 그렇지만 수리시설의 소유주가 이를 이용하여 물을 관개하는 농지의 소유주 혹은 경작인과 별도로 존재하는 경우에는 수리시설의 소유자가 지대와 구분되는 수리시설의 이용료로서 수세를 거두는 관행이 있었다. 수리시설의 종류에 따라 보세(洑稅), 제언세(堤堰稅)와 같이 부르기도 하였다.

지금까지 전해지는 전통시대의 수세 징수에 관한 기록은 대개 19세기 이후의 사례들이 대부분이다. 수세의 징수는 대개 두락(斗落) 당 1~2두(斗) 정도 수준이었으며, 수리 혜택에 따라 등급을 나누어 부과액을 다르게 하는 경우도 있었으나, 두락 당 3두 이상을 넘어가는 사례는 거의 없다. 수세의 명목으로 수리시설을 설치한 사람에게 토지의 일부를 떼어 주거나, 수리시설을 설치할 때에 많은 자금을 한꺼번에 징수하고 그 뒤로 수세를 별도로 거두지 않은 사례들도 존재한다. 그렇지만 19세기 중엽 이후의 수세 징수 기록이 대개 두락 당 정액의 형태인 것으로 보아 시간이 지나면서 점차 토지면적에 따라 일정한 양을 거두는 방식이 일반화되었던 것으로 보인다. 간혹 두락 당 6두 이상을 거둔 사례도 있는데, 이러한 경우는 대개 수리시설의 설치 없이 경작이 불가능했던 곳에서 지대 전체를 수세라는 명목으로 거두었던 것으로, 위에서 정의한 수세로 보기는 어렵다.

수세를 별도로 징수하는 관행이 언제부터 존재하였는지에 대해서는 두 가지 입장이 나뉜다. 한편에서는 수세가 농촌의 관행으로 이른 시기부터 존재하였으며, 대부분의 수리시설에서는 국유든 사유든 소유관계에 관계없이 시설을 유지 관리하기 위하여 수세를 징수하였다고 보았다. 이에 반해 조선 전기까지는 별도의 수세 징수 관행이 존재하지 않았으나, 수리시설의 사점이 활발하게 진행되던 18세기 이후 비로소 등장하였으며, 적어도 18세기 후반에 가서야 수세 징수가 본격적으로 시작되었다고 보기도 한다. 18세기 이전에 수리시설의 관리와 이용이 구체적으로 어떻게 이루어졌는가가 자세히 밝혀져야 수세 징수가 언제부터 일반화되었는지 확인할 수 있다.

수세를 징수하는 수리시설은 대개 규모가 크고 비용이 많이 드는 대규모 시설인 경우가 많았다. 이러한 시설을 수축하고 수세를 거두는 데 앞장 선 것은 경제력과 권력을 갖춘 궁방·아문 혹은 양반 권세가와 같은 특권층이었다. 이들은 특히 18세기 후반 이후 수세를 징수하여 수익을 거둘 목적으로 새로운 수리시설을 수축하거나 기존의 시설을 사들이는 데 적극적이었다. 박지원(朴趾源)과 같이 이러한 경향에 주목하여 수리사업을 진흥하기 위해 국가가 수세 징수 관행을 법적으로 보장하고 권장해야 한다는 주장을 하는 이들도 있었다. 그렇지만 그 과정에서 무분별하게 별 도움이 되지 않는 수리시설을 설치하고 강제로 수세를 징수하거나, 수세를 징수하면서도 수리시설에 대한 관리는 소홀히 하는 경우도 있어 농민들의 불만을 사기도 하였다. 결국 19세기 후반에는 수세 징수에 대한 농민들의 불만이 크고 작은 농민항쟁의 주요한 원인이 되기도 하였다.

[참고어] 수리, 제언, 천방

[참고문헌] 이광린, 1961, 『李朝 水利史 硏究』, 한국연구도서관 ; 송찬섭, 1985, 「17·18세기 新田開墾의 확대와 經營形態」 『한국사론』 12 ; 최원규, 1992, 「조선후기 水利와 經營문제」 『국사관논총』 39 ; 이민우, 2009, 「19세기 水利시설의 私占과 水稅 갈등」 『한국사론』 55

〈이민우〉

수세실결(收稅實結) 시기결(時起結) 중에서 급재(給災) 결수를 제외하고 조세를 부과한 전답의 결부수.

출세실결(出稅實結), 또는 실결(實結)로 줄여서 부르기도 한다. 일반적으로는 현재 경작이 이루어지는 토지를 뜻하나, 조선시기 양안 상에서는 시기결에서 재결(災結)

을 제외한 실수세지를 의미하기도 한다. 즉 양안에 파악된 경작가능지인 원전(元田)에서 황폐해진 토지인 진전(陳田)을 제외한 것이 시기결이다. 이때 실경작지인 시기결 중에서 재상(災傷)을 입은 전결수인 재결을 제외하면, 당해연도 실수세지인 실결이 된다.

예컨대 세종 23년 호조에서는 수세액이 적다는 이유로 충청도 도사(都事) 김득례(金得禮)를 국문하도록 요청하면서, 당해년 충청도의 실전은 수전과 한전(旱田)이 합계 22만 2천 3백 94결(結)로[한전 : 6천 9백 69결, 수전 : 1만 7백 63결], 갑인년 흉작시의 실전[한전 : 1만 1천 22결, 수전 : 1만 1천 4백 14결]에 비해서도 부족함을 지적했다.(戶曹啓,……本道水田旱田共二十二萬二千三百九十四結, 旱田之實, 六千九百六十九結 ; 水田之實, 一萬七百六十三結, 參之已往各年, 則實田之數, 未有如此之少也. 況去甲寅年則不稔尤甚, 而忠淸道旱田之實, 一萬一千二十二結 ; 水田之實, 一萬一千四百十四結, 亦不如今年之損也.[『세종실록』 17년 12월 14일 신해])

한편 18세기 이후로 호조가 풍흉을 감안하여 납부할 조세 총액을 연분사목(年分事目)으로 반포하는 비총제(比摠制)가 시행되면서, 조세가 면제되는 재결의 명목[재명(災名)]과 그 총액, 즉 재총(災摠)을 지역별로 분배하는 급재 방식이 제도화되었다. 『속대전』 단계부터는 수세실결을 가능한 유지하려는 중앙정부의 입장에도 불구하고, 빈발하는 자연재해 등으로 인해 지방관들이 사목에 반포된 사목재(事目災) 외에 추가로 재청을 요청하는 장청재(狀請災)가 관행적으로 굳어지게 됨에 따라 정조 대 이후부터는 장청재가 사목재를 넘어서게 되고 수세실결을 결정짓게 되었다.

조선 후기 정부의 재정적 필요 및 사회경제적 변화를 반영하여 시행된 대동법(大同法)과 균역법(均役法)에 따라 토지에 부과하는 조세 항목은 기존의 전세 이외에, 신설된 대동세(大同稅)와 결전(結錢)이 토지에 부과되었다. 그리고 그 외에 조세 행정 부대비용이 모두 토지에 부과되는 결렴화(結斂化) 추세를 보이면서 수세실결의 안정적 확보는 국가재정과 직결되는 문제였다.

그러나 원결(元結) 대비 수세실결의 비율은 그다지 높지 않았다. 1807년 편찬된 『만기요람』에 따르면, 당시 전국의 원결은 145만 6천여 결, 실결은 81만여 결로서, 55.7%에 불과하였다. 또한 18~19세기에 자료인 『탁지전부고』에 따르면, 전국 각도의 원결 대비 수세 실결의 비율은, 그 비율이 27~28%로서 극히 낮은 수준에 머물러 있던 강원도 및 중앙재정과 무관한 평안도를 제외하면, 영조~순조 재위 기간 동안 43~61%에 불과하였다. 그리고 그 결수마저 영조 대 81만 9천여 결에서 철종 대 75만 7천여 결로 줄어드는 경향을 보인다. 그러나 이앙법(移秧法)의 보급과 19세기 빈번한 자연재해에 따른 재결의 큰 폭의 변동과 그에 따른 수세실결의 감소 추세 속에서 국가재정의 안정성은 크게 위협받았다.

[참고어] 원전, 정전, 속전, 시기결, 총액제

[참고문헌] 鄭善男, 1990, 「18·19세기 田結稅의 收取制度와 그 運營」 『韓國史論』 22, 서울대학교 ; 이철성, 2003, 『17·18세기 전정 운영론과 전세제도연구』, 선인 〈윤석호〉

수시통고(授時通考)

중국 청나라의 농서.

1737년에서 1742년에 이르는 5년 동안 황제의 명으로 수십 명의 문인관료가 편찬해낸 관찬농서이다. 악이태(鄂爾泰)와 장정옥(張廷玉) 등이 대표적인 편찬자로 꼽힌다. 『제민요술(齊民要術)』, 『농서(農書)』, 『농정전서(農政全書)』와 그 이후 출현한 농서들을 기초로 하여 첨삭을 가하였으며, 경(經)과 사(史), 지지류(地誌類)도 이용하며 종래의 중국 농서와 농학을 새롭게 정리한 책이다. 천시(天時), 토관(土官), 곡종(穀種), 공작(工作), 권과(勸課), 축취(蓄聚), 농여(農餘), 잠사(蠶事), 상정(桑政), 상여(桑餘) 등 10문(門)으로 구성되어 있다. 국내에서는 최한기가 이 책을 주로 참고하여 『농정회요(農政會要)』를 편찬하였다.

[참고어] 농정회요

[참고문헌] 김용섭, 2009, 『(신정증보판) 조선후기농학사연구』, 지식산업사

수신전(守信田)

고려 말 과전법 제정시 설정된 토지 명목으로, 수조권을 받은 남편이 죽은 뒤 수절하는 처에게 지급된 토지.

휼양전(恤養田)과 더불어 고려 전시과의 성격을 계승한 토지이다. 이는 사망한 관인의 아내가 수절할 경우에만 승계 가능하다. 다만 경우에 따라 수조지를 전액 승계하거나 반액 승계하거나 혹은 승계 받지 못할 수 있는데, 전액을 승계 받는 경우는 사망한 관인의 아내가 자식을 두고 수절하는 경우이다. 자식이 없는 경우에는 반액을 받고, 수절하지 않는 경우에는 남편의 토지를 전수 받을 수 없었다. 이후 직전제 시행과 더불어 폐지되었다.

[참고어] 휼양전, 과전법

[참고문헌] 『태종실록』 ; 『고려사』 ; 李景植, 1986, 『朝鮮前期 土地制度 研究』, 一潮閣 ; 李成茂, 1980, 『朝鮮初期兩班研究』, 一潮閣 ; 金

泰永, 1983, 『朝鮮前期土地制度史研究』, 知識産業社 〈이현경〉

수양도감(輸養都監) 고려시기 과실수 등 실생활에 필요한 나무를 기르게 하고 운반하여 궁중에 필요한 물품을 조달하는 기능을 한 임시관청.

『고려사』 식화지에 1145년(인종 23) 5월 수양도감에서 "지방의 여러 주·현으로 하여금 땅의 품질이 나빠 경작지를 이루지 못하는 곳에는 뽕나무·밤나무·옻나무·닥나무를 지질에 따라 심을 것을 권하도록 상주하고" 있는데, 이를 보아 과실수 등 실생활에 필요한 나무를 기르게 하고 운반하여 궁중에 필요한 물품을 조달하는 기능을 했던 것으로 보인다.

한편 『고려사』 오행지에는 1245년(고종 32) "강도 견자산 북쪽 마을에서 민가 8백여 호에 불이 나서 노약자 80여 명이 타 죽고, 이어 연경궁·법왕사·어장고와 대상부, 수양도감이 연소되었다"는 기사가 보여, 이때 피해를 입은 것이 확인된다.

[참고문헌] 『高麗史』

수어영둔(守禦營屯) 남한산성의 방어를 위해 창설된 수어영의 재정을 보용하고자 설치·운영한 토지.

인조 초년 남한산성이 개축되었고 삼남도검찰사(三南都檢察使)가 이를 관리했다. 1628년(인조 6)에는 광주목사가 남한산성방어사(南漢山城防禦使)를 겸임했고, 읍치도 산성 안으로 옮기게 되었다. 이후 이시방(李時昉), 이수일(李守一), 심기원(沈器遠), 이시백(李時白) 등이 차례로 광주목사 겸 남한산성 방어사를 역임했다. 1632년경부터는 남한산성의 군무를 수어사에게 전담시켰는데, 초기의 수어사는 경기 일대를 전관하는 총융사(摠戎使)의 직권 아래 지휘·감독을 받았던 것으로 보인다. 그러나 1634년 2월부터는 수어사가 남한산성의 모든 군무를 독자적으로 책임지게 되었다.

1638년(인조 16) 수어사 이시백이 병조판서로 승진하게 되면서 수어사는 도성에 상주하게 되었다. 따라서 남한산성에서의 제반 군무는 광주부윤을 수어부사(守禦副使)로 삼아 담당하게 하는 이원체제가 관행으로 자리잡게 되었다. 즉 수어사는 도성의 수어경청(守禦京廳)에 머무르는 대신, 남한산성에서의 실제 군무는 광주부윤이 수어부사를 겸직하며 수행했던 것이다. 이와 같은 이원체제는 1683년(숙종 9) 재편되었는데, 광주부윤을 유수(留守)로 승격시켜 수어사의 책임을 맡게 함으로써 수어청이 단일체제를 갖추게 된 것이다. 그러나 이 역시 지속되지는 못했고, 수시로 양자는 번복되었다. 결국 1795년(정조 19) 수어경청을 매각하여 영구히 남한산성으로 출진케 함과 동시에 광주부윤을 광주유수로 승격시키고 수어사를 겸직케 함으로써 수어청의 지휘체제는 일원화되었다. 이후 수어청은 중앙군영으로서의 성격은 탈각되고, 대신 도성을 외곽에서 방어하는 도성외곽군영으로 자리잡게 되었다.

수어영은 삼수미(三手米)를 거두는 훈련도감이나 보인(保人)으로부터 거둔 무명과 쌀을 주요 재정으로 활용하는 어영청·금위영과는 달리, 둔전을 설치하여 둔병이 바치는 둔세를 주요한 재정 기반으로 하였다. 수어영이 광주에 있었으므로 수어둔을 '광둔(廣屯)'이라 부르기도 했다.

둔전 설치와 관련된 최초의 기록은 선조 대로, 임진왜란을 맞아 방어사 변응성(邊應星)이 왕명을 받아 강원도 원주군, 광주군의 용진, 삼전도 등의 비옥한 강변의 한광지에 백성을 모집하여 둔전을 설치했다.[『선조실록』 권52, 27년 6월 25일 임신] 이 토지는 종래 광주진의 소속으로 수어청이 설치된 후 모두 본영으로 귀속되었다. 또한 둔전과는 성격이 다르긴 하지만, 인조 4년에는 남한산성의 운영을 위해 광주의 전결수에 해당하는 2,000결의 모든 세수를 본성에서 비축토록 했는데[『인조실록』 권14, 4년 8월 13일 임자], 인조 9년까지 6개년간의 둔전 수확의 곡물이 수만 섬에 달하기도 했다

둔전의 확대는 이후에도 계속되었다. 1674년(숙종 즉위년)에는 수어사 김석주(金錫胄)가 원주에 있는 한광지를 개간하여 둔전으로 만들어 군사를 모을 것, 양근 지역 중 궁가에서 절수한 시장(柴場)에 둔전을 설치할 것, 그리고 횡성군에 있는 훈련도감 소속의 둔전을 수어영에 이속하는 것 등을 건의해 모두 국왕의 재가를 얻었다.[『숙종실록』 권1, 즉위년 11월 22일 신사] 뿐만 아니라 1729년(영조 5)에는 송인명(宋寅明)의 주청에 의하여 죄인의 적몰전답 중 40결이 남한산성에 획급되었다.[『영조실록』 권22, 5년 5월 14일 무오] 또한 1798년(정조 22)에는 광주유수 서유린(徐有隣)의 계청에 의해, 광주유수 관하 16개 읍에서 운영한 조곡(糶穀)을 매각한 돈으로 둔전을 설치하여 수어영의 경비를 보충하게 되었다. 이상과 같이 수어영둔은 한광지의 개간, 원결(수세지)의 지급[인조 대의 2,000결], 적몰전답의 이속, 매수, 화전의 절수 등의 방법으로 확대되었다. 둔전 중에는 설정된 후 다른 곳으로 전속한 것도 있다. 예를 들면 수어청에서 관장하던 황해도 재령군 여물평(餘勿

抨) 등지의 통답(筒畓)이 1727년(영조 3) 각 궁가에 절수되었는데, 대사간 황선(黃璿) 등의 상소에도 불구하고 수어영으로 환속되지 않다가,[『영조실록』 권11, 3년 1월 23일 경술] 정조 대에 이르러 수어둔으로 환속되었다.[『정조실록』 권8, 3년 8월 3일 기해]

수어둔은 전국 각지에 분포했는데, 1749년(영조 25)에 편찬된 『속병장도설(續兵將圖說)』에 따르면 경기 광주를 비롯한 전국 48여 곳에 분포하고 있었다. 또한 1779년 수어사 서명응(徐命膺)이 정조에게 보고한 내용에 따르면, 광주 6곳, 용인(龍仁) 3곳, 과천(果川)·양지(陽智)·영평(永平)·이천(利川)·지평(砥平)·원주(原州)·홍천(洪川)·평택(平澤)·충주(忠州)·김해(金海)·창원(昌原)·부안(扶安)·장흥(長興)·해주(海州)·정주(定州)·직산(稷山)·진위(振威)·영동(永同)·재령(載寧)·횡성(橫城) 각각 1곳으로, 모두 29곳이었다.[『정조실록』 권8, 3년 8월 3일 갑인]

이상의 둔전이 모두 면세전은 아니었다. 영조 5년에 시행된 아문둔전의 출세조치에 따라 수어청의 둔전에 대해서도 출세전결이 정해졌는데, 면적은 1,852결 88부 1속이었다.[「제아문둔전출면세별단(諸衙門屯田出免稅別單)」] 이것이 수어청 둔전 전체에서 얼마의 비중을 차지하는지는 가늠할 수 없지만, 보가 등에 의존했던 다른 군영의 재정과는 달리 수어청 재정 중 둔전의 비중이 상당히 컸음을 알 수 있다.

1895년 수어영이 폐지되고 그 소관 둔토는 탁지부 관할로 옮겨졌다. 이후 대한제국의 관제개편을 통해 궁내부 산하 내장원으로 이관되었으며, 통감부시기 탁지부 소관을 거쳐 이후 국유지화 되었다. 수어둔은 양향둔과 같이 민유지에서 결세만을 수취한 무토(無土)가 많았다. 1899년 각 둔토가 내장원으로 귀속된 후 수입확대 차원에서 지대수취를 시도하게 되면서 거납 등 분쟁이 일어났다. 예를 들어 양지의 수어둔은 1899년에 둔토로 편입되자, 농민들이 소장을 돌리고 군수를 위협하면서 도지 납부를 거부했다. 이에 내장원은 무력으로 거납 주동자를 일일이 체포한 뒤 책정된 도지를 완납하도록 하는 한편, 마름이나 향장(鄕長)·수서기(首書記) 등도 도지를 납부할 때까지 구속했다. 1904년 내장원은 분쟁지역에 대하여 양안과 매매문서를 참조해 조처하라는 지시를 내렸다. 이들 토지는 1907년 탁지부가 관할하다 1908년 소속을 국유로 변경하였다. 그후 토지조사사업을 거쳐 대부분 국유로 사정되었다. 이때 소유권 이외의 모든 물권적 권리를 박탈했다.

[참고어] 둔전, 영문둔전

[참고문헌] 鄭肯植·田中俊光, 2006, 『朝鮮不動産用語略解』, 한국법제연구원(朝鮮總督府, 1913, 『朝鮮不動産用語略解』); 차문섭, 1976, 「守禦廳 硏究」 상, 『동양학』 6 ; 최효식, 1995, 『조선후기 군제사 연구』, 신서원 ; 김양식, 2000, 『근대권력과 토지』, 해남 ; 송양섭, 2006, 『조선후기 둔전 연구』, 경인문화사 ; 서울대학교 규장각한국학연구원 엮음, 2012, 『둔토양안』, 민속원

〈윤석호〉

수역(輸役) 고려시기에 전조(田租)·공물(貢物) 등의 현물 부세를 운반하는 요역(徭役)의 한 형태.

징수(徵輸)도 비슷한 의미로 사용된다. 1167년(의종 21) 9월에 "왕이 남경으로부터 돌아왔다. 남경과 광주의 금년 조세와 수역을 덜어주고, 그 나머지 주·현은 반으로 덜어주었다.(王自南京還, 蠲南京·廣州今年稅租輸役, 其餘州縣, 半之[『고려사』 권81, 「식화지」 3 진휼 은면지제])"라는 기사에서 보이듯이 공물은 민의 요역에 의해 수송되었다. 조세와 공물의 수송 과정은 관할 구역 내의 조창에 일단 수집되었다가 조창에서 다시 경창(京倉)으로 운반되는 두 가지로 나누어 생각할 수 있는데, 생산지에서 관할 구역 내의 조창까지는 수역으로 운송되었을 것으로 추정된다.

[참고어] 조운, 요역

[참고문헌] 최완기, 1993, 「조운과 조창」 『한국사 14 고려전기의 경제구조』, 국사편찬위원회 ; 權寧國 外, 1996, 『譯註『高麗史』食貨志』, 韓國精神文化硏究院 ; 박종진, 2000, 『고려시기 재정운영과 조세제도』, 서울대학교출판부

수영둔(水營屯) 조선시기 수군절도사(水軍節度使)가 주재하던 병영인 수영의 운영경비를 조달하기 위해 설치·운영했던 토지.

수영은 수군절도사의 관아로서 조선 초부터 각 도의 중요한 연해에 설치했다. 절도사의 임기는 720일이었고, 주재하는 곳을 주진(主鎭)이라고 칭했다. 정원은 경상·전라·함경도에 각 3인, 경기·충청·평안도에 각 2인, 황해·강원도에 각 1인씩이었다. 그러나 감사나 병사가 겸임하는 경우가 많아서 전임 수군절도사는 경상·전라도에 각 2인, 경기·충청도에 각 1인씩 모두 6명이었다.

『경국대전』에 따르면 절도사가 주재하는 주진에 관둔전 20결이 지급되었다.[「호전」, 제전(諸田)] 필요에 따라서는 둔전을 추가로 확보하기도 했는데, 1593년

(선조 26)의 기사에 따르면 백성을 안집하고 군량 및 군사를 확보하기 위해 둔전 확보 및 경작을 독려하고 있음을 확인할 수 있다.[『선조실록』 권46, 26년 12월 16일 을축] 한편 수영 소속의 둔전 중에 신구답(新購畓)이라고 칭하는 것이 다수 있는데, 이는 민유지를 매수하여 둔전을 확대했음을 보여주는 것이다. 둔전의 관리와 운영은 여타의 둔전과 유사하며, 면부면세의 혜택을 누리는 것도 동일하다. 다만 20결 이상의 토지에 대해는 출세토록 했다.[『만기요람』「재용」 2 면세식(免稅式)]

1895년 수영의 폐지와 함께 수영둔은 탁지부의 관리가 되었지만, 광무 원년에는 군부로 전속되었다. 1899년에는 내장원으로 이전되었고, 1908년 국유로 편입되었다. 다만 경기도 교동군 송가도(松家島)와 충청도 덕산 외 3개 군에 있는 수영둔은 1895년 수영의 폐지와 함께 선희궁으로 이관되었다가, 1897년과 1901년 2회에 걸쳐 내장원으로 이관되었다. 이후 송가도의 둔전은 1904년 인민의 청원에 의하여 그 일부가 민유로 인정되었다. 또한 덕산 외 3개 군의 둔전은 전부 민유로 인정되었다. 한편 전라도 순천·해남군 등에 있던 둔전은 1900년 경희궁으로 이관되었는데, 1910년 각 궁사장토 정리 때 경선궁의 사유재산으로 인정되었다. 1899년 내장원이 조사한 각 도 둔토 성책에 의거하면 수영둔의 면적은 대략 전 600일경, 답 1,200석락을 상회하였다.

[참고어] 둔전, 관둔전, 영문둔전

[참고문헌] 김양식, 2000,『근대권력과 토지』, 해남 ; 김태웅, 2004,「조선후기 감영 재정체계의 성립과 변화-전라감영을 중심으로」『역사교육』 89 ; 송양섭, 2006,『조선후기 둔전 연구』, 경인문화사

〈윤석호〉

수외관둔전(數外官屯田) 규정된 결수를 넘어 설치된 관둔전. 『경국대전』의 규정에서 "수외(數外)의 둔전(屯田) 및 속공전(屬公田) 등은 모두 빈민(貧民)에게 주어서 세를 거둔다.[「호전」 제전(諸田)]"라고 하였다. 즉 규정 결수를 넘는 관둔전 즉 수외관둔전을 빈민에게 지급하고 경작시켜서 그 지세를 해당 관아가 거두어 경비에 충당토록 한 것이다. 이후 『대전통편』에는 폐지되었다.

임진왜란 이후 중앙과 지방의 관아들은 경비의 충당을 위하여 다수의 수외 둔전을 설치하였는데, 조선 초기와 같이 관전을 배당하거나 민유지를 매수한 것이 아니라, 주로 민유지 또는 개간지에 징세권을 분급하는 방법으로 마련되었다. 이는 곧 소유권이 개인에게 있는 둔전, 즉 무토(無土) 둔전의 증가를 의미하는 것이었다. 일제 통감부와 총독부는 사유지로서 내려온 이러한 무토둔전을 국유지로 강제 편입시켜 소유권분쟁을 야기하였다.

[참고문헌] 愼鏞廈, 1982,『「朝鮮 土地調査事業」 硏究』, 지식산업사

수원권업모범장(水原勸業模範場) ⇒ 권업모범장

수원 조씨가 농장(水原趙氏家農場) 한말 일제시기 경기도 수원의 양반가 조흥목·조병두 부자가 운영한 농장.

조병두의 집안은 18세기 후반 이래 수원군 송동면에 거주하면서 높은 관직에 올랐던 전형적인 소론계 명문 양반가문이었다. 한말 조씨가의 경영주인 조흥목은 내부주사에 임명되기도 했지만 주로 향리에서 도집강을 지내며 칩거했다. 일제시기를 살았던 그의 아들 조병두도 관변단체에 가입한 것 이외에 정치활동이나 사회활동은 거의 하지 않았다. 양반가의 후예로 대지주이고 종손이었지만, 칩거하며 농촌에서 보통의 일상생활 이외 특별한 일은 하지 않았다.

조씨가는 대지주로서 일제의 지배정책에 순응하면서 피동적으로 지배체제에 흡수되어 갔다. 일본적십자사·지주회·농사장려회·농회·산림보호조합·수리조합·애국부인회·미곡통제조합 등 일제가 조선농촌사회의 지배를 위해 조직한 각종 관변단체에 회원으로 의무적으로 가입했다. 조씨가의 활동은 회비를 납부하는 정도였지만, 산림보호조합 활동에는 적극적인 편이었다. 선산수호라는 측면에서 일제의 산림정책이 조씨가의 임야소유문제나 전통적인 금양과 직결되었기 때문이다. 조씨가는 일제의 토지조사사업에도 적극 대응했다. 임야든 경작지든 소유권 확보에 적극적이었지만, 일제가 도로건설 사업을 위해 토지수용을 강요할 때 별다른 이의 없이 제공했다.

조씨가는 거주지 부근은 직영체제로, 원격지인 온양의 토지는 전통적인 마름제도로 경영하였다. 세거지인 수원군 매송면은 조선 후기 이래 수리시설이 잘 갖추어진 비옥한 평야지대이자 경부선이 지나는 서울과 가까운 교통의 중심지였다. 또한 권업모범장이 설치되어 일제농정에 영향을 쉽게 받을 수 있는 지역이었다. 이처럼 시장접근성이 높은 농업선진 지역인 수원의 경제적 환경에도 불구하고 조씨가는 마름제도, 작인의 경영책임제, 종자지급과 장리제도의 실시 등 구래의 소작경영 방식을 그대로 유지했다. 마름의 임무는 작인의 관리, 지대수납·처리, 종자와 장리지급 등이었다.

조씨가는 다른 지주가에 비해 논의 비중이 적고 밭과 대지의 비중이 높았다. 작인의 정착성과 종속성이 고려된 토지구성이었고, 때로는 온정적 지주의 모습을 취했다. 논은 타조제, 밭은 도조제로 지대를 징수했다. 소작료는 벼나 콩으로 받았다. 소작인의 재생산을 위해 장리나 종자를 지급했고 가을에 1.5배를 받았다. 마름은 지주의 지시를 받아 각종 비용을 제외한 수확물을 보관했다가 이른 봄에 방매했다. 방매는 인천에서 미곡무역을 하는 미곡상에게 위탁했다. 조씨가는 1930년대 중반 우량품종과 비료를 지급하는 정도로 농업경영에 관여하기도 했지만, 자본가적 동태적 경영과 달리 소극적 경영으로 일관하였다.

금융활동에도 일정한 변화를 보였다. 장리를 유지하면서도 금융기관이나 근대적 부동산담보제도를 이용한 금융활동을 했다. 금융조합·조흥은행·식산은행 등과도 거래를 했으며, 송금 우편이나 소포 제도를 활용한 세금납부와 관련하여 우편국의 활용도도 높았다. 일제하 지세 및 제 공과는 조씨가에게 적지 않은 부담으로 작용했다. 지세부담과 각종 목적세인 부가세가 갈수록 증가되었다. 지가에 기초한 지주납세제가 본격 반영된 1918년 지세는 지가의 13/1,000이었다가 1922년에는 17/1,000로 인상되었다. 일제는 소득세제를 도입하면서 지세를 15/1,000로 한때 낮추었지만, 일제 말기 전쟁비용 마련을 위해 다시 17/1,000로 증징했고, 1943년에는 지세 부과기준을 임대가격으로 전환하였다. 이것은 지주부담의 강화를 바탕으로 재정확대를 기도한 것으로, 이러한 세제개편에 대해 농장을 법인화하면서 대처해간 일본인 지주들과 달리 조씨가와 같은 정태적 지주로서는 경영이 쉽지 않았다. 이에 1930년대 후반 매송면 송나리 일대의 논을 대부분 방매했으며 온양 땅도 일부 방매했다.

해방 후에는 농지개혁의 분위기 속에서 1948년 아산군 일대 토지를 마름에게 방매했으며 나머지도 농지개혁으로 유상매상되어 지주경영은 해체되었다. 조씨가에게 남은 것은 위토와 산림이었다. 이처럼 조씨가의 지주경영은 일제의 식민지 농정책 속에 하강곡선을 걸어갔으며 식민지 시장경제에 적극적으로 대응하지 못했다. 지주자본을 산업자본으로 전환하는 시도도 없었고, 지주경영도 구래의 마름제에서 벗어나지 못했다. 그렇게 정태적 경영으로 일관하다 해체의 수순을 밟아간 전형적인 양반지주의 모습이었다.

[참고어] 농지개혁, 동태적 지주, 지주회, 종중재산

[참고문헌] 최원규, 2013, 「일제시기 수원 조씨가의 지주경영 분석」 『역사문화연구』 46 〈이수일〉

수작인(首作人) 소작지 관리 업무를 맡은 마름[舍音] 등의 관리인을 보조하는 역할을 맡은 소작인.

수작인은 농지의 소작인들 중 관리인의 신임이 가장 두텁고 좋은 소작조건을 가진 자로써, 마름과 소작인의 중간에서 소작에 관계된 업무를 보조하는 역할을 담당하는 자이다. 경기도에서 주로 사용되었으며, 평안도에서는 마름 자체를 일컫는 말로 사용되기도 하였다. 마름·도마름(都舍音)은 넓은 면적의 소작지와 많은 소작인을 관리하는 임무를 수행하였는데, 이를 효율적으로 관리하기 위해서 소작인 가운데 관리 업무를 수행할 보조자를 임명하기도 했던 것이다.

보조 관리인인 수작인과 유사한 역할을 하는 담당자들을 지칭하는 용어로 두량인(斗量人), 식주인(食主人), 지심인(指審人), 족감관(足監官), 구장(區長) 등이 있다. 이 명칭들은 보조관리인이 소작지에서 맡고 있는 주요 보조임무에 의해 정해진 것이 많다. 두량인의 경우 소작료를 계량하는 두량(斗量) 작업을 수행하여 관리인을 보조하는 이를 가리키는 것으로 마장이, 말강구 등이라고도 한다. 식주인은 추수원(秋收員)이 소작료의 검견(檢見)·징수를 위하여 소작지에서 숙식을 하는 경우 숙식을 제공하는 사람에게 보조관리인의 임무를 맡긴 경우를 말한다. 양전 및 징세 업무를 보조하는 자는 지심인, 지사인(知事人), 간사인(幹事人)이라고 하는데 그 중에서도 특히 전라북도에서는 소작료 징수 업무를 보조하는 사람을 바닥지심(指審)이라고 칭하기도 한다. 황해도 지방, 특히 궁장토 일대에서는 족감관, 지감관(枝監官)으로도 부른다. 일제시기에는 소작지 보조관리인을 세화인(世話人), 구장, 대리인(代理人), 지도원(指導員) 등으로 칭하는 사례도 있다.

소작지 보조관리인인 수작인의 임무는 ① 지주 및 지주대리인인 관리자의 통지(通知) 전달, ② 지주·관리인에게 소작관련 업무 및 정조소작지의 소작료 결정에 대한 의견 제시, ③ 타조(打租)·집조(執租)의 경우 작황에 대한 의견을 제시하고 지주·관리인을 안내, ④ 소작권 이동 사안에 의견 제시, ⑤ 소작지 및 소작인 감독, ⑥ 미납 소작료 독촉 등이다.

수작인은 업무의 대가로 좋은 조건의 소작지를 부여받아 저렴한 소작료를 납부하는 경우가 많다. 두량 업무에 종사한 경우에는 보조관리인에게 계량임(計量

賃)을 주기도 하고 소작료 수납 시에 따로 1정보(町步) 당 벼(籾) 2두(斗), 1호(戶) 당 벼(籾) 5승(升), 1년에 4~5석(石)씩을 지불하는 경우도 있다. 수작인을 비롯한 소작지의 보조관리인은 지주와 지주대리인인 관리자가 필요에 따라 임의로 임명하는 경우가 많지만, 보통 마름 1인당 1~3명을 두는 사례가 많고 소작인 25호(戶) 당 보조관리인 1명을 두는 관례도 있다.

[참고어] 지심인, 마름, 도마름, 추수원

[참고문헌] 조선총독부, 1932, 『朝鮮ノ小作慣行(上)·(下)』; 조선총독부, 1932, 『朝鮮ノ小作慣行 : 時代と慣行』 〈고나은〉

수전(水田) 논. 즉 물을 담고 있는 경작지로, 주로 벼를 재배하는 전토(田土).

한자(漢字)로 답(畓)이라고 하는데, 물을 뜻하는 수(水)와 전토를 가리키는 전(田)을 위아래로 합친 글자로 중국에서 사용하지 않는 한식(韓式) 한자이다. 수전에서 재배하는 작물은 도(稻) 즉 벼였다. 수전에서 재배되는 벼는 한전에서 경작되는 한도(旱稻)와 구분하여 수도(水稻)라 하였다. 수도를 수전에서 재배하는 방법이 바로 수전농법(水田農法)이다.

수전이라는 지목을 확정하기 위한 기본적인 조건은 물의 확보였다. 즉 수전에 적합한 조건은 토질이 아니라 물을 확보하기에 용이한 위치에 달려 있었다. 이는 『농사직설』에서 확인할 수 있는데, 만도(晩稻)의 수경(水耕)을 설명하는 가운데 진창으로 되어 있는 전토, 차가운 물이 나오는 전토, 척박한 전토 등에서 모두 수경을 수행할 수 있다고 서술하고 있다. 또한 전토 표면의 수평(水平) 유지도 수전이 되기 위한 중요한 조건이었다. 이는 벼를 경작할 때 물을 담아두는 시기가 상당 기간에 달하기 때문이었다.

농경이 시작되면서 농작에 적합한 토지를 전답으로 자리잡아 나가는 과정이 계속 이루어졌다. 수전의 경우 산곡(山谷)의 계곡 사이에 형성된 평탄지(平坦地)에 주로 조성되었는데, 계곡 주변의 전토가 물을 대고 빼기에 적합했기 때문이다. 고려시기에 제전(梯田)은 바로 계곡 지역의 경작지를 가리키는 것으로, 수전으로 이용되었다. 이후 농업이 발달하면서 수전을 비롯한 경작지의 위치는 점차 산지(山地)에서 평지(平地)로 이동하였다. 해안 평야지와 저습지의 진황전(陳荒田)이 많이 개간되어 수전으로 개발되었다. 이때 저습한 전지를 개간하는 것과 수리시설을 축조하는 일이 밀접하게 관련을 맺고 있었다. 또한 수전은 천변(川邊)까지 확대되어 나갔다. 하천가에 자연적인 방축을 허물고 거기에 자라고 있던 초목(草木)을 베어 내어 수전을 만들었다. 이렇게 수전이 천변에 밀접하게 다가서자 다른 문제가 생겨났다. 천변에서 물의 흐름이 넘치는 것을 막아주는 역할을 하는 완충지가 사라지게 되어 큰물을 만나게 되면 천변의 경지가 모래로 뒤덮여 복사전(覆沙田)이 되는 피해를 입은 것이다.

수전의 비중은 하삼도(경상도, 충청도, 전라도) 지역이 평안도, 함경도 지역에 비해 월등히 높았다. 또한 하삼도 지역 내에서도 산군보다 연해읍에서 한전보다 수전의 구성비율이 훨씬 높았다.

[참고어] 직파법, 이앙법, 한전, 수리

[참고문헌] 金容燮, 1990, 『增補版朝鮮後期農業史研究』 II, 一潮閣; 염정섭, 2002, 『조선시대 농법 발달 연구』, 태학사 〈염정섭〉

수전패(受田牌) 조선초 군전(軍田)을 받고 서울의 숙위를 담당했던 병종.

고려말의 전제 개혁으로 기존의 수조권(收租權)은 모두 무효화되고 과전(科田)이 지급되었다. 이 과정에서 외방(外方)의 유력층 중에는 수조지(收租地)가 몰수되고 과전도 지급 받지 못하는 경우가 있었다. 이에 전함품관(前銜品官) 및 그와 동등한 신분으로 외방에 거주하는 한량관리(閑良官吏)들을 회유하고 서울의 시위를 담당할 인력을 확보할 목적으로 만든 것이 수전패이다. 이들에게는 수조지로서 군전이 지급되었는데, 보유한 토지[本田]의 다소에 따라 5내지 10결이 책정되었다. 말을 갖추어 교대로 번상(番上)하여 삼군도총부에 유숙하면서 도성 시위에 참여해야 했는데, 이유 없이 100일 이상 숙위하지 않는 자는 처벌하고 군전은 죄인을 고발한 자에게 대신 군전을 주도록 했다.

태종대 이후 갑사(甲士)나 별시위(別侍衛) 등 시위군 성격의 경군역이 창설되면서 수전패의 효용은 계속 감소했다. 1409년 도성위(都城衛)로 개편되었다가 1457년(세조 3) 오위(五衛) 체제가 성립될 때 충좌위(忠佐衛)에 소속되어 명맥을 유지했으나, 『경국대전』 단계에 들어서는 소멸되었다. 한편 이들에게 지급한 군전은 회수(回收)와 신급(新給)이 규정되었음에도 불구하고 조선 건국 후로는 지급되지 않았다. 이 때문에 토지를 지급받지 못한 무수전패(無受田牌)와 구분되기도 했다.

[참고어] 군전

[참고문헌] 이경식, 1978, 「朝鮮初期 屯田의 設置와 經營」 『한국사연구』 21·22; 김태영, 1982, 「과전법의 성립과 그 성격」 『한국사연

구』 37, 한국사연구회 ; 강은경, 1993, 「조선 초 무수전패의 성격」 『동방학지』 77·78·79 ; 유승원, 1999, 「朝鮮 建國期 前銜官의 軍役」 『한국사론』 42 〈윤석호〉

수조권(收租權) 전근대사회에서 국가가 개인이나 기관에게 지급한 조세(租稅) 수취권.

조세는 국가의 토지지배에 대한 반대급부로 정해놓은 수취제도를 의미하기 때문에, 국가는 수조권을 직접 행사하거나 혹은 궁방이나 국가기관, 관료 등에게 위임할 수 있었다. 수조권자인 전주(田主)가 납세자인 전객(佃客)에게서 수취하는 조(租)는 농민이 국가에 조세로 납부하는 것과 같았는데, 과전법(科田法)을 기준으로 이때의 조율(租率)과 조액(租額)은 1/10로서 1결당 조미(糙米) 2석에 이르렀다. 또한 조는 지주(地主)가 전호(佃戶, 작인)에게 수취하는 지대(地代)와 다르다.

중세국가의 성립은 고대국가와 달리 관료층에게 국가 수조지 일부를 녹읍으로 분급함으로써 국가에 봉사하는 대가를 지불한다. 이들 녹읍주(祿邑主)는 자신의 토지를 지배하던 대토지소유자이면서 동시에 국가로부터 수조지로서의 녹읍을 받아 해당 토지의 농민을 전주로써 지배하게 된다. 이러한 과정에서 전주전객(田主佃客) 관계가 성립하게 되고 전주는 전객에게 수조할 수 있는 권리를 위임받게 된다.

고려에서 조선 초에 이르는 시기에 성립한 전시과(田柴科)·녹과전(祿科田)·과전법(科田法)은 수조권 분급제도의 발달과정을 잘 보여준다. 녹읍이 읍(邑)에 설치된 것에 비해, 문무관료나 향리·군인·공음자(功蔭者) 등의 봉건지배층에게 분급했으며, 봉사의 대가로 수백 결에서 10여 결에 이르는 토지의 수조권을 지급했다. 이들 수조권은 전주[科田主]의 전객 지배 형태로 나타나며 실제의 소유자인 전객 농민의 소유권을 제약함으로써 전객 농민의 소유권을 불완전하게 만든다. 이러한 점에서 중세적 토지소유권은 수조권이 소멸하고 소유권이 국가로부터 보호를 받기 전까지는 불완전한 중세적 소유권으로 존재한다.

수조권은 봉건 관료층뿐 아니라 왕실 및 궁방, 각급 관청에도 분급되었다. 또한 농지 외에도 시지(柴地)도 포함하여 전국 각지에 분급되었으며, 조선 초 직전법에 의해 관수관급제가 시행되는 가운데 점차 소멸되지만, 일부 궁방전이나 관둔전은 수조권의 잔재가 남아 시행되었다. 이같은 수조권 소멸 과정은 국가의 집권성이 확대되어 가면서 나타난 현상으로써 수조권자의 권한 역시 점차 축소되어 갔다는 것을 의미한다. 수조권을 통한 지배권력의 농민지배 방식이 집권국가에 의해 장악되는 가운데 농민에 대한 사적·자의적 수탈을 막을 수 있게 된 것이다.

수조권의 발생과 소멸에 이르는 과정은 중세 토지소유권의 발전 과정에서 중요한 단서를 제공한다. 소유권 위에 수조권이 분급되어 양자가 중첩적으로 발전하는 가운데, 직전법 제정과 함께 수조권이 쇠퇴하게 되면서 소유권 중심의 토지지배가 전면에 등장하는 것이다. 한편 이에 대해 국가의 수조권적 토지지배가 중세말까지 온존했고, 이것이 사적 소유의 발달을 저해했다는 견해도 있다.

[참고어] 소유권, 전주, 전시과, 과전법, 공전, 사전(私田)

[참고문헌] 白南雲, 1937, 『朝鮮封建社會經濟史』 上, 東京, 改造社 ; 姜晉哲, 1965, 「韓國土地制度史(上)」 『韓國文化史大系』 Ⅱ ; 李佑成, 1965, 「高麗의 永業田」 『歷史學報』 28 ; 李成茂, 1980, 「兩班과 土地所有」 『朝鮮初期兩班研究』, 一潮閣 ; 이영훈, 1988, 『朝鮮後期社會經濟史』, 한길사 ; 金容燮, 2000, 「土地制度의 史的 推移」 『韓國中世農業史研究』, 지식산업사 ; 최윤오, 2006, 『朝鮮後期 土地所有權의 發達과 地主制』, 혜안 〈최윤오〉

수조안(收租案) 조선시기 군현에서 매년 수세의 대상이 되는 토지의 면적과 세액 등을 파악해 호조에 보고하던 장부.

작성기관이나 방식에 따라 수조성책(受租成冊), 연분도안(年分都案), 총계성책(總計成冊) 등으로 불렸다. 수조안의 기재양식을 살펴보면, 각 지방단위로 맨 상단에 원장부결총을 명기하였다. 이는 양전을 통해 파악된 각 지방의 결총이 양안에 기록되었다는 의미인 동시에, 이를 각 지방에서 지세부과의 기준으로 삼았다는 뜻이다. 또한 각종의 면세결(免稅結)과 유래진잡탈(流來陳雜頉)을 상세히 기록했고, 이를 원결(元結)에서 제외하여 시기결(時起結)로 파악했다. 아울러 해마다 재해가 발생한 토지에 대해 일정부분을 감해주는 급재(給災)를 시행했으므로, 이를 제외하여 원칙상 실제 경작되는 실결에서만 조세를 징수하도록 했다. 이처럼 수조안은 수세지와 면세지의 면적을 참조하기 위해 각 군현단위에서 매년 작성한 문건이었다.

하지만 수조안에는 개별 토지나 납세자에 대한 사항이 일일이 기록되지 않았다. 즉 개별 토지에 대한 내용은 양안에, 개별 납세자에 대한 기록은 향촌에서의 깃기[衿記]나 수세책(收稅冊) 등에 기록되어 있었던 것이다. 따라서 수조안은 양전 실시 후에 일어난 농지의 변동을 조목조목 반영한 것은 아니다. 다만 시기결총의 변경, 즉 면세결의 변동이나 탈하전(頉下田)으로의 편입, 은결(隱結)의 추쇄 등으로 인한 승총(陞總) 등에 대해 별도로 주기하여 기록한 것이었다. 특히 숙종 대의 경자양전 이후로는 거의 대부분의 지방에서 양전이 다시 시행되지 않았기 때문에, 수조안은 매년의 농형을 바탕으로 당해 연도의 수세지를 파악하는 용도로 활용되었다.

이같은 수조안의 기재양식은 갑오개혁을 기점으로 크게 변화했다. 갑오개혁에서는 종전 현물납위주의 부세수취제도를 개혁하여 조세금납화를 시행했다. 이에 따라 과세총액 산출방식도 금납으로 통일되었다. 또한 토지에 부과되던 5가지 세목, 즉 전세·대동·삼수·포량·결작이 지세로 단일화되었으며, 종전에 면세출부 혹은 면부세하던 토지도 대부분 승총되어 각 군의 시기결총에 포함되었다. 이로써 여러 명목으로 복잡하게 파악되던 토지는 일부 진전을 제외하고는 대부분 수세지로서 일괄 파악되었다.

[참고어] 양안, 양전, 깃기, 행심책

[참고문헌] 왕현종, 1989, 「갑오개혁기 『수조안』의 분석방법」 『역사와 현실』 2 〈윤석호〉

수준측량(水準測量, leveling) 지형측량의 기초인 해발고도를 측정하는 작업. 기준 수준점을 기초로 삼각점의 절대고도 및 고저를 측정하는 작업으로 고저측량이라고도 한다.

직접수준측량, 간접수준측량, 교호수준측량, 약수준측량 등의 방법이 있다. 선점(選點), 매표(埋標), 관측, 계산의 과정을 거친다. 직접수준측량은 두 삼각점 간 고저의 차를 레벨(level)을 이용해 직접 측정하는 것을 의미한다. 간접수준측량은 레벨이 아닌 기압, 중력, 나침반 등을 이용해 고저의 차를 구하는 방법이다. 강이나 바다 등을 이유로 접근이 어렵고 거리가 먼 지형의 경우 두 지점을 설정해 두 지점의 고저차 평균인 수평고저를 측량하는 교호수준측량과 레벨을 이용해 간략하게 수준측량을 하는 약수준측량도 있다.

직접수준측량의 일환으로 삼각측량의 초기에 이루어지는 경선수준측량과 점표수준측량은 토지측량의 기반이 되는 기선 양 끝점의 해발고도를 측정하는 작업이다. 경선수준측량은 험조장의 수준기점이나 이미 정해둔 수준점으로부터 시작해서 설정된 다른 수준점에 이르는 거리를 측정한다. 1등경선과 2등경선으로 나누었다. 1등경선은 10리(4㎞)마다 간격을 두어 표석을 세우고 중간점에 표항을 설치하였다. 2등경선은 5리마다 표항을 설치하였다. 이들 각 점간의 고저차를 측정해 중간수치를 선택하고 모든 수준선로를 고저측량망인 수준망으로 나누어 각 수준점의 해발고도를 산출하였다. 점표수준측량은 경선 10리에 삼각점 1점의 비율로 근처의 삼각점 고저차를 측정한다. 이를 바탕으로 수준점에서 시작한 삼각점의 해발고도를 얻어 간접수준측량의 기초로 삼았다.

수준측량은 먼저 측량기구인 체인(測鎖)을 사용해 거리를 측량한 후 규정된 거리 내의 안전한 지점에 수준점을 선점하는 것으로 시작된다. 규정거리 내에 하천·늪 등의 불안정한 지점이 있을 경우 약 5정의 범위 내에서 조정한다. 수준점을 이은 경선의 명칭은 양 끝점의 지명을 따서 정했다. 이렇게 정해진 수준점은 수준표석, 수준표항, 대용수준점을 매설하여 표기하는 매표의 과정을 거친다. 수준점의 고저를 측량하는 관측의 과정에는 독일과 영국의 Y level 수준의와 일제의 수준표척 및 표척대가 사용되었다. 경선수준측량은 수준의를 수직으로 설치해 전방과 후방의 높이와 거리를 자로 재어 2회 측정, 중간수를 채용한다. 수준의와 표척과의 거리는 50~100m 내외이다. 점표수준측량은 낮은 쪽과 높은 쪽을 2회 측정하여 평균을 사용하였다. 수준의와 표척과의 거리 한도는 200m로 설정되었다.

일제의 토지조사사업에서 수준측량은 1910년 11월 인천-노량진간의 측량으로 시작되었다. 1912년까지는 안동, 하동, 의주, 평양, 목포, 영산포 등 기선단점의 높낮이를 측정하면서 부분적으로 대구-안동간, 마산-하동간, 목포-영산포-하동간, 평양-원산간, 원산-간성간의 1등경선 수준측량을 시행하였다. 1913년부터는 지형측량의 준비작업이 완료되어 경선수준측량과 함께 점표수준측량을 시행하였다. 남부지역에서는 충주-군위간, 조치원-제천간, 대전-노량진간, 수원-원주간, 천안-서산간, 대전-진주간의 1등경선과 1부의 점표수준측량을 시행하고 북부지역에서는 평양-길주에 이르는 1등경선 수준측량과 고건원 기선단점의 높낮이를 측량하였다. 1914년 전반기에는 부산-동래간, 경성-토성간, 대구-경주-동래-마산-대구에 이르는 환선, 대구-추풍령-대전간, 경성-인천간의 1등경선과 이들 경선 내의 점표수준측량을 대부분 완성하였다. 이후 1914년부터 1915년까지 나머지 1등·2등경선의 수준측량, 그리고 점표수준측량을 병행하였다. 평양-오리진간, 함흥-청진간, 혜산진-장진간의 점표수준측량을 끝으로 1915년 11월 한반도의 수준측량은 종결되었다. 이렇게 완료된 수준측량은 수준점 2,823점, 수준선로의 길이는 6,693㎞에 이르렀다.

수준점의 평균계산은 관측을 끝낸 지방에서 수준망을 완성하기 전에 해당 지점의 높낮이를 측정하기 위한 가평균계산법과 수준망을 완성해서 측정하는 수준망 평균계산이 있다. 수준망 평균계산은 수준측량이 진행되는 와중에 실시되었다. 이는 목포·인천·진남포·청진·원산의 험조장에서 관측한 1~3년간의 평균중등조위를 0으로 하고 진남포-원산의 수준선에 의해 한반도 각 교차점의 높낮이를 ㎜까지 산출하는 방법이다. 이를 바탕으로 다시 교차점간의 수준점을 ㎝까지 산출한다. 이때 사용하는 계산법은 최소방수법, 규약방정식, 비윤방정식, 법방정식 등이 있다. 이후 수준측량이 완료된 후 원산수준기점을 원점으로 수준망 평균계산이 다시 실시되었으며 결과의 차이가 크지 않아 이전의 결과를 그대로 채용하였다.

이 작업에 투입된 측량원은 1910년 2명이었고 1911년에는 1개조당 1~2명의 인원을 배치하여 2개조를 편성하였다. 1912년에는 3개조, 1913년에는 6개조에서 12개조로 증가하였다가 1914년에 다시 6개조로 감소하였다. 각 측량원에는 조수 1명, 측부 2명을 배정하고 필요시에는 임시 인부의 고용이 가능했다. 총 종사원의 수는 일본인 21명, 조선인 4명이 배치되었다. 수준점과 수준측량에 소요된 경비는 1개점당 약 20원으로 약 90,513원이다.

[참고어] 지형측량, 기선측량, 삼각측량, 험조

[참고문헌] 『조선토지조사사업보고서』; 리진호 역, 2001, 『삼각측량작업결료보고』, 도서출판 우물; 사단법인 한국측량학회, 2003, 『측량용어사전』, 건설교통부 국토지리정보원 〈고나은〉

수진궁장토(壽進宮庄土) 조선시기 내탕(內帑) 중 하나였던 수진궁에 소속된 토지.

조선 후기 대전 이외의 전궁(殿宮) 소용의 내탕은 수진궁·명례궁(明禮宮)·용동궁(龍洞宮)·어의궁(於義宮)이 맡았다. 수진궁장토는 이들 중 하나인 수진궁의 재정을 보용하기 위해 설정한 토지이다. 수진궁은 본래 조선 예종의 둘째아들인 제안대군(齊安大君) 현(琄)의 사저였는데 그가 세종의 아들인 평원대군(平原大君)의 양자가 되었지만 제사를 지낼 상속인 없이 죽은 탓에 이곳에서 제사를 지냈다. 이후 수진궁은 봉작(封爵)을 받기 전에 사망한 대군·왕자와 출가하기 전에 사망한 공주·옹주들을 합사(合祀)하는 등 제향의 기능을 맡았다. 또한 조선 후기에는 왕후나 세자 등의 전궁에 대한 내탕의 역할도 했는데, 인조 대에는 자전(慈殿 : 국왕의 어머니)의 소관이었고, 이후에는 대왕대비전과 자전 등의 내탕으로 활용되었다. 그러다가 1721년(경종 1) 이후로는 후손이 없는 대군·왕자·공주·후궁 등의 제사를 모시는 곳으로 기능이 국한된 것으로 보인다.

이상과 같이 수진궁의 역할이 변화하면서, 장토 역시 두 종류로 마련되었다. 우선 제사비용을 지변하기 위한 것으로는 제안대군을 비롯한 피제사자(被祭祀者)의 재산으로 마련되었다. 한편 전궁의 내수에 충당하기 위한 것은 절수나 매입, 개간, 사여 등의 방법으로 왕실이 마련했다. 예컨대 1755년(영조 31)에는 교지를 내려, 의창군의 궁방전 전답과 노비는 수진궁으로 보내어 제수에 보태도록 했다. 또한 수진궁등록에서도 매수·매득, 개간 등에 대한 기사가 다수 등장하고 있다. 특히 수진궁장토는 궁방전을 제한하는 여러 조치들에서도 예외였는데, 『속대전』에서 4궁에 지급하는 토지를 1,000결로 제한했지만, 그 중 수진궁의 제위전에 대해서는 제한을 두지 않았다. 『탁지전부고』에 따르면 수진궁장토는 유토(有土) 1,989결, 무토(無土) 1,704결 등 3,693결이고, 『만기요람』에도 유토, 무토를 합해 3,703결 84부 2속으로 파악되었다.

장토의 형성과정과 종류 및 관리 등은 궁방전의 일반적 특징과 같다. 한편 1894년(고종 31) 갑오승총으로 무토면세지가 폐지되었다. 유토면세지도 투탁·점탈에 의한 것임을 분명히 알 수 있는 것은 본래의 주인에게 돌리고, 나머지는 왕실 소유로 하여 궁내부에 이관시켰다.

[참고어] 궁방전, 1사7궁

[참고문헌] 박성준, 2008, 「대한제국기 신설 궁의 재정기반과 황실재정 정리」 『역사교육』 105; 조영준, 2008, 「조선후기 궁방의 실체」 『정신문화연구』 112; 박성준, 2009, 「대한제국기 신설 궁의 지주경영」 『역사교육』 109; 조영준, 2009, 「조선후기 왕실재정의 규모와 구조-1860년대 1사4궁의 재정수입을 중심으로」 『한국문화』 47 〈윤석호〉

수차(水車) 수레바퀴를 이용하여 낮은 곳의 물을 높은 곳으로 퍼 올리는 관개용 양수(揚水) 기구.

양수 기구는 농업 수리기술의 매우 중요한 구성 요소

이다. 고대 중국에서도 호두(戽斗), 길고(桔槹), 녹로(轆轤)와 같은 원시적인 형태의 양수기가 매우 이른 시기부터 사용되었다. 이 가운데 수레바퀴를 이용하여 효율적으로 많은 양의 물을 관개할 수 있는 수차가 당 이후 보급되기 시작하여 송대에 이르러 매우 널리 사용되었다. 중국의 강남 지역이 당송대 이후 화북 지역을 제치고 농업의 중심지로 부상할 수 있었던 데에는 이 지역에서 발달한 수리기술이 가장 큰 배경이었다고 할 수 있는데, 수차의 보급은 강남지역 수리기술의 핵심적인 요소 가운데 하나였다.

당송대 이후 성립한 선진적인 수리에 대한 지식은 원대에 간행된 『왕정농서(王禎農書)』에 집대성되었는데, 여기에서는 당시 중국에서 사용하는 수차에 대해 자세히 기록하였다. 여기에 실린 수차 가운데 가장 대표적인 것으로는 번차(翻車)를 들 수 있다. 번차는 용골차(龍骨車)라고도 불렀는데, 일반적으로 수차라 하면 대개 번차를 가리킬 정도로 대표적인 수차였다. 두판(斗板) 혹은 용골판(龍骨板)이라 불리는 직사각형 모양의 네모 판대기를 체인으로 연결해 기다란 홈통 속에서 끌어올려 그것을 따라 물이 끌어올려지도록 되어 있다. 사람의 발을 동력으로 사용하는 구조가 가장 일반적인 형태였고, 소의 힘을 이용하거나 수력을 이용한 복잡한 구조의 번차도 활용되었다.

중국에서 가장 보편적으로 사용되던 수차가 번차였다면, 일본에서는 통차(筒車)라고 불리는 수차가 널리 보급되어 사용되었다. 통차는 직경이 큰 수레바퀴의 둘레에 통을 비스듬하게 매어 달고 흐르는 물의 힘에 의해 수레바퀴를 돌리면서 물을 퍼 올리는 수차였다. 통차는 번차에 비해 관개 수량이 적었지만 수력에 의해 자동으로 작동되면서도 구조가 간단하다는 장점이 있었다. 중국에서는 『왕정농서』 이전에 통차에 대한 관련 기록이 전혀 없어 14세기 이전에 통차를 사용했는지 여부를 알 수 없다. 반면에 일본에서는 이미 13세기 말에 통차가 제작·보급되었으며, 14세기 이후 오사카를 중심으로 확산되어 근대적인 양수기가 사용되기 전까지 일본 전역에서 널리 사용되었다.

17세기 전반에 이르면 중국에서 전통적으로 사용하던 수차들에 비해 훨씬 정밀하고 관개 수량도 많은 서양식 수차가 예수회 선교사들에 의해 중국 사회에 소개되었다. 용미차(龍尾車), 옥형차(玉衡車), 항승차(恒升車)와 같은 이들 서양식 수차는 『태서수법(泰西水法)』, 『기기도설(奇器圖說)』 등의 문헌을 통해 소개되었고, 이후 중국 농서에도 그대로 전재되어 중국 식자층에게 널리 알려졌다. 그렇지만 이미 번차와 같은 중국의 전통적인 수차들이 널리 보급되어 비교적 효율적으로 이용되고 있었기 때문에 이러한 서양식 수차들이 실제로 제작되어 사용되지는 않았던 것으로 보인다.

한반도에서 전통적으로 활용하던 관개용 양수기구는 맞두레, 용두레, 두레, 무자위 등이 있었다. 이 가운데 비교적 효율적인 무자위가 개항 이후 도입되었을 가능성이 높다는 점을 고려하면, 전통시대의 농업에서는 매우 원시적인 형태의 양수기구만을 활용하였던 셈이다. 그러나 고려 말 이래 조선에서는 중국의 발달한 농업기술을 수용하기 위해 많은 노력을 기울였고, 강남지역 수리기술의 핵심적인 요소라고 할 수 있는 수차의 보급에도 매우 적극적이었다. 그렇지만 결과적으로 조선 후기에 이르기까지 수차의 제작과 보급을 위한 시도는 성과를 거두지 못하였다. 수차 보급의 시도가 실패로 돌아간 이유는 중국 및 일본과 조선의 자연조건이 다른 점이라든가 공장(工匠)들의 제작기술이 미숙했다는 점이 지적되었으며, 다른 한편으로 농민과 농촌 지식인 사이에 아래로 흐르는 물의 성질을 거스르는 수차에 대한 부정적인 시각이 존재했던 점도 영향을 주었으리라고 본다.

고려 말인 1362년(공민왕 11)에 백문보(白文寶)가 중국 강회(江淮) 지역에서 가뭄을 염려하지 않고 이앙(移秧)을 하는 것이 수차의 덕분이라고 하면서 수차를 활용하자고 건의한 것이 최초의 시도이다. 14세기 중엽 중국 강회 지역에서 널리 사용되던 수차는 번차임에 틀림이 없다. 백문보의 주장이 실제로 수용되었는지의 여부는 알 수 없으나, 조선 건국 이후에도 수차를 보급하고자 하는 노력이 지속되었다. 1429년(세종 11)에 이르러 통신사로 일본에 다녀온 박서생(朴瑞生)이 일본의 농민이 수차를 관개에 사용하는 것을 보고 수차의 제작법을 배워 왔다. 이 수차는 중국에서 도입한 인력을 이용하는 수차가 아니라 당시 일본에서 널리 사용되던 수력을 이용하는 통차였다. 세종은 이 수차를 보급하기 위해 정부에서 직접 수차를 제작하고 지방에 내려 보내 활용하도록 시험하였으나, 여러 차례에 걸친 시도에도 불구하고 모두 실패로 돌아갔다. 세종 대 수차 보급의 실패 이후 하천수를 관개에 이용하는 방안은 이후 천방 혹은 보를 설치하는 방향으로 전환하여 수리 개발에 커다란 성공을 거두었다.

수차의 제작과 보급을 위한 노력은 이후로도 지속되

었다. 1488년(성종 19) 중국에 표류했다 돌아온 최부(崔溥)가 중국 소흥부(紹興府)에서 목격한 수차 제작 기술을 바탕으로 수차를 제작하였으며, 1546년(명종 즉위)에도 제주도 사람 12인이 중국 복건성(福建省)에서 수차 제작 기술을 배워 와서 시험해 보기도 하였다. 1649년(효종 즉위)에는 즉위하기 전 중국에서 수차의 효율성을 직접 목격하였던 효종이 조선으로 돌아와 즉위하자마자 수차의 제작과 보급을 널리 추진한 사례도 있었다. 이러한 사례들은 모두 중국에서 번차로 추정되는 수차를 도입하고자 했던 것으로 보인다. 일본을 통해 통차일 것으로 추정되는 수차를 도입하려는 시도도 계속되었는데, 1616년(광해군 8)에 양만세(楊萬世)가 일본에서 수차를 가져왔으며, 1700년(숙종 26)에는 충주목사 심즙(沈檝)이 일본에서 배워온 지식에 근거하여 수차 제작을 시도하기도 하였다. 그러나 이러한 시도들 역시 이전과 마찬가지로 수차를 널리 활용하는 데 이르지는 못하였다.

18세기 이후 영·정조 대에 들어와서도 국가 차원에서 수차를 제작하고 보급하려는 시도는 계속되었으나, 이전 시기와 마찬가지로 큰 진전을 거두지는 못하였다. 그러나 18세기에 들어와서는 수차 보급 논의의 양상이 상당히 달라졌다. 이전 시기까지의 수차의 제작과 보급을 위한 시도는 모두 중국이나 일본을 다녀 온 몇 명의 사람들이 견문을 통해 획득한 경험적 지식에만 의존하였다. 18세기에는 이전과는 달리 중국 수리학에 대한 체계적인 지식이 수용되었으며, 이와 함께 수차에 대해서도 풍부하고 상세한 지식을 바탕으로 한 논의가 이루어지고, 서양식 수차에 대한 지식도 관심의 대상이 되었다. 특히 호남 지역은 다른 지역에 비해 수차에 대한 지식이 많이 보급되어 있었던 것으로 보인다. 이러한 가운데 19세기에 들어 하백원(河百源)과 같은 인물은 서양식 수차에 대한 지식을 응용하여 우리의 실정에 적합한 독자적인 수차를 직접 개발·고안하기도 하였으나, 이를 실제로 제작하는 데까지 이르지는 않았던 것으로 보인다. 그렇지만 수차에 대한 관심이 높아지고 수차에 대한 풍부한 지식이 소개되는 한편으로 물의 본성을 따르지 않는 수차라는 관개용 기구에 대한 부정적인 태도 역시 조선 후기까지 적지 않게 남아 있었다.

[참고어] 수리, 용두레, 길고, 태서수법, 수차도설

[참고문헌] 이광린, 1961, 『李朝 水利史 硏究』, 한국연구도서관 ; 이태진, 1986, 「조선시대 수우(水牛)·수차(水車) 보급 시도의 농업사적 의의」 『천관우선생환력기념한국사학논총』, 정음문화사 ; 문중양, 1994, 「조선후기의 水車」 『한국문화』 15 〈이민우〉

수차도설(水車圖說) 18세기 학자인 신경준(申景濬, 1712~1781)이 서광계(徐光啓, 1562~1633)의 『농정전서(農政全書)』 19·20권을 전재하여 쓴 글.

1939년 간행된 신경준의 문집 중간본인 『여암전서(旅菴全書)』에 실려 있다. 제목과 달리 이는 그의 독창적인 저술이 아닌 명말 학자인 서광계의 『농정전서』 19·20권을 전재한 것이다. 한편 『농정전서』 19·20권은 각각 『태서수법(泰西水法)』 상·하에 해당되는데, 『태서수법』은 서광계가 서양의 수리기술에 대해 이탈리아 선교사 우르시스(Sabbathino de Ursis), 1575~1620)가 구술한 것을 1612년에 정리·편찬한 수리서이다. 따라서 「수차도설」은 결국 『태서수법』을 전재한 것으로, 이후 조선에 서양의 수리학을 소개하는 계기가 되었다.

[참고어] 태서수법, 왕정농서, 수리

[참고문헌] 문중양, 1994, 「조선후기의 수차」 『한국문화』 15 ; 고동환, 2003, 「旅菴 申景濬의 학문과 사상」 『지방사와 지방문화』 6-2

수표(手標) 조선시기 매매, 전당, 약속, 이행 등의 관계를 서로 합의한 것을 확약한 계약문서.

수표는 내용과 양식상 분재기, 명문, 다짐, 자문과 상호 연관성을 가진 약속문서이다. 민간에서 유통되는 거래 영수증으로, 수기(手記)라고도 한다. 정소(呈訴)할 때에는 증빙문서로 제출하므로 소지, 원정, 발괄, 단자, 청원, 진정서와도 밀접한 관계가 있다. 관에서 발급한 일종의 영수증인 자문[尺文]은 한문이나 이두로 작성되었으나, 민간에서 유통되는 수표는 한문이나 한글 형식으로 작성되었다. 관에 정소하는 과정에서 증거로 삼는 이행문서의 기능도 한다. 처음으로 거래하거나 약속할 경우 본 문기를 작성하고, 다음의 매매나 전당할 때는 본 문기를 구문기로 인정하고 신문기에 점련하여 넘겨준다. 수표는 직접 매매 거래를 위한 영수증으로 매매명문과 흡사하지만 쌍방 간에 이행해야 할 약속을 약정하는 문서라는 면에서 차이가 있다. 문서의 양식이 매매명문보다 더 간략하다.

수표는 우선 문서명, '우수기단(右手記段)' 혹은 '우수표사단(右手標事段)' 등의 기두어로 시작되는데 19세기 이후 대체로 기두어가 생략된다. 다음으로 작성 연월일(연호·간지), 본문(수기의 사유), 약정으로 매도 사실에 대한 보증 문구 및 구문기의 유무 그리고 점련 여부,

담보의 말과 결사가 기재되는데 생략되는 경우도 많다. 마지막으로 수표 작성에 관련된 당사자(답주·필집·증인)들의 합의 사항을 문서로 남기고, 합의를 알리는 착명과 수결을 통해 백문기로서 완성이 된다. 수결 대신 수장을 사용하기도 한다.

[참고어] 가사문기, 문기, 토지매매문기, 자문

[참고문헌] 조선총독부, 1932, 『朝鮮の小作慣行』(上) ; 최승희, 2003, 『한국고문서연구』(증보판), 지식산업사 ; 이상규, 2011, 『한글 고문서 연구』, 도서출판 경진 〈고나은〉

수확고등급급지위등급조사규정(收穫高等級及地位等級調査規定) ⇒ **지위등급조사**

수확고등급급지위등급조사심득(收穫高等級及地位等級調査心得) ⇒ **지위등급조사**

숙전(熟田) 묵히지 않고 매해 농사지을 수 있는 토지.

농사를 짓기 위해서는 토지의 지력(地力)이 중요한데, 한 해 농사를 짓고 나면 지력이 다하기 마련이다. 때문에 시비법(施肥法)이나 관개(灌漑)시설, 농사법이 발달하지 않았던 시기에는 올해 농사지은 토지에 바로 농사를 짓지 않고 쉬게 하여 지력을 회복하게 하였다. 하지만 시비법이 발달하고 다양화 되어가면서 지력을 회복하는 방법이 모색되었다. 제언(堤堰)의 수축이나 관개시설의 발달, 중국의 선진적인 강남농법의 도입과 농사기구의 발달은 휴경(休耕)하지 않고도 지력을 회복할 수 있는 방법을 마련하였고, 이를 토대로 토지의 숙전화가 이루어졌다. 일반적으로 토지경작의 발달과정을 이야기 할 때에는 화전(火田)에서 휴한전(休閑田)의 단계를 거쳐 숙전이 된 것으로 이해하며, 산전(山田)과 평전(平田)은 숙전화의 진행시기가 달랐다.

[참고어] 정전, 상경전

[참고문헌] 金玉根, 1980, 『韓國土地制度史硏究』, 大旺社 ; 金泰永, 1983, 『朝鮮前期土地制度史硏究』, 知識産業社 ; 李泰鎭, 1986, 『韓國社會史硏究』, 知識産業社 ; 金容燮, 2000, 「結負制의 展開過程」 『韓國中世農業史硏究』, 知識産業社 ; 李景植, 2005, 『韓國 古代·中世初期 土地制度史』, 서울대학교출판부 〈이현경〉

숭의전전(崇義殿田) 숭의전(崇義殿)의 비용 조달을 위해 지급된 제전(祭田). 12결이 제전으로 지급되었다.

숭의전은 조선시기에 고려 태조와 혜종(惠宗)·정종(定宗)·광종(光宗)·경종(景宗)·성종(成宗)·목종(穆宗)·현종(顯宗) 등 7왕과 정몽주(鄭夢周) 등 15인의 공신을 제사 지내도록 한 사당이다. 경기도 연천군 미산면에 위치하고 있는데, 1397년(태조 6)에 왕명으로 묘(廟)를 세웠고 문종이 숭의전(崇義殿)이란 전호(殿號)를 내렸다. 그 소속 관원으로는 종3품의 사, 종4품의 수(守), 종5품의 영(令), 종6품의 감(監), 종9품의 여릉참봉(麗陵參奉) 1원(員)이 있었는데, 사(使) 혹은 부사(副使)는 고려 왕씨의 후손들로 삼아 봄·가을로 제사하고 관리하도록 하였다. 숭의전전은 이곳에 지급된 제전으로, 규모는 12결이었다.

[참고어] 늠전, 제전

[참고문헌] 『太祖實錄』; 『大典會通』; 『宮闕志』

시(時)/시주(時主)/시작(時作) 조선 후기 양전(量田) 당시의 토지소유자 혹은 경작자를 지칭하는 양안 상의 표기.

조선시기 양안(量案)에서는 토지소유자에 대한 정보도 기재되었는데, 시기마다의 소유권 발달 정도에 따라 표기형식과 내용이 달랐다. 우선 조선 전기는 현전하는 양안이 없어 실상을 정확히 파악할 수는 없다. 다만 1470년(성종 1) 사복시의 곡초를 수납하는 일에 대한 호조의 계문에서, "또한 수령에게 전부(佃夫)의 성명과 초의 수량을 전적에 기록하여 2건을 만들도록 하되, 하나는 본읍에 비치하고 하나는 납부하는 관사에 보내며, 상납하는 날짜의 기한을 미리 정해 전부에게 스스로 납부케 하고, 수납하지 않았거나 기한이 지난 자가 있으면 전세를 납부하지 않은 예에 의하여 죄를 준 뒤에 징납하는 것이 어떠하겠습니까?(且令守令, 錄佃夫姓名及草數於田籍, 成兩件, 一藏本邑, 一送所納之司, 又預定納上日期, 令佃夫自納, 其有未收及過限者, 依田稅未收例, 科罪後徵納, 何如.[『성종실록』 4권, 1년 4월 9일 丁巳])"라고 했고, 국왕의 윤허를 받았다. 그러나 이러한 방식이 『경국대전』에는 실리지 않은 것으로 보아, 토지소유자를 파악하는 방식이 양안 전체에 적용된 것인지는 확실치 않다. 또한 주목되는 것은 토지소유자를 전부(佃夫)라 지칭한 것인데, 이는 왕토사상으로 인해 현실에서의 토지에 대한 개별적 소유를 추인하기 어려웠던 당시의 상황에 기인하는 것으로 이해된다.

양안에서 토지소유자를 파악한 것은 양난 후부터이다. 전란으로 농토가 황폐해진 까닭에, 양전에서는 시기결을 확보하는 것과 실소유자 및 납세자를 파악하는 것이 급선무였다. 이로 인해 1634년(인조 12)의 갑술양안에서는 진기의 여부와 주명(主名)도 파악했는데, 이때

'기경한 자를 주로 한다(起耕者爲主)'는 원칙에 따라 개간된 토지의 소유주를 준별했다. 따라서 이른바 '기주(起主)'란 양전 당시 경작되고 있는 토지의 소유주를 의미하는 것이었다. 또한 진전의 경우에도 주인이 있으면 '진주(陳主)'로, 주인이 없거나 모호한 경우 '무주(無主)'로 기록되었다. 그러나 대록(代錄)·분록(分錄)·합록(合錄) 등의 관행으로 인해 주 기재란에 기입된 자가 실소유자가 아닌 경우도 있었다.

1720년(숙종 46)의 경자양전을 통해 작성된 경자양안에서는 진기와 주의 기재방식에 변화가 나타났다. 경자양안은 경상도와 전라도의 형식이 상이한데, 우선 경상도의 경우 진기란에는 '진(陳)'과 '기(起)' 양자 중 하나가 기록되었다. 그리고 바로 아래의 주 기재란에는 구금(舊今)의 정보가 쌍행으로 기재되었는데, 갑술양전 당시의 양명(量名)을 '구(舊)'자와 함께 표시했고 경자양전에서 파악한 양명에는 '금(今)'자를 함께 적었다. 한편 전라도의 경우는 진기란을 기(起), 구진(舊陳), 금진(今陳) 등 3가지로 기입했다. 그리고 주 기재란에는 1인만 기록되었는데, 주목되는 것은 같은 란에 '시(時)'나 '시작(時作)' 등의 정보가 부기된 사례가 나타났다는 점이다.

이처럼 주를 파악하는 것은 토지에 대한 소유권을 국가가 추인할 뿐만 아니라, 해당 토지에 대한 수세를 원활히 하기 위해서도 중요한 과정이었다. 그러나 양전이 규정대로 20년 마다 시행되기 어려웠고, 양난을 거치며 현실에서는 진기와 소유주의 변화가 광범위하게 일어나고 있었다. 따라서 전체 토지를 대상으로 한 양전을 대신해 진기의 변동상황을 중점적으로 파악해 수세실결을 확보하려는 사진(査陳)이 조선 후기 양전의 주된 양상이 되었다. 주목되는 것은 이 과정에서 조사 당시의 잠정적인 상황을 의미하는 '시'나 '시작'이 양안에 처음 나타난 점이다.

주 기재란에 부기되었다는 점에서 경자양안에 나타난 시는 시작과 함께 양전 당시의 작인을 의미했던 것으로 이해할 수 있다. 그러나 시가 작인이라는 의미를 내포하는 것은 아니다. 그 자체로는 '당시의'라는 뜻을 가지는데, '작(作)'이나 '주'와 합해져서 당시의 소작인 또는 당시의 소유자를 의미하게 된다. 다만 '시'만 쓰인 경우에는 자료의 성격과 맥락에 따라 그 의미를 면밀히 따져보아야 한다.

예컨대 1759년(영조 35)의 전라도 고산현 진전양안에는 1719년 기해양전 당시의 주명을 '양(量) 아무개'로 표기한 다음, '시(時) 아무개'라고 하여 별도의 인명을 파악하고 있다. 이는 기해양전 당시 구진무주(舊陳無主)였던 토지에 대해서도 동일하게 나타났으므로, 이때의 '시'는 1759년 당시 토지를 차지하고 있는 사람을 뜻하는 것이었다. 그러나 양안에 정식으로 등록된 것은 아니었던 까닭에 이때의 시주가 기주와 마찬가지의 지위를 추인받기 위해서는 개량(改量)의 과정이 필수적이었다.

한편 1791년에 시행된 충청도 회인현 양안은 '시'가 비로소 공식적인 기재방식으로 채택된 사례로 볼 수 있다. 이전 양전에서 조사한 토지소유자를 '구주'로 기입함과 동시에 별도의 인명을 '시'와 함께 표기한 것이다. 실제 회인현에 세거한 가문의 족보 기록을 대조해 보면 '시'로 기록된 성명이 실명이거나 솔하의 노비명으로 등재하고 있었다. 또한 다른 일반농민층들도 역시 토지소유권을 확보하는 수단으로서 자신의 이름을 '시'로서 토지대장인 양안에 등재시키고 있었다. 따라서 회인현 양안상에 등장하는 '시'는 곧 시주(時主)를 가리키는 것으로 토지를 조사할 당시 현실적으로 존재한 토지소유지를 지칭하는 것이었다. 이는 경자양안에서 소유자가 '기주'로서 표기되는 것과는 크게 다른 것이었다.

'시'를 통해 현실의 토지권리를 파악하는 추세는 광무양안(光武量案)에서 두드러지게 나타났다. 이를 경자양안과 비교해 보면, 우선 구주명이 기재되지 않는 대신 시주뿐만 아니라 시작도 기입되었다. 그리고 각각의 신분표시는 사라졌으며, 성과 명도 모두 표기되었다.

이처럼 광무양안에서 시주·시작을 동시에 파악한 이유는 종전 분리되었던 수세장부와 양안을 일치시키는 동시에 조세납부자를 국가가 일일이 파악하여 장악하고자 했기 때문이다. 양안사업을 통해 실제의 토지소유관계를 파악하여 전답주나 작인에게 전세를 부과하고 이들을 국가가 직접 관리하려 했던 것이다. 즉 토지소유권의 국가관리라는 측면과 전세부담자의 확정이라는 두 가지 측면을 실제 농촌관행에 즉하여 국가장부와 일치시키려는 의도 아래 작성했다고 할 수 있다.

양지아문의 시작 조사는 납세자의 파악 외에도 작인의 경작권을 일정하게 보장해 주려는 의도도 있었다. 이 시기 경작자 조사는 지주적 토지소유권의 추인이라는 방향 속에서도 경작권이나 중답주를 인정해 주고 있었던 것이다. 이러한 점에서 대한제국이 추진해 간

근대화 개혁의 방향을 일정하게 짐작할 수 있는데, 이는 구래의 토지소유권만을 유일한 배타적 권리로서 파악한 일제의 토지조사사업과 다른 점이기도 했다.

[참고어] 양안, 기주, 갑술양전, 경자양전, 경자양안, 광무양전사업, 광무양안, 소유권, 지주

[참고문헌] 『續大典』; 이영훈, 1997, 「양안상의 주 규정과 주명 기재방식의 추이」, 『조선토지조사사업의 연구』, 민음사 ; 최원규, 1995, 「대한제국기 量田과 官契發給事業」 『대한제국의 토지조사사업』, 민음사 ; 최윤오, 2006, 『朝鮮後期 土地所有權의 發達과 地主制』, 혜안 ; 한국역사연구회 토지대장연구반, 2008, 『조선후기 경자양전 연구』, 혜안 〈윤석호〉

시가지세(市街地稅) 조선총독부가 지정한 각 도(道)의 시가지 내 토지에 토지대장의 지가를 기준으로 부과한 세금.

조선총독부는 1910년부터 토지조사사업을 추진하면서 지세제도의 근본적 개편에 착수하였다. 1914년 지세령과 시가지세령(市街地稅令)을 제정하여 지세를 인상하는 한편, 시가지세를 신설했다. 시가지세령은 전문 7조와 부칙으로 구성되었다.

시가지세는 조선총독이 지정한 시가지 내의 토지에 부과한 것이다. 경기도의 경성부와 인천부, 수원군 수원면, 개성군 송도면, 충청북도의 청주군 청주면, 충청남도의 공주군 공주면, 대전군 대전면, 논산군 강경면, 전라북도의 군산부·전주군 전주면, 전라남도의 목포부, 나주군 나주면, 광주군 광주면, 경상북도의 대구부, 김천군 김천면, 경상남도의 부산부, 마산부, 진주군 진주면, 황해도의 해주군 해주면, 평안남도의 평양부와 진남포부, 평안북도의 신의주부·의주군 의주면, 함경남도의 원산부, 함흥군 함흥면, 함경북도의 청진부 등을 시가지로 지정했다.

시가지세액은 토지대장에 등록된 지가의 7/1000이며, 지가는 시가를 표준으로 결정하고 10년마다 개정하는 것으로 하였다. 시가지세는 토지대장에 의거하여 작성한 시가지세명기장(市街地稅名寄帳)에 따라 징수하였다. 시가지세명기장은 부면(府面)에 비치했다. 시가지세는 지세와 달리 시가지에 대한 토지조사가 종결된 1914년부터 지가제에 의한 지세부과제도가 전면적으로 시행되었다. 일제는 통감부 때부터 거류지와 거류지에서 10리 이내에 소재한 일본인과 외국인 소유의 토지가옥에 대해 일체의 조세를 면제해 왔는데, 1914년 4월 1일부로 거류지제도를 폐지하고 부제를 시행하면서 여기에 시가지세를 부과했다. 시가지세는 1914년의 조선재정독립계획에 호응하여 조선총독부가 일본으로부터의 재정지원 단절에 대비한 재정확충방안으로 제시된 것이기도 하다.

[참고어] 지세령, 지가제, 시가지세명기장, 토지대장

[참고문헌] 『조선총독부관보』 〈남정원〉

시가지세명기장(市街地稅名寄帳) 시가지세를 징수하기 위해 토지대장에 의거해 만든 장부.

조선총독부가 1914년 제정한 시가지세령에 의거해 조선총독이 지정한 각 시가지내 토지에 부과한 시가지세를 징수하기 위해 작성되었다. 시가지세령시행규칙에 의하면 시가지세명기장은 200매를 1책으로 하고, 책의 앞부분에 납세자의 성명 또는 명칭을 기재한 색인을 붙였다. 시가지세명기장 작성세부지침을 보면, 첫째 시가지세명기장에는 납세자별로 납세자의 주소와 성명을 기입하고, 납세자가 해당지역에서 납부할 토지의 정(町)·리(里)·동(洞), 지번, 지목, 면적, 지가, 세액, 납기 구분을 기록하도록 하였다. 납세관리인의 주소와 성명도 기재했다. 둘째 시가지세는 처음부터 지가의 일정 비율로 정했기 때문에 시가지세명기장에는 결수나 결가를 기록하지 않았다. 셋째 소유자, 질권자, 전당권자 또는 지상권자의 주소가 토지소재의 정·리·동과 동일할 때는 그 기재를 생략하였다. 넷째 질권, 전당권 또는 지상권 설정이 있는 토지일 때는 적요란에 그 권리의 구분 및 소유자의 주소, 성명 또는 명칭을 주기(朱記)하도록 하였다. 이러한 지침에 따라 작성된 시가지세명기장은 시가지세의 부과를 위해 전국의 각 부와 면에 비치하였다.

[참고어] 시가지세, 지세령, 지가제, 토지대장

[참고문헌] 『조선총독부관보』 〈남정원〉

시기결(時起結) 원결(元結)에서 위전(位田), 궁방전(宮房田), 진전(陳田), 잡탈(雜頉) 등 조세 부과가 면제되는 토지명목을 제외한 전답의 결부수.

조선시기의 경작지는 양전을 통해 정전(正田)과 속전(續田)으로 구분되었다. 정전은 해마다 농사짓는 토지로 상경전을 의미하며, 속전은 경작과 진황(陳荒)을 번갈아 하는 토지였다. 정전은 원장부에 등록되었고 진황되더라도 면세되지 않았다. 하지만 속전은 별도의 토지대장인 속안(續案)에 등록되었으며, 수기수세(隨起收稅)의 원칙에 따라 경작하는 해에만 전세를 부담했다.

그런데 원전이라도 모두 조세가 부과되는 것은 아니었다. 우선 지속적으로 묵혀진 토지[全陳田]는 아무런 수확이 없으므로 조세가 면제되었다. 한편 임진왜란 이후 재정난으로 인하여 국가는 궁방(宮房)이나 아문(衙門)에 토지를 절수(折受)하여 수세 권한을 부여하였는데, 이들 면세전은 국가에 조세를 납부하는 것이 아니라 해당 궁방이나 아문에서 조세를 징수하였다. 『만기요람(萬機要覽)』에는 관둔전(官屯田), 늠전(廩田), 제전(祭田), 궁방전, 능원묘(陵園廟)의 위전, 각영아문둔전(各營衙門屯田), 각양잡위둔전(各樣雜位屯田) 등이 면세전으로 규정되어 있다. 결국 원결에서 상기한 진전과 면세전을 제외한 것이 시기결이며, 이른바 '유정지공(唯正之供)'으로서 전세(田稅)와 대동세(大同稅)를 부과하던 조선시기 국가 재정수입의 근간이었다. 정약용(丁若鏞)은 『목민심서(牧民心書)』에서 수령이 개량(改量)할 때 속전(續田), 환기전(還起田), 신기전(新起田)의 실태 파악에 각별한 주의를 기울일 것을 강조하였는데, 이는 이들 토지가 경작되는 중이라면 시기결을 그만큼 더 확보할 수 있었기 때문이다.

[참고어] 원전, 수세실결, 급재

[참고문헌] 吳仁澤, 1996, 『17·18세기 量田事業 硏究』, 釜山大 博士學位論文 ; 宋讚燮, 2002, 「진전의 개간과 양전사업」『한국사 30』, 국사편찬위원회 〈정희찬〉

시마타니농장(嶋谷農場) 1906년 시마타니야소야(嶋谷八十八, 1862~1944)가 전라북도 옥구군 개정면 발산리에 세운 농장.

일본 야마구치현(山口縣) 구가군(玖珂郡) 출신의 시마타니 야소야는 전통적인 선운업에 종사해온 시마타니 집안의 양자로 들어갔다. 시마타니 도쿠에몬(嶋谷德右衛門)이 가업을 근대적인 해운업으로 전환시켜 청일전쟁 이후 해운재벌로 부상하였다. 도쿠에몬 장녀의 양자로 들어간 야소야는 양모의 뒤를 이어 양조업에 종사했으며, 연간 500석의 술을 생산하였다. 러일전쟁 직전 일본 사회전반에 한국에 대한 침략적인 척식여론이 확산되기 시작하자, 1903년 12월 야소야는 전라북도 군산에 들어와 금융대부를 겸하면서 토지매집에 나섰다. 그는 당시 외국인의 토지소유를 불허하는 대한제국의 법제에도 아랑곳하지 않고 갖은 수단을 발휘하여 토지를 잠매하였다. 만경강 일대 미간지뿐 아니라 이 시기 왕실과 지역농민 사이에 소유권 분쟁에 놓여 있던 균전도 헐값에 사들였다. 1904년 3월 현재 소유지 510

시마타니 금고

정보(논밭 430정보, 임야 80정보), 수탁관리지 250정보이나 되었다. 1904년 4월 군산 옥구 지역에 진출한 일본인 지주들과 함께 잠매한 토지의 소유권 보호를 위해 군산농사조합을 조직하고 통감부 군산이사청의 지원과 후원을 적극적으로 받았다. 1906년 옥구군 개정면 구암리에 농장을 개설하고, 1908년 발산리로 옮겨 정착하였다.

헐값에 매집한 미간지나 천수답에 안정적인 수리관개시설의 확보여부가 농장경영의 승패를 좌우하는 기술적 요소이었기에, 시마타니는 먼저 수리조합 건설에 전력을 다했다. 1909년 가을 후지이 간타로(藤井寬太郎)·구마모토 리헤이(熊本利平) 등 일본인 지주들과 함께 임익남부수리조합을, 1913년에는 임옥수리조합을, 1925년에는 동진수리조합 건설에 적극 나섰다. 시마타니농장의 토지는 주로 임옥수리조합 몽리구역에 들어가 있었고, 여건이 허락하는 대로 토지개량사업을 지속적으로 실행하였다. 1919년 그는 인근 일본인 지주들과 함께 경지정리조합 죽산계(竹山契)를 조직하여 농지를 바둑판식으로 구획정리하였다. 경지정리를 통해 농업용수 공급의 효율성과 농업경영의 편리성을 높여 미곡증산은 물론이고 지주권도 한층 더 강화할 수 있었다. 시마타니농장은 소작계약서에 토지개량사업으로 소작지를 변경하거나 계약을 해제하여도 이의를 제기할 수 없으며 이 과정에서 발생한 손해도 배상할 책임이 없다는 조건을 달았다.

시마타니농장은 소작인에게 3명의 보증인을 세우게 했고, 소작인에게 농자를 대부해주었다. 산미증식을 위한 미작개량은 물론이고 축산과 식림, 농가부업도 적극 장려하였다. 특히 시비에 관심이 많았던 시마타니는 퇴비품평회를 개최하고 1,000관 이상의 퇴비생산 우량자를 표창하였다. 시마타니농장이 위치한 발산리는 퇴비증산모범부락·모범위생부락·농촌진흥부락으로 지정되었고, 농사개량의 공로로 시마타니는 일본농회와 조선총독부로부터 여러 차례 표창을 받기도 했다. 시마타니농장의 쌀은 오사카(大阪) 미곡시장에서 항상 최고가로 거래되었다.

시마타니농장은 소규모 직영지를 제외하고 나머지 모두 소작을 주었다. 직영지는 품종개량·농사개량을 위한 시험답·채종답으로 활용했으며, 소작지는 농장에서 직접 소작관리를 하는 직할농지와 마름에게 관리하게 한 마름구로 나누어 운영하였다. 마름구는 직할지에 비해 비교적 원거리에 소재한 경우이거나 수리조합지구가 아닌 천수답인 곳이 많았다. 시마타니농장의 경영농지에는 농장소유지뿐 아니라 위탁경영지(=수탁관리지)도 대거 포함되어 있었다. 농장소유지의 규모 추이는 1910년 471정보(논 302정보, 밭 70정보, 기타 45정보), 1926년 551.2정보(논 440.4정보, 밭 101.5정보), 1929년 334.5정보(논 233.4정보, 45.3정보), 1936년 662정보였고, 위탁경영지의 규모는 1926년 680정보(논 601정보, 밭 79.7정보), 1929년 918.4정보(논 799.6정보, 118.8정보), 1936년 643정보였다. 위탁경영지가 전체 경영지의 절반(1926년 55%, 1929년 73%에 달함)을 넘는 큰 규모였으며, 수탁이익이 농장수익에 적지 않은 비중을 차지하였다. 농지위탁자 중 시마타니 본가의 시마타니 도쿠사부로(嶋谷德三郎 : 시마타니 도쿠에몬의 장남)의 지분이 가장 많았다.

1927년 소득세법 개정을 계기로 시마타니농장은 자본금 30만 원(1936년 40만 원으로 증자)의 시마타니농사주식회사(대표취체역 시마타니 야소야)로 전환했다가 1932년 주식회사시마타니농장[사장 시마타니 야쓰시(嶋谷篤, 시마타니 야소야의 아들)]로 사명을 변경했다. 회사의 주된 사업은 일반농사경영·부동산위탁관리·금전대부였다. 일근 일본인 농장이나 지주 중에서 시마타니농장이 토지담보 대부업에 가장 적극적인 편이었다. 대금이 제때에 들어오지 않을 경우, 경매를 통해 현금으로 회수하였다. 시마타니 본가에서도 시마타니산업주식회사(1929년)·함북토지주식회사(1929년)를 설립하여 농업 및 부동산 투자에 열을 올렸다.

[참고어] 균전수도, 군산농사조합, 전북수리조합, 동태적 지주, 위탁경영

[참고문헌] 中村資良編, 1928,『朝鮮銀行會社組合要錄』;『朝鮮の寶庫全羅北道發展史』; 鎌田白堂, 1936,『朝鮮の人物と事業 第1輯 湖南編』, 實業之朝鮮出版部 〈남기현〉

시비(施肥) 논밭에서 작물을 재배할 때 생육을 도와주기 위해 비료를 주는 농작업.

시비작업을 전반적으로 가리킬 때 사용한 용어가 분전(糞田)이었는데, 이때 분(糞)은 기름지게 한다는 의미로 사용된 것으로, 결국 분전은 시비와 동의어라고 할 수 있다. 시비는 비료를 주는 위치에 따라 전답 표면만 시비하는 경우와 전답 전역에 걸쳐 시비하는 경우로 나뉜다. 그리고 시비하는 시기에 따라 기비(基肥), 추비(追肥)로 나뉜다. 기비 즉 밑거름은 파종, 이앙을 하기 전에 논밭에 넣어주는 거름, 또는 그렇게 거름을 넣어주는 일을 말한다. 그리고 추비는 기비 이외에 작물의 생육상태에 맞춰 시용하는 비료로, 웃거름이라고 말한다.

고려 말 이전까지의 시비기술은 명확히 밝혀지지 않았으나, 조선 초기에 편찬된『농사직설(農事直說)』을 통해 당시 가축분, 초목 등 다양한 재료를 활용하여 시비하였다는 점을 알 수 있다. 이는 조선시기 농작물의 재배방식이 토지의 지력(地力)만 이용하는 단계가 아니었음을 보여준다. 조선 초기에 이미 상당한 수준에서 시비를 수행하고 있었던 것이다.

시비법은 크게 시비에 사용하는 재료에 따라 구별할 수 있다. 1429년(세종 11)에 편찬된『농사직설』에 나오는 비료는 다종다양한 것이었다. 별다른 가공과정 없이 자연에서 채취한 초목 등이나 사람의 배설물과 같은 재료를 이용할 때, 이를 자연비료(自然肥料) 또는 생분(生糞)이라고 할 수 있다. 이와 반대로 자연이나 인간에서 채취하였지만 농작물에 투하하기 전에 상당한 시간과 노동력을 투하해야 하는 비료를 인공비료(人工肥料) 또는 숙분(熟糞)이라고 칭할 수 있다.

자연비료와 인공비료는 각각 본래의 시비재료에 따라 세분된다. 자연비료에는 초(草), 목(木), 객토(客土), 가공하지 않은 인분(人糞)과 우마분(牛馬糞)으로 나누어진다. 인공비료에는 초목을 태운 재, 오줌과 재를 섞은 뇨회(尿灰), 인분뇨, 우마분뇨 등과 초목 태운 재, 초목 등을 섞어 잘 부숙시킨 숙분(熟糞), 숙분과 뇨회를 섞은 분회(糞灰), 우마의 우리에 초목을 넣어 주고 우마가 잘 밟게 하는 동시에 우마의 분뇨(糞尿)와 섞이게 하여 만든 구분(廏糞), 작물 자체를 시비재료로 활용하는 작물비(作物肥) 등이 포함되었다. 수전에서 경작하는 벼와 한전에서 재배하는 여러 가지 잡곡이 모두 시비대상이었다. 그리고 시비 시기는 종자에 시비재료를 묻히는 방식을 채택한 만도(晩稻) 건경(乾耕)을 제외하

고 다른 모든 작물의 경우 초경(初耕)한 후 파종하기 전으로 설정되어 있었다. 기경에서 파종으로 이어지는 전반적인 작업과정의 한 부분으로 시비법이 포괄되어 있었다.

16세기 후반에 접어들면서 시비법에서 나타나는 획기적인 변화는 바로 인분의 이용이 더욱 집약화된 점이었다. 인분을 농경에 적극적으로 사용하는 시비법을 수록한 농서로 등장하는 것이 16세기 후반의 경상도 상주(尙州) 지역의 농법을 보여주는 『농가월령(農家月令)』이었다. 특히 저자인 고상안은 조분(造糞)의 중요성을 특히 인분[大小便]과 관련해서 강조하고 있었다.

17세기에서 18세기에 걸쳐 나타난 시비법의 발달은 몇 가지 측면에서 더욱 심화된 양상으로 진행되었다. 우선 시비재료의 측면에서 인분 이용이 다양화되고 이것을 원료로 한 조비가 증가하고 있었다. 분회를 만들 때뿐만 아니라 야초(野草)나 호마각(胡麻殼) 등과 섞어서 비료를 만드는 방식에 인분을 이용하고 있었다. 또한 맥작의 성행을 반영하여 맥전에 시비하기 위한 조비 방법이 상당수 개발되고 있었다.

두 번째로 시비대상의 측면에서 특기할 만한 것은 수전에서 나타난 이앙법의 확산과 보급에 결부시킬 수 있는 시비법의 발달이 이루어졌다. 즉 이앙법의 기술체계의 발전에 발을 맞추어 앙기에 대한 시비방식이 크게 다양화되고 강조되면서 바로 수도작에서 앙기의 시비재료로 분회가 사용되고 있었다. 본래 『농사직설』에서는 한전용 비료였던 분회가 수전에서는 이앙법의 확산과 궤를 같이 하면서 앙기의 시비원으로 진출하였다.

세 번째로 시비시기의 측면에서 기경하고 파종하는 경종의 중간단계로 자리 잡혀 있던 분전(糞田)이 점차 독립적인 농작업으로 자리를 차지하면서 변화와 발전이 나타나고 있었다. 즉 작물이 경작지에서 자라고 있는 동안에도 시비재료를 넣어 주는 추비가 확산되고 있었다. 17세기 초반에 편찬된 『농가월령』은 잡령(雜令) 항목에서 시비기술을 소개하고 있었다. 월령식 서술에 포함시키기 어려운 시비에 관련된 조목을 종합하여 잡령 항목을 설정한 것이었다. 18세기 초에 홍만선(洪萬選)이 편찬한 『산림경제(山林經濟)』 치농(治農)은 시비기술과 연관된 여러 조목을 하나로 묶어 독립시키고 수분(收糞)이라는 항목을 설정하였다. 즉 택종(擇種)과 경파(耕播) 중간에 수분이라는 시비기술에 관련된 항목을 새롭게 집어넣고 있었다. 『산림경제』 치농 이후 농서 편찬의 기본적인 원칙으로 시비기술의 독립항목화가 성립되었다.

이상과 같이 작물을 경작하는 데에 있어 시비의 문제는 한해 또는 두해씩 경작지를 쉬게 하면서 경작하는 휴한농경(休閑農耕)에서 매년 계속해서 같은 전지를 경작하는 연작상경(連作常耕)을 실행하기 위한 전제의 하나였다. 시비작업은 전답의 토지생산성과 노동생산성을 확보하고 계속적인 토지이용에 따른 지력회복을 위하여 비료재료를 만들어 경작과정 중에 조달하는 농작업이었다. 15세기 초반 전답의 시비작업에 사용하는 비료의 종류가 중국과 거의 비등할 정도로 광범위하게 이용되고 있었다. 15세기 이래 시비재료의 하나였던 인분을 16세기 이후 본격적으로 시비에 이용하게 된 변화에 따른 것이었다. 또한 17세기에는 인분의 이용이 다양화되면서 조비가 늘어났고, 18세기에는 추비법이 전개되는 방향으로 발전하였다. 조선시기의 시비기술은 논과 밭을 막론하고 기경과 파종을 전후하여 비료를 넣어주는 기비법에서 농작물이 전답에서 자라고 있을 때 비료를 넣어주는 추비법으로의 발전을 나타냈다.

[참고어] 기비, 추비, 분양법, 분종법, 녹비, 구분

[참고문헌] 宮嶋博史, 1977, 「李朝後期の農書」『人文學報』 43, 京都大人文科學研究所 ; 이호철, 1986, 『조선전기농업경제사』, 한길사 ; 이태진, 1986, 『한국사회사연구 -농업기술의 발달과 사회변동-』, 지식산업사 ; 김용섭, 1988, 『조선후기농학사연구』, 일조각 ; 민성기, 1990, 『조선농업사연구』, 일조각 ; 김용섭, 1991, 『증보판조선후기농업사연구』, II 일조각 ; 염정섭, 2002 『조선시대 농법 발달 연구』, 태학사

〈염정섭〉

시장(柴場) 고려·조선시기 땔감이나 꼴, 목재 등의 잡물을 조달하고 구황물을 취집하는 원야(原野).

시장은 산림천택 가운데 구원(丘原)·교야(郊野)·임수(林藪) 등의 산야이다. 시지(柴地), 시산(柴山), 초장(草場), 초평(草坪), 초채지(樵採地)라고도 한다. 농가경제에 긴요한 곳으로 공동이용을 원칙으로 했다. 산림천택은 관습적으로 무주공처, 민인공리처로 간주되었다. 고려 국가는 전시과를 운영하여 시지를 과전과 함께 분급하였다. 산림천택은 공리의 원칙에서 사유가 금지되었으나 국가기관이나 관료들에게 임산물을 취득할 수 있는 곳을 일정 범위 내에서 허용해야 했다. 따라서 지배층은 물론 중앙이나 지방의 관서, 사찰, 왕실 등의

기구에 시지를 분급한 것이다. 관료에게 분급된 시지는 최고 110~100결에서 최하 5결이었다. 수득자가 사망하면 전지와 함께 국가에 반납해야 했지만, 시지 역시 전토처럼 가산화하여 고려 말기에는 산지 사점의 폐해가 심각하였다. 1391년(공양왕 3) 과전법을 시행하면서 시지는 몰수하였다. 시지 분급제도를 폐지하여 산림천택의 공유원칙을 확고히 하였다. 조선 전기 특정 기관이나 개인의 시장 사점과 전리(專利) 행위의 금지는 『경제육전』에 명문화되어 있었다. 이를 위반할 경우 『경국대전』에 장 80대의 처벌이 규정되어 있었다.

과전법에서는 경기내 공·사전의 사표 내에 있는 황한지에서 일반 민인들이 초목어렵(樵牧漁獵)할 수 있었으므로, 양반 전주는 자기 과전에 속한 전객농민의 노역을 통해 땔깜·꼴 등의 물자를 조달하였다. 또한 각사 가운데 시·초가 특별히 필요한 기관에 경기 내 수변(水邊)에다 시장을 분급하여 용도에 충당하게 하였다. 『경국대전』 공전 시장조에 따르면 봉상시·상의원·사복시·군기시·예빈시·내수사는 20리, 내자사·내담시·사재감·선공감·소격서·전생서·사축서는 15리, 사포서는 5리였다. 조달은 경기민의 요역노동으로 수행되었다. 국가에서는 도성의 내외산과 지방의 금산, 그리고 사전(祀典)·여지승람에 소재한 명산 거수를 제외하고는 민인 누구나 시장을 이용할 수 있도록 하였다. 시장은 일반적으로 공한처였고, 사적 소유주가 없는 무주공산으로 공동 소유지이자 금경지였다. 무전농이나 빈농들이 생계를 위해 이곳을 일구어 산전을 만들기도 하였다.

하지만 과전법의 폐지와 직전법의 시행, 관수관급제의 실시로 인한 수조권 분급제가 소멸되자 양반가는 섶·숯·꼴 등의 징수 조달이 어려워졌다. 이에 양반지배층은 시장을 사점하거나 절수하였다. 이로 인해 16세기 말경에 오면 시장의 공동이용 원칙이 흔들렸다. 조선 국가는 임진왜란 이후 궁방 등이 경제적인 어려움을 겪자 시탄·어염의 소출지를 떼어주고 수세하기 위하여 절수제를 채택했다. 왕실·영아문·세가들은 입안 절수를 통해 시장을 사점·광점하여 갔다. 시장의 사점은 특히 왕성을 중심으로 한 경기 일원에서 극성하였다. 이에 대한 구폐조치가 1607년경부터 강구되었으나 성과를 기대하기 어려웠다. 1649년(효종 즉위)에 입안으로 모점한 시장·어전 등을 사핵하라는 교지를 내렸다. 양반 등 개인이 사점한 시장에 대한 강력한 사핵조치가 취해졌지만, 궁방 영·아문들은 시장을 화전으로 경영하거나 시장으로 입안 절수한 구역 내의 민전에서 수세하는 등의 조치가 끊이지 않았다. 왕실이나 영아문의 시장 화전은 면세 절수를 바탕으로 비교적 가벼운 역 부담을 조건으로 모민 개간하여 둔장으로 성립 발달하였다. 이에 따라 사유권 침탈과 수세분쟁 등이 전개되었다.

왕실 영·아문이 시장을 경영하는 방식은 ① 민인들이 시장 내 농지를 개간·경작하게 하고 대가로 일정한 신·탄·초를 징수하는 형태, ② 민인들이 경작 개간하거나 시초를 채취하는 대가로 세를 수취하는 방식 등이었다. 이 세는 세목상 호탄·호미와 화전탄·화전미였으며, 매호 미 2두, 화전은 1일경에 미 4두씩 징수했다. 수직인이나 산직을 두어 관리하였는데, 이들은 역을 면제받았다. 산직수는 『속대전』에 20호로 제한하였다.

1662년(현종 3) 화전금지책이 시장 혁파와 연계되어 논의되다가 1683년(숙종 9)에 시장혁파가 실행에 옮겨졌다. 1708년(숙종 34)에는 왕실·영아문의 둔전 및 산림천택에 대한 사핵과 혁파가 전국적으로 이루어졌다. 18세기 말 정조 초에 이르러 시장이 혁파되는 방향으로 정리되면서 일단락되었지만, 화전세 남징은 근절되지는 않았다.

1894년 갑오개혁에서 각 관청 부속의 시장은 궁내부에 이속되었다. 1899년(광무 3) 광무사검에서 각 시장(능·원·묘와 각궁의 소관 분을 제외)도 조사하였다. 조선총독부에서는 시장을 모든 관아의 연료 채취를 목적으로 구획된 임야라 정의하고, 관유림에 속한다고 보았다. 시장 중에서 특히 능·원·묘 등에 부속되는 것을 향탄산이라고 한다. 국유미간지이용법(1907), 삼림법(1908)에서 시장의 이용, 소유, 조림 등을 규정하였고, 임야조사사업에서 '임야'라는 지목이 되었으며, 이때 소유권과 경계가 확정되었다.

"시목을 사용하는 여러 관사에는 강가에 시장을 지급한다. 봉상시 상의원 사복시 군기시 예빈시 내수사는 모두 주위 20리, 내자시 내섬시 사재감 선공감 소격서 전생서 사축서는 모두 15리, 사포서는 5리의 시장을 지급한다.(用柴諸司 於水邊給柴場 奉常寺 尙衣院 司僕寺 軍器寺 禮賓寺 內需司 並周圍二十里 內資寺 內贍寺 司宰監 繕工監 昭格署 典牲署 司畜署 並十五里 司圃署五里 司宰監柴場今廢 [『대전회통』 공전, 시장])"

[참고어] 공수전, 산림천택, 시지, 임야, 지목

[참고문헌] 이경식, 2005, 『한국 고대·중세초기 토지제도사-고조

선~신라·발해』, 서울대학교출판부 ; 이경식, 2012, 『(증보판)한국 중세 토지제도사-조선전기』, 서울대학교출판문화원 ; 정긍식·田中俊光 역, 2006, 『조선부동산용어약해』 〈고나은〉

시정전시과(始定田柴科) 고려 경종 때 처음으로 양반을 비롯한 지배층에 대한 토지분급을 규정한 전시과 제도.

고려는 새로운 왕조국가를 수립하고 지배층을 새로이 구성한 뒤에 이들을 번병(藩屛)으로 삼기 위한 토지분급제를 실시하고자 하였다. 그러나 고려 초에 불안정한 정치상황이 이어지고 급격한 정치 주도세력의 교체가 이루어지는 여건 하에서 정연한 토지 분급제를 실시하는 것은 매우 어려운 일이었다. 이 제도는 통일 이후 수십 년이 경과한 이후에 마련되었다. 그에 앞서 지배층을 대상으로 하는 토지 분급제를 부분적으로 실시하기도 하였다.

고려가 통일하는 과정에서 토지소유관계에 커다란 변화는 없었다. 고려 태조가 취민유도(取民有度)를 표방하여 전조(田租)를 경감시키고 역역(力役)수취를 조정하였지만 전반적인 토지개혁 조치는 취하지 않았다. 태조 왕건은 귀부(歸附)한 호족들에 녹읍을 지급하였는데, 이는 일부의 호족에 대한 경제적 지원에 불과하였으며 전체 호족을 대상으로 한 것은 아니었다.

태조 왕건은 후삼국을 통일한 이후, 940년(태조 23)에 역분전(役分田)을 설치하였다. 역분전은 고려의 통일과정에 공이 있는 조신(朝臣)·군사(軍士)에게 지급하였는데, 관계(官階)를 고려하지 않고 사람의 성행선악(性行善惡)과 공로대소(功勞大小)를 기준으로 하였다. 논공행상의 성격을 띠면서도 현직 관료에 대한 배려도 있었을 것이다. 그러나 관료기구가 정비되고 정치세력이 재배치됨에 따라 이들에 대한 토지지급의 방식은 수정되지 않을 수 없었다.

전시과제도가 처음 제정된 것은 역분전이 지급되고 나서 36년이 지난 976년(경종 1) 11월이었다. 태조 이후 광종 대까지 호족층은 약화되고 일부는 관료화되었으며, 또한 정치지배세력의 배치에 상당한 변화가 있었다. 광종 대에는 공신의 성격을 가진 구세력들이 대거 제거되고 새로운 세력이 활발하게 등장하였다. 태조 대 역분전을 지급받은 조신과 군사가 대거 숙청되고 그들이 받은 역분전은 몰수되었다. 몰락한 이들의 후손들은 광종정부에 불만을 품었으며 새로운 국왕인 경종이 등장하자 종전과 같은 대우와 보장을 요구하였다. 반면 토지 분급의 혜택을 받지 못한 신진 관료가 증대되고, 정치적 입지도 강화되면서 그들을 위한 토지분급제가 필요하였다. 이처럼 경종 초에는 공신적 성격의 호족세력과 과거관료로서의 사대부 세력이 양대 세력으로 자리하고 있어 이들을 절충하는 새로운 토지분급의 규정을 마련할 필요가 있었다. 이러한 정치세력의 배치를 전제로 해서 시정전시과가 제정되었다.

『고려사』 권78, 식화지 전제 전시과 조목에서, "비로소 직관, 산관의 각 품(品)의 전시과를 제정하였는데 관품(官品)의 높고 낮은 것은 논하지 않고 다만 인품(人品)만 가지고 전시과의 등급을 결정하였다."고 시정전시과를 규정하였으며, 이어 각 복색별로 세분해 토지지급액을 자세히 기록하고 있다.

시정전시과에서는 전시의 분급대상자를 자단비록(紫丹緋綠)의 사색공복제(四色公服制)에 의해 4계층으로 구분하였으며, 각각은 여러 등급으로 분류하였다. 관료집단을 복색에 따라 넷으로 구분하여 각각에 대해 상이한 토지분급의 규정을 두는 말하자면 다층적인 기준이 시정전시과에서 적용되었다. 자삼(紫衫)에서는 문·무·잡업(雜業)의 구별이 없었으며 단삼(丹衫)에는 문반·무반·잡업이 있었고, 비삼(緋衫)과 녹삼(綠衫)에는 문반·잡업이 편제되었다.

그리하여 전시의 분급대상자는 ① 자삼 이상 ② 문반 단삼 이상 ③ 문반 비삼 이상 ④ 문반 녹삼 이상 ⑤ 잡업 단삼 이상 ⑥ 잡업 비삼 이상 ⑦ 잡업 녹삼 이상 ⑧ 무반 단삼 이상이라는 8개의 집단으로 나누어져 있다. 품등(品等)을 기준으로 보면, 전시의 수급자는 자삼은 18품으로 구분하고, 문반단삼·문반녹삼·잡업단삼·잡업녹삼은 10품으로, 또 문반비삼·잡업비삼은 8품으로 나누었으며, 무반단삼은 5품으로 구분하였다. 최고의 복색인 자삼층은 18품으로 구분해 최고 전지 110결, 시지 110결을 받았고, 최하 18품은 전지 32결, 시지 25결을 받도록 하였다.

자단비록의 사색공복은 광종 대 규정에 따르면, 자삼은 원윤(元尹)이상, 단삼은 중단경(中壇卿) 이상, 비삼은 도항경(都航卿) 이상, 녹삼은 소주부(小主簿) 이상이었다. 가장 우위에 있는 복색인 자삼은 원윤 즉 관계(官階)에 기준을 두고 설정되었으며, 반면 단삼 이하의 복색은 관직(官職)에 기준을 두어 설정되었다. 곧 자삼층은 16등급 관계 중 10위에 해당하는 원윤 이상의 관계를 소지하였으며, 단삼·비삼·녹삼층은 관직을 소지하고

〈경종 원년 시정전시과〉

자삼(紫衫)			문반(文班)									잡업(雜業)									무반(武班)		
			단삼(丹衫)			비삼(緋衫)			녹삼(綠衫)			단삼(丹衫)			녹삼(緋衫)			녹삼(綠衫)			단삼(丹衫)		
품위(品位)	전(田)	시(柴)	품위(品位)	전(田)	시(柴)	품위(品位)	전(田)	시(柴)	품위(品位)	전(田)	시(柴)	품위(品位)	전(田)	시(柴)	품위(品位)	전(田)	시(柴)	품위(品位)	전(田)	시(柴)	품위(品位)	전(田)	시(柴)
1	110	110																					
2	105	105																					
3	100	100																					
4	95	95																					
5	90	90																					
6	85	85																					
7	80	80																					
8	75	75																					
9	70	70																					
10	65	65	1	65	55							1	65?(60)	55							1	65	55
11	60	60	2	60	50							2	60?(缺)	50?(缺)							2	60	50
12	55	55	3	55	45							3	55	45							3	55	45
13	50	50	4	50	42	1	50	40				4	50	42	1	50(缺)	40?(缺)				4	50	42
14	45	45	5	45	39	2	45	35	1	45	35	5	45	39	2	45	35	1	45?(缺)	35?(缺)	5	45	39
15	42	42	6	42	30	3	42	30	2	42	33	6	42	30	3	42	30	2	42	33?(32)			
16	39	35	7	39	27	4	39	27	3	39	31	7	39	27	4	39	27	3	39	31			
17	36	30	8	36	24	5	36	30	4	36	28	8	36	24	5	36	20	4	36	28			
18	33?(32)	25	9	33	21	6	33	18	5	33?(32)	25	9	33	21	6	33	18	5	33	25			
			10	30	18	7	30	15	6	30	22	10	30	18	7	30	15	6	30	22			
						8	27	14	7	27	19				8	27	14	7	27	19			
									8	25	16							8	25	16			
									9	23	13							9	23?(22)	13			
									10	21	10							10	21	10			

* 이하 잡리 각이인품지급부동 기미급차년과등자 일체급전십오결(以下 雜吏 各以人品支給不同 其未及此年科等者 一切給田十五結)

관계는 원윤보다 낮았을 것으로 보인다. 원윤보다 높은 관계를 가진 이들은 자삼에 속해 전시를 지급받았으며, 원윤 다음의 관계인 좌윤 이하는 관직에 따라 전시를 지급받았다. 높은 관계를 소지한 이들은 관직에 의거하지 않고서 전시를 지급받았지만, 낮은 관계를 소지한 이들은 관직을 소지하지 못할 경우 전시의 지급대상에서 탈락한 것을 의미한다.

아마 자삼층을 설정한 것은, 높은 관계를 소유한 지방의 대호족들을 배려한 것으로 이해된다. 자삼층은 고위 관료층을 포함하고 또 대호족층을 아우르는 넓은 계층이었다. 광종 대 이후 새로이 등장한 층은 과거 출신이거나 시위군 출신으로서 관직에 종사하였으므로 단삼층 이하의 문·무반 및 잡업에 포함되었을 것이다. 이렇게 시정전시과에서는 구래의 호족과 새로운 세력을 모두 포함하는 체계를 수립하고 이들에게 전시를 지급하도록 하였다.

자삼에 있어서는 대체로 전지와 시지의 수급액이 동일하지만, 다른 복색의 경우는 전지가 시지보다 약간 많다. 전체적으로 보면 전지와 시지의 수급량이 후대의 전시과에서보다 후한 편이다. 복색이 같고 그 내부에서 품위가 동일하다면 지급되는 전시의 규모는 일치하였다. 예컨대 단삼의 경우 문반·잡업·무반으로 구분되었지만 1등급의 품위라면 모두 전지 65결, 시지 55결을 지급받았다. 비삼의 경우도 문반·잡업으로 구분되었지만 2등급의 품위라면 전지 45결, 시지 35결을 받았다.

시정전시과 규정의 끝부분에, “이하의 잡리(雜吏)는 각각 인품에 따라 지급하되 동일하지 않았다.”고 되어 있다. 잡리는 서리와 인리에 대한 규정으로 보이며, 이들에 대한 토지의 지급액은 대체로 녹삼의 하한인 전지 21결, 시지 10결을 상한으로 하고, 한외과 해당자에게 지급되는 전지 15결을 하한으로 하였을 것이다. 그리고 이해에 과등(科等)에 미치지 못한 자에게는 모두 전지 15결을 지급하도록 규정하였다.

모든 지배층을 대상으로 한 최초의 보수·대우 규성으로서 아직 문반·무반의 양반제(兩班制)가 확립되지 않은 단계에서 토지를 지급하였기에, 여러 계통으로 나누어 토지를 지급하고 있는 것이 특징이다. 토지분급제도 자체로서는 전시과의 지급 기준이 관직(官職)과 관계(官階)의 이중체계에 입각하고 있어서, 아직 체계적이지 못하다는 미비점이 있으나, 바로 이 때문에 성격을 달리하는 관료집단과 비관료집단의 두 지배층을 하나로 묶어 낼 수 있었다. 관직이 중요한 분급기준으로 활용됨으로써 후일 관직을 중심으로 하는 분급체제를 수립하는 단초를 열었다. 인품(人品)과 공로(功勞)를 기준으로 토지를 지급한 역분전보다 일보 전진한 제도였다고 할 수 있다. 경종조에 제정된 시정전시과가 공복제와 인품에 의한 차등구분, 토전과 시지의 분급 등 골격에서 발해의 전시분급제와 유사하다고 보기도 한다. 경종 대에 제정된 시정전시과는 이후 관료조직이 체계화·일원화됨에 따라 그 일차 개정은 998년(목종 1) 12월에 이루어졌다.

[참고어] 전시과, 경정전시과, 개정전시과

[참고문헌] 강진철, 1980, 『고려토지제도사연구』, 고려대출판부 ; 이경식, 1986, 『조선전기토지제도연구』, 일조각 ; 이경식, 2007, 『고려전기의 전시과』, 서울대학교 출판부 ; 이정호, 2009, 『고려시대의 농업생산과 권농정책』, 경인문화사 ; 윤한택, 2011, 『고려 양반과 양반전 연구』, 경인문화사 ; 이경식, 2011, 『한국 중세 토지제도사-고려』, 서울대학교출판문화원 ; 이경식, 2012, 『고려시기토지제도연구』, 지식산업사 ; 김용섭, 1975, 「고려시기의 양전제(量田制)」『동방학지』 16 ; 전기웅, 1985, 「고려 경종대의 정치구조와 시정전시과의 성립기반」『진단학보』 59 ; 김기섭, 1987, 「고려전기 농민의 토지소유와 전시과의 성격」『한국사론』 17, 서울대 국사학과 ; 홍순권, 1987, 「고려시대의 시지에 관한 고찰」『진단학보』 64 ; 박국상, 1988, 「고려시대의 토지분급과 전품」『한국사론』 18, 서울대 국사학과 ; 김기섭, 1990, 「고려말 사전구폐론자의 전시과 인식과 그 한계」『역사학보』 127 ; 노명호, 1992, 「나말여초 호족세력의 경제적 기반과 전시과체제의 성립」『진단학보』 74 ; 황선영, 1997. 「고려 초기 역분전의 성립」『한국중세사연구』 4 ; 위은숙, 2004, 「고려시대 토지개념에 대한 재검토」『한국사연구』 124 ; 이진한, 2004, 「고려시대 토지제도의 변화와 향리」『동방학지』 125 ; 이상국, 2005, 「고려시대 양반전 분급의 일양상」『한국사연구』 128 ; 이상국, 2006, 「고려시대 토지소유관계 시론」『역사와 현실』 62

〈이병희〉

시지(柴地) 고려시기 토지제도인 전시과(田柴科)의 지급 대상자에게 땔나무를 공급하기 위해서 나눠주었던 토지. 경작지인 전지(田地)와 함께 전시과의 주요 구성 성분이었다. 전지에서 생활에 필요한 양식을 얻었다면, 시지에서는 생활에 긴요한 섶[薪]·숯[炭] 등의 땔감과 꼴[草·芻]을 취득할 수 있었다. '전시과'라는 명칭은 바로 이러한 결합을 그대로 표현한 것이다.

양반 관료의 땔나무를 공급하기 위한 '초채지(樵採地)'였기 때문에, 시지는 산림의 한 부분이면서 산록에 위치하거나 계곡과 인접한 곳, 또는 산 아래 위치하며 기존의 전토 옆에 있던 곳으로 보인다. 일반적으로 평야와 인접하면서 산록 가까이에 위치하는 완만하게 경사진 토지로 형성되었다. 따라서 시지는 평야 다음으로 인간이 쉽게 개간할 수 있는 지형적 조건을 갖추고 있었던 곳에 설정되었다.

시지는 전시과가 처음 시행되었던 976년(경종 1)부터 전지와 함께 지급되었다. 이를 표로 제시하면 다음과 같다.

〈976년 시정전시과〉

자삼	품위		1	2	3	4	5	6	7	8	9	10	11	12	13	14	15	16	17	18					
		전	110	105	100	95	90	85	80	75	70	65	60	55	50	45	42	39	36	32					
		시	110	105	100	95	90	85	80	75	70	65	60	55	50	45	40	35	30	25					
단삼	품위											1	2	3	4	5	6	7	8	9	10				
	문반	전										65	60	55	50	45	42	39	36	33	30				
		시										55	50	45	42	39	30	27	24	21	18				
	잡업	전										60	결	55	50	45	42	39	36	33	30				
		시										55	결	45	42	39	30	27	24	21	18				
	무반	전										65	60	55	50	45									
		시										66	50	45	42	39									
비삼	품위														1	2	3	4	5	6	7	8			
	문반	전													50	45	42	39	36	33	30	27			
		시													40	35	30	27	20	18	15	14			
	잡업	전													결	45	42	39	36	33	30	27			
		시													결	35	30	27	20	18	15	14			
녹삼	품위															1	2	3	4	5	6	7	8	9	10
	문반	전														45	42	39	36	32	30	27	25	23	21
		시														35	33	31	28	25	22	19	16	13	10
	잡업	전														결	42	39	36	33	30	27	25	22	21
		시														결	32	31	28	25	22	19	16	13	10

출처 : 姜晋哲, 『高麗土地制度史研究』, 32쪽

당시 관료는 4색 공복(公服)에 의해 4계층으로 구분되고, 이는 다시 각각 품에 따라 나누어져 있었다. 최고위의 자삼(紫衫) 공복자는 별도의 구별 없이 18개의 품으로 나뉘어 있었고, 그 아래 단삼(丹衫)은 문반·잡업·무반으로 구별되었다. 또 비삼(緋衫)·녹삼(綠衫)은 문반과 잡업으로 구별되었다. 단삼은 문반과 잡업이 각각 10품으로 나뉘어 있었으며, 무반은 5품으로만 나뉘어 있었다. 비삼과 녹삼은 문반과 잡업이 각각 8품과 10품으로 나뉘어 있었다. 이와 같이 상당히 복잡하게 세분되어 있었다. 그런데 당시 토지 분급은 관품이 아니라 인품에 따라서 제정된 것이라고 밝히고 있다. 그만큼 관품만으로 결정하기 어려웠던 현실적인 문제가 있었던 것으로 보인다.

모든 관료에게 시지가 분급되었으며, 각 품에 따라 분급된 시지는 분류에 상관없이 거의 비슷했다는 점이 주목된다. 단삼과 비삼·녹삼에 속한 자들의 시지 분급액은 전지와 마찬가지로 자삼의 10품 이하와 거의 같은 수치를 보이고 있다. 또한 시지 분급액의 규모가 상당히 커서 자삼의 경우 1품에서 14품까지는 전지와 동일하게 1 : 1로 지급되었다. 1품은 전지 110결, 시지 110결이고 14품은 전지 45결, 시지 45결이었다. 15품 이하부터는 시지가 전지보다 약간씩 축소되어 분급되었다.

성종 대를 거치면서 중앙의 관제가 개정, 정비되고 지방제도도 새로 편성되는 가운데 지배질서 및 관료체계에 변화가 생겼다. 그에 따라 토자분급제도 바뀌면서 998년(목종 1)에 개정전시과로, 1076년(문종 30)에 또 다시 개편되었다. 그 양상을 살펴보면 다음과 같다.

〈998년 개정전시과〉

과(科)		1	2	3	4	5	6	7	8	9	10	11	12	13	14	15	16	17	18	과외
지급액수	전지(결)	100	95	90	88	80	75	70	65	60	55	50	45	40	35	30	27	23	20	17
	시지(결)	70	65	60	55	50	45	40	35	33	30	25	22	20	15	10				

출처 : 姜晋哲, 『高麗土地制度史研究』, 39쪽

〈1076년 경정전시과〉

과(科)		1	2	3	4	5	6	7	8	9	10	11	12	13	14	15	16	17	18
지급액수	전지(결)	100	90	85	80	75	70	65	60	55	50	45	40	35	30	25	22	20	17
	시지(결)	50	45	40	35	30	27	24	21	18	15	12	10	8	5				
	합	150	135	125	115	105	97	89	81	73	65	57	50	43	35	25	22	20	17

출처 : 姜晋哲, 『高麗土地制度史研究』, 48쪽

위의 표에서 가장 먼저 주목되는 것은 목종 대의 개정전시과는 처음 제정되고 불과 20년 뒤의 일이라는 점이다. 즉 복잡했던 단계별 구분이 없어지고 제1과에서 제18과까지 모두 18개의 계층으로 나누어 토지를 지급하였다. 이 형식이 그대로 유지되어 문종 대에도 동일하게 나타난다.

개편된 전시과에서는 각 과등(科等)에 해당하는 관직명을 나열했다. 목종 대의 18개의 등급은 정·종 9품과와 대체로 일치했다. 종1품은 1과에, 정2품은 2과에, 종2품은 3과에 배치되어 과등과 관품이 대응하였다. 다만 16과등 이하부터 혼잡해지며 18과등에 유외잡직(流外雜織)이 대량으로 포함되었다.

처음 전시과가 설치되었던 때에는 모든 관료에게 시지가 분급되었는데, 개편 과정을 거치면서 하급 관료에게는 시지가 지급되지 않았다. 이는 전지의 분급이 거의 변하지 않았다는 사실과 대조된다. 998년에는 16과 이하부터 시지가 분급되지 않았다. 한편 전시과의 완성판이라고 할 수 있는 문종 대에서는 전체 18과 중에서 1과에는 시지 50결, 14과에는 5결을 주었는데, 15과 이하는 지급하지 않았다. 시지의 지급액이 상당히 감소하면서 분급 받지 못한 관료들은 섶·숯의 수취에 관한 한 일반 농민과 다를 바 없게 되었다.

시지에서 관료들에게 일상생활에 필요한 물품을 공급했던 만큼, 그들의 거주지인 개경 부근에서 가까운 곳에 설정되었다. 『고려사』에는 "시지는 하루거리로 개성, 정주, 백주, 염주, 행주, 강음, 토산, 임강, 신은, 마전, 적성, 파평, 창화, 견주, 사천, 봉성, 임진, 장단, 교하, 동성, 고봉, 송림, 통진, 덕수가 있고, 이틀거리로 안주, 동주, 봉주, 수주, 포주, 양주, 동주, 수안, 토산, 당성, 인주, 김포, 양골, 동음, 황평, 승지, 황선, 도척, 아등압, 안협, 수안, 공암이 있다.(柴地 一日程開城貞州白州塩州幸州江陰兎山臨江新恩麻田積城坡平昌化見州沙川峯城臨津長湍交河童城高峯松林通津德水　二日程安州洞州鳳州樹州抱州揚州東州遂安土山唐城仁州金浦梁骨洞陰荒坪僧旨黃先道尺阿等押安俠守安孔岩[『고려사』 권78, 「식화지」1, 전시과])"고 기록되었다.

대개 개경에서 하루거리와 이틀거리로 크게 구분되었다. 이를 표로 만들어 보면 다음과 같다.

〈1076년 시지의 소재〉

하루거리	개성, 정주(개풍군), 백주(백천), 염주(연안), 행주(고양군), 강음(금천군), 토산(금천군), 임강(장단군), 신은(신계군), 마전(연천군), 적성(연천군), 파평(파주군), 창화(양주군), 견주(양주), 사천(양주군), 봉성(파주), 임진(장단군), 장단, 교하(파주군), 동성(김포군), 고봉, 송림(장단군), 통진(김포군), 덕수(개풍군)
이틀거리	안주(재령), 동주(서흥), 봉주(봉산), 수주(부평), 포주(포천), 양주, 동주(철원), 수안, 토산(중화), 당성(남양), 인주(부천), 김포, 양골(영평), 동음(영평), 황평(양주?), 승지(?), 황선(?), 도척(?), 아등압(안협?), 안협(이천군 안협), 수안(통진), 공암(양천)

출처 : 姜晋哲, 『高麗土地制度史研究』, 59쪽

위의 기록은 문종 대의 전시과에서 언급된 것으로, 이틀거리의 몇몇 고을을 제외하면 현재의 지명을 알 수 있다. ( ) 안에 표기된 현재 지명을 보면 대개 황해도와 경기도 일대의 고을이다. 지방 관청이나 사원·궁원 등의 시지는 지방에도 있었지만, 양반의 시지는 그 한계선이 있었던 것으로 파악된다. 문종 대의 기록에 "양경 백관의 초채지는 마수령에 한하여 금표를 세우고 어기는 자는 엄격하게 다스린다.(兩京百僚樵採地 限馬首嶺 樹禁標 違者痛理[『고려사』 권8, 「세가」 8, 문종 13년 5월 병진])"고 되어 있다. 북쪽 한계선은 함경도 남쪽 지역인 덕원 부근에 있는 마수령으로 보고 있다.

시지는 현재까지 어떠한 토지에 설정된 것이고, 무엇을 수취할 수 있으며, 그 성격이 어떻게 변화했는지에 대해서는 명확하게 파악되지 않았다. 사실 『고려사』를 보면 시지에 관한 분급 규정은 명시되어 있지만, 그 시행과정이나 이후의 사정에 관해서는 일체 언급되어 있지 않다. 따라서 그 전개와 변화상에 관해서는 연구자마다 서로 다른 입장이 맞서고 있다.

하지만 고려사회에서는 여전히 광범한 황무지가 존재했고, 아직 사적 소유가 충분하게 이루어지지 않은 상태였다고 보는 점에서는 크게 다르지 않다. 비록 후대의 기록이지만 "산림과 천택은 민과 함께 소유한다.(山林川澤 與民共之[『명종실록』 권15, 8년 8월 을유 및 『명종실록』 권17, 9년 12월 을해조])"고 했던 것으로 보아, 고려시기 시지에 대해서는 공유지적 관념이 존재했고 조선시기에도 사적 소유가 금하고 있음이 확인된다. 그러므로 전지와 동일한 성격을 지닌 토지로 보고 분급된 시지는 사유화가 이루어질 수 없다고 보는 입장이 일반적으로 인정되고 있다. 대개 시지는 민인의 공동 이용을 전제로 무주공산(無主空山)에 설정되었고, 그곳에서 수취하는 섶·숯·꼴의 양은 결당 몇 뭇 정도로 책정하여 결국 몇 짐[幾負], 몇 묶음[幾束]으로 산정했을 것으로 추정된다.

이러한 견해에 대하여 시지는 경작지가 '간전(墾田)'으로 파악된 것의 대립물로 존재했음을 지적하면서 '황한지(荒閑地)', '황원지전(荒遠之田)'으로 불렸다는 시각이 제시되었다. 이로 인해 시지에 관한 내용이 보다 풍성해졌다. 본래 미개간지였는데 관료들에게 개간을 목적으로 분급되었다는 것이다. 즉 고려시기 시지 분급은 그러한 토지에 대하여 배타적 권리를 인정해주는 과정이었다고 보는 것이다. 황한지는 '초목어렵(樵牧漁獵)'이 가능했던 토지로 초채가 실제로 이루어졌으며, 시지도 넓은 의미에서 그 범주에 속한다는 것이다. 전시과에서 시지는 초채지로서의 유용성을 지니면서, 개간된 토지에 대해서는 미개간지, 즉 황한지·황원지전으로서 표현되는 황무지 일반과 질적 차이를 보이지 않는 토지였다.

그렇다고 해서 황전(荒田)이 진전(陳田)과 동일한 것으로 보아서는 안 된다. 당시에는 진전을 적극 개간하도록 장려하는 지대의 수취 규정이 마련돼 있었는데, 그에 비해 황전의 도경(盜耕)을 금하는 규정은 형법의 금령(禁令)에 나온다. 즉 황전이 문제가 되는 것은 그 자연물에 대한 채취가 아니라 토지의 이용, 개간이었다고 보는 것이다. 시지의 생산물인 시초(柴草)의 수취에 관한 내용이 보이지 않는 것도 바로 그러한 이유라고 해석하였다. 또 그렇기 때문에 하급 관료들에게 시지가 거의 분급되지 않을 수 있었다는 것이다. 사실 시지에서의 초채(樵採)는 누구에게나 자유로이 허용되었다.

실제로 이승휴(李承休)는 "연계 양변에 있던 밭 2경이 본래 외가에서 내려오는 시지(沿溪兩邊 有田二頃 是動安居士外家所傳柴地也[『동안거사집』, 「잡저」, 보광정기])"라고 밝히고 있다. 지금의 경작지가 본래는 시지였다는 것이다. 시지가 개간되어 전지로 전환되었음을 보여주는 사례이다. 즉 전시과에서 지급했던 시지는 공유지인 시지의 사유화를 의미한다고 이해해야 할 것으로 보고 있다. 즉 시지의 분급은 인간의 노동력에 의한 개간을 목적으로 이루어진 것으로 파악해야 한다는 것이다.

이러한 사실은 1391년에 측량된 전체 토지면적에 대한 황원전의 비율에서도 잘 드러난다. 황원전의 비율이 경기에서는 5.98%이나 그 곳을 제외한 나머지 5도의 비율은 44.01%에 이른다. 그만큼 경기 지역이 다른 곳보다 급속하게 황원전을 실전(實田)으로 전환시켰다고 파악된다. 그러므로 개편 과정을 거치면서 시지가 대폭 줄어들었고, 결국 고려 말의 토지개혁 과정에서 제정된 1391년(공양왕 3)의 과전법에서는 없어지게 되었다.

시지의 분급은 전시과 이전부터 있었던 것이고, 따라서 그 개간도 이전 시기부터 진행되었을 것이다. 중세사회 전 기간에 걸쳐 황무지에 대한 개간은 어떠한 형태로든 지속되었고, 시지에 대한 사적 지배권이 확립되어 가고 있었다. 특히 고려 건국 초기에는 수도의 이동에 따라 그 곳을 중심으로 당시 지배계급의 물질적 토대인 전지의 확보가 시급히 요구되었을 것이다. 이러한 요구에 의해 시지의 개간이 급속히 진행되지 않을 수 없었다. 그러므로 시정전시과에서는 전지와 맞먹는 액수의 시지의 분급이 이루어졌다. 시지의 분급은 지배계급에 대한 하나의 특권이었다. 문종 대를 전후로 점차 경작지화 되었기 때문에 지급액이 줄어든 것으로 여겨지며, 고려 말의 과전법에서는 결국 시지 지급이 폐지되었다.

[참고어] 전시과, 시장

[참고문헌] 姜晋哲, 1980, 『高麗土地制度史研究』, 高麗大學校出版部 ; 洪淳權, 1987, 「高麗時代의 柴地에 관한 고찰」 『震檀學報』 64 ; 이경식, 1988, 「高麗時期의 兩班口分田과 柴地」 『歷史敎育』 44

〈강은경〉

시탄공(柴炭貢) 고려 후기 각 역(驛)에서 중앙 관청에 땔감과 숯 등의 물품을 납부하는 세목.

시탄은 신탄(薪炭)이라고도 하며 땔감으로 쓰이는 땔나무, 숯, 석탄 따위를 말한다. 전기에서는 국가에서 필요한 시탄은 주로 탄소(炭所)에서 공급했던 것으로 보인다. 그런데 중기 이후에 소의 감소와 소멸에 따라 시탄의 공급이 원활하지 못하게 되자, 그것을 각 역(驛)에 부과하였다. 1298년(충선왕 즉위)에 내린 교서에서는 "입조하는 길목인 서해도의 삼세대공 외에 상요·잡공과 각역 시탄공은 금년에 한하여 모두 면세한다.(入朝過行西海道, 三稅大貢外, 常徭雜貢, 及各驛柴炭貢, 限今年, 全除.[『고려사』 권81, 「식화지」 3 은면지제]"는 대목이 있다. 따라서 후기의 시탄공은 일반 백성에게 보편적으로 작용된 세목은 아니었다.

[참고문헌] 權寧國 外, 1996, 『譯註『高麗史』食貨志』, 韓國精神文化研究院 ; 박종진, 2000, 『고려시기 재정운영과 조세제도』, 서울대학교출판부 ; 朴宗基, 1990, 『高麗時代部曲制研究』, 서울大學校出版部 〈윤성재〉

식량공출제도(食糧供出制度) 일제시기와 미군정 시기 식량 부족에 대한 대책으로, 식량의 자유로운 유통을 통제하고 농민이 할당받은 일정량의 농산물을 정부에 의무적으로 팔도록 한 제도.

중일전쟁 확대에 따른 식량수요 증대와 1939년 대한발로 식량 사정이 극도로 나빠졌다. 또한 일제의 전쟁수행을 위한 물자와 인력의 강제동원은 조선에서의 경작면적과 생산량을 감소시켜 식량수급사정이 날로 악화했다. 이 상황에서 공출제도는 식량의 절대량 확보를 위해 1939년부터 강제로 시행되었다. 일제는 1939년 「조선미곡배급조정령」을 제정하여 본격적인 식량통제를 실시했다. 쌀 공출과 관련하여 당초 통제대상을 '과잉지역의 과잉수량'으로 한다는 원칙이었으나, 태평양전쟁으로 전황이 확대되자 더욱 강압적인 강제공출제도를 실시했다. 1943년부터는 전 농민에 대해 자가보유량을 제외한 전부를 강제로 공출했다. 1943년 8월 「조선식량관리령」이 제정되면서 쌀·보리 및 조 외에 면화·마류(麻類)·고사리 등 주요 식량 40여 종에 대하여 공출제도를 확대되었으며, 국가통제기관으로 조선식량영단이 설립되었다. 일제는 최대한의 식량을 확보하기 위해 장려금·보급금 지급과 생활 필수물자의 특별배급 등 공출 유인책과 함께 농업생산책임제와 사전할당제 실시 등 생산량까지 책임을 지우면서 강제적인 공출 강화책을 실시했다. 하지만 자발적인 공출을 유도하기 위해 실시한 유인책은 공출 할당량 자체가 생산량에 비해 훨씬 많았기 때문에 실효성이 떨어졌다.

생산비에도 미치지 못하는 공출미가와 전시 노동력의 강제 동원으로 영세농가의 생활은 파탄을 면치 못했다. 농업생산력도 더욱 저하되어 식량생산량이 절대적으로 감소되어갔다. 지주경제도 전시하 농업생산력 저하에 따라 소작료 자체가 낮아지고, 미곡의 시장판매가 통제되면서 경제적 손실을 입었다. 가혹한 공출제도 아래에서 농민들은 온갖 수단을 동원해 공출을 기피하게 되었다. 수탈적인 공출에도 공출량의 절반 이상이 일본으로의 이출이나 군수용으로 충당되었으므로 조선 내 소비자에 대한 배급량은 매우 열악했다.

해방 후 미군정청은 일제하 전시경제체제를 평시체제로 전환시키기 위한 조처로, 1945년 10월 5일 「일반고시 제1호」를 발표하여 미곡 자유시장을 개설하고 식량공출제도와 배급제를 폐지했다. 군정청은 미곡의 최고가격을 54kg당 32원으로 결정하고, 그 수급은 완전히 자유화했다. 최고가격만 정해 놓으면 수급은 자동적으로 조절될 것으로 보았기 때문이다. 그러나 농업생산이 전반적으로 감소한 데 반하여 그동안 공출제도와 배급제 실시로 굶주려 왔던 농민과 일반 국민들의 반작용으로 식량 수요가 증대했다. 여기에 징용·징병되어 해외에 나갔던 동포들의 귀환, 약 80만 명에 이르는 38선 이북 주민의 월남으로 식량수요가 급격히 증대하여 식량수급의 균형이 깨질 위험이 생겼다. 또한 해방 전후로 통화 남발과 재정 적자의 누적으로 인플레가 급격히 진행되고, 물가 등귀를 예상한 일부 미곡상과 지주들이 쌀을 매점매석하여 유통시장의 혼란을 가중시키면서 심각한 식량 부족현상이 나타났다.

이에 군정청은 1945년 11월 「일반고시 제6호」를 발표하여 미곡 자유시장을 폐지했다. 1946년 1월에는 식량 유통을 재통제하기 위해 미곡수집령을 공포하고, 미곡공출제도와 배급제로의 환원을 단행함과 동시에 그 담당기관으로 중앙식량행정처를 설치했다. 미곡수집령에 기초하여 1946년 2월부터 전년산 미곡의 수집이 실시되었지만, 턱없이 낮은 공출가 등을 원인으로 한 농민의 비협조와 공출 회피, 불충분한 법령 등으로 수집실적은 목표치의 12.6% 달성에 그쳤다. 미군정은 법령을 수정·보완하여 공출 농가를 자작농과 소작농으로 구분하고, 소작료의 경우 전량을 소작농이 직접 해당기관에 공출하도록 규정했다. 공출량 할당은 각 농가가 다음해 사용할 종자 및 상주 가족 1인당 6두의 쌀을 남기고 모두 공출하도록 조정되었다. 법령을 개정하고 행정력을 발동하여 공출제도를 강화한 결과 1946년산 미곡의 수집실적은 처음 목표의 82.9%에 달했다. 1947년산 미곡의 수집은 과도정부 입법의원에 의해 제정되어 같은 해 9월 공포된 미곡수집법에 기초해서 실시되었다. 여기에서는 공출 의무자를 경작 규모에 따라 세분하여 규정하고, 공출량 할당 및 수집업무를 더욱 합리적으로 수행하기 위하여 각 읍·면·이장의 자문기관인 미곡수집대책위원회를 설치하도록 했다. 공출제도가 정비되고, 조기 공출 농가에 대한 할당량 감면조처가 취해지는 등 미군정의 적극적인 미곡수집 정책에 따라 1947년산 미곡에 대해서는 목표의 97.1%에 달하는 높은 수집실적을 보였다. 하지만 당시 미곡의 공출가가 시장가보다 훨씬 낮았기 때문에 높은 수집은 농민의 희생을 강요하게 만들었고, 소작료 전량을 공출해야 했던 지주로서도 경제적 타격을 받게 되었다.

1948년 8월 수립된 대한민국 정부는 식량 유통통제를 강하게 실시하면서도 농민에게 일방적인 피해를 준 공출제도를 시정하기 위하여 10월 양곡매입법을 공포했다. 자가식량을 제외한 양곡 전체를 공출대상으로 규정한 전면적인 국가관리 방안인데, 공출량 할당 등의 강제성은 주어지지 않았고 정부가 고시한 가격에 따라 농가가 자발적으로 매각하고 정부가 매입하는 방안이었다. 그러나 실제 실행에서 양곡 매입과 관련한 공무원들의 강제적인 행위가 비난받았고, 양곡 매입에 대한 여론이 악화했다. 1950년 2월 정부는 양곡관리법을 공포했다. 양곡매입법에서 자가식량을 제외한 전량을 대상으로 했던 것과 달리, 매입 미곡의 총량은 국내 총생산량의 1/3을 넘지 못하도록 했다. 이로써 전체 생산량의 1/3은 통제양곡, 나머지는 자유시장 거래가 가능해졌다. 정부의 양곡관리정책 기조가 전면적 국가관리에서 통제·자유병행론으로 전환되어간 것이다. 하지만 정부의 매도가격이 농민의 생존을 보장할 만한 수준이 되지 못하는 한계가 있었다.

[참고어] 식량배급제도

[참고문헌] 정덕기, 1987, 「일제의 한국농촌 수탈사 연구-1940년대 농산물 공출제도를 중심으로-」『경희대학교 사학』 12 ; 이송순, 1995, 「일제말(1937-1945) 조선의 농촌경제 변화-미곡공출(米穀供出)을 중심으로」『史叢』 44 ; 김성보, 2000, 「이승만정권기(1948.8~1960.4) 양곡유통정책의 추이와 농가경제 변화」『한국사연구』 108 ; 이송순, 2008, 『일제하 전시 농업정책과 농촌 경제』, 선인

〈고태우〉

식량배급제도(食糧配給制度) 총독부가 전시체제에 돌입하면서 1939년부터 소비통제책의 일환으로 시행한 배급제도.

일제시기 조선에서 식량배급은 1939년의 대흉년 대책으로 마련된 「식량배급계획요강(食糧配給計劃要綱)」(1939.10.16)으로부터 시작되었다. 이후 식량과 식료품에 대한 배급은 각종 법령과 추가적인 조치로 확대·시행되었다.

1937년 중일전쟁이 발발하자 일제는 전시체제 하 물자 부족에 따른 가격 상승과 민생 불안 등을 방지하기 위해 가장 먼저 가격에 대한 통제를 시행하였다. 생산에서 소비에 이르는 전 과정을 조절하는 유통이 시장을 통해 자유롭게 이뤄진다면 가격 통제는 사실상 불가능했다. 이에 가격통제정책은 유통과정에서의 매점매석과 같은 투기적 거래를 방지하는 한편 유통량 자체를 조절하여 가격을 통제하는 방식으로 이루어졌다.

총독부는 직접적인 가격 통제책으로 「폭리취체령(暴利取締令)」(1937.8.3), 「물가판매가격취체규칙(物價販賣價格取締規則)」(1938.7.9), 「가격등통제령(價格等統制令)」(1939.10.16) 등을 공포·시행하였다. 한편, 식민지 본국의 가격 통제 방침에 따라 조선에서도 동일한 정책을 시행하였다. 「폭리(暴利)를 목적(目的)으로 하는 매매(賣買)의 취체(取締)에 관한 건(件)」(부령(府令) 제60호, 1937.8.3)이 개정·강화되었고, 26종의 주요 물품을 그 대상으로 하였다. 다음으로 「조선물품판매가격취체규칙(朝鮮物品販賣價格取締規則)」(부령 제280호, 1938.10.12)과 「가격등통제령」(1939.10.27)이 공포·시행되었다. 그러나 법령시행 초기 가격 통제를 통한 유통량 조절이 한계에 부딪히면서 총독부는 소비량 자체를 제한하기 시작하였다.

중일전쟁 발발 초기인 1937년과 1938년에는 풍작으로 인해 미곡과 잡곡의 생산량이 증가하였고, 소비량도 증가하였다. 특히 미곡 소비량의 증가는 1930년대 '조선공업화'정책에 따른 노동자와 도시인구 증가, 중일전쟁의 발발로 인한 군수미 수요확대에 큰 영향을 받았다. 이러한 상황에서 1939년 대흉년이 발생하고, 1941년 태평양전쟁의 발발로 전쟁이 확대되면서 식량 수급에 문제가 발생하였다. 특히 자연재해와 전쟁 동원에 따른 자금·비료·노동력의 절대 부족은 곧장 생산력 감소로 이어졌다. 이를 타개하기 위한 유일한 대책은 수요를 줄이는 것이었다.

1939년 흉년이 예상되자 7월경부터 미곡상들이 투기와 매점매석의 조짐을 보이기 시작했고, 쌀의 가격은 등귀하였다. 이에 조선총독부는 일련의 미가(米價) 상승 억제대책을 마련하였고, 우선적으로 가격통제를 시도하였다. 그러나 식량이 절대적으로 부족하면서 강제적인 가격 억제에도 불구하고 암거래 가격은 총독부가 정한 공정가격의 2배 이상이 되었다. 가격통제가 사실상 실패하자 총독부는 재차 소비량 자체를 제한하는

배급통제를 시행하였다.

조선에서 식량배급은 1939년 대한해의 대책으로 마련된 「식량배급계획요강(食糧配給計劃要綱)」(1939.10.16)으로부터 시작되었다. 이것은 한해(旱害)를 입은 지역의 구호를 위한 식량대책으로 수립되었는데, 잡곡의 배급에 대해서는 다른 지역에서도 이 요강을 따르도록 하였다. 이 요강의 핵심은 미곡의 부족을 보충하기 위해 잡곡을 수이출(輸移出)하여 농가와 일반소비자에게 배급한다는 것이었다. 이를 담당할 기관으로 조선수이입잡곡중앙조합(朝鮮輸移入雜穀中央組合)이 결성되었고(1939.11.25), 이어 미곡에 대한 수이출을 담당할 조선미곡주식회사(朝鮮米穀株式會社)도 설립되었다.

이후 식량과 식료품에 대한 배급은 각종 법령과 추가적인 조치로 확대·시행되었다. 미곡과 잡곡류는 「조선미곡배급조정령(朝鮮米穀配給調整令)」과 「조선잡곡배급통제규칙(朝鮮雜穀配給統制規則)」의 반포로 생산물에 대한 출하통제(공출)와 소비에 대한 배급이 동시에 시행되었다. 그 후 식량의 유통과 소비 통제는 1943년 「조선식량관리령(朝鮮食糧管理令)」의 제정으로 완전한 국가관리가 이루어지게 되었다.

미곡과 잡곡류의 배급·통제를 위한 기구도 정비되었다. 1939년 말부터 각 도별 관하(管下) 생산자 단체와 협력하여 식량배급조합(食糧配給組合)을 결성하고, 각 부와 군에도 하부조직을 결성하여 배급·통제를 시행하였다. 이를 통해 식량의 수이출은 조선미곡시장주식회사와 조선수이입잡곡중앙배급조합이 담당하였다. 국내 소비분을 담당할 '식량배급조합'이 정비되었으나 총독부의 일원적 통제가 제대로 이루어지지는 못하였다. 이것은 이후 총독부가 「조선식량관리령」을 제정하여 조선식량영단(朝鮮食糧營團)을 설립하고 미곡의 수집·배급에 대한 일원적인 통제를 시작하는 계기가 되었다.

주요 양곡에 대한 통제와 함께, 설탕과 소금 등 필수 식료품과 주류, 과자류, 통조림 등에 대해서도 관련업자의 자발적 통제에 의한 배급이 시행되었다. 한편 1942년 이후 조선에 한발이 심해지면서 주요 도시에 겨울철 채소 부족이 심각해졌고, 생선과 해산물도 생산량과 어획량이 크게 줄어들었다. 이에 1943년 9월 30일 「조선청과물배급통제규칙(朝鮮青果物配給統制規則)」(부령 제302호), 「조선선어개배급통제규칙(朝鮮鮮魚介配給統制規則)」(부령 제303호)이 공포되었다. 같은 해 10월에는 「조선축육배급통제규칙」을 공포하여 축산물의 수요에도 대응하도록 하였다.

식량배급은 일반적으로 전표(傳票)에 의한 할당제(割當制)를 활용했으며, 도시와 농촌에서 차등적으로 시행되었다. 도시의 배급량은 1941년 대구부를 기준으로 일반인은 1인 1일당 2합 7작(쌀 2합, 보리 7작)이었고, 노동자의 경우 1인 1일당 6합(쌀 3합, 보리 3합)이었다. 배급은 보통 1회에 10일 분이 이루어졌는데 경성부의 경우 5~7일 분이 배급되었다. 그러나 1942년에 이르러서는 배급량이 일반인 2합 5작과 노동자 5합으로 감소하였으며, 미곡의 소비를 줄이기 위해 혼식과 대용식을 강제하였다. 식량 사정은 시간이 갈수록 점점 나빠져 1943년 이후에는 주식 배급량의 최저기준인 2합 3작에도 미치지 못하였고, 만주산 잡곡과의 혼식이나 대용식이 증가하였다.

농촌의 식량 배급은 생산물의 출하 통제와 관련해 진행되었다. 농민들은 생산한 양곡에 대해서는 자가소비량을 제외하고 공출하는 것이 원칙이었기 때문에 도시와 같은 배급체계는 필요하지 않았다. 자가 소비량은 평안북도를 기준으로 최고 1일 1인당 3합이었다. 이는 도시 일반민의 1일 배급량 2합 5작보다는 높았으나 노동자들의 배급량 5합에는 못 미치는 수준이었다. 그리고 이마저도 농가 보유량(자가 소비량과 종자, 사료로 구성됨)이 지켜지지 않고 추가 공출을 할당하면서, 농민들의 배급은 사실상 없는 것과 다름없었다.

[참고어] 식량공출제도

[참고문헌] 이송순, 2001, 「일제하 전시체제기 식량배급정책의 실시와 그 실태」『사림』 16, 수선사학회 ; 이송순, 2008, 「식민지기 조선의 식량관리제도와 해방 후 양곡관리제도의 비교」『한국사학보』 32 ; 송규진, 2011, 「일제말(1937~1945) 통제경제정책과 실행과정 : 「매일신보」를 중심으로」『역사학연구』 42 〈김현숙〉

식산계(殖産契) ⇒ 금융조합

식산은행(殖産銀行) ⇒ 조선식산은행

식실봉(食實封) 식읍(食邑)을 수여할 때 실제로 지급한 호(戶).

식읍은 삼국시기부터 고려초까지 형식에 있어 지급된 지역만 나타날 뿐 봉호(封戶)의 수는 규정되지 않았다. 그러나 고려 성종대 이후부터는 봉작(封爵)과 함께 봉호의 수를 규정한 식읍의 형식이 나오게 되었다. 예컨대 예종대에는 대방후 왕보(王俌)에게는 '식읍

2,000호 식실봉 300호'를, 영평현개국백(鈴平縣開國伯) 윤관(尹瓘)은 '식읍 2,500호 식실봉 300호'를 지급했다. 이때 앞의 것은 이름뿐인 봉호 즉 허봉(虛封)이며, 뒤의 것이 실제로 지급된 실봉(實封), 즉 식실봉이다. 그러나 왕실이나 실권자를 제외하고는 실봉의 경우에도 실제로 봉호를 받지 못하는 경우가 많았다.

[참고어] 식읍

[참고문헌] 河炫綱, 1988, 「高麗食邑考」『韓國中世史硏究』, 一潮閣 ; 이경식, 1988, 「古代 中世의 食邑制의 構造와 展開」『孫寶基博士停年紀念韓國史學論叢』, 지식산업사

식읍(食邑) 중국과 우리나라의 역대 왕조 국가에서 왕족과 종친, 그리고 공신, 봉작자(封爵者), 고위 관리 등에게 특별히 지급한 수조지(收租地), 또는 수조(收租)를 위임한 일정 수의 가호(家戶).

식봉(食封)이라고도 한다. 원래 중국 주(周)나라의 봉건제도 아래에서 왕족과 공신에게 분봉하던 봉토(封土)에 기원을 두고 있는데 채지(采地)·채읍(采邑)이라고 불렀다. 전국(戰國)·진(秦)·한(漢)나라 시대의 식읍도 이 채지·채읍과 계통을 같이 하는 것이었다. 당(唐)나라 때까지는 이러한 제도가 계속 이어졌다. 송(宋)나라에서는 요직을 맡았던 관리에게 실봉(實封)으로서의 식읍을 주었다. 다만 그 수취의 권한이 어디까지 인정되었는지의 여부를 놓고 견해가 엇갈리고 있다. 채지·채읍도 실상 해당 고을의 토지나 백성은 가질 수 없으며 다만 조세만 채취(采取)하는 것이라는 주장이 강력하다.

문헌상으로는 삼국시기부터 지급되었던 것으로 파악된다. 『삼국사기』에 의하면 고구려의 경우, 기원전 9년(유리명왕 11)에 선비를 속국으로 만드는 데 성공했던 부분노(扶芬奴)에게 그가 정복한 땅을 식읍으로 내렸고, 172년(신대왕 8) 한나라의 군사를 크게 물리친 명림답부(明臨答夫)에게 좌원(坐原)과 질산(質山)을 하사하였다. 246년(동천왕 20)에 위(魏)나라 장수 관구검(毌丘儉)의 침입 때 공을 세운 밀우(密友)와 유옥구(劉屋句)에게 각각 거곡(巨谷)과 청목곡(靑木谷), 압록두눌하원(鴨綠杜訥河原)을 주었다. 293년(봉상왕 2) 모용외(慕容廆)의 침공을 격퇴했던 고노자(高奴子)에게도 지급하였다. 대체로 외적을 물리친 사람들에게 지급하였음을 알 수 있다. 백제에서도 657년(의자왕 17)에 국왕이 왕서자(王庶子) 41명을 좌평으로 삼고 각각 식읍을 내려 주었다. 신라의 경우도 532년(법흥왕 19)에 금관국(金官國 : 駕洛)의 김구해(金仇亥)가 투항하자 이것을 금관군(金官郡)으로 격하시키고 식읍으로 주었다.

통일신라시기에 들어와서도 지급되었다. 김유신(金庾信)에게는 668년(문무왕 8) 백제와 고구려를 병합한 공으로 태대각간(太大角干)의 관위를 제수하고 식읍 500호를 하사하였다. 김인문(金仁問)에게도 장산성(獐山城)을 쌓은 공으로 300호가 주어졌다. 박유(朴紐)도 668년에 김유신과 같은 공로로 500호를 주었다. 한편 장보고(張保皐)는 839년(신문왕 1) 국왕을 즉위시킨 공으로 식실봉(食實封) 2,000호를 사여받았다. 이들은 모두 국가에 큰 공을 세웠으며 왕실과도 매우 가까운 사람들이었다. 자연히 그런 종류의 사람들에게 지급하였음을 알 수 있다.

그런데 이들과 조금 성격이 다른 사람에게 제수되기도 하였다. 원성왕(元聖王)과의 왕위 쟁탈에서 패배하여 명주(溟州)로 퇴거했던 김주원(金周元)을 명주군왕(溟州君王)으로 책봉하면서 명주 관하의 익령현(翼嶺縣)·삼척군·울진군 등의 여러 고을을 떼어 식읍으로 지급하였다. 아마도 밀려났던 것에 대해 위로하며 어느 정도 대우해주기 위해 하사했을 것이다. 하지만 지역 전체를, 즉 익령현 등의 인구·토지·산물 등을 모두 하사했던 것은 아닐 것으로 추측하는 견해가 유력하다. 단지 일정한 액수가 정해진 봉호(封戶)를 지급했을 것이며, 그들을 대상으로 수취하고 지배했을 것으로 보고 있다.

한편 식읍의 세습 여부가 분명하지 않은데, 김인문이 사망한 박유의 식읍을 받았던 것과 김유신의 처가 남편이 사망한 뒤 남성조(南城租)를 매년 1,000석씩 받았다는 사실 등을 들어서 이루어지지 않았을 것으로 추측하고 있다. 즉 식읍은 본인이 생존했을 때만 지닐 수 있었고 사망하면 국가에서 환수했다는 것이다. 하지만 명확한 규정이 없기 때문에 좀 더 검토가 필요하다.

식읍은 고려시기에도 지급되었다. 그 방식은 크게 2가지로 나눠진다. 첫 번째는 봉작제도의 일환으로 제도화되어 작위를 지닌 자에게 일률적으로 수여되는 것이었다. 두 번째는 특별한 공을 세운 사람에게 지급되는 것이다. 전자의 경우에 "작에는 공·후·백·자·남의 5등급이 있었는데, 문종 때 관제를 정하여 공·후·국공은 식읍 3,000호로 정2품, 군공은 식읍 2,000호로 종2품, 현후는 식읍 1,000호, 현백은 700호, 개국자는 500호로 모두 정5품으로 하고, 현남은 300호로 종5품으로 하였다.(爵五等, 有公侯伯子男. 文宗定, 公·侯·國公, 食邑三千戶正二品, 郡公食邑二千戶從二品, 縣侯食邑一千戶, 縣伯七百戶, 開國子五百戶, 並正五品, 縣男三百戶從五品.[『고려사』 권77,

백관지2, 작]"라고 되어 있다. 작을 지닌 자에게 식읍을 수여했던 것은 왕실의 번병(藩屛)으로서 공고한 위치를 갖게 하려는 것이었다. 그러나 제도로 정해놓은 액수를 반드시 그대로 지급하지는 않았다.

봉작자 중에는 왕족이나 종친들이 많았다. 이들은 총칭하여 제왕(諸王)이라고 불렀는데, 특별한 직사(職事)를 맡긴 적은 별로 없었으며 친친(親親)의 정신에 입각하여 두터운 예우를 해주었다. 경제적인 대우면에서 그 대표적 사례가 식읍의 지급이었다. 왕족의 경우 『고려사』 종실열전(宗室列傳)에 따르면 현종(顯宗)에서 인종(仁宗)에 이르는 사이에는 거의 빠짐없이 기록되어 있다. 왕자들에게 식읍 3,000호에 식실봉 300호를 지급한다는 식으로 기록되었던 예가 많다. 여기서 식실봉의 성격이 문제가 된다. 명확한 근거를 제시하지 않은 채 식읍의 숫자는 단지 그 영예의 크기를 표시하는 상징적인 허수이며, 식실봉의 수에 이르러서야 비로소 일정한 수취가 인정되었던 것으로 파악하는 견해가 있다. 여기서 한 걸음 더 나아가 비록 일부의 견해이기는 하지만 자료상으로 제시된 식읍의 호수에 비해 식실봉의 경우 대개 1/10인 경우가 많았다는 점에 착안하여 다음과 같은 입장을 피력하였다. 우연인지 필연인지는 좀 더 확인이 필요하나 과전(科田) 지급액과 일치하는 사례가 있었다는 사실이다. 이에 식실봉이 작위 수여자 개인의 것이 아니고 그를 대표로 하는 가문의 것이며, 그 호수가 가문 과전 총액을 경작할 수 있는 노동력을 가리킨다는 대담한 추론을 하였다. 그러나 현재까지 명확한 증거를 제시하지 않고 있어서 여전히 추론으로 그치고 있다.

하지만 같은 왕자임에도 불구하고 어떤 왕자에게는 경제적 특혜가 부여되었던 식실봉을 주어 유별나게 우대하고, 어떤 왕자에게는 아무런 혜택도 없는 허수의 식읍을 내려주어서 차별 대우를 했다는 것은 쉽게 납득하기 어렵다. 대체로 식실봉이 실질적인 이익을 보장해주는 성질을 갖춘 것이라고 추측되기는 하지만 반드시 그렇다고 볼 수 없는 사례도 있어서 문제가 된다. 예를 들어 숙종의 왕자인 대방공 보(帶方公俌)는 "사망한 뒤에 개부의동삼사·수태사·중서령·대방공의 관작을 추봉하고 식읍 5,000호와 식실봉 500호를 주었다.(追封開府儀同三司·守太師·中書令·帶方公, 食邑五千戶, 食實封五百戶[『고려사』 권90, 열전3, 종실, 대방공보])" 여기에 보이는 식실봉은 현실적 의미가 없는 일종의 영예에 불과하다는 주장이 제기되어 있다. 그렇다고 식실봉이 현실적으로 의미가 없었던 것으로 보기도 어렵다.

한편 임금의 외척에게 지급되었던 사례가 있었다. 예종(睿宗)의 국구(國舅)인 이자겸(李資謙)의 경우가 대표적이다. 그는 조선국공(朝鮮國公)으로 책봉되면서 식읍 8,000호, 식실봉 2,000호를 받았다. 여기에 다시 이자겸의 장인이었던 최사추(崔思諏)도 대녕군개국후(大寧郡開國侯)로 책봉되어 식읍 2,500호, 식실봉 1,500호를 받았다. 당시 그들의 조정 내 위치를 감안하였을 때 지급된 식실봉이 단순히 영예를 높여주기 위한 것으로 간주하기 어려운 면이 있다. 인종(仁宗)의 국구인 임원후(任元厚)도 정안공(定安公)으로 책봉되면서 하사되었다. 아무튼 외척을 포함한 국왕의 인척들에게는 봉작과 관련해서 식읍이 하사되었다.

두 번째의 특별한 공을 세운 사람에게 지급되었던 경우는, 먼저 태조 때 후백제의 왕이었던 견훤(甄萱)이 투항해오자 그를 상보(尙父)라 칭하여 직위를 백관의 위에 놓고 양주(楊州)를 식읍으로 주었던 것을 들 수 있다. 이어서 신라왕 김부(金傅)가 역시 항복을 청하자 정승으로 봉하고 그 지위를 태자 위에 두고 "신라국이라는 이름을 없애 경주로 고친 다음 식읍으로 주었다.(除新羅國爲慶州, 仍賜爲食邑[『고려사』 권2, 세가2, 태조 18년 12월])" 그런데 이로 인해 경주 전역이 모두 그의 수취 대상이 되었는가라는 문제가 제기된다. 다만 『고려사절요』에서는 같은 사실을 기록하면서 8,000호를 지급했다고 되어 있다. 하지만 또 다시 이 숫자가 당시 경주에 있는 호의 전체였는지 일부였는지가 의문이다. 그는 다시 975년(경종 즉위년)에 상보로 가호(加號)되면서 식읍을 더 받았다. 이전에 받았던 것과 다 합쳐 10,000호에 달했다고 한다. 따라서 2,000호가 더 늘어났다는 것인데, 그것은 앞서 경주의 호가 모두 그에게 예속되지 않았다는 조건에서 가능했던 일이라고 한다. 그러므로 이는 어떤 한 지역을 식읍으로 하사받았다고 하더라도 전체가 아닌 그 중의 일부 호에 대한 수취권을 보유하게 되었던 것이라는 주장의 유력한 근거가 되었다.

이와 유사한 사례로 무신정권의 집정자 가운데 하나인 최이(崔怡)의 경우를 들고 있다. 먼저 그의 아버지였던 최충헌(崔忠獻)은 진강군개국후(晉康郡開國侯)로 봉해지면서 식읍 3,000호, 식실봉 300호를 하사받았다. 아들인 최이는 권력을 넘겨받았던 것과 더불어 1230년(고종 21)에 강화도로 천도했던 일의 공훈을 인정받고서 진양후(晋陽侯)로 책봉되었고 진주를 식읍으로 받았다. 그런데 1242년(고종 29)에 다시 공(公)으로 작위가 오르면서 식읍도 더해졌다. 얼마나 더해졌는지 구체적인 수가 기록되지 않아서 알 수 없으나 진주라는 지역은 동일했기 때문에 이전 모든 호수가 최이의 식읍에 속했던 것은 분명히 아니라는 사실만큼은 확인되었다. 즉 진주의 전체 호수가 가운데 일부가 최이의 식읍 속에 먼저 들어갔다가 세월이 흘러 작위가 오르자 나머지 중에서 일부가 또 다시 새롭게 소속되어 채워졌다는 것이다. 이 2가지 사례를 들어 지역 전체가 아닌 그 가운데 일정 수의 호에 대한 수취권을 지닌 것이라고 파악하였다.

일반 공신에게도 식읍이 주워졌다. 국초부터 있었는데 경종(景宗) 때 최지몽(崔知夢)을 동래후(東萊侯)로 봉하며 식읍 1,000호를 지급하였다. 이후에도 여러 명에게 지급되었는데, 대부분 식실봉 없이 300호 내지 1,000호가 지급되었다고 한다. 다만 몇 사람에게는 식실봉도 주어졌다. 대표적으로 문종(文宗) 때 문정(文正)은 장연현개국백(長淵縣開國伯)에게 봉해지면서 식읍 1,000호, 식실봉 200호를 받았다. 예종(睿宗) 때 윤관(尹瓘)은 영평현개국백(鈴平縣開國伯)에 봉해지면서 식읍 2,500호, 식실봉 300호를 받았다. 의종(毅宗)은 즉위하자 김부식(金富軾)을 낙랑군개국후(樂浪郡開國侯)로 봉하고 식읍 1,000호, 식실봉 400호를 내려주었다. 후기에 들어와서도 마찬가지였는데 충렬왕(忠烈王) 때 김방경(金方慶)을 상락공(上洛公)으로 봉하면서 식읍 3,000호, 식실봉 300호를 하사했다. 심지어 공양왕(恭讓王) 때 이성계(李成桂)에게 화령군개국충의백(和寧郡開國忠義伯)과 함께 식읍 1,000호, 식실봉 300호를 주었으나 사양했다. 이렇듯 특별한 공훈이 있다고 인정되는 인물에게는 식읍 이외에 식실봉을 내려주는 예가 있었다. 다만 그 기준과 차이가 무엇인지는 아직까지 명확하게 밝혀진 바가 없다.

한편 지금까지 보았던 것과 성격이 약간 다른 것도 있었다. 918년 6월에 태조가 조서를 내리기를, "모든 내장과 동궁의 식읍에 비축해 둔 양곡은 여러 해가 경과되어 썩고 손상된 것이 필시 많을 테니 내봉낭중 능범을 심곡사로 임명하여 그 현황을 조사시키라.(所有內莊及東宮食邑積穀歲久, 必多朽損, 其以內奉郎中能梵爲審穀使[『고려사』 권1, 세가1, 태조 1년 6월 을축])"라고 하였다. 이것은 동궁에게 소속되었던 식읍의 존재를 보여준다. 이어서 1311년(충선왕 3)에 "왕이 계림·복주·경산부를 자기 식읍으로 삼고 낭장 구권을 보내 부세의 납부를 독촉하게 했다.(王以雞林·福州·京山府爲食邑, 遣郎將 仇權, 督其賦稅[『고려사』 권32, 세가34, 충선왕 3년 8월 경오])"라고 했다. 이를 통해 몇몇 고을이 국왕의 식읍으로 정해졌던 것을 알 수 있다. 그리고 그 고을에서 거둬들인 부세는 국가 기구를 거치지 않고 국왕에게 직접 귀속되었다. 이런 사정은 앞서 동궁 소속 식읍에서도 비슷했을 것이다. 국왕이나 동궁 같이 특별한 경우이지만 지역 전체가, 아마도 그 지역에서 거두는 부세가 모두 한 사람에게 귀속되는 예가 있었다. 다만 이때 국왕과 동궁은 하나의 개인이기보다는 공적인 존재로 파악해야 할 것 같다.

대체로 고려에서는 주로 호를 단위로 삼았으나 때로는 한 지역 전체를 지급하기도 하였다. 식읍으로 받으면 그것으로부터 일정한 수취를 할 수 있었는데, 그 내용과 성격에 대해서는 이견이 있다. 공적으로 정해진 부세가 수취되었으며, 매우 특수한 경우가 아니라면 자손들에게 상속되지 않았다고 파악하는 견해가 우세하다. 반면에 일부의 논자는 식읍을 가문의 영지(領地)로 파악하고, 그들 가문이 가세를 유지하는 한 지속되었다고 보기도 한다.

조선에 이르러서는 초기를 제외하고 식읍 지급은 소멸되었다. 토지소유권이 발달하고 수조권적 지배가 쇠퇴하면서 더 이상 유지하기가 어려웠다. 이미 고려 후기부터 왕족에 대한 지급이 완전히 중단되었던 상태였다. 즉 봉작제도에 의거해서 지급되는 것은 사라졌고, 다만 특별한 공을 세운 사람에게 하사되는 것만 유지되었다. 조선에 들어와 개국 일등 공신 가운데 극히 일부인 배극렴(裵克廉)·조준(趙浚)·김사형(金士衡)에게만 식읍 1,000호, 식실봉 300호가 지급되었다. 왕자 중에는 특이하게도 왕자의 난에서 패하여 유배당했던 방간(芳幹)에게 식읍 50호가 주어졌을 뿐이다. 그 밖에 단종(端宗) 때 계유정난(癸酉靖難)의 공로를 인정하여 수양대군(首陽大君)에게 식읍 1,000호, 식실봉 500호를 하사하였다. 더구나 이 무렵에는 지급받았던 호로부터 역(役)만을 수취할 수 있었을 뿐 그 이외의 것에 대해서는 금하였다고 한다. 수취 범위가 크게 축소되는 가운데 수양대군을 끝으로 그 이외에는 식읍을 하사했던 예가 없었다.

[참고어] 녹읍, 식실봉, 수조권, 소유권

[참고문헌] 강진철, 1980, 『高麗土地制度史研究』, 高麗大學校出版部 ; 河炫綱, 1988, 「高麗食邑考」『韓國中世史研究』, 一潮閣 ; 李景植, 1988, 「古代·中世의 食邑制의 構造와 展開」『孫寶基博士停年紀念韓國史學論叢』, 知識産業社 ; 尹漢宅, 1992, 「高麗前期 慶源 李氏

家의 科田支配」『역사연구』 창간호, 여강출판사 〈윤훈표〉

신농(神農) 중국 삼황오제의 하나로, 중국신화에서는 백성들에게 농경을 가르친 것으로 묘사되는 농업신.

신농씨는 나무를 구부려서 뇌사(耒耜 : 호미와 유사한 농기구)를 만들어 백성에게 농경을 가르쳤다고 알려져 있다. 『제왕세기(帝王世紀)』에서는 신농씨의 성이 강(姜)씨이고, 어머니는 유교씨(有嬌氏)의 딸인데, 소전씨(小典氏)의 아내가 되어 인신우수(人身牛首)의 신농씨를 낳았다고 한다.

한국에서는 신라 이후로 농신(農神)으로서 후직씨(后稷氏)와 함께 국가적으로 제사를 지냈음이 기록되어 있으며, 조선시기에는 선농단(先農壇)을 세워 매년 임금이 직접 밭을 간 후 제사를 지내기도 하였다.

[참고어] 선농제, 농경의례, 적전의례, 사직, 후직

[참고문헌] 편집부, 1998, 『종교학대사전』, 한국사전연구사 ; 임종욱 편저, 김해명 감수, 2010, 『중국역대인명사전』, 이회문화사 ; 임균덕, 2000, 「오제사상의 철학적 고찰」『인문과학논문집』 29, 대전대 인문과학연구소

신농장(新農場) 일제시기 전라남도 완도군 완도면 정도리 일대에 일본인 후지야마 쇼스케(藤山宗助)가 조성한 간척지 농장.

1921년 완도면 군내리에 거주하던 일본인 잡화상 후지야마가 완도군 정도리 일대 앞 간사지 24.4정보를 간척하여 1925년 7월 약 22정보(65,924평)의 농지로 개답하였다. 김양식이니 해조류를 채취하던 갯벌 간사지가 농지로 변하자 정도리 주민들은 이 간척농지를 새로 만든 농장이라는 의미로 신농장, 간사지를 막아 형성된 들녘이라는 의미에서 간사지들 혹은 후지야마의 농장이라는 의미로 등산농장이라 불렀다. 주민들은 품삯을 받고 간척공사에 노동력을 제공했고, 간척 후 신농장의 소작농으로 들어갔다. 1929년 사업에 실패한 후지야마가 신농장을 팔려고 내놓자, 자신들의 노동력으로 일구어 낸 간척농장이 외지사람에게 넘어가는 것을 꺼린 정도리 주민들은 신농장을 12,000원에 공동매입하였다. 매입한 농지의 규모는 간척농지 65,924평과 안창제 유지(溜地) 3,531평이었고, 마을주민 91명의 공동소유로 하였다. 매입자금은 각 호에서 거둔 일정금액과 저미조합(貯米組合) 저축금 3,600원을 기본매입자금으로 하고 부족한 금액은 간척농지를 담보로 동양척식주식회사 목포지점에서 저리의 자작농창설자금을 융자받았다.

1929년 12월 정도리 주민들은 공동으로 매입한 신농장의 공동운영을 위해 정도신농조합을 만들었다. 정도신농조합은 간척농지 신농장을 마을의 영년생업(永年生業)의 기초로 만들어가고자 했으며, 도서지역 어촌계의 어장운영방식처럼 공동소유-공동관리-순환경작이라는 공동체적 운영방식을 지켜갔다. 조합원의 자격은 정도리 마을에서 독립가구를 이루고 농업에 종사하는 1년 이상 거주자로 한정했고, 조합원의 소유권이나 경작권은 조합원 이외 제3자에게 임의로 양도·매매·대여하는 것을 엄격하게 제한하였다. 조합원만이 신농장의 경작권을 확보할 수 있었고, 균등경작을 위해 경작농지는 4년마다 추첨을 통해 순환 교체되었다. 조합원은 1인당 600평을 경작했는데, 상등답(특등, 1-3등급) 300평과 하등답(4-6등급) 300평 두 등급의 논을 각각 추첨으로 배정받았다. 경작자는 수확량의 4/10를 조합에 납부하였다. 염분이 많아 습지로 있던 일부 미성답은 원하는 조합원에게 소작을 주었다. 미성답의 소작료는 조합운영자금으로 들어갔고, 1957년 현재 28명의 미성답 경작자에게 6승에서 100승까지 차등 소작료를 받았다. 조합임원 중 농감은 그해 농사의 성패를 좌우할 정도로 실제 농업생산에서 중요한 역할을 하였다. 바닷물이 간척농지에 침범하지 않도록 항상 물때와 기상변화를 잘 읽어 내는 농사경험이 풍부한 사람을 1년 계약으로 임명했다.

정도신농조합은 출범과 동시에 안정적인 공동농업경영을 위해 조합원의 부채탕감에 전력을 다했다. 1929년부터 1935년까지 기후가 좋아 매년 풍작을 이루었고 수확량의 대부분은 부채상환으로 들어갔다. 마을의 공동사업수익도 모두 부채탕감에 활용되었으며, 정도신농조합은 농장 매입 9년 만에 동양척식주식회사의 부채를 청산할 수 있었다. 그 과정에서 비조합원 마을사람들에게도 적절한 보상을 해주어 불만의 소지를 없앴다. 1936년 가뭄을 계기로 제방보수와 수문확대공사를 실행하고 사정제(1938년)와 정도제(1943년) 저수지를 축조하여 신농장의 수리 안정화에 만전을 기했다. 해방 후에도 정도리신농조합은 오랫동안 공동체적 운영을 견고하게 유지해갔으며, 1959년 마을 입구에 박인선·이남연 등 창립 초기 조합지도자들의 공적비를 세우기도 했다.

[참고어] 간척, 개간, 경작권

[참고문헌] 선영란, 1998, 「일제하 간척농지 확충을 통한 공동체적

자원이용방식-전남 완도 신농장과 정도신농조합의 사례-」『도서문화연구』 16 〈이수일〉

신라촌락문서(新羅村落文書) 통일신라시기 서원경(西原京 : 지금의 청주) 근처에 있던 촌락의 경제 상황을 기록한 문서.

1933년 일본 동대사(東大寺) 정창원(正倉院)에 보관되어 있던 13매의 「화엄경론(華嚴經論)」의 파손된 경질(經帙)을 수리할 때 발견되었다. 경질 내부의 포심(布心)에 배접되어 있던 이 문서는 촬영 후에 다시 원상태로 경질 속에 넣었기 때문에 현재는 유리원판 사진만 남아있다. 가로 58㎝ 세로 29.6㎝ 정도의 닥종이 2매에 서원경 인근으로 추측되는 현(縣)의 관할 아래 있던 사해점촌(沙害漸村 : A촌), 살하지촌(薩下知村 : B촌), 결락으로 명칭을 알 수 없는 촌(失名村 ; C촌), 서원경의 직접 관할 아래 있던 촌(D촌)의 경제 상황이 해서체(楷書體)로 기재되어 있다. 약간의 결락이 있지만 대부분 판독이 가능한 상태이다.

문서에는 촌에 대한 상세한 내용이 촌별로 집계되어 기록되어 있다. 첫 줄에 촌명(村名)과 촌역(村域)이 나오고, 이어서 합공연(合孔烟)과 계연(計烟)의 수치가 나온다. 첫 줄은 다른 줄과 구분되도록 내어 쓰기를 하고 있는데 이러한 기재 양식은 4개 촌 모두 동일하다. 그 다음 줄부터는 공연(孔烟)의 호등(戶等) 구성, 현재 인정(人丁)의 구성, 마(馬), 우(牛), 답(畓), 전(田), 마전(麻田), 식목(植木)에 대하여 각각 고유(古有)와 삼간중산병합(三間中産幷合), 삼년간중가(三年間中加) 등으로 증가된 수량을 적고, 이후 감소된 인정, 마, 우, 식목의 수를 적고 있다.

문서의 기록은 식년(式年)기록과 추기(追記)로 나누어진다. 식년기록은 3년마다 이루어졌으며, 추기는 전식년과 당식년의 중간시점에 호구의 감소만을 기재하는 방식으로 이루어졌다. 문서의 작성 연대는 을미년인 695년, 755년, 815년으로 다양하게 제시되어 현재로서는 확정하기 어렵지만 대체로 7세기 말 8세기 초의 것으로 짐작된다.

촌의 규모는 둘레의 길이로 나타나 있는데, A촌이 5,725보(步), B촌이 1만 2830보, 그리고 D촌이 4,800보였다. 672년(문무왕 12)에 쌓은 남한산성의 둘레 4,360보와 비교한다면, D촌은 남한산성보다 조금 더 크고, 나머지 촌도 2~3배 정도 되었다. 따라서 당시의 촌역에는 주거지, 경작지, 목초지뿐 아니라 산천까지 포함되었다고 할 수 있다.

가호는 공연(孔烟)이라 표현되어 있는데, 각 촌의 공연은 10여 개로 이루어져 있으며 평균인구수가 10여 명에 달하는 큰 규모여서, 자연적인 가호라기보다는 과세 부과를 위해 여러 가호를 편제한 과호(課戶)라고 추정된다. 각 연(烟)은 인정수뿐만 아니라 소유 재산에서도 차이가 있고, 그에 따라 몇 개의 등급으로 구분되어 있다. 현재 문서에는 중하연(仲下烟), 하상연(下上烟), 하중연(下仲烟), 하하연(下下烟)에 이르기까지 4개의 등급만 나타나 있지만 그 위로 상상연(上上烟)까지 있었을 것으로 생각되므로 9등호제(九等戶制)가 실시되었음을 알 수 있다.

계연(計烟)은 '계산상의 연'이라는 뜻으로, 중상연을 기준수 1로 하여 1/6, 2/6, 3/6, 4/6 등으로 기본수를 설정하고, 이를 해당 호등의 숫자와 곱해 합계를 낸 다음에, 분자를 분모로 나누어 몫과 나머지를 '○여분○(○余分○)'의 형태로 표기한 수치이다. 이렇게 계산된 계연 수치는 해당 촌에 조조(租調)와 역역(力役)을 부과하는 기준수치로 이용되었다고 보인다.

문서에 기록된 내용을 각 항목별로 정리하면 크게 인정, 마우, 답전, 식목으로 나눌 수 있다. 먼저 인정 항목에 대한 기록을 살펴보면 문서에서는 각 촌의 인정수에 대해 남녀별·연령별로 세분하여 그 숫자를 모두 표기했으며, 노비도 이에 따라 구분하여 정리하였다. 남자는 정(丁)·조자(助子)·추자(追子)·소자(小子)·제공(除公)·노공(老公)으로, 여자는 정녀(丁女)·조녀자(助女子)·추녀자(追女子)·소녀자(小女子)·제모(除母)·노모(老母)의 연령층으로 구분하였다. 6등급의 연령구분은 당령(唐令)에 규정된 정(丁)·중(中)·소(小)·황(黃)·노(老)의 5등급 연령구분에 영향을 받았지만 당령과는 다르므로 신라의 독자적인 구분이 있었음을 알 수 있다. 이들 가운데 가장 중요한 연령층은 국가에 부역의 의무를 지고 있는 정(丁)과 정녀(丁女)였다. 4개 촌의 총인구 462명으로 이중 남자 204명, 여자 258명이며, 노비는 25명으로 총인구의 5.4%에 해당하여 당시에 노비가 전국적으로 광범위하게 존재했음을 알 수 있다.

마우는 인정수 다음에 기재되어 있다. 토지와 식목보다 앞서 기재되어 있고 그 증감이 반영되었으므로 매우 중요시했음을 알 수 있다. 말은 군사적인 목적과 교통수단으로 이용했고, 소는 농경에 사역되는 중요한 노동원이었다. 4개촌에 말은 61두, 소는 53두가 기록되어 있는데, 이는 상당히 많은 수이므로 이 지역이 국가의 우마 사역장이거나 교통의 요지라고 보는 견해도 있다.

촌락문서에서 토지는 답(畓), 전(田), 마전(麻田)으로 나누어 그 합을 기재하고 있다. 토지의 종류로는 관모전답(官謨田畓)·내시령답(內視令畓)·연수유전답(烟受有田畓)·마전(麻田) 등이 있다. 관모전답은 국가기관에 예속된 토지로 보이는데, 각 촌에 약 4결씩 비교적 균등하게 배치되어 있다. 내시령답은 사해점촌에만 4결이 설정되어 있을 뿐 다른 촌에는 보이지 않는다. 내시령에 대해서는 여러 가지 견해가 제기되어 있지만, 중앙 관부의 사령(使令)으로 수취에 관계하여 지방에 파견된 하급관리로 보는 견해가 유력하다. 내시령답은 내시령의 직역(職役)에 대한 대가로 지급한 직전(職田)이라고 보인다.

연수유전답은 '각 연(烟 : 戶)이 받아 가진 전답'이라는 의미로서, 이는 722년(성덕왕 21)에 백성들에게 지급했다고 하는 정전(丁田)과 같은 성격의 토지라고 생각된다. 이는 촌락민들이 이전부터 사유해온 토지를 국가적 차원에서 공식적으로 인정해 준 것이었다. 연수유전답 중에는 촌주위답(村主位畓)이 포함되어 있는데, 이는 촌주의 역에 대한 대가로 국가가 인정해준 촌주의 사유지라고 생각된다. 답전 가운데는 각기 4결정도의 관모전·답과 내시령답이 포함되었고, 나머지 97% 정도의 토지는 연수유답전이었다.

마전은 각 촌에 1결 정도씩 균일하게 설정되어 있는데, 이는 국가적 차원에서 각 촌에 배정하고, 촌락민들로 하여금 이를 공동경작하게 하여 그 수확물을 국가에 귀속시켰을 것으로 보인다.

이러한 토지에 대한 기록에서 몇 가지 주목되는 것은 첫째, 내시령답과 촌주위답이 사해점촌에만 나와 있다는 점이다. 결국 촌주는 촌마다 있었던 것은 아니고 몇 개의 촌을 묶어 파악하였고, 중앙에서 파견한 내시령 역시 촌주가 거주하는 촌을 중심으로 하여 지역촌 단위로 활동했다는 것을 의미한다. 둘째, 통일신라시기 토지의 측량단위로 결부제(結負制)를 사용하고 있었다는 점이다. 즉 국가적인 양전사업(量田事業)을 통해 토지를 결부의 단위로 엄밀히 파악하고 있었음을 알 수 있다. 그렇지만 토지의 비옥도를 고려한 전품(田品)이나 소유에 대한 변동을 기록되어 있지 않다. 이로 보아 촌락문서의 작성단계에서는 토지수에 대해서는 정확하게 파악하고 있었지만 토지생산성에 따른 전조(田租)의 수취는 이루어지지 않았다고 보인다. 토지의 경제성이 낮아 토지의 비중이 인정의 노동력 보다 낮게 인식되었다고 여겨진다.

문서에는 토지의 증감이 전혀 기록되어 있지 않은데, 이는 전식년 이후 3년 동안 양전사업이 이루어지지 않았기 때문이다. 반면 토지와는 달리 호구·우마·수목의 증감이 자세히 기재되어 있다. 이러한 이유는 양전사업의 어려움과는 달리 호구·우마·수목의 숫자 파악은 비교적 용이했기 때문이고, 이러한 항목이 국가의 수취 대상으로 토지보다 중요했기 때문이라고 사료된다.

수목의 종류로는 뽕나무·잣나무·호두나무 등이 있는데, 그 구체적 수치와 변동까지 문서에 자세히 기재되어 있다. 이는 마전에서 생산되는 마와 함께 이곳의 특산물을 의미하는 것으로서, 촌락민들이 공동으로 경작하여 공물로 부담하였다고 사료된다.

문서의 마지막 부분에는 전 식년 동안에 일어난 인구와 마우 등의 변동 상황이 기재되어 있다. 인구 변동의 원인으로는 출생·사망 등 자연현상에 기인하는 것도 있지만, 그 대부분은 이동이라는 사회현상 때문이라고 보인다.

신라촌락문서는 신라통일기 촌락의 구체적인 모습을 보여주는 귀중한 자료로서, 다각적인 연구를 통해 국가의 대민지배체제와 백성의 삶을 깊이 이해하는데 도움을 주고 있다. 당시 촌 단위의 경제상을 살필 수 있을 뿐 아니라 조세제도, 토자제도, 지방제도까지 고찰할 수 있는 문서이다. 따라서 촌락문서에 대한 연구도 다양하게 전개되었는데, 그 중에서도 주된 논의는 문서의 작성연대 및 성격, 공연의 구조, 계연의 실체, 촌의 성격 등이라 할 수 있다. 이 중에서 당시 사회상을 이해하기 위한 핵심적인 논의는 공연, 계연에 의해 대표되는 호등제 운영 모습을 검토하는 것이라고 할 수 있다. 즉, 호등 산정 기준과 호등과 관련된 수취 내용이 무엇인가에 대한 논의가 중심이라고 할 수 있다. 이에 따라 그동안 진행된 연구도 호등의 산정 기준에 대해서 인정, 토지, 자산, 가용노동력(可用勞動力) 등으로 다양한 견해가 제시되었고, 호등과 관련된 수취 내역에 대해서도 力役 징발, 조조(租調)의 부과, 조용조(租庸調) 전반이라는 다양한 견해가 제시되어 있다.

[참고어] 계연, 공연, 관모전답, 내시령답, 촌주위답, 호등제

[참고문헌] 旗田巍, 1958, 「新羅の村落-正倉院にある新羅村落文書の研究(1)」『歷史學研究』 226, 青木書店 ; 旗田巍, 1959, 「新羅の村落-正倉院にある新羅村落文書の研究(2)」『歷史學研究』 227, 青木書店 ; 武田幸男, 1976, 「新羅の村落支配-正倉院所藏の追記をめぐって」『朝鮮學報』 81, 朝鮮學會 ; 浜中昇, 1978, 「新羅村落文書にみえる計烟について」『古代文化』 35-2, 古代學協會 ; 虎尾俊哉, 1974, 「正倉院藏新

羅國民政文書に見える'計烟'の算法について」『歷史』 45 ; 兼若逸之, 1979, 「新羅 均田成冊의 硏究」『한국사연구』 23, 한국사연구회 ; 김기흥, 1991, 『삼국 및 통일신라 세제의 연구』, 역사비평 ; 李仁哲, 1993, 『신라정치제도사 연구』, 일지사 ; 李仁哲, 1996, 『新羅村落社會史 硏究』, 일지사 ; 李喜寬, 1999, 『통일신라토지제도 연구』, 일조각 ; 전덕재, 2006, 『한국고대사회경제사』, 태학사 ; 박찬흥, 2001, 「신라중·하대 토지제도 연구」, 고려대학교대학원 박사학위논문 ; 白永美, 2012, 「韓國 古代의 戶口 編制와 戶等制」, 高麗大學校大學院博士學位論文 ; 吳章煥, 1958, 「新羅帳籍으로부터 본 9세기 전후의 우리나라 社會經濟的 상황에 관한 몇가지 문제」『력사과학』 1958-5 ; 尹善泰, 1995, 「正倉院 所藏 新羅村落文書의 作成年代-日本의 華嚴經論 流通狀況을 중심으로」『진단학보』 80, 진단학회 ; 尹善泰, 2000, 「신라촌락문서의 기재양식과 용도」『韓國古代中世古文書硏究』下, 서울대학교출판부 ; 윤선태, 2001, 「신라촌락문서의 공연과 계연」『한국고대사연구』 21, 한국고대사학회 ; 李宇泰, 1983, 「新羅村落文書의 村域에 대한 一考察」『金哲埈博士華甲紀史學論叢』, 김철준박사 화갑기념 사학논총 간행준비위원회 ; 李宇泰, 1993, 「新羅 西原京 硏究의 現況과 課題-村落文書를 중심으 로-」『湖西文化硏究』 11, 충북대 호서문화연구소 ; 李泰鎭, 1979, 「新羅 統一期의 村落支配와 孔烟-正倉院 所藏의 村落文書 재검토」『한국사연구』 25, 한국사연구회 ; 李喜寬, 1995, 「統一新羅 土地制度의 成立」『한국학보』 81, 일지사 ; 李喜寬, 1995, 「통일신라시대의 공연의 구조에 대한 새로운 이해」『한국사연구』 89, 한국사연구회 ; 全德在, 1997, 「統一新羅時期 戶等制의 性格과 機能에 관한 硏究」『震檀學報』 84. 震檀學會 ; 전덕재, 1997, 「통일신라기 호등 산정 기준」『역사와현실』 23, 한국역사연구회

〈백영미〉

신속(申洬) ⇒ **농가집성**

신우상(申禹相) 1798년(정조 22) 권농정구농서윤음(勸農政求農書綸音)에 응하여 상소를 올린 사람.

본관은 고령(高靈)이고, 자는 선보(善甫)·백익(伯益)이다. 아버지는 신광수(申光洙)이며, 어머니는 윤두서(尹斗緖)의 딸이다. 충청도 한산 출신이다. 1771년(영조 47) 식년문과에 병과로 급제하여, 사간원정언(司諫院正言), 헌납(獻納), 사헌부집의(司憲府執義) 등을 거쳤다. 1798년 농사를 권장하고 농서를 구하는 정조(正祖)의 구언 전지가 있었을 때 부사직(副司直)으로서 상소를 올린 바 있었다. 이때 그는 구폐(捄弊)의 대부분을 사(私)와 고식(姑息)으로 돌렸으며, 사학(邪學)이 성행한 것을 말하였다. 또한 이앙법을 금지하면서 부종법을 강요할 경우 노동력이 부족해져서 실농(失農)할 것을 염려하여 이앙법 금지를 반대하였다.

[참고어] 응지진농서

[참고문헌] 『일성록』 ; 김용섭, 2007, 『(신정증보판)조선후기농업사연구(Ⅱ)』, 지식산업사

신작(申綽) 조선 후기의 학자로, 1798년(정조 22) 권농정구농서윤음(勸農政求農書綸音)에 응하기 위해 농서를 썼던 사람.

신작(1760~1828)의 본관은 평산(平山)이고, 자는 재중(在中), 호는 석천(石泉)이다. 아버지는 신대우(申大羽)이며, 어머니는 정후일(鄭厚一)의 딸이다. 정제두(鄭齊斗)의 외증손이기도 하다. 1809년(순조 9) 증광시에 장원으로 급제하였으나, 아버지의 삼년상을 지내며 평생 벼슬길에 나아가지 않았고, 학문에만 열중하였다. 정약용(丁若鏞)과 평소 친분이 두터웠다. 경학에 밝았으며, 양명학과 노장학도 공부하였다. 저서로는 『시차고(詩次故)』, 『춘추좌씨전례(春秋左氏傳例)』, 『역차고(易次故)』, 『상차고(尙次故)』, 『노자지략(老子旨略)』 등이 있다.

그는 1798년 농사를 권장하고 농서를 구하는 정조(正祖)의 구언 전지가 있었을 때 상소문을 올리지는 않았으나, 이때 상소하려는 뜻에서 마련하였던 「신계현농서조대(新溪縣農書條對)」가 『석천유집(石泉遺集)』에 남아 전한다. 여기에서 그는 이앙법(移秧法)을 금지할 것을 주장하였다.

[참고어] 응지진농서

[참고문헌] 농촌진흥청 역, 2009, 『응지진농서Ⅰ』, 진한M&B ; 김용섭, 2007, 『(신정증보판)조선후기농업사연구(Ⅱ)』, 지식산업사

신재(新災) 당해년에 처음 재결(災結)을 신청한 토지.

[참고어] 급재

신재형(申在亨) 1798년(정조 22) 권농정구농서윤음(勸農政求農書綸音)에 응하여 글을 올린 27인 중 한 사람.

출신은 홍주(洪州)의 유학(幼學)으로 기록되어 있다. 그는 상소문에서, 사람으로서 해야 할 일을 다 하고 나서 지리(地利)를 이용하고, 지리를 다 이용하고 나서 천시(天時)를 기다려야 한다고 하였다. 수리사업을 일으키고, 토의(土宜)를 살펴보고, 농기구를 편리하게 하는 것을 사람이 해야 할 세 가지로 꼽았다. 또한 그는 이앙법의 폐단을 지적하며 주앙(注秧)을 폐지하고 부종(付種)할 것을 주장하였다.

[참고어] 응지진농서

[참고문헌] 『정조실록』; 농촌진흥청 역, 2009, 『응지진농서Ⅱ』, 진한M&B

신증동국여지승람(新增東國輿地勝覽) 1530년(중종 25)에 이행(李荇)·윤은보(尹殷輔)·신공제(申公濟)·홍언필(洪彦弼)·이사균(李思鈞) 등이 『동국여지승람(東國輿地勝覽)』을 증수, 편찬한 관찬지리서.

성종은 양성지가 편찬한 새로 제작한 『팔도지리지(八道地理志)』을 받아본 후 여기에 서거정의 『동문선(東文選)』의 시문을 넣어 『동국여지승람』을 찬수할 것을 명령하였고, 동왕 12년(1481)에 전 50권으로 편찬을 마쳤다. 이후 『동국여지승람』은 1486년과 1499년에 개수하여 55권이 되었고, 최종적으로 1530년(중종 25)에 새로운 내용을 보완 수정하여 『신증동국여지승람』을 편찬하였다.

이 책은 세 차례의 수교 과정을 거쳐 완성되었다. 1481년 편찬된 『동국여지승람』은 1477년에 편찬한 『팔도지리지』(세종 때 완성을 본 『팔도지리지』와는 다른 책)에 『동문선』에 수록된 동국문사(東國文士)의 시문을 첨가하였으며, 체재는 남송(南宋) 축목(祝穆)의 『방여승람(方輿勝覽)』과 명나라의 대표적 통지인 『대명일통지(大明一統志)』를 참고하였다. 『동국여지승람』의 1차 수찬은 1485년(성종 16)에 김종직(金宗直) 등에 의하여 이루어졌다. 이때 시문에 대한 정리와 연혁·풍속·인물 편목에 대한 교정, 그리고 『대명일통지』의 예에 따라 고적편목이 신설되었고, 중국의 지리지에는 없는 성씨·봉수(烽燧)조도 추가되었다. 그 뒤 1499년(연산 5)에 임사홍(任士洪)·성현(成俔) 등이 부분적인 교정과 보충을 가하였으나 내용상의 큰 변동은 없었다. 제3차 수정은 증보를 위한 것으로서 1528년(중종 23)에 착수하였다. 1530년에 속편 5권을 합쳐 전 55권으로 완성, 이에 '신증(新增)'의 두자를 삽입하여 간행하였다.

책머리에는 이행의 진전문(進箋文)·서문·교수관원 직명과 구본 『동국여지승람』의 노사신(盧思愼)의 진전문, 서거정(徐居正)의 서문 및 교수관직명·찬수관직명·목록이 수록되어 있다. 책의 끝에는 수찬을 담당했던 홍언필·임사홍·김종직의 발문이 실려 있다.

순서는 권1·2에 경도(京都) 상·하, 권3 한성부, 권4·5 개성부, 권6~13 경기도, 권14~20 충청도, 권21~32 경상도, 권33~40 전라도, 권41~43 황해도, 권44~47 강원도, 권48~50 함경도, 권51~55 평안도 순이다.

각 권마다 여러 개의 군현이 수록되어 있으나, 경기도의 광주목과 여주목, 경상도의 경주부, 평안도의 평양부 등 큰 읍은 1개 행정구역만 수록되었다. 경도 앞에 조선 전도인 「팔도 총도」가 실려 있으며, 각 도 첫머리에는 도별 지도가 삽입되었다. 이 지도는 실측 지도라기보다는 지지를 읽는 데 참고가 되도록 첨부한 안내도의 역할정도를 할 뿐이다.

내용은 각 도의 연혁과 총론·관원을 적은 후, 목·부·군·현의 연혁, 관원·군명·성씨·풍속·형승·산천·토산 성곽·관방(關防)·봉수·누정·학교·역원·교량위치·불우·사묘·능묘·고적·명환(名宦)·인물·시인의 제영(題詠) 등의 순서로 기재되어 있으며 『동국여지승람』 이후에 증보된 것은 '신증'으로 표기하고 있다.

기존 지리지에 비해 인문적인 부분이 강조되었다. 구체적으로는 연혁·성씨·산천·역원·고적·인물 등이 자세해졌다. 연혁에서는 시대에 따른 각 군현의 지명 변화, 행정구역의 변천 과정 등을 밝히고 있다. 성씨는 토성(土姓)·내성(來姓)·속성(續姓) 등으로 구분하여 기록하였다.

산천조는 명산·하천·바다·호소·나루터 등의 위치를 읍을 기준으로 거리와 방향을 기록하였으며, 시문으로 경관을 묘사하고 있는 특징이 있다. 역원제와 봉수제는 행정상의 중추신경 구실을 했던 만큼 매우 중요시되어, 읍을 중심으로 방위와 거리를 상세히 기록하고 있다. 일반역 외에, 찰방역의 경우 그 소속 역명을 열거하였고 주요 역원은 그 시설과 연혁 등이 기술되었다.

그리고 개인적인 저작과는 달리 관찬지리지였기 때문에 책이 완성되어가는 과정에서 내용에 왕의 재가가 필요한 경우도 있었다. 1차 수찬을 마친 뒤 1487년(성종 18)의 2월 8일 기사를 보면 "동지사 김종직 등이 『동국여지승람』의 교정을 마쳐서 바쳤다. 승정원에 전교하기를, '무릇 서책은 비록 한 나라의 일을 기재하였을지라도 후세에 유포되고 혹은 중국에 전해져 알려지는데, 우리 조종에서는 모두 묘호를 일컬었으니, 이는 비록 구습에 따라 행한 일이라고 하더라도 내 마음에 편안하지 못하다. 영돈녕 이상과 의정부·홍문관에 의논하도록 하라.'하였다.(同知事金宗直等畢校『東國輿地勝覽』以進. 傳于承政院曰:'凡書冊雖載一國之事, 流布後世, 或傳聞上國. 我祖宗皆稱廟號, 是雖因循之事, 於予心未安. 其議于領敦寧以上及議政府·弘文館.'[『성종실록』 권200, 18년 2월 8일 무인])"라고 하여 책에서 묘호 쓰는 것을 문제 삼고 있다. 이후 이 일은 묘호 대신 시호(諡號)를 쓰자고 성종이 제안하였다. 그러나 김종직은 묘호를 쓰는 것도 무방하고, 이미 기록된 능(陵)의 비명(碑銘)과 편장(篇章) 및 기존에 편찬된 서적의 내용을 모두 수정하기는 어렵다는 것을 이유로 반대하였다. 이를 타당하게 본 성종의 허락을 받아 책에서 묘호를 그대로 사용하게 되었다.

『신증동국여지승람』은 조선 전기 지리지를 집대성한 것으로, 조선 말기까지 큰 영향을 끼친 지리지이다. 이 책은 지리뿐 아니라 정치·경제·역사·행정·군사·사회·민속·예술·인물 등 지방 사회의 모든 방면에 걸친 종합적 성격을 지닌 백과전서식 서적이다. 국가에서 주도한 지리지 사업이었기 때문에 통치를 위한 자료이 성격이 전혀 없는 것은 아니나, 『세종실록』「지리지」에 비해서는 약화된 부분이 있다. 예를 들면 물산관련 항목을 보아도 잘 드러나는데 『세종실록』「지리지」에는 수취 물종이 주를 이루었다면 이 책에서는 특산품과 지역의 공물과 상관없이 그 지역에서 실제 생산되는 물종을 중심으로 기록하였다. 『세종실록』「지리지」의 장점인 토지의 면적·조세·인구 등 경제·군사·행정적인 측면이 약화되었으나, 인물·예속·시문 등이 강화되었다고 평가받고 있다.

55권 25책으로 이루어져 있다. 중종 때 책이 완성된 뒤 1611년(광해군 3)에 목판본으로 간행하였고 후대에도 목판본으로 간행한 일이 있다. 중종 때 판본은 일본 경도대학소장본이 유일하며, 규장각 소장본 중 일부는 광해군 때 복간한 것이다. 1960년대에는 서울대학교소장본을 바탕으로 한 영인본이 동국문화사에서 나왔으며, 1969년 민족문화추진회에서 최초로 한글로 번역한 『신증동국여지승람』이 간행되었고, 한국고전번역원(http://db.itkc.or.kr)에서 이를 제공하고 있다.

[참고문헌] 『신증동국여지승람』(한국고전번역원 고전번역서) ; 徐仁源, 1999, 「『東國輿地勝覽』의 編纂者와 修撰者 分析」 『역사와실학』 13 ; 소순규, 2014, 「『신증동국여지승람』 토산 항목의 구성과 특징」 『東方學志』 165 〈탁신희〉

신탁경영(信託經營) ⇒ 위탁경영, 조선신탁주식회사 신탁농장

신한공사(新韓公社) 미군정이 동양척식주식회사 및 일본인(개인 법인)의 소유 토지와 자산을 관리하기 위해 설치한 기관.

일제 패망 이후 일본 도쿄(東京)에 위치했던 동양척식주식회사 본사는 맥아더사령부의 폐쇄기관정리위원회로 인계 청산되고, 38이남의 동양척식주식회사 자산은 미군정이 접수하였다. 일제가 패망하자 동양척식주식회사 한국인 직원들은 동척관리위원회를 자체적으로 조직하고 회사의 소유농장과 자산을 관리하였다. 동척관리위원회는 각 지점 별로 일본인 소유농지의 색출작업에 주력하였다. 1945년 10월 초 미군정이 동양척식주식회사를 접수하고, New Korea Company로 명명했다. 처음에는 신조선회사로 불리다가 신한공사로 정착되었다. 1946년 2월 21일 군정법령 제52호에서 신한공사는 '한국 정부에서 독립한 기관으로 창립'(제1조)되고, 1945년 8월 9일 이후에 동양척식주식회사 재산 및 동양척식주식회가 소유했던 조선 내 법인의 재산까지 모두 소유한다고 했다. 군정법령 제52호가 공포되자, 당시 반대여론이 크게 일어났다. 특히 제1조와 '신한공사의 재정상태나 존립을 훼손하는 진술 또는 유언을 작성 유포하는 자 또는 타인을 여사한 행동에 유인한 자는 군사재판소의 판결에 의하여 처벌한다'는 제7조의 규정은 신한공사를 마치 치외법권적인 신성불가침한 성역으로 존치시키려는 의도로 해석되었다.

법 개정을 요구하는 여론에 따라 미군정은 1946년 5월 7일 군정법령 제80호 신한공사설치개정령을 공포했고, 문제가 된 7조를 삭제하였다. 개정된 법령에서는 신한공사의 법적 명칭을 신한주식회사로 하여 상법의 법인임을 명시하고 '신한공사를 조선 정부에서 독립한 기관'을 삭제하고 '조선국민의 경제진흥을 유일의 목적'이라고 천명했다. 또한 '미국의 이익에 관계있는 정책문제를 결정'한다는 부분도 삭제하고 '군정이 종료되는 때에 신한주식회사는 조선 정부의 책임에 귀한다'고 했다. 신한공사는 상법상 주식회사의 체계를 가지고 군정장관이 임명한 10명의 이사가 이사회에서 제정된 정관과 내규에 의해 관리 운영하기로 되어 있었다. 그러나 실제 운영에서는 정관이나 내규도 마련되지 못한 채 관재령 제8호(각종 귀속사업체 운영에 관한 건, 1946년 12월 31일)에 따라 미군정의 통제 하에 들어갔다. 그에 따라 신한공사의 운영은 군정법령 80호에, 재산관리는 관재령 8호를 근거로 했으며, 한국인 총재는 제80호에 따라 운영상의 책임자가 되었고, 미군측 고문은 관재령 8호에서 임명된 재산관리관의 역할을 담당하게 되었다. 내부 갈등을 야기한 신한공사의 이원적 체제(구 동척계 한국인 직원과 미군정 직원간의 갈등)는 1947년 11월 27일 운영규칙이 마련되면서 조선인 7명과 미국인 3명으로 구성된 지도위원회에서 운영

방침을 결정하는 것으로 마무리되었다.

신한공사는 법령 52호 신한공사설치령에 따라 동척이 소유한 토지와 산업체를 관리하게 되었으며, 동척이외의 일본인(자연인 및 법인)이 소유했던 일체의 귀속농지도 관재령 제3호 '주한미군의 토지관리 책임'에 의해 전면적으로 관리하게 되었다. 1945년 8월 9일 이후 전반적으로 혹은 부분적으로 일본 정부나 혹은 대리인, 개인이나 조합, 회사, 협회, 일본 정부에 속한 어떠한 다른 기관, 법인조직, 법으로 정한 모든 형체의 재산의 소유권과 수입은 1945년 12월 6일 법령 33호의 규정에 의하여 조선 군정청에 귀속되었다. 일본인 토지재산 중 단일규모로서 가장 큰 부분은 동척소유재산이었다. 동척의 재산은 토지 및 산업체로 구성되었는데 동척이 소유하고 있던 토지는 남한 전체 경지면적의 1~1.5%에 달했다. 이와 같이 군정법령 33호에 의해 과거 일본인이 경영하던 농장 및 토지를 미군정에 귀속시키고, 다시 이것을 관재령 3호를 통해 신한공사에 관리권을 넘김으로써 신한공사는 거대 지주회사로서의 면모를 갖추게 되었다.

한편 신한공사는 토지회사나 신한공사 운영과 직결되는 사업체는 통폐합을 하고, 일부 방계회사는 관재처로 이관하며 부분적인 해체를 실시하기도 했으며, 소작료 수집이 제대로 이루어지지 않는 등 관리가 되지 않는 미군정의 귀속농지는 미군정 관재수속각서 제9호 '귀속기관소속농지 보고에 관한 건'(1947.2.21)에 의하여 신한공사로 일괄 이관되었다. 이를 통해 신한공사는 점차 토지회사로 소작료 수입기관으로 전문화되었다. 그 결과 신한공사는 남한 전체 경지면적의 15.3%를 소유하고 그 소작농은 전체 농가호수의 28.5%에 이르게 되었다. 신한공사는 경성, 대전, 대구, 부산, 이리, 목포 등 전국 6곳에 지점을 개설했고, 각 지점은 일본인 토지 1필별 조사 작성, 토지대장 작성, 집계부 작성, 일본인 소유자별 관리재산 정리카드 작성 후 수지계산 기장 작성, 과수원 대장 작성 등의 업무를 수행하였다. 지점 아래 설치된 출장소는 기술 조언을 담당했으며 일본인 소유 농지를 관리하였다.

토지회사로서 신한공사의 가장 중요한 업무는 소작인과 소작계약을 체결하는 것과 소작료를 징수하는 것이었다. 이에 미군정에서는 지방등기소의 토지대장과 세무서의 납세대장을 이용하여 과거 일본인 소유토지를 철저히 조사하였고, 신한공사 지점장이나 출장소장은 일본인 소유 및 관리토지를 등기 열람하여 발견하면 즉시 소작인을 선정하여 소작계약을 맺었다. 또한 구일본인 소유토지를 능률적으로 관리하기 위해 소작인에게 그 토지에 소속된 주택과 건물을 종전대로 제공하였다. 미가의 안정과 부족한 식량을 확보하기 위해 실시된 미군정의 미곡통제 방침에 따라 신한공사는 소속 소작인의 모든 농지에 대한 곡물수집에 대한 책임을 지게 되었고, 이에 소작료 금납제 실시, 소작농에 대해 경작료 지불 거부, 소작인 축출, 소작조건의 1년 계약 등 강압적인 방법을 동원하여 미곡수집의 실적을 높였다. 이는 결과적으로 미군정 식량조달에 기여하게 되었다.

한편 일본인 및 민족반역자의 토지몰수와 소작료 3·7제를 주장하면서 토지제도의 전면적 개혁을 바라는 농민들의 열망이 날로 높아지고, 북한에서 무상몰수·무상분배 원칙에 의한 토지개혁이 실시되자 미군정도 토지개혁정책을 서두르게 되었다. 1947년 12월 농지개혁법안이 남조선과도입법의원에 상정되었으나, 우익측 의원들의 출석거부로 회의는 열리지 못하고 법안 역시 심의되지 못했다. 이에 미군정은 전면적 농지개혁은 단독정부 수립 이후로 미루고, 일본인 소유지만의 매각에 착수했다.

1948년 3월 미군정은 신한공사를 해체하고 중앙토지행정처를 설치, '소작지 또는 소유지가 2정보 이하인 자로 매각토지의 소작인에게 우선권을 주고 그 외 농민, 농업노동자, 해외에서 온 귀국농민, 북한에서 이주한 사람에게 매각하고, 농지의 대가는 당해 토지의 주생산물 연간 생산고의 3배로 하고 지불은 20%씩 15년간 연부로 현물납입하며, 분배된 농지의 매매·임대차·저당권 설정은 일정기간 금지한다'는 조건으로 신한공사 소유 토지의 일부를 매각했다. 신한공사가 관리하던 토지는 경작지 27만여 정보, 택지·산림을 합해 총 32만여 정보였으나, 미 군정이 매각·분배한 것은 논과 밭에 한정되었으며, 정부수립까지 약 85%가 매각·분배되었다. 이는 농민들의 저항을 무마하고 장차 단독정부의 원만한 수립을 위해서였다.

[참고어] 농지개혁, 농지개혁법

[참고문헌] 최영묵, 2004, 『미군정기 신한공사 연구』, 건국대학교 박사학위논문 ; 손경희, 2000, 「1946-1948년 경북지역의 신한공사의 농업경영」 『대구사학』 59 ; 이현진, 2009, 『미국의 대한경제 원조정책』, 혜안

〈이현진〉

실리농방신편(實利農方新編) 1909년 이각종(李覺鐘)이

서양의 농서를 번역해 출간한 서적.

한말 이래 전통적인 농서 이외에 여러 경로를 통해 서양식 농법이 소개되었다. 특히 안종수의 『농정신편(農政新編)』(1881)을 위시하여, 『인공양잠감(人工養蠶鑑)』(1901, 서상면 외 1인 역), 『농학입문(農學入門)』(1908, 라완 역), 『양계신론(養鷄新論)』(1908, 선우예 역), 『가축사양학(家畜飼養學)』(1909, 역자 미상), 『응용비료학(應用肥料學)』(1910, 김달현 역) 등과 같이 양잠, 양계, 축산, 비료, 농약 등 분야별 농서들이 번역 소개되었다. 『농방신편』도 그와 같은 번역서의 하나였다.

모두 4편으로 되어 있는데 1편은 농리(農理), 2편은 비료(肥料), 3편은 재배(栽培), 4편은 병리급치료병해충구제법(病理及治療病害蟲驅除法)으로 되어 있다. 1편에선 농지에 적합한 토양과 토양의 시험방법, 경작하는 것과 물을 사용하고 배수 처리하는 방법에 대한 것이다. 2편은 비료를 광물(鑛物)비료와 식물-동물비료 및 조화(調和) 비료와 나머지 비료에 대한 설명과 함께 비료 주는 법을 설명하고 있다. 제3편은 종자의 선택, 발생력 연한표, 곡류, 과수, 채소, 연초(煙草), 차 등의 재배법을 설명하고 있다. 제4편은 모든 식물의 해충치료법에 대해 설명하고 있다. 국립중앙도서관에 소장되어 있다.

[참고문헌] 김영진, 1982, 『농림수산고문헌비요(農林水産古文獻備要)』, 한국농촌경제연구원 〈정두영〉

실전(實田) 실제 경작하는 토지, 혹은 양안(量案) 상 실수세지(實收稅地).

일반적으로는 현재 경작이 이루어지는 토지를 뜻하나, 조선시기 양안 상에서는 시기결(時起結)에서 재결(災結)을 제외한 수세실결을 의미하기도 한다. 양안에 파악된 경작가능지인 원전(元田)에서 황폐해진 토지인 진전(陳田)을 제외한 것이 시기결인데, 여기서 재상(災傷)을 입은 전결수인 재결을 제외하면 당해연도 실수세지인 실결(實結)이 된다. 예컨대 세종 23년 호조에서는 수세액이 적다는 이유로 충청도 도사 김득례를 국문하도록 요청하면서, 당해년 충청도의 실전은 수전과 한전이 합계 22만 2천 3백 94결로[한전 : 6천 9백 69결, 수전 : 1만 7백 63결], 갑인년 흉작시의 실전[한전 : 1만 1천 22결, 수전 : 1만1천 4백 14결]에 비해서도 부족함을 지적했다.(戶曹啓……本道水田旱田共二十二萬二千三百九十四結, 旱田之實, 六千九百六十九結 ; 水田之實, 一萬七百六十三結, 參之已往各年, 則實田之數, 未有如此之少也. 況去甲寅年則不稔尤甚, 而忠淸道旱田之實, 一萬一千二十二結 ; 水田之實, 一萬一千四百十四結, 亦不如今年之損也.[『세종실록』 17년 12월 14일 신해])

[참고어] 원전, 시기결, 수세실결, 진전, 급재

[참고문헌] 이세영, 2010, 「조선시대의 진전 개간과 토지소유권」 『한국문화』 52 〈윤석호〉

실지조사부(實地調査簿) 일제의 토지조사사업에서 지주가 신고한 토지신고서와 실지를 조사 측량하여 작성한 원도를 근거로 작성한 장부로 토지조사부 작성의 근거 장부.

실지조사부는 1개 동리를 단위로 작성하였다. 조사항목은 지번, 가지번, 지목, 소지목, 신고 또는 통지 연월일, 면적, 구분, 주소, 씨명, 적요 등이었다. 기록순서는 지번이 아니라 가지번 순이었다. 조사항목 가운데 면적과 구분은 기록하지 않았다. 실지조사부 작성에서 가장 중시한 것은 지번과 소유자였다. 적요란에는 조사 내용에 문제가 있을 경우 그 사유를 기입했다. 분쟁은 그 내용을, 결번의 경우는 결(缺), 통지없는 국유지는 '편의통지'라고 기록했다. 법원의 판결로 소유자가 결정된 경우는 이에 따라 토지신고서를 정리한 다음 실지조사부를 수정했다.

실지조사부의 중요 기재사항을 열거하면 다음과 같다. ① 소유권의 증명을 거친 토지는 증명번호를 기재하고, 전당권 설정증명을 거친 토지는 '전당권'이라고 기재하였다. ② 가지번은 조사순으로 부여하되, 1장의 개황도 또는 원도의 조제가 완료될 때마다 기재하도록 하였다. 지번은 1개 동리의 조사와 측량이 완료된 후에 기입하였다. ③ 지목은 측량과 동일한 부호로 기재하고, 사용세목은 조사 당시에 기재하였다. ④ 이해관계인의 신고는 그 자격(마름, 소작인 등), 관리인이 신고한 것은 관리자, 이름이 없는 부인은 아버지 또는 남편의 성명, 외국인은 국적을 기재하였다. ⑤ 분쟁지는 주소, 성명을 기재하지 않고 적요란에 「○○○와 ○○○의 분쟁」, 경계분쟁은 적요란에 「가지번과 계쟁」, 소유권에 의문이 있는 토지는 「소유권에 의문 있음」이라고 기재하도록 하였다. ⑥ 신고를 하지 않는 토지는 성명란에 '무신고', 통지가 없는 국유지는 적요란에 '무통지'라고 기재하였다. ⑦ 종중, 사립학교, 조합, 기타 단체로서 법인의 자격으로 취급할 수 없기 때문에 공유로 하거나, 명의인을 세워서 신고하되 신고서 중에 단체의 재산이라는 것을 부기한 것은 그 사실을 적요란에 기재하도록 하였다. 실지조사부는 토지신고서와 원도

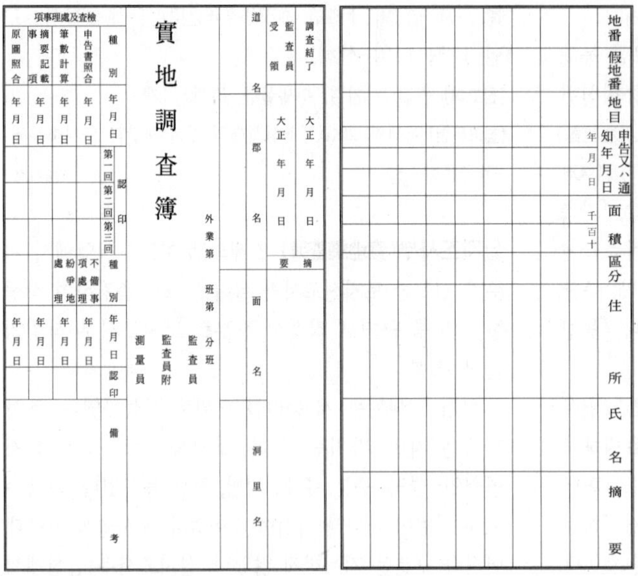

실지조사부 표지 및 양식

를 대조하면서 동시에 작성하였다. 실지조사부의 조사를 마친 날과 감사원이 검사한 날이 토지신고서의 검사일 그리고 원도의 측도완성일과 일치했다.

실지조사부철은 맨 앞에 표지를, 그 다음에는 참고사항을 기록한 등사물을 첨부하고, 실지를 조사하여 기록한 실지조사부는 가지번 순으로 그 다음에 편철하는 방식으로 구성되었다. 실지조사부의 맨 마지막 장에는 지목별 필지수와 총필지수를 기록했다. 실지조사부의 표지는 중앙에 "실지조사부 ○○○○도 ○○부(군) ○○면 ○○리"라고 제목을 표기하고, 군면동리통폐합으로 행정구역이 변경되었을 경우 그 사유와 내용을 기록했다. 적요란에 "토지소재와 주소는 신구양명칭(新舊兩名稱)이 있다"고 하고, 비고란에는 "행정구역의 변경으로 정정"이라 기록했다. 다음은 조사자들의 소속과 직위, 조사 내용 등을 기록했다. 조사자의 소속은 '외업 제○반 제4분반'이고 조사자는 기수들로 감사원, 검사원, 측도원 등의 직위와 성명을 기록하였다. 이들이 실시한 검사와 처리사항의 내용은 크게 신고서조합, 필수계산, 적요기재사항, 원도조합 등의 대조사항과, 불비사항처리, 분쟁지처리, 무신고지처리, 소유권에 의심이 있는 토지처리 등 문제가 있는 사항 등 두 부류로 나누어 확인하고 날인했다.

실지조사부의 작업순서는 조사를 마친 후, 토지신고서와 대조한 다음 필수를 계산하고 적요사항을 기재하는 것으로 장부를 완결하고, 감사원이 최종 날인했다. 실지조사부가 완성된 다음 작업은 토지조사부 작성작업이었다. 현재 창원군과 김해군의 실지조사부가 일부 남아 있다.

[참고어] 토지신고서, 무신고지, 지목, 지번, 토지조사부

[참고문헌] 마산시청, 『실지조사부(창원군)』; 조선총독부 임시토지조사국, 1918, 『조선토지조사사업보고서』; 한국역사연구회 토지대장연구반, 2011, 『일제의 창원군 토지조사와 장부』 〈이영학〉

심경(深耕) 작물 재배를 위해 논밭의 토양을 깊게 파서 가는 기경(起耕) 작업.

심경은 농경의 기경작업이라는 점에서 농사짓는 기술의 한 부분이었다. 기경은 작물에 적당한 생육조건을 마련하기 위하여 경작지를 갈아주는 작업을 말한다. 그리고 기경은 작물을 파종할 직전에 수행하기도 하고, 장래의 경작을 미리 준비하는 차원에서 이루어지기도 하였다. 기경은 봄, 여름, 가을에 걸쳐 필요할 때 이루어졌다. 그리고 중경(中耕)은 이랑과 작물포기 사이의 표토를 경운 쇄토하여 굳은 토양을 유연하게 하고 토양의 통기성과 투수성을 좋게 해주는 작업을 가리킨다. 이와 관련된 용어로 경운(耕耘)이란 것이 있는데, 땅을 갈아 작물이 자라기 좋게 하여 주는 작업이라는 뜻이다.

심경은 이러한 여러 가지 기경작업 가운데 일반적인 관행보다 깊게 기경하는 작업을 가리킨다. 대개의 경우 심경과 다비(多肥)라는 말이 서로 연결되어 사용되고 있다. 보통보다 깊이 가는 심경의 경우, 표토 밑의 흙은 양분이 적어 많은 비료를 넣어주어야 작물이 정상 생육을 할 수 있다는 것을 말한다.

심경을 하면 깊은 곳의 토양을 경작에 활용할 수 있어 작물 성장에 필요한 토양의 유기질 성분을 보다 효율적으로 획득할 수 있다는 점에서 시비의 효과를 높일 수 있었다. 표토보다 깊은 곳의 토양을 이용하기 위해서는 갈이농기구를 활용해야 하고, 특히 축력을 이용하는 쟁기의 활용이 필수적이다. 또한 쟁기를 끌어줄 농우(農牛) 즉 소를 갖추고 있어야 심경이 가능하였다.

따라서 심경이 농업기술의 측면이나 역사적으로 주요한 의미를 갖게 된 것은 4~5세기 무렵 철제농기구가 광범위하게 보급되고, 우경이 널리 퍼지면서부터이다. 석제와 목제 농기구에 비해 철제 농기구는 논밭에서 이전보다 심경을 가능하게 하였고, 인력(人力)이 아닌

축력을 이용하는 우경의 경우도 훨씬 깊게 토양을 갈아주는 것이 가능하였다.

심경은 토양이나 기후조건, 그리고 농기구의 종류에 따라 시행되는 상대적인 갈이작업이었다. 어떤 경우에는 깊이 갈아주는 것이 당연하지만, 어떤 경우에는 얕게 갈아주는 것이 요구되었다. 대개 봄과 여름의 기경은 얕게 하는 것이 적당하고, 가을의 기경은 깊게 하는 것이 적당히 하였다. 이는 기경을 통한 경작지 교란현상이 작물의 안정적인 성장에 영향을 끼칠 수 있다는 점에서 당연하다고 할 수 있다. 즉 가을에는 깊게 갈아도 봄에 작물을 파종할 때까지 시간적 여유가 있어서 경작지가 안정화될 수 있지만, 봄과 여름에는 깊이 갈면 작물이 토양에 적응하는 데 실패할 가능성이 높아지는 것이다. 또한 토양조건의 차이도 경법(耕法)의 지역적 차이를 초래하는데, 이는 곧 심경의 지역적 채택 유무로 나타났다. 관동과 호남은 각각 산과 흙이 두터운 곳이기 때문에 심경을 하는 것이 마땅한 곳이었다. 이에 반해 경기 지역은 표층이 얕고, 경작에 활용할 토지가 충분하지 않아 심경하는 것이 적당하지 않았다. 따라서 갈이 농기구로 갈아주는 기경작업이 농기구의 발달, 작물의 생육조건, 토양의 성질 등에 따라 상대적으로 깊게 이루어질 때 이를 심경이라고 한다.

[참고어] 우경, 쟁기

[참고문헌] 宮嶋博史, 1977, 「李朝後期の農書」『人文學報』 43, 京都大人文科學硏究所 ; 이성우, 1981, 『한국식경대전』, 향문사 ; 김영진, 1984, 『조선시대전기농서』, 한국농촌경제연구원 ; 이호철, 1986, 『조선전기농업경제사』, 한길사 ; 이태진, 1986, 『한국사회사연구-농업기술의 발달과 사회변동-』, 지식산업사 ; 김용섭, 1988, 『조선후기농학사연구』, 일조각 ; 민성기, 1990, 『조선농업사연구』, 일조각 ; 김용섭, 1991, 『증보판조선후기농업사연구』, Ⅱ 일조각 ; 염정섭, 2002, 『조선시대 농법 발달 연구』, 태학사 〈염정섭〉

십일세(什一稅, 1/10稅) 전근대 동아시아 국가가 가장 공정한 수취율로 정했던 단위 면적당 수취량.

정전제의 이념을 기본 농정책으로 수립했던 농업국가에서는 하은주 시기의 수취량 1/10을 가장 공정한 기준으로 삼았다. 1/10보다 더 거두면 하나라의 폭군 걸[大桀, 小桀]과 같고, 1/10세 보다 덜 받으면 맥[大貊, 小貊]과 같아질 것이라고 하였다. 1/10세야말로 천하의 공정한 세제로서 농민경제를 안정시킬 수 있는 천하의 기준이라고 보아 생산량의 1/10을 거두었던 것이다.

정전제와 관련하여 가장 체계적인 기록을 전하는 『맹자(孟子)』에 의하면, 하나라 때는 1부(夫)가 토지 50무(畝)를 받고 5무를 세금으로 바쳤고, 상나라 때는 70무씩 지급된 토지에서 7무에 해당하는 세금을 바쳤으며, 주나라 때는 100무의 토지 중 10분의 1인 10무를 바쳤다고 기록하고 있다. 10분의 1에 해당하는 수취량은 토지생산량의 1/10을 거두는 것을 의미했다. 즉 하은주 때의 50무, 70무, 100무를 기준으로 한 공법(貢法), 조법(助法), 철법(徹法)은 운영방식이 달랐겠지만 수취량으로 기록된 5무, 7무, 10무는 모두 10분의 1이라는 것이다. 물론 정전제 하의 공전과 사전 구획 방식에 대해 논쟁이 남아 있다. 9개의 '정(井)' 자형 구획 중 가운데 공전 구획을 어떻게 해석하는가에 따라 9분의 1세, 10분의 1세, 아니면 11분이 1세로 해석되기도 하지만 공전 내 설치된 여사(廬舍, 주거지) 면적을 환산하면 10분의 1에 수렴하게 된다.

이같은 동아시아 농업사회의 가장 공정한 기준으로서의 10분의 1세는 정전제 하의 이상적인 기준으로 작동되어 왔고 한국의 역대 농업정책 수립과정에서도 중요한 근거로 논의되어 왔다. 신라나, 고려, 조선시기의 법정 수취량 역시 1/10세를 기준으로 환산되며, 토지의 지목에 따라 1/4 또는 1/2에 해당하는 수확량을 거두기도 하였다.

고려의 전시과에서는 민전에서는 1/10, 국공유지에서는 1/4에 해당하는 비율로 전조(田租)를 거두었다. 1결당 수취량은 토지 등급에 따라 달라지되 모두 1/10의 기준에 맞추도록 한다는 것이다. 조선의 과전법에서도 1/10을 기준으로 1결당 2석에 해당하는 전조를 거두었다. 정률제와 정액제를 결합시켜 책정한 결당 수취량이었다. 이같은 기준 역시 모두 1/10을 기준으로 책정되었으며 수취의 공평성을 달성하는 방안이 되었음은 물론이다.

조선 세종 년간의 공법(貢法)은 수취량의 공평성을 기하기 위해 대대적인 전제개혁을 단행한 결과 소출의 1/20을 거두도록 정하였다. 전분(田分) 6등과 연분(年分) 9등으로 나누어 1결당 전세를 20두에서 최하 4두까지 수취하도록 정하였다. 가장 생산량이 높은 상상의 경우 20두로 하고 최하인 하하의 경우 4두를 거두도록 하였다. 전국의 토지를 엄밀히 측정하여 공법의 1/20세율을 적용하되 그 비율대로 정액을 거두도록 하였던 것이다. 이같은 공법은 공정한 전품(田品) 측정과 한 해의 풍흉을 정확히 적용시킬 수 있는 연분 측정에 따라 운영의 성패가 달렸다. 결국 이같은 결부제(結負制) 운영이 정확히 시행만 될 수 있다면 1/20세 수취로 충분하다는 것이었다.

17세기 양란 이후의 조선국가는 1/10의 수취량을 전제로 농업생산량을 증진시킬 수 있는 방안을 강구하게 되었다. 대동법과 양전사업을 거치면서 조선정부의 수취량은 다소 회복되었지만 지주의 토지겸병으로 농민이 몰락하고 체제위기의 상황에 직면하게 되었다. 여기서 등장한 것이 지주제의 병작반수, 즉 1/2 지대를 혁파하는 방안으로서 1/10로 지대를 감액한다는 감조론(減租論)이다. 병작반수의 사적 수취량을 국가가 통제하여 공정한 수취율 1/10로 감조한다면(혹은 1/5로만 감조하더라도) 지주제는 해체할 것이고 농민경제는 회복될 수 있다는 것이다. 이같은 논의가 나온 것도 1/10세의 공정세율을 지주제에도 적용시켜 농민경제를 안정시킨다는 논의와 무관하지 않다.

동아시아에서의 1/10세의 핵심은 정전제 이념을 기준으로 농민경제의 안정을 꾀하면서 나아가 부국강병할 수 있는 천하의 공정세율을 마련했다는 데 있었고, 각 시기 국왕들은 그것을 인정(仁政)의 기준으로 삼고 있었다는 점이다. 1/10세의 역사적 존재형태는 단순히 토지수취량에 머물지 않고 이상적인 정치경제 제도의 근간으로 작동했다는 것을 알 수 있다.

[참고어] 정전제, 조법, 공법, 왕토사상, 조세제도, 전세, 결부제, 감조론

[참고문헌] 김기흥, 1991, 『신라 및 통일신라 세제의 연구』, 역사비평사 ; 박종진, 2000, 『고려시기 재정운영과 토지제도』, 서울대학교 출판부 ; 안병우, 2002, 『고려전기의 재정구조』, 서울대학교 출판부 ; 이재룡, 1994, 「조세」『한국사』 24, 국사편찬위원회 ; 김태영, 1994, 「전세제도의 개편」『한국사』 24, 국사편찬위원회 ; 전덕재, 2006, 『한국고대사회경제사』, 태학사 ; 최윤오, 2007, 「조선시기 토지개혁론의 원리와 공법, 조법, 철법」『역사와 실학』 32

〈최윤오〉

써레 모를 내기 직전의 갈아 놓은 논바닥이나 밭의 흙덩이(쟁깃밥)를 부수어 바닥을 고르게 하는데 쓰는 농기구.

써레는 입춘(立春)에 준비해야할 농기구의 하나였다. 형태는 1~1.5m의 통나무에 20~30㎝정도의 끝이 뾰족한 나무토막(써렛발, 齒)을 6~10개 정도 빗살처럼 나란히 박아 만들었다. 위쪽에는 가로로 손잡이를 대고 통나무에 대각이 되게 앞으로 긴 나무를 박았다. 여기에 양쪽으로 봇줄을 메어 소의 멍에에 메어 소가 끌게

써레 농업박물관

하거나 나루채(소에 메우는 채)를 박아 직접 연결하여 사용하였다. 몸체는 보통 소나무를 이용하고 써렛발은 단단한 참나무나 박달나무를 이용한다.

써레에는 번지(너른 판자)를 달아 모낼 논이나 밭의 바닥을 판판하게 고른다. 그러나 번지를 사용하지 않을 때는 밭의 경우 써렛발을 위로 향하게 뒤집고 그 위에 아이들이 올라타거나 무거운 돌을 올려 소가 끌고 다니면서 바닥을 고르기도 하였다. 또한 못자리를 판판하게 고를 때 번지 대신 써레의 발 사이에 새끼줄을 감아 사용하기도 하였다. 지역에 따라서는 손잡이와 나루채를 빼고 써레 몸통에 봇줄만 매어 사람이 직접 올라타 써레질을 하기도 하였다. 써레질은 논밭의 흙을 썰어 부드럽게 만든다고 하여 '삶기'라고도 하며 써레질을 '논 삶는다'라고도 한다. 소 한 마리로 하루에 2,000평(6,611.57025㎡)을 삶았다. 전남 보성에서는 써레질이 끝나면 음식과 술, 농악을 즐기며 '써레시침'을 하였다.

물이 있는 논에서 쓰는 것은 '무논써레'라고 하며 보리밭에서 쓰는 것을 '마른써레'라고 한다. 마른써레는 발이 위로 향하여 달리고 손잡이가 따로 없다. 물을 댄 논에서 쓰는 무논써레 가운데는 회전써레도 있다. 이것은 가운데 흙을 부수는 송곳 같은 발이 달린 굴대를 달아 소가 끌면 이 굴대가 돌면서 흙덩이를 부수는 방식이다. 또한 밭이나 물을 대지 않은 논에서는 평상써레를 사용하였다. 이것은 써레의 몸통을 2~4개 정도 연결하거나 여러 겹의 나무틀에 나무나 쇠로 된 발을 박아 효율성을 높인 것이었다. 특히 전라남도 고흥지역에서는 옹이진 참나무를 이용하여 써레를 만들어 썼는데 이를 '공이써레'라고 하였다. 북한지방에서는 쟁기처럼 생긴 기구 밑에 여러 개의 쇠꼬챙이로 써렛발을 만들어 마른 논에서 사용하였는데 일반적인 써레와 조금 다르지만 이것도 써레라고 불렀다.

써레는 지역에 따라 쓰래(경기 덕적), 써리(경남 영

산), 써으리(전남 영광), 써그레(강원 도계), 성으리, 쓰레(충청), 초파(耖耙) 등으로 부른다. 각종의 조선시기 농서에서 써레를 지칭하는 말로는 목작(木斫), 소흘라(所訖羅), 서흘라(鋤訖羅), 초(耖) 등이 있다. 『농사직설(農事直說)』에서는 중국의 목작= 소흘라로 번역되어 있어 당시 이것이 써레일 것으로 추측되어 사용되었다. 그러나 그것은 오히려 우리의 '메(椎)·공방메'와 같은 것이었다. 이보다는 파[耙, 손잡이가 없다]와 유사하며 파에서 한 단계 발전한 초(耖)가 곧 지금의 써레라 할 수 있다. 수전에서 흙을 부수는 농기구인 초는 왕정(王禎)의 『농서(農書)』에 의하면 '하나의 정(程)에 파의 이(齒)보다 배나 긴 이를 촘촘히 박고 그 정 위쪽에다 두 막대[梃]를 세우되 그것을 횡목으로 연결하여 손잡이가 되게 한다. 이것을 가축의 힘으로 끄는데 뒤에서 두 손으로 손잡이를 누르고 조종해 나가도록 되어 있었다.'라고 하였다. 이것은 원나라 때의 초(耖)와 꼭 같았으며 수전(水田)에서 사용하는 것이었다.

지금의 써레로 이해되고 있는 농기구의 한문 명칭 역시 초(耖)이다. 『농가월령(農家月令)』에서는 서흘라로 표기되어 있는데 이것은 소흘라와 비슷한 발음으로 이 역시 써레를 지칭한 것으로 보인다. 『훈몽자회(訓蒙字會)』에서는 파(杷)를 '서흐레파'로 풀이하고 있는데 이는 파(杷)와 파(耙)를 엄격히 구분하지 않아 그렇게 된 것이며, 우하영(禹夏永)은 '所訖羅 써흐래'로 표기하였다.

조선 후기 박제가(朴齊家)를 비롯한 북학파들은 목작(木斫)과 파, 그리고 초를 각각 별개의 농기구로 정리하였다. 또한 이들의 저서에서는 이 시기 쇄토(碎土)작업으로 수전에서는 써레질을 하고 있었지만 한전(旱田)에서는 써레질을 하고 있지 않다고 지적하고 있다. 『농사직설』에서는 밭에서도 쇄토할 것을 지시하고 권장했었으나 조선 후기에 이르면 한전에서의 쇄토에 써레를 이용하지 않는 것이 일반적이었다는 것을 말 해준다. 이것은 조선의 농법변화와 농업기술의 발달에 따른 것이라고 할 수 있다.

[참고문헌] 김광언, 1969, 『한국의 농기구』, 문화공보부 문화재관리국 ; 박호석, 안승모, 2001, 『한국의 농기구』, (주)어문각 ; 김용섭, 2006, 『朝鮮後期農業史硏究Ⅱ』, 지식산업사 ; 염정섭, 2002, 『조선시대농법발달연구』, 태학사

〈우혜숙〉

ㅇ

아록전(衙祿田) 조선시기 지방 관원의 녹봉에 충당하기 위하여 지급한 토지.

국가에서는 중앙관청의 관리들에게 벼슬등급에 따르는 과전(科田) 또는 직전(職田)을 주는 외에 녹봉(祿俸)을 주었으나, 지방 관리들에게는 녹봉 대신에 그 지방에서 아록전을 주어 백성들로부터 조세를 거둘 수 있게 함으로써 생활을 보장해 주었다. 고려시기에는 지방 관청의 운영비와 이에 딸린 관원의 녹봉을 충당하기 위해 공수전(公須田)을 지급하였는데, 이 공수전을 조선시기에는 지방 관청의 운영에 소요되는 경비만 충당하게 하고, 아록전을 따로 두어 지방 관원의 녹봉에 충당하도록 하였다. 급료를 지급하기 위한 토지도 양반·천인으로 구분되어 아록전은 관청의 요원 가운데 양반에게 지급되었으며, 이서(吏胥), 기타 유역인(有役人)의 보수에 충당하는 토지로는 외역전(外役田)·잡색위전(雜色位田)을 따로 두기도 하였다.

아록전은 각자수세(各自收稅)의 토지로, 국가에 납입될 조세를 지방 관리들이 대신 거두어 사용하였다. 1426년(세종 8)에는 아록전이 부족하여 국고(國庫)에서 보충해 줄 것을 논의하였는데, 이때 세종은 아록전이 2만 결이며 그 수입을 4만 석으로 파악하고 있었다.[『세종실록』 권32, 8년 6월 9일] 『경국대전』에서는 아록전을 부(府)·대도호부(大都護府)·목(牧)·도호부(都護府)는 각 50결, 군(郡)·현(縣)은 40결, 참(站)은 5결, 도(渡)는 8결을 지급한다고 하고 있으며, 판관(判官)이 있는 곳은 여기에 40결을 더하여 주고, 가족을 동반하지 않은 미설가(未挈家) 수령은 절반으로 감한다고 하였다.[「호전」 제전(諸田)]. 한편 각 지방의 아록전의 결수는 모두 원결(元結)의 총수에 포함되어 있었다고 한다.[『정조실록』 권11, 5년 2월 19일]

[참고어] 늠전, 공수전, 무세지, 각자수세

[참고문헌] 『經國大典』 〈김미성〉

아문둔전(衙門屯田) 조선 후기 행정을 담당한 각급기관이 재정확보를 위해 설치·경영한 토지를 통칭.

임진왜란기 군수조달을 목적으로 추진했던 둔전책은 이후에도 이어져서 조선 후기에 접어들면 일반 행정기관의 재정충당을 위한 중요한 수입원으로 자리잡게 된다. 17세기 조선 정부의 정책은 조속한 전쟁 피해 복구를 통해 농촌경제를 안정시키고 이를 바탕으로 국가재정의 건실성을 높이는데 집중되었다. 둔전은 각급아문의 재정확보는 물론 전쟁으로 발생한 대량의 황무지를 개간하고 백성을 안집시키는 적절한 방법으로 간주되었다. 각급아문은 우세한 물력(物力)과 노동력을 바탕으로 황무지·무주지를 불하받아 개간하는 방식으로 둔전을 설치하였다. 하지만 인구증가와 개간의 진전으로 17세기 후반에 접어들면 둔전설치의 대표적인 방식 중 하나인 절수(折受)가 농민의 개간지=사실상의 소유지를 침탈하는 동시에 면세(免稅)·면역(免役)의 특권으로 투탁(投托)을 유인하는 과정으로 변질되었다.

각급 아문은 감관(監官)·둔전관(屯田官)·둔감(屯監) 등 소속 직원을 파견하여 둔전을 관리하였는데 이들은 이 과정에서 모리행위나 둔전민에 대한 침탈을 자행하여 사회적 지탄의 대상이 되기도 했다. 17세기 아문둔전의 경영은 노비를 비롯한 예속 노동력의 동원을 통해 이루어지는 행태가 주를 이루었다. 둔전에 대한 수취는 작인들의 열악한 처지를 감안하여 대부분 결세(結稅)를 상회하지만 분반수취(分半收取)에는 훨씬 못 미치는 수준에서 결정되었다. 하지만 17세기 후반 국역체제의 변동을 배경으로 광범위하게 진행된 각종 신역의 물납화는 부역제의 모순을 더욱 노골화시켰고 결국은 토지를 일반백성에게 주어 경영하는 병작제(竝作制)가 점차 확산되기 시작했다.

한편 17세기 둔전의 확대로 사회적·경제적으로 여러 가지 문제점을 드러내자 정부도 이에 대한 대책을 강구하지 않을 수 없었다. 둔전에 대한 대책은 복잡하고도 지리한 논의과정을 거친 후 마침내 1695년(숙종 21) 「을해정식(乙亥定式)」으로 일단락을 맺는다. 「을해정식」의 골자는 공식적으로 절수제를 폐기하고 이에 대한 대안으로 정부의 재정 지원을 통해 둔전을 구입하도록 한 이른바 급가매득제(給價買得制)의 채택이었다. 「을해정식」으로 절수로 대표되는 정치적·폭력적 방식의 둔전 설치는 더 이상 용인되지 않고 이제는 국가의 자금 지원을 통해 토지를 구입하는, 보다 경제적인 방법으로 전환했던 것이다. 또한 민결면세제(民結免稅制)를 실시하여 민인들의 소유권을 온전히 한 채 민전설둔(民田設屯)의 추세를 양성화하여 이에 대한 수취량(1결당 미23두)을 규정하였다.

둔전의 경영형태에 있어서도 종래 부차적인 범주에 머물던 병작제의 방식이 이제는 대세로 자리잡게 되었다. 둔전에서의 병작제 확산은 17세기 농업변동의 전반적인 추세를 반영하는 것으로서 신역을 매개로 이루어지던 둔전경영이 이제는 점차 그 인신적 지배예속관계를 현저히 완화시키는 방향으로 나아가고 있음을 보여준다. 여기에 일반 민전의 둔전으로의 모입(募入)·투탁(投托)도 병작제적 경영형태의 둔전이 구성적 비중을 높이는 요인이 되었다.

둔전의 소유구조나 수취는 성립과정만큼이나 다양한 면모를 보여준다. 첫 번째, 유토둔전(有土屯田)은 법적인 소유권이 아문에 귀속되는 명실상부한 아문의 소유지였다. 유토둔전에는 분반타작지(分半打作地)도 있었으나 일종의 정액수취제인 도지제(賭地制)가 보다 일반적이었다. 다양한 도지액은 아문의 명목적·법률적 소유와 민인의 사실상의 소유가 토지에 대하여 가지는 권리의 편차를 반영하고 있었다. 두 번째, 「을해정식」으로 공식화된 민결면세지는 민전을 대상으로 호조·선혜청에 내야할 결당 미 23두의 전결세를 아문에 납부하는 것으로 일종의 수조권을 이양한 형태였다. 민결면세지의 수취방식과 소유구조는 후술하는 수령수취제의 확산에 따라 일반민전의 그것과 사실상 동일한 형태를 띠어가게 되었다.

둔전의 확대로 야기되는 문제점 중 하나가 바로 면세결(免稅結)의 증대로 인한 국가재정의 감축이었다. 이에 대한 제동은 우선 둔전에 대한 출세(出稅) 노력으로 나타났는데 이는 결국 1729년(영조 5) 아문별 면세정수(免稅定數)를 확정해 주는 것으로 마무리 되었다. 하지만 각아문의 반발로 실제 출세대상이 된 둔전의 규모는 매우 제한적이었던 것으로 보인다. 18세기 중엽에는 신설둔전에 대한 대동면세(大同免稅)의 특권도 폐지되었다. 이러한 가운데 둔전 소속 기관에서 파견하는 도장(導掌)·감관(監官) 등에 의한 중간수탈이 여러 가지 문제를 일으키자 이들을 배제하고 해당 지역의 수령이 수취를 담당하여 중앙에 직납(直納)하는 방안, 즉 수령수취제가 채택되어 점차 확산되기 시작했다. 이 과정에서 지역의 수령들은 둔전에 대한 수취권을 장악함으로써 아문의 둔전에 대한 직접적인 지배를 차단하고자 했다. 수령들은 표면적으로 진휼재원의 확보라는 명분을 내세웠지만 실제로는 수취권 자체가 막대한 재정적 수입을 가져오기 때문이었다. 지역의 재지세력 또한 이러한 수령의 움직임에 편승하여 중앙기관의 둔전 지배권을 무력화하고 자신들의 이익에 부합하는 방향으로 둔전을 운영하고자 하였다.

한편 둔전경영의 실질적인 주체는 둔전민이었다. 둔전민은 둔전내에 세력을 떨치고 있던 지주층과 경작을 담당하는 작인층(作人層)으로 구분할 수 있다. 전자는 둔토내의 실질적인 지주로 존재하면서 작인과 토지를 장악하고 중앙의 아문과 지속적인 길항관계를 형성하고 있던 존재였다. 이들은 주로 중답주(中畓主), 기주(起主), 도장(導掌) 등으로 나타나며 개간, 출자, 투탁 등 다양한 경로를 통하여 둔토 내에 자리 잡고 있었다. 이들은 중앙아문과 함께 작인들로부터 지대를 분취(分取)하였는데 이들이 존재하는 둔전은 '아문-중답주-작인'과 같이 중층적 소유구조를 형성하였다. 다음은 둔전경작민으로서 작인층이다. 둔토내에 존재하는 이들의 처지는 극히 영세하고 열악한 처지를 벗어나지 못하였다. 여기에는 여러 가지 요인이 있었지만 점차 격화되는 차지경쟁(借地競爭)과 둔민이 져야하는 여러 가지 부담이 과중한 데 주 요인이 있었다. 둔전의 소유구조와 경영형태의 변화는 무엇보다도 국가의 둔전지배에 저항하고자 한 둔전민의 끈질기고도 역동적인 움직임이 주된 요인이었다. 이들의 요구는 주로 지대인하의 형태로 나타났는데, 그 궁극적인 의도는 둔전에 대한 내적 지배력을 어느 정도 구축한 상황에서 이를 법적으로 추인받음으로써 토지를 명실상부한 자신들의 소유지로 만들려는 것이었다. 아문에 대하여 끊임없이 항조(抗租)를 펼치고 수취를 거부하는 자들은 대부분 향촌사회 내부에 재지적 기반을 확고히 구축한 지주층들이었다. 이 같은 둔민의 저항은 지대의 점진적 저하를 가져왔거니와 이에 따라 아문의 둔전에 대한 지배력의 약화는 둔전결수의 감축으로 이어졌다.

이에 대한 대책으로 중앙의 아문들은 기준년도를 중심으로 수취총수를 정하고 풍흉에 관계없이 정해진 액수를 각읍별로 상납하는 방법, 즉 정총제(定摠制)를 채택하였다. 정총제의 목적은 농형(農形)의 변동에 구애받지 않는 안정적인 수취액의 확보였다. 정총하의 수취과정에서는 면리조직을 중심으로 한 향촌내 제세력의 역할이 더욱 두드러진다. 특히 중앙아문이 둔감 파견을 중단하고 수령으로 하여금 둔전의 수취를 담당하게 할 경우 더욱 그러했다. 이제 중앙 아문의 주된 관심사는 정총의 확보였고 둔토나 둔민의 실태파악은 사실상 각읍에 위임하는 상황이 되었다. 18세기 말 강원도 이천 둔전의 경우 일찍이 호수(戶首)들에 의하여 작부제(作夫制)에 입각한 수취가 이루어지고 있었는데, 이는 민전의 수취과정과 사실상 동일한 것이었다. 19세기 초에 접어들어 수취과정에서 호수가 배제되고 이존위(里尊位)·이임(里任)·두두인(頭頭人) 등에 의하여 리내(里內)의 공론(公論)에 따라 토지를 파악하여 수취를 행하는 방식으로 전환되었다. 19세기 둔전의 수취는 수령 이하 면리조직을 중심으로 이루어졌으며 그 기본단위는 리였다. 그러한 와중에서 수취총액을 관철하려는 중앙의 아문과 어떻게든 이를 삭감하려는 지역의 둔민·수령의 사이에서 끊임없는 갈등관계가 형성되었다.

더구나 정총제로 수취액이 완고하게 굳어진 상황에서 급재(給災), 즉 재해로 인한 면세조치도 제대로 이루어지지 않았다. 둔전은 호조의 전세수취와는 달리 급재의 권한이 아문에 있었고 아문이 재정감소로 직결되는 급재를 쉽사리 허용할 리 만무했다. 이 때문에 18세기 후반 이후로 점차 둔전민에 의해 실결에 입각한 수취, 즉 종실수세(從實收稅)에 대한 요구가 일상화 되었다. 정총제의 채택은 이제 둔전의 파악과 수취가 토지의 실제상황의 파악을 통하여 이루어지고 있는 것이 아니라 이미 탄력성을 잃고 추상화된 결수를 기준으로 산정한 수취액을 관철하는 과정임을 잘 보여준다. 이 시기 빈번하게 제기되고 있는 종실수세의 요구는 정총제적 수취가 가지고 있는 모순을 집중적으로 드러내 준다. 둔민들의 종실수세 요구는 국지적으로 허용되지 않을 수 없었는데 이 또한 수령과 재지세력의 책동으로 세수의 감축을 초래하는 중요한 요인으로 작용하였다.

19세기에 접어들어 둔전제는 사실상 형해화되는 단계에 접어들었으나 중세적인 토지지배의 일형태로서 둔전제는 완전히 청산되지 못하고 한말을 거쳐 일제시기로 넘어감으로써 20세기 초 일제에 의한 토지조사사업과정에서 국유지 분쟁의 불씨를 남겨놓고 있었다.

[참고어] 둔전, 관둔전, 영문둔전, 궁방전

[참고문헌] 정창렬, 1970, 「조선 후기의 둔전에 대하여」『이해남박사화갑기념논총』; 박광성, 1976, 「영·아문둔전의 연구」『인천교대논문집』 10 ; 이경식, 1987, 「17세기 토지절수제와 직전복구론」『동방학지』 54·55·56합집 ; 이영훈, 1988, 『조선후기사회경제사』 한길사 ; 송양섭, 2006, 『조선후기 둔전 연구』, 경인문화사

〈송양섭〉

아베이치상점 김제농장(阿部市商店金堤農場) 일제시기 일본 오사카(大阪)의 거상 아베 이치타로(阿部市太郎 : 강상주식회사 사장)와 아베 후사지로(阿部房次郎 : 동양방적주식회사 사장)가 전라북도 김제군 일대 에 세운 농장.

1910년 한국강점으로 한국투자에 대한 정치적 불확실성이 해소되자, 아베 형제는 1912년 중순 오쿠무라 다케사부로(奥村竹三郎)를 앞세워 김제읍 요촌리에 임시사무소를 개설하고 대규모 토지매집을 시작했다. 매집한 토지는 인근의 일본인 농장주에게 위탁경영을 맡겼으며, 1916년 아베이치상점 김제농장을 설립하여 직영체제를 구축하였다. 다른 일본인 농장과 지주들이 전통적인 마름제도를 폐지하거나 마름의 권한을 축소했던 것과 달리 아베농장은 마름체제를 농장운영과 소작인 관리 감독에 적극적으로 활용하였다. 매년 봄과 가을 두 차례씩 열린 마름회는 농사나 소작인에 관한 일체사무를 처리하고, 우량마름과 우수소작인을 표창하였다. 주로 고쿠료토(穀良都)를 재배했고, 경우를 대량으로 구입(1916년 100두, 1923년 40두)하여 우량소작인들에게 예탁시켰다. 농장 소유농지의 규모를 보면, 1916년 736정보, 1925년 826정보, 1926년 713.4정보, 1936년 820정보, 1938년 743정보였다.

일찍부터 아베 일족은 동진강 일대 드넓은 간석지에 주목하고 대규모 간척사업에 나섰다. 제염을 위한 풍부한 농업용수의 확보가 간척사업의 성패를 결정하는 기술적 요소였기에, 아베 후사지로는 물 문제를 해결하기 위해 1910년대 말부터 김제평야 일대 일본인 지주들과 협의하여 동진수리조합 결성에 나섰다. 한 차례의 유산을 거쳐 1925년 5월 동진수리조합 설립이 확정되고 8월 수리조합공사에 들어갔다.

아베 일족도 동년 10월 25일 간척사업의 자금 확보와 사업효율성의 증대 그리고 농사경영을 위해 잡노금

100만 원의 동진농업주식회사(東津農業株式會社)를 설립하고, 아베 후사지로가 사장에 취임했다. 본사를 오사카에 두고, 김제면 요촌리에 지점을 설치했다. 아베 후사지로는 두 차례(1919년 8월 1,938.5정보, 1925년 11월 47.5정보)에 걸쳐 김제군 진봉면과 성덕면 소재 국유간사지 1,986정보에 대한 공유수면매립허가를 받았으며, 동진농업주식회사는 1925년 12월말부터 방조제공사를 시작으로 대규모 간척공사에 들어갔다. 177만여 원의 공사비가 투여되었고, 이중 약 54만 원(총공사비 중 약 35%)의 공사보조금을 조선총독부로부터 교부받았다. 1932년 3월 간척지 공사가 마무리되고, 전라북도 김제군 성덕면과 진봉면 일대 1,837.9정보의 간척농지(논 1,430정보, 밭 26.2정보, 대지 29.4정보, 유지 148.2정보, 잡초지 1.5정보 도로 20정보, 구거 169.4정보, 제방 12.6정보)가 조성되었다. 이렇게 조성된 간척지가 현재의 김제군 광활면이다.

1,460여 정보에 달하는 간척농지가 조성되자, 회사는 조선인 이주농민을 수용하여 간척지 농장경영에 주력하였다. 전체 농지를 9개의 답구(畓區)로 나누고 3개의 답구를 묶어 1농구(農區)로 편재하고, 회사의 농사부장 아래 농구주임-답구장-이주소작농민의 수직적 지배구조로 운용되었다. 답구장이 소작이주민에 대한 감독지도 및 답구 회사 직영답의 관리감독을 했으며, 농구주임은 답구장을 지휘하여 농구의 농사전반을 장악하였다. 간척농지는 회사직영지(약 630정보)와 소작지(790정보)로 나누어 운용되었다. 회사직영지는 악명 높았던 위탁경작제도를 활용했고, 소작지는 이주민을 받아 소작을 주었다. 직영지에서는 시험답·시작답을 마련하고 염분기가 남아 있는 간척농지에 적합한 벼 품종 시험과 개발, 지력 확보에 힘썼다.

1930년 조선총독부는 회사직영지 안에 조선총독부 농사시험장 남선지장 김제간척출장소를 세우고 인근 지역의 간척사업과 토지개량사업을 돕게 하였다. 각종 전라북도 안내서에서 아베농장과 동진농업주식회사 간척지를 성공적인 모범농장으로 선전했지만, 간척공사 임금체불이나 고율의 수탈적인 소작료, 마름의 횡포로 소작인들의 원성을 샀다.

1929년부터 부분적 개답이 이루어지자, 회사는 이주농민을 순차적으로 수용했다. 신체 건강한 젊은 부부를 대상으로 3년 계약기간으로 이주계약을 체결하였다. 조선총독부는 간척지이주보조규칙에 따라 이주농 1호당 50원의 이주보조금을 지급했고, 회사는 이를 가옥건축비로 사용했다. 이주농민들에게 부과한 소작료는 5할이었지만 실제로는 농장으로부터 빚진 채무로 인해 7할 전후에 달했다. 볏짚의 반은 간척 소작논에 지력증진을 위해 살포하고, 반은 소작인 몫이었다. 수세 및 기타 제 공과는 농장측이 부담하였다. 1937년까지 676호의 이주민을 수용하였고, 2칸짜리 이주가옥은 간척지 수로 변을 따라 일렬로 배치되었다. 척박한 간척지에 강한 다마니시키(多摩錦)를 주로 재배했으며, 1931년 1,447석을 추수했다.

한편 전라남도 영광군 백수면 일대에 자리 잡은 아베농장은 아베 본가인 아베 이치로베에(阿部市郎兵衛)가 1911년 창립한 농장으로, 1922년 현재 백수면·염산면 일대 농지 2,100정보를 소유하였다. 1924년 영광수리조합(473.5정보가 몽리구역에 편입) 창립의 주역이었고, 법성면 와탄포 일대와 염산면 축포리 일대 대규모 간척사업도 실행하였다.

[참고어] 동진수리조합, 방조제, 권업모범장, 소작인조합, 동태적 지주

[참고문헌] 宇津木初三郎, 1928,『(湖南の寶庫)全羅北道發展史, 一名 全北案内』, 文化商會 ; 鎌田白堂, 1936,『朝鮮の人物と事業 第1輯 湖南編』, 實業之朝鮮出版部 ; 강명진, 2014,「1910-1930년대 아베(阿部) 一家의 동진강 유역 간척과 농업수탈」, 국민대학교석사학위논문 ; 임혜영, 2008,「동진수리조합의 설립과정과 설립주체」『전라북도사학』33

〈이수일〉

아부농장(阿部農場) ⇒ 아베이치상점 김제농장

안동농장(安東農場) 1939년 12월 전라북도 옥구군 서수면 마룡리의 지주 노긍식(盧兢湜)과 그 일족이 서수면 일대에 설립 운영한 농장.

1931년 보성전문학교를 졸업한 노긍식은 향리 마룡리에서 농업경영과 지역 사회활동에 전념하였다. 그는 전통적인 지주경영의 관행에서 벗어나 인근 일본인 지주나 농장처럼 식민지 미곡시장을 염두에 둔 이윤극대화를 목적으로 한 지주경영을 동태적으로 전개하였다. 경종법 개선 등 농사개량에 힘을 쏟았고, 조선총독부 촉탁 소작위원으로 부업장려·생활개선을 선도하는 등 1930년대 일제의 농촌진흥운동에 적극 협력하였다. 전시체제로 들어가던 1930년대 중반 이래 어려워진 농업경영의 한계를 타개하기 위해 노긍식은 일족과 함께 합명회사 안동농장을 설립하는 동시에 다른 산업으로 자본전환도 시도하였다. 농장출범 당시 출자된

토지는 73.5정보였으며, 1,000석 정도를 추수하였다. 소작인은 200여 명이었고, 1942년 현재 자본금은 111,163원이었다. 안동농장은 소작인을 기업형 관리제도 속으로 편재하여 강력한 지주권을 확보하였다. 농장 경영체제를 구축한 노긍식은 지주자본의 산업자본으로 전환을 추진하였다. 1935년 1월 서수면에 거주하는 한국인 지주들과 협력하여 서수산업주식회사를 설립하고 사장에 취임했다. 사업 분야는 정미, 농산물 위탁매매, 비료대부, 금전대부업, 조선 직물의 제조 판매 등 지역 농촌 사회에 필요한 모든 분야를 사업대상으로 하였다. 그 외 임피상회·군산수산주식회사·군산신탄주식회사·호남농구주식회사의 주주이자 임원으로 참가했으며, 지역유력자로서 학교평의원·농회특별의원·도의원을 지내기도 했다.

[참고어] 농지개혁, 농촌진흥운동, 동태적 지주

[참고문헌] 鎌田白堂, 1936,『朝鮮の人物と事業 第1輯 湖南編』, 實業之朝鮮出版部

〈남기현〉

안성탁(安聖鐸) 1798년(정조 22) 권농정구농서윤음(勸農政求農書綸音)에 응하여 농서를 올린 40인 중 한 사람.

출신은 양주(楊州) 유학(幼學)으로 기록되어 있다. 그가 올린 농서에서는, 농업이 해이해진 문제, 우금(牛禁)과 송금(松禁)을 엄히 할 것, 물을 끌어다 관개하는 방도 6가지, 제방을 막고 버드나무를 심을 것, 뽕나무를 많이 심을 것, 마을마다 새로 사창(社倉)을 설치할 것, 향약을 잘 받들 것, 담배의 경작을 제한할 것, 화속(火粟)의 집복(執卜)을 공정히 할 것, 경기 지역의 번답(反畓)과 건답(乾畓)에 제때 건파(乾播)할 것, 기구와 도구를 빌리고 소와 양식을 대주는 규범을 동리의 집강(執綱)에게 따로 경계하게 할 것 등의 내용을 담고 있다.

[참고어] 응지진농서

[참고문헌]『정조실록』; 농촌진흥청 역, 2009,『응지진농서Ⅱ』, 진한M&B

암태도 문씨가 농장(岩泰島文氏家農場) 한말 일제하 전라남도 무안군 암태도 문태현(文泰炫, 1848~1925)·문재철(文在喆, 1883~1955) 부자가 설립 운영한 농장.

17세기 이래 암태도에는 내수사 소속의 장토가 운영되어왔고, 또한 자염(煮鹽)에 더 없이 좋은 천혜의 자연적 조건을 갖추고 있었다. 문씨가는 18세기 초 문익태(文翊泰)가 암태도 수곡리로 들어온 이래 누대에 걸쳐 농업과 제염업에 종사해왔다. 문태현의 부친은 진사에 급제할 정도로 글공부에도 열심이었지만, 문태현은 치재에 뜻을 두고 농업과 제염은 물론이고 소금상인으로 선상무역에도 나섰다. 또한 축재를 위한 사회 신분적 배경도 마련해갔다. 문태현은 암태도 운현궁 궁방의 고직, 나주목 호방을 지냈고, 동생 문학현(文學炫)은 1905년 암태도 선희궁 궁방의 감관, 그의 사촌 문양현(文楊炫)은 1910년대 암태면 초대면장을 지냈다. 문씨가는 한말 일제초기 암태도를 움직이는 정치경제적 권력과 긴밀하게 연결되어 있었고, 이를 배경으로 한 왕성한 식리활동으로 지주가로 성장할 수 있었다.

문태현은 마을 앞 해안 염밭을 자영하면서 치부의 기초를 마련해갔다. 소금 솥 가마 하나에 하루 5~6석씩 두 번 소금을 구워낼 수 있었고, 선상무역을 통해 판매도 직접 하였다. 자영규모를 넘어선 염전은 소작으로 운영되었다. 1915년 문씨가는 수곡리 일대 17,565평 규모의 염전을 소유하였다. 염전소작인은 생산량의 10%를 염전주인에게 지불했지만, 생산과정에서 들어가는 제 비용을 염전주인에게 의존했기에, 생산한 소금의 상당량을 염전소작료로 지불해야 했다. 문태현은 자신의 염전에서 생산한 소금과 인근 섬에서 대량으로 구입한 소금을 자신의 배에 싣고 영산포나 강경포구에서 염상활동을 하였다. 돌아올 때는 섬에 필요한 생필품을 싣고 되팔아 이중으로 이익을 취했다. 자가 소금이외 인근 염전에서 구입한 소금도 1석당 7냥 정도의 순이익이 남는 수지맞는 장사였다. 보통 1,200~1,500석 정도 매집하여 내다팔았다. 소금은 염민들의 궁박 판매나 고리대를 통해 헐값으로 매집할 수 있었다. 선상무역에는 소금이외 생선·새우젓 등 다양한 수산물도 포함되었다. 염상활동으로 축적된 수익은 모두 토지매집에 사용되었다. 1930년대 간척사업을 통해 자은도·지도 등 여러 섬으로 염전을 확대했고, 1950년대에는 지도면에 선일제염조합(鮮一製鹽組合)을 설립하기도 하였다.

고리대는 치부의 중요한 수단이었다. 문태현은 나주목 호방과 궁방 고직을 배경으로 지역 영세 농민들에게 토지와 가옥을 담보로 고리대를 놓고 손쉽게 자가 소유로 만들기도 했다. 고리대 활동은 인근 도서는 물론 목포로 이주한 뒤에는 중소 상인들까지 그 대상으로 하였다. 이자율은 월 4~5%이었다. 1910년대 이후 이자율이 다소 낮아졌지만, 그 대신 목화·소금 등 현물로 받아 판매하여 더 많은 수익을 얻었다. 특히 지역의 특산물인 면화와 소금을 확보하기위해 재배농가에게 자금을 미리 대여하여 추수 때 현물로 받아 판매수익을

올렸다.

1915년 문재철의 토지규모가 문태현 대보다 20배나 확대된 160여만 평에 이르렀다. 전라남도 무안·해남·영암·나주·장성 그리고 전라북도 고창일대까지 소유지가 미쳤고, 1920년에는 논 1,708,860평과 밭 557,942평, 1930년 무렵에는 논 1,816,601평, 밭 655,478평, 염전 54,000여 평의 규모에 달했다. 문씨가 농지비율은 논이 73%였다. 소작료는 집조법(지세는 소작인 부담)으로 징수하다가 1918년 지세령 개정 후 타조법으로 전환하였다. 지세(공동부담)를 제외한 나머지를 반분하는 타조제였고, 밭의 경우는 면화 등으로 징수하는 경우가 40%였다. 소작농의 평균 경작면적은 1,000평 이하의 매우 영세한 규모였고, 지주의 요구에 순응하지 않으면 소작권을 이동 또는 박탈하였다. 1920년대 지주권의 강화에 대하여 소작인측은 조직적으로 대응하기 시작했고, 1924년 암태도소작쟁의, 1925년 도초도소작쟁의, 1926년 자은도소작쟁의, 1927년 지도소작쟁의로 폭발했다. 무리한 소작료 징수가 소작쟁의의 원인이었다. 소작쟁의 결과 농민들은 합복제(合卜制)라는 새로운 형태의 타조제를 창출해내었다. 수확물은 지주의 감시 아래 지주 40%·소작인 50%·장려농자금 10%(지주와 작인 각각 5%씩)로 분배되었다. 이때 지세는 지주의 부담이었고, 짚은 소작인의 몫이었다. 합복제 소작법은 문씨가의 지대수익의 격감과 지세부담, 경영비용의 증가를 초래하였다.

문씨가는 수익감소를 자본전환과 농장설립으로 타개하였다. 1897년 목포 개항 이후 문재철은 목포로 건너가 선일사상회를 설립하여 객주로 활동하였다. 목포창고주식회사 취체역(1919)을 시작으로 1920년대 호남은행의 이사로 활동했고, 1924년 도서지역 해운운송을 담당한 남일운수주식회사(자본금 15만 원)를 설립 운영하였다. 지주경영과 관련하여 목포에 도정·조면공장인 선일사도 설립하였다. 소작료로 받은 벼와 면화를 직접 도정하고 조면하여 목포항을 통해 일본으로 판매하였다. 왕성한 기업활동으로 얻은 수익은 지대수익 감소를 만회하는 한편 토지에 재투자되었다.

문씨가는 1930년대 농업공황의 위기를 농장설립과 경영합리화로 대처해갔다. 소유지가 집중된 전라남도 장성에 호성농장을, 그리고 지도면에는 일본인과 함께 호화농장을 설립하였다. 1935년 현재 장성의 호성농장은 장성군·함평군·광양군 일대 농지 925,488평(논 347,857평)에서 벼 4,138석을 추수했다. 지도 호화농장은 384,600평으로 시작하여 간척사업으로 782,937평으로 확대되었다. 1명의 농감이 농장운영을 총괄했으며, 마름의 수를 줄여 비용을 절감할 수 있었다. 농장의 주도로 보·방천 같은 소규모 수리시설을 확충하여 농업생산력의 향상을 도모하였고, 문씨가는 수리시설 유지 보수비를 매년 일정하게 지급하였다. 조선총독부의 지원(보조금과 지세면제) 속에서 간척사업을 통해 농장과 염전을 늘려갔다. 호성농장은 간척지 16만 5천여 평을 개답하여 1939년부터 인근 농민 170여 명에게 소작을 주었다. 간척농지수익은 벼 205석으로 개답초기이기에 단위당 생산량이 매우 낮았다. 간척소작지는 반분타조로 소작료를 징수했고, 농장 저수지 몽리구역 내에 있는 소작농민들은 지대이외 수세도 물어야 했다. 장성 호성농장에서 수납한 소작미는 장성역과 송정역에서 기차로, 지도 호화농장의 소작미는 자가 선박으로 목포 문씨가 미곡창고로 운반되었다. 지가가 유리할 때 선일사정미소에서 일괄 도정하여 상품화되었다. 농장설립으로 농업생산·유통·도정·판매에 이르는 전 과정이 보다 조직적으로 운영되어 필요경비를 최소화할 수 있었다.

1930년대 중반 문씨가는 보다 철저한 경영합리화를 위해 농장을 농업회사로 재편하여 식민지 금융을 보다 손쉽게 활용할 수 있게 했다. 1935년 2월 자본금 15만 원의 선일합명회사를 설립하고 문재철이 사장에 취임하였다. 목포에 본점을 두고 장성 지도면과 자은면에 지점을 설치하여 인근 농지를 경영하였다. 회사의 주된 업무는 농지경영·임업·간척지개간사업·자금대부업이었다. 1938년 12월 무안군 지도면 봉리 소재 간사지 53만여 평을 개답하였다. 회사의 소유농지는 100만 평을 상회했고 지대수입으로 매년 벼 4,140여 석을 추수하였다. 1942년 회사수입은 36,000여 원(지대수입 34,966원)으로, 제 경비를 제한 당기순이익금만 5,000여 원이나 되었다.

1936년에는 자본금 100만 원의 선일척산주식회사를 설립하여 본점은 장성농장에 두고, 농업과 임업, 개간사업과 금융 대부업에 종사했다. 회사는 기존 장성농장을 축으로 논 930정보와 밭 360정보 택지 8정보를 관리하였다. 연리 20%를 상회하는 고리대 수입도 회사수익에 일정한 비중을 차지하였다. 문씨 일족은 소유토지를 모두 회사의 주식으로 전환시켜 매년 13만 원의 높은 주식배당금을 수취했다. 이는 종래 지주경영 수익보다 훨씬 나은 것이었다. 1941년 문씨가는 재단법인

문태중학교를 설립하고, 암태도·자은도 등 도서지역 논 837,328평과 밭 426,234평, 염전 55,144평을 재단에 투여했다. 문씨가의 지주경영은 해방 후 농지개혁으로 일단락을 맺게 되었다.

[참고어] 합복, 농지개혁, 간척, 동태적 지주

[참고문헌] 박천우, 1984,「韓末·日帝下의 地主制 硏究」, 연세대 사학과 석사학위논문 ; 韓國農村經濟硏究院, 1985,『農地改革時 被分配地主 및 日帝下 大地主 名簿』 〈고태우〉

야초책(野草冊) 대한제국의 양전사업에서 토지를 측량하고 토지의 상황과 소유자, 경작자 등을 조사하면서 처음 작성한 양안 형식의 장부.

대한제국은 양지아문을 설립하고 1899년 4월부터 전국적인 양전에 착수하였다. 각도 각군별로 실시된 양전사업은 실제 들에 나가 직접 농지의 형상과 상태, 소유자 등 관련 사항을 빠짐없이 기록하였다. 이때 처음 작성한 장부가 야초이다. 대한제국기 야초책은 경상북도 의성군 북부면의 야초 5책이 남아있다. 의성군 북부면에서는 1900년 9월 14일부터 29일까지 조사한 것으로 의성군 북부면의 첫 번째 측량(9월 14일), 두 번째(9월 15일), 세 번째(9월 16일), 15번째(9월 28일), 16번째(9월 29일)에 걸쳐있다.

야초에는 각 필지별로 전답과 초가·와가의 구별, 배미(夜味)의 기재, 양전방향, 토지형상, 사표(四標), 실적수, 등급, 결부수, 전답주 및 작인 등의 순서로 기록하였다. 실지조사를 통해 실적수와 등급, 결부수를 계산하여 기록하고 사표명과 전답주명이 양전방향과 반드시 일치하도록 표기하였다. 야초의 말미에는 하루 측량한 토지면적을 마무리하면서 총실적수와 결부수가 표기되었다. 대개 하루의 측량 필지수와 결부수는 88필지에서 128필지에 이르렀다. 평균 121필지, 8결 가량 측량하였다. 이전의 경자양전에서는 하루당 3결이 조사되었음에 비추어 광무양전은 짧은 기간에 더 많은 토지를 조사하였음을 알 수 있다.

야초에는 아직 자번호가 부여되어 있지 않으나, 각 필지의 사표가 나란히 연속되어 있었다. 양전을 거쳐간 동리나 평의 순서 그대로 기록되었으며, 이후 양안의 정리과정에서 그대로 준수되었다. 야초책에 기록된 사항은 양안 정리과정에서 통일된 양식으로 변화되었다.

야초책은 양전할 때 들에 나가 직접 측량하여 작성한 장부로 초기 양전과정에서 기록의 정확성 여부가 전체 양전과 양안작성에 결정적으로 중요한 의미를 지닌다. 중초책과 정서책 양안의 기반이 되었다.

[참고어] 광무양전사업, 광무양안, 중초책, 정서책

[참고문헌] 한국역사연구회 토지대장연구반, 1995,『대한제국의 토지조사사업』, 민음사 ; 한국역사연구회 토지대장연구반, 2010,『대한제국의 토지제도와 근대』, 혜안 〈왕현종〉

약점위전(藥店位田) 고려시기 약점에 지급된 토지.

약점은 그 명칭으로 보아 의약(醫藥)에 관계된 사무를 담당한 관청이었던 것으로 보이는데, 서경에 설치되어 의사(醫師) 1인, 기사(記事)2인, 의생(醫生)5인을 두고 있었다. 또한 그 운영을 위해 공해전(公廨田)의 명목으로 7결을 지급받았다.

한편 지방에서는 향직(鄕職)으로서 의약사무를 담당하는 약점사(藥店史)를 두어 업무를 처리하였다. 약점사는 주·부·군·현(州·府·郡·縣)의 1,000정(丁) 이상인 지역인 경우 4명, 500정 이상은 2명, 300정 이상 역시 2명, 100정 이상인 고을에서는 1명을 두었다. 반면 동서의 방어사(防禦使)·진장(鎭將)·현령(縣令)이 있는 지역에서는 1000정 이상, 100정 이상, 100정 이하인 모든 경우에 2명씩을 두었던 것으로 보인다.

[참고어] 공해전

[참고문헌] 權寧國 외, 1996,『譯註『高麗史』食貨志』, 韓國精神文化硏究院 ; 강은경, 2000,「高麗 戶長制의 成立과 戶長層의 形成」『韓國史의 構造와 展開』, 혜안 ; 강은경, 2002,『高麗時代 戶長層 硏究』, 혜안 ; 朴龍雲, 2012,『『高麗史』選擧志 譯註』, 景仁文化社 ; 朴龍雲, 2009,『『高麗史』百官志 譯註』, 신서원 〈이현경〉

양맥(兩麥) 보리[大麥]와 밀[小麥].

[참고어] 맥, 근경법, 간종법

양반전(兩班田) 문반과 무반이란 정치권력에 상응한 경제력을 보장하기 위하여 제정된 토지.

양반은 우리나라 왕조 국가에서 국정 운영의 근간인 법률·행정·이념을 담당하던 문반과 군사를 담당하던 무반을 합한 대표적 관료 집단이다. 이들에게는 해당 권력에 상응한 경제력이 뒷받침되고 있었다. 그 중에서도 토지에 대한 지배력은 가장 중요한 것이었는데, 이를 양반전으로 통칭하기도 한다. 양반전은 시기에 따라 신라의 문무관료전, 고려의 (문무)양반전시과·녹과전, 조선의 과전·직전으로 이어지다가 이후 제도상으로는 사라졌다.

역사 기록에서 가장 먼저 등장하는 양반전은 신라

왕조 687년(신문왕 7) 5월의 문무관료전(文武官僚田)이다. 하지만 이 토지의 실체에 대한 설득력 있는 견해가 아직까지 제시되지 못하고 있다. 즉 토지를 '사(賜)'했다고 했는데 그 의미가 무엇인지, 어떻게 경영되었는지를 직접적으로 알려주는 자료가 없기 때문이다. 현재까지는 문무 관료 17관등(官等)에 상응하는 ① 수조권(收租權)이 주어졌다는 견해, ② 면조권(免租權)이 주어졌으며 그 토지는 지주전호제적 형태로 경영되어 절반 지대를 수취하고 있었다는 견해 등이 제시되어 있다.

후삼국으로의 분열을 거쳐 고려에 의한 통합이 이루어지고 나서 양반전이 다시 등장했는데, 전시과(田柴科) 규정에 의한 것이다. 940년(태조 23)에 양반에 해당하는 조신(朝臣)과 군사(軍士)에게 지급하는 역분전(役分田)이 처음으로 제정되었다. 이때 그들이 가지고 있던 관계(官階)를 논하지 아니하고 통합 당시 그 사람이 보였던 품성·행위의 선악과 공로의 대소에 따라서 차이를 두어 '지급'하였다.

이 제도는 976년(경종 1) 11월에 비로소 직산관(職散官) 각 품계(品階)에 상응하는 전시과의 제정으로 이어졌다. 이때도 관품(官品)의 고저를 논하지 아니하고 단지 인품(人品)에 의거하여 지급한다고 했다. 여기서 직접적인 양반, 즉 문무반과 관련한 규정을 살펴보면 다음과 같다. 먼저 문무반이 구분되지 않은 자삼(紫衫) 이상은 18품으로 나누었는데, 1품 전지(田地)·시지(柴地) 각 110결에서 18품 전지 32결·시지 25결까지였다. 다음으로 문반의 단삼(丹衫) 이상은 10품으로 나누었는데, 1품 전지 65결·시지 55결에서 10품 전지 30결·시지 18결까지였다. 또한 문반 비삼(緋衫) 이상은 8품으로 나누었는데, 1품 전지 50결·시지 40결에서 8품 전지 27결·시지 14결까지였다. 또 문반 녹삼(綠衫) 이상은 10품으로 나누었는데, 1품 전지 45결·시지 35결부터 10품 전지 21결·시지 10결까지였다. 한편 무반의 경우 단삼 이상을 5품으로 나누었는데, 1품 전지 65결·시지 55결부터 5품 전지 45결·시지 39결까지였다.

998년(목종 1) 12월에는 문무 양반 및 군인 전시과를 개정하였다. 여기서는 등급을 18과로 나누고 제1과 전지 110결·시지 70결부터 제18과·전지 20결까지로 정했으며, 이 범위 안에 들지 못한 자에게는 모두 17결을 지급하였다. 이때의 제도는 1014년(현종 5) 12월의 문무 양반에 대한 전시의 추가 지급, 1034년(덕종 3) 4월 양반 전시과의 개정을 거쳐, 1076년(문종 30)에 양반전시과를 다시 고쳐 정함으로써 일단락되었다. 이때도 모두 18과로 나누었는데, 1과 전지 100결·시지 50결부터 18과 전지 17결까지였다.

고려의 양반전은 940년에 처음 제정되고 약 200년 동안에 걸쳐 정비되었다가 1014년에 일단락되는 전시과의 골간을 이루고 있었다. 그런데 이것의 성격, 즉 소유, 경영 등에 대해서는 아직도 일치된 견해가 없다. 해당 사서에 관련 법제만 제시되어 있을 뿐 구체적인 언급이 없는 것이 가장 큰 이유이다. 이런 점은 신라의 문무관료전에서와 사정이 같아서 크게 수조권, 면조권에 대한 의견 차이가 가로놓여 있다. 우선 기존에 제시된 대표적인 견해를 살펴보기로 한다. ① 신라 말·고려 초 호족들이 소유하였던 전장(田莊)이 전시과 제정과 더불어 문무 관료들에게 양반전으로 재분배되었다. 그 소유의 내용은 토지 자체가 아니라 거기서 나오는 조(租)의 수취권, 즉 수조권이었다. 양반전은 전호(佃戶)에 의하여 경작되었으며, 전주(田主)인 양반은 경작자인 전호로부터 1/2조를 수취하였다. 그런데 양반전의 경작을 감독하고 조를 수취하여 수송하는 책임은 지방행정관인 수령에 위임되었고, 전주가 전호를 사적으로 지배하는 관계에 있지 않았다. 따라서 전시과에 의해 지급받은 양반전에 대한 전주의 지배는 토지지배 관계로서는 매우 미숙한 것이었다. ② 고려에서는 일반 농민의 토지인 민전에 대한 사적인 토지 소유권이 확립되었고, 국가는 그 위에 1/10의 수조권을 설정하였다. 양반전은 민전 위에 설정된 수조지이며, 양반은 전주가 되어 국가를 대신하여 토지 소유주인 전객(佃客)으로부터 조를 수취하는 수조권자였다. 한편 수조권이 소유주 자신의 전토에 설정된 경우, 수조할 양만큼 조를 면제받는 면조지의 성격을 띠었다. 그러므로 이러한 성격을 가진 양반전의 경영·관리는 양반 자신의 책임 아래 이루어졌다. ③ 전시과의 과전은 토지 그 자체를 지급한 것이고, 그 지급의 내용은 수급자가 그 토지 수확량의 25%에 해당하는 전조 면제의 특권을 부여받는다는 것이었다. 전시과의 지급 규정액은 상한액을 의미하였는데, 그것은 수급자 자신이 부조(父祖) 또는 친족으로부터 상속을 받아 마련한 토지를 국가에 신청하여 규정액 범위 안에서 면조를 인정받는 사정과 연계되어 있었다. 그리고 이 과전은 원칙적으로 수급자가 자가 경영하는 토지로서, 주로 소작제에 의해 경작되었다. ④ 양반전 성립의 사회적 조건은 과·품이라는 형식을 통하여 문무 기능의 내용을 담고 통치 권력에 참여하는 위상을 갖는 것으로, 그 중요한 통로가 과거와 음서이다. 또한 그 주체적 조건은 일정한 범위의 혈연을 매개로 한 보유, 사용, 상속 등을 통한 본원적인 연립, 이를 바탕으로 한 산업 경영, 식화, 겸병, 탈점 등이다. 이 두 가지 조건이 결합된 양반전 소유의 성격은 그 통치 권력에 상응하는 일종의 '불수조불입권(不輸租不入權)'이다. 그것은 일반 농민의 공전(公田)에 부과되는 조(租)·포(布)·역(役)을 면제 받는 것이다. 그 경영은 양반 스스로가 타인 노동을 사용하여 잉여생산물을 절반 지대의 형태로 실현하는 것이다. 이상에서 보듯이 각각의 견해 차이가 작지는 않지만, 그 접점은 양반 자체의 성격 문제, 국가의 위상, 조율(租率)의 차이에 있는 것을 볼 수 있다.

고려 전시과체제 아래서의 양반전은 고려 후기로 들어가면서 양반과 공민, 양반전과 공전 사이에 서로 연계되어 있던 사회적 매개 고리가 점차 분리되는 현상이 진행되면서 그 성격이 점차 변화되었다. 우선 고려 후기 사회에서 종친과 아울러 문무 양반 가문에 대한 친계 편향의 동성금혼령(同姓禁婚令)이 내려지고 있는 사실이 눈에 띈다. 이는 양반 자격을 갖는 자에게 혈연적 범위를 보다 엄격히 제한하여, 기존 지배 가문의 특권적 지위를 강화하는 것을 의미한다. 그럼으로써 일반 공민으로부터 양반으로 전화하기 위한 가능성이 제한되고 점차 신분적으로 분리·고착화하는 방향으로 옮아가는 경향을 가속화시켰다. 또 사회적으로는 양반과 백성, 양인과 천인 사이의 호구 위조 현상이 일반화되고 있었다. 이는 그들 각자의 사회적 지위가 독립·전화할 수 있었던 상태에서 점차 혼돈·고착화의 방향으로 바뀌어 가고 있었음을 말한다. 또 전시과의 양반전에 그 양반 자격과 연계되어 규정되어 있었던 납공(納公) 원리가 무너지면서 사전 확대의 방향으로 전화되어가고 있었다. 이에 따라 양반과 표리를 이루고 있던 공민과의 연계 고리가 끊어지면서, 양반은 사족(士族)이란 의미로 점차 고착화되어 갔다.

이런 시대적 상황 속에서 1271년(원종 12) 경기 8현에 녹과전(祿科田)이 설치되었다. 계속해서 1390년(공양왕 2) 9월 공·사의 토지 대장을 시가지에서 며칠 동안이나 불태우고 마침내 1391년 5월에 과전법(科田法)을 제정하였다. 이후로 조선왕조에 들어와 직전법(職田法), 직전세(職田稅) 제도로의 변화를 이어나갔다.

[참고어] 관료전, 전시과, 과전법

[참고문헌] 李佑成, 1965,「新羅時期의 王土思想과 公田」『趙明基博士華甲紀念佛教史學論叢』; 姜晋哲, 1980,『高麗土地制度史研究』, 高麗大學校出版部 ; 李景植, 1986,『朝鮮前期土地制度研究』, 一潮閣 ; 浜中昇, 1986,『朝鮮古代の經濟と社會』, 法政大學出版局 ; 윤한택, 2011,『고려양반과 兩班田 연구』, 景仁文化社 〈윤한택〉

양안(量案) 조선시기와 대한제국 시기에 양전(量田)을 통해 토지의 면적, 전품과 결부수 등과 토지에 관련된 전주(田主), 작인(作人) 등을 기재한 장부.

전안(田案), 도행장(導行帳), 타량성책(打量成冊) 등으로 불리기도 한다. 양안은 국가에서 전답에 매기는 전세(田稅)를 징수하기 위한 기본장부이며, 각 양안 작성 주체의 토지소유 현황을 정리한 장부이기도 하였다. 또한 양안에 기록된 토지소유자에 관련된 정보는 전답 소유권 분쟁이 발생하였을 때 입증자료의 하나로 활용되었다. 양안에는 전답에 관한 정보, 즉 위치, 모양, 면적 등이 담겨 있고, 또한 전답에 관련된 사람에 관한 정보, 즉 소유자, 소작인, 중간 관리인 등의 정보도 포함되어 있다. 그러나 양전이 정해진 규정[20년마다 개량]에 따라 제대로 실행되지 않았는데, 이러한 실상은 1782년(정조 7) 정조의 하교에서 "대저 본도[강원도]는 전정이 문란하여 원래부터 양안이 없었고, 비록 간혹 이미 양전한 곳이 있다 하더라도 거의 1백 년 가까이 된 것이고, 시간적으로 가까운 것이라 하더라도 수십 년 이상은 된 것들이다.[『정조실록』 권16, 7년 10월 정축]"라고 한 것에서 잘 드러난다.

조선시기의 양안 가운데 가장 중요한 것은 1720년(숙종 46) 경자양전(庚子量田) 사업으로 만들어진 경자양안(庚子量案)이다. 경자양안으로 현재까지 전해지는 것이 그리 많지 않다. 당시 충청·전라·경상 하삼도(下三道) 전역을 양전한 것으로 기록에 나와 있지만, 현재 남아 있는 것은 전라도, 경상도의 10여 개 군현의 양안뿐이다. 서울대학교 규장각한국학연구원에 소장되어 있는 경자양안 목록을 정리하면 다음 표와 같다.

〈규장각 소장 경자양안 현황〉

도(道)	군현(郡縣)	경자양안 서명(書名)	청구기호	책수
전라도	능주(綾州)	全羅道綾州牧己亥量田導行帳	奎15040	5
	순천(順天)	全羅左道順天府己亥量田導行帳	奎14629~14639	11
		全羅左道順天府己亥量田導行帳	奎14641~14644	4
		全羅道順天府(雙巖面)己亥量田導行帳	奎14709	2
		全羅道順天府己亥量田導行帳	奎25037	1
	고산(高山)	全羅右道高山縣己亥量田導行帳	奎15033	3
		全羅右道高山縣己亥量田導行帳	奎15034	8
	전주(全州)	全羅右道全州府己亥量案導行帳	奎15035	20

	남원(南原)	全羅左道南原縣己亥量田導行帳	奎15028	5
	임실(任實)	全羅左道任實縣己亥量田導行帳	奎15026	10
	화순(和順)	全羅左道和順縣己亥量田導行帳	奎15037	7
	담양(潭陽)	全羅左道潭陽府己亥量田導行帳	奎27494	1
경상도	비안(比安)	慶尙道比案縣庚子改量田案	奎14952	5
	예천(醴泉)	慶尙道醴泉庚子改量田案	奎14956	8
	남해(南海)	南海縣(西面)庚子改量田案	奎14711	1
		南海縣庚子改量田案	奎14712	1
		南海縣(三東面)庚子改量田案	奎14713	1
		南海縣(南面)庚子改量田案	奎14714	1
		南海縣(雲川面)庚子改量田案	奎14715	1
		南海縣二東面庚子改量田案	奎14716	1
		南海縣(邑內面)庚子改量田案	奎14717	1
	상주(尙州)	尙州庚子田案	奎14628	1
		尙州牧庚子改量田案	奎14954	1
		尙州牧庚子改量田案	奎14710	2
	용궁(龍宮)	龍宮縣庚子改量田案	奎14953	1
		龍宮縣庚子改量田案	奎14955	6
	의성(義城)	義城縣庚子改量田案	奎14951	24

경자양안을 비롯한 조선시기의 양안에 들어있는 정보는 크게 두 가지로 나뉜다. 하나는 생산수단으로 존재하는 토지에 대한 정보이고, 다른 하나는 토지와 연관을 맺고 있는 사람에 대한 정보이다. 즉 전토(田土)의 실제 크기와 모양, 위치 등 토지에 대한 정보와 토지와 관련된 인물들의 관계를 보여주는 사람에 대한 정보로 나누어 살펴볼 수 있다. 양안의 형식을 보면 전토에 대한 정보가 앞에 등장하고 사람에 대한 요소가 제일 뒤에 기재되어 있음을 한눈에 알 수 있다.

양안의 기재양식은 개별양안마다 다르지만 대체로 자호(字號), 지번(地番), 양전방향(量田方向), 전품(田品, 土地等級), 전형(田形), 장광척수(長廣尺數), 결부수(結負數), 사표(四標), 진기(陳起), 주(主) 등이 표시되어 있다. 양안에 기록된 자호는 양전의 단위(5結)를 천자문(千字文) 순으로 표시한 것이며, 제1·제2·제3·의 지번은 자호 안에서의 필지(筆地)의 순서를 나타낸 것이다. 남범(南犯)·북범(北犯) 등은 양전의 방향을 나타내는데, 남범은 북에서 남으로 북범은 남에서 북으로 양전을 실시하였음을 표시한다.

전품(田品)은 1등에서 6등까지 매겨져 있고, 전형은 오형(五型)으로 나눈 것인데, 방전(方田)·직전(直田)·제전(梯田)·규전(圭田)·구고전(句股田) 등으로 구분되어 있다. 그리고 장광 척수는 동서와 남북의 척수로 실제 거리를 양전척(量田尺)으로 측량하여 표시한 것이다. 결부수는 1결=100부, 1부=10속, 1속=10파의 단위로 표시되는데, 필지의 실제 절대 면적을 준정결부법(准定結負法)에 의하여 전품을 감안하여 계산한 결과물로서 해당 필지의 상대면적이라고 할 수 있다. 필지별 결부수가 바로 해당 필지에 부과하는 전세(田稅) 등 부세수취의 기준이었다. 동서남북의 사표는 전답의 인접지역의 지형지물을 표시한 것이고, 진기는 기경전(起耕田) 진전(陳田)을 기입한 것이다. 그리고 '주(主)'는 토지의 소유자를 말하는데 이 기재란의 경우 다양한 성격의 인명이 기재되어 있다. 본래 '주'의 기재에 있어서는 양반일 경우에는 직함이나 품계를 표시하고 본인의 성명과 가노(家奴)의 명(名)을 첨기하도록 되어있었다. 평민일 경우는 직역과 성명, 천인의 경우는 천역(賤役) 명칭과 명만을 기록하도록 되어 있었다. 하지만 양반의 경우 호노(戶奴)의 명을 기록하면서 이를 양명(量名)이라 불렀고, 경우에 따라서는 작인(作人)을 기입해두는 것도 있었다.

18세기 초반에 작성된 경자양안의 특색을 전라도 경자양안과 경상도 경자양안으로 나누어 살펴볼 수 있다. 전라도 경자양안의 경우 양안의 기재양식에 몇 가지 특색을 찾아볼 수 있다. 먼저 전라도 경자양안은 서명(書名)이 "기해양전도행장(己亥量田導行帳)"의 형식으로 붙어 있다는 점을 들 수 있다. 기해(己亥)는 1719년(숙종 45)을 가리키는데, 경상도 경자양안이 '경자(庚子)'를 분명하게 표시하고 있는 것과 크게 다른 점이다. 이 점은 전라도 경자양안이 양전을 실행하여 양안을 작성하기 시작한 시점, 즉 전토의 현황으로 조사된 해당 시점을 중시하는 입장을 보인 것으로 볼 수 있다.

다음으로 살펴볼 전라도 경자양안의 특징은 오인택이 전라도 경자양안을 초안(草案)으로 보는 근거의 하나이다. 현존 전라도 경자양안이 정안(正案)이라면 원칙적으로 지켜야할 1자(字) 5결(結)을 정확히 맞추지 않고 있다는 점이다. 대개 5결이 조금 넘는 전토를 1자에 배정하고 있다. 1자 5결 원칙의 준수여부에서 보이는 이러한 부정확함과는 달리 전라도 경자양안의 특색 가운데 하나는 오래된 자정(字丁) 표시가 등장하고 있다는 점이다. 즉 예를 들어 전라도 능주 지역 경자양안의 경우 1자 5결의 원칙을 지키면서 '추자(推字)'로 표시하는 것이 마땅함에도 불구하고 '추자정(推字丁)'이라고 표기하여 '정(丁)'을 덧붙이는 방식을 취하고 있다.

그리고 진기 표시난에 기(起), 구진(舊陳), 금진(今陳) 등 세 가지로 표시하고 있다는 점이 전라도 경자양안의 다른 특징이다. 마지막으로 전라도 경자양안 기재방식의 특색을 지적하자면, 바로 주(主) 기재란이다. 주 표기는 대부분 성명만 기록되어 있고, 또한 1인만 기록하고 있다. 그리고 주 기재란에 '시작(時作)', '시(時)' 등의 표기도 보이고 있다.

경상도 지역 경자양안 기재방식의 특색은 먼저 "경자개량전안(庚子改量田案)"이라는 서명 형식을 갖추고 있다는 점이다. 그리고 경상도 경자양안은 1자 5결을 정확하게 맞추어서 기록하고 있다. 1자 5결이 넘을 경우 마지막 필지의 결부수를 적당히 나누어 앞 자호와 뒤 자호에 연이어 해당 필지를 수록하였다.

경상도 경자양안의 가장 커다란 특징은 바로 '주(主)' 기재방식이다. 주 기재란에 구금(舊今)을 쌍행(雙行)으로 나란히 표기하고 있다. 1960년대 김용섭은 경상도 경자양안 주 기재란의 구금에 주목하여 17세기와 18세기 조선의 토지소유관계의 변동과 농업경영 방식의 변화를 설명하였다. 즉 구금 주의 신분을 조사하여 신분에 따른 토지소유규모의 변동을 살피고, 특히 시기별 신분별 토지소유규모의 변천을 따져보았던 것이다.

현존하는 양안 중에는 일반 양안 이외에 궁방(宮房)양안도 상당수 남아 있다. 17세기 이후 궁방전이 크게 증가하면서 이에 따라 궁방양안의 작성도 증가하였다. 궁방이 전답(田畓)이나 개간가능지를 확보하였을 경우 이를 측량하거나 또는 원 소속처의 양안을 전사하는 방식으로 양안을 작성하였다. 그런데 궁방양안의 경우 내제(內題)나 표제(表題)에 토지의 획득 경위를 기재한 경우들이 상당수 존재하고 있다. 이를 통해 궁방전이 개설된 경위를 짐작할 수 있다. 절수(折受)와 매득(買得), 축동(築筒)·축언(築堰), 이속(移屬), 무후노비(無後奴婢)의 기상(記上), 사여(賜與)·사패(賜牌) 등 다양한 방식으로 궁방전이 개설되었고, 이러한 경위는 궁방양안에 그대로 기재되어 있었다.

현재 서울대학교 규장각에 소장되어 있는 궁방양안을 보면 611건에 622책에 달한다. 내수사(內需司), 명례궁(明禮宮), 수진궁(壽進宮), 어의궁(於義宮), 용동궁(龍洞宮), 선희궁(宣禧宮), 육상궁(毓祥宮), 경우궁(景祐宮) 등이 대표적인 궁방이고 이외에 후궁, 대군, 군, 공주, 옹주 등의 경우에도 몇 건의 궁방양안이 남아 있다. 가장 책수가 많은 것은 내수사인데 왕실의 사유재산을 관리하던 기관이라는 점에서 당연하다고 할 수 있다.

조선 후기에 궁방전과 마찬가지로 아문둔전(衙門屯田)도 전국에 설치되면서 크게 확대되었다. 이에 따라 아문둔전의 현황을 정리하여 기록한 양안도 많이 작성되었다. 현재 확인된 아문 둔전의 양안은 모두 53건으로 규장각(奎章閣), 기로소(耆老所), 종친부(宗親府), 충훈부(忠勳府), 화성부(華城府) 등 9개 아문의 둔전양안이다.

〈규장각 소장 궁방양안 현황〉

구분	건수	책수
내수사(內需司)	185	186
명례궁(明禮宮)	87	89
수진궁(壽進宮)	49	50
어의궁(於義宮)	16	16
용동궁(龍洞宮),	58	61
선희궁(宣禧宮)	15	16
육상궁(毓祥宮)	33	33
경우궁(景祐宮)	4	4
기타 궁(宮)	32	32
후궁방(後宮房)	73	73
대군·군방(大君·君房)	15	18
공주·옹주방(公主·翁主房)	44	44
소 계	611	622

이중 종수가 가장 많은 것은 종친부(13건)와 충훈부(21건)인데, 이는 『만기요람』의 면세결(免稅結) 규모와도 상관관계가 있다. 사복시의 경우에도 다수의 목장토(牧場土) 양안이 남아 있다. 그리고 규장각과 화성부 양안은 그 설치와 관련하여 정조 대에 주로 작성된 것이다. 이중 규장각 둔전은 19세기까지 존속하였으나, 화성부 둔전은 장용영(壯勇營) 혁파 후 내수사, 숙선옹주방(淑善翁主房), 용동궁 등 다른 관서로 이속되었기 때문에 이후의 양안은 궁방양안으로 작성되었다. 한편 아문둔전은 1894년(고종 31) 관제 개혁과 갑오승총으로 대부분 국고로 환수되었다.

〈아문둔전 양안의 현황(단위: 건)〉

아문	경종	영조	정조	순조	고종	광무	미상	합계
경리청(經理廳)							1	1
규장각(奎章閣)			2	2				4
기로소(耆老所)				3			1	4
선혜청(宣惠廳)					1			1
종친부(宗親府)				7	3	1	2	13
충훈부(忠勳府)	1	2	4	6	1		7	21
봉상시(奉常寺)		1	1					2
화성부(華城府)			7					7
총합계	1	3	14	18	5	1	11	53

현재까지 전해지고 있는 양안은 서울대학교 규장각한국학연구원, 국립중앙도서관, 국사편찬위원회 등을 비롯한 여러 기관에 소장되어 있다. 규장각한국학연구원에 소장된 양안 현황을 보면 총 1,247건에 2,619책에 달한다. 양안의 1책은 문집의 1책과 달리 작성연대, 작성 주체에 따라 실제 분량이 천차만별이다. 일반 양안의 경우 1책이 대부분 500면 이상에 달하지만 궁방양안인 경우 10여 면인 경우도 많다. 그리고 일반 양안이 총 176건에 1,464책에 달한다.

그리고 전국 19개 기관에 소장되어 있는 양안 자료를

〈소장처별 양안 현황〉

소장처	종수
경기대학교	1
경상대학교 문천각	5
경희대학교	1
계명대학교	2
고려대학교	14
국립중앙도서관	15
국민대학교	1
국사편찬위원회	18
단국대학교	1
미국 캘리포니아대학 극동도서관	1
부산대학교	1
서울대 규장각한국학연구원	1,284
성암고서박물관	2
숙명여자대학교	1
연세대학교	2
영남대학교	1
중앙대학교	1
한국학중앙연구원 수집자료	64
한국학중앙연구원 장서각	37
한림대학교	1
합계	1,453

〈규장각한국학연구원 소장 양안 현황〉

분 류	구 분	건수	책수
일반양안	경기도(京畿道)	35	589
	경상도(慶尙道)	46	270
	전라도(全羅道)	38	102
	충청도(忠淸道)	33	456
	황해도(黃海道)	6	6
	평안도(平安道)	6	6
	강원도(江原道)	8	28
	기 타	4	7
	소 계	176	1464
궁방양안	내수사(內需司)	185	186
	명례궁(明禮宮)	87	89
	수진궁(壽進宮)	49	50
	어의궁(於義宮)	16	16
	용동궁(龍洞宮),	58	61
	선희궁(宣禧宮)	15	16
	육상궁(毓祥宮)	33	33
	경우궁(景祐宮)	4	4
	기타 궁(宮)	32	32
	후궁방(後宮房)	73	73
	대군·군방(大君·君房)	15	18
	공주·옹주방(公主·翁主房)	44	44
	소 계	611	622
아문둔토양안	·	345	420
역둔토양안	·	63	63
개인 양안	·	50	50
총계	·	1,247	2,619

포함하면 총 1,453종의 양안이 현재까지 전해지고 있다.

조선시기의 양안은 양전사업의 결과로 산출된 장부로 전세 등 부세 부과의 기본장부 성격을 갖고 있었다. 국가적인 사업으로 실시된 양전을 통해 확보된 양안은 호조 등에 보관되었다. 또한 토지를 갖고 있는 기관으로 궁방, 아문 등도 전답 필지의 측량을 통해서 양안을 작성하여 소장하고 있었다. 특정 필지의 전답이 궁방, 아문 사이에 이동될 경우 앞서 작성한 양안도 옮겨졌다. 이때 새로 양안이 작성되기도 하였다.

토지매매문기에서 매매 대상 토지를 특정하는 것은 결국 양안에 기재되어 있는 자호, 지번, 결부수일 수밖에 없었다. 또한 토지매매문기를 망실하거나 소실당하였을 때 해당 필지에 대한 면적, 전품 등 공적인 정보는 양안에서 획득하였다. 이러한 점에서 조선시기의 양안은 점차 토지에 대한 공적장부로서의 성격을 강화해나가고 있었다. 순조 대 양전계획에서 실제 토지소유자의 실명(實名)을 기입하는 원칙을 세우고 있었던 것도 양안이 갖고 있는 공적인 장부로서의 성격을 강화시키려는 것이었다고 볼 수 있다.

양안에 들어 있는 토지에 관한 정보와 사람에 관한 기재내용은 조선시기의 토지소유, 농업경영 등을 분석할 때 중요한 사료라고 할 수 있다. 또한 특정한 궁방이나 아문의 재정 상황, 토지 소유 규모, 농업 경영 규모 등을 따질 때에도 요긴한 자료이다.

[참고어] 양전, 갑인주안, 경자양안, 광무양안

[참고문헌] 金容燮, 1970, 『朝鮮後期農業史硏究』Ⅰ, 一潮閣 ; 김용섭, 1983, 「純祖朝의 量田計劃과 田政釐正문제」『김철준박사화갑기념사학논총』; 吳仁澤, 1996, 「17·18세기 量田事業 硏究」, 부산대학교 사학과 박사학위논문 ; 金建泰, 1999, 「갑술·경자양전의 성격-칠곡 석전 광주이씨가 전답안을 중심으로」『역사와 현실』31 ; 李榮薰 1997, 「量案 上의 主 規定과 主名 記載方式의 推移」『조선토지조사사업의 연구』, 민음사 ; 李榮薰, 1996, 「『田制詳定所遵守條劃』의 제정년도-同尺制에서 異尺制로의 移行說 검토-」『고문서연구』9·10

〈염정섭〉

양잠경험촬요(養蠶經驗撮要)

양잠경험촬요(養蠶經驗撮要) 1415년(태종 15) 한상덕(韓尙德)이 중국의 농서 『농상집요(農桑輯要)』 가운데 양잠 관련 부분을 발췌하여 이두로 번역한 현존 한국 최고(最古)의 농서.

태조 이성계가 즉위교서에서 "농상은 의식의 원천이고 백성들의 목숨이 걸려 있다"고 언급하고, 왕의 친경(親耕)의식과 함께 왕비의 친잠(親蠶)의식을 병행했던 데서 단적으로 드러나듯이 조선은 개국 초부터 양잠의 중요성을 강조해왔다. 특히 태종은 종상(種桑)을 독려하기 위하여, 중국 고대 주(周)나라에서 천자와 제후는 공상(公桑)과 잠실(蠶室)을 설치하고, 그 부인들은 공상에 뽕나무를 심고 잠실에서 누에를 쳐서 옷감을 짜는

것을 의무적으로 하였던 제도를 본따 시행하였다.

1409년(태종 9)에 궁궐의 정원에 뽕나무를 심도록 명령하였으며, 시범적으로 서울 인근 경기도의 양근(楊根)과 가평(加平) 두 고을에 잠실을 설치하였는데, 이는 판승문원사(判承文院事) 이적(李迹)이 상서(上書)를 통해 공상잠실(公桑蠶室)의 법을 시행하자는 주장을 적극 수용한 것이다. 이적은 당시 조선에서 뽕나무가 제대로 자라지 못하는 이유가 경작하는 과정에서 농민들에게 베어 없어지는 데 있다고 보고, 농민들의 뽕나무 작벌(斫伐)을 엄단하고 수령의 인사고과 제도인 출척(黜陟)에 반영하여 감사(監司)들이 독려할 수 있도록 하자고 제안하였는데, 태종은 이러한 의견도 수용하였다. 이와 같은 양잠에 대한 높은 정책적 관심 속에서 1414년(태종 14) 우대언(右代言) 한상덕(韓尙德)의 건의에 따라, 중국 원(元)나라 『농상집요』를 향곡(鄕曲)의 소민(小民)들이 이해하기 쉽도록 우리나라 말[이어(俚語)]로 번역하여 책자로 배포하라는 명령이 내려지기에 이른다.

『농상집요』는 중국 원나라 세조 쿠빌라이의 명령에 따라 1273년 사농사(司農司)라는 관청에서 편찬한 농서로서 한국에 유래된 것은 기록상 고려 후기의 문신으로서 공민왕대 최고위 관직인 수문하시중(守門下侍中)을 역임한 이암(李嵒, 1297~1364)이 1349년 충정왕(忠定王)과 함께 원나라에서 고려로 귀국할 때 지니고 온 것으로 추정된다. 바로 이 『농상집요』는 경지(耕地), 대전(代田), 구전(區田) 등 경작의 가장 기초적인 단계에서부터, 파종(播種), 재상(栽桑), 양잠(養蠶), 과채(瓜菜), 죽목(竹木), 자축(孳畜) 등 각 작물의 풍토와 파종 시기, 뽕나무 심기와 누에 치기, 과수와 채소의 재배법, 수종(樹種)과 약초(藥草)의 종류에 대한 해설, 가축의 사육 등 그야말로 농업의 전분야를 망라한 종합 농서로서, 조선의 『농사직설(農事直說)』(1429), 『농가집성(農家集成)』(1655), 『색경(穡經)』(1676) 등의 농서에 사용된 표현과 서술체계에 커다란 영향을 미친다.

『농사직설』이 편찬되기 이전까지는 중국 농서를 거의 그대로 이용해왔는데, 이는 한전농업 위주의 당시 농업 환경과 자연환경이 중국 농서에 반영된 중국 화북 지방의 조건과 유사하였기 때문이다. 그러나 아무래도 중국과 우리나라는 문화적 차이 및 언어가 다르고, 무엇보다 농업기술의 발전방향이 일치하지 않기 때문에 중국 농서 이용은 한계적일 수밖에 없었다.

『양잠경험촬요』는 바로 중국의 농서에서 우리나라의 실정에 필요한 부분만을 간추려 초록하고 이를 이두로 번역했다는 점에서 우리나라의 농서 편찬 이전의 과도기적 단계에서 등장하였다. 실제 『양잠경험촬요』는 『농상집요』 권4 양잠 관련 부분을 1/4 가량 초록된 구절과, 초록된 구절에 대해 이두로 주해(註解)한 문장으로 구성되어 있다. 또한 현전하고 있지는 않지만, 『양잠경험촬요』와 같은 시기 이행(李行)과 곽존중(郭存中)에 의해 『농상집요』 권1 경지 부분과 권2 파종 부분에서 일부를 초록하고 이두로 풀이하여 간행·배포한 『농서집요(農書輯要)』의 존재도 확인된다. 그런데 한상덕이 태종에게 『농상집요』의 번역을 제안할 때 책을 만들어 배포하라는 명령을 수행할 인물로 이행과 곽존중이 『태종실록』에 등장하고 있다는 점에서, 비록 현전하는 『양잠경험촬요』의 「간기(刊記)」에 한상덕만이 왕지를 받들어 번역과 간행·반포를 담당한 인물로서 명시되고 있는 이유는 정확히 알 수 없다. 그러나 태종 대 『농상집요』의 초록 및 이두 번역 작업에 한상덕, 이행, 곽존중이 간여하였고 『양잠경험촬요』, 『농서집요』의 간행 및 반포는 이들의 공동작업일 가능성이 높다고 할 수 있다.

[참고어] 농상집요, 농서집요

[참고문헌] 李宜明, 1991, 「15·16世紀 養蠶政策과 그 成果」 『한국사론』 24, 서울대학교 ; 남미혜, 2002, 『朝鮮前期 養蠶業 硏究』, 이화여자대학교 대학원 박사학위논문 〈정희찬〉

양잠조건(養蠶條件) 1459년(세조 5) 양잠을 권장하기 위해 뽕나무를 의무적으로 심도록 한 규정.

세조는 최항(崔恒)·한계희(韓繼禧) 등에게 명하여 한글 풀이를 곁들인 『언해잠서(諺解蠶書)』를 저술하게 하는 등 양잠정책에 힘썼다. 양잠조건 역시 권잠의 일환으로, 민가에서 의무적으로 뽕나무를 심고 기르도록 그 세칙을 마련하여 세조 5년(1459) 6월에 반포한 것이다.

간략한 내용을 소개하면, 우선 뽕나무를 의무적으로 심되 대농(大農)은 300그루, 중농(中農)은 200그루, 소농(小農)은 100그루씩을 심도록 했다. 이행하지 않으면 가장(家長)은 물론 해당 고을의 수령까지 아울러 죄를 묻도록 하는 등 처벌도 엄격했다. 한편 길옆이나 관사·창고의 담장, 과원이나 닥나무밭 등에 뽕나무를 심고, 수령은 이를 호조에 보고하도록 했다. 또 뽕나무를 심어 잎을 딸 수 있게 되면 누에씨[蠶種]는 관에서 분급하는데, 누에씨 1장에 견사 2근을 생산하여야 했다. 견사를 많이 내는 자는 미포로 포상했으며, 반면 가장 적게 생산한 자는 잠모(蠶母)와 감고(監考)는 물론, 해당 고을의 수령까지 율법에 따라 죄를 부과토록 했다.[이

상『세조실록』 권16, 5년 6월 28일 무인]

[참고어] 언해잠서, 잠모

[참고문헌]『세조실록』; 김영진, 1972,『蠶絲學古典硏究』

〈이준성〉

양잠조합(養蠶組合) 일제가 양잠증산의 잠업정책을 실행 관철하기 위해 만든 하부조직.

1910년 강점 후 일제는 조선을 일본자본주의 발전을 위한 식량·원료공급기지로 짜맞추어갔다. 일본 개량벼 품종의 미곡증산과 양잠·면화의 개량·증산은 1910년대 일제 무단농정의 기본 목표였다. 특히 양잠의 증산은 일본의 핵심수출품인 생사의 확보에 결정적 작용을 하였다. 1920년대까지 생사의 대미수출은 일본 총 수출액의 40%를 차지하였기에, 식민지 조선에서 양잠의 증산과 이출은 일본자본주의의 국제수지 개선에 적지 않은 역할을 하는 것이었다.

1912년 3월 조선총독부는 각 부윤 및 군수에게「양잠조합 설치에 관한 준칙」(경기도 훈령 제4호)을 하달하고 양잠조합 조직과 양잠개량·증산 지도에 나섰다. 양잠조합은 조합원 15인 이상이 모여 규약을 만들어 도장관(도지사)의 허가를 받으면 설립 가능했다. 조합의 주요 사업은 잠종 구매와 잠견의 판매, 잠종보호와 치잠사육, 견의 번데기 죽이기와 건조, 생산품 매각대금 5/100이상 저축, 필요한 종묘·비료·기구의 구입 등이었다. 특히 양잠조합에 의한 잠종의 공동구매과 잠견의 공동판매는 일정기간 동일 장소에서 생산한 균질한 고치와 견을 대량으로 매집할 수 있고 재래잠종의 혼입과 중간상인의 개입여지를 차단함으로서 일본 제사자본에게 독점적 이익을 보장해주었다.

1925년 일제는 '산견백만석증식계획'을 수립, 실천해갔다. 1939년까지 양잠농가 100만 호(1925년 현재 50만 호), 상전(桑田) 총면적 100만 정보로 늘리고, 누에고치 순 생산고를 100만 석으로 증산하는 것을 주 내용으로 계획했다. 계획발표와 아울러「식상장려요강(植桑奬勵要綱)」과「식상보조금규정」을 제정하여, 상전·상묘구입 보조, 잠업 기수의 증원배치를 실시하고, 재원은 국비와 지방비로 충당하였다. 양잠농가 1호당 상전 1단보를 한도로 하고, 3년 거치 3년 분할상환으로 상전 보조금을 대부해주었다. 1926년 이후 양잠조합은 산업조합이나 조선농회로 통합되었다.

[참고어] 미작개량정책, 미곡단작

[참고문헌] 한국농촌경제연구원 편, 2003,『한국 농업구조의 변화와 발전』, 한국농촌경제연구원

〈이봉규〉

양전(量田) 전답(田畓)의 측량을 통해 면적, 전품(田品)을 파악하여 이를 결부(結負)로 환산하고, 해당 필지에 연관된 전주(田主), 작인(作人) 등을 조사하는 작업.

[고대~고려] 양전의 시행을 통해 획득한 토지와 조세부담자에 대한 정보를 정리한 장부가 양안(量案)이다. 양전의 시행이 언제부터 시작되었는지 불분명하지만 양전과 밀접한 관계를 갖고 있는 결부제(結負制)의 시행을 통해 짐작할 수 있다. 결부제는 4~6세기 농업생산력이 발달하고 읍락 내부에서 계층분화가 진행되었을 때 신라국가가 영역화 작업을 추진한 것과 같은 맥락에서 시행되었다. 신라국가는 국가의 수취기반인 호구증대를 위해 노력하고, 빈농들이 귀농하게 한 조치를 시행하였는데, 이때 양전은 결부제와 같이 시행된 것으로 추정된다.

신라사회에서 6세기 전반 토지와 그에 딸린 건물을 둘러싼 여러 가지 사항을 규정한 법조항인 전사법(佃舍法)이 정비되었는데, 이는 곧 토지에 대한 측량 즉 양전과 밀접한 관계가 있었다. 이 무렵 곡물의 소출량을 기준으로 토지의 면적을 헤아리는 단위로 관행적으로 사용하여 왔던 부(負)나 속(束)을 토지의 비척(肥瘠)과 관계없이 일정한 면적을 재는 단위로 사용하였다. 이를 기초로 100부를 1결로 정하는 조치가 뒤따랐을 것으로 보인다. 이때 1속의 척도를 양전척(量田尺)으로 삼아 토지를 측량하였을 것이다. 그런데 통일신라기의 경우는 전결수를 기준으로 수세를 하는 것이 아니라 자산(資産)의 다과(多寡)를 근거로 매겨진 호등(戶等)을 기준으로 곡물을 부과하고 있었다. 따라서 당시 전품이나 토지비옥도에 다른 조세액 조정은 불필요한 것이었다. 나말여초 사회변동을 거치면서 전결수를 근거로 전조(田租)를 징수하게 되었다. 신라촌락문서를 보면 신라촌락문서에 결부속(結負束) 단위로 토지를 측량하였음을 분명하게 전해주고 있다.

통일신라시기 양전 시행을 알려주는 자료로「소부리군전정주첩(所夫里郡田丁柱貼)」이라는 자료 이름이 전해지고 있다. 보다 직접적인 양전 관련 자료는「개선사석등기(開仙寺石燈記)」에 새겨져 전하고 있는 신라 하대(下代)의 전권(田券)이다. 전권은 891년(진성여왕 5)에 이 석등의 유량업조(油糧業租) 즉 기름을 대기 위한 재원을 위해 토지를 매입(買入)하고 토지에서 나오는 조(租)를 수취하는 토지의 권리를 보증하기 위해 기록된 문서

이다. 신라국가에서 파악하고 등재한 양전문서에 해당되는데, 당시 양전과정에서 파악한 정보의 내역을 알 수 있다. 토지가 위치한 촌락의 행정명[石保坪], 구체적인 소지역 단위 명칭[大業], 토지 위치의 특색[수리시설에 인접한 토지-渚畓, 그렇지 못한 토지-奧畓], 결수(結數), 토지 필지 숫자(畦), 사방 경계 등을 기록하고 있었다. 이러한 내용을 수록한 '양안(量案)'에 해당되는 장부를 작성하였을 것이다.

고려시기에도 전품을 파악하고 전결수를 파악하여, 전조를 징수하기 위한 기초 조사작업으로 양전이 시행되었다. 고려시기에 양전의 단위로는 수확량이 1차적 기준이 되는 결부제와 면적을 기준으로 하는 경무제(頃畝制)가 있었는데, 고려 전기까지는 이 두 가지 단위가 혼용되고 있었다. 이 시기 토지를 측량하기 위해 사용하는 자는 전품에 따라 그 길이를 달리하는 수등이척제(隨等異尺制)로서의 양전척이 아니라 단일양척제(單一量尺制)로서의 양전척을 채택하였다. 양전의 대표적인 기준 단위인 결과 양전척과의 관계는 1069년(문종 23)의 기록에서 확인할 수 있는데, 이를 소개하면 다음과 같다.

"23년에 땅 재는 자수를 다음과 같이 결정하였다. 1결은 방(方) 33보(步)[6촌(寸)을 1푼(分)(대부분의 연구자가 10푼의 잘못으로 본다)이라 하고 10푼을 1척이라 하며 6척을 1보라 한다.] 2결은 방 47보, 3결은 방 57보 3푼, 4결은 방 66보, 5결은 방 73보 8푼, 6결은 방 80보 8푼, 7결은 방 87보 4푼, 8결은 방 90보 7푼, 9결은 방 99보, 10결은 방 104보 3푼이다.(二十三年 定量田步數 田一結方三十三步[六寸爲一分十分爲一尺六尺爲一步] 二結方四十七步 三結方五十七步三分 四結方六十六步 五結方七十三步八分 六結方八十步八分 七結方八十七步四分 八結方九十步七分 九結方九十九步 十結方一百四步三分.[『고려사』 권78, 「식화지」1 전제 경리 문종 23년])"

여기에서 보이듯, 1결은 사방 33보이므로, 1,089평방보가 된다. 그리고 1보는 6척, 1척은 10푼, 10푼은 6촌으로 계산하는 것으로 되었다. 여기서 이 기준척이 무엇이었던가를 둘러싸고 견해가 많이 갈려 왔는데, 현재는 1결을 대개 1,200평 정도로 이해하려는 경향이 강하지만, 아직도 이견이 많다.

단일양전척을 바탕으로 동일한 면적의 토지라도 그 비옥도에 따라 조세액을 차등 있게 부과하는 이른바 동적이세제(同積異稅制)는 고려 후기 내지 말기가 되면 바뀌게 된다. 수등이척제라는 새로운 양전법을 채택하면서 달라진다. 종전에 1결의 면적을 고정시켜 놓고 전품에 따라 차등적으로 조세를 수취했던 것으로부터 1결의 조세액을 고정시키는 대신 전품에 따라 양전하는 척도의 길이를 달리하여 1결의 면적을 조절하는 제도로 바뀌었다. 즉 비옥한 토지에는 길이가 짧은 양전척을 적용하고 척박한 토지에는 길이가 긴 양전척을 적용하여, 전품의 비옥도에 따라 같은 1결이라 하더라도 넓이의 차이가 있도록 만들었다. 이것은 결부제가 수확 표준, 수세 표준으로 바뀌는 것을 의미하는 동시에, 양전제 상으로는 파종 단위에서 면적 단위로, 전품제 상으로는 파종 빈도, 단위 파종량 당 소출 기준으로부터 순수 비옥도 기준으로 이행해가는 과정이라 할 수 있다.

수등이척제에서 채택한 양전척은 지척(指尺)이었다. 즉 전품을 상·중·하 3등으로 구분하고 장년(壯年) 농부의 수지(手指)를 표준으로 삼아 상전척(上田尺)은 20지, 중전척은 25지, 하전척은 30지를 각각 1척으로 계량하였다. 여기서의 지척은 일반적으로 손가락 마디의 횡폭(橫幅)을 재어 척도의 길이로 삼았던 것으로 이해되고 있다. 여기서 보듯 상·중·하등전의 길이는 20 : 25 : 30=4 : 5 : 6의 비율임을 알 수 있다.

고려의 양전기록은 『고려사』 「식화지」 경리(經理)조에 몇 차례 시행기록이 보이는데, 955년(광종 6), 1063년(문종 18), 1314년(충선왕 복위 1), 1389년(창왕 1) 등 네 차례 정도 이루어진 것으로 이해되고 있다. 그리고 「약목군정도사석탑조성형지기(若木郡淨兜寺石塔造成形止記)」에 보다 직접적으로 고려 '양전대장'의 내용을 찾아볼 수 있다. 955년(광종 6) 양전사(量田使)가 하전(下典)·산사(算士) 등을 대동하고 현지에 가서 그 이전의 양전대장(導行)을 토대로 양전을 실시하고 있었다. 당시 양전을 통해 획득한 정보는 토지소유주, 전품, 토지의 형태, 양전의 방향, 토지의 위치(四標), 양전척의 단위, 넓이, 결수(結數) 등이었다.

〈기사양전에서 파악한 전결수〉

	실전(實田)	황원전(荒遠田)
경기(京畿)	131,755결	8,387결
6도(道)	491,342결	166,643결
계	623,097결	175,030결

고려 후기에 이르러 상중하(上中下) 토지등급에 따라 실제 토지의 면적을 달리하는 방식으로 양전이 수행되고 수조(收租)가 시행되었다. 고려 말 농부의 손가락 길이에 의거한 지척이 양전척으로 활용되었다. 지척을 활용하여 시행한 양전이 1388년(우왕 14)에서 1389년(공양왕 1)에 실시된 기사양전(己巳量田)이다. 기사양전

에서 확보한 전결 규모가 다음과 같이 『고려사』 권78, 「식화지」1에 실려 있다.

[조선 이후] 조선 전기 이래 여러 차례 수행된 양전을 통하여 원장부(元帳付) 결수를 파악하여 양안에 기재하였다. 양전을 시행할 때 실행하는 규정은 세종 대 이후 몇 차례에 걸쳐 마련되었다. 1443년(세종 25) 11월 하삼도(下三道)에 경차관(敬差官)을 파견하여 전품을 조사할 당시에 마련된 것이 「분전품사목(分田品事目)」이라는 규정이다. 그리고 같은 해 11월 경기도 안산에서 양전을 시범 시행하였을 때에도 「양전사목(量田事目)」을 마련하여 지침서로 삼았다. 당시 전제상정소(田制詳定所)가 공법(貢法) 개혁을 주도하면서 양전에 관련된 규정도 정리하고 있었다.

『경국대전』에 실려 있는 양전 관련 규정을 보면 먼저 20년마다 1회의 양전을 실시하도록 규정하고 있었지만 그대로 실행되지 못하였다. 그리고 양전을 통해 작성된 양안은 호조(戶曹), 본도(本道), 본읍(本邑)에 각각 보관하게 하였다. 또한 토지를 6등급으로 나누고 각 등급에 따라 각각 양전척을 달리하는 것이 원칙이었다. 1등전을 재는 자의 길이는 주척(周尺)으로 환산하면 4척 7촌 7푼 5리에 해당하였다. 사방 1척을 파(把)라 하고, 10파를 1속(束), 10속을 1부(負), 100부를 1결(結)로 하였다. 그리고 매년 경작하는 토지를 정전(正田)이라 하고, 경작하기도 하고 묵히기도 하는 토지를 속전(續田)이라 하였다.

15세기 중후반에 전제상정소에서 양전 규정을 종합 정리한 것이 『전제상정소준수조획(田制詳定所遵守條劃)』이다. 현존하는 『전제상정소준수조획』은 1653년(효종 4)에 개간(開刊)된 판본이지만, 실제 담고 있는 내용은 성종 대 무렵 전제상정소가 공법에 따른 양전을 수행할 때 정리된 것이었다. 공법에 의거한 양전이 완료된 것은 1489년(성종 20)이었다. 『전제상정소준수조획』의 주요한 내용은 6개의 양전척을 모두 활용하는 것이 아니라 1등전을 측량하는 양전척만 이용하여 측량하고, 이를 6등급으로 환산하는 방식을 채택하고 있다는 점이었다. 이에 따라 1등전 1부는 2등전 8속5파, 3등전 7속, 4등전 5속5파, 5등전 4속, 6등전 2속5파로 각각 환산하였다. 1등전 양전척만 활용하는 방식의 양전규정은 『속대전(續大典)』에 수록되어 있다. 조선시기에서 대한제국기에 걸쳐서 시행된 양전의 현황을 정리하면 표와 같다.

〈조선시대~대한제국기 양전 실행 현황 (1405~1904년)〉

연도	改量지역(結數)
1405년(태종5 을유)	湖西 嶺南(得剩田 30餘萬結)
1413년(태종13 계사)	濟州
1444년(세종26 갑자)	(定 田分六等 年分九等之法)
1448년(세종30 무진)	湖南
1462년(세조8 임오)	量田
1496년(연산2 병진)	湖南
1522년(중종17 임오)	關東
1523년(중종18 계미)	湖南
1603년(선조36 계묘)	京畿 海西 關東 關西 咸鏡(5도)
1613년(광해5 계축)	(分遣均田使改量)諸道
1634년(인조12 갑술)	三南
1653년(효종4 계사)	(頒田制遵守冊)
1663년(현종4 계묘)	京畿
1669년(현종10 기유)	湖西...20邑, 海西...4邑
1701년(숙종27 신사)	海西...3邑
1709년(숙종35 기축)	關東...16邑
1719년(숙종45 기해)	(命設量田廳)
1720년(숙종46 경자)	(分遣均田使改量)三南
1727년(영조3 정미)	開寧
1729년(영조5 기유)	蔚山
1736년(영조12 병진)	旌善
1737년(영조13 정사)	海西..2邑, 京畿...8邑
1747년(영조23 정묘)	信川
1748년(영조24 무진)	會寧 茂山
1749년(영조25 기사)	金川
1750년(영조26 경오)	慶州 延日 長鬐 興海
1756년(영조32 병자)	黃州 載寧
1758년(영조34 무인)	長湍
1759년(영조35 기묘)	湖西 (永同 玉川)海西 松禾
1760년(영조36 경진)	水原
1761년(영조37 신사)	楊口
1762년(영조38 임오)	振威 富平
1767년(영조43 정해)	會寧
1778년(정조2 무술)	咸安
1791년(정조15 신해)	昌原, 結城, 懷仁
1793년(정조17 계축)	安岳
1831년(순조31 신묘)	興海
1843년(헌종9 계묘)	柒原
1846년(헌종12 병오)	昌原 金山 鎭海 聞慶 咸昌
1856년(철종7 병진)	眞寶
1869년(고종6 기사)	靈山
1871년(고종8 신미)	彦陽 東萊
1872년(고종9 임신)	平山
1879년(고종16 기묘)	溫陽
1898년~1902년	量地衙門
124郡	
1903~1904	地契衙門
94郡	

조선의 양전은 정전 속전 이외에 개간지인 가경전(加耕田), 화전(火田) 등 뿐만 아니라 궁방전(宮房田), 둔전(屯田), 가대(家垈), 기지(基地) 등을 모두 조사하는 것이었다. 조선 후기의 양안 중에서 1720년(숙종 46)의 경자양안(庚子量案)을 보면 양전과정에서 확보한 정보를 알 수 있다. 필지를 크게 구획시키기 위한 자호(字號), 필지마다 부여한 지번(地番), 앞서 측량한 필지로부터 파악한

해당 필지의 동서남북 방향(犯), 전품(田品), 전형(田形), 장광척(長廣尺), 결부수(結負數), 사표(四標), 기진(起陳), 토지소유자 또는 경작자 정보 기타 난외에 기재된 특기사항 등으로 구성되어 있었다. 이러한 정보는 크게 토지에 관련된 정보와 부세부담자와 관련된 정보로 구성되어 있었다. 임진왜란을 겪은 뒤 이전의 150만여 결에서 170만여 결에 이르던 8도(八道)의 시기전결(時起田結)이 크게 줄어들었다. 전쟁의 후유증을 극복하면서 시기결수를 제대로 파악하기 위한 양전이 계속 이어졌다. 1603(선조 36)~1604년 사이에 전국적인 규모로 계묘양전(癸卯量田)이 실시되었다. 그리고 1634년에 삼남(三南)지역을 대상으로 갑술양전(甲戌量田)이 실시되었다.

1719년(숙종 45)부터 1720년까지 기해양전(己亥量田)·경자양전(庚子量田)이 삼남(三南)지역에서 실시되었다. 1715년(숙종 41)부터 논의되기 시작한 양전 사업은 1716년(숙종 42)에 숙종이 양전사업을 결정함으로써 실시될 수 있었다. 이때 가장 강조된 것은 17세기 이후 전국적인 개간을 통해 이루어진 가경전답을 파악하는 것이었다. 노론집권층은 양전을 통하여 전정문란이나 부세불균을 해소하려는 목표를 내세웠지만, 실제의 목표는 은결·누결을 파악하여 응세 결부수를 확대하려는 것이었다. 진전(陳田), 진답(陳畓)의 경우에도 이후 기경(起耕)될 가능성이 있는 곳은 잉진(仍陳)으로 표기해 별도로 구분하여 진전으로 면세될 수 있는 범위를 최소화시켰다. 또한 한전을 수전으로 변경한 번답[反畓]도 새롭게 양안의 지목으로 추가되었다. 그리하여 경자양전 이후 8도의 전결은 139만 5,333결, 삼남 지방은 97만 1,971결로 크게 증가되었다. 삼남의 전결은 1634년(인조 12) 갑술양전의 89만 5,489결에 비해 7만 6,482결이 늘어났고, 삼남 시기결(時起結)은 갑술양전의 54만 860결에 비해 13만 1,661결이나 증가되었다.

영조 대 이후 18세기 중반 이후 양전은 도 단위의 대규모로 시행되지 못하고, 필요한 지역을 대상으로 군현 단위로 수행되었다. 순조 대인 1819~1820년에는 전라도·경상도에 양전을 실시하기 위해 새로 양전사목을 만들어 경상도 몇 개 군에서 실제로 시험적인 양전이 행해졌지만, 대토지소유자나 토호들의 반대로 시행되지 못하였다.

19세기에 들어서면서 양전의 필요성에 대한 논의가 일어나면서 양전(量田) 계획이 수립되고 추진되기에 이르렀던 것이다. 1819년(순조 19) 9월 이지연(李止淵)이 전정문란과 그로 인해 민이 받고 있는 폐단을 지적하면서 양전이 필요하다는 것을 주장한 것이 본격적인 양전 논의의 시작이었다. 순조는 양전을 각도의 방백·수령으로 하여금 지휘감독해서 도 단위의 점진적 전국적 양전으로 수행하되 양남(兩南 : 호남, 영남)에서 먼저 시량(試量)하며, 그러기 위해서 그 지방에 지시해서 양전을 위한 방략을 강구 보고토록 명령하였다. 양전을 실행하기 위한 작업이 진행되던 가운데 1820년(순조 20) 8월 25일에 전라감사 이서구(李書九)가 양전시행의 중단 연기를 건의한 것을 정부에서 수용하면서 양전 추진이 중단되었다. 불과 몇 개월에 걸친 양전 시행 논의과 준비과정이 실행으로 옮겨지지 못한 원인은 바로 양전에 얽힌 사회적 갈등, 즉 이해관계의 대립 문제였다. 1820년 양전 추진을 위해 경상감사 김이재(金履載)가 마련한 양전사목(量田事目)을 보면 이 시기 양전 사업에서 추구하고 있는 목표가 무엇이었는지 파악할 수 있다. 특히 균부(均賦) 즉 부세 균등에 강조점을 두고 있었다. 또한 토호(土豪) 부민(富民)들이 그동안 부당하게 누린 세정 운영상의 비리를 척결함으로써 거기에서 얻어지는 이익이 국가와 농민층에게 돌아가게 하려는 것이었다.

조선시기의 양전은 각 필지의 결부수와 부세부담자를 조사하는 것이기 때문에 부세 문제와 가장 밀접하게 관련된 것이었다. 따라서 양전을 시행하면서 양전을 구체적으로 실행에 옮기는 실제의 담당자는 조선시기 지역별 행정, 사법의 책임자인 수령(守令)들이었다. 도(道) 단위로 수행된 양전의 경우 중앙정부에 의해 각 도에 파견된 경차관(敬差官 : 조선 전기), 또는 균전사(均田使 또는 量田使 : 조선 후기)의 책임하에 각 군현을 단위로 하여 시행되었다. 경자양전의 경우 중앙에서 균전사를 하삼도에 1명씩 파견하여 해당도의 관찰사 더불어 양전을 담당하게 하는 방식으로 시행되었다. 그리고 양전 시행과정에서 전품(田品) 등제(等第), 양전척(量田尺) 논란 등의 문제가 발생하기도 하였다.

경자양전 당시 군현별 양전 시행조직을 보면 수령이 각 군현별로 도감관(都監官) 등을 두고 양전을 수행하였다. 각 면(面)에 설치된 1~2개의 분소(分所)를 두었다. 1개 분소의 구성원은 지시인 1명, 줄사령 2명, 분소감관 1명이며, 각 면마다 2개 분소의 양전이 동시에 시행되었다. 그리고 양전과정은 측량(測量)과 초안(草案) 작성, 정안(正案) 작성이라는 단계로 진행되었다. 측량은 야외에서, 초안 작업은 읍내에서, 정안 작업은 도회소(都會

所, 監營)에서 각각 진행되었다. 경자양전 당시 전라도와 경상도에서 작성된 양안 몇 종이 서울대 규장각한국학연구원에 소장되어 있다. 경상도 경자양안은 주명(主名) 기재 부분에 구주(舊主)와 금주(今主)를 모두 기재하고 있는데, 전라도 경자양안은 금주만 기재하고 있다.

양전은 조사 당시의 토지 현황을 파악할 수 있기 때문에 이전 양전에서 파악하지 못한 새로운 가경지(可耕地), 이전 양안에서 누락되어 있던 은루결(隱漏結) 등을 가려낼 수 있었다. 또한 이전 양안에서 매겨진 전품도 제대로 확인할 수 있었다. 따라서 양전시행을 통해 응세(應稅) 결수(結數)를 크게 확보할 수 있었다. 그런데 문제는 양전을 시행하는 데 많은 재원이 들어간다는 점이었다. 또한 양전 시행과정에서 전품 등제(等第)나 결부 환산(換算) 과정에서 여러 가지 농간이 개입할 가능성도 많이 있었다. 이러한 가능성을 줄이기 위해서는 양전을 잘 맡아서 수행할 인물이 군현의 수령으로 재직하고 있어야 했다. 결국 재정 부담의 문제, 적당한 인물의 문제 등이 양전을 시행하기 위한 필요조건이었고, 양전시행을 반대하는 사람들이 내세우는 논리였다.

18세기 중후반 이후 실학자들은 한편으로는 토지소유의 불균등을 해소하기 위해 한전(限田)·균전(均田)·정전(井田) 등의 개혁론을 제기하면서 다른 한편으로 부세불공평 문제를 해결하기 위해 양전론시행론도 제기되었다. 숙종 대 황해도관찰사로 재직하고 있던 유집일(兪集一)은 몇 개 군현에서 방전법(方田法)을 시행하기도 하였다. 토지의 절대면적을 파악하고 이를 경작 토지 부근에 표지를 설치하여 쉽게 양안에 기재된 토지의 위치를 파악할 수 있는 방안이었다. 하지만 이후 더이상 방전법이 확대 실시되지는 못하였다. 19세기 초에 정약용(丁若鏞)은 구체적으로 중국에서 활용하고 있던 어린도책(魚鱗圖冊)의 수용을 주장하기도 하였다. 또한 실학자들은 조선의 양전법에서 채택하고 있는 결부법 대신에 절대면적만 산정하는 경묘법(頃畝法)을 시행해야 토지의 면적을 제대로 파악할 수 있다는 주장을 펴기도 하였다.

조선의 양전은 법전에 규정되어 있는 대로 실행에 옮겨지면 토지소유자 모두에게 공평한 부세 부담을 나눠지게 하는 제도였다. 하지만 양전을 통한 결부 산정에서 중요한 측량과 전품 산정에서 모두 폐단이 발생하였다. 그리고 향촌사회의 권세를 누리는 토호(土豪) 등은 자신의 토지를 양전에서 제외하기 위해 노력하였고, 이를 방비하기 위해 조정에서는 해당 토지의 전품을 실제보다 낮추는 방식으로 대응하였다. 바로 경자양전에서 많은 가경지를 확보하기 위해 조정에서 전품을 대토지 소유자에게 양보한 것이었다.

조선 후기에 양전이 제대로 시행되지 않으면서 실제와 양안상의 정보가 크게 달라지는 문제에 직면하였다. 순조 대에 양전이 추진되었지만 무산되면서 더욱 문제는 커질 수밖에 없었다. 18세기에 많은 실학자들이 양전시행을 주장하였는데, 이는 양전의 시행 자체가 부세의 균등을 기대할 수 있는 개선방안의 성격을 갖고 있기 때문이었다.

[참고어] 양안, 갑술양전, 경자양전, 광무양전사업

[참고문헌] 金容燮, 1970, 『朝鮮後期農業史研究』Ⅰ, 一潮閣 ; 姜晋哲, 1980, 『高麗土地制度史研究』, 高麗大學校出版部 ; 김용섭, 1983, 「純祖朝의 量田計劃과 田政釐正문제」 『김철준박사화갑기념사학논총』, 지식산업사 ; 金泰永, 1983, 『朝鮮前期土地制度史研究』, 知識産業社 ; 尹漢宅, 1995, 『高麗前期私田研究』, 高麗大學校民族文化研究所 ; 오인택, 1996, 『17·18세기 量田事業 研究』, 부산대 대학원 사학과 박사논문 ; 李榮薰, 1996, 「『田制詳定所遵守條劃』의 제정년도-同尺制에서 異尺制로의 移行說 검토-」 『고문서연구』 9·10 ; 한국역사연구회 토지대장연구반, 2008, 『조선후기 경자양전 연구』, 도서출판 혜안

〈윤한택·염정섭〉

양전경차관(量田敬差官) 조선 초 양전 시 전답 측량이나 전품(田品) 결정 등의 실무를 감찰하기 위해 중앙에서 파견한 관리.

경차관은 중앙에서 필요에 따라 특수한 임무를 띠고 지방에 파견된 관리이다. 1396년(태조 8) 8월 신유정(辛有定)을 전라·경상·충청 지방의 왜구 소탕을 목적으로 파견한 것이 처음이었는데, 이후 다양한 목적 하에 경차관을 파견되었다. 그 중 기진(起陳) 조사, 전답(田畓) 측량, 결부(結負)·두락(斗落)의 사정(査正), 전품(田品) 결정 등 양전사무 전반을 관장하고 감찰하기 위해 파견된 것이 양전경차관이었다.

1429년(세종 11)의 사례에 따르면 전답 1만 결 당 1명의 양전 경차관이 배정되었으며, 경상도와 충청도의 일부 군현에만 파견된 것으로 보아 비정기적으로 양전이 시행되는 군현에만 파견되는 것으로 볼 수 있다.(分遣量田敬差官于慶尙道醴泉·晋州·昌寧·咸陽·善山·慶州·大丘·金海·順興·義城·金山·龍宮, 忠淸道公州·韓山·槐山·報恩·定山·洪州·鎭川等官. 率田一萬結, 遣一敬差官.[『세종실록』 11년 10월 10일 계미]) 또한 이들은 주로 5품 이상이었는데, 해당 지방관이 3품 이상일 때는 신문논

죄(申聞論罪), 4품 이하에 대해서는 직단시행(直斷施行)할 수 있는 권한이 있었다.[『세종실록』 10년 8월 25일 갑진] 실록에 따르면 15세기에는 양전경차관[혹은 분전품경차관(分田品敬差官)]의 파견이 잦았지만, 16세기에는 거의 확인되지 않는다. 조선 후기에는 1612년(광해군 4)의 논의 후 균전사(均田使)라는 명칭으로 파견되었는데, 임무는 조선 초의 양전경차관과 크게 다르지 않았던 것으로 보인다. 그러나 이후 여러 번의 개정을 거쳐 『속대전(續大典)』에는 균전사의 임무와 권한이 규정되었다.

[참고어] 균전사, 손실경차관, 양전

[참고문헌] 정현재, 「조선초기의 경차관에 대하여」 『경북사학』 1 ; 이장우, 1990, 「조선초기의 손실경차관과 양전경차관」 『국사관논총』 12 〈윤석호〉

양전조례(量田條例) 1899년 3월 대한제국 양지아문의 전국토지조사를 앞두고 한성우체사 주사인 오병일(吳炳日)이 새로운 양전의 원칙과 방법을 주장한 조례.

1899년 3월 10일 오병일은 양전의 방식을 구래의 결부제를 준용하는 방식으로 시행할 것을 주장하면서 14개 항목의 새로운 양전 원칙을 제시하였다. 첫째 양지아문에서 실시할 전국적인 양전은 양지아문이 기존의 도, 군 등 행정조직을 이용하여 전국의 토지측량을 관할하되, 각도에 1명의 관리를 파견하여 양전을 실시하도록 하였다. 또한 각군에서 유사(儒士)나 서리를 가리지 않고 5명씩 뽑아 서기로 임명하고, 각 면에서도 1명을 뽑아 감관(監官)으로 삼아 양전을 담당하도록 하였다. 양전의 시행체계는 '양지아문→파원(각도 1명)→서기(각군 5명)와 감관(각면 1명)'의 체계로 되어 있다. 이는 종래 양지아문에서 구상하고 있었던 외국인 측량기사와 기수보를 중심으로 하는 양전방식과는 달랐다.

둘째, 각 면리 단위에서 토지를 측량할 때 토품을 측정할 지심인(指審人)을 두도록 하고, 타량 전에 각 면리에 전주에게 성명을 써 표를 세우고, 척수 증감과 진전 유무, 등급 판정을 엄격히 하도록 하였다.

셋째, 토지의 형상과 면적, 등급을 정확히 파악하기 위해 몇 가지 제안을 하였다. 국조(國朝) 구전(舊典)에 근거하고 있는 방형(方形), 직형(直形), 제형(梯形), 규형(圭形), 구고형(句股形) 등 다섯 가지 형태 이외에 원형(圓形), 환형(環形), 미형(眉形), 사형(梭形), 사부등형(四不等形) 등 여러 형태의 토지면적 계산방법을 예시하면서 다변형도 일정한 규식을 정해 처리하도록 하였다. 전품의 사정은 소출을 근거로 산정하거나 토지가격을 놓고 산정하는 것은 어려우니, 종전의 자호 등분을 옛 양안의 기록을 준용 짐작하여 손익을 계산하면 크게 오차가 나지 않을 것이라고 하였다.

종래 결부제의 폐단을 비판하고 경무제를 도입하자고 주장한 논자들과 달랐다. 오병일의 양전조례는 1899년 4월 양지아문이 양전사무를, 양무감리를 두고, 결부제에 입각하여 토지측량을 하는 내용으로 하는 시행조례에 그대로 반영되었다. 이 조례는 다만 종래 토지의 비척을 전품 6등급으로 나누어 파악하는 결부제의 문제를 그대로 가지고 있었으므로 그 폐단을 근본적으로 제거할 수 없었다.

[참고어] 광무양전사업, 양지아문, 전답도형, 결부제, 경무법

[참고문헌] 최원규, 1994, 『韓末 日帝初期 土地調査와 土地法 硏究』, 연세대학교 박사학위논문 〈왕현종〉

양전척(量田尺) 토지의 넓이를 측정하고 표시하는 데 쓰인 자.

우리나라의 전통적인 지적(地積)의 단위로는 파종량을 기준으로 하는 두락지(斗落只)·석락지(石落只) 등의 두락제와, 하루에 농우 1마리가 갈 수 있는 면적을 기준으로 하는 일경(日耕)이 있고 땅의 절대 면적을 나타내는 경무제, 그리고 결·부·속(束)·파(把)를 단위로 하는 결부제(結負制)가 있었다. 파종량을 기준으로 하는 두락제는 지금도 관행상 널리 쓰이고 있는 지적의 단위이며, 이미 신라에서도 이와 관련된 기록이 있음으로 보아 삼국시기부터 이러한 관습적인 제도가 있었음을 알 수 있다. 일경에 관한 기록은 고려시기 토지사여(土地賜與) 문서 등에도 보이는데, 이러한 지적 단위가 법적인 효력을 갖는 공식 문서에 쓰이고 있음으로 보아 고려시기에 널리 사용되었음을 알 수 있다. 일경에 의해 토지 면적을 나타내는 것은 소가 농경에 쓰인 이래 관습화된 것이라 생각되는데, 소를 농경에 이용한 것은 신라 지증왕대의 일이므로 이 또한 삼국시기에 비롯한 제도였다고 할 수 있다.

하지만 국가에서 공식적으로 채택한 법제적인 제도는 결부제였다. 결·부·속·파의 단위로 토지의 면적을 나타내는 결부제는 우리 고유의 것으로 다른 어느 나라에서도 찾아볼 수 없는 독특한 제도이다. 결부는 신라사회에서도 시지(柴地), 속지(粟地), 좌지(坐地), 하원대(下院代)는 물론이고 염분(鹽盆) 등 다양한 종류의 토지의

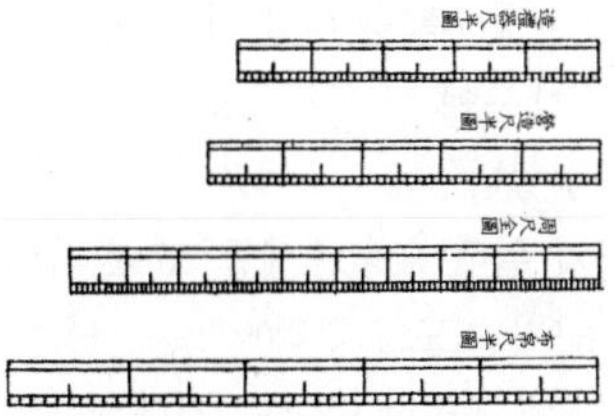

◂ 지척 『春官通考』

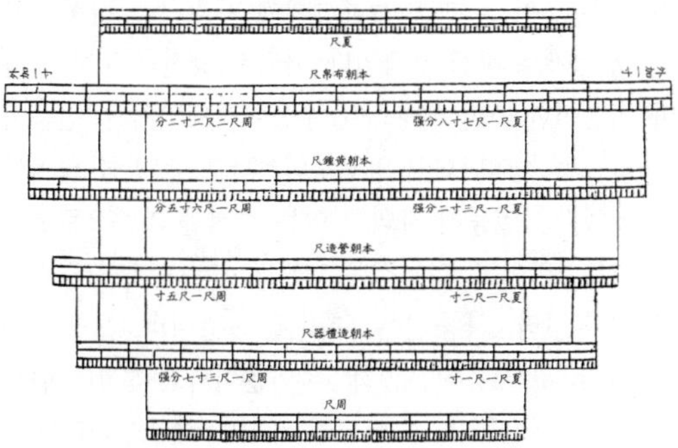

척도도 『詩樂和聲』

면적을 나타내는 단위로도 사용되었다. 신라의 결부제는 그대로 고려에 이어진 것으로 보이는데, 문무왕대에 측량한 수로왕릉의 면적이 991년(고려 성종 10)에 측량한 것과 동일한 면적임이 확인되기도 하였다.

하지만 그 결·부가 얼마나 되는가 하는 정도는 논자 간에 의견이 분분한 실정이다. 토지의 비옥도에 따라 변화하는 계량법은 고려 후기 이래의 일이지만, 결부제가 처음 채택된 신라나 고려에서는 결부가 경무(頃畝)와 같이 고정된 면적을 말하는 것이었다. 1결의 실제 면적에 대해서는 최대 17,000여 평에서 최소 1,530~1,600평으로 보는 등 다양하게 제시되고 있다.

이에 대하여 『고려사』 권78, 「식화지」1, 전제에서는 1069년(문종 23)에 1결은 사방 33보(步), 즉 1,089평방보였으며, 1보의 길이는 6척(尺), 1척의 길이는 10분(分), 1분의 길이는 6촌(寸)이었다고 전한다. 하지만 이들 척도의 기준척이 어떤 것이었는지 밝혀져 있지 않아 이후 많은 논란이 일어나고 있는 것이다.

이를 밝히기 위해서는 당시 1결의 면적을 어떻게 산출하였는가 하는 산출 방식을 알아야 하며, 아울러 당시 사용된 기준척의 길이는 얼마인가를 알아야 한다. 그러나 산출 방법에 여러 가지 사료가 있고 기준척도 명확하지 않아서, 어떤 방법을 택하느냐에 따라 다양한 견해가 나올 수밖에 없다.

다음의 표는 『고려사』의 기록을 토대로 만든 것이다.

〈『고려사』 식화지 문종 23년 조의 양전척에 대한 검토〉

결수	1변의 길이	1결의 면적		지수(1결=100)	
		60분=1보의 경우	10분=1보의 경우	60분=1보	10분=1보
1결	33보	1,089.00 평방보	1,089.00 평방보	100	100
2결	47보	2,209.00 평방보	2,209.00 평방보	202.8	202.8
3결	57보 3분	3,254.70 평방보	3,283.29 평방보	298.9	301.5
4결	66보	4,356.00 평방보	4,356.00 평방보	400	400
5결	73보 8분	5,348.48 평방보	5,446.44 평방보	491.1	500.1
6결	80보 8분	6,421.35 평방보	6,528.64 평방보	589.7	599.5
7결	87보 4분	7,580.60 평방보	7,638.76 평방보	696.1	701.4
8결	90보 7분	8,121.01 평방보	8,226.49 평방보	745.7	755.4
9결	99보	9,801.00 평방보	9,801.00 평방보	900	900
10결	104보 3분	10,826.40 평방보	10,878.49 평방보	994.2	998.9

우선 눈에 띄는 것은 식화지에서 제시한 '6촌=1분, 10분=1척, 6척=1보'의 식대로 계산할 경우 1척=60촌의 식이 제시되었으나, 실제로 1결에서 10결에 이르는 면적을 모두 '방-보-분'의 형식으로 기록하였고 보 아래의 척 단위는 보이지 않는다는 점이다. 또한 결당 제시된 보를 면적으로 환산하면 다른 부위는 비슷하게 맞았으나 특히 8결의 경우는 매우 부족하게 나타난다. 그렇다면 위의 식을 그대로 이용하여 면적을 상정하는 것은 다소 무리가 따를 수 있음을 암시하는 것으로 보아야 한다. 또한 이론적인 수치의 계산에 집착하여 상정할 경우 가장 짧은 주척(周尺)을 사용하여도 1결의 면적이 17,000평 이상이 되고 있다.

실제로 1031년(현종 22)에 작성된 '정도사오층석탑조성형지기(淨兜寺五層石塔造成形止記)'를 보면 광종 대에 이 지역을 이미 측량하였는데 당시 양전식이 바로 문종 대의 '1결=사방 33보'와 동일한 양식이었음을 확인할 수 있다. 또 토지의 위치를 4주(周)로 표시하고 있어 9세기 말의 '개선사석등기'와 동일함을 알 수 있다. 무엇보다 모든 길이가 '보'로 표시되고 있어 척이나 분이 보이지 않는다는 점이다. 그 이하의 단위는 절삭하였던 것으로 보이는데, 이러한 측량은 토지 소유자에게는 유리하였고 국가적으로는 손실이 되었을 것이다. 따라서 문종 대의 기준은 새로운 제도를 마련한 것이 아니라 보다 세밀한 수치를 바탕으로 국가적 수입을 늘리기 위한 것이 아니었을까 추정한다.

한편 고려시기 1결의 실제의 면적을 유추하기 위해서는 간접적인 사료도 이용할 필요가 있다. '신라촌락문서'를 검토하여 보면 촌의 규모를 '주(周)'~'보'로 나타내고 있는데, 이들 둘레의 길이를 기준으로 촌락문서에서 산출되는 1결의 상한과 호당 평균 경지면적 등을 만들면 1호당 경작 면적이 10~17결이고 결의 실적을 1만 평 이상으로 볼 경우 휴경지를 감안해도 1호가 경작하기에는 지나치게 큰 면적이 된다. 신라에서 쓰인 1척의 길이는 현존 유물을 통해 볼 때 약 29.7㎝라는 것이 통설이고 고려 초기의 척도는 31.5~35㎝이므로, 이를 대입하여 1결의 면적을 계산하면 약 1,117~1,463평이 된다.

시기나 지역에 따라 약간의 차이는 있겠으나 고려 초기의 1결의 실적은 대략 1,400~1,500평일 것이고, 신라의 경우에는 1,200평 정도로 추정하는 견해가 주목되고 있다.

조선 건국 이후부터 공법(貢法)이 제정된 1444년(세종 26)까지 토지를 측량하는 기준척인 양전척도 3종류가 있어 등급별로 상이한 길이의 양전척이 사용되었다. 『만기요람』「재용편(財用編)」2의 전결(田結)조에 따르면, 공법시행 이전의 양전척은 "상등전의 척도는 20지, 중등전의 척도는 25지, 하등전의 척도는 30지로 등급에 따라서 타량하였다.(上田尺二十指, 中田尺二十五指, 下田尺三十指, 隨等打量.)"라고 하여 전품에 따라 양전척이 다르다는 점을 지적하고 있다. 전품에 따라 각각 상이한 길이의 양전척을 사용하는 측량법을 수등이척제(隨等異尺制)라 했다. 이 시기 사용된 양전척은 수지척(手指尺 : 농부의 손가락 폭)을 근거로 하여 상·중·하 등전에 각기 20, 25, 30의 차등을 둔 각기 다른 양전척을 사용하였다. 이러한 수등이척제의 사용은 당시에 시행된 결부제와 관련되어 있다. 이 시기 1결은 일정한 절대면적이 아니라, 일정한 생산량 즉 300두의 알곡을 생산할 수 있는 면적을 가리키는 용어였다. 때문에 같은 1결이라 해도 비옥한 토지와 척박한 토지의 경우 그 절대면적이 서로 달라졌다. 이 시기 각 토지는 상·중·하의 3등급으로 나뉘었다. 이때의 1결 실제 면적을 척관법으로 환산하면 대략 상등전 1결이 1,846평, 중등전 1결이 2,897평, 하등전 1결은 4,184평 정도였다.

그런데 이 시기 양전척은 그 적용에 있어 많은 문제점을 낳고 있었다. 우선 결·부의 수를 산출하는 양전척의 기준이 농부의 수지척을 근거로 하고 있었다는 사실부터가 매우 애매한 것이었다. 또한 이때의 결부법을 기본 단위로 하는 양전제도에서는, 전지의 비척과 그 소재 지역에 따라 토지 생산력이 여러 가지로 상이하였다. 그런데도 그 전품의 분등(分等)을 다만 각 도 단위로 달리 실시하고 있었기 때문에, 전국적으로 일률적인 통일성을 기할 수가 없었다.

이러한 점을 시정하기 위해 1444년(세종 26)에 시행된 공법에서는 양전의 근거 척도로 주척(周尺)을 사용하여 양천척의 길이를 다시 제정한 후 1만 척을 1결로 정하였다. 이 조치는 공법시행에 따라 3등 전품제가 6등 전품제로 바뀐 결과였다. 따라서 양전척 또한 전품마다 상이한 자를 사용하는 수등이척제였지만, 전품이 6등급으로 늘어나면서 양전척의 종류도 그만큼 늘어나게 되었다. "일등전 자의 길이는 주척을 기준으로 4척 7촌 7푼 5리이고, 이등전은 5척 1촌 7푼 9리, 삼등전은 5척 7촌 3리, 사등전은 6척 4촌 3푼 4리, 오등전은 7척 5촌 5푼, 6등전은 9척 5촌 5푼이다.(一等田尺長准周尺, 四尺七寸七分五釐, 二等五尺一寸七分九釐, 三等五尺七寸三釐, 四等六尺四寸三分四釐, 五等七尺五寸五分, 六等九尺五寸五分.[『경국대전』 권2, 「호전」 양전])"라고 하여 전품에 따라 양전척의 실제 길이가 다른 것을 볼 수 있다. 이때 제정된 양전척은 1444년(세종 26)~1653년(효종 4)까지 사용되었는데, 양전척의 차이로 인해 같은 1결일지라도 전품에 따라 절대면적에서는 큰 차이가 있었다. 1등전의 실제 면적은 경묘법으로 환산해 38묘, 2등전의 경우는 44묘7분, 3등전은 54묘2분, 4등전은 69묘, 5등전은 95묘, 6등전의 경우 152묘로 정한다.(一等田一結准三十八畝, 二等田四十四畝七分, 三等田五十四畝二分, 四等田六十九畝, 五等田九十五畝, 六等田一百五十二畝.[위와 같음]) 이를 척관법으로 환산하면, 차례로 2,753.1평, 3,246.7평, 3,931.9평, 4,723.5평, 6,897.3평, 1만1035.5평으로 된다는 것이다. 이러한 조정은 고려 말 조선 초기 농법발달을 통해 향상된 토지생산력을 반영한 것이었다.

그러나 이 과정에서 종래의 하등전을 1~3등전으로, 또한 결부법에서 결당 실제 면적이 크게 책정되어 있었던 산전을 5·6등전으로 편입시키기도 했다. 이에 따라 전체적으로는 1결의 실제 면적이 축소되는 경향을 보인 반면, 전국의 결총은 크게 증가하기에 이르렀다. 더구나 공법전세제의 시행 과정에서 이 새로운 결부법이 의거하고 있는 원리나 원칙은 거의 실상대로 지켜지지 못하였다. 전품의 분등은 그 실무를 담당한 관리의 심증에 맡겨져 자의적으로 운영되었다. 또한 여전히 각 도별로 난립된 전품 분등과 양전이 계속되어 전국적으로 객관적인 실정에 맞는 통일된 결부법이 운용되지도 못하였다. 실제 결부법은 고정된 지적의 표시 단위가 아니라, 수확의 표준·수세의 표준을 나타내는 단위였다. 따라서 그 전품의 분등과 연계된 실제 면적의 산출이 워낙 객관적인 명확성을 기하기가 어려웠으며, 많은 간위(姦僞)가 개재되기 쉬운 법이었다. 또한 양전척의 길이가 임진왜란 등에 의한 제도적 혼란으로 주척(周尺) 1분(分) 정도 늘어남에 따라 1결의 절대면적이 다소 커지게 되었다.

이에 따라 모든 전지의 양전 척도를 동일한 일등전척(一等田尺)으로 통일해 양전하고 미리 마련해 둔 환산표에 따라 각 등 전지의 결부수를 산출해내는 방식으로 바뀌었다. 이는 결부법 자체의 질적 변천은 아니지만 그 수등이척제의 양전 방식을 보다 간편하게 개선한 것이었다. 그같이 동일한 일등전척을 사용해 양전한 사실은 1634년(인조 12)의 갑술양전(甲戌量田)에서 확인된다. 이러한 변화를 반영하여 1653년(효종 4)에 간행된 『전제상정소준수조획(田制詳定所遵守條劃)』에서는 결부제의 측량법이 법제화한 이등동척제(異等同尺制)가 시행되었다. 즉 등급별로 상이한 양전척으로 측량함이 매우 불편했기 때문에 모든 등급에 1등급의 양전척을 공통으로 사용·측량한 다음, 등급별로 척수(尺數)를 재조정하는 방식이었다. 그 내용을 살펴보면, 1등급 측량척수를 100이라면, 2등급은 85, 3등급은 70, 4등급은 55, 5등급은 40, 6등급은 25로 간주하는 것이다.(一等一結, 二等八五 三等單七, 四等五五, 五等單四, 六等二五.[『만기요람』, 「재용편」2, 전결 양전법]) 따라서 양전척 자체는 변화가 없지만, 1등전의 양전척만이 남게 되고 2등전 이하의 양전척은 사라지게 되었다.

이상과 같이 조선시기 사용된 양전척은 결부제에 의한 조세수취제도를 운영하는 데 필수적인 요소였다. 그러나 결부제가 갖는 복잡성과 등급사정 과정에서 많은 문제점을 내포하고 있었다. 즉 도별로 표준등급을 달리 결정하여 도별 조세부담률에 차이가 있었고, 같은 도·군 내에서도 등급 사정의 과정에서 여러 형태의 임의적이고 부정한 조치가 취해졌다. 그 결과 지방별 및 매(每) 필지별 부담률의 현격한 불균등이 나타나게 되었고, 그 제도적 개혁이 필요하였다. 결국 종래에 사용되던 양전척은 일제시기에 토지조사사업에서 절대면적 기준의 정보제(町步制 : 1정보는 3,000평)가 도입됨에 따라 최종적으로 폐지되었다.

[참고어] 양안, 양전, 결부제, 전품제

[참고문헌] 金載珍, 1958, 「田結制 硏究」『경북대학교 논문집』 2 ; 朴興秀, 1967, 「李朝 尺度에 관한 연구」『大東文化硏究』 4 ; 朴興秀, 1972, 「신라 및 고려의 量田法에 관하여」『學術院論文集』 11 ; 이우태, 1993, 「전결제」『한국사 14 : 고려 전기의 경제구조』, 국사편찬위원회 ; 李仁在, 1998, 「新羅 統一期의 結負制」『東方學志』 101 ; 김태영, 1982, 「조선전기 공법의 성립과 그 전개」『동양학』 12 ; 강진철, 1984, 『고려토지제도사연구』, 고려대출판부 ; 이영훈, 1995, 「『전제상정소준수조획』의 제정년도」『고문서연구』 9·10 ; 김용섭, 1995, 『(증보)조선후기농업사연구』 Ⅰ, 일조각 ; 최윤오, 1999, 「세종조 공법의 원리와 그 성격」『한국사연구』 106 ; 김용섭, 2000, 『한국중세농업사연구』, 지식산업사 ; 이종봉, 2001, 『한국중세도량형제연구』, 혜안 〈강은경·백승철〉

양지아문(量地衙門) 1898년 7월 대한제국 정부가 전국의 토지를 측량하기 위해 설립한 임시기구. 1902년 3월에 지계아문과 합쳐졌다.

1898년 7월 6일 대한제국은 의정부 회의에서 토지측량을 담당할 양지아문을 설치하기 위해 칙령 제25호 양지아문직원 급 처무규정을 심의하여 통과시켰다. 이를 관장할 총재관으로 내부대신 박정양(朴定陽)와 탁지부 대신 심상훈(沈相薰), 농상공부 대신 이도재(李道宰)를 겸임 발령하였다. 부총재관은 한성부 판윤 이채연(李采淵)과 학부 협판 고영희(高永喜)를 임명하였다. 실무관리는 내부의 토목국, 판적국(版籍局)과 탁지부의 사세국(司稅局), 농상공부의 농무국(農務局)과 광산국(鑛山局) 등에서 근무하는 관리로 충원하였다. 또한 서양식 측량방식을 도입하기 위해 미국인 측량기사 크럼(R. E. L. Krumm)을 5년간 고빙하여 측량에 종사하도록 하였다.

그러나 양지아문의 설립 직후 토지측량을 곧바로 실시하지 못하였다. 일부에서 서양의 측량기술이나 조사를 담당한 관리들을 신뢰하지 못하였기 때문에 양전시행을 유보하거나 심지어 양지아문의 폐지까지도 주장하였다. 그렇지만 토지측량의 필요성이 긴급하고 조세수입의 확대라는 목표도 있었기 때문에 1899년 4월 전국적인 토지측량의 실시를 결정하였다. 양지아문은 그해 4월 1일부터 실시한 한성부 지역의 토지측량을 주관하였으며, 6월부터 3개월간 실시된 충청남도 아산군의 시험양전의 결과를 바탕으로 전국적으로 토지측량을 확대시켰다. 양전사업을 맡은 실무진은 도별로 1명씩의 양무감리(量務監理)를, 그 밑에 양무위원(量務委員)과 학원(學員)을 임명하였다. 양무감리는 각 군과 면 단위로 양무위원과 학원을 거느리고 양전사무에 종사하였다.

양지아문은 양전과 관련된 부서와 협조사항을 의논하기 위해, 외부·내부 등 정부 부서와 수많은 공문을 주고받았다. 양전의 수기사로 고빙한 미국인 크럼과의 고빙문서, 일본인의 고빙, 외국인의 양전에 대한 협조 요청, 각종 양전 분쟁 등을 처리해야 했다. 양지아문은 양전의 결과를 기록한 양안의 수집, 정리, 보관 작업을 맡았다. 전국 각지에서 토지조사를 하는 동안 여러 문제가 발생했다. 토지등급을 지나치게 올려 평가했다든지, 진전을 시기전으로 파악했다든지 하는 등의 시비가 많아지자, 양전을 다시 할 것을 주장하기도 하였다. 또한 양전비용의 조달을 둘러싸고 지방민과 이서배, 그리고 양전관리들 간의 대립도 심화되었다. 토지소속 지방의 경계를 둘러싼 분쟁도 발생하였다.

양지아문은 처음 설립될 당시에 토지소유자에게 지계를 발행하겠다는 논의가 있었으나 전국적인 양전을 마친 연후에나 가능한 것으로 생각하였다. 하지만 1901년 하반기 양전을 완료한 지역이 전국의 1/3정도밖에 안되었음에도 불구하고, 전국적인 대흉년의 여파로 더 이상 양전사업을 계속하기 어려웠다. 이리하여 양지아문의 양전사업은 일시 중단하게 되었다. 1899년 6월부터 1901년 7월까지 2개년간 양전을 한 지역은 경기 14군, 충북 13군, 충남 18군, 전북 14군, 전남 13군, 경북 22군, 경남 8군, 황해 2군 등 모두 104군이었다. 양전비용은 19만 9,146원 41전 4리가 들어갔으며, 사득결(査得結)은 6만 6천 9백 1결 52부였는데, 당시 결가 50냥으로 환산하면 617,138원 47전 8리의 지세증가가 예상되었고, 사득호(査得戶)는 10만 8천 8백 3십 2호였다고 한다.(『황성신문』 1901년 11월 27일, 「사득결호」 기사) 1901년 10월 토지소유권의 국가관리를 위해 양전과 관계 발급을 전담할 지계아문을 설립하면서 1902년 1월 종전 양지아문의 업무도 인수하기로 하였다. 그해 3월 17일 양지아문을 지계아문에 통합하였다.

대한제국의 양지아문에서 시행한 양전사업은 이전과 달랐다. 시주와 시작을 조사하고, 개별 필지의 모양과 면적을 객관적으로 파악하기 위해 전답도형도와 실적과 두락을 파악하여 양안에 기록하였다. 1902년 3월 지계아문으로 편입되었지만, 이 기구는 근대적 지세제도와 토지제도의 수립을 지향하는 방향에서 조사를 실시한 것으로 평가된다.

[참고어] 광무양전사업, 양지아문시행조례, 크럼, 광무양안, 지계아문

[참고문헌] 『황성신문』 1901년 11월 27일, 「사득결호」 기사 ; 최원규, 1994, 『韓末 日帝初期 土地調査와 土地法 硏究』, 연세대학교 박사학위논문 ; 한국역사연구회 토지대장연구반, 1995, 『대한제국의 토지조사사업』, 민음사 ; 한국역사연구회 토지대장연구반, 2010, 『대한제국의 토지제도와 근대』, 혜안 〈왕현종〉

양지아문시행조례(量地衙門施行條例) 대한제국의 양지아문에서 1899년 5월 토지측량을 위해 작성 공포한 양전 방식.

모두 9개의 조항으로 『시사총보』에 실려 있다. 첫째 조항에서는 양안 성책의 양식을 정하였다. 우선 종전의 양안과 같이 각도, 각군, 각면, 평, 혹은 원, 리로 토지의 위치를 표시하도록 하였다. 둘째 조항은 전답과 신기(新起), 화속(火粟)을 물론하고 단지 현재의 경농에 따라 일체 등재하도록 하여 실제의 토지 상태를 고려하여 배미(夜味)와 두락을 이용하여 측량한다는 세부측량 원칙을 밝혔다. 셋째~다섯째 조항은 조사의 공정성을 확보하기 위해 면내에 공정하고 일을 잘 이해하는 자를 선택하여 답감유사(踏勘有司)로 정하고 해당 서기와 면임과 각 농지의 전답주와 작인을 지휘 감독하게 하였다. 여섯째 조항은 "전답 시주(時主)가 아침저녁으로 변천하며 일가가 별도로 이산(異産)하니 전답주 성명의 맞고 틀림을 추궁하여 힐문하지 말고 민인들의 편의를 따르게 할 일"이라 하여 전답주와 작인을 동시에 조사하되, 편의에 따르도록 하였다. 나머지 일곱째~아홉째 조항은 성책의 보고와 각종 역토, 둔토, 공토 등의 기록 방식, 공전(公錢)의 사용 계획 등을 규정하였다.

양지아문 시행조례에는 결부제를 폐지하고 두락제를 채택한 것으로 나타나 있지만, 실제 충청남도 아산군 시험양전에서는 종래의 결부와 민간의 두락을 병기하면서도 결국 전품 6등제의 결부제를 그대로 사용하였다. 그렇지만 농지의 소유자와 경작자를 시주와 시작으로 표시한 것은 양지아문 시행조례에서 처음으로 제시되었으며, 이후 대한제국의 양전사업과 양안 작성의 기본 원칙이 되었다. 1903년 지계아문의 양전사목(量田事目)에 직접적인 영향을 끼쳤다.

[참고어] 광무양전사업, 양전사목, 지계감리응행사목, 양지아문, 지계아문

[참고문헌] 『시사총보(時事叢報)』, 1899 ; 한국역사연구회 토지대장연구반, 1995, 『대한제국의 토지조사사업』, 민음사 ; 한국역사연구회 토지대장연구반, 2010, 『대한제국의 토지제도와 근대』, 혜안 〈왕현종〉

양향청둔(糧餉廳屯) 조선시기 훈련도감의 재정을 관장했던 양향청의 재정을 보용하기 위해 설치·운영한 둔전.

양향청은 훈련도감에서 소용되는 의복·무기·비품 등의 물품을 조달하고 급료 등의 재정을 관리·운영하는 관청으로, 훈련도감과 함께 1593년(선조 26)에 창설되었다. 이듬해 일단 파하고 훈련도감 안에 두었다가, 1666년(현종 7) 양향색을 호조에 예속시켜 다시 양향청이라고 하였다. 도제조(都提調) 1인, 제조(提調) 3인, 낭청(郎廳) 1인을 두었는데, 도제조는 의정부 중 1인이 겸직했고, 제조 3인은 호조·병조판서 및 훈련대장이 겸하였으며, 낭청은 호조 별영색(別營色)의 낭청이 겸직하였다. 하급관리로는 계사(計士) 1인, 서리(書吏) 4인, 고직(庫直) 1인, 사령·문서직·군사를 합쳐 8인을 두었다. 청사에는 9개의 창고가 설치되어 있었는데, 돈·쌀·귀중품·문서 등이 각각 하나의 창고에 보관되었고 5개의 창고는 예비로 비워두었다.

양향청의 재원은 훈련도감에서 이속한 둔전 및 죄인들로부터 적몰한 전답을 절수하여 마련되었다. 우선 1666년에는 훈련도감의 둔전이 양향청으로 이관되어, 훈련도감의 군량, 피복 등의 경비로 충당되었다. 하지만 둔전 중에는 여전히 훈련도감 소관인 것도 있었고, 숙종 이후에 훈련도감이 추가로 절수 또는 매수한 둔전도 있었다.

한편 1723년(영조 5)에 역적에게 적몰한 전답 278결 중 공신에게 사여한 나머지 절반을 양향청에 이관토록 했다.[『영조실록』 5년 5월 20일 갑자] 1755년(영조 31)에도 역적의 적몰재산 가운데 300결을 양향청에 분급하는[『영조실록』 31년 7월 4일 병자] 등의 사례가 실록에서 자주 나타난다.

양향청둔 중에는 적몰지 외에도 다른 아문으로부터 이관 또는 교환한 것이나, 국고금으로 진황지를 개간한 것, 민유지를 매수한 것 등도 있다. 양향청둔의 연혁 및 규모는 『만기요람』에 정리되어 있는데[「재용」4 양향청(糧餉廳)], 애초 양향청이 설치될 때에는 둔전의 결수가 4,496결 30부 7속이었다. 이후 적몰지(1,559결 6부 4속), 개간 혹은 이관(1,391결 56부 7속)을 합해 7,446결 93부 8속으로 늘어났으나, 진폐(陳廢)하거나 타 관청에 전속된 일부를 제외하여 『만기요람』 당시인 1807년(순조 7)의 양향청둔은 3,480결 36부 6속이 남아 있었다.

양향청둔은 지방관의 지휘아래 현지의 둔장에 의해 토지의 관리나 소작인 등의 감독이 이루어졌다. 또한 훈련도감에서는 매년 가을마다 지구관·기패관·별무사 등을 둔감관으로 파견해 둔세를 징수하였다. 둔세의 비율은 적몰지의 경우 전 10부에 벼 1섬이었고, 답 1두락에는 벼 10말이었다. 기타 척박한 둔전은 모두 1두락에 대하여 6~8말의 벼를 징수하였다.

1723년에는 다른 궁방전과 각 아문둔전이 면부출세한 것에 비해 양향둔은 특별히 3,000결에 한해 면세의 특전을 주었고, 그 결수에 대해 둔세 외의 공과는 모두 면세하였다. 이후 면세결은 더욱 늘어나 『탁지전부고』와 『만기요람』에 의거 면세전은 3,330결 30부 1속에 이르렀다.

1883년 친군영이 창설되자 양향둔은 친군영에 이속되었고, 1894년에 친군영의 폐지와 함께 탁지부의 소관으로 옮겨졌다. 1896년에는 궁내부, 1898년에는 탁지부, 1899년에는 내장원에 전속되다가, 1907년 이후로 다른 역둔토와 함께 국유지에 편입되었다. 1899년경 내장원에서 조사한 「공토성책(公土成冊)」에 의하면, 양향둔의 면적은 대략 답(1,800여 석락), 전(900여 일경), 대(약 400결)이었다. 설치방법은 앞서 살핀 바와 같이 절수, 적몰, 매수, 환토, 이래, 교환 등이었다. 또 둔명으로는 향둔, 친둔, 양향둔, 임둔, 별비둔, 포둔, 양둔, 신당평둔, 훈둔, 문산향둔, 한둔 등이 있었는데, 친군영·훈현도감·양향청 등의 기관명을 따서 칭한 것이 대부분이었지만, 나머지는 토지 소재의 명칭을 표시한 것이 많다.

[참고어] 훈련도감둔, 군둔전, 영문둔전

[참고문헌] 『탁지전부고(度支田賦考)』; 『만기요람』; 和田一郎, 1920, 『朝鮮土地地稅制度調査報告書』 〈윤석호〉

양호(養戶)-고려 군인전을 경작하거나 군량을 운반하는 등의 방법으로 군호(軍戶)의 경작노동력을 보충해 주는 존재.

『고려사』 「식화지」에는 "근래 주·현관이 단지 궁원 조가전만 경종케 하고, 그 군인전은 비록 기름진 땅이라도 마음을 써서 농사를 장려하지 않을 뿐 아니라 양호에게 곡식을 수송하도록 하지도 않는다. 이 때문에 군인이 굶주리고 떨며 도망해 버린다. 이제부터는 먼저 군인전에 각각 전호를 정하고, 농사 장려와 양식 수송의 일은 담당 관청이 주청해서 재가하게 하라.(近來州縣官 祗以宮院朝家田 令人耕種 其軍人田 雖膏腴之壤不用心勸稼 亦不令養戶輸粮 因此 軍人飢寒逃散 自今先以軍人田 各定佃戶 勸稼輸粮

之事 所司委曲奏裁.[『고려사』 권78, 지32, 식화1])”는 기사가 전한다.

양호의 성격에 대해서는 몇 가지 견해로 나뉜다. 군호(軍戶)의 경작노동력을 보충해 주는 존재로 보는 견해가 있다. 군호 본래의 소유경작지(민전)를 경작함에 있어서 군호의 장정(壯丁)이 군역에 복무하여 노동력이 부족해지므로 이에 양호를 설치해 노동력을 보충하였다는 것이다. 한편, 양호는 군인에 대하여 전호(佃戶)적인 존재로서 군인전을 경작하였으며, 경군 소속 군인에게 양호 2인을 지급하였다고 이해하기도 한다. 이에 반해 양호는 전조수납(田租輸納)의 책임자로 5결, 17결 등 일정한 면적의 토지를 수조의 단위[丁]로 만들어 정내(丁內)에 납부해야 할 전조(田租)를 총괄하여 이를 수조권자에게 수납하는 책임을 진 존재로 보기도 한다.

[참고어] 양호-조선

[참고문헌] 강진철, 1980, 「군인전」『高麗土地制度史硏究』; 이기백, 1960, 「高麗 軍人考」『震檀學報』 21 ; 이경식, 1986, 『朝鮮前期土地制度硏究』; 한국정신문화연구원, 1996, 『역주 『고려사』 식화지』 〈이준성〉

양호(養戶)-조선 조선 후기 납세과정에서 지방 아전이나 수령이 납세대상이 되는 전결을 면부지로 허위 기재한 후 해당 세액을 착복하는 것.

고려시기에는 군인전을 경작하거나 군량을 운반하는 등의 방법으로 군호(軍戶)의 경작노동력을 보충해 주는 존재를 지칭했다. 또한 작정제 혹은 작부제 하에서 해당 단위의 납세액을 거두어 납부했던 응세자[혹은 응역자]를 의미하기도 했다.

조선시기에는 그 의미가 변화했는데, 『목민심서(牧民心書)』에 따르면, 옛날에는 토호(土豪)가 잔호(殘戶)를 은폐해 사사로이 사역하는 대신 공역(公役)에는 응하지 않도록 해주는 것이었으니, 지금은 간활한 아전이 작부(作夫)할 때에 민결을 취해 제역촌(除役村)으로 거짓 기재한 후 해당 백성에게 전세(田稅)와 대동세(大同稅)를 제외한 잡역세를 취식하는 관행을 양호라 했다.[이상 「호전 6조」 세법(稅法) 상]

이와 같은 관행이 가능할 수 있었던 것은 국가가 비록 군현단위의 납세총액은 파악하고 있었지만, 이를 개별 민에게 할당하고 수납하는 등의 실무는 수령이나 아전에게 일임되어 있었기 때문이다. 이 과정에서 면세(免稅)·면부(免賦)의 혜택지를 담당자가 거짓으로 기재·할당하는 등의 방법으로 그 이익을 취할 수 있었다. 이때 면세지의 혜택을 착복하는 것은 방결(防結), 면부지의 혜택을 착복하는 것을 양호라고 할 수 있다.

특히 다산이 언급한 제역촌은 급복(給復) 등을 통해 면부된 토지였는데, 담당자가 제역촌의 명목을 실제보다 많이 산정하거나 혹은 빼앗는 등의 방법으로 실제 혜택자에게서 면부된 세액을 취식하는 것이 바로 양호의 관행이었던 것이다. 이에 대해 『속대전』에서는 “민결을 겁탈하여 역가를 강제로 징수하는 자를 속칭 양호라고 하는데, 장물의 경중을 헤아려 도형·유형으로 죄를 다스린다.(劫奪民結, 勒捧役價者(이하 세주 : 俗稱養戶), 準計贓輕重論, 自杖至徒流.[「호전」 수세])”고 했다.

[참고어] 양호-고려, 방결, 호수

[참고문헌] 『속대전(續大典)』; 『목민심서(牧民心書)』 〈윤석호〉

어린도(魚鱗圖) 중국에서 세역 부과를 위해 관에서 토지를 측량하고 조사하여 만든 일종의 토지대장.

중국의 여러 시기에 제작되었으나, 그 구체적인 방안과 전국적인 시행범위로 인해 명나라 홍무년간에 제작된 것이 가장 대표적이다. 주원장은 황제로 등극한 이후 주현마다 토지생산량에 따라 9구(區)로 나누고 양장(糧長) 4명을 두어 토지를 측량케 했다. 그리고 해당 토지에 대해서는 자호(字號)를 매기고 전주(田主)와 전척(田尺) 등을 기록하게 했는데, 그 모양이 물고기 비늘과 같다고 해서 어린도책이라 이름했다. 실제 대량으로 발견된 1385년(홍무 18)의 어린도책에서는 자호, 지목(地目), 면적(面積), 견업(見業), 토명(土名), 원액(原額), 선증(先增), 금증(今增), 전인(佃人 : 소작인), 동서남북(東西南北), 동서남북지(東西南北至), 분장(扮裝 : 납부책임자) 등의 내용이 기입되어 있다.

그러나 어린도의 기원을 북송대 왕안석이 시행한 방전균세법(方田均稅法)이나 남송시대의 경계법(經界法)으로 보기도 한다. 특히 경계법에서 제작된 침기부(砧基簿)는 형식상 어린도와 유사하다. 경계법은 1142년(紹興 12) 양절로전운부사(兩浙路轉運副使)였던 이춘년(李椿年)에 의해 제안·시행되었다. 대강의 과정은 우선 도(都)·보(保)에서 보정(保正)·대보장(大保長) 등이 전주·전객을 모아 토지를 장량(丈量)하여 도(圖)를 그리고 전형(田形)·구단(坵段)·무수(畝數)·사지(四至)·지미(地味) 등을 기입하여 현(縣)에 제출하면, 현에서는 이전의 장부와 대조한 뒤 다시 각 호에 내려 보냈다. 이렇게 작성된 토지대장을 침기부라고 하는데, 향·현·주·전운사에 각각 1부씩 두고 3년마다 개정하도록 했다.

이처럼 침기부는 토지를 장량하여 지형을 그린 도면을 활용했기 때문에 어린도의 연원으로 이해된다. 한편 1190년(紹熙 원년) 주희(朱熹)는 이춘년의 경계법을 발전시켜 소흥 연간 시행하지 못했던 천주(泉州)·정주(汀州)·장주(漳州) 등지에서 경계법을 시행하기도 했다.

한편 조선에서는 실학자를 중심으로 현행 양전(量田)의 폐단을 극복하고 경계를 바로잡는 방안으로 어린도를 도입하려는 논의가 제기되었다. 예컨대 성호(星湖) 이익(李瀷)은 1387년(홍무 20)에 시행된 어린도책이 전국 토지의 방원을 그리고 소유주와 주변의 모든 토지를 파악하게 되므로, 일절 폐단이 생기지 않는 무루법(無漏法)이라고 평가하였다. 정약용도 이익을 계승하여 『경세유표』에서 정전제(井田制) 시행에 앞서 방전법(方田法)과 어린도설의 시행을 주장했다. 특히 그는 어린도설이 토지 측량에 국한되는 것만은 아니라고 보았는데, 방전의 원리를 통해 어린도를 그려냄으로써 정전제의 원리를 구현할 수 있다고 생각했기 때문이다.

[참고어] 방전론, 양전, 정전제, 정전론

[참고문헌] 김용섭, 1975, 「茶山과 楓石의 量田論」 『한국사연구』 11 ; 유원준, 1996·1997, 「남송 경계법에 대하여 : 이춘년과 주희를 중심으로」 1·2, 『경희대학교 사학』 20·21 ; 최윤오, 1992, 「肅宗朝 方田法 시행의 역사적 성격」 『국사관논총』 38 ; 전순동, 1997, 「明代 魚鱗圖冊에 관한 硏究」 『충북사학』 9 ; 최윤오, 2015, 「다산 정약용의 어린도설과 정전제」 『한국민족문화』 56 〈윤석호〉

어분전(御分田) 고려시기 왕실 소유의 토지를 가리키는 말.

왕실 소유의 토지로는 장·처전(庄·處田)이 있었다. 왕실은 공적 기관의 하나였으므로 장·처전은 공해전으로도 불렸다. 고려 후기에 이르러서는 어분전이라고도 지칭되었다. 어분전은 왕실의 공적인 재정 기반으로서 국가의 토지분급체계에 의거해서 지급받은 것이다.

장·처전의 규모는 고려 말 조인옥(趙仁沃)의 상소나 창왕의 즉위교서에서 '360 장처지전(庄處之田)'이라고 언급했던 것에 의하여 약 360여 곳 정도가 있었던 것으로 추정된다. 그러나 현재 이름을 알 수 있는 곳은 50여 개에 불과하다. 장처전은 양계(兩界)를 제외한 전 지역에 분포했는데, 왕경에 가까운 곳에 집중적으로 설치되었다. 또한 처전이 더 많이 분포되었다.

장·처전의 총규모는 파악하기 어려우나 고려 말 사전 개혁시의 토지 분배의 구상에서 일정 정도 추정할 수 있다. 조준(趙浚)은 전체 토지 50만 결 중에서 공상용(供上用)으로 13만 결을 책정하였고, 다시 우창에 10만 결과 4고(庫)에 각 3만 결씩을 배정하려고 하였다. 왕실의 주요 재정원이 창고전이었다는 점을 고려하면, 장·처전에 해당하는 것은 4고 소속의 3만 결 정도일 것이다. 이러한 추정이 타당하다면, 장·처전은 전제개혁 당시의 토지 결수 50만 결 중 1/17 정도에 해당하는 규모였다고 볼 수 있다.

[참고어] 내장전

[참고문헌] 姜晉哲, 1980, 『改訂 高麗土地制度史硏究』, 一朝閣 ; 權寧國 외, 1996, 『譯註『高麗史』食貨志』, 韓國精神文化硏究院 ; 安秉佑, 2002, 『高麗前期의 財政構造』, 서울대학교출판부 〈정덕기〉

어염세(魚鹽稅) 조선시기 어장(漁場), 염분(鹽盆)을 대상으로 부과되었던 잡세의 일종.

조선왕조의 염세정책은 1445년(세종 27) 의창곡(義倉穀)의 재원을 마련을 위해 전매를 시도한 일시적 기간을 제외하고는 대체로 수세제(收稅制)로 운영되었다. 어염세는 호조가 관장하였는데, 각 도의 염분을 파악하고 세염을 염창에 운반하며, 이를 곡식이나 포로 바꾸어서 군자에 이용하였다. 그러나 직전법(職田法)이 폐지되고 임진왜란으로 인한 토지의 황폐화로 궁방과 아문의 재정확보를 위한 지원방안의 하나로 염분에 대한 수세권을 분급하는 '절수(折受)'가 시행되었다. 이로써 정부는 재정적 어려움에도 불구하고 염분에 대한 수세권을 제대로 행사하지 못하게 되었다. 반면에 궁방과 아문은 절수·사점·매득 등을 통해 염분을 더욱 확대해 나갔고, 차인이나 도장을 내려 보내 세염을 징수하였는데, 이 과정에서 남징·첩징 등 갖가지 폐단을 야기하였다.

17세기 후반 현종 대에 들어서면서 국가재정의 방안으로 염분절수를 폐지하는 논의가 전개되어 새로운 대책이 시행되었다. 『임자사목(壬子事目)』(현종 13)에 의해 기존 궁방의 염분절수는 금지시키고, 신설 궁방은 염분 3좌(坐)로 절수를 제한하는 조치가 취해졌으며, 염 10석의 수세액 규정도 마련하였다. 18세기 전반에는 별도로 관청을 설치하여 호조가 이를 주관하는 '관수관급(官收官給)' 방안이 제기되어, 조 초반 호남에 큰 기근이 들었을 때 진휼곡 마련을 위해 삼남지방에 한시적으로 시행되었다. 이러한 정책변화는 국가재정 확충을 위한 부세제도의 재정비가 이루어지는 과정에서 제기된 것이다.

이상과 같은 어염세 정책은 1750년(영조 26) 5월부터 양역변통논의가 활발해지면서 변화의 계기가 마련되었다. 염분절수를 혁파하는 조치가 이루어져 수세기관이 호조로 일원화 되었고 통일된 수세규정의 마련도 가능하게 되었다. 아울러 어염세 수취를 균역법 시행에 따른 급대재원과 결부시켜 논의한 결과 어염세를 균역청에 이속시켰다. 정부는 균세사를 각 도에 파견하여 광범위한 조사를 거쳐 세액을 책정하였다. 이때 염의 생산과 판매조건을 고려한 보다 종합적인 수세기준을 마련하였고, 절수 이후 처음으로 각 도의 염세등 해세의 수세액이 파악되었다. 이 과정을 거쳐 균역법 시행시 염세를 비롯한 해세(海稅)는 결전(結錢)과 함께 급대재원의 중요한 세원이 되었다. 균세사의 정세에 대한 이정을 거쳐 해세는 114,300냥으로 결정되어 총 급대재원의 16.5%를 차지하였다. 그리고 이 내용은 『균역청사목(均役廳事目)』에 반포되어 18세기 중반 이후 염세수취의 기준으로 기능하였다.

『균역청사목』의 시행결과 조선 후기 염세징수는 이전과 크게 달라졌다. 첫째, 염세가 균역청으로 이속되어 수세기관이 일원화되었다는 점이다. 둘째, 수세규정과 수세액의 기준을 마련하여 생산조건에 따른 차등수세제(差等收稅制)를 시행했다는 점이다. 셋째, 이를 계기로 염세를 동전으로 징수하여 조세금납화를 촉진하는 계기가 되었다는 점이다. 넷째, 이때 처음으로 각 도별 염세수세액이 책정되고 정액수세로 운영됨으로써, 18세기 중반 새로운 수세제로 변동을 가져오는 계기가 되었다는 점이다.

균역법 시행은 염의 생산이나 수세에 새로운 문제를 가져왔다. 즉 종래의 '물주'들에 의한 염생산 시설에 대한 투자의욕이 감소되었고, 각 도별 세액이 고정되어 족징·인징·백징의 폐단이 다시 나타나기도 하였으며, 수령에 의한 염가늑매의 폐단도 일시에 없어지지 않고 계속되었다. 무엇보다 가장 두드러진 문제는 수령과 염색들이 염분을 숨기고 누락시키는 폐단이었다. 이 때문에 수세액이 균역법 제정 당시보다 크게 감소하여, 균역법 시행자체를 위태롭게 할 우려까지 있어 새로운 대책이 강구되었다. 즉 비총세제의 운영이 그것이다.

비총세제는 각 도별 세액이 책정된 당시부터 관행적으로 시행되다가, 1784년(정조 8)부터 제도적인 시행이 결정되고 절목이 마련되었다. 이러한 비총제는 18세기 부세운영의 기본이 되었는데, 사회경제적 변동에 직면하여 수세대상의 파악과 징수가 어려워 세액의 확보가 위기에 직면함으로써 모색된 것이었다. 이는 안정적으로 조세수입을 확보하는 것이었으나, 염한(鹽漢)에게는 부담을 더욱 가중시키는 결과를 가져왔다.

[참고어] 염전, 균역법

[참고문헌] 고승제, 1956, 「李朝鹽制의 기본구조」『서울대논문집』, 인문사회과학 3 ; 1956, 「李朝鹽業의 경제구조」『서울대논문집』, 인문사회과학 4 ; 강만길, 1970, 「조선시대 公鹽制度考-鳴旨島鹽場을 중심으로」『사학지』 4 ; 신지현, 1974, 「鹽業」『한국사』 10, 국사편찬위원회 ; 박용숙, 1977, 「李朝初期의 鹽業考」『부산대문리대논문집』 16 ; 김호종, 1986, 「조선 후기 魚鹽의 유통실태」『대구사학』 31 ; 오성, 1989, 「鹽政의 전개와 鹽商」『朝鮮後期商人研究』, 일조각 ; 유필조, 1996, 「17·18세기 전반 鹽業발전과 鹽盆私占」『한국사론』 36 ; 박평식, 1997, 「조선전기 鹽의 생산과 교역」『국사관논총』 76

〈백승철〉

어영청둔(御營廳屯) 국왕의 호위와 도성의 방어를 위해 창설한 어영청의 재정을 보용키 위해 운영한 토지.

어영청은 인조반정 후 후금의 침공에 대비할 목적으로 창설된 어영군을 모체로 한다. 1623년(인조 원년) 11월 인조의 친정(親征) 계획의 일환으로, 개성유수 이귀(李貴)를 어융사(御戎使)로 임명해 260여 명의 화포군(火砲軍)을 골라 훈련케 하였는데, 이 부대를 '어영군'이라 불렀던 것이다. 하지만 인조의 친정은 무산되어 부대 통솔권이 문제가 되었는데, 1624년(인조 2) 개성유수에서 물러난 이귀가 어영사(御營使)라는 직함으로 부대를 계속 통솔하게 됨으로써, 개성주둔 어영군이 공식화되었다. 이 무렵 어영군의 총수는 260여 명 정도로 소규모 부대였다. 어영군이 크게 증액되고 별도의 군영으로 어영청이 설립되기에 이른 것은 이괄의 난 이후의 일이었다. 난을 진압하는 과정에서 이귀는 공주 인근 산군(山郡) 산척(山尺)의 포수 600여 명을 선발하여 어영군에 소속시켰는데, 인조의 환도 직후 어영청이 설립됨으로써 모두 그에 속하게 된 것이다. 이때 어영군은 1,000명 정도였는데 이들은 둘로 나뉘어 1번에 500명씩 시위(侍衛) 업무를 맡았다. 어영군은 훈련도감과 함께 좌우영(左右營)으로 짝을 이루었다. 어영청의 지휘체계는 군액이 늘어남에 따라 인조 21년 훈련도감의 예에 따라 도제조를 둠으로써 갖추어졌다. 그리고 군액이 2만여 명이 된 동왕 24년 이후 비로소 군영을 두고 운영에 필요한 어영절목(御營節目)이 만들어졌다. 또한 1651년(효종 2) 8월에는 이완(李浣)이 어영대장에 임명된 후 다시 한 번 대대적인 개편이 있었다.

어영청은 정군(正軍)과 보인(保人)의 체제로 운영되었는데, 자보(資保) 1인은 번상병의 경비를 부담하였고,

나머지 관보(官保) 2인이 보포와 보미를 내어 군병의 급료 및 기타 경비를 부담하였다. 보미는 쌀 12두였고, 보포는 포 2필이었다. 보인이 낸 포와 쌀은 번상하는 군사가 직접 운반하였고, 어영청에 신설된 낭청에게 납부했다. 어영청 군사에 보인 3인이 책정된 1649년(인조 27)의 경우 어영청의 연간 총수입은 쌀 17,214석, 포 393동 34필이었고, 총지출은 쌀 16,097석 9두, 포 353동 46필이었다.

어영청도 다른 군영과 마찬가지로 관보에 의한 수입이 한계에 이르자 현종 대 이후로 둔전을 확보하기 시작하였다. 대표적으로 숙종 6년에는 강화 굴우포(屈于浦)의 황폐된 신언(新堰)을 어영군이 경작하여 그 세입으로 하여금 군량을 삼도록 했다.(兵曹判書金錫胄曰, 江華屈于浦新堰, 以收稅太重, 民不願耕, 至於荒廢. 御營軍之自畿湖流離上京者, 幾至數百. 臣欲另備田器·農糧·農牛, 差人董率此輩, 入耕於其地, 稅其禾穀, 以儲軍餉, 聯其什伍, 以成哨隊, 趁今春擧行何如. 上曰, 處置飢民, 開墾荒土, 又添軍兵於保障之地, 事俱便好. 依爲之.[『숙종실록』 권6, 6년 1월 9일 기해]) 영조 25년에 편찬된 『속병장도설(續兵將圖說)』에 따르면 당시 어영청 둔전은 경기(덕적도, 양주, 연천, 강화), 강원(철원), 황해(장연) 등지에 분포되어 있었다.

이상의 둔전을 포함해 어영청에서 운영한 둔전의 연혁과 규모, 수입 등은 『만기요람』에 기록되어 있다. 주로 세금이나 지대를 수취하였으나, 이를 기금으로 만들어 이자를 취식하고 환곡을 운영하기도 했다. 이처럼 둔전을 운영하여 거두어들인 수입은 쌀 4200석, 전 5000량, 태(太) 700석, 목(木) 10동 등이었다.[『만기요람』 군정편3, 어영청, 제둔(諸屯)]

이들은 다른 둔전과 마찬가지로 초기에는 면세지가 많았으나, 영조 5년의 둔전 출세조치에 따라 372결 23부는 '면부출세(免賦出稅)'하기로 했다.[「제아문둔전출면세별단(諸衙門屯田出免稅別單)」] 『만기요람』에도 어영청 둔전 중 면세지의 규모는 7결 86부 2부(경기)만이 파악되었다.[『만기요람』 재용편2, 면세, 팔도사도면세전답결수] 그러나 전체 둔전규모에 비하면 출세둔전은 많지 않았던 것으로 보인다.

1881년(고종 18)에 장어영(壯禦營)을 신설할 때 어영청이 장어영에 합병되었다가, 다음해 장어영이 폐지된 후 어영청은 복설되었다. 그러나 1884년에 이르러 어영청을 '별영(別營)'으로 개칭했고, 1888년에 다시 별영을 '총어영(摠禦營)'으로 개칭하였다. 어영청을 총어영이라 칭했을 때부터 어영청둔을 '총어둔'으로 개칭했다가, 1894년에 총어영이 폐지됨에 따라 그 소관둔토는 탁지부 관리로 옮겨졌다. 이후 대한제국의 관제개편을 통해 궁내부 산하 내장원으로 이관되었으며, 1908년 국유로 편입시켜 탁지부가 관리하도록 했다. 그후 국유지실지조사와 토지조사사업으로 이때 발생한 국민유 분쟁을 강권적으로 처리하고, 대부분 국유로 확정했다.

[참고어] 둔전, 영문둔전

[참고문헌] 『속병장도설』; 『탁지전부고』; 『만기요람』; 「제아문둔전출면세별단」; 鄭肯植·田中俊光, 『朝鮮不動産用語略解』; 한국법제연구원, 2006(朝鮮總督府, 『朝鮮不動産用語略解』, 1913); 차문섭, 1976, 「守禦廳 硏究 上」 『동양학』 6; 송양섭, 2006, 『조선후기 둔전 연구』, 경인문화; 김양식, 2000, 『근대권력과 토지』, 해남; 서울대학교 규장각한국학연구원 엮음, 2012, 『둔토양안』, 민속원

〈윤석호〉

어의궁장토(於義宮庄土) 조선시기 내탕 중 하나였던 어의궁에 소속된 토지.

내수사가 대전의 내탕이었던 반면, 특히 조선 후기 대전 이외의 전궁(殿宮) 소용의 내탕은 4궁이 맡았다. 수진궁·명례궁·용동궁·어의궁이 그것인데, 어의궁장토는 이들 중 어의궁의 재정을 보용하기 위해 설정한 토지이다. 어의궁은 상어의궁(上於義宮)이라고도 했는데, 인조가 왕위에 오르기 전에 머물던 잠저(潛邸)였다가 즉위한 뒤 얼마 지나지 않아 폐궁된 것으로 보인다. 한편 상어의궁은 효종이 탄생한 곳이기도 했는데, 효종이 동부 숭교방(崇敎坊)으로 거처를 옮긴 후로는 하어의궁(下於義宮)이라 부르기도 했다. 하어의궁에서는 인조의 계비 장렬왕후 조씨의 가례를 거행했는데, 서부 인달방(仁達坊)으로 이전한 후로도 왕비의 가례는 하어의궁에서 행하는 것이 상례가 되었다. 따라서 자연히 하어의궁, 즉 어의궁은 왕후 등 전궁 소용의 내탕에 속하게 되었다.

어의궁이 장토를 두게 된 것은 연대가 확실치 않다. 다만 1663년(현종 4)에 이미 왕대비전의 내탕이었음이 확인된다. 이후에도 1682년에(숙종 9) 궁가의 절수를 금지할 때 어의궁 외 3궁은 양 자전, 즉 인조의 계비 장렬왕후와 현종의 왕비 명성왕후의 내탕이었으므로 예외로 두기도 했다. 다른 궁방전과 마찬가지로 어의궁장토 역시 이속, 절수 등으로 형성되었는데, 1690년(숙종 17)에는 훈련도감 둔전에서 이급된 토지와 어의궁 소유의 둔전 중 민전을 다시 돌려주는 조치가 취해지기도 했다. 또한 절수받은 무주진전 중에는 실경작자나

소유자가 존재하는 경우도 있었는데, 1693년(숙종 20)에는 무장·영광·장성 지역에서 어의궁이 절수한 토지 중 갑술양전시 무주였던 토지가 실제로는 민전이었음이 문제가 되기도 했다. 이처럼 어의궁장토를 비롯한 궁장토가 민전을 침탈하며 확대되자, 『속대전』에서는 궁장토의 결수를 1,000결로 한정하였지만 효과를 보지 못했다. 『탁지전부고』와 『만기요람』에 기재된 어의궁장토의 결수는 모두 2,000결을 초과해서 『속대전』 규정의 1,000결의 배가 넘었다.

이후 1894년(고종 31) 제도 개혁으로 면세의 특권과 무토면세의 수조권이 폐지되었다. 유토면세지도 왕실 소유로 하여 궁내부에 이관시켰으며, 1908년에는 탁지부 소관의 국유지로 이속시켰다. 일제는 이어서 투탁점탈에 의한 것임을 분명히 알 수 있는 것은 주인에게 돌리고, 나머지는 대부분 국유지로 편입시키는 국유지 실지조사와 토지조사사업을 실시했는데, 대부분 국유로 사정했다.

[참고어] 궁방전, 1사7궁

[참고문헌] 박성준, 2008, 「대한제국기 신설 궁의 재정기반과 황실재정 정리」『역사교육』 105 ; 조영준, 2008, 「조선 후기 궁방의 실체」『정신문화연구』 112 ; 박성준, 2009, 「대한제국기 신설 궁의 지주경영」『역사교육』 109 ; 조영준, 2009, 「조선후기 왕실재정의 규모와 구조-1860년대 1사4궁의 재정수입을 중심으로」『한국문화』 4 〈윤석호〉

언해잠서(諺解蠶書) 조선 세조가 권잠정책의 일환으로 최항(崔恒)·한계희(韓繼禧) 등에게 명하여 저술하게 한 저서.

조선시기 세조는 양잠을 적극적으로 장려하였다. 1459년(세조 5) 6월에 「양잠조건(養蠶條件)」을 제정하여 중외에 반포하였고, 최항(崔恒)·한계희(韓繼禧) 등에게 명하여 양잠관계 서적을 한글로 풀이한 『언해잠서』를 간행하도록 하였다.

이러한 세조의 권잠정책은 그 동안의 관 중심의 권잠정책을 민간에게 확대시킴으로써 양잠이 농가에까지 확산될 수 있는 계기를 마련한 것으로 평가받는다. 예를 들면 민호를 대호·중호·소호·잔호·잔잔호의 5등급으로 세분하여 대호는 300그루, 중호는 200그루, 소호 및 잔호는 100그루, 잔잔호는 50그루의 뽕나무를 의무적으로 심도록 하며 묘목을 잘 가꾸지 못하면 문책하였다.

[참고어] 선잠제, 친잠제

[참고문헌] 김영진, 1972, 『蠶絲學古典硏究』 ; 김영진, 1982, 『농림수산고문헌비요』 ; 국사편찬위원회, 2013, 『조선 초기의 경제구조(한국사 2)』, 탐구당

여재촬요(輿載撮要) 1894년(고종 31) 오횡묵(吳宖默)이 편찬한 지리서.

19세기 후반 제국주의가 팽배해지고 세계 각국의 교류가 활발해지면서 국내 지식인들에게 세계에 대한 지리 지식을 확대하고, 천원지방(天圓地方) 사상에서 벗어나 천문과 지구에 대한 과학적인 인식의 필요성이 대두되기 시작하였다. 이 시기의 행정관료이자 문필가이며 지리학에 해박했던 오횡묵은 영국에서부터 청나라를 거쳐 들어온 지도, 지리서, 자연과학관련 책 및 명나라의 『일통지(一統志)』, 『동국여지승람(東國輿地勝覽)』, 『해국도지(海國圖志)』, 각 지역의 읍지 등 지리와 관련된 책들을 수집하여 중요한 부분들을 추리고 자료들을 정리하고 자신의 철학을 투영하여 『여재촬요』를 편찬하였다.

이 책은 세계지리와 한국지리가 결합된 지리지로, 1894년 10권 10책의 필사본으로 편찬되었고, 이어 5책, 2책 등으로 축약본이 저술되었다가 1896년 학부에서 1권으로 축약하여 목판본으로 간행하였다. 10권으로 구성된 필사본 가운데 제1권은 세계지리와 관련된 내용이고, 제2권에서 10권까지는 한국지리와 관련된 것으로 팔도의 군현읍지를 수록한 것이다.

세계지리지에 해당하는 제1권은 3장으로 구성되어 있다. 제1장은 천문현상과 관련한 지구과학적 지식, 지구설을 토대로 하는 자연지리적 지식으로 구성되어 있다. 기후에 대한 내용을 먼저 다루고 이어 지형에 대해 다루었다. 주제와 관련된 다양한 그림과 지도를 활용하고 있는 점이 특징적이다.

제2장은 각국의 정교(政敎)를 중심으로 하는 인문지리적 내용으로 구성되어 있다. 각국의 정치, 법, 외교에 대한 것을 기본으로 하여 입법, 사법, 행정의 삼권분립, 각국의 정부 형태와 입법·사법·행정부의 역할, 종교, 지방 행정, 조세, 군사제도, 교육, 통화제도, 통상 및 무역 등을 서술하면서 이해를 돕기 위해 동서양을 비교하거나 주요 나라를 사례로 들어 논하고 있다.

제3장은 세계지리의 각론에 해당하는 것으로 6대주에 속하는 나라들에 대한 기술로 구성되어 있다. 아시아 5개국, 유럽 19개국, 아프리카 7개국, 북아메리카 9개국, 남아메리카 10개국, 오세아니아 1개국 등 총 51개

국가의 지지가 씌어 있다. 각 국가별로 명칭과 위치 등을 개괄한 후, 왕실, 역사, 정치, 종교, 교육, 재정, 화폐, 군제, 면적, 인구, 통상, 공업 등 항목별로 세계에 관한 당시의 상세한 정보를 담고 있다.

국가별 기술에서는 국명 밑에 나라의 위치와 속지(屬地), 인종, 언어 등을 먼저 제시하고 각 항목별로 기술하는 백과사전식 형식을 취하고 있다. 수록된 항목은 역사, 정치와 종교, 경제, 군사, 통상과 산업 등과 같이 인문지리적 내용이 주를 이루고 자연지리적 내용은 거의 수록되어 있지 않다. 이는『여재촬요』가 영국의 정치연감을 번역한 만국정표를 기본 자료로 활용한 데에 기인한다. 정치연감은 종합적 성격의 지리지라기보다는 세계 각국의 정치, 경제의 개설서의 성격을 지니고 있기 때문에 자연지리와 관련된 내용이 거의 없고 대부분 인문지리적 내용으로 구성되어 있다. 이어 왕실 항목에서 당시 왕 이름을 적시하고 왕조의 역사를 상술하고 있다. 정치 항목에서는 정치체제, 입법기관 등을 소개하고 있는데, 다른 항목에 비해 비교적 자세히 다루고 있다. 종교는 당시 대다수 국민들이 믿는 종교를 수록했고, 교육 항목에서는 수도뿐만 아니라 지방의 교육기관에 대해서도 소개하고 있다. 재정항목에서는 화폐의 명칭, 재질 등도 소개하고 있다. 군제 항목에서는 당시의 군대의 편제, 군사 수, 복무 기간 등을 기술하고 있다. 면적·인구 항목에서는 전국의 인구를 먼저 제시하고 토지 면적을 방영리(方英里) 단위를 사용하여 나타냈으며, 속지(屬地)의 통계도 수록했다. 통상 항목에서는 당시 교역하던 품목들이 수록되어 있고, 공업 항목에서는 지금에 공업에 해당하는 내용이 아니라 농업, 어업, 임업, 광업 등의 1차 산업과 교통, 통신과 관련된 내용으로 이루어져 있다.

제2권에서는 팔역도리표(八域途里標)·제영인성씨(題詠人姓氏)·조선전도(朝鮮全圖)·한양경성도(漢陽京城圖)·경성오부도(京城五部圖)와 건도(建都)·경도(京都)·한성부(漢城府)를 실었다. 지도는 모두 양면 크기이며 조선전도는 동쪽을 위로한 것이 특징이고 해안선의 윤곽이 매우 부정확하다. 제3권 이하는 우리 나라의 지방지(地方誌)를 다루고 있는데, 도별지도(道別地圖)와 정도표(程途標)가 있고 각 군현의 지도를 포함하고 있다. 도별지도는『신증동국여지승람』에 삽입된 지도보다 상세하게 교통에 관계되는 도(道)·도(渡)·진(津)·포(浦)·양(梁)·현(峴)·영(嶺)·교(橋) 등이 산천명(山川名), 군·현명과 같이 기재되어 있다.

군·현의 내용은 읍지라고 포괄적으로 부르는 군지·현지·부지(府誌) 등을 촬요(撮要 : 요점을 골라 취하는 것)한 것으로서 지도·정도표·읍총(邑摠)으로 세분되어 있다. 읍총은 해당 읍지를 참조하였고 대개 건치연혁(建置沿革)·진관(鎭管)·관원(官員)·군명(郡名)·면(面)·창(倉)·호(戶)·군(軍)·결(結)·수(需)·풍속(風俗)·형승(形勝)·읍성(邑城)·산천(山川)·토산(土産)·관방(關防)·누정(樓亭)·역원(驛院)·교량(橋梁)·불우(佛宇)·능침(陵寢)·고적(古蹟)·궁실(宮室)·신사(神祠)·인물(人物)·열녀(烈女)·제영(題詠) 등의 내역이 적혀 있다.

전체적으로 볼 때『여재촬요』는 전통적인 지리지의 형식에서 탈피하지는 못했다. 여전히 백과사전식 항목 나열의 형식을 지니고 있고, 한국지리 부분은 이전 시기의 읍지 전통을 고수하고 있다. 그러나 세계지리 부분을 첫 부분에 추가함으로써 시대적 변화를 반영하려는 의지를 엿볼 수 있다. 실사구시와 이용후생을 강조하고 있으며, 자연에 대한 과학적인 접근 방법과 세계 각국에 대한 정확한 정보를 제시함으로써 급변하는 세계를 온전하게 인식하려 했던 대표적 사례로 평가할 수 있다. 또한 세계 각 지역과 우리나라 전역의 지지를 모아 편찬한 지리서로서 개화기 지리교과서의 효시로 활용되었으며, 이후『만국지지(萬國地誌)』등 국한문혼용체로 편찬된 여러 지리교과서의 편찬에 영향을 주었다

[참고문헌] 임은진·서태열, 2012,「여재촬요의 세계지리영역에 대한 고찰」『사회과교육』51, 한국사회과교육연구학회

〈남정원〉

여전론(閭田論) 조선후기 실학자인 정약용(丁若鏞, 1762~1836)이 제창한 전제개혁론.

『여유당전서(與猶堂全書)』「전론(田論)」에 담겨 있다. 「전론」의 저술시기에 대한 논란이 있었으나, 정약용이 28세 되던 1798년에 최초 저술했다가 만년에 자구에 약간의 수정만을 가한 것으로 고증되었다. 정약용은 고대 중국의 정전법(井田法)이나 선학이 주장한 한전제(限田制)·균전제(均田制) 등의 토지개혁론에 현실성이 없다고 보고, 대신 가장 이상적인 전제개혁안으로 여전론을 제의하였다.

「전론」에서는 오직 농부만이 토지를 얻도록 했다. 이들은 여(閭)라는 마을 단위로 여전을 경작했다. 여는 산곡(山谷)과 천원(川源) 등 지세를 기준으로 경계를 삼아 만든 구획이다. 『주례(周禮)』에서는 1여가 25가(家)로

구성되었으나, 여전론에서는 그 명칭만 빌리고 대략 30가구 내외로 하였다. 6개의 여가 모이면 이(里)가 되고, 5개의 이가 합쳐지면 방(坊)이 되었으며, 5개의 방이 합쳐지면 읍(邑)이 되어 군현의 치소가 설치되었다.

여는 여장(閭長)이라는 가부장적 권위를 가진 지도자의 엄한 지휘를 받는다. 여의 토지는 여민(閭民)이 공동으로 경작하는 자치적인 공동농장으로 오직 여장의 명령을 따른다. 여장은 개개인의 노동량을 기록하였다. 그리고 가을이 되면 오곡의 수확물을 모두 여장의 집으로 가져오는데, 1/10로 책정된 조세(租稅)와 여장의 봉급을 먼저 제한 나머지를 일역부(日役簿)에 의거해 여민에게 분배한다. 이때 농업에 투하된 노동력은 질적으로 같은 것으로 간주되었다.

한편 여전제는 병농일치제와 결부되어 있다. 여의 여장은 초관(哨官)으로 삼고, 이에는 이장(里長)을 두어 파총(把摠)으로 삼으며, 방에 방장(坊長)을 두어 천총(千摠)으로 삼고, 읍에는 현령을 둔다. 이로써 여를 말단으로 하는 지방제도를 군사제도와 일치시킨 것이다. 그러나 민인이 모두 군역을 지지는 않았다. 1/3만 군역에 종사하고, 나머지 2/3는 호포를 내어 군수에 충당했다.

또한 다산은 여내(閭內) 농민의 자유로운 이전을 보장하면 10년 내에 인구 분포가 평균화되며, 여전제 또한 전국적으로 실시될 수 있다고 보았다. 그리고 부의 집적이 개인의 노력 여하에 따라 달라지므로, 농민들 역시 노력을 더하게 된다고 이해했다. 이로 인해 지리(地利)가 높아지고, 자산은 물론 풍속도 후하고 순박해지며, 효제(孝悌)의 윤리와 도덕도 확립될 수 있다. 한편 수공업자나 상인은 생산품 또는 상품을 농민의 곡식과 바꿈으로써 생계를 유지할 수 있다. 부족한 농업 인구는 유식양반(游食兩班)을 생산자로 전환하여 메울 수 있는데, 그들의 지적 능력을 활용해 농업기술의 진보도 기대할 수 있다고 보았다. 이처럼 여전론은 경자유전(耕者有田), 토지의 공동소유와 공동경작, 생산물의 공동수확 및 노동량에 따른 분대 등을 바탕으로 한 혁신적인 개혁안이었으나, 당시의 역사적 조건 하에서는 실현될 수 없는 이상적인 것이기도 했다.

[참고어] 정약용, 목민심서, 정전론

[참고문헌] 신용하, 1983, 「다산 정약용의 여전제 토지개혁사상」 『규장각』 7 ; 김용섭, 1989, 「조선후기 토지개혁론의 추이」 『동방학지』 62 ; 조성을, 1998, 「정약용의 토지제도 개혁론」 『한국사상사학』 10 ; 김문식, 2014, 「다산 정약용의 제도개혁안」 『한국학논집』 56

〈윤석호〉

여지도(輿地圖) 18세기 말에 편찬된 총 3책 33장의 종합 지도책.

채식 필사본으로 보물 제1592호로 지정되었으며, 서울대학교 규장각 한국학연구원에 소장되어 있다. 제1책에는 서구식 세계지도인 천하도지도(天下都地圖), 조선전도인 아국총도(我國摠圖), 청나라의 수도인 북경의 지도인 북경도성삼가유시오단팔묘전도(北京都城三街六市五壇八廟全圖), 중국지도, 의주-북경 사이의 사신로(使臣路)를 그린 지도, 도성도, 조선·일본·류큐(琉球)를 합한 동부아시아 지도가 수록되어 있다. 제2책에는 정상기(鄭尙驥)의 동국지도(東國地圖) 유형의 조선 도별도가 경기도-충청도-전라도-경상도-황해도-평안도-강원도-함경도의 순서로 수록되어 있다. 마지막으로 제3책에는 청나라 각 성(省)의 지도 16장이 성경성-직예성-산서성-섬서성-하남성-산동성-강남성-호광성-사천성-강서성-절강성-복건성-광동성-광서성-귀주성-운남성의 순서로 실려 있는 등, 일반적인 조선 후기 지도책과는 내용 구성에서 차이가 있다.

지도의 제작자와 제작시기 등이 표기되어 있지 않아 정확한 편찬 경위를 알 수 없다. 하지만 제2책에 수록된 군현지도에서 정조 12년(1789)에 양주에서 수원으로 옮긴 현륭원(顯陵園 : 사도세자의 무덤)이 수원에 표시되어 있는 점과, 1795년 이후에 경기도 금천(衿川)이 시흥(始興)으로 개명되었는데 이러한 내용이 반영되어 있지 않은 점 등을 고려하면, 1789~1795년 사이에 제작된 것으로 추정할 수 있다. 또한 지도의 색감과 글씨체, 수록된 지도의 종류와 수준 등으로 볼 때 국가에서 제작한 것이 분명해 보인다. 이처럼 『여지도』는 국가가 필요로 하는 주변국의 지도와 국내지도를 모두 포함하는 특이한 구성을 하고 있는 종합 지도첩이라고 할 수 있다.

[참고어] 동국지도-정상기, 해동지도, 광여도

[참고문헌] 문화재청, 2008, 『한국의 옛지도』 ; 국토지리정보원 編, 2009, 『한국 지도학 발달사』, 국토지리정보원

〈윤정환〉

여지도서(輿地圖書) 18세기 중엽 각 군현에서 편찬한 읍지(邑誌)를 모아 엮은 전국 지리지.

1757년 홍양한(洪良漢)의 건의가 편찬의 계기가 되었으며, 편성된 지 270여 년이 지난 『신증동국여지승람』의 개수(改修)·속성(續成)에 목적이 있었다. 왕명에 따라 홍문관(弘文館)에서 팔도 감사에게 각 읍의 읍지를 올려 보내도록 했고, 이를 묶어서 간행했다. 이후 김응순(金

應淳)·이은(李溵)이 홍문관에서 개수하였다고 하지만, 현존하는 『여지도서』(55책, 한국교회사연구소 소장본)는 누락된 군현이 많고 결책 순서로 보아 홍문관에 비치되었던 것은 아니라고 보여진다. 또한 대부분 읍지의 호구조의 기준 연도가 1759년(己卯帳籍)인 점으로 볼 때, 1760년 이후에 수집된 읍지들로 이루어졌음을 알 수 있다.

『여지도서』에는 295개의 읍지와 17개의 영지(營誌) 그리고 1개의 진지(鎭誌) 등 총 313개의 지지가 수록되어 있으며, 당시의 행정구역을 상고하면 39개 읍지와 6개 영지가 누락되어 있다. 경기도에서는 한성부(漢城府)·개성부(開城府)·파주목(坡州牧)·고양군(高陽郡)·적성현(積城縣)·수원부(水原府)·안성군(安城郡)·양천현(陽川縣)·김포군(金浦郡) 등 9개읍 및 경기도 총론·경기도 지도·경기감영·병영의 지지, 충청도에서는 정산현(定山縣)·온양군(溫陽郡)·청안현(淸安縣) 등 3개읍의 읍지가 결여되어 있다. 또한 전라도에서는 남원부(南原府)·담양부(潭陽府)·제주목(濟州牧)·대정현(大靜縣)·정의현(旌義縣)·만경현(萬頃縣)·임피현(臨陂縣)·정읍현(井邑縣)·전주부(全州府)·익산군(益山郡)·김제군(金堤郡)·금산군(錦山郡)·고부군(古阜郡)·진산군(珍山郡)·금구현(金溝縣)·여산부(礪山府) 등 16개읍 및 전라도총론·전라도지도·감영·우수영·좌수영·병영의 지지가 결여되어 있다. 그리고 경상도에서는 울산부(蔚山府)·양산군(梁山郡)·영천군(永川郡)·흥해군(興海郡)·사천현(泗川縣)·삼가현(三嘉縣)·의령현(宜寧縣)·하동부(河東府)·산음현(山陰縣)·안음현(安陰縣) 등 11개읍의 읍지가 결본이다.

구성은 우선 각 도에 관한 개괄적인 내용의 총론과 지도가 책머리에 실려 있고, 이어 각 읍의 채색지도와 항목별 내용이 기재되어 있다. 읍지의 항목은 군현에 따라 차이가 있지만 강역·건치연혁·군명 등 40여 개로 구성되어 있는데, 『신증동국여지승람』 등 기존의 전국 지리지에서는 볼 수 없었던 방리·제언·도로·전결·부세·군병 등의 항목이 추가되어 사회·경제적 내용이 강화되었음을 알 수 있다. 즉 조세의 정확한 파악과 군사적 상황 등 국가의 통치에 중요한 항목들이 18세기 이후 제작된 읍지에서 점차 강화되는 경향이 나타나는 것이다. 또한 항목 배열순서 및 내용의 상세함으로 보았을 때, 도로에 대한 중요성이 부각되고 있음을 알 수 있다. 이는 지역 간의 교류 증대와 상업의 발달이라는 시대적 상황이 반영된 결과라 할 수 있다.

수많은 읍지가 편찬되었지만, 『여지도서』처럼 동일한 시기에 국가 차원에서 전국적으로 편찬한 읍지는 매우 드물다. 때문에 한 시대의 국토 전체를 자세히 볼 수 있고, 지방 사회를 전국적으로 이해하는 데 중요한 자료가 된다. 그리고 『여지도서』는 서명에서 알 수 있듯이 '도(圖)'와 '서(書)'가 결합한 전국 단위의 지리지이다. 『해동지도(海東地圖)』가 지도를 중심으로 지리지를 결합한 것이라면, 동시대에 편찬된 『여지도서』는 지리지를 중심으로 지도를 결합시킨 것이라 할 수 있다. 지도학사적으로도 18세기 전반 이전의 지도를 정리하고 18세기 중엽 이후의 새로운 지도로 발달해 가는 전환기의 면모를 반영하고 있다고 볼 수 있다.

[참고어] 해동지도

[참고문헌] 정치영, 2008, 「<여지도서>를 이용한 조선후기 제언의 지역적 특성 연구」『대한지리학회지』 43-4 ; 국토지리정보원 編, 2009, 『한국 지도학 발달사』, 국토지리정보원 ; 양윤정, 2013, 「18세기 <여지도서> 편찬과 군현지도의 발달」『奎章閣』 43

〈윤정환〉

역(役)-조선 조(租)·용(庸)·조(調) 중에서 용에 해당하는 것으로, 국가가 필요로 하는 노동력을 무상으로 징발하던 수취제도.

조선시대 역은 인정(人丁)을 대상으로 수취하는 신역(身役)과 호(戶)를 대상으로 수취하는 요역(徭役)으로 나눌 수 있다. 신역은 16~60세까지의 남정에게 부과하는 항구적인 역으로 그 종류가 다양했으며, 국역·군역·양역 등의 용어와 혼용하여 사용되었다. 각종 신역에 종사하는 사람들의 신분과 역은 불가분의 관계를 가지고 있었다. 즉 어느 역에 종사하는가에 따라 그의 신분이 규정되고 거꾸로 신분은 역을 규정하는 성격을 지녔다. 그러한 점에서 양반이 관료가 되어 관직에 종사하는 것이나 역관·율관·의관·향리 등 중인들이 각종 관청에 소속되어 고유의 업무를 수행하는 것, 그리고 역리·조례·나장 등과 같은 하급 관속류들이 정해진 업무에 종사하는 것 또한 넓은 의미의 신역이라 할 수 있다. 이 밖에 관직에는 종사하지 않는 양반을 포함한 모든 양인들에게는 각종 신역이 부과되었는데 그 대표적인 것이 군역이었다.

조선 초기 정부는 군역징수를 위해 실제 입역하는 호수(戶首, 正軍)와 호수의 입역에 필요한 왕복여비, 복무 중의 제반 경비 등의 재정수요를 보조하는 봉족(奉足)으로 이루어진 역호(役戶)로 편성했다. 이때 역호편성의 기준이 되는 것은 자연호(自然戶)로서 솔정(率丁)의 많고 적음에 관계없이 1호로 파악되었다. 다만 솔정의 수나 전결의 다소 등 경제력에 따라 호수·봉족이 결정되었는데, 대체로 3정1호(三丁一戶)의 원칙에 의해 정군(正軍)을 내도록 하였다.

그런데 봉족제 아래에서는 자연호 내에 장정이 많아도 그 가운데 1명만 정군이 되는 반면, 장정이 1, 2명에 불과한 호에서는 비슷한 처지의 다른 자연호와 묶어 장정 3명이 하나의 단위를 이루어 정군을 내야 했으므로 가난한 양인일수록 군역을 부담하기가 어려웠다. 또한 봉족제는 토지를 소유한 양인을 주된 군역 부과 대상으로 삼았던 까닭에 토지를 소유하지 못한 양인 농민이 차츰 늘고 그 상당수가 노비로 전락하게 되자, 많은 병력을 확보하려는 국가의 노력에 장애가 되었다. 이러한 문제점을 개선하려는 취지에서 1464년(세조 10)에 보법(保法)이 실시되었다. 보법은 2정을 1보로 하는 원칙 아래 봉족 대신 보라는 이름을 쓰고 호 대신 정을 기준으로 삼았다. 이로써 신역은 개인에게 부과되는 역이 되었다.

이러한 조선 전기의 역은 16세기 전반기인 성종·중종 대를 지나면서 큰 변화를 보인다. 첫째, 양반 사족층의 군역기피 현상이 나타나고 시기가 지나면서 양반사족의 군역 제외는 당연시되었으며, 그에 따라 군역은 양인 내에서 일반 백성 즉, 흔히 양민으로 표현되는 신분층으로 국한되었다. 그 이유는 일반적으로 16세기 이래 양반층의 국왕에 대한 충성의 반대급부로 지급되던 과전의 소멸과 양반사족의 군역부담을 위해 설치된 충순위(忠順衛)·충찬위(忠贊衛) 등의 특수 병종에 대한 체아직(遞兒職)과 품계지급, 관직 진출의 기회 등의 특권이 유명무실해지고, 보법시행으로 인해 양반층에 대한 일반군역 부과와 함께 군역 종사자에 대한 반대급부인 산관의 품계지급 역시 소멸되어 전반적으로 양반들이 지는 군역의 질적 저하가 심화되었기 때문이었다. 군역은 이제 평민들만이 부담하는 신역이 된 것이다.

둘째, 군역의 부담방식에도 큰 변화가 발생하고 있었다. 즉 대립(代立) 또는 고립제(雇立制)가 그것이다. 대립제는 입역하는 정군이 보인으로부터 받은 포를 이용하여 타인을 고용하여 대신 입역케 하는 방식이다. 대립제는 본래 정군과 대립인 사이의 사적으로 행해진 불법적인 것이었으나, 대립가가 상승하여 폐단이 심해지자 정부는 번상보병의 입역을 면해 주는 대신 포를 병조에 납부하게 하는 방군수포(放軍收布)를 허용하고, 대신 병조에서 필요한 군사를 고용하는 급가고립(給價雇立)하는 방식으로 정책전환을 하게 되었다. 이것이 1541년(중종 36)에 법제화된 군적수포법(軍籍收布法)이다. 이로써 보병은 직접 노동력을 제공하는 것이 아니라 군포만을 납부하는 납포군(納布軍)으로 변화되었다.

신역의 포납화는 임진왜란 당시 훈련도감이 창설되면서 더욱 확대되었다. 훈련도감은 모병제에 의해 군사를 선발하고 국가가 급료를 지급하는 양병제(養兵制)로 국가재정에 큰 부담이 되었다. 국가재정에서의 군사비 지출은 결국 국가재정의 심각한 부족현상을 초래했으며, 이를 메우기 위한 대책으로서 군적수포법에 의해 시작된 군역의 포납화 경향은 더욱 촉진될 수밖에 없었다. 숙종 초에 완성된 5군영체제의 확립으로 조선 후기 군제가 완성되면서 그 과정에서 다양한 군병의 명목과 엄청난 양정수의 증가를 가져왔다. 5군영 중 훈련도감을 제외한 금위영, 어영청, 수어청, 총융청에서는 조선 전기와 같은 번상급보(番上給保)제가 시행되었는데, 소수의 번상병을 제외하고는 보인으로 편성된 수포군이 대부분이었다. 그 외에도 조선 전기 폐지된 5위(五衛)에 속했던 기병과 보병·갑사·정로위(定虜衛) 등의 군액은 구군적으로 별도 분류되어 병조에 귀속되고 군적수포법에 따라 군포를 내야 하였다. 이외에도 연해변의 어민을 수군으로 고용할 비용마련을 위해 설치된 수포군으로서의 수군과 지방관청·병영에 소속된 전졸을 유지하기 위한 수포군이 다수 존재하였다. 심지어 5군영의 번상병이나 지방군 등도 흉년 등을 명분으로 번상을 중지하고 대신 포를 거두는 정번수포(停番收布)가 만연하였다. 이에 따라 조선 후기 군역은 자연스럽게 평민들에게서 군사비용 및 일반재정에 필요한 포를 징수하는 현물납의 부세로 전환하게 되었다.

조선시기 요역은 국가가 필요에 따라 정기적·부정기적으로 농민의 노동력을 징발하는 제도로서, 삽역·삽요·소경요역(所耕徭役)·호역·역역·부역 등으로 불렸는데, 그것이 적용되는 역사(役使)의 종류에 따라 전세미의 수송, 공물·진상물·잡물의 조달, 토목공사, 사신접대로 구분된다. 이중 정기적으로 부과되는 것은 전세미의 수송, 공물·진상물·잡물의 조달 등 공납과 관련된 요역이다. 공납은 요역과 밀접히 관련된 것으로 지방관부에서 왕실, 중앙관청에 바치는 현물조세인데 그 일부는 군현의 주민을 사역시켜 생산·조달했다. 이때 중앙정부와 지방관청의 관계는 공납이지만, 지방관부와 민호의 관계에 있어서는 요역이다. 정해진 수량의 정기적인 공납과 진상물이 소속 군현민의 요역 부담에 의해서 조달되는 경우, 이러한 요역은 상시잡역(常時雜役)·상시요역·연례요역(年例徭役)·상례요부(常例徭賦) 등으로 불렸으며 잡다한 요역 부담 중 비교적 정기적이며 정량적(定量的)인 성격을 띠는 것이었다. 이에 비하여 토목공사와 사신접대에 따르는 요역은 부정기적으로 민호에 부과되는 종목이다. 이러한 요역은 일이 있을 때마다 차역하는 것인 만큼, 그로 인해 민호에 돌아오는 부담은 일정하지 않았다. 요역은 일정한 연령에 해당되는 장정에게 지워지는 군역에 비하여 대개 호를 단위로 부과되었으므로 신분과 관계없이 모든 호를 대상으로 부과되었다.

조선 초기 요역의 동원기준은 각 호의 인정 수를 계산해 10정 이상을 대호(大戶)로, 5~10정을 중호(中戶)로, 4정 이하를 소호(小戶)로 나누어 대호는 1호에 1정, 중호는 2호에 1정, 소호는 3호에 1정을 내는 계정법(計丁法)을 실시했다. 그 후 계정법과 호가 경작하는 토지의 결수에 따라 역정을 산출하는 계전법(計田法)이 병행되다가 세종 대에 이르러 계전법이 채택되었고, 요역에 동원되는 기간은 평년 20일, 풍년 30일, 흉년 10일로 정하며 농사일이 끝난 10월 이후 가을철에 동원하도록 규정되었다. 요역의 동원 기준과 요역일수는 1471년(성종 2)에 다시 개정되어 『경국대전』「호전」의 요부(徭賦)조에 "무릇 전 8결에 1부를 내되 1년의 요역은 6일을 넘지 못한다. 만약 길이 멀어 6일 이상이 되면 다음해의 역을 그만큼 감해주고 만약 한 해에 재차 역을 시킬 때에는 반드시 왕에게 아뢰고 시행한다. 수령이 징발을 고르게 하지 않거나 역의 감독관이 일을 지체해 기한을 넘기는 경우에는 법률에 따라 죄를 부과한다.(凡田八結出一夫, 一歲不過役六日. 若路遠六日以上, 則准減翌年之役, 若歲再役則須啓乃行. 守令不均調發, 領役官遲留過限者, 依律科罪.)."라고 규정되었다.

17세기 이후 대동법 실시에 따라 공납·진상 등과 관련된 많은 요역이 대동미라는 새로운 전결세에 흡수되었다. 그리고 군현단위의 각종 잡역도 잡역세의 형식으로 물납화되었다. 이로 인해 일부 종목에 한정해 노동력의 징발이 잔존했지만, 여건은 크게 개선되었다. 그리하여 흉년·기근·농번기에 차역할 수 없으며, 농민에게 역역을 징발하더라도 완전한 무상의 강제노동이 아니라 부역의 대가로서 대동미를 감면하든가 신역 혹은 각종 세미를 감면받았다. 또한 현물이나 화폐로 대납하는 방식이 보편화되어 점차 부역 대신 돈으로 대납하는 관행이 부정기적인 잡역세 수취의 한 형태가 되었다.

17세기 초엽 이후 요역제 또한 군역과 마찬가지로 현물세로 전환되어 관청의 노동력 수급에 큰 변화가 초래되었다. 모립제(募立制)가 그것이다. 모립제는 관청의 각종 역사에 대가를 지불하고 일꾼을 고용하는 새로운 노동력 수급제도이다. 17세기 이후 각종 역사에서 모립제가 적용되는 비중이 단계적으로 증대되었으며, 특히 도성으로 몰려드는 각 지방의 유이민이 모립의 중요한 인적자원이 될 수 있었다. 당시의 농민층 분화는 신분제의 해체를 수반하면서 광범위하게 전개되었고, 그 결과 많은 수의 빈농층, 토지 없는 농민이 배출되었다. 이들 가운데 일부는 도시와 농촌에서 임노동자 집단으로서 새로운 빈민층을 구성했다. 정부는 호조의 세미와 병조의 군포수입을 이용하여 이들을 돈을 주고 고용함으로써, 무상의 노동력 징발을 원리로 하던 요역제는 점차 사라지고 모립제가 일반화되어 갔다.

[참고어] 요역, 대동법

[참고문헌] 이성무, 1980, 『조선초기양반연구』, 일조각 ; 이영훈, 1980, 「조선후기 팔결작부제(八結作夫制)에 대한 연구」『한국사연구』 29 ; 이정희, 1984, 「고려시대 요역(徭役)의 운영과 그 실태」『부대사학』 8 ; 윤용출, 1984, 「17·18세기 모립제와 모군」『부산사학』 8 ; 윤용출, 1986, 「15·16세기의 요역(徭役)제」『부대사학』 10 ; 류승원, 1987, 『조선초기신분제연구』, 을유문화사 ; 정연식, 1993, 「조선후기 역총의 운영과 양역변통」, 서울대 박사학위논문 ; 김종철, 1992, 「조선후기 요역부과방식(徭役賦課方式)의 추이와 역민식(役民式)의 확립」『역사교육』 51 ; 정만조, 1997, 「양역의 편성과 폐단」『한국사』 32, 국사편찬위원회 〈백승철〉

역가(役價) 고려·조선시기 주현에서 해마다 바치던 지방 토산물인 공부(貢賦)의 역 대신 받은 값.

고려 문종 때부터 평포(平布)로 대납하던 제도가 있었다. 그러나 수령이 역가를 징수하고 공부를 면제해주는 등 관리 부정의 원인이 되었으며, 백성을 도망가게 만드는 원인이 되기도 했다. 1188년(명종 18) 3월에 내린 제(制)에는, "여러 주·부·군·현의 백성은 각기 공역을 가지고 있다. 요즈음 해당 관리가 사령들을 시켜서 역가를 징수하고 공부를 면제해 준다. 서리의 무리들은 이 방식을 따르니 역이 불균등하게 되었다.……하였다.(諸州府郡縣百姓 各有貢役邇年 守土員僚 斜屬使令 徵取役價 其貢賦 經年除免 掾吏之徒 並遵此式 役之不均……[『고려사』 권79, 「식화지」 1 공부])"는 용례가 확인된다.

[참고어] 공납

[참고문헌] 權寧國 外, 1996,『譯註『高麗史』食貨志』, 韓國精神文化研究院 ; 姜晉哲, 1991,『(改訂) 高麗土地制度史研究』, 一潮閣 ; 安秉佑, 2002,『高麗前期의 財政構造』, 서울대학교출판부 〈윤성재〉

역공수전(驛公須田) ⇒ 역전, 공수전

역근전(役根田) 조선 후기 마을 공동으로 군역(軍役)의 세를 부담하기 위해 마련하였던 토지.

근전(根田), 군전(軍田), 군토(軍土)라고도 한다. 조선 후기 피역민의 증가로 인해 군역이 남아 있는 사람들에게 가중되는 이른바 인징(隣徵), 족징(族徵)이 문제가 되었다. 이에 대한 대책으로 향촌민이 제안하고 지방관이 묵인한 것 중 하나가 역근전의 방법이었다. 면리 단위의 향촌사회가 공유지로서 역근전을 마련하여 그 소출로서 결원이 된 군액의 세를 부담하는 것이었다. 역근전은 ① 이사자의 토지 양도, ② 사망자 또는 유망자(流亡者)의 재산 수렴, ③ 피역면천자(避役免賤者)의 토지 양도, ④ 향촌민의 공동 출자 등으로 마련되었다. ①, ②, ③의 경우는 대체로 군액에서 빠져나가면서 남은 사람들에게 그 부담이 전가되는 경우로, 그에 대한 대가로서 토지 또는 재산이 역근전 마련의 밑천으로 제공되는 것이었다.

역근전은 조선 후기 군역 부담에 대한 방책으로 군포계(軍布契)와 더불어 전국적 각지에 광범하게 존재하였다. 정부의 입장에서도 역근전이 군다민소(軍多民少)한 현실에서 군역세 징수를 보장하는 방법이었으므로 이러한 관행을 묵인하였다. 정약용은 "지금 황해도에는 군포계가 있고 역근전이 있는데, 첨정은 단지 차명일 뿐이나 납포는 이렴과 같으니 이미 허오가 아니므로 관에서도 금하지 않습니다.(今海西有軍布之契, 有役根之田, 簽丁只是借名, 納布便同里斂, 既非虛伍, 官亦不禁.[『여유당전서』 권9, 「應旨論農政疏」])"라고 하며, 이를 국용(國用)에도 손실이 없고 민생의 고통도 없어지는 방법이라 하였다.

[참고어] 역-조선

[참고문헌] 金容燮, 1982,「朝鮮後期 軍役制의 動搖와 軍役田」『東方學志』 32 〈김미성〉

역둔토관리(驛屯土管理) 일제가 구래의 역토와 둔토, 궁장토까지 포괄한 토지를 역둔토라 규정하고, 1909년 국유지실지조사에서 이를 국유지로 확정하고 민전과 같은 지주경영을 목적으로 한 경영시스템 정비과정.

대한제국 말기 일제는 역토와 둔토뿐만 아니라 궁장토까지 포괄한 토지를 역둔토라 규정하고, 이를 조사하여 민전 지주지 처럼 관리하기 시작했다. 1908년 6월 칙령 제40호로 역둔토 관리를 탁지부에 맡기고, 1907년 이전의 역둔토 도조(賭租)는 궁내부 수입으로, 1908년조 이후는 국고 수입으로 정하였다. 본래 조선시기 둔토와 역토는 각 국가기관과 역의 경비를 조달하기 위해 전국 각지에 설치하고 해당 기관이 개별적으로 장악하여 운영하였던 토지였다. 갑오정권은 이들 토지를 일괄 조사하여 공토로 파악하기 시작하였다. 우선 1894년 갑오승총으로 역토·둔토 등 면세하던 토지를 폐지하고 모두 출세지로 전환하였다. 이듬해에는 농상공부에서 전국의 역토부터 조사하게 하는 소위 을미사판을 실시했다. 처음에는 농상공부가 역토의 소재지와 면적을 조사하고 도전(賭錢)을 정하는 것으로 한정했지만, 점차 농상공부 사판위원에게 역토 외의 둔토와 목장토까지 그 대강을 파악하도록 하였다.

그리고 역토와 둔토의 관리는 한말 정치적 변동과 관련하여 담당기구가 바뀌었다. 먼저 갑오개혁에서 중앙과 지방관제의 개혁에 의해 각 영문과 아문, 기타 각 둔이 폐지됨에 따라 여기에 소속되었던 둔토는 내용별로 탁지부와 궁내부, 군부로 각기 이속시켜 관리해오다가 1899년 모두 궁내부 내장원 관할로 재편했다. 그리고 역토는 애초에 농상공부가 이를 조사 정리하여 약 2년간 관리하다가 1897년 군부로 이속되었으며 이듬해 다시 탁지부로 넘어갔다. 이후 광무사검이 전개되는 과정에서 1900년 9월 역토 역시 내장원으로 귀속되었다. 1900년 가을부터 내장원이 역토를 포함한 전국의 둔토와 목장토를 관리하면서 도조를 인상시켜 갔다.

광무사검은 전국의 공토의 소재와 면적, 작인과 도조를 파악하여 관리하는 것이 목적이었다. 도조의 수봉 상납을 중심으로 한 역둔토 관리는 사검위원이 각 전답 소재지 부근의 신실인(信實人)을 새로 마름으로 차정하여 담당하게 하였다. 또한 도조액이 낮게 책정된 토지는 가도(加賭)할 것을 규정하였다. 이에 내장원은 정도액을 전반적으로 상향 조정하여 을미사판시보다 명목상 도조가 50% 상승하고 있다. 그러나 당시 곡가도 50% 이상 등귀함에 따라 도조가 실질적으로 상승했다고 할 수 없다. 그러나 1905년 3월에 내장원이 경리원으로 축소 개편되면서 소관 역둔토를 다시 조사 정리하였다. 이때 역둔토의 도조율은 약 36.5%에 이르러 민유지에 거의 육박하고 있었다.

한편 1904년 8월 체결된 제1차 한일협약에 따라 메가타 다네타로(目賀田種太郞)가 재정고문으로 취임하여 대한제국의 재정전반을 정리하기 시작하였다. 일제는 국가재정을 정리하기 위해서 먼저 황실재정을 분리독립시켜야 하고, 제실재정을 정리하기 위해서는 우선 제실제도를 정리해야 한다고 보았다. 1904년 10월 궁중에 설치된 제실제도정리국의 활동에 따라 이듬해 3월에는 1차로 궁내부관제를 전면 개편하였다. 이때 내장원을 대신하여 황실의 세전 장원을 담당하는 기구로 경리원을 두었다. 이 기구는 1907년 11월 제2차 전면적인 궁내부관제 개정으로 제실제도의 정리가 마무리될 때 폐지되었다. 이때 내수사·용동궁·어의궁·명례궁·수진궁·육상궁·선희궁·경우궁 등 1사 7궁에 속한 토지는 제실재산정리국으로 이관되었다. 또한 일제는 1906년 2월 궁내부 내에 각궁사무정리소를 설치하여 각 궁의 사무정리와 1사7궁이 소유한 장토의 관리를 일원화하였다. 같은 해 6월에는 궁내부 제도국 내에 임시정리부를 별도로 설치하여 본격적으로 제실재산 정리를 시작했다. 먼저 1사7궁에 소속된 장토의 도장(導掌)을 폐지하였다.

그리고 1907년 7월에는 내각 소속으로 임시제실유급국유재산조사국(臨時帝室有及國有財産調査局)을 설치하여 제실소유재산과 국유재산을 구분하여 정리하였다. 민유지가 혼탈입된 경우는 그것을 조사하도록 했다. 9월초에는 경리원 소관 잡세를 조사하여 일물첩세와 무명잡세를 폐지하고 그 세액의 대부분을 국고 수입으로 전환시켰다. 11월에는 경리원 수조관을 폐지하고 경리원 소속 역둔토 및 각궁의 전답원림을 조사하기 위하여 각도에 위원 2인씩을 파견하였으며, 1907년도 수조를 탁지부에 위탁하여 징수하도록 하였다. 또한 12월과 1908년 2월 사이에는 궁장토와 역둔토 가운데 혼입된 민유지를 조사하여 환급하도록 조처하였다. 이 과정에서 전라북도 9개 군에 산재한 '균전(均田)'을 민유로 인정하여 환급하였다. 기타 혼탈입된 궁내부 소관 토지 중에서 명백히 민유로 인정되는 40여 건의 토지도 환급 처리하였다. 마지막으로 제실재산의 가장 중요한 재원인 소관 토지도 국유로 이속을 결정하고 1908년 6월에 폐지되었다.

1908년 6월 칙령 제39호에 의하여, 부동산의 경우 궁전·태묘의 기지와 능·원·묘의 내해자(內垓字) 내를 제외한 궁내부 소관 전체 토지와 순종의 장토인 경선궁 소속의 전 부동산까지 일괄 국유로 이속되었다. 그리고 이와 동시에 칙령 제40호로 사궁장토를 포함한 역둔토 전체의 관리를 탁지부로 이속시키고, 1907년 이전의 역둔토의 도조와 도전은 궁내부의 수입으로 하고, 1908년 이후의 것은 국고의 세입으로 정하였다. 한편 이와 같이 궁내부 소속의 전 재산이 국유로 이속되고 탁지부가 역둔토를 관리하였으나 실제로 제실재산의 인수인계와 사궁장토의 도장 처리, 각 궁방전과 역토 및 둔토에 혼탈입된 민유지의 환급 등의 업무는 이후 새로 설치된 임시재산정리국(臨時財産整理局)에서 이를 관장하였다. 이 기구는 1910년 9월 조선총독부관제가 발포되면서 폐지되었다.

임시재산정리국은 1908년 7월 칙령 제55호로 탁지부 내 별도 기구로 설치되었다. 그리고 장관은 탁지부차관인 일본인 아라이 겐타로(荒井賢太郞)가, 주임관(奏任官) 이상 직원 총 15인 중 11인이 일본인으로 임명되었다. 일본인 주도로 국유재산의 조사 정리작업이 이루어진 것이다. 그해 8월초에 평양, 대구, 전주에 임시재산정리국출장소를 설치하였을 뿐만 아니라 업무를 추진해 가는 과정에서 탁지부의 국세징수기관인 재무감독국장이 정리국 업무의 일부분을 수행할 수 있도록 하였다. 곧 문부(文簿)를 중심으로 한 국유재산의 조사 정리는 재산의 실질적인 관리와 결부되어 있었다. 따라서 사궁장토를 포함한 역둔토에서의 수조를 중심으로 한 관리와, 문부를 토대로 관리과정에서 필요한 실지에서의 조사확인 작업은 주로 탁지부 사세국(司稅局)에서 담당하도록 하였다. 그리고 이것은 국세징수업무 관계로 사세국과 직접 연결된 탁지부 산하 지방재무감독국이 임시재산정리국의 업무를 분장하는 형태로 되었다. 임시재산정리국의 이러한 방침은 1908년 7월 탁지부령 제27호 '역둔토관리규정'과 탁지부령 제28호 '국유에 이속된 장토를 역둔토관리규정에 의하여 처리하는 건', 그리고 8월의 탁지부훈령 제178호 '역둔토소작료 징수규정'과 10월의 탁지부령 제43호 '역둔토 이외 국유전답의 관리에 관한 규정'으로 구체화되었다. 이때의 관리감독은 지방재무감독국장의 지휘책임 아래 이루어졌으며, 관할 재무서에서 실질적으로 이 토지를 관리하였다.

역둔토관리규정의 주요 내용은 다음과 같다. 우선 역둔토대장에는 역둔토에 대한 소재지, 역둔토 명칭, 목표, 지목, 면적, 소작료의 종류 수량 및 금액, 소작인의 주소 씨명을 기재하도록 하였다. 그리고 역둔토에 관한 청원서의 접수 및 이에 대한 지령, 소작계약의 체결,

소작료의 징수와 소송은 관할 재무감독국장이 이를 처리하였다. 소작계약 기간은 5년 이내로 하되 갱신할 수 있으며, 개간하거나 토지의 현상을 변경하고자 할 때는 관할 재무감독국장의 인가를 받도록 하였다. 역둔토 소작인은 그 소작을 타인에게 양도·매매·전당 또는 전대(轉貸)할 수 없으며, 소작료의 종류, 수량, 금액은 종래의 관례에 따르고, 부근 유사 전답의 소작료액을 짐작하여 관할 재무감독국장이 정하였다. 한편 소작을 파할 수 있는 조건은 첫째 소작인이 소작료를 체납하여 납입할 가망이 없을 때, 둘째 토지 형상을 임의로 변경하거나 토지를 황폐케 했을 때, 셋째 본 규정을 위반했을 때, 마지막으로 기타 정당하지 않은 행위가 있다고 인정할 때 등으로 정하였다. 갑오정권이나 대한제국과 달리 작인의 물권적 권리를 모두 부정하여 작인은 무권리 상태로 전락하였다.

[참고어] 을미사판, 광무사검, 제실제도정리국, 임시제실유급국유재산조사국, 임시재산정리국

[참고문헌] 박진태, 1996,『한말 역둔토 조사의 역사적 성격 연구』, 성균관대학교 박사학위논문 ; 박진태, 1997,「갑오개혁기 국유지 조사의 성격-역토조사과정을 중심으로」『사림』 12·13 ; 박진태, 2002,「통감부시기 황실재산의 국유화와 역둔토 정리」『사림』 18 ; 최원규, 2012,「한말 일제초기 공토 정책과 국유민유 분쟁」『한국민족문화』 45 〈박진태〉

역둔토관리규정(驛屯土管理規程) 역둔토대장에 등록된 역둔토를 국유지로 확정하여 민전 지주지 처럼 소작료를 징수하고 관리하는 체제를 수립하기 위해 만든 규정.

일제는 역둔토를 국유지로 확정하는 작업을 추진하면서 1908년 8월 12일 탁지부령 제27호로 전문 12개조의 역둔토관리규정을 제정하였다. 주 내용은 소작권의 내용과 운영에 관한 사항이었다. 소작기간을 5년 이내로 하고, 소작권의 타인양도·매매·전당·전대 등을 금지했다. 이를 위반했을 때는 계약을 파기하도록 했다. 역둔토를 소작하는 자는 1908년 8월 말까지 재무국장에 신고하도록 했다. 신고자를 우선 소작인으로 한다는 조건도 붙였으며, 소작인이 갖고 있던 물권적 권리를 부정하고 임대차 관계로 규정하였다.

그리고 이날 토지소유자 지세납부원칙을 정한 '지세에 관한 건'을 발표했다. '일토양세(一土兩稅)'에 기초한 작인 납세제를 폐지한 것이다. 그런데 일제의 이러한 조치는 결세를 국유지라 면제해 준 것이 아니라 소작료에 결세를 포함하여 징수하는 방식이었다. 국유지의 소작인과 민전 소작인의 균형을 맞추기 위한 조치라는 것이다. 그리고 소작료는 원소작인(중답주)이 소작인으로부터 징수하던 액수로 정했다. 원소작인을 제거하는 방식으로 국유지에서 지주소작관계를 확립하는 것이며, 이는 동시에 국가가 국유지에서 배타적 소유권자의 위치에 있다는 것을 확정하려는 의도였다. 이를 전제로 1909년 국유지(역둔토)실지조사가 시행되었다.

[참고어] 국유지, 궁방전, 역둔토실지조사, 역둔토관리, 중답주

[참고문헌] 임시재산정리국, 1908,『임시재산정리국집무제요』; 조선총독부 임시토지조사국, 1918,『조선토지조사사업보고서』; 박진태, 2002,「통감부시기황실재산의 국유화와 역둔토 정리」『사림』 18 ; 최원규, 2012,「한말 일제초기 공토 정책과 국유민유 분쟁」『한국민족문화』 45

역둔토대장(驛屯土臺帳) 1908년 4월 1일 '역둔토대장조제규정'에 근거하여 역둔토 조사와 관리를 위해 만든 장부.

1908년의 역둔토 조사는 실지조사가 아니라 구래의 장부에 근거하여 조사 등록하는 장부조사 방식으로 시행되었는데, 이때 역둔토대장이 작성되었다. 역둔토대장은 조제규정 제1조에 "1907년 11월 21일의 역둔토와 각궁전 답 원 임야의 조징수내규(驛屯土及各宮田畓園林租徵收內規) 제25조에 의하여 조사한 사항을……역둔토대장에 등록"하도록 했다. 제25조에는 "관찰사, 도마름(都舍音), 동마름(洞舍音) 등이 제시한 장부에 기초하여 가능한 토지의 소재, 면적, 수확고, 소작인의 성명 등을 정밀히 조사하고 장래 국유재산의 보존과 정리를 하도록 하라"고 정했다. 경리원과 각궁 사무정리소가 조사한 전년분 수조원부와 납미납 성책이 아니라 동마름(洞舍音)의 장부를 수집하여 역둔토대장을 제조하도록 하였다.

이 조사는 임시제실유 급(及) 국유재산조사위원회에서 하도록 했지만, 징수기관이 조사하는 것이 편리하고 장래 본 사무도 취급할 것이니, 기한 내에 정밀 조사하여 지적대장을 조제하도록 하였다. 그리고 빠진 것은 기회를 보아 조사를 완벽히 하도록 했다. 하지만 5월말까지 조사하고, 7월 15일까지 보고하도록 하는 조사일정 상 장부조사 수준을 넘을 수 없는 방식이었다.

역둔토대장은 군별로 재무서에서 작성했다. 양식은 표에서 보듯, 토지소재와 명칭, 사표, 지목, 면적(두락,

〈역둔토대장〉

<table>
<tr><td rowspan="2">三</td><td rowspan="2">賭料等級</td><td>所在</td></tr>
<tr><td>何面何洞(里)</td></tr>
<tr><td rowspan="2">何郡何面何何洞(里)某</td><td rowspan="2">小作人住所姓名</td><td>名稱</td></tr>
<tr><td>何驛(屯) 符又番號□號</td></tr>
<tr><td rowspan="3">何郡何面何何洞(里)某</td><td rowspan="3">納料總代人住所姓名</td><td>四標</td></tr>
<tr><td>地目</td></tr>
<tr><td>田(畓)(何)</td></tr>
<tr><td rowspan="2"></td><td rowspan="2">備考</td><td>面積</td></tr>
<tr><td>何斗落(日耕)(坪)</td></tr>
</table>

일경), 도조, 소작인 주소 성명, 책임납부자인 총대인을 조사 기록하도록 구성되었다. 지목은 과세지만을 대상으로 한 결수연명부와 달리, 전, 답, 대, 산림, 초생지, 과수림, 노전, 목장, 지소, 진폐지, 잡종 등 모든 토지였다. 면적 측량단위도 답은 두락, 전은 일경이라는 구래의 단위를 적용했다. 경지 이외의 지목은 평수로 기록했다. 소작인은 소작인 신고를 한 자를 실소작인으로 기록했다.

이와 동시에 1908년 6월 25일 '궁내부소관과 경선궁 소속의 부동산을 국유에 이속의 건'을 공포하여 역둔토를 국유로 하고 관리체계도 마름체제에서 재무서-면장 체제로 변경하는 조치를 취했다. 이때 작성한 역둔토대장이 1909년 실시한 국유지실지조사의 기초 장부가 되었다. 그리고 토지조사사업에서 국유지통지서의 근거장부로 사용되기도 하였다.

[참고어] 도마름, 국유지실지조사, 국유지통지서

[참고문헌] 임시재산정리국, 1908, 『임시재산정리국집무제요』; 박진태, 2004, 「日帝의 驛屯土實地調査와 紛爭地 문제」『역사문화연구』 20 ; 최원규, 2012, 「한말 일제초기 공토 정책과 국유민유 분쟁」 『한국민족문화』 45

〈최원규〉

역둔토도(驛屯土圖) 역둔토 분필조사를 시행하기 위하여 별도로 조제한 도면. 소도(素圖)라고도 한다.

역둔토도의 조제방법은 지적약도와 같았다. 지번, 지목 및 지적조서 등에 의하여 측량원도에 있는 당해 지목의 한 필지를 얇은 미농지에 투사하여 그린 것이다. 그 개요는 다음과 같다. ① 해당 원도의 도곽(圖郭), 각 필지의 경계선과 부근의 관계를 그리고, ② 지번, 지목과 인접지목, 지물, 지명 등을 붉은 색으로 표기하고 그 지역내 또는 부근에 표치되어 있는 삼각점과 도근점을 그렸다. ③ 정식(整飾)은 활판인쇄로 하였다.

다음은 일람도 조제순서이다. ① 원도의 일람도에 있는 도곽선, 인접 행정구역 경계와 명칭, 종횡선의 수치 등을 등사하고, 원도와 역둔토도의 각 도호(圖號) 등을 합하여 색인을 만들고, ② 역둔토 지번을 원도와 조서에 따라 편성하고 그 색인표를 해당 도엽에 기록하는 것으로 하였다. 마지막으로 역둔토도에 안받침(lining)을 했다.

[참고어] 원도, 역둔토분필조사, 지적도

[참고문헌] 조선총독부 임시토지조사국, 1918, 『조선토지조사사업보고서』

역둔토분필조사(驛屯土分筆調査) 토지조사사업의 본조사 종료 후 국유지의 필지가 실제 소작인이 경작하는 필지와 달라 관리가 어렵게 되자 소작인별로 분할 측량한 지적장부를 만들기 위해 실시한 조사.

종전 역둔토는 국유지실지조사에서 소작인별로 분할 측량하여 국유지대장에 기입하였으며, 토지조사사업에서는 이를 근거로 국유지통지서를 작성하여 임시토지조사국에 통지하는 방식으로 이루어졌다. 그런데 토지조사사업에서는 소유자와 지목이 동일할 경우 합필한다는 필지구획 원칙에 따라 일필지 측량을 하고 토지대장에 기입하였는데, 이 때문에 부군도에서 역둔토를 관리할 때 여러 문제가 발생하였다.

첫째 실지조사에서 측량을 한 실측도(實測圖)와 이에 기초하여 조제한 역둔토대장을 주요 도부(圖簿)로 하였는데, 그 이동의 가제(加除)정리와 새로 증가한 토지가 실측도에서 빠진 것이 적지 않았다는 것이다. 둘째 역둔토조사에서 실시한 조사와 측량은 토지조사사업에서 작성한 토지대장과 지적도에 기록된 지번, 지적, 강계와 연락이 없었다는 점이다. 따라서 별도로 작성한 이들 도부는 대조부에 의하여 이를 추정하는 것에 불과하여 취급상 불편하였다. 셋째 토지대장과 지적도에 등록된 강계와 지적을 기초로 역둔토의 지주경영을 하기 위해서는 다시 이를 소작인별 지목별로 분할할 필요성이 제기되었다.

이리하여 1917년 6월 조선총독부는 훈령 제24호로 역둔토분필조사를 실시하기로 결정했다. 실지를 조사 측량하여 지도대장과 대장집계부를 조제하기로 결정하고, 1918년 1월부터 1919년 2월까지 조사를 완료하기로 계획을 세웠다. 조사방법은 소작인의 신고주의를 택하여 신고서를 제출하도록 했다. 이어서 소작인 총대의 선정, 소작인이나 소작인 총대의 실지입회, 신고서류의 취합과 정비, 기타 부군도에서 처리해야할 사항 등을 정하는 한편, 조사규정도 제정하였다. 그리고 1918년 1월 외업반 13반을 편성하고, 외업은 10월,

내업은 12월에 실시하되 외업은 1개월, 내업은 2개월 작업으로 완성하였다.

조사는 다음과 같이 실시했다. 준비작업은 두 단계로 진행되었다. 먼저 역둔토 분필조사를 위해 소도를 작성하였다. 소도는 역둔토지도인데, 실지조사를 할 때 지적도와 역둔토실측도와의 연락을 위한 자료로 제공하기 위한 것이었다. 이를 제작하기 위한 자료로 토지대장에서 역둔토의 지번을 조사하였다. 1918년 7월 1일부터 1918년 9월 26일까지 완료하였다. 이 지번에 기초하여 지적원도의 성과를 얇은 미농지에 등사하고 이에 안받침을 하여 분할 측량의 용도에 제공할 준비도인 소도를 작성하였다. 소도에는 각 도엽의 접합과 지번의 색인을 보여주는 일람도를 첨부하였다,

다음은 신고서를 취합하는 일이었다. 신고서는 소작인의 주소 성명과 소작지의 주소 지번 지목 등을 기재한 것으로, 소작인이 제출한 '역둔토소작신고서'를 가리킨다. 소작인이 없는 토지는 부군에서 역둔토통지서를 작성하였다. 그리고 실지조사를 할 때 신고 또는 통지를 받기 어려운 경우에는 조사관리가 '편의 신고서 또는 통지서'를 작성하였다. 신고서 용지는 미리 배부하고 부군도에서 이를 모아 그 내용을 역둔토대장과 맞추어 보고, 또 토지대장에 등록한 그 필지의 지번 지목 등급과 지적을 기입하여 회부하였다. 역둔토의 소작인에게는 종래 부군도에서 소작인허증을 발급하였는데, 소작인의 이동으로 실제 소작인과 등록 소작인이 많이 달랐기 때문에 인허증의 유무에 관계없이 현재 소작인이 신고하도록 조처했다.

다음은 조사방법이다. 역둔토 조사의 주목적은 토지대장에 등록한 1개 지번의 토지를 소작인별로 분할하고 또 미등록의 토지는 새로 조사하여 소작인을 분명히 하고, 지적을 산정하여 역둔토대장을 조제하는 것이었다. 이에 따라 조사항목은 첫째 역둔토관리상의 한 필지로 해야 할 토지의 강계, 지목과 소작인의 조사, 둘째 분할 조사를 해야 할 토지와 새로 조사해야 할 토지에 대한 역둔토 등급의 조사, 셋째 역둔토 내에 포함한 도로 구거 철도 선로 등으로 역둔토로 대부하지 않고, 또 지적 정리상 지번을 부치지 않는 토지의 조사, 넷째, 역둔토로서 하천 호해(湖海)가 되어 멸실된 토지의 조사 등이다.

이 조사에서 지번은 역둔토관리를 위해 새로 부여하여 정리번호로 삼도록 했지만, 토지대장에 등록된 지번을 습용하도록 하였다. 한 동리 또는 한 면을 구획단위로 하여 순차로 이를 부여하되 토지대장, 역둔토대장과 지적도, 역둔토지도는 항상 밀접한 관계를 갖도록 하였다. 분할의 경우는 ○○의 1, ○○의 2 등의 식으로 지번을 부여하였다. 필지가 토지대장과 동일할 때는 토지대장의 지번으로 하였다. 토지대장에 등록되지 않은 것은 '신(新)1번' '신2번' 등으로 등록하였다. 정리한 신고서류는 다시 역둔토지도와의 부합을 인정한 후 지번순서에 따라 편철하고 표지를 부쳤다. 그 다음에는 지목별로 필수를 계산하고 동리마다 역둔토조사필수표를 조제하였다. 또 한 지번의 토지 전부가 하천이나 호해를 이루어 멸실된 것, 기타 등과 관련하여 토지대장 등록 사항 변경조서를 작성하였다.

측량 방법은 먼저 소도를 수정하는 일이었다. 소도는 지적원도와 이동조사의 결과이기 때문에 지적사무 개시후 이동정리나 오류수정을 한 지적도와 부합하지 않아 이 부분을 수정하였다. 측량은 분할을 요하는 토지와 새로 조사한 토지를 대상으로 실시하였다. 일필지 측량과 이동지 측량에 준하는 것으로 원래 역둔토조사의 목적은 주로 소작인별 강계를 확실히 하는 데 있다. 따라서 이는 토지조사사업에서 소유권과 강계를 사정하기 위해 한 측량과는 취지가 달랐다. 지적정리를 위해 실시한 측량과는 성격이 다른 것이기 때문에 이 측량의 경계선을 지적도상의 경계선으로 하지 않도록 했다. 지적측량은 별도의 과정을 거쳐 따로 하도록 했다.

다음은 역둔토지도와 일람도를 조제하는 일이었다. 역둔토지도는 소도상에서 측량한 것, 혹은 필지의 분할과 신규 토지를 소도를 사용하여 측량한 것 등을 연필로 그린 지도를 정리하여 이를 합한 것이다. 또 일람도는 소도에 첨부한 일람도를 역둔토지도에 대응하여 수정하거나 새로 조제한 것이다. 지적의 산정은 분할지와 새로 측량한 토지에 대하여 이를 실시하였다. 분할지의 지적은 분할전후 합치하도록 하였다.

최종적으로 장부는 역둔토대장과 역둔토대장집계부 등 두 종을 작성했다. 역둔토대장은 신고서에 기초하여 조제한 것으로 여기에 등록한 토지는 전 답 대 지소 잡종지 등 4종목이고, 1필지마다 이를 등사하여 교합검사를 해 오기 탈루가 없도록 하였다. 면단위로 성책하고 등록사항은 토지소재의 동리명, 지번, 지목, 등급, 지적, 소작인 주소 성명 등이다. 이외에 대부료, 소작인허 연월일, 소작기간을 기재하도록 규정하였는데, 이는 부군도에서 결정하여 기재하도록 하였다. 역둔토대장

집계부는 역둔토대장을 면 또는 부마다 지목별로 집계하고 다시 군도의 합계를 부친 것이다. 부군도 단위로 성책하였다. 역둔토명기장은 부군도에서 별도로 작성했다.

이상 작성한 도부는 1918년 7월부터 12월까지 전후 11회에 걸쳐 부군에 전부 인계를 하였다. 인계서류는 역둔토대장, 역둔토대장집계부, 역둔토지도, 일람도, 역둔토적산부, 역둔토신고서, 토지대장등록사항 변경조서, 지적 불부합조서, 실지조사에서 사용하지 않은 신고서류 등이었다.

조사는 목포, 군산, 평양, 진남포, 신의주, 원산의 6부를 제외한 6부 2도 218군에 조사를 시행하였다. 1918년 1월 경기도와 충청남도부터 착수하여 점차 전라남북도를, 그 후 황해 및 평안남북도와 함경남북도를 거쳐 남하하여 경상남·북도에 이르러 9월에 외업을 종료하고 12월에 내업을 완료하였다. 1920년 역둔토불하는 이 조사장부에 근거하여 실시한 것으로 보인다.

[참고어] 역둔토실지조사, 역둔토도, 역둔토대장

[참고문헌] 조선총독부 임시토지조사국, 1919, 『조선토지조사사업보고서 추록』 〈최원규〉

역둔토불하(驛屯土拂下) 일제가 1912년 역둔토특별처분령을 제정하여 입법화하였지만, 1920년 '역둔토특별처분에 관한 건'을 공포하여 연고소작인을 주대상으로 실제 시행에 옮긴 정책.

일제는 칙령 제39호로 1912년 10월 29일 역둔토특별처분령을 공포했다. 전문 6개조로 구성된 이 법은 역둔토의 관리와 처분에 관한 것인데, 1908년 역둔토관리규정에 이어 1911년 조선관유재산관리규칙을 공포하면서 두 규정 사이에 발생한 모순을 해결하기 위해 제정한 것으로 보인다. 후자에서는 총대부료를 전납(前納)하도록 규정하고, 소작권은 경쟁입찰 방식으로 취득하도록 했는데, 이 경우 소작인 경영의 안정성을 해칠 우려가 있어 종전대로 대부료는 일반 관유재산과 달리 역둔토에 한해서는 가을 수확 후에 징수하도록 하고, 경쟁입찰 대신 종래의 소작인에게 소작인인허증을 교부하여 소작인의 경영 안정성을 꾀하였다.

그리고 처분도 관리규칙에서 정한 것과 달리 역둔토의 실제 사정에 맞도록 정해야 했기 때문이다. 즉 역둔토의 매각이나 대부를 위의 원칙에 따라 수의 계약으로 할 수 있도록 하되 다음과 같은 조건을 정한 것이다. 대상은 첫째 1년의 예정 대부료가 300원 이하의 토지를 10년 이내의 기간으로 대부할 때, 둘째 동양척식주식회사에 이민하기에 필요한 토지를 매각 또는 대부할 때, 셋째 역둔토의 소작에 종사하는 자에게 조선총독이 정하는 바에 따라 자작을 위하여 그 소작지를 매각할 때 등으로 정하였다. 그리고 1914년에는 여기에 조선총독이 지정한 중요물산의 제조업을 영위하는 자에 대하여 그 사업에 필요한 토지를 대부할 때를 첨가하였다. 그리고 제4, 5, 6조에서는 사용료와 대부료의 납부기간, 납부원칙, 그리고 현품납부규정 등에 관한 것을 정하였다.

이같이 일제는 소작문제의 심각성을 의식하면서 대부 이외에 자작농육성책의 일환으로 역둔토를 불하받을 수 있는 자격자를 동척과 역둔토의 소작인으로 정하였지만, 당시 처분은 법령으로 정했을 뿐이고 1920년까지 대부만 시행했다. 역둔토특별처분령 시행규칙에서도 처분에 관한 규정은 아예 없고 대부에 관한 규정만 자세히 정하였다. 당시 문제는 역둔토가 토지조사사업이 끝나지 않아 아직 국유지로 확정되지 않았을 뿐만 아니라, 도조수입이 총독부재정에 적지 않은 비중을 점하고 있기 때문에 역둔토정책은 여전히 국유소작제 운영에만 집중되었던 것이다. 다만 그 소관만 재무감독국에서 부군도의 행정관청으로 옮겼다.

이때 정한 역둔토의 경영원칙은 「역둔토관리규정」과 다를 바 없었다. 대부기간은 원칙적으로 5개년으로 한정하고, 소작인에게 소작인 인허증을 교부하도록 했다. 대부료는 금납으로 하되 현품도 허용했다. 그리고 이들에게는 토지의 전대나 권리양도 담보제공을 금하였으며, 다음사항을 위반했을 때는 소작지를 반납하도록 했다. 대부료나 사용료를 기한내에 납입하지 않았을 때, 토지를 황폐할 우려가 있을 때, 본령의 규정이나 계약사항을 위반할 때 등이었다. 그런데 당시 곡가가 계속 상승해 가는 경향을 보이자, 조선총독부는 민간소작료 수준과의 격차를 내세워 도조징수액을 지속적으로 올려 재정수입을 확대시켜 갔다. 당시 재정에서 역둔토의 도조가 차지하는 비중은 축소되어 갔지만 절대액은 적지 않았다. 그리고 조선총독부의 역둔토 경영방식도 일반지주에 모범을 보일 정도였다. 역둔토 소작인의 비중이 적지않게 분포되어 조선총독부는 국유지소작인조합을 조직하고 관리해 가는 한편, 농사개량사업도 이들을 중심으로 주변으로 확산시켜나가는 정책을 취했다.

일제의 역둔토정책은 1919년을 전후하여 일대 전기

를 맞이하였다. 우선 1918년 토지조사사업을 종료하면서 국유지를 법적으로 확정하여 역둔토불하정책의 법적 기초를 마련한 것이다. 이것은 광범위하게 제기된 국민유 분쟁을 저지하면서 확정한 것이지만, 1919년 3·1운동이 거세게 일어나자 이를 무마하기 위한 민심안정책의 일환으로, 그리고 재정수요의 확대를 반영할 필요에서 역둔토 불하방침을 확정했다. 1920년 8월 13일 '역둔토특별처분령 시행규칙'을 개정하고, '역둔토특별처분에 관한 건'을 공포하여 역둔토불하의 기본법령을 마련하였다. 먼저 후자에서는 유료대부지를 불하대상 토지로 정하고, 류지(溜地 : 제언 보를 포함), 화전, 광천지, 국유미간지이용법에 의하여 처분하는 것을 적당하다고 한 토지, 조선총독이 정부의 사용에 제공하고 또는 조선관유재산관리규칙에 의하여 불하 또는 대부의 필요 있다고 인정한 토지 등은 제외했다.

그리고 역둔토 불하 자격자는 연고 소작인으로 정하고, 이들이 부윤 군수 도사를 거쳐 도지사에 출원하도록 했다. 그리고 불하받을 의사가 없을 경우에는 경쟁입찰 방식을 택했다. 실제로 소작농민이 지가가 시가보다 높거나 불하지의 조건이 좋지 않아 포기하는 경우도 종종 발생하였다.

불하가격은 전답은 평균수익, 대는 임대수익을 일정한 환원율로 나누어 구하였다. 평균수익은 수확량에 평균가격을 곱한 총수입에서 50%의 경작비와 5%의 수선유지비, 조세공과 및 기타 부담금을 공제하여 구하였다. 임대수익은 대지의 임대가격에서 5%의 수선유지비와 실제 부담금을 공제하여 구하였다. 이렇게 구한 불하가격을 계약 연도부터 10년간 매년 10%를 12월안에 납부하도록 했다.

소유권은 이를 완납했을 때 주었지만. 다음 경우에는 계약을 해제하였다. 첫째 허가없이 차지권을 양도하거나 전대할 때, 둘째 토지가 황폐되거나 황폐될 우려가 있을 때, 셋째 불하대금이나 대부료를 납부하지 않을 때, 넷째 천재로 토지의 형상을 변하거나 무수익지로 되고 복구할 수 없을 때, 다섯째 공용 또는 공공에 제공하기 위하여 필요한 때, 여섯째 토지수용령·조선광업령 기타 법령의 규정에 의하여 불하지를 수용 또는 사용할 때 등이다. 계약자가 계약을 위반하였을 때는 이미 납부한 불하대금은 돌려주지 않았다.

불하대금을 납부하는 10년간은 대부료도 함께 납부하도록 했다. 대부료는 국유지대부인허증에 표기한 것처럼, 대부료를 산출기초로 할 현품의 수량을 정하

國有地貸付認許證

番號	第何號	貸付期間	自 至

借受人 住所 姓名	何島郡府 何洞里町	何某

土地의 所在	地番	地目	坪數	貸付算出基礎 種類	貸付算出基礎 數量	貸付料
何面何洞	何	田	何坪	何	何石何斗何升	
何面何洞	何	畓	何坪	何	何石何斗何升	
何面何洞	何	垈	何坪			

國有地貸付認許의 證으로 이 證書를 授與한다.

大正 何年 何月 何日

何島郡府 廳 印

국유지대부인허증 양식

고, 매년 10월 부군도의 그 해 곡가에 의하여 대부료를 결정하였다. 대부료는 첫해에는 결정된 대부료의 전액을 납부하고, 다음 해부터는 1/10씩 감하여 납부하였다. 마지막 10년도에 1/10을 납부하고 소유권을 이전받았다. 이리하여 시행규칙을 개정하여 대부기간을 종전 5년에서 10년으로 수정하였다.

역둔토불하계약은 1920년부터 시작되었으며, 1923년까지 96%가 계약이 체결되었으며, 1937년에 사업이 종결되었다. 역둔토불하정책은 토지조사사업의 종료와 재정상의 필요에 따라 현실화되었으며, 연고소작농이 대체로 이를 불하받았겠지만, 대한민국의 농지개혁에 비하면 불하조건이 매우 불리했다. 따라서 지주층이 경쟁입찰로 불하받거나 농민들이 불하를 받은 다음 이를 지탱하지 못하고 그 권리를 지주에게 넘겨주는 경우도 적지 않았던 것으로 보인다. 이같이 일제의 자작농육성책은 일제 초기부터 소작문제의 심각성 때문에 때때로 논의되고, 역둔토불하나 자작농창정유지사업 등과 같이 실천에 옮기기도 하였지만, 상당히 제한적이었다. 기본적으로 식민지지주제의 틀을 유지하는 가운데 시행한 것이었다.

[참고어] 토지조사사업, 자작농창정사업, 조선토지수용령, 농지개혁

[참고문헌] 배영순, 1982, 「일제하 역둔토불하와 그 귀결」 『사회과학연구』 2-2 ; 김양식, 2000, 『근대권력과 토지』, 도서출판 해남 ; 조석곤, 2001, 「일제하 역둔토불하에 관한 연구」 『경제사학』 31

〈최원규〉

역둔토소작료 징수규정(驛屯土小作料徵收規定) 1908년 재무감독국이 역둔토에서 소작료를 징수하는 절차와 방법을 정한 규정.

역둔토소작료 징수규정은 전문 21개조로, 1908년 8월 12일에 공포한 역둔토관리규정에 앞서 1908년 8월 6일 탁지부령 제178호로 제정했다. 역둔토관리규정은 소작지와 소작인의 관리에 관한 규정이고, 이 징수규정은 재무감독국이 소작료를 징수하고 처분하는 절차와 방법을 정한 것이다. 소작료 징수는 재무감독국의 소관으로 각 지방의 재무서에서 담당하도록 했다. 징수계통은 탁지부대신→재무감독국장→재무서→면장→공전영수원(公錢領收員)이었다.

먼저 면장이 면의 각 납인별 소작료액을 조사 보고하도록 하고, 재무서에서 이를 역둔토대장과 대조하여 상당하다고 인정되면 면장에게 납액고지서나 봉상(捧上)명령서를 발급하도록 했다. 공전영수원이 징수의 수속의 실무를 담당하도록 했다. 소작료는 현금과 현품을 징수했는데, 재해로 소작료 감면을 해야 할 때는 재무서장이 감독국장의 승인을 받도록 했으며, 다액의 경우는 탁지부대신의 인가를 받도록 했다. 공전영수원이 징수한 현금은 국세징수법 시행규칙에 따라 소속 금고나 국고금취급 우체관서에 납입하도록 했다. 그리고 현품은 공전영수원이 적당하다고 인정되는 방법에 의하여 보관하고, 보관증서를 재무서에 제출하도록 했다.

재무서에는 소작료징수부를 마련하여 징수내용을 기록하도록 했다. 현품은 소재지에서 판매하는 것을 원칙으로 했다. 판매는 재무감독국장의 지휘 아래 재무서장이 실시하도록 했다. 재무서장이 판매 예정대금을 재무감독국장에게 품신하여 승인을 받아 경매 입찰하도록 했다. 최고입찰자에게 판매하되, 어쩔 수 없는 경우에는 수의계약도 허용했다. 판매대금은 금고나 국고금취급 우체관서에 납부하고 면에는 면장에게 면교부금을 지급하였다. 현품은 이 영수증을 제시할 때 넘겨주는 것으로 하였다. 처리가 끝나면 재무서장은 소작료징수보고서와 소작료현품매하(賣下)원, 현재액과 매하대금 수입필부(畢否)보고서를 재무감독국장에게 송부하고, 재무감독국장은 탁지부대신에게 보고하도록 하였다. 그리고 재무서에서는 이를 처리하기 위한 보조원을 임시촉탁으로 둘 수 있었으며, 그에게 증표(證票)를 주어 신분을 증명할 수 있도록 했다. 역둔토 소작료는 국세처리 절차에 준하여 처리하였으며, 부군이 아니라 재무감독국 관할로 공전영수원이 실무를 담당했다는 특징을 보였다.

[참고어] 국유지실지조사, 역둔토관리규정, 재무감독국

[참고문헌] 조선총독부, 1911, 『역둔토실지조사개요보고』 ; 박진태, 1996, 『한말 역둔토 조사의 역사적 성격 연구』, 성균관대학교 박사학위논문

〈최원규〉

역둔토소작인조합(驛屯土小作人組合) ⇒ **역둔토불하**

역둔토실지조사(驛屯土實地調査) ⇒ **국유지실지조사**

역둔토특별처분령(驛屯土特別處分令) ⇒ **역둔토불하**

역리전(驛吏田) 과전법 하에서 역리에게 지급한 토지.

1391년(공양왕 3) 5월 도평의사사에서 제시한 과전법 개혁안에는 "능침(陵寢)·창고(倉庫)·궁사(宮司)·군자시(軍資寺) 및 사원(寺院)·외관직전(外官職田)-외록전(外祿田)·늠급전(廩給田)·향(鄕)·진(津)·역리(驛吏)·군(軍)·장(匠)·잡색(雜色)-의 전을 정하였다.[『고려사』 권78, 「식화」1 전제 녹과전]"라고 되어 있어, 역리전이 별도 지목으로 설정된 것을 확인할 수 있다.

한편 『경국대전』에는 역리전이라는 명칭 대신 역마다 장전(長田)과 부장전(副長田)으로 각각 2결과 1결 50부를 지급했다.[「호전」 제전] 역 부근의 비옥한 토지를 골라 설치했으며, 급주전(急走田)과 함께 각자수세(各自收稅)하도록 했다.

[참고어] 역전, 늠전, 장전

[참고문헌] 金玉根, 1980, 『韓國土地制度史硏究』, 大旺社 ; 李景植, 1988, 『朝鮮前期土地制度史硏究 II-農業經營과 地主制-』, 지식산업사 ; 劉善浩, 1990, 「高麗時代 驛의 運營에 관한 硏究」 『논문집』 31, 서울산업대학교 ; 劉善浩, 1999, 「朝鮮初期의 驛路와 直路」 『역사교육』 70 ; 李景植, 2011, 『韓國 中世 土地制度史-高麗』, 서울대학교 출판문화원

역분전(役分田) 고려 초기 통일전쟁 과정에서의 논공행상(論功行賞)을 목적으로 지급된 토지.

역분전이 설치된 해는 940년으로, 태조 왕건이 고려를 건국한 후 23년 되는 해이자 삼국을 통일한 지 4년이 되는 시점이었다. 918년 즉위 이후 줄곧 전제(田制)를 바로잡아야 할 필요성을 제기한 태조로서는 토지제도의 구체적인 청사진을 내놓아야할 시점이기도 했다. 그 방향성을 가늠할 수 있는 사료를 역분전 설치시기보다 6년 앞선 934년 예산진(禮山鎭) 조서에서 찾을 수

있는데, 이를 인용하면 다음과 같다. "(태조가) 예산진에 나아가 조(詔)를 내렸다.……왕의 친족이나 권세가들 가운데 방자하고 난폭하여 약한 자를 능욕하여 나의 편맹을 괴롭게 함이 어찌 없다 하겠는가. 내가 몸소 어찌 집집마다 가서 눈으로 볼 수 있겠는가. 이 때문에 백성들은 호소할 방도가 없었으니 저 하늘에 울부짖는 것이다. 마땅히 너희들 공경장상(公卿將相)으로 식록(食祿)하는 사람들은 내가 백성을 자식 같이 아끼는 뜻을 잘 알아서 너희들 녹읍에 편호된 백성들[編氓]을 불쌍히 여겨야 할 것이다. 만약 녹읍에 보낸 가신들 중 무지한 무리들이 오직 취렴에만 힘쓰고 마음대로 빼앗아 간다고 한들, 너희들이 어떻게 알 것이며 비록 안다고 하더라도 막지 못할 것이다.……만약에 잘못을 고치지 않으면 그 녹봉을 추탈하고 혹은 1년 혹은 2·3년 혹은 5·6년으로부터 종신토록 등용하지 않을 것이며, 뜻이 봉공(奉公)에 간절하고 종시(終始) 허물이 없으면 살아서는 영록(榮祿)을 누리고 죽은 후에는 명가라 일컫게 될 것이며 자손에 이르기까지 우대하여 상을 더할 것이다. 이는 오늘뿐만 아니라 만세에 전하게 하여서 규범으로 삼게 하리라.[『고려사』 권2, 세가 태조 17년 5월 을사]"

우선 이 사료에서 역분전 분급 이전 녹읍(祿邑)의 존재를 확인할 수 있는데, 이는 식읍(食邑)과 함께 왕의 친족이나 권세가, 공경장상(公卿將相) 등 호족들의 경제적 기반이었다. 식읍은 고려에 귀부(歸附)한 후백제의 견훤(甄萱)이나 신라의 경순왕(敬順王) 김부(金傅) 등 전 왕이나 대호족에게 지급되었던 것임에 반해, 녹읍은 귀순한 지방호족뿐 아니라 권세가나 공경장상 등에 이르기까지 넓은 범위에 걸쳐 지급되었다. 이들이 이전부터 지배하고 있던 근거지를 녹읍의 형태로 고려 정부가 용인해주는 것에 다름 아니었다. 녹읍의 공인이라는 과정을 통해 호족 등 지배층은 고려 건국 이후에도 자신들의 본거지를 계속해서 지배할 수 있었으며, 고려 정부는 지배층과 그들의 토지를 통치체제 안으로 편입하는 계기를 마련하게 되었다.

그런데 공경장상 등 권세가들은 취렴(聚斂)을 마음대로 하는 등 폐단을 일으켰다. 그들은 방자하고 난폭하여 약한 자를 능욕하였고, 이에 따라 백성들은 그 어려움을 호소할 곳이 없었다. 이러한 상황인식으로 인해 고려정부는 특단의 조치를 취하지 않을 수 없었다. 그것은 녹읍에 대한 권세가들의 권한을 제한하는 방향으로 이루어졌다. 즉, 태조는 녹읍의 폐단을 시정하지 않는 공경장상들의 녹봉을 추탈하거나, 1년, 2·3년, 5·6년으로부터 종신토록 등용하지 않을 것이라는 강력한 경고를 보내고 있다. 관직 획득의 기회를 박탈하여 녹읍을 회수하겠다는 것이다. 이를 통해 고려의 토지제도는 호족의 경제적 기반을 제한하고 국가 수취대상 토지를 확대하는 방향으로 준비될 것임을 예상할 수 있다.

실제로 예산진 조서가 반포된 지 6년 후인 940년에 "토지의 불균(不均)"을 시정하고 "전제의 균등(均等)"을 실현하기 위한 고려 토지제도의 이념을 구체화하기 위한 첫발을 내딛게 되었다. 그 연장선에서 역분전이 설치되었다고 할 수 있다. 역분전의 설치와 관련해서는 『고려사』「식화지(食貨志)」에 "(태조 23년(940)에) 처음으로 역분전을 정하니 (후삼국) 통합 시 (공을 세운) 조신과 군사에게 관계를 논하지 않고 사람의 성행의 선악과 공로의 대소를 보아서 이를 차등 있게 주었다.(初定役分田 統合時 朝臣軍士 勿論官階 視人性行善惡 功勞大小 給之有差[『고려사』 권78, 「식화」1 전제 전시과 태조 23년])"는 기사가 보인다.

이 사료에서 보는 것처럼 역분전은 후삼국 통일전쟁 수행과정에서의 논공행상(論功行賞)을 위해 설치된 것이었으며, 그 분급대상은 조신(朝臣)과 군사(軍士) 등이었다. 그런데 역분전의 분급에는 조신과 군사의 관계(官階)를 고려하고 있지 않다. 오히려 분급대상자의 성행(性行)의 선악과 공로의 대소가 기준이 되고 있는 것이다. 이점을 들어 역분전을 관직의 고하에 따라 차등있게 분급하는 이후의 토지분급제도와는 다른 것으로 이해하는 견해도 제기되기도 하였다. 하지만 분급대상자들이 대체로 관계를 소유했을 것이기 때문에 관료에 대한 토지분급제도의 선구적 형태로 보는 것이 일반적이다. 역분전의 설치를 보이는 사료가 『고려사』「식화지(食貨志)」 전제(田制) 전시과(田柴科) 앞부분에 기록된 것도 이러한 일반론을 뒷받침하는 것이라 할 수 있다. 또한 역분전을 통해 고려 왕조의 지배적 신분이 일원적으로 정비되는 계기를 마련했다고 평가할 수 있다.

역분전의 운영에 대해서는 자세하게 알려져 있지 않다. 단지 고려 초 박수경에게 역분전의 지급을 기록한 다음의 사료를 통해 그 일단을 파악할 수 있을 뿐이다. "후에 역분전을 정하였는데, 사람의 성행의 선악과 공로의 대소를 보고 이에 따라 차등있게 지급하였다. 박수경에게는 전 200결을 특별히 사여했다.(後定役分田, 視人性行善惡, 功勞大小, 給之有差. 特賜守卿田二百結.[『고려사』 권92, 열전 제신 박수경])"

이에 따르면 태조는 후백제의 신검(神劒)을 토벌한

후 역분전을 지급하였는데, 박수경에게는 200결을 '특별히 하사[특사(特賜)]'하였다. 박수경이 지급 받은 토지는 '특사'라는 언급이 있는 것으로 보아 역분전의 일반적인 지급 규모보다 많았던 것으로 추측된다. 여기서 역분전은 일정한 기준에 의해 분급되고 있었음을 알 수 있다. 또한 '특사'의 형식을 통한 역분전의 분급도 자주 있었을 것으로 판단된다. 그것은 통일전쟁 수행 시 박수경과 같은 공훈을 세운 자들이 많았기 때문이다. 이러한 사실은 역분전 분급의 방식이 고정적인 것이 아니라 가변적일 수 있다는 것을 시사한다.

역분전을 지급하는 일정한 기준이 무엇이었는지에 대한 직접적인 정보는 남아있지 않다. 하지만 역분전 200결의 '특사' 대상이었던 박수경과 관련된 다음의 사료를 통해 그 실마리를 찾을 수 있다. "대광 박수경 등에게 명하여 국초에 공역이 있는 자를 고정하여 사역자에게는 미25석을, 삼역자에게는 20석을, 이역자에게는 15석을, 일역자에게는 12석을 내리게 하고 이것을 예식으로 삼았다.(命大匡朴守卿等 攷定國初有功役者 賜四役者 米二十五碩 三役者 二十碩 二役者 十五碩 一役者 十二碩 以爲例食[『고려사』 권2, 세가2 광종 즉위년 8월])"

박수경에게 국초에 공역이 있는 자를 고정하게 한 시점은 949년 이었다. 이 해는 광종이 즉위한 해로, 광종의 명에 따라 박수경은 "국초의 공역자"를 1역에서부터 4역까지 4등급으로 나누어 미(米)를 차등 지급하는 정책을 마련하였다. 이후 국가는 이를 예식으로 삼았다. 여기서 예식의 지급대상이 역분전의 그것과 유사함이 주목된다. 예식의 지급대상인 "국초의 공역자"와 역분전의 지급대상인 "(후삼국) 통합시 (공을 세운) 조신과 군사"가 서로 다르지 않을 것이기 때문이다. 예식과 태조 대 역분전의 관련성은 박수경에게 광종이 국초의 공역를 고정하게 한 점, 예식=현물[米]의 지급 사례가 역분전 지급을 전후한 시기에 찾아지는 점, 그리고 지급대상이 유사한 점 등을 고려하면 더욱 커진다. 이점을 들어 예식의 지급을 역분전제도라는 관료에 대한 대우체제의 틀로 보려는 견해도 제기되었다.

역분전은 이후 광종 대 집권화 정책과 맞물려 운영에 있어 중요한 전기를 맞이하는 것으로 보인다. 주지하듯 광종은 956년(광종 7)에 시행한 노비안검법(奴婢按檢法), 958년(광종 9)의 과거제(科擧制) 실시, 960년(광종 11)의 4색(色) 공복(公服) 제정 등을 통해 집권체제를 강화하였다. 이들 정책은 호족에게 사적으로 예속화된 노비를 국가 권력이 직접 개입하여 공민(公民)으로 편입하고, 집권체제의 기반인 관료를 과거를 통해 선발함으로써 호족 세력을 관료화하고, 관료체제를 새롭게 정립하는 것을 목적으로 하는 것이었다. 또한 읍치(邑治) 획정과 양전(量田)을 통해 수취대상 토지를 새롭게 구획하는 정책을 시행하였다. 이러한 광종의 일련의 정책들은 국가 수취대상지를 확대하고자 하는 것이었다. 달리 말해 "토지의 불균(不均)"의 시정과 "전제의 균등(均等)"의 실현을 목적으로 하는 태조 대 이래 토지제도의 방향성이 지배층의 사적인 지배영역의 토지를 점차 공적인 국가 수취대상지로 확대되는 것으로 관철되고 있었던 것이다. 그것은 관직체제의 정비과정과 맞물려 전 관료층으로 확대되고 있었는데, 그 결과 경종 원년(976) 전시과(田柴科)가 처음으로 제정되기에 이르렀다.

[참고어] 녹읍, 시정전시과

[참고문헌] 姜晋哲, 1980, 「建國 직후의 상태와 役分田의 設置」 『高麗土地制度史硏究』, 高麗大出版部 ; 盧明鎬, 1992, 「羅末麗初 豪族勢力의 經濟的 基盤과 田柴科體制의 成立」 『震檀學報』 74 ; 黃善榮, 1997, 「高麗 初期 役分田의 成立」 『한국중세사연구』 4 ; 이상국, 2004, 「高麗 初期 役分田의 분급형태」 『士林』 22 〈이상국〉

역전(驛田) 고려·조선시기 역참의 운영경비를 보조하기 위해 지급·운영한 제반 토지의 총칭.

역은 공적으로 운영되던 교통 및 운수기관으로서 전국 요지에 설치되었는데, 역전은 이들에게 지급된 각 명목의 토지를 아우르는 말이다. 역의 기원으로는 우역제도(郵驛制度)를 들 수 있지만, 역전 명목의 토지가 운영되었는지는 자세하지 않다.

고려시기의 역전은 공해전(公廨田)의 일종으로서 983년(성종 2) 이래 지급되었는데, 우선 공수전(公須田) 명목으로 대로역(大路驛)에 60결(結), 중로역(中路驛)에 40결, 소로역(小路驛)에 20결씩이 책정되었다. 또한 사무용품비 명목의 지전(紙田)이 대로·중로·소로의 역에 각각 5결·2결·2결씩, 그리고 역리(驛吏)로 충원되는 역장(驛長)에게는 장전(長田)이 대로와 중로의 역에 한해 2결씩이 지급되었다.

조선시기에도 과전법 하 공해전의 일종으로 각종 역전이 지급되었는데, 1466년(세조 12) 공해전을 늠전으로 확립하면서 그 세부명목으로 규정되었다. 『경국대전』을 근거로 역전으로 파악되는 토지는 우선 전국 540여 개의 역을 크기에 따라 구분하여 운영경비 명목으로 지급된 공수전이 있다. 즉 대로역에는 각 20결(황해도 대로역에는 25결씩을, 함경·평안도의 대로역에는 10결씩을 가급), 중로역에는 각 15결(함경·평안도의 중로역에는 7결씩 가급), 소로역에는 각 5결(함경·평안도의 소로역에는 3결씩 가급)을 지급하도록 했다.

공수전뿐만 아니라 인위전 명목의 토지도 규정되었는데, 각 역의 장과 부장에게는 각각 장전(長田) 2결과 부장전(副長田) 1결 50부(負)를, 역노(驛奴)에게는 급주전(急走田) 50부씩[긴요한 역에는 급주전 50부를 가급(加給)]을 지급했다. 또한 역마(驛馬)를 사육하는 재원으로 소용된 마위전(馬位田)도 규정하여, 대마(大馬)에는 7결, 중마(中馬)에는 5결 50부, 소마(小馬)에는 4결씩을 [긴요한 역로의 대마에는 1결씩, 중·소마에는 각 50부씩 가급] 지급했다. 이러한 규정은 청파역(靑坡驛)·노원역(蘆原驛)에 한정해 마위전을 마수에 따라 지급케 한 『속대전』의 규정 이외에는 큰 변화없이 지속되었다.

이상의 역전이 늠전의 하위명목으로 설정된 토지인데 반해, 둔전 명목으로 책정된 토지도 있었다. 즉 주요 지방재정인 늠전의 부족분을 보충하기 위해 관둔전이 지급되고 있었는데, 이는 역에도 해당되어 역둔전(驛屯田)으로 각 역에 12결씩이 책정된 것이다. 이로써 늠전으로서 지급된 제반 명목의 토지들과 역둔전을 합해 역전이라 통칭할 수 있다.

역전의 여러 지목 중에서 공수전·장전·부장전·급주전은 민전 위에 설정된 수조지로서, 해당 기관이나 개인이 경작자가 국가에 납부해야 할 세를 스스로 수취했다.[각자수세(各自收稅)] 한편 역둔전과 마위전은 공유지로서 해당 입역자나 입마자(立馬者)가 직접 경작하되 세를 내지 않는 자경무세(自耕無稅)의 토지였다. 하지만 둔전이 확대되는 과정에서 마위전과 역둔전 또한 민전의 소유권까지 침탈하면서 설치되기도 했고, 조선 후기에 이르러서는 매매되거나 도지권이 전매되기도 했다.

갑오개혁으로 역참제도가 폐지되면서 역전은 국유지로 귀속되었고, 대한제국 정부에서는 1900년 역둔토를 내장원으로 이속하였다. 이후 일제의 토지조사사업을 통해 여타 공유지와 함께 역둔토로 일괄 조사되었고, 대부분 국유지로 처리되어 조선총독부의 소유로 넘어가게 되었다.

[참고어] 늠전, 마위전, 장전, 급주전, 을미사판, 국유지실지조사

[참고문헌] 김태영, 1983, 『조선전기토지제도사연구』, 지식산업사 ; 김옥근, 1980, 「조선시대 역전론고」 『경제사학』 4 ; 이장우, 1994, 「조선초기의 역전」 『역사학보』 142 ; 송양섭, 2006, 『조선후기 둔전 연구』, 경인문화사 〈윤석호〉

연고자(緣故者) ⇒ **임야신고서**

연료림(燃料林) ⇒ **치산녹화사업**

연분제(年分制) 조선시기에 시행된 세법의 하나로 농사의 풍흉을 고려하여 수세액을 정하는 제도.

조선 초기 연분제는 고려 말의 과전법에 의거하여 매년 수령이 필지마다 답험해 작황에 따라 수세액을 감액해 주는 답험손실법(踏驗損實法)을 사용했다. 그러나 이 법은 중간에 부정이 많이 발생하고 국가의 재정수입이 일정하지 않은 폐단이 있었다. 이를 개선하기 위해 세종 때에 들어와 개정논의가 이루어지다 1444년(세종 26)에 시행된 공법(貢法)에 의해 연분9등과 전분6등으로 정해지게 되었다.

연분9등법은 1년 농사의 풍흉을 상상년·상중년·상하년·중상년·중중년·중하년·하상년·하중년·하하년의 9등으로 나누어 수세액을 정하는 방식이다.(世宗甲子, 置田制詳定所, 視年上下作斂法, 每歲九月望前, 道臣守令審定年分等第, 啓聞施行. 年分有九等, 實十分爲上上年, 每一結收二十斗, 九分爲上中年, 收十八斗, 八分爲上下年, 收十六斗, 七分爲中上年, 收十四斗, 六分爲中中年, 收十二斗, 五分爲中下年, 收十斗, 四分爲下上年, 收八斗, 三分爲下中年, 收六斗, 二分爲下下年, 收四斗, 一分則免稅. 關西, 關北減三分一, 濟州三邑減半.[『만기요람』「재용편」 2 수세]) 한편 세액을 산출할 때는 토지의 비옥도에 따른 6등의 전품을 고려했는데, 상상년의 경우 1등전은 1결에 30두, 2등전은 25두 5승, 최하급인 6등전은 7두 5승을 내게 했다. 연분9등법의 시행단위는 읍이었는데, 상당히 넓은 지역이었기 때문에 그 내부 각 농지에서의 연분은 상당한 편차가 없을 수 없었다. 그리하여 1454년(단종 2)에는 면 단위로 하여 1읍을 동서남북 4면과 읍내로 구분하여 5종의 연분을 정하였다. 그 뒤 잠시 고원 단위라 하여 산천으로 구획된 거의 동일한 지역적 조건을 가진 토지를 단위로 하는 방법을 실시한 적도 있으나 결국 면단위의 등급으로 일단락 되었다.

이로써 시행된 공법은 총 54등급의 과세 단위를 설정, 그 판정과 운영이 복잡했고 전체적으로 세율이 높아 현실적으로 시행되기 어려웠다. 따라서 15세기 말부터 전세는 풍흉에 관계없이 최저 세율에 따라 쌀 4~6두(斗)를 고정적으로 징수하는 것이 관례화되었다가, 1635년(인조 13)에 영정과율법(永定課率法), 즉 영정법(永定法)의 제정으로 연분9등법은 사실상 폐지되었다.

영정법은 풍흉에 관계없이 농지의 비옥도에 따라 9등급의 새로 수세액을 정한 것이다. 즉, 상상전 20두, 상중전 18두, 상하전 16두, 중상전(中上田) 14두, 중중전 12두, 중하전 10두, 하상전(下上田) 8두, 하중전 6두, 하하전 4두였다. 여기에 경상도는 최고급지를 상하전 쌀 16두로, 전라도·충청도는 최고급지를 중중전 쌀 12두로, 기타 5도는 하하전 쌀 4두로 한정하였다. 그러나 경상도·전라도·충청도에서도 대부분의 농지가 하중·하하전이었으므로 전세는 전체적으로 4~6두를 넘지 않았다.

그러나 농지에는 전세 외에도 1결당 대동미(大同米) 12두, 삼수미(三手米) 2두, 결작(結作) 2두의 정규 부세와 여러 가지 명목의 수수료·운송비·자연소모비 등의 잡부금이 부가되어 과중한 부담이 되었다. 더구나 이러한 부담은 소작농민에게 전가되기 마련이었으므로 임진왜란 이후 국가의 전세 수취에 많은 문제가 발생했다.

이리하여 조정에서는 각 도의 농지 총 결수에 재해면적을 계산해 삭감하고 수세의 총액을 할당 징수하는 방법을 모색하게 되었는데, 그것이 1760년(영조 36)에 제정·시행된 비총법(比摠法)이었다. 『만기요람』에는 "영종 경진(1760, 영조 36)에는 경차관을 보내지 아니하고 비총법을 사용하여 지금까지 시행하고 있다. 매년 가을 8월이면 호조에서 각도의 우택과 농형을 참고하되, 비슷한 해와 비교하고 상량해서 총수를 결정하고 급재할 것을 구별하여 사목을 만들어 보내 대신들에게 의논하게 하고, 입계하여 윤허를 얻은 뒤에 비국에 등초하여 보고하고, 헌부에 이문하여 곧 각도에 사목을 반포해서 재결을 분표한다.(英宗庚辰, 不送敬差官用比摠法, 至今行之. 每年秋八月, 戶曹參考各道雨澤農形狀, 比較於相當年, 商量定摠, 區別給災, 成出事目就議大臣, 入啓蒙允後, 謄報備局, 移文憲府, 仍頒事目于各道, 使之分俵災結[위와 같음])."라고 하여 비총법의 시행과 그 내용을 자세히 설명하고 있다. 이러한 비총법은 영정법에 기초해 마련된 것으로 국가의 세수를 안정적으로 확보하게 하여 1894년(고종 31) 갑오개혁 때까지 시행되었다.

[참고어] 전세, 답험손실법, 공법, 전품6등제, 총액제

[참고문헌] 김태영, 1983, 『조선전기 토지제도사 연구』, 지식산업사 ; 이재룡, 1991, 「조선전기 국가재정과 수취제도」 『한국사학』 12 ; 김용섭, 1995, 『(증보)조선후기농업사연구』 I, 일조각 ; 최윤오, 1999, 「세종조 공법의 원리와 그 성격」 『한국사연구』 106

〈백승철〉

연수유전답(烟受有田畓) 신라시기 연(烟), 즉 공연(孔烟)이 국가로부터 지급받아 소유하고 있는 전답.

「신라촌락문서」의 4개 촌에 모두 존재하고 있다. 관련기사를 인용해보면, "논은 모두 102결 2부 4속이다. <여기에는 이 촌의 관모답 4결, 내시령답 4결이 포함되어 있다.> (그 가운데) 연수유전답은 94결 2부 4속이다. <여기에는 촌주위답 19결 70부가 포함되어 있다.> 밭은 모두 62결 10부 [5속]이다. <모두 연이 받아 가진 것이다.>(合畓百二結二負四束 <以其村官謨畓四結 內視令畓四結> 烟受有畓九[十四]結二負四束 <以村主位畓十九結七十負> 合田六十二結十負[五束] <並烟受[有之]>[신라촌락문서, 사해점촌(沙害漸村, A촌)])", "[논은 모두 63]결 [64]부 9속인데, 여기에는 이 촌의 관모답 3결 66부 7속과 [연수]유답 59결 98부 2[속]이 포함되어 있다. 밭은 모두 119결 5부 8속이다. <모두 연이 받아 [가진 것이다.]>([合畓六十]結[六十四]負九束 以其村官謨畓三結六十六負七束 [烟受]有畓五十九結九十八負二[束] 合田百十九結五負八束 <並烟受[有之]>[신라촌락문서, 살하지촌(薩下知村, B촌)]", "논은 모두 71결 67부인데, 여기에는 이 촌의 관모답 3결과 연수유답 68결 67부가 포함되어 있다. 밭은 모두 58결 7부 1속이다. <모두 연이 받아 가진 것이다.>(合畓七十一結六十七負 以其村官謨畓三結 烟受有畓六十八結六十七負 合田五十八結七負一束 <並烟受有之>[신라촌락문서, □□□촌(□□□村, C촌)]", "논은 모두 29결 19부인데, 여기에는 이 촌의 관모답 3결 20부와 연수유답 25결 99부가 포함되어 있다. 밭은 모두 77결 19부인데, 여기에는 이 촌의 관모전 1결과 연수유전 76결 19부가 포함되어 있다.(合畓卄九結十九負 以其村官謨畓三結卄負 烟受有畓卄五結九十九負 合田七十七結十九負 以其村官謨田一結 烟受有田七十六結十九負[신라촌락문서, 서원경(西原京) ○○○촌(○○○村, D촌)]"라고 했다. 그리고 그 면적은 문서에 기재된 전체 토지의 약 96%를 차지하고 있다. 연수유전·답을 포함한 각 촌별 토지 종류와 면적을 표로 정리하면 다음과 같다.

〈「신라촌락문서」의 토지 종류와 면적〉

촌	토지 종류	연수유	연수유전답 이외	합계
사해점촌(沙害漸村, A촌)	畓	94결 2부 4속 (촌주위답 19결 70부 포함)	관모답 4결 내시령답 4결	102결 2부 4속
	田	62결 10부 5속		62결 10부 5속
	麻田		1결 9부	1결 9부
	합계	156결 12부 9속	9결 9부	165결 21부 9속
살하지촌(薩下知村,	畓	59결 98부 2속	관모답 3결 66부 7속	63결 64부 9속

B촌)	田	119결 5부 8속		119결 5부 8속
	麻田		?	?
	합계	179결 4부 0속	3결 66부 7속	182결.69부 17속
□□□촌 (C촌)	畓	68결 67부	관모답 3결	71결 67부
	田	58결 7부 1속		58결 7부 1속
	麻田		1결 ?	1결 ?
	합계	126결 74부 1속	4결	130결 74부 1속
서원경 (西原京) ○○○촌 (D촌)	畓	25결 99부	관모답 3결 20부	29결 19부
	田	76결 19부	관모전 1결	77결 19부
	麻田		1결 8부	1결 8부
	합계	102결 18부	5결 28부	107결 46부
	총합	564결 9부 0속	22결 3부 7속	586결 12부 7속

연수유전·답이라는 명칭의 의미를 그대로 받아들일 경우, 마치 국가에서 모든 공연호(孔烟戶)에게 일률적으로 토지를 지급하였던 것처럼 인식할 수 있다. 좀 더 구체적으로는 722년(성덕왕 21)에 백성에게 지급된 정전(丁田)과 일정한 관련이 있는 것으로 이해되었다. 따라서 촌락문서의 연수유전·답을 722년에 지급된 정전으로 보아야 한다는 주장이 초창기에 제출되었다.

근래에 이르러서도 『삼국사기』 찬자가 신라식의 연수유전·답을 고려식의 정전으로 바꿔 기록했다거나, 정전의 지급 대상은 정(丁)이 아니라 정호(丁戶)였기 때문에 공연호를 가리키는 것이므로 양자가 같은 토지라는 주장이 계속해서 제기되었다. 하지만 연수유전·답의 대상은 공연호이고 정전은 공연호 안의 정을 대상으로 지급했던 것이므로 두 토지가 동일한 것으로 보기 어렵다.

연수유전·답과 정전이 비록 동일한 토지가 아니라고 하더라도 두 토지 모두 국가에서 분급하는 형식을 취했다는 점에서 일치하기 때문에 서로 밀접한 관계를 가지고 있다. 특히 정전의 지급과 국가로부터 '받아 가졌다'는 연수유전·답의 뜻에 주목해서, 중국의 균전제와 같은 토지 분급이 있었는지에 대한 논의가 진행되었다.

신라에서 균전제가 실시되었는가의 여부에 대해서는 이를 긍정하는 견해와 부정하는 견해로 나뉜다. 긍정론의 경우, 먼저 향리제(鄕里制)를 전제로 실시된 중국·일본의 균전제와 달리 신라에서는 자연촌락에 대응하는 것이라는 주장이 제출되었다. 균전의 기준이 '개별자연촌락적 기준' 혹은 '개별촌락적 기준'으로서, 이에 근거하여 수여된 객체가 연수유전·답, 정전으로 불렸으며, '일정 기준, 즉 절대 기준에 입각한 토지 분배'란 점에서 중국·일본과 다를 것이 없다는 것이다.

그 뒤에 문서의 명칭 자체를 『균전성책(均田成冊)』이라고 부르면서, 각 마을[촌락]이 국가의 직접적인 지배단위였고 각 마을에는 8.5결을 단위로 하는 전답이 연수유전·답으로 급전되었다는 보다 세밀한 주장이 제기되었다. 계연대상정수(計烟對象丁數)로 파악한 정수(丁數)를 제외한 나머지 정에게 준 토지가 정전으로, 구체적으로 답(畓)을 기준으로 할 때 신라형에서는 정(丁)·정녀(丁女)가 2.2결, 정노(丁奴)·정비(丁婢)는 그 반인 1.1결이 지급되었고, 백제형에서는 정 2결·정녀 1⅓결, 정노 1결·정비 ⅔결이 지급되었다는 것이다.

하지만 균전제에 의거한 지급지(支給地)에 대해서는 고유의 명칭과 촌락마다 그 총액이 문서에 기록되어야 하며 인구 변동에 따른 증감도 수록되어야 하는데, 그렇지 않다는 점이 문제점으로 지적되었다. 더불어 균전제에 의한 지급지와 촌주위답은 서로 성격이 다른 종류의 토지인데 양자가 모두 '연수유'라는 명칭으로 일괄되었다는 점, 일반적으로 잉전(剩田) 즉 남는 토지가 생겨야 하는데 그렇지 않다는 점 등등의 비판이 제기되었다. 이로 인해 균전제의 주장을 그대로 따르는 것은 곤란하다.

연수유전·답의 넓이가 촌락마다 각 호당(戶當) 혹은 각 정당(丁當)의 평균치에서 많은 차이를 보이고 있다. 따라서 촌락마다 각 호 또는 정의 경작 면적이 많이 달랐을 것으로 추측된다. 그러므로 연수유전·답이 전국적으로 일정한 기준에 의거하여 분배된 것으로는 도저히 볼 수 없다. 따라서 공연호가 이전부터 경작해왔던 전답을 국가에서 지급하고, 공연호는 국가의 전답을 받아가지는 형식을 취함으로써 일정한 납세의 의무를 지니게 되었다는 견해가 일반적이다. 또는 각 호의 재력이나 기타의 능력에 따라서 '소유'의 한계가 결정되었다고 이해하기도 한다.

한편 연수유전·답이란 토지 지목 역시 국가가 이전부터 연호들이 경작·소유하고 있었던 토지들에 대해 그 권리를 법제적으로 인정하고 보장해준 것으로 보기도 한다. 이러한 연수유전·답은 고려시기의 민전(民田)과 계통적으로 연결되는 토지였다.

그런데 매호당(每戶當) 면적이 10~15결로 하나의 연호(烟戶)가 경작하기에 매우 넓었다. 공연당의 면적이 과도하게 넓었다는 것은 당시의 농업이 그만큼 조방적(粗放的)인 성격을 띠고 있었음을 의미한다.

연수유전·답을 '받아 가진' 연호란 곧 공연을 가리킨다. 공연의 성격에 대해서는 자연호로 파악하는 것과 편호로 이해하는 견해로 나뉜다. 초기에는 자연호설이 지지를 받았다. 그런데 한 개 촌의 공연 호수(戶數)가 8~15호로서 의외로 적은 반면 호당 구수(口數)는 8.3~

〈「신라촌락문서」의 매호·구·정당(每戶口丁當) 연수유전·답 면적〉

촌	戶數	口數	丁數	연수유전·답 면적	매호당(每戶當) 연수유전·답 면적	매구당(每口當) 연수유전·답 면적	매정당(每丁當) 연수유전·답 면적
사해점촌(沙害漸村, A촌)	11	142	29	156결 12부 9속	14결 19부 4속	1결 10부	5결 38부 4속
살하지촌(薩下知村, B촌)	15	125	32	179결 4부	11결 93부 6속	1결 43부 2속	5결 59부 5속
□□□촌(C촌)	8	69	17	126결 74부 1속	15결 84부 3속	1결 83부 7속	7결 45부 5속
서원경(西原京) ○○○촌(D촌)	10	106	17	102결 18부	10결 21부 8속	96부 4속	6결 1부 1속
합	4	442	95	564결 9부			

13.4, 평균 10.5의 높은 수치를 보이고 있다. 또한 호당 평균 면적이 10결 21부 8속에서 14결 19부 4속까지 이를 정도로 매우 넓었다.

이러한 의문과 함께, 당시는 휴한법의 제약 아래에 놓여 있어서 생산력의 측면에서 자연가호(自然家戶) 단위의 경제로는 자체의 생계유지와 국가에 대한 부담을 동시에 수행하기 어려운 조건이었기 때문에 편호적(編戶的) 지배 방식이 불가피했다는 편호설이 등장하였다.

다시 자연호설에서는, 휴한법이라는 제약에 동의하면서도 공연을 단위로 토지 소유권을 인정해주고, 하나의 과세 단위로 설정했다는 것은 공연이 결국 경제생활의 기본 단위였음을 의미한다고 주장하였다. 따라서 농민들 스스로 생계유지와 재생산을 위해 함께 거주해야 했으며, 국가에서도 자연호 상태의 이들을 공연으로 파악하여 수취를 했다고 보았다.

두 견해 모두 농민들이 스스로의 생계는 물론이고 국가에 대한 부담에 대처하기 어려운 처지에 있었기 때문에 공연의 호수는 적은 반면에 호당 인구수가 많아지게 되었다는 것에는 대체로 동의하였다. 이때 농민들 스스로 많은 인구수로 한 호를 이루어 하나의 농업 생산단위를 만들어서 국가의 부담에 대처했다고 보는 것이 자연호설의 견해라면, 국가의 입장에서 열악한 농민들의 처지를 고려하여 수세의 편의를 위해 적은 수의 자연호를 묶어서 하나의 공연으로 만들었다는 것이 편호설의 입장이다.

편호설의 경우에는, 3년에 한번 씩 문서가 작성될 때마다 연수유전·답의 소유 주체인 공연의 편호가 다시 이루어지므로, 소유권 또한 3년마다 매번 다시 인정되었다고 이해하였다.

한편 조(租)를 수취하는 방식에 대해서는, 초기부터 양전제로서 결부제가 실시되었기 때문에 당연히 결부의 면적 단위로 조세가 수취되었다고 보았으며, 많은 논자들이 이에 동의하였다. 「신라촌락문서」에 토지면적이 부(負)와 속(束) 단위까지 자세하게 양전돼 기록되었기 때문에 그 면적을 기준으로 조를 부과했을 것으로 이해했다.

그런데 「신라촌락문서」에는 세역(歲易)이나 비척(肥瘠)에 따라 토지의 등급을 구분하는 것이 없다. 연수유전·답에 전품(田品)이 매겨져 있지 않고, 그로 인해 수조(收租)에 비옥도가 반영되지 않았던 것은 당시의 농업생산력 수준에서 아직 각 전답에 따른 생산력의 차이가 그다지 심화되지 않았기 때문이라는 것이다. 그로 인해 모든 토지에 동일한 세율의 조가 부과되었다는 것이다.

반면에 경무 단위로 토지가 파악되었던 당나라에서도 호등에 근거하여 조가 부과되었다. 그러므로 양전이 이루어졌다는 것이 토지 면적 단위로 조가 수취되었다는 직접적인 근거가 되기 어렵다는 주장도 제기되었다.

한편 삼국시기부터 이미 '양전(良田)'과 황무지에 대한 인식이 구분되었다. 그로 인해 국가적인 차원에서 전품을 구별하지 않았다고 하더라도 각 토지 사이의 비옥도 차이가 무시해도 좋을 정도는 아니었다. 그렇기 때문에 생산성이 다른 토지에서 일률적으로 정액의 조를 수취한다는 것은 불합리했을 것이다.

「신라촌락문서」가 수취와 관련된 문서이거나 또는 촌의 경제적 사정을 종합한 집계장(集計帳)적인 성격을 가지고 있음을 고려했을 때, 당시 휴한법이 아직 국가의 토지제도에 반영되지 못할 정도로 충분히 확대·보편화되지 못했으며 따라서 전품에 따라 차등을 두어 조가 수취되지 않았고, 또 연수유전·답에 진전(陳田)이 포함되어 있었을 가능성이 있다. 이럴 경우 면적 그 자체보다는 토지로부터의 생산물과 인정(人丁)을 포함한 자산(資産)을 기준으로 편성된 공연의 호등에 근거하여 조가 수취되었을 것으로 파악하는 입장도 있다. 자산을 기준으로 각 공연을 9등호로 편제한 다음, 그 9등호 숫자에 근거하여 마련된 계연(計烟) 수치를 통해 조를 수취했을 것으로 이해하는 것이다. 이미 신라의 호등제 산정 기준에 대해서는 인정(人丁) 수에 기초했다는 설, 토지 면적에 따라 산정되었다는 설 등이 제기되었다.

사해점촌에는 19결 70부의 촌주위답이 있는데, 관모답·내시령답과는 달리 연수유답 속에 포함돼 기재되었다. 촌주위답은 촌주의 앞으로 설정된 위답(位畓)인데, 촌주 또한 국가의 입장에서 볼 때는 연수유전·답의 지급 대상이라는 것을 보여주었다.

[참고어] 신라촌락문서

[참고문헌] 旗田巍, 1972,『朝鮮中世社會史の研究』, 法政大學出版局 ; 崔吉成, 1960,「新羅における自然村落制的均田制-旗田氏の「新羅の村落」に關する若干の問題-」『歷史學研究』237 ; 兼若逸之, 1979,「新羅『均田成冊』의 研究-이른바 民政(村落)文書의 分析을 중심으로-」『韓國史研究』23 ; 濱中昇, 1986,『朝鮮古代の經濟と社會』, 法政大學出版局 ; 李仁在, 1995,「新羅 統一期 土地制度 研究」, 연세대학교 박사학위논문 ; 李喜寬, 1999,『統一新羅土地制度研究』, 一潮閣 ; 李仁哲, 1996,『新羅村落社會史研究』, 一志社

〈박찬흥〉

연초세법(煙草稅法) 1909년 일제가 조선의 연초경작자와 연초판매자에게 세금을 징수하기 위하여 면허를 받도록 한 법.

연초세법은 일제가 1909년 조선의 연초경작자와 연초판매자에게 세금을 징수하기 위하여 만든 법이다. 1904년 10월 메가타(目賀田種太郞)가 대한제국의 재정고문으로 부임하여 재정 확보를 위해 재원조사를 실시하였다. 1905년 8월 재정고문부에서 전국의 연초산지에 관리를 파견하여 연초의 경작면적과 생산량을 조사하게 하였다. 이를 바탕으로 1909년 2월에 가옥세, 주세와 함께 연초세를 신설하였다. 이를 신삼세(新三稅)라 불렀다. 법률 제4호로 공포한 연초세는 전문 12개조이며, 구체적 내용은 다음과 같다.

연초세는 연초경작세와 연초판매세의 두 종류로 구분하였다. 연초경작세는 판매용과 자가용 경작을 가리지 않고 900주 이하를 경작하는 자에게는 1년당 50전을 징수하며, 900주 이상을 경작하는 자는 1년당 2환(圜)을 징수한다고 하였다. 연초판매세는 연초를 도매하는 자는 1년당 10환, 소매하는 자는 1년당 2환을 징수한다고 정했다. 그리고 재무부의 허가를 받은 사람만이 경작과 판매를 할 수 있게 면허제를 도입하였다. 전매제의 전단계라 할 수 있을 것이다.

[참고어] 연초전매제, 가옥세법

[참고문헌] 대한민국 국회도서관, 1972,『한말근대법령자료집(Ⅷ)』; 이영학, 1988,「개항기 연초농업의 전개」『한국사론』18 ; 이영학, 1989,「1910年代 日帝의 煙草政策과 朝鮮人의 對應」『한국사연구』65

〈이영학〉

연초전매제(煙草專賣制) 조선총독부에서 1921년 연초의 생산부터 제조, 판매, 소비를 통제한 정책.

일제는 1910년 조선을 강점한 후 연초전매제를 실시할 것을 구상하였다. 일본은 이미 1896년 엽연초에 대한 전매를 실시하고, 1904년에는 제조연초까지 전매제를 실시하여 재정적으로 큰 도움을 얻고 있었다. 아울러 일본이 식민지로 점령한 대만에서도 연초를 전매하여 재정수입의 증가를 꾀하였고, 그 연장에서 조선에서도 연초전매제를 구상하였다. 일제는 1909년 연초세법의 공포 이래 세율을 계속 인상해갔다. 1914년에는 연초세령을 공포하고, 1918년에 제1차 개정을 하면서 연초소비세율도 높혀갔다. 그러다가 1921년에는 조선전매국을 설립하여 연초와 함께 인삼, 염, 아편을 전매하는 제도를 실시하였다. 연초전매제는 연초의 생산부터 제조, 판매, 소비를 조선총독부에서 통제하여 재정수입의 증가를 꾀한 제도였다.

[참고어] 연초세법

[참고문헌] 이영학, 1988,「개항기 연초농업의 전개」『한국사론』18 ; 이영학, 1989,「1910年代 日帝의 煙草政策과 朝鮮人의 對應」『한국사연구』65

〈이영학〉

연호미(烟戶米) 고려 후기~조선 초기 진휼(賑恤)의 재원을 마련하기 위해 연호마다 거둔 미곡.

고려 충선왕(忠宣王)이 진휼기관으로 유비창(有備倉)을 설치한 후 재원 마련을 위해 거둔 것이 시초이다. 1371년(공민왕 20) 12월 교서에서 "충선왕이 일찍이 유비창을 두고 또 연호미법(烟戶米法)을 세운 것은 그의 생각이 깊은 것이다.[『고려사』 권80,「식화」3 상평의창]"라고 한 것으로 보아, 그 자원은 과렴(科斂)과 같은 형식으로 각각의 호(戶)에서 차등적으로 내게 한 것으로 보인다. 이처럼 가호에서 진휼곡을 징수하던 제도는 조선 초에도 실시가 논의되었다. 1406년(태종 6) 의정부에서는 세부규정을 정해 계문했는데, 경중(京中)의 경우 1·2품은 상호(上戶)로 하여 쌀 10두(斗)를, 3·4품은 중호(中戶)로 하여 6두를, 5·6품은 하오(下戶)로 하여 4두를 내고, 참외(參外)는 하하호(下下戶)로 하여 2두를, 서인(庶人)은 1두를 내게 하되, 전함 각품(前銜各品)은 각각 그 반으로 감하게 했다. 또한 외방(外方)의 경우는 전지 15결(結)에 남녀 15구(口) 이상을 상호(上戶)로, 전지 10결에 남녀 10구 이상을 중호(中戶)로, 전지 5결에 남녀 5구 이상을 하호(下戶)로 하고, 전지 1·2결에 남녀 1·2구는 성호(成戶)가 못되는 것으로 해서 3호(戶)를 합하여 1호(戶)로 하고 경중(京中) 3등의 예에 따라 차등있게 거두는 등이었다. 그러나 이상의 법제는 백성의 반발을 근거로 반대에 부딪혀 이듬해에 폐지되었다.

[참고문헌] 『太宗實錄』; 李景植, 1988, 「朝鮮初期 屯田의 設置와 經營」『朝鮮前期土地制度研究Ⅱ』, 지식산업사

연호미법(煙戶米法) 고려·조선시기에 흉년에 대비하기 위하여 각 호에 등급을 매겨 미곡을 징수하는 법.

삼국시기 이후 빈민 구제를 위해 춘궁기에 농민에게 곡식을 대여하고 추수 후에 이를 회수하는 제도를 시행했는데, 고구려에서는 194년(고국천왕 16)부터 매년 3~7월에 가구수(家口數)에 따라 관곡(官穀)을 대여하고 10월에 회수하는 진대법(賑貸法)을 실시하였다.

한편 고려 태조는 중국 수(隋)나라에서 시작된 의창(義倉) 제도를 받아들여 흑창(黑倉)을 설치했고, 986년(성종 5)에는 흑창의 진대곡을 1만 석 더 보충하여 이를 의창이라 하고 여러 지방에 설치했다. 그러나 의창의 원곡이 부족해지자 1023년(현종 14)에 연호미를 거두었는데, 1과 공전 1결에 조(租) 3두(斗), 2과 및 사원전(寺院田)·양반전(兩班田)에서는 조 2두, 3과 및 군호(軍戶)·기인(其人)으로부터는 조 1두를 거두어 주·현의 의창에 충당했다. 이 제도는 12세기 이후에는 수시로 시행되다가 충선왕 때에는 유비창(有備倉)의 설치와 함께 정례화 되었고, 충렬왕과 우왕 때에도 연호미를 거두어 의창의 재원으로 충당했다.

조선시기에도 의창을 전국적으로 설치하여 운영했는데, 1406년(태종 6) 흉황(凶荒)에 대비하고 군자곡(軍資穀)을 확보한다는 명목 하에 연호미법을 개정·시행했다. 이때의 규정은 전국의 호를 경중(京中)과 외방(外方)으로 나누고, 각각 호의 등급을 매겨 미곡을 차등 있게 거두는 것이었다. 경중에서는 현임(見任) 1·2품은 상호(上戶)로 하여 쌀 10두(斗)를, 3·4품은 중호(中戶)로 하여 6두를, 5·6품은 하오(下戶)로 하여 4두를 내고, 참외(參外)는 하하호(下下戶)로 하여 2두를, 서인(庶人)은 1두를 내게 했다. 다만 전함 각품(前銜各品)은 각각 그 반(半)으로 감해 주었다. 외방에서는 전지 15결에 남녀 15구(口) 이상을 상호(上戶)로, 전지 10결에 남녀 10구 이상을 중호(中戶)로, 전지 5결에 남녀 5구 이상을 하호(下戶)로 하고, 전지 1·2결에 남녀 1·2구는 불성호(不成戶)라 하여 3호(戶)를 합하여 1호(戶)로 하고, 경중(京中) 3등의 예(例)에 따라 차등있게 미곡을 내게 했다. 그리고 전지 20결 이상은 토지와 인구를 계산하여 차례대로 더 거두게 했다. 또한 풍년에는 정해진 액수를, 중년에는 반액을, 흉년에는 면제하는 규정도 두었다.

그러나 이 제도는 흉황에 대비한다는 명목 하에 당장 생활이 어려운 농민들에게서 부가세를 거두는 셈이었고, 실제로 시행 시에 많은 이의가 제기되어 결국 1407년(태종 7)에 폐지되고 말았다. 이후 연호미법을 대신해서 원곡을 보충하는 방안이 계속적으로 시행되었다. 1423년(세종 5)에는 군자곡(軍資穀) 106만 9615석을 의창에 이관하여 원곡을 보충하고 대여할 때마다 일정한 이자를 받도록 했다. 그러나 일단 대출되면 흉작 등으로 그 곡물의 전량을 회수할 수 없어 새로 발생하는 기민(飢民)의 구제나 빈민에 대한 곡물의 대여가 어려웠다. 결국 바닥나는 의창곡을 군자곡으로 메우는 악순환은 여전했다. 이에 민간이 주도하는 운영하는 사창(社倉) 제도를 검토하여 1448년(세종 30)에는 대구(大邱)에서 최초로, 1451년(문종 1)에는 경상도의 10현에 시험적으로 설치했으나, 얼마 되지 않아 사창곡의 원곡을 대는 의창곡의 부족으로 군자곡으로 대출하는 등 운영의 어려움을 겪게 되었다. 결국 사창은 『경국대전』에서 군자곡의 이식이 폐지되자 원곡 마련이 어려워져 1470년(성종 1) 폐지되었다. 그후 의창의 부활이 요구되었으나 원곡의 감소로 규모가 축소되어 1525년(중종 20) 의창도 폐지되었고, 일체의 구제사업은 구휼청(救恤廳)에서 관장하였다.

[참고어] 환곡

[참고문헌] 김훈식, 1993, 「朝鮮初期 義倉制度研究」, 서울대학교 국사학과 박사학위논문 〈이석원〉

염덕우(廉德隅) 1798년(정조 22) 권농정구농서윤음(勸農政求農書綸音)에 응하여 글을 올린 27인 중 한 사람.

출신은 전(前) 영(令)으로 기록되어 있다. 그는 상소문에서 왕과 왕비에게 친경례(親耕禮)와 친잠례(親蠶禮)를 행할 것을 권하면서 농정(農政)에 대한 다섯 가지 조목을 이야기하였다. 첫째는 백성을 성가시게 하지 않아 농사의 시기를 놓치지 않게 할 것, 둘째는 농부를 도와 밭 갈고 파종하며 농량(農糧)을 공급할 것, 셋째는 사전에 미리 씨 뿌리고 부지런히 일할 것, 넷째는 균전(均田)의 정책을 펴고 토지를 개간할 것, 다섯째는 의로써 가르치고 형벌로써 응징할 것이었다.

[참고어] 응지진농서

[참고문헌] 『정조실록』; 농촌진흥청 역, 2009, 『응지진농서Ⅱ』, 진한M&B

염세(鹽稅) 고려 후기 소금 전매제 시행 후 소비자가

구매 대가로 지불하던 세목(稅目).

고려 전기의 소금 생산은 거의 전업적으로 생산에 종사하는 염호(鹽戶)에 의해 주로 행해졌으며, 이들 가운데 일부는 특수 생산 집단인 염소(鹽所)로 편성되었다. 염소에서는 생산한 소금을 모두 국가에 바친 것이 아니라 일정액만 염세로 바치고 나머지는 자유로이 판매하여 생계비를 조달하였다. 이를 후기 실시한 전매제와 대비하여 징세제라고 한다. 따라서 고려 전기의 염세란 소금의 생산자로부터 일정하게 징수하던 세금이라 할 수 있다. 그러나 염세에 대한 기사는 거의 찾아보기 힘들다. 염세의 명목으로 징수된 소금은 굶주린 민을 진휼하는 데 사용되거나, 국가에 공이 있는 신하에게 하사되거나, 목장에서 낙타의 먹이로 사용되기도 했지만, 대부분은 경성·서경 등지에서 판매하여 국가의 재정 수입에 충당된 것으로 보인다.

그런데 염호로부터 염세를 징수하는 방식이 충선왕 때 염법을 개혁한 후 전매제를 시행하면서 소금 소비자가 지불하는 소금 값의 형태로 바뀌었다. 징세제 하에서도 소금 소비자가 내는 세가 염세라는 것은 1281년(충렬왕 7) 5월의 기사에서 "경성에 기근이 들어 민이 나물을 먹는데 소금이 없으므로 9월까지 염세를 감면하였다.(京城饑, 民菜食無鹽, 限九月, 蠲鹽稅.[『고려사』 권81, 「식화지」3 진휼])"는 것에서 알 수 있다. 그러나 여전히 염호가 내는 염세의 비중이 더 컸다.

충선왕 때 전매제가 시행되자 염세는 소비자가 내는 세가 주된 것으로 바뀌게 되었다. "소금의 가격은 은 1근에 64석, 은 1냥에 4석, 포 1필에 2석으로 하여 이것으로 예를 삼아 소금이 필요한 자는 모두 의염창에 나가 사도록 하고, 군현인은 모두 본관의 관사에 가서 포를 바치고 소금을 받도록 하고 있다.(忠宣王元年二月傳旨曰,……估價, 銀一斤, 六十四石, 銀一兩, 四石, 布一匹, 二石, 以此爲例, 令用鹽者, 皆赴義鹽倉, 和買. 郡縣人, 皆從本管官司, 納布受塩. 若有私置鹽盆, 及私相貿易者, 嚴行治罪.[『고려사』 권80, 「식화지」2 염법])" 여기서의 포는 염가포·염세포·염세 등으로 부르기도 하는데, 이것은 소금 소비자가 내는 염세를 뜻한다. 결국 징세제 하의 염호는 생산량의 일부인 정액 즉 염세를 부담하는 데 반해, 전매제 하에서 염호는 생산량의 전부인 공염(貢鹽)을 부담하게 됨으로써 염세는 염호가 내던 세납의 형태에서 소금 소비자인 일반 민이 내는 것으로 그 성격이 변하였다.

그러나 소금 전매제는 염호의 도산으로 인한 생산의 감소 및 유통 부문에서의 권세가와 중간관리들의 농간까지 겹쳐 제대로 시행되지 못하였다. 서울의 점포에서 판매하는 소금이 모두 권세가에게 돌아가고 미천한 자에게는 미치지 않는다든지, 소금을 수집·전매하는 염장관이 염가포만을 먼저 징수하고 염을 지급하지 못하는 사례가 10에 8·9나 될 정도였다. 이러한 현상은 시간이 지날수록 심해져 공민왕 대가 되면 구매자가 염가를 납부하고도 10년이 지나도록 소금을 받지 못하는 상황이 벌어지기도 했다. 하지만 그 이후로 염가포가 염세의 새로운 항목으로 고정되었다. 즉 관에서 소금을 지급하지 않는데 민은 다만 포만 납부하는 것이 관례화 되었다. 이때 민의 염세포를 1년 동안 3분의 1로 줄이라는 교서가 반포되기도 했다. 그 동안 소금의 구매 대가로 지불하던 염가가 염세라는 새로운 세목(稅目)으로 바뀌어 징수되었다는 것을 보여준다. 마침내 염세는 상요, 잡공 등과 함께 면세의 대상이 되기도 하였다.

[참고어] 염전, 어염세

[참고문헌] 權寧國 外, 1996,『譯註『高麗史』食貨志』, 韓國精神文化研究院 ; 姜晋哲, 1991,『(改訂) 高麗土地制度史硏究』, 一潮閣 ; 박종진, 2000,『고려시기 재정운영과 조세제도』, 서울대학교출판부 ; 安秉佑, 2002,『高麗前期의 財政構造』, 서울대학교출판부 ; 姜順吉, 1985,「忠宣王의 鹽法改革과 鹽戶」『韓國史硏究』49 ; 權寧國, 1985,「14세기 榷鹽制의 成立과 운용」『韓國史論』13, 서울大國史學科

〈윤성재〉

염전(鹽田) 소금을 만들기 위해 바닷물을 끌어들여 가두어두는 토지.

염전은 옥저 시대, 또는 그 이전으로 소급된다고 추측된다. 그 이후 고려시기, 조선시기에도 꾸준히 해안 도처의 염전에서 소금 생산이 이루어졌다. 지금의 천일염 제조 방식과는 달리, 조선 후기까지 소금의 생산은 농축된 바닷물을 가열하여 소금을 얻는 전오염(煎熬鹽) 방식으로 이루어졌다. 이러한 전오염 제조는 다시 바닷물을 그대로 끓이는 해수직자법(海水直煮法)과 염전에서 일정기간 증발시켜 농도가 짙어진 바닷물을 끓이는 염전식(鹽田式) 제염법(製鹽法)으로 구분된다. 보편적으로 널리 이용된 방법은 후자였으므로 곳곳에서 염전이 운영되었다.

한편 19세기에는 천일염과 비슷한 형태의 쇄염법(曬鹽法)이 처음 등장하였는데, 제방 안쪽에 구덩이 5개를 연달아 조성하여 차례로 해수를 흘려 가둔 다음 햇볕에 건조하여 20~24일 만에 소금을 생산하는 방식이었다.

이후 재래의 전오식 염전은 대한제국기 점차 천일염전으로 대체되기 시작했다. 전오식 제염은 연료 등 생산비용으로 인해 소금값이 비쌌기 때문이다. 대한제국 정부는 1907년 인천 부근의 주안에서 1정보의 시험용 천일염전을 축조하였고, 이후 본격적인 천일염 제염이 개시되었다.

해수를 끌어오는 방식에 따라 염전은 다시 유제염전(有堤鹽田)과 무제염전(無堤鹽田)으로 나뉜다. 유제염전은 염전 주위에 제방을 쌓아 해수가 들어오는 것을 막고, 염전 바닥을 평탄하게 하며, 해수가 출입할 수 있는 도랑을 만들었다. 유제염전은 대체로 높은 조수(潮水)를 이용해서 해수가 자연스럽게 유입되는 방법을 사용하였으며, 전라도 남부와 경상도 등 남해안의 염전이 이에 속하였다.

반면 무제염전은 제방이 없는 염전으로 주변으로부터 중앙을 향하여 점차 경사가 높아지며, 중앙의 정상부를 평탄하게 하여 제염하는 장소로 삼는다. 무제염전에는 도랑이 없고 다만 해수를 가두어 두는 웅덩이만 있었다. 무제염전은 해조간만의 차가 심한 평안도, 경기도, 충청도, 전라도 북부 등의 서해안에서 보편적이었다. 한편 해수간만의 차가 작은 동해안 지방에서는 해면보다 높은 지면에 염전을 축조하고 해수를 인위적으로 퍼 올리는 방식을 취하기도 하였다. 이를 양빈식(揚濱式)이라고 한다. 이는 자연적으로 해수가 들어오도록 한 서해안의 입빈식(入濱式)과 대조되는 방식이다.

염전식 제염법은 평평한 염전 바닥에 흙을 두껍게 깔고 대조(大潮) 때 바닷물을 염전으로 유도하여 흙에 충분히 흡수시키는 것에서 시작되었다. 이에 염전은 주로 대조 시에만 물이 드는 갯벌에 설치되었다. 대조가 지난 다음 바닷물이 빠지고 흙이 굳어지면 수분을 완전히 증발시키고 염분만 남기기 위하여 쟁기나 써레로 염전을 갈면서 흙을 말렸다. 마른 흙은 걷어서 염전 안이나 주변의 바닷물을 퍼부어 흙에 포함된 염분을 걸러냈다. 그리고 이 진한 소금물을 벌막에 설치된 가마솥에서 끓여 소금을 얻어냈다. 염분을 걸러낸 흙은 염전으로 옮겨 다시 이용하였다.

염전은 염판(鹽板)으로도 부르는데, 이를 구축하기 위해서는 제반조건을 갖추어야 했다. 모래사장, 바닷물, 연료, 점토(粘土) 등의 조건이 용이한 곳에 염전을 구축해야만 경제적인 효율을 높일 수 있었던 것이다. 특히 당시 제염법은 가열 과정을 필수적으로 거쳤으므로 땔감이 풍부해야 했다. 또한 염전 운영에 필요한 노동력의 확보와 생산된 소금의 수송로 확보도 염전의 주요한 입지조건이었다.

염전은 염장(鹽場)이라고도 하였으며, 이는 본래 산림·하천·연못 등과 함께 공토(公土)로 인식되었다. 염전은 어장과 더불어 대부분 궁방 및 아문에 절수(折受)되어 면세의 혜택을 받고 있었다. 조선 후기에 이르러서는 공적기구 외에도 부민요호(富民饒戶) 등이 염전을 소유하고 운영하는 경우도 보이며, 염장의 운영에는 염장주(鹽場主)와 작인(作人) 또는 고공(雇工) 등이 관여하고 있음이 나타난다. 숙종 대 이래로는 염전에 대한 절수와 면세의 제도를 혁파하고 어염세(魚鹽稅)를 통해 국가 재정수입을 늘리려는 논의와 시도가 있었다. 결국 1750년(영조 26) 어염세의 개정이 결정되었고 염전에 대한 실태 조사와 세액 책정 작업이 진행되었다. 양전할 때 염전을 조사하여 양안에 표기하였다. 대한제국의 양지아문 양안에 그 실례를 볼 수 있다. 염세는 염분(鹽盆)의 크기·종류·파손 정도, 근처 시장(柴場)의 유무, 염정(鹽井)의 크기 등을 고려하여 부과하였다. 지역 실정에 따라 제염 방법과 조건이 달랐던 만큼 지역에 따라 등급 책정의 기준도 달랐다. 염장을 통해 이득을 취하고 있던 양반토호들은 이와 같은 염세 징수에 대해 반발하기도 하였다.

[참고어] 염세, 어염세, 해언

[참고문헌] 고광민·김의환·김일기·최성기·홍금수, 2006, 『조선시대 소금생산방식』, 신서원 ; 김의환, 2015, 「조선후기 소금 생산법의 변화와 曬鹽法의 대두」 『한국사학보』 59 〈윤석호〉

영남호남연해형편도(嶺南湖南沿海形便圖) 18세기 말에서 19세기 초에 제작된 것으로 추정되는 경상도와 전라도의 해안 관방도.

1첩 19절(折) 40면으로 된 채색 필사본으로, 가로 816㎝, 세로 56.7㎝의 대형지도이다. 국립중앙도서관에 소장되어 있다. 지도의 첫 면과 마지막 면에는 산수화를 그려 장식하였고, 경상도를 12도엽(圖葉)으로 전라도를 16도엽으로 그렸다. 경상도 북부와 남부 그리고 남해안을 지나 전라도 남부와 북부까지 평면으로 이어 그린 독특한 기법의 해안도이다.

지도의 윗부분에 행선지명(行先地名)과 리수(里數)를 기록하였고, 해안의 출입과 연안 도서 및 험한 수로에 대한 내용도 기록하였다. 그리고 수군진(水軍鎭)에는 정박할 수 있는 배의 숫자도 표시하였으며, 봉수(烽燧), 창(倉), 선소(船所), 성지(城池) 등도 표시하였다.

지도의 제작 시기나 제작자는 정확히 알 수 없지만, 내용과 화풍이 영남 해안지도인 『고려중요처도(高麗重要處圖)』와 유사한 것으로 보아 비슷한 시기인 18세기 말에서 19세기 초에 제작된 것으로 보인다. 각 수영(水營)에서 만든 연안도(沿岸圖)를 종합한 것으로 보이는데, 지도의 앞과 뒤에 산수화가 실려 있다는 점에서 사적인 동기로 소장되었을 가능성도 있다.

[참고문헌] 국토지리정보원 編, 2009, 『한국 지도학 발달사』, 국토지리정보원

영년금양(永年禁養) ⇒ 민유림

영대차지권(永代借地權) ⇒ 조계

영림서(營林署) 임야관리와 벌목 수익사업 등을 담당했던 조선총독부 산림과 산하의 기관.

1926년 6월 12일 칙령 제163호 조선총독부 영림서 관제의 공포로 설립된 영림서는 기존에 조선총독부 회계에서 분리되어 별도의 독립회계를 가지고 있던 영림창을 총독부 산림과에 흡수한 것이다. 산하에 35개소가 설치되었다. 각지 영림서에는 기수, 삼림주사와 삼림주사보가 배치되었고, 이들은 임야 관리와 벌목 수익사업을 담당했다. 영림서는 설치된 이후 경제공황 등의 여파로 재정 절감의 필요성이 대두됨에 따라 여러 차례에 걸친 치폐를 거듭하면서 축소되다가 결국 13개소만 남아 해방을 맞이하였다.

중일전쟁 발발 후부터 영림서에서 생산된 건축재, 갱목, 침목, 펄프원료, 숯은 전시체제하 중요물자로 취급되었다. 때문에 일제는 전쟁 발발과 함께 목재 및 목탄의 증산을 위해 영림서 관할 국유림에서 적극적인 증벌정책을 취했다. 이에 따라 비교적 임상이 우수하던 영림서 관할 국유림의 1정보당 입목축적이 1934년의 30.91㎥에서 1938년에는 24.55㎥로 줄어들게 되었다.

해방 이후 1948년 8월 제정된 정부조직법에 따라 농림부에 소속되었으며, 1967년 8월에는 산림청 소속으로 변경되어 오늘에 이르렀다. 현재 전국에 중부·동부·남부의 3개 영림서가 설치 운영되고 있다. 중부영림서는 강원도 원주시에 소재하고 서울·경기도·충청북도·충청남도 및 강원도 서부지역을 관할하며, 동부영림서는 강원도 강릉시에 소재하고 강원도 동부지역을 관할하며, 남부영림서는 경상북도 안동시에 소재하고 부산, 경상북도, 경상남도, 전라북도, 전라남도, 제주도 지역을 관할하고 있다. 1998년 2월 정부조직중 개정에 따라 영림서의 명칭이 지방산림관리청으로 변경되고, 그 조직과 기능도 확대되었다.

[참고어] 영림창

[참고문헌] 최병택, 2010, 『일제하 조선임야조사사업과 산림정책』, 푸른역사

〈윤석호〉

영림창(營林廠) 삼림자원의 개발과 수탈을 위해 1906년 설립된 통감부 영림창의 후신으로 조선총독부의 한 기관.

1906년 10월 한국삼림특별회계설치에 관한 합동계약에 따라 설치된 '통감부 영림창'이 1910년 조선총독부가 설치되면서 영림창으로 명칭이 바뀌었다. 일제는 목재자원의 벌재·수탈에 관심을 가지고 러일전쟁 직후부터 우량 삼림지대를 중심으로 벌목 사업에 착수했다. 1907년 3월에는 법률 제24호로 한국삼림특별회계법을 공포해 한국 정부와 공동출자의 형식으로 한국 내 삼림자원 수탈을 위한 재정을 마련하였고, 이후 주요 산림지역에서 벌채사업을 시작했다. 이와 동시에 통감부 영림창 관제를 만들어 본격적인 산림자원 조사와 관리에 돌입했다.

영림창의 최고책임자는 칙임 또는 주임에 해당하는 창장(廠長)이며, 그 밑에 사무관·기사·주사·기수(技手) 등을 두어 기술 및 서무에 관한 업무를 각각 수행하도록 하였다. 창장·기사·기수는 통감부 영림창의 직원으로 촉탁하였으며, 그 관리는 탁지부대신과 농상공부대신에 속하여 공동으로 경영하게 하였다. 영림창은 조선총독부 회계와 분리된 독립회계를 운영하는 기관으로서, 조선총독부 농림국의 통제에서 벗어나 압록강, 두만강 유역의 일부 국유림을 대상으로 독자적인 사업을 추진할 수 있었다.

통감부 시절 이래 영림창 본부는 신의주(雲井町)에 있었지만, 신의주에서 멀리 떨어진 혜산진, 중강진 등에 영림지창을 설립하기도 했다. 영림창의 관할 임야는 면적이 214만 정보로 조선 내 전체 임야면적의 13%에 달하였다. 그 가운데 성림지가 90%에 이를 정도로 수목이 울창한 편이었고, 수종도 산업용재로 사용하기에 좋았다. 일제는 이 지역에서 적극적인 벌목사업을 펼쳐 수익을 거두는 한편, 1912년 8월 14일 공포된 칙령6호 조선삼림미간지급삼림산물특별처분령(朝鮮森林未墾地及森林産物特別處分令)에 따라 수의계약 형식으로 일본인 자본가들에게 그 대부분을 처분했다.

[참고어] 영림서

[참고문헌] 강영심, 1995, 「일제 영림창의 삼림수탈에 관한 연구」 『이화사학연구』 22 ; 강영심, 1996, 「한국삼림이권을 둘러싼 러일의 각축과 통감부영림창」 『산림경제연구』 4 〈윤석호〉

영문둔전(營門屯田) 조선 후기 5군문을 비롯한 주요 군영(軍營)이 군사 재정확보를 위해 설치·경영한 토지를 통칭.

조선왕조의 둔전제는 임진왜란을 계기로 새롭게 전개되는 계기를 맞았다. 당시 군수(軍需), 특히 군량미의 조달은 전쟁의 성패를 가늠할 정도로 절박한 것이었다. 조선 정부는 국가적 차원에서 군수조달책을 강구하여 추진하지 않을 수 없었고 그 과정에서 둔전책이 채택되어 적극적으로 추진되었다. 특히 병농(兵農)이 분리된 장번급료병(長番給料兵)으로 구성된 훈련도감의 창설은 둔전개설의 직접적 계기가 되었다. 1594년(선조 27) 무렵 훈련도감의 둔전설치는 영문둔전의 시작이라고 할 수 있다. 둔전은 군량조달책일 뿐 아니라 유민(流民)을 안집하고 황무지를 개간함으로써 농업생산력의 증대를 꾀할 수 있는 매우 현실적인 방안으로 간주되었다. 임진왜란이 끝난 후에도 둔전은 지속적으로 설치되어 영문재정의 중요한 수입원으로 자리잡게 된다. 17세기 조선 정부의 정책은 조속한 전쟁 피해의 복구를 통하여 농촌경제를 안정시키고 긴정된 국제정세를 배경으로 국방력의 강화와 정권의 안정을 기하는 방향에 초점이 맞추어졌다. 영문들은 우세한 물력과 노동력을 바탕으로 적극적으로 토지를 절수(折受)하여 둔전을 설치해 나갔다. 하지만 인구증가와 개간의 진전으로 17세기 후반에 접어들어 둔전의 설치는 민전침탈과 지주들의 투탁을 유인하는 과정으로 변질되기 시작했다. 군영문은 둔전관(屯田官)·별장(別將)·둔감(屯監) 등을 파견하여 둔전을 관리하였으며 이들 가운데 특히 별장은 군사적 임무를 병행하였다.

17세기 영문둔전의 경영은 두 가지 노동력을 중심으로 이루어졌다. 첫 번째가 군영문의 군사를 비롯해 승군(僧軍), 목자(牧子) 등 예속노동력이었다. 이들은 별장, 첨사 등의 관리하에 신역체계를 바탕으로 동원되어 둔전경작에 투입되었다. 특히 둔아병(屯牙兵)은 둔전경작을 담당하는 대표적인 역종이었다. 두 번째는 모민설둔(募民設屯), 즉 민을 모집하여 둔전경작에 투입하는 방식으로 여기에서 민이란 유민(流民)이나 이에 상응하는 부류를 지칭하였다. 정부는 둔전을 통하여 국가의 파악에서 벗어나 각종 공적 부담에서 제외되고 있었던 유민적 계층을 확보하여 자립도를 제고시킨 후 국역편제에 흡수하려는 의도를 가지고 있었다. 이들 둔전경작민들은 각종 명색의 국역(國役)을 지고 있거나 장차 이를 부담할 것을 전제로 둔전을 경작하였다. 이러한 방식은 병력의 확보나 유민의 모집이 어느 정도 성과를 거둘 때 가능한 것이었으나 이것이 여의치 않을 때에는 둔전을 일반백성에게 주어 병작(竝作)하는 방식이 채택되었다.

영문둔전의 경작은 기본적으로 역(役)의 일종으로 동원되었지만 다른 한편으로는 각종 국역에 복무하는 데 대한 반대급부로서의 성격도 지니고 있었다. 이 때문에 둔전의 수취는 '종략정세(從略定稅)'라 하여 결세(結稅)를 상회하지만 분반타작(分半打作)에는 훨씬 못 미치는 수준에서 결정되었다.

하지만 이 같은 형태의 영문둔전 경영이 장기지속적으로 이루어지기에는 여러 가지 문제점이 있었다. 당시 둔전의 경영이 역이라는 중세적 지배예속관계의 틀 속에서 이루어지고 있었던 만큼 둔전의 경작은 농민의 자율적인 영농에 기초한 것이 아니었고 농업경영의 전과정에 관(官)의 관할과 통제가 깊숙이 배어있었다. 당시 둔전운영의 가장 큰 문제점으로 지적된 것은 자기영농의 방해로 인한 농민의 재생산 기반 파괴였다. 농민의 영농의식 고취를 통한 자발적인 생산활동을 기대하기는 어려웠고 이는 곧바로 둔전의 생산성 저조로 이어졌다. 따라서 이 시기 상당수의 둔전이 경영의 불안정과 낮은 생산성을 드러내고 있었다.

특히 17세기 후반 국역체제의 변동을 배경으로 광범위하게 진행된 각종 신역의 물납화는 부역제 자체의 모순을 더욱 노골화 하였다. 이제 둔전의 예속노동력을 부역동원하여 둔전을 경영하는 형태는 더 이상 유지되기 힘들었다. 유민적 계층을 모집하여 경작하던 둔전도 경작민의 자립적 기반이 매우 취약하여 이들은 수시로 이합집산하는 실정이었다. 이 같은 요인이 복합적으로 작용하여 둔전으로부터의 세수감축은 만성화되었고 결국 둔전경영 형태의 변화를 강제하는 요인으로 작용했다.

한편 17세기 둔전의 확대로 사회적·경제적으로 여러 가지 문제점을 드러내자 정부도 이에 대한 대책을 강구하지 않을 수 없었다. 둔전에 대한 대책은 복잡하고도 지리한 논의과정을 거친 후 마침내 1695년(숙종 21) 「을해정식(乙亥定式)」으로 일단락을 맺는다. 「을해

정식」의 골자는 공식적으로 절수제를 폐기하고 이에 대한 대안으로 정부의 재정 지원을 통해 둔전을 구입하도록 한 이른바 급가매득제(給價買得制)를 채택하였다. 「을해정식」으로 절수로 대표되는 정치적·폭력적 방식의 둔전 설치는 더 이상 용인되지 않고 이제는 국가의 자금 지원을 통해 토지를 구입하는, 보다 경제적인 방법으로 전환했던 것이다. 또한 민결면세제(民結免稅制)를 실시하여 민인들의 소유권을 온전히 한 채 민전설둔(民田設屯)의 추세를 양성화하여 이에 대한 수취량(1결당 미23두)을 규정하였다.

절수제의 폐지와 더불어 영문이 파견하던 둔전의 관리·수취 담당자의 성격도 변화하고 있었다. 즉 종래에 영문의 장교나 직원이었던 감관은 이제 민간인을 임명하여 파견하는 '사차별장(私差別將)'으로 변화되었다. 이들은 설둔(設屯) 대상지를 진고(陳告)하거나 개간에 능동적으로 참여하여 그 직임을 따내고 있었다. 이들은 둔전의 관리·수취와 관련하여 경제적 이익 확보에 몰두하여 지탄의 대상이 되기도 했다. 이미 이러한 별장의 직임은 매매의 대상이 되고 있었으며 이들의 토지에 대한 권리가 경제적인 기원을 갖는 까닭에 이들에 대한 통제는 용이한 일이 아니었다.

영문둔전의 경영형태에도 변화가 나타났다. 경영에 소요되는 비용을 최소화하면서 안정적으로 둔전을 경영하기 위한 방안으로 병작제(竝作制)의 채택이 대세가 되었다. 둔전에서의 병작제의 확산은 17세기 농업변동의 전반적인 추세를 반영하는 것으로서 신역의 일환이나 국역편제의 완충 또는 예비단계로 존재하는 경작민을 통하여 경작되던 둔전경영을 낡은 것으로 만들면서 그 인신적 지배예속관계를 탈피하는 방향으로 나아가고 있음을 보여준다.

영문둔전의 소유구조나 수취는 성립과정만큼이나 다양한 측면을 가지고 있었다. 첫째, 유토둔전(有土屯田)은 법적인 소유권이 아문에 귀속되는 둔전이었다. 이는 명실상부한 영문의 소유지로서 분반타작지(分半打作地)도 있었으나 일종의 정액수취제인 도지제(賭地制)가 보다 일반적이었다. 다양한 도지액은 영문의 명목적·법률적 소유와 민인의 사실상의 소유가 토지에 대하여 가지는 권리의 편차를 반영하고 있었다. 둘째, 「을해정식」으로 공식화된 민결면세지는 민전을 대상으로 호조·선혜청에 내야할 결당 미 23두의 전결세를 아문에 납부하는 형태였다. 민결면세지는 균역법 실시와 함께 그 수취와 관리를 수령이 담당하도록 함으로써 일반민전과 소유와 수취 양 측면 공히 동일한 구조와 형태를 띠어가게 되었다.

둔전의 증설은 국가재정의 만성적인 결핍과 운영상의 난맥을 초래했다 17세기 말부터 이를 시정하고자 하는 정부의 노력이 가시화되었다. 우선, 둔전경작자로서 둔군(屯軍)에 대한 조치가 취해졌다. 둔전은 면세지로서의 문제도 있었지만 군역을 피하려는 양역부담자들의 피역처라는 점에서도 심각한 폐해를 낳고 있었다. 둔군은 1699년(숙종 25) 기묘사정(己卯査定), 1704년(숙종 30) 갑신정액(甲申定額)을 거치면서 그 액수가 대략 절반수준으로 줄어들었으며 아울러 1711년(숙종 37) 「양역변통절목」, 1713년의 계사사정, 1714년의 갑오사정을 거치면서 중앙의 영문 중심으로 이루어지던 둔군의 사태와 정액이 지방의 감·병·수영이나 진·산성의 역종까지 확대되었다. 영조 즉위 이후에도 이 같은 기조는 이어져서 1734년(영조10)과 1737년의 사정을 거쳐 1742년(영조 18)의 임술사정으로 마무리된다. 임술사정의 결과 1748년(영조 24) 『양역실총(良役實摠)』이 간행되었고 이로써 둔군의 정액화 작업은 일단락되었다. 이때 확정된 둔군의 정액(定額)은 이후 군액사정의 중요한 기준으로 적용되었다.

둔전의 확대로 야기되는 문제점 중 하나가 바로 면세결(免稅結)의 증대로 인한 국가재정의 감축이었다. 이에 대한 제동은 둔전에 대한 출세(出稅) 노력으로 나타났는데 이는 결국 1729년(영조 5) 영문별 면세정수(免稅定數)를 확정해 주는 것으로 마무리 되었다. 이때 면세결로 훈련도감은 3,000결이 책정되었고 대동은 면제되고 전세만 수취하도록 하는 토지결수는 어영청 327결 23부, 총융청 968결, 금위영 67결, 수어청 1852결, 경리청 968결 정도로 정해졌다. 훈련도감을 제외한 대부분의 영문은 대동면제의 혜택을 받은 대신 전세를 부담하도록 하였던 것이다. 면세결수의 규모에서 보듯 실제 면세혜택을 박탈당한 둔전의 규모는 그리 크지 않았다. 이러한 가운데 둔전 소속 기관에서 파견하는 도장(導掌)·감관(監官) 등에 의한 중간수탈이 여러 가지 문제를 일으키자 이들을 배제하고 해당 지역의 수령이 수취를 담당하여 중앙에 직납하는 방안, 즉 수령수취제가 채택되어 점차 확산되기 시작했다. 이 과정에서 지역의 수령들은 자신들이 수취권을 장악함으로써 아문의 둔전에 대한 직접적인 지배를 배제하려했다. 이는 표면적으로 진휼재원의 확보라는 명분을 내세웠지만 이유는 수취권 자체가 막대한 재정적 수입을 가져오기 때문이었다. 지역의 재지세력 또한 이러한 수령의 움직임에 편승하여 중앙기관의 둔전 지배권을 무력화하고 자신들의 이익에 부합하는 방향으로 둔전의 경영과 수취를 하고자 획책하였다. 18세기 중반에서 19세기에 이르는 기간의 영문 둔전은 여전히 모민설둔(募民設屯)이나 군사경작을 통한 직영지적 형태가 온존하고 있었으나 종래의 부역제적 둔전경영방식에서 서서히 탈피하여 병작제를 채택하는 것이 대세로 자리잡고 있었다. 일반 아문둔전의 병작제 확산정도에는 미치지 못했지만 영문둔전에서의 병작제의 적용도 뚜렷한 흐름으로 자리잡고 있음에 분명했다.

둔전 내에는 둔전민이 여러 가지 형태로 존재했다. 둔전민은 지주층과 작인층으로 구분할 수 있다. 전자는 둔토내의 실질적인 지주로 존재하면서 작인과 토지를 장악하고 영문과 대립하는 존재였다. 이들은 영문과 함께 작인들로부터 지대를 분취(分取)하였는데 이들이 존재하는 둔전은 '영문-중답주-작인'의 중층적 소유구조를 형성하였다. 작인층은 둔전경작민이었는데 이들의 처지는 극히 열악했다. 둔전의 소유구조와 경영형태의 변화는 무엇보다도 국가의 둔전지배에 저항하고자 한 둔전민의 끈질기고도 역동적인 움직임에서 비롯되었다. 영문에 대하여 끊임없이 항조(抗租)를 펼치고 수취를 거부하는 자들은 대부분 향촌사회 내부에 재지적 기반을 확고히 구축한 지주층들이었다. 이같은 둔민의 저항은 지대의 점진적 저하를 가져왔거니와 이에 따라 영문의 둔전에 대한 지배력의 약화는 둔전결수의 감축으로 이어졌다.

19세기 금위영 재령 갈산(葛山) 둔전의 경우 척박한 토지와 수령의 침탈로 작인의 정액이 제대로 확보되지 못한 상태였으며 그 구성도 유민적 부류가 주를 이루는 가운데 일부 근착민(根着民)이 혼재되어 있었다. 이들은 금위영의 취철역(吹鐵役)을 부담하였는데 이 또한 대부분 허구화된 상태였다. 작인의 경영규모는 대부분 25부 이하의 빈농층으로서 극히 영세했다.

둔전의 소유구조와 경영형태는 고정불변한 것이 아니었고 당시의 여러 가지 현실적 조건을 반영하여 끊임없이 변화하였다. 이러한 변화의 동력은 둔전에 의한 국가의 토지지배를 더 이상 용인하지 않으려는 둔전민의 끈질기고도 역동적인 움직임이었다. 둔민의 저항은 현상적으로는 주로 수취액의 감하(減下)를 주장하는 방향으로 나타났다. 이들 둔민은 둔전을 오랫동안 경작해오면서 형성된 사실상의 소유권을 근거로 영문에 대하여 지대인하를 주장하였으며 그 기준은 민전이 부담하는 결세(結稅)의 양이었다. 결세의 양은 시기와 지역에 따라 다양했으나 대개 결당 조 100두나 미 23두로 나타났고 둔민들의 궁극적인 의도는 단순한 수취액의 감하가 아닌 둔전에 대한 내적 지배력을 어느 정도 구축한 상황에서 이를 법적으로 추인받음으로써 토지를 명실상부한 자신들의 소유지로 만들려는 것이었다. 군아문의 입장에서는 이 같은 둔민의 요구를 받아들일 수 없는 것이지만 수취량의 저하와 그것의 결세수준으로의 접근은 거스를 수 없는 대세였다. 19세기에 접어들어 둔전제는 사실상 형해화되는 단계에 접어들었으나 중세적인 토지지배의 일형태로서 둔전제는 완전히 청산되지 못하고 한말을 거쳐 식민지기로 넘어감으로써 20세기초 일제에 의한 토지조사사업 과정에서 국유지 분쟁의 불씨를 남겨놓고 있었다.

[참고어] 둔전, 아문둔전, 군둔전, 궁방전

[참고문헌] 정창렬, 1970, 「조선후기의 둔전에 대하여」『이해남박사화갑기념논총』; 박광성, 1976, 「영·아문둔전의 연구」『인천교대논문집』 10 ; 이경식, 1987, 「17세기 토지절수제와 직전복구론」『동방학지』 54·55·56합집 ; 이영훈, 1988, 『조선후기사회경제사』 한길사 ; 송양섭, 2006, 『조선후기 둔전 연구』, 경인문화사

〈송양섭〉

영보합명회사(永保合名會社) 일제시기 민규식(閔奎植) 일족의 토지와 자산을 관리 운영하던 회사.

한말 여흥 민씨 외척인 민규식 집안은 조부 민두호(閔斗鎬)와 부친 민영휘(閔泳徽) 대에 관직과 권력을 발판으로 막대한 부를 축적하였다. 1917년 당시 민영휘는 총재산 600만 원으로 조선 유일의 부호로 알려졌지만, 여주목사와 춘천유수를 역임한 민두호는 어릴 때 돗자리 장사를 할 정도로 빈한하였다. 민영휘 일족의 부는 양반세도가로서 누대에 걸쳐 추적된 결과가 아니라 민씨 부자가 관직에 진출한 1880년대 이후 형성한 것이었다. 특히 1887년 평안도 감사 시절 민영휘의 가렴주구는 지역 백성들에게 악명 높았다. 이들은 1908년 재산환수 소송을 통해 일부를 민씨가로부터 반환받기도 했다. 민영휘와 그 일족은 권력으로 축적한 토지와 자본을 발판으로 금융권에 진출하여 경제계에 입지를 구축해 갔다. 1915년 민영휘는 한일은행 은행장으로 취임했고, 1920년 그의 차남 민대식(閔大植)이 은행장직을 물려받았고, 영국과 미국에서 대학을 마친 민규식이 한일은행 상무이사로 재계에 발을 들여놓았다. 민대식·민규식

은 일제와 협력하는 가운데 여러 회사에 관계했지만, 자본축적의 토대는 토지소유·농업경영·건물임대 같은 부동산 투자에 있었다. 이들은 가족회사인 영보합명회사와 계성주식회사(桂成株式會社)를 설립하여 일족의 토지와 자산을 일제가 패망할 때까지 꾸준히 축적해갔다.

1933년 10월 민규식은 자산의 보호와 증식을 위해 자본금 47만 원의 영보합명회사를 설립하였다. 회사는 토지건물의 매매와 임대차, 토지개간과 농사개량, 우량기업에 대한 출자와 주식취득, 금융업을 주요 업무로 했다. 설립 다음해인 1934년 6월 자본금을 250만 원으로 증자했고, 이후 민규식·민대식 일족의 적극적인 친일사회 활동 속에서 회사는 일제말기까지 급성장을 보였다. 1942년 말에는 자본금 총 978만여 원, 부채를 제외한 순자산 833만여 원으로 확대되었고, 1944년 8월에는 총자산 1천여만 원, 순자산 866여만 원에 달했다. 회사자산은 부동산과 유가증권, 개인대부로 구성되었지만, 부동산(전답·대지·건물) 비율이 압도적이었다. 1942년 12월 현재 부동산이 전체 자산 중 89%(1944년 8월 86%)였고, 유가증권은 6%에 불과했다. 부동산 현황을 보면 1944년경 시가 약 600여만 원에 상당하는 전답과 대지가 평안도와 함경도를 제외한 전국에 분포되어 있었다. 황해도에 가장 많았고, 논 비중이 밭보다 5배 이상이었다. 이들 토지의 1년간 소작료 수입은 28,919석으로, 대략 658,380원(1석당 20원으로 환산)에 달했다.

영보합명회사는 설립 후 지주경영에서 재래의 마름제도를 폐지하고 일본인 농장회사의 농장경영방식을 도입하였다. 마름의 중간착복과 횡포를 제거하여 운영경비를 절감해갔고, 종래 타조법을 정조법으로 전환하여 지대수익의 극대화를 추구하였다. 또한 일제의 전시농업생산력확충 정책에 편승하여 농사개량과 토지개량을 적극적으로 실시하여 토지생산력을 높여갔다. 이러한 경영합리화·동태적 지주경영의 결과, 서선농장은 회사로 이관되기 전보다 3할이 증수되었고 서남농장은 간척지 개답을 통해 4천 석의 수입증가를 보였다. 동양척식주식회사에 담보로 제공한 경기도 이천군 등 112개군 소재 토지의 감정가를 보면, 1937년 처음 감정 시에는 17,760석이었으나 1938년에는 26,914석으로 증가했다. 1938~1942년 평균 수확 22,912석으로 1937년보다 29%정도 증가했다. 이러한 수익증가의 주된 요인은 지대 징수법 전환에 말미암은 것이었다.

토지경영 이외에 회사는 종로의 영보빌딩(5층, 건축비 30여만 원)을 비롯한 여러 채의 빌딩을 건축하여 임대하였다. 회사소유의 건물이 1940년경 시가 3,466,250원에 달했다. 일제 말기 전시시국산업에 진출하였다. 1944년 제철 및 주조 판매, 기계기구의 제작판매, 원료광석의 채굴 및 판매를 목적으로 하는 풍림주동주식회사를 설립하기도 했다.

한편 민대식은 1935년 9월 영보합명회사를 모델로 하여 자본금 200만 원의 계성주식회사를 설립하였다. 여러 번 사업 실패로 자산을 축 낸 민대식이 선택한 자산보전 방법이 신탁이었다. 설립 당시부터 이사로 활동해온 조선신탁주식회사에 대부분의 자산을 신탁하였다. 계성주식회사는 신탁수익권을 기초로 조직된 동족회사로, 부동산의 취득관리, 농업 및 임업의 경영, 부동산 임차사업을 주요 사업영역으로 삼았다. 계성주식회사의 자산은 1940년 12월경 688만여 원으로 부채 139만여 원을 제하면 순자산 549만여 원이었다. 자산내역을 보면 가장 큰 비중을 점하는 것은 445만여 원에 달하는 신탁부동산수익권이었고 그 다음에 120여만 원의 유가증권과 49만여 원의 농지, 37만여 원의 시가지, 5만 4천여 원의 건물, 18만여 원의 신탁부동산이었다. 부동산만 대략 556만여 원에 달했다.

민규식의 영보합명회사나 민대식의 계성주식회사는 1930년대 말경 김연수, 박흥식과 함께 조선의 대재벌적 콘체른으로 거론되었지만, 민씨 일족의 사업은 토지에만 있고 산업에는 직접 손대지 않고 주식보유 형태로 각종 산업에 간접적으로 투자하였다. 두 회사의 자산운용과 자본축적 과정에서 총자산의 15-20%에 달하는 차입금·부동산금융이 중요한 기능을 하였다. 민영휘·민대식·민규식의 친일사회활동에 힘입어 동양척식주식회사 경성지점과 조선식산은행으로부터 최저리 금리보다 더 낮게 장기대출을 받을 수 있었다. 대출은 전답과 같은 부동산이나 창고에 보관중인 벼와 같은 현물을 담보로 이루어졌다. 대출금은 대부분은 토지매입에 사용되었고, 일부 토지개량과 건물신축에 투입되어 자본을 축적해 나갔다. 또한 기존 대출금의 이자율 인하도 적극 시도함으로써 차입금 이자지불을 줄여 최대수익을 창출하고자 노력했다. 해방 후 농지개혁 당시 민대식은 계성주식회사 명의로 답 191.8정보, 전 57.2정보, 합계 249정보가 분배되었고, 민규식은 영보합명회사 명의로 답 177.9정보, 전 22.5정보, 합 200.4정보가 분배되었다.

[참고어] 농지개혁, 마름, 동태적 지주

[참고문헌] 韓國農村經濟研究院, 1985,『農地改革時 被分配地主 및 日帝下 大地主 名簿』; 오미일, 2008,「관료에서 기업가로-20세기 전반 민영휘일가의 기업 투자와 자본축적」『역사와 경계』68

〈고태우〉

영소작(永小作) 일본민법상의 용어로 물권의 하나. 1912년 조선민사령에 따라 일본민법을 한국에 적용하면서 영소작도 그대로 도입·적용했지만, 법 적용 방식은 차이가 있었다.

일본민법에서 영소작은 첫째, 소작료를 지불하고 타인의 토지를 경작하는 권리로서, 소작지를 직접 지배하는 물권이고 등기하면 제3자에 대항할 수 있었다. 둘째, 특약으로 지주가 제한하지 않는 한 자유로이 양도·담보·임대할 수 있었다. 셋째, 존속기간은 20년에서 50년 사이였다. 민법 시행 전부터의 영대소작은 민법 시행일로부터 50년으로 하였다. 넷째, 영소작권(永小作權)은 다른 관습이 없는 한 계속하여 2년 이상 소작료 지불을 게을리 할 수 없었으며, 파산선고나 토지에 영구히 손해를 끼치지 않는 한 지주는 소멸을 청구할 수 없었다. 다섯째, 소작료는 일반적으로 저렴하고 다른 관습 또는 특약이 없는 한 불가항력으로 수익에 부치는 손실을 입고 소작료의 면제는 물론 감액도 청구할 수 없다고 규정하였다.

일제는 조선 관습조사사업에서 일본의 영소작과 유사한 관습이 조선에도 있다는 점이 조사되었는데 주로 도지권이라는 이름으로 성립되었다.

도지권은 전국 각지에 분포되어 있었다. 평안북도 의주군과 용천군 일대에서는 원도지(原賭地), 평안남도 대동군·강서군·중화군 일대에서는 전도지(轉賭地) 또는 굴도지(屈賭地), 황해도 봉산군·신천군·재령군·안악군 일대에서는 중도지 또는 영세(永稅), 전주와 정읍에서는 화리(禾利, 또는 花利), 진주와 고성에서는 병경(並耕)이라고 불렀다. 도지권자는 그 소작지를 영구히 경작할 수 있었고 지주의 승낙이 없어도 도지권을 임의로 타인에게 매매, 양도, 저당, 상속할 수 있었다. 이들은 일반 소작료를 받아 지주에게 자신이 납부해야 할 소작료를 제외한 다음 그 차액을 차지하기도 했다. 이것을 중도지(中賭地), 원래 소작인을 중답주(中畓主)라 불렀다. 특히 궁방전(宮房田)에 많이 존재하였다. 이 도지권은 조선 후기에 전국 각지에서 성립되어 대한제국 때 크게 성행하였다. 도지권의 성장과 분포가 전국적인 현상이었다는 사실은 이것이 일부지방의 특이한 소작관행이 아니라 조선 후기의 커다란 사회변동과 관련된 소작농의 토지에 대한 권리의 새로운 변화의 한 단면임을 나타내는 것이다.

일제초기 법원의 재판에서 도지권을 물권으로 인정하여 지주에 승소하였으며, 일본인 학자들도 도지권을 영소작권으로 해석하기도 하였다. 하지만 토지조사사업이 끝난 1920년대 이후 소유권의 절대성에 근거하여 소작권을 채권으로 판정하는 것이 일반적이었다. 영소작도 일본민법의 영소작개념을 그대로 적용하여 관습은 인정하지 않고 등기한 경우만 인정하였다. 이러한 추세에 따라 도지권은 자연 소멸의 길을 걸었다.

[참고어] 도지, 화리, 병경

[참고문헌] 조선총독부, 1932,『朝鮮ノ小作慣行(上)·(下)』; 조선총독부, 1932,『朝鮮ノ小作慣行 : 時代と慣行』

〈이승일〉

영업전(永業田) 고려시기 양반·서리·군인 등에게 지급되었던 토지 지목(地目).

자손에게 상속을 허용했다는 점에서 당대에 주어졌다가 도로 환수하는 구분전(口分田)과 대칭(對稱)된다. 본래 중국 북조(北朝)의 북위(北魏)에서 당나라 때까지 실시하였던 균전제(均田制)에서 사용하였던 용어였다. 일단 이에 의거하여 토지를 분배받았던 사람은 사망이나 노령 등의 이유로 더 이상 경작이 불가능하여 국가에 세를 납부하기 어렵게 되면 도로 반납하거나 그 자손에게 상속시키는 것이 원칙이었다. 그런데 북위 때 공포했던 균전제에는 노전(蘆田), 상전(桑田), 마전(麻田) 등의 지목이 있었다. 이들은 재배하는 작물에 따라서 분류했던 것인데, 처음에는 그 종류에 의거해서 국가에서 환수하거나 자손에게 상속을 허락하였다. 상전의 경우에는 환수하지 않는 것이 원칙이었다. 반면에 마포(麻布)를 만드는 데 들어가는 재료를 길렀던 마전은 환수되는 것에 속하였다. 지역에 따라 토지에 대한 권리의 차이가 있음으로써 여러 가지 문제가 발생하였다. 드디어 북제(北齊) 시절에 들어와서는 상전과 마찬가지로 마전도 환수하지 않게 되었다. 그리고 이때부터 영업(永業)이라는 말을 사용했는데 사실상 세업(世業)과 같은 의미를 지녔다.

영업전이라는 명칭이 정식으로 사용되었던 것은 수(隋)나라에 들어와서 였다. 즉 통일을 이룩한 뒤 처음으로 전국에 걸쳐 균전제를 실시하면서 정남(丁男)·중남(中男)에게는 영업(永業)·노전을 지급하는데 모두 후제

(後齊)의 제도에 따른다고 했다. 이때 노전이라는 명칭은 종전과 마찬가지로 그대로 썼으나 상전과 마전은 거론하지 않고 일괄해서 영업전이라고 불렀다. 한편 당나라에 들어와서 공포되었던 전령(田令)에는 세업의 토지는 지급받았던 자가 사망하면 호를 승계하는 자에게 준다고 했다. 그리고 영업전은 모두 자손에게 전해주며 환수하지 않으나 3년 이내에 뽕나무나 느릅나무, 대추나무 등을 의무적으로 재배해야 한다고 했다. 대체로 개간하는 토지를 영업전으로 삼았던 것에서 유래하였다.

실제로 지급했던 규정을 보면, 당에서는 전국을 관향(寬鄕)과 협향(狹鄕)으로 나누되, 전자에서는 정남 1명에게 영업전 20무(畝), 구분전(口分田) 80무, 총계 100무씩을 주도록 했다. 후자에서는 영업전 20무, 구분전 40무, 합계 60무씩을 지급하게 했다. 즉 토지가 부족한 지방에 대해서는 지급 규모를 줄였음을 알 수 있다.

그런데 수나라에 이르러 농민이 아닌 관인(官人)에게도 영업전을 지급하는 제도가 마련되었다. 이것은 관인영업전(官人永業田)이라고 불린다. 이른바 개황령(開皇令)에 따르면, 제왕(諸王) 이하로 부터 도독(都督)에 이르기까지 모두 영업전을 지급하되 각각 차등을 두었는데 많으면 100경(頃)에 이르렀고 적으면 40무에 그치도록 했다. 처음에 5품 이상의 관인영업전은 주인이 없는 황무지를 지급했는데, 여기에는 개간을 기대했던 뜻도 포함되었다. 당나라에 들어와서는 몇 차례 개정되었는데, 친왕(親王) 이하로부터 종7품인 훈관(勳官)의 무기위(武騎尉)에 이르기까지 100경에서 60무까지의 영업전을 지급하였다. 그러나 직사관(職事官)·산관(散官)에 관해서는 종5품까지 토지를 지급한다는 규정이 있지만 6품 이하의 급전(給田)에 대해서는 그것이 보이지 않는다. 이 점에 대해 연구자들의 다양한 의견이 제출되었을 뿐 그 명확한 이유에 대해서는 아직까지 밝혀지지 않았다.

한편 지급 대상은 현직에서 실제 업무를 집행하는 관료들에게 국한되지 않았다. 범위가 매우 넓었던 유작자(有爵者)나 산관, 훈관 등을 포함하는 관인 신분을 대상으로 삼았다. 그리고 세습이 허용되었으며 사전(私田)처럼 매매 등의 자유로운 처분도 가능했다. 반면에 직전(職田), 또는 직분전(職分田)은 관직자에게 수여되었는데, 재직 기간 중에만 보유가 허용되었다. 공전(公田)에 해당되었기 때문에 경영 방식도 관에 의해서 규정되었으며, 거기서 얻어지는 수입은 관료의 소득이 되어 마치 급여의 일종처럼 간주되었다. 따라서 관인영업전과는 성격이 달랐다.

결국 영업전은 관인까지 포함된 신분을 기준으로 해서 차등적으로 지급되며 자손에게 상속이 허용되는 특성을 지닌 것으로 귀결되었다.

당의 율령제를 수용하면서 아울러 균전제도 도입하려는 시도가 없지 않았을 것이다. 하지만 확실한 증거가 발견되지 않았는데, 전자에 비해 후자가 훨씬 미약하다. 다만 고려시기에 들어와 영업전을 지급했다는 규정이 나옴으로써 이를 둘러싼 논란이 벌어졌다. 즉 균전제 실시와 관련이 있는지, 아니면 직접적으로 연관되지 않으면서 그 사전적 의미만을 차용했는지 등이 그 중심에 놓여 있다.

자료상으로는 양반, 서리, 군인에게 주어졌던 것이 확인된다. 양반의 경우 우선 1188년(명종 18)에 내린 제(制)에 의하면, "무릇 주현에는 각기 중앙과 지방의 양반과 군인의 가전, 영업전이 있다고 했다.(凡州縣, 各有京外兩班軍人家田·永業田[『고려사』 권78, 식화지1 전제 명종 18년])" 그리고 1041년(정종 7) 정월에 문하성에서 아뢰기를, "'옛 법에 범죄자는 영업전을 받을 수 없다고 하였는데, 상장군 이홍숙은 일찍이 헌장을 범하여 영남지방으로 유배갔었으므로 그 처와 자손에게 토지를 지급하는 것은 부당합니다'라고 하였다.(門下省奏 '舊法 凡犯罪者 不得受永業田 上將軍李洪叔 曾犯憲章 流配嶺表 其妻子孫 不當給田.'[『고려사』 권78, 「식화지」1 전제 정종 7년 정월])" 이것으로써 양반에게 영업전이 분급되었으며 당사자가 중죄를 범하지 않는다면 그의 처와 자손들에게 상속되었음을 알 수 있다. 정종(靖宗) 때 문하시중을 지냈던 서눌(徐訥)이 "병들어 지장사에서 요양하자, 왕이 우승선 김정준을 보내어 문병하고 어의 두 벌, 곡식 1천석, 말 두 필을 사원에 시주하여 병 낫기를 빌게 하였다. 위독해지자 친히 문병하고서 삼중대광·내사령으로 올리고 자손에게는 영업전을 내려주라는 조서를 내렸다.(訥遘疾寓地藏寺, 王遣右承宣金廷俊問疾, 以御衣二襲, 穀一千碩, 馬二匹, 納寺祈福. 疾篤, 親臨視之, 制加三重大匡·內史令, 賜子孫永業田.[『고려사』 권94, 「열전」7, 서희 부 서눌])" 이로써 특별한 경우가 아니라면 사망한 뒤에 전해 받았던 것으로 이해된다. 다만 구체적으로 어떤 식으로 얼마큼 지급했는지에 대해서는 알 수 없다.

서리의 경우는 다음의 예를 통해 알 수 있다. 이영은 자가 대년이며 안성군 사람이다. 아버지 이중선은 안성군의 호장을 지내다 경군으로 선발되었다. "이영은 어릴 때 스승 밑에서 글을 배우다가 아버지가 죽자 영업전을 이어받으려고 서리가 되고자 했다.(李永, 字大年, 安城郡人. 父仲宣, 以本郡戶長, 選爲京軍. 永幼從師學, 父沒, 欲繼永業田, 爲胥吏.[『고려사』 권97, 「열전」10, 이영])" 이는 비록 아들이라고 하더라도 서리의 역을 계승해야 비로소 받을 수 있음을 의미하였다. 앞서 양반의 영업전이 역의 승계와 관계없이 상속되었던 것과 차이가 있었다. 그러나 정확하게 얼마나 지급되었는지에 대해서는 역시 명확하지 않다.

끝으로 군인에게도 지급되었다. 먼저 1188년(명종 18)에 내린 제(制)에서 주현에 각기 중앙과 지방의 양반과 군인의 가전, 영업전이 있다는 것을 통해 그것을 짐작할 수 있다. 보다 확실한 것은 현종(顯宗) 때 중추원(中樞院)의 일직원(日直員)에 올랐던 황보유의(皇甫兪義)는 "경술년(1010년, 현종 원년)부터 군사를 부려서 군비가 크게 증액되었기 때문에 관리들에게 지급될 녹봉이 부족하게 되자 중추원사 장연우와 함께 건의하여 경군의 영업전을 빼앗아 녹봉에 충당하게 했었다.(自庚戌用兵以來, 增置軍額, 由是, 百官祿俸不足, 兪義與中樞院使 張延祐, 建議奪京軍永業田, 以充祿俸.[『고려사』 권94, 「열전」7, 황보유의])" 이를 통해 중앙군에게 영업전이 지급되었음이 확인되었다. 지방군에게도 역시 주어졌을 것이다. 이 역시 정확한 액수는 기록되지 않았다.

균전제 실시에 관한 구체적인 증거가 보이지 않으며, 더구나 그 자체의 명확한 지급 규정이 나오지 않음에 따라 영업전이 어떤 특정 토지를 지칭하는 것이 아니라는 설이 설득력을 얻고 있다. 다만 세업의 의미를 지닌, 즉 자손에게 상속이 허용되었던 것으로 이해되고 있다. 그리고 이를 전시과(田柴科)에 의거한 수조지 분급제와 연관시켜 파악하려고 시도했다. 먼저 관직이나 직역(職役)에 종사하는 사람에게 주어지는 양반전의 경우 품계나 지위를 기준으로 해서 정해진 과(科)에 따라 전지(田地)와 시지(柴地)를 나눠주었다. 원래 본인이 사망하면 국가에 반납하는 것이 원칙이었다. 하지만 자손이 관직을 지니고 있으면 계속해서 보유할 수 있었고 그것이 곧 영업전으로 인식하는 경향이 강했다. 더구나 일찍이 조상이 고위 관직을 지냈다거나 공훈을 세웠다는 이유로 과거에 합격하지 않고서도 특별 채용하는 음서제가 널리 시행되고 있었기 때문에 관직 생활을 이어가면서 대대로 분급 토지도 승계되었을 가능성이 매우 높았다. 하지만 당시 여건상 양반전을 규정대로 지급하기가 매우 어려웠는데, 상속까지 허용했다면 그 불공평함이 너무 심해 감당하기 힘들었을 것이라는 반론도 만만치 않다. 이에 양반의 5품 이상에게만 지급했던 공음전시과(功蔭田柴科)가 가장 적합하다는 주장도 제기되었다. 더구나 특별히 우대하기 위해 세습적 상속을 실시하도록 규정했기 때문에 형태상으로는 매우 가까운 것처럼 보인다.

서리나 군인의 경우에는 반드시 역의 계승과 직접 연결되었다. 이에 특유의 전정연립(田丁連立)과 결부시켜 이해하고자 한다. 즉 역의 부담자가 사망 등의 이유로 복무하지 못하게 되면 대신하는 사람이 전정을 인계받도록 되었다. 그런 측면에서 영업전으로 파악하게 되었다는 것이다.

영업전이 특정 지목을 가리키기보다 운영 등의 형태에서 유사한 점이 많기 때문에 수용했다는 것이다. 그러나 이런 입장에는 근본적으로 전시과의 이해 방식이 달라지면 그에 따라 성격이 바뀌는 문제점이 항상 내포되어 있다. 또한 구분전과 달리 무신정권의 수립 이후에는 영업전이 자료상에 보이지 않는다. 다만 조업전(祖業田)·부조전(父祖田)이라는 말이 나올 뿐이다. 자연히 이들과의 관계에 대해서도 살펴야 한다.

해방 이후 영업전 연구를 본격적으로 개시했다고 평가되는 이우성(李佑成)에 따르면, 고려시기의 전시과 체제는 토지를 지급받은 자가 사망하면 국가에 반납해야 하는 '납공(納公)'토지와 자손에게 대대로 상속되는 '전체(傳遞)'토지로 구성되었다고 했다. 이때 후자의 경우가 영업전에 해당한다고 보았다. 이는 본래 신라시기의 사유지였다가 고려의 전시과로 흡수된 것이라 했다. 이를 통해 종래의 모든 사유지를 부정했다고 파악했다. 그러나 '전체' 토지가 설정됨으로 말미암아 사유지로서 지녀야 했던 기한 없이 영구적으로 계승할 수 있었던 성격이 영업전이라는 이름으로 다시 살아났다는 것이다. 다만 양반, 향리, 군인에게 있어서 경영과 수취의 측면에서 약간의 차이가 있음을 언급하였다.

한편 전후 일본에서 새로운 연구 경향을 선보였던 다케다 유키오(武田幸男)는 영업전을 구분전과 연관시켜 그 성격을 파악하였다. 먼저 구분전을 전기와 후기로 나누되 특히 전자가 영업전과 상호보족관계에 있으면서 전시과 체제의 주요 내용을 이루고 있음을 논증하였다. 이때 영업전이 곧 전시과 자체를 가리키는 것으로, 13세기에 이르면 후기구분전으로 전화되었다고 했다. 이어서 공음전시과에 대한 검토를 통해 이를 더욱 보강하였다. 공음전시가 5품 이상의 양반을 지급 대상으로 삼았으며, 자손에게 전급(傳給)되었던 것 등등 당의 관인영업전과 일본 고대의 위전(位田)·공전(功田)과 공통되는 점이 많다고 했다. 이는 곧 율령제가 동아시아의 제 국가에 상당한 영향을 주었던 실례라고 이해했다.

전시과와의 관련성을 한층 더 공고히 했던 것은 이경식(李景植)의 연구였다. 전시과의 분급 전토(分給田土)는 과에 따라 액수를 차등을 두고 양반, 군·한인, 향리 등 각지의 직역과 연계하여 수수되므로 직전이었고, 직전인 까닭에 국전(國田)이었으며, 또한 해당 가계에 전수되는 세록(世祿)이므로 영업전이었다는 것이다. 그런데 분급 전토는 신료에게 그 가계의 존양(存養)과 국왕·국가에 직역을 통한 충신(忠信)의 봉공을 명분과 목적으로 하여 절급하는 것이었다. 그러므로 받는 자의 자손에 의한 지속적인 소지가 허용되었다는 것이. 그러나 사적 소유지와는 성질이 달라서 사사로이 임의로 상속하거나 증여할 수가 없었다. 즉 직역의 계승을 조건으로 국가의 승인을 받아야 했다는 것이다. 그런 점이 중요한 특징이라고 했다.

다른 측면에서 전시과의 관련성에 대해 언급한 연구로 김기섭(金琪燮)의 경우가 있다. 백정 농민층의 토지 소유 규모와 생산성으로는 전시과 단계에서 수조권 분급제를 실시하는 데 한계가 있다고 파악하였다. 그리고 당시의 토지 경영은 토지 사유제에 기초한 소작제적인 방식의 1/2 지대를 수취하는 형태였다는 것이다. 따라서 과전 지급 대상자의 소유 토지에 대한 면조권(免租權) 분급 방식이 지배적이라는 것이다. 이에 직역 부담자의 사유 토지인 전정(田丁)이 국가의 토지 분급 체계 속에서 영업전으로 분류되어 면조가 허용된 것으로 이해하였다. 이렇듯 전시과 해석 방식의 차이에 따라 영업전의 성격이 연구자마다 다르게 정리되고 있다.

[참고어] 구분전, 공음전, 전시과

[참고문헌] 李佑成, 1965,「高麗의 永業田」『歷史學報』28 ; 武田幸男, 1967,「高麗時代の永業田と口分田」『社會經濟史學』33-5 ; 姜晋哲, 1980,『高麗土地制度史硏究』, 高麗大學校 出版部 ; 金琪燮, 1990,「高麗末 私田捄弊論者의 田柴科 인식과 그 한계」『歷史學報』127 ; 李景植, 2007,『高麗前期의 田柴科』, 서울대학교출판부 〈윤훈표〉

영작궁둔(永作宮屯) 조선 후기 궁방전의 하나로 급가매득지를 의미하는 다른 표현.

조선 후기 궁방이 소유한 토지를 표현한 것인데 조 200두를 내는 창원 용동궁전답을 모델로 하였다. 영작궁둔은 궁방의 영구적인 장토를 의미하는 표현이다. 그러나 실제로는 그보다 다른 역사적 의미를 담고 있다. 17세기 궁방의 재원이 부족할 때 국왕은 사패지를 내리거나 무주지를 절수하여 주었다. 그런데 절수의 남발로 무주지뿐 아니라 민전도 침탈하게 되었다. 무주지도 이미 개간이 되어 민간인이 경작하는 경우가 많았기 때문이다. 그래서 1695년 을해(乙亥)정식을 선포하여 절수제를 폐지하고 급가매득제와 민결면세제를 시행하였다. 이때 마련된 규정은 다음과 같다.

"여러 궁방의 절수전답 가운데 민결면세처는 민간 1결의 토지에서 1년에 납부하는 전세, 대동 및 각종 잡비의 액수를 따라 미 23두를 정식으로 삼고, 영작궁둔처는 창원에 있는 설둔전답례(設屯田畓例)에 따라 1부(負)에 조 2두를 정식으로 삼고, 이외에 차인, 도장 등이 과외 수취하는 폐단은 특별히 엄단하여 드러나는 대로 엄히 처벌하여 백성을 위무할 일.(『충훈부등록』 강희 34년(1695년) 을해 정월 17일)"

즉 영작궁둔은 창원 용동궁전답을 모델로 하여 결당 조 200두를 납부하도록 하였다. 창원 용동궁전답은 17세기 중엽 효종조에 사여된 궁장토로서 실결에 대한 조 200두의 부과를 원칙으로 하였다. 이때 조 200두는 토세조 100두, 면세조 100두로 구성되었다. 창원 용동궁전답이 이후 영작궁둔의 모델이 되어 법전에도 올라가게 되었다.

[참고어] 궁방전, 면세전, 절수, 급가매득지, 유토면세지

[참고문헌] 박준성, 1984,「17·18세기 궁방전의 확대와 소유형태의 변화」『한국사론』11 ; 이영호, 2010,「한말~일제초 근대적 토지소유권의 확정과 국유·민유의 분기 : 경기도 안산 석장둔의 사례」『역사와 현실』77 ; 이영호, 2011,「근대전환기 궁장토 소유권의 향방 : 경상도 창원 용동궁전답 '영작궁둔=조200두형'의 사례」『한국학연구』24 〈이영호〉

영정법(永定法) 토지 1결당 4두의 전세(田稅)를 내게 하는 징수법.

조선 전기 공법(貢法)에서 규정된 연분 9등과 세율 1/20에 의한 1결 당 4두~20두의 수세량 적용을 최저 등급인 하지하(下之下)로 고정시키고 전세액도 4두로 정액화한 것이다. 이는 16세기 연분등제가 하중년의 6두 내지 하하년의 4두로 고정되어 가는 추세를 반영한 조치였다. 하지만 이것이 농민의 부담 경감으로 이어지지는 않았다. 대동법이 확산됨에 따라 공물을 토지

1결당 일정량의 쌀로 납입하거나 포, 목, 돈 등으로 대신 납부하였기 때문이다. 토지에 부과된 양은 시기와 지역에 따라 달랐지만 함경도와 평안도를 제외한 지역에는 대체로 쌀 12두 정도였다.

아울러 훈련도감의 설치로 삼수병 즉 포수, 사수, 살수를 양성할 재원 확보를 위해 삼수미세(三手米稅)가 신설되었다. 이것 역시 토지에 부과되는 세목이었다. 부과된 양은 시기와 지역에 따라 달랐지만 함경도와 평안도를 제외한 6도에서는 1결 당 쌀 2두 2승이었다. 또한 균역법 시행에 따른 재원 벌충을 위해 1결 당 쌀 2두씩을 걷는 결작의 명목도 추가되었다. 이외에도 전세 수납에 필요한 각종 경비가 전결세 형태로 추가되었다.

여러 형태의 세목들이 토지에 집중되는 것은 농업기술의 발전과 토지 생산력의 증대를 반영한 것이었다. 또한 토지는 유동성이 없는 수세대상으로서 수세량 확보가 다른 대상에 비해 가장 안정적이기 때문이었다. 따라서 영정법은 1결당 전세 4두를 내게 하는 징수법이란 차원을 넘어 조선 후기 전세 비총제 시행과 전정, 군정, 환정에서의 총액제 운영 방식이 일반화되는 출발점이 되었다고 평가할 수 있다.

조선 전기 공법은 토지의 비옥도에 따른 전분 6등, 풍흉에 따른 연분 9등, 세율 1/20에 의한 1결 당 4두~20두의 수세량 적용, 정전(正田)·속전(續田)의 구분 및 재해를 입은 토지에 대한 감면 규정 등을 골자로 하였다. 이는 농민의 토지소유 확대와 연작법 및 윤작법의 보급 등 농사 기술의 발전을 반영한 것이었다. 그러나 공법은 전분 6등의 양전과정, 연분 9등 적용과 면세 및 감세 과정이 원칙대로 운영되지 않으면서 문제를 노정시켰다. 이에 이미 16세기에 연분등제는 하중년의 6두 내지 하하년의 4두로 고정되어 갔고, 전세 수납은 부담자의 사회적 세력의 강약에 따라 다르게 운영되어 갔다.

임진왜란은 조선의 경제체제를 근본적으로 변화시켰다. 1599년(선조 32) 조선 정부가 파악하고 있었던 경작지는 전쟁 이전 150만 결의 1/5 수준에 불과한 30만 결이었다. 이에 1603년(선조 36) 전국적 규모의 계묘양전(癸卯量田)이 있었다. 이 양전으로 조선 정부는 어느 정도 임진왜란 수준 이전의 전결을 확보했던 것으로 보인다. 그러나 전품의 하락과 불균, 양안에 등재되지 않은 은여결(隱餘結)의 존재, 면세지의 확대, 미등록된 개간지의 파악이 과제로 남았다.

1634년(인조 12) 갑술양전(甲戌量田)은 조선 후기 전정에서 큰 전환점을 이룬다. 첫째는 양전제도 중 양전척의 변화이다. 조선 전기 토지 6등급에 따라 6개의 양전척을 사용하던 수등이척제(隨等異尺制)를 폐지하고, 단일한 양전척 이른바 '갑술척(甲戌尺)'으로 불리는 동척제(同尺制)를 적용하였다는 점이다. 둘째는 토지의 등급과 전세액을 고정시키는 영정법의 시행이었다. 영정법은 공법상의 연분 9등제 적용을 최저 등급인 하지하로 고정시키고 전세도 4두로 정액화한 것이다.

인조 대 갑술양전으로 조선 정부는 삼남지방에서 임진왜란 이전에 육박하는 결총(結總)을 확보할 수 있었다. 하지만 파악된 결총이 곧 수세의 대상인 농사를 짓는 시기결(時起結)은 아니었다. 갑술양전에서 더 밝혀진 토지의 65%는 농사를 짓지 않고 묵히는 땅인 진전(陳田)이었다. 또한 양전과정에서 시기결과 진전을 막론하고 전품이 전반적으로 상승하였다.

양안이 현실을 반영하지 못하면서 대동세(大同稅), 삼수미세, 결작(結作), 가승미(加升米), 곡상미(斛上米), 창역가미(倉役價米), 창작지미(倉作紙米), 호조작지미(戶曹作紙米), 공인역가미(貢人役價米) 등 세곡을 거둘 때 발생하는 결손을 보충하거나 곡물 운반 명목의 각종 비용이 토지에 부가되었다. 결과적으로 영정법은 전세가 아니라 토지로 각종 부세가 집중되는 과정에서 하하년 4두로 수세액을 고정하였다.

조선 후기에는 이러한 영정법의 원칙 하에서 면세와 감세를 결정하고 균부균세를 이루려는 전세수취 방식이 시기를 두고 변화하였다. 그 가운데 핵심은 전근대 농업의 불안정성을 보장해주고 재생산 확보를 위해 실시한 급재(給災) 제도였다. 급재는 재해의 정도에 따라 조세를 감해 주는 규정이었다.

『경국대전』의 급재 원칙은 모든 토지를 대상으로 재해를 입은[災實] 비율에 따라 면세하는 방식 즉 비율급재방식(比率給災方式)이었다. 전체적으로 재해를 입은 토지와 전부 묵힌 토지는 조세를 면제하고, 절반 이상 재해를 입은 토지는 그 재해 정도가 60%이면 60%를 면제해 주고 40%만 받아들이는데 90%에 이르기까지 모두 이 규례대로 조세를 받는다는 것이다.

그런데 『속대전』에서는 그 방식이 바뀌었다. 그 해의 풍흉의 내용에 따라 작성된 연분사목(年分事目)내에 재해의 명목[災名]을 지정하여 각 도에 나누어주는 재명급재방식(災名給災方式)이 시행된 것이다. 이때 연분사목에 의해 반포되는 재명은 영재(永災)와 당년재(當年災)로 구별하였다. 영재에는 냇물이 다른 쪽으로 흐르는 바람에 논밭이 떨어져 나가 버린 곳[川反浦落]이 있었고, 당년재에는 처음부터 씨를 뿌리지 못한 곳[初不付種], 이앙하지 못한 곳[未移秧], 늦게 이앙을 마친 곳[晩移秧]·이삭이 패지 않은 곳[未發穗]·수해를 만난 곳[水沈] 등이 있었다. 속대전의 재명급재방식은 경차관이 농작상황을 철저히 검사해야 했는데, 실상은 오히려 많은 폐단을 낳고 있었다.

17세기 말부터 급재 및 답험 방식의 변화가 오기 시작하였다. 우선 급재방식은 재해에 해당하는 명목을 밝혀 내려주는 재명급재방식으로부터 당해년도의 재명과 급재결수를 미리 정하여 함께 반급하는 이른바 정한급재방식(定限給災方式)과 비년급재방식(比年給災方式)이 채택·적용되고 있었다. 정한급재방식은 원장부에서 급재결수를 재상의 정도에 따라 미리 책정하여 나누어주는 방식이었다. 비년급재방식은 각도의 전결총수와 각 년의 급재등록(給災謄錄)을 고찰하고 그 해의 풍흉을 아울러 참작한 뒤, 각도의 급재결수를 분등비년(分等比年)하여 반급하는 방식이었다. 정한급재와 비년급재는 전정 운영에 절제가 없고 공평하지 못함이 극심하여 부득이 시작된 것이었으나, 조선 정부로서는 일정액수의 결총을 확보할 수 있는 이점이 있었다.

이에 1730년대 무렵부터는 거의 매년 특정 해의 연분총수를 고려하여 수세하는 비총방식이 일반화되었다. 비총제(比摠制)는 호조가 유래공탈전(流來公頉田)을 일일이 제외한 원총(元摠)과 그 해의 풍흉에 상당하는 연도의 수세실결인 실총(實摠)을 비교하여, 당해연도의 실총과 면세결수인 재총(災摠)을 각 도에 반급하였다. 그러면 각 도의 감사는 당해년도의 사목재결의 수량과 각 도 실총 이외의 결수를 상호 비교하여 각 읍에 급재결수를 삭감·분배하고 실총에 입각한 수세를 시행하는 것이었다. 비총제는 1760년(영조 36)에 법제화되고 『대전통편』에서 명문화되었다.

비총제는 원래 전세에 적용되던 수취제도였다. 그러나 전세 비총제는 전결세 일반, 군정, 환정의 총액제 운영에 영향을 미쳤으며, 어세·선세·노비신공 등 여타 부세의 수취방식에 전형(典型)이 되었다.

[참고어] 전제, 전세, 공법, 총액제, 급재

[참고문헌] 김용섭, 1970, 『조선후기농업사연구』, 일조각 ; 김태영, 1983, 『조선전기토지제도사연구』, 일조각 ; 김옥근, 1984, 『조선왕조재정사연구』, 일조각 ; 이재룡, 1984, 『조선초기 사회구조연구』, 일조각 ; 안병욱, 1989, 「19세기 부세의 도결화와 봉건적 수취체제의 해체」, 『국사관논총』 7 ; 이철성, 1993, 「18세기 전세비총제의 실시와 그 성격」, 『한국사연구』 81 ; 이철성, 2003, 『17·18세기 전정운영론과 전세제도 연구』, 선인 〈이철성〉

영창농장(永昌農場) ⇒ 보성 이씨가 농장

영친왕궁장토(英親王宮庄土) 고종의 일곱째 아들 이은(李垠, 英親王)의 잠저인 영친왕궁의 재정을 보용하기 위해 설정·운영한 토지.

이은은 순헌황귀비의 아들이자 고종의 일곱째 아들이다. 1900년(광무 4) 8월 17일 영친왕으로 책봉되자 그 재산 및 사무를 관리하는 잠저로서 영친왕궁을 경선궁 안에 설치했는데, 1907년(융희 1) 8월 7일에 영친왕이 황태자로 책봉됨에 따라 폐지했다. 이에 영친왕궁에 소속된 토지 등은 경선궁으로 옮겨졌다가, 1907년 12월 26일 황태자궁으로 환부되었다.

영친왕궁장토는 1900년 8월 17일 영친왕으로 책봉될 때 내장원에서 관리하던 역둔토가 지급됨으로써 처음 설정되었다. 이후에도 개간이나 매수, 이래이부 등의 방법으로 토지를 집적했는데, 『국유지조사서(國有地調査書)』에 나타난 영친왕궁장토의 성립 기원을 정리하면 아래의 표와 같다.

〈경선궁·영친왕궁의 토지마련 기원별 분포〉

	개간	매수	이래이부	축보	축언	투탁	미상	합계
영친왕궁	12	6	46	8	1	-	-	73

출처 : 박성준, 2008, 「대한제국기 신설 궁의 재정 기반과 황실 재정 관리」, 『역사교육』 105, 107쪽

위 표에서 나타나듯이, 영친왕궁 토지는 이래이부, 개간, 축보 등의 순으로 마련되었다. 이는 토지의 규모에서도 동일하게 나타났는데, 영친왕궁의 전체 토지는 답 934두락, 전 58석락·125일경, 전답 319석락·30결, 보세답(洑稅畓) 1,364석락, 미상 104결이다. 이를 기원별로 구분해 보면, 이래이부(移來移付)된 토지가 답 619석락, 전 36석락·123일경, 전답 244석락 등으로 전체의 67%를 차지하고, 다음으로 개간, 매수, 축보 순이었다.

특히 영친왕궁이 개간과 축보를 통해 토지를 집적한 것은 주목된다. 이는 상당한 물력을 필요로 하는 것이었기 때문에, 개인의 출자로는 감당하기 어려웠다. 영친왕궁은 황해도 평산군(平山郡) 용천(龍川)·도융면(道隆面)의 보민(洑民)에게 50,000냥(兩)을 출급하여 축보(築洑)토록 하고 매년 정조(正租) 300석을 상납하도록 하였다. 해주군(海州郡) 동면(東面)에도 어사교보(御史橋洑)와 화양보(花陽洑)를 설치하고 수세(水稅)를 징수하였다.

축보뿐만 아니라 개간에도 참여하였는데, 개간의 경우, 궁이 직접 참여한 경우도 있었지만 궁에서 축언(築堰)을 하고 해당 언전(堰田)을 민들이 개간하게 한 경우도 있었다. 축언을 한 곳은 무안군(務安郡) 장항포(獐項浦) 1곳이 있다. 영친왕궁은 장항포에 둑[堰]을 쌓고 바닷물을 막아 형성된 언전(堰田)을 개간하였다. 『국유지조사서』에는 무안군 장항포에 영친왕궁이 축언한 것이 1904년으로 되어 있는데, 축언작업은 1901년에 시작되어 1902년에 완료되었고 언장(堰庄)은 민들이 작답경작(作畓耕作)하였다. 장토의 관리는 다른 궁장토처럼 도장을 두지 않고 궁이 직접 장토의 관리나 소작료의 징수 등을 맡았다.

영친왕궁장토 중 학교에 기부된 것도 적지 않았다. 양정의숙에는 답 200석락, 전 105일경, 진명여학교에는 답 149석락, 전답 142석락, 명신여학교에는 답 167석락, 전 3일경, 전답 30결, 미상 106결이 기부되었다. 『국유지조사서』에는 경선궁과 영친왕궁이 세 학교에 토지를 기부한 시기가 1907년으로 되어 있는데, 이때에 집중된 것은 전국적으로 학교설립이 활발했던 시기이기도 했지만 일본이 주도한 황실재정정리와 정미조약 체결 등에 대한 하나의 대응으로 보인다.

[참고어] 궁방전, 경선궁장토

[참고문헌] 『國有地調査書』; 조영준, 2009, 「조선후기 왕실재정의 규모와 구조-1860년대 1사4궁의 재정수입을 중심으로」 『한국문화』 47 〈윤석호〉

예결(豫結) 지주가 소작인에게 전가한 지세와 부가세를 미리 납부하도록 하는 소작 관행. 예납(豫納)이라고도 한다.

지주가 소작인에게 전가한 각종 세금에는 지세, 지세부가세와 함께 수리조합비, 농회비, 보세(洑稅), 수세(水稅)가 포함된다. 이러한 각종 세금의 전가(轉嫁)와 전납(前納) 관행이 언제 시작되었는지 정확한 연대는 알 수 없지만, 조선 후기에 발생했다고 추정된다. 1910년대에 더욱 증가하였다. 예결관행은 전국 각 도에 분포하고 있으며, 특히 경상도, 전라도, 충청도 지방에서 널리 행해졌다.

예결 관행은 관리의 비리와 착취, 결세 수송시 조운선의 전복 등을 이유로 지세를 1년에 2회 징수하면서 발생하였다. 예결이 발생하는 이유는 ① 소작인에게 전가한 지세와 부과세의 태납·미납 예방, ② 소작료를 징수할 때 지세도 미리 징수하여 수납비용을 절감, ③ 이전 소작인의 미납·태납 지세 보충, ④ 지주의 자금 마련용도 등이 있다. 예결의 액수는 소작지의 전년도 결세액을 기준으로 산정되었다. 보통 전액 납부가 일반적이었으며, 반액 혹은 2~3할 정도로 정한 경우도 있었다.

예결의 납부는 차기분(次期分) 또는 다음 연도분을 전납시키는 두 경우로 구별된다. 1930년도의 경우 차기분을 전납시킨 지주가 전국에 약 21,212명이 존재했다. 예결을 행하는 소작인은 약 133,808명이 있었다. 경상남도에 가장 많고, 함경북도에 가장 적었다. 다음 연도분을 전납시킨 지주는 약 10,047명, 소작인은 총 약 82,967명이고, 전라남도에 가장 많았다.

납입방법은 납입고지서를 소작인에게 보내 직접 납부하도록 하는 방법, 지주가 납입한 후에 소작인에게 징수하는 방법, 지세에 해당하는 액수를 소작료에 더해서 징수하는 방법 등이 있었다.

[참고어] 결세, 조선의 소작관행

[참고문헌] 조선총독부, 1932, 『朝鮮ノ小作慣行(上)·(下)』 〈고나은〉

예고등기(豫告登記) 등기 원인의 무효 또는 취소에 의한 등기의 말소 또는 회복의 소가 제기된 경우에 이를 제3자에게 경고하기 위하여 법원의 촉탁으로 행하는 등기.

예고등기는 소유권에 대한 법적 다툼이 있다고 법원이 공지하는 행위이다. 1912년 조선부동산등기령이 공포되면서 도입되었다. 1960년 제정된 부동산등기법에도 그대로 입법화되었다. 소유권이 변동될 수 있음을 알려 매매나 임대차 때 피해를 줄이려는 목적이었으나, 경매 과정에서 싼값에 경매물건을 받으려고 낙찰가를 낮추는 수단으로 악용되기도 했다. 보유 부동산을 경매로 날릴 처지에 놓인 채무자가 타인과 공모해 자신을 상대로 '소유권이전등기 말소청구 소송'을 내도록 해서 법원이 예고등기를 하도록 하는 방법으로 주로 활용되었다. 이런 부동산은 몇 차례 유찰돼 낙찰가가 떨어지게 되고, 이때 채무자 등이 낮은 값에 물건을 확보해 부당이익을 챙기게 된다. 현재 예고등기 제도는 폐지되었다.

[참고어] 조선부동산등기령, 부동산등기법, 경매

[참고문헌] 自由國民社 編輯部, 2011, 『圖解による法律用語辭典(補訂4版)』; 현암사, 1985, 『圖解 법률용어 사전』; 早川保次·南雲幸吉 編, 1926, 『朝鮮登記事例(全)』, 大海堂 〈이승일〉

오건기(吳建基) ⇒ 동고농장

오오하시농장(大橋農場) 1907년 일본 기후현(岐阜縣) 오카기시(大垣市)의 금융업자 오오하시 요이치(大橋與市)가 전라북도 익산군·김제군, 충청남도 예산군·덕산군 일대에 세운 농장.

오오하시는 1897년 오카기시에서 오오하시은행(大橋銀行)을 창업한 금융업자이자 산림경영자였다. 러일전쟁 직후 한국에 대한 척식여론과 투자 붐이 고조되자, 오오하시는 새로운 투자처로 한국농업에 주목하였다. 1907년 전라북도 익산군·김제군 일대 토지 450여 정보의 황지와 하등지를 값싸게 매입하였다. 1912년 호남선·군산선의 개통으로 헐값에 매입한 미간지 갈대밭이었던 이리(裡里) 일대가 급속하게 도시의 면모를 갖추어 가자, '이리의 오오하시'인지 '오오하시의 이리'인지 알 수 없다는 이야기가 나올 정도로 이리의 가옥과 택지 대부분은 오오하시농장의 소유였다. 지세령 개정 후인 1921년 7월 오오하시농장은 자본금 270만 원(불입금 175만 5천원)의 주식회사 오오하시농장으로 전환했다. 회사의 주요 사업내용은 부동산과 유가증권을 소유하고, 일반농사를 경영하고 토지개량을 도모하며, 식림사업을 영위하는 것이었다. 회사 본점을 오카기시에 두었지만, 동년 11월 익산군 이리 156번지로 옮겼다. 대표 취체역에 오오하시의 장남 오오하시 사부로(大橋三郎)가, 전무 취체역에 둘째 아들 오오하시 시로(大橋四郎)가 맡았다.

1936년 현재 주식회사 오오하시농장은 소유토지 1,035정보, 소작인수 1,800명, 직원 수 8명, 마름 수는 15인이었다. 오오하시농장은 농장→직원→마름→소작인(연대보증인)으로 이어지는 수직적 지배체제를 구축하였다. 재래의 마름제도를 없애지 않고 농장경영에 맞게 변형시켜 적극적으로 이용하였다. 마름은 농장에 고용된 소작료징수와 소작인 관리자의 지위로 전락했으며, 농장 측에서는 현지 사정에 밝은 한국인 마름을 유용하게 활용하였다. 마름 1명이 대략 80~100정보 전후의 소작지를 관리했는데, 이는 전라북도 농장 중간 관리인의 평균 규모에 해당되었다. 소작인은 모든 영농 과정에서 농장의 지시에 따라 작업을 수행해야 했고, 농장직원은 마름을 통해 소작농에 대한 농사지도를 실시하였다.

소작료는 초기에 집조법에서 점차 정조법으로 전환되었다. 오오하시농장의 소작계약서(1936년도)를 보면, 다른 일본인 농장·농업회사처럼 강력한 지주권이 명문화되어 소작인에게 관철되고 있다. 소작농은 농장이 지정한 농작을 재배해야 하며, 농산물의 개량증수에 노력하고, 충분한 건조·조제를 거쳐 지정된 규격에 따라 포장한 완전한 곡물을 수납해야 하고, 타인에게 무단으로 소작지를 전대하지 말 것이며, 허락 없는 지목변경을 금지하고, 관개·배수의 남용을 하지 않고, 토지설비나 경지정리는 농장의 지도에 따르고, 농장이 필요시에는 언제든지 소작지를 반납할 것이며, 지시사항을 어기거나 불이행시에 수반되는 모든 손해는 소작인과 연대 보증인이 책임을 져야한다고 규정했다. 현재 전라북도 익산시 주현동에 1914년에 건립된 오오하시농장 사무실과 미곡창고 건물이 남아 있으며, 2005년에 등록문화재로 지정되었다.

〈오오하시농장 소유토지 현황(단위: 정보)〉

	논	밭	기타	계
1908	437.0	53.0	9.0	499.0
1910	890.6	80.6	29.5	890.7
1922	969.8	106.8	20.7	1,097.3
1925	994.4	103.9	73.8	1,152.6
1929	927.0	119.0	70.2	1,099.0
1931	916.0	119.0	53.0	1,088.0
1936	915.0	119.0	50.0	1,034.0

출처 : 하지연, 2006, 『韓末 日帝强占期 日本人 會社地主의 農業經營研究-澁澤榮一 資本의 朝鮮興業株式會社를 중심으로』, 이화여대 박사학위논문, 346쪽.

[참고어] 소작인조합, 동태적 지주, 마름

[참고문헌] 宇津木初三郎, 1928, 『(湖南の寶庫)全羅北道發展史, 一名全北案內』, 文化商會 ; 鎌田白堂, 1936, 『朝鮮の人物と事業 第1輯 湖南編』 ; 하지연, 2010, 『일제하 식민지지주제 연구』, 혜안

〈이현희〉

오자섭(吳子攝) ⇒ 동고농장

오천축국도(五天竺國圖) 인도와 서역 제국을 중심으로 한 불교 인식을 담은 세계지도.

고려시기 윤보(尹譜)가 제작한 것으로 알려져 있다. 1151년(의종 5)에 완성되어 왕에게 찬진되었다. 현재 실물이 전하지 않아 정확히 알 수는 없으나, 윤보의 묘지명에 "현장(玄奘)의 『대당서역기(大唐西域記)』에 의거하여 「오천축국도」를 만들어 왕에게 바쳤다"고 기록되어 있다. 현장의 『서역기』는 고려시기 서역과 인도지역을 이해하는 데 큰 영향을 주었는데, 학식이 풍부하고 글재주가 있던 윤보는 불교에 심취하여 항상 불경을 읽었으며, 의종에게도 『법화경』을 직접 베껴 바친 일이

있다. 따라서 그의 「오천축국도」는 『서역기』 등을 통한 불교적 세계관에 의해 제작되었을 것이라 여겨진다.

일본 법륭사(法隆寺) 소장 「오천축국도(五天竺國圖)」(1364)와 『십개초(拾芥抄)』(1294년경)에 실린 「천축국도(天竺國圖)」 등이 현존하므로 이를 통해서 간접적으로나마 윤보의 오천축국도에 대한 내용을 짐작할 수 있다. 법륭사의 「오천축국도」는 서역과 인도가 중심이 되어 있고 중국은 작은 부분을 차지하고 있다. 현장의 행적은 붉은 선으로 표시되어 있다. 『십개초』에 실린 「천축국도」는 법륭사의 『오천축국도』에 비해 훨씬 작다. 이 지도에는 일본이 빠져 있고, 고려가 그려져 있는 것이 특징이다. 「오천축국도」보다 작고 조잡하지만 중국·서역·인도까지 총망라한 세계지도로서, 기존의 중국 중심의 세계관에서 벗어나는 계기를 마련해 주었다.

윤보의 「오천축국도」는 『십개초』의 「천축국도」와 유사한 형태였을 것이라 짐작되는데, 국왕에게 찬진할 의도를 가지고 있던 만큼 상당히 자세한 회화식 지도였을 것이라 여겨진다.

[참고문헌] 盧禎埴, 1986, 「古地圖에 나타난 外國地名을 통해서 본 視野의 擴大」 『대구교육대학논문집』 22 ; 盧禎埴, 1982, 「韓國古世界地圖의 특색과 이에 대한 外來的 影響에 관한 연구」 『대구교육대학논문집』 18 ; 김용선, 2012, 『고려묘지명집성』, 한림대학교 출판부 ; 김철웅, 2014, 「고려의 오천축국도와 세계관」 『동양학』 56 〈이현경〉

오카야마현 한국농업장려조합(岡山縣韓國農業獎勵組合) 1908년 일본 오카야마현(岡山縣)의 지주·상공인들이 현 당국의 지원 아래 한국척식과 농업이민을 위해 설립한 농업이주조합.

러일전쟁에서 일본이 승리하자, 일본 사회 전반에 척식식민여론과 투자열기가 고조되었다. 이러한 분위기에 편승하여 일본 각 지방 부현 당국과 지역의 유력자들은 농업회사나 농업조합을 조직하여 한국 농업이민사업에 뛰어들었다. 오카야마현 당국도 통감부 농무국장 나카무라 히고(中村彦)의 한국농업척식에 대한 순회강연회 개최를 계기로 농업이주조합 설립에 착수하였다. 1906년 5월 현 당국은 조사단을 한국에 파견하여 이민척식사업의 경제적 타당성을 세밀하게 조사하였다. 조사단의 시찰보고회에서 한국농업이민의 장려를 현 당국의 정책으로 채택할 것을 건의하였다. 약간의 준비기간을 거쳐 1908년 3월 11일 창립총회를 열고 조합을 발족시켰다. 조합의 목적은 일본 농업이주자를 장려 지도감독하고, 농장을 설치하여 일본식 농업경영의 우수성을 보이고, 평화로운 '일한연합의 모범농촌' '제2의 일본농촌'을 한국에 설립하는 것이었다.

자본금 10만 원으로 하고, 조합원의 자격은 오카야마현 재적자로서 3년 이상 현에 거주한 자로 한정했다. 조합원은 1구좌 100엔 씩 지분에 따라 출자하고, 조합의 존속기간은 1908년부터 10개년이었다. 현청 안에 본부를 두고, 한국에 출장소를 두었다. 한국출장소에는 간사와 기사, 서기 1명씩을 파견 상주시켰다. 이주지역 선정을 위해 5명의 이주지 선정단을 한국에 파견하였다. 경상남도 밀양을 이주대상지로 선정하고 공사비 200원을 투입하여 출장소사무소와 이주민을 위한 임시숙소를 건축하였다. 1909년 현재 논 21정보, 밭 80정보를 마련하고 농장경영에 나섰다. 직영지 논 1정보와 밭 2정보는 이주농민에게 개량농법을 지도하고 인근 한국인 농민들에게 일본식 농법의 우수성을 보여주는 시험장이었다. 논에서는 일본 개량 벼를, 밭에는 각종 과수와 연초·아마·소채 등 밭작물을 시험 재배하였다. 나머지 농지는 모두 한국인에게 소작을 주었다. 소작농민에게 직영지에서 채종한 종묘를 배부해주고 경종법 개량을 지도 감독하였다. 1908년부터 3년 간 현비 18,000엔을 보조받았다. 농장수입은 1909년도에는 3,768엔, 1911년도는 2,205엔이었다. 조합은 17호의 이주농민을 수용하고, 주택건축비 30엔을 장려금으로 제공하였다. 이주농민들의 조속한 정착을 위해 조합은 토지선정과 매수에서부터 현지 토양에 맞는 작물재배와 각종 농사지도에 이르기까지 도움을 주었다. 이주자들도 한국오카야마단(韓國岡山團)을 조직하여 상호부조와 친목을 도모하였다. 1911년 5월 조합명칭을 조선농업장려조합으로 변경했으며, 1918년 조합은 조합규약에 따라 해산되었다.

[참고어] 한국흥농주식회사, 후쿠오카현 농사장려조합, 나가노현 한농조합

[참고문헌] 최원규, 1993, 「일제의 초기 한국 식민책과 일본인 '농업이민'」 『동방학지』 77·78·79 ; 田中愼一, 2003, 「韓國農業獎勵組合の展開過程(明治期)」 『經濟學研究』 53-1 〈고태우〉

오쿠라농장(大倉農場) 오쿠라재벌의 창업주 오쿠라 기하치로(大倉喜八郎)와 그의 일족이 1903년 이래 전라북도 옥구군 대야면과 미면, 회현면 일대에 세운 농장.

'죽음의 상인'으로 불린 오쿠라 기하치로는 1876년 조선개항 이래 조선에서의 상업 및 무역이권을 장악하

고 오쿠라구미(大倉組)를 앞세워 경제침탈의 선두에 섰다. 청일전쟁과 러일전쟁을 거치면서 굴지의 정상재벌로 확고하게 발돋움하였으며, 그러한 성장은 한국에서의 자본축적과 수탈을 통해서 가능했다. 1902년 시부사와 에이이치(澁澤榮一), 호소카와 모리타쓰(細川護立) 등과 함께 일본 재벌과 화족이 중심이 된 조선협회를 조직하고 '조선반도의 경제적 사정을 조사 고구하고 조선의 이원을 개발한다'는 명목 하에 한국 농업척식사업에 나섰다. 특히 그는 만경강일대 호남평야의 개간가능한 갈대밭이나 진전에 주목하였다. 이곳에 적당한 수리시설을 갖추고 일본식 농사개량을 한다면, 다대한 미곡증산과 투자수익을 얻을 수 있다고 보았다. 게다가 이 지역에는 1890년 이래 왕실과 소유권 분쟁에 휩싸인 균전이 많았다. 외국인의 토지소유는 당시 대한제국의 법제상 불법이었지만, 균전을 둘러싼 갈등으로 지역농민들은 균전을 일본인 농업경영자와 자본가에게 헐값에 팔아넘겼다. 1903년 오쿠라는 일본공사 하야시(林權助) 밑에서 경무관을 지낸 토지브로커 나카니시(中西讓一)를 내세워 균전과 미간지를 싼값에 대량으로 잠매하여 농장을 개설하였다.

농장은 옥구군·익산군·김제군 일대 135개 촌락에 걸치는 2,500정보의 대규모였고, 나카니시가 농장을 위탁 관리했다. 일본 정재계에 막강한 영향력을 가졌던 오쿠라재벌의 농장개설은 그때까지 불법적인 토지투자를 망설여왔던 일본인들에게 어느 정도 자신감을 불러일으켰다. 아울러 러일전쟁 이후 통감부의 강요로 토지가옥증명규칙을 위시한 각종 증명제도가 실시되고 균전혁파의 조치가 취해지자, 그간 불법 매입했던 이곳 토지에 대한 소유권이 합법적으로 인정받게 되었다. 그에 따라 오쿠라는 토지매수를 더욱 확대시켜갔으며, 1910년 말 현재 2,844정보(투자액은 232,749원)에 달했다.

이후 오쿠라 기하치로는 2,000여 정보의 소유토지를 동양척식주식회사에게 매각하여 큰 시세차액을 챙겼으며, 남은 토지를 둘째아들 오쿠라 요네기치(大倉米吉)에게 맡겨 경영하게 했다. 게이오기주쿠(慶應義塾)를 졸업하고 미국에 몇 년간 머물면서 산업시찰을 한 요네기치는 수리시설의 완비야말로 농장경영의 사활이 걸린 급무라 생각하고 인근 일본인 대지주들을 독려하여 전주평야수리기성동맹회를 발족시켰다. 1910년 몽리면적 2,500여 정보의 임익남부수리조합이 완공되자, 요네기치는 본격적인 농사개량에 힘썼다. 소작인에게 일본 개량 벼를 배부하고, 일본에서 농업기사를 불러오고, 시험답을 운영하였다. 경운과 시비에 주력했으며, 가마니 짜는 기계를 대여하여 부업을 장려하고, 이모작으로 맥작도 독려하였다. 산업장려와 지주소작인 간 친목도모를 목적으로 소작인대회를 개최하여 우수소작인을 표창했으며, 지경리에 부락개량조합(소작인 96명) 부락소작인조합(소작인 77명)을 만들어 각각 2.8정보와 1정보의 토지를 공동 경작하게 하고, 그 수입을 조합과 부락공동기금으로 활용하게 했다.

오쿠라 일족이 소유한 오쿠라농장은 지경농장·미면농장·회현농장으로 분산되어 있었다. 지경농장은 1903년 개설된 이래 하라다(原田彦四郎)가 농장주임으로 경영했으며, 1932년 경제공황에 따른 유동성 위기로 말미암아 580정보 규모의 지경농장은 구마모토(熊本利平)에게 팔았다. 600여 정보의 미면농장은 요네기치의 직영이었고, 1917년 2월 옥구군 회현면에도 장남 오쿠라 기시치로(大倉喜七郎) 명의의 농장이 운영되었다. 1926년 현재 회현농장은 451정보 규모였으며, 지경농장 주임 하라다가 경영 대리인이었다. 1936년 전라북도 농무과 조사에서 따르면, 옥구군 회현면에 대성식산주식회사(大成殖産株式會社)(소유주 오쿠라 기시치로) 명의로 521정보를 보유하고 있었다. 오쿠라농장은 오쿠라재벌의 전체 사업에서 차지하는 비중은 그렇게 절대적이라고 할 수는 없었지만, 고율소작료에 기초한 농장이익은 결코 적은 것이 아니었다. 1910-20년대 쌀값이 폭등하고 지가가 상승한 것을 감안한다면, 농업 토지수익은 무시할 수 없는 것이었다.

[참고어] 구마모토농장, 균전수도, 소작인조합

[참고문헌] 三輪規 松岡琢磨, 1907, 『富之群山』, 群山新聞社 ; 保高正記, 1925, 『群山開港史』, 群山府 ; 홍성찬 최원규 이준식 우대형 이경란 공저, 2006, 『일제하 만경강 유역의 사회사-수리조합 지주제 지역정치』, 혜안 ; 하지연, 2006, 「대한제국기 일본 대자본의 지주화 과정 연구」『이화사학연구』 33 〈이수일〉

오포둔(五浦屯) 조선 후기 수어청(守禦廳)의 운영을 위해 경기도 광주(廣州)에 설정된 토지.

수어청은 정묘호란(丁卯胡亂) 이후 중앙군사력을 강화하는 과정에서 남한산성(南漢山城)에 설치한 중앙군영이다. 수어청둔은 전국에 산재한 훈련도감의 둔전과 미간지(未墾地)를 이관 받고, 토지를 매수하여 설정되었다. 오포둔은 수어청둔 중에서 경기도 광주지역에 설정된 영문둔전이다. 1691년(숙종 17) 경기도 용인(龍仁)의 모현둔(慕賢屯)과 통합되어 그 규모를 넓혀갔다.

오포둔은 1894년 중앙 및 지방관제 개편으로 수어청이 폐지되자 다른 수어청둔과 함께 탁지부의 소관으로 이관되었고, 1896년에는 궁내부로, 1898년에는 탁지부로 이관되었다. 1899년에 왕실재정의 강화라는 명분에 따라 궁내부 내장원이 토지를 관리하고 도조를 징수하였다. 1907년 다시 탁지부 관할이 되었다가, 1908년 국유로 이속되었다.

[참고어] 영문둔전, 수어청둔

[참고문헌] 和田一郞, 1920, 『朝鮮土地地稅制度調査報告書』

옥구서부수리조합(沃溝西部水利組合) 1908년 12월 전라북도 옥구군 미면·구읍면 일대에 설립된 최초의 수리조합.

수리조합은 보와 제언 같은 전통적인 수리시설과 달리 대규모 근대적 토목사업을 통해 구축된 수리이용 시설물로서, 1906년 수리조합조례에 의해 법적 기초가 마련하면서 시작되었다. 옥구서부수리조합은 수리조합조례에 의거하여 처음으로 만들어진 수리조합의 효시이다. 옥구군 14개 재래의 제언 중에 규모가 가장 컸던 미제(米堤)와 선제(船堤)를 수원(水源)으로 삼았으며, 설립 당시 몽리면적은 270정보, 조합원수 331명이었다. 소요공사비는 9,545원이었으며, 조합사무소는 미제가 있는 미룡리에 두었다.

조합설립은 전주 재무서의 권유를 받아 전라북도 참사를 지낸 김상희(金相熙)를 위시한 조선인 지주들이 주도하였다. 김상희가 초대조합장에 취임한 이후 1934년까지, 그를 뒤이어 김상태(金相兌)가 1940년까지 조합을 이끌어 갔다. 1920년 현재 총 조합원 207명 중 조선인이 194명이며, 민족별 몽리면적에서도 조선인이 전체 몽리면적의 약 70%를 차지했다. 이곳이 만경강유역의 수리조합 중 일본인들의 토지침탈 영향을 상대적으로 가장 덜 받은 곳이었다. 몽리면적이 비교적 적고, 지가가 가장 높았다는 점이 일본인의 토지침탈을 막은 주된 요인으로 작용하였다. 이런 사정으로 옥구서부 수리조합은 설립에서 운영까지 조선인 손에 의해 이루어졌으며, 1941년 전북수리조합에 통합되었다.

옥구서부수리조합은 재정적으로 매우 건전하였다. 설립 당시 약간의 보수만 필요로 할 정도로 미제와 선제는 비교적 양호한 상태로 가동되고 있었고, 과거부터 이 제언의 물을 이용해온 양답의 상당 부분이 그대로 수리조합 구역으로 편입되었다. 따라서 기존 수리질서에 큰 변동이 일어나지 않았다. 기존 수리시설인 보를 이용한 수리조합이었기에, 공사비가 저렴했으며 그에 따라 조합원들의 수리조합비 부담도 덜했다. 따라서 옥구서부수리조합은 최소 비용으로 최대의 수리 안정성을 확보할 수 있었다.

[참고어] 전북수리조합, 수리조합, 후지흥업주식회사

[참고문헌] 宇津木初三郞, 1928, 『(湖南の寶庫)全羅北道發展史, 一名 全北案內』, 文化商會 ; 전북농지개량조합, 1978, 『전북농조70년사』 ; 禹大亨, 2006, 「일제하 萬頃江 유역 水利組合 연구」 『일제하 만경강 유역의 사회사-수리조합, 지주제, 지역 정치』, 혜안

〈이수일〉

온정적 지주(溫情的地主) ⇒ **요기, 결성 장씨가 농장, 수원 조씨가 농장**

옹구 길마 위에 얹어 농작물과 퇴비 등의 다양한 물건을 나르는 데 사용했던 용구.

옹구 농업박물관

지역에 따라 '원구'·'온구'·'옹기'·'망구' 등의 명칭으로 불리기도 하였는데, 『농가월령가(農家月令歌)』 및 『월여농가(月餘農歌)』에서는 '망구'로, 『천일록(千一錄)』에서는 '옹고(擁罟)'로 기록되어 있는 것을 확인할 수 있다. 옹구는 길마(소의 등에 짐을 싣기 위해 얹는 일종의 안장) 위에 얹어서 사용하는 도구로, 논밭에서 수확한 각종 농작물이나 거름·퇴비 등을 옮길 때 주로 사용하였다. 나무틀에 새끼로 짠 망 형태의 자루가 달려있는 구조인데, 자루의 밑을 여닫을 수 있게 하여 망에 있는 짐을 쉽게 쏟을 수 있도록 하였다. 한번에 100kg이 넘는 짐을 실을 수 있어서 곡식이나 거름 등을 운반하기에 적합하였고, 우마차와 달리 협소한 길로도 다닐 수 있었다.

[참고어] 길마, 걸채

[참고문헌] 박호석 外, 2001, 『한국의 농기구』, 어문각

와다 이치로(和田一郞) 일본제국의 대장성에 근무하던

재무관료로 한국에 부임하여 토지조사사업을 주도하여 이후 한국의 토지제도와 지세제도에 커다란 영향을 미친 인물.

와다 이치로(1881~1966)는, 일본 불교 조동종의 승려로 극우단체인 흑룡회의 회원이자 송병준이 주도한 일진회의 고문으로 일본이 한국을 강점하는데 재야에서 결정적으로 공헌한 다케다 한시(武田範之), 통감부시절 대한제국의 탁지부 차관을 지내고 조선총독부 탁지부 장관을 지낸 후 일본에 돌아가 농상무대신, 추밀원 부의장을 지낸 아라이 겐타로(荒井賢太郎), 동경제국대학 건축학과 교수로 조선의 고적조사위원으로 임명되어 평양 경주 등 고적조사를 주도한 세키노 타다시(關野貞)와 함께 조선을 식민지로 통치하는 데 기초를 세운 인물로 평가받고 있다.

와다는 1881년 니가타현 아라이시(新井市, 당시 中頸城郡 水上村)에서 출생했으며, 아버지는 와다 다미고로(和田民五郎)이다. 동학농민전쟁이 일어났던 1894년에 고향 미주카비무라(水上村)의 요시키소학교(吉木小學校)를 졸업하고 나카쿠비키군(中頸城郡)의 다카다중학교(高田中學校)에 입학하였다. 1899년에 중학교를 졸업한 후 일본 최고의 명문인 동경제일고등학교에 입학하였으며, 1906년 7월 동경제국대학 법과를 졸업하였다. 그해 11월 고등문관시험에 합격한 후 대장성에 들어가 서기관, 가나자와(金澤) 세무감독국장을 거쳐 한국에 부임하였다. 탁지부 차관 아라이의 추천으로 1909년 통감부 서기관으로 한국에 건너와, 조선총독부 임시토지조사국 총무과장, 분쟁지심사위원장 등으로 토지조사사업을 계획하고 주도적으로 시행하였다. 그리고 고등토지조사위원회의 간사로 의안을 조정 정리하는 역할도 담당했다. 그후 조선총독부 재무국 이사과장을 거쳐 1919년 철도부장을 지냈다. 그 뒤 참사관과 재무국장으로 매년 일본의회에 출석하였다. 1925년 6월 조선상업은행 두취로 임명되었으며, 1932년 2월 퇴직하고 일본으로 돌아갔다.

그의 학문적 저작으로는『조선토지·지세제도 조사보고서』가 있다. 이 책은 조선총독부 철도부장으로 자리를 옮긴 와다 이치로가 1920년 1월 조선총독부 임시토지조사국의 잔무정리를 한 결과로서 조선총독 사이토 마코토(齋藤實)에게 보고하는 형식으로 편찬되었다. 와다는 이 저서로 1923년 법학박사학위를 받았다. 그는 한국의 토지제도의 문제점을 "지적도, 토지대장, 지세명기장이 없을 뿐만 아니라 면적이 부정확하고 지가임대가액의 기재가 없다. 그리고 지권이나 등기제도가 없는데 한국정부가 어떻게 지조를 거두었는지 불가사의한 일이다."라고 지적하면서, 이를 해결하기 위해 추진한 토지조사사업에서 겪은 경험과 고전자료를 통해 얻은 지식, 학자들의 연구성과를 종합하여 한국의 토지제도와 지세제도를 집대성한 이 책을 저술하였다고 하였다. 조선총독부 임시토지조사국에서 발간한『조선토지조사사업보고서』와 함께 토지조사사업을 연구하는 데 주요한 저술이다.

이 책은 총 15편으로 구성되었으며, 대체로 1918~1919년『조선휘보』등에 실었던 글들이다. 제1편에는 조선토지제도요론이라는 제목으로 조선의 토지제도사를 정리하고 있다. 처음 시작인 단군의 존재를 황당무계한 것으로 보고, 이후의 기자정전을 인정하지 않고 삼국시기까지를 공산제 단계, 그후 조선시기까지를 공전제 단계로 보고 있다. 그리고 조선의 말미에 토지사유의 발생과 근대적 토지제도라는 항목을 설정하여 다룬 점이 특징적이다. 다음에는 각론으로 국유지를 종류별로 나누어 그 유래를 설명하고, 토지문기에 대한 여러 예를 들며 해설을 하고 있다. 제2편 사궁장토에 의하여, 제3편 조선에서의 문기 기타의 증서에 취하여, 제4편 역토와 둔토의 연구, 제5편 토지에 관한 표시, 제6편 능원묘에 취하여, 제7편 묘전궁사단과 그 부속지, 제8편 학전과 사전, 제9편 묘지에 취하여, 제10편 목장토 등이 그것이다. 제11편은 조선에 특유한 현상이며 토지조사사업에서 해결해야 할 최대의 과제로 설정했던 국유지에서 발생한 대표적 분쟁의 사례를 '국유지의 분규'라는 제목으로 기술하고 있다. 조선토지조사사업보고서와 그 내용이 거의 일치하고 있다. 다음 제12편과 제13편, 제14편은 지세에 대한 연구로 편명은 각각 '이조시대의 지세와 부가세', '역대의 결수 세액과 면적의 연구' '조선에서 지가조사'이다. 마지막 제15편은 일제시기 새로 편성한 시가지에 대한 것으로 편명은 '시가지의 지적조사'이다.

와다에 대한 평가는 두 부류로 나뉜다. 하나는 하타다 다카시(旗田巍)의 견해이다. 그는 와다를 공전론=토지국유론자로 보고, 와다의 국유지 이해가 토지조사사업에서 강권적인 국유지창출과 깊게 관련되어 있다고 보았다. 와다의 국유론이 국유지창출=농민으로부터 토지박탈의 근거가 되었다는 것을 명확히 하고 있다. 하타다는 와다의 한국토지제도론을 다음과 같이 정리하고 있다. 고대 종족의 공산제 사회→신라 삼국통일

후 공전제도로 개편되고 그 공전제, 즉 토지국유제가 고려 조선까지 조선토지제도의 근간이었다고 본다고 하였다. 그 사이 사적인 토지소유가 사실로서 일어나고, 겸병 투탁 매매 등 광대한 토지를 가진 자가 존재했지만, 이것은 불법적인 교란적 현상이고 공전제도라는 일반적 원칙아래 약간 존재한 예외적인 현상이라는 것이다. 이조말기까지 공전제의 원칙이 지배적이라고 보았다. 이러한 입장에서 토지조사사업을 행하고 토지의 소속을 결정하게 되면 토지를 경작하고 있는 농민의 토지를 박탈하는 것이 불가피했다는 것이다.

다른 하나는 미야지마 히로시(宮嶋博史)의 견해이다. 그는 하타다가 농민으로부터의 대량의 토지수탈=국유지의 강제적 창출이 행해졌다는 통설적 이해를 전제로 와다의 견해를 해석했다고 보았다. 와다는 사적 토지소유의 발전의 역사에 눈을 감고 공전론(국유론)의 입장에서 사업을 추진했다는 것이다. 그리고 하타다는 이를 바탕으로 와다의 공전론을 근대적 토지국유론으로 비약하여 해석하고 그것이 국유지 창출의 이론이 되었다고 하였다. 이어서 미야지마는 와다가 토지국유론자가 아니라고 하면서, 조선토지제도요론에서 말한 바 토지사유의 기원을 다음과 같이 정리하였다. 첫째 이조에서의 공전 사전의 구별은 사실상 고려조의 제도와 달리 무세지를 공전, 유세지를 사전이라 칭하고 사전을 민전으로 인정하였다. 둘째 토지사유는 불법적인 것이 아니라 『경국대전』·『경국대전주해』를 거쳐 법적으로 공인되었다고 본 것이다.

그러면서 와다는 토지조사사업에서 가장 문제가 된 국유지 분쟁의 원인을 다음과 같이 파악하고 있다고 정리하였다. 둔토와 궁장토는 유토=국유지와 무토=민유지로 구별되는데, 전자는 절수에 의해 토지를 준 것, 즉 유토면세지 또는 영작궁둔이고, 후자는 수조권을 준 것으로 무토면세 또는 원결면세인데, 현실적으로는 양자의 구별이 불명확하여 국민유분쟁이 다발하였다고 보았다. 그리고 그는 이를 구별할 기준을 명확히 제시하고 있지 않지만, 특히 지조액과 양안에 주목하여 이를 구분하려고 했다는 것이다. 이때 와다의 분쟁지 처리방향은 국유지 창출보다 민유지의 입장이었다고 미야지마는 견해를 피력하고 있다.

이들 견해는 나름대로 타당성을 지니면서도 다음과 같은 문제를 안고 있다. 와다가 민유지, 즉 사적 토지소유를 인정하는 입장에서 토지조사사업을 추진했지만, 유토에서 궁방이 거둔 조를 수조권 또는 소유권 중에서 무엇의 결과인지 애매하게 처리하고 있다. 세액의 비중으로 소유권을 판단할 경우 조=미23두의 경우는 당연히 민유로 처리했겠지만, 조=100두와 조=200두의 경우, 전자는 민유지, 후자는 국유지로 판정하는 것이 타당한 것인지 그리고 그 내부에 존재하는 중답주나 도지권같은 물권을 인정하지 않은 것을 어떻게 평가할 것인지 등이 문제로 남는다. 구체적으로 와다가 토지를 주었다고 인식한 절수사여지 가운데, 유토=조200두와 민유지=미23두라는 규정 사이에 존재하는 토지를 와다는 어떻게 판정했을까. 조=100두의 토지는 무토=민유지로 판정한 경우도 있지만, 이를 유토=국유지라는 그의 인식과, 일제라는 '식민지국가'의 속성과 관련하여 국유로 판정하기도 했던 것이다. 그리고 와다는 양안에서 경자양안과 광무양안 가운데 전자를 중시했는데, 이와 관련하여 미야지마는 국유지적 입장에서 추진된 광무사검이나 국유지실지조사와 달리, 토지조사사업은 이조후기이래의 민유지의 우월화 방향을 수용 계승했다는 관점을 보이고 있지만 재고할 필요가 있어 보인다. 대한제국이 조사한 공토는 배타적 소유권이라는 법적 지위를 가진 국유지로 확정한 것이 아니었으며, 공토내부에서 벌어진 분쟁도 대체로 수조액의 문제로 보인다.

어쨌든 와다를 둘러싼 두 견해는 수탈론과 식민지근대화론과도 관련되지만 더 많은 실증적 검토가 필요하다. 그리고 이에 앞서 유념해야할 것은 그는 기본적으로 조선사회의 정체성론을 전제로 토지제도를 보고 있다는 점이다. 조선은 공법-사법의 혼합시대를 벗어나지 못하였으며, 일본의 메이지유신 전은 고사하고 왕조시대 이전의 것에 가까운 것이었다고 말하면서 토지조사가 토지소유제도의 완성이며 통치의 기초사업이라고 그 효과를 내세우고 있었다.

와다는 전형적인 일본의 관료이며 관학자로 위의 책을 비롯하여 『대일본 조세지』·『형법 특히 재무형법 강의』·『회계법론』 등을 저술하였다. 대장성 근무시절에는 호세이(法政)대학에서 회계법 강사를 지냈다. 그리고 조선미술전람회에 개설에 진력하고, 배구 한시에 취미를 가지고 있었다. 그의 저작으로는 『행여시초(行餘詩草)』와 『조선의 향기(朝鮮の匂ひ)』가 있다. 그리고 일본으로 돌아갈 때 지인들이 칭송하며 쓴 글을 모은 『천민선생 동귀록(天民先生東歸錄)』 등이 있다.

먼저 『조선의 향기』(1920, 경성 발행)는 『금융과 경제(金融と經濟)』 잡지에 '망중한제(忙中閑題)'로서 연재한

만필로 조선에 관한 사실과 경험에 기초하여 쓴 것이다. 목차를 보면, 일본도(日本刀)를 사랑한다와 같은 글도 있지만, 대부분 조선을 대상으로 한 것으로 자기 경험과 조사에 기초하여 작성한 것이다. 주요 제목을 보면, 조선인의 기량, 묘지와 화장장, 삼성혈, 거류지제도의 철폐, 조선시대의 중앙관청과 법전, 일한합병, 을지문덕, 조선의 정가(正歌), 진기한 소송과 범죄, 사미인곡과 단가별조, 제주도 해녀, 강화도, 신라와의 맹서, 천도교, 백두산, 벽제관행, 조선의 결혼연령, 고려의 고도, 이순신 전집을 읽고, 이토(伊藤)공과 조선 등이다.

『행여시초(行餘詩草)』는 와다의 한문 시집으로 1925년 4월 5일 발행했다. 여기에는 와다의 박사학위 취득을 축하하는 이완용, 박영효, 이재곤, 박기양, 정만조, 원응상, 권중현, 윤덕영, 민영휘 등의 글도 실려 있다. 그리고 그가 일본으로 돌아갈 때 지인들이 쓴 글을 모아 간행한 『천민선생동귀록(天民先生東歸錄)』에는 박영효, 사이토, 이보상, 정무정, 이용식, 정만조, 민병석, 이재곤, 이완용 등이 참여하였다. 이러한 저작은 그의 한국인식과 한국에서의 사교범위, 친일인사들과 교분이 두터웠음을 알려준다.

[참고어] 토지조사사업, 광무사검, 국유지실지조사

[참고문헌] 西山篤郎, 1967, 「和田一郎 博士の 事蹟」『和田一郎 博士の 事蹟 追記』; 旗田巍, 1967, 「해설」『朝鮮土地·地税制度調査報告書(復刻)』, 宗高書房 ; 宮嶋博史, 1991, 『朝鮮土地調査事業史の硏究』, 東京大學 東洋文化硏究所 ; 리진호, 2005, 「조선 토지·지세제도 조사보고서 해제」『한국지적백년사 자료편 2』 〈최원규〉

와장전(瓦匠田) 고려시기 기와를 만드는 관청의 경비와 관청의 업무에 종사하던 이들의 생활 보장비를 조달하던 토지.

고려시기에는 위전(位田)이라 하여 관청이나 사원 등에 지급된 토지가 있었는데, 이는 관청과 사원의 경비 혹은 관청업무에 종사하던 이들의 급료 조달을 위해 마련된 토지였다. 또는 특수한 업무를 진행하던 진(津)·원(院)·역(驛)·사(寺) 등에 지급하여[『고려사』 권78, 「식화」1 田制] 그 경비를 조달하도록 하거나, 역역(力役)을 부담하던 사람들에게 지급되었던 토지를 지칭한다. 따라서 해당 관청에 따라 위전이 설정될 수 있으며, 위전 앞에는 관청 혹은 업무의 내용이 드러나는 접미사가 붙는 것이 일반적이다. 때문에 와장전 혹은 와장위전(瓦匠位田)은 기와를 만드는 일을 하던 관청에 지급된 토지로 볼 수 있다.

[참고어] 공해전

[참고문헌] 權寧國 外, 1996, 『譯註『高麗史』食貨志』, 韓國精神文化硏究院 ; 李景植, 2012, 『改訂版 韓國 中世 土地制度史-朝鮮前期』, 서울대학교출판문화원

완문(完文) 16세기 이후 조선 관부에서 궁방·향교·서원·사찰·종중·촌·개인 등에게 사실 확인 및 특권 부여를 위해 발급한 고문서 양식.

완문은 수급자들의 이해관계를 보호 및 보증해주고 이를 준행하여 완수한다는 내용을 입증해주는 관부문서이다. 전달·보장·처분·특권문서의 성격을 띤다. 대체로 향리 사민들의 재지 기반이 강화되기 시작한 16세기 이후부터 나타났다. 발급자나 수급자가 다양했던 만큼 내용도 매우 다양했다. 조세나 군역의 탈역에 관한 내용이 가장 많았고 서원이나 향교 등 공공기관의 수호나 민고의 구폐 해소 또는 도고의 독점권 인정, 사회 규약의 공증, 잔민들의 농업경영 보장 등 수급자들의 다양하고 복잡한 사회 현실적인 욕구가 주를 이룬다. 사회적 기능에 따라 묘직탈역완문, 선산수호완문, 서원완문, 현예완문, 삼강행실완문, 훈예완문, 향교완문, 계방완문, 궁방완문, 사찰완문, 성촌완문, 재개간완문, 빈농구제완문, 구폐완문, 완의완문, 도고완문으로 분류할 수 있다.

완문은 낱장으로 발급한 것도 있으나 주로 성책으로 제작하여 발급한 것이 많다. 성책의 경우 고급한지로 30~40㎝ 정도의 크기이다. 조선 후기 상당히 많이 유통된 고문서임에도 불구하고 『유서필지』 등에서 문서의 양식에 대한 규정이 나타나지 않는다. 이는 문서의 내용이나 분량이 다양하고 임의적일 수 있었다는 증거이다. 주로 종이에 먹, 탑본, 목판 인쇄물, 현판 등으로 제작되었으며 완문에 사용된 문자는 한문, 한글, 이두, 국한문 혼용이 있었다.

완문의 문서 양식은 ① 표제와 제목, ② 기두사, ③ 본문, ④ 결사, ⑤ 증빙대상, ⑥ 발급일자, ⑦ 발급자 착명, 서압, 관인, ⑧ 후기의 형식적 단락으로 구성되어 있다. 완문은 제목을 밝히는 경우가 일반적이며 완문이라는 단어 앞에 발급자가 줄 수 있는 정보를 배치하여 구성하였다. 기두사는 문서의 발급자가 문서 작성 목적을 요약하여 쓰는 부분으로 '우완문위성급사(右完文爲成給事)', '우위완문성급사(右爲完文成給事)'가 가장 일반적인 형식이다. 본문은 서술서식과 처분서식으로 나눌 수 있으며 내용의 증언을 구성하는 핵심부분에 해당한

다. 결사 부분은 완문을 영구히 준행한다는 내용으로 '빙고, 의당, 준행'과 같은 용어가 통상적으로 사용된다. 증빙대상은 문서의 수급자가 완문을 제시하였을 때 문서의 효력을 입증해 줄 대상을 말하는데 주로 수령, 향청, 공형을 포함한 행정담당의 하리인 것이 일반적이다. 발급자 착명, 서압, 관인은 완문의 증빙력을 결정적으로 확인해 준다. 갑오개혁 이후 서압 대신 인장을 사용하는 변화가 나타나기도 한다. 후기는 본문에 대한 내용을 보완하거나 강조하기 위하여 사용하고 '후, 후기, 절목, 조례' 등으로 표기한다.

토지와 관련하여 처분 및 특권을 증빙해주는 완문으로는 서원, 향교, 사찰에 소속된 재산을 관리하고 재원을 보장하는 내용의 완문, 궁방이 사패지·속사(屬寺)·시장·염막·선세·보 등으로부터 수세할 수 있도록 하는 탈역에 관한 완문, 진황처를 개간할 경우 개간 기간 동안 세역을 감면하여 주는 재개간에 관한 완문, 빈농의 구제를 목적으로 잔민의 척박한 전답을 읍부총책에서 빼주는 내용의 완문 등이 있다.

[참고어] 문기, 수표, 토지매매문기, 입지

[참고문헌] 최승희, 2003, 『한국고문서연구』(증보판), 지식산업사 ; 이상규, 2011, 『한글 고문서 연구』, 도서출판 경진 〈고나은〉

왕위전(王位田) 신라시기 왕릉의 제사와 유지 보수를 위하여 마련한 토지.

왕의 묘소에서 시행되는 제사나 왕릉의 보수, 운영에 소요되는 경비를 마련하기 위해 지급된 토지이다. 사료 상에서 왕위전이 처음으로 등장하는 것은 661년(신라 문무왕 1)의 기사이다. 문무왕은 외가가 가야계라는 점을 거론하면서 가야의 시조인 김수로왕의 제사를 지내라고 지시하였고, 묘에 가까운 상상전(上上田) 30경(頃)을 사급해 왕위전으로 삼아 제사에 소용되는 경비를 충당하게 하였다. 즉 수묘(守墓)와 관계되는 토지의 하나로 볼 수 있다. 이로 말미암아 묘의 유지, 보수, 운영에 대한 경비 역시 왕위전에서 충당하였을 것으로 추정된다.

[참고어] 능원묘위전

[참고문헌] 安秉佑, 1992, 「6~7세기의 토지제도」『韓國古代史論叢』 4 ; 李景植, 2005, 『韓國 古代·中世初期 土地制度史』, 서울대학교출판부 ; 전덕재, 2006, 『한국고대사회경제사』, 태학사

〈정덕기〉

왕정농서(王禎農書) 중국 원나라 때 왕정(王禎)이 쓴 농서.

1304년 『왕정농서』를 간행하라는 조서(詔書)가 있는 것으로 보아, 이 책은 1304년 이전에 완성되었던 것으로 보인다. 서문은 1313년에 쓰였다. 원본은 37집이며,명나라 본은 36권이다. 농상통결(農桑通訣), 백곡보(百穀譜), 농기도보(農器圖譜)의 세 부분으로 구성되어 있으며, 따로 잡록(雜錄)이 첨부되어 있다. 농작법과 재배법, 농기구에 관한 이론을 자세히 서술하였으며, 그림 273폭이 함께 실려 있다. 중국에서 처음으로 남과 북의 농법을 종합한 농서로서 의미를 지니며, 수차 등의 기계제작을 통해 생산력을 증대하려는 왕정의 깊은 관심이 드러나 있다. 조선에서도 『한정록』, 『과농소초』, 『해동농서』, 『농정회요』 등의 농서에 많은 영향을 주었다.

[참고어] 수리, 한정록, 과농소초, 해동농서, 농정회요

왕토사상(王土思想) 동아시아에서 전통적으로 전국의 모든 토지는 왕의 땅이며 모든 백성은 왕의 신하라고 보는 사상.

중국 주(周)나라의 토지는 주왕(周王)의 소유였는데, 이러한 토지소유 관념은 왕토사상에 근거하고 있다. 주족(周族)은 '천(天)'을 삼라만상의 절대자로 믿었다. 그리고 주왕은 자신을 천자라고 생각했으며, 이를 통해 유일성과 신성성을 확립할 수 있었다. 하늘의 뜻을 대행하는 천자였기 때문에 그의 지배영역은 전세계여야 했다. 왕토사상도 이러한 관념에서 나온 것이다. 따라서 주왕의 지배영역은 주의 정치·군사력이 미쳤던 주의 봉건적 지배영역만이 아니라 주변의 여러 이족(異族)과 그 영토를 포함한 즉 화이(華夷)를 망라한 전역이었다.

왕토사상은 『시경(詩經)』 소아(小雅) 대북편(大北篇)에 나오는 "천하에 왕의 땅이 아닌 곳이 없고, 왕의 신하가 아닌 자가 없다.(普天之下, 莫非王土, 率土之濱, 莫非王臣.)"는 구절에 잘 표현되어 있다. 그러나 천하관념에 입각한 왕토사상은 명목상의 이론일 뿐이고, 토지의 실제 소유권은 제후(諸侯) 및 그 일족이었던 경(卿)·대부(大夫)의 지배귀족에 속해 있었다. 이 지배계층의 정치·군사적 기반이었던 성읍(城邑) 주변에는 읍명을 딴 송전(宋田)·노전(魯田) 등의 농경지가 있었다. 이처럼 왕토사상은 이미 주대부터 명목상의 이론일 뿐 실제적으로는 토지사유제가 진행되고 있었다. 그러나 왕토사상은 토지사유제의 폐단을 시정하고자 할 때는 중요한 명분으로

작용할 수 있었다.

한국사에서도 왕토사상은 신라시기부터 찾아볼 수 있다. 최치원(崔致遠)이 찬(撰)한 「쌍계사진감선사비(雙谿寺眞鑑禪師碑)」가 그 하나인데, 거기에 "국왕으로부터 전명(傳命)이 있어 멀리 법력(法力)을 기축(祈祝)하여 올 때마다 진감선사(眞鑑禪師)는 '무릇 왕토에 거하는 불자로서(凡居王土而戴佛日者)' 호념(護念)하는 마음을 기울여 왕을 위해 저복(貯福)하지 않을 자가 있겠습니까?"라고 했다는 구절이 보이는 것이다. 여기서 왕토라는 말은 소유의 문제와는 직접적인 관련이 없이 단순하게 왕의 영역이라는 정도의 의미로 쓰였다.

또한 최치원이 찬한 「봉암사지증대사비(鳳巖寺智證大師碑)」에는 그가 헌강왕 5년(879)에 장(莊) 12구(區)의 전(田) 500결(結)을 사원에 희사했다고 나온다. 주목되는 것은 그 경위에 대해 "비록 나의 전지이기는 하나 또한 왕토에 있는 것이므로(雖曰我田, 且居王土) 여러 당로자를 거쳐 왕의 동의를 얻어 시행하였는데, 왕은 그곳의 승통(僧統)으로 하여금 희사된 땅을 표식(標識)하여 사원 소유의 경계를 확실하게 했다"고 밝힌 것이다. 곧 왕토에 있기 때문에 왕의 동의가 필요했던 게 아니라 실은 신라정부가 이전부터 백성들이 사원에 토지를 기진하는 행위를 금하고 있었으므로 그런 절차가 필요했던 것이었다. 그것은 지증의 말처럼 '나의 전지' 즉 그의 사유지였으므로 토지의 기진에 대한 금령이 없었던들 왕의 허가라는 절차상의 문제가 발생함이 없이 아마 소유주의 자유의사에 의해 처분되었으리라 예상된다.

역시 최치원이 찬한 경주 소재의 「숭복사비(崇福寺碑)」에도 "구원(九原)[陵]을 이룩한 곳이 '비록 왕토라고는 하나 실상 공전이 아니므로(雖云王土, 且非公田)' 이에 부근 일대를 일괄하여 후한 대가를 주고 구하였다. (그리하여) 사서 보탠 것이 구롱(丘壟) 200여 결이요 그 가격은 도곡(稻穀) 2,000점(苫 : 거적)이었다"는 기록이 보인다. 이것은 신라 원성왕이 세상을 떠난 뒤 그의 능역을 조성하는 일과 관련된 기사로, 그곳이 비록 왕토이기는 하였지만 공전이 아니기 때문에 많은 값을 치루고 구입하지 않으면 안되었다는 것이다. 여기서 개인의 사유지는 비록 왕토로 인식되고 있었음에도 불구하고 국가에서 자유로이 처분할 수 없었음을 분명하게 알 수가 있다.

이처럼 왕토사상과 그로 말미암은 토지국유의 원칙은 역사적 사실과는 맞지 않는 것이었다. 그럼에도 당시의 지배층들이 그것을 표방하고 또 강조한 이유는 토지를 매개로 하여 국가재정을 확보하려는 수취체계와 관련이 깊었다. 즉 실제에 있어서는 농민의 사유에 속하는 토지를 국가의 것으로 관념하여 그것을 농민에게 급부(給付)해 주는 형식을 취하고, 이 급부에 대한 반대급부로서 조세·공부·역역 등 각종 수취를 수행하려 했던 것이다.

고려·조선시기에 국왕은 신하들에게 어떤 땅에서 나오는 수확의 일부를 차지할 수 있는 권리를 주었는데, 이를 수조권(收租權)이라 했다. 이 수조권의 이념적 근거가 된 것이 왕토사상이다.

왕토사상과 그에 입각한 토지국유제 원칙의 의 실상은 이와 같이 재정적 의제로서의 기능을 그 내용으로 하는 것이었다. 고려 말 조선 초에는 사전혁파(私田革罷)의 근거로 왕토사상이 강조되기도 했다. 또한 국왕이나 지배층의 불법적인 행위가 행해질 경우 신하들은 언제나 왕토사상을 근거로 전국의 모든 토지에 왕법 곧 국법이 고르게 적용되어야 함을 강조했다. 이 경우 왕토사상은 불법적인 행위의 시정을 촉구하는 논리로 이용되고 있다.

왕토사상은 중세 전시기에 걸쳐 관념화되어 왔지만, 그러한 관념의 이면에 현실적인 사적 토지소유구조가 자리하고 있었다는 것을 주목할 필요가 있다. 초기의 연구자들은 왕토사상이라는 관념을 '국유론(國有論)'으로서 이해하는 가운데 농민의 사적 토지소유를 간과하고 있었다. 이후 이같은 한국 중세의 토지소유구조의 특징이 유럽과 다르고 또 일본의 그것과도 다르다는 점이 주목되면서 사적 토지소유의 발달형태가 검토되었다. 그 결과 사적 토지소유에 입각한 중세사상(中世史像)이 구체화되게 되었고 기존의 국유론은 비판되었다.

그 후 왕토사상에 대한 역사적 실체를 수조권적 토지분급제로 정리해냄으로써 소유권적 토지지배를 설명할 수 있게 되었고 이러한 연구가 심화되면서 중세의 토지소유구조에 대한 이해는 보다 분명해질 수 있게 되었다. 이같은 수조권적 토지분급제는 조선 초기 직전법(職田法)을 계기로 소멸되었고 이로써 이전부터 발전해온 소유권에 입각한 토지지배는 더욱 확대·발전하게 되면서 근대적 소유로 전환하게 되었다.

그렇지만 당시 사회 현실에서 왕토사상이 가지고 있었던 현실적인 힘은 전주(田主)인 사(士)가 농민을 전객(佃客)으로 지배하고 수취하면서 지배층으로서의 위치를 유지·향유할 수 있도록 하는 정치적·경제적

체제에 있었다. 각자가 명분에 따라 자신의 역할을 지키는 봉건의 원리를 국가와 사회편성의 원리로 삼고 있었던 중세 봉건사회에서 국왕이 양반사대부를 자신과 같은 지배층으로 인정하고 있는 한, 국법이 적용되는 국토에서 양반사대부의 수조권을 통한 농민지배는 자연스럽게 허용되는 것이었다. 왕토사상은 이런 현실을 바탕으로 수립되고 있던 사유형태였다.

왕토사상은 농민의 항거와 국가의 집권화 정책에 따라 수조권을 통한 토지의 지배가 해체됨으로써 그 실질적인 적용대상을 잃어버리고 관념화했다. 이 사상은 때로 지주적 토지소유의 모순을 타개하고 소농민의 토지소유를 보장하려는 조선 후기 실학자들의 주장에 정당성을 부여하는 근거로 쓰이기도 했다.

[참고어] 공전, 사전, 소유권, 수조권

[참고문헌] 李佑成, 1965, 「新羅時代의 王土思想과 公田」『曉城趙明基博士華甲記念 佛敎史學論叢』; 최윤오, 2004, 「조선후기 토기개혁론과 토지공개념」『역사비평』 66, 역사문제연구소; 이상국, 2014, 「고려~조선초 공·사전의 개념과 王土思想」『대동문화연구』 85 〈이석원〉

외록전(外祿田) 고려 후기에 지방관의 녹봉 지급을 위해 지급했던 토지.

고려 전기에는 지급했다는 기사를 찾아보기 어렵다. 전기의 지방 관아 재정은 공수전(公須田)·지전(紙田)·장전(長田) 등으로 되어 있었으며, 지방관을 위한 토지는 설치되지 않았다. 그 대신 외관제가 정비되면서 지방관의 격에 따라 녹봉 액수가 정해졌다. 규정된 녹봉은 주로 중앙의 좌창에서 지급되었다. 그러나 이는 녹봉의 절반만 지급했던 것일 뿐 그 나머지는 지방 관아의 재정원인 공수전에서 해결해야 했다.

그런데 고려 말 과전법이 시행되면서 지방 관아의 공해전은 외관의 직전(職田)과 늠급전(廩給田, 廩田으로도 표기)으로 명문화되었다. 이후 외관의 직전이 아록전(衙祿田)으로 바뀌면서 늠급전도 여기에 흡수되었다. 이로 인해 아록전은 공해전의 중심이 되었으며 그 설가(挈家), 즉 부임하는 데 가족을 동반하는지의 여부에 따라 지급 액수가 다르게 되었다. 조선에 들어와서는 지방 관아의 재정을 위한 공수전(公須田)과 지방관의 녹봉을 위한 재정으로 아록전이 따로 설치되었다.

[참고어] 아록전, 늠전

[참고문헌] 姜晉哲, 1980, 『改訂 高麗土地制度史硏究』, 一潮閣; 安秉佑, 1989, 「高麗末 朝鮮初의 公廨田」『國史館論叢』 5; 金玉根, 1996, 『高麗財政史硏究』, 一潮閣; 權寧國 외, 1996, 『譯註『高麗史』食貨志』, 韓國精神文化硏究院; 安秉佑, 2002, 『高麗前期의 財政構造』, 서울대학교출판부 〈정덕기〉

외획(外劃) 국고의 채권자, 경비지출이 필요한 지방관청, 국고에 미리 납부한 상인이나 차인(差人)에게 각 군의 조세를 국고에 수납하지 않고 현지에서 지출하는 재정운영방식.

조세금납화가 실시되면서 중앙정부에는 화폐가 쌓이는 대신 지방에는 금융공황이 발생하였다. 그리고 서울에는 상품이 부족한 반면 지방에는 조세로 납부해 왔던 생산물이 쌓이게 되었다. 이리하여 외획을 통해 지방의 금납조세를 현지에서 지출하도록 하여 지방의 금융공황을 타개하고, 상업활동을 활성화하여 서울과 지방 사이의 유통경색을 해소하고자 하였다. 국고은행이 설치되지 않은 상태에서 조세를 화폐로 수납할 때 적절한 방식이었다. 당시 화폐는 운반비도 많이 들었기 때문에 외획에 의한 재정지출은 운반비의 절약도 가져왔다. 외획은 갑오개혁 이전에도 부분적으로 실행되었지만 전면적 조세금납화가 실현된 갑오개혁 이후 적극 활용되었다.

갑오개혁에서 전면적 금납화의 실시는 상품화폐경제의 발전, 유통경제의 활성화가 전제조건이었다. 금납화로 서울로 화폐가 몰리고 지방에는 상품이 쌓이는 상황을 해소하기 위해서는 은행 등 금융기관이 필요하였다. 그래서 갑오개혁 때 조세금납화 조치와 동시에 은행을 설립할 계획이 수립되어 있었다. 그런데 은행이 설립되기까지 발생할 수 있는 금융과 유통의 경색을 해소하기 위한 임시 조치로서 미상회사와 공동회사 등의 회사를 설립하여 그 역할을 맡기고자 하였다. 미상회사는 서울의 시전상인이나 경강의 객주, 여각 등을 모아 금납조세의 수취 역할을 맡기는 한편, 수취한 화폐를 활용하여 미곡을 무역하여 서울에 제공하는 역할을 담당하도록 하였다. 이같이 갑오정권은 여러 방면에서 외획활용을 장려했다.

대한제국기에는 외획전을 활용한 상업활동이 활발하게 전개되었다. 대표적으로 내장원의 상업활동을 들 수 있다. 내장원에서 탁지부의 재정부족을 메우기 위하여 먼저 자금을 지원한 후 1902년 약 535만냥, 1903년 약 1천만냥, 1904년 약 800만냥을 지방의 조세금에서 외획하였다. 내장원은 이 자금을 지방의 미곡을 비롯한 각종 무역활동에 사용하였다. 상업활동은 내장원에서 직접 직원을 파견하여 전개한 것이 아니라 검세관이라는 직책을 두어 전담하도록 하였다. 검세관은 전라남북도, 경상남북도, 충청남북도에 설치되었다. 이들은 내장원의 외획전을 각 군에서 받아 무역활동 자금으로 사용하였으며, 그 경제적 이윤은 상당한 수준이었다. 내장원은 역둔토 경영, 잡세수입, 광산개발, 인삼무역뿐만 아니라 외획전을 이용한 상업활동에 종사하여 정부기관 가운데 가장 재정이 풍부하였다. 탁지부의 재정부족을 메워줄 정도였다.

외획은 조세금납화를 수용할 수 있는 좋은 재정운영 방식이었지만, 국가재정이 위축될 수밖에 없는 문제가 있었다. 외획전의 상업자본으로의 전용은 상업발전에 긍정적 영향을 끼쳤지만, 전면적인 금납화 조치는 금융공황과 물가앙등을 초래하였다. 외획의 이러한 이중성은 중앙은행의 설립, 국고제도의 수립을 통해 해소할 수 있었다. 모든 조세를 국고에 수입한 뒤 국가예산의 항목에 따라 지출되는 것이 원칙이었다. 대한제국은 중앙은행 설립을 계획했지만 성공하지 못하였다. 러일전쟁 이후 일본에서 메가타(目賀田種太郎)가 재정고문으로 파견되어 재정개혁의 일환으로 먼저 외획제도를 폐지하고 국고은행의 설립과 화폐개혁을 시도했다. 이로 말미암아 한국상인자본의 실체가 백일하에 드러나고, 외획에 의존하던 상인자본은 몰락하였다. 한국 유통계는 커다란 변동을 겪게 되었다.

[참고어] 결가제, 미상회사

[참고문헌] 왕현종, 1992, 「한말(1894-1904) 지세제도의 개혁과 성격」『한국사연구』 77 ; 이영호, 2001, 『한국 근대 지세제도와 농민운동』, 서울대학교 출판부 〈이영호〉

요계관방지도(遼薊關防地圖) 1706년(숙종 32) 이이명(李頤命)이 제작한 요동과 북경의 군사형세도.

병조판서 이이명(1658~1722)이 어람용으로 제작하여 왕에게 올린 것으로, 비단에 그린 채색필사본 지도이다. 가로 600㎝, 세로 135㎝ 크기의 10폭 병풍으로 되어 있으며, 규장각 한국학연구원에 소장되어 있다. 서문에 따르면 1705년 청(淸)나라에 사행(使行)을 다녀온 그가 사행 과정에서 구입한 명대 선극근(仙克謹)의 『주승필람(籌勝必覽)』, 청대(淸代)에 제작된 『성경지(盛京志)』 「오라지방도(烏喇地方圖)」, 조선의 「항해공로도(航海貢路圖)」와 「서북강해변계도(西北江海邊界圖)」, 그리고 사행 과정에서 비밀리에 모사한 '산동해방지도(山東海防地圖)' 등을 참고했다고 한다.

'요계(遼薊)'는 요동과 북경을 지칭하는 단어이며, '요계관방지도'란 요동에서 북경지역까지의 군사지도라는 뜻이다. 우리나라는 관북지방·관서지방만이 그려졌고 대부분은 중국 지도이다. 동쪽 흑룡강(黑龍江)으로부터 서쪽 산해관(山海關)을 지나 남당아안(南塘雅安)에 이르며, 그 사이의 성책과 만리장성이 상세히 그려져 있다. 그밖에도 요동반도(遼東半島)와 요하의 하천과 산맥이 자세히 기록되어 있다. 육로는 통과 지점만을 표시해둔 것에 비해 산동반도(山東半島)와 산해관에 이르는 해로는 뚜렷하게 그려져 있다. 이외에도 요새지의 수비 상태를 지도 안에 특별히 기록해 두고 있으며, 성의 망루에는 적색기가 날리고 진(鎭)·관(關)·보(堡) 등 요새는 적색으로 표시되어 있다.

이이명은 이 지도가 포괄하고 있는 범위가 조선의 안전과 무관하지 않다고 말하고 있는데, 조선은 요주·계주·산동·만주 일대를 눈여겨보아야 한다는 것이었다. 하지만 지도의 대부분이 명대의 군사시설에 관한 내용으로 채워져 있고, 청의 군사편제와 시설을 파악한 지도가 아니었다는 점에서 이 지도가 군사지도로서 어떤 가치가 있었는지는 미지수이다. 하지만 지도를 만든 이이명 본인도 이러한 사실을 잘 인지하고 있었듯이, 오히려 효종의 북벌계획 좌절 이후 다하지 못한 지사(志事)를 추구하고 숙종의 국토방위 시책에 중요한 가치를 환기시키기 위한 자료로 만들었다고 볼 수 있다.

또한 요계관방지도는 정계(定界) 직전의 시점에서 조선이 사행로와 만주 일대를 어떻게 파악하고 있었는지를 알려준다는 점에서도 중요한 의의가 있다. 더불어 큰 폭의 화면에 치밀하고 세련된 필묘(筆妙)와 청록산수 기법으로 표현된 산악의 장식적 효과는 지도사적인 가치뿐만 아니라 회화성으로도 주목받을 만하다. 보물 제1542호로 지정되었다.

[참고어] 해동지도

[참고문헌] 국토지리정보원 編, 2009, 『한국 지도학 발달사』, 국토지리정보원

요고전(腰鼓田) 가운데가 잘록한 장구모양의 전답.

양전의 결과 측량된 전답도형 중 하나인 요고형(腰鼓形)의 전답이다. 삼광전(三廣田)이라고도 한다. 다산은 『목민심서(牧民心書)』에서 기본 5가지 전답도형에 요고형을 추가할 것을 제안하였다. 대한제국의 양지아문 양안에는 그림처럼 다변형(多邊形)의 전답도형 중 하나로 표기되었다. 요고전의 면적은 중광(中廣)을 2배하여 여기에

요고전 『충청남도 아산군 현내면 양안』 1책 031a(규17666)

상·하의 광(廣)을 더해 4로 나눈 길이를 곱하여 구한다.

[참고어] 전답도형, 양지아문, 광무양전사업

[참고문헌] 『만기요람』; 『목민심서』; 『경세유표』; 대한지적공사, 2005, 『한국지적백년사 : 자료편4』; 정긍식·田中俊光 역, 2006, 『조선부동산용어약해』; 최원규, 1995, 「대한제국기 양전과 관계발급사업」 『대한제국의 토지조사사업』, 민음사 〈고나은〉

요기(饒飢) 소작료를 납입하기 위해 소작인이 소작료를 운반해오면 지주가 제공하는 음식 및 주류.

18세기 소식(小食)을 가리키는 말로 당시 점심을 대체하는 용어이다. 요기(療飢), 요지차(要飯次), 사노(謝勞), 오용(午用), 면능임례(面能任禮) 등으로도 불린다. 일제시기에 요기는 지주나 지주대리인이 소작인에게 제공하는 반식(飯食)이나 주식(酒食)을 가리키는 말로 사용되었다. 주로 소작인이 수확을 끝내고 소작료 납입을 위해 근거리나 원거리에 있는 지주에게 소작료를 운반할 때 제공되는 식사나 주류이다. 점심식사로 제공되어 오료(午料), 오요(午饒)라고도 한다.

조선 후기 이래 전국 각 도에서 요기 관행이 널리 행해졌다. 지주 혹은 지주대리인과 소작인 사이에는 온정적 소작관계가 형성되어 있었기 때문에, 지주는 소작인의 노고를 위로하기 위해 요기를 대접했던 것이다.

한말·일제시기에 지주소작인의 관계가 점점 소작계약에 의한 채권적·법률적 관계로 변해가는 한편, 새로 등장한 대지주의 경우 소작인의 수가 많아 요기관행도 점차 감소했다. 소작료의 운반거리가 더 연장되는 경우가 많았음에도 불구하고 요기관행은 점차 사라지고, 소작인은 식사를 직접 해결해야 하는 경우가 많았다. 따라서 일제시기 지주는 요기관행 대신 소작인에게 금전을 비롯하여 연초, 건어(乾魚), 과실, 곡류, 볏짚, 수건, 달력 등을 급여하거나 때로는 식권을 배부하여 요기를 해결하는 경우도 있었다. 여기에 드는 금액은 1인당 10~30전 정도였다. 원거리에 소작료 운반을 위해 숙박할 경우 지주 자택에서 숙박하거나 숙박료를 제공하는 경우도 드물게 존재하였다.

[참고어] 조선의 소작관행

[참고문헌] 조선총독부, 1932, 『朝鮮ノ小作慣行(上)·(下)』; 정연식, 2001, 「조선시대의 끼니」 『한국사연구』 112 〈고나은〉

요매수분배농지(要買收分配農地) 농지개혁 때 소작농민에게 분배한 농지 가운데 정부가 지주로부터 매수하여 소작농에게 분배한 농지.

정부가 소작농에게 분배한 농지에는 정부가 매수한 농지와 매수이외 방법으로 취득한 농지가 있었다. 농지개혁법에 따라 정부가 지주로부터 매수한 농지는 비농가가 소유한 농지, 농지소유자가 자경하지 않고 소작을 주는 농지, 3정보를 초과하는 자경농지, 과수원·종묘포·뽕나무밭·기타 다년성 식물 재배용 농지를 3정보이상 자영하는 자가 소유하고 있는 그 밖의 농지 등이다. 1949년 농가실태조사 결과 밝혀진 요매수 대상농지는 60만 1천 정보였다. 농가실태조사 당시보다 매수 대상 면적이 크게 줄어든 것은 지주에 의한 소작지의 사전 방매가 주요 요인이었다. 실제로 매수된 농지면적은 1961년 현재 31만 7천 정보였다. 요매수 농지 가운데 비자경 농지(=소작지)가 전체의 90%였고, 3정보초과 소유농지는 4.8%였다. 1970년 말에 실시한 농지대가 정산집계 결과에 의하면 매수 면적은 40만 3천 정보로 대폭 증가하였다. 매수이외의 방법으로 취득한 농지는 농지개혁법 제5조에 따라 정부가 취득한 농지를 말하며, 법령이나 조약에 의해 몰수되었거나 국유로 된 농지, 소유권자의 명의가 분명치 않은 농지이다. 일본인이 소유했던 귀속농지가 매수 이외의 방법으로 정부가 취득한 대표적인 농지로, 국유로서 분배대상이 된 농지였다.

[참고어] 농지개혁, 농지개혁법, 매수제외농지

[참고문헌] 김성호 외, 1989, 『농지개혁연구』, 한국농촌경제연구원 〈하유식〉

요역(徭役) 조세제도의 하나로서 국가나 지방관청에서 공공의 수요에 필요한 사업, 공사를 위해 백성의 노동력을 직접 징발하는 방식.

전근대 사회의 세제는 토지 생산물을 징수하는 조(租), 노동력을 징발하는 용(庸), 호별로 특산물을 요구하는 조(調)로 나뉘는데, 요역은 용에 해당한다. 용에 해당하는 대표적인 조세가 군역과 요역이다. 요역은 보통 군역을 제외한 역역징발을 말한다.

군역과 달리 요역은 종류가 매우 다양했다. 고대로 갈수록 화폐경제가 발달하지 않고, 직업군이 발달하지 않아 국가와 사회 운영에 필요한 대부분의 일을 농민을 직접 징발해서 처리해야 했기 때문이다. 국가에서 필요로 하는 공사는 대부분 대형 공사이거나 정기적인 공사여서 규모는 컸지만 종류는 적었다. 반면 지방의 필요에 의해서 징발하는 역은 더욱 다양했다. 이 때문에 이런 역을 보통 잡역, 잡요라고 했다. 따라서 요역은 곧 잡역이라고 해석되는 경우도 있다. 그러나 잡역이라는 표현은 오해의 소지가 있다. 잡역은 잡다하고 자질구레한 역이란 의미로 이해될 수 있는데, 실제 그런 의미도 있지만, 문맥으로 보면 여러 종류의 역, 각종 역이라는 의미로 이해하는 것이 정확하다. 요역은 산정 기준이 인정, 토지, 호 등으로 다양하게 변하고 혼용되기도 했기 때문에 산정기준에 따라 소경요역(所耕傜役), 호역(戶役), 부역(賦役) 등으로 불리기도 했다.

요역은 크게 두 종류로 분류할 수 있다. 하나는 도성, 읍성, 산성, 관아, 제방, 도로, 다리의 축조나 개수, 전세 수송, 군량 수송, 창고 건축, 송충이 잡기 등과 같이 국가와 지방의 운영과 유지에 필요한 사업이다. 다른 하나는 공물, 진상제도와 관련된 것으로 공물, 진상품의 생산과 수송을 위한 역에 동원되는 경우이다. 이런 역들은 규모는 작지만 종류가 아주 다양했다. 금, 은, 철의 채광과 제련, 염초 채취와 생산, 석회제조, 선박제조, 벌목, 얼음 채취, 각종 특산물의 채취 등이 있다. 그 외에 주로 사찰에 부과된 것이기는 하지만 종이 제작, 기름 생산, 기와굽기 등이 있다. 이 외에 이런 생산에 필요한 땔감을 조달하고, 생산된 제품을 운반하는 것까지 책임져야 했다.

특수한 직업군, 장인, 상인들에게는 직업과 관련된 생산물의 제작, 조달이라는 역이 맡겨졌다. 이들은 생산물을 납품하기도 하지만, 정기적으로 일정기간 동안 궁궐이나 관청, 도회소에 가서 생산에 종사해야 했다. 장인이 생산을 담당한다고 해도 생산에 필요한 원료, 땔감, 생산품의 소송을 요역 동원으로 해결했기 때문에 전체적으로 보면 요역 체제 속에 들어간다고 할 수 있다. 목자, 빙부, 수부 등도 신역이지만 요역에 포함되었다. 사찰에 부과되는 종이 생산 등도 유사한 경우라고 할 수 있다.

삼국시기에도 요역이 있었던 것은 확실하지만, 기준은 정확히 알 수 없다. 고려시기에는 16세에서 60세까지의 남자에게 역이 부과되었다. 이 기준은 조선시기에도 사용되었다. 인정을 차출하는 기준은 정확히 알 수 없다. 그러나 고려시기에 관아, 향교 건축기사를 보면 요역에 법적인 기준이 있었던 것은 아니고, 지방의 인구, 호수 등을 감안해서 적당히 총량을 제시하거나 군현 내부에서 사업에 따라 필요한 인정수를 결정하면, 향리들이 마을에 적절히 분담하여 차출했던 것 같다. 이것은 향리층의 불법적 권력을 용인할 우려가 있지만, 향촌공동체가 안정되고 향리층 간의 권력균형이 이루어지는 상황에서는 오히려 탄력적이고 효율적인 운영을 유지할 수도 있다. 그러나 향리층이 분열하거나 고려 후기와 같이 중앙의 왕실, 관청, 권세가들의 토지, 노비가 향촌 내부로 확산되고 공동체를 분열시켰을 경우, 향리들이 이들과 결탁하여 불법을 저지르거나 혹은 이들 권력의 힘에 저항할 수 없어 공정한 차출이 어려워지게 된다.

이에 조선에서는 건국하자마자 국가에서 차정의 기준을 정하게 되었다. 요역의 차정 기준은 호의 인정수를 기준으로 하는 계정법과 토지의 면적을 기준으로 하는 계전법, 양자를 절충하는 계정, 계전법이 있다.

조선시기는 양반 이하 천민에 이르기까지 호를 구성하고 있는 즉 유민이 아닌 이상은 모든 호에 요역을 부과하게 되어 있었다. 그러나 양반호는 양반이 직접 요역에 종사하는 것은 아니고 호에 할당된 인원수만 내보내면 되었다. 호마다 인정을 내는 기준은 조선 건국 초에는 계정법을 채택했다. 조선을 건국한 1392년에 올린 배극렴 조준의 상소에서는 인정을 기준으로 하는 계정법을 시행했다. 모든 호를 인정의 수에 따라 3분해서 10정 이상이면 대호, 5정이상이면 중호, 4정 이하면 소호로 정하고. 대호에서는 1명, 중호는 2호가 합해서 1명, 소호는 3호를 합해서 1명을 내도록 했다. 이 방안은 최초의 법전인 『경제육전』에 수록된 것으로 추정된다.

그러나 정종이 즉위하면서 계정법과 계전법이 혼용되었다. 아마도 지역사정과 관행에 따라 편리한 것을 사용하도록 했을 것이다. 그러나 고려적인 관행에 젖어 있던 지방사회에서는 계정법, 계전법 모두에 반발하고 과거처럼 지역의 실정에 따라 적당히 출연하는 방법을 지지했던 것 같다. 국가에서 객관적인 기준을 지정하는 방법이 불법적인 피역이나 권세가의 회피를 제압하는 수단이 될 수도 있지만, 반대로 지역의 실정을 무시하고 증세를 강요하는 경우도 발발할 수 있기 때문이다.

그러나 조선은 고려적인 방식으로의 복귀는 허용하지 않았다. 세종 2년에는 소경전의 다과를 기준으로 인정을 차출하는 계전법을 시행했다. 세종 17년의 규정에 의하면 호적에 기록된 호를 소경전의 다소에 따라 호를 5등호로 구분했다. 50결 이상이 대호, 30결 이상이 중호, 10결 이상이 소호, 6결 이상이 잔호, 5결 이하를 잔잔호라고 했다. 한성의 5부에서는 소경전 대신 가옥의 칸수를 기준으로 해서 40칸 이상을 대호, 30칸 이상을 중호, 10칸 이상을 소호, 6칸 이상을 잔호, 5칸 이하를 잔잔호로 했다. 그러나 각각의 호에서 몇 명을 징발했는지는 규정이 없다. 또 이 5등호의 기준이 되는 토지와 가옥은 너무 커서 자연호라고 보기 어렵다. 1결이 평균 자영농의 경작 기준이며 조선 후기, 한말의 경우로 보면 1결 미만, 3칸 이하 가옥 소유자가 최소한 50%는 넘었다. 그러므로 세종 17년의 5등호는 자연호가 아니라 요역 징발을 위한 편호적 개념이라고 생각된다. 그러나 5등호제의 시행은 개별 가호까지는 아니더라도 가옥별로 호역을 강요하려는 의도가 내재된 것이었다. 대호, 중호는 권세가나 토호의 농장이나 저택을 중심으로 형성된 일련의 가옥군을 하나의 호로 지정하고 관리할 수 있는 계기를 제공하는 것이었다.

그러나 성종 2년에 오직 소경전을 단위로 8결마다 한 명을 차정하는 8결 작부제가 시행된다. 이것은 『경국대전』에 호전 요부조에 수록되었다. 8결 작부제는 실제 경작지를 8결 단위로 잘라 해당 토지의 경작자 중에서 1명을 차정했을 수도 있고, 대상지역의 전체 면적을 8로 나누어서 전체 차출 인원만 지정했을 수도 있다. 어떤 경우이든 대상 호를 국가에서 직접 파악하여 역을 부과한다는 원칙이 많이 완화되어 징발인원을 국가에서 지정하거나 기준을 정하면 실제 인정을 징발, 조달하는 것은 지역사회와 향리에게 맡기는 방식이 되었다.

요역에 징발되면 이동비용, 식량 등은 모두 자비였다.

요역은 노동력을 직접 징발하여 사역하는 것이므로 국가는 요역의 공정한 운영을 위해 많은 노력을 했다. 그 내용은 불필요한 요역을 자제하고, 흉년, 농번기에 요역을 동원하지 않으며, 지역과 호의 부담을 공평하게 하고, 가능한 요역일수를 줄이는 것이었다.

세종 12년에 요역을 동원하는 기간을 농한기가 시작되는 10월 이후로 정하고 봄철에는 사역시키지 못하게 했다. 사역일수도 평년은 20일, 풍년에는 30일, 흉년에는 10일로 제정했다. 이 규정은 성종 2년에 8결 작부제를 정하면서 1부(夫)의 사역기간이 6일을 넘지 못하도록 규정했다. 이 역시 『경국대전』에 수록되었다. 이 6일은 이동기간까지 포함한 것으로 길이 멀거나 사정이 있어서 6일을 어쩔 수 없이 넘기면 다음 해의 역을 그만큼 감해주도록 했다. 사정이 있어서 한 해 안에 재차 부역을 시킬 경우에는 왕에게 보고하고 시행하도록 했다. 이 규정은 요역 경감에 대한 국가의 의지를 잘 보여주고 있으나 축성역 같이 6일을 넘기는 공사가 많아 이 규정의 실효성에 대해서는 대다수 연구자들이 의문을 제기하고 있다. 그러나 산성역 같은 대규모 사역은 시행사례가 적고, 공사가 끝나면 해당 지역 주민에 대한 일정한 휴식과 감면조치를 취하고 있는 사례가 발견된다. 이 규정이 1명의 사역기간을 정한 것이므로 공사기간이 길더라도 역부를 교체하고, 같은 호의 장정을 교체하는 방식까지도 감안한 것이라고 보면 아주 실효성이 없는 규정은 아니었고, 규정대로 지켜지지는 않는다고 해도 무리한 사역동원을 제한하는 효과는 있었다고 보여진다.

요역을 경감하기 위해 염조 채취와 생산, 군기제작, 산릉역, 채광 등을 민간을 징발하지 않고 소관 기관에 속한 장인, 군인을 사역하도록 하기도 했다.

여러 군현에서 인력을 징발해야 하는 큰 공사에서는 관찰사가 사업에 필요한 인원을 산정해서 도 내의 군현에 배정하게 했다. 군현의 수령은 자기 군현에 배정된 인원수를 다시 군현 내의 각 지역에 배정했다. 지역 내에서 각 호에 인정을 배당하고 차출하는 임무는 향리의 몫이었다. 향리의 부정을 방지하기 위해 징발 임무를 향리에게 맡기지 않고 향촌에 거주하는 산관을 별감(別監), 이정(里正)으로 임명해서 이들에게 맡기는 방안을 시행하기도 했다.

또 성종 초에 역민의 장부를 작성하고 출정 기준에 따라 각호의 출정수를 기록하며 수령이 친히 뽑아 차례로 역을 부과하게 하고 관찰사가 이 일에 대한 부정을 수사하여 증거를 수집하는 방안을 시행하기도 했다.

요역에도 면역대상이 있었다. 요역을 면제하는 것을 호역을 면제한다는 의미에서 복호(復戶)라고 했다. 복호는 오직 요역, 잡역을 면제하는 것이라고 규정했다. 복호 대상자는 해당자가 있는 호에만 대상이 되었고, 여러 호를 소유하고 있을 경우는 한 호만 해당되었다.

복호는 군역과는 면역 기준이 달랐다. 군역은 그 자체가 신분적 의미가 있으므로 군역의 면제는 양반신분을 입증하는 중요한 기준이 되었다. 그러나 요역은 호역이므로 신분과는 무관했고, 양반호도 요역은 부담해야 했다. 단 왕족호는 요역을 면제했다. 그 외에 요역의 면역기준은 같은 호에 이미 신역을 부담하는 사람이 있을 경우 이중과세를 피한다는 의미에서의 면역이었다. 그 대상은 의생, 천문관원과 같은 각종 관서의 사역인, 군역을 부담 중이거나 전사자, 부상자가 있는 호, 호랑이 사냥, 응방 소속의 응사, 조촉인(새 잡은 사람), 사옹원 어부, 조졸, 역리, 수부, 목자, 장인 등과 같이 항상적으로 신역을 지고 있는 자의 호가 대상이 되었다. 단 군인이나 장인처럼 일정기간만 역에 종사하는 사람은 역에 복무하는 기간에만 복호했다. 이외 현직 관원으로 재직 중이거나 관청의 서리, 사역인으로 복무하고 있는 경우도 역을 수행하고 있는 것으로 간주했다. 성균관 유생, 학생, 의학, 율학, 산학 등 각종 기술관료와 의생, 천문생 등 그 기관에 학생으로 재직하는 사람도 면역되었다.

요역면제는 포상 수단으로도 사용되었다. 효자, 충신, 열부, 절부, 군공자, 선행자가 복호 대상이었다. 마지막으로 진휼의 의미에서 역을 면제하는 경우가 있다, 환과고독, 사민, 귀순자, 유이민, 흉년, 재해를 만난 지역의 주민 등이 복호 대상이 되었다. 환과고독을 제외하고 이런 경우는 기한을 정해 복호하는 경우가 일반적이었다.

요역의 균정에 노력을 기울여도 요역은 구조적으로 균평하게 하기가 어려웠다. 요역은 강한 지역성을 띨 수밖에 없기 때문이다. 전국의 8도 중에서도 경기도의 요역이 제일 많고 힘들었다. 궁궐, 관청에서 필요로 하는 공사와 물자조달, 왕의 행차에 대한 지공 등이 경기도에 집중되었다. 대표적인 역이 땔감과 시탄, 생초의 조달, 산릉, 관청 영선 등이었다. 관청에서 필요로 하는 서리, 나장, 조예 등도 경기도민에게 집중되었다.

경기 이외의 지역에서도 지역별 불균형을 야기하는 문제는 도처에 있었다. 채광, 채굴, 제련, 도자기 제작, 목재 조달, 사냥, 각종 특산물 생산과 조달과 같은 생산역은 지역성을 강하게 띠었다. 산성, 도로, 다리 보수, 제방 공사도 소관지역이나 인근 주민을 우선적으로 사역할 수밖에 없었다. 이로 인해서 지역마다 요역불균에 대한 원망이 높았다. 하지만 역의 부담을 고르게 하기 위해 먼 지역의 주민을 동원한다고 해도 또 불균과 어려움이 발생했다. 역부는 식량을 자비하게 되어 있고, 원거리 이동과 숙식에 고통이 따르기 때문에 여기서도 불균이 발생했다. 이것은 노동력 징발 방식이 지닌 근본적인 한계였다. 도자기 제작을 위한 가마 제작과 목재조달의 경우 분원을 설치하고 주변 지역민을 사역했다. 이 역에 대한 불만이 높았으므로 주변 지역을 분할해서 차례로 동원했다. 그러나 분원 또한 원료인 고령토를 채취하고, 수운이 편리한 곳에 설치해야 하므로 설치 지역이 제한될 수밖에 없어서 로테이션을 해도 결국 그 지역 주민에게 과부하가 걸렸다. 이에 정부는 화전민에게 이 역을 전담시키는 방안을 사용해 보기도 했지만 불균과 불평을 해소하기는 어려웠다.

채광과 특수한 생산물은 더욱이 지역성을 띨 수밖에 없어서 주민들의 불만과 불균이 항상 문제가 되었고, 이런 지역들이 경제성이 뛰어난 지역으로 발전하지 못하고, 기피지역이 되었다. 더 큰 문제는 이런 이유로 생산지 인근 주민의 동원 역시 최소화해야 했으므로 생산기술의 발달, 전문성의 발전속도가 크게 저해되었다.

조선 후기에는 상품화폐경제가 발달함에 따라 많은 요역이 주민을 직접 징발하는 대신 주민에게서 결전(結錢)을 걷고 그 돈으로 인부를 고용하는 방식으로 전환했다. 읍성, 산성 수축과 같이 대대적인 동원을 필요로 하는 경우에도 18세기 화성 축성 이후로는 임금을 지불하는 형태로 바뀌었다. 그러나 상품화폐경제의 미숙으로 인해 요역이 완전히 없어지지는 않았으며 임금을 지불하는 경우도 숙련노동자층이 본격적으로 형성되지 않아 농민을 고용하고 노임을 지불하는 반요역 형태를 완전히 벗어나지는 못했다.

[참고어] 조세제도, 역-조선, 복호

[참고문헌] 이재룡, 1993, 『朝鮮前期 經濟構造硏究』, 숭실대학교 출판부 ; 有井智德, 1963, 「朝鮮初期の傜役」『朝鮮學報』 30·31 ; 有井智德, 1985, 『高麗李朝史』の硏究』, 國書刊行會 ; 윤용출, 1986, 「15, 16세기 요역제」『부대사학』 10 〈임용한〉

요존국유림(要存國有林) 조선총독부가 국유림 가운데 국토 보안 또는 삼림경영을 위해 국유로서 보존할 필요가 있다고 정한 산림.

요존국유림은 1911년 11월 관통첩 331호 '요존치예정임야선정표준(要存置豫定林野選定標準)에 관한 건'에 의해 구분되었다. 표준의 조건은 ① 군사상 국유로 존치할 필요가 인정되는 개소, ② 학술상 특히 존치할 필요가 있다고 인정되는 개소, ③ 보안림 또는 그에 준하여 취급할 필요가 있는 임야로서 국가의 경영에 속하지 않으면 충분히 그 목적을 달성하기 어렵다고 인정되는 개소, ④ 봉산, 기타 특별한 관계가 있는 개소, ⑤ 하나의 사업구로 경영하기 충분한 임야로서 약 2천 정보 이상의 집단을 이루는 개소, ⑥ 요존치 예정임야의 경영을 위해 부속시키는 것이 편리하다고 인정되는 개소를 요존 예정임야로 선정하였다.

임상이 우량한 지역은 대부분 요존 임야에 해당되며 그 외 막대한 양의 삼림재원을 함유한 곳을 지정하여 일제의 군용재 확보와 각종 명목 하에서 재목과 양질의 목재를 산출할 수 있도록 하였다. 요존임야는 존치를 필요로 하는 정도에 따라 갑·을 2종으로 구분하였다. 갑종 요존 임야는 공용 또는 공익사업을 위한 일시적인 대부 외에는 일체의 처분을 금지하였다. 을종 요존 임야는 장차 존치할 필요가 없어지거나 특별히 해제할 필요가 있을 때에는 처분할 수 있도록 하였다.

1927년 요존임야존폐구분표준(要存林野存廢區分標準)에서 그 자격을 구체적으로 정하였다. ① 경계 정리를 요하는 것으로 민유 또는 공유로 옮기는 것이 적당한 것, ② 비지(飛地) 등으로서 관리 보호상 민간 또는 공공단체의 경영에 맡기는 것이 적당하다고 인정되는 것, ③ 농경지 또는 그 부대임야로서 개방할 필요가 있는 것, ④ 조선특별연고삼림양여령에 의하여 특별연고자에게 처분할 필요가 있는 것으로 이들 임야는 요존에서 해제되었다. 해제된 임야는 대부분 제1종 불요존 임야에 편입되어 농경지로 개방되거나 조림대부 또는 매각처분되었다.

[참고어] 국유림구분조사, 불요존국유림

[참고문헌] 岡衛治, 1945, 『朝鮮林業史』, 조선산림회 ; 이우연, 2010, 『한국의 산림 소유제도와 정책의 역사, 1600~1987』, 일조각 ; 배재수, 1997, 「일제의 조선 산림정책에 관한 연구」, 서울대 박사학위논문

〈강정원〉

요호부민(饒戶富民) 조선 후기 향촌의 민호(民戶) 가운데 상층에 속한 부민층.

향촌 내 부민층으로서 조선후기 농업생산력 발전과 경영확대를 통해 성장한 서민층이며, 수령이나 이서층의 수탈대상이 되면서 농민항쟁에 참여하기도 했다. 18세기 이후의 상품경제의 발달은 농업생산력을 견인하는 가운데 새롭게 성장하는 농민층을 양산하게 되었다. 향촌에서의 부농, 지주층 외에도 상업, 광업 혹은 유통업[여객이나 선주] 분야에서 부를 축적하던 서민층들이 등장하면서 이들 민호를 통칭하는 용어로서 요호를 칭하는 한편, 이들 모두 부민층이었다는 점에서 요호부민층이라 불렀다. 이들은 중세의 권력이나 특권으로부터 배제되었던 하층민이 많았기 때문에 향촌 내 삼정문란 현상이 나타날 때마다 주목되었던 계층이었다.

18세기 말·19세기 초의 삼정문란과 관련하여 요호부민층에 관련된 자료가 자주 등장하는데 대부분 요호층을 파악해 내고 그들에게 향촌의 부세를 전가시키기 위한 것이었다. 『목민심서』 진황 6조에 언급된 요호층은 저축한 곡식이 8식구가 먹고도 남는 부호로 인식되고 있었고, 이들은 흉년 때 몇 섬에서 많게는 천여 섬의 곡식을 의연하게 낼 수 있을 만큼 부유한 자들이었다. 때문에 진대(賑貸)할 때 요호들로부터 곡식 1천 석을 권분(勸分)의 형식으로 거두어 빈농에게 나누어 준 후 추수 때 다시 거두어 요호에게 갚도록 할 정도였다는 것이다.

요호의 파악은 향촌의 부세수취 문제가 발생할 때마다 샅샅이 이루어지고 있었다. 백성들의 빈부를 기준으로 하여 마을의 공의(公議)를 빙자하여 3등에서 10등으로 나누어 파악하는 것이다. 각 요호에게 그에 걸맞는 부담을 시키는 목적이다. 이들은 향촌의 공동납 문제가 발생할 때마다 그것을 해결할 대상으로 파악되었다. 전정 외에도 군포나 환곡을 징수할 때 생기는 부담을 한꺼번에 전결에 징수하던 도결(都結)의 경우에도 요호층은 과다한 부담을 질 수밖에 없었고, 각종 잡역 등의 부담에서도 우선 징발되었다. 이에 따라 요호부민들은 18세기 후반부터 새로운 비판의식을 갖게 되었고 19세기 민중항쟁의 주도세력으로 등장하게 되었다.

요호부민층은 향회(鄕會)를 중심으로 향촌권력에 참여하는 가운데 민의를 수렴하여 자치기구를 이끄는 주체로 등장하여 새로운 사회세력으로 등장하기도 하였다. 1862년 진주 농민항쟁에서의 요호부민 역시 도결과 통환(統還)에 대한 불만 때문에 항쟁에 참가하였다는 기록이 남아 있다. 경제적으로 성장하던 요호부민층의 경제적 지위에 비해 정치적 사회적으로 보호받지 못하게 되자 농민항쟁에 주도적으로 참여하게 되었다.

요호부민층의 성장은 농민항쟁이나 농민전쟁 과정에서 농민군과 결합하여 저항세력으로 참가하기도 하지만 그들만의 정치권력을 창출해 내지 못하였다. 요호부민층의 성격은 경영형부농층이나 경영지주, 서민지주와 함께 새롭게 성장하던 부농층의 사회적 존재형태를 잘 보여주었다는 점에서 향후 보다 체계적인 사례연구가 필요하다.

[참고어] 서민지주, 경영형부농, 경영지주

[참고문헌] 안병욱, 1986, 「19세기 임술민란(壬戌民亂)에 있어서의 '향회(鄕會)'와 '요호(饒戶)'」 『한국사론』 14, 서울대 국사학과 ; 안병욱, 1989, 「19세기 부세(賦稅)의 도결화(都結化)와 봉건적 수취

체제의 해체」『국사관논총』 7, 국사편찬위원회 ; 안병욱, 1997, 「1894년 농민전쟁의 역사적 위치」『1894년 농민전쟁연구』 5, 역사비평사 〈최윤오〉

용동궁장토(龍洞宮庄土) 조선시기 내탕 중 하나였던 용동궁에 소속된 토지.

이른바 '1사7궁(一司七宮)'의 하나였다. 내수사가 대전의 내탕이었던 반면, 조선 후기 대전 이외의 전궁(殿宮) 소용의 내탕은 4궁이 맡았다. 수진궁·명례궁·용동궁·어의궁이 그것인데, 용동궁장토는 용동궁의 재정을 보용하기 위해 설정한 토지이다. 용동궁은 최초 서울 서부 황화방(皇華坊)에 있었다. 명종(明宗)의 큰아들 순회세자(順懷世子)의 입세자식(立世子式)을 여기서 거행한 이래로 이곳을 순회세자의 구궁(舊宮)이라 했다. 그러나 순회세자가 12세에 요절하고 덕종이 묻힌 경릉(敬陵)에 묻힌 뒤 이 궁은 왕후의 소유가 되었으며, 중부(中部) 수진방(壽進坊)으로 옮겨 지어 1908년까지 있다가, 통감부의 궁방전 혁파 후 그 자리에 숙명여학교가 세워졌다.

용동궁이 왕후 소용의 내탕에 속한 장토를 소유하게 된 것은 1661년(현종 2) 강원도 회양군 한 면 소재 산전을 절수한 것으로부터 시작되었다. 토지의 사표 내에는 많은 민전이 혼입되었는데 이들은 이미 60년 전부터 개간되어 세를 납부했음에도 절수를 통해 모두 궁장토에 편입되었다. 당시 이조(吏曹)가 민전 여부를 조사토록 계문했으나 받아들여지지 않았다. 1677년(숙종 4)에는 지리산 일대의 함양, 엄천, 마천 일대의 절수지에 대해 사헌부가 문제제기를 할 정도로 장토의 규모가 크게 확장되었던 것으로 보인다. 1728년(영조 5)에 5궁(용동, 수진, 명례, 어의, 창의)의 면세지의 결수를 한정하자는 논의가 생겨 그 결과 각 궁은 1,000결로 제한했지만 용동궁과 명례궁은 양 동조[兩東朝, 兩母后]의 소관이라는 이유로 특별히 500결을 더하여 1,500결을 정액으로 했다. 『속대전』을 편성할 때 500결을 감해서 다른 4궁과 똑같이 1,000결로 한정했지만, 이는 지켜지지 않아 『만기요람』에서는 면세지로 2400여 결이 파악되었다.

[참고어] 궁방전, 절수, 1사7궁

[참고문헌] 조영준, 2008, 「조선후기 궁방의 실체」『정신문화연구』 112 ; 조영준, 2009, 「조선후기 왕실재정의 규모와 구조-1860년대 1사4궁의 재정수입을 중심으로」『한국문화』 47

용두레 관개수를 퍼 올리는 데 사용하는 농기구.

용두레 농업박물관

물은 낮고 땅은 높아 물을 대기 어려운 곳의 물을 퍼 올리는 연장으로서, 통나무를 앞쪽은 넓고 깊게, 뒤쪽은 좁고 얕게 파낸 후 물가에 긴 작대기 셋을 모아 아래는 벌려 세우고 위는 줄을 매어 속을 파낸 통나무를 건다. 키를 까부르는 것처럼 밀어 물에 잠기게 한 후 뒤쪽 손잡이를 당겨 물을 떠내어 다시 앞으로 밀어 통 안의 물을 땅으로 던진다. 물높이에 따라 삼각대에 매는 줄을 조정하여 사용하였다. 나중에는 속을 파낸 통나무 대신 널쪽을 이어서 만들었다. 1회에 30~40리터, 한 시간 동안 15~20톤의 물을 대는 것도 가능했다.

『북학의(北學議)』(1778)에서 박제가(朴齊家)는 용두레라는 표현을 명시하지는 않지만, "물을 푸는 바가지"를 그네처럼 움직여 작동한다고 설명하며 높이 올리지 못하는 결점을 지적하기도 하였다. 만주말을 집대성한 『한한청문감(韓漢淸文鑑)』(1727)에서는 '烏龍(오룡)'으로 표기되기도 하였고, 정조(正祖)의 구농서윤음(求農書綸音)이 내려진 후 조정에 올려진 응지진농서(應旨進農書) 가운데 '桔槔(길고)'로 표기된 이래 『재물보(才物譜)』(1798), 『농정촬요(農政撮要)』(1866) 등에 계속 '桔槔'로 표기되었다. 그러나 중국의 길고는 우물가에 기둥을 세우고 양쪽에 각각 돌과 두레박을 단 장대를 매달아 돌의 무게를 이용하여 우물 안의 두레박을 건져 물을 퍼올리는 기구로서 우리나라의 용두레와는 모양이나 쓰임새가 차이가 있다. 1905년 식민통치의 기초조사 작업을 반영한 『한국토지농산조사보고(韓國土地農産調査報告)』에 따르면 용두레는 전국 각지에서 두루 사용되고 있었다.

[참고어] 길고

[참고문헌] 金光彦, 1986, 『韓國農器具考』, 韓國農村經濟研究院 ; 최원규, 1992, 「조선후기 수리기구와 경영문제」『국사관논총』 39

〈정희찬〉

용문창(龍門倉) 고려시기 개경(開京)에 있었던 군량 보관 창고.

군량을 보관하던 군창(軍倉)과 더불어 만일을 대비하기 위한 예비곡(豫備穀)을 쌓았던 예비창의 성격을 동시에 지녔다. 그 재원은 다른 경창과 마찬가지로 군현에서 거둔 조세로 파악된다. 그러나 『고려사』 「백관지」에 용문창의 연혁은 기록되지 않았다. 다만 『고려도경(高麗圖經)』에는 개경의 선의문(宣宜門) 바깥에 있었다고 한다.

한편 1066년(문종 20)의 기록에 따르면, 용문창에는 좌창(左倉)·우창(右倉)·운흥창(雲興倉) 등과 마찬가지로 근시(近侍)로 임명되는 별감(別監)이 있어 그 관리를 맡았던 것으로 보인다. 그 외 『고려사』 「병지」에 의하면, 용문창에는 장교(將校) 2명, 산직장상(散職將相) 2명, 군인(軍人) 15명이 배속되었다. 아마도 경비를 위한 것이 아닌가 한다.

[참고문헌] 金載名, 1986, 「高麗時代의 京倉」 『淸溪史學』 4 ; 朴鍾進, 1990, 「高麗前期 中央官廳의 財政構造와 그 運營」 『韓國史論』 23, 서울大國史學科 ; 權寧國 外, 1996, 『譯註 『高麗史』 食貨志』, 韓國精神文化硏究院 ; 安秉佑, 2002, 『高麗前期의 財政構造』, 서울대학교 출판부 ; 李景植, 2007, 『高麗前期의 田柴科』, 서울대학교출판부

〈정덕기〉

용작(傭作) 고용작(雇傭作)의 줄임말로, 품팔이를 고용하여 농사짓는 것을 통칭.

기원은 고대 사회로 거슬러 올라간다. 그 시절에도 자신이 토지를 소유하는 자영 농민이 있었으며 그 수 또한 적지 않았다. 그러나 읍락사회로 전화되는 과정에서 하호(下戶)로 지칭되었던 농민들은 토지를 소유할 수 없었으며, 살아가기 위해서는 귀족·호민과 같은 대토지 소유자에게 빌려서 경작할 수밖에 없었다. 사회경제적인 처지에서는 용작 농민은 노복과 비슷하였다.

고대 국가가 성립된 이후 농민 대책의 핵심은 열악한 처지에 있는 용작 농민을 자영농민으로 만드는 일이었다. 이를 위해 생계유지가 가능하도록 일정한 토지를 분급하는 시책을 펼치기도 했다. 문제가 없지 않았지만 용작민들이 하호 상태에서 벗어나 국가에 조세를 납부하는 자영 농민이나 중세 국가의 전호(佃戶) 농민으로 성장할 수 있었다.

하지만 농민층이 꾸준히 성장함에도 불구하고 용작은 어느 시대에나 존재하였다. 특히 왕조국가 말기에 부세·토지제도의 혼란으로 인해 토지 겸병과 대규모의 전장이 확대됨에 따라 소토지를 보유했던 농민들은 몰락하면서 자신의 땅을 상실하게 된다. 나말여초기에 이르면서 용작·용전 농민이 관료 중에서도 나타날 정도로 광범위해지면서 하나의 사회계층으로 자리 잡았다. 이들이 완전히 몰락하여 무전(無田) 농민으로 떨어지면서 그 처지는 전호보다도 아래에 위치하게 되었으며, 노비층으로 전락하기도 했다.

일정한 기간과 임금을 작정(作定)하고서 고주의 집에 기식하며 노동을 제공하는 사람으로서의 용전민은 대명률(大明律)에서 '고공(雇工)'으로 법제화되었다. 그러나 이를 수용한 조선에서는 무임금의 예속적 사역인이 공존하고 있었다. 결국 이후 여러 차례의 논의를 거쳐 정조 7년에는 5년 이상 10냥(兩) 이상의 고가를 받는 사람[수임입안고공(受賃立案雇工)]에 한해 고공으로 인정하되, 돈을 받지 않거나 입안하지 않거나 입적되지도 않은 채 1-2년 사환(使喚)하는 자는 범인(凡人)으로 취급하도록 했다. 이상에서와 같이 고공은 법제상 일정기간 동안 일정보수를 받되 호적에 등재된 자, 즉 '장기고공(長期雇工)'만을 의미하는 것이었다. 하지만 현실에서 고공의 함의와 용례는 더욱 다양해서, 입안여부와 상관없이 고인(雇人), 고용(雇傭), 용고(傭雇) 등으로 불리던 일·월·계절 단위의 단기고용노동도 고공으로 호칭되고 있었다. 특히 수도작의 보급으로 인한 집약적 노동 투입의 필요성 때문에 단기고공 등의 용작은 일반화되었고, 그 형태도 다양해졌다.

[참고어] 고공, 고지, 고가

[참고문헌] 최윤오, 1992, 「18·19세기 농업고용노동의 전개와 발달」 『한국사연구』 77 ; 이경식, 2004, 『한국 고대 중세초기 토지제도사(고조선~신라·백제)』, 서울대학교 출판부 ; 김기섭, 2007, 『韓國 古代·中世 戶等制 硏究』, 혜안 ; 金容燮, 2000, 『韓國中世農業史硏究』, 지식산업사 ; 이정수 외, 2009, 「17, 18세기 고공의 노동 성격에 대한 재해석」 『경제사학』 47 〈윤석호〉

용전농민(傭田農民) 토지를 빌려 경작하는 농민.

[참고어] 용작

용호영둔(龍虎營屯) 조선시기 국왕을 호위하던 친위군영인 용호영의 재정을 보용키 위해 설치·운영한 토지.

국왕의 친위군인 금군(禁軍)은 조선 초 내금위(內禁衛)·겸사복(兼司僕)·우림위(羽林衛)의 3위를 각각의 장이 통솔했다. 효종 대에 이들을 내삼청(內三廳)으로 통합해서 군영을 창설했는데, 기병을 중심으로 편재된 부대를 좌우별장(左右別將)이 관리했다. 이어 현종 7년(1666)

내삼청을 금군청으로 개칭했으며, 그 수도 700명으로 정했다. 또한 좌우별장도 단별장제(單別將制)로 바꾸면서, 금위영(禁衛營)의 중군(中軍)이 이를 겸직케 했다.

1686년(숙종 12) 금군별장을 병조에서 별도로 차출토록 하여, 금군청은 금위영과 분리된 독립군영이 되었다. 또한 1755년(영조 31)에는 용호영으로 개칭되었는데, 그 별장만은 그대로 '금군별장'이라 칭했다. 1882년에 이르러 폐지되었지만 곧 복설되었고, 1892년에 다시 이를 친군영으로 개칭하였으나 1894년 통위영(統衛營)에 예속되었다.

『만기요람』에 따르면, 용호영둔은 경기의 음죽(陰竹), 양근(楊根), 양주(楊州), 광주(廣州), 충청도의 충주(忠州), 은진(恩津), 해미(海美), 부여(扶餘), 서산(瑞山), 연산(連山), 정산(定山), 전라도의 여산(礪山), 나주(羅州), 영암(靈巖) 등지에 산재해 있었다. 또한 정조 10년(1786)에는 몰수된 전답을 용호영에 소속시켜 둔전을 만들고 장교를 파견하여 세를 수납하여 바치게 하기도 했다.[『만기요람』 군정편2, 병조, 일군색(一軍色)]

1881년(고종 18) 용호영은 무위영(武衛營)과 합병되었으나, 이듬해 무위영이 폐지되면서 복설되었다. 1894년에 다시 폐지되어 군부로 부속되었고, 소관 둔전은 탁지부 관리로 옮겨졌다. 이후 둔전은 대한제국기 내장원 소관으로 옮겨졌다가, 1908년 탁지부가 관리하는 국유로 이속되었다.

[참고어] 둔전, 영문둔전

[참고문헌] 최효식, 1985,「용호영에 대하여」『경주사학』 45 ; 최효식, 1995,『조선후기 군제사연구』, 신서원 ; 송양섭, 2006,『조선후기 둔전 연구』, 경인문화사 ; 김양식, 2000,『근대권력과 토지』, 해남

〈윤석호〉

우경(牛耕) 소의 힘을 이용하여 논밭을 갈아 농사를 짓는 일.

우경의 연원은 철제 농기구의 도입, 그리고 쟁기의 제작 등과 연관된 문제이다. 또한 문헌자료에 나오는 우경 관련기사도 같이 검토해야 한다. 중국의 경우 우경은 춘추전국시대를 거쳐 한나라 때에 널리 보급되었다. 우리 역사에서 우경의 보급을 살펴보면, 『삼국사기』에 신라 지증왕대인 502년 우경을 처음으로 사용하였다는 문헌기록이 보이지만, 고구려가 차지하고 있던 요동지역에서 4세기 대에 출토되는 대형 보습이나 안악3호분 벽화에서 코뚜레를 한 소가 그려진 것으로 보아 4세기 무렵에 이미 우경을 수행하고 있었던 것으로 보인다. 다만 우경을 실제 수행한 계층이 부호층에 한정되었을 것으로 추정된다.

조선시기의 기경이 우경(牛耕)으로 수행되었음은 『농사직설(農事直說)』에서 분명하게 찾아볼 수 있다. 마(麻)의 경작법을 기록한 부분에 경지(耕地) 작업을 천천히 수행해야 하는데 이로써 흙이 유연하게 되고 소가 피곤하지 않기 때문이라고 설명하고 있다. 또한 봄여름의 기경은 얕게 하고, 가을 기경은 깊게 하는 것이 적당하다고 지적하고 있다. 한편 밭작물을 경작할 때 작물이 자라는 도중에 밭이랑 사이의 중경(中耕) 제초(除草) 작업에도 우경이 동원되었다. 이랑 사이에 잡초가 무성하면 소의 입에 망(網)을 씌우고 서서히 중경하면서 작물에 피해가 가지 않게 하는 것이었다.

우경을 수행하는 방식은 산간지역과 평야지역으로 크게 구분되었다. 18세기 말 박지원(朴趾源)이 지은 『과농소초(課農小抄)』에 따르면 우경에 활용되는 쟁기 자체도 산간지역용 협려(峽犁)와 평야지역용 야려(野犁)로 구별되었다. 또한 우경에 동원하는 경우(耕牛)의 숫자에 따라 양우(兩牛) 즉 두 마리 소를 사용하는 지역과 단우(單牛) 즉 소 한 마리를 사용하는 지역으로 나뉘었다. 양우를 사용할 때 쓰는 쟁기는 단우를 쓸 때 사용하는 쟁기에 비해 성에가 길고 두 마리의 소의 목에 걸어주는 장원(長轅)이라는 부속품이 달려 있었다.

18세기 말 우하영(禹夏永)이 『천일록(千一錄)』에서 각 지역의 우경하는 방식을 정리한 것에 따르면, 도성(都城) 서쪽과 남쪽, 화성부, 강화부 지역은 소 한 마리로 우경을 수행하고 있었다. 이들 지역은 다른 지역에 비해 인구가 밀집된 경제적 활동의 중심지라는 특징이 있었다. 반면에 도성 동쪽과 북쪽지역은 대부분 소 두 마리를 이용하여 우경하는 지역이었다. 우경에 이용하는 소의 숫자에 차이가 있는 것은 우선 심경(深耕)의 여부 즉 지력의 최대한의 이용이라는 측면에서 차이를 발생시키는 요인이었다. 하지만 우경의 지역적 차이는 각 지역의 토질의 차이, 농사관행의 차이에서 연유한 것이기도 하였다.

우경을 수행하는 것이 기본적인 기경법이지만 축력, 즉 소를 확보하지 못한 경우에는 어쩔 수 없이 인력을 동원하여 기경할 수밖에 없었다. 그리고 우역(牛疫)으로 인하여 경우가 크게 부족할 때에는 또한 불가피하게 사람이 쟁기를 끄는 경우가 생겨났다. 사람이 쟁기를 끄는 것은 인만려(人挽犁)라 불렀는데, 강희맹(姜希孟)의 『금양잡록(衿陽雜錄)』에 따르면 아홉 사람의 힘으로도 소 한 마리를 당해내지 못한다고 하였다. 경우를 확보하

기 위한 조정의 방안이 바로 우금(牛禁)이었는데, 소를 도살하는 것을 막는 금령이 대표적이다.

[참고어] 심경, 쟁기

[참고문헌] 김광언, 1969, 『한국의 농기구』, 민속자료 보고서 20호, 문화공보부 문화재관리국 ; 염정섭, 2002, 『조선시대 농법 발달 연구』, 태학사 ; 정연학, 2003, 『한중 농기구 비교연구』, 민속원 ; 김재홍, 2011, 『한국 고대 농업기술사 연구』, 도서출판 고고 〈염정섭〉

우메 겐지로(梅謙次郎) 일본의 대표적인 민법학자. 1906년 한국 부동산법조사회 회장을, 1907년 12월 법전조사국의 고문을 맡아 관습조사사업을 관장하다 경성에서 사망했다.

우메 겐지로(1860.7.24~1910.8.26)는 마쓰에번(松江藩 : 현 島根縣 松江市)에서 출생하였다. 도쿄외국어학교(현 東京外國語大學) 프랑스어과를 수석으로 졸업한 후 사법성 법학교에서 프랑스법을 전공하였다. 이후 문부성의 국비유학생으로 프랑스에 유학하여 리옹 대학의 박사과정에 진학하여 수석으로 졸업하였다. 1890년 귀국한 뒤 도쿄대학 법과대학 교수로서 일본민법학의 발전에 기여하였다. 교육자로서 특히 화불법률학교(뒤에 法政大學)와 긴밀한 관계를 유지했는데, 이 학교의 학감·교장을 거쳐 1903년부터 호세이대학[法政大學] 총장이 되어 후학양성과 학교경영에 힘썼다. 1904년에는 청 유학생을 대상으로 법학교육을 실시하여 후일 중국정치에 중요한 역할을 하게 되는 후한민(胡漢民)·왕자오밍(汪兆銘) 등을 배출했다. 이외에도 내각법제국장관, 문부성 총무장관, 일본 법전조사회 민법기초위원, 상법기초위원 등을 역임하였다.

한편, 프랑스의 법학자 보아소나드 등이 기초한 구민법의 시행과 연기문제를 둘러싸고 소위 민법전 논쟁이 일어났을 때는 민법시행 입장을 옹호했다. 그러나 구법전 시행이 연기되자, 법전조사회의 기초위원으로서 호즈미 노부시게(穗積陳重), 도미이 마사아키(富井政章)와 함께 민법을, 다베 요시(田部芳), 오카노 게이지로(岡野敬次郎)와 함께 상법을 입안·기초하는 등 입법사업의 중심인물로서 활약했다. 주요저서인 『민법요의(民法要義)』(5권, 1869~1900)는 민법에 관한 개설서로서 아직까지도 사용되고 있다.

우메는 1906년 이토의 부름을 받아 한국 부동산법조사회 회장을 맡아 부동산 관련 입법을 담당하였고, 1907년 12월 법전조사국의 고문을 맡아 관습조사사업을 관장하였다. 그는 통감부의 침략 구상에 따라 대한제국의 입법사업을 담당하다가 1910년 경성에서 사망하였다.

[참고어] 부동산법조사회, 법전조사국

[참고문헌] 岡孝, 1991, 「明治民法과 梅謙次郎」 『法學志林』 4-88 ; 이영미, 2007, 「近代韓國法과 梅謙次郎」 『동아법학』 39 〈이승일〉

우하영(禹夏永) 조선 후기의 학자로, 『천일록(千一錄)』의 저자.

우하영(1741~1812)의 본관은 단양(丹陽)이고, 자는 대유(大猷), 호는 취석실(醉石室)이다. 아버지는 우정서(禹鼎瑞)이며, 큰아버지 우정태(禹鼎台)에게 입양되었다. 과거에 여러 차례 응시했으나 결국 급제하지 못하였다. 수원(水原)의 유생(儒生)으로 평생을 보내며, 전국을 유람하였다. 1796년(정조 20) 조정의 구언 교서가 내려졌을 때 우하영은 '수원유생우하영경륜(水原儒生禹夏永經綸)'이라는 책자를 올렸고, 1804년(순조 4)의 구언 때에는 이를 보완하여 『천일록(千一錄)』을 올렸다. 이 두 책자는 각각의 표제로 현재 규장각에 소장되어 있다.

그는 시무책(時務策)의 하나로서 농업문제를 논하였으며, 그의 저술에서 많은 부분을 농업문제에 관한 내용에 할애하였다. 『천일록』 역시 하나의 체계적인 농서는 아니었으나, 관련 내용을 종합하면 그의 농업론을 정리할 수 있다. 그는 농업을 개선하기 위하여 먼저 당시 농업의 실태와 농업관행을 조사하였다. 「산림풍토관액(山林風土關扼)」에서 전국 각 지방의 자연환경, 민속, 농업, 생리(生利) 등을 조사하고 정리한 것이다. 또한 『천일록』 제8책인 『농가총람(農家摠覽)』에서 우하영은 『농가집성(農家集成)』 등의 기존 농서가 이미 당시 현실과 맞지 않게 된 점을 고려하여, 당시의 농업 관행을 반영하고 기존의 농서에 주석을 달아 보충 설명하였다. 뿐만 아니라 『천일록』 제2책에 포함되어 있는 「전제(田制)」에서는 주대(周代)의 정전제(井田制) 및 우리나라 역대의 토지제도·공물제도(貢物制度)·농정 등을 논하였으며, 제10책에 포함되어 있는 「어초문답(漁樵問答)」에서는 광작(廣作)이 널리 행해지고 유식자(遊食者)가 많았던 당시 농촌의 현실문제를 지적하기도 하였다.

그가 제의한 여러 정책들은 당시 큰 주목을 받지 못했고 정책에도 반영되지 못했지만, 그가 남긴 농업문제 관련 저술은 당시의 농업상황과 농학(農學)의 흐름을 이해하는 데 중요한 자료가 되고 있다. 이에 우하영은 조선 후기 대표적인 농촌 지식인으로 평가된다.

[참고어] 천일록, 농가총람

[참고문헌] 김용섭, 2009, 『(신정증보판)조선후기농학사연구』, 지식산업사

〈김미성〉

웅본농장(熊本農場)/웅본리평(熊本利平) ⇒ 구마모토농장

원결(元結) ⇒ 원전

원도(原圖) 일제의 토지조사사업에서 일필지 측량의 결과를 그린 도면으로 지적도의 저본.

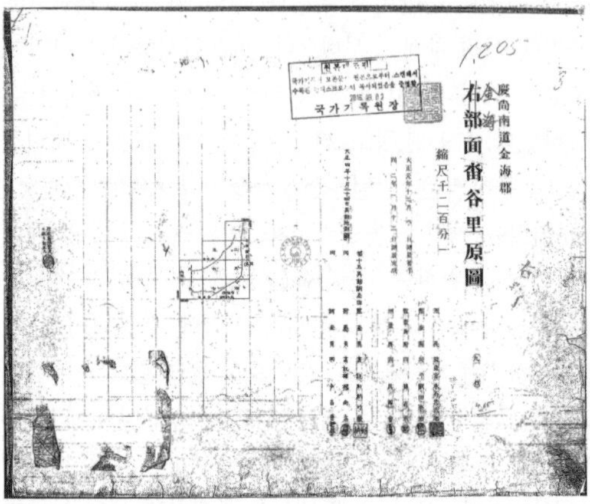

김해면 답곡리 원도 표지 국가기록원

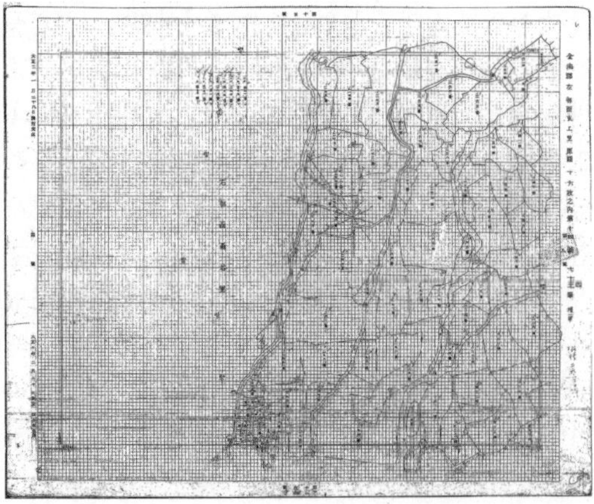

김해군 좌부면 동상리 원도 국가기록원

일필지 측량은 조사를 마친 토지의 경계를 측정하는 것이며, 그 결과물이 원도이다. 지적도는 원도를 기본틀로 하여 작성되고, 각 필지의 면적은 지적도의 도면상에서 산정하여 토지대장 조제의 자료로 제공되었다.

측량은 삼각점 또는 도근점을 기준으로 도해법에 의하여 실시하고, 적당한 위치에 측점을 배치하여 그 위치를 결정하고 직선의 연속으로 이를 표시하였다. 축척은 1/600, 1/1200, 1/2400 등 3종류였다. 측량은 지주, 지목, 경계 등의 조사를 종료한 다음 시행했다. 원도는 실지에서 연필로 필요한 선과 주기 등을 그리고, 나중에 착묵(着墨)하였다. 원도의 외곽 여백에는 원도의 명칭, 번호, 필수, 접근 원도의 번호, 측량연월일, 측량원의 관명과 성명 등을 기재했다. 원도를 제조하는 단위는 1개 정(町)·동·리였으며, 그 크기에 따라 여러 장으로 나누어 그렸다. 표지에는 원도의 소속과 매수, 축척, 지목별 필수와 제작 일정, 제작자 일람표, 작업 일정표, 그리고 각 장의 일람도를 그려 넣었다.

원도 제작에는 두 팀이 참여했다. 먼저 실지조사는 측지반 요원들이 담당했다. 각 군마다 측지반을 파견하였으며 일본인 감사관이 반장을 맡았다. 면 단위에는 세부 분반을 편성하여 담당하도록 했다. 참가자는 감사원 기수 1명, 검사원 2명, 측도원 등이었다. 원도 제작은 제도→제도교정→적산(積算)→적산교정 순으로 이루어졌으며, 사정 전에 마무리되었다. 그리고 1914년 4월 1일 행정구역이 변경되자 이에 따른 정정 작업도 실시했다.

다음 작업은 이동지를 조사하고 측도하는 작업으로 이동조사반이 담당하였다. 일본인 감사원 서기 1명, 부속원과 조사원 서기 각 1명을 조선인으로 배치했다. 일람도는 1개 정·동·리의 원도가 여러 장일 때 작성했다. 작성방식은 정·동·리를 같은 크기로 구획하여 구획별로 번호를 붙인 것이다. 번호는 동북쪽의 구석에서 시작하여 남으로, 동에서 서로 이어가면서 차례로 번호를 붙여 원도 상호간의 관계를 분명히 했다. 각 구획번호 아래에는 해당 구획에 포괄된 지번의 시작과 끝을 기록하여 토지를 찾을 때 편리하도록 조제했다. 일람도에는 원도의 구획과 동리의 경계를 그리고, 원도 각상의 번호, 각 원도의 지번, 행정구역의 경계와 인접행정구역의 명칭 및 종횡선의 수치 등을 표시했다. 지목별 필수도 기록했다.

개별 원도에는 "○○군 ○○면 ○○리 원도"라는 소속을, 그 아래에 "○○枚之內 제○호 ○필"이라 내용을 기록했다. 이외에 도근점과 번호를 표시했다. 리 경계선에는 이웃 리명을 기록했다. 각 필지의 구획 안에는 지번, 지목, 가지번, 지주명 등을 기록했다. 지주명은 연필로 표기하였다. 2명이상이 실지조사를 했을 경우 가지번에 'イ, ロ' 등의 기호를 붙여 구별하였다. 동척, 조선흥업, 김해식산 등과 같이 한 동리 내에 다수의

토지를 소유한 경우는 원도에 약호를 기입하고, 일람도에 비고란을 만들어 그 내용을 연필로 표기하였다.

분쟁은 '○○ ○○분쟁'이라고 당사자 모두를 표기했다. 아직 소유주가 확정되지 않았기 때문이다. 강계는 '분쟁'이라고만 기입하였다. 조사지역 외의 토지는 '山', '湖' 등이라 기입하고 개황을 표시했다. 지번은 제1호 원도의 북변에서 시작하여 그 원도 내의 토지를 전부 연속시켰다. 한 원도 내에 주요한 도로, 하천, 구거 등으로 제한된 부분이 있을 때는 그 지역내의 지번은 연속시키고 다음 원도로 옮길 경우에도 가능하면 연속시켰다.

원도와 토지조사부의 필지 내용은 대부분 일치했지만, 분쟁지의 경우 전자는 미확정상태이고 후자는 확정되었다는 점에서 차이가 났다. 그리고 원도에는 이동지조사에서 확정된 분합필이나 지목변동이 반영되었지만, 토지조사부에는 반영되지 않았다. 토지소유자 이동은 토지조사부와 원도에는 반영되지 않고 이동지조사부에만 반영되었다. 지적도는 토지대장과 함께 부군도에 비치하기 위하여 원도에 그려진 1필지 경계 및 도로 하천 구거와 같은 각종 선체(線體) 및 기타의 삼각점과 도근점의 위치 등을 등사한 것이다. 토지조사사업에서 만든 원도는 현재 국가기록원에 보존되어 있다.

[참고어] 일필지측량, 실지조사부, 토지조사부, 지적도, 토지대장

[참고문헌] 조선총독부임시토지조사국, 1918, 『조선토지조사사업보고서』; 宮嶋博史, 1991, 『朝鮮土地調査事業史の研究』, 東京大學 東洋文化研究所; 최원규, 2011, 「창원군 토지조사사업 관계장부의 종류와 성격」『일제의 창원군 토지조사와 장부』, 선인

〈이영학〉

원도지(元賭地) 정조법으로 징수되는 정액소작료인데, 보통소작료보다 납입액이 적어 재해·흉작 때 감면되지 않거나 적게 감면되는 소작관행.

원도지는 정조법의 발생과 함께 생겨난 관행으로, 소작료가 일반적인 소작료보다 적게는 5~10%, 많게는 50% 낮게 책정되어 원칙적으로 소작료의 감면·면제가 없다. 원도지를 경감하는 경우는 소작지의 작황이 평년작에 비해 40~60% 줄어들었을 경우이다. 수확이 전혀 없는 해에는 면제해주기도 하지만 심각한 흉작을 만났을 경우도 원도지는 소작료 감면의 기회와 액수가 적다. 소작계약 상 어떤 경우에도 소작료를 감면하지 않는다고 명시한 경우도 있는데, 이는 일제시기에 증가했다.

원도지는 충청남도에서 사용하는 용어이다. 경기도에서는 감도지(減賭只), 경기도·강원도는 정면(定免), 전라북도는 원정조(元定租)·완정조(完定租)·영원척(永元尺), 전라남도는 원정(元定), 경상남도는 영세(永稅)·영지정(永指定), 황해도에서는 영도지(永賭支)·영세·고정조(固定租)라고 부른다. 정조 소작관행과 관련된 용어와 거의 혼용해서 사용하며, 영정도조(永定賭租)와도 유사하다. 정조법과 마찬가지로 답보다 전에서 더 많이 행해진다. 소작료의 결정은 답에서는 두락, 전에서는 일경(日耕)을 단위로 실시하였다. 이 관행은 함경북도와 평안북도를 제외한 각 도에 산재하고 있다. 특히 수해가 빈번한 지역과 용수가 부족한 지방을 중심으로 많이 나타났다.

원도지의 발생원인은 ① 소작지가 척박하고 재해로 인한 피해가 잦아 수확이 늘 부정확하여 소작료 감면 결정이 번거로운 경우, ② 소작인이 노자(勞資)를 투자하여 전이 답으로 전환된 경우, ③ 소작인을 토지관리자로 임명한 경우, ④ 부재지주이기 때문에 매년 원거리의 소작료 수납에 불편을 느끼는 경우, ⑤ 소작지가 향교전·묘위토 등에 해당하는 경우, ⑥ 지주가 덕의를 베푸는 경우 등이다.

지주측의 입장에서 원도지 관행은 대개 일반소작에 비해 흉작마다 소작료를 경감·면제하는 번잡함이 거의 없고 정액소작료를 매년 확실하게 수납할 수 있다는 이익이 있다. 하지만 풍작시에는 손해를 입게 된다. 반면 소작인의 입장에서는 흉작일 경우에는 손해를 보지만 풍작일 경우에는 이익을 얻을 수 있었다.

[참고어] 영소작, 영정법, 정조법

[참고문헌] 전라남도, 1923, 『小作慣行調査書』; 조선총독부, 1932, 『朝鮮ノ小作慣行(上)·(下)』

〈고나은〉

원둔전(元屯田) 고려 후기에 원(元)나라가 군량 조달을 명목으로 고려에 설치한 둔전.

원은 다양한 경로로 고려의 물자를 징발하였는데, 그 대표적인 것의 하나가 미곡이다. 이미 대몽전쟁 과정에서도 고려에서 수확했던 곡물을 몽골군이 수중에 넣었던 적이 많았다. 강화(講和)를 맺은 뒤에는 일본 정벌을 빌미로 군량미를 고려로부터 다량 징발하였다. 그 과정에서 주목할 만한 일이 일어났으니 원둔전의 설치였다.

원에서 고려에 둔전을 설치했던 가장 이른 사례는 1256년(고종 43)에 발견된다. 하지만 그 시절에는 고려와 몽골의 사이의 상황이 불확실하여 지속적으로 둔전

을 설치, 운영하였던 것이 아니었다. 본 궤도에 올랐던 것은 1270년(원종 11)부터 1278년(충렬왕 4)까지 8~9년 정도였다. 전국에 설정되었던 것은 아니었고 대체로 서해도 지역을 중심으로 운영되었다. 당시 원은 여러 지역에서 정벌전을 동시에 수행하고 있었고, 이로 인해 미곡의 수요가 증대하였다. 이에 중국 본토 내외의 여러 곳에 설치하였는데 그 중의 하나로 고려에도 둔전을 두었다. 원둔전에서도 미곡의 수확은 어느 정도 이루어지고 있었으나, 당시의 수요를 충족시키기에는 매우 부족하였다. 그 부족분은 고려에서 추가적으로 부담해야 했다. 아울러 둔전 설치를 주도한 것이 당시 고려 정부의 정치적 반대파였던 홍다구 등의 홍씨 일가였다는 점에서 정치적 압박도 감내하지 않으면 안 되었다.

원둔전은 1270년대 후반에 전격적으로 해체되었다. 당시 원은 강남 지역을 장악하여 국가재정의 재원 확보에 성공하였는데, 이로 인해 고려에서 무리한 수탈을 할 필요가 없어졌기 때문이다.

[참고어] 둔전

[참고문헌] 趙啓纘, 1964, 「元軍의 高麗屯田考」『東亞論叢』 2 ; 金渭顯, 2004, 『高麗 對外關係史硏究』, 景仁文化社 ; 李康漢, 2007, 「고려후기 元 屯田의 운영과 변화」『歷史學報』 196 〈정덕기〉

원시취득(原始取得) 일제의 토지조사사업에서 사정(재결 또는 재심)에 의하여 확정된 소유권에 부여한 법률적 지위로, 구래의 소유권과는 법률적으로 완전히 단절되고 새로 취득한 소유권이라는 의미.

원시취득은 어떤 권리를 타인의 권리에 의하지 아니하고 독립해서 취득하는 것, 무주물 선점, 유실물 습득, 시효취득 등을 말한다. 독립해서 원초적으로 권리를 취득하는 것이므로 승계취득(타인의 권리에 의하여 권리를 취득하는 것)과는 다르다. 예를 들면, 그 권리에 전 권리자에게 어떤 하자나 부담이 붙어 있다 해도 그것들이 취득자에게 승계되지 아니한다고 정리하고 있다.

일본의 한 법조인은 토지조사사업의 사정에 원시취득의 의미를 다음과 같이 설명하고 있다. "사정은 하나의 사권 확정의 방법인 행정상의 처분으로 이 처분된 것은 사법재판소의 재판과 제도상 전연 계통을 달리하는 독립된 국가기관의 행위이다. 이리하여 이것에 의하여 확정된 소유권은 사법재판소라도 인정하지 않으면 안되는 절체적인 것이고 서로 병립하는 것이 아니다. 이리하여 그 확정된 소유권이 증명 또는 등기와 저촉하여 서로 용납되지 않는 것이 있을 때는 그 증명 또는 등기를 말소하여 절대적인 권력을 부여하고 권리관계를 확정한다. 사정의 효력에 달려 있는 것이다. 사정은 적극적 소유권의 존재를 기초로 이에 부합하지 않은 소유권의 존재는 사정에 의하여 비로소 확인 결정된다. 왜냐하면 사정과 사정 전에 있는 소유권의 연락관계는 조금도 없다. 종전 소유권을 소멸시키고 새로운 소유권을 취득하는 것을 소위 원시취득이라고 하는 것이다."

그리고 토지의 사정일은 토지소유자의 신고의 현재 의하고 또 국유지에서는 보관관청의 통지 당일의 현재에 의한 것으로 하고, 기타의 경우는 사정당일의 현재에 의한 것으로 한다고 하였다. 사정일로 구래의 모든 토지권은 법적으로 일소되고 새로운 소유권의 역사가 시작된다고 선언한 것이다. 이것이 갖는 의미는 이제까지의 모든 구래의 토지권적 질서를 단절하고, 앞으로 한국에서는 토지조사사업에서 확정한 소유권을 일본 민법의 배타적 소유권으로 법적 위치를 부여하고 실천해간다는 것이다. 이는 동시에 소유권 이외의 모든 물권적 권리의 소멸시킨다는 것을 의미하는 것이다.

[참고어] 토지조사사업, 일본민법, 사정, 국유지

[참고문헌] 早川保次, 1921, 『조선부동산 등기의 연혁』, 대성인쇄사 출판부 ; 현암사, 1985, 『도해 법률용어사전』 〈최원규〉

원예모범장(園藝模範場) ⇒ 농상학교부설 농사시험장

원재하(元在夏) 1798년(정조 22) 권농정구농서윤음(勸農政求農書綸音)에 응하여 농서를 올린 40인 중 한 사람.

출신은 수원(水原)의 절충(折衝)으로 기록되어 있다. 그가 올린 「농무책자(農務冊子)」에서는 그가 살던 수원의 토의(土宜)와 수리(水利)에 대해 15조항을 적고 있었다. 그 내용은 주로 수원의 지리 사정과 관련하여 수리를 크게 일으키고 제방을 쌓는 공사를 행하고 관리할 방안을 제시하는 것이었다.

[참고문헌] 『정조실록』 ; 농촌진흥청 역, 2009, 『응지진농서Ⅱ』, 진한M&B

원전(圓田) 둥근 원과 같은 모양의 전답.

원전은 전답도형 가운데 하나인 원형(圓形)의 전답이다. 구장산술에 언급된 7가지 전형 중 하나이다. 원형은 순조시기 「경진양전사목(庚辰量田事目)」에서 추가할 것이 논의되었으나 시행되지는 않았다. 이후 해학 이기의 『해학유서』 권1 「전제망언」에서 전답의 형상을 구체적

원전 『충청남도 아산군 일북면 양안』 2책 004a(규17664)

으로 표현할 필요성을 언급하며 원전에 많은 관심을 가졌다. 1899년에 오병일이 제출한 「양전조례(量田條例)」에서도 기본 5도형 이외에 원형의 면적을 계산하는 방법이 제시되었다. 대한제국의 양전사업 때에는 기본 5도형에 원형을 포함한 5가지 전형이 추가된 10가지 전형을 사용하였다. 원전은 전답의 반지름을 서로 곱하고 그 값에 π의 값을 곱해서 그 면적을 구한다. 원형의 변형으로는 반원형(半圓形), 타원형(楕圓形), 반타원형(半楕圓形) 등이 있다.

[참고어] 전답도형, 경진양전사목, 양전조례, 광무양전사업, 광무양안

[참고문헌] 『만기요람』; 『목민심서』; 『경세유표』; 최원규, 1995, 「대한제국기 양전과 관계발급사업」 『대한제국의 토지조사사업』, 민음사 ; 대한지적공사, 2005, 『한국지적백년사 : 자료편4』; 정긍식·田中俊光 역, 2006, 『조선부동산용어약해』 〈고나은〉

원전(元田) 원장부(元帳付), 즉 원안(元案)에 등록된 토지.

조선시기의 경작지는 양전을 통해 정전(正田)과 속전(續田)으로 구분되었다. 정전은 해마다 농사짓는 토지로 상경전을 의미하며, 속전은 경작과 진황(陳荒)을 번갈아 하는 토지였다. 정전은 원장부에 등록되었고 진황되더라도 면세되지 않았다. 하지만 속전은 별도의 토지대장인 속안(續案)에 등록되었으며, 수기수세(隨起收稅)의 원칙에 따라 경작하는 해에만 전세를 부담했다.

이처럼 원칙적으로 원전은 정전을 대상으로 원장부에 등록된 토지로서, 국가 수세의 원천으로 활용되었다. 하지만 경자양전부터는 속전이 원전으로 파악되었다. 당시의 양전에서는 수세대상의 확보를 위해 기경전과 진전의 구분에 초점이 두어졌고, 이 과정에서 속전도 수세대상인 원전으로 간주된 것이다. 따라서 속전에도 전품이 부여되었는데, 『속대전』에는 "속전이나 가경전도 이미 상시 경작하는 경우에는 모두 정전의 예에 의하여 등급을 나눈다.(續田加耕田, 已作常耕者, 并依正田, 分等.[「호전」, 양전]"고 했고, 주로 6등 전품이 부여되었다. 또한 그간 적용되었던 수기수세도 폐지되어, 모든 속전은 매년 수세의 대상이 되었다.

이로써 파악된 원전의 결수를 원결(元結)이라 하고, 그 총수를 원총(元摠)이라 한다. 그리고 원결에서 유래진잡탈과 각종 면세지를 제외한 결수를 시기결(時起結)이라 하며, 여기에서 급재(給災) 결수를 제외한 것을 실결(實結)이라 한다.

[참고어] 양안, 정전, 속전, 시기결, 수세실결

[참고문헌] 오인택, 1992, 「肅宗代 量田의 推移와 庚子量案의 性格」 『부산사학』 23, 부산사학회 ; 오인택, 1994, 「朝鮮後期 新田開墾의 성격 : 肅宗代 南海縣 庚子量案의 加耕田을 중심으로」 『부대사학』 18 ; 이철성, 2003, 『17·18세기 전정 운영론과 전세제도연구』, 선인

원정(元定)/원지정(元支定) ⇒ 정조법

원주전(院主田) 고려·조선시기 원의 경비를 조달하기 위하여 설치·운영한 토지.

원전(院田), 원위전(院位田)이라고도 부른다. 원은 공무를 띠고 파견된 관리나 상인에게 숙식의 편의를 제공한 국영시설이며, 원주는 역원(驛院)을 숙직하여 지키는 벼슬아치를 말한다. 고려 말부터 원이 본격적으로 설치된 것으로 보이는데, 이에 따라 원주전도 1391년(공양왕 3)에 처음 규정되었다. 그 규모는 대·중·소로 구분된 원의 크기에 따라 각각 2결·1결50부·1결이었다. 이후 규모가 점차 축소되었는데, 『경국대전』에는 대로(大路)는 1결 35부, 중로(中路)는 90부, 소로(小路)는 45부의 토지를 지급한다고 규정되어 있다.[「호전」 제전]

원주전은 관유지로서 자경무세지(自耕無稅地) 였으나, 실제로는 역졸들이 농민에게 소작을 주고 지대를 받아 경비에 충당하는 일이 많았다. 이때 지대가 일반 소작지에 비하여 저렴하고 정액제가 많았기 때문에 소작권을 작인이 사고파는 권한인 도지권(賭地權)이 발생하는 일이 많았다.

갑오개혁을 통해 역참제도가 폐지되고 원주전은 국유로 귀속되었다. 그러나 사실상의 소유지화가 진행되었던 원주전에서 농민들은 지세와 지대를 모두 납부해야 하는 상황이 발생했고, 이는 소유권 분쟁과 납세거부 운동이 일어나는 배경이 되었다.

[참고어] 늠전, 역전, 무세지, 면세

[참고문헌] 鄭肯植·田中俊光, 2006, 『朝鮮不動産用語略解』, 한국법제연구원(朝鮮總督府, 1913, 『朝鮮不動産用語略解』) ; 趙錫坤, 1997, 「제4장 土地調査事業에 있어서 紛爭地 處理」, 金鴻植 外, 『조선토지조사사업의 연구』, 민음사 ; 송양섭, 2006, 『조선후기 둔전 연구』, 경인문화사

원지(園地) ⇒ **원포, 과목전**

원총(元摠) ⇒ **원전, 양안**

원포(園圃) 과실수를 심거나 채소를 재배하는 곳을 이르는 말.

과수처(果樹處)를 원(園)이라 하고 종채전(種菜田)을 포(圃)라 하며, 일반 토지보다 비옥도가 좋다. 때문에 『고려사』「형법지」의 재관침탈사전(在官侵奪私田)조항에서는 "관에 있으면서 사전을 침탈한 경우 1무에 장60, 3무에 장70, 7무에 장80, 10무에 장90, 15무에 장100, 20무에 도 1년, 25무에 도 1년 반, 30무에 도 2년 35무는 도 2년 반으로 처벌한다.(在官侵奪私田, 一畝杖六十, 三畝七十, 七畝八十, 十畝九十, 十五畝一百, 二十畝徒一年, 二十五畝一年半, 三十畝二年, 三十五畝二年半.[『고려사』 권84, 「형법」 1 직제])"라고 한 뒤, 침탈한 사전이 "원포일 경우 죄 1등을 더한다.(園圃, 加一等.[위와 같음])"라고 하여 같은 죄를 짓더라도 무거운 형량을 부과했다. 조선시기에는 왕실소유의 원포와 채소재배를 관장하던 사포서(司圃署)를 둔 것이 확인된다.(司圃署, 掌園圃蔬菜.[『經國大典』「吏典」京官職 司圃署])

[참고어] 과목전

[참고문헌] 『고려사』; 『경국대전』

월경처(越境處) 고려·조선시기 군현의 행정구역이 다른 읍의 경계 안에 위치한 지역.

비입지(飛入地)·비지(飛地)라고도 했는데, 『세종실록지리지』에는 이를 월경처라 하여 파악하고 있었다. 이와 비슷한 특수구역으로 견아상입지(犬牙相入地, 斗入地)가 있는데, 월경처가 월재타읍(越在他邑)인데 반해 견아상입지는 침입타경(侵入他境)했다. 즉 한 지점은 연접해 있으나 삼면이 타읍 경내에 깊숙이 침입했을 때는 견아상입지이며, 소속읍과 동떨어져 타읍에 속해 있을 경우는 월경처였다. 그러나 자료에 따라서는 월경처와 견아상입지가 서로 혼동되기도 했다.

월경처는 중국에도 없던 우리나라만의 독특한 현상으로, 그 연원은 고려 지방제도의 편성과 관련이 깊다. 고려시기인 1018년(현종 9)에 실시한 전국적인 지방제도 개편은 영현(지방관이 파견된 곳)·속현(지방관이 파견되지 않은 곳) 관계를 기초로 했다. 행정구역은 영현을 중심으로 편성되었으며 그 내부에 속현이나 향(鄕)·소(所)·부곡(部曲) 등을 배치했다. 그런데 이후 속군·속현의 분리·독립이나 향·소·부곡의 승격 등이 빈번하게 발생했는데, 이 과정에서 임내(任內 : 외관이 파견되지 않고 주읍의 통치를 받는 속현 이하 지역)가 분리·독립하거나 다른 읍으로 이속되는 일도 일어났다.

이는 상업이 발달하지 않은 중세사회에서 군현운영이나 조세부담을 위해서는 자기완결적인 경제체제를 지녀야 했고, 생산지를 직접 장악하는 것이 유리했기 때문이었다. 군현은 조세부담의 기본단위였으므로 군현명호가 승강할 때마다 기본적인 호구와 전결수를 마련해주기 위해 구역이 변동하는 경우도 많았다. 특히 바닷가 고읍에 위치한 월경처는 주읍에 어물·소금 등 해산물을 공급해 주었고, 주읍의 공물 진상의 조달에도 큰 비중을 차지했다. 심지어는 주읍의 경비 조달에도 상당한 몫을 부담하기도 했다. 또한 월경처는 소수의 예외를 제외하고는 어염·목재 등 토산물이 풍부한데다가 주민은 사족 이외의 양·천민이 대부분을 차지하고 있어 주읍 관리들이 거리낌 없이 착취와 수탈을 감행할 수 있었다. 이로 인해 주읍에 대하여 공부와 역역 등 항상 과중한 부담을 지고 있었는데, 공부와 요역은 군현을 단위로 하여 배정되었기 때문에 대·소읍에 따라 현격한 차이가 있어 일반적으로 대읍에 유리하고 소읍일수록 불리하였다. 따라서 대읍에 소속된 월경처는 오히려 부근의 쇠잔한 읍에 이속되기를 원하지 않았고, 대읍의 재지세력들은 소속의 월경처를 끝내 존속시키려 했던 것이다.

한편 인구의 증가와 개간, 산업의 발달과 새 농법의 적용은 각 읍의 접경지대에 위치한 오지·벽지의 개발을 촉진시켰다. 해안과 삼남의 내륙 오지에 위치한 월경처는 어염과 목재산지 또는 천방(川防, 洑) 축조에 따른 벼농사 재배적지로서 열읍이 주목하는 대상이 되었다.

조선조의 행정구획은 여말의 그것에 토대를 두면서 임내의 폐합과 이속 등 전면적인 개편을 시도해 보았으나, 군현 병합과 월경처 정리문제는 끝내 소기의 성과를 거두지 못하였다. 그래서 군현 등급의 승격이나 영역의 신축에는 항상 임내의 이속이 수반되었고 자연지세를 기준으로 개편되는 경우는 적었다. 종래의 임내가 직촌이 되고 과거의 속현이나 향·소·부곡이 면리제로 개편되었어도 그들의 구역만은 분해되지 않은 채 독자적인 구역을 유지하고 있었다. 군현 병합이나 구획변경의 문제를 거론할 때마다 군신 간에는 항상 '군현 연혁은 경솔하게 거론할 수 없다'고 해서 한편으로는 지방통치상 대소 군현의 경역이 서로 엇물려 섞여 군현끼리 견제와 감시체제를 유지했고, 다른 한편에서는 과거의 지지(地誌) 등 문헌적인 전거에 입각하여 가급적 현상대로 유지하려 했다. 그로인해 행정구역의 합리적인 개편이나 행정능률의 향상이란 문제보다는 항상 과거의 연혁을 중시하게 되었다.

가령 군현이 혁파되었다가 복구될 경우 제반사정이 전에 비해 달라졌음에도 불구하고 해당 고을의 이민(吏民)들은 모든 것이 혁파 전의 상태로 환원되기를 간절히 바랐고, 국가에서도 그렇게 해주는 것이 해당 열읍 간의 분쟁을 최소화할 수 있었다. 이러한 현상이 바로 월경처의 정리를 불가능하게 하였다. 결국 월경처는 선초 이래 누차 대두된 군현 병합책이 끝내 성취되지 못하고 군현 구획이 너무 세분됨으로써 계속 존속되는 결과가 되었다.

1894년 갑오개혁 이후 근대적 국가체제와 행정제도를 정비하려는 과정에서 월경처·견아상입지의 혁파와 일률적인 지방 구획이 시도되었다. 이후 1906년(광무 10) 9월 지방 구획 정리에 관한 칙령 제49호를 통해 비로소 소멸되었다.

[참고어] 견아상입지

[참고문헌] 李樹健, 1973, 「朝鮮朝 郡縣制의 一形態 '越境地'에 대하여」『東洋文化』 13 ; 朴宗基, 1982, 「14-15세기 越境地에 대한 再檢討」『韓國史硏究』 36 ; 金東洙, 1992, 「朝鮮初期 郡縣體制의 改編-主縣化 및 屬縣化, 任內의 이속작업및 越境地의 정비작업을 중심으로」『擇窩許善道선생정년기념 한국사학논총』, 일조각 〈이석원〉

월령(月令) 1년을 사시(四時) 12개월로 나누고 해당 월마다 일어나는 대표적 자연현상과 사람들이 해야 할 일 그리고 해서는 안 되는 일 등을 정리하여 제시하는 월별 정령(政令).

『예기』「월령」편에 따르면, 유교 농업국가는 자연법칙에 맞추어 국가의규범을 시행해야 했다. 중국 전국시대와 진·한 연간을 거치면서 제가의 학자들이 논한 설을 전한 중엽의 대덕(戴德)·대성(戴聖)이 수집하면서 이루어졌다. 개인의 저술이 아니라 공자의 70인 제자와 그 후학들이 경전에 대하여 주석을 단 학설을 대덕과 대성이 수집하여 정리하고 여기에 정현(鄭玄)이 주(注)한 것이다.

『예기』의 성립 과정과 마찬가지로 월령도 오랜 기간과 많은 학설을 바탕으로 만들어졌다. 월령은 여불위(呂不韋)가 쓴 『여씨춘추(呂氏春秋)』 십이기(十二紀)에서 체계화되었고, 『관자(管子)』의 유관(幼官), 『대대례기(大戴禮記)』속에 편입된 하소정(夏小正), 『회남자(淮南子)』에 관련 내용이 있다. 이 가운데 『여씨춘추』 십이기를 보면, 각 기의 수편(首篇)에서는 한 달의 천문과 기후 그리고 여타의 상황을 서술하였다. 이러한 상황에 입각하여 농업생산 방면에서 마땅히 해야 할 일과 통치자가 종교적 방면에서 실천해야 할 활동이 정리된 것이다.

그 내용은 대체로 선왕(先王)이 하늘을 받들어 치도를 내며 인시(人時)를 받아 천하를 다스려야 한다는 것이었다. 여기에는 진·한과 같은 통일제국의 통치 대강 또는 전범(典範)으로서의 면모가 담겨져 있다. 즉 농상(農桑)을 비롯하여 민력(民力) 동원·상벌·제사·전쟁·구휼·산림수택의 관리·음악·상공업에 이르는 다양한 통치의 이상이 군주에 의해 반포되는 시령(時令) 속에 들어 있다. 따라서 중국사에서는 진·한 이후 월령에 대해 천명을 수수한 군주가 천도(天道)와 천시(天時)를 헤아려 그에 맞는 인사(人事)를 베풀어야 함을 나타내는 제왕의 도로 보았다. 이에 제왕에게 매월별로 각기 어떠한 징조가 있으며, 어떠한 일을 행해야 하는가에 대해 제시하였다. 제왕은 이러한 시령을 받아들여 정치를 행해야 했다. 이후 당나라에 이르러서는 『예기』 월령의 내용 중 당시의 현실과 맞지 않는 것을 수정 보완하는 작업이 이루어져 『당월령주』가 편찬되었다. 이처럼 월령은 제왕이 천시에 따라 정치를 펴는 도로 인식되고 있었다.

월령이 본격적으로 정치사상이자 국가운영원리로 수용된 시기는 고려시기였다. 『예기』는 삼국시기부터 연구되었다. 본격적인 이해의 시작은 통일신라시기 강수(强首) 등에 의해 이루어졌다. 「곡례(曲禮)」와 같은 편이 언급되는 등 국가전례와 일정한 관계가 가지면서 주목되었다.

그런데 고려시기로 접어들어 유교경전에 대한 이해가 깊어지면서 당나라의 월령 행용에 대한 관심이 커졌다. 이는 재이의 발생에 따른 정치적 해석과 대응이라는 문제가 부각되면서였다. 음양오행과 천인감응론(天人感應論)을 통한 재이 해석과 그 해소의 성격이 반영되기 시작하였다. 이미 초창기부터 농업정책과 관련하여 태조는 훈요십조에서 유교정치와 연관시켜 백성들에 대한 '사민이시(使民以時)'를 언급한 바 있었다. 그 뒤에도 '농시(農時)'를 빼앗지 말 것이 강조되었다. 한편으로 『여씨춘추』 십이기와 월령의 탄생이 통일왕조의 통치원리를 담고 있었다는 점도 고려되었다. 지방 세력을 아우르면서 천명을 받은 군주의 위상을 보여줄 수 있기 때문이다. 그것은 동시에 월령을 통한 시간의 지배도 가능해진다는 의미였다. 이러한 배경에서 천시(天時)의 흐름과 징후, 그리고 군주를 비롯한 관료들, 농민들의 인사, 행하지 말아야 할 금령을 담고 있던 월령이 고려 왕조에 의해 주목되었다.

최승로는 시무 28조의 제20조에서 군주의 처세와 관련하여 "월령에 나온 바 5월 중기(中氣, 夏至)와 11월 중기(中氣, 冬至)는 음양이 다투고 사생(死生)이 나누어지는 때이므로 군자는 재계해야 합니다.(則依月令所說, 五月中氣, 陰陽爭, 死生分, 君子齋戒.[『고려사』 권93, 열전 제신 최승로])"라 하면서 이에 따라 정치와 교화를 닦을 필요가 있다고 주장했다. 그리고 2월부터 4월까지, 8월부터 10월까지는 정사와 공덕을 반반씩 행하고 5월부터 7월까지, 11월부터 정월까지는 오로지 정사만을 닦을 것을 청했다. 이처럼 시령 즉 월령에 순응하면 성체(聖體)를 편안히 하며 신하와 백성들은 그 노고를 감할 수 있다고 했다.

이렇게 수용된 월령은 국가운영의 여러 방면에 영향을 끼쳤다. 먼저 유교문화의 수용과 의례의 정비가 성종 대에 주로 이루어졌다. 그런데 월령의 길례와 관련한 행사의 시행시기와 그 운영방법 등에 대해 기록을 남겼다는 것은 길례 중심의 유교문화의 수용에 관심을 기울이고 있음을 반영한다.

첫째 음양론적으로 적용을 하였다. 988년(성종 7) 2월에 올린 이양(李陽)의 봉사(封事)에 대해 성종은 사시 가운데 춘령(春令)의 시행을 통해 봄의 생기를 상하지 않도록 조치하였다. 1025년(현종 16)에는 음양의 조화를 위해 각기 마음을 다해 월령을 지키라는 교서(敎書)가 내려졌다. 1107년(예종 2) 3월 조서에서 '만물이 소생할 때 새끼와 알을 해치지 않도록 하라'고 했던 것은 화기의 손상으로 생긴 가뭄에 대한 조치였다. 1097년(숙종 2) 3월 만물이 발생하는 때 새끼와 알, 그리고 이들을 낳는 짐승을 해치는 것은 만물을 기르는 도리에 어긋나고 천지의 화기를 손상시키는 것이라면서 지방 수령들에게 시령의 준수를 강조하였다. 1168년(의종 22) 3월에 서경 관풍전에서 내린 교서 가운데 음양을 봉순(奉順)하라면서 춘하에는 상을, 추동에는 형을 행함에 있어 일체 월령에 의거할 것을 명하였다. 1352년(공민왕 1) 2월 즉위교서에서 이 시기에 산림을 불사르지 말고 유충을 죽이지 말고 새끼를 죽이지 말고 알밴 생물을 죽이지 말라는 것이 월령에 기재되어 있으니 3, 4월 내에는 모든 사람들이 방화하고 사냥하지 말 것을 지시하였다. 대체로 2월과 3월을 중심으로 하는 봄의 정령, 즉 춘령을 행하는 차원에서 조치가 이루어진 것을 알 수 있으며, 그 시행이 결국 음양의 조화와 재이 발생을 막는 방도라고 이해하였다.

둘째로 형정(刑政)과 관련하여 그 원리를 적용하였다. 현종이 즉위하자 유진(劉瑨)이 월령에 따라 형정을 시행해서 형벌의 적용 시기를 맞게 해야 한다고 건의했다. 1018년(현종 9) 2월에는 『예기』 월령에 따라 계춘(季春)에 감옥을 살피고 형틀을 풀도록 하라는 조치가 내렸다. 또한 1101년(숙종 6) 4월에 오랫동안 가뭄이 계속되자 유사(有司)로 하여금 옥을 살피고 드러난 뼈들을 수습하여 묻어 천견에 응하도록 조처했다.

셋째로 유교의례의 준행과 관련이 있다. 이양이 올린 봉사문 중에 농상의 장려와 관련하여 절대적으로 필요한 것이 천도를 봉승하고 인시를 받드는 군주의 모습이라는 구절로써 농사의 시작을 중시했음을 알 수 있다. 그리고 월령에 따라 입춘 전에 토우(土牛)를 내어 농사의 빠르고 늦음을 살펴야 한다고 했다. 이는 왕실 농경의례의 성격을 갖는 것이다. 그 뒤 시후에 따라 군주가 친히 적전을 갈고 왕후는 양잠을 행할 것을 청하였다. 한편 1131년(인종 9) 5월의 기록에 의하면 사맹월 초, 즉 매 계절 첫 번째 달 첫 조회 때 관원으로 하여금 독시령(讀時令)을 행하도록 한 바 있다. 사맹월 초에 거행한 독시령의(讀時令儀)는 당나라에서 행했던 『대당개원례』 가례(嘉禮) 중 독월령(讀月令)·독시령의와 같다. 월령과 시령을 읽도록 한 것은 천명을 받은 군주로서의 권위와 정통성, 신비성을 만드는 의례라 할 수 있다. 이처럼 월령은 길례·가례와도 연결되면서 의례적 성격을 보인다.

한편 권농을 위한 방안으로도 주목되었다. 농업정책의 큰 축이었던 사민이시(使民以時)와 물탈농시(勿奪農時)를 월령의 반영을 통해 실행했다. 당시의 농업환경에서는 파종 때를 제대로 지키는 것이 수확과 직결되었다. 이에 월령의 맹춘령에서는 농사 준비의 영을 내리고 중춘령에서는 농사와 관련한 직접적 조치가 제시되었다. 즉 큰일을 만들어 농사를 방해하지 않도록 하라는 것이다. 더불어 천택(川澤)이나 보와 저수지 등에 물이 마르지 않게 하고 산림을 불태우지 말도록 했다.

또한 춘령을 지키도록 권농의 조서를 내렸다. 1036년(정종 2) 정월에 여러 도의 외관에게 입춘 이후로는 오로지 농사에 전념하라는 명을 내렸다. 그리고 1034년

(덕종 3) 3월 농상은 의식의 근본이니 농시를 빼앗지 말고 백성을 평안히 하라고 지시했던 것도 이와 관련된다. 이처럼 농사와 관련한 월령이 강조되었다는 것을 보면 월별 농사력의 존재 가능성도 크다.

천인감응론을 수용하면서 천문 변화와 자연 재해 등을 재이(災異)로 인식하였다. 그 가운데 가뭄은 농사와 직결되는 것으로서 가장 큰 관심을 기울였다. 가뭄이 심각해질 경우 국왕이 자신의 부덕을 책하면서 하늘에 잘못을 빌었다. 그리고 수덕(修德)을 위해 형정을 완화하는 등의 조치를 취했다. 이 과정에서 농정과 관련된 경전이 주목되었는데, 월령을 경연에서 다루면서 국왕과 조정이 해야 할 책무에 대해 점검하기도 했다. 정월에 7월의 영을 행하는 등 시후에 맞지 않는 정령을 행할 때 재이가 발생하므로 이를 바로잡아야 한다는 이해를 보였다.

고려에서 군주는 천명을 수수하여 천도를 행하는 존재로 설정되었다. 따라서 군주는 천시를 받들어 인사를 행하는 의무를 지녔다. 천시와 인사를 행하기 위해 월령을 주목하였다. 그러므로 월령은 국가 운영에서 음양오행적인 화복 논리를 펼쳐 국왕을 중심으로 하는 통치시스템을 구축하는 데 중요한 역할을 하였다.

조선에서도 월령은 다양하게 적용되었다. 먼저 재이 발생에 따라 이를 해석하고 그에 대한 음양론적 대응 노력 속에서 주목되었다. 즉 재이 발생 여부의 판단에 영향을 주었다. 이에 따라 월령이 담고 있는 천인감응론적 수덕의 조치들을 이해하고 시행할 수 있었다.

다만 『예기』 월령의 조치들에 대한 조정을 시도했다. 월령의 시후가 조선과 차이가 있기 때문이었다. 태종 원년 12월에 적전을 가는 법에 대한 갱정을 시도하면서 그 시기에 대해 "무릇 일찍 따뜻하여지는 중국 땅에서도 경칩이 지난 뒤에 썼는데, 하물며 우리 동방은 맹춘이면 몹시 추워서 농사가 시작되지 않습니다. 전조의 예관이 진나라 사람 여불위의 월령의 설에 혹하여 적전을 가는 것을 반드시 맹춘의 달을 사용하였기 때문에, 그 폐법을 그대로 따름으로써 한갓 허문만을 숭상하였습니다. 홀로 적전을 가는 예만 반드시 여불위의 설을 좇는 것은 무슨 까닭입니까?(夫以中國早暖之地, 尙用驚蟄之後, 況吾東方, 孟春冱寒, 東作未興之時乎. 前朝禮官, 惑於秦人呂不韋月令之說, 耕籍必用孟春之月, 因循弊法, 徒尙虛文. 獨於耕籍之禮, 必從不韋之說者, 何哉.[『태종실록』 권2, 원년 12월 21일 을해])"라 하였고, 이로 인해 선농의 제의는 맹춘이 아닌 경칩 후 길해(吉亥)로 옮겨 실시되었다.

산천 제사와 관련해서도 『예기』 월령에 나오지 않는 대목이 찾아지는데, 1415년(태종 15) 7월 예조에서 월령 중 중추에 산천에 두루 제사한다는 부분을 따르는 것은 곤란하다고 보고하였다. 이를 통해 이미 조선 초기에 『예기』 월령이나 고려에서 수용했던 『당월령』과 다른 월령 시스템이 갖춰져 있음을 알 수 있다. 하지만 1422년(세종 4) 11월의 예조 계문에 보이듯이 예조에서 매월 월령을 아뢴다는 내용이 나온다. 독시령의 혹은 독월령의와 관련된 조치가 취해지고 있었다.

태종 대에는 월령을 국가의 운영원리로까지 확대하고자 했다. 이에 따라 1410년(태종 10) 2월에 월령을 인군뿐만이 아니라 백성도 모두 알아야 한다 하면서 월령사목을 만들었는데, 이로 인해 「월령도(月令圖)」가 만들어졌다. 나아가 월령 시스템이 관료행정 운영에도 적용되었다. 세종 대에는 매달 종묘 및 혼전에 천신하는 물건들을 기록한 월령천신(月令薦新)이 등장하였다. 토산(土産) 약재 채취와 관련해서 『향약채취월령(鄕藥採取月令)』이 편찬되었다. 관직에서도 서운관월령(書雲觀月令), 월령의원(月令醫員), 월령별감(月令別監), 전옥월령(典獄月令) 등 월령의 호칭을 붙인 것이 나올 정도로 월령은 일상생활 속에 폭넓게 반영되었다.

하지만 천인감응론적 순시의 틀에 대해서는 다른 이해가 제기되었다. 본래 그 틀에 음양오행론적인 측면이 많아 중춘에 중하의 정령을 행하면 재이가 나타난다면서 순응이 강조되었다. 그런데 조선에 들어와 순시치농(順時治農)의 이해를 바탕으로 하면서도 더 중시했던 것은 힘써 농사를 짓는 역전(力田)이었다. 이는 시후를 놓치면 파종 등을 포기했던 것과 달리 비록 늦었더라도 최선을 다해 농사를 지으면 수확을 보장할 수 있다는 것이다. 따라서 순시치농을 하더라도 역전을 더욱 강조하는 경향을 띠었다.

이는 음양오행론에 맞춰 천인감응론적 정령으로 이해했던 월령에 대한 새로운 틀의 제시라고 할 수 있다. 나아가 자연 재해를 천인감응론에 맞춰 해석하는 것이 아닌 말 그대로 자연 재해로 이해하고 극복하려는 시각이 확대되었음을 뜻했다. 그동안 국정 운영 시스템으로 기능했던 월령이 현실적 측면에서 영향력이 축소되었으며 다만 이념적인 부분으로 가치가 남게 되었음을 의미했다.

월령에 대한 언급은 고려시기 재이의 의미를 해석하는 과정에서 시작되었다. 천인감응론이 크게 유행하고 있던 당시 재이를 이해하고 그에 대한 대책을 마련하기 위한 이념이자 시스템으로서 월령을 수용했다는 것이다. 본격적인 연구는 월령의 형성과 이를 수용하는 배경, 그리고 적용 과정을 밝히려는 것에서 이루어졌다. 주로 재이 대책으로 살폈던 시각을 넘어서 중농이념, 권농정책, 형정운영, 유교의례의 운영, 국가 운영시스템, 중앙과 지방에 대한 시간 지배 등으로 확장되었다. 아직도 연구가 자료의 한계 상 『예기』 월령에만 초점을 맞춰 이루어질 수밖에 없다. 하지만 고려와 조선의 월령에 대한 파편화된 사료들이 남아 있는 만큼 그들에 대한 종합적 규명이 앞으로 요구된다.

[참고어] 권농, 농경의례

[참고문헌] 李熙德, 1984, 『高麗儒敎政治思想의 硏究』, 一潮閣 ; 한정수, 2007, 『한국 중세 유교정치사상과 농업』, 혜안 ; 한정수 엮음, 2010, 『월령과 국가』, 민속원 ; 한정수, 2010, 「조선 초 月令의 이해와 국가운영」 『韓國思想史學』 36 〈한정수〉

위미태(位米太) 1608년(선조 41) 대동법이 실시된 후 공물 대신 바친 쌀과 콩.

조선 전기에는 전세를 중앙으로 수송하기 편리하게 하기 위하여 그 일부를 쌀이나 콩 대신에 명주[細布]·모시[苧布]·면포(綿布)·정포(正布) 등으로 내게 하고, 그것을 전공(田貢)이라 하였다. 그러나 토산품 공물제도가 폐단이 심하여, 1608년(선조 41) 이후로 점차 대동법(大同法)을 실시해 쌀·콩·포(布)·전(錢) 등으로 통일해 선혜청(宣惠廳)에 내도록 하였다. 이에 전공을 논에서는 쌀로, 밭에서는 콩으로 내도록 하였는데, 이것을 위미태라고 불렀다. 한편 『속대전』에서는 "조운선은 선가가 없지만, 만약 대동미를 싣고 있으면 선가를 전부 지급하고, 위미태를 싣고 있으면 선가의 3분의 1을 지급한다.(漕船無船價, 而若載大同米, 則船價全給, 若載位米太, 則給船價三分之一.[「호전」 조전(漕轉)])"라고 했다.

[참고어] 대동법

[참고문헌] 『續大典』 〈이준성〉

위빈명농기(渭濱明農記) 17세기 초반 경상도 상주(尙州)에 거주하던 유진(柳袗)이 편찬한 농서.

이후 조카 유원지(柳元之)가 증보하여 『전사문(田事門)』이라는 이름을 붙였다. 『위빈명농기』는 조선에서 편찬된 최초의 농서인 『농사직설』을 기본적으로 참고하여 그 내용을 구성하고 있었다. 그런데 『위빈명농기』는 이앙법과 관련된 앙분법, 양앙법 등의 내용은 『농가집성』에 실려 있는 『농사직설』의 증보문(增補文)과 기술적인 측면에서 서로 일치하고 있다. 특히 『농가집성』의 반종법(反種法)과 『위빈명농기』의 환종앙법(還種秧法)은 이름만 달리하고 있을 뿐 동일한 실행방법을 지시하고 있었다. 따라서 『농가집성』을 편찬하면서 신속(申洬)이 『위빈명농기』나 그밖의 경상도 지역의 농사관행을 섭렵하여 『농가집성』에 실려 있는 『농사직설』을 증보하고 있다고 볼 수 있다. 결론적으로 『농가집성』이 보다 후대에 편찬된 농서라고 할 수 있다. 따라서 『위빈명농기』는 『농가집성』보다 앞선 시기에 그 틀이 마련되어 있던 농서라고 할 수 있다.

유진은 「제위빈명농기후(題渭濱明農記後)」라는 글에서 『위빈명농기』의 편찬과정을 설명하고 있다. 그는 애초에 오곡을 분별하지 못할 정도로 농업기술에 무지하였지만 하회에서 상주에 이거하여 생활하면서 점차 농사일에 관심을 가지고 농사 지식을 습득하게 되었다. 그리고 그는 이곳에서 노농에게 경운(耕耘)하는 방법을 물어서 이를 기록함과 동시에 보고 들은 것을 추가하여 『위빈명농기』를 지은 것이었다. 이렇게 자신의 농사 경험과 노동의 고견, 그리고 이러저러한 견문을 종합하여 농서를 저술한 것이다. 그는 이렇게 『위빈명농기』를 저술한 이유를 '식력지계(食力之計)'로 삼고자 한 것이었다.

『위빈명농기』의 목차를 보면, 비종곡(備穀種), 경지법(耕地法), 제초법(除草法), 치전종곡법(治田種穀法), 종곡시절(種穀時節), 부곡종용입수(附穀種容入數), 개황전(開荒田), 황지변시법(荒地辨試法), 분전비지법(糞田肥地法), 조도수종법(早稻水種法), 건부종법(乾付種法), 앙분법(秧糞法), 환종앙법(還種秧法), 화루법(火耨法), 양앙법(養秧法), 양건앙법(養乾秧法) 등 농사기술과 함께 도종(稻種), 부곡종용입수, 조도(早稻), 차조도(次早稻), 만조(晩租), 별산도(別山稻), 밀달조(密達租), 당산도(唐山稻), 점산도(粘山稻), 모조(牟租), 치수냉금출지답(治水冷金出之畓), 종맥법(種麥法), 종목면법(種木棉法), 녹두(綠豆), 적소두(赤小豆), 대두(大豆), 진임(眞荏), 홍화(紅花), 마(麻), 직(稷), 당(糖) 등 작물 재배법이 수록되어 있다.

16세기 중반 이후 농서 편찬은 농업기술에 대한 관심을 가지고 있던 관료와 향촌의 재지사족들이 맡아서 수행하였다. 농서 편찬의 주체가 국가에서 사회 지배층의 하부로 변동한 것이었다. 농업기술에 관심을 갖고 있는 관료와 재지사족들은 지역적인 농법의 특색을 담고 있는 지역농법을 정리하여 농서를 편찬하였다. 이렇게 만들어진 농서를 지역농서라고 부를 수 있다.

이 무렵 편찬된 지역농서는 『농사직설』과는 달리 지방의 향촌 지식인의 손에 의해 만들어졌다는 점에서 크게 다른 특색을 지니고 있었다. 그것은 바로 향촌의 실제 농업기술 사정을 잘 파악한 바탕에서 농법을 설명하고 정리하며 나아가 개선하려는 입장이었다.

『위빈명농기』, 『전사문』은 16세기 중후반 이후 대두하는 지역적 농법을 정리한 지역농서의 하나로 자리매김할 수 있다. 현전하는 지역농서는 유팽로(柳彭老)의 『농가설(農家說)』, 고상안(高尙顔)의 『농가월령(農家月令)』 등이 있는데 유진·유원지의 『위빈명농기-전사문』이 여기에 포함될 것이다. 그리고 박승(朴承, 1520~1577)이 경상도 의성(義城) 지역에서 『농가요람(農家要覽)』이라는 농서를 편찬하였다는 사실만 전해지고 있다. 또한 『농서집요(農書輯要)』의 기사 내용 가운데 『영남농서(嶺南農書)』라는 책명(冊名)이 보이는데, 이것을 실제 당시 존재하던 농서를 가리키는 것으로 파악한다면, 지역농서의 하나로 추정할 수 있다.

[참고어] 농서, 농사직설, 농가집성, 농가월령

[참고문헌] 李樹健, 1991, 「古文書를 통해 본 朝鮮前期社會史의 一硏究」『韓國史學』 9, 한국정신문화연구원 ; 金建泰, 1995, 「朝鮮中期 移秧法의 普及과 그 意義」『國史館論叢』 63, 국사편찬위원회 ; 廉定燮, 2000, 「조선시대 農書 편찬과 農法의 발달」, 서울대학교 대학원 박사학위논문 ; 崔仁基, 2001, 「拙齋 柳元之의 農書編纂에 대하여」『史林』 15, 首善史學會 〈염정섭〉

위전(位田) 전근대 직역(職役)을 맡은 자에 대한 대가 또는 관사(官司)의 용도나 관사에 소속된 사람들의 생활 보장에 쓸 목적으로 지급한 토지.

조선 초기의 재정운영은 각 기관과 직역자에게 수조권을 분급하여 이들로 하여금 독자적으로 수취·지출하도록 하는 '경비자판(經費自辦)'의 원칙을 따르고 있었다. 이는 고려 이래의 것을 답습하는 것이었는데, 이처럼 관사의 경비로나 관사에 소속된 자 등에게 지급되는 토지를 모두 위전이라고 부를 수 있다. 위전은 신라장적의 촌주위답(村主位畓)에서도 확인되며, 고려시기에는 전국의 토지를 중앙기관과 지방의 외군자위전(外軍資位田)으로 각각 분속시켜 독립된 재정 체계를 운용하고 있었다.

그 명칭은 대개 지급 대상자나 관사와 기관, 또는 용도의 이름 뒤에 '위전(位田)'을 붙인 것이었다. 대표적으로 각사위전을 들 수 있는데, 풍저창(豊儲倉)·광흥창(廣興倉)을 비롯해 군자감(軍資監)을 포함한 전곡출납 담당 관사[有錢穀各司]의 위전을 뜻하거나, 풍저창위전과 광흥창위전을 제외한 나머지를 각사위전이라 하기도 했다. 풍저창위전은 왕실의 공상(貢上)을 위해, 광흥창위전은 관리들의 녹봉을 지급하기 위해 설정되었는데, 『고려사』에 따르면 각각 10만결을 분급할 계획이었다고 한다[『고려사』 권78, 지32, 식화1 전제, 창왕 원년 12월·공양왕 즉위]. 나머지 각사위전은 그 규모를 알 수 없으나, 재정운영상 중요한 관청에 한해 지급되었다. 이를 나열하면 호조(戶曹)·공조(工曹)·내자시(內資寺)·내섬시(內贍寺)·승녕부(承寧府)·공안부(恭安府)·경승부(敬承府)·인수부(仁壽府)·인순부(仁順府)·공정고(供正庫,導官署·司導寺)·상의원(尙衣院)·제용감(濟用監)·봉상시(奉常寺)·예빈시(禮賓寺)·양현고(養賢庫)·군기감(軍器監)·의영고(義盈庫)·선공감(繕工監)·침장고(沈藏庫)·소격전(昭格殿) 등이었다. 이들 외에도 지방의 주·군 및 역·관(館)에서 지방관의 녹봉에 충당했던 아록위전(衙祿位田)과, 사객접대와 기타비용을 위한 공수위전(公須位田), 향교(鄕校)의 운영을 위해 지급된 향교위전, 역의 운영과 소속 유역인(有役人)들을 위해 지급된 마위전(馬位田)·역리위전(驛吏位田) 등과 같은 역위전(驛位田), 왕실·사직·문묘와 이전 왕조에 대한 제사 비용을 조달하기 위한 각종 제위전(祭位田), 사전(祀典)에 등재되어 있는 악(嶽)·바다[海]·독(瀆)·산천·성황신 등을 모신 각종 신사(神祠)의 제사 비용을 지급한 제위전[神祠位田], 불교 사원에 지급한 사위전(寺位田)도 있었다.

또한 향리를 포함한 각종 역 부담자들과 역을 담당한 기관에 지급한 인리위전(人吏位田), 진척위전(津尺位田), 수부위전(水夫位田), 병정위전(兵正位田), 창정위전(倉正位田), 옥정위전(獄正位田), 객사정위전(客舍正位田), 국고직위전(國庫直位田), 지장위전(紙匠位田), 와장위전(瓦匠位田), 종묘간위전(宗廟干位田), 봉상시제단직위전(奉常寺祭壇直位田), 영서정간위전(迎曙亭干位田), 약점위전(藥店位田), 원위전(院位田) 등도 있었다. 심지어 저포(苧布)·면주(綿紬)·목면(木棉) 등과 같은 전세 공물[田貢]을 징수하기 위해 설정한 전지도 위전이라 불렀다.

이상의 위전은 대개 수조권(收租權)을 지급한 수조지였으나, 마위전·원위전·수릉군위전(守陵軍位田)·진부위전(津夫位田) 등은 지급받은 사람이나 기관이 스스로 경작하여 그 수확물을 가지되 국가에 전세를 납부하지 않는 자경무세(自耕無稅)의 토지였다. 또한 아록위전·공수위전·사위전·수부위전 등은 지급받은 사람이나 기관이 직접 전세를 거두어 가지는 각자수세(各自收稅)

의 토지였다.

한편 1445년(세종 27)에 시행된 국용전제(國用田制)를 통해 위전의 범위와 규모는 크게 축소되었다. 국용전이란 관서별로 수조권을 행사하던 토지를 국가에서 일원적으로 수세토록 한 것이다. 이 과정에서 광흥창과 풍저창의 위전, 각사위전, 군자위전은 모두 국용전에 포함되었다. 또한 제위전도 폐지되었고, 제사 비용은 일체 국고에서 부담하기로 했다. 다만 지방기관의 교통·행정을 위해 지급한 분속수소지 일부는 존속되었으나 그 규모가 축소되어 『경국대전』 호전 제전(諸田) 조목에 일괄 기록되었다. 이로써 개인이 수조하는 과전(科田)과 일부 잔존한 위전을 제외한 각종 토지는 모두 국용전에 편입되었다. 또한 과전법 전조의 수납 방식도 간소화되었는데, 각 고을에서는 이전까지 각 관서에 납부하던 전조를 중앙으로 이송하여 수납했으며 그 나머지는 해당 고을의 주창에 납입하였다. 각사는 이 중 1년 경비에 해당하는 전조를 호조로부터 지급받았는데, 『경국대전』 호전 요부(徭賦) 조목에 따르면 내자시, 내섬시, 예빈시, 사도시(司導寺), 풍저창, 광흥창, 소격서(昭格署), 양현고에 먼저 납입하도록 하였고, 나머지를 군자삼감(軍資三監)에 분납케 했다. 이로써 각 군현에서 직접 전세를 수취·운영하던 각사 역시 이제 호조의 관리 하에 지급받은 경비를 토대로 재정운영을 하게 되었다.

위전은 국가의 관리가 부실해지면서 점차 본래의 의미를 상실하였다. 탈세지가 증가하고 국고의 전세 수입이 감소하면서 정부가 위전을 회수하였기 때문이다. 그로 인해 조선 후기에 이르러서는 아록위전·공수위전·마위전을 포함한 역위전·각종 제위전·학교전, 왕실 원당(願堂)을 위한 사위전, 능원묘위전과 이를 관리하는 사람들을 위한 수호군위전(守護軍位田), 향탄위전(香炭位田) 등 정도가 남게 되었고, 능원묘위전의 경우 1777년(정조 4)에는 건원릉(健元陵)의 예에 따라 지급액이 80결로 확정되기도 하였다.

이후 1894년의 갑오승총(甲午陞摠)과 각 영문, 아문 둔토의 폐지, 1895년 역토의 회수 등을 통해 이들 토지에 대한 관할권은 몇 차례의 변동을 거쳤다. 대부분 탁지부와 궁내부에 나누어져 이속되었다가 1899년에는 모두 내장원으로 이속되었다. 그 뒤 일제가 강점하기 직전인 1908년에는 모두 국유로 이속되었으며, 국유지 실지조사와 토지조사사업 등을 거치면서 대부분 국유지로 사정되어 식민지지주제 창출의 선도적인 구실을 하게 되었다.

[참고어] 역전, 늠전, 공법, 국용전

[참고문헌] 오정섭, 1992, 「고려 말·조선 초 각사위전을 통해서 본 중앙 재정」 『한국사론』 27 ; 이혜정, 1997, 「朝鮮 初期 財政運營方式과 國用田制」 『경희사학』 21 ; 이장우, 1998, 『조선 초기 전세제도와 국가재정』, 일조각 ; 강제훈, 2002, 『조선 초기 전세제도 연구 : 답험법에서 공법 세제로의 전환』, 고려대학교 민족문화연구원

〈윤석호〉

위탁경영(委託經營) 토지소유자가 토지경영권을 위탁경영자에게 맡겨 위탁수익(=지대)을, 위탁경영자는 위탁지의 농업경영을 통해 위탁보수(=이윤)를, 그리고 위탁토지를 경작하는 농민은 경작대가를 가져가는 경영형태.

위탁경영은 한말·일제시기 일본인 지주들 사이에서 성행한 지주경영의 한 형태로서 식민지지주제의 한축을 이루었다. 러일전쟁 전후 일본사회 전반에 한국에 대한 척식침략 여론과 투자 붐이 고조되자, 조선농업의 경제적 호조건에 주목한 일본인 지주·자본가들이 서해안 포구나 개항장을 중심으로 대대적으로 토지 잠매에 나섰다. 일본보다 1/3정보 싼 지가와 고율소작료의 관행, 거기에 적당한 수리시설만 갖춘다면 적지 않은 투자수익을 거둘 수 있을 것으로 예상했다. 특히 군산·옥구·김제를 축으로 하는 만경강·동진강 일대와 목포·영산포를 축으로 하는 영산강 일대 그리고 김해를 축으로 하는 낙동강 하구 일대의 비옥한 토지와 미간지는 더 없이 좋은 투자처로 간주되었다. 안정적인 수리시설만 갖춘다면 지주소작제에 기초한 농업경영은 수지맞는 사업으로 간주되었다. 그렇기에 이들 지역에 일찍부터 일본인 지주·자본가의 투지투기열이 몰아쳤고, 외국인의 토지소유를 불허하는 당시 대한제국 정부의 법제에도 불구하고 일본인 지주·자본가들은 내륙으로 불법적인 토지매수를 확대해갔다.

위탁경영의 관행은 이 시기 일본인들이 토지를 잠매할 때부터 생겨났다. 잠매로 토지를 구입한 일본인 중에는 투기적 매수자도 적지 않았다. 이들은 지가상승에 따른 단기시세 차익을 목표로 토지를 확보했지만 원하는 만큼의 이익 확보가 용이하지 않을 경우 또는 처음부터 지대수익을 목표로 토지를 확보했으나 직접 경영이 여의치 않을 경우, 현지 일본인 지주에게 경영과 관리를 맡긴 것이다. 한말 토지침탈의 중심지였던 군산·옥구 일대의 경우 대표적인 위탁 경영지주로는 후지

흥업주식회사(不二興業株式會社)의 후지이 간타로(藤井寬太郞), 구마모토농장(熊本農場)의 구마모토 리헤이(熊本利平), 시마타니농장(嶋谷農場)의 시마타니 야소야(嶋谷八十八), 나카시바농장(中柴農場)의 나카노 소사부로(中野宗三郞)를 들 수 있다. 이들은 자기 소유지 이외 타인으로부터 토지구입과 경영을 위탁받았으며, 이들의 농장경영에서 수탁관리지가 적지 않은 비중을 차지하였다. 또한 한국사정을 잘 모르면서 일본에 거주하며 한국에 농장을 건설하려한 지주들도 위탁경영을 주로 이용하였다. 야기농장(八木農場)과 가네코농장(金子農場)이 그런 경우이다. 이들은 처음에는 위탁경영을 맡겼다가 한국강점 후 직영으로 농장을 경영하였다. 야기 마사하루(八木正治)는 처음 5년간 후지흥업주식회사에 위탁한 다음 1922년부터 주임을 두고 농장을 직영했고, 가네코 게이스케(金子圭介)는 1906년 130정보의 토지를 구입한 다음 기무라농장(木村農場)과 후지흥업주식회사에 농장경영을 위탁했다가 1922년부터 직영농장으로 전환하였다. 1926년 현재 전라북도 지역의 위탁경영 상황을 보면, 최고 수탁고는 쓰지(辻仁作) 외 46명으로부터 1,600정보를 수탁·위탁받은 후지흥업주식회사였다. 시마타니농장은 680정보를 위탁받았고, 구마모토농장은 오사카마이니치신문(大阪每日新聞) 사장 모토야마 히코이치(本山彦一) 외 380정보를, 가와사키농장(川崎農場)은 시부야 젠사쿠(澁谷善作) 외 140정보를 위탁관리하였다. 위탁수수료는 보통 수확량의 2할 전후를 취했다. 따라서 수탁지·위탁지를 관리 경영하는 지주나 농장에서는 위탁수수료 수익을 높이기 위해 지주경영을 강화했으며, 농업생산력 증진에 다각적으로 노력하였다. 위탁경영은 토지수익률이 일정하게 보장될 때만 가능한 지주경영 관행이었다. 경제기구 안팎의 사정으로 인해 지주제의 수익이 둔화·감소된다면, 사적인 위탁경영 관계를 적정하게 유지하기는 어렵다.

한편 세계대공황과 그에 따른 1930년대 농공업공황으로 인해 조선농촌경제의 파탄과 농민의 혁명화, 지주의 몰락이라는 큰 위기가 몰아치자, 일제 당국은 농업공황 타개책으로 부동산신탁제도를 도입하여 몰락하는 지주들을 구제하기에 나섰다. 1931년 6월 조선신탁령(제령 7호)을 공포하여 부동산신탁을 법적제도로 정식으로 도입하였다. 조선총독부는 부동산신탁제도를 통해 조선인 지주층을 구제하여 식민지 통치의 안정적 기반을 확보하고, 일본인 지주계급의 수익을 보장해주고자 했다. 1932년 난립하던 군소 신탁회사들을 합병해 설립된 조선신탁주식회사는 조선총독부의 막대한 재정적 지원 속에서 그런 특수한 정치적 목적을 수행해갔다. 조선신탁주식회사는 이 시기 식민지 시장경제에 적응하지 못하고 파산하는 지주나 지주경영에 어려움을 느끼는 지주의 토지를 위탁받아 신탁농장 경영에 착수하였다. 부동신탁에는 갑종신탁과 을종신탁이 있는데, 조선신탁주식회사의 경우 갑종신탁에 근거하여 사업을 수행하였다. 갑종신탁은 생산물처분까지 회사가 직접 관리하는 것이고, 을종신탁은 명의만 신탁하고 경영은 타자에 촉탁하는 유형이었다. 조선신탁주식회사는 위탁받은 토지를 농장으로 편성하고, 소작농민을 선정 지배하여 지주소작제로 운영해갔다. 조선신탁주식회사 신탁농장의 지주경영 방식은 동양척식주식회사·조선흥업주식회사의 농장이나 일본인 회사농장과 큰 차이는 없었지만, 그들과 달리 지주구제와 농민안정이라는 회사설립의 특수한 목적 때문에 회사의 신탁수수료나 소작료의 과도한 인상은 불가하였다. 토지를 신탁한 지주의 이익을 최대한 보장해주되 동시에 소작농민의 안정도 고려해야 했기에 결국 회사가 취하는 신탁수수료를 낮출 수밖에 없었고, 그런 사정으로 인해 해마다 발행한 적자는 조선총독부가 제공하는 거액의 보조금으로 메워갔다.

부동산신탁제도는 전시체제기 더욱 강화되었다. 전시농정의 최대현안이 전시식량증산인 이상, 조선총독부는 종래 타성적 조방적 경영으로 생산력이 현저하게 떨어진 중소지주·부재지주의 소작지에 대한 신탁경영을 적극적으로 유도해갔다. 급기야 조선인 부재지주의 토지를 그들의 의사에 관계없이 위탁방식으로 모두 흡수하는 조치를 취했고, 수리조합 등에서도 이들 토지를 위탁받아 경영하도록 제도를 마련하였다. 실제로 전시체제하 조선신탁주식회사의 신탁경영지는 더욱 늘어났으며, 그 면적이 1945년 현재 5만 3천여 정보에 달했다.

[참고어] 조선신탁주식회사 신탁농장, 후지흥업주식회사, 시마타니농장

[참고문헌] 김용섭, 1998, 『한국근현대농업사연구』, 일조각 ; 홍성찬·최원규·이준식·우대형·이경란 공저, 2006, 『일제하 만경강 유역의 사회사-수리조합 지주제 지역정치』, 혜안 〈이수일〉

위토(位土) ⇒ 종중재산

유비창(有備倉) 고려시기 구휼을 위해 설치된 관청.

고려 충선왕(忠宣王) 대 설치되었는데, 1343년(충혜

왕 後 4)에 일시적으로 충혜왕의 개인 창고인 보흥고(寶興庫)에 병합되었다가 이듬해 정월 왕이 물러난 뒤 다시 설치되었다.

고려 후기 무신 배정지(裵廷芝, 1249~1322)의 묘비명에는 "왕이 이르시길, '나라를 부(富)하게 하는 데에는 농사보다 앞서는 것이 없다'하여 전농사(典農司)를 설치하고, '황정(荒政)에 대비하지 않을 수 없다'고 하며 유비창을 세웠는데 공(배정지)이 그 초창기의 일을 맡아 주관하였다."라고 하여, 유비창의 성격이드러나 있다. 또한, 충선왕 3년 3월에 개성부(開城府)와 동서대비원(東西大悲院)의 녹사(錄事)로 하여금 유비창의 쌀을 받아다가 질병자를 부양하게 했다던가[『고려사』 권80, 「식화」3 水旱疫癘賑貸之制], 충선왕 5년 유비창을 열어 그 곡식으로 백성을 구제하도록 하는[『고려사』 권80, 「식화」3 鰥寡孤獨賑貸之制] 등의 지(旨)가 내려진 것으로 보아, 유비창이 진휼을 위해 설치된 기관임을 확인할 수 있다.

하지만 유비창의 규모는 의창(義倉)에 비해 작았고, 대상 지역도 개경(開京)에 한정되었던 것으로 여겨진다. 또한 공민왕20년 12월 교서에서 "충선왕이 일찍이 유비창을 두고 또 연호미법(烟戶米法)을 세운 것은 그의 생각이 깊은(甚遠) 것이다."라고 한 것으로 보아(『고려사』 권80, 「식화」3 상평의창), 그 자원은 과렴(科斂)과 같은 형식으로 각각의 호(戶)에서 미(米)를 차등적으로 내게 한 부가세인 연호미법(烟戶米法)으로 마련하였던 것으로 보인다.

이후 충혜왕 대 일시적으로 왕의 사고(私庫)인 보흥고(寶興庫)에 합병되는 등의 상황을 겪었는데, 점차 왕실재정이 악화되는 상황에서 의성창(義成倉)·덕천창(德泉倉) 등과 함께 왕실 토지탈점 도구로 변화하는 한계도 드러난다. 이는 공민왕 2년 11월 "전민별감(田民別監)을 양광도·전라도·경상도에 나누어 보내 의성창·덕천창·유비창의 전(田)과 여러 사급전(賜給田)의 표내(標內)에서 함부로 차지하고 있는 공·사전을 추쇄(推刷)하여 모두 본래의 주인(本主)에게 돌려주도록 하였다.(『고려사』 권78, 「식화」1 經理)"는 기사를 통해 짐작할 수 있다.

[참고문헌] 『고려사』; 周藤吉之, 1939, 「高麗朝より朝鮮初期に王室財政-特に私藏庫の研究」 『東方學報』 10-1; 朴鍾進, 1983, 「忠宣王代의 財政改革策과 그 性格」 『韓國史論』 9; 박종진, 2000, 「조세제도의 변화」 『고려시기 재정운영과 조세제도』, 서울대출판부; 박용운, 2009, 『『고려사』백관지 역주』, 신서원; 김용선, 2012, 『고려묘지명집성』, 한림대학교출판부 〈이현경〉

유심춘(柳尋春) 조선 후기의 문신으로, 1798년(정조 22) 권농정구농서윤음(勸農政求農書綸音)에 응하여 농서를 올린 사람.

유심춘(1762~1834)은 본관은 풍산(豊山)이고, 자는 상원(象元), 호는 강고(江皐)로, 유성룡(柳成龍)의 8대손이다. 아버지는 유광수(柳光洙)이고, 백부인 유발(柳潑)의 양자가 되었다. 1786년(정조 10) 생원시에 합격한 후 승정원가주서(承政院假注書), 장수현감(長水縣監), 청양현감(靑陽縣監), 익위사 좌익찬(翊衛司左翊贊), 의성현령 등을 거쳤다. 1841년에 청백리에 뽑혔다. 영남 성리학의 계통을 이었으며, 문집으로 『강고집(江皐集)』을 남겼다. 1798년 올린 「상농서(上農書)」는 청양(靑陽)에 직임하고 있을 때 저술되었다. 이 책에는 토의(土宜)의 관찰, 수리공사, 농기구, 밭의 측량, 나라의 재정, 풍속 등이 담겨 있다.

[참고어] 응지진농서

[참고문헌] 농촌진흥청 역, 2009, 『응지진농서I』, 진한M&B

유역인전(有役人田) 향리나 양민으로서 역(役)을 부담하던 이들에게 역의 대가로 지급한 토지.

유역인전은 지방 관청과 관원의 경비 조달을 목적으로 지급된 토지 중 한 형태였다. 조선시기에는 공수전(公須田)을 지방 관청의 운영에 소요되는 경비에만 충당하게 하고, 지방 관원의 녹봉에 충당하는 토지는 별도로 지급하였다. 관원의 녹봉조로 지급된 토지도 양반과 천인이 구분되어, 아록전(衙祿田)이 관청의 요원 가운데 양반의 급료 지급을 위한 토지였다면, 유역인전은 향역(鄕役), 직역(職役), 신역(身役) 또는 천역(賤役)을 담당했던 유역인(有役人)의 보수에 충당하는 토지였다.

유역인전은 역(驛)·참(站)·원(院)·도(渡) 등에 지급되었다. 역에 부여된 유역인전은 역역(驛役)의 대가로 역의 장(長)에게 2결, 부장(副長)에게 1결 50부, 급주(急走)에게 50부가 지급되었는데, 각각 장전(長田), 부장전(副長田), 급주전(急走田)이라고 한다. 유역인전은 해당 토지의 세를 거둬들여 사용하던 각자수세(各自收稅)의 토지로, 그 소유자는 별도로 존재하는 민전(民田)이었다.

[참고어] 늠전, 장전, 급주전, 아록전, 공수전

[참고문헌] 『經國大典』; 김양식, 2000, 『근대 권력과 토지-역둔토 조사에서 불하까지』, 해남

U자형 쇠날 삽·괭이·따비·가래·쟁기 따위의 연장의 날 끝에 끼워 사용하는 농기구.

U자형 쇠날은 날의 앞부분이 둥글게 처리되거나 각이 지기도 하며, 자루를 끼우기 위한 V자형 홈이 양단의 위에만 있거나 또는 안쪽 전체에 있다. 크기는 대부분 높이 24~20㎝, 폭 10~20㎝ 정도인데 운성리의 것은 높이가 14㎝, 6㎝로 아주 작다. 날과 나무자루가 평행하면 삽이나 가래, 따비이고, 날과 자루가 직각이면 괭이라고 할 수 있다. 그리고 쟁기 보습은 날 끝이 다소 뾰족하긴 하지만 보습으로 쓰였을 가능성을 배제할 수 없다. 통일신라기의 하남 이성산성에서는 U자형 쇠날을 끼운 가래(또는 삽)가 나오기도 했다.

U자형 쇠날은 단조(鍛造) 제품으로 고대에 우리나라를 비롯해 중국과 일본에서 두루 사용된 농구가운데 하나다. 중국에서는 춘추시대 말기에 초(楚) 나라에서 출현한 후 주변지역으로 전파되어 한대(漢代)에 중국 동북지역과 한반도로 전래되었다. 일본에서도 5세기 무렵부터 기존의 나무 괭이나 삽에 U자형 쇠날이 장착되면서 근래까지 사용해왔다. 우리나라의 재래농구에서도 따비·화가래·가래·종가래·살포·쟁기 등의 연장에서 U자형 쇠날을 달기도 했다.

3세기경에는 U자형 쇠날과 쇠스랑이 출현하면서 농업의 생산성이 증가한 것으로 보고 있다. 그러나 우리나라의 U자형 쇠날은 대부분 4세기 이후에 출토되고, 특히 5세기 후반 이후 크게 증가한다. 서울의 몽촌토성·석촌동 고분·구의동 유적·용인 수지 주거지·공주 공산성 등 중부지방에서도 출토되나 U자형 쇠날은 부산 복천동·창녕 교동·경주 황남대총·황오리 16호분·인왕동 20호분 등 영남지역 무덤의 부장품으로 주로 출토되었다.

[참고어] 가래

[참고문헌] 박호석, 안승모 공저, 2001,『한국의 농기구』, 어문각 ; 김재홍, 2005,「高句麗의 鐵製 農器具와 農業技術의 발전」『북방사논총』 8, 동북아역사재단 ; 김재홍, 2010,「철제 농기구의 발전과 지역성」『한국고대의 수전농업과 수리시설』(한국고고환경연구소학술총서8), 서경문화사

〈이준성〉

유중림(柳重臨) ⇒ 증보산림경제

유증·증여(遺贈·贈與) 증여는 무상으로 재산을 상대방에 수여하고 승낙하면서 효력이 생기는 계약이고, 유증은 유언으로 무상으로 유언자의 재산을 타인에게 주고 그 효력이 발생하는 계약.

증여는 당사자의 일방이 무상으로 재산을 상대방에게 증여하는 의사를 표시하고 상대방이 이를 승낙함으로써 성립하는 계약이다. 증여의 목적물이 부동산인 경우에는 그 등기를 하여야 권리변동의 효력이 생긴다. 증여의 종류에는 정기의 급여를 목적으로 하는 증여(정기증여), 상대에게 부담이 있는 증여(부담부증여), 또는 증여자의 사망으로 인하여 효력이 생기는 증여(사인증여) 등을 들 수 있다.

유증이란 유언으로 인하여 무상으로 유언자의 재산상의 권리를 타인에게 주는 것으로 유언자가 사망한 때로부터 효력이 발생한다. 부동산에 관한 권리에 관하여, 증여와 유증은 모두 기본적으로 수증자에게 증여 및 유증에 의한 소유권이전등기를 하여야 물권변동의 효력이 발생한다. 유증은 친족이 아닌 사람에게도 가능하다는 점에서 상속과 다르다.

[참고어] 조선부동산등기령, 부동산등기법, 상속

[참고문헌] 현암사, 1985,『圖解 법률용어 사전』; 自由國民社 編輯部, 2011,『圖解による法律用語辭典(補訂4版)』

〈이승일〉

유진목(柳鎭穆) 1798년(정조 22) 권농정구농서윤음(勸農政求農書綸音)에 응하여 농서를 올린 40인 중 한 사람.

당시 공주(公州) 생원(生員)으로 기록되어 있다. 그가 올린 농서에서는, 농사를 가르치는 것, 농사에 이로운 것, 농사에 해로운 것에 관한 내용을 조목별로 15항목을 열거하고 있었다. 그 내용은 향약법을 자세히 밝혀 권농할 것, 밭을 3등급으로 나누고 토질에 적합하게 파종하고 이앙할 것, 들을 끼고 있는 고을은 창고에 여러 곡식의 종자를 비축해 둘 것, 제언을 넓게 할 것, 산에 들어가는 것을 금할 것, 수차(水車)의 제도를 반포할 것, 수리(水利)를 고르게 나누어 베풀 것,『농가집성(農家集成)』을 참고하여 지금 농서를 만들 것, 여름철 농사지을 때는 백성을 방해하지 말 것, 목화농사를 장려할 것, 수전(水田)에 가을보리를 심도록 할 것, 사창법(社倉法)을 본받아 시행할 것, 봄여름에 밭을 갈고 김을 맬 때는 가난한 농민을 중히 여길 것, 소의 전염병을 치료하는 법, 농업을 귀히 여기고 선비에게 권장하는 향속을 만들 것 등이었다.

[참고어] 응지진농서

[참고문헌]『정조실록』; 농촌진흥청, 2009,『응지진농서Ⅱ』, 진한M&B

유질(流質) 채무자가 변제기에 채무를 이행하지 않을 때 채권자가 질물(質物)의 소유권을 취득하거나 질물을

마음대로 팔아서 그 대금을 채권 변제에 충당하는 방식.

유질계약은 전당권자가 처음부터 채권의 반환보다는 담보물을 차지하는 데 주안점을 둔 것이다. 구래에는 이것을 질물에서 우선 변제를 받는 보통의 방법으로 생각했으나, 이를 함부로 허용하면 채무자가 경제적 곤란으로 채무액이 적어도 고가(高價)의 질물을 빼앗기는 경우가 있기 때문에 민법에서는 질권 설정 계약 또는 그 후 변제기전의 다른 계약으로 유질계약 체결을 금지하고, 그러한 계약은 체결되어도 무효로 하고 있다. 즉 설정행위 또는 변제기 전의 계약으로 채무자가 채무이행을 하지 않을 때에는 법률이 정한 방법에 의하지 않은 채 질물을 처분하거나 질권의 소유권을 질권자에게 취득케 할 것을 약정하는 것이다. 그러나 변제기 이후에 유질계약을 하는 것은 당사자의 궁핍한 상태를 이용하여 폭리를 취할 염려가 없으므로 유질계약이 허용된다. 그리고 당사자간의 자유경쟁을 존중하는 상사 질권 및 소액의 금융을 목적으로 하는 전당포의 질권도 유질계약을 인정한다.

일본민법에서도 유질은 채무자인 소유자의 권리를 크게 제약하는 악법(惡法)이라 하여 인정하지 않았다. 그러나 일본인들은 청일전쟁 이후 한국의 토지를 점탈하기 시작한 초기부터 이 방식을 즐겨 사용하였으며, 토지가옥증명규칙에서도 이를 합법화시켜 일인 대금업자들의 활동영역을 크게 넓혀 주었다. 농민들은 대부분 생산보다는 생계비를 위해 돈을 빌렸던 만큼 고리로 유질계약을 체결할 수밖에 없었고, 그만큼 기한 내 상환도 쉽지 않았다. 게다가 전통적으로 한국에서는 상환일을 몇 차례 연기하는 것이 가능하였지만, 이와 달리 일본인들은 즉시 집행하는 것이 일반적이었다.

이렇게 양국의 관습이 달랐으며, 일본인들은 계약서대로 토지를 빼앗아 농민들이 토지를 상실하는 경우가 많았다. 심지어는 일본인이 변제기에 자리를 피하는 등의 강압적인 방법으로 한국인의 토지를 빼앗기도 하였다. 이 방식은 토지를 한 곳에 집중적으로 마련하는 데는 문제가 있었지만, 헐값으로 토지를 집적할 수 있어 이를 이용하여 대지주로 발돋움하는 일본인도 상당하였다. 부산의 하자마(迫間房太郞)나 군산의 구마모토(熊本二平) 등이 대표적이다.

[참고어] 일본민법, 경매, 채권, 저당권, 질권

[참고문헌] 早川保次, 1921, 『조선부동산 등기의 연혁』, 대성인쇄사 출판부 ; 현암사, 1985, 『도해 법률용어사전』 〈최원규〉

유집일(兪集一) ⇒ 방전도설

유토면세지(有土免稅地) 국가로부터 면세(免稅)의 혜택을 받은 궁방(宮房)·아문(衙門) 등의 개간지(開墾地)나 매득지(買得地).

수취대상지가 고정되어 있는 면세지로서, 윤회(輪回)되는 무토면세지(無土免稅地)와 구분된다. 양난 이후 궁방 등 기관의 재원이 부족해지자 국왕은 사패지(賜牌地)를 내리거나 무주지를 절수(折受)했는데, 이 과정에서 민전(民田)을 침탈하는 사례가 빈발했다. 이에 1688년 무진정식(戊辰定式)이래로 절수제를 금지했으며, 1695년의 을해정식(乙亥定式)을 통해서는 급가매득제(給價買得制)와 민결면세제(民結免稅制)를 시행하였다. 급가매득제는 궁방에 돈을 지급하여 토지를 매입케 하는 제도이며, 민결면세제는 일반 민전에서의 결세를 궁방에 납부토록 한 것이다. 『충훈부등록』에 따르면 여러 궁방의 절수전답 가운데 민결면세처에서 거두는 조액(租額)은 민간 1결의 토지에서 1년에 납부하는 전세(田稅)·대동(大同) 및 각종 잡비의 액수에 준해 미 23두를 정식으로 삼고, 영작궁둔처(永作宮屯處)는 창원에 있는 설둔전답례(設屯田畓例)에 따라 1부(負)에 조 2두를 정식으로 삼았다. 또한 차인·도장 등이 과외 수취하는 폐단은 특별히 엄단하여 처벌하도록 했다.[이상 강희 34년(1695년) 정월 17일] 이로써 면세지는 절수지·매득지·민결면세지 등으로 구성되었다.

절수지(折受地)나 급가매득지(給價買得地)는 궁방 등 기관의 소유지였으므로 고정된 수취대상지였다. 또한 민결면세지도 애초에는 고정되어 있었다. 그러나 18세기 중반을 전후해 민전소유자, 해당 지방관, 궁방의 입장이 상호작용하면서 민결면세지는 이정(移定)되기 시작했다. 이로써 면세지는 수취대상지가 고정된 유토와 윤회하는 무토로 구분되기 시작했다.

유토면세지는 영작궁둔과 민결면세지로 나뉘며 모두 면세의 특권이 주어졌다. 영작궁둔의 경우는 직접 매득하여 경영하는 급가매득지로서 궁방에 소유권이 귀속되었으며, 민결면세지 중에서도 민결을 특정하여 면세지로서 지급된 형태가 잔존했다. 갑오개혁의 성과를 정리한 『결호화법세칙(結戶貨法稅則)』에서는 전자를 1종 유토, 후자를 2종 유토라 구분하였는데, 이는 18세기 중엽 이후의 유토면세지 관행을 세분하여 구분한 것이다.

1종 유토는 을해정식의 규정에 따라 1결당 조(租)

200두를 거두었는데, 소작인으로부터 병작반수(竝作半收)하는 경우도 있었다. 2종 유토는 1결당 조 100두 이하를 거두는 경우로서, 궁방의 도장[마름]을 파견하여 직접 징수하거나 관에서 대신 거두어 궁방에 지급하였다. 1종 유토의 경우는 궁방의 소유지라고 할 수 있지만, 2종 유토의 경우는 농민의 개간에 의해 소유권을 취득한 곳이 많았기에 한말 이후 국유지 정리 과정에서 소유권분쟁이 끊이지 않게 되었다.

[참고어] 궁방전, 면세전, 절수, 을해정식, 급가매득지, 무토면세지

[참고문헌] 『萬機要覽』; 「結戶貨法稅則」; 김용섭, 1971, 『조선후기농업사연구』, 일조각 ; 박준성, 「17·18세기 궁방전의 확대와 소유형태의 변화」 『한국사론』 11, 1984 ; 이영호, 2005, 「근대 토지소유제도의 변천」 『東洋學』 37, 2005 〈최윤오〉

유향전(油香田) 고려시기 묘(廟)의 제사 비용을 마련하기 위해 설정된 토지.

구체적으로 그 지급이 확인되는 것은 서경의 문묘에 배향된 공자와 기자(箕子)의 제사(祭祀)를 지내기 위한 것이다. 『고려사』 「식화지」 공해전시(公廨田柴)에 의하면, 1178년(명종 8) 4월에 서경의 공해전을 차등을 두어 지급했는데, 문선왕(文宣王), 곧 공자에 대해서는 유향전 15결, 선성(先聖), 즉 기자에 대해서는 유향전 50결을 지급하도록 했다.

[참고어] 공해전

[참고문헌] 姜晋哲, 1980, 「私田地排의 諸類型-宮院田」 『高麗土地制度史研究』; 權寧國 外, 1996, 『譯註 『高麗史』食貨志』, 韓國精神文化研究院 ; 安秉佑, 2002, 『高麗前期의 財政構造』, 서울대학교출판부 〈정덕기〉

유형원(柳馨遠) 『반계수록(磻溪隨錄)』 등을 집필한 17세기의 실학자.

유형원(1622~1673)의 본관은 문화(文化)이고, 자는 덕부(德夫), 호는 반계(磻溪)이다. 할아버지는 유성민(柳成民)이고, 아버지는 유흠(柳欽)이며, 어머니는 이지완(李志完)의 딸인 여주(驪州) 이씨(李氏)이다. 2세 때 부친이 유몽인(柳夢寅)의 옥에 연좌되어 28세라는 젊은 나이에 옥사했고, 이후 어린 유형원은 외삼촌 이원진(李元鎭)과 고모부 김세렴(金世濂)에게서 글을 배웠다. 이원진은 하멜이 표류했을 때 제주목사였으며, 성호(星湖) 이익(李瀷)의 당숙이기도 했다. 또한 김세렴은 통신사를 비롯해 함경도·평안도 감사를 지냈으며, 대사헌을 거쳐 호조판서에까지 올랐던 당대의 이름 높은 관료이자 외교관이었다.

15세 때인 1636년(인조 14) 병자호란이 일어나자 가족들과 함께 강원도 원주(原州), 지평(砥平, 현 양평) 화곡리(花谷里), 여주(驪州) 백양동 등지로 피난하기도 했다. 이어 23세에 할머니, 27세에 어머니, 30세에 할아버지의 상을 차례로 당했다. 탈상하는 동안 두 차례 과거에 응시하였으나 낙방하였고, 복상(服喪)을 마친 32세에 전라도 부안군 우반동으로 낙향하여 반계서당을 짓고 제자 양성과 학문에 매진했다. 이후 20여 년의 기간 동안 필생의 역작인 『반계수록』을 비롯하여 『주자찬요(朱子纂要)』, 『이기총론(理氣總論)』, 『동국여지지(東國輿地志)』, 『지리군서(地理群書)』, 『동국사강목조례(東國史綱目條例)』, 『동사괴설변(東史怪說辨)』, 『동국가고(東國可考)』 등의 성리서·지리서·역사서를 저술했으나, 『반계수록』과 일부 결락된 『동국여지지』를 제외하고는 대부분 서목만 전한다.

『반계수록』은 두 차례의 전란으로 인해 노정된 사회 전반의 모순에 대한 체계적인 개혁안이었다. 그 시작점이자 핵심은 토지제도의 개혁에 있었는데, 공전제(公田制)로 명명할 수 있는 그의 논의는 정전제(井田制)의 실(實)을 현실에 적용하기 위한 광범위하면서도 체계적인 구상이었다. 『반계수록』은 그의 생전에는 크게 주목받지 못했으나, 사후에 알려지며 재평가되었다. 숙종대에는 그의 전제·병제·학제의 시행에 대한 상소가 있었다. 또한 영조대에는 경연에서 『반계수록』을 강하자는 논의가 있었으며, 영조가 직접 읽고 이를 널리 간행·반포하도록 명하기도 하였다. 이에 1753년에는 그의 업적을 기려 통정대부로 추증하는 등 이후 몇 차례 증직이 있었다. 실학의 비조(鼻祖)로도 평가되는 그의 개혁안은 공전(公田)의 구체적인 확보방안이 결여된 점이나, 사민(四民, 사농공상) 내에서의 차등적인 공전 분급 등 시대적 한계도 지닌다. 그러나 이익을 비롯해 정약용 등에까지 이어지는 근기 남인의 토지개혁론에 지대한 영향을 미친 선구적 인물로 평가할 수 있다.

[참고어] 공전제-유형원

[참고문헌] 김준석, 1996, 「유형원의 공전제이념과 유통경제육성론」 『인문과학』 74 ; 최윤오, 2001, 「반계 유형원의 정전법과 공전제」 『역사와 현실』 42 ; 이정철, 2009, 「반계 유형원의 전제개혁론과 그 함의」 『역사와 현실』 74 ; 김태영 외, 2013, 『반계 유형원 연구』, 사람의무늬 〈김미성〉

육도(陸稻) ⇒ **도**

육상궁장토(毓祥宮庄土) 조선시기 영조의 친어머니인 숙빈 최씨(淑嬪崔氏)의 사당인 육상궁이 소유하거나 수조권을 가진 토지.

육상궁은 조선시기 제19대 왕인 숙종의 후궁이며 영조의 친어머니인 숙빈 최씨의 신주를 모신 곳이다. 1725년(영조 1)에 창건되었는데, 당시는 숙빈묘라고 명명하였다가 뒤에 육상묘라 개칭하였으며 1753년에 묘를 승격하여 육상궁으로 고쳤다.

육상궁장토는 숙빈 최씨의 제사비용을 충당하기 위해 1725년(영조 1) 이래 설정하게 되었다. 처음에는 숙빈이 살아있을 때 사여받은 전토와 수조권을 이속시켜 제사비용으로 사계[춘분, 추분, 하지, 동지]와 절일[원단, 한식, 단오, 추석]에 8회 지급하였다. 그러나 그 후 다른 궁과 똑같이 한광지(閑曠地)의 개간, 죄인의 토지 몰수, 후사가 없는 노비의 전답 몰수, 각 영아문(營衙門)의 둔전과 그밖에 공전의 소유권 이관, 민전의 매수 등을 통해 장토를 확장하기에 이르렀다. 토지뿐만 아니라 평안남도 증산군의 백성들이 공유하고 있던 황동(黃垌)을 무주폐언(無主廢堰)이라 하여 육상궁의 장토로 설정하고 매년 4,694냥을 수세하기도 하였다. 육상궁장토의 수익은 1894년까지는 미곡, 그 후부터는 금전으로 징수하는 것을 원칙으로 했지만, 땔나무·밤·팥·콩 등 출산물을 징수하기도 하였다.

『속대전』에서의 면세 규정에 따라 대왕사친궁(大王私親宮)인 육상궁은 500결 이상의 장토를 소유할 수 없었지만, 유토·무토의 면세지, 투탁지와 혼탈입지 등 1,700결 이상의 장토를 소유하고 있었다.

일제는 1907년 7월 내각 안에 임시제실유급국유재산조사국(臨時帝室有及國有財産調査局)을 특설하고 황실재산과 국유재산을 조사한 다음, 같은 해 11월에 황실재산정리국을 설치하여 황실소유재산과 국유재산을 분리시켰다. 1908년 6월 궁내부 소관 및 경선궁(慶善宮) 소속의 부동산은 물론, 종래 궁내부가 징수하던 여러 세목 역시 모두 국유로 이속시켰다. 그리고 황실재산정리국을 폐지하고 황실재산 정리에 관한 사무는 임시재산정리국에서 계승하도록 하였다. 이로 인해 육상궁장토 역시 대부분 탁지부 관리의 국유지로 편입되었다. 그 여파로 국유지실지조사와 토지조사사업과정에서 국민유분쟁이 벌어졌지만, 일제 당국은 대부분 국유지로 사정했다.

[참고어] 궁방전, 1사7궁

[참고문헌] 和田一郎, 1920, 『朝鮮土地地稅制度調査報告書』; 대한지적공사, 2005, 『한국지적백년사』; 조영준, 2008, 「18세기 후반~20세기 초 궁방전의 규모, 분포 및 변동」 『조선시대사학보』 44

〈남정원〉

육운읍(陸運邑) ⇒ 조운, 조납읍

육해법(陸海法) 1834년(순조 34) 최한기(崔漢綺)가 지은 수리시설 설치 및 운영에 관한 도설(圖說).

최한기가 1830년에 쓴 『농정회요(農政會要)』의 별책 형식을 띠고 있다. 『농정회요』는 식량의 자급 및 생산을 위한 작물과 농법에 관한 것인데, 이 책을 보완하여 수리관개에 관한 『육해법』을 저술하였다. 규장각 소장본에는 '육해신서(陸海新書)'라는 표제가 붙어있다.

상·하 2권 1책인데, 상권은 서(序)·목록(目錄)·인답번차(人踏飜車)·수전번차(水轉飜車)·통차(筒車)·고전통차(高轉筒車)·부수전통차(附水轉筒車)·여전통차(驢轉筒車)·괄차(刮車)·길고(桔槹)·녹로(轆轤)로 이루어져 있고, 하권은 용미차(龍尾車)[說·軸·墻·圍·樞·輪·架]·옥형차(玉衡車)[說·雙筩·雙提·壺·中筩·盤·衡軸·架]·항승차(恒升車)[說·筩·提柱·衡軸·架]·학음(鶴飮)·홍흡(虹吸)이 있다. 부록으로 「고저측량(高低測量)」을 넣었다.

서(序)에는 농업에서의 관개의 중요성을 강조하고 전래의 관개법을 설명하고 있다. 또한 우리나라의 수리시설들의 비효율성을 지적하며, 설수기(挈水機 : 양수기)에 대한 기록들을 증보하여 13종에 이르는 설수기의 구조와 사용 방법을 기록하고 있다. 부록인 「고저측량」은 마테오리치의 『측량법의(測量法義)』에 의거하여 저술하였으며, 나머지는 청의 『수시통고(授時通考)』(1742)를 저본으로 하고 있다.

상권에서는 중국의 옛 문헌들을 인용하여 상세한 그림과 함께 크기, 모양, 설치방법, 용도 및 효용성 등에 대해서 자세히 설명하고 있다. 인답번차는 용골차(龍骨車)라고 하는데 중국의 한나라와 위나라로부터 유래되었다. 나무로 만들었으며 높은 곳에 설치하여 사람이 발로 밟아 용골판이라고 하는 판자가 돌게 하여 물을 끌어 올리는 것이다. 수전번차도 재질이 나무인 것은 인답번차와 같지만 사람이 돌리는 것이 아닌 바퀴를 이용하는 것이다. 두 개의 수평한 바퀴를 설치하여 수력을 이용해서 그 바퀴를 돌리고 그 힘을 이용하여 다른 수직으로 설치된 바퀴를 돌려서 물을 끌어올리는 것인데, 계속 돌아가 밤에도 이용할 수 있었으므로 인답번차에 비해 그 효능이 월등한 것이었다. 통차는 나무 바퀴에 목통(木筒)과 죽통(竹筒)을 달아서 흐르는 물가에 설치하여 물을 끌어들인 후 홈통에 부어서 물을 대는 것이었다. 고전통차는 통차와 비슷하나 고지대용으로 규모가 월등히 크며, 바퀴 두개를 연결하여 사용한다는 점에서 차이가 있다. 부록되어 있는 수전통차는 두 개의 나무바퀴로 되어 있는데 모습은 고전통차와 비슷하지만 사용이 편리하다고 서술하고 있다. 여전통차는 수전통차와 비슷한 것으로 수직으로 된 두 개의 바퀴들은 물에 설치하고 하나의 수평한 바퀴는 물가에 설치하여 말이나 소가 목주를 돌며 물을 대는 것이었다. 괄차는 5척의 나무 바퀴를 물가에 설치하고 사람이 손잡이를 돌려 물을 대는 것이었다. 길고는 장대에 횡봉(橫棒)을 매달아 한쪽에는 돌을, 한쪽에는 두레박을 달아 우물물을 손쉽게 퍼 올리는 것이었다. 녹로는 길고처럼 우물물을 퍼 올리는 데에 사용하는 것인데 우물 위에 설치된 둥근 나무를 이용하여 두레박으로 손쉽게 물을 퍼 올리는 것이었다.

하권에서는 용미차·옥형차·항승차 등이 우리나라에서 활용가능성이 높다고 보고, 개괄적인 설명과 함께 각각 그 기계들의 구성 원리를 설명하였다. 또한 각 부속에 대해 간략한 그림과 만드는 방법을 서술하고 도설을 첨부하였다. 용미차는 강가에 설치하는 양수기계로 가뭄 때 강물을 끌어들여 논의 사이에 대면 그것을 양수해서 논에 물을 대는 것이다. 용미설(龍尾說)과 축·장·위·추·륜·가도설(軸·墻·圍·樞·輪·架圖說)이 이어서 있다. 옥형차는 우물이나 샘에서 양수하는 기계로, 옥형설(玉衡說)과 쌍용·쌍제·호·중용·반·형축·가도설(雙筩·雙提·壺·中筩·盤·衡軸·架圖說)이 이어 있다. 항승차는 옥형차와 비슷한 것으로, 역시 항승설(恒升說)과 용·제주·형축·가도설(筩·提柱·衡軸·架圖說)이 부기되었다. 학음(鶴飮)과 홍흡(虹吸)은 낮은 곳의 물을 뽑아 올리는 시설물로 그림과 함께 설명이 있다. 학음은 긴 나무통처럼 생긴 것을 흐르는 물가에 설치하는 것이며, 홍흡은 나무로 통을 만들어서 우물이나 샘에서 사용하는 것이다.

부록으로 첨부된 고저측량은 물 있는 곳과 전답의 거리 및 높낮이를 측량하는 측량법을 다루고 있다. 특히 주목되는 점은 중국의 산수지서(算數之書)인 『주비(周髀)』를 인용하여 닮은 직각 삼각형의 변의 비율을 이용하여 고저를 측량하는 기하학적인 방법으로 설명하였다.

최한기는 서양의 근대과학을 적극적으로 수용하였다. 그는 저술 대부분을 중국에 들어와 있던 한역 서양 과학 서적들을 무조건적이라고 할 만큼 참고하여 편찬하였다. 『육해법』은 청의 『수시통고』 중 구체적인 수리 기술과 수차를 다루었던 권38 「관개도보(灌漑圖譜)」와 권39 「태서수법(泰西水法)」만을 따로 떼어 편찬한 책이다. 또한 『농정회요』가 『수시통고』를 그대로 옮겨 편찬한 반면, 『육해법』은 기록을 선택적으로 발췌하고 인용하였으며 세주를 달아 설명하였다.

조선 후기 수차에 대한 여러 가지 의견들이 논의되고 실험되었던 것처럼 『육해법』에 소개된 수차들 역시 실험되었는지는 알 수 없다. 그러나 이 책은 그의 실용적이고 효율적인 수차에 대한 깊은 관심이 드러나는 책이라고 할 수 있다.

[참고어] 농정회요, 수리, 수차

[참고문헌] 「陸海法」 『農書 13』(韓國學文獻硏究所 編. 韓國近世社會經濟史料叢書 3, 亞細亞文化社, 1981년 영인) ; 金榮鎭, 1982, 『農林水産 古文獻 備要』, 한국농촌경제연구원 ; 문중양, 1994, 『조선후기의 水車』, 한국문화 15 〈우혜숙〉

윤보선(尹濬善) ⇒ 해평윤씨 아산농장

윤재양(尹在陽) 1798년(정조 22) 권농정구농서윤음(勸農政求農書綸音)에 응하여 글을 올린 27인 중 한 사람.

당시 전(前) 지평(持平)으로 기록되어 있다. 그는 상소문에서 시급히 변통(變通)해야 할 여덟 가지, 즉 '시무8조(時務八條)'를 이야기하였다. 첫째는 병작(竝作)을 고르게 할 것, 둘째는 백징(白徵)을 없앨 것, 셋째는 담배를 금할 것, 넷째는 백성이 논밭을 갈도록 허가할 것, 다섯째는 양역(良役)을 충당할 것, 여섯째는 적법(糴法)을 바로잡을 것, 일곱째는 이액(吏額)을 줄일 것, 여덟째는 과거의 폐단을 개혁할 것 등이었다.

[참고어] 응지진농서

[참고문헌] 『정조실록』 ; 농촌진흥청 역, 2009, 『응지진농서Ⅱ』, 진한M&B

윤치소(尹致昭) ⇒ 해평윤씨 아산농장

윤홍심(尹弘心) 1798년(정조 22) 권농정구농서윤음(勸農政求農書綸音)에 응하여 글을 올린 27인 중 한 사람.

당시 전(前) 군수(郡守)로 기록되어 있다. 그는 상소문에서, 상답(上畓) 이외에는 모내기를 하지 않는 일과 봉납한 환곡을 이창(吏倉)과 민창(民倉)에 나누어주는 일 등을 이야기하였다.

[참고어] 응지진농서

[참고문헌]『정조실록』; 농촌진흥청 역, 2009,『응지진농서Ⅱ』, 진한M&B

은결(隱結) 조세의 부과대상에서 부정이나 불법으로 누락시키거나 숨긴 전지.

양전(量田)을 시행할 때 원장부에 전지를 등재하지 않고 누락하여 그 조세를 사취하는 것을 은결이라 하고 실면적보다 축소하여 등재한 다음 남는 면적의 조세를 사취하는 것을 여결(餘結)이라 하는데, 통상 이 둘을 합칭하여 은여결 또는 은결이라 하였다.

은결은 사취한 주체에 따라 관은(官隱), 이은(吏隱), 반리반민은(半吏半民隱), 민은(民隱)으로 나눌 수 있다. 관은은 관찰사, 수령 등의 관리가 사사로이 착복한 것을 의미한다. 이은은 서원[吏族]이 사사로이 착복한 것으로서 면의 대소에 따라 규모가 다르지만, 관은보다 그 양이 훨씬 많았다. 반리반민은에는 세 가지가 있는데, 첫째는 서원이 작부할 때 신기간지(新起墾地) 또는 환기지(還起地), 기타 무세지(無稅地)를 발견하여 해당 결민에게 결세의 일부를 받고 과세하지 않는 것, 둘째는 결총에 등록된 토지에 대해 결민에게 뇌물을 받고 다시 결총에 진(陳) 혹은 천(川)으로 주기(朱記)하여 말삭(抹削)하는 것, 셋째는 매결로서 3~4년 치의 결세를 받아 착복하여 결민에게 결세를 영구히 면제해 주는 것이다. 마지막으로 민은은 신기(新起)나 환기(還起) 중 서원이 발견하지 못한 것이나, 반리은(半吏隱)을 통해 민은으로 변모한 것 등이 있다. 이상으로 볼 때 은결은 지방관·이서·민 등에 의해 형성되고 이들의 결탁에 의해 숨겨진 것이다. 또한 관은과 이은은 실제의 결수와 결총의 차액에 해당되며, 반리반민은 또는 민은은 진결(陳結) 중에서 승총되지 않는 것들이므로 진결 및 재결과 관련되었다.

은결은 조선 전기부터 있었지만, 임진왜란 이후 전제(田制)가 변천됨에 따라 더욱 확대되었다. 처음에는 권세가가 토지를 사점하는 수단으로 발생한 것이었으나, 후기로 내려올수록 지방관리의 불법·부정행위로 인하여 발생하는 것이 많았다. 중앙에서는 은결이 지방의 관용(官用)을 돕거나 민역(民役)을 보충하는 재원으로 쓰이기도 했던 점 때문에 묵인하고 있었다. 또한 지방관 역시 양전 때에 은결을 조사·보고해야 했지만, 읍의 수입이 줄거나 전직 수령이 죄를 입을 것을 염려하여 보고하지 않았다.

토호들의 누결은 결국 백징(白徵), 즉 세금을 낼 이유가 없는 사람에게 부과하거나 화전에 수세하는 등의 폐단으로 이어졌다. 특히 숙종 대 이래로 확대된 결총제(총액제) 하에서는 개별토지에 대한 과세가 이루어지 지 못했기 때문에, 지방에서 자의적으로 운영하는 은결의 규모가 더욱 확대되었다. 영조 때의 은결 수를 참고해 보면 전국적으로 논이 6,897결, 밭이 1만 5556결로 모두 2만 2453결이 되었다.

다산의『목민심서』에는 당시 횡행하던 은결에 대한 비판에 수차례 나타나는데, "서울의 벼슬아치들은 모두 은결의 이름을 듣기는 하나, 심산궁곡의 조각조각 황무지를 개간한 것이 은결인 줄만 알고 원전의 총수 외에 남아도는 결수가 은결인 것은 알지 못한다. 그러니 잡초가 우거진 황폐한 전지, 물에 잠기고 사태가 난 전지, 백성이 떠나가서 버려진 전지가 원전의 총수에 채워지고, 기름지게 걸우어진 전지가 모두 은결이 되는 것이다. 그래서 조세를 받을 즈음에는 우선 한 고을의 전지를 거머쥐고 그중에서 좋은 전지는 뽑아 은결의 수에 채운 다음 거칠고 묵은 전지로 왕세를 채우는 것이 상습이 되어 그것을 당연한 일로 여긴 지가 이제 수백 년이 되었다.(京國仕宦者, 皆聞隱結之名, 然心之知之, 以爲深山窮谷, 片片開荒者爲隱結, 不知原總之外, 其溢出之數, 是爲隱結. 則蒿萊荒廢之田, 水潦崩汰之田, 流離棄捐之田, 以充原總之額, 而其膏腴完實糞沃之田, 皆隱結也. 及其收稅也, 先執一邑之田, 拔其美者, 以充隱結之數, 然後以其荒雜, 歸之王稅, 習而爲常, 以爲當然者, 今數百年.[「호전 6조」 전정])"라고 하여 그 폐단이 크고 오래되었음을 지적하였다.

[참고어] 양안, 영정법, 총액제

[참고문헌]『牧民心書』 〈윤석호〉

은토발견사무처리순서(隱土發見事務處理順序) 국유지 실지조사에서 발견된 은토를 처리하는 규칙을 담은 전문 8조의 훈령으로 1909년(융희 3) 각 지방 재무서(財務署)와 임시국유지조사소(臨時國有地調査所)에 시달된 문서.

1909년 5월 탁지부 소관으로 실시된 국유지 실지조사에서 국유지를 최종적으로 확정하는 작업이 이루어졌는데, 조사대상은 각 궁장토, 능원묘 부속 토지, 기타 국유지였다. 준비 작업으로 역둔토대장과 소작신고서 등 참고장부 수집과 토지경계에 대한 사정과 측량작업, 소작료의 전정(銓定)작업이 이루어졌다. 지압조사에서는 실제 조사원이 측량지도를 휴대하고 실지에 나가,

필지별 지목의 적부, 소작인 조사, 소작료 전정, 토지등급 확정, 은토조사 등을 실시했다.

1909년 7월 1일 각 지방 재무서와 임시국유지조사소에 「은토발견사무처리순서」가 시달되어 시행되었고, 여기에는 은토의 정의·소작료 징수 및 기준산정·보고방법 등이 명시되어 있었다. 국유지 조사에서 역점을 둔 것 중 하나가 은토의 발견이었고, 은토를 탁지부소관 국유지로 정의했다. 상당수의 토지가 은토로 적발되어 국유지로 환수되었고 이를 둘러싼 소유권 분쟁이 끊이지 않게 되었다.

[참고어] 역둔토분쟁

[참고문헌] 愼鏞廈, 1979, 『「朝鮮土地調査事業」 硏究』, 韓國硏究院

을미사판(乙未査辦) 갑오개혁기 농상공부가 주관하여 1895년 9월부터 전국 23개 부에 사판위원을 파견하여 전국에 산재한 역토를 조사한 작업.

1894년 6월 중앙관제의 개정으로 종래의 역제도는 공무아문을 거쳐 이듬해 3월 농상공부의 통신국 사무로 이속됨에 따라 역토도 농상공부에 속하게 되었다. 이어서 1895년 6월부터는 한성·인천지역을 비롯하여 우체사관제를 시행하고, 기타 지역에서도 체전인부를 대립함에 따라 마호수(馬戶首)의 입마(立馬)의 역이 폐지되고, 1896년 1월에는 각 역의 찰방 및 역속까지 모두 폐지되어 역토도 새로운 방식으로 관리해야 했다. 전국의 역토를 이속받은 농상공부는 1895년 9월말 역답사판규례를 제정하고, 역 전답의 조사를 위해 15개 군 이상을 관할하고 있는 부에는 2명을, 그 외의 부에는 1명의 사판위원을 파견하였다. 제주부를 제외한 전국 22개 부에 파견된 33명의 사판위원은 주임관에 준하는 대우를 받는 신분으로서 각 군의 군수와 역토조사 업무를 협의 결정하였다. 그리고 1896년 2월부터는 역토 외에 궁방소유의 전답과 목장토, 탁지부를 비롯한 중앙의 각 부 소관 둔토, 각 군의 관둔 및 각 영진에 속한 전답까지 역답사판규례에 의거하여 조사하게 하였다.

총 38개의 항목으로 구성된 농상공부역답사판규례(農商工部驛畓查辦規例) 가운데 역 전답 및 작인 조사에 관한 주요 내용을 살펴보면 다음과 같다. 조사대상 토지는 역의 소유로서 유토인 마위전(馬位田)을 비롯하여 결세를 역에 획급한 공수위전(公須位田), 역수리 등의 예하 전답으로서 장·급주위전(長急走位田), 복호결(復戶結) 등 역과 관련된 일체의 토지와 역에 부속된 양산(養山), 시장(柴場) 등이 망라되고 있다. 그리고 이들 중 전답은 결부원수(結卜原數)와 탁지부 출세결로 승총된 결수, 은결을 조사하되 도전의 책정과 관련된 일경과 두락 수를 파악하고, 전품을 상·중·하 3등급으로 나누어 조사 등록하게 하였다. 작인은 성명을 조사하여 기록하되 종래의 마호 외에 일반 민을 새로 선정할 수 있도록 하였다. 또한 도세 수봉과 관련하여 역전답의 진폐천반(陳廢川反) 및 환간(還墾) 상황을 조사하고, 여러 이유와 방법으로 역전답이 매각된 경우, 토지의 등급을 속이거나 민전으로 환롱한 것 등을 사핵하도록 하였다.

한편 각 역 각 항의 지방(支放)을 위해 결세를 획급하였던 복호결의 결수를 파악하도록 하였다. 하지만 이전에 결세만 획부되어 각 역에서 '각자수세(各自收稅)'하던 무토 역토인 공수위전답을 비롯하여 주위(走位)전답·장(長)전답 등의 경우도 갑오승총과 함께 탁지부에 출세하는 토지로서 역토사판에서 필요하다면 결수 정도만 파악해야 할 것이나 규례에는 두락도 조사하도록 하고 있다. 이것은 역토사판의 주무기관인 농상공부가 공수위전답 등 무토의 성격을 제대로 파악하지 못한데 기인한 것이지만, 탁지부의 업무를 대행하던 농상공부는 분쟁지 처리과정에서 무토를 민유로 인정해갔다.

을미사판에서 토지조사와 함께 도세도 책정했다. 1894년의 각종 부세의 금납화 조처로 인해 현물지대인 도조가 아니라 도전(賭錢)으로 작정되었다. 도전의 정액은 토품을 기준으로 경상도·전라도의 양 지역과 기타 지역을 구분하여 100두락을 단위로 양남 지역은 답도(畓賭)가 250냥, 전도(田賭)는 50냥이며, 기타 지역은 200냥과 40냥으로 정하였다. 그리고 매 100두락의 도전은 상·중·하 3등급으로 구분된 토품에 따라 가감 균배하되 마름과 동두민(洞頭民), 그리고 작인이 공의하여 결정하도록 하였다. 마름비용 역시 100두락을 단위로 30냥씩 책정하여 원도전과 함께 분등 균배하였다. 이러한 정도(定賭) 내용은 대체로 분반소작료에 비해서는 물론이고 사답(私畓)의 도조액보다도 낮은 수준이었다. 그것은 풍흉에 관계없이 정액제를 채택하고 아울러 선납도전제(先納賭錢制)로 마련되었기 때문으로 보인다.

을미사판은 군(郡)양안과 역(驛)양안을 기본자료로 하여 조사하되 사문기는 배제하였다. 양안이 없는 경우는 실지를 답험척량(踏驗尺量)하여 결수를 산정하게 하였다. 역토조사는 기본적으로 문부조사의 성격을 지녔고, 그것도 각 군의 행정조직의 협조를 바탕으로 시행하였다. 그리고 사판업무는 지역에 따라서 1896년 3,

4월경에 종료되기도 하였으나, 6월말 경 일차적으로 마무리되었다. 이후에는 토지등급에 따른 정도 내용의 재조정과 두락·일경 수에 대해 결수 배정을 현실적으로 조정하는 등 문부를 정리하고, 또한 궁내부 등의 소관 토지를 조사·정리하는 것이었다. 8, 9월경 수정·정리된 각 역전답성책과 역에 관한 모든 조사문부는 사판위원의 신장(信章)과 함께 농상공부로 보내고 사판사업을 완료하였다.

[참고어] 광무사검, 역전, 둔전, 농상공부역답사판규례

[참고문헌] 박진태, 1996,『한말 역둔토 조사의 역사적 성격 연구』, 성균관대학교 박사학위논문 ; 박진태, 1997,「갑오개혁기 국유지 조사의 성격-역토조사과정을 중심으로」『사림』12·13 ; 최원규, 2012,「한말 일제초기 공토 정책과 국유민유 분쟁」『한국민족문화』45 〈박진태〉

을유양전(乙酉量田) 1405년(태종 5)에 양계를 제외한 6도에서 시행한 양전.

1389년(공양왕 1)에 시행한 기사양전(己巳量田)의 문제를 보완하는 성격을 띠며 진행되었다. 1405년 9월 의정부에서 올린 양전사목에 따르면 지난날에 양전한 것이 가볍고 무거운 것이 고르지 못하여 원망이 따르고, 바닷가에 있는 땅은 측량이 되지 않았으며, 또 그 결실(結實)되고 결실되지 못한 것을 공평하게 답험치 못하여 결실된 것은 조세를 면하고 결실되지 않은 것은 도리어 조세를 바치니 그 폐단이 적지 않다고 한 것이다. 이에 을유양전 때에는 각 도에 도장(導掌)을 세분하여 경차관(敬差官)을 나누어 보내서 그 중에 답험을 공정하게 하지 않은 자는 논죄하게 하였다. 뿐만 아니라 측량할 때 사람이 부족하면 감사에게 통보하여 수령 및 산관(散官)의 공정하고 청렴한 자를 시켜서 도를 나누어 측량하도록 하되, 공평하지 않은 자는 경차관이 논죄하고, 경차관이 공평하지 못한 경우에는 감사가 고찰하도록 하였다. 이에 각 도의 전지를 모두 다 측량하여 묵은 땅과 개간된 땅을 모두 문부(文簿)로 만들어서 조세를 거두는 근거로 삼게 하려는 것이었다.[『태종실록』권10, 5년 9월 10일]

을유양전의 가장 큰 성과는 특히 해안가 지역의 양안을 마련하였다는 것이었다. 기사양전에서는 바닷가와 섬의 토지는 왜구의 침탈로 인해 양전에서 제외되었다. 이렇게 해안 지역은 새로운 양안이 작성되어 있지 않으므로 그 조세는 관습과 눈짐작으로 책정하여 부과하였다. 이에 해안 지역 여러 고을의 양전이 시급하였고, 1398년(태조 7) 7월 급전사(給田司)의 요청에 따라 이 지역에 대한 양전이 확정되었다. 그러나 곧이어 발생한 왕자의 난 등 정치적 사건들로 인하여 실행에 옮겨지지 못했다. 1401년(태종 원년) 7월에도 양전의 명령이 하달되었으나 전국 각 도의 안렴사들이 실무작업을 하지 않음에 따라 역시 실행되지 않았다. 1405년의 을유양전 때에 와서야 이 지역의 양전이 달성되었다. 이로써 해안 고을의 양전은 1314년(충숙왕 원년) 갑인양전(甲寅量田) 이후 거의 90여 년 만에 거행된 셈이었다.

을유양전의 결과 이전 양안에 비해 상당한 액수의 전결이 증가하였다. 양계를 제외한 경기 등 6도에서 파악된 원전은 총 96만 결이었고, 다시 양전하여 얻은 잉전(剩田)이 30여만 결이었다.

[참고어] 양전, 기사양전

[참고문헌] 한국역사연구회 토지대장연구반, 2008,『조선 후기 경자양전 연구』, 혜안 〈김미성〉

을해양전(乙亥量田) 1635년(인조 13)에 시행한 양전.

전년도인 1634년(인조 12)에 시행된 갑술양전(甲戌量田)의 연장이나, 별칭하기도 한다.

[참고어] 갑술양전

을해정식(乙亥定式) 궁방(宮房) 등의 절수지(折受地) 확대 과정에서 민전(民田)에 대한 침탈이 증가하자 이를 해결하기 위해 면결면세제(民結免稅制)와 급가매득제(給價買得制) 등을 규정한 지침.

[참고어] 궁방전, 급가매득지, 민결면세지, 유토면세지, 무토면세지

읍락(邑落) 삼국시기 이전부터 존재했던 우리나라 고대사회의 기본적인 취락집단을 지칭하는 용어.

사전적으로는 전통적으로 촌락(村落), 촌리(村里), 읍리(邑里) 및 부락(部落)과 동일한 개념의 용어로서 사람들이 모여 사는 '취(聚)'라고 하여 취락집단으로 규정하고 있다. 중국의 역사서에 보이는 촌락이나 부락은 물론『삼국사기』에 나오는 곡(谷), 촌(村) 등의 용례와 같은 맥락에서 이해할 수 있는 취락단위이다.

서기 3세기 무렵까지 부여(夫餘)·고구려(高句麗)를 비롯하여 동옥저(東沃沮)·예(濊)·삼한(三韓) 등 한반도를 중심으로 만주 일대에 걸쳐서 널리 분포하였으며, 우리나라 초기국가의 성장과정과 사회상을 살펴보는 출발점으로 상정할 수 있다.

『삼국지(三國志)』 위지(魏志) 동이전(東夷傳)에서 전하는 읍락의 용례를 살펴보면, 부여의 경우에는 "나라에는 군왕이 있고, 모두 육축의 이름으로 관명을 정하여 마가·우가·저가·구가·대사·대사자·사자가 있다. 읍락에는 호민이 있고 민은 하호로서 모두 노복으로 삼았다. 제가들은 별도로 사출도를 주관하는데, 큰 곳은 수천 가이며 작은 곳은 수백 가였다.(國有君王, 皆以六畜名官, 有馬加牛加猪加狗加大使大使者. 邑落有豪民, 民下戶皆爲奴僕. 諸加別主四出道, 大者主數千家, 小者主數百家.<宋本殿本>)"라고 하여, 군왕(君王)이 머물렀던 중앙의 왕경(王京)에 대비되는 지방의 취락집단으로 나타난다. 제가(諸加)에 속했던 사출도(四出道)와 같이 크게는 수천 가(家)에서 작게는 수백 가에 이르는 취락단위와 밀접한 연관을 갖는다. 가(加)의 통치를 받았던 읍락에는 호민(豪民)을 비롯하여 민(民) 혹은 하호(下戶), 노복(奴僕) 등이 거주하였다. 호민은 읍락을 실질적으로 지배하면서 제가의 하호에 대한 사적 지배를 관철시키는 역할을 수행했던 중간 지배층으로 이해된다.

고구려의 경우에는 "그 백성들은 노래와 춤을 좋아하여, 나라 안의 읍락마다 밤이 되면 남녀가 떼를 지어 모여서 서로 노래하며 유희를 즐긴다.……건안 연간(196~219 : 고구려 고국천왕 18~산상왕 23)에 공손강이 군대를 보내어 고구려를 공격하여 격파하고 읍락을 불태웠다.(其民喜歌舞, 國中邑落, 暮夜男女群聚, 相就歌戱.……建安中, 公孫康出軍擊之, 破其國, 焚燒邑落.)"고 전한다. 곧 '국중읍락(國中邑落)'이라고 하여 읍락은 국(國)을 구성하는 단위 집단으로 이민족의 침략을 받아 불에 타서 파괴되기도 하였다. 또한 동옥저와 읍루(挹婁)의 읍락에 대해서는 각각 "대군왕은 없으며 읍락에는 각각 대를 잇는 장수가 있다(無大君王, 世世邑落, 各有長帥.)"고 하거나, "대군장은 없고 읍락마다 각각 대인이 있다(無大君長, 邑落各有大人.)"고 전한다. 이들 읍락에는 대군장(大君長)이 없고 각각 장수(長帥)와 대인(大人)이라는 거수층(渠帥層)이 존재하였다. 이때 각각의 읍락은 거수들에 의해 영도되는 정치체로서 옥저와 읍루사회를 구성하는 기본적인 세력단위로 이해된다. 예(濊)에서는 "읍락을 함부로 침범하면 벌로 생구와 소·말을 부과하는데, 이를 '책화'라 한다(其邑落相侵犯, 輒相罰責生口牛馬, 名之爲責禍.)"고 하여, 읍락 단위로 '책화(責禍)'라고 불리는 부락 공동체적인 유습의 경제적 배상이 이루어졌다. 또한 경계가 분명하여 다른 읍락을 침범했을 경우에 소나 말 또는 생구(生口) 즉 노비로 배상했다는 사실은 동예사회에 다수의 읍락이 각각 독자적인 생활영역을 갖고 존재했음을 알려 준다. 삼한지역에서는 "그 풍속은 기강이 흐려서, 여러 국의 국읍에 비록 주수가 있어도 읍락에 뒤섞여 살기 때문에 제대로 다스리지 못하였다.……국읍에 각각 한 사람씩을 세워서 천신의 제사를 주관하게 하는데, 이를 '천군'이라 부른다. 또한 여러 국에는 각각 별읍이 있으니 그것을 '소도'라 한다.(其俗少綱紀, 國邑雖有主帥, 邑落雜居, 不能善相制御, 無跪拜之禮.……國邑各立一人主祭天神, 名之天君. 又諸國各有別邑, 名之爲蘇塗.)"고 전한다. 삼한에는 읍락과 함께 '국읍(國邑)' 및 '별읍(別邑)', '소별읍(小別邑)' 등이 병존하였다. 읍락은 '국(國)'을 구성하는 취락단위로서, 국읍이나 별읍에 비하여 상대적으로 규모가 작거나 하위의 세력단위로 이해된다.

본래 구성원들 사이에 동일한 혈족집단(血族集團)이라는 인식을 갖고 있는 씨족사회에서 비롯되었다. 곧 혈연적 유대를 바탕으로 하는 부락공동체적인 성격을 지녔다. 거수가 거주했던 중심적인 대규모 취락에 주변의 소규모 취락들이 결속하였던 구조가 일반적이었으며, 그 관계는 대체로 모촌(母村)-자촌(子村)의 형태를 띤 것으로 이해된다. 일단 혈연적인 유대감을 바탕으로 소속 읍락원의 공동 참여라는 운영원리가 작용하였다. 그런데 자기 완결성을 가진 하나의 세력단위로 기능할 수 있었던 것은 단순히 혈연적인 유대감만으로 설명할 수 없다. 왜냐하면 생산 활동이나 제의(祭儀) 등 경제적·종교적 측면에서도 단일한 기능을 발휘하였던 취락집단의 결집체로서, 그 자체가 하나의 독자적인 운동력을 발휘했던 것으로 이해되기 때문이다.

읍락은 읍락민의 생업과 관련된 활동공간으로 주거지와 농경지 등을 포함하여 직경 10㎞ 정도의 광범위한 생활영역을 갖고 있었다. 천변(川邊)과 산곡(山谷)을 경계로 삼아서 대외적으로는 독자적인 성격을 고수하면서 자급자족의 경제활동을 영위하였다. 또한 영역 안에서 시행되는 종교의례는 읍락 구성원의 결속뿐만 아니라 내부의 질서유지를 뒷받침해 주는 기능을 수행하였다. 그리고 전체 주민의 안녕과 풍요를 기원하는 정신적 기반을 마련하였다.

삼한시기부터 이미 자연촌락과 구분되는 정치적 세력단위로 성장하였다. 형성 초기에 평균 500호(戶) 내지 600호 정도(1호당 평균 5명으로 상정할 경우 약 2,500~3,000명)의 소규모 집단으로 소량의 청동기를 소유했던 지배자가 이끌던 정치체로 이해된다. 읍락이 성장하여 삼한 소국(小國)의 기본 구성단위로 편제될 경우에는 약 1,000호 미만의 규모에 이르렀던 것으로 추정된다. 이와 함께 청동기의 사용단계에 이르면 군장사회(Chiefdom)의 일반적인 성격을 충족시킬 수 있는 집단이 존재하게 된다. 그것은 불평등사회이면서, 경제적으로는 재분배(再分配)사회이며, 정치적으로 중앙통제사회, 그리고 종교적으로 신정(神政)단계의 사회라는 특징을 지니게 되었다.

성장하면서 주변의 다른 읍락들과 교류하였는데, 족외혼(族外婚)의 습속이나 물자의 지속적인 교류 등은 그들 사이의 결속을 다지는 중요한 계기가 되었다. 족외혼은 다른 씨족과 혼인하는 것인데, 그것은 혈연적인 유대를 바탕으로 한 읍락 간의 교류, 다시 말해 씨족과 씨족 사이의 유대를 다지는 연결 고리로 작용하였다. 또한 물자의 교류 역시 경제적 측면에서 읍락 간의 결속력을 높이면서, 구성원의 활동공간을 개별 읍락의 범위를 넘어서게 만들었을 것이다.

삼한의 국읍·별읍·읍락은 모두 그보다 광역의 상위 정치체로서 '국'의 구성과 밀접한 관계가 있다. 국읍은 읍락 간의 등차화(等差化) 현상 속에서 대두한 정치체로 이해된다. 곧 읍락 가운데 규모가 크거나, 혈연적으로 종(宗)에 해당되는 대읍락으로서 국의 정치적 중심지로 설정할 수 있다. 점차 주변의 읍락들을 결속시키면서 소국을 성립시켰다. 그러므로 삼한의 소국은 국읍과 주변 읍락들을 기본 구성단위로 하는 정치체였으며, 국읍이 그 중심적 역할을 담당하였다. 따라서 국읍은 때때로 '국' 자체로 파악되기도 하였다. 국읍이 소국을 주도적으로 이끌어 가면서 점차 일반 읍락은 전통적으로 내려왔던 자치능력을 제약받으며 소국의 구성단위로 편입되었다. 그 변화 계기로는 문헌상에 자주 보이는 홍수나 가뭄과 같은 자연재해, 초기국가의 성장과정에서 발생하는 주변 지역과의 전쟁 등을 꼽을 수 있다.

삼한을 구성하는 70여 개의 나라들은 대국(大國)과 소국으로 구분되었는데, 양자를 단순히 균질적인 정치체로 일축할 수는 없다. 이와 관련하여 동이전에서는 중국의 위(魏)나라가 경초(景初)년간(237~239)에 낙랑과 대방 2군(郡)을 장악하고 삼한 제국(諸國)의 신지(臣智)에게는 읍군(邑君)을, 그 다음에게는 읍장(邑長) 등의 인수(印綬)를 나누어 주었다는 사실을 전하고 있어 주목된다. 인수는 중국이 주변 종족의 지배자에게 세력의 크기에 따라 차등 지급했던 신분 상징의 필수적 물품으로 이해된다.

중국의 입장에서 크고 작은 세력을 감안하여 인수를 차등 지급한 것은 삼한 제국의 세력 크기에 따른 정치지배자의 서열화 현상을 보여주는 것이다. 곧 대국과 소국이 병립했던 현상은 삼한 제국 사이에 세력의 우열이 진행되었던 사실을 전하고 있다. 이 당시 우세한 '국'이 주변의 세력을 편입하거나 흡수·통합하여 대국으로 성장하였다. 삼한의 제국 가운데 두각을 나타낸 목지국(目支國)이나 백제국(伯濟國)이 대국에 해당되는 것으로 이해된다. 이때 대국의 구성단위로 국읍과 읍락 외에 새롭게 편입된 세력인 별읍도 포함되었다. 소국이 하나의 국읍과 복수의 주변 읍락들로 짜였다면, 대국은 별읍 등을 포함하는 큰 규모의 '성읍국가' 내지 '영역국가'의 성격에 가까운 정치세력으로 설정되기도 한다.

그렇지만 별읍의 위상은 주수(主帥)와 천군(天君)이 있었던 국읍에 비해서 현실적으로 열등하였다. 비록 소도(蘇塗)라고 불렸던 별읍이 국읍의 정치권력이 미치지 못하는 신성구역이라고 하지만, 국읍에서 천신(天神)에 대한 제사를 거행하는 데에 비하여 별읍에서는 귀신(鬼神)을 섬긴다고 하였으므로 대국 안에서 차지하는 위상은 한정될 수밖에 없었다. 국읍, 읍락, 별읍 등의 존재를 통해 읍락사회의 성장과 분화의 모습을 엿볼 수 있다.

대국을 중심으로 주변의 소국들이 결속하여 연맹체의 세력범위가 보다 확대되면서 읍락은 본래의 공동체적인 성격이 해체되기 시작한다. 그것은 구성원의 계층분화를 수반한다. 그 원인으로는 본격적인 철기사용에 의한 생산력의 증대, 이에 따른 교역의 발달과 재분배, 잉여 생산물의 축적과 사유재산의 발달로 인해 발생했던 구성원간의 경제적 불평등 현상의 심화, 주변 지역에 대한 정복전쟁, 천재지변(天災地變)에 따른 기황(飢荒) 등을 들 수 있다.

초창기에는 대인, 촌장, 거수 등과 같은 지배층, 그리고 하호 혹은 민과 같은 일반 읍락민으로의 분화가 이루어졌다. 점차 소국과 대국 단계를 거치면서 생구와 같은 노비의 발생, 거수층 및 하호층의 분화가 진행되었다. 동이전에서 삼한의 읍락민 가운데 중국 군현에 나아가 인수와 의책(衣幘)을 스스로 입었던 하호 천여 명의 존재를 확인할 수 있다. 이들을 통하여 읍락민 사이에 상층 분화한 존재를 엿볼 수가 있다. 반면에 낙랑에서 온 호래(戶來) 등 1,500여 명이 벌목을 하다 잡혀서 노비가 되어 과중한 노역으로 500여 명이 죽었다는 사실에서 노비층의 발생을 상정할 수 있다.

나아가 부여와 고구려의 읍락사회에서는 제가층과 함께 동예와 삼한 등에서는 뚜렷하게 부각되지 않았던 상층민으로 '호민(豪民)'이 등장하고 있다. 부여에서의 호민은 왕경에 머물면서 아직까지 자신의 독자적인 세력기반을 유지하였던 대가(大加)와 상하로 연결되어 읍락구성원을 실질적으로 지배하였다. 고구려에서는 '부경(桴京)'과 같은 작은 창고를 소유하고 무기를 갖춰 전투에 참여하였던 존재였다.

그 아래에는 재상이 되기 이전에 농사에 힘써 자급(自給)하였던 '을파소(乙巴素)'와 같은 자영 소농민층이 있었다. 또한 봉상왕(烽上王, 292~300)의 박해를 피해서 수실촌(水室村)의 음모(陰牟) 집에서 머슴살이하였던 을불(乙弗)의 경우와 같이 무전농민(無田農民)으로서 용작민(傭作民)으로 전락한 계층도 있었다. 그리고 미천왕(美川王, 300~331) 때에 진대법(賑貸法) 시행의 계기를 제공하였던 길가에 앉아 통곡하는 '좌이곡자(坐而哭者)'나 구휼(救恤)의 대상으로 거론되었던 '불능자존자(不能自存者)' 등은 계층 분화시 읍락민의 하층에 속하는 부류였다. 고구려와 부여에 각각 복속되었던 옥저나 읍루의 집단예속민(集團隷屬民) 역시 하호로 파악되며, 고구려나 부여의 읍락민보다 열악한 처지에 있었다. 한편 전쟁포로뿐만 아니라 경제적으로 몰락하여 채무관계에 의하거나, 범죄로 인한 형벌 등으로 형성된 노비는 읍락에서 최말단을 차지했던 계층이었다.

이처럼 부여와 고구려의 읍락사회에서는 중앙에 진출한 제가들과 함께 호민이 등장하였고, 일반민인 하호는 자영 소농민, 용작민과 같은 무전농민, 집단 예속민 등으로 분화되었으며, 또한 노비도 발생하였다. 구성원의 계층분화 양상은 결국 초기국가 형성과정과 표리관계를 이루며 같은 궤를 밟아 가는 읍락사회의 변화하는 모습으로 이해할 수 있다.

읍락에 대한 이해는 처음에는 그 어의(語義)에 주목하여 접근하였다. 곧 읍(邑)과 락(落)으로 구분하였는데, 도읍 또는 큰 규모의 주민 거주지인 '읍'과 이에 딸린 작은 촌락인 '락'을 지칭하는 것으로 파악하였다. 그렇지만 『삼국지』 동이전에 삼한을 비롯하여 부여, 고구려, 동옥저, 읍루, 예 등 여러 지역에 걸쳐서 널리 분포했던 읍락의 용례를 검토한 결과, '읍'과 '락'으로 구분하기보다 대부분 '읍락' 자체가 하나의 단일명사로 사용되었던 것으로 확인된다.

그리고 한반도 및 만주 일대에 산재했던 기본적인 사회 구성단위로서 청동기문화의 배경 속에서 정치세력으로 대두하였다고 이해되었다. 복수의 취락으로 결합된 읍락이 자기 완결성을 가진 하나의 정치체로 기능할 수 있었던 것은 혈연적인 유대뿐 아니라, 읍락 단위의 경제적 생산 활동이나 종교적 제의의 실시 등 때문이었다. 읍락은 국(國)을 비롯하여 국읍, 별읍 등의 세력단위와 밀접한 연관을 맺으며 병존하였던 것으로 파악된다. 그리고 본래 공동체적인 성격을 지니며 독자적인 운동력을 갖고 있었으나 소국 및 대국 단계를 거쳐 초기국가로 발전하는 과정에서 점차 전통적인 유제가 해소되면서 질적인 변화를 겪었다. 이로 인해 부락공동체적인 성격이 해체되면서 중앙의 권력에 의해 통제되는 행정적인 단위로 전화되었다.

[참고어] 호민, 하호

[참고문헌] 모로하시 데쓰지(諸橋轍次), 1958, 『大漢和辭典』 11 ; 李鍾旭, 1982, 『新羅國家形成史硏究』, 一潮閣 ; 李賢惠, 1984, 『三韓社會形成過程硏究』, 一潮閣 ; 金杜珍, 1985, 「三韓時代의 邑落」 『韓國學論叢』 7, 國民大學校 韓國學硏究所 ; 金貞培, 1985, 「君長社會의 發展過程試論」 『韓國古代의 國家起源과 形成』, 고려대학교출판부 ; 盧重國, 1989, 「韓國 古代의 邑落의 構造와 '性格'-國家形成過程과 관련하여」 『大丘史學』 38 ; 權五榮, 1996, 「三韓의 '國'에 대한 硏究」, 서울大學校 博士學位論文 ; 文昌魯, 2000, 『三韓時代의 邑落과 社會』, 신서원

〈문창로〉

응지삼정소(應旨三政疏) 임술민란(壬戌民亂, 1862년)을 수습하기 위한 철종의 삼정책문(三政策問)에 응해 전국에서 올린 상소.

1862년(철종 13) 2월 4일 단성(丹城)에서 시작된 민란은 삼남(三南)뿐만 아니라 중부와 북부의 일부지역까지 확산되었다. 조정에서는 안핵사(按覈使)·선무사(宣撫使)·암행어사(暗行御史) 등을 파견하여 사태파악에 나섰으나, 그 원인이 삼정(三政)의 문란에 있음을 확인했을 뿐 근본적인 대책은 마련하지 못하고 있었다. 이에 박규수(朴珪壽)의 건의를 수용하여 5월 26일 삼정이정청을 설치하는 한편, 6월 10일에는 전국에 구언교(求言敎)를 내려 시책(試策)의 형식으로 정치인과 지식인의 의견을 청취하도록 했다. 책제(策題)는 이정청의 총재관(總裁官)인 조두순(趙斗淳)이 대제(代製)했는데, 요점은 삼정의 질서를 유지하는 한도 내에서의 개선의 방안을 요구한 것이었다.[『승정원일기』 126책, 13년 6월 12일 계해] 시책은 12일 인정전(仁政殿)에서 시행되었는데, 당일에는 제목만을 받아서 돌아간 뒤 각자 작성하여 10일을 기한으로 제출하는 방식이었다. 또한 시장에

나오지 못하는 지방 인사의 의견을 청취하기 위해 책제를 등서하여 전국에 하송하고, 거리에 따라 공문이 도착한 날로부터 최대 70일 내에 시권(試券)을 작성한 뒤 도에서 모아 상송(上送)토록 했다.

전국적으로 작성된 응지삼정소의 수는 공식적으로 파악되지 않았다. 다만 총재관 정원용(鄭元容)에 따르면, 서울의 경우 22일 이정청에서 900여 장을 거두었고 이후 100여 장이 추가로 접수되었으며, 지방에서 모인 삼정소도 1만여 장에 가까웠다고 한다. 이러한 수치는 1798년(정조 22)의 정조의 '권농정구농서(勸農政求農書)'의 윤음(綸音)에 따라 응지진농서(應旨進農書)를 작성한 수령이 59명이었던 것에 비해 범위와 규모가 훨씬 큰 것이었다. 이로써 수합된 삼정소는 시권의 형식이었기 때문에 이정청 관료들에 의해 심사되었다. 그 중 100인을 선발해 시상했는데, 명단은 『용호한록(龍湖閒錄)』의 「경외대책시소방(京外對策試所榜)」에 전한다. 등급은 3중(5인), 3하(5인), 3하(90인)이었고, 1등은 군수(郡守) 이승경(李乘敬)이었다. 이들 삼정소 전체는 현전하지 않으며, 다만 각자의 문집에서 산견된다. 현재까지 확인된 것은 80여 종 가까이 되며, 그 중 『용호한록』의 100인에 포함되는 작성자는 이승경을 포함해 10명이다.

응지삼정소에서의 삼정문란에 대한 위정자와 식자층의 이해는 다양하였으나, 크게 4가지로 분류할 수 있다. 첫째는 민란을 유발시킨 삼정의 문란은 제도 자체의 결함이 아닌 운영의 폐단에 기인한다는 의견으로, 삼정의 개선으로 사태를 수습할 수 있다고 보았다. 둘째는 전자보다 사태를 좀 더 객관적으로 파악한 견해로, 기본적으로는 삼정의 수취질서를 그대로 유지하되 운영의 개선과 법제의 개혁을 병행하자는 부분 개혁의 방안이다. 셋째는 삼정의 수취질서 자체를 미법(美法)이 아닌 것으로 보고, 삼정을 중심으로 한 세제를 합리적인 방향으로 전면 개혁할 것을 주장했다. 넷째는 농민항쟁을 체제의 모순으로까지 이해하여, 삼정을 비롯한 당시 경제제도 및 지주제까지를 개혁해야 근본적인 대책이 된다고 보았다. 한편 「경외대책시소방」에서의 100인 중 현전하는 이들의 삼정소는 삼정 이정에 대한 온건한 방안이 많았다. 이는 삼정소의 심사 기준과도 연관되는 것으로, 이미 책제에서도 제도개혁이 불가능한 현실을 감안한 구폐방안이라는 조정의 입장이 제시된 바가 있었다.

조정에서는 삼정소를 바탕으로 「삼정이정절목(三政釐整節目)」을 비롯한 삼정이정책을 시행하였다. 그러나 삼정소에서 제기된 여러 견해를 종합·정리하여 도출된 것은 아니었으며, 그 중 정부의 입장에 합당한 견해가 선별적으로 채택·정리된 것이었다. 특히 토지제도의 개혁은 체제변혁의 방안으로, 삼정을 이정함으로써 사태를 수습하려는 정부의 입장에서는 채택되기 어려운 것이었다.

[참고어] 삼정이정절목

[참고문헌] 김용섭, 2004, 『(신정증보판)韓國近代農業史研究 Ⅰ』, 지식산업사 ; 송양섭, 2012, 「임술민란기 부세문제 인식과 三政改革의 방향」 『한국사학보』 49 ; 송찬섭, 2012, 「1862년 三政釐整廳의 구성과 삼정이정책」 『한국사학보』 49 ; 송찬섭, 2013, 「1862년 三政策問에 따른 京外對策의 검토」 『사림』 48 〈윤석호〉

응지진농서(應旨進農書) 정조가 1798년 11월 30일에 반포한 「권농정구농서윤음(勸農政求農書綸音)」에 호응하여 경외(京外)의 관리, 유생, 서민 등이 올린 농서.

정조는 1798년(정조 22) 11월 「권농정구농서윤음」을 내려 조선의 농정을 혁신하고, 국가적인 차원에서 새로운 농서를 편찬하는 사업을 추진하였다. 특히 정조는 '농가지대전(農家之大全)' 즉 '농서대전'에 해당하는 농서를 편찬하려는 목표를 세워놓고 있었다. 이후 정조의 윤음에 호응하여 중앙과 지방의 관료, 지방 유생, 서민 등이 자신의 견문과 경험에 의거하여 농업기술과 농업문제 해결을 위한 방안을 작성하여 정조에게 진정(進呈)하였다. 이러한 과정에서 정조에게 올려진 농서(農書)들이 바로 응지진농서이다.

응지진농서는 2가지 형식으로 나누어 볼 수 있는데, 하나는 장소(章疏)의 형식을 갖춘 상소문(上疏文)을 작성하여 올린 것이고, 다른 하나는 부책(簿冊)의 형태로 책자(冊子)를 만들어서 제출한 것이었다. 정조의 윤음에 호응한 응지인(應旨人)이 올린 응지진농서를 상소와 책자로 구별하면 각각 '응지진농소(應旨進農疏)'와 '응지진농서'로 나누어 지칭할 수 있다.

응지진농서는 『일성록』, 『정조실록』 등에 실려 있다. 그런데 응지인이 올린 상소 형태의 응지진농서는 『일성록』에 '소략(疏略)'이라는 어두로 시작되는 점에서 알 수 있듯이 상소문 내용을 축약하여 수록된 것이었다. 반면에 『승정원일기』의 경우 상소 형태의 응지진농서를 원문 그대로 수록하고 있다. 『승정원일기』에 수록된 상소 가운데 응지진농서라는 성격을 부여할 수 있는 9건은 다음 표와 같다.

〈『승정원일기』에서 응지농서로 확인된 응지인과 진정 일자〉

응지인(應旨人)	『승정원일기』 월 일(쪽수)
부사직(副司直) 신우상(申禹相)	1802책, 정조 22년 12월 25일 갑인(95-591나)
후주유학(厚州幼學) 우만훈(禹萬勳)	1802책, 정조 22년 12월 26일 을묘(95-598나)
창원부사(昌原府使) 이상도(李尙度)	1803책, 정조 23년 1월 19일 무인(95-637가)
함열현감(咸悅縣監) 이인채(李寅采)	1806책, 정조 23년 3월 30일 무자(95-797나)
유선(諭善) 이성보(李城輔)	1807책, 정조 23년 4월 20일 무신(95-843다)
평창군수(平昌郡守) 이정현(李廷顯)	1807책, 정조 23년 4월 25일 계축(95-856나)
자산부사(慈山府使) 이동형(李東馨)	1808책, 정조 23년 5월 2일 기미(95-874다)
대사헌(草莽臣) 송환기(宋煥箕)	1808책, 정조 23년 5월 5일 임술(95-882나)
초산부사(楚山府使) 송상렴(宋祥濂, 春間 農務冊子製進)	1808책, 정조 23년 5월 10일 정묘(95-906다)

그리고 『일성록』이나 『승정원일기』에 수록되지 못한 응지진농서 가운데 개별 인물의 문집(文集) 등의 자료에 수록된 것들이 있다. 각 개별 인물의 문집에 실려 있는 응지진농서로 지금까지 알려진 것을 정리하면 다음의 표와 같다.

〈문집 등에 보이는 응지인의 응지서 목록〉

응지인	응지농서 명칭	출전 소장처(청구기호)
강순(康洵)	진어농서(進御農書)*	『용수재유고(慵睡齋遺稿)』(성대 D3B-761 : 『농서』1)
권중집(權中執)	농무서(農務書)	『농무서(農務書)』(규장각古630.951 G995n)
김상휴(金相休)	농서(農書)-대 백씨(代伯氏)	『화남만록(華南漫錄)』3(국립중앙도서관)
김상휴(金相休)	농서(農書)-대 중씨작(代仲氏作)	『화남만록(華南漫錄)』3(국립중앙도서관)
남극엽(南極曄)	농서부책(農書簿冊)	『애경당유고(愛景堂遺稿)』 권5(향토문화연구자료 22집 전라남도)
박제가(朴齊家)	북학의(北學議)	(규장각 : 규1401)(『농서』 6)
박지원(朴趾源)	과농소초(課農小抄)	『연암집(燕巖集)』 권16,17(『농서』 6)
박형덕(朴馨德)	농소·농설혹문(農疏·農說或問)	『완역당유고(玩易堂遺稿)』 권2(향토문화연구자료27집 전라남도)
서유구(徐有榘)	순창군수응지소(淳昌郡守應旨疏)	『풍석전집(楓石全集)』 3책 김화지비집(金華知非集) 권1(『농서』 7)
서호수(徐浩修)	해동농서(海東農書)	『해동농서(海東農書)』(草本)(성대 稀C6A-9)(『농서』 9)
서호수(徐浩修)	해동농서(海東農書)	『해동농서』(正本)(日本大阪府立圖書館 44506)(『농서』 10)
신작(申綽)	신계현농서조대(新溪縣農書條對)	『석천유집(石泉遺集)』 후집(後集) 1, 2(『농서』 7)
양익제(梁翊濟)		김영진(金榮鎭) 논문에 소개됨
양주익(梁周翊)	구농서응지소(求農書應旨疏)	『무극집(无極集)』 권4(규장각 : 규15720)
우재악(禹載岳)	대구농서(大邱農書)-대주졸홍경두작(代主倅洪景斗作)	『인촌선생집(仁村先生集)』 권4 잡저(규장각 古3428-675)
위백순(魏伯純)	농소(農疏)	『서계선생문집(書溪先生文集)』 권2(한국역대문집총서 권477)
유심춘(柳尋春)	상농서(上農書)	『강고선생문집(江皐先生文集)』 권2(규장각 : 고3428 -520)(『농서』 7)
이대규(李大圭)	농포문답(農圃問答)*	(국립중앙도서관 : 朝80-7)(『농서』 7)
이봉흥(李鳳興)	기미농서대책(己未農書對策)	『무산재유고(武山齋遺稿)』 권3
이진택(李鎭宅)	응지진농무책자오조(應旨進農務冊子五條)	『덕봉집(德峯集)』 권2(규장각 : 규1428)(『농서』 7)
이채(李采)	농서(農書)	『화천집(華泉集)』 권10(규장각 : 규4655)(『농서』 7)
이희발(李羲發)	농정의(農政議)	『운곡유사(雲谷遺事)』(규장각 : 규12075)
정문승(鄭文升)	농서(農書)	『초천유고(蕉泉遺稿)』 권6(규장각 : 고3428 -79)(『농서』 7)
조유선(趙有善)	의응지농정책(擬應旨農政策)	『나산집(蘿山集)』(규장각 : 규1751)
정약용(丁若鏞)	응지농정소부전론(應旨農政疏附田論)	『여유당집(與猶堂集)』 9책, 28책(규장각 : 규11894)(『농서』 7)
조영국(趙英國)	농서총론(農書總論)	(국립중앙도서관 13)(『농서』 7)
홍모(洪某)-의령	농서대-대가대인(農書對-代家大人)	『관해재영고(觀海齋零稿)』(국립중앙도서관 韓 44-가142)

*표시는 『일성록』 검토 있는 것

응지진농서의 내용을 살펴보면 농업기술의 구체적인 요소에 대한 것뿐만 아니라 농정의 폐단에 대하여 대안을 제시하는 내용도 담고 있었다. 농업기술과 관련하여 특히 이앙법(移秧法)에 대한 나름대로의 주장을 수록하고 있었다. 그리고 농사짓기에서 가장 중요한 요소에 대한 논의도 포함하고 있었다. 또한 농서의 필요성 또는 농서 편찬의 시급함을 주장하는 경우도 많았다.

응지진농서의 내용은 당시 각 지역의 농법 현실에 근거하여 작성된 것이었다. 그리고 응지진농서를 올린 사람들은 중앙과 지방의 관료직에 있거나 지방 유생으로서 정조의 농정책에 대한 이해를 바탕으로 정조가 추진하는 이른바 '농서대전' 편찬에 적극적으로 협력하는 사람들이었다. 이들은 자신들과 관련이 깊은 지역의 농업현실에 의거하여 농업기술의 발달 그리고 농정의 개혁에 깊은 관심을 갖고 있던 사람들이었다. 따라서 이들이 올린 응지진농서는 18세기 후반 각 지역의 농업현실을 그대로 담고 있다는 점에서 주목할 수 있을 것이다.

[참고어] 농가지대전

[참고문헌] 金容燮, 1988, 『朝鮮後期農學史硏究』, 一潮閣 ; 金容燮, 1990, 『增補版朝鮮後期農業史硏究』 Ⅱ, 一潮閣 ; 염정섭, 2000, 「조선시대 農書 편찬과 農法의 발달」, 서울대학교 국사학과 박사학위 논문 ; 농촌진흥청, 2014, 『응지진농서』Ⅰ·Ⅱ, 진한M&B

〈염정섭〉

의금부둔(義禁府屯) 의금부의 경비를 충당하기 위하여 설치·운영한 토지.

종심(終審)의 재판소이며 직접 국왕의 명을 받고 중범죄의 심판을 관장하는 법원인 의금부의 경비를 충당하기 위해 설치된 둔전이다. 의금부는 1414년(태종 14)에 한성의 중부 견평방(堅平坊)에 설치되었다. 1895년(고종 32)에는 고등재판소로, 1899년(광무 3)에는 평리원(平理院)으로 개칭되었다.

의금부둔은 관장사무 서리의 공용 지가(紙價)를 충당하는 것을 그 목적으로 하였다. 주로 충남 청안과 경기 포천 등지에 산재해 있었는데, 『육전조례(六典條例)』 의금부 조에 의하면 의금부둔의 응입(應入) 즉 경상수입은 청안·포천 등 10곳에서 거둔 둔세전(屯稅錢) 44냥이고, 용하(用下) 즉 경상비용은 지가 등 1년에 도합 48냥이었다. 그러나 의금부둔의 구체적인 설정방법과 관리상태에 대하여는 문헌에 근거가 없다. 다만 1899년 의금부가 폐지되자 그 소속 둔전은 탁지부가 관할하였으며, 이후 대부분 일제에 의해 국유지로 편입되었다.

[참고어] 아문둔전

[참고문헌] 『大典條例』

〈이현희〉

의뢰외국치손국체자 처단례 개정건(依賴外國致損國體者處斷例改正件) 대한제국 정부가 1900년 4월 28일 외국인의 토지 잠매(潛賣)를 방지하기 위해 공포한 법률.

조선 정부는 외국인의 토지소유를 금지하였지만, 개항장 내외의 지역에서 일본인을 비롯한 외국인들의 잠매를 통한 토지소유가 증가하였다. 1894년 군국기무처에서는 외국인이 국내의 농지, 산림 및 광산의 점유나 매매의 금지조처를 의결하였으나 여전히 외국인의 토지점탈이 성행하였다. 사태의 심각성을 인식한 대한제국 정부는 외국인의 부동산소유를 금지시키기 위한 제도정비에 착수했다. 이 작업은 두 방향에서 진행되었다. 하나는 근본적 해결책으로 양전관계발급사업을 실시하여 이를 제도적으로 방지하는 대책이고, 다른 하나는 위반자를 형벌로 다스리기 위해 형법을 제정하는 일이다.

후자는 법률 제2호로 외국에 의뢰하여 국체를 손상시키고 국권을 잃게 하는 자에 대한 처벌규정인 의뢰외국 치손국체자 처단례(依賴外國致損國體者處斷例)를 공포하여 실시하였다. 1900년 4월 28일에는 그 개정안인 의뢰외국 치손국체자 처단례 개정건(依賴外國致損國體者處斷例改正件)을 공포하였다. 그 내용은 허가된 곳이 아닌 지역의 토지를 외국인에게 잠매하거나 이름을 빌려준 자는 그 행위가 미수에 그쳤더라도 명률 도적편 모반조를 적용해 처벌규정을 대단히 엄하게 정한 것이었다.

그러나 이것도 잠매행위에 대한 사후처리법이었고, 토지의 잠매행위는 관계자가 고발하지 않는 한 알 수 없다는 점, 처벌대상을 한국인으로 한정하고 외국인에 대한 처벌기준을 마련하지 않은 것 때문에 외국인의 토지잠매를 방지하는 데 실질적인 역할을 하지는 못했다.

[참고어] 거류지, 광무양전사업

[참고문헌] 국사편찬위원회, 2003, 「갑오개혁 이후의 사회·경제적 변동」 『신편 한국사』 44

〈남정원〉

의림지(義林池) 충청북도 제천시 모산동에 위치한 삼국시기 저수지.

김제의 벽골제(碧骨堤), 밀양의 수산제(守山堤)와 함께 삼국시기의 대표적인 수리시설이며, 산곡형 제언의 효시로 평가된다. 본래 임지라고 했으나, 992년(성종 11)에 군현의 명칭을 개정할 때 제천을 의원현(義原縣) 또는 의천(義川)이라 별칭한 이래로 '의(義)'를 붙여 의림지라 부르게 된 것으로 추측되고 있다. 『세종실록』에는 의림제(義臨堤)라고 표기하였다.

낮은 산줄기 사이를 흐르는 작은 계곡을 막은 제방은 길이가 530척(尺)이며, 수위는 제방 밖의 농경지보다 매우 높아서 관개면적이 400결(結)이나 되었다. 못의 둘레는 5,805척이나 되고 수심은 너무 깊어서 잴 수 없다고 하였는데, 제방의 크기에 비해 몽리면적이 큰 것은 제방을 쌓은 위치의 수위가 높기 때문이다.

시축연대에 대해서는 삼한시대 축조설, 진흥왕대의 우륵 축조설 등이 있으나 확정할 수 없다. 다만 제천의 옛 이름인 내토(奈吐)·대제(大堤)·내제(奈堤)가 모두 큰 둑이나 제방을 의미하는 것으로 보아 고대에 의림지 혹은 이와 유사한 수리시설이 축조되었던 것으로 이해된다. 문헌에 기록된 바로는 세종 때 충청도관찰사였던 정인지(鄭麟趾)가 수축한 후, 1457년(세조 3) 체찰사가 된 정인지가 금성대군(錦城大君)과 순흥부사 이보흠(李甫欽)의 단종복위운동에 대비하여 군사를 모으면서 호서·영남·관동지방의 병사 1,500명을 동원해서 크게 보수한 것으로 되어 있다. 이는 의림지가 홍수조절용이 아닌 농업시설로서 활용되었음을 의미하는 것으로, 『세종실록지리지』와 『여지도서』 등의 지리지에서는 의림지의 경제적 효과에 대해 높이 평가하기도 했다.

1910년부터 5년 동안 3만여 명의 부역에 의해 보수하였던 것이 1972년의 큰 장마 때 둑이 무너지자 1973년에 다시 복구한 것이 오늘날의 모습이다. 현재의 의림지는 호반둘레가 약 2㎞, 호수면적은 15만 1,470㎡, 저수량은 661만 1,891㎥, 수심은 8~13m이다. 현재의 몽리면적은 약 300정보에 이른다.

수리관개뿐만 아니라 유서깊은 경승지로 이름이 있으며, 충청도지방에 대한 별칭인 '호서(湖西)'라는 말이 바로 이 저수지의 서쪽이라는 뜻에서 유래된 것이다. 제방과 호수 주변에는 노송과 수양버들이 늘어섰고 1807년(순조 7)에 세워진 영호정(映湖亭)과 1948년에 건립된 경호루(鏡湖樓)가 있다.

[참고어] 수리, 제언, 천방

[참고문헌] 『世宗實錄地理志』; 『輿地圖書』; 양기석, 2010, 「堤川義林池의 歷史性과 價值」 『중원문화연구』 14

〈윤석호〉

의정부둔(議政府屯) 의정부의 경비를 충당하기 위하여 설치·운영한 토지.

의정부는 조선시기백관을 총감독하는 최고급의 관청으로 1400년(정종 2)에 설치되었다. 백관을 총감독하는 최고급 관청이었기 때문에, 직접 토지를 관리하거나 추수 등의 사무를 취급하는 것은 체면상 온당하지 못하다 하여 영조 때부터 그 권한을 균역청(均役廳)에 위탁했다. 『만기요람』에 따르면 경기도와 황해도 일대에 69결 96부 1속의 면세지가 분포하고 있었다.[「재용편 2」 수세] 한편 『육전조례(六典條例)』에는 의정부둔에서의 수입이 기재되어 있는데, 양주군 둔토세 30냥, 부안 둔토세 1,600냥이었다. 양주군 소재 둔전은 1896년(고종 33) 선희궁에 이속되었다가 1901년(광무 5) 내장원의 소관으로 옮겨졌으나, 1908년 일제는 부안군 소재 둔토와 함께 탁지부 관할의 국유로 편입시켰다. 기타 지방에 있었던 둔전에 대한 실상은 자세히 전하지 않는다.

[참고어] 아문둔전

[참고문헌] 『萬機要覽』; 『六典條例』; 和田一郎, 1920, 『朝鮮土地地稅制度調査報告書』

의창조(義倉租) 고려시기 의창(義倉)의 재원을 확보하기 위하여 만든 수취 규정.

현종 대 주현에 의창을 설치하면서 그 재원을 확보하기 위하여 만든 의창조의 수취 규정이다. 1023년(현종 14) 윤9월에 "무릇 각 주·현에 설치된 의창의 법은 도전정의 수를 사용하여 1과공전에서는 1결에 조 3말, 2과 공전 및 궁원전·사원전·양반전에서는 1결에 조 2말, 3과 공전 및 군인호정·기인호정에서는 1결에 조 1말을 거두어들이는 것으로 이미 정해져 있다. 만약 흉년을 만나 백성들이 굶주리게 되면 이것으로 긴급히 구제하고 가을에 갚도록 하되 함부로 소비하는 일이 없도록 하라.(凡諸州縣義倉之法, 用都田丁數, 收斂, 一科公田一結, 租三斗, 二科及宮寺院兩班田, 租二斗, 三科及軍其人戶丁, 租一斗, 已有成規. 脫遇歲歉, 百姓阻飢, 以此救急, 至秋還納, 毋得濫費.[『고려사』 권81, 「식화지」3 상평의창])"는 판(判)을 내렸다. 이것을 의창조수취규정(義倉租收取規程)이라 하는데, 공전을 3등급으로 나누어 전정(田丁) 수에 따라 의창곡을 징수·확보하도록 한 것이다. 이렇게 의창곡을 징수하게 된 것은 태조 때에는 개경에, 성종 때에는 주·부에 의창을 설치하였으나, 현종 때에는 현에까지 확대되어 일반 조세 수입만으로는 이를 운영할 수 없었기 때문이었다. 그러나 이렇게 의창곡을 징수했다고는 하지만, 뒤에는 이것이 규정대로 징수되지 않았던 것 같다. 인종 때에 이르면 의창에 미곡의 축적이 적어 관곡(官穀)을 비축하도록 한 기록이 있는 것으로 보아 그 상황을 짐작할 수 있다.

[참고문헌] 權寧國 外, 1996, 『譯註『高麗史』食貨志』, 韓國精神文化研究院; 박종진, 2000, 『고려시기 재정운영과 조세제도』, 서울대출판부; 朴鍾進, 1984 「高麗初 公田·私田의 性格에 대한 재검토; 顯宗代 「義倉租收取規定」의 해석을 중심으로」 『韓國學報』 37

〈윤성재〉

이거이래(移來移去) 작부(作夫)의 과정에서 징세의 편의를 위해 전결(田結)에 대한 징세권(徵稅權)을 전부(佃夫)가 거주하는 곳으로 이동하는 것.

토지 소유자와 소유지의 위치가 일치하지 않거나 소유지가 여러 곳에 분산되어 있는 경우, 이를 응세자가 거주한 지역으로 옮겨서 납세대상으로 파악하는 작업이다. 즉 8결 혹은 4결 단위로 작부를 만들 때, 타 지역의 전토(田土)를 소유한 전부가 있다면 이를 거주하고 있는 곳으로 옮겨서 함께 묶는 과정을 말한다. 이러한 과정은 경작지가 산재한 까닭에 한 사람이 지역마다의 호수(戶

首)에게 징세되는 불편함과 그 과정에서 발생하는 각종 침탈을 제거하기 위함이다. 그러나 이래이거의 절차가 매우 복잡했으며, 이를 둘러싼 각종 농간으로 많은 폐단이 발생했다.

[참고어] 작부제, 호수, 총액제

[참고문헌] 이영훈, 1980, 「朝鮮後期 八結作夫制에 대한 硏究」『한국사연구』 29 ; 정선남, 1990, 「18·19세기 전결세의 수취제도와 그 운영」『한국사론』 22

이경오(李敬五) 1798년(정조 22) 권농정구농서윤음(勸農政求農書綸音)에 응하여 글을 올린 사람 중 하나.

이경오(1740~?)는 본관은 경주(慶州)이고, 자는 사관(士寬)이다. 아버지는 이종욱(李宗郁)이고, 어머니는 박필모(朴弼謨)의 딸이다. 1783년(정조 7) 증광시 병과에 급제하였고, 수찬, 영천군수, 사간원 대사간, 승지 등을 거쳤다. 응지농서 당시 이경오는 영월부사(寧越府使)로 기록되어 있다. 그는 '농정읍막제조(農政邑瘼諸條)'를 올려, 특히 농사를 짓지 않고 놀고먹는 자가 많으니 이들을 농사짓도록 한 다음에야 농서(農書)가 필요할 것이라고 하였다. 또한 인삼 채취를 장려하여 일어나는 농사의 문제 등도 이야기하였다.

[참고어] 응지진농서

[참고문헌] 『정조실록』 ; 농촌진흥청 역, 2009, 『응지진농서Ⅱ』, 진한M&B

이광한(李光漢) 1798년(정조 22) 권농정구농서윤음(勸農政求農書綸音)에 응하여 농서를 올린 사람 중 하나.

당시 홍천(洪川) 유학(幼學)으로 기록되어 있다. 그가 올린 농서는 농법을 밝히는[明農] 방법 22조항과 농사를 짓는[作農] 방법 28조목을 담고 있었다. 전자의 조항들에서는 대전법(貸田法), 제방, 수리, 경계(境界), 광작(廣作), 가통(家統), 농계(農契), 농관(農官), 향약, 집복(執卜), 조적(糶糴), 재결(災結), 잡역(雜役), 담배, 도살, 술, 분양법(糞壤法), 대전법(代田法), 번경법(反耕法) 등에 관한 내용을 담고 있다. 후자의 조항들에서는 오성(五星), 오목(五木), 친경(親耕)과 친잠(親蠶), 오사(五祀), 천시(天時), 홍수와 가뭄, 풍년과 흉년, 지리(地利), 삼농(三農), 전법(田法), 거름, 파종, 관개, 김매기, 누에치기, 소, 장 담그기, 구황 등의 내용을 담고 있다.

[참고어] 응지진농서

[참고문헌] 『정조실록』 ; 농촌진흥청 역, 2009, 『응지진농서Ⅱ』, 진한M&B

이대규(李大圭) 1798년(정조 22)의 권농정구농서윤음(勸農政求農書綸音)에 응하여 농서를 올린 사람 중 하나.

본관은 함평(咸平), 자호는 장육자(藏六子)이다. 46세 되던 1783년(정조 7)에 진사시에 합격했으며, 1798년 정조의 윤음을 받들어 상농정소(上農政疏)와 함께 『농포문답(農圃問答)』을 작성해 올렸다. 정조는 이를 치하하며 서질(書帙)과 함께 '호남(湖南)의 영재(英才)'라는 뜻으로 호영재(湖英齋)라는 호를 하사했다.

『농포문답』은 1872년 3권 1책으로 간행되었는데, 1권은 권농정구농서윤음, 이대규의 상농정소, 1799년 5월의 비변사계목 등으로 이루어져 있다. 2권은 본문에 해당하며, 3권에는 자서와 이철우(李澈瑀)의 근기(謹記), 이계순(李啓淳)과 이영상(李英相)의 발문 등이 실렸다. 1권의 상농정소에서 이대규는 농공(農功)을 권하고 수리(水利)를 일으키며 농서를 간행·반포하는 일들이 왕정의 대본(大本)이 된다고 했다. 그리고 1797년 여름부터 성균관 인근의 마을에 거주하며 비로소 농사를 짓게 되었고, 이때 주희의 권농문과 강희맹(姜希孟, 1424~1483)의 『금양잡록(衿陽雜錄)』 등을 바탕으로 하여 농사를 짓고 농사에 관계된 일을 하는 사람들에게 상세하고 적당한 것을 모으고 의견을 첨부해 『농포문답』을 작성했다고 했다. 이것이 『농포문답』의 2권에 해당하는 것으로, 농공이라는 선비와 포로라는 늙은 농민간의 일문일답 형식으로 쓰였다. 그 내용은 인사(人事)를 극진히 닦은 뒤에 천시(天時)를 기다릴 것, 제방을 수리하고 도랑을 소통시킬 것, 화전(火田)을 금지할 것, 균전(均田)을 행할 것, 파종을 권장할 것, 대파(代播)를 힘쓸 것, 토지를 개간하여 넓히고 놀고먹는 사람을 몰아낼 것, 논밭을 따라 조용조(租庸調) 법을 시행하고 적폐(糴弊)를 구제할 것, 농사를 일찍 시작하여 근면하게 지어야 할 방도 등이다. 초간본은 국립도서관에 소장되어 있으며, 고려대학교에 소장되어 있는 중간본에는 문답 내용에 농공과 포로의 표시가 없고 끝에 호영재의 시집과 이계순의 서문, 6대손 이종택(李鍾宅)의 발문만이 있다. 한편 같은 표제로 정상기(鄭尙驥, 1678~1752), 이별(李鼈, 1475(?)~?), 최유해(崔有海, 1588~1641) 등이 지은 책도 있다.

[참고어] 응지진농서, 금양잡록

[참고문헌] 『정조실록』 ; 농촌진흥청 역, 2009, 『응지진농서I』, 진한M&B

이동응(李東膺) 1798년(정조 22) 권농정구농서윤음(勸

農政求農書綸音)에 응하여 농서를 올린 사람 중 하나. 당시 보은(報恩) 유학(幼學)으로 기록되어 있다. 그가 올린 농서는, 농사는 비록 삼춘(三春)에 힘쓰는 것이라 해도 삼동(三冬) 사이에 마련해야 할 것, 투기(投技)와 토주(討酒)를 엄히 금할 것, 큰 보나 넓은 제방 밖에서는 모내기를 금지할 것, 높고 건조한 지역에서는 건파(乾播)하고 물이 넘치고 습한 지역에는 수파(水播)할 것 등의 내용을 담고 있었다.

[참고어] 응지진농서

[참고문헌] 『정조실록』; 농촌진흥청 역, 2009, 『응지진농서Ⅱ』, 진한M&B

이동지신고서(異動地申告書) 일제의 토지조사사업에서 신고 종료일부터 사정 공시일까지 발생한 이동지를 신고한 서류.

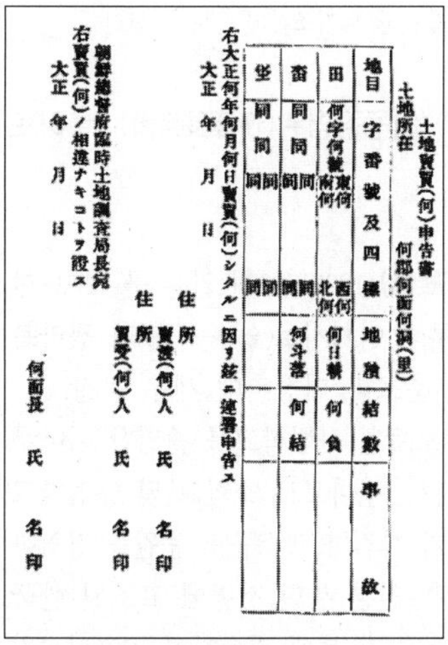

土地賣買(何)申告書

土地所在 何郡何面何洞(里)

地目	字番號及四標	地積	結數	事故
田	何字何號 東何 西何 南何 北何	何日耕	何負	
畓	同 同 同同 同同	何斗落	何結	
垈	同 同 同同 同同			

右大正何年何月何日賣買(何)シタルニ因リ茲ニ連署申告ス

大正 年 月 日

住所 賣渡(何)人 氏 名 印

住所 買受(何)人 氏 名 印

朝鮮總督府臨時土地調査局長宛

右賣買(何)ノ相違ナキコトヲ證ス

大正 年 月 日

何面長 氏 名 印

이동지신고서(토지매매신고서) 『조선총독부관보』 제779호, 1915년 3월 1일

실제의 토지조사사업에서 토지조사부에 기록한 사정 사항에 대하여 사정일부터 사정 공시일까지 이동한 이동지가 있을 경우 임시토지조사국에서는 이를 정리하여 토지대장에 옮긴 후 군청에 이관했다. 이동 종목에는 매매, 교환, 증여, 상속 등으로 인한 소유권이전, 국유지성(國有地成), 민유지성(民有地成), 주소변경과 정정, 씨명변경과 정정, 지역변경, 지목변경과 정정, 분할, 합병, 과세지성(課稅地成), 불과세지성(不課稅地成) 등이 있다.

제출서류는 토지매매의 경우는 매수 매도인이 면장의 인증을 받은 토지매매신고서, 분할은 토지분할신고서와 분할도, 증여(양여)는 양 당사자의 날인과 면장의 인증을 받은 토지증여(양여)신고서, 상속은 피상속인이 면장의 인증을 받은 토지상속신고서, 지역변경은 도로개수로 인한 이동지조사서와 도로개수통지서를 임시토지조사국에 제출하도록 했다. 성명 변경 신고서는 개명 신고한 민적부를 첨부하도록 했다.

이동지신고서는 신고서를 수합하여 리별로 편철했으며, 이동지신고서 표지에는 해당리와 신고종료일, 이동종목, 감사원 부속원 조사원 등 이동조사반원의 직위와 성명을 기록했다. 표지 뒷면에는 검사항목이 있는데, 그 종류에는 이동신고서 검사, 토지신고서 조합(照合), 실지조사부 조합 이동지조사부 조합, 원도조합, 원도조사, 적산(積算)검사 등이며, 각각 서로 다른 3인이 검사하고 날인했다.

[참고어] 이동지조사부, 토지대장, 토지대장집계부, 지세명기장

[참고문헌] 조선총독부 임시토지조사국, 1918, 『조선토지조사사업보고서』; 최원규, 2011, 「창원군 토지조사사업 관계장부의 종류와 성격」 『일제의 창원군 토지조사와 장부』, 선인

이동지정리(異動地整理) 일제의 토지조사사업에서 소유권 및 강계를 사정한 토지에 대하여 신고 후 사정공시 당일까지 발생한 이동지를 조사하여 토지대장과 지적도 등을 정리하는 일.

임시토지조사국에서는 사정이 완료되자마자 이동지 정리절차에 착수했다. 그 절차는 사정 공시후 2개월 이내에 실지를 조사 측량하여 원도를 갱정하고, 사정공시일로부터 3개월 이내에 조사를 종료하도록 규정했다.

이동지 정리작업은 부군도에 국원을 파견하고 면장을 회동시켜 취지를 설명하고, 일반에게는 그 필요성을 이해시킴과 동시에 지주에게는 이동신고서 제출을 촉구하였다. 그리고 신고서용지와 이동신고심득을 배부하였다. 1913년 12월 경성 외 28개 시가지에서 먼저 착수하였으며, 외업은 1917년 12월, 내업은 1918년 3월에 작업을 완료하였다.

이동지조사반의 감사원은 지정구역마다 면의 조사순위, 작업착수와 결료시기, 기타 필요한 사항을 부·군·도 및 면 등에 통지하였다. 면사무소에서는 부 군 도의 증명통지를 조사하여 이동신고서와 대조하고, 신고미필인 토지는 신고서 제출을 촉구하고, 수리된 신고서는 조사에 착수하였다. 지방관청에서는 소속 조사원에게는 담당구역을 지정해 주고 또 이동신고서, 토지신고서, 실지조사부, 지위등급도 및 원도, 기타 필요한 기구와 기계를 교부하였다.

이동지 조사는 외업과 내업으로 나누어 진행하였다. 외업에서는 지주가 제출한 이동신고서에 기초하여 조사원이 실지에서 관계사항을 조사하였다. 실지조사가 끝나면 이동신고서는 지목에 따라 이동사항을 기입한

다음 동리마다 지번과 이동월일의 순서에 따라 편철하고 이동지조사부와 집계부를 조제하였다. 분할과 관계있는 것은 실지를 측량해 원도를 갱정하였다. 측도작업은 새로 구성한 이동지조사반에서 담당했는데, 구성원은 감사원, 부속원, 조사원 등이었다. 이동지조사에서 소유권이전은 원도에 반영하지 않았지만, 분할 지목변경 등은 측도를 실시하여 원도에 표기했다. 내업에서는 외업의 성과를 검사하여 처리하였는데, ① 지적산정 ② 지가산출 ③ 장부 가제(加除) ④ 지적도 갱정 등의 순서에 따라 정리하였다. 이동지 정리의 최종 작업은 이동지조사부에 조사된 사항을 토지대장 및 지적도 그리고 토지대장집계부, 지세명기장 등에 이동정리의 결과를 명확히 이기하는 일이었다.

[참고어] 사정, 이동지신고서, 지적도, 토지대장, 이동지조사부

[참고문헌] 조선총독부 임시토지조사국, 1918, 『조선토지조사사업보고서』; 최원규, 2011, 「창원군 토지조사사업 관계장부의 종류와 성격」『일제의 창원군 토지조사와 장부』, 선인

이동지조사부(異動地調査簿)

이동지조사부(異動地調査簿) 임시토지조사국에서 이동지신고서의 각 항목을 조사하여 그 결과를 기록한 장부.

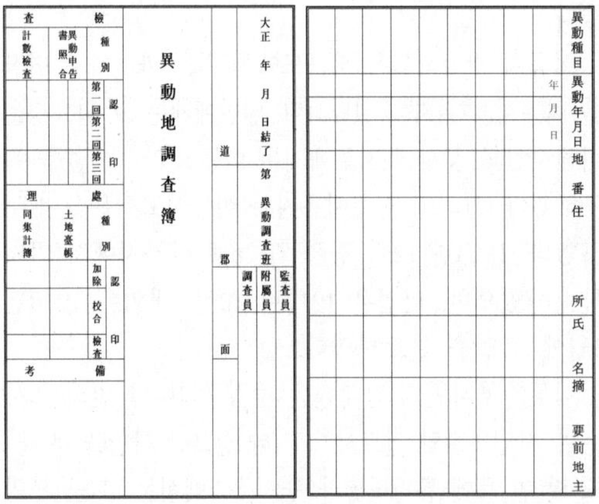

이동지조사부 표지(왼쪽)와 양식(오른쪽)

이동지조사부는 지주가 제출한 이동신고서에 기초하여 이동사항을 조사하고, 분할과 관계있는 것은 실지를 측량해 조제하였다. 이동지조사부는 이동종목, 이동연월일, 지번, 주소, 성명, 적요, 전지주 등의 항목으로 구성되었다.

이동지조사부의 작성 단위는 이동신고서와 짝을 이루는 리이고, 조사부철의 표지에는 조사과정 전반에 관한 사항을 기록하였다. 그 내용은 다음과 같다. 이동조사를 마친 날과 이동조사반원의 직책(감사원, 부속원, 조사원)과 성명을 기록하였다. 그리고 작업은 검사와 처리 두 부분으로 나누고 각 작업마다 관계인이 날인했다. 검사항목은 이동신고서 조합, 계수검사 등으로 서로 다른 3인이 실시하고 날인했다. 처리항목은 토지대장과 토지대장집계부에 대한 것으로 가제(加除) 교합(校合) 검사 등으로 나누어 처리하고 날인했다.

이동지조사부 작업의 최종 단계는 토지대장에 이기하는 일이었다. 토지대장에는 토지조사부에 기록된 사정 사항을 첫 칸에 기록하고, 이동정리한 결과는 그 다음 칸에 기록했다. 그리고 원도에는 소유권 이전사항은 표기하지 않았으며, 분할과 지목변경 등의 경우에는 측도를 실시하여 표기했다.

[참고어] 이동지신고서, 토지신고서, 토지대장, 지적도

[참고문헌] 조선총독부 임시토지조사국, 1918, 『조선토지조사사업보고서』; 최원규, 2011, 「창원군 토지조사사업 관계장부의 종류와 성격」『일제의 창원군 토지조사와 장부』, 선인

이등농장(伊藤農場)/이등장병위(伊藤長兵衛) ⇒ 이토농장

이마무라농장(今村農場)

이마무라농장(今村農場) 1906년 3월 일본 구마모토현(熊本縣) 출신 이마무라 이치시로(今村一次郎)가 전라북도 익산군 춘포면 춘포리 대장촌에 세운 농장.

1897년 3월 구마모토현 사범학교를 졸업한 이마무라는 교원양성소 강사, 구마모토 소학교 및 농업학교 교원으로 재직하다가 사직하고 소규모 농원을 경영하였다. 러일전쟁 직후 일본 사회 전반에 고조된 한국 척식침략여론과 한국투자 붐에 편승하여 1906년 3월 한국으로 들어왔다. 이마무라는 옛 구마모토번의 번주 가문이었던 화족 호소카와 모리타쓰(細川護立)가 1904년 개척한 대장촌의 호소카와농장(細川農場) 옆에 자리를 잡았다. 1906년 9월 농장 개설 당시 논 50정보로 시작했지만 이후 전라남북도 일대에 500정보이상의 토지를 소유하는 거대지주로 성장하였다.

이마무라는 농업학교 교사의 경험을 살려 일본 농업의 이식과 미곡증산을 위해 일정 규모의 자작답(채종전·시작답·시험답)을 마련하고 품종시험·우량종채종·비료시험 등 각종 농사시험에 진력하였다. 벼농사 과정에서 그는 시비의 중요성에 주목했고, 값 비싼 금비(金肥) 대신 녹비증산에 집중하였다. 저렴하고 효과가 큰 자급비료의 원료인 자운영 재배와 보급에 앞장섰으며, 자운영 3반보(1반보 당 1,200관)의 수확으로 1정보의

논에 시비할 수 있었다. 일본인 농장마을인 대장촌 일대 반당 벼 생산량이 3~3.5석인데 비해 이마무라농장은 반당 4~4.5석을 수확하였다. 농장가까이에 5정보 규모의 감독답을 설치하여 일본 벼 종자와 비료를 주고 농장 감독 아래 소작시켰다. 농장근처 한국 농민들에게 일본식 농업기술의 우수성과 일본 벼 품종의 생산성을 직접 보여주고 이를 보급 장려하고자 했다. 이마무라농장은 일본 벼 다카치호(高千穗)와 고쿠료토(穀良都)를 주로 재배했다. 이마무라는 발동기를 이용하여 벼의 도정·건조·제조·포장을 농장에서 자체적으로 수행하여 농장 쌀의 상품가치를 높였다. 군산미곡시장에서 금촌 농장 쌀은 항상 시가 이상으로 거래되었다. 다른 일본인 농장과 달리 이마무라농장에서는 미작 일색에서 벗어나 보리·대두·조·마령서·소채 같은 밭작물 재배에도 적극적이었다. 1912년 대두품종개량에 성공하여 금촌찬(金村撰)으로 불린 대두개량종이 널리 보급되었다.

이마무라는 양잠과 양계를 결합시킨 미작-양잠-양계의 삼각농업을 강조하면서 농업경영의 다각화와 농가부업의 장려에 노력하였다. 대장촌양잠조합을 조직하고 고수익 농가부업으로 누에고치 생산을 인근 농민들에게 독려하였다. 1920년대 중반부터 양잠소작도 시행하였다. 소작농민에게 뽕나무를 무상으로 나누어 주고 거주동리마다 12평 규모의 공동양잠실을 만들어 누에고치를 생산하도록 했다. 양잠소작료는 뽕나무를 심은 지 2년 동안은 반감하고 3년부터 정상적으로 징수하였다. 농장 안에 양계사와 부화장을 만들어 초생병아리와 종계란을 저렴하게 일반에 제공하였다. 그의 노력으로 대장촌은 종계생산부락으로 지정되었고, 양계사업의 공로로 조선총독으로부터 표창을 받기도 했다. 농사개량에 뛰어난 성과를 보인 이마무라농장은 강점 초기부터 일본인 모범농장으로 알려졌고 이와무라는 일본농회·조선물산공진회·조선박람회·척식박람회·대정박람회에서 많은 표창과 상을 수상하기도 했다.

이마무라농장의 토지소유현황을 보면, 1910년 151.1정보(논 97.4정보 밭 53.7정보), 1925년에는 316.7정보(논 183정보 밭 117.2정보 기타 16.5정보, 소출은 벼 2,000석, 대두 300석), 1936년 394정보(논 286정보, 밭 108정보)로 지속적으로 점증하였다. 특히 조선총독부의 산미증산운동이 실시될 때 이마무라는 간척지 개간사업에도 뛰어들었다. 1920년대 중반 전라남도 장흥군 고흥면 남하면 일대 간사지 396정보를 간척하여 논 300정보로 개답하였고, 1933년 전라남도 장흥군 관산면 일대 간석지를 논 314정보로 간척 완료하였다. 소작인은 800~1,000여 명에 달했고, 소작인조합을 만들어 모든 영농과정에 대한 관리 감독을 실행하였다. 소작인들에게 비료와 농우를 대여하고 우량소작인을 추수 후 표창하였다. 또한 밭의 제초나 묘대의 피 제거, 도급 같은 노동과정에 부인노동을 적극적으로 동원하였다.

이마무라는 농외투자와 사회활동에도 활발하게 나섰다. 조선잠업주식회사 이사, 전북축산주식회사 사장, 군산흥농주식회사 이사, 황등산업주식회사 사장, 전라북도 관선 도평의원, 전라북도 도농회 고문, 익산군 농회 회장 및 부회장, 대장촌학교조합 관리자, 익산군 교육회 평의원을 역임하였다.

[참고어] 호소카와농장, 동태적 지주, 간척, 소작인조합

[참고문헌] 朝鮮新聞社編纂, 1913, 『鮮南發達史』; 大橋清三郎, 1915, 『朝鮮産業指針 上 下』; 鎌田白堂, 1936, 『朝鮮の人物と事業 第1輯 湖南編』, 實業之朝鮮出版部

〈이수일〉

이모작(二毛作) 같은 토지에서 1년에 두 번 작물을 재배·수확하는 방법.

목적에 따라 주작(主作)과 이작(裏作, 뒷갈이)으로 구분되며, 재배계절에 따라 여름작물과 겨울작물로 나뉜다. 이모작은 토지의 이용률을 높여 생산력을 향상시키는 방법으로 16~17세기에 시작되어 널리 보급되었다.

수전(水田)에서의 이모작은 도맥이모작(稻麥二毛作)[답중종모법(畓中種牟法)]을 중심으로 이루어졌다. 원래 수전에서 맥을 재배하는 방법은 수도(水稻, 벼)와 맥(麥, 보리)을 한 해 씩 번갈아 농사짓는 회환농법(回換農法)이 일반적인 것이었다. 그러나 허균은 치부(致富)를 목적으로 중국의 강남의 농법을 도입한 도맥이모작을 소개하면서, '이른 벼를 추수한 후 반드시 논을 기경하고 이랑을 만들고 사방으로 도랑(溝洫)을 쳐서 물이 잘 빠지게 한다. 이랑 위에 심고 분회(糞灰)를 골고루 섞어 덮어준다'고 하였다.(『한정록(閑情錄)』 권16, 치농)

이처럼 도맥이모작은 원래 한전(旱田)에서 재배되는 맥을 수전에서 기르는 것으로, 벼농사가 끝난 후 추수하고 물을 뺀 다음 추맥(秋麥)을 파종하여 재배하였다. 재배방식도 한전에서와 같이 기경, 파종, 시비, 김매기 등을 하였고, 추수가 끝나면 다시 물을 넣고 벼를 이앙하였다. 조선 전기 이앙법은 금지되거나 남부지방의 일부에서만 시행되었으므로, 이앙법과 연동되는 도맥

이모작은 널리 시행되지 못하였다. 그러나 조선 후기 17, 18세기에 이르면 수전종맥법(水田種麥法)은 적극 소개되고 내용도 보다 자세히 설명되고 있다.(『산림경제(山林經濟)』) 기후가 적당한 삼남지방 중에서도 특히 영남지역에서 활발히 진행되었다. 한전 작물인 맥을 수전에서 재배할 수 있었던 것은 농업기술의 발달과 이앙법의 실시를 전제로 가능하게 되었다.

한전에서의 이모작은 1년 2작 혹은 2년 3작의 윤작이 이루어졌다. 한전의 작물재배는 맥이 중심이 되었으며, 맥은 여러 가지 작물과 더불어 이모작으로 재배되는 것이 특징이었다. 맥은 춘맥(春麥)과 추맥(秋麥) 두 종류이지만, 이모작에서 주로 사용되는 것은 추맥이었다. 춘맥은 수확량은 추맥보다 많으나 정미하면 양이 적고 맛도 떨어져 선호하지 않았다.

한전의 작물재배 방식은 간종법(間種法, 사이짓기)과 근경법(根耕法, 그루갈이)이 있다. 간종법은 간작(間作)이라고도 하며 생육시기가 다른 작물을 함께 재배하는 방식으로 두 작물의 수확기가 달라 좁은 토지를 효율적으로 이용할 수 있는 방법이었다. 보통 2년 3작이나 1년 2작이 가능한데 먼저 심은 작물을 상작(上作) 또는 전작(前作)이라고 하고, 나중에 심은 작물을 하작(下作) 또는 후작(後作)이라고 하였다. 15세기의 기록에는 '밭이 적은 사람은 양맥(兩麥 : 보리와 밀)의 이삭이 패기 전에 두 이랑 사이를 얕게 갈고 대두(大豆)를 파종하되 양맥을 수확한 후에 다시 근경(그루갈이)을 하여 콩을 배토하라'(『농사직설(農事直說)』)고 하였다. 즉, 양맥이 자라는 사이 대두를 심어 같이 재배하는 방법으로 1년에 두 가지 작물을 재배하는 것이었다. 같은 방식으로 맥작(麥作) 사이에 콩이나 조를 심어 수확하였다. 이 방법은 근경법과 비교하면 지력의 소모도 심하고 함께 경작되는 작물 사이에 서로 경쟁이 되어 그 수확량도 더 낫다고 할 수 없을 것이다. 그러나 밭이 적은 사람이라는 표현에서 알 수 있듯이 소규모 농업의 식량생산에 유용한 방법이었다.

17세기 기록에 의하면 봄보리(春麰麥)의 경우 나중에 대두를 심으려고 정한 밭에 봄보리를 파종할 때 나무쟁기(木犁)로 양 이랑사이(兩間)를 얕게 기경하여 들깨(水荏)·당(糖)·마(麻) 등의 종자를 사토(沙土)와 섞어서 띄엄띄엄 뿌린다고 하였다.(『농가월령(農家月令)』) 양간을 얕게 기경하는 이유는 보리 외의 다른 작물들을 경작하기 위한 것이었고, 띄엄띄엄 뿌리는 이유는 나중에 바로 그 자리에 대두를 파종하기 편하게 하기 위한 것이었다. 즉, 이 시기 맥전(麥田)의 농사는 보리를 주작물로 하여 들깨·당·마 등의 작물을 함께 키우면서 나중에 대두를 간종하고 있었던 것이었다. 『농가월령』 한전 작물 간종 작물의 내용은 농사직설에 비해 내용이 풍부하다. 봄보리(春麰麥)에는 대두(혹은 들깨·당·마를, 얼보리(凍麰)에는 조(혹은 赤小豆)와 대두, 그리고 가을보리(秋麰麥)에는 대두와 조(菽粟)를 함께 경작하였다. 이와 같이 모맥(麰麥)의 근경 또는 간종작물로는 대두와 조가 주로 재배되었다.

조선 후기 『농가총람(農家摠覽)』에서는 간종법의 일종으로 대우법(代耰法)을 소개하고 있다. 모맥전(牟麥田)에 대소두(豆太)를 간종하는 방식을 대우법이라고 하면서 모맥의 재배 후 대소두를 경작하는 근경법보다 좋은 방법으로 제시하였다. 모맥(牟麥)의 이랑(畝)에 호미로 흙을 긁어서 대소두를 심는 것으로 간종법에서 일반적으로 쟁기를 사용하는 것과 구분하는 것이었다. 이렇게 하면 묘근(苗根)을 튼실하게 하여 바람과 건조함을 견딜 수 있게 하며 근경하는 노력을 덜 수 있다는 것이었다.

한편 봄에 맥을 추수하고 바로 기경한 다음 그 자리에 다른 작물을 심는 방법인 근경도 실시되었다. 추맥의 파종처가 대부분 근경이었으며 보통 한전에서의 이모작은 근경이라고 한다. 근경은 보통 맥을 추수한 후 다른 작물을 재배하는 것이었지만 반드시 그런 것은 아니었다. 위의 사례처럼 맥을 추수하기 이전에 대두나 조를 얕게 심었다가 맥을 추수한 후 맥근(麥根)을 기경하고 두근(豆根)이나 속근(粟根)을 복토(覆土)하기도 하였다. 또한 반대로 두전(豆田)에 추맥을 파종할 때도 이랑 사이에 간종하였으며, 같은 방법으로 콩을 베고 난 후 두근(豆根)을 기경하고 맥근을 복토하였다.(『농사직설』)

맥과 더불어 이모작 되는 작물은 콩(豆)·조(粟)·기장(黍)·피(稷)·메밀(木麥)·녹두(菉豆)·참깨(胡麻) 등이었다. 그 중 조선 후기 가장 일반적인 작물은 콩과 조였다. 기장·콩·조·메밀 밭의 경우 이러한 작물들을 추수하기 전에 미리 풀을 베어 밭두둑에 쌓아 두었다가 추수가 끝나면 바로 이를 이랑 위에 두텁게 깔고 불에 태우고 그 위에 바로 대소맥을 파종하였다. 그리고 재가 흩어지기 전에 갈아엎어 기경하고 복토하였다. 풀을 준비 못했을 경우 거름(糞)을 하였다.

『농가월령』의 맥작은 1년 1작의 재배법은 보이지 않으며 모두 1년 2작의 재배법을 설명하고 있다. 한전에서 추맥과 관련된 이모작은 남부의 거의 모든 농가에서 실행하였으며, 경기지방의 3분의 1이 추맥을 심고 있었다. 그러나 경기 이북 지방에서는 기후관계로 추맥은 소맥(小麥)재배에 그치고 이모작은 춘맥과 관련하여 이루어졌다.

[참고어] 회환농법. 종맥법, 답중종모법, 간종법, 건경법

[참고문헌] 김용섭, 2006,『朝鮮後期農業史研究Ⅱ』, 지식산업사 ; 염정섭, 2002,『조선시대농법발달연구』, 태학사 ; 염정섭, 2010,「18세기 말 우하영의『千一錄』편찬과 農法 정리」『한국민족문화』 36

〈우혜숙〉

이사청(理事廳) ⇒ 지방토지조사위원회

이시카와현농업주식회사 김제농장(石川縣農業株式會社金堤農場)

이시카와현농업주식회사 김제농장(石川縣農業株式會社金堤農場) 1908년 일본 이시카와현농업주식회사가 전라북도 김제군 김제면에 세운 농장.

러일전쟁 발발 후 일본 사회에 몰아친 한국에 대한 제국주의적 침략 열기는 '한국척식론'·'한국 투자 붐'을 조성하였다. 이러한 분위기에 힘입어 이시카와현 당국은 1905년 말부터 지역 상공인 조직과 협력하여 한국 농업조사를 몇 차례 실시하고 농업투자·경영의 경제적 타당성을 확인하였다. 일본과 다름없는 자연환경, 토지취득 방법의 용이함, 일본의 1/3~1/4정도에 불과한 저렴한 지가 그리고 고율소작료의 소작관행에 크게 고무되었고, 낙동강이나 금강·영산강 유역은 농업경영의 최적지로 판단했다. 1907년 7월 이시카와현의 지주 및 유력자들이 현 당국의 경제적 후원 아래 한국에서 농업척식사업을 도모하고자 이시카와현 농업주식회사를 설립하였다. 정관상의 사업 분야는 농사경영·식림·토지개간, 토지 및 건물의 매매 및 임대차, 대금업과 신탁업, 회사소유지의 수리에 관련된 수력전기사업의 발기 및 출자 등이었다. 자본금 10만 원으로 출발하여 1910년에 20만 원, 1920년에 40만 원으로 증자하였고, 1928년 현재 토지자산만 35만 원 이상이었다. 본점을 이시카와현 가나자와시(金澤市)에, 출장소를 김제군 김제면에 두었다. 1911년 6월 김제출장소를 김제지점으로 승격시켰고, 1917년 8월 김제역 앞으로 이전했다. 1918년 6월 본점을 김제면 신풍리로 이전하고, 가나자와시에는 출장소를 두었다.

이시카와현 농업주식회사는 1908년 9월부터 '삼남(三南)의 보고(寶庫)중의 보고'로 불린 동진강유역 일대 기간지를 집중 매수했다. 김제농장 경영에 착수한 지 불과 3년만인 1911년 현재 1,230정보에 달하는 거대지주회사로 군림했다. 이때 투자된 자금은 17만 4천원이었고, 반당 평균 매수가격은 38원 69전이었다. 같은 시기 일본의 1/3에 해당하는 매우 저렴한 가격이었다. 매수 토지의 대부분이 기간지였기에, 지주경영의 수익을 처음부터 확보할 수 있었다.

〈이시카와현 농업주식회사 김제농장 경지 총면적(단위: 정보)〉

연도	논	밭	논밭 합계	기타	총계
1908	294.1	0.2	294.3		294.3
1909	721.6	11.6	733.2	2	735.2
1910	949.1	34.5	983.6		983.6
1911	1,229.0	57.4	1,286.4		1,286.4
1918	1,368.3	58.2	1.426.5	92.9	1,519.4
1925	1,412.2	63.1	1,475.4	96.5	1,571.8
1931	1,512.5	78.3	1,590.8	122.7	1,713.5
1935	1,513.5	83.2	1,596.7	118.0	1,714.7

출처 : 하지연, 2013,「식민지 지주제와 석천현농업주식회사」『이화사학연구』 47, 92쪽.

김제농장은 농업생산의 제고와 고율소작료에 기초한 이윤의 극대화를 위해 농장장→기술원·사무원→마름→소작인에 이르는 수직적 관리통제조직을 구축하였다. 현지 사정에 정통한 조선인을 마름으로 적극 활용했으며, 마름은 수납한 소작료의 5%를 수수료로 받았다. 소작료 징수방법은 집조법이었고, 소작계약은 1년마다 갱신했다. 김제농장은 일본식 농사개량 및 일본 벼 품종보급을 통한 미곡증산에 노력했으며, 소작농에게 농사자금이나 비료와 종자를 대부하여 수확기에 이자를 붙여 회수하였다. 1923년 9월 이시카와현농업주식회사장농회(石川縣農業株式會社裝農會)라는 소작인조합을 조직하여 영농과정은 물론이고 소작농의 일상생활까지 규제하였다. 장농회는 소작료 완납과 대부자본의 회수를 위해 소작인 5인을 1조로 하는 연대책임제 방식을 채용하였다. 소작농의 70%이상이 경작면적 1정보이하의 영세소작농이었고, 단기소작과 영세경작으로 말미암아 회사에 대한 예속성은 더욱 심화되었다. 이시카와현 농업주식회사는 고율소작료 덕택에 1918년부터 평균 20~45%에 달하는 파격적인 고배당을 실시했으며, 높은 토지수익성 때문에 회사의 소유토지규모는 1945년 일제가 패망할 때까지 크게 변동없이 유지했다.

[참고어] 동진수리조합, 소작인조합, 동태적 지주

[참고문헌] 田中喜南, 1968,「明治以後期 朝鮮拓殖への地方的關心-石川縣農業株式會社の設立を通して」『朝鮮史研究會論文集』 4 ; 淺田喬二, 1979,「舊植民地(朝鮮)における日本人大地主の存在形態石川縣農業株式會社の事例分析」『朝鮮歷史論集 下卷』, 龍溪書舍 ; 하지

연, 2013, 「식민지 지주제와 석천현농업주식회사」 『이화사학연구』 47 〈남기현〉

24절기(二十四節氣) 지구를 중심으로 태양이 천구를 운행하는 경로인 황도(黃道)를 24등분하여 설정한 것으로 1년간 기후변화의 표준점.

지구상에 나타나는 연간 계절의 변화는 황도상의 태양의 위치와 직접적인 관계를 갖고 있다. 따라서 황도를 기초로 24개 구간으로 구획을 지은 24절기는 계절의 변화, 기후의 전개 양상을 담고 있다. 24절기는 대략 한 달에 2개씩의 절기가 들어간다.

24절기를 결정하는 방법은 두 가지가 있는데, 평기법(平氣法)은 태양이 황도상에서 등속도로 운행한다고 가정하여 태양년의 길이를 24등분하여 일정한 시간 간격에 따라 구획을 나눈 것이다. 그런데 태양은 황도상에서 등속도로 운행하지 않고 느리거나 빠르게 움직인다. 따라서 황도상의 춘분점을 기점으로 태양이 운행하는 경로를 15°간격으로 24개의 위치를 정해서 나누는 방법이 마련되었는데, 이를 정기법(定氣法)이라고 한다. 조선 후기 시헌력(時憲曆)을 채택하면서 그전까지 써오던 평기법 대신 정기법을 사용하게 되었다. 정기법에 따라 24절기의 황도상의 각도와 양력 월일을 정리하면 다음 표와 같다.

〈정기법에 따른 24절기의 황도, 양력 월일〉

절기명	절기, 중기	태양황경	월일(양력)
입춘(立春)	1월절	315도	2월 4일경
우수(雨水)	1월중	330도	2월 19일경
경칩(驚蟄)	2월절	345도	3월 6일경
춘분(春分)	2월중	0도	3월 21일경
청명(淸明)	3월절	15도	4월 5일경
곡우(穀雨)	3월중	30도	4월 20일경
입하(立夏)	4월절	45도	5월 6일경
소만(小滿)	4월중	60도	5월 21일경
망종(芒種)	5월절	75도	6월 6일경
하지(夏至)	5월중	90도	6월 22일경
소서(小暑)	6월절	105도	7월 7일경
대서(大暑)	6월중	120도	7월 23일경
입추(立秋)	7월절	135도	8월 8일경
처서(處暑)	7월중	150도	8월 23일경
백로(白露)	8월절	165도	9월 8일경
추분(秋分)	8월중	180도	9월 23일경
한로(寒露)	9월절	195도	10월 9일경
상강(霜降)	9월중	210도	10월 24일경
입동(立冬)	10월절	225도	11월 8일경
소설(小雪)	10월중	240도	11월 23일경
대설(大雪)	11월절	255도	12월 7일경
동지(冬至)	11월중	270도	12월 22일경
소한(小寒)	12월절	285도	1월 6일경
대한(大寒)	12월중	300도	1월 21일경

농사를 지을 때 농시(農時)를 판단하는 것은 농민들의 농작업의 수행뿐만 아니라 정부의 권농(勸農)에도 중요한 문제였다. 그런데 달의 형태의 변화로 일자를 이해하는 음력으로는 계절의 변화를 파악하기 어려웠다. 음력의 한 달은 29일내지 30일인데, 1년을 계산하면 354일이 되어, 태양의 공전주기인 365일내지 366일에 비해 11일 또는 12일이 짧다. 음력의 1년이 양력의 1년에 비해서 짧기 때문에 음력 자체만으로는 계절의 변화를 적절하게 반영하기 어렵다. 따라서 계절의 변화에 따라 이루어져야 할 농사의 여러 작업도 음력에만 의존할 수 없고 여기에서 24절기를 계산할 필요성이 있었던 것이다. 24절기는 계절의 변화를 보다 일차적으로 반영하는 것이었기 때문에, 절기의 변화와 순서에 따라 농사일을 진행하는 것은 농작업을 적기에 실행하는 것이 되었다.

[참고어] 월령, 권농, 농시

[참고문헌] 이창익, 2005, 「조선 후기 역서의 구조와 의미」 『민속학연구』 17, 한국민속박물관 ; 정승모, 2012, 『한국의 농업세시(쌀삶문명총서)』, 일조각 〈염정섭〉

이암(李嵒) 고려 말 원나라의 농서인 『농상집요(農桑輯要)』를 수입한 문신관료.

이암(1297~1364)의 본관은 고성(固城), 호는 행촌(杏村), 시호는 문정(文貞)이다. 원래 이름은 군해(君侅), 자는 익지(翼之)이며 후에 이름을 암(嵒), 자를 고운(古雲)으로 고쳤다. 아버지는 이우(李瑀), 어머니는 함양 박씨 박지량(朴之亮)의 딸이다. 이우는 뚤루게[禿魯花]로 몽고에 갔으며 고위 관직에 오르지는 못하였다. 그러나 이암의 가문은 고려에서 왕실과 혼인할 수 있는 누대공신재상지종(累代功臣宰相之種)의 문벌가였으며, 이후 조선 개창에도 많은 공헌을 하였다. 세종 때 영의정을 지낸 이원(李原)을 비롯하여 조선 초기와 조선 중기에 이르기까지 많은 문관과 무관을 배출하였다.

이암은 1313년(충선왕 5)에 권한공(權漢功)과 최성지(崔誠之)를 지공거로 하여 과거에 급제하였다. 충혜왕(忠惠王)을 호종하여 원나라로 갔다가 충혜왕의 즉위와 함께 그 측근으로 함께 귀국하여, 당시 인사 기구였던 지인방(知印房)에서 활동하며 막강한 권한을 행사하였다. 그러나 충혜왕이 원나라로 소환되고 충숙왕이 즉위하자 상황은 급변하여 이암은 유배되었으며 아버지 이우도 이때 낙향하였다. 충숙왕이 죽고 충혜왕이 복위하자 다시 등용되었고 공민왕 때까지 여러 관직을 역임하는 한편 홍건적을 물리치는 공을 세우기도 하였다.

충혜왕을 호종하여 고려로 돌아올 때 이암은 원나라의 농서인 『농상집요』를 고려로 가지고 들어왔다. 『농상집요』는 화북지방의 농법을 중심으로 『제민요술(齊民要術)』 등 중국 고래의 농서를 두루 참조하여 정리한 원의 농서로서, 정경세작(精耕細作)의 집약적 농법을 지향하였다. 이암이 소개한 『농상집요』의 특징은 다음과 같다. 첫째, 원나라의 생산수준과 경제 특징을 반영하였다. 특히 잠상(蠶桑)과 면화, 그리고 저마(苧麻)의 생산을 장려하는 면모는 유럽과 아시아 간에 내륙교통이 열린 뒤 잠사(蠶絲) 수요의 증가를 반영한 것이었다. 둘째, 농서가 담고 있는 농본사상(農本思想)은 유목민족인 원나라가 유목적 통치를 뒤로 하고 농업국가로서의 통치체제를 채택하였음을 보여준다. 셋째, 농서에서는 재배 작물의 지역별 한계를 극복하는 모습이 뚜렷하게 나타나고 있다. 저마는 동남아시아의 작물이고, 목면은 서역의 작물이지만, 중국 허난성[河南省]과 산시성[陝西省]에서도 본토와 차이 없이 이익을 얻고 있었던 것이다. 이암이 소개한 『농상집요』는 우리의 농업전통을 체계적으로 반영한 『농사직설』이 세종 대에 편찬되기 전까지 여말선초 농법과 농서 발달에 많은 영향을 미친 것으로 평가되고 있다.

[참고어] 농상집요

[참고문헌] 김용섭, 2000, 『韓國中世農業史硏究 : 土地制度와 農業開發政策』, 지식산업사 ; 김용선 편, 2001, 「이암(李嵓) 묘지명(墓誌銘)」 『고려묘지명집성』, 한림대출판부 ; 이익주, 2002, 「행촌 이암의 생애와 정치활동」 『행촌이암의 생애와 사상』, 일지사 ; 김용섭, 2009, 『朝鮮後期農學史硏究』(신정 증보판), 지식산업사 〈김정신〉

이앙법(移秧法) 조선시기 벼농사에서 일정 기간 동안 못자리에서 볏모를 키운 다음 본답(本畓)에 옮겨 재배하는 기술.

우선 이앙법의 기술적인 특성은 간략히 정리하면 다음과 같다. 수전 이앙법이란 기경·파종·초기묘(初期苗) 관리에 이르는 전반적인 작업과정을 포괄하는 경종법(耕種法)을 가리킨다. 수전 경종법으로 이앙법을 채택하게 되면 직파법에 비해서 본논[本畓, 本田]과 못자리[秧基·秧坂·苗板]를 구분하여 관리하기 때문에 파종 시부터 이앙하기 전까지 앙기(秧基)에 더 집약적인 노동력을 투입하여 묘가 자라도록 세심한 주의를 기울일 수 있게 된다. 이앙법의 채택은 노동력을 더욱 집약적으로 이용할 수 있다는 측면에서 수전농법의 기술적인 발전을 의미하는 것이었다. 특히 물 관리 문제에서도 벼의 묘가 자라는 초기에 본전 전체에 물을 대는 어려움을 경감시켜 주는 편리함도 가지고 있었다. 수전 이앙법의 실시를 계기로 묘판[秧基]과 본전 두 종류의 지력을 이용할 수 있게 되어 수전에서의 생산성이 향상되었다. 나아가 도맥이모작(稻麥二毛作)도 가능하게 되었다.

이앙법은 『농사직설(農事直說)』에 벼농사의 세 가지 경종법 중의 하나인 삽종(揷種)[묘종(苗種)]으로 수록되어 있었고, 그 기술내용도 상당히 완성된 수준에 도달해 있었다. 일부를 인용하면 다음과 같다. “묘종법이다. 수전 가운데 비록 가물어도 마르지 않는 곳을 선택하여 2월 상순에서 3월 상순에 기경한다. 수전을 10분으로 나누어 1분에서 볏모를 키우고 나머지 9분은 키운 볏모를 심을 곳으로 한다. <볏모를 뽑는 것을 마친 다음에는 아울러 볏모를 키우던 곳에도 심는다.>……이 방법이 제초하기에는 편하지만 만일 큰 가뭄이 들면 손을 댈 수 없으니 농가에서 행하기 위태로운 일이다.(苗種法 擇水田 雖遇旱不乾處 二月下旬 至三月上旬 可耕 每水田 十分 以一分 養苗 餘九分 以擬栽苗(拔苗訖 幷栽養苗處)……(便於除草 萬一大旱 則失手 農家之危事也.)[『農事直說』 「種稻」])”

이앙법이 이미 고려 후기 14세기 후반에 존재하고 있었음을 알려 주는 증거를 고려 말에 활약한 인물들이 작성한 시문에서 찾아볼 수 있다. 공민왕 대에 백문보(白文寶, ?~1374)는 백성들이 수차(水車)를 이용하면 가뭄에 대비하고 개간을 편하게 할 수 있다고 설명한 다음 더불어 삽앙(揷秧)하는 것에 힘써야 할 것이라고 주장하였다. 그는 수차를 이용하는 것과 더불어 하종삽앙(下種揷秧)을 하면 가뭄을 대비할 수 있을 뿐만 아니라 곡물의 종자도 허비하지 않을 것이라고 설명하였다. 고려 말의 인물인 원천석(元天錫, 1330~?)은 남쪽에 위치한 수전에 삽앙하는 작업을 아직 끝마치지 못했다는 시구를 남겨 놓고 있었다. 또한 이첨(李詹, 1345~1405)은 희우(喜雨)를 맞이하면서 이앙이 비록 늦었지만 오히려 서성(西成)의 가망이 있다는 내용의 시를 지어 남겨놓았다. 이와 같이 고려 말 수전농법으로 이앙법이 시행되고 있었고, 일부 유학자는 이를 널리 보급시키자는 주장을 펴고 있었지만 이앙법이 실제 농사현장에서 어느 정도 보급되어 있었는지 아직 불확실하다.

15세기 초반 태종 대에 편찬된 『농서집요(農書輯要)』

도 이앙법 기술을 수록하고 있다. 『농서집요』는 중국의 북토 고원에서 수도를 재배하는 방식을 설명한 『제민요술(齊民要術)』의 조목 내용을 번안하여 수록하였다. 『제민요술』의 원문을 그대로 충실하게 번역만 한 것이 아니라 문맥을 바꾸면서 당시의 농업기술, 즉 이앙법을 참고하여 번안하였다.

이앙법은 여러 가지 이점을 가지고 있었다. 19세기에 서유구(徐有榘)는 이앙을 하는 데에 세 가지 이유가 있다고 잘 정리하여 설명하였다. 그에 따르면 이앙법을 하는 첫 번째 이유는 제초하는 데 들어가는 노동력을 절감시켜 주는 것이고, 두 번째가 두 곳의 지력을 이용하여 모를 기르는 것이 가져오는 효과이며, 세 번째는 좋지 않은 모를 일찌감치 제거하고 튼튼한 모를 기를 수 있기 때문이라고 하였다. 게다가 세상의 어떤 사람이 큰 가뭄을 만나게 되면 이앙하려는 것이 헛수고가 될 것이라고 우려하는 데 대하여, 서유구는 어차피 커다란 가뭄이 닥치면 이를 모면하는 것은 불가능한 것이고 이앙하지 않고 직파하더라도 마찬가지로 실패하게 될 것이라고 설명하였다. 19세기에는 이미 이앙법이 수전 경종법의 대종으로 자리를 잡은 시기였다는 점에서 서유구의 지적은 당연한 것이었다.

이앙법의 이점을 한 가지만 더 든다면 직파하였을 경우 노동력 투하에서 절대적인 비중을 차지하는 1차 제초를 거의 생략할 수 있다는 점을 들 수 있다. 이앙할 때 튼튼한 모를 선택할 수 있는 기회가 제공된다는 것도 유익함을 더해주는 측면이었다.

15세기에 이앙법의 지역적 보급상황을 살펴보면 우선 경상도와 강원도 일부 지방에서 행해지고 있었음이 확인된다. 경상도와 강원도에서의 수전 농법에 이앙법이 적용된 것은 14세기 이전 시기부터인 것으로 생각된다. 15세기 초반의 기록에 경상도에서 이앙법이 실시되고 있었다는 사실과 태종이 이앙법을 금지시키는 명을 내렸다는 사실을 알 수 있다. 또한 1425년(세종 7)에 편찬된 『경상도지리지』에서도 대구, 하양 등지에 대하여 "묘종을 잘 한다(長於苗種)"는 평가를 내리고 있다.

15세기 후반에 들어서면 경상도 지역에서는 이앙법의 보급이 점차 증대하고 있다. 1457년(세조 3)에 경상도 지역에서 가뭄이 매우 심하게 기승을 부렸다. 이때 세조는 경상도관찰사에게 화곡(禾穀)의 상태를 실제대로 보고하도록 명하였다. 세조는 앞서 경상도 지역에 가뭄이 심하게 들어 파종을 늦게 하였을 뿐만 아니라 분앙(分秧)도 역시 늦게 하였다고 지적하였다. 분앙이란 것은 양묘처(養苗處)에서 자란 앙(秧), 즉 묘(苗)를 나누어 옮겨 심는다는 표현으로 이앙을 나타낸 말이다. 당시 경상도 지역의 수전 농업에서 이앙법이 어느 정도의 비중을 차지하고 있었는가의 문제에서 이러한 세조의 태도는 상당한 시사점을 던져 주고 있다.

성종 대에 들어서면 정부는 경상도에서 이앙법을 전반적으로 채택하고 있는 것으로 파악하였다. 경상도에서는 '수전류다이앙(水田類多移秧)'이라고 하여 대부분 이앙을 하고 있기 때문에 앉아서 말라죽는 것을 기다리고 있는 상황이라고 파악하였다. 이처럼 경상도에서는 대부분의 농민이 이앙을 행하는 것으로 정부는 받아들이고 있었던 것이었다.

16세기 초에 이르면 이앙법이 경상도·강원도 지역으로 확산되어 감에도 불구하고 중앙정부는 이를 적극적으로 제한하거나 금지하려고 하지 않았다. 앞서 태종대와 세종 대에 지적되었던 이앙법을 금지하는 육전의 금지조목을 언급하지 않고 이앙법이 실행되는 현실을 용인하는 쪽으로 바뀌어 있었다. 16세기 중반 이후 이앙법은 경상도 지역에서 일반적인 경종법으로 자리매김하고 있었다. 예천·대구의 경우 16세기 후반에는 이미 이앙법을 채택하여 수전에서 수도(水稻)를 재배하고 있었다. 16세기 후반을 지나면서 수전 경종법의 하나인 이앙법의 보급이 삼남으로 특히 전라도·충청도 지역으로 확산되었다. 이 무렵이 되면 문집에 실려 있는 문인의 글 속에서도 이앙을 언급하는 경우를 다수 찾아볼 수 있다.

이앙법이 삼남 지역의 주된 경종법으로 자리를 잡은 시기는 최소한 17세기 중후반 이전이었다. 숙종 초반 17세기 후반에 이르게 되면 조선 농민은 수전경종법으로 이앙법을 전면적으로 채택하고 있었다. 당시 이미 이앙법이 풍속이 되어 버렸기 때문에 갑자기 금지하기 어렵다는 조정의 평가가 내려지고 있었다. 17세기 후반 권농을 수행하기 위해 만든 권농절목의 한 조목에 등장하는 평가가 바로 그것이었다. 18세기에 들어서게 되면 이앙법은 삼남은 물론이고 경기도까지, 나아가서는 개성 지역까지 확산되어 보급되었다.

이앙법이 제초 노동력의 절감, 토지생산성의 향상이라는 이점을 농민들이 알게 되었다는 점 등에서 이앙법 보급 요인을 찾았다. 직파에서 4~5차례의 제초작업이 필요하던 것이 이앙을 할 경우에는 2~3차례로 그칠 수 있었고, 이렇게 절감된 노동력을 다른 방면으로 투여할 수 있다는 점, 이앙법에서의 수확량이 직파에 비해서 높게 나타난다는 점, 이앙을 하면 도맥이모작(稻麥二毛作)을 수행할 수 있다는 점 등 이앙법의 이점을 곧바로 이앙법의 보급 원인으로 이해하였던 것이다.

실로 이앙법의 보급은 이앙법의 기술수준의 진전에 힘입은 것이었다. 먼저 이앙법을 구성하고 있는 세부적인 기술 요소인 앙기관리(秧基管理)와 앙기시비(秧基施肥)에서 나타난 발전과 이앙 시기를 기후조건에 더욱 적합하게 맞추기 위한 파종 시기의 적절한 선택이라는 점이 바로 이앙법 기술의 발전이라고 할 수 있다. 다른 한편으로 이앙법 실행의 안정성을 높일 수 있는 보조적인 기술로서 건앙법(乾秧法)의 개발이 이루어지기도 하였다. 건앙법은 이앙법과 건경법(乾耕法)을 결합시켜 이앙법을 수행할 때 따르는 물 문제를 극복할 수 있는 방안으로 개발되었다.

조선 후기 이앙법의 확대 보급 상황은 광작(廣作)할 수 있는 여건도 제공하였다. 하지만 주의해서 눈여겨보아야 할 것은 광작이라는 경영양식의 주된 실행자가 대토지 소유자들이었다는 점이다. 16~18세기 이앙법의 확대 보급은 한전(旱田) 2모작 경작방식의 고도화와 연결되어 도맥이모작이라는 경작방식을 산출하였다. 조선 후기 춘맥(春麥)보다는 추맥(秋麥)이 널리 관행으로 경작되었는데, 수전에서 도작(稻作)을 수행한 다음 바로 뒤이어 종맥(種麥)하는 도맥(稻麥) 이모작이 수행되었다. 도맥이모작은 한전농법과 수전 농법이 실질적으로 하나로 결합하는 양상을 현실화시킨 것으로, 윤작(輪作)이라고도 하였다. 신속하게 전답(田畓)의 지목(地目)을 변화시켜 도를 수확한 다음 종맥하고, 다시 맥을 수확한 뒤에 도를 재배하는 방식을 수립한 것이었다. 18세기 후반 도맥이모작의 형편을 살펴본 결과 삼남지역 즉 호서·호남·영남 지역 등에서 사례를 찾을 수 있었다. 그런데 삼남 지역을 벗어나서는 도맥이모작의 사례를 찾을 수 없었다. 따라서 도맥이모작은 18세기 후반 당시까지 남방 지방 곧 삼남 지역에 한정되어 있었다고 보아야 할 것이다.

16세기 중반 이후 이앙법의 전반적인 확산 보급이라는 농법의 발달은 벼 품종의 분화에도 반영되었다. 벼 품종의 분화라는 성과는 당대의 농업기술 수준에서 지속적인 우량종자의 선정과 관리 과정에서 획득할 수 있었다. 전체적으로 볼 때 벼 품종의 분화는 한편으로는 이앙용 품종의 개발이라는 방향으로 진행되었고, 다른 한편으로는 지역적인 선호 품종의 등장이라는 방향으로 나아갔다.

[참고어] 직파법, 이모작, 수도작, 수전, 수경법

[참고문헌] 김영진, 1984, 『조선시대전기농서』, 한국농촌경제연구원 ; 김용섭, 1970, 『조선후기농업사연구』, 일조각 ; 염정섭, 2002, 『조선시대 농법 발달 연구』, 태학사 〈염정섭〉

이엽사농장(二葉社農場) ⇒ 후타바샤농장

이영록(李永祿)

이영록(李永祿) 1798년(정조 22) 권농정구농서윤음(勸農政求農書綸音)에 응하여 농서를 쓴 사람.

전라도 장흥(長興)의 유학(幼學)으로서 『전라도장흥부거유학신이영록응지책자(全羅道長興府居幼學臣李永祿應旨冊子)』를 남긴 바 있다. 이는 1798년정조의 구언전지에 응하여 쓴 농서로 보인다. 이 책자에서 그는 호남지방의 가을보리 경종법(耕種法)을 기술하고 있어 주목된다. 그 내용은 첫째, 수전(水田) 주위에 수도(水道)를 파서 물을 뺄 것, 둘째, 두세 차례 건경(乾耕)을 함으로써 도랑과 이랑을 만들 것, 셋째, 보리 종자를 회(灰)에 섞어서 도랑에 뿌릴 것, 넷째, 목작(木斫)으로 이랑의 흙덩이를 두들겨 평평하게 고르면서 도랑의 보리 종자를 복종(覆種)하되 이랑 가장자리 있는 흙덩이는 그대로 남겨둘 것 등이었다. 이는 『농가집성(農家集成)』과 『한정록(閑情錄)』의 보리 경종법과 비교된다.

[참고어] 응지진농서

[참고문헌] 김용섭, 2007, 『(신정증보판)조선후기농업사연구』, 지식산업사

이의숙(李宜璹) 1798년(정조 22) 권농정구농서윤음(勸農政求農書綸音)에 응하여 농서를 올린 사람 중 하나.

당시 덕산(德山)의 유학(幼學)으로 기록되어 있다. 그가 올린 농서는, 정전법(井田法)에 따라 그 제도에 가감을 가해야 할 것, 팔사(八蜡)의 법전을 따라 변통하여 거행할 것, 항상 4월에 기우제를 지내게 할 것, 산우(山虞)를 두고 수목(樹木)을 기르는 일 등의 내용을 담고 있었다.

[참고어] 응지진농서

[참고문헌] 『정조실록』 ; 농촌진흥청 역, 2009, 『응지진농서Ⅱ』, 진한M&B

이익(李瀷) 조선후기 남인계 실학자.

이익(1681~1763)의 본관은 여주(驪州), 자는 자신(子新), 호는 성호(星湖)이다. 사헌부 대사헌을 지낸 이하진(李夏鎭, 1628~1682)과 그의 후부인인 권씨 사이에서

태어났다. 부친은 1680년(숙종 6) 경신환국(庚申換局) 때 평안도 운산에 유배되었다가 이듬해 그를 낳았으나, 1682년 유배지에서 세상을 떠났다. 이로 인해 이익은 일찍부터 홀로 된 모친과 함께 선산이 있는 경기도 광주 첨성리(瞻星里, 현 경기도 안산시 성포동)로 돌아왔고, 평생을 이곳에서 살았다.

이익은 어려서부터 몸이 약해 10세까지도 글을 배울 수 없을 정도였다고 한다. 이후 이복형 이잠(李潛)에게서 글을 배워 25세가 되던 해인 1705년(숙종 31) 증광문과(增廣文科)에 응시하였다가 낙방하였다. 이듬해 잠(潛)이 장희빈(張禧嬪)의 아들인 세자[경종]을 두둔하며 노론이 세자를 해하려 한다는 취지의 상소를 올렸다가 장살(杖殺)되자, 벼슬할 뜻을 버리고 낙향하여 학문에만 몰두하였다. 1727년 그의 학문이 높다는 명성을 듣고 조정에서 선공감(繕工監) 가감역(假監役)을 제수하였으나 나가지 않았다. 83세 되던 1763년(영조 39) 조정에서 노인을 우대하는 예에 따라 첨지중추부사의 자급(資級)을 내렸으나 그해 세상을 떠났다. 후에 이조판서에 추증되었다.

그의 학문은 아버지가 중국에 사신으로 갔다가 돌아올 때 가지고 온 수많은 서적들이 밑바탕이 되었다. 성리학(性理學)에서 출발하였으나, 점차 경직된 학풍에서 벗어나 사회 실정에 맞는 실용적인 학문의 필요성을 역설하였다. 특히 유형원(柳馨遠)의 학풍을 계승하였는데, 이익의 당숙이었던 이원진(李元鎭)은 유형원의 외숙이기도 했다. 이익의 학문적 관심분야는 토지제도·조세제도·신분제도 등의 통치체제 전반에서부터 천문, 지리, 율산(律算), 의학(醫學)에 이르기까지 폭넓었다. 그리고 한문으로 번역된 서학서(西學書)를 접하면서 더욱 영역은 확대되고 깊이도 심화되었다. 대표적인 저서로는 유서의 일종인 『성호사설(星湖僿說)』과 당면과제에 대한 해결책을 제시한 『곽우록(藿憂錄)』이 있으며, 이외에도 각종 시문과 함께 『이선생예설(李先生禮說)』, 『근사록질서(近思錄疾書)』, 『사칠신편(四七新編)』, 『상위전후록(喪威前後錄)』, 『자복편(自卜編)』, 『관물편(觀物編)』, 『백언해(百諺解)』 등이 전한다. 방대한 이익의 학문적 성과 중에서도 그의 토지개혁론은 유형원으로부터 발원한 근기 남인 실학자의 논의를 계승하고 있다. 그는 『성호사설』의 <균전> 조목, 『곽우록』의 <균전론> 조목 등에서 균전론을 설파했는데, 이는 영업전(永業田)이라는 토지의 기본단위를 영구히 지속시키고 매매를 금지함으로써 빈곤한 농민의 토지가 대토지 소유자들에 의해 겸병당하는 것을 막으려는 것이었다. 아울러 사대부의 비생산성을 비판하면서, 사농합일(士農合一)의 관점에서 이들도 농업생산에 종사해야함을 주장하기도 했다. 이후 그의 학문은 종자(從子)인 이병휴(李秉休), 『택리지』의 저자 이중환(李重煥), 종손인 이가환 등 가문 내의 뛰어난 학자들에게 이어졌을 뿐만 아니라, 이른바 성호학파로 분류되는 안정복(安鼎福), 윤동규(尹東奎), 신후담(愼後聃), 권철신(權哲身), 정약용(丁若鏞) 등에게 전승·분화되었다.

[참고어] 한전론, 균전론, 유형원, 정약용

[참고문헌] 김용섭, 2004, 『(신정증보판)한국근대농업사연구』 Ⅰ, 지식산업사 ; 원재린, 2010, 「성호 이익의 국가 개혁론과 그 사상적 특질」 『태종고전연구』 26

〈윤석호〉

이작증(移作證) 지주가 소작권을 이동할 때 새 소작인과 소작계약을 하면서 체결한 문서.

소작계약에 사용되는 각서 형태의 문기(文記)는 지주가 소작인에 수교하는 것과 소작인이 지주에 수교하는 것의 두 종류가 있다. 여기서는 전자의 경우를 가리킨다. 지주가 소작인에게 수교하는 구식문기는 '표(票)', '수표(手標)', '이작표(移作票)', '시작표(時作票)', '패지(牌旨(紙))', '차첩(差帖)' 등의 명칭을 사용하는 것이 보통이다. 문서 내용은 이두문자를 포함한 한문 또는 국한문 혼용으로 쓰이는 것이 보통이다. 일제시기에는 '소작(小作)'이라든가 기타 일본어가 수용되었고, 점차 소작증서의 보급이 이뤄져 명칭상 '증문(證文)', '소작표(小作票)', '소작증(小作證)', '소작권이작표(小作權移作票)', '소작권승낙서(小作權承諾書)', '소작차증(小作差證)'으로 바뀌었으며, 내용도 간단하게 바뀐 경우가 많았다. 각 지방별로 증서를 가리키는 이름이 각기 달랐다.

이 문서는 두 종류로 구별되는데, 하나는 지주가 소작권을 이동할 경우의 이작표, 다른 하나는 지주가 새롭게 토지를 소작에 부칠 경우의 소작권설정문기이다. 내용은 둘 다 보통 '무슨 무슨 답 몇 두락(또는 일경)을 누구에 이작(또는 許給, 分給)함. 착실히 이작할 것'으로 쓰고, 연월일 지주, 소작인 이름을 기록해 소작권 존재의 표시를 한다. 이 증서가 이작표인지 아닌지를 판단하는 것은 '이작(移作)'이라는 문자를 명시한 경우에 명료하다. 이작표와 신소작권 설정 문기는 일제시기에는 한글 또는 일본어를 사용하는 예가 많으며, 구식문기는 이두문자를 사용한다. 구식문기의 예를 들어보면 다음과 같다.

牌　　旨　　李奴 成衡處
楊平晩樹員所在沓拾五斗落庫叱汝矣處移作爲去乎着實耕作宜當向事
丙午 月日　　磚洞 閔輔國 宅印

移　作　票　　金奴 萬福處
某坪所在崔三甫所耕沓十斗落庫叱移作午金致西爲去乎着實耕作作事
己卯 月日　　朴生員 宅印

差　　帖
某處所在幾斗落作人汝矣身差定着實耕作事
年 月 日　　沓主 朴肖友 印

移　錄　票
衛前坪當七斗落自此移作于李達永爲古賭租則六石式作定而每年臘月內着實上納事
己巳 月日

위 이작표 중 패지는 영장(令狀)이다. 소작권 이동 또는 소작권의 신 설정증표로 영장을 발급한 것인데, 조선 후기 상층 계급인 양반지주와 하층민인 상민 이하의 작인의 신분관계에 기초하여 작성한 것이다. 패지는 대개 양반 지주가 하층민 작인에 발급한 것으로, 이작을 일종의 지령으로 봤다는 의미를 갖는다.

[참고어] 소작권

[참고문헌] 朝鮮總督府, 1932, 「前編 朝鮮ノ現行小作慣行」『朝鮮ノ小作慣行』 上, 8~9 ; 朝鮮總督府, 1932, 「後編 朝鮮ノ現行小作及管理契約證書」『朝鮮ノ小作慣行』 下

〈고태우〉

이종만(李鍾萬) ⇒ **대동농촌사**

이진택(李鎭宅) 1798년(정조 22) 권농정구농서윤음(勸農政求農書綸音)에 응하여 농서를 올린 사람.

그는 구언 전지가 내려진 이듬해 「응지진농무책자오조(應旨進農務冊子五條)」를 올렸다. 그 내용은 첫째, '재성보상(財成輔相)'의 도를 따를 것, 둘째, 농사철을 어기지 말 것, 셋째, 세금을 적게 거두고 의식(衣食)을 충족시킨 다음에 농사를 권할 것, 넷째, 개간을 하되 세법을 엄격히 할 것, 다섯째, 농민을 중히 여길 것 등이다.

[참고어] 응지진농서

[참고문헌] 『정조실록』 ; 농촌진흥청 역, 2009, 『응지진농서I』, 진한M&B

이창우(李昌佑) 1798년(정조 22) 권농정구농서윤음(勸農政求農書綸音)에 응하여 농서를 올린 사람.

당시 광주(光州)의 진사(進士)로 기록되어 있다. 이름이 『일성록(日省錄)』에는 이창우로 기재되어 있으나, 『정조실록(正祖實錄)』에는 이의우(李宜祐)로 기재되어 있다. 그가 올린 농서에서는, 환곡과 대차(貸借)의 문제, 고원지대에서 건파(乾播)하는 문제, 화전(火田)에 힘쓰되 그 결(結)의 수를 제한하는 문제, 오가작통(五家作統)하여 관우(官牛)를 두는 문제, 부자의 토지를 제한하는 문제, 유가(儒家)의 자제라도 학문에 힘쓰지 않으면 귀농하도록 할 것, 세금 징수의 문제, 환곡의 폐해, 금송(禁松)의 문제, 이단(異端)이 횡행하는 문제 등의 내용을 담고 있었다.

[참고어] 응지진농서

[참고문헌] 『정조실록』 ; 농촌진흥청 역, 2009, 『응지진농서II』, 진한M&B

이청둔(吏廳屯) 조선시기 각 지방에 소속된 이청의 경비를 보용하기 위해 운영한 토지.

이청답(吏廳畓) 또는 이청전(吏廳田)이라고도 했다. 지방관 예하에 소속된 기구의 운영을 위해 마련한 토지가 청둔(廳屯)인데, 그 중에서 이청에 소속된 토지가 이청둔이다. 이청은 인리청(人吏廳)·작청(作廳)·연방(掾房)이라고도 했는데, 육방(六房)으로 편재된 이서조직으로서 지방 실무의 중심기구였다.

[참고어] 청답

〈윤석호〉

이토농장(伊藤農場) 1906년 일본 시가현(滋賀縣) 출신의 포목상인 이토 쵸베에(伊藤長兵衛)가 전라북도 김제군 익산군과 전주군 일대에 세운 농장.

한국에 대한 농업척식의 투자열기가 고조되었던 러일전쟁 직후 한국에 들어온 이토 쵸베에는 전라남도 목포와 광주 일대의 농업상황을 조사하고 동향의 자본가 와타나베(渡邊爲吉)와 함께 이토와타나베 기업조합(伊藤渡邊企業組合)을 설립하였다. 기업조합의 목적은 토지매수와 농장경영이었고, 출자금은 5만 원(이토 1만 원, 와타나베 4만 원)이었다. 와타나베기업조합은 1906년 4월 전주군 삼례면 일대 토지 30여 정보를 매수하여 이토농장을 출범시켰다. 1907년 의병활동으로 삼례면 삼례리에 있던 농장사무소와 주택·창고가 소실되자, 농장사무소를 일본인지주들이 집거하고 있던 춘포면 대장촌으로 옮겼다. 1911년 9월 농장사무소를 다시 삼례로 옮기고, 이 일대 토지매수에 열중했다. 1917년 동업자 와타나베의 사망으로 조합은 해산되고, 이토가 단독으로 농장을 경영하게 되었다.

농장주 이토는 일본에 거주하며 토지매입과 같은 중요한 일이 있을 때만 한국에 건너왔다. 평상시에는 농장주임으로부터 월보나 보고서를 통해 현황을 보고 받고 주요 사안에 대해서는 편지를 이용해 지시하는 형태로 농장을 운영하였다. 이토농장의 토지소유 현황을 보면, 1920년대 이후 대략 400정보 내외를 소유하고 있었다. 특히 토지조사사업 시기에 집중적으로 토지를 대규모로 매집하였다. 매수토지의 대부분은 전주군 봉동면과 삼례면 일대 수리 안전성이 높은 상등답에 집중되었는데, 이는 안정적인 지주경영과 효율적 농지 관리를 위함이었다. 농수익은 1915년을 기점으로 급속히 증가하여 점차 안정적인 소작료 수입을 올리고 있다. 1910년대 후반 이래 이토농장은 해마다 4,000석 전후로 추수했으며, 소작료 수입은 지속적으로 증가하고 있다.

이토농장은 농장주임-사무원-농감(8명)-소작인으로 연결되는 수직적 관리체계를 구축하여 지주경영의 수익극대화를 도모하였다. 농장주임은 운영계획을 수립하고 자금운용·예산편성·결산업무를 총괄하였다. 농장 사무원은 미곡증산을 위한 토지개량·농사개량을 책임지고 농감을 매개로 파종에서 소작료 수납에 이르는 영농의 전 과정을 일사분란하게 관리 감독하였다. 각 지역별로 배치된 농감은 우량한 소작인 중에서 선발되었으며, 소작인과 소작지의 관리에 유용하게 활용하였다. 농감은 많게는 27만 평, 적게는 10만 평의 소작지를 관리했는데, 이는 당시 일본인 농장의 관리인들이 관리하였던 면적과 비교하면 평균 수준이었다. 이토농장에 소속된 소작농은 1934년 현재 1,133명이었고, 평균경작면적은 1정보가 못되는 영세소작농이었다. 소작료 징수방법은 초기에는 집조법이었고, 토지개량과 더불어 수확이 안정되면서 정조법으로 전환했다. 소작인 1인당 납부한 소작료는 대략 4.05석으로, 이는 당시 전라북도 평균 소작료 4.50석과 큰 차이는 없었지만 전국 평균 3.2석에 비해 고율이었다.

농장측은 소작미의 증산과 일본 미곡시장에서 상품가치를 높이기 위해 일본식 농법이식과 종자개량에 세심한 신경을 썼다. 1915년 봉동면 구미리에 농작모범장을 마련하고 지역의 토질에 맞는 일본 벼 품종들을 시험 재배하였다. 종자벼는 농장의 시험전답만으로는 부족하기에, 도 종묘장에서 토질에 맞는 일본 개량종자를 매수하여 소작인에게 배부하였다. 추수 때 소작인은 일정한 이자를 붙여 종자대를 납부했다. 농장 측이 지정한 품종을 재배하지 않을 경우, 즉각 소작계약을

〈이토농장의 소유토지 및 수익현황(단위: 정보)〉

연도	논	기타	계	총소작료	순이익
1906	26.1	4.2	30.3	-	-
1910	74.3	34.1	108.4	-	-
1912	110.4	41.5	151.9	551석	2,782원
1915	390.0	44.7	434.7	2,233석	26,157원
1918	410.9	48.9	459.8	3,076석	22,313원
1921	341.6	47	388.6	3,391석	27,815원
1926	386.6.	49.1	435.7	4,000석	38,499원
1932	393.0	51	444.0	4,596석	-
1939	-	-	-	4,756석	-

출처 : 崔宇中, 2009, 「일제강점기 전북지역 일본인 지주의 농장경영-이토(伊藤)농장 사례를 중심으로-」, 전북대학교 대학원 사학과 석사학위논문, 12·32쪽.

해제시켰다. 소작인들은 정선 건조된 소작미를 지정된 규격으로 포장하고, 자연 손모를 예상하여 지정된 양보다 2근 씩 더 담아야 했다. 농장은 소작경영의 토지수익 이외 부가사업으로 농자·비료대의 대부는 물론 부동산 담보의 고리대금업도 겸했다. 소작인이 소작료를 체납하거나 빌린 돈을 갚지 않을 때, 농장은 소작인연대보증제에 따라 처리하였다.

[참고어] 동태적 지주, 소작인조합, 마름, 집조법

[참고문헌] 崔宇中, 2009, 「일제강점기 전북지역 일본인 지주의 농장경영-이토(伊藤)농장 사례를 중심으로-」, 전북대학교 사학과 석사학위논문

〈이수일〉

이필충(李必忠) 1798년(정조 22) 권농정구농서윤음(勸農政求農書綸音)에 응하여 농서를 올린 사람.

당시 서울 북부(北部)에 살았던 서민(庶民)으로 기록되어 있다. 그가 올린 농서는 피곡(皮穀)을 혁파할 것, 담배 심는 것을 금지할 것, 여름에 김을 매고 가을에 수확할 때 백성에게 일을 시키지 못하게 할 것, 이앙(移秧)의 문제, 농민이 질병에 걸리거나 상을 당했을 경우 정(井)자로 구획을 나누어 이웃들이 힘을 합쳐 노울 것, 뽕나무를 심을 것 등의 내용을 담고 있었다.

[참고어] 응지진농서

[참고문헌] 『정조실록』; 농촌진흥청 역, 2009, 『응지진농서Ⅱ』, 진한M&B

이호작결(吏戶作結) 작부제 하에서 이서층이 호수를 담당하여 납세하는 것.

조선시기 작부제 하에서는 민간에서 8결마다 호수를 내어 납세를 담당하게 하는 것이 법례였다. 하지만 이서층이 납세 과정에서의 잉여수취나 조세 사취를 목적으로 직접 호수가 되는 관행이 향촌에서 성행했다.

[참고어] 작부제, 도결, 관도결

이희경(李喜經) 조선 후기의 학자로, 『농기도(農器圖)』의 저자.

본관은 양성(陽城)이고, 자는 성위(聖緯)·위객(緯客), 호는 윤암(綸菴)·십삼재(十三齋)·사천(麝泉)·설수(雪岫)·광명거사(光明居士) 등이었다. 할아버지는 이의태(李宜泰)이고, 아버지는 이소(李熽)이며, 어머니는 김익겸(金益謙)의 딸이다. 동생 중 이희영(李喜英)은 천주교인으로 1801년 신유사옥에 연루되어 참형을 당했다.

이희경의 생애에서는 스승 박지원(朴趾源)과 벗 박제가(朴齊家)와의 교유관계가 주목된다. 그는 박지원을 필두로 하는 이른바 '연암그룹' 인사들과 함께 백탑시사(白塔詩社)를 결성하였고, 1774년 무렵 박지원, 박제가, 이덕무(李德懋) 등의 시문과 척독을 모아 『백탑청연집(白塔淸緣集)』을 편찬하였다. 박지원과는 사제지간을 넘어 오랜 기간 동안 지역을 오가며 교유하였고, 박지원의 임종을 지켜보기까지 각별한 사이로 지냈다고 한다. 한편 벗이자 학문적 동지였던 박제가는 이희경이 선비로서 직접 농사를 지으며 이용후생의 자세를 실천하는 모습을 칭송하는 시를 남겼다. 또 박제가는 이희경의 『농기도』에 서(序)를 붙였고, 이 서문과 이희경의 「용미차설(龍尾車說)」을 『북학의(北學議)』 외편(外篇)에 수록하였다.

이희경은 서얼이자 포의(布衣) 신분으로 다섯 차례 연행을 하였다. 1782년(정조 6) 남덕신(南德新)과 함께 1차로 연행을 다녀왔고, 1786년(정조 10) 겨울 2차 연행을 하여 진숭본(陳崇本), 대구형(戴衢亨) 등과 토론한 바 있으며, 1790년(정조 14)에는 유득공, 박제가와 함께 상사막객(上使幕客)의 자격으로 3차 연행을 다녀와 『입연기(入燕記)』를 지었다. 1794년(정조 18)에 4차 연행을 하였는데, 이때 물레방아의 제도를 관찰하여 자세히 기록하였다. 1799년(정조 23)에는 주자서 10여 종을 구입해오라는 조정의 명을 받아 5차 연행을 다녀왔다.

이희경은 연행 이전부터 『농기도』를 저술하는 등 농기구와 농업에 관심을 가지고 있었다. 1780년에는 가족들을 데리고 홍천협(洪川峽)에 내려가 직접 농사를 지으며 구전법(區田法)을 실시하여 수확하기도 하였다. 연행을 통해 얻은 청나라 문물에 대한 지식은 『설수외사(雪岫外史)』로 기록하였는데, 여기에서 농사와 관련된 수차(水車), 즉 용미차(龍尾車)와 통차(筒車) 등의 개량을 강조하여 주목된다. 그는 직접 용미차를 제작하여 실험에 성공하였음을 기록하였다. 그 외에도 농업의 증진을 위한 농기구의 중요성을 강조하며 농기구의 사용법을 상세하게 제시하기도 하였다. 이외에도 그는 채소 심는 법, 뽕나무 재배법, 벽돌과 가마 제도 등을 두루 소개하였다.

[참고어] 수차,수리

[참고문헌] 문중양, 2000, 『조선후기 수리학과 수리담론』, 집문당 ; 이희경, 진재교 옮김, 2011, 『북학 또 하나의 보고서, 설수외사』, 성균관대학교 출판부

〈김미성〉

인걸이 사람이 어깨에 메어 끌어서 땅을 가는 농기구.

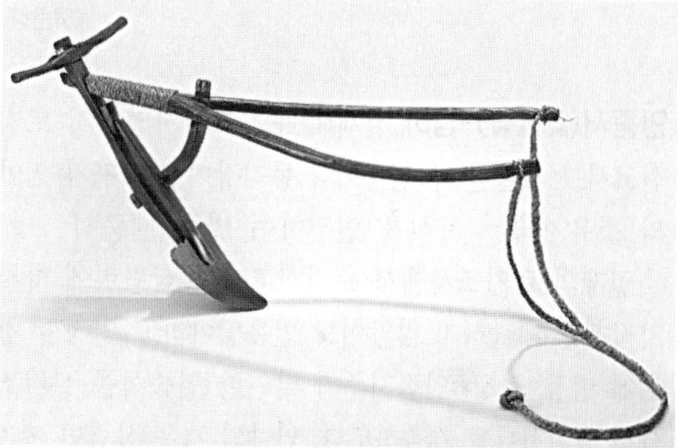

인걸이 농업박물관

논밭을 매거나 가는 데 쓰는 연장으로 형태가 쟁기나 극젱이와 유사하지만 크기가 작고 가벼운 것이 특징이다. 이는 소를 이용하는 쟁기나 극젱이와 다르게 사람이 직접 줄을 묶고 끌어서 사용하는 도구이기 때문이다. 경상도나 강원도에서는 '후치'라고도 부른다.

[참고어] 극젱이, 쟁기

[참고문헌] 박호석 外, 2001, 『한국의 농기구』, 어문각

인리전(人吏田) 과전법(科田法) 하에서 지방관청의 행정실무를 맡아보던 향리에게 수조권이 지급된 토지.

고려시기 외역전(外役田)을 이은 것으로 향리의 이역(吏役)과 함께 세습되는 토지였다. 인리 1인 마다 세위전(稅位田)으로 논 2결(結)과 구분전(口分田)으로 밭 3결을 배정하였고, 이에 각 고을에 적어도 수십 결 혹은 그 이상씩이 있었다고 한다.

한편 인리전은 고려시기에 비해 향리의 지위가 낮아지는 경향에 따라 그 지급규모도 줄어들다가 1445년(세종 27)에 전부 폐지되었다. 당시 인리위전 폐지논의는 향리를 양민 출신의 의무군역자와 비교하면서 일어났는데, 양민군역자는 수조지를 받지 않고도 고된 군역을

지고 있는 데 비해 향리는 고된 역도 아닌데 토지의 수조권을 세습하고 있다는 점이 지적되었다. 인리전의 폐지는 조선시기 역(役)의 수취가 고려시기와는 달리 토지수조권을 동반하지 않는 것이 보편화되던 당시 상황에 따른 것으로, 이는 토지와 직역(職役)의 유기적인 결부관계의 해체로서 토지 지배관계의 일대변천을 뜻하는 것으로 평가된다.

[참고어] 위전, 과전법, 구분전

[참고문헌] 강진철, 1980,『고려토지제도사연구』, 고려대학교출판부 ; 이혜옥, 1988,「고려시대의 향역」『이화사학연구』17·18 ; 박경자, 1993,「향리전」『한국사』14, 국사편찬위원회 ; 이경식, 2011,『한국중세토지제도사 - 고려-』, 서울대학교 출판문화원

〈이준성〉

인증서(認證書)-임야 일제의 토지조사사업에서 토지신고서를 제출할 때 면장이나 동리장이 신고자가 임야의 소유자라는 사실을 인정하여 발급한 증서.

일제의 토지조사에서 토지신고자가 삼림령에 따른 지적계를 제출하지 않았어도 민유임야라고 인정할 경우에 면장, 동장, 인접지주가 날인한 인증서를 실지조사시 증거서류로 제출하였다. 임야의 경우 삼림법 제19조에 따라 지적계를 제출한 것은 제8호에 해당하고, 구분 제11호는 지적계를 제출하지 않은 경우였다. 임야조사사업 이전에 토지조사사업에서 사실을 조사하여 소유권을 확정해야 하는 임야의 경우, 지적계 제출 여부를 중시하면서도, 새로 "영년금양(永年禁養)"한 것을 민유로 인정하는 원칙을 세워 적용한 것으로 보인다.

인증서는 지적계를 제출하지 않은 임야 가운데, 실지조사과정에서 관계인들이 민유로 인정하여 작성한 것으로 토지신고서에 첨부하였다. 인증서가 없어도 사실이 인정되면 사유로 인정한 것으로 보인다. 이때 토지신고서의 사고란에 가지번과 함께 '구분 11호'라 기록하였다. 사고란에 '구분 제9호'라 기록한 것은 조선총독으로부터 양여를 받은 경우로 민유로 인정받았다.

[참고어] 토지신고서, 지주총대, 삼림법, 삼림령

[참고문헌] 최원규, 2009,「일제초기 창원군 토지조사과정과 토지신고서 분석」『지역과 역사』24 ; 최원규, 2011,「창원군 토지조사사업 관계장부의 종류와 성격」『일제의 창원군 토지조사와 장부』, 선인

인천구조계약서(仁川口租界約書) 인천 개항장에 일본의 전관조계지 설립을 규정한 조약

1876년 일본과 체결한 조일수호조규(朝日修好條規) 제5조에는 부산 이외의 2개 항구를 지정한 후 20개월 이내에 개항·통상하는 것이 규정되어 있다. 이에 의거해 1883년 1월부로 인천이 개항되었지만 조계지 설정을 위한 조사 작업은 1882년부터 시행되었다. 따라서 인천이 개항 직후인 2월 17일 조계지가 설정될 수 있었고, 5월부터는 일본과 원산 등지로부터 일본인이 이주하기 시작했다. 애초 일본이 요구한 조계는 제물포 연안 응봉산(鷹峰山 : 현 자유공원 소재) 남쪽, 지금의 관동 1·2가와 중앙동 1·2가 일대의 약 7000평이었다. 이후 조계지 동편의 3800여 평을 추가했으나 영사관부지 약 2020평을 제외한 실제면적은 약 8034평이었다. 이는 부산의 일본 조계가 10만 6천평이고, 원산이 9만평이었던 것에 비해 1/9밖에 안되는 적은 면적이었다.

이후 9월 30일에는 변리공사(辨理公使) 다케조에 신이치로(竹添進一郎)와 독판교섭통상사무(督辦交涉通商事務) 민영목(閔泳穆) 사이에 인천구조계약서가 체결되었다. 10조로 되어 있다. 1조에서는 인천항 외국인 조계 내의 별지도면 중 붉게 구분한 지역을 일본 상민의 거주처로 선착자에게 지급하되, 부족할 경우 조선 정부가 확장하도록 했다. 그리고 일본 상민은 외국인 조계 내에 거주할 수 있도록 할 것을 규정했다. 2조에서는 조계 내의 땅을 공박법(公拍法, 혹은 競貸法)에 의해 대여할 것을, 3조에서는 조계 내 모든 도로·구거·교량 해안매립·석축 등을 조선 정부가 설치하되 그 방법을 감리와 영사가 협의할 것을, 4조에서는 택지세를 받아 그 중 1/3은 조선 정부에 납입하고 나머지 2/3는 조계기금으로 적립하도록 했다. 5조에서는 택지의 경대(競貸) 원가를 2평방미터당 259문으로 하되 1/4은 조선 정부가 조계기금으로 돌려서 조계의 수선비용으로 하고, 경대원가를 초과하는 금액의 반액 또한 조계기금으로 가부(可付)할 것을 규정했다. 7조에서는 경대시 차주(借主)의 지가 납부방법을, 그리고 8조에서는 감리가 택지차주에게 교부하는 지권양식을, 9조에서는 지권 교부시의 수수료(1000문)를, 마지막으로 10조에서는 차후 약서의 개정 등에 대한 절차를 규정했다. 이상의 계약서는 부산이나 원산의 선례를 따르지 않고, 일본 고베(神戶)와 오사카(大阪)의 외국인거류지장정을 참고하여 작성되었다.

[참고어] 조계, 거류지, 개항장

[참고문헌] 손정목, 1982,『한국 개항기 도시변화과정 연구』, 일지

사 ; 박광성, 1991, 「인천항의 조계에 대하여」 『기전문화연구』 20 ; 최원규, 2001, 「19세기 후반 지계제도와 가계제도」 『지역과 역사』 8 〈윤석호〉

인천구화상지계장정(仁川口華商地契章程) 인천 개항장에 일본의 전관조계지 설립을 규정한 조약.

청은 1882년 조선에 조청상민수륙무역장정(朝淸商民水陸貿易章程)을 강제로 체결해 한성개잔 및 내지통상 등 청국 상인에 대한 특혜를 보장받았다. 이는 곧 최혜국조항 등에 의거해 여타 열강들에게도 적용되었다. 각 개항장에서는 일본이 먼저 조계를 설치·운영하는 등 발 빠른 움직임을 보였다. 특히 한성과 인접한 인천에서 일본은 1882년부터 조계설정을 위한 사전작업을 시작했고, 1883년 9월 30일 인천구조계약서(仁川口租界約書)를 체결해 비로소 운영에 들어갔다. 이에 자극을 받은 청은 1883년 12월 7일 조선의 외무협판 묄렌도르프와 총판조선상무(總辦朝鮮商務) 진수당(陳樹堂)이 제물포로 내려와 조계예정지를 결정했으며, 이내영(李乃榮)에게 영사 사무를 관장케 했다. 이어 1884년 4월 2일에 독판교섭통상사무(督辦交涉通商事務) 민영목(閔泳穆)과 진수당 사이에 인천구화상지계장정이 체결됨으로써 인천의 제물포에 청국의 전관조계가 성립되었다.

청국조계는 일본 조계의 서편, 지금의 선린동 일대 약 5000평 규모로 비교적 높은 지대였다. 장정 성립 후 청은 서울에 주둔 중인 병사 500명 가량을 동원하여 정지작업에 착수했고, 정돈이 완료된 이듬해 8월 4일에는 관민의 입회아래 토지의 경매가 실시되었다. 인천구화상지계장정은 전문 11조와 부정(附訂) 2조로 되어 있다. 이는 1883년 일본이 체결한 인천구조계약서를 준거한 것으로, 조계의 확장, 각국 조계 내의 거주권, 지세와 조계기금의 출금비율 등에 있어 일본의 조계와 동일하게 규정되어 있다. 다만 조계 적립금의 보관방법에 대해서는 장차 설정될 각국 조계 적립금의 보관방법에 준하도록 규정했고, 그 지출 역시 각국 조계의 행정기구인 신동공사(紳董公司)에서 협의해 청국 영사가 이를 감독하도록 규정했다.

[참고어] 개항장, 조계, 거류지, 인천구조계약서

[참고문헌] 손정목, 1982, 『한국 개항기 도시변화과정 연구』, 일지사 ; 박광성, 1991, 「인천항의 조계에 대하여」 『기전문화연구』 20 ; 최원규, 2001, 「19세기 후반 지계제도와 가계제도」 『지역과 역사』 8 〈윤석호〉

인천제물포각국조계장정(仁川濟物浦各國租界章程) 인천 개항장에 각국 공동조계의 설립을 규정한 조약.

인천은 1876년 「조일수호조규(朝日修好條規)」에 의거해 1881년 개항장으로 지정되었으며, 1883년 1월에 개항되었다. 이후 인천을 개항장으로 지정한 나라들의 조계가 설정되었는데, 1883년과 1884년에 각각 일본과 청의 전관조계를 설치하여 운영하기 시작했다. 나머지 나라들은 별도의 전관조계를 두지 않고 공동조계를 운영키로 했는데, 그 운영원칙을 규정한 것이 「인천제물포각국조계장정」(이하 장정)이다.

인천에 구미 열강의 전관조계가 병립하지 않고 각국의 공동조계가 설정된 것은 조영수호통상조약의 원칙에 준거해 조계장정이 마련되었기 때문이었다. 당시 조영 수정조약의 비준서 교환차 1884년 4월 서기관 애스턴(Aston)도 입경(入京)했었는데, 그는 조영조약의 원칙에 준거함과 동시에 자신이 일본 고베(神戶) 영사 재직시 목격한 고베·오사카 외국인거류지의 실태를 참작하여 각국조계장정을 만들었다. 장정은 1884년 10월 30일 서리독판교섭통상사무(署理督辦交涉通商事務) 김홍집(金弘集)과 영국공사 파크스(Parkes), 미국공사 푸츠(Foots), 청의 총리교섭통상사의(總理交涉通商事宜) 원세개(袁世凱), 일본공사 다케조에 신이치로(竹添進一郞) 사이에 체결되었으며, 1885년 9월 21일 독일이 가입하였다.

장정은 본문 9조와 지권양식 6조로 되어 있다. 대표적인 조항 내용을 살펴보면, 1조에는 조계 내 민가의 철거와 앞으로 민가 신축을 금지시킬 것을 규정했다. 3조에서는 해변의 제방과 부두·도로의 건조·개설 등을 조선 정부의 비용으로 충당할 것, 4조에서는 도로·구거(溝渠)·가등(街燈) 등의 설치·수리 비용은 조계적립금으로 충당할 것을 규정하고 있다. 2조에서는 지소(地所)를 등급에 따라 A, B, C, D 지구로 4등분 했다. 또한 5조에서는 토지원가를 100평방미터 당 A지구는 96달러, B·C지구는 6달러, D지구는 3달러로 하되, 지세는 매년 A지구는 20달러, B·C지구는 6달러, D지구는 2달러로 하며, 지세 중 30仙을 조선 정부에서 구령하고 잔액과 토지원가 초과금은 조계적립금으로 편입할 것을 규정하고 있다. 그리고 이 장정은 조약국민 이외에는 토지를 매수·소유하거나 지권을 수취할 수 없다고 규정함으로써 조선인의 토지소유를 배제하고 있는데, 이는 상하이(上海)의 공동조계에서 중국인의 거주가 인정되었던 점과는 달랐다. 다만 조선 정부가 관리의 공무소나

관사를 건축하기 위해 정부 명의로는 토지를 소유할 수 있도록 했는데, 이때의 지소도 다른 지소와 마찬가지로 각국조계규칙에 따라야 했다. 6조에서는 조계의 행정집행기관인 신동공사(紳董公司, Municipal Council)의 조직과 권한에 관한 규정이다. 신동공사는 조선의 지방관과 조약국 영사 및 지주 중에서 선출되는 3명으로 구성하되 자체 처무와 역원(役員)·역부(役夫)의 직무를 관장하는 외에 조계 내의 위생·풍기·안녕 유지를 위하여 규칙을 제정할 권한과 규칙 위반자에 대해 25달러의 벌금을 과할 수 있도록 규정했다.

인천의 각국 조계는 일본 조계 서쪽 해안으로부터 청국·일본 양국 조계의 배후 응봉산 일대를 돌아 일본 조계 동쪽까지 이르는 약 14만 평의 땅에 설정되었다. 면적상으로는 일본 조계의 약 20배, 청국 조계의 약 28배에 달하는 면적이다.

[참고어] 인천구조계약서, 인천구화상지계장정, 조계, 거류지, 개항장

[참고문헌] 손정목, 1982,『한국 개항기 도시변화과정 연구』, 일지사 ; 박광성, 1991,「인천항의 조계에 대하여」『기전문화연구』20 ; 최원규, 2001,「19세기 후반 지계제도와 가계제도」『지역과 역사』8 〈윤석호〉

일경(日耕) 조선시기 농촌관행으로 사용된 노동시간을 기준으로 산정한 농지의 면적단위.

일경은 두락과 함께 농촌관행의 면적단위로 널리 사용되었으나 지방마다 차이가 있었다. 보통 밭(田)의 면적을 계산할 때 사용했다. 남부지방에서는 전답 모두 주로 두락을 사용했으며 경기·충청 이북지방에서는 답에는 두락, 전에는 일경을 사용하였다.

1일경은 농우(農牛)가 하루에 갈 수 있는 토지 면적을 가리킨다. 하루갈이, 날갈이라고도 한다. 그 반의 면적을 반일경(半日耕)이라고 한다. 1일경은 32각경으로 나뉘어 있는데, 32각경의 1각은 15분이다. 1일경을 네 번 나누어 네 번 중 한 번 밭을 가는 면적은 1시경이라고 하는데 이는 곧 8각경으로 2시간가량의 경작면적을 가리킨다. 8각경 마다 휴식을 취한다. 따라서 하루 노동시간인 1일경은 4시경=32각경으로 총 8시간 동안의 경작면적이다. 1일경의 10분의 1을 합경(合耕), 16분의 1을 1편경(1片耕)이라고 한다. 지방의 관례에 따라 5식경, 6식경 또는 10식경을 1일경으로 하였다.

일경을 기준으로 토지면적을 산출하고 조세를 징수하는 일경제(日耕制)는 농민들이 익숙하게 구사하는 면적 표기법이었다. 추수기나 매매문기에서는 결부제보다 보편적으로 사용되었다. 지방에 따라 면적이 다르나 대개 1일경의 면적은 약 600평 혹은 800~1,200평에 상당한다.

여말선초 양계(兩界) 지방의 토지파악과 수세는 연호(煙戶)나 일경을 기준으로 행하였다. 서북면은 일경제(날갈이)로, 동북면은 연호제(煙戶制)로 운영되었다. 조선 정부는 1394년(태조 3) 양계에서의 양전방식을 일경제로 통일하여 파악하는 조처를 취하였다. 4일경을 1결로 환산하여 수조액의 기준을 작정(作丁)해놓고 있었다. 일경제에 의한 조세의 수취는 답험과정이 반드시 전제되어야 했다. 하지만 일경제는 답험을 시행하는 이들이 적고 토지의 비척(肥瘠) 조사 및 작정도 되어 있지 않은 상태에서 기존 장부에만 의존하여 수세하는 일이 많아 문제가 많았다. 양계지방의 양전은 1401년(태종 원년)에 본격적으로 계획되어 결부식 양전이 추진되었으며 1413년(태종 13) 정월에 와서야 시행되었다. 양전 경차관 52명을 양계로 나누어 보내 정확한 양전을 위해 미리 1일경[하루갈이]은 몇 부, 그 파종량은 몇 두, 소출은 풍년과 평년에 몇 석, 조세는 몇 두 등을 상세히 살펴 보고하게 하였다. 일경제를 결부제로 전환할 때 발생하는 민원을 줄이는 길도 조사를 정확히 하는 데 있었다. 이때 시행된 양전의 결과 평안도의 경우 종래 하루갈이에 7두씩 내던 것이 1석으로 늘어났다. 결당 28두(4일경=1결)에 상당하는 액수로 과전제도 상 1결 수조액인 30두에 버금가는 양이었다. 조세의 급증으로 인해 양계 주민의 불만이 대단했으므로 정부는 양전 종료 1년 후 조세액을 1결당 20두로 조정하였다.

조선 국가의 양전은 결부제에 의해 이루어진 것과는 달리, 민간의 토지문서에는 두락과 일경이 사용되었다. 두락 단위는 조선 전기부터 토지문서에 널리 사용되었고 18세기부터는 토지문서의 필수적인 단위로 사용되었다. 한말에는 수전과 한전의 면적을 농촌에서 관행하는 두락, 일경 등으로 표시하고 있었다. 토지의 면적을 농지소유자들이 일상에서 사용하는 농지면적 단위로 양안에 기재함으로써 척도로 파악한 농지실적이나 결부로 제시한 세액에 있을 착오나 의문을 보완하고자 하였다.

두락·일경제의 표기는 대한제국 이전부터 논의되고 궁방양안에 일부 사용되기도 했지만, 국가의 양안에 처음 도입된 것은 양지아문 양안(중초책)이다. 일경제

는 지계아문 양안에 그대로 계승되었다. 대한제국의 양전사업에서는 답은 두락으로, 전은 일경으로 통일하였다. 면적도 지역마다 다른 민간관행이 아니라 경기지역에서 사용되던 것을 기준으로 절대면적단위로 표준화하였다. 지계아문에서는 답의 경우 양전실적척수를 절대면적 단위인 두락으로 환산할 때 1승낙=50평방척, 1두락(10승락)=500평방척, 1석락(15두락, 150승락)=7,500평방척으로 설정되었다. 전에서는 일경을 사용하였다. 1각경=125평방척, 1시경(8각경)=1,000평방척, 1일경(4시경, 32각경)=4,000평방척으로 구분되어 설정되었다. 이는 당시 민간에서 사용되는 두락·일경과는 다른 것으로 양전 실적수에서 기계적으로 산출된 수치이다. 또한 일경제를 면적으로 환산한 도량형제를 마련하여 양안의 각 필지별 면적을 기입하였다. 지계아문에서 관계의 발급을 염두에 두고 매매를 보증하는 「대한전토매매증권(大韓田土賣買證券)」의 양식을 작성하였는데 여기에도 농촌관행인 일경을 기입하고 있다. 농촌관행의 두락과 일경을 면적단위로 채택하여 일반 백성들의 혼란을 최소화하기 위한 노력이었다. 관계에 전의 일경을 표기할 때에는 지계아문 양안의 면적환산법을 따랐다. 이 환산법은 '각경×125척=양전실적척수'이다.

1902년 10월 10일에 만들어진 「도량형규칙」에 의한 양전척 1척이 1m로 확정되었으며 1파(把)가 1㎡, 1부(負)가 1a, 1결(結) 1ha가 되는 등 절대면적제로 확정되었다. 결국 1두락은 151.25평, 1일경은 1210평이었다.

[참고어] 두락, 광무양전사업, 양지아문, 지계아문, 대한전토매매증권

[참고문헌] 『조선왕조실록』; 『光武量案』; 한국역사연구회 토지대장연구반, 1995, 『대한제국의 토지조사사업』, 민음사 ; 오인택, 1996, 『17·18세기 量田事業 硏究』, 부산대학교 박사학위논문, 1996 ; 「조선후기의 양안과 토지문서」 『역사와 세계』 20 〈고나은〉

일고(日雇) 단기고공(短期雇工)의 한 형태로, 고가(雇價)를 매개로 한 일용노동.

조선 후기 농촌에서의 생산관계 변화와 농민층의 분해 등으로 고용노동이 발달하게 되었다. 즉 봉건적 토지지배관계로부터 이탈되면서 스스로의 노동력을 판매하지 않으면 살아갈 수 없는 농촌노동자 계층이 형성되고 있었던 것이다. 또한 당시의 농업은 계절적인 성격이 강했고, 이앙법의 발달 등으로 인해 단기간 노동이 집중적으로 필요한 경우가 더욱 많아졌다. 따라서 노동력을 확보하는 것이 한해 농사를 가늠하는 일이 되었는데, 이때 활용된 고용노동 중 일고(日雇)는 일용노동, 계고(季雇)는 계절 단위의 고용노동, 연고(年雇)는 1년 단위의 고용노동을 뜻했다. 이들 중 계절적 농업의 특성상 일고나 연고는 고주에게 불리했으므로 그 수가 적었을 것으로 보인다.

일반적으로 고공을 조선시기 고용노동의 총칭으로 정의한다면, 일고는 국가에서 정한 법제적 의미의 고공 즉 장기고공이 아닌, 단기고공의 한 형태이다. 따라서 장기고공이 법제적으로 고공으로 편제된 반면, 일고 등의 단기고공은 범인(凡人), 즉 양인과의 구분을 두지 않았다. 한편 조선 후기 단기고용노동으로는 고지(雇只)도 있었는데, 단기고공과는 달리 특정 농작구간에 대한 청부경작이라는 점에서 단기고공과는 차이가 있다.

[참고어] 고공, 고지

[참고문헌] 『厚生錄』; 『山林經濟補說』; 허종호, 1989, 『조선봉건말기의 소작제연구』, 한마당 ; 최윤오, 1992, 「18·19세기 농업고용노동의 전개와 발달」 『한국사연구』 77

일본거류민역소(日本居留民役所) ⇒ **일본전관거류지**

일본민법(日本民法) 일본에서 1870년 이래 민법전 제정 작업에 착수하여 1898년에 완결되어 시행된 민법. 조선민사령에 의거하여 일부 관습을 제외하고 조선에 그대로 적용되었다.

1898년에 시행된 일본민법은 독일·프랑스 등 대륙법을 계수한 것으로 평가받고 있다. 일본이 유럽의 법을 적극적으로 수용한 배경에는 서구 열강과 맺은 불평등조약의 철폐와 밀접한 관계가 있었다. 일본 정부는 근대화를 추진하고 서구 열강과 대등한 국제적 지위를 획득하기 위하여 근대적인 법률 제정을 추진하였다. 이를 위하여 일본 정부는 유럽에 유학생을 파견하고 외국인 법학자를 용빙하여 사법제도를 개편하고, 적극적으로 민법·상법 등의 편찬에 나섰다.

일본에서 민법전은 1870년 이래 일부 기초가 진행되었으나 프랑스에서 초빙한 보아소나드에게 민법안을 의뢰하면서 본격적으로 추진되었다. 상법안은 독일에서 초빙한 로슈토크 대학 교수 뢰슬러에게 의뢰하였다. 이때 작성된 민법안은 1890년에 공포되었으나, 이 법안들의 시행을 연기해야 한다는 주장이 거세게 제기되었다. 그 주요 이유는 민법전·상법전이 외국인에 의하여 기초되어 일본의 전통적인 풍속·습관을 고려하고 있지

않다는 것이었다. 이를 계기로, 프랑스법계와 독일법계, 그리고 영국법계의 법률가 사이에 논쟁이 격화되어 결국 의회에서 연기를 의결하게 되었다. 일본 근대국가의 건설방향과 관련된 문제였다.

결국 민법전은 새 기초위원을 구성하여 단계적으로 제정되었다. 새 민법은 1896년(메이지 29) 4월 27일 법률 제89호(총칙, 물권, 채권 등 3편) 및 1898년 법률 제9호(친족, 상속 등 2편)로 제정되었으며, 1898년 7월 16일에 시행되었다. 1898년에 시행된 일본민법은 독일 민법 제2초안을 토대로 하여 작성되었으며 프랑스 민법도 큰 영향을 미친 것으로 알려져 있다. 1945년 패전 후 일본 헌법의 제정에 따라서 친족 및 상속편을 중심으로 개정(가(家) 제도의 폐지 등)되어 현재에 이르고 있다. 일본민법은 동아시아 식민지, 조선, 대만 등에서도 거의 그대로 적용하여 해당 사회를 일본민법적 사회로 전환하는 데 큰 영향을 미쳤다.

조선에서는 조선민사령 제1조에 민사에 관한 사항은 본령 기타의 법령에 특별히 규정한 경우를 제외한 외에는 다음의 법률에 의한다고 규정하였다. 여기에 민법이 포함되어 있었다. 다만 다음의 경우는 관습에 의한다는 예외규정을 두었다. 능력 친족과 상속에 관한 규정은 조선인에 적용하지 않고 관습에 의한다. 그리고 부동산에 관란 물권의 종류와 효력은 제1조의 법률(민법)에 정한 것 외 관습에 의한다고 정했다. 하지만 이후 조선민사령을 개정하거나 판결에서 관습을 인정하지 않고 일본민법을 준수했다. 조선을 일본민법에 종속시켜갔다.

[참고어] 우메 겐지로

[참고문헌] 이승일, 2008, 『조선총독부 법제정책 : 일제의 식민통치와 조선민사령』, 역사비평사 ; 西村重雄, 兒玉寬 共編, 2000, 『日本民法典と西歐法傳統』, 九州大學出版會 ; 전종휴, 1989, 『韓國民法典の比較法的研究』, 倉文社

〈이승일〉

일본여도(日本輿圖) 18세기 초에 공재(恭齋) 윤두서(尹斗緖)가 필사한 일본지도.

커다란 한 장의 종이 위에 채색하여 그린 일본전도이다. 가로 72.5㎝, 세로 112㎝이며, 표지의 꽃그림까지 일본 에도(江戶)시대의 전형적인 화풍을 보여주고 있어서 원본의 표지까지 그대로 모사한 것으로 추정된다. 보물 제481-4호로 지정되었으며, 해남윤씨 종가인 녹우당(綠雨堂)에 윤두서(1668~1715)의 동국여지지도(東國輿地之圖)(보물 제481-3호)와 함께 소장되어 있다.

일본여도는 그가 1686년경에 출간된 신판일본도대회도(新版日本圖大繪圖)를 구입하여, 이를 토대로 일본의 지리정보를 터득하면서 만든 것으로 보인다. 통신사(通信使)가 1711년 일본으로 출발하여 1712년 3월 9일에 귀경하였는데, 이들에게 신판일본도대회도를 구한 것으로 추정할 수 있다. 따라서 이 지도는 동국여지지도와 같이 1712년에서 1715년 사이에 제작되었다고 볼 수 있다. 또한 일본여도는 18세기 조선지식인의 주변국에 대한 인식을 알 수 있는 귀중한 사례로, 윤두서의 장남 윤덕희(尹德熙, 1685~1766)가 쓴 『공재공행장(恭齋公行狀)』에 따르면 국방에 대한 관심에서 이 지도가 제작되었다고 한다. 당시 민간에서 최신판 일본지도를 구입하여 모사한 사례는 윤두서가 선구적이다.

[참고문헌] 차미애, 2011, 「恭齋 尹斗緖의 國內外 地理認識과 地圖作成」 『역사민속학』 37, 한국역사민속학회

일본전관거류지(日本專管居留地)-마산 1899년 5월 1일 마산이 개항되면서 6월 2일 각국공동조계장정을 조인하고 이에 의하여 설정된 일본인 거주 지역.

마산이 개항되면서 각국공동조계가 설치되고 토지공매가 실시되었다. 토지공매에 대한 각국의 관심은 대단했다. 특히 러시아는 마산포에 태평양함대 조차지를 설정하고자 하였고, 일본은 이를 저지하고자 했기에 양국의 경쟁은 치열했다. 토지공매 결과 일본이 공매된 전체 토지 가운데 약 35%를, 러시아가 약 30%를 확보하게 되었다. 그러나 양국은 이에 만족하지 않았고, 전관조계(거류지)를 얻고자 노력하였다.

이러한 의도를 먼저 관철한 것은 러시아였다. 러시아는 1900년 3월 대한제국 정부와 '러시아 태평양함대 전용 조차지에 관한 협정'을 체결하는 데 성공하여 공동조계지에서 조금 떨어진 율구미(栗九味)에 약 30만평의 토지를 사들여 조차지를 갖게 되었다. 이에 자극을 받아 일본도 1902년 5월 17일 '마산포 일본조계장정'을 체결하여 월영대(月影臺)에 약 30만평의 전관거류지를 확보하게 되었다.

마산의 일본전관거류지와 관련하여 특기할 만한 사실은 국내의 다른 일본거류지와는 다르게 일반 일본인이 정착하거나 거주한 사실이 없다는 점이다. 이는 일본이 마산에 관심을 가진 것이 군사적 목적에 있었다는 것을 명확히 보여주는 것이다. 그러나 막상 러일전쟁이 일어나자 일본군은 마산을 이용하지 않았다. 일부는 부산항에서 바로 북상하고 다른 일부는 인천이나 원산

에 상륙하여 북상했다. 그리고 또 다른 일부는 용암포나 의주, 요동반도로 상륙했다. 마산전관거류지가 전쟁기간 동안 이용되지 않았다고 해서 마산의 군사적 가치를 저평가한 것은 아니었다. 러일전쟁이 끝난 후 마산 일대를 군사기지화 하려는 일본의 시도는 계속되었다. 1906년 8월 20일 의정부고시로 진해만 부근 일대를 일본해군 군항예정지로 발표하는 동시에, 1908년 마산에 광대한 연병장 사격장을 건설하고, 가덕도(加德島)에 있던 진해만 요새사령부 중포병대대를 마산으로 이전시켰다. 이러한 일련의 조치를 통해 마산의 일본거류지는 군사전용지로 그 성격이 바뀌었다.

[참고어] 개항장, 거류지, 전관거류지, 각국공동조계-마산

[참고문헌] 손정목, 1982,『한국 개항기 도시변화과정 연구』, 일지사 ; 손정목, 1982,『한국 개항기 도시사회경제사연구』, 일지사 ; 김상민, 2003,「마산포 개항의 배경과 경위」『경남지역문제연구원 연구총서』 8 ; 이윤상, 2011,「개항 전후 창원지역의 사회경제적 변화」『일제의 창원군 토지조사와 장부』, 선인 〈노상균〉

일본전관거류지(日本專管居留地)-원산 1880년 원산의 개항을 계기로, 같은 해 음력 7월 13일에 조인된 원산진개항예약(元山津開港豫約)에 따라 설정된 일본인 거주 지역.

원산은 1880년 조일수호조규 제5조에 의거하여 부산에 이어 2번째로 개항되었다. 일본은 몇 차례 측량과 조사 끝에 부산 이외에 인천과 원산을 새로운 개항후보지로 지목하였다. 일본이 원산을 지목한 이유는 우선 상업적 배경을 들 수 있다. 원산은 함경도 제일의 상업도시이며 항구로, 인근의 동해연안의 해산물이 모두 집적되었다. 그리하여 19세기 초에는 창원의 마산포, 은진의 강경포와 더불어 거론될 정도로 발전하였다. 그러나 원산이 선택된 결정적인 이유는 그 군사적 가치 때문이었다. 당초 일본은 개항 후보지를 선정하는 데 러시아의 남하에 대비하여 동해안 북쪽에 군사거점을 마련할 필요가 있었다. 원산은 수심이 깊고 자연 만에 둘러싸여 있기 때문에 선박의 출입과 정박에 편리하여 군사항구로서 역할하기에 적절한 곳이었다. 조선 정부에서 원산은 태조 이성계의 능침(陵寢)과 가까운 곳이라고 하여 원산 대신 함경남도 북청이나 전남 진도에 개항장을 설치할 것을 제시하였지만, 이를 거절하고 원산 개항을 강행하였던 것은 이 때문이었다.

1879년 7월 13일 일본은 조선과 원산진개항예약을 체결하였다. 예약에서 주목되는 것은 2조와 5조이다. 2조는 거류지의 지조(地租)는 종전에 조액에 준하여 적용한다는 것인데, 일본은 이를 토지국유론에 입각하여 해석함으로써 조선인의 토지와 가옥을 무상으로 빼앗았다. 실제 초기 일본이 조선 정부에 지불한 지조는 연 50원에 불과하였다. 나아가 일본은 예약 5조에 의거하여 부두를 비롯한 개항장 시설 구축의 책임을 조선 정부에 떠넘김으로써 거의 무상으로 개항장 시설을 갖출 수 있었다.

일본은 원산개항과 동시에 일본전관거류지를 설정하였다. 거류지 규모에 관하여 일본 측은 당초에 방 8정(町 : 朝鮮里數로 4방 2리)을 요구하였으나, 조선측의 주장에 따라 부산의 예에 따르기로 합의하였다. 결국 길이가 각각 465칸·426칸·385칸 정도의 3각형 모양으로 넓이 약 9만평의 이르는 부지로 최종 낙착되었다. 토지는 부산의 선례에 따라 일본 정부가 조선 정부로부터 직접 일괄 영조(永租)하고 지조도 동일한 액수로 정하였다. 일본전관거류지에는 영사관, 경찰주재소, 상업회의소, 물산진열소 등이 들어섰으며, 이후 전형적인 식민도시로 자리잡아갔다. 원산의 일본전관거류지는 통감부 설치 후 일본영사관이 이사청으로 개조됨에 따라 해체되었다.

[참고어] 개항장, 거류지, 조계

[참고문헌] 손정목, 1982,『한국 개항기 도시변화과정 연구』, 일지사 ; 손정목, 1982,『한국 개항기 도시사회경제사연구』, 일지사 ; 전우용, 1989,「원산에서의 식민지 수탈체제의 구축과 노동자계급의 성장」『역사와 현실』 2 〈노상균〉

1사7궁(一司七宮) 조선시기 궁방전(宮房田)의 주요 소유기관이었던 내수사(內需司)와 7개의 궁을 통칭하는 말.

대전(大殿)의 재정을 맡아보던 내수사와 내전(內殿)의 경비를 조달하던 용동궁(龍洞宮)·어의궁(於義宮)·명례궁(明禮宮)·수진궁(壽進宮), 각궁에 봉안된 비빈(妃嬪)의 제사에 드는 경비의 조달을 맡았던 육상궁(毓祥宮)·경우궁(景祐宮)·선희궁(宣禧宮)을 아울러 이른다. 특히 한말 궁방전이 혁파되는 과정에서, 주요 소유기관인 이들을 묶어 1사7궁이라 표현하기도 했다.

우선 내수사는 조선 건국 이래의 내수소(內需所)가 1446년(세조 12) 개칭된 것으로서, 이들에게 지급된 내수사전에는 면역(免役)의 특권이 주어졌다. 이 때문에 민전(民田)의 투탁(投托)이 날로 많아져 농장(農莊)이 확대되었다. 성종 초에는 그 수가 전국에 325개소나 되어 폐단이 일자, 이를 239개소로 축소하는 조처가 내려지

기도 했다.

한편 궁방전은 궁장토(宮庄土)·사궁장토(司宮庄土)라고도 하는데, 조선 후기에 후비·왕자대군·왕자군·공주·옹주 등의 궁방에서 소유하거나 또는 수조권(收租權)을 가진 토지이다. 궁방의 소요 경비와 그들이 죽은 뒤 제사를 받드는 비용을 위해 지급된 것이지만, 원래는 궁실의 경비로 고려 때에는 궁원전(宮院田)이나 공해전(公廨田)이 지급되었다. 조선 초기에는 이것이 왕족에게 사전(賜田)·직전(職田)의 형식으로 지급되었다. 하지만 명종조 직전제(職田制)가 소멸되면서 궁방의 재정이 궁핍해졌고, 양난 이후 절수(折受) 등의 방법을 통해 각 궁방에서는 궁방전을 전국에 설치하게 되었다. 그 중 가장 대표적인 것이 7궁(七宮)이다.

이후 1사7궁이 설치한 궁방전의 규모는 확대되었는데, 이 과정에서 민전을 침탈하는 등의 폐해가 많이 발생했다. 이에 궁방전의 규모를 제한하기 위한 여러 조치가 있었지만 실효를 거두지는 못했다. 하지만 갑오개혁을 통해 면세의 특권과 무토(無土)에서의 수조권(收租權)이 폐지되었다. 또한 유토(有土)는 왕실 소유로 하여 궁내부(宮內府)에 이관시켰다. 그후 내장원에서 관리하다가, 1908년 일제는 역둔토로 통합하여 탁지부 관리하의 국유지로 편입시키고 도조징수를 강화했다. 나아가 일제는 국유지실지조사와 토지조사사업을 통해 이들 토지 대부분을 배타적 소유권을 갖는 국유지로 확정했는데, 이때 많은 국민유분쟁이 발생했다.

[참고어] 궁방전, 면세전

[참고문헌] 박성준, 2008, 「대한제국기 신설 궁의 재정기반과 황실재정 정리」『역사교육』 105 ; 조영준, 2008, 「조선후기 궁방의 실체」『정신문화연구』 112 ; 박성준, 2009, 「대한제국기 신설 궁의 지주경영」『역사교육』 109 〈윤석호〉

일일정(一日程) 걸어서 하루 정도 걸리는 거리.

고려시기 시지(柴地)를 분급하는 지역을 일일정과 이일정(二日程) 이내로 한정하기도 했다.

[참고어] 시지

[참고문헌] 『고려사』 ; 權寧國 외, 1996, 『譯註 『高麗史』 食貨志』, 韓國精神文化硏究院

일청한실업론(日淸韓實業論) ⇒ **청한실업관**

일필지조사(一筆地調査) 일제의 토지조사사업에서 지주조사, 경계조사, 지목조사, 지번조사를 시행한 것.

일제는 1910년부터 1918년까지 토지조사사업을 실시하였는데, 사업에서 중점을 둔 것은 소유권조사, 지형·지목조사, 지가조사였다. 그 중 소유권조사는 준비조사(면동리의 명칭과 경계 조사), 일필지조사, 분쟁지조사로 나누어 실시되었다.

일필지조사는 지주, 지목, 지번, 경계 등의 조사이다. 지주조사는 신고주의에 의거하여 2인 이상의 신고가 있거나 소유권의 기원에 의심이 가는 경우를 제외하고 모두 신고자를 소유자로 인정하였다. 경계조사는 실지조사를 통하여 인접한 토지와 경계를 확정하는 것이다. 지목조사는 토지를 18종류로 구분하여 조사 당시의 어떠한 토지 종류인가를 정하는 것이고, 지번조사는 필지마다 순서대로 지번을 부여하는 것이었다.

토지조사 초기의 일필지조사는 조사내용을 개황도에 작성 기재하도록 하였으나, 1912년 11월부터는 일필지측량과 동시에 진행하도록 하였기 때문에 개황도 작성을 폐지하였다. 실지조사 때에는 지주 또는 관리인, 이해관계인 또는 그 대리인 및 지주총대의 입회 아래 일필지의 경계에 표목을 세우고 조사를 마칠 때마다 가지번을 부여하였다. 일필지조사의 내용은 실지조사부에 기재하였다. 실지조사부에는 지번, 가지번, 지목, 사용세목, 신고 또는 통지일, 면적, 구분, 주소, 성명 등을 기재하도록 하였다. 실지조사부의 지번은 일필지측량이 끝난 뒤 지번조사를 통해 부여했다.

일필지조사는 1910년 6월 경기도 부평에서 시작하여 1916년 11월 경남 일부 군의 부속도서를 마지막으로 종료하였다. 조사필수는 19,101,989필이었다. 실지조사부는 토지조사부 작성을 위한 기초장부였다.

[참고어] 토지조사부, 실지조사부, 일필지측량

[참고문헌] 『조선총독부관보』 ; 조선총독부 임시토지조사국, 1916, 『토지조사예규』 3 ; 조선총독부 임시토지조사국, 1918, 『조선토지조사사업보고서』 〈이영학〉

일필지측량(一筆地測量) 삼각측량과 도근측량을 마친 토지에 설정된 삼각점·도근점을 기준으로 측점을 배치하여 위치를 결정하고 도해법에 의해 1필지마다 지번을 붙이면서 연속 측량하는 작업.

일제의 토지조사사업에서 시행된 일필지측량은 토지의 경계를 측정하여 원도(原圖)를 제작하고, 이를 토대로 지적도를 제작해 그 도면상에서 각 필지의 면적을 산출하는 지형측량의 한 방법이다. 1필지의 경계와 측점의 위치를 기준으로 한 전 지형과 함께 지번, 지목,

소유자명 등을 토지대장의 자료로 제공하였다. 원도의 크기는 가로 1척3촌7분5리, 세로 1척1촌의 도곽에 가로 여백 약 2촌, 세로 여백 약 1촌을 더한 정도이다.

축척은 1/600, 1/1200, 1/2400의 3종류를 사용하였다. 보통 1/1200 축척을 사용했으며 시가지 등 세밀하고 정확하게 면적을 산출해야 할 경우에는 1/600, 서북지역의 산간지역 등 1필지의 면적이 비교적 큰 지역에서는 1/2400축척을 사용하였다.

일필지측량은 면·동리 경계약도에 근거하여 답사한 후 도지(圖紙)에 도곽을 그려 도근점을 전개시키는 방식이었다. 도곽은 1/1200축척 지도에서 동서 275간(약 500m), 남북 220간(약 400m)의 크기이다. 도곽자를 사용하여 도곽 내에 도곽선 및 중선을 그리고 지형을 도시한다. 도근측량의 결과물인 도근망도 및 도근점성과표에 의거하여 도근점을 전개시키고 도근점번호를 구하여 단선을 잇는다. 단선 간의 교차점이 도상(圖上)의 위치가 되는 것이다. 이 점의 위치에도 번호를 표시하였다. 그러나 지형상태 및 기타 사정에 의해서 삼각점과 도근점만으로 측량이 어려운 경우 일필지측량에 적당한 지점을 선정해서 보조도근점을 설정하여 측량하였다. 측량 기계는 측판, 측사조준의, 방광나침, 표간, 대나무자 또는 체인(chain), 측침 등을 사용하였다. 보조점은 100간 이내에 약 1점의 비율로 배치시키고 도선법이나 교회법을 사용해서 측정하였다.

도근점과 보조점을 측량한 후에는 일필지경계 및 도로변 등 기타측량을 실시한다. 지형지물에 따라 교회법, 도선법, 광선법, 종횡법을 통해 측정하였는데 보통의 경우에는 주로 광선법이 사용되었다. 일필지경계측량에는 토지경계에 위치한 표항과 개황도에 의거하여 실시한다. 실지조사가 필요할 경우 지주 및 기타 관계자를 입회시켜 확인하고 쪼갠 대나무를 세워 측점을 배치한 후 실지의 현상을 도상에 표시한다. 그 외 약 20간 이내에 있는 도로, 하천, 구거, 제방, 성첩, 철도선로, 수도선로 및 국도, 부, 군, 동, 리의 경우에는 주요지점으로 설정하고 도시하였다.

축척 1/600을 사용한 지역에 있는 대지(垈地)는 1912년에 도로에 접하는 부분의 거리를 도상이 기재하기로 하였으나 1913년 4월 이후 주요 도로에 접하는 부분만을 기재하는 것으로 변경되었다. 4평 이하의 여러 필지가 모여 있는 경우 면적측정을 용이하게 하기 위해 적당히 구역을 만들고 축척을 달리하여 측정한 후 원도에 첨부하였다. 거리는 수평거리를 측정하는 것이 보통이지만 경사거리를 측정하여 수평거리로 환산하기도 하였다.

실지에서 측량한 결과를 연필로 그린 원도는 측량이 종료된 후 묵을 덧씌워 완성하였다. 1개 정, 동리마다 도곽의 여백에 원도의 명칭, 번호, 필지 수, 연속된 원도의 번호, 측량년월일, 측량원의 성명을 기재하여 정리하였다. 원도 정리 이후 일람도를 만든다. 이는 원도 간의 상호 접속관계를 명확히 하고 토지의 색출을 용이하게 하기 위해서이다. 원도 축척 1/1200인 경우 일람도 축척 1/24000, 1/2400인 경우 1/48000을 사용해서 원도 구획 및 경계를 표시하고 원도 번호, 지번, 경계 등을 도시하여 완성하였다.

일필지의 원도 및 일람표가 완성되면 지목별 필수표를 작성하였다. 이 지목별 필수표와 실지조사부의 합계 필수를 대조하여 측량작업에 오차가 없는지를 검사하고 지번의 중복과 탈락을 방지하였다. 이후 지위등급조사에 사용하기 위하여 1913년 4월부터 원도를 등사하여 등사도를 제조하였다. 등사도는 박미농지를 이용해 원도를 2~6매를 접속시켰으며 삼각점, 도근점, 지목의 주기 등은 생략하였다.

일필지측량은 시가지, 도서 및 서북선지방 등 특수한 지역에 한해 특별측량을 실시하였다. 빠른 측량이 필요했던 시가지의 경우 특별기관을 설치, 1912~1913년에 걸쳐 경성·인천·수원·대구·부산을 제외한 24개소에서 실시하였다. 측량방법은 보통과 다르지 않지만 구역 및 경계가 뒤섞여 있는 경우가 많아 수개의 정, 동을 합해서 정리하는 것이 허용되었다. 그리하여 2개의 정, 동의 경우 이름을 병기하고 3개 이상일 경우 주요 정, 동명을 기입한 후 '○외 몇 개 정·동'으로 기입한다. 도서지방의 경우 보통측량보다 조금 늦은 1915년 7월에 조사가 개시되었다. 준비조사, 소유권조사, 지위등급조사 및 도근측량, 일필지측량을 동시에 시행할 수 있는 담당자를 임명하여 측량을 진행하였다. 도근측량을 생략하는 경우도 있었으며 부속도서의 경우 본 도서와의 개략적인 위치를 측량해서 원도 및 일람도 상에 표기하였다. 1916년 11월에 특별측량은 완료되었다. 서북선지방의 측량은 도서지방에서와 마찬가지 방법으로 측량 및 원도 조제를 실시하였다. 하지만 산간부의 전, 지소, 임야, 분묘지, 잡종지 등과 평탄부의 임야 및 잡종지 중의 노전, 초평 및 목장 등의 측량에서는 광선법에 의해 거리를 조정하였다. 화전 등 측량 조사가 이루어지지 않은 곳은 점선으로 표시하고 붉은색으로 기입하여 후일에 참고할 수 있도록 하였다.

일필지측량(보통측량·특별측량)과 원도 및 일람표 작성이 끝나면 그 내용과 과정을 검사하였다. 검사 시 오류가 발견되면 정정신청이 가능했으며 이후 특별검사 혹은 지위등급조사시에 발견된 오류도 정정신청이 가능했다.

일필지측량에 종사한 인원은 초기 194명에서 1912년 991명, 1913년에는 일본인·조선인 및 국원양성소 졸업자를 채용하여 1,714명이 되었으며 1915년에는 2,265명에 이르렀다. 1916년부터는 측량이 마무되면서 순차적으로 감원되었으며 1917년 8월 업무가 완결되었다. 외업종사원의 경우 사업의 초기에는 1개 반에 감사원 1명, 부감사원 2명, 측량원 8~12명으로 배정하였다. 이후 1911년 1개반의 인원을 반장 1명, 부반장 1명, 감사원 5명, 부감사원 도근괘 2명, 세부괘 8명, 측량원도근괘 8~12명, 세부괘 40~60명으로 배치하였다. 시가지는 임시분반을 설치하여 특별측량하였는데 1개반에 감사원·부감사원 각 1명, 감사원부 2명, 측량원 9명으로 편성하여 7개반을 운영하였다. 도서지방의 특별조사반은 감사원 1명, 검사원 1명 및 측량원 5명으로 편성하였으나 울릉도 일필지조사의 경우 감사원 1명, 감사원부 3명, 측량원 8명이었다. 일필지측량은 1909년 11월 17일 경기도 부평군에서 개시하여 1916년 11월 경상남도 남해군 부속도서에서 종료되었다. 7개년간의 작업성적은 합계 필수 19,101,989필, 총면적 5,437,630정4단21보이다. 일필지측량에 소요된 경비는 475,984원이다.

[참고어] 삼각측량, 토지대장, 일필지조사, 도근측량, 원도

[참고문헌] 조선총독부 임시토지조사국, 1918, 『조선토지조사사업보고서』; 리진호 역, 2001, 『삼각측량작업결료보고』, 도서출판 우물 ; 사단법인 한국측량학회, 2003, 『측량용어사전』, 건설교통부 국토지리정보원

〈고나은〉

임대차(賃貸借) 상대 한편이 상대방에게 목적물을 사용 수익하게 하는 것을 약정하고, 상대방이 이에 대하여 차임을 지급할 것을 약정하는 행위.

임대차 계약으로 성립하는 임차권의 성질은 임대인의 사용 수익하게 할 의무에 대응하는 임차인의 사용 수익청구권이라는 채권에 부수하는 일종의 권리이다. 부동산의 임대차는 등기를 하면 그때부터 제3자에 대하여 효력이 생긴다. 그러나 임대인이 등기에 응할 의무는 없음으로 임차권은 당연히 배타성이 있다고는 말할 수 없다.

임차인은 계약 또는 그 목적물의 성질에 의하여 정해진 용법으로 이를 사용 수익하여야하는 것은 사용 대차의 경우와 동일하다. 이를 위반한 때에는 임차인이 채무를 불이행한 것이 되어 임대인은 일반의 원칙에 따라 불법 용익을 중지할 것을 최고(催告)하여 해제를 하고, 또한 손해배상을 청구할 수 있다고 한다. 또한 손해배상의 청구권에 관하여는 단기 존속기간을 정한 것이 있는 것도 사용대차의 경우와 동일하다. 중요한 것은 임차권의 양도 또는 전대할 권리를 인정하지 않을 때는 이 자금을 회수하는 데 불편을 느끼기 때문이다.

그러나 민법은 대차인이 이러한 행위를 할 때는 임대인의 동의를 받아야 한다고 정했다. 임대인의 동의가 없는 한 임차권의 양도, 또는 전대는 완전히 무효는 아니다. 임차인과 양수인 또는 전차인 사이에는 유효하고, 다만 임대인에게 대응하지는 못한다. 그리고 임차인이 임대인의 동의 없이 임차권을 양도 또는 전대할 때에는 임대인은 계약을 해지할 수 있다고 한다.

임대차에서 중요한 사회적 기능을 지니고 있던 것은 택지, 건물, 농지의 임대차이다. 타인의 토지를 이용하는 제도로는 임대차이외에 지상권 등이 있고, 가옥 등을 이용하는 물권으로서 전세권 등이 있다. 임대차에서는 대주가 목적물을 차주가 사용 수익에 필요한 상태를 유지하게 할 적극적 의무가 있다고 해석하고 있다. 이런 의무 가운데, 특히 중요한 것은 수선의무로서 임대인은 목적물의 사용 수익에 필요한 수선을 할 의무가 있으며, 이 의무를 이행하지 않을 때는 계약을 해지할 수 있다. 임차인은 임차물을 반환할 때까지 계약을 해지할 수 있다. 임차인은 반환할 때까지 선량한 관리자로 주의하여 그 목적물을 보존하고 계약 또는 임차물의 성질에 의하여 정한 용법에 따라서 사용 수익하여야 한다. 또한 민법은 임차인이 임대인의 승낙없이 임차인로서의 권리, 즉 임차권을 양도하거나 임차물을 전대하는 것을 금하고, 만약 임차인이 이에 반하여 무단으로 제3자에게 임차물의 사용 수익을 하게 하면 임대차를 해지할 수 있다고 정하고 있다,

일제는 한국에도 일본민법에 따라 토지소유권에 배타적 권리를 부여하였다. 이리하여 구래의 물권적 경작권이 갖는 권리를 박탈하는 등 모든 소작관계를 임대차 관계로 규정하여 소작인을 무권리한 상태에 놓이게 했다. 이리하여 식민지지주제 아래 소작농민은 고율 소작료에 시달려 각 지역에서 소작쟁의를 일으키는

한 원인이 되었다. 그 대안으로 조선농지령을 제정하여 소작권에 약간의 물권적 성격을 부여하기도 하였다.

해방후 한국민법도 이를 준용했는데, 소유권에 배타성을 부여하여 소유권 만능주의가 만연하여 부동산 투기열풍과 더불어, 임차인의 권리가 전혀 보호받지 못하는 등 극심한 폐해가 발생했다. 그중 국민의 일상생활과 관련된 주택의 임대차 문제가 가장 큰 현안으로 다가왔다. 이리하여 1981년 국민의 주거생활의 안정을 보장한다는 목적아래 주거건물의 임대차에 관하여는 민법에 관한 특례를 규정한 주택임대차보호법을 제정하였다. 임대차는 그 등기가 없는 경우에도 임차인이 주택의 인도와 주민등록을 마친 때에는 그 익일부터 제3자에 대하여 효력이 생긴다는 것이다. 현재 상가의 임대차도 현안으로 문제가 제기되어 있다.

[참고어] 일본민법, 물권, 채권, 소작쟁의, 조선농지령

[참고문헌] http://www.lawnb.com ; 현암사, 1985, 『도해 법률용어사전』; 정연태, 2014, 『식민권력과 한국농업』, 서울대학교 출판문화원 〈이승일〉

임박유(林博儒) 1798년(정조 22) 권농정구농서윤음(勸農政求農書綸音)에 응하여 농서를 올린 40인 중 한 사람.

당시 공주(公州)의 유학(幼學)으로 기록되어 있다. 그가 올린 농서는, 농관(農官)을 잘 세워 권농할 것, 금산(禁山)하고 나무를 기를 것, 농기구를 편리하게 만들 것, 한전법(限田法)을 정립할 것, 밭을 3등분하여 이앙(移秧)·대종(代種)·대파(代播)할 것, 연읍(沿邑)의 창고는 잡곡으로 바꾸어 놓고 다시 대파할 종자를 마련할 것, 환향(還餉)을 넉넉히 분급할 것, 향약법을 자세히 밝히고 자력(資力)을 만들 것, 농부를 귀히 여길 것, 담배 심는 것을 금지할 것, 토질과 곡식의 성질에 따라 농사짓도록 할 것 등의 내용을 담고 있었다.

[참고어] 응지진농서

[참고문헌] 『정조실록』; 농촌진흥청 역, 2009, 『응지진농서Ⅱ』, 진한M&B

임시은사금(臨時恩賜金) ⇒ **조선부동산등기령**

임시재산정리국(臨時財産整理局) 1908년 7월 23일 칙령 제55호 「임시재산정리국관제」에 의거 탁지부 내에 설치하여 탁지부 소관 국유지로 편입된 역둔토·궁장토를 정리한 토지조사 관서.

일제는 한국의 토지제도 재편을 위한 토지조사의 일환으로 황실 소유재산을 조사·정리하여 국유화하고자 하였다. 1907년 7월 설치된 내각 소속 임시제실유급국유재산조사국과 같은 해 11월 설치된 궁내부 소속 제실재산정리국은 역·둔토·궁장토 등 궁내부로부터 인수한 재산을 국가 소유로 전환시키는 업무를 마치고 1908년 폐지되었다. 이후 조사국의 사업 결과가 1908년 6월 25일 칙령 제39호 「궁내부 소관급 경희궁 소속 재산의 이속과 제실채무의 정리에 관한 건」을 발포하고, 이 사무를 처리하기 위하여 임시재산정리국이 설치되었다.

임시재산정리국은 내각총리대신 이완용과 탁지부대신 임선준이 1908년 7월 23일 칙령 제55호로 공포한 관제(전문 4조)에 의하여 탁지부 내에 설치된 별도의 기구이다. 임시재산정리국은 탁지부 대신의 관리 하에 ① 국유재산의 조사 및 정리에 관한 사항, ② 토지측량에 관한 사항, ③ 부동산상의 권리에 관한 이의신청의 심리, ④ 제실채무정리에 관한 사항 등의 사무를 담당했다. 총무과, 측량과, 채무조사과를 두었다. 특히 측량과에서는 토지측량, 건물조사, 지도 및 건물 평면도 제도, 측량기술자 양성을 관장하였다. 또한 탁지부 국세 징수기관인 재무감독국과 업무를 분장하였다. 임시재원조사국 출장소를 인수하여 평양·대구·전주에 임시재산정리국 출장소를 두었으며 임시재원조사국 양지과 및 출장소 직원들이 임시재산정리국 직원으로 근무하였다. 정리국 내에는 제실채무심사회를 설치하여 황실채무에 관한 사항을 결정하도록 하였다.

임시재산정리국의 조직은 다음과 같다. 국장은 탁지부 차관 아라이 겐타로(荒井賢太郎) 겸임, 차장은 회계검사국 차장·토지조사위원회 위원장 유정수 겸무, 측량과장 한규복을 임명하였다. 직원은 서기관 2명, 사무관 3명, 기사 4명, 주사 25명, 기수 320명을 두었다. 이는 임시제실유급국유재산조사국에 비해 대폭 확충된 것이며 토지 측량을 위해 기수가 대량으로 포함되었다.

조사국에서 인수한 황실재산은 대략 경작지 104,450여 정보, 궁전·묘·사 등이 포함된 가옥 103호 등 17,140,339.3원의 가치를 지닌 국유 부동산이었다. 임시재산정리국에서는 주로 제도를 정리하고 국유로 이관된 문부(文簿)를 토대로 국유재산을 실제로 조사·확인하여 계통적으로 정리하고 국고수입을 늘리고자 하였다. 역둔토, 궁장토, 태묘기지(太廟基址) 및 능원묘위토, 산림원야 및 국유미간지, 어기(漁磯)·보세(洑稅) 기타 제세(諸稅), 건물 기타 토지의 부대물건 등의 부동산

에 대한 정리 방침을 정하였다. 이에 따른 실질적인 정리작업은 탁지부 사세국의 협조와 탁지부 산하 지방재무감독국과 재무서 등에 의해 현지의 문부·대장을 조사·대조함으로써 구체화되었다. 산림 및 원야는 농상공부에 인계하여 정리·관리하도록 하였다.

임시재산정리국은 국유재산(부동산)에 대한 소재·면적에 대한 조사방법, 실지조사방법, 문부의 제조와 소작료·임대료 징수방법 등에 대한 원칙들을 구체적으로 제시하였다. 이 방침은 역둔토·궁장토 등 부동산의 조사 및 관리, 도장의 처분, 혼탈입지의 처리 등으로 크게 나눌 수 있다. 첫째, 부동산의 조사 및 관리 방침에 따라 임시재산정리국은 미확인 제실부동산의 인수, 역둔토·궁장토 등 토지의 조사, 가옥의 조사를 실시하였다. 문부에 등록되어 있지 않아 확인이 어려운 제실부동산을 확보하려는 노력을 통해 총 544건의 청원을 받아 실지조사에 착수하였다. 가옥의 경우 궁내부 인계분 103호 외에 80호를 더 발견하였다. 토지 및 가옥의 대부허가에 관련한 소송도 진행하여 정리국이 모두 승소하였다. 둘째, 역둔토의 조사 정리를 위해 1908년 7월 29일에 「역둔토관리규정」, 8월 6일에 「역둔토소작료징수규정」을 각각 정했다. 이러한 규정은 궁장토 등에도 적용되어 역둔토 및 궁장토가 명확한 국유지의 성격을 갖게 되었다. 셋째, 도장을 정리하였다. 도장 관련 문제 총 209건을 조사 심의하여 투탁도장으로 인정된 자에게 토지를 환급한 것이 8건, 기타 도장으로 인정되어 배상금을 교부해야 하는 경우가 123건이었다. 그 금액은 116,809원90전4리였다. 이외에 도장으로 인정받지 못한 경우는 78건이었다. 넷째, 혼탈입지 환급 청원에 대한 처리를 실시하였다. 역둔토에 대한 혼탈입지 환급은 사세국이 담당하고 궁장토에 관한 혼탈입지 청원만을 맡았다. 정리국이 처분 완료한 청원은 총 92건으로 승인 46건, 부인 46건이었다. 혼탈입지의 실지조사는 도장의 실지조사와 동시에 행해졌다.

정리국에서 조사 정리하여 발견한 전 국유지는 32,346.93정보 총 1,040,991.9원에 달하였다. 그 중 토지는 1,686.79정보, 168,808.9원이고 산림·원야 30,660.14정보, 872,183원이다. 일제는 한국의 토지제도를 재편하고 안정적인 수입원을 확보하기 위한 전국적 토지조사에 앞서 국유재산의 정리 및 실지조사에 착수했던 것이다. 임시재산정리국은 1910년 3월 15일 정리국 주사 30명을 토지조사국 주사로, 동 기수 326명을 토지조사국 기수로 겸임 발령하면서 토지조사국으로 계승되었다.

[참고어] 궁내부 제도국, 제실제도정리국, 제실재산정리국, 임시제실유급국유재산정리국

[참고문헌] 『임시재산정리국사무요강』; 이상찬, 1992, 「일제침략과 「황실재정정리」(1)」 『규장각』 15 ; 김양식, 1998, 「일제하 역둔토 조사와 소유권 분쟁지 사정」 『사학지』 31 ; 박진태, 2002, 「통감부시기 황실재산의 국유화와 역둔토 정리」 『사림』 18 〈고나은〉

임시제실유급국유재산조사국(臨時帝室有及國有財產調查局) 제실(帝室)재산과 국유재산을 분할 조사할 목적 아래 1907년 「임시제실유급국유재산조사국관제(臨時帝室有及國有財產調查局官制)」에 의거, 임시로 설치한 내각 소속의 관청.

일제는 1905년 이래 궁내부에 여러 기구를 설치해 황실재정을 정리하였다. 황실재산정리는 기본적으로 궁내부 관리의 재산을 제실재산과 국유재산으로 구분하여 제실재산은 축소 정리하고, 그 밖의 것은 모두 국유로 편입시키는 일이었다. 이 작업은 1907년 임시제실유급국유재산조사국(이하 조사국)을 설치하여 본격적으로 추진했다. 조사국은 내각에 소속되고, 제실유재산과 국유재산을 조사하여 그 소속정리에 관한 사무를 임무로 부여받았다.

내각 총리대신이 정한 회의사항은 위원회의 심의를 거쳐 결정된 후, 내각 총리대신에게 보고되어 내각회의를 거쳐 결정되었다. 이 결의사항은 통감의 승인과 고종의 재가를 거친 후 관보에 게재, 시행되었다. 조사국에는 위원장 1인, 위원 6인 이내, 간사 1인, 서기랑(書記郎) 약간을 두었으며, 위원장은 송병준(宋秉畯)이었다. 조사국 관제는 1907년 7월 4일 칙령 제44호로 제정되었지만, 제1회 위원회는 8월 20일 고종이 퇴위한 다음에 열렸다. 조사국의 활동은 ① 궁내부 제세(諸稅)의 징수권의 국고 이속, ② 궁장토의 조사 및 수조, ③ 역둔토 조사 및 수조, ④ 각궁도장의 조사와 처리, ⑤ 경리원의 잡수입 조사와 처리, ⑥ 기타 황실 재산에 대한 각종 조사 등을 들 수 있다.

이 가운데 각궁의 도장(導掌)의 처리문제를 다음과 같이 결의하였다. 첫째, 작(作)도장, 납(納)도장, 역(役)도장은 제실유로 인정하고, 폐지도장에 대한 배상은 3개년 분의 순수익고를 증권으로 하급한다. 둘째 투탁(投托)도장은 본래 민유이므로 해당 토지를 환급하고, 종전 각궁사에 예납하던 곡포 전액(穀包 錢額)은 1908년부터 영구히 면세한다. 그리고 투탁도장과 작(作)도장 59명

에게 4회에 걸쳐 토지를 환급하였다. 이 중에서 ①항과 ②항은 1908년 6월 25일 칙령 제39호로서 발표되어, 종래 궁내부에 속해 있던 방대한 궁장토와 각종 세의 징수권이 탁지부로 넘어가 기존의 국유지인 '유토역둔토(有土驛屯土)'와 함께 국유지로 확보할 준비를 하였다. 또한 투탁되었거나 혼탈입(混奪入)되었던 민유지와 본래 민유지인 '무토역둔토(無土驛屯土)'를 40여 건으로 확정하고 그 이외의 토지는 모두 국유지로 편입시켰다. 이로 말미암아 토지를 빼앗긴 농민들이 국유지로 편입된 토지가 사유지임을 증명하는 청원서를 올리는 등 각종 분규가 발생하였다.

조사국은 송병준이 위원장이었고 유성준이 위원장 서리를 지낸 적이 있으며, 최석민·원응상·윤치호·어용선 등이 실무자로 참여하였다. 조사국은 1908년 6월에 폐지되었지만, 황실재산의 인수인계와 사궁장토의 도장 처리 그리고 각 궁방전과 역둔토에 혼·탈입된 민유지의 환급 등과 같은 업무는 1908년 7월에 새로 설치된 탁지부 산하 임시재산정리국에서 관장했다.

[참고어] 임시재산정리국, 도장, 제실재산정리국, 궁방전

[참고문헌] 『고종실록』; 이상찬, 1992, 「일제침략과 황실재정정리(1)」 『규장각』 15 ; 김양식, 1998, 「대한제국기 驛屯土 所有權 返還運動과 紛爭地 査定」 『동양학』 28 ; 박진태, 2002, 「통감부시기 황실재산의 국유화와 역둔토 정리」 『사림』 18

임시토지수득세법(臨時土地收得稅法) 1951년 9월 전시통화팽창을 막고 조세수입확보를 위하여 주요한 토지세를 현물로 납부하도록 한 토지세법.

6·25전쟁에 따른 산업시설의 파괴, 천문학적인 전쟁비용의 부담 그리고 은행권의 남발은 심각한 전시악성 인플레이션을 야기하였다. 전쟁은 군량미를 위시한 관수미의 급증을 가져왔고, 피난민을 위한 막대한 양의 구호양곡도 필요하였다. 전쟁수행을 위한 미곡수집과 악성인플레의 방지가 전시경제의 가장 중요한 사안이었고, 임시토지수득세는 이를 위해 제정된 전시 임시세법이었다. 종래 농지에 부과되었던 지세·소득세·호별세·교육세 등 여러 종류의 현금세금이 임시토지수득세로 단일화되었다. 곡물수익에 대하여는 현물세로 하고, 특수작물이나 대지·염전·광천지·연못·잡종지에서 나오는 수익 그리고 사찰지·교회지·공원 등의 임대수입은 금납제를 적용한다는 내용이었다. 농민이 생산한 양곡에 대한 현물납의 실시는 정부의 양곡구입을 위한 막대한 자금방출과 그에 따른 인플레의 확산이나 조세수입의 감소를 최대한으로 방지하면서 관수용 곡물을 직접 확보하려는 목적이었고, 1951년산 추곡부터 시행되었다.

임시토지수득세는 제1종과 제2종으로 구분하여 부과되었다. 제1종 토지수득세는 전답의 토지수확량을 과세표준으로 하고 갑과 을로 구분 적용하였다. 1종 갑류에서는 10석 이하는 15%, 10석 초과 시는 20%, 20석 초과 시는 24%, 50석 초과 시는 28%의 세율을 적용하였다. 1종 을류는 특용작물 같은 생산용도 토지이며, 소득금액을 과세표준으로 누진세율을 적용하였다. 농지개혁법에 따라 분배받은 토지는 15~60%의 누진율로 차등 적용하였다.

제2종 토지수득세는 토지의 임대가격을 과세표준으로 12%의 세율을 일률적으로 적용하였다. 12% 세율은 지세법에 의한 기본세율 8%에 임시 조세증징법에 의한 증징률 4%를 합친 세율이었다. 토지수득세율은 대체로 15~20%였는데, 지독한 고율징세라는 비판을 받았다. 농지개혁으로 평년작의 3할을 지가상환미로 수납해야 하는 현실에서 임시토지수득세법의 실시는 농지를 분배받은 영세소농에 큰 타격을 주었다. 임시토지수득세는 체납되면 행정당국에서 차압을 통한 법적 강제를 취할 수 있었기에 수납률은 상당히 높았다. 1951년부터 1960년까지 임시토지수득세로서 확보한 쌀이 절반 이상을 차지하였다. 전쟁 상황에서 한시적으로 운영될 계획이었던 임시토지수득세법은 전후 인플레와 재정적자 속에서 군사력 증강과 전후복구 그리고 안정적인 정부관리 양곡을 확보할 수 있었기에 수차례 개정을 거치면서 지속되다가 1960년 12월 폐지되었다.

[참고어] 농지개혁, 농지개혁법, 농지대가상환

[참고문헌] 김동노, 2004, 「1950년대 국가의 농업정책과 농촌 계급구조의 재구성」 『1950년대 한국사의 재조명』, 선인 ; 이대근, 1987, 『한국전쟁과 1950년대 자본축적』, 까치 ; 김소남, 2001, 「1950년대 임시토지수득세법의 실시와 농가경제의 변화」, 경희대 석사학위논문

〈하유식〉

임시토지조사국 조사규정(臨時土地調査局調査規程) 임시토지조사국에서 1913년 6월 7일 그간에 시행한 토지조사의 경험을 바탕으로 토지조사의 순서와 방법을 체계화한 규정.

조선총독부 훈령 제33호로 발표된 임시토지조사국 조사규정은 전문 5장 37조로 구성되었다. 제1장은 면동의 명칭, 강계의 조사와 토지신고서의 취합에 관한

규정이었다. 면동의 명칭과 강계조사는 면장, 동장과 지주총대의 입회 아래 구관(舊慣) 민정 지세 기타 상황을 짐작하여 지방청과 협의한 뒤 조사 확정하도록 했다. 조사방식은 강계선의 확정과 표항(標抗) 설치, 부군면동의 약도, 면·동 명칭 조사표 등을 작성하여 지방청에 통지하는 것으로 완료했다. 동리별로 일정 기간을 정하여 토지신고서를 지주총대가 수합하는 과정과 토지신고서 기재방식을 구체적으로 예시했다. 총 13개 항목이다.

제2장은 지주, 지목, 강계조사에 관한 규정이었다. 입회인의 자격과 조건, 신고서의 정당성 여부조사, 지주사망의 경우 처리방법, 소유권조사 제외지, 지목의 명칭, 일필지 규정, 도로 등 특종 토지의 조사방법, 지번부여 방식 등이었다. 총 13개 항목이다.

제3장은 분쟁지, 소유권에 의문이 있는 토지, 그리고 무신고지(無申告地)의 재조사에 관한 규정이었다. 이 경우 증빙서류를 갖추고 실지를 재조사하여 심사서를 작성하도록 했다. 분쟁지심사서에는 당사자, 건명, 소유권(강계)분쟁사건, 분쟁지, 인정문, 당사자 신립의 요지, 조사관리의 의견, 이유 등을 기록했다. 총 3개 항목이다. 제4장은 지위등급 조사에 관한 규정이었다. 1개 항목이다.

제5장 잡칙에는 토지조사 이후의 사무 처리 순서를 정했다. 총 7개 항목이다. 그 순서는 토지조사부와 지적도를 작성하고, 도지방토지조사위원회에 제출하여 자문을 받은 다음 사정을 했다. 다음은 토지대장을 작성하고 이를 근거로 토지대장 집계부와 지세명기장을 조제하도록 했다. 그 이후 사정 연월일과 도부 군명을 보고례에 따라 조선총독에 보고하고 토지대장과 지적도는 이동사항을 정리한 다음 부군청에 인계했다. 이 규정은 이후 1914, 1915, 1917년에 일부 개정되었다.

임시토지조사국은 이 규정에 따라 토지신고서에 지주명을 비롯한 지적사항을 기입하도록 했으며, 이를 근거로 토지소유권을 사정했다. 법인이 아닌 구래의 단체 가운데 일부는 소유자명으로 기입하는 것을 허용하기도 했지만, 기본적으로 일본민법을 기준으로 기존의 소유체계를 전환시켜 효율적인 자본주의적 식민 통치체계를 확립하기 위한 방안이었다.

[참고어] 토지신고서, 지주총대심득, 지방토지조사위원회, 토지대장, 지세명기장

[참고문헌] 『조선총독부관보』; 조선총독부 임시토지조사국, 1918, 『조선토지조사사업보고서』; 조선총독부 임시토지조사국, 1916, 『토지조사예규』 3

임야(林野) 일제가 토지조사령에서 정한 18개 지목 가운데 하나. 삼림과 산야 이외의 초생지를 합한 것, 혹은 부동산등기법상에서는 산림과 원야(原野=황야와 들판)를 합한 것, 대체로 삼림, 산야, 미간지의 일부를 포함한 개념.

구래에 임야가 지목의 용어로 쓰인 예는 아직 보지 못했다. 주로 산림천택(山林川澤)이나, 무주공산(無主空山)이라는 용어에서 보이는 산림과 산은 흔히 가리키는 산일 것이다. 이와 더불어 『경국대전』에 "사사로이 시초장을 점유한자는 장80에 처한다.(私占柴草場者杖八十)"이나 『속대전』에 "궁방에는 시장(柴場) 1개소에 한하여 지급한다."고 하는 예에서 보이는 시장이나 시초장을 산림으로 간주할 것인지의 여부는 불분명하지만, 양안에 등재되지 않았다는 점에서 공통적이다.

조선 후기 양안에 등재된 토지는 주로 이용여부에 따라 결정되었다. 주로 전, 답, 대 등이었다. 그런데 전의 경우 1년생 곡물 재배지는 전, 영구작물 재배지는 죽전·노전·저전·칠전 등으로 표기하였다. 이외에 염전(鹽田)과 화전(火田)도 조사대상이었다. 산림천택은 조사대상은 아니었다. 다만, 대한제국의 양전사업에서 산림 천택을 조사할 계획이 있었으나 시행하지는 못했다. 이들에 대한 조사는 일제가 한국을 식민지화하면서 본격적으로 시행했다.

일제는 1905년 통감부를 설치하고 대한제국 정부에 압력을 가하여 1907년 국유미간지이용법과 1908년 삼림법을 발포하면서 처리방식을 마련해갔다. 일제는 조선 국가가 조사대상에서 제외한 토지를 미간지와 삼림으로 나누어 법을 마련하여 소유권을 조사하고 개발을 실시했다. 이때 미간지는 원야, 황무지, 초생지, 소택지 및 간석지 등을 가리켰다. 그리고 삼림법의 삼림은 삼림과 산야라고 표명했지만, 구체적으로 어떤 땅인지는 설명하지는 않았다.

이같이 불명확한 개념의 지목이 분명해진 것은 일제가 시행한 토지조사사업에서였다. 일제는 통치기반 구축을 위해 모든 토지를 조사하여 소유권을 사정해야 했지만, 우선 경제적 가치와 행정의 편부 등에 따라 조사할 토지와 그렇지 않은 토지를 구분했다. 조사대상 토지는 다시 지세부과대상 토지와 그렇지 않은 토지로 분류하고 다음과 같이 지목을 설정했다. 첫째 전, 답, 대, 지소, 임야, 잡종지로 직접 수익이 있는 토지로서

현재 과세를 하고 있거나 또는 장래에 과세의 목적이 되는 토지이다. 둘째 사시지, 분묘지, 공원지, 철도용지, 수도용지로 직접적인 수익은 없고 대부분이 공공용에 속하는 지세를 면제한 토지이다. 셋째 도로, 하천, 구거, 제방, 성첩, 철도선로, 수도선로로 사유를 인정할 수 없는 성질의 것이며, 또 전연 과세의 목적이 되지 않는 토지로 총 18종이었다.

토지조사사업에서 지목 분류는 원칙적으로 이 기준을 적용하되 실제는 신고서에 기재한 것을 참고하면서 실지조사 때의 현상에 따라 적합한 것을 선택하여 결정하기로 정했다. 이때 조사대상에서 제외가 된 토지는 조사대상지 사이에 개재한 임야를 제외한 임야였다. 하지만 토지조사의 한계를 명확하게 하기 위해서는 임야와 임야가 아닌 것을 구분해야 했다.

임야에 대한 개념을 제시해준 것은 다음의 두 지침이었다. 첫째 조선총독부가 1913년에 발간한 『삼림산야 소유권에 관한 지침(森林山野所有權ニ關スル指針)』의 분류였다. 여기서는 삼림 산야 미간지를 다음과 같은 기준으로 분류했다. ① 삼림으로 취급해야 할 토지 : 산지이건 평지이건 간에 불구하고 지상에 수목이 많아 총생(叢生)하고 있거나 벌채흔적지로서 임야로 될 예상이 확실한 것, ② 산야로 취급해야 할 토지 : 수목이 총생하지 않는 산지로서 경사 15도 이상인 것, ③ 미간지로 취급해야 할 토지 : 수목이 총생하지 않는 경사 15도 이하의 원야, 황무지, 초생지와 같은 것으로 정하였다. ①과 ②가 대부분 임야조사사업에서 조사대상이었고, ③은 대부분 토지조사사업에서 조사대상으로 삼은 것으로 보인다.

둘째는 지세사무취급수속에서 정리한 지목의 기준이다. 이것은 토지조사령의 지목의 구체적인 내용을 적시한 것인데, 구래의 지목과 여러 점에서 충돌을 보였다. 먼저 구래의 전과 토지조사사업의 전이 차이가 있었다. 전자의 전 가운데 삼전(蔘田), 과전(果田), 기류전(杞柳田), 상전(桑田), 다전(茶田), 저전(楮田), 순전(筍田) 등은 종전대로 전으로 분류했지만, 그 이외 것은 임야로 분류했다. 즉 임야에는 일반적인 수림(樹林) 이외에 죽림(竹林), 암석지(巖石地), 사력지(砂礫地), 습지(濕地), 간사지(干潟地) 등을 포함하였다. 그리고 잡종지 가운데 보통 임야로 간주할 법한 유형을 포함했다. 잡종지는 노전(蘆田), 초평, 염전, 광천지, 목장, 물간장(物干場), 물치장(物置場), 토취장(土取場), 시장(柴場), 수차장(水車場), 화장장, 도살장(屠獸場) 등으로 분류되었다. 이 가운데 초평, 목장, 시장 등은 넓은 의미에서 산림으로 볼 수 있었지만 이때는 잡종지로 분류하였다. 다음은 분묘지이다. 분묘는 특수하게 식수한 지역은 작은 부분이 삼림의 상태일지라도 이를 분묘지로 간주하였다. 면적이 광대하고 식림으로 수익을 목적으로 하는 토지는 그 구역 내에 분묘가 있더라도 이를 임야로 간주하도록 하였다. 그리고 삼림령 또는 국유미간지이용법에 의해 대여한 토지로서 전부가 성공하지 못한 것은 원지목에 따르도록 하였다. 나아가 ① 금산 또는 봉산구역 내, ② 보안림 또는 국유임야로 결정된 구역 내, ③ 삼림령에 의해 식림구역으로 지정하였거나 혹은 개간을 금지 또한 제한한 구역 내에 있는 다른 지목의 토지는 전연 이를 인정하지 않았으며, 경사 30도 이상인 산지에 있는 화전은 영원히 윤경(輪耕) 가망이 없는 것으로 인정하였지만 조사지에 개재하고 있는 경우에는 임야로 간주하였다.

결론적으로 임야는 삼림과 산야 가운데 잡종지와 분묘지를 제외한 것이었다. 이들 지목은 구래의 증명문서가 명확하지 않아 국민유로 구분할 때 분쟁이 제기될 것이 예상되며, 이러한 지목분류 방식으로 구래에는 지세 부과대상이 아닌 지목이 지세나 임야세 징수대상에 포함되어 일제의 재정수입이 증대될 것이 충분히 예상된다.

[참고어] 삼림법, 무주공산, 국유미간지이용법, 분묘지, 지목

[참고문헌] 『경국대전』; 『조선총독부관보』; 조선총독부 임시토지조사국, 1918, 『조선토지조사사업보고서』; 강정원, 2014, 『일제의 山林法과 林野調査 연구』, 부산대학교 박사학위논문 〈최원규〉

임야대장(林野臺帳) 조선임야조사사업의 최종 결과물로, 임야조사서와 지적도를 바탕으로 리를 단위로 각 필지의 지적을 기재하여 지번 순으로 편철하여 이후 실무에 사용한 장부.

임야조사에서 사정을 위해 작성한 장부가 임야조사부와 임야도이다. 이것이 사정과정과 임야조사위원회의 재결을 거쳐 소유권이 확정되면 이를 기초로 임야대장을 조제한다. 임야대장은 리 단위로 각 필지를 한 장으로 하여 지번 순으로 편철한 장부이다. 각 필지마다 첫 칸에는 동리명, 지번, 등급, 적요를 기록했다. 다음에는 용지를 상부와 하부로 나누어 상부에는 지목, 지적, 지가, 연혁을 기록하였고, 하부에는 소유권 변동의 연월일, 사고와 소유자의 주소 성명 등을 기재하였다. 사고란 첫 칸에는 임야조사사업을 통해 소유권을 처음

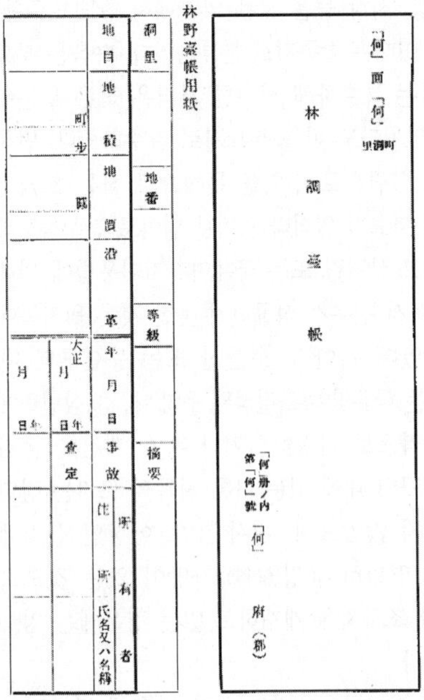

임야대장 朝鮮總督府農林局, 『朝鮮林野調査事業報告』, 1938, 267쪽.

법적으로 인정했다는 의미에서 '사정(査定)'이라는 용어를 기재하였다. 그 다음에는 매매 상속 등으로 소유권이 변경되었을 때 사고란에 '이전(移轉)'이라 기록했다. 이 가운데 임야조사서에서 이기할 사항은 동리명, 등급, 지번, 지목, 지적, 사정연월일, 소유자의 주소 성명이었다. 공유지는 임야대장의 소유자 성명란에 '○○○외 ○○○'로 기재하고, 별도로 공유지연명부를 조제하였다. 이러한 작성규정은 1920년 8월 총독부 부령 제113호 공포한 임야대장규칙에 제정하였다. 그리고 1922년 6월 총독부 고시 제159호로서 처음 임야대장규칙에 의해 사무를 취급하는 지역을 지정고시하고 7월부터 사무를 시작하였다. 이어 각 도에서는 임야대장규칙시행수속을 제정하였다.

이러한 과정을 거쳐 완결된 임야대장과 임야도는 관계 부군도청에 인계하여 그 후 임적관리사무에 활용하였다. 임야대장은 토지대장과 함께 현재까지 한국 토지소유권 운영의 기초 장부로 활용되고 있다.

[참고어] 조선임야조사사업, 임야조사서, 임야조사위원회

[참고문헌] 朝鮮總督府農林局, 1938, 『朝鮮林野調査事業報告』; 岡衛治, 1945, 『朝鮮林業史』, 조선산림회(2001, 한국임정연구회 편역, 산림청); 한국역사연구회 토지대장연구반, 2011, 『일제의 창원군 토지조사와 장부』, 선인; 강정원, 2014, 『일제의 山林法과 林野調査 연구-경남지역사례』, 부산대학교 박사학위논문

임야대장규칙(林野臺帳規則) ⇒ 임야대장

⇒ 임야대장

임야세(林野稅) 1932년 도제시행규칙(道制施行規則)에 따라 도세(道稅)의 하나로 규정된 세목으로, 임야대장 혹은 토지대장에 등록된 임야에 부과한 지방세.

1910년 전반부터 임야소유자를 구성원으로 하는 면 단위의 삼림조합이 전국적으로 조직되었고, 1920년대는 각도에서 이들 조합을 군 단위로 재편하였다. 삼림조합의 주 재원은 조합비로 충당되었고, 대부분 민유림 보호업무에 지출되었다. 1927년 이후 일제는 삼림조합을 본격적으로 지원하기 시작했다. 민유림의 육림을 지도하는 기술원과 민유림을 단속할 수 있도록 사법경찰관의 직위를 부여한 군삼림주사를 배치하고 경비의 일부를 국고에서 지원하였다.

일제의 장려와 지원 하에 급속히 성장한 삼림조합은 1932년 임의단체에게 민유림 보호와 육림의 지도를 담당하게 할 수 없다는 이유로 해산되었다. 또 임야소유자에게 과도한 조합비와 각종 잡비가 부과되어 반발이 컸던 점도 해산의 한 이유였다. 삼림조합의 모든 업무는 도로 이관되었고, 조합비 대신 지방세로 임야세를 신설하여 재원을 충당하게 되었다.

1933년에 시행된 '임야세부과규칙준칙'에 의하면 과세대상은 임야대장과 토지대장에 등재된 임야로, 대부 중인 국유림 혹은 연고림 등 단순히 점유한 것에 불과한 경우에는 임야세를 부과하지 않았다. 그 외 보안림, 공공단체가 설치한 모범림 또는 학교림으로써 도지사의 인정을 받은 것, 1읍면 내의 1인 소유임야면적 5단보 미만의 것, 부윤, 군수 또는 도사(島司)가 사락지, 습지 또는 간석지에서 임야세를 부과해서는 안된다고 인정한 것은 임야세를 부과할 수 없었다. 부과원칙은 임야면적을 표준으로 하여 지역등급과 임야등급에 따랐다. 지역등급은 운반의 편리성, 기타 사정을 참작하여 부읍면 단위로 도지사가 결정하여 고시하였다. 임야등급은 임야대장에 등급을 등록한 임야는 그 등급에 의하여, 기타 임야에서는 임야대장 등록의 임야등급에 준하여 생산력[地味]과 운반의 편리성에 의하여 부윤, 군수 또는 도사가 정하였다. 임야등급은 임야조사사업에서 이미 조사한 바 있다.

1918년 조선임야조사령이 발포되기 이전에는 지역에 따라 신고서를 제출할 때 등급을 작성한 경우도 있었지만, 대부분 임야정리조사내규에 의해 등급이 결정되었다. 내규에서는 교통의 편리성과 생산력에

따라 임야를 4등급으로 분류하여 조정하였다. 그러나 1918년 조선임야조사령시행수속에서는 임야를 상·중·하의 3등급으로 나누어 구분하여 최종 정리하였고, 그 중에서 특히 지위가 우수한 것은 특등으로 분류하였다. 임야조사사업의 임야등급 조사는 결국 일제가 장기적으로 임야세 신설을 염두에 두고 있었음을 보여준다. 이렇게 결정된 임야세의 세율은 임야면적 1정보에 대하여 평균 25전이었고, 법령에 규정된 한도 내에서 자율적으로 결정할 수 있었다.

삼림조합비가 임야세로 전환되었지만, 임야소유자들의 부담이 경감된 것은 아니었다. 오히려 임야세는 일본에 비해 고율인데다 삼림조합에서 부과하던 각종 잡부금도 여전히 임야소유자들의 몫이었다. 또 임야세가 창설되면서 체납을 절대 불허한다는 방침이 발표되었고, 체납시 재산을 압류할 수 있는 법적 기반도 마련되었다. 결과적으로 일제는 임야세를 신설함으로써 불납 저항에 강력히 대응하고 법적으로 탄압할 수 있는 길을 마련할 수 있었다.

[참고어] 임야대장, 조선임야조사령, 조선임야조사사업

[참고문헌] 岡衛治, 1945, 『朝鮮林業史』, 조선산림회(2001, 한국임정연구회 편역, 산림청) ; 최병택, 2010, 『일제하 조선임야조사사업과 산림정책』, 푸른역사 ; 강정원, 2014, 「일제의 山林法과 林野調査 연구-경남지역 사례」, 부산대학교 박사학위논문 〈강정원〉

임야신고서(林野申告書) 조선임야조사사업에서 임야의 소유자 및 연고자가 소유권 획득을 위해 자기 임야의 내역을 작성하여 제출한 신고서.

일제는 조선임야조사사업에서 신고심득을 정하여 신고서 및 통지서의 기재원칙과 방식을 정하였는데, 신고서에는 신고의무자인 소유자와 연고자의 이름과 주소, 임야소재지와 면적, 지적신고서 제출여부와 사유나 연고의 근거를 표기하였다. 그리고 임야조사를 리에서 총괄하는 지주총대의 인장이 찍혀 있었다.

임야신고서는 임야소유권을 확정하는 기초자료로 신고의 정확성 여부는 사업의 성패와 직결되는 것이었다. 그런데 임야는 경지와 달리 신고서의 정확성을 담보해 줄 대조장부가 부실하였기 때문에 이를 보완하기 위해 1908년 삼림법의 지적신고서를 활용하였다. 또 신고를 하지 않아 국유로 귀속된 임야의 구소유자 또는 상속인은 민유사정원(民有查定願)을 부기하여 신고의 정확성을 기하고자 하였다.

지주총대의 주관 아래 작성된 신고서의 내용은 다음

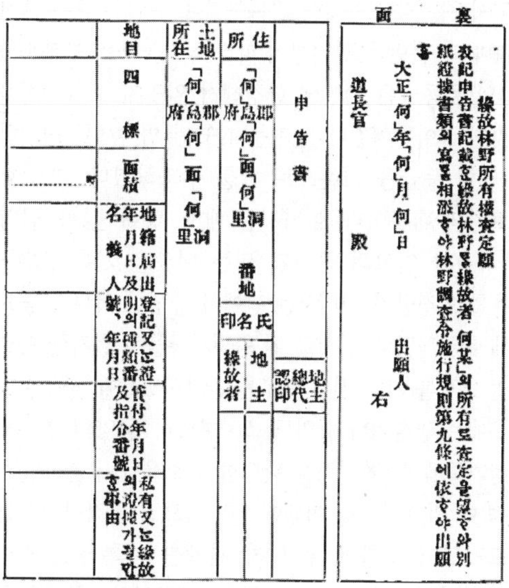
申告書
住所 「何」府(島)郡「何」面「何」里(洞) 番地
氏名印
土地所在 「何」府(島)郡「何」面「何」里(洞)
地目
四標
面積
地籍屆出登記又는證明의種類番號、年月日及名義人
貸付年月日及指令番號
私有又는緣故의證據가될만한事由
地主 緣故者
地主總代認印

裏面
緣故林野所有權查定願
表記申告書記載의緣故林野는緣故者「何某」의所有로查定을望하와別紙證據書類의寫를相添하야林野調查令施行規則第九條에依하야出願함
大正「何」年「何」月「何」日
出願人 右
道長官 殿

조선임야조사령시행규칙 조선총독부, 『조선총독부관보』 호외, 1918. 5. 1.

과 같다. 첫째, 신고일이다. 신고일은 소유권을 사정한 날이 되며 이때부터 소유권은 '원시취득(原始取得)'의 법률적 효과가 발생한다고 규정하였다. 신고기간은 임야조사 이전에 전부군을 단위로 도보(道報)와 관보(官報)에 공고하였다.

둘째, 지적계란(地籍屆欄)에 대한 내용이다. 신고서는 준비조사의 기초자료였지만, 신고서 내용을 대조 확인할 만한 장부는 경지와 달리 매우 미흡했다. 삼림법에서 민유림 신고를 위해 지적신고서를 제출하였지만, 미신고 지주의 산림 소유와 면적을 파악하기에는 무리였다. 그럼에도 불구하고 삼림법에서 지주가 제출한 지적신고서는 사업에서 지주나 연고자의 신고내용을 대조 확인하는 기본 장부로 활용되었다. 임야신고서와 지적계를 대조하여 구소유자와 현소유자간의 소유권 이동 관계와 기타 임야 전반에 대한 상황을 파악할 수 있었다. 이를 보완할 대조장부는 부윤, 면장이 작성한 신고서의 검사정리 및 조사에 필요한 국유임야도면 사본, 국유임야대부지도 사본, 보안림도면 사본, 면동경계약도(面洞境界略圖) 사본, 임야증명에 관한 대장, 미간지허가대장 및 1필마다 초록한 삼림산야지적 보고서류 등이었다.

셋째, 지목란이다. 신고대상 지목의 종류는 지목구분은 토지조사령 제2조의 기준을 따랐다. 개재지는 토지조사령에 의해 조사 측량을 하지 않은 임야 내에 개재하는 임야 이외의 토지로, 전, 답, 대, 잡이었다. 개재지는 임야조사에 관한 규정을 준용하여 조사하였으며, 지번도 '山○○번'을 붙이도록 하였다. 넷째, 임야

신고서에는 임야 등급을 기록하였다. 등급 기준은 생산력[地味]과 운반의 편리성에 따라 상·중·하로 구분하였다. 임야 등급은 임야에 한정해서 일필지 조사과정을 거치면서 이루어졌다. 일제는 1932년 임야세를 신설하면서 이 등급을 기준으로 세를 부과하였다. 다섯째, 사고란의 내용이다. 여기서는 매매, 양여, 상속, 금양 등 사유나 연고의 근거가 되는 내용을 기록하였다. 사유를 인정받기 위해서는 관에서 증명한 서류가 중요하게 취급되었다. 문서로 된 증빙서류들은 철저한 사실 확인 조사를 거쳐 진위 여부를 판단하였으며, 불충분할 경우에는 진술이나 증언도 조사하였다. 금양의 경우도 인정기준에 따라 실적을 판단하여 소유를 구분하였다. 이 밖에 임야신고서 여백에 일반적으로 지적신고인과 신고자명이 다를 경우 양자 관계를 기록하였다.

여섯째, 통지없는 국유림의 신고이다. 국유림은 1911년의 국유림구분조사에서 요존임야와 불요존임야로 나누어 조사하였기 때문에 분쟁의 소지가 없는 한 재조사를 하지 않았다. 따라서 사업에서는 통지없는 국유림이 조사대상이었다. 통지없는 국유림으로 조사되면, 조사원은 통지서를 '편의작성(便宜作成)'하여 해당 관청에 통보하였다. 통지서는 별도의 양식을 만들지 않고 신고서 양식을 사용하였는데, 신고서 제목을 두 줄로 지우고 통지서라고 기입한 후 소유자란에 국(國)이라 기입하였다. 신고서의 사고란이나 야장 비고란에는 '○○○(불요존) 국유림 내', 상단부에는 '편의작성'이라고 기록하였다.

일곱째, 무신고지의 신고다. 조사가 끝날 때까지 신고서 제출이 없는 경우는 신고서에 준하여 무신고서를 작성하고 그 연월일 및 무신고 사유를 기재하고, 당무자가 이를 인증하는 날인을 찍고 신고서철에 편철하였다. 무신고서 양식은 별도로 마련되지 않았다. 일반 신고서 제목란에 '무(無)'자를 덧붙여 사용하였고, 여백에 실지조사에 기초한 무신고 내용을 기록하였다.

여덟째, 관계자의 확인 날인이다. 신고는 지주와 연고자의 의무사항이며 신고서 내용의 사실 여부는 전적으로 신고 당사자의 책임이었다. 그런데 문자해독능력을 고려할 때 모든 신고자가 직접 신고서를 작성한 것은 아니었다. 특히 같은 날에 신고한 경우 필체가 동일한 것을 보면, 신고자가 개별적으로 작성한 것이 아니라 지주총대 등이 일괄 작성하고 당사자가 확인 날인한 것으로 파악된다.

이렇게 작성 제출된 신고서는 각종 서류 등을 토대로 조사 수정하였다. 조사항목은 신고일과 신고자 주소 성명, 신고자와 지주총대의 날인과 서명, 고치거나 말소한 곳의 도장 누락 여부, 기타 누락 사항과 서식에 맞게 작성했는지 여부였다. 또 신고임야에 대해 지적신고 유무를 대조할 뿐만 아니라, 신구 소유자 사이의 소유권 이동 관계를 심사하기 위해 조사 실시에 앞서 부군도청에 배치된 삼림산야지적보고 서류에 대해 일필마다 초록하고 동리마다 구분 편책하여 신고서와 대조하였다.

부면(府面)의 실지조사 과정에서 개별필지에 대한 가지번과 필요사항을 조사 기입하고 정리를 마친 후에는 신고서를 편철하였다. 신고서 및 통지서는 동리마다 같은 성씨, 이해관계인의 신고, 면 동리 법인 기타 단체의 신고, 국유에 관계된 것, 무통지 또는 무신고 토지, 분쟁지 등의 순서로 편철하였다. 그리고 표지에는 「何郡島 何面 何洞里 申告書」라고 기재하고, 왼쪽 여백에 지수(紙數) 및 필수(筆數)를 기입하였다.

임야신고서는 소유권을 확정하는 기본서류이기 때문에 준비조사와 실지조사과정에서 사실여부를 확인해 나갔다. 일반적으로 신고서 내용에 이상이 없을 때는 신고자를 소유자로 인정했다. 같은 임야에 소유권을 주장하는 자가 2인 이상인 경우, 또는 경계분쟁인 경우는 당사자 사이에 화해를 시도했다. 화해가 성립하지 않을 때는 분쟁지로 처리했다.

[참고어] 조선임야조사사업, 조선임야조사령, 분쟁지조서-임야, 국유림구분조사

[참고문헌] 朝鮮總督府農林局, 1938, 『朝鮮林野調查事業報告』; 최병택, 2010, 『일제하 조선임야조사사업과 산림정책』, 푸른역사; 강정원, 2014, 「일제의 山林法과 林野調査 연구-경남지역 사례」, 부산대학교 박사학위논문 〈강정원〉

임야심사위원회(林野審查委員會) ⇒ **분쟁지조서-임야**

임야원도(林野原圖) 조선임야조사사업의 일필지측량에서 조사한 임야소재, 지목, 지번, 경계 등을 기록한 지도.

일필지측량은 임야신고서가 수합 정리된 후 이루어지는 실지조사이다. 지주, 지목, 경계 등의 조사를 마친 이후 각 필지의 경계를 측정하고 면적을 산정하는 전 과정을 말한다. 실지에서 경계의 확정표시는 가장 중요한 작업이므로 미리 임야소유자 또는 연고자가 임야신

고와 동시에 해당 토지의 둘레에 표항을 설치하도록 했다. 일필지측량은 평판측량으로 하고, 도근도(圖根圖)를 기본으로 하여 동리마다 해당 구장, 지주총대, 신고자, 이해관계자의 입회하에 신고서 및 통지서를 대조하여 측량하였다. 도근측량은 세부측량의 근간을 이루는 가장 중요한 작업으로 토지조사사업에서 만들어진 지적도를 활용하였다.

측량이 끝나면 도근도에 경계선, 지목, 가지번, 소유자 또는 연고자, 기타 필요한 사항을 기재한 원도(原圖)을 작성하였다. 측량은 시가지 부근과 같이 경제적으로 특수한 관계에 있는 지역에 한하여 예외로 1/3000 축척을 사용하였고, 나머지는 원칙적으로 1/6000 축척을 사용하였다. 그러나 일필지의 지적이 협소하여 도근도에 그 원형을 정확하게 도시하기 어려울 경우에는 원위치에 부호를 붙여 도면의 여백에 축척으로 이것을 도시하였다. 그림 외곽 여백에는 원도 명칭, 번호, 필수, 접근원도의 번호, 측량연월일, 측량원의 관명 및 성명 등을 기재하였다. 원도는 한 개 리 단위로 작성하였고, 리의 크기에 따라 여러 장으로 나누어 작성했다. 그리고 표지에 일람도를 그려 리 원도의 전체 구성을 나타내었다.

한 동리의 원도가 5매 이상일 때는 일람도를 조제하여 원도에 첨부하였다. 일람도 작성은 동리를 같은 크기로 구획하여 구획별로 번호를 부여하였다. 원도의 번호는 동북쪽에서 시작하여 북쪽에서 남쪽으로 나아가고 서남쪽으로 이어가면서 차례로 번호를 붙여 원도 상호간의 관계를 분명히 했다. 원도는 일필지 측량의 결과물이며, 임야도는 원도를 바탕으로 조제하였고 사정장부로 활용되었다. 각 필지의 면적은 임야도의 도면상에서 임야대장을 조제할 때 자료로 제공하였다.

[참고어] 조선임야조사사업, 임야신고서, 임야대장, 일필지측량

[참고문헌] 朝鮮總督府農林局, 1938, 『朝鮮林野調査事業報告』; 한국역사연구회 토지대장연구반, 2011, 『일제의 창원군 토지조사와 장부』, 선인 ; 강정원, 2014, 『일제의 山林法과 林野調査 연구-경남지역 사례』, 부산대학교 박사학위논문 〈강정원〉

임야조사서(林野調査書) 조선임야조사사업에서 지주와 연고자가 신고한 내용을 조사 측량하여 수정 보완한 후 최종적으로 지번을 붙여 마무리한 사정원부.

임야조사서는 사정원부로서 그 양식은 1918년 11월에 발포된 조선임야조사령시행수속에서 정하였다. 조사서는 동리 단위로 조제하였으며, 지번순으로 기재하였다. 기록된 내용은 지번, 지목, 면적, 등급, 신고 또는 통지연월일, 소유자 및 연고자의 주소, 씨명, 비고이다.

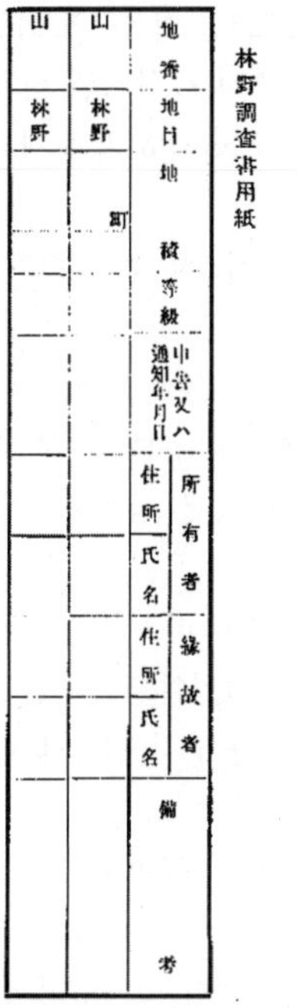

임야조사서 朝鮮總督府農林局, 『朝鮮林野調査事業報告』, 1938, 263쪽.

첫째, 지번은 한 동리를 통해 실지의 연속하는 순서에 따라 번호를 붙였으며, 토지와 구분하기 위해 지번 앞에 '山'자를 부기하였다. 둘째, 지적측정은 면적계산기를 사용하여 세 번 이상 실시하였으며, 동리마다 지번의 순서에 따라 계산하여 지적계산부에 읽은 숫자 및 지적을 기재하였다. 셋째, 임야등급은 생산력[地味]과 운반의 편리성에 따라 상·중·하로 구분하였다. 넷째, 소유자 및 연고자 씨명란에서 한 동리 내에 동명이인이 존재할 경우는 이를 구분 기재하였다. 외국인의 경우는 씨명 오른쪽에 국적을 기재하였다. 공유지 또는 공동의 연고자가 있는 국유림에서 2명까지는 씨명란에 기입하고, 3명 이상일 경우는 공유지 연명서를 작성하여 뒤에 첨부하였다. 다섯째, 비고란에는 사정과 관련된 각종 특이사항을 기록하였다. 분쟁지는 '분쟁지(紛争地) 第○號', 무신고지는 '무신고(無申告)', 법인의 자격이 없는 종중 기타 단체로 상당 명의인이 신고한 것은 '종중재산(宗中財産)' 혹은 '○○(단체명)재산', 각종 증명은 '보존증명(保存證明) ○年○月○日 第○○', 대부지는 '대부중(貸付中)', 삼림법 제19조에 의해 지적을 제출하지 않아 국유로 귀속된 임야는 구소유자 또는 그 상속인의 소유로 사정한다는 조선임야조사령 제10조에 따라 민유로 사정할 국유림 연고자의 씨명, 주소는 소유자의 주소 씨명란에 기입하고, 비고란에 '지적계없음(地籍届ナシ)'으로 기재하였다. 세부 사항이 기재된 임야조사서는 한 개 면을 한 책으로 편철하였고, 한 책에는 '○○군○○면(何郡 何面) 임야조사서(林野調査書)'라고 기재한 전체 표지와 동리명, 필수, 면적을 기재한 목차, 각 리별 표지와 내용이 수록되었다.

한 동리의 조사내용 말미에는 동리의 국유, 민유, 분쟁지 상황을 적은 집계표를 첨부하고, 맨 마지막에는

면 전체의 현황을 알 수 있는 집계표를 작성하여 첨부하였다. 임야조사서에 이어 원도까지 작성되면 신고서 및 통지서를 갖추어 도지사에게 제출하였고, 도지사는 이를 토대로 사정하였다.

[참고어] 임야원도, 임야조사야장, 분쟁지조서, 조선임야조사사업

[참고문헌]『昌原郡 龜山面 林野調査書』; 강영심, 1998,「일제의 한국삼림수탈과 한국인의 저항」, 이화여대 박사학위논문 ; 강정원, 2014,「일제의 山林法과 林野調査 연구-경남지역 사례」, 부산대학교 박사학위논문 〈강정원〉

임야조사야장(林野調査野帳) 조선임야조사사업에서 임야조사원이 일필지 조사를 하면서 각 필지에 대한 세부내역을 기록한 장부.

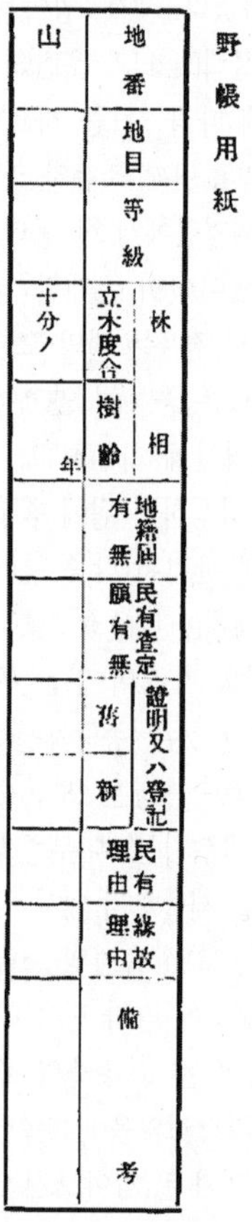

임야조사야장 朝鮮總督府農林局,『朝鮮林野調査事業報告』, 1938, 253쪽.

일제는 임야조사사업을 실시하면서 소유자나 연고자가 제출한 임야신고서 및 통지서의 수합 정리가 마무리되면 실지조사에 착수하였다. 실지조사는 임야신고서를 토대로 일필마다 소유와 연고관계를 조사하고 측량하는 작업이었다. 소유권 조사와 일필지 측량은 동시에 진행되었다. 이때 임야조사원은 실지작업 과정에서 임야조사야장을 지참하여 일필지 측량과 동시에, 국·민유를 인정하는 데 가장 중요한 금양 관계 또는 신고서에 첨부한 증명, 그 외 증거서류의 당부(當否) 등 조사결과를 기록하였다.

구체적으로 조사할 임야의 필지마다 지번, 가지번, 지목, 임야소재지의 교통의 편리성과 토질을 고려하여 상·중·하로 분류한 임야등급, 입목도(立木度), 평균수령, 지적신고 여부, 등기 또는 증명 종류와 일시, 사유 또는 연고 이유, 국·공·사유의 구분, 신고서의 유무, 소유자 또는 연고자의 주소, 연고림 처분방법, 조사한 임야에 문제가 있을 경우 그 사유를 비고란에 기재하였다.

마지막에는 지주총대와 측량자, 검사자 성명을 기입하였다. 이 중에서 사유 또는 연고 이유는 조선임야조사령시행수속 제27조의 국·민유 구분표준과 조선임야조사령시행규칙 제1조에 나오는 연고자 자격을 기준으로 하여 기재하였다. 연고림 처분에서는 무료대부, 유료대부를 구분하였고, 비고란에는 분쟁, 지적계없음, 종중재산, 과세지, 양여 등의 사항을 기입하였다.

임야조사야장은 실지조사과정에서 작성된 장부로 가지번과 지번을 같이 기록하여 임야신고서와 임야조사서를 연결하는 장부였다. 임야조사야장은 임야조사서 작성을 위한 기초장부로서 야장이 완료되면 곧 사정장부인 임야조사부 작성에 들어갔다. 토지조사의 실지조사부와 유사하다.

[참고어] 조선임야조사사업, 조선임야조사령, 임야조사서

[참고문헌]『金海郡 長有面 林野調査野帳』; 이우연, 2010,『한국의 산림 소유제도와 정책의 역사, 1600~1987』, 일조각 ; 강정원, 2014,「일제의 山林法과 林野調査 연구-경남지역 사례」, 부산대학교 박사학위논문 〈강정원〉

임야조사위원회(林野調査委員會) 조선임야조사사업의 최종 결과물인 사정 결과에 대한 불복신청을 재결하고, 사정 및 재결에 대한 재심을 심의 확정하여 처리하기 위해 조직된 기관.

임야조사위원회는 1918년 4월 임야조사위원회관제에 따라 행정관 외에 사법관을 참여시킨 합의제 조직으로, 위원장은 조선총독부 정무총감이며, 위원은 15인(이후 25인으로 증원)으로 조선총독부 판사 및 고등관 중에서 임명되었다. 임야조사위원회의 사정에 대한 이의를 제기할 수 있는 방법은 재결과 재심 두 가지였다.

먼저 재결은 특정 법률 사실이나 법률관계를 확인 결정하는 행정처분으로, 조선임야조사령에서는 사정에 불복할 경우 공시기간 만료 후 60일 이내에 임야조사위원회에 신청하여 소유권이나 경계에 대해 다시 확인 결정을 요구할 수 있었다. 다음으로 재심신청은 사정의 확정 또는 재결이 있는 날로부터 3년 이내에 하도록 하였지만, 처벌받을 행위에 대해서 사정 또는 재결이 되었을 때나 사정 또는 재결의 증거가 되는 문서가 위조 또는 변조되었을 때 재심신청이 허용되었다. 그리고 유죄판결이 확정되지 않으면 재심신청은 할 수 없었고, 허위로 신고했을 경우라도 범의(犯意)를 증명하여 확정판결을 구하기는 대단히 어려웠다. 게다가 벌금형

의 경우 형사소송법상 공소시효는 범죄일로부터 3년인데, 사정은 보통 신고당일로부터 2~3년이 지나야 비로소 공시가 되기 때문에 사정이 확정될 때 이미 공소시효가 지나거나, 걸려있는 경우라도 유죄판결을 구하기가 어려웠다. 유죄판결이 확정되지 않으면 재심신청을 할 수 없기 때문에 정당한 권리자가 소유권을 상실하는 결과를 초래하였다. 따라서 사정이나 재심 이전에 불복신청 절차를 밟아 소유권을 확인받지 않으면 안되었다. 착오로 인한 신고나 사정잘못으로 인한 경우도 마찬가지였다. 종람 후 재결과정에서 이를 밝히지 못하면, 사정에 대한 모든 책임은 소유자에게 귀착되었다.

사정결과에 대한 불복신청은 111,377건, 133,002필이었다. 소유권에 대한 불복이 104,256건(94%)이었으며, 경계분쟁은 6,002건(5%), 기타 1,119건(1%)이었다. 전반적으로 소유권 분쟁이 많았지만, 경계분쟁 또한 사업과정에서 야기된 분쟁보다 상대적으로 급증했다. 이는 일필지 조사에서 사표가 선으로 전환하면서 소유와 경계를 다시 조정하여 확정하는 과정에서 발생하였는데, 그만큼 근대적 소유권 의식이 강화되어 가고 있음을 보여주는 것이었다.

일반 인민이 제기한 불복이 109,163건(98%)을 차지했으며, 사정명의인 중 국가는 78,046필(58%)에 달했다. 국가와 민의 분쟁이 큰 비중을 차지하는 가운데, 사정명의인인 국가에 대한 불복 필수에서 연고지가 69,002필(88%)에 해당했다. 이는 사정 이후 제기된 불복신청의 주요인이 연고림을 국유로 사정함에 따라 연고자들의 이의제기가 급증했기 때문이었다.

임야조사위원회에서 처리한 재결결과를 분류하면, 불복신청 사건 111,377건 중에서 화해성립에 의한 취하 47,860건, 연고림 양여처분에 의한 취하는 22,531건으로 취하, 총 70,391건(63%)였다. 나머지 40,986건 가운데 사정명의인의 승낙에 의하여 도지사가 사정을 경정한 것 17,142건(42%), 증거서류에 의해 신립인의 주장을 시인하여 사정을 변경한 것 5,002건(12%), 이의신청기간이 경과된 것 2,883건(7%), 이유가 없다고 인정하여 각하한 것은 15,960건(39%)이었다. 재심사건은 455건으로 사정에 대한 재심이 159건, 재결에 대한 재심신청이 296건이었다. 재심은 미제 24건, 취하 174건, 재결 257건으로 처리되었다.

임야조사위원회는 임야 소유권 및 경계 분쟁 처리에 관한 최종 확정권을 가진 기구였다. 분쟁을 처리하기 위한 기본적인 방침은 '화해'였으며, 화해가 성립하지 않을 때에는 '문서'로 된 증거자료를 근거로 분쟁을 처리하였다. 다만 증거자료가 불충분할 경우에는 진술이나 증언도 조사하였다. 위원회를 통해 분쟁이 제도적으로 말소되었고, 모든 임야는 일본민법 체계 안에서 일지일주(一地一主)의 배타적 소유권을 인정받을 수 있었다.

[참고어] 조선임야조사사업, 조선임야조사령, 불복신청, 불복신립사건심사서류-임야

[참고문헌] 朝鮮總督府農林局, 1938, 『朝鮮林野調査事業報告』; 강영심, 1998, 「일제의 한국삼림수탈과 한국인의 저항」, 이화여대 박사학위논문 ; 최병택, 2010, 『일제하 조선임야조사사업과 산림정책』, 푸른역사 ; 강정원, 2014, 「일제의 山林法과 林野調査 연구-경남지역 사례」, 부산대 박사학위논문 〈강정원〉

임야조사종말보고서(林野調査終末報告書) 각 도에서 임야조사사업을 시행하고 그 내용을 정리한 총괄보고문서.

일제는 임야조사사업의 사정작업이 마무리될 무렵 각 도 단위로 종말보고서를 작성하도록 했다. 보고서에 수록된 내용은 다음과 같다. 사업계획, 착수 및 종료연월일, 사업실행 상황, 사업 진행에 영향을 미친 특수한 사정, 조사 부군도면 및 동리수, 축척별 동리수, 조사지가 없는 부면 및 동리수 그리고 명칭, 부군도별 원도의 매수, 조사 및 측량, 도근도의 조제, 임야도의 조제, 지적계산, 임야조사서의 조제에 종사한 자 등 각 인원, 국비 및 부면비별 경비, 감독실행의 상황, 사정공시, 도부열람 상황, 조사에 대한 지방민의 감상으로 구성되어 있다.

1938년 조선총독부 농림국에서 발간한 『조선임야조사사업보고』가 임야조사사업에 대한 총론의 내용을 담고 있다면, 각도에서 발간한 『임야조사사업종말보고서』는 지역의 세부적인 사업 전개과정을 알 수 있는 지역판 자료이다. 물론 '보고서'라는 형식에서 오는 개략적인 서술이라는 한계는 있지만, 각 도·부·군 단위까지 사업 시행과정을 파악할 수 있다. 또 각 도·부·군별 임야조사사업 착수 및 종료 시기, 지정지, 임야조사내규, 각도에서 임야조사를 위해 제정된 각종 규정, 분쟁현황, 분쟁사례를 통해 도내 부군별 사업 시행에 따른 지역적 특징, 더 나아가 각 도별 특징을 비교 파악할 수 있다.

[참고어] 조선임야조사사업, 조선임야조사령

[참고문헌] 慶尙南道, 1924, 『林野調査終末報告書』; 岡衛治, 1945,

『朝鮮林業史』, 조선산림회(2001, 한국임정연구회 편역, 산림청) ; 행정기록안정부 국가기록원, 2011, 『국가기록원 일제문서해제-임정편』 ; 강정원, 2014, 「일제의 山林法과 林野調査 연구-경남지역 사례」, 부산대 박사학위논문 〈강정원〉

임원경제지(林園經濟志) 19세기 전반에 서유구(徐有榘)가 관직에 나아가지 않고 향촌생활을 영위하는 사족(士族)들의 일상생활에 필요한 지침서로 편찬한 유서(類書) 성격의 책.

총 16개의 지(志)로 묶여 있어 「임원십육지(林園十六志)』라고 부르기도 한다. 현전하는 『임원경제지』는 필사본인데, 각 소장처마다 권책수에 차이가 있다. 규장각 한국학연구원 소장본(『林園十六志』, 奎6565)은 52책인데, 위선지(魏鮮志)의 1책(권1, 권2)이 결락되어 있다. 따라서 원래의 『임원경제지』가 총 53책으로 구성되었다고 볼 수 있다. 한편 오사카 부립 나카노지마 도서관(大阪府立中之島圖書館) 소장본은 54책으로 조사 보고되었다. 하지만 나카노지마 도서관 소장본이 54책이 된 것은 예언(例言)과 16지(志)의 인(引)을 묶어놓은 1책을 독립된 것으로 파악하였기 때문이다. 예언과 16지의 인을 모은 책은 독립된 1책으로 보기 어려울 것으로 생각된다. 왜냐하면 예언은 목록 앞에 들어 있어야 할 것이고, 각 지(志)의 인(引)은 각 지(志)의 첫머리마다 들어가야 할 것이기 때문이다. 따라서 나카노지마 도서관 소장본도 실제로 53책일 것으로 추정된다. 서유구의 『임원경제지』는 전체 권책수가 113권 53책에 달하는 것으로 추정된다.

서유구는 오랜 기간에 걸쳐 『임원경제지』를 편찬하였다. 서유구는 1806년(순조 6) 중부(仲父) 서형수(徐瀅修)의 유배와 더불어 찾아온 오랜 기간 동안의 은거시기에 『임원경제지』 편찬에 힘을 기울였다. 나중의 회고에 따르면 서유구는 1806년 이후 30여 년간에 걸쳐 『임원경제지』를 편찬한 것으로 기록되어 있다. 그런데 『임원경제지』는 서유구 생존 당시에 완성되었지만 세상에 크게 유통되지 못하였다. 서유구는 자신과 아들이 수십년에 걸쳐 편찬한 『임원경제지』를 맡길 만한 아들과 아내가 없다는 점을 무척 안타까워 하였다. 『임원경제지』는 1840년대 중반에 완성된 이후 간행이 되지 못한 채 필사본 원고로 집안에서 보관되어 왔다. 이 원고가 일제시기에 여러 기관에 의해 필사작업이 이루어졌다.

서유구는 1806년 은거기 이후 향촌에 머물면서 본격적으로 임원생활을 치열하게 경험하게 되었다. 서유구는 향촌에서 거주하는 생활에 익숙해지면서 그 이전 경화사족(京華士族)의 일원으로서 당연히 향유하였던 도회지의 화려한 생활을 되돌아보게 되었다. 서유구는 경화사족으로 지낸 지난 시절을 반성하면서 실용과 실질, 그리고 노동과 검약의 가치를 되새기게 되었다. 그리고 임원생활의 기반을 다른 것이 아니라 농업생산, 농업기술에 두는 것이었다.

서유구의 『임원경제지』 편찬에 영향을 준 배경이 될 만한 것으로 『산림경제(山林經濟)』를 꼽을 수 있다. 서유구 자신도 『임원경제지』 편찬을 시작하게 된 책으로 『산림경제』를 지목하였다. 서유구는 향촌생활을 꾸려나가는 데 『산림경제』가 도움을 주고 있다고 지목하였다. 그런데 그는 『산림경제』에서 아쉬운 점을 많이 찾아내고 있었다. 그는 "『산림경제』는 속에 쓸데없고 자잘한 내용이 많으며, 채록한 것도 또한 좁아서, 사람들이 대부분 병통으로 여기고 있다. 그래서 이에, 향촌의 삶에 적당한 일들을 대략 채록하여, 부(部)를 나누고 목(目)을 세워, 서적으로부터 자료를 수집해서 채웠다"라고 지적하였다.

다음으로 정조 대의 농서 편찬 추진을 『임원경제지』 편찬 배경으로 지적할 수 있다. 18세기 말 농서 편찬 흐름에서 가장 중요한 것은 정조(正祖)의 '농서대전(農書大全)' 편찬 추진인데, 서유구는 이러한 움직임을 너무나 잘 파악하고 있었다. 1798년(정조 22) 정조의 『권농정구농서윤음(勸農政求農書綸音)』에 호응하여 서유구는 「순창군수응지소(淳昌郡守應旨疏)」를 올리기도 하였다. 서유구는 정조의 '농서대전' 편찬 추진의 정황을 파악하고 있었다고 보인다. 이러한 점에서 정조의 농서 편찬 추진을 『임원경제지』 편찬의 또 다른 배경이라고 볼 수 있다.

『임원경제지』 편찬 배경의 마지막 요소로 지목할 수 있는 것은 서유구의 자신의 농사 체험이다. 농사일을 직접 체험하는 것은 농서(農書)로만 전해듣거나 보았던 농업기술을 실제의 농업현장에서 몸으로 체험했다는 것을 가리킨다. 또는 농사짓는 현장에서 직접 농사일을 목격하고 농민들과 이런저런 이야기를 나눈 것도 포함시킬 수 있을 것이다. 앞서 서유구가 은거시기에 오랫동안 많은 농사 경험을 쌓았던 것들이 『행포지(杏蒲志)』를 편찬하고, 『임원경제지』를 편찬하는 과정에 녹아들어갔다고 정리할 수 있다.

『임원경제지』의 구성체제에 대한 서유구의 구상은

우선 사람이 따라야 할 처세(處世)의 2가지 길을 출처(出處)로 분간하는 데에서 출발한 것이었다. 서유구에게 출(出)이란 관인으로 나아가는 것이고, 처(處)는 향촌의 전원에 은퇴하는 것을 말한다. 서유구는 이미 관직생활의 전반적인 형편을 남김없이 경험한 관리출신이었지만, 1806년 이후 낙향하여 은거생활을 해나가면서 향거(鄕居)의 단맛과 쓴맛을 모두 맛본 처지였다. 이러한 입장에서 서유구는 향촌에서 생활하는 사족들이 힘써야 할 부분이 바로 식력(食力)과 양지(養志)라고 주장하였다. 그리고 「임원경제지」 구성은 크게 나누면 16지를 식력과 양지 각각에 배정할 수 있다. 식력에 해당하는 것이 「본리지(本利志)」, 「전공지(展功志)」, 「관휴지(灌畦志)」, 「만학지(晩學志)」, 「정조지(鼎俎志)」, 「전어지(佃漁志)」, 「위선지(魏鮮志)」, 「상택지(相宅志)」, 「예규지(倪圭志)」, 「섬용지(贍用志)」 등 총 10개 지에 해당한다. 그리고 양지에 해당하는 것이 「예원지(藝畹志)」, 「유예지(游藝志)」, 「이운지(怡雲志)」, 「보양지(葆養志)」, 「인제지(仁濟志)」, 「향례지(鄕禮志)」 등 6지에 해당한다.

『임원경제지』는 다양한 성격을 가지고 있다. 한편으로는 17세기 이후 조선의 농서 편찬의 맥락을 계승한 종합농서이면서, 다른 한편으로는 의서(醫書), 조리(調理書) 등에 관련된 내용도 발췌, 분류, 정리하여 수록한 유서이기도 하다. 16지의 구성 체제와 내용에서도 알 수 있듯이, 서유구의 관심분야는 폭 넓게 퍼져 있었다. 대체로 향촌, 산림에서 거주하는 사족이 갖추어야 할 내용을 중국, 조선의 온갖 문헌을 섭렵하여 망라한 책이 바로 『임원경제지』라고 할 수 있다. 또한 서유구는 개인적인 차원에서 향촌에서 생활해나가는 사족들이 마땅히 꾸려나가야 할 임원경제를 궁구하고 탐색하는 과정에서 '임원경제학'을 구성하고 이를 직접 실천에 옮겼다. 따라서 『임원경제지』는 임원경제학의 구체적인 내용을 종합하고 집대성한 책이라는 역사적 의의를 갖고 있다고 할 것이다.

[참고어] 서유구, 행포지, 산림경제

[참고문헌] 金容燮, 1970, 『朝鮮後期 農學의 發達』, 서울대학교 韓國文化研究所 韓國文化研究叢書 2 ; 유봉학, 1995, 『연암일파 북학사상 연구』, 일지사 ; 조창록, 2004, 「楓石 徐有榘에 대한 한 研究-'林園經濟'와 『樊溪詩稿』와의 관련을 中心으로」, 성균관대학교 대학원 한문학과 박사학위논문 ; 김대중, 2011, 「풍석 서유구 산문 연구」, 서울대학교 대학원 국어국문학과 박사학위논문 ; 김문식 외, 2014, 『풍석 서유구 연구 上』, 사람의 무늬 〈염정섭〉

임장원(任長源) 1798년(정조 22) 권농정구농서윤음(勸農政求農書綸音)에 응하여 농서를 올린 사람.

구언 전지가 내려진 이듬해 「농소(農疏)」를 올렸다. 임장원은 이 글에서 농사짓는 것의 세 가지 요점으로 천시(天時), 지리(地理), 인사(人事)를 들고 각각의 항목들을 이야기하였다. 또한 그는 농업의 팔정(八政)으로 식량, 재화, 제사, 사공(司空), 사도(司徒), 사구(司寇), 빈(賓), 사(師)를 들어 서술하였다.

[참고어] 응지진농서

[참고문헌] 『정조실록』 ; 농촌진흥청 역, 2009, 『응지진농서I』, 진한M&B

임적조사내규(林籍調査內規) ⇒ **임적조사사업**

임적조사사업(林籍調査事業) 일제가 한국 산림의 소유별, 임상별 산림 분포를 파악하기 위해 실시한 사업.

일제는 1902년 이래 시행된 수차례의 지역단위 산림조사로는 한국 전체의 임상 및 소유별 산림분포를 알 수 없었다. 또 삼림법에 기초한 산림정책이 신고림 처리문제와 신고 실적의 부진, 부분림 성적 저조로 조정이 불가피해졌다. 일제는 보다 현실적인 차원에서 임정을 수행하기 위해 산림산야의 면적과 국유 사유에 관한 기초적인 자료를 구비하지 않고서는 산림정책을 수행할 수 없다는 판단 아래 1910년 임적조사사업을 시행하였다.

임적조사내규 제1조에 '임적조사는 전국적으로 관민유 임야의 배치 및 임상의 개요를 파악함을 목적으로 한다'고 그 목적을 밝히고 있다. 한국과 일본의 판임관(判任官) 1인씩 2인을 1조로 하여 14개 조를 편성하여 1910년 3월부터 9월까지 모든 조사를 마칠 것을 계획하고, 소요경비는 12,000원으로 설정하였다. 구체적인 실사방법을 보면, 예정된 도상에 순로(順路)를 정하고 산 정상에 올라 사방을 전망하고 하루 6리를 표준으로 하여 조사를 수행하였다. 실조사는 원도상에 임야의 소유, 임상, 수종 및 국유림의 명칭 등을 기입하였고, 일반지도에서 필요로 하는 사항도 조사하여 오류가 있는 것은 수정하고, 원도가 존재하지 않는 구역은 새롭게 제작하였다. 또 야장에는 국유림의 임황 및 현재 보호상태 등을 기재하고 각 지역의 임업 방법 및 구관습 등도 기재하도록 하였다. 도상 및 야장에 기입할 사항은 모두 야외에서 기재하는 것을 원칙으로 하였다. 각 지역에서 작성한 조사도는 산림국에서 정리하였다. 그 결과 조사 자체의 개략성에서 오는 한계는 있었지만, 조선에서의 소유별, 임상별, 도별 산림분포를 알 수 있는 대체적인 자료를 구축할 수 있었다. 1 : 20만 및 1 : 50만 축척의 소유별, 임상별 조선임야분포도(朝鮮林野分布圖)를 작성하였고, 국유임야가대장(國有林野假臺帳)을 조제하였다.

임적조사 결과 임상별 국유, 사유 구분 면적을 파악할 수 있었다. 국유림은 830만 정보로 전면적의 52.4%에 달하며 임상도 비교적 양호한 편으로 성림지로 구성되어 있었다. 사유림은 성림지보다 치수 발생지나 입목이 없는 지역에 넓게 분포하였다. 당초 예상보다 무입목지의 비율도 낮게 나타났다. 소유별 분포를 보면, 봉산, 금산, 목장, 시장과 같이 관리기관이 있는 국유임야는 6%, 주로 공산이라 칭하는 관리기관이 없는 국유임야는 45.9%, 사유임야는 46.6%, 사찰에서 관리하는 임야는 1%로 조사되었다. 특히 사유림 가운데 지역민과 밀접한 관계가 있는 공산은 사유림에 포함하였다. 일제는 조사 자료를 토대로 '한국임야정리에 관한 의견서'를 작성하였다. 이 가운데 주목할 것은 국유림 경영, 처분방침과 신고제의 기본방침이다. 여기서 관리기관이 있는 국유림과 관리기관이 없는 국유림(무주공산), 지역민과 밀접한 관련을 가진 공산까지 모두 국유로 파악하였다. 삼림법 미신고지의 범위를 더 구체적으로 확인한 가운데 임적조사에서 생산된 국유임야가대장을 토대로 국유산림산야를 요존지와 불요존지로 구분하는 방침을 수립했다. 그리고 삼림법의 신고제를 유지하였다. 임적조사에서는 신고제가 국유 사유를 구분하는 데 적합하지 않다고 인식하면서 신고제를 폐기하거나 신고기간을 연장하는 쪽으로 논의가 전개되었다. 그러나 조선총독부가 산림정책을 주도적으로 펼치기 위해서는 가능한 한 삼림을 국유로 설정하는 편이 유리했기 때문에 삼림법의 '신고'행위는 여전히 유효했다. 일제는 임적조사사업으로 식민지 임업정책을 수립하는데 중요한 방향성을 세울 수 있었다. 의견서에서 조선 식민지 임정의 기본골격을 형성하였다.

[참고어] 삼림법, 삼림령, 요존국유림, 불요존국유림, 무주공산

[참고문헌] 강영심, 1998, 「일제의 한국삼림수탈과 한국인의 저항」, 이화여대 박사학위논문 ; 이우연, 2010, 『한국의 산림 소유제도와 정책의 역사, 1600~1987』, 일조각 ; 강정원, 2014, 「일제의 山林法과 林野調査 연구-경남지역 사례」, 부산대 박사학위논문

〈강정원〉

임조권(賃租權) ⇒ 부동산권소관법

입모매매(立毛賣買) 농작물이 자라고 있는 상태 그대로의 전답을 사고파는 거래 행위.

입도선매(立稻先賣)라고도 한다. 입모매매는 입모(立毛) 상태의 논밭을 매매하는 것을 가리킨다. 입모 전답에서 농작물, 주로 벼가 자라고 있는 상태를 의미하는 말로 청전(靑田)이라고도 한다. 청전은 아직 벼가 익지 않은 푸른 논을 가리키는 말이다. 즉 입모매매는 수확 전의 소작지 및 생산물을 전당에 제공하거나 매매하는 관행인 것이다. 입모를 저당 잡히고 금전을 빌리는 인금(籾金)과 유사하게 사용된다. 입모매매의 관행은 주로 자작지에서 일반적으로 행해졌으며, 한말·일제 시기에는 소작지 입모매매 역시 증가하였다. 대부분 정액소작료를 수취하는 소작지의 작물을 대상으로 행해졌다. 또한 소작료를 생산물만으로 납부하는 소작지에 비해 금납(金納)이나 현물로 대납(代納)을 해도 지장이 없는 소작지에서 입모매매가 성행하였다. 이 관행은 전국적으로 행해지고 있었으며 특히 황해도 금천군(金川郡) 및 평북 용천군(龍川郡) 등에서 현저하게 나타났다. 매매영수증으로 매매를 증빙하였으며, 이후 매매계약서를 이용하는 사례가 늘어났다. 이 매매관행을 통해 거래되는 작물은 지방마다 차이는 있지만 일반적으로 벼, 보리, 소채, 대두 등이 많고 드물게는 조(粟), 목화(棉), 메밀, 옥수수, 피(稗), 과실, 약용인삼, 양귀비, 왕골(莞草), 마, 뽕나무 등도 있다.

입모매매의 이유는 전거나 전업의 경우, 생활의 유지나 출가자금·농경자금의 마련 등 급한 자금이 필요한 경우, 가족의 사망·재난 등의 해결이 필요한 경우 등이 있다. 저당이나 채무의 경우, 지주가 채권을 확보하고자 소작인에게 강요함으로써 미납소작료, 비료 등의 농경자금 명목으로 입모매매가 행해지는 경우도 있다. 소작인에게 금전을 대여하는 대가로 매수인이 수확물의 선매권(先買權)을 담보삼아 대부료를 곡가로 차감·청산하는 관례도 있다. 영리를 목적으로 입모매매를 하는 경우는 주로 소채전에서 발생했다. 그 대상이 되는 소채는 주로 배추·무가 많으며, 매수인은 상인인 경우가 많다.

소작지의 입모매매 관행은 지주의 허가를 요구하는 경우와 그렇지 않은 경우가 있다. 소작료를 생산물로 현물납부하는 소작지에서는 전자가 많고, 금전납·대물납의 경우는 굳이 필요로 하지 않는다. 지주의 승낙은

매매 후 10일 이내에 받아야 한다. 지주가 이를 허가하는 경우는 ① 예상 수확량에 따른 소작료를 남기고 나머지만을 매매하는 경우, ② 소작료를 매수인이 부담하기로 약정한 경우, ③ 매수인이 기존의 소작조건 및 토지에 관한 조세·지대 납부관계를 그대로 이행하는 경우, ④ 소작료의 담보 보증금을 납부 받은 경우 등이다. 비농업자인 매수인이 입모매매를 하는 경우, 매매 이후 전답의 관리는 기존의 소작인이 담당한다. 하지만 매수인이 농업자인 경우에는 소작권도 매수인에게 이전되는 경우가 많다.

입모매매는 추수기에 가까운 시기에 주로 행해지며 파종, 이앙기, 생육기에는 매우 드물었다. 추수기는 매도인이 궁핍할 시기이면서 매수인이 안정적 담보를 바탕으로 거래할 수 있는 시기이기 때문이다. 거래금액은 지방이나 지목에 따라 달랐다. 그 가격은 소작지 및 부근 농지의 작황, 해당 농지의 예상 수확고, 매매 당시의 시가를 계산하여 산정한다. 추수기가 아닌 시기에는 소작지의 경영에 드는 비용도 고려한다. 생산물의 가격 변동에 따라 매수인과 매도인의 손익이 달랐다. 매수인이 상인인 경우 소작인의 피해 사례가 많다.

[참고어] 베돈, 대전납, 조선의 소작관행

[참고문헌] 조선총독부, 1932, 『朝鮮ノ小作慣行(上)·(下)』; 조선총독부, 1932, 『朝鮮ノ小作慣行 : 時代と慣行』 〈고나은〉

입목지(立木地) ⇒ 임적조사사업

입법의원 농지개혁법안(立法議院農地改革法案) ⇒ 농지개혁법

입안(立案) 조선시기 개인의 청원에 따라 관아에서 발급한 증명 문서.

토지나 가옥의 매매·양도·상속 등을 위해 관아에 신고하고 그것을 보호받기 위해 내려 받았던 증빙 문서를 말한다.

『경국대전』에 따르면 토지에 대한 소유권 취득은 관청으로부터 입안을 발급받음으로써 완료되었다. 전지와 가사, 노비에 관한 매매는 100일내 관에 신고하고 입안을 받아야 했으며, 입안 일자와 관청명, 입안의 사유를 기록하며 당상·당하관이 함께 서명했다.

이같은 입안식의 원칙은 『대전속록(大典續錄)』에 이르러 100일이라는 기한이 아니더라도 계속 입안을 발급하는 방식으로 바뀌었으며, 재주(財主)와 증인·필집(筆執), 또는 관계인의 진술을 받아 증빙 근거로 삼는 서식이 자리를 잡게 되었다. 이같은 법적용에 따라 실제 입안의 발급 형식은 간략하게 바뀌었으며, 매매 당사자와 증필인(證筆人)이 모두 출두하여 소지를 제출하고 관에 신고하기만 하면 당일에 입안을 발급받을 수 있게 되었다.

토지매매가 이루어지는 경우의 입안 절차 역시 매매문기만 존재한다면 쉽게 이루어질 수 있었다. 매입한 토지의 경우 매수인은 전답주나 증인, 필집의 날인을 받아 매매문기를 작성하게 되는데 이같은 매매문기를 매도인이 거주하는 관청에 입안 신청을 하면 해당관의 서명을 받아 입안을 받을 수 있었다. 이 때문에 매매문기는 매매 때 서로 교환하던 증빙문서로서 입안을 대신하여 유통되기도 했다. 한편 관에서는 100일이 지난 후에도 신청만 하면 입안을 발급해주었기 때문에, 점차 입안을 받지 않은 백문(白文) 매매도 성행하게 되었다. 노비의 경우 도망의 위험이 있었기 때문에 입안을 필수적으로 갖추는 경우가 많았지만 토지매매의 경우에는 양안이나 매매문기 등의 문서만으로 증빙 근거로 삼게 되면서 입안을 갖춘 자에게 분쟁에 휘말려 패소할 수 있었다.

조선시기 토지나 노비, 가옥에 대한 소유권 취득을 위해 법규정이 정하는 바에 따라 관아에서 입안을 발급[官斜]받도록 하였으며 이를 통해 소유권을 보호하고자 하였다. 그러나 입안은 양안이나 매매문기, 상속문기 등의 문서가 동시에 증빙문서로 이용되었기 때문에 그 역할을 다하지 못하고 축소되게 되었다.

[참고어] 입지, 문기, 토지매매문기, 소유권

[참고문헌] 『經國大典』, 朴秉濠, 1960, 『韓國法制史特殊研究－李朝時代의 不動産賣買及擔保法－』(韓國研究叢書4, 한국연구도서관)

입지(立旨) 조선시기 관에서 개인에게 발급한 관문서 중 하나로, 개인의 청원에 대해 관에서 사실을 확인하고 공증하는 문서.

입지는 조선 중기 이후에 본격적으로 통용되었는데, 종래 입안(立案)을 통하여 공증하던 사안 중에서 토지 및 노비의 소유권 확인 등 특정한 경우에 한하여 이를 대체하였다. 매매 등의 사유로 토지와 노비의 소유권이 변동될 경우, 본래는 매매당사자가 명문(明文)이라는 문기를 작성하고 관에 신고하여 확인을 받은 다음 입안을 발급받아 이를 공증하도록 하였다. 그러나 화재나 분실 등으로 문서를 소실한 경우 관에 이를 고하여 사실을 확인한 다음에 받는 문서가 입지였다. 입안은 그 자체가 독립된 문서임에 반하여 입지는 청원자가 올린 청원서인 소지(所志)의 끝부분에 판결문[뎨김, 제음(題音), 제사(題辭)]의 형식으로 작성하여 지급하였다. 즉 청원자가 사실과 입지의 발급을 요청하는 소지를 올리면 관에서는 사실을 확인하고, 틀림없을 경우 소지의 왼편 아래쪽 여백에 '立旨成給向事 某日'이라 뎨김을 쓰고 관인을 날인하거나 수결하여 청원자에게 돌려줌으로써 입지가 발급되는 것이다. 입안은 강력한 공증력과 지속적인 효력을 지님에 반해, 입지는 상대적이고 일시적이며 제한적인 효력을 지닌 문서로 이해된다.

[참고어] 입안, 문기

[참고문헌] 鄭肯植·田中俊光, 2006, 『朝鮮不動産用語略解』, 한국법제연구원(朝鮮總督府, 1913, 『朝鮮不動産用語略解』) ; 法制處, 1979, 『古法典用語集』 ; 愼鏞廈 著, 1982, 『朝鮮土地調査事業硏究』, 知識産業社 ; 이재수, 2003, 『조선중기 전답매매연구』, 집문당 ; 최윤오, 2006, 『조선후기 토지소유권의 발달과 지주제』, 혜안 〈허원영〉

입회관행(入會慣行) 인민들이 산림에서 자유롭게 산물을 채취하고 방목하는 관습적 산림이용.

전근대 사회에서는 산림천택여민공지(山林川澤與民共之)의 이념 속에서 봉산을 비롯하여 기타 특별히 보호를 필요로 하는 경우를 제외하고 대부분은 공산(空山)이라 칭하여 민들이 자유롭게 땔감, 목초를 채취하고 방목할 수 있었다. 전근대의 산림이용은 지역적 관행에 따라 이용대상, 이용시기와 순서, 이용산물과 채초량, 이용권의 취득과 상실 등 그 권리정도가 상이하게 나타났다.

이처럼 전근대 사회에서 관습적으로 행해지던 산림이용권은 1908년 삼림법에서 부정되었다. 삼림법은 배타적 소유권이 관철되는 국유와 민유를 구분하는 조치였기 때문에 신고여부를 기준으로 미신고지는 국유로 간주되었고, 국유림에서의 산림이용은 제한되었다. 일제는 일정한 규약 없이 아무 때나 불특정 인민이 공산에 들어가서 땔나무 혹은 풀을 베어오는 경우는 입회권, 혹은 입회관행으로 인정하지 않았다. 이로써 인민들은 생활필수품인 시초 또는 온돌용 연료와 사료 등의 공급원을 빼앗겨 일상적인 연료채취가 불가능해졌다. 이러한 사정을 다소 완화하기 위해 삼림령에서 입회관행을 허용하였다.

1911년에 발포된 삼림령시행규칙 제35조에서는 입회관행을 '현지민의 전부 또는 대부분이 국유삼림의 일정한 구역을 한정하여 영년 촌락용 또는 자가용으로 사용할 수 있는 산물의 채취 또는 방목의 용도로 사용했던 관행'으로 규정하였다. 구체적으로 보면, 입회권은 취득 원인이 영년간 관행에 의한 것으로 고래로부터 관습적으로 허용한 입회관행은 삼림법에서 제한했던 산림이용을 인정한 것처럼 보이지만, 사실상 전근대 지역마다 마을마다 존재했던 다양한 산림이용방식 가운데 입회대상, 주체, 용익방법과 목적이 뚜렷한 경우에 한정해서 '입회관행'을 인정하였다. 이렇게 인정된 입회관행은 조선총독이 입회관행 지역을 지정, 축소, 변경할 수 있는 폭넓은 권한을 행사할 수 있게 하였다.

일제가 허용한 입회관행은 1912년 연고자의 자격 범주에 포함되어 처리되었다. 마을 공동이용지에서 입회권이라 불릴 만한 관행을 가진 마을은 연고자로 분류되어 조림대부를 통해 산림에 대한 권리를 유지시켜 나갔다. 연고자 자격 안에 포함되지 않은 산림이용은 일제가 소유권 중심으로 권리를 정리해 나가는 과정에서 정리 해체되었다.

[참고어] 무주공산, 삼림법, 삼림령, 국유림구분조사

[참고문헌] 최병택, 2010, 『일제하 조선임야조사사업과 산림정책』, 푸른역사 ; 이우연, 2010, 『한국의 산림 소유제도와 정책의 역사, 1600~1987』, 일조각 ; 강정원, 2014, 「일제의 山林法과 林野調査 연구-경남지역 사례」, 부산대 박사학위논문 〈강정원〉

잉여농산물 원조정책(剩餘農産物援助政策) 1955년 이후 한국에 시행된 미국의 잉여농산물 원조정책.

한국전쟁 후 이승만 정부는 농업증산5개년계획을 입안했지만, 미곡의 경우 계획한 목표의 86%에 불과한 실적을 올렸다. 농업생산성의 정체는 쌀뿐만 아니라 보리나 원면과 같은 원료작물에서도 비슷한 양상을 보였다. 아울러 전후 극심한 인플레이션에 시달리던 정부는 농산물원조에 기초한 가격정책이나 조세정책을 실시하여 인플레이션의 압력을 농업부문에 전가시켜 극복하고자 했다. 1945~60년 동안 미국으로부터의 농산물원조는 원조총액 30억 달러 중 33%에 달했다. 이 중에 쌀과 보리 같은 식량원조는 총액의 14%, 원면·밀 같은 농산물원자재는 19%에 이르렀다.

제2차 세계대전 종전과 함께 미국은 과잉생산문제에 당면했고, 농산물도 그 예외가 아니었다. 1953년도 소맥과 면화의 경우, 잉여 적체량이 1년 치 소비량을 훨씬 넘었다. 농업공황의 위기에 처한 미국정부는 과잉농산물 처분에 고심하지 않을 수 없었고, 농산물원조는

과잉농산물 해소책의 하나였다. 아울러 농산물원조로 주한미군의 군사비 부담을 완화시키는 역할도 하였다.

MSA 제402조에 의한 미국 잉여농산물의 도입과 별도로 제1차 농업증산 5개년계획 기간 중인 1955년 체결된 잉여농산물도입협정이 체결되고, 그에 근거한 미공법 480호(PL480)에 따라 잉여농산물이 대량으로 도입되었다. 미공법 480호로 도입된 잉여농산물의 판매대금은 미국 측 사용분 10~20% 외에는 모두 국방비로 충당되어 군사력유지를 위한 핵심구성요소로 기능했다. 또한 잉여농산물 원조는 당시 물가에 결정적인 영향을 미쳤던 곡가인상을 억제했기에, 미국이 기대했던 방대한 군사력유지를 위한 경제안정의 기반을 구축하는 데 효과적인 수단으로도 작용하였다.

이와 같이 잉여농산물 원조는 반공전초기지의 유지라는 한미양국의 절충적 이해관계 위에서 이루어졌다. 그러나 잉여농산물원조로 말미암아 국내 식량농업은 크게 위축되었다. 특히 원면이나 소맥을 주종으로 하는 농산물원자재의 대량유입으로 원료농업을 붕괴시키는 결과를 낳았다. 면화의 경우, 경작면적이 1948년 11만 5,000여 정보에서 1958년에 5만 7,000여 정보로 격감했고, 생산량도 1정보당 76근에서 66근으로 감소하였다. 이러한 원료농업의 위축은 국지적 시장권을 바탕으로 한 중소공업의 위축과 재편을 가져왔다.

원조양곡은 항상 국내부족분을 초과하여 도입되었다. 1956~64년 동안 MSA 제402조와 미공법 480호에 의해 도입된 양곡은 연평균 40~50만 톤으로 당시 국내생산량의 15%에 달했다. 한국전쟁 직전인 1949년의 경우, 양곡 총 공급량 중 도입양곡의 비중이 2.1%에 비하면, 식량의 해외의존도의 과도하게 급증하였다. 이러한 해외의존도의 심화는 값싼 원조양곡의 유입으로 국내곡가의 하락으로 나타났다. 곡가지수를 1955년을 100으로 했을 때 1955년 174에서 1959년 120으로 31%이상 떨어졌다. 원조농산물 도입으로 국방비조달과 식량문제해결에는 도움이 되었지만, 농산물가격의 하락으로 농촌경제에 큰 타격을 주었다.

[참고문헌] 최영묵, 2004, 『미군정기 신한공사 연구』, 건국대학교 박사학위논문 ; 손경희, 2000, 「1946-1948년 경북지역의 신한공사의 농업경영」 『대구사학』 59 ; 이현진, 2009, 『미국의 대한경제원조정책』, 혜안 〈이현진〉

잉집(仍執) 관으로부터 자신의 재산이 아니라는 판정을 받았음에도 권리행사를 유지하는 것.

세력있는 자들이[權豪] 관의 판결을 무시하고 토지나 노비 등의 재산을 점유하고 있는 것이다. 예컨대 노비와 관련한 소송에 대해 고려 충숙왕 대에는 "소송은 맞고소를 하거나, 혹은 양인이라고 주장하는 것이었는데, 길게는 10여 년 적게는 5~6년이 걸렸다. 관청에서 비록 공정하게 판결한다 하더라도 세력이 있는 자는 잉집하여 따르지 않고, 약한 자는 억울하여 다시 소송하니, 송사가 날로 번다해 지고 부정행위는 날로 늘었다.(爭訟者, 或相爭, 或訴良, 多者十餘年, 小者不過五六年. 官司雖得正決, 强者仍執而不許, 弱者寃抑而更訴, 以致爭訟日繁, 姦僞日滋.[『고려사』 권84, 「형법」1 직제 충숙왕 5년 5월])"고 했다. 이 사례에서 보이듯 잉집은 권세가가 관의 판결을 이행하지 않고 불법적으로 권리를 행사한 것이다. 물론 잉집의 대상이 노비에만 국한된 것은 아니었다. 1352년(공민왕 원년)의 조치를 보면 "토지와 노비에 관한 송사가 번다해지니, 감찰전법도감으로 하여금 토지나 백성을 잉집·거집한 자를 검거한 다음 원고인으로부터 다짐장[甘結]을 받고 기일을 정하여 판결하되, 만약 원고인이 무고하였을 경우에는 무고죄로 처벌하고, 권세가로서 잉집·거집한 자도 그 잘못을 깨달아 본래 주인에게 돌려보내도록 하며, 이를 따르지 않는 경우에는 죄를 주라.(田民詞訟日繁, 仰監察典法都官, 先擧仍執據執田民, 於元告人取甘結, 限日平決, 誣告者, 反坐其罪, 其權豪仍據執者, 亦當知過, 歸還本主, 否者理罪.[『고려사』 권38, 「세가」 38, 공민왕 원년 2월 병자])"고 했다.

[참고어] 합집, 거집

[참고문헌] 『고려사』 ; 金容燮, 1975, 「高麗時期의 量田制」 『東方學志』 16 ; 李景植, 1991, 「高麗時期의 作丁制와 祖業田」 『李元淳停年紀念論叢』 ; 李仁在, 1996, 「高麗 中·後期 收租地奪占의 類型과 性格」 『東方學志』 93 ; 이경식, 1986, 『조선전기 토지제도 연구』, 일조각 ; 강진철, 1980, 『고려 토지제도사 연구』, 일조각 〈이현경〉

ㅈ

자문〔尺文〕 조선시기 관청에서 받은 물품이나 금전 등의 내용을 증빙하기 위해 발급하는 간단한 서식의 각종 영수증.

자문은 조선 초기부터 백성이나 하급관서에서 관청에 봉상(捧上), 상납(上納), 납물(納物)한 내용을 적어 증빙의 목적으로 발급했던 표 형태의 문서이다. 이는 관에 물건이나 돈을 내면 수령인이 그 수량이나 액수를 적어 납부자에게 주었던 신표(信標)·관표(官標)의 일종이었다. 이때 자문의 발급자와 수취자는 물품의 상납이 이루어진 당시의 수세자와 납세자(혹은 전달자)를 의미한다. 조선시기 민간에서 유통되는 거래 영수증인 수표(手標)와 자문을 혼용하기도 하였다.

자문의 '尺'자가 이두로 '자'로 발음되기 때문에 '尺文'을 '자문'으로 읽는다. 이때 자문이라는 명칭에 사용된 尺은 한 자(尺)도 안 되는 작은 종이인 소지(小紙)를 의미한다는 견해와 세금을 뜻하는 '조(租)'를 중국에서 '자'로 발음했던 것에서 비롯된 것이라는 견해로 나뉜다.

관에 납부한 세금 내역을 증빙할 수 있는 문서로 개인의 생활과 매우 밀접한 관계를 가졌던 자문은, 실제 세금 등이 이중징수될 경우 납세여부를 밝혀주는 최소한의 근거로 작동하였다. 따라서 물품·금품의 수세를 담당하던 관리들은 이를 악용하여 자문을 고의로 발급하지 않거나 자문을 위조하여 사적인 이득을 채우는 일이 발생하기도 하였다. 자문의 발급은 국가재정과 직결되는 사안이었으므로 관리의 자문 미발급 및 위조 등의 사례가 발생할 경우 국가는 이를 엄격하게 처벌하였다.

현존하는 조선시기의 자문은 발급자별로 크게 지방관서 발급 자문과 경사 발급 자문으로 나눌 수 있다. 또한 납부자 및 수취물에 따라 지방 수령에 새로 임명된 사람이 사령장을 받는 과정에서 중앙의 여러 관서에 돈을 납부한 잡세의 자문과, 민간에서 지방 및 중앙의 관아에 세금이나 물품을 납부하고 발급 받은 자문으로 분류할 수도 있다. 이러한 자문의 발급·수취는 물품이나 금전의 납부와 동시에 이루어졌으며, 자문을 반드시 받고 확인까지 하도록 조치함으로써 이중 수취의 폐단을 막도록 하였다.

구래의 세금이나 수수료·물품 등은 그 수납 명목이 다양했기 때문에 자문의 양식은 획일적이지 않았다. 따라서 각각의 관청마다 편의에 따라 나름의 서식을 만들어 사용하는 경우가 빈번하였다. 이들 자문은 조선 초기 주로 직접 필사하는 형태로 작성되다가 중앙 정부 관서에서는 인쇄된 용지를 사용하는 모습으로 점차 변화해갔으며 한문이나 이두로 작성되었다.

[참고어] 문기, 수표

[참고문헌] 정구복, 1997, 「조선시대 자문[尺文]에 대한 연구 : 수령이 새로 임용될 때의 비용」『고문서연구』 11 ; 이수건 외, 2004, 『16세기 한국 고문서 연구』, 아카넷 ; 김한아름, 2013, 「朝鮮後期 尺文 硏究 : 京司 發給 尺文의 板式과 行移를 중심으로」, 한국학중앙연구원 석사학위논문 〈고나은〉

자번호(字番號) ⇒ **자호, 지번**

자연인(自然人) 근대 민법에서 권리능력을 인정하는 자연적 생활체로서의 인간.

근대사회에서 자연인은 생존하는 동안 모두 법 앞에 평등한 권리능력을 가지며, 권리·의무의 주체인 지위가 부여된다. 근대법상 자연인의 권리능력은 출생에 의하여 발생하고 사망에 의하여 소멸하며, 살아 있는 자연인의 권리능력을 박탈하거나 제한하는 것은 인정되지 않는다. 전근대사회의 노비와는 달리 근대법에서 자연인은 출생부터 사망에 이르기까지 완전한 권리능력(인격)을 인정받는다. 그러나 한 국가의 국민이 아닌 외국인에 대해서는 예외적으로 권리능력을 제한하기도 하고 태아는 자연인이 아님에도 불구하고 예외로 권리능력을 인정하기도 한다. 또한 금치산선고나 한정치산선고 등 재산상의 행위능력이 제한되는 경우는 있으나, 권리능력이 제한되는 것은 아니다.

[참고어] 법인, 일본민법

[참고문헌] 탁지부, 1909, 『토지참고서』 2, 3 ; 한국법제연구원, 2000, 『관습조사보고서(개역판)』 ; 김증한, 1988, 『최신법률용어사전』 〈이승일〉

자작농창정사업(自作農倉定事業) 1930년대 조선총독부가 지주제의 수탈을 완화하고 농촌경제의 안정과 통제를 목표로 소작농을 자작소농으로 육성하려 한 사업.

1930년대 초반 만성적인 농업공황으로 인한 조선 농촌경제의 파탄과 소작쟁의의 격화·격증에 따른 농민의 혁명적 세력화는 일제의 한국지배를 근저에서 위협하는 요소였다. 지주들은 미가폭락으로 인한 이익 손실을 소작료 인상으로 만회하려 했고, 그에 따라 소작쟁의는 더 격렬한 형태로 촉발되었다. 1931년 조선총독으로 부임한 우가키 가즈시게(宇垣一成)는 강력한 통제와 장기적인 계획아래 농가경제의 안정을 목표로 농촌진흥운동을 대대적으로 전개하였다. 농촌진흥운동은 한편으로 개개농민의 정신적 자각과 분발에 기초한 자력갱생의 정신을 촉구했고, 다른 한편으로 지주제의 제도적 개선을 통해 이를 물질적으로 뒷받침해갔다. 소작농의 자작농화를 추구한 자작농창정사업은 고율소작료를 동반하는 소작관행의 제도적 개선이라는 사회정책적 목표로 실시되었다.

1932년 10월 11일 조선총독부 정무총감은 각 도지사에게 통첩으로 '자작농지 설정에 관한 건'(농제 161호)을 하달하고 자작농지 설정사업에 들어갔다. 사업의 목적은 소작농에게 토지를 소유하게 하여 이들을 중심으로 사상적, 경제적으로 불안한 조선농촌의 갱생을 꾀하고 이촌과 부랑의 폐를 방지하는 데 있었다. 자작농지 설정규모를 보면, 1농가당 5단보(논 4단보, 밭 1단보)를 표준으로 하고 1932년 이후 매년 설정농가 2,000호, 설정면적 1,000정보씩하여 10년간 20,000호, 10,000정보를 창설해간다는 계획이었다. 1932년 당시 자소작농이 2,289천 호, 소작지가 대략 2,482천 정보인 것을 감안한다면, 사업규모는 매우 빈약한 것(1932년 자소작농 호수의 0.9%, 소작지 면적의 0.4%)이었다. 1925~1945년까지 실시된 일본의 자작농창설사업은 설정농가 464,289호, 농지 295,674정보로, 연평균 실적치는 설정농가 23,214호, 설정농지가 14,784정보였다. 식민지 조선의 전체 설정농가 20,000호와 설정농지 10,000정보는 일본의 1년 치 평균에도 미치지 못하는 지극히 미미한 것이었다. 설정농가는 농촌중견인물이 될 소질을 가진 지조견실하고 근로애호의 정신에 불타는 농민을 대상으로 했고, 설정농지는 소작하고 있는 농지를 유상매입하는 방법을 취했다. 또한 도·군·면 각급 농회가 설정농가에 대한 각종 행정감독과 농사지도를 실시하여 농촌사회의 통제를 강화해갔다.

사업은 조선총독부와 금융조합에 의해 주도되었다. 조선총독부는 총 15,779,504원(이중 조선간이생명보험 적립금이 13,200,000원)을 대부하여 23,895호에 14,710정보(논 7,019정보, 밭 7,691정보)를 자작농지로 설정했다. 농가당 평균 660원을 연리 3.5%로 1년 거치 24개년 원리균등상환 조건으로 대부해주었다. 이러한 실적은 계획을 상회하는 것이었지만, 설정호수는 전체 소작호수의 1.4%에 불과한 것이었다. 설정면적은 계획면적인 5단보 이하가 62%에 달했으며 지가의 등락으로 논밭의 비율이 바뀌는 등 한계가 있었다. 금융조합에서는 1927~1932년간 특별저리자금(2,065,293원)을 대부하여 자작농지 설정사업(설정농가 8,873호, 설정농지 6,533정보)을 추진했지만, 본격적인 사업은 1933년 조선금융조합연합회의 결성 이후 시작되었다. 1933~1944년간 금융조합의 농지구입자금을 대부받은 호수는 607,105호, 농지면적은 198,975정보, 대부금액 151,371,325원으로 조선총독부 사업에 비해 월등히 많았다. 그러나 금융조합의 경우 조선총독부 사업에 비해 농민들에게 불리한 대부조건을 달았다. 조선총독부 사업에 비해 고금리였으며, 1호당 대부금액도 적었고, 총 대부자본의 35%가 보통 단기자금이었다.

조선총독부는 자작농창정계획을 성공적 사업이라고 홍보했지만, 적지 않은 문제점이 내재되어 있었다. 사업이 지극히 소규모였고, 설정농가의 영세성을 극복할 정도도 아니었다. 1936~1941년 설정농가 14,705호 중 9,131호(62.2%)가 5단보이하 영세한 농가였고, 설정농가가 소작하고 있던 소작지를 설정농지로 한다는 원칙도 지켜지지 못했다. 이는 재정부족과 지가상승으로 인해 설정농지 확보가 어려웠기 때문이었다. 사업이 진행된 시기는 농업공황에서 벗어나는 단계였고 지가도 상승하고 있었다. 1932년 당시 121.6원하던 논 1단보

가격이 1938년에 201원, 1940년에는 262원까지 상승했음에도 불구하고, 1호당 대부금액은 660원을 유지했기에, 구입면적을 줄이거나 논 대신 밭으로 구입해야 했다. 5단보의 영세한 설정농가의 경제적 불안정성은 결국 대부금 연체로 나타났다. 대출이자 상환과 농지소유에 따른 조세공과 부담으로 대부금을 제때에 갚지 못하는 연체농가가 적지 않게 발생하였다. 1939년 전체 농가의 24.7%가 연체농가였고, 3년 이상 연체농가도 64%에 달했다.

조선총독부는 1942년부터 다시 10개년 계획으로 제2기 자작농지 설정사업을 추진하였다. 제2기 사업은 전시식량 확보라는 정치적 목적 하에서 이루어졌다. 설정농가도 제1기 사업처럼 소작농으로만 한정하지 않고 현재 농업에 종사하는 자로 규정하였다. 설정대상 호수는 25,000호, 설정면적은 12,500정보(논 10,000정보, 밭 2,500정보), 자금총액 29,250,000원, 농가 1호당 금액 2,000원 내외, 상환방법은 1년 거치 19년 원리균등 상환이었다. 제2기 사업 역시 조선총독부 사업과 함께 금융조합을 통해서도 병행되었다. 금융조합은 대부조건의 불리함을 집단창정방식과 지도금융을 통해 만회하고자 했다. 이는 악화되어가는 지주경제를 구조조정하는 데 일정 부분 도움이 되는 조치이기도 했다.

[참고어] 금융조합, 농촌진흥운동, 조선농지령

[참고문헌] 서승갑, 1994, 「小作調停令·自作農創定 이후의 農村實態 연구」『국사관논총』 58 ; 농림부 편, 2003, 『한국농업·농촌100년사 상』, 한국농촌경제연구원 ; 이송순, 2003, 「日帝末期 戰時 農業統制政策과 朝鮮 農村經濟 變化」, 고려대학교 박사학위논문

〈김현숙〉

자정제(字丁制) 고려 후기 이후 전정(田丁)을 천자문(千字文)으로 표기한 전정주첩(田丁柱貼)의 기재 방식.

고려시기에는 부세 행정의 기초단위로 사람과 토지를 결부시켜 정(丁 : 전정이라고도 함)을 만들었고, 이를 특정 기관·개인 혹은 기타 용도별로 구분된 여러 대상에게 배속시킨 사실을 기재한 것을 전정주첩(田丁柱貼)이라고 한다. 전정주첩에는 전정 수득자의 성명이나 직역을 달아 놓아 그 귀속처를 명확히 하였다.

고려 전기의 전정주첩에 표기된 전정의 표기 방식은 인명을 기재하는 것이었다. 그런데 후기에 들어와서 토지겸병과 조업전화(祖業田化)·농민의 유이·향촌민의 구성 변화가 심하게 일어남에 따라 전정제가 붕괴되기 시작했다. 이 과정에서 전제개혁의 기초 사업 중의 하나로 전정주첩의 표기를 인명이 아니라, 천자문의 글자 순서[字號]를 활용해 지번을 매겨 작정하는 방식을 택해 실시하였다. 예컨대 천자정(天字丁)은 '천자(天字)의 지번이 매겨진 토지'라는 의미이다.

자정제는 국가에서 분급한 전토가 조업전(祖業田)으로 모칭(冒稱)되고, 겸병되어 자손과 친족 사이에 사사로이 전수되던 빌미 하나를 없애고자 한 방책이었다. 아울러 전주권, 곧 수조권의 약화에 비례한 전객권, 곧 소유권의 강화 추세와 맥을 함께 하는 조치이기도 하였다. 조준(趙浚) 등의 상소에서도 보이는 이러한 표기 방식은 실제로 1388년(우왕 14)의 기사양전에 착수할 때 활용되었으며 과전법(科田法)에도 그대로 수용되었다.

[참고어] 작정제

[참고문헌] 李景植, 1991, 「高麗時期의 作丁制와 祖業田」『李元淳教授華甲紀念史學論叢』, 教學社 ; 金琪燮, 2007, 『韓國 古代·中世 戶等制 硏究』, 혜안 ; 박용운 외, 2007, 『고려시대사의 길잡이』, 일지사 ; 李景植, 2011, 『韓國 中世 土地制度史-高麗』, 서울대학교 출판문화원

〈정덕기〉

자호(字號) 양전할 때 각 필지의 소재를 밝히기 위해 양전 순서에 의하여 필지의 합이 5결이 될 때마다 토지를 구획하여 천자문으로 자(字)를 부여한 것.

자호는 일정한 크기의 토지를 구획하기 위해 천(天), 지(地) 등의 천자문을 부여하는 방식이다. 징세와 토지 분급을 위한 작정(作丁)을 할 때, 고려시기에는 전주의 성명을 기재하여 토지를 구획하였으나 고려 말부터는 토지에 자호를 부여하는 방식을 도입하였다. 이는 1388년 7월 전제개혁을 주장하는 조준의 상소에서도 알 수 있다. "대저 작정은…… 20결, 혹 15결, 혹 10결로 하여 각 읍마다 정호(丁號)를 붙이기를 천자문으로 표시하고……."(『고려사』 권78, 「지」 식화 1 전제 녹과전 우왕 14년 7월])

조선 초기에도 고려의 자호를 습용하여 양전 시 결수를 계산한 후 정(丁)마다 1자(字)를 부여했다. 1400년을 전후하여 경기지방을 중심으로 5결마다 자호를 붙이는 5결자호의 방식이 등장하였으며, 1444년(세종 26)에는 5결마다 1자를 부여하고 자마다 순차 번호를 붙이도록 했다. 1자는 토지면적 5결을 단위로 구획하여 1자의 번호를 끝맺고 다음으로 넘어갔다. 1군(郡)의 총결수가 5,000결 이상이 되고 천자문을 모두 사용하였을 경우는 다시 천(天)자 1호부터 시작한다. 이때는 뒤의 천자문

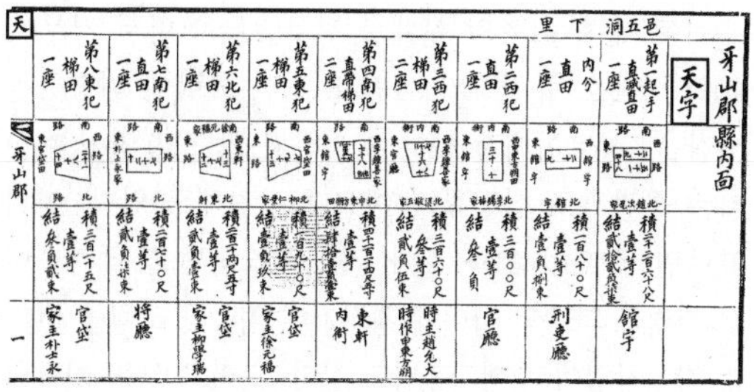

양안에 기입된 자호 『충남 아산군 현내면 양안』 1책 003a(규17664)

위에 2, 3따위의 숫자나 전후(前後) 문자를 붙여서 구별한다. 양전하여 자호와 지번을 붙인 토지는 개량한 경우에도 이를 변경하지 않는 것이 원칙이다. 양전 후 새로 개간된 토지가 있는 경우 인접지의 자호에 새로 지번을 붙여 표시한다. 후대에 양전법의 해이로 양전관리의 개량에 의해 구(舊) 자번호의 변경이 생기자 양안 상에 변경사유와 변경사항을 기입하여 토지식별을 용이하게 했다. 그러나 자번호의 고의적 변경을 통해 신구자번호의 대조가 어려워지는 폐단이 생겨나 혼란을 초래하기도 하였다. 1646년(인조24)에 1자 5결제에서 발생하는 문제를 해결하고자 정리방안이 논의되었으나 시행되지는 못하였다.

토지를 구획하여 자호를 부여하는 제도는 결부제에서 토지분급이나 조세수취상의 편리성 때문에 발생하였다. 5결 자호제는 ① 과전 수수의 단위, ② 지번 및 연분등제의 단위, ③ 수세의 단위, ④ 역역 징발의 단위로 기능하였다. 자호는 결수연명부 작성까지 시행하였다. 이후 일제는 조선토지조사사업으로 리를 단위로 각 필지의 절대면적을 파악하고, 순서대로 자번호 대신 지번을 부여하는 방식으로 바꾸었다.

[참고어] 양안, 광무양전사업, 제차, 지번

[참고문헌] 최원규, 1995, 「대한제국기 양전과 관계발급사업」『대한제국의 토지조사사업』, 민음사 ; 이영호, 1995, 「광무양안의 기능과 성격」『대한제국의 토지조사사업』, 민음사 ; 이영훈, 1997, 「朝鮮初期 5結字號의 成立過程 : '趙溫功臣田賜與文書'를 중심으로」『고문서연구』 12 ; 김건태, 2008, 『조선후기 경자양전 연구』, 혜안 〈고나은〉

작개(作介) 자작지(自作地) 중에서 일정한 토지를 노비의 책임 경작지로 할당하는 방식.

양반지주의 직영지 경영이 자작제에서 병작제로 이행하는 도중의 과도적인 성격의 것으로 파악되고 있다. 이때 작개를 관리한 노비에게는 생계를 위해 별도의 사경(私耕, 새경)을 지급하였는데, 여기서 거둬들인 수확물은 노비의 몫이었다. 이로써 작개와 사경은 짝이 되어 농장경영의 주요 형태로 나타났다.

작개와 같이 타인의 노동력을 통해 경작하는 방식은 다양하게 구분할 수 있는데, 대표적으로 가작(家作)·병작(竝作)·작개 등을 들 수 있다. 이들 중 전적으로 예속노동력에 기초해 경작한 것은 가작과 작개이다. 하지만 가작은 품종이나 생산방식 등의 작업과정을 노동력의 소유자가 직접 관리·감독했으므로, 이를 예속노동에게 일임한 작개와는 달랐다. 또한 가작에서는 생산물의 전량은 노동력의 소유자 몫이었던 반면, 작개에서는 생산물 중 일정부분 예속노동의 몫이 산정되거나 사경이라는 예속노동의 경작지가 지급되기도 했다. 이처럼 가작이 경작지와 예속노동력 그리고 경작과정 등의 관리를 전제한 것이므로 주인가(主人家) 인근의 토지의 경작에 주로 이용되었던 반면, 작개는 원격지에서 활용되었다. 경상도 안동 주촌(周村)에 거주하던 이정회(李庭檜, 1542~1612)가의 농장경영 사례연구에 따르면, 주가를 중심으로 가까울수록 가작이 우세하고, 멀어질수록 작개나 병작이 주된 경영방식으로 나타났다. 특히 거주지인 주촌에서 서남쪽으로 약 20㎞ 떨어진 곳의 풍산농장에는 가작이 전혀 나타나지 않았다.

[참고어] 사경, 병작, 가작

[참고문헌] 김건태, 2004, 『조선시대 양반가의 농업경영』, 역사비평사 ; 이영훈, 2011, 『맛질의 농민들』, 일조각 〈윤석호〉

작두 볏짚이나 풀을 써는 도구.

작두 농업박물관

'작두'라는 명칭은 한문의 '작도(斫刀)'(『농가집성』·『산림경제』)에서 유래한 말로, '작도'(『재물보』)·'쟉도'(『역어류해』)로도 불리며, 지역에 따라 '짝도'·'짝도'·'짝두'·'작뒤' 등으로 불리기도 하였다.

일반적으로 작두는 끝부분이 양쪽으로 벌어진 나무토막(작두바탕) 위에, 50㎝ 정도의 칼날을 올려 칼끝에 쇠기둥을 박아 고정하였고, 날이 닿는 부분을 안쪽으로 파내어 칼날이 들어가도록 만들었다. 발로 밟아 사용하는 것은 '발작두', 손으로 눌러 사용하는 것은 '손작두'

라고 한다. 한 사람이 날 밑으로 풀이나 짚을 놓으면 또 한 사람이 손으로 누르거나 발로 밟아서 썰었다. 작두는 농가에서 다양한 용도로 사용되었는데, 여물을 만들기 위해 볏짚이나 풀을 잘게 써는 용도 이외에도 잎담배를 썰거나, 약초를 잘게 썰 때 사용하였다.

한편 무속신앙에서는 무당이 영력(靈力)을 뽐내기 위해 작두의 칼날을 밟고 서서 춤을 추기도 하는데, 이때 무당이 타는 작두는 농기구로서의 작두와는 다른 것으로, 약 50~80㎝의 쌍날을 15㎝의 간격을 두고 칼날을 위로 하여 나무틀에 고정시킨 것이다.

[참고문헌] 박호석 外, 2001,『한국의 농기구』, 어문각

작무법(作畝法) 한전작물을 재배하기 위하여 한전(旱田, 밭)의 전토(田土) 표면을 이랑과 고랑으로 정리하는 작업.

한전작물의 기경(起耕)과 파종(播種)에 직접적으로 관련되는 기술이다. 또한 한전을 다스려 전무(田畝)를 만드는 것을 뜻하는 전무제도(田畝制度)라는 용어의 의미도 작무법과 동일하다고 할 수 있다. 따라서 작무법과 전무제도를 같은 의미의 두 용어로 파악해야 할 것이다.

한전의 전토 표면을 정지(整地)하는 방식에는 크게 두 가지가 있다. 하나는 한전의 전토 표면을 평탄하게 정리하여 그대로 경작지로 채택하는 방식이고, 다른 하나는 한전의 전토를 고저(高低) 차이가 있는 두 부분으로 나누어 높은 부분과 낮은 부분으로 정리하는 방식이다. 후자의 방식에서 높은 부분을 이랑이라고 부르고, 낮은 부분을 고랑이라고 부른다. 이랑에 해당하는 한자어는 대체로 무(畝) 또는 농(壟)이고, 고랑에 해당하는 것은 견(畎)이나 구(溝)이다.

한편 조선 전기 15세기 한전의 작무방식에 대하여, 이랑과 고랑을 넓게 하는 광무(廣畝)로 만들고 고랑과 이랑의 구분이 확연하지 않은 상태(대체적으로 低畝)에서 이랑에 작물을 파종하는 경우가 일반적이라는 견해가 있다. 조선 전기의 무가 파종처로 이용하기 위하여 기경·숙치(熟治)하고 시비(施肥)하는 곳이라면, 무와 무의 사이인 무간(畝間)은 '식토이대간(息土而代墾)'하는, 즉 기경하지 않고 휴경하면서 시비처로 이용하지 않고 당연히 파종처로도 사용하지 않는 공간이라는 것이다. 또한 한전에서의 전무가 이러한 방식으로 만들어졌다는 것을, 한전의 쇄토용(碎土用) 농기구로 중국의 경우와는 달리 써레[所訖羅]를 이용하고 있다는 점에서도 알 수 있다고 보았다.

이에 대해 이랑의 실체를 광무(廣畝)이면서 저무(低畝)인 상태로 규정하기 어렵고, 또한 고랑에 해당하는 무간을 '식토이대간'하는 기경하지 않고 휴경(休耕)시키는 공간으로 설정하기 어렵다는 견해도 있다. 이에 따르면, 산도(山稻)와 호마(胡麻)의 경작법을 살펴보면서 기경과 파종의 사이에 경작지에 이랑과 고랑을 만드는 작무작업이 수행되었다고 한다. 그리고 무는 이랑의 본래적인 의미 그대로 고랑과 대비되는 전토의 높은 부분을 의미하기도 하고, 고랑과 이랑의 구분이 불필요한 경작하는 전토 그 자체를 의미하는 단어라는 점도 지적하였다. 아울러 경기도 하남시 미사리에서 발굴·조사된 5, 6세기 백제시기의 밭을 비롯하여 삼국, 통일신라, 고려시기의 유구(遺構)로 발굴조사된 밭 유적에서 40㎝ 내외의 고랑과 이랑이 발굴되고 있다는 점도 조선 초기의 작무과 분명하게 수행된 작업이라는 점을 파악할 수 있다고 설명하였다.

조선시기를 비롯하여 역사적으로 한전의 작무법은 작물의 특성에 맞춰 전토 표면을 이랑과 고랑으로 조성하고 기경과 파종작업을 원활하게 수행하기 위한 것이었다. 따라서 기경작업에서도 이랑과 고랑의 조성을 염두에 두고 작업이 이루어졌다. 특히 한전작물의 파종법은 이랑에 파종하는 농종법(壟種法)과 고랑에 파종하는 견종법(畎種法)의 차이가 있었기 때문에 더욱 작무과정이 중요하였다. 또한 고랑과 이랑의 조성 방향에 대해서도 주변의 하천 위치, 전토의 경사방향 등의 여건에 따라 달리 조성하였다. 이러한 점을 고려할 때 작무 작업은 재배작물의 성장을 북돋아 소기의 수확을 거두려는 주도면밀한 농작업이었다.

[참고어] 견종법, 농종법, 대전법

[참고문헌] 金容燮, 1988,『朝鮮後期農學史研究』, 一潮閣 ; 李春寧, 1989,『한국農學史』, 民音社 ; 閔成基, 1990,『朝鮮農業史研究』, 一潮閣 ; 李鎬澈, 1986,『朝鮮前期農業經濟史』, 한길사 ; 염정섭, 2002,『조선시대 농법 발달 연구』, 태학사 〈염정섭〉

작부제(作伕制) 당해 연도의 재해 여부를 조사한 뒤 납세자와 그 과세면적을 확정짓는 것.

지세는 서원(書員)이 간평(看坪), 고복(考卜), 작부(作伕)를 한 다음 부과되고, 호수(戶首), 면이임(面里任), 서리(吏胥)가 징수했다. 간평, 고복, 작부 과정은 각면의 서원이 담당했으며, 이러한 수고의 대가로 농민들로부터 수수료를 떼었다.

간평은 그해의 농사상황을 직접 답험하여 재실(災實)

을 구별하는 작업을 말한다. 서원이 간평을 통하여 재결을 파악하여[執災] 군에 보고하면, 군에서는 이를 관찰사에게 보고하고, 관찰사는 탁지부에 보고하여 의정부회의와 국왕의 재가를 통하여 각도의 재결이 확정되고 다시 군에 할당된 뒤 결민에게 재결의 혜택이 돌아가게 되는데, 이러한 과정이 표재(俵災)에 해당한다. 따라서 재결(災結)의 지급은 간평에서 시작하여 표재로 끝나는 것이다. 간평의 결과 고복이 이루어져 결민은 자신이 납세할 결수를 확인받게 된다. 작부는 고준된 결부를 일정한 단위, 즉 주비(主矣)로 묶어 납세의 가장 기초적인 단위를 만드는 작업이다. 이때 여러 지역에 걸친 납세자의 결부가 이래이거(移來移去)되어 한데 묶이며, 결민은 그 진위를 확인하여 바로잡는다. 그런 다음 주비에 따라 호수를 배출하여 납세를 담당하도록 했다. 작부의 결과인 깃기[作結把丈]는 면별로 정리되어 동리에 통보되고 그에 따라 수세가 이루어졌다. 작부는 조선시기 전세징수의 방식이었다. 초기에는 8결작부제를 시행하다가 후기에는 4결작부제를 시행하는 지역도 많았다. 8결 또는 4결을 납세단위, 즉 주비로 삼아 그것을 호수에게 책임납부하게 하는 것이다.

갑오개혁 때 결호전봉납장정을 마련하여 지세의 부과와 징수과정을 분리할 때 징수과정을 향회의 향원에게 맡기고자 하였다. 이서들이 작성한 작부대장을 토대로 수취업무는 향원이 담담토록 한다는 것이었다. 즉 각면의 면향원이 읍향원의 지시를 받아 지세를 읍에 내거나 은행으로 수송하며, 읍에 낸 지세는 읍향원이 탁지아문 파원의 지시에 따라 서울의 탁지아문 또는 은행에 납부하도록 한다는 것이었다. 그러나 당시 은행은 설치되지 못하였으며, 면향원 이하에서의 수취과정, 즉 작부제와 호수제의 실시여부는 규정도 마련하지 않았다. 작부와 호수제의 문제점이 지적되었지만 제도화에 이르지 못하고 관행에 따르거나 군수의 조치에 따랐던 것으로 보인다. 전라도 임실군에서는 향원제하에서 작부제와 호수제가 유지된 것으로 확인된다. 어떤 곳에서는 작부제는 유지하되 호수제는 폐지하고, 이를 동이라는 말단 행정조직으로 대체하려는 경향도 보인다.

작부제는 이서층이 장악하는 지세수취 절차의 하나인데 이서층의 현란한 장부작성에 기초하고 있어 비리의 온상이 되었다. 이서층이 작부과정에서 재해와 진전을 이유로 얼마든지 납세결수를 조절할 수 있었고 그것을 남겨 자기이익으로 삼기도 했다. 갑오개혁에서 향회의 향원을 활용하려 한다든지, 대한제국기 순창의 사례에서 보듯 동장이 수취를 담당케 하려는 조치도 그러한 문제를 개선하기 위한 것이었다. 그러나 이러한 개혁조치가 성공하지 못한 채 통감부가 설치되고 일제가 재정개혁을 통해 수정하게 되었다.

일제는 1906년 10월 관세관(管稅官)관제와 조세징수규정을 제정하여 군수와 이서층을 지세수취과정에서 배제하고 세무서의 세무관이 담당하도록 하였다. 1907년부터 종래의 이서층에 의한 작부방식을 폐지하고 새로운 방식을 도입하였다. 그러나 1907년에는 이서층을 배제하고서는 종래의 장부를 다루기 어려워 이서층을 재고용하지 않을 수 없었다. 작부를 통해 작성된 장부인 깃기[衿記]를 새로운 개념으로서의 지세대장으로 교체하고자 했지만 성공하지는 못했다. 그래서 1908년에는 각군 각면의 결총을 파악할 수 있는 지세징수대장을 작성하는 한편, 작부사업의 일대 개편을 꾀하였다. 즉 이서층을 배제하고 납세자 개인에게 납세할 토지의 결수를 신고하도록 하였다. 이것이 결수신고서이며, 결수연명부로 발전하게 되었다. 납세자에 의한 결수신고서의 작성과 이를 토대로 한 결수연명부의 작성에 의해 작부제는 완전히 폐지되었다. 지세납입의무자도 작인에서 지주로 바뀌었다.

[참고어] 깃기, 결수신고서, 결수연명부, 지세징수대장, 결호전봉납장전

[참고문헌] 배영순, 1988, 『韓末.日帝初期의 土地調査와 地稅改正에 關한 硏究』, 서울대학교 박사학위논문 ; 왕현종, 1992, 「한말(1894-1904) 지세제도의 개혁과 성격」 『한국사연구』 77 ; 이영호, 2001, 『한국 근대 지세제도와 농민운동』, 서울대학교 출판부

〈이영호〉

작인(作人) 남의 땅을 빌려 경작하고 그 대가를 내는 사람.

작자(作者)라고도 한다. 한국 전근대의 병작제(竝作制) 하에서 차지농(借地農)을 지칭하는 대표적인 용어이다. 이외에도 전부(佃夫), 전가(佃家) 등과 같이 땅을 빌려 경작한다는 의미의 '전(佃)'자와 결합된 여러 표현도 전주(田主)에 대비되는 차지농을 의미했다. 한편 병작을 소작(小作), 작인을 소작인이라 칭하기도 하는데 이는 한말 이후 수용된 일본식 표현이다. 또한 중국 송대 이후로는 차지농을 '전호(佃戶)'라 칭하기도 했는데, 이를 차용한 고려와 조선에서는 본래의 뜻과 함께 일반 농민을 지칭하는 용어로 사용하기도 했다.

[참고어] 전호, 지주, 병작, 균작론

[참고문헌] 이영훈, 1994, 「朝鮮佃戶考」『역사학보』 142 ; 최윤오, 2006, 『朝鮮後期 土地所有權의 발달과 地主制』, 혜안

작정제(作丁制) 고려시기 토지와 인정(人丁)을 묶어 부세의 기초 단위를 만드는 제도.

전근대의 부세 행정의 기본은 토지와 농민에 대한 철저한 파악이었다. 토지는 결부를 단위로 측량되었는데, 그것이 곧 양전(量田)이었다. 동시에 측량된 농지를 일정 규모의 결로 묶고 부세 운영의 기초단위로 만드는 것을 정(丁)을 만드는 것, 즉 작정(作丁)이라고 하였다. 본래 정은 담세자로서의 인정을 말하지만, 조세를 부과하기 위해 인위적으로 조작한 일정 면적·일정 구획의 토지단위로도 활용되었다. 양자를 구분하기 위해 인정과 전정(田丁)으로 나누어 쓰기도 한다. 고려에서는 토지와 인정을 결합하여 작정이 되면, 특정 기관·개인 혹은 기타 용도별로 구분된 여러 대상에게 배속시킬 때 수득자의 성명이나 직역을 달아 놓아 그 귀속처를 명확히 하여 관리하였다. 이와 같은 사실을 기재한 문서 혹은 문부를 전정주첩(田丁柱貼)이라고 하였다.

작정제는 각 호의 파악이 철저하게 이루어지는 시기에는 민호의 부(富)에 따라 조세 부담의 형평성을 보장할 수 있는 제도였다. 따라서 고려 전 시기에 걸쳐 부세 수취를 위한 기초 제도로 기능하였다. 그러나 후기에 들어오면 작정제에서는 인정보다도 토지의 결수가 더 많이 고려되었다는 견해도 있다.

[참고어] 계수작정, 고관작정, 자정제

[참고문헌] 李景植, 1991, 「高麗時期의 作丁制와 祖業田」『李元淳敎授華甲紀念史學論叢』, 敎學社 ; 權寧國 外, 1996, 『譯註『高麗史』食貨志』, 韓國精神文化硏究院 ; 金琪燮, 2007, 『韓國 古代·中世 戶等制硏究』, 혜안 ; 李景植, 2007, 『高麗前期의 田柴科』, 서울대학교출판부 ; 李景植, 2011, 『韓國 中世 土地制度史-高麗』, 서울대학교출판문화원 〈정덕기〉

잠모(蠶母) 조선 초기 이래 잠실(蠶室)에서 누에를 치는 일을 맡은 특수직 여성.

조선 초기부터 대궐 내에는 잠실이 설치되고 도성 주위와 각 도에도 많은 수의 잠실이 운영되었다. 잠모는 잠실에서 양잠을 하여 견사를 생산하는 업무, 왕비의 친잠례시 의례 보조자로서의 역할, 일반농가에 대한 양잠 기술 전수 임무 등을 담당하였다.

조선시기 양잠업은 국가의 권잠정책과 아울러 부업의 진전화에 따라 이득을 남길 수 있는 부업이었기 때문에 잠실의 잠모직은 선망의 대상이 되는 직종 가운데 하나였다. 다만 의녀처럼 국가에서 체계적으로 양성한 기술직은 아니었고, 그렇기 때문에 국가로부터 녹봉을 받지는 못했다. 『태종실록』에는 “새로 조종과 미원에 잠실을 두고 각각 잠모 10명, 종비 10명, 노자 20명씩을 소속시켰다.(新置朝宗迷原蠶室 各屬蠶母十名 從婢十名 奴子二十名[『태종실록』 권제31, 16년 2월])”는 기록이 전한다.

[참고문헌] 『太宗實錄』; 남미혜, 2005, 「조선시대 특수직 여성, 잠모(蠶母)」『여성과역사』 2 〈이준성〉

잠박(蠶粕) 누에를 기를 때 받침으로 사용하는 양잠용구.

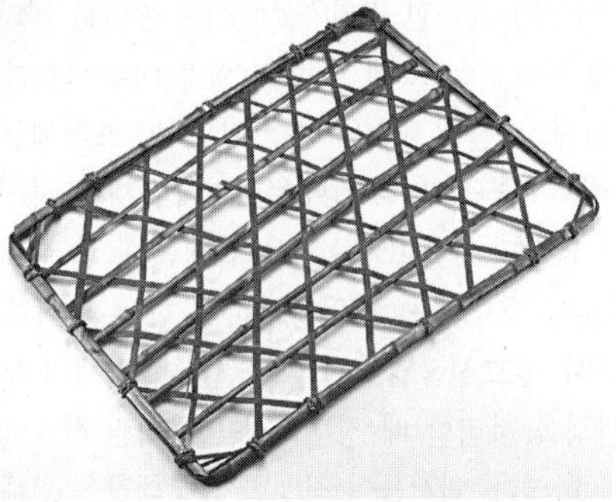

잠박 농업박물관

‘누에채반’·‘잠박(蠶箔)’·‘누에틀’·‘잠틀’·‘잠바’ 등 여러 명칭이 있는데, 누에를 기를 때 받침으로 사용하는 넓은 채반을 말한다. 재질은 싸리나 대나무·소나무 등으로, 장방형의 틀을 만들고 안쪽에 격자형이나 마름모꼴의 살을 박아 이용한다. 크기는 대부분 가로 90㎝, 세로 60㎝ 정도이며 더 큰 것도 있다. 하지만 일반농가에서는 이러한 틀을 갖춘 잠박 대신에 싸리나 갈대 등을 엮은 발을 사용하였다.

누에는 넉잠(4번 잠을 자고, 4번 허물을 벗음)을 자야 고치를 칠 수 있는데, 아기잠부터 시작하여 막잠까지의 누에를 여기에서 기른다. 아기잠을 잘 때는 잠박 하나에 수백 마리를 올려 키우지만, 커질수록 분리하여 나중에는 100~120마리 정도로 올려서 키운다. 잠박(누에채반)은 누에시렁(누에채반을 끼워두는 여러 단의 선반)에 층층이 쌓아 누에를 기르게 된다.

[참고문헌] 김광언, 1969, 『한국의 농기구』, 문화재관리국

잠상집요(蠶桑輯要) 1886년(고종 23) 이희규가 편찬한

잠상서.

1884년(고종 21)에 이우규(李祐珪)가 편집한 『잠상촬요(蠶桑撮要)』를 발췌하여 이희규가 한글로 번역한 필사본이다. 원문은 없고 한글만으로 쓴 책이다. 책의 앞부분에 동치기사년(同治己巳年, 1869)에 상진 땅에서 벼슬살이하면서 뽕나무의 병을 여러 모로 연구하여 치유한 내력을 적은 것으로 보아 직접 겪은 경험방(經驗方)도 실려 있음을 알 수 있다.

내용은 먼저 뽕나무 심기의 필요성을 말하고 그 심는 시기와 접붙이는 법, 가지 치는 법, 그리고 벌레를 잡는 법 등 계절에 따라 뽕나무를 관리하는 방법을 설명하였다. 그리고 「뉘에치은법」이라고 하여 누에의 일반적인 습성과 처음 누에를 먹이는 법, 온도관리, 누에 집짓는 방법, 누에에게 뽕잎을 먹이는 요령을 설명하고 누에고치를 고르고 누에를 관리하는 요령을 설명하였다. 그리고 「샹슈니나무로 야잠 길우는 법 기르는 법」과 「야잠 길우는 법」에서는 누에 새끼를 만드는 방법을 설명하고, 이어 「야잠 고치실 만드는 법」을 소개하였다. 그리고 뽕나무를 기르고 양잠을 하는데 필요한 도구를 그림으로 보이고 그 도구를 만드는 요령을 자세히 설명하였다. 도면은 『잠상촬요』보다 훨씬 상세하고 종류도 다양하며 세밀하게 원색을 써서 그렸는데, 판화로는 처리할 수 없는 부분이 많아 직접 그림을 그린 듯하다. 한편 『잠상촬요』와는 달리 주해는 없다.

[참고어] 잠상촬요

[참고문헌] 김영진, 1982, 『농림수산고문헌비요』, 한국농촌경제연구원 ; 서울대학교도서관, 1978, 『규장각한국본도서해제-경(經)·자부(子部)』

잠상촬요(蠶桑撮要) 1884년(고종 21) 이우규(李祐珪, 생몰년 미상)가 지은 잠상서.

이우규의 본관은 한산(韓山). 자는 성천(聖天), 호는 아주(鵝州)로, 참판 이교식(李敎植)의 아들이다. 1890년(고종 27) 과천현감(果川縣監)을 거쳐 나주군수를 지냈다. 『잠상촬요』의 저술은 김사철(金思轍)의 권유에 의해 이루어졌다. 김사철은 1878년 문과에 급제하여 응교를 비롯해 여러 현직(顯職)을 거쳐 도승지·의정부찬정 등을 역임한 사람으로, 잠상에 관한 농서를 엮고자 수많은 잠상 서적을 모았다. 그러나 관직에 바빠 본인이 이루지 못하고, 대신 실학에 밝은 이우규에게 주면서 잠상서를 쓰도록 권했던 것이다. 이우규는 서문에서 이러한 사정과 함께, 『증상재종법(曾桑裁種法)』, 『양잠소사법(養蠶繅絲法)』 등의 서적을 여러 번 정독한 후에 그 중 쉽게 알아 행할 수 있는 것만 추려서 한권을 만들어 발간한다고 그 경위를 밝혔다.

『잠상촬요』는 청학관(青鶴館)에서 간행된 목판본으로, 전체 3부로 식상법(植桑法), 양잠법(養蠶法), 제견법(製絹法) 등 3부 하에 총 36개 항목으로 구성되었다. 또한 「채상기계도(採桑機械圖)」, 「양잠기계도(養蠶機械圖)」, 「소사기계도(繅絲機械圖)」 등의 도표 38종이 있는데, 뽕나무의 품종판별이나 정지법(整枝法 : 나뭇가지를 가꾸는 법)의 도해설명, 각종 잠구(蠶具)의 그림 등은 종래 농서에서 볼 수 없는 사실적 풀이를 담고 있어 독자의 이해를 돕고 있다. 권말에는 잠상국규례와 잠상국사의가 덧붙여져 있는데, 한말 잠상국에서 실시하던 규칙들로서 주로 잠업을 담당한 관리가 해야 할 일 등을 적은 것이다. 한편 책의 난외(欄外)에는 필요한 대목마다 저자의 주해가 실려 있다.

[참고어] 잠상집요

[참고문헌] 김영진, 1982, 『농림수산고문헌비요』, 한국농촌경제연구원 ; 서울대학교도서관, 1978, 『규장각한국본도서해제-경(經)·자부(子部)』

잡거지(雜居地) 개항장이나 개시장(開市場) 중에서 별도로 외국인 전용의 거류지를 설정하지 않은 채 외국인이 내국인과 함께 거주하고 통상할 수 있도록 허용한 지역.

일반적으로는 외국인 전용 거주·통상 구역인 조계(租界 혹은 居留地)가 설정된다. 이때 개항장[개시장]과 조계의 범위가 일치하느냐가 문제가 되는데, 조선의 경우 1883년의 조영수호통상조약(朝英修好通商條約)을 계기로 조계지 밖 10리를 개항장으로 설정했다. 한편 조계가 없는 경우에는 성곽 내 혹은 그에 상응하는 약정된 구역이 개항장[개시장]이 되었다. 그러나 일부 개항장[개시장]에서는 외국인을 내국인과 구분 없이 거주하고 통상하게 하기도 했다. 이처럼 조계의 설정 없이 내외국인이 함께 거주 통상했던 개항장[개시장]을 잡거지라고 한다.

이리하여 잡거지는 두 계통으로 나누어 볼 수 있다. 하나는 개항장과 개시장에서 조계(거류지)를 별도로 설정하지 않은 채, 내국인이나 여타 외국인과의 잡거(雜居)를 허용한 경우이다. 개항장과 개시장은 본래 외국인의 거주와 무역이 모두 허용된 공간이었으므로, 잡거지 역시 거주와 상행위도 허용된 것으로 이해할 수 있다. 대표적으로는 개시장이었던 한양과 평양이 해당한다.

사실 조선에서는 개시장에서만 잡거지가 설정되었던 까닭에 조계는 개항장에, 잡거지는 개시장에 설치된다는 오해가 있기도 했다. 그러나 원칙적으로 개항장과 개시장 모두에는 잡거지와 조계가 설정될 수 있었다. 예컨대 청의 경우 우장(牛莊), 안동현(安東縣), 회양(遼陽), 봉천(奉天), 철령(鐵嶺) 등은 1900년대까지도 일본인의 잡거지였고, 조선에서도 목포·진남포·성진·군산 등지는 개항된 이후에도 한동안 잡거지였다가 이후 공동조계가 설정되기도 했다.

개시장이었으나 잡거지였던 사례로서 한양을 살펴보면, 임오군란 이후 청과 맺은 조청상민수륙무역장정(朝淸商民水陸貿易章程) 4조에서 개잔[開設行棧]이 허용된 후 양화진과 함께 개시장이 되었다. 이 조항은 조선과 청 사이에만 적용되는 전조(專條)였음에도 불구하고 이후에 서구 열강과 맺은 조약에도 답습되었다. 미국·일본 등도 최혜국조항을 적용해 혜택을 받았다. 그런데 청에 의해 처음 개시된 이후 한성에서는 청과의 특수한 관계로 인해 전관조계를 별도로 만들지 않았는데, 이 관행이 굳어져 이후 어떠한 형태의 조계지도 만들어지지 않았다. 하지만 외국인 거주지의 구분이 전혀 없었던 것은 아니었다.

1885년 초 조선 정부와 일본공사관은 협정에 따라 남산과 진고개 일대를 일본인 집단거주지역으로 설정했다. 또한 청 상인들은 주로 남대문에서 수표교까지에 거주하며 그 일대에서 상권을 장악하고 있었다. 이곳에서 이들은 나름의 경찰권을 행사하기도 했는데, 청은 독자적으로 경찰서를 설치하기도 했다. 그러나 잡거지로서의 개항장[개시장]은 내국인과의 혼거지였으므로 조계지에 비해 속인적 행정력이 약했다고 볼 수 있다. 또한 조약에서는 가옥과 토지의 매입을 허용했지만, 실제로는 한성부의 내부지침에 따라 자유롭게 이루어지지는 못했다.

한편 한성개잔권이 확대되면서 조선상인의 피해가 발생하여 시위·철시·방화 등을 통한 철잔(撤棧) 요구가 높아졌다. 정부에서는 이를 위해 다양한 노력을 펼쳤으나 실패했다. 또한 청일전쟁 이후에는 당시 외부대신 김윤식의 주도로 거류지를 조성하려는 시도가 있었으나, 명성황후 시해사건 등으로 인해 무위로 돌아가고 말았다.

잡거지는 외국인 전용 거주지인 조계의 외부에 설정된 경우도 있다. 개항장 내에 조계가 설정될 경우 양자의 범위가 문제되었다. 조선의 경우 조영수호통상조약의 4관 4항에 의거해 영국인은 외국조계의 구역 밖에서도 토지·가옥을 대차하거나 구매할 수 있었는데, 그 구역범위는 조계의 경계로부터 10리까지로 규정되었다. 이후 이 규정은 최혜국조항에 따라 타국에도 적용되어 미국이나 일본 등도 혜택을 입게 되었다. 이로써 원칙적으로 외국인은 조계 내에서만 거주·통상을 할 수 있지만, 조계 밖 10리까지는 조선인 및 여타 외국인과 함께 거주할 수 있는 잡거지가 만들어지게 된 것이다.

[참고어] 조계, 거류지, 개항장

[참고문헌] 손정목, 1982, 『한국 개항기 도시변화과정 연구』, 일지사 ; 박광성, 1991, 「인천항의 조계에 대하여」『기전문화연구』 20 ; 박찬승, 2002, 「서울의 일본인 거류지 형성과정」『사회와 역사』 ; 박정현, 2010, 「19세기 말 인천과 한성의 중국인 거류지 운영체제」『동양사학연구』 113 ; 왕현종, 2010, 「한말 한성부 지역 토지 가옥 거래의 추이와 거주지별 편차」『한국사연구』 150

〈윤석호〉

잡세(雜稅) 고려~조선시기 조(租)·용(庸)·조(調)의 3세를 제외한 잡다한 세목(稅目)의 총칭.

고려시대 잡세의 성격과 내용은 아직까지 자세하게 밝혀지지 않았다. 그러나 1255년(고종 42) 3월에 "여러 도의 군현이 병란을 겪어 조폐하였으므로 삼세 외 잡세를 감면하였다.(四十二年三月, 以諸道郡縣, 經亂凋弊, 蠲三稅外雜稅.[『고려사』 권81, 「식화지」3 진휼])"라는 규정으로 미루어, 단순히 잡다한 세를 일괄하여 편의적으로 부르는 것이 아니라 국가에서 어느 정도 세제의 한 분야로 규정되어 시행했음을 알 수 있다. 넓게 보면 염세(鹽稅)·선세(船稅)·해세(海稅)·산세(山稅)·어량세(魚梁稅)·상세(商稅)·마전(麻田)에 대한 세 등을 모두 잡세로 볼 수도 있으며, 어량선세(魚梁船稅)나 산세, 직세(職稅)만을 잡세라고 보기도 한다. 이렇게 대상이 불분명한 것은 잡세의 성격이 현물세라는 점에서 공물(貢物), 특히 별공(別貢)과의 경계가 분명치 않은 점이 많기 때문이다. 다만 1088년(선종 5) 7월에 "잡세를 정하였다. 밤과 잣은 대목에서 3승, 중목에서 2승, 소목에서 1승이다. 칠나무에서는 1승이다. 마전 1결에서는 생마 11냥 8도와 백마 5냥 2목 4도이다.(定雜稅, 栗栢, 大木三升, 中木二升, 小木一升, 漆木一升. 麻田一結, 生麻十一兩八刀, 白麻五兩二目四刀.[『고려사』 권79, 「식화지」1 공부])"라는 기사에서 산세와 마전에 대한 세가 잡세에 포함되었음을 알 수 있다. 또한 선세와 어량세는 해세(海稅)라 통칭되던 것인데, 배를 소유하고 있거나 고기잡이를 하는 바닷가·

강가의 거주민으로부터 어획물의 일부를 세로 거두는 것이다. 그러나 이를 비롯한 여타 잡세의 구체적인 수취기준은 알 수 없다.

조선 전기의 잡세도 고려의 경우와 같이 매우 다양했을 것이나, 『경국대전』에 잡세로 분류된 것으로는 공장세(工匠稅)·상세(商稅)·왜선세(倭船稅) 등이 있다. 공장세는 야장(冶匠)·유철장(鍮鐵匠)·주철장(鑄鐵匠)·수철장(水鐵匠) 등의 수공업자에게서 등급에 따라 매월 일정한 액수의 세금을 거두는 것이다. 상세는 좌고(坐賈)·행상(行商)들에게 매월 지정된 액수의 세를 부과하는 것이며, 왜선세는 고도(孤島)·초도(草島)에서 고기잡이를 하는 왜선으로부터 소정의 어획물을 징수하는 것이다.

이들 잡세는 대체로 18세기 초를 전후하여 폐지되었고, 중기 이후 민간의 광업과 상업 활동이 활발해지면서 광산세(鑛山稅)·판상세(板商稅)·삼세(蔘稅) 등의 잡세가 새로이 나타나게 되었다. 광산세는 효종·숙종 연간에 은점(銀店)·연점(鉛店)의 설치를 허가하고 이를 개설하는 사람에게 호조가 소정의 세금을 부과했던 것을 말한다. 판상세는 귀후서(歸厚署) 또는 호조가 관재(棺材)를 파는 판목상인으로부터 그 10분의 1을 징수하는 것이다. 그리고 삼세는 호조가 산삼상인에게 황첩(黃帖)을 발급해 주고 황첩 1매당 전(錢) 3냥씩을 거두는 것과, 영조 대 이후 사역원(司譯院)이 포삼(包蔘, 홍삼) 무역상으로부터 홍삼 1포(包, 10斤)에 전 200냥을 수납하던 것, 고종 대 이후 수삼 1근에 은 2냥씩을 수취하던 것 등을 통칭하던 세목이다. 이외에도 전국의 무녀들로부터 정포(正布) 1필을 수취하는 무녀세가 17세기를 전후하여 잡세로 징수되었다. 그러나 1894년(고종 31)의 갑오개혁 이후 이전의 광산세와 삼세는 새로운 내용의 광세(鑛稅)·인삼세로 변모하여 정착되었고, 판상세와 무녀세는 폐지되었다.

[참고문헌] 김옥근, 1984, 『朝鮮王朝財政史硏究』, 일조각 ; 權寧國 外, 1996, 『譯註 『高麗史』 食貨志』, 韓國精神文化硏究院 ; 국사편찬위원회, 1993, 『한국사 14-고려 전기의 경제구조』 ; 박종진, 2000, 『고려시기 재정운영과 조세제도』, 서울대학교출판부 ; 安秉佑, 2002, 『高麗前期의 財政構造』, 서울대학교출판부 〈윤성재〉

잡역(雜役) ⇒ 대동법, 민고

잡종지(雜種地) ⇒ 지목

장광척수(長廣尺數) ⇒ 양안

장교청답(將校廳畓) ⇒ 청답

장군 사람이나 가축의 분뇨(糞尿)를 담아 운반하는 농기구.

장군 농업박물관

만드는 재료에 따라 나무장군과 도기로 만드는 오지장군으로 구분된다. 기본 구조는 나무나 도기로 허리가 불룩한 모양의 몸통을 만들고 몸통의 허리 부분이나 머리 부분에 구멍을 낸 아가리로 이루어져 있으며, 거름으로 사용할 분뇨를 투입하였다가 사용할 논이나 밭이 있는 장소까지 운반하여 꺼내어 사용하는 방식으로 활용되었다. 아가리가 허리에 자리잡고 있는 장군은 눕혀 사용되었고, 머리 부분에 자리잡고 있는 장군은 세워서 사용되었다. 세워 사용하는 오지장군의 경우, 생김새는 독과 비슷하지만 아가리가 훨씬 넓고 옆구리 부분에 들기 쉽도록 손잡이를 만들었다는 점이 특징이다. 보통 장군의 용량은 현대 도량형으로 40~50리터이지만, 쓰임새에 따라 이보다 작거나 큰 것도 존재한다.

지역에 따라 '오줌통', '똥통', '망우통', '분전통' 등 다양한 명칭으로 불렸으며, 조선시기 농서인 『증보산림경제(增補山林經濟)』(1766)에는 '장분(長盆)'으로 표기되었다. 20세기 초 한국의 농업 상황을 조사한 일본인들의 보고서에서도 장군이 분뇨를 운반하는 농기구로서 소개되고 있는데, 남부 지방에서는 주로 나무장군이, 중부 이북에서는 대부분 오지장군이 사용되고 있다는 내용이나, 여자는 머리에 이고 남자는 새끼줄을 걸어 지게로 운반한다는 서술이 보인다.

[참고문헌] 『韓國農業經營論』, 1903 ; 『韓國土地農産調査報告』(경기도, 충청도, 강원도), 1905 ; 金光彦, 1986, 『韓國農器具考』, 韓國農村經濟硏究院 〈정희찬〉

장기고공(長期雇工, 長雇) ⇒ 고공

장두(莊頭) 고려 후기 농장(農莊)에 설치된 장사(莊舍)에 머물며 이를 관리·경영하는 일을 맡아 보던 사람.

장주(莊主)라고도 불린다. 농장을 맡아 관리했지만 실질적으로 수조권이나 소유권을 가진 사람은 아니었다. 대표적인 예로 고려 말 염흥방(廉興邦)의 가노(家奴)로 이광(李光)의 사례를 들 수 있는데, 태종실록에서는 이광을 장주(莊主)라 칭하고 있어(『태종실록』 권2, 1년 10월 27일 임오), 이를 통해 장두 혹은 장주의 역할과 위세를 확인할 수 있다.

고려 말 염흥방은 권신(權臣)으로서 지위를 이용하여 매관매직(賣官賣職)하고 토지와 노비를 강탈하는 등 전횡을 일삼아 결국 처형되었는데, 이때 가노였던 이광이 전 밀직부사(密直副使) 조반(趙胖)의 백주(白州) 땅을 강탈하는 사건이 일어났다. 이에 조반은 염흥방에게 애걸하여, 염흥방이 이를 반환해 주었으나 이광은 다시 그 땅을 강탈하고 조반을 능욕하였다. 이에 조반이 이광을 방문하여 반환을 간청하였음에도 이광은 거만하고 포악하게 대하여 조반이 수십명의 기병을 인솔하고 이광을 죽이고 그 집을 불태웠다고 한다.[『고려사』 권126, 「열전」 39 임견미] 이후 이 사건은 삼사좌사(三司左使) 염흥방, 영삼사사(領三司事) 임견미(林堅味) 등이 처형되는 정치사건으로 비화되었다. 특히장주 이광의 행태에 대해 『태종실록』에서는 "당시 임견미·염흥방 등이 오랫동안 정병(政柄)을 잡고 탐(貪)하는 바가 끝이 없어, 백주 사람의 밭 수백 경(頃)을 빼앗아, 그의 종(蒼頭) 이광을 장주로 삼고, 또 여러 사람의 밭을 빼앗아 1년에 수조하기를 두세 번 하니, 백성들이 괴롭게 여기었다.(時林堅味·廉興邦等, 久執政柄, 貪饕無厭, 奪白州人田數百頃, 以其蒼頭李光爲庄主, 又奪諸人之田, 一年收租, 至再至三, 民甚苦之[『태종실록』 권2, 1년 10월 27일 임오])"라고 전하고 있다. 이를 통해 이광은 백주 지역의 수조(收租)를 담당하였고, 일정한 원칙없이 자의적으로 수탈을 일삼는 것으로 이해할 수 있다.

한편 이들은 거두어들인 곡식을 자신들이 머무는 장사에 보관해 두거나, 전장(田莊)의 주인에게 운송하는 일을 하였다. 예컨대 이색(李穡, 1327~1393)의 문집에는 유포 전장의 장두 박장으로부터 새로 수확한 쌀을 받았다거나(柳浦田頭買一區, 主耕終歲朴莊奴, 今年又見稻初熟, 多病不憂身甚癯, 宗廟薦新隨黍稷, 農家作苦涸泥塗, 太倉更荷君王賜, 深謝乾坤養腐儒[『목은시고』 권32, 莊頭朴莊以新來米]), 면주의 전장이 쌀을 보내왔던 사실 등이 기록되어 있다.(船頭左右碓搥三, 踏碓氷開水似藍, 內浦發程如上陣, 西江下岸卽停驂, 營生若等終身苦, 食力吾今滿面慚, 爲謝老奴能用意, 不愁粥鉢影相涵.[『목은시고』 권27, 沔州米船至])

[참고어] 농장, 장사

[참고문헌] 이경식, 2006, 『韓國中世 土地制度史-朝鮮前期』, 서울대학교출판부 ; 이경식, 2007, 『高麗前期의 田柴科』, 서울대학교출판부 ; 신은제, 2010, 『高麗時代 田莊의 構造와 經營』, 景仁文化社 ; 박경안, 2012, 『여말선초의 농장 형성과 농학 연구』, 혜안

〈이현경〉

장려미(奬勵米) 소작료 납입기에 소작인의 태도와 소작료의 품질을 평가하여 우수한 소작인을 표창하고 위안, 장려하기 위해 제공하는 급여물.

일제시기 소작관행의 하나로, 전국 각 도에서 실시되었다. 지주는 수확 후에 소작인의 근면 태만, 농사의 성적 등을 품평하거나 생산물의 우수성을 품평하여 표창하였다. 이때 수납검사를 통해 소작료를 평가하였으며 농경개선을 목적으로 퇴비, 묘대, 다수확 품평회를 개최하기도 하였다. 또한 수확의 종료나 소작료 완납을 축하하는 연회를 개최하여 소작인을 독려하였다. 소작료의 품질이 우수한 경우에 상품으로 농구나 장려미, 벼 등을 주었다. 때로는 소작지를 늘려주는 경우도 있었다. 장려미는 개인 소작인 혹은 소작인 조합을 대상으로 지급하였다. 장려미 외에 금전, 어포류, 농구, 가구, 해충구제용 석유, 비료 혹은 추첨권, 소작지, 선진지역 시찰여비 등을 지급하기도 하였다. 타조의 경우 소작인이 일정 수량 이상 생산하면, 그 초과분의 일정 비율에 해당하는 급여물을 주거나 수확물의 가공 후 남은 말밋을 지급하는 경우도 있다. 다수확 소작인에게 1인당 최고 30원에서 최저 2원까지 지급한 사례도 있다. 소작료 납입기 이외에 장려미를 지급하는 경우는 소작인의 관혼상제, 석가탄신일, 지주의 생일, 소작계약의 체결 시, 토지개량에 소작인이 노자를 제공했을 때 등을 들 수 있다. 그 외에 소작인의 노고를 위로하기 위해 위로미를 지급하는 경우도 있다. 평안북도에서는 5승의 위로미를 석강곡(石降穀)이라고도 한다.

[참고어] 요기, 소작제도관행조사, 조선의 소작관행

[참고문헌] 조선총독부, 1932, 『朝鮮ノ小作慣行(上)·(下)』 ; 조선총독부, 1932, 『朝鮮ノ小作慣行 : 時代と慣行』

〈고나은〉

장리(長利) 돈이나 곡식을 빌려 주고 받는 연 5할의 이자와 고리채.

전근대사회 대부분의 영세한 소농민은 농자금을 지주로부터 대여했는데, 지주는 장리나 갑리로 높은 이자를 붙였다. 장리쌀·장리곡이라고도 했다. 조선시기에는 고리대에 대한 이자율을 제한하였다는 기록이 있지만, 실제로는 이러한 규정이 잘 지켜지지 못하였다. 고리채를 탕감하지 못할 경우 채노비가 되기도 했으며, 지주들은 고리대 지배를 통해 영세 소농민의 토지를 헐값으로 매수 겸병해갔다. 고리채로 대부한 원리금을 갚지 못할 경우, 담보 잡힌 토지는 지주의 손으로 넘어갔다. 장리·갑리의 고리대를 활용한 토지집적 관행은 한말 일제시기 극성에 달했으며, 해방 후 1961년 농어촌 고리채정리사업을 단행하기도 했다.

[참고어] 농어촌고리채정리사업, 농촌진흥운동

[참고문헌] 이윤갑, 2003,「한말의 토지소유제도와 지주·소작관계」『한국 농업구조의 변화와 발전 제1집』, 한국농촌경제연구원

장사(莊舍) 농장(農莊) 안에 지은 집이라는 뜻으로, 농장의 관리를 위해 장주(莊主) 혹은 장두(莊頭)라는 관리인을 두어 살게 한 집.

농사(農舍), 장사(庄舍)라고도 한다. 광범위한 농장이 각 지역에 설치됨에 따라 농장주의 거주지와 농장이 거리상 멀리 있는 경우, 이를 효과적으로 관리할 방법이 필요하였다. 이에 농장 안에 장사를 설치한 뒤, 장주 혹은 장두라는 관리인을 두어 관리를 위임하였다. 이때 장사는 이들이 거주하는 곳일 뿐만 아니라, 농장의 경작과 수확, 생산물 보관을 담당하는 일종의 기구로서 역할을 하였다. 이 밖에도 우마를 사육하거나 농기구를 저장하기도 하였다.

농장의 위치가 도로나 수로(水路)와 거리가 멀어 전장주(田莊主)에게 생산물을 보내기 어려운 여건일 경우, 장사에 보관하기도 하였는데, 가령 여행 도중 전장주가 이곳에 들러 전장을 관리하거나 장사에 저장된 자신의 곡식을 소비하기도 한 예가 확인된다.(『東國李相國集』 권6,「六月十一日 發黃驪將向尙主出 宿根谷村 予田所在」李奎報) 또한 전장주가 장사에 거처하는 경우도 있었는데, 고려 말 이성계(李成桂)의 첫째 부인 한씨가 포천 재벽동 전장에, 둘째부인 강씨가 포천 철현 전장에 거처한 적이 있다.(初, 神懿王后在抱川滓甓洞田莊, 康妃在抱川鐵峴田莊[『태조실록』 권1,「총서」])

장사의 규모에 대해서는 정확히 알 수 없으나, 16세기 초 한명회(韓明澮)의 경우를 보면 130여 칸에 이르는 농사(農舍)를 지었던 것으로 확인된다.(『중종실록』 권17, 7년 10월 을묘) 물론 한명회의 사례는 일반화하기 어려운 것이지만 당시 권세가들이 인접지역의 농민을 사역시키거나 유민(流民)을 포섭하여 전장경영에 활용하였던 규모를 감안한다면, 장사 역시 작은 규모만으로 유지되지는 않았을 것이라 짐작된다.

[참고어] 농장, 장두

[참고문헌] 姜晉哲, 1980,『高麗土地制度史硏究』, 고려대학교출판부 ; 이인재, 1997,「統一新羅期 田莊의 形成과 經營」『韓國古代·中世의 支配體制와 農民』, 知識産業社 ; 金容燮, 2000,「土地制度의 史的 推移」『韓國中世農業史硏究』, 知識産業社 ; 李仁哲, 2000,「統一新羅期 私的 土地所有關係의 展開」『歷史學報』 165 ; 이경식, 2006,『韓國中世 土地制度史-朝鮮前期』, 서울대학교출판부 ; 신은제, 2010,『高麗時代 田莊의 構造와 經營』, 景仁文化社 〈이현경〉

장생고(長生庫) 고려 때 사원(寺院)에 설치되었던 민간 금융기관.

고려시기 사원은 국가에서 주어진 특권을 이용하여 소유지로부터 들어오는 수입으로 장생고·불보(佛寶) 등의 고리대를 운영하였다. '장생'이란 본래 재화를 대부해 주고 그 이자를 받음으로써 자본을 축적한다는 의미로서, 장생고에 저장된 재화를 장생전(長生錢)·장생포(長生布)라 하였다. 사원은 고려 말기로 오면서 고리대를 통한 재화 축적에 몰두하여 민폐를 크게 야기하였다.

[참고문헌]『高麗史』; 한국정신문화연구원, 1986,『역주『고려사』 식화지』; 국사편찬위원회, 2013,『고려 전기의 종교와 사상(한국사 16)』, 탐구당

장생표(長生標) 신라에서 조선까지 사찰의 영역을 표시하기 위해 주변에 세웠던 경계표.

장생표탑(長生標塔)·장생표주(長生標柱)라고도 하며, 장생으로 약칭되기도 하였다. 소도(蘇塗)·입석(立石) 등과 같이 사원 입구에 건립하여 가람수호신·사원수호신을 나타냄과 동시에 사원의 일정한 성역을 확정하는 구역표시였다. 이후 점차 계표사상과 산천비보·풍수지리사상이 발달함께 따라 산천수호의 의미와 전토표식 즉 사원에 소속된 토지의 구역을 확정하는 표식으로 의미가 확대되었다. 그러나 장생표가 사방경계에 세워진 것만은 아니었고, 각 소유지의 중앙 혹은 눈에 잘 띄는 곳에 세우기도 했다. 따라서 각 장생표가 둘러싼 지역이 모두 사찰의 관할은 아니었으며, 장생표를 중심으로 주변의 일정 공간이 사원에 소속되었음을 나타냈

던 것으로 보인다.

장생표에 대해 처음 언급된 자료는 신라통일기인 759년(경덕왕 18)인데, “원표대덕은 법력으로 정사를 베풀었으므로, 건원 2년(경덕왕 18, 759)에 특별히 장생표주를 세우게 하였는데, 지금도 남아있다.[『조선금석총람(朝鮮金石總覽)』 상, 「보림사(寶林寺) 보조선사탑비명(普照禪師塔碑銘)」]”라고 하여, 장흥의 보림사에 장생표주를 세웠던 것으로 보인다. 이외에도 영암의 도갑사(道岬寺)에 2개, 청도의 운문사(雲門寺)에 11개, 양산의 통도사(通度寺)에 12개, 안악의 연등사(燃燈寺)에 2개, 원주의 봉은사(奉恩寺)에 1개, 오대산 월정사(月精寺)에 1개의 장생표가 있었는데, 특히 1개의 도갑사 장생표와 12개의 통도사 장생표는 국가 또는 왕의 명에 따라 세워진 것으로서 국장생(國長生)이라 부른다. 현전하는 장생표는 통도사의 12개 장생표 중 현 양산시 하북면의 석표, 전남 영암군 군서면 도갑사 입구의 석표, 경남 밀양시 무안면 무안리의 석표 등 3개인데, 이들은 모두 고려시기에 세워졌다.

이들 중 통도사의 12개 국장생에 관한 기록이 비교적 상세하게 전해지고 있다. 이는 고려시기인 1085년(선종 2)에 통도사측의 요청에 의해 상서호부가 첩문을 내려 건립하게 한 것으로서, 사찰 입구에는 2개의 목장생표가, 사방에는 6개의 석비형과 4개의 석적형 장생이 있었다고 한다. 현전하는 하북면의 장생표는 절의 동남쪽 약 4㎞지점에 위치한 높이 1.67m 너비 0.6m 정도의 돌기둥이다. 표면에 크기가 6~10㎝ 정도 되는 한자들이 네 줄로 음각돼 있는데, “통도사 솔내천 국장생 일좌는 절에서 문의한바, 상서호부(尙書戶部)에서 을축 5월자의 통첩에 있는 이전의 판결과 같이 개립케 함으로 이를 세운다. 태안(太安) 원년 을축 십이월.(通度寺孫仍川國長生一坐段, 寺所報尙書戶部, 乙丑五月日牒前判皃好改立, 令是於爲了等以立, 泰安元年乙丑十二月日記[『통도사지(通道寺誌)』(韓國寺誌叢書), 「통도사손잉천국장생(通度寺孫仍川國長生)」])”라고 씌어 있다.

한편 1328년에 석호(釋瑚)가 기록한 『통도사지』(아세아문화사)의 「사지사방산천비보(寺之四方山川裨補)」편은 통도사의 사령지배 성격을 보여주는 자료로, 12개 장생표와 그 위치와 함께 이에 속한 간(干)에 대한 기록이 남아있다. 주목되는 것은 고려 선종 2년에 세워진 장생표는 기존의 것을 대신해 국가의 허가 하에 개립된 것이었고, 그 개수도 7개에서 12개로 늘어났다는 점이다. 이는 애초 장생표 설치 이후로 통도사의 토지소유에 변동이 있었음을 의미하며, 비보사찰이 되어 조세납부의 의무를 면제받기 위해 국가로부터 추인을 받은 후 장생표를 세운 것으로 이해할 수 있다.

[참고어] 사원전

[참고문헌] 『通道寺誌』(韓國寺誌叢書) ; 『通道寺誌』(아세아문화사) ; 『朝鮮金石總覽』 상 ; 최길성, 1961, 「1328년 통도사의 농장경영형태」 『력사과학』 1961-4 ; 旗田巍, 1975, 「新羅·高麗의 土地台帳」 『成大東洋學學術會議論文集』 ; 손진태, 1981, 「장생고」 『孫晋泰先生全集』 2, 태학사 ; 이인재, 1992, 「≪통도사지≫의 <사지사방산천비보>의 분석」 『역사와 현실』 8 〈윤석호〉

장세(場稅) 소작지에서 수확한 수확물을 보관 정리 계량하고, 소작료를 징수하는 장소의 사용료.

장세는 경상남도 함양군 소재 역둔토에서의 소작료 징수를 위한 장소를 대부하고 사용료를 징수한 것에서 유래하였다. 소작인은 자기의 소작지 일부, 지주가 설치한 특정 장소, 혹은 지주의 마당에서 소작물을 보관하고 정리 계량한다. 소작인은 보통 소작물의 정리에 사용할 공지(空地)가 없으므로 지주가 가진 공지, 또는 소작지에서 수확물의 정리 및 계량을 하는 경우가 있다. 이때 장소의 사용료, 즉 두량장(斗量場)의 대여료인 장세를 징수하였다. 전라북도에서는 ‘마당씨리’라고도 한다. 지주, 소작지 관리인, 추수원 등이 소작지에서 소작인에게 관례적으로 징수했던 소작료 이외의 특수부담 중 하나이다.

장세는 두세(斗稅)처럼 소작료를 타조법으로 징수하는 답에서 주로 행해졌다. 특히 경기지방에 존재하는 부재지주의 답에서 많이 시행되었다. 장세액은 한 장소를 하루 사용할 때마다 벼 약5승 내외로 징수하였다. 혹은 소작인 1인 또는 소작료 1석마다 5승 내외, 소작계약 한 번에 벼 1두~3두, 소작물 1회 조제에 벼 5승~1두5승, 소작지 1두락에 벼5승 등으로 한다. 말밋이나 토사가 혼입된 마당씨리를 장세로 삼는 경우도 있다. 단 두세, 색조(色租) 등과 장세를 함께 징수하는 경우는 거의 없다. 이들은 소작료 이외의 추징물을 징수한다는 점에서 목적이 같았기 때문이다.

장세의 관행은 한말·일제시기에 경기, 충북, 강원 및 여러 도에서 일부 존재했으며 전북, 경남, 황해도 등에도 드물게 행해지고 있다. 이후 점차 폐지되거나 표면적으로 폐지한 후 소작료에 가산하여 징수하기도 하였다.

[참고어] 가도지, 색조, 장려미

[참고문헌] 전라남도, 1923, 『小作慣行調査書』; 조선총독부, 1932, 『朝鮮ノ小作慣行(上)·(下)』 〈고나은〉

장야현 한농조합(長野縣 韓農組合) ⇒ **나가노현 한농조합**

장용영둔(壯勇營屯) 왕궁의 숙위를 강화하기 위해 정조 때 창설된 장용영의 재정을 보용키 위해 운영한 토지.

장용영의 전신은 1785년(정조 9) 국왕호위를 전담키 위해 창설한 장용위(壯勇衛)이다. 총책임자인 장용영병방(壯勇營兵房) 예하에 정원이 50인이었으며, 훈련도감 소속의 무예별감(武藝別監) 가운데 무과(武科)에 합격하였거나 장교(將校)를 지낸 사람을 선발했다. 1787년(정조 11)에 명칭이 장용영으로 바뀌었고, 1793년(정조 17)에는 도성 중심 내영과 수원 화성 중심 외영의 내외영으로 개편되면서 내영 25초(1795년 7월)과 외영 19,297명(1798년 5월)로 구성되었다. 즉 수원을 유수(留守)로 승격시키고 장용외사(壯勇外使)를 겸직케 함으로써, 자연히 도성의 본영을 내영이라 부르게 된 것이다. 이에 따라 내영의 지휘관인 장용영영방 역시 장용사(壯勇使) 또는 장용영 대장으로 개칭되었다.

장용영의 재정원으로는 환곡운영을 통한 모곡(耗穀)이 주를 이루었지만, 그 원곡을 마련하기 위해서라도 둔전의 운영은 필수적이었다. 장용영의 연혁을 정리한 실록의 기록에 따르면, 우선 장용영이 설치될 당시 훈련도감 내 양향청의 소관 둔토 중에서 공주 등 15읍 소재 전답 1,545결 30부 7속을 장용영으로 이속하였다. 그리고 1791년(정조 15)에는 양서(황해도, 평안도)에 한광지를 택하여 둔전으로 개간했다.(『정조실록』 권37, 17년 1월 12일 병오) 또한 정조 16년에는 관서의 가산(嘉山)·정주(定州)·안주(安州)·박천(博川) 등지에 있는 둔전에서의 수입으로 장차 환곡을 운영할 것을 계문하여 윤허를 받기도 했다.(『정조실록』 권36, 16년 10월 12일 정축) 이후 장용영둔은 그 후 점차 확장하여 경기도의 각 군에 이를 설치하고 이른바 향군[休番兵]에게 경작을 시켜 더욱 더 수입의 증가를 도모한 것으로 보인다.(『정조실록』 권46, 21년 1월 29일 경오)

현존하는 장용영둔 양안을 통해 실제의 둔전 규모를 일부나마 가늠해 볼 수 있다. 우선 지역분포를 살펴보면, 평안도 12곳(박천 4곳, 정주 8곳), 경기도 8곳(가평·남양·수원·안산·양근 각 1곳, 진위 3곳), 황해도 8곳(봉산군), 충청도 2곳(은진, 충주), 전라도 1곳(임피), 함경도 1곳(단천)으로, 총 32군데이다. 지역별 수확 면적으로는 평안도 398결 80부 6속, 황해도 353결 41부 3속, 경기도 264결 22부 3속 및 시장(柴場) 194리(里), 충청도 10결 43부 3속, 함경도 9결 10부 1속, 전라도 5결 79부 5속이었다. 둔토는 신설이 가장 많았고, 타 기관으로부터의 이속이나 교환, 매득 등으로 설치되었다. 이상의 양안에서 파악된 둔토의 전체 면적은 전답 1,041결 77부 1속, 시장 194리였는데, 장용영의 늦은 창설년도와 짧은 존속기간에 비해 비교적 빠르게 확장된 것으로 이해할 수 있다.

정조가 승하하자 장용영은 1802년(순조 2) 혁파되었고, 둔전 역시 타 관청으로 이속되었다. 대한제국의 관제개편을 통해 해당 궁내부 산하 내장원으로 이관되었다. 1908년 탁지부 소관을 거쳤고, 그후 국유지실지조사와 토지조사사업을 통해 대부분 국유로 사정되었다.

[참고어] 둔전, 영문둔전

[참고문헌] 송찬섭, 2001, 「정조대 장용영 둔전의 설치와 운영」 『한국방송통신대학교 논문집』 31; 송양섭, 2006, 『조선후기 둔전 연구』, 경인문화사; 서울대학교 규장각한국학연구원 엮음, 2012, 『둔토양안』, 민속원 〈윤석호〉

장원서둔(掌苑署屯) 장원서의 경비를 충당하기 위하여 설치·운영한 토지.

장원서는 대궐내의 동산인 원유(苑囿), 화예, 과물 등을 관장하는 직사(直司)로서 한성부 북부 진장방(鎭長坊)에 위치하였다. 고려의 내원서(內園署)를 모방하여 만들어진 관청으로, 동산색(東山色)·상림원(上林園)이라고 불리다가 1466년(세조 12) 1월에 장원서로 개정되었다. 『경국대전』에서는 정6품아문이었으나 『대전회통』에서 별제의 품계에 따라 종육품아문으로 옮겼다.

장원서는 크게 과원색(果園色)·생과색(生果色)·건과색(乾果色)·작미색(作米色)·장무색(掌務色)으로 구분되었는데, 이 가운데 작미색은 장원서에 공납된 미곡의 사용을 담당했다. 조선 후기 장원서에 할당된 공납 미곡은 총 90석 1두9승으로 관원과 이서·도례 등의 요미(料米)와 공인 책응(策應)에 사용되는 67석 12두를 제외한 22석 4두 9승만을 장원서에서 사용했다. 또한 장원서둔은 경기도 각 군에 있는 임야 중 원유에 적당한 장소를 선정하여 장원서둔에 편입시킨 후 궁중 소요의 화예, 과수를 재배하였는데, 이를 동산이라고 하였다. 장원서둔의 관리인으로는 별감과 산지기가 있으며,

특히 산지기의 부역과 연호(煙戶) 잡역을 면제하였다.

이처럼 장원서둔은 주로 경지 이외의 임야에 설정되어 궁내의 수요에 제공하는 화예, 과수 등을 재배하였으나, 이외에도 임야를 광점한 후, 지방민에게 이를 개간 또는 채초(採樵)를 허락하고 매년 얼마의 차지료를 징수하였다. 『만기요람』에 따르면 경기도·강화·개성 일대의 지역에 총 111결 6부 8속의 면세지가 분포하고 있었다.(「재용편 2」 수세) 1882년(고종 29) 장원서가 사옹원에 합병되면서 장원서둔 역시 사옹원에 이관되었고, 1895년(고종 32)에는 궁내부 종목과에 전속되었다가 1908년 일제가 국유로 편입시키는 조치를 취했으며, 이때 민과의 소유권 분쟁이 발생하기도 했다.

[참고어] 아문둔전

[참고문헌] 『萬機要覽』; 『六典條例』; 和田一郎, 1920, 『朝鮮土地地稅制度調査報告書』 〈이현희〉

장윤(張烍) 1798년(정조 22) 권농정구농서윤음(勸農政求農書綸音)에 응하여 농서를 올린 사람.

당시 남원(南原)의 유학(幼學)으로 기록되어 있다. 그가 올린 농서는 제언을 수리하고 건설할 것, 토양을 살펴서 종자를 적합하게 파종할 것, 수차(水車), 역차(役車)를 사용할 것, 호남은 부세가 공평하지 않다는 것, 사금 채취[淘金]하는 자를 금할 것, 적시에 밭을 갈고 적시에 파종할 것 등의 내용을 담고 있었다.

[참고어] 응지진농서

[참고문헌] 『정조실록』; 농촌진흥청 역, 2009, 『응지진농서Ⅱ』, 진한M&B

장전(長田) 조선시기 통신기관이었던 역의 역장에게 급료 대신 준 토지.

역전(驛田)의 일종이다. 역에는 역장과 부장이 사무를 관리했는데, 각각 장전과 부장전을 부속시켜 그 수입으로 봉급과 수당을 충당케 했다. 조선시기 역토의 제도가 확립된 것은 세조 때이다. 『경국대전』에는 역토의 지급 규정이 서술되어 있는데, 그 가운데 장전은 2결, 부장전은 1결 50부로 규정되었다.[「호전」 제전(諸田)] 역 부근의 비옥한 토지를 골라 설치했으며, 급주전(急走田)과 함께 각자수세(各自收稅)했다. 즉 민인의 사유지에 수세권을 지급한 무토(無土)였다.

갑오개혁 때 정부는 구래의 역참제도를 폐지하고 근대적 교통통신제도를 채택하였고, 갑오승총을 통해 역토 등 면세지에 대해서 세금을 징수하였다. 이를 위해 1895년에 을미사판이 실시되었는데, 이때 본래 민유지인 무토는 민인에게 돌려주고 관유지의 유토만을 농상공부·군부를 거쳐 탁지부와 궁내부에서 관장하게 하였다. 따라서 장전과 부장전은 무토였으므로 대체로 민의 사유지로 처리되었다고 볼 수 있다.

[참고어] 역리전, 늠전, 역전

[참고문헌] 鄭肯植·田中俊光, 2006, 『朝鮮不動産用語略解』, 한국법제연구원(朝鮮總督府, 1913, 『朝鮮不動産用語略解』); 趙錫坤, 1997, 「제4장 土地調査事業에 있어서 紛爭地 處理」 『조선토지조사사업의 연구』, 민음사

장지한(張志瀚) 1798년(정조 22) 권농정구농서윤음(勸農政求農書綸音)에 응하여 글을 올린 사람.

당시 전(前) 충의위(忠義衛)로 기록되어 있다. 그는 상소문에서 모내기[移秧]하는 법의 전면 금지 반대, 수차(水車)의 제도를 널리 시행할 것, 수문통(水門桶) 나무를 편리하게 취용할 수 있도록 허락할 것, 담배의 폐해를 포고하여 파종하지 못하게 할 것, 진전(陳田)의 세금을 감할 것 등을 주장하였다.

[참고어] 응지진농서

[참고문헌] 『정조실록』; 농촌진흥청 역, 2009, 『응지진농서Ⅱ』, 진한M&B

재결(災結) 재상(災傷)을 입은 전지, 혹은 이에 대하여 전세 등을 감면·면제해 주던 제도.

[참고어] 급재, 전세, 총액제

재결(裁決) 당사자 간에 행정상의 법률관계에 관하여 분쟁이 있는 경우에 제3자인 행정기관이 하는 판정.

일제의 토지조사사업에서 사정에 불복신청을 할 경우 고등토지조사위원회에서 한 확인 결정을 말한다. 일반적으로 재결은 토지수용위원회 또는 행정심판위원회 등에서 하는 판정을 말하는데, 일제의 토지조사사업에서 재결은 1902년의 토지조사령에서 고등토지조사위원회가 담당하도록 정했다. 사정에 불복할 경우는 사정장부인 토지조사부와 지적도의 공시기간 만료 후 60일 이내에 고등토지조사위원회에 신청하여 소유권이나 경계에 대하여 다시 확인 결정을 구하는 처분할 것을 규정했다. 이 행위가 재결이다.

이때 조선총독부는 다음과 같은 문제가 있으니 유의하도록 통첩을 발하였다.(『조선총독부관보』 제927호, 1915.9.4) “토지조사령 제4조에 의하여 토지신고를 할

때 종래 왕왕 소유권을 갖지 않지 않은 자가 타인의 토지를 제 것처럼 속여 허위 신고를 하거나, 위조 변조한 문서를 증거로 제출하여 사정 또는 재결에 착오를 가져와 정당한 권리자가 불의의 손해를 입는 사례가 적지 않았다."는 것이다. 이때 그 피해자가 토지조사령 제16조에 의한 재심 신청을 할 경우 전기 행위 기타 벌을 받을 행위에 대한 판결의 확정이 필요한데, 이 과정에서 공소시효를 넘기게 되어 실제로 재심기회를 얻기 힘들다고 하였다. 따라서 일제는 사법관헌은 검거와 소추에 대하여 가장 엄정히 취급해야 하며, 이러한 범죄를 인지할 때는 속히 고발하여 이를 근절하도록 하라는 통첩을 발하기도 하였다.

따라서 소유권을 회복할 수 있는 기회는 사실상 재결에 그친다고 할 수 있다. 일제의 법체계가 이와 같음에도 불구하고 토지조사사업 초기에 조선의 토지소유자들은 토지소유권에 대한 관행적 사고방식과 조세수탈의 수단으로 인식하여 여기에 적극 응하지 않는 모습을 보였다. 하지만 점차 일제의 선전과 스스로 토지소유권을 확보하려는 의식이 높아져 토지조사사업에 적극 대처해 가는 모습을 보였다.

[참고어] 사정, 토지조사령, 고등토지조사위원회, 재심, 불복신청

[참고문헌] 조선총독부 임시토지조사국, 1918, 『조선토지조사사업보고서』; 早川保次, 1921, 『朝鮮不動産 登記의 沿革』, 대성인쇄사 출판부; 현암사, 1985, 『도해 법률용어사전』 〈최원규〉

재결서(裁決書) 일제의 토지조사사업에서 사정에 불복하여 고등토지조사위원회에 불복을 신청한 사건에 대하여 이를 심사한 뒤 판정을 내린 문건.

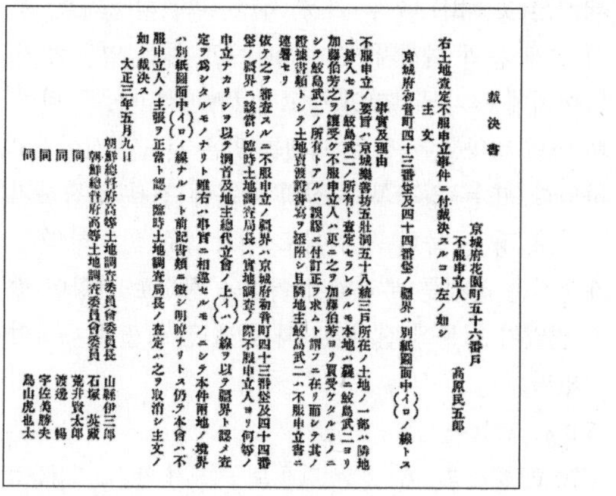
裁決書

京城府花園町五十六番戸
不服申立人　高原民五郎

右土地査定不服申立事件ニ付裁決スルコト左ノ如シ

主文

京城府初音町四十三番垈及四十四番垈ノ疆界ハ別紙圖面中(イ)(ロ)ノ線トス

事實及理由

不服申立ノ要旨ハ京城樂善坊五壯洞五十八統三戸所在ノ土地ノ一部ハ隣地ニ貫入セラレ鮫島武二ノ所有ト査定セラレタルモ本地ハ嚢ニ鮫島武二ヨリ加藤伯芳之ヲ讓受ケ不服申立人ハ更ニ之ヲ加藤伯芳ヨリ買受ケタルモノニシテ鮫島武二ノ所有トアルハ誤謬ニ付訂正ヲ求ムト謂フニ在リ而シテ其ノ證據書類トシテ土地賣渡證書寫ヲ添附シ且隣地主鮫島武二ハ不服申立書ニ連署セリ

依テ之ヲ審査スルニ不服申立ノ疆界ハ京城府初音町四十三番垈及四十四番垈ノ疆界ニ該當シ臨時土地調査局長ハ實地調査ノ際不服申立人ヨリ何等ノ申立ナカリシヲ以テ洞首及地主總代立會ノ上(イ)(ハ)ノ線ヲ以テ疆界ト認メ査定ヲ為シタルモノナリト雖右ハ事實ニ相違セルモノニシテ本件兩地ノ境界ハ別紙圖面中(イ)(ロ)ノ線ナルコト前記書類ニ徴シ明瞭ナリトス仍テ本會ハ不服申立人ノ主張ヲ正當ト認メ臨時土地調査局長ノ査定ハ之ヲ取消シ主文ノ如ク裁決ス

大正三年五月九日

朝鮮總督府高等土地調査委員會委員長　山縣伊三郎
朝鮮總督府高等土地調査委員會委員　石塚英藏
同　荒井賢太郎
同　渡邊暢
同　宇佐美勝夫
同　鳥山虎也太

재결서 『조선총독부관보』 1914년 8월 1일

고등토지조사위원회 재결서의 실 문건은 『조선총독부관보』와 마산시청이 소장한 『경상남도 창원군 불복신립사건 심사서류』철에 남아있다. 이 서류철에는 사건 순서대로 각 사건의 심사서류가 편철되어 있다. 사건의 서류양식은 인정과 취하의 경우가 각기 달랐다.

먼저 전자에서는 사건서류의 맨 앞에 고등토지조사위원회의 재결서를 철했는데, 재결서의 구성은 아래 그림과 같다. 처음에 불복신립인의 주소·성명, 다음은 고등토지조사위원회의 결정문인 '주문', 다음은 그 주문을 결정한 '사실과 이유'를 기록하였다. 말미에는 결정일과 참가한 고등토지조사위원회의 위원들의 이름을 쓰고 도장을 찍었다. 때로는 재결서 다음에 담당자의 재결서안을 첨부한 경우도 있었다. 후자의 경우는 고등토지조사위원회의 결재서류의 표지가 맨 앞에 있고, 그 다음에 토지사정불복신립취하원을 편철하였다. 불복 신청한 경우 재결까지 간 경우도 있지만, 적지 않은 건수가 스스로 취하한 것이었다.

재결했을 경우 그 결과는 사정에서처럼 별도의 장부를 만들어 기재한 것이 아니라 토지대장에 재결로 기재되어 곧바로 사정과 같은 '원시취득'의 자격을 획득하는 것으로 종결되었다.

[참고어] 고등토지조사위원회, 원시취득, 재결

[참고문헌] 조선총독부 임시토지조사국, 1918, 『조선토지조사사업보고서』; 한국역사연구회 토지대장 연구반, 2011, 『일제의 창원군 토지조사와 장부』, 선인

재무감독국(財務監督局) 1907년 대한제국의 재무행정, 특히 지세 수취를 관할하기 위해 일제의 주도 아래 대한제국에 설치한 재무관서.

1907년 12월 13일 칙령 제46, 47호로 재무감독국관제와 재무서관제가 공포되고, 1908년 1월 1일부터 설치 시행되었다. 1907년 고종을 폐위시키고, 고문정치에서 차관정치로 전환한 통감부는 여타 행정조직은 물론이고, 지세수취 역시 재무감독국 및 재무서를 설치함으로써 장악해나갔다.

재무감독국은 한성(경기, 강원도 관할), 평양(평남, 평북, 황해도 관할), 대구(경북, 경남, 충북 관할), 전주(전북, 전남, 충남 관할), 원산(함남, 함북 관할)의 5곳에 설치되었고, 산하에 1~3개 군을 관장하는 재무서 총 231개가 배치되었다. 재무감독국관제와 재무서관제는 정부재정고문부와 관세관관제를 하나로 통합한 것이었다. 종래에는 관세관관제를 통해 지세수취업무를 담당하게 하고 정부재정고문부가 이를 통제·감독하였다. 관세관에는 한국인이 임명되었고, 재정고문부에는

일본인 관리들이 임명되었다. 그러나 이를 하나로 통합하여 재무감독국 산하에 재무서를 두고, 여기에 일본인 재무관을 파견한 것이다. 이로써 그간 재정고문이 담당하던 지세수취의 감독업무와 관세관이 담당하던 지세의 부과업무를 재무감독국, 재무서장으로 이어지는 수취구조가 담당하였다. 또한 이들의 업무는 일본인 탁지부 차관이 관리 통제했다.

재무감독국장에는 일본인이 임명되었고, 재무서장도 대부분이 일본인 관리였다. 재무감독국장은 세무감의 업무를, 재무서장은 세무관 또는 세무주사의 업무를 인수하여 집행하게 되었다. 각 군에 파견된 재무관과 재무주사의 수는 이전의 세무관과 세무주사의 수보다 2배 가까이 증가했으며, 재무관리는 한국인과 접촉하는 하부관리를 제외하고는 대부분 일본인으로 교체되었다. 또한 문서는 반드시 일본인 관리를 통하여 처리하도록 하였다. 재무감독국 체제는 일본의 제도와 거의 동일했다. 탁지부차관 아라이 겐타로(荒井賢太郎)는 1908년에 열린 도서기관회의(道書記官會議)에서 한국의 재무행정조직은 일본의 제도에 기초하고 있으며, 그것은 1908년 1월 재무감독국관제라고 밝혔다. 단 일본의 제도와 취지를 달리하는 것은 취급사무가 세무뿐만 아니라 재무 전반에 걸친다는 점이었다.

[참고어] 관세관 관제

[참고문헌] 김재호, 1997,『갑오개혁 이후 근대적 재정제도의 형성과정에 관한 연구』, 서울대학교 경제학과 박사학위논문 ; 조석곤, 2003,『한국 근대 토지제도의 형성』, 해남 〈윤석호〉

재무주보(財務週報) 통감부 재정감사청이 1907년 4월부터 1908년 9월까지 일주일에 한 번씩 발간한 보고서.

이후에는 한국재정고문부가 주관하였으며, 1호부터 73호까지 발행하였다. 일제가 1905년 을사조약을 맺고, 1906년 통감부를 설치하면서 메가타(目賀田種太郎)가 조선의 재정실태를 파악하기 위해 그 현황을 조사하여 보고서를 발간하기 시작하였다. 일제가 대한제국의 재정을 파악하여 식민지로 지배하기 위한 기초작업이었다. 조사항목은 대한제국의 재정에 관한 법률 및 훈령을 비롯하여 재정상황과 재정기구의 개편, 무역상황, 은행의 상황 등이고 이를 파악하여 매주 조사보고서로 발간한 것이다. 아울러 재정통계도 제시하였다. 그 외 부록에는 한국의 각종 산업을 조사하여 싣고 있었다. 농업, 어업, 염업, 연초업 등 각종 산업에 관한 조사 보고서이다.

1908년 10월부터는 대한제국 탁지부 통계과 명의로 『재무주보』를 계승하여 『재무휘보』를 발간하였다. 『재무주보』나 『재무휘보』는 재무·세무·관세·세원조사 등에 대한 각종 통계자료와 보고서 등도 수록하고 있다. 이 자료를 통하여, 통감부 설치 이후 일제가 주도한 재정정리사업의 전개과정을 잘 살펴볼 수 있다. 『재무주보』 및 『재무휘보』와 함께 『탁지부공보』를 검토한다면 통감부의 식민정책의 전개과정과 추이를 살펴볼 수 있다. 규장각에 소장되어 있다.

[참고어] 재무휘보, 탁지부공보

[참고문헌] 『재무주보』;『재무휘보』;『탁지부공보』; 宮嶋博史, 1991,『朝鮮土地調査事業史の研究』, 東京大學 東洋文化研究所 ; 이상찬, 1992,「일제침략과「황실재정정리(1)」『규장각』15 〈이영학〉

재무휘보(財務彙報) 대한제국 탁지부에서 1908년 10월부터 1910년 4월까지 조선의 재정상황을 발간한 보고서.

『재무휘보』는 한 달에 두 번씩 발간하였으며, 제1호부터 제36호까지 발행하였다. 내용은 보고, 참고자료, 통계의 형식으로 발간하였다. 『재무주보』를 계승하여 발간한 것이다. 한국의 재정정리 상황의 전개과정을 보고하였으며, 각종 재정에 관한 사항, 산업에 관한 사항을 정리하여 기술하였다.

[참고어] 탁지부공보, 재무주보

[참고문헌]『재무휘보』; 이상찬, 1992,「일제침략과 황실재정정리(1)」『규장각』15 〈이영학〉

재상전(災傷田) 홍수·가뭄·서리·우박·황충(蝗蟲)·곡식 벌레 등의 천재지변(天災地變)으로 해를 입은 토지.

이외에도 나무서리인 상고대[木稼, 樹霜]나, 큰 바람, 때 아닌 비와 눈 등으로 피해를 입은 것도 재상이라고 하였다. 또는 경작자가 질병 때문에 전부 경작하지 못하고 땅을 묵힌 경우에도 재상으로 인정하였다. 재상전은 전세를 부과하기 어려울 정도로 작황이 좋지 않았기 때문에 진전(陳田)과 함께 전세 면세 대상이 되었다.

[참고어] 답험손실법, 공법, 급재

[참고문헌] 김태영, 1983,『조선전기 토지제도사 연구』, 지식산업사 ; 강제훈, 2002,『조선초기 전세제도 연구 : 답험법에서 공법세제로의 전환』, 고려대학교 민족문화연구원

재심(再審) 일제의 토지조사사업에서 사정이나 재결에 불복하여 고등토지조사위원회에 결정을 구하는 행위.

토지조사사업에서 재심 신청은 사정의 확정 또는 재결이 있는 날로부터 3년 이내에 하도록 정했다. 단 재심 신청은 다음 사항에 한하여 허용했다. 첫째 처벌을 받을 행위에 기초하여 사정 또는 재결이 되었을 때, 둘째 사정 또는 재결의 증거가 되는 문서가 위조 또는 변조되었을 때였다.

그런데 재심 신청은 유죄판결이 확정되지 않으면 할 수 없었다. 더구나 허위로 신고했을 경우라도 범의를 증명하여 확정 판결을 구하기는 대단히 어려웠다. 게다가 벌금형의 경우 형사소송법상 공소시효는 범죄일로부터 3년임에도 불구하고 고등토지조사위원회에 신청의 시기를 사정의 확정 또는 재결일로부터 기산하고, 유죄판결의 확정을 조건으로 하는 것은 실제 권리주장의 길을 폐쇄한 것이었다고 일본인 법 전문가는 해석하고 있다.

사정은 보통 신고 당일부터 2~3년 지나야 비로소 공시가 되기 때문에 사정이 확정될 때 이미 공소시효가 지났거나, 걸려 있는 경우라도 벌을 줄 수 없었다. 이 같은 이유로 유죄판결을 구할 수 없었으며, 유죄판결이 확정되지 않으면 재심 신청을 할 수 없기 때문에 정당한 권리자가 소유권을 상실하는 결과를 초래하게 된다고 하였다.

[참고어] 사정, 재결, 고등토지조사위원회

[참고문헌] 조선총독부 임시토지조사국, 1918, 『조선토지조사사업보고서』; 早川保次, 1921, 『조선부동산 등기의 연혁』, 대성인쇄사 출판부 ; 현암사, 1985, 『도해 법률용어사전』 〈최원규〉

재작타량(裁作打量) ⇒ 타량

재지지주(在地地主) 소유 농토 인근에 거주하며 거주지를 중심으로 지대(地代)를 수취하고 경영하는 지주.

왕실 및 양반관료 등과 같이 대도시나 중소도시에 거처를 가진 부재지주와 달리 소유지 인근에 거주하며 재지세력으로 일컬어지던 토호층 및 요호부민층을 일컫는다. 재지지주는 토지소유와 경영에 있어 양전사업에서 작성된 면 단위 양안과 그 범주 내에 존재한다는 점을 주목하여 범주화시켜 파악한 지주층이다. 재지지주들은 자작지를 중심으로 소유지를 집중 확대시키고 나아가 집약적 경영을 행하는 형태로서의 특징을 보였다. 이들은 노비 외에도 주변의 전호(佃戶) 농민을 통해 병작(竝作) 경영을 하였다.

한편 병작에 비해 직접경영의 비중을 높이는 방식을 통해 경영확대를 꾀하는 경우도 보인다. 17세기 초반 허균의 호민(豪民)적 농업경영의 경우 30%까지 자작하고 70% 정도를 병작하는 가운데, 자작지 2~3결 정도의 토지를 10명 정도의 종복으로 꾸려나가는 방식에서 그 양상을 확인할 수 있다. 그는 예성강이나 금강 주변에서 관직을 역임한 바탕으로 강이나 연안지역 같이 수륙교통이 좋은 곳을 상업적 농업을 행하기 적당한 곳으로 보았다. 지주 차원의 자작지 광작 경영이 가능했던 것은 당시의 농업생산력 발달과 상품경제의 진전, 농민층분화 결과인 임노동을 활용할 수 있었기 때문이다.

재지지주층은 부재지주층과 같은 병작 혹은 도지경영에 기반을 두고 있기 때문에 구래의 지주경영을 극복하지 못했던 점에서 비판되고 있다. 향후 경영확대를 기반으로 하던 경영지주로의 전환이 재지지주층으로부터 확인될 수 있다면 재지지주의 존재형태를 적극적으로 재검토할 수 있을 것이다.

[참고어] 부재지주, 경영지주, 병작, 전호, 광작

[참고문헌] 이경식, 1976, 「16世紀 地主層의 動向」『역사교육』 19 ; 최윤오, 2004, 「대한제국기 충주군 양안의 지주제와 부농경영」『동방학지』 128 ; 최윤오, 2005, 대한제국기 광무양안의 토지소유와 농업경영에 관한 연구-충북 진천군양안의 전체분석을 중심으로」『역사와 현실』 58 〈최윤오〉

쟁기[犁] 인력(人力)이나 축력(畜力)을 이용하여 전답을 기경(起耕)하는 데 쓰는 농기구.

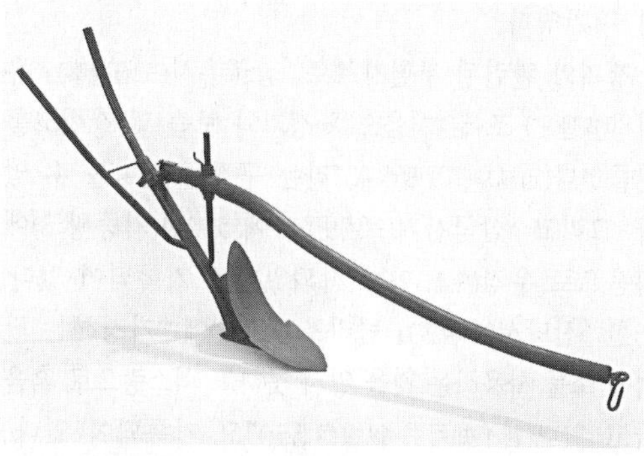

쟁기 농업박물관

농사를 짓기 위해 논밭에 씨를 뿌리거나 심으려면 우선 땅을 일구는 작업을 수행해야 한다. 논밭의 흙을 다스리는 작업인 기경[갈이] 작업에 많은 농기구를 활용하였는데, 그 가운데 가장 중요한 것은 쟁기이다.

그리고 따비, 괭이, 가래 등도 기경에 활용하였다.

기원은 중국 화북지방(華北地方)의 쟁기가 우리나라로 들어왔다는 것이 정설로 받아들여지고 있지만, 역사적 발전에 따라 여러 경로를 통해 전해졌을 가능성도 배제할 수 없다.

작물 경작과정의 시작단계인 기경에 사용한 최초의 농기구는 굴봉(掘棒)이었다. 굴봉은 땅에 구멍으로 내거나 흙밥을 뒤집는 데에 사용한 최초의 기경 도구였다. 단순한 나무막대기의 형태를 갖고 있던 굴봉에서 점차 땅을 파는 날과 동력을 전달하는 자루를 지닌 괭이나 따비로 발전하였다. 괭이와 따비가 발전하면서 보다 깊이 땅을 갈 수 있고, 축력의 사용까지 가능한 기경 농기구로 쟁기가 나타났다. 쟁기는 땅을 파서 흙밥을 뒤집는 기능을 갖고 있는 보습, 보습을 고정하기 위한 쟁기술, 보습을 끌기 위한 부품인 성에 등을 갖춘 농기구였다. 쟁기는 농경의 시작 단계에서부터 간단한 형태로 등장하여 점차 복잡한 구조를 갖추게 되었다.

농경의 역사에서 살펴볼 때 이집트와 메소포타미아 지역에서 기원전 4,000년 경에 쟁기갈이가 시작되었고, 중국의 경우 기원전 3,000년경에 쟁기갈이가 시작되었다. 이집트의 쟁기가 중국으로 전해졌다고 보는 견해가 있고, 중국에서 자생적으로 쟁기가 발생하였다고 보는 견해가 있다.

중국의 한대 화상석(畵像石)에는 소 한 마리가 견인하는 호리를 비롯한 두 마리의 소가 견인하는 겨리 등의 다양한 쟁기 등이 등장한다. 그리고 당나라 말 육구몽(陸龜蒙)이 쓴 『뇌사경(耒耜經)』에 등장하는 쟁기가 근래 중국 쟁기의 주류를 이루는 것과 동일한 사각형 쟁기였다.

쟁기와 관련된 문헌자료로 『삼국유사(三國遺事)』 유리왕(儒理王) 조에 "처음으로 쟁기와 보습 및 장빙고를 만들었다(始制犂耜及藏氷庫)"라는 구절을 찾아볼 수 있다. 그리고 『삼국사기(三國史記)』에 502년(지증왕 3)에 처음으로 우경(牛耕)이 시작되었다고 기록되어 있다. 또한 『신당서(新唐書)』 탐라조(耽羅條)에 "기경하는 작업에 소를 사용하는 것을 알지 못하고 쇠스랑으로 흙을 긁고 있다(耕不知用牛 以鐵齒杷土)"고 기록되어 있다.

쟁기, 우경과 관련된 자료만 근거하면 1세기에 쟁기가 만들어졌고, 5~6세기경에 우경이 시작되었고, 지리적으로 내륙과 멀리 떨어진 제주도에서는 우경이 시작되지 않았다고 볼 수 있다. 그런데 평안북도 염주군 주의리 초기 철기시대 유적지에서 나무쟁기가 발굴되었고, 357년(고국원왕 27)에 축조된 황해도 안악고분과 408년(광개토왕 18)에 만들어진 평남의 고분에 그려진 벽화에 소의 고삐가 매어져 있는 점으로 보아 당시에 이미 우경을 하고 있었다고 볼 수 있다. 따라서 신라지역이라고 하더라도 지증왕 대인 6세기 초에 우경이 시작되었다고 보기는 어렵고, 국가에서 우경을 장려하고 보편화된 시기로 해석하는 것이 옳다.

쟁기와 기본적인 구조와 사용법이 동일하지만 세부적인 구성부분에 차이가 있는 농기구로 극젱이가 있다. 쟁기는 땅을 깊게, 극젱이는 얕게 가는 데 쓰였다. 쟁기, 극젱이 등을 처음 보면 매우 복잡한 구조를 가지고 있는 것으로 보인다. 하지만 쟁기술, 보습, 볏 등 논밭의 흙덩이를 갈아서 엎어내는 데 필요한 부분을 주의 깊게 보면 쟁기의 활용법을 알 수 있다. 쟁기날과 지면이 맞닿는 부분인 쟁기술이 지면과 평행을 이루는 곧은술 쟁기는 보습이 갈고 지나가는 지면을 눌러주는 효과를 거둘 수 있었다. 이에 반해 쟁기술이 구부러져 있는 굽쟁기는 지면을 보다 깊이 갈아주는 데 목적이 있었다.

쟁기의 주요 구조물을 보면 먼저 술은 쟁기의 몸체에 해당된다. 술은 곧은 형태(선술 쟁기), 휘어진 형태(굽은술 쟁기), 휘어진 부분이 땅에 닿은 형태(앉은술 쟁기) 등으로 나뉜다. 휘어져 땅에 닿은 부분을 쟁기받침(床)이라고 한다. 우리나라의 경우 쟁기받침이 없는 선술쟁기나 굽은술쟁기가 많이 이용된다.

보습은 참(鑱)이라 적는데, 화(鏵)로 쓰기도 한다. 쟁기를 움직일 때 땅과 직접 부딪혀 흙밥을 가르는 역할을 하고, 경우에 따라서는 흙밥은 뒤집는 기능도 수행한다. 보습은 처음에 돌이나 나무로 만들었다. 우리나라에서는 황해도 봉산군 지탑리 유적에서 기원전 3,000년경으로 추정되는 돌보습 20여 개가 발굴되었다. 나무보습의 날 부분을 보호하기 위해 화관(鏵冠)이 덧붙여 사용하였다. 철제 농기구의 보급이 크게 확대되면서 철제 보습이 제작되어 사용되었다. 보습의 형태는 대개 삼각형을 이루고 있고, 날이 뾰족한 것과 둥근 것으로 나눠진다.

그리고 볏이라는 부분은 쟁기가 논밭의 흙을 갈 때 보습이 파 올린 흙덩이, 즉 쟁깃밥을 완전히 뒤집어 토양의 전면적인 기경을 가능하게 해주는 부품이었다. 쟁기 보습이 최대로 들어가는 깊이에 있는 하층의 토양까지 지표면으로 끌어올리는 데 절대적으로 필요한 부품이 바로 볏이었다. 이미 조선시기 『농사직설(農事直說)』 등 농서에서 볏이 우리 쟁기에 붙어 있었음을 알 수 있다.

다음으로 성에는 쟁기를 끌고나갈 수 있게 해주는 나무통 형태의 구조물이다. 쟁기가 땅을 수직과 수평으로 자르고, 자른 흙을 들어 올려 뒤집게 해주는 힘을 인력이나 축력으로 획득하는 데 이때 동력을 가장 효율적으로 이용하기 위해 만들어진 것이 성에이다. 이와 같이 성에는 쟁기 몸체와 소를 이어주는 부분인데, 우리나라 쟁기의 경우 성에가 땅 쪽을 향해 아래로 숙여 있다. 이러한 구조일 경우 쟁기를 당기는 힘이 성에 방향으로 작용하는 분력(分力) 덕분에 보습이 땅속으로 파고들려는 성질을 가지게 된다. 그리하여 쟁기 날이 지나가는 방향만 잘 잡아주면 땅을 쉽게 갈 수 있다.

쟁기는 주로 소의 힘을 이용하였지만, 소를 이용하기 어려운 경우에는 사람의 힘으로 쟁기를 끄는 경우도 있었다. 소를 확보하지 못한 경우 끈을 길게 들여 쟁기에 매고 그 끈을 앞에서 사람이 끄는 방식이었다. 강희맹(姜希孟)의 『금양잡록(衿陽雜錄)』에는 소 한 마리의 힘을 대신해서 아홉 사람이 쟁기를 끈다고 나온다. "경전하는 것은 너무 이르게 해서는 안 된다. 3월 보름 때 비로소 전토를 갈아 뒤집는다. 소가 없는 자는 아홉 사람을 부려서 쟁기를 끌게 하면 소 한 마리의 힘을 대신할 수 있고, 하루에 20~30두 파종할 곳을 갈 수 있다.(耕田不甚早 三月望時 始飜土 無牛者 傭九人挽犁 則可代一牛力 日耕可種二三十斗[『衿陽雜錄』 農談二])"

농기구의 다양화는 쟁기의 경우에서 분명하게 찾아볼 수 있다. 조선 후기의 사정을 보면 산간 지역용 쟁기[峽犁]과 평야 지역용 쟁기[野犁]가 구별되었고, 여기에 쟁기에 이용하는 소의 숫자에 따라 겨리(두 마리)와 호리(한 마리)로 구분하기도 하였다. 그리고 한두 차례에 쟁기질에 그쳤던 방법에서 벗어나 논을 여러 번 갈아 뒤집어주면서 논흙을 꼼꼼하게 뒤집어 곱게 만드는 방식으로 쟁기질을 하였다.

박제가(朴齊家)의 『북학의(北學議)』에 겨리와 호리 쟁기에 대한 언급이 나온다. "지금 산지에서는 두 마리 소에 멘 쟁기를 쓰고, 들판에서는 한 마리 소에 메단 쟁기를 쓴다. 모두 땅을 기경하는 데 쓰는데, 기경한 뒤에는 다른 농기구를 쓰는 것이 없다. 산지의 쟁기는 이름이 각각 같지 않고, 들판의 쟁기도 또한 각각이어서 같지 않다.(今峽用兩牛犁 野用單牛犁 皆所以起土 起土之後 更無他物 峽犁亦名不同 野犁亦名不同[『北學議』 農器六則])"

15세기 조선의 농업생산에 기본적인 기경용(起耕用) 농기구로 사용된 것은 쟁기였다. 그런데도 『농사직설』의 본문 속에는 쟁기를 의미하는 '려(犁)'라는 글자가 하나도 보이지 않는다. 하지만 '우경', '엄경(掩耕)' 등 기경을 의미하는 단어 용례와 "양묘간(兩畝間)을 천경(淺耕)하여 대두(大豆)를 파종하고, 양맥(兩麥)을 수확한 다음 맥근(麥根)을 갈아서 두근(豆根)을 덮는다"라는 표현은 쟁기의 항상적인 사용을 알려주고 있다.

조선 전기 쟁기를 사용하는 기경작업은 『농사직설』을 통해서 분석할 때 크게 3가지로 구별되어 있었다. 첫 번째는 개간(開墾), 추경(秋耕), 숙치(熟治) 이전의 기경(起耕) 등 전토의 전면을 갈아서 반전(反轉)시키는 기경작업이다. 두 번째는 파종 직전의 기경(起耕)으로 파종처를 만드는 작업이다. 세 번째는 제초작업과 병행하여 수행하는 중경(中耕)이다. 이러한 기경작업은 대부분 우경으로 수행되었다. 그리고 소를 천천히 몰아서 급하지 않게 기경하는 작업방식[徐耕]을 권장하였다.

15세기 쟁기를 활용한 기경방식을 살펴볼 때 쟁기의 구조 특히 볏의 장착 여부에 대한 것을 살펴볼 수 있다. 물론 농부의 쟁기질 숙련도에 따라 여러 가지 방식으로 쟁기를 다룰 수 있기 때문에 볏의 유무가 크게 문젯거리가 되지 않을 수도 있다. 즉 쟁기를 부리는 농부의 의도와 기술에 따라 깊이 갈 수도 있고 얕게 갈 수도 있는 유연성을 발휘할 여지가 있기 때문에 일률적으로 작업 내용에 따라 다른 형태와 구조를 지닌 쟁기를 사용하였다고 단정할 수는 없다. 또한 쟁기에서 볏을 떼어놓기도 하고, 장착하기도 하는 등 다양하게 구조를 바꾸어 실제 농작업에 사용할 수 있었다. 하지만 쟁기 자체에 볏이 부착되어 있었는지 여부는 쟁기의 발달과정에서 중요한 문제라고 할 수 있다.

쟁기의 보습에 덧붙여지는 볏은 기능의 측면에서 볼 때 쟁기날인 보습이 파 올린 흙덩이, 즉 쟁깃밥을 완전히 반전(反轉)시켜 토양의 전면적인 기경을 가능하게 해주는 부품이었다. 즉 쟁기 날이 들어가는 깊이에 자리하고 있는 하층의 토양을 상층으로 끌어올리는 데 절대적으로 필요한 부속품이었다. 『농사직설』의 기경작업에 대한 설명에서 쟁기의 구조에 볏이 포함되어 있었는가를 살필 수 있다. 『농사직설』 녹두(綠豆) 항목에서 녹두를 작물비(作物肥)로 이용하는 시비방식을 설명하면서 녹두를 갈아엎어 땅 속에 밀어넣는 작업을 엄경(掩耕)이라는 단어로 설명하였다. 엄경이라는 작업이 현재 전토에서 자라고 있는 녹두를 갈아엎는 것이라면 이때 동원된 쟁기는 분명하게 볏의 기능을 수행하는 것이라야 가능한 것이다. 따라서 조선 전기 쟁기의 구조에서 볏이 부착되어 있었을 것으로 추정할 수 있다.

[참고어] 극젱이, 우경, 심경

[참고문헌] 朴虎錫, 1988,「東西洋 쟁기의 起源과 發達」, 忠北大學校 농학박사학위논문 ; 김광언, 1986,『한국농기구고』, 한국농촌경제연구원 ; 이춘녕, 1989,『한국농학사』, 민음사 ; 정연학, 2003,『한중농기구 비교연구-따비에서 쟁기까지』, 민속원 〈염정섭〉

저당권(抵當權) 채무자 또는 제3자가 채무의 담보로 제공한 부동산, 기타의 목적물을 채권자가 그 제공자로부터 직접 인도받지 않았지만, 채무를 변제하지 않을 경우 그 목적물에 대하여 다른 채권자보다 우선변제를 받을 수 있는 물권.

저당권은 우선 변제를 받는다는 점에서 질권(質權)과 같으나 질권은 설정자가 계속 목적물을 점유한다는 점에서 저당권과 다르다. 명칭상으로 질권과 저당권의 구별이 없으나 실질적으로는 대개 동산을 목적으로 하는 경우는 질권에 속하고, 부동산을 목적으로 하는 경우에는 저당권에 속한다고 보았다. 저당제도가 확립되기 위해서는 부동산, 기타 목적물의 사유화가 보장되어야 하고, 그 목적물의 우선 변제가 보장되어야 한다. 이러한 근대적 의미의 저당권 제도는 1912년 3월 조선민사령에 의하여 일본민법을 의용(依用)하고, 같은 시기에 조선부동산등기령이 공포되면서 시행될 수 있었지만, 실질적으로는 1914년 지역별로 토지조사사업이 종결되어 토지대장이 마련되면서 시행되게 되었다.

저당권의 특질은 다음과 같다. 등기를 하지 않으면 제3자에 대하여 저당권의 존재를 주장할 수 없다는 것이다. 저당권은 부동산등기법에 따라 등기부의 을구에 기록되어 채무내용을 공시할 때 제3자 대항권을 갖게 된다. 저당권이 설정되어 있는 부동산에 대하여 지상권이나 임차권을 취득하여도 저당권자에 대하여 대항할 수 없다. 채무자가 변제기에 변제를 하지 않을 때는 목적물에서 우선적으로 변제를 받게 되는 것이 저당권의 본질적 효력이다. 그 방법은 경매법에 의거한 경매절차에 따르는 것이 원칙이다.

한국인들은 전통적으로 물건 또는 권리를 목적으로 하는 채권의 담보를 모두 전당(典當)이라는 이름으로 실시하였다. 이 제도는 국가기구가 관리한 것이 아니라 사적인 계약관계만으로 시행되었다. 대한제국기의 전당포규칙 그리고 일제 초기 토지가옥증명규칙, 토지가옥전당집행규칙, 조선부동산증명령 등에 따른 증명제도에 포섭되어 관에서 관리하기도 했으나, 저당제도가 실시되면서 폐지되었다.

저당권은 부동산담보금융제도에 활용되어 일본금융자본이 한국의 토지를 장악하는 데 결정적 역할을 했다. 일본의 대지주, 동양척식주식회사, 조선식산은행, 금융조합이 이 저당권을 근거로 전조선의 토지로 활동 영역을 확대해 간 것이다. 일제시기의 저당권 제도는 1960년 1월부터 한국 민법에 거의 그대로 대체되었다.

[참고어] 조선부동산등기령, 채권, 동양척식주식회사, 조선식산은행, 질권, 전당포규칙

[참고문헌]『관보』(대한제국) ;『조선총독부관보』;『대한민국관보』; 早川保次, 1921,『조선부동산 등기의 연혁』, 대성인쇄사 출판부 ; 윤석범 외, 1996,『한국근대금융사연구』, 세경사 〈최원규〉

저당유질(抵當流質) ⇒ 유질, 저당권

저전(楮田) 종이의 원료가 되는 닥나무[楮木]를 재배하는 밭.

닥나무는 종이의 원료였던 까닭에 닥나무의 재배와 저전의 관리는 고대부터 중요시되었다. 고려 이전까지 저전에 대한 기록은 미비하나, 고려시기에는 공수전(公須田)·장전(長田)과 함께 공해전(公廨田)을 구성하는 하나로서 지전(紙田)이 분급되었다. 중앙관청에 지급된 규모는 불명하나, 지방의 경우에는 983년(성종 2)에 500정(丁) 이상의 주·현에는 15결, 100정 이상의 주·현에는 10결, 그밖에는 7결씩의 토지를 지전으로 지급하였다. 또한 대로의 역에는 5결, 중로·소로의 역에는 2결, 그리고 향과 부곡에는 3결씩을 지급하도록 하였다. 그러나 지전의 성격에 대해서는 명확하지 않다. 대체로 관아에 예속된 공장이나 공지호(供紙戶)에게 종이를 납부하는 대가로 지급한 위전이라 보거나, 지방관청에서 소요되는 사무용품 구입의 비용을 마련하기 위해 설정한 토지로 이해했는데, 종이생산의 효율성을 고려했을 때 관에서 직접 닥나무를 재식하여 기르는 밭으로 볼 수 있는 여지도 있다.

고려 말 관사의 지나친 수탈로 인해 닥나무를 심는 농민이 백에 한둘에 불과한 실정이었다고 한다. 그러나 조선 건국 후인 1411년(태종 11)에는 대호(大戶)는 200조(條), 중호(中戶)는 100조, 소호(小戶)는 50조씩 강제로 재배하게 하고 종래의 저전을 관리하도록 했다.[『태종

실록』 권20, 10년 10월 29일 임술] 1443년(세종 25) 경기 안산(安山)의 양전을 위한 사목(事目)에서는 사처(私處)의 가사(家舍)·기지(基地)와 저전(苧田)·저전(楮田)·완전(莞田)·과수원·칠림(漆林)·죽림(竹林) 등 무릇 이익이 있는 곳은 다른 밭의 예로 측량하도록 하여[『세종실록』 권102, 25년 11월 14일 을축], 저전이 전으로서 양안에 등재되어 수세대상이 되고 있었다. 또한 『경국대전』 「공전」 재식(栽植)조에는 각 고을의 저전은 완전(莞田)·전죽전(箭竹田)과 함께 대장을 만들어 공조와 고을에 비치하고 재배에 힘쓰게 했다.

민가의 저전 외에도 관에서 운영하는 저전도 있었다. 『속대전』 「호전」 제전조에서는 한양에서 파견되는 경차관과 각지에 주재하고 있는 도사(都事)는 저전의 감찰에 힘쓰도록 하고, 그 재식에 근면하지 않을 때에는 처벌할 것을 규정하고 있다. 그러나 그 규모가 어떠했는지는 명확하지 않다.

종이의 수요가 날로 늘어감에 따라 지물과 저의 공납도 가중되었다. 이에 농민은 저전의 경작을 기피하게 되었고, 관리 또한 문란해져갔다. 예컨대 『세종실록』 「지리지」에서 닥나무의 산지가 108곳이었던 반면, 1세기 후인 『신증동국여지승람』에서는 32곳으로 줄어들었다. 주목되는 것은 일본으로부터 수입된 왜저(倭楮)의 산지가 4곳으로 집계된 것인데, 지지부진한 닥나무 재배를 보완하기 위한 방편이었다.

조선 후기 대동법의 시행으로 지공(紙貢)이 폐지되자 농민들은 저전을 전답으로 바꾸었으며, 닥나무의 생산은 더욱 침체되었다. 인조 때의 우의정 이경석(李景奭)은 어전에서 각 읍의 저전은 모두 빈이름만 있다고 한 것이나, 숙종 때의 호조판서 민진장(閔鎭長)은 삼남의 저전은 곡식을 심는 땅으로 변하였다고 한 것이 이러한 상황을 말해 준다.

[참고어] 공수전, 공해전, 장전

[참고문헌] 『楮竹田事實』; 이광린, 1958, 「이조초기의 제지업(製紙業)」 『역사학보』 10 ; 한정수, 1999, 「조선전기 제지 수공업의 생산체제」 『역사와 현실』 33 ; 김덕진, 2002, 「조선후기 지방관청의 지고 설립과 운영」 『역사학연구』 18 〈윤석호〉

적전(籍田) 고려 및 조선시기 천지와 종묘 제향에 올릴 곡식을 수확하기 위해 설치한 토지.

중국에서는 고대부터 한 해의 처음에 천자가 몸소 적전에서 밭을 경작하는 친경의식을 거행하고 여기에서 수확한 곡식으로 국가의 제사를 거행한 바 있었다. 『국어(國語)』 「주어(周語)」에는 괵(虢)나라 문공이 주(周) 선왕(宣王)에게 적전에서 친경의 의례를 거행할 것을 간언하는 내용이 있어, 입춘에 농사를 시작하기 전에 천자가 몸소 밭을 경작하는 친경 의식이 있었음을 보여준다. 『예기(禮記)』 「월령(月令)」에는 정월 원일(元日 : 첫번째 신일)에 천자가 상제(上帝)에게 풍년을 기원하며 직접 쟁기와 보습을 수레에 싣고 삼공(三公)·구경(九卿)·제후(諸侯)·대부(大夫)를 이끌고 적전을 경작하는데, 천자는 세 번 갈고 삼공은 다섯 번 갈고 경·제후는 아홉 번 간 후에 돌아와 태침(太寢)에 노주연(勞酒宴)을 마련하여 의식을 함께 한 사람을 위로한다고 기록하였다.

이때 천자가 경작하는 토지는 '적전' 또는 '제적(帝藉)'이라고 하는데, 천자가 제향해야 할 대상에게는 적전에서 수확한 것을 바쳤다. 한 해가 시작될 때 천자가 적전에 나아가 몸소 밭을 갈고 씨를 뿌린 후 농민들이 천무의 땅 갈기를 마무리하고, 여기에서 수확된 곡식으로 제향의 비용을 쓰도록 한 것이다. 적전의 '적'은 한자로 '藉', '籍', '耤' 등으로 표기되었으며 그 의미는 천신인 상제를 위하여 백성들이 경작하는 토지를 빌린다[借]는 뜻이었다. 우리나라의 한글 자료에서는 적전을 '적뎐'으로 표기하고 있어, 어떤 한자를 사용하든 읽는 방식은 '적전'으로 통용되었음을 알 수 있다.

유교 국가에서 천자가 신하들을 이끌고 천지에 공양할 곡식을 기르는 적전에 나아가 경작 시범을 보이는 것은, 천자 이하 통치자들이 만물을 길러내는 천신(天神) 또는 하늘의 덕을 공경하는 뜻을 보이고 농사가 민생과 정치의 중대사임을 보이는 의식이다. 농사는 백성의 대사(大事)로서 상제에게 제사지내는 곡식이 여기에서 나오고, 백성의 번성함과 국가의 경비가 여기에 달려 있으며, 백성들이 덕성을 잃지 않도록 하는 등 정치의 기본 요소들이 이에 의존한다. 따라서 적전에서의 친경의례는 교(郊)제사와 함께 한해 정사의 출발을 나타내는 의식이 되었다.

중국으로부터 유교의 영향을 받으면서 과도기적 형태의 농경의례도 나타나게 되지만 유교식 농경의례가 본격적으로 등장하게 된 것은 고려 성종조의 일이다. "신미일에 왕이 원구에서 풍년을 기도하고 태조의 신위를 원구에 모시었다. 을해일에 왕이 친히 적전을 갈고 신농씨에게 제사를 지내는데 후직의 신위를 거기에 함께 모시었다. 풍년을 기도하고 적전을 친히 가는 의식이 이때부터 시작되었다.(辛未, 王祈穀于圓丘, 配以太祖. 乙亥, 躬耕籍田, 祀神農, 配以后稷, 祈穀籍田之禮, 始此.

[『고려사』 권3, 세가3, 성종 2년 봄 정월])"라고 하여, 과거 주술적 제의에 의존하던 농경의례가 신비적 측면을 생략하고 엄격하고 정제된 유교적 의식을 통해 신과 교감하는 형식으로 바뀌게 된 것이다. 적전행사는 그 대표적 사례 가운데 하나에 속한다.

최승로에 의하면, 합당한 신에게 제사지내지 않거나 다른 족류의 신에게 제물을 바치는 것을 '음사(淫祀)'라고 하였다. 모름지기 제사는 너무 많으면 번거롭고 공경하는 마음이 사라지게 되니 경건하게 하되 복을 빌어서는 안되며 초연하게 덕을 쌓아 신명으로 하여금 알게 하여야 한다는 것이다. 풍년을 기도하고 적전을 친히 가는 의식은 그러한 덕을 쌓는 일이었다. 988년(성종 7) 이양(李陽)은 상서를 올려 월령의 실시를 주장하면서 친경의례의 중요성을 다음과 같이 강조하였다. 그 내용은 『예기』 월령편에 근거한 것으로서 대략 세 가지로 요약된다.

첫째는 자연의 질서(天道)를 받들어 백성들에게 때를 알려주어야 한다는 것이다. '출토우사(出土牛事)'는 그 상징적 조처로서 계절의 변화에 따른 농시(農時)를 지킴으로써 집집마다 자급자족의 풍년을 기약할 수 있다는 것이다. 백성들이 계절의 변화를 정확히 알고 농사를 지으면 풍성한 수확을 기할 수 있다는 내용이다.

둘째는 '궁경제적(躬耕帝籍)'은 백성들에게 농사의 시범을 보여서 중농(重農)의 의미를 알리는 것이지만 '헌종지사(獻種之事)'는 왕후 역시 왕을 도와 천지에 정성을 드리는 것이다. 동쪽 교외에서 적전행사를 치른다는 것은 태양의 움직임이 양의 기운과 밀접한 관련이 있음을 나타낸다.

셋째는 천지간의 시간적 흐름에 맞는 어진 정책을 펴야 한다는 것이다. 이는 시간적 흐름에 따른 음양의 기운이 바뀌는 것을 계절의 변화로 보고 군주는 이에 맞추어 음양의 조화를 꾀함으로써 덕을 쌓아야 한다는 것이다. 양의 기운을 생명과 동일시함으로써 1년의 시작인 봄을 생명의 기운이 싹트는 계절로 인식하고 계절의 금령을 통하여 자연의 법칙을 알려야 한다는 것이다.

결국 자연의 질서를 지켜 생산력을 늘리고 이를 통해 왕도정치를 펴라는 것이다. 이는 계절의 변화에 따른 자연의 이치를 가리키는 것으로 그 기원은 『서경』, 「홍범」편의 오행사상이다. 이처럼 「월령」편에 나타난 자연관은 음양과 시간의 조합으로 설명할 수 있는 것으로서 이를 따른다는 것은 유교의 농본주의를 그대로 받아들이는 것을 의미하기도 하였다.

『고려사』 찬자는 적전의 예(禮)를 설명하였는데, 중국에서 농사를 처음으로 가르친 인물로 숭상되는 신농씨(神農氏)를 제사하고 곡신(穀神)인 후직씨(后稷氏)를 배(配)하여 교제(郊祭)를 올리고 친경(親耕)하는 것이 주요 내용이다. 국왕의 친경 기록은 983년(성종 2), 1031년(현종 22), 1144년(인종 22) 세 차례에 불과하지만 적전의례는 매년 이루어진 것으로 보인다.

적전의 위치는 이양이 올린 봉사문을 토대로 개경의 동교(東郊)의 숭인문(崇仁門)과 보정문(保定門) 밖의 청교(靑郊) 일대로 추측되며, 당(唐) 개원례(開元禮)의 영향으로 천자의 예를 따라 적전을 천무(千畝)로 설치하였고 소양(小陽)의 방위에 따라 정양(正陽)의 남교가 아닌 동교에 설치하여 운영함으로써 황제국을 지향한 것으로 해석하기도 한다.

교제를 올리는 선농적전단(先農籍田壇)에서 신농씨의 위(位)는 단상 북쪽에 남향으로 설치하고 후직씨는 배위로서 단상 동쪽에 서향으로 설치하며 돗자리를 깐다. 선농적전단의 폐백은 모두 청색비단을 쓰는데 소양과 동쪽을 상징하기 때문이다. 이러한 인식에 따라 구곡(九穀)의 종자를 담은 상자 역시 청색으로 하였고 농군들이 청의(靑衣)를 입은 것을 볼 수 있다.

친경의 가장 중요한 것은 군주가 직접 쟁기를 잡고 미는 과정이라고 할 수 있다. 이는 군주가 농사의 어려움을 인식하거나 중농에 뜻을 두고 있다는 것을 만백성들에게 보여줄 수 있기 때문이다. 본래 『예기』 월령에서는 천자 3퇴(推)를 하도록 하였으나 고려에서는 5퇴를 하도록 하고 이하 차서를 두었다. 친경에 참여하는 사람들은 왕, 태자, 삼공(三公), 상서(尙書), 경(卿) 등을 비롯하여 종경(從耕), 시경(侍耕)과정의 서인 등에 이르기까지 다양하였다.

『고려사』에서는 의례의 절차를 임금이 참여하는 친향의(親享儀)와 대신으로 하여금 대행케 하는 유사섭사의(有司攝事儀)로 구분하고 후자는 제의 단계까지만 기록하였다. 적전을 담당한 부서는 '장공자성(掌供粢盛)'을 맡고 있었던 전농시(典農寺)로 추측된다. 전농시는 사농시(司農寺)로 불리어지기도 하였는데, 선초 기록(1401년, 태조 원년 7월 정미)을 보면 적전의 경작, 전곡(錢穀) 및 제사에 필요한 희생(犧牲)의 진설(陳設) 등을 맡도록 한 점이 참조된다.

조선시기에도 민생을 위하는 왕정을 상징하는 의례로서 중시되었다. 적전에서의 친경의식은 세종 대에 구체적인 의절이 마련되었으나 실제 적전의례가 처음 거행된 것은 1475년(성종 6)의 일이었다. 성종 때에는 이후로도 두 차례의 친경의례를 더 거행하였다. 이후로 연산군, 중종, 명종, 선조, 광해군, 영조, 고종, 순종 대에 모두 14차례의 친경의식이 거행되었다.

한편 영조 대에는 적전의례로서 농사가 처음 시작될 때 권농하는 의식인 친경뿐 아니라, 적전에 왕이 직접 나가 농민들이 곡물을 베는 것을 보는 의식인 관예의식(觀刈儀式)을 거행하였다. 관예의식은 한 해 농사의 시작뿐 아니라 잘 마무리되기까지 살펴야 한다는 생각에서 마련된 의식이었다. 또한『주례』에 기록된 바에 따라 수확한 곡식을 이듬해 농사를 위해 보존하는 장종의식(藏種儀式)까지 의례화되었다. 영조는 친경을 시조리(始條理)로, 관예 및 장종의식을 종조리(終條理)로 표현하며 농사의 시작에서 마무리까지 잘 되도록 격려하였다. 또한 적전에 직접 나가 추수하는 것을 보지 않더라도 매년 적전에서 수확한 곡식을 농민에게서 직접 받고 노고를 격려했다. 정조 대에는 매해 초에 사직에서의 기곡의례를 행하고 권농윤음을 반포하는 등 민생을 위해 연사를 빌고 농사를 권면하면서도 친경의식은 거행하지 않았다. 대신 1781년(정조 5) 5월에 동적전에 나가 관예의식을 거행하고 의례를 정교하게 다듬어 국가의 권농의지를 표현하고자 했다. 관예시의 악장과 노주시의 악장도 새롭게 만들었다. 중국 송대에 친경할 때의 악장과 명대 노주연의 악장의 체례를 참조하여 대차에서 나가고 돌아올 때[出還大次], 관예단에 오르고 내려올 때[陞降壇], 관예할 때[觀刈], 자리에 오르고 내려올 때[陞降座], 수확한 보리를 받을 때[受麥], 노주연을 베풀 때[勞酒]의 악장 6편을 새롭게 편찬하였다. 관예의식은 고종 대에도 거행되었고 순종 대에는 두 차례의 친경의식과 한 차례의 친예의식을 거행하였다.

친경의례에서 상징적으로 표현된 바와 같이 적전에서의 농사는 왕과 관료들이 시작하고 농민들이 마무리 했고, 수확에 이르기까지 농민들의 손을 빌어야 했다. 조선의 경우 제향의 자성을 담당하는 봉상시에 적전 사무의 감독의 일이 맡겨졌고, 실제 경작은 초기에는 전농시 소속의 노비를 동원하다가 태종 때에는 서적전, 세종 때에는 동적전의 농사를 각각 부근의 농민에게 맡기는 대신 요역을 면제해주었다. 세조 때에는 동적전은 양주의 농민 100명, 서적전은 풍덕의 농민 200명을 농군으로 삼았고, 공부 외의 잡역을 면제해주었다.

조선시기 적전 운영에 대한 법전 상의 규정을 살펴보면, 우선『경국대전』에서는 부근에 살고 있는 농민들을 시켜 적전을 경작도 하고 수확도 하게 하며, 백성들의 토지 10결에서 1명씩 농부를 내게 하고 농부 3명이 적전 1결을 다루게 하고, 그 농부들에 대해서는 공물과 조세[貢賦] 이외의 잡다한 부역을 면제해 준다고 하였다.『속대전』에서는 임금이 친경할 때에는 백무지제(百畝之制)에 따라 정성을 다하고 기장[黍]·피[稷]·벼[稻]·수수[粱] 등을 거두어서 나라의 제사용 곡식으로 바치게 하며, 임금의 친경 후에는 호조에서 낭관을 선정하여 적전령(籍田令)과 함께 가을에 곡식이 성숙할 때 곡식의 작황을 살펴보도록 하였다.『대전통편』단계에서 호조 낭관이 곡식의 작황을 살펴보는 일을 폐지하고, 위전 16일경을 경작하는 백성에게 어경전지 8일경[80여부]를 함께 농사짓게 하고 대신 전세와 결전을 감면해주었다.

조선시기의 적전은 동적전과 서적전으로 나뉘어져 있었다. 서적전(西籍田)은 개성부(開城府)의 동쪽 20리에 있다. 원래 고려 때의 개성 보정문(保定門) 밖 교외의 채전으로 본디 고옥(膏沃)이라고 일컬었던 것을 조선에서 적전을 삼았다. 적전은 수전과 한전이 함께 섞여 있었다.『증보문헌비고』의 기록에 의하면 서적전의 수전 상등(上等)은 62석(石) 14두(斗) 3승(升)을 파종할 수 있는 땅이고, 하등(下等)은 21석 12두를 파종하는 땅이었다. 수전에 부과된 세는 정조(正租) 6백 56석 3두 4승이었다. 한전의 경우 상등은 15일 반일경지이고, 중등은 21일경, 하등은 53일 반일경의 땅이었다. 한전의 전세는 전곡[차기장[黍]·메기장[稷]·점(粘)·메조[粟]·보리[大麥]·밀[小麥]·콩(黃豆)·팥(赤豆)·녹두(菉豆) 등 9가지 곡식] 47석 13두 5승이었다. 수전과 한전을 합하여 총전(摠田)은 65결 99부 9속이었다.

동적전(東籍田)은 서울의 동쪽, 동교(東郊) 10리에 있었다. 동적전이 바로 선농(先農)을 제사하고 친경하는 땅이었다. 동적전의 수전의 1등은 11석 8두 7승, 2등은 22석 11두, 3등은 12석 9두를 심는 땅으로, 세는 정조 2백 70석 9두 9승이었다. 동적전 한전(旱田)의 상등은 35일 반 경지, 중등은 39일 반 경지, 하등은 19일반 경지로 세는 전곡[차기장[黍]·점(粘)·메조[粟]·수수[唐黍]·율무[薏苡]·봄보리[春牟] 등 7가지 곡식] 97석 13두 7승이다. 동적전의 전체 전결은 37결 59부 3속이었다. 동적전 중에서도 친경전은 일부였는데, 한전 8일경(八日耕)으로 벼·차조·차기장·메기장·수수·두·대두·보리·밀의 구곡 가운데에 자성(粢盛)으로 천신(薦新)하는 것은 친경전에 심은 것으로 하고 나머지 곡식은 종자(種子)를 제하고 봉(封)하여 올려서 자성의 중한 뜻을 보이게 하였다.

1746년(영조 22)에는 왕의 하교에 의해 적전을 정전법의 구일지법(九一之法)에 따라 100묘의 땅을 공전을 삼고 위전 가운데 11일경은 친경전을 경작하는 백성들에게 내주고 세곡을 감해주도록 했다. 또한 100묘의 친경전에 심을 종자도 적전령이 내주고 시일에 맞춰 파종하도록 정식을 정했다. 정전의 이상을 제한된 적전에서나마 구현해보고자 함이었다. 영조와 정조 대 궁방전에 대한 대대적인 개혁과 함께 왕실 소유의 토지를 꼭 필요한 부분만 남기고 공공의 것으로 돌리려는 의지의 표현이기도 했다.

적전은 농업이 가장 중요한 산업이며 민생의 토대가 되었던 조선시기에 국가의 권농 의지와 민생을 위한 노력을 상징하는 장소인 동시에 국가제례를 위한 제반 비용을 산출해내는 곳이었다. 순종 대의 마지막 적전의 례[두 차례의 친경의식과 친예의식]를 마지막으로 조선의 적전의례는 막을 내렸다.

[참고어] 농경의례, 선농제, 친경례

[참고문헌] 이범직, 1991, 『韓國中世禮思想研究』, 일조각 ; 한정수, 2002, 「高麗時代 籍田儀禮의 도입과 운영」 『歷史敎育』 83 ; 金海榮, 2003, 『朝鮮初期 祭祀典禮 硏究』, 집문당 ; 이욱, 2002, 「조선후기 祈穀制 설행의 의미-장서각 소장 社稷署儀軌와 謄錄을 중심으로」 『장서각』 4 ; 김지영, 2002, 「영조대 친경의식의 거행과 친경의궤」 『한국학보』 107 ; 장지연, 2011, 「고려~조선 초 籍田 先農壇의 변화와 그 특징」 『서울학연구』 44 〈박경안·김지영〉

전관조계(專管租界) ⇒ 조계

전국토지측량사(全國土地測量事) 1898년 6월 대한제국의 의정부 회의에서 전국적인 측량사업을 결정한 일.

조선은 개항 이후 토지매매의 활성화와 지세제도의 문제를 시정하기 위해 토지조사를 하여 새로운 방식으로 토지소유제도와 지세제도를 확립할 것이 요구되었다. 민씨정권이나 갑오정권도 그 필요성을 느꼈지만, 이를 실제 추진한 것은 대한제국 정부였다. 1898년 6월 23일 내부대신 박정양(朴定陽)과 농상공부대신 이도재(李道宰)가 주도하여 전국토지측량사(全國土地測量事)라는 청의서(請議書)를 의정부 회의에 정식 안건으로 올렸다.[주본(奏本), 17책, 주본 123호, 1898년 6월 23일]

이 안건에서 조선시기 양전사업의 일반적인 방식과 같이 농지의 비척이나 대지의 조사에 그치는 것이 아니라 지질, 산림과 천택, 수풀과 해변, 도로에 이르기까지 전국 토지에 대한 일체의 조사를 목표로 하고 있었다. 이날 의정부 회의를 주재한 참정(參政) 윤용선(尹容善)이 강력하게 시행의지를 피력하였지만, 적당한 인물을 선정하기 어렵다거나 시행방식의 어려움이 많기 때문에 시중하게 고려해야 한다는 의견이 다수였다. 따라서 실제 의안에 찬성한 대신은 청의서를 낸 박정양과 이도재 이외에 윤용선과 궁내부 대신 윤정구(尹定求) 등 4인에 불과하였다. 외부대신 유기환(兪箕煥)을 비롯하여 군부대신 민영기(閔泳綺) 등 6인이 반대하여 이날 회의에서 토지측량사는 부결되었다.

그러나 회의 결과를 보고받은 고종은 의정부 회의 결과를 뒤집어 본래의 청의대로 시행하라는 비답(批答)을 내렸다. 7월 2일 토지측량사를 재가(裁可)하고 양전을 담당할 양지아문과 그 처무규정을 마련하라는 조칙을 내린 것이다. 한편 탁지부 사세국에서는 별도로 한성부내 전체 가옥에 대한 가옥세를 부과해야 한다는 청의서를 준비하였으며, 1898년 7월 6일 의정부 회의에서는 한성부의 청의서와 더불어 양지아문의 설립을 위한 처무규정을 축조 심의하였다. 이로써 대한제국은 한성부를 비롯한 전국 토지에 대한 토지조사를 결정하였다. 이는 경자양전(1720) 이래 180년 만에 결정한 전국적인 토지조사 방침이었다. 광무정권은 양지아문에 이어서 지계아문을 설치하여 전과 다른 방식으로 양전을 실시하고, 토지소유권 증명서인 관계를 발급한 것이다.

[참고어] 광무양전사업, 양지아문, 지계아문

[참고문헌] 『奏本』 17책, 주본 123호, 1898년 6월 23일 ; 한국역사연구회 토지대장연구반, 1995, 『대한제국의 토지조사사업』, 민음사 ; 한국역사연구회 토지대장연구반, 2010, 『대한제국의 토지제도와 근대』, 혜안 〈왕현종〉

전객(佃客) ⇒ 전주

전답도형(田畓圖形) 조선 국가가 양전을 실시할 때 결부제에 근거하여 효율적으로 토지를 파악하기 위해 필지의 형태를 5도형 또는 10도형 등의 일정한 표준형태로 정형화한 것.

전답도형은 토지파악방식의 하나로 전지를 측량하는 법과 관련된다. 『구장산술』 방전장(方田章)에는 토지를 방전·직전·규전·제전·원전·호전·환전의 7가지 유형으로 나누어 논밭의 넓이를 측량한 후 면적을 측정하였다. 여기에 구고전을 더하면 8개형이 된다. 측량 시에 토지를 여러 형태로 구획하여 토지주위를 돌면서 필지마다 장(長), 광(廣), 구고(句股), 주(周), 경(徑) 등을 측량하여 보의 10분의 1인 척위(尺位)까지 측정한다고 하였다.

조선은 이를 참고하여 양전할 때 효과적으로 토지를 파악하기 위해 토지의 형상을 몇 개로 단순화하였다. 1444년(세종 26)에는 ① 방형(方形 : 정사각형), ② 직형(直形 : 직사각형), ③ 제형(梯形 : 사다리꼴), ④ 규형(圭形 : 이등변삼각형), ⑤ 구고형(句股形 : 삼각형 또는 직각삼각형) 등 5도형으로 정형화시켰다. 이러한 기본 5도형은 『전제상정소준수조획(田制詳定所遵守條劃)』에서 전답을 유추 측량하는 5종의 전형으로 다시 확인되었다. 1634년(인조 12) 갑술양전과 경자양전(1719~1720) 때도 기본 5도형을 중심으로 전답의 모습을 파악하였다. 조선 정부는 작업의 효율성과 공정성을 높이기 위해 다른 전형은 인정하지 않았다. 5개 전형 이외의 전답은 약간의 가공을 거쳐 5개 전형 가운데 하나로 만들었으며 각 필지의 전답도형을 양안에 문자로 기록하였다.

하지만 이렇게 전답도형을 표기하는 방식은 실제 모양을 개략적으로만 파악하는 한계가 있어 새로운 전답도형 추가를 고려하기도 하였다. 그리하여 『목민심서』에서는 사형(梭形), 요고형(腰鼓形) 혹은 삼광형(三廣形)의 추가를 제안하기도 하였다. 순조 대 「경진양전사목(庚辰量田事目)」에는 사부등형(四不等形), 미형(眉形), 우각형(牛角形), 원형(圓形), 환형(環形), 복월형(覆月形), 호시형(弧矢形), 오각형(五角形), 육각형(六角形), 사형(蛇形), 대고피형(大鼓跛形)을 추가하고 나머지는 재작타량(裁作打量)하도록 하였다. 그러나 실제 시행되지는 않았다.

해학 이기는 『해학유서』 권1, 「전제망언」에서 양전 시 결부법의 결함을 보완하기 위한 방법으로 전답의 모양을 정확하게 파악할 수 있는 망척제(網尺制)를 언급하기도 했다. 망척제의 채택을 위해 다양한 전답의 형태를 구체적으로 파악해야 한다고 보고, 다변형의 전답도형과 그 면적 계산법을 마련하였다. 그리고 전답도형의 도(圖)를 기존의 양안에 기입해 넣고 두락수와 사계(四界)를 함께 표시할 것을 주장하기도 하였다. 해학의 주장은 광무양전사업에서 일정부분 반영되어 전답도형도(田畓圖形圖)로 나타났다.

대한제국의 양전사업이 시행되기 전 오병일이 중추원에 제출한 「양전조례(量田條例)」에서도 기본 5도형 이외에 원형(圓形)·환형(環形)·미형(眉形)·사형(梭形)·사부등형(四不等形) 등 여러 형태의 토지에 대한 면적계산법을 예시하고 있으며, 다변형(多邊形)에 대해서도 언급하고 있다. 대한제국의 양전사업을 수행한 양지아문에서는 전통적인 전형인 기본 5도형 이외에 여러 개혁안도 수용하여 기본 5도형과 함께 원형(圓形), 타원형(橢圓形), 호시형(弧矢形), 삼각형(三角形), 미형(眉形)을 추가한 열 가지 전형을 사용하였다. 그 외의 등변(等邊)·부등변(不等邊)과 4·5변 및 그 이상의 형태도 전형에 따라 변형(邊形)으로 처리해 다양하게 기재하였다. 변형으로는 남형(欖形)·사형(梭形)·삼광형(三廣形)·우각형(牛角形)·부등형(不等形)·반환형(半環形)·결합형[直帶牛角形] 등이 있다. 전답도형을 양안 상에 표기하는 것은 전통적인 측량법을 확대·발전시키고 토지의 형상을 가능한 한 있는 그대로 표시하여 효과적으로 파악할 수 있게 한 것이다. 양지아문은 실제의 토지형상을 정확히 파악하기 위해 전답도형을 도식화한 전답도형도도 채택했다. 그리하여 전답도형이 복잡한 경우 전답도형도를 통해 전답의 실제 형상과 위치를 쉽게 파악할 수 있게 되었다.

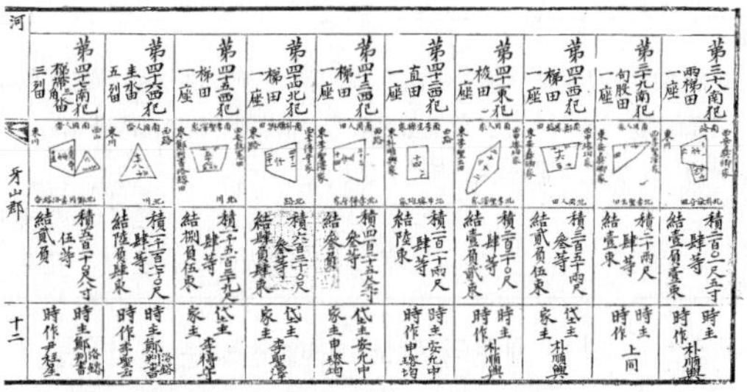

양안 내에 기재된 전답도형 및 전답도형도 『충청남도 아산군 일북면 양안』 2책 013a(규17664)

[참고어] 양전, 광무양안, 경진양전사목, 망척, 전제망언

[참고문헌] 김용섭, 1968, 「광무년간의 양전사업에 관한 일연구」 『아세아연구』 11-3 ; 왕현종, 1995, 「대한제국기 양전·지계사업의 추진과정과 성격」 『대한제국의 토지조사사업』, 한국역사연구회 토지대장연구반, 민음사 ; 최원규, 1995, 「대한제국기 양전과 관계발급사업」 『대한제국의 토지조사사업』, 한국역사연구회 토지대장연구반, 민음사

〈고나은〉

전답지위등급조사규정(田畓地位等級調査規定) ⇒ 지위등급조사

전당권(典當權)

전당권(典當權) 구래의 한국에서 물건 또는 권리를

年　月　日 某前票

右標事段 有要用處 某郡某面某洞伏在 某字[田何日耕 畓幾斗落(或은 瓦草幾間)] 文券右人前 典當 當錢幾兩 以每兩頭幾分利息 債用限則何年何月何日內 利本備報之意 如是成票事

票主　姓名　花押

證人　姓名　花押

목적으로 하는 채권의 담보. 이때 전당문기(차용증서)를 작성하여 부동산의 매매문기와 함께 이를 채권자에 인도하였다.

전근대 조선에서는 물건 또는 권리를 목적으로 하는 채권의 담보를 모두 전당이라고 하였으며, 이것은 사적으로 이루어지는 민간관행이었다. 전당에는 그 목적물을 채권자에게 인도하는 것과 그렇지 않은 것이 있다. 즉 전당의 목적물이 의복, 그릇과 같이 동산이면 반드시 이를 채권자에게 인도하고, 그 목적물이 토지, 가옥 등 부동산이면 이를 채권자에게 인도하지 않고 단순히 문권만을 인도하는 것이 관례였다. 명칭상 전당에는 질권(質權)과 저당권(抵當權)의 구별이 없으나 실질적으로는 대개 동산을 목적으로 하는 경우는 질권에 속하고, 부동산을 목적으로 하는 경우에는 저당권에 속하는 것이 일반적이었다.

전당제도가 법적으로 국가의 제도틀 안으로 들어온 것은 1898년 9월에 공포한 전당포규칙을 제정한 것이 처음이다. 이 규칙은 관이 공증이란 방법으로 대한제국 인민의 거래질서를 확립하는 동시에 재정 확보의 측면에서 시행된 것이다. 1906년 10월 토지가옥증명규칙에서도 행정기관의 증명을 얻어 토지·가옥을 전당계약의 목적물로 할 수 있도록 하였다. 증명력은 제도적으로 전당포규칙보다 후퇴되었으며, 외국인에게도 허용했다는 점과 토지가옥전당집행규칙을 마련하여 경매제도를 공식적으로 도입하였다는 점에 특징이 있다. 이들 제도는 토지조사의 결과물인 토지대장이 마련되지 않았기 때문에 부동산담보물권으로서는 한계를 갖고 있었다. 이 한계를 벗어난 것은 아니지만 부동산담보제도로서의 전당권 제도를 시행한 것은 1912년 3월에 공포된 조선부동산증명령이다.

증명령의 전당권은 구래의 전당권과 달리 다음과 같은 특질이 있다. 전당 등기를 하지 않으면 제3자에 대하여 그 존재를 주장할 수 없다는 것이다. 전당권이 설정되어 있는 부동산에 대하여 지상권이나 임차권을 취득하여도 전당권자에 대하여 대항할 수 없다. 채무자가 변제기에 변제를 하지 않을 때는 목적물에서 우선적으로 변제를 받게 되는 것이 그 본질적 효력이며, 그 방법은 경매법에 의한 경매절차에 의한 것이 원칙이었다. 일반적으로 부동산 전당권은 저당권과 유사하며 질권과의 공통점은 제3자에 앞서 채권에 대한 우선권과 추급권(追及權)을 갖는 점이다. 차이점은 후자는 채권자가 담보물을 점유 사용하여 수익을 확보할 수 있는 반면, 전자는 채무자가 담보물을 제공하더라도 그것을 계속 사용하여 수익을 확보할 수 있다는 점이었다.

조선부동산증명령에서는 전당권 중에서도 저당권 형태가 주류를 이루었으며, 전당권의 활용도가 크게 넓혀졌다. 제3자 대항력도 있었기 때문에 토지는 상품으로서의 안정성이 크게 높아지고 고정성도 탈피할 수 있었기 때문이다. 금전채무 전당의 경우 당장의 채무만이 아니라 장래 발생할 채무까지 담보를 제공할 수 있도록 조처했다. 일종의 근저당설정제도를 도입한 것이다. 이때 최고금액을 정한 경우는 그 금액을 기재하도록 하여 채무의 한계를 분명히 했다. 전당권을 설정할 때는 채권액, 변제기, 이식, 이식 지불시기 등 채무내용을 구체적으로 기입하여 제3자도 확실히 알 수 있도록 했다. 이것은 채무자가 다시 전당이나 매매할 수 있도록 한 조치였다. 토지상품화를 최대한 가능하도록 한 조치였다.

전당권 이용건수는 계속 증가하는 양상을 보이고 있다. 전당권 설정 건수가 증가하는 것은 고리대자본보다 금융자본의 침투가 더욱 활발히 진행되고 있음을 보여주는 것이라 할 수 있다. 토지조사사업이 종결되면서 조선부동산등기령에 의한 등기제도가 시행되고 전당권은 사라지게 되었다.

[참고어] 전당포규칙, 토지가옥증명규칙, 저당권, 질권

[참고문헌] 早川保次, 1921, 『조선부동산 등기의 연혁』, 대성인쇄사 출판부 ; 최원규, 1996, 「대한제국과 일제의 土地權法 제정과정과 그 지향」 『동방학지』 94 ; 최원규, 2000, 「일제초기 조선부동산증명령의 시행과 역사성」 『한국사의 구조와 전개』 〈최원규〉

전당유질(典當流質) ⇒ 유질, 전당권

전당포규칙(典當鋪規則) 1898년 구래의 민간관행으로 자유롭게 실시하던 전당(典當)에서 발생하던 거래질서의 혼잡과 외국인의 경제적 침투를 막고 국가재정수입의 확대를 위해 제정한 법.

전당포에 관한 최초 법규는 1896년 공포된 전매유위율(典賣有違律)이다. 전매유위율은 전당목적물(典當目的

物)의 재전매와 계한기만(契限己滿)의 질물(質物)의 속환(贖還)에 불응하는 것을 금지하고 이를 위반한 자를 처벌한다는 내용을 담고 있다. 전당포규칙은 1898년 9월 19일 전당규칙 청의서 제36호로 의정부 회의에 안건으로 올려졌다. 청의의 내용은 한성 5서와 지방에 개설된 전당포의 규칙을 균일하게 하여 혼잡함이나 이동의 폐가 없도록 하는 데 목적이 있었다고 하였다. 이 안건은 고종의 결재를 받아 법률 제1호로 11월 2일 반포되었다.

전당포규칙의 주관부서는 농상공부였다. 청의 당시 농상공부대신은 이도재(李道宰)였으며, 반포시에는 박정양(朴定陽)이었다. 이 규칙은 총 23개조로 구성되었으며, 전당포에 관한 모든 사항은 농상공부 관할이었다. 점포를 개설할 때는 농상공부에 포명(鋪名)과 지명, 자본금, 발기인과 동업인의 성명·주소, 개업일 등을 명시하여 청원 후 허가를 받도록 했다. 타인에게 전매(轉賣)하는 것도 허가사항이었다. 영업을 중지할 때나 폐점할 때 규칙책을 격납(繳納)하도록 했다. 전당포는 자본금에 따라 3등으로 나누었다. 상등포는 자본금 2만 냥 이상, 중등포는 1만 냥 이상, 하등포는 2천 냥 이상이었으며, 이들은 매월 각각 10냥, 7냥 5전, 5냥의 정세를 농상공부에 납부하도록 했다. 세금을 지체할 때는 벌금을 징수했다. 전당포에는 패(牌)나 기를 내걸도록 했다. 전당포의 전당물품은 부동산(토지·가사 등)계권(契券), 기용(器用)잡물, 의복과 포백(布帛), 금은보배(寶貝) 등으로 정했다. 이를 전당할 때는 전당빙표(典當憑票)를 전주(典主)에게 교부하도록 했다.

이 규칙에서 부동산을 전집할 때는 가장 주의를 기울여 다음과 같은 규정을 첨가하였다. 첫째 계권주가 토지를 보증하며 가사는 가쾌(家儈)가 연서하여 지방관청에 청구하여 허가를 얻은 후 전용하며, 포주는 관허를 확증한 후 전집하도록 했다.(제10조) 이를 위반한 자는 태(笞) 50에 처하였다.(제12조) 둘째 부동산 계권은 대한제국 인민이 개설한 전당포에만 전당하도록 했다.(제11조) 셋째 이 조항을 위반한 자는 계권에 기재한 가액의 절반을 벌금으로 징수하였다. 벌금을 납부하지 못한 자는 형률명예(刑律名例) 제21조에 준거하여 역형(役刑)으로 바꾸어 시행하도록 했다. 대한제국이 일본의 잠매에 민감하였음을 보여주는 조항이다.

퇴전기한은 부동산, 기용잡물, 의복과 포백등물 등은 3개월로 하고 금은 보패(寶貝) 등속은 5개월로 정하였다. 기한내 돈을 갚을 수 없을 경우 전주는 3일전에

可認部工商農						許　官			
舖當典號商某洞某署某						票 存 當 典			
限過	限典	典執	物典	錢本	主典	第	典執	物典	主典
年 月 日	年 月 日	年 月 日		息利 每 一 兩 每 一 朔 分	址住	號 第第 號號	年 月 日		址住 錢本

전당포의 전당표

포주와 협동 방매하여 처리하도록 했다. 본전과 이식을 청산한 뒤 남은 것은 수령하고 부족할 경우는 변상하도록 했다.(제15조) 그리고 기한이 지나도 오지 않으면, 포문 앞에 전주의 성명과 일자를 게시하고 5일이 지나도 오지 않으면 전물을 척매(斥賣)하여 청산하도록 했다. 기한 내에 이식을 변상하면 다시 기한을 정할 수 있다고 했다.

마지막으로 전당물품을 훼손하거나 도둑맞았을 때 그리고 이재(罹災) 등이 발생했을 때의 책임한계도 정했다. 전당포세칙은 농상공부대신의 부령으로 정하도록 했다. 통감부가 설치된 후 각지에 질옥조합(質屋組合)이 설립되었으며, 1912년 3월 '질옥취체에 관한 제령'이 공포되면서 전당포규칙은 폐지되었다. 질옥에서도 전당포의 명칭을 사용할 수 있게 되면서, 명칭만으로는 한국인의 점포인지 일본인의 점포인지 구별하기 힘들어졌다.

[참고어] 저당권, 가쾌, 경매, 전당권

[참고문헌] 대한민국 국회도서관, 1971, 『한말 근대법령자료집(Ⅱ)』; 한국법제연구원, 2000, 『관습조사보고서(개역판)』; 최원규, 2001, 「19세기 후반 地契제도와 家契제도」 『지역과 역사』 8; 李英俠, 1966, 「質屋(典當鋪)의 土地占奪에 關한 硏究」 『建國學術誌』(제7집), 건국대학교

〈최원규〉

전대소작(轉貸小作) 소작인이 지주와 소작계약을 맺은 다음 그 소작지를 다른 소작인에게 빌려주고 이익을

취하는 소작관행.

전대소작은 지주-전대인(轉貸人)-전차인(轉借人) 사이에서 이루어지는 소작관행의 하나로, 전대인은 전차인에게 소작지를 빌려주고 소작료를 징수하여 중간이익을 얻는다. 소작지 내에 '지주-중간 소작인-실소작인'의 관계가 형성된다. 정확한 기원은 알 수 없지만 오래 전부터 역둔토나 향교전 등에 존재했다. 조선후기에 이미 각 도에 분포했으며, 점차 증가하여 1910년대에 가장 많은 분포를 보인다. 그 중 영리적 목적의 전대소작이 크게 증가하였다. 1920년대 지주권이 강화되면서 지주가 전대소작을 금지시키는 경우가 많았고, 이후 이러한 관행은 점차 감소하는 경향을 보였다. 전대소작은 정조소작이 행해지는 답에서 주로 행해진다. 그 중에서도 부재지주나 대지주의 경우에 많다.

전대소작은 지방에 따라 명칭이 달랐는데, 주로 중간소작(中間小作)이라 칭하는 경우가 많았다. 그 외에 경기도에서는 간작권매(間作權賣)·세겨드리, 충청남도에서는 상환소작(相換小作)·간접소작(間接小作)·전작(轉作)·들엉덩기, 전라북도에서는 삼분병작(三分併作)·이중소작(二重小作)·분작(分作), 전라남도에서는 대소작(代小作)·도지답(賭只畓), 경상북도에서는 중소작(中小作), 경상남도에서는 삼병작(三併作), 황해도 및 평안남도에서는 연각소작(連脚小作)·중도지(中賭支), 평안북도에서는 손소작(孫小作)·우대소작(又貸小作)·이전영도지(移轉永賭只), 강원도에서는 신작(伸作)·환작답(換作畓)·대칭(代稱), 함경남도에서는 인수소작(引受小作)·도매(都賣) 등으로 부르기도 하였다.

또한 지주와 계약한 소작지를 다른 소작인에게 빌려준 소작인을 전대인 혹은 중간소작인·원소작인(元小作人)·어우리 주인(主人)으로, 소작인에게 소작지를 빌린 소작인을 전자인 혹은 실소작인·임시소작인·어우리작인이라고 한다.

전대소작은 비영리의 경우와 영리를 목적으로 하는 경우로 나눌 수 있다. 전자는 보통 소작인의 가족이 질병, 사망 등의 재난을 당하여 소작지를 경작하기 어려운 경우에 발생한다. 그 외에 소작인의 이사, 전업, 출가(出家) 및 겸업의 경우에도 전대하는 경우가 있다. 또 소작인의 친척·지인을 원조할 목적으로 행하기도 했다. 소작지가 넓어 자작하기 어려운 경우나 원거리에 있는 경우도 전대 소작이 발생하였다.

영리가 목적인 전대소작은 소작료가 저렴한 경우에 발생하였다. 기존 소작인이 중간이익을 얻기 위해 다른 소작인에게 소작지를 전대하는 것이다. 이때 발생하는 전대소작료는 수확 후 납부하는 것이 일반적이며 현물납의 경우가 많다. 전대소작은 중간소작인이 지주의 승낙을 얻은 후 정식 계약을 통해 소작지를 전대하는 경우가 일반적이지만 몰래 전대하는 경우도 있다. 지주 묵인 아래 소작인이 전대하는 경우는 보통 전차인인 소작인이 친척·지인이거나 지주-소작인 간의 관계가 긴밀한 경우가 대부분이다.

전대소작의 기간은 농작물을 1회 수확할 수 있는 기간 혹은 1~3년 등 일정한 기간을 정하는 것이 보통이고, 기간을 설정하지 않는 경우도 있다. 전대 소작료는 비영리 목적인 경우에는 지주와 계약한 소작료와 전차인에게 징수하는 소작료에 차액을 설정하지 않는다. 하지만 영리목적의 전대소작인 경우에는 지주와의 계약소작료와 전대소작료 간 차액을 설정해 이득을 얻는다. 일반적으로 소작료가 저렴한 정조 소작지에서 발생하는 전대소작에서는 계약소작료와 전대소작료의 차액을 소작료의 5푼~3할 정도로 설정하는 것이 일반적이다. 집조·타조소작지에서 전대소작을 할 경우는 농작상황이나 검견(檢見)에 따라 관습상 설정된 소작료의 5할 정도의 차이를 두었는데, 이는 흉작의 경우 전대인이 손실을 입을 위험이 많았기 때문이다. 소작지 전대를 중개하는 중개인을 둔 경우 전차인이 중개인에게 수수료 명목으로 전(田)은 평당 2원 혹은 1두락당 1~3원 정도, 답(畓)은 5원 혹은 1원 50전 내지 1원 80전 등을 지불한 사례가 있다. 소작지 내에 복잡한 계약관계가 형성되어 의사소통이 어려워지고, 소작권의 이동이 많아지는 등 폐해가 나타나기도 하였다.

구래에 전대소작을 통해 발생하는 중답주 등으로 대표되는 권리들은 보통 물권적 성격을 갖는 것이었다. 하지만 일제는 한국을 식민지화하면서 소유권을 배타적 소유권으로 제도화하는 토지조사사업을 강행하였다. 이 과정에서 물권적 경작권을 임차권으로 정리했다.

[참고어] 경작권, 중답주, 정조법, 조선의 소작관행

[참고문헌] 조선총독부, 1932, 『朝鮮ノ小作慣行(上)·(下)』; 조선총독부, 1932, 『朝鮮ノ小作慣行 : 時代と慣行』 〈고나은〉

전도지(轉賭地) ⇒ **영소작**

전만(全萬) 1798년(정조 22) 권농정구농서윤음(勸農政求農書綸音)에 응하여 글을 올린 27인 중 한 사람.

당시 언양(彦陽)의 유학(幼學)으로 기록되어 있다. 그는 상소문에서, 모내기[移秧]는 토지가 적합한 데에 따라서 하되 너무 지나친 것은 금지할 것, 담배를 금지할 것, 제방을 수리할 것 등을 이야기하였다. 또한 환곡[糶糴]이 어지러운 폐단을 들어 면(面)마다 창고를 설치할 것을 주장하였고, 군제(軍制) 운영의 폐단도 언급하며 개선 방안을 제시하였다.

[참고어] 응지진농서

[참고문헌] 『정조실록』 ; 농촌진흥청 역, 2009, 『응지진농서Ⅱ』, 진한M&B

전매매농지(轉賣買農地) 농지개혁으로 분배받은 농지를 상환완료 전에 소유권을 임의로 처분해 버린 농지.

농지개혁법 제16조는 상환이 완료되기 전에 분배농지의 소유권을 임의 처분하는 전매매(轉賣買)를 금지하고 있으며, 동법 제15조는 농지를 분배받은 사람 명의로만 등기이전이 가능하도록 규정되었다. 분배농지를 전매매한 경우 소유권 이전등기는 할 수 없었다.

그러나 전국적으로 전매하는 농가가 광범위하게 발생하였다. 한국전쟁의 발발로 원수배자(原受配者)의 사망·행방불명, 수분배농가(受分配農家)의 이농과 탈농 등의 이유로 미등기농가가 50%에 이르렀다. 미등기 분배농지를 인수하여 경작한 사실상의 소유자는 자신의 명의로 등기이전을 할 수 없었다. 1959년 11월말 현재 총수배 농가 155만 호 중 65만 호만이 분배농지 이전등기를 하였다. 미등기농가 90만 호 중 50%인 45만 호가 전매농가로 추산되었다. 정부와 국회는 1961년 5월 5일 「분배농지 소유권 이전 등기에 관한 특별조치법」을 공포하여 전매농가가 소유권 이전등기를 할 수 있도록 허용했다. 1961년까지는 상환 완료된 농지에 대한 정식등기가 주를 이루었다. 1962년부터는 전매농가의 등기를 인정하는 특별조치법에 따라 분배농지를 전매한 농가는 1963년 5월까지 소유권 이전등기를 할 수 있었다. 그러나 전매농가의 인식부족으로 등기실적이 부진하여, 정부는 등기기간을 1965년 6월 말까지 연장했다.

[참고어] 농지개혁, 농지개혁법

[참고문헌] 김성호 외, 1989, 『농지개혁연구』, 한국농촌경제연구원 ; 한국농촌경제연구원, 1984, 「분배농지 전매매 농가실태조사」 『농지개혁사관계자료집』 제3집(통계편) ; 하유식, 2010, 「울산군 상북면의 농지개혁 연구」, 부산대 사학과 박사학위논문

〈하유식〉

전미(轉米) 고려시기 지방에서 수취한 전조(田租) 가운데 중앙으로 보내는 것.

지방에서 수취한 군현의 조세 중 중앙으로 운반되어 녹봉곡으로 충당되는 세목(稅目)이었던 녹전(祿轉)을 말한다. 1253년(고종 40) 6월에 왕이 교지를 반포하여, “전미 이하의 잡공세와 여러 궁원이 관리하는 관청의 공해전 과식 중 아직 거두지 않은 것은 경술년(1250) 이전에 한하여 모두 면제한다.(轉米以下雜貢稅, 及諸宮院所司公廨田, 科式未收, 限庚戌年, 全放[『고려사』 권81, 「식화지」3 진휼])”라 하였다. 전미의 용례는 충렬왕·충선왕 대에 집중적으로 나타나는데, 이때는 용례와는 달리 단순히 지방에서 거둔 조세 중 중앙으로 옮길 것이라는 뜻으로 전용되어 사용된 듯하다.

[참고어] 전세

[참고문헌] 權寧國 外, 1996, 『譯註『高麗史』食貨志』, 韓國精神文化硏究院 ; 박종진, 2000, 『고려시기 재정운영과 조세제도』, 서울대학교출판부

전미(田米) 밭벼.

[참고어] 도

전민계정사(田民計定使) 1314년(고려 충숙왕 원년)에 각 도의 전지와 호구를 조사해서 공부를 정하기 위하여 두었던 임시벼슬 또는 그 실무를 담당하였던 관리.

충선왕의 유지에 따라 5도를 순방하면서 토지와 호구를 파악하고, 그것을 토대로 하여 군현 단위의 세액을 재조정하였다. 이때 시행한 양전의 결과 작성된 「갑인주안(甲寅柱案)」은 1389년(공양왕 1) 기사양전(己巳量田)을 시행할 때까지 기본적인 토지대장으로서 기능하며, 수취체제의 기준 문건이 되었다.

전민계정사에 대한 해석은 두 가지로 나뉜다. 먼저, 『고려사』 「식화지」에 나오는 ‘5도순방계정사(5道巡訪計定使)’와 같은 것으로, 정식 명칭은 ‘5도순방전민계정사’일 가능성이 높다. 한편 전민계정사와 순방계정사를 다른 것으로 보고, 전민계정사는 전결과 호구를 파악하는 일, 순방계정사는 그것을 토대로 갑인주안을 작성하는 일, 5도순방계정사는 전국을 돌며 공부를 규정하는 일을 담당하였다고 보기도 한다.

[참고어] 갑인주안

[참고문헌] 『고려사』 「식화지」 ; 朴京安, 1990, 「甲寅柱案考」 『東方學志』 66, 연세대학교 국학연구원

전민변정도감(田民辨整都監) 고려 후기 권세가에게 점탈된 토지나 농민을 되찾아 바로잡기 위하여 설치된 임시 개혁기관.

전민변정도감은 당시 사회가 부패하고 권문세가의 독점적 권력이 비대해진 정치·경제적 모순을 개혁할 목적으로 설치되었던 만큼 연구도 다수 이루어졌다. 그에 따라 사업 범위와 시행 이유와 목적, 특히 무엇보다 당시에 왜 자주 변정도감이 설치되었는지 등에 관하여 다양한 의견이 제시되었다.

고려 중기 이후 권신들은 여러 명분으로 토지를 점탈하였고, 농민들은 토지를 잃고 세력가들의 노비로 전락하는 경우가 많았다. 그것은 결국 국가재정에 위기적 상황을 초래하였고, 이를 바로잡기 위하여 1269년(원종 10)에 최초로 전민변정도감을 설치하게 되었다. 본래 이같은 문제를 담당하는 기구로 감찰사(監察司)나 전법사(典法司), 도관(都官) 또는 판도사(版圖司)와 같은 정식기구가 상설되어 있었으나, 변정도감이라는 임시기구를 설치해야 했던 것은 기존의 상설기구가 제 기능을 발휘하지 못하였기 때문이기도 하지만 무엇보다 별도의 기구를 두어야 했던 특별한 사정이 있었다고 보는 견해도 있다.

처음 시행된 원종 대의 전민변정도감은 원종이 무인집권자 김준과 임연 등의 일파와 대결하던 무렵에 설치되었다. 그리고 1273년 원종은 "1269년에 변정도감이 궁과 사원에 소속한 토지를 비롯하여 양반·군·한인의 세전토지로서 권신에게 탈점되었던 것을 돌려주도록 하였는데, 아직도 돌아가지 않은 경우가 많다"고 지적하면서 병량도감(兵糧都監)에서 공정하게 처리하라는 지시를 하고 있다. 병량도감은 원나라가 일본을 치기 위하여 설치한 기구로, 고려에서는 그 재원을 마련하기 위하여 이전의 무인집권자였던 최의(崔竩)나 김준(金俊) 등이 탈점한 전민(田民)을 확보하였다.

변정사업의 주된 방향은 권세가들이 권력을 이용하여 빼앗은 공적·사적 전민, 즉 토지와 농민을 환주(還主) 또는 환본(還本)하는 것에 있었다. 토지에는 수조지뿐 아니라 소유지도 포함되어 있었고, 민은 단순한 백성이 아니라 노비 혹은 압량위천(壓良爲賤)으로 노비된 자로 보기도 한다. 어떻든 사업은 공적 지배의 대상으로서의 농민과 토지를 국가적 파악 아래 두고, 일차적으로 특히 이완된 수취체제의 재건과 관료체제의 구축을 위한 수조권분급제의 안정에 초점이 맞춰져 있었다. 그러나 원종 대 이후 유망 등 본관제적 규제가 이완된 상태에서 임시변통적으로 시작되었고, 따라서 그 효과는 극히 제한적이었다.

그 뒤 1288(충렬왕 14)~1301년(충렬왕 27), 1352년(공민왕 1), 1366~1381년(우왕 7), 1388년(우왕 14)에도 각각 설치되었으나 겸병을 통한 권력형 농장은 여전하여 별반 효과를 보지 못하였다. 전민변정도감이 추진한 사업은 다음과 같다.

가장 먼저 시행한 것으로 권신으로 오랫동안 권력을 누리다가 실각된 자들이 그동안 불법으로 점탈한 토지와 농민을 추쇄(推刷)하여 속공(屬公)하거나, 또는 새로 등장한 권신에게 지급하기 위하여 설치되었다. 1269년의 사업은 최씨 무인정권을 몰락시킨 김준의 전민을 몰수하였고, 1288년의 사업은 제국대장공주와 충선왕이 주도하여 환관 최세연(崔世延)과 그 무리가 소유하였던 전민을 추쇄하였으며 충선왕이 왕위를 이은 1298년에도 전민변정도감을 다시 설치하였다. 1381년의 사업은 이인임(李仁任)과 그 무리를, 그리고 1388년의 사업은 임견미(林堅味) 일파가 소유한 전민의 추쇄를 목적으로 설립되었다.

아울러 시행한 사업은 노비를 추쇄, 환본하는 것이었다. 충렬왕이 1301년에 설치한 전민변정도감에서는 노비법의 적용이 불합리하여 그 개선을 목적으로 추진되었다. 당시 목표는 원나라 정동행성평장사(征東行省平章事) 고르기스(濶里吉思)가 소유하였던 노비를 추쇄, 환본하는 것이었다.

이에 비하여 전민변정사업을 가장 적극 추진하였던 사람은 공민왕이었다. 1363년(공민왕 12) 5월에 20여 항목에 걸친 개혁내용을 하교(下敎)하여 여러 가지 폐단과 불법·부정을 바로잡으려 하였고, 1366년에 전민변정도감을 설치하여 국가의 개혁정책에 부응하여 당시 혼란의 극을 달리던 토지와 노비제도를 과감히 정리하고자 하였다. 당시에 왕의 정치적인 지위가 안정되면서 새로운 정치변혁을 시도할 수 있었고, 1365년에는 당시의 실권자 최영(崔瑩)을 계림윤(鷄林尹)으로 폄출하는 등 강력한 무신세력을 거세하였다. 대신 신임을 받고 있던 승려 출신의 신돈(辛旽)을 등장시켜 권력구조를 새롭게 재편성하였다. 이후 신돈은 권력의 정상에 서서 그 위치를 공고히 하게 되었고, 신돈이 집권하면서 전민변정도감을 설치하여 추진한 사회-경제적 측면에서의 활동이 바로 전민의 추정사업(推整事業)이었다.

신돈은 1365년에 설치된 형인추정도감(刑人推整都監)의 기능을 확대 전환하여 명칭을 전민변정도감으로 바꾸고, 스스로 판사(判事)가 되어 의욕적으로 개혁을 추진하였다. 당시에 권문세족은 공사전(公私田)을 탈점하고 양인 농민층을 노예로 삼았으며, 역리(驛吏)·관노(官奴)·백성 등의 유역자(有役者)를 은루(隱漏)시키는 부정을 저지르며 거대한 농장을 확대하고 있었다. 더욱이 홍건적(紅巾賊)의 난 이후의 사회변화로 말미암아 농장은 획기적으로 크게 확대되고 있었다. 농장의 확대는 궁극적으로 국가가 활용할 수 있는 유역(有役) 인구를 감소시키고 재정적 결손을 초래하였다.

전민변정도감은 궁극적으로 이와 같은 농장의 확대를 억제하며, 호강한 무리의 부정폐단을 개혁하자는 목적에서 설치된 것이다.

실제 고려 후기의 사회상을 부정적인 시각에서 보려는 유학자들은 전민변정도감을 긍정적으로 평가하였고, 당시 일반 민중도 크게 지지를 하였다. 그러나 신돈의 여러 개혁정책이 지나치게 과격한데다가 전민변정사업이 당시 위정자들의 이해와 크게 상충되고 불만이 커져 신돈이 실각하게 되었고, 따라서 이 개혁 사업도 실패로 돌아가고 말았다.

전민변정사업은 고려 후기 토지지배 관계의 이완을 지배계급의 입장에서 해결하려는 구체적 시도로 주목받았다. 비록 숙명적으로 실패할 수밖에 없고 당시 사회의 모순을 유예하는 것에 지나지 않는다고 평가되지만, 사회모순에 대응한 지배계급의 동향이라는 점에서는 그 중요성을 인정받고 있다.

[참고어] 농장, 전시과, 과전법

[참고문헌] 안병우, 1994, 「고려 후기 농장의 발달과 사전개혁」 『한국사 5 : 중세사회의 성립 1』, 한길사 ; 朴京安, 1994, 「高麗後期의 田丁連立에 대하여 ; 田丁制의 해체 과정과 그 대책을 중심으로」 『國史館論叢』 59 ; 朴京安, 1996, 『高麗後期 土地制度研究』, 혜안 ; 신은제, 2006, 「원종·충렬왕대 전민변정사업의 성격」 『한국중세사연구』 21 ; 이강한, 2009, 「고려 충숙왕의 전민변정 및 상인등용」 『역사와 현실』 72 ; 신은제, 2010, 「공민왕 즉위초 정국의 동향과 전민변정」 『한국중세사연구』 29 〈강은경〉

전북수리조합(全北水利組合) 1941년 4월 전라북도 만경강 수계에 있던 옥구서부수리조합·임익수리조합·전익수리조합·익옥수리조합을 통합시켜 만든 수리조합.

러일전쟁 전후 일본사회 전반에 한국에 대한 척식침략여론과 토지투기열이 고조되자, 일본인 지주·자본가들이 개항장이나 포구를 중심으로 불법적인 토지매집에 나섰다. 특히 만경강·동진강 일대 호남평야의 넓은 갈대밭이나 진전, 황지·미간지에 주목하였다. 일본에 비해 턱없이 싼 지가와 고율소작료의 관행, 거기에 안정적인 수리시설만 갖춘다면, 높은 투자수익이 보장될 것으로 보았다. 일본인들은 군산·옥구일대를 거점으로 하여 내륙으로 불법적인 토지매집·침탈에 나섰다. 그들이 매수한 미간지나 하등지는 안정적인 수리시설을 갖추지 않으면 빈번한 수·한해로 인해 정상적인 농작을 기대하기 어려운 상황이었기에, 무엇보다 수리시설의 정비가 농업경영의 관건이었다. 이들은 메이지(明治)유신 이후 일본 농촌사회에 근대적 수리시설로 보급되기 시작한 수리조합 시스템을 이식하기 시작하였다.

군산 옥구지역을 중심으로 이러한 움직임을 주도한 이가 후일 조선의 수리왕(水利王)으로 불린 후지이 간타로(藤井寬太郎)였다. 후지이는 이 지역 미간지와 노전을 누구보다도 가장 많이 잠매한 인물이었다. 그는 화폐정리사업으로 개인적 친분을 쌓은 대한제국 재정고문 메가타 다네타로(目賀田種太郎)에게 수리사업의 전폭적 지원을 요청했고, 1906년 일제 통감부는 한국농업 침탈을 위한 농업시설기반의 구축이라는 차원에서 수리조합조례를 공포하였다. 1908년 조선인 지주들의 주도하에 옥구서부수리조합이 창설된 이래 만경강 수계에는 일본인 대지주들의 주도 아래 임익수리조합(1909)·임익남부수리조합(1910)·전익수리조합(1910)·임옥수리조합(1911)이 잇달아 설립되었다. 전체 몽리면적은 9,990정보에 달했다.

〈1910년대 익산 옥구지역의 수리조합(단위: 정보)〉

조합명	인가년도	몽리면적		수원지	조합장 및 대표지주
		창립당시	1940년		
옥구서부수리조합	1908	270	490	미제·선제	金相熙
임익수리조합	1909	3,400	4,844	요교제·독주항	不二興業·川崎農場
전익수리조합	1910	1,100	1,532	독주항	細川農場
임익남부수리조합	1910	2,400	11,360	기존수로와 뚝	大倉農場·熊本農場
임옥수리조합	1911	2,780	(익옥)	기존수로와 뚝	宮崎農場
합계		9,990	18,026		

출처 : 최원규, 1993, 「1920·30年代 日帝의 韓國農業殖民策과 日本人 自作農村 건설사업」 『동방학지』 82, 103쪽

그러나 초기 이 지역 수리조합은 새로 수리시설을 만들거나 특별한 기술을 도입하지는 않았다. 한국인 토지소유자들의 반발을 폭력적으로 저지하며 자기들 위주로 수리체계를 재편하여 기존의 수리시설의 이용

을 극대화하는 조치를 취했을 뿐이었다. 특히 임익남부수리조합과 임옥수리조합은 옥구서부수리조합(미제와 선제)·임익수리조합(황등제)·전익수리조합(독주항)과 달리 자체 수원을 갖고 있지 않았다. 임익남부수리조합은 만경강 지류인 고산천과 전주천 유입수 이외 특별한 수원이 없었고 물 저장시설도 불비했다. 고산천과 전주천의 보시설이 점차 복구되고 주변 미간지 개간이 진척되자, 유입수량이 대폭 감소했다. 임옥수리조합은 임익남부수리조합의 겨울철 잉여수를 끌어다가 저장하여 사용했기에, 두 조합의 물 부족 현상은 더욱 심각했다. 이에 임익남부수리조합 조합장 시마타니 야소야(嶋谷八十八 : 시마타니 농장주)와 임옥수리조합 조합장 미야자키 게이타로(宮崎佳太郎 : 미야자키 농장주)는 임익수리조합 조합장 후지이에게 임익수리조합의 수원인 요교제를 이용하여 수리문제 해결을 의뢰했다. 후지이는 이미 수리조합 건설 및 간척사업 성공에서 얻은 경험(임익수리조합, 평안북도 용천군 압록강 하구의 간사지 간척사업과 대정수리조합의 건설)과 자신감을 바탕으로 두 조합을 합병하고 종전과 다른 새로운 차원의 수리시설을 마련하여 수리 안정성을 높이고자 했으며, 이 과정에서 자신이 계획하고 있던 후지(不二) 옥구간척지 개간간척사업의 제염 용수로 이를 적극 활용하고자 하였다.

1919년 9월 시마타니와 미야자키는 공동명의로 조합합병신청을 조선총독부에 제출하고 1920년 2월 합병규약 및 익옥수리조합의 신설인가를 받았다. 익옥수리조합은 조선총독부가 만경강 수해방지 목적으로 수립한 대아저수지 설립계획을 채용하여 거대한 댐을 조성하여 관개 배수는 물론이고 홍수조절 역할도 담당하였다.

고산천 상류에 위치한 대아저수지는 대규모 아치형 콘크리트 댐(높이 102척, 만수면적 143정보, 저수량은 7억 2천 477만 입방척)으로, 1923년 6월 완공되었다. 완주군 어우리에서 출발하여 연장 18리에 달하는 대간선수로(大幹線水路)는 완주군·익산군을 거쳐 후지이의 후지 옥구간척지까지 연결되었다. 준공 당시 관개면적은 9,420정보였고, 이후 몽리면적은 거의 1만여 정보로 확대되었다. 댐 공사 과정에서 공사비는 예상보다 늘어났고 공사비의 대부분이 고율의 조합채(연부상환이자율이 8~9.3리)로 충당되었기에, 공사 전의 낙관적인 사업 전망과 달리 조합 경영과 재정구조의 악화는 불가피한 상황이었다. 증액된 공사비와 고리의 조합채는 조합비상승을 가져왔으며, 구역 내 지주들은 과중한 조합비 부담을 소작료 인상=소작농민에 대한 수탈로 전가시켰다. 1923~1931년 조합비는 단보 당 6원 40전, 1937~1938년에는 단보 당 5원으로 점차 감소했지만, 여전히 전국평균을 상회하는 고율이었다. 조합비가 유일한 조합의 경상수입인 이상, 고율의 조합채 상환을 위해 다시 조합채를 발행하여 변제하지 않을 수 없는 경영악순환이 지속되었다. 물론 수리조합 구역 내 수확량은 단보 당 3석을 상회하는 높은 수준이었지만 고율의 조합비가 이를 상쇄하였다.

1939년 유례없는 가뭄을 계기로 부족한 농업용수개발과 합리적 이용이라는 차원에서 만경강 치수문제가 다시 제기되었다. 또한 1934년 중단되었던 산미증식계획이 전시경제하 식량문제 해결을 위해 재개됨에 따라, 만경강 수계 모든 수리조합의 통합 움직임은 강력한 정책적 지원을 받게 되었다. 전북수리조합의 출범은 광역 수계 중심으로 통일적 수리질서를 확립한다는 수리행정의 필요에서 그리고 조합재정상 규모의 경제를 실현한다는 경제적 이유에서 시행되었다. 1941년 1월 4개 수리조합 조합장은 조선총독에게 각 조합은 대등한 위치에서 합병하여 새로운 조합을 설치하고자 한다는 합병을 신청하였다. 전북수리조합의 구역은 군산부·완주군·옥구군·익산군 내 1만 9,193정보였다. 공사비총액은 615만 3,917원(반당 33.24원), 기채총액은 598만 8,971원, 조합비총액은 67만 4,999원(반당 3.64원)으로 전라북도 평균(공사비 반당 40.21원, 반당 4.11원)보다 약간 낮은 수준이었다. 초대 조합장은 익옥 및 임익수리조합 조합장인 미쓰이(三井榮場)였다. 조합사무소는 이리의 익옥수리조합 사무소를 그대로 사용하였다. 사실상 전북수리조합은 익옥수리조합을 승계하는 흡수합병의 형태였기에, 합병 후 기존 수리조합은 대장출장소(전익수리조합)·황등출장소(임익수리조합)·군산출장소(옥구서부수조)로 개편되었다. 재정상태가 건전했던 전익수리조합과 옥구서부수리조합은 통합으로 인해 조합비가 상승했다. 해방 후 전북수리조합은 1962년 1월 전북토지개량조합(주교·옥구·비봉·어우수리조합 합병)으로 변경되었고, 1973년 4월 옥구농지조합과 합병하여 관개면적 2만 70천 정보에 달하는 전북농지개량조합으로 발전하였다.

[참고어] 수리조합, 후지농촌, 동진수리조합

[참고문헌] 전북농지개량조합, 1978, 『전북농조70년사』; 정승진, 2009, 「한국 근현대 농업수리질서의 장기적 재편과정(1908~

1973)-만경강 유역 전북수리조합의 합병 사례분석-」『한국경제연구』 26 ; 최원규, 1993, 「1920·30年代 日帝의 韓國農業殖民策과 日本人 自作農村 건설사업」『동방학지』 82 〈이수일〉

전사문(田事門) ⇒ 위빈명농기

전사법(佃舍法) 고대 적성(赤城)에서 시행된 토지 관련 법제.

적성비는 신라가 소백산맥을 넘어 북쪽으로 진출하여 고구려의 영토였던 적성지역을 빼앗은 550년 무렵에 세웠으며, 1978년에 발견되었다. 이 비는 왕이 중앙의 귀족에게 교(敎)를 내린 사실, 적성 출신의 야이차(也尒次)라는 사람에게 교를 내린 사실, 적성지역 공략에 협력한 사람들에 대한 포상과 차후에도 그러한 공적을 세우는 사람이 있으면 포상하겠다는 내용, 비를 세우는 데 관계한 인물 등을 기록하고 있다. 전사법은 포상에 관한 내용을 기록한 '절교사(節敎事)' 부분에 나오는데, 비의 상단부가 파손되어 문맥을 제대로 파악할 수 없으며 판독하기 어려운 글자도 있다. 따라서 판독과 해석을 둘러싸고 다양한 견해가 제기되어 있다.

전사법의 용례는 적성비에서만 볼 수 있는데, "적성 출신의 야이차는……중에 옳은 일을 하는 데 힘쓰다가 죽은 사람이다. 이런 까닭에 나중에 그의 처인 삼……에게는……이익을 허용하였다. 사년 소녀, 사문……공형인 추문촌 출신의 파진루 하간지……전자는 다시 적성 연으로 가게하고, 후자 공형은……이엽(異葉)이다. 국법에 (맞게) 분여한다. 비록 그러나 이(伊)……자(子), 도지 소녀, 오례혜 찬간지……적성 전사법을 본받아 하게 한다.(赤城也尒次……中作善痛懷懃力使死人 是以後其妻三……許利之 四年小女師文……公兄鄒文村巴珎婁下干支……前者更赤城烟去使之 後者公兄……異葉耶國法中分與. 雖然伊……子刀只小女烏禮兮撰干支……使法赤城佃舍法爲之)"라는 내용이다. 이 비문 이외에 인근 지역 발굴조사 과정에서 '전사(佃舍)', '육가(六家)'라고 쓴 파편이 수습되어, 전사법의 존재를 다시 확인시켜 주었다.

비문의 전체 구성으로 볼 때, 전사법은 신라의 적성 공략에 공을 세운 야이차 등의 포상과 관련이 있었던 것으로 보인다. 그렇지만 문헌에는 전사법에 관한 기록이 없고, 이 비에도 내용을 파악할 만한 단서가 없다. 더욱이 비의 일부가 결락되어 전체 문맥을 파악할 수도 없다. 그러므로 전사법에 관하여는 글자의 뜻과 추정한 비의 내용, 적성이 고구려의 변경이었다가 신라가 차지한 지역이라는 특성 등을 토대로 다양한 견해가 제시되어 있다.

먼저 글자의 뜻으로 유추해보면, '전사'의 '전(佃)'은 좁은 의미로는 남의 토지를 경작하는 것이며, 넓은 의미로는 농사 자체를 뜻한다. 그러므로 전사는 전호(佃戶) 경영을 하는 농가를 가리킬 수도 있고, 전사(田舍)와 같은 뜻, 곧 토지와 그에 부속된 집을 가리킬 수도 있다. 그러므로 전사법은, 그 구체적인 경영방식이 어떠하든, 토지와 농업 경영에 관한 법제였음은 확실하다.

전사법이 어느 나라의 제도였는지에 대하여는 의견이 일치되지 않는다. 고구려가 이 지역을 다스리고 있을 때 시행한 토지제도였는데, 신라가 점령한 후에도 그대로 사용했다고 보는 견해가 우세하다. 비문의 끝 문구를 '적성의 전사법을 본받아 하게 한다'로 해석하면, 전사법은 적성지역에서 고구려가 시행한 법제였다. 그런데 신라가 적성을 점령한 후 이 법제를 수용하여 그대로 시행했다고 보는 것이다. 신라의 일반적인 토지 법제였다면 '적성전사법'이라고 부르지는 않았을 것이기 때문이다.

전사법을 신라의 제도, 나아가 신라 율령의 일부로 보기도 한다. 즉 전사법은 토지와 거기에 딸린 건물을 둘러싼 소유권 등의 모든 사항을 규정한 일종의 전령(田令)으로서, 신라의 영역화 작업의 진전과 양전 실시 지역의 확대에 기초하여 6세기 전반에 제정되었다고 본다. 또 상대적으로 발전이 늦은 신라에 전사법이 있었으므로, 고구려에도 이와 같은 토지에 관한 법제가 있었을 것이라고 보기도 한다.

전사법을 실시한 지역은 적성으로 한정하기도 하고, 전국으로 보기도 한다. 적성전사법으로 불린 점에서 이 법이 적성에서 실시된 특수한 형태의 법제였음을 암시한다. 적성은 본래 고구려의 변경지역이었으므로, 군대가 주둔하였다. 이들의 군량을 확보하기 위해 군인이나 주민의 노동력을 동원하여 농사를 지었을 가능성이 있으므로, 전사법은 후대의 둔전(屯田)처럼 군량 조달을 목적으로 하는 토지경영에 관한 법제로 볼 수 있다. 군량 조달과 지역 방어를 위해 적성지역에 사는 토지가 없거나 부족한 농민이나 다른 지역에서 이주시킨 농민들에게 국가가 토지를 지급하고 경작하게 한 제도로 보는 것이다. 토지가 없는 농민에게 토지를 지급하여 안정적으로 생활하게 하고, 거기에서 거두는 소출을 군량으로 충당하는 방법은 변경 지역에서 대단히 효과적인 군량 확보책이자 농민 안정책이었다. 국가가 지급한 토지의 경영 방식에 관한 법제였으므로, 농민의 본래의 소유지 경작과 구분하여 전사법으로 불렀을 것이다. 이렇게 본다면, 전사법은 '전작민(佃作民) 관리에 관한 법' 즉, 후대 둔전의 절목(節目)과 같은 규정으로서, 여기에는 농민에 대한 농지 분급과 전작(佃作), 관리자인 마름[舍音]이나 사주(舍主)의 자격과 보수 등의 규정이 수록되었을 것이다.

특이하게 전사법을 고구려의 집단 노역적인 농업노동방식으로 보기도 한다. 즉 '국법'으로 표현된 신라의 개별적 경영과 대비되는 고구려의 농업노동 방식으로, 신라가 적성 지역을 차지한 후 신라 방식을 적용하였지만 실정에 맞지 않는 부분이 생겨, 다시 예전의 집단노역적인 고구려 방식을 부활하였다는 것이다.

고대국가의 토지제도에 관한 기록이 대단히 적은 상황에서 비록 내용을 정확히 파악할 수는 없지만, 전사법이라는 토지와 농업경영에 관한 법제가 존재하였다는 점을 알려주는 것만으로도 큰 의의가 있다.

적성이 고구려의 변경지역이었다는 점을 고려할 때, 여기서 시행된 전사법은 방어를 위해 농민과 토지를 효율적으로 동원하고 관리하는 규정을 제정하여 운영하였음으로 보여준다. 그리고 글자의 뜻과 관련지어 볼 때 후대 둔전과 같은 토지제도의 선구적 형태를 보여주는 법제였다는 점에서 의미가 있다.

전사법이 전방 지역이나 새로운 개척지 같은 특정 지역에서 국·공유지나 무주전(無主田)을 토지 없는 농민에게 나누어주고 경작하게 하는 제도였다면, 이는 신라 정전제(丁田制)의 한 유형으로 볼 수 있다. 이는 토지소유의 분화 과정에서 발생한 몰락 농민과 토지가 없는 농민에게 토지를 절급해주는 정책의 일환이자 선구 형태였으며, 이러한 정책을 통해 자영농민층을 육성할 수 있었다.

전사법이 신라의 제도였다면, 이 비문의 '소녀'나 「신라촌락문서」의 연령등급 표기를 통해 존재가 확실한 호령(戶令) 이외에 전령도 제정되었음을 의미한다. 연령의 등급을 규정한 호령과 토지 경영에 관한 전령의 존재는 신라 율령이 체계적으로 제정되었음을 의미한다.

[참고어] 신라촌락문서

[참고문헌] 이우태, 1992, 「단양 신라 적성비 건립의 배경-야이차의 공적과 은전의 성격을 중심으로-」『태동고전연구』 8 ; 武田幸男, 1979, 「眞興王代 신라의 적성 경영」『조선학보』 93 ; 김창호, 1989, 「단양 적성비의 재검토」『영남고고학』 6 ; 안병우, 1992, 「6-7세기의 토지제도」『한국고대사논총』 4 〈안병우〉

전생서둔(典牲署屯) 전생서의 경비를 충당하기 위하여 설치한 둔전.

전생서는 왕실 제사용의 희생(犧牲)을 사양하는 직사로서, 1392년(태조 원년) 고려 장생서의 남은 제도를 모방하여 남산 남쪽 기슭에 설치되었다. 전생서에서 관리한 희생은 황소 3수, 검은소 28수, 양 20구, 돼지 330구이며, 그 사료인 콩과 조강생초, 곡초 등은 호조로부터 지급되었다. 전생서둔은 한성부의 여의도와 경기의 광주군·양근군에 위치했다. 전생서에서는 이를 직접 관리했으며, 경지를 상·중·하의 3등급으로 나누어 고직(庫直)에게 경작시켰다. 매년 수확기에 현지를 검사하여 일정한 세액을 징수했고, 땔감에 대해서 봄·가을 두 번 감예관(監刈官)을 파견하여 일정액의 연료를 수납하였다. 『만기요람』에 따르면 전생서둔의 면세결은 광주(廣州) 일대의 204결 51부 7속이었다.[「재용편 2」 수세] 1894년(고종 31) 갑오개혁으로 전생서가 폐지되면서, 그 소속 둔전은 대부분 이관되었다.

[참고어] 아문둔전

[참고문헌] 『萬機要覽』; 和田一郞, 1920, 『朝鮮土地地税制度調査報告書』

전선농업자대회(全鮮農業者大會) 1933년 11월 지주들이 조선소작령 제정 반대운동을 위해 개최한 대회.

일제의 조선식민지 농업정책은 식민지 지주제를 기축으로 전개되었다. 이 과정에서 많은 농민들이 소작농으로 전락하면서 1920년대 후반, 특히 농업공황기에 소작쟁의가 빈발했다. 식민지농업체제에 위기가 닥친 것이다. 이 문제를 해결하기 위해 조선총독부는 1933년 6월 전문 48조의 농림국 소작령 초안을 마련하고, 각계의 의견을 수렴하기 위해 1933년 10월 소작령제정 타합회(打合會)를 개최하였다. 이를 통해 조선소작령 초안이 알려지자 일본인 지주들을 중심으로 각도의 지주대표들은 1933년 11월 20일부터 11월 21일까지 조선농회 주최로 전선농업자대회를 열고 만장일치로 조선소작령 제정에 반대하는 결의안을 통과시키고 조선총독부에 진정하는 한편, 상설위원회를 조직하여 조선소작령 제정 반대운동을 전개해 나가기로 결정하였다. 상설위원회는 각도의 유력한 지주에게 격문을 보내고 집회를 개최하여 반대운동을 전개하는 동시에, 일본 정부와 제국의회를 향해 조선소작령 입법 저지운동을 벌였다.

지주들의 반대이유는 첫째, 조선에서는 지주가 소작인을 보육하고 농업발달에 이바지한 바가 매우 크다는 점, 둘째, 조선소작령 제정으로 지주와 소작인을 권리의무관계로 대립시킬 때 계급투쟁으로 격화하여 농촌의 평화가 파괴되고 조선인과 일본인간의 융화가 교란된다는 점, 셋째, 소작권의 물권화가 소유권 행사에 제약을 가하여 지가를 폭락시켜 경제기조를 교란시킨다는 점, 넷째, 소작법이 일본에서도 귀족원을 통과하지 못한 악법이라는 점 등이었다.

조선총독부는 전선농업자대회 다음날 우가키 가즈시게(宇垣一成) 총독과 농정과장이 기자회견을 열어 조선소작령에 대한 지주들의 반대운동은 입법정신을 이해하지 못한 데서 나온 것이라고 강하게 비판하고, 입법에 박차를 가할 것이라고 천명하였다. 또한 천도교 간부, 조선인 변호사단체, 조선 농민단체, 조선 언론단체, 기타 민간 유력자들은 지주 측의 전선농업자대회에 대항 해 1934년 1월 조선소작령 제정 촉진대회를 전개하였다.

지주측의 반대운동에도 불구하고 조선총독부는 1934년 3월 내각의 결정을 받아 같은 해 4월 11일 제령 제5호로 조선농지령을 공포하였다. 소작령이란 명칭은 당시 난항을 겪고 있던 일본의 소작입법 제정 움직임에 대한 자극과 조선인 농업계가 받은 인상 등을 고려해야 한다는 이유로 심의과정에서 조선농지령으로 변경한 것이다.

[참고어] 조선농지령, 경작권, 조선농회

[참고문헌] 농림부, 2002, 『한국농업농촌100년사』; 이윤갑, 2013, 『일제강점기 조선총독부의 소작정책 연구』, 지식산업사

〈남정원〉

전세(田稅) 고려시기부터 조선 전기까지 수조지를 분급 받은 개인이 자신이 받은 조의 일부를 국가에 내는 것.

본래 조세는 서로 다른 개념을 지닌 조(租)와 세(稅)를 합쳐 부르는 것이다. 즉 사유지의 소유자가 국가나 국가가 지정하는 개인(개인 수조권자)에게 내는 전조(田租)를 '조'라 하고, 개인 수조권자가 자신이 받은 전조의 일부를 다시 국가에 내는 부담을 '세'라 하였다. 조와 세의 개념이 이렇게 구분되어 쓰이는 것은 1391년(공양왕 3) 5월에 도평의사사(都評議使司)에서 올린 과전법 규정에 처음 보이지만 이미 고려 전기부터 있어왔던 일이다.

1013년(현종 4) 11월 판(判)에 "문무양반전과 여러 궁원전을 30결 이상 받으면 국가에서 1결에 세 5승씩을 받는다.(文武兩班·諸宮院田, 受三十結以上, 一結, 例收稅五升[『고려사』 권79, 「식화지」1 전제])"고 하였다. 이때 1결에 5승, 즉 30결에 1석을 징수하였던 세가 수조권자가 국가에 부담한 전세이다. 또 '10부(負)에 쌀 7합 5작을 내게 하여 결국 20결에 쌀 1석의 전세를 내도록 규정하였다'고 하는 1069년(문종 23)의 기사(定田稅, 以十負, 出米七合五勺, 積至一結, 米七升五合, 二十結, 米一碩[『고려사』 권79, 「식화지」1 전제])에 나오는 전세는 모두 개인 수조권자가 자신이 받은 전조의 일부를 국가에 바치는 부담을 뜻하고 있다. 이렇게 조와 세는 기본적으로 개념이 다른 용어였지만 엄격하게 구분되어 사용된 것은 아니어서 세가 조의 의미로 쓰인 경우도 적지 않았다.

고려에서 이 규정이 처음으로 마련된 것은 1013년의 일인데, 30결 이상을 분급 받은 문무 양반과 여러 궁원에 대해 1결당 5승의 세를 수취하였다. 그러나 1069년에는 그 수세액이 1결당 7승 5합으로 올랐으며, 수세대상도 10부이상의 수급자에게까지 확대되었다. 그러던 것이 1391년의 과전법에서는 1결당 2두로 대폭 증액되었다. 이렇게 수세액이 점점 늘어나고 대상 또한 확대되어 간 과정은 국가의 집권체제 확립에 따른 왕토사상의 강화와 흐름을 같이 하는 것이었다.

[참고어] 조세제도

[참고문헌] 權寧國 外, 1996, 『譯註『高麗史』食貨志』, 韓國精神文化硏究院; 박종진, 2000, 『고려시기 재정운영과 조세제도』, 서울대학교출판부; 李惠玉, 1985, 「高麗時代 稅制硏究」, 梨花女子大學校博士學位論文; 이혜옥, 1994, 「고려후기 수취체제의 변화」 『14세기 고려의 정치와 사회』, 민음사

〈윤성재〉

전세(田稅) 토지에 부과하는 조세(租稅).

[고려] 고려시기 전세란 토지를 경작하고서 매년 수확량의 일부를 수조율(收租率)에 따라 국가에 납부하는 것을 말한다. 일차로 지방 관청에서 거두어 수령과 향리의 책임 아래 조운을 이용하여 중앙의 창고에 최종적으로 납부하였다. 군현을 단위로 징수하였던 전세는 민이 내는 전조(田租 : 租)를 바탕으로 구성되었다. 전조는 수취비율, 곧 수조율에 따라서 그 내용과 성격이 달랐다. 기록에서 확인할 수 있는 고려시기의 수조율에는 1/10, 1/4, 1/2이 있는데, 1/10조와 1/4조에 대해서는 서로 다른 의견이 있다. 가장 논란이 되고 있는 것이

1/10조이다. 1/10조는 고려 태조가 즉위 직후에 "근래의 폭렴으로 1경의 토지에서 6석을 거두어 백성들이 살기 어려운 것을 민망하게 여기니 이제 부터는 1/10법을 써서 전 1부에서 조 3승을 내도록 하라.(辛禑 14年 7月 大司憲趙浚等 上書曰……近世暴斂 一頃之田 收之六碩 民不聊生 予甚憫之 自今宜用什一 以田一負 出租三升[『고려사』 권78, 「식화지」1 전제 녹과전])"는 기록을 비롯하여 다른 여러 곳에서 확인할 수 있다. 1/10조에 대해서는 그 시행을 부정하는 연구결과도 있지만 현재 대부분의 연구자들은 초기부터 1/10조가 실시되었으며, 그것은 광범위하게 존재하였던 사유지(私有地)인 민전(民田)의 지세(地稅)였다고 보고 있다.

1/4조 역시 1/10조 못지않게 논란의 대상이 되어 왔다. 1/10조가 실시되지 않았다고 보는 연구자들은 1/4조를 공전(公田 : 民田)의 지세로 이해하였다. 그렇지만 1/4이라는 비율은 일반 민전인 공전의 지세 비율로는 매우 높은 것이어서 중세 농민의 보편적인 지세로 이해하기는 어렵다. 따라서 대부분의 연구자들은 1/10조를 민전의 지세로 이해하는 한편, 1/4조를 농민이 둔전(屯田)과 공해전(公廨田) 등 국·공유지를 빌려 경작하고 내는 지대(地代)로 이해하였다.

한편 농민이 일반 사유지를 빌려서 경작하였을 때 지주에게 지대로서 납부하였던 것은 조선시기와 마찬가지로 대체로 생산량의 1/2이었다. 1/10조, 1/4조, 1/2조 중 고려 전기에 가장 많은 비중을 차지한 것은 1/10조였으며, 국·공유지에 적용되었던 1/4조는 토지소유권의 성장에 따라 점차 소멸되었다.

한편 전세 수취의 기초 단위로서 주목되는 것이 전정(田丁)이다. 전정은 양전(量田), 조세 징수, 토지 분급의 편의를 위해서 토지를 일정한 크기로 묶어 놓은 경제단위인데, 그 크기는 1족정(足丁)이 17결, 반정(半丁)이 7~8결 정도였다. '결을 계산하여 정을 만든다(計結爲丁)'는 표현은 몇 개의 결을 묶어 전정을 만드는 작업을 말한다. 국가에서는 양안(量案)과는 별도로 전정장적(田丁帳籍)을 작성하여 전정의 변동사항을 관리하였는데, 군현 단위 전세의 양은 전정장적의 일종인 도전정(都田丁)에 의해 파악된 전정의 수를 기준으로 정해졌다.

논에서는 주로 쌀을, 밭에서는 조·보리·콩 등 잡곡을 거두었는데, 그 중에서 가장 중요한 것은 쌀이었다. 쌀의 형태는 껍질을 까지 않은 벼[租]를 비롯하여 도정 정도에 따라서 조미(糙米)·갱미(粳米)·백미(白米) 등이 있었다. 논의 전조는 주로 미곡의 형태로 받았으나 경우에 따라서는 벼로도 징수되었다.

군현 단위 조세는 수령의 책임 아래 각 군현의 향리들이 거두어 들였다. 군현에서 민들로부터 전조를 징수하는 과정에서 가장 기초적인 일은 각 촌락의 촌전(村典)이 담당하였다. 그러나 군현의 전세 징수에 관여하고 실질적으로 책임을 졌던 것은 군현의 향리였다. 특히 호정(戶正)-부호정(副戶正)-사(史)로 이어지는 계통의 향리가 촌전층의 도움을 받으면서 조세 수취에 대한 일을 전담하였다. 1363년(공민왕 12) 5월 "교를 내려 본관 관사는 친히 자리를 지켜서 '납세자가 녹전을 스스로 헤아리는 명령'을 지켜서 향리들의 간계를 막으라고 한 것(下敎祿轉自量之令 已嘗頒示 州縣之吏 視爲文具 弊復如前 宜令本管官司 務要親臨 毋得縱吏爲奸[『고려사』 권78, 「식화지」1 전제])"은 향리들이 민으로부터 직접 조세를 징수하였기 때문에 취한 조처였다. 다만 군현 단위로 정해진 조세를 중앙에 납부하는 책임은 원칙적으로 수령에게 있었기 때문에 금주(金州)에서처럼 정해진 액수를 채우지 못했을 때에는 수령이 파직되기도 하였다. 하지만 대체로 군현에서의 조세 징수는 향리들이 수행하였고 그 일은 매우 힘든 것이었다. 비록 후기의 극단적인 예이기는 하지만, 1318년(충숙왕 5) 5월에는 각 군현에 할당된 조세를 충당하기 위하여 향리들이 빚을 얻기도 하였고, 1343년(충혜왕 후4) 7월 여미현에서는 향리가 조세 충당의 부담을 이기지 못하고 스스로 목숨을 끊는 경우도 있었다.

징수된 군현의 전세는 수령의 책임 아래 중앙으로 운반되었다. 원칙적으로 수령에게 모든 책임이 있었지만 조세를 중앙으로 운반하는 실무 역시 향리들이 담당하였다. 각 군현에서 거둔 전세는 대개 국가의 공적인 운송 체계인 조운을 통하여 중앙으로 운반되었다. 이때 군현에서 거둔 전세는 주변의 조창(漕倉)으로 옮겨졌다가 다음해 2월부터 4월·5월까지 중앙으로 조운되었다. 모두 13지역에 조창이 있었으며, 각 조창에는 판관(判官)이 있어서 관리와 조운의 실무를 맡았다. 각 조창에는 조운에 필요한 조운선이 준비되어 있었는데, 정종(靖宗) 때에 정해진 바에 의하면, 석두(石頭)·통양(通陽)·하양(河陽)·영풍(永豊)·진성(鎭城)·부용(芙蓉)·장흥(長興)·해룡(海龍)·해릉(海陵)·안흥(安興) 등 연안에 위치한 조창에는 1,000석을 실을 수 있는 초마선(哨馬船) 6척이, 한강 상류에 위치한 덕흥(德興)·흥원창(興元倉)에는 200석을 실을 수 있는 평저선(平底船)이 각각 20척·21척이 준비되었다. 농민은 각 군현의 전세를 요역[輸役]의 형태로 조창까지 운반하였으며, 또한 조운 거리에 따라 수경가(輸京價)라는 일종의 운임을 부담하였다. 조운은 원칙적으로 조창 판관의 책임 아래 이루어졌지만 조세를 중앙으로 보내는 각 군현의 향리들도 어느 정도 관여하였다. 사전의 전조와 공해전 등 특정 국가기관의 전조는 수조권자가 독자적으로 징수하였지만 이 경우에도 그 운반은 조운을 이용하였다. 조운을 통하여 중앙으로 운반된 각 군현의 전세는 향리가 경주인(京主人)의 도움을 받아서 중앙의 창고인 좌창과 우창에 납부하였다.

[조선] 조선 건국 초에는 조(租)와 세(稅)의 개념이 구분되었다. 과전법 시행 당시 조는 경작자가 수조자에게 바치는 것을, 세는 수조자가 국고에 들이는 것을 의미하였다. 경작자의 입장에서 조를 어디로 납부하느냐가 달랐을 뿐 모든 토지는 원칙적으로 조 수취의 대상이었다. 그러나 세는 유세지(有稅地)와 무세지(無稅地)로 나뉘었다. 이는 공전과 사전의 구분이 존재하는 단계를 반영하였다. 토지의 소유권이 확대되면서 조세는 점차 토지에 부과되는 세금이라는 개념으로 변하였다.

국가재정으로서의 전세가 합리적으로 운영되기 위해서는 토지의 소유자, 경작상황, 비옥도를 파악하는 양전제도와 그 해의 풍흉을 조사하고 조세를 거두는 수취제도 운영이 뒷받침되어야 하였다. 양전제도의 핵심은 정확한 토지등급 산정 즉 전품의 결정이었고, 수취제도는 정확한 세금 부과와 공정한 수취였다.

세종 대 공법(貢法)은 고려 공양왕 3년 과전법 단계로부터 토지에 대한 국가관리권과 농민의 토지소유권의 성장을 반영하면서 시행되었다. 공법은 1444년(세종 26) 삼남 6개 현(縣)에 처음 적용 실시되었다. 그 내용은 첫째 전분 6등과 등급에 따라 길이가 서로 다른 주척(周尺)을 사용하는 새로운 양전제, 둘째 연분 9등과 세율 1/20에 의한 1결 당 4두~20두의 수세량 적용, 셋째 정전(正田)·속전(續田)의 구분 및 재해를 입은 토지에 대한 감면 규정 등이 골자였다. 또한 경작지를 답사하여 풍흉을 조사하는 답험손실제와 이 과정을 감시하기 위해 중앙에서 파견하는 경차관 제도에도 손질이 가해졌다. 공법은 1489년(성종 20) 전국적으로 실시되었다.

공법에서의 전분 6등제 시행으로 고려시기에 평전(平田)과 산전(山田)의 3전품제가 실상은 대부분 하전(下田)으로 등재되었던 상황을 극복하였다. 또한 토지 등급에 따라 길이가 서로 다른 6개의 주척(周尺)으로 토지를 측량하였다. 토지대장인 양안에는 매년 경작되는 토지를 정전으로 경작과 휴경을 때때로 반복하는 토지를 속전으로 구분하여 등재하였다. 이는 농민의 토지소유 확대와 연작법 및 윤작법의 보급 등 농사기술의 발전을 반영한 것이었다. 공법의 연분 9등제는 수취제도상 답험손실법의 폐단을 극복하기 위한 것이었다. 연분은 각 등전 1결의 전세액을 최고 상상년(上上年) 최고 20두부터 연분에 따라 각각 2두씩 깎아주어 최하인 하하년(下下年) 판정을 받으면 4두를 내도록 하였다.

그러나 공법에서의 전분 6등의 양전과정, 연분 9등의 적용, 면세 및 감세 등의 원칙은 제대로 지켜지지 않았다. 양안 상 정전에는 휴경을 필요로 하는 토지도 포함되어 있었다. 이에 따라 경작되지 않는 진황전(陳荒田)과 재상전(災傷田)이 제대로 파악되지 않았다. 또한 연분은 각 도의 감사가 의정부와 6조와 의논하여 결정하되 필요에 따라 중앙 관리를 파견하여 서면으로 중앙에 보고해 결정하는 과정을 거쳤다. 따라서 풍흉에 대한 적용과 재해지에 대한 감세가 관료나 향리에 의해 자의적으로 집행되기도 했다. 이에 16세기에는 연분등제가 하중년의 6두 내지 하하년의 4두로 고정되어 갔고, 전세 수납은 부담자의 사회적 세력의 강약에 따라 다르게 운영되어 갔다.

왜란과 호란은 조선의 경제체제를 근본적으로 변화시켰다. 임진왜란 이후 1599년(선조 32) 조선 정부가 파악하고 있었던 경작지는 불과 30만 결이었다. 임진왜란 이전 150만 결의 1/5 수준에 그치고 있었다. 전쟁으로 인한 양안의 소실과 국가통제력 상실에 따라 수세대상지에서 빠진 은루결의 파악이 국가재정 확보를 위한 시급한 과제로 떠올랐다.

1603년(선조 36) 계묘양전은 이러한 필요성에서 시행되었다. 계묘양전은 지주층을 중심으로 한 향촌사회의 저항에 부딪쳐 정부가 의도한 대로 되지 못하였다. 전품의 하락과 전품 결정에 대한 불만, 양안에 등재되지 않은 은여결의 존재, 면세지의 확대, 미등록된 개간지의 파악이 과제로 남았다.

1634년(인조 12) 이른바 갑술양전은 삼남지방 양전이었지만 '임진왜란 이전 결수를 채운다'는 목적을 갖고 있었다. 갑술양전에서는 종래 토지의 등급에 따라 6개의 양전척을 사용하던 수등이척제가 폐지되고 갑술척이라 불리는 동척제(同尺制)가 적용되었다. 동척제는 양전과정에서의 작업이 용이하고 토지결수를 산정하기 쉽다는 장점이 있었다. 또한 기본 지목을 기경전(起耕田), 진전(陳田), 속전(續田)의 3종으로 구별하였다. 따라서 경작여부에 따라 수세하던 땅인 속전이 사실상 정안(正案)에 등재되고 진전도 속안(續案)으로 양안에 등록되었다. 갑술양전으로 조선 정부는 삼남지방에서 임진왜란 이전의 결총(結總)을 확보할 수 있었다. 하지만 파악된 결총이 곧 수세의 대상인 시기결은 아니었다. 갑술양전에서 밝혀진 토지의 65%는 진전이었고, 전반적인 전품의 상승도 전정운영에 부담이 되는 상황이었다.

그런데 인조 대의 갑술양전은 수취제도의 변화도 동반하고 있었다. 연분 9등의 시년지법(視年之法)이 혁파되고 영정법(永定法)이 시행된 것이다. 영정법은 공법상의 연분을 9등제 중 최저 등급인 하지하(下之下)로 고정시키고 전세도 4두로 정액화한 것이다. 철저하지 못한 양전과 수취제도의 불합리성은 전세수취 과정에 많은 폐단을 불러일으켰다.

한편 1653년(효종 4)에는 전품에 상관없이 동일한 양전척인 준수척(遵守尺)이 반포되면서 양전 시 이를 준용하도록 하였다. 또 묵히는 땅인 진전은 개간하여 경작할 때에만 세금을 걷도록 하는 수기수세법(隨起收稅法)을 시행하였다. 동일한 면적에서의 수확량을 계산하여 세금을 부과하고 전쟁 이후 묵히는 땅에 대한 개간을 장려하고자 하는 정책이었다.

이처럼 조선 후기에는 동일 양전척을 적용하여 양전을 시행했지만 전결수의 변동은 크게 없었다. 특히 대동법 시행과 삼수미세 등 전결에 각종 부세가 부과되는 추세 속에서 전국적이고 정기적인 양전은 순조롭게 진행되지 못했다. 중앙재정의 근간인 삼남 양전도 숙종 경자양전 이후에는 진전을 조사하는 사진(査陳) 정도만 이루어졌을 뿐이었다.

양전이 규정대로 시행되지 않는 상황에서 전세 수취는 감세(減稅)와 면세(免稅)가 초미의 관심사였다. 조선 정부는 전세수취 장부를 수세 대상인 실결(實結)과 비과세 대상인 면세결(免稅結)로 크게 구분하고 각종 토지 명목도 그에 따라 분류 기록하였다. 실결에는 각종 재해에 대한 감세인 급재 대상에 선정되는 것과 급재의 규모가 관건이었고, 면세결에는 궁방전, 둔전, 각양 묘위전을 비롯하여 토지가 오랫동안 방치되어 온 유래진잡탈(流來陳雜頉) 등이 인정되는지의 여부가 관심사였다.

조선 정부로서는 전세 확보가 실결의 확보에서 출발하였으므로, 급재규정의 마련과 시행에 힘을 쏟았다. 『속대전』 호전 수세조의 급재는 급재의 대상이 되는 재해의 종류를 지정하고, 해당 토지의 전세를 면제토록 하는 재종급재방식이었다. 호조가 연분사목을 통해 재해의 종류를 지정하면, 지방 수령들의 현지답사를 통해 그 결과를 관찰사가 호조에 통보하였다. 호조는 이 보고에 기초하여 경차관이나 도사를 파견하여 답험한 이후 그 결과에 따라 세액을 결정하였다. 그러나 답험과정에서 경차관이나 도사의 권력 남용과 답험 비용 부담 증가 등의 폐단이 일어났다. 이에 정부는 답험과정에서 발생하는 문제를 없애기 위해 감사가 답험을 책임지고 급재의 전 과정을 주관하도록 하였다. 아울러 호조에서 연분사목을 반포하여 실결수와 재결수를 정하는 총액제적 방식이 적용되었다. 비총방식에 의한 전세수취제도가 시행된 것이다.

비총제는 도별, 군현별로 전체 급재의 수량을 비슷한 작황을 보인 해와 비교하여 미리 결정하고 나머지를 실결로 하여 전세를 상납케 하는 방식이었다. 이러한 방식은 면리가 하나의 수세 단위가 되었고, 초실(稍實), 지차(之次), 우심(尤甚)으로 분등(分等)하였다. 중앙정부는 수세과정에 직접 관여하지 않았으면서 일정 총액을 확보하는 방안이었고 지방에서는 총액을 채우면 그 이외 운영에는 부담이 적었다. 비총제는 조선 후기 전정, 군정, 환정이 모두 총액제적인 방식으로 운영되는 과정에서 대표성을 지니고 있었으며, 19세기 전결세 부분에서 도결화 현상을 초래하였다.

[참고어] 조세제도, 전시과, 과전법, 공법, 영정법, 총액제

[참고문헌] 姜晋哲, 1965, 「高麗前期의 公田·私田과 그의 差率收租에 대하여-高麗 税役制度의 일측면-」『歷史學報』 29 ; 金容燮, 1975, 「高麗時期의 量田制」『東方學志』 16 ; 金容燮, 1981, 「高麗前期의 田品制」 『韓沽劤博士停年紀念史學論叢』, 知識産業社 ; 李成茂, 1981, 「公田·私田·民田의 槪念-高麗 朝鮮初期를 중심으로」『韓沽劤博士停年紀念史學論叢』, 知識産業社 ; 崔完基, 1981, 「高麗朝의 稅穀運送」『韓國史研究』 34 ; 朴鍾進, 1984, 「高麗初期 公田·私田의 性格에 대한 再檢討」『韓國學報』 37 ; 金載名, 1985, 「高麗時代 什一租에 관한 一考察」『淸溪史學』 2 ; 李景植, 1991, 「高麗時期의 作丁制와 祖業田」『李元淳敎授停年紀念歷史學論叢』, 敎學社 ; 李正浩, 1997, 「高麗時代 穀物의 種類와 生産」『韓國史研究』 96 ; 박종진, 2000, 『고려시기 조세제도와 재정운영』, 서울대학교출판부 ; 김용섭, 1970, 『조선후기 농업사연구』, 일조각 ; 김태영, 1983, 『조선전기 토지제도사연구』, 일조각 ; 김옥근, 1984, 『조선왕조재정사연구』, 일조각 ; 이재룡, 1984, 『조선초기 사회구조연구』, 일조각 ; 안병욱, 1989, 「19세기 부세의 도결화와 봉건적 수취체제의 해체」『국사관논총』 7 ; 이철성, 2003, 『17·18세기 전정운영론과 전세 제도 연구』, 선인

〈박종진·이철성〉

전송(田訟) 전답(田畓)을 두고 일어난 분쟁.

고려 말에 수조권(收租權) 문제로 시작되었으며, 정점을 이룬 조선 후기에는 소유권과 경작권이 쟁점이 되었다. 송사(訟事)는 관청의 공정한 판결에 의한 문제 해결을 기대한다는 점에서 합법적이고, 그 판결에 수긍할 수 없을 경우 다시 기회를 찾는 노력이 허용되며, 일단 판결이 나면 그 결정에 승복해야 한다는 점은 시대를 초월한 기본 원칙이다. 이러한 원칙이 잘 지켜지는가, 이러한 장치를 민이 자신의 권리 추구를 위해 얼마만큼 잘 활용하고 있으며 국가가 어느 정도 보장해주고 있는가 하는 점은 시대마다 다를 수밖에 없다.

전송이 국가적으로 본격 문제가 되기 시작한 것은 고려 말 수조권을 지급한 사전(私田)에서였다. 당시 가장 큰 문제는 수조권이 여러 명에게 지급되어 전주(田主)가 난립되어 있었다는 점이다. 사전제도의 지속을 주장했던 이색(李穡)이나 권근(權近)도 "전주가 1인이면 다행이지만 가끔 3, 4가(家)가 되거나 7, 8가도 있으니…… 백성의 곤궁함은 이 때문이다.[고려사 권115, 열전 28, 이색]"고 했으며, "지금부터 일체 본국의 전법에 따라 수도에서는 판도사(版圖司)가, 지방에서는 안렴사(按廉使)가 전송을 결단하여 승자가 수조토록 하여 하나의 전답에 하나의 전주만 있게 함으로써 백성이 숨 돌릴 수 있도록 해야 한다.[『고려사』 권78, 「식화지」1 전제 우왕 9년 2월]"라고 해결책을 제시하였다.

이들 사전의 전주는 서로 조업전(祖業田)임을 내세워 다시 겸병하거나 탈점하기 때문에 여럿으로 난립하였다. 본래 조업전은 세업전(世業田)이라고도 하며 조상 전래의 소유지를 가리켰는데, 어떠한 연유에서인지 분명하지 않으나 수조지로서의 사전도 조업전이라고도 칭하였다. 즉 사전이 정당한 절차를 거쳐 분급되거나 환수되는 것이 아니라 사사로운 수수행위를 통하여 자손으로 상전되고 있었다.

당시 국가 각 기관의 수조지나 왕실·공신·양반전으로부터 군인전, 향리나 진·역리의 외역전 등 국가 말단 행정·교통기관에 복무하는 자들의 직역전까지 모두 권세가가 겸병하여 자기의 사전으로 차지하였다. 그 같은 사전이 전국의 전지 가운데 어느 정도의 비중을 차지하였는지는 정확히 알 수 없지만, '종묘·학교·창고·사사(寺社)·군수전 및 국인(國人) 세업(世業)의 전민을 호강한 자들이 거의 모두 탈점[『고려사』 권78, 「식화지」1 전제 녹과전]'할 정도로 사전이 전국에 널려 있었으며, 사전의 전송이 너무 복잡하기 때문에 국가의 행정기능이 마비될 지경이었다.

사전의 확대는 필연적으로 국가 운용의 물질적 지반을 잠식해 들어가는 결과를 초래하였다. 국가제사의 제물과 왕실에 바치는 물자가 때로 이어지지 않았으며, 사대부로서 국정에 복무하는 사람들이 먹고살며 수양하고 청렴할 길이 없고, 주·현·진·역의 국역에 이바지하는 자가 전택을 잃고, 국용·군수·녹봉이 나올 곳이 전혀 없게 되었으며, 국고에는 한 달을 지탱할 축적이 없고 군사는 수개월의 식량도 없으며, 군사로서 적과 싸우러 가는 자는 부모와 처자가 추위와 굶주림에 떠돌아다녔다.

뿐만 아니라 겸병·탈점에 따른 전송의 번잡함으로 인하여 국가 통치행정의 정상적 운영을 마비시키고, 농민경영의 재생산과정 자체를 파탄으로 몰아가고 있었다. 안으로는 판도사·전법사가, 밖으로는 수령·안렴사가 본직을 폐한 채 날마다 전송을 처리하는데, 추위나 더위를 무릅쓰고 땀을 씻고 붓을 녹여가며 문권을 조사하고 증거를 검토하며 전호에게 물어보고 고로(古老)에게 물어본다. 무릇 관련된 사람들이 감옥과 관정(官庭)에 가득 차서 농사를 폐하고 판결을 기다리는데, 여러 달의 문건이 산처럼 쌓여 있고 한 이랑의 쟁송이 수십 년을 끌어가니 침식을 잊고 처리하여도 부족한 것은 사전이 쟁단으로 되어 소송이 번잡해진 까닭이다.

국가체제 존립의 두 가지 지반인 토지와 농민이 무너지자, 고려 후기에는 정리작업을 기회 있을 때마다 시도하였다. 토지와 농민에 관한 변정·추쇄·추고·정치(整治) 등의 사업이 추진되었다. 인물추고도감, 화자거집전민추고도감(火者據執田民推考都監) 등을 여러 차례 설치하였고, 정치도감(整治都監)은 1347년(충목왕 3)에 설치되어 1349년(충정왕 1)까지 활동하였다. 전민변정도감은 1269년(원종 10), 1288년(충렬왕 14)과 1301년(충렬왕 27), 1352년(공민왕 1), 1381년(우왕 7)과 1388년(우왕 14) 등 여러 차례 설치되었다.

하지만 사업이 일관성을 띠고 추진되지 못하였고 변정 자체가 온전히 실현될 수도 없었다. 결국 1388년의 위화도회군을 계기로 일대 전기를 맞게 되었다. 이성계 중심의 개혁파 사류는 사전개혁을 착수하여 새로운 왕조 건립에 경제적 기반을 마련하였다.

과전법(科田法)을 기반으로 한 조선시기에 다시 전송이 활발하게 일어난 시기는 17세기에 들어서였다. '토지소송의 시대'라고 칭하기도 하는데, 토지에 대한 권리를 둘러싸고 작인과 소유자 사이에 분쟁이 일어나는 경우가 빈번하였다. 여기에는 양반, 사대부, 소민(小民), 노비 할 것 없이 신분이나 지위 고하를 막론하고 원고와 피고로 관련하고 있었다. 전송의 각종 기록에서 '積成卷軸'이라는 어구가 자주 눈에 띄는데, 송사가 장기화되면서 양측이 제출한 문서가 쌓여 책을 이룰 만큼 되었다는 뜻이다. 양측이 서로 한 치도 양보할 수 없음을 말해준다.

양란 때문에 진전으로 변한 곳을 개간하기도 하고, 미개간지를 농토로 전환시키기도 한 결과 17세기 후반으로 갈수록 미개간지를 찾는 것이 어려워졌다. 토지에 대한 수요가 늘어나면서 땅에 대한 권리도 점차 분명해졌다. 많은 토지에 존재하던 작인의 권리가 17세기 들어 더욱 빠르게 소멸되어 일물일권적(一物一權的) 소유권이 성립되는 과정이었다.

19세기에 이르면 토지의 소유권과 아울러 경작권에서도 전송이 벌어졌다. 우선 소유권 분쟁에서 주로 문제되는 것이 다수의 소유권자가 발생했을 때 유일한 소유권자를 확정하는 것이었다. 주로 불법적으로 소유권이 이동하였을 경우의 일로 이중방매(二重放賣)와 늑탈(勒奪)로 전답 문권을 빼앗았을 경우에 이루어진다. 이와는 달리 정당한 절차에 의해 소유권을 되찾을 수 있는 환퇴(還退)가 있었다. 전답을 매매할 때 '영매(永賣)', '권매(權賣)'를 명시하여 환퇴여부를 기록하게 하였다. '권매'의 경우 소유주의 환퇴 요구가 있으면 돌려주어야 했고, '영매'라고 되어 있으면 소유권이 완전히 이전되었다. 채무 등의 이유로 어쩔 수 없이 토지를 방매해야 할 경우 변제할 여력이 확보되면 토지를 돌려받을 수 있도록 한 것이다. 문제는 '증가이매(增價移賣)'로 토지를 권매한 후에 토지가격이 상승하자 가격을 더 높여서 팔려고 하는 것이었다. 매매가 차이를 얻기 위해 불법적인 소송을 일으키는 경우가 많아졌다. 이에 대한 대책이 『속대전』에 마련되었지만, 불법적인 의도가 없고 명백한 문기가 증명되면 환퇴 받을 수 있었고 그러한 일에 국가가 관여할 수는 없었다.

또 하나의 새로운 쟁점은 경작권을 목적으로 하여 답주(畓主)를 상대로 이작(移作)에 관한 작인들의 항의와 경작권을 둘러싼 신구 작인간의 전송이었다. 이작 문제의 전송은 대부분 답주에게 해결을 떠넘긴다. 다만 국가는 답주의 재량권이 올바르게 행사되고 있는지 감독을 책임지고 있을 뿐이다. 작인들 내부에서 벌어지는 이작 분쟁은 답주의 표에 의해 좌우되어, 마름(舍音)이 마음대로 이거(移去)했을 경우 답주의 표를 가진 쪽이 승리하였다. 다만 답주의 이작이 춘분이 지난 후 농무기일 경우 '탈경(奪耕)'은 철저하게 금지하였다.

아울러 토지매매 후 경작권까지 옮겨가는 문제도 분쟁의 대상이 되었다. 토지 매수인이 직접 경작할 목적으로 샀는데 원래 경작하던 작인이 경작권을 빼앗기게 되면서, 또는 토지 주인이 경작권을 가지고 있으면서 소유권만 이전하려는 의도로 토지를 방매하였을 경우도 있었다. 국가에서는 토지를 매득한 자에게 경작권도 아울러 인정하였다.

전답 매매 후 조세 부담도 전송의 한 부분을 차지한다. 구 답주에게 지세(地稅)가 이록(移錄)되는 것에 대한 항의가 주를 이룬다. 신구 답주 사이의 분쟁은 기준이 명확하기 때문에 쉽게 해결되었다. 문제는 답주의 결세를 작인에게 이징시키는 것이나 작인들이 답주에게 이징시킨 것으로 이에 항의하는 작인이나 답주의 전송도 많았다. 답주와 작인간에는 지대 납부 여부도 큰 쟁점이 되었다. 작인에게 거두지 못한 도조(賭租)를 추급해달라는 답주의 전송도 많아서 작인에게 지대를 징수하기가 쉽지 않았음을 보여준다. 작인의 지대 납부 거부는 소유권 귀속이 명확하지 않을 때 또는 새로운 소유권자의 권리가 부당하다고 여겨질 때 제기되었고, 경작하는 답의 소유주가 변경된 후 옛 주인의 지대 요구는 당연히 거부되었다.

전송은 시대에 따라 그 성격을 달리하는데 고려 말에는 수조권 문제로 야기되어 과전법 시행으로 어느 정도 해결하였고, 조선 후기에는 토지소유권과 경작권을 둘러싸고 제기되었다. 조선 후기의 토지소유권은 일물일권적 형태로 근대적인 성격을 지니고 있었으나, 소유주가 장기간 토지를 진전(陳田)으로 방치해두면 토지를 기경(起耕), 이용하는 자에게 소유권이 인정되는 추세였다. 이는 토지의 생산성을 지속시킨다는 정책에서 비롯된 것이고, 무주지나 한광처(閑曠處), 개간전을 찾지 못한 궁방, 아문의 민전 절수나 토호 세력 등의 민전 침탈을 막는 효과도 노린 것이다. 한편으론 자기의 권리, 즉 토지를 이용, 관리, 감독해야 할 권리를 포기하는 자는 소유권을 가질 자격이 없다는 의식을 반영한 것이기도 했다.

전송을 통해 소유권이 행사될 때 신분이나 공동체의 이익에 좌우되는 등 전근대적인 측면도 있었다고 지적되지만, 19세기에는 일가 친족 내에서 벌어지는 토지늑탈, 침탈, 투매 현상이 큰 쟁점이 되고 있어 주목된다. 특히 친족을 상대로 제기되는 여성의 전송도 상당수 있어서 공동체적 소유 관념에서 탈피하기 시작한 모습을 보여준다.

[참고어] 사전(私田), 수조권, 소유권, 입안, 입지

[참고문헌] 김태영, 1994, 「토지제도」『한국사 24 조선 초기의 경제구조』, 국사편찬위원회 ; 조윤선, 1996, 「조선 후기의 田畓訟과 법적 대응책-19세기 民狀을 중심으로-」『민족문화연구』 29, 고려대학교 민족문화연구소 ; 조윤선, 2002, 『조선후기 소송문제』, 국학자료원 〈강은경〉

전시과(田柴科) 고려시기 양반을 비롯한 봉건 지배층에 대한 토지분급을 규정한 제도.

전시과제도는 고려 건국 이후 수십 년이 경과한 뒤 지배층에게 토지를 분급하기 위해 제정되었다. 이것은 후삼국 시기의 격변을 거치고 고려 초의 정치세력의 부침을 겪고 나서 제정한 토지분급 법제였다.

후삼국을 통합하면서 농민·토지문제를 수습하는 것은 중요한 과제였다. 토지의 사적인 소유가 고래로 인정되고 있었으므로 소유 토지의 전면적인 조정은 곤란한 일이었다. 토지소유의 문제는 분쟁이 있는 지역의 경우에 부분적으로 양전을 실시하여 조정하는 데 그쳤다. 고려는 토지소유를 전면 조정하는 대신에 부세제의 개편과 새로운 토지분급제의 시행이라는 차원에서 농민과 토지문제를 수습하는 방향을 택하였다. 고려 태조가 취민유도(取民有度)를 표방하여 전조(田租)를 경감시키고 역역(力役)수취를 조정한 것도 이러한 정책 방향을 나타내는 것이었다.

고려가 새로운 고려 왕조체제를 조직해 가기 위해서는 관료조직을 정비하고 새로이 토지를 분급하는 것은 중요한 과제였다. 전시과의 법제 마련은 고려의 건국 이후 수십 년이 경과한 후였다. 전시과 제도의 출현 이전에, 태조 왕건은 신라의 제도를 따라 녹읍(祿邑)을 지급하였다. 태조 왕건은 통일 과정에서 귀부(歸附)한 호족들에 지급한 녹읍은 일부의 호족에 대한 경제적 지원에 불과하였을 뿐 전체 호족을 대상으로 한 것은 아니었다.

왕건은 후삼국을 통일한 이후, 940년(태조 23) 역분전(役分田)을 설치하였다. 『고려사』 권78, 「식화지」 전제 전시과 조목에서 "태조 23년에 처음으로 역분전제도를 설정하였는데, 삼한을 통합할 때 조신(朝臣)과 군사(軍士)에게 그 관계(官階)의 높고 낮음은 논하지 않고 그 사람의 성행(性行)이 착하고 악함과 공로가 크고 작은가를 참작하여 역분전을 차등이 있게 주었다."라고 한 것이 그것이다.

역분전은 이처럼 고려의 통일과정에 공이 있는 조신·군사에게 지급하였는데, 관계를 고려하지 않고 사람의 성행선악(性行善惡)과 공로대소(功勞大小)를 기준으로 하였다. 논공행상을 중시하면서도 관료의 측면을 고려하여 지급한 것이었다. 당시 통합과정에서의 공로대소와 관계가 부합하지 않는 현실에서 그렇게 지급할 수밖에 없었다.

전시과제도가 처음 제정된 것은 976년(경종 1) 11월이었다. 역분전이 제정된 지 36년 뒤였다. 국초 이래의 정치 변동을 거치면서 공신적 호족세가(豪族世家)와 과거출신 관료가 반열(班列)로 서열화된 것을 전제로 하였다. 전시의 분급대상자를 자단비록(紫丹緋綠)의 사색공복제(四色公服制)에 의해 4계층으로 구분하였으며, 수급자는 복색별로 여러 등급으로 분류되어 토지를 받았다. 1급 공복 자삼은 문무잡업의 분화 없이 18품으로 구분해 최고 전지 110결, 시지 110결을 받았고, 최하 18품은 전지 32결, 시지 25결을 받도록 하였다. 이하 단비록의 세 공복에서는 문반과 잡업을 모두 각각 복색별로 편성하였으며 무반은 단삼만으로 품을 편성하였다. 이해에 과등(科等)에 미치지 못한 자에게는 모두 15결을 지급하였다.

시정전시과(始定田柴科)에서는 이처럼 복색에 따라 4구분하여 각각에 대해 상이한 토지분급의 규정을 두는 말하자면 다층적인 기준이 적용되었다. 그러나 관료제가 정비되면서 문무라는 일원적인 기준 하에 토지를 분급하는 것으로 바뀌게 되었다. 시정전시과는 성종조 이후 중앙과 지방의 정치·행정 및 제반 제도·문물의 재정비를 거친 뒤 여러 차례 개정을 겪었다. 전시과의 분급대상과 기준이 바뀌었으며, 토지의 지급 규모도 변하였다.

경종 대 제정한 시정전시과는 998년(목종 1) 12월에 개정되었다. 성종 대 관료제가 정비됨에 따라 전시지급의 구분이 일원화하였다. 1과에서 18과로 나뉘었으며, 1과는 전지(田地) 100결, 시지(柴地) 70결이 지급되었고, 이하 체감하여 18과는 전지 20결만이 지급되고 시지는 설정되지 않았다. 그리고 과외자(科外者)에게는 전지 17결이 지급되었다. 전시의 지급액은 종전보다 전체적으로 감축되었다. 시정전시과에 비해 규정내용이 간편하고 체계화되어 전체 관료를 한 체계안에 망라하여 토지를 분급하였다. 문반과 무반 사이에 토지지급액에서 차이가 있어, 문반이 현저히 우위에 있었다. 예컨대

문종 대 관품을 기준으로 무반 정3품이던 상장군은 5과에 위치하였는데, 문반 정3품의 육상서(六尚書)는 4과에 속하였다. 그리고 군인층이 토지지급자 대상에 들어와 마군(馬軍)은 17과로 전지 23결을, 보군(步軍)은 18과로 전지 20결을 받는 점이 주목된다. 서리직(胥吏職)에도 토지가 지급되어 주사(主事)·녹사(錄事)·별가(別駕)는 16과로 전지 27결을 지급받았으며, 영사(令史)·서사(書史)·감사(監事)·서령사(書令史)·승지(承旨)는 17과로 전지 23결을 받았다.

목종 대의 개정전시과는 1034년(덕종 3) 4월에 다시 개정되었다. 이때에는 한인(閑人)이 토지분급의 대상에 포함되어 있어 주목되는데, 세부규정이 전하지 않아, 자세한 내용은 알 수 없다.

이후 1076년(문종 30)에 또 다시 개정되어, 경정전시과(更定田柴科)라 부른다. 과등(科等)은 종전처럼 18과로 하되 과외(科外)는 없앴으며, 각 관직을 관품의 순차에 따라 배치하였지만 중요한 관직은 원래의 과등보다 상위 과등에 배치하기도 하였다. 1과에는 중서령(中書令)·상서령(尚書令)·문하시중(門下侍中)이 속하며 전지 100결, 시지 50결을 받았으며, 18과에는 한인(閑人)·잡류(雜類)가 속하며 전지 17결을 받고 시지는 지급받지 못하였다.

경정전시과는 목종 대의 개정전시과에 비해 여러 가지 상이한 점이 보이는데, 우선 주목되는 점은 분급되는 전시의 규모가 감소했다는 것이다. 1과의 경우 목종 대 170결(전지 100결, 시지 70결)에서 150결로, 2과는 160결에서 135결로, 10과는 85결에서 65결로, 18과는 20결에서 17결로 감소하였다. 무반(武班)에 대한 대우가 크게 향상되어 상장군의 경우 목종 대 5과(130결)에서 3과로 올랐고, 대장군의 경우는 6과에서 4과로 올랐으며, 다른 무반도 모두 과가 상승하였다. 이는 오랫동안 거란과 전쟁하면서 무관의 지위가 상승하였기 때문이었다. 문무 양반은 모두 16과까지 배치하였으며 지급된 토지의 총 규모는 시지를 제외하고 전지만 보면 10만 결 정도로 추정된다.

전시과제도는 고려 토지제도의 근간이기 때문에 당시의 토지제도를 이해하기 위해서는 우선적으로 해명되어야 하는 주제였다. 따라서 일찍부터 이에 관련한 연구가 활발하였지만, 전시과에 의해 분급된 토지의 성격, 분급한 토지에서 전주(田主)가 수취하는 양, 분급받은 토지의 전수(傳受) 문제, 수취과정의 문제 등의 이해를 둘러싸고 견해의 차이가 현저하다.

하나는 분급토지는 신라말 호족들의 전장을 흡수해서 그 토지 위에 설정하였으며, 그 토지의 경작·생산을 감독하고 지대를 수취·운송하는 책임은 지방행정관인 수령에 있었고, 소출의 1/2을 지대로 수취하고 있다고 보는 견해이다. 또 하나는 분급토지의 지급을 수조권의 지급이 아니라 전조(田租) 면제의 특권이 부수된 토지 자체의 지급이며, 그 토지는 종래 지배하고 있던 토지가 추인된 것이고, 분급토지의 경영은 분급받은 자에 의한 자가경영이라고 보는 견해이다. 마지막 견해는 분급토지는 중세사회 봉건지배층에게 봉사와 충성에 대한 대가로 지급되었으며, 그것은 일정 면적의 토지에 대한 1/10조의 수조권 지급이고, 분급수조지는 타인의 소유지 위에 설정되는 것이 보통이지만 때때로 자기 자신의 사유지 위에 받을 수도 있으며, 직역의 승계에 따라 후대에 전체(傳遞)하는 것이 가능하다고 보는 견해이다. 이하의 내용은 여러 연구자가 수용하고 있는 세 번째의 견해에 따라 정리한 것이다.

토지에 대한 사적 소유권이 보장되고 있었으므로 국가에서 분급하는 것은 수조지였다. 수조권을 분급받은 자는 전주로, 수조권을 매개로 한 지배를 받는 자는 전객으로 인식되었다. 전주가 갖는 수조권은 지배계급인 양반이 피지배계급인 생산자 농민과 그의 소유지에 대해 정치적·신분적으로 생산물의 일부를 무상으로 수취하는 점유권이었다.

전시과의 토지는 전주를 양반으로 전객을 납조자로 설정한 위에서 운영되는 것으로, 중세의 신분적 상하관계를 전제로 하였다. 또 신료층의 가계(家系) 존양(存養)을 위한 수록(授祿)의 성격을 띠었다. 받은 자는 반대급부로서 국가에 대해 직역(職役)을 통한 충신(忠信)을 제공해야 했다. 수조권을 분급받은 전주는 직역(職役)의 승계(承繼)에 따라 국가의 허락을 받아 후대에 전체(傳遞)하는 것이 가능하였다. 그리하여 전시과에 의거해 분급한 토지는 영업전(永業田)·세업전(世業田)이라 칭하였다. 분급수조지는 상속이 자유로운 사적 소유지와는 달리 분할·양도·상속이 상당한 제약이 있었다. 과전의 몰수는 신료 자격의 박탈을 뜻하였으며 이는 세가(世家)·세신(世臣)의 위치를 부정하는 것이었다.

과전분급은 일정한 토지를 묶은 전정(田丁)을 단위로 하였다. 매 정(丁)마다 수조지를 받은 전주의 성명을 달았다. 이 전정이 다른 사람에게 다시 넘겨져 전수되면 붉은 글씨로 이 사실을 적어 그 전수의 순차·내력을 알 수 있도록 하였다.

수조권을 분급받은 전주는, 전객농민에게서 직접 전조를 수취하였다. 수조권을 받은 전주는 전객농민의 소경전에 대해 풍흉을 결정하는 권한을 갖고 있었다. 당시 사회에서 농지에서의 소출은 수재·한재 등 재해나 충상으로 또는 기타 공역부담으로 커다란 영향을 받고 있었는데, 그러한 풍흉을 참작하여 전조를 징수하도록 규정되어 있었지만, 분급토지의 경우는 전주가 직접 답험하여 풍흉의 정도를 결정하기 때문에, 전주의 자의적인 결정에 따라 풍흉의 정도가 평가될 소지가 매우 컸다. 전주는 이처럼 직접 답험(踏驗)하여 풍흉(豊凶)을 정할 수 있었고, 나아가 소지한 두(斗)·곡(斛)을 가지고 직접 수조하였다.

실제 답험과 수조는 노비나 가신(家臣) 등이 담당하고 해당 고을의 수령이나 향리가 이에 협조해 이루어졌다. 납조과정과 수조과정에 소요되는 경비는 전객농민의 부담이었다. 전객농민은 전조를 운반하는 데 따른 경비를 부담하였으며, 답험과 수조를 위해 온 인·마(人馬)에 대한 접대도 부담하였다. 수조권을 받은 전주가 전객농민에게서 수취할 수 있는 것은 법제상 소출의 1/10이었지만, 전객농민의 부담은 곡초(穀草)·운반비 등을 모두 포함하면 실제로는 이를 훨씬 상회하였다.

전시과에 따라 지급된 전지는 기내구분전(畿內口分田)과 외방사전(外方私田)으로 구분되었다. 기내구분전은 전체 지급액의 1/7~1/8에 달하였는데, 국가가 외방에서 전조를 수송하기 어렵기 때문에 개경부근의 땅을 공전(公田)으로 확보할 필요가 컸기 때문이다. 전주들은 외방사전에서 곡물(穀物) 대신 포(布)나 기타 잡물로 바꾸어 징수함으로써 운송의 편리함을 도모하였으며, 또한 국가의 관리에서 벗어나 전객농민에 대한 자의적인 지배를 행사할 소지가 컸다. 수조권자의 양곡(糧穀)은 기내구분전으로 해결할 수 있었다. 기내구분전은 후대의 수신전(守信田)·휼양전(恤養田)의 형식으로 전수되었을 것으로 보인다.

대부분의 사전이 외방에 설정되어 있었기 때문에, 전주가 섶[薪]·숯[炭]·꼴[芻]을 해결하기가 어려웠다. 이에 그러한 목적을 위해 시지(柴地)를 분급하였다. 경기에 설정된 양반구분전에서는 양곡만을 조달할 수 있었을 뿐 땔감(薪·炭)을 공급할 수 없었기 때문에 과전법과는 달리 시지가 별도로 설정될 수밖에 없었으며, 민력(民力)을 통해 신탄(薪炭)의 채취 및 수납이 이루어졌다. 시지는 개경에서 1일 혹은 2일안에 왕복할 수 있는 지점에 설정되었다. 이 시지는 원칙상 초채지(樵採地)로 설정되었으나, 개간되어 전주의 소유지가 되는 경우도 없지 않았을 것이다.

국가에 의한 토지 분급은 모든 토지가 국왕 즉 국가의 토지라는 왕토사상이 전제되어서 이루어지는 것인데, 수조권의 분급이 이루어지는 사정 하에서 토지소유권은 크게 제약을 받는 불안정한 위치에 있었다. 토지의 사적 소유는 오래 전부터 내려오던 관습이고 전통으로서 토지의 소유자는 엄연히 전주(田主)·주(主)·본주(本主)이며 국가도 이를 승인하고 보장하고 있으면서도 수조권·수조지와의 관계에서는 전객(佃客)·전호(佃戶)로 지칭되었다. 수조지가 분급되는 토지제도 하에서 소경전의 소유권은 불완전하였고 따라서 그 소유주의 존재 역시 그만큼 인격적으로 불안하였다. 수조자와 소유자는 전주와 전객의 지배예속 관계로 엮였으며, 현실에서는 전주는 상급신분, 전객은 하급신분으로 관계하였다.

문종 대에 전시과가 경정된 이후, 새로운 개정은 행해지지 않았다. 이것은 관료사회의 변화에 대처해 국가가 전지를 새로이 분급하지 못함을 뜻하는 것이다. 이러한 추세 속에서 국가가 분급 전지에 대해 관리 내지 통제하는 권한이 약화되어 갔으며, 사사로이 전수되어 가산화(家産化)하기에 이르렀다.

[참고어] 시정전시과, 개정전시과, 경정전시과

[참고문헌] 旗田巍, 1972, 『조선중세사회사의 연구』, 法政大出版局 ; 강진철, 1980, 『고려토지제도사연구』, 고려대출판부 ; 이경식, 1986, 『조선전기토지제도연구』, 일조각 ; 濱中昇, 1986, 『조선고대의 경제와 사회』, 法政大出版局 ; 이경식, 2007, 『고려전기의 전시과』, 서울대학교 출판부 ; 이정호, 2009, 『고려시대의 농업생산과 권농정책』, 경인문화사 ; 윤한택, 2011, 『고려 양반과 양반전 연구』, 경인문화사 ; 이경식, 2011, 『한국 중세 토지제도사-고려-』, 서울대학교출판문화원 ; 이경식, 2012, 『고려시기토지제도연구』, 지식산업사 ; 김용섭, 1975, 「고려시기의 量田制」 『동방학지』 16 ; 전기웅, 1985, 「고려 경종대의 정치구조와 始定田柴科의 성립기반」 『진단학보』 59 ; 김기섭, 1987, 「고려전기 농민의 토지소유와 전시과의 성격」 『한국사론』 17, 서울대 국사학과 ; 홍순권, 1987, 「고려시대의 柴地에 관한 고찰」 『진단학보』 64 ; 박국상, 1988, 「고려시대의 토지분급과 田品」 『한국사론』 18, 서울대 국사학과 ; 김기섭, 1990, 「고려말 사전구폐론자의 전시과 인식과 그 한계」 『역사학보』 127 ; 박경안, 1991, 「고려시기 田丁連立의 구조와 존재형태」 『한국사연구』 75 ; 노명호, 1992, 「나말여초 호족세력의 경제적 기반과 전시과체제의 성립」 『진단학보』 74 ; 황선영, 1997, 「고려 초기 役分田의 성립」 『한국중세사연구』 4 ; 권두규,

1998, 「고려시대 足丁과 半丁의 규모」『한국중세사연구』 5 ; 이영훈, 1999, 「고려 佃戶考」『역사학보』 161 ; 濱中昇, 2003, 「고려에서의 公·私와 公田·私田」『조선학보』 186 ; 위은숙, 2004, 「고려시대 토지개념에 대한 재검토」『한국사연구』 124 ; 이진한, 2004, 「고려시대 토지제도의 변화와 향리」『동방학지』 125 ; 이상국, 2005, 「고려시대 양반전 분급의 일양상」『한국사연구』 128 ; 이상국, 2006, 「고려시대 토지소유관계 시론」『역사와 현실』 62 ; 김기섭, 2012, 「고려·당·일본의 국가적 토지분급제와 토지법」『역사와 세계』 41 〈이병희〉

전안식(田案式) 1897년 중추원에서 대한제국의 개혁에 필요한 상소문을 모아 놓은 책. 원래 제목은 없었으나 양전사업에 관한 각종 건의안을 모아두고 있어 '전안식'이라고 하였다.

이 책은 첫머리에 「전안식」이라고 하여 1897년 말부터 1899년 6월경까지 중추원에 건의한 헌의서 가운데 양전에 관한 건의안을 모은 것이다. 양전을 마친 후 전안, 즉 양안을 만들고 각 논과 밭의 수확에 따른 왕세인 지세와 전주에게 바치는 지대의 양을 기록하는 방식 등을 기록하였다.

이 건의안에는 유진억(兪鎭億)이 1897년 12월 중추원에 건의한 「방전도설(方田圖說)」의 내용, 그리고 「건의9조」와 사목을 수록하여 국가개혁에 필요한 9개의 조목을 설명하고 있다. 그 중에서 4조 이재대방(理財大方)에서 양지아문의 양전방법에 대해 주자의 어린도법을 채용할 것과 타량 관리를 감독하며 별도로 양전사목을 제정할 것을 건의하였다. 다음에는 광주유생 최영봉(崔永鳳), 심영택(沈韺澤), 한설현(韓卨鉉) 등이 건의한 「헌의15조」를 싣고 있는데, 여기서도 양전과 부세 개혁을 주장하였다. 다음의 「제염원지(製鹽原志)」에서는 제렴의 비용으로 양전 비용으로 쓸 것을 주장하였고, 그밖에 1899년 3월 진잠진사 김우선(金宇善)은 헌의서에서 경무법에 의한 전제 개혁을 추구할 것을 주장하였다. 1899년 3월 10일에는 한성우체사 주사 오병일(吳炳日)이 건의한 양전조례가 실려 있는데, 그는 양지아문에서 앞으로 행할 양전의 사목을 사적으로 제정하여 건의한 것으로 실제 양전사목에 일부 반영한 것으로 보인다. 그밖에 전국 각지에서 보내온 각종 국가 정책에 대한 다양한 건의안을 수록하고 있다.

대한제국 당시 지방 유생들의 개혁 의지와 방책을 엿볼 수 있다. 이 책은 대한제국 양지아문 시기 양전 논의와 개혁 방안에 대한 여론의 동향과 개혁안의 내용을 알 수 있는 자료이다. 국사편찬위원회에 소장되어 있다.

[참고어] 광무양전사업, 양전조례, 어린도, 양지아문

[참고문헌] 『田案式』(국사편찬위원회 소장) ; 한국역사연구회 토지대장연구반, 1995, 『대한제국의 토지조사사업』, 민음사 ; 한국역사연구회 토지대장연구반, 2010, 『대한제국의 토지제도와 근대』, 혜안 〈왕현종〉

전역(田役) 현물로 내던 것을 토지에 부과한 공물(貢物).

공물은 국가에 필요한 여러 가지 물품을 각 지방에서 현물로 받는 부세의 하나로 조선시기에는 15세기에 공납제(貢納制)로 정비되었다. 공납제는 각 군현을 단위로 공물의 종류와 양을 정하여 중앙의 여러 아문(衙門)에 상납하게 하는 제도이다. 각 군현에서 공물의 양은 각 군현의 토지와 호구의 다소를 따르도록 하였지만, 대체로 군현의 관질(官秩)을 따라 결정되었다. 각 군현에서는 백성에게 직접 현물을 분정하거나 노동력을 징발하여 현물을 생산·채취하는 등 다양한 방식으로 공물을 조달하였다. 공납제는 국가에 대해서는 현물 상납을 원칙으로 하였지만, 실제로는 현물을 직접 분정하는 현물 부세와 군역·신역(身役)·요역 등을 통한 노동력의 징발이 혼합된 형태였다.

각관에서 노동력을 징발하여 공물을 조달하는 경우에는 신역·군역·요역 등을 통해 관노·관장(官匠)·군정(軍丁)·민정(民丁) 등이 동원되었다. 과실·닥나무·옻 등은 관노가 관전에서 생산하였으며, 수렵에는 주로 군정이 동원되었다. 생산·채취에 전문적 기술이나 지식이 요구되는 물품은 정역호(定役戶)를 설정하여 다른 역을 면제시키고 생산을 전담시키기도 하였다. 또 진상(進上)은 백성에게 분정하지 않고 관청에서 노동력을 징발하여 조달하는 것이 원칙이었다. 그밖에 민정을 사역하여 공물을 조달하기도 하였다.

15세기 후반 이래 사회경제적 변화와 함께 공납제도 점차 변모하였다. 우선 방군수포(放軍收布)가 확산되어 입역군인이 줄어들면서 군정이 담당하던 공물의 생산이 백성의 요역으로 대체되었다. 원래 요역과 군역은 별개의 제도였지만 모두 16세에서 60세까지 장정(壯丁)이 담당하는 것이었는데, 요역 부담 능력이 떨어지면서 군역이 오히려 요역화하였다. 15세기 후반에는 군정이 수렵·어로 등 공물의 조달에도 동원되었고, 진상의 조달은 군정이 담당하였다. 입역 군인이 줄어들자 그 역은 다시 요역으로 대체되었다.

공물을 부과하는 기준이 조선초에는 호구와 토지를 참작한 3등호제를 적용하다가 1446년(세종 28)에는 토지를 기준으로 5등호제가 적용되었는데, 점차 호등제는 폐지되고 토지의 다과가 공물 부과의 기준이 되었다. 1489년(성종 20)에 어사의 임무에는 '공물을 경작의 다소대로 고르게 분정했는지의 여부'를 살피도록 하고 있었다. 더욱이 16세기에는 권세가나 재지지주들의 농장 개발이 발달하였는데, 고공(雇工)이나 반인(伴人)·반당(伴倘) 등의 명목으로 양인을 모점하여 경작자를 확보하였다. 양민뿐만 아니라 재인·백정 등도 모점하면서 관청에서 활용할 수 있는 노동력은 크게 줄어들었다.

16세기에는 공물을 생산할 수 있는 기반이 약화되자, 관청에서는 부정기적인 요역의 징발이 늘었고 백성에 대한 현물분정이 증가하였다. 이전에 관장이나 관노나 정속호(定屬戶) 등이 담당했던 공물을 백성에게 부과하는 것이었다. 16세기에는 노동력의 징발이 줄어든 대신 점차 공물 전체가 현물 부세로 변모하여 전결에 부과되었다. 1590년(선조 23) 성혼(成渾)은 점차 전결에 대한 공물 부과가 늘어나 그 명목이 많다고 비판하였다. 관청에서 담당하던 공물까지도 백성에게 전가되면서 전결에 부과되는 명목이 늘어났다는 것이다. 16~17세기를 거치면서 단계적으로 현물 대신 쌀이나 포를 징수하는 대동법이 시행되었다.

공물이 토지에 부과되었더라도 모든 토지에서 동일한 양의 공물을 부담한 것은 아니었다. 공물의 품목이 다양하였기 때문에 모든 토지에 균일하게 부과하는 것은 불가능하였다. 대개 순서를 돌아가며 분정하였고, 전결에 특정한 공물을 전담시키는 제역(除役)을 실시하기도 하였다. 전주(田主)의 세력에 따라 현물의 부담이 차이가 나거나 분정하는 순서도 고르지 못한 경우가 있었다. 따라서 '힘있는 자는 쉬운 부역에 속하고, 힘없는 자만 고역을 부담하고 차례도 자주 돌아온다'는 비판이 일기도 하였다.

백성의 노동력을 징발할 수 있는 길이 좁아지자, 각 관청에서 사용하는 잡물도 공물처럼 토지에 부과되었다. 대개 꿩이나 닭, 유청(油淸), 자초(紫草) 등 잡물은 관노나 장인(匠人)을 통해 조달하는 것이었다. 이들의 노동력을 확보하지 못하자 역시 토지에 분정하여 전역의 일부로 변모하였다.

백성에 대한 부정기적인 잡역이 늘고 공물이 전역화하면서 대가 부담이나 시장을 통한 공물 구매, 방납이 확산되었다. 산행에 동원되어도 기술이 미숙하여 야생동물을 잡지 못하였고, 약재에 대한 지식이 없어서 채취하지 못하였으며, 관장이 생산하던 수공업제품을 만들 수는 없었다. 백성은 결국 대가를 부담하는 것이 일반적이었다.

공물의 대가부담과 시장을 통한 구매나 방납이 확산되었으며, 방납은 세력가와 수령, 관료가 참여한 가운데 점차 확산되었다. 방납가는 부세수납 과정에서 발생하는 중간비용이 포함되었기 때문에 시장가격에 비하여 훨씬 고액이었다. 15세기에는 대납(代納)을 허용하는 한편 대개 수령이나 호조가 방납가를 규제하도록 하였는데, 방납이 법적으로 금지된 이후 오히려 아무런 규제가 가해지지 않아 방납가는 높이 뛰었다. 그리하여 백성의 유망을 촉진시켜 지주제의 전개로 야기된 향촌사회의 동요를 가속화시키는 요인이 되었다.

[참고어] 공납

[참고문헌] 박현순, 1997, 「16~17세기 貢納制 운영의 변화」『한국사론』 38, 서울대 국사학과

〈강은경〉

전운사(轉運使) 고려·조선시기 조세의 수송을 관장하는 관리.

조운사(漕運使)·전운어사(轉運御史)라고도 했다. 고려는 건국초 지방관을 파견하지 못한 가운데, 조세수취와 지방에 대한 통제를 위해 금유(今有)·조장(租藏)·전운사 등을 파견하였다. 이중 전운사는 건국초에 설치되어 지방제도가 정비되지 않았던 상황 하에서 조세수송, 순찰 등의 임무를 수행하는 임시관원이었던 것으로 보인다. 특히 『고려사』 「형법지」에 의하면 외관과 마찬가지로 백성의 고소(告訴)를 처리하기도 했다. 이처럼 고려 초기에 등장했던 전운사는 성종, 현종 대의 지방제도 정비를 통해 외관이 파견되고 또한 도제(道制) 수립을 통한 지방관의 안찰기능이 강화되어 지방통치체제가 확립되자 1029년(현종 20)에 폐지되었다.

조선시기에 들어와 조세운송의 업무는 사수감(司水監)에서 주관하였고, 조운체찰사(漕運體察使)가 별도로 임명되어 조운 업무를 감독하였다. 그 후 조운의 중요성이 강조되면서 세종 대에는 전문 운송부서인 전운색(轉運色)이 설치되었고, 그 책임자를 도전운사(都轉運使)라 하였다. 그러나 조세운송에 관한 업무를 관장하던 도전운사는 세조 때 관선 조운책이 수립되면서 그 임무가 해운판관(海運判官)으로 넘어가면서 폐지되었다. 즉 『경국대전』 상에 조운업무를 전함사(典艦司)가 주관하며 그 예하에 전라도·충청도의 해운판관을 두어 조운

의 책임자로 삼은 것이 그것이다.

전운사의 명칭이 다시 등장한 것은 1883년(고종 20) 전운서(轉運署)가 설치되면서부터이다. 조선 후기에 들어 세곡의 임운제(賃運制)가 널리 유행하면서 이를 둘러싼 부정이 횡행하여 많은 문제가 야기되고 있었고, 개항과 더불어 등장한 일본 선운업자의 침투는 조선 해운업의 위기와 그에 따른 갈등을 초래하였다. 이에 조선 정부는 1883년(고종 20) 1월에 통리교섭통상사무아문(統理交涉通商事務衙門)의 산하기관으로 전운서를 설치하고 조선 정부의 국제·연안 해운업무 일반을 전담하도록 하여 일본상선의 해운지배권에 대응하고자 하였다.

1886년 이전까지 전운서는 실질적인 역할을 하지 못한 것으로 보인다. 당시에는 통리교섭통상사무아문이 해운사무 전반을 담당하여 독일인 고문 묄렌도르프가 조세곡의 징수와 수송 및 관세에 관한 업무를 장악하고 있었기 때문에 사실상 유명무실한 존재였다. 그 후 1886년 묄렌도르프가 해임되고 통상사무아문은 주로 대외통상업무만을 전담하게 되자, 전운서는 국제·연안의 해운업무 일반을 전담하는 실질적인 역할을 할 수 있게 되었다. 소속도 내무부 공작국(工作局) 산하로 이관되었고 명칭도 전운국(轉運局)으로 개칭하여 미곡운송을 위해 일본과 독일에서 근대식 기선(汽船)을 도입하였다. 즉 세창양행(世昌洋行)으로부터 도입한 차관으로 일본으로부터 창룡호(蒼龍號)·광제호(廣濟號)·조양호(朝陽號) 등 3척의 기선을 구입하였고, 외국상선을 빌려 세미운송을 비롯한 해운업을 경영하였다. 근대적인 운송수단의 확보를 통해 일본상선의 해운업 장악을 억제하고자 한 것이다. 아울러 조선 정부는 각 조창을 전운서에 소속시키는 한편, 그 책임자로 전운사를 임명하여 그로 하여금 세곡의 징수와 운송, 수납을 관리하게 하였다.

전운사는 충청·전라·경상도의 전세와 대동미 등의 세곡을 운반하는 역할을 수행하였을 뿐 아니라, 각종 명목의 잡세미도 징수하여 운송하였다. 그리고 그 운반에 필요한 운송료인 선가(船價)는 농민에게서 징수하였다. 그 과정에서 저질러진 전운사의 횡포와 탐학은 당시 균전수도(均田收賭)문제와 더불어 삼남지역 농민들의 반발을 사는 가장 큰 폐단이 되고 있었다. 전운사들의 이러한 횡포와 탐학은 결국 1894년(고종 31) 갑오농민전쟁이 발발하는 중요한 원인이 되기도 하였다. 전운사는 1894년 갑오개혁 당시 관제개혁의 일환으로 폐지되었다.

[참고어] 조세제도, 조운

[참고문헌] 한우근, 1964, 「東學亂 起因에 관한 硏究」『아세아연구』 15 ; 손태현, 1971, 「구한말의 관영기선해운에 관한 연구」『동아논총』 7 ; 조기준, 1975, 「개항후의 국내경제」『한국사』 16 ; 河炫綱, 1988, 『韓國中世史硏究』, 일조각 ; 朴龍雲, 2009, 『『高麗史』百官志 譯註』, 신서원

〈백승철〉

전장(田莊) 봉건적 토지지배의 한 유형으로서 고려시기에 이르러 국가적 토지분급제의 영향 아래 유생, 내투한인(來投漢人), 궁인, 태자, 사원 등에 지급된 토지.

무신정권 이후 권세가들에 의해 광치(廣置)되면서 전민(田民)의 탈점 등 불법적 농장경영의 전형(典型)을 이루었다. 전장에 관해서는 3세기 전반기에 신라의 국왕이 항복해 온 골벌국(骨伐國)의 왕에게 주었다는 기록이 가장 오랜 것이다. 귀족세력의 경제기반으로서 일정한 구실을 하였을 것으로 믿어지나 이것이 크게 발전한 것은 통일 이후 하대 전후의 일이다.

당시 왕실이나 골품귀족, 사원 등은 매매와 기증 혹은 사여 등의 방법으로 전장을 설치하였는데 대토지 지배의 전형적 유형은 식읍이라든가 녹읍지배 등 분모조토(分茅胙土)로서의 봉건적 지배에 기인한 것으로 보기도 한다. 전장의 구성은 전장주가 사는 집[莊舍]과 경작지를 비롯하여 삼림, 목장, 염분 등으로 구성되기도 하며 여러 곳에 분산되어 있는 경우가 많았다. 전장의 경영은 노비노동 혹은 용경 등 다양하지만 대체로 소작제도가 일반적이었을 것으로 보기도 한다.

그런데 『고려사』에도 전장에 관한 기사가 여러 번 등장하는데, 970년(광종 21) 송나라 천주(泉州)의 채인범(蔡仁範)이 귀화하자 예빈성 낭중에 임명하고 저택 이외에 별도로 노비와 전장을 주었으며, 1013년(현종 4)에는 역시 송나라 민(閩)의 대익(戴翼)이 내투하였을 때에도 유림랑 수궁령의 벼슬과 함께 의물과 전장을 주었다. 또한 1016년(현종 7) 5월에는 궁인 김씨가 왕자를 낳자 연경원(延慶院)과 함께 전장, 노비, 염분, 어량을 주었으며 이에 앞서 강조의 난 때에는 효은태자의 아들들에게 작위와 함께 노비, 전장을 주었다. 이 밖에도 사원전장(寺院田莊)에 관한 기록으로 보아 절에 지급된 경우도 예상된다.

그런데 주목되는 것은 전장을 양급(量給)하였다는 기록이다. 예컨대 유교적 정치이념을 내세운 성종은 백성을 교화하는 데는 학교건설이 제일 급한 것으로

생각하고 널리 학사(學舍)를 운영하되 수련의 장으로 전장을 양급하였다. 그러니까 전장은 국가가 양전(量田) 체계의 범위 내에서 지급한 전토(田土)와 가대(家垈)라고 하겠으나 이를 관리할 수 있는 건물[莊]이 함께 지급되었다는 특징이 있다. 『고려사』 기록에서는 장(莊), 여(廬)를 구분하고 있는데, 공해전시(公廨田柴)에 장택(莊宅)을 주었으며 궁원(宮院), 백사(百司), 주현관역(州縣館驛)에는 모두 차이를 두었다고 한 점으로 미루어 장택은 관청건물에 버금가는 큰 집임을 알 수 있다.

원래 양급은 농본주의를 바탕으로 하는 왕토의식의 표현으로 토지의 비척을 가려 국가수세지(혹은 개인수조지)로 편입되는 것을 의미한다. 양급과정에서 산림천택과 같은 황무지는 개간을 통해 경지로 전환되었으므로 이 무렵 전장의 지급 자체가 염분, 어량 따위를 포함하는 것은 아니었을 것으로 파악된다. 따라서 양급에 의한 고려시기의 전장은 산림천택이 포함된 사령(寺領)지배 혹은 신라 하대의 전장과도 구별된다고 하겠다.

고려시기에는 민전은 말할 것도 없고 개간에 의한 황무지의 양급도 결국 경작 혹은 주거 의무를 이행함으로써 토지의 소유권을 인정받고 동시에 영농위업(營農爲業)의 공호(貢戶)로 편입되었다. 그러나 전장의 지급은 왕실을 보호한다든가 학량(學糧)을 마련하여 선비를 기른다든가 나아가 업유(業儒)로서 전장을 지급받을 경우 이는 별업(別業)의 의미를 갖고 있었다. 따라서 전장주는 전려(田廬)가 지급된 공호와는 달리 국가에 대한 공납의무는 면제된 것으로 판단된다.

전장은 흔히 노비와 함께 사여된 점으로 보아 이들은 전장 주변에 살면서 토지경작을 비롯한 부역을 담당하는 외거노비였을 가능성이 높다고 하겠다. 이는 궁원전의 경우 장호(莊戶)를 구성하고 있는 농민이 노비가 아닌 공호였던 점과도 구별된다. 한편 공신의 자손에게는 전장이 아닌 전려(혹은 전사[田舍])가 지급되는 경우도 있었는데 이는 전시과 계열의 영업전(永業田) 즉 수조권 분급에 해당되며 비록 영대상속이었으나 전장과 달리 소유권 자체가 지급된 것은 아니었다.

무신정권 이후 왕권의 쇠퇴하면서 전장을 지급하였다는 직접적 기록은 보이지 않지만, 고려 전기와 마찬가지로 여전히 관인들의 별업으로서 존재하고 있었던 사실을 보여준다. 이를테면 유천우(兪千遇)의 전장이 장사현(長沙縣)에 있었으므로 김방경이 소란피우지 않도록 했다든지, 하을지(河乙沚)의 전장이 자신의 본관인 진주에 있었다든지 하는 기록들이 그것이다. 이에 앞서 충혜왕의 아들 석기(釋器)가 민가의 여자에게 장가들어 아들 하나를 낳았는데 그 아들이 양백익(梁伯益)의 전장에 숨어 지냈다는 내용도 엿보인다.

그런데 이 무렵 전장과 관련하여서는, '호강전장(豪强田莊)'·'다치전장(多置田莊)'·'광치전장(廣置田莊)'이라는 표현이 등장하는 걸 보면 국가적 통제에서 벗어난 것을 알 수 있다. 이와 같은 표현은 대개의 경우 전민의 탈점에 의한 불법적 농장경영과 관련이 있었다. 당시 불법적 전장의 주체는 제원(諸院)·사사(寺社)·홀지(忽只)·응방(鷹坊)·순마(巡馬) 및 양반과 같은 권세가였다. 이들은 유직인원(有職人員)·전전(殿前)·상수(上守)까지 전장에 내보내 제민(齊民)을 불러들이고 때로는 교활한 아전을 내세워 수령과 맞섰다. 심지어는 나라에서 보낸 관리를 구타하거나 악행을 자행하였으며 특별히 파견된 관원마저 어쩔 수가 없었다. 요컨대 불법적 전장은 이를테면 권력형 농장의 모습을 취하고 있었다. 이와 같은 불법적 행위가 전장을 배경으로 이루어지게 된 원인은 무엇보다도 공납이 면제되고 있었기 때문이 아닌가 생각된다.

전장에 관한 연구는 주로 신라하대를 중심으로 녹읍·식읍과 함께 대토지지배의 한 유형으로 주목되어 왔다. 그 경영방식에 관해서는 소작제, 노비제, 작개제 등 다양한 설명과 해석이 존재한다. 그러나 고려시기의 전장에 관해서는 그동안 구체적으로 검토된 바가 없었는데, 관련기록이 그다지 많지 않고 상세히 나타나 있지 않기 때문이다.

이에 대해 신라의 귀족·부호들이 소유하던 전장에서 분반수익의 지대수취와 같은 소작제경영이 고려의 전장에서 광범위하게 전개되었으며, 집권적 통제력이 해이되는 9세기 말엽부터 호족에 의한 전장의 소작제 경영이 크게 진전되었을 것이란 견해가 있다. 또한 나말여초 호족들의 전장은 통일신라기의 귀족·부호들의 전장을 침식한 것이며, 공음전시과에 등장하는 훈전(勳田)은 바로 종래 호족들이 전장의 일부를 법제적인 절차를 거쳐 다시 추인한 것이라고 하였다. 다만 성종대에 양급된 전장에 관해서는 국가공유지에 설정된 학전(學田)으로 보고 그 경작은 주로 관노비가 담당했을 것으로 보았다.

그러나 전장에 관해서는 전시대에 걸쳐 등장하고 특히 고려 후기 불법적 농장문제와 관련하여 자주 등장하는 만큼 체계적인 검토가 필요한 시점이라고 하겠다. 이에 주목하여 고려시기의 전장은 전려·전사·전원·별업·농장·별서 등과 혼용되었으며, 장사·경작지·초채지 등으로 구성된 특정의 공간이었다는 견해가 제기되었다. 전장의 운영은 노비와 몰락 양인으로 구성된 예속민의 노동에 기초하고 있었으며, 대다수의 경작노비는 자기경리를 갖고 있었으므로 전장은 소농경영에 기반하고 있었다고 보았다. 그러나 고려왕조 전시기에 걸쳐서 전장을 하나의 범주로 넣어 해석하는 것이 과연 가능한가에 대해서는 검토의 여지가 있다는 지적이 있다.

[참고어] 농장

[참고문헌]『고려사』; 강진철, 1980,『고려토지제도사연구』; 김기섭, 1993,「고려 前期 田丁制 硏究」, 부산대 대학원 사학과 박사학위논문 ; 이인재, 1997,「新羅統一期 田莊의 形成과 經濟」『韓國古代·中世의 支配體制와 農民』; 신은제, 2004,「고려시대 田莊의 용례와 범주」『지역과 역사』15 ; 신은제, 2010,『고려시대 전장의 구조와 경영』; 박광연, 2012,「신라 사원의 田莊 운영과 국가」『이화사학연구』44 〈박경안〉

전정(田丁) 고려 국가에서 사회적 신분과 연계되어 파악되던 토지.

농업이 주산업이었던 고려사회에서 가장 중요한 생산수단인 토지는 단순히 그 자체로서 분리되어 독립적으로 존재하지 않고, 소유자의 사회적 신분과 연계되어 파악되고 있었다. 이런 사정 때문에 그 명칭도, 전(田), 토전(土田), 토지(土地), 토(土), 지(地), 전지(田地), 전야(田野), 전장(田場) 등으로 불리기도 하지만, 때로는 전정(田井), 전정(田丁)으로 칭하기도 했다.

토지에 관한 명칭 중에서 특히 전정(田丁)은 인정(人丁), 정호(丁戶) 등의 명칭과 정(丁)이란 용어를 공유하고 있어서 그 병칭되는 인, 전, 호와 어떤 연관이 있는지, 그 세 요소 중 무엇이 일차적인 의미인지를 둘러싸고 여러 가지 견해가 제시되었다. 초기의 연구에서는 당연히 정이 사람일 것이라는 전제 위에서, 해당 전정을 군전(軍田)을 대신 경작하는 자로 파악하였다. 이후 그 소유자의 사회적 신분이, 군인에서 기인(其人), 향리(鄕吏) 등 직역담당자층(職役擔當者層)으로 확대되었다. 이 추세는 그 이후 계속 확대되어 전시과 지급 대상자 일반으로 나아갔고, 현재는 일반 민전(民田)을 포함한 토지소유자 일반을 지칭하는 것으로 발전해 있다.

이리하여 그 실체에 대한 연구의 경향은 자연스럽게 사람에서 토지로 이동해갔다. 즉 토지이긴 하지만 단순한 토지가 아니라 특수한 의미가 부여된 토지라는 이해가 나타나기 시작했다. 처음에는 17결 혹은 15결이란 '일정 면적'의 토지라고 이해하였다. 이런 이해는 꾸준히 발전하여 일정 단위의 토지이자 수세(收稅)의 대상이 되는 토지로 나아가면서 토지에 관한 가장 기본적인 수속으로서의 양전(量田) 과정에서 정을 단위 토지로 하여 시행된 '작정제(作丁制)'의 단위로 파악되기도 하였다. 특수한 의미가 부여된 토지는 양전, 수세 등의 물리적 생산 과정을 바탕에 두겠지만, 그 범주는 단순히 이에 머무르지는 않았다. 바로 사회적 직무, 신분 등과 연관된 이해가 나타나기 시작했다. 이리하여 국가적 토지 분급제의 성격을 가진 전시과로 지급된 토지 일반, 직에 따라 관료들에게 지급된 직전(職田)과는 별도로 군인과 같은 역을 부담하는 자들의 생존과 유지를 위해 지급된 토지 등으로 이해하는 견해들도 나왔다.

또한 그 인정, 전정, 정호라는 용어에서 유추되듯 그 실체가 단순히 사람, 토지와 관계되는 것이 아니라 나머지 하나인 호와 연관시키려는 연구도 나타났다. 즉 토지로서의 전정과 노동력으로서의 호구를 동시에 내포하고 있는 '호' 개념으로서의 정, 호주 명의의 소유토지로서의 전정을 유추하기도 하였다.

한편, '정'이란 용어와 관련하여 이것이 인정, 전정, 정호로 상호 연관되어 있으므로 정 자체가 사람, 토지, 호를 의미하는 것이 아니라 그에 병기된 인, 전, 호가 그것을 지칭하며, 정은 그 자체로는 그 세 요소에 연관되는 대상, 단위의 의미라고 파악하는 견해도 나타났다. 즉, 정이란 현재 경작되어 수확물을 낼 수 있다는 의미를 가지며, 양전과 답험손실의 절차를 거쳐 조(租)·포(布)·역(役)이 매개된다는 의미에서 부과의 대상이자 단위가 되는 토지라고 파악하고 있다.

전정의 역사적 기원은『설문해자(說文解字)』의 '정(町)'에서 찾는 견해가 제시된 바 있다. 우리 역사 속에서는 신라의 '백성정전(百姓丁田)'의 기록까지 소급할 수 있고, 그 전정·호구 시행 사실을 후대 조선왕조 여주목(驪州牧) 고적(古跡)인 등신장(登神莊) 기록에서 '신라가 주군(州郡)을 설치하던 때'라고 한 데서도 엿볼 수 있다.

이렇게 보면, 전정은 토지 일반에 대한 범칭이고, 전정 제도와 여타 사회제도가 유기적으로 짜여져 일관되게 운영되는 것으로 이해되는 것이 어느 정도 가능하게 되었다.

그런데 이러한 이해가 보다 더 탄탄한 기반 위에서 이루어지기 위해서는 전체 사회 구조 속에서 이 전정이 갖는 총체적 이해 체계를 마련하는 것이 필요하다.

그러기 위해서 고려국가의 역사성을 상징적으로 보여주는 '전정연립(田丁連立)'에 대한 이해의 확충이 무엇보다 중요하다.

전정이 고려국가의 사회적 신분과 연계되어 있다고 할 때, 가장 포괄적인 범주로서의 사회적 양대 신분인 공·사의 상호 연관이 다름 아닌 전정연립이란 이해체계에 대한 보다 깊숙한 검토가 요청된다. 이에 대한 이해가 깊어질 때, 그 시행 과정, 구조, 기능, 쇠퇴, 소멸 과정에 대한 역사적 성격이 보다 분명하게 밝혀질 것이다. 이는 고려적 질서인 전시과체제의 역사성을 밝히는 작업과 궤를 같이 할 것으로 보인다.

나아가 이 작업은 단순히 전정의 실체를 확정하는 것에 머무르지 않을 것이다. 무수히 많은 논의가 이루어져왔지만, 아직도 전혀 통일된 이해 체계를 갖지 못하고 있는 공전, 사전의 실체를 확정하는 작업으로 이어져 갈 것임에 틀림없다. 그 토지 자체가 가지고 있는 소유의 성격, 생산·경영의 과정, 그 수조율의 차이의 문제, 균전제(均田制)의 시행, 고려국가의 역할과 성격, 왕토사상(王土思想)의 문제 등을 통일적으로 이해하는 수순으로 이어질 것이다.

그리하여 공전과 사전이 서로 다른 성격의 토지라는 이해를 넘어서서 그 둘이 가지는 역사적·사회적 공통 기반에 대한 이해를 추가하며, 이를 바탕으로 그 특수성과 아울러 보편성을 가진 고려 국가의 성격에 대한 이해를 확장하는 데 도움을 줄 것이다.

[참고어] 직전, 공전, 사전(私田), 작정제

[참고문헌] 白南雲, 1937, 『朝鮮封建社會經濟史』 上, 改造社 ; 武田幸男, 1971, 「高麗田丁の再檢討」 『朝鮮史研究會論文集』 8 ; 閔賢九, 1972, 「高麗의 祿科田」 『歷史學報』 53·54 ; 旗田巍, 1972, 『朝鮮中世社會史の研究』, 法政大學出版局 ; 金容燮, 1975, 「高麗時期의 量田制」 『東方學志』 16 ; 李景植, 1991, 「高麗時期의 作丁制와 祖業田」 『李元淳敎授停年紀念歷史學論叢』 ; 金琪燮, 1993, 「高麗前期 田丁制 研究」, 釜山大學校博士學位論文 ; 尹漢宅, 1995, 『高麗前期私田研究』, 高麗大學校民族文化研究所 〈윤한택〉

전제(田制) 토지의 소유관계, 토지세인 전세(田稅, 租)의 징수 및 수조권 분급 등을 규정한 제도.

[고려] 고려국가의 토지제도는 보통 전시과 제도라고 한다. 그 모습을 알려주는 조선 초기에 편찬된 최초의 기록에서는 보통 두 가지 논점이 지적된다. 첫째는 당나라의 제도를 모방하였다는 것, 둘째는 문무백관으로부터 부병(府兵)·한인(閑人)에 이르기까지 모두 과(科)에 따라 수여하고 죽으면 공(公)에 반납한다는 것, 다만 부병의 경우 만 20세에 처음 받고 60세에 되돌리며 자손·친척이 있으면 전정(田丁)을 체립(遞立)한다는 것, 공음전시(功蔭田柴)의 경우에도 역시 과에 따라 자손에게 지급·전수시킨다는 것이 그것이다. 전자는 이른바 균전제(均田制)에 대해 말한 것이고 후자는 공전제(公田制)에 대한 언급이다.

이 최초의 기록에 대한 해석은 이후 여러 가지 방식으로 나타났다. 일제시기에 대표적으로 두 가지 견해가 제시되었다. 그 중 하나는 다음과 같다. 고려조의 전제는 신라제도의 정신에 기인하고 당제(唐制)의 형식을 취하였다. 왕실로부터 서민에 이르기까지 각각 그 계급에 따라 나름대로의 녹봉을 정하고, 그 지급은 토지의 수조권(收租權)으로 하며, 소유권(所有權) 자체는 국가가 가지고 인민(人民)의 사유(私有)를 인정하지 않는다. 여기서는 고려의 토지제도가 균전제의 형식과 공전제의 정신을 바탕으로 한다고 파악하고 있다. 다른 하나는 다음과 같다. 고려는 집권적 토지 국유제와 아울러 히에라르키적 과전제(科田制)에 입각하는 중앙집권적 관료봉건국가이다. 그 상호 보험적 빨판은 병렬적인 봉건적 대토지 소유와 소농 경영과의 대척적 구성에 의한 농노경제이고, 또 그 독립적인 소농 경영형태는 농촌 공동체적인 '전정연립제(田丁連立制)'와 '개별적 소경작'이란 양형 병렬적 편제이다. 여기서는 고려를 아시아적 봉건제 사회로 파악하고, 토지국유제(공전제)와 농노 경제를 기축으로 설정하였다.

해방 이후에는 사유론(私有論)에 입각한 연구가 꾸준히 축적되었는데, 대표적인 것을 보면 다음과 같다. 우선 첫 번째 견해이다. 신라시기의 사유지는 고려의 전시과 체제 속에 '전체토지(傳遞土地)'의 형식으로 일단 흡수되었다. 고려왕조는 종래의 모든 사유지를 전시과 체제 속에 포괄함으로써 사유지의 독자적 존재를 부정하였지만, 이러한 형식을 통하여 사유지가 가지는 무기영대적(無期永代的) 성격이 영업전(營業田)이라는 이름 밑에 다시 긍정될 수 있었다. 다음 두 번째 견해이다. 우리나라의 토지소유관계는 사유제 원칙을 상징하는 민전(民田)을 중심으로 그 역사적 발전이 전개되었다. 또한 관념적 의제로서의 '왕토사상(王土思想)'='토지국유'의 원칙은 국민을 형식상 국가의 토지를 경작하는 자가 경영 농민으로 고정시켜 놓고 그들의 잉여노동 부분을 흡수하려는 데 그 본질이 있었으며, 조세(租稅), 공부(貢賦), 역역(力役) 등의 수취 체계가 그 실질적 내용을 이루고 있었다. 고려의 극히 제한된 일부 지역에서 임시적 방편으로 균전제 비슷한 제도가 존재하였을 가능성은 있지만 항구적으로 전국에 걸쳐 실시된 일은 없었다. 마지막으로 세 번째 견해이다. 고려 초기에는 소유권을 기준으로 구분하는 공·사전 개념이 많이 쓰였고 과전법에서는 수조권을 기준으로 구분하는 공·사전 개념이 많이 쓰였으며, 전시과체제 하에서는 이 두 가지 개념이 혼용되고 있었다. 왕토사상으로서의 공전 의식은 국가의 중앙집권화가 강화되는 것과 비례하여 강화되었다. 수조권을 기준으로 구분되는 공·사전 개념도 마찬가지였다. 또 민전은 소유권을 기준으로 볼 때는 국유지에 대립되는 사유지(민유지)이고, 수조권을 기준으로 볼 때는 조를 국가에 낼 경우 공전이 되고 조를 사인(私人)에게 낼 경우 사전이 된다. 고려 초기의 공전(국유지) 조율은 1/4, 사전(사유지) 조율은 1/2이었으며, 민전(민유지) 조율은 1/10이었다.

이리하여 고려 토지제도와 관련하여서는 현재 소유권, 수조권이 혼용된다고 이해되고 있지만, 그 혼용의 의미가 무엇인지, 그것이 구체적으로 상호 어떻게 운용되었는지를 설명하는 데는 많은 난점이 따른다. 또 민전 조율 1/10설에 대한 이견도 없지 않다. 여기서 보듯, 그 소유권의 성격, 차율 수조의 문제, 왕토사상에 대한 파악 등에서 정합적인 이해에 도달하고 있다고 보기 어려운 상황에 놓여 있다. 한편 초기 기록에서 보인 공전제, 균전제와 관련하여 새로운 해석들이 끊임없이 시도되었다.

그러므로 공전제에 대한 이해에서 고려사회 토지소유의 주체를 국가인가 사적 개인인가로 이분화해왔던 구분법에서 통일적으로 이해하려는 견해가 제시되고 있다. 즉 고려국가의 기본 토대이자 사적 개인의 일차적인 생활의 터전인 가문이 그 주체라는 것이다. 즉 가문적, 신분적 토지소유가 그 실체이며, 그 구성 요소의 하나인 사람이 신분을 가지고 있듯이 토지도 신분과 관련되어서만 이해될 수 있다는 것이다. 또한 균전제와 관련해서도 가문을 구성하는 지역적 요소인 본관(本貫)과 혈연적 요소인 세계(世系)의 생산적 지표인 토지와 인간이 일정한 비율로 결합되어 있다는 것 바로 그 자체라고 보고 있다.

[조선] 중세사회의 기본 산업은 농업이므로 농업생산이 이루어지는 토지와 관련된 여러 제도를 확립하고 이를 수행하는 문제는 국가운영에 있어 가장 기본이 되는 과제였다. 이러한 인식은 『만기요람(萬機要覽)』「재용편(財用編) 1」 전결(田結)조에 "재물은 토지에서 생산되는 것이므로 탁지(度支)를 '지부(地部)'라고 하여 왕정은 반드시 경계를 먼저 하는 것이다.(財者地之所生也, 故度支謂之地部, 王政必先經界)"라는 말에 잘 나타나 있다. 한편 토지는 사적인 측면에서도 부의 기반이자 계급적 구분의 지표가 된다.

우리나라는 일찍부터 토지에 대한 사적 소유권이 발전하는 가운데 봉건지배층들의 대토지소유와 소농민의 소토지소유가 일반화되고 있었다. 이 가운데 봉건지배층들의 대토지소유에서는 토지가 없는 소농민들이 농노의 위치에서 농업생산을 수행하고 있었는데, 이를 '지주전호제(地主佃戶制)'라고 하며 중세사회의 기본적인 계급관계를 형성하고 있었다.

다른 한편에서는 토지에 대한 사적 소유를 전제로 국가가 양반관료층에게 일반 민유지에서 전조를 거둘 수 있는 권리를 지급함으로써, 양반관료층과 토지를 소유한 소농민 사이에는 수조권에 기초한 '전주전객(田主佃客)'의 관계가 형성되고 있었다. 이러한 두 가지의 상이한 토지지배권에 의해 봉건적인 토지소유관계의 특질이 구현되었고, 또한 여러 가지 전제 즉 토지제도가 마련되었다. 수조권을 분급하는 토지제도는 시기에 따라 녹읍(祿邑)·전시과(田柴科)·녹과전(祿科田)·과전법(科田法)·직전법(職田法) 등 다양한 형태로 마련되었는데, 이상의 법제는 좁은 의미로 수조권 분급제도를 내용으로 하는 토지분급제도를 가리키지만, 그 법이 반영되고 있는 시기 소유관계를 포함한 전결의 파악방식, 전세수취 등 전제와 관련된 법제 전체를 의미하는 것이기도 하였다. 따라서 조선시기의 전제는 넓은 의미의 과전법체제로 지칭되듯이 과전법의 시행과정과 그 변화를 매개로 시행된 모든 법제에 축약되어 나타나고 있다.

과전법 성립의 배경에는 고려 말 토지를 둘러싼 권문세족과 신진사대부의 갈등에 기반을 두고 있다. 이러한 갈등은 2가지 측면에서 심화되고 있었는데, 첫째는 권문세족을 중심으로 하는 사전주(私田主)들에 의한 수조지의 확대였다. 이들은 겸병(兼幷)·탈점(奪占)·사패(賜牌) 등의 방식으로 수조지의 확대를 도모했는데, 고려 말기에는 이를 중심으로 농장이 크게 발달했다. 권문세가에 의한 수조지의 확대는 수조권을 탈점당한 힘없는 사전주나 수조지의 부족으로 토지를 분급 받지 못한 신진관료층의 불만을 야기했다. 이와 같은 수조지의 확대는 국가수조지의 탈점뿐만 아니라 국가

재원을 침식하고, 군수·녹봉 등의 경비조달을 어렵게 만들었다.

둘째는 수조지의 탈점이 결과적으로 사적 소유권에 대한 침해를 심화시키고 있다는 점이다. 사전주들은 전조를 규정된 이상으로 거두어들였고, 행정의 문란으로 인해 때때로 하나의 토지에 대해 여러 명의 전주들이 수조권을 행사해 토지소유 농민들은 1년에 여러 차례 전조를 납부해야만 하였다. 이러한 과정에서 토지에 대한 소유권까지 빼앗아버리는 경우도 많았다. 따라서 농민들로서는 자신의 생산물을 지키고, 나아가 생산력 발달의 성과를 자기 것으로 만들기 위해서는 토지제도의 혼란상을 개혁하지 않으면 안 되었다.

이러한 갈등을 해소하기 위해 고려 말 정부에서는 여러 차례 전제 개혁을 시도했으나 번번이 권문세족들의 반발로 실패하였고, 본격적인 전제 개혁은 개혁파 신진사류들의 신망을 받던 신흥무장 이성계가 위화도 회군을 통하여 권력을 장악한 다음에야 이루어졌다. 이들은 양전사업을 통해 기초적인 조사를 마친 뒤, 기존의 공사의 토지문권을 모두 불태우고 1391년(공양왕 3) 새로운 수조권 분급제도를 마련했는데 이것이 과전법이다.

과전법에는 토지분급 규정, 조세 규정, 전주·전객에 관한 규정, 토지관리 규정 등이 포함되어 있었다. 먼저 토지 분급에 관현 규정을 살펴보면, 경작지와 진전을 포함한 전국의 모든 토지를 크게 공전과 사전으로 구분하였는데, 이 가운데 공전은 군수(軍需), 녹봉(祿俸), 진휼(賑恤) 등 국가재정을 위한 국가수조지이며, 사전은 분급명목에 따라 수조권이 개인에게 귀속되는 토지로 관료에게 준 과전(科田)·공신전(功臣田)·외관직전(外官職田), 한량관(閑良官) 등에게 준 군전(軍田), 향·진·역의 이(吏)에게 준 외역전(外役田)과 군장(軍匠)·잡색(雜色)의 위전(位田) 등을 두었다. 그리고 수조권이 공공기관에 귀속되는 공전으로서 군자시(軍資寺) 소속의 군자전, 왕실 소속의 능침전(陵寢田)·창고전(倉庫田)·궁사전(宮司田), 공공 기관 소속인 사사전(寺社田)·신사전(神祠田) 등을 별도로 두었다.

사전 가운데 대표적인 지목인 과전(科田)은 왕실 종친과 문무 관료의 경제적 기반을 보장하기 위해 시관(時官) 즉 현직자, 산관(散官) 즉 퇴직자 및 대기발령자를 막론하고 18과로 나누어 15~150결의 전지를 분급한 토지이다. 과전은 일대에 한해 분급되었으나 수신전(守信田)·휼양전(恤養田)으로 세습할 수 있었다. 그리고 사전기내(私田畿內)의 원칙에 따라 경기도 내에만 분급되었다. 다만 지방의 유력자인 한량관 등에게는 본전(本田)의 다소에 따라 5결 혹은 10결의 군전이 거주지인 외방에 분급되었다.

전조의 수취는 공전·사전 모두 논은 조미(糙米 : 현미) 30두, 밭은 잡곡 30두였는데, 이는 역사적으로 이상적인 국가의 수조율로 이해되는 1/10세를 적용한 것이다. 그리고 능침(陵寢)·창고(倉庫)·궁사(宮司)·공해(公廨)·공신전을 제외하고 수전자는 모두 국가에 전세를 납부하도록 했다. 전세의 액수는 논의 경우 1결에 백미(白米) 2두, 밭의 경우 1결에 황두(黃豆) 2두로 하였다.

전조수취의 방식은 전주가 그해 농사의 작황을 직접 답사하여 수조액을 결정하고, 그 전조를 직접 전객농민으로부터 수취했다. 전주와 전객과의 관계도 규정하고 있는데, 전주는 전객으로부터 일정한 전조만 거두어들이고, 전객의 토지를 빼앗거나 여타의 침해를 하지 못하게 했다. 이는 과전법개혁을 이루게 했던 토지소유 농민의 이해를 반영한 것이다. 반면 전객도 자기 토지를 타인에게 함부로 팔거나 넘겨주지 못하게 했고, 노동력이 부족하거나 토지를 많이 점유하여 황폐하게 만들면 전주가 임의로 처분하게 했다. 이는 전객의 소유권에 대해 일정한 제약을 가한 것으로, 이를 통하여 농민을 토지에 얽매이게 하고 전주의 수조권을 보장했다.

과전법 시행 결과 개인수조지는 축소되고 국가수조지가 확대되어 집권적 봉건국가를 지탱해주는 물적 기반이 늘어났고, 고려 말 사적 지배에 있던 농민들을 국가가 직접 파악함으로써, 마비상태에 빠졌던 국가통치기능이 회복되었다. 지배층 내부에서는 과전개혁을 통해 광대한 토지를 차지하고 있던 권문세족들을 제거하고 개혁파 신진관료들의 경제기반을 마련하는 계기가 되었다. 또한 농민의 입장에서는 1전1주(一田一主)의 원칙에 의해 토지분급제도가 정비됨으로써, 고려 말의 '한 뙈기의 땅 주인이 5~6명이나 되고 1년에 조세를 8~9차례나 거두어들이는' 것과 같은 가혹한 수탈과 무질서한 착취를 어느 정도 제한했다. 특히 토지소유관계에 있어서 토지소유권을 제약하던 수조권적 지배가 현저하게 약화되고, 소유권을 중심으로 하는 토지지배가 자리 잡게 되었다. 그리고 이를 통해 농민의 토지에 대한 권리가 한층 안정되고, 봉건지배층들도 소유권 집적에 더욱 관심을 기울이게 됨으로써 지주제가 크게 발전하는 계기를 형성했다.

과전법 시행에 따른 이러한 성과에도 불구하고 수취

과정에서는 여전히 전주의 자의성이 개입할 여지가 많아, 규정을 넘는 과도한 수취가 항상 문제가 되었고 그에 따른 농민들의 불만과 반발도 확산되었다. 따라서 정부에서는 전주들의 수조권행사에 여러 가지 제한을 가해 전객농민에 대한 침해를 방지하고자 관답험제(官踏驗制)·관수관급제(官收官給制) 등을 실시했다. 과전법은 분급대상지가 항상 부족하고 무자격자가 은점하는 경우가 많아 시행된 지 70여 년이 지난 1466년(세조 12) 현직자에게만 수조지를 분급하는 직전제로 바뀌었다.

과전법은 농민의 토지에 대한 사적 소유권도 보장하였다. 즉 농민은 토지 분급의 대상에서 제외되었으나 토지를 황폐화하지 않는 한도 안에서 농민의 경작지에 대한 소유권을 보장하고 있다. 그리고 고려 말 사전의 문란으로 농민 소경전의 소유권마저 침탈되었던 것을 농민의 소경전으로 환원시켰다. 또한 공전·사전을 막론하고 10분의 1세로 한정, 병작반수(並作半收)를 금하였다. 그것은 공전에서 국가에 대한 농민의 조세 부담을 줄이며, 사전에서 전객이나 차경자에 대한 부담을 덜어 주려는 것이었다.

과전법의 조세 규정에 따르면, 공전·사전을 막론하고 수조권자에게 바치는 조는 매 1결당 10분의 1조인 30두였다. 그리고 전주가 국가에 바치는 세는 매 1결당 2두였다. 조의 부과는 경차관이나 사전의 전주가 매년 농사의 작황을 실제로 답사해 정하는 답험손실법(踏驗損實法)이었다. 과전법으로 분급수조지(分給收租地)를 축소하고 국고수조지를 확대했으므로 국가재정의 기반이 확충되었다. 아울러 토지지배 관계에서 고려 말의 사전에 의한 수조권적인 지배가 배제되고, 소유권 위주의 토지지배관계로 전환되었다.

과전법 이래 사전에 대한 억압 시책은 지속되었다. 태종과 세종 연간에는 기내(畿內) 사전의 3분의 1을 하삼도(下三道)에 이급했다가 환급하더니, 마침내 1466년 직전법(職田法)으로 개혁되었다.

직전법에서는 토지분급 대상에서 체아직과 산직자가 제외되고, 관료의 미망인이나 유자녀에게 준 수신전·휼양전의 제도도 없어졌다. 그리고 토지 분급량도 과전법의 최고 150결이 직전법에서는 최고 110결로 감소되었다. 직전법이 시행되어 퇴직, 사망 후의 생활 보장책이 없어지자 관료들은 직전세를 함부로 거두었다. 국가는 이에 대처해 1470년(성종 1) 직전세의 관수관급제(官收官給制)를 실시하였다. 관수관급제는 국가에서 전주를 대신하여 전객으로부터 직전세를 거두어 전주에게 지급하는 것을 말한다. 이에 따라 직전 내의 전주에 의한 지배관계는 불가능하게 되었으며, 가장 대표적 사전이라 할 직전마저도 공전과 수조 관계가 같게 되었다. 그리고 명종 때에는 직전제마저도 사실상 폐지되었다. 직전법의 폐지는 고려 이전부터 과전법에 이르기까지 중세사회의 오랜 세월 동안 지속되었던 수조권분급제의 소멸을 의미하며, 이로써 수조권에 의한 토지지배와 그 아래 실제 소유자가 전객으로 파악되던 전주전객제는 해체되고 현실의 소유자가 전주가 되었다. 이제 토지지배관계에서는 수조권이 없어지고 소유권만 남았다. 이는 사적 토지소유에 입각해 성장하고 있던 지주전호제(地主佃戶制)의 확대였으며, 지주와 전호의 대항관계를 기본 구성으로 하는 사회경제체제의 확산이었다.

[참고어] 과전법, 공법, 직전법

[참고문헌] 강진철, 1980, 『고려토지제도사연구』, 고려대학교출판부 ; 김태영, 1983, 『조선전기토지제도사연구』, 지식산업사 ; 이재룡, 1984, 『조선초기사회구조연구』, 일조각 ; 이경식, 1986, 『조선전기토지제도연구』, 일조각 ; 이경식, 1998, 『조선전기 토지제도연구』 Ⅱ, 지식산업사 ; 김용섭, 1995, 『(증보)조선후기농업사연구』 Ⅰ, 일조각 ; 尹漢宅, 1995, 『高麗前期私田研究』, 高麗大學校民族文化研究所 ; 최윤오, 1999, 「세종조 공법의 원리와 그 성격」 『한국사연구』 106

〈윤한택·백승철〉

전제망언(田制妄言) 해학 이기(海鶴 李沂, 1848~1909)의 시문집 『해학유서』 권1에 실린 토지론 및 양전론. 실학파의 계보를 이은 해학의 토지이론이 집약되어 있다.

「전제망언」이 저술되었을 때는 동학농민전쟁과 갑오개혁으로 양전과 토지개혁 요구가 거셌으나 막대한 경비가 필요하여 시행하지 못하고 있었다. 이에 갑오정권은 1895년 조세 및 해관세를 담보로 일본과 차관조약을 맺고 300만 원의 자금을 얻어 정치·경제개혁의 경비에 충당하고자 했다. 한편 이기는 외자가 아닌 내자조달, 즉 전제개혁을 통해 경비 마련이 가능함을 역설하였다. 정부재정개혁의 기반으로 토지제도 개혁의 필요성을 강조했던 것이다. 그는 전결제 전반에 관한 개혁안을 구상하고, 양전문제도 함께 논하였다. 해학의 학문은 기본적으로 안정된 농민경제와 국가재정을 위한 현실타개에 그 궁극적인 목표가 있었으며, 이를 전결제의 개혁을 통해 이루고자 하였다. 그러므로 그는 종래 실학의 학문적인 업적에 그 근거를 두면서도 실학의 이상론적인 부분을 비판하고 현실적인 기반 위에서 자신만의 독자적인 견해를 내세웠다. 해학은 이를 탁지부대신 어윤중(魚允中)에게 사적으로 건의하였으나 갑오개혁에 직접적으로 채택되지는 않았다. 후일 광무양전사업에 부분적으로 반영되었다.

「전제망언」은 종래 실학파의 토지이론인 정전론·한전론의 비판으로부터 시작해서 해학 이기의 개혁이론과 양전론을 설명하는 것으로 구성되어 있다. 대안적인 토지개혁안으로 임시변통적 대책인 '치표지술(治標之術)'과 근본적인 대책인 '치본지술(治本之術)'을 주장하고 양전론(量田論)을 제시하였는데 그 내용은 다음과 같다.

첫째, 현행 토지제도 개선책으로 제시한 치표지술은 두락제 이용과 공사(公私) 국세(國稅)의 조정이다. 두락제는 토지면적 단위로서의 결부법의 결함을 보완하기 위해 주장한 것이다. 이기는 실학자들과 같이 경무법의 시행을 지향했지만 토지제도의 시급한 문제를 해결하기 위해 두락제를 결부법과 병용할 것을 제기하였다. 두락제는 조선 후기 농촌사회의 관행이므로 전주와 작인들이 모두 숙지하고 있으며 착오의 판정도 용이하다는 것이다. 두락제의 단위로는 반계의 단위에 근거를 두고 250보(步)=1두(斗), 25보=1승(升), 2.5보=1합(合)으로 정하였다. 다음은 공·사세의 개정이다. 이기는 정부의 공세가 가벼워서 국가재정은 빈곤하고 중간수탈은 증가한다고 보고 정전제의 구일세(九一稅)를 기준으로 세율을 올려 국가재정의 안정을 꾀하였다. 사세[소작료]의 개정은 고율소작료의 세율을 조정하자는 견해이다. 이기는 사세는 인정하되 세율을 조정해서 문제를 해결하고자 하였다. 6배의 차이가 나는 공세와 사세의 차이를 최대한 줄이고 공사세를 합하여 1/9세가 되도록 할 것을 주장하였다. 대개의 농민이 소작인이라는 가정 하의 1/9세는 자작농의 경우 1/18세, 국가의 실질적 수입 또한 1/18세가 된다.

이는 현행 지주제 아래서 지대를 감하 조정함으로써 실질적으로 고율지대의 지주제를 점진적으로 폐지해 가려는 것으로 감조론(減租論)에 해당한다고 할 수 있다. 해학은 영세소농층의 안정 위에서 국가재정의 안정을 도모하였다. 이어서 공사세를 개정한 후 공세 수납은 화폐로 징수해야 한다고 주장했다. 당시 조창제도의 폐단이 극심했는데 조세를 화폐로 징수한다면 그 폐단을 해소할 수 있다고 보았다.

둘째, 치본지술로 공전제의 수립을 주장했다. 사전

〈전품등급에 따른 매 두락당 공·사세미(公·私稅米)〉

전품등급	1두락당 공·사세미 각각의 양	공·사세미 총계
1등전	2斗 7升	共 5斗 4升
2등전	2斗 2升 5合	4斗 5升
3등전	1斗 8升	3斗 6升
4등전	1斗 3升 5合	2斗 7升
5등전	9升	1斗 8升
6등전	4升 5合	9升

* 1등전 : 6등전=면적은 4배, 세율은 6배 차이가 남.
출처 : 김용섭, 1968, 「광무년간의 양전사업에 관한 일연구」『아세아연구』 11-3, 115~116쪽.

(私田)은 정부에서 매입하고 사전(賜田)은 금지해서 모든 토지를 국유화한다는 것이었다. 사전의 경우 매입은 관에서 전세의 1~2할을 남겼다가 민전을 사들이고 자금이 부족할 시에는 탁지부의 지원을 받아 매입해나가는 방법을 제시하였다. 이를 통해 지주층의 수탈과 영세농민층의 빈곤을 제거하여 농민과 국가경제의 안정을 꾀하고자 하였다.

다음으로 해학은 토지개혁을 실현시키기 위해서는 양전사업이 선행되어야 한다고 보았는데, 그것은 구래의 것에 진일보한 것이었다. 해학은 구래의 양전법을 그대로 준수하여 결부법을 사용하되 두락제를 결부법과 병용하고 황해도에서 시행되었던 망척제를 사용할 것을 주장했다. 전안에 명대의 어린도와 같은 도(圖)와 적(積)을 모두 기입해야 한다고 보고 양안에 전답의 도형을 기입해 넣을 것을 제안하였다. 양전할 때 전답도를 그릴 수 있는 자를 대동하여 1자 5결의 원칙에 구애받지 않고 지형지물에 따라 구역별로 작성하고, 두락과 사계(四界)를 표기하도록 하였다. 전주의 성명은 전주가 교체될 때마다 개서하고 시작(時作)의 성명도 전주와 더불어 기입하고 이작을 따라 개서하도록 했다. 화속전도 양전을 통해 양안에 기입할 것을 제안하였다. 또한 해학은 전결의 소유관계 및 소유권의 파악을 위해 관에서 전주에게 입안을 발행하여 공안(公案)을 마련할 것과 은루결의 폐단으로 양전이 제대로 되지 않을 경우를 예상하여 양전에 수령과 양전관의 성명을 기록하도록 하였다.

[참고어] 방전론, 망척, 광무양전사업, 어린도

[참고문헌] 김용섭, 1968, 「광무년간의 양전사업에 관한 일연구」『아세아연구』 11-3 ; 최원규, 1996, 「19세기 量田論의 추이와 성격」『重山鄭德基博士華甲紀念韓國史學論叢』 〈고나은〉

전제상정소준수조획(田制詳定所遵守條劃) 1461년(세조 7) 혹은 1653년(효종 4)에 편찬된 것으로, 양전시

시행해야 할 제반 원칙을 규정한 책.

『준수책(遵守冊)』이라고도 한다. 책의 표제로 보아 주무관청인 전제상정소와 밀접한 연관이 있을 것으로 짐작된다. 전제상정소는 1443년(세종 25) 11월에 설치되었으며, 왕조실록에서 그 활동이 확인되는 것은 1475년(성종 6) 8월에 착수된 강원도 양전까지이다.[『성종실록』 6년 8월 8일 갑신, 13일 기축] 아마 강원도 양전 이후를 즈음해서 폐지되었을 것으로 추정할 수 있다. 그런데 현존하는 『준수책』은 1653년(효종 4) 9월 호조에서 간행한 것을 1659년 11월 청안현에서 등사한 것으로, 최초 간행일자는 명확히 기재되어 있지 않다. 이에 대해 1653년에 최초 간행된 것으로 보고 『준수책』에서 나타나는 변화양상을 조선 후기의 특징으로 규정하기도 하는 한편, 주무기관인 전제상정소가 개정된 공법에 따라 실제 양전을 시행하던 초기인 1461년(세조 7)을 최초 작성연대로 파악하기도 한다. 이같은 견해의 차이는 『준수책』의 최초 간행연도에 대한 것이지만, 조선 후기사 나아가 대한제국기 광무양전의 성격과 관련한 인식의 차이를 보여준다는 점에서 더욱 주목된다. 이는 『준수책』에 실려 있는 내용이 기존의 공법에 비교해 유의미한 변화를 담고 있기 때문일 것이다.

준수책은 ㉠ 서(序), ㉡ 등제전품(等第田品), ㉢ 타량전지(打量田地), ㉣ 양전규식(量田規式)[제목이 설정되어 있지는 않다], ㉤ 준정결부(准定結負), ㉥ 해등규식(該等規式), ㉦ 구구법(九九法), ㉧ 각양척규양식(各樣尺見樣式) 등으로 구성되어 있다. 서문에서는 전제상정의 이유를 밝히고 있다. 등제전품 조목에서는 총 21개 항목으로 나누어 전품분간(田品分揀), 전안개정(田案改正) 등에 대해 규정했고, 타량전지 조목에서는 11개 항목에 걸쳐 전폐자논죄(田弊者論罪) 및 양전각양지형산법(量田各樣地形算法)을 그림으로 설명하고 있다. 또한 준정결부 조목에서는 단일척 사용에 따른 등급별 환산면적을 규정했고, 그 뒤로는 구구법(九九法)과 함께 영조척(營造尺)·주척(周尺)·포백척(布帛尺) 등 각종 척의 그림을 제시했다.

이상의 내용에 나타난 특징을 정리해보면, 우선 준수책은 기본적으로 1443년(세종 25)의 「분전품사목(分田品事目)」과 1444년(세종 26)의 「양전사목(量田事目)」을 기초로 작성되었다. 따라서 6등의 전품을 바탕으로 한 결부제로의 복귀 등 양전사목의 기본적인 골격을 그대로 유지하고 있다. 그럼에도 준수책에서 나타나는 가장 큰 변화중의 하나는 각기 다른 6등전품의 농지를 실적(實積)할 때 반드시 1등 양전척[周尺 4.775척]의 양승(量繩)만을 쓰도록 했다는 점이다. 즉 6개의 양전척을 이용하던 수등이척(隨等異尺)에서 1개의 양전척(1等田尺)만을 이용하는 단일양전척으로 바뀌게 된 것이다. 이는 수등이척으로 양전을 하게 되면 번잡하고, 착오가 생기기 쉬우며, 인승인(引繩人)의 폐단이 적지 않다는 점이 반영된 변화였다. 둘째, 단일양전척을 사용할 경우 2등전부터 6등전까지의 결부수를 어떻게 계산하느냐가 문제가 되는데, 준수책에서는 이를 준정결부(准定結負)의 표를 통해 해결하고 있었다. 즉 농지의 장(長)·광(廣)을 1등양전척으로 측량해 이를 1속(束)~1결(結)이라 한다면, 그것이 2등전~6등전의 경우 얼마로 환산되는지를 계산해둔 것이다. 이후 이것은 『속대전』을 통해 법제화되었다.[『속대전』 권2, 호전 양전조(量田條)] 셋째, 세종은 공법제정당시 경무법을 추진하려 했지만 성공을 거두지 못했는데, 준수책에서의 단일양전척 사용으로 인해 결부제와 경무법이 비로소 연계될 수 있게 되었다. 마지막으로는 준수책 작성 단계에서 결의 실적 당 세액이 고려 후기와 비교해서 크게 변동했다는 점을 지적할 수 있다. 고려말 과전법에서의 상등전(上等田) 1결 실적이 25무 4분(1846.51평)이었고, 세액은 생산량의 1/10인 조미(造米) 30두였다. 이에 반해 공법 하의 1등전 1결의 실적은 38무(2759.53평)이었으며, 세액은 생산량의 1/20인 미 20두였다. 따라서 대략 보기에도 1결의 실적은 증가한 반면, 단위 면적당 조세의 부담은 줄어들고 있음을 알 수 있다.

준수책이 담고 있는 이같은 내용은 과전을 통해 수조권을 지급받은 지배층의 경제기반을 축소시키는 데 목적이 있었던 것으로 평가되기도 한다. 즉 국가권력·왕권이 집권적 봉건제하의 수조권자층을 일정하게 견제하는 동시에 토지소유권자를 보호함으로써, 국가경제의 기반을 토지소유권자, 자영소농층에 두고자 하는 조치였다는 것이다. 또한 지적제도의 측면에서 볼 때에도, 생산량을 기반으로 수세면적의 파악에 치중했던 전통적 결부제의 흐름 속에서 실적(實積) 파악에 대한 시도가 이루어진 점이 평가되기도 한다.

[참고어] 공법, 전품제, 해부법

[참고문헌] 이영훈, 1995, 「『전제상정소준수조획』의 간행년도」 『고문서연구』 9·10 ; 최윤오, 1999, 「세종조 공법의 원리와 그 성격」 『한국사연구』 106 ; 김용섭, 1995, 『(증보)조선후기농업사연구』 I, 일조각 ; 김용섭, 2000, 『한국중세농업사연구』, 지식산업사 ; 이종봉, 2001, 『한국중세도량형제연구』, 혜안 〈윤석호〉

전주(田主) 고려·조선시기 사전(私田)을 분급받아 전객(佃客)에 대해 수조권(收租權)을 행사한 사람.

국왕을 정점으로 통일권력을 구축하는 집권적 관료체제는 군신관계에 그 기반을 두고 있다. 이 군신관계는 사·농·공·상 등을 상하관계로 질서지운 신분제를 토대로 하면서, 그 주축은 사에 두는 것이었다. 국왕·국가는 군신관계의 원활한 유지와 신분질서의 지속적 안정을 위해서 이들에 대한 물적 요소를 제도적으로 마련하여 지급할 필요가 있었다. 이러한 물적 요소로서 가장 일반적인 형태가 토지의 분급이었다.

전시과(田柴科)·과전법(科田法) 등 토지분급제 아래에서 농민의 토지소유는 사적 소유이면서도 본질상 불완전한 소유였음에서, 그 소유관계는 신분적·권력적인 지배예속관계로서 형성되고 있었다. 그리고 이러한 과전의 분급·전수 및 몰수·환급 등 수수 상의 원칙들은 국왕·국가와 양반계급 사이 군신관계의 매개체라는 대전제 아래에서 수립되는 것으로, 정치적 봉건관계가 또한 그 원리로서 관철되고 있었다.

전주와 전객 사이의 이상과 같은 수취관계는 신분적·정치적 지배와 그 법적 규정으로 이루어지는 경제외적 강제에 의해 성립 가능한 것이었다. 국왕을 정점으로 하고 사를 주축으로 이루어진 이러한 상하, 군신, 왕번(王藩)의 정치적 지배예속관계는 그대로 귀(貴)·천(賤), 군자·소인이라는 인격상의 상하관계로 이어졌고, 동시에 전주전객제라는 경제상의 상하관계로 구현되고 있었다. 결국 신분론에 기반한 사민론이 사=군신=군자인 전주가 농=민=소인인 전객을 지배·수취한다는 천리 분별의 사유체계로 뒷받침되는 가운데 전주전객제는 정당화되고 있었던 것이다.

전주전객제 아래에서 토지는 사적 소유지·사적 소유권으로서의 소경전(所耕田)과 수조지·수조권으로서의 소수전(所受田)으로 분리, 파악되고 있었고, 그에 대한 권리 또한 전객권과 전주권으로 분할되어 있었다. 신분제·관료제·군현제를 통해 민과 그 소유토지에 대해 인신적으로 지배하였던 토지분급제 아래에서 소유권은 수조권의 하위개념이었다. 자기 소유지에 대한 전객의 소유권자로서의 위치, 그리고 그 사회적 존재는 소유지를 경작하고, 그 결과 얻어지는 생산물과 노동력의 일부를 전주에게 무상으로 제공하는 범위 안에서만 보장되고 인정되었다. 전시과나 과전법 체제 아래에서 사적 토지소유권자가 '전객'으로, 그 토지의 수조권자가 '전주'로 인식되고 있던 경제적 토대는 여기에 있었다.

고려 말 전주와 전객의 극심한 대립은 국가 및 지배신분계급의 수조권이 농민의 사적 토지소유에 대해 직접적으로 제약을 가할 수 있었던 것에서 그 근본적인 원인을 찾을 수 있다. 또한 수조권에 의한 토지점유와 전객지배는 엄존하면서, 그에 대한 국가의 수수·관리는 붕괴되었던 것도 전주의 수조권과 전객의 소유권 간 알력을 심화시키는 요인이었다. 사전의 점유자들은 자신들의 수조지를 사적 소유의 권리가 내재되어 있음을 표현하는 조업전(祖業田)이라고 칭하면서 사실상 수조지로서의 사전을 가산화(家産化)하고 있었으나, 전시과제도를 복구할 능력이 없었던 고려국가는 이러한 현실을 묵인할 수밖에 없었다.

전주에게 사전의 취득은 단순한 수조권한의 획득 이상이었다. 과전법의 경우 전주는 전객으로부터 결당 전조(田租) 미 30두, 곡초 10속 혹은 그 대가인 초가미 10두, 그리고 수납대가(輸納代價) 미 8두 내외 등 총 50두에 육박하는 현물을 합법적으로 수취할 수 있었다. 이외 쑥·숯·섶·꼴 등 제반 잡물도 횡렴하였다. 1/10 수조란 전조 하나 만에 국한된 조율(租率)일 뿐, 전주의 수취량은 결당 소출 미 300두를 기준으로 법정수취만도 생산의 1/6에 해당하고 잡물의 횡렴까지 첨가한다면 근 1/5에 상당하는 엄청난 액수였던 것이다. 양반층의 경제기반은 수조지 점유 하나만으로도 공고한 것이었다. 결국 토지분급제하에서 전주들은 취득한 과전의 1/6 내지 1/5의 실소유지를 소유한 셈이나 다름없었다. 그것도 전객 스스로 전 생산과정과 수납에 이르기까지 모든 노역을 무상으로 담당하는 경작노동력까지 결부된 토지를 소유한 셈이었다.

여기에 사전의 가산화에 동반한 전주전객제의 변화는 전주권의 강화, 곧 전객에 대한 전조의 과람한 징수 현상으로 표출되고 있었다. 고려 후반기부터는 세역농법(歲易農法)이 급속하게 불역상경농법(不易常耕農法)으로 전환하는 가운데 생산력이 발전하고 있어서 농민경제가 향상될 수 있는 여지가 마련되고 있었음에도 불구하고 지배층은 농민에게 돌아갈 잉여를 송두리째 수탈하고 있었다. 이 시기 법정 세율은 수조지에 관한 한 공전이건 사전이건 1/10세율이었는데, 가산화한 사전에 있어서 이 규정은 으레 무시되었다. 또한 전주는 전객이 국가에 대해 지고 있는 용(庸)·조(調)의 지불의무, 곧 부역(賦役)을 배제하고 이를 자신의 사적 수취로 전환시킴으로써 이른바 양민의 사천화를 초래하였다.

수조권의 겸병, 농장의 확대가 전객농민의 점닉(占匿)·예속화를 동반하게 되는 까닭이 여기에 있었다.

조선의 과전법 아래에서도 경기 전객의 불만·항거가 계속해서 고조되고 중대한 정치·사회문제로 등장하여 갔다. 과전이 설정되어 있었던 경기 사전 전객의 불만과 항거는 전주의 전객에 대한 무상 수탈과 함께, 1년에도 3·4차례에 달하였던 국가의 부역 징발이 특별히 과중했던 것에 직접적으로 연유하는 것이었다. 경기 전객의 이러한 처지는 국가, 전주 모두에게 각각 부역징발을 어렵게 하고 과전 점유·전객 지배를 불안하게 한다는 점에서 심각한 문제로 대두되었다.

전객의 이와 같은 저항·반발을 무마시킬 수 있는 방법은 전주의 과람한 전조 징수와 국가의 과중한 부역 중 어느 한편을 본격적으로 조정하는 것뿐이었다. 1417년(태종 17), 약 1/3에 달하는 사전의 하삼도(下三道) 이급과 관답험(官踏驗) 실시는 전자, 즉 전주의 과람한 전조 징수를 조정하는 방향에서 단행된 시책이었다. 전주권은 전주의 직접 답험과 직접 수조, 이 두 가지 면에서 실현되는 것이었는데, 이때에 와서 마침내 전자가 폐기된 것이다.

이외에도 국가권력은 전주권에 대해 여러 가지 통제를 가하였으며, 이는 대체로 두 방향에서 취해지고 있었다. 즉 전주 측의 수조행위에 대해 수조 인마의 수적 제한, 관두곡(官斗斛)의 사용, 전주의 조곡양개(租穀量槩) 금지, 잡물남수(雜物濫收) 금지 등을 강조하는 직접적 통제방식과, 전주의 과전 점유에 대해 이따금씩 과전 전조의 공수공용(公收公用)으로 수조를 중단하거나 경기 군현의 변경·양전사업 등에 따라 과전을 이동하는 간접적 통제방식이 그것이었다. 전주의 위치는 과전 점유가 시·공간적인 영속성이 보장되는 데서 공고하게 구축될 수 있는 것인데, 국가권력에 의해 과전의 세전적 요소가 점차 부정되어 갔던 것이다.

여기에 전주권을 한층 억제할 수 있는 조치로서 사전의 관답험이 병행되었다. 전주권은 전주의 직접답험과 직접수조, 이 두 가지 면에서 실현되는 것이었는데, 전자가 폐기된 것이다. 양반 전주권의 세업적인 토지점유는 지속적으로 위협받고 있었으며, 전객지배에서도 질적으로 현저한 제약을 받아갔다. 이는 기본적으로 전객 농민의 항쟁의 소산이었다는 점에서, 전객의 사회적 성장과 소유권의 강화를 동반하는 것이기도 하였다.

조선은 전주·전객 간 대립의 심화를 배경으로 전주권을 약화시키고 양반지배층 내 수전자(受田者)와 미수전자(未受田者), 전다자(田多者)와 전소자(田少者) 사이의 대립 격화를 이용하여 과전 절급의 권한을 강화하고 있었다. 결과적으로 과전 점유의 불균 사태는 역설적으로 국가의 통제를 강화시켜 태종 초 84,100여 결이었던 것이 세종 조 후반에는 68,000여 결로 감축되었다. 나아가 이후 과전점유의 불균으로 인한 지배층 내부의 반목이 정쟁사태로까지 이어짐에 따라 국가는 이 문제를 현 과전 일체를 몰수하고 새로운 기준 아래 재분배함으로써 관료 전체가 수전할 수 있도록 하는, 제2의 사전개혁으로써 해결하고자 하였다. 1466년(세조 12) 8월, 과전의 폐지와 직전(職田)의 재분배는 그 귀결이었다.

직전제의 실시를 통해 양반관료층의 수전 불균이 해소됨과 동시에 전주의 직접적인 전객지배가 해체되었다. 현직자만으로 분급대상을 축소하는 것은 물론 지급액수의 감소, 전조수취의 관수관급, 전관(田關) 즉 수전문권(受田文卷)의 국가관리, 전조 수수 기간의 한정 등을 내용으로 하는 직전제는 양반 전주에게서 과전의 세전과 직접수조의 권한을 박탈한 데 그 핵심이 있었다. 양반 관료들은 직전의 실시로 일시적으로는 수조지 분급에 균등하게 참여할 수 있게 되었으나, 그것은 수조지의 세전을 포기당한 대가로 획득한 성과였던 것이다.

직전제 하에서 전주의 수조방식 또한 변경되었다. 관답험의 시행으로 손실 사정(査定)을 통한 전조 남수가 어려워지고 그것도 재직 중에만 직전점유가 허용됨에 따라 전주들은 마지막 남은 직접수조의 권한을 이용한 전객수취에 한층 열을 올렸다. 이에 따라 전객농민의 항거가 다시 초래되었고, 1470년(성종 1) 직전 전조의 관수관급(官收官給) 결정으로 말미암아 전주권은 직접수조의 권한마저 폐기 당하는 방식으로 다시금 재조정되기에 이르렀다. 원래 직전, 그것도 전조 하나 만에 국한되어 실시되던 관수관급제는 8년 후(1478, 성종 9)에는 초가(草價) 징수에도 적용되는 한편 공신전·별사전으로 확대되었고 이후 사사전(寺社田)에까지 확대됨으로써 전 사전 수조지와 전 수취물을 대상으로 하게 되었다.

이렇게 사전 수수를 둘러싼 국가와 양반의 이해상충 및 양반층 상호간의 알력, 전조수취를 중심으로 하여 전개되는 전주·전객간의 대립 등 국가·전주·농민 3자의 이해가 서로 얽히는 가운데 규정되어진 수조권은 약화·소멸되었고 소유권은 강화되어 나갔다. 수조권의 소멸을 의미하는 직전제의 폐지로 수조권상의 전주는 소멸하고, 장구한 세월 '전객'으로 파악되어 오던 소유권 상의 전주는 이제 명실상부한 전주로 자리하게 되었다.

[참고어] 전시과, 과전법

[참고문헌] 김태영, 1983, 『朝鮮前期土地制度史硏究』, 지식산업사 ; 이경식, 1986, 『朝鮮前期土地制度硏究-土地分給制와 農民支配-』, 일조각 ; 이재룡, 1993, 『朝鮮前期 經濟構造硏究』, 숭실대학교 출판부 ; 이경식, 1998, 『朝鮮前期土地制度硏究 2-農業經營과 地主制-』, 지식산업사 ; 김용섭, 2000, 『韓國中世農業史硏究』, 일조각 ; 이경식, 2006, 『한국 중세 토지제도사 : 조선전기』, 서울대학교 출판부 ; 이경식, 2012, 『한국 중세 토지제도사 : 고려』, 서울대학교 출판부

〈김정신〉

전주전객제(田主佃客制) ⇒ 전주

전지문권(田地文券) 1891년 유길준이 토지매매거래의 개혁안으로 제기한 것으로 민간에서 사사로이 사용하는 매매문권을 관에서 통제하여 발급하도록 하는 일종의 토지거래 허가서.

1880년대 개화파 인사들은 토지와 지세제도를 개혁하기 위해 지조제도(地租制度)의 도입 필요성을 주장하였다. 유길준은 전통적인 양전과 지권(地券) 발행 개혁에 기초하여 자신의 방안을 제기하였다.

그는 「지제의(地制議)」에서 전국토를 구획하여 리를 단위로 하는 '전통제(田統制)'를 수립하고 각리를 경무법에 따라 양전하고 지적도인 전통도(田統圖)를 작성하여 모든 토지를 빠짐없이 파악하려고 하였다. 전국을 10통(10방리)를 1면으로, 10면을 1구(區)로 10구를 1군으로 다시 10군을 1진, 4진(鎭)을 1주로 조직하고, 측량기사로 하여금 각 구역내에 측량을 맡게 하고 군에서는 지통감(地統監)으로 하여 측량을 담당하게 하였다. 전국의 지적도를 마련하면 지방관은 매년 이를 조사하고, 5년에 한번씩 지적도를 개정하고, 호부(戶部)에서는 다시 10년에 한번씩 개정하는 것으로 하였다. 양전이 끝난 후 농지뿐만 아니라 산림, 과수원, 목장, 어지(漁池), 광소(鑛所) 등 모든 부동산에 지권을 발행하고 이를 근거로 지세를 수취하려고 하였다.

양전 후 토지소유권 이동을 매번 파악하기 위해 토지소유자에게 지권을 발행하고, 지주에게 지권을 모두 신권으로 바꾸게 하면 지조가 천만 원을 넘길 것이라고 하였다. 지권에는 위치와 면적뿐만 아니라 매매의 가격을 기입하고 이를 기준으로 세를 징수하려 하였다. 이러한 제도는 종래 토지문기의 위조와 도매(盜賣)를 막을 수 있고 토지소유권을 둘러싼 분쟁과 소송을 방지하기 위해서였다.

특히 토지문권도식의 특징으로 이 문권은 본국민만이 사용할 수 있고, 외국인에게 영매(永買)하거나 권매(權買), 전당(典當)할 수 없도록 하여 토지주권을 확보하려고 하였다. 또한 도식을 모두 3편을 작성하여 군과 주의 보관본을 동일하게 만듦으로써 중앙정부와 지방에서 동시에 파악할 수 있도록 하였다. 또한 전지문권도식을 청구하는 입지의 양식을 별도로 마련하여 발급절차와 증거서류를 관에서 보관할 수 있게 함으로써 중간 과정에서 불법과 부정을 방지할 수 있도록 하였다.

유길준이 구상한 지권제도는 경무법을 이용한 토지측량과 토지가에 입각한 새로운 지세제도의 수립을 목표로 하였으며, 일본인을 비롯한 외국인의 토지매매 전당을 금지하고 통제하여 토지주권을 확보하고 사사로운 매매상의 문제점을 동시에 해결할 수 있다는 점에서 근대적인 토지증명과 등기제도를 구상한 것으로 평가된다.

[참고어] 지조개정, 지권, 대한전토지계, 대한전토매매증권

[참고문헌] 김봉렬, 1983, 「유길준의 개화사상 : 농촌경제안정과 국가재정확립방안을 중심으로」 『경희대학교 사학』 11 ; 최원규, 1996, 「19세기 양전론의 추이와 성격」 『重山鄭德基博士華甲紀念韓國史學論叢』 ; 조정희, 2006, 「유길준의 경제개혁론」 『한국 사상과 문화』 33

〈왕현종〉

전품6등제(田品六等制) 세종 대 시행된 공법(貢法) 하에서 경작지의 비척(肥瘠)에 따라 전품을 6개의 등급으로 나눈 것.

세조 26년 11월 반포된 「토전결복개정급전품등제연분고하분간수세지법(土田結卜改定及田品等第年分高下分揀收稅之法)」에는 그간의 오랜 논의 끝에 만들어진 공법의 제 원칙이 규정되어 있다. 특히 전품과 관련해서는 기왕의 상·중·하 3등의 구분을 세분화해 1~6등의 전품제를 마련했는데, 이를 전품6등제라 한다.

주목되는 것은 전품6등제가 기왕의 결부제적 전통과 결합되어 운영되었다는 점이다. 즉 전품에 따른 생산력의 편차를 고려해 등급마다 면적을 달리 산정한 것이다.[수등이척(隨等異尺)] 이에 기준척은 주척(周尺)으로 하되 전품마다의 양전척 길이가 달랐으며, 동일한 결부면적이라도 절대면적은 등급에 비례해서 증감했

다. 또한 1등전의 평균 소출을 400두로 산정한 후 세율 1/20을 적용했고, 이를 통해 산출된 전세 20두를 등급에 관계없이 일괄 적용했다.[동과수조(同科收租)] 물론 20두의 세액은 해마다의 풍흉을 반영한 연분9등제와 연동되었으며, 최고 20두에서 최하 4두까지 증감되도록 했다. 이상의 전품6등에 따른 면적 등 편차는 다음과 같다.

전분	양전척 (단위 : 周尺)	결부 면적	절대면적 (단위: 畝)	전세
1등전	4자7치7푼	1결	38.0	20두
2등전	5자1치8푼	1결	44.7	20두
3등전	5자7치	1결	54.2	20두
4등전	6자4치3푼	1결	69.0	20두
5등전	7자5치5푼	1결	95.0	20두
6등전	9자5치5푼	1결	152.0	20두

[참고어] 전품제, 공법, 연분제

[참고문헌] 김태영, 1982, 「조선전기 공법의 성립과 그 전개」 『동양학』 12 ; 김용섭, 1995, 『(증보)조선후기농업사연구』 Ⅰ, 일조각 ; 최윤오, 1999, 「세종조 공법의 원리와 그 성격」 『한국사연구』 106 ; 김용섭, 2000, 『한국중세농업사연구』, 지식산업사 ; 이종봉, 2001, 『한국중세도량형제연구』, 혜안 〈윤석호〉

전품제(田品制) 전근대 사회에서 비옥도에 따라 토지의 등급을 매기는 제도.

[고대~고려] 결부제(結負制)를 특징으로 하는 우리나라 전근대 토지제도 하에서 전품을 구분하는 것은 소출과 조세의 양을 산정하고 부세 및 담세를 균평하게 하는 데 대단히 중요한 문제였다.

고려 이전의 전품제는 정확한 기록이 없어 다소 논란이 되고 있다. 한편 고려시기에는 토지비옥도(肥沃度), 위치, 이용 방식, 용도 등이 전품을 가늠하는 기준이 되었는데, 이와 관련된 판례 두 가지를 살펴보면 다음과 같다.

㉠ "성종 11년에 왕의 명령으로 제정하기를 "공전(公田)의 조는 수확의 4분의 1을 징수하였다. 논은 상등 1결에 조세 3섬 11말(斗) 2되(升) 5홉(合) 5작(勺), 중등 1결에 조세 2섬 11말 2되 5홉, 하등 1결에 조세 1섬 11말 2되 5홉, 밭은 상등 1결에 조세 1섬 13말 1되 2홉 5작, 중등 1결에 조세 1섬 5말 6되 2홉 5작으로 한다. 하등 1결의 기록은 누락되었음. 또 논은 상등 1결에 조세 4섬 7말 5되, 중등 1결에(조세) 3섬 7말 5되, 하등 1결에(조세) 2섬 7말 5되, 밭은 상등 1결에 조세 2섬 3말 7되 5홉, 중등 1결에 (조세) 1섬 11말 2되 5홉, 하등 1결에 (조세) 1섬 3말 7되 5홉으로 한다.(成宗十一年 判 公田租四分取一水田上等一結租三石十一斗二升五合五勺 中等一結租二石十一斗二升五合 下等一結租一石十一斗二升五合 旱田上等一結租一石十二斗一升二合五勺 中等一結租一石十斗六升二合五勺 下等一結缺.[又水田上等一結租四石七斗五升 中等一結三石七斗五升 下等一結二石七斗五升 旱田上等一結租二石三斗七升五合 中等一結一石十一斗二升五合 下等一結一石三斗七升五合[『고려사』 권78, 「식화지」 1 전제 조세 성종 11년])"

㉡ "문종 8년 3월에 왕의 명령으로 "무릇 전품은 불역의 땅을 상으로 삼고 일역의 땅을 중으로 삼고 재역의 땅은 하로 삼는다. 산전 가운데 불역전 1결은 평전 1결에 해당하고 일역전은 2결이 평전 1결에 해당하고 재역전은 3결이 평전 1결에 해당하는 것으로 한다"라고 결정하였다.(文宗八年 三月 判 凡田品不易之地爲上一易之地爲中再易之地爲下其不易山田一結准平田一結一易田二結准平田一結再易田三結准平田一結[『고려사』 권78, 「식화지」1 전제 경리 문종 8년 3월])"

먼저 992년(성종 11)의 판례는 공전에서의 조율(租率)을 제시한 자료이다. 여기서 토지의 등급이 상, 중, 하로 나누어져 있고, 이것은 비옥도를 차이를 나타내는 것으로 해석된다. 그런데 이 원문과는 별도로 또 하나의 상, 중, 하등전이 기록되어 있어서, 이를 둘러싸고 여러 가지 견해가 나누어져 있다. 두 기록을 상한과 하한으로 보는 견해, 시기를 달리하여 생산력의 발전을 보여주는 것이라는 견해, 전국의 자연적 조건에 따른 지역적 차이를 보여주는 것으로 이전부터 시행되어 오던 또 하나의 자료를 추가하여 9등으로 보는 견해 등이 있다.

다음 위의 판례가 나온 뒤 약 60년 지난 1054년(문종 8) 3월에는 토지의 등급이 3품으로 구분되어 있고, 그것은 토지의 이용 빈도에 따르는 것으로 되어 있다. 즉 매년 파종하는 땅이 상품, 1년씩 걸러 파종하는 땅이 중품, 2년씩 걸러 파종하는 땅이 하품이란 것이다. 또 산전(山田)도 평전(平田)을 기준으로 하여 전품이 정해지고 있다. 즉 매년 파종하는 산전 1결이 평전 1결에 준하고, 1년씩 걸러 파종하는 땅 2결이 평전 1결에 준하며, 2년씩 걸러 파종하는 땅 3결이 평전 1결에 준하다고 기록하고 있다.

이에 대하여 전반부의 규정과 관련하여서는 상, 중, 하품 중 무엇이 가장 보편적인 것이었던가를 둘러싸고, 각각 상품=상경전, 중품=일역전, 하품=재역전이었다는 주장이 갈려 있다. 후반부 규정에서는 산전과 평전의 상호 관계가 논의 분기점이 되어, 각각 평전=수전(水田)이고 산전=한전(閑田)이므로 산전 2결=평전 1결이라는 주장, 평전=비척 기준지이고 산전=세역빈도 기준지이므로 불역 산전 1결=하등 평전 1결이라는 주장으로 갈려 있다. 또 전반부 규정과 후반부 규정의 상호 관련에 대해서도, 전반부 규정이 후반부 규정의 직접적 전제가 된다는 견해, 전반부 규정은 상투적인 표현에 불과하고 후반부의 산전·평전 환산 규정이 중심 내용이라는 주장으로 역시 나누어져 있다.

이러한 이해를 바탕으로 또 고려시기 가장 보편적인 토지 이용 방식에 대해서도 견해가 갈리고 있다. 1역의 휴한농법이라는 설, 비옥도에 따른 3등의 구분이 있는 상경 방식이 일반적이었다는 설, 지역별·비옥도 별 9등급으로 이용되었다는 설 등이 있다. 한편 60년의 간격을 둔 두 자료를 상호 연관시켜 전자는 비옥도에 따른 3등, 후자는 이용 빈도에 따른 3품으로 이해하여 3품3등 전품제로 보는 견해도 있다. 이럴 경우 1 결당 생산량은 수전 상품 상등 20석에서 한전(旱田) 하품 하등 3.5석에 걸쳐 있는 것으로 이해된다.

[조선] 조선은 조용조(租庸調) 제도를 이상적 원형으로 삼아 국가재정을 운영하려고 하였다. 따라서 토지, 사람, 가호에 대한 정확한 파악은 균부균세(均賦均稅) 실현의 전제조건이었다. 이를 위해 양안(量案), 호적(戶籍), 공안(貢案)이 정기적으로 작성되어야 했다. 양안은 양전을 통해 작성되었는데, 양전은 조세수취의 기초 단위인 정확한 토지측량이 목적이었다.

그런데 조선시기에는 토지면적과 그 토지에서의 수확량을 이중으로 표시하는 독특한 계량법인 결부법이 적용되었다. 결부법은 수확표준·수세표준이자 동시에 면적 단위를 겸한 것이었다. 달리 표현하면 토지 1결의 면적을 전품에 따라 조절하는 수등이척제(隨等異尺制)가 적용되었다. 비옥한 토지에는 길이가 짧은 양전척을, 척박한 토지에는 길이가 긴 양전척을 사용하였다. 요컨대 전품제는 결부법에 입각하여 토지의 면적과 등급을 표현하는 방식을 말한다. 결부법에 대립되는 단순한 면적 표준 방식은 경무법(頃畝法)이었다.

양전제도의 핵심은 정확한 토지등급 산정 즉 전품의 결정에서 출발하였다. 이를 위해서는 양전척과 해부식(解負式)이 필요하다. 고려 중기 이래 전품은 상·중·하의 3등급만이 있었고, 타량(打量)하는 척수(尺數)를 손가락 마디로 재는 수등이척지척(隨等異尺指尺)의 시기였다. 농부의 손가락을 표준삼아 상등 전척(田尺)은 20지(指), 중등 전척은 25지, 하등 전척은 30지로서 각각 1척을 삼았다. 지척의 해석에는 여러 의견이 있으나, 손가락 마디의 가로길이를 의미한 것으로 보는 견해가 설득력이 있다. 이렇듯 토지는 3등급이 있었지만, 조선 초기에 이르기까지 토지의 대부분은 하등전에 속하였다.

조선시기 양전척의 기준은 1444년(세종 26) 전제상정소(田制詳定所)를 설치하고 결법(結法)을 고쳐 정하면서 시작되었다. 수등이척 지척에 의한 양전제가 수등이척 주척(周尺) 기준으로 바뀐 것이다. 『탁지지(度支志)』 양전, 양전식에는 1등전 척수는 주척 4척 7촌 7푼 5리, 2등척은 5척 1촌 7푼 9리, 3등척은 5척 7촌 3리, 4등척은 6척 4촌 3푼 4리, 5등척은 7척 5촌 5푼 6등척은 9척 5촌 5푼으로 한다고 하였다. 세종 대 시행을 보아 1489년(성종 20)에 전국적으로 시행된 공법에 적용된 전분 6등제의 내용은 이와 같았다. 아울러 공법은 연분 9등과 세율 1/20에 의한 1결 당 4두~20두의 수세량 적용, 정전(正田)·속전(續田)의 구분 및 재해를 입은 토지에 대한 감면 규정이 적용되었다. 그러나 토지면적을 각 등급에 따라 계산하였으므로 서로 혼동되고 번잡스러웠으며 양전을 시행하는 사람들의 부정이 개입되어 문제가 되었다.

전품제가 한번 크게 변화된 시기는 임진왜란을 겪으면서였다. 1599년(선조 32) 조선 정부가 파악하고 있었던 경작지는 전쟁 이전 150만 결의 1/5 수준에 불과한 30만 결이었다. 이에 1603년(선조36) 전국적 규모의 계묘양전(癸卯量田)이 있었다. 이 양전으로 조선 정부는 임진왜란 이전 수준의 전결을 확보했던 것으로 보인다. 그러나 전품 결정에 대한 불만, 양안에 등재되지 않은 은여결의 존재, 면세지의 확대, 미등록된 개간지의 파악이 과제로 남았다.

1634년(인조 12) 갑술 삼남양전은 양전제도와 수세제도 두 가지 측면에서 큰 전환점을 이룬다. 첫째는 양전제도 중 양전척의 변화이다. 조선 전기 토지 6등급에 따라 6개의 양전척을 사용하던 수등이척제를 폐지하고, 단일한 양전척 이른바 '갑술척(甲戌尺)'으로 불리는 동척제(同尺制)를 적용하였다는 점이다. 둘째는 토지의 등급과 전세액을 고정시키는 영정법(永定法)의 시행이었다. 공법상의 연분 9등제 적용을 최저 등급인 하지하(下之下)로 고정시키고 전세도 4두로 정액화한 것이다.

동척제는 양전과정에서의 작업이 용이하고 토지결수를 산정하기 쉽다는 장점이 있었다. 또한 기본 지목을 기경전(起耕田), 진전(陳田), 속전(續田)의 3종으로 구별하였다. 따라서 경작여부에 따라 수세하던 땅인 속전이 사실상 정안(正案)에 등재되고 진전도 속안(續案)으로 양안에 등록되었다. 갑술양전으로 조선 정부는 삼남지방에서 임진왜란 이전의 결총(結總)을 확보할 수 있었다. 하지만 파악된 결총이 곧 수세의 대상인 시기결은 아니었다. 갑술양전에서 밝혀진 토지의 65%는 진전이었고, 전반적인 전품의 상승도 전정운영에 부담이 되는 상황이었다.

조선 후기 결부법은 1653년(효종 4) 준수척(遵守尺)이 반포·간행됨으로써 또 다른 국면을 맞이한다. 준수척은 기존 1등척인 주척 4척 7촌 7푼 5리를 양척(量尺)으로 정하고, 등급의 높낮이는 논할 것 없이 통틀어 결부를 계산하여, 10,000척이 되는 전지에 대하여 1등전은 1결, 2등전은 85부 1파, 3등전은 70부 1속 1파, 4등전은 55부 7파, 5등전은 40부, 6등전은 25부로 정하여, 전품의 차등에 따라서 수세하도록 하였다. 즉 면적을 표준으로 삼아 동일한 면적에서의 수확량을 계산하여 세금을 부과하도록 하였다. 또한 1701(숙종 44)에는 이듬해 본격적인 경자양전을 앞두고 1등전은 1결, 2등전은 85부, 3등전은 70부, 4등전은 55부, 5등전은 40부, 6등전은 25부로 단위를 간결하게 정리하였다.

한편 땅의 모양[田形]이 각각 틀리고 명색이 현란하게 되기 쉬우므로 알기 쉬운 방전(方田), 직전(直田), 제전(梯田), 규전(圭田), 구고전(句股田)의 5가지 명색으로 타량(打量)하여 안(案)에 기록하였다. 방전은 한 길이를 자승(自乘)하고, 직전은 장광(長廣)을 상승(相乘)하고, 제전은 대소두(大小頭)의 절반을 상병(相倂)하여 장(長)으로 승(乘)하고, 규전은 장활(長濶)의 절반을 상승하고 구고전은 구고를 상승한 것을 절반하여, 각각 전적(田積)을 만들어서 등급에 따라 해부하되, 6파(把) 이상은 속(束)으로 하고 5파 이하는 계산하지 않았다.

전(田)은 자호(字號)를 붙이되 천자문(千字文)의 순서를 사용하고 다시 1·2·3으로 차례를 정하였는데, 묵은 밭과 일군 밭을 막론하고 5결이 되면 한 자호로 표한 다음에 전(田)의 동·서·남·북의 사표(四標)와 주인의 이름을 양안(量案)에 현록(懸錄)하되, 늘 경작하는 것은 정전(正田), 경작하다 묵히다 하는 것은 속전(續田)이라 기록하였는데, 경작 여부에 따라 수세하였다. 북도(北道)에는 산의 중턱 이상의 땅은 모두 속전으로 등재하였다. 오랫동안 농사짓지 못한 땅의 등급을 낮추어 세를 감하는 것은 강등전(降等田)이라 하며, 강등한 뒤에 경작하기를 원치 아니하면 또 강등해서 속전으로 하여 강속전(降續田)이라 하고, 장적(帳籍) 외에 새로 일군 것은 가경전(加耕田)이라 기록하였다. 화전(火田)은 25일경(耕)을 1결(結)로 하여 따로 성책(成冊)하되 자호를 배정(排定)하지 않고, 지명(地名)만을 기록하여 원전(元田)과 혼동되지 않게 하였는데, 이 역시 경작여부에 따라 수세하였다. 묵은 밭은 경작하기를 권하여 개간 경작한 곳은 일일이 장부를 다시 고치고 호조(戶曹)에 보고해서 3년 동안 감세하고, 다시 경작하지 않고 묵힌 땅에는 세를 징수하지 않았다.

이렇듯 조선 후기에는 수등이척제를 폐지하고 통일된 기준척으로 1등 전척(田尺)을 삼되 결부의 크기를 달리하는 전품제도가 채택되었다. 기존 방식에 비해 양전법이 크게 달라진 것이다. 그런데 문제는 인조 대 갑술척과 효종 대 갑술척의 길이가 서로 달랐으며, 갑술양전 이후 삼남에 일괄적인 양전이 시행되지 않았다는 점이었다. 효종 준수척 반포 이후 양전에는 준수척만을 사용하도록 했는데, 인조 대 갑술척에 비해 효종대의 준수척이 조금 짧았다. 짧은 양전척을 사용하면 결수는 자연히 늘어났으므로, 양전 목적에 논란이 일어나고 양전은 반대 여론에 부딪쳤다.

준수척으로 실시된 양전은 1663년(현종 4) 경기와 1669년(현종 10) 충청 20개 읍 등에 부분 적용되었다. 갑술척으로 시행된 고을의 양안과 준수척에 의해 시행된 고을의 양안 사이에 부세 불균형이 일어났고, 급재결수와 면세결수는 증가했으며, 답험과정에서의 폐단도 심각해졌다. 이런 상황에서 숙종말엽 경자양전이 시행되었다.

1702년(숙종 46) 경자양전은 양전방식, 전품등재, 갑술척 사용 결정, 정안(正案) 기재 방식 등에서 17세기 이래 양전정책의 문제를 극복하고 모든 원전과 속전을 일제히 측량하려 하였다. 그러나 삼남 양전에 대한 평가는 "전결로 파악된 수는 많아진 것이 없었고, 개량 후 세입도 늘어나기는커녕 오히려 감축되었으며, 다만 헛되이 민간을 소란스럽게 만들었으니 이익 되는 바가 적다."고 하였다. 이것은 현상적으로는 양전을 시행하는 과정에서 수령과 감색(監色) 등의 농간에 의하여 빚어진 때문으로 인식되었다. 그러나 양전에서 의도한 성과를 이룰 수 없었던 근본적인 원인은 파악된 토지에 부과되는 세금을 우려한 지주층의 반발 때문이었다.

지주층의 반발을 가장 잘 보여주는 것이 양전과정에서의 전품등재 원칙이었다. 전품등재는 실제 토지의 비옥도에 따라 등수를 정하는 것이 원칙이었다. 그러나 경자양전에서는 이 원칙이 적용될 때 생기는 혼란과 폐단을 의식하여, 그것이 균전지의(均田之義)에 모순되는 것임을 알면서도 처음부터 구안(舊案)에 따라 1-2등만을 감해 주기로 결정하였다. 또한 무주(無主) 또는 진전(陳田)으로 등록되어 은루되고 있던 토지를 소유한 지주들도 양전에 저항하였다. 경자양전이 민간에서는 장차 결포(結布)를 시행하기 위한 선행 작업으로까지 인식되고 있었다. 요컨대 18세기 조선 정부가 예전과 같은 수조권을 관철시킬 수 없는 상황에서, 조선 정부의 전통적인 토지정책인 양전을 통한 전품결정은 제대로 이루어질 수 없었다. 이에 조선 정부도 실효가 없는 양전보다는 수세제의 변동을 통해 재정의 확보에 치중하려 하였다. 이것이 전세 비총제 방식과 그에 이은 각종 부세의 총액제 운영이 이루어지는 배경이었다.

[참고어] 결부제, 총액제, 영정법, 양안, 양전

[참고문헌] 김용섭, 1970, 『조선후기 농업사연구』, 일조각 ; 宮嶋博史, 1980, 「朝鮮農業史上の15世紀」 『朝鮮史叢』 3 ; 김태영, 1983, 『조선전기토지제도사연구』, 일조각 ; 김옥근, 1984, 『조선왕조재정사연구』, 일조각 ; 이재룡, 1984, 『조선초기 사회구조연구』, 일조각 ; 李景植, 1986, 「高麗前期의 平田과 山田」 『李元淳教授華甲紀念史學論叢』 ; 안병욱, 1989, 「19세기 부세의 도결화와 봉건적 수취체제의 해체」 『국사관논총』 7 ; 尹漢宅, 1995, 『高麗前期私田研究』, 高麗大學校民族文化研究所 ; 이철성, 2003, 『17·18세기 전정운영론과 전세제도 연구』, 선인 〈윤한택·이철성〉

전호(佃戶) 고려 및 조선시기에 양인으로서 대토지를 소유한 지주(地主)의 토지를 경작하며 조(租)를 바친 작인.

전호의 성격을 말하는 직접적 자료로 『고려사』에서 1298년(충렬왕 24)의 기록을 들 수 있다. "처간(處干)은 다른 사람의 토지를 경작하여 조(租)는 전주에게 바치고, 용(庸)과 조(調)는 나라에 바치는 것이니 처간이 곧 전호이다."라는 내용이다. 경작에 따른 조는 전주에게 내고 요역(徭役)과 공부(貢賦)의 의무는 국가에 지는 존재라는 것이다. 신분은 양인이지만 실제로 처간이라고 불려 양인과 천민의 중간층에 속한다고 볼 수 있다.

전호는 사적 소유권자로서의 전주(田主) 아래 직접 생산을 담당했으며, 전객(佃客)·전부(佃夫)·전작자층(田作者層)이라고도 불렸다. 전주는 토지에 대해 소유주로서의 권리를 행사할 수 있는 존재로 전주이면서 지주였다. 지주란 경제적 차원에서의 범주로 노비나 작인(作人)에게 토지를 대여하고 그 대가로 지대(地代)를 받는 자였다.

지주는 자신이 소유한 노동력으로 경작하지 못하는 넓은 농토를 가졌고, 노동력은 있으나 경작할 농토가 부족한 소농(小農) 간에 이해가 일치하여 전호가 자생적으로 발생한 것으로 보인다. 자경지로 생계유지가 어려운 소농은 지주의 농토를 빌려 경작하여 조를 전주에게 바치고 그 나머지로 부족한 생계를 유지해 나갔다. 지주는 휴경(休耕)할 수밖에 없는 농지를 소농에게 경작하게 하고 조를 받아 부(富)를 늘릴 수 있었다.

이러한 현상은 고대국가 시대에도 있었을 것이나 사료에서는 그 근거를 찾을 수 없다. 『고려사』에 의하면 973년(광종 24)에 "진전(陳田)을 개간한 사람은 사전(私田)의 경우 첫해의 수확은 개간자가 모두 갖고, 둘째 해부터 반씩 나눈다."고 했다. 1111년(예종 6)에는 "3년 이상 묵은 진전을 개간하면 수확물을 2년간 모두 전호에게 주고 3년째에 전주와 반반씩 나눈다."고 하여, 고려시기에 전호가 존재한 것을 실증하고 있다.

특히 전호의 존재가 주목되었던 것은 고려 후기에 형성된 농장에서였다. 농장의 유형에 따라 전호의 성격은 일정하지 않으며 시대에 따라서도 여러 가지 형태로 변했다. 첫째, 신분은 양인이면서 전주의 집에 입적되어 법률적으로는 세전노비(世傳奴妃)와 다를 바 없는 사회적 지위로 전락한 전호가 있다.

둘째, 각종 국역을 피하기 위해서나 품관·향리 등의 횡포에 견디다 못해 양인에서 천민이 된 경우이다. 이들은 당시 광범하게 토지를 겸병한 대토지소유자에게 의지하여 감춰져 있었다. 자신에게 부여된 자그마한 토지에서는 독립된 소경영주체이지만 소·농구·종자·비료 또는 관개시설을 소유한 지주에게 의존하고 그의 감독·관리 하에서 모든 생산수단은 물론 식량까지 지급받았다. 그들의 사회적 지위는 거의 채무노예에 가까운 상태였다.

셋째, 토지를 제외한 소·농구·종자 등과 같은 생산수단의 일부를 소유하거나 지급할 수 있는 경제력을 가진 전호도 존재하였다. 고려 말 조선 초에 대부분의 농장이 이와 같은 성격을 가져 과전법(科田法)체제로의 개혁을 단행하였으나, 과전법체제에서도 과전·공신전·수신전 등의 세습·사유화가 진전됨에 따라 토지의 일부 집중이 진행되었다. 그 결과 병작반수의 전호가 점점 일반화되어 갔다.

빈농으로 독립생계를 유지하기 어려운 가호(家戶)였

던 전호에는 신분상 양인만이 아니라 외거노비(外居奴婢)도 있었다. 양인 전호는 전주의 토지를 경제적 계약관계로 경작했지만 신분 차별과 과중한 공납, 그 밖의 경제외적 수탈로 실제로는 외거노비 전호와 큰 차이가 없는 반농노 상태에 있었다. 조선 초기에는 공공연하게 병작반수가 진행되었지만 과전법·직전법 체제에서는 법제적으로 금한 제도였다. 하지만 16세기 이후 사림세력의 등장과 함께 토지의 공전제가 붕괴되면서 보편화되어 갔다.

16세기는 '개간의 시대'로 개간으로 새로운 농토가 우후죽순처럼 생긴 시대였다. 16세기까지만 해도 전답에 대한 권리 주체가 1명 이상인 경우가 적지 않았다. 전답 소유자와 더불어 작인도 '주(主)'로서 규정을 받는 경우가 많아서 소경주(所耕主) 또는 소경호주(所耕戶主)라고 부르기도 하였다. 지주들이 도입한 농장경영 형태는 작개(作介), 가작(家作), 병작(並作)이었으며, 작개와 가작은 노비제의 도움이 필요한 농업형태였다.

작개경작은 노비의 신역(身役)이었기 때문에 노비와 전답만 있으면 가능하였다. 지주는 작개를 시킬 때 사경(私耕)을 함께 나누어 주었는데, 대개 작개와 사경의 면적은 비슷했지만 작개지가 사경지보다 질적으로는 훨씬 우수했다. 가작은 거주지 근처 농장에서 이루어졌다. 모든 농사과정을 지주가 직접 관리하는 농업경영 형태로 원격지에 도입하기는 어려웠다. 병작은 지주와 작인 사이에 맺어진 계약에 따라 운영하였다. 계약의 효과는 농사철 동안에만 지속되었고, 농사가 끝나면 작인들은 마음대로 병작지를 포기할 수 있었다. 지주는 종자와 농우(農牛)를 부담하고 작인은 경작을 책임졌으며, 수확물은 지주와 작인이 똑같이 나누어 가졌다.

임진왜란 이후 진전(陳田)·황무지·해택(海澤) 등이 활발히 개간되어 그에 대한 사유권이 공식적으로 인정되었다. 또한 병작반수의 소작 관행도 정당화되어 갔다. 17세기부터 지주들은 병작으로 빠르게 전환시켰다. 병작은 지대수취 방식에 따라 타작(打作), 도지(賭只), 집조(執租)로 구분된다.

이 중 가장 오래된 방식은 타작으로 고려시기 때 생겼으며, 수확이 끝난 뒤 지주와 작인이 곡물을 반분하는, 즉 정률지대를 수취하는 방식이었다. 도지는 봄철에 수취할 곡물량을 결정하고 수확이 끝난 뒤 정액지대를 수취하는 방법으로 일부 적용되었다. 지대량은 통상 타작으로 수취할 때의 곡물량과 비슷한 수준에서 결정되었다. 집조 또한 수확이 임박한 시점에 지주가 그해의 작황수준을 살펴본 다음 현장에서 지대량을 결정하는 것이다. 수확 이전에 지대량을 책정한다는 점에서 도지와 성격이 비슷하고, 그해의 작황수준이 비교적 정확히 반영되는 측면에서 타작과 성격이 유사하다. 도지와 타작의 중간 형태인 집조는 19세기 즈음에 발생하였다.

조선 후기에 오면 전호는 평민과 천민뿐 아니라 양반까지 포함되는 등 그 신분이 다양해졌다. 전호는 소작지만을 경작한 것이 아니라 자작을 겸한 경우도 있었다. 또 일반 민전(民田)을 경작하는 경우와 국가권력을 배경으로 한 궁방전(宮房田)이나 둔전(屯田)을 경작하는 경우에 따라 전호와 지주의 관계는 크게 달랐다. 오로지 경제적 관계인 민전과는 달리 궁방전·둔전 등에서는 전호에게 여러 가지 경제외적인 강제를 행하였다. 전호를 처벌하거나 재산 차압과 인신 구속 등 강제수단을 자주 동원했다. 이들 전호는 대부분 영세농이거나 토지가 없는 백성으로서, 토목공사를 하거나 소작권을 매매하거나 자기 토지를 궁방에 팔고 난 뒤 다시 궁방전을 차경하였다. 궁방전의 소작료는 법제적으로 1결에 200두이지만 실제로는 분반타작제(分半打作制)로 거두어들였다.

고려와 조선에 존재했던 전호는 중국 한(漢)나라 이래 지주의 토지를 얻어 경작하고 소작료를 지불하던 소작농으로, 서양 중세의 농노(農奴)와 비슷한 신분이었다. 18세기부터 양란 이후 활발히 진행되었던 개간이 한풀 꺾였지만 농촌인구는 꾸준히 증가하였다. 따라서 농민들의 평균 농지소유 규모는 줄어들었다. 1720년 작성된 경상도 용궁현 경자양안은 1634년에서 1720년 사이의 변화상을 구체적으로 보여주고 있다. 토지는 7% 증가한 데 그쳤으나 토지소유자는 50%나 증가함으로써 1인당 소유면적은 20% 이상 감소하였다. 아울러 대규모 토지를 소유한 지주도 점차 줄었다. 5결 이상 소유한 사람이 절반으로 감소한 반면, 25부 미만의 소유자는 2배 이상 증가하였다.

조선 후기에는 개별 농민의 경작면적도 차츰 축소되었다. 작인들 가운데 일부는 지주로부터 많은 전답을 빌리기도 했지만 시간이 흐를수록 줄어들었다. 지주들은 여러 사람에게 토지를 빌려주어서 소수의 작인에게 토지를 집중시킬 때보다 안정성을 높일 수 있었다. 시간이 흐름에 따라 하향평준화한 농민이 양산되고 있었다.

소농 중심의 전호가 늘어나고 이들의 의식 수준이 높아짐에 따라 항조운동이 나타났다. 영조 말엽부터는 소작료 징수방식이 도조제로, 조선 말기를 전후해서는 점점 금납화(金納化)로 바뀌어 갔다. 강력한 권력을 기반으로 한 궁방전·둔전 등의 지주도 치열한 전호들의 항쟁에 부딪혀 지주제는 소멸해 갔다.

[참고어] 병작, 농장

[참고문헌] 深谷敏鐵, 1941, 「朝鮮の土地貫行 '竝作半收'試論」『社會經濟史學』 11-9 ; 김용섭, 1964, 「續量案의 연구」『사학연구』 16·17 ; 김용섭, 1965, 「司宮莊土의 佃戶經濟와 그 성장」『아세아연구』 19 ; 旗田巍, 1967, 「李朝初期の公田」『朝鮮史研究會論文集』 3, 朝鮮史研究會 ; 이경식, 1973, 「17세기의 土地開墾과 지주제의 전개」『한국사연구』 9 ; 이경식, 1976, 「16세기 지주제의 동향」『역사교육』 19 ; 김옥근, 1979, 「조선시대의 소작제와 농장」『경제사학』 3 ; 안병직, 1978, 「한국에 있어서 봉건적토지소유의 성격-특히 15·16세기를 중심으로-」『경제사학』 3 ; 이세영, 1985, 「18·19세기 兩班土豪의 지주경영」『한국문화』 6 ; 김용만, 1985, 「조선시대 在地士族의 재산소유형태」(Ⅰ), 『대구사학』 27 ; 최윤오, 2006, 『조선후기 토지소유권의 발달과 지주제』, 혜안 〈강은경〉

절급도감(折給都監) 고려 말기인 우왕 8년(1382) 문란한 토지소유 관계를 바로잡고 농민들의 토지소유를 균등하게 할 목적으로 임시로 설치한 관서.

고려 말기에 농장이 확대됨과 더불어 토지지배질서가 크게 문란해지만서 이를 바로 잡으려는 시도도 여러 차례 있었다. 그 하나가 우왕 8년(1382) 12월 절급도감의 설치라 하겠다.

『고려사』「식화지(食貨志)」에 의하면 "절급도감을 설치하고 판개성 박형 등을 별좌로 삼아 토지를 분급하게 하였다.(設折給都監 以判開城朴形等爲別坐 分給土田[『고려사』「식화지」 전제 경리 우왕 8])"라 하여 판개성부사(判開城府使, 정3품) 박형(朴形) 등을 별좌(別坐)로 임명하여 토지를 나누어주는 업무를 담당하도록 했다고 한다. 한편 『고려사』「백관지(百官志)」 제사도감각색조(諸司都監各色條)조에는 재추(宰樞) 7~8인으로 별좌(別坐)를 삼아 토지를 균등하게 분급하도록 했다고 되어 있다.

또한 창왕 즉위 후인 1388년에 다시 한차례 설치되었는데, 창왕이 물러나고 공양왕이 즉위하면서 급전도감(給田都監)이 그 업무를 대신하게 되면서 절급도감의 기능이 약화되었던 것으로 생각된다. 다만 이때 6도 관찰사로 하여금 각각 부사와 판관을 동원해서 양전(量田)을 하게 했는데, 이 사업은 전제개혁의 사전 작업으로 여겨진다.

[참고어] 급전도감

[참고문헌] 『高麗史』 ; 문형만, 1985, 「高麗特殊官府研究 ; 諸司都監各色의 分析」『역사와 경계』 9, 경남사학회 ; 하현강, 1986, 「호조와의 關聯官府」『고려제사도감각색연구』, 제일문화사 ; 박경안, 1996, 『고려후기 토지제도연구』, 혜안 ; 홍영의, 2001, 「고려말 전제개혁론의 기본방향과 그 성격」『국사관논총』 95, 국사편찬위원회 〈이준성〉

절수(折受) 조선시기 개인이나 각급 기관이 국가로부터 토지의 소유권(所有權)을 인정·지급받는 행위.

조선 초에는 택지(宅地)·전지(田地)·노비(奴婢) 등에 대한 소유권뿐만 아니라, 과전(科田) 등에서의 수조권(收租權)에 대해서도 절수의 용례가 나타난다. 그러나 명종 대 직전법(職田法)의 폐지 이후 수조권이 소멸하면서 절수의 대상도 점차 토지의 소유권에 한정되었다. 이때의 절수는 절수자가 그 토지를 자기소유로 한다는 사실관계를 의미하는 것으로, 소유권 취득의 법적 절차가 내포된 행위였다. 따라서 유주(有主)의 전지는 절수의 대상이 될 수 없었으며, 절수하고자 하는 이는 반드시 인근 민인의 확인서[傍音]를 첨부해 관청에 제출한 뒤 입안(立案)을 받아야 했다. 절수는 그 과정이 적법하다면 어느 때고 누구나 할 수 있었다. 그러나 대개의 절수지가 무주진황지(無主陳荒地)였던 까닭에 절수 후 개간(開墾)을 해야만 농지로 이용할 수 있었다. 이로 인해 물력이나 인력의 동원이 우세한 이들이 주로 참여하였고, 시기적으로는 개간이 가능한 무주지가 다량으로 발생한 때에 집중되었다.

사료상 절수가 빈번하게 등장하는 때는 양난 이후였다. 전란으로 국토가 황폐해지자 조정에서 대규모의 절수를 통한 무주진황지의 개간을 촉진한 것이다. 이 과정에서 직전제 폐지 등으로 인해 재정확보에 어려움을 겪고 있었던 각급 영문(營門)·아문(衙門) 및 궁방(宮房)들이 적극적으로 참여했고, 이들의 청원을 받아들여 무주지나 속공전(屬公田)을 입안절수(立案折受)의 방식으로 떼어주어 개간·소유하도록 했다. 한편 절수지에는 면부(免賦)·면세(免稅)의 혜택이 있었는데, 이로 인해 민전(民田)의 모입(冒入)이나 투탁(投托)과 같은 방법으로 절수지가 확대되기도 했다.

입안절수의 과정에서 민전을 침탈하는 사례가 증가하자 조정에서는 1688년의 무진정식(戊辰定式) 이래로 절수를 금지하는 대신 1695년의 을해정식(乙亥定式)을 통해 민전에서 결당 미 23두의 결세에 해당하는 수조권을 지급했다. 이를 민결면세제(民結免稅制)라고 하는데,

조선초의 용례와는 달리 이시기에는 수조권의 지급을 절수와 구분해 '획급(劃給)'이나 '획송(劃送)' 등으로 표현했다. 즉 국가로부터 소유권을 인정받아 지급된 토지에 한해서 절급이라 칭했던 것이다. 이처럼 17세기 이래 영·아문 및 궁방을 중심으로 이루어진 대규모 토지의 절수는 이후 조선후기 국가 재정을 압박하는 원인이 되었고, 해당 전답에서 실경작자인 농민과의 분쟁이 야기되기도 하였다.

[참고어] 둔전, 궁방전, 을해정식, 민결면세지, 투탁

[참고문헌] 박준성, 1984,「17·18세기 궁방전의 확대와 소유형태의 변화」『한국사론』11, 서울대학교 국사학과 ; 이경식, 1993,「17세기 토지절수제와 직전 복구론」『동방학지』77·78·79

접역지도(鰈域地圖) 19세기경에 제작된 것으로 보이는 1책 11도엽(圖葉)의 흑백 목판본 지도.

작자미상으로 가로 29.0㎝, 세로 38.0㎝ 크기의 목판 인쇄본으로, 국립중앙도서관(한古朝61-69)과 미국 버클리대학교 동아시아도서관에 소장되어 있다. 제호로 사용된 '접역(鰈域)'이라는 표현은 중국 한서(漢書)의 고사로부터 유래된 것으로, 예로부터 한반도에서 '접어(鰈魚)' 즉 가자미가 많이 난다거나 한반도의 모양이 가자미와 비슷하다고 하여 붙여진 이름이다.

첫 장인 대조선국전도(大朝鮮國全圖)로부터 시작해, 한양경성도(漢陽京城圖), 함경도도(咸鏡道圖), 평안도도(平安道圖), 황해도도(黃海道圖), 강원도도(江原道圖), 경기도도(京畿道圖), 충청도도(忠淸道圖), 경상도도(慶尙道圖), 전라도도(全羅道圖), 경성부근지도(京城附近之圖) 순으로 구성되었다.

지도에서는 금천현이 시흥(始興)으로, 이산현이 초산현(楚山縣)으로 표기되어 있으며, 두 번째 지도인 '한양경성도'와 세 번째 지도인 '경성부근지도'가『대동여지도』의 도성도와 경조오부도를 모사한 것으로 보인다. 또한 '한양경성도'에 수록된 지명 중 서대문 밖에 '구일본공사관'과 남산 북록에 '일본공사관'이 나타나는데, 일본 공사관이 남산 아래 있었던 시기로 추정해 본다면 제작시점은 1882년 8월에서 1884년 4월 사이 또는 1885년 1월에서 1906년 2월 사이가 된다. 유독 일본 공사관이 표시된 것으로 볼 때 지도의 제작 주체가 일본과 밀접한 연관을 맺고 있었을 가능성이 있으며, 이때 대동여지도를 참고하여 제작한 것으로 보인다.

서해는 '서해(西海)'로 동해는 '동양(東洋)'으로 기록하고 있으며, 바다는 파도 무늬로 표현하였다. 산맥을 우모식으로 표시하였고, 하천은 실선으로 기록하였다. 다만 국경을 표시하는 압록강(鴨綠江)과 두만강(豆滿江)은 쌍선(雙線)으로 표기하였다.

[참고문헌] 이상태, 1999,『한국 고지도 발달사』, 혜안

정도(定賭)/정도성책(定賭成冊) ⇒ **광무사검**

정문승(鄭文升) 조선 후기의 문신으로, 농정에 대한 윤음에 응하여 농서를 올린 사람.

정문승(1788~1875)의 본관은 연일(延日)이고, 자는 윤지(允之), 호는 미당(美堂)·초천(蕉泉)이다. 아버지는 정술인(鄭述仁)이다. 1810년(순조 10) 진사시에 합격하여 세마가 된 후, 옥과(玉果), 증산(甑山), 보은(報恩), 안산(安山), 담양(潭陽) 등 여러 지방의 수령을 거쳐 공조판서, 지의금부사, 지중추부사, 지돈녕부사, 판의금부사 등을 역임하였다. 백성의 구휼에 힘쓰고 청렴하였던 것으로 평가된다.

그의 저술로 남아있는『초천유고(蕉泉遺稿)』잡저(雜著)에는 농서가 실려 있는데, 이는 그의 맏형 정문영(鄭文永)이 안성(安城) 군수가 되었을 때 왕명을 받들어 지어 올린 글을, 대찬(代撰)한 것이라고 한다. 이 농서는 수령에 하교한 윤음이 대개 농정과 민생고에 관련되므로, 이에 책자를 지어 바치는 것이라고 하였다. 1798년(정조 22) 권농정구농서윤음(勸農政求農書綸音)에 응하여 올린 응지진농서(應旨進農書)의 하나로 묶여있지만, 정문승의 당시 나이를 미루어 볼 때 이 농서는 그 이후의 윤음에 응하여 올린 것으로 보아야 할 것이다. 농서에서는 모내기의 이로움을 말하며 모내기를 일절 금지하는 것에 대한 반대 입장을 보이고 있었다. 그 밖에도 중국의 서적들을 언급하며 토지에 거름을 주는 것, 농사의 시기, 수리의 문제, 담배의 금지, 권농, 세금의 문제 등에 대해 서술하였다.

[참고어] 응지진농서

[참고문헌] 농촌진흥청 역, 2009,『응지진농서I』, 진한M&B

정부출자지(政府出資地) 일제가 대한제국에 강요하여 공동 설립의 형태로 동양척식주식회사를 설립할 때 대한제국 정부에 강제로 출자하게 한 토지.

일제는 1908년 8월 조선 척식, 특히 일본인 이민을 진출시키기 위하여 1908년 8월 동양척식주식회사법을 대한제국과 함께 공포하고 이 회사를 설립했다. 이 회사의 정관으로 대한제국 정부가 전답 각각 5,700정보

를 출자하는 것으로 정하였으며, 재산가격을 300만 원으로 평가했다. 그 대가로 총 20만 주 가운데 6만 주를 할당하는 것으로 하였다. 대한제국 정부가 동양척식주식회사에 인도한 토지는 모두 역둔토에서 분할하여 제공한 것이었다. 1909년 국유지실지조사에서 인민이 역둔토의 소유권을 주장하는 분쟁이 야기되었으며, 그 일환으로 동척 토지에서도 분쟁이 일어났다. 이 분쟁은 토지조사사업으로 연장되어 임시토지조사국에서 이를 심사 결정하였다. 그 건수는 178건, 740필이었다. 국유민유분쟁과 성격이 같았지만, 미리 대처한 결과 출자토지의 규모에 비해 비교적 건수가 적었던 것으로 보인다.

[참고어] 동양척식주식회사, 임시토지조사국 조사규정, 국유지실지조사, 동양척식주식회사 이민사업

[참고문헌] 동양척식주식회사, 1918, 『동양척식주식회사 10년사』

정서책(正書冊) 대한제국 양전사업의 3단계 양안작성 과정(야초→중초→정서)을 거쳐 통일적인 양식으로 만든 광무양안의 최종 완성형태.

1898년부터 시행된 대한제국 양전사업에서 양지아문은 실제 현지에서 조사 측량하여 기록한 야초책을 모아 수정과 확인을 거쳐 중초책을 작성하였다. 각 군별 중초책을 다시 검토하여 표지에 조사안을 붙여가면서 각 면별로 전답의 실적 통계 및 각 필지별 결부, 시주(時主), 시작(時作)에 대한 검토를 마친 후 정서책을 만들었다. 종래 결총(結總)과의 비교, 협호(挾戶)의 파악 등은 양안의 정서과정에서 모두 생략되었다. 중초 과정에서 혼용되면서 변화의 과정을 거쳤던 토지소유자와 경작자는 모두 시주와 시작으로 통일되어 정리되었다. 자호와 지번, 토지모양, 사표, 전품과 결부수 그리고 전답주와 작인, 결호·결명에 이르기까지 모든 사항을 조사 수정하여 정서책에 반영하였다. 이렇게 완성된 정서책이 양안의 최종 완성형태이다. 정서본(正書本)이라고도 한다.

중초책 양안을 수정하여 정서책 양안이 완성되는 데에는 3개월 이상이 소요되었다. 1902년에 양지아문의 기능이 정지함에 따라 양지아문에서 정서되지 못한 중초책은 지계아문에 인계되었으며, 지계아문에서 정서책을 작성하였다. 이 경우 중초책이 정서책으로 완성되는 데 1년 이상의 시일이 걸리기도 하였다. 완성된 정서책은 3부가 작성되어 정안으로 활용되었다. 3부 중 1부는 양지아문에, 1부는 도의 감영에, 1부는 읍에서 보관한다. 면에서는 정안을 기초로 행심을 작성, 지조 수취의 기본대장으로 활용하였다.

현재 규장각에 소장된 광무양안은 양지아문과 지계아문에서 작성한 중초책과 정서책을 모두 포함하여 총 55종이다. 그 중 정서책은 양지아문에서 작성한 정서책과 지계아문에서 작성한 정서책 등 2종으로 분류할 수 있다. 규장각에는 현재 정서책 양안은 총 55종의 광무양안 중 양지아문에서 작성한 정서책 6종과 지계아문에서 인계하여 정서한 10종으로 도합 16종이 남아있다. 정서책 양안은 1책의 크기가 35.9×62.3㎝이고 1면(面)에 1책씩 작성하였다. 실적척수와 전품, 결부수, 시주·시작명을 기재하고 있으며 주인란에는 진(陳)과 응탈(應頉)을 표기하여 진전을 파악하고 있다. 정서책은 1지면에 5~6필지의 정보를 담고 있는 중초책의 2배인 10필지의 정보를 담고 있으므로 중초책에 비해 책수가 줄어들었다.

[참고어] 광무양전사업, 양지아문, 야초책, 중초책, 지계아문

[참고문헌] 한국역사연구회 토지대장연구반, 1995, 『대한제국의 토지조사사업』, 민음사 ; 김종준, 2010, 「광무양안의 자료적 성격 재고찰」, 『한국문화』 51 〈고나은〉

정석유(鄭錫猷) 1798년(정조 22) 권농정구농서윤음(勸農政求農書綸音)에 응하여 글을 올린 사람.

당시 신계(新溪)의 유생(儒生) 또는 생원(生員)으로 기록되어 있다. 그는 상소문에서 자신이 낮에는 밭 갈고 밤에는 글을 읽은 지 30년이 되었다고 밝히며 지리·전토(田土)·농기구에 대해 논한 다음 '시폐(時弊) 4조'를 논하였다. 그는 특히 전차(田車)의 다섯 가지 이로움에 대해 이야기 하며, 우금(牛禁)을 완화할 것과 수레를 보급시킬 것을 주장하였다. 또한 용관(冗官)·용병(冗兵)·탐리(貪吏)·환곡(還穀)의 네 가지 폐단을 지적하며, 현명한 인재를 뽑을 것, 전제를 고르게 할 것, 노는 땅을 개간할 것, 환곡[糶糴]을 제대로 시행할 것을 주장하였다.

[참고어] 응지진농서

[참고문헌] 『정조실록』 ; 농촌진흥청 역, 2009, 『응지진농서Ⅱ』, 진한M&B

정시원(鄭始元) 1798년(정조 22) 권농정구농서윤음(勸農政求農書綸音)에 응하여 글을 올린 사람.

당시 영암(靈巖)의 유학(幼學)으로 기록되어 있다. 그는 상소문에서 통을 설치하여 물을 끌어들이는 법을

제시하며 직접 시험해 보았다고 하였다. 이에 대해 질그릇으로 와통(瓦筒)을 굽되 속은 통하고 겉은 둥글게 만들어, 골짜기면 묻어서 그 밑으로 넘게 하고 기슭이면 세워서 그 높은 곳을 넘게 한다고 설명하였다.

[참고어] 응지진농서

[참고문헌]『정조실록』; 농촌진흥청 역, 2009,『응지진농서Ⅱ』, 진한M&B

정약용(丁若鏞) 조선후기 근기 남인계 실학자.

정약용(1762~1836)은 본관은 나주(羅州)이며, 자 미용(美鏞)·송보(頌甫), 초자는 귀농(歸農), 호는 다산(茶山)·삼미(三眉)·여유당(與猶堂)·사암(俟菴)·자하도인(紫霞道人)·탁옹(籜翁)·태수(苔叟)·문암일인(門巖逸人)·철마산초(鐵馬山樵) 등이다. 또한 가톨릭 세례명은 요한이며, 시호는 문도(文度)이다.

경기도 광주군 마현(현 남양주시 조안면 능내리)에서 정재원(丁載遠, 1730~1792)의 넷째 아들로 태어났다. 부친은 음사(蔭仕)로 진주목사(晋州牧使)를 지냈으나, 고조 이후 삼세(三世)가 벼슬을 하지 못해 당시로서는 권세와 가까운 처지는 아니었다. 모친은 고산 윤선도의 5대 손녀인 해남윤씨로, 약전(若銓), 약종(若鍾), 약용 3형제와 딸 한 명을 낳았다.

다산은 어릴 적 부친으로부터 수학했는데, 4세에 천자문을 익혔고, 7세에 한시를 지을 정도로 영특했다. 10세에는 자작시를 모아『삼미집』을 편찬했는데, '삼미(三眉)'는 천연두를 앓은 후 오른쪽 눈썹에 남은 흉터로 인해 붙여진 호이기도 하다. 1776년 승지 홍화보(洪和輔)의 딸 풍산 홍씨와 혼인하였다. 이후 6남 3녀를 낳았으나, 생전에 4남 2녀를 잃었다. 같은 해 남인 시파가 등용될 때 호조좌랑(戶曹佐郞)에 임명된 아버지를 따라 상경, 이듬해 이가환(李家煥) 및 이승훈(李承薰)을 통해 성호(星湖) 이익(李瀷)의 유고를 얻어 보고 학문에 감화되었다. 매부인 이승훈은 조선 최초의 영세자이자 한국 천주교회의 창설자였으며, 이익의 종손이었던 이가환이 그의 외삼촌이기도 했다. 다산은 이들에게서 이익의 학문을 접하면서 실학사상의 토대를 다졌다.

22세 되던 1783년 회시에 합격, 경의진사(經義進士)가 되어 어전에서『중용』을 강의하였다. 1789년에는 식년문과(式年文科) 갑과(甲科)에 급제하여 희릉직장(禧陵直長)을 시작으로 벼슬길에 올랐다. 이후 10년 동안 정조의 총애 속에서 예문관검열(藝文館檢閱), 사간원정언(司諫院正言), 사헌부지평(司憲府持平), 홍문관수찬(弘文館修撰), 경기암행어사(京畿暗行御史), 사간원사간(司諫院司諫), 동부승지(同副承旨)·좌부승지(左副承旨), 곡산부사(谷山府使), 병조참지(兵曹參知), 부호군(副護軍), 형조참의(刑曹參議) 등을 두루 역임했다. 특히 1789년에는 한강에 배교(舟橋, 배다리)를 준공시켰고, 1793년에는 수원성을 설계하는 등 기술적 업적을 남기기도 하였다.

한편 1784년에는 이복형의 처남이었던 이벽(李檗)에게서 서학(西學)을 접했고, 이후 천주교에 입교했다. 그러나 이는 그의 정치적 진로에 커다란 장애가 되었다. 문과 급제 후 가주서(假注書)를 거쳐 검열(檢閱)이 되었으나 가톨릭교인이라는 이유로 공서파(攻西派)의 탄핵을 받고 해미(海美)로 유배되기도 했다. 또한 1795년 병조참의로 있을 때에는 주문모(周文謨) 사건에 둘째 형 약전(若銓)과 함께 연루되어 금정도찰방(金井道察訪)으로 좌천되었다. 결국 그를 아끼던 정조가 세상을 떠나자 1801년(순조 1) 신유박해(辛酉迫害) 때 장기(長鬐)에 유배되었고, 곧이어 황사영(黃嗣永)의 백서사건(帛書事件)에 연루되어 강진(康津)으로 이배되었다.

유배에서 풀려날 때까지 18년간 학문에 몰두하여『주례(周禮)』등을 모범으로 한 정치체제의 전면적 개혁, 지방행정의 쇄신, 여전론(閭田論)·정전론(井田論) 등을 통한 토지제도 및 조세제도의 개혁, 노비제의 폐기 등을 주장하였다. 이러한 학문체계는 유형원(柳馨遠)과 이익을 잇는 실학의 중농주의적 학풍을 계승한 것이며, 또한 박지원(朴趾源)을 대표로 하는 북학파(北學派)의 기술 도입론을 받아들여 실학을 집대성한 것이기도 했다. 정약용 자신의 기록에 의하면 그의 저서는 연구서들을 비롯해 경집에 해당하는 것이 232권, 문집이 260여 권에 이른다고 하는데, 그 대부분이 유배기에 쓰여진 것이다. 대표적인 저서로는『정다산전서(丁茶山全書)』가 있고, 그 속에『목민심서(牧民心書)』,『경세유표(經世遺表)』,『흠흠신서(欽欽新書)』,『마과회통(麻科會通)』,『모시강의(毛詩講義)』,『매씨서평(梅氏書平)』,『상서고훈(尙書古訓)』,『상서지원록(尙書知遠錄)』,『상례사전(喪禮四箋)』,『사례가식(四禮家式)』,『악서고존(樂書孤存)』,『주역심전(周易心箋)』,『역학제언(易學諸言)』,『춘추고징(春秋考徵)』,『논어고금주(論語古今注)』,『맹자요의(孟子要義)』등이 있다.

[참고어] 정전론, 여전론, 목민심서

[참고문헌] 박찬승, 1986,「정약용의 정전제론 고찰-경세유표 전제를 중심으로-」『역사학보』110 ; 김용섭, 2004,『(신정증보판)한국근대농업사연구』Ⅰ, 2004 ; 송재소·이봉규·김태영·안병직·조

성을, 2012, 『다산 정약용 연구』, 사람의무늬 ; 최윤오, 2015, 「다산 정약용의 어린도설과 정전제」 『한국민족문화』 56 〈윤석호〉

정응삼(鄭應三, 鄭應參) 1798년(정조 22) 권농정구농서윤음(勸農政求農書綸音)에 응하여 글을 올린 사람.

당시 삼가(三嘉)의 유학(幼學)으로 기록되어 있다. 그는 상소문에서 보(洑)를 막지 말 것과 못을 파지 말 것, 모내기[移秧]를 금지하지 말 것을 주장하였다. 특히 모내기에 대해서는, 보리는 논에 파종하고 그것이 익기를 기다렸다가 벼를 모내기하므로, 보리를 금할 수 없는 한 모내기 또한 금지할 수 없다고 하였다. 그는 또한 남야(南野)의 백성에게 논으로 적합하지 않은 곳은 밭으로 돌리고, 논으로 적당한 곳은 그대로 두어 논에는 벼를 심고 밭에는 백곡(百穀)을 심게 할 것을 이야기하였다.

[참고어] 응지진농서

[참고문헌] 『정조실록』 ; 농촌진흥청 역, 2009, 『응지진농서Ⅱ』, 진한M&B

정전(丁田) 722년(신라 성덕왕 21)에 처음으로 백성 가운데 정(丁)의 연령층에게 지급했던 토지.

『삼국사기』 성덕왕 21년조에 "처음으로 백성에게 정전을 지급하였다."(始給百姓丁田[『삼국사기』 권8, 「신라본기」8 성덕왕 21년])고 하여, 이때 처음으로 백성에게 정전을 지급했다고 기록되어 있다.

백성에는 피지배층인 민(民) 일반이나, 일반 농민, 또는 4두품 아래의 3~1두품에 해당하는 신분 등의 다양한 의미가 있다. 특별히 정전을 지급받았던 백성은 국가의 과세 대상인 일반 농민으로, 여기에 일부 골품제 안에 편제된 평인(平人)까지 포함된 계층으로 볼 수 있다. 이때 지급된 토지를 '백성정전(百姓丁田)'이라고도 부르는데, 일반적으로는 "백성에게 정전을 지급하였다."라고 해석하고 있다.

정전은 기본적으로 정의 연령층에게 나누어준 토지를 가리킨다. 이때의 정은 「신라촌락문서」의 '정'과 같은 연령층일 것이다. 고대 일본의 경우에는 정과 정녀(丁女)에게도 토지가 지급되었다. 신라에서도 효녀 지은(知恩)의 경우처럼 정녀들도 정역(征役)의 대상이 되었다는 점에서, 정녀들에게도 정전 명목으로 토지가 지급되었을 가능성이 있다.

「신라촌락문서」에 보이는 정의 연령층은 확실하게 알 수 없다. 정 연령이 시작하는 연령에 대해서는 15·16세 또는 20·21세라는 두 가지 견해가 있다. 당나라의 경우 정의 연령은 대개 21~59세로, 고대 일본의 양로율령에서는 21~60세로 규정되었다. 그러므로 신라에서는 20·21~50·60세가 정에 해당하는 연령이었을 것으로 추측할 수 있다.

성덕왕 때 지급된 정전은 「신라촌락문서」에 보이는 연수유전·답(烟受有田畓)과 유사한 성격의 토지로 이해되고 있다. 일반 농민이 국가로부터 지급받은 토지였다는 점에서 상호 공통성이 있기 때문이다. 두 토지 모두 왕토사상에 기반을 두어 설정된 것으로 볼 수 있다.

이미 연구의 초창기부터 성덕왕 때 지급된 정전이 「신라촌락문서」의 연수유전·답이었을 것이라는 추정이 있었다. 정전과 연수유전·답이 같은 토지라고 인식하는 전제 위에서, 또한 신라에 '정전'으로 불리는 토지 지목이 『삼국사기』 「신라본기」 성덕왕 21년조 외에는 존재하지 않음에 주목하여, 신라 때 연수유전·답으로 불렀던 것을 『삼국사기』의 찬자(撰者)가 고려시기의 명칭인 정전으로 바꿔 기록했다고 보기도 한다.

그러나 고려시기의 정전은 백성들이 옛날부터 가지고 있었던 토지나 장사(將士)들의 경제적 기반을 일컫는 명칭이었다. 그러므로 『삼국사기』의 찬자가 신라 때의 용어를 고려시기 당대의 표현으로 임의적으로 바꾸어 기록했다고 이해하는 것은 곤란하다. 더욱이 「신라촌락문서」에서 보듯이 정과 정녀는 연수유전·답의 소유 주체인 연호(烟戶), 즉 공연(孔烟)을 이루는 한 구성 요소이지 공연 그 자체는 아니다.

한편 성덕왕 대에 실제로 정을 대상으로 전국적으로 이루어진 토지 지급, 즉 당나라의 균전제(均田制)와 같은 제도가 시행되었는가에 대해서는 연구자 대부분이 회의적이다. 대개 농민들이 옛날부터 가지고 내려오던 자가 경영(自家經營)의 농토에 대해 '이것은 국가가 누구누구에게 반급(班給)한 토지'라는 식으로 법제적인 인정 절차를 거치게 해서 수취 기반을 확보하고자 했던 것으로 보거나, 삼국 간의 전쟁 등으로 황폐해진 황무지를 급전(給田)의 형식으로 농민들에게 분배하여 경작하게 했던 것으로 이해하고 있다.

정전의 실제 지급 내용에 대해서는 다양한 견해가 제기되었다. 국가에서 하하연(下下烟)에 속하는 일부 빈호(貧戶)의 정남(丁男)을 주된 대상으로 하여 무주지(無主地)나 진전(陳田)을 경작하도록 명했던 것으로 이해하고, 이것을 '신라적 균전제'로 보는 의견이 있다. 이들은 정전과 종래부터 가지고 있었던 백성들의 토지를 연수유전·답이라고 총칭해서 불렀다고 한다.

다른 한편 공연편호설의 입장에서 이해하는 견해도 있다. 즉 몇 개의 자연호를 묶어서 공연을 구성하는데, 그 자연호들이 가지고 있던 토지에 대해서 공연을 단위로 소유권을 법적으로 인정해 준 조치로 파악하기도 한다. 정전의 정(丁)을 단순히 정(丁) 연령층으로 이해하는 것이 아니라 정호(丁戶), 즉 정을 포함한 연호(烟戶)로 이해하여 그것이 공연이라는 것이다. 따라서 정전은 정호, 즉 공연에게 지급된 토지이고 결국 연수유전·답과 같은 토지 지목이라는 것이다.

반면에 정전은 정을 대상으로, 연수유전·답은 연, 즉 공연을 대상으로 지급된 토지이며, 정은 연(烟), 곧 공연의 한 구성 요소이지 공연 그 자체는 아니므로 엄격히 구분해야 한다는 주장도 있다. 다시 말해 전국에 걸쳐 공연에게 지급된 것으로 인식된 연수유전·답과 성덕왕 대의 특수한 상황에서 지급된 정전은 구별해야 한다는 것이다. 그러므로 정전을 총칭하여 연수유전·답이라고 불렀다고 보기는 어렵다는 것이다. 아울러 공연을 대상으로 그 소유권을 인정해 준 토지를 정전이라고 했다고 하기도 곤란하다는 입장이다.

성덕왕 대 자연 재해와 발해와의 긴장 관계가 계속해서 이어졌던 점에 주목하고, 또 정은 역역(力役)·군역(軍役)을 담당하는 가장 중심적인 존재라는 점을 감안해서, 정전은 군사적 방비를 위해 북방 개척지역의 토지를 나눠주었던 둔전(屯田)적인 성격의 토지였을 것으로 이해하기도 한다. 물론 이 경우에도 정전이 전국에 걸쳐서 지급되었다거나, 성덕왕 이후에도 계속 시행되었다고 보기는 어렵다. 그런 까닭에 이 기사 이외에 정전과 관련된 기록이 보이지 않는다고 추측하고 있다. 이에 입각하여 한편으로 정전은 연수유전·답이 존재했던 지역이 아니라 그 이외의 지역, 그 가운데에서도 북방의 개척지를 중심으로 하는 변경 지역에다가 국방상의 목적으로 일시적으로 지급되었다고 파악하는 주장도 있다.

그 밖에 일반 농민의 토지가 촌장·호족세력이나 귀족의 장원(莊園)에 흡수되는 것을 방지하기 위하여 국가로부터 소유권을 인정받고자 정전을 지급했던 것으로 해석하는 견해도 제기되었다.

정전의 지급 방식은 대체로 정에 해당하는 연령층의 남녀에게 토지를 주었던 것으로 보고 있다. 이렇게 정을 기준으로 토지 자체를 지급하는 것과 함께, 민(民)이 소유하고 있는 토지에 특정한 의미를 지닌 정을 지정해 주는 두 가지 경우를 제시하면서, 후자가 일반적인 것으로 파악하는 견해가 있다. 즉 정전이란 '정(丁)이 정해진 전(田)'이란 뜻으로 이해하는 것이다. 이때의 정은 인정(人丁) 즉 노동력을 뜻하므로, 정전은 정을 기준으로 하는 부세(賦稅)의 부과와 관련이 있다는 것이다. 즉 정전제(丁田制)를 백성에 대한 토지 지급이라고 보면서 동시에 부세의 부과 방식도 함께 고려하는 견해이다.

여기서 한 걸음 더 나아가 '연수유전·답=정전'이 지급되는 성덕왕 대부터 결부제와 호등제를 기초로 한 전정제(田丁制)가 시행되었다고 보기도 한다. 이 견해에서는 정전을 지급받는 '백성'은 빈농·무전자(無田者)나 일반 농민이 아니라 토지의 소유 규모 및 인력이 세역(稅役)을 감당하고 동원할 만한 여건을 갖춘 농민 상층을 가리킨다고 주장한다. 연수유전·답이 연으로서 세역을 부여받아 정을 양급(量給)받아 가지고 있는 전토(田土)라는 뜻으로 파악하고 있다.

그런데 정전을 지급해서 정을 단위로 조(租)를 수취하는 것이 당시 신라의 일반적인 현상이라고 보기는 어려운 듯하다. 더불어 연수유전·답과 정전을 같은 토지 지목으로 간주하면서, 고려시기와 같은 전정제(田丁制)가 성립되었다고 보는 것은 7세기 이후의 신라가 중세사회로 진입하였고 고려 전기와 동일한 사회경제적 토대를 가지고 있었다는 전제 위에서 제기되는 주장인 듯하다.

결론적으로 722년에 지급된 정전은 연수유전·답과는 별개로 특수한 시대적인 배경 하에서 정에게 지급된 토지로 이해해야 할 것이다. 공연을 단위로 해서 토지소유권을 인정해주었던 연수유전·답이 일반적으로 분포했던 상황에서, 새로이 공연의 구성 요소였던 정을 단위로 정전을 지급했다는 것은 신라의 토지제도 운영에 있어 한 단계 진일보한 것이었다.

[참고어] 신라촌락문서, 연수유전답, 공연

[참고문헌] 旗田巍, 1972, 『朝鮮中世社會史の硏究』, 法政大學出版局 ; 박시형, 1960, 『조선토지제도사』 상, 과학원출판사 ; 림건상, 1977·1978, 「신라의 『정전제』에 대하여」(1)·(2)」 『력사과학』 1977-4(통권 84)·1978-1(통권 85) ; 李仁在, 1995, 「新羅 統一期 土地制度 硏究」, 연세대학교 박사학위논문 ; 李景植, 2002, 「新羅時期의 丁田制」 『歷史敎育』 82

〈박찬흥〉

정전(正田) 해마다 농사짓는 상경전(常耕田)을 가리키는 법제적 용어로, 전적(田籍)에 기록되어 국가 전세수취의 토대가 된 토지.

경작과 진황(陳荒)을 번갈아 하는 토지인 속전(續田)과 대비된다. 수세(收稅)의 원칙 또한 다르게 적용되었는데, 속전의 경우 '수기수세(隨起收稅)'라 하여 경작할 때만 세를 거두었던 반면, 정전은 매 해마다 수세의 대상이 되었다.

고려시기까지도 상경전이 아닌 토지의 비중이 높았다. 이들은 휴한농법에 의해 경작되는 토지로 일역전(一易田)과 재역전(再易田)으로 구분되었는데, 각각 1년 혹은 2년을 휴지시키는 토지였다. 상경전은 이들과 대비되어 불역전(不易田)으로 지칭되었다. 하지만 고려 후기 이후 선진농법의 도입과 시비법의 발달 등 농업기술이 발달함에 따라 휴한농법이 많이 극복되었고 상경전의 비중도 높아졌다. 이에 따라 불역전을 지칭하는 용어는 정전으로 법제화 되어갔다.

정전이라는 용어가 언제부터 사용되었는지 특정할 수는 없지만, 세종 연간 공법(貢法)의 제정을 두고 사용된 사례가 확인된다. 공법의 목적은 지역단위의 정액세(定額稅)를 거두는 데 있었고, 정전은 전세(田稅) 수입의 확보를 위한 기본대상이므로 이에 대한 구체적인 규제가 필요했다. 공법에서는 "일단 양안에 정전으로 올라 있는 토지는 모두 매년 경작할 수 있는 것인데, 토지가 많아 고의로 번갈아 진황시키거나 게을러서 경작하지 않아 많이 진황되니 잘못된 것이다. 그리므로 정전은 부분적으로 또는 전체가 진황되더라도 모두 세를 거둔다.(正田內陳荒之田, 皆每年可耕之地, 而人或多執, 互相陳荒, 或惰懶不耕. 由是田多陳荒, 甚爲不可. 內陳及全陳, 竝宜收稅.[『세종실록』 권106, 26년 11월 13일])"고 규정하고 있다.

하지만 비록 정전이라도 척박한 토지는 당시 생산력 수준에서 진전(陳田)으로 되는 경우가 많았고, 진전에서의 수세는 적합하지 않다는 논란이 일어나 규정이 다소 완화되기도 했다. 이는 1446년(세종 28) 당시 이계전 등이 올린 상소를 통해 확인할 수 있다. 그는 "정전 안에 묵은 토지가 있더라도 양안에 기록된 전체의 과(科)를 기준으로 수세하는 법은 백성들이 고의로 경작하지 않는 것을 미워한 것입니다. 그러나 백성의 하늘은 밭에 있어서 경작하지 않으면 먹을 것이 없는데, 어찌 힘들이는 것을 꺼리어 고의로 묵히겠습니까. 경작하지 않는 것은 이유가 있는 것입니다.……만일 척박한 땅에 소출이 심히 적으면 한 몸의 생활을 영위하지 못할 뿐만 아니라, 부세(賦稅) 바칠 것도 오히려 부족한데, 무엇 때문에 1년 내 힘써 일하여 손해만 있고 이익이 없는 일을 하겠습니까. 그렇지 않으면, 예전에 1년 묵히고 2년 묵히는 밭이 있었으니, 반드시 그 지력이 쉬어야 하는 밭일 것입니다. 그렇지 않으면, 반드시 사상(死喪)이나 질역(疾疫)을 이유로 인력이 부족한 것이니, 이런 것이 모두 부득이한 데에서 나온 것이므로, 인정(仁政)으로 마땅히 불쌍히 여겨야 할 것입니다."라고 하여 정전 내에 진황전이 있는 경우 이를 제하지 않고 세금을 부과하는 것은 경작자들이 진황시킬 수밖에 없는 환경을 이해하지 못한 것이라고 상소하였다.[『세종실록』 권106, 26년 11월 13일]

이후 이에 대한 논의가 진행되었고, 『경국대전』에는 "늘 경작하는 토지를 정전이라 하며, 경작하기도 하고 묵히기도 하는 토지를 속전이라고 한다. 정전이라고는 하지만 토질이 메말라서 곡식이 잘 되지 않는 토지나 속전이라고는 하지만 땅이 기름져서 소출이 많은 토지에 대해서는 고을원이 장부에 기록해 두었다가 관찰사에게 보고하여 다음 식년(式年)에 개정한다.[『경국대전』「호전」 양전]"라고 반영되었다.

[참고어] 상경전, 속전, 전품제

[참고문헌] 『經國大典』; 李景植, 1998, 『朝鮮前期土地制度史硏究[Ⅱ]-農業經營과 地主制-』, 지식산업사 ; 金容燮, 2000, 『韓國中世農業史硏究-土地制度와 農業開發政策-』, 지식산업사 ; 李景植, 2012, 『韓國 中世 土地制度史-朝鮮前期』, 서울대학교출판문화원

〈이현경〉

정전론(井田論) 토지개혁론의 하나로, 하·은·주 삼대(三代)의 토지제도인 정전제(井田制)의 원리에 따라 토지의 사적소유를 제한하자는 논의.

조선 후기 지주제의 확대와 소농층의 몰락으로 인한 체제위기를 근본적으로 해결할 방안으로 정전론의 토지개혁을 주장한 유학자들로는 한태동(韓泰東, 1646~1687), 양응수(楊應秀, 1700~1767), 유정원(柳正源, 1703~1761), 서명응(徐命膺, 1716~1787), 정지성(丁志宬, 1718~1801), 정약용(丁若鏞, 1762~1836) 등이 있다.

토지개혁의 한 방안으로서 정전론이 본격적으로 주장된 것은 기자정전(箕子井田)에 대한 연구와 관심이 증대된 17세기 중엽이다. 기자정전에 관심을 기울인 유학자와 그 저서로는 실학의 선구자로 알려진 한백겸(韓百謙, 1552~1615)의 『기전고(箕田考)』를 비롯하여 북학파의 비조(鼻祖)인 서명응의 『기자외기(箕子外紀)』와 이가환(李家煥, 1742~1801)의 『기전고(箕田考)』 등이 있

다. 조선 후기의 정전론은 반드시 정정방방(井井方方)의 외형적 토지구획을 할 필요는 없으며, 지형에 따라 적합하게 설치하되 민산을 균등하게 하여 정전의 이념을 살리면서 실질을 거두면 된다는 주장이 기본이 되었다. 그러나 외형이 어떠하든 정전제는 왕토사상에 근거해 대토지소유자의 토지를 수용하고 분전(分田)해야 했으므로 군주와 위정자들의 시행의지가 우선적인 문제일 수밖에 없었다.

이들 중 정약용의 경우 토지개혁론으로서 궁극적으로 지향했던 방안은 여전제(閭田制)였지만, 현실에서 시행가능한 방법으로 제시한 것이 정전제였다. 『경세유표(經世遺表)』「전제(田制)」에서는 먼저 정전제를 상세히 설명하고 정전제를 시행할 수 있는 가능성과 실현방법을 기술했다. 정약용은 정전제가 모든 농지를 정정방방으로 구획하거나 모든 백성들에게 가족수에 따라 농지를 분급하는 제도가 아니라 농자유전(農者有田)의 제도로 이해하였다. 그리고 중국의 고대에는 토지의 소유권이 천자와 제후에게 있어 그 분급이 쉬웠으나, 지금은 그것이 백성에게 있어 제도의 재현이 어렵다는 사실을 분명히 인식하였다. 이에 따라 점진적인 토지수용을 통하여 관에서 먼저 기준이 되는 정전을 마련하여 1/9 만을 세금으로 받도록 하고 순차적으로 수백 년간 지속적으로 제도를 시행해 나간다면 정전제의 복구가 가능할 것이라고 생각하였다.

[참고어] 정전제, 기자정전

[참고문헌] 박찬승, 1986, 「정약용의 정전제론 고찰」 『역사학보』 110 ; 재단법인 실시학사, 2012, 『다산 정약용 연구』, 사람의 무늬

〈허원영〉

정전제(井田制) 중국 하·은·주 3대에 걸쳐 시행되었다고 전하는 토지제도.

토지를 '정(井)'자 형태로 9등분하여, 가운데의 토지는 공동경작을 통해 세금을 내는 공전(公田)으로 삼고, 주위의 8개 토지는 농민의 경작지인 사전(私田)으로 각각 나누어주는 것을 기본개념으로 한다. 이같은 형태의 정전제는 중국 하·은·주 3대에 걸쳐 시행되었다고 전하나, 이견이 없는 것은 아니다. 이는 고전에서 전하는 정전제 시행의 근거들이 부족할 뿐만 아니라, 분서갱유로 인해 산실되거나 불명확하게 전하는 것들도 많기 때문이다. 그러나 정전제의 실제 시행여부와는 관계없이 후대에는 삼대 이상사회의 기본 법제로서 정전제는 이념화되었고, 당대의 모순에 대한 개혁논의에서 끊임없이 소환되었다.

정전제와 관련한 가장 풍부한 자료를 전하고 있는 경서는 『맹자(孟子)』이다. 맹자는 전국시대에 제선왕(齊宣王), 양혜왕(梁惠王), 등문공(滕文公) 등에게 삼대의 왕정과 문물제도를 본받아 인정(仁政)을 펴도록 유세하였다. 그러나 주장이 받아들여지지 않자 문도들과 함께 『맹자』 7편을 만들었다. 맹자에 대한 가장 오래된 주석서는 조기(趙岐)의 『맹자장구(孟子章句)』지만 산실되었고, 고려 및 조선에서는 송나라 주희(朱熹, 1130~1200)의 『맹자집주(孟子集註)』가 가장 권위있는 해설을 제공해 주었다.

그 중 「등문공장구(滕文公章句)」 상(上)의 3장에서 삼대의 토지제도와 세제(稅制)를 말하고 있는데, 자신도 말미에 '이것은 그 대략이다(此其大略也)'라고 할 정도로 관련된 내용이 분서갱유 이후로 많이 산실되었거나 충분치 않았던 것으로 보인다.

이를 살펴보면, 우선 맹자는 등문공의 치국방법에 대한 질문에 답을 하면서, "하후(夏后)씨는 50무에 공법(貢法)을 썼고, 은(殷)나라 사람은 70무에 조법(助法)을 썼고, 주(周)나라 사람은 100무에 철법(徹法)을 썼으니, 실제는 모두 10분의 1이다. 철은 통한다는 뜻이요, 조는 빌린다는 뜻이다.(夏后氏五十而貢, 殷人七十而助, 周人百畝而徹, 其實皆十一也, 徹者徹也, 助者藉也.[『맹자』 「등문공장구(滕文公章句) 상(上)」])"라고 했다. 또한 "『시경(詩經)』에 이르기를 우리 공전에 비를 내리고 마침내 우리 사전에까지 미친다고 했다. 오직 조법에만 공전이 있는 것이니 이로 말미암아 보건대 비록 주나라일지라도 역시 조법을 실시했다.(詩云, 雨我公田, 遂及我私, 惟助, 爲有公田, 由此觀之, 雖周亦助也.[위와 같음])"라고 했다. 한편 등나라 문공이 그의 신하 필전(畢戰)으로 하여금 정지[井地=정전법]에 대해서 묻게 하자, 맹자는 "인정은 반드시 경계로부터 시작되는 것이니 경계가 바르지 못하면 정지가 균등하지 못하며, 곡녹이 공평하지 못하게 된다. 이 때문에 폭군과 오리들은 그 경계를 태만히 할 것이다. 경계가 이미 바르면 토지를 나누어주고 녹을 제정해 주는 것은 가만히 앉아 있어도 정해질 것이다.(夫仁政, 必自經界始, 經界不正, 井地不均, 穀祿不平, 是故, 暴君汚吏, 必慢其經界, 經界旣正, 分田制祿, 可坐而定也.[위와 같음])"라고 했다. 이상을 통해 보면, 맹자는 인정을 위해서는 정전제가 필수적임을 지적했으나, 그것이 삼대에 어떻게 시행되었는지는 밝히지 않았다. 대신 하·은·주 각 시대의 세제(稅制)로서 공법·조법·철법을

간략히 설명했다.

이상에 대해 주자는 삼대 정전제의 시행여부와 세제에 대한 보다 정밀한 해석을 가했다. 우선 맹자의 세제에 대한 주석에서 '하나라 때에는 1부가 토지 50무를 받고, 부마다 5무의 수입을 계산해 세금을 바치게 했다. 상나라 사람이 처음으로 정전의 제도를 실시해, 630무의 토지를 구획해서 9개 구역으로 만들었으니 한 구획은 70무였다. 한 가운데는 공전(公田)이 되고, 그 밖은 8개의 가에게 각기 한 구획을 주고, 다만 그 힘을 빌어 공전을 도와 경작하게 하고 다시 그 사전에는 세금을 매기지 않았다. 주나라 때에는 1부가 토지 100무를 받았고, 향수(鄕遂)에서는 공법을 썼다. 10부에 구가 있었다. 도비(都鄙)에서는 조법을 써서 8개의 가가 정을 함께 하여, 경작은 힘을 합쳐서 하고 수확은 이랑 수를 계산하여 나누었다. 그러므로 철이라고 일렀다. 실제로는 모두 10분의 1이었으니 공법은 확실히 10분의 1을 상수로 삼았고, 오직 조법만 9분의 1이나 상나라 제도는 상고할 수 없다. 주나라 제도는 공전 100무 가운데 20무를 여사(廬舍) 터로 하였으니, 1부가 경작하는 공전은 실제로 10무이다. 사전 100무를 통계하면 11분의 1을 취하는 것이 되니, 이는 또 10분의 1보다 가벼운 것이다. 가만히 생각건대 상나라 제도도 역시 이와 같아서 14무를 여막 터로 삼아 1부는 실제로 공전 7무를 경작했을 것이니, 이것 역시 10분의 1에 불과하다. 철은 통한다는 뜻이며 고르게 한다는 뜻이요, 자(藉)는 빌린다는 뜻이다.(夏時, 一夫受田五十畝而每夫計其五畝之入以爲貢, 商人始爲井田之制, 以六百三十畝之地, 畫爲九區, 區七十畝中爲公田, 其外八家各受一區, 但借其力, 以助耕公田, 而不復稅其私田, 周時一夫受田百畝, 鄕遂用貢法, 十夫有溝, 都鄙用助法, 八家同井, 耕則通力而作, 收則計畝而分, 故謂之徹, 其實皆十一者, 貢法固以十分之一爲常數, 惟助法乃是九一, 而商制不可攷, 周制則公田百畝中以二十畝爲廬舍, 一夫所耕公田實計十畝, 通私田百畝爲十一分而取其一, 蓋又輕於十一矣, 竊料商制亦當似此, 而以十四畝爲廬舍, 一夫實耕公田七畝, 是亦不過十一也, 徹通也均也, 藉借也.[『맹자집주(孟子集註)』「등문공장구(滕文公章句) 상(上)」])"라고 했다.

이상을 정리해 보면, 우선 하나라의 공법은 1/10세이나, 이는 몇 년간의 평균생산량을 책정한 후 1/10을 산출해낸 정액세였다. 따라서 50무의 토지를 받은 농민은 해당 면적의 평균생산량 대비 1/10에 해당하는 세액을 풍흉에 관계없이 납부해야 했다.

한편 은나라와 주나라는 정전제를 바탕으로 공전을 공동으로 경작해 그 생산물을 세금으로 내는 방식이었다. 따라서 사전과 공전의 면적 비율로서 세율을 산정할 수 있는데, 우선 주나라에서는 공전 100무 가운데 여사터 20무 제외한 80무가 실제 공전의 경작지가 된다. 이는 1 부당 10무의 면적에 해당하므로, 개인별로 지급된 100무의 사전과 합쳤을 때 1/11을 세금으로 내는 것이다. 주나라에서는 이같은 조법을 도비에서 시행했는데, 도성 인근에서는 앞서의 정액세인 공법을 병행했으므로, 이를 철법이라 칭했다.

주나라 도비에서의 조법은 은나라에도 적용되었는데, 공전 70무 중 여사터 14무를 제외했을 때 실제 공전 경작지는 1부당 7무가 배정되었다. 따라서 사전 70무와 합친다면 역시 1/11의 세율이 적용되는 것이다. 이처럼 주자는 삼대 세법의 구체적인 시행양상을 정전법의 시행여부와 연관시켜 설명했다. 즉 정전법은 정액제로서의 공법을 시행했던 하나라에서는 시행되지 못했으나, 조법이 시행된 은나라 이후부터 비로소 함께 운영되었다는 것이다.

이상과 같은 맹자에 대한 주자의 이해방식이 조선의 유자에게 절대적인 영향을 미쳤지만, 이견이 없었던 것은 아니었다. 가령 정약용(丁若鏞, 1762~1836)은 『맹자요의(孟子要義)』에서 하나라에서도 정전제가 시행된 것으로 보고 있으며, 이때의 공법은 1/10에 해당하는 정액세이기는 하지만 매년의 풍흉을 감안해 감세·면세하는 등의 토지관리방식이 있었다고 했다.

정전제는 중국 고대 이후로는 역사상 실시된 적은 없었던 것으로 이해된다. 특히 은나라 멸망 후 기자(箕子)가 동래하여 평양에 설치했다는 정전도 그 진위와 실체에 대해서는 논란이 많았다. 그럼에도 정전제는 그 자체로 고대 이상사회를 구성하는 기본법제로 이념화되었고, 조선초 제도정비시, 혹은 양난 후 국가재조 등의 논의 등과 같은 현실개혁의 장에 끊임없이 검토되는 제도였다.

[참고어] 정전론, 기자정전, 공법, 조법

[참고문헌] 최윤오, 2007, 「조선시기 토지개혁론의 원리와 공법·조법·철법」 『역사와 실학』 32 ; 이세영, 2009, 「주자의 맹자집주에 보이는 '정전제'의 성격」 『역사문화연구』 15 ; 이영호, 2009, 「유교의 민본사상과 조선의 정전제 수용」 『퇴계학논집』 15

〈윤석호〉

정조법(定租法) 소작계약을 체결할 때 미리 정해진 일정한 소작료를 수확 후 풍흉에 따른 별도의 증징이나 감면 없이 징수하는 정액소작료 징수방법.

정조소작은 각 지역 및 특색에 따라 도지(賭只·賭地), 도작(賭作), 정도(定賭), 정도지(定賭只), 지정(支定), 지정작(地定作·支定作), 도지작(賭支作), 지혜(地惠)[지여지어(只與支於), 지여(支與·只餘·指與)], 지례(地例), 화리(禾利)로 칭해지기도 한다. 특히 도조 혹은 지정은 소작료를 납입한다는 뜻을 가지고 있다. 또한 정조소작을 할 때 부득이하게 소작료의 감면을 위한 검견을 시행하는 것은 간평 또는 답품(踏品)이라고 한다. 그 밖에 특별한 정조법에 속하는 장도지(長賭地), 가정조(假定租), 원도지(元賭地) 등이 일부 존재하는데, 이는 영도지(永賭地)와 유사한 성질을 띤다.

정조법의 형태를 띠는 소작료 징수방법은 각지에 산재된 궁장토, 역둔토, 사전(寺田), 묘위토(墓位土), 향교지(鄕校地) 등의 관·공유지에서 주로 시행되고 있었다. 또한 평안남도 대동강 연안의 도지 및 황해도 재령·안악지방에서의 중도지, 신천지방의 영세소작(永稅小作) 등에서도 널리 시행되었다. 조선 후기에는 일반적으로 행해지던 타조소작의 폐해를 해결하는 하나의 방안으로 일반 소작지에서도 정조법이 발달하였다. 그리하여 한말에는 충청북도 청주, 옥천, 영동군 및 경상북도 영천군 풍기군과 강원도 강릉지방의 답에도 차츰 보급되었으며 전에서도 시행되는 등 점차 일반 소작지로 확대·증가하였다.

정조법의 운영 상 특징은 다음과 같다. 정조법은 소작계약의 체결과 동시에 소작료의 액수를 직접 결정하였다. 정조 소작기간은 대부분 부정기적이었으나 이후 정기소작의 사례도 증가해 나갔다. 소작지는 소작계약과 동시에 새로운 소작인에게 인도했고 소작인이 비료, 농구, 종자, 운반비용 등을 부담하였다. 미리 정해진 액수만 납부하는 정조법의 특성 상 정조소작은 타조소작에 비해 지주의 간섭이 적고 수확물의 처분·가공도 자유로웠다. 또한 정조법이 시행되는 전답에서 지주-소작인은 소작계약에 앞서 소작지의 면적·지미·수확량에 대한 지식을 갖추어야 한다. 이를 바탕으로 정조법은 재해의 영향을 덜 받고, 토질이 비옥하여 비교적 수확량의 변화가 적은 곳에서 행해졌다. 답의 경우 수리관개시설에 의한 한·수해의 영향을 많이 받기 때문에 정조법이 많이 행해지지 않았다. 전은 답에 비해 작물의 종류가 많고 간작(間作)·혼작(混作)·그루갈이가 행해지므로 소작료 징수의 어려움을 해소하기 위하여 정조법을 채택하는 경우가 많았다. 원(園) 역시도 소작지의 재배물이 과수 및 상수(桑樹)이기 때문에 소작료 결정이 어려워 대부분 정조법을 시행하였다.

소작료는 주로 현물납으로 납부하는 경우가 많았으며 대금납, 금납도 있었다. 조선 후기에 보통 평년작의 30~50%에 해당하는 비율로 정액소작료를 징수하는 것이 일반적이었으나 일제시기에는 수확물의 40~60% 정도에 이르는 소작료를 일정하게 징수하였다. 소작료의 결정은 답에서는 두락, 전에서는 일경을 표준으로 하거나 혹은 토지의 매매가격을 표준으로 하고 있다. 기본적으로 지주-소작자의 합의에 기초해서 정액소작료를 결정했지만, 일제시기가 되면 지주가 요구하는 소작료액으로 결정하는 사례가 많다. 이러한 정조법은 일제시기에는 관개시설의 정비 등으로 급증하고 있다. 정조법의 증가추세는 충청남도가 가장 두드러진다. 기존의 타조·집조법을 소작료 징수의 편의와 소작인 보호를 위해 정조법으로 변화함에 따라 나타난 현상이다. 하지만 고액의 정조액과 재해 시 감면이 잘 이루어지지 않는 소작조건을 이유로 답에서의 정조 소작을 타조법으로 고치는 사례도 있었다. 1930년대가 되면 정조법이 시행되는 전답의 비율은 답 약 32%, 전 약 66% 정도이다. 원의 경우는 대부분 정조법으로 소작료를 징수한다.

[참고어] 타조법, 집조법, 소작제도관행조사

[참고문헌] 조선총독부, 1932, 『朝鮮ノ小作慣行(上)·(下)』; 신용하, 1966, 「韓國의 地主制度에 關한 一硏究(其一)-日帝下의 土地小作制度에 대하여-」『경제논집』 5 〈고나은〉

정초(鄭招) ⇒ 농사직설

정치일(鄭致一) 1798년(정조 22) 권농정구농서윤음(勸農政求農書綸音)에 응하여 농서를 올린 40인 중 한 사람.

당시 흡곡(歙谷)의 유학(幼學)으로 기록되어 있다. 그가 올린 농서에는, 수리사업을 일으키는 문제, 토의(土宜)를 살피는 일, 농기구를 잘 수리하는 일, 땅에 거름을 주는 일, 물을 끌어들이는 일, 호미질하고 도리깨질하는 일, 땅을 갈고 김을 매는 일, 씨를 뿌리고 모를 심는 일, 김매고 북돋우는 일, 들밥을 많이 하는 일, 가축을 먹여 기르는 일, 베어내어 수확하는 일, 장포(場圃)의 일 등의 내용을 담고 있었다.

[참고어] 응지진농서

[참고문헌] 『정조실록』; 농촌진흥청 역, 2009, 『응지진농서Ⅱ』, 진한M&B

정태적 지주(靜態的地主) ⇒ 동태적 지주

제1종유토(第一種有土) ⇒ 유토면세지

제2종유토(第二種有土) ⇒ 유토면세지

제3자 대항권(第三者對抗權) 법률상 거래안전을 위하여 마련된 제3자 보호(특히 선의의 제3자 보호)의 제도.

법률관계에서 직접 참여하는 자를 당사자라고 하며, 일반적으로 당사자 이외의 자를 제3자라고 한다. 예를 들면 가옥의 매매에서 매도인(賣渡人), 매수인(買受人)은 당사자이고, 목적 가옥의 차가인(借家人) 그 밖의 사람은 모두 제3자이다. 권리의무의 포괄승계인(包括承繼人)(상속인)은 계약의 당사자로서의 지위를 승계한 자로서 제3자는 아니다. 또 어떤 경우에는 일정한 법률관계에 있어서 일정사항을 주장하는 정당한 이익을 갖는 자만을 제3자라고 할 경우가 있다.(민제110조, 제539조) 법률상 거래안전을 위하여 제3자 보호(특히 선의의 제3자 보호)의 제도가 마련되었다.(제108조 2항) 제3자 대항권은 대한제국부터 거래의 안전을 위하여 도입되기 시작되었으나 법률로 확립된 것은 조선민사령에 따라 일본민법을 한국사회에 적용하면서부터이다. 공시열람제도가 도입의 관건이다.

[참고어] 채권, 저당권, 조선민사령, 일본민법

[참고문헌] 현암사, 1985, 『圖解 법률용어 사전』 〈이승일〉

제민요술(齊民要術) 가사협(賈思勰)이 6세기 전반 편찬한, 중국에서 현존하는 가장 오래된 종합 농업기술서.

가사협은 후위(後魏) 제군(齊郡) 익도(益都) 사람으로, 고양군(高陽郡 : 현재의 산동성 임치) 태수(太守)였다고 알려져 있다. 『제민요술』은 6세기 이전의 농업이론과 농업기술 경험을 총괄한 저작으로 평가받는다.

책의 구성은 총 10권으로 92편, 11만 자로 이루어져 있다. 오곡·야채·과수·향목(香木)·상마(桑麻)의 종식법(種植法), 가축의 사육법, 술·간장의 양조법 그리고 가공·판매·조리의 과정에 이르기까지 상세히 기술하고 있다. 그 중 건조한 대지에서 토양의 수분을 유지시키는 방법에 관한 기술은 지금까지도 매우 큰 효용가치를 지니고 있다.

현재 20여 종의 판본이 전한다. 최초의 것은 일본 다카야마 사(高山寺)에 소장되어 있는데 5·8권만 남아 있다. 중국 내에서 통용되고 있는 것은 남송 소흥연간(紹興年間 : 1131~1162)의 용서각본(龍舒刻本)을 영인한 명대의 군벽루(群碧樓) 소장본이다. 한편 고려 말~조선 초의 농서에 많은 영향을 주었던 원대의 『농상집요(農桑輯要)』도 『제민요술』의 농법을 많은 부분 수록하고 있다.

[참고문헌] 최덕경, 2011, 「播種期 農作物에 대한 農民의 生態 認識-『齊民要術』과 『農桑輯要』를 中心으로-」 『중국사연구』 73 ; 김영진, 2007, 「『제민요술』 해제」 『농업사연구』 6-2, 한국농업사학회 ; 구자옥·김미희·김영진, 2008, 『고농서의 현대적 활용을 위한 溫故而知新』, 농촌진흥청 〈이준성〉

제실재산정리국(帝室財産整理局) 1907년 대한제국 황실의 재산을 총괄하기 위해 만든 관청.

통감부는 1907년 11월 27일에 경리원, 각궁사무정리소 및 제도국(임시정리부) 등 주요 재정관리·정리 기구를 폐지하고, 황실재산정리국관제를 발포하여 황실재정을 총괄하는 제실재산정리국을 설치했다. 제실재산정리국은 궁내부 대신의 관리에 속해있었으며, 경리원과 각궁사무정리소 등이 폐지됨에 따라 그들이 맡고 있던 황실재산 관리의 업무를 담당하였다. 이는 일제의 재정정리사업의 일환이었는데, 이미 일제는 1907년 7월 내각 소속의 임시제실유급국유재산조사국을 설치하여 황실소유 재산과 국유 재산을 정리한다는 명분 아래 점차 황실 재산을 국유화했다. 이로써 황실재정이 축소됨에 따라 궁내부의 여러 재정기구를 폐합해서 관리할 기구로서 제실재산정리국을 만든 것이다. 장관 1인, 차장 1인, 사무관 29인(전임), 기사 1인(전임), 주사 11인(전임), 기수 3인으로 구성되었다. 특히 제실소유 동산과 부동산의 정리·유지·경영에 관한 일체 사무를 담당하는 궁내부 내의 유일한 재정기구가 되었다. 하지만 종래 궁내부에서 징수하던 잡세 등이 국고로 귀속되어 탁지부 관할이 되었고 사궁장토 및 역둔토의 도세(賭稅)도 탁지부에 위탁 징세되면서, 제실재산정리국이 관리하는 재정규모는 크게 축소되어 있었다. 따라서 업무는 재산의 관리보다는 정리에 초점이 두어졌다.

제실재산정리국에는 정리, 농임, 측량, 주계 등 4과가 설치되었다. 정리과는 황제와 황족의 사산과 제실재산의 구분, 제실유 토지산림원야에 대한 요존(要存)·불요존의 결정과 처리, 제실유영조물 십기(什器) 재료 등 관리와 처리, 능원묘의 소속지 정리와 처리, 제실유토지 감관 수조이원(收租吏員)의 진퇴 등에 관한 사항을 맡았다. 농림과는 제실유 전답, 노전(蘆田), 저전(楮田),

염전, 보언(洑堰) 등의 관리와 수입 정리, 제실유 어채(漁基)·어기(漁採) 등의 관리, 제실유 산림 보호·경영, 제실유 목장·초평·원야의 이용 등에 관한 사항을 맡았다. 주계과는 수곡 등 수입제물건의 보관·출납·방매, 토지 영조물 기타 물건의 방매와 대부료 징수, 감관의 신상보증금 등에 관한 사항을 맡았다. 그리고 측량과는 황실 소유의 토지·산림·원야 등에 관한 측량·제도(製圖)와 지적정리에 관한 사항을 담당토록 했다. 하지만 기본적으로는 위 세 부서의 업무는 정리과의 업무를 보조하는 차원이었다.

제실재산정리국은 황실재산을 발견하는 노력도 하였다. 이에 관보와 신문에 "궁내부 소관 부동산의 이용을 원하는 자는 그 목적물과 이용방법을 표시하고 측량도형을 첨부하여 제실재산정리국 장관에게 신청할 것"을 내용으로 하는 광고를 냈다. 이는 소재를 알 수 없는 제실부동산을 확인하여 이용을 청원하는 자에게 이를 대부해 주려는 것이었다. 600여 건의 청원서가 접수되었는데, 그 중에서 제실재산정리국이 70건을 처리하였고 나머지 544건은 임시재산정리국으로 인계되었다. 그러나 예상과 달리 소재표시나 측량도형이 부정확해서 새로운 황실재산을 찾아내는 데에는 별다른 성과를 거두지 못했다. 제실재산관리국은 1908년 8월 폐지되었고, 관련업무는 임시재산정리국으로 인계되었다.

[참고어] 임시제실유급국유재산조사국, 임시재산정리국

[참고문헌] 이상찬, 1992,「일제침략과 황실재정정리(1)」『규장각』 15 ; 박진태, 2002,「통감부시기 황실재산의 국유화와 역둔토 정리」『사림』 18 ; 김양식, 2006,『근대 권력과 토지』, 해남 〈윤석호〉

제실제도정리국(帝室制度整理局) 1904년 10월 5일 황실재정정리를 위한 기반을 마련하고자 궁내부의 관제 및 제도 개편을 담당한 궁내부 산하 기구.

일제는 식민지 지배의 토대를 확보하기 위해 토지조사사업을 시행할 것을 계획했는데, 이를 위해 먼저 국유지조사와 황실재정의 정리 작업을 선행해야 했다. 제실제도정리국은 1904년 10월 5일 제실제도정리국직무장정(帝室制度整理局職務章程)의 제정과 함께 궁내부에 설치되었으며, 황실재정정리를 용이하게 하기 위해서 궁내부의 제도를 고치는 역할을 담당하였다. 1905년 1월 23일 정리국의 처소를 정하고 직무장정을 의정하고 1905년 3월 궁내부관제를 전면 개편하였다. 제실제도정리국은 총재 1명, 의정관 6명, 비서 2명, 기사 3명 등의 관리를 두었다. 총재에는 궁내부 대신 이재극(李載克), 의정관에는 가토 마스오(加藤增雄), 고영희(高永喜), 박용화(朴鏞和), 이근상(李根湘), 김규희(金奎熙) 등이 임명되었다. 제실제도정리국은 의정관 회의를 통해 안건을 처리하였으며, 메가타 다네타로(目賀田種太郎)가 추천한 인물인 의정관 가토 마스오가 실질적인 주도권을 행사하였다.

제실제도정리국에서 개정 및 폐지된 법률은 ① 제실제도정리국 분과규정 의결(1905년 1월), ② 궁내부 관제 개정 및 후속 법령 개정(1905년 2월~6월), ③ 궁금령(宮禁令) 기초안(起草案) 의정(1905년 7월·12월), ④ 제실재정회의장정, 제실회계심사국직무장정, 제실회계규칙 의정(1905년 11월), ⑤ 궁내부 관제 수정(1906년 1월) 등이다. 1905년 3월 4일에 정리국에서 개정한 궁내부의 신관제(新官制)에서 주목되는 점은 광무연간에 설치되었던 철도원, 광학국, 박문국, 통신사 등 기구의 폐지와 경리원의 설치(1905년 3월)를 통해 내장원이 내장사와 경리원으로 분리된 점이다.

제실제도정리국과 더불어 제반 제도개편을 위한 군제이정소(軍制釐整所, 1904년 8월), 관제이정소(官制釐整所, 1904년 10월)가 설치되었으며 제실회계심사국(帝室會計審查局, 1905년 3월), 제실재정회의(帝室財政會議, 1905년 12월) 등도 궁내부에 설치하여 황실재정과 경제사업을 파악·정리·심의해 나갔다. 제실제도정리국은 1906년 2월 3일 궁내부 관제 개정을 통하여 궁내부 제도국(宮內府 制度局)으로 개편되면서 폐지되었다.

[참고어] 궁내부 제도국, 제실재산정리국, 임시재산정리국

[참고문헌]『제실제도정리국일기』(규13037) ; 宮嶋博史, 1991,『朝鮮土地調査事業史の研究』, 東京大學 東洋文化研究所 ; 이상찬, 1992,「일제침략과「황실재정정리」(1)」『규장각』 15 ; 김양식, 1998,「일제하 역둔토 조사와 소유권 분쟁지 사정」『사학지』 31 ; 박진태, 2002,「통감부시기 황실재산의 국유화와 역둔토 정리」『사림』 18 〈고나은〉

제언(堤堰) 하천이 산곡으로부터 평지로 흘러가는 지점이나 평지의 오목한 지형에 제방을 쌓아 물을 저장하였다가 농지에 관개하는 수리시설.

제언은 한반도에서 전통적으로 활용해 오던 대표적인 수리시설이다. 제(堤)·제방(堤防)·방축(防築)·지(池)라 칭하기도 하였으며, 간혹 언(堰)이라는 말로 제언을 지칭하는 경우도 많이 있었다. 언은 보통 바닷물의 침입을 막아 농지로 만들기 위해 쌓은 제방을 의미하

피당 徐有榘『林園經濟志』

지만, 제언이라고 하면 일반적으로 제를 가리키는 것이다.

제언에는 산곡형(山谷形)과 평지형(平地形) 두 종류가 있었다. 산곡형은 하천이 산곡으로부터 평지로 흘러가는 지점에 제방을 쌓아 계곡물을 모아두는 형태이다. 평지형은 평지의 오목한 지형을 이용하거나, 지대가 낮은 곳을 파낸 뒤에 그곳에 제방을 쌓아서 빗물이나 용천수(湧泉水)를 모아두는 형태이다. 중국에서는 일반적으로 이를 각각 파(陂)와 당(塘)으로 나누거나, 피당(陂塘)과 수당(水塘)으로 구분하였으나, 우리나라에서는 전통적으로 이를 구분하지 않고 제 또는 제언이라 통칭하였다.

조선시기 제언은 일반적으로 산곡형이었으며, 특히 영남지역에 산곡형 제언이 많이 분포하였다. 산곡형 제언은 산의 경사면을 이용하여 제방을 쌓기 때문에 축조에 노력이 적게 들면서도 수심이 깊어서 적은 면적에도 충분한 저수량을 얻을 수 있는 장점이 있다. 반면에 하천이 운반하는 대량의 토사 때문에 매몰되기 쉬워서 정기적으로 준설작업을 하지 않으면 수심이 얕아져 제 기능을 하기 어려운 단점이 있었다. 또한 제언을 설치하게 되면 경사면과 평지가 만나는 지점의 비옥한 농지가 어쩔 수 없이 물에 잠기는 경우도 많았다. 평지형 제언은 산곡형에 비해 처음 만들 때 노력이 매우 크면서도 저수량이 많지 않아서 전체 제언에서 차지하는 비중이 그렇게 높지 않았다. 평지형은 주로 호남지역에 많았다.

전통시대에 제언을 쌓는 데는 대규모의 노동력이 필요하였고, 국가는 새로운 제언을 수축하고 이를 관리하는 데 매우 큰 관심을 기울였다. 제언의 주된 용도는 물을 저장하였다가 농지에 물을 관개함으로써 가뭄에 대비하는 것이다. 또한 홍수로 인한 피해를 막는 데도 큰 역할을 하였다. 큰물을 만나게 되면 제언에 가두어 놓은 물을 방류함으로써 새로 들어오는 물을 상당한 정도로 담아둘 수 있었다. 그리하여 큰물이 아무런 제지 없이 경작지로 밀려 내려오는 일을 방지할 수 있었다. 그리고 이러한 관개를 위한 목적 이외에도 물고기를 인공적으로 키우는 양어용(養魚用)으로 이용되기도 하였다.

제언은 천방(川防) 혹은 보(洑)와 함께 예로부터 가장 대표적으로 이용된 수리시설이다. 한국사에서 가장 이른 시기에 만들어진 제언으로는 330년에 새로 쌓았다고 하는 벽골제(碧骨堤)를 들 수 있다. 벽골제의 기능에 대해서는 저수지라기보다는 방조제였다는 주장이 있어 확정하여 결론을 내리기는 어렵지만, 그 뒤로 5세기에 접어들면 새로 제언을 수축하였다거나 수리하였다는 기록이 여러 곳에서 나타나는 것으로 보아 대략 4~5세기경에는 국가적으로 제언을 만들고 관리하였음을 확인할 수 있다. 그렇지만 제언에 관한 기록이 본격적으로 등장하는 것은 고려시기부터이다. 이는 이 무렵부터 벼의 재배 비중이 점차 확대되면서 수리시설의 중요성이 더욱 커졌기 때문으로 보인다. 특히 12세기 이후부터는 이전부터 존재했던 제언을 보축(補築)하거나 새로 제언을 수축하는 사업이 활발히 진행되었다. 김제의 벽골제, 밀양의 수산제(守山堤)가 이 시기에 와서 크게 개축된 대표적인 제언이며, 상주의 공검지(恭儉池), 양산의 황산언(黃山堰) 등이 12세기 이후 새로 축조되었음이 고고학적으로도 확인된 대표적인 사례이다.

조선 건국 이후에는 수리사업이 가장 중요한 농업정책의 하나로 자리 잡기 시작하였고, 그 가운데에도 제언의 수축과 관리는 국가가 가장 많은 관심을 기울인 분야가 되었다. 태조 대에는 제언의 구조와 관리에 대한 규정을 만들었으며, 태종 대와 세종 대에는 정부의 적극적인 정책으로 전국에 많은 제언을 수축하여 괄목할 만한 성과를 거두었다. 특히 태종 대에는 우희열(禹希烈), 이은(李慇)과 같은 몇 명의 관료들이 제언 관련 업무를 전담하다시피 하며 정부의 제언 수축사업을 이끌었다. 그렇지만 점차 제언의 수축과 관리에 관한 체계적인 규정을 마련하여 수령들로 하여금 매년 봄에 제언을 수축하고 이를 관찰사에게 보고하도록 하는 한편, 수리정책을 수립하고 수리사업을 관리·감독하는 등의 수리 행정을 담당하는 부서로 제언사(堤堰司)를 설치하여 운영하였다. 이러한 노력의 결과 중종 대에 이르면, 경상도에 800여 곳, 전라도는 900여 곳, 충청도에 500여 곳의 제언이 존재한다는 보고가 있을 정도로 많은 제언이 전국에 수축되어 수리 진흥에 커다란 성과를 거두었다.

제언 수축사업은 이후로도 지속되어 18세기 말에 이르면 그 수가 급격히 증가하여 전국에 제언이 없는 곳이 없다는 표현이 나올 정도였다. 1662년(현종 3)에 제언사를 다시 설치하면서 마련한 진휼청제언사목(賑恤廳堤堰事目)에서는 제언과 천방 등 수리시설의 축조를 강조하고, 이를 뒷받침하기 위해 노동력을 동원하기 위한 자세한 방침을 규정하였다. 이는 조선 전기 이래 정부의 기본적인 제언 정책이 충실히 계승되고 있었음을 보여준다. 아래 표에서 확인되듯이 특히 경상도 지역에서는 제언의 숫자가 16세기 이후 꾸준히 증가하였음을 알 수 있다. 전라도와 충청도에서는 16세기~20세기 초까지 제언의 수가 별다른 변화를 보이지 않았는데, 이는 애초에 이 지역에서는 제언보다 보(洑)와 같은 다른 수리시설을 더욱 많이 이용했기 때문일 가능성이 크다. 조선 후기 경상도 지역 제언의 증대는 특히 지금의 경상북도 지역에서 많은 제언이 축조되었기 때문이다.

〈조선시대 삼남 지역 제언 수의 변천〉

	15세기 후반	1518년	1782년	19세기초	1908년	1910년경
경상도	721	800	1,522	1,666(99)	1,317	1,752
전라도	-	900여	913	912(24)	745	800
충청도	-	500여	503	518(17)	248	319

출처 : 宮嶋博史, 1983, 「李朝後期の農業水利-堤堰灌漑を中心に」『동양사연구』 41-4

제언은 새로운 것을 수축하는 것도 중요하지만, 기존의 시설이 제 기능을 유지할 수 있도록 관리하는 작업 또한 반드시 필요한 일이었다. 조선시기 제언의 일반적인 형태였던 산곡형 제언의 경우 정기적으로 준설 작업을 해 주지 않으면 토사로 인한 매몰로 점차 수심이 얕아져서 물을 제대로 저장할 수 없게 된다. 또한 큰비가 오면 물의 무게를 지탱하지 못하고 제언이 허물어지는 일도 다반사였다. 더구나 제언 내에 물에 잠긴 토지는 본래 경사지와 평지가 만나는 지점의 비옥한 농지였기 때문에 의도적으로 제언의 물을 빼고 제언 내의 경작 가능한 토지를 몰래 경작하는 경우도 많았는데, 이를 모경(冒耕)이라 하였다. 왕실을 비롯한 특권층에서는 제언을 절수(折受)받아 물을 빼고 농지로 활용하는 사례도 있었다. 이에 조선 전기부터 수령으로 하여금 제언을 정기적으로 유지·보수하는 임무를 맡도록 하였고, 제언의 기능을 마비시키는 모경 행위에 대한 금지와 처벌 조항을 마련하였다.

특히 정조 대에 이르러 1778년(정조 2)에 반포한 제언절목(堤堰節目)은 새로운 제언 축조보다 기존 시설물의 복구와 보존, 관리에 최선을 다하는 방안에 정책의 주안점을 두었다. 18세기 말에 이르러 제언의 개발은 이미 최고도에 달할 정도로 성하였으나, 이를 제대로 보수하고 관리하지 못하여 대부분의 시설이 설치된 후 오래가지 못하고 폐기와 수축 및 복구를 반복하였다. 이러한 상황에서 마련된 제언절목은 기존의 수리 정책에 비해 제언을 더욱 중시하였으며, 그러한 가운데 새로운 제언의 축조보다는 이미 존재하는 제언을 보수, 유지, 관리하는 데 초점을 맞추었다.

1780년대 삼남 지역의 군현별 평균 제언수 현황을 보면 충청도가 약 10곳, 전라도 약 18곳, 경상도 약 23곳이다. 19세기가 되면 제언의 사점이 광범위하게 진행되었으며 수세(水稅) 문제가 새롭게 제기되는데 이는 수리시설의 소유와 이용형태에 급격한 변화가 일어났음을 의미한다.

[참고어] 수리, 천방, 제언사, 제언절목

[참고문헌] 이광린, 1961, 『李朝 水利史 硏究』, 한국연구도서관 ; 宮嶋博史, 1983, 「李朝後期の農業水利-堤堰灌漑を中心に」『東洋史硏究』 41-4 ; 이호철, 1986, 『조선전기농업경제사』, 한길사 ; 문중양, 2000, 『조선후기 水利學과 水利담론』, 집문당 ; 염정섭, 2012, 「중·근세의 농법과 수리시설」『중앙고고연구』 10 〈이민우〉

제언사(堤堰司) 조선시기 수리행정을 관장하던 관서.

조선은 건국초부터 권농관(勸農官)으로 하여금 관개시설의 설치를 권장해왔다. 태종 이후에는 벽골제(碧骨堤) 등 수리사업이 활발해지면서 지방의 제방수(堤防數)와 몽리면적(蒙利面積)을 기록해 대장을 만들기도 했는데, 이를 전담할 관청으로 제언사를 설치해 각 도의 제언을 관리하게 했다. 그러나 실제 지방의 수리시설 축조 및 관리는 관찰사와 수령이 담당했으며, 제언사는 제언의 신축 허가, 필요 없는 제언의 파괴, 무너진 제언의 재수축, 제언 내 토지경작의 단속 등을 담당했다.

이후 관리가 제대로 되지 못해 제언이 무너지거나 제언 안의 땅을 토호나 세력 있는 자들이 불법으로 점유해 몰래 경작하는 경우가 빈발했고, 제언사의 제조와 낭청이 파견되어 조사·관리의 업무를 수행할 때 지방관과의 알력이 발생하거나 민폐가 발생하는 경우도 있었다. 이로 인해 성종 연간에는 제언사를 폐지하자는 논의도 있었지만, 민폐를 줄이면서 제언사의 업무를 계속 수행하는 것으로 일단락되었다. 1523년(중종 18) 당시 제언사의 보고에 의하면, 남쪽 지방의 제언수는 대략 전라도 900, 경상도 800, 충청도 500개소 이상이었다.

제언사는 임진왜란 도중에 폐지되었다가, 1662년(현종 3)에 조복양(趙復陽)의 건의에 따라 진휼청(賑恤廳)에 다시 설치되었다. 또한 이때 마련한 진휼청제언사목(賑恤廳堤堰事目)에서는 제언과 천방 등 수리시설의 축조를 강조하고, 이를 뒷받침하기 위해 노동력을 동원하기 위한 자세한 방침 등을 규정하였다. 제언사의 제조는 호조판서와 진휼청 당상이 겸임했고, 낭청도 호적판적사(戶籍版籍司)의 낭청이 겸임했다. 그리고 별차당상(別差堂上)을 두어 제언사무를 전관하도록 했다.

『속대전』에 의하면, 백성들이 보·둑의 신축을 진정하면, 수령이 그 장소를 직접 조사해 제언사에 보고한 후 재력과 인력을 동원하여 신축토록 했다. 또한 "각 읍의 제언은 모두 구대장에 따라 측량하고 제언사에서 간간이 낭청을 발송하여 제비뽑기를 하여 척간하고 제멋대로 기경한 자는 죄를 과한다.(各邑堤堰, 一從舊案打量, 堤堰司間間發送郎廳, 抽栍擲奸, 冒耕者科罪.[『續大典』「戶典」田宅])"라고 규정했다.

숙종 때에는 비변사 당상 1명을 제언당상으로 임명했으며, 1730년(영조 6)에는 제언사가 비변사에 예속되었다. 이후 1865년(고종 2) 대원군이 비변사를 의정부에 속하게 할 때 제언사 역시 의정부로 편입되었으며, 갑오개혁 뒤에 폐지되었다.

[참고어] 수리, 제언, 제언절목, 천방

[참고문헌] 李光麟, 1961, 『李朝水利史硏究』, 韓國硏究圖書館 ; 최원규, 1992, 「朝鮮後期 水利기구와 經營문제」 『國史館論叢』 39

〈이석원〉

제언절목(堤堰節目) 1778년(정조 2) 1월 13일에 비변사에서 수리 문제에 대한 대책으로 작성하여 반포한 절목.

정조는 즉위 초부터 수리 문제를 극복하기 위한 방안을 모색하기 시작하였고, 그 결과물로 1778년에 제언절목을 반포하였다. 18세기 말에 이르러 제언과 보(洑) 등 수리시설의 개발은 이미 최고도에 달할 정도로 성하였으나, 이를 제대로 보수하고 관리하지 못하여 대부분의 시설이 설치된 후 오래가지 못하고 폐기와 수축(修築) 및 복구를 반복하였다. 이러한 상황에서 마련된 제언절목은 기존의 수리 정책과는 다르게 보보다는 제언을 중시하였으며, 그러한 가운데 새로운 제언 축조보다 기존 시설물의 복구와 보존, 관리에 최선을 다하는 방안에 주안점을 두었다.

제언절목은 전문과 11조항의 절목으로 구성되어 있다. 전문에는 제언 수축의 중요성과 제언 보호의 필요성을 강조하여 제언절목 작성의 의의를 설명하였다. 이어서 제언이 폐기되는 것을 막기 위한 방안을 처음 3개의 조항으로 제시하였다. 1조는 제언 안을 모경(冒耕)하는 폐단을 금지하였고, 2조와 3조는 제언이 무너져서 터지는 원인을 해결하는 방안을 제시하였다. 5, 6, 7조는 제언을 수축할 때 인력을 동원하고 이를 감독하는 데 대한 방안이며, 8조는 제언을 수축하거나 새로 축조한 제언의 규모를 별도의 장부로 기록하여 중앙 정부로 올려 보낼 것을 규정하였고, 10조는 제언을 제대로 관리하지 못한 수령에 대한 처벌 조항을 담고 있다. 이와 같이 기존 제언의 수축과 관리에 대해 8개 조항에 걸쳐 자세히 언급한 반면, 새로운 제언의 축조에 대해서는 오직 8조에서 간략하게 지적하는 데 그쳤다.

4조의 내용은 제언의 활용을 보를 통해서 보완하는 데 따르는 기술적인 문제와 이로 인해 발생하는 토지 손실에 대한 행정적 보상 문제를 다루고 있으며, 9조는 방천(防川), 즉 보의 중요성을 언급하면서 보의 수축과 관리 역시 제언과 동일하게 처리하도록 규정하였다. 조선의 수리시설과 정부의 수리 정책에서 줄곧 보가 중심에 놓여 있었던 점을 고려하면, 보의 유용성을 충분히 인식하면서도 단 2개 조항에 걸쳐 간략히 언급하는 데 그친 점은 제언을 중시하는 방향으로 정부의 수리 정책이 전환하였음을 보여준다.

제언절목은 소규모 하천을 이용하는 보 중심의 수리 정책으로부터 그동안 등한시해 온 제언을 중시하는 수리 정책으로의 전환이었다. 그러한 가운데 제언절목은 새로운 제언의 축조보다는 이미 존재하는 제언을 보수, 유지, 관리하는 데 초점을 맞추었다. 제언절목을 제정한 이후 전국의 제언 숫자를 조사하고, 구체적인 개별 조항들을 실행에 옮기는 등 적극적인 중앙정부 차원의 조치들이 줄곧 시행되었다. 정조 역시도 제언의 수축과 모경의 금지 등을 권농윤음(勸農綸音)과 권농교

(勸農敎)를 통하여 계속 신칙하였다. 이러한 성과는 정조 대 후반에 이르러 화성(華城) 축조과정에서 대규모 수리 시설을 건설하고, 『농서대전(農書大典)』 편찬을 위해 전국적으로 응지농서(應旨農書)를 수집하는 방향으로 이어졌다.

[참고어] 수리, 제언, 제언사

[참고문헌] 이광린, 1961, 『李朝 水利史 硏究』, 한국연구도서관 ; 이태진, 1986, 「조선시대 水牛·水車 보급 시도의 농업사적 의의」 『천관우선생환력기념한국사학논총』, 정음문화사 ; 문중양, 2000, 『조선후기 水利學과 水利담론』, 집문당 ; 염정섭, 2002, 「18세기 후반 정조대 권농책과 수리진흥책」 『한국문화』 29 〈이민우〉

제전(梯田) 필지의 모양이 위쪽은 넓고 아래쪽은 좁은 사다리꼴 모양의 전답.

제전 『경기도 용인군 양안』 1책 007a(규17645)

제전은 양전의 결과 측량된 전답도형 중 하나인 제형(梯形)의 전답이다. 계전(階田)이라고도 한다. 한 변이 밑변에 수직인 사다리꼴의 전답은 제전이 아닌 사전(邪田)이라 하기도 한다. 제형은 세종·세조 대를 거쳐 정형화된 기본 5가지 전형 중 하나이다. 대한제국의 양지아문 양안에는 그림처럼 제전을 도시하였다.

제전은 윗변과 아랫변을 서로 더하고 그 길이에 높이를 곱한 후 2를 나누어 그 면적을 구한다. 계산법은 현행과 같다.[계산법 : (윗변+아랫변)×높이÷2=제전의 면적]

[참고어] 전답도형, 광무양안, 양지아문

[참고문헌] 최원규, 1995, 「대한제국기 양전과 관계발급사업」 『대한제국의 토지조사사업』, 민음사 ; 김건태, 2008, 『조선후기 경자양전 연구』, 혜안 ; 대한지적공사, 2005, 『한국지적백년사 : 자료편4』 〈고나은〉

제차(第次) 조선시기 양전 용어로, 양전을 실시한 필지의 차례대로 번호를 붙여 기입한 필지순서.

제차는 17~18세기의 갑술·경자양안 기재항목 중 해당 필지의 양전 실시 순서를 나타내는 지번(地番)을 가리킨다. 대체로 15세기 정도에 발생하여 양안 형식으로 자리잡은 것으로 보인다. 전 경지를 객관적 소재대로 파악하고자 하는 의도에서 제차의 부여가 이루어졌다.

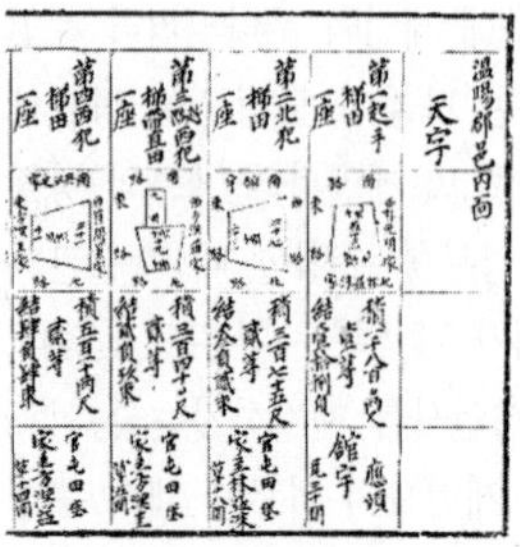

양안 상단에 기재된 제차 실례 『충청남도 온양군 양안』 1책 003a(규17666)

1820년(순조 20) 「경진양전사목」에는 '본면 전답은 자호·제차·부수·두수·야미수·전부성명 및 호명을 등록하며……'라는 기록이 있다. 1897년부터 실시된 광무양전사업의 결과물인 광무양안의 기재항목에도 양전의 순서가 기재되어 있다. 광무양안의 야초단계에서 토지의 정보를 우선 조사한 후 각 면별로 작성된 야초를 면의 순서에 따라 자호와 지번, 즉 제차를 부여하면서 중초책을 작성한다. 중초책을 토대로 완성된 정서책에서는 각 필지마다 4칸으로 나누어 양전사항을 기재하였는데 그 중 첫째 칸에 해당 필지의 자호와 제차(지번)가 기입되었다. 제차는 천(天), 지(地) 등의 순서로 토지에 자(字)를 붙이고 다시 1자내에 제1, 제2, 제3 등의 번호를 붙여 필지 순서를 매기는 형식을 띤다.

[참고어] 경진양전사목, 양안, 지번, 광무양전사업, 광무양안

[참고문헌] 왕현종, 1995, 「대한제국기 양전·지계사업의 추진과정과 성격」 『대한제국의 토지조사사업』, 한국역사연구회 토지대장연구반, 민음사 ; 오인택, 1996, 「조선후기의 양안과 토지문서」 『역사와 세계』 20 〈고나은〉

제초(除草) 전답에서 작물의 생장을 저해하는 잡초 등을 없애주는 작업.

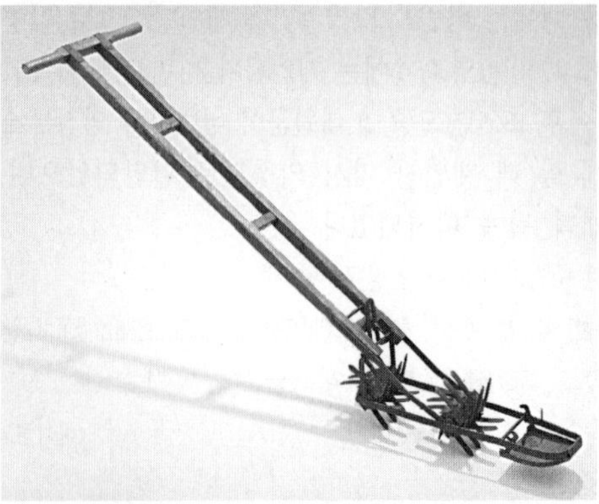

제초기 농업박물관

제초작업에서 주로 사용하는 농기구가 호미 즉 서(鋤)이기 때문에 제초를 달리 서치(鋤治)라 부른다. 제초작업은 경운(耕耘)이라는 보다 광범위한 농작업의 하나로 포함시킬 수도 있다. 경운은 제초를 포함하여 토양을

분쇄진압(粉碎鎭壓)하는 작업을 가리킨다. 조선 초기에 편찬된 『농사직설』에 보이는 제초기술은 잡초 제거와 더불어 세밀하게 농작물의 생장을 북돋는 것이었다.

수전(水田)과 한전(旱田)에서 수행하는 제초작업은 모두 농민의 손으로 수행하던가 아니면 호미를 이용하는 것이었다. 기본적인 제초용 농기구인 호미의 형태는 지금과 마찬가지로 앉는 자세로 제초작업을 수행하는 데 적합한 자루가 짧은 것이었다. 서호수(徐浩修)의 『해동농서(海東農書)』에는 "서(鋤)는 향명으로 '호미'인데 제초하는 농기구이다. 육전에서는 서서 제초작업을 하기 때문에 호미의 자루가 길다. 곧 이른바 우서이다. 조선의 풍속에서는 수전과 육전에서 모두 앉아서 제초 작업을 하고 호미의 자루도 짧다.(鋤, 호미, 除草器也. 陸田立耘, 故鋤柄長. 卽所謂耰鋤. 東俗, 水陸田, 皆坐耘, 鋤柄短.[『海東農書』(正本) 『農書』 10, 167~168면])"고 했다. 제초작업은 호미를 이용한 방식 외에도 쟁기를 이용하여 우경(牛耕)으로 수행되기도 하였다. 『농사직설』 종서속(種黍粟)에 잡초를 제거하기 위해 입에 망을 씌운 소를 몰아서 경운하는 기술을 수록하고 있다.

제초기술은 특히 이앙법(移秧法)의 단계적인 보급과 깊이 관련되어 있었다. 이앙법이 보급된 배경으로 농업 노동 중에서 제초에 드는 노동력을 절감시키고, 또한 수확량을 증가시키는 이점을 가지고 있기 때문이라 설명하고 있다. 직파법을 실시하면 벼를 재배하는 과정에서 제초작업으로 4, 5회의 전면적인 제초를 실시해야 하는 것에 비해서, 이앙법의 경우는 2, 3회의 제초작업만으로도 만족할 수 있었고, 또한 동일한 면적의 토지에서 생산되는 벼의 수확량도 이앙법을 실시하게 되면 직파법보다 많은 수확을 거둘 수 있다는 것이었다.

호미의 지역적인 특성이 정형화되어 호미의 기능과 외형상의 형태에 분명하게 나타났다. 조선 후기 수도작의 북상, 이앙법의 북상과 더불어 토양을 찍어 완전히 뒤집는 기능을 수행하는 볏이 달린 호미가 북쪽으로 전파되어 황해도에서 멈추었다. 북쪽 지방의 호미는 날이 크고 무거워서 긁기에 적합하였다. 반면에 남쪽 지방의 호미는 날이 뾰족하고 작아서 찍기에 적당하였다. 심지어 제주도 호미는 골갱이라고 부르는데 쇠꼬챙이 비슷한 모습을 띠고 있었다. 이러한 호미의 형태상의 특징이 지역별로 차이가 나는 것은 다름이 아니라 지역의 기후, 토질에 적합한 호미를 해당 지역의 농민들이 개발하여 발전시킨 것이었다.

조선시기 제초, 서치 기술은 전답에서 벼와 한전작물을 매년 경작하는 연작농법(連作農法)에 걸맞는 성격의 것이었다. 수도(水稻) 경작과 한전 작물 경작에 호미를 이용하고 손을 활용하는 제초작업을 수행하였다. 제초작업은 잡초를 제거하는 것일 뿐만 아니라 농작물의 생장을 북돋는 성격의 것이었다. 즉 제초작업을 통해 토양에 공기를 유통시켜 유기물이 활성화될 수 있게 해주고, 작물 뿌리의 발육을 촉진시키며, 토성을 유연하게 만들어주는 등의 효과를 거둘 수 있었다.

[참고어] 이앙법, 호미

[참고문헌] 李鎬澈, 1986, 「農具 및 水利施設」『朝鮮前期農業經濟史』, 한길사 ; 金容燮, 1990, 『增補版朝鮮後期農業史硏究』 Ⅱ, 一潮閣 ; 閔成基, 1990, 『朝鮮農業史硏究』, 一潮閣 ; 염정섭, 2002, 『조선시대 농법 발달 연구』, 태학사

〈염정섭〉

제향공상제사채전(祭享供上諸司菜田) 조선시기 여러 궁에서 시행되는 제사에 이용될 채소를 마련하기 위해 지급한 토지.

이전까지 궁중의 제사와 각 전에 소용되는 채소를 공급하던 침장고(沈藏庫)를 혁파하는 대신, 별도로 제사용 채전을 마련하기 위해 지급된 면세지였다. 1417년(태종 17)의 기록에 따르면, 계성전(啓聖殿)·문소전(文昭殿)·혼전(魂殿)의 공상은 전사시(典祀寺)에서, 인덕궁(仁德宮)은 공안부(恭安府)에서, 대전(大殿)은 내자시(內資寺)에서, 정비전(靜妣殿)은 내섬시(內贍寺)에서, 성비전(誠妃殿)·세자전(世子殿)은 경승부(敬承府)에서 식례에 의해 진공키로 했다. 이 과정에서 침장고에 속했던 노비(奴婢)·거우(車牛)·채전(菜田)도 이상의 기관에 나누어 지급되었다.[태종 17년 10월 26일(戊申)]

[참고문헌] 『태종실록』

조가전(朝家田) 고려시기 왕실, 조정, 혹은 관아와 유관한 공전(公田)의 한 지목.

조가란 제실(帝室)이나 왕실, 조정, 국가, 관가 등의 의미로 쓰이므로, 조가전은 왕실 소유의 어료지(御料地)나 내장전(內莊田) 및 공해전(公廨田) 등을 포함한 토지를 말한다. 구체적으로 어떤 토지인지에 대해서는 이견이 많다. 전시과에서 지급된 양반전을 조가전으로 파악하기도 하고, 국가직속지로 파악하기도 한다. 조가전의 운영에 있어서도 농민의 요역 노동을 이용하는 직영제로 보는 견해도 있고, 조가전과 가전(家田)을 대비시켜 가전은 수확량의 1/4을 세금으로 내는 공전이며, 조가전은 국가 소유지로 국가에서 1/2을 징수하는 공전이라

고 보는 견해도 있다. 이 경우 조가전은 공노비의 노동을 통해 운영되었다고 본다. 한편 국가기관의 수조지로서, 중앙 각사(各司) 및 지방 관아(官衙)의 공해전이나 학전(學田) 등으로 보는 견해도 있다.

[참고어] 공전, 내장전, 공해전, 가전

[참고문헌] 李佑成, 1965,「高麗의 永業田」『歷史學報』28 ; 姜晉哲, 1980,「公田의 經營形態」『高麗土地制度史硏究』, 高麗大學校出版部 ; 浜中昇, 1981,「高麗田柴科의 一考察」『東洋學報』63-1·2 ; 洪承基, 1985,「高麗前期 家田과 朝家田의 稅額·租額과 그 佃戶의 경제적 지위」『歷史學報』106 ; 權寧國 外, 1996,『譯註『高麗史』食貨志』, 韓國精神文化硏究院 ; 李景植, 2007,『高麗前期의 田柴科』, 서울대학교출판부

조계(租界) 조약 등을 통해 개항장이나 개시장(開市場)에서 외국인만의 거주와 통상을 허용했던 지역. 그중 조약국의 행정권이 전적으로 행사되는 곳만을 지칭하기도 한다.

외국인에게 국내 개방과 주거 자유를 허용하지 않는 국가에서 설정되는데, 체약국(締約國)의 국민은 이 지역의 토지와 가옥을 조차 및 매매할 수 있고 영구 거주도 가능하다. '조계'라는 용어가 처음 공식화한 것은 1876년 9월 13일에 체결된 영·청 간의 즈푸조약[芝罘條約] 제3관 2항에서 '新舊各口岸 除已定有各國租界 其租界未定各處……'라고 한 데에서였다. 이때의 어원은 '외국거류민에게 가옥건축을 할 대지의 조임(租賃)이 허용된 구역의 계지(界址)'라는 것이 일반적인 해석이다. '조계'의 용례가 일반화되기 전 일본에서는 영어의 settlement에 해당하는 역어(譯語)로 '거류지'를 쓰고 있었다. 이후 청은 조약에서 '조계'나 일부 '지계(地界)'를, 일본은 '거류지'를 사용했다. 개항조약을 일본과 처음 맺었던 조선에서는 '거류지'를 사용했는데, 강화도조약[조일수호조규(朝日修好條規)] 이후 1876년 12월에 체결한 부산 초량 일본 거류지구 관리조약(釜山草梁日本居留地區管理條約)이 처음이었다. 이후 1881년 8월에 작성된 원산진거류지조약서 때까지는 '조계' 대신 '거류지'를 용어로 사용하다가, 1883년 9월의 인천일본조계약조(仁川日本租界約條)부터는 주로 조계를 사용하였다. 조계는 18세기 중엽 광동(廣東)에 설치된 것이 처음인데, 본격적으로는 아편전쟁(1840) 후 1845년 영국이 상해(上海)에 설치한 이래로 천진(天津)·한구(漢口)·하문(廈門) 등의 개항장에 설치되었다. 1842년 난징조약에 따라 이듬해 상해가 개항되었을 때, 조약 체결의 당사자들은 조계의 설치를 예상하지 못했다. 이미 개항장 자체가 한 국가 내에서 외국인의 거주·통상을 허용하는 지역 범위였기 때문이다. 그런데 1845년 상해에 설치된 최초의 조계는 원주민과 외래인의 잡거로 발생하는 불리불편(不利不便)을 피한다는 구실로 영국영사가 특별히 요청한 것이었다. 그러나 이는 '화양분거(華洋分居)'를 바라던 청의 입장과 부합하는 것이기도 했다. 이후 청은 영국·프랑스·독일·일본 등 8개국에게 28여 개의 조계를 설치했다.

조계는 관리국의 단복(單複)이나, 토지의 취득방법, 조계의 운영방식 등을 기준으로 분류해 볼 수 있다. 우선 조계관리국의 단복에 따르면 전관조계와 공동조계로 할 수 있는데, 전관조계는 조계의 사용이 일국에게 전속된 지역이고 공동조계는 다수의 국가가 해당 조계를 공동으로 사용하는 경우이다. 또한 조계는 그 바탕이 되는 토지의 취득방법에 따라 concession과 settlement로 나눌 수 있다. 전자는 조계지를 조약국이 일괄해서 영조(永租)하는 방식으로, 영사를 통해 자국민에게 다시 불하(拂下)·전차(轉借)하는 것이다. 이때 조약국은 영토를 할양한 것이 아니기 때문에 해마다 일정한 지세를 납부할 의무를 지닌다. 한편 settlement는 조약국인이 토지소유자와의 개인적인 접촉에 의해 영조하는 것으로, 정부간에는 직접적인 토지임차관계가 없는 것이다. 한편 concession과 settlement는 조계의 운영방식에 따라 구분되기도 한다. 즉 조약국의 행정권이 전적으로 행사되는 것을 concession이라고 보고, 소속국과 공히 행정권이 행사되는 것을 settlement로 간주하는 것이다.

그런데 조약국이 일괄해서 영조를 하는 방식에서는 통상 조계 내에서는 해당국의 영사가 행정권을 행사하며, 소속국은 조약국으로부터 매년 지세만 일괄해서 받는 것이 일반적이었다. 또한 조약국인이 개인적으로 영조하는 경우에는 소속국의 지방관헌과 설정국 영사와의 공동참여에 의해 구성된 이른바 '거류지회(居留地會)'가 공동행정권자가 되는 것이 상례였다. 따라서 두 분류기준은 사실 긴밀히 연관된 것이기도 하다. 하지만 예외적인 경우도 있는데, 예컨대 인천일본전관거류지(仁川日本專管居留地)의 경우 영조의 방식은 settlement이지만 조계 내의 행정권을 일본영사가 전행하고 있었다. 따라서 이와 같은 경우에는 그 침략성에 주목해 concession으로 규정하기도 한다. 문제는 settlement와 concession의 대역어로 무엇을 사용하는가이다. 이전까지 학계에서는 양자에 대해 조계와 거류지

를 구분 없이 사용했다. 그러나 최근에는 settlement, 즉 해당 지역에서 소속국의 행정권이 부분·전부가 관철되고 영조 계약도 개인 간에 이루어지는 형태에 대해서는 일본의 용례에 따라 '거류지'로 지칭하기도 한다. 반면 조약국의 행정권이 관철되고 영조 계약도 국가 간에 일괄 이루어지는 concession은 '조계'로 지칭한다. 1876년에 개항된 이래로, 조선은 후속된 각국과의 조계 조약에 따라 제물포·원산·부산·한양·양화진 등에 조계를 설치했다.

이상의 기준으로 볼 때, 조선의 조계 중 concession에 해당하는 것은 부산·원산·인천·마산에 설치된 일본전관거류지이며, 그 밖의 조계들 즉 인천·부산·원산의 청국전관조계와 인천·목포·진남포·군산·성진·마산 등에 설치된 각국공동조계는 모두 settlement로 볼 수 있다. 사례로 살펴보면, 우선 부산과 원산의 일본조계는 전관조계이자 대표적인 concession으로 볼 수 있다. 즉 일본 정부가 조계지기(地基)를 일괄 영차하고, 지조로 연간 50원을 조선에 일괄 납부했다. 또한 영사는 영사관 직무규칙에 따라 영사재판권 등 전권을 가지고 관리·통제했고, 행정관청의 역할은 거류민단(居留民團) 역소(役所)가 담당하기도 했다. 한편 대표적인 settlement로는 1897년의 진남포 및 목포 각국조계장정(鎭南浦及木浦各國租界章程)을 들 수 있다. 먼저 조선 정부는 조계 내의 개발 계획을 지구별로 세운 다음, 측량에 착수했다. 지형에 따라 등급·경계·지형 등을 정하고 조선인 가옥을 철거했으며, 이후 경매[公拍法 : 競貸法]을 통해 최고 입찰자에게 매각했다. 경락(競落)을 받은 자는 10일 이내에 지가를 지불하고, 지계를 발급받았다. 지계로 법인받은 토지권은 차지권이었지만, '영원조여(永遠租與)'한 영대차지권으로 매매·양여·상속이 가능했다. 권리를 이전할 때는 구지계(舊地契)를 조선관리에 반납하고 신지계(新地契)를 교부받았다. 또한 소유자는 정해진 기간 내에 조계공사(租界公司)에 지조를 미리 납부해야 했는데, 체납·미납시에는 조계공사가 지주 자격을 박탈하고 토지를 경매처분 하도록 했다. 이때 조계공사는 본국의 지방관리와 각국 영사, 선출된 지주 등으로 구성되어, 조계 내의 행정업무 일체를 총괄했다.

일본의 조선내 거류지는 초기에는 부산, 인천 등 개항지에 한정되었으나, 점차 서울을 중심으로 거류지가 확대되어, 1900년대 이후에는 서울 거류지에 일본인들이 가장 많이 거주하게 되었다. 일제는 한국을 강점하면서 거류지를 1914년에 폐기하였다.

[참고어] 거류지, 잡거지, 개항장

[참고문헌] 이현종, 1968, 「구한말 외국인 거류지내 상황」『사총』 12·13 합집 ; 손정목, 1982, 『한국 개항기 도시변화과정 연구』, 일지사 ; 박광성, 1991, 「인천항의 조계에 대하여」『기전문화연구』 20 ; 박찬승, 2002, 「서울의 일본인 거류지 형성과정」『사회와 역사』, 2002 ; 박정현, 2010, 「19세기 말 인천과 한성의 중국인 거류지 운영체제」『동양사학연구』 113 〈윤석호〉

조과(趙過) 한무제(漢武帝) 때의 수속도위(搜粟都尉)로 최초로 대전법(代田法)을 시행한 인물.

조과는 중국 고대 화북지방의 세역전(歲易田)을 근간으로 하여 삼보(三輔)지방에서 새로이 대전법을 개발하였다. 대전법은 지력 회복을 위한 농법으로 『한서(漢書)』 식화지(食貨志)에 "1묘[이랑]에 3견[고랑]을 만드는데 해마다 위치가 바뀌는 까닭에 대전이라 한다(一畝三甽, 歲代處, 故曰代田.)"라고 한 데서 비롯되었으며, 해마다 휴한지와 파종지를 바꾸는 농법이었다. 즉, 세 이랑 중 한 이랑에만 작물을 재배하고 나머지 두 이랑은 휴한시켜두고 그 다음해에는 휴한했던 다른 한 이랑에 농사짓는 방식이었다. 이것은 일종의 윤작법(輪作法)으로 지력의 소모를 막고 일정한 수확을 계속 올리고자 하는 농법이었다. 중국의 화북지방 농업권에 들어있었던 고려 말 조선 초까지는 중국으로부터 다수의 농법이 전해지고 흡수되었다. 농지가 척박한 중부지방 이북지역에서는 대전법이 주류를 이루었던 것으로 보인다.

또한 조과는 경운(耕耘)·낙종(落種) 등에 사용되는 농기구를 제작하고 방법을 고안하였다. 『제민요술(齊民要術)』에 따르면 씨를 뿌릴 때 누거(耬車 : 씨 뿌리는 기계)를 잡은 사람이 허리에 가벼운 몽둥이를 차고 그것을 끌어서 두둑의 흙이 씨앗을 덮도록 한 다음, 독거(砘車 : 씨앗을 덮는 고무래 같은 것)를 사용하여 흙덩이를 부스러뜨리는 방법을 조과의 누종법(耬種法)이라고 하였다. (『다산시문집(茶山詩文集)』 권9, 책문(策問), 농책(農策))

또한 서유구(徐有榘)는 국둔(國屯) 경영을 위한 관리로 전농관(典農官)을 임명할 것을 제의하면서 중국 한나라 때 조과의 직위였던 수속도위(搜粟都尉)·농도위(農都尉)와 같은 기능을 갖는 관직을 제안하였다. 이처럼 조과는 농사에 능한 기술 관리로서의 표본으로 추앙되었다.

[참고어] 대전법, 견종법, 농종법

[참고문헌] 김용섭, 2000, 『韓國中世農業史硏究』, 지식산업사 ; 김용섭, 2006, 『朝鮮後期農業史硏究Ⅱ』, 지식산업사 〈우혜숙〉

조납읍(漕納邑) 현물로 거두어들인 각 조세를 조운을 통해 경창(京倉)에 납부하는 군현.

조선 국가가 각 지방에서 거두어들인 조세는 육로나 해로를 이용하여 서울로 운반되었다. 그런데 육운은 도로망의 불비, 운송수단의 제약 등의 요인으로 크게 발전하지 못하여 산군(山郡) 작목읍(作木邑 : 면포로 전세나 대동을 납부하는 군현)에서 시행되었고, 대부분의 군현에서는 일찍부터 강이나 바닷길을 통한 수운이 주류를 이루었다. 국가에서는 지방의 세곡을 수송하기 위하여 강변에는 수운창(水運倉), 해변에는 해운창(海運倉)을 설치하여 세곡을 모으고 선박을 항상 준비시켜 두어 매년 일정 기간을 정하여 중앙의 경창에 수송하였는데, 이를 조운(漕運)이라 한다. 조납읍은 조운에 의해 조세를 경창에 납부하도록 규정된 군현으로 대부분의 연읍(沿邑)이 이에 해당한다. 조납읍은 각 지역에 설치된 조창(漕倉)에 소속되어 조운을 통해 세금을 납부하고 있었는데, 각 조창에 소속된 조납읍을 살펴보면 다음과 같다.

전라도의 성당창(聖堂倉)에는 함열(咸悅)·고산(高山)·진산(珍山)·익산(益山)·금산(錦山)·용담(龍潭)·남원(南原) 등 8읍, 군산창(群山倉)에는 옥구(沃溝)·전주(全州)·진안(鎭安)·장수(長水)·금구(金溝)·태인(泰仁)·임실(任實) 등 7읍, 법성창(法聖倉)에는 영광·광주(光州)·담양(潭陽)·순창(淳昌)·옥과(玉果)·고창(高敞)·화순(和順)·곡성(谷城)·동복(同福)·정읍(井邑)·창평(昌平)·장성(長城)·법성(法聖) 등 12읍·1진(鎭)이 소속되었다.

충청도의 공진창(貢津倉)에는 아산(牙山)·목천(木川)·연기(燕岐)·천안(天安)·온양(溫陽)·전의(全義)·서원(西原) 등 7읍이 소속되었다.

경상도에는 마산창(馬山倉)에 창원(昌原)·함안(咸安)·칠원(漆原)·진해(鎭海)·거제(巨濟)·웅천(熊川)과 의령(宜寧)의 동북면(東北面)·고성(固城)의 동남면(東南面) 등 8읍, 가산창(駕山倉)에 진주(晋州)·곤양(昆陽)·하동(河東)·단성(丹城)·남해(南海)·사천(泗川)과 고성(固城)의 서북면(西北面)·의령(宜寧)의 서북면 등 8읍, 삼랑창(三浪倉)에 밀양(密陽)·현풍(玄風)·창녕(昌寧)·영산(靈山)·김해(金海)·양산(梁山) 등 6읍이 소속되어 있어 전세(田稅)와 대동(大同)을 조창을 통해 납부하였다.

내륙의 경우 수운창인 충주 가흥창(可興倉)을 통해 영남과 호서의 곡물을 운반하게 하였는데, 영저(嶺底)의 7읍과 죽령(竹嶺)의 5읍이 모두 작전(作錢)하여 상납하게 되자 호서지방의 충주(忠州)·음성(陰城)·진천(鎭川)·연풍(延豊)·청안(淸安)·괴산(槐山) 등만 소속으로 남게 되었다. 황해도의 여러 읍은 배천(白川)에 설치된 금곡창(金谷倉)에 소속되어 있다.

한편 조창에 소속되지 않은 읍은 직납읍(直納邑)이라 하여 지토선(地土船)으로 경창에 직접 납부하도록 하였는데, 정조 이후 주교사(舟橋司)가 설치되면서 수량이 많은 경우는 주교선으로 운반하고, 수량이 적은 경우에는 지토선을 이용하거나 경강상인들의 사선을 빌려 경창에 직접 납부하도록 하였다.

[참고어] 조운, 전운사

[참고문헌] 김창수, 1974, 「조운」『한국사』 10, 국사편찬위원회 ; 최완기, 1976, 「이조전기 조운시고」『백산학보』 20 ; 1977, 「조선전기의 곡물임운고」『사총』 23 ; 김옥근, 1981, 「조선시대 조운제 연구」『부산산업대논문집』 2 〈백승철〉

조도(早稻) ⇒ 도

조림대부제(造林貸付制) 1911년 삼림령에서 정한 국유림 처분방식으로, 조림을 조건으로 국유림을 대부해 주고 조림에 성공한 자에게 산림을 양여하는 제도.

일제는 삼림법에서 조선 산림을 신고 유무만으로 국·민유로 구분하여 미신고지를 국유화하였고, 임적조사에서는 무주공산(無主空山)을 정리하는 것이 산림정책의 핵심 사업이 될 것이라고 인식하였다. 임적조사에서 생산된 국유임야가대장을 토대로 국유삼림산야를 요존림과 불요존림으로 구분할 방침을 수립했다. 국가가 경영할 필요가 있는 삼림산야나 국가의 재정수입 증대에 기여할 수 있는 삼림산야는 요존으로, 여기에 해당하지 않는 국유림을 불요존림으로 구분했다. 후자 가운데 유리하게 매각할 수 있는 삼림지는 토지와 입목을 동시에 매각하고, 그렇지 못한 황폐임야는 유상 또는 무상으로 대부하는 방안을 구상하였다. 이러한 구상은 삼림법과 임적조사를 통해 확보된 국유림을 대상으로 적용되었으며, 삼림령과 국유림구분조사로 구체화되었다.

일제는 삼림령 제7조에 "조선총독은 조림을 위하여 국유삼림을 대부 받은 자에 대해 사업이 성공한 경우 그 삼림을 양여할 수 있다."는 조문을 두어 신고제로 인해 파생된 문제를 완화시키고, 국유림의 처분방향을 제시하였다. 삼림법에 따라 신청한 부분림 설치원서는 조림용 대부원으로 변경시켜 조림대부를 장려하였다. 수목을 장기간 육성하고 판매한 뒤 수익을 국가와 나누는 부분림 제도와 비교하여 조림대부제는 조림성공으로 산림소유권 획득이 가능한 점, 대부료가 비교적 저가인 점, 연고림에 대해서 대부료가 무료인 점에서 조림자에게 유리하였다.

조림대부가 가능한 임지는 불요존림 가운데 성림하기 어려운 치수지(연고지의 경우는 제한이 없음)로 대개 경사가 15도 이상인 토지에 한해 조림지 선정이 자유로웠고 대부면적 또한 한도가 없었다. 대부자의 자격은 조선총독부 칙령 제6호 '조선국유삼림미간지급삼림산물특별처분령(朝鮮國有森林未墾地及森林産物特別處分令)'에 명시하였다. ① 공용, 공익을 위해 제공하는 경우, ② 이민단체에 제공하는 경우, ③ 광업에 필요한 경우, ④ 조선총독이 정하는 바에 의해 특별히 연고가 있는 삼림을 그 연고자에게 팔 경우, ⑤ 50정보 이내의 삼림을 팔 때, ⑥ 조림 또는 목축을 위해 대부할 경우, ⑦ 임업에 직접 부수(附隨)할 용도로 쓰이기 위해 대부할 경우, ⑧ 1년 견적 대부료 100원을 넘지 않는 삼림을 대부할 경우이다. 그리고 ①, ④, ⑦의 경우 대부료는 무료로 하였다.

한편 일제는 연고자 규정을 두어 조림대부를 통해 연고자가 소유권을 회복할 수 있도록 했다. 조선총독부령 제10호 '삼림의 연고자 및 목재업자의 자격에 관한 건'에서 규정한 연고자는 ① 능원묘 기타의 유적이 존재하는 삼림산야에서 유적에 연고 있는 자, ② 고기(古記) 또는 역사(歷史)가 증명하는 바에 의하여 사찰에 연고 있는 삼림산야에서의 사찰, ③ 보안림에서는 직접 이해관계를 갖는 자, ④ 입회의 관행이 있는 것은 입회의 관행을 갖는 자, ⑤ 삼림에 관한 구법에 의하여 지적신고를 제출하지 않아 국유로 귀속된 경우는 종전의 소유자, ⑥ 개간 목축 조림 또는 공작물의 건설을 위한 삼림산야에서는 차수인, ⑦ 삼림에 관한 구법 시행 전 적법으로 점유한 산림산야에서는 그 점유자, ⑧ 부분림에서는 분수의 권리를 갖는 자 등이었다. 이 중 ②, ④, ⑤, ⑦의 경우는 무료대부를, 기타는 유료대부로 취급하였다. 이렇게 대부받은 임야는 조림 성공을 통해 산림을 양여받을 수 있었다.

일제는 1912년 10월 관통첩 제108호 '조림사업 성공인정에 관한 건'을 통해 조림 성공 요건을 발포하였다. 평균입목수 7/10 이상으로써, ① 인공식재 유무에 상관없이 평균수령 10년 이상, ② 인공식재(파종 및 삽목을 포함)를 했을 경우 그 식재가 끝난 후 식재면적이 전면적의 8할 이상을 점하는 경우 2년, 6할 이상은 4년, 4할 이상은 6년, 2할 이상은 8년을 경과하고 풀깎이가 필요없는 경우는 사업성공으로 인정하여 산림을 양여하였다. 1923년 6월에는 관통첩 제60호 정무통감 통첩을 발하여 ① 천연조림을 행한 구역은 평균 8년 이상의 것, ② 인공조림을 행한 구역은 식재(파종 삽목 포함) 종료 후 2년을 경과한 것으로 개정하였다. 또한 삼림령 제29조와 관련하여 사실상 자기 소유로 영년금양해 왔음에도 신고를 하지 않은 산림은 금양실적이 있는 경우 대부를 받은 것으로 간주하여 조림성공 후 양여를 통해 소유권을 회복할 수 있도록 하였다. 이때 영년금양림의 양여에 관해서는 1911년 관통첩 제300호 '영년금양 실부인정(實否認定)에 관한 건'을 발포하여 ① 삼림법 시행 이전 전부 또는 일부 파종 혹은 식수를 행한 것, ② 파종을 하지 않고 단순히 금양한 것으로 삼림령 시행 전 평균수령 10년 이상에 달하면서 평균입목도가 3/10 이상으로 이미 성림한 것 혹은 성림 가능성이 확실한 것은 영년금양한 것으로 인정하였다.

조림대부제는 육성투자사업이었기 때문에 대부림에서 소정의 사업을 수행할 수 있다고 인정되는 사람, 즉 영세지주 보다는 대자본가에게 유리하였다. 국유임야의 대부 신청원을 받으면 지역 인민의 입회관행과 연고 유무를 충분히 조사하여 허가를 하는 것이 원칙이었음에도 불구하고, 지역의 연고와 지역민의 이해와는 무관하게 생산력 제일주의의 원칙 아래 조림을 효과적으로 수행할 수 있는 능력을 지닌 자본가에게 대부되는 경우가 많았다. '녹화주의'라는 명목 아래 자본가들은 비교적 무제한의 대부면적과 값싼 대부료로 대면적의 산림을 획득할 수 있게 되었다. 자본가들은 대부→조림성공→무상 양여→사정을 통한 소유권 법인 과정을 거치면서 산림지주로 성장해 나갔다.

[참고어] 국유삼림산야부분림규칙, 삼림령, 삼림법, 임적조사사업

[참고문헌] 岡衛治, 1945, 『朝鮮林業史』, 조선산림회(2001, 한국임정연구회 편역, 산림청) ; 배재수, 1997, 「일제의 조선 산림정책에 관한 연구」, 서울대 박사학위논문 ; 강정원, 2007, 『일제시기 임야대부 실태조사 최종보고서』, 친일반민족행위재산조사위원회 ; 이우연, 2010, 『한국의 산림 소유제도와 정책의 역사, 1600~1987』, 일조각 ; 강정원, 2014, 「일제의 山林法과 林野調査 연구-경남지역 사례」, 부산대 박사학위논문 〈강정원〉

조미(糙米) ⇒ 미-도정, 갱미

조법(助法) 중국 고대 은(殷)과 주(周)에서 시행된 것으로 전해지는 조세제도.

『맹자(孟子)』에 그 내용이 전하는데, 「등문공장구(滕文公章句) 상(上)」에 따르면 "은나라에서는 70으로 조법을 행했고 주나라 사람은 100으로 철법을 행했으니 실제 모두 1/10이다.(殷人七十而助, 周人百畝而徹, 其實皆十一也.)"고 했다. 또한 "『시경(詩經)』에서 이르기를 우리 공전에 비를 내리고 마침내 우리 사전에까지 미친다고 했다. 오직 조법에만 공전이 있는 것이니 이로 말미암아 보건대 비록 주나라일지라도 역시 조법을 실시했다.(詩云, 雨我公田, 遂及我私, 惟助, 爲有公田, 由此觀之, 雖周亦助也.)"고 했다.

이에 주자는 『맹자집주』에서 은나라 이후 시행된 정전제를 바탕으로 조법이 운영된 것으로 이해했다. 즉 토지를 9개로 구획한 중에서 가운데의 공전을 공동으로 경작해 세금을 납부한다는 것이다. 이때 공전 내부의 여사터를 제외한 실제 공전 경작지의 규모는 사전의 1/10에 해당하며, 따라서 경작자의 입장에서는 총 경작면적의 1/11을 세금으로 내는 것으로 이해했다. 예컨대 주나라의 경우 공전 100무 중 여사터 20무를 제외하면 실제 경작지는 80무인데, 이는 8명의 부에게 각각 10무씩 해당하는 면적이다. 따라서 개인이 지급받은 사전 100무에 비해 1/10의 면적이며, 총경작지 110무 중 10무를 세금으로 내므로, 세율은 1/11에 해당한다.

한편 주나라에서는 도성 외곽인 도비(都鄙)에서 조법이 실시되었고, 도성 인근에는 정액제인 공법(貢法)이 시행되었다. 따라서 양자가 병행된 것을 '철법(徹法)'이라 이르기도 한다.

[참고어] 정전제, 공법

[참고문헌] 최윤오, 2007, 「조선시기 토지개혁론의 원리와 공법·조법·철법」 『역사와 실학』 32 ; 이세영, 2009, 「주자의 맹자집주에 보이는 '정전제'의 성격」 『역사문화연구』 15 〈윤석호〉

조선공산당의 토지강령(朝鮮共産黨의 土地綱領) 해방 직후 조선공산당이 무상몰수·무상분배의 원칙에 입각하여 제시한 토지문제해결의 기본입장.

해방 직후 조선공산당의 토지·농업문제 처리에 대한 기본입장은 박헌영(朴憲永)의 「현정세와 우리의 임무(8월 테제)」에 잘 나타나 있다. 조선공산당은 일제와 민족반역자, 조선인 대지주와 고리대금업자의 토지를 몰수하여 국유화하고, 농민에게 가족 노동력에 따라 경작권을 무상으로 분급한다는 안을 제시하였다. 중소지주의 경우, 자경지를 제외한 나머지 토지를 몰수대상에 포함시켰고, 소작료는 3·7제(금납)를 제시하였다. 이후 조선공산당의 토지문제에 대한 입장은 1945년 10월 10일 조선공산당 서북5도 당원 및 열성자 연합대회에서 발표된 「정치노선에 관하여」와 「토지문제 결정서」에서 민주주의 통일전선 형성을 위해 보다 완화된 형태로 제시되었다. 몰수대상을 일제와 친일지주로 한정했고, 몰수토지의 국유화 규정도 삭제되었다. 몰수 토지를 빈농에게 무상으로 분배하되 생산물의 30%를 세금으로 부과한다는 안이었다. 이러한 토지문제에 대한 입장은 1945년 11월 25일 개최된 제1회 전국인민위원회대표자대회 확대집행위원회까지 이어졌다.

1945년 말까지 조선공산당의 토지개혁안은 중간파로 분류되는 조선인민당이 제시한 '일제 및 민족반역자의 토지를 몰수하여 국영으로 운영하거나 농민에게 분배'한다는 안과 비슷한 흐름을 유지하고 있었다. 조선공산당의 토지개혁에 대한 기본입장은 1946년 3월 5일 북한에서 무상몰수·무상분배 방식의 토지개혁이 단행되면서 급진적 노선으로 선회하였다. 북한의 토지개혁에서는 일제·친일파·민족반역자·대지주뿐 아니라 5정보를 기준으로 하되 자경하지 않고 소작하거나, 고용노동력으로 경작하는 모든 토지는 규모에 관계없이 무상몰수 대상에 포함시켰다. 토지와 농업경영에 부속된 창고·정미기계·농기구·종자 등도 함께 몰수했다. 이에 조선공산당은 1946년 3월 10일 「토지문제 해결에 대하여」에서 민주주의 통일국가건설의 기초로서 친일민족반역자의 제거와 무상몰수·무상분배의 토지개혁을 적극적으로 주장하면서 38이북의 토지개혁에 대한 전폭적 지지를 선언하였다. 조선공산당과 조선인민당 및 조선신민당이 연합하여 1946년 12월에 결성한 남조선노동당도 조선인 지주의 소유 토지를 포함한 무상몰수·무상분배의 토지개혁론을 고수하였다.

[참고어] 한국민주당의 토지강령, 좌우합작위원회의 토지강령, 농지개혁

[참고문헌] 서중석, 1989, 「일제시기·미군정기의 좌우대립과 토지문제」 『한국사연구』 67 ; 김성보, 2000, 『남북한 경제구조의 기원과 전개』, 역사비평사 〈하유식〉

조선관습조사보고서(朝鮮慣習調査報告書) 법전조사국이 1908년 5월부터 1910년 9월까지 전국의 각 지역을 조사하고 각종 재래의 문헌과 대한제국의 법령 등을 참고하여 한국인의 관습을 기록한 관습기록서(慣習記

錄書).

『관습조사보고서』의 기초가 되는 관습조사는 실지조사와 문헌조사가 병행되었다. 실지조사는 206개 질문사항을 조사하는 것으로서 일반조사, 중복조사 및 특수조사지역을 모두 포함하면 약 70여 지역을 조사하였다. 문헌조사는 조선 재래의 각종 법전, 예서, 문기류 등을 조사하는 것이었다.

〈법전조사국의 실지조사지역〉

구분	일반조사지역	중복조사지역	특수조사지역
경기도	서울, 인천, 안성	개성, 수원	여주, 풍덕, 長湍, 파주, 연천
황해도	해주, 황주		재령, 서흥, 안악, 봉산
평안남도	안주, 덕천	평양, 진남포	肅川
평안북도	강계, 영변	의주, 용천	정주
충청남도	예산, 온양, 은진	공주	강경, 연산
충청북도	충주, 청주, 영동		
경상북도	상주, 안동	대구, 경주	성주, 포항
경상남도	진주	부산, 마산, 울산	밀양, 김해, 용남
전라남도	제주	광주, 목포	나주, 법성포, 순천
전라북도	남원	전주, 군산	금산
함경북도	鏡城, 경흥, 회령, 성진		
함경남도	함흥, 원산, 갑산, 북청		
강원도	춘천, 금성, 원주, 강릉		
	13개도 32개 지역	8개도 16개 지역	9개도 22개 지역

1910년 한국병합이 단행되면서 법전조사국의 관습조사활동은 중단되었고, 1910년에 데라우치 총독에게 『한국관습조사보고서(韓國慣習調査報告書)』라는 제목으로 보고되었다. 1912년 참사관실이 일부 내용을 보충하여 『관습조사보고서』를 간행하였고 1913년에 재판을 찍었다. 1910년판과 1912년판의 전 체계는 동일하며, 면수는 호패도(號牌圖)가 삭제된 후자가 4면이 적고, 부록의 친족범위도는 1910년판에는 부족참쇠도(夫族斬衰圖)를 제외하고는 같다. 관습조사보고서는 제1편 민법, 제2편 상법 총 206문항, 부록 친족범위도 등으로 구성되어 있다. 제1편 민법편은 제1장 총칙, 제2장 물권, 제3장 채권, 제4장 친족, 제5장 상속으로 나뉘어 있고 제2편 상법편은 제1창 총칙, 제2장 회사, 제3장 상행위, 제4장 어음, 제5장 해상, 부록은 친족도 24개의 도표로 구성되어 있다. 관습조사보고서의 체제는 일본민법전과 같은 판덱텐 체제이다. 관습조사 과정에서는 각 지방을 조사한 결과를 토대로 지역조사보고서가, 특수한 관습을 대상으로 특별조사보고서류가, 조선 재래의 각종 문헌 등을 발췌하여 정리한 전적조사보고서류가 작성되었으며, 현재 수원역사박물관, 국사편찬위원회, 한국 국회도서관 등에 일부가 소장되어 있다. 관습조사보고서에 기록되어 있는 '관습'은 당시 대한제국인의 관습을 조사한 측면도 있으나 민법 총칙 부분과 같이 당시 일본민법의 해석론을 그대로 옮겨놓은 것 같은 서술도 있다. 그리고 일본민법의 개념으로 한국의 관습을 해석(예컨대 상속 관련 부분)하였기 때문에 일부 사실에 부합하지 않는 측면도 있는 등 관련 학계의 분석이 필요한 실정이다.

[참고어] 법전조사국, 우메 겐지로, 부동산법조사회

[참고문헌] 한국법제연구원, 2000, 『관습조사보고서(개역판)』; 윤대성, 1992, 「日帝의 韓國慣習法調査事業에 관한 硏究」『재산법연구』 9 ; 이영미, 2007, 「近代韓國法과 梅謙次郎」『동아법학』 39 ; 이승일, 2008, 『조선총독부 법제정책 : 일제의 식민통치와 조선민사령』, 역사비평사

〈이승일〉

조선관유재산관리규칙(朝鮮官有財産管理規則) ⇒ 역둔토불하

조선농민사(朝鮮農民社) 1925년 10월 29일 서울에서 천도교청년당과 개량주의자를 중심으로 농민의 사회·경제적 지위 확보를 위해 농민교육운동과 경제운동을 전개한 농민운동단체.

3·1운동 이후 일제가 문화정치를 표방하자 각종 사회운동이 활성화되었다. 농민층에서도 일제의 식민지 농업정책과 경제적 수탈로 인한 사회적 제약을 극복하고자 하는 농민운동이 나타났다. 천도교에서는 1920년대 초반 청년지도자인 김기전(金起瀍)을 중심으로 천도교청년회가 설립되었으며 농촌의 부를 증대시키기 위한 조합설치론·공동경작론을 주장하였다. 이를 바탕으로 1925년 8월 17일 천도교청년당을 중심으로 각계의 사회 인사들이 참여하는 임시총회에서 소년과 농민을 계몽하여 집단생활의식을 훈련시키기 위한 소년·농민단체의 조직이 결정되었다.

조선농민사는 1925년 10월 29일 천도교 측의 김기전·이돈화와 이성환, 선우전(연희전문 및 동아일보사 촉탁)·이창휘(변호사)·박찬희(동아일보 기자)·김준연(조선일보 기자)·김현철(시대일보 기자)·최두선(무소속) 등이 협의하여 창립하였다. 조선농민사는 서울에 본부를 두고 사무실을 천도교회 안에 두었다. 초대 이사장에 이성환을 비롯 중앙이사에 김기전, 김준연, 김현철, 김사직, 박찬희, 유광열, 이창휘, 조기간, 최두

선, 황영환 등이 있었으며 편집국장에 이돈화, 영업국장에 선우전 등이 임명되었다.

조선농민사의 창립 목적은 조선농민의 교양과 훈련에 두었으며, 월간잡지 『조선농민』을 발행했다. 조직은 경성에 본부를 두고 지방에 지부와 사우회(社友會)를 두었다. 사우는 연 1원을 부담했다. 중앙에는 중앙주간 1인과 선출직 중앙이사 약간명을 두었다. 조선농민사는 그 후 여러 차례 조직이 개편되었다. 특히 1928년 1월 14일 제11회 중앙이사회에서 사우제를 폐지하고 사원제를 채용하기로 결정했다. 2월 14일에는 사제개정을 통해 경성에 농민사 본부, 각군에 지부가 변경된 군농민사, 면에는 면농민사, 동(리)에는 사우회가 변경된 동(리)농민사로 전환하였다. 각 단위 조직 내에는 이사회를 설치하고 중앙이사회와 군이사회에는 서무부·경리부·교양부·알선부·선전조직부를 두며 중앙이사회는 조사출판부도 설치할 것을 규정하였다. 이로써 조선농민사는 전국적인 조직체계를 갖춘 농민운동단체로 개편된 것이다.

조선농민사는 1928년 2월 총 158개의 지부를 통해 야학, 농민강습회 등의 활동을 전개해나갔다. 하지만 군농민사로의 개편은 천도교 측의 농민사 장악으로 이어졌다. 또한 1928년 2월 당시 158개 지방조직의 16,570명의 사원 가운데 천도교인은 15% 정도에 불과했지만 중앙조직과 지방조직의 핵심은 천도교인이 담당하고 사무소의 제공과 운영자금의 지원 등도 천도교에서 담당하였다. 천도교청년당은 농민대중을 확보하기 위하여 조선농민사를 더욱 확고하게 장악하고자 하였다. 1930년 4월 조선농민사의 제3차 전국대표자대회에서 비청년당계 집단의 강력한 반발에도 불구하고 '법적관계 3개조안'이 가결됨으로써 조선농민사는 천도교청년당의 지도를 받게 되었다. 법적관계 3개조안은 ① 조선농민사는 천도교청년당의 지지를 수함, ② 조선농민사 전국대표대회 및 중앙이사회의 결의사항은 천도교청년당 본부의 동의를 경하여 실행함, ③ 조선농민사 중앙 이사장은 천도교청년당 농민부 수석위원으로 임함 등 세 조목이었다.

이를 계기로 이성환 등의 비청년당계 집단은 농민사를 대거 탈퇴하여 1930년 4월 전조선농민사를 조직하였다. 그리하여 조선농민사와 전조선농민사로 분리되었으며 조선농민사는 전적으로 천도교청년당의 지도와 통제를 받게 되었다. 이 과정에서 일시적으로 조선농민사의 사세가 약화되었으나 재정비를 통해 사세는 다시 확대되었다. 1930년 4월 40개의 군농민사와 8,178명의 사원에서 1932년 4월에는 128개의 군농민사에 31,265명의 사원으로 확대되었다. 1933년 말에는 143개의 군농민사에 41,057명의 사원을 가질 정도로 확장되기도 하였다. 그러나 조선농민사는 천도교청년당의 산하단체로 성격이 축소된 것이었고 1932년 일제의 농촌진흥운동이 본격화하면서 조직이 약해지기 시작했으며 1936년 해체의 수순을 밟았다.

조선농민사의 활동은 크게 농민교육운동과 경제운동이 있다. 농민교육의 방법으로 농민강습소의 설립과 강연활동을 지속적으로 펼쳤다. 317개의 농민야학을 운영하였으며 이돈화, 황영환, 이성환 등이 강연을 맡아 농민의식의 고취에 힘썼다. 또한 출판부 사업으로 월간 『조선농민』(1925.12~1930.4)과 『농민』(1930.5~1933.12)을 발간하였다. 『조선농민』의 창간 당시 주간과 중앙 이사장은 이성환, 편집국장 겸 발행인은 이돈화, 영업국장은 선우전이었고 인쇄는 민영순이 담당하여 운영하였다. 천도교계 인사 및 비천도교계 인사가 주요 필진으로 참가하였다. 이를 구독하는 사람들을 사우라 하였다. 이들은 연간 회비 1원을 내고 잡지를 무료로 구독하였고 일반 독자는 정가 15전을 내고 잡지를 구입하였다.

『조선농민』의 내용은 크게 ① 농촌·농민문제와 관련된 논설 및 사고, 시사 등 농민의 의식개혁에 관한 기사 ② 농업기술과 일반교양, 상식, 외국의 농업시정 등 농민의 실생활 관련 기사 ③ 농민문예와 독자투고, 사우 소식 등을 담은 기사들로 구성되었다. 또한 『우리의 내력과 할 일』, 『농민독본』, 『농민신문』, 『농민세상』, 『농민교과서』, 『조선최근사 13강』, 『대중독본』, 『대중산술』, 『대중간독』 등의 도서를 발행하였다. 농민사에서 발행한 도서들은 주로 농민의 계몽을 위한 야학교재로 사용되었다. 농민잡지 및 도서의 발행은 농민사의 활동을 농민들에게 알려 참여를 이끌어낸다는 목적이 있었으며 새로운 사회의식을 일깨워주고자 하는 의도도 있었다. 『조선농민』의 발간으로 농민운동의 중대성을 부각시키고 농민이 사회의 진정한 주체임을 강조하였으나 이 당시의 조선농민사는 기관지의 발행을 통해 농민을 계몽하려는 소극적인 형태의 농민운동단체였다.

조선농민사는 농민의 경제적 이익을 향상시키기 위하여 1926년 4월 각 지역의 농촌경제상황을 조사하였는데, 사원(사우)은 대부분이 자소작·소작농이었다. 이들의 경제적 지위는 열악한 처지에 있었다. 조선농민사는 경작의 유무로 농민과 비농민을 구분하고, 농민의 경제적 이익 획득을 통한 농민층의 지위 향상을 목표로 1920년대에는 알선부를 통해 중간 상인의 손을 거치지 않고 농산품의 고가 판매와 소비품을 염가 구입으로 농민의 경제적 이익을 도모하도록 중간역할을 담당하였다. 또한 1930년대 농민공생조합을 통해 여러 활동을 전개하였는데 특히 공동경작을 통한 이상농촌의 건설 및 농민구제를 목적으로 1932년 12월 23일 공동경작계를 조직하기도 하였다.

조선농민사의 활동은 일제 강점기에 적극적 항일이나 독립을 추구하지 않았다는 점에서 민족운동의 측면에서는 한계성을 가진다. 그리고 1930년대 이후에는 일제의 농촌진흥운동에 흡수되어 버린 측면도 있다. 하지만 농민의 각성, 사회적 지위 확보 등 사회변화를 추구했다는 측면에서는 긍정적 평가를 할 수 있을 것이다.

[참고어] 농촌진흥운동

[참고문헌] 조동걸, 1979,『일제하 한국농민운동사』, 한길사 ; 지수걸, 1985,「조선농민사의 단체성격에 관한 연구-천도교청년당과의 관계를 중심으로」『역사학보』 106, 역사학회 ; 조성운, 2003,「일제하 조선농민공생조합의 조직과 활동」『동학연구』 13, 한국동학학회 〈고나은〉

조선농업청년보국대(朝鮮農業青年報國隊) 일제말기 조선총독부가 조선인 농촌청년들을 대상으로 조직한 노동력 강제 동원단체.

1940년대 침략전쟁의 장기화로 일본 농촌사회에 노동력부족 현상이 심화되자, 조선총독부는 조선인 농촌청년들을 조선농업청년보국대(=조선농업보국청년대·조선농업보국부인지도대·조선농촌중견청년연성대·여자농촌보국대 등)라는 이름으로 강제로 징발하여 일본농촌 특히 일본군인유가족 농가에 파견 배치하였다. 일제는 농업청년보국대를 조선 농촌청년들이 일본의 영농기술을 직접 습득하여 조선농업생산에 이바지하는 명실상부한 내선일체의 결실을 거두는 근로활동이라고 크게 선전하였다. 조선농업청년보국대는 18~30세 사이의 농업에 종사하는 신체 건강한 청년을 대상으로 했으며, 특히 농민도량이나 농업보습학교 졸업생 중 성적우수자, 마을에서 농업생산의 중견으로 활동하는 청년이 우선대상이었다. 20-30명 단위로 조직하였고, 농민도량이나 농업보습학교 소속 일본인 직원 1명을 반장으로 임명하였다. 일제는 1943년 5월 일본의 4개 현에 파견된 403명의 체험소감을 책자(조선총독부 농림국편, 1943,『皇農への道』)로 발간하여 그 활동상을 선전하면서 강제연행의 실상을 덮었다. 일본에 파견된 농촌청년보국대는 일본농가 뿐 아니라 각종 건설토목공사 현장에도 배치되었고 열악한 조건 아래서 무상으로 노동력을 수탈당했다. 전시동원체제가 강화됨에 따라 조선총독부는 농촌청년보국대를 노동력 강제동원의 성격을 띤 전시 조선농촌통제 및 농업생산의 핵심조직으로 활용하였다.

[참고어] 농업보습학교, 농촌진흥운동, 농촌중견인물양성

[참고문헌] 이송순, 2008,『일제하 전시 농업정책과 농촌 경제』, 선인 ; 鄭惠瓊, 2002,「일제말기 강제연행 노동력 동원의 사례-조선농업보국청년대」『한국독립운동사연구』 18 〈이봉규〉

조선농지령(朝鮮農地令) 1934년 4월 일제가 조선소작조정령의 부수법령으로 소작쟁의를 조정·권해(勸解)하는 새로운 법적 근거와 기준을 마련한 법령.

일제는 한국강점 후 지주제를 골간으로 조선 농촌사회를 지배하고 농업생산력 증진을 도모해갔다. 일제의 농정은 지주권의 강화와 지주수익의 극대화를 보증해 주었다. 그에 따른 소작권의 빈번한 이동, 소작료 인상과 고율소작료의 강제는 소작농민의 생존을 위협했으며, 격렬한 소작쟁의가 전국적으로 발발했다. 특히 대공황의 발발과 잇단 농업공황은 이러한 파멸적 양상을 더욱 부채질하였다. 이에 일제는 식민지 지배체제를 안정화시키기 위해 소작제도의 개선작업을 대대적으로 실시하였다.

1930년 4월 조선총독부 식산국은 소작제도 개선을 위한 소작법 제정 준비작업에 들어갔다. 전국의 소작관행과 현황을 조사하고, 분쟁을 중재할 소작관도 설치하였다. 조선총독으로 부임한 우가키 가즈시게(宇垣一成)는 소작법 제정작업을 더욱 강력히 추진했다. 조선총독부는 전국적으로 촉발되고 있던 소작쟁의를 신속하게 처리하기 위해 소작법 제정에 앞서 1932년 12월 조선소작조정령을 제정하였다. 그 이후 집단적 단체쟁의는 줄어들었지만, 소작쟁의 건수는 더 급증하였다. 이를 최소화하기 위해서는 소작조건을 전면적으로 개선하는 소작법 제정이 필요했다. 1933년 12월 조선총독부는 조선소작령 심의를 마치고 일본 법제국에 보내 심사를 받았다. 이 과정에서 소작권 보장기간이 일본과 달리 5년에서 3년으로 줄어들었고, 명칭도 조선농지령으로

변경되었다. 조선농지령은 1934년 4월 공포되어 그해 10월부터 시행되었다.

제령 제5호로 공포된 조선농지령은 전문 40개조로 구성되었다. 일제는 조선농지령을 제정하면서 "지주 이익도 보장하고 소작의 복리증진을 도모하는 획기적 대법령"이라고 선전하였지만, 실상은 식민지 국가권력이 지주와 농민 통제를 강화하여 체제안정화를 꾀하기 위한 방향에서 마련된 것이었다. 그 내용은 다음과 같다.

먼저 "제1조에 경작을 목적으로 하는 토지임대차에 이를 적용한다. 제2조 토지의 경작을 목적하는 청부 기타 계약은 이를 임대차로 간주한다."라고 한 것처럼, 일제는 경작권 안정에 일차적으로 주안점을 두었다. 소작계약 기간을 소작료나 부채를 체납하지 않는 이상, 소작계약 기간을 일반농사는 3년 특수농사는 7년을 보장했고, 계약기간 내 상속도 가능했으며, 지주가 바뀌어도 소작은 유효했다. 불가항력의 자연재해로 수확이 현저히 감소하는 경우, 소작료 경감과 면제를 합법적으로 신청할 수 있었다. 마름이나 소작지 관리인의 임명을 인가제로 하며, 검견(檢見)제도의 개선을 꾀했다. 이러한 경작권 보호조치에도 불구하고 소작계약을 갱신할 때 소작인이 변경된 소작조건을 수용하지 않을 경우에는 보상 없이 소작권을 이동할 수 있었기 때문에, 지주의 의도적인 소작권 이동이나 소작료 인상은 막을 수 없었다. 즉 조선농지령의 결정적인 맹점은 소작쟁의의 원인인 고율소작료에 대한 규제가 없다는 점에 있었다. 분배관계에 대한 적정한 조치나 고율소작료에 대한 규제가 없는 이상 소작농가의 생활안정은 기대하기 어려웠다.

이와 같은 한계에도 불구하고 일제의 폭력적 탄압과 부군도소작위원회의 권해에 법적 구속력을 부여한 개정 소작조정령의 실시(1936년 2월)로 말미암아 소작쟁의는 민사상의 개별분쟁으로 취급되었다. 대규모 집단적 소작쟁의 건수는 농지령 시행 무렵인 1934년에 104건이었는데, 1937년에는 24건, 1939년에는 30건으로 현격하게 줄었다. 격렬한 집단적 소작쟁의가 계급투쟁이나 민족해방운동으로 전화되는 것을 봉쇄하고자 했던 조선소작조정령과 조선농지령에 기대한 정치적 목적은 일단 달성되었다. 하지만 지주제 청산을 통해 농민적 토지소유의 실현을 목표로 한 토지개혁 운동은 전시체제 기간 동안 잠시 잠복되었다가 해방과 더불어 전면 분출되었다.

[참고어] 농촌진흥운동, 자작농창정사업, 농공병진정책, 조선소작조정령

[참고문헌] 농림부, 『조선농업농촌100년사』 상 ; 정연태, 1990, 「1930년대 '조선농지령'과 일제의 농촌통제」 『역사와 현실』 4 ; 이윤갑, 2008, 「농촌진흥운동기(1932~1940)의 조선총독부의 소작정책」 『대구사학』 91 〈김현숙〉

조선농촌재편성정책(朝鮮農村再編成政策) 1930년대 후반 이래 일제가 전시통제경제 수립의 일환으로 강행한 조선농업·농촌지배정책.

1937년 중일전쟁 이후 일제는 침략전쟁을 수행하기 위해 조선을 전시동원체제로 전환시켰다. 일제의 전시통제경제는 농업분야에서 농촌재편성정책으로 구체화되었다. 농촌재편성정책은 전시 군수식량조달을 위한 농업생산력 확충과 그를 위한 농촌통제의 강화를 핵심 사안으로 했다. 일제는 전쟁 수행을 위한 식량증산과 노동력 동원을 조선농촌에 강제했는데, 특히 1939년과 1940년의 가뭄, 그리고 전시총동원체제의 실시로 식량공급기지로서의 역할은 더욱 강조되었다. 이에 1940년 경종법 개선과 토지개량을 축으로 하는 조선증미계획을 실시했지만, 노동력 부족 등으로 농업생산력이 둔화 정체국면을 벗어나지 못했다. 이에 일제는 농업생산력 확충을 위해 농업생산의 조직화와 지주제를 기축으로 한 농촌경제를 전면적으로 재편·재조정해갔다. 또한 노동력 부족현상을 타개하기 위해 1941년 4월 부락생산계획을 실시하고, 농촌노동력조정요강에 입각한 노동 동원책을 강구하였다. 동년 7월부터 조선총독부는 조선농촌의 임전태세를 강화한다는 명분아래 농촌재편성정책을 적극적으로 검토하였다. 그 내용은 1942년부터 5년간 전국을 남부·중부·북부로 구분하여 각 지역의 농촌인구·경지·노동력·경종 등 전반적인 농업 현황을 조사하여, 농업의 적정경영과 소작료의 적정화를 도모하고, 노동력조정·적정규모농가설정·개척민송출계획·자작농창설·공동시설정비·교역유통자금에 대해 전시농촌 재편성을 실시한다는 것이다. 그러나 1942년 농촌재편성 관련 예산안이 삭제되어 시행이 미루어졌다.

1943년 7월 총독부는 '조선농업계획요강'을 발표하고 농업생산체제를 정비하고자 했다. 요강의 내용은 (1) 황국농민도의 확립, (2) 농촌생산체제의 정비[① 농지의 확충 확보 ② 농지의 개량 ③ 농지의 적정이용 ④ 자작농의 유지 창설 ⑤ 소작관계의 조정 ⑥ 농촌노무

의 공출과 조정 ⑦ 협동사업의 확충 ⑧ 개척사업의 촉진 ⑨ 농업금융의 확립], (3) 농림축산물의 종합생산, (4) 농업시험기관의 정비 충실, (5) 농업단체의 조정, (6) 농산물 가격의 조정, (7) 지주의 활동 촉진이다. 즉 조선농업계획요강은 농민을 황국신민 이데올로기로 무장시켜 경영규모의 적정화, 농촌노동력 조정 등 종합적인 계획하에 생산력의 고도화를 달성한다는 것이다. 이를 위해서 지주제를 식량증산과 노동력 공급이라는 기조에 맞게 재편하고, 자작농지의 확대와 적정규모의 경영을 유도하며, 농업생산과 유통 소비 부문 등 농민생활 전반을 통제함으로써 구매력을 줄이고 농업생산력의 극대화를 꾀하는 것이었다. 그 밖에 농업시험기관의 정비와 농업단체의 조정 등 이들 외곽에서 보완하는 방법들이 고안되었다. 계획의 중점을 생산력 확충에 두고 농업생산책임제를 실시하였다.

1944년 2월 6일부터 실시된 농업생산책임제는 미곡·맥류·서류·잡곡·야채·면·마류·누에고치·짚 가공품·소·말·돼지 등 총 13개 품목에 대해 실시했다. 주요 식량작물에 대해서는 농가의 자기보유량과 공출량을 기준으로 하는 생산량을 책임수량으로 정하였다. 이 과정에 일제는 과도한 책임수량을 할당하여 농민에 대한 극도의 노동 착취와 강제로 이어졌고, 그에 따라 조선 농업·농촌의 황폐화는 더욱 심화되었다.

[참고어] 조선증미계획, 자작농창정사업, 조선농업청년보국대

[참고문헌] 정연태, 1994, 『日帝의 한국 農地政策 : 1905-1945년』, 서울대학교 박사학위논문 ; 이경란, 2002, 『일제하 금융조합 연구』, 혜안 ; 이송순, 2004, 「전시체제기 '조선농촌재편성계획' 구상과 실행, 1940~1945년」『사총』 59 〈김현숙〉

조선농회(朝鮮農會) 일제가 조선농촌의 장악과 농업의 개량 발달을 목적으로 1906년에 만들어진 한국중앙농회를 개편하여 설립한 농업단체.

1906년 11월 조직된 한국중앙농회는 1910년 8월 한일병합조약이 체결되자 조선농회로 명칭을 변경하였다. 조선농회의 조직 개편은 식민지 농정의 전개에 조응하여 1915년 10월 총독부의 시정효과 선전을 위해 개최한 '시정5년 기념 조선물산공진회'를 계기로 소집된 제2회 총회를 통해 이루어졌다. 부회두인 혼다 고노스케(本田幸介)는 기왕의 농사개량사업에 대한 문제점으로 ① 전시적 농사개량, ② 농사개량에 대한 조사연구의 미흡, ③ 농사개량에 대한 조선농민의 의욕 결여를 제시하였다. 이에 따라 조선농회의 사업방침은 농사개량에 대한 실지지도와 조사연구의 강화, 농사개량의 필요를 자각시키기 위한 농산품평회·농사강연회·강화회·경진회 등의 확대로 나타났다. 임원은 회두에 이완용, 평의원에 한상룡을 선임하여 조선인 친일 지주계급으로 개편했으며 1916년 8월에는 농예위원을 위촉하는 등 식민지 농정을 지원하였다. 당시 임원은 농상공부 기사와 권업모범장 기사가 조직의 중추를 이루고 있으며 일본인 대지주와 조선인 친일 자본가가 참여하고 있었다. 조선농회는 임원진의 사임과 3·1운동으로 침체기를 맞이하였다.

1921년 9월, 조선농회는 제1차 산미증식계획을 지원할 목적으로 제3회 총회를 개최하고, ① 시세의 격변에 조응한 회칙의 변경과 임원 개선, ② 산미증식계획에의 부응과 농사개량 교도, ③ 회원의 권리와 이익 옹호를 목적으로 규약을 개정하였다. 조직의 회두와 부회두 명칭을 회장·부회장으로 변경하였고 조선인 지주와 자본가 계급의 임원이 증가하는 방향으로 개편되었다. 또한 군·도(島) 농회를 조직하고 지방의 각종 산업단체를 정리 통합하는 일제의 정책에 적극 호응하여 12개의 지방지회를 폐지하고 그 업무를 도농회에 이관하였다. 평의원 중심제 조직운영 방식도 이사중심제로 바뀌었다. 이는 산미증식계획에 진력하고 계통농회체제로 나아가기 위한 선행 작업으로 이루어진 것이다. 1923년 10월 조선농회는 '조선부업품공진회'를 계기로 선미협회와 토지개량회사의 설립을 관철하였다.

일제는 제2차 산미증식계획을 수립하면서 당시 농촌에서 고양되는 농민운동에 대처하고 농사개량사업에 필요한 농민대중의 협조를 강제로 끌어내기 위해 농민통제체제를 확립하고자 하였다. 또한 식민지지주제를 확대 재생산하기 위해 일본의 제국농회체제를 식민지 상황에 맞게 변용시켜 도·군·도(島)농회 체제를 정비함으로써 계통적인 조선농회체제를 구축하고자 하였다. 따라서 총독부는 1922년 4월 제정된 일본의 농회법을 모법(母法)으로 1926년 1월 조선농회령과 조선농회령시행규칙을 제정 반포하여 계통농회체제 조직의 법적 근거를 마련하였다. 그런 다음 기존의 농업단체들을 통폐합하여 부·군·도 농회(1926.2)→도(道)농회(1926.10)→조선농회(1927.3)로 계선화된 계통농회체제를 완성함에 따라 구(舊) 조선농회는 정무총감 유아사 구라헤이(湯淺倉平)를 회장으로 새로 조직된 조선농회에 업무 전부를 인계하고 1927년 4월 3일 해산하였다.

1926년 3월 1일부터 시행된 조선농회령에 따라 조선

농회의 기초단체인 군·도(島) 농회가 관 주도로 결성되었다. 전국 220개 군·도 농회가 성립하였다. 기존 군단위의 각종 농업단체가 해체되고 그 재산 및 사업 일체가 군·도 농회로 인계되었다. 군·도 농회는 행정구역을 단위로 하여 일반적으로 해당지역의 군수가 회장, 군 내무과장 혹은 권업과장이 부회장, 통상의원과 특별의원은 각 면장과 군 관리가 주로 임명되었다.

군·도농회가 성립되자 각 도(道)에서는 군·도 농회를 회원으로 하는 조선농회의 도 농회 설립을 추진하였다. 그리하여 기존의 도 단위 농업단체가 해체되고 1926년 5월 군·도 농회장을 창립위원으로 경상북도농회가 창립되었으며 동년 10월까지 전국 13개 도농회가 성립하였다. 각 도농회장에는 도지사 혹은 도 내무부장 등 지방 고위관리가 임명되었다. 회장에는 도 내무부장·산업부장 혹은 민간인 대지주 및 자본가가 임명되었다. 평의원 역시 도·군의 고위관리와 함께 지주·자본가 등이 임명되었다. 직원으로 주사, 기사, 기수, 서기 등을 두고 있었으며 모두 회장이 임명하였다.

1926년 10월 함경북도를 마지막으로 도(道)농회의 성립이 완료되자 이들을 회원으로 하는 조선농회의 설립이 추진되었다. 1927년 3월 14일 총독부의 설립인가를 받아 조선농회 계통체제의 최고기관으로 중앙농회가 성립하였다. 이에 따라 기존의 조선농회는 그 업무와 재산을 인계하였으며 중앙농회장에 정무총감, 부회장에 친일 대지주 박영효, 통상의원은 각 도 농회장 또는 부회장 중에서 1인이 임명되었다. 특별의원은 일인 식민농업회사 경영자들을 중심으로 식산국장을 포함하는 4인으로 구성되었다. 평의원 4인에는 1인의 현직관리와 구 조선농회의 인물이 임명되었다.

이렇게 1926년의 조선농회령 이후 군·도(島)농회→도(道)농회→조선농회로 계통화된 조선농회가 설립되었다. 해방 후 조선농회는 1948년과 49년에 비료사업과 고공품사업이 금융조합연합회로, 1950년에 잠사취급이 잠사회로 각각 이관되면서 1952년에 해산되었으며 이후 민간 조직체인 농업협동조합으로 바뀌었다.

조선농회의 사업에서 중요시 된 것은 『조선농회보』의 발행이다. 이는 1906년 12월 『한국중앙농회보』라는 제호로 일본어로 발행하였으나 조선인이 회원으로 가입함에 따라 1907년 12월호부터는 부록으로 『한문(韓文)』이라는 편목을 설정하여 요약 게재하였다. 이후 한국중앙농회가 조선농회로 개칭되자 1910년 9월호부터 『조선농회보』로 제호를 변경하고 『한문』도 『조선문(朝鮮文)』편으로 바뀠다. 조선인 회원이 증가함에 따라 1913년 1월부터 농회보를 일본어·조선어로 별책하여 발행하였다. 『조선농회보』의 내용은 농업관련 학자 및 관리의 농업관계 논설, 농업관련 조사자료와 통계 및 법령, 농업계 소식인 잡보와 농계시사, 조선농회의 본회기사 등으로 구성되었다.

조선농회의 사업활동은 한국중앙농회 당시부터 축우개량, 제지원료인 삼아(三椏)의 시험재배, 농잠구 및 개량 종계(種鷄) 배부 등의 사업을 벌였다. 1911년 4월에는 사업을 확장하여 ① 농림업자의 시찰 등에 편의제공, ② 농산물·농구·비료의 표본 진열, ③ 농산물·종자·농구·비료의 구매 중개, ④ 농림강습소 개설, ⑤ 농림업 관련 도서 출판 등의 사업 경영을 결정하였다. 하지만 1912년부터 부문별 조합이 난립하면서 조선농회의 활동은 1921년 9월 조직개편까지 『조선농회보』의 발간과 농사강연회 및 품평회 주선활동에 그치는 등 침체상황을 벗어나지 못했다. 그 후 1925년 선미협회의 설립, 1926년 조선토지개량주식회사의 설립을 관철하기도 했다. 지방지회의 경우 각 지회마다 차이는 있었으나 농림업·잠업·목축업의 개량 발달을 목적으로 활동했는데 품평회나 강화회, 강연회를 개최하여 농사개량의 효과를 선전 전파하는 사업이 가장 두드러진 활동이었다.

1926년의 조선농회령에서 명시된 조선농회의 사업은 ① 농업품평회·공진회·강습회·강화회의 개최와 보조금 교부 및 기술원의 배치, ② 복리증진을 위한 농업생산물 및 관련용품의 공동구입 알선과 소작관행 개선·부업 장려, ③ 농업 관련 연구 및 조사 장려, ④ 농업 관련 분쟁의 조정과 중재, ⑤ 기타 농업의 개량 발달에 필요한 사항 등과 관련된 활동이었다. 농사개량에 대한 홍보 및 선전 활동이 정책적 사업으로 추진되었다. 선전비가 전체 사업비 41,776원 가운데 67.2%를 차지할 정도였다. 또한 농사개량 자금으로 4,000만원을 책정하여 ① 비료 자금, ② 농구 자금, ③ 산미개량조합 설비자금, ④ 창고 자금, ⑤ 퇴비사(堆肥舍) 설비 자금, ⑥ 경우(耕牛) 자금 등으로 하고 그 대부대상은 지주, 자작농, 지주 및 자작농 단체, 조선농회로 정하였다. 특히 비료자금의 경우에는 공동구입 비료로 함에 따라 농사개량자금 알선과 함께 군·도(島)농회의 비료 공동구입 알선 및 판매사업을 전개하였다. 그 밖에 조선농회는 면화·잠견 공판 사업을 전개하기도 하였다.

조선농회의 목적은 농사개량에 의한 농산물의 상품

성 제고와 상품화의 확대, 그리고 이를 통한 합법적 식민지 수탈구조의 구축에 있었다. 한국중앙농회라는 민간 주도의 비영리단체가 이후 군·도(島)농회→도(道)농회→조선농회로 계통화되었다. 계통농회인 조선농회는 일제 하 통치 당국의 직접적인 참여와 통제로 성립한 관제 단체였으며 일제의 관리가 임원이 되고 여기에 또한 식민지 지주층이 참여한 형태의 관(官) 주도, 지주 위주의 식민농업단체로 기능하였다.

[참고어] 한국중앙농회

[참고문헌] 조선총독부, 『조선총독부관보』; 김용달, 2003, 『일제의 농업정책과 조선농회』, 혜안 〈고나은〉

조선농회령(朝鮮農會令)/농회법(農會法) ⇒ 조선농회

조선도량형령(朝鮮度量衡令) 1926년 3월 1일 기존의 척관법을 미터법으로 바꾸기 위해 조선총독부령 제22호로 반포된 조선 내에 실시할 도량형에 관한 법률.

1905년 3월 대한제국 법률 제1호로 반포된 도량형법은 이후 1909년 9월 20일 「법률 제26호 도량형법 개정의 건」의 반포를 통해 폐지되었다. 1909년 「개정 도량형법」의 반포로 조선에는 일본 도량형법이 도입되었으며 이는 식민지 조선 지배의 근간이 되었다. 하지만 1910년대 중반부터 도량형법의 법규상 불비한 점이 지적되어 농상공부 상공과(商工課)에서 법안 검토와 심의를 통해 개정이 시도되었다.

이 시기 일본은 제1차 세계대전으로 인한 경제적 호황을 통해 신흥 공업국으로 성장하였다. 그리하여 일본에서는 자국의 제품을 널리 판매하기 위해 일본의 도량형인 척관법을 세계의 단위체계인 미터법으로 통일하는 도량형 개정 법안을 1921년 2월부터 본격 논의하기 시작하였다. 그 결과 1921년 4월 11일 「법률 제71호 도량형법」이 공포되었다. 일본 자국에서는 이를 1924년 7월 1일부터 시행하되 10년(관청), 20년(일반)의 유예기간을 두어 준비해나갔다.

이러한 1920년대 일본 사회·경제의 변화과정에서 조선의 도량형에도 변경의 필요성이 제기되었다. 일본은 식민지 조선과 일본의 도량형 단위를 통일하려는 의도 하에 조선에도 미터법을 적용하고자 하였다. 따라서 예산확보와 점진적 보급에 대한 논의를 거쳐 1926년 3월 1일 「조선총독부령 제22호 조선도량형령」을 반포하였다. 「조선도량형령」은 1926년 4월 1일부터 점차적으로 시행될 것이 정해졌다. 같은 해 3월 2일에는 총78조의 「조선총독부령 제25호 조선도량형령시행규칙」을 발포하여 조선도량형령의 세부적인 사항을 설정하였다.

「조선도량형령」에서는 ① 도량형의 기준을 제시하여 '도량은 미터(길이), 형은 킬로그램(질량)'으로 정하고 ② 도량형 각 명칭의 단위를 길이·면적·부피·무게 등으로 분류하여 각각의 단위를 미터법으로 통일하였다. ③ 관리·법령 위반자의 처벌 규정도 규정하고 있으며 ④ 조선도량형기의 제작을 조선총독부에서 전매하도록 하고 있다. 또한 「조선도량형령시행규칙」을 통해 미터법의 전면적 실시·확산을 도모했다. 하지만 전면적인 시행이 잘 이루어지지 않은 가운데 관청·사무소에서는 1939년 6월 30일, 일반에서는 1944년 6월 30일 이후 미터법 전면 사용이 정해졌다.

미터법은 일본 내에서도 재정 문제, 미터법 반대운동 등의 요인에 의해 시행이 재차 연기되었다. 일제시기 조선에서도 마찬가지로 미터법이 실시되지 못하고 미루어지다가 해방을 맞이하였다. 해방 이후 미터법을 실시하자는 논의가 여러 차례 진행되었으며 1964년 1월 1일부터 일제에 의해 실시된 척관법은 한반도에서 제도적으로 사라지게 되었다.

[참고어] 결부제, 도량형규칙, 도량형법

[참고문헌] 『조선총독부관보』; 『동아일보』; 이종봉, 2015, 「일제강점기 도량형제의 운용 양상」, 『한국민족문화』 57 〈고나은〉

조선민사령(朝鮮民事令) 1912년 3월 18일에 제령 제7호로 제정된 식민지 조선에서 발생하는 모든 민사사건을 처리하는 기본법령.

일제는 대한제국을 강제 병합한 직후에 식민지를 안정적으로 통치할 목적으로 주요 법제를 차례로 제정하였다. 우선, 긴급칙령 제324호 '조선에 시행할 법령에 관한 건'을 제정하여 조선에서의 입법사항에 관해서는 조선총독이 법령을 제정할 수 있는 권한을 부여하였다.(이 칙령은 제국의회의 승인을 얻지 못하고 효력을 상실하였고 같은 내용으로 1911년에 법률 제30호로 다시 제정됨) 일반적으로 일본 법률은 일본 영토 내에서는 당연히 시행되는 것이 원칙이지만, 이 칙령에 의하여 일본에서 제정된 법령을 조선에도 시행하기 위해서는 칙령 또는 제령으로 구체적으로 규정했을 경우에만 가능하였다. 조선에서의 입법사항은 긴급칙령 제324호(법률 제30호)에서 조선총독이 제정할 수 있도록 하였기 때문에 조선총독부는 조선지역을 규율할 민사법을 제정하여야 했다. 그러나 한국병합 직후에 조선의 민사법에 대한 일본 정부와 조선총독부의 의견이 합의되지 않았기 때문에, 조선총독부는 8월 29일에 제령 제1호를 발하여 "조선총독부 설치에 즈음하여 효력을 잃을 일본법령 및 한국법령은 당분간 조선총독이 발한 명령으로 그 효력을 가진다"라고 규정하였다. 제령 제1호는 식민지 조선의 법제를 확정하지 못한 상태에서 조선사회를 규율하기 위한 임시적 조치에 불과하였다. 이후 조선총독부는 일본 정부와 협의를 거쳐서 1912년에 조선민사령을 제정하였다.

조선민사령은 조선에서 발생하는 모든 민사사건에 대하여 원칙적으로 일본 본국의 민법·민법시행령·상법·수형법·소절수법(小切手法)·유한회사법·상업시행법·파산법·화의법(和議法)·민사소송법·인사소송수속법·비송사건수속법·민사소송비용법·민사소송용인지법·집달리수수료규칙·경매법 등 법률 23개를 의용(依用)할 것을 규정하였다. 조선민사령은 일본인, 조선인 및 외국인을 각각 구별 없이 동일한 법률로써 규율하는 것을 원칙으로 하였으나 예외적으로 조선인의 능력, 친족 및 상속에 관한 사항은 조선 관습에 의하도록 했으며, 제12조 부동산에 관한 물권의 종류 및 효력에 관하여는 일본민법상의 물권과 함께 조선 관습상의 물권도 동시에 인정하였다. 당시 대만민사령이 대만인 사이의 민사사건에 대해서는 대만 구관을 적용하기로 한 것과는 차이가 있었다.

조선민사령에 의해서 일본본국의 주요 법률이 직접 시행되면서 토지권 및 주요 부동산권의 종류와 효력, 매매 등에서도 일본민법의 원리가 작동하기 시작하였다. 법원 판결에서 일본민법을 적용한 것이다. 조선인의 친족 및 상속에 관해서는 조선 관습이 법적 효력을 발휘하였으나 1921년, 1922년, 1939년 세 차례에 걸친 조선민사령 제11조의 개정으로 일본 친족 및 상속법이 대거 시행되었다. 1921~1922년 사이에는 결혼, 이혼, 후견, 보좌인, 친족회 등에 대해서 일본 친족법이 적용되었고 1939년에는 이성양자, 창씨제도 등 일본 친족법의 핵심 내용들이 조선에게 강제로 시행되었다. 황국신민화 정책을 법으로 강제해 간 것이다. 조선민사령에 의해서 일본민법이 조선에도 그대로 시행되면서 조선 재래의 민사관계가 일본민법에 의해서 전면적으로 조정·정비되었으며 그 결과 조선 사회의 민사관습의 법제화는 사실상 불가능해졌다. 또한 친족 및 상속편의 경우에는 조선 관습이 법인(法認)되었으나, 조선총독부에 의해서 법인된 관습법은 일본 친족법의 강한 영향하에서 성립되었으며 그나마 조선민사령 제11조가 단계적으로 개정되면서 일본 친족법 및 상속법의 일부가 그대로 시행되었다.

조선민사령은 해방 이후에도 일정한 기간 동안 법적 효력을 유지했다. 즉 해방 이후 미군정은 1945년 11월 2일 법령 제21호를 발하여 조선총독부가 발표하고 법률적 효력이 있는 주요 법령은 미군정의 특수명령으로 폐지할 때까지 전부 그 효력이 존속한다고 규정하였다. 따라서 일제시기에 제정된 법령들은 일부를 제외하고는 모두 효력이 유지되었다. 1948년 8월 15일에 한국정부가 수립되자 식민지 법령의 폐지와 민법의 제정이 본격적으로 논의되었다. 한국 정부는 7월 17일에 헌법을 제정하여 국가의 정체와 구조, 사회의 운영원리를 포괄적으로 규정하고 국가의 기틀을 확립하였으나 제100조 부칙에서 "현행 법령은 이 헌법에 저촉되지 아니하는 한 효력을 가진다"라고 식민지 법령의 효력을 일부 인정했다. 민법, 상법, 형법 등 주요 법률들을 새롭게 제정하기 위해서는 시간이 필요했기 때문에 조선민사령과 여기에 근거한 일본민법이 계속하여 법적 효력을 유지했던 것이다. 한국 정부는 1948년부터 민법 제정에 착수하여 1958년에 민법을 제정하였고 1960년 1월 1일에 민법이 시행되면서 조선민사령은 폐지되었다.

[참고어] 법전조사국, 우메 겐지로, 일본민법

[참고문헌] 『조선총독부관보』; 이승일, 2008, 『조선총독부 법제정책 : 일제의 식민통치와 조선민사령』, 역사비평사 ; 정태헌 외, 2009, 『일본의 식민지 지배와 식민지적 근대』, 동북아역사재단

〈이승일〉

조선방역도(朝鮮方域圖) 1557년(명종 12)에 제용감(濟用監)에서 제작한 조선 전기의 대표적인 관찬 전도.

국보 제248호로 국사편찬위원회에 소장되어 있는데, 임진왜란 때 왜군에 약탈되어 대마도(對馬島) 종가(宗家)에 소장되어 있던 것을 1930년대에 조선사편수회에서 종가문서의 일부로 구입한 것이다. 8도의 주현을 표시한 8도 주현도로 비단에 채색안료로 그려졌으며, 크기는 가로 61㎝, 세로 132㎝이다. 3단 형식으로 되어 있는데, 상단부에는 '조선방역지도'라는 제목이 적혀 있고, 중간부에는 조선전도가 그려져 있으며, 하단부에는 좌목(座目) 즉 지도 제작자의 관직·성명 등이 기록되어 있다. 이러한 양식은 16세기 계회도(契會圖)의 전형적

인 제작양식인데, 고지도 중에 이런 양식으로 그려진 것으로는 조선방역도가 유일하다.

지도의 제작 시기를 1557년(명종 12)으로 보는 것은 지도상에 등장하는 지명과 제작자의 행적을 추정한 결과이다. 우선 유신현(惟新縣)의 치폐(置廢) 경위와 화량진(花梁鎭)에 신설된 경기수영의 시기를 통해 1차로 시기가 특정된다. 다음으로 좌목(座目)에 있는 제작자들 중 행적이 뚜렷한 안사웅(安士雄)과 유지선(柳智善)의 재직 시기를 종합하면, 이 지도는 명종 12년(1557) 8월부터 명종 13년(1558) 2월 사이에 제작되었음을 확인할 수 있다.

지도의 특징은 다음과 같다. 첫째, 조선 전기에 제작된 지도 중 가장 정확한 지도라는 점이다. 둘째, 두만강의 위치가 동람도(東覽圖)와 조선도(朝鮮圖)보다 북쪽에 표기되어 현재 지도에 보다 가깝게 그려져 있다. 셋째, 울릉도와 독도가 표시되지 않았다. 넷째, 조선방역도가 8도 주현도임에도 불구하고 『동국여지승람』의 행정구역과 비교해 경상도의 청도·울산, 전라도의 순천·장흥이 누락되어 있다. 다섯째, 만주지역과 대마도가 표기되어 있다. 이는 조선 전기까지 대마도가 조선의 영토라는 의식이 강했기 때문이며, 만주지역 역시 고구려의 옛 영토인 만주가 우리의 영토라는 의식이 표출된 것이거나 혹은 국경선이 확정되지 않아 북방에 대한 지식이 불확실했기 때문일 수도 있다.

조선방역도는 문화적으로도 다양한 가치를 지니고 있는데, 우선 조선 전기에 제작된 지도 중 유일하게 현존하는 원본지도로서 당시의 지도제작 수준 및 형식을 알 수 있는 단서가 된다. 또한 제작시기가 밝혀져 있어 이와 유사한 다른 지도들의 편년을 밝힐 근거가 될 수 있다. 아울러 만주와 대마도가 표기된 점을 통해 이 지역에 대한 당시의 영토의식을 엿볼 수 있기도 하다.

[참고어] 동국지도-양성지·정척, 동람도

[참고문헌] 국사편찬위원회 編, 1995, 『한국사 26-조선 초기의 문화 1』, 국사편찬위원회 ; 국토지리정보원 編, 2009, 『한국 지도학 발달사』, 국토지리정보원 ; 이상태, 2009, 「한국고지도 발달사」 『한국지도학회지』 7-1

조선부동산등기령(朝鮮不動産登記令) 조선총독부가 1912년 3월 18일 부동산물권의 득상(得喪)과 변경에 대하여 제3자에 대항권을 인정하고 이를 실제로 시행하기 위한 등기제도에 관한 법령.

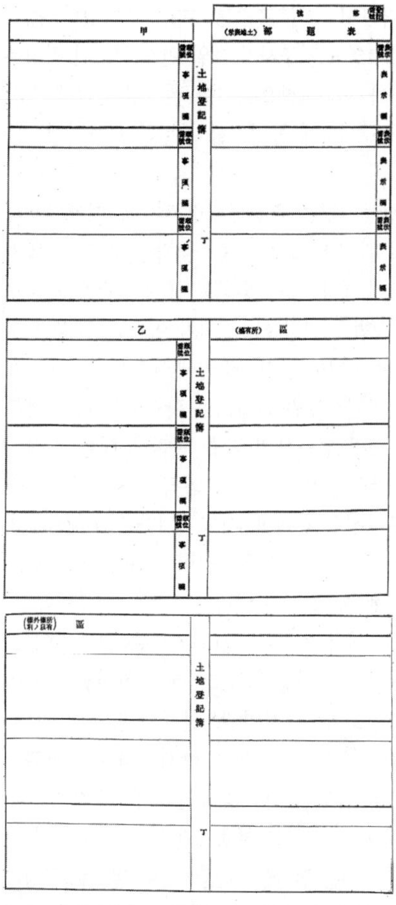

토지등기부 (표제부, 토지등기부 갑구 소유권, 을구 소유권)
『조선총독부관보』 1914년 5월 1일

조선부동산등기령은 제령 제9호로 1912년 3월 18일에, 조선부동산등기령시행규칙은 1912년 3월 22일 조선총독부령으로 공포되었다. 여기서 조선의 부동산등기제도는 일본의 부동산등기법에 의한다고 규정하고, 일본과 다른 조선의 특수한 경우를 다음과 같이 정리했다. 조선 고유의 전당권은 성질에 따라 부동산질권 또는 저당권으로 간주한다고 하고, 또 하나는 일본의 부동산등기법과 조선부동산증명령에 의한 등기와 증명은 이 법의 등기로 간주한다고 하였다.

조선총독부는 토지조사법에서 정한 지권 발행 규정을 토지조사령에서 삭제하고 조선부동산등기령을 공포하고 등기제도를 시행하기로 했다. 하지만 토지조사사업이 종결되지 않아 토지대장이 갖추어지지 않은 점을 고려하여 조선부동산증명령을 발포하여 증명제도를 실시하되, 토지대장이 마련되는 데로 등기제도를 시행하기로 하였다. 1914년 4월 토지대장규칙을 정하여 조사 사정의 결과를 토대로 하여 토지대장을 작성하고, 이에 근거하여 등기부를 작성하도록 하였다. 등기는 1914년 5월 1일 토지조사가 제일 먼저 완료된 경성부 외 11부 17시가지를 시작으로, 1918년 7월 전국에 걸쳐 합계 12부 218군 2도에 등기소를 신설하고 등기제도를 실시하였다.

조선부동산등기령은 조선민사령 제13조 "물권의 득상과 변경에 관하여 등기 또는 증명을 받지 않으면 이로써 제3자에 대항할 수 없다"는 규정의 적용을 받고, 권리의 증거방법은 실질조사주의가 아니라 관청의 서면에 근거하여 등기하는 형식주의에 따랐다. 즉 등기제도는 국가가 토지소유권을 법으로 확인하여 이를 장부에 등록함으로써 부동산의 각종 권리에 대한 거래의 안정성을 보장하기 위한 자본주의적 토지관리제도라는 점에서 보편성을 갖지만, 시행주체가 일본제국주의 국가라는 점에서 종전 광무정권이 시도한 그것과는 내용과 목적에 차이가 있었다.

권리의 범주에서 조선부동산등기령은 증명령이 소유권 전당권(질권과 저당권)의 2종에 국한되었던데 비해, 지상권, 영소작권, 지역권, 선취특권, 임차권 등 물권 전반으로 확충하였지만, 대한제국의 부동산권소관법에 포함된 임조권이나 경작권 등은 제외하였다. 조선부동산등기령은 일본 부동산등기법을 조선에 시행할 때 문제가 되는 점만을 다음과 같이 별도로 규정하였다. 첫째, 한국과 일본의 관계법규의 차이에서 말미암은 것들이었다. 전당권을 부동산등기법의 적용에 따라서 질권 또는 저당권으로 나눈 것과, 토지대장 소관청에 통지를 요하는 사항 중 일본의 경우 '100년 이상의 지상권자를 이동하였을 때'라는 규정을 '20년 이상의 지상권자의 이동'으로 고친 규정 등이 그것이다. 둘째, 일본 부동산등기법에서는 사변을 당했을 경우와 재판소 또는 예심판사의 명령 또는 촉탁이 있을 때에 한하여 신청서 기타 부속서류를 등기소 밖으로 지출할 수 있다고 하였으나, 한국에서는 범죄 수사상 검사의 촉탁이 있을 때도 이를 허할 필요가 있다고 하였다. 이 규정은 한국에서 토지분쟁이 많다는 것을 반영한 것이었다. 셋째, 등기부에 처음 등재할 때 반드시 토지조사의 결과에 따랐다. 토지조사 시행지는 「토지대장」 등본을, 토지조사 미시행지의 소유권 등기는 토지대장 소관청의 인증에 의하여 소유권을 증명한 자가 신청하도록 하였다. 그리고 토지조사의 결과 이동을 낳은 기등기 기증명토지의 정리에 관한 것이었다. 등기령을 시행하면서 기존 장부의 처리가 문제되자 일제는 구래의 장부가 한국 토지침탈의 결과물이라는 점을 고려하였다. 증명과 등기의 연계성을 인정하고, 양자를 정리하였다. 종전 장부에 오류가 있을 때는 이를 멸실 또는 말소하고, 그렇지 않을 때는 증명부의 사항을 등기부에 이기한 후 등기하도록 하였다.

이에 일제는 「제령 제16호 토지조사령에 따라 사정 또는 재결을 경한 토지의 등기 또는 증명에 관한 건」을 공포하여, 이 문제를 처리했다. 첫째, 토지조사의 결과 확정된 소유권 면적 지목 번호 면적단위 등이 기등기나 기증명에 저촉될 경우에 대한 처리방법을 정하였다. 등기부에는 토지조사에서 확정한 소유권을 기재하도록 하였다. 이 소유권이 기증명이나 기등기보다 우월한 절대적인 것임을 재확인한 조치였다. 토지조사에서 확정된 소유권을 절대화시킨 것은 기존의 분쟁을 일소하여 총독부가 부동산 제권리에 대한 관리권을 확보하여 한국사회를 일본 자본의 요구대로 편성해 가기 위한 것이었다. 전당권이나 이에 의거한 경매처분도 소유권에 종속되어 처리되었다. 그리고 토지수용이나 지세미납자에 대한 국세징수법의 경우 사정권자로 확정된 소유자에게 직접 차압등기를 촉탁하여 '공권력'에 의해 강제 처분할 수 있게 되었다. 이렇게 총독부는 일제의 국책사업을 추진하는 데, 그리고 지주 자본가는 토지에 투자활동을 하는 데 제도적으로 보장을 받았던 것이다. 일본민법 테두리 내에서 토지상품화가 전개된 것이다.

둘째, 구장부와 사무처리 관계에서 발생한 오류를 시정하는 일이었다. 등기부에는 토지대장에서 사정명의인과 그 이후의 소유권 변동이 정당할 때는 이전등기를 하지 않고 토지대장 상의 현재의 소유자를 그대로 기재하였다.

셋째, 조선부동산등기령의 소유권자 기재원칙이다. 등기부에는 극히 예외적인 경우를 제외하고는 등기권리자는 일본민법에 근거하여 자연인과 법인으로 정하였다. 다만 어업조합, 수산조합, 학교조합, 수리조합 등과 같이 별도로 법인자격을 부여한 조직, 임시은사금 지방비, 사우, 불당, 외국교회 등의 종교단체와 같은 조직만 소유권자로 인정했다. 일제의 한국통치라는 점을 고려한 방식이다. 토지대장의 소유자를 등기부에 등재한 이후에는 소유권과 질권 등 지세납부와 관련을 가진 사항의 변동은 관계자의 신청에 따라 등기부에 등재한 다음 등기부 소관청이 관계사항을 토지대장소관청에 통지하여 토지대장을 변경하도록 하였다. 지세명기장도 여기에 근거하여 작성하도록 하였다. 이리하여 등기부와 토지대장, 지세명기장이 서로 연동관계를 갖게 되었다.

1918년 등기제도가 전국적으로 실시됨에 따라 일본 민법에 규정한 부동산의 각종권리를 등기부에 등재함으로써 제3자 대항권을 보장받게 된 것이다. 일지일주적인 배타적 소유권에 대한 제도적 보장장치가 지역단위의 한계를 벗어나 전국단위로 확대된 것이다. 종래 토지유통의 시장권이 지역단위를 벗어나면서도 제도적 보장장치가 완결되지 못하여 분쟁이 빈발하였으나, 등기제도를 시행하게 됨에 따라 이 문제가 해소된 셈이다.

등기부는 지방법원장이 표지의 이면에 매수를 기재하고 매엽의 철목에 계인을 찍어 등기관리에 교부하였다. 등기부는 1필 1용지주의이며, 등기번호란과 표제부, 갑구, 을구로 구성되었다. 등기번호란에는 각 부동산마다 처음 등기를 한 순서를 기재하고, 표제부에는 부동산의 표시, 갑구에는 소유권, 을구에는 민법에 규정된 소유권 이외의 권리에 관한 사항, 즉 물권에 대한 권리의 설정, 보존, 이전, 변경, 처분의 제한, 또는 소멸 등을 기입하도록 하였다. 등기종류는 본등기, 가등기, 예고등기, 주등기, 부기등기 등 5종이었으며 등기부 기재사항에는 제3자 대항권을 부여하였다.

등기부를 통하여 토지를 둘러싼 당시의 경제동향을 살펴보면 다음과 같다. 첫째, 토지를 담보로 자본획득을 목표로 하는 금융자본의 운동이 활발해질수록, 등기사무건수는 계속 증가해 갔다. 이에 따라 등록세는 총독부의 재정수입 증대에 크게 기여하였다. 등록세 수입이 등기제도 도입 초년에 이미 토지조사비용을 상회하였다. 다른 부대효과를 제외하고 등록세만으로도 투자효과를 충분히 거두고 있는 셈이다.

둘째, 등기제도의 성립에 따른 안정적인 토지투자 기반이 조성되어 토지매매가 크게 증가했다. 지주자본의 토지투자가 활발했던 것이다. 이 배후에는 금융자본 국가자본이 있었다. 즉 개별 지주자본은 국가자본 금융자본으로부터 대부를 받아 토지에 활발히 투자하여 농업경영 확대를 지속적으로 추진해 갔다. 이는 실제로 등기부에 매우 빈번하게 등장하는 저당권 설정으로 확인될 수 있다. 이 시기 설립된 조선식산은행과 동척금융부가 부동산담보를 통해 지주자본에 거액의 대부활동을 해주고 있었다.

이렇게 등기제도는 일본 금융자본의 한국 토지지배의 통로를 제공해 준 것이었다. 일본 금융자본은 이를 기반으로 지주와의 결합관계를 강화시켜 이들을 장악해 갔다. 초기에는 일본인 지주 금융자본이었지만, 차차 한국인 지주에게도 확대해 갔다. 이에 따라 금융자본의 지배력은 더 강고하게 한국에서 자리 잡아 갔으며, 한국사회 전체가 일본자본주의의 운영행로에 직접 영향을 받게 되었다. 산미증식계획은 물론 농촌진흥운동이나 자작농창정계획 등도 일본금융자본과 직결되어 추진되었다. 등기제도는 일본 금융자본이 한국사회를 자기 요구에 맞추어 재편시켜 나간 제도적 장치였다. 이렇게 실시된 일제의 부동산등기제도는 해방 후 약 15년간 의용하다가 1960년 1월 1일부동산등기법을 공포하고 시행하였다.

[참고어] 저당권, 질권, 전당권, 부동산권소관법, 조선부동산증명령

[참고문헌] 『조선총독부관보』; 『대한민국관보』; 최원규, 2015, 「일제초기 조선부동산 등기제도의 시행과 그 성격」 『한국민족문화』 56

〈최원규〉

조선부동산증명령(朝鮮不動産證明令) 조선총독부가 1912년 등기제도 도입을 위해 조선부동산등기령을 공포하였지만, 토지대장이 마련되지 않은 지역에는 토지대장을 마련할 때까지 이를 보류하고 잠정적으로 시행하기 위해 제정한 증명에 관한 법령.

일제는 1912년 3월 22일 조선민사령과 일본 부동산등기법에 규정받는 조선부동산등기령을 제정 공포했다. 이 법을 실시하는 데는 개별토지에 대해 정확히 조사측량하여 작성한 지적도와 소유권 사정 장부인 토지대장이 갖추어져야만 했다. 등기제도는 토지대장에 근거하여 등기부에 소유권자를 기재하고 그에게 제3자 대항권을 인정해주는 제도이기 때문이다. 이리하여 일제는 토지대장이 마련되지 않은 지역에는 부동산등기제도를 대체하는 전문 45개조의 조선부동산증명령(이하 증명령으로 칭함)을 동시에 제정하여 증명제도를 실시하기도 했다. 물론 이 법도 일본 부동산등기법을 인용하여 등기 수속을 하도록 정했다.

증명령의 특징은 다음과 같다. 첫째 미증명 부동산에 대해 보존증명을 받으면 증명 명의인 이외에 다른 사람이 명의를 변경하거나 고칠 수 없도록 했다. 둘째 물권의 설정과 이전시 전당권자 또는 소유권 취득자가 증명을 하면, 완전한 권리자로서 제3자에 대항할 수 있게 했다. 셋째 공시와 자유열람제도를 채택하여 이해관계

자가 그 권리관계를 알 수 있도록 하였기 때문에 제3자가 권리를 보호받을 수 있었다.

증명령의 증명은 증명규칙의 증명과 유사했지만, 내용은 질적으로 달랐다. 첫째 증명방식을 사실조사주의에서 형식주의인 등기제도로 전환한 점이다. 토지에 대한 소유권 사정절차를 거친 토지대장이 구비되지 않은 지역에 증명령을 실시함에도 불구하고 일제가 등기주의를 채택했던 것은 결수연명부에 그 역할을 기대했기 때문이었다. 권리보장이라는 측면에서 증명령의 증명은 종전의 증명과 달리 제3자 대항권을 부여한 점에서 양자의 법률적 효력은 확연히 달랐다. 이러한 차이는 투자에 대한 안정성 확보, 투자범위의 확대와 궤를 같이하는 것이었다. 일제는 식민지 조선에 자본투자의 안정적 기반을 제공해야 했으며, 증명령이 그 제도적 장치였다. 토지대장이 준비되지 않았지만, 그만큼 토지투자의 안정상 확보가 급했기 때문이다.

이리하여 조선부동산증명령은 토지대장이 마련되지 않은 지역에, 조선부동산등기령은 토지대장이 마련된 지역에 서로 다른 등기제도를 실시하도록 했다. 그리고 구래의 증명과 증명령의 증명은 법적 효력이 달랐음에도 불구하고, 조선총독부는 두 증명의 효력을 동일하게 취급했다. 기본적으로 증명의 법적 효력이 증명규칙, 증명령, 등기령 등이 서로 계승관계를 갖도록 한 것이다.

둘째 증명의 범위가 소유권과 전당권으로 한정한 점은 두 법이 같았으나 내용면에서 커다란 차이를 보였다. 규칙에서는 증명범위를 매매·증여·교환·보존 등으로 한정하였지만, 증명령에서는 이를 넘어 이전·처분의 제한·변경·말소 등 소유권의 처리 범위를 등기제도의 수준으로 확대하였다. 다만 소유권보존증명을 받지 않은 미증명 토지를 증명부에 등재하기 위해서는 신청자가 소유권자인지를 확인하는 절차가 필요했다. 그 보존증명 신청서에 판결 기타 관청 또는 공서의 서면으로 증거하도록 했는데, 이렇게 한 이유는 결수연명부가 아직 완결되지 않았을 뿐만 아니라 미과세지를 포괄하지 못했기 때문이었다. 따라서 관공서가 사실조사주의에 의거하여 작성한 서면을 증거로 소유권보존증명을 해야 한다고 규정했다. 그리고 증명령의 소유권 확인절차는 증명규칙과 달리 정했다. 증명규칙에서는 동장 통수의 인증을 거쳐 군수가 증명을 하였지만, 증명령에서는 관공서의 증거서면(결수연명부)에 따라 부윤 군수가 증명을 했다. 증명도 점차 사실조사주의에

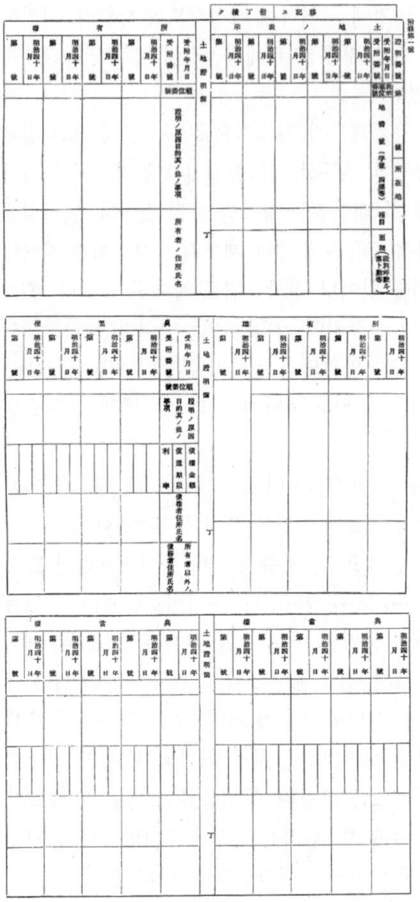

토지증명부 (표제부, 소유권, 전당권) 『조선총독부관보』 호외 1912년 3월 22일

서 등기주의로 제도화시켜 나가려 했다.

셋째 소유권자가 증명신청을 하지 않을 경우에 관청이 처리할 수 있도록 관청촉탁제도를 도입했다. 증명의무자가 행방불명이거나 소유권분쟁으로 판결을 받았을 경우, 국세징수령에 의한 경우 등이다. 조선총독부가 국세확보를 위해 제정한 국세징수령은 증명령을 제정하면서 그 시행이 가능하게 되었다. 그리고 토지수용령의 경우, 소유권 이외의 전당권에 관한 증명이 있을 때는 증명관리가 직권으로 말소하도록 했다. 이같이 증명령은 소유권과 전당권 증명과정에 대한 전일적 관리체제, 곧 국가의 토지권 관리제도의 발현이었다.

넷째 전당권의 증명범주도 증명령과 증명규칙은 차이가 있었다. 전당권의 설정과 집행만을 규정한 규칙과 달리 증명령에서는 전당권을 부동산 담보로 활용할 수 있도록 제도적 장치를 마련했다. 전당권을 설정할 때는 채무내용을 구체적으로 기입하여 제3자도 확실히 알 수 있도록 했다. 이것은 채무자가 다시 저당이나

매매할 수 있도록 한 조치였다. 그리고 채무관계를 원활히 처리할 수 있도록 경매제도도 도입했다. 조선민사령에 근거하여 전당권을 설정하고 채무를 변제받지 못할 때는 일본의 민사소송법이나 경매법에 의하여 해당 부동산에 대하여 권리를 획득할 수 있도록 했다. 경매제도가 완전히 제도화된 것이다. 또한 경매절차 없이 소유권을 획득할 수 있도록 한 유질(流質)특약은 증명규칙과 마찬가지로 증명령에서도 계속 유효하도록 했다. 일본 고리대자본의 활로를 이전과 다름없이 계속 유지시켜 준 채권자 위주의 법제체였다.

다섯째 소유권자의 자격을 증명규칙과 달리 새로 정했다. 종래에는 자연인은 물론 계, 촌락, 문중 등 토지소유권자의 자격에 특별한 제약이 없었다. 증명규칙도 구래의 관습을 그대로 적용했다. 하지만 증명령은 일본민법에 정한 자연인이나 법인만을 토지소유권자로 정하되, 미진한 부분은 관습법과 특례법으로 보완한다는 원칙을 세웠다. 자연인은 종전대로 인정하였지만, 법인에는 상당한 제한을 가했다. 일본민법이 정한 법인이나 특별법에 의한 법인, 즉 회사, 학교, 수산조합, 수리조합 그리고 일본의 신사 등은 소유주체가 될 수 있었다. 법인으로 등록된 경우는 소유가 가능하였으나 미인가 학교나 기독교 교회, 그리고 마을(部落), 계, 종중 등 구래의 향촌자치단체들은 인정하지 않았다. 그런데 법인이 아니라도 부군임시은사금이나 지방비같이 특별한 경우, 면·동·리 등은 인정했다. 하지만 이 면·동·리는 구래의 것이 아니라 일제가 새로 재편한 면·동·리였다. 나아가 일제는 면동리재산의 관리권도 면에게 부여하고 군수가 감독하는 방식을 택하였다. 이같이 토지소유의 주체는 기본적으로 일본민법에 의거하되, 관습법과 특별법을 적절히 활용하여 중앙집권적 식민지 지배체제가 일원적으로 관철될 수 있는 방향으로 소유권체계를 결정하였다. 증명령은 토지조사사업이 완결되어 토지대장이 만들어지면서 한 차원 높은 조선부동산등기령을 실시하면서 종말을 맞이하게 되었다.

[참고어] 결수연명부, 토지대장, 조선부동산등기령, 법인, 조선민사령

[참고문헌] 神尾太治平, 1912, 『朝鮮不動産證明令義解』, 日韓書房 ; 早川保次, 1921, 『조선부동산 등기의 연혁』, 대성인쇄사 출판부 ; 최원규, 2000, 「일제초기 조선부동산증명령의 시행과 역사성」 『한국사의 구조와 전개』, 혜안 〈최원규〉

조선사방사업령(朝鮮砂防事業令) ⇒ **사방사업**

조선산림회(朝鮮山林會) 1921년 6월 11일 조선 산림을 효과적으로 수탈하기 위해 산림 관련 조선총독부 관리 및 민간인들이 조직한 단체.

조선산림회가 내건 설립목적은 황폐화된 조선 산림과 임업의 개선 발전과 회원간 친목도모이다. 조직은 중앙에 회장·부회장·이사·상무이사·평의원·감사·고문 등을 두었으며, 각 도에 지부를 두었다. 조선산림회는 회원들의 회비로 운영되다가 1927년 사단법인으로 조직을 개편하고 각도 산림회를 총괄하였다. 매년 조선총독부로부터 3,000원의 보조금을 지급받았다. 회원은 창립 직후인 1921년 8월에 2,000여 명에서 1939년경에는 4,800명으로 증가하였다. 각 도 산림회 지부는 인격을 갖지 못한 임의 회단이었으나, 후에 각 도에서 재단법인 도산림회를 설립하여 임업상의 각종 알선 및 보조기관으로 활동하였다.

조선산림회의 주요 활동은 조선총독부의 산림정책 협조, 조선총독부에 대한 산림정책 건의 및 산림에 관한 조사연구, 강연회, 강습회, 품평회, 영화회 개최, 산림대회를 개최하여 공로자 표창, 임업지 시찰여행, 회보 및 임업관련 도서 간행 등이었다. 1939년에는 '조선산림회 물품알선규정'을 발표하여 임업 묘포 및 모범림 경영, 조림용 종묘 및 임산물 기타 임업에 관계있는 물품의 매매알선도 주선함으로써 임산물의 생산, 유통을 장악하는 유력기관으로 재편되었다. 1941년 조선산림회는 일제로부터 목탄 생산자에 대하여 생산명령을 내릴 수 있는 권한을 부여받으면서 목탄통제를 담당하는 기구로 지정되기도 하였다.

매월 『조선산림회보(朝鮮山林會報)』를 발행하여 임업에 관한 각종 조사연구와 임업에 관한 제반 사항을 게재하였고, 1937년에는 '황기 2600년 봉축 기념사업'과 '시정 30년을 기념'하기 위해 그동안 추진해 온 산림정책의 입안배경, 효과, 각종 법령 등을 정리한 『조선임업사(朝鮮林業史)』를 편찬하기도 했다. 1943년에는 전시체제 재편에 따라 임산물 확충이 요구되면서 임업전문가들을 결집하여 일제에 협력하기 위해 조선산림회를 해소하고, 사단법인 조선임업협회를 발족하였다. 조선산림회는 산림정책 및 산림 관련 사업의 결정이나 시행, 여론형성에 주도적인 역할을 담당한 관변 단체였다.

[참고어] 조선임야조사사업, 조선임정계획서, 조선특별연고삼림양여령

[참고문헌] 岡衛治, 1945, 『朝鮮林業史』, 조선산림회(2001, 한국임

정연구회 편역, 산림청) ; 강영심, 1998,「일제의 한국삼림수탈과 한국인의 저항」, 이화여대 박사학위논문 ; 최병택, 2010,『일제하 조선임야조사사업과 산림정책』, 푸른역사 〈강정원〉

조선소작조정령(朝鮮小作調停令) 1920년대 후반 각종 농민단체가 결성되고 소작쟁의가 폭발적으로 늘어나자 그 대응방안으로 조선총독부가 소작관행의 개선을 검토한 다음, 이를 막기 위해 1932년 제정한 법령.

조선소작조정령은 1932년 12월 10일에 제정되어 1933년 2월 1일부터 시행되었다. 조선의 농업문제를 해결하기 위하여 조선총독부는 조선농지령(朝鮮農地令)(1934.4)을 제정하였고, 그 절차법령으로 조선소작조정령을 제정한 것이다.

조선소작조정령은 ① 지주-소작인 사이의 소작문제에 관련하여 발생하는 모든 분쟁을 조정 대상으로 하고 ② 모든 쟁의의 조정은 당사자의 합의에 의한 신청이 있을 때 소작지의 소재 관할 지방법원 또는 지방법원지청의 합의부에서 취급한다. ③ 당사자가 다수인 경우는 대표자로서 총대를 선임할 수 있다. 단, 총대는 당사자 가운데서 선임해야 한다. ④ 조정사건이 재판소에 제출되면 사건의 경중에 따라서 부·군·도 소작위원회, 기타 적당하다고 인정하는 자에게 화해를 권유하여 조정절차에 들어가기 전에 타협시킬 수 있다. ⑤ 기일 내 조정이 이루어지지 않을 때는 재판소에서 적당한 조정 조항을 정하여 당사자에게 보내고 일 개월 이내에 이의 신청을 하지 않으면 조정이 성립된 것으로 간주한다. ⑥ 조정은 소송상의 화해와 동등한 효력을 갖기 때문에 강제집행할 수 있었다.

1933년 1월 농림국장 통첩으로 이 법령에 따라 각도에 부·군·도(府·郡·島) 소작위원회를 설치하였다. 이 위원회는 부윤, 군수, 도사 등을 위원장으로 하고, 당해 부군도의 경찰서장 및 적당하다고 인정되는 사람 4인 내외를 위원으로 하여 구성되었다. 이 위원회는 재판소의 위임을 받아 분쟁의 화해를 권유하고 조정사건에 자문하는 역할을 담당하였다. 조정령의 특징은 첫째, 경찰과 행정기관이 사법적 권위를 빌려서 지주, 소작관계에 행정적 지도 이상의 강력한 개입을 할 수 있도록 제도적 장치를 마련한 것이다. 경찰과 부윤, 군수, 도사 등의 행정기관은 재판소 위임에 따라서 화해를 권유할 수 있었는데 이렇게 하여 조정신청 건수의 약 80%를 해결할 만큼 조정령의 중심적 내용이었다. 일제는 이 조정령에 소작쟁의에 대한 권력통제를 강화하면서도 지주계급의 이해를 반영할 수 있는 각종 장치를 마련하였다. 조정령 자체가 실체법이 없이 당시의 관습에 기초하여 화해의 권유와 조정을 하도록 하였기 때문에 소작농민에 불리할 수밖에 없었다. 둘째 각 부, 군, 도 소작위원회가 소작농민을 배제하고 부윤, 군수, 도사, 경찰서장 등 지주측 인사로 구성되었기 때문에 소작농민의 이해를 대변하기가 쉽지 않았다. 마지막으로는 조정령이 상호 합의 하에 신청이 있을 때 효력이 있었기 때문에 어느 한쪽이 거부하면 신청자체가 이루어질 수 없었다.

조선소작조정령은 일본 본국의 '소작조정법'과 내용상의 거의 유사하다. 조선소작조정령은 33개조로 이루어져 있고, 소작조정법은 49개 조항이다. 두 법령의 조문수가 다른 것은 소작조정법이 소작분쟁을 조정하는 조정위원회를 이 법에 포함시켰으나 조선소작령은 이를 부군도소작위원회관제, 부군도소작위원회규정으로 분리하였기 때문이다. 조정위원회의 구성과 운영에 관한 조문을 제외하면 조선소작조정령의 조문은 소작조정법과 거의 일치한다. 다만, 일본과 조선에서 차이가 있는 것은 조정기구의 구성방식과 그 권한 및 기능이다. 소작조정법에서는 조정을 담당하는 조정위원회는 지방재판소장이 조정주임(판사)과 조정위원을 임명하지만 조선소작조정법령에서는 조정을 담당하는 부군도 소작위원회는 부윤, 군수, 도사가 위원장이 되고 위원은 도지사가 임명하였다.

[참고어] 조선농지령, 소작관

[참고문헌] 농림부,『조선농업농촌100년사』상 ; 정연태, 1990,「1930년대 '조선농지령'과 일제의 농촌통제」『역사와 현실』4 ; 이영상, 1997,「1930년대 日帝의 地主·小作關係의 法制化 政策」『계명사학』8 ; 이윤갑, 2008,「농촌진흥운동기(1932~1940)의 조선총독부의 소작정책」『대구사학』91 〈이승일〉

조선식산은행(朝鮮殖産銀行) 1918년 10월 농공은행을 합병하여 신설된 식민지 산업개발은행.

1918년 10월 일제는 조선식산은행령(제령 제17호)을 공포, 6개 농공은행을 강제로 흡수·합병하여 자본금 1,000만원의 대형 식민지 개발은행인 조선식산은행을 출범시켰다. 그 과정에서 농공은행의 조선인 주주와 중역의 권리와 의견은 무시되었고, 조선총독부가 식산은행의 최대주주로서 인사와 운영감독권을 장악하였다. 식산은행 설립배경에는 1차 세계대전의 전시특수로 급격한 자본발전을 구가한 일본자본주의의 경제적 사정과 조선지배의 산업인프라를 구축해야하는 조선총독부의 요구가 자연스럽게 결합되어 있었다.

전에 없던 호황기로 일본의 자본수출력은 크게 고양되었고, 일본 금융시장은 새로운 투자처를 찾는 자본으로 넘쳐났다. 또한 조선은행과 동양척식주식회사가 만주로 진출함에 따라 조선총독부는 식민지 산업개발을 전담하는 별도의 금융기구를 마련할 필요가 있었다. 때마침 토지조사사업의 완료와 함께 등기제도가 전국적으로 실시되어 토지의 자본화와 부동산금융의 제도적 기반도 구축되었다. 그에 따라 조선총독부는 풍부한 유동성을 보이고 있던 일본 금융자본을 식민지 개발자금원으로 적극적으로 활용하고자 했고 일본자본의 유입통로로 조선식산은행을 전격적으로 출범시켰다. 일본 금융자본은 일본 내 특수금융기관을 경유하지 않고 곧바로 조선금융기구로 들어올 수 있게 되었고 식산은행은 그만큼 자금조달 비용을 줄여 개발금융의 효율성을 높일 수 있었다.

조선총독부는 식산은행이 식민지 산업개발금융·정책금융으로 명실상부하게 기능할 수 있도록 금융특권을 제도적으로 보장해주었다. 식산은행은 조선과 일본에서 공모한 주식과 채권, 차입금과 예금을 통해 장단기 자본을 충분하게 조달할 수 있었다. 조달한 자금 규모는 1917년 2,166만원, 1936년 5억 268만원, 1945년 28억 9,768만원에 달했다. 자본구성에서 자기자본과 차입금의 비중은 평균 9.3%와 7.5%에 지나지 않았고, 채권과 예금이 각각 60~70%, 15~20%를 점했다.

식산은행의 주 자금원인 장기성 저리자금은 채권을 통해 유입되었으며, 설립 초기에는 납입자본금의 10배까지 채권발행이 가능했다. 식산은행의 채권은 일본 증권회사를 통해 일반 공모하거나 대장성예금부·일본권업은행·부동산저축은행 등에서 특수 인수했다. 일반 공모채권은 1928년 중반까지 60~70%를 차지했지만 이후 40%전후로 낮아졌다. 1925년까지 공모채권의 이율은 7~8%대 전후였지만 이후 저금리의 추세 속에서 연리 6%대, 상환기간 8~10년의 조건으로 채권을 발행하였다. 대장성예금부의 이자율은 1923년까지 5.5%였으나 이후 계속 낮아져 3.9~4.0% 수준을 유지했다. 상환차입기한도 10~20년이었고, 1935년부터 30년으로 늘어났다.

채권발행액의 추이를 보면, 1919~1937년까지 8억 9,805만원, 1938~1945년에는 9억 4,200만원으로 전체 18억 4,005만원이나 발행되었다. 이처럼 일본 민간·국가자본이 중일전쟁이전까지 조선에 개발자금으로 대규모로 유입되었을 뿐 아니라 그만큼 엄청난 자본수익도 거두어갔다. 1918~1936년 채권이자로 일본으로 빠져 나간 금액이 1억 4,761만원이나 되었다. 자본구성에서 채권 다음으로 비중이 높았던 예금은, 1918년 15,245천원, 1923년 47,582천원, 1929년 81,764천원, 1934년 105,320천원, 1936년 130,502천원에 달했다. 1936년까지 민간인 예금비중이 50-84%정도였고, 그 중에 조선인이 10~30%, 일본인이 70~80%를 차지했다.

〈조선식산은행의 산업·공공대부 추이(단위: 천원, %)〉

	1918	1923	1925	1929	1933	1935	1937
금융조합연합회	469 (5.7)	17,509 (15.3)	16,148 (11.7)	19,130 (9.2)	20,980 (8.4)	21,977 (8.2)	21,166 (5.8)
수리사업	1,003 (12.3)	21,509 (18.7)	30,151 (21.8)	54,615 (26.3)	77,018 (30.8)	76,183 (28.5)	72,453 (20.0)
토지개량	2,611 (32.0)	14,408 (12.6)	14,889 (10.8)	14,047 (6.7)	18,950 (7.6)	19,845 (7.4)	20,001 (5.5)
농업	1,180 (14.5)	18,615 (16.2)	26,495 (19.1)	73,544 (35.5)	76,224 (30.4)	84,811 (31.8)	120,068 (33.0)
공업	423 (5.2)	2,046 (2.8)	3,522 (2.5)	3,683 (1.8)	2,537 (1.0)	2,834 (1.1)	7,990 (3.2)
상업	753 (9.2)	2,864 (3.9)	6,227 (4.5)	8,591 (4.1)	10,836 (4.3)	11,943 (4.5)	30,725 (8.4)
토지가옥	423 (5.2)	11,070 (15.0)	10,116 (7.3)	13,731 (6.6)	12,318 (4.9)	17,400 (6.5)	31,577 (8.7)
구채정리	196 (2.4)	9,663 (13.1)	4,443 (3.2)	7,676 (3.7)	7,300 (2.9)	9,633 (3.6)	10,097 (2.8)

출처 : 정병욱, 2004, 『한국근대금융연구』, 역사비평사, 40쪽

채권발행을 통해 조달된 대규모 저리자금은 식산은행의 주 업무인 산업·공공대부에 집중되었고, 예금은 단기 고금리의 상업대부에 투입되었다. 산업·공공대부는 50년 이내의 연부상환과 5년 이내 정기연부방식으로 이루어졌는데, 전자의 비중이 60~80%를 차지했다. 산업대부는 확실한 담보물을 전제로 지주나 회사에게 제공되었고, 공공대부는 수리조합·금융조합 같은 비영리산업단체나 조선총독부 산하 공공기관에게 무담보로 제공되었다. 산업·공공대부의 우선순위는 일본자본주의가 조선경제에 요구하는 바에 따라 결정되었다. 일본자본주의의 가장 큰 문제는 부족한 식량문제와 원료수입에 따른 국제수지의 악화였다. 1920년대 식민지 산업개발의 축은 일본자본주의를 위한 식량과 원료공급을 위한 농업개발에 있었다. 특히 쌀소동(米騷動)으로 폭발된 식량위기 이후 조선총독부는 1920년부터 산미증식계획을 실시하여 일본자본주의의 식량문제 해결에 전력하였다. 그 중심에 식산은행이 있었다. 전체 대출액의 70~80%를 상업부문에 집중한 조선은

행과 달리 식산은행은 산업공공대부 형식으로 60%이상을 농업분야에 집중하였다. 1920년대 중반부터 조선의 농업대출 절반이상을 식산은행에서 취급함으로써 식민지 농업금융의 중심에 섰다. 1927년 현재 농업대출액의 현황을 보면, 식산은행이 107,197천원, 동양척식주식회사가 51,505천원, 1932년에는 식산은행이 175,639천원, 동양척식주식회사가 74,016천원을 공급하였다.

식산은행은 산미증식계획이 시작된 1920년에 납입자본금을 1,000만원에서 3,000만원으로 증액하였고, 1924년 조선식산은행령 개정으로 채권발행 한도를 15배로 늘렸다. 산미증식계획 기간 동안 식산은행은 수리조합에 토지개량자금을 집중 투입했다. 식산은행은 1920년 26개 수리조합에 4,060천원을, 1927년 76개 수리조합(총 87개)에 44,315천원을, 1931년에는 106개 수리조합(총 124개)에 56,538천원을, 1937년에는 125개 수리조합(총 190개)에 72,453천원을 공공대부의 '수리사업' 명목으로 대출해주었다. 수리조합이 아닌 그 외 농업자가 주도한 토지개량사업은 산업대부의 '토지개량' 명목으로 대출되었는데, 특히 대지주나 농업회사의 개간·간척·지목변경사업을 지원하였다. 산업·공공대부에서 금융조합연합회가 차지하는 비중은 10% 정도이지만, 이를 통해 식산은행-금융조합연합회-금융조합으로 이어지는 식민지 산업금융의 계통화가 완성되었다.

그에 따라 일본 금융자본은 식산은행-금융조합을 통해 조선의 도시와 농촌 구석구석에서 초과이윤을 확보할 수 있었으며, 거꾸로 농촌 및 도시의 영세자금을 흡수하여 척식 자금화하는 길도 열렸다. 또한 식산은행은 1919년 후지흥업주식회사(不二興業株式會社) 사채매입(50만원)을 시작으로 개발회사의 채권 및 유가증권 인수를 통해 산업개발 사업을 지원하였고, 도와 부의 지방채 및 국채, 금융조합연합회의 조선금융채권도 흡수하였다. 산업대부는 농업자·공업자·상업자에게 지원되는 부동산담보 대부로서, 산업대부의 60~70%는 농업자에게, 15~45%는 상업자에게, 4~ 6%가 공업자에게 대출되었다. 결국 식산은행은 식민지 조선의 최대 부동산금융이었으며, 지주나 농업회사는 이 자금을 토지매입이나 농사개량자금으로 활용하면서 식민지지주제를 확대시켜 갔다. 식산은행을 통해 들어온 일본 금융자본은 식민지지주제의 버팀목으로 작용했고, 조선농촌은 지주제를 매개로 식민지 시장경제와 자본지배에 철저하게 포섭 종속되어 갔다.

1929년 세계대공황과 그를 뒤이은 만성적인 농업공황은 농업대출에 집중된 식산은행의 경영위기를 불러왔다. 미가폭락으로 인한 산업·공공대부의 부실화가 빠르게 진행되었고, 부실자산이 급격하게 증가하였다. 공공대부의 부실로 자력으로 조합운영이 어려운 재정파탄에 빠진 불량수리조합이 속출했고, 산업대부의 부실로 저당권 설정에 의한 유입(流込)된 부동산담보물이 넘쳐났다.

전자에 대해서는 수리조합구제자금이 투입되어 불량수리조합정리에 들어갔으며, 후자에 대해서는 부동산 관리처분회사인 성업사(成業社)를 설립하여 처리했다. 1935년 현재 불량수리조합은 전체 196개 조합 중 68곳(35%)으로, 그 중 5개 조합은 파산 정리했다. 나머지 조합에 대해서는 2,961만원의 대장성예금부 특별저리자금을 투입하여 고리의 조합채를 저리로 교체해주고 상환기간을 연장해주었다. 또한 수리조합 이외 농업공황으로 심각한 경영난에 빠진 후지흥업주식회사도 고리채 차환과 구제자금 지원 혜택을 입었다. 후지흥업주식회사는 조선총독부가 국책 이민사업으로 심혈을 기울여 지원해준 일본인 자작이민농촌 후지농촌(不二農村) 건설의 사업 주체였다. 그리고 1931년 5월 출범한 식산은행의 자회사인 성업사는 유입된 토지와 부동산을 상품성 높은 매물로 만들어 고가에 처분함으로써 식산은행의 자산기초를 공고히 하는데 경영목표를 두었다. 성업사는 1934년 조선개척주식회사, 1935년 후지흥업주식회사를 자회사로 편입하여 지주회사로 발돋움하였다.

1937년 중일전쟁의 발발로 식산은행은 전시금융체제의 구축에 주력하였다. 전시금융의 목표는 전쟁자금을 광범위하게 조달하고 군수산업체에 경제적 지원을 수행하는 것이었다. 일제는 조선에서 전쟁자금을 조달하기 위해 조선은행권을 증발(增發)하면서 동시에 강제저축운동을 강행하였다. 조선은행과 식산은행은 군수자금 확충조달을 위한 식민지 전시금융의 중심기관으로 기능했다. 1939년 11월 식산은행은 자본금을 3,000만원에서 6,000만원으로 증자했으며, 1940년부터는 납입자본과 무관하게 2억 원 한도로 일본정부보증의 특수채권을 발행할 수 있었다. 1941년 1월 조선총독부는 임시농지가격통제령·임시농지관리령을 공포하여 부동산금융을 사실상 금지시켰고, 그에 따라 식산은행의 식민지개발금융의 기능이 상실되었다.

전시하 식산은행의 운용자금에서 채권의 비중은 약 50~70%, 예금은 30~50%를 차지하였다. 1938~1945년 동안 식산은행은 총 9억 4,200만원의 채권을 발행하였다. 발행채권구성을 보면, 보통채권이 4억 4,750억원(43.4%), 특수채권(정부보증채권) 4억 500만원(47.9%), 기타 8,110만원(8,8%)이었다. 이 시기 전비자금동원으로 일본 금융시장의 여력이 고갈됨에 따라 식산은행의 채권은 절반 이상 조선 내에서 소화되었다. 일본 내 인수된 채권이 3억 7,610만원(32.9%), 조선 내 인수된 채권이 4억 5,100만원(48.3%), 일반 공모가 1억 7,500만원(18.8%)이었다. 일반 공모도 사실상 조선 내에서 소화된 것이므로 조선 내 인수된 채권이 50%를 훨씬 넘었다. 막대한 전쟁자금을 조선에서 끌어 모아갔다. 조선 내 인수자를 보면 조선금융조합연합회가 4억 5,100만원 중 2억 3,250만원(52%)을 인수하였다. 강제저축에 힘입어 금융조합의 예금이 급격하게 증가했기 때문이다. 또한 1938~1945년 동안 식산은행의 예금도 강제저축의 시행에 따라 증가일로였다. 증가 추이를 보면, 1938년 1억 9,112만원, 1939년 2억 5,460만원, 1941년 4억 1,069만원, 1943년 8억 919만원, 1944년 10억 5,647만원, 1945년 9월 4억 3,438만원이었다.

전시하 식산은행의 채권과 예금은 전비자금을 공급하고 군수산업을 금융적으로 뒷받침하는 데 집중되었다. 특히 유가증권 매입 비중이 증가하였다. 유가증권 매입 중 일본정부의 전쟁자금인 국공채 매입이 70%에 달했고 나머지는 일본 군수회사의 사채나 주식매입에 사용되었다. 식산은행의 자금공급(=대출금과 유가증권 매입금) 추이를 보면, 1938년 대출금이 5억 8,048만원(87.3%), 유가증권매입이 8,413만원(12.7%), 1942년 대출금이 12억 4,882만원(81.3%), 유가증권매입이 2억 8,746만원(18.7%), 1944년 대출금이 16억 4,773만원(74.6%), 유가증권 매입이 5억 6,153만원(25.4%)에 달했다. 대출의 중심도 종래 농업에서 전쟁군수산업과 직결된 광공업 분야로 이동되었다. 1938~1942년 기간 농업대출 비중은 33%에서 19%로 현저하게 줄었고, 그나마 농산물 통제관련 분야로 제한되었다. 그에 반해 광공업 대출은 1939년부터 농업 비중을 능가했으며 사실상 광공업 중심의 광공업산업금융으로 변모했다. 또한 식산은행은 자회사인 성업사를 매개로 손자회사 및 여러 방계회사를 거느리는 거대한 기업군-금융콘체른을 구축해 갔다. 식산은행콘체른에 속하는 기업으로는 일본고주파중공업주식회사·한강수력전기주식회사·조선압록강수력발전주식회사·조선비행기주식회사·국산자동차주식회사·조선개척주식회사·후지흥업주식회사·경춘철도주식회사·조선우편주식회사·조선저축은행·조선신탁주식회사·조선상업은행·조선화재해상보험 등이 속했다. 결국 식민지 산업개발금융으로 출범한 식산은행은 중일전쟁 이후 일제의 침략전쟁을 지원하는 금융기관으로 전환되었다. 해방 후 조선식산은행은 1954년 한국산업은행으로 전환하였다.

[참고어] 금융조합, 농공은행, 산미증식계획, 성업사, 수리조합, 후지흥업주식회사

[참고문헌] 윤석범 외, 1996, 『한국근대금융사연구』, 세경사 ; 홍성찬, 1992, 「일제하 금융자본의 농기업 지배-조선식산은행의 성업사 설립과 그 운영」『동방학지』 36 ; 배영목, 1992, 「조선식산은행과 농업」『국사관논총』 36 ; 정용욱, 「1918-1937년 조선식산은행의 자본형성과 금융활동」『한국사연구』 79 ; 정병욱, 2004, 『한국근대금융연구』, 역사비평사 〈이수일〉

조선신탁주식회사 신탁농장(朝鮮信託株式會社信託農場) 1932년 설립된 조선신탁주식회사가 신탁 받은 토지를 기초로 운영한 농장.

일제는 조선경제를 일본자본주의 발전을 위한 식량·원료공급기지로 짜맞추어갔다. 1929년 세계대공황 발발 전까지 미곡경기의 장기호조 속에서 지주제를 기축으로 한 일제의 농업생산증산정책은 지주수익의 극대화를 보장해주었지만, 그 대극에는 그로 인해 몰락하는 영세 자소작농과 소작농민들이 광범위하게 자리 잡고 있었다. 대공황과 만성적인 농업공황으로 인한 미가폭락은 지주경영에 큰 경제적 타격을 주었다. 동태적 지주나 권력적 배경을 가진 지주들은 경영합리화라는 미명아래 소작료 인상을 강제했지만, 미가폭락과 자본주의 시장교란에 대처하지 못하고 몰락하는 지주들도 속출하였다. 소작쟁의의 격화와 지주의 몰락은 일제의 한국지배를 위협하는 중대한 사안이었다. 무엇보다 지주층이 한국지배의 정치사회적 근간을 이루었기에, 정치적 안정을 위해서는 농업공황으로 몰락하는 지주들을 방임해 둘 수는 없었다. 일제는 부동산신탁제도를 통해 식민지 시장체제에 적응하지 못하는 지주들(특히 조선인 부재지주와 중소지주)의 재산과 수익을 보장해주기 위해 특수회사인 조선신탁주식회사를 설립하였다.

1931년 6월 일제는 조선신탁령(제령 7호)을 공포하

고 1932년 난립하던 군소 신탁회사들을 하나로 통합하여 조선신탁주식회사를 설립하였다. 부동산신탁에는 명의만 신탁하는 을종신탁과 작물의 생산·처분까지 관리하는 갑종신탁이 있었는데, 조선신탁주식회사의 신탁농장은 갑종신탁에 근거하여 운영되었다. 조선신탁주식회사는 신탁 받은 토지를 농장으로 편재하고 회사가 기업적으로 농장을 경영하였다. 조선신탁주식회사의 신탁농장은 동양척식주식회사 농장이나 일본인 회사농장과 마찬가지로 지주제로 운영되었다. 소작농민으로부터 수취한 소작료 중에서 일정액의 신탁보수(=기업이윤)를 제하고 그 나머지를 신탁자에게 신탁이익으로 보전해주었다.

각 지역에 산재한 조선신탁주식회사의 신탁농장은 회사에서 파견한 기술원→ 농사감독→ 소작농민이라는 수직적 관리구조 아래에서 운영되었다. 기술원(농장 규모에 따라 수명에서 10명 정도)이 농사감독(평균 30명)을 두고 농장지도에 나섰다. 농지가 한 곳에 모여 있는 농장에서는 집중적인 농사지도를 위해 실행조합을 설치하였다. 기술원은 회사직원으로 농업학교출신의 농업 기술자였다. 기술원을 보조하는 농사감독이나 실행조합의 조합장은 위탁자들이 지주경영을 하고 있을 때부터 고용하고 있던 마름으로 신탁농장으로 개편된 후에도 저렴한 보수로서 그대로 고용된 사람들이었다. 농장에서는 생산력 증진을 위해 농사개량에 총력을 기울였다. 농사감독과 조합장은 지대별로 경종법을 수립하고 품종개량·병충해방제·적기예취·건조조제의 개량에 유의했으며 지력유지와 증진을 위한 퇴비와 녹비재배, 경우농우의 사육과 추경심경을 소작농에게 적극적으로 장려하였다. 그러나 회사는 여기저기서 위탁한 크고 작은 농지를 적당한 규모로 묶어서 하나의 농장으로 편재했기에 1개의 농장이 여러 군에 걸치는 경우도 있었다. 농지가 분산되어 있고 관리직원의 수가 너무 적었기에, 다른 회사농장만큼 밀도 있는 경영을 하기에는 어려움이 있었다. 동양척식주식회사나 성업사 농장의 경우 기술원 1명이 10정보와 50정보를 담당했지만, 조선신탁주식회사의 경우 기술원 1명이 300정보를 담당하였다. 그에 따라 소작농민들에게 충실히 농업기술을 지도하여 생산성을 향상시키기는 것에도 한계가 있었다.

소작조건은 동양척식주식회사 농장이나 다른 일본인 회사농장과 같았다. 소작기간은 조선농지령에 준한 3년이었고, 연대보증인 5명을 필요로 했다. 계약당사

〈조선신탁주식회사의 신탁농장 일람표〉

농장명	소재지	설립년도
강경농장	충남 논산군 강경읍 남정 84	1933
대전농장	대전부 대흥정 5-4	1933
온양농장	충남 아사군 온양읍 온천리 91	1934
이천농장	경기도 이천군 이천읍 청전리 240	1935
남원농장	전북 남원군 남원읍 동충리 198-7	1935
정읍농장	전북 정읍군 정주읍 수성리 499-2	1935
춘천농장	강원도 춘천군 춘천읍 본정 1-52	1936
보성농장	전남 조성군 보성읍 보성리 893	1936
밀양농장	경남 밀양군 밀양읍 내일동 628	1936
창녕농장	경남 창녕군 창녕읍 61	1936
강화농장	경기도 강화군 부내면 관청리 877	1937
숙천농장	평안남도 평원군 숙천면 당하리	1937
옹진농장	황해도 옹진군 옹진읍 온천리 127	1938
철원농장	강원도 철원군 철원읍 외촌리 596-2	1938
청주농장	충북 청주군 청주읍 본정 3-67	1938
경주농장	경북 경주군 경주읍 동부리 186	1939
김천농장	경북 김천군 김천읍 남산정 114-2	1939
전주농장	전주부 풍남정 83-3	1940
마산농장	마산부 수정 53	1940
광주농장	전라남도 광주부 42-1	1940
진주농장	진주부 동국정 61	1941
예산농장	충남 예산군 예산읍 예산리 60	1942
고창농장	전북 고창군 고창면 읍내리 357	1944
영산농장	전남 영산포군 영산포읍	1944
오송농장	충북 청원군 오송면 오송리	1944
김제농장	전북 김제군 김제읍 요촌리 177	1944
이리농장	전북 이리읍 호남동 46	1944
평택농장	경기도 평택군 평택읍	1944
공주농장	청남 공주군 공주읍	1945

출처 : 金容燮, 1998, 『韓國近現代農業史硏究』, 一潮閣, 348쪽.

자인 본인이 경작해야 하며, 작물재배와 농사개량은 회사지시에 따라 수행하고, 소작료는 반드시 규정대로 납부해야 했다. 소작인이 규정된 약속을 지키지 않을 경우 일방적으로 소작권을 해제해도 이의를 제기할 수 없었다. 소작료 징수는 정조법과 집조법에 따랐으며, 소작료율은 일반 지주경영의 평균보다 낮았다. 그렇다고 신탁농장의 소작료가 승가하지 않았다거나 신탁자의 수익이 감소한 것은 아니었다. 진명여학교의 위탁지인 강화농장 소작료는 위탁 전인 1920년대에는 연평균 4,332석, 1930년대에는 4,736석이었으나 위탁한 1937년에서 1944년에 이르기까지는 신탁보수를 제외하고서도 신탁수익이 연평균 4,959석이나 되었다. 신탁농장의 소작료가 다른 회사농장에 비하면 낮지만, 중소지주의 조방적 타성적 경영보다 수익이 높았다.

회사와 토지신탁자 사이에 체결된 계약상에는 농장경영에 관한 많은 부분의 비용을 토지신탁자가 부담하기로 했지만, 실제로는 농사개량에 요하는 비용이나 소작료 보관 처분에 요하는 비용 등 대부분을 회사가

부담하였다. 또한 신탁보수는 소작료의 1할 정도로 책정했다. 후지흥업주식회사(不二興業株式會社)의 신탁보수율이 소작료의 2할 이상인 데 비해, 조선신탁주식회사의 신탁보수는 소작료의 1할이었다. 그런 저율보수와 적지 않은 농업경영비 부담으로는 영업적자를 면하기 어려웠다. 1939년도에는 부동산신탁보수에 8만여 원의 적자가 발생했고, 경영적자는 계속 지속되었다. 그렇지만 조선신탁주식회사의 특수한 설립목적상 지주의 신탁수익을 줄이거나 농민으로부터 소작료를 인상하는 방법으로 신탁보수를 인상할 수 없는 처지였고 신탁경영 자체를 중단할 수도 없었다. 전시체제로 돌입하면서 농업통제와 농업생산력 증진이 가일층 요청되었기에, 오히려 되도록 많은 토지신탁을 받으려고 노력하였다. 회사는 조방적 타성적 경영으로 인해 소작지의 생산력이 많이 떨어지는 중소지주-부재지주의 토지를 신탁농장으로 편성하여 자본주의적으로 경영하여 전시식량증산에 기하고자 했다. 적자운영의 문제는 초기에는 통치당국의 거액의 보조금(매년 10만원씩 5년간 지급)으로써 보상될 수가 있었으며 그 후에는 금전신탁으로부터의 수입으로 적자를 메울 수가 있었다.

1933년 강경농장과 대전농장이 설치된 이래 조선신탁주식회사의 신탁농장은 해마다 늘어났다. 중일전쟁·태평양전쟁을 거치면서 지주경영에 어려움을 호소하는 지주층이 그만큼 많아졌기 때문이었다. 1945년 현재 부동산신탁 토지는 대략 5만 3천여 정보에 달했고, 전국 29개소에서 농장이 운영되고 있었다. 이러한 토지신탁의 급격한 증가에는 전시체제라는 특수한 상황도 있었지만, 조선후기 이래 부동산신탁과 유사한 농업관행(투탁)의 존재도 일정하게 작용하였다. 전통적인 투탁의 관행과 경험이 새로운 자본주의적 부동산신탁제로 자연스럽게 수용될 수 있었다.

[참고어] 동태적 지주, 투탁, 후지흥업주식회사

[참고문헌] 金容燮, 1998, 『韓國近現代農業史硏究』, 一潮閣 〈이수일〉

조선의 소작관행(朝鮮の小作慣行) 조선총독부가 소작입법 등에 필요한 기초자료로서 조선 전체의 소작관행을 조사하여 1932년 편찬 간행한 책.

이 책은 1930년 조선총독부에서 조사항목을 정한 다음, 먼저 조선의 부와 면에서 해당 관내의 소작관행을 조사하도록 하고(청취 조사는 조선총독부 본부가 직접 수행), 군도(郡島)에서는 면의 조사서에, 도에서는 부군도조사서에 기초하여 조사 정리를 한 결과와, 1927년 이래 조선총독부 직원이 실지 조사한 결과를 종합 정리한 것이다. 조선에서 조직적이고 체계적으로 소작관행 조사를 실시한 것은 1930년에 실시한 조사가 그 효시를 이룬다.

이 책은 상권과 하권으로 나누어 상권은 "조선의 현행 소작관행"을 기술하였다. 주요 내용으로는 소작에 관한 재래의 용어, 소작계약의 체결 방식, 소작계약의 시기, 소작료, 소작지의 전대, 소작권의 매매, 입모(立毛)의 매매, 소작계약의 해제 및 소멸, 소작지의 관리관행, 특수소작 등을 포괄적으로 기술하였다. 하권은 조선의 다양한 소작계약 증서 및 관리계약 증서들을 수록한 것이다. 또한 각 연별 소작관행을 소개하여 시대에 따른 소작관행의 변화를 알 수 있도록 하였다. 이 책은 1920년대까지 소작에 관한 조선총독부측의 조사 자료들을 모두 종합적으로 활용하여 편찬하였다.

[참고어] 소작제도 관행조사, 조선농지령, 조선소작조정령

[참고문헌] 조선총독부, 1932, 『朝鮮ノ小作慣行(上)·(下)』; 조선총독부, 1932, 『朝鮮ノ小作慣行 : 時代と慣行』 〈이승일〉

조선의 임업(朝鮮の林業) 일제가 시행한 산림정책의 개략적인 내용과 각 사업별 통계현황을 기술한 책.

『조선의 임업』은 조선총독부의 임업정책 변천 통계 등을 기술한 책으로 일년 주기로 발행하였다. 발행처는 식산국→산림부→농림국으로 변화하였다. 첫 장에는 이 책이 임정의 변천을 서술하고 국유림의 정리 경영, 민간임업의 장려 등에 관한 조선총독부의 시설 및 최근 상황을 기술하여 조선임업의 대세를 명확하게 하기 위해 편찬되었다고 발간 목적을 밝히고 있다.

책 구성은 각 년판마다 미세한 차이는 있지만, 전체적으로 대동소이하다. 서언, 임야조사, 국유임야 처분, 국유림 경영, 임업 장려 및 보급, 임업시험, 부표로 구성되었다. 서언에는 조선의 위치, 면적, 지세, 기후, 임정의 연혁 및 임황에 대해 기술하였다. 임야조사는 임야조사사업의 경과, 국유림구분조사의 실시 배경과 통계수치를 기재하였다. 국유임야 처분에서는 불요존 국유림의 연도별, 종류별 처분 현황, 임야조림대부 연도별 처분현황, 양여, 매각 처분 상황, 요존 예정임야의 처분 현황에 대해 서술하였다. 국유림 경영에서는 조선총독부가 직접 관할하는 임야의 상황, 시업안 편성, 임산물 처분, 조림 현황에 대해 연도별 통계자료를 활용하여 기재하였다. 임업 장려 및 감독에서는 장려감독 기관으로 조선총독부, 지방청, 삼림조합, 산림회의

역할과 활동으로 각종 공유림의 조림실적, 사방사업에 대해 기술하였다.

부표에는 지방별 임상개황부터 임야조사위원회 불복신립 사건 도별처리표, 총독부의 국유림조림성적, 삼림조합개황표, 임산물생산액 등 임업 전반에 대한 각종 수치들을 통계표로 정리하여 첨부하였다. 『조선의 임업』은 조선총독부에서 발간한 『조선총독부시정연보』와 『조선총독부통계연보』 등과 더불어 일제가 추진한 산림정책의 배경과 연도별 추이를 통해 임정에 대한 관변측의 인식을 엿볼 수 있으며, 활용된 통계자료를 통해 임정의 연도별 현황을 파악할 수 있다.

[참고어] 국유림구분조사, 요존국유림, 불요존국유림

[참고문헌] 조선총독부, 『朝鮮の林業』, 각년판 ; 岡衛治, 1945, 『朝鮮林業史』, 조선산림회(2001, 한국임정연구회 편역, 산림청) ; 최병택, 2008, 「일제하 전시체제기(1937~1945) 임업동원책과 삼림자원 공출」 『한국사학보』 32 〈강정원〉

조선인삼경작기(朝鮮人蔘耕作記) 1747년 사카노우에 노보루(坂上登, 1718~1776)가 저술한 인삼 재배에 관한 책.

1747년 처음 저술되어 1748년 초판이 간행되고, 1764년 중간되었다. 일본에서 인삼의 재배가 가능해진 이후 가장 빨리 간행된 저작이다. 1938년 조선총독부 전매국에서 『인삼고전총간(人蔘古典叢刊)』 제1로 간행하기도 하였다.

저자 사카노우에 노보루는 에도에서 대대로 의원을 하던 집안에서 태어나 약초재배에 대한 지식이 많은 인물이며, 1728년 닛코[日光]에서 인삼의 시범적 재배를 성공적으로 이끈 장본인이다. 저자는 이 책을 만들 때 그림을 곁들이고 쉬운 글로 서술하여 자신의 인삼에 대한 다년간의 경험을 일반에 보급할 수 있도록 하였으며, 이 책에 실린 인삼재배법과 관련된 내용은 지금 조선에서의 인삼재배법과 일치한다고 한다.

이 책에는 인삼의 종자를 얻는 방법과 세척법, 이식법, 토양, 병충해의 형태와 피해상황, 병충해 예방법, 비료, 인삼구별법 등이 실려 있다. 인삼 구별에 대해서는 조선종 인삼과 요동종 인삼을 그림으로 비교하였다. 저자가 1737년 어종인삼(御種人蔘) 20뿌리를 하사받아 28년 동안 키웠다는 내용과 더불어 그 인삼의 그림도 그려놓았다.

말미에는 1764년 저자가 쓴 「제미(題尾)」와 같은 해 다무라 요시유키(田村善之)가 지은 「인삼경작기후서(人蔘耕作記後序)」가 있으며, 이마무라 도모(今村鞆)의 「인삼경작기해제(人蔘耕作記解題)」가 실려 있다. 이 책을 통해 현재 일본에서 재배되고 있는 인삼은 18세기 초반 조선에서 일본으로 건너간 인삼의 종자였던 것을 알 수 있다. 이 과정에서 일본에서 재배에 성공한 인삼을 어종인삼이라 하였다. 18세기 일본인의 조선인삼에 대한 관심과 인식의 수준을 구체적으로 알 수 있는 자료다.

현재는 1763년 저자가 증보하고 후쿠야마 슌조(福山舜調)와 나카자와 요데이(中澤養亭)가 교정을 보아 다음해에 간행한 재판본만이 전한다.

[참고문헌] 구자옥, 2009, 「해제 : 사카노우에 노보루[坂上 登]의 『조선인삼경작기(朝鮮人蔘耕作記)』」 『(국역)조선인삼경작기/和漢人蔘考』, 농촌진흥청 〈정두영〉

조선임야조사령(朝鮮林野調査令) 일제가 조선임야조사사업을 추진하기 위해 공포한 법률.

조선임야조사령은 임야조사사업의 기본법으로, 1918년 조선임야조사령 및 기타 부속법규를 잇달아 제정하여 임야조사사업의 기본틀을 마련하였다. 1910년부터 1918년에 걸쳐 완결된 토지조사사업은 경지를 주대상으로 하였고, 조사지 내에 개재되어 있던 약 50,000평 이하의 임야를 부수적으로 조사하였다. 그 결과 조사된 임야는 겨우 287,000정보에 불과하였다. 일제가 토지조사사업에서 임야를 제외시킨 원인은 임야는 일반 경지에 비해 수배가 되는 많은 비용이 투입되어야 하는데 비해, 실질적인 경제가치는 낮았을 뿐만 아니라 아직 과세대상지도 아니었기 때문이었다. 일제는 임야는 별도의 조사를 시행하지 않고 삼림법과 삼림령을 비롯한 일련의 정책들을 중심으로 일단 정리하고자 하였으나 총독부 대 증명권자, 총독부 대 대부받은 자, 대부받은 자 대 증명권자 사이에 소유권 분쟁이 날로 증가하여 이를 조사 정리하지 않으면 안되었다. 산림지주 육성책도 예상했던 효과를 거두지 못하였다. 이에 그동안 임시방편적으로 추진한 여러 정책을 최종 정리하여 일원화시키는 작업이 필요하였다. 그 결과 나온 것이 임야조사사업이다.

1918년 5월 제령 제5호로 조선임야조사령이, 1918년 5월 부령 제38호 조선임야조사령시행규칙, 1918년 11월 훈령 제59호 조선임야조사령시행수속이 잇달아 공포되었다. 조선임야조사령은 전문 20개의 조항과 부칙으로 이루어져 있다. 조사대상범위와 신고 대상자 규

정, 신고서 및 통지서 제출, 임야 조사 및 측량, 사정, 사정결과에 대한 불복신청, 재결(裁決), 재심(再審) 등 임야조사사업에서 소유권을 확정해 가는 기본원칙을 담고 있다. 같은 날 공포된 조선임야조사령시행규칙에는 임야조사사업에서 소유자와 함께 신고대상자로 지정된 연고자의 범주, 국유림구분조사를 끝낸 국유림 이외의 국유림 통지서 제출, 표항 설치, 임야의 이동 및 변동 사항에 대한 신고절차, 재결 혹은 재심 신청서 작성과 제출 등에 관한 세부적 규정을 담고 있다. 조선임야조사령시행규칙은 1918년 10월과 1919년 1월에 2번 개정되었다. 그리고 조선임야조사령시행수속은 전문 117개조와 부칙으로 이루어져 있으며, 조사령에서 정한 임야사무를 원활하게 실시하기 위한 세부적인 시행 지침들이 열거되어 있다. 총칙(1~5조), 신고서 및 통지서의 정리(6~16조), 조사(17~34조), 측량(35~73조), 지적계산(74~76조), 임야조사서 및 도면의 조제(77~88조), 연고자가 없는 국유임야의 처치(83~88조), 사정(89~94조), 임야대장의 조제(95~96조), 이동지의 정리(97~106조), 임야 내 개재지의 조사 및 측량(107~112조), 보고(113~117조), 부칙으로 구성되었다.

조선임야조사령 및 부속법규의 특징은 첫째 임야조사기구와 인정 절차 마련, 둘째 신고서 내용 변동에 대한 이동신고와 절차 항목의 구체화, 셋째 분쟁지 절차 마련이다. 그 내용을 구체적으로 살펴보면 먼저 임야조사 기구와 인정절차이다. 토지조사사업에서는 임시토지조사국과 같은 전담기구를 마련하여 토지조사를 실시하였지만, 임야조사사업에서는 산림의 경제성과 재정상의 이유로 '도(道)'에서 사업을 주관하였다. 조사와 측량은 도(道), 군(郡), 도(島)의 감독아래 부와 면에서 실시하고, 사정은 도에서 담당하였다. 도에서는 사정업무를 위해 임야심사위원회를 구성하였다. 사정 이후 30일 동안 결과를 공시하도록 하였고, 공시기간 완료 후 60일 동안 결과에 대해 이의를 제기할 수 있었다. 불복에 대한 재결)과 사정과 재결에 대한 재심은 조선총독부에서 설치한 임야조사위원회에서 처리하였다.

소유권 인정기준은 단계별로 변화하였다. 삼림법에서 임야정리조사내규에 이르는 시기의 인정 기준은 삼림법의 '신고'였다. 그러나 임야조사사업에서는 신고규정을 대폭 보완하였다. 특히 조선임야조사령시행수속의 소유자 인정에서는 "지적신고 여부를 불문하고"라는 조항을 두어 삼림법 신고림과 연고림으로 소유권 확정범위를 넓혀 기준에 부합하는 경우에는 소유권을 인정해 주었다. 그리고 사정일은 민유림은 신고일, 국유림은 통지일로 정하였다. 조선임야조사령에서는 연고 없는 국유림에 대해 보관관청이 부윤 또는 면장에게 통지하도록 했다. 임야조사사업에 앞서 실시했던 국유림 조사의 연고없는 국유림을 통지대상으로 정한 것은 국유림조서와 도면과 같은 장부가 완성되어 이를 근거로 통지서 작성이 가능해졌기 때문이었다. 이는 국유림 조사가 완결되었음을 의미했다. 그러나 국유림은 조사과정에서 법으로 소유권을 확정한 것이 아니었기 때문에 임야조사사업에서 다시 최종 확정하였던 것이다.

다음으로 신고서 내용 변동에 대한 이동 신고항목과 절차를 구체화하였다. 신고항목은 ① 임야의 소유자 또는 연고자에 이동이 있을 경우, ② 임야 분할, ③ 임야 합병, ④ 지목 변경, ⑤ 임야소유자 및 연고자의 성명, 명칭, 주소가 변경되었을 경우로 정했다. 임야조사는 신고에서 사정기간까지 수년이 걸리기 때문에 변동사항을 기록하여 대장이나 등기부 작성에 차질이 없도록 했다.

마지막으로 분쟁처리 절차의 마련이다. 임야조사사업은 분쟁을 일소하여 소유권을 확정하는 것이 목적이었기 때문에 분쟁처리 절차를 체계화했다. 분쟁이 발생하면 화해를 유도하는 것이 원칙이었는데, 화해가 성립하면 화해서를 신고서에 첨부하였다. 화해가 성립하지 않으면 각종 증거 서류 및 참고인 증언, 실지답사와 자료수집을 통해 임야조사감독원이 분쟁지조서를 작성하여 도에 제출하면 임야심사위원회를 열어 심사처리하였다. 사정 공시 후 제기된 분쟁은 임야조사위원회가 담당하였다.

조선임야조사령 및 부속 법규는 임야조사사업의 원칙을 담고 있다. 모든 임야에 대한 신고, 통지제의 확립, 임야소유권 판정기구의 체계화, 등기제 실시를 전제로 한 임야조사 방법의 수립 등이다. 임야조사사업은 1924년에 사정사무를 완료하였다.

[참고어] 조선임야조사사업, 임야조사서, 임야대장, 분쟁지조서-임야, 임야조사위원회

[참고문헌] 朝鮮總督府農林局, 1938, 『朝鮮林野調査事業報告』; 강영심, 1998, 「일제의 한국삼림수탈과 한국인의 저항」, 이화여대 박사학위논문 ; 이우연, 2010, 『한국의 산림 소유제도와 정책의 역사, 1600~1987』, 일조각 ; 강정원, 2014, 「일제의 山林法과 林野調査 연구-경남지역 사례」, 부산대 박사학위논문 〈강정원〉

조선임야조사사업(朝鮮林野調査事業) 일제가 1917년부터 1924년까지 민유림과 제2종 불요존림을 조사 확정한 민유림 조사이면서 국유림조사에서 구분한 요존림과 제1종 불요존림을 법적으로 최종 확정한 사업. 사업은 소유권 조사와 지형지모 조사, 임야등급 조사로 이루어졌다.

일제의 초기 산림정책은 국유림 조사와 산림육성에 중점이 두어졌다. 삼림법에서는 신고로 국유림의 범위를 정하여 산림육성과 처분방안으로 부분림을 설정하였고, 국유삼림 산야 및 산물의 이용과 처분에 관한 사항을 규정하였다. 1911년 국유림구분조사에서는 미신고지를 대상으로 요존림과 불요존림을 구분하였다. 그 가운데 국유림으로 확정할 요존림과 연고없는 제1종 불요존림에 대해 본격적인 조사에 착수하였다. 또 삼림령에서는 부분림을 대체한 조림대부제를 도입하여 지주 자본가 중심의 산림소유와 녹화정책을 수립하였다. 1912년에는 삼림산야 및 미간지 국유사유구분표준을 정하여, 신고림을 사유로 인정하는 심사기준으로 삼고, 그 외에는 국유로 하였다. 이 표준의 기본틀은 임야조사령 단계까지 계승되어 일제가 임야소유권을 판정하는 기준이 되었다.

그러나 국유림 조사는 산림소유권을 법적으로 확인하는 제도적 장치가 결여되어 있었기 때문에 분쟁으로부터 자유롭지 못했다. 소유권을 둘러싸고 총독부 대 증명권자, 총독부 대 대부받은 자, 대부받은 자 대 증명권자 사이에 분쟁이 증가하였다. 결국 일제는 이 문제를 해결하면서 모든 임야에 대한 소유권 조사에 착수했다. 조선총독부는 1916년부터 임야조사사업에 대한 준비작업에 들어가 1917년 일본 제국의회에 조선 임야조사사업 실시 비용을 보고하고, 조선 특별회계에 그 금액을 계상하여 제출했다. 그러나 조선 특별회계를 둘러싼 공식적인 심의가 지연되는 가운데 그 비용은 당해 연도 회계에 포함되지 못하고 이듬해 회계로 이월, 계상하는 것으로 결정되자 조선총독부는 1918년에 임야조사위원회 관제를 공식적으로 발표하기로 하고, 그 전에 1917년 특별회계에 임시사업비를 책정하여 임야조사사업을 시행했다.

일제는 소유권 조사작업을 국유림 조사와 민유림 조사로 구분하여 단계별로 시행했다. 국유림 조사는 앞서 작성한 요존림과 제1종 불요존림의 도면과 조사서를 바탕으로 통지서를 작성하고 이를 근거로 조사작업을 추진했다. 그리고 민유림 조사는 신고림과 제2종 불요존림인 연고림의 소유권과 연고권을 조사해서 소유권을 확정해 나갔다. 이들 산림의 소유권 확정은 일제가 향후 민유림을 통해 재정수입 확대를 제고하고 산림녹화를 추진해 나가는 것을 의미했다. 즉 임야조사사업은 정책의 중심이 국유림 조사를 토대로 민유림으로 전환되는 과정이었으며, 삼림법과 그 이후 발효된 삼림령을 비롯한 각종 법령을 통해 추진된 정책을 최종 정리 일원화시켜 소유권을 확정하는 과정이었다.

일제의 민유림 조사는 두 방향에서 진행되었다. 하나는 토지조사사업에서 추진된 임야조사이고, 다른 하나는 임야조사사업에서 실시한 조사였다. 먼저 일제는 조선토지조사사업을 통해 조사대상 경지 내에 개재되어 있는 소규모 임야에 대한 법적 확인을 진행해 나갔다. 토지조사사업에서 경지 내의 임야만을 조사대상으로 정한 것은 임야가 조사 작업상 일반 경지의 수배가 되는 많은 비용이 투입되어야 하는 데 비해 실질적인 경제가치가 낮았을 뿐 아니라 과세대상지가 아니었기 때문이다.

토지조사사업에서 임야의 소유권 판정은 지적신고서를 제출한 경우와 제출하지 않은 경우로 구분하여 조항을 마련하였다. 먼저 지적신고서를 제출한 임야는 국유사유 구분표준에 근거했다. 즉 관이나 조선총독이 인정한 것이나 1908년 이전에 관에서 사유를 인정한 것, 지세납부, 영년금양 등이 인정기준이었다. 영년금양 이외에는 대체로 국가기관에서 사유라 할 만한 근거가 있는 경우에 한해 민유를 인정했다. 삼림법에 따라 지적신고서를 제출하지 않은 토지의 경우에도 민유로 조사해야 할 삼림과 산야를 정하였는데, ① 일단(一團)의 면적 3천 평 이내로 민유지에 포위된 것, ② 삼림에서는 삼림산야 및 미간지 국유사유 구분표준에 해당하고 또 현재 금양의 사실이 있는 것, ③ 삼림법 시행 이전에 민유가 확실한 것, ④ 민유로서 신고서(토지 : 필자)를 제출한 것, ⑤ 면장 동장 지주총대와 인접 지주가 앞의 ②의 사실에 대해 이의가 없는 경우 등이었다. 여기서 주목할 것은 ②와 ③의 조항이다. ②는 연고자 자격 가운데 삼림법의 지적신고서를 제출하지 않아 국유로 귀속된 경우 종전의 소유자에 해당하고, ③은 삼림법 시행 전 적법하게 점유한 산림산야에서는 그 점유자에 해당하는 조항이다. 1916년 임야조사사업의 시험조사는 여전히 지적신고서 제출을 전제로 한 국유사유 구분표준을 따르고 있었다. 그러나 토지조사사업에서는 '관청 혹은 면장 동장 지주총대 인접 지주의 이의제기가 없는 경우에 한해서'라는 단서를 달고 있지만, 연고자격 가운데 지적신고서를 제출하지 않아 국유로 귀속된 삼림산야의 소유자와 삼림법 시행 전부터 적법하게 점유하고 계속 금양한 자에 대해 지적신고서 제출 유무에 상관없이 소유를 인정하는 방향으로 나아가고 있었음을 보여준다. 이상의 소유권 판정 기준을 적용하여 토지조사사업에서는 경지 내에 개재되어 있는 약 50,000평 이하의 임야를 부수적으로 조사하였다. 그 결과 조사된 임야는 287,000정보였다.

다음은 토지조사사업이 마무리되는 1917년부터 임야조사사업을 실시했다. 당시는 관련 법규가 심의 중이어서 1916년에 마련된 '임야정리조사내규'(이하 내규)에 의해 조사가 시행되었다. 내규에 따라 조사를 실시한 지역은 조선임야조사령 부칙에 따라 "본령(本令)에 의해 조사를 실시한 곳으로 간주"했다. 내규는 1918년 5월 조선임야조사령과 부속 법규로 보완하였다. 사업은 다음의 단계로 진행되었다.

① 신고서 작성과 수집 : 임야신고서는 각 군에 신고서를 배포하고 군→면→지주총대(동리)를 거쳐 지주와 연고자에게 배포하였다. 지주와 연고자는 신고서에 나와 있는 절차에 따라 신고서를 작성한 뒤 지주총대를 통해 면에 제출하였다. 수합된 신고서는 임야조사원에게 인계되어 실지조사의 근거가 되었다. 신고서의 배부와 수집은 부윤 또는 면장이 관할하였으며, 임야신고서 작성에 관한 모든 절차를 리 단위에서 주관한 사람은 지주총대였다.

② 소유권 조사와 일필지 측량 : 신고서 작성이 마무리되면 실지조사에 착수했다. 실지조사작업은 임야신고서를 토대로 1필지마다 소유와 연고관계를 조사하고 측량하는 작업이었다. 임야조사반장은 실지조사와 측량에 들어가기 전에 담당구역을 둘러보고 임야 및 호수의 분포, 지형의 난이, 교통의 편리성, 인정관습, 기타를 시찰하여 사업의 착수순서 및 임야조사원들의 담당구역을 정하였다. 임야조사원은 실지조사 과정에서 일필지 측량과 동시에 국민유를 인정하는 데 중요한 금양관계 등 조사 결과를 임야조사야장에 기록했다. 일필지 측량은 지주, 지목, 경계 등의 조사를 마친 다음 각 필지의 경계를 측정하고 면적을 산정하였다. 조사는 도근도 작성, 실지조사 및 측량, 지적계산 업무를 담당하는 외업과 외업 종료 후 도서류 검사정리, 지적검사, 임야조사서 작성 검사 및 임야도 작성 검사를 담당하는 내업으로 구분하여 실시했다.

③ 사정 : 사정은 임야조사를 통해 작성한 임야조사서와 원도를 기반으로 임야의 소유권과 경계를 확정하는 행정처분이었다. 부면에서 임야신고서 수합부터 일필지 조사측량, 임야조사서, 임야도 작성에 이르는 사업을 완료하면 사정기관인 도(道)로 모든 사무를 이속시키고 사정업무를 시작하였다. 사정은 법적 효력을 부여하는 중요 사무였기 때문에 도지사는 임야심사위원회의 자문을 거쳐 사정작업을 종결지었다. 임야조사로 3,479,915필, 면적 16,302,429정보의 사정이 완료되었다. 국유림은 1,060,027필(30%), 9,559,763정보(59%), 민유림은 2419,888필(70%) 6,742,666정보(41%)였다. 국유림 중에서 연고 없는 임야는 30,332필(3%) 6,181,924정보(65%), 연고 있는 임야는 1,025,185필(97%) 3,375,662정보(35%)였다.

임야조사의 최종단계는 분쟁을 해결하는 것이었다. 임야조사과정에서 제기된 분쟁은 총 28,015필 17,925건으로 당시 조사 필수(3,445,063필)의 0.8%였다. 이 가운데 화해로 취하한 경우가 6,525필(23%) 7,026건(39%)임을 감안하면 실제 분쟁률은 더 낮았다. 그러나 사정에 대한 이의제기율은 매우 높았다. 사정결과는 30일 간 공시하여 일반에게 공람하도록 하였으며, 이의가 있으면 공시기간이 끝난 후 60일 이내에 임야조사위원회에 불복신청을 하도록 했다. 이의신청 건수는 111,377건, 133,002필로 사정완료 필수에 비하면 1,000필당 38필(32건)으로 매우 높았다. 이 때문에 사업기간을 두 차례나 연장한 끝에 국유림구분조사와 함께 1924년에 제1차 사정을 마무리하였다. 1917년부터 1924년까지 9년간 1차 사정 사무를 완료했고, 이와 연관되는 2차 재결사무는 임야조사위원회의 주관으로 1919년에 개시하여 1935년에 완결했다.

불복신청 처리는 취하가 70,391건(63%)이었고, 재결은 40,986건(37%)이었다. 분쟁의 내용은 소유권 분쟁이 104,256건(94%)이었고, 경계분쟁은 6,002건(5%), 기타 1,119건(1%)이었다. 소유권 분쟁에서 국유지 분쟁이 78,046필(59%)로 높았으며, 그 중에서도 연고지를 둘러싼 분쟁이 69,002필(88%)로 압도적이었다. 이는 사정과정에서 연고자들이 신고한 산림이 국유로 최종 확정되면서 이의를 제기한 것으로, 불복신청이 급증한 주요인이었다. 전반적으로 소유권 분쟁의 비중이 높은 가운데, 임야조사과정에서 거의 발생하지 않았던 경계분쟁이 6,002건 발생했다. 전근대 사회는 좌청룡 우백호나 분묘보수 등으로 산림규모를 가늠하거나 사표로 경계를 나타내는 데 불과했다. 그러나 일필지 조사에서 사표가 선으로 전환하면서 소유와 경계를 다시 조정하여 확정하였다. 이 과정에서 경계분쟁은 급증할 수밖에 없었고, 그만큼 근대적 소유권 의식이 강화되어 가고 있음을 반증하는 것이었다.

임야조사사업의 결과 첫째, 임야에서의 권리관계가 일본민법의 틀 안에서 배타적 소유권을 중심으로 정리되었다. 전근대 산림에서 사적 소유권이 성장하고 있었지만, 그 정도의 편차는 심한 편이었다. 또 산림은 소유의 개념보다 '이용'한다는 관념이 우세하였다. 일제는 이러한 산림의 권리관계를 구분해서 인정과 정리의 과정을 거친 것이 아니라 일지일주로 획일적으로 정리하여 위로부터 소유권을 부여하는 방식을 채택했다. 이 과정에서 인민들의 산림이용권은 부정되었다. 대신 조선총독부의 관점에서 대부권과 연고권을 부여받으면서 일제의 대민지배와 산림정책 속에 편입되어 갔다. 둘째, 산림소유의 양극화를 초래했다. 일제는 전근대 산림운영방식과 무관하게 신고제를 통해 미신고지를 국유화했다. 그 결과 막대한 국유림이 생겨났고 이들 국유림을 효율적으로 관리하기 위해 대부처분하였다. 처분대상은 자본가와 지주였다. 이들은 조림대부를 통해 조선의 산림을 합법적으로 점유했으며, 조림성공과 사업으로 소유권을 법인받을 수 있었다. 이와 반대로 영세소유자도 대폭 증가하였다. 영세한 규모의 산림을 소유한 사람은 임야조사과정에서 소유권을 인정받지 못한 대다수의 연고자들이었다. 이들이 소유한 산림의 용도는 대개 분묘지인 경우가 많았다. 이러한 양상은 개인 연고림이 임야조사사업에서 소유를 인정받지 못하다가 1926년 연고림양여령으로 사유로 전환되자 더욱 두드러졌다.

[참고어] 토지조사사업, 임야조사서, 임야대장, 분쟁지조서-임야, 임야조사위원회

[참고문헌] 최병택, 2010, 『일제하 조선임야조사사업과 산림정책』, 푸른역사 ; 이우연, 2010, 『한국의 산림 소유제도와 정책의 역사, 1600~1987』, 일조각 ; 강영심, 1998, 「일제의 한국삼림수탈과 한국인의 저항」, 이화여대 박사학위논문 ; 강정원, 2014, 「일제의 山林法과 林野調査 연구-경남지역 사례」, 부산대 박사학위논문

〈강정원〉

조선임업개발주식회사(朝鮮林業開發株式會社) 조선총독부가 1937년 임업개발을 목적으로 자본금 2,000만 원을 투자하여 설립한 특수회사.

일제는 전시체제에 접어들면서 전시수요 증가에 맞추어 영림서 관할 국유림에서 용재를 증산할 필요가 있다고 판단하여 대규모의 벌채를 단행하였다. 중일전쟁 이후 계속되는 목재수요량의 증가는 국유림 위주의 목재수급대책에 한계를 가져왔고, 속히 용재림을 조성하여 용재공급을 원활하게 해야 할 필요성이 강조되었다. 하지만 당시의 민간조림사업은 자금, 이윤, 목재가격의 변동 등과 관련하여 매우 부진한 상태였기 때문에 강력한 국책회사를 설립하여 조림 등 임업개발과 관련된 각종 사업을 시행하여 용재를 수급하고 치산사업을 진척시킬 수 있는 방안을 강구하게 되었다.

이러한 배경 아래 국유림에 대한 전면적인 조림계획을 수립하고, 대자본에 의한 대규모 용재림 경영과, 민림업(民林業)을 개발하기 위해 조선총독의 감독을 받는 조선임업개발주식회사를 설립하였다. 1937년 6월 제령13호 조선임업개발주식회사령(朝鮮林業開發株式會社令)을 공포하여 조선의 산림과 산물 관련 개척을 추진할 국책회사의 설립근거를 마련하였다. 1937년 9월 1일 조선임업개발주식회사를 설립하여 100년간 조림사업 경영, 제재사업, 임산물과 임업 관계물자의 매매알선과 이출, 민유림의 위탁경영 및 임업개발 사업 등을 취급하도록 하였다.

조선임업개발주식회사는 국유림을 대부받고 별도의 국고보조금을 지원받아 20년간 조림에 투자하고, 간벌수입, 기타 부수입으로 수지균형을 유지하되 30년 후부터 수입초과를 통해 순이윤을 획득한다는 사업계획을 마련하였다. 출자자본금은 전액을 민간출자로 설립하였으나 동척, 스미토모(住友), 노무라(野村), 왕자제지 등 대재벌이 주식 대부분을 인수하였고, 그 외 개인주주도 가담하였다. 대주주는 동척과 왕자제지 계열의 왕자증권으로 각각 21.6%, 20%를 점하였으며, 주주 총수 65명 가운데 100만엔 이상의 상위 7개사(동척, 왕자, 미쓰이(三井), 미쓰비시(三菱), 일본질소비료주식회사, 주식회사 스미토모, 제일생명보험상호회사)가 주식의 77%를 차지하고 있어, 국유림의 민간조림이 일부 일본 독점자본과 국책회사에 처분되었음을 알 수 있다.

조선임업개발주식회사의 중심은 첫째, 국유림 차지를 대상으로 한 조림사업이었다. 총독부로부터 대부받은 국유림 50만 정보를 1937년부터 1945년까지 격년으로 약 10만 정보씩 대부받아 그 중 42만 정보를 용재림으로 조성한다는 계획을 세웠다. 조림은 천연력(天然力)을

이용한 성림(成林)의 안전과 경비절약의 원칙 아래 입목 유무에 따라 갑종림(甲種林)과 을종림(乙種林)으로 구분하여 실시하도록 하였다.

갑종림 15만 정보는 16년차부터 벌채를 개시하고, 천연갱신으로 조림할 임야는 1정보당 6원이라는 최소의 경비를 투자하되 침엽수와 활엽수를 반씩 식재하여 51년차부터 30년간 벌기할 용재림 위주로 계획하였다. 을종림은 모두 20년 계획으로 하되, 지력이 좋은 1종인 8만 정보는 침엽수를 식재하고, 지력이 보통인 2종의 18만 정보는 침엽수를 식재하거나 치수림을 키워 식재한 후 각각 30년 벌기와 50년 벌기의 용재림을 마련한다는 계획을 수립했다. 둘째. 민유림 사업으로 주로 경영수탁관리 및 제재와 임산물의 수이출 등이 주축을 이루었다. 민유림의 경영수탁은 회사경영 임야의 근접지역에서 착수하여 3년차부터 매년 5만 정보를 수탁하는 것을 시작으로 41년차 이후에 50만 정보를 수탁면적으로 예정하였다. 이로써 민유림 수탁면적 50만 정보와 국유림 대부지를 포함하여 100만 정보 이상을 점유함으로써 대규모 산림을 보유한 국책회사로 거듭날 수 있었다.

조선총독부는 임업개발주식회사에 대한 감독권을 법으로 규정하여 시업, 적립한 자금의 사용적부, 회사형태의 변경, 이윤 처분 등을 통제하는 한편, 절대적인 권한을 부여한 감독 관리를 상주하도록 하였다. 이러한 조치는 조선총독부가 조림사업을 관영사업과 동일시하면서 반관반민(半官半民) 회사의 통제를 통해 해당 산림을 준국유림 정도로 취급하려는 의도에서 나온 결과라 할 수 있다.

한편 실제 조림이 이루어진 결과를 보면, 1941년 현재 전체 대부면적 약 30만 정보 중 조림시행면적 46,000정보로 약 15% 조림에 그쳤다. 1941년 태평양전쟁으로 대륙침략 및 전쟁물자 증대에 따른 각종 목탄수요가 급증하자 조림보다 목탄생산을 위해 제탄사업을 개시하였다. 대규모 국유림 대부와 보조금을 지원받아 조림대부를 목적으로 출발한 이 회사는 전시체제가 확대되면서 수익이 불확실한 조림보다 대부 받은 임야 내에서 대규모 벌채사업을 시행하여 수익을 창출해 나갔다.

[참고어] 조림대부제, 요존국유림, 불요존국유림

[참고문헌] 岡衛治, 1945, 『朝鮮林業史』, 조선산림회(2001, 한국임정연구회 편역, 산림청) ; 배재수, 1997, 「일제의 조선 산림정책에 관한 연구」, 서울대 박사학위논문 ; 강영심, 1998, 「일제의 한국삼림수탈과 한국인의 저항」, 이화여대 박사학위논문 ; 최병택, 2010, 『일제하 조선임야조사사업과 산림정책』, 푸른역사 〈강정원〉

조선임업협회(朝鮮林業協會) ⇒ **조선산림회**

조선임정계획서(朝鮮林政計劃書) 조선임야조사사업 이후 임정기관 통일, 요존국유림 관리 경영, 민유림 개선을 목적으로 조선 임정의 기본방침을 정리한 정책 제안서.

일제는 1926년 한국 산림자원의 집중적 척식을 목표로 대한 산림정책에 대한 대폭적인 정비에 착수하기 위해 조선임정계획을 수립하였다. 임정기관이 본부, 지방청, 영림창으로 나누어져 있던 것을 일원화하여 국유림 관리경영과 민유림의 지도 개선을 관장하고, 이를 중심으로 요존 국유림의 처분과 임산물 처분을 통한 수익사업을 본격화하려는 취지였다. 이에 따라 계획은 첫째 임정기관 통일, 둘째 요존 국유림 영림사업 개선, 셋째 민유림 관리개선을 중심으로 시행되었다.

먼저 임정기관의 통일은 임정 전반을 통괄할 중앙기관의 설치와 국유임야 관리기관안이 수립되었다. 중앙기구로 산림부를 신설하여 국유림 관리경영을 감독하도록 했다. 지방기구는 사업관청과 행정관청을 구분하였는데, 국유림의 관리경영은 영림서에서 관장하고 민유림 사무사업은 지방청에서 처리하도록 하였다. 다음으로 요존국유림 영림사업에 관한 개선 계획은 국유림존폐구분조사와 처분사업, 시업안 편성과 검정, 국유림 보호사업, 관리경영 기관 정비로 이루어졌다. 특히 국유림존폐구분조사를 통해 요존 국유림을 민간에 처분하는 계획을 수립하였고, 국유산물 처분계획으로 요존 국유림에 대한 대대적인 증벌 처분을 계획하였다. 마지막으로 민유림 개선은 사방사업, 조림보조, 병충해구제비 보조, 임업단체 보조, 보안림 개간 제한지 조사와 화전정리 및 조사, 임야단속원 정비, 연료개량비 보조, 임도개설비 보조 등으로 이루어졌다.

조선임정계획은 1924년 임야조사사업과 국유림구분조사의 완료로 최종 확정된 임야소유관계를 토대로 국유림 처분을 본격화하는 것이었다. 이것으로 수입증대와 더불어 일본 자본에 의한 산림침탈이 확대되었다. 그리고 1920년대 조선과 일본 내의 산업발달과 인구증가에 따른 목재 수요에 대해 외래재의 수이입보다는 자급자족적인 방법을 모색하기 위해 임산물 수탈의 극대화를 도모하였다.

[참고어] 조선임야조사사업, 국유림구분조사, 요존국유림, 불요존국유림

[참고문헌] 강영심, 1998, 「일제의 한국삼림수탈과 한국인의 저항」, 이화여대 박사학위논문 ; 배재수, 1997, 「일제의 조선 산림정책에 관한 연구」, 서울대 박사학위논문 〈강정원〉

조선잠업령(朝鮮蠶業令) 1919년 4월 제령 제10호로 공포되고, 전문 29개조로 구성되었다. 주요내용은 잠종제조의 면허제, 잠종의 통일과 품질개량, 고치 생산과 잠종잠견의 판매 단속 등을 내용으로 하고 있다.

조선잠업령은 조선총독부가 잠업제조자에 대한 통제를 강화하기 위하여 공포한 법령이다. 이 법령에 의해 잠종제조자는 도 장관의 허가, 잠종 수·이입자는 총독의 허가를 받아야 하며, 잠종은 원잠종에서 산출한 누에고치를 사용하되 조선총독이 정하는 검사에 합격해야만 하게 되었다. 또한 원잠종제조소 및 잠업취체소 설치에 관한 부령이 발포되어 도 원잠종제조소는 누에고치의 품질 개량 및 잠종의 통일을 꾀하기 위하여 원잠종 제조·배부와 잠업에 관한 시험 조사 강화 실지 지도 등을 행할 수 있게 되었으며, 잠업취체소는 조선잠업령의 집행기관으로 누에고치 병충해 예방 및 잠종·누에고치·뽕나무 묘목의 생산 판매를 단속하는 업무를 맡았다. 이 법령에 기초하여 1925년 잠견 백만 석 증수계획도 추진했다. 이러한 일제의 법령과 잠업정책은 잠업농가의 수입증대도 표방하고 있지만, 기본적으로 일본 제사자본의 요구를 반영한 것이다.

[참고어] 권업모범장, 양잠조합

[참고문헌] 서춘, 1931, 「日·米 生絲貿易을 中心으로 한 朝鮮의 養蠶과 繭價 問題」『혜성』 1 ; 김혜수, 1989, 『일제하 양잠농민의 사회적 존재형태 : 일본 독점자본의 조선농촌 지배와 관련』, 이화여자대학교 석사학위논문 〈이영학〉

조선증미계획(朝鮮增米計劃) 1944년 조선총독부가 일본자본주의의 전시식량문제를 해결하기 위해 실시한 쌀 증산수탈정책.

1934년 중단된 산미증식계획은 1937년 중일전쟁의 발발로 재개되었다. 전시식량 증산을 위해 총독부는 1937년부터 3년동안 경종법 개선을 통한 200만 석 증산계획을 수립했지만, 대가뭄으로 시작부터 차질을 빚었다. 이에 총독부는 1940년부터 6개년 680만 석을 증산하는 계획을 다시 세워 경종법 개선에 토지개량사업을 부분적으로 추가하였다. 구체적인 내용은 ① 계획의 실행단위 설정 ② 지도력의 충실 정비 ③ 경종법의 시설개선 ④ 다수확우량품종의 육성 및 암거(暗渠)배수 조사 연구 ⑤ 판매비료 배급의 적정 및 합리적 시용(施用) 방법 철저 ⑥ 지력 유지증진을 위한 심경과 추경(秋耕)의 실시 및 자급비료 증산시설 ⑦ 노력 및 관개수의 배급조정 확립 ⑧ 적기작업의 장려 ⑨ 부락공동작업 실시 장려 ⑩ 미곡증산품평회의 개최 ⑪ 지주의 협력이었다.

〈조선증미계획(1940)과 조선증미개정계획(1942)의 증산 목표 비교〉

구분	조선증미계획		개정계획	
	계획완성년차 (1950)	지수	계획완성년차 (1955)	지수
증산목표수량	680만 석	100	1,138만 3천 석	167
- 경종법개선	511만 석(75.1%)	100	518만 7천 석(45.6%)	102
- 토지개량	169만 석(24.9%)	100	619만 6천 석(54.4%)	366

출전 : 이송순, 2008, 『일제하 전시 농업정책과 농촌 경제』, 선인, 124쪽

그러나 계획 수립시 추정한 기준생산고가 1940년부터 계속 목표를 달성하지 못하자 경종법 개선에 치우친 증산계획에 대한 비판이 제기되었다. 게다가 1941년 말 태평양전쟁이 발발하자 총독부는 1942년 개정계획(1940~1952년까지 12개년 계획)을 수립하였다. 개정된 내용은 조선증미계획 중 토지개량사업을 확대시킨 것이었다. 경종법 개선에 의한 증산량은 개정 전과 비슷했으나, 토지개량사업에 의한 증산량은 거의 4배에 이를 정도로 상향 수정되었다.

개정계획에서의 토지개량사업은 한계가 많았다. 개간 및 간척사업은 경지 자체를 확대하여 증산할 수 있는 확실한 방법이었지만, 1942년 이후 전쟁 확대와 장기화로 심각한 자원부족에 처해 있던 상황에서 계획대로 실시될 수 없었다. 여기에 잇따른 자연재해는 농업생산량 감소의 주요한 원인이 되었다. 1943년 이후 물자부족이 심각한 상황에서 강재나 시멘트 사용 없이 농민이나 학생들의 노동력에 의해 할 수 있는 공사를 중점적으로 실시하였고, 이때 만들어진 각종 시설들은 부실로 인해 해방 이후 조선의 농업생산력 증진으로 연결될 수 없었다. 이로써 개정계획 역시 소기의 성과를 거두지 못하였다.

[참고어] 간척, 산미증식계획

[참고문헌] 이송순, 2008, 『일제하 전시 농업정책과 농촌 경제』, 선인 〈고태우〉

조선지도(朝鮮地圖) 18세기 후반에 제작된 것으로 보이는 7책의 전국 군현 지도첩.

보물 제1587호로 규장각 한국학연구원에 소장되어

있다. 대표적인 방안식(方案式) 전국 군현지도로 크기는 가로 49.8㎝, 세로 38.5㎝이며, 채식필사본으로 7책으로 구성되어 있다.

1개의 군현이 1개의 책으로 그려져 있는데, 전라도를 제외한 7개 도의 군현지도로 되어 있다. 제1책 함경도(23장), 제2책 평안도(42장), 제3책 강원도(27장), 제4책 황해도(23장), 제5책 경기도(33장), 제6책 충청도(54장), 제7책 경상도(71장)으로 구성되어 있다. 제5책 경기도에서는 연천(漣川)·가평(加平)·양주(楊州)·포천(抱川)·영평(永平) 등 5개 고을이 누락되어 있다. 제3책 강원도와 제7책 경상도의 목차 부분에 비변사인(備邊司印)이 찍혀 있어, 비변사에서 사용하던 지도였음을 알 수 있다.

모든 지도가 '20리 방안'(4.2㎝의 정방형 크기)으로 그려져 있으나, 다른 군현지도와 다르게 '주기(註記)'(경위선 수치)는 기재되어 있지는 않다. 각 고을의 크기에 따라 사용된 방안 개수도 다른데, 1면에 1개 고을을 그리는 기준을 따랐기 때문이며, 이는 지리 정보의 정확성을 목표로 한 지도로 제작되었기 때문으로 보인다.

지도의 제작 시기는 표기되어 있지 않아서 지도 내용으로 추정해 볼 수밖에 없다. 1767년(영조 43) 경상도 산음과 안음이 산청과 안의로 개칭된 것이 반영되어 있으나. 1776년 충청도의 이산(尼山)이 이성(尼城)으로 개칭된 것은 반영되지 않았다. 또한 곽산 읍치의 위치 표현이 1746년(영조 22)에서 1768년(영조 44) 사이의 내용을 반영하고 있는 등을 볼 때, 이 지도는 1767~1768년에 제작된 것으로 추정된다.

표현양식을 살펴보면, 산지는 '∧'표시를 연속으로 그려 청록색으로 칠하였고, 하천은 겹선으로 표현하였으며 바다는 청색으로 묘사되었다. 고을의 읍치와 감영·병영·수영, 찰방역, 진보, 봉수, 창고, 도로망 등의 인문 정보가 모든 읍에서 통일된 부호로 표현된 점은 이 지도책이 중앙에서 일정한 원칙에 의해 편집·제작되었음을 보여준다.

18세기 후반 이후 조정에서는 지방사회를 정확하게 파악하기 위한 지도와 지리지 편찬을 적극적으로 추진했다. 이 과정에서 『조선지도』는 이후 『해동여지도(海東輿地圖)』 등의 방안식 지도의 제작에 많은 영향을 주었다.

[참고어] 해동여지도, 비변사지도

[참고문헌] 양보경, 1997, 「18세기 지리서·지도의 제작과 국가의 지방 지배」『응용지리』 20 ; 장상훈, 2008, 「조선후기 분첩식 전국 지도의 제작과 『조선도』」『문화역사지리』 20-2 ; 문화재청, 2008, 『한국의 옛 지도』, 예맥

조선총독부통계연보(朝鮮總督府統計年報) 조선총독부가 1910년부터 1944년까지 조선의 정치·경제·사회·문화 등에 연관된 통계자료를 정리하여 매년 편찬한 종합 통계책.

『조선총독부통계연보』는 조선총독부의 조사 및 소속관서의 보고에 따른 통계자료들 중 중요한 것을 주무과(主務科)에 위촉하여 집록, 편찬한 것이다.

일제가 한국을 강점한 이후 1910년부터 1944년 3월까지는 『조선총독부통계연보』라는 이름으로 매년 간행되었다. 그 내용과 편재는 일제의 식민지정책에 따라 구성되어있었다. 국토 기후, 인구와 가구, 고용 노동 임금, 물가, 보건 복지, 농림어업, 관공업, 건설 주택 상수도, 교통 정보 통신, 재정 금융 보험, 무역 외환 국제수지, 교육 문화 과학, 범죄 재해, 사법 행정 등이다. 특징점은 삼권분립이 없이 조선총독부가 모든 영역을 다 장악하였기 때문에 통계도 전영역을 포괄하고 있다. 그리고 특히 1910년대 토지조사사업이 진행된 시기에는 그 성과를 매년 게재하고 있다. 1920~1924년에는 통계연보가 8편으로 분책되어 각기 따로 간행되었다.

『조선총독부통계연보』는 일제 식민통치 이후 한반도의 사회적·경제적 변화 상황을 구체적인 수치적 통해 시계열적(時系列的)으로 파악할 수 있는 유일한 자료이다. 현재 통계청의 국가 통계포털에 엑셀로 전산입력되어 이용의 편의를 제공하고 있다.

[참고어] 소작제도관행조사, 조선의 소작관행, 조선토지조사사업 보고서

[참고문헌] 박명규·서호철, 2003, 『식민권력과 통계-조선총독부의 통계체계와 센서스-』, 서울대출판부 〈남정원〉

조선토지수용령(朝鮮土地收用令) 일제가 1911년 4월 17일 제령 제3호로 공공사업 수행이라는 명분 아래 토지를 강제로 수용·이용할 수 있도록 마련한 법.

토지수용과 관련한 법 제정은 통감부 때부터 논의된 바 있었다. 당시 일제는 군사적·통치적 목적을 위한 사업을 추진하면서 한국인 지주들의 저항에 직면하여 커다란 어려움을 경험하였기 때문이었다. 일제는 조선토지수용령을 제정한 목적을 보통국가에서처럼 공공의 이익이 될 사업을 위하여 필요한 토지를 수용 또는 사용할 수 있다고 정하고(제1조) 토지를 수용 또는 사용할 수 있는 사업을 정하였다.(제2조) '공공사업'을 추진

〈토지수용령 시행일과 구역〉

법령 발부일	발부 번호	시행일	시행 지역
1911. 7.	총령 87	1911. 7.14.	경성부 양주 대구부 전주 임실 남원
1911. 8.	91	1911. 8. 7.	평남 진남포부
1911. 9.	100	1911. 9.22.	부산부
1912. 3.	65	1912. 3.29.	평양부
1912. 4.	88	1912. 4.25.	해주
1912. 5.	99	1912. 5. 9.	원산부 안변군
1912. 8.	4	1912. 8.10.	공주
1912. 9.	17	1912. 9.25.	철원
1912.12.	35	1912.12. 4.	성진
1913. 1.	2	1913. 1.15.	익산
1913. 2.	5	1913. 2. 1.	군산부
1913. 3.	30	1913. 4. 1.	귀성 태천
1914. 3.	21	1914. 4. 1.	김해
1914. 4.	40	1914. 4.20.	미시행전역(충북 경기 충남 경북 함남 함북
1915. 6.	60	1915. 7. 1.	미시행전역(평북)
1916. 7.	53	1916. 7.15.	미시행전역(강원)
1917. 1.	1	1917. 1.20.	미시행전역(전북 전남 경남 황해 평남)

출처 : 조선총독부, 1940, 「조선법령집람」(상권2)

하기 위한 사업구역의 토지에 대해 지주들이 부적절한 가격을 요구할 때 이를 배제하고 '적정가격'으로 확보하기 위한 조치라고 하였다.

조선토지수용령은 주로 기간시설 즉 군사·교통시설 또는 자본가들의 산업시설, 교육시설, 도시기반시설 등을 추진할 때 발령되었다. 일제의 한국통치나 수탈을 위한 시설, 일본인의 주거와 교육시설, 일본인 자본가의 사업시설, 특히 일본인들 이주로 거주했던 시가지 건설 때 발동되었다.

토지수용지구는 필요에 따라 조선총독부에서 결정하여 조선총독부관보에 공고하였는데, 1910년대 말에는 한국 전역이 토지수용지구로 고시되었다. 토지수용령의 주체는 조선총독부였으며, 시행자는 일본인 기업가였다. 수용절차는 기업자가 조선총독의 인정에 따라 지방장관을 경유하여 조선총독에 토지수용을 신청하는 방식이었다. 기업자는 이때 이해관계인과 손해배상에 대하여 협의 조정을 하게 되는데, 타협이 불가능할 때 지방장관에게 재결을 구하고, 불복할 때는 조선총독에 재정을 구하도록 했다. 수용가격은 사업목적 자체가 일본제국주의 국가나 자본가의 이익 창출이나 확보에 목적이 있었던 만큼 기업자의 결정에 준하여 이루어졌다. 토지소유자의 측에서 볼 때 강제로 토지를 빼앗기는 것과 다름없었기 때문에 소유권 이전절차는 토지수용자 측에서 했다.

이것에 관한 구체적인 예를 전북 옥구 익산지구의

〈토지수용령의 사업 내용〉

조항	1911년 수용령 주요 사업	개정 내용	개정
제1	국방 기타 군사에 관한 사업	1항의 장소에서 1년 3만5천佛톤이상의 제선능력 또는 제강능력을 갖는 제철사업 추가	1918
		〈1년 3만5천佛톤이상의 제선능력 또는 제강능력〉을 〈1년 3만5천톤이상의 제선능력과 1년 3만5천톤이상의 제강능력〉으로 개정	1926
		〈3만5천돈을 10만톤으로 개정하고, 제철사업 또는 조선총독이 정한 철광의 제련을 목적으로 하는 특수한 설비로 영업하는 제철사업을 추가	1938
제2	관청 또는 공서건설	신사 신사 관공서 건설	1933
제3	교육 학계 자선	사회사업 교육 학예	1933
제4	철도 궤도 도로 교량 하천 제방 사방 운하 용악수로 류지 선거 항만 부두 수도 하수 전기 개스 화장장	삭도 전용자동차도 시장 추가	1933
제5	위생 측후 항로표지 방풍 방수 수해예방 기타 공용의 목적으로 국 또는 공공단체가 시설하는 사업		
제7		인조석유제조사업	1938
제8		항공기제조사업	1938
제9		경금속제조사업	1939

임익수리조합 건설과정에서 살펴볼 수 있다. 이 조합은 1910년대 건설되었는데, 건설과정에서 토지수용령이 발동되었다. 이 조합의 저수지인 요교제는 본래 조선인 지주들의 수리조건이 매우 좋은 양질의 답이었다. 이에 반하여 이 지역에 침투한 일인지주들이 소유한 토지는 수리조건이 매우 나쁜 악답이었다. 그런데 일본인 지주들은 조선인 지주들의 답 지역을 저수지화하여 자기들의 소유지를 관개하려고 수리조합 건설을 시도하였다. 일제는 이 과정에서 조선인 지주들의 토지매입이 여의치 않자 토지수용령을 발효하여 사업을 성사시킨 것이다. 이에 대한 보상문제가 1920년대 후반에도 계속 문제가 되었다.(「동아일보」, 1926.12.21.)

토지수용령 공포 이전에는 구체적인 절차 없이 내부에서 고시를 하고 해당 군이나 면에서는 모든 매매 전당행위를 금지하도록 했지만, 저항 또한 대단하여 토지수용이 쉽지 않았다. 특히 토지수용가격이 문제였다. 조선토지수용령은 이를 해결하기 위한 절차법이며, 처리절차는 합의 형식을 동원한 강제적 방식이었기 때문에 증명령에서 토지수용 항목을 별도로 마련한 것이다. 그리하여 일제는 '공익'상의 강제처분이라는 명목으로 토지수용을 합법화시키고, 보상금 수령을 거부할 때는 국고금을 취급하는 은행 또는 우편관서에 공탁하고 「공탁증서」를 첨부하여 증명을 신청하도록 했다.

위 표에서 보듯 토지수용은 국방 관청 일반 공용을 목적으로 하는 사업에 적용되었다. 그중에서도 국방관계사업이 개정의 주 내용이었다. 그리고 공공사업의 경우도 실제 사업에서 일본인 기업가나 시가지 시설 개선을 위해 주로 이용되었음을 짐작할 수 있겠다. 일본 제국주의의 본질, 즉 민족적·계급적 이해관계가 그대로 표현된 것이었다. 토지수용의 경우도 주로 소유권만을 대상으로 하고 용익권자의 이해는 고려대상으로 삼지 않았다.

[참고어] 일본민법, 토지조사사업

[참고문헌] 조선총독부, 1911, 『조선총독부관보』 186 ; 조선총독부, 『조선법령집람』 상2, 2쪽 〈최원규〉

조선토지조사사업보고서(朝鮮土地調査事業報告書)

조선총독부 임시토지조사국에서 토지조사사업을 종결하면서 1918년 10월 15일에 발행한 보고서.

조선토지조사사업보고서는 조선총독부 임시토지조사국장 스즈키(鈴木穆)가 1918년 11월 조선총독 하세가와 요시미치(長谷川好道)에게 보고하는 형식으로 작성하여, 도쿄시에 소재한 철판인쇄주식회사(凸版印刷株式會社) 본소분 공장에서 인쇄하였다. 이 책은 총설과 총 15장으로 구성되었다. 먼저 맨 앞 발문에 토지조사사업에 대한 전반적인 것을 약술하고 있다. 이 사업은 1910년부터 1918년에 걸쳐 2,040여만 원의 경비를 들여 시행되었으며, 조선의 토지제도, 지세제도 및 지도제도를 완전히 수립하여 일반시정의 근기를 이루는 것이고 신영토에 대한 제국의 시설이라는 것이다. 이것은 "조선의 토지제도와 지세제도가 수백년간 문란이 극에 달하여……토지소유권 확인과 지세부과 정리는 하루라도 등한하게 해서는 안되는 상태라서 토지조사를 급히 서둘러 실시했다."는 것이다.

이 책에서 제시한 당시 조선토지제도의 문제점은 다음과 같다. 첫째 조선 건국 후에 공전제도를 설치하는 동시에 사전도 공인하였는데, 조선의 공전과 사전은 고려의 공전과 사전과 달리 무세지를 공전, 수세지를 사전으로 불렀으며, 이것이 후세에 전자는 국유지, 후자는 민유지로 변해갔다는 것이다. 그런데 『경국대전』에서 공사전의 구별이 명확한 성문이 없고 애매하게 취급되어 모순된 결과를 초래하게 되었으며, 직전제 폐지 이후 공전이 개인소유가 되고 사전이 공유지로 편입되는 등 폐해가 백출하였다는 것이다. 둘째 토지를 약탈당해도 권리를 회복할 증빙서류가 없고 양전도 실시하지 않아 양안으로 실재 토지를 알 수가 없었으며, 광무양전지계사업 등을 실시하였으나 옛 방법을 답습하여 실패하였다는 것이다. 셋째 지세제도 역시 전제가 문란하여 정확한 토지대장이 없어 폐해를 교정할 수 없었으며, 지세제도를 개혁하려는 시도도 하였으나 정확성이 부족한 결가와 정리가 안 된 양안, 깃기, 작부장과 같은 장부를 기초로 하였기 때문에 미봉책에 불과하였다는 것이다. 지세제도의 근본적 조사를 시급히 시행해야 했다는 것이다.

그리고 본문에서 일제가 토지조사사업을 수행하면서 특별한 것으로 언급한 국민유분쟁을 다룬 분쟁지조사 항목에서 분쟁의 원인을 다음과 같이 정리하고 있다. 첫째 토지소속이 뒤섞여 불명확하다는 점이다. 제실유지, 국유지, 민유지 등이 명확하지 않아 정부에서 국유로 인정하기도 하고 때로는 민유로 인정하기도 하였는데, 광무사검의 경우는 모든 역둔토를 공토로 조사하여 도조를 강제로 징수하여 소요가 발생하였다는 것이다.

둘째 역둔토와 궁장토의 민결면세지를 민유라 인정하지 않고 모두 역둔토라 불렀으며, 둔세의 차이에 따라 소속을 구별해야 하는데, 모두 일률적으로 같은 액의 둔세를 징수하여 소요가 일어났다는 것이다. 그리고 민유지에 지세징수권을 부여하였는데 이를 자기 소유라 주장하거나 다른 곳에 증여 매각하여 분의를 일으켰다는 것이다.

셋째 세제의 결함이다. 세율은 분쟁지의 인정에 중요한 요건인데, 납세가 국유지의 소작료인지 민유지의 결세인지가 불명하여 양자 사이에 분쟁이 계속되었다는 것이다. 한쪽은 소작료, 다른 한쪽은 결세라 주장한 것이다. 그리고 조선에서는 소유권의 소재에 관계없이 과징하는 것을 수세라 칭하였으며, 대한제국에서는 호조에서 징수하는 것은 결세라 칭하고 내장원 기타 관청 궁방에서 수세하는 것을 모두 도조라고 했는데, 이 도조를 국유지의 소작료와 같은 것으로 오용하였다는 것이다. 나아가 지세를 과징하여 지주납세액과 국유지 소작료를 거의 구별할 수 없었다고 하였다.

넷째 무주한광지는 법적으로 기간자를 지주로 인정

하였지만, 여기서도 분쟁이 발생했다는 것이다. ① 기간 후 지주라고 주장하는 자가 나오는 경우 ② 국유미간지를 자기 것이라 주장하고 매도한 다음 매득자가 기간한 다음, 관할 관청에서 임의 기간으로 문제를 삼아 관민이 분쟁한 경우 ③ 제언내 모경지에서 발생한 관민분쟁 등이 그것이다.

다섯째 증명제도의 불비와 관련된 분쟁이다. 조선에서 매매후 입지를 받아야했으나 문기만으로도 거래가 자유롭게 이루어졌기 때문에 입안이 효력이 없었고, 증명이나 사증은 등기제도와 견줄 수 있는 동일한 규정을 두었으나 매매후 진정한 소유자가 나오면 효력이 없게 되었다는 것이다. 그리고 토지소유권에 대한 상세한 조사가 없었기 때문에 증명제도는 권리를 보장할 수 없었다는 것이다.

여섯째 권리서류와 서식의 불비에서 연유한 것이다. 토지소유권 매매의 경우, 문기에 표기된 소재, 사표, 면적 등이 불분명하여 인접지와 강계분쟁이 일어나기 쉽다는 것이다. 그리고 소유권 매매와 소작권 매매의 경우, 문기로는 거의 같아 서로 구별할 수가 없었다는 것이다. 나아가 관료들의 부패와 비정, 민전 침탈과 민전의 양입, 투탁 등도 거론하고 있다.

이 보고서는 조선의 토지제도와 지세제도의 이같이 극에 달한 문란, 그리고 자기들이 들어와 시행한 증명제도 등의 문제점을 해결하기 위해 실시한 것이 토지조사사업이라고 그 실시의 정당성과 새로 만든 제도의 완결성을 주장하고 있다. 일제가 그동안 각지에서 시행한 토지조사의 경험과 조선의 관습조사에 기초하여 식민지 조선에 마련한 '근대적' 토지제도였다는 것이다. 그런데 이것은 지적측량의 기점이 일본의 연장선에 기초한 것이라는 점에서 보듯, 조선의 전근대제도를 '근대적'으로 개혁하여 구래의 잘못된 것을 바로 잡기 위한 사업이라고 강조하고 있지만, 일본제국이 이를 실시한 본질은 조선을 식민지로 통치하기 위한 제도정비 작업이었던 것이다.

조선토지조사사업보고서는 토지조사사업을 크게 토지소유권조사, 토지가격조사, 지형지모조사 등 셋으로 분류하여 작성하였다. 이에 앞서 제2장과 제3장에서 사업조직, 사업계획의 변천 과정, 부대사업 등을 기술하고, 제4장에서 토지소유권조사를 다루었다. 첫째 토지소유권조사는 준비조사, 일필지조사, 분쟁지조사로 나누어 기술하였다. 준비조사에서는 면동리명칭과 강계조사, 토지신고서의 수집과 처리, 지방의 경제와 관습조사 등을 기술하였다. 일필지조사에서는 조사지와 불조사지, 지주, 강계, 지목, 지번, 각종 권리관계조사, 장부조사 등을 기술하고, 마지막 분쟁지조사에서는 분쟁의 종류를 기술하고, 이를 크게 대국유지분쟁과 그 이외의 분쟁으로 나누어 항목별로 기술하였다. 전자는 제실, 궁장토, 능원묘, 역토, 둔토, 목장, 삼림임야 및 미간지, 제언과 보 등이고, 후자는 향교와 서원, 종중재산, 면동리유 재산과 계, 사(寺)유재산, 분묘지, 기간지, 포락지, 니생지, 정부출자지 등으로 나누어 이를 정리하였다. 이어서 조사방법과 소송관계지의 처리 등을 기술하였다. 이같이 토지소유권 조사는 토지의 소재, 지목, 지번, 지적, 소유권자를 조사하고, 지적도에 각 필지의 위치, 형상 및 경계를 표시하여 수백년간 계속된 토지분쟁을 해결하고, 토지소유권과 경계를 사정하여 소위 지적을 명확히 하는 한편 이를 근거로 토지등기제도를 창설하였다고 언급하고 있다.

둘째 지형지모조사는 지형측량을 통해 지형도를 제조하고, 지상에 있는 자연 또는 인공 지물과, 그의 고저, 맥락, 분포 등을 표시한 다음, 이것을 지도상에 명료하게 표시하는 작업이다. 이는 제5장 측량부분에서 다루었는데, 삼각측량, 도근측량, 일필지측량, 면적 계산, 지도 등으로 구분하여 정리하였다. 삼각측량은 기선측량, 대삼각본점측량, 대삼각보점측량, 소삼각측량, 험조, 수준측량, 도표조정 등이다. 다음의 도근측량은 보통도근측량과 특별도근측량, 그리고 시가지도근점과 표석설치 등이다. 마지막의 일필지 측량에서는 도곽과 도근점, 보조점측량, 일필지 경계와 기타측량, 원도와 일람도 조제, 지목별 필수표와 등사도 조제, 특별측량 등으로 나누어 기술하고 있다. 그리고. 제도부분에서는 지적도, 지적약도, 역둔토도 등의 제작에 관해 서술하였다. 지적도의 축척은 시가지, 서북선 지방의 산간부, 일반 지방이 다 달랐다고 했다.

셋째 토지가격 조사는 시가 또는 임대가격 및 기타 토지의 수익을 사정하고 곡가와 금리관계 등을 고려하여 통일적으로 조선 전토의 지가를 조사하고, 지세의 부과표준을 전정(詮定)하여 지세제도를 확립함으로써 재정의 기초를 수립하고 부담의 균형을 시도하기 위한 것이라고 하였다. 이것은 제6장 지위등급조사에서 다루었다. 구래의 결부제를 해체하고, 지가에 기초한 지세제도를 수립하기 위해 실시한 것이었다. 각 지목별 지위등급 구분과 조사방법 지목별 표준지선정, 도서와 시가지의 지위등급과 결정, 지가산정, 수확고, 곡가,

공제금, 환원율, 지가정률표 등에 관한 것이었다.

다음은 이러한 조사작업의 성과에 기초하여 작성한 장부에 대해 다루었다(제7장). 이때 작성한 장부는 토지조사부, 토지대장, 토지대장 집계부, 지세명기장 등이고, 여기서 제조방법과 용도 등을 기술하였다. 작업의 성과는 지적도 81만 2,930매, 토지조사부 28,357책, 분쟁지 심사서 1,385책, 토지대장 109,998책 지세명기장 2만50책, 각종 지형도 925엽 등이었다.

마지막은 토지조사사업과정에서 행한 주요 절차와 조직에 대하여 다루었다. 제8장 작업감독, 제9장 지방토지조사위원회, 제10장 사정, 제11장은 고등토지조사위원회 등이었다. 고등토지조사위원회의 항목은 아직 종결되지 않은 시점에 작성된 것이다. 더 자세한 것은 조선총독부편, 『고등토지조사위원회사무보고서』(1920)가 참고된다. 그리고 제12장 이동지정리에서는 사정 이후 토지대장을 군청에 이관할 때까지의 이동사항을 신고조사한 것을 기술하였다. 제13장에서는 지형측량을 다루었다. 지상의 지형지물을 지도상에 명료하게 그리는 작업이다. 축척은 전도를 통하여 5만분의 1로 하였다. 특별히 부제 시행지와 이에 준한 지방 33개소는 1만분의 1, 기타 도읍부근 13개소는 2만 5천분의 1의 축척을 사용하여 지형도를 조제하고, 또 금강산 경주 부여와 개성 등은 별도로 사용의 편을 기도하여 특수지형도를 조제하였다고 하였다. 제14장에서는 서무 인사 회계 문서 통계 도부 인계 등을 다루었다. 인사부분에서는 직원구성이 주목된다. 여기에 참여한 고등관은 93명, 판임관 이하는 7,020명인데, 이중 조선인은 고등관 3명, 판임관 이하 5,666명이었다. 이들 직원은 토지조사국에서 양성한 것인데, 토지조사사업 이후 일제의 통지기구에 어떻게 배치되었는지 그 역할이 주목된다. 제15장은 잡무이고 마지막은 부표로 구성되었다.

토지조사사업보고서는 일제가 대단한 치적으로 내세우기 위해 작성한 때문인지 구래의 조선제도와 정치에 대해서는 부정적 평가를, 반면 행정적 기술적 측면에서의 성과와 제도적 우월성은 크게 내세우고 있다. 그리고 '사업'초기에는 '폭도의 출몰, 신정치에 대한 의구심, 조세부담과 권리의 소장과 밀접한 관계가 없었으면서도 인민이 오해하여 반항하는 등 여러 우려가 있었지만, 외적으로 아무런 일 없이 사업을 예상이상으로 종료할 수 있었으며, 그것은 직원일동의 열성과 일반 관민의 동심노력과 사업계획이 잘 수행된 덕이라고 결론을 맺고 있다.

토지조사사업은 그들이 주장하는 바와 같이 구래의 제반 문제를 해결하고 토지제도·지세제도·등기제도·지형도 등의 작성을 완료하였지만, 그것이 조선 구래의 제도, 그리고 일제의 그것과 어떠한 측면에서 선이 닿아있는지 이 보고서를 넘는 더 많은 실증적 차원의 분석이 필요할 듯하다. 예를 들면, 여기서는 오직 소유권만 언급하고 다른 물권에 대한 언급이 전혀 없다는 점, 그들이 가장 중요하게 분쟁지를 취급하며 그 유형과 그 내용 등을 언급하면서도 국유론과 민유론의 양측 주장만 언급할 뿐 그 심사결과와 기준 등에 대한 언급은 후폭풍을 우려한 때문인지 전혀 하지 않았다는 점, 더 근원적으로는 그들이 부정적으로 인식하고 비판한 구래의 토지제도·지세제도 등을 우리의 역사적 입장에서 다양하게 분석하여 우리의 실 모습을 그려내어 이 보고서가 주장하고 있는 내면의 본질을 추출해 내야 할 것이다.

[참고어] 토지조사사업, 조선부동산등기령, 지세령, 토지신고서

[참고문헌] 신용하, 1979, 『조선토지조사사업사 연구』, 한국연구원 ; 宮嶋博史, 1991, 『朝鮮土地調査事業史の硏究』, 東京大學 東洋文化硏究所 ; 최원규. 1994, 「한말일제초기 토지조사와 토지법연구」, 연세대학교 박사학위논문 ; 김양식, 2000, 『근대권력과 토지』, 해남 ; 조석곤, 2003, 『한국근대 토지제도의 형성』, 해남

〈최원규〉

조선특별연고삼림양여령(朝鮮特別緣故森林讓與令)

조선총독부가 불요존 국유림 가운데 연고자가 있는 제2종 불요존 임야의 연고권을 인정하여 민간에 양여하기 위해 마련한 법률.

일제는 삼림법에서 임야조사사업에 이르는 일련의 정책을 통해 산림소유권을 법인(法認)하였다. 특히 임야조사의 사정작업으로 임야조사에서 제기된 분쟁까지를 포함한 모든 소유권 분쟁을 일소했다. 그러나 이것으로 임야조사가 완결된 것은 아니었다. 임야조사에서 연고있는 국유림으로 분류된 임야의 처리문제가 남아 있었다. 일제는 이미 임야조사사업에서 1차로 연고림의 일부를 사적 소유로 인정해 주었고, 2차는 1926년 조선특별연고삼림양여령과 시행규칙을 발포하여 남은 연고림 문제를 처리해 나갔다. 일제는 양여령의 제정목적이 조림촉진과 민정안정을 위한 일대 '은전(恩典)'이라 선전하였지만, 사실상 연고림의 경제적 가치가 낮아 국가 관리대상이 되지 못한 점, 연고림이 국유로 사정되자 인민들이 사정에 불복하거나 연고림 남벌

이 심해진 점 등이 제정의 주요원인으로 작용하였다.

양여대상 임야는 임야조사서에 기재된 연고림으로, 임야조사를 시행한 지역과 조사를 시행하지 않은 지역으로 구분하였다. 전자는 ① 고기(古記) 또는 역사가 증명하는 바에 의하여 임야에 연고를 가진 사찰, ② 삼림법 시행 전 적법하게 점유하고 계속 금양하였지만, 평균 입목도 3/10에 이르지 못한 임야의 점유자를 대상으로 하였다. 후자는 ① 삼림법에 따라 지적을 신고하지 않아 국유로 귀속된 임야의 소유자 또는 상속자, ② 삼림법 시행 전부터 적법하게 점유하고 금양한 것 중에서 평균 입목도 3/10에 이르지 못한 경우를 대상으로 했다. 그리고 이미 대부를 허가한 임야, 토석 채취를 허가한 임야, 부분림 설정을 허가한 임야 등은 양여령 적용에서 제외하였다. 주된 국유림 처분제도였던 조림대부제에서 연고자와 대부자의 소유 혹은 연고권 충돌 시 연고자가 우선순위에서 밀리고 있음을 알 수 있다.

양여출원기간은 1927년 2월1일부터 1928년 1월31일까지 1년이었다. 출원건수는 1,174,454건, 면적 3,416,433정보에 달했다. 양여처분은 1934년에 완료되었는데, 실적은 1,044,771건, 2,779,826정보였다. 양여령에 의해 278만 정보에 달하는 임야가 불요존 국유림에서 민유로 이전되어 소유구조가 크게 변화하였다. 특히 양여면적에서 압도적인 부분을 차지한 것은 삼림법 시행 전 적법하게 점유한 삼림의 소유자 및 상속인의 임야였다. 이는 금양실적 3/10 이상에 미치지 못한 경우로, 이들 임야가 양여령을 통해 개개인에서 처분됨으로써 소규모 민유림 중심의 소유구조가 형성되었다.

일제는 1934년 조선특별연고삼림양여령으로 임야 소유 관계가 최종적으로 정리되자 늘어난 민유림에 대해 신설된 임야세를 부과함으로써 일반 민에게 산림 녹화에 드는 비용을 전가해 나갔다.

[참고어] 조선임야조사사업, 불요존국유림, 임야세, 임야조사서

[참고문헌] 岡衛治, 1945, 『朝鮮林業史』, 조선산림회(2001, 한국임정연구회 편역, 산림청) ; 강영심, 1998, 「일제의 한국삼림수탈과 한국인의 저항」, 이화여대 박사학위논문 ; 이우연, 2010, 『한국의 산림 소유제도와 정책의 역사, 1600~1987』, 일조각 ; 강정원, 2014, 「일제의 山林法과 林野調査 연구-경남지역 사례」, 부산대 박사학위논문

〈강정원〉

조선팔도고금총람도(朝鮮八道古今總攬圖) 1673년(현종 14) 김수홍(金壽弘)이 목판본으로 제작한 조선전도.

서울역사박물관이 소장한 판본이 보물 제1602호로 지정되어 있으며, 숭실대학교 기독교박물관에 목판본 한 점이 더 소장되어 있다. 제작자인 김수홍(1602~1681)은 윤두서(尹斗緖)와 함께 조선 후기 민간에서의 지도 제작을 선도했던 가장 대표적인 인물로, 1666년(현종 7)에는 「천하고금대총편람도(天下古今大總便覽圖)」라는 중국지도를, 1673년(현종 14)에는 「조선팔도고금총람도」를 제작했다. 지도 상단에 지도의 제목을 싣고 그 아래에 노정기 형식으로 대표적인 지지 정보를 수록했다. 이례적으로 간기와 제작자가 명시되어 있어 제작자와 제작연도를 정확히 파악할 수 있다.

김수홍이 발문에서 각도의 고을 이름이나 산천의 형세는 당시 유행하는 지도를 참고했다고 했는데, 실제 『신증동국여지승람(新增東國輿地勝覽)』의 동람도(東覽圖)에 영향을 받은 것으로 보인다. 한편 한양 도성을 축척과 무관하게 크게 확대해서 강조한 것은 이전의 지도에서는 찾아볼 수 없는 특징이다. 특히 도성의 지명뿐만 아니라 그 윤곽까지 표기하였고 사대문과 궁·도성 밖의 경기감영(京畿監營)까지도 표현하고 있는데, 이는 조선 후기 회화식 읍지에서 나타나는 특징이라고 할 수 있다. 또한 자연지명이나 인문지명 이외에 해당 지역의 중요 인물을 선택하여 병기하고 있으며, 울릉도와 우산도(于山島 : 독도)를 함께 그려서 독도가 우리 영토라는 인식을 보여주고 있다.

하지만 도성을 강조하기 위해 지면을 임의로 지면을 할애하여 중부지역의 지도가 상당히 왜곡되었다는 점, 그리고 인물정보를 병기하기 위해 각지의 하천도나 군현위치를 잘못 기재하고 있는 점 등이 단점으로 남게 되었다.

[참고어] 천하고금대총편람도, 동람도

[참고문헌] 이찬, 2008, 『한국의 고지도』, 범우사 ; 문화재청, 2008, 『한국의 옛 지도』, 예맥

조선하천조사서(朝鮮河川調査書) 1929년 일제가 발간한 전국 하천에 대한 조사보고서.

1915년 일제는 식량생산을 위한 용수공급과 전력생산을 목적으로 하천조사에 나섰다. 조사원 88명(그중 2명이 조선인)이 조사 작업에 투입되었고, 14년 동안 하천 조사가 진행되었다. 1928년 각 방면에 걸친 하천조사를 마감하고 다음해 『조선하천조사서』를 출간하였다. 주요내용을 보면 제1장 총론에서는 하천에 대한 관습과 제도, 조사사업의 범위를 기술하고 있으며, 제2장 하천조사의 개요에서는 조사조직·조사양식·조사

비 등이 자세히 서술되어 있다. 제3장 하천답사에서는 답사방법과 실적을 그리고 제4장 하천측량에서는 측량방법 및 기계, 평면측량, 고저측량, 측량도 작성, 성과를 기록하고 있다. 제5장 기상에서는 기상관측을 위해 206개소의 우량관측소 운영내역과 결과를 서술하고 있고, 조선시기 측우기 기록에 대해서 놀라움을 금치 못하는 내용도 있다. 제6장 수위에서는 186개소의 수위관측소 운영에 대한 내용과 관측소 위치, 관측소사진 등이 기록되어 있다. 제7장 유량에서는 39개 지점에 대한 유량측정 결과, 유량 측정방법, 최대홍수량 등을 상세하게 서술하고 있다. 제8장 홍수상황에서는 해당 기간 동안 발생한 홍수와 고대 홍수기록에서 나타난 홍수기록을 적기하고 있다. 제9장 하천이용 상황에서는 각 하천별 수운현황·수력·수도 등에 대한 조사결과를 정리하였다. 제10장 하천경제 통계에서는 유역별 인구, 과세지가, 농작물생산량을 그리고 제11장 개수계획에서는 개수방법론과 더불어 한강·낙동강·대동강 등 11개 하천에 대한 개수계획이 기록되어 있다.

[참고어] 수리, 수리조합

[참고문헌] 김원·권성일, 2011, 「조선하천조사서」『물과 미래』 44

조선현물세령(朝鮮現物稅令) 1946년 6월 북조선임시인민위원회가 농작물 수확고의 25%를 세금으로 납부하도록 한 법령.

1946년 3월 북조선임시인민위원회는 무상몰수·무상분배 방식의 토지개혁을 실시하여 오랫동안 농촌사회를 지배해왔던 봉건적 지주소작제를 완전히 폐기하였다. 토지개혁에 이어 동년 6월 27일 조선현물세령을 공포하여 각종 토지세를 단일화시켰다. 농민은 토지관련 세금으로 농작물 수확고의 25%를 현물세로 납부할 뿐이었다. 수확고 25%의 현물세량은 작물 성숙기나 수확직전 매 필지마다 평예(坪刈)를 통해 확정되었다. 인민위원회에서 각 가호별 현물세량을 결정하고 현물세 징수를 위한 농민대회를 개최하였다. 농민대회에서 농민들은 자신의 현물세량에 동의하고 징세서를 발급받았다. 수확·탈곡 및 건조 후 농민들은 면단위에 하나씩 설치된 수납장까지 자신에게 징수된 현물세를 운반하였다. 수납장에서 곡물의 중량과 품질, 건조정도, 불순물 혼입여부, 포상규격과 상태에 대한 곡물검사가 끝나면, 농민들의 납세의무가 종료되었다. 현금납이 아닌 현물세제 형식은 농민과 농촌경제가 시장과 상인자본에 종속 지배되는 것을 막기 위함이었다. 농업현물세제는 1966년 폐지 때까지 존속하였다.

[참고어] 농지개혁, 조선공산당의 토지강령

[참고문헌] 김재웅, 2000, 「북한의 농업현물세 징수체계를 둘러싼 국가와 농민의 갈등」『역사와 현실』 75

조선흥농주식회사(朝鮮興農株式會社) 1908년 12월 일본 와카야마현(和歌山縣)이 한국에서 농업경영과 식민을 위해 만든 농업척식회사.

러일전쟁 직후 일본 사회 전반에 한국에 대한 침략적 척식여론과 투자 붐이 고조되었다. 이는 군사적 승리를 뒤이어 경제적 척식을 통해 한국강점을 완결하자는 것이었다. 이러한 사회적 분위기 속에서 일본의 각 지방 부현에서 지역 내 지주·상공인·실업자들을 주축으로 농업식민회사나 농업조합을 만들어 한국에 시찰단을 파견하여, 척식사업을 위한 여러 조사를 시행하고, 이를 바탕으로 한국 농업경영에 착수하였다. 와카야마 현은 조선흥농주식회사를 조직하여 한국 척식사업에 뛰어들었다. 본사를 와카야마 시에, 지점을 경상남도 양산군 가촌(佳村)에 두었다.

사업영역은 한국에서 토지매수와 황무지개간, 농사경영이었으며, 자본금 30만(불입금 7만 5천원)이었다. 경상남도 양산군 내 논 43정보와 밭 70정보를 매수하여 지주경영에 나섰다. 논 1단보와 밭 8.6정보는 회사의 시험재배지로 직영했고 나머지 전답은 한국인 소작농(40호)에게 경작시켰다. 1910년 현재 수확량을 보면, 쌀 700여 석, 보리 및 잡곡이 150석 정도였다.

[참고어] 나가노현 한농조합, 오카야마현 한국농업장려조합, 후쿠오카현 농사장려조합

[참고문헌] 農商務省農務局, 1910, 『朝鮮農業概說』

조선흥업주식회사(朝鮮興業株式會社) 러일전쟁 직후 '일본경제의 아버지'로 알려진 한국 경제침탈의 주역인 시부사와 에이이치(澁澤榮一)의 주도로 일본 유력자본가와 일본 제일은행을 위시한 시부사와 계열회사 중역들이 출자하여 설립한 농업척식회사.

1904년 9월 한국흥업주식회사(1913년 조선흥업주식회사로 개칭)는 한국에서 토지를 매수 조차하여 소작경영을 하고 대금업과 농사개량 및 부대사업을 실시할 목적으로 설립되었다. 본점은 도쿄(東京)에, 임시사무소를 서울에 설치하였다. 회사설립과 토지매수 과정에서 시부사와와의 정치적 인맥과 영향력이 절대적으로 작용했으며, 일본 정부와 주일공사 하야시(林權助) 그리

〈조선흥업주식회사의 소유토지 현황(단위: 정보)〉

연도	논	밭	기타	합계
1905	400	2,381	76	2,857
1907	1,363	6,650	327	8,340
1911	2,103	7,163	649	9,464
1913	3,028	8,221	539	11,788
1919	4,061	9,810	506	12,644
1925	3,827	11,166	736	14,605
1931	5,110	11,362	843	14,541
1935	5,124	11,364	991	17,522
1939	5,672	11,235	962	17,291
1944	5,713	11,404	800	17,566

출처 : 朝鮮興業株式會社 編, 1936,『朝鮮興業株式會社三十周年記念誌』, 68쪽.

고 통감부의 전폭적인 지원이 뒤따랐다. 시부사와는 “한국농업의 발달은 곧 제국의 농토를 증가시키는 것”이라고 운운하면서 만한척식침략의 여론을 대대적으로 조성하고 이를 맨 앞에서 실천해갔다.

시부사와는 1898년에서 1904년까지 4차례의 한국 방문조사를 통해 한국 농업전반에 대한 조사를 마친 일본 농상무성 기사 가토 마쓰에로(加藤末郎)를 기사장으로 특채하고 토지매입을 추진하였다. 당시 한국에 진출한 일본인 지주들이 비옥한 논농사 지대인 전라도 지역을 중심으로 대농장을 구축해간 것에 반면 한국흥업주식회사는 첫 사업지로 황해도를 택했다. 전라도 지역에 비해 지가가 싸고, 교통도 편리하고, 비옥한 토양에 대동강과 재령강이라는 우수한 조건을 갖추고 있었기에, 대규모 집단농장을 용이하게 설치할 수 있는 곳이었다.

1905년 4월 황해도 겸이포에 임시출장소를 설치하고 2,280정보를 일거에 매수하여 대두농사를 시작하였다. 1906~1907년에는 경부선을 따라 평택·대전·삼랑진 그리고 전라남도 목포에 잇달아 거대농장을 설립하였다. 1909년 부산지점을 개설하여 창고업과 이출우관리업을 시작하였고, 다음해에는 가마다(鎌田勝太郎 : 1908년부터 한국흥업주식회사 취체역)가 경영하던 한국척식주식회사를 병합하여 경상북도 경산에도 지점을 설치하였다. 1913년 자본금을 300만 원으로 증액하고, 회사명도 조선흥업주식회사로 바꾸었다. 1929년 황해도 해주출장소를 설치한 이후 조선흥업주식회사는 일제가 패망할 때까지 한국 전역에 17,300여 정보에 달하는 거대한 농장망을 유지해 갔으며, 동양척식주식회사를 제외하고 단연 최대 규모였다.

조선흥업주식회사는 안정적인 수익을 거두기 위해 농장을 전국 각 지역에 분산 배치하는 동시에 재배작물을 다각화하여 곡물가격과 작황의 변동으로 인한 손실을 최소화하였다. 기후와 풍토에 맞게 황주·목포·대전·삼랑진·경산·해주의 6개 농장은 쌀을, 황주와 목포농장은 각각 대두와 면화를 중심작물로 배치하였다. 주주와 투자자의 이윤과 배당을 항상 고려해야 하는 주식회사의 특성상, 당장 수익을 낼 수 있는 기간지 위주로 토지를 매입하였다. 매수된 토지 가운데 관리가 불편하거나 수확이 떨어질 경우, 즉각 처분하여 토지매입자금의 유동성을 풍부하게 유지하였다.

1929년 이후 총경작지 면적은 거의 늘지 않았지만, 소작료 수입은 1935년 말에는 140만 원을 넘어섰다. 다른 일본인 대지주의 농장이나 농업회사와 달리 밭이 전체 소유지에서 차지하는 비중이 초창기 80%이상이었다. 이후 밭이 비중이 60%대로 낮아졌지만, 대두와 면화생산이라는 식민지 농정에 부합되게 운영되었다. 지가가 논보다 훨씬 저렴했기에, 밭의 수익성은 상대적으로 매우 높았다. 조선흥업주식회사의 토지이윤은 무려 20~30%에 달했다. 일제시기 평균 토지수익률 8~9%, 주식이익률 6~7%, 보통은행 정기예금 이윤이 4~6%에 비하면, 엄청난 이익률은 고율소작료의 수탈성을 보여주는 것이다.

[황주지점과 해주출장소] 첫 사업지인 황주지점은 1905년 9월 겸이포사무소(나중에 황주지점 겸이포출장소)의 설치로 시작했다. 경의선과 황해선이 지나가고, 대동강과 재령강을 끼고 있는 재령평야의 비옥한 지대였다. 토지 확보과정에서 겸이포에 주둔하고 있던 일본군을 동원하여 공포분위기를 조성하기도 했다. 황주지점 사무소는 황해도 황주군 황주면 예동리에 위치했으며, 조선흥업주식회사 지점 중 가장 큰 규모(총 소유면적의 48.8% 차지)였다. 황주지점의 총 면적은 1917년 5,806정보에서 1936년 8,367정보로 증가되었다. 1936년 현재 직원은 28명, 소작인은 4,800명이었고, 평년 소작료는 쌀 9,000석, 대두 18,000석에 달했다. 특히 황주지점은 대두생산으로 유명했다. 초기 생산량은 9천 석 정도였지만, 1936년에는 18,000여 석으로 증가하였다. 대두의 품종도 재래종이 아닌 일본 장단종(長端種)이었고, 일본 곡물시장에서 상등품(1석당 50전~1원)으로 인기가 높았다. 규모 30여 정보의 대두채종전을 설치하여 종자를 확보했으며, 소작인들에게 이자를 대여했다. 황주지점은 황주농장(黃州農場)·구영농장(九永農場)·청수농장(淸水農場)·흑교농장(黑橋農場)·봉산농장(鳳山農場)으로 구성되었다. 이 중 청수농장은 조선흥업주식회사 농장 중에 가장 큰 규모(2,500정보)로, 농장 중의

농장으로 불리었다. 1910년대 초반 공사비 10만 원을 투자하여 방수제·용수로·저수제·수문 등 방수관개시설을 완료하여 280여 정보를 개간하였다. 1915년 조선물산공진회에서 농사경영 및 성적부문에서 은패를 수상하기도 했다. 봉산농장은 가장 작은 규모였지만 비옥한 재령평야에 위치해 있었기 때문에 중시되었다. 1929년 8월 800여 정보를 매수(65만 원)하여 해주군 서변면 용당리에 황주지점 해주출장소를 신설했다. 해주출장소는 일흥농장(一興農場)·내성농장(來城農場)·동강농장(東江農場)으로 구성되어 있었다. 이중 일흥농장이 450정보로 가장 큰 규모였다. 이 지역 회사 소유지 433정보가 취야수리조합(翠野水利組合, 몽리면적 3,100정보)에 편입되었다. 황주지점에서 수납한 소작료는 진남포미곡검사소의 검사를 거쳐 〆표를 붙여 일본 각지의 미곡시장으로 반출되었고, 그 명성과 가격이 일본쌀에 버금갔다고 한다.

[목포관리소] 1906년 설치된 목포관리소는 함평농장·해제농장(海際農場)·망운농장·당포농장·우수영농장·진도농장으로 구성되었다. 총 면적은 1936년 현재 대략 3,480정보(논 1,268정보, 밭 2,149정보, 잡종지가 63정보)였고, 이중에 우수영농장이 870정보로 가장 컸다. 이들 농장들 이외에도 간석지 개간사업으로 형성된 농장들도 있었다. 1919년 우수영 석교리농장(右水營石橋里農場), 1920년에는 망운 목동리농장(望雲牧東里農場), 1933년에는 당포 월호리농장(唐浦月湖里農場)이 만들어졌다. 목포관리소는 황주지점보다 논이 630정보 가량 더 많아 논 면적으로 보면 조선흥업주식회사농장 중 최대 규모였다. 목포관리소 소속소작인은 4,900명으로, 평년 소작료 쌀 10,000만 석, 면화 577,000근 규모였다.

[대전관리소] 1905년 7월 평택의 야스모토농장(八基農場, 논 480정보)의 설립으로 시작된 대전관리소는 대전농장(1907)·회덕농장·유천농장·유성농장·진성농장(鎭城農場)·구북농장(九北農場)·천안농장·성환농장·영등포농장·정읍농장으로 구성되었다. 성환농장은 1900년 시부사와가 아사노(淺野總一郞)와 함께 직산금광채굴권을 획득한 지역으로, 시부사와 재벌의 영향력이 컸던 곳이다. 대전관리소는 1936년 현재 대략 1,280정보(논 920정보, 밭 275정보, 잡종지 85정보)로, 다른 지점이나 관리소 농장들에 비해 소규모였다.

[삼랑진관리소] 삼랑진관리소는 1906년 3월 경상남도 밀양군 하동면에 밭 70정보를 매수하여 임시출장소를 두고 양잠업을 시작했다. 총 면적 1,700여 정보(논 1,700정보, 밭 570정보)로, 밀양농장·상남농장·낙동강농장·수산농장·대산농장·이북농장·진영농장·김해농장·청도농장·풍각농장으로 구성되었다. 낙동강·밀양강 연안에 분포하면서 456정보 가량이 주변 수리조합 몽리구역 내에 들어갔다. 소작인 2,400명, 평년 소작료 15,000석을 추수했다. 특히 삼랑진농장과 밀양농장에 잠업부를 설치하여 양잠사업을 주도해 갔다.

[경산관리소] 경산관리소는 경산농장·용남농장·압량농장·하양농장·금호농장·쵀산농장·조양농장·청경농장으로 구성되었고, 총 경작면적은 1,500정보(논 900정보, 밭 570정도, 기타 잡종지 30정보)였다. 경산관리소는 1910년 조선흥업주식회사와 사업목적이 같았던 가마다의 한국척식주식회사를 흡수하여 출범했다. 1936년 현재 소작인 2,100명이었고 평년 소작료가 벼 15,000석이었다. 경산관리소는 금호강을 끼고 금호평야의 주요부를 점하고 있었다.

[농업경영실태] 조선흥업주식회사 농장은 일본인 지주회사·대농장 가운데 가장 수탈적인 지배로 유명하였다. 조선흥업주식회사는 각 지점 관리소 산하 농장별로 일산분란하게 소작인과 소작지를 관리 지배하면서 일본식 농법과 개량품종을 이식, 강제하였다.

조선흥업회사의 궁극적 목표가 토지수익의 극대화에 있는 이상, 농장경영의 성패는 기본적으로 소작인 관리 통제에 달려 있었다. 농장은 이중 삼중의 소작인 관리체계를 구축하여, 모든 영농과정뿐 아니라 소작인들의 일상을 관리하였다. 농장은 회사→각 지점 관리소→농장→농장직원→농구(農區)의 농무원·지도원→리동의 총대(總代)→소작인5인조합→소작인과 농장→흥농회→소작인으로 이어지고 2중의 수직적 지배관리체계를 굳건하게 구축했다. 사원들은 소작인과의 지속적인 접촉을 통해 회사가 명령하는 농사개량과 수확, 소작료 수납이 무리 없이 진행되도록 소작인을 지도편달하였다. 회사는 마름의 폐지가 아니라 사원의 형태로 마름제도를 변형시켜 계속 활용하였다. 현장 사정에 밝은 한국인 마름들은 소작료의 징수와 소작인의 통제에 매우 효과적이었다. 회사측은 이들 마름을 통해 소작인의 동태나 현지 상황을 수시로 보고하게 하였다. 마름은 징수하는 소작료의 성적에 따라 연 수당 40~150원을 지급받았고, 성적에 따라 상여금을 더 받았다.

흥농회는 모든 영농과정에서 엄격한 농사지도와 노

무관리를 수행하는 소작인조합이고, 그 말단에 소작인5인조를 바탕에 두고 있었다. 소작인5인조는 회사의 경제적 손해를 최소화하기 위한 연대보증장치였다. 보증인이 소작인 자격을 상실하면 즉시 충원 보충해야 했으며, 이때 연대보증인을 구할 수 없는 경우 소작계약 해제의 원인이 되었다. 흥농회는 소작료의 1/100~5/100를 회비로 징수하였고 여기에 별도로 저금이라고 하여 2/100 이상을 의무적립하게 하였다. 이는 사실상 소작인 보증금이었는데, 소작료와 소작인에게 전가한 공조공과금의 미납을 방지하고 비황저곡의 기능을 하였다. 1928년 현재 16,000여 명의 소작인이 저축한 저축고가 약 22만 원에 달했다. 흥농회가 실제로 관한 소작인의 각종 복지금 명목으로 지불한 것이 전체 흥농회 자산이 7%에 불과하고 대부분은 각종 농사장려비나 기타 이자비용으로 지출했다. 매우 고압적이고 군대조직 같은 이러한 지배관리체계는 후지흥업주식회사를 위시한 다른 일본인 대농장에게 확산되었다.

회사는 이러한 일사분란한 소작인 지배기구를 가지고 엄격한 농사개량은 물론이고 전체 영농과정에서 최대한 수익을 확보해갔다. 일본 시장으로 수출하기 위해서는 일본인의 구미에 맞는 일본품종으로 개량이 반드시 요구되었다. 농장 자체로 원종답·채종답을 설치하여 품종 비료 경종에 걸쳐 시험을 행하고 일본시장에서 수급을 고려하여 재배품종을 선정했다. 회사 자체적으로 채종답을 경영하고 생산된 종자를 소작인에게 배부하였다. 종자대는 소작인이 부담하였다. 이자를 더해 수확기에 벼로 갚아야 했다. 1934년 채종전 면적은 104.9정보였다. 종자갱신 면적은 7,170정보에 달하여 1934년 조선흥업 전 경지면적 17,390정보의 41%에 달하였다.

아울러 다로다비적(多勞多肥的)인 일본 개량벼 재배에서 필수적인 화학비료를 위시하여 개량농기구·종자대금·농자금 등을 소작인에게 대여하고 가을에 이자를 붙여 회수하였다. 불납 체납 시 연대 보증인이 대납해야 했다. 소작인들의 생산의욕을 고무시키기 위한 선전효과를 극대화시키기 위하여 일본 관광 및 농사시찰단 행사를 몇 차례 개최하기도 하였다. 설립 초기 농장경영의 조속한 안정을 위해 조선인 소작인을 대상으로 5번 정도 이루어졌고, 그들의 시찰담을 선전 책자로 발간해 내기도 하였다. 소작료 징수방법은 밭농사에서는 정조법을, 논농사에서는 정조법과 집조법을 5 : 5의 동 비율로 택했다. 소작료는 기본 지대율 50%와 토지개량비

〈1936년도 현재 각 지점별 토지소유 현황(단위: 정보)〉

지점별	밭	논	기타	합계
황주	7,375	670	322	8,367
목포	2,149	1,268	63	3,480
삼랑진	534	755	374	1,663
대전	276	922	83	1,281
경산	564	902	30	1,496
해주	448	466	90	1,004
합계	11,346	4,983	962	17,291

출처 : 朝鮮興業株式會社編, 1936, 『三十周年記念誌』, 62쪽

농업자재의 선대이자 그리고 조세공과가 모두 합쳐서 산정되었기에, 실제 소작료는 생산량의 최소 60~80%까지 달했다. 지정한 납입기일을 지키지 못할 때 연체료(미납액의 1/100)를 부과하였다. 소작료는 회사가 정한 규격에 따라 품질·중량·포장 등 전반에 걸쳐 엄격한 검사를 거쳐 징수되었다. 소작인 1인당 경작면적은 평균 1정보내외로, 영세한 규모였다. 소작규모의 영세성으로 농장 측의 소작인에 대한 지배력을 쉽게 강화시킬 수 있었다.

이처럼 조선흥업주식회사의 소작농민의 지배는 생산기술과 자본, 소작료의 분배 과정에서 빈틈없는 통제와 수탈로 전개되었다. 그러한 과도한 수탈은 일제시기 내내 빈번하게 소작쟁의를 야기했다. 1945년 8월 일제 패망과 미군정의 실시 속에서 적산으로 분류된 조선흥업주식회사의 관할경작지는 남한의 경우 신한공사에 귀속되었다.

[참고어] 후지흥업주식회사, 동양척식주식회사, 소작인조합

[참고문헌] 朝鮮興業株式會社 編, 1936, 『朝鮮興業株式會社三十周年紀念誌』; 윤수종, 1988, 「일제하 일본인 지주 회사의 농장 경영 분석-조선흥업주식회사의 사례」『한국사회사연구회논문집』 12 ; 하지연, 2006, 『韓末 日帝强占期 日本人 會社地主의 農業經營研究-澁澤榮一 資本의 朝鮮興業株式會社를 중심으로』, 이화여대 박사학위논문

〈남기현〉

조세제도(租稅制度) 국가 운영에 필요한 현물과 노동력을 거두기 위해 실시한 제도.

[고려] 국가 운영에 필요한 것을 민으로부터 거두는 제도이다. 고려시기에서는 일반 민호가 부담하였던 기본세인 조(租)·포(布)·역(役) 삼세(三稅)를 군현을 단위로 하여 전세(田稅)·공물(貢物)·요역(徭役)의 형태로 수취하였다. 중앙 정치 및 지방제도의 정비 시기와 거의 같은 무렵에 그 토대가 마련되었다. 즉 조세를 땅(토지)과 사람(호구)을 토대로 거두기 때문에 그 운영체제의 확립은 토지를 조사하여 토지대장(양안)을 만들고, 호

구를 조사하여 호적을 작성하는 것과 밀접하게 연관될 수밖에 없었다.

건국 당시 계속되는 전란 속에서 중앙정부와 지방세력의 과중한 징수 때문에 일반 민의 사회경제적 처지는 매우 나쁜 상태였다. 따라서 초창기의 당면 과제는 백성들을 경제적으로 안정시키는 한편 지방세력들의 경제기반을 축소하거나 약화시켜서 중앙정부의 조세 수취를 전국적으로 실현하는 것이었다. 이것이 곧 조세제도의 수립 과정이었으며, 동시에 지방세력의 통제를 전제로 한 지방제도의 확립 과정이기도 하였다. 건국초 국가의 경제 시책은 조세를 감면하여 백성들의 부담을 줄이고 농사를 권장하는 동시에 '취민유도(取民有度)'를 표방하면서 전조(田租)의 징수 비율을 낮추는 것이었다. 그렇지만 재정수요 때문에 계속해서 조세를 감면해 주기도 어려웠으며 조세 징수의 실무를 담당했던 지방세력들을 효과적으로 통제하지 못하는 상황이었기 때문에 건국 초기에 내세웠던 낮은 전조율을 지키기 어려웠다.

조세제도의 정비가 본격화되었던 것은 후삼국 통일 이후였다. 940년(태조 23) 단위 군현을 확정하고 군현의 명칭을 고치는 등 지방제도가 개편되었는데 이때 각 군현의 조세 액수가 정해졌다. 그렇지만 아직 전국적으로 토지와 호구의 조사가 실시되지 않아서 전국의 세원을 체계적으로 파악하지 못하였다. 그리고 조세 수취와 관련된 제도적인 장치도 정비되지 않았으며 이에 따라 지방세력의 경제 기반을 효과적으로 통제하지 못했기 때문에 이때 정해진 군현의 조세 액수는 불완전한 과도기적인 것이었다. 940년 정해진 각 군현의 조세 액수는 양전과 호구 조사의 진전에 따라, 또 중앙 및 지방의 제도 정비에 따라서 보완되고 개편되었다.

그런데 940년 이후에는 빠른 속도로 정비되기 시작했다. 즉 이후 양전과 호구 조사를 통해서 세원을 확보하고 그를 토대로 군현 단위로 조세 액수를 정하는 한편, 금유(今有)·조장(租藏)·전운사(轉運使) 등을 파견하여 지방에서의 수취를 강화하였다. 특히 976년(경종 1) 전시과의 시행, 983년(성종 2) 공해전의 지급 등 토지제도가 정비되면서 군현 단위의 조세 액수도 조정되었다. 또한 983년에는 외관을 파견하고 향리제를 시행하는 등 지방제도의 개혁이 이루어졌는데 이 개혁은 군현을 수취 단위로 운영하는 고려시기 조세제도 확립 과정에서 매우 중요한 의미를 가졌다.

특히 주목되는 점은 988년(성종 7) 12월에 조·포[調·역 삼세의 감면 규정이 정해진 것이다. 조·포·역 삼세는 민호가 부담하였던 기본세인데, 988년 12월의 조세 감면 규정에 의하면 그 해의 토지 손실[田損]에 따라 조·포·역이 차례로 감면되도록 했다. 즉 "그 해 토지 손실이 40%에 이르면, 조를 면제해주고, 60%면 조와 포를 면제해 주었고, 토지 손실이 70%가 넘으면 조·포·역 삼세를 모두 면제해 주도록 하였다.(文宗 4年 11月 判 田一結 率十分爲定 損至四分除租 六分除租布 七分租布役具免.[『고려사』 권78, 「식화지」1 전제, 답험손실])" 이것은 토지 손실의 비율에 따라 전조만 감면되는 고려 말 과전법의 답험손실 규정과는 매우 다르다. 이것은 고려 전기에는 민호의 토지경작을 전제로 조·포·역 삼세를 부과하였고, 이들 삼세가 서로 보완적으로 운영되었기 때문이다. 이러한 점이 삼세 운영의 중요한 특징인데, 이는 위의 감면 규정이 나타나는 988년까지는 형성되었다. 이는 고려시기 조세제도의 핵심인 삼세의 운영 규정이 이때 정해졌다는 것을 의미한다.

삼세가 하나의 제도로 완성되고 군현 단위의 조세 액수가 정해진 것은 광종·성종 때였다. 특히 성종 때에는 조세제도 운영과 밀접하게 관련된 중앙 및 지방의 정치제도가 확립되었고, 재정관서가 정비되면서 재정 운영체계가 수립되었으며, 외관이 파견되고 향리직이 개편되는 등 지방제도가 개편되었다. 또한 성종 때에는 공해전이 지급되었고(983년), 호구조사가 실시되었으며(986년), 조·포·역 3세의 감면규정이 정해지고(988년), 공전조가 정해지는(992년) 등의 경제 조치가 취해졌다.

고려시기의 단위 군현은 조세의 수취 단위로 운영되었다. 따라서 조세의 수취 장부인 세적(稅籍)과 공적(貢籍 : 貢案)도 군현을 단위로 작성되었다. 또한 조세의 감면, 조세 수취를 위한 기초 작업인 양전과 양안(量案) 작성, 호구 조사와 호적 작성, 더 나아가서 권농과 구휼도 군현을 단위로 이루어 졌다. 이때 중앙에서 지방관이 파견된 주군현(主郡縣)뿐 아니라 지방관이 파견되지 않았던 속군현(屬郡縣)도 똑같이 하나의 수취 단위가 되었다.

고려시기 조세제도의 핵심은 일반 민호가 토지 경작을 전제로 부담하였던 기본세인 조·포·역 삼세를 군현을 단위로 하여 전세·공물·요역의 형태로 수취하는 것이었다. 즉 군현단위 전세는 그 군현에 있는 민전의 조로 형성되었으며, 공물은 평포(平布)를 비롯한 직물류, 소(所)의 생산물, 민호의 공역(貢役)을 동원하여 조달한 물품으로 구성되었다. 이 중 직물류의 대부분은 민호가 포(布)로 납부한 것이었다. 따라서 공물은 포와 역을 포괄하는 복합적인 세목이었다. 요역은 그 주체나 징발 범위에 따라서 군현 차원의 요역과 국가 차원의 요역으로 나눌 수 있으며, 국가 차원의 요역은 대부분 역사(役事)가 있는 부근의 군현에서 징발되었다. 이때 군현에서 내는 조세는 국가의 주요 재정 항목을 담당한 재정 관서들이 직접 징수하였다. 따라서 고려시기 조세 수취는 군현과 재정 관서를 축으로 이루어졌다.

성종 때를 중심으로 형성된 고려시기 조세제도는 한편으로 중기 이후 토지제도를 비롯한 사회·경제 구조의 변화에 따라, 다른 한편으로는 그 속에서 추진된 국가의 재정 운영과 관련하여 점차 변하였다.

후기의 조세제도는 1269년(원종 10)과 1314년(충숙왕 1) 두 차례에 걸쳐서 개편되었다. 1269년의 조세제 개편은 몽골과 전쟁 후 당면한 국가재정 수입을 위해서 호구만을 기준으로 공물의 액수를 조정한 것이었다. 이때의 부분적이고 불완전한 조세제도가 전면적으로 개편된 것은 1314년이었다. 즉 1314년에는 전국적인 양전과 호구 조사를 바탕으로 전세·공물·잡공(雜貢) 등 현물세 전반을 개편하였다. 양전과 그를 바탕으로 한 조세제 개편은 1269년에 정해진 세액의 불균등 문제를 해소하는 동시에 몽골과 강화 이후 진행된 토지 개간과 생산력 발전을 반영하여 조세 액수를 늘리고자 한 것이었다. 이러한 측면에서 당시의 전국적인 양전에는 양전제의 변동이 수반되었을 것으로 추정된다. 또한 이때 잡공이 상정(詳定)되었는데, 이것은 결과적으로 민의 부담을 부분적으로 줄이는 효과를 가져왔다. 이때 전국적인 양전을 토대로 만들어진 갑인주안(甲寅柱案)은 고려 말 기사양전(己巳量田) 때까지 토지대장의 기본이었으며, 이때 개편된 조세제도 역시 고려 말 조선 초까지 조세제도의 기본이 되었다.

고려 후기에는 전기의 기본 세목 외에 상요(常徭)·잡공을 비롯하여 시탄공(柴炭貢)·염세포(鹽稅布)·직세(職稅)·선세(船稅)·어량세(魚梁稅) 등의 잡세가 나타났다. 그 중 잡공은 조(調)의 명목으로, 상요는 역(役 : 庸)의 명목으로 부가된 현물세였다. 이들 후기에 새로 등장한 세목들은 고려 후기의 사회변동으로 기존의 조세 체계가 제 구실을 못하게 되자 주로 국가재정 문제를 해결하기 위해서 새로 부가된 것으로 조선 초기 조세제가 개편될 때 공물에 포함되었다.

공물을 비롯한 현물세의 대납(代納)이 일반화된 것 역시 고려 후기 조세제도의 변화에서 주목되는 현상이다. 조세의 대납은 중기부터 나타나며, 원간섭기에 접어들면서 일반화되었다. 그리하여 각 관청에 납부하는 공물뿐 아니라 중앙의 창고[兩倉]에 납부하는 녹전(祿轉)까지도 대납의 대상이 되었으며, 더 나아가서 방납(防納)의 형태로까지 발전하였다. 공물 대납의 문제는 공물 수납 과정의 문제점에서 야기된 것으로, 그것은 당시의 국가 및 지방의 재정 상황, 상업·수공업의 발달, 상인층의 성장을 배경으로 하였다. 고려 말에는 공물의 대납이 더욱 성행하고 이의 폐단도 커졌는데, 국가에서는 일반화되어 있는 공물 대납의 폐단을 줄이기 위해서 상평제용고(常平濟用庫)의 설치를 추진하기도 하였다. 요역 징발과 관련해서 노동력 대신 현물로 내는 역의 물납(物納)과 고용 노동이 부분적으로 나타나기도 하였다. 후기의 조세제도의 변화는 체계의 기본 성격을 바꿀 정도는 아니었지만, 그 시절의 사회 경제적인 변화를 배경으로 하면서 조선적인 세제 개편의 방향을 제시하고 있다는 점에서 의미가 있다.

[조선] 조선의 건국 이후에도 국가재정은 토지를 대상으로 거두어들이는 전세(田稅), 인정(人丁)을 대상으로 동원하는 신역(身役)으로서의 요역과 군역, 그리고 호(戶)를 대상으로 하는 공물이 그 대종을 이루었다. 조선왕조의 이러한 조세제도는 다음 세종 대 대신들의 논의 과정에서 "국초에 먼저 전제를 바로잡아 결부수조법을 정하여 그 수량 외에는 더 거두지 못하게 하였으니, 이것은 당나라의 조법입니다.……용·조의 법에 이르러서는, 국가에서 이미 백성을 역사시키는 시기를 정하고, 역사하는 날짜의 수를 적당히 제한하며, 역군을 낼 때에는 경작하는 것의 많고 적은 것을 상고하여 그 액수를 정하고, 대호·중호·소호·잔호·잔잔호를 분변하여 공물의 수를 정하였으니, 그 사이의 설목은 비록 다 당나라 법처럼 자세하지는 않으나 그 대략은 이미 갖추었으니, 지금 다시 각호의 앞서 공물의 수를 마감하여 바꿀 수 없는 제도로 작정하고, 경작하는 것에 따라 역군을 내는 수를 고핵하여 밝게 일정한 법을 세우면, 용·조의 법이 거의 행할 수 있을 것입니다. (國初, 先正田制, 定其結負收租之法, 使之不得數外加斂, 此唐之租法也.……至於庸調之法, 則國家已定役民之時, 量限役日之數, 出軍之際, 考其所耕多少, 定其額數, 分辨大中小戶·殘戶·殘殘戶, 以定貢物之數, 其間節目, 雖不盡如唐法之詳, 然其大略則已具. 今更磨勘各戶在前貢物之數, 酌定不易之制, 考劾所耕出軍之數, 明立一定之法, 則庸調之法, 庶可得行矣.[『세종실

록』 권112, 28년 4월 30일 정묘])"라고 하였듯이 당나라의 조·용·조 세법을 모방하여 시행한 것이었다. 이 밖에 중기 이후 새로운 재정수입원으로 등장한 환곡(還穀)과 잡세(雜稅) 등이 있다.

조선 초기의 전세제도는 고려 말기 과전법의 조세 규정을 그대로 계승하였다. 즉, 전조(田租)는 매결 수확량의 10분의 1인 30두였고, 전세(田稅)는 유세지의 유전자로부터 결당 2두씩을 징수하였다. 조세율은 매년 풍·흉에 따라 정하는 답험손실법(踏驗損實法)을 적용하였다. 이러한 과전법의 조세 규정은 1444년(세종 26)에 공법(貢法)이라는 새로운 세제로 개혁되었다. 이 세제는 처음 일부 지역에서 실험적으로 실시된 후, 세종 말에 전라도, 세조 때에 경기도·충청도·경상도, 성종 때에 황해도·강원도·평안도·영안도에 각각 시행되었다. 이 공법에서 조세는 매 결에 수확량의 20분의 1인 20두 내지 4두였다.

조세량을 정하는 기준은 전분6등법(田分六等法)과 연분9등법(年分九等法)에 따랐다. 전자는 전국의 토지를 기름지고 메마름에 따라 6등급으로 구분한 것으로 이 때에 결부제가 전면적으로 개편되었다. 후자는 매년 풍·흉에 따라 9등급으로 구분하는 방법이다.

과전법 당시의 3등전과 공법의 6등전을 평수로 환산하면, 다음과 같다. 과전법의 상등전은 1,844평, 중등전은 2,897평, 하등전은 4,184평이고, 공법의 1등전은 2,753평, 2등전은 3,247평, 3등전은 3,932평, 4등전은 4,724평, 5등전은 6,897평, 6등전은 11,036평이었다.

그리고 연분9등법은 상상년(上上年)부터 하하년(下下年)까지 9등년으로 나누어 20두에서 4두까지로 정하였다. 연분구등의 실시 단위는 읍내와 동서남북 등 5가지 연분으로 조정되었다. 과전법의 답험손실법은 공법으로 바뀌면서 일정한 세율을 적용하는 정액수세법이 되었다. 그리고 조와 세가 통일되었으며, 10분의 1조가 20분의 1세로 반감되었다. 결부법(結負法)은 토지 면적과 그 토지에서의 수확량을 이중으로 표시하는 독특한 계량법이었다. 벼 한줌을 1파(把)라 하고, 10파를 1속(束), 10속을 1부(負), 100부를 1결이라 하였다. 따라서 1결의 면적은 토지의 기름지고 메마름에 따라 차이가 있었다.

공법으로의 전세 개혁은 경차관(敬差官)의 농간 등 답험손실법의 운영상의 결함을 시정하는 것만이 아니었다. 즉, 조선 초기의 휴한법(休閑法)이 극복되고 연작법이 보급되어 농업생산력이 증가, 이로써 정액수세법이 제정된 것이다. 공법에 따른 20분의 1세의 상상년급 20두는 1결당 생산량을 400두로 보고 산정한 것이다. 또, 1결의 면적도 종전의 3등전에 비해 축소되었으므로 실지로는 하중년급 6두나 하하년급 4두의 적용이 많았고, 임진왜란 이후에는 4두로 고정되고 말았다.

1653년(효종 4)에는 종래에 사용하던 수등이척제(隨等異尺制)를 폐하고 균일한 양전척(量田尺)을 사용해 환산하는 전제상정소준수조획(田制詳定所遵守條劃)이 발표되었다. 이때의 양전척은 세종 때의 일등전척(一等田尺)을 기준으로 실적(實積)을 역비례로 산출, 1등전은 100부, 2등전은 85부 1파, 3등전은 70부 1속 1파, 4등전은 57부 7파, 5등전은 40부, 6등전은 25부로 삼았다. 다시 말하면, 종래 먼저 토지의 등급을 정한 뒤에 해당한 양전척으로 측량하던 것을, 이제는 모두 1등 양전척만으로 측량해 전제상정소 준수조획 준정결부(准定結負)라는 환산표에 따라 각 등전의 결수를 산출해내는 방법으로 고친 것이다.

그러나 후기에 1결당 전세 4두라는 것은 명색일 뿐, 실제로는 갖가지 명목으로 훨씬 많은 양을 징수 당하였다. 훈련도감이 신설된 이후, 삼수병(三手兵)을 양성하는 비용이라는 명목의 삼수미로 2두 2승(升), 공물의 전세화에 따른 대동미로 12두, 균역법의 결작(結作)으로 2두, 이 밖에 전세의 부가세로 가승(加升)·곡상(斛上)·창역가(倉役價)·이가(二價)·작지(作紙)·공인역가미(貢人役價米) 등이 그것이었다. 그리하여 『속대전』에 궁방전·아문둔전 등의 면세전에 1결당 수세액을 23두로 규정하고 있는 것으로 보아, 당시 1결당 수세액은 23두가량인 것으로 짐작된다. 정약용(丁若鏞)이 제시한 강진군의 사례를 보면, 세의 종목이 44개에 달하며, 국가에서 거두는 종목이 12개로 23두 내지 24두, 선급(船給)이 3개 종목으로 2두 2승, 읍징(邑徵)이 28개 종목으로 30두 내지 37두로 되어 있어, 1결당의 실제 부담은 55두 내지 63두나 되었다.

국가가 백성에게 부과하는 역은 일시적인 요역과 항구적인 국역(國役)으로 구분된다. 요역은 지방 관아에서 동원하는 경우와 중앙의 명령으로 동원하는 경우가 있었다. 지방의 요역은 전결 8결에 1부(夫)씩 1년에 6일 이내를 원칙으로 했으나 실제로는 그대로 지켜지지 않았고, 복호(復戶)라 하여 요역의 면제를 큰 특전으로 농간을 부리기도 하였다. 때문에 과중한 요역에 시달리다 못해 유리하는 자도 많았다.

지방의 요역으로 성곽·공해(公廨)·도로·제방 등의

수축·영선(營繕), 공물(公物)의 운반, 그 밖의 잡역에 동원되었다. 중앙의 요역으로는 도성의 축조, 산릉(山陵)의 조영 등에 지방에서 온 민정(民丁)이 징발되었다. 이와 같은 요역에는 식량이나 기구 등을 자변하는 것이 원칙이었다.

항구적인 역이라 할 국역은 신역(身役) 혹은 직역(職役)이라 할 수 있는데, 그 신분에 따라 양역과 천역의 구별이 있고, 그 역종도 군정(軍丁)·이교(吏校)·노비 등 다양하였다. 그리고 공장(工匠)이나 간척(干尺) 등은 그들이 생산하는 물품을 공납하여 국역이 되기도 하였다.

이와 같이 역과 신분은 불가분의 관계가 있어, 역은 신분을 규정하고 신분은 곧 역을 규정하였다. 역은 정(丁)을 대상으로 하는 것이 원칙이었으나, 초기에는 호(戶)를 매개로 한 정이라는 관념이 짙었다.

조선 초기의 편호법(編戶法)은 1392년(태조 1)에 재정한 계정법(計丁法)에 따라 3등호제를 시행하다가, 1398년(정종 즉위년)에 인정(人丁)과 토지를 함께 산정하는 계정계전절충법(計丁計田折衷法)으로 바뀌고, 다시 1435년(세종 17)에는 계전법에 따른 5등호제로 바뀌었다.

『경국대전』에 전8결 출1부(田八結出一夫)라는 규정은 첫째 전결만을 대상으로 했고, 둘째 1호의 토지가 8결에 미달일 때는 여러 호가 합해서 1부를 내도록 되어 있었다. 따라서 이는 호를 매개로 한 정이라 할 수 있다.

국역의 경우에도 건국 초부터 군역(軍役) 등의 역이 있는 자에게 호 단위로 의무를 지웠고, 군역을 비롯해 천역에 이르기까지 조호(助戶 : 봉족)를 공정(公定)하였다. 이러한 법제적인 호는 대개 3정을 1호로 삼았다. 국역에 당번 의무를 지는 자를 호수(戶首) 또는 정군(正軍)이라 하였다. 호수가 당번의 의무를 수행하는 데 필요한 경비를 뒷바라지하는 자를 봉족 혹은 보인이라 하는데, 호수와 봉족의 관계는 원래 아들·사위·아우·조카·족친(族親)이나 겨린[切隣]으로 충당, 공동책임을 지게 하였다. 그러나 실제로는 아무 관계도 없는 타인에게 책임을 지우기도 했고, 쇠잔한 가호는 3개의 자연호를 1개의 법제적인 호로 간주하기도 하였다.

봉족제는 1464년(세조 10) 보법(保法)으로 개편되었다. 즉, 2정을 1보로 삼고, 봉족 대신 보라는 이름을 쓰고, 호 대신에 정을 기준으로 삼았다. 보법에서는 노복도 조정(助丁)의 반으로 환산했고, 보인의 재정적 부담을 매월 포 1필 이하로 규제하였다. 때문에 양역이나 천역을 막론하고 그 입역(立役) 대신 포로 대납하는 일이 많아졌다.

양역인 군역에 있어서는 입역자의 비용을 봉족 또는 보인이 부담해 보포(保布)를 냈고, 차츰 입역 의무자조차 군포로 입역을 대신하였다. 그리고 명종 때부터는 군포를 국가 세입으로 수납하였다. 천역에 있어서도 입역 노비에게 봉족을 정해주고, 외거노비(外居奴婢)는 신공(身貢)을 상전에게 바쳐 독립호를 영위할 수 있었다. 사노비(私奴婢)도 상전에게 역 내지 신공을 바쳤다. 그러나 양반은 원칙적으로 역의 의무가 지워지지 않았다.

조선 전기에는 양반으로 구성된 군대와 양인으로 구성된 군대가 구분되었다. 그러나 후기에 양반으로 구성된 군대는 거의 없어지고, 양인만이 군포를 바쳤으므로 이를 양역(良役)이라 하였다. 그러나 1년에 군포 2필을 내는 것은 농민에게 무거운 부담이었다. 당시 포 2필은 쌀 12두에 해당했고, 풍년에는 20두 값이었다. 군포의 징수 과정에서 어린이에게 부과하는 황구첨정(黃口簽丁)이나 죽은 자에게 부과하는 백골징포(白骨徵布) 등 많은 폐단이 있었다. 그리하여 양인 중 부강한 자는 면역의 길을 찾게 되었고, 빈한한 자는 토호의 양호(養戶)로 투탁하거나 도망하였다.

숙종 때 이르러 양역의 폐단이 논의되어 양역이정청(良役釐整廳)이 설치되고, 양역사정절목(良役査正節目)이 제정되기도 했으나 확고한 대책은 없었다. 그 후 1750년(영조 26)에 균역법(均役法)이 실시되어 종래 2필의 군포를 1필로 줄여 받도록 결정하였다. 이에 따른 국가재정의 부족액은 여러 방안으로 보충하였다. 즉, 종래 궁방이 점유하던 어장세·염세·선박세 등을 정부에 귀속시키고, 새로이 전 1결당 결작(結作)이라는 이름으로 2두씩 징수하게 하였다. 또, 선무군관(選武軍官) 시험의 불합격자에게 군관포를 징수하는 한편, 은결을 적발해 조세를 징수, 균역청 경비로 충당하였다. 그런데 균역법을 시행하는 과정에서 왕실과 양반관료층과의 대립이 있었다. 그리하여 왕실은 궁방이 독점하던 어장세·염세·선박세 등의 이권을 양보하고, 양반관료층은 결작과 군관포의 신설 등을 양보함으로써 균역법이 성립되었다.

그렇다고 균역법으로 역이 균등해진 것은 아니었다. 양반은 여전히 군포 징수의 대상에서 제외되었기 때문이다. 다만 농민들의 부담이 다소 가벼워진 효과는 거둔 셈이었다.

공물은 호를 대상으로 부과하였다. 즉, 각 주·현을

단위로 백성이 공납할 토산의 현물을 배정하고, 주·현에서는 배정된 공물을 다시 각 민호에 배정하였다. 공물은 중앙 각 사(司)에서만이 아니라 감영·병영·수영 및 각 주·현에서도 현물을 징수하였다. 공물의 분정은 대개 지방관에게 맡겨지고, 향리가 그 실무를 맡아보았다. 하지만 종류가 잡다해 분정에 공정을 기하기가 어려웠다. 공물은 현물을 민호에게 부과하는 것이 원칙이었으나, 민정(民丁)을 동원해 요역으로 조달하는 경우도 있고, 현물의 대가로 미(米)·포(布) 등을 부과하는 경우도 많았다. 또한 관아에서 직접 공물을 마련하는 관비(官備) 공물도 있었다.

공물의 부담은 전세나 역보다도 무거웠고, 또 부과나 징수 과정에서 불합리한 점이 많았다. 그것은 일단 배정되면 감면이 어려웠고, 당초에 배정된 토산물이 뒷날에는 생산되지 않은 것도 있었으며, 애초부터 실지로는 생산되지 않는 물건이 배정되는 경우조차 있었다.

공물의 종류에는 천연 산물이 있는가 하면 가공품도 있어 그 수는 헤아릴 수 없을 정도였다. 해마다 내는 상공(常貢) 외에 필요에 따라 수시로 징수하는 별공(別貢)도 허다했고, 공물 외에 토산의 현물을 바치는 진상(進上)이라는 것도 있었다.

공물은 납세의 일종으로서 주·현 단위로 1년에 한번 내지만, 진상은 납세라기보다 외신(外臣)이 국왕에게 바치는 예물이었다. 즉, 궁중에서 쓰일 물품을 각 도 단위로 감사와 병사·수사가 매달 한번씩 상납하는 것이었다. 그러나 실제로는 공물과 마찬가지의 의무적 부담이었고, 각 주·현에 분정되었으므로 민호의 부담이라는 점에서는 공물과 다름이 없었다. 때문에 조선 후기 대동법의 실시는 공물의 전세화(田稅化)로서 재정제도의 일대 개혁이었다.

공물의 수납 과정에서 청납업자들이 모리를 일삼던 방납(防納)과 이서(吏胥)들이 농간을 부리던 점퇴(點退)의 폐단은 일찍이 조광조(趙光祖)와 이이(李珥) 등에 의해서 지적되었다. 특히 이이는 그 대안으로 대공수미법(代貢收米法)을 제안하기도 하였다. 대동법은 1608년(광해군 즉위년)에 이원익(李元翼)의 주장에 따라 경기도에 실시하기 시작한 뒤 17세기 중에 강원도·충청도·전라도·경상도에 확대되었고, 1708년(숙종 34)에는 황해도에까지 실시되었다. 이로써 평안도와 함경도를 제외한 전국에 실시되기까지 무려 100년이나 걸렸는데, 이는 이 법의 실시를 극력 반대한 세력 때문이었다.

한편, 대동법을 관장하는 기관으로 선혜청(宣惠廳)이 신설되었으며, 대동미라 하여 전 1결당 쌀 12두씩, 혹은 그에 상당하는 포(布)·전(錢)을 바치게 하였다. 대동미는 상납미와 유치미(留置米)로 나누어, 봄에 내는 상납미는 중앙의 재정에, 가을에 내는 유치미는 지방 재정에 충당되었다. 대동법은 전결을 기준으로 공납을 징수했으므로 농민들의 부담이 그 이전보다 가벼워졌다. 실제로 선혜청이라는 명칭은 농민에게 은혜를 베푸는 관청이라는 뜻이 담겨 있었다. 대동법의 실시는 공인에게 상업자본을 형성하게 하여 상업의 발달을 촉진시켰다. 그리고 한편으로는 공인의 주문을 받아 상품을 생산하는 수공업을 발달시키는 사회적 변화를 가져왔다.

환곡도 중기 이후에는 국가의 세입원이 되었다. 환곡 또는 환자(還上)라는 제도는 본디 춘궁기에 국가가 관곡인 의창곡(義倉穀)을 농민에게 대여했다가 추수 뒤에 회수하는 제도였다. 즉, 진휼(賑恤)과 동시에 관곡을 신곡으로 교체하는 수단이었다. 그러나 이것이 1423년(세종 5) 1석(石)에 3승의 모곡(耗穀)을 받는 고리대로 탈바꿈하게 되었다.

명종 때에는 모곡이 1할에까지 이르고, 회록법(會錄法)이 시행되었다. 회록법이란 모곡 1두 5홉 중 10분의 9는 지방 관아의 수입이 되고, 나머지 10분의 1인 1승 5홉은 호조의 장부에 올려 국가의 회계에 넣는 제도인데, 뒤에는 3분모(分耗)회록에까지 이르렀다.

이와 같이 환곡은 지방 관아와 중앙정부의 재원이 되면서부터 굶주린 백성의 구휼이라는 본래 목적에서 벗어나 농민을 수탈하는 수단이 되어버렸다. 조선 후기에 크게 문제가 된 '삼정(三政) 문란'이란 곧 전정(田政)·군정(軍政)·환곡(還穀) 등 국가 재정의 3대시정의 문란을 뜻하는 것이었다.

[참고어] 전세, 역-조선, 공납

[참고문헌] 姜晋哲, 1980, 「農民의 負擔」『高麗土地制度史硏究』, 高麗大學校出版部 ; 李惠玉, 1985, 『高麗時代 稅制硏究』, 梨花女子大學校博士學位論文 ; 박종진, 2000, 『고려시기 조세제도와 재정운영』, 서울대학교출판부 ; 이정희, 2000, 『고려시대 세제의 연구』, 國學資料院 ; 백남운, 1933, 『조선사회경제사』, 개조사 ; 백남운, 1937, 『조선봉건사회경제사』, 개조사, 1937 ; 재무부, 1979, 『한국세제사』 ; 최호진, 1981, 『한국경제사』, 박영사 ; 조기준, 1982, 『한국경제사』, 일신사 ; 김용섭, 1995, 『(증보판)조선후기농업사연구』 1, 지식산업사 ; 김용섭, 2000, 『한국중세농업사연구』, 지식산업사 ; 김용섭, 2007, 『(신정증보판)조선후기농업사연구』 2, 지식산업사

〈박종진·백승철〉

조엄(趙曮) 조선 후기의 문신으로, 대마도에서 고구마 종자를 가져와 보급한 사람.

조엄(1719~1777)의 본관은 풍양(豊壤)이고, 자는 명서(明瑞), 호는 영호(永湖)이다. 할아버지는 조도보(趙道輔)이고, 아버지는 조상경(趙商絅)이며, 어머니는 이정태(李廷泰)의 딸이다. 1738년(영조 14) 생원시에 합격한 후 음보로 내시교관(內侍敎官), 세자익위사시직(世子翊衛司侍直)을 지내다, 1752년 정시문과에 급제한 후, 동래부사, 충청도암행어사, 경상도관찰사, 대사헌, 부제학, 예조참판, 공조참판, 공조판서, 이조판서, 평안도관찰사 등을 거쳤다. 1776년 홍인한(洪麟漢)·정후겸(鄭厚謙) 등과 결탁했다는 무고를 받아 유배되었다가 병사하였다. 1794년(정조 18)에 신원되었고, 1814년(순조 14) 좌찬성에 추증되었다.

조엄은 1758년 경상도관찰사로 임명된 후 시노비(寺奴婢)의 폐단, 전세(田稅)의 작전(作錢)과 작목(作木), 조창(漕倉)의 설치, 잠상(潛商)의 금지 등의 문제를 해결하고자 하였다. 특히 조엄은 논은 경작하지 않으면 급재(給災)하는데 반해 밭에서는 수확이 없는데도 급재를 하지 않는 것에 대해 문제를 제기하였다. 1759년 경상도관찰사로서 한전(旱田)에 대한 과세를 답세(畓稅)와 똑같이 할 것을 건의하여 윤허를 얻었으나, 이후 제대로 시행되지 않자 1768년에 다시 같은 문제에 대해 이야기 하였다.[『비변사등록』 152책, 영조 44년 8월 30일] 이때에는 특히 면전(綿廛) 즉 목화밭에 대해서도 급재가 이루어지지 않는 문제를 지적하였다.

1763년(영조 39)에는 통신정사(通信正使)로서 일본에 다녀왔는데, 그 때 견문한 바를 적어 『해사일기(海槎日記)』로 남겼다. 이때 조엄은 대마도에서 고구마[甘藷] 종자를 가져와 부산진(釜山鎭)으로 보내 심게 하고, 그 형상, 식미(食味), 식법(食法), 재배법, 저장법을 기록하여 보급하였다. 고구마라는 이름도 조엄이 "섬에 먹을 수 있는 풀뿌리[草根]가 있는데, 부르기를 감저(甘藷)라고 한다. 혹은 효자마(孝子麻)라고 부르는데, 왜인의 발음은 고귀위마(古貴爲麻)라고 한다.(島中有草根可食者, 名曰甘藷. 或謂孝子麻, 倭音古貴爲麻.[『해사일기』 권5, 갑신년 6월 18일])"라고 한 것에서 비롯되었다. 조엄이 가지고 온 고구마 종자는 우리나라에 고구마가 보급되게 된 시발점이 되었으며, 이곽지(李匡只), 강계현(姜啓賢), 강필리(姜必履), 김장순(金長淳), 서유구(徐有榘)의 고구마 관련 연구와 저술의 토대가 되었다.

[참고어] 감저

[참고문헌] 이춘녕, 1989, 『한국농학사』, 민음사 ; 염정섭, 2006, 「조선 후기 고구마의 도입과 재배법의 정리 과정」『한국사연구』 134

〈김미성〉

조업전(祖業田) 조상대대로 전래하여 경작하는 사유지.

조업전이라는 말이 사료상 처음 나타나는 것은 고려시기이고, 조선시기에도 사용되었다. 통일신라시기 촌락문서에 나오는 연수유답전(烟受有畓田)도 조업전과 같은 성격의 토지로 추정되지만, 조업전 즉 민전이라는 기록 자체는 고려시기 이후에 등장하고 있다.

고려·조선시기의 농민들은 자기들의 소유지인 조업전을 경작하여 국가에 일정한 양의 조세를 부담하면서 자신의 생계를 유지시켜 나갔다. 넓게는 일반 백성뿐만 아니라 양반·서리·향리·군인·노비 등 모든 계층의 소유지를 포함하기도 하는데, 국가의 입장에서는 이들도 모두 민으로 인식되었기 때문이었다. 하지만 조업전은 관직이나 직역과 관련이 없는 민의 토지로서 일반 농민층의 민전(民田)이 중심이 되었다. 이러한 의미에서 볼 때, 조업전은 국·공유지로서의 공전(公田)이나 관전(官田)에 대칭되는 개념이라 할 수 있다. 이에 따라 조업전은 민전·민소경전(民所耕田)·누대소경전(累代所耕田)·세업전(世業田)·부조전(父祖田)·가전(家田) 등으로 불리기도 하였다.

조업전의 가장 기본적인 성격은 그것이 사적 소유지라는 것이다. 조업전이 사유지이기 때문에 그 소유주에게는 소유권이 내포하는 사용권·수익권·처분권이 부여되어 원칙적으로는 매매·증여·상속이 가능하였다. 또한 조업전은 전체의 토지 중에서 가장 많은 면적을 차지하였고, 왕토사상의 관념에 의거, 생산물의 1/10을 전조(田租)로서 국가에 납부하였다. 또한 조선시기는 공물이나 군역·요역도 점차 조업전의 소유규모에 따라 부과되었다.

국가의 입장에서는 농민생활의 안정 없이는 각종 수취와 노동력의 동원이 불가능했다. 조업전의 세수가 국용과 녹봉의 주된 재원이었으므로, 국가는 그 소유권을 확인, 보호하는 데 힘을 기울였다. 국가는 양전을 통해 조업전의 소유주·위치·전품 등을 파악하여 이를 토지대장인 양안에 명시하였고, 조업전을 탈점하는 행위를 법으로 엄격히 금지하는 가운데 농민의 유망, 사민화(私民化)를 경계하였다.

이렇듯 조업전의 소유권 강화가 시대적 흐름이었음

에도 불구하고, 봉건사회의 토지 소유권이 곧 근대적인 의미의 배타적 소유권과 같은 것은 아니었다. 조업전의 매매나 증여·상속 등의 관리 처분권은 원칙적으로 소유주의 자유의사에 맡겨져 있었으나, 각 단계의 생산력 수준이나 공동체적 규제, 국가적인 통제의 정도에 따라, 소유권의 질적 성격과 소유권으로서의 확립정도는 차이가 있었다. 사원에 토지를 기진할 때 사전허가를 받아야 했던 것은 소유권 제한의 일례이다.

특히 수조권 분급제가 실질적 기능을 발휘하였던 조선 초기까지 소유권은 수조권의 하위개념이었다. 수조권자인 전주(田主)에게는 소유권자인 전객(佃客)의 경작 부실이나 사망·이사 등으로 인한 경작 포기, 그리고 납조(納租) 태만이나 거부와 관련하여 전객의 소경전(所耕田)까지도 탈점할 수 있는 강제력이 인정되었다. 또한 세종 초까지 경기의 사전 전객들은 자기 소유의 소경전을 타인에게 마음대로 매매하거나 증여할 수 없었다.

그러나 소유권에 대한 이러한 강제행위는 어디까지나 전객의 소경전 소유가 사적 소유임을 긍정하는 바탕 위에서 취해지는 것이었다. 전객이 자기 소경전을 충실히 경작하는 한 이를 빼앗는 행위에 대한 금지 조처가 마련되고 있음은 이런 사정의 반영이라 하겠다.

민전의 사적 토지소유의 원리는 자연스럽게 소유 규모의 자유를 동반하였다. 소유 규모의 자유는 또한 재력과 물력, 그리고 세력 강도에 비례하는 경영조건, 즉 토질의 비척도와 이에 따른 수익의 다과, 인력, 농우의 사육과 이용의 여부, 제언(堤堰)·방천(防川) 등 수리의 이용 등에 따라 지주·대농·부농과 소농·전호무전농 등 사회계급의 분화로 이어지고 있었다.

대부분의 농민들이 가족 노동력에 의지하여 소규모 토지를 경작하였던 것을 감안하면 조업전의 경영은 대체적으로 영세농민에 의한 자가 경영의 형태가 다수였을 것으로 추정된다. 하지만 양반과 토호처럼 많은 조업전을 소유하고 있던 경우에는 노비 노동에 의한 경작이나, 용작(傭作) 및 소작을 주어 경작시키는 전호제(佃戶制) 경영 등 다양한 경영형태가 존재했음을 볼 수 있다.

조선 전기까지 조업전의 사적 토지소유 관계는 소유규모·경영규모가 신분계급과 비례하여 존재하였고, 아울러 병작제를 통해 소유주와 비소유자가 노주관계 혹은 반상관계 등 신분적 상하관계에서 지주와 전호로 얽혀 지대를 수취하는 경영관계가 주류를 이루었다는 점에서 봉건적 토지소유의 양상을 강하게 띠었다고 할 수 있다.

그러나 직전제(職田制)의 소멸로 현실의 토지소유주가 전객으로 파악되던 모순이 완전히 지양되어 감에 따라, 조업전은 수조권 분급제 아래 토지소유권의 불완전성과 짝하여 존재하였던 토지소유관계의 신분성을 지양해 나가게 되었다. 요컨대 조업전=민전의 소유권이 안정화되어간 시대적 흐름 속에는 신분적 예속성의 약화와 경제적 관계의 부각, 토지의 상품화, 화폐지대의 발생과 서민지주의 등장, 자본가적 차지농(借地農)을 지향하는 경영형 부농의 성장 등 조선 후기 지주제 내부의 변동 가능성이 이미 내재되고 있었던 것이다.

한편 조업전은 고려 후기에는 권세가들이 수조지를 가산화(家産化)하여 농장을 확대하는 방편으로 삼았을 때, 가산화한 수조지를 일컫는 말로 쓰이기도 하였다. 여말선초 사전의 점유자들은 자신들의 수조지를 사적 소유의 권리가 내재되어 있음을 표현하는 '조업전'이라고 칭하면서 사실상 수조지로서의 사전을 가산화하고 있었던 것이다. 이른바 '고려 후기 농장의 발달'은 수조지를 집적하여 가산화하는 가운데 이를 조업전이라 명명하는 것이 용인되었던 시대적 특수성을 배경으로 성행하였던 것이다.

[참고어] 민전, 사전, 공전, 가전

[참고문헌] 이성무, 1980, 「공전·사전·민전의 개념-고려·조선초기를 중심으로-」『한우근박사정년기념사학논총』; 김태영, 1983, 『朝鮮前期土地制度史研究』, 지식산업사 ; 박종진, 1984, 「고려초 공전·사전의 성격에 대한 재검토-현종대 '의창조수취규정(義倉租收取規定)'의 해석을 중심으로-」『한국학보(韓國學報)』 37 ; 이경식, 1986, 『朝鮮前期土地制度研究 -土地分給制와 農民支配-』, 일조각 ; 이재룡, 1993, 『朝鮮前期 經濟構造研究』, 숭실대학교 출판부 ; 이경식, 1998, 『朝鮮前期土地制度研究 2-農業經營과 地主制-』, 지식산업사 ; 김용섭, 2000, 『韓國中世農業史研究』, 지식산업사 ; 이경식, 2006, 『한국 중세 토지제도사 : 조선전기』, 서울대학교 출판부 ; 이경식, 2012, 『한국 중세 토지제도사 : 고려』, 서울대학교 출판부

〈김정신〉

조영국(趙英國) 1798년(정조 22) 권농정구농서윤음(勸農政求農書綸音)에 응하여 농서를 올린 사람.

구언 전지가 내려진 이듬해 『농서총론(農書總論)』을 써서 올렸는데, 이때 그는 남원(南原)의 유학(幼學)으로 기록되어 있다. 농서에서 농사의 근본 다섯 가지로 천시(天時), 지리(地利), 인사(人事), 수공(水功), 부종(付種)

을 들었다. 내용은 기(氣)의 운행과 오행(五行)에 따라 천시를 따를 것, 토질과 지형에 적합한 것을 심을 것, 빈부(貧富)·게으름·공상(工商) 실직의 문제를 해결하고 농기구를 잘 관리할 것, 수리(水利)를 흥하게 할 것, 시기를 맞춰 씨를 뿌릴 것 등이었다.

[참고어] 응지진농서

[참고문헌] 『정조실록』; 농촌진흥청 역, 2009, 『응지진농서I』, 진한M&B

조영토지주식회사(朝永土地株式會社) 1922년 일본 오카야마현(岡山縣) 오구군(邑久郡)의 대지주 니시핫토리가(西服部家)의 핫토리 헤이고로(服部平五郎)·핫토리 와이치로(服部和一郎)가 충청남북도 일대에 세운 농업회사.

니시핫토리가는 메이지유신 직전 양조업 상인·대금업자에서 지주로 전환하였다. 이를 주도한 핫토리 헤이고로는 가산의 유지증식을 위해 대본가제도(大本家制度)라는 경영조직을 만들어 식리활동을 펼쳐나갔다. 대본가제도가 출범한 1862년 3.4정보에 불과했던 토지소유는 1884년 43.9정보로 확대되었고, 1922년 약 190여 정보로 그 절정을 맞이했다. 그러나 1910년대 이후 지주경영과 대금업 수익이 정체하고 소작쟁의마저 전개되자, 니시핫토리 집안은 한국진출을 통해 경제적 어려움을 타개하고자 했다. 새로운 투자처로서 한국농업에 주목하고 일본 지주경영의 일부를 한국으로 이전하였다.

1913년부터 본격적으로 한국농업조사에 착수하였다. 1914~1915년 오랫동안 유지해온 대본가제도를 기본부·영업부·경영부로 개편하고, 영업부 안에 한국사업을 주관하는 조선부를 두었다. 1917년 말 충청북도 청주군 강외면 궁평리(충북농장=궁평농장, 178정보)에서, 다음해 1918년 충청남도 논산군과 공주군(충남농장, 53정보)에서 토지를 매입하여 일거에 231정보에 달하는 식민지 거대지주로 변모했다. 일본의 1/6에서 1/17에 해당하는 저렴한 가격으로 토지를 취득할 수 있었고, 조선부의 토지매수 자금(11만 엔)은 일본 내 소유토지의 매각으로 마련하였다. 조선부 안에 도시부와 농촌부를 두고, 도시부는 경성과 조치원의 택지·시가지를 관리하고, 농촌부는 충북농장과 충남농장을 맡아 관리하였다. 충북농장은 일본인 농장주임에게, 충남농장은 조선인 마름에게 농장관리를 맡겼다. 조선부는 매년 수확간평 때와 수확기에 직접 출장원을 파견하여 소작료 간평과 징수를 총괄하였다.

〈니시핫토리가의 토지소유 현황(단위: 정보)〉

연도	일본	조선	합계
1862	3.4	-	3.4
1884	43.9	-	43.9
1918	145.1	232	377.1
1922	191.5	286	477.5
1926	152.7	365	517.7
1930	147.9	634	781.9
1934	152.4	812	964.4
1937	139.3	740	879.3
1941	119.4	696	818.5

출처 : 大石嘉の一郎 編, 1985, 『近代日本における地主經營の展開-岡山縣牛窓町西服部家の硏究』, 御茶水書房, 216~218쪽.

1922년 6월 한국 사업의 조직화와 내실화를 위해 조선부를 대신하여 조영토지주식회사를 설립하였다. 자본금 30만 엔(円), 직원 8명으로 시작한 조영토지주식회사는 한국에서 농장경영과 대금업, 부동산임대를 주요사업으로 했다. 본점은 충청남도 연기군 조치원에 두었으며, 창립 당시 핫토리 와이치로 명의로 286.8정보(논 175정보 밭 94정보 대지 5.7정보 산림 11.9정보)를 관리하였다. 조영토지주식회사 설립 이후 지주경영의 중심을 일본에서 조선으로 이동시켰다. 조영토지주식회사는 기존의 충북농장·충남농장이외 아산농장(아산군 온양면 일대, 1924년 개설)을 개설하고 지주경영을 강화시켜 갔다. 토지소유 현황을 보면, 1918년 232정보(충남 53정보, 충북 178정보)를 시작으로 1930년 634정보, 1934년 812정보로 빠르게 확대해갔다. 1930년 전후 토지소유의 급속한 확대는 세계대공황과 그에 뒤이은 농업공황으로 인하여 대량으로 토지를 방매한 조선농민들로부터 구입한 것이었다.

니시핫토리가의 조선 진출은 일본 내 소작쟁의의 대응책이었기에, 농장경영의 전략은 조선인소작인과 마찰을 최소화하는 가운데 지주수익을 극대화하는 데 있었다. 각 농장은 상황에 따라 소작인장려제도를 시행하였다. 소작료 완납자에게 간단한 농기구를 제공하기도 하고 소작료운반비와 해충구제비 그리고 화학비료대금의 일부(30~50%)를 보조해주었다. 1929년에는 공영회(共榮會)라는 소작인조합을 조직하여 농사개량의 촉진과 소작인의 협력·순종을 이끌어내려고 했다.

이러한 소작인대책 위에서 회사는 농사개량을 통한 생산력 향상을 도모해갔다. 특히 회사가 직영한 충북농장은 1929년 궁평수리조합의 완공으로 안정적인 농업생산기반을 확보하여 농사개량에 박차를 가할 수 있었다. 소작료징수는 처음에는 집조법으로 하다가 점차

〈니시핫토리가 조선사업의 수입 현황(단위: 엔)〉

연도	농장수입	貸金수입	貸地家 수입	기타	계
1923	19,904.60	17,213.31	2,88.43	1,048.83	41,048.18
1926	36,876.49	27,245.59	2,731.52	3,643.58	70,497.18
1929	36,607.63	45,683.37	4,528.19	635.20	87,454.39
1932	57,394.49	38,031.95	7,015.29	2,668.94	105,110.67
1935	91,762.75	9,263.71	9,531.01	29,232.78	139,780.50
1938	105,028.50	13,259.67	11,052.01	12,894.16	142,234.34
1941	106,549.98	15,405.97	14,073.77	29,116.08	165,145.80

출처 : 소순열, 2005,「일제하 조선에서의 일본인 지주경영의 전개와 구조」『농업사연구』 4-1, 117쪽.

정조법으로 전환했으며, 소신리키(早神力)·다마니시키(多摩錦)같은 일본 벼 품종을 재배하였다. 화학비료·녹비의 장려, 단책묘대의 사용, 정조식의 장려를 통해 다로다비적(多勞多肥的) 일본농법을 이식시켰으며, 회전탈곡기를 위시한 각종 개량농구를 도입하고, 소작미 포장에도 세심한 신경을 썼다. 이러한 농사개량의 결과 농업생산은 일정하게 증가했지만, 소작료의 인상과 비료대·수리비 같은 각종 농업생산비의 증가로 소작농의 경제적 궁핍화는 피하기 어려웠다. 소작농의 빈궁과 달리 조영토지주식회사의 수익은 해마다 증가했으며, 특히 1920년대 말 이후 토지집적과 함께 농장수익이 급격하게 늘어났다.

니시핫토리가 전체의 수익 중에서 한국 사업은 중요한 비중을 차지하였다. 한국 사업수익은 조영토지주식회사의 농장경영수익, 경성핫토리합자회사(京城服部合資會社)의 대금업과 택지시가지 임대사업 그리고 조선부 자체의 대금업수익으로 구성되었다. 1935년 경성핫토리합자회사는 아산농장을 처분한 자본으로 설립되었으며, 조영토지회사의 대금업과 택지 시가지임대업을 인수받아 영업하였다. 한국사업의 이익은 니시핫토리가의 전체수익 중에서 1920년대에는 약 20~30%, 1930년대 40~44%를 차지했다. 1935년 이후 35% 전후로 떨어지며 1940년 이후가 되면 20%로 낮아졌다.

[참고어] 마름, 동태적 지주, 소작인조합

[참고문헌] 大石嘉の一郎 編, 1985,『近代日本における地主經營の展開-岡山縣牛窓町西服部家の硏究-』, 御茶水書房 ; 소순열, 2005,「일제하 조선에서의 일본인 지주경영의 전개와 구조」『농업사연구』 4-1

〈이수일〉

조운(漕運) 현물로 수취한 각 지방의 조세와 공물을 선박으로 도성까지 운반하는 제도.

조전(漕轉)·조만(漕輓)·해조(海漕)라고도 칭했다. 내륙의 수로를 이용하는 경우 수운(水運)·참운(站運)이라고 하여, 해로(海路)를 이용하는 해운(海運)과 구별하기도 한다.

[고려까지] 현존하는 기록에 의하면 조운이 제도적으로 완비된 것은 고려시대부터이지만, 그 이전부터 이미 운용하고 있었던 것으로 생각된다. 신라는 통일 후 9주 5소경제를 확립했으며, 678년(문무왕 18)에는 병부로부터 선부(船部)가 독립되기도 했다. 이를 통해 수도가 동남쪽에 치우쳐 있는 상황 하에서 해운의 구실이 커졌음을 추측할 수 있다.

조운을 담당한 기관이 조창(漕倉)인데, 고려에서는 모두 13개가 설치되어 있었다. 조운제도는 상당히 이른 시기부터 시행되었는데, 고려 초기에는 금유(今有), 조장(租藏) 등의 징수관을 미리 파견하여 조세를 수납하였고, 다시 전운사(轉運使)의 감독 하에 중앙으로 운송되었다. 이후 지방관제 개편과 더불어 조운 기구가 정비되었다. 992년(성종 11)에는 세곡 운송을 위하여 60여 곳에 포(浦)를 설치하였는데, 이 포들이 조운의 거점이 되었다. 각 군현에서 세곡을 부근의 포로 보내면 그곳에서 조운선을 이용하여 개경으로 운송하였다. 조운의 거점으로서 조창을 설치하면서부터 조운이 국가적인 제도로 자리 잡게 되었다.『고려사』「식화지」조운 서문에는 "국초에 남도의 수군에 12개의 창을 설치하였으며, ……서해도에 장연현에 안란창을 설치하였다.(國初, 南道水郡, 置十二倉,……又於西海道長淵縣, 置安瀾倉.[『고려사』 권80,「식화지」2 조운])"고 기록하였다. 국초가 어느 때를 말하는지에 대해서는 여러 가지 의견이 있으나, 태조가 후삼국을 통일한 직후로 이해하거나, 성종 말년 혹은 광종 대로 추정하기도 하며, 정종(靖宗)이나 현종(顯宗) 대로 추정하기도 한다. 안란창의 경우에는 1053년(문종 7)에서 1067년(문종 21) 사이에 설치된 것이 확실하므로 결국 남도에 12조창이 먼저 설치되었고, 문종 때에 서해도에 안란창을 설치하여 조창제의 골격이 완비된 것으로 여겨진다.

각 조창에 수납 보관되었던 세곡은 일정한 시기에 경창(京倉)으로 운반되어야 했다. 세곡의 운송을 위해 각 조창에는 소정의 조운선이 비치되어 있었다. 그 수는 각 조창에서 수납하는 세곡의 양과 수송 거리에 따라 차이가 있었고 선박의 규모도 달랐다.

조운선에 대한 구체적 위치와 숫자는 "정종(靖宗) 때 12창의 조운선의 숫자를 결정하였다.(靖宗朝 定十二倉, 漕船之數. [『고려사』 권80,「식화지」2 조운])"라는 기사 내용을 통해 확인할 수 있다. 이때 정해진 것에 의하면 석두(石頭)·통양(通陽)·하양(河陽)·영풍(永豊)·진성(鎭城)·부용(芙蓉)·장흥(長興)·해룡(海龍)·해릉(海陵)·안흥(安興) 등 연안에 위치한 조창에는 1,000석을 실을 수 있는 초마선(哨馬船) 6척이, 한강 상류에 위치한 덕흥창(德興倉)·흥원창(興元倉)에는 200석을 실을 수 있는 평저선(平底船)이 각각 20척, 21척이 준비되어 있었다. 즉 해로를 이용하던 석두창 등 10개 조창은 1,000석을 실을 수 있는 초마선을 각기 6척씩 보유하고 있었고, 한강의 수로를 이용하던 덕흥창과 흥원창은 200석을 실을 수 있는 평저선을 각각 20척, 21척씩 보유하고 있었다. 이로써 볼 때 1회 조운된 세곡의 수량은 초마선 60척을 비치한 해창(海倉)에서는 60,000석, 평저선 41척을 비치한 강창(江倉)에서는 8,200석으로서, 도합 68,200석에 안란창(安瀾倉)에서 운송하는 분량의 세곡을 포함한다고 볼 수 있다.

고려의 조운제는 이 13조창제를 내용으로 하여 유지, 발전되었다. 그러나 12세기 말의 무신란을 계기로 국내 정세가 동요되면서 통치체제가 문란해졌고, 이에 따라 조운제도 그 기능이 약화되더니, 14세기 후반 왜구가 창궐하면서 거의 폐지되다시피 하였다. 그리하여 세곡의 대부분은 육로를 통하여 운송되었는데, 국가에서는 이를 위하여 여러 지역에 원관(院館)을 두어 운송의 편의를 도모하였다. 그러나 세곡이 정상적으로 운송되지 못하면서 운송량이 크게 감축되었다. 그로 인하여 국가재정은 날로 궁핍해 갔고, 나아가 고려왕조의 지배력도 약화되었다. 조운제의 재정비는 고려 말 신흥사대부의 전제개혁과 맞물려 시행되었는데, 공양왕 대에 정몽주(鄭夢周)의 건의를 받아들여 수참(水站)이 설치되기도 했다.

[조선] 고려 말 조운의 폐단을 경험한 조선의 지배층은 건국과 동시에 제도정비에 관심을 기울였다. 이에 고려에서의 조창을 활용하여 조운을 재개하는 동시에, 새로운 조창을 신설하여 소속 고을을 조정하기도 하였다. 또한 한양 천도를 시에도 조운의 가능 여부를 최우선 조건으로 고려하기도 하였다.

조운을 통한 세곡 운송은 각 지역의 조창에 세곡이 집결된 이후 이루어진다. 국가에서는 지역마다 조창을 설치하고, 이들 조창에 세곡을 납입할 고을을 선정하였다. 정해진 기일까지 세곡이 납입되면 이후 조운선에 이를 적재하여 경창(京倉), 즉 군자창(軍資倉)·풍저창(豊儲倉)·광흥창(廣興倉)으로 납입했다. 이때 조운선과 인력의 소속에 따라 관선 조운과 사선 조운으로 나뉘는데, 국초 정부에서 채택한 것은 관선 조운이었다. 따라서 조운제도의 정비에는 조창의 설치와 관리, 그에 따른 항로의 고정, 조운선의 확보와 유지, 조운선 운용 인력의 확보 등이 수반되어야 했다.

조창의 경우, 고려시대의 조창을 복구하여 활용하는 한편으로 새로운 조창을 신설하거나 혹은 기존 조창을 통폐합하기도 하였다. 먼저 경상도는 고려시대 조창인 마산창(馬山倉), 통양창(通陽倉)을 활용하고 새로 불암창(佛巖倉)을 신설하였다. 전라도에는 고려시대의 진성창(鎭城倉)과 영산창(榮山倉)의 옛 터에 조창을 복구하였다. 특히 진성창에 복구된 득성창(得成倉)은 이후 위치를 옮겨 덕성창(德成倉)으로 개명하였다가 성종 18년(1488)에 다시 자리를 옮겨 득성창으로 다시 명칭을 바꾸었다. 이후 세조 대에는 전라도 영광 지역에 법성창(法聖倉)을 신설하였다. 충청도의 경우에는 고려시대에 여러 조창이 있었으며, 조선 초에도 이를 계승하여 활용하였다. 강원도는 흥원창(興元倉)과 소양강창(昭陽江倉)이, 황해도에는 금곡포창(金谷浦倉)과 조읍포창(助邑浦倉)이 있어 조창으로 활용하였다.

국초 조창은 이후 조운제도의 정비에 따라 9개의 조창으로 정리되었고, 이것이 『경국대전』에 수록되었다. 강을 이용하는 조창은 모두 5개였다. 남한강 수운을 활용하는 충주 가흥창(可興倉)에는 경상도 여러 읍과 충청도의 충주를 비롯한 내륙지방 고을이 소속되었다. 북한강 수운을 활용하는 원주의 흥원창에는 원주 부근의 고을이, 춘천의 소양강창에는 춘천 인근의 고을이 소속되었다. 한편 예성강과 임진강을 활용하는 배천의 금곡포창, 강음의 조읍포창에는 황해도 고을이 소속되었다. 바닷길을 활용하는 조창은 모두 4개였다. 아산의 공세곶창(貢稅串倉)에는 충청도 연안 지역의 고을이 소속되었다. 용안의 덕성창과 영광의 법성장, 그리고 나주의 영산창에는 전라도 고을이 나누어 배속되었다.

조납읍은 조운에 의해 조세를 경창에 납부하도록 규정된 군현으로 대부분의 연읍(沿邑)이 이에 해당되었다. 각 지역의 조창(漕倉)에 소속되어 조운을 통해 세금을 납부했는데, 각 조창에 소속된 조납읍을 살펴보면 다음과 같다.

전라도의 성당창(聖堂倉)에는 함열(咸悅)·고산(高山)·진산(珍山)·익산(益山)·금산(錦山)·용담(龍潭)·남원(南原) 등 8읍, 군산창(群山倉)에는 옥구(沃溝)·전주(全州)·진안(鎭安)·장수(長水)·금구(金溝)·태인(泰仁)·임실(任實) 등 7읍, 법성창(法聖倉)에는 영광·광주(光州)·담양(潭陽)

·순창(淳昌)·옥과(玉果)·고창(高敞)·화순(和順)·곡성(谷城)·동복(同福)·정읍(井邑)·창평(昌平)·장성(長城)·법성(法聖) 등 12읍·1진(鎭)이 소속되었다.

충청도의 공진창(貢津倉)에는 아산(牙山)·목천(木川)·연기(燕岐)·천안(天安)·온양(溫陽)·전의(全義)·서원(西原) 등 7읍이 소속되었다.

경상도에는 마산창(馬山倉)에 창원(昌原)·함안(咸安)·칠원(漆原)·진해(鎭海)·거제(巨濟)·웅천(熊川)과 의령(宜寧)의 동북면(東北面)·고성(固城)의 동남면(東南面) 등 8읍, 가산창(駕山倉)에 진주(晋州)·곤양(昆陽)·하동(河東)·단성(丹城)·남해(南海)·사천(泗川)과 고성(固城)의 서북면(西北面)·의령(宜寧)의 서북면 등 8읍, 삼랑창(三浪倉)에는 밀양(密陽)·현풍(玄風)·창녕(昌寧)·영산(靈山)·김해(金海)·양산(梁山) 등 6읍이 소속되어 있어 전세(田稅)와 대동(大同)을 조창을 통해 납부하였다.

내륙의 경우 수운창인 충주 가흥창(可興倉)을 통해 영남과 호서의 곡물을 운반하게 하였는데, 영저(嶺底)의 7읍과 죽령(竹嶺)의 5읍이 모두 작전(作錢)하여 상납하게 되자, 호서지방의 충주(忠州)·음성(陰城)·진천(鎭川)·연풍(延豊)·청안(淸安)·괴산(槐山) 등만이 소속으로 남게 되었다. 황해도의 여러 읍은 배천(白川)에 설치된 금곡창(金谷倉)에 소속되어 있다.

한편 조창에 소속되지 않은 읍은 직납읍(直納邑)이라 하여 지토선(地土船)으로 경창에 직접 납부하도록 하였는데, 정조 이후 주교사(舟橋司)가 설치되면서 수량이 많은 경우는 주교선으로 운반하고, 수량이 적은 경우에는 지토선을 이용하거나 경강상인들의 사선을 빌려 경창에 직접 납부하도록 하였다.

조창은 세곡의 수납을 관리하고, 각 조창마다 배속된 조운선을 관리하는 역할을 수행하였다. 국가에서는 전함사(典艦司) 소속의 수운판관(水運判官)과 해운판관(海運判官)을 두어 조창을 관리하도록 하였다. 명칭은 창(倉)이었으나, 실제 창고 건물을 보유하지 못한 경우가 대부분이었다. 각 조창은 위치에 따라 강길과 바닷길을 활용하였는데, 특히 문제가 되는 것은 바닷길을 활용하는 해운이었다. 장연의 장산곶(長山串), 태안의 안흥량(安興梁), 강화의 손돌목[孫乭項], 영광의 칠산량(七山梁) 등은 각각 뱃길이 험하기로 유명한 곳이었는데 국가에서는 이들 해로에 대한 대비에 각별한 주의를 기울였다. 조운의 시기를 매년 2월에서 5월 사이로 정하여 일기가 순할 때 조운하도록 규정하였고, 과적재 등을 엄히 금하였다. 특히 태종 대에는 수십 척의 조운선이 침몰하는 사고가 여러 번 일어나자 태안의 안흥량 주변에 조거(漕渠), 즉 운하 조성을 기획하기도 하였다. [『태종실록』 12년 11월 16일] 그러나 지반이 암석으로 이루어져 결국 착수하지 못하였고, 대신 경상도 전세(田稅)를 조령(鳥嶺)을 통해 육로로 운반한 이후 충주 가흥창에 납입하여 남한강 수운을 활용하는 것으로 결정하였다. 이처럼 내륙의 강을 이용해 수운할 경우 물이 얕은 곳에서는 선원들이 내려 배를 끌어 운반하는 구간이 있었다.

한편 조운선의 확보는 태종 대와 세조 대에 대대적으로 이루어졌다. 태종은 즉위 직후 251척의 조선을 건조하였고 태종 10년에는 병선 185척을 건조하였다. 당시 조선의 병선은 맹선(猛船)이란 배였는데 군사적 목적 외에도 운반용으로 활용이 가능했다. 태종 13년(1413)에는 다시 조운선 80척을 건조하였다. 세조 대에도 전라도의 변산과 완도에서 100척의 조운선을 건조한 기록이 남아 있다.

조운선은 크기에 따라 대·중·소로 나뉘어 있었다. 수운에서는 밑바닥이 좁고 길이가 길어 빠른 물살과 좁은 강폭에 잘 적응하도록 만들었으며, 해운에서는 밑바닥이 넓고 평평하며 길이는 짧아 깊은 물에서 보다 안정성을 갖추도록 만들었다. 그리고 큰 배는 쌀 250석, 중간 배는 200석, 작은 배는 130석의 양을 실을 수 있었다. 이들은 조창에 소속되어 관리되었는데, 각 조창의 세곡 집결량에 따라 선박의 수가 달랐다. 가장 많은 배를 보유한 곳은 전라도 덕성창으로 63척이 있었으며, 가장 적은 경우는 황해도의 금곡포창과 조읍포창으로 각 20척 정도가 있었다. 조운선은 건조 후 8년에 수리하고, 다시 6년 후 수리하며, 6년이 더 지나면 개조하도록 되어 있었다. 즉 조운선의 수명을 약 20년으로 보고 있던 것이다.

조운선에 탑승하여 실제 조운 업무를 수행하던 것은 수군(水軍)과 조졸들이었다. 국초에는 수군이 조운 업무를 겸임하였다. 그러나 군사 업무 외에도 해산물 채취, 소금 제조 등으로 수군의 업무가 과중해지고 이에 따라 수군 기피 현상이 증가하면서 조운 업무도 차질을 빚었다. 이에 따라 성종 대에는 조운 업무를 담당하는 조졸이라는 역(役)을 신설하였다. 성종 당시 조졸은 모두 4,470여 명이었고 이들을 각 조창에 나누어 배속시켰다. 이후 1472년(성종 3)에는 새로 1,490명의 조졸을 더 선발하여 좌(左)·우번(右番)으로 나누어 교대 근무하도록 하였다.[『성종실록』 3년 8월 13일]

관선 조운제는 15세기까지 원활히 유지되었으나 16세기부터 차츰 제도의 운영이 어려워져 갔다. 조운선을 확보·유지하는 데 큰 비용이 들었을 뿐 아니라 조졸을 확보하는 데에도 어려움을 겪었다. 이에 관선 조운뿐 아니라 사선 조운도 적극 활용하기 시작하였다. 특히 임진왜란 이후 국가의 운영 체제가 심각하게 파괴되자 관선 조운제는 복구되지 못하고, 사선 조운이 그 공백을 메우기 시작하였다. 대동법이 실시되면서 운송 물량이 늘어나게 되었고, 이로 인해 관선(官船) 대신에 사선(私船)과 조창에 소속되지 않은 각 읍의 지방선인 지토선, 주교사에 소속된 주교선, 훈련도감에 소속된 훈국선 등 이용 가능한 모든 배들이 동원되었다.

[참고어] 조세

[참고문헌] 崔完基, 1976,「朝鮮前期 漕運試考-그 運營形態의 變遷過程을 중심으로-」『白山學報』 20 ; 孫弘烈, 1977,「高麗漕運考」『史叢』 20·21合 ; 北村秀人, 1979,「高麗時代의 漕倉制에 대하여」『朝鮮歷史論集(上)』 23 ; 김옥근, 1981,「조선시대 조운제연구」『부산산업대논문집』 2 ; 한정훈, 2010,「고려 후기 漕運制의 운영과 변화」『東方學志』 151 ; 문경호, 2011,「고려시대의 조운제도와 조창」『지방사와 지방문화』 14-1 ; 權寧國 外, 1996,『譯註『高麗史』食貨志』, 韓國精神文化硏究院 ; 국립해양문화재연구소, 2009,『고려, 뱃길로 세금을 걷다』; 한정훈, 2013,『고려시대 교통운수사 연구』, 혜안

〈윤성재·백승철〉

조장(租藏) 고려 초기 정부에서 지방 고을에 파견한 사신(使臣).

고려 초 중앙정부는 외읍(外邑)에 상주하는 지방관을 파견하지 못하였는데, 이때 지방은 호족(豪族)·향족(鄕豪) 등으로 지칭되는 지방 유력자(有力者)들에 의해 통제되고 있었다. 이후 983년(성종 2)에 이르러서야 12목(牧)에 지방관을 파견하게 되었는데, 이전까지는 금유(今有)와 조장이 임시로 지방에 파견되어 일정의 업무를 수행하였던 것으로 보인다.

조장이 설치된 시기에 대해서『고려사』에서는 국초(國初)라고 밝히고 있는데(『고려사』 권77,「백관」2 外職 今有租藏), 이 시점을 태조 초기로 보는 것이 일반적이다. 하지만 이와 달리 940년(태조 23) 군현(郡縣) 개편작업이 이루어지던 시기로 특정하는 견해와, 조장의 역할과 관련하여 주현(州縣)의 세공액(歲貢額)이 정해지는 949년(광종 즉위)으로 파악하는 견해도 있다.

조장의 역할에 대해서는 다양한 견해가 제시되고 있으나, 일반적으로 '조장'은 그 명칭에서 드러나듯이 조세를 징수하는 업무를 담당한 것으로 여겨진다. 그리고 이는 어떤 방식으로든 중앙정부와 지방세력의 연관성을 위해 임시적으로 파견된 관원이었던 것으로 보이는데, 성종 2년 12목에 지방관을 상주시키면서 혁파되었다.("今有租藏 並外邑使者之號 國初有之 成宗二年罷."[『고려사』 권77,「백관」2 外職 今有租藏])

[참고어] 전운사

[참고문헌] 李基白, 1968,『高麗兵制史硏究』, 일조각 ; 邊太燮, 1971,『高麗政治制度史硏究』, 일조각 ; 河炫綱, 1988,『韓國中世史硏究』, 일조각 ; 朴龍雲, 2009,『『高麗史』百官志 譯註』, 신서원 ; 李景植, 2011,『韓國 中世 土地制度史-高麗』, 서울대학교 출판문화원

〈이현경〉

조준(趙浚) 고려 말·조선 초의 문신으로, 고려 말 전제개혁을 단행하여 조선 개국의 경제적인 기반을 닦은 인물.

조준(1346~1405)의 본관은 평양(平壤), 자는 명중(明仲), 호는 우재(吁齋) 또는 송당(松堂), 시호는 문충(文忠)이다. 평양 출생으로 1374년(우왕 즉위) 문과에 급제하여 전법판서(典法判書) 등 여러 관직을 역임하였으며 1382년 최영(崔瑩) 휘하에서 체찰사(體察使)로 왜구를 토벌하였다.

1388년 7월 전제개혁의 필요성에 대해 상소하였고, 다음 해 8월과 12월에 잇달아 전제개혁소를 올려 이색(李穡)·이림(李琳)·우현보(禹玄寶)·변안열(邊安烈)·권근(權近)·유백유(柳伯濡) 등 전제 개혁 반대파와 대립하였다. 1391년 과전법(科田法)의 시행을 단행한 주역이었으며, 마침내 1392년 이성계를 추대하여 조선의 개국공신 1등으로 평양백에 봉해졌다.

1398년 제1차 왕자의 난을 전후로 이방원의 세자 책봉을 주장하여 정사공신(定社功臣) 1등에 책록되었고, 1400년 태종을 옹립한 공으로 평양부원군에 진봉되었다. 아들 조대림(趙大臨)이 태종의 둘째딸 경정공주(慶貞公主)와 혼인, 태종과는 사돈 사이이기도 하다. 태조의 묘정(廟庭)에 배향되었으며, 문집에『송당문집(松堂文集)』이 있다.

조준의 전제개혁안은 부국강병과 민생안정에 목표를 둔 것이었다. 조준이 정도전과 함께 주도한 과전법은 고려 말 사전(私田) 문제를 수습하는 구폐책으로 마련된 것이었다. 원래 국가와 사전주는 지배기구와 지배층으로서 농민을 지배한다는 점에서는 이해관계를 같이 하는 존재였다. 그러나 그러면서도 국가의 재원과 사전주의 수조원이 농민층을 기반으로 하는 조세징수라는

점에서 사전주들의 수조지 확대는 국가의 집권력 강화 의지와 상충할 수 있는 여지가 충분했다.

이러한 상황은 수조지의 점유자와 미점유자, 겸병자와 상실자, 상급지배층과 하급지배층 사이의 경제적 대립과 정치적 상쟁의 격화, 그리고 전송(田訟)의 누적 등으로 나타나고 있었다. 또한 외적의 침입이 계속되는 상황 하에서 군수 재원의 감축은 국가의 존립을 위태롭게 하는 것이기도 하였으므로 토지분급제의 불합리는 총괄적으로 해결되지 않으면 안 되었다. 무엇보다도 민의 안정은 국가 존립의 관건이므로 그들의 생산 기반을 마련해주고 안집시키는 것은 위정자가 우선적으로 해야 할 임무이기도 했다. 조준의 전제개혁안은 이러한 시대적 상황을 배경으로 제출되고 있었다.

고려 말 사전 문제에 대한 수습 방책·구폐 방안은 정부의 대책, 사전개선론, 그리고 사전개혁론 등 크게 세 계열로 나타났다.

먼저 정부의 대책은 녹과전(祿科田)의 신설과 같은 새로운 급전(給田)제도의 마련, 사전 점유 분쟁에 대한 법률적 처리, 그리고 피역·투탁 농민에 대한 추쇄 작업 등으로 집약될 수 있다.

이색·이숭인(李崇仁)·권근 등이 주창한 사전개선론은 현재의 사전 및 그 점유 상황을 인정하는 가운데 다만 점유상의 분쟁이나 여기서 야기되는 농민수탈의 과중·중복을 개선하여 사태를 수습한다는 입장으로서, 그 요지는 일전일주(一田一主)의 원칙이었다. 이들은 분급 전지의 세록적 성격에 근거하여 자신들의 방안을 조종의 전법이라고 강조하였다. 그러나 이들이 농민재생산의 최소한도의 기반이나마 고려하고 있다는 점을 제외하면 기본적으로 정부측의 전민변정(田民辨正)식의 처리방식과 그 궤도가 같은 방안이었다.

반면 조준·정도전(鄭道傳)·윤소종(尹紹宗)·허금(許錦)·조인옥(趙仁沃) 등이 주창한 사전개혁론은 가산화한 사전을 불법으로 상정하여 이를 혁거하고 경기사전의 원칙하에 재분배함으로써 문제를 해결하려 한 것이었다. 이들은 대부분 우왕 대에 정치적으로 불우한 시기를 보냈고 지방사회의 실상을 목도하면서 현실문제에 근본적인 대책을 강구하였다. 이들은 농민의 생계보장, 농민경제를 우선하는 입장에서 항산을 중시하고 소농의 생산기반을 안정시키는 데 주력하였다. 그것은 당대의 생산력을 증진시키는 방안이자 그를 통해 증대된 생산량을 어떻게 합리적으로 배분하느냐의 문제이기도 했다.

사전 구폐책을 담아 올린 1차 상소에서 조준은 녹과전(祿科田)·구분전(口分田)·군전(軍田)·투화전(投化田)·외역전(外役田)·위전(位田)·백정대전(白丁代田)·사사전(寺社田)·역전(驛田)·외록전(外祿田)·공해전(公廨田) 등의 설치를 통해 관리와 군인 그리고 국역담당자의 생계를 안정시키는 데 주안점을 두었다. 이어 2·3차의 전제개혁상소에서는 세신거실(世臣居室)이 경기 이외의 외방에까지 사전을 두려는 움직임을 저지하고, 기내사전의 원칙을 고수, 전제개혁의 지역적 안배를 설정하였다. 그는 분급되는 수조지가 직역과 결부되어 점유되어야 하고 관에 의해 수수·전수가 엄격하게 관리되어야 함을 주장했다.

개선론과 개혁론 양측의 상쟁은 본질상 현존 사전의 존폐여부를 둘러싼 정쟁이었다. 현 사전점유자 전체의 안전을 도모하기 위하여 불법적으로 지목되는 수조권자들을 개별적으로 제거하자는 사전개선론자들의 발상에 따르면, 현재의 사전점유자나 그 집적자들의 처지에는 큰 변동이 없게 되고, 소유권에 입각한 농장은 물론 수조권만의 집적으로 이루어진 농장도 건재하게 된다. 반면 외방 사전을 부정하는 조준 등의 개혁론이 실현되면 수조지의 겸병자는 물론 정상적으로 사전을 소지하고 있는 이들도 결정적인 타격을 받게 되고 다만 소유권에 의한 소유토지나 농장만이 남게 된다. 따라서 이 방안은 현 사전 점유 대열의 말단에 있거나 제외되어 있는 세력, 사전겸병이나 그 점유자들의 압박으로 침해를 받는 전객, 그리고 중소지주층들의 이해관계를 대변하는 측면이 강했다고 할 수 있다.

양측의 대립은 개혁론측의 주장으로 기울어 양전의 거행과 사전 전조에 대한 3년간 공수(公收)가 이루어졌고 마침내 1391년 과전법의 공포로 귀결되었다. 과전법은 전시과(田柴科)가 갖는 사전의 세전적 성격이 그대로 계승되는 가운데 경기 사전의 원칙과 분급대상자의 축소, 그리고 녹과전의 정신이 첨가된 것으로, 지배층에게는 왕조의 교체까지 몰고 온 커다란 개혁이었다. 조준과 정도전이 주도한 과전법은 수조권의 강화·팽창을 저지함으로써 소유권의 안전·성장을 상대적으로 보장하고 있는 점, 그리고 농민층 특히 외방 농민들이 종래 전주의 과도한 수취에서 벗어날 수 있는 계기를 마련하였다는 점에서 그 선진성을 찾아볼 수 있다.

[참고어] 전시과, 과전법

[참고문헌] 이경식, 1986, 『朝鮮前期土地制度研究-土地分給制와 農民支配-』, 일조각 ; 이경식, 1998, 『朝鮮前期土地制度研究 2-農業經

營과 地主制-』, 지식산업사 ; 김용섭, 2000, 『韓國中世農業史硏究』, 지식산업사 ; 도현철, 2002, 『高麗末 士大夫의 政治思想硏究』, 일조각 ; 김형수, 2002, 「14세기말 사전혁파론자의 전제관-정도전과 조준을 중심으로」 『복현사림』 25 〈김정신〉

조지영(趙之榮) 1798년(정조 22) 권농정구농서윤음(勸農政求農書綸音)에 응하여 농서를 올린 사람.

당시 흡곡(歙谷)의 유학(幼學)으로 기록되어 있다. 그가 올린 농서는, 수리사업을 일으키는 일, 토의(土宜)를 관찰하는 일, 농기구를 잘 다듬어 놓는 일, 땅에 거름을 주는 일, 물을 끌어들이는 일, 호미질하고 도리깨질하는 일, 땅을 갈고 김을 매는 일, 씨를 뿌리고 모를 심는 일, 김매고 북돋우는 일, 들밥을 많이 하는 일, 가축을 먹여 기르는 일, 베어내어 수확하는 일, 장포(場圃)의 일 등의 내용을 담고 있다. 또한 백성들에게 가장 견디기 어려운 일 두 가지로, 대동(大同)의 부지꾼(負持軍)을 배정하는 일과 결역(結役)의 문제를 들고 있었다.

[참고어] 응지진농서

[참고문헌] 『정조실록』 ; 농촌진흥청 역, 2009, 『응지진농서Ⅱ』, 진한M&B

조차지(租借地) 조약에 따라 유상 또는 무상으로 다른 나라에 일정기간 빌려 준 영토의 일부.

영토를 빌려 쓰는 나라를 조차국이라 하고, 빌려 준 나라를 조대국(租貸國)이라고 한다. 조차지 내에서 조차국은 사법·입법·행정을 관장하고, 군대를 주둔시키는 등 독점적·배타적 관할권을 가진다. 조차지라 할지라도 조대국의 주권은 유보된다고 해석되지만, 실질적으로는 조차라는 이름은 빌린 영토의 위장적 할양이라고 볼 수 있다. 이러한 조차지는 조대국의 통치권을 전면적으로 배제하여 조차국이 배타적 통치권을 행사하는 정치적 조차의 전형적인 형태이다.

대표적인 조차지는 1898년 독일이 중국으로부터 자오저우만[膠州灣]을 99년, 러시아가 뤼순항[旅順港]·다롄만[大連灣]을 25년, 프랑스가 광저우만[廣州灣]을 99년, 영국이 주룽반도[九龍半島]를 99년, 러시아가 웨이하이[威海]를 뤼순항의 점거기간 동안 각각 중국으로부터 조차한 것 등을 예로 들 수 있다. 그 후 러시아가 조차한 뤼순항·다롄만은 러일전쟁 후 일본에 인계되어 조차기간이 1997년까지 99년으로 연장되었으나, 제2차 세계대전의 결과 중국에 반환되었다. 뤼순항·다롄만이 일본에 이양된 러일전쟁 후 영국은 웨이하이를 통치하고 있었으나 1930년 반환하였다. 자오저우만에 대한 독일의 조차권은 제1차 세계대전 후 일방적으로 일본에 이양되었으나, 일본은 1922년 이것을 반환하였다. 이외에도 조차는 제국주의 시기 열강의 식민행위 일종으로 자행되었다.

우리나라에서는 1885년 12월 27일의 부산항 절영도, 1890년 12월 12일의 인천항 월미도, 그리고 1900년 3월 30일자 마산항 일대 등이 조차되었다. 그중 절영도와 월미도는 땅의 넓이가 각각 4900평으로 협소하였지만, 마산포 율구미(栗九味)의 러시아 조차지는 그 넓이가 98만8천㎡(약 29만8천평)으로서 거주·통상·군사 등 광범한 활용이 가능하여 조차지로 기능할 수 있었다. 이후 러일전쟁이 일어난 3개월 후인 1904년 5월 18일의 한로조약폐기칙선서(韓露條約廢棄勅宣書)에 의해 그동안 한-러간에 체결한 조약·협정이 모두 폐기됨에 따라 마산의 러시아 조차지는 폐기되었다. 이상과 같이 조차지는 '가장된 영토할양'이라는 비판이 있지만, 조차지의 통치권은 조차국에 이양된다 하더라도 최종 처분권은 조대국에 남는 것이며 조대국의 잔존주권(殘存主權)이 인정된다.

[참고어] 조계

[참고문헌] 손정목, 1982, 『한국 개항기 도시변화과정 연구』, 일지사 〈윤석호〉

족정(足丁) 고려국가에서 특정한 사회적 신분을 유지하는 데 필요한 경제적 기반을 충족시킬 수 있을 만한 크기의 단위 토지.

고려국가에서는 근대국가에서와 달리 토지가 단순히 농업생산에 필요한 물질적 수단으로서 배타적이고 독점적으로 존재한 것이 아니라 사회적 신분과 연계되어 파악됨으로써 전정(田丁)이라고 불리고 있었다. 그런데 전정은 그 토지소유자의 사회적 신분과 관련되어, 인정(人丁), 정호(丁戶) 등 사람, 호구와 밀접하게 연관되어 사회적으로 운영되고 있었다.

전정이 지니고 있는 제도적 특성 때문에 이 용어와 '정'을 공유하며 같은 동일한 사회적 배경 아래서 작동되던 족정에 대한 이해도, 전정의 이해에서처럼 각각 사람, 토지, 호와 연관시킨 여러 가지 이해가 등장하였다.

먼저 족정을 인정으로 이해한 경우, 이것은 만 20세에서 59세까지의 장정으로 파악되었다. 그런데 전정에 대한 이해 범위가 확장되면서, 토지와 관련된 설명이 등장하자 족정에 대해서는 또 다른 설명들이 추가되었다. 한편에서는 국가에서 지급한 토지 규모로서 해당 사회적 신분을 유지하기에 충분한 토지 17결을 의미하는 것으로 파악되었다. 또 다른 한편에서는 양전(量田)의 단위이자 조세 수취의 단위인 정에 충족되는 경우를 족정이라고 하였는데, 그 면적은 시대에 따라 달랐으나 고려시기에는 17결을 1족정으로 하고 있었다고 이해하기도 하였다. 또한 전정을 호와 연관시켜 이해할 경우, 족정호는 국가에 직역을 담당할 정도로 비교적 부유한 자연가호 중 대략 17결정도의 토지를 보유하고 있는 호로 파악하기도 하였다.

인간, 토지, 호, 신분이 상호 연관되어 운영된다고 이해했을 경우, 이를 운영하는 사회적 기본 운영 단위가 있었을 것이라는 전제 위에서, 토지 17결인 족정이 그러한 사회의 지표 농가의 한 축을 이루고, 그 다른 한 축을 인간 6정인 계연(計烟)이 이루고 있었다는 견해가 제시되기도 하였다. 그리고 노동력 6정인 계연과 토지 17결인 족정으로 구성되는 지표 농가가 사회적 신분을 나타내는 기초 지표로서의 품(品)의 시원 형태인 1두품(頭品)에 해당한다고도 보았다.

족정은 일종의 분반지대(分半地代)를 낳는 토지로 이해되고 있는데, 그 경영 및 수송과 관련해서 여러 가지 주장이 제기되었다. 특히 경작 주체인 전호(佃戶), 수송 주체인 양호(養戶)를 어떻게 해석하는가에 따라 의견이 갈리며, 그 소유 주체와 관련해서 소유 주체의 직접적 관리, 국가를 매개로 한 간접적 관리 등으로 주장이 나뉘어져 있다. 분반지대로 이해했을 경우, 당시 결(結) 당 수확량이 수전(水田)의 경우 미(米) 20석, 한전(旱田)의 경우 미 10석이었으므로, 한전의 경우를 가정하면, 족정의 총 수확량은 미 170석이 되고, 그 지대는 절반인 미 85석으로 된다. 수확량의 나머지 절반인 미 85석이 지표 농가인 6정=1계연의 생계비로 분할되므로, 1농가 당 생계비는 약 미 14석에 해당하게 되어, 약 1결 면적의 수확량에 상당하는 것으로 된다.

[참고어] 전정, 양호-고려, 양호-조선

[참고문헌] 韓㳓劤, 1958, 「麗代 足丁考」『歷史學報』 10 ; 金容燮, 1975, 「高麗時期의 量田制」『東方學志』 16 ; 深谷敏鐵, 1982, 「高麗足丁·半丁 再檢討」『朝鮮學報』 102 ; 金琪燮, 1993, 「高麗前期 田丁制 硏究」, 釜山大學校博士學位論文 ; 尹漢宅, 1995, 『高麗前期私田硏究』, 高麗大學校民族文化硏究所 〈윤한택〉

종약전(種藥田) 혜민서(惠民署) 등의 의료기관에서 빈민의 병질구료(病疾救療)를 위해 사용하는 약초를 재배·공급하기 위해 지급한 토지.

혜민서나 활인서(活人署) 등에서 소용되는 약재의 마련을 위해 설정된 전지이다. 전의감(典醫監)이나 내의원(內醫院) 등 궁중의원에서는 필요한 약재를 진상으로 충당했으나, 서민용(庶民用) 의료기관의 약재는 각 도읍에 배정한 종약전에서 생산해 상납받았다. 구체적인 면적이나 운영방식은 확실치 않지만, 『경국대전』「호전」 제전(諸田)에 따르면 이들 토지는 무세(無稅)로 규정되었다. 즉 해당 기관 소유의 공유지였기 때문에 전세가 성립하지 않았던 것으로 이해된다. 또한 여타 무세지와 마찬가지로 기관의 예속노동이나 병작을 통해 경작했을 것으로 보인다.

[참고문헌] 李泰鎭 외, 『역주 경국대전』, 조은문화사

종저보(種藷譜) 1834년(순조 34) 서유구(徐有榘, 1764~1845)가 고구마 재배와 이용에 관해 기술한 책.

서유구가 전라도관찰사로 있을 때 가뭄으로 농토를 버리고 유랑하는 농민들을 안정시키고자 씨고구마를 구해 모든 고을에 재배토록 하면서, 그 재배·이용법을 가르치기 위하여 편찬, 간행하였다.

내용은 서원(敍源 : 고구마의 기원)·전종(傳種 : 씨고구마의 전수)·종후(種候 : 고구마 재배의 적절한 기후)·토의(土宜 : 고구마 재배의 적절한 토양)·경치(耕治)·종재(種栽 : 고구마의 재배 방법)·옹절(壅節 : 배양하고 조절함)·이종(移種 : 고구마의 이종)·전등(剪藤 : 고구마 순을 베는 방법)·수채(收採)·제조(製造)·공용(功用)·구황(救荒)·여조(麗藻) 등의 14항목으로 되어 있다.

주로 중국 서광계(徐光啓)의 『감저소(甘藷疏)』와 왕상진(王象晋)의 『군방보(羣芳譜)』, 우리나라 김장순(金長淳)과 강필리(姜必履)의 『감저보(甘藷譜)』 등을 참고하여 저술하였다. 참고한 문헌과 견해가 다르거나 우리나라 실정에 맞지 않는 부분에 대하여는 자신의 의견이나 적합한 것으로 판명된 방안을 '안(案)' 표기 아래 적고 있다.

조선 후기 고구마 재배 및 이용법을 집대성한 책으로, 고구마의 도입과 재배기술의 변천을 살피게 하는 좋은 자료가 된다. 인본(印本) 또는 필사본. 여러 책이 전한다. 규장각 등에 소장되어 있다.

[참고어] 서유구

[참고문헌] 이성우, 1981, 『韓國食經大典』, 향문사 ; 김영진, 1982, 『농림수산고문헌비요』, 한국농촌경제연구원 〈정두영〉

종중재산(宗中財産) 동일한 족보 내의 문중 또는 종중이 선조의 제사나 동족 공익상의 비용에 충당하기 위하여 소유한 재산.

조선 후기에는 남계(男系) 혈족을 일족(一族)이라 하고, 일족 중의 분파를 일문(一門)이라고 했다. 종중의 성립에는 특별히 정해진 수속은 없고, 동족 자손들의 협의 아래 정하였다. 일족에 관한 중요한 사항, 즉 총본가의 분묘 다툼이나 족보를 정정하는 일 등은 종회를 개회하여 의결하며 또 일문에 관한 중요사항을 결정할 때에도 문회의 결의에 따랐다. 문중(종중)은 문장 및 유사 등의 임원을 두고 그 사무를 담당하게 했다. 임원은 동족 중에서 연령과 덕망을 겸비한 자나 종파의 장손을 추대하였다.

대종중에서는 경유사(京有事)·향유사(鄕有事)와 임원을 구별하여 서울에서의 사무와 분묘지에서의 지방사무를 분담하였다. 그리고 종중에서는 조종(祖宗)의 분묘를 보호 관리하기 위하여 묘직(산직) 등을 두었다. 이들의 급료와 매년 제사경비, 동족의 공익상의 길흉화복과 교육비 등을 충당하기 위해 묘위토를 소유하고 그 수익으로 경비에 충당하였다. 이러한 종중재산은 조종의 유산이나 갹출, 독지가의 기부 등에 의하여 성립된 것이다. 이 재산은 영구히 제사를 받들 목적으로 설정한 것이므로 문장, 유사 등과 같은 개인의 소유가 아니었다. 이리하여 종중재산은 양안 기타의 관공부에 "○○종중", "○○문위(門位)" 등의 명의로 등재되어 있는 것이 보통이지만, 때로는 종손 또는 문장, 유사 등의 개인명의로 등록된 것도 있었다. 종손 또는 문장, 유사 등은 특별히 종중으로부터 위임받지 않는 한 단독의사만으로 종중재산을 처분할 수 없었음에도 불구하고 이 재산을 임의로 타인에게 매도하여 문중 간에 분쟁이 적지 않게 발생하였다. 그러나 임시토지조사국에서는 이러한 분쟁은 친척간의 문제라 감정의 융화를 시도한 결과 대부분 화해가 성립되어 소유권 분쟁은 46건, 118필에 불과하여 아무런 문제가 없는 것처럼 묘사하고 있다.

그러나 이것은 표면적으로 해결된 것처럼 보인 것에 불과했다. 그것은 일제가 종중재산의 소유권적 성격을 다음과 같이 정리하고 처리했기 때문이었다. 첫째 종중의 법인자격을 인정하지 않고 친족 공유라고 했다. 둘째 재산처분은 전원합의제이다. 셋째 공유자의 분할청구권을 인정하지 않았다. 즉 종중은 혈연공동체로 구성원의 가입과 탈퇴가 구성원의 자유의사에 달린 것이 아니라 자기지분의 처분권이나 양도권이 없다는 것이다. 하지만 조선총독부는 토지조사사업에서는 조사의 신속성과 편의를 고려하여 종중재산의 소유권 명의를 잠정적으로 "○○○(종중재산)"으로 처리하고, 등기부에는 일본민법에 따라 개인명의 또는 공유로 처리하도록 하였다.

그 결과 종중이라는 혈연공동체적 집단이 개별화되면서 종중 내 분쟁이 적지 않게 발생하였다. 이 분쟁이 식민지체제에 대한 비판적 정서로 까지 확대되자, 일제는 1930년 10월 23일 조선부동산등기령을 개정하였다. 제2조의 4항에 "종중·문중·기타 법인이 아닌 사단 또는 재단으로 조선총독이 정한 것에 속하는 부동산의 등기에 대하여는 그 사단 또는 재단의 명으로 그 대표자 또는 관리인이 이를 신청해야한다."라고 정한 것이다. 하지만 이 법령에 따라 종중명의로 소유권 명의 변경 절차를 밟는 일이 드물었으며, 종중내부에서 대표자 자격을 둘러싼 분쟁도 적지 않게 제기되었을 것으로 예상된다.

[참고어] 분묘지, 조선부동산등기령, 계답

[참고문헌] 조선총독부 임시토지조사국, 1918,『조선토지조사사업보고서』; 이승일, 2000,「일제 식민지 시기 종중재산과 '조선부동산등기령'-소유권 분쟁을 중심으로」『사학연구』 6, 2000 ; 최원규, 2015,「일제초기 조선부동산 등기제도의 시행과 그 성격」『한국민족문화』 56 〈최원규〉

종친부둔(宗親府屯) 종친부의 경비를 충당하기 위하여 설치·운영한 토지.

종친부는 왕족의 봉작, 승습(承襲), 관혼상제 등의 의식에 관한 사무를 관장하며 열성(列聖)의 어보(御譜), 어진영(御眞影)을 경봉(敬奉)하고 선원(璿源) 제 파의 왕족을 통령하는 관청이다. 조선 국초에 창설되었으며, 한성 북부 관광방에 위치하였다. 1894년(고종 31) 갑오개혁 당시 종정부(宗正府)라 개칭되었다가 다시 종정사(宗正司), 종정원(宗正院)으로 바뀌었으며, 1907년 통감부에 의해 폐지되었다.

종친부둔토는 의주와 용천 등에 위치했다. 수입은 2,952냥 2전 6푼이었고, 모두 면세의 특전을 입었다. 종친부에서는 이들 토지에 감관을 두거나 혹은 서리, 사령을 파견하여 관리와 추수를 시켰다. 혹은 이들의 권한을 소재지의 군수 또는 관찰사에게 위임하기도 하였다.

『문헌비고』에 따르면 1729년(영조 5) 당시 종친부의 면세결은 총 731결 29부 9속이었고, 『만기요람』에는 전라도·충청도 일대에 면세결이 총 792결 4부 3속으로 파악되었다. 또한 경비의 항목으로는 1년간의 당산처소의 매일 시가(柴價)와 탄가(炭價), 주사 입직소(入直所)·서제청·대청직방·사령방·수공방의 매일 시가와 탄가 등으로 엽전 1,320냥, 1년 지필묵 값 200냥이 지출되었다. 여기에 양녕대군과 효령대군 양방 내외 제수전 400냥, 임시비 100냥을 합쳐 도합 엽전 2,020냥이 소용되었다.

[참고어] 아문둔전

[참고문헌] 『萬機要覽』; 『文獻備考』; 和田一郎,1920, 『朝鮮土地地稅制度調査報告書』 〈이현희〉

좌우합작위원회의 토지강령(左右合作委員會의 土地綱領) 미군정기 좌우합작위원회가 유조건 몰수와 체감매상, 무상분배의 원칙에 입각하여 제시한 토지문제에 대한 입장.

1946년 5월초 큰 기대를 모았던 제1차 미소공동위원회가 성과 없이 결렬되자, 그해 7월 김규식·안재홍·여운형 등 중도 좌우파 인사들이 좌우합작과 남북통일을 실현하기 위해 좌우합작위원회를 발족시켰다. 1946년 10월 7일 좌우합작위원회는 무상몰수·무상분배의 좌익 토지개혁안과 유상매입·유상분배의 우익 토지개혁안을 절충한 좌우합작7원칙을 발표하였다. 좌우합작위원회는 일제와 친일파·민족반역자가 아닌 조선인 지주에 대해서는 국가가 근로기회를 제공해주고 생계대책을 마련해주는 것을 전제로 조건부 매상이나 체감매상을 실시한다는 유조건 몰수·체감매상과 무상분여를 토지개혁의 기본원칙으로 내세웠다. 유상매입을 통해 우익의 입장을 일부 충족시키고, 무상분배를 통해 좌익의 입장을 일부 충족시켜 좌우를 합작하려 했지만, 좌익과 우익 모두 이를 거부했다. 우익의 한국민주당은 토지매수자금을 조달하기 어렵다는 이유로 반대했고, 좌익은 국가가 토지대금을 부담하는 것은 사실상 국민 대다수를 이루는 농민에게 부담을 전가시키는 것이라고 비판했다. 이후 남조선과도입법의원의 토지개혁법안에서 체감매상 부분은 반영되었지만, 입법의원 구성에서 좌익이 제거됨에 따라 무상분배 원칙은 유상분배로 바뀌었다.

[참고어] 농지개혁, 농지개혁법, 한국민주당의 토지강령, 조선공산당의 토지강령

[참고문헌] 김성호 외, 1989, 『농지개혁연구』, 한국농촌경제연구원 ; 방기중, 2001, 「농지개혁의 사상 전통과 농정이념」 『농지개혁 연구』, 연세대학교 출판부 〈하유식〉

주루막 끈이 달린 주머니로 짚을 엮어 만든 망태기 형태의 운반 도구.

주루막 농업박물관

주로 감자나 옥수수와 같은 곡물이나 약초를 운반하는 데 사용했던 것으로 가는 새끼로 엮어 만들었고, 어깨에 메는 끈으로 입구를 조일 수 있는 형태로 되어 있다. 전체적으로 망태기와 크기나 쓰임새가 비슷하지만 주둥이를 끈으로 조일 수 있고 등에 멜 수 있기 때문에 강원도와 같은 산간 지역에서 주로 사용되었다. 대부분 짚을 이용하여 가는 새끼로 촘촘하게 엮어 만들었는데, 마찰이 심해 빨리 닳는 고리 부분은 칡넝쿨이나 왕골 등을 감아 사용하였다. 고급스러운 것은 왕골이나 노끈, 종이 또는 피나무 껍질로 꼰 새끼로 만들기도 하였다. 산으로 사냥을 나가거나 약초를 캐러 나갈 때 산골사람들이 필수적으로 사용했던 도구였다.

[참고어] 망태기

[참고문헌] 박호석 外, 2001, 『한국의 농기구』, 어문각

주비(走非) 기장의 한 종류.

『산림경제(山林經濟)』에서는 기장의 종류를 나열하며 주비서(走非黍) 즉 주비기장을 "줄기가 조금 검고 껍질은 회색이며 열매는 누렇다.(莖稍黑甲灰色實黃.[『산림경제』 권1, 「치농(治農)」])"라고 하였다. 또한 심는 계절은 3월이라고 하였다.

주비[夊] 조선시기 작부제(作夫制) 하에서 8결 또는 4결 단위로 만들어진 납세단위, 혹은 그 내에서 선출된 납세담당자.

이두식 표기로는 '夊'이며, 한자로는 '注非'·'主比'·'主飛'·'注備'·'註非' 등과 같이 동일한 음가를 가진 다양한 한자와 결합해서 쓰였다.

작부(作夫)란 수세실결을 일정한 단위 즉 8결 또는 4결로 묶어, 납세의 가장 기초적인 단위를 만드는 작업이다. '부(夫)'란 인정(人丁)뿐만 아니라 전토(田土)

를 지칭하는 용어이기도 했는데, 특히 조선 후기에는 8결 단위의 작부관행과 결합되어 8결(結)을 1부(夫)로 한다는 규정이 법전에 생겨났다.(八結爲一夫[『속대전』「호전」 수세(收稅)])

한편 『만기요람』에서는 부에 대한 보다 세부적인 규정과 함께 주비와의 의미관계에 대해서도 설명하고 있다. 우선 파(把)·속(束)·부(負)·결(結) 등의 결부단위를 설명하면서 8결을 부라고 했다. 주목되는 것은 이때의 부는 혹은 주비라고도 하는데, 전부(佃夫) 중에서 호수(戶首)를 택정해 8결이 응납(應納)해야 할 세액을 받아서 납부하는 역을 맡았다는 것이다.(八結爲夫. <이하 세주 : 或稱矣, 佃夫中擇定戶首, 收納八結應納之役>[『만기요람』「재용」2 전결(田結)]) 하지만 이때의 주비가 8결로 묶인 '부' 자체를 의미하는 것인지, 아니면 '부' 내부에서 뽑힌 응세자 대표를 지칭하는 것인지는 확실치 않다. 한편 같은 조목에서는 '부'와 '주비'가 동의어가 된 이유도 설명하고 있는데, '결부(結夫)'에서의 '부(夫)' 위에 동그라미[圈]를 표시하던 것이 결국 부(夫)자와 이어져서 대략 의(矣)자의 형태가 되었고, 이를 속칭해 주비(注非)라고 했다는 것이다.(<이하 세주 : 結夫之夫, 加圈以標之於夫字之上, 遂以夫連圈, 爲矣, 俗稱注非矣.>[위와 같음])

정리하자면, '부(夫)'는 기본적으로는 8결 단위의 응세조직이었는데, 이를 표기하는 과정에서 '矣'자와 같은 모양이 되었다. 이때 한자 '矣'는 '떼'·'무리'를 의미하는 토속어인 '주비'를 음차해 주비[矣]가 되었고, 결국 부(夫)와 주비는 동의어로서 『만기요람』에 실리게 된 것이다. 하지만 이때의 주비가 응세단위로서 8결로 묶인 '부' 자체를 의미하는 것인지, 아니면 '부' 내부에서 뽑힌 응세자 대표를 지칭하는 것인지는 확실치 않다. 다만 주비가 8결[혹은 4결] 단위로 묶인 납세자들의 인적구성이었다는 초기의 연구성과에 대해, 최근에는 작부제 실시의 외연을 공납제에까지 확장한 바탕 하에서 주비의 성격을 해당 부세의 수취 담당자 혹은 호수 등으로 파악하는 견해도 제출되었다.

[참고어] 작부제

[참고문헌] 이영훈, 1980, 「조선 후기 팔결작부제에 대한 연구」 『한국사연구』 29 ; 김현영, 1999, 「조선시기 '사족지배체제론'의 새로운 전망-16세기 경상도 성주지방을 소재로 하여」 『한국문화』 23 ; 최윤오, 2000, 「조선후기의 양안과 행심책」 『역사와 현실』 36 ; 이성임, 2013, 「16-17세기 '공역호'와 호수」 『역사연구』 24

〈윤석호〉

주판(籌板) 조선시기 전세 수취를 위하여 각 고을에서 사용했던 깃기책 문서.

작부책(作夫冊), 깃기[衿記] 또는 깃기책[衿記冊]이라고도 하며, 농민의 이름과 논밭, 논밭의 면적, 재해를 입은 정형, 기타 전세수량에 참고할 사항들이 적혀 있다. 조선시기 조세수취는 세종의 공법(貢法)이 무너지고 임진왜란을 거치면서 경차관(敬差官) 답험에 의한 답험정액세법이 성립하였고, 18세기 이후 향촌에서의 조세수취는 행심(行審), 급재(給災), 작부의 세 단계에 걸쳐 이루어졌다.

작부책은 바로 작부제(作夫制), 즉 주비짓기에 근거한 것으로 경국대전에 의하면 조선 전기 요역을 걷는 과정에서도 '8결에서 1부 내기'에서 그 원형이 보인다. 작부의 단위는 법적으로 8결 또는 4결 등으로 규정되고 있어서 반드시 8결 단위로 작부된 것은 아니었다. 작부는 결호(結戶)·속호(束戶)·타호(打戶)라고도 하는데, 토지가 아닌 납세자별 조세대장을 만들어 개인별로 조세를 부과하는 근거를 만드는 과정이다. 즉 납세자를 중심으로 정리하되 8결 혹은 4결 단위로 조직을 만들어 공동납의 형태로 납세할 수 있도록 하였다.

작부 방식은 지역명칭과 함께 개인별로 토지를 마치 소매 깃처럼 나열하였기 때문에 깃기라는 별칭으로 불렸다. 작부과정은 징수의 편의를 위해 전결에 대한 징세권을 납세자가 있는 곳으로 이동시키는 이래이거(移來移去)와 작부를 거쳐 대략 8결 단위의 토지를 묶어 주비(注非·注備·主比·主飛·註非 등)를 짓게 되는데, 대개 수세가 마무리되는 11월에서 1월 전까지 진행되었다. 이렇게 작성된 작부 문서는 주판 또는 작부책이라 하여 토지의 자호지번 순이 아니라 납세자 순으로 정리되는 것이 달랐다.

깃기책을 만들 때 참고로 하는 것은 양안을 그대로 베낀 행심책이었다. 깃기책도 행심책을 참고하여 같은 사람의 결복(結卜)을 모아 납세자별로 재정리하는 것에 지나지 않았다. 속호(束戶)할 때는 토지를 갖지 못한 자나 면세전은 작부하지 않고, 반드시 전답을 가진 자(有田畓者)만 호를 세웠다. 깃기판에는 재상(災傷)을 입은 경우까지 모두 포함하여 시기총수(時起摠數)로 기록한 후 개인별로 납세총액을 계산하여 기록해 넣었다. 향촌내 수세 과정은 행심책을 바탕으로 별도로 주판과 호판이 작성된 농민으로부터 직접 수세하는 과정이 진행되었다.

흔히 작부의 단위라는 8결의 크기는 대체로 1개 자연

부락의 경지면적에 해당하므로 8결 단위의 수취는 촌락 단위로 이루어졌음을 의미한다. 상품화폐가 발전하면서 작부 조직은 더욱 세분되어 4결로 작부하는 일이 많아졌다.

작부를 하고 나서 주비마다 단위책임자 호수(戶首)를 선정하여 세곡을 수납하도록 하고, 호수는 신분과 관계없이 토지의 결수가 많은 자(多結者)를 선정하는 것이 상례였다. 18세기에는 1개 촌락에 2~3명의 호수가 나타났다. 호수는 일차적인 수취 담당자인 동시에 납부에 대한 연대 책임을 지고 있었다. 전세의 수납은 공동납의 형태로 운영되었다. 호수들은 대체로 이러한 과정에서 규정 외의 명목으로 세를 거두기도 하였고, 자신이 부담할 조세와 부역을 다른 사람들에게 전가시키기도 하며 치부하였다. 한편 세를 거두는 과정에서 납부하기를 거부하는 자(拒納者)가 발생하여 세액을 채우기 힘들 때는 대신 납부해야만 했다. 때로 이와 관련하여 결가에 대한 부당성을 주장하는 납세자와 호수 사이에 분쟁이 발생하였다. 작부제는 이후 전결세 외에도 각종 잡역과 환곡의 부과 및 징수에도 이용되었다.

주판은 이후 수세를 위한 기본 장부로서 중시되었으며, 깃기책 작성 과정에서 향촌의 전정(田政)이 제대로 마무리되는가의 여부가 결정되었다. 이 같은 장부체계는 중앙과 지방을 매개하는 고리로서 행심책이 중심이 되어 움직이고 있었다. 양안과 행심책은 중앙과 지방의 결부제 운용의 중심에 위치하고 있었으며, 그것을 기반으로 하여 제반 수세 장부가 마련되고 있었다.

[참고어] 작부제, 호수, 행심책, 양안

[참고문헌] 李榮薰, 1980, 「朝鮮後期 八結作夫制에 대한 硏究」 『韓國史硏究』 29 ; 김선경, 1984, 「朝鮮後期의 租稅收取와 面里운영」, 연세대 석사학위논문 ; 최윤오, 2006, 『조선후기 토지소유권의 발달과 지주제』, 혜안 ; 안병욱, 1989, 「19세기 賦稅의 都結化와 封建的 收取体制의 해체」 『국사관논총』 7, 국사편찬위원회

〈강은경〉

죽전(竹田) 조선 국가의 주요 공물인 대나무를 심고 기르는 토지.

대나무는 조선건국 이래 국가의 주요 수입원인 공물의 하나였다. 고려 초기부터 대나무를 배양하고 관리하기 위하여 대나무를 심고 기르는 토지인 죽전을 두도록 했다. 각 고을의 죽전에 대한 대장을 작성해 공조, 본도, 본읍에 보관하는 동시에 그것들을 심고 가꾸게 했다. 『경국대전(經國大典)』에 따르면 관에 딸린 죽전은 물론 일반 전죽(箭竹)의 생산지에서도 대장(臺帳)을 만들어 공조와 해당 도(道) 및 고을에 비치하여 재식(栽植) 배양하게 하였으며, 재식 후 1년이 지나면 이를 전취(剪取), 토지를 선택하여 이식하도록 하였다고 한다. 지방관청에서는 관전의 형태로 죽전을 두었는데 이를 관죽전(官竹田)이라 하고 지세를 면제하였다.

관죽전은 고려 이후 국가기관의 관청 및 왕실·궁원(宮院)의 경비조달을 위해 지급된 토지인 공해전에 해당하는 것이다. 공물로 배정된 대나무(貢竹)는 여기에서 배양된 것을 바쳤다. 민간에서도 죽전을 두어 생업에 보탬이 되도록 권장했다. 이처럼 일반 민인이 재배하는 죽전은 사죽전(私竹田)·민죽전(民竹田)이라 했다. 조선은 민간의 죽림(竹林)을 이익이 있는 곳으로 여겨 다른 토지와 동일하게 측량하도록 양전사목으로 정하였다. 측량결과는 공물을 부과하기 위한 자료로 활용하였다. 또한 관찰사에게 각 읍 대나무 배양의 근면과 태만을 조사·기록하게 했다.

조선시기 공물로 배정된 대나무 주종은 청대죽(靑大竹)과 전죽(箭竹)이었다. 청대죽은 약재로 사용되는 죽력(竹瀝)을 만드는 데 사용되었다. 양남(전라도, 경상도)에서는 이를 월령(月令)이라고 하여 매달 몇 개씩 상납했는데 1년간 봉진하는 총수가 각 도별로 약 300개가 넘었다. 전죽은 무기로 사용되는 화살을 만드는 데에 이용되는 것으로 주요 군수물자이다. 정부에서는 이 전죽을 국방요지에 심도록 조치하여 남방 각 포구의 선박 정박처에는 전죽을 심고 배양하도록 했다. 조선 전기 대부분의 중남부 해안지역이 전죽의 산지로 기록되어 있다. 나주 삼향면에서 온 나라에서 쓰는 화살대가 나온다고 할 정도로 전죽이 많이 재배되었다. 기후상 배양이 불가능한 북방(평안도와 함경도, 수도 방위군)의 전죽은 모두 중남부 지방에서 부담했다. 중남부 지방의 죽전은 주로 호남지방이 영남지방에 비해 넓고 안정적으로 유지되었다. 대나무의 쓰임이 늘어나고 수요가 증가하자 조선 정부는 죽산지를 북방으로 확대했다. 세종은 황해감사로 하여금 선박과 군인을 적당히 징발해 충청도에서 대를 채취해서 재배하도록 하였다. 세조도 함경도처럼 전죽이 자생하지 않은 곳에 『종죽방(種竹方)』(대나무재배서)과 종자를 보내서 대나무를 재배하도록 했다.

17세기 조선 정부는 죽전 배양을 강화하는 정책을 펼쳐 공죽을 관전에서 조달하도록 하는 것을 기본 방침으로 삼았다. 하지만 각 읍 관아의 배양 및 관리의

부실과 기후 문제 등으로 관죽전 배양 정책은 잘 이행되지 못했다. 1703년(숙종 29) 전라 감사 민진원은 각 읍에서 죽치 2명을 차출하여 관죽전을 수호하도록 하고 대신 잡역을 면제하고 저치미를 삭료로 지급하자고 제안했다. 하지만 관죽전 배양이 크게 호전되지는 못한 것으로 보인다.

그리하여 영조 때에는 민간의 죽전까지 정부의 관리 대상으로 삼고 관죽전과 사죽전 모두를 통제하는 방향으로 정책이 전환되었다. 특히 진상하는 청죽전(靑竹田)·관죽전의 경우 더욱 주의를 기울여 관리·감찰하였는데 이는 『속대전』 호전 제전조에 "진상하는 청죽전·관죽전·저전은 경차관과 도사가 특별히 뜻을 두어 살펴야 하며, 만일 부지런히 호양하지 않는 자는 감고하여 형추한다.(進上靑竹田官竹田楮田 敬差官都事加意察處 不勤護養者 監考刑推[『속대전』「호전」 제전조])"라는 구절을 통해서도 알 수 있다. 정조 때에는 통제 및 관리를 더욱 강화하여 『저죽전사실(著竹田事實)』에 절목을 수록하기도 하였다. 여기에는 정부에서 파악한 삼남의 공사죽전 수가 각각 제시되어 있는데 전라도의 경우 공죽전은 75곳인데 반해 사죽전은 무려 1306곳이나 되었다. 조선 정부에서는 죽전에서 도세(賭稅)로서 청죽 및 전죽을 상납케 했는데 1894년에 이 상납이 폐지된 후부터는 궁내부 내장원에서 대전(代錢)을 정하여 죽전세로 징수하였다. 그 후 1907년(융희 1)에 이르러 이 세의 징수사무는 탁지부 소관으로 옮겨졌다.

1927년 『조선물산』에 따르면 한일병합 이후 왕대속 분포지는 전라도 남원, 담양, 곡성, 강진, 영암, 나주 등 6곳과 경상도 부산, 진주, 함안, 하동, 산청, 합청 등 6곳 및 강원도 삼척, 울진 등 2곳이다. 일제 중반까지 우리나라의 죽림은 일정한 면적을 유지했으나 일제 말기의 수탈과 6·25전쟁을 겪으면서 그 면적이 급격히 감소하였다. 대부분이 전남, 경남에 분포되어 있고 전북·충남·경북·강원·제주도에도 산재되어 있었다.

[참고어] 지목, 공해전

[참고문헌] 『경국대전』; 『신보수교집록』; 『속대전』; 『대전회통』 호전 ; 『만기요람』; 김옥근, 1988, 『조선왕조재정사연구』 3, 일조각 ; 박경석·배재수·최덕수·이철영, 1997, 「조선시대 산림사료사」 『임업연구원 연구자료』 138, 임업연구원 ; 대한지적공사, 2005, 『한국지적백년사 : 자료편 4』 〈고나은〉

준수책(遵守冊) ⇒ **전제상정소준수조획**

중답주(中畓主) 조선 후기 도지권(賭地權)을 갖고 있는 토지를 다시 소작을 주어 소작인이 부담하는 지대와 지주가 받는 지대의 차액을 수취하는 사람.

소작인은 대개 지주가 확보했던 토지를 개간이나 수리할 때 노동력이나 자금을 제공하고 그 대가로 토지에 대한 부분적 소유권을 얻어냈는데, 이러한 권리를 도지권이라고 말할 수 있다. 이 권리는 계속 소작할 권리를 가질 뿐만 아니라 지주에게 부담하는 지대도 그 양이 보통보다 낮은 정액지대였다.

도지권을 가진 소작인은 이 토지를 자유롭게 경영할 수 있었으므로 다른 사람에게 다시 소작을 주기도 했다. 이 경우 도지권을 가진 소작인은 지주에 대해서는 작인이고, 실제로 토지를 경작하는 소작인에 대해서는 지주가 되었는데, 이는 중답주라 불렸다. 이들은 거의 전국적으로 존재했으며 중도지답주·사답주·실답주 등 다양한 이름으로 불렸다.

중답주는 자신이 지주에게 부담해야 할 지대보다 더 많은 지대를 실제 소작인에게 받아서 그중 일부를 정해진 액수대로 지주에게 바치고 그 중간 차액을 차지했는데, 이를 중도지라고 불렀다. 중답주가 발생했던 대표적인 토지들은 황해도의 봉산·재령·안악·신천 등지의 궁방전(宮房田)들이었다.

부재지주로서의 왕실·궁방은 장토농민을 관리하는 데 있어 중간 관리인을 두고 있었다. 이와 같이 궁방의 부재지주경영이 중간 관리인을 통해 이루어지는 과정에서 주목되는 것은 이들 가운데 궁방으로부터 대여받은 것을 다시 대여하는 이중시작(二重時作)이 성립했다는 점인데, 궁방전 조성과정에서 결합된 제권리의 타협안으로서 나타난 결과였다. 특히 유토(有土) 내 영작궁둔(永作宮屯)이 문제가 되고 있었는데, 그것은 장토를 중심으로 궁방과 농민과의 권리가 중첩되었기 때문에 나타난 현상으로서 양외무주(量外無主) 한광지(閑曠地)를 개간하고 이후에도 '제방을 쌓고 농사지어야 하는(築堰築垌 起墾作畓)' 농민의 노동력이 필요했기 때문에 그 권리를 인정하지 않을 수 없었던 사정에서 연유했다. 이같은 토지에서는 1종 유토처럼 1/2을 수취할 수도 없었고, 2종 유토처럼 1결당 23두를 수취할 수도 없었기에 1결당 조(租) 200두로서 소출의 1/4 정도를 수취하고 있었다.

민전이나 궁방전에서의 부재지주경영은 구래의 병작제적 경영방식을 취하고 있었지만 그 내부에 토지에 대한 농민의 권리가 성장하기 시작하면서 중답주가 성립하거나 혹은 도지권이 매매되는 등 새로운 경영형태가 나타났다는 점이 이전 시기의 경영과 차이가 있다.

이 지역의 궁방전은 처음에는 황무지·갈대밭 등이었는데 궁방이 절수를 받아 개간한 땅들이다. 개간할 때 자산가들이 돈을 모아 개간 비용을 대고 도지권을 차지한 경우도 있었고, 개간 이후에도 농경지로 유지하려면 제언·수로 등 시설을 계속 보수해야 하므로 농민들은 이를 일정하게 담당하는 대가로 도지권을 차지했다. 이러한 도지권은 중답주를 비롯한 농민들이 궁방의 지대 수취에 저항하여 지대량을 더욱 낮춤으로써 강화되었다. 19세기에는 궁방이 받는 지대는 소출의 1/4에 불과하여 중답주가 차지하는 중도지는 실작인에게서 받은 1/2 지대와의 차액인 소출의 1/4이 되었다.

한편 한말의 역둔토조사사업은 명목상으로만 국유·왕실 소유이고 실제로 민간 소유였던 많은 토지를 강제로 역둔토로 편입하여 실제 소유자를 중답주로 밀어내었다. 이렇게 하여 새로이 대량으로 발생한 중답주와 조선 후기 이래 궁방전 등에 존재했던 중답주들은 지주측의 입장에서 보면 지주의 노력 중간에서 가로채는 존재였고, 소작인측에서 보면 그들의 이익을 부당하게 수탈하는 존재였다. 그렇지만 이들의 이러한 존재형태는 지주제라는 체제 속에서는 작인이 반지주적인 세력으로 성장하는 하나의 형태이고 과정이었다. 중답주에 의한 이중의 소작관계는 한말에 반봉건투쟁이 발전하면서 지대율이 낮아지자 크게 확대되었다. 더욱이 갑오개혁 이후에는 지방의 유력자, 즉 권세가나 구이속(舊吏屬) 가운데서 중답주로 되는 자가 많이 생겨났다. 이로 인해 중답주는 지주로서도 쉽게 제거할 수 없는 세력을 형성했던 것이고 지주제가 강화되지 못하게 하는 쐐기 역할을 하였다.

그러므로 지주층은 가능한 한 이들을 지주경영에서 배제하고자 노력하였다. 그 중에서도 특히 궁장토를 소유하였던 궁방들은 여러 차례 이들을 제거하기 위한 조치들을 시도하였다. 그러나 중답주의 저항으로 그러한 조치들은 실효를 내기 어려웠다.

역둔토에서는 을미사판(1895년) 이래 몇 차례의 토지조사와 도조 책정이 이루어지면서 지주제를 강화하려는 조치가 시행되었다. 그러나 그때마다 농민들의 저항에 부딪쳐 소기의 목적을 달성하지 못했다. 역둔토에서 본격적으로 소작권이 약화되는 것은 일제의 강요로 「역둔토관리규정」이 만들어지는 1908년 이후라 할 수 있다. 이때는 일본이 추진하는 농업식민책에 따라 일본인 지주·자본가들이 본격적으로 토지 겸병에 나서고 있었고, 역둔토 또한 그들의 겸병 대상이 되고 있었다. 그러므로 일본으로서는 차제에 이러한 농업식민책이 성공할 수 있도록 최대한 소작농민의 권리를 약화시켜야 했는데 여기서 가장 문제가 된 것이 역둔토의 소작관행이었다.

일제는 「역둔토관리규정」을 제정하게 하고 물리력으로 이들을 해체시켜 갔던 것이다. 일제는 중답주를 제거할 필요성에 대해 "소작권(小作權)의 안고(安固)를 기(期)하고 농사의 개량을 도모"하기 위해서라 했지만, 그 주목적은 지주 수입을 증가시키는 데 있었다. 둘째는, 소작농민의 소작권을 현저히 약화시키고 소작농민에 대한 통제를 강화한 것이었다. 「역둔토관리규정」은 역둔토의 관리를 각 지방의 재무감독국장 관할로 변경하고, 소작인은 반드시 문서로 소작계약을 체결하게 했으며, 소작기간은 5년을 기한으로 하였다. 물론 계약의 갱신은 가능한 것이었지만, 갱신이 이루어지지 못하면 소작권은 자동으로 소멸되는 것이었다. 뿐만 아니라 이 규정은 소작인이 소작권을 함부로 타인에게 양도·매매·전당·전대하지 못하게 명시하였고, 소작인이 소작료를 체납하거나, 토지의 형태를 함부로 변경하거나 혹은 토지를 황폐하게 했을 경우, 그리고 역둔토 관리규정을 위배하거나 정당치 못한 소행을 할 때에는 정부가 언제든지 일방적으로 소작권을 해지할 수 있게 하였다.

역둔토지주제의 강화는 역둔토의 지대를 다른 토지의 수준으로 인상하여 중답주의 존립기반을 없애고, 중답주를 배제하고 직접 실소작농민을 파악하는 방법으로 진행되었다. 특히 1909년 이후 일제의 국유지실지조사로 국유지대장이 완비되고 소작농민에게 국유지소작인허증이 발급되면서 중답주는 소멸의 위기를 맞았다.

[참고어] 궁방전, 병작, 국유지실지조사, 을미사판

[참고문헌] 金容燮, 1978, 「韓末에 있어서의 中畓主와 驛屯土地主制」 『東方學志』 20 ; 都珍淳, 1985, 「19세기 宮庄土에서의 中畓主와 抗租 ; 載寧 餘勿坪庄土를 중심으로」 『韓國史學』 13, 서울대 국사학과 ; 李榮昊, 1997, 「大韓帝國時期 國有地의 所有構造와 中畓主」 『韓國 近現代의 民族問題와 新國家建設』, 金容燮敎授停年紀念韓國史學論叢刊行委員會

〈이석원〉

중도지(中賭地) ⇒ 영소작, 중답주

중맥설(重麥說)

1888년(고종 25)에 지석영(池錫永,

1855~1935)이 엮은 맥류 재배에 관한 기술서.

서문의 내용은 "보리는 흙의 종류를 가리지 않을 뿐만 아니라 가을에 파종하여 여름에 수확하고, 비·가뭄·해충·서리 등에 강하며 제초의 노력도 적게 들기 때문에 농가의 중요한 작물임에도 우리나라에서는 보리재배를 중요시하지 않고 있다.……쌀밥을 싫어할 리 없지만 쌀은 생산과정에서 노력이 많이 들고, 재해가 많아 우리도 쌀만큼 보리를 중요시한다면 국부(國富)를 이룩하는 데 용이할 것이며, 이러한 뜻에서 중맥설이 틀림없다는 사실을 밝히기 위하여 이 책을 저술한다."라는 요지로 되어 있다.

본문은 모두 17항으로 나누어지는데, 그 요목만을 들면 총론(總論)·공기(空氣)·치전(治田)·명품(名品)·성능(性能)·택종(擇種)·종예(種藝)·토의(土宜)·비료(肥料)·서운(鉏耘 : 제초)·언매(偃媒)·배양(培養)·예확(刈穫)·설명(說明)·비지(肥地)·회요(灰窯)·산계(算計) 등이다. 그리고 끝에는 근대식 양계의 시초라고 볼 수 있는 계사에서 닭을 기르는 권양계법이 부록으로 첨부되어 있다. 이 책은 전통 농학이 서구식 농학으로 옮겨가는 과정을 엿볼 수 있는 좋은 자료이다. 고려대학교·성균관대학교 도서관에 소장되어 있다.

[참고문헌] 이성우, 1981, 『한국식경대전』, 향문사 ; 김영진, 1982, 『농림수산고문헌비요』, 한국농촌경제연구원 〈정두영〉

중초책(中草册) 대한제국 양전사업의 3단계 양안작성 과정(야초→중초→정서) 중 실제 측량에 의해 작성된 야초책을 토대로 해당 필지에 자번호를 부여하는 중간 단계인 중초를 통해 작성된 양안.

1898년부터 시행된 대한제국 양전사업에서 양지아문은 각 지방의 측량과 양안 작성 과정을 실제 들에 나가 측량하여 야초(野草)를 작성하는 1단계, 지방관아에서 이를 모아 편집해서 중초책 양안을 작성하는 2단계, 이를 양지아문에서 정리 및 정서해서 정서책 양안을 작성하는 3단계로 나누었다. 중간단계인 중초책 작성은 양지아문에서 파견한 각 군의 양무관리인 위원과 학원들이 각 면별로 야초책을 수집해서 작성했다.

중초책 양안은 각 면의 순서에 따라 자호(字號)와 지번(地番)을 부여하면서 면적과 결부, 시주(時主)·시작(時作) 기재의 정확성 여부, 사표(四標)와 시주의 일치 여부 등을 확인하고 지역별로 통일적인 양안의 체제를 갖추었다. 경기도 지역에서는 면 단위로 이전의 전결총수 및 호수와 새로이 조사된 전결(田結)과 호(戶)의 총수(總數)를 대비해서 기록했다. 충청남도 남부지역은 농가의 경제형편에 따라 원호(元戶), 가주(家主), 협호(挾戶)를 세분하여 파악하고 있다. 초기 양전지역인 충청남도 아산·온양·연기군의 일부 및 경기도 수원·용인·광주군에서는 토지소유자를 전주나 답주로, 소작인은 작인으로 표기했다. 중초책에서 나타나는 기재양식 차이는 양전을 담당한 양무위원과 학원에 의한 것으로 보인다. 각 지방에서 수정되어 만들어진 중초책 양안은 중앙의 양지아문으로 보내져 초사(初査), 재사(再査)를 통해 정서책 양안으로 완성된다. 각 필지별 조사내용이나 결총 등의 내역에 수정이 필요한 경우 중초책 양안에 수정첨지를 붙여가면서 수정을 가하고 있다. 1902년 12월 양지아문의 기능이 정지되기까지 정서되지 못한 중초책 양안은 이후 지계아문으로 인계되어 지계아문 양안을 정서하는 데 활용되었다.

현재 양지아문 양안의 중초책 양안은 규장각에 남아있다. 규장각 소장 광무양안은 본래 양지아문과 지계아문에서 작성한 중초책과 정서책을 모두 포함하여 총 52종이나 충청남도 아산군과 연산군, 경기 광주부의 경우 서로 다른 종류의 양안이 1종으로 묶여 있으므로 이를 분리하여 총 55종으로 산정할 수 있다. 양지아문에서는 중초책 양안과 정서책 양안을 모두 작성하였는데 중초책 양안은 총 55종 중 1900~1902년까지 작성한 31종이 남아있다. 중초책이 남아있는 지역은 1900년에 작성된 경기 과천·광주·수원·안산·용인, 충남 목천·문의·아산·연기·전의·천안, 충북 괴산·음성·충주 등 총 14개 군과 1901년에 작성된 경기 안성·양성·양지·여주·음죽·이천·죽산·진위, 충남 부여·석성·연산·온양·정산·진잠·한산, 충북 청안 등 총 16개군, 1902년에 작성된 경북 경주의 1개 군 등이다. 중초책 양안은 1책의 크기가 32.6×40.7㎝이고 오류, 수정된 곳이 많다. 표지에는 조사·수정 과정을 나타내는 조사안이 붙어있다. 1면(面) 당 2~3책이 작성되었으며 평균 1.86책 정도이다. 기재항목은 지번, 양전방향, 전형, 지목, 야미수, 사표, 전답도형, 장광척수, 시주, 대주, 가주, 시작 등이다. 주인란에는 진전과 응탈 표기가 있어 진전을 파악하고 있음을 알 수 있다. 중초책은 양안 1지면 당 5~6필지의 정보를 담고 있다.

[참고어] 야초책, 정서책, 광무양안, 광무양전사업, 양지아문

[참고문헌] 한국역사연구회 토지대장연구반 편, 1995, 『대한제국의 토지조사사업』, 민음사 ; 김종준, 2010, 「광무양안의 자료적 성격 재고찰」『한국문화』 51 〈고나은〉

중추원(中樞院) 1894년 6월 군국기무처에서 추진한 정치제도의 개편, 즉 제1차 갑오개혁을 추진하는 과정에서 새롭게 설치된 기관. 그리고 1910년 10월 1일 조선총독부가 식민지 지배정책을 정당화하는 기능을 수행하도록 설치한 기관.

한말에는 문, 무, 음(蔭)의 자헌(資憲) 즉 정2품 이상의 실직이 없는 인사들을 우대하는 기관의 성격을 지니고 있었다. 그 성격은 제2차 갑오개혁 때에 이루어진 중추원관제 개정으로 변화되었는데 1895년 3월 25일에 개정, 공포된 중추원관제 급 사무장정(中樞院官制及事務章程)은 내각의 자문에 응하여 법률, 칙령안 및 임시로 내각에서 자순(諮詢)하는 사항을 심사, 의정하는 기관으로 규정하는 등 권한을 일부 강화하였다. 또한 중추원의 의장 및 부의장, 이관 등의 선임기준과 임무도 구체적으로 정의되었다. 이후 독립협회의 의회설립운동으로 중추원관제가 개정됨으로써 기능과 권한이 더욱 강화될 수 있었다. 고종은 독립협회의 요구를 일부 수용하여 새로운 중추원관제를 1898년 11월에 공포하였는데, 여기에서는 근대민주주의국가의 의회가 수행하는 기능과 권한을 부분적으로 행사하는 기능을 부여하였다. 예컨대, 입법권의 행사, 의관의 반수를 인민협회 등 국민이 참여하여 투표로 선거할 수 있게 규정한 것 등이 그것이다. 그러나 독립협회에서 전개한 중추원의 근대적 의회로의 전환은 조병식 등 수구파의 이른바 '익명서 조작사건'으로 고종이 독립협회 해산 조칙을 내려지면서 좌절되었다.

1910년 10월 1일 조선총독부에서도 중추원을 설치했다. 일제의 식민지 지배정책을 정당화, 홍보하고 그 정책을 뒷받침하는 자료를 수집하는 기능을 담당하였다. 1910년 조선총독부 중추원관제에 따르면 중추원은 조선총독 개인의 자문기구로서 의장 1명, 부의장 1명, 고문 15명, 찬의 20명, 부찬의 35명으로 구성되고 사무행정 처리를 위한 서기관장 1명, 서기관 2명, 통역관 3명 등이 임명되었다. 1915년 4월 30일에는 중추원관제가 개정되어 자문기능 이외에 '구관 및 제도에 관한 조사' 업무가 추가되었다. 특히 1921년의 2차 개정에서는 사이토 마코토(齋藤實) 총독의 분할통치·문화정책의 일환으로 중추원을 식민지통치의 선전·홍보 기구로서 활용하기 위해, 고문을 5명, 찬의·부찬의를 참의(參議) 65명, 서기관·통역관을 전임 각 1명으로 하고, 부의장·고문·참의 임기를 3년으로 개편했다. 조선총독부 중추원의 가장 중요한 기능은 구관제도조사사업과 『조선반도사』 편찬을 위한 기본적 사료의 조사·수집, 관련 책자의 편찬이었다. 특히 『조선반도사』 편찬사업은 1915년 7월부터 착수되어 이완용 등 고문 11명을 조사위원으로, 찬의 유정수(柳正秀) 등 15명을 실무자로 선임한 데 이어, 미우라 히로유키(三浦周行), 이마니시 류(今西龍), 구로이타 가쓰미(黑板勝美)를 편집주임으로 위촉하여 식민사관을 정립하려 했다. 또한 식민지에 적용할 법률 제정을 위한 사회·문화 조사활동도 전개했는데, 역둔토·궁장토 및 토지소유권 연혁 조사, 지상권·연대채무·친족관계·상혼(相婚) 등의 조사와 그에 기초하여 구관습을 식민통치법안으로 입법하여 어떻게 활용할 것인가의 심의를 담당했다.

[참고어] 법전조사국, 조선관습조사보고서

[참고문헌] **김윤정**, 2011, 『조선총독부 중추원 연구』, 경인문화사 ; 이방원, 2010, 『한말 정치변동과 중추원』, 혜안 ; 이승일, 2008, 『조선총독부 법제정책 : 일제의 식민통치와 조선민사령』, 역사비평사

〈이승일〉

증보산림경제(增補山林經濟) 18세기 중반 유중림(柳重臨)이 홍만선(洪萬選)이 편찬한 『산림경제(山林經濟)』를 증보하여 편찬한 농서.

유중림(1705~1771)의 본관은 문화(文化)이고, 자는 대이(大而), 호는 문성(文城)이다. 아버지는 숙종 대 두의(痘醫)였던 유상(柳瑺)이다. 유중림은 영조 대에 태의원의약(太醫院醫藥)과 태의원내의(太醫院內醫)를 지냈다. 유중림은 의관으로서 과학자다운 안목으로 홍만선의 『산림경제』를 검토하였고, 1766년(영조 42)에는 이를 증보(增補)한 『증보산림경제』를 편찬하였다.

유중림이 『증보산림경제』의 편찬을 완료한 시기는 임희성(任希聖, 1712~1783)이 서문을 지은 1766년(영조 42) 무렵일 것으로 생각된다. 그가 『증보산림경제』를 편찬하게 된 기본적인 이유는 『산림경제』가 지닌 소략함 때문이었다. 임희성의 지적에 따르면 『산림경제』가 세상에 나온 지 불과 40~50년 정도밖에 지나지 않은 1760년대에 벌써 『산림경제』를 누가 언제 지었는지 미상인 상황이었다. 임희성이 살던 시기에 홍만선이 『산림경제』를 지었다는 사실조차 어렴풋하게 되었다는 것이 흥미롭지만, 이는 『산림경제』 자체가 판본으로 간행되지 못하고 필사본으로만 유전되었기 때문에 생긴 모호함일 것이다.

유중림이 보기에 『산림경제』는 은거하는 선비가 안빈하면서 직접 힘으로 먹고살 수 있는 요결임에 틀림없

지만 권질(卷帙)이 작아서 강령(綱領)이나 조목(條目)에 소략한 점이 문제였다. 그는 따라서 『산림경제』의 내용을 풍부하게 하여 산가(山家)의 청취(淸趣)에 관계되는 것을 모두 항목별로 나누어 수합하고자 하였다. 그 결과물이 바로 『증보산림경제』이다.

『증보산림경제』는 『산림경제』를 대대적으로 증보한 것이어서 전체적으로 새로운 구성 내용을 가진 책이었다. 기본적으로 『산림경제』를 증보한 형태를 취하고 있지만, 서술 내용의 측면에서 보면 거의 2배 가까운 내용을 포괄하고 있고, 『산림경제』에서 다루지 않은 부분을 담고 있기 때문에 독자적인 성격을 부여할 수 있는 책이었다.

『증보산림경제』는 총 16권으로 구성되어 있는데 복거(卜居), 치농(治農)에서부터 잡방(雜方), 동국산수록(東國山水錄)에 이르기까지 산림처사가 생활하는 데 필요한 요긴한 정보를 수록하고 있었다.

『증보산림경제』는 『산림경제』의 내용을 단순히 양만 증가시킨 것이 아니었다. 일례로 「치농」을 중심으로 두 책의 조목수를 비교해 본다면, 『증보산림경제』 「치농」이 어떠한 방향으로 『산림경제』 치농조를 증보하였는지 밝힐 수 있다. 위의 표는 『증보산림경제』가 순수하게 조목 전체를 증대시킨 건수와 몇몇 단어나 구절을 첨부하여 조목의 내용을 보완한 건수가 어느 정도인지 검토하여 만든 것이다.

먼저 양적인 측면에서 살펴보면, 『산림경제』의 「치농」은 전체 조목의 숫자가 191개(『증보산림경제』에서 홍화(紅花) 등 치포(治圃)로 이동한 11개 제외)로 구성되었다. 그런데 이 가운데 37개의 조목에서 『증보산림경제』가 보완하는 구절을 첨부하였고, 새롭게 순수하게 증대시킨 조목의 숫자도 58개나 되었다. 『산림경제』 치농의 조목수(191개)를 기준으로 살펴보면 『증보산림경제』 치농조는 58개의 조목을 증가시켰으니 비율로 따져서 30.3%가 증가한 것이고, 19.4%인 37개를 보완한 것이었다.

한편 질적인 면에서 『증보산림경제』가 『산림경제』를 증보한 부분을 몇 가지 살펴보면, 첫째 감저(甘藷) 경작법을 수록한 부분을 주목할 수 있다. 감저, 즉 고구마가 조선 국내로 들어온 것은 1763년(영조 39) 일본에 통신사행의 정사로 건너간 조엄(趙曮, 1719~1777)으로부터 비롯한다. 그런데 감저가 조선에 전파된 이후 감저 재배법을 정리한 최초의 인물은 강필리(姜必履)였다. 그는 감저를 수차례 시험 재배하고 그 결과를 토대로 재배법을 정리하여 『감저보(甘藷譜)』를 지었다. 그런데 『증보산림경제』에 그의 감저종식법(甘藷種植法)이 압축 수록되어 있다. 유중림은 『증보산림경제』에 조선의 감저 경작법 정리의 밑거름이 되는 강필리의 『감저보』를 수록하면서 구황작물의 경작에도 관심을 기울여 실질적인 『산림경제』 증보를 달성하고자 하였다.

〈『증보산림경제』 「치농」이 『산림경제』 「치농」을 증가·보완한 조목 내역〉

항목	원(元) 조목수	증가 조목수	보완 조목수	비고
경전의 : 원 경파 (耕田宜 : 元 耕播)		7	1	증가 : 『금양잡록』 3개
험세(驗歲)	35	1	1(俗方)	
기곡(祈穀)	6		1	
황지변사법 (荒地辨試法)		1	1	
경파(耕播)	29	1	6	원 순서는 수분(收糞) 뒤
택종(擇種)	7	2		
수분(收糞)	7	5		
도종(稻種) 소개		1		
종도(種稻)	22	5	5	의묘법(醫苗法)이란 명칭 부여
종서속직촉서 (種黍粟稷蜀黍)	18	6	4	
종태두소두녹두 (種太豆小豆菉豆)	17	7	1	
종대소맥(種大小麥)	18	4	7	원 순서는 교맥(蕎麥) 뒤
종지마수소마 (種芝麻水蘇麻)	6	3		옥촉서(玉蜀黍) 1개 추가
종교맥(種蕎麥)	5	2	1	이맥(耳麥) 1개 추가
종의이(種薏苡)	2			
종목화(種木花)	5	4	5	
종마저마(種麻苧麻)	14	9	4	마(麻) 4개
종홍화(種紅花)	4			권6 치포(治圃)로 이동
종람(種藍)	3			권6 치포(治圃)로 이동
종전(種靛)	3			권6 치포(治圃)로 이동
종인초(種茵草)	1			권6 치포(治圃)로 이동
합계	202	58	37	증보 : 95개

둘째로 『증보산림경제』는 『산림경제』를 보다 발전적으로 계승하여 시비(施肥)에 대한 중요성을 더욱 강조하였다. 『증보산림경제』 「치농」은 『산림경제』에서는 개개 작물의 경작기술을 설명한 부분에 들어있던 시비 관련조목을 수합하여 수분(收糞) 항목으로 서술 위치를 이동시켜놓았다. 예를 들어 "노초(蘆草)가 매우 좋지만 절기가 늦은 것이 흠이지만, 날마다 부쩍 자라기 때문에 날짜를 계산하여 이앙할 수 있다"라고 설명한 조목은 본래 『산림경제』의 종도삽앙법(種稻插秧法)에 들어가 있는 기사였지만, 『증보산림경제』는 이 시비 관련 조목을 수분항목으로 옮겨 놓고 있다. 이와 관련해서 『증보산림경제』, 「치농」은 전체의 항목 배열 순서를 『산림경제』의 그것을 그대로 준용하지 않고 약간 변형시켜서 설정하고 있었는데, 특히 수분에 관련된 항목의 전후

배열 관계를 살펴보면 재미있는 차이점을 발견할 수 있다. 즉 『산림경제』가 택종(擇種)→수분(收糞)→경파(耕播)의 순서로 항목을 배열한 반면에 『증보산림경제』는 경파→택종→수분으로 나열하고 있어 경파와 수분의 순서가 완전히 뒤바뀌어 있다. 유중림은 시비관련 조목을 5조목이나 증보하여 원래의 7조목과 더해 총 12조목을 수분 항목에 포함시키고 있었지만, 항목의 순서를 바꾼 이유에 대한 설명을 더하지 않았다. 하지만 경파와 수분의 순서를 앞뒤로 바꾸는 것은 수분 즉 시비의 독자적인 기술적 성격을 보다 강하게 인식한 데서 비롯되었다고 생각된다. 『농사직설』이 시비를 독자적인 항목으로 설정조차 하지 않은 채 경파와 결합시켜서 설명하던 것에서 점차 벗어나는 과정을 농서 편찬의 항목 설정에서 찾아볼 수 있는 것이다.

셋째로 계속해서 시비와 관련된 부분인데, 수도(水稻)를 경작하면서 경종(耕種)과정에서 시비재료를 넣어주는 기비(基肥)가 아니라 작물이 성장하고 있을 때 시비재료를 넣어주는 추비(追肥)를 실행하는 모습을 바로 『증보산림경제』에서 찾아볼 수 있다는 점이다. 조도(早稻)를 수부종(水付種)하고 뒤이어 묘(苗)가 자라났을 때에 수운(手耘)을 신속하게 수행해야 한다는 『농사직설』의 내용을 인용하면서 뇨회(尿灰)라는 시비를 묘가 자라고 있는 전토에 뿌려주라는 추비를 지시하고 있었다. 시비의 효과가 바로 작물을 자라나게 밀어주는 것, 즉 추장(推長)에 있다는 점을 분명하게 알고, 또한 바로 작물의 추장을 목표로 시비를 해야 한다는 주안점을 명백하게 보여주는 조목이라고 할 수 있다. 이와 같이 추비가 지닌 효과를 조리 있게 증보 서술하였다는 점에서 『증보산림경제』가 질적인 면에서 『산림경제』를 증보한 모습을 찾아볼 수 있다.

[참고어] 산림경제, 시비

[참고문헌] 이성우, 1981, 『한국식경대전』, 향문사 ; 김용섭, 1988, 『조선후기농학사연구』, 일조각 ; 염정섭, 2002, 「18세기 초중반 『산림경제』와 『증보산림경제』의 편찬 의의」 『규장각』 25

〈염정섭〉

지가제(地價制) 일제가 토지조사사업이 종결되면서 1918년 지세령을 개정하여 지가에 기초하여 실시한 지세제도.

지세령 개정으로 갑오개혁 이후 유지되어 오던 결가제는 폐지되고 지가제를 전면적으로 시행하게 되었다. 종래 결부제에 기초를 둔 결가제는 지가에 기초를 둔 지가제로 변하였다. 일제의 조선토지조사사업에서 각 필지에 대한 지가를 조사하여 토지대장에 기록하고 이에 기초하여 지세명기장을 작성하여 지가제를 시행할 수 있게 되었다. 지가제가 시행됨으로써 그 지세부담이 지세납세자에게 미친 영향에 대해서도 연구의 관심이 모아졌다. 지세부담이 과중해졌다는 측과 더 가벼워졌다는 측 등 두 경향의 연구가 있다.

1918년 지세령의 개정에 의해 지세를 지가의 1.3%로 규정하여 수취하였다. 1914년 부담이 한번 크게 증가된 이후 1918년에는 결가 수준을 염두에 두고, 조선재정독립계획과 관련하여 적절한 수준에 타협된 결과였다. 1922년에는 지세율을 지가의 1.7%로 인상하였다. 지세 외에 지세부담금도 있었다. 즉 지세에는 지방세로서 지세부가세, 면부과금으로서 지세할(地稅割), 학교비부과금으로서 지세부가금이 붙어 있었다. 그리고 지세와 무관하지만 각종 부담금이 현실적으로 부과되었다. 가령 지주회비, 도로조성비, 기념비, 면사무소건립비, 주재소건립비, 학교건축비 등을 지주들에게 과외부담 지웠다.

[참고어] 지세령, 결부제, 지세명기장, 결수연명부

[참고문헌] 배영순, 1988, 『韓末.日帝初期의 土地調査와 地稅改正에 關한 硏究』; 서울대학교 박사학위논문 ; 왕현종, 1992, 「한말(1894-1904) 지세제도의 개혁과 성격」 『한국사연구』 77 ; 이영호, 2001, 『한국 근대 지세제도와 농민운동』, 서울대학교 출판부

〈이영호〉

지가증권(地價證券) 농지개혁 당시 국가가 지주로부터 매입한 농지 가격을 보상하기 위하여 지가를 기입하여 지주에게 교부한 일종의 유가증권.

지가증권은 지주가 제출한 보상신청서를 기초로 발급되었다. 지가를 화폐가치의 변동과 관계없이 실질적인 가치를 유지하기 위해 단일수량 환산 석수(石數)로 표시했다. 농지개혁법 제8조 1항 1호에 따르면, 보상액을 당해 농지 주생산물 수량의 석·두·승으로 표시한다고 규정하고 있다. 그러나 개간간척지의 특별보상과 다년성 식물재배농지 및 농지부속시설에 대한 보상은 농지개혁 시행규칙 제20조에 의거하여 보상액을 금액으로 표시하였다.

지가증권의 발급과정을 보면, 먼저 농지소재지 시군읍면은 지주별 농지확인일람표를 도에 제출하고 도는 이를 지주거주지별로 분류하여 지주거주지 도에 송부하였다. 지주는 자신이 거주하는 도에 자기 소유의

모든 농지를 신고한다. 지주가 거주하는 도는 지주의 신고서와 농지소재지 도로부터 송부된 농지확인일람표를 대조하여 지가증권을 발급하였다.

그러나 전쟁발발 후 지가증권 발급에 관한 수많은 통첩이 하달되어 보상사무의 무질서가 초래되었고 발급사고의 위험마저 생겼다. 이에 농림부는 당시까지의 지가증권에 관한 통첩을 전부 폐기하고 1951년 4월 28일 새로운 지가증권 발급에 관한 요령을 제정 실시했다. 또한 농림부는 지가증권을 정확하고 신속하게 발급하기 위한 지가증권발급 특별독려반을 편성하여 각 시도의 증권발급사무를 검열하고 독려했다.

정부는 지주의 보상과 관련하여 지가증권의 산업자금화정책을 추진하였다. 이것은 지주보상금 지불과 지가증권 담보융자를 최대한 억제하는 것과 지가증권을 귀속기업체의 매수자가 매입하여 자유롭게 활용하도록 하는 방향에서 이루어졌다. 지주들의 보상신청 기한은 1950년 5월 3일까지였으며, 이에 대한 지가증권 교부는 1950년 5월 31일 이전까지 완료하도록 되어 있었다. 지가증권은 보상신청서를 바탕으로 발급되는 것이었는데, 지주들의 지가보상 신청이 지연되자 지가증권 발행에 지장을 초래하였다. 지가증권 발급이 전국적으로 지연되자 정부는 발급 기한을 1950년 7월 31일까지로 연장했다. 그러나 지가증권 발급업무는 6·25전쟁으로 제대로 시행되지 못하고 계속 지연되었다. 이후 9·28 서울수복으로 지가증권 발급이 재개되었고, 1·4 후퇴로 다시 중단되었다. 1951년도부터 보상금 지불이 시작되고 귀속재산 매각이 본격화되자, 지가증권에 대한 일반의 인식이 높아졌다. 지가증권을 잘못 발급하여 보상금 지불이 지체된 경우도 있었다. 지가증권을 발급할 때 지가의 보상석수를 잘못 계산하여 지불한 결과 뒤에 다시 회수하는 경우도 있었다. 전시하 인플레이션이 지속되는 상황에서 생계압박에 직면한 지주들은 지가증권을 싸게 내놓았고, 이것을 싼 값에 매입한 자본가들은 귀속기업체 불하대금으로 지가증권을 활용함으로써 자본축적기반을 조성할 수 있었다.

농지개혁법 시행령 제24조는 지가증권이 유가증권의 일종이라고 규정하고 있다. 귀속재산처리법에 따라 지가증권으로 귀속재산 매수 대금을 지불할 수 있었고, 귀속농지의 상환에도 납입할 수 있었다. 지가증권을 담보로 기업자금을 융자받을 수 있었으며 명의변경이나 분할도 자유로웠다. 지가증권이 유가증권이 아니라는 견해도 있었다. 1966년 12월 22일 대법원은 보상대장에 등재된 자가 아니면 지가증권을 소지하고 있더라도 보상금을 청구할 수 없고, 반면에 보상대장에 이름만 올라있으면 지가증권을 제시하지 않고서도 보상금을 청구할 수 있게 되어 있다는 점을 들어 지가증권은 농지보상청구권을 증명하는 증거물에 불과하다는 판결을 내린 바 있다.

[참고어] 농지개혁, 농지개혁법, 지주전업대책

[참고문헌] 이지수, 1994, 「해방후 농지개혁과 지주층의 자본전환 문제」, 연세대 사학과 석사학위논문 ; 한국농촌경제연구원, 1984, 『농지개혁사관계자료집』 제1집(법규 및 내규편) ; 하유식, 2010, 「울산군 상북면의 농지개혁 연구」, 부산대 사학과 박사학위논문 ; 김성호 외, 1989, 『농지개혁연구』, 한국농촌경제연구원

〈하유식〉

지게 짐을 얹어 어깨와 등에 메고 운반하는 데 사용하는 농기구.

지게 농업박물관

지게는 우리나라에서만 사용되는 고유한 농기구이다. 지게가 사용되기 시작한 시기는 삼국시기 유물에서 그 존재가 확인될 정도로 오래전부터 사용된 것으로 보인다. 예컨대 5세기 신라 토우(土偶)를 보면 등에 지게를 진 인물이 형상화되어 있으며, 7세기 백제 유물 가운데는 지게의 발채가 발굴되기도 했다.

소나무, 내지 삼나무를 반으로 잘라 두 짝의 몸통으로 만들어 이를 비스듬히 세우고 그 사이를 밤나무, 내지 박달나무로 만들어진 4~5개의 세장을 박은 다음, 세장을 탱개[탕개]로 고정하는 방식으로 제작된다. 세장 사이에 짚으로 엮은 등태를 달고, 세장과 몸통 또는 목발 사이에 어깨에 둘러멜 수 있는 밀삐[멜빵]을 달았다. 지게의 크기는 매우 다양하여 아이들이 메는 지게의 경우 1미터 남짓한 것도 있고, 큰 경우는 1.5미터 이상 되는 것도 있다. 사용하는 지형에 따라 목발의 길이도 달라지는데, 산골은 경사진 곳이 많아 목발이 짧고 평야 지대는 목발이 길었다. 지게는 100㎏ 이상의 근거리 운반도 가능하며, 싸리나무나 대나무를 조개모양으

로 엮은 발채를 얹은 '바지게'로 흙이나 거름을 싣게 할 수 있는 등 짐의 종류에 구애받지 않았기 때문에 물건의 운반에 매우 유용하게 사용되어 왔다. 『기산풍속도(箕山風俗圖)』(1895)에는 독이나 항아리의 운반을 위해 세장 사이에 널을 깔고 직각으로 사다리 모양의 틀을 가로 얹은 쪽지게가 등장하는데 이처럼 특정 물건의 운반에 특화되어 지게의 형태가 다양해진다. 쪽지게 외에 쟁기지게나 거름지게가 그 대표적인 경우에 속한다.

지게는 중국의 농서에는 등장하지 않지만 실생활에 널리 쓰이는 농기구였기 때문에 조선시기의 농서에서 지게에 대한 기록을 찾아볼 수 있다. 『역어유해(譯語類解)』(1690)에서는 '배협자(背挾者) 지게'가 소개되고 있으며, 『증보산림경제(增補山林經濟)』는 발음의 유사성을 고려하여 '부지기(負持機)'로 지게를 표기하기도 하였다. 『방언유석(方言類釋)』(1778)의 '배가자(背架子)', 『한한청문감(韓漢淸文鑑)』(1779)의 '배물가자(背物架子)'는 모두 지게의 한자 표기들이다. 20세기 일본들의 문헌인 『한국농업경영론(韓國農業經營論)』(1903)이나, 『한국토지농산조사보고(韓國土地農産調査報告)』(1905)에도 한국 어디서나 사용되는 흔한 운반 기구로서 지게가 언급되고 있다.

[참고문헌] 金光彦, 1986, 『韓國農器具考』, 韓國農村經濟研究院 ; 김광언, 2003, 『지게연구』, 민속원 〈정희찬〉

지경농장(支境農場) ⇒ 구마모토농장

지계감리응행사목(地契監理應行事目) 1903년 지계아문이 양전시행과 산림, 토지, 가사 등의 소유자에게 발급한 소유권증서인 관계 발급을 담당하는 지계감리에게 내린 행정지침서.

1903년 2월 27일 지계아문에서는 전국적인 토지 측량과 관계 발급사업을 구체적으로 규정한 사목을 공표하였다. 전체 32개 조목으로 구성되었다. 주요 내용은 관리의 임명과 운영에 관한 조목(1~7조), 관계의 발급(8~11조), 양전의 방식(12~18조), 양안의 제조와 관리 규정(19~31조), 기타 조항(32조)으로 되어 있다.

먼저 제1조에서는 지계감리의 지위와 역할에 대한 규정으로 관찰사와 대등 조회하고, 목사, 부윤, 군수에게 훈령과 지령, 보고와 질품을 하게 되어 있다. 다만 해당 지역 관찰사가 지계감독을 겸한 경우에는 감리 이하 각원이 감독의 지휘를 받게 하였다. 지계위원은 감독과 감리에게 보고하고 목사와 부윤, 군수에게 대등하게 조회하도록 하였다. 이는 기존의 지방행정체계와 연결하여 지계감독과 지계감리, 위원의 지위와 역할을 규정한 조항이었다.

제8조에는 지계 발급규정이 구체적으로 규정되어 있는데, "지계를 소관지방에 전과 같이 실시하되, 전답, 산림, 천택, 가사를 일체 조사 타량하여 결부와 사표의 분명함, 칸수와 척량의 적확성, 시주와 구권의 증거를 반드시 확인한 후에 성급하도록 했다. 혹시 해당 전답, 산림, 천택, 가사 등을 인하여 소송 사건이 있거나 시주와 구권이 근거가 없는 경우에는 영유(領有)한 자에게 본군의 공적(公蹟)을 얻은 후에 관계를 발급해 줄 것"이라고 규정하였다.

지계아문에서는 토지소유자를 사정할 때 양안에 기록된 시주를 대상으로 하면서도 부동산 거래문서인 전답 매매 문권을 증빙자료로 삼아 소유자를 확정하기 위해 구권을 제출하도록 요구하였다. 만약 양안과 구권이 없는 경우이거나 구권이 소실되거나 위조문서가 작성되었거나 소유권 주장자가 한 사람 이상이어서 소송이 발생할 때에도 해당 토지를 영유한 자가 해당 군청에서 공적을 얻은 후에 관계를 발급하도록 하였다.

제12조에는 양전의 실시방법을 규정하였는데, 전답의 경우에는 국조 구전(舊典)에 의거하여 6등으로 정하고 결부제를 준용하였다. 토지의 등급 파악을 위해 토질, 토지가격, 곡식 생산량, 지심인의 평론, 구양안의 등급을 비교하여 결정하도록 하였다. 또한 토질이 척박하고 곡식이 잘 나지 않은 땅은 화속(火粟)이라 하여 속강(續降)으로 하고 결부를 낮추게 하였다. 전답의 모양은 국조 구전의 방형, 직형, 규형, 고구형 등 정해진 이외에도 '직이변형(直以邊形)'으로 하여 다양한 형태를 그대로 양안에 기록하도록 하였다. 지계아문에서 작성하는 새로운 양안에는 구 양안의 자호범수와 사표에 따라 작성할 수도 있다는 점을 인정하면서 이를 근거로 해서 다시 현지 측량과정을 거쳐 수정할 수 있도록 허용하였다. 또한 중초를 작성할 때 진락(陳落)를 따로 성책하여 속강한 전답에 대한 관리를 철저히 하도록 하였다. 다만 토지의 객관적 측량을 강조하면서도 양전의 조급한 시행을 위해서 구양안을 기본 자료로 활용할 것을 허용하여 양안 작성과정에서 불철저한 조사 결과를 초래하기도 하였다. 그밖에 공해와 민가, 대나무밭, 갈대밭, 닥나무밭, 옻나무 등을 구별하여 기록하도록 하였으며, 전답의 등급을 정확하게 하기

위해 그 동의 대소민인 중에서 공정하고 농리(農利)에 숙련된 사람을 공천하여 별도로 유사를 두어 토지의 등급을 평론케 하였다. 그런데 실제 지계아문의 양안에서는 토지의 실적수에 바탕을 둔 두락을 표기했으며, 전답도형의 다양화 보다는 단순화하여 직전(直田)의 형태로 표기한 점 등에서 사목의 내용과 일정한 차이가 있다.

이 사목에는 이같이 지계아문의 양전의 시행과 관계 발급에 대한 절차와 시행과정을 상세하게 파악할 수 있다. 특히 관계를 발급할 때 구권을 제출받아 없애버리도록 규정한 점은 국가가 소유권을 '법인'하여 국가에서 관리하려는 의도를 보여주는 것이라 생각할 수 있다. 이 사목은 『완북수록(完北隨錄)』에 수록되어 있다.

[참고어] 광무양전사업, 광무양전사목, 지계아문, 양지아문시행조례, 전답도형

[참고문헌] 최원규, 1994, 『韓末 日帝初期 土地調査와 土地法 研究』, 연세대학교 박사학위논문 ; 한국역사연구회 토지대장연구반, 1995, 『대한제국의 토지조사사업』, 민음사 ; 왕현종, 2004, 「대한제국기 지계아문의 강원도 양전사업과 官契 발급」 『동방학지』 123 ; 한국역사연구회 토지대장연구반, 2010, 『대한제국의 토지제도와 근대』, 혜안

〈왕현종〉

지계아문(地契衙門) 대한제국이 1901년부터 전국적인 토지조사와 산림, 토지, 가사 등의 소유자에게 소유권 증서인 관계 발급 등을 주관하기 위해 설치한 기관. 1904년 폐지되었다.

1898년 대한제국은 양지아문을 설립하고 전국적으로 토지조사를 진행시키고 토지소유자인 시주와 경작자인 시작을 양안에 등재시켰다. 그렇지만 당시 수많은 토지거래에 대해 국가적인 공인이나 통제를 하지 못하고 있었고, 전면적인 토지소유제도를 마련하지 못하였기 때문에 토지소유권의 매매, 상속, 전당 등의 과정에서 위조문권이나 도매(盜賣)의 폐단 등 많은 문제를 낳았다. 1900년 11월 중추원 의관 안종덕(安鍾悳)은 관에서 계권을 발급하는 제도의 필요성을 주장하였으며, 1901년 10월 중추원 의관 김중환(金重煥)도 전토관계(田土官契)의 법 제정을 재차 요구하였다.

결국 대한제국 정부는 1901년 10월 칙령 21호 '지계아문직원급처무규정'을 마련하였다. 지계아문은 한성부와 13도 지역의 전토계권을 정리하는 기관으로 출범하였다. 지계아문은 토지의 답사, 신계(新契)의 발급 및 구계(舊契)의 격쇄(繳鎖), 매매증권의 발급을 담당할 예정이었다. 이어 11월 처무규정을 고쳐 지계의 발급대상을 전답에서 산림, 천택, 가사 등으로 확대하였고, 외국인의 토지소유를 금지하는 조항을 삽입하였다.

〈전국 지계감독·감리 명단 및 임명일자〉

지역	지계감독	겸임관직	임명일자	지계감리	전임관직	임명일자	지계위원
경기	이근명(李根命)	경기관찰	1902.7. 5	홍태윤(洪泰潤)	양주군수	1902.11.10	1902.12.26
강원	김정근(金禎根)	강원관찰	1902.3.11	허후(許逅) 현덕종(玄德鍾)	울진군수 지계위원	1902.11.10 1902.11.10	1902.4.18
충남	홍승헌(洪承憲)	충남관찰	1902.11.22	이민유(李敏裕)	전의관		
충북	심상훈(沈相薰)	충북관찰	1903.8.10	한용원(韓龍源)	정3품	1902.11.10	1902.11.12
전남	이근호(李根澔)	전남관찰	1903.1.20	손종현(孫宗鉉)	6품	1902.11.10	1902.12.30
전북	조한국(趙漢國)	전북관찰	1902.7.5	이상덕(李相悳)	6품	1902.11.10	
경남	이재현(李載現)	경남관찰	1902.12.18	이규일(李圭一)	6품	1902.11.10	1902.12.30
경북	이헌영(李憲永)	경북관찰	1902.11.7	조하식(趙夏植) 오한선(吳翰善)	정3품 6품	1902.10.11-12.29 1902.12.29-1903.9.29	1902.11. 1
황해	이용직(李容稙)	황해관찰	1902.7.5				
평남	민영철(閔泳喆)	평남관찰	1903.1.20				
평북	민형식(閔衡植)	평북관찰	1903.1.20				
함남	서정순(徐正淳)	함남관찰	1902.7.5	한진직(韓鎭稷)	정3품	1902.11.10	1902.12.8
함북	이윤재(李允在)	함북관찰	1903.9.30	조하식(趙夏植)	경북지계감리	1902.12.29	
제주	홍종우(洪鍾宇)	제주목사	1903.2. 9				

출처 : 『지계아문래문(地契衙門來文)』, 『관보』, 『일성록』 해당일자 관직 임명기사.

1902년 1월 지계아문 사무소를 탁지부내에서 양지아문으로 옮겼으며, 3월 지계아문은 종래 전국적인 토지조사를 담당하였던 양지아문을 통합하였고, 양전사무도 관장하게 되었다. 관리로는 총재관 1인, 부총재관 2인, 위원 8명, 기수 2인으로 되어있었다. 개정처무규정에 의해, 부총재관 3인, 위원 4인, 주사 6인으로 고쳐졌다. 지계아문 분과규정에 의해 아문 산하에 문서과, 서무과, 회계과 등을 설치하도록 하였다. 각 지방에서 양전과 관계발행을 담당할 관리는 지계감독(地契監督), 지계감리(地契監理), 지계위원(地契委員)이었다. 지계감독은 각도에 1명씩 파견되어 관찰사와 대등하게 조회하도록 했으나 실제로는 해당 지역의 관찰사가 겸임하였으며, 각 군의 지방관에게 지령, 훈령 등을 내리면서 도 단위의 모든 업무를 관장했다. 지계감리는 13도에 감리 각 1인을 파송하고 해당 지방의 토지 측량

과 관계 발급을 위해 지계위원을 임명하였다. 양전의 실무는 대개 지계위원, 혹은 사무원이 담당하였으며, 각 지방에서 관계 발행 업무는 해당 군의 호방(戶房)이 담당하였다.

1902년 7월부터 지계감독을 임명하기 시작하여 11월에는 경기도 충청도를 비롯하여 황해도와 평안도 등을 제외한 전국에 지계감리를 파송하였다. 지계아문은 종전 양지아문의 양전조례 보다 더 세밀한 양전규정인 '지계감리응행사목'을 제정하여 토지의 측량에 관한 토지의 형상을 실제 농지형태와 부합하게 다양한 양안에 등록하게 하는 등 상세한 양전방식과 장부 정리 방식을 규정해 놓았다.

1902년 3월 토지측량과 관계발급의 첫 시행지역으로 강원도를 선정하여 김정근을 지계감독으로, 울진군수 허후(許逅)를 지계감리로, 현덕종(玄德鍾)을 비롯한 18명의 지계위원을 임명하여 사업에 착수하였다. 이어 1902년 8월 15일부터 강원도내 관계 발급사업을 시행하겠다는 공문을 발표하였다. 그렇지만 양전이 마무리되기 전에 조급하게 관계 발급을 서둘렀기 때문에 지역 주민들의 불만을 야기시켰으며, 1904년 2월 충청남도 정산에서는 지계아문의 양전사업과 관계발급사업을 거부하고 장부를 불태우는 민란이 일어나기도 하였다.

지계아문의 양전사업은 1902년, 1903년 2개년간 전국 각지에 걸쳐 94개 군의 양전을 마쳤고, 종전 양지아문에서 양전을 행한 지역까지 합하면 218개 군이었다. 이에 따라 강원도 전체 군에 관계가 발행되었으며, 1903년 11월 충청남도 38개 군에서 양전사업을 마치게 되어 관계를 발행할 수 있었다. 그렇지만 1904년 1월 러일전쟁의 위기 속에서 고종황제는 지금까지 단행한 개혁사업 중에서 지계아문을 폐지하는 결정을 내렸다. 이후 1904년 4월 칙령 11호로 탁지부 양지국 관제가 제정됨에 따라 최종적으로 관계발행 사업은 폐지되고 말았다.

대한제국기 광무양전 관계발급사업을 담당한 지계아문은 1901년 수립된 이래 토지의 국가관리화와 토지소유권의 근대 확정사업을 추구하였으나 완결하지 못한 채 마감되고 말았다. 더욱이 외국인의 토지침탈을 방지하려는 관계발급사업도 추진되는 도중에 중단됨으로써 일본인의 토지침탈이 제도적으로나 현실적인 측면에서도 본격화되었다.

[참고어] 광무양전사업, 지계감리응행사목, 양지아문, 광무양안

[참고문헌] 최원규, 1995, 『대한제국기 양전과 관계발급사업』『대한제국의 토지조사사업』, 민음사 ; 왕현종, 2004, 「대한제국기 지계아문의 강원도 양전사업과 官契 발급」『동방학지』 123 ; 한국역사연구회 토지대장연구반, 2010, 『대한제국의 토지제도와 근대』, 혜안 〈왕현종〉

지구전요(地球典要) 1857년(철종 8) 최한기(崔漢綺)가 편찬한 세계지리서.

최한기는 실학파 학자들의 전통을 계승하여 현실문제에 대한 과감한 개혁과 서구와의 대등한 교류(통상개방론)을 주장하여 뒤이어 등장하는 개화사상가들의 선구가 되었다. 최한기는 이러한 개국·개화 사상을 바탕으로 중국에서 입수한 『해국도지(海國圖志)』·『영환지략(瀛寰志略)』 등의 신서적을 기초로 『지구전요』를 편찬했다.

『지구전요』는 13권 7책으로 구성되어 있다. 내용은 서두에 범례·목차가 있고, 그 다음 천문·지구·조석, 대륙별 총설 및 국가별 지지(地誌), 해론(海論), 중서동이(中西同異), 전후기년(前後紀年), 양회교문변(洋回敎文辨), 역상도(曆象圖)와 제국도(諸國圖) 순으로 서술되어 있다.

『지구전요』의 제1권은 처음 12항목에서 지구에 관한 내용을 기존의 한역지리서에서 발췌하여 기록하였다. 천체의 구조, 항성과 유성, 사계절과 기상의 변화, 일식·월식과 조석의 원인 등 지구과학적 내용들로 서양의 르네상스 시대에 밝혀진 천문, 우주, 지구과학설을 수용하고 있다. 이는 프랑스 선교사 브노아(Michel Benoit)의 『지구도설(地球圖說)』(1767)에서 「지구운화(地球運化)」에 해당하는 부분을 발췌하여 『지구전요』의 맨 앞부분에 기록한 것으로, 지구도설을 통해 지구의 전체 운화를 이해하였다고 할 수 있다. 그리고 이를 도해한 것이 제13권 앞부분에 수록된 역상도(歷象圖) 23매이다. 역상도는 프톨레마이오스(Klaudios Ptolemaios)의 우주관, 티코 브라헤(Tycho Brahe)의 우주관, 코페르니쿠스(Nicolaus Copernicus)의 태양중심설의 우주관, 태양, 오성(五星), 일월식(日月蝕)을 도해한 천문도이다.

대륙별 총설과 각국의 지지(地誌)에서는 아시아, 유럽, 아프리카 및 남북아메리카에 대해 총설을 수록하고 그 밑에 각 대륙에 소속된 지방과 국가에 대한 내용을 대체로 강역(疆域)·풍기(風氣)·물산(物産)·생활·궁실(宮室)·도시·문자·상공업·용기(器用)·재정·정치·관직제도·교육·예절·형벌·병제(兵制)·풍속 등의 항목으로 상술하고 있다.

해론(海論)에서는 해양의 선박, 진주와 산호 등의 산

물과 조석관계, 해수의 염분 등에 대하여 서술하고 있다. 이러한 지지(地誌) 부분에서는 기존의 지지 항목 체계와 다른 독특한 분류 방식을 취하고 있는데, 최한기 학문의 핵심적 개념인 기화(氣化)를 기준으로 기화생성문(氣化生成門), 순기화지제구문(順氣化之諸具門), 도기화지통법문(導氣化之通法門), 기화경역문(氣化經歷門) 등으로 분류하였다.

제13권에는 「지구전후도(地球前後圖)」, 「황청전도(皇淸全圖)」를 비롯해 각 대륙별 여러 나라의 지도들이 수록되었다. 이들 지도들은 『영환지략(瀛環志略)』에 수록된 지도들을 저본으로 사용하여 그대로 모사한 것인데, 영환지략에 없는 「일본도(日本圖)」가 추가된 점이 다를 뿐이다.

세계지리 부분은 대륙별로 소속 국가를 수록하는 형식을 취하고 있다. 먼저 아세아(亞細亞) 대륙 소속의 나라를 다루고 있는데, 중국과 동양이국(일본, 유구), 남양빈해각국(南洋濱海各國), 남양각도(南洋各島), 동남대양각도(東南大洋各島), 오인도(五印度), 인도이서회부사국(印度以西回部四國), 서역각회부(西域各回部) 등으로 이루어져 있다. 구라파(歐羅巴, 유럽) 대륙은 아라사(峩羅斯, 러시아)가 맨 처음 기술되고 이어서 서국(瑞國, 스웨덴), 연국(嗹國, 덴마크), 오지리아(墺地利亞, 오스트리아), 보노사(普魯士, 프러시아), 일이만열국(日耳曼列國, 독일), 서사(瑞士, 스위스), 토이기(土耳其, 터키), 희랍(希臘, 그리스), 의대리아열국(意大里亞列國, 이탈리아), 하란(荷蘭, 네덜란드), 비리시(比利時, 벨기에), 불랑서(佛郎西, 프랑스), 서반아(西班牙, 스페인), 포도아(葡萄牙, 포르투갈), 영길리(英吉利, 영국) 순으로 되어 있다. 아비리가(阿非利加, 아프리카) 대륙은 아비리가 북토(阿非利加北土), 아비리가 중토(阿非利加中土), 아비리가 동토(阿非利加東土), 아비리가 서토(阿非利加西土), 아비리가 남토(阿非利加南土), 아비리가 군도(阿非利加群島)로 구성되어 있는데, 다른 대륙과 달리 나라별로 기술하지 않고 동서남북의 방향에 따라 대륙을 구분하여 기술하였다. 마지막으로 아묵리가(亞墨利加, 아메리카) 대륙을 수록하였는데, 북아묵리가 빙강(北亞墨利加氷疆), 북아묵리가 영길리속부(北亞墨利加英吉利屬部, 캐나다), 북아묵리가 미리견합중국(北亞墨利加未利堅合衆國, 미국), 북아묵리가 남경각국(北亞墨利加南境各國), 남아묵리가 각국(南亞墨利加各國)등의 항목으로 구성되었다.

전체적으로 볼 때, 수록된 나라의 수는 서명응(徐命膺)의 「위사(緯史)」에 비해 적으나 국가별 내용은 더 풍부하다. 수록된 국가마다 내용의 편차가 있는데, 당시 구라파의 강대국인 영국의 경우 가장 많은 분량으로 상세하게 기술하고 있다. 이러한 것은 당시 국제사정을 반영하는 것으로 최한기가 자신의 시각으로 취사 편집한 데서 기인한다.

『지구전요』는 형식면에서는 백과사전식 항목에 의한 기술이라는 전통적인 지리지의 형식에서 탈피하지는 못했다. 그러나 최한기의 독특한 학문체계인 기학(氣學)을 바탕으로 항목을 설정하여 기술한 점과 당시 중국 중심의 세계관에 머물렀던 한정된 지리 인식에서 벗어나 천체로서의 지구를 인식하고 바다를 포함한 지구 전체의 국가들을 비교하는 종합적인 세계지리를 다루었다는 점은 『지구전요』의 가장 큰 특징이다.

[참고어] 농정회요, 육해법

[참고문헌] 이원순, 1992, 「최한기의 세계지리인식의 역사성 : 혜강학의 지리학적 측면」 『문화역사지리』 4호, 한국문화역사지리학회 ; 노혜정, 2005, 「『地球典要』에 나타난 최한기의 지리관」 『지리학논총』 45, 서울대학교 국토문제연구소 〈남정원〉

지권(地券) 일본이 1872년 지조개정을 실시하면서 땅의 소지자에게 발급하여 소유권을 보장해 주고 지조납부자로 확정한 증권. 조선에서도 지권발급을 논의하고, 지계나 관계를 발급하기도 했다. 하지만 전국적으로 사업을 완결하지는 못했다.

지권은 토지소유권 증서를 말한다. 일본이 명치유신 이후 1872년 지조개정을 실시하면서 지소(地所)의 소지자에게 지권을 발급하여 지조납부자로 확정하고 지권대장을 만들어 매매 시에 주고 받도록 하는 조치를 취했다. 이때 농민의 소유권을 보장해주면서 발급한 것이 지권이었다. 지권의 뒷면에는 외국인의 토지소유를 제한하고 토지의 자유로운 사용 수익 처분을 보장하는 내용이 기록되어 있다. 자본주의 상품화폐경제에 적합한 토지상품화의 조건이 마련되었다고 평가할 수 있다.

개화파는 일본의 지조개정을 수용하여 한국의 지세 및 토지제도 개혁을 주장하였다. 유길준은 농경지뿐 아니라 산림천택, 공지까지 등록하고 지권을 발급할 것을 제안했다. 본국민만 지권을 이용하여 사유지를 매매할 수 있도록 하고, 외국인의 토지소유와 전당은 불허했다. 유길준의 구상은 모두 일본의 지조개정 및 지권제도에서 비롯된 것이다. 그런데 실제로 개항장에서는 지권제도를 시행하고 있었다. 토지를 확보한 외국인은 지권을 교부받고 지세 납부의 의무를 졌다. 한국과 중국은 지계(地契), 일본은 지권(地券)으로 표현하였다. 개항장의 지권양식은 개항장마다 차이가 있고, 일본전관조계와 각국전관조계에도 차이가 있다. 각국전관조계의 지권은 영문 Title Deed와 한문, 일본어 역문이 점련되어 있었다. 어떤 경우든 근대적 토지소유권 개념에 입각한 배타적 소유권을 보장받았다.

대한제국이 지계아문을 설치하여 전답관계(田畓官契) 즉 지계를 발급한 것도 이와 같이 일본의 지권제도, 개항장의 지계제도, 개화파의 지계발급론 등의 영향을 받은 것이라고 할 수 있다. 외국인의 토지소유를 금지하고 매매, 양여, 전당을 허용하여 토지상품화의 안정성과 활성화를 도모할 수 있는 기초를 마련하였다. 지권의 교부를 통한 매매의 활성화와 안정을 꾀하려는 시도는 통감부가 설치된 이후에도 추진되었다. 통감이 초빙한 법률고문 우메 겐지로(梅謙次郎)는 지권가권법(地券家券法)을 구상했다. 지권가권법에서는 국유지는 제외하고 민유부동산에 대해 군수가 지권 및 가권을 발급하는 것으로 되었다. 군수는 지권대장, 가옥대장을 만들어 지권 및 가권의 발행, 소유권 이전을 관리하도록 하였다. 그는 처음에는 지권발행에 초점을 두었다가 후에는 토지를 측량하여 토지대장을 작성한 후 지권을 발행하는 것으로 구상했다.

우메의 구상은 1910년 8월 토지조사법의 제정에 반영되어 토지를 조사하여 토지대장 및 지도를 갖춘 뒤 지권을 발행하는 것으로 되었던 것이다. 그러나 1912년 토지조사령을 제정하여 지권발행을 취소하고 일본의 등기제도를 도입하는 것으로 귀결되었다.

[참고어] 광무양전사업, 가계제도, 대한제국전답관계, 우메 겐지로, 지계아문

[참고문헌] 한국역사연구회 토지대장연구반, 1995, 『대한제국의 토지조사사업』, 민음사 ; 최원규, 2001, 「19세기 후반 地契제도와 家契제도」 『지역과 역사』 8 ; 이영호, 2008, 「일제의 한국토지정책과 증명-지권-등기로의 단계적 전환」 『한국사연구』 142 ; 한국역사연구회 토지대장연구반, 2010, 『대한제국의 토지제도와 근대』, 혜안

〈이영호〉

지대(地代) 조선시기 전호(佃戶)가 토지소유자인 지주(地主)에게 지불하던 소작료.

우리나라는 일찍부터 토지에 대한 사적 소유권이 발전하는 가운데 봉건지배층들의 대토지소유와 소농민의 소토지소유가 일반화되고 있었다. 조선시기 양반지배층의 대토지소유가 일반화되는 가운데 이들이 소유한 토지의 경영은 지주전호제(地主佃戶制) 즉 대토지 소유자인 양반지배층의 소유지를 토지가 없는 소농민들이 빌려서 경작하는 방식으로 이루어지고 있었다. 지대는 토지의 임차인인 전호가 소유자인 지주에게 토지를 빌리는 대가로 지불하는 토지사용료의 일종이다.

지대를 결정하는 방식으로는 정률제(定率制)인 타조법(打租法)과 정액제(定額制)인 정조법(定租法), 집조법(執租法) 등이 있었다. 정액소작제인 정조법은 일찍부터 밭농사에서 관행화 되었고, 조선 후기에는 논농사에까지 확대된 것으로 알려지고 있다. 밭농사에서 정액소작제가 조선 전기부터 관행화된 이유는 이 시기 발달한 그루갈이 농법과 관계가 있다. 당시 밭에서는 보리·조·콩 등 밭작물이 1년2작, 2년3작, 2년4작 등의 다양한 형태로 재배됨에 따라 그때그때 수확물을 나누는 분익소작제가 실시되기에는 현실적인 어려움이 있었기 때문이다.

조선시기 정률제에 의한 타조법은 '타작(打作)'·'병작(併作)'·'반분(半分)' 등의 여러 가지 명칭으로 불리고 있었는데, 자료상에 나오는 가장 일반적인 명칭은 '병작반수(竝作半收)'이다. 병작반수는 통일신라시기에 발생하여 고려시기에 점차 확대되어 조선시기에 일반화된 관행이다. 여기에서 병작은 지주와 작인(作人)이 동일한 토지에 대한 공동의 경작자라는 관념, 즉 지주는 토지를 제공하고 작인은 노동력을 제공하여 동일한 토지를 공동으로 경작하다는 의미이며, 반수는 경작을 위하여 투하된 토지와 노동이 동일한 가치를 지니는 것으로 인식하여 그 수확물을 공평하게 반반씩 나누어 갖는다는 것을 의미하였다. 그러나 이것은 명목상의 의미일 뿐 실제는 독립 소경영을 하는 작인이 단독으로 경작했으며, 지주는 토지경작에 직접 참여하지 않는 것이 일반적이었다. 병작반수는 수리시설이 미비하여 생산이 불안정했던 논농사에서 지대수취의 일반적인 관행으로 정착되었다. 그 이유를 살펴보면 첫째, 지주의 입장에서 볼 때 당시 논농사에서의 생산력이 계속 상승해가는 추세였기 때문에 정률제인 병작반수는 수익을 지속적으로 증대시킬 수 있는 방식이었으며, 둘째, 수리시설의 미비로 인해 수·한재(水旱災) 등 자연재해가 빈발하는 조건하에서 벼농사만이 허용되는 논농사에서 정액제를 실시한다는 것은 작인의 입장에서 커다란 모험이었기 때문이다. 병작반수는 이처럼 당시

의 농업생산력 발달과 농업조건 등이 고려된, 지주나 작인 양쪽의 합리적인 이해관계 조정의 산물이라고 할 수 있다.

타조법에서의 농업경영방식을 살펴보면 소작인은 보통 비료·종자·농기구를 전담하는 것이 일반적이었다. 농산물의 수확은 지주가 정한 날짜에 지주나 혹은 그의 대리인(마름)의 입회하에 시행하였으며, 지대(地代)는 그 자리에서 현물 형태로 지주에게 분배되었다. 또 작인은 소작료를 지정된 장소까지 운반해야 하는 책임을 졌으며, 지주가 종자를 부담했다면 짚도 가져갈 수 있었다. 재해를 만나면 재해의 정도에 따라 지대의 일부를 감면(減免)해 주거나, 심할 경우(7할 이상)는 소작료 전체를 면제해 주었다. 이처럼 타조법에서의 지대는 그 해 수확량에 따라 결정되었으므로, 소작인이 게으름을 피우거나 생산물의 일부를 빼돌릴 경우 지주의 수입 감소로 이어질 수 있었다. 이에 지주측에서는 수입을 증대시키기 위해 종자선택·경작·수확·운반·토지개량 등 농업경영 일반에 감독과 간섭을 시도하는 경향이 많았다. 따라서 타조제하에서는 지주의 소작인에 대한 경제외적 강제가 심하고, 소작인들도 자유로운 농업 경영이 불가능하기 때문에 생산의욕을 보이기 힘들었다.

한편 전세(田稅)의 경우 밭에서는 대체로 작인이, 논에서는 지주가 부담하는 것이 일반적이었다. 그러나 조선 후기 지주제의 강화가 이루어지면서 호서(湖西)이남 지방에서는 전세납부의 책임이 점차 작인에게 전가되어 19세기에는 이것이 관행화 되었다. 북쪽지방에서는 전세 부담은 지주의 몫이었다. 그러나 북쪽지방에서도 각종 부담을 모두 지주가 부담하는 것이 아니라, 전세 중 현물은 지주가 부담하고, 전세를 납부하는 과정상에 드는 노동력은 작인의 몫이었으며 종자나 수세(水稅)는 현물을 공동부담했다. 이같이 전세부담자가 지주에서 작인으로 전환된 것은 지주의 수탈 강화를 의미하며, 조선 후기에 전개된 지주의 이러한 수탈강화는 작인들의 심각한 저항에 직면하여 지대 징수에 어려움을 겪기도 하였다.

정조법은 '도조(賭租)'·'도지(賭只)'·'지정(支定)'이라고도 하며, 풍·흉에 관계없이 미리 소작료액을 정하여 일정의 소작료를 징수하는 방법이다. 이 경우 소작료는 토지의 면적과 비옥도, 이전의 생산량과 예상 수확량으로 산정되었고, 합의를 보지 못한 경우에는 지주측 주장대로 결정된 예가 흔하였다. 소작 계약시 지주는 어느 때라도 소작료를 증감할 수 있었다. 소작료를 이렇게 미리 정해야 했으므로 수리시설이 미비하여 생산량이 불안정하던 논보다는 밭의 경우에 더욱 보급되었다. 밭농사를 중심으로 시행되던 정조법은 조선 후기에 들어와 역둔토(驛屯土)나 궁방전에서 널리 적용되었으며, 개인소유의 토지인 경우에는 부재지주(不在地主)의 토지, 즉 지주의 거주지로부터 멀리 떨어진 비옥한 토지 즉 에서 적용되는 경우가 많았다. 또한 지역적으로도 차이가 있어 전라도 지방에서 비교적 많이 행해졌으며 경상도가 그 다음으로 많았다. 이러한 도조법의 시행은 항조운동과 같은 지주에 대한 농민의 저항의 결과인 경우가 많았다. 소작료는 병작반수의 경우보다 낮아 3분의 1 정도가 보통이었다. 그러나 짚을 누가 갖느냐, 전세나 종자의 비용을 누가 부담하느냐에 따라 소작인의 부담이 달라질 수 있었으며, 실제로는 소작인의 부담이 수확량의 반이 넘은 경우도 많았다. 조선 후기 정조법에 의한 소작료를 생산량에 대한 비율로 환산하면 대체로 30~50%정도로 나타나고 있다.

정조법의 특징은 소작료의 정액이었으므로 농업 경영에도 영향을 미쳤다. 지주는 생산의 비용, 위험과 손실을 고려할 필요가 없었고, 관리비도 절약할 수 있었으므로 소작인의 경작에 대하여 간섭하지 않았다. 그렇기 때문에 약간의 자산을 가진 소작농은 정조법으로 자유스러운 농업 경영을 할 수 있고, 집약적인 농법을 채용하여 소득을 증대시킬 수도 있었다. 또한 소작인은 생산물을 자유롭게 수확하고 가공했지만 소작료는 지주가 지정하는 장소까지 기일 내에 운반해야 했다. 타조법에 비해 소작료의 체납이 발생할 가능성이 높기 때문에 그 점을 대비하여 지주는 양도와 담보 금지, 차압 등 엄격한 계약조건을 제시하였다. 만약 재해를 만났을 때는 소작료를 감면해 주기도 했지만 소작인의 태만이나 질병에는 혜택이 없었다.

집조법은 정조법의 변형된 형태로 매년 작물이 성숙한 뒤 수확하기 전에 지주가 간평인(看評人)을 파견하여 소작인 입회하에 작황을 조사하고 소작료를 정하는 방법이다. 이 경우에는 소작료율은 일정하였으나 소작료액은 풍·흉에 따라 변동하였다. 조선 후기 지방에 따라서는 이 방법을 집수(執穗)·두지정(頭支定)·집조(執租)·도조(賭租) 등의 명칭으로 불렸다. 그 뒤에 분화하여 일제시기에는 집조법이라는 이름으로 정착되었다. 대체로 18세기 말부터 등장한 것으로 추측되는데, 과세시에 답험(踏驗)하던 예에서 비롯된 것으로 추정된다.

또 소작인들이 생산물을 빼돌리는 소행을 막을 수 있고, 그 형태와 내용의 특질상으로 보아 타조법의 보완책으로 나온 것이 분명하다. 따라서 농업경영방식에서 종자선택이나 토지개량 등에 지주가 직접 간섭하기도 하였는데, 그 정도는 대체로 정조법과 타조법의 중간이었다.

집조법에서 지대를 결정하는 방식은 지주가 추수전에 농작물의 작황을 살펴 수확량을 추정하는 간평이나 벼이삭의 수를 계산하여 수확량을 계산하는 집수에 의해 결정되었다. 그런데 간평이나 집수시에 추정되는 수확량은 장소나 시기에 따라 추정량이 달라질 수 있는 것이었고, 계산 자체가 부정확하였기 때문에 지대액을 둘러싼 지주와 작인간의 분쟁이 많았다. 따라서 이를 보완하는 재간평제도가 시행되었는데, 소작인이 결과에 불복할 경우 일정 기일 내에 재간평 신청을 지주에게 할 수 있게 하였다. 그러나 재간평 이후에는 더 이상 이의를 제기할 수 없었고, 만약 심하게 불일치하는 경우에는 타조법에 의하여 대개 50%씩 나누는 것이 관행이었다.

대체적으로 볼 때 조선 후기 지대수취 방식은 타조법에서 도조법 혹은 집조법으로 변화하는 가운데 지대수취액의 전반적인 감소가 이루어지고 있었다. 이러한 변화는 조선 후기 농촌사회의 변동과정에서 전개된 항조운동(抗租運動)의 결과가 반영된 것이었다. 그러나 이러한 발전과정은 일본제국주의 침략으로 인해 우리나라의 농업이 지주 중심의 수탈적 농업체계로 재조정되면서 새로운 국면을 맞게 되었다. 즉 우리나라의 농업은 일본자본주의 발전을 위한 값싼 식량 공급원으로 위치하게 되었고, 이 과정에서 일본인 지주를 중심으로 한 지주제가 강화되어 지주의 권한이 커지게 되었다. 지대액은 타조법이나 도조·집조법을 막론하고 이전보다 훨씬 높아졌고, 농업 경영상 지주의 간섭은 강화되어 소작인들에 대한 수탈 강화와 몰락을 초래하게 되었다.

[참고어] 타조법, 병작

[참고문헌] 김용섭, 1995, 『(증보판)조선후기농업사연구』 1 ; 2007, 『(신정증보판)조선후기농업사연구』 2, 지식산업사 ; 2004, 『(신정증보판)한국근대농업사연구』 1, 지식산업사 ; 『(신정증보판)한국근대농업사연구』 2, 지식산업사 ; 2001, 『(신정증보판)한국근대농업사연구』 3, 지식산업사 ; 송찬식, 1970, 「조선후기 농업에 있어서의 광작운동」 『이해남박사화갑기념사학논총』, 일조각 ; 이경식, 1973, 「17세기농지개간과 지주제의 전개」 『한국사연구』 9 ; 이영호, 1984, 「18·19세기 지대형태의 변화와 농업경영의 변동」 『한국사론』 11 ; 이윤갑, 1986, 「18·19세기 慶北地方의 농업변동」 『한국사연구』 54 〈백승철〉

지리교과서(地理教科書)-대한지지(大韓地誌)·대한신지지(大韓新地誌)·중등만국신지지(中等萬國新地志)·신정중등만국신지지(新訂中等萬國新地誌) 개화기에 새롭게 서술된 한국지리 및 세계지리 교과서.

1894년 갑오개혁으로 신학제(新學制)가 확정되면서 근대 교육의 기틀이 마련되었다. 6월에는 학무아문(學務衙門)이 설치되어 교육을 관장하였는데, 이때부터 정규 학교교육에서 사용할 교과서가 편찬·간행되기 시작하였다. 당시 교과서의 편찬은 민간 주도와 정부 주도로 나누어져 있었는데, 정부 주도의 관찬 교과서는 처음부터 일본인의 직접적인 간섭 아래 출판되었다. 1895년에 정부는 학부편집국(學部編輯局)을 통해 『국민소학독본(國民小學讀本)』과 『소학독본(小學讀本)』을 간행하였으며, 이들 교과서는 신학제 수립 이후 출판된 최초의 교과서이다. 이후 관찬 교과서의 제작이 식민지 교육의 수단으로 추진되자, 민간학회와 교육회 등을 중심으로 항일독립정신을 고취시키는 교과서를 편찬하기도 하였다. 하지만 1908년 8월 「교과용 도서 검정규정」과 1909년 5월 「출판법 규칙」이 공포되었고, 민간 주도의 교과서에 대해 통제를 가했다. 그 결과 1909년 5월부터 12월까지 발매금지 처분을 받은 교과서는 모두 총 39종에 이르게 되었다.

[대한지지] 대한제국(大韓帝國)의 학부편집국에서 1899년 최초의 공식 지리지(地理志)가 간행되었는데, 『대한지지(大韓地誌)』 상·하권이 바로 그것이다. 현채(玄采)가 번역·편집하였고 국한문 혼용의 작성되었다. 총 2책 14편으로 구성되어 있는데 책머리에는 당시 편집국장이었던 이규환(李圭桓)의 서문이 있고, 책의 말미에 현채의 발문이 수록되어 있다. 1906년에 강진희(姜璡熙)에 의해 재판이 발행되었다. 서문이 있었던 초판은 1909년 「교과용 도서 검정규정」으로 인해 교과서 금지처분을 받았다. 발문에 따르면 이 책은 일본인이 저술한 한국지리 책을 주로 참고하였으며 『동국여지승람』도 참고로 서술되었다. 또한 학생들의 편의를 위하여 쉽게 서술되었다고 전해진다.

[대한신지지] 1907년 발간된 『대한신지지(大韓新地誌)』는 건(乾)·곤(坤) 2권으로 되어 있다. 이 교과서는 1905년 을사조약(乙巳條約)이 체결되자 11월 20일자 『황성신문(皇城新聞)』에 「시일야방성대곡(是日也放聲大哭)」이라는

글을 썼던 장지연(張志淵, 1864~1921)이 저술한 지리 교과서로, 1907년 6월 남장희(南章熙)를 발행인으로 출간되었다. 남정철(南廷哲)과 유근(柳瑾)이 교열을 맡았으며, '지문지리(地文地理)'·'인문지리(人文地理)'·'각도(各道)' 3편으로 구성되었다. 국한문혼용체로 서술되었다. 이 책은 당시 지리 교과서로 널리 쓰였는데, 자국의 지리와 역사에 대한 관심이 애국심 고취와 연결된다는 인식으로부터 비롯된 것이었다. 이 교과서는 전통적인 지지(地誌)를 바탕으로 근대적인 내용 체계를 수립하였다는 평가를 받았다. 하지만 내용이 불순하다하여 1909년 검정무효 처분을 받게 되었다.

[중등만국신지지] 1902년 학부편집국에서 발행한 『중등만국신지지(中等萬國新地志)』는 중등학교용 세계지리 교과서이다. 주영환(朱榮煥), 노재연(盧載淵)이 일본인 야쓰 쇼에이(矢津昌永)의 『만국지지(萬國地誌)』를 번역하여 발행한 책이다. 반면에 1906년에 발행된 『중등만국신지지(中等萬國新地志)』는 김홍경(金鴻卿)이 편찬한 중등교육용 세계지지 교과서로 장지연(張志淵)이 교열을 보고 광학서포(廣學書舖)에서 발행, 휘문관(徽文館)에서 인쇄하였다. 이 책은 야마카와 만지로(山上万次郎)의 『신찬대지지(新撰大地誌)』와 영국의 백과전서(Encyclopedia of Britannica) 등을 참고하여 편찬된 것이었다. 한편 1910년에 발행된 『신정 중등만국신지지(新訂中等萬國新地誌)』는 1907년에 발행된 『중등만국신지지』의 재판본에 해당한다.

[참고문헌] 장보웅, 1970, 「개화기의 지리교육」 『지리학』 5 ; 강윤호, 1973, 『개화기의 교과용도서』, 교육출판사

지목(地目) 효율적 토지 이용과 관리를 위해 일정한 기준에 따라 분류한 토지의 종류.

토지의 종류를 일컫는 지목은 전국의 필지별 토지이용현황을 파악할 수 있는 자료이며 지방행정의 기초자료이자 도시 및 국토계획의 원천, 지가나 조세산정의 기초자료, 토지평가의 기초이다. 한정된 토지자원을 효율적으로 이용·보전하여 토지관리의 효율을 꾀하기 위해서 지목을 분류했으며, 시대에 따라 그 명칭을 달리하였다.

조선시기 양전에서 토지의 지목은 경작 유형에 따라 분류해서 양안에 기재했다. 사용상황에 따라 대, 전, 건전(乾田), 답 등으로 정하거나, 작물의 종류에 따라 노전, 완전, 저전, 죽전, 칠전 등으로 분류하였다. 주로 생산과 관련하여 지목을 분류하고, 결부제에 따라 지세를 부과했다. 광무양전에는 국가재정과 국세를 정확히 파악하기 위해 지목을 세분화시켰다. 크게 전답의 두 범주로 나뉘는데 답은 그대로 표기하고 전은 작물의 재배여부 및 재배종류에 따라 자세히 구분하였다. 1년생 곡물 재배지는 전, 영구작물 재배지는 죽전·노전·저전·칠전 등으로 표기하였다. 대는 전 항목에 기재하고 가사의 실태를 기입하였다. 수용(水舂)·방축·제언·토기점·염전·화전 등도 상세하게 조사 기재하였다. 산림천택은 조사원칙만 세웠던 것으로 보인다. 양안에는 표기가 없다.

일제의 토지조사사업에서는 모든 토지 지목을 조사대상으로 하고 소유권을 사정해야 했지만, 우선 경제적 가치와 행정의 편부 등에 따라 조사할 토지와 그렇지 않은 토지를 구분했다. 그리고 전자는 지가제에 근거한 지세부과대상 토지와 그렇지 않은 토지로 분류한 후 토지대장에 기재하였다. 그 유형은 첫째 전, 답, 대, 지소, 임야, 잡종지로 직접 수익이 있는 토지로서 현재 과세를 하고 있거나 또는 장래에 관세의 목적이 되는 토지이다. 둘째 사사지(社寺地), 분묘지, 공원지, 철도용지, 수도용지로 직접적인 수익은 없고 대부분이 공공용에 속하는 지세를 면제한 토지이다. 셋째 도로, 하천, 구거, 제방, 성첩, 철도선로, 수도선로 등 사유를 인정할 수 없고 과세의 대상도 되지 않는 토지로 총 18종이었다. 이러한 토지분류는 1912년 8월 13일 제령 제2호로 제정·공포된 토지조사령에 명시되어 있다. 마지막 유형의 지목은 측량은 했지만 소유권 조사는 하지 않았다. 민유지라도 사유지로서의 실제 이익이 없는 토지, 도로, 하천, 구거, 제방 등은 가능한 민유지에 포함하지 않는다는 규정을 제정한 것이다. 지목 분류에서 국유지의 대폭 확대를 짐작할 수 있다.

지목 분류는 이러한 기준을 원칙으로 삼고, 실제는 신고서에 기재한 것을 참고하면서 실지조사 때의 현상에 따라 적합한 것을 선택하여 결정했다. 그리고 여기에 다음 원칙을 추가했다. 첫째 하나의 지목에 잉재(孕在) 또는 접속한 다른 지목의 토지가 있는 경우 면적이 협소한 것은 지주가 같을 때는 본지(本地)에 합쳤다. 둘째 도로·하천 또는 구거에 접한 적은 면적의 죽목초생지 등도 실지 상황을 조사하여 접속한 토지에 합했다. 셋째 다른 지목에 합칠 토지의 면적크기는 대상지목에 따라 달랐으나, 전답은 300평을 기준으로 했다. 이밖에 분필 여부는 토지의 권리에 따라 결정했는데 가능한 한 대면적주의를 채택했다. 측량의 편리성을 고려한

조치였지만, 소토지소유자들의 토지가 누락되거나 이웃의 필지에 포함되어 측량될 가능성이 많았다. 그리고 전 또는 답으로서 지력양성 기타 특수한 사정에 따라 일시 폐경한 것, 이전에 건물부지였거나 그 부속지로서 용도가 명료한 것 등은 조사 전후의 관계를 고려하여 적당한 지목을 부여하였다. 분묘의 경우 일부 지역이 식수로 인한 삼림의 상태일지라도 이를 분묘지로 간주하였다. 반면 면적이 광대하고 식림을 통한 수익이 목적인 토지는 구역 내에 분묘가 있더라도 임야로 간주하였다. 또 산간부의 경사지에 있는 토지로서 일반적으로 화전이라고 부르지만 실제는 보통의 전과 동일한 방법으로 경작하고 있는 것은 전이라고 하였다. 이와 같이 조사 당시의 토지이용 상황을 인정하기 어려운 경우이거나 대면적인 토지에 일부 부속되어 있는 지목의 경우는 각각 주된 토지에 합병해서 조사하였다. 그리고 삼림령 또는 국유미간지이용법에 의해 대여한 토지로서 전부가 성공하지 못한 것은 원 지목에 따르도록 하였다. 서북선지방의 화전의 경우 윤경지로서 격년으로 경작하는 것과 경작연수가 휴경연수 보다 많고, 또 그 휴경연수가 3년 이하인 것을 전으로 하였다.

그리고 각 지목에 포함시킬 유형을 다음과 같이 구체적으로 분류했다. 전에는 삼전(蔘田)·과전(果田)·기류전(杞柳田)·상전(桑田)·다전(茶田)·저전(楮田)·순전(筍田) 등을, 답에는 근답(芹畓)·연답(蓮畓) 등을 포함했다. 그리고 지소(池沼)에는 양어지·연지(蓮池)·유지(溜地) 등을, 잡종지에는 노전·초평·염전·광천지·목장·물간장(物干場)·물치장(物置場)·토취장(土取場)·시장(市場)·수차장(水車場)·화장장(火葬場)·도수장(屠獸場)등을, 그리고 임야에는 수림·죽림·암석지·사력지(砂礫地)·습지·간사지 등을, 사사지(社寺地)에는 교회당·예배소·전·묘·단·사의 부지 등을, 수도용지에는 수원지·저수장·여수장·펌프장 및 이에 접속된 사무소와 기타 등을, 구거(溝渠)에는 용수로·하수구 등을 포함했다. 그리고 철도용지는 철도에 철도선로를 비롯한 부속 시설과 부지를, 도로는 도로 구역 내 있는 제방 성첩을 비롯한 관련된 모든 것 등을 포함하는 것으로 했다. 그리고 1943년 3월 31일 제령 제6호로서 일제가 제정한 조선지세령에서는 개정 지세령의 지목 중 잡종지에서 염전과 광천지를 독립지목으로 분리하여 21개로 구분하였다. 이는 과세토지의 범위를 확대하고자 하는 목적에서 비롯되었다.

지적법이 제정된 이후 지목의 변천은 ① 세원 확보를 위해 지목을 분류하였던 지적법 제정시행(1941년 4월 1일)부터 지적법 제1차 전문개정 시행 전까지의 기간(1975년 12월 31일), ② 토지이용계획과 부동산 평가의 측면에서 활용하기 위해 지목을 분류하고 지목을 신설 및 변경하였던 지적법 제1차 전문개정 시행(1976년 1월 1일)부터 지적법 제2차 전문개정 시행 전(2001년 1월 26일)까지의 기간, ③ 도시화 및 산업화에 맞게 4개의 지목을 신설함으로써 총 28개의 지목으로 구분한 지적법 제2차 전문개정 시행부터 현재까지의 기간에 걸쳐 이루어졌다. 현행 한국의 지목은 전, 답, 과수원, 목장용지, 임야, 광천지, 염전, 대지, 공장용지, 학교용지, 주차장, 주유소용지, 창고용지, 도로, 철도용지, 제방, 하천, 구거, 유지, 양어장, 수도용지, 공원, 체육용지, 유원지, 종교용지, 사적지, 묘지, 잡종지의 총 28개 지목으로 이루어져있다.

[참고어] 토지조사사업, 광무양전사업, 지세령, 국유미간지이용법

[참고문헌] 『조선총독부관보』; 조선총독부 임시토지조사국, 1918, 『조선토지조사사업보고서』; 이봉주, 2005, 「지목정보 분류체계의 개선에 관한 연구」, 서울시립대 석사학위논문 〈최원규〉

지방금융조합령(地方金融組合令) ⇒ **금융조합**

지방토지조사위원회(地方土地調査委員會) 토지조사사업에서 소유권과 강계의 조사에 관해 자문을 받는 토지사정 자문기관.

1911년 8월 12일 칙령 제4호 지방토지조사위원회 관제의 공포로 설치되고 1918년 11월 4일 폐지되었다. 한성부와 각도에 설치하였으며, 조직은 위원장(한성부윤, 관찰사), 상임위원 5명(필요에 따라 임시위원 3명 이내, 한성부 사무관 또는 도서기관, 재무감독국장, 명망가), 임시위원(부윤 군수, 재무서장, 부군 명망가), 간사 1명, 서기 2명으로 구성되었다. 그리고 통감부 이사청의 이사관이나 부이사관을 상임위원으로 촉탁하였다. 구성원은 관리와 지주로 구성된 명망가들이었으며, 특히 일본인이 주요한 위치를 점하였다. 실제 이 위원회는 1913년 7월말 시가지부터 개회되었으며, 그 외 지역은 1914년 하반기부터 개회되었다. 위원장은 도장관, 위원 중 3명은 도참여관과 부장인 도사무관으로 충당하였고 기타 2명은 도서에서 명망이 있는 사람을 추천하였다. 임시위원은 토지사정과 관계가 있는 부군도의 부윤·군수·도사(島司)와 명망가 중에서 총독

이 임명하였다. 위원회는 위원장과 위원, 임시위원 등을 합하여 과반수이상 출석하지 않으면 열 수 없도록 하였다. 의사진행은 출석위원의 과반수로 가결하고, 가부동수일 때는 위원장이 결정하였다. 위원회에는 서기와 통역생을 두었으며, 도 판임관이나 도장관이 임명하도록 하였다.

지방위원회는 1913년 10월 평안북도 신의주부와 의주시가지의 자문을 위해, 개회한 것이 시작이다. 그 이후 5년에 걸쳤으며, 1917년 12월 함경북도 명천군의 자문이 마지막이다. 1913년에는 평안북도 신의주부 외 11개 부, 17개 시가지에 불과하였다. 1914년에는 경상남도 마산부 외에 6개 부에 소재하는 구거류지역과 경기도의 시흥군 외 11개 군에서 위원회를 개회하였다. 그러나 1915년에 들어서면서 사업이 점차 왕성하게 진행되어 회의 개회건수도 크게 증가하였다. 그해 여주군 외 42개 군, 2개 도에 대한 회의를 종료하였다. 경기도 고양군 외 66개 군은 1916년, 전라남도 무안군 외 95개 군과 경기도 강화군외 6개 군 소속의 도서는 1917년 12월까지 자문회의를 진행하였다. 1917년 12월에 전체 13개 도가 완료되었다. 1913년 이후 위원회에 자문하였던 부군도의 수는 12개 부, 218개 군, 2개 도이고, 시가지, 구거류지, 특별조사를 시행하였던 도서와 같이 일부의 사정을 시행한 것 등을 포함한 자문 부군도는 274개에 달하였다. 자문회수는 107회인데, 부와 시가지가 19회, 군도가 88회였다. 도별로 구분하면 경기도와 평안남도가 각각 12회, 충청남도 전라남도 함경남도는 각각 11회, 경상북도와 황해도 각 8회, 전라북도 7회, 충청북도와 함경남도 각 6회, 강원도 함경북도 평안북도는 각 5회였다.

1913년 8월 각도 지방토지조사위원회의 서기를 소집하여 회의진행에 관한 사항을 협정하였다. 회의는 토지조사 완료 및 사업진행 예정기일을 근기로 하고, 각 작업의 진척상황을 감안하여 개회 예정기일로부터 약 40일 이전에 자문할 부군도명과 개회기일을 해당 위원회에 통고하여 회의 지장의 유무를 확인하고 기일을 결정하였다. 이어서 개회를 공고할 때에는 사정사항이 등록된 토지조사부, 지적도를 제공하는 외에 사정구역을 기재한 의안을 각 위원에게 배부하였다. 의안에는 사정구역에 대한 군면동리의 폐지 통합의 상황, 소유권 조사에 관계되는 업무상황, 면동리별 필수, 면적신고의 상황을 한눈에 볼 수 있는 조서와 분쟁지 심사에 관한 인정요령을 기록한 설명서 등을 첨부하였다. "회의사항은 토지소유자 및 토지의 강계에 관한 것으로 이들 사항을 등록한 토지조사부와 지적도를 제출하여 1개 시가지 또는 1개 부·군·도를 종합해서 회의에 부친다."는 것으로 하였으며, 의사내용은 "엄격히 비밀을 지키고 타인에게 누설하지 않아야 한다"고 규정하였다. 위원회는 자문에 응할 뿐이고 지주소환권과 진술청취권은 없었다.

분쟁지로 인정한 것은 전국 13개 도, 198개 부군도에 걸쳐 있었고 심의안 건수는 2,209건이었다. 1개 군에 70건 이상인 지역도 있었지만, 임시토지조사국의 자문에 반대를 결의한 것은 10개 부군도의 12건에 불과하였다. 나머지는 전부 본국의 제안에 동의한다는 결의를 하였다. 위원회의 답신은 부군도마다 결의서를 작성하고 회의록을 첨부해서 본국에 통지하는 방식이었다.

[참고어] 고등토지조사위원회, 사정, 지적도, 토지조사부, 임시토지조사국 조사규정

[참고문헌] 대한제국『官報』『조선총독부관보』; 조선총독부 임시토지조사국, 1918,『조선토지조사사업보고서』 〈최원규〉

지번(地番) 일제가 토지조사사업에서 리를 단위로 개별 필지의 위치를 파악하기 위해 필지마다 부여한 고유번호.

일제는 토지조사사업을 하면서 토지대장 또는 지적도 등 지적 장부나 현장에서 가능한 한 쉽게 해당지의 소재를 찾을 수 있도록 리를 단위로 번호를 부여하였는데, 이 번호를 지번이라고 한다. 특히 시가지는 주소로 사용되기 때문에 부근의 지번으로도 대략 그 위치를 추정할 수 있어야 했다. 이리하여 도로와 같이 명료한 지형지물을 보통 정·동·리의 강계로 하였다. 시가를 형성하고 있는 정·동·리에 한해서 주요 도로 양측 및 교통로가 하나인 토지는 될 수 있는 내로 동일한 행정구역으로 하였다.

지번은 도로와 마주보고 있는 토지와 교차하여 순서에 따라 지번을 부여하였다. 그리고 기타 동리는 지적도 제1호의 북변에서 시작하여 한 장의 도면 내에 포용되는 토지는 가능한 한 연속되도록 하고, 다음 도면으로 이동하여 역시 연속되도록 하였다. 또 주요 도로, 하천, 구거 등으로 한계가 지어진 부분은 이들을 1단지로 해서 다음 구역으로 이동하였다. 그리고 1개 정·동·리 내에 시가를 형성한 부분과 그렇지 않는 부분이 있을 때에는 각각 부여하는 방법을 다르게 하여 시가가 형성된 부분은 도엽(圖葉) 여하에 관계없이 도로를 따라

연속시키고, 최종 지번으로 하지 않는 앞의 부분으로 옮겨서 다시 1도엽 내에 나머지 부분에 붙이고 점차 다른 도엽에서 나머지 부분의 토지에 지번을 부여하는 방식으로 하였다.

지번은 1개 정동리마다 부여하고, 섬에서는 지형상 1개 섬을 1단지로 하였다. 1동리에 여러 섬이 포함되어 있는 경우는 불편한 점이 많아 각 섬마다 지번을 새로 부여하는 방식으로 하였다.

[참고어] 자호, 제차, 토지대장, 지적도

[참고문헌] 조선총독부임시토지조사국, 1918, 『조선토지조사사업보고서』; 조선총독부임시토지조사국, 1916, 『토지조사예규』 3

지사인(知事人) 조선시기 면·동·리 내의 덕망 있는 고령자 혹은 전직 역원으로 지역의 사무를 담당하거나 회의에 참여할 수 있는 사람.

원래 '지사인'은 일을 잘 알고 있거나 맡을 수 있는 사람을 뜻하는 용어로, 어떤 일을 해결하기 위해 임시로 파견되거나 어떤 조직의 일을 맡은 실무자를 가리킬 때 쓰였다. 예컨대 1882년(고종 19) 은진(恩津) 유학(幼學) 최재연(崔載淵)의 상소에 "일곱 번째, 각 도읍의 전답의 은결을 엄히 조사하고 상세히 캐면 역시 원결의 반수는 될 것입니다. 이서들이 함부로 (빼돌려) 먹어치운 지가 오래되었습니다. 별도로 일을 잘 아는 사람[知事人]을 파견하여 호조의 양안을 가지고 해당 읍의 양책과 서로 비교하면 은결이 드러날 것이니 일년간 조사해보면 가히 반년의 세금을 대신할 수 있을 것입니다.(恩津幼學崔載淵疏……七曰, 各道各邑田畓隱結, 嚴査詳櫛, 則亦爲元結之半. 吏胥之濫食久矣, 別遣知事人, 以戶曹量案, 相準該邑量冊, 則隱結綻露, 一年査得, 可代半年之稅.[『승정원일기』 고종 19년 9월 5일])"라고 하였다. 또한 경상도 상주군 내북면(內北面) 화전동(花田洞) 동계(洞契)[신사년(辛巳年, 1881)에 창설]의 규정에는 "적립된 돈과 곡식은 동장(洞長)이 관리하고……각종 비용은 양반 계원인 지사인에게 통지한 후 합의해서 처리할 것."이라고 나와 있다.[『중추원조사자료』 慶尙南道·慶尙北道 管內 契·親族關係·財産相續 槪況報告]

조선시기 지방행정의 하부조직인 면·동·리의 책임자들은 해당 민들이 자율적으로 뽑고 수령이 임명하는 방식을 취했는데, 면·동·리의 중요 사항을 협의하는 기관인 면회(面會)·동리회(洞里會) 등에 참여할 수 있는 자를 지사인·해사인(解事人)이라 하여, 면·동·리 내의 덕망 있는 고령자 혹은 전직 역원이 이에 임했다. 지사인은 회의에 참여할 뿐 아니라 면·동·리의 사무를 담당하고 책임을 지는 자로, 면·동·리의 행정 책임자인 면임(面任)·존위(尊位)·면주(面主)·집강(執綱)·두민(頭民)·동수(洞首) 등과 아울러 사료에 나타나고 있다. 궁방전의 토지에서 조세를 거둘 때 면의 지사인이 이를 담당하고 있는 것으로 보아 실제 행정 업무를 맡고 있었음을 알 수 있다.

1895년(고종 32) 11월 3일 의정부주본으로 발포된 향회조규(鄕會條規) 및 향약변무규정(鄕約辨務規程)에 의해 자치행정 기구인 면·동이 정비되면서 면의 집강(執綱), 동의 존위(尊位)가 책임자가 되었고 지방의회에 해당하는 이회(里會), 면회(面會), 군회(郡會)가 구성되었다. 지사인은 두민과 함께 집강과 존위를 보좌하고 유사시에는 그 임무를 대리하는 역할을 맡게 되었다. 광무양전사업 이후인 1905년경 경상도 둔토(屯土)와 역전(驛田) 관련 토지문서[永定賭成冊]를 보면, 지방관, 마름[舍音], 두민과 함께 면과 동의 지사인이 작성 책임자로서 자기의 성명을 기록하고 있다. 둔토·역전의 측량과 도조(賭租) 확정 사업에 해당 지역 지사인이 참여했음을 알 수 있다. 일제시기 이후에도 지사인은 두민과 함께 면장(面長)을 보좌하는 역할을 맡았다.

[참고어] 지심인

[참고문헌] 柳永益, 2002, 「갑오경장」 『신편 한국사 40-청일전쟁과 갑오개혁』, 국사편찬위원회; 姜榮煥, 2002, 「지방자치제의 추이」 『신편 한국사 44-갑오개혁 이후의 사회·경제적 변동』, 국사편찬위원회

〈이석원〉

지상권(地上權) 타인 소유의 토지에 건물, 기타 공작물이나 수목을 소유하기 위해 그 토지를 사용하는 권리. 토지소유권을 제한하여 토지를 일면적으로 지배·사용하는 제한물권.

한국의 민법은 타인의 토지를 이용할 수 있는 권리로 지상권과 임차권을 규정하고 있다. 전자는 토지를 직접적·배타적으로 지배할 수 있는 물권인 반면, 후자는 임대인에 대하여 토지를 사용·수익하게 할 것을 청구할 수 있는 채권에 지나지 않으므로 경제적 강자인 소유자는 지상권보다는 임차권을 선호한다. 현재 지상권 이용은 저조한 형편이다. 이런 이유로 지상권은 법률행위에 의한 취득보다는 법률규정에 의한 취득이 많다. 지상권은 법률행위(지상권 설정계약 등) 또는 법률규정에 의해서 설정될 뿐만 아니라 관습법에 의해서도 취득될 수 있다. 판례에 의해 형성된 관습법에

근거한 지상권으로는 관습상의 법정지상권과 분묘기지권(墳墓基地權)이 있다. 지상권의 존속기간은 설정행위로써 자유로이 정할 수 있다. 다만 최단기간의 제한이 있으므로 지상물의 종류에 따라 각각 30년·15년·5년 이하로는 할 수 없고, 계약으로 정하지 않은 경우에는 지상물의 종류에 따라 최단기간으로 한다.

지상권은 물권이므로 타인에게 양도·임대할 수 있고, 침해를 당한 경우 지상권에 의한 각종의 물권적 청구권을 행사할 수 있다. 지상권 존속기간이 만료한 경우 당사자 간의 합의로써 계약을 갱신할 수 있으나, 갱신 합의가 없는 경우 지상물이 현존한 때는 지상권자는 계약의 갱신을 청구할 수 있다. 설정자가 갱신을 거절한다면 지상권자는 지상물 매수청구권을 행사하여 투자자본을 회수할 수 있다. 반면 지상권이 소멸하면 지상권자는 토지를 원상회복시켜야 하고 설정자의 매수청구를 정당한 이유 없이 거절하지 못한다. 또한 지료(地料)의 약정이 있는 경우 지상권자는 이를 지급할 의무가 있고, 만일 2년 이상 지료지급을 지체하면 설정자는 지상권의 소멸을 청구할 수 있다.

[참고어] 채권, 일본민법

[참고문헌] 김증한, 1988, 『최신법률용어사전』; 이승일, 2008, 『조선총독부 법제정책 : 일제의 식민통치와 조선민사령』, 역사비평사 〈이승일〉

지세령(地稅令) 1914년 3월 16일 제령 제1호로 결수연명부에 의한 지주직납제와 결가의 상향 조정을 내용으로 공포된 지세에 관한 법률. 1918년 지가제로 개정함.

지세령의 특징은 첫째 지세부과의 지목을 전 답 대지소 잡종지로 하고 그 이외의 지목은 면제했다. 공용 또는 공공용지, 국유토지에는 지세를 부과하지 않는다. 둘째 지세는 토지 결수에 결가를 곱한 것으로 하고, 결가는 7종(11, 9, 8, 6, 5, 4, 2圓)으로 하여 1908년 이래 시행되던 결가 13등급을 7종으로 통합하면서 결가를 상향 조정하였다. 그리고 시가지세령이 동시에 공포되었다. 셋째 납세자는 소유자, 질권 또는 질의 성질을 갖는 전당권자, 20년이상의 지상권자로 하다. 넷째 결수연명부에 등록한 위의 자들이 토지소재군에 주소 혹은 거소가 없을 때는 토지소재군에 주소가 있는 자로서 토지사무대리인으로 하도록 했다. 이때 토지사무 대리인 설정신고서를 제출하도록 했다. 다섯째 결수연명부로 지세를 부과하되 결수연명부규칙은 폐지하였다. 법적으로 소작인 납세제가 폐지된 것이다. 지세

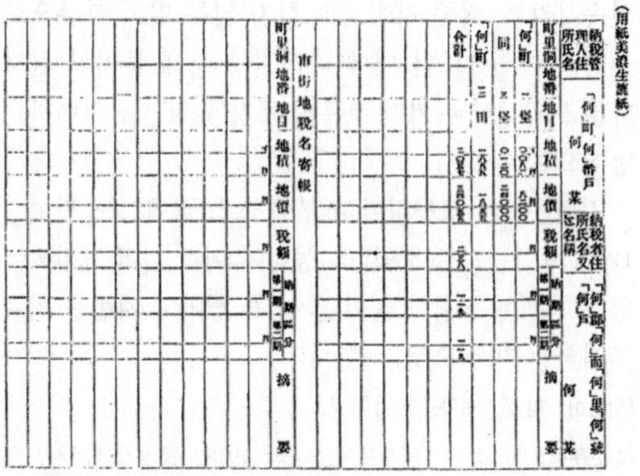

시가지세명기장 표지 및 양식 『조선총독부관보』 호외 1914년 4월 21일

령과 함께 동시에 시가지세령이 반포되어 새로이 시가지세가 신설되었다.

그리고 이어서 그해 6월 27일 지세사무취급수속을 발표하여 구래의 지목을 토지조사령에 맞게 조정하고 면세지를 확정했다. 먼저 지목은 구래의 지목명이 결수연명부에 그대로 존재하여 지세부과상 혼란을 줄 우려가 있어 이를 토지조사령의 지목에 맞게 정리하였다. 그 가운데 지세를 부과할 지목은 다음과 같다. 삼전(蔘田)·과전(果田)·기류전(杞柳田)·상전(桑田)·다전(茶田)·저전(楮田)·순전(筍田) 등은 전으로, 근(芹)답·연(蓮)답은 답으로, 양어지(養魚池)·연지(蓮池)·류지(溜池) 등은 지소(池沼)로, 노전·초평·염전·광천지·목장·물간장(物干場)·물치장(物置場)·토취장(土取場)·시장·수차장(水車場)·화장장·도수장(屠獸場) 등은 잡종지로 하고, 영구적인 목적으로 건축한 건물이 있을 때는 대로 한다고 정하였다.

다음은 지세를 면제할 토지를 아래와 같이 구체적으로 정하였다. ① 사무소 부지의 종류, 도 부 군 면 학교조합과 수리조합에서 사용하는 사무소의 부지, ② 학교부지의 종류, 공립학교의 부지, 운동장, 실습장 등 직접 학습에 제공하는 용지, ③ 농사시작장, 식림묘포장과 양어전습소 용지의 종류, 도 부 군 면과 학교조합에서 공익을 위하여 설립한 농사시작장, 식림묘포장, 양잠전습소의 용지, ④ 병원과 격리병사 등의 용지의 종류, 도 부 군 면과 학교조합에서 공익을 위하여 설립한 병원, 격리병사, 화장장 등의 용지, ⑤ 국가에서 전각호에 준하여 그 쓰임에 제공하는 토지 등으로 정했다.

지세령은 여러 차례 개정되었는데 다음의 두 차례 개정이 주목된다. 첫 번째는 1915년 5월 12일의 개정이다. 토지조사사업으로 지역별로 토지대장이 마련되면서 지세명기장을 사용하기 위한 개정이었다. 여기서는

토지조사사업으로 토지대장이 작성된 지역과 그렇지 않은 지역을 나눈 것이다. 전자는 지세명기장을 작성 사용하고 후자는 그대로 결수연명부를 사용했다. 여기서 주의한 점은 필지별 지세부과액, 결가가 결수연명부와 지세명기장이 같게 조정해야 하는 일이었다. 즉 토지조사사업에서는 결수연명부의 필지를 합필 또는 분필하여 필지를 다시 구획했기 때문이다. 따라서 토지대장의 지번과 지목 지적에 맞도록 결수연명부의 결가를 조정하는 작업이 필요했다. 창원군에서는 토지조사부등본이라는 장부로 조정 작업을 수행하여 양자가 결부의 차이가 없도록 했다. 차이점은 토지조사사업으로 지세를 부과하지 않는 토지가 새로 발견되어 지세를 부과하는 토지로 할 때는 류지(類地)에 비준하여 결수를 부쳐 결가를 결정하도록 했다는 점이다. 그리고 결수연명부는 토지대장을 비치하면서 폐지하였다.

다음은 1918년의 지세령 개정이다. 이 개정령은 토지조사사업이 전국적으로 완결되어 토지대장이 마련되어 결수연명부는 폐지되고, 지세명기장이 새로운 지세수취대장으로서 자리 잡게 된 것을 반영한 것이었다. 이 지세명기장은 종전과 달리 결수 결가 항목을 제거했다. 이것은 지세 부과에서 결가제를 전면적으로 해체하고, 지가제를 도입한 조치였다. 지세는 지가의 1000분의 13으로 전국이 동일하게 부과한 것이다. 지가를 둘러싸고 부담의 증가라는 견해와 경감되었다는 견해가 존재한다.

[참고어] 지세명기장, 결수연명부, 토지대장, 토지조사부등본, 토지조사사업

[참고문헌] 배영순, 1988, 『韓末.日帝初期의 土地調査와 地稅改正에 關한 硏究』, 서울대학교 박사학위논문 ; 이영호, 2001, 『한국 근대 지세제도와 농민운동』, 서울대학교 출판부 ; 한국역사연구회 토지대장연구반, 2011, 『창원군 토지조사와 장부』, 선인 〈최원규〉

지세명기장(地稅名寄帳) 일제가 지세를 거두기 위해 토지조사사업에서 작성한 토지대장을 근거로 작성한 면 단위의 토지소유자별 지세부과장부.

지세징수를 위하여 이동정리를 끝낸 토지대장 중에서 민유과세지만을 뽑아 각 면마다 소유자별로 기재한 후 합계한 것이다.

지세를 거두기 위해 일제가 만든 지세명기장은 여러 차례 수정되는 과정을 거쳤다. 1912년 토지조사령에서 처음 지세명기장의 양식을 만들었으며, 1913년 임시토지조사국조사규정에서 일부를 수정하였다. 그 내용은

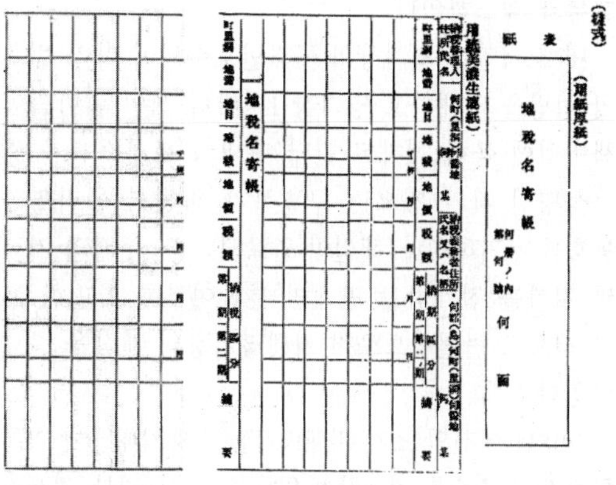
지세명기장 표지 및 양식 『조선총독부관보』 제1821호, 1918년 8월 30일

동리명, 지명, 지목, 지적, 과세가격, 세액, 납기구분(제1기·제2기), 적요 등이었다. 이것은 1914년 3월 28일 다시 개정되었다. 지명을 지번으로 수정했으며 공통점은 세액을 과세가격으로 정했다는 점이다. 이들 양식은 모두 실제 사용한 적이 없었다. 1914년 지세령과 지세령 시행규칙을 제정한 이후에도, 지세명기장이 아니라 결수연명부에 근거하여 지세를 부과하였다. 지세명기장은 1915년 5월 12일 지세령시행규칙을 개정하면서 비로소 사용하게 되었다.

지세명기장의 작성과정과 내용은 다음과 같다. 첫째 인별 내역은 1동리마다 국유지, 민유과세지, 민유불과세지로 대별하고 민유과세지만을 면마다 소유자 성명별로 한 다음 성이 같은 사람 중에서 이름의 첫 자가 같은 사람을 선별하여 동성명인 자와 구별하였고 또 동성명인 자는 동리별, 지번순으로 기록하고 각 사항을 검사하도록 하여 명기장의 자료를 완비하였다.

둘째 등사업무는 인별 내역을 거친 토지대장에 소유자별로 구좌를 설치한 다음 소유자의 매필의 동리면, 지번, 지목, 지적, 지가를 동리별·지번순으로 연결하여 기록하였다. 등사가 종료되면 명기장은 집계, 기타 필요에 따라 적당히 여러 책으로 분철하고 토지대장은 인별 내역을 완료한대로 서로 대조하여 부합하도록 하였다.

셋째 집계업무는 인별 구좌마다 지적, 지가, 필수 등의 합계를 붙이고 또한 분철마다 가책계(假冊計)를 붙였다. 그리고 근거자료로 사용하는 토지대장도 분철마다 지적, 지가, 필수의 가책계를 붙이고 이것과 명기장의 가책계와 대조하였다. 이 집계는 마지막으로 계산의 정확성을 기하기 위해서 특별히 종사원을 달리하여 성과를 대비하고 다시 가책계를 합계하여 토지대장집

계부와 대조하였다.

넷째 색인은 명기장의 구좌번호순서에 따라 번호 및 성명을 기재하고 명기장 1책마다 색인을 만들어 책머리에 붙여 철하고 만약 면내의 토지소유자 중 동성명인 자가 있으면 구별하기 위해서 동리명과 통호를 부기하였다. 색인이 완료되면 각 구좌의 지적과 지가를 집계하고 면계의 분합여부를 확인한 후 각 책으로 편철함으로써 지세명기장의 제작을 종료하였다.

1918년 이전의 초기 지세명기장은 토지대장에 기록하지 않은 결수를 기재하기 위하여 결수연명부, 과세지견취도, 토지신고서 등을 참고하여 토지대장의 필지에 따라 결수를 산출하여 지세를 부과하였다. 토지조사사업 종료 후에는 지세령을 개정하여 지세부과 방식을 구래의 결수가 아닌 지가에 의한 것으로 변경하고 결수 기재란은 삭제하였다. 또한 정확한 장부의 제작을 위하여 실지조사부 및 토지신고서와의 대조를 통한 검사·교정과 검산을 실시하였다. 소유자별로 정리된 지세명기장은 국유지·민유불과세지·동리별로 구분한 뒤 최종 확인을 거쳐 완성되었다. 작성된 지세명기장은 총 21,050책이다. 지세명기장은 면에서 관리하고 이를 토대로 지세를 부과하였다.

[참고어] 토지조사부, 토지대장, 지세령, 과세지견취도

[참고문헌] 조선총독부임시토지조사국, 1918, 『조선토지조사사업보고서』; 대한지적공사, 2005, 『한국지적백년사 : 자료편』

지세부가세(地稅附加稅) 1918년 과세지가제 도입 이후, 지세 기준 비율로 책정되던 지방세.

1908년 일제는 결가제와 지주납세제의 원칙 아래 지세징수대장과 결수연명부를 작성했다. 구래의 지세 징수 방식인 생산량 단위를 기반으로 한 결가제를 수용한 것이다. 1914년 지세령에서도 결가의 인상과 과세지 면적 확대로 징수액은 증가되었지만, 결가제는 그대로 준수되었다. 1917년 12월 토지조사사업이 종료되면서 전국에 토지대장이 마련되자 조선총독부는 지세령(1918.6.18.)을 개정하여 결가제를 폐지하고 지가제를 실시할 것을 정했다. 지세는 지가의 100분의 13으로 정하였다. 지가제는 결부 산출에서 제기될 수 있는 자의성이 줄어들고 지역적 편차를 없앤 조치라는 점에서 '공평과세'라고 평가하기도 하지만, 중앙집권적 조세징수방식으로 지방재정을 중앙에 종속시키는 식민지적 속성을 보인 것이기도 하다.

이 같은 일련의 정책으로 재정적으로는 과세지의 확대와 세입증대로 이어졌다. 대표적으로 지가의 13/1000으로 책정되는 지세를 기준으로 각종 부가세가 부과되었다. 지방세인 지세부가세(地稅附加稅), 면(面) 부과금인 지세할(地稅割), 학교비 등이 그것이었다. 이들 부가세는 1919년 기준으로 지방세인 지세부가세의 경우 국세분 지세의 9/100, 지세할은 17/100, 학교비는 1/100로 책정되었으나, 해가 갈수록 세율이 높게 책정되어 민의 세액부담은 점점 증대되었다. 전남 구례군 류(柳)씨가의 1918~1941년간 지세 및 지세부가세의 증가 추세는 다음과 같다.

〈전남 구례군 류씨가 1918~1941년간 지세 및 지세부가세의 증가 추세〉

연도	국비(원세)(지가대비)	지방비(원세대비)	면비(원세대비)	학교비(원세대비)	합계(지가 1천원당)	미1석가(원)	미환산량(석)
1918	13/1000	5.3%	17%	1%	16원 3전	29.86	0.54
1919	13/1000	8.0%	25%	4%	17원 81전	30.00	0.59
1920	13/1000	30.0%	54%	30%	27원 82전	20.48	1.36
1921	13/1000	30.0%	54%	30%	27원 82전	28.00	0.99
1922	17/1000	27.0%	45%	27%	33원 83전	24.60	1.38
1923	17/1000	27.0%	46%	30%	34원 51전	26.92	1.28
1924	17/1000	27.0%	43%	30%	34원	33.32	1.02
1925	17/1000	27.0%	39%	30%	33원 32전	32.00	1.04
1926	17/1000	30.0%	46%	30%	35원 2전	26.52	1.32
1927	17/1000	60.0%	46%	지방비합병	35원 2전	22.80	1.54
1928	17/1000	60.0%	46%	지방비합병	35원 2전	24.00	1.46
1929	17/1000	60.0%	46%	지방비합병	35원 2전	24.60	1.42
1930	17/1000	60.0%	46%	지방비합병	35원 2전	11.00	3.18
1931	17/1000	60.0%	46%	지방비합병	35원 2전	14.80	2.37
1932	17/1000	60.0%	46%	지방비합병	35원 2전	17.06	2.05
1933	17/1000	60.0%	46%	지방비합병	35원 2전	18.00	1.95
1934	16/1000	64.0%	49%	지방비합병	34원 50전	24.00	1.44
1935	15/1000	68.0%	53%	지방비합병	34원	26.00	1.42
1936	15/1000	68.0%	53%	지방비합병	34원	25.14	1.35
1937	15/1000	68.0%	53%	지방비합병	34원	25.60	1.33
1938	15/1000	70.0%	53%	지방비합병	34원	28.60	1.19
1939	15/1000	70.0%	65%	지방비합병	35원 40전	55.60	0.64
1940	15/1000	77.0%	72%	지방비합병	37원 40전	40.00	0.94
1941	15/1000	77.0%	72%	지방비합병	37원 40전	40.00	0.94

주 : 미가는 각 연도 외작토세수봉기의 연간 소작료 판매가격 평균치임.
출처 : 박석두, 1995, 『한말-일제하 토지소유와 지세제도의 변화에 관한 연구-전남 구례군 柳氏家의 사례를 중심으로』, 한국농촌경제연구원, 71쪽.

[참고어] 결수연명부, 결가제, 지가제, 지세령

[참고문헌] 이종범, 1994, 「19세기말 20세기초 향촌사회구조와 조세제도의 개편 : 구례군 토지면 오미동 「柳氏家文書」 분석」, 연세대학교 사학과 박사학위논문 ; 이영호, 2001, 『한국근대 지세제도와 농민운동』, 서울대학교출판부 〈김대현〉

지세에 관한 건(地稅에 關한 件) 1908년 6월 법률 제10호로 공포된 법으로 지세를 토지소유자로부터 징수하는 원칙을 정한 법.

지세에 관한 건은 짧은 3개 조문으로 구성된 법으로

그 내용은 다음과 같다. 제1조 지세는 결가에 의하여 토지소유자로부터 징수하되, 관습 또는 계약에 의하여 소작인이나 기타 토지 사용자가 납세하도록 한 경우는 우선 사용자로부터 징수하고 사용자가 체납한 경우는 토지소유자에게 징수한다고 정하였다. 제2조에서 지세와 결가는 신화폐로 환산 저감하고 전국을 통하여 별표와 같이 이를 정한다고 했으며, 이 별표는 구(舊)결가(元)를 신결가(圓)로 환산한 표이다. 제3조에서는 미정가와 미정수의 지세는 종래 원으로 정한 것은 1원에 대하여 50전, 양으로 정한 것은 1량에 대하여 10전의 비례로 환산하여 징수한다고 정하였다. 이 법은 지주납세의 원칙과 신구화폐환산율을 정한 것이다.

[참고어] 지세령, 지조개정

[참고문헌] 대한민국국회도서관, 1972, 『한말근대법령자료집 Ⅵ』 ; 이영호, 2001, 『한국 근대 지세제도와 농민운동』, 서울대학교 출판부

지세징수대장(地稅徵收臺帳)

지세징수대장(地稅徵收臺帳) 1908년 각 면의 지목별 결총을 파악하기 위해 작성한 기초대장.

1909년 결수연명부 작성의 전제가 되었다.세징수대장을 만든 동기와 목적은 다음과 같다. 종래 한국에서 지세징수는 기초 대장의 설비가 부족했고, 또 재래의 관습과 납세자는 자기 거주면에서 납세하는데, 그 소유자의 주소 또는 소작인을 변경할 때마다 번거롭게 정리할 필요가 있었다. 이들 변경을 핑계로 한 탈세의 폐단을 막기 위해 1908년 7월 16일 탁지부령 제19호로 전문 5조의 지세징수대장조제규정을 제정했다.

지세징수대장 제조의 원칙은 면마다 제조하고 두 부를 작성하여 면과 재무서에 비치했다. 여기에 등록한 결수는 면내의 토지로 양안의 면총에 해당한다. 양안과의 차이는 양안은 불변이고 이 대장은 매년 변화를 기입하여 면이 부담할 지세액을 결정하는 것이다. 지세는 답, 전 이외에 화전(火田), 속전(續田), 노전(蘆田), 초전(草田) 등의 지목을 대상으로 부과하였다. 여기에 속하지 않은 결명(結名)이 있을 때는 잡결란(雜結欄)을 설치하여 기록하도록 했다. 결수는 원칙적으로 재무서에서 실지조사를 하여 조제하고 재무감독국장에게 보고하도록 하였다.

기록방식은 그림의 지세징수대장은 양식의 제목이 '結價 圓'으로 표기하였듯이, 매결가마다 작성하였으

摘要 | 結數 (畓 · 田 · 火田結 · 續田結 · 蘆田結 · 草坪結 · 計) | 稅額 | 備考
隆熙二年八月分日現在
十月一日 新起墾
十一月一日 隱結發見 | 二年稅부터收稅
十二月一日 免稅地成 | 二年稅부터除稅
十二月三十一日現在額

備考
一 本簿는結價의異홀마다別座을設ᄒᆞ야調製ᄒᆞ고末尾에合計를付홈이可홈
二 結數欄에記載홀結名에屬치아니ᄒᆞᆫ者有ᄒᆞᆫ時는雜結의一欄을設ᄒᆞ야整理홈이可홈
三 財務署에在ᄒᆞ야는郡計及所轄計를付홀者로홈
四 未定價及未定數의結稅가有ᄒᆞᆫ時는別히副座을設ᄒᆞ야整理홈이可홈

지세징수대장 『조선총독부관보』 제4143호, 1918년 8월 30일

며, 결가가 다를 때마다 별좌를 설치하고 말미에 합계를 부쳤다. 1908년 하반기에서 1909년 상반기에 작성되었으며, 종래 다양하게 존재한 장부를 하나의 장부로 통일한 것이다.

지세징수대장의 양식은 그림과 같다. 면내의 토지를 결가별 지목별로 등록하였다. 조제방식은 탁지부훈령 제167호 지세징수대장조제규정 시행상의 주의에서 보듯 실지를 조사하여 조사할 것, 이동이 있을 때마다 가제정정할 것, 지세는 지세징수대장에 의하여 납기 전월내에 부과하는 절차를 밟을 것, 모든 것은 재무서장→재무감독국장→탁지부 사세국에 보고하는 절차를 밟을 것 등을 규정하고 있다.

[참고어] 지세명기장, 결수연명부, 깃기

[참고문헌] 내각법제국, 『관보(대한제국)』, 제4134호, 1908년 7월 24일 ; 度支部 편, 1908, 『韓國財務經過報告』 제2회 ; 『財務週報』 66호, 法規 ; 이영호, 2001, 『한국 근대 지세제도와 농민운동』, 서울대학교 출판부

〈최원규〉

지세할(地稅割) ⇒ 지가제

지세할(地稅割) ⇒ 지가제

지심인(指審人)

지심인(指審人) 양전 과정에서 해당 지역의 토지 등급 및 소유자 등을 보고하였던 사람.

지심인은 각 지역의 토지 사정을 잘 아는 사람이 선정되어 양전사업의 조력자 역할을 담당하였다. 1820년(순조 20)에 경상감사 김이재가 올린 양전사목(量田事目)에서 "지심 1인과 줄사령 2명은 각 리 가운데 전고와 토품을 상세히 아는 자를 골라서 한다.(指審一人, 乼使令二名, 各里中, 擇其詳知田庫與土品者爲之.[『순조

실록』 권23, 20년 3월 27일])"라고 한 데에서 이를 확인할 수 있다. 양안이나 행심책을 작성할 때 전답주(田畓主)뿐 아니라 시작(時作)의 이름이나 그 호명(戶名)을 파악하는 과정에서 각 동리의 사정을 잘 아는 지심인의 역할이 중요했던 것으로 보인다. 또한 토지의 등급을 책정할 때에도 지심인의 도움이 필요하였을 것이다.

지심인의 역할은 대한제국기까지 이어졌다. 광무양전사업의 기본 바탕이 되었던 오병일의 「양전조례」(1899)에서는 각 면, 리 단위의 토지 측량방식에 대해 명시하면서, 양전 담당자 파원(派員)과 서기(書記), 감관(監官)의 지휘하에 해당 리에는 별도로 노농(老農) 수명을 지심인으로 하여 토품(土品)을 측정할 때 도움을 받도록 하고 있다. 양지아문의 양전과정에서는 해당 지역의 실상에 대해 잘 파악하고 있는 사람의 구두보고를 통해 토지소유자를 파악하였는데, 이때 각동의 지심인은 두민(頭民), 동장(洞長) 등과 함께 참석하여 토지의 소유자명을 양무학원(量務學員)에게 보고하는 역할을 하였다. 이후 지계아문에서는 양전 담당자들의 자격과 주의사항을 명문화하였는데, 지심인은 경제적 부를 기준으로 하지 않고, 해당 지방의 사정과 토질에 얼마나 정통했는지를 기준으로 선발 임명하도록 하였다. 이러한 지심인의 평론은 지계아문의 양전과정에서 토지의 등급을 나눌 때 기존의 양안이나 수세결부에 기재된 등급과 함께 참고가 되었다. 또 지계아문의 양안에 시주(時主)를 조사해 기록할 때도 양지아문의 양전에서처럼 이해관계인의 신고와 지심인의 확인과정을 거쳐 조사를 진행하였다. 이때 조사된 지계아문의 양안은 관계(官契)를 발급하기 위한 실지조사장부로서의 성격을 지닌 것으로, 토지소유권 사정작업의 기초자료가 되었다.

[참고어] 지사인, 답감유사

[참고문헌] 왕현종, 1995, 「대한제국기 量田·地契事業의 추진과정과 성격」『大韓帝國의 土地調査事業』, 민음사 ; 최원규, 1995, 「대한제국기 量田과 官契發給事業」『大韓帝國의 土地調査事業』, 민음사 ; 최윤오, 2006, 『朝鮮後期 土地所有權의 발달과 地主制』, 혜안

〈김미성〉

지위등급조사(地位等級調査) 일제의 토지조사사업에서 새로운 과세방법을 도입하기 위한 지가산정을 실시하고자 매 필지의 지위등급을 조사하는 과정.

일제는 토지조사사업을 대체로 사무업무와 측량업무로 구분하여 시행하였다. 특히 사무업무에는 인사·회계·문서에 관한 것 외에 소유권조사 및 지가조사가 포함되어 있었는데, 이러한 지가조사의 기초 작업 중 하나가 바로 지위등급조사였다. 이 조사의 목적은 '지위등급을 지가산출의 근거로 삼아 과세의 기초를 확립하고 지세부담을 공평하게 하기 위함'에 있었다. 이때 지위등급이란 전, 답, 대, 지소 및 잡종지의 각 지목마다 지위(地位), 지력(地力), 수확량의 우열을 구별하여 토지의 등급을 매긴 것을 말한다.

1909년 2월 가와카미 쓰네로(川上常郎)가 토지조사의 구체적인 방안을 기획하여 보고한 『토지조사강요(土地調査綱要)』에는 "지세의 부과방법은 순수입을 기초로 과세하는 법이 가장 좋으며 그러기 위해서는 지력, 수확, 곡가, 생산비 및 수익률에 관해 주사하여야 한다"는 주장이 실려 있다. 여기서 가와카미는 토지의 자연적 조건인 수확량에 근거한 수확량등급과 사회경제적 여건을 고려한 도군면 단위의 포괄적인 지위등급 양자에 의해 필지별 등급을 결정하는 방식을 제시하였다. 이러한 수확량등급과 지위등급 양자를 고려하여 토지등급을 결정하는 방식은 이후 토지조사사업 초기의 지위등급 결정방식으로 채택되었다.

이를 바탕으로 필지별 등급부여에 관한 일반원칙이 정해진 것은 1911년 임시토지조사국에서 「수확고등급급지위등급조사규정」(1911. 2. 8.)과 「수확고등급급지위등급조사심득」(1911. 5. 15.)을 훈령으로 발포한 때부터였다. 이로부터 약 3개월 후인 1911년 8월 1일 새로 실지조사에 착수하는 면에서부터 등급조사가 시작되었으며, 지위등급조사가 본격적으로 진행되기 시작한 1913년 등급부여 및 조정의 문제로 등급조사의 방침을 변경하였다. 변화된 방침은 「전답지위등급조사규정」과 「대지위등급조사규정」에 반영되었으며, 실세 시위등급조사는 1913년의 방침에 의해서 이루어졌다. 이러한 규정의 변화에 따라 일제는 「등급조사심득」을 정하여 이미 조사된 지역의 지목별 지위등급은 재조사하였다.

이렇게 실시된 지위등급조사는 조건이 다양한 토지 각각의 수익을 바탕으로 하기 때문에, 이를 가늠하는 여러 기준을 두었다. 먼저 ① 전(田)·답(畓)은 생산량, 지세, 지질, 수리 및 경작의 난이도, 교통의 편부(便否), 상공업의 발달, 이용 정도, 수확물의 품질, 다른 지목의 양입(量入) 등을 기준으로 삼았다. ② 대(垈)의 경우 위치, 교통의 편부, 상공업의 발달, 이용 정도, 수요의 관계,

다른 지목의 양입 등을 고려하였다. 이러한 기준에 따라 전·답은 수확량, 대는 지가를 근거로 지위등급을 결정하였다. 그리고 지소(池沼) 및 잡종지는 그 수익 및 이용목적을 감안하여 전의 등급구분에 따라 지위등급을 결정하였다. 여기서 결정된 지위등급이 동일한 토지는 전부 동일등급에 둔다는 것이 지위등급조사의 취지이자 주안점이었다.

이러한 필지별 토지등급 결정과정은 ① 토지등급조사를 수확고등급조사와 지위등급조사로 구분하고, ② 표준지 선정 및 지위등급을 조사하고, ③ 각 필지에 지위등급을 부여해서 여러 장부를 제작하고, ④ 여러 가지 요인을 고려하여 최종적으로 지위등급을 결정한 후, ⑤ 지가를 산정하는 단계를 거쳐 종결되었다.

먼저 수확고등급조사의 경우 100평당 수확고를 기초로 하여 전은 1~11급 답은 1~19급의 등급을 설치하고 대, 지소 및 잡종지는 전 또는 답의 등급에 준하는 것으로 하여 각 필지의 수확고등급을 조사하였다. 이렇게 지난 5개년 간의 수확고등급을 바탕으로 토지 수익을 좌우하는 여러 조건들을 감안함으로써 지위등급을 조사하였다. 지위등급의 사정에서는 전국적인 통일을 기하기 위해 전은 14급부터 특4급까지, 답은 22급부터 특4급까지를 정하였다. 전의 경우 보리, 콩, 벼, 조, 귀리 등 다섯 가지 작물의 수확량으로 등급을 정했으며 보리를 기준으로 0.015석 미만이 14급, 2.9석 이상이 특4급에 해당하였다. 또한 답의 경우 0.05석 미만이 22급, 2.8석 이상이 특4급에 해당하였다. 이러한 등급을 조사할 때는 지방청, 지방금융조합, 경찰관서 등의 협조를 얻어 각종 자료를 제공받았으며 그 외 각 전답의 추수기 등을 주요하게 참고하였다.

다음으로 표준지를 선정했는데 여기에는 군을 단위로 한 군표준지와 면을 단위로 한 면표준지가 있다. 이때 가장 중시했던 것은 중용(中庸)이 될 만한 표준지를 선택하는 것이었다. 이러한 토지를 3필 이상 선정하여 다른 군의 군표준지와 균형을 잡아가며 지위등급을 조사하였다. 면표준지는 상중하 각 3등급의 품등에 대해 1개 표준지를 선정하고, 이를 군표준지 및 인접면의 표준지와 균형을 잡으면서 지위등급을 조사할 수 있도록 하였다. 이때 표준지는 지목별로 각각 선정하였으며, 표준지의 수확량은 최근 5개년 간의 평균 수확량을 채택하되 풍년이나 흉년은 제외하였다. 전의 표준지는 주작물인 보리·콩·조 등을 표준작물로 환산하여 1모작으로 계산하였다. 답의 표준지는 쌀을 주작물로 하였으며 품종에 따른 차이에 주목하여 재래농법에 기초한 토지를 표준지로 설정한다고 하였다. 그 외 수리·농사·종자개량 등의 조건을 감안하여 지위등급조사에 참작하였다. 그 외 시가지 및 도서(島嶼)지방의 지위등급을 특별조사를 통해 설정하였다.

표준지를 선정한 이후에는 표준지의 지가등급을 바탕으로 해당 구역 내의 각 필지 지가등급을 정하는 것이 원칙이었다. 사용가치, 효용성 등에 따라 예외를 두었다. 이렇게 각 필지에 지위등급을 부여한 후에는 표준지조서, 등급도, 등급조사부, 지위등급표 및 대등급일람표 등 5종의 장부를 제작하였다.

이러한 일련의 작업들을 외업반에서 마친 이후에는 내업반에서 군과 군 사이, 필지별 지위등급 사이의 균형이 잘 이루어졌는지를 확인·심사하였다. 군 간 지위등급의 균형을 달성하는 일은 지위등급조사에서 가장 중요한 문제였으며, 균형이 맞지 않는다고 판단될 경우에는 군 전체의 지위등급을 한 등급 내리거나 올리는 것도 가능하였다. 이 과정을 거쳐서 필지별 지위등급이 확정되면 그것을 지가로 환산하여 토지대장에 기록함으로써 지가조사는 완결되었다.

이러한 지위등급조사는 1911년부터 1917년 7월 외업이 종료될 때까지 6년 간 진행되었다. 지위등급조사반과 등급조사반이 지위등급의 조사 및 결정에 종사하였으며, 조사에 소요된 총 경비는 약 1,164,441,776원이고 총 등급조사 필수는 약 19,061,203필이었다.

[참고어] 토지조사사업, 일필지조사, 사정, 고등토지조사위원회, 지가제

[참고문헌] 조선총독부 임시토지조사국, 1918, 『조선토지조사사업보고서』; 조석곤, 2003, 『한국 근대 토지제도의 형성』, 해남

〈고나은〉

지장(知莊) 신라 하대 이후 농장(農莊) 관리를 담당하였던 사람.

신라 하대에 설치된 농장을 관리하기 위해 농장 안에 농사(農舍)가 설치되었다. 농사에는 지장이 머물며 농장의 경작과 수확, 생산물 보관의 관리를 담당했던 것으로 보이는데, 이는 이후 장주(莊主) 혹은 장두(莊頭)와 유사한 역할을 하였던 것으로 여겨진다.

[참고어] 장두

[참고문헌] 金昌錫, 1991, 「新羅統一期 田莊에 관한 硏究」『韓國史論』 25; 金琪燮, 1992, 「新羅統一期 田莊의 經營과 農業技術」『新羅文化

祭學術發表論文集』 13 ; 이인재, 1997, 「統一新羅期 田莊의 形成과 經營」 『韓國古代·中世의 支配體制와 農民』, 知識産業社

〈이현경〉

지적계에 대한 민유지조서(地籍係에 대한 民有地調書) 일제의 토지조사사업에서 조사대상 임야 가운데 삼림법 제19조에 의하여 지적계를 제출한 것으로 실지조사에서 민유지로 조사된 것을 기록한 서류.

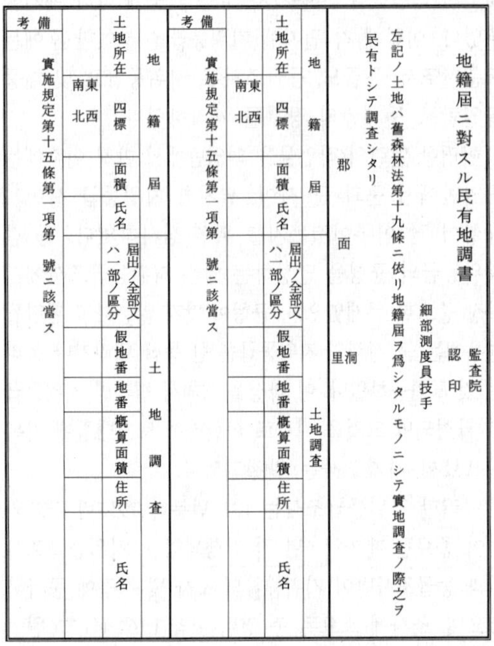

地籍屆ニ對スル民有地調書

監査院 認印

細部測度員技手

左記ノ土地ハ舊森林法第十九條ニ依リ地籍屆ヲ爲シタルモノニシテ實地調査ノ際之ヲ民有トシテ調査シタリ

郡 面 里洞

地籍屆					土地調査					考備
土地所在	四標 (東西南北)	面積	氏名	屆出ノ全部又ハ一部ノ區分	假地番	地番	概算面積	住所	氏名	實施規定第十五條第一項第　號ニ該當ス
土地所在	四標 (東西南北)	面積	氏名	屆出ノ全部又ハ一部ノ區分	假地番	地番	概算面積	住所	氏名	實施規定第十五條第一項第　號ニ該當ス

지적계에 대한 민유지조서

임시토지조사국 조사원은 토지신고서를 수집 정리한 다음, 일필지 조사과정에서 미비한 신고서를 보완 정비하는 작업을 실시했다. 신고가 누락되었거나 사실과 다를 경우 신고서를 수정하거나 다시 신고하도록 했다. 지적계에 대한 민유지조서도 그중 하나이다. 이 서류는 세부측도원이 작성하고 감사원이 날인했다. 양식은 지적란과 토지조사란으로 구분되어 있다. 지적란에는 지적신고의 내용을 후자에는 가지번·지번·개산면적·소유자의 주소·성명을 기록했다. 그리고 비고란에는 실지조사 과정에서 드러난 문제를 기록했다. 이를 근거로 실지조사에서 지적계에 대한 민유지조서를 작성하여 민유 여부를 결정했다. 이 서류는 리 단위로 작성되어 토지신고서에 편철되어 있다.

[참고어] 삼림법, 실지조사부, 임시토지조사국 조사규정, 토지신고서

[참고문헌] 조선총독부 임시토지조사국, 1918, 『조선토지조사사업보고서』; 최원규, 2011, 「창원군 토지조사사업 관계장부의 종류와 성격」 『일제의 창원군 토지조사와 장부』, 선인

지적도(地籍圖) 지적도는 일필지 측량에서 조제한 원도의 각종 선체(線體)와 측량점을 등사한 도면. 토지조사부와 함께 사정 도부로 사용된 도면.

토지대장과 함께 부, 군, 도에 비치한 지적사무의 기본 도면이다. 이것은 원도에 그린 1필지 강계와 도로, 하천, 구거와 같은 각종 선체와 기타 삼각점과 도근점의 위치 등을 등사한 것이다. 1911년 3월 처음 업무실행에 착수하였으며, 1918년 5월에 전 작업을 종료하였다.

지적도의 작성 단위는 동리이다. 조제방법과 순서는 다음과 같다. ① 처음에는 원도에 있는 도곽(圖郭)의 신축을 검사해서 적당하게 교정을 한 다음, 지적도 용지 위에 점사지(粘寫紙)를 장치하고 자사침(刺寫針)으로 원도의 도곽선, 매 필지 계의 각점각(各點角)과 삼각점, 도근점의 위치를 구멍을 내어 그린다. 다음에 도, 부, 군, 면, 동리 등과 같은 행정구역의 방향과 위치, 그리고 도로, 하천, 구거와 같은 것은 각종 선체를 따라 전부 눌러 그리고, 이 작업이 끝나면 지적도 용지상에 빠진 것, 잘못된 것, 불분명한 것 등 유무를 정사하여 불비된 것은 정리한다. 그리고 바늘 구멍과 각종 선체를 따라가면서 다시 원도와 대조하며 묵으로 그렸다. ② 도곽 외에 기록한 군, 면, 동리명, 매수, 도서번호 등은 활판인쇄로 한다. ③ 1필지 내의 지번, 지목 등은 압인기(押印器)로 표시하고, 1필지의 면적이 협소하여 압인기를 사용할 수 없거나 또는 지명 등의 문자가 압인기에 장치되어 있지 않은 것이나 삼각점과 도근점의 부호권(符號圈) 등과 같은 것은 손으로 그린다. ④ 조사지역 외의 토지에 대한 지형지물의 부호는 활자로 「(山)」「(海)」「(湖)」 등과 같이 표시한다. 지적도 조제가 종료되면 다시 일람도를 작성하는 순서로 진행하였다.

지적도 일람도는 동리의 개황을 보여줌과 동시에 동리 내의 각 지적도의 접속관계를 표시하며, 1필지가 소재한 동리 중의 위치에서 지적도의 번호를 색인하는 편의를 제공하는 것이다. 이 축척은 원도의 1/10로 하고 일람도 중에 포용되어 있는 원도가 10장 이내일 경우에는 특별히 2/15의 축척으로 하여 축도기계(Pantograph)를 사용해서 제작하고, 동시에 지번색인표를 작성하여 첨부하였다.

지적도와 일람도는 처음에는 도화지(Kent Paper)그대로 부, 군, 도에 인계하였다. 그 후 빈번하게 사용되어 훼손되게 되자 1917년 1월 이후 뒤에 받침을 했다. 지적도의 예는 그림과 같다.

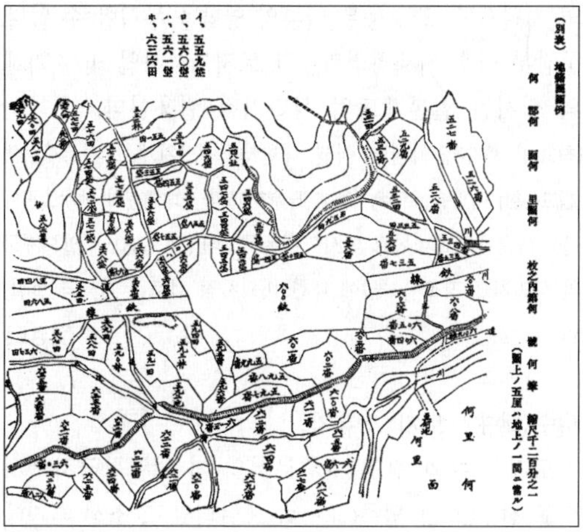

지적도의 예

[참고어] 지형측량, 원도, 토지조사부

[참고문헌] 조선총독부임시토지조사국, 1918,『조선토지조사사업보고서』; 최원규, 2011,「창원군 토지조사사업 관계장부의 종류와 성격」『일제의 창원군 토지조사와 장부』 〈이영학〉

지적약도(地籍略圖) 일제의 토지조사사업에서 부와 면에 비치하기 위해서 이동정리를 완료한 측량원도를 등사한 것.

지적약도의 조제방법은 지적도와 거의 동일하였지만, 지적도와 같이 복작법(複作法)에 의하지 않고 등사법을 택하였다고 한다. 지적 원도 위에 박미농지(트레이싱 페이퍼)를 붙여 이를 투시 등사한 것이다. 도형을 그리는 것은 비교적 간단하여 지적도 일람도와 조제방법이 동일하였다. 각 부군도에는 지적도와 토지대장을 비치하여 사용하였지만, 조선총독부는 지적도의 정리와 이용을 더 완벽히 하기 위해 측량원도를 등사하여 지적약도를 조제하였다. 조제작업은 1917년 1월부터 착수하여 1918년 6월에 완성하였다.

[참고어] 지적도, 원도, 토지대장, 지형측량

[참고문헌] 조선총독부임시토지조사국, 1918,『朝鮮土地調査事業報告書』; 대한지적공사, 2005,『한국지적백년사 : 자료편』

지전(紙田) 고려시기 공해전(公廨田)의 일종으로, 종이를 납부하는 대가로 지급한 토지.

지위전(紙位田)이라고도 했다. 각 관청에 지급되었던 공해전은 공수전(公須田)·지전·장전(長田)으로 구성되어 있는데, 이 가운데 관아에 예속된 공장(工匠)이나 공지호(供紙戶)에게 종이를 납부하는 대가로 지급한 위전(位田)을 가리켜 지전이라 한 것으로 이해되며, 이에 대한 관리는 관(官)에서 하였을 것이라고 추정된다. 이때 공지호는 관장지호(官匠紙戶)일 가능성과 지소(紙所)의 호(戶)일 가능성이 제기되었다.

[참고어] 공해전

[참고문헌] 姜晉哲, 1980,『高麗土地制度史硏究』, 고려대학교출판부 ; 金載名, 1987,「高麗時代 國公有地의 經營」『論文集』 2, 한국정신문화연구원부속대학원 ; 安秉佑, 1994,『高麗前期 財政構造 硏究』, 서울대학교 박사학위논문 ; 李景植, 2007,『高麗前期의 田柴科』, 서울대학교 출판부 ; 李景植, 2011,『韓國 中世 土地制度史-高麗』, 서울대학교 출판문화원

지조개정(地租改正) 1872년 일본의 명치정권이 단행한 조세수취 규정의 개정.

일본은 1868년 명치유신으로 판적봉환(版籍奉還)이 이루어졌다. 영주가 통치하던 영지와 사람을 천황께 바치는 것이다. 영주의 땅과 사람을 모두 받아 일본국가의 국토와 국민으로 삼고자 일본 정부는 토지와 호적에 대한 조사를 시작하였다.

지조개정은 본격적인 토지조사에 앞서 종래 농민은 경작권을 가질 뿐이고, 소유권은 영주에게 귀속되어 있던 봉건제를 폐하면서 영주의 소유권을 농민에게 귀속시킨 것이다. 1871년 9월 4일 전답에 미곡 이외의 다른 품종의 경작이 허용되고, 1872년 2월 15일 토지매매가 허용되었다. 이 조치에 따라 토지의 사용 및 수익에 대한 자유, 그리고 토지처분에 대한 자유가 토지소유자에게 인정되었다. 토지매매를 허용하는 동시에 토지를 매매할 때 지권(地券)을 발급하는 조치가 취하여졌다.

지권에는 지가, 지조, 지주(持主)를 기재하였다. 지주(持主)=지권을 가진 자가 토지소유자인 지주가 되었다. 지권을 가진 자는 이전에는 봉건적 공조(貢租)를 부담하던 자인데, 이들에게 토지의 소유권을 인정한 것이다. 지권의 뒷면에는 "일본인민으로 이 권장(券狀)을 가진 자는 그 토지를 마음대로 소유하거나, 토지를 소유할 수 있는 권리가 있는 자에게 매매 양도 질입(質入) 서입(書入)할 수 있다"라고 쓰여 있었다. 이것은 지권을 가진 자에게 사용, 수익, 처분의 권리를 내용으로 하는 근대적 토지소유권이 인정된 것을 의미한다. 사용, 수익,

처분의 권리를 내용으로 하는 근대적 토지소유권 개념은 로마법에 기원을 둔 프랑스 민법의 소유권 개념을 수용한 것이다. 이러한 개념은 1898년 7월 제정된 일본 민법에 반영되었다.

일본민법에는 소유권은 자유로이 그 소유물을 사용, 수익, 처분할 수 있는 권리로 규정되어 있고, 다만 공익을 위하여 법령에 의한 제한은 가능하도록 되었다. 재정적 측면에서 보면 지조개정은 막부(幕府)체제에서 중앙집권적 통일국가의 형태로 전환된 메이지 정부의 일본이 근대국가로 발돋움하는 데 필요한 재정의 안정적 확보를 위한 조치였다. 당시 재정수입의 압도적인 부분이 조세수입에 의존하였다. 그래서 전국에 일률적으로 지권에 기재된 지가에 대하여 3%의 금납지조를 걷도록 하였다. 지조개정과 함께 토지경계선을 확정하는 토지정리사업이 실시되었다. 1872년 7월 모든 토지에 지권을 교부할 때는 토지측량을 전제하지 않고 이전의 검지장이나 명기장에 기재된 면적과 지가를 신고하도록 하고 이를 바탕으로 새로운 지적도를 작성하였다. 그러나 부정확한 것이 많아 지조개정을 위해서는 필지의 경계와 면적을 확정할 지압조사와 장량이 요구되었다. 그래서 촌마다 일련번호를 주어 필지를 부과하고 각자 토지측량을 하도록 하였다. 지조개정을 통해 통일정부의 물적 기반을 마련하는 것이 시급했기 때문에 정확한 측량은 뒤로 미루어졌던 것이다.

메이지 정부는 1884년 12월 지조의 근본대장을 정비하기 위해 '지조에 관한 제장부양식'을 제정하고, 1885년 2월 다시 지압조사에 착수하여 4년에 걸쳐 대규모 토지측량조사사업을 시행하였다. 그 결과 1889년 3월 지권제도를 폐지하고 토지대장규칙을 제정하여 지세에 관한 일체의 사항을 토지대장에 등록하도록 하고, 토지대장에 등록된 지가를 기준으로 토지소유자로부터 지세를 징수하는 것으로 되었다. 이처럼 일본은 근대국가의 성립과정에서 전국에 걸쳐 통일적인 지세제도를 구축하여 조세수입의 상당 부분을 차지하는 지세수입을 확정지었다. 또한 영주적 토지소유를 부정하고 농민적 토지소유를 인정함으로써 중앙집권적 근대국가의 물질적 기반을 마련하였다. 메이지 정부는 이를 위해 분권적 영주체제에서 금지되어 있던 토지매매의 자유화를 꾀하여 토지의 자본화 가능성을 열고, 자유로운 토지이동이 가능하도록 소유권의 성격을 확정한 지권을 발행하고, 나아가 금납화, 지가에 대한 과세 등 지조개정으로 수취체계를 확정하였다. 그리고 지압조사를 통해 토지대장과 지적도를 마련하는 방향으로 나아갔다.

일본의 지조개정은 한국 개화파의 토지개혁에 큰 영향을 미쳤다. 갑오개혁의 지세금납화, 대한제국 정부의 지권제도 도입 등은 일본의 영향을 무시할 수 없다. 통감부 이후 지세정리과정과 토지조사사업 및 지가제의 실시는 일본제도의 식민지적 변용이다.

[참고어] 지가제, 지세령, 지권, 대한제국전답관계, 토지조사사업

[참고문헌] 배영순, 1988,『韓末 日帝初期의 土地調査와 地稅改正에 關한 硏究』, 서울대학교 박사학위논문 ; 이영호, 2003,「일본제국의 식민지 토지조사사업에 대한 비교사적 검토」『역사와 현실』 50

〈이영호〉

지주(地主) 토지 소유자.

토지 소유와 경영 주체로서의 지주는 한국사에서 주로 전주(田主), 답주(畓主)로 표현되었고, 조선 후기에 이르러 기주(起主), 시주(時主) 등으로 기록되어 소유권자로서의 지위를 표시했다. 지주와 전주를 구분한 것과 같이 지(地)와 전(田)을 분별했던 사례는『예기』「왕제(王制)」에서 살펴볼 수 있는데, 전은 경작지를 의미하지만 지는 산림(山林)·천택(川澤)·원습(原隰)까지 포함되었다 했다. 이는 정전(井田)을 분급할 때 천자(天子)·제후(諸侯)의 전리(田里)의 넓이 차이를 구분하여 녹작(祿爵)을 엄밀히 했던 것이기도 하다. 식읍(食邑)을 채지(采地)로 받던 제후들은 관직의 대가로 토지의 수입을 얻었던 것이다.

중국 정전제(井田制) 하에서의 지·전 구분과 한국의 수용, 그리고 후대의 변화과정을 자세히 알 수는 없다. 다만 신라시기 이후의 녹읍제와 고려시기 녹봉제 및 전시과로의 전환에 대한 논쟁이 존재하며, 녹읍주에 대해서도 이같은 지주로서의 지위가 인정되었는가의 여부가 관련되어 있다. 또한 조선시기의 지주는 군현에 파견된 지방관 수령을 일컫는 용어로 쓰였다는 점에서 그 용례가 특이하다. 수령·방백을 해당 지역의 경작지뿐 아니라 산림·천택 전체의 통치자로 인식하여 지주라 하였던 것을 알 수 있다.

한편 전주[혹은 답주]의 용례는 토지[경작지]에 한정되어 사용되었다. 개항기 이후 지주는 전주·토주와 함께 토지소유자를 지칭하는 용어로 사용되기 시작했다. 즉 개항기 이후의 지주는 조선시기 지주와는 전혀 다른 의미였으며, 토지 소유주라는 의미 하에서 토주·지주라는 용어로 정착하기 시작했다.

지주의 용례는 따라서 토지 소유권의 통시기적 발달

과정을 통해 사용될 수 있으며 지주제 연구는 그러한 입장에서 시도되고 있다고 할 수 있다. 이와는 별도로 지주라는 용어를 근대적 소유권이 성립한 시기로부터 사용했기 때문에 전근대 토지소유권과 경영형태를 지주경영이라고 할 수 없다는 연구도 존재하지만 전 시기에 대한 체계적인 설명이 부족하다. 소유권의 개념에 대한 통시적인 정리가 진행된다면 지주에 대한 이해가 좀 더 심화될 수 있을 것이다.

전근대 지주제 연구는 소유권의 통시기적 발달을 전제하고 있다. 소유권과 수조권의 발달을 전제로 이해하는 방식이다. 조선시기 지주전호(地主佃戶)와 전주전객(田主佃客) 관계를 통해 지주전호제와 전주전객제를 이해하고, 이때의 지주는 해당 토지의 소유권자를 의미하며, 전주는 국가로부터 수조권을 받은 수조권자로 보는 것이다.

지주의 토지소유와 농업경영 형태 역시 소유권과 수조권의 발달을 전제로 달라진다. 소유를 기반으로 대지주 및 중소지주로 분류하며, 타인을 고용하여 경영할 때는 농장경영이나 병작경영 형태로 나눌 수 있다. 노비나 고용노동을 이용하여 직영지 경영을 행할 때는 잉여생산물 대부분을 차지하지만, 전호 농민을 통해 병작반수[또는 도지]로 경영할 때는 지대 생산물을 절반에 가깝게 나눈다. 양자의 경영방식은 혼재되어 존재하면서 점차 농장경영에서 병작 혹은 도지 경영 방식으로 이행하게 된다.

대토지소유의 한 형태로서 고려 중기 경에 등장하는 농장(農莊)은 수조권과 소유권을 기반으로 성립하며, 고려 말 농장혁파 조치를 통해 수조권을 이용한 권력형 농장의 발달이 쇠퇴하게 되었다. 1466년 직전법 제정 이후에는 수조권이 점차 사라지는 가운데 소유권 중심의 농장과 지주제가 확산되게 된다. 일제하 이후의 소작제를 기반으로 한 지주경영은 점차 농업노동자를 집단적으로 고용하거나 기계를 통해 농작업 전체를 경영하는 기업적 경영방식으로 바뀐다.

지주와 지주제 경영에 대한 연구는 한국의 토지 소유권 발달과 관련하여 진행되고 있기 때문에 특수한 시기의 용례만으로 설명하기에는 충분치 않다. 향후 전 시기에 걸친 체계적인 연구를 통해 지주의 존재와 그 경영형태를 일반화시킬 필요가 있다.

[참고어] 녹읍, 농장, 병작, 소유권, 수조권, 전주, 전호

[참고문헌] 『禮記』, 『磻溪隨錄』, 『三國史記』, 『高麗史』, 『朝鮮王朝實錄』; 각종 토지문기류

〈최윤오〉

지주전업대책(地主轉業對策) 농지개혁으로 토지를 유상매입 당한 지주들이 다른 업종으로 전환할 수 있도록 정부가 마련한 여러 가지 대책.

대한민국정부 수립 후 1949년 농지개혁법이 마련되고 농지개혁 시행이 눈앞에 다가오자, 지주들의 반발이 뒤따랐다. 정부는 지주들의 반발을 무마하기 위해 농지를 매수당한 지주에게 전업·알선 등 특별한 보호책을 마련해 줄 것이라고 밝혔다. 농지개혁법 제10조에는 '지주에게 그 희망과 능력 기타에 의하여 정부는 국가경제발전에 유조한 사업에 우선 참획케 알선할 수 있다'고 규정하였다. 1949년 10월 27일 '각 부처 소관 귀속산업체에 우선 참획하도록 배치하라'는 국무총리의 특별지시와 11월 4일 '희망 지주를 조사하고 그 능력에 걸맞는 한 유조사업(有助事業)에 참획토록 하라'는 농림부의 지시가 내려졌다. 이후 전업희망지주의 신고접수, 조서작성 등 일련의 전업 알선사업이 추진되었다.

6·25전쟁으로 중단되었던 농지개혁 사업은 임시수도 부산에서 재개되었다. 농림부는 1951년 3월 17일 귀속재산처리법 시행령을 개정하여 귀속재산 매각대금과 입찰보증금을 지주의 지가증권으로 납입할 수 있도록 하겠다고 밝혔다. 이어 국회에서도 지가증권을 활용하기 위해 대규모의 국책회사를 이양하자는 건의안을 제출했다. 정부 또한 1951년 3월 이래 지주전업 알선 및 지가증권의 활용대책에 관한 의견을 조정했다. 이러한 과정을 거쳐 1951년 8월 16일 「귀속재산처리법 시행령」 개정이 국무회의에서 의결되고, 지주전업 알선사업은 활기를 띠었다. 원래 귀속재산 매수의 순위는 그 재산의 임차인 및 관리인, 그 기업체의 주주·사원·조합원 및 2년 이상 근무한 종업원이 우선권을 가졌고, 그 뒤를 이어 농지를 분배당한 지주가 위치했다. 개정된 귀속재산처리법에서는 우선순위는 그대로 두되 '임대되지 않는 귀속기업체는 공동 관리인 선임', '단독 관리인이 임명되어 있는 기업체는 6개월 이내에 농림부장관이 추천하는 지주를 우선적으로 선임', '결원을 보충할 때에는 농림부장관이 추천하는 지주만을 보충', '임차인을 바꿀 경우에도 농림부장관이 추천하는 지주를 우선 선임' 등의 조항을 신설하여 지주를 우대했다. 이러한 조치를 통해 지주전업 알선사업은 법적으로 뒷받침되었다. 그러나 이러한 대책은 구체적인 시행과정에서 관리인 선임 기간이 6개월 이내로 너무 짧았고, 행정기관의 업무 처리 능력 부족, 관계부처 간의 협력 부족 등으로 별 성과 없이 마무리 되었다.

지주전업을 위한 정부차원의 노력과는 별도로 지주들도 자체적으로 전업추진을 위한 모임을 조직하고 활동하기도 하였다. 경상남도의 경우 1951년 1월 '보상대금으로 국가 산업 발전에 기여하는 동시에 지주전업 달성을 적극 추진하는 것'을 목적으로 경상남도 지주전업추진회가 조직되었다. 경상남도 지주전업추진회는 경남도청 내에 사무소를 설치하고 각 시군에 지부를 두었다. 지주들은 당국의 지주전업 사무추진에 협력하고, 지가증권 발급을 촉진하며, 보상액 조기 지불 촉진, 중소지주에 대한 일시 보상 요청 등을 긴급 추진사항으로 설정하고 활동하였다.

대부분의 지주들은 기업경영에 대한 경험이나 소양이 부족하였다. 농림부가 관리하였던 일부 소규모 귀속재산이 지주에게 임대차 또는 매각된 경우가 있어 지주전업 성공의 몇몇 사례가 있었다. 그러나 지주가 관리인으로 선임되어 경영에 나선 기업체의 경우 대부분 경영미숙으로 관리 및 경영권이 곧바로 타인에게 넘어갔다. 또한 농림부가 지주전업 알선을 적극 추진했으나 관계기관이 협조하지 않아 관리인 선정에 실패한 경우도 있었다. 이러한 과정에서 지주는 농지개혁과 6·25전쟁을 겪으면서 산업자본가로 변신하지 못했으며 지주제 역시 소멸되는 과정에 있었다.

[참고어] 농지개혁, 농지개혁법, 지가증권

[참고문헌] 김성호 외, 1989, 『농지개혁연구』, 한국농촌경제연구원 ; 하유식, 2010, 「울산군 상북면의 농지개혁 연구」, 부산대 사학과 박사학위논문 〈하유식〉

지주총대(地主總代) 일제의 토지조사사업에서 면장의 지위아래 리에서 토지조사의 실무를 담당하던 자.

지주총대는 현지에서 지주와 직접 관계한 자로서 면장이 임명하고, 군에서 적합 여부를 조사했다. 시가지 등 일본인 집단 거주지의 지주총대는 일본인이었다. 지주총대가 지켜야할 사항을 정한 지주총대심득은 1910년 8월 24일 토지조사국 고시 제3호로 공포했으며, 전문 6개조로 구성되었다. 그가 해야 할 임무는 다음과 같이 정했다. ① 동리의 강계(疆界)와 실지조사의 인도에 관한 사항, ② 토지신고서의 수집 정리에 관한 사항, ③ 강계표의 건설과 보존에 관한 사항, ④ 지주 기타 관계자의 실지입회와 소환에 관한 사항, ⑤ 토지의 이동에 관한 사항, ⑥ 조사 관리의 지시에 관계된 사항, 그리고 신고서를 검토한 후 날인하도록 했다.

지주총대는 리별로 2명씩 정했다. 특별히 정한 선발규정은 없었으나, 빈부를 가리지 않고 주로 고노(古老) 혹은 지사인(知事人) 등 그 지방 토지사정에 익숙한 자 중에서 선발했다. 이들 중에는 하루라도 가업을 게을리 하면 가정경제에 심한 타격을 받는 자가 적지 않았다. 이리하여 이들은 몰래 보수를 요구하기도 했으며, 출장원의 명령을 준수하지 않거나 직무수행에 적극적이지 않았다. 이에 조선총독부는 지주총대가 업무를 원활히 수행할 수 있도록 지주총대 보수금 지급 규정을 만들어 지주에게 비용을 부담시켰다. 지주총대가 지주를 대리하여 실지에 입회하거나 신고서를 수집하는 등 지주의 편의를 도모한다는 이유에서였다. 사실 토지신고서는 필체를 보면 지주총대가 대리로 일괄 작성하고 지주가 날인하는 경우가 적지 않았던 것으로 보인다. 지주총대에 관한 규정은 임시토지조사국조사규정에서 다시 언급되었다.

지주총대는 종전 연구에서는 지주의 입장을 대변한다고 주장하기도 했으나, 최근에는 향촌사정을 잘 아는 자로 실무행정을 담당한 자라고 정리하고 있다.

[참고어] 토지신고서, 임시토지조사국조사규정, 실지조사부, 지사인

[참고문헌] 『구한국관보』; 『조선총독부관보』; 배영순, 2002, 『한말 일제초기의 토지조사와 지세개정』, 영남대학교 출판부 ; 조석곤, 2003, 『한국 근대 토지제도의 형성』, 해남 〈최원규〉

지주회(地主會) 1910년대 일제의 농업정책을 선도적으로 실행한 지주로 이루어진 관제농업단체.

19세기 말 20세기 초 과잉인구와 식량부족 문제에 시달리고 있던 일본자본주의는 1910년 강점을 계기로 한국을 식량 원료공급기지로 만들어 갔다. 일제는 일본인 입맛에 맞는 쌀 증산을 위해 일본헌병과 경찰력을 동원하여 전통적인 조선농업을 일본식 농업기술과 체계로 개조시켜갔다. 다로다비적(多勞多肥的) 명치농법과 개량품종을 강제하는 폭력적 이식과정은 조선 농촌사회의 유력자인 지주와 지주제를 매개로 이루어졌다. 일제는 그와 같은 '농사개량'의 실행기관으로 지주회를 조직하고 한국인 지주들을 식민지지배와 미곡증산의 협력자로 적극적으로 포섭 장악해갔다.

지주회의 명칭은 지역에 따라 농사장려회(경기도), 권농회(전라북도), 지주조합(충청북도·경상북도·평안북도), 지주회(충청남도·전라남도·경상남도·함경도·평안남도)라 했다. 지주회는 1912년 경기도 농사장려회의 결성을 시작으로 군단위로 전국적으로 조직되

었다. 대개 군수가 회장을, 군 서무주임이나 군내 대지주가 부회장을, 군 농사기수가 이사나 간사를 맡았다. 운영비가 지방비에서 지원되었고, 사무소는 군청 내에 두었다. 지역에 따라 면장이나 면직원이 회비의 수납, 총회개최, 결정사항의 전달과 같은 회원 관리업무를 담당하기도 했다. 지주회의 주요 직책을 군-면으로 이어지는 행정부서의 요원들이 담당하고 있었기에, 지주회는 사실상 일제 행정기구의 보조기구로 기능했다. 지주회는 강화·강습을 통해 농사개량을 유도하고, 정기적으로 평의원회를 개최하여 도·군의 권업방침에 대해 자문하고, 도·군의 권업업무의 주요 독려사항을 지시하였다. 또한 군청 직원들은 지주회 총회에서 결의한 농사개량 사항을 현장에서 지주들이 실제로 실행하고 있는지를 조사 감독하였다.

지주회의 임무는 조선의 재래 벼 대신 일본의 개량벼로 재배하게 하는 '조선농업의 일본화' '일본농업의 이식'에 있었다. 지주회는 무엇보다 품종개량에 전력을 다했다. 소신리키(朝神力)·고쿠료토(穀良都)·다마니시키(多摩錦)·다카치호(高千穗) 같은 일본 개량 벼 재배를 위한 시작답·실험답·채종묘포 및 채종답=파종답을 설치하고 조선 재래종을 일본 개량종으로 교환해주거나 개량종묘의 배부·공동구입에 힘썼다. 일본식 농사개량을 위한 기술원을 배치하고, 소작미는 반드시 일본 벼 품종으로 받을 것을 약정하였다. 일본 개량종의 특징상 비료의 다량투입은 필수적이었기에, 퇴비·녹비 증산을 장려하고 비료구입 자금이나 미곡의 건조조제를 위한 일본식 개량농기구의 대여 및 구입자금도 대부해주었다. 지주회에서는 일본 개량농법의 생산성과 우월성을 알리고 널리 이해시키는 농사강습회와 입도품평회를 개최하고 우량소작인을 표창하였다. 그리고 소작인보호를 결의사항으로 내세웠지만 실효성은 전연 없었다. 오히려 농사개량에 따르지 않는 소작인은 소작계약을 파기할 수 있게 보장하여 소작권이동이나 소작료인상 같이 지주권을 보다 더 강화할 수 있었다. 1920년 현재 전국 지주회의 수는 128개, 회원은 9만 3천여 명에 달했으며, 1920년대 조선농회에 흡수 통합되었다.

[참고어] 농촌중견인물양성, 조선농회, 산미증식계획

[참고문헌] 文定昌, 1942, 『朝鮮農村團體史』, 日本評論社 ; 崔芝瑛, 1992, 「1910년대 '지주회'의 조직과 활동」, 이화여대 석사논문 ; 李基勳, 1993, 「1910-1920년대 일제의 農政 수행과 地主會」『한국사론』 33

〈이수일〉

지척(指尺) 가운데 손가락의 가운데 마디를 한 치로 잡고 만든 자.

『성호사설(星湖僿說)』에서는 사람의 몸을 지척(指尺)으로 재면 대략 6배 정도라고 하였다. 이를 기준으로 옷을 만들 때 이용한다. 그러나 성호 이익(李瀷)은 『가례(家禮)』에서의 지척이란 것이 큰손가락 중간 마디를 한 치로 잡고 말한 것으로 사람에 따라 혹 길게도 짧게도 함은 꼭 이 지척에 달려 있는 것이 아니라고 하면서 옛날 이른바 자[尺]라는 것은 즉 주척(周尺)을 가리킨 것이라고 여겼다. 주척은 주(周)나라 때 만든 자로 『예기(禮記)』에 따르면 '이전의 주척은 여덟 자를 보(步)라 했으나 지금은 여섯 자 네 치를 보라고 한다.'고 하였다.

양전척(量田尺)으로써의 주척도 시대별로 다르게 적용되었다. 자를 상·중·하 3등급으로 써서 양전을 하고 결부(結負)를 하여 동일한 양으로 수조(收租)하는 법은, 삼국 때부터 이미 있었다. 고려시기에는 농부의 두 번째 손가락으로 열 번을 재서 상전척(上田尺)으로 삼고, 두 번째 손가락으로 다섯 번 재고, 또 세 번째 손가락으로 다섯 번을 재서 중전척(中田尺)으로 삼고, 세 번째 손가락으로 열 번을 재서 이를 하전척(下田尺)으로 삼았다. 이 자를 이용하여 6척을 1보로, 둘레 3보 3촌(寸)을 1부(負)로, 25보를 1결로 계산하였다.

고려 말의 조세제도 개혁을 추진하면서 조선은 3등급의 전품(田品)을 6등급으로 구분하며, 이를 측정할 자의 도량형도 다시 정하게 되었다. 세종 대의 양전논의 과정에서는 고려의 지척이 아닌 중국식 경무법(頃畝法)에 상응하는 주척을 기준척으로 삼고자 하였다. 경무법은 주척 5척을 1보로 하고, 매 보마다 소표(小標)를 하고 10보마다 대표(大標)를 한 줄자로 면적을 측량하여 보(步), 무(畝), 경(頃)으로 파악한 것이었다. 그러나 조선의 양전척은 중국식 경무법을 표본으로 하였으나 중국식 그대로가 아닌 우리 고대의 결 실적을 염두에 두고 만든 것이었다. 즉 조선 양전척의 특징은 양전척을 5척으로 하고 면적 25척을 1보가 되게 하며, 240보는 1무(6,000평방주척), 100무는 1경으로 하는 것이었다. 이것을 바탕으로 한 조선 결부제는 1444년(세종 26) 완성되어 다소의 변화를 거치면서 시행되었다.

세조 대 편찬된 『준수책(遵守冊)』의 규정을 보면 조선 전기의 양전척은 각각 그 길이가 다른 6개의 수등이척(隨等異尺)을 사용하였다. 1등전은 4.775척, 2등전 5.179척, 3등전 5.703척, 4등전 6.434척, 5등전 7.550척, 6등전은 9.550척을 사용하여 6등전은 1등전의 2배가 되게

하였다.

이후 조선 후기 실시된 양전사업에서는 『준수책』을 기준으로 하여 지표로 삼고 당시의 조건에 맞는 양전사목을 마련하였다. 1634년(인조 12)의 갑술양전(甲戌量田)에서는 6개가 아닌 단일한 1등전 척을 사용하고 있다. 이것은 기술적인 문제로 보이며 단일척의 사용이 갑술양전 전후 어느 시기인지는 확실치 않다. 또한 그 길이도 4.9996척으로 그 길이가 늘어난 양전척을 사용하였다. 이것은 전쟁 후 기존의 자가 분실되어 새로 만드는 과정에서 발생하였으나 국가에서는 조세 수입의 감소로 이어지는 것이었다. 이러한 혼란에 1820년(순조 20) 정부는 갑술양전척을 그대로 인정하고 늘어난 주척에서 2분씩을 감소하는 조치를 취하여 주척에 따른 지역 간의 혼선을 바로잡으려 하였다. 1905년(광무 9) 도량형법의 공포로 새로운 미터법과 척제도를 도입하여 주척과 병용하여 사용되었다.

[참고어] 양전척, 결부제

[참고문헌] 『성호사설』; 『조선왕조실록』; 김용섭, 2000, 『한국중세농업사연구』, 지식산업사 〈우혜숙〉

지형지모조사(地形地貌調査) ⇒ 토지조사사업

지형측량(地形測量) 지표면의 형상을 묘사하기 위한 측량. 일제 토지조사사업의 기초로써 이루어진 토지측량사업의 일환으로 1913년 4월에 착수해 1918년 3월에 완결되었다.

지형측량은 지반측량으로 설정된 대삼각점 및 도근점을 기초로 지적도를 축소 묘사한 측판 위에 일반지형을 표시한 다음 행정구획을 명시하여 지형도를 작성하기 위해 실시한다. 측량준비, 도근점의 측정, 일정한 도식을 사용한 지물 및 지모의 측도, 제판 및 인쇄 작업을 거쳤다. 지형의 측량에 착수하기 위해서는 우선 도곽·척도기구를 사용하여 경위선표를 따라 지도 용지에 가선을 표시한다. 지형도의 축척은 주요도읍 부근은 1/25000, 기타지역은 1/50000으로 하였다. 1/25000 축척의 지도는 전체를 총괄하기 위하여 1/50000도 함께 작성하였다. 축척 1/25000으로 측도한 구역은 부산, 마산, 목포, 대구, 군산, 대전, 경성, 인천, 진남포, 평양, 원산, 함흥, 의주, 청진, 나남, 회령 등이다. 경제적인 측면에서 특별히 중요한 시가지에 대해서는 별도로 1/10000 축척의 지형도를 작성하였는데 그 지역은 경성 외의 11부와 수원을 비롯한 33개소 45개 지방이다. 도첩마다 수호(數號)와 지명을 표기하였다. 측판에 삼각점을 전개한 후에는 지물들을 삼각점을 따라 도지(圖紙)에 옮겼다. 명승고적이 많은 지방은 축척 1/25000지도에 명승고적을 보충해서 측량하고 주기(注記)도 추가하였다. 금강산의 경우 1/50000의 축척으로 특수지형도를 작성하기도 하였다. 또한 전체 지형을 용이하게 살피기 위하여 실측도를 축소 묘사한 소축척지도를 작성하였는데 전도는 축척 1/200000지도와 1/1500000지도, 각 도별로는 축척 1/500000지도와 1/2500000지도를 작성하였다. 경성시가지에 대해서는 특별히 대축척시가도를 작성하기도 하였다.

이렇게 지형도를 작성하기 위한 측량준비가 완료되면 도근점을 측정한다. 선점한 삼각점만으로 지형지물 및 지모를 축량하기에는 불충분하므로 삼각점 또는 삼각점과 도근점을 기초로 교회법을 사용해 측정하는 것이다. 지형에 따라 1,500m 내지 2,000m에 1개의 비율로 도근점을 설치한다. 또한 축척이 1/25000인 경우 도근점의 간격을 평균 약 1,000m로 하고 축척 1/50000인 경우에는 평균 약 500m 간격으로 도근점을 설치한다. 지형상 교회법을 사용하기 어려운 경우 도해삼각쇄 또는 도선법을 사용하였다.

도근점의 측정 및 선점이 끝나면 지물 및 지모를 측도한다. 삼각점·도근점을 기준으로 교회법 또는 도선법에 의해 보조점을 설치한 다음 광선법, 준선법, 단교회법, 도선법 또는 종횡법에 의해 지물을 본떠 그렸다. 축척 1/50000의 지형도에서는 거리 200m 이하일 경우 반드시 실측하였다. 지모의 측도는 지물의 측도와 동시에 실시하며 삼각점·도근점을 기준으로 주요점의 고도와 토지의 기복상태를 수평곡선 즉 매 20m의 수곡선, 매 100m의 계곡선, 매 10m의 간곡선, 매 5m의 조곡선으로 본떠 그렸다. 이러한 지불 및 지모의 측도에는 일정한 도식을 사용하였다. 선은 굵기에 따라 1호선~3호선으로 분류하고 실선과 점선의 2종류를 사용한다. 점선은 다시 5종류로 분류되었다. 또한 각종 지형·지물은 각종 형상에 따라 기호를 정했다. 이들 도식·기호는 가옥, 지시기호, 구위(構圍), 소지물, 도로·철도와 이에 속하는 여러 지물, 지류의 경계선, 하천·구거·지소 및 그에 속하는 교량·도선장·제방·방파제·등대 등의 지물, 수평곡선, 급준한 소사면 등의 변형지, 행정구획계 등으로 분류해서 사용한다. 주기는 한자 및 가타카나를 사용하고 도곽 및 도곽의 여백 부분에 기재된 사항인 정식 기재도 그 형식을 정했다.

지형·지모의 측도가 끝나면 원도를 정리·수집하고 대조해서 오류 등이 발견되면 교정하였다. 또한 축척 1/10000지도의 경우 측량하지 않고 1/25000 혹은 1/50000의 축척으로 축도(縮圖)하여 대축척지도를 제작하였다. 이 축도에는 스위스의 코라지 회사 제품인 축도기를 사용한다. 이 과정을 통해 원도가 완성되면 사진아연법으로 제판하고 다색쇄도로 인쇄하였으며 원도는 조선총독부에서, 원판은 육지측량부에서 보관하였다. 인쇄발행은 육지측량부에서 이관 받아 시행하였으며 인쇄된 지형도는 일반에게 발행하는 것으로 정해 한반도 내 주요 45개소에 대리점을 설치·보관하였다. 지형도 판매에 대한 감독은 조선총독부 및 육지측량부에서 실시하였다.

지형측량 및 지형도 제작에 참여한 종사원의 수는 일본인 239명, 조선인 35명 및 촉탁원 9명이었다. 이 작업의 성과로 축척 1/50000도는 원도 724매 총 면적 14,065방리, 축척 1/25,000도는 원도 144매 총 면적 760방리, 축척 1/10000도는 원도 54매 총 면적 52방리가 제작·측정되었다. 그 외 특수지형도는 원도 3매 총면적 21방리이다. 지형측량에 소요된 경비는 약 총 1,261,283엔이며 축척 1/10000도에는 61,936엔, 축척 1/25000도에는 168,921엔, 축척 1/50000도에는 1,028,816엔이 소요되었다.

[참고어] 토지조사사업, 삼각측량, 일필지측량, 도근측량

[참고문헌] 조선총독부 임시토지조사국, 1918, 『조선토지조사사업보고서』; 리진호 역, 2001, 『삼각측량작업결료보고』, 도서출판 우물 ; 사단법인 한국측량학회, 2003, 『측량용어사전』, 건설교통부 국토지리정보원 ; 경인문화사, 1918, 『근세한국오만분지일지형도』(상)·(하)

〈고나은〉

직역전(職役田) 직역에 따라 차등 있게 분급된 고려에서 조선 초기 토지의 총칭.

직역전은 직역을 가진 자에게 직역을 수행하는 대가로 차등 있게 분급한 토지를 총칭한다. 여기서 직역을 어떻게 개념 규정하는 가에 따라 직역전에 대한 이해가 달라질 수 있다. 우선, 직역의 개념을 협의로 해석하는 견해가 있다. 직역을 관직 또는 농민과는 관계없는 잡직(雜職)·서리(胥吏)·공장(工匠)·향리(鄕吏)·군인(軍人) 등의 역(役)으로 이해하고 있다. 역이 지니는 강제성·세습성의 관점에서 볼 때 양인층 내의 상위계층인 양반관리들의 관직은 강제성을 띠고 동원되는 역과는 구분된다는 것이다. 이 견해에 따를 경우 역의 동원에 강제성이 있는 향역·기인역(其人役)·군역(軍役) 등 신역의 특수형태를 직역이라 정의할 수 있다. 달리 말해 직역을 중간계층이 부담하는 역으로 이해하는 것이다. 다음으로 광의로 직역의 개념을 규정한 견해가 있다. 직역은 기본적으로 군인·이속·공장·역정 등이 부담하는 특수한 신역이며, 여기에 광의로 관직도 포함될 수 있다는 것이다. 이 견해에서 가장 논란이 되는 것은 일반농민의 요역을 직역에 포함시킬 것인지의 여부이다. 가장 광의의 의미로 요역·군역·향역·관직·학생 등을 직역으로 이해한 견해도 있다.

직역의 개념에 대한 상이한 이해는 직역전의 토지지목에 대한 서로 다른 견해를 도출했다. 우선 관직과 직역을 구분하여 서로 다른 계열로 이해한 협의의 해석에 따를 경우, 토지 지목은 직전계열(職田系列)과 전정계열(田丁系列)로 나누어 이해할 수 있다. 직전계열은 관직을 매개로 수수(授受)되는 토지를 의미하고, 전정계열은 군인, 기인, 향리 등 국가의 직역을 부담하는 이들에게 주어진 특정한 토지이다. 특히 전정은 고려 신분체제의 유지와 긴밀한 관계를 갖고 혈연관계에 따라 세습되는 것, 즉 전정연립(田丁連立)을 원칙으로 삼은 것이다. 그러므로 직역전은 형식상 관료로서의 봉직이나 직역의 부담과 같은 국가에 대한 일정한 기능을 매개로 하여 주어지지만, 내용상으로는 직전과 전정이 구분되어 운영되었다는 것이다. 둘째, 직역의 개념을 광의로 이해하는 견해에서는 관직과 직역을 같은 계열의 전정으로 간주한다. 전정은 읍리, 기인, 양반, 한인, 서리 등에게 분급한 일정구획의 토지이며, 또한 전시과(田柴科)와 같은 국가적 분급제에 의해 개인을 대상으로 지급된 토지로 이해할 수 있다. 이 경우 전정연립은 전정을 매개로 지급받는 층이 그 토지를 연립하여 계승하는 것을 의미한다. 이처럼 직역전의 토지지목은 직역의 개념에 따라 다르게 설정되어 논란이 되고 있다.

직역전의 분급과 운영원칙은 전시과제도의 그것과 밀접하게 관련이 있다. 전시과는 관직의 고하에 따라 토지를 지급하는 것으로 직역과 토지가 매개되어 운영되는 토지제도이기 때문이다. 따라서 전시과제도와의 관련 하에서 직역전의 분급과 운영원칙을 이해할 필요가 있다.

이와 관련하여 『고려사』 식화지 전제(田制) 서문(序文)에는 "고려의 전제는 대개 당나라 제도를 모방하였다. 개간된 토지의 수를 총괄하고 (토지의) 비옥함과 척박함을 구분하여 문무백관으로부터 부병·한인에 이르기

까지 과에 따라 받지 않음이 없었으며 또 과에 따라 초채지를 주니 이를 전시과라 하였다.(高麗田制, 大抵倣唐制. 括墾田數, 分膏塉, 自文武百官, 至府兵閑人, 莫不科受, 又隨科給樵採地, 謂之田柴科.[『고려사』 권78, 식화1 전제 서문])"라고 되어 있고, 경리(經理) 24년조에는 "선왕이 중앙과 지방의 전정을 제정하여 각기 직역에 따라 고르게 나누어줌으로써 민생을 돕고 또 국용을 지탱하여 왔다.……마땅히 모든 도의 안렴사와 수령으로 하여금 사실을 조사하여 주인에게 돌려주도록 하고, 주인이 없는 토지는 중앙과 지방의 군인과 한인에게 지급하여 입호충역하도록 하라.(先王制定, 內外田丁, 各隨職役, 平均分給, 以資民生, 又支國用.……宜令諸道按廉及守令, 窮詰還主, 如無主者, 其給內外軍·閑人, 立戶充役.[『고려사』 권78, 「식화」1 전제 경리 24년 正月 忠宣王卽位 下敎])"라는 기록이 있다.

『고려사』 식화지 전제 서문에 기술된 사료는 고려시기 토지제도인 전시과제도의 토지분급 원칙을 보여주고 있다. 우선 토지분급 대상은 문무백관(文武百官)으로부터 부병(府兵)·한인(閑人)에 이르는 자들이었다. 이들을 직역의 개념에 따라 분류하면, 관직을 가진 자와 국역을 담당하는 자로 나눌 수 있다. 따라서 전시과의 분급대상은 관직과 국역, 즉 직역을 담당하는 자로 이해할 수 있다. "개간된 토지의 수를 총괄하고 토지의 비옥함과 척박함을 구분하여" 즉 개간과 양전 등을 통해 국가 수취체제에 편입된 토지를 직역자에게 과(科)에 따라 지급하였던 것이다. 『고려사』 식화지 전제 충선왕 즉위 교서에서는 이러한 토지를 전정으로 지칭하고 있다. 다음으로 같은 사료에서 주목되는 것은 "선왕이 중앙과 지방의 전정(田丁)을 제정"한다는 부분인데, 이는 전시과제도를 지칭한다고 할 수 있다. 여기서 전정을 지급받는 대상을 직역자로 설정하고 있다. 그러므로 전시과는 직역의 고하에 따라 전정을 지급하는 직역전의 일종이라고 할 수 있다.

직역전의 운영에 대해서는 『고려사』 식화지 전제 충선왕 즉위 교서를 통해 살펴볼 수 있다. 여기서 '주'의 확정과 토지분급의 목적이 제시되고 있는데, 그것은 '입호충역(立戶充役)'하고자 함이었다. 국가는 탈점된 토지를 '환본주(還本主)'하거나 주인이 없는 토지에 주인을 확정하고, 이들을 국역에 충당하였다. 여기서 토지의 주인=직역자는 '호(戶)' 구성의 주체가 되어 직역에 충당되었는데, 이들에게 직역의 대가로 토지가 지급되었다. 토지의 분급이 '호'를 단위로 이루어지고 있는 것이다. 여기서 군인과 한인의 직역은 전정과 하나의 단위인 '호'를 이뤄 부과되고 있음을 확인할 수 있다. 이러한 편호(編戶)는 국가의 통치 영역에 포함된 일정 지역과 여기에 매개된 민을 의미하며, 국가는 직역의 부과와 부역의 부과를 위해 편제한 호를 안정적으로 유지하고자 다양한 정책을 시행하였다. 결국 '입호충역(立戶充役)'의 원리에 의해 편호 단위로 직역이 부과되고, 이들에게 직역에 따라 직역전이 주어졌다고 할 수 있다. 그러므로 직역전은 직역과 전정의 결합이라는 토지제도의 운영원리에 의해 직역부담호에게 분급된 것으로 이해할 수 있다. 직역부담호의 구성층은 사료상에서 직역자인 정호(丁戶)와 백정(白丁), 장획(臧獲), 족류(族類) 및 인보(隣保), 그리고 양호(養戶) 등으로 나타난다. 이들은 토지와 함께 편호되어 정호를 구성하여 국가의 직역체제에 편제되었다.

그런데 입호충역이라는 직역전의 분급 원칙은 그 자체에 모순을 갖고 있었다. 그것은 국가로부터 수조권을 위임받은 직역자의 권력이 강해지거나, 국가의 집권체제가 와해되어 공민을 보호해 줄 수 없을 때 드러날 수 있었다. 실제로 국가의 공민인 직역호의 구성원들은 처간(處干)이나 간맹(奸氓)으로 전락해 수취대상에서 이탈하였고, 직역자는 토지와 인민을 사적으로 예속화하였던 것이다. 직역전의 분급 원칙을 와해시키는 또 다른 모순은 고려 후기에 노정된 사회경제적 변화양상, 즉 농업생산력의 발달, 유망(流亡)으로 인한 진전(陳田)의 발생, 황무지 개간 등으로 인해 나타났다. 농업생산력의 발달로 인한 토지 생산성의 증대는 토지소유의 증가를 불러왔다. 고려 후기 농장은 이러한 사회경제적 변화상과 맞물려 확대되었다. 농장은 고려 전기 이래 성립·유지되던 직역에 따른 토지분급의 원칙에서 벗어난 토지였다. 농장은 그 확대 요인에 따라 탈점형(奪占型) 농장과 개간·매득형(開墾·買得型) 농장으로 유형화할 수 있다. 이러한 탈점형 농장과 개간·매득형 농장은 국가 수취대상에서 벗어난 토지와 농민을 흡수하여 고려 후기 수취체계를 와해시키는 중요한 원인이었다.

고려 후기에는 농장의 설치·확대와 맞물려 토지에 대한 쟁송이 빈번하게 발생하였다. 그것은 하나의 토지에 여러 명의 '주'가 나타나는 상황 때문에 나타났다. 이로 인해 직역호 내부의 분화가 촉진되기에 이르렀다. 직역호의 구성원이었던 직역자나 전호·양호 등 농민들도 여러 가지 요인들로 인해 직역호에서 이탈한 것이다.

이러한 일련의 상황은 직역호의 분화를 촉진하였

다. 토지와 직역의 매개로 운영되던 토지분급의 원리가 그 자체 내의 요인에 의해 토지쟁송을 일으키고, 이로 인해 직역호의 분화는 촉진되었다. 이러한 직역호의 분화는 직역과 토지의 분리를 의미하는 것으로 고려 후기 이후 국역체제의 변화과정과 궤를 같이하는 것이다.

고려의 국역체계는 고려 후기 이후 이전의 직역(職役)체계에서 신역(身役)체계로 대체해 가고 있었다. 국역이 민의 보편적인 의무체계로 변화해간 것이다. 이 과정에서 직역전의 대표적 유형인 양반전, 군인전, 향리전 등은 변모되거나 혁파되었다. 고려에서 조선 초로 이어지는 이러한 사회경제적 변화상은 직역과 전정을 결합하는 형태로 운영된 직역전에도 변화를 초래하였다. 결국 직역과 토지의 결합을 원칙으로 한 한국 중세의 직역전은 과전법과 그 뒤 직전법이 폐지되는 단계에 이르기까지 명맥을 유지하였다.

[참고어] 전시과

[참고문헌] 閔賢九, 1972, 「高麗의 祿科田」『歷史學報』 53·54합 ; 姜晋哲, 1980, 『高麗土地制度史硏究』, 고려대출판부 ; 宮嶋博史, 1991, 『朝鮮土地調査事業史の硏究』, 東京大學 東洋文化硏究所 ; 權寧國, 1995, 「신분구조와 직역」『한국역사입문』(2), 한국역사연구회 ; 윤한택, 1995, 『高麗前期 私田硏究』, 고려대 민족문화연구소 ; 李相國, 2004, 『高麗 職役田 硏究』, 성균관대 박사학위논문

〈이상국〉

직전(直田) 직사각형 모양의 전답.

직전 『경기도 용인군 양안』 1책 005a (규17645)

직전은 양전의 결과 측량된 전답도형 중 하나인 직형(直形)의 전답이다. 전형 및 전답도형 중 가장 많은 비율을 차지한다. 직형은 세종·세조 대를 거쳐 정형화된 기본 5가지 전형 중 하나로 대한제국시기 양지아문 양안에는 제시된 그림과 같이 직전을 도시하였다.

직전은 장광을 서로 곱[相乘]하여 그 면적을 구한다. 계산법은 현행과 같다. [계산법 : 밑변×높이=직전의 면적] 한편 『만기요람』에서는 "전지의 모양이 각각 틀리고 명색이 현란하게 되기 쉬우므로 다만 알기 쉬운 '방전'·'직전'·'제전'·'규전'·'구고전'의 5가지 명색으로 타량하여 안에 기록하였다.……직전은 장광을 상승하고, 각각 전적을 만들어서 등급에 따라 해부하되, 6파 이상은 속으로 하고 5파 이하는 물론하였다.(而田形各異 名色易眩 故只以人所易知方田直田梯田圭田勾股田五名色打量錄案.……直田長廣相乘……各爲田積 隨等解負 而六把以上 收而爲束 五把以下勿論.[만기요람 재용편2 전결])"라고 하였다.

[참고어] 전답도형, 양전, 양안, 광무양안

[참고문헌] 『만기요람』 ; 『목민심서』 ; 『경세유표』 ; 최원규, 1995, 「대한제국기 양전과 관계발급사업」『대한제국의 토지조사사업』, 민음사

〈고나은〉

직전법(職田法) 현직 관료에게만 수조지를 지급하는 제도.

고려시기부터 국가는 관료들에게는 과전이라는 명목으로 품계에 따라 토지를 지급했다. 이처럼 관료들에 대한 보상으로 녹봉과는 별도로 토지를 지급하는 것이 전근대 관료제의 중요한 특징이었다.

과전은 소유지가 아니라 토지에 대한 수조권을 지급하는 것이었다. 하지만 실제로는 수조권을 기반으로 수조지 내에서 자신의 토지를 확대할 수 있는 방법이 열려 있었다. 이것이 고려시기에 사전 문제의 원인이 되었다. 조선은 사전혁파를 통해 전시과 체제를 혁파하고 대신 과전법을 세웠다. 과전법은 사전 설치 지역을 경기로 제한함으로써 사전의 무분별한 확대를 방지하고 국가가 공전을 안정적으로 확보할 수 있게 했다.

그러나 경기 사전 내에서는 과거 전시과체제에서 벌어졌던 폐단이 그대로 남았다. 과전의 지급기준을 산관으로 정했기에 관료들은 현직에서 물러나도 과전을 그대로 보유할 수 있었다. 조선시기에는 최고위 재상급의 관원과 주요 보직을 차지하는 소수의 엘리트 관원을 제외하고는 관직의 재임기간이 짧고, 산관으로 지내는 시간이 훨씬 많았다. 따라서 신진관원이 계속 충원되었지만, 기존의 과전 수급자는 죽을 때까지 과전을 보유하게 되므로 금세 과전의 부족현상이 발생하고, 신진관료 중에서 과전을 받지 못하거나 자신의 품계보다 모자라는 낮은 등급의 과전을 받는 경우가 빈발했다.

게다가 공신전은 세습이 가능했고, 공신이 계속 증가하면서 경기 내에 사전의 양은 점점 줄어들었다. 과전은 1대 보유를 원칙으로 해서 과전 수급자가 사망하면 과전을 국가에 반납해야 했다. 그러나 수신전, 휼양전의 명목으로 부인과 자식에게 과전을 세습할 수 있는

길이 열려 있었다. 1444년(세종 26)에는 자식이 없는 사람이 입후자를 세운 경우에도 입후인에게 과전의 전수를 허락하게 했다. 이것은 『경국대전』에도 수록되었다. 공신전도 마찬가지였다.

휼양전을 받은 자식이 관료가 되면 휼양전 명목으로 소유하던 과전을 자신의 과전으로 전환할 수 있었다. 즉 부친이 과전을 지급받지 못한 빈한한 신분의 신진관료를 신규로 과전을 지급받기 위해 몇 년을 기다려야 하고, 자신의 품계에 합당한 수량을 지급받기도 어려웠지만, 고관, 명문가의 자녀들은 손쉽게 과전을 확보할 수 있었다. 그 결과 과전보유의 불균형, 수급의 불균형은 신·구 관료의 갈등만이 아니라, 권문세가 출신과 그렇지 못한 관료 사이의 차별과 갈등의 양상을 띠게 되었다. 이것은 고려 말에 벌어졌던 관료층의 분열과 갈등을 재현할 위험이 있었다.

휼양전, 수신전 규정은 과전의 관리도 어렵게 만들었다. 수신전을 받은 미망인이 재가하거나 휼양전을 받은 자식이 20세가 되거나 결혼하면 과전을 반환해야 했지만, 정부에서 이러한 실정을 정확히 파악하기 어려웠다. 더욱이 과전은 부족하고 과전 수급대상자는 밀려 있는 상황이어서 우선 지급 대상자를 선정하는 것도 쉬운 일이 아니었다.

이에 정부는 정종 2년부터 과전진고체수법(科田陳告遞受法)을 시행하게 된다. 이는 과전을 환수할 사정이 발생한 토지를 먼저 발견해서 호조의 급전사에 신고한 사람에게 그 해당자의 과전을 지급하게 한 것이었다. 이것은 고려시기에도 없는 제도였다. 이 제도로 인해 양반 관료간의 갈등이 심화되고, 양반관료의 체면을 손상시킨다는 비판이 높았지만, 이 제도를 시행하지 않을 수가 없었다.

고려시기 사전의 중요한 폐단이었던 사전의 소유지화 현상과 전객에 대한 착취현상도 재현되었다. 과전 내부에 위치한 경작지와 경작인에 대한 관리, 처분권을 전주에게 그대로 위임한 것도 폐단의 소지가 있었다. 전주는 경작자가 전조를 제 때 납부하지 않거나 불성실하게 토지를 경작하거나 진황시킬 경우 경작자를 교체할 권한이 있었다. 전주는 이 권한을 이용해서 경작자를 자신의 친족이나 노비로 대체할 수도 있었고, 사실상 이런 권한을 이용해서 과전 내부에 자신의 소유지와 농장을 확대해 갈 수 있었다.

과전의 수조율은 1결 당 평균생산량인 300두의 1/10인 30두로 책정되었지만, 실제로는 토질이나 기후, 작황에 따라 수확량은 크게 부족했다. 조선 후기에도 경기도의 토지의 1결 생산량은 300두의 50~70% 정도에 불과했다. 이런 상황을 감안해서 재해와 작황을 10등급으로 나누고, 1등급 당 10%를 감액하며, 8등급 이상의 재해를 입으면 전액을 면제한다는 규정을 마련했다. 그러나 작황을 판정하는 답험권이 전주에게 있어서 정확하고 공정한 답험이 되기 어려웠고, 그 외 여러 가지 이유로 전조를 규정 이상으로 징수해서 사전의 수조액이 공전의 2배가 된다고 할 정도로 전조의 남징현상이 발생했다.

정부는 이를 방지하기 위해 조준이 사전개혁안을 상소할 때부터 수조하는 노자는 2명, 말은 1필만 사용할 수 있다는 규정을 마련했다. 그 외 수조에 사용하는 되와 말의 규격을 조작하는 것을 금지하여 반드시 경시서에서 검인한 것을 사용하고, 수조할 때는 전호가 직접 되질을 하는 자량자개를 시행하게 했다. 또 수조할 때에 잡물을 강요하거나 강징하는 것도 금지했다.

이러한 법이 전혀 효과를 보지 못했다고 볼 수는 없지만, 한계가 있을 수밖에 없었다. 위법이 적발되는 경우에도 전주는 처벌하지 않고 수조를 담당한 노(奴)만 처벌을 받았다.

정부는 과전부족 현상을 타개하기 위해 1416년(태종 16) 경기 사전의 절반을 하삼도로 이전하는 조치를 취했다. 그러나 이렇게 하면 정부의 관리 감독이 더 어려워져 사전의 폐단이 더 증가할 수 있었다. 이에 다음 해에 다음 해에는 전주의 직접답험을 폐지하고 관답험을 시행했다. 이 조치들은 신하들의 반대로 우여곡절을 겪다가 하삼도 이급조치는 철회되었다. 그러나 관답험은 여러 보완조치를 거쳐 세종 대에 정착하게 되었다. 이로써 고려시기부터 내려온 수조권적 토지지배는 커다란 타격을 받게 되었다.

과전의 만성적 부족현상과 과전점유 불균의 문제가 심각해지자 1466년 8월 갑자일에 전격적으로 직전법이 시행되었다. 직전법은 과전의 지급기준을 현직관리로 제한하는 것이었다. 과전의 지급기준은 여전히 품계였지만, 품계별로 지급하는 토지의 양도 과전법에 비해 약간씩 축소되었다. 과전법에서는 1과의 지급액이 150결이었지만 직전법에서는 110결이 되었다. 과전법에서 최하는 18과인 잡직과 권무로 10결을 지급했는데, 직전법에서는 이들에 대한 지급을 철폐하고 지급 대상을 정·종9품직까지로 했다. 9품관의 지급량도 15결에서 10결로 줄었다.

〈직전법의 토지지급규정〉

관품	토지(결)	관품	토지(결)
정1품	110	종4품	45
종1품	105	정5품	40
정2품	95	종5품	35
종2품	85	정6품	30
정3품(당상)	65	종6품	25
정3품(당하)	60	정·종7품	20
종3품	55	정·종8품	15
정4품	50	정·종9품	10

직전법의 시행은 수신전, 휼양전의 명분으로 과전을 대대로 체수해 온 기존의 관료군과 권력가에게 불리하고, 과전을 받지 못한 신진관료들에게는 환영받을 제도였다. 그러나 반드시 그렇지도 않다. 공신층과 권문세가들은 공신전과 개인의 소유지를 충분히 소유하고 있었다. 그들의 자제들은 관료직을 얻고 유지하는 데도 매우 유리한 위치에 있었다.

반면 신진관료들은 과전을 받기가 쉬워진 대신 과전을 상실하기도 쉬워졌다. 가문적 배경이 약하거나 하급의 관리일수록 관직을 장기적, 지속적으로 보유하기도 어려워졌다. 과거에는 한번 관료가 되면 비록 뒤늦게 과전을 받더라도 평생 보장이 되었지만, 이제는 녹봉과 마찬가지로 직전의 수입이 현직 재직기간으로 제한된 것이다.

이렇게 되자 관리들은 직전의 보유기간동안 가능하면 많은 수입을 올리려고 노력하게 되었다. 그 결과로 나타난 현상이 전조와 고초(藁草)의 남징이었다.

고초는 초가(草價)라고도 하는데, 과전법 하에서 새로 생겨난 세였다. 과전법에서 과거 전시과체제에서 지급하던 시지를 지급하지 않게 되자 전주들이 말먹이용 꼴이 부족하다는 명분으로 전객 농민들로부터 말먹이용 꼴을 상납 받던 데서 발생했다. 고초의 양은 10부당 1속이었다. 하지만 시간이 가면서 꼴보다는 꼴의 구입비용이란 명목으로 꼴 대신 곡물을 수조하게 되어 사실상 부가세로 변했다. 초가는 금세 불법과 횡포의 수단이 되었다. 심한 경우에는 초가가 전조와 맞먹는 경우도 있었다.

1469년(예종 1) 정부는 남징을 방지하기 위해 남징하는 사람은 전부가 사헌부에 고소하는 것을 허용했다. 이것은 하극상을 방지하기 위해 세종 때부터 운영해 온 부민고소금지법의 원칙을 어기는 것으로 파격적인 조치라고 할 수 있다. 남징을 자행한 관리에 대한 처벌도 강경해서 남징을 한 관리가 수취한 모든 것을 몰수하고, 여기에 불응하면 직전까지 몰수할 수 있게 했다.

1470년(성종 1)에는 전주의 직접 수조를 금지하고, 국가에서 직전의 전조를 거두어 관리에게 분급하는 관수관급제가 시행되었다. 이로써 직전은 사실상 수조권적 토지제도로서의 의미를 상실하고, 녹봉과 같은 형태가 되었다.

고초의 남징을 방지하기 위해 정부는 고초가를 공정하는 방안을 강구했다. 고초가는 계속 변동했는데, 예종 때에는 10부(1속) 당 미1두, 즉 1결 당 미 10두 정도였다. 이 부담이 너무 크다고 해서 1475년에는 1속 당 미2승으로 낮추었다. 그러나 이 규정도 잘 지켜질 리가 없으므로 1478년에는 초가도 관수관급 하게 했다.

관수관급제가 시행되면서 직전은 토지제도로서의 의미를 상실하고 국가의 조세화했다. 직전을 경작하는 농민들은 조를 직전세라는 명목으로 관아에 납부하게 되었다.

관수관급제와 직전세가 시행되면서 직전의 수입 역시 국가의 재정체제에 포함되게 되었다. 즉 국가는 회계상으로 직전의 수입문 만큼을 관료에게 지급하면 그만이었으므로 굳이 현지에 직전을 유지하는 데에 그만큼 덜 신경을 쓰게 되었다. 결국 직전이 점차 다른 명목의 토지로 전환되어 가면서 계속 감소했다. 16세기가 되면 경기도에 직전은 수천 결도 남지 않았다고 한다.

또 공법이 시행되면서 전체 토지의 수세액이 하하년의 수익으로 고정되어 1결 당 4두 정도로 하향고정되었다. 그 결과 직전의 수익 역시 크게 감소했다.

직전세가 정부의 재정운용체제 속에 흡수되면서 군자곡이나 국용전의 수입을 전용해서 관료들에게 지급하거나 반대로 흉년이 들어 재정이 부족해지면 직전세를 재정에 전용하는 사례도 발생했다. 직전제를 시행하던 세조 때까지는 국가재정 수입이 100만 석을 목표로 할 정도로 역대 최고의 수준이어서 이런 방침이 문제가 되지 않았다. 그러나 성종 대 이후로 국가재정이 급속히 약화되었다. 성종 중반부터는 이런 전용사례가 일 년에 몇 차례씩 시행되기도 했다. 명종 때가 되면 국가재정이 이전의 1/4, 1/5 수준으로 급감해서 관료들에게 녹봉을 주기도 힘든 사정이 되었다. 이런 상황에서 직전세까지 지급하기는 무리였다. 특히 을묘왜변이나 여진족의 침공과 같은 위급상황이 발생하면 직전세의 분급이 장기간 중단되기도 했다.

그 결과 직전이 관리들의 삶에서 차지하는 경제적 의미가 점점 약화되고, 직전법 자체가 점차 소멸되어

갔다. 직전법이 완전히 소멸된 시기는 공식적으로 직전제를 폐기한 기록이 남아 있지 않아 정확하지 않다. 그러나 대체로 16세기 후반에 소멸된 것으로 추정된다.

직전법 시행의 역사적 의미는 국가체제적 의미와 토지제도사적 의미로 나누어 볼 수 있다. 국가체제라는 관점에서 보면 고대, 고려시기부터 진행되어 오던 관료들에게 수조권을 지급하는 관행이 사라진 것을 의미한다. 이것은 제한적이기는 하지만, 수조권을 통한 국가권력의 분할적 통치방식이 소멸하고 집권적, 통합적 국가통치체제가 확립되었음을 의미한다. 또한 관료의 성격 역시 특정 지역이나 토지, 백성에 대한 지배권을 반납하고 녹봉에 의존하는 순수한 관료적 형태로 전환했음을 의미한다.

토지제도사적 관점에서는 관료군에게 토지를 지급하고 세전한다는 토지세습의 원리가 사라졌다. 수조권적 토지지배가 후퇴하고, 토지지배관계가 소유권으로 일원화하게 되었다. 이에 지주전호제가 지배적인 경영형태로서 확고히 자리잡고 성장할 수 있는 계기가 되었다. 직전제가 유명무실해 짐에도 관리들의 별다른 저항이 없었다는 것도 관리들의 생계 기반이 이미 수조지가 아닌 지주전호제에 입각한 토지소유로 이전하였음을 의미하는 증거라고 보는 견해도 있다.

지금까지는 직전법의 의의로 토지제도사적 의미를 강조한 경향이 있다. 그러나 수조권이 과연 병작반수제의 발전을 저해하는 제도로 기능할 수 있는지 의문이다. 수조권적 토지지배라는 개념이 경제적 의미의 소유권과 병립할 수 있느냐는 점은 검토의 여지가 있다. 수조권 자체가 국가의 통치체제의 특성을 반영하는 것이므로 전자의 의미가 역사적으로 더욱 중요하다.

그런데 관료제 운영의 입장에서 보면 직전제의 소멸에도 불구하고 관리 녹봉에는 변화가 없었다는 점을 지적할 필요가 있다. 관리들의 생계 기반이 수조지에서 소유지로 이동해서 큰 타격을 받지 않았다는 견해도 있지만, 모든 관료가 전혀 경제적 타격을 받지 않았다고 볼 수는 없다. 특히 하급관료, 빈한한 가문의 출신의 관료일수록 그의 삶에서 녹봉에 의존하는 비중이 높고, 녹봉이 끊어지면 고통을 호소하거나 심하면 낙향하는 경우를 종종 볼 수 있다. 직전제의 시행 자체가 이런 관료들에게 커다란 경제적 불안을 야기하는 조치였다. 그러나 조선은 이에 대한 대책을 전혀 내놓지 못했고, 16세기로 가면 직전마저 소멸하게 되었다.

직전제가 시행되자 이러한 관료들의 경제적 불안감이 바로 직전에 대한 전조의 남징으로 나타났다. 그 외에 관료들의 횡령, 수탈의 증가, 관직을 확보하기 위한 경쟁과 불법의 증가를 야기했을 것도 충분히 예상할 수 있다. 관리들에게 평생의 경제적 보장으로서 수조지를 지급하는 방식이 바람직한 방법이라고는 할 수 없다. 그러나 아무튼 그러한 경제적 보장이 사라지고, 그 대안이 제 기능을 발휘하지 못했다는 점은 충분히 주목해야 할 사실이다. 16세기 이후 급격히 증가하는 관리의 부정부패와 관료제 운영상의 모순, 관직을 둘러싼 과도한 경쟁의 배경에는 직전의 시행과 소멸, 그것을 대체할 새로운 제도의 부재가 중요한 원인이 되었다.

[참고어] 과전법, 공법, 관수관급제

[참고문헌] 深谷敏鐵 1940,「科田法から 職田法へ」『史學雜志』第51編 9號 ; 김태영, 1983,『朝鮮前期土地制度史硏究』, 지식산업사 ; 이경식, 1986,『朝鮮前期 土地制度硏究』, 일조각 〈임용한〉

직파법(直播法) 벼농사에서 볍씨를 논 표면에 직접 뿌리고 그 자리에서 자라게 하는 파종방법.

논에 볍씨를 직접 뿌리는 직파법은 조선 초기에 편찬된『농사직설(農事直說)』에 소개되어 있다.『농사직설』에 따르면 직파법은 2종류가 있는데, 수경(水耕)과 건경(乾耕)이 그것이다. 이외에 묘종(苗種) 즉 이앙법이 따로 있어서 조선 전기 도작(稻作)의 경종법(耕種法)은 3가지로 구성되어 있었다.

수도(水稻) 재배에서 경종법이란 수전의 기경작업과 종자의 파종작업을 결합시켜 파악하는 개념이다. 그런데 경종법은 단순하게 기경과 파종만 묶어서 가리키는 것이 아니라, 기경에서 파종에 이르기까지 수행하는 몇 가지 농업기술 부분을 묶어서 통칭하는 개념이다. 따라서 경종법이란 농사의 시작에서부터 파종과 파종 직후의 작업까지 포함하는 복합적인 구성의 작업을 가리킨다고 할 수 있다. 이러한 점에서 직파법은 기경에서 파종까지 나름대로의 특색을 갖고 있었다. 즉 직파법 가운데 수경직파는 수경과 직파를 단순히 결합시켜 농작업을 설명하는 것이 아니라, 수경에서 직파에 이르는 여러 가지 농작업 모두를 종합적으로 지시하는 것이었고, 건경직파도 마찬가지였다.

『농사직설』은 수전에서 벼를 재배하는 경종법 가운데 수경직파법을 첫머리에 올려놓고 있는데, 이는 당시 수경직파법이 기본적인 수도 경종법이라는 점을 알려주고 있다. 수경직파법은 조도(早稻)와 만도(晩稻) 양자 모두에 적용될 수 있는 기술이었다. 수경직파법을 실행하였을 경우의 작업과정을 정리하면, 먼저 추수를 끝낸 다음 수원(水源)이 있는 비옥한 수전을 택하여 추경(秋耕)을 하였다. 겨울에 시비를 하고 2월 상순에 다시 한 번 기경을 하였다. 써레(木斫)와 쇠스랑(鐵齒擺)을 이용하여 숙치(熟治)작업을 하였다. 그런 다음 종자를 침종(沈種)하여 섬(空石)에 넣어 발아를 시켰다. 종자에서 싹이 2분 정도 나오게 되면 수전에 균등하게 뿌리는 것이었다.

조선 초기에 건경법(乾耕法), 즉 건경직파법(乾耕直播法)은 몇 가지 조건 아래에서 시행되고 있었다. 먼저 건경직파법은 만도(晩稻)에 대해서만 적용될 수 있었고, 한해로 말미암아 수경직파법이 불가능한 조건에서 시행하는 기술이었다. 만일 물이 부족한 상황에서도 적절한 대책 없이 수경을 하게 되면 곧이어 물이 말라 버릴 경우 피해가 크기 때문에 이러한 경우 부득이하게 건경(乾耕)을 채택해야만 하였다.

건경직파법은 많은 노동력의 투하가 요구되어 쉽게 행하기 어려운 방식이었다. 건경을 행하기 위해서는 춘한(春旱), 숙치(熟治), 제초(除草)라는 세 가지 조건이 요구되었다. 이 가운데 숙치와 제초는 상당한 노동력이 소요되는 과정이었다. 실제로 농민들이 건경하여 파종하는 것은 노동력이나 비용면에서 쉽지 않은 일이었다. 건경법은 묘가 성장한 후에는 수경과 마찬가지로 물을 대어 수전을 만들어야 했다. 그런데 가뭄이 아주 극심하면 건경으로 수도를 재배하는 것도 불가능하였다.

조선시기 벼 경종법의 하나인 건경직파법은 이앙법과 결합되어 건앙법(乾秧法)이라는 기술을 산출하였다. 이앙법은 본래 수앙(水秧) 즉 물을 받아놓은 모판에서 모를 키우는 방식을 취하고 있었다. 그런데 17세기 초반 이전에 건답 상태의 모판에서 모를 키우는 즉 건앙을 길러 이앙하는 건앙법이 개발된 것이었다. 건앙법은 일반적인 이앙법을 수행할 때 따르는 물문제의 어려움을 극복할 수 있는 방안으로 개발된 것이었다. 건앙법의 발전은 이앙법의 안정에 크게 기여하였고 나아가 이앙법이 보급되는 데 중요한 배경요인으로 평가된다.

이앙법의 위험성을 조금이나마 덜어주는 기술이라고 할 수 있는 건앙법은 고상안(高尙顔)이 지은 『농가월령(農家月令)』에 따르면 17세기 초반 경상도 낙동강 연안의 상주(尙州) 지역에서 실행되던 기술이었다.

건경법과 이앙법이 결합된 건앙법을 통하여 모판에 물을 채울 수 없는 상황에서도 이앙을 위한 파종이 가능하였다. 건앙법을 통하면 물이 없는 모판을 만들어 앙묘의 성장을 지체시키고 이앙하기에 적당한 비를 만나면 이앙을 실시하였다. 이렇게 하면 일단 성장이 지체되었던 앙묘지만 보통의 수앙(水秧, 乾秧에 대비한 명칭)과 마찬가지로 논에서 제대로 자랄 수 있었다. 이 건앙법은 18세기 초반에 편찬된 홍만선(洪萬選)의 『산림경제(山林經濟)』에는 「직설보(直說補)」에서 인용한 것으로 주석이 달려 이앙법 기술 설명 속에 포함되었다.

직파법을 대신하여 이앙법이 확산되는 현상은 1731년(영조 7) 8월 24일 기사에서도 확인할 수 있는데, 여주목사 홍용조(洪龍祚)가 "전에 직파법을 쓸 때에는 힘써 농사를 짓는 자도 많아야 수삼 석지기에 불과했기 때문에 농토가 많은 자는 반드시 병작을 주었습니다. 그런데 이앙법이 전면적으로 채택된 이후에는 욕심이 많은 자들이 논두둑을 연이어 많은 토지를 경작하므로 토지 없는 자는 병작하는 것을 얻을 수 없게 되었으니 그 폐단이 또한 적지 않습니다.(驪州收使洪龍祚曰, 曾於付種之時, 力農者多不過數三石之地, 故田土多者, 必給竝作矣, 一自移秧之後, 貪多者連阡陌, 故無土者 不得竝作, 其弊亦不些矣.[『비변사등록』 90책, 영조 7년 8월 24일])"라고 할 정도였다.

건경은 건앙법을 실행할 때 가장 중요한 작업부분이었다. 18세기 중후반에 화성(華城)에 거주하였던 우하영(禹夏永)은 건앙법에서 필요한 작업 가운데 중요한 것으로 건경(乾耕)을 꼽았다. 건경을 한 차례만 실시하는 것이 아니라 무수하게 반복해서 전토가 회분(灰紛)처럼 곱게 될 때까지 했다. 이렇게 무수히 건경을 반복하면 철저하게 매양(埋陽) 즉 양기를 전토에 담아두는 작업을 할 수 있기 때문에, 나중에 비를 만나서 이앙하였을 때 분전(糞田)을 하지 않아도 속히 배 이상으로 수확을 거둘 수 있는 바탕이 된다고 주장하였다. 하지만 건경을 무수히 반복하는 것은 경제적 측면이나 노동력의 투하라는 측면에서 매우 힘든 작업이었다.

17세기 이후 이앙법이 벼재배 경종법의 주요한 위치를 차지하게 되면서 건경법은 특정지역과 특정한 기후조건에 걸맞는 지역에서 통용되는 경종법이라는 성격을 지니게 되었다. 같은 군현 내에서도 고조(高燥) 즉 지세가 높고 표면이 말라 있는 지역에서만 채택 가능한 경종법으로 취급되었다. 이에 반해 인수(引水)가 가능한 지역에서는 이앙법을 채택하여도 무방하였다. 예를 들어 18세기 후반에 응지농서(應旨農書)를 올린 유종섭(劉宗燮)은 자신이 거주하던 화성(華城)지역을 대상으로 수전 경종법이 각 면별(面別)로 차이가 있다는 점을 지적하였는데, 이때 수력(水力) 즉 인수할 수 있는 수리시설의 혜택을 받지 못하고 있던 용성(龍城) 등 7면은 건파를 많이 하고 있다고 지적하였다.

그리고 건경법에 적합한 벼 품종의 개발이 확인된다. 벼 재배기술의 발달에 따라 벼 품종도 지역별로 특화되어 발전하는 양상을 보이고 있었다. 지역별로 특화된 작물 품종은 이미 오래 전부터 자리잡고 있었을 것으로 보이는데, 우리가 그 실체를 분명하게 확인할 수 있는 것은 18세기 후반 무렵이다. 건경에 적합한 품종의 분화를 앞서 17세기 무렵에도 찾아볼 수 있다. 『농가월령』을 지은 고상안에 따르면 4월 입하(立夏)에 건경할 수 있는 품종으로 밀달조(密達租)라는 것이 이미 17세기 전후 무렵에 경상도 상주지역에서 특화되어 있었다. 18세기 후반 충청도 공주(公州) 유학(幼學) 임박유(林博儒)에 따르면 공주지역에서 채택하던 벼 품종 가운데, 흑점화(黑粘禾), 두응수리화(斗應水利禾), 산어리화(山於里禾)는 건파하여도 잘 수확할 수 있는 품종이었다. 이와 같이 18세기 후반 무렵에 이르면 건경법에 적당한 벼품종의 지역적 개발이 오랜 세월을 거쳐 완성되어 있었음을 확인할 수 있다.

[참고어] 수경법, 건경법, 이앙법

[참고문헌] 金容燮, 1970, 『朝鮮 後期 農學의 發達』, 韓國文化硏究叢書 2, 서울대 韓國文化硏究 ; 김용섭, 1988, 『朝鮮後期農學史硏究』, 一潮閣 ; 李鎬澈, 1986, 『朝鮮前期農業經濟史』, 한길사 ; 李泰鎭, 1983, 「乾耕直播 稻作과 稻畦·畝種水田」 『史學硏究』 36 ; 吳仁澤, 1991, 「18,19세기 水稻 乾播法의 지역적 전개와 農法의 성격」 『釜山史學』 20, 釜山史學會 ; 염정섭, 2002, 『조선시대 농법 발달 연구』, 태학사

〈염정섭〉

진결(陳結)

진전(陳田)의 결수.

양안(量案) 상 원전(元田)으로 파악되었으나 진폐(陳廢)하여 농사짓지 못하는 토지를 진전이라 하는데, 진결은 그 결수를 의미한다. 원결에서 진결을 제외한 것이 시기결(時起結) 즉 당해연도 실경작지이고, 여기에서 재결(災結)을 제외한 것이 당해연도 실수세지인 실결(實結)이다. 예컨대 인조 23년 황해도 관찰사 정유성(鄭維城)은 장계를 올려 당해년 도내의 진결과 재결을 살핀 후 이를 제외한 출세결(出稅結=실결)이 밭 3만 7백 84결, 논 5천 6백 20결이라고 보고했다.(黃海監司鄭維城馳啓曰, 覆審道內陳災, 則今歲之應出稅者, 旱田三萬三千七百八十四結, 水田五千六百二十結云.[『인조실록』 23년 11월 1일 기유])

[참고어] 원전, 진전, 시기결, 수세실결

[참고문헌] 이세영, 2010, 「조선시대의 진전 개간과 토지소유권」 『한국문화』 52

진리전(津吏田)

과전법(科田法)에서 나루터를 관리하는 아전에게 분급한 토지.

토목기술이 그리 발달하지 않은 사회에서는 큰 강에 다리를 놓는 것이 쉽지 않았으므로 배를 이용하여 강을 건넜으며, 강을 건너는 양쪽 지점에는 나루터가 설치되었다.

나루는 그 규모에 따라 도(渡)와 진(津)으로 구분하였는데, 진도(津渡)의 설치는 고려시기부터 제도적으로 이루어져 예성강의 벽란도(碧瀾渡), 임진강의 하원도(河源渡), 대동강의 관선진(觀仙津), 한강의 사평도(沙平渡)와 양화도(楊花渡) 등이 설치되어 운영되었다. 조선시기에도 진도제는 그대로 운용되었으며, 수도를 개성에서 한양으로 옮기면서 한강의 중요성이 크게 증대되어 한강에 양화도와 사평도를 계속 존속시켰다.

1410년(태종 10)에 올린 사헌부(司憲府)의 건의문에서는 역참(驛站)과 관진(關津)을 설치한 것이 명령을 전달하고 왕래를 살피자는 것이라고 하면서 관진의 아전[吏]이 모두 스스로 편한 것을 구하여 그 책임을 힘쓰지 않고 있다고 지적하였다. 그리하여 역승(驛丞)·진리(津吏)로 하여금 항상 맡은 곳에 있으면서 전명(傳命)의 책임을 다하고 유망(流亡)하는 무리들을 살피게 하되, 이를 어기는 자는 엄하게 다스리자고 요청하였다.[『태종실록』 권19, 10년 1월 을미, 1책 526면] 진리는 역승과 함께 명령의 전달뿐 아니라 사회를 살피는 역할에서 더욱 강조되고 있음을 보여준다.

조선의 체제가 정비되고 사회가 안정되면서 진도는 국가뿐 아니라 서민의 교통시설로 중요시되어 확장 설치되었다. 1414년(태종 14)에 정부는 종래의 임진도(臨津渡)·낙하도(洛河渡)·한강도(漢江渡) 외에 민간인이 임의로 통행하던 한강 일대의 노량진(露梁津)와 광진(廣津) 등의 진도를 직접 관장하면서 범죄인과 유망민의 출입을 기찰하였다. 그리고 나루의 등급을 도(渡)로 승격시켜 한강도에서와 같이 별감을 두고 업무를 주관하게 하였다. 세종 때에는 송파에 삼전도를 신설하고 도선(渡船) 3척, 진척(津尺) 10인을 배속하였다.

조선시기 주요 간선도로가 통과하는 한강에는 일찍부터 광진, 삼전도(三田渡), 서빙고진(西氷庫津), 동작진

(銅雀津), 노량진, 마포진(麻浦津), 서강진(西江津), 양화진 등이 개설되어 있었고, 특히 광진·삼전도·서빙고진·동작진·노량진은 5강진로(五江津路)라고 하여 중요한 길목으로 이용되고 있었다.

도(渡)의 책임자인 별감은 세종 대를 전후하여 도승(渡丞)으로 지위가 바뀌었는데, 세도가의 자제들이 이를 차지하고 권세를 부리기도 하였다. 진리(津吏)는 바로 진도에서 도승을 보좌하여 사무를 처리하던 아전으로, 일찍이 이들에게는 그 역할과 관련하여 토지가 분급되었던 것이다. 고려 말 1388년(우왕 14) 7월에 대사헌(大司憲) 조준(趙浚) 등이 올린 글을 보면, 당시 토지분급이 파탄이 났다고 지적하면서 외역(外役)·역(驛)·원(院)·관(館)의 토지와 함께 진(津)의 토지를 다른 사람들이 자손대대로 심은 뽕나무와 지어둔 집까지도 모조리 빼앗아 차지하고 있다고 하였다. 즉 진을 관리하는 아전의 토지는 고려사회에서 통상적으로 존재했던 토지 명목이었고, 따라서 토지제도를 바로 잡기 위한 조치에서도 당연히 거론되고 있었다. 외역전(外役田)에서 유수(留守)·주(州)·부(府)·군(郡)·현(縣)의 향리와 함께 진(津)·향(鄕)·소(所)·부곡(部曲)·장(莊)·처(處)의 향리가 거론되었다. 결국 이러한 건의가 받아들여져 1391년 5월에 도평의사사(都評議使司)에서 올린 과전(科田)의 지급에 관한 법에서 진리전(津吏田)은 향리전(鄕吏田)·역리전(驛吏田)과 함께 설치되었다.[『고려사』 권78, 「식화지」1 전제]

이러한 토지는 세종 대에도 존속하여 1427년에 호조에서 거제현(巨濟縣)의 장계(狀啓)를 바탕으로 거제현의 개선할 사항을 몇 가지 건의하였는데, 그 중에는 아전[人吏]·지장(紙匠)·진리(津吏)의 위전(位田)의 세(稅)는 충주(忠州)의 금천강(金遷江)에 운반해 바치도록 하였다는 점을 지적하면서 이를 거제현의 창고로 운반하기를 요청하고 있다.[『세종실록』 권35, 9년 1월 임인, 3책 57면] 즉 진리전이 인리위전(人吏位田)과 함께 존재하고 있었음을 잘 나타낸다.

하지만 조선사회의 체제가 법제화되는 『경국대전(經國大典)』에서는 진리전이 보이지 않는다. 호전(戶典)에 따르면 도(渡)에 진부전(津夫田)이 지급되었는데, 진부는 나룻배를 건네주는 뱃사공을 말한다. 진부전이 대도(大渡)에 10결 50부, 중도에 7결, 소도에 3결 50부가 지급되었다. 부역의 일환으로 도강 작업에 강제로 동원되었던 진부에게 토지를 분급한 대신에 그들을 관리하던 진리에게는 토지 분급이 중단되었다.

이는 각 지방관청의 향리에게 분급한 인리위전이 중단된 것과 연관되는 것으로 추정된다. 건국 초에는 지방행정의 실무를 담당한 향리에게 토지가 분급되었으나, 1445년(세종 27)에는 각사의 공해전(公廨田)과 함께 혁파되어 이때부터 공식적으로 향리에 대한 보수가 폐지되었다. 이와 아울러 진리전도 함께 폐지된 것으로 보인다.

그에 비하여 책임자 도승에게는 직역 복무의 대가로 위전(位田)이 지급되었으며, 각 진도에는 그 운영비용을 위하여 진척위전(津尺位田)이 분급되었다. 진척위전은 진도의 등급에 따라 차이가 있었는데, 대로(大路)에 속한 양화진·삼전도·임진도·벽란도 등에는 10결의 토지를 지급하였고, 특히 교통이 빈번한 한강도에는 20결, 노들나루에는 15결의 진척위전이 지급되었다. 진부 역시 그에 상응하여 10명, 20명, 15명이 배속되었다. 정부는 교통의 원활함을 위하여 진부의 유망을 감독하고 선박의 관리에도 유의하여 사고에 대비하였다.

[참고어] 과전법

[참고문헌] 『태종실록』; 『세종실록』; 이재룡, 1994, 「지방재정」 『한국사 24-조선 초기의 경제구조』, 국사편찬위원회; 최완기, 1994, 「도로의 정비」 『한국사 24-조선 초기의 경제구조』, 국사편찬위원회 〈강은경〉

진무영둔(鎭撫營屯) 진무영에 소속된 병사의 급료와 기타 경비를 충당하기 위하여 설치·운영한 토지.

진무영은 강화도유수부의 다른 이름으로, 강화도는 조선 초에 부사를 두고 그 관아를 도호부라 칭한 이래 부윤과 사수(使守)를 두고 관리를 맡겼다. 1678년(숙종 4)에 강화도유수부에 진무영을 두고 유수에게 진무사를 겸임시켰는데, 이후 유수부도 진무영으로 부르게 되었다.

진무영둔은 1678년(숙종 4)에 강화유수 윤이제(尹以濟)로 하여금 강화도 선두포(船頭浦)에 둑을 쌓고 한광지를 개간케 한 것이 그 기원이다. 선두포는 이전에 목장이었던 것으로, 보(堡)가 있었기 때문에 이를 선두보둔이라고도 했다. 이후 역대의 진무사가 유수부 소속의 둔을 이관하거나 혹은 부근에 있는 폐목장을 절수하는 등의 방법으로 진무영둔의 규모를 늘렸다.

1760년(영조 36)에는 강화유수 원경순(元景淳)의 건의로 강화부가 절수받은 이전의 목장에 대해 1부(負)마다 1두(斗)씩 거두어 수성소(修城所)의 공비에 충당하기로 했는데[『영조실록』 95권, 36년 4월 20일 갑오], 수성소란 강화도의 성역 등을 대비해 마련한 진무영 소속의 재정기구였다.

1895년(고종 32)에는 진무영이 폐지되었고 진무영둔은 궁내부로 이관되었다. 1900년(광무 4)에는 영친왕궁으로 이관되었다가 사립 진명여학교에 사여되었는데, 이로 인해 오랫동안 민과의 소유권 분쟁이 일어났다. 내장원이 조사한 각도 둔토성책에 의거하면 진무영둔의 면적은 총 300석락으로 그 결수는 100여 결에 이르렀다.

[참고어] 영문둔전

[참고문헌] 和田一郎, 1920, 『朝鮮土地地稅制度調査報告書』

〈이현희〉

진부농서(陳旉農書) 중국 송나라 때 진부(陳旉)가 저술한 농서(農書).

송대 남방 지역 농법을 다룬 서적으로, 총 분량은 3권 22편 1만 2천여 자에 달한다. 진부 이전의 농서는 대부분 북방 황하 유역 일대의 농업 경험을 기록한 것으로, 남방의 수전(水田)을 전문으로 다룬 서적은 『진부농서』가 최초라 할 수 있다. 여기에서 설명된 수도작(水稻作) 기술은 송대의 농업기술의 표본이다. 한편 소키우기와 누에치기 등도 상세하게 서술하였다.

[참고어] 수전, 농서

[참고문헌] 최덕경, 2012, 「『齊民要術』과 『陳旉農書』에 나타난 糞과 糞田의 성격」 『중국사연구』 81

진부전(津夫田) 조선시기 진부(津夫)에게 나룻배를 부리는 대가를 지급하기 위해 해당 나루에서 설치·운영한 토지.

세조 이전에는 진부위전(津夫位田), 또는 진척위전(津尺位田)이라고도 했다. 진부 개인에게 나누어준 것이 아니라, 진부가 속했던 진(津, 또는 渡)에 분급한 것이다. 고려시기에도 진도선(津渡船)의 운행을 담당하던 진척의 생계유지를 위해 전국의 각 진에 소정의 위전(位田)을 지급했으나 그 규모는 알 수 없다. 진척에 대한 위전 지급의 원칙은 고려 말 과전법에서도 견지되어, 진의 크기, 즉 배속된 진척의 수에 따라 최고 33결(結)까지 지급되었다. 그러다가 1445년(세종 27)에는 전국의 진을 특대(特大)·대(大)·중(中)·소(小)의 4등급으로 구분하고 위전의 규모도 조정했는데, 특대에는 최하 11결에서 최고 20결, 대·중·소에는 각각 10·3·1결이었다.(津尺位田, 漢江渡本三十二結, 今給二十結；路渡本三十二結五十卜, 今給十五結；三田渡本十一結, 今給十結；楊花渡本十九結五十卜, 臨津渡本二十二結, 碧瀾渡本三十三結, 右三渡爲大路, 今給十結；廣津、洛河本三結, 阻江本十二結, 綿江本十二結, 右四渡爲中路, 今給三結；其餘津渡爲小路, 竝給一結.[『세종실록』 27년 7월 13일(乙酉)])

이후 『경국대전』에서는 10인의 진부가 있는 대도에 10결 50부, 6인의 중도에 7결, 4인의 소도에 3결 50부의 토지를 '진부전'이라는 이름으로 지급했다. 또한 『경국대전』 규정에는 없지만, 당시 특대도에는 대도의 2배인 20인의 진부가 소속되어 있었기 때문에 진부전 역시 2배에 해당하는 21결이 지급되었을 것으로 생각된다. 진부전의 전국적인 규모는 대략 200결 내외였다고 할 수 있으나, 후기에 이르러서는 약 100결 내외로 감축되었다.

진부전은 진 근처에 있는 황무지나 속공(屬公)된 토지 및 절호전(絶戶田) 등 국·공유지가 지급되어 진부에 의해 경작된 자경무세(自耕無稅)의 토지였다. 한편 조선시기의 진에는 진부전과는 별도로 아록전(衙祿田)이 지급되어 진의 운영 경비를 조달하기 위한 재원으로 활용되었다. 면적은 8결이었으며, 진부전과는 달리 각자수세(各自收稅)토록 했다.

[참고어] 늠전, 도전, 각자수세, 무세지

[참고문헌] 『경국대전』; 김태영, 1983, 『조선전기 토지제도사연구』, 지식산업사

〈윤석호〉

진상청죽전(進上青竹田) ⇒ **죽전**

진어영둔(鎭御營屯) 진어영의 경비를 충당하기 위하여 설치·운영한 토지.

진어영은 강원도 춘천군에 있었다. 춘천은 1413년(태종 13)에 도호부가 되었는데, 방어영, 도호부, 현 등으로 여러 차례 바뀌다가 1887년(고종 24)에 독련사(督練使)로 개칭되었다. 1889년(고종 26)에 이를 유수영으로 승격, 유수를 두고 진어사의 직을 겸임시켰는데, 이후 유수영을 진어영이라고도 부르게 되었다.

진어영의 경비는 당초 국고에서 지급하는 곡물로 충당했는데, 경비가 부족하게 되자 춘천군에 있는 관둔전과 병조 소관의 둔전을 지급하여 보충하였다. 1899년(광무 3) 이후 내장원에서 조사한 각도 둔토성책에 의하면 진어영둔은 춘천군의 갈산둔과 금천둔 등 2개소가 있었는데, 전자는 전 병조의 소속둔, 후자는 전 관둔으로 기재되어 있다. 진어영둔은 1895년(고종 32) 진어영의 폐지와 함께 궁내부로 이관되었다가, 1897년(광무

1) 선희궁으로 이속되었다. 이후 1901년(광무 5) 다시 내장원의 관리 하에 있다가, 1908년에 다른 역둔토와 같이 탁지부 관리 아래 국유로 편입되었다.

[참고어] 영문둔전

[참고문헌] 和田一郎, 1920, 『朝鮮土地地税制度調査報告書』

진영농장(進永農場)/촌정길병위(村井吉兵衛) ⇒ 무라이농장

진영둔(鎭營屯) 조선 시대 각 진영의 운영경비 조달을 위해 설정·운영했던 토지.

진영은 1627년(인조 5) 지방 군대를 관할하기 위하여 각 도의 군사 요충지에 설치한 군영이다. 진영둔의 설정방법은 상세하지 않지만 대체로 죄인으로부터 속공(屬公)해서 마련한 것으로 보인다. 8도의 진영 총수는 46개 소로 그 대부분은 소재 군의 수령이 영장(營將)을 겸임하였다. 진영을 따로 설치한 곳에는 전임 영장을 두고 진영둔을 설치했지만 수령이 겸임한 곳에는 이를 설치하지 않았다. 진영둔은 해당 진영의 부근에 있고 대개는 진졸이 경작하여 일정한 수확물을 진영에 납부하는 것을 상례로 하였다.

1895년 진영이 폐지되자 진영둔은 모두 탁지부의 관리 하에 있었으며, 1897년에는 군부로 이관되었다. 1899년 왕실재정의 강화라는 명분에 따라 궁내부 내장원이 토지를 관리하고 도조를 징수하였다. 1908년 통감부 관할 하에 국유로 이속되었다가, 이후 국유지실지조사와 토지조사사업을 거쳐 대부분 국유로 사정되었다.

[참고어] 영문둔전

[참고문헌] 和田一郎, 1920, 『朝鮮土地地税制度調査報告書』

진전(津田) ⇒ 늠전

진전(陳田) 양안(量案)에는 등재되어 있지만, 재해 등으로 인해 실제는 경작하지 못하고 묵히는 토지.

양안 상에는 상경전인 정전(正田) 또는 휴경전인 속전(續田)으로 파악되었으나, 토질이 나빠 수확이 떨어지거나 전란이나 재해 등으로 농민이 죽거나 흩어져서 경작하지 못하게 된 토지를 말한다. 현재 경작되지 않기 때문에 외형상으로는 산림천택(山林川澤), 한광지(閑曠地) 등과 유사하지만 실제로는 진전인 경우가 많았다. 또한 애초 기경전이었기 때문에 양안에는 여타 원전들과 마찬가지로 각종 정보[지번(地番), 범향(犯向), 등제(等第), 형상(形狀), 지목(地目), 면적(面積), 결부수(結負數)] 등이 기재되어 있다. 황폐한 지 오래되어 주인이 불명한 것을 무주진전(無主陳田)이라 하고, 파악된 것을 유주진전(有主陳田)이라 한다.

국가에서는 진전에서의 농민부담을 줄이기 위해 감세·면세했으며, 한편으로는 재정을 확보하기 위해 환기(還起)를 장려하고 그 면적을 파악하고 있었다. 예컨대 고려 광종 대에는 진전을 개간한 사람에게 사전일 경우 첫해 수확을 모두 지급하고 2년째에는 전주와 반으로 나누며, 공전일 경우에는 3년까지 전부 지급하고 4년째부터 법에 조를 거두게 하였다.(判, 陳田墾耕人, 私田則初年所收全給, 二年始與田主分半, 公田限三年全給, 四年始依法收租.[『고려사』 권78, 「식화」1 전제(田制)]) 또한 예종 대에는 3년 이상의 진전을 개간하여 수확한 것에 대해, 2년 동안은 전호에게 전부 지급하고 3년째에는 전주와 반씩 나누게 했다. 그리고 2년의 진전을 개간할 경우에는 1/4은 전주에게 주고 나머지는 전호에게 주며, 1년의 진전을 개간할 경우 1/3은 전주에게 주고 나머지는 전호에게 주게 하였다.(判, 三年以上陳田, 墾耕所收, 兩年全給佃戶, 第三年則, 與田主分半, 二年陳田, 四分爲率, 一分田主, 三分佃戶, 一年陳田, 三分爲率, 一分田主, 二分佃戶.[위와 같음])

조선에서도 진전에 대한 감세·면세와 개간장려책은 지속되었다. 우선 질병 등으로 인해 해당 토지가 모두 진전이 될 경우에는 면세하고, 환기할 경우 세를 반감토록 했다.[『경국대전』 「호전(戶典)」 수세(收稅)] 그러나 이러한 혜택은 진전화를 막기 위해 제한적으로 시행되었는데, 그 결과 16세기 이후에도 진전의 수세는 하하(下下) 연분이 관행적으로 적용되었다. 또한 유주진전을 억제하기 위해 3년이 넘은 진전에 대해서는 이를 보고한 사람에게 경작토록 하는 규정도 생겨났는데[『경국대전』 「호전」 전택(田宅)], 이는 본 주인의 소유권을 보호하는 가운데 진전의 개간을 유도하는 방안이었다. 그러나 이로 인해 소유주와 개간경작자 사이의 분쟁이 뒤따르게 되었고, 이후 1634년 갑술양전에서는 '기경자를 주로 한다(起耕者爲主)'는 원칙이 채택되었으며 이는 『속대전』에 실리게 되었다.

이처럼 진전을 개간하기 위한 조정의 노력은 경작자에 대한 감세·조치의 확대로도 나타났는데, 그 결과 『만기요람』에는 묵은 밭의 경작을 권하여 기간한 곳은 일일이 개록하여 호조에 보고해서 3년 동안 감세케 하며, 기간했다가 다시 진전이 된 것은 세를 징수하지 않는다고 했다.(陳田勸耕起墾處, 一一開錄, 報戶曹, 減三年之稅, 旣墾還陳者勿稅.[「재용」2 전결(田結)]) 또한 경자양전에서는 주변 전답보다 전품을 낮게 책정해 부세부담을 줄여주기도 했다.

한편 정부에서는 소농민의 토지소유를 장려하기 위해 개간 시 입안(立案)을 통해 소유권을 추인해 주었다. 이는 진전의 개간에서도 마찬가지였는데, 주로 무주진전을 중심으로 개간자에게 소유권과 일정기간의 면세 혜택이 주어졌다. 그러나 이러한 국가의 의도와는 달리 입안을 내는 것은 주로 궁가와 양반들이었다. 이들은 입안 없이 기경했던 소농의 경지를 빼앗거나 지대를 수취하기도 했다. 또한 이로써 확보한 진전은 그들의 기경전(起耕田)이나 가경전(加耕田)을 대신해 양안에 입록되었고, 반면 소농민의 진전은 기경전이나 가경전의 명목으로 양안에 입록되어 수세되는 등 폐단이 일어났다. 이에 앞에서와 같이 모든 한광처는 기경자를 소유주로 인정한다는 규정이 『속대전』에 법제화 되었는데, 이는 경작권이 소유권으로 전화하고 있는 사례로 평가된다.

[참고어] 정전, 속전, 개간, 시기결, 한광전

[참고문헌] 김태영, 1983, 『조선전기토지제도사연구』, 지식산업사 ; 최윤오, 1999, 「세종조 공법의 원리와 그 성격」 『한국사연구』 106 ; 김건태, 2000, 「경자양전시기 가경전과 진전 파악 실태 : 경상도 용궁현 사례」 『역사와 현실』 36 ; 김건태, 2010, 「양전과 토지조사사업의 진전과 '주' 파악」 『규장각』 37 ; 이세영, 2010, 「조선시대의 진전 개간과 토지소유권」 『한국문화』 52 〈윤석호〉

진휼청둔(賑恤廳屯) 진휼청에서 진휼을 위한 미곡 및 경비에 보용하기 위하여 설치·운영한 토지.

진휼청은 흉년에 기민(饑民)을 구제하는 기관으로 1405년(태종 5) 선혜청 안에 설치되었다. 진휼청둔은 1721년(경종 원년) 평안도 정주군 소재 대명동(帶明垌)을 매수하여 둔전으로 만든 것이 그 시작이다. 이후 민유지 매수와 죄인으로부터 속공, 그리고 한광지(閑曠地)의 개간 등을 통해 마련되었다.

『만기요람』의 진휼청 사례에 따르면, 진청의 세입에 본래 여유가 없어 둑[堰]을 쌓아 둔을 설치하거나 답을 매득(買得)해 진자(賑資)를 보충하였다고 한다. 예컨대 1721년에 매득(買得)한 정주(定州)의 대명동은 세전이 102냥이었고 안주(安州)의 석장둔(石庄屯)과 황주의 녹양둔(綠揚屯)은 세전이 75냥이었는데, 이들 3둔은 도장(導掌)이 관리하였다. 한편 옹진둔(瓮津屯)은 세전 27냥 정도로 해당 읍에서 수납했고, 세전이 202냥인 임피(臨陂)·전주·한산(韓山) 등의 7개 제둔(堤屯)과 세전이 70냥인 여주·원주의 둔전은 감관(監官)이 파견되었다. 또한 익산의 판문동(板門垌)은 세조(稅租)가 1석 정도로, 해당 읍에서 수봉하여 상진곡에 회록되었다.[이상 『만기요람』 「재용편」4 진휼청사례]

진휼청과 상평청, 선혜청은 비슷한 사무를 담당하였으므로 둔전의 명의도 종종 혼칭(混稱)되었다. 대표적으로 황해도 옹진의 혜둔(惠屯), 안악의 순풍혜둔, 평안북도 박천의 상평동 같은 경우가 그러하였다. 진휼청둔은 1894년(고종 31) 갑오개혁 당시 진휼청이 선혜청과 함께 폐지되면서 탁지부에 속하였다가, 1899년(광무 3)부터 내장원에서 이를 관리하였다.

[참고어] 아문둔전

[참고문헌] 『萬機要覽』; 和田一郎, 1920, 『朝鮮土地地税制度調査報告書』 〈이현희〉

진휼청제언사목(賑恤廳堤堰事目) 1662년(현종 3)에 수리 행정을 담당하는 부서인 제언사(堤堰司)를 다시 설치하면서 마련한 업무 규정.

제언사는 수리정책을 수립하고 수리사업을 관리·감독하는 부서로 조선 초기부터 설치·운영되었다. 그러나 임진왜란기의 혼란을 겪으면서 일시적으로 폐지되었다가, 1662년(현종 3) 조복양(趙復陽)의 건의로 다시 설치되었다. 진휼청제언사목은 이때 만들어진 제언사의 업무 규정으로, 제언사의 편제를 호조판서와 진휼청 당상(堂上)의 관할 아래 두었기 때문에 진휼청제언사목이라 하였다.

사목은 모두 16개의 조항으로 이루어져 있다. 일시적으로 폐지되었던 제언사를 다시 설치하면서 마련한 규정이었기 때문에 서두에 제언사의 편제에 관해 규정하였고, 말미에는 제언사의 인신(印信)에 관한 조항과 미진한 내용을 추후 마련할 것을 규정한 조항을 별도로 두었다. 이들 3개의 조항을 제외한 나머지 13개의 조항은 제언과 천방(川防)의 축조와 관리에 대한 내용으로 구성되어 있다.

진휼청제언사목에는 17세기 중반 조선 정부가 채택한 수리 정책의 방향이 잘 드러나 있다. 사목의 내용은 주로 제언과 천방 등의 수리시설을 축조하는 데 주안점을 두고 있는데, 특히 수리시설을 축조하는 과정에서 노동력을 어떻게 동원할 것인지를 자세하게 규정하였다. 또한 제언의 중요성을 언급하면서도 천방, 곧 보에

관한 내용을 더욱 많이 담고 있어 이 시기 수리 정책의 중심이 천방을 축조하는 데 있었음을 보여준다. 아울러 수령과 감사에게 이러한 수리시설들을 축조하고 관리하는 책임을 부여하였다. 이러한 내용은 17세기 중반 조선 정부가 새로운 제언과 천방의 축조, 천방 중심의 수리 정책, 지방관에 의한 수리시설 관리라는 조선 전기 이래 수리 정책의 기본 방향을 그대로 유지하고 있었음을 보여준다.

사목에서 확인할 수 있는 새로운 면모로는 대규모 하천에서 많은 양의 물을 관개할 수 있는 수리 시설을 축조해야 한다는 점을 지적하고 이러한 대규모 시설을 축조하기 위해 필요한 방안을 담고 있다는 점을 들 수 있다. 정부의 수리 정책이 소규모 하천을 이용하는 천방을 축조하는 데 머물렀던 이전 시기의 한계를 극복하고 대규모 하천을 이용하는 방향으로 나아가고 있음을 보여준다. 또한 사목에서는 송(宋)의 수리학(水利學)을 적극적으로 활용하려는 태도가 드러나 있다. 대하천의 이용이나 수리에 밝은 인재의 양성을 규정한 부분에서는 범중엄(范仲淹), 호안정(胡安定) 등 송대 수리학 대가들의 사례를 직접 거론하였다. 이 시기에 이르러 송대 수리학의 성과를 깊이 있게 수용하고 이를 정부의 수리 정책에 직접 반영하고자 노력하였음을 알 수 있다.

현종 대에 마련한 진휼청제언사목은 제언과 천방 등 수리시설의 축조에 더욱 중점을 둔 방책으로 조선 정부의 기본적인 수리 정책을 충실히 계승하였다. 이러한 입장은 숙종 대 제언사 기능의 활성화를 위한 논의를 거쳐 영조 대의 제언별단(堤堰別單)에서도 그대로 유지되었다. 이러한 조선 정부의 수리 정책은 18세기 후반 정조 대에 이르러 변화의 양상을 보이게 된다.

[참고어] 수리, 제언, 천방, 제언사

[참고문헌] 이광린, 1961,『李朝 水利史 硏究』, 한국연구도서관 ; 이태진, 1986,「조선시대 水牛·水車 보급 시도의 농업사적 의의」『천관우선생환력기념한국사학논총』, 정음문화사 ; 최원규, 1992,「조선후기 水利와 經營문제」『국사관논총』 39 ; 염정섭, 2002,『조선시대 농법 발달 연구』, 태학사 〈이민우〉

질권(質權) 채권자가 채권의 담보로 채무자 또는 제3자로부터 받은 물건을 채무의 변제가 있을 때까지 유치하는 동시에, 질물(質物)로 우선 변제 받을 수 있는 담보물권.

한국에서는 종래 질권이라는 용어가 없었으나 조선총독부가 1912년에 조선민사령을 제정하여 일본민법 등을 조선에도 적용한다고 규정(제1조)하면서, 한국인에게도 시행된 법 용어이다. 1898년에 시행된 일본민법에서는 질권에 대해서 상세히 규정하고 있다. 질권은 채권의 담보로서 질권설정자(채무자 또는 제3자)로부터 받은 사물을 질권자(채권자)가 점유하고, 그 사물에 대해서 다른 채권자보다 우선적으로 변제를 받을 수 있는 권리로서, 그 종류에는 동산질권, 부동산질권, 권리질 등이 있다. 질권은 질권설정계약에 의해서 설정된다. 질권은 지세령에 따라 토지대장에 기록되며 질권자가 지세를 부담했다.

[참고어] 토지대장, 지세령, 조선민사령, 일본민법

[참고문헌]『조선총독부관보』; 한국법제연구원, 2000,『관습조사보고서(개역판)』; 早川保次, 1921,『朝鮮不動産登記ノ沿革 : 査正ト證明·登記トノ關係』, 大成印刷社出版部 〈이승일〉

집강(執綱) 조선시기 지역 자치조직의 우두머리.

집강은 조선시기 주현(州縣) 아래에 있었던 면(面)·사(社)·방(坊)의 장(長)으로, 풍헌(風憲)·약정(約正)·면임(面任)·방장(坊長)·사장(社長) 등과 유사한 지위였으며, 향소 또는 향약의 영향력 속에 있었다. 이들의 주된 일은 행정명령을 백성들에게 알리고, 특히 조세의 납부를 지휘하는 등의 일이었다.

한편 집강은 동리 대표자 중 하나로서, 광무양안상에 화속전(火粟田)의 소유자로 기재된 경우가 있다. 대한제국 정부는 기전(起田)·진전(陳田)뿐만 아니라 등외전(等外田)까지 파악하여 수세체계 안에 포섭하려 하였다. 이때 화속전의 시주(時主)·시작인(時作人)을 파악하여 양안에 기재하였는데, 이때 집강이나 소임(所任)·동장(洞長) 등 동리의 대표자를 시주로 기록하는 경우가 있었던 것이다. 이 경우에는 총액제가 적용되었다.

궁방이 장토를 경영·운영할 때 장토의 현지 관리책임자이자 동내관원으로서 집강을 설정하기도 하였다. 이때 집강은 태만한 농민이나 장토 운영을 위한 제반 규정을 준수하지 않는 농민을 처벌하거나 그 경작권을 회수할 수 있는 권한을 갖고 있었다.

[참고어] 총액제, 광무양전사업

[참고문헌] 金容燮, 1992,『韓國近現代農業史硏究』, 일조각 ; 최원규, 1995,「대한제국기 量田과 官契發給事業」『大韓帝國의 土地調査事業』, 민음사

집재(執災) 농형을 답험하여 재상전(災傷田)의 면적을 파악하는 절차.

[참고어] 급재, 작부제, 답험

집조법(執租法) 수확 전 벼가 익지 않은 상태[靑田]에서 지주와 소작인이 실지에 입회하여 농작물의 작황을 살피고 예상수확량을 추정해 관습 혹은 계약 상 정해진 일정한 비율에 따라 소작료를 산정하고 징수하는 방법.

집조법은 관습 및 계약 상 정해진 정률(定率)의 소작료를 징수하는 방법으로, 답의 농작물을 수확하기 전 농작 상황을 간평·평예(坪刈)의 방법으로 답험하여 수확물의 분배율을 정한다. 수확물을 일정한 비율로 분배하는 타조법의 한 분파이자 전신(轉身)인 집조법은 집수(執穗), 간수(看穗), 간평(看坪), 검견(檢見), 집작(執作), 답품(踏品), 두지정(頭支定), 집도(執賭), 시작(時作), 세(稅), 도지(賭只)로도 불린다. 이들 용어는 농작상황을 살피는 검견을 '간평을 하다' 혹은 '집수를 하다'라고 표현한 데서 기인한다. 단독검견을 하는 것을 암수(暗穗)라고도 한다. 타조소작에 해당하는 용어도 통용된다. 집조 소작료를 납부한다는 뜻으로는 세, 도조라는 용어를 사용한다.

조선 후기 소작료 징수방법은 크게 도지법과 병작법, 타조법이 있었으며 그 중 도지법은 그 후 정조법과 집조법으로 분류되었다. 집조법은 부정액소작이자 정률소작법이라는 점에서는 타조법의 한 부류이면서 도지법의 특성도 가지고 있다. 집조법은 19세기 초·중반 경상남·북도와 전라남·북도에서 발생하여 발달하였다. 당시 이 지역에서 일반적으로 행해졌던 타조법의 폐해를 개선하기 위해 보통 가을에 실지답험을 하던 관례에서 비롯되었다. 또한 정액지대인 도지법이 행해지면서 나타난 문제점을 보완하기 위해서 등장한 것이기도 하였다. 도지법은 풍년일 경우에는 소작인들에게 유리하였으나 흉년에는 소작인들에게 남은 몫이 없거나 적어서 타격을 주게 되었기 때문이다. 이로 인해 1833년(순조 33)에는 대규모의 항조운동이 일어났고, 그 결과 도정제도가 고안되었다. 그래서 1841년(헌종 7)까지는 궁방전에서 작황에 따라 소작료를 부과하는 관행이 보편화되었다. 작황을 살피는 간평은 예로부터 행해져온 실지조사의 방법이고 평예[평뜨기]는 일제시기 회사농장 등이 시행한 검견법이다. 검견에 의해 조사된 풍흉에 따라 집조 소작료액은 변동하였다.

집조법의 특징은 다음과 같다. 먼저 집조소작은 비교적 토질이 양호하고 재해가 적은 지역의 답에서 주로 시행되었다. 소작계약은 구두계약이 많았으며 점차 소작증서를 이용하는 사례가 증가했다. 소작기간은 정기소작, 부정기소작이 모두 존재했으며 계약 체결과 동시에 소작지를 소작인에게 인도하였다. 집조소작지에서 비료, 농구, 종자 등은 일반적으로 소작인이 부담하였다. 타조법에 비해 지주의 간섭이나 소작지 수선 부담이 적으나 정조법보다는 많은 편에 속한다. 집조소작지의 전대(轉貸)는 거의 없으며 소작료는 주로 현물 생산물로 납부한다. 집조 소작료는 반분(半分), 삼분병작(三分倂作), 사분육분(四分六分) 등의 구별이 있다. 특히 삼분병작의 경우 집조소작료를 지주 1, 소작인 2의 비율로 분배하는 관행으로 전라남·북도에서 행해졌다. 일제시기 수리조합 등 수리시설이 정비된 이후에는 육분병작(六分倂作)을 실시하여 수확물의 6할을 소작료로 징수하고 수리비를 지주가 부담하는 경우도 있다. 그렇지만 수확량의 5할을 소작료로 징수하는 것이 일반적 관행이었다.

한말에 곡물의 상품화가 진전되고 토지겸병이 활발해지면서 소작료가 크게 인상되었다. 일부 지주들은 소작료를 인상시키기 위해 수취법을 변경하기도 하였다. 즉 수확을 절반씩 나누던 타조법 대신에 집조법을 도입하였던 것이다. 지주 또는 그 대리인이 소작인 입회하에 직접 일정 면적의 수확을 엄정히 조사하여 전체 수확고를 산정하고, 조세·종자를 소작인에게 부담시키면서 그 수확의 절반을 지대로 수취했다. 타조법은 비록 수확의 절반씩을 나눈다 하지만 관례상 지대는 통상 수확의 4할을 넘지 못했다. 이에 비해 집조법은 수확고의 산정이 철저하게 이루어지고, 또 그 과정을 지주가 일방적으로 주도함으로써 지대를 1~2할 가량 인상시키는 결과를 가져왔다.

이러한 지대 인상이나 집조법 도입에 앞장선 것은 일본인 농장 지주들이었다. 동양척식주식회사(東洋拓殖株式會社)를 위시한 일본인 농장들이 먼저 소작기간을 제한하는 소작계약서와 집수법을 도입하여 소작권을 약화시키고 소작료를 인상했으며, 이를 인근의 한국인 지주들이 본받았다. 이러한 집조법은 일제시기에 경상도와 전라도의 대부분 지역을 비롯하여 충청남도 논산·강경평야의 답에 두루 보급되었다. 특히 1910년대에는 5할 가까운 소작료를 징수하는 집조소작이 전라북도에서 활발하게 실시되기도 하였다.

일제시기에는 지주가 단독으로 답험하거나 소작인의 의견을 듣고 결정하는 경우도 실납 소작료 결정에 불균형이 생겨 소작료가 증액되면서 지주와 소작인 간의 분쟁이 많이 발생하였다. 전남 신안군 암태도(岩泰

島)의 경우가 유난히 심하여 집조법의 방식으로 7할 내지 8할의 소작료를 징수하기에 이르렀다. 1923년 소작농민들이 소작료 인하를 요구하면서 '암태도 소작쟁의'가 일어나기도 했다. 암태도 소작쟁의는 그 지역만이 아니라 목포, 나아가 전국적으로 소작쟁의가 확대되는데 중요한 계기가 되었다.

이후 전라도 지역에서는 일본인 대지주나 농업회사가 정조법(定租法)을 시행함으로써 소작쟁의가 감소하였다. 1930년에는 소작 관행 중 집조법이 28.2%를 차지하였으나 점차 줄어들다가 1950년 농지개혁으로 소작제와 함께 철폐되었다.

[참고어] 타조법, 정조법

[참고문헌] 조선총독부, 1932,『朝鮮ノ小作慣行』(上)·(下) ; 조선총독부, 1932,『朝鮮ノ小作慣行 : 時代と慣行』; 신용하, 1966,「韓國의 地主制度에 關한 一研究(其一)-日帝下의 土地小作制度에 대하여-」『경제논집』5

〈고나은〉

ㅊ

차경(借耕) 남의 땅을 빌려서 경작하는 것.

[참고어] 전호, 병작, 지주, 균작론

차압(差押) 국가권력에 의해서 특정한 재산 또는 권리에 대해서 사인(私人)의 사실상, 법률상의 처분을 금지하고 확보하는 행위.

입모 차압은 지주가 소작료를 징수하고 채권을 보전하기 위하여, 소작지의 벼를 수확하기 전에 강제집행 또는 가차압 명령을 집행하여 차압하는 것이다.

[참고어] 경매, 채권

[참고문헌] 현암사, 1985, 『圖解 법률용어 사전』; 自由國民社 編輯部, 2011, 『圖解による法律用語辭典(補訂4版)』

차지권(借地權) 임차료 또는 지대를 지급하고 타인이 소유하는 토지를 사용·수익할 수 있는 권리.

일제는 관습조사에서 한국에서의 차지권을 지상권, 영소작권, 임차권, 사용차권 기타 등으로 구분하였다. 지상권은 건물, 분묘 등의 공작물 또는 수목을 소유하기 위한 차지로 타인의 토지에 과수를 소유한 것 등을 지상권으로 보고 있다. 가옥의 경우 지대는 소작료 수준인데 지불하지 않는 경우도 많다고 한다. 때로는 가옥을 건축한 것을 소유권을 획득한 것처럼 여기기도 할 정도라는 것이다. 존속기간은 정하지 않고 차주가 건물의 부지로 이를 사용하지 않을 때까지 그 차지권은 소멸하지 않는다고 보고하고 있다. 물권의 성질이 있어 임차권이나 사용대차의 성질을 갖는 차지권과 동일하지 않다고 했다.

영소작권은 경작지의 차지권으로 매년 일정한 차지료를 지불하고 그 권리가 영구히 존속하는 것으로 정리하고 있다. 보통의 소작권과는 그 취지가 다르고 단순히 소작기간이 장기인 것을 가리키는 것은 아니라고 했다. 이런 종류의 차지권자는 지주의 승낙을 받지 않고 그 권리를 양도할 수 있는 것인데, 봉산군과 재령군의 중도지, 안악군의 역둔토의 도조, 의주의 원도지 등을 예로 들고 있다.

임차권은 경작을 목적으로 하는 차지로, 보통 도조지 병작지라고 부른다. 모두 차임을 지불하는 것으로 그 성질은 임대차에 속하고 그 차지권은 채권의 성질로 분류하고 있다. 이외에 땔감과 꼴의 채취와 목축을 목적으로 하는 토지의 임대차도 있으나 실례는 매우 드물다고 보고하였다.

사용차권은 무상으로 토지를 대차하는 것인데, 주로 친구 친족간에 이루어진다고 했다. 이는 채권으로서 제3자에 대항할 수 없으며, 대주는 언제라도 반환을 청구할 수 있어 사용차권에 속한도 한다고 하였다.

이상과 같이 일제는 한국의 관습을 조사하면서 차지권 가운데 일부를 물권으로 분류하기도 하였으나, 기본적으로 토지의 배타적 소유권을 전제로 다른 권리를 종속시켜 판단해 갔다. 일본민법을 근거로 지상권과 영소작은 물권으로 보면서도 그 판단의 근거를 관습보다는 등기여부를 기준으로 판정하였다. 대부분의 차지권을 채권으로 분류해 갔다.

[참고어] 채권, 영소작, 지상권

[참고문헌] 윤대성, 1992, 「日帝의 韓國慣習法調査事業에 관한 硏究」『재산법연구』 9; 한국법제연구원, 2000, 『관습조사보고서(개역판)』

〈이승일〉

참전(站田) 조선시기 수참(水站)에 속한 사람들에게 지급한 토지.

조선시기에는 주요 나루에 수참을 설치하여 전국 각지에서 세곡(稅穀)을 서울로 조운(漕運)할 때 중간에서 배가 쉬어갈 수 있도록 하였다. 수참은 세곡 조운과 도성 출입자의 규찰을 담당하는 주요한 교통기관이었다. 각 수참에는 민호 30호를 예속시키고, 참선(站船)을 배치하였다. 수참에는 수참간(水站干) 또는 수부(水夫)와 참리(站吏) 또는 참부(站夫)가 배속되어 조운을 담당하였다. 수부는 20명을 정원으로 하되 업무의 다과에 따라 정군(正軍)과 봉족(奉足)을 더 주고 1영(領)마다 15명씩 좌우령으로 나누어 교대로 근무하게 하였다. 참부는 각 지역에 따라 20명에서 80명까지 배치되었던 기록이 있다. 참선은 7년마다 수리하고 14년마다 새로 만들도록 하였다. 수참의 관리는 수운판관(水運判官) 또는 도차사원(都差使員)이 관장했는데, 1779년(정조 3)에는 호조판서 김화진(金華鎭)의 건의로 목사가 주관하기도 하였다. 이러한 수참의 운영 경비를 위해 지급된 토지가 참전이었다.

참전에는 아록전(衙祿田)과 수부전(水夫田)이 있었다. 참아록전은 수참의 지휘 관원인 수운판관에게 지급된 것이었다. 수참제도는 조선 초기부터 시행되었으나, 그 지휘 관원인 수운판관의 아록전은 성종 대 이전까지는 마련되어 있지 않아서, 수부들이 공비(供費)를 수렴하도록 되어 있었다. 그러다가 1476년(성종 7) 각 수참에 수운판관의 아록전 5결씩을 절급하도록 하였고, 이는 『경국대전』에도 그대로 규정되었다. 참아록전은 민전(民田) 위에 설정된 각자수세지(各自收稅地)로서, 해당 토지의 조세는 수운판관이 거두어 썼다.

수부전은 수부에게 지급된 직역전(職役田)이었다. 수부전은 원래 1인 2결씩 절급했으나, 1445년(세종 27) 육등전법(六等田法)으로 결복(結卜)을 고치면서 1결 50부씩으로 감축되었고, 『경국대전』에는 1결 35부씩으로 규정되었다. 이 역시 민전 위에 설정된 각자수세로, 해당 토지의 조세를 수부들이 거두어 가졌다. 그러나 조선 후기 대동법(大同法) 하에서 조세곡을 포목이나 돈으로 납부하는 작목(作木) 또는 작전(作錢)이 이루어짐에 따라 수운제도와 수참제도가 쇠퇴하였고, 이에 『속대전』 단계에서는 수부전이 폐지되었다.

[참고어] 늠전, 수부전, 아록전 〈김미성〉

창고전(倉庫田) 고려시기 왕실에 필요한 경비를 충당하기 위해 설치된 창고에 지급한 토지.

의성고(義成庫)·덕천고(德泉庫)·내장고(內藏庫)·보화고(保和庫)·의순고(義順庫) 등의 5고(庫)에 지급된 토지로 보기도 하고, 우창(右倉)과 4고(庫)에 지급된 토지로 보는 견해도 있다.

[참고어] 조가전

[참고문헌] 千寬宇, 1965, 「科田法과 그 崩壞」『韓國文化史大系』 Ⅱ ; 金泰永, 1982, 「科田法의 成立과 그 性格」『韓國史研究』 37 ; 權寧國 外, 1996, 『譯註 『高麗史』食貨志』, 韓國精神文化研究院

채권(債權) 물권과 함께 재산권의 하나로서 특정인에게 특정한 행위를 요구할 수 있는 권리. 그 효력은 원칙적으로 채무자에게만 미친다.

채권은 특정인에게 특정한 행위를 요구할 수 있는 권리를 말하고, 채무는 채권에 대응하여 특정인에 대해서 특정한 행위를 해야 하는 의무를 말한다. 채권은 물권과 함께 재산권의 하나로, 근대법에서 채권과 물권은 엄격히 다른 개념이다. 즉, 기능적으로 볼 때 채권은 재화의 거래를 그 작용으로 하고 타인의 행위를 매개하여 재화를 획득하는 관계이지만, 물권은 재화의 지배 내지 이용을 그 작용으로 하고 사람이 재화를 직접 자기의 생활에 충당하는 관계이다. 채권은 특정인에 대한 권리이기 때문에 그 효력이 원칙적으로 채무자에게만 미치며(상대권), 특정한 행위의 요구만을 할 수 있는 권리이다(청구권).

채권은 물건의 직접적인 지배를 내용으로 하며 모든 사람에게 효력이 미치는 물권과 다르다. 따라서 물권과 같은 배타성도 없다. 물권은 사물에 대한 직접적인 지배권한이고 물자의 이용을 확보하는 권리이기 때문에 배타성이 요구된다. 채권은 특정인에 대한 권리라는 의미에서 상대적 권리라고 할 수 있으나, 물권은 모든 사람에 대한 권리라는 의미에서 절대권이라고 불린다. 일제는 구래의 도지권과 같은 경작권이 갖고 있던 관습적 물권을 모두 부정하고, 모든 경작권을 소작권이라 부르고 채권으로 규정했다. 물권은 등기할 경우에만 인정했다.

[참고어] 일본민법, 지상권, 저당권

[참고문헌] 윤대성, 1992, 「日帝의 韓國慣習法調査事業에 관한 研究」 『재산법연구』 9 ; 최원규, 1996, 「대한제국과 일제의 土地權法 제정과정과 그 지향」『동방학지』 94 ; 현암사, 1985, 『圖解 법률용어 사전』 ; 이승일, 2008, 『조선총독부 법제정책 : 일제의 식민통치와 조선민사령』, 역사비평사 〈이승일〉

처간(處干) 고려시기 농장(農莊)의 일종인 처(處)에서 경작을 담당하던 농민.

고려시기 타인의 토지를 빌려서 경작한 뒤, 조(租)는 토지 주인에게 납부하고, 용(庸)·조(調)는 관(官)에 바치던 경작민(耕作民)을 지칭한다. 구체적으로는 고려시기에는 농장을 장(莊) 또는 처(處)라고 지칭하기도 하였는데, 이 '처(處)'에 속한 농민이라는 뜻으로 해석된다. 『고려사』에는 "처간이란 남의 전토를 경작하여 조는 그 주인에게 돌리고, 용·조는 관에 바치는 즉 전호였다. 당시 권귀들이 민을 모아 처간이라 부르면서 삼세를 포탈하여 그 폐해가 심하였다.(處干, 耕人之田, 歸租其主, 庸調於官, 卽佃戶也. 時權貴多聚民, 謂之處干, 以逋三稅, 其弊尤重.[『고려사』 권28, 「세가」 28 충렬왕 4년 7월 乙酉])" 라고 하여 권귀(權貴)들이 농장을 경영하기 위해 농민을 모아 처간(處干)으로 부렸던 사실을 설명하고 있다.

처간은 대토지 소유자에 의한 강압에 의해서 뿐만이 아니라, 부세(賦稅)부담을 버거워 한 양인 농민이 생활의 곤궁함을 이기지 못하고 스스로 투탁(投托)함으로써 발생하기도 하였다. 고려 말 농장의 확대에 따라 처(處)와 처간(處干)이 급격히 많아졌는데, 원래 관(官)에 바치던 용·조(庸·租)도 농장주가 차지하게 되면서 국가재정을 악화하는 문제를 야기하기도 하였다. 이에 따라 고려 말에는 납세를 담당할 민(民)과 토지(土地)가 점차 줄어들게 되자 국가재정이 불안해졌기 때문에 지속적인 전민변정사업(田民辨正事業)을 단행하기도 하였다.

[참고어] 농장

[참고문헌] 旗田巍, 1960, 「高麗時代の王室の莊園-莊·處-」『歷史學硏究』 246 ; 송병기, 1969, 「高麗時代의 農莊」『韓國史硏究』 3 ; 이상선, 1987, 「高麗時代의 莊·處에 대한 再考」『震檀學報』 64 ; 이경식, 2005, 『韓國 古代·中世初期 土地制度史』, 서울대학교출판부 ; 박종기, 1990, 『高麗時代部曲制硏究』, 서울대학교출판부 ; 이경식, 2006, 『韓國中世 土地制度史-朝鮮前期』, 서울대학교출판부 ; 이숙경, 2007, 『고려 말 조선 초 사패전 연구』, 일조각 ; 신은제, 2010, 『高麗時代 田莊의 構造와 經營』, 景仁文化社 〈이현경〉

척문(尺文) ⇒ **자문**

척식이민(拓殖移民) ⇒ **만한이민집중론, 동양척식주식회사 이민사업**

천기농장(川崎農場)/천기등태랑(川崎藤太郎) ⇒ **가와사키농장**

천방(川防) 작은 하천이나 계곡의 하천수를 막아 물을 끌어대기 위해 축조한 수리시설.

보(洑)라고도 불리는 수리시설로 소규모 공사로 축조할 수 있었다. 산골짜기를 흐르는 계곡의 하천 물도 천방을 통해 관개수로 활용할 수 있었다. 작은 계류(溪流)를 부분적으로 막아 부근의 수전에 관개하는 소규모 천방의 경우는 농경이 시작될 무렵, 특히 벼농사가 시작될 무렵부터 활용하였을 것으로 보인다.

경북 안동시 서후면 저전리에서 발굴된 기원전 10세기 무렵의 청동기시대 수리시설에 보 시설 흔적이 남아 있다. 저전리 유적의 경우 계곡 하류에 위치한 '1차 저수지' 외에도 그 상류 인접 지점에 또 다른 '2차 저수지'가 발굴되었다. 두 저수지는 동시기에 존재한 것이 밝혀져 저수지 이름도 '1호 저수지'와 '2호 저수지'로 바뀌게 되었다. 1호 저수지의 경우 너비 15m 내외, 길이 60m 정도의 규모이며, 입수구(入水口)와 출수구(出水口)가 확인되었고 출수구 쪽에서는 보(洑)시설 흔적이 확인되었다. 2호 저수지는 1호 저수지로 물이 흘러드는 입수구의 위쪽에서 이어져 있으며 규모는 너비 12~13m, 길이 30m, 깊이 1.5m 안팎으로 공중에서 내려다보면 기어가는 뱀의 모양이고 단면은 V자 형이다.

충남 보령 관창리 유적에서도 청동기시대의 논과 5기의 보(洑)가 확인되었다. 5기의 보 가운데 폭 4m 정도로 논과 같은 시기의 것으로 추정되는 4호 보는 물길과 직교하는 방향으로 말목을 박은 다음 횡방향으로 나무를 덧대어 만들었다. 논에 물을 공급하는 형태는 수구를 거쳐 물을 바로 입수시키는 형태였다. 보는 제언과 더불어 벼농사에 물을 공급하는 주요한 수리시설로 이용되었다.

고려시기 수전의 경우 개석곡 및 천변에 위치하면서 답저수고형이 많았다. 보 등을 만들어 활용하는 것이 상당히 보편적이었다. 조선시기의 경우 천방에 대한 조정에서의 본격적 논의는 문종 대부터 시작되었는데, 1450년(문종 즉위)에 각도 관찰사에게 제언 수축에 대해서 내린 유시(諭示)에서 제언과 천방을 수리에 활용하지 못해 버려지는 이득이 있어서는 안될 것이라고 강조했다. 국왕의 관심 속에 활발하게 축조되기 시작한 천방은 세조 대에 이르러서는 제언 축조와 더불어 수리사업의 양대 중추로 자리 잡았다. 이러한 양상은 성종대에 이르러 더욱더 가속화되었는데, 15세기 후반부터 영남지역을 중심으로 내륙의 소규모 수리시설로서 활발히 개발되고 있었다.

천방은 지형에 따라 하천을 막아 물을 끌어올려서 하천보다 높은 지대에 물을 대거나 범람하기 쉬운 지역에 방축을 쌓고 구멍을 뚫어서 저습지를 농토로 이용하는 기술이었다. 이 방법으로 새 농토를 확보해 간 것은 대부분 노비노동력을 다소 보유하고 있던 유향품관(留

鄕品官) 등 재지지배층이었다.

특히 15세기 이래 저평지로의 농지개간이 일어나게 된 데에는 이 같은 천방의 가능성과 유용성이 전제되고 있었을 것이다. 가령 세조 대의 어느 제언 경차관(敬差官) 사목(事目)에서는 제언 관계의 사정을 논의하면서, 방천의 이득은 제언보다 갑절이나 되니, 지세의 높낮이를 따라 곡진하게 제방을 만들면 그 취용이 무궁하다고 상하가 공인하기에 이르렀다는 사실이 그것을 말해준다. 그리고 성종연간에 가서도 경연에서 국왕이 내가 듣건대 천방제언은 이익이 있다 하므로 이미 여러 도에 타일러 수축토록 하였는데, 별도로 조신(朝臣)을 파견하여 살피고자 한다고 하자, 동지사 김종직(金宗直)은 천방 관개의 이익은 매우 큰 것이니 불가불 거행해야 한다고 했다. 제언은 그 이익이 멀리 미치지 못하고 또한 봄·가을로 수축해야 하므로 농민들이 매우 괴로워하며 폐단 또한 많다고 할 정도로 천방의 상대적 효용성은 깊이 인식되고 있었다.

천방은 방천(防川), 방축(防築), 관개(灌漑) 등의 여러 이름으로 불렸고, 현지의 실정에 정통하며 이해관계가 절실한 현지인들에 의하여 추진되는 것이 자연스러운 일이었다. 그러므로 천방은 국가정책의 적극적 추진을 기다리지 않고서도 15세기 이래 많이 개발된 저평지의 수전(水田)과 함께 다수 축조되어 갔던 것으로 보인다. 가령 최근의 연구에 의하면 15세기의 관찬 지리지에는 제언만이 기재되어 있으나, 16세기 말에 군수로 재임한 사림 정구(鄭逑)가 편찬한 『함주지(咸州誌)』에는 제언 이외에도 용연방축(龍淵防築) 등 14곳의 천방이 더 기재되어 있고, 17세기 초에 성여신(成汝信)이 편찬한 『진양지(晋陽誌)』에는 명월암방천(明月岩防川) 등 25곳이 더 기재되어 있으니, 이는 곧 16세기에 새로이 개발된 천방관개를 가리키는 것이다.

아마도 16세기 이후로는, 비록 지역에 따라 다소의 차이는 있겠지만, 천방이 전통적인 제언을 압도하고 우리나라 수리관개의 대종을 차지하게 되었을 것이라고 판단된다. 16세기에는 각 군현 단위로 사림계열의 인사들이 향권을 주도하게 되었으며, 이들에 의하여 새로운 경지의 개발과 함께 각 지역의 천방이 새로운 수리시설로서 많이 축조되기에 이르렀을 것이라고 이해된다.

뿐만 아니라 천방은 이후 특히 우리나라 벼농사 기술의 대종을 이루게 되는 이앙법을 정착시키고 발전시킬 수 있는 기초적 관개시설로서의 기능을 다하게 되었다는 의미에서도 그 역사적 의의는 매우 컸다.

17세기 중엽 이후 천방이 대형화하면서 대하천을 관개수로 이용하게 되었다. 1664년(현종 3) 1월에 규정된 『진휼청제언사목(賑恤廳堤堰事目)』은 대부분의 조목들이 하천 관개에 두고 있었고, 그 중에서도 대천(大川) 개발이 제언보다 유리하다고 평가하고 있었다. 18세기에 괄목할 만한 성과를 거둔 보(洑) 관개의 발달은 특히 호남지역의 경우 하나의 대보(大洑)에 여러 개 혹은 수십 개의 보(洑)가 하나의 조합을 이루는 복합보라는 특색을 드러내기도 하였다.

19세기 후반을 넘어서면 일부 보는 규모 면에서도 제언을 넘어서게 되고 실제 관개 능력에서도 제언을 넘어서는 추세가 나타난다. 경상남도의 경우 제언의 몽리도는 단성 등 10% 미만에서부터 언양의 90%까지 천차만별이었으며 평균치는 약 55%정도였다. 실제 몽리 혜택을 받는 면적은 약 77,821두락이었다. 반면 보의 경우 몽리도도 67%에 달했으며, 몽리 면적 또한 115,850두락에 달하여 제언에 비하여 월등하였고, 시설 한 곳당 평균 몽리 면적 또한 제언이 259두락인데 반하여 천방은 294두락으로 천방이 더 넓었다.

이때는 19세기 후반을 넘어서면 보가 제언보다 수리시설 규모에서 우위를 점하는 것으로 여겨진다. 물론 이는 경상도 지역에만 국한된 것이라는 한계를 가지고 있으며, 타 지역의 수리 관개 상황은 다를 것이라고 생각된다. 실제로 19세기 초 각도별 보 숫자를 비교해보면 그 편차가 대단히 크다는 사실일 알 수 있다.

[참고어] 수리, 제언

[참고문헌] 이태진, 1981, 「16세기 천방(보) 관개의 발달」『한우근박사정년기념사학논총』, 지식산업사 ; 최원규, 1992, 「조선후기 수리기구와 경영문제」『국사관논총』 39, 국사편찬위원회 ; 문중양, 2000, 『조선후기 수리학과 수리담론』, 집문당 〈염정섭〉

천상 매지권(闡祥買地券) 1141년(인종 19)에 만들어진 고려 현화사(玄花寺) 주지(主持) 천상의 매지권.

1143년(인종 21) 만들어진 송천사(松川寺)의 승려 세현(世賢)의 매지권과 함께 현존하는 대표적인 고려시기의 매지권이다. 본 매지권은 앞뒤 면에 모두 기록이 있는데, 판독문은 다음과 같다. 「(앞면) 고려국(高麗國) 유세차(維歲次) 신유년 2월(초하루가 경오) 28일 정유일에 전 현화사(玄化寺) 주지 천상(闡祥) 승통(僧統)이 죽었다. 과인(過人)□, 불행하게도 일찍 죽었다. 이제 99,990 관문(貫文)으로 묘지(墓地) 1단(段)을 사니, 동쪽은 복용에 이르고, 서쪽은 백호에 이르며, 남쪽은 주작에 이르고, 북쪽은 현무에 이른다. 보인(保人)은 장견고(張堅固)이고 견인(見人)은 이정도(李定度)이다. 이후에는 함부로 침탈할 수 없으니, 대(臺)에 먼저 살던 자는, 멀리 천리(千里) 바깥으로 피하라. (뒷면) 빨리 율령대로 시행할 것을 명령한다.」

천상의 매지권에서는 남조시기에 유행한 도교 인물인 이정도(李定度), 장견고(張堅固)가 동일하게 반복되고 있는 바, 이 매지권의 작성자가 중국의 사정에 정통하다고 보여진다. 또 지불한 돈의 액수도 '전구만구천구백구십관문(錢九万九千九百九十貫文)'으로 되어 있는데 이 또한 중국의 매지권에서 일반적으로 쓰이고 있는 것이다. 이러한 점으로 미루어 보아 본 매지권의 작성자가 어쩌면 중국에서 귀화한 사람이라고 보기도 한다.

한편, 본 매지권의 주인공인 천상에 대해서는 별로 알려진 바가 없다. 천상은 본 매지권에 의해 현화사 주지였음을 알 수 있고, 또 승통의 지위에 있었음을 알 수 있을 따름이다. 본 매지권 이외에 그에 관한 기록은 금산사혜덕왕사진응탑비(金山寺慧德王師眞應塔碑)의 음기에 보인다.

[참고어] 매지권, 세현 매지권

[참고문헌] 최병헌, 1981, 「고려중기 현화사의 창건과 법상종의 융성」『한우근정년기념 사학논총』; 김남윤, 1992, 「고려중기 불교와 법상종」『한국사론』 28 ; 국립중앙박물관, 2006, 『다시 보는 역사 편지 고려묘지명(高麗墓誌銘)』; 김용선, 2006, 『역주 고려묘지명집성(상)』, 한림대학교출판부 ; 이우태, 2010, 「한국의 買地券」『역사교육』 115 〈이준성〉

천수답(天水畓) 농사에 필요한 물을 다른 관개시설 없이 자연적인 빗물에만 의존하는 논.

'천둥지기'라고도 하며, 사료에서는 하늘만 바라본다는 뜻으로 '봉천답(奉天畓)[『비변사등록』 88책, 영조 6년 12월]' 또는 '망천답(望天畓)'으로 서술되었다. 천수답은 충분한 비가 오지 않으면 안정된 수확량을 기대하기 어려웠고, 장마에 수해를 입기도 쉬웠다. 따라서 『농사직설』에서는 '고조망천지지(高燥望天之地)' 즉 천수답을 최하의 수전(水田)으로 구분하였다.

조선 초기 15세기 중반까지 저평지의 수전들은 대부분 천수답 상태였다. 『경상도속찬지리지』를 토대로 분석한 연구 결과에 따르면, 15세기 중반 당시 경상도 저평지 수전에서 관개답의 비율은 20% 미만에 그쳤고, 나머지는 천수답이었던 것으로 나타난다. 당시의 제언은 산곡의 물을 담아 관개수를 확보하는 수리시설이었기 때문에 관개답은 산곡 주변에서 크게 벗어나지 못했고 평야지대의 수전 대부분은 천수답 상태였던 것이다.

이 저평지 천수답을 관개답으로 전환시키기 위한 노력이 조선 초 꾸준히 진행되었다. 세종은 측우기를 발명하여 각 고을에 비치하는 등 강우시기와 강우량을 측정하여 천수답 관리의 대책을 강구하려고 하였다. 15세기 후반 지방의 지식인들은 전통적 수리시설인 제언을 확대 보급하는 한편, 새로운 방식의 수차(水車)와 천방(川防)을 도입하고자 하였다. 이는 하천수를 관개수로 활용하는 방법으로, 평야지대의 천수답을 관개답으로 전환시키기에 용이한 것이었다. 이러한 노력의 결과 16세기에는 천수답의 관개답으로의 전환율이 크게 높아졌다.

천수답의 수량이 부족한 것에 대한 농작법상의 해결책도 강구되었다. 『농사직설』에 소개된 종도법(種稻法)은 수경직파법(水耕直播法), 건경직파법(乾耕直播法), 이앙법 등 3가지였는데, 이들 중 천수답에서는 수경직파법과 건경직파법이 유용하였다. 수경직파법은 경지를 다스려 씨를 뿌린 다음에 물을 넣어주고, 묘가 어느 정도 자란 다음에 물을 빼고 김을 맨 다음 다시 관수하는 방식을 취하는 것이기 때문에, 이앙법처럼 물이 많이 필요하지 않았다. 한편 비가 오지 않아 수경직파법을 하지 못할 경우 거의 밭농사와 유사한 건경직파법이 그 대책이 되었다. 한편 이앙법은 천수답에서 금지되었다. 1704년(숙종 30) 이유(李濡)는 천수답은 가문 해를 만나면 끝내 모를 내지 못하여 농사를 망치게 되니 관개수가 부족한 논에서 이앙재배하는 것을 금해야 한다고 하였다.[『비변사등록』 55책, 숙종 30년 8월 28일]

천수답에서는 대체로 건도(乾稻)의 재배가 장려되었다. 건도는 볍씨를 직파하여 밭벼처럼 재배하다가 장마기가 되면 물을 가두어 논벼처럼 재배하는 농법이다. 건도직파법은 평북 이북지방과 충북 이북의 산간지 천수답에서 많이 실시되었다. 천수답 중에서 건도를 재배하는 논은 건도답(乾稻畓)이라고도 했다.

[참고어] 수전, 직파법, 이앙법

[참고문헌] 李泰鎭, 1994, 「朝鮮初期의 水利政策과 水利施設」『李基白先生古稀紀念韓國史學論叢(下)』; 이태진, 2002, 『의술과 인구 그리고 농업기술』, 태학사 ; 염정섭, 2002, 「영농기술의 발달과 농촌경제의 변화」『신편 한국사 30 조선 중시의 정치와 경제』, 국사편찬위원회 〈김미성〉

천일록(千一錄) 19세기 초반 우하영(禹夏永)이 조선의 농업현실을 분석하고 향촌 유생의 시각에서 당시 조선 사회에 대한 개혁론을 제시한 책.

우하영은 수원부(水原府) 호매절(好梅折) 어량천면(於良川面) 외촌(外村)에서 우성전(禹性傳)의 직계 7대손으로 1741년(영조 17)에 출생하였다. 자는 대유(大猷), 호는 취석실(醉石室), 성석당(醒石堂)이라 하고, 생부는 우정서(禹鼎瑞)이고, 백부인 우정태(禹鼎台)의 양자가 되었다.

『천일록』의 내용은 농업뿐만 아니라 상공업, 광업 등 생산 활동에 대한 것, 그리고 과거제, 신분제, 군제, 군정, 관방, 전제, 전정, 환곡 등 정치·사회·경제·군사 제도에 대한 것 등을 망라하고 있었다. 여기에 화성(華城) 경영, 지역사회 발전에 대한 시무론(時務論)을 포함하고 있었다.

『천일록』에 들어 있는 「농가총람(農家摠覽)」은 특히 자신이 직접 경험한 농업기술을 토대로 이루어진 것이었다. 그는 집안의 수전(水田) 13두락에서 매년 경작하면서 엄경(掩耕), 번경(飜耕), 치숙(治熟), 서확(鋤穫), 저종(貯種), 파묘(播苗), 점후(占候), 인개지방(引漑之方) 등 농사일의 여러 가지 측면을 봄부터 가을까지 성실하게 미리 준비하는 데 갖추지 않음이 없었다고 자부하였다. 그리하여 그는 근(勤), 예(豫), 비곡종(備穀種), 변곡성(辨穀性), 상토의(相土宜), 점시후(占時候), 취분회(聚糞灰), 치숙전토(治熟田土), 예저수원(預貯水源), 서확급시(鋤穫及時), 이 10가지를 농작지방(農作之方)의 십목(十目)으로 제시하고 있었다. 이와 같은 농사 경험이야말로 『천일록』에 『농가집성(農家集成)』을 보충하고, 나아가 대체하는 의미를 지닌 『농가총람』이 편찬될 수 있었던 배경이라고 할 수 있다.

우하영이 『천일록』을 편찬할 수 있었던 것은 방대한 문헌자료 조사와 면밀한 현지조사의 성과 덕분이었다. 우하영의 『천일록』 편찬과 관련해서 많은 선행 연구들이 쌓여 있기 때문에 여기에서는 편찬시기, 편찬목적, 편찬과정, 내용 및 체제상의 특징을 정리하려고 한다. 먼저 우하영이 『천일록』을 편찬한 시기는 18세기 말로 추정된다. 적어도 1796년 무렵에 이미 『천일록』의 체재에 맞는 자신의 견해를 갖추어놓고 있었던 것으로 보인다. 우하영은 『천일록』의 내용을 이루는 하나하나의 방책, 방안 등을 고안하기 위해 몸을 사리지 않았다. 조선의 동서남북으로 끄트머리에 해당하는 지역들을 남김없이 답사하였다. 이러한 현지조사를 통해서 조선 각 지역의 농법의 특색을 파악하고, 또한 자신의 농사경험을 보태었다. 그리하여 우하영은 『천일록』에 자신 나름대로의 농법 정리를 제시하고, 또한 농업개혁론을 제기하였다.

『천일록』을 편찬한 목적은 자신의 학문, 생애를 정리한 글인 「취석실주인옹자서(醉石室主人翁自敍)」를 보면 알 수 있다. 그 입론의 기초는 '겸제동포(兼濟同胞)' 4글자로 요약할 수 있다. 그가 동포라고 부른 사람들은 민, 그리고 소농에 해당되는 부류다. 일가를 이루고 농작을 통해서 살길을 도모하는 정농(精農)을 수행하는 계층으로, 게으른 나농(懶農)과 거리가 먼 이들이었다. 우하영은 이들 빈민이 자활해 나갈 수 있는 방도를 찾고, 향민들에게 커다란 피해를 주는 폐단을 없앨 단서를 구하기 위해 절치부심하였다.

동포는 특정한 계층이나 부류를 가리키는 말이 아니라 본래 포태(胞胎), 즉 탯줄을 함께 하는 동생, 형제자매를 뜻하는 말이었다. 동포를 다른 말로 동산(同産)이라고 하였다. 장재(張載)의 『서명(西銘)』에 나오는 '민오동포(民吾同胞)'라는 구절은 동포를 백성들을 가리키는 용어로 사용한 것이었다. 하지만 장재가 동포라고 민을 지칭한 것은 백성들을 형제와 다름없이 여기고 남 보기를 나의 형제처럼 여기라는 뜻으로 사용한 것이었다.

또한 우하영은 수전 벼 경작법 가운데 화누법(火耨法)을 설명하는 부분에서 파종을 많이 하는 다영(多營), 즉 광작을 수행할 수 없는 이유 두 가지를 설명하고 있었다. 첫째는 서공(鋤功), 즉 김매는 노동력의 문제이고, 둘째는 분전(糞田), 즉 비료를 넣어주는 문제였다. 김매는 작업과 비료를 만들어 논밭에 넣어주는 작업에 소용되는 노동력을 확보하기 전에는 넓은 토지의 경영이 불가능하다는 것이었다. 결국 광작은 노동력을 풍부하게 확보하고 있을 때 가능한 것이었다. 이에 대해서 우하영은 전가(田家)에서 다영하는 것 자체가 불가능하다는 것으로 정리하고 있었다. 따라서 우하영이 소농, 궁민에 초점을 맞춘 농법 정리에 치중하였다고 할 수 있다.

겸제동포라는 뚜렷한 목적의식을 가지고 편찬된 『천일록』은 농서의 측면에서 몇 가지 특색을 갖고 있다. 먼저 『천일록』에 포함되어 있는 『농가총람』은 『농가집성』의 내용을 크게 보충하면서 자신이 직접 경험하거나 채록한 새로운 방법을 제시하였다.

예를 들어 『농가총람』의 이앙법 관련 부분에 외양간 두엄 만드는 방법을 소개한 부관은 『농가집성』과 별로 연관되지 않는 것이었다. 우하영은 외양간 두엄을 만드는 방법을 소개하면서 이를 농가예방(農家例方)이라고 설명하였다. 즉 농가에서 '의례적으로 사용하는 방법'이라는 점에서 이는 특별히 이앙법과 관련된 기술이라기보다 일반적인 분전법, 시비법에 해당된다고 할 수 있다.

또한 우하영은 『농사직설』에 소개되어 있는 다음해에 적당한 곡종 고르는 방법에 대해서 자신이 직접 경험한 내용을 제시하고 있다. 각종 곡종을 1승(升)씩 주머니에 넣는 것이 어렵다면서 1합(合)씩 넣는 것이 좋다고 지적하였고, 또한 토자(土宇) 대신 북장(北墻)의 음처(陰處)에 묻는 방법이 좋다고 설명하였다. 이 사례는 직접 농사를 수행하면서 농법의 묘리(妙理)를 터득하고 그것을 토대로 농서를 지었다는 점을 보여준다. 따라서 우하영이 편찬한 『농가총람』은 『농가집성』과 별도로 편찬된 농서로 보아야 할 것이다.

『농사직설』와 『농가총람』의 계승 관계와 관련해서 우하영의 농작지방십목(農作之方十目)의 내용을 상세하게 검토할 필요가 있다. 근(勤)과 예(豫)는 농작에 나서는 농민의 근원적인 자세, 태도, 마음가짐을 가리킨다고 할 수 있다. 그리고 비곡종(備穀種)은 종자준비, 종자관리에 해당하고, 변곡성(辨穀性)은 곡물과 품종선택을 가리킨다. 또한 상토의(相土宜)는 토질에 적합한 농법 파악이고, 점시후(占時候)는 농시(農時)를 가늠하는 것이며, 취분회(聚糞灰)는 시비재료의 마련과 시행을 지시하는 것이다. 마지막으로 치숙전토(治熟田土)는 기경(起耕)과 숙전(熟田)을 포함한 전토의 관리이고, 예저수원(預貯水源)은 수리시설을 포함한 수리 준비이며, 서확급시(鋤穫及時)는 제초와 수확을 제때 시행하라는 것이다. 이와 같이 '농작지방십목'의 내용은 농사의 준비에서 실행, 그리고 마무리까지 모두 포괄하는 것이었다.

우하영의 '농작지방십목'은 새로운 농서를 편찬하려고 할 때 충분히 목차로 활용할 수 있는 것이었다. 그럼에도 불구하고 우하영이 『농가집성』의 목차를 따라 『농가총람』을 편찬한 것은 『농사직설』을 조선 농가류의 조종성헌(祖宗成憲)으로 간주하고 있었기 때문으로 보인다. 『농가집성』을 지은 신속(申洬)과 『산림경제』「치농(治農)」을 편찬한 홍만선(洪萬選)은 모두 자신이 『농사직설』의 내용에 추가 보완한 부분을 '속방(俗方)'이라 밝히고 있었다. 홍만선은 『산림경제』, 「치농」의 내용을 조선농서와 중국농서에서 인용한 부분으로 채운 것과 별도로 자신의 견문이나 전문에 의거하여 수합한 속방을 추가하고 있었다. 이는 우하영이 자신의 주장을 부관이라 표기한 것과 대비된다. 홍만선의 속방 표기는 견문과 전문에 의거한 것이기 때문이고, 우하영이 부관이라 한 것은 자신의 직접 경험에 바탕을 두었기 때문으로 보인다.

다음으로 우하영이 『천일록』을 편찬하면서 각 지역의 토성(土性)과 민속(民俗)이 차이가 있을 수밖에 없다는 점을 바탕으로 삼고 있다는 점을 지적할 수 있다. 그는 각 지역의 농업의 바탕을 이루는 토성의 중요성을 깊이 파악하고 있었다. 그리고 토성을 기준으로 각 지역을 구별하면서 이를 통한 지역농법을 정리하려고 시도하고 있었다. 주목할 만한 것은 우하영이 토성의 옥척(沃瘠)뿐만 아니라 인력의 근만(勤慢)을 감안하여 각 지역을 구별하고 있다는 점이다. 즉, 인력의 근만을 민속이라는 기준으로 설정하여 지역구분에 감안하고 있었다.

우하영에 따르면 토성의 측면에서 각 지역은 호남→호서→영남·해서→서관→기전(畿甸)→관동·관북(영남·해서·서관은 견(堅)으로 비슷함, 그러나 옥(沃)에서 차이남)의 순서라고 할 수 있다. 그런데 우하영은 토성(土性)의 비옥도를 비옥함[沃]과 굳셈[堅]이라는 특색 있는 기준으로 판별하고 있다. 굳셈이란 토양이 쉽게 견경(堅硬)해지는 정도를 가리키는 것으로 보인다. 영남과 해서의 경우 굳셈과 비옥함이 서로 동등한 비중을 차지하고 있기 때문에 반드시 근실하게 인력을 동원해야 수확하는 것이 많게 된다고 지적하였다. 이것은 굳셈이라는 토성의 조건은 인력의 근면(勤勉)이라는 다른 조건과 결부될 때에만 훌륭한 농업생산을 이룩하는 바탕이 될 수 있다는 것을 표현한 것이다.

지역의 농업 특색을 토성만으로 한정하지 않고, 민속 즉 인력의 근만이라는 기준을 본격적으로 활용하여 지역구분에 나서고 있었다. 인력의 근만을 또 다른 기준으로 감안한 지역 구분은 토성의 옥척에 따른 팔도의 순서와 비교할 때 차이를 드러내고 있다. 즉 토성의 옥척으로 기준으로 세우면 호남→호서→영남·해서→서관→기전→관동·관북의 순서가 되는데 인력의 근만을 가미하면 호남·호서→영남→서관→해서→관동의 순서가 되는 것이다. 순서가 뒤바뀐 것이 바로 해서와 서관이다. 서관은 토성의 옥척이라는 측면 가운데 옥이라는 요소가 해서에 미치지 못하는 지역이지만, 인력의 근만을 감안할 때 역작(力作)하여 농사를 짓기 때문에 근력하는 것이 부족하여 빈호가 많은 해서에 비해서

부요한 호가 많은 지역이 되어 해서보다 앞선 지역으로 파악되고 있다. 이러한 지역 구분은 자연적인 조건뿐 아니라 인위적인 조건을 같이 감안하여 적절하게 지역을 구분한 것으로 평가할 수 있다.

마지막으로 우하영의 『천일록』은 당시의 농업현실 속에서 가장 시급하고 적절한 농정개선 방안으로 개량 실시와 농관(農官) 설치를 주장한 점을 주목할 수 있다. 그가 농관의 설치를 주장한 것은 단순하게 권농을 해야 한다는 당위적인 것이 아니라 농사의 장려에서 농사의 감독까지 도맡는 직임으로 파악하고 있었다. 그리고 여기에서 한 발 더 나아가 농법의 정리와 보급까지 농관의 소임으로 파악하고 있었다. 우하영이 『천일록』에서 지역농법의 특색을 밝혀놓은 것은 그 체제와 구성이 다른 응지농서(應旨農書)에 비해 훨씬 방대하고 정밀하다는 점을 지니고 있었다. 우하영의 『천일록』은 방대한 문헌조사와 면밀한 현지조사의 종합적 결과물이고, 소농에 대한 동포의식에서 나온 개혁방안이며, 농법의 정리, 개량 실시와 농관 설치 주장 등의 측면에서 특색을 지닌 것이었다.

[참고어] 우하영, 응지진농서

[참고문헌] 김용섭, 1986, 「천일록의 농업론」 『동방학지』 50, 연세대학교 국학연구원 ; 최홍규, 1995, 『우하영의 실학사상 연구』, 일지사

〈염정섭〉

천하고금대총편람도(天下古今大總便覽圖) 1666년(현종 7)에 김수홍(金壽弘)이 만든 중국지도.목판 인쇄본으로 가로 89.5㎝ 세로 142.5㎝의 크기이며, 숭실대학교 한국기독교박물관에 소장되어 있다.

호조참판을 지낸 김수홍(1602~1681)이 1666년에 제작하였는데, 그의 지도에는 제작연도와 제작자가 명시되어 있어 그 내용을 정확히 알 수 있다. 김수홍은 윤두서(尹斗緖)와 함께 조선 후기 민간지도 제작을 선도했던 가장 대표적인 인물이다. 천하고금대총편람도를 제작한 이후에 1673년(현종 14)에는 「조선팔도고금총람도(朝鮮八道古今總攬圖)」도 제작하였다.

「천하고금대총편람도」는 중국을 중심으로 하고 주변 국가들을 간단히 표시하는 전형적인 중국식 세계지도 형식에 따라 제작되었다. 하지만 왼쪽 서문에 『회남자(淮南子)』를 인용하여 천하의 크기 등을 밝히면서

마테오 리치(Matteo Ricci)의 지리학 등을 기재하였고, 지도 상단부에는 중국의 각 성도(省都)에서 북경까지의 이정(里程)과 「당두우통전노정기(唐杜佑通典路程記)」를 기록하여 거리에 대한 정보를 제공하고 있다.

지도의 방위는 위쪽을 북으로 하고 아래쪽을 남쪽으로 하였고, 하천의 흐름과 주요 산맥은 모두 묘사하였다. 더불어 명대의 행정구획을 28개 별자리[宿]의 이름에 대응하였으며, 고금의 지명·역사인물 등을 병기하였다. 그런데 지도의 윤곽을 사각형으로 묘사하고 있다는 특징이 있다. 이는 실제 해안선을 완전히 무시하고 일부러 사각형으로 그린 것으로 보이는데, 이것은 지도보다는 지도에 기록되는 문자를 중요시 여겼기 때문으로 생각되며, 「천하대총편람도」가 단순히 이전에 존재하였던 중국 중심의 천하도가 아니라는 것을 반증하는 부분이기도 하다.

결국 이 지도의 제작 목적은 실질적인 지도로써의 기능이 아니라, 서문 등에 표기하거나 지도에 병기한 내용 즉, 지리와 인문에 관련된 역사적 내용에 있다는 점에서 주목할 만하다. 또한 지도학적으로도 기존에는 중국으로부터 일방적으로 받아들이기만 했던 입장이었는데, 이를 조선의 입장에서 필요에 따라 수정하고 보충하면서 내용과 형식에 변화를 주었다는 점에서 매우 가치 있는 지도라고 할 수 있다.

[참고어] 조선팔도고금총람도, 곤여만국전도

[참고문헌] 국토지리정보원 編, 2009, 『한국 지도학 발달사』, 국토지리정보원 ; 양우뢰·문상명, 2011, 「조선 김수홍의 『천하고금대총편람도』 판본 연구」 『한국고지도연구학회 2011 학술대회』, 한국고지도연구학회

철법(徹法) 중국 고대 주(周)나라에서 시행된 것으로 전해지는 조세제도.

『맹자(孟子)』 및 『맹자집주(孟子集註)』에 따르면, 주대(周代) 국중(國中)에서는 정액제인 공법(貢法)이, 도비(都鄙)에서는 정전제(井田制)에 기반한 조법(助法)이 병행되었다고 한다. 그리고 이를 별칭하여 철법이라 했다.

[참고어] 정전제, 조법, 공법

철치파(鐵齒擺) 논밭을 일구거나 흙덩이를 부수는 데 사용되는 농기구. 쇠스랑.

지역에 따라 '소시랑', '소스랑', '쇠시랑', '소스랑이' 등으로 불리기도 하였다. 날 끝에 뾰족한 2~5개의 발이 달려 있어 땅을 일구고 흙덩이를 부수기에 편리하게 고안되었다. 쟁기로 갈고 난 흙덩이(쟁깃밥)을 잘게 부수고 고르는 데 사용되기도 했다. 용도와 흙의 상태에 따라 발의 수와 크기가 달라졌다. 부드러운 토양에서는

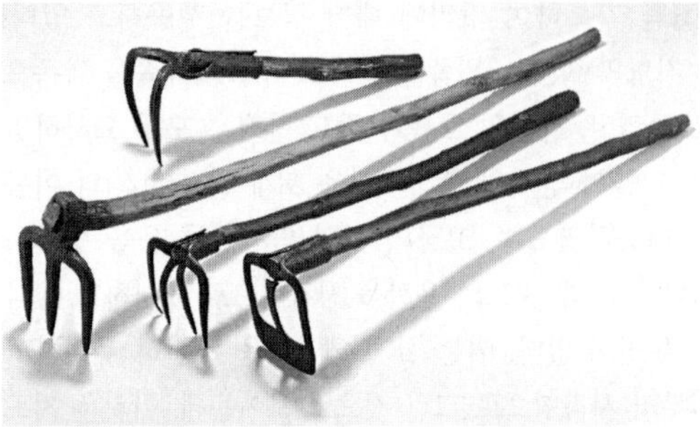

쇠스랑 농업박물관

네 발, 단단한 토양에서는 세발, 갈이용으로는 두 발 쇠스랑이 주로 쓰였다.

『농사직설(農事直說)』(1429)에 씨를 뿌리고 흙을 덮어줄 때 사용되는 기구로서 써레(木斫)와 함께 사용되는 '철치파(鐵齒擺 : 手愁音)'에 대한 언급이 있는데 '수수음(手愁音)'은 쇠스랑의 음을 한자로 표기한 것인데, 조선시기 쇠스랑은 '수수음'보다는 '소시랑'으로 더욱 많이 표기되었다. 이는 하위지(河緯地, 1387~1456)의 『단계유고(丹溪遺稿)』에서 '소시랑(小時郎)', 『사성통해(四聲通解)』(1517)의 '杷(今俗語 쇼시랑)', 『역어유해(譯語類解)』(1690)의 '木杷子(나모 쇼시랑)', 『증보산림경제(增補山林經濟)』(1766)의 '鐵齒擺(小時郎)', 『고사신서(攷事新書)』(1771)의 '鐵齒擺(俗名 小屎郎)' 등의 사례에서 알 수 있다. 다만 한자어 표기의 경우 『과농소초(課農小抄)』(1799)와 『재물보(才物譜)』(1798), 『해동농서(海東農書)』(18세기 후반)에서처럼 철치파 대신 '철탑(鐵搭)'이라는 중국식 표현이 사용되기도 하였다. 『과농소초』에서 박지원(朴趾源)은 조선의 쇠스랑은 발이 셋[三齒]뿐이라 넷이나 여섯 달린 중국의 쇠스랑에 못 미친다는 논평을 남겼는데, 앞서 설명한 바와 같이 쇠스랑의 발 수효는 용도와 토질에 따라 달라지는 것으로서 반드시 농기구의 발달 정도와 결부되지 않는다는 것이다. 서호수(徐浩修)와 서유구(徐有榘)도 중국의 쇠스랑과 비교하면서 조선의 쇠스랑은 발이 셋뿐이라고 설명하였으므로 당시 세 발 쇠스랑이 가장 널리 사용되었던 것으로 보인다.

[참고문헌] 金光彦, 1986, 『韓國農器具考』, 韓國農村經濟研究院

〈정희찬〉

청국전관조계(淸國專管租界)-원산 1888년 설정된 원산 내 청국인 거주 지역.

1882년 임오군란을 계기로 조청상민수륙무역장정이 체결됨에 따라 조선과 청은 새로운 외교관계를 형성하게 되었다. 이후 청은 조선에 대한 경제적 종속관계의 설정과 확장에 노력한 방편으로 자국 상인을 수용하고 상업활동의 거점이 될 청국전관조계를 마련하고자 하였다. 그리하여 1884년 인천을 시작으로 1887년 부산, 1889년 원산에 청국조계가 설치되었다. 원산에 청국조계가 세워진 것은 1889년이었지만, 청은 이미 1884년 5월 11일에 원산이사부(理事府)를 세웠으며, 청 상인들 또한 이전부터 원산에 들어와 활동하고 있었다. 이들은 1885년에 들어오기 시작하여 일본거류민들의 가옥을 빌려 영업을 하였다. 일본은 부산과 인천의 경우 일본거류지로 중국인들이 들어오는 것에 민감했지만, 원산에서는 묵인하다시피 했다. 이는 청국상인의 수가 많지 않을 뿐더러 개항 초기라 개발이 아직 충분히 진행되지 않았기 때문이었다. 이후 청국상인과의 경쟁이 치열해짐에 따라 1888년부터는 청상에게 가옥을 빌려주는 것을 금지하였다. 이것이 1889년 청국전관조계가 설치되는 배경 중의 하나가 되었다.

원산-청국전관조계는 일본전관거류지에서 공로(公路) 하나를 사이에 두고 서북편에 설치되었으며, 약 9천 평 정도였다. 설치과정은 덕원감리와 청국영사가 입회하여 표석을 세워 지계를 표시하였을 뿐 특별한 조계장정을 작성하고 조인하지는 않았다. 조계가 설치됨에 따라 먼저 청국이사부가 조계 안에 건물을 신축하여 이사하였고, 일본상인들 또한 1889년에서 1890년에 걸쳐서 모두 이전하였다. 조계 설치를 전후하여 원산에 거류하는 청국인이 증가하였으나 일본인에 비하면 1/10 수준에 불과하였다. 그들은 비록 숫자는 적었지만 무역액은 일본과 비등하였다. 예컨대 『통리교섭 통상사무아문 일기(統理交涉通商事務衙門日記)』의 1891년 4월 23일자 기록에 "작년 수출입 총계는 160여만 엔으로 청상은 6가에 지나지 않으나 그중 79만 엔을 차지하였으며 일본상인은 약 100가였는데 역시 80만 엔에 지나지 못했다"고 서술하고 있다. 원산 내 청국의 무역수입은 1887년경부터 급격히 증가하였고 1892년부터는 일본을 앞지르게 되었다.

그러나 원산-청국조계지를 중심으로 한 청국인의 세력 확장은 청일전쟁에서 청국이 패배함에 따라 이후 급속히 쇠퇴하였다. 1895년 4월 17일 체결된 시모노세키조약 1조에 따라 조선과 청 사이에 체결되었던 모든 조약은 폐기되었다. 청국전관조계들은 조선 정부가 일단 회수하였지만, 기왕의 청국인들은 계속 거주할 수 있게 조치했다. 원산을 비롯한 기타 청국전관조계들은 명맥만 유지하였다.

[참고어] 개항장, 조계, 거류지, 개시장

[참고문헌] 손정목, 1982,『한국 개항기 도시변화과정 연구』, 일지사 ; 손정목, 1982,『한국 개항기 도시사회경제사연구』, 일지사 ; 리싱콴, 2008,「19세기말 조선에서의 淸商 활동 연구-1882~1894년을 중심으로-」『전북사학』 32 〈노상균〉

청답(廳畓) 조선시기 지방소속 각 청의 경비 조달을 위해 설치·운영한 토지의 통칭.

지방 수령 예하의 행정조직은 정청기관(政廳機關)인 이청(吏廳), 지방행정 보좌기구로서의 향청(鄕廳), 군무를 담당한 장청(將廳) 등이며 각각 독립된 청사(廳舍)에서 업무를 보았다. 또한 소관 실무에 따라 통인청(通引廳), 소사청(小使廳) 등도 독립된 청사를 운영하기도 했다. 이와 같이 지방에 소재한 각 청이 경비조달을 위해 운영한 토지를 통칭하여 청답이라고 하되, 개별 청답은 해당 청의 이름을 따서 이청답, 향청답, 장청답 등으로 칭했다.

청답은 향장(鄕長), 장교(將校)들의 공동 출자 또는 각 청의 공공재산인 식리전(殖利錢)으로 매입하거나, 관찰사·군수 등 지방관의 기부금으로 마련되기도 했으며, 범죄자 토지의 적몰(籍沒) 및 무주(無主)토지의 속공(屬公)으로도 마련되었다. 운영은 주로 병작제로 이루어졌고, 지대 수입은 청사의 수선 등에 이용되었다. 기타 임시지출을 필요로 하는 경우에는 관찰사 및 군수의 허락 하에 매매, 양도 및 처분이 가능했다.

이처럼 청답은 지방관청의 공유지로서 지주경영을 통해 운영되었는데, 이는 조선 후기 둔전의 경영방식 변화와 궤를 같이 하는 것이었다. 즉 초기의 둔전이 직역자나 예속노동을 활용한 자경무세지였던 반면, 조선 후기 이후에는 병작을 통해 운영되는 경우[有土]가 크게 확대되었다. 이같은 유사성으로 인해 청답류의 지방관청 소속 공유지 역시 청둔(廳屯) 등으로 불리기도 했던 것이다.

청답은 1894년 갑오개혁 때 중앙 및 지방관제의 개편으로 각 청이 폐지됨에 따라 그 전답이 소재한 지방관청에 부속되었으나, 실제로는 탁지부에 결세를 납부하는 토지로 승총(陞總)되어 탁지부에 의해 관리되었다. 1899년(광무3)에는 왕실재정의 강화라는 명분에 따라 궁내부 내장원으로 전속되었다가, 1908년 탁지부 소속의 국유로 편입되었다. 그리고 일제가 토지조사사업에서 국유지로 사정하는 과정에서 국민유분쟁이 속출했다. 1899년 내장원이 조사한 각 도 둔토성책에 따르면, 청답의 면적은 대략 답 500석락, 전 600여 일경이다.

[참고어] 민고전, 고둔, 관둔전

[참고문헌] 和田一郎, 1920,『朝鮮土地地稅制度調査報告書』; 김옥근, 1992,『조선왕조재정사연구』 Ⅳ, 일조각 ; 장동표, 1999,『조선후기 지방재정연구』, 국학자료원 〈윤석호〉

청부경작(請負耕作) 일제시기 지주가 토지와 경영자본을 부담하고, 소작인이 노동력을 제공하여 생산한 것을 전부 지주가 갖고 소작인에게 그 일정부분을 노동보수로 주는 제도.

일제시기 민법상의 청부 조항에 의거한 방식으로 경작지 생산물을 지주가 전부 갖고 경작자에게는 생산물의 일정부분을 노동보수로 지급한다. 청부경작에서는 소작농민이 독립 기업농으로서의 지위를 상실하고, 다만 일정한 생산노동에 종사하는 단순한 청부업자 또는 피고용자로 전락해 경작한다. 즉 농민이 임노동자의 경작형태를 취하는 것을 말한다.

조선농지령에서는 이같은 경작형태를 모두 임대차관계로, 그 농민은 일반 소작농민으로 간주하였다. 청부경작이 농장회사 지주의 소작조건과 다른 점은 경작지 수확물을 모두 지주가 갖고, 경작자의 수취분은 일정기간의 노동제공에 대한 보수로 주어지는 것이다. 청부경작은 일제의 지주 중심적 농정과 재정수탈에 따른 농민층의 몰락에서 비롯된, 농민의 무산자화(無産者化)에 기초하여 등장했고, 이 제도는 도입되자마자 더욱 확대되어 갔다. 지주계급은 자신의 존립 기반인 영세농 경영을 극단적으로 착취하고 파괴해 농민의 노동자화를 초래하여 농촌사회를 독점자본과 재정의 안정적 수탈기반으로 만들어 간 것이다.

[참고어] 조선농지령, 임차권

[참고문헌] 농림부, 2002,『한국농업농촌100년사』; 이윤갑, 2013,『일제강점기 조선총독부의 소작정책 연구』, 지식산업사 〈남정원〉

청전매(靑田賣) ⇒ 입모매매

청제(菁堤) 경상북도 영천시 금호읍 구암리 소재의 신라시기부터 이용되는 수리시설.

길이는 총 243.5m이며 제방의 높이는 대략 12.5m이다. 저수면적은 146,003㎡에 달하며, 저수량은 약 59만톤에 이른다. 제언은 흙으로 쌓았는데, 제방을 튼튼히

하기 위해 목책이나 말뚝을 사용하는 한편, 나무 수문도 설치하였다. 현재까지 이 지역의 중요한 용수원으로 이용되고 있으며, 2005년 3월 14일 경상북도 기념물 제152호로 지정되었다.

지금의 영천시 도남동에 있는 청제비(菁堤碑)에는 청제의 시축·개축에 대한 기록이 남아있다. 청제비는 앞면의 '병진명(丙辰銘)'과 뒷면의 '정원명(貞元銘)'으로 구분된다. 이 중 '정원명'은 당나라 덕종(德宗)의 연호 '정원(貞元)' 14년(신라 원성왕 14년, 798년)이란 절대연대가 붙어 있는 명문인데, 임금이 왕대사를 보내어 연인원 14만800여 명을 동원하여 이 제언을 수축하였음을 전하고 있다.

한편 '병진명'에서는 청제의 건립 사실을 알리고 있는데, 비에 사용된 자체(字體)나 외형, 내용 등으로 보아 통일신라 이전의 비문임은 확실하나 그 절대연대에 대해서는 확정적인 근거가 없어 단정하기가 어렵다. 536년(법흥왕 23)에 건립된 것으로 보는 것이 일반적이나, 1986년 3월의 영천군 조사에서는 최초의 축조연대를 벽골제(碧骨堤)의 시축연도와 같은 330년(신라 흘해왕 21)으로 비정했다. 청제의 수축을 위한 역역 동원에 대해서는 군현제적(郡縣制的)인 것으로 보는 견해, 녹읍(祿邑)이나 왕실직속지(王室直屬地)로 파악하는 견해 등이 제시되었다.

[참고어] 제언, 수리, 벽골제

[참고문헌] 李基白, 1970,「永川 菁堤碑의 丙辰築堤記」『考古美術』 106·107合 ; 金昌鎬, 1983,「永川菁堤碑 貞元十四年銘의 再檢討」『韓國史研究』 43 ; 李宇泰, 1985,「永川菁堤碑를 통해 본 菁堤의 築造와 修治」『邊太燮博士華甲紀念史學論叢』; 한국고대사연구회, 1989,「永川 菁堤碑 丙辰銘의 조사와 判讀」『한국고대사연구회 회보』 13 ; 韓國古代社會研究所 編, 1992,『譯註 韓國古代金石文 2』, 駕洛國史蹟開發研究院 〈이준성〉

청한실업관(淸韓實業觀) 일본 농상무성 관료이자 농학자인 사고 쓰네아키(酒勾常明)가 1902년 작성한 중국·만주·한국 농업에 대한 시찰조사보고서.

청일전쟁 직후부터 일본 정부는 한국 침탈을 위한 조사와 연구를 국가적 차원에서 추진하기 시작하였다. 일본자본주의는 한국 침략을 조속히 완수하여 과잉인구와 식량부족 문제를 해소하고 값싸게 원료를 안정적으로 확보하여 자본발전의 생명선으로 삼고자 했다. 일본이 제국주의 국가로 상승한 러일전쟁부터는 '조사의 시대'라 불릴 정도로 침략을 위한 제 조사와 시찰이 대대적으로 이루어졌으며, 조사보고서와 조사자료들이 대거 공간되었다. 일본 농상무성 농무국장 사고우는 1902년 5월부터 9월까지 청국과 한국 출장을 명받고 중국·만주·한국의 농업조사시찰을 수행하였다. 시찰조사 내용을 그해 12월 농상무성 농무과에서 내부열람용으로『청한실업관』이라는 제목으로 간행했고, 다음해『일청한실업론(日清韓實業論)』[실업지일본사(實業之日本社), 1903]으로 개명하여 공간했다.

이 책에서 사고우는 중국·만주·조선의 3지역을 비교검토하고 각각의 지역 특징과 앞으로 일본이 취해야 할 방침을 자세하게 피력하고 있다. 전편에 걸쳐 일본 농업기술의 우위성·선진성에 대한 강한 자부심을 드러내고 있으며, 중국과 한국에 대해서는 편견과 차별, 멸시의식을 곳곳에서 피력하였다. 특히 당시 고조되기 시작한 만한척식(滿韓拓殖)과 관련하여 사고우는 만주 이민에 대해 부정적이었다. 일본 이주농민들이 만주의 농업환경에서 산둥성[山東省]과 즈리성[直隸省] 출신의 중국농민을 도저히 당해낼 수 없다고 보았으며, 일본이 당면한 국가적 문제인 과잉인구의 해소와 식량문제 해결을 위한 농업척식이민은 만주가 아닌 한국으로 향해야 한다고 강력하게 주장하였다.

그는 출장 중 부산·목포·인천·서울 및 그 외 몇몇 지방을 방문했으며, 한국 농업의 경제적 개발가치를 높이 평가하였다. 적은 인구에 미개척지가 많은 한국은 일본 이주민을 충분히 수용할 수 있고, 적절한 수리시설을 갖추고 합리적 경영을 한다면 농업생산도 크게 증가할 수 있다고 보았다. 그의 계산에 따르면, 한국의 미간지는 140만 정보나 되며, 일본인 농업이주자에게 평균 2정보씩만 할당해도 700만 명의 일본 농민들을 한국에 이주시킬 수 있다고 했다. 이들 일본 이주농민에 의한 한국 농업의 개발은 '나태한 한국인들'에게 솔선수범 모범을 보여 이끌어 상호 경제적 이익을 도모하는 것이기에 일본인의 책무·의무라고 노골적인 주장을 전개하였다. 아울러 일본농업체제의 한국이식을 주도하는 농사모범장의 설치까지 제안하였다. 사고우가 만들고 유포시킨 '미개척지로 넘쳐나는 한국농업'이란 이미지는 1910년대 전반까지 한국에 대한 척식침략을 고취하는 사회적 표상으로 기능하였다.

[참고어] 만한이민집중론, 동양척식주식회사 이민사업, 후지흥업주식회사

[참고문헌] 酒勾常明, 1903,『日清韓實業論』, 實業之日本社 ; 金容燮, 1998,『韓國近現代農業史研究』, 一潮閣 ; 土井浩嗣,「併合後期の朝

鮮における勸農體制の移植過程-本田幸介ほか日本人農學者を中心に-」『朝鮮學報』 223 〈이수일〉

체립(遞立) 고려시기 전시과 체제에서 선대(先代)가 직역의 대가로 받은 토지를 관의 승인을 받아 다음 세대에게로 승계하는 행정 절차를 말함.

전시과 체제에서 분급된 토지는 양반·군인·향리 등 각자의 직역(職役)과 연계되어 주고받는 직역전이었으므로 국전(國田)이기도 하였다. 이것은 직역의 지속적인 이행을 전제로 분급되는 것이었으므로, 선대의 토지가 후손에게 계승되는 것도 가능하였다. 그러나 사적 소유지와는 달리 임의로 상속·증여할 수는 없었다. 만약 직역전의 소지자가 자신이 직역을 이행할 여건이 소멸되거나 상실되는 경우에 이르면, 관아에 나아가서 분급받은 전토를 국가에 반납하는 수속을 밟아야 했다. 이를 위해 문서로 분급된 전정(田丁)과 그것을 획득한 자의 성명을 기록하여 보유 관계를 확실히 파악할 수 있도록 만들었다. 그리고 전정이 다른 사람에게 넘겨질 경우에는 붉은 색으로 관련 사실을 표기하도록 했다. 이러한 행정 절차를 체립이라고 한다.

[참고어] 직역전, 합집

[참고문헌] 李景植, 2011, 『韓國 中世 土地制度史』, 서울대학교출판문화원 〈정덕기〉

초가(草家)/와가(瓦家) ⇒ 칸

초장(草場)/초평(草坪)/초생지(草生地)/초평결(草坪結) ⇒ 지목

촌주위답(村主位畓) 신라시기 촌주의 직역(職役)이나 직위(職位)에 대한 대가로 지급된 위답(位畓).

「신라촌락문서」에는 사해점촌(沙害漸村, A촌)에 촌주위답이 기재되어 있다. 즉, "논은 모두 102결 2부 4속이다. <여기에는 이 촌의 관모답 4결, 내시령답 4결이 포함되어 있다.> (그 가운데) 연수유전답은 94결 2부 4속이다. <여기에는 촌주위답 19결 70부가 포함되어 있다.>(合畓百二結二負四束 <以其村官謨畓四結 內視令畓四結> 烟受有畓九(十四)結二負四束 <以村主位畓十九結七十負>[신라촌락문서, 사해점촌(沙害漸村, A촌)]"고 하여, 사해점촌에 19결 70부의 촌주위답이 있음을 알 수 있다. 그런데, 촌주위답은 관모답(官謨畓)·내시령답(內視令畓)과는 달리 연수유답(烟受有畓) 속에 포함되어 있다. 그리고 사해점촌에만 있으며 다른 3개의 촌에는 보이지 않는다.

촌주위답이 언제부터 지급되었는지는 기록이 없어 알 수 없다. 아마도 지방사회의 재편 과정에서 촌주제가 확립되고 조세제도와 토지분급제가 수립되는 과정에서 설치되었을 것이다. 기록상 촌주라는 용어가 처음 등장하는 것은 「영일냉수리신라비」(503년, 지증왕 4)이므로, 촌주위답도 6·7세기에 비로소 설정되었을 것이다.

본래 촌주가 소유하고 있었던 연수유답을 촌주위답이라는 명목으로 지급했을 것이다. 국가가 인위적으로 토지를 지급했다면 15결, 18결, 20결 단위로 설정했을 것이지만, 19결 70부라는 결수는 인위적으로 지급된 것으로 보기 어렵게 만든다.

또한 촌주위답만 있으며 촌주위전(村主位田)이 보이지 않는다는 점에서도 촌주에게 지급된 위답이 그가 소유하고 있는 모든 토지를 대상으로 한 것은 아니라고 추측하게 한다. 왜냐하면 촌주가 연수유답만 소유하고 연수유전은 가지고 있지 않았을 리가 없기 때문이다. 촌주 소유의 연수유전이 지급 대상에서 제외되었듯이 연수유답 가운데에도 제외된 토지가 있었을 것이다.

촌주위답은 촌주가 촌락에서 수행했던 직역에 대한 대가로 지급된 위답으로 이해하는 것이 일반적이다. 사해점촌에만 촌주위답이 있는 점으로 보아 당시 촌주가 모든 촌에 있었던 것은 아니었다. 그리고 몇 개의 촌을 묶어서 한 사람의 촌주를 두었거나 여러 촌주들이 공동으로 한 현(縣)의 실무를 관장했던 것으로 보고 그 복무의 대가로 촌주위답을 지급했다고 파악하는 견해가 널리 받아들여지고 있다.

반면에 촌주위답이 설치되지 않은 촌에도 촌주가 있었다고 주장하면서, 사해점촌 이외의 나머지 3개 촌 촌주들은 촌주위답을 지급받지 못했다고 보기도 한다. 『삼국사기』에 의하면, 5두품에 준하는 대접을 받았던 진촌주(眞村主)와 4두품에 준하는 차촌주(次村主)가 구분되어 있었다. 그리고 「신라규흥사종명(新羅竅興寺鍾銘)」에서 보듯이 삼중사간(三重沙干) 상촌주(上村主), 사간(沙干) 제이촌주(第二村主), 내간(乃干) 제삼촌주(第三村主)와 같이 관등으로 구별되는 촌주의 서열이 존재했다. 이것을 근거로, 진촌주만이 촌주위답을 지급받았고 차촌주는 받지 못했으며, 또 진촌주 안에서도 각기 상촌주·제이촌주·제삼촌주와 같은 서열에 따라 차등 있게 지급되었을 것으로 이해하는 것이다.

반면, 촌주위답이 촌주의 등급에 따라 차등 지급되었

을 것이지만, 5두품에 준하는 대우를 받은 진촌주만 촌주위답을 받고, 4두품에 준하는 차촌주는 받지 못했다는 것은 이해하기 어렵다는 지적도 있다. 만약 다른 촌에도 촌주가 존재했다면 당연히 촌주로서의 업무를 수행했을 것이고, 따라서 그 해당 촌주에게는 직역에 대한 대가로 토지가 지급되었을 것이기 때문이다. 차촌주라면 4두품에 해당하는 촌주위전·답이 주어졌을 것이다. 그런데 사해점촌 이외의 3개 촌에 촌주위답이 없었다는 것은 해당 촌에 촌주가 거주하지 않았음을 의미하는 것이다.

촌주의 직역에 대한 대가로 지급된 촌주위답은 명칭은 위답이었지만, 고려시기 역부담자인 지장(紙匠)·묵척(墨尺) 등에게 지급된 위전(位田)과 마찬가지로 성격상 역전(役田)의 범주에 포함된다고 할 수 있다. 그러므로 촌주위답은 국가에 납부해야할 조세를 면제받는 것, 즉 면조권(免租權)을 지급받은 것이었다.

촌주가 직역에 대한 대가로 촌주위답을 지급받은 것으로 보면서도 그것을 관료전의 일종으로 이해하려는 주장도 있다. 고려 전기 경정전시과(更定田柴科)에서, 관직에 있는 관료 외에도 행정적·군사적 신역(身役)에 복무하는 서리·향리·군인 등 국가적인 공직(公職)·공역(公役)에 종사하는 자들에게 보수의 대가로 전시를 지급하였던 것을 근거로, 삼중사간(三重沙干)까지의 관등을 받았던 촌주가 그들이 수행한 직역의 대가로 받은 관료전이 촌주위답이라고 이해하는 것이다. 19결 70부의 촌주위답도 관료전의 규정대로 지급된 것으로 파악하고 있다.

하지만 관료전의 지급 기준은 관등이 아니라 관직이었을 가능성이 크다. 또한 관료전의 하나인 내시령답은 사전(私田)인 연수유답에 포함된 촌주위답과 구분되어 국유지에 설정되었다. 그리고 19결 70부라는 결수가 국가에서 일정한 기준에 의거해 지급된 토지 결수라고 보기 어렵다는 점에서 촌주위답을 관료전의 일종으로 이해하기는 어렵다.

또한 직역에 대한 대가로 지급되었던 것과 관련해서, 신라의 촌주가 국가로부터 받았던 위답은 7세기 중엽부터 고려 말까지 운영되었던 수조권 분급 방식에 의해 받았던 것이며, 이는 곧 호정(戶丁), 즉 전정(田丁)에 입각하였다는 이해도 있다.

한편 촌주 직위의 대가로 설정된 답(畓)으로 파악하려는 견해도 있다. 신라에서 '촌주위(村主位)'는 세습적 성격이 강했다. 그런데 촌주위답이 내시령답과는 달리 민전(民田)적인 성격이 강한 연수유답에 설정되었던 것은 이에 대한 '촌주가(村主家)'의 세습적 권리와 관련이 있다고 보았다. 해당 지역사회의 유력자인 촌주는 국가가 촌락에 대한 수취를 실현하는데 있어 절대적으로 필요했던 존재였을 것이고, 따라서 촌주위답은 단순히 직(職)·역(役)에 대한 반대급부가 아니라, 그들이 지역사회에 갖고 있는 위력을 인정하고 왕실의 촌락 지배를 완결하는 의미로서 그 세습적 권리를 보장해준 토지였다고 파악하는 것이다.

촌주위답은 촌주위의 세습적 권리를 보장해주는 토지라고 이해할 수 있다. 하지만 그 보장의 명분은 역시 촌주의 직역에 대한 반대급부로서, 즉 직역에 대한 대가로서 지급되었다는 점이 더 핵심적인 사실이 아닌가 한다.

비록 사해점촌에 촌주위답이 설정되었지만, 이 촌에는 촌주가 거주하지 않았을 가능성도 있다. 사해점촌에서 가장 호등이 높은 연으로 중하연(仲下烟) 4호가 있는데, 전체가 11호인 촌에서 촌주호와 동일한 경제적 수준을 가진 호가 3호씩이나 있다는 것은 기존의 촌주에 대한 평가와 괴리되는 것이기 때문이다. 또한 일본이나 중국의 경우 직역자(職役者)들은 호적 등의 문서에서 별도로 기재되었는데 「신라촌락문서」에서는 그렇지 않다는 점을 들어 촌주는 사해점촌이 아니라 다른 촌에 거주하고 있었다고 이해하는 것이다. 이 경우 촌주위답이 다른 공연의 토지 위에 설정되었다고 보기는 어려우므로, 다른 촌에 살고 있는 촌주가 소유하고 있던 사해점촌의 연수유답이라고 보아야 할 것이다.

경영 형태에 대해서는 일반적으로 촌락 내의 농민들에 의해 공동경작되었고, 그 수확물은 모두 촌주의 몫이 되었을 것으로 보고 있다. 이것은 촌주가 단순히 촌주위답만 지급받은 것이 아니라 해당 토지의 경작을 위한 노동력도 제공받았다는 의미이다. 이에 대해 국가가 촌주에게 지급한 촌주위답은 단순히 촌주 소유의 연수유답에 대한 면조권일 뿐이지 그 경작의 책임까지 국가가 개입했다고 볼 수 없다고 비판하면서, 촌주 스스로 자가경영(自家經營)하였다고 보기도 한다.

결과적으로 촌주는 자기 소유의 연수유답을 촌주위답으로 지급받음으로써, 국가에 납부해야할 조세를 면제받았을 것이다. 당시 연수유전·답에서의 수조율(收租率)은 수확량의 1/10을 국가에 바치는 것이었으므로, 면세 받았다면 1/10에 그쳤다고 볼 수 있다. 만약 자가 경영이 아니고 촌락 농민들이 촌주위답을 경작하고 그 수확물을 모두 수취했다면, 촌주는 노동력까지도 제공받은 것이므로 상당한 혜택이 되었을 것이다.

[참고어] 신라촌락문서, 연수유전답, 관모전답, 마전

[참고문헌] 旗田巍, 1972, 『朝鮮中世社會史の硏究』, 法政大學出版局 ; 안병우, 1992, 「6~7세기의 토지제도」 『韓國古代史論叢』 4 ; 尹善泰, 2000, 「新羅 統一期 王室의 村落支配」, 서울대학교 박사학위논문 ; 李喜寬, 1992, 「統一新羅時代의 村主位田·畓과 村主勢力의 成長」 『國史館論叢』 39 ; 李喜寬, 1999, 『統一新羅土地制度硏究』, 一潮閣 ; 李仁在, 1995, 「新羅 統一期 土地制度 硏究」, 연세대학교 박사학위논문 〈박찬흥〉

총리영둔(摠理營屯) 총리영 소속 사관·병졸 등의 급료 및 기타 경비를 충당하기 위하여 설치·운영한 토지.

총둔(摠屯)이라고도 한다. 총리영이란 정조 때 설치된 수원유수부를 말한다. 수원은 1793년(정조 17)에 종래의 수원도호부에서 유수부로 개편되었다. 이후 1802년(순조 2)에는 유수부에 총리영을 두고 유수에게 총리사를 겸임시켰으며, 명칭도 유수부에서 총리영으로 바뀌었다.

총리영둔은 진황지의 개간과 민전의 매수, 그리고 다른 둔전의 이속 등으로 마련되었다. 우선 1794년(정조 18)에는 수원유수에 금 20,000관을 하사해 부근의 황폐지에 수전으로 개간하는 등으로 둔전을 마련했다. 그리고 1795년(정조 19)에는 수원성 밖에 있는 민전을 매수하여 둔전을 설치했다. 또한 남한산성 수어영에 부속했던 검천둔(儉川屯)·도촌둔(道村屯)·모현둔(慕賢屯)·부곡둔(釜谷屯) 등이 이관되기도 했다. 이로써 마련된 둔전은 총리사의 관리 하에 총리영의 이속, 노예 등에게 경작시켜 일정한 둔세를 납부하도록 했다.

1895년(고종 32) 총리영은 유수부와 함께 폐지되었다. 소속 둔전은 일단 수원군수에 의해 관리되다가 1896년 선희궁에 전속되었다. 1901년(광무 5)에는 다시 내장원으로 이관되었다가, 1908년 다른 역둔전과 함께 탁지부 관리 아래 국유로 편입되었다. 다만 황해도 신천, 은율 두 군에 있는 둔전은 경선궁에, 경기도 과천군에 있는 안양둔은 의친왕궁[李堈公]으로 전속되어 민유지가 되었다. 1899년(광무 3) 내장원이 조사한 총리영 둔토의 면적은 대략 전 3,000여 일경, 답 1,000여 석락 정도였다.

[참고어] 영문둔전, 둔전

[참고문헌] 和田一郞, 1920, 『朝鮮土地地稅制度調査報告書』 〈이현희〉

총액제(總額制) 조세를 개인이 아니라 지방행정단위에 부과하고 이것이 향촌의 공동체에까지 미치게 된 조선 후기 조세수취제도.

결세의 경우 결총제라고 한다. 결세의 부과는 다음과 같은 절차를 거쳤다. 매년 가을 호조에서 그해의 풍흉을 참작하여 연분사목을 만들어 각도에 보내고, 각도의 지방관은 경지의 재실, 진기 여부를 조사하여 중앙정부에 보고하면 중앙정부에서 경차관을 파견하여 심사하였다. 이러한 과정을 거쳐 각도에서 마련된 연분문서를 중앙정부에서 검토한 후 면제결수를 제외하고 징세할 실총을 결정하게 된다.

그러나 이 과정이 형식적이고 부담이 많게 되어 18세기 중엽 경차관 파견을 폐지하고 기준년과 비교하여 급재결과 실총을 정하여 연분사목을 만들어 각도에 지급하는 방식으로 바뀌었다. 이를 결총비총제(結總比總制)라 한다. 즉 풍흉의 차이에 따라 이전의 기준년을 설정하여 이에 비교하여 재해를 입은 토지, 즉 재결을 인정하여 결총을 줄여주는 방식이다. 중앙정부에서 그해의 풍흉을 참작하여 최초로 재해를 인정하여 지급한 면제결수를 사목재(事目災)라고 한다. 중앙정부에서 마련하여 반포한, 즉 사목재를 담은 연분사목을 받은 군현의 지방관은 경지를 답험하여 재실상황을 도의 감사에게 보고하였다. 감사는 군현의 재실상황을 초실(稍實), 지차(之次), 우심(尤甚) 등으로 등급을 나누고, 군현별로 급재결수를 분급하여 연분성책을 작성하고 호조에 보고한다. 이때 사목재가 부족하면 추가적인 재결을 중앙정부에 호소하게 되고 추가로 지급받은 재결을 가청재(加請災) 또는 장청재(狀請災)라 한다.

조선시기 결세징수는 기본적으로 총액제적 성격을 지니지만, 비총제가 시행되면서 총액제적 징수제도는 더욱 경직되었다. 각도와 각 군현에는 전세부과 결수가 일정하게 정해졌다. 재결은 중앙정부에서 각도-군현-면리로 내려가며 액수가 정해졌다. 따라서 재결의 지급을 둘러싸고 각 행정단위에서의 경쟁이 치열하였다. 재결을 많이 받으면 납세하고도 잉여가 생겨 지방재정에 충당되거나 이서층의 수중에 들어갈 여지가 생겼다. 반면 재결을 적게 받으면 추가적인 납세, 즉 가결(加結)의 부담을 지게 되었다. 도·군·면의 지방관리들이 재결의 확보를 위해 재해의 피해를 과장하거나 재결의 규모를 확대하여 보고하려는 경향이 나타나는 것은 당연한 구조였다. 재결을 적게 받으면 가결의 부담을 납세자에게 지워야 되고 이로 말미암아 납세자의 불만이 봉기로

이어지기 때문이다.

갑오개혁에 의해 결가제가 시행되어 전국적으로 통일적인 지세를 부과하고 화폐로 납부하게 되었다. 그렇지만 결총제가 개혁되지 않았기 때문에 그 효과는 반감되었다. 사목재를 먼저 내려주고 그 부족한 재결의 지급을 다시 정부에 요청하고 그 과정을 서너 차례 반복하여 급재하게 되는데, 갑오개혁 이후에는 각도 관찰사가 각군의 보고를 토대로 재결을 탁지부에 요청하면 탁지부에서 재결지급의 기본방침을 정한 뒤 재결 보고서를 검토하여 신재와 구재의 결수를 재확인하고, 각도의 신구재에 대한 급재비율을 정하여 의정부회의에 올린다. 의정부회의에서 탁지부의 재결청의서를 검토한 뒤 투표를 통하여 가부를 정한다. 의정부회의를 통과하면 국왕의 재가를 받아 시행하였다. 급재의 기준은 일정하지 않았다. 원래 재결비총제 자체가 합리적인 급재원칙을 세우고 있지 않았다. 어느 해와 적당히 비교하여 총액을 맞춤으로써 지세수입의 안정화를 꾀하려는데 목적이 있었기 때문에 합리적인 급재원칙의 마련보다는 총액의 보전에 더 관심이 많았다. 따라서 급재의 방식에는 비합리적인 부분이 적지 않았고, 권력관계에 따라 좌우될 여지도 없지 않았다.

대한제국기에 들어가면 재결비총제에 의한 재결지급방식은 거의 소멸되어 간다. 재결의 규모가 극히 축소될 뿐 아니라 지급비율도 극도로 축소된다. 구재(舊災)와 전재(田災)는 거의 인정하지 않는 방향이다. 비총제에 의한 총액제적 지세부과방식은 통감부의 작부체계 개편과 그 결과로서 결수연명부가 도입되어 납세자 개인에게 납세고지서가 발급되는 방식으로 개편되면서 소멸된다.

[참고어] 조세제도, 결부제, 결수연명부, 결가제

[참고문헌] 박시형, 1961, 『한국사와 토지(중)』, 신서원 ; 김용섭, 1995, 『조선 후기농업사연구』(1), 지식산업사 ; 이영호, 2001, 『한국 근대 지세제도와 농민운동』, 서울대학교 출판부 ; 이경식, 2006, 『한국 중세 토지제도사』, 서울대학교 출판부 〈이영호〉

총융청둔(摠戎廳屯) 조선 후기 5군영 중 하나였던 총융청의 재정을 보용키 위해 설치·운영한 토지.

1624년(인조 2) 이괄(李适)의 난 직후 경기관찰사 이서(李曙)의 주도 하에 경기도의 군대를 정비했는데, 이때 이서의 관직이 '기보총융사(畿輔摠戎使)'로 변경됨에 따라 그에 속한 군대를 총융군(摠戎軍)으로 부르게 된 것이 총융청의 시초였다. 초기의 총융청은 수원(水原)·광주(廣州)·양주(楊州)·장단(長湍)·남양(南陽)의 5영(營)으로 구성되었고, 각 영은 3부[1부에 3사(司)], 9사[1사에 3초(哨)], 27초를 두었다.

본래는 왕을 호위하는 군영이라기보다는 후금과의 관계에 대비한 수도외곽의 방어에 초점을 두었으나, 1646년(인조 24) 총융사(摠戎使) 구인기(具仁墍, 1597~1676)가 장초군(壯抄軍) 10초(哨)와 둔장초(屯壯抄) 3초를 선발하여 궁궐 경비에 보충하면서 중앙군의 테두리에 들게 되었다. 그러다가 숙종 즉위년 총융사의 수하 친병인 아병(牙兵) 10초와 둔아병(屯牙兵) 3초가 첨가된 이른바 내영제(內營制)가 성립됨으로써, 2부의 내영과 3영의 외영이 갈이 갖추어지게 되었다.

이후 내외영 체제는 외영체제로 수렴되는데, 우선 1687년(숙종 13) 강화도(江華島)에 진무영(鎭撫營)이 설치되면서 통진(通津)과 파주(坡州)를 진무영으로 넘겨주게 되어 총융청의 외영(外營)은 수원·남양·장단 등 3영으로 축소되었다. 1704년(숙종 30)에는 내영과 외영이 통합되었고, 이는 다시 중영(中營)·좌영(左營)·우영(右營)의 3영제로 개편되었다. 또한 1750년(영조 26)에는 재정상의 이유로 총융사를 경기병사가 겸하였고, 본청은 북한산성에 출진(出陣)의 형식으로 두어졌다. 한때 다시 2부 3영체제로 환원하기도 했지만, 1792년(정조 16) 이후로는 외영체제가 유지되었다.

총융청은 경기도 내의 삼수미를 각 영의 읍에 유치하는 한편 군사들에게는 정병의 예에 따라 보인을 지급했다. 또한 둔전을 개간해 재정 및 군량을 확보했는데, 『만기요람』에는 총융청둔의 연혁과 규모가 정리되어 있다. 이에 따르면, 장단 1둔, 장단 2둔, 삭녕둔(朔寧屯), 광주둔(廣州屯), 마전둔(麻田屯), 양성둔(陽城屯), 직산둔(稷山屯), 수원둔(水原屯), 덕지둔(德池屯), 봉산둔(鳳山屯), 적성둔(積城屯), 영암(靈巖) 해남둔(海南屯), 부안둔(扶安屯), 서남신둔(西南新屯 : 파주·장단 등지), 진위(振威) 양성둔(陽城屯), 양지둔(陽智屯), 홍주(洪州) 덕산둔(德山屯), 무안(務安) 함평둔(咸平屯), 김해둔(金海屯), 금물둔(今勿屯 : 수원 소재), 통진둔(通津屯), 부평둔(富平屯), 강화둔(江華屯), 평산둔(平山屯), 임진둔(臨津屯), 장산둔(長山屯) 등 전국 26개소였고, 세입규모는 전 2,965냥, 쌀 33석, 겉곡[皮各穀] 2,460석이었다. 이들 토지는 한광지를 개간한 것이 시초였지만, 1715년(숙종 41) 변산(邊山)의 전답을 총융청에 소속시킨 것과 같이 민유지를 매수한 사례도 있었다. 또한 죄인의 적몰지를 이속하거나[『영조실록』 권22, 5년 5월 14일 무오], 덕지둔과 같이 타

기관의 둔전을 이관한 사례[『만기요람』, 「군정편(軍政編)」3, 총융청(摠戎廳)]도 있었다. 한편 1856년 작성된 황해도 황주 송림방(松林坊) 양안에서도 총융청둔으로 전답 15결 14부 1속이 확인된다.

둔전의 관리와 수세는 병조 및 총융청에서 파견한 관리[별장, 교련관, 초관, 집사 등]에 의한 것이 대부분이었지만, 평산둔이나 장산둔과 같이 해당 지역의 관청[읍, 진]에서 수세한 경우도 있었다. 대체로 면부·면세의 특전이 있었지만, 재정상의 이유로 출세조치가 단행된 1729년(영조 5)에는 968결 30부 9속의 둔전이 면부출세되었다.[「제아문둔전출면세별단(諸衙門屯田出免稅別單)」] 그 결과 『만기요람』에는 총융청둔의 면세전 규모가 194결 74부 9속[경기 169결 76부 7속, 해서 2결 93부 2속, 개성부에 22결 5부]로 파악되었다.[「재용편」 2, 「면세」]

1881년(고종 18)에 총융청이 폐지되고 장어영에 합병되었다. 이듬해 장어영이 폐지됨에 따라 총융청은 복설되었으나, 다시 경리영(經理營)으로 개칭되면서 소관 둔토 또한 경리둔(經理屯)이라고 하였다. 1894년에 경리영이 폐지되고 군부에 속하게 되면서 둔토는 탁지부로 이속되었다. 1899년 각 둔토는 내장원으로 귀속되었는데, 이때 내장원이 수입 확대 차원에서 지대수취를 강화하면서 조세거납 등의 분쟁이 발생했다. 총융청둔도 마찬가지였는데, 예컨대 양성의 총융둔은 수백 년 동안 매매·상속되어 온 2종 유토로서 1894년에 승총되었고, 탁지부에 매 결 30냥의 결세를 납부하던 민유지였다. 그러나 1899년에 둔토로 편입되면서 매 부(負)마다 2두의 도지를 납부하게 되자 농민들은 소장을 돌리고 군수를 위협했으며 도지를 거납하는 등 저항했다. 이에 내장원은 무력으로 거납 주동자를 일일이 체포한 뒤 책정된 도지를 완납하도록 하는 한편, 그래도 문제가 될 경우에는 마름이나 향장(鄕長)·수서기(首書記) 등도 도지를 납부할 때까지 구속했다. 1904년 11월 내장원은 이러한 분쟁지역에 대하여 양안과 매매문서를 참조해 조처하라는 지시를 내렸다. 이로써 양안과 토지매매문서, 그동안의 토지내력 등이 참작될 경우 민유지로 인정받게 되었다. 예를 들어 1905년 1월에 작성된 자료에 적성 총융둔이 무토둔으로 표기되어 있는 것으로 보아 이들 지역은 늦어도 1905년 초 이전에 공식적으로 소유권을 인정받은 것으로 볼 수 있다. 하지만, 총융청둔도 다른 둔전과 함께 1908년 국유로 편입되었으며, 이때 국민유분쟁이 발생했다.

[참고어] 둔전, 영문둔전

[참고문헌] 鄭肯植·田中俊光, 2006, 『朝鮮不動産用語略解』, 한국법제연구원(朝鮮總督府, 1913, 『朝鮮不動産用語略解』) ; 차문섭, 1976, 「守禦廳 硏究」 상, 『동양학』 6 ; 송양섭, 2006, 『조선 후기 둔전 연구』, 경인문화사 ; 김양식, 2000, 『근대권력과 토지』, 해남 ; 서울대학교 규장각한국학연구원 엮음, 2012, 『둔토양안』, 민속원

〈윤석호〉

최고소작료통제령(最高小作料統制令) 조선총독부가 전시체제하 전쟁수행을 위한 목적으로 1939년 12월 지주의 자의적 소작료 인상을 통제하기 위해 공포한 법률.

일제는 중일전쟁 수행에 필요한 인적 물적 자원을 통제하고 운용할 목적으로 1938년 제정한 국가총동원법 제19조에 의거하여 전시체제 아래 가격, 운송임, 임대료 등을 통제하기 위해 1939년 10월 18일 가격등통제령(價格等統制令)을 공포하였다. 그런데 소작료의 경우 농업정책상 중요 과제이고 사회적으로도 복잡한 관계를 가지고 있으며 내용도 다양하여 이와 별도로 1939년 12월 6일 최고소작료통제령을 공포하였다.

이 법령의 통제대상은 경작을 목적으로 임차되는 농지, 영소작과 도지권의 소작료, 소작료의 액·율, 감면조건, 농지의 임대차 계약, 영소작 또는 도지권의 설정계약, 공조공과, 마름 등의 보수, 종곡·비료 등의 생산자재, 개량비, 소작인이 지주에게 제공하는 노무의 조건, 소작인이 지주에게 지불하는 권리금 등 소작료에만 국한한 것이 아니라 소작경영과 관련한 제반사항에 미치고 있었다. 조선총독부는 최고소작료통제령을 시행한 이후 법의 취지를 선전하는 한편, 소작관계의 실태를 조사하여 이를 위반한 지주들에게 시정명령을 내리거나 국가총동원법에 따라 검거, 기소 등의 조취를 취하였다.

조선총독부는 이 법령의 입법 취지가 일반물가와 더불어 농산물의 가격 등귀를 막고, 농업생산력의 확충을 도모함과 동시에 농민생활의 안정을 기하기 위한 것이라고 선전하였다. 하지만 진정한 목적은 전시체제하에서 저물가 정책의 일환으로 소작료 인상을 억제하면서, 농촌 질서의 안정을 유지하고, 중요 농산물의 생산을 확보하여, 전시체제하에서 국가총동원을 원만히 수행하기 위한 통제 조치였다. 나아가 일제는 최고소작료통제령을 통해 지주들의 독단적인 농민지배에 대해 일정하게 규제함으로써, 종래 소작쟁의의 원인이었

던 고율소작료·소작권이동 문제에 적극 개입해 소작관계를 통제하고 소작농의 저항을 근절함으로써 소작쟁의의 발생 근원을 봉쇄하려는데 그 의도가 있었다.

[참고문헌] 이윤갑, 2013, 『일제강점기 조선총독부의 소작정책 연구』, 지식산업사 〈남정원〉

최부(崔溥) ⇒ 수차

최세택(崔世澤) 1798년(정조 22) 권농정구농서윤음(勸農政求農書綸音)에 응하여 글을 올린 사람.

당시 전(前) 동지(同知) 또는 전 첨지(僉知)로 기록되어 있다. 그는 상소문에서 수리사업으로 일으킬 수 있는 것 세 가지와 농사일로 이미 경험한 것 다섯 가지를 언급하였다. 전자의 세 가지는, 강이나 내의 물을 끌어다 도랑을 개통시키는 것, 제방을 쌓아서 물을 저장하는 것, 수차(水車)를 이용하는 것이었다. 후자의 다섯 가지는, 가뭄에는 속전(粟田)에 의지하고 홍수에는 도전(稻田)에 의지할 것, 새벽에 일어나 일하고 저녁에 들어와 쉬게 할 것, 선비와 농부의 일을 겸하게 할 것, 일을 늦추지 말고 미리 수행해 둘 것, 척박한 땅에는 거름을 주고 갈아엎는 일을 반복할 것 등이었다.

[참고어] 응지진농서

[참고문헌] 『정조실록』; 농촌진흥청 역, 2009, 『응지진농서Ⅱ』, 진한M&B

최연중(崔演重) 1798년(정조 22) 권농정구농서윤음(勸農政求農書綸音)에 응하여 농서를 올린 사람.

본관은 영천(永川)이고, 자는 달원(達遠)이며, 아버지는 최서(崔瑞)이다. 1780년(정조 4) 식년시(式年試)에 급제하여 진사(進士)가 되었다. 1798년 농사를 권장하고 농서를 구하는 정조(正祖)의 구언 전지에 응하여 성주(星州)의 진사로서 농서를 올렸던 것으로 확인된다. 그가 올린 농서에서는 유민(遊民)이 설점(設店)하는 문제, 경계(經界)가 바르지 못한 문제, 세렴(稅斂)을 가볍게 하는 일, 사단(社壇)에 향사(享事)하는 일 등을 이야기하였다. 이에 대해서 1799년(정조 23) 회계(回啓)와 판부(判付)가 있었다.

[참고어] 응지진농서

[참고문헌] 『일성록』; 『승정원일기』

최한기(崔漢綺) ⇒ 농정전서, 농정회요

추비(追肥) 파종 후 작물이 자라는 동안에 거름을 주는 방법.

웃거름 혹은 중거름이라고도 한다. 추비의 종류로는 경비(肥莖)·수비(穗肥)·지비(止肥)가 있다. 경비는 화곡류의 줄기 성장을 위해 주는 거름이며, 수비는 이삭거름이라고도 하는데 이는 이삭의 충실한 결실을 위해 주는 거름이다. 또한 지비는 추수하기 전 마지막으로 주는 거름이다. 조선 후기 추비의 시행은 수전과 한전 모두에서 정착·강화되었고 그 종류와 방법도 다양화되고 있었다. 이와 같은 추비농법의 전개는 수전이모작(水田二毛作)과 한전윤작(旱田輪作) 외에도 상품성경제작물의 등장에 큰 기여를 하였다.

[참고어] 시비, 기비법

[참고문헌] 김용섭, 2006, 『朝鮮後期農業史研究Ⅱ』, 지식산업사; 염정섭, 2002, 『조선시대농법발달연구』, 태학사; 閔成基, 1983, 「朝鮮時代의 施肥技術 研究」 『부산대인문논총』 24

추수기(秋收記) 추수 내역을 비롯한 농작상황을 기록해 놓은 문서.

추감기(秋監記)·추수성책(秋收成冊)·소작료징수부(小作料徵收簿) 등으로 불리기도 했다. 주로 가문이나 개인이 작성했으나, 궁방이나 서원 등의 기관에서 작성한 경우도 있다. 추수기는 지역이나 작성 주체에 따라 정리양식과 내용이 상이하다. 그러나 대체로 해당년도의 풍흉 및 농작상황, 모맥기(牟麥記), 타조기(打租記), 소작인 및 토세 수입기, 전답별 각 품종의 식부(植付) 면적 및 수확량, 가공량, 곡식의 소비용도, 소비액 및 판매액 등 농업생산과정의 제반사항이 기록되어 있다. 즉 경영규모와 경영방식, 그리고 소작인의 경제실태 등까지 살펴볼 수 있다는 점에서 추수기는 당시 농촌경제를 파악하는 데 필수적인 사료이다.

[참고어] 배미, 일경, 추수원

[참고문헌] 홍성찬, 1981, 「한말·일제하의 지주제연구 : 강화 洪씨가의 추수기와 장책분석을 중심으로」 『한국사연구』 33, 한국사연구회

추수원(秋收員) 지주가 타조소작을 하는 전답에서 소작료를 징수하기 위해 파견하는 지주의 대리인.

추수원을 파견하는 제도는 함경북도를 제외한 각 도에서 행해졌다. 부재지주가 많은 경기도, 충청도, 황해도, 강원도 등에서 가장 발달하였다. 지방에 따라 추수관(秋收官), 타작관(打作官), 간추관(看秋官), 감조관

(監租官), 봉추관(捧秋官) 등으로도 불린다. 평안북도 의주지방에서는 수제원(收穧員), 경상남·북도 및 함경남도 일대에서는 사부리라고도 한다. 그 중에서도 특히 감조관, 봉추관은 궁장토의 추수원을 가리키는 말이다.

추수원의 임무는 타조소작의 경우 소작지에 직접 가서 소작인의 수확과 가공을 살피고 소작료를 징수하는 것이다. 그 후에는 토지의 관리인이나 그 밖의 사람을 정해 소작료를 보관하고 보관증을 거두었다. 또한 추수기를 작성하여 수확과 소작료 징수 상황을 지주에게 보고하였다. 추수원의 파견은 지주가 부재지주일 경우, 지주가 어리거나 부녀자인 경우에 이루어지는 경우가 많다. 또한 소작지 관리인이 따로 있을 때도 정확한 소작료 수납업무의 수행과 관리인의 감독을 위해 파견하기도 하였다. 추수원은 일반적으로 소작료를 징수할 때 임시로 파견되었으며 지주의 친척·지인들이 담당하는 경우가 많았다. 따로 보수계약을 하지 않거나 지주가 추수원의 보수를 지급하는 경우가 일반적이다. 추수원의 여비·보수를 토지관리인이 부담하는 경우도 있고 소작인들이 이를 분담하는 경우도 있다. 추수원이 소작지의 관리인 또는 소작인으로부터 보수 및 그 외의 명목으로 착취를 일삼는 폐해가 생기기도 하였다.

[참고어] 마름, 도마름, 추수기, 간평원

[참고문헌] 조선총독부, 1927, 『朝鮮の農業』; 조선총독부, 1932, 『朝鮮ノ小作慣行(上)·(下)』

축만제(祝萬堤) 1799년(정조 23) 5월 초순에 화성부(華城府) 서쪽 5리에 축조된 축만제둔을 관개(灌漑)하는 제언(堤堰).

1795년(정조 19)에 화성 성역 과정에서 축조된 제언인 만석거(萬石渠)는 곧바로 커다란 성과를 거두었다. 척박했던 땅을 비옥한 농토로 바꾸어 놓았을 뿐만 아니라, 1797년(정조 21)과 1798년에 이어 발생한 가뭄으로 삼남 지역의 농업이 심각한 타격을 받은 상황에서도 무사히 한재를 극복할 수 있었기 때문이다. 이러한 성과에 힘입어 정조는 1798년(정조 22)에 화성 지역에 원래 있었던 방축수(防築藪)라는 제언을 대규모로 개축하여 만년제(萬年堤)를 건설한 데 이어, 1799년에는 화성부 서쪽 5리에 축만제를 새로이 축조하였다.

축만제는 만석거의 건설과 이를 이용한 대유둔(大有屯)의 경영이라는 성공적인 경험을 토대로 하여 처음부터 둔전(屯田) 설치와 밀접하게 결부되어 축조되었다. 1798년 6월에 수리의 진흥을 위해 화성 서쪽에 새로운 둔전을 설치하자는 논의가 제기되어 그 이듬해 2월 초순경에 균역청으로부터 빌린 1만 냥을 재원으로 삼아 제언 축조 공사가 시작되었다. 제언의 완성 시점은 정확히 알 수 없으나, 그해 5월 중순경에 제언으로서의 역할을 수행하고 있음을 보여주는 기록이 등장하는 것으로 보아 5월 초에는 이미 공사가 끝났을 것임을 알 수 있다. 축만제라는 이름은 만석(萬石)의 생산을 축원(祝願)한다는 의미를 가지고 있다. 축만제와 축조와 함께 이를 이용하여 관개하는 축만제둔도 함께 설치되어 운영되었다.

축만제는 길이가 1,246척, 너비 720척이며, 2개의 수문이 설치되었고 축만제로부터 관개하는 토지가 232 석락이나 되는 굉장히 커다란 제언이었다. 축만제에 앞서 건설된 만석거와 만년제가 각각 60여 석락 규모의 토지에 물을 댈 수 있었던 것과 비교하면, 축만제의 규모를 짐작할 수 있다. 만석거와 마찬가지로 축만제 역시 수갑(水閘)을 설치하여 제언에 가둔 물을 내보낼 때 적절하게 조절할 수 있게 하는 구조적 특징을 가지고 있다. 또한 축만제의 관리를 담당하는 인원으로 감관 1명과 감고 1명을 배치하도록 하였는데, 이 역시 만석거와 마찬가지였다. 축만제의 건설로 화성은 만석거, 만년제, 축만제와 같은 대규모의 수리 시설과 이를 이용하여 안정적으로 경영할 수 있는 둔전을 확보할 수 있게 되었고, 여기에서 나오는 수입으로 화성 성곽을 관리할 수 있었다.

축만제를 건설하고 제방 위에 세운 높이 86㎝, 폭 39㎝ 크기의 표석이 현재 남아 있다. 표석에는 '祝萬堤' 3자를 비면에 거의 꽉 찰 정도의 큰 글씨로 새겨 넣었다. 표석은 1799년에 축만제의 완공과 함께 건립되었었을 것으로 추정되며, 화성에 축조된 제방을 따라 설치된 필로(蹕路), 즉 국왕의 어로(御路)에 세워진 표석과 서체가 비슷하다. 만석거와 만년제에도 마찬가지로 표석이 세워졌을 것으로 추정되나 이들 제언의 표석이 사라진 상황에서 축만제의 표석은 화성에 축조된 수리 시설 관련 표석으로는 유일하게 남아 있다.

[참고어] 수리, 제언, 제언사

[참고문헌] 유봉학, 1996, 『꿈의 문화유산, 화성 : 정조대 역사, 문화 재조명』, 신구문화사 ; 최홍규, 1998, 「18세기 말 華城地方의 繁榮과 產業振興策 : 특히 正祖의 民生對策과 관련하여」 『경기사학』 2 ; 정해득, 2005, 「화성성역관련 금석문의 검토」 『경기사학』

9 ; 염정섭, 2010, 「18세기 말 華城府 수리시설 축조와 屯田 경영」 『농업사연구』 9-1 〈이민우〉

출세결(出稅結) ⇒ 전세

충훈부둔(忠勳府屯) 조선시기 충훈부의 운영경비를 조달하기 위해 설정·운영했던 토지.

충훈부는 나라에 공을 세운 공신이나 그 자손을 대우하기 위해 설치하였던 관청이다. 충훈부둔은 세조 때 처음 설치된 이래로, 국가로부터 공전(公田)과 진황지(陳荒地)를 하사 받거나 죄인의 몰수지 절수(折受), 민전(民田)의 매수를 통해 규모가 확장되었다. 충훈부둔의 면세결수도 점차 늘어나 1729년(영조 5)에는 전답 1,500결이던 것이, 『만기요람(萬機要覽)』에는 경기도·경상도·전라도·충청도·황해도·강원도·광주(廣州)·강화(江華) 일대에 총 1414결 17부 9속으로 파악되었다.[「재용편」2 수세]

충훈부둔은 1894년 중앙 및 지방관제의 개편 때 탁지부로 이속되었다. 이듬해에는 궁내부 내장사로 이속되었고, 1899년에는 내장원의 소관이 되었다. 그 후 일부는 경선궁, 영친왕궁 등에 부속되기도 했지만, 1908년 탁지부 관리하에 국유로 편입되었다. 1908년의 조사에 의하면 충훈부둔은 각 도에 걸쳐 답 1,400여 석락(石落), 전 6,000여 일경(日耕)을 상회하였다.

[참고어] 아문둔전

[참고문헌] 『萬機要覽』; 和田一郎, 1920, 『朝鮮土地地稅制度調査報告書』

치산녹화사업(治山綠化事業) 대한민국에서 1973~1987년 동안 시행된 전국적, 전국민적 산림녹화운동.

해방 이후 1960년대까지 조림사업이 진행되었지만 여전히 전국 임야의 1/3 이상에 해당하는 250만 정보가 조림이 필요한 실정이었다. 제1차 사업은 1982년까지 10년간 100만 정보에 조림을 실시한다는 목표 하에 범정부적 사업으로 모든 국민이 참여하는 식수운동을 전개한다는 내용이었다.

담당관청은 농림부 산림청이었는데, 1차 사업이 새마을운동의 일환으로 추진되면서 새마을운동 주무관청인 내무부로 이관되었다. 농촌에서는 산림계가 주도하여 각 동리의 관내 임야에 식수하였고, 전국의 직장, 가정과 단체, 기관과 학교에서 나무심기운동이 진행되었다. 그 결과 1975년부터 매년 3월 21일부터 4월 20일까지 한 달 동안에 춘기조림을 실행하는 범국민식수기간이 정착되었고, 산림 보호차원에서 벌채 및 무단입산을 행정적으로 강력하게 통제하였다. 또한 강원도를 시작으로 전국의 화전정리사업을 마무리하였고, 농촌의 연료공급을 위한 대단위 연료림이 조성되었다. 특히 1978년에는 당초 조림목표량 100만ha 보다 많은 108만ha의 녹화사업을 초과달성하여 계획기간을 4년이나 앞당기게 되었다.

그러나 적지적수 원칙 없는 조림지 선정, 사방사업과 융자시책 등 일부사업은 별다른 성과를 거두지 못했다. 1979년부터 제2차 사업이 시작되었다. 제2차 사업은 산림자원화를 염두에 두고 장기적인 산지이용, 장기 목재수급 계획 등 경제림 조성과 합리적인 산림경영 기반 구축에 역점을 두었다. 그러나 1차 사업의 조림위주 정책에서 크게 벗어나지 못했다. 1981년과 1983년에는 농촌 인력부족과 조림대상지 감소 등을 이유로 계획규모가 축소 수정되었다. 이처럼 계획축소가 가능했던 것은 실지조사 결과 임상이 예상보다 좋게 나타났기 때문이었다. 이로써 제2차 사업도 1987년 조기에 완료될 수 있었다.

치산녹화사업이 성공할 수 있었던 것은 산림계의 역할이 컸다. 이는 1951년 산림보호임시조치법에서 시작하여 1961년 산림법을 거쳐 1973년 제1차 치산녹화사업 실시와 함께 공포된 산림개발법에 이르기까지 존속한 수익분배계약, 즉 '분수계약(分收契約)'과 그에 따른 '대집행(代執行)'이라는 규정 때문이었다. 산림법에 산림계, 산림조합, 산림조합연합회에 관한 규정이 들어 있는데, 산림조합은 산림계를 조합원으로 하여 시군별로 조직되었다. 산림조합에서 조림계획을 세우면 임야소유자는 이에 따라 사업을 집행해야 하고, 그렇지 않으면 소유자의 의사에 관계없이 산림계가 대신하여 먼저 조림을 시행할 수 있었다. 이때 소유자는 자신의 의사를 밝히거나 조림을 실시한 사실을 알지 못했다 하더라도 산림계와 조림에 따른 수익을 분배하는 계약(산림계 8할, 산주 2할)을 이미 체결한 것으로 간주되었다. 1973년 산림개발법에서는 대집행에 대한 내용이 더욱 구체화되었다. 산림계는 산림소유자의 의사와 상관없이 자신이 조림한 임산물에 대한 지상권을 설정한 것으로 간주되어 담보를 삼을 수 있으며, 수익 분배율은 산림계가 9할, 산주가 1할을 갖는 것으로 변경되었다. 이러한 대집행과 분수계약은 산림소유자를 주체로 하는 용재림 중심의 정책이 아니었으며,

개인의 사적 소유권을 침해하는 것이었다. 결국 치산녹화사업의 성공은 영세한 산림소유자들의 희생을 담보한 것이었다.

[참고어] 조림대부제, 사방사업

[참고문헌] 산림청, 1989, 『산림행정 20년 발자취』, 산림청 ; 산림청, 1997, 『한국임정 50년사』, 산림청 ; 이우연, 2010, 『한국의 산림 소유제도와 정책의 역사, 1600~1987』, 일조각 〈강정원〉

친경례(親耕禮) 고려에서 조선 말까지 농업의 장려를 위해 국왕이 적전(籍田)에서 직접 밭을 갈고 씨를 뿌렸던 의례.

친경의례는 중국의 유교식 국가제의를 도입하면서 시행되었다. 중국에서는 고대부터 농사를 시작하기 전에 천자가 몸소 밭을 경작하는 친경의식을 거행한 바 있었다. 『춘추좌씨전』 양공(襄公) 7년(B.C. 566)조를 보면 '계칩이 되면 교(郊)에서 후직(后稷)을 배향하여 풍년을 기원하는 교제사를 지내고, 교제사를 지낸 후에는 밭을 경작한다'는 기록이 있어, 정월에 교제사를 지내고 입춘이 되면 농사를 시작하였음을 알 수 있다. 또한 『국어(國語)』 「주어(周語)」에는 괵나라 문공이 주(周) 선왕(宣王)에게 적전에 나아가 제단을 만들고 친경의 의례를 거행할 것을 간언하는 내용이 있어, 입춘에 농사를 시작하기 전에 천자가 몸소 밭을 경작하는 친경의식이 있었음을 보여준다.

『예기(禮記)』 「월령(月令)」에는 정월의 행사로 친경의식의 자세한 내용을 소개하고 있다. 이에 따르면 천자는 원일(元日 : 첫 번째 신일)에 상제(上帝)에게 풍년을 기원하며, 직접 쟁기와 보습을 수레에 싣고 삼공(三公)·구경(九卿)·제후(諸侯)·대부(大夫)를 이끌고 적전을 경작한다. 천자는 세 번 갈고, 삼공은 다섯 번 갈고, 경·제후는 아홉 번 간 후에 돌아와 태침(太寢)에 노주연(勞酒宴)을 마련하여 의식을 함께 한 사람을 위로하였다. 이때 천자가 경작하는 토지는 '적전' 또는 '제적(帝藉)'이라고 한다. '적'은 한자로 '藉', '籍', '耤' 등으로 표기되었으며 그 의미는 천신인 상제를 위하여 백성들이 경작하는 토지를 빌린다[借]는 뜻이었다. 우리나라의 한글자료에서는 적전을 '젹뎐'으로 표기하고 있어, 어떤 한자를 사용하든 읽는 방식은 '적전'으로 통용되었음을 알 수 있다.

유교 국가에서 천자가 신하들을 이끌고 적전에 나아가 경작 시범을 보이는 것은, 천자 이하 통치자들이 백성들의 노동력을 빌어 천신을 공경하는 뜻을 보이고 농사가 민생과 정치의 중대사임을 보이는 의식이다. 농사는 백성의 대사로서 상제에게 제사지내는 쌀이 여기에서 나오고, 백성의 번성함과 국가의 경비가 여기에 달려 있으며, 백성들이 덕성을 잃지 않도록 하는 등 정치의 기본 요소들이 여기에 의존한다. 따라서 친경의례는 교제사와 함께 한해 정사의 출발을 나타내는 의식이 된다.

우리나라 역사상 친경의례를 거행한 것은 고려시기 성종 대부터이다. 『고려사』의 기록에 따르면 983년(성종 2) 봄 1월에 임금이 원구에서 기곡제를 지내며 태조를 배향했으며, 몸소 적전을 갈며 신농에게 제사하고 후직을 배향하였다. 성종 대는 친경의례뿐 아니라 원구, 사직, 종묘의 제사의례가 처음으로 거행되었다. 또 성종 대에는 "왕후가 육궁의 사람들을 거느리고 동(穜 : 늦벼)과 육(稑 : 올벼)의 종자를 싹틔워 임금에게 바치게 한다"는 『주례』의 기록을 근거로 왕후가 올벼의 싹을 틔워 바치는 헌종의식도 거행했다. 성종은 기곡과 친경의 예를 시행한 데 이어 왕후가 주도하는 헌종의식까지 더하여 국가의 '기곡' 의지를 보이려 했다.

이러한 유교적 의례에 의한 '기곡'은 당시 하늘, 부처, 토속신에게 풍년과 생활의 안녕을 기원하는 관행을 완전히 대체하지 못했지만, 성종 대 이후로도 여러 왕대에 실천되었다. 1031년(현종 22)에 선농에 제사하고 적전을 친경하였으며, 1048년(문종 2)에는 후농제(後農祭)를 지냈다. 1134년(인종 12)에 적전에 제사하며 대성악(大晟樂)을 처음으로 썼고, 1144년(인종 22)에도 적전을 친경하였다.

고려 말 이래로 적전제도는 성군이 힘써야 할 일로서 명확하게 인지되었다. 조선은 국초부터 적전의 제도를 마련하고 국왕이 몸소 경작함으로써 농삿일을 솔선하는 의의를 보이고자 했다. 조선 국가제도의 근간을 마련했던 정도전(鄭道傳)은 "농사는 만사의 근본이며 적전은 농사를 장려하는 근본입니다. 임금이 적전을 친경(親耕)하여 농사일에 앞장서면, 아래 백성들이 '존귀하신 임금도 오히려 몸소 경작하시는데, 미천한 하민이 어찌 경작하지 않고 그냥 앉아 있어서 되겠는가?' 하고는 모두 밭두둑에 나아가서 농사가 일어나게 될 것입니다." 하여, 국가에서 적전제도를 두는 의의를 밝혔고 태조 또한 이를 수용하여 적전제도를 시행하도록 했다.

또한 선농단에서 기곡의례를 올리고 적전에서의 친

경하는 의식은 즉위 후 거행해야 할 중요한 의례로서 인식되었다. 중국에서는 제천의식이 즉위와 함께 거행되는 가장 중요한 제사의식이었지만 조선 초에는 환구에의 제사의식을 논의 끝에 폐지했다. 대신 하늘이 만물을 키워내듯 민생에 대한 책임의식으로 정치를 해나간다는 의미를 담은 적전의례가 중시되었다. 태종 대에는 유교식 예제에 대한 연구와 함께 국가 제사제도의 정비가 가속화되었다. 선농 및 선잠단은 사직단, 풍운뇌우단 등의 단과 함께 도성 건설 과정에서 이미 축조되어 있었는데 태종 대에 단유의 제도가 고제와 맞지 않는다고 하여 개정하자는 논의가 있었다. 신라에서 고려로 이어졌던 중농과 후농에 대한 제사 또한 전례서에 근거가 없다는 이유로 사전에서 삭제되었다. 이렇게 선농단의 제도는 국초부터 마련되었고 적전에서의 친경의례의 절차도 중국과 고려의 제도를 참조하여 정했다. 이렇게 마련된 적전 의례의 내용은 『세종실록·오례』에 실려 있다.

국초부터 세종 대에 이르는 동안 적전의례의 정비는 지속되었지만, 실제 적전의례는 성종 대에 가서야 처음으로 실행되었다. 1474년(성종 5) 이맹현(李孟賢)의 건의를 받아들여 친경의주를 마련하였고, 이듬해 1475년 1월 25일 조선 최초로 친경의식을 거행했다. 기본 절차는 세종 대에 마련되었던 친경의를 그대로 따르되 세부 절차에는 수정을 가했다. 친경 전의 준비물, 친경 전에 종묘에 고하는 의식, 친경할 때 근처 읍의 백성들을 불러 친경을 구경하도록 하는 일, 친경시의 복식 등이 중국 송나라의 문헌인 『문헌통고(文獻通考)』를 고증하는 가운데 새로이 마련되거나 수정되었다.

특히 국왕이 친경하는 의의를 많은 사람들이 함께 할 수 있도록 하는 부대 행사에 많은 관심을 두었다. 친경 후 전례없는 성사가 이루어진 것을 기념하는 뜻으로 기로(耆老), 유생(儒生), 여기(女妓)들이 가요(歌謠)를 바치도록 한다거나 친경할 때에 연주할 악장을 새로 만들어 성대한 의식이 되도록 했다. 친경이 끝난 후에 국왕 이하 함께 밭을 간 사람들이 모두 모여 술을 마시는 노주연(勞酒演)도 이때에 새로 마련되었다. 이러한 준비 과정을 거쳐 조선 개국 이래 처음으로 적전에서 친경의식이 거행되었다. 이때의 일을 실록에서는 "임금이 쟁기를 잡고 친경하시니, 반열에 있는 신료·군교·기로와 도성의 사녀, 기전의 백성으로서 보는 자는 바라보고 감탄하지 않는 이가 없었으며, 심지어 눈물을 흘리는 자도 있었다."고 기록하였다.

이후 1488년(성종 19), 1493년(성종 24)에 다시 친경례를 거행하였다. 성종 대의 친경은 조선 개창 이래 첫 행사였다는 점, 그리고 『예기』, 『문헌통고』, 『고려사』 등의 전적을 참고하고 중국과 우리나라의 친경 사례를 좇아 자세한 의주를 만들고 친경 전 제사에서 친경 후의 부대 행사에 이르기까지 의식 전반에 걸친 전범을 마련하였다는 점에서 그 의의가 크다.

이후 친경은 국가의 중사(中祀)인 선농제와 함께 매해 초에 거행해야 하는 성대한 예식으로 인식되었으나 실제로는 자주 행해지지 못했다. 연산군 대에 1회, 중종 대에 2회, 명종 대 1회, 선조 대 1회, 광해군 대 1회 거행되었을 뿐이다. 조선 전기에 선농단에서 기곡하고 친경하는 적전 의례가 국왕이 친히 기곡하는 의례로서 유일한 것이었다는 점을 감안하면 매우 적은 횟수였다. 흉년이나 전란 등으로 인해 자주 시행되지 못한 것도 있지만, 그보다는 친경의례에 따르는 여러 가지 의식이 번잡스럽기 때문에 친경의례를 주저하게 되는 경우가 많았다. 오히려 여기(女妓)와 노인, 유생이 가요를 바치는 일이나 어가행렬이 지나는 도로를 화려한 면포로 장식하는 일 등이 '민생'을 위해 애쓴다는 본 의식의 의미를 해칠 정도로 성대하게 치루면서 친경 무용론이 제기되기도 했다.

광해군 대 친경이 거행된 이후 인조에서 현종 대에 이르는 동안 신하들의 주청이 여러 차례 있었지만 친경의식이 거행되지는 않았다. 흉년과 전염병 유행이 직접적인 이유였으나 광해군 대의 친경례가 궁궐영건과 함께 헛되이 국력을 낭비한 무모한 정책으로 비판받았던 사실과 무관하지 않았다.

다시 친경례 거행이 적극적으로 논의된 것은 숙종 대부터이다. 그 중심에는 남인 고학파의 대표적인 학자인 허목(許穆, 1595~1682)이 있었다. 허목은 『예기』에 기록된 친경례에 관한 내용과 한·진(晉)의 사적, 『오례의』 규정, 역대 선왕들의 친경 사례를 들어 친경 시행을 주장했다. 숙종은 이를 곧 받아들였고 이듬해 봄에 거행하기로 결정하였다. 당시 도성에는 천연두가 유행하였고, 효종의 능에 행차하는 일 등 여러 행사가 예정되어 있었으므로 친경례를 거행하기 어려운 형편이었다. 그러나 숙종은 친경을 반대하는 사람들이 반대 사유로 삼는 번거로운 부대행사를 줄여서라도 친경의례를 거행하고자 했지만 큰 비와 숭릉(崇陵 : 현종의 왕릉) 능침이 무너지는 변고로 인해 무산되었다.

오랫동안 중단되었던 친경의식은 영조 대에 비로소

거행되었다. 영조는 즉위 이래 민생을 위한 의례를 직접 실천하는 일에 힘을 기울였으니, 사직에서 기곡제를 친행한다거나 교외의 제단에서 기우제를 지낸 일 등에서 이를 확인할 수 있다. 적전에서의 의례를 한 해의 풍년을 기원하고 권농하는 차원에서 중요한 의례로 인식했던 영조는 1739년(영조 15) 1월 13일 대신들에게 친경의례를 거행하는 일에 대해 찬반의견을 내도록 하고, 『오례의』에 수록된 「친경의주(親耕儀註)」를 베껴 써 올리라고 명령하면서 전격적으로 단행하였다. 농사의 중요성을 일깨우며 국왕이 농사를 중히 여기는 마음을 친경의례를 통해 널리 보일 것을 청하는 상소가 먼저 올라가고 국왕이 이를 받아들이면서 거행되었던 것과는 역대의 전례와는 사뭇 다른 시작이었다. 영조는 훗날 “내가 친경은 『대학연의』를 보고서 행하였고, 관예(觀刈)는 의리를 상기시켜 한 것이었는데 명나라의 옛 일과 부합하였다”고 언급한 바 있다. 전적으로 자신의 결단에 의한 것이었음을 강조한 것이다.

영조가 무신난(戊申亂) 이후 기유대처분(己酉大處分)으로 ‘탕평정치(蕩平政治)’를 천명하며 국왕이 명실상부하게 국정을 장악하고 이끌어나가는 정치를 지향했음은 잘 알려져 있다. 탕평정치의 궁극적 목적은 정당한 국왕권을 중심으로 관료체제를 재정비함으로써 정치와 민생의 안정을 도모하려는 데에 있었다. 정치의 효험이 백성에게 직접 돌아갈 수 있도록 하기 위해 노력하면서, 백성과 직접 만나고 소통할 수 있는 방식을 선호했다. 영조는 신하들의 반대를 무릅쓰고 친경례를 거행한데 이어 관예례, 친잠례까지 행하고 말년에 그에 관한 여러 편의 글을 남길 정도로 많은 애착과 자부심을 가졌다. 이는 이 의례가 단순한 행사가 아니라 영조 자신이 지향하는 정치의 성격을 상징적으로 드러내주는 의식이었기 때문이다. 즉 민생의 근간인 농사일을 국왕이 온 백성들이 볼 수 있는 공간에서 직접 행하여 모범을 보이고 그 수고로움을 치하함으로써 국왕이 늘 함께 한다는 것을 깊이 각인시키는 의식이 바로 친경의식이었다.

또한 친경례의 거행은 조선 전기의 옛 제도를 회복하려는 노력의 일환이기도 했다. 영조에게 조선 전기의 옛 제도는 조선 땅에 실현하고자 했던 유교적 이상정치의 구체적인 모습들이었다. 영조 대 예제의 개편이 경연에서의 『주례』 강학을 기초로 하였듯이, 유교적 예제에 대한 깊은 이해 위에서 새로운 통치에 필요한 의례를 실천하고자 했다. 친경의식을 1753년(영조 29), 1764년(영조 40), 1767년(영조 43)에 각각 거행했고, 1747년에는 예제의 본뜻을 살려 역대에 거행된 일이 없었던 관예례(觀刈禮 : 적전에서 곡식을 수확하는 것을 보는 의식)를 행했고, 1762년(영조 38), 1765년(영조 41), 1767년(영조 43), 1769년(영조 45)에도 관예의식을 거행했다. 『속오례의』 「길례」편에 관예의주를 부록으로 수록하였다. 1767년에는 곡식의 종자를 받아 보관하는 장종(藏種) 의식을 친잠 후 누에고치를 받는 의식과 함께 거행했다.

정조 대에는 친경의례와 같은 성대한 적전의례는 시행되지 않았다. 정조 대에는 사직제가 대표적인 기곡제로 자리 잡았던 것도 영조 대와 같은 친경의례가 시행되지 않은 하나의 원인이 되었다고 볼 수 있다. 더욱이 정조는 의례보다 실질이 더욱 중요하다고 여겼다. 매해 세수(歲首)에 권농윤음을 반포하여 민생을 염려하는 마음을 보인 것이나, 영조의 친경의례 60주년이 되었을 때 농서를 편찬해 올리라는 구언을 올렸던 것도 ‘기곡’이 일회의 행사에 그치지 않고, 그 실질적 혜택이 백성들에게 미치도록 하기 위함이었다.

정조 대에 대규모 행사로서 친경은 하지 않았지만 적전에서 보리 베는 것을 보는 의식은 거행하였으니 1781년(정조 5) 윤 5월에 거행된 관예의례가 그것이다. 관예의례는 영조 대에 처음으로 시행되었던 것으로, 정조 대에는 영조 대의 친경례를 참조하여 관예의례를 보다 정교하게 다듬었다. 관예시의 악장과 노주시의 악장도 새롭게 만들었다. 중국 송대에 친경할 때의 악장과 명대 노주연의 악장의 체례를 참조하여 대차에서 나가고 돌아올 때[出還大次], 관예단에 오르고 내려올 때[陞降壇], 관예할 때[觀刈], 자리에 오르고 내려올 때[陞降座], 수확한 보리를 받을 때[受麥], 노주연을 베풀 때[勞酒]의 악장 6편을 새롭게 편찬하였다.

정조 대 이래로 중단되었던 친경의식은 고종 대 다시 거행되었다. 1871년 2월 10일 고종은 동적전에 나아가 선농단을 봉심하고 성대하게 친경의식을 거행했다. 즉위 초 경연 자리에서 친경과 친잠의례에 대한 관심을 표명했던 고종은 그의 친정체제를 구축하기 위해 거행했던 여러 의례 가운데 하나로 친경의례를 선택했다. 친경할 때 함께 밭가는 인원은 종실(宗室), 총재(冢宰), 병조판서(兵曹判書), 대사헌(大司憲), 대사간(大司諫)이지만, 1767년의 전례에 따라 국구(國舅)·의빈(儀賓)·호조판서(戶曹判書)·경기 감사(京畿監司)도 참여하도록 했다. 또한 이 해에 적전에서의 관예 의식도 거행하였다.

고종이 왕권의 정당성 마련을 위해 친경의례를 행했던 것에서도 볼 수 있듯이 '민생을 위한 기원'을 대표하는 의례는 역시 적전에서의 친경의례였다고 할 수 있다. 1907년 고종의 강제 퇴위로 황제의 자리에 오른 순종은 1909년과 1910년 동적전에서 친경의식을 거행했다. 비슷한 시기에 거행되었던 순종황제의 서순(西巡)과 남순(南巡) 등 대규모 순행의식에서 볼 수 있듯이, 이때의 의례는 조선의 통치자로서 황제가 아닌 일본 제국의 힘을 과시하기 위한 것이었다. 친경의식에도 다수의 일본인이 참여함으로써 동적전이라는, 대대로 민생을 위해 풍년을 기원하던 장소에서 그 기원의 주체가 바뀌고 있음을 조선의 백성들은 분명하게 확인할 수 있었다.

[참고어] 농경의례, 적전, 친경의궤

[참고문헌] 朴定子, 1970, 「李朝初期의 籍田考」『淑大史論』 5 ; 이범직, 1991, 『韓國中世禮思想硏究』, 일조각 ; 김지영, 2002, 「영조대 친경의식의 거행과 친경의궤」『한국학보』 107 ; 이욱, 2004, 「조선시대 친경례의 변천과 의미」『종교연구』 34 〈김지영〉

친경의궤(親耕儀軌) 조선시기 농업 장려를 위해 거행된 친경의식을 기록한 자료.

조선은 국초부터 적전의 제도를 마련하고 국왕이 몸소 경작함으로써 농삿일을 솔선하는 의의를 보이고자 했다. 조선 국가제도의 근간을 마련했던 정도전(鄭道傳)은 "농사는 만사의 근본이며 적전은 농사를 장려하는 근본입니다. 임금이 적전(籍田)을 친경하여 농사일에 앞장서면, 아래 백성들이 '존귀하신 임금도 오히려 몸소 경작하시는데, 미천한 하민이 어찌 경작하지 않고 그냥 앉아 있어서 되겠는가?' 하고는 모두 밭두둑에 나아가서 농사가 일어나게 될 것입니다." 하여, 국가에서 적전제도를 두는 의의를 밝혔고 태조 또한 이를 수용하여 적전제도를 시행하도록 했다. 우리나라 역대 제도와 중국의 제도를 참조하여 친경의식의 의주도 마련하여 『세종실록·오례』에 수록하였다.

국초부터 세종 대에 이르는 동안 적전의례의 정비는 지속되었지만, 실제 적전의례는 성종 대에 가서야 처음으로 실행되었다. 1474년(성종 5) 이맹현(李孟賢)의 건의를 받아들여 친경의주를 마련하였고, 이듬해 1475년 1월 25일 조선 최초로 친경의식을 거행했다. 이후 1488년(성종 19), 1493년(성종 24), 1513년(중종 8), 1523년(중종 18), 1553년(명종 8), 1572년(선조 5), 1620년(광해군 12), 1739년(영조 15), 1753년(영조 29) 2월, 1764년(영조 40) 2월, 1767년(영조 43) 2월, 1871년(고종 8) 2월, 1909년 양력 4월 및 1910년 양력 5월에 각각 친경의식을 거행한 바 있다. 이 중 두 번의 행사(1739년, 1767년)를 기록한 의궤(儀軌)가 남아있어 친경의식의 거행을 위한 출궁 및 환궁, 선농제의, 국왕 및 종친, 대신의 밭 가는 의식인 경적의식, 노주연까지 구체적인 내용을 알 수 있다. 1739년의 친경의궤에는 오랫동안 중단되었던 의식을 거행하면서 의례의 의의, 현실에서 고례의 의미를 구현하기 위한 논의 과정 등을 상세하게 확인할 수 있다. 또한 1767년에는 왕세손까지 함께 했고 친잠의례 및 농사의 마무리 의식인 장종수견의식(藏種受繭儀式 : 한 해 농사를 지어 수확한 곡식의 종자와 누에고치를 받는 의식)까지 함께 거행하였고, 모두 의궤가 남아 있어 조선시기에 거행된 유교식 농경의례의 전모를 파악할 수 있게 해준다.

1739년 1월 28일에 동적전에서 거행된 친경의식에 관한 의궤는 모두 다섯 건이 제작되었다. 일반적으로 의궤는 국왕에게 올리는 어람용과 담당관청과 사고에 나누어 보관하는 분상용이 있다. 친경의궤의 경우에는 동궁에 올리는 의궤가 어람용의 형식으로 제작되어 차이를 보인다. 국왕이 주관한 행사임에도 어람의궤를 동궁에 올리게 한 데에는 궁궐 안에서만 자라는 세자가 농사의 어려움을 알도록 하려는 뜻이 담긴 것이었다. 친경에 사용된 농기구를 먼저 시강원에 들여 세자에게 보이게 한 후 봉상시에 보관하도록 하고 친경도 병풍을 만들어 동궁에게 올리도록 한 것이 모두 같은 의미였다.

1767년(영조 43) 2월 26일에 친경의식을 거행한 후에는 총 7건의 의궤가 제작되었다. 이 중 어람용 의궤는 다른 의궤에 비해 현저히 분량이 적다. 어람용의 경우에는 헌종(獻種)·장종(藏種), 수견(受繭)의식에 대한 내용을 담은 의궤를 별도로 제작하였고, 『장종수견의궤(藏種受繭儀軌)』라는 이름으로 규장각에 소장되어 있다.

이상의 의궤 기록을 통해 250여 년이 지난 오늘날에도 친경의식을 거행하기까지의 논의과정과 관련 관청들 사이의 협조 내용, 그리고 문제가 되었던 점이 어떤 것인지를 상세하게 알 수 있다.

조선시기 국가행사의 구체적인 면모를 전해주는 기록으로서 의궤의 가치를 더해주는 것은 의궤에 수록된 각종 도설 때문이다. 그런데 현재 전해지는 두 종의 『친경의궤』에는 「관경대도(觀耕臺圖)」라는 이름의 적전에서 각 담당관들의 위치를 기록한 문자 도설만이 실려 있다. 영조 대 다른 국가적 행사 후에는 화려한 채색의 기록화를 함께 그려 행사의 의미를 후세에 전하

1739년 친경도 중의 경적위 부분

려 했으므로 '친경'이라는 이례적인 행사를 치른 후 그 전체의 과정에 대해 상세한 기록을 남긴 것을 보면 친경의 모습을 그린 그림도 반드시 그려졌을 것으로 생각된다. 『친경의궤』에는 이 친경도를 그리기 위해 솜씨 좋은 화원 3명을 선발하도록 한 기록이 있고, 친경행사가 끝난 후 2월 3일에는 친경도를 다시 베껴 그려서 세자시강원에 주도록 했음을 알 수 있다. 이 원본 친경도는 족자 그림이었던 것 같은데 이를 바탕으로 모두 8폭의 친경도 병풍도 제작하였다. 이 친경도는 현재는 전하지 않지만, 일제시기 작성된 논문에 흑백의 도판이 실려 있어 대강의 면모를 확인할 수 있다.

그림은 적전에서 친경할 때의 모습을 그린 것이다. 전체적으로 영조 대에 그려진 다른 기록화와 비슷하게 전반적인 배경이 생략된 채 상단에 소나무 몇 그루를 배치하고 그 아래쪽으로 행사장면을 부감법으로 그려내고 있다. 국왕의 자리와 참여인원들의 배치는 의궤에 수록된 「관경대도(觀耕臺圖)」와 동일하다.

그림 중앙의 상단에는 관경대가 있다. 동서남북으로 계단을 내고 담장을 둘렀다는 설명 그대로의 모습을 하고 있다. 관경대 앞으로는 영조가 친경을 준비하고 마친 후에 돌아가 쉬는 대차(大遮)가 있고 좌우로 왕을 호위하는 장교와 포수 등이 늘어서있다. 그 앞으로 친경하는 모습이 그려졌다. 다른 행사도에서와 마찬가지로 국왕의 모습은 그려지지 않았지만 두 마리의 소가 쟁기를 끌고 있는 장면과 주위에 둘러 선 시경인(侍耕人)들이 그 자리에 국왕이 있음을 확인해준다. 국왕의 친경위에서 아래쪽으로 내려오면 종실과 대신들이 밭갈기 위해 좌우로 벌여선 모습이 있다. 이들의 뒤쪽으로 소 12마리, 수우인(隨牛人 : 소를 끄는 사람) 12인, 삽과 가래를 잡은 서인, 푸른 상자를 든 서인이 각각 6명씩이 있다. 그 아래에는 구경꾼으로 선발된 노인[耆民]들이 서있고 기민의 앞에 헌가(軒架)가 설치되어 있는 모습이다. 그림의 좌우 끝에는 동반과 서반의 백관이 조복을 입고 열립하여 서있고 동반의 뒤에는 경기관찰사 이하 군현의 수령들이 있다. 제일 하단에는 백무의 밭갈이를 마무리하는 농민들이 소와 함께 늘어서있다. 전체적으로 배경을 사실적으로 드러내지는 않았지만 밭의 이랑임을 표현하기 위해 세로선이 옅게 그려져 있다. 족자의 상단에는 친경도(親耕圖)'라는 제목이, 하단에는 '기미정월이십팔일(己未正月二十八日)'이라는 글씨가 있어 이 그림이 영조 15년의 친경행사를 그린 것임을 확인시켜준다.

[참고어] 친경례, 적전, 농경의례

[참고문헌] 이범직, 1991, 『韓國中世禮思想研究』, 일조각 ; 박소동, 1999, 「친경의궤 해제」『(국역)친경친잠의궤』, 민족문화추진위원회 ; 김지영, 2002, 「영조대 친경의식의 거행과 친경의궤」『한국학보』 107 ; 이욱, 2004, 「조선시대 친경례의 변천과 의미」『종교연구』 34

〈김지영〉

친군영둔(親軍營屯) 친군영의 재정을 보용하기 위해 설정·운영된 토지.

친군영은 임오군란을 계기로 편제된 조선의 중앙군영으로, 1882년 11월 좌영과 우영이 창설된 이래 1884년까지 전영, 후영, 별영이 창설되어 5군영의 중앙군제를 이루었다. 또한 구식군대인 용호영(龍虎營)·금위영(禁衛營)·어영청(御營廳)·총융청(摠戎廳)이 흡수되었고, 지방에도 조직이 확대되어 강화의 심영, 평안도의 서영, 경상도의 남영 등이 창설되었다.

친군영둔은 양향청둔(糧餉廳屯)을 이관 받아 설정된 이후, 용호영·금위영·어영청·총융청이 흡수됨에 따라 그 소속 둔전이 대부분 이관되어 규모가 커졌다. 그러나 1894년 친군영이 폐지됨에 따라 탁지부로 이관되었고, 1896년에는 궁내부로, 1898년에는 다시 탁지부로 이관되었다. 1899년에 왕실재정의 강화라는 명분에 따라 궁내부 내장원에서 친군영둔을 관리하고 도조를 징수하였다. 1908년 탁지부 관할이 되었다가, 국유지로 이속되었다.

[참고어] 영문둔전

[참고문헌] 和田一郞, 1920,『朝鮮土地地稅制度調査報告書』

친잠례(親蠶禮) 조선시기 왕비가 직접 뽕잎을 땀으로써 잠업(蠶業)을 장려하는 국가의식.

왕비가 내외명부의 여성들을 거느리고 잠실(蠶室)에 행차하여 함께 뽕을 따는 의식이었다. 삼국시기 초기에 신라의 왕녀들이 무리를 거느리고 삼삼기를 겨루었다는 것처럼 이른 시기부터 잠업장려책이 시행되었다. 직물을 짜는 것은 전통적으로 여성의 일이었으므로 국왕이 행하는 친경과 짝하여 왕비가 시행하였던 것이다. 조선시기의 왕비는 국모로서 여성이 갖추어야 할 덕을 상징하였다. 남성들이 밭에 나가 땅을 갈고 먹을 것을 생산하는 동안, 여성들은 집에서 길쌈을 하여 입을 것을 생산하였다. 길쌈을 하기 위해서는 먼저 누에를 쳐야 했다. 봄에 부지런히 누에를 쳐서 실을 뽑아야, 그 실로 가을에 좋은 비단옷을 만들 수 있었다.

조선에 들어와서는 정종이 선잠(先蠶)의 제사를 지내라고 명령하고, 태종이 1411년(태종 11)에 궁중에서 친잠을 행하라고 명령한 기록이 확인되지만, 1476년(성종 7) 왕궁 후원에 설치한 채상단(採桑壇)에서 실시한 것이 최초의 정제된 의식으로 판단된다. 성종은 승정원에 전교하기를, "후비의 친잠하는 예를 예문관으로 하여금 구례를 상고하여서 아뢰도록 하라.(后妃親蠶之禮, 令藝文館考舊例以啓.[『성종실록』 권70, 7년 8월 22일])"라고 하였다. 이듬해인 1477년(성종 8)에는 그 절차인 친잠응행절목(親蠶應行節目)이 마련되어 제도화되었다. 친잠례의 시기는 1476년에는 3월, 1529년(중종 24)에는 2월에 한 것으로 보아 일정하지 않고, 기후에 따라 뽕잎이 피어나는 것을 보아 실시한 것 같다. 중종과 선조 때에도 실시된 기록이 확인된다.

조선 전기에는 잠업을 진흥시키기 위하여 전국에 잠실을 두었다. 한양에도 동잠실, 서잠실 등 몇 군데에 잠실을 두어 뽕나무를 심고 누에를 치도록 하였다. 궁궐 안의 넓은 후원에도 뽕나무를 많이 심었다. 경복궁과 창덕궁의 후원에 설치한 잠실을 내잠실(內蠶室)이라고 하였는데, 왕비는 주로 궐내의 잠실에서 친잠례를 행하였다.

그러나 1767년(영조 43)에 건국 후 300년 동안에 친잠이 처음이라고 영조가 말한 바를 보면, 친경에 비해 꾸준히 시행되지 않은 듯하다. 3월이나 2월 뽕잎이 피어나는 시기에 왕비는 궁중의 여자 관인들과 종실, 관인의 부인들을 이끌고 절차에 따라 뽕잎을 따 누에에게 먹였다. 좁게는 이것을 친잠이라 하며 초기에는 이것만 실시하였으나, 후대로 내려오면서 누에가 친고치를 거두어들이고 다음해를 위해 씨고치를 갈무리하는 등의 의식을 포함하였다. 각 행사에는 제사와 진하(陳賀), 음식 하사 등이 부수되었다.

조선 후기 1767년의『친잠의궤』에 따르면 당시 뽕잎을 따는 채상단은 경복궁에 설치하였으며 양잠은 명례궁(明禮宮)에서 하였다. 왕비는 다섯 개, 내외명부는 일곱 개, 2·3품의 부인들은 아홉 개 가지의 뽕잎을 땄다. 이는 마치 친경의식(親耕儀式) 때 왕은 5추례(五推禮)의 밭갈이, 세손은 7추례, 종신(宗臣) 이하는 9추례를 행하는 것과 비슷하다.

친잠례를 행할 때 왕비는 황색의 국의(菊衣)를 입고, 또 같은 색으로 된 상자에 뽕잎을 따서 넣었다. 친잠례를 행하기 전에 누에의 신인 선잠(先蠶)에게 제사를 올렸다. 선잠은 중국의 전설적인 인물인 황제(黃帝)의 부인 서릉(西陵)이다. 선잠을 모신 곳이 선잠단(先蠶壇)인데 조선 초기에 동소문 밖에 있다가 후에 선농단이 있는 곳으로 옮겨 함께 모셨다. 선잠에 올리는 제사는 종묘와 사직 다음으로 중요한 중사(中祀) 규모였다. 누에를 쳐 길쌈을 하는 일이 국가의 정통성 다음으로 중요했던 것이다. 선잠에 제사를 올리는 방법은 두 가지였다. 다른 사람을 선잠단으로 보내 대신 행하게 하는 것과 왕비가 친잠하는 장소에 별도로 선잠단을 쌓고 직접 제사를 행하는 방법이 있었다. 이와 같은 친잠의식이 끝나면 만조백관은 왕비의 친잠에 하례를 했다.

누에가 고치를 지어 성견(成繭)이 되면 고치를 거두고 씨고치를 갈무리하는 의식이 있다. 1767년 5월에 작성된『장종수견의궤(藏種受繭儀軌)』를 보면 영조 계비 정순왕후(貞純王后)의 수견례(收繭禮)는 5월 26일에 덕유당(德遊堂)에서 행하고, 백관의 진하(陳賀)를 5월 29일 숭정전(崇政殿)에서 받았다고 한다. 수견례는 상공(尙功)이 죽상(竹箱)에 고치를 가득 담아 왕과 왕비에게 올리면 고치를 친견한 다음, 왕비는 상의(尙儀), 상의는 상복(尙服)에게 주어 보관시키고 친잠과정에서 수고한 관계관을 위로하는 급사(給賜 : 하사하는 것)과정으로 끝난다.

1909년에 폐지된 친경과 달리 친잠은 1924년 순종효황후 윤비(尹妃)가 창덕궁에서 실시한 바 있다. 순종효황후 윤비의 친잠의식은 수원의 현 잠업시험장에서 양력 5월 13일에 소잠(掃蠶 : 어린 누에 떨기)을 하고, 수견(受繭 : 고치따기)은 창덕궁 주합루(宙合樓) 서편의 친잠실(親蠶室)에서 양력 6월 17일에 있었다.

[참고어] 선잠제, 농경의례

[참고문헌] 이선명, 1991, 「15·16世紀 養蠶政策과 그 成果」『한국사론』 24 ; 최임순, 1998, 「18세기 英祖代의 養蠶業 硏究」, 고려대 교육대학원 석사학위논문 ; 남미혜, 2009, 『조선시대 양잠업 연구』, 지식산업사

〈이석원〉

ㅋ

칸(間) 가옥의 규모를 표시하는 단위. 길이와 관련된 개념. 두 개의 기둥 사이의 길이, 네 기둥 안의 면적을 1칸이라 하였다. 간(間), 간수(間數) 등으로도 쓰인다.

전통적으로 칸은 기둥 사이 공간의 수를 세는 말이었다. 작게는 서너 자에서 20자 이상의 크기를 가지기도 하지만 건물이 무엇인지에 따라 대략의 범위는 정해져 있다. 칸은 면적 개념으로도 이용된다. 길이와 마찬가지로 대략의 규모를 세는 단위로 사용되는데 면적에 대해 칸이라는 말을 쓸 때는 보통 사방 네 기둥으로 둘러싸인 공간을 지칭한다. 6칸 대청, 99칸 집 등의 용례가 그것이다. 칸의 개념에서는 반드시 기둥을 상정하고 있다. 그러므로 칸은 기둥이 일렬로 늘어서 기둥렬(柱列)이 직교하며 배열되어 방안(方眼)을 이루어 사각형의 외곽을 갖는 단위이다. 이러한 칸은 중심성과 위계에 따라 어칸(御間), 협칸(俠間), 초칸(梢間) 등으로 나누고 맨 바깥쪽에 위치하고 크기가 작은 것을 퇴칸(退間)이라고 따로 구분한다.

조선 초기 1431년(세종 13) 계급별로 가대의 크기와 집의 간수, 장식의 제한을 정하여 주택의 실질적인 규모를 규제하는 가사규제가 있었으며, 후에 『경국대전』과 『대전회통』에 등재되었다. 간수의 제한은 『경국대전』 공전 잡령에 대군 60간, 군·공주 50간, 옹주·종친 및 2품 이상 관료 40간, 3품 이상 관료 30간, 서인 10간 등으로 나타난다.

대한제국의 양지아문 양안에도 가옥의 칸 수가 기재되어 있다. 양안 작성의 첫 단계인 야초책 첫 기재란에서부터 대지위에 있는 초가(草家)와 와가(瓦家)의 칸 수를 기입하고 있었다. 중초책·정서책에도 각 필지마다 4칸으로 나누어 양전사항을 기재하였다. 그 중 넷째 칸에 해당 필지가 대지(垈地)일 경우 대주(垈主)·가주(家主)의 성명 및 와가·초가의 칸수를 함께 기입하여 토지와 양전에 대한 자세한 정보를 알 수 있도록 하였다.

광무연간의 도량형법(度量衡法)에서 도입하고 있었던 새로운 기본척(基本尺)에서는 칸의 길이를 곡척 6자(尺), 즉 1.818m로 정하였으며 1칸 사방이 1평(坪)이 된다. 1909년(융희 3) 9월 법률 26호로 반포된 도량형법으로 조정되었다.

[참고어] 대, 광무양안, 도량형법, 양지아문

[참고문헌] 『경국대전』 공전 잡령 ; 주남철, 2002, 『한국건축사』, 학술연구총서 57, 고려대학교 출판부 ; 정긍식·田中俊光 역, 2006, 『조선부동산용어약해』 ; 전봉희·이강민, 2006, 『3칸×3칸-한국건축의 유형학적 접근』, 서울대학교 규장각한국학연구원 한국학 모노그래프 14, 서울대학교출판부 〈고나은〉

크럼(巨廉, Raymond Edward Leo Krumm) 대한제국이 양지아문을 설치하여 양전사업을 할 때 수기사(首技師)로 고용된 미국인 측량기술자.

대한제국의 양전사업 때 토지측량 기술진으로는 수기사와 기수보(技手補), 견습과정을 마친 학원이 있었다. 수기사는 외국인 측량기사를 고빙하도록 하였으며, 기수보는 한국인이나 외국인 중에서 적당한 자를 수기사가 시취(試取)하도록 하였다. 견습생은 영어·일어학도로서 충당하도록 하였다. 수기사의 고빙기간은 5년이었고, 기수보와 견습생은 이 기간에 수기사의 지휘를 받아 양전사무에 종사하도록 했다. 1898년 7월 14일 양지아문 총재관 심상훈, 이도재와 체결한 고빙계약에 의해 외국인 수기사로 미국인 크럼이 고빙되었다. 한국명은 거렴(巨廉)이다. 「대한정부에서 미국 양지기사 거렴을 본국 양지 수기사로 고빙하는 합동」이라는 계약서에 의해 고빙되었다. 미국의 공사가 인증하며, 서울외부에 등록하고 한문과 영문계약서를 작성하되 이견이 있을 때에는 영문이 유효하다는 내용으로 7월 15일 알렌 공사가 인증하는 사인을 했다.

고빙 수기사인 크럼은 1898년 9월 15일 내한하여

일본인 공학사 우치다(內田儀平治)를 기수보로 선발하고, 한국인 학생 중 영어전공 15명과 일본어전공 5명 등 20명을 양지견습생으로 선발하여 11월 4일부터 5개월간 측량교육을 실시하였다. 또한 중앙에서 각 지방의 실제 토지측량을 담당하는 양무위원과 학원을 교습하였으며, 양지아문 총재관의 지휘 감독 아래 양지아문령을 준수하여 양지사무와 측량사무를 담당하였다. 국내 전지(田地)의 설보인수(設洑引水), 도로·교량과 포대 및 요충지를 자세히 살피는 일과 서울의 도시를 측량하도록 하였다.

1899년 4월 1일에 크럼이 남대문 앞에서 개시한 한성부의 측량이 우리나라 최초의 근대적인 측량이다. 한성판윤의 입회하에 외국인 측량기사인 수기사 크럼이 양지아문의 모든 학도를 데리고 측량하는 규칙을 자세히 가르치면서 숭례문 안에서 시작하여 수표교로 점차 측량하였다. 1900년에 한성부 지도를 완성하였다.

그러나 서구식 측량방식 도입의 반대 여론, 수기사를 비롯한 고빙기사들에 대한 비용 문제, 동시 다발적인 양전사업의 실시로 서구식 측량제도는 쉽게 정착되지 못했으며 대한제국의 양전사업은 구래의 방식을 기본으로 시행하였다.

[참고어] 광무양전사업, 양지아문, 전국토지측량사

[참고문헌] 리진호, 1989,「측량선생 크럼을 추적하며」『지적』, 대한지적공사 ; 리진호, 1991,『대한제국 지적 및 측량사』, 토지 ; 류병찬, 2006,『(제1 전정판)최신 지적학』, 한국지적연구원

키 곡물의 낟알에 섞여있는 검불이나 돌 등의 이물질을 가려내는 데 사용하는 농기구.

키는 한국 고유의 연장으로서 지역에 따라 '치', '칭이', '챙이' 등으로 불리기도 한다. 대오리나 고리버들을 종횡으로 엮어 짠 후, 둘레를 칡넝쿨이나 소나무 뿌리로 돌려 감아 고정시키는 방식으로 만들어진다. 남부지방은 주로 대나무가, 북부지방은 주로 고리버들을 재료로 한 키가 만들어졌다. 바닥의 안쪽은 움푹하게 만들어 내용물을 담을 수 있도록 한다. 움푹한 안쪽에

키 농업박물관

내용물을 담아 위아래, 또는 앞뒤로 까불러 섞여 있는 검불을 날려 보내거나, 돌 등을 한쪽으로 모이게 함으로써 곡물의 낟알을 가려내는 데 사용되었다.

『훈민정음해례본(訓民正音解例本)』(1447)과 『사성통해(四聲通解)』(1517)에는 '키'로 표기되어 있다. 조선시기 『농사직설(農事直說)』(1429)에 까부르다는 의미를 지닌 한자 '파(簸)'로 키를 나타내고 있다. 『사성통해』에서 '기(箕)'가 사용된 이후부터는 『훈몽자회(訓蒙字會)』(1527)의 '箕(키 긔)', 『산림경제(山林經濟)』(17세기 말~18세기 초)의 '箕', 『재물보(才物譜)』의 '箕(쌀을 까부르는 기구[揚米器] 키)', 『해동농서(海東農書)』(18세기 후반)의 '箕' 등 기(箕)가 키를 나타내는 표기로 정착되어 가는 모습을 보인다. 다만 중국의 기(箕)와 우리의 키는 그 모습이 다르다. 중국 명나라대의 『농정전서(農政全書)』를 보면 중국 기는 날개가 없고 앞 부분이 세모꼴로 튀어 나온 반면, 『해동농서』에 그려진 조선의 기는 날개가 달려 있고 앞이 아래쪽으로 향해 있어 중국과는 반대 방향을 취하고 있다. 19세기 말 『기산풍속도(箕山風俗圖)』(1895)에 그려진 그림을 보면 키와 부뚜가 함께 사용되었음을 알 수 있는데, 한 사람이 키에 곡물을 담아 위에서 까부르면 다른 사람은 부뚜로 바람을 일으켜 검불을 날리게 하였던 것이다.

[참고문헌] 金光彦, 1986, 『韓國農器具考』, 韓國農村經濟研究院

ㅌ

타량(打量) 토지를 측량하는 것.

『경국대전주해』에 따르면 '타(打)'자는 조어(助語)라고 하므로, 결국 토지조사를 뜻하는 양전과 같은 용어이다. 실제 용례 상에서도 양전과 같은 말로 쓰이기도 하고, 혹은 양전의 전체 업무 중 토지의 측량을 지칭하기도 하였다. 전형(田形)이 불분명한 전지를 일정한 전형으로 마르다라는 뜻의 '재작(裁作)'과 함께 쓰이는 경우도 있다. 예컨대 1820년(순조 20) 경상감사 김이재(金履載)가 올린 양전사목 중에는, "전지의 형태가 매우 분명하지 않은 곳은 사목에 의하여 모두 직전이나 방전으로 만들어[裁作] 측량[打量]하고, 전지의 형태의 밑에 '재작(裁作)'이란 두 글자를 기록한다.(田形甚不明白處依事目, 皆以直田方田裁作打量, 田形之下, 懸錄裁作二字.[『순조실록』 23권, 20년 3월 27일 계미]"고 했다.

[참고어] 양전, 양안

[참고문헌] 『經國大典註解』; 『純祖實錄』

타조법(打租法) 소작지에서 농작물을 수확할 때 지주 및 대리인이 소작인과 함께 입회하여 실제 수확물을 관습 또는 계약에 의거 정해진 비율에 따라 분배하는 소작료 징수방법.

타조법은 관습이나 계약에 따라 정해진 정률(定率)의 소작료를 징수하는 방법으로, 이미 수확된 생산물을 탈곡·가공한 후 약정된 소작료율에 따라 나누는 것을 가리킨다. 지주나 대리인이 소작인과 함께 실지 입회하여 수확물을 나눈다. 소작료의 분배율은 소작계약과 동시에 결정되는 것이 관행이며, 소작료의 액수는 소작지 작물의 수확량에 따라 결정된다. 타조법은 대체로 수확량의 1/2을 징수하는 경우가 많다. 그러므로 수확량(벼와 볏짚)을 절반한다는 뜻의 절반법, 반경(半耕), 반작(半作) 등으로도 부른다. 그 외 타작법(打作法), 병작법(竝作法), 예분법(刈分法), 절반법(折半法), 반작(半作), 분작(分作), 어우리, 병농(併農), 병경(併耕), 경반작(耕半作), 타병(打並), 타분(打分) 등으로 칭한다. 지방에 따라서는 타작을 타조법의 생산물 수확·가공을 일컫는 말로 사용되기도 한다.

타조법은 구래의 소작관행 중 가장 오래된 것으로, 소작의 기원과 함께 비롯되었으리라 여겨진다. 『고려사』에 의하면 973년(광종 24) 12월에 "진전 개간인은 사전이면 첫해 수확의 전부를 가지며, 2년째 비로소 전주와 분반한다.(陳田墾耕人私田則初年所收全給二年始與田主分半[『고려사』 권78, 「志」 32 「食貨」 1 田制 租稅])"는 기록이 있다. 또 1111년(예종 6) 8월에는 "3년 이상 진전은 개간 경작하여 수확을 얻는데 2년까지지는 전호가 전체를 거두어 가고 3년째가 되면 전주와 반분한다.(三年以上陳田墾耕所收兩年收佃戶第三年則與田主分半[『고려사』 권78, 「식화지」1 전제 조세])"라는 기록이 있다. 이를 통해 적어도 고려시기에는 타조법에 의해 전주와 전인(佃人) 간에 수확물을 분배하고 소작료를 징수하고 있었음을 알 수 있다. 조선시기의 소작료 징수방법은 크게 도지법과 병작법, 그리고 타조법으로 분류되었는데 그 중 타조법은 수리시설이 체계적으로 갖추어지지 않았던 당시 상황에 적합한 소작료 징수방법이었다. 경기이남 지역을 비롯한 각도에 널리 행해졌다.

타조법은 분배율에 따라 반분(半分), 삼분병작(三分併作), 육분병작(六分併作) 등으로 구분한다. 또한 소작료 징수에 앞서 수확물을 나누는 방법에 의해 속분(束分), 곡분(穀分), 휴분(畦分)으로도 구별된다. 속분은 전답의 곡식을 베어서 다발을 만들어 놓은 상태로 수확물을 나누는 방식을 말하는 것으로, 단가림·뭇가림·속타작(束打作)·단타작이라고도 한다. 강원도 이북의 일부 지역과 함경도의 일반적 관행이다. 곡분은 곡실분(穀實分), 알가림으로도 불리는데 수확물을 가공한 후 소작료 징수를 위해 나누는 방식으로 강원도, 경기도 이남의 각 도, 황해도, 평안남북도 지방에서 행해졌다. 휴분은 이랑·두둑을 경계로 소작물을 나누는 방식으로 골치기, 골내기, 유람타작 등으로 칭한다. 이렇듯 속분과 곡분의 구별은 각 지역의 특성에 따른 것으로 속분이 가장 기본적인 방식에 속한다. 속분이 실시된 함경도 지방은 대지주가 드물고 자작농이 많은 지역으로 조선 후기에 소작농이 생기면서 편의에 의해 속분을 널리 실시하였다. 그 후 대지주와 부재지주가 증가함에 따라 곡분이 증가하는 추세를 보였다. 이에 반해 곡분은 경기이남, 황해도·평안도 일대 등 대지주가 발달한 지역에 주로 분포하였다. 하지만 산간지대에서는 속분타작을 실시하는 예가 많다.

타조법의 특징은 다음과 같다. 타조소작의 계약은 주로 구두계약이며 증서계약은 극히 드물었다. 소작기간을 거의 정하지 않았으며, 소작지 인도는 소작계약과 동시에 이루어졌다. 소작인이 비료, 농구, 종자 등을 대체로 부담하였으며 지세·소작료 외의 색조(色租), 장세(場稅), 두세(斗稅) 등을 부담하는 경우도 있었다. 수확물을 지주와 소작인 간에 절반하고, 지세와 종자를 지주가 부담하거나 수확물에서 지세와 종자에 상당하는 수량을 공제하고 그 나머지를 지주와 소작인이 절반하는 경우가 가장 흔한 사례였다. 또한 지주는 소작인의 태만과 소극적인 저항을 막기 위해 경작이나 영농에 많이 간섭하였다.

타조법은 일제시기 관개시설이 체계적으로 정비됨에 따라 점차 감소하고 정조법에 의한 소작이 증가하였다. 1930년대에는 타조가 답 약 52%, 전 약 38%정도 행해졌다. 경상도·전라도를 제외한 황해도·평안도 등에 주로 분포하고, 제주도, 울릉도를 비롯한 도서지방에도 널리 행해졌다. 일제시기 고액의 소작료와 흉작시의 낮은 감면율 등을 이유로 소작인이 정조법을 타조법으로 다시 변경을 요구하여 바뀐 사례도 있다.

[참고어] 집조법, 정조법, 색조, 장세, 두세

[참고문헌] 『고려사』; 조선총독부, 1932, 『朝鮮ノ小作慣行(上)·(下)』; 조선총독부, 1932, 『朝鮮ノ小作慣行 : 時代と慣行』 〈고나은〉

탁지부공보(度支部公報) 1908년 10월부터 탁지부에서 부서의 업무와 관련된 법규·명령 등을 묶어 소식지의 형태로 간행한 공보.

18책이 현존하며 신식활자본으로 인쇄하였다. 매주 2회, 화요일과 금요일에 발행하는 것이 원칙이었고, 가끔 호외도 나왔다. 내용은 법규·영달(令達)·휘보 및 서임(敍任)과 사령(辭令) 등 크게 네 부분으로 되어 있다.

법규에는 칙령(勅令)·법률·각령(閣令)·부령(部令)·예산·예비금지출 등이, 영달에는 훈령(訓令)·조회와 화답·고시(告示)·부의결정(部議決定)·통첩(通牒)·지령(指令)·내훈(內訓)·명령 등이 각각 수록되어 있다. 휘보에는 주로 부내의 소식이, 서임과 사령에는 임직원의 이동 상황이 실려 있다. 그리고 앞의 호에 착오가 있을 경우에는 다음 호의 말미에 정오표(正誤表)를 붙이고 있다. 간혹 부록으로 그 때까지의 조세징수액집계표·역둔도수입현계표(驛屯賭收入現計表) 등의 도표와 탁지부 소관 국유지실지조사세칙 등이 첨부되기도 한다.

규장각 도서본은 통감부 감사부(監査部)에서 월별로 편철(編綴)한 것으로, 각 책의 첫머리에 그 책 수록 내용의 목록(다음 달에 발행된 것의 부록)이 실려 있다. 규장각 도서에는 1909년 이후에 발행된(제83~133호) 탁지부공보에 대한 목록집(통감부편)도 소장되어 있어 공보 이용에 도움을 준다.

[참고어] 재무주보, 재무휘보

[참고문헌] 『탁지부공보』 〈이영학〉

탁지전부고(度支田賦考) 조선 후기에 호조에서 전답 총 결부수와 부세 총수의 변동을 기재한 책.

현재 서울대학교 규장각한국학연구원에 소장되어 있는데 총 5종이 전해지고 있다. 청구기호 규(奎) 5470(6책), 5173(4책), 12208(2책), 2939(1책), 1940(1책) 등이 그것이다. 규5470의 경우 부편이 1815년(순조 15)이다. 이 책이 다루고 있는 시기는 1684(숙종 10)~1780년(정조 4) 사이로 10년마다의 수치를 수록하고 있다.

1796년(정조 20) 우의정 윤시동(尹蓍東)의 상주로 팔도사도전답(八道四都田畓)의 원결진환기총수(元結陳還起總數)를 통계하여 편찬한 책이다. 편성지침은 다음과 같다. ① 전부(田賦)의 제(制)는 경국대전과 문헌비고에 있으니 호조사례(戶曹事例)를 약거(略擧)하고 대동(大同), 균역(均役)을 다루지 않는다. ② 전총(田總) 부총(賦總)은 각기 문목(門目)을 세웠는데 세(稅)·공(貢) 중 역역(力役)에서 나오는 것은 전결(田結)에 총계하지 않았다. ③ 전총 중에서 원장부(元帳付)는 개량(改量) 혹은 개읍(改邑)한 것만을 별도로 매 갑년(甲年) 대총(大總)을 기록하여 10년간의 증감의 수를 포함시켰다. ④ 탈전결(頉田結)은 <유래진잡탈(流來陳雜頉)>이라 기재하였다. ⑤ 급재도수(給災都數) 가운데 영재지목(永災之目)은 출세실결(出稅實結) 중 출환기지명(出還起之名)으로, 원총(元總)

에 나타난 것과 차이가 있다. ⑥ 부총(賦總) 가운데 외감제조(外減諸條)는 일정한 예(例)이므로 연수(年數)에 관계없다. <가입(加入)>은 별도로 구획했는데 청득(請得)한 것은 실상납(實上納) 뒤에 두었다. ⑦ 오래된 문적(文籍)은 고증할 수 없는 이상 갑자년(甲子年)에서 을미년(乙未年)까지는 빠진 곳이 많아 일례(一例)로서 기재할 수 없었다. ⑧ 제도상납(諸道上納)의 예가 같지 않은 것과 제반 면세(免稅)가 각 읍에 산재한 것은 전부총대수(田賦總大數)로서는 알 수 없으므로 식례(式例)로서 실결(實結)에 나타난 것은 별도로 횡간도(橫看圖)를 작성하여 편말(篇末)에 붙여서 참고하게 했다. 상납(上納) 가운데 무장노비공(巫匠奴婢貢)과 면세 가운데 관둔역진(官屯驛津) 등 명목은 번잡하다. 한편 전부고가 완성된 다음에도 지속적으로 수정되었는데, 1797년(정조 21) 정조는 전부고를 이정(釐正)할 것을 지시하기도 했다.

[참고문헌] 이철성, 2003, 『17·18세기 전정 운영론과 전세제도연구』, 선인 ; 한영국, 1986, 「해제에 대하여」 『탁지전부고』 상(여강출판사, 1986, 영인본)

〈염정섭〉

탁지지(度支志) 18세기 후반 정조의 명에 따라 호조와 관련된 전교(傳敎), 절목(節目), 사실(事實) 등을 정리하여 편찬한 책.

『탁지지』는 정조 대 편찬된 여러 관서지(官署志) 가운데 하나이다. 정조의 왕명으로 1781년(정조 5)에 『춘관지(春官志, 예조)』, 『추관지(秋官志, 형조)』가 편찬되었고, 1784년(정조 8)에 『규장각지(奎章閣志, 규장각)』, 『홍문관지(弘文館志, 홍문관)』가 만들어졌으며, 다음해인 1785년(정조 9)에 『태학지(太學志, 성균관)』가 편찬되었다. 다른 관서지와 마찬가지로 『탁지지』도 정조의 왕명으로 편찬되었다. 필사본 20권 10책으로, 서울대학교 규장각한국학연구원에 소장되어 있다.

『탁지지』가 편찬된 시기는 1788년(정조 12)이다. 정조의 문집인 『홍재전서(弘齋全書)』 183권 군서표기(群書標記) 항목을 보면 정조의 왕명으로 『탁지지』가 무신년(戊申年) 즉 1788년에 편찬되었다는 기록이 있으며, 편찬을 주관한 사람이 박일원(朴一源)이라는 것도 확인할 수 있다.

박일원은 『탁지지』를 편찬할 당시 탁지랑 즉 호조낭관직에 근무하고 있었다. 그는 형조정랑일 때 형조판서 김노진(金魯鎭)의 지시를 받아 『추관지(秋官志)』를 편찬한 경험을 갖고 있었다. 『탁지지』 편찬에 나선 그는 당시 호조와 관련된 지(志)가 없었기 때문에 서리(胥吏)들이 작성한 장부(帳簿)를 모아서 초고를 만들었다.

초고로 편찬한 『탁지지』는 왕명에 의거하여 만들어졌지만 증보(增補)와 수정(修正) 작업을 위해 박일원의 집에 소장되어 있었다. 1796년(정조 20) 7월 8일에 정조가 당시 호조판서(戶曹判書)이던 이시수(李時秀)에게 박일원이 편집한 『탁지지』를 본 적이 있는지 물었을 때, 정조는 『탁지지』의 원본이 그의 집에 있다는 점을 파악하고 있었다. 이시수는 그 책을 본적이 없다고 하자, 이후 정조는 이를 등출(謄出)하도록 지시했는데, 현재 규장각에 소장되어 있는 『탁지지』는 당시 정조의 명을 받아 선사(繕寫)한 것으로 보인다.

『탁지지』의 제목에 들어 있는 '탁지(度支)'는 글자대로 해석하면 '계산하는 것을 헤아리다'라는 뜻이다. 호조를 탁지로 부르는 것은 재정출납을 담당하고 전세(田稅) 수입 지출을 관장할 때 정확한 계산을 제대로 헤아리는 것이 중요했기 때문이다. 그리고 『탁지지』 범례를 보면 탁지를 '탁용지비(度用支費)' 즉 '용도를 헤아리고 비용을 계산한다'라는 뜻으로 풀이하고 있다. 결국 탁지는 국가의 쓰임을 잘 헤아려 계산하는 것이니 이는 곧 호조가 하는 일의 가장 중요한 부빈이었다. 호조의 관서지 이름을 '탁지지'로 정한 것은 호조가 하는 일의 실상을 알리기 위한 것으로 볼 수 있다.

정조는 호조가 천관(天官) 다음으로 나라에서 중요하게 파악하여 지관(地官)으로 간주된 것에 대해 나름대로의 설명을 붙여놓았다. 정조의 설명에 따르면 호조가 나라의 재정을 맡아 해마다 벌어지는 일을 관장하는데, 이를 낭비하느냐 절약하느냐 여부에 재정 상태의 충실함과 허약함이 관계되고, 또한 이로움과 해로움이 곧바로 백성들의 목숨이 달려있기 때문에 나라에서 중요하게 여기는 정도가 천관에 버금가는 것이라고 하였다.

『탁지지』의 구성내용은 크게 국왕의 전교(傳敎)를 수록하고, 다음에 절목(節目)이나 사목(事目)을 적은 다음 말미에 사실을 수록하였다. 이는 조선의 법률에 해당하는 국왕의 왕명(王命)을 바탕으로 실무적인 세부 규정인 절목과 사목을 시행하여 벌어졌던 역사적 사실(史實)을 일목요연하게 제시하려는 것이었다. 그리하여 임금의 명령을 존숭하고, 실제 일을 처리하는 데 필요한 조례(條例)를 상세하게 갖추면서 동시에 역사적 사실의 전모를 드러내려는 의도로 구성되어 있었다.

『탁지지』의 편차(編次)는 크게 내편(內篇)와 외편(外篇)으로 나뉘어 있는데, 내편은 호조의 관제를 정리한 것이다. 내편의 책머리에는 아사전도(衙舍全圖)와 탁지지총요(度支志總要)가 실려 있고, 이어서 호조, 속사(屬司), 직장(職掌), 이례(吏隷), 늠록(廩祿), 관사(館舍), 잡의(雜儀), 고적(古蹟), 사례(事例) 등 아홉 항목으로 구성되어 있다. 이는 호조의 전체적인 규모를 총괄한 부분이다. 외편은 판적사, 회계사, 경비사 3부로 나뉘어 있는데, 판적사에는 판도(版圖)·전제(田制)·조전(漕轉)·재용(財用)·공헌(貢獻)의 5항목, 회계사는 창고(倉庫)·해유(解由)·조적(糶糴)의 3항목, 경비사는 오례(五禮)·경용(經用)·요록(料祿)·황정(荒政)의 4항목으로 구성되어 있다.

[참고문헌] 한우근, 1967, 「解題」『度支志』(서울大學校古典叢書), 서울대학교출판부 〈염정섭〉

탈점(奪占) 권력자나 권력기관 등이 권세를 이용해서 불법적으로 토지나 백성을 빼앗아 점유하는 현상.

고려의 기본적인 토지법제인 전시과체제는 12세기 초반부터 동요하는 조짐이 보이더니, 무신란 이후 본격적으로 붕괴하기 시작하였다. 그 붕괴는 권력자와 권력기관 등에 의한 대규모 토지겸병으로 이어져 후기 토지제도 모순의 보편적 현상인 소위 '농장'의 발달로 나타났다.

농장이 형성되는 요인에 대해서는 개간, 기진, 탈점, 매득, 장리, 사패, 투탁 등이 지적되고 있다. 그러나 고려 후기의 토지문제와 관련하여 가장 많은 기록을 남기고 있는 것은 탈점이다. 이는 탈점이 농장 발달에 있어 중요한 요인임을 말해준다. 이 시기 불법적 탈점이 성행하고 있었다는 사실은 국가 공권력의 붕괴와 농장의 확대가 밀접한 관련을 가지고 있음을 보여주는 것이다.

탈점은 12세기 초반 이자겸(李資謙)의 집권과 반란을 전후한 시기부터 나타나기 시작하였다. 이때는 주로 이자겸과 그의 일문에 의해 이루어졌다. 탈점이 본격화되었던 것은 무신집권기부터였고 원간섭기에 더욱 가속화되어 고려 말까지 이어졌다.

무신집권기에는 주로 집정자들과 그들의 인척, 권력과 밀접한 관계를 맺고 있던 권신들과 그들 휘하 사람들에 의해서 자행되었다. 특히 최씨 무신집권자들은 수천에 달하는 사병을 거느리고 그것을 통해 정권을 유지했기 때문에 군사력을 유지하기 위해 토지와 인구를 집중하였다. 이러한 현상은 다른 무신집권자들도 마찬가지였다.

원간섭기 이후 탈점은 더욱 보편화되고 전국적인 규모로 확산되었다. 당시 이를 주도했던 것도 주로 권력층에 속했던 자들과 권력기관이었다. 일반적으로 '권세지가(權勢之家)'·'호세지가(豪勢之家)'·'권귀(權貴)'·'권호(權豪)'라 불렸던 자들로서, 구체적으로 제왕(諸王)이라 불렸던 왕실의 종친, 재추의 고위 관료와 거가세족, 공신, 사심관 등의 지방관, 거기다 사원이나 원성전, 정화원 등의 궁원, 심지어 국왕조차도 탈점의 주체가 되었다. 그 외 장군방, 응방, 겁령구(怯怜口), 내수(內豎), 홀치(忽赤), 사복(司僕), 순군(巡軍) 등도 이에 가세하였다.

원간섭기 이후에 더욱 심화되는 것은 정치사회의 혼란된 상황과 밀접한 관련이 있었다. 30여 년에 걸친 몽골과의 전쟁, 삼별초의 난, 일본 원정 등으로 막대한 인구가 손실되었고 농토가 황폐화되었다. 그 결과 국가재정은 파탄 상태에 이르렀다. 하지만 원간섭기의 정치상황은 이러한 파탄 상태를 근본적으로 개혁하기 힘들었기 때문에, 각자 필요한 재정을 확보하기 위해 왕과 왕실, 국가기관에서도 직접 토지집적의 대열에 나섰던 것이다. 거기다 부원배나 원과 관련된 권력기관 역시 권세를 이용해 불법적 탈점에 앞장섰다.

왕에 의한 토지겸병은 충렬왕 대부터 시작되었다. 원나라에 행차하는 데 필요한 여행 경비였던 반전(盤纏)을 조달하기 위해 과렴뿐 아니라 왕이 직접 토지겸병과 인구 집적에 앞장섰던 것이다. 비용이 막대한데다 국가재정이 고갈된 상태였기 때문에 부득이했다고는 하지만, 그 과정에서 불법적인 전민탈점(田民奪占)이 수반됨으로써 혼란을 가중시켰다.

탈점의 방식도 다양해졌다. 원의 정치적 간섭으로 위상이 불안해진 국왕은 왕권 유지를 위해 비상수단을 강구하였다. 자신의 측근이나 원과 관계를 맺고 있던 권력기관 등의 물적 토대를 마련해준다는 구실로, 더하여 전쟁으로 인해 황폐화된 농경지를 복구한다는 명목으로, 사패지를 재력을 지닌 권력층과 권력기관 등에게 하사하여 그들로 하여금 개간에 참여케 하였다.

사패전으로 지급된 진황지는 산천으로 표시될 정도로 광대한 것이었으며 소유면적에 특별한 제한이 가해지는 것이 아니었기 때문에 적게는 30~40결에서 많게는 2,000~3,000결에 달하였다. 그리고 개간된 사패전은 소유권이 인정됨과 동시에 면조(免租)의 조처가 취해진 것으로 보인다. 그 결과 사패전을 통한 대토지집적이 성행할 수밖에 없었다.

한편으로 개간이 거의 완료된 뒤에도 사패를 빙자하여 타인의 토지를 한광지(閑曠地), 무주진황지(無主陳荒

地)라 사칭하고 탈점하고 권력에 의지하여 공조(公租)를 납부하지 않는 현상이 날로 심해져갔다. 이 결과 토지 분쟁은 물론이요 국가수조지인 공전을 감축시킴으로써 재정부족을 더욱 촉진하였다. 즉 "제왕, 재추 및 호종신료, 여러 궁원, 사사가 한전을 점유할 것을 희망하고, 국가 또한 농사에 힘쓰고 식량 생산을 중시한다는 뜻에서 사패하였다. 그러나 사패를 빙자하여 비록 주인이 있는 땅도 모두 빼앗으니 그 폐단이 심하다.(諸王·宰樞及扈從臣僚·諸宮院·寺社 望占閑田 國家 亦以務農重穀之意 賜牌 然憑藉賜牌 雖有主付籍之田 並皆奪之 其弊不貲[『고려사』 권78, 「식화지」2 충렬왕 11년 3월 하지])"고 하였다.

더불어 사회의 혼란을 틈타 부원배를 위시한 권세가에서는 문계를 조작하여 노비, 전정을 탈점하기도 하였다. 더불어 지방의 향리와 백성들이 권세가에 의탁할 생각으로 문서를 위조하여 경외(京外)의 양반, 군인의 가전, 영업전 등을 한지(閑地)라 속이거나 권세가의 토지라고 속여서 탈점을 하는 경우도 있었다. 문서를 위조하는 것보다 더한 것이 소위 '수정목공문(水精木公文)'이라는 것이었다. 권신 등이 노비를 시켜 남의 토지를 수정목으로 때려서 강제로 빼앗는 것을 일컫는 것인데 그 토지의 주인이 공가의 문권을 가지고 있어도 감히 시비를 가릴 수 없었다고 한다.

흔히 당시 농장의 광대함을 묘사하는 것으로 '과주포군 산천위표(跨州包郡 山川爲標)'라는 표현이 많이 등장하고 있다. 예를 들면 종실인 왕숙은 자신의 여동생이 원나라 인종의 총애를 받는 것을 기화로 권력을 이용하여 해주의 토지 5,000여 결을 탈점하여 해주가 부세를 감당하지 못해 관인을 도당에 반납하는 일까지 있었다. 이렇게 광대한 토지를 개인이 단기간에 집중할 수 있었던 것은 권력을 이용한 불법적인 탈점이기 때문에 가능한 것이었다.

탈점 대상 토지는 종묘, 학교, 창고, 사사, 녹전, 군수전 및 국인세업전, 제창고, 궁사(宮司), 어분지전(御分之田), 종실, 공신, 시조(侍朝), 문무지전(文武之田), 외역·진·역·원·관전(外役·津·驛·院·館田) 등 국가, 관청 내지 왕실 소속의 토지와 사원전은 물론 양반전과 일반농민의 소유 토지인 민전에 이르기까지 거의 전 영역에 걸친 것들이 대상이 되었다. 그리고 주로 군수에 충당하기 위해 사전이 설치되지 않았던 양계지역까지도 탈점의 대상이 되었다.

이렇게 국가적 분급제 아래의 공·사전을 막론하고 광범위한 토지가 탈점의 대상이 되었다는 것은 국가적 분급제인 전시과제도의 붕괴 원인이 토지 탈점에 있었음을 의미한다. 따라서 탈점대상인 토지는 개인의 사유지도 있었지만 대다수는 분급 수조지였던 것으로 보인다.

이러한 광범위한 불법적인 탈점은 국가권력의 마비로 수조지에 대한 사적 권한이 강화되어 사전이 조업전화 되었던 것도 그 이유가 될 것이다. 고려 말 전제개혁 당시의 상소에 의하면 간흉한 무리들이 산천으로 표식을 삼아 모두 조업전이라 하고 서로 빼앗아 훔치니 1무의 주인이 5, 6인이 넘고 1년의 수조가 8, 9번에 이른다고 하며 그에 따라 농민이 유망하고 호구가 텅비게 되었다고 한다. 이는 당시 수조권분급제가 극도로 문란해졌음을 말해준다. 이러한 수조권분급제의 문란은 단지 수조지가 겹치는 형태로 농민들을 수탈하는데 그치는 것이 아니라 광대한 지역에 대한 수조권의 침탈을 통해 수조지를 집적하는 형태로 토지를 겸병할 수 있게 되는 배경이 되었다.

그런데 탈점은 토지에만 국한된 것은 아니었다. 당시의 여러 사료에서 탈점은 전민탈점(田民奪占)이라 하여 토지와 더불어 경작노동력인 농민도 탈점의 대상이었음을 보여준다. 당시 권세지가에서는 전장을 설치하고 많은 백성들을 은닉하여 부역을 포탈하고 있어 문제가 되었다. 즉 "처간은 토지를 경작하여 조는 주에게 바치고 용·조는 관에 바치니 바로 전호이다. 권귀들이 많은 백성을 모아 처간이라 하고 삼세를 포탈하여 그 폐단이 아주 심하였다.(處干 耕人之田 歸租其主 庸調於官 卽佃戶也 時權貴多聚民 爲之處干 以逋三稅 其獘尤重[『고려사』 권28, 「세가」 충렬왕 4년 7월 을유])"고 한다. 고려 후기 처간은 전호로서 전기 이래로 토지를 경작하여 그 전주에게 조를 바치는 존재였으나 본래 국가의 공민이었기 때문에 용·조는 국가에 바쳐야 했다. 그러나 이때 권귀들이 삼세 모두를 수탈하였다는 것은 공민인 전호들을 자신의 예속민으로 만들었음을 의미한다.

탈점으로 인한 토지겸병 현상이 거대한 사회 문제로 발전했던 것은 수조지가 겹쳐 1년에 여러 차례 경작농민에게 수취하는 것뿐만 아니라, 탈점지로부터 전조를 수취하는 것에서 더 나아가 경작 농민까지 예속시켜 국가에 마땅히 바쳐야할 용·조까지 탈취했다는데 있었다. 이것은 수취체계의 문란을 야기한 것과 동시에 국가의 입장에서 보면 '공부지전(貢賦之田)'의 침탈이자 국가 기반이 되는 공민(公民)까지 탈취 당했음을 의미했다.

이를 통해 볼 때 당시 탈점으로 형성된 농장은 상당수가 개인의 사유지보다는 수조지를 탈점하여 이루어졌음을 알 수 있다. 그러한 농장의 토지지배는 그 토지를 경작하던 농민마저 탈점하여 그들로부터 조·용·조의 삼세를 수탈하는 방식이었던 것 같다.

그런데 일반농민뿐 아니라 노비에 대한 탈점도 병행되고 있었는데, 이 역시 농장발달의 추세와 관련하여 경작 노동력을 확보하는 것과 무관하지 않았다.

권력자와 권력기관 등에 의해 탈점된 토지의 경영은 국가 공권력을 이용하거나 또는 자신의 가신이나 노비를 통해 이루어지고 있었다. 충렬왕은 조신(朝臣)을 각 도에 나누어 보내면서 권농사라 칭하고 공·사의 양전을 택하여 백성을 모아 농사짓게 하고 공부를 면제시켰다고 한다. 또한 토지 겸병가의 수조하는 무리들이 병마사, 부사, 판관이라 칭하거나 별좌라고 칭하는 등 공권력을 빙자하여 지방 수령이나 안렴사를 무시하고 월권을 행사하는 경우도 있었다.

무신집권자의 한사람인 김준(金俊)은 농장을 사방에 설치하고 자신의 가신들을 보내 관리하였다. 임견미(林堅味), 염흥방(廉興邦) 등의 권신은 백성의 토지를 탈점하여 자신의 노비를 관리인으로 삼았다. 최씨 집권자 최항(崔沆) 역시 양반·군인·한인 등의 전정을 침탈하여 색장원(色掌員)이라는 관리자를 보내어 관리하였다.

가신이나 노비들은 주인을 대신하여 농장이 설치된 지역에 상주하면서 경영하였던 것 같다. 그들은 농장 농민을 상대로 단순히 취렴만 한 것이 아니라 재생산이 어려운 자들에게 파종시 종곡을 빌려주거나 고리대를 행하기도 하였다. 또한 전호를 상대로 면, 마, 밤, 대추, 말린 고기 등을 강제로 매매하거나 여비까지 수탈하는 것 등을 보면, 농장 농민에 대한 착취가 조세만이 아니었음을 추측할 수 있다.

한편 민에 대한 탈점이 가속화되었던 것은 권세가가 농장 노동력의 확보를 위해 불법을 자행했기 때문이다. 그러나 또 다른 측면에서 보자면 몰락 농민인 소규모 영세농의 경우에는, 당시 수취체제의 문란으로 인해 국가로부터 규정 이상의 각종 수탈을 당하면서 공민으로 남아있느니 차라리 권세가의 농장에 투탁하는 편이 나았기 때문이기도 했다. 권귀가 민전을 침탈하고 간사하고 어리석은 백성이 그들의 힘을 이용하여 부역을 면제받고 있었다거나, 가렴주구에 시달리는 백성들이 다투어 응방에 투속하고 있는데 그 수를 이루 다 헤아릴 수 없었다는 것이나, 무릇 호강지가에 은닉된 농민들은 날로 부요하고 안락해지고, 혈유잔민(孑遺殘民)만이 부렴에 시달리고 있었다는 사실 등을 통해 당시의 사정을 짐작할 수 있다.

토지와 민에 대한 탈점 현상은 국가적 토지분급제의 문란과 공권력의 붕괴가 겹쳐 나타난 것으로 고려 후기 토지제도의 문란상을 그대로 반영한 것이었다.

조정에서는 전민에 대한 탈점 문제를 해결하기 위해 원종 대부터 고려 말에 이르기까지 충정왕 대를 제외하고 전민변정(田民辨正)사업을 실시하였으나 근본적으로 해결하지 못하였다. 결국 고려 말의 전제개혁, 즉 과전법의 시행을 기다릴 수밖에 없었다.

[참고어] 농장, 사전, 과전법

[참고문헌] 宋炳基, 1969, 「高麗時代의 農莊-12世紀 以後를 中心으로-」『韓國史研究』 3 ; 李景植, 1986, 「高麗末期의 私田問題」『朝鮮前期土地制度研究』, 一潮閣 ; 洪承基, 1987, 「高麗末 兼倂에 대하여」『史學研究』 39 ; 姜晋哲, 1989, 「高麗의 權力型 農莊에 대하여」『韓國中世土地所有研究』, 一潮閣 ; 안병우, 1994, 「고려후기 농업생산력의 발달과 농장」『14세기 고려의 정치와 사회』, 민음사 ; 위은숙, 1998, 「사적 대토지소유와 경영형태」『高麗後期 農業經濟研究』, 혜안

〈위은숙〉

탕천촌(湯淺村) 한말·일제 초기 경상남도 밀양군 상남면 동촌 일대에 조성된 일본인 이민촌.

탕천촌은 러일전쟁 이후 히로시마현(廣島縣) 출신 유아사 봄페이(湯淺凡平), 후쿠오카현(福岡縣) 출신 노세시 고우키치(野瀨廣吉), 오카야마현(岡山縣) 출신 마쓰시타 데이지로(松下定次郎) 등의 농업경영과 이주사업에 힘입어 순차적으로 형성되어 갔다. 처음부터 한국인과 일본인의 혼재형 촌락이 아닌 순수 일본인 이주촌으로 조성되었다. 당시 이곳은 낙동강지류인 밀양강의 우안에 위치한 비옥한 충적토 지대로, 수리시설이 갖추어지지 않아 극히 일부만 밭으로 개간 경작될 뿐 대부분 미간지로 방치된 상태였다. 처음 이 지역의 농업적 가치를 주목한 자는 1903년 한국에 건너와 밀양군 삼랑진에 거주하고 있던 일본인 지주 유아사였다. 그는 1905년 이 일대 토지를 대거 구입하고 부근 일본인들을 소작인으로 삼아 농업경영에 나섰다. 1906년 자신이 고용하고 있던 고치현(高知縣)·나라현(奈良縣) 출신 일본인들을 이곳에 이주시키면서 '탕천촌'으로 불리기 시작했고, 한국인들은 일본인들이 양철집을 짓고 산다고 해서 '양철마'라 했다.

탕천촌에 일본인들이 이주하게 할 수 있었던 것은

밀양강 범람으로 항시 불안정했던 농업환경의 개선과 수리시설의 구축 덕분이었다. 1904년 조선에 건너온 마쓰시타는 1906년 이 일대 400여 정보의 논을 관개할 수 있는 개인소유의 수리시설을 마련하였고, 이를 기반으로 1910년 밀양수리조합을 완공하여 관개면적을 750정보로 넓혔다. 이후 밀양수리조합은 수해방지 보강공사까지 실시하여 수리 안정화를 도모하였다. 탕천촌으로 이주한 일본인들 중 8할 이상이 후쿠오카현 출신이었는데, 이는 1906년 이곳에 들어온 후쿠오카현 출신 노세시의 활약 덕분이었다. 그는 토지를 매수한 후 고향으로 돌아가 고향 사람들에게 탕천촌 이주를 적극 권유하였다. 1915년 현재 탕천촌에는 일본인 97호, 471명이 거주했고, 그중 82호가 후쿠오카현 출신이었다.

탕천촌은 상남면 동촌 인근 4개 부락에 20여 호씩 점점이 흩어져 일본식으로 마을을 이루었다. 마을마다 몇 개의 조로 나누고 총대 1명과 각 조에 무보수 조장 1명을 두고 마을의 단결을 도모하고 공동사안들을 협의 처리해 갔다. 유사시 자위조직으로 활용되는 소방조와 청년조직도 갖추었다. 대부분의 이주자들이 이곳 일본인 지주의 소작농이었기에, 생활안정과 영구정착을 위한 공동수익조직으로 밀양연초경작조합(1908)과 예림후악저금조합(1913)이 만들어졌다. 밀양연초경작조합은 농공은행으로부터 자금을 빌려 비료를 구입하거나 저리로 농자금을 대부하여, 일본인 이민자의 농업경영에 적지 않은 도움을 주었고, 연 2할의 높은 배당도 해마다 실시하였다. 예림후악저금조합은 이주한 모든 호를 의무적으로 가입시켜, 주거이전이나 농사자금 이외에는 예금인출을 불허하였다. 강제저축기금으로 이주민들이 몰락하여 촌을 떠나는 사태를 방지하도록 했다.

일본인의 이주 정착과정에서 한국인과 갈등과 저항이 일어났다. 주인 있는 미간지나 기간지를 매득하는 과정에서 폭력이 동원되기도 했고, 수리조합을 만드는 과정에서 한국인 농민들의 경제적 기반이 몰락했다. 1927년 현재 밀양수리조합 몽리구역(한국인 2,000호, 일본인 120호) 내 토지의 8할을 일본인이 소유했으며, 이후에도 한국인의 토지방매 현상은 계속 되었다. 이러한 한국인들의 몰락현상과 더불어 이주일본인들 사이에도 계급적인 분화가 일어났고, 몰락계층은 탕천촌을 떠나갔다. 1910년대 초반 100여 호였던 이주농가 수는 1930년대에는 73호로 줄었다. 오히려 이러한 분화 속에서 지주 겸 자작농, 자소작농을 기축으로 하는 탕천촌의 경제적 기반은 더 다져졌다고 할 수 있다. 일제시기 내내 탕천촌은 이 일대 한국지배의 통치거점으로 기능하였다.

[참고어] 동양척식주식회사 이민사업, 후지농촌, 만한이민집중론

[참고문헌] 大橋淸三郎, 1915, 『朝鮮産業指針(上·下)』; 최원규, 1993, 「日帝의 初期 韓國殖民策과 日本人 '農業移民'」 『동방학지』 77·78·79

〈이수일〉

태부시(大府寺) 고려시기 재화(財貨)와 늠장(廩藏)을 관장하던 관청.

대부시(大府寺), 내부시(內府寺)라고도 한다. 사료에서 '大'府寺라고 쓰이는 경우가 많은데, '대(大)'를 '태'로 읽는 것은 한문에서 '大'와 '太'가 크게 구분 없이 사용되어 왔기 때문이다. 『고려사』 「세가」의 기록에서 '大府寺'라 표기되었으나(壬寅以大府寺油蜜告匱徵斂諸寺院以充齋醮之費[『고려사』 권18, 「세가」18 의종 11년 10월 임인]) 같은 사실을 전하는 「식화지」에서는 '太'府寺라 표기하고 있어(毅宗十一年 十月 以太府寺油蜜告匱徵斂諸寺院以充齋醮之費[『고려사』 권79, 「식화」2 과렴(科斂)]) 양자의 혼용을 확인할 수 있다. 이 경우 중국측 사서의 표기를 참고하면 '太'로 읽는 것이 정확할 것이라고 생각되어 일반적으로 태부시로 읽히고 있다.

태부시는 고려시기 일반적인 관청과 마찬가지로 문종 대 처음 관제가 정해졌는데, 판사(判事)의 품질은 정3품이고, 경(卿)은 1인(人)이며 종3품, 소경(少卿)은 2인으로 종4품, 지사(知事)는 겸관(兼官)하며. 승(丞)은 2인으로 종6품, 주부(注簿)는 2인으로 종7품으로 구성되었다. 이후 다시 태부시(大府寺)로 바뀌면서 경(卿)을 윤(尹)으로 고쳤다가 충렬왕 24년 충선이 외부시(外府寺)로 고지며 판사를 혁파하였다. 이때 경은 2인으로 늘렸으며 소경과 승은 1인으로 줄였고, 주부 또한 2인으로 하였다. 이후 충렬왕 34년에 충선왕이 다시 내부사(內府司)로 개정하였고 경(卿)을 영(令)으로 고치며 정3품으로 올렸고, 이하 관제도 조정되었다. 공민왕 5년 관제개혁 시에는 태부감(大府監)으로 개정되었다가 공민왕 11년에는 다시 내부시(內府寺)로, 18년에는 다시 태부시(大府寺)라 칭해지다가 21년에는 다시 내부시(內府寺)로 개정되었다. 내부시·태부시·태부감·외부시 등의 명칭변화를 겪었는데, 재화(財貨)와 늠장(廩藏)을 관장한 역할에는 크게 변화가 없던 것으로 보인다. 당시 태부시에서 관장하던 물품들은 여러 창고에 보관되어 있던 것으로

여겨지는데(大府下庫를 常滿庫로 삼았다.[『고려사』 권77, 「백관」2 長興庫·常滿庫]), 주로 공부(貢賦)로 들어온 것과(『고려사』 권78, 「식화지」1 전제 공부) 외국에서 보내온 것 등으로 채워진 듯하다. 이러한 물품들은 왕실의 필요에 따라 공급되었던 것으로 보이는데, 1272년(원종 13) 태부시의 황금을 세자가 元에 가는 비용으로 사용하도록 한 것이나(『고려사』 권79, 「식화」2 과렴), 고종 대 태부시의 은(銀) 30근을 국왕의 련(輦)을 만든 공장(工匠)등에게 하사한 사실(『고려사』 권24, 「세가」24 고종 39년 9월 정해) 등을 통해 확인할 수 있다.

[참고문헌] 『고려사』; 金載名, 1998, 「高麗時代 寺·監 官司와 國家財政-大府寺와 將作監을 중심으로-」 『淸溪史學』 14; 朴鍾進, 2000, 『高麗時期 財政運營과 租稅制度』, 서울대학교출판부; 安秉佑, 2002, 『高麗前期의 財政構造』, 서울대학교출판부; 朴龍雲, 2009, 『『高麗史』百官志 譯註』, 신서원

〈이현경〉

태서수법(泰西水法) 서양 선교사 우르시스(熊三拔, Sabbathino de Ursis, 1575~1620)가 서양[泰西]의 수리기술에 대해 구술한 것을 명말의 학자 서광계(徐光啓, 1562~1633)가 정리·편찬한 수리서.

서문에 따르면 서광계는 이미 20여년 전부터 수리에 관심을 기울여 왔었다고 한다. 그러던 중 마테오 리치(Matteo Ricci, 1552~1610)를 통해 우르시스를 소개받았고, 복상(服喪)을 마치고 귀경한 후인 1611년 봄부터 그와 작업을 시작해 이듬해 출간했다. 우르시스가 강의를 하고 서광계가 기록·정리하는 방식으로 작성되었는데, 1~4권에는 취수(取水)와 축수방법(蓄水方法)을, 5권에는 수질(水質)과 수리(水利)를, 6권에는 기구도식(器具圖式)을 담았다.

서광계는 우르시스의 구술을 직해하지 않았다. 가능한 한 중국에 이미 있는 수리공구와 결합하려 했으며, 또한 서양의 것 중에 중국에서 사용하기 적합한 것이나 중국에 있는 것이라도 월등히 선진적인 것에 한해 선택적으로 번역하고 기구를 제작했다. 그리고 만들어진 기구는 반드시 시험한 후 제작법과 시험법 및 결과를 기록했다. 아울러 그는 당시 유럽의 고증학이 이루어낸 최신 성과를 소개하면서 토목·수리학의 중요성을 일깨우고자 했다. 예컨대 최근 발견된 옛 로마의 하수도를 설명하면서, 하수도의 벽에 바른 흙[화산분말로 만들어진 시멘트]의 건축자재로서의 우수성을 강조했다. 그리고 중국에서도 이러한 재료들을 발전시켜야 한다고 지적하기도 했다. 『태서수법』이 출간되자 소개된 수리기구들은 큰 호응을 얻었으며, 그 내용은 이후 『천학초함(天學初函)』(1610년대), 『농정전서(農政全書)』(1628), 『도화집성(圖畵集成)』(1726), 『수시통고(授時通考)』(1742) 등의 서적에 전재되어 보급되었다. 특히 서광계는 『농정전서』의 19권과 20권에 『태서수법』을 상·하로 나누어 전재하기도 했다.

한편 조선에서는 신경준(申景濬, 1712~1781)이 「수차도설(水車圖說)」을 집필했는데, 이는 그의 독창적 저작이 아닌 『농정전서』 19·20권을 전재한 것이었다. 따라서 이때부터 『태서수법』에 담긴 서양의 수리학이 조선에 본격적으로 소개되기 시작되었다고 볼 수 있다. 『태서수법』은 이후 서명응(徐命膺, 1716~1787)의 『본사(本史)』, 박지원(朴趾源, 1737~1805)의 『과농소초(課農小抄)』, 서호수(徐浩修, 1736~1799)의 『해동농서(海東農書)』, 서유구(徐有榘, 1764~1845)의 『임원경제지(林園經濟志)』, 최한기(崔漢綺, 1803~1877)의 『육해법(陸海法)』 등의 농정관련 저술에 영향을 주었다.

[참고어] **농정전서, 수리, 수차**

[참고문헌] 문중양, 1994, 「조선후기의 수차」 『한국문화』 15; 金亨錫, 1995, 『明末의 經世家 徐光啓 硏究』, 경희대학교 박사학위논문; 고동환, 2003, 「旅菴 申景濬의 학문과 사상」 『지방사와 지방문화』 6-2

〈윤석호〉

택리지(擇里志) 1751년(영조 27) 이중환(李重煥, 1690~1752)이 저술한 지리서.

1책의 필사본이나, 『팔역지(八域誌)』, 『팔역가거지(八域可居地)』, 『팔도비밀지지(八道秘密地誌)』, 『동국총화록(東國總貨錄)』, 『동국산수록(東國山水錄)』, 『형가승람(形家勝覽)』 등 여러 이름의 필사본이 전한다. 저술 당초에는 책명이 정해져 있지 않았다. 뒤에 이긍익이 「팔역복거지(八域卜居地)」라고 불렀고, 이를 줄여 「팔역지」라고도 했다. 「택리지」란 이름은 후에 붙인 것으로 보인다. 1912년 조선광문회(朝鮮光文會)에서 민제호(閔濟鎬) 소장본을 최남선(崔南善)이 교정한 것을 신활자로 인쇄하여 다시 간행하였다.

1753년에 쓴 정언유(鄭彦儒)의 서문이 있으며, 사민총론(四民總論)·팔도총론(八道總論 : 평안도·함경도·황해도·강원도·경상도·전라도·충청도·경기도)·복거총론(卜居總論 : 地理·生利·人心·山水)·총론 등으로 구성되어 있다. 사민총론에서는 우선 사농공상(士農工商)의 유래와 함께 사대부의 역할과 사명을 언급했다. 그리고 사대부로서 관혼상제(冠婚喪祭)의 사례를 지키기 위해

서는 여유 있는 생업을 가져야 하며, 살만한 곳을 마련해야함을 강조하고 있다. 팔도총론에서는 도별로 전체의 위치와 자연을 서술한 뒤 간략하게 자연환경, 인물과 풍속 등을 전체적으로 언급했으며, 소지역으로 나누어 읍치 중심의 지리와 역사, 생업·경치 등을 종합적으로 다루었다. 복거총론에서는 지리·생리(生利)·인심(人心)·산수(山水)를 기준으로 입지를 논하여, 가거지류(可居地類)·피병지(避兵地)·복지(福地)·은둔지(隱遁地)·일시유람지(一時遊覽地) 등으로 분류하였다.

『택리지』에서 주목되는 점은 유통경제가 발달한 곳에 부력(富力)이 집중되어 있으며, 또한 농업이나 어업 등의 산업을 통한 부의 축적도 유통경제가 발달한 곳에 집중되고 있었던 당시의 실정을 지적한 것이다. 특히 농업과 관련하여서는, 농업생산을 통해서 부를 축적할 수 있었던 곳이 유통경제의 요지였음을 여러 곳에서 지적했다. 예를 들어 진주(晋州) 지방과 상주(尙州) 지방, 그리고 성주(星州)·고령(高靈)·합천(陜川) 등지를 모두 부요(富饒)하다고 하면서, 그 이유를 이들 지역이 농업지대이면서 낙동강 또는 남해안의 바닷길을 중심으로 유통경제가 발달한 것과 관련시켜서 설명하고 있다. 또한 서해안의 아산(牙山)·비인(庇仁)·부여(扶餘) 등지에 부자[富厚者]가 많은 것도 농업이 바닷길을 중심으로 한 유통경제의 발달과 관계가 있다고 보았다. 충주(忠州) 지방의 달천(達川) 서쪽 일대에 부자가 많은 것도 이곳 농업이 동남쪽으로는 영남, 서북쪽으로는 한양을 직결하는 유통경제와 연계되는 데 관련이 있음을 지적하였다. 연안(延安)·배천(白川) 등지가 농업지대로서 부유한 것도 이곳이 바닷길을 중심으로 한양, 양호(兩湖), 관서 지방을 연결하는 유통경제와 관련되는 것임을 특히 지적하였다. 이처럼 이중환이 『택리지』를 편찬한 근본 의도는 그가 속한 사대부계층이 정착할 수 있는 안정된 곳, 즉 가거지(可居地)를 찾기 위해서였는데, 경제적으로 부를 누릴 수 있는 곳이 주요한 기준이 되었다고 볼 수 있다.

[참고문헌] 이찬, 1990, 「제18회 한국고전연구심포지움-택리지의 종합적검토-」『진단학보』 69 ; 김용섭, 2006, 『(신정증보판)조선후기농업사연구(Ⅱ)』, 지식산업사 〈김미성〉

토매 벼의 껍질을 벗기는 데 쓰는 도구로, 통나무가 귀한 곳에서 사용한 매통의 한 형태.

통나무가 귀한 곳에서는 몸채의 모양을 대나무로 뜨고 진흙을 넣어 말려 매통을 만들기도 하는데, 이를

토매 농업박물관

'토(土)매'라고 한다. 대나무 조각을 엮어 지름 70~80㎝, 높이 40~50㎝ 되는 두 짝의 원통을 만들고 그 안에 진흙을 넣어 말려 매통의 형태로 만든다. 진흙 속에는 대나무 조각을 촘촘하게 세로로 박아 이(齒)로 삼는다. 위아래 두 짝으로 형태는 매통이나 맷돌과 비슷하다. 위짝과 아래짝을 돌개기둥을 박아 연결하여 사용하는데, 무겁기 때문에 윗짝의 손잡이를 1~2명이 노를 젓듯이 앞으로 밀었다가 당기면서 돌린다.

매통은 양방향으로 돌릴 수 있지만 토매는 한 방향으로만 돌릴 수 있으며, 무게 때문에 매통보다는 성능이 좋으나 수명이 짧다는 단점도 있다. 위짝에 벼를 넣고 돌리면 속에 박혀있는 대쪽(齒)이 벼를 비벼서 왕겨를 벗기게 되는데, 이때 매조미쌀(벼의 왕겨만 벗기고 속겨는 벗기지 않은 쌀)과 왕겨는 옆구리로 배출된다. 토매는 『증보산림경제(增補山林經濟)』·『임원경제지(林園經濟志)』·『사류박해(事類博解)』 등에 기록되어 있으며, 한자로는 '롱(礱)'으로 표기되어 있다.

[참고어] 맷돌, 매통

[참고문헌] 박호석 外, 2001, 『한국의 농기구』, 어문각

토지가옥소유권보존증명(土地家屋所有權保存證明)

일제 초기 토지가옥소유권증명규칙이나 조선부동산증명령에 의해 기존의 미증명 부동산에 대하여 소유자의 신청에 의하여 관청에서 해준 소유권 보존증명.

1906년 토지가옥증명규칙은 토지의 거래계약을 증명하는 법이었다. 따라서 규칙 제정 이전에 획득한 소유권과 거래 이외의 방법으로 획득한 소유권은 증명할 수 없었다. 이를 위해 대한제국 정부는 토지가옥소유권증명규칙(1908.7.16.)을 제정하고, 법부령 14호로 시행세칙을 공포, 8월 1일부터 시행하였다. 토지가옥 소유권 보존증명이 가능하게 되었다.

이어서 일제는 조선부동산증명령(1912.3.22.)을 제

정하여 소유권과 전당권을 대상으로 증명할 권리변동의 내용을 설정·보존·이전·변경·처분의 제한·소멸 등으로 확대하였다. 그리고 종전 규칙의 증명방식이 실질적 조사주의였던 것에 반하여 이것은 형식적 조사주의를 채택했다. 토지대장은 미비했지만, 소유권을 증명하는 토지공부로 결수연명부를 활용하였다.

이를 근거로 실질적으로 부동산에 대한 권리상태를 증명부에 공시하는 제도를 수립한 것이며, 제3자 대항요건의 하나로 공부(公簿) 등록의 유무를 따지는 것이었다. 이것은 소유권 보장을 위한 제도적 장치가 미약한 상태를 개선하기 위하여, 소유권 보존제도를 도입하여 적극적으로 소유자임을 증명하도록 유도한 것이다. 위 법령의 핵심은 미증명 부동산의 소유권 보존절차를 규정한 것이었으며, 보존증명 없이는 어떤 권리변동에 대한 증명도 할 수 없도록 규정하였다.

이와 관련된 증명령의 주요 조문은 "제1조 부동산의 소유권 및 전당권의 설정 보존 이전 변경 처분의 제한 또는 소멸은 이 령에 의하여 증명한다. 제15조 미증명 부동산에 관한 소유권 보존의 증명은 판결 기타 관청 또는 공서의 서면에 의하여 본인의 소유권을 증명하는 자가 신청할 수 있다. 제16조 관청 또는 공서가 미증명 부동산에 대하여 소유권 보존의 증명을 위탁한 경우에는 그 위탁서에 소유권을 증명하기에 충분한 서면의 첨부를 요하지 아니한다." 등이다.

그런데 증명령은 토지조사사업이 종결되고 토지대장이 마련된 이후에 시행이 중지되고, 조선부동산등기령에 따라 소유권보존등기가 시행되었다.

[참고어] 조선부동산증명령, 조선부동산등기령

[참고문헌] 최원규, 1994, 『한말 일제초기 토지조사와 토지법 연구』, 연세대학교 박사학위논문 〈김대현〉

토지가옥소유권증명규칙(土地家屋所有權證明規則)

1908년 토지가옥증명규칙이 거래계약을 증명하는 데 한정하였던 것을 보완하여, 여기서 포괄하지 못한 소유권도 증명할 수 있도록 증명범위를 확대하기 위해 제정한 법.

일제는 1908년 7월 16일 칙령 제47호로 공포하고, 법부령 제14호로 시행세칙을 공포하여 8월 1일부터 시행하였다. 토지가옥증명규칙이 거래계약을 증명하는 수준에 그쳤기 때문에 규칙 제정 이전에 획득한 소유권과 거래이외의 방법으로 획득한 소유권은 증명할 수 없었다. 잠매토지는 편법으로 합법화시키기도 했지만, 절차상 번거로운 점이 많았다. 이리하여 통감부는 한국 정부에 압력을 가하여 이를 위한 법제정 작업에 나섰다.

우선 각지에 산재한 외국인 부동산 실태를 조사하였다. 내부에서는 1907년 3월 29일 각도 관찰사에 훈령을 내려 외국인이 소유한 토지 가옥 가운데 증명을 거친 것, 증명규칙 시행 이전에 외국인의 소유가 된 것, 그리고 외국인이 가옥을 임대하거나 구매하여 거주 중인 호수와 남녀 인구 실태 등을 매년 두 차례 조사 보고하도록 지시하였다. 일본 이사청도 각 군현에 공문을 보내 부동산실태 파악에 나섰다. 이 조치는 증명규칙이 제대로 시행되지 않는데 따른 대책, 그리고 여기에 포함되지 않은 토지실태를 파악하여 구제책을 마련하기 위한 사전작업의 성격을 지니는 것이었다.

이러한 작업을 거친 뒤 한국 정부는 전문 4조의 토지가옥소유권증명규칙을 공포하였다. 소유권증명규칙에 해당되는 토지는 증명규칙 시행 이전에 소유권을 취득한 경우, 증명규칙 시행 후에 매매 증여 교환에 의하지 아니하고 소유권을 획득한 경우, 즉 유산상속 재산분배 가옥신축 재판 등 적법한 절차를 밟아 소유권을 취득한 경우, 기타 관유지를 불하받은 경우, 국유미간지이용법에 의한 대부 등이 있다. 이러한 유형의 토지를 소유자의 신청을 받아 공부(公簿)에 등록하여 소유권을 증명해 주도록 한 것이다. 국가가 법적으로 소유권 증명을 해 줄 수 있는 범위를 크게 확대한 것이다.

소유권증명규칙은 소유권의 존재사실을 증명해 주는 절차이기 때문에 신청절차도 증명규칙과 차이가 있었다. 인증절차 없이 신청서와 증빙서류를 부윤 군수에게 제출하여 증명을 받았다. 부윤 군수는 증명신청을 받으면, 2개월 이상 게시하여 이의신청하도록 고지하였다. 열람기간 만료내에 이의 신청이 없어 소유권이 확실하다고 인정될 때는 신청서에 증명을 하여 신청인에게 교부하고, 증명부에 등록하여 증거력을 부여하였다. 이것으로 소유권과 전당권에 대한 일반 공시와 권리확보가 가능하게 된 동시에, 외국인의 소유권에 대한 제한이 완전히 제거된 것이다. 일제가 토지가옥소유권증명규칙을 시행할 수 있었던 것은 한일협약의 체결, 고종의 퇴위 등으로 한국 정부에 대한 지배권을 강화시킬 수 있었기 때문이었다.

증명제도는 시간적으로 볼 때 토지조사사업에 앞서 일본인 소유토지의 법적 정당성을 미리 확보하려한 작업이었다. 그리고 법적 연관성에서 볼 때 토지조사사업의 최종 작업이었던 소유권 사정작업의 사전 정지작업이었다고 할 수 있다.

[참고어] 토지가옥증명규칙, 사정, 국유미간지이용법

[참고문헌] 최원규, 1996, 「대한제국과 일제의 토지권법 제정과정과 그 지향」 『동방학지』 94 〈이영학〉

토지가옥인증부(土地家屋認證簿典) 1906년 토지가옥증명규칙에서, 토지·가옥의 거래 시 증명절차 이전에 통수·동장 인증할 때 사용하던 장부.

토지가옥증명규칙(1906.10.26.)이 제정·시행된 후, 토지 및 가옥의 매매·증여·교환·전당의 절차 시 모두 증명을 받도록 하였고, 토지가옥 증명사무 처리순서에 따라 절차를 밟았다. 첫 절차가 통수와 동장의 인증절차였다. 이 사무를 위해서 인증부가 필요하였다. 인증부는 토지와 가옥을 구별하였다. 토지의 인증에 관한 장부의 표시란 내에는 지번호(번지 또는 자호 등), 소재지명, 종목(밭·논·가옥·산림 등), 면적 및 사표(四標)를 기입하였다. 또한 토지에 관한 인증신청은 계약서에 도면을 첨부하도록 했다.

가옥의 인증에 관한 장부의 표시란에는 호(戶)번호(번호(番戶) 또는 통호(統戶) 등), 소재지명, 종목(초가·와가·창고 등), 면적(칸수, 평수 등)을 기입하도록 했다. 기입을 마친 후 수수료 납부서에 접수번호와 연월일을 기입하고 인지에 소인(消印)하였다. 인증부에는 토지가옥증명규칙시행세칙 제3조에 게시된 사항을 기입하도록 했다. 접수번호와 연 월 일, 신청 당사자의 성명, 건명 즉 토지나 가옥의 매매·증여·교환·전당 등을 기입했다. 인증할 때 계약서마다 인증했다. 인증업무 절차를 마치면, 군수나 부윤이 증명하는 절차를 거쳤다. 이는 증명부에 기록했다.

[참고어] 토지가옥증명규칙, 토지가옥증명부

[참고문헌] 통감부 지방부, 1909, 『토지증명에 관한 제법령과 실례요록』 ; 김건우, 2008, 『근대 공문서의 탄생』, 소와당 ; 김건우, 2008, 「통감부시기 토지·가옥 증명문서에 관한 고찰」 『법사학연구』 37

토지가옥전당집행규칙(土地家屋典當執行規則) 1906년 토지가옥증명규칙에 따라 증명을 받은 전당에 대해 채무자가 채무를 이행하지 않을 때 처리방법을 정한 법.

토지가옥증명규칙에는 채권자가 전당증명을 받아도 채무자가 정해진 기한 내에 채무를 이행하지 않을 때 이를 강제할 규정이 마련되지 않았다. 따라서 전당권자가 법으로 실질적인 보호를 받을 수 없어 1906년 12월 28일 전문 13개 조항의 토지가옥전당집행규칙을 제정 공포했다. 통감부는 다음해 2월 1일 통감부령 제3호로 토지건물전당집행규칙을 공포하여 일본인도 따르도록 하였다.

이 규칙은 구래의 전당관행을 국가관리 아래 포섭하기 위해 대한제국정부가 1898년 공포한 전당포규칙과 상당한 차이가 있었다. 첫째 후자가 외국인의 참여를 금지한 반면 전자는 이를 개방하였다. 일본인의 전당행위에 합법성을 부여해 주고, 담보물권을 전당권자가 확보할 수 있도록 한 채권자 위주의 법이었다.

둘째, 전당포규칙은 양자 협의하여 담보물권을 처리하였지만, 전당계약을 채무자가 이행하지 않을 때 채권자가 강제 집행하는 방식에 차이가 있었다. 전당집행규칙에는 유질(流質)계약 제도와 경매제도를 도입하여 채무자가 계약조건을 이행하지 못했을 경우 채권자가 곧바로 이에 상응한 조치를 취할 수 있게 했다. 유질계약은 계약 불이행과 동시에 경매 절차를 거치지 않고 담보물권을 곧바로 자기소유로 할 수 있도록 하는 방식이다. 일본민법에서는 이 제도가 채무자인 소유자의 권리를 크게 제약하는 악법이라 하여 인정하지 않았다. 경매제도는 채무자가 유질계약처럼 특약을 맺지 않았을 때 채권자가 채권을 확보할 수 있도록 한 제도였다. 채무자가 경매 당시 입회하지 않았을 때는 이의를 제기하지 못하도록 하였으며, 전당증명을 받은 후 담보물의 가격이 하락할 경우에는 증담보(增擔保)를 설정할 수 있도록 하는 등 채권자의 채권확보 방법을 규정하고 있다.

셋째, 전당집행규칙은 구래의 방식과 달리 전당 토지라도 채무자가 매매 등을 통해 소유권을 이전할 수 있도록 조처하였다. 채권자의 권리확보에 지장이 없는 한 채무자가 자기 소유 담보물을 처리할 수 있게 한 것이다. 이는 채무자의 처분권을 강화시켜주는 동시에 토지 상품화를 활성화시키는 조치라 할 수 있지만, 일본인들은 전당계약을 체결할 때 전당권자 이외에는 매매할 수 없다는 조건부 계약을 체결하는 경우가 일반적이었다. 채무자의 처분권 활용도는 전과같이 제한될 수밖에 없었다.

일제가 증명규칙에 전당 항목을 설정하고, 전당집행규칙 제정을 강요한 것은 기본적으로 일본인 채권자의 이해를 반영한 것이었다. 당시 한국에는 부동산담보제

도가 법적으로 마련되지 않아 일본 금융자본의 진출이 한계를 보였는데, 이 문제를 긴급히 해결하기 위해 마련한 것이었다. 농공은행조례가 발표되고 농공은행이 설립되는 과정에서 이 규칙이 제정된 것도 우연이 아니었다. 증명규칙 시행 후 탁지부에서는 재무관과 농공은행 지배인을 중앙에 소집하여 각지의 시행상황을 점검하는 한편, 부동산 담보대부를 할 때 주의사항을 하달하였다. 증명수속을 밟을 것, 실지조사, 문기조사, 대부금과 담보물의 비례를 낮출 것 등이 그것이다. 이 법이 금융자본의 안정적인 투자를 겨냥했음을 보여주는 것이라 할 수 있다.

그러나 전당집행규칙은 국가가 소유권을 법인한 토지대장이 없이 시행한 증명규칙에 종속된 법체계였기 때문에 제3자 대항권이 보장되지 않았으며, 위조문권도 근절시킬 수는 없었다. 따라서 전당증명은 은행보다 주로 고리대자본이 애용하였으며, 위험이 큰만큼 전당의 방법은 더 혹독할 수밖에 없었다. 이에 따라 농민층 몰락은 한층 가속화되었다.

[참고어] 토지가옥증명규칙, 전당포규칙, 토지대장, 저당권, 전당권

[참고문헌] 통감부 지방부, 1909, 『토지증명에 관한 제법령과 실례요록』; 최원규, 1996, 「대한제국과 일제의 토지권법 제정과정과 그 지향」『동방학지』 94 ; 최원규, 2001, 「19세기 후반 地契제도와 家契제도」『지역과 역사』 8 〈이영학〉

토지가옥증명규칙(土地家屋證明規則) 1906년 일제가 대한제국에 압력을 가하여 토지 가옥을 매매 증여 교환 전당할 때 관이 이를 증명해 주도록 그 절차를 정한 법.

토지가옥증명규칙은 대한제국이 칙령 제65호로 1906년 10월 26일 제정 공포하고 12월 1일부터 시행한 전문10조의 법령이다. 통감부도 11월 16일 통감부령 제42호 토지건물증명규칙을 공포하여 한국거주 외국인, 특히 일본인도 이 규칙을 따르도록 조처하였다. 이토(伊藤博文)의 추천으로 부동산법조사회의 회장이 된 우메 겐지로(梅謙次郎)가 주도하여 제정한 토지법인데, 조선의 민법체계는 일본과 달라야 하지만 토지제도만큼은 국적에 차별이 없도록 해야 한다는 입장에서 제정하였다. 토지가옥증명규칙은 토지 가옥을 매매 증여 교환 전당할 경우 통수나 동장의 인증을 거친 후에 군수나 부윤의 증명을 받도록 한 법령이다.

증명규칙의 특징은 다음과 같다. 첫째 구래의 민간관행에 관청이 증명을 하여 공적 증거력을 제공해준 법이다. 이 규칙은 한국 정부에서 문제로 삼은 도매(盜賣) 투매(偸賣) 잠매(潛賣) 가운데, 잠매는 허용하고 도매와 투매를 막기 위해 도입한 것이다. 둘째, 대한제국 정부가 법적으로 불허한 외국인의 토지소유 금지를 해제하고, 일본인이 구래의 민간관행에 따라 잠매한 토지에 합법성을 부여한 것이다. 증명규칙이 목표한 거래의 안정성과 소유의 합법성은 '한국개발'을 위한 것이라고 했지만, 그 전제는 일본인의 토지투기를 위한 것이었다. 셋째, 증명대상을 소유권과 전당권의 매매 증여 교환에만 한정하고 소유권 보존증명이나 임조권은 제외하였다. 일제가 잠매 토지의 합법화를 일단 보류하고 규칙시행 이후 발생한 권리변동만을 증명해 주도록 한 것은 당시 일제 지배력의 한계 때문이었다. 넷째, 이 법은 한국의 토지소유권이 배타적으로 성립해 있다는 인식을 전제로 시행한 것이지만, 토지소유권을 법인한 장부가 아직 존재하지 않는다는 기본적인 한계를 안고 출발했다는 점이다. 따라서 증명의 효력은 계약자 쌍방에만 집행력을 가질 뿐 제3자 대항권을 갖는 것은 아니었다. 다섯째, 대한제국이 등기에 근접한 관계제도를 시행했지만 규칙에서는 이를 부정하고 사적 계약서에 관이 증명해 주는 방식을 택했다. 이것은 소유권 근거장부인 토지대장이 없이 시행하는 것이기 때문에 거래의 안정성 확보를 위해 관리가 현장을 실사하는 사실조사주의를 증명의 기본 전제조건으로 택할 수밖에 없었다.

증명절차의 첫 단계는 통수나 동장이 계약사항과 사실이 적합한지의 여부를 조사하여 인증해 주는 과정이고, 다음 단계는 군수나 부윤이 인증을 기초로 권리자의 정당성, 부동산 표시의 적합성, 계약의 허위나 강제성 여부 기타 등을 조사하여 증명해 주는 과정이었다. 증명관리에게는 조사를 원활히 할 수 있도록 소환 심문권, 현장 조사권 등 일종의 사법권을 주었다.

증명규칙은 관습법에 준거하였으나, 한국인보다는 일본인들을 위한 규칙이었다. 첫째, 시행지역을 거류지와 같이 등기제도를 시행하는 지역은 제한했다. 일제의 궁극적인 목표가 등기제도의 전면화였지만, 일본인의 이해관계에 따라 지역별 차이를 두고 등기제도와 증명제도를 선택적으로 시행한 것이다. 따라서 증명규칙 시행과 더불어 종래 한국이 시행한 지계(地契)와 가계(家契)에 관한 규칙은 폐지하였다. 둘째, 증명절차에 특례를 두어 규칙 제정 이전에 잠매한 토지를 합법화시킬

수 있는 조치도 강구하였다. 셋째, 실제 규칙 적용에서 계약서가 없을 경우나 미증명 전매도 인정하는 등 일제는 최대한 융통성을 발휘하여 일본인들의 토지거래와 권리획득에 도움을 주었다. 넷째, 당시 토지거래시 가장 큰 문제 중의 하나였던 국유지를 민유지로 혼동하여 발생하는 문제를 막기 위해 통감부는 한국 법전조사국의 조사에 근거하여 처리방침을 시달하였다.

증명규칙은 한국 내부에서 제기된 거래질서의 안정화 여론을 일부 반영한 것이기는 하지만, 외국인까지 대상에 포함함으로써 한국의 여론에 반하게 제정되었다. 일본인들이 우세한 자본력을 앞세워 토지확대를 강화시킬 수 있는 토대가 마련된 것이다. 따라서 이 법은 구래의 관습법보다 토지거래의 안정성을 보장할 수 있는 형태였지만, 한국의 토지법 발전사에서 보면 대한제국이 의도한 부동산권을 국가가 일원적으로 관리하는 근대적 토지권 관리제도를 일제가 자기 이해에 기초하여 저지하면서 제정한 임시법이었다.

[참고어] 토지가옥소유권증명규칙, 토지가옥전당집행규칙, 부동산권소관법, 토지건물의 매매교환양여전당에 관한 법률

[참고문헌] 최원규, 1996,「대한제국과 일제의 土地權法 제정과정과 그 지향」『동방학지』94 ; 통감부 지방부, 1909,『토지증명에 관한 제법령과 실례요록』 〈이영학〉

토지가옥증명부(土地家屋證明簿) 토지가옥증명규칙에 의거하여 토지 가옥의 소유권과 전당에 대해 군수가 증명한 사항을 기록한 장부.

일제는 1906년 10월 26일 관이 토지가옥의 소유권과 전당권에 대한 매매 증여 교환 사항을 증명해주는 토지가옥증명규칙을 공포했다. 그런데 증명제도는 토지조사를 하지 않은 가운데 시행하는 것이기 때문에 거래의 안정성 확보를 위해 토지면적 경계나 이해관계자를 파악할 별도의 조사과정이 필요했다. 관리의 책임 아래 현장을 실시하는 사실조사주의를 대안으로 채택하였다.

사실조사는 두 단계를 거쳤다. 첫 단계는 통수나 동장이 계약사항과 사실이 적합한지의 여부를 조사하여 인증해주는 과정이고, 다음 단계는 군수나 부윤이 인증을 기초로, 권리자의 정당성, 부동산표시의 적합성, 계약의 허위나 강제성 여부 기타 등을 조사하여 증명해주는 과정이었다. 이를 위해 증명관리에게는 일종의 사법권을 주었다. 당사자는 물론 관계인 등을 소환 심문하거나, 관리를 현장에 파견하여 조사할 수 있도록 하였다. 이러한 일련의 절차를 통해 거래내용의 사실이 확실한 것이 확인되면, 그 내용을 토지가옥증명부에 기록하고 계약서에 증명을 해주었다. 그리고 증명부는 누구나 군수나 부윤에 신청하여 열람할 수 있었다.

증명부는 토지증명부와 가옥증명부를 별도로 만들었는데, 그 구성은 다음과 같다. 토지증명부는 ① 토지의 표시, ② 매매 증여와 교환, ③ 전당, ④ 신고사항과 통지사항 등 모두 4부분으로 구성되었다. ①에는 지번호, 종목, 소재지명, 면적, 사표를 기록하도록 하였다. ②에는 증명번호와 연월일, 두 당사자의 주소 족보 성명, 보증인의 주소 족보 성명, 매매대가, 증여의 조건, 교환물, 기타 사항 등을, ③은 증명번호와 연월일, 소유자와 채무자 채권자 보증인의 주소, 족보, 성명 등과 채권금액, 상환기일, 기타사항 등을 기록하도록 했다. ④의 신고사항에는 신고의 연월일, 신고인의 주소 족보 성명을, 통지사항에는 통지연월일 통지를 한 관청, 통지를 받은 사항 등을 기록하도록 했다. 가옥의 경우는 가옥의 표시에 호번호, 종목, 소재지명, 면적 등을 기록하도록 하고, 다른 사항은 토지와 동일했다.

[참고어] 토지가옥증명규칙, 토지가옥인증부

[참고문헌] 통감부 지방부, 1909,『토지증명에 관한 제법령과 실례요록』

토지건물의 매매교환양여전당에 관한 법률(土地建物의 賣買交換讓與典當에 關한 法律) 대한제국이 1906년 통감부와의 합의 아래 제정 공포하였으나 사문화되고 토지가옥증명규칙으로 대체된 토지법.

토지 건물의 매매 교환 양여 전당에 관한 법률은 대한제국이 1906년 10월 16일 법률 제6호로 제정 공포한 것으로 전문 14조로 구성되었다. 이 법은 구본신참(新舊參酌)의 원칙 아래 우메 겐지로(梅謙次郎)가 자기가 입안한 법안과 대한제국이 입안한 부동산권소관법을 조정하는 수준에서 마련한 것이었다.

이 법의 특징은 다음과 같다. 첫째 구래의 소유권을 그대로 인정하여 계권(契券)을 근거로 채택하고, 등기제도를 도입했다는 점이다. 제1조에 "토지나 건물을 매각 양여하거나 교환 혹은 전당할 때는 소유자가 계권과 그 사유를 서면에 기재한 다음 토지·건물의 소재지의 이장과 면장(경성에서는 통수)에게 증인을 받은 후에 군수 부윤에 제출하여 인허를 받아야 한다"고 정하고 제4조에 "군수 부윤은 등기부를 두고 제1조의 인허를 행할 때는 즉시 제2조의 사항을 등기부에 기입해야

한다"고 했다. 그런데 등기제도는 토지실태를 정확히 파악하고 소유권을 사정(査定)한 장부를 마련하지 않으면 실행하기가 어려웠다. 이 법에는 토지대장에 관한 규정은 없었지만, 등기신청이 있을 때마다 소유권자를 조사하여 등기부에 기재하거나, 토지조사 후 계권을 소유자에 발급한 뒤 거래할 때마다 인증(證認)과 인허과정을 거쳐 등기부에 기재하여 제3자 대항권을 부여하려 했던 것으로 보인다.

둘째, 임조권은 채택하지 않고 임대차 관계자의 임의규정으로 처리하였지만, 외국인 토지소유는 불허했다. 대한제국은 경작권 문제는 일단 후퇴하였지만, 소유권 문제는 사회여론을 반영하는 선에서 법률안을 마련했다.

셋째, 가족이 토지나 건물에 대해 제1조에 정한 권리변동을 할 때는 호주의 허가를 받도록 했다.(제8조) 당시 가족이 부동산을 마음대로 매매하여 발생되는 분쟁을 막기 위한 조치인 동시에 토지소유권이 개인차원을 넘어 가족 소유라는 개념의 소산으로 보인다.

넷째, 당사자, 보증인, 리장, 면장, 군수, 부윤 등이 고의로 위법행위를 했거나 등기부를 상실 훼손 은익한 자는 형법에 따라 처리할 것을 강조하고 있다.

그러나 이 법은 양자합의로 입안했음에도 불구하고 결국 일제의 이해에 반한 때문인지 시행세칙도 마련되지 못한 채 사문화되어 버렸다. 곧바로 토지가옥증명규칙으로 대체되었다.

[참고어] 부동산권소관법, 토지가옥증명규칙, 우메 겐지로

[참고문헌] 서울대학교 도서관, 1991,「詔勅 法律」(奎章閣 資料叢書) ; 최원규, 1996,「대한제국과 일제의 토지권법 제정과정과 그 지향」『동방학지』94 〈최원규〉

토지계쟁화해서(土地係争和解書) 일제의 토지조사사업에서 소유권 분쟁이 발생했을 경우 두 당사자가 화해했을 때 작성한 합의문건.

일제는 소유권분쟁이 발생했을 때 원칙적으로 화해를 유도했는데, 분쟁 당사자들이 화해했을 경우에는 토지계쟁화해서를 작성하여 근거를 남기도록 했다. 그 내용은 다음과 같다. 양식의 시작 부분은 "토지의 소재, 지목, 가지번, 협정지주성명"을 기록하고, 그 다음에는 "우 토지는 일단 계쟁이 있었는데, 금번 협의한 상기 씨명자의 소유라 정함에 따라 연서로서 본서를 작성합니다."라는 합의문을 기록하고, 합의일자와 당사자, 면장, 토지조사국원(감사원) 등이 연서하였다.

土地係争和解書

土地ノ所在	地目	仮地番	協定地主氏名	備考

右土地ハ一旦係争トナリタルモ今般協議ノ上前記氏名者ノ所有ト定ノタルニ依リ連署ヲ以テ本書ヲ作成致候也

大正　年　月　日

토지계쟁화해서

이 화해서는 토지신고서에 첨부했다. 소송 중일 때는 취하하도록 했으며, 만약 수속이 끝나지 않았을 때는 그 뜻을 화해서에 부기하도록 했다. 이때 토지분쟁화해서와 함께 토지신고를 취소한다는 토지신고취소원을 제출했다.

화해하지 못하고 계속 분쟁 중인 경우는 분쟁지조서를 작성했는데, 이때 분쟁지조서와 함께 신고서, 원도등본, 증거서류 등본, 진술서, 기타 관계도서류 등을 구비하여 제출했다. 분쟁지심사위원회에서는 이를 근거로 소유자를 판정했다. 그 서류는 분쟁지심사서류철에 편철했다. 분쟁지의 토지신고서에는 상부란 외에 「가○○번은 ○○○와 분쟁」 또는 「○○ 가○○번은 ○○ 가○○번과 爭界」라고 주서했다.

[참고어] 토지신고서, 토지조사사업, 분쟁지심사서-토지

[참고문헌] 조선총독부 임시토지조사국, 1918,『조선토지조사사업보고서』; 최원규, 2009,「일제초기 창원군 토지조사과정과 토지신고서 분석」『지역과 역사』24 ; 최원규, 2011,「창원군 토지조사사업 관계장부의 종류와 성격」『일제의 창원군 토지조사와 장부』, 선인

토지관계구관조사(土地關係舊慣調査) ⇒ 토지조사참고서

토지대장(土地臺帳) 리를 단위로 각 필지의 소유자, 지목, 면적, 지가 등 일제 토지조사사업의 결과를 기록

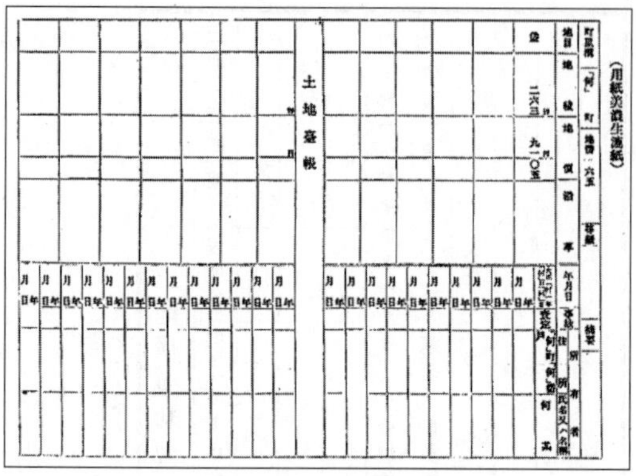

토지대장 『조선총독부관보』 제519호, 1914년 4월 25일

한 장부. 토지조사사업 이후 지적사무의 기본장부로 사용되었다.

토지대장 양식은 1913년 6월 7일 임시토지조사국 조사규정에서 처음 제정되었지만, 토지대장규칙은 1914년 4월 25일 조선총독부령 제45호로 공포되었다. 이 규칙은 전문 8조와 부칙으로 구성되고 발포일로부터 시행하도록 정했다. 양식상의 차이는 과세가격을 지가로, 씨명을 씨명 또는 명칭으로 수정하였다. 토지대장은 한 필지의 지적사항을 한 장에 등록한 다음 리 단위로 지번순으로 편철한 것이다.

토지대장에 등록할 대상토지는 지세 또는 시가지세를 부과할 토지에 한하고, 도로 하천 구거 제방 성첩 철도선로 수도선로와 토지조사를 하지 않은 임야는 제외했다. 등록대상 토지를 대상으로 토지조사부, 등급조사부, 100평당 지가금표(地價金表)를 자료로 하여 1동리마다 조제하고 약 200장을 1책으로 하였다. 첫칸에는 사정 또는 재결 사항을 기록하도록 했다.

조제업무는 등사와 지가의 산출로 구분하여 시행하였다. 첫째 등사사항은 토지의 소재(동리명), 지번, 지목, 지적, 지가, 사정연월일, 소유자의 주소, 성명으로 토지조사부에서 등사하였다. 공유지는 공유지연명부를 조제하여 공유자의 성명 및 소유비율을 명확히 하였다. 지적과 필수는 지목별로 집계하여 토지조사부의 동리계와 대조해서 정확을 기하였다. 둘째 지가 산출은 착수하기 전에 등급조사부에 1필지마다 등급을 기입하고 지목별, 등급별로 구분해서 각각 필수를 계산하였다. 이것을 등급조사부의 합계 필수와 대조하여 기입상의 오류 또는 탈루가 없는지를 확인하였다. 그리고 100평당 지가금표에 민유과세지 1필마다 지가를 산출하여 해당란에 기입하였다. 그 다음은 지적 및 지가를 지목별·등급별로 집계한 후 별도로 국유지, 민유과세지 및 민유불과세지로 구분한 지목별, 등급별 집계표를 만들었다. 또 정확성을 위해 지가를 집계해서 지가를 산출한 다음 집계표와 대조하여 정확하다고 인정되면 지번 순으로 각장을 복귀한 다음 책으로 만들었다.

사정 이후의 토지소유자란은 다음과 같은 변동사항이 있을 때 기록하였다. 소유권의 이전 이외에 지세납부와 관련하여 질권, 질의 성질을 갖는 전당권, 또는 20년 이상의 존속기간이 있는 지상권을 설정한 토지가 될 때는 그 질권자, 전당권자 혹은 지상권자의 주소 성명 또는 명칭을 기록하도록 하였다. 이들 권리의 설정, 이전, 소멸, 존속기간의 변경은 등기관리의 통지가 없으면 등록하지 않도록 하여 등기부와 항상 일치하도록 했다. 단 국유지의 불하, 교환, 양여, 미등기토지의 수용으로 인한 소유권의 이전, 미등기 토지를 국유로 할 경우는 제외했다. 그리고 토지대장의 열람과 토지대장등본을 교부할 때는 수수료를 납부하도록 했다.

[참고어] 토지조사사업, 토지조사부, 이동지신고서, 토지대장등본

[참고문헌] 『조선총독부 관보』; 조선총독부 임시토지조사국, 1918, 『조선토지조사사업보고서』; 한국역사연구회 토지대장연구반, 2011, 『일제의 창원군 토지조사와 장부』, 선인 〈이영학〉

토지대장등본(土地臺帳謄本) 토지조사가 완결되어 토지대장이 마련된 군에서 지가제 시행에 앞서 결수연명부를 근거로 지세명기장에 기록할 각 필지별 결수를 산정하기 위해 작성한 장부.

일제는 토지조사사업 이후 토지대장에 근거한 지세명기장을 작성하여 지세를 부과한다는 원칙을 세웠다. 그런데 토지조사가 미완결된 지역에서는 결수연명부의 결가제에 근거하여 지세를 부과하고 있다는 점을 고려해야 했다. 따라서 두 지역의 형평성을 고려하여 토지조사사업이 끝난 군에도 결가제를 유지하는 가운데 지세명기장을 작성한다는 원칙을 세웠다. 이리하여 기존 결수연명부의 결수를 토지대장에 기록된 필지에 맞추어 결가를 새로 조정하여 지세명기장에 기입해야 했다. 이 작업을 위해 김해군에서는 토지대장등본(가칭)을 작성 사용했다.

토지대장등본은 크게 상하 두 부분으로 구성되었다. 상단에는 토지대장의 지번순에 따라 필지별 내용을 기록하고 하단에는 결수연명부(과세지견취도)의 기록을 상단에 맞추어 조정하여 기록했다. 구체적인 양식과 내용은 다음과 같다. 김해군 하계면 진영리의 토지대장

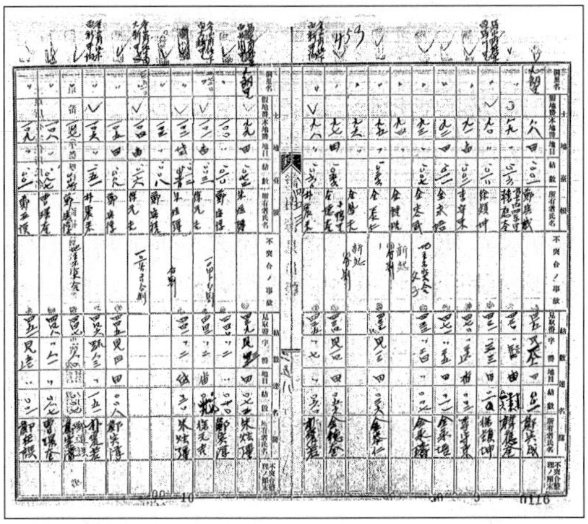

토지대장등본(가칭) 국가기록원

등본인 다음 그림에서 보듯 맨위 상단에는 이기한 다음 "이기"라는 도장을 찍었다. 그리고 본 양식의 우측 첫칸에는 맨위에 동리명, 다음에 토지대장, 부돌합(不突合)의 사고, 결수연명부, 부돌합(不突合) 처리의 전말 등의 순서로 배치되었다. 토지대장 항목은 가지번, 본지번, 지목, 결수, 소유자씨명으로 구성되었는데, 가지번은 토지대장에 기록이 없기 때문인지 빈칸이었다.

다음의 결수연명부 항목은 견취번, 자번, 지목, 결수, 소유자씨명 등으로 구성되었다. 그런데 이 항목은 결수연명부에서 이기한 것이 아니라 "견취도에서 이기"한 것이라는 표기가 맨 좌측 공란에 표기된 것에서 보듯, 양식의 첫칸에 견취번을 기록하였다. 부돌합의 사고에는 위와 아래의 소유자명이 다를 경우 그 이유를 기록했다. 그리고 토지대장의 결수는 결수연명부의 결수와 비교하여 조정한 것, 즉 토지조사사업으로 구획된 각 필지에 맞도록 조정한 결수이다. 각 군에서는 이 필지와 결수를 소유자별로 지세명기장에 이기하여 지세를 부과한 것이다. 이 장부는 전국의 토지조사사업이 완결되어 지가에 기초한 지세제도를 시행할 때까지 한시적으로 사용할 결수를 산정하기 위해 작성한 것이다.

토지대장등본을 통해 결수연명부의 토지가 토지조사사업에서 어떻게 분필 합필 분합필이 되었는지, 그리고 결수연명부의 자번호와 견취번, 지번을 비교하여 토지조사에서 시행한 토지파악방식 등을 살펴볼 수 있을 것이다. 기본적으로 이 장부는 결수연명부와 토지대장을 비교하여 두 단계의 토지파악 정도와 수준을 비교 검토할 수 있는 자료이다.

[참고어] 지세명기장, 과세지견취도, 결수연명부, 지번, 토지대장

[참고문헌] 국가기록원 소장, 『김해군 토지조사사업 관계자료』; 조선총독부 임시토지조사국, 1918, 『조선토지조사사업보고서』; 한국역사연구회 토지대장연구반, 2011, 『일제의 창원군 토지조사와 장부』, 선인 〈최원규〉

토지대장집계부(土地臺帳集計簿) 토지조사사업의 결과물인 토지대장의 내용과 그 변동을 파악하기 위해 필지별 내용을 집계한 장부. 국유지, 민유과세지, 민유불과세지로 각각 분책되어 있다.

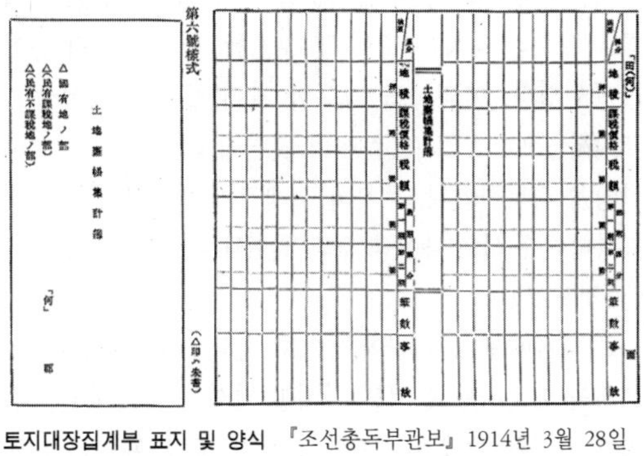

토지대장집계부 표지 및 양식 『조선총독부관보』 1914년 3월 28일

토지대장집계부의 표지에는 소관 군청명과 시기, 분책한 내용(민유과세지의 부 등)이 적혀있다. 내부는 면 단위로 나눈 다음, 지목별로 집계하였다. 장부의 내부구성은 지목별로 나누어, 적요, 지적, 지가, 세액, 납기구분, 필수, 사고 등의 항목을 설정하고 변동사항을 매월 기입했으며, 4월과 9월에 군집계를 했다. 적요란 첫 칸에는 사정 내용을 기입하고, 다음은 이동정리, 그 후는 연월일 현재 등을 기입했다. 적요란에 기입한 사항은 지목변경, 분할, 합병, 국유지나 민유지로의 이동, (비)과세지발견, 오류정정, 황지성(荒地成) 등이었다.

그리고 지목은 민유과세지에서는 전, 답, 대, 잡 등이었으며, 국유지에서는 전, 답, 임야, 분묘지, 도로, 수도용지, 철도용지, 공원지, 사사지, 잡종지, 지소 등이 있다. 민유불과세지부에는 임야, 사사지, 분묘지, 철도용지, 철도선로, 도로, 구거, 제방, 유지, 하천 등이었다. 그리고 공통적으로 마지막에는 면계와 군계를 산출하여 기록했다. 구분에는 지적 지가와 필수를 적었으며, 납세액과 납기구분란은 기입을 하지 않고 빈칸으로 두었다.

[참고어] 토지조사부, 토지대장, 국유지

[참고문헌] 『조선총독부관보』; 조선총독부 임시토지조사국, 1918, 『조선토지조사사업보고서』; 한국역사연구회 토지대장연구반, 2011, 『일제의 창원군 토지조사와 장부』, 선인 〈이영학〉

토지매매문기(土地賣買文記) 논이나 밭 등의 토지가 매매되었음을 증빙하기 위해 작성된 문서.

매매 대상인 토지와 관련된 내용 및 매매하는 데 필요한 몇 가지 요건들이 기입되었다. 토지매매문기의 내용은 토지를 매도하고 문서를 작성한 시기, 매입자, 매매사유, 매매대상인 토지의 소재지 및 토지의 면적, 토지가격, 해당 토지와 관련하여 앞서 매매가 이루어진 이력을 보여주는 본문기와 패지 및 관련 문서들의 수, 토지를 방매하는 것이 틀림없음을 약속하는 내용, 토지를 매도하는 주체와 증인 및 문서를 작성한 필집 등이 기록되었다. 이외에도 경우에 따라 필요한 내용들을 추기하였으며, 때로는 문서의 뒷면에 해당 토지의 변동 상황을 기록하거나, 토지의 소재지와 면적을 간단하게 기록하여 문서의 내용을 쉽게 알아내어 찾기 쉽게 표기한 것도 있다.

토지매매문서를 구체적으로 살펴보면, 가장 먼저 토지를 매도하고 문서를 작성한 날짜를 기록하였는데, 이는 연호와 함께 월, 일까지 기입하였다. 때로는 날짜를 구체적으로 기입하지 않는 경우도 있다. 문서를 작성한 날짜 바로 밑에 매입자의 성명을 쓰는 것이 일반적이지만, 양반은 자신이 거느리는 노비에게 위임장인 패지를 작성해줌으로써, 토지를 대신 매입하는 형식을 취하였다. 이때 실제 매입자는 문서에 적힌 노비가 아니라 패지를 작성한 노비주이다.

토지를 매매할 때에 매도하는 목적을 적도록 하였는데, 사정이 매우 다양하였다. 다수의 토지를 확보하기 위한 것도 있으며, 자신의 토지를 팔고 다른 토지를 구입하거나, 혹은 부득이한 사정으로 토지를 팔지 않을 수 없는 상황에 처하여 매도한 것들도 있다. 그 외에도 이매(移買)를 하기 위한 것이거나, 전결세 혹은 군역 등과 같은 국가에 대한 세 부담을 해결하기 위한 것이거나 혹은 환곡처럼 국가에 빌린 곡물을 갚기 위한 것이거나 혹은 부채와 같이 남에게 빌린 채무를 변제하기 위한 것들이 있으며, 집안 식구의 상(喪)을 치르거나 천장(遷葬)하기 위한 것 혹은 병치레를 하기 위하여 토지를 팔거나, 혹은 혼수의 마련, 흉년으로 생활해 나갈 방법이 없음, 속량 등 다양한 내용들이 담겨 있다. 그러나 많은 문서에는 이러한 구체적인 내용들이 아닌 일반적이고 형식적인 내용이 채워졌으며, 주로 '요용소치', '유긴용처', '빈한소치' 등과 같은 표현을 사용하였다. 때로는 매매사유와 더불어 토지를 획득한 경위를 적기도 하였는데, '모변전래', '부변전래', '매득경식', '전래경식' 등과 같은 표현을 사용하여, 매도자 자신이 어떠한 방식으로 해당 토지를 소지하게 되었는가를 기록하기도 하였다.

그 다음은 매도되는 토지에 대한 내용들을 명시하였다. 토지의 소재지를 구체적으로 기록하고, 지번과 함께 면적을 적었다. 때로는 양안에 기록된 내용을 그대로 옮긴 것도 있어서 전품과 전형 등을 알 수 있기도 하다. 그리고 사표(四標)를 기록하고 있는데, 사표는 매매되는 토지의 동서남북이 어떠한 상황인지를 표시한 것으로, 주변의 산이나 물길, 혹은 도로를 기입하기도 하며, 주변이 경작지인 경우에는 그 경작지의 소유자들을 기록하였다.

토지를 매매할 때에 사용된 주된 거래수단은 포목(布木), 쌀(米), 전(錢), 은자(銀子) 등이었다. 이외에도 목면, 콩, 소나 말과 같은 동물, 혹은 집에 설치된 물건 등도 대상이 되었다.

토지를 매도할 때에 매도자가 매입자에게 넘겨주는 기존 문서들의 종류와 장수를 기록하였으며, 이와 함께 매도인과 관련된 자들이 그와 관련하여 달리 주장을 할 수 없다는 내용 및 문제가 발생하면 관에 알려서 문제를 해결하도록 하는 내용을 실었다. 이때 언급되는 것이 곧 신문기(新文記), 구문기(舊文記), 패지 등과 같은 문서들이었다. 매도자는 현재의 새로운 매매계약서인 신문기를 작성하였으며, 이전의 매매이력을 알 수 있는 문서들을 첨부하기도 하였다. 토지를 매매하는 과정에서 이미 작성된 문서들을 건네주었는데, 이는 구문기 혹은 본문기(本文記) 등으로 불렸으며 매매계약서로 기존 권리의 유래를 증명하는 문서이다. 이와 같은 매매문서가 없거나 혹은 부분만을 매도하는 경우에는 그에 대한 사유를 기록하기도 하였다.

토지매매문서의 말미에는 답주 혹은 전수가 자신의 이름을 기록하고 서명하였으며, 증인 및 필집도 각각 자신의 서명을 두었다. 이때 두는 서명은 신분에 따라 착명(수결), 수촌, 수장, 도서 등의 형태로 다양하였다.

토지매매문기에 기입된 토지 중에 일부를 팔게 되었을 때, 해당 문서를 내어줄 수 없기 때문에 해당 토지만을 표시하여 소유권에 변동이 발생하였음을 밝히기도 한다. 토지매매문기 중 매도된 일부 토지는 문서 중에 변동 상황을 표시하였으며, 이로써 해당 내용은 이제 그 문서 내에서는 지워졌음을 표시하였다. 이와 같이 내용을 삭제하였음을 표시하는 것을 효주(爻周)라고 하였다. 변동된 내용을 앞면에 표시하여 드러내기도 하였지만, 때로는 효주배탈(爻周背頉)이라 하여 뒷면에 효주하는 경우도 있다. 배탈은 문서의 뒷면에 탈이 났음을 표시한 것이다. 이때 '탈'은 사고, 사건, 혹은 문제점을 의미하는 용어이다. 효주의 표시방식은 해당 토지의 내용을 적은 부분, 아니면 뒷면의 해당 부분에 사각형 혹은 동그라미의 형태 혹은 × 등으로 표시하였다. 그리고 효주배탈한 곳에는 대체로 토지의 위치 및 면적, 그리고 언제 누구에게 매도하였음을 기록하였다. 그리고 토지를 나누어 팔 때[割賣], 때로는 구문기를 대각선 혹은 수직 방향으로 잘라 말소하는 형태로 양도한 예도 있다.

토지매매는 원칙적으로 관청의 입안을 받는 과정을 거쳐야 했으나, 조선 후기에는 점차 관청을 거치지 않은 문서인 '백문(白文)'의 형태로 매매가 이루어졌다. 이 경우 문제가 발생하였더라도 보호를 받을 수 없었다. 그러나 문제가 될 만한 토지는 입안을 받아내어 자신의 권리를 확보하는 경우도 있었다.

토지매매문서 뒷면에는 토지매매문서의 내용을 간단하게 기록한 것도 보인다. 이는 어느 지역의 면적을 밝히는 내용으로 이루어져 있다. 대체로 한자로 쓰이기도 하지만, 한글로 기록된 것도 있는데, 당시의 표기 혹은 한문지명이 아닌 토속적인 지명들이 쓰여 있기도 하여 해당 지역의 한글 명칭을 살필 수도 있다.

매매문서의 뒷면에는 대체로 매매토지의 종류, 소재지, 매매가격이 기록되었으며, 그 외에도 흥성(興成) 혹은 거간(居間), 중개수수료를 의미하는 성어(成語) 등의 단어가 보이기도 한다.

조선시기 토지의 매매는 계약한 후 100일 이내에 관청에 신고하여 입안을 받도록 되어 있다. 임진왜란 이후 관청에 신고하지 않고 매매당사자들이 서로 문기를 주고받아 매매가 이루어지기도 하였다. 그러나 토지매매가 이루어졌다 하라도, 토지를 백문으로 거래하는 관행 등으로 입안제도가 유명무실해지면서 토지거래와 관련한 분쟁이 나타나고, 위조문기마저 성행하였다. 이와 같은 상황에서 1898년(광무 2)에 양지아문이 설치되었으며, 토지측량에 착수되었으나 성과를 거두지 못하였고, 1901년에는 지계아문을 설치하여, 한성부와 각도에 지계감리를 두어 지계(地契) 즉 '대한제국전답관계'를 발급하기에 이르렀다.

[참고어] 문기, 화회문기, 가사문기, 입안

[참고문헌] 이영훈, 1994, 「朝鮮前期 名字 考察 ; 16세기 土地賣買明文으로부터」『고문서연구』 6 ; 박성종, 2000, 「栗谷의 土地賣買文記에 대하여」『古文書硏究』 16·17 ; 이재수, 2003, 『조선중기전답매매연구』, 집문당 ; 최승희, 2008, 『增補版 韓國古文書硏究』, 지식산업사 ; 정수환·이헌창, 2008, 「조선후기 求禮 文化柳氏家의 土地賣買明文에 관한 연구」『고문서연구』 33 ; 채현경, 2011, 「조선후기 토지매매의 舊文記 양도방식에 대한 사례연구」『고문서연구』 38 ; 박병호, 2012, 『韓國法制史』, 민속원 〈양진석〉

토지소유권조사(土地所有權調査) 1910년 착수한 토지조사사업에서 지가조사, 지형지모와 함께 실사한 가장 주요한 업무로, 토지조사의 결과에 따라 각 토지에 배타적 소유권을 부여한 것.

토지소유권조사는 준비조사, 일필지조사, 분쟁지조사로 나뉘어 진행되었다. 준비조사는 토지신고서를 배포하고 토지 소재 지방의 경제 및 관습을 조사하는 것이고, 일필지조사는 지주·지목·지번조사이다. 그리고 분쟁지조사는 토지소유권에 관한 분쟁의 내용을 조사하여 해결하는 것이었다. 준비조사는 토지조사의 취지를 홍보하면서 각 지방의 명칭과 강계를 조사하여 사업에 관계되는 각종 자료들을 수집하고 동리별로 토지신고서를 배부하는 것을 주 임무로 하였다.

토지조사는 먼저 조사지역을 결정하여 신고지역과 기간을 고시한 다음, 외업반의 담당구역을 지정하고 도장관에게 조사 개시를 통지하였다. 그리고 경무부장에게 출장원의 신변보호를 의뢰하였다. 부·군·도청에는 지주총대의 선정 및 동리 정리한의 조제 방식을, 국유지 관련 관청에는 국유지통지서의 조제·제출 방식을 조회하였다. 한편 지방청에는 사무관 또는 감사관을 파견하여 토지조사에 관한 제반 협의를 하였다. 이어 미리 일시를 정해 각 군별로 면장·동리장·지주총대 및 주요 지주를 소집하여 군청 당국자, 경찰관헌, 준비조사 감사원이 열석한 가운데 토지조사의 취지·방법, 지주의 의무, 토지조사·측량 순서 등에 관해 설명하고 토지조사사업설명서, 토지신고심득, 지주총대심득, 지주주의서를 배부하였다.

준비조사 감사원은 담당구역에 들어가기 전에 먼저 군 당국자와 조사에 관한 제반 협의를 한 다음, 착수 순서를 정해 1개 면 또는 수개 면을 한 구역으로 하여 적당한 장소에 면장·동리장 및 주요 지주를 소집하여 표항의 설치·보존 등 사업에 관해 충분히 설명하도록 하였다. 그리고 지방관청에 보존된 토지 관련 도서류 중 토지조사에 참고될 만한 것의 내용을 조사하고, 필요한 경우 차입 또는 등사하도록 하였다. 과세지견취도·결수연명부·토지증명부·국유지대장·역둔토대장·민적부 등이 그것이다.

토지신고서가 접수되면 신고 내용에 의거하여 필지별 조사를 실시하였다. 일필지 조사는 일필지 측량에 기초하여 지주·경계·지목·지번 조사로 나누어 진행되었다. 지주조사는 원칙적으로 신고주의를 채택하여 동일한 토지에 2인 이상의 권리주장자가 있는 경우 또는 1인이라도 권리 주장의 근거가 의심스러운 경우를 제외하고는 권원조사를 하지 않고 신고명의자를 지주로 인정하였다.

경계조사는 신고자에게 표항을 설치하도록 하여 지주·관리인·이해관계인·지주총대를 입회시켜 인접 토지와의 관계를 조사하는 방식이었다. 지목조사는 토지 종류를 18종으로 구별하여 조사 당시의 현상에 의해 정하도록 하였다. 지번조사는 동리별로 매 필지에 순차로 지번을 부과하는 작업이었다. 초기에는 필지별 개황도를 작성하고 여기에 조사사항을 기록하여 실지조사부 조제의 자료로 이용하거나 측량원을 안내하는 데 제공하고 또한 지위등급조사를 동시에 시행하였다.

그런데 1912년 11월부터는 일필지측량과 동시에 지번조사를 시행함으로써 개황도 작성은 폐지하고 지위등급조사는 별도의 작업으로 실시하게 되었다. 소유권조사 또한 내용이 복잡하여 시일을 요하였다. 분쟁 또는 권원이 의심스러운 토지는 분쟁지조사반이 면밀히 심사하도록 하였다. 조사지 사이에 개재한 임야를 제외한 대부분의 임야는 조사 대상에서 제외하였으며, 이는 '임야조사사업'을 통해 소유권을 확정하기로 하였다.

분쟁지조사는 분쟁지심의위원회에서 분쟁지의 소유권을 판별하는 작업이다. 분쟁은 국유지 분쟁이 압도적으로 많았으며, 이 같은 분쟁의 원인에 대해 『조선토지조사사업보고서』는 ① 제실 소유지와 국유지의 구분 및 민유지의 구분 불명확, ② 역둔토와 궁장토의 미정리, ③ 세제 결함, ④ 미간지 기타의 모경(冒耕), ⑤ 매매증명제도의 불확실, ⑥ 문기 등 권리서류의 서식 불비 등을 열거하였다. 임시토지조사국은 「분쟁지조사규정」을 제정하고 총무과에 계쟁지계를 설치하여 사무를 분장시켰으며, 고등관으로써 1913년 9월 분쟁지심사위원회를 조직하여 심사하도록 하였다.

분쟁지 사건의 조사는 외업조사·내업조사·위원회 심사 등으로 구분된다. 외업조사는 실지에서 분쟁지에 관한 제반의 사실을 취조함과 동시에 필요한 서류를 정비하는 업무로 측지외업반(測地外業班)이 담당하게 되어있었으나, 착잡한 사건 또는 관계 당사자가 다수로서 곤란한 사건은 모두 계쟁지계의 계원 중에서 전담조사원을 파견하여 조사하도록 하였다.

내업조사는 외업조사에서 회부된 분쟁 관련 서류를 계쟁지계에서 반복해서 심사하고 심사서를 작성하여 심사위원회에 회부하는 업무이다. 총무과의 계쟁지계를 5개 반으로 나누어서 각 반에 주사를 두고 그 위에 내업주임을 두어 심사사무를 통일시켰다. 외업조사원으로부터 분쟁지 사건이 진달되면 계쟁지계에서는 각 사건별로 담당심사원을 지정하였다.

내업주임은 심사서를 작성하여 분쟁지심사위원회에 회부하고, 분쟁지심사위원회의 심사위원은 각 분쟁지 사건의 심사서에 대해 그 인정의 적부를 심사·검열하고 불충분한 점에 대해서는 의견을 붙여 위원장에게 제출하며, 위원장은 위원의 의견을 구하여 다시 타당하다고 인정되면 이를 결정하여 국장의 결재를 받았다. 이러한 사정작업에 따라 토지조사부와 지적도를 작성하여 열람을 거쳐 이의신청을 받았다. 불복 신청한 토지는 재결 또는 재심과정을 거쳐 토지소유권을 확정하여 토지대장에 등록하였다. 이것으로 토지소유권조사는 종결되었다.

[참고어] 토지조사사업, 사정, 재결, 재심

[참고문헌] 『조선총독부 관보』; 조선총독부 임시토지조사국, 1918, 『조선토지조사사업보고서』; 조선총독부 임시토지조사국, 1916, 『토지조사예규』Ⅲ 〈김대현〉

토지수득세(土地收得稅) ⇒ 임시토지수득세

토지신고서(土地申告書) 일제의 토지조사사업에서 민유지의 소유자가 주소, 성명, 소유지의 소재, 지목, 사표, 면적, 기타 사항 등을 기록하여 임시토지조사국장에 신고한 서면.

임시토지조사국에서는 토지조사를 시작할 때 면장, 동리장, 지주총대 및 주요 지주에게 토지신고서 조제방법을 설명하고 신고용지를 배부하였다. 토지신고서 작성과 작업과정에 대한 기본방침은 토지신고심득과 임시토지조사국 조사규정에 마련하였다.

토지신고서의 수집 정리과정은 다음과 같다. 신고기간은 군·면 단위로 조선총독부관보에 고시했으며, 각 동리의 신고기간은 동계를 조사한 뒤 별도로 정했다. 토지신고서는 지주총대가 수집하여 면장이 보관했다

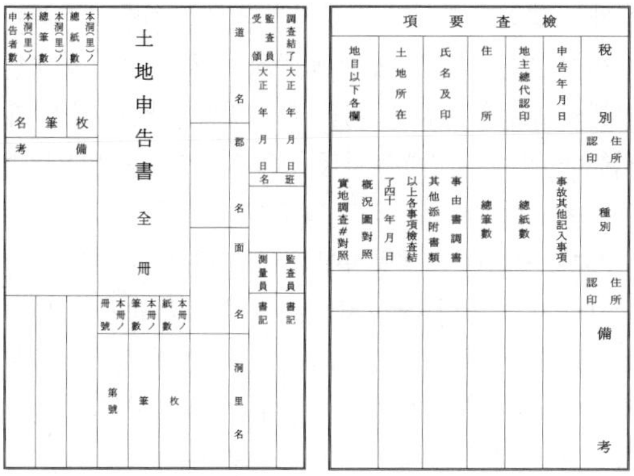

토지신고서 표지의 앞면과 뒷면

가 출장원에 인계했다. 토지조사령에서 기간 내에 신고하지 않으면 벌금을 물리고 사정에 대한 불복신청을 못하도록 정했지만, 실제로는 매우 느슨했다. 사정하기 전까지 토지신고서 제출이 가능했던 것으로 보인다. 공시한 신고기간은 변경하지 않는 것이 원칙이었으나, 임시토지조사국에 신고기간을 연장해달라고 품신하는 일이 적지 않았다.

신고서 수집과 동시에 실시된 작업은 결수연명부와의 대조작업이었다. 다음은 세부측도반이 실시한 세부측도 작업(일필지 조사)이었다. 작업 내용은 지주·지목·강계의 조사와 일필지 측량이며, 토지신고서, 실지조사부, 기타 조사서류, 원도와 등사도의 조제와 정리 등이 이때 같이 작성되었다. 토지신고서 정리 작업은 대조작업 후 1년 남짓 소요되었으며, 감사원의 장부검사 작업은 약 1~2달 걸렸다.

토지신고서는 일필지조사 과정에서 가지번과 필요사항을 기입하고 정리를 마친 다음 새로 편성된 리 단위로 편철했다. 편철 순서는 조선인, 일본인 순이며, 다음은 이해관계인이 신고한 것, 면동리 및 기타 법인이 신고한 것, 국유지통지서, 무신고지, 소유권에 의문이 있는 것, 분쟁지 등의 순으로 편철했다. 다음 작업은 편철 순서대로 색인을 만들어 토지신고서 맨 앞에 편철하는 일이었다.

그리고 증거서류와 참고서류도 함께 편철했다. 지주명을 증명하기 위해 제출한 민적, 공동소유자를 기록한 연명서, 사유서, 면리장 등이 임야의 소유권을 인증한 인증서, 토지분쟁화해서와 신고를 취하한 자가 제출한 토지신고취하원, 삼림법에 따라 자기 임야를 신고했을 경우 이를 조사 증명한 지적계에 대한 민유지조서, 토지조사시 필지내용이 실제와 다를 경우 조사결과를 기록한 참고조서, 대리인에게 신고를 맡기기 위해 작성한 위임장, 법인등기 등이 그것이다. 참고서류는 지주가 신고한 토지가 신고기간 내에 소유권이동이 발생했을 경우에 생긴 것이다. 새 소유자가 임시토지조사국에 토지이동신고서와 새 토지신고서를 제출하면 구 토지신고서를 새 토지신고서로 대체했다. 이때 구 토지신고서는 토지이동신고서와 함께 폐기하거나 서류 상단에 '참고'라 표기하고 토지신고서철 맨 뒤에 편철했다.

토지신고서철은 표지, 색인, 토지신고서와 증거서류, 참고서류 등으로 구성되었다. 표지에는 그림에서 보듯 토지신고서라는 제목과 해당 도 부군 면 동리의 명과 책의 호수를 기록했다. 오른쪽에는 정리 작업 종료일날, 감사원과 검사일, 조사원의 소속과 이름을 기록했다. 소속은 측지 제○반 세부 제○분반이라 기록했다. 세부 분반은 감사원, 검사원, 측도원으로 구성되며, 책임자는 일본인 감사원이었다. 표지 왼쪽에는 신고서철의 각 항목에 대한 통계를 기록했다. 신고자수, 필지수, 지수, 신고서만으로 소유를 확정하지 못한 토지의 건수와 필수였다. 구체적으로 분쟁지 가운데 화해 건수와 필수, 조서작성 건수와 필수, 무신고의 필수와 건수, 통지 없는 국유지의 건수와 필수, 이해관계인 신고의 건수와 필수, 소유권에 의심이 있는 필수 등이었다. 아래 비고란에 "토지소재와 주소는 신구 양 명칭이 있다"라고 기재하고 그 옆에 "행정구역의 변경으로 인한 정정"이라고 새긴 도장을 찍었다. 표지 뒤쪽에는 검사와 처리사항 항목을 만들어 놓았다. 검사항목은 신고서의 각 항목과 신고서철의 내용, 신고만으로 소유권을 확정할 수 없는 토지(분쟁사건 등), 그리고 실지조사부와 조합 등이었다. 겉 표지 다음에는 표지와 동일한 양식을 한장 더 편철했다. 여기에는 비고란에 "○○년 ○월 ○일 결수연명부 대조제"라는 기록과 "자번호는 견취도번호"라는 기록을 동시에 기록했다.

토지신고서의 신고내용은, 신고일, 지주의 주소 성명, 토지 소재지, 지목, 자번호와 사표, 등급, 면적, 결수 사고란 등이었다. 신고서 작성의 주요원칙은 조사단위를 신리로 하되 구리를 반영할 것, 토지는 결수연명부를 기본 장부로 삼아 기재할 것, 성명은 민적에 따를 것 등이었다. 리에서 토지신고를 주관하는 지주총대도 선정했다. 선정단위는 초기에는 구리(舊里)를 단위로 정했는데, 동리 통폐합 후에도 그대로 유지되었다. 토지신고서의 항목별 기록내용을 보자.

첫째, 신고일은 소유권을 사정한 날이며, 이때부터

土地申告書 大正 何年 月日	總代 認地印主
住所	何道何郡何面何洞何統何戶
名	印氏
土地所在	何道何郡何面何洞 從來何洞의名稱

地目	字番號及四標	等級	面積	結數	事故
田	天字五號 見取圖番號第何號 東何某田 西何某垈 南何某畓 北何某草坪	五	何息耕	何負	
垈	人字三號 見取圖番號第何號 東何何 西何何 南何何 北何何		何斗落	何負	
田	見取圖番號第何號 東山 西何某田 南河 北山		何日 何息耕		新起
畓	字三號の內 地見取圖番號第何號 東何何 西何何 南何何 北何何	四	何斗落	何負	
垈	何洞何統何戶		何斗落		
柴草場坪	見取圖番號第何號 東何何 西何何 南何何 北何何	六		何負	
廟	見取圖番號第何號 東何何 西何何 南何何 北何何				

‘원시취득’한 소유권으로서 법률적 효과가 발생하다고 규정했다. 신고일은 리마다 달랐으며, 같은 리 안에서는 대체로 같은 날이었지만 몇 달간 차이가 나는 경우도 적지 않았다.

둘째, 지주란의 토지신고자는 1910년 토지신고심득에서 지주와 사단·재단·공공단체 또는 묘사·단·사원 등으로 정했다. 일본민법에 따라 자연인과 법인을 사정대상으로 정하고, 토지조사의 편의, 한국의 사정 등을 고려한 특수례를 제시했다. 자연인은 민적부의 명칭을 기재하는 것을 원칙으로 했다. 결수연명부와 다를 경우는 민적명으로 수정했다. 다음의 경우는 별도로 처리방법을 정했다. 지주가 신고할 수 없어 관리인에 위임한 경우, 지주가 사망하여 상속인이 정해지지 않은 경우, 여자 등이다. 토지신고인이 문제가 된 경우는 법인을 비롯한 단체가 소유한 토지에서 발생했다. 토지신고심득에서 토지신고자의 자격을 관리인으로 한정했기 때문에 법인이 아니거나 무능력자는 법적 책임소재가 분명하지 않았다.

이리하여 1913년 개정 토지신고심득에서 다음과 같이 확정했다. 단체소유의 성격을 가진 소유자는 조선민사령 기타 법령으로 법인 자격을 구비했는지를 조사하여 법인 자격이 있는 단체, 공공단체, 특별단체로 분류한 뒤 그 성격에 따라 개인 또는 공유 명의로 기록하도록 했다. 그리고 그 해 6월 임시토지조사국 조사규정에서 단체소유에 대한 기재방식을 구체적으로 정했다. 법인에 한하여 단체명의를 인정했고, 그밖에는 공유명의로 하도록 했다. 단체원이 상당한 명의인을 내세웠을 때는 제외하고는, 법인이 아닌 단체명의는 금지했다. 그런데 예외적으로 신사·사원·불당·외국교회 등 종교단체는 법인이 아니라도, 자기 명의로 토지를 소유하는 관행이 있는 경우는 법인에 준하여 처리했다. 하지만 구래의 소유주체였던 종중·계·사립학교·서원 등은 제외했다. 이 점은 전통적인 한국의 자치조직을 일본민법 체계에 맞추어 흡수하고 해체하기 위한 조치였다.

셋째, 지적란 기재방식이다. 신고대상 지목은 ① 전 답 대 지소 임야 잡종지, ② 사사지 분묘지 공원지 철도용지 수도용지, ③ 도로 하천 구거 제방 성첩 철도선로 수도선로 등 18개 유형이었다. 이 가운데 ①의 임야와 ②의 사사지를 제외한 토지, ③의 지목은 결수연명부에 기재되지 않았던 것으로 이때 새로 추가된 지목이었다. 이들 가운데 일부 임야와 분묘지 등을 제외하면 대체로 국유로 신고서에 기재되지는 않았다. 임야는 조사대상에서 제외했지만 조사대상 토지 사이에 있는 임야는 신고하도록 했다. 따라서 조사원은 신고서에 기록한 임야가 조사 대상인지 여부를 조사 확인하는 절차를 밟았다. 기경지로 과세대상이면서도 결수연명부에 등록하지 않았던 토지는 사고란에 “민유 은결”이라고 표기했다. 이러한 토지조사과정에서 적지 않은 비과세지가 색출되었다.

넷째 사고란은 실지조사에서 확인된 지목이나 신기, 신고 임야가 민유라고 인정하는 근거 등을 기록했지만, 주로 가지번을 기록했다. 필지 구획은 신고서를 작성할 때는 결수연명부에 따랐지만, 실지조사 과정에서 분필과 합필이 적지 않게 실시되었다. 지목과 지주 또는 보관 관청을 같이하는 토지로 연속된 것은 1필지로 조사하는 것을 원칙으로 하되, 별필로 할 것은 따로 규정하였다.

다섯째, 관계자의 확인 날인이다. 토지신고는 지주의 의무사항이었으나 모든 지주가 직접 토지신고서를 작성한다는 것은 불가능했다고 판단된다. 토지신고서철의 필체가 신고일이 같을 경우 대체로 동일한 것으로 보아 지주총대 등이 일괄 작성한 것으로 보인다. 대리작성 등의 문제를 보완하기 위해 조사원은 신고내용과 실지조사에서 수정한 사항 등을 지주에게 확인시키고 지주가 반드시 확인하고 날인하도록 했다. 그 다음 검사원이 지주가 날인한 도장과 성명을 일일이 대조 확인했다.

임시토지조사국 조사원은 토지신고서를 수집 정리한 다음, 일필지조사 과정에서 미비한 신고서를 보완 정비하는 작업을 실시했다. 신고가 누락되었거나 사실과 다를 경우 신고서를 수정하거나 신고를 다시 하도록 했으며 그 종류는 다음과 같다. ① 결수연명부에 등록되지 않은 토지 가운데 신고에 누락된 묘, 임, 기간 전답, 민유 은결 등에 관한 신고서와 장부가 없어 통지하지 못한 국유지를 처리하는 일이었다. ② 신고 또는 통지 후 신고기간 내에 토지소유권이 이동되었을 때 지주와 보관관청이 임시토지조사국에 다시 신고 또는 통지하는 일이었다. 새 소유자는 면장의 증인을 받은 토지이동 신고서와 토지신고서취하원, 토지신고서를 임시토지조사국에 제출했다. ③ 토지신고서의 오류를 발견하여 기존 신고서를 취소하고 다시 신고한 경우이다. ④ 견취도를 작성할 때 탈락되어 신고서를 작성할 때 별도로 소유를 증명하는 문건을 첨부하여 신고한 경우였다.

임시토지조사국에서는 토지신고서에 이의가 없을 경우 그대로 토지소유권을 확정했지만, 다음의 경우는 일정한 절차를 밟아 이를 심사한 뒤 인정 여부를 결정했다. 토지신고서를 제출한 후 이동된 토지는 물론, 결수연명부·역둔토대장에 기재되지 않은 미신고의 은결이나 신간지, 오류신고지, 토지조사 대상에 포함된 임야, 무신고지, 통지 없는 국유지, 이해관계인이 신고한 경우, 소유권에 의심이 날 경우, 분쟁지 등이다. 먼저 임야와 미간지는 세부측도실시규정 제15조에 따라 사실을 조사한 다음 민유 여부를 결정했다.

다음은 소유권이 불확실하여 토지신고서만으로 소유자를 확정하지 못한 경우이다. ① 무신고지, ② 통지 없는 국유지, ③ 이해관계인이 신고한 경우, ④ 소유권에 의심이 날 때 등이 그것이다. ① ② ③의 경우는 면장 동장 기타 참고인과 관계 관서 등이 그 권원을 조사하고 조서를 작성했다. 이리하여 토지신고서와 무신고지 취조서, 통지 없는 국유지조서의 상부 란외에 "조서작성"이라 주서하여 신고서류철에 첨부하도록 했다.

임시토지조사국은 이러한 원칙에 따라 토지신고서를 작성하고 실지조사를 하면서 양자를 비교 검토했다. 토지신고서는 실지조사부 및 원도와 일치하도록 정리했으며, 이들 장부는 각종 검사일자가 동일했다. 따라서 토지신고서는 토지조사부 지적도와 일치하였으며, 사정의 근거서류로서 서로 상관관계를 갖도록 일치시켜 갔다. 토지신고서는 '사업'에서 근간이 되는 서류였기 때문이었다.

[참고어] 지주총대, 결수연명부, 실지조사부, 원도, 과세지견취도, 지적도

[참고문헌] 이재무, 1955, 「朝鮮における'土地調査事業'の實體」『社會科學硏究』 7-5 ; 배영순, 2002, 『한말일제초기의 토지조사와 지세개정』, 영남대학교 출판부 ; 조석곤, 2003, 『한국근대토지제도의 형성』, 해남 ; 최원규, 2009, 「일제초기 창원군 토지조사과정과 토지신고서 분석」『지역과 역사』 24 〈최원규〉

토지신고서취하원(土地申告書取下願) 일제의 토지조사사업에서 소유권 이동이나 오류, 분쟁 등에서 신고를 취하할 때 제출한 서류.

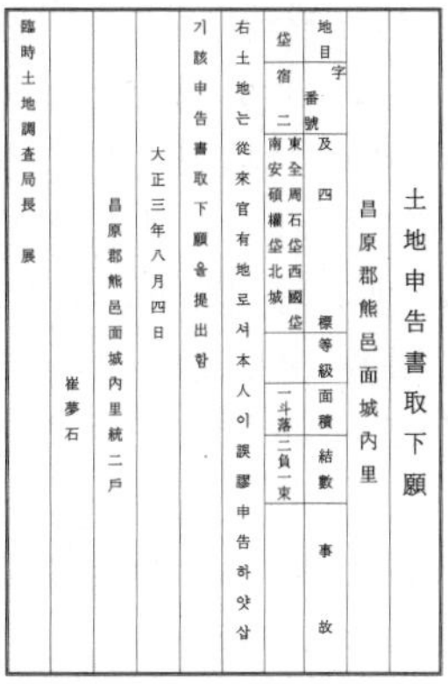
土地申告書取下願
昌原郡熊邑面城內里
地目 垈 / 字番號 宿 二 / 及四標 東全周石垈 西國垈 南安碩權垈 北城 / 等級 / 面積 一斗落 / 結數 二負一束 / 事故
右土地는從來官有地로셔本人이誤謬申告하얏삽
기該申告書取下願을提出함
大正三年八月四日
昌原郡熊邑面城內里統二戶
崔夢石
臨時土地調査局長 展

토지신고서취하원

토지신고서취하원은 토지소유자가 토지신고서를 제출한 뒤 신고기간 내 토지의 이동이 발생되거나 오류 신고하였을 경우, 또는 분쟁과정에서 신고를 취하할 때 새로 작성한 신고서와 함께 제출한 서류이다. 이때 진술서나 증빙서를 함께 첨부하기도 했다. 취하원에 지목, 자번호, 사표, 면적, 결수 등과 취하하는 이유를 기록하여 임시토지국장에 제출하였다.

[참고어] 토지신고서, 토지계쟁화해서

[참고문헌] 최원규, 2009, 「일제초기 창원군 토지조사과정과 토지신고서 분석」『지역과 역사』 24 ; 최원규, 2011, 「창원군 토지조사사업 관계장부의 종류와 성격」『일제의 창원군 토지조사와 장부』, 선인

토지신고심득(土地申告心得) 임시토지조사국에서 정한 토지신고서의 작성원칙. 1910년에 처음 제정되고, 1913년 개정되었다.

1910년의 토지신고심득에서는 ① 신고자 규정으로 개별 토지소유자 이외에 관리인이 신고할 유형을 정할 것, ② 소유권 분쟁토지와 소송중인 토지는 진술서와 증빙서를 첨부할 것, ③ 신고서는 1동리 1통주의로 하고, 연속된 토지는 1구역으로 할 것, ④ 지목은 지방에서 통용되는 것으로 할 것, ⑤ 성명은 민적(民籍)과 일치할 것, ⑥ 신고서와 표항의 내용이 일치할 것, ⑦ 관리인 또는 이해관계인 신고시에는 지주를 기입할 것 등을 정했다. 하지만 토지조사는 신고가 지연되고 지지부진하였다. 이에 일제는 토지조사령을 제정하고 이에 기초하여 1913년 1월 17일 조선총독부 고시 제5호로 토지신

고심득을 개정하였다.

구 심득과 개정 심득은 기본틀에서는 별 차이가 없었으나, 구체적인 작성방식에서는 차이가 있었다. ① 개정심득에서는 구 심득과 달리 동일 소유자의 연속 구역이라 하더라도 결수연명부에 한 구역으로 기록된 것은 이에 따라 신고서를 작성하도록 했다. ② 종래의 신고서는 구지번을 기재했으나, 개정심득에서는 결수연명부에 따르고 면적 결수도 이에 근거하여 기록하도록 했다. ③ 기간 개간 등 결수연명부에 기재되지 않은 토지는 신고서 사고란에 개간시일 등 그 사유를, 결수연명부에 등록되지 않은 대(垈)의 경우 가옥에 번호가 있는 것은 이를 기록하도록 했다. ④ 토지신고의 기본 행정단위인 동도 결수연명부에 따르도록 했다. ⑤ 대리인이 신고할 경우는 대리위임장을 첨부하도록 했다. 그밖에 단체소유토지의 기록방식을 변경했으며, 소송토지도 기재방법을 구체적으로 정했다.

이 중 가장 핵심적 변화는 토지조사 후 작성할 토지대장과 결수연명부와의 연락관계를 고려하여 결수연명부에 기초하여 토지신고서를 작성하도록 원칙을 정한 것이다. 결수연명부를 토지조사의 기본 장부로 삼은 것이다. 이때 토지신고서의 기재내용도 종전과 달리 견취도 번호를 부기하도록 했다. 이 원칙을 기본으로 토지신고서를 작성하면서 그 후 필요에 따라 내부지침으로 부분적으로 작성방식을 수정하기도 했다. 토지신고서 상단에 증명란을 둔 것, 지번란을 부기한 것 등이 그것이다.

[참고어] 결수연명부, 토지신고서, 토지조사령

[참고문헌]『대한제국 관보』;『조선총독부 관보』; 배영순, 2002,『한말일제초기의 토지조사와 지세개정』, 영남대학교 출판부 ; 최원규, 2009,「일제초기 창원군 토지조사과정과 토지신고서 분석」『지역과 역사』 24

토지전당계약서(土地典當契約書) 토지가옥증명규칙에서, 토지의 전당(典當)을 법적으로 증명 받으려할 때 반드시 요구되었던 계약서. 전당은 토지 혹은 가옥을 담보로 돈을 꿔주는 행위이며, 토지·가옥 거래의 대표적인 양태 중 하나였다.

토지가옥증명규칙(1906.10.26.)이 제정된 후, 토지 및 가옥의 매매·증여·교환·전당의 절차 시 모두 증명을 받도록 하였다. 그 처리는 토지가옥증명사무처리 순서에 따랐다. 전당의 경우 토지전당계약서와 첨부할 문기, 이를 바탕으로 한 인증부와 증명부에 등재할 것을 규정했다. 먼저 통수 또는 동장은 신청자가 계약서를 제대로 제출했는지, 계약서 이외에 문기(文記) 등 기타 증빙서류를 첨부했는지, 수수료를 납부했는지 등을 조사하는 인증절차를 거쳤다. 토지 인증을 신청할 때 계약서에 도면을 첨부하게 하였다.

다음은 군수나 부윤의 증명절차였다. ① 신청당사자가 통수 또는 동장의 인증을 받았는지, ② 신청자가 전당의 경우 계약서 3통을 제출하였는지, ③ 위 계약서 1통에 문기 및 기타 증빙서류를 첨부하였는지, ④ 신청자가 수수료를 납부하고 금액에 상당한 수입인지를 첨부하였는지 등을 조사하고, 증명부를 작성했다. 이상의 처리를 마친 군수 또는 부윤은 증명을 시행한 계약서 1통 및 문기, 기타 증빙서류를 관청에 보존하고, 계약서 1통씩을 당사자 양쪽에게 교부하였다.

[참고어] 토지가옥증명규칙, 토지가옥인증부, 토지가옥증명부

[참고문헌] 김건우, 2008,『근대 공문서의 탄생』, 소와당

〈김대현〉

토지조사강요(土地調査綱要) 1909년 2월 탁지부 차관 아라이 겐타로(荒井賢太郎)의 지시로 당시 대구 재무감독국장이었던 가와카미 쓰네로(川上常郎)가 쓴 토지조사에 관한 방책서.

일제 토지조사사업의 정책 입안과정을 아는 데 중요한 사료이며, 토지조사의 목적과 정책적·경제적 의미가 우선적으로 제시되어 있다. 토지조사의 목적은 토지제도와 지세제도를 확립하는 것이며, 경제적으로 토지의 담보능력 향상에 의한 자본전환이라는 의미를 가지고 있다고 보았다. 토지조사에 의한 자본전환을 통해 농업개발과 외국인의 농업경영은 물론 산업까지도 진흥시킬 수 있다고 인식하고 있다.

본론에서는 첫째 법률적으로 토지소유권 확인의 필요성을 강조하고 있다. 이를 위해 토지의 종류, 소유와 점유의 상태, 토지의 연혁과 관습에 대한 조사가 선행되어야 함을 강조하고 있다. 둘째 지세부과 목적을 위해 토지조사의 실시를 주장하였다. 순수입에 의한 수익과세법을 가장 적합한 지세부과의 방법으로 보고 지력, 수확, 곡가, 생산비 등의 조사 필요성과 조사방법을 서술하고 있다. 이는 토지조사사업의 일필지조사, 개황도의 작성에 영향을 미치고 있다. 그가 주장한 수확의 조사는 토지조사사업에서 과세표준의 기초를 수립하기 위한 지위등급조사로 계승되었다. 또한 과세표준으로 지가를 채택할 것을 제안하고 있다. 이를 위해 지목

구분의 방법도 구체적으로 제시하였다. 토지측량도 언급하면서 대규모 측량에서 소규모 측량으로 측량이 행해져야 하며 측량과 동시에 지형도가 작성되어야 할 필요성도 강조하고 있다. 그 외 직원의 인사 및 지방 출장소의 설치·관리에 대한 언급도 포함되어 있다. 외업종료 후 토지대장과 지세명기장의 제작으로 대표되는 내업의 정리에 이르는 정책의 전 과정이 마련되고 있었다.

이 책은 토지조사사업의 정책입안에 결정적인 영향을 주었다는 의의를 가진다. 소유권 확정의 대원칙인 신고주의의 방법을 처음 제기했으며 토지조사사업의 정치적·경제적·사회적 의의를 명확하게 설정하여 근대 식민지적 개발정책의 기초사업으로서 토지조사의 필요성을 역설하고 있다. 『토지조사강요』와 실제 토지조사사업의 시행에는 토지소유권 확정방법과 국유지의 처리 등 일정 부분 차이점이 있으나, 이 책에 제시된 방책들이 토지조사사업의 정책입안의 기초가 되었다고 할 수 있다.

[참고어] 토지조사사업, 토지소유권조사, 재무감독국

[참고문헌] 宮嶋博史, 1991, 『朝鮮土地調査事業史の研究』, 東京大學東洋文化研究所 ; 川上常郞, 리진호 역, 2001, 『土地調査綱要』(탁지부), 우물 〈고나은〉

토지조사국 관제(土地調査局官制) 1910년 3월 14일 토지조사사업을 시행하기 위해 설립된 토지조사국의 관제에 대한 법령. 칙령 제23호로 발표되었고 총 11개 조항으로 이루어져 있다.

관제에 따르면, 토지조사국은 탁지부 대신의 관리에 속하며 토지의 조사 및 측량에 관한 사무를 하기 위해 만들어졌다(1조). 토지조사국은 총재, 부총재, 부장 2명, 서기관 3명, 사무관 5명, 기사 7명, 주사 120명, 기수 270명으로 구성되었다(2조). 총재는 탁지부대신이 겸임하였다. 총재는 고영희(高永喜), 부총재는 학부차관인 일본인 다와라 마코이치(俵孫一)가 임명되었다. 부서는 총재관방과 조사부, 측량부로 구성되었다. 제5조에서 8조는 부장 서기관과 사무관 기사 주사 등의 임무를 규정하고 있다. 그리고 지방에 출장소와 지국을 둘 수 있다고 규정하고 있다.

토지조사국 각 분과에 대한 사항은 탁지부 훈령으로 발표된 「토지조사국분과규정(土地調査局分課規程)」에 규정되어 있다. 총재관방에 서무과 회계과를, 조사부에 조사과와 정리과를, 측량부에 삼각과 측지과 제도과를 설치할 것과 그 임무를 규정하였다.

토지조사국은 조선총독부가 설치되면서 1910년 9월 30일 칙령 제361호로 조선총독부 임시토지조사국 관제를 공포하였다. 주요변동 사항은 조선총독의 지휘감독을 받고, 정무총감이 총재가 되었다. 그리고 지국과 출장소를 설치할 수 있도록 하였다.

[참고문헌] 『구한국관보』 勅令第二十三號, 土地調査局官制, 1910.3.14 ; 조선총독부 임시토지조사국, 『국보』 1, 1910.11 〈남기현〉

토지조사령(土地調査令) 일제가 1912년 8월 제령 제2호로 토지조사사업을 추진하기 위해 기존에 미비했던 점을 보강하여 제정한 법령.

일제는 토지조사사업이 지지부진하자, 1912년 전문 19조의 토지조사령을 제정 공포했다. 토지조사법의 골격을 유지하면서도 여기서 미비하였던 토지소유권 확정절차와 기구, 측량과정에서 지방민의 민원대상이었던 측량부분을 보강하였다.

토지조사령의 특징은 다음과 같다. 첫째, 측량표 설치, 측량 장애물 제거권을 명시하였다. 점유자에게는 통지한 뒤 보상금을 지급하고, 만일 불복하면 조선총독에게 재정을 청구하도록 하였다. 측량시간도 명문으로 규정하였다.

둘째, 토지소유권 판정절차와 그 기구를 강화하였다. 토지조사령에서 가장 중점을 둔 부분이다. 토지조사법에서 공시기간과 재결 신청기간을 구분하지 않고 90일로 정한 것을 30일과 60일로 각각 분리하고, 사정공시방법을 구체화시켰다. 이와 함께 고등토지조사위원회의 재결조건을 구체화시켰으며, 재심기능도 추가하였다.

셋째, 국유지의 통지절차를 확정했다. 국유지도 민유지처럼 통지와 표항설치를 의무사항으로 정하였다. 사정일은 민유지는 신고일, 국유지는 통지일로 정하였다. 이 점은 이전에도 외업사무처리규정에 정하였으나, 법령에는 이때 삽입하였다. 1909년의 탁지부 소관 국유지실지조사가 제대로 시행되지 못하고 분쟁이 빈발한 점, 탁지부 소관 이외의 토지를 조사하지 못한 점 등을 해결하기 위해 제정한 것이다.

넷째, 조선부동산등기령과 조선부동산증명령을 즉시 실시할 수 있도록 규정을 정비하였다. 토지조사법의 지권 발행규정을 삭제하여 토지조사 후에 조선부동산등기령을 바로 시행할 수 있도록 하였다. 지권제도는 등기제도로 이행하는 과도적 조치로 고안된 것이며, 토지조사비용을 마련하기 위한 방안이기도 했다. 그런

데 지권제도는 토지거래시 토지매득자가 지권을 교부하지 않고 그대로 소지하더라도 제3자 대항권을 갖기 때문에 명의이전 절차를 지체하여 토지대장과 실소유자가 서로 달라 지세징수에 어려움이 생길 것을 우려했던 것이다. 지권제도로서는 지주납세제를 제대로 시행할 수 없었다. 때문에 토지조사령에서는 이와 같은 문제점과 등기에 준하는 조선부동산증명령을 시행하고 있다는 점을 고려하여 지권 발행계획을 철회하고 곧바로 등기제도로 이행하기로 계획한 것이다.

다섯째, 신고서 내용변동에 대한 이동신고 절차를 시행세칙에서 구체화시켜 규정하였다. 우선 신고규정과 미신고자에 대한 처벌규정을 강화하였다. 이동신고 기간을 전자에서는 신고일에서 지권발행일까지로 정하였는데, 후자에서는 지권제도의 폐지에 따라 공시일까지로 하였다. 신고항목도 소유자나 관리인의 이동과 주소 씨명 명칭 등의 변경, 분필, 합필, 지목 변경, 국유가 민유로 민유가 국유로 소유가 바뀔 경우 등 구체적으로 정하였다. 이동신고에서 동장이나 이장의 인증을 받도록 하여 실제 변동이 토지조사사업에 반드시 반영되도록 하였다. 이것은 신고에서 사정에 이르는 기간이 짧지 않았는데, 이 기간의 변동사항을 기록하여 토지대장이나 등기부를 작성할 때 차질이 없도록 고려한 것이다. 사정 이후의 이동사항은 사정대상은 아니었으나, 신고일부터 사정확정일까지는 별도의 확인절차 없이 토지대장에 근거하여 등기부를 작성할 수 있고 지주납세제도 그대로 실천할 수 있도록 한 조치였다.

토지조사법을 토지조사령으로 개정한 작업은 토지조사사업의 원칙이 확정되었다는 것을 의미하였다. 모든 토지에 대한 신고·통지제의 확립, 토지소유권 판정기구의 체계화, 등기제 실시를 전제로 하는 토지조사방법의 수립 등이 그것이었다.

[참고어] 토지조사법, 고등토지조사위원회, 재결, 재심

[참고문헌] 『조선총독부관보』; 『조선토지조사사업보고서』; 宮嶋博史, 1991, 『朝鮮土地調査事業史の研究』, 東京大學 東洋文化研究所 ; 최원규, 2002, 「일제초기 토지조사법규 정비와 토지신고서」 『역사문화연구』 17

〈이영학〉

토지조사법(土地調査法) 일제가 한국강점 전야인 1910년 8월 24일 한국을 식민지로 지배하기 위한 토대구축 작업의 일환으로 토지조사사업을 시행하기 위해 제정 공포한 법.

대한제국의 법령 제7호로 공포된 토지조사법은 전문 15조와 부칙으로 구성되었다. 시행규칙은 탁지부령 제26호로 공포하였다. 먼저 시행기구로 토지조사국을 설치하고 토지조사와 측량에 관한 사무를 담당하도록 했다. 직원으로 총재(탁지부 대신 겸임), 부총재, 부장, 서기관, 사무관, 기사, 주사를 두도록 하였다. 토지조사국에는 총재관방, 조사부, 측량부를, 지방에는 필요에 따라 토지조사지국과 출장소를 설치하도록 하였다. 사정자문기관으로 지방토지조사위원회를 구성하고, 재결담당기구로 고등토지조사위원회를 설치하였다.

토지조사에 관한 주요내용은 다음과 같다. 첫째 대한제국이 법률로 공포한 도량형법을 폐지하고, 정(町) 평(坪) 등 일본의 도량형을 도입하여 적용했다. 둘째 토지소유자의 신고서 제출과 표항설치, 지주총대 설치 등을 내용으로 하는 신고제를 도입했다. 셋째 소유권의 '원시취득' 이념을 도입한 소유권의 '법인'을 위해 사정일 규정, 소유자이동 신고규정, 고등토지조사위원회 설치와 재결 신청권 등을 도입했다. 넷째 부동산의 거래와 담보제도의 안정성 그리고 토지조사 비용 마련을 위해 지권제도를 도입했다. 다섯째 토지조사를 강력히 시행하기 위해 지시사항 불이행에 대한 제재조치를 정한 행정 강제주의를 도입했다.

일제는 이러한 원칙 아래 토지조사를 추진했지만 초기에는 제대로 진척되지 않았다. 식민통치의 구체적인 방침은 물론 토지조사를 위한 기초조사, 그리고 토지조사의 원칙과 방법 등이 미진했기 때문이기도 했지만, 한국인의 반발도 적지 않아 각지의 정세가 상당히 불안정하였던 것이다. 초기에는 토지조사를 환영하지 않고 비협조적이며 때로는 조사원을 멸시하여 숙소도 대여해 주지 않을 정도였다. 이러한 점을 고려하여 교통이 편리하고 일인들이 집중 거주하여 안정성이 높은 지역부터 착수하기로 원칙을 세웠다.

일제는 한국인들의 반발을 무력과 선무공작으로 억누르며 사업을 추진했으나 예정대로 진행하지 못했다. 지주의 의무사항인 토지신고는 물론 표항 설치, 지주총대 선정, 조사입회 등 기초조사부터 제대로 시행되지 못하였다. 토지신고서를 제출하지 않거나, 소작인 명의, 형제 명의, 타인 토지를 몰래 자기 명의로 제출하는 일, 그리고 표항을 훼손하는 일도 적지 않게 발생했다. 대책을 강구하지 않을 수 없었다. 지주총대의 활용강화, 소유권심사제도의 강화, 관권의 강화가 대안으로 제시되었으며, 이러한 내용을 담아 토지조사법을 개정하여 1912년에 토지조사령을 공포했다.

[참고어] 토지신고서, 토지조사령, 지방토지조사위원회, 고등토지조사위원회, 원시취득

[참고문헌]『조선총독부관보』; 宮嶋博史, 1991,『朝鮮土地調査事業史の研究』, 東京大學 東洋文化研究所 ; 최원규, 2002,「일제초기 토지조사법규 정비와 토지신고서」『역사문화연구』17

〈이영학〉

토지조사부(土地調査簿) 일제시기 임시토지조사국이 실지조사부에 근거하여 리 단위로 작성한 토지소유권 사정원부.

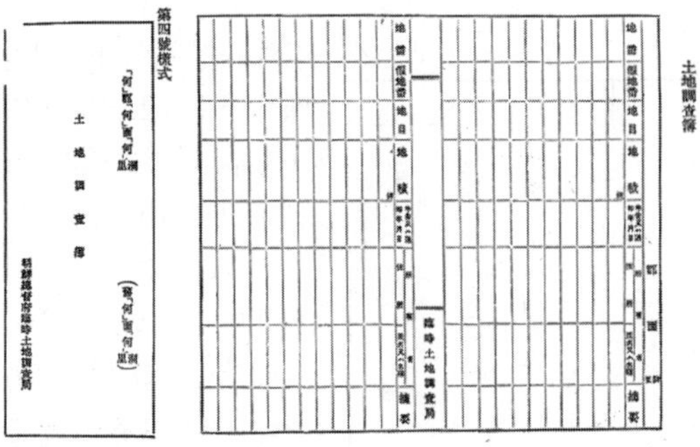

토지조사부 표지 및 양식

토지조사부는 1911년 11월부터 토지조사가 끝난 지역부터 차례로 조제에 착수하였다. 이는 실지조사부에 의거하여 작성하고 검사와 교정을 하였다. 토지조사부는 한 동리마다 지번순에 따라 지번, 가지번, 지목, 지적, 신고연월일 및 소유자의 주소와 성명을 등사하였다. 분쟁 기타 특수한 사고가 있는 토지는 적요란에 주요사항을 기입하고 말미에 지목별로 지적 및 필수를 집계하였다. 다시 이것을 국유와 민유로 구분해서 합계하였고 공유지는 공유자가 3명 이상인 것은 별도로 연명서를 작성하여 책 말미에 붙였다. 공유자가 2명인 것은 공유자명을 연기하고 적요란에 공유지라는 것을 기입하였다. 이같은 등사 사무가 끝나면 정밀하게 검사·교정하고, 지적이 결정된 다음에 기입하였다.

토지조사부 양식은 임시토지조사국 조사규정(1913년 6월 7일)에 마련되었으며, 1914년 3월 28일 개정되었다. 양자는 표지에서 차이를 보였다. 전자는 토지조사부라는 제목 밖에 없었지만 후자는 구체적으로 해당 군면리와 "조선총독부임시토지조사국"이라는 담당기구를 표시했다는 점이다. 토지조사부의 구성은 표지와 표지 뒷쪽에 "결번 지번표"를 표기한 부전지, 각 필지의 내용을 기록한 토지조사부 양식, 그리고 마지막으로 토지조사부의 총합계 항목으로 이루어졌다. 합계는 지목별로 지적 및 필지를 집계한 것인데, 이것은 국유와 민유로 구분하여 합계한 내용을 합친 것이었다. 토지조사부의 맨 뒤에는 공유지연명서가 첨부되었다.

토지조사부의 기재원칙은 다음과 같다. 첫째 동리단위로 조제하고 지목에 관계없이 지번순으로 조제했다. 기록내용은 지번, 가지번, 지목, 지적, 신고 또는 통지연월일, 소유자의 주소·성명, 적요 등이다. 둘째 소유자의 주소가 토지소재지와 동일할 때 주소는 생략하고 동명이인은 통호를 기재하여 구분하도록 했다. 셋째 면동의 분합, 강계변경 등으로 면동명을 개칭할 경우에 구명칭과 동일한 것은 이를 생략하고, 명칭을 달리한 것은 기재하도록 했다. 넷째 적요란에는 소유자나 주소가 특별한 경우 그 사유를 기록했다. 분쟁지는 분쟁지(제○○○호), 무신고지는 '무신고', 국유지로서 통지없는 것은 '무통지', 상속미정지는 '상속미정', 소유자의 주소가 불명인 것은 '주소불명' 이해관계인이 신고한 것은 '이해관계인 ○○○신고', 법인의 자격을 갖지 않는 종중 기타 단체로서 상당 명의인이 신고한 것은 '종중재산 혹은 ○○(단체명)재산'이라 기재하도록 했다. 다섯째 공유지는 2명까지는 씨명 또는 명칭란에 연기하고, 3명 이상은 씨명 또는 명칭란에 ○○○외 ○명 적요란에 "연명후출(連名後出)"이라 기재하고 별도의 공유지연명서에 기록했다. 그리고 동일 공유자로서 수필의 토지를 소유하고 지분이 동일할 경우에는 각 지번을 공유지연명서의 지번란에 연기하도록 했다.

토지조사부는 실지조사부를 기초 자료로 작성하여 양자는 거의 일치했지만 기재순서가 달랐다. 실지조사부는 가지번순이고 토지조사부는 지번순이었다는 점이다. 토지조사부는 지적도와 함께 사정원부로 공시열람과정을 거쳐 확정되었다. 토지대장은 이를 근거로 작성하여 그후 지적 실무에 사용하였다. 경기 경남지역 등 여러 지역의 토지조사부가 현존하는데 국가기록원에 이관되어 관리되고 있다.

[참고어] 실지조사부, 토지신고서, 지적도, 토지대장, 임시토지조사국 조사규정

[참고문헌] 조선총독부 임시토지조사국,『토지조사예규』(3) ; 조선총독부 임시토지조사국, 1918,『조선토지조사사업보고서』

〈이영학〉

토지조사부등본(土地調査簿謄本) 일제시기 토지조사가 끝난 지역에서 결수연명부를 대체할 지세명기장을 작성할 때, 결수연명부의 필지별 결수를 토지조사부의

필지에 맞추어 조정하여 지세명기장에 기입하기 위해 만든 장부.

토지조사사업이 끝난 다음 작업은 지세명기장 작성 작업이다. 이 작업은 토지대장이 완비된 후 50일 내에 작업을 완료하도록 했다. 1915년 5월 12일 지세령 시행규칙을 개정하면서 토지조사사업이 종결되지 않은 군은 결수연명부를, 토지대장을 비치한 군은 지세명기장을 사용하도록 규정했다. 이때 전자에서는 결가제, 후자에서는 지가제로 시행할 경우 두 지역이 지세부과방식이 달라 지역 간의 불균등과 갈등이 제기될 우려가 있었다. 이리하여 전체 토지조사가 완결될 때까지는 결가제를 그대로 유지하도록 했다. 이때 후자 지역에 실시할 지세명기장의 내용을 결수연명부에 맞추어 조정하는 문제가 제기되었다. 지세명기장의 필지별 내용은 토지조사사업에서 새로 구획한 필지에 따라 정리한 토지대장에 근거하여 기재한 것이기 때문에 결수연명부와는 차이가 있었던 것이다. 특히 결수연명부의 필지별 결가를 토지조사의 필지에 따라 조정해야 했으며 이를 위해 작성한 장부가 토지조사부등본이었다.

토지조사부등본의 양식은 아래 그림처럼 상부와 하부 두 부분으로 구성되었다. 상단에는 토지조사부를, 하단에는 결수연명부의 필지 내용과 조정된 것을 기재해 놓았다. 토지조사사업에서는 결수연명부의 필지를 새로 정한 사업의 원칙에 따라 합필 또는 분필, 분합필하여 새로 필지를 확정하여 지번을 부여한 경우가 적지 않았으며, 이를 조정할 필요가 있었던 것이다. 토지조사부등본은 새로 마련한 토지조사부의 필지를 위 부분에 이기한 다음, 결수연명부의 각 필지의 결수를 결수연명부와 토지조사부의 절대면적을 비교하여 토지조사부 필지의 면적에 해당하는 결수를 산정하여 기록한 장부였다. 토지조사사업에서 조사 측량한 필지와 결수연명부의 필지가 동일할 경우는 그대로 이기하면 되었지만, 다를 경우는 조정해야 했으며, 이 결수를 지세명기장에 기록하여 지세를 부과한 것이다.

지가에 기초하여 지세로 부과한 것은 토지조사사업이 전국적으로 완료되고 1918년 6월 18일 지세령을 개정하면서이다. 지세는 지가의 13/1000을 부과하도록 하고, 지세명기장 양식에도 지가만 남기고 결수(結數) 결가(結價) 항목은 제거한 것이다. 지가에 기초한 지세제도가 토지조사사업의 종결과 더불어 전국적으로 동시에 시행된 것이다.

토지조사부등본은 ① 표지 ② 표지 뒤쪽의 [별번지번 결번표] ③ 토지조사부 등본(내용) ④ 리계(里計 : 里의 지목별 합계) ⑤ 공유지가 있을 경우에는 공유지의 지번과 공유자를 별도로 기록한 문건 등으로 구성되었다. 각 구성 부분별 양식을 보면 다음과 같다. 표지는 일정한 양식없이 "토지조사부등본 ○○면 ○○리"라고 표기했다. 기록을 완결한 후에는 표지에 '畢'이라 기록했다.

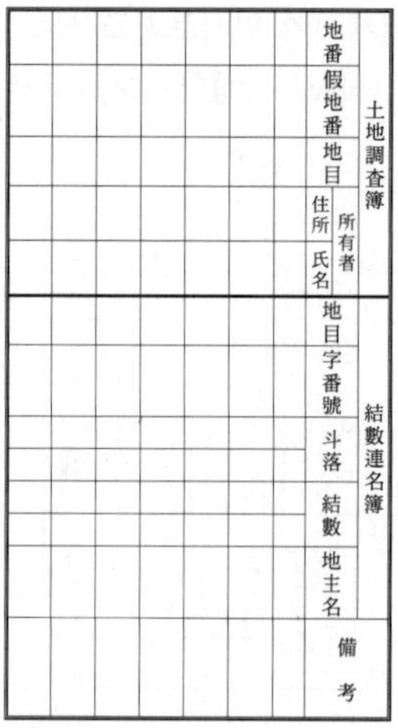

地番
假地番
地目
住所
氏名
所有者
土地調査簿
地目
字番號
斗落
結數
地主名
結數連名簿
備考

토지조사부등본

표지 다음에는 토지조사부등본의 양식을 편철하고 해당 사항을 기록했다. 토지조사부등본 양식의 구성은 예시한 그림에서 보듯 위로부터 토지조사부, 결수연명부, 비고 등으로 되어 있다. 토지조사부 부분에는 토지조사부의 지번, 가지번, 지목, 주소, 성명을 기록했다. 결수연명부 부분은 결수연명부의 지목, 자번호, 두락, 결수, 지주명 등을 이기했다. 마지막 비고란에는 토지조사부의 필지에 맞게 결수연명부의 필지를 분합필하여 조절한 다음, 분합필한 지번을 기록했다. 토지조사부등본의 작성순서는 지번순이었다. 마지막 부분에는 해당 리의 지목별 합계를 기록했다. 대표 리(里)의 장부 뒤에 면계를 실었다. 리와 면의 합계 양식은 먼저 토지조사부와 결수연명부 항목별로, 다시 전자는 국유, 민유, 합 등으로 분류하여 통계를 산출하였다.

토지조사부 항목은 토지조사부의 내용을 대부분 그대로 이기하였지만 이동지가 있을 경우 이동지조사부에 따라 수정하였다. 가장 많이 수정한 곳은 소유자명과 주소 항목이었다. 토지조사부등본은 지세명기장을 작성하는 전단계 작업이었기 때문에 토지조사부의 소유자명을 이기하되 신고일 이후 사정공시일 사이에 발생한 이동지를 조사 기록한 것이다. 이동지조사부에 신고하여 조사 기록한 필지는 토지조사부등본의 해당 부분을 수정했다. 결수연명부 부분은 수정 사항이 매우 복잡했다. 결수연명부는 토지조사사업의 기본장부였지만 필지구성 방식이 서로 달라 두 장부를 직접 비교할 수 없었다. 가지번을 기록한 토지신고서, 지번과 가지번을 기록한 실지조사부, 지번을 기록한 토지조사부,

이를 서로 비교하여 결수연명부 상단에 지번을 부기할 수 있었다. 이 작업으로 결수연명부와 토지조사부의 지번을 서로 비교하여 토지조사부등본의 결수연명부란을 기입할 수 있었다.

하지만 두 장부는 여러 점에서 차이가 있어 조정과정을 거쳐야 했다. 기본적으로 결수연명부에는 국유지가 기록되어 있지 않았다. 그리고 지목이 서로 다른 경우, 새로 파악된 신간지 은결, 분합필로 인한 필지구성의 차이, 행정구역 변동, 지목 변동, 분쟁지 등으로 양자의 비교가 쉽지 않았다. 장부 기입이 완료되면 마지막으로 교열작업을 한 다음 교(校)와 합(合)이 쓰인 인장을 날인했다. 교는 수정한 결수연명부의 결수를 교열한 다음 찍은 것이다. 합은 지세명기장에 이기하고 대조한 다음에 찍은 것으로 보인다. 이러한 과정을 거쳐 확정된 결수를 지세명기장에 이기하여 지세를 부과한 것이다.

결론적으로 토지조사부등본은 지세명기장에 결수연명부의 결수를 이기하는 작업을 위한 장부였다. 이 작업은 토지조사사업에서 목적한 지가에 기초하여 지세를 부과하기 전에 과도기적으로 시행한 것이다. 지세명기장에 지세 대신 지가를 기록하여 지세를 부과한 것은 1918년이었다. 이때 비로소 지세명기장을 다시 수정하여 공시하는 과정을 거쳐 지가에 기초한 지세부과제도가 확립되었다. 토지조사부등본은 마산시청에 남아있다.

[참고어] 토지조사부, 지세명기장, 결수연명부, 지세령

[참고문헌] 마산시청 소장의 창원군 『토지조사부등본』; 최원규, 2011, 「창원군 토지조사사업 관계장부의 종류와 성격」 『일제의 창원군 토지조사와 장부』 〈이영학〉

토지조사사업(土地調査事業) 일제가 1910년부터 1918년까지 '근대적'인 토지제도 지세제도를 마련한다는 명분 아래 소유권·지형지모·지가 등을 조사하여 토지대장·지적도·지세명기장·부동산등기부 등의 장부를 마련한 다음, 이를 디딤돌로 식민지적 토지정책을 추진하기 위해 실시한 사업.

19세기 조선사회는 새로운 사회경제적 변화에 따라 와해되어 가는 토지제도를 정비하기 위해 여러 양전론이 제기되었으며, 일부 지역에서는 양전이 실시되기도 했다. 이를 더욱 부추긴 것은 일본인이 청일전쟁을 계기로 한국에 본격적으로 들어와 불법적으로 토지를 잠매해간 사태였다. 대한제국은 이러한 토지문제를 해결하기 위해 외국인의 토지소유를 금지하는 한편, 절대면적제와 전답도형도 등을 도입한 새로운 방식으로 토지를 조사하고, 동시에 시주와 시작을 조사하여 새로운 내용을 담은 양안을 작성하였다. 그리고 이를 기반으로 작인납세제와 토지소유권의 국가관리를 주안으로 한 관계(官契)발급사업을 추진하였다. 하지만 일제는 '을사조약'을 강제로 체결하고 통감부를 설치하면서 대한제국의 개혁을 중지시키고 식민지 통치에 적합한 토지제도를 만들기 위해 토지조사작업을 추진하기로 결정했다.

우선 외국인의 토지거래와 소유를 합법화한 증명제도를 강행하는 한편, 토지관습조사를 본격화하였다. 기본적으로 일본민법의 배타적 토지소유권을 한국에 적용시키기 위한 사전작업이었다. 이와 함께 국가재정 확보를 위해 역둔토를 국유지로 조사 정리하고, 지주납세제를 기반으로 한 지세제도 정비작업도 추진했다. 이러한 준비작업을 토대로 일제는 1910년 토지조사법을 제정 공포하고 한국을 완전히 일본 땅으로 만들기 위한 기반구축 작업인 토지조사사업(이하 '사업')을 대대적으로 착수했다. 조사대상은 토지소유권, 지형지모, 지가 등이었다.

그러나 '사업' 초기에는 한국인의 저항과 사전 준비 부족 때문에 예상대로 진척되지 못했다. 이에 일제는 재원조달과 진행계획을 수정하는 한편, 토지조사령, 조선민사령, 조선증명령, 조선등기령 등 관계법을 새로 공포하는 등 계획을 수정하고 조정했다. 조사지역도 처음 계획을 변경하여 통치의 거점인 시가지를 먼저 착수 완료하고, 다른 지역은 행정구역 개편작업을 마무리하면서 본격 추진했다. '사업'은 1914년부터 본격화되었으며, 1918년 고등토지조사위원회의 재결작업만 남기고 마무리되었다.

일제는 '사업'을 다음과 같은 목적 아래 시행했다. 첫째, 토지소유권을 일본민법에서 정한 기준에 따라 조사하고 '법인'하여 일본 자본의 안정적 투자기반을 조성하는 데 있었다. 조선 후기 이래 토지상품화가 크게 진전되고 있었지만, 토지권의 국가관리제도가 '근대법'으로 체계화되지 못해 일본 자본이 안정적으로 침투하는 데 부적합하다는 인식 아래 이를 제도적으로 완비하는 한편, 토지소유권을 제약하던 도지권이나 중답주 등의 물권적 권리를 부정하고 여기에 절대성을 부여하여 지주제를 식민지 통치의 기반으로 삼으려 한 것이었다. 토지조사의 결과물로 토지대장과 지적도를 만들고 이를 기반으로 등기제도를 시행할 것도 계획

하였다.

둘째, 구래의 결부제를 해체하고 지가에 기초한 '근대적' 지세제도를 마련하기 위한 것이었다. 이것은 지세수입의 강화와 안정적 재정기반 확보와 관련된 문제였다. 일제는 중앙에서 파악하지 않은 은결(隱結)을 찾아내 지세수입의 증대를 꾀하고, 결부제와 총액제에 기초한 구래의 지세제도를 폐기하고 지가에 기초하여 소유자가 직납하는 지세제도로의 전환을 시도하였다.

셋째, 조선총독부의 '소유지(=국유지)'를 확정하기 위한 사업이었다. 이 작업은 세 방향에서 추진되었다. 사궁장토를 축소하고 국유지를 확보하는 제실재산정리사업, 무토와 유토로 구성된 역둔토 중에서 유토를 국유지로 확정하는 사업, 개간 가능한 미간지를 국유로 확정하는 사업 등이었다. 이 작업은 조선총독부가 재정수입원을 확대 강화하고 소작농민을 장악하여 통치기반을 다지기 위한 것이었다.

넷째, 일본자본주의 총체가 강압 또는 불법적으로 차지했던 토지에 법적 정당성을 부여하기 위한 것이었다. '을사조약' 체결 전 한국의 외국인 토지소유금지법을 위반하면서 잠매한 토지나, 군사기지 등을 이유로 무력을 동원하여 강제로 점유한 토지가 주 대상이었다. 이를 위해 일제는 대한제국이 실시한 양전·관계발급사업을 중단시킨 뒤, 증명규칙을 제정하여 이들의 토지소유권을 합법화시키고 '사업'을 통해 이를 최종적으로 '법인'하려 한 것이다.

이상은 '사업'이 갖는 경제적 측면에서 통치체제 구축작업이지만, 다른 한편 지배기구를 개편할 목적에서도 시행되었다. 일제는 '사업'을 실시하면서 한국 전체의 산업과 지방관습 조사를 시행하는 한편, 이를 토대로 군면동리를 전면적으로 통폐합하는 행정구역 재편작업과 동시에 통치조직도 전면 개편했다. 그리고 구래의 관습법과 달리 동리나 문중, 계, 서원 등을 토지 소유자로 인정하지 않았다. 이것은 구래의 동리 중심적 지방자치질서의 궤멸과 문중 질서의 해체를 의미하며, 조선총독부가 새로 설치한 행정면을 통해 향촌사회의 전면적 장악을 꾀한 것이었다.

그리고 '사업'은 일본자본주의의 내부사정과도 밀접한 관련 아래 추진되었다. 첫째 식량과 원료, 특히 일본으로의 쌀 수출 증가를 지원할 수 있는 토지제도를 확립하기 위해 실시한 것이었다. 일본자본주의의 구조적 문제인 저임금 고미가 문제를 해결하기 위해 한국 농촌사회를 강력한 지주제로 체제화시켜 가능한 한 많은 쌀을 반출해갔던 것이다. 둘째 일제의 조선 산업화에 따르는 노동력 부족문제를 해결하기 위해 조선 농민을 저임금 노동자화시킬 필요가 있었으며 '사업'은 그 제도화 작업이었다. 조선 농민을 토지로부터 완전히 무권리한 상태로 만들어 일본 산업자본이 필요한 때는 언제라도 동원할 수 있게 하는 작업이었다. 더 근본적으로는 제국주의 국가가 필요한 도로, 철도 및 각종 국가의 기반시설을 구축할 때 언제라도 가능하게 한 제도적 장치였던 것이다. 일제의 '사업'은 식민지 권력과 일본 자본이 자유롭게 한국을 강점 지배하기 위해 실시한 종합적인 토지정책이었다.

일제는 1910년 토지조사법을 공포하면서 '사업'을 본격적으로 추진했지만, 실질적인 작업은 그 이전 국유지조사부터 이미 시작되었으며, '사업'은 이 작업을 계승한 바탕 위에서 실시되었다.

국유지조사는 1907년부터 단계별로 경지와 비경지로 나누어 실시하였다. 비경지의 경우는 일단 법령으로 원칙만을 정하고 조사는 그 이후 순차적으로 실시하기로 원칙을 정했다. 먼저 민유이외의 원야, 황무지, 초생지, 소택지 및 간석지 등을 국유미간지로 분류하고 국유미간지이용법에서 국유로 선언하고 이에 대한 민의 개간권을 박탈하였다. 처음에는 국가의 허가 없이 3정보를 상한으로 민의 개간권을 보장했으나, 1911년 법을 개정하여 이것마저 박탈했다. 당시 미간지는 약 140만 정보 가량으로 추산되었다. 산림·산야는 3년 이내에 신고하도록 하고 신고하지 않은 것은 국유로 간주한다는 삼림법을 1908년에 공포하였다. 물론 사유라고 주장해도 증명력을 갖추지 못한 것은 인정받지 못했다.

일제는 이러한 원칙아래 전국의 토지를 조사하는 사업에 착수하기로 하고 계획을 세웠다. 이때 상대적으로 덜 시급한 임야는 재정 등의 문제로 뒤에 별도로 임야조사사업을 실시하기로 하고, 임야를 제외한 전 토지조사에 착수하였다. 토지조사는 먼저 국유지(역둔토)부터 조사하기로 정하였다. 역둔토는 4단계 절차를 거쳐 정리하였다. 제1단계는 1907년부터 1908년 사이에 재정정리, 제실재산정리의 명목으로 실시한 작업이다. 역토 둔토뿐만 아니라 궁장토, 목장토, 능원묘위토, 기타 각종 토지를 '역둔토'라 정리하고 이를 국유지로 확정한 것이다. 제2단계는 1909년 6월부터 1910년 9월 사이에 국유지로 확보한 토지를 '탁지부 소관 국유지실지조사'라는 이름으로 면적과 소작료와 소작농을 조사한 단계이다. 국유지대장과 국유지도를 작성했다. 제3단계는 1910년 9월부터 1918년 1월로 '사업'을 하면서 제2단계의 조사를 바탕으로 국유지를 다시 조사 확인하는 작업을 한 뒤 국유지로 소유권을 사정하여 토지대장에 등록한 단계이다. 제4단계는 1918년 1월부터 1918년 12월로 '사업'의 부대사업으로 '역둔토 분필조사(驛屯土分筆調査)'를 실시하여 소작농별 지목별 강계를 사정하고 국유지대장과 지적도를 작성하여 국유지 지배체제를 최종적으로 확립 완료한 단계이다.

국유지조사에서 가장 중요한 역둔토의 소유권 사정 원칙은 무토는 민유로 하고, 유토는 국유로 처리하는 것이었다. 그러나 여기에는 다음과 같은 문제가 있었다. 제1종 유토는 궁방, 역, 관청이 소유권을 갖고 농민에게 지대를 징수하던 토지였기 때문에 국유지로 설정하더라도 별 문제가 없다고 할 수 있으나, 제2종 유토와 이를 구별하기가 쉽지 않았다. 제2종 유토는 대부분 절수사여지로 성립과정이 복잡하였기 때문이다. 이 토지는 개간과정에서 민인의 노력이나 자본이 투여되어 성립하여 경작권이 매매 상속 등이 보장된 물권으로 성립되어 있었으며, 지대가 생산량의 1/3~1/4정도에 불과하였다. 하지만 '사업'에서는 이 점은 고려 대상이 아니었다. 경작권(중답주 포함)을 인정하지 않고 국유지로 확정한 것이다.

이러한 토지는 무토처럼 변환되는 토지가 아니면서 영구히 고정된 채 관이 직접 징세하던 제2종 유토, 즉 지세를 미 23두가 아니라 조 100두나 조 200두를 납부하던 토지였다. 농민들이 부담을 경감하기 위하여 궁방 등에 맡긴 투탁지, 관청이 서류상으로 잘못 처리하여 국유지로 처리된 혼탈입지 등은 국유지의 모습을 띠고 있지만 사실상 민유지였기 때문에 환급하기로 원칙을 세웠지만, 바로 순수 제2종 유토가 문제였다. 이들 토지는 광무사검의 결과 내장원 소속의 공토였다는 이유로 일제는 이 토지를 일단 국유지로 보고 조사를 추진했으며, 여기서 문제가 발생했다. '사업'과정에서 일부가 민유로 환급되기도 했지만 대체로 증명 불비를 이유로 국유로 확정되면서 국유지 분쟁(=대 지대투쟁)이 빈발한 것이다.

여기서 문제는 국유지의 처리기준이 대한제국과 일제가 달랐다는 데 있었다. 양자 모두 재정 수입증가를 목적으로 했다는 점에서는 동일했지만, 전자는 구래의 토지권(수조권 소유권 경작권)적 질서를 그대로 인정하고 수조액의 수준만을 문제로 삼았다면, 후자는 수조권(혹은 소유권)에 절대성을 부여하고 중답주이나 물권적 경작권 등의 권리를 모두 임차권으로 처리했다는 점에서 확연한 차이가 있었다. 즉 제2종 유토는 결호화법세칙에서처럼 민유로 처리할 수도 있는 토지였지만, 일제는 조 200두 납부형 토지는 모두 국유로 처리했으며, 조 100두형 토지는 민유로 판정한 경우도 있지만, 국유지로 처리한 경우가 적지 않았다. 이 과정에서 중답주들 비롯한 물권적 권리를 박탈당한 농민층이 이 조치에 항의하여 분쟁을 격렬하게 일으킨 것이다.

1910년 9월까지 국유지로 편입된 농경지는 128,800여 정보에 달했다. 조사기간 국유지의 크기가 들쑥날쑥하고 1914년 데라우치 총독이 민유로 인정하고 환부처분한 것이 1만 8천정보였다고 언급하고 있다. 하지만 조사가 완전히 끝난 1919년 2월에는 137,224.6정보가 되었다. 여기에 종사하는 소작농은 307,800여 호에 달했다. 당시 총 농가호수의 약 10.7%, 순소작농 호수의 약 28.7%에 해당했다.

조선총독부는 1910년 9월 분쟁지를 비롯한 일부 지역에 대한 조사를 완료하지 못했지만, 국유지실지조사를 일단 종료하고, 민유지와 함께 모든 국유지를 조사 확정하는 토지조사사업을 실시하기로 결정했다. 이때의 국유지는 역둔토대장에 포함된 토지는 물론 그 이외의 국유지도 모두 포함하였다. '사업'에서 국유지실지조사를 거친 토지는 조사 당시 확정한 대로 국유지로 재확인하였으며, 미조사지도 국유지실지조사의 원칙을 준용하여 처리한 것으로 보인다. 이때 투탁지나 혼탈입지는 민유로 확급했을 가능성이 높으나 그외의 토지 가운데 미 23두 이상을 납부하던, 즉 '일토양세(一土兩稅)'를 납부하던 토지는 국유지로 처리했을 것으로 예상된다. 이러한 이유로 국민유 소유권 분쟁이 격심하게 일어난 것이다.

민유지 조사는 토지조사사업의 주 사업이며, 조선총독부 임시토지조사국에서 담당했다. 이 조사의 첫 작업은 지주가 토지신고서를 작성하여 신고하는 일이었다. 일제는 신고작업이 지지부진하자 결수연명부와 과세지견취도를 토지신고서 작성의 기본장부로 삼았다. 이 장부는 일제가 구래의 지세장부를 수합하여 지세를 거두는 일이 쉽지 않게 되자 새로 작성한 장부이다. 이 장부는 조선등기령 시행에 앞서 토지조사를 실시하지 않은 지역에 실시한 조선증명령의 증명을 하는 근거장부이기도 했는데, 이를 신고서 작성의 근거장부로 삼은 것이다. 그리고 군면동리 통폐합 조치에도 이

장부를 활용하였으며, 이것으로 '사업'의 기본단위인 면동리가 확정되었다. 이 재편작업을 완료한 1914년부터 '사업'이 본격적으로 추진되었다.

토지조사의 첫 작업은 조사지역을 공고하여 신고서를 받는 일이었다. 신고서는 리 단위로 지주총대 지휘아래 소유자가 작성하여 제출하도록 했다. 다음 작업은 신고서를 토대로 외업반이 실지조사를 하고 내업반이 정리작업을 한 뒤, 사정, 열람, 확정하는 순서로 진행되었다. 실지조사를 담당할 외업반은 토지조사국 출장원이 전국을 분담 순회하면서 조사를 했다. 현지에서는 경무관헌, 면장, 이동장, 지주총대, 주요 지주 등이 여기에 협력하도록 지시하였다.

작업절차는 다음과 같다. ① 토지신고서 용지의 배포와 설명 : 외업반이 토지조사를 실시하기로 한 군·면에 들어가 면·리·동장, 지주총대, 주요 지주를 소집하여 토지신고서 용지를 배포하고 설명하였다. ② 토지신고서의 작성과 제출 : 토지소유자가 토지신고서를 작성하면 지주총대가 이를 수집 정리하여 리·동별로 묶어 제출하였다. 무신고지는 지주총대가 토지신고서를 작성하였다. ③ 토지신고서와 결수연명부의 대조 : 수집한 토지신고서를 면 직원과 지주총대가 결수연명부와 대조하여 신고유무를 점검했다. ④ 필지의 지주, 강계, 지목, 지번조사 : 토지신고서를 받은 다음 신고서에 따라 필지별로 조사를 실시하였다. 지주 조사는 신고주의를 그대로 채택하여 동일 토지에 대하여 2인 이상이 권리를 주장하는 경우, 또는 1인 밖에 권리 주장자가 없지만 그 권원에 의문이 있는 경우를 제외하고는 권원을 조사하지 않고 신고 명의인을 토지소유주로 인정하였다. ⑤ 사정(査定) : 사정은 토지 소유자 및 강계를 확정하는 행정처분으로, 해당 필지의 지주, 강계, 지목, 지번 조사가 끝난 다음 실시하는 사실상 토지조사의 최종단계였다. 사정원부는 토지조사부와 지적도였다.

사정 총필수는 19,107,520필이었다. 그 내역은 토지소유자의 신고를 그대로 시인한 것이 99.5% 19,009,054필, 기타 분쟁지가 0.4% 7,866필, 이해관계인 신고필수가 0.02% 3,766필, 상속미정필수가 0.8% 14,479필, 무신고의 경우는 국유로 인정된 것이 0.05% 8,944필, 민유로 인정된 것이 0.002% 411필이었다. 99.5%가 신고대로 사정되었지만, 여기에는 몇 가지 문제가 있었다. 지주총대나 이해관계인이 신고한 경우가 적지 않았다는 점, 분쟁 발생의 경우 우선 화해를 강요하여 문제를 해결하려고 한 점, 사정을 확정하기 위한 최종 절차인 열람률이 저조하다는 점 등이다. 하지만 무엇보다 토지신고의 자격에서 소유권이외의 물권은 대상으로 삼지 않은 점, 구래의 단체를 소유권자의 자격에서 배제한 점 등 토지조사의 원칙이 갖는 문제가 적지 않았다. 이리하여 사정에 불복할 경우에는 고등토지조사위원회에서 재결이나 재심절차를 밟을 수 있는 절차를 마련하였다.

일제는 사정(또는 재결)이 행정처분임에도 불구하고 사정으로 확정된 소유권에는 사법권도 침해할 수 없는 '원시취득'의 법적 자격을 부여했다. 이것은 조선총독부와 농민, 일본인 지주와 조선농민들이 격심하게 벌인 토지분쟁을 일시에 강제로 차단하고, 향후 일사분란하게 토지정책을 추진하려는 의도였다. 그 해결의 방향은 일본제국주의 입장에서 소유권 중심으로 처리한 것이었다고 할 수 있다.

사정작업이 완결되면 토지조사부, 등급조사부 등으로 토지대장을 마련하였다. 이 토지대장을 근거로 마련한 장부가 지세명기장과 토지등기부였다. 일제는 '사업'이 완결된 1918년 개정지세령을 공포하고 토지대장에 근거하여 지세명기장을 작성하였다. 이는 결부제를 폐기하고 지가에 기초한 지주직납제를 실시한 조치였다. 토지대장 작성과 동시에 시행한 것은 등기제도였다. 토지대장에 등록된 토지는 사정권자의 신청에 따라 토지조사의 내용을 토지등기부에 그대로 옮겨 적어 소유권을 행사할 수 있게 했다. 등기제도는 조선등기령에 근거하여 토지조사가 끝난 지역을 대상으로 1914년부터 실시하고, 증명제도는 이것으로 종말을 고했다. 등기제도의 실시로 토지소유권에 대한 제3자 대항권이 법적으로 보장되어 일본 금융자본이 부동산담보대부제도를 활용하여 조선의 토지를 장악할 수 있는 근거를 확보하게 되었다. 일제는 이를 근거로 각종 '국책'사업을 실시할 수 있었다.

토지조사의 최종단계는 소유권 분쟁을 해결하는 일이었다. 분쟁은 소유권을 사정하기 전에 화해를 통한 조정을 강요하여 종결된 경우가 적지 않았다. 사정 후에는 열람을 통해 60일 내에 이의를 제기하면 재결을 했다. 그리고 사정 후 3년 내에 재심을 청구할 수 있는 기회도 주어졌지만, 범죄행위가 명백할 때에 한하였다. 사정에 대한 이의제기 기간을 대단히 짧게 제한한 것이다. 그럼에도 불구하고 분쟁은 총 33,937건 99,445필로 약 200필 당 1필 꼴로 발생했다. 일제는 처음에는 분쟁이 크게 발생하지 않을 것이라고 예상하여 분쟁 처리인원도 별로 배치하지 않았다. 예상과 달리 사업이 진행되면서 분쟁이 급증하자 이를 정리하기 위해 1910년 9월 분쟁지 조사 개시 이래 1918년 1월 종료할 때까지 연인원 일본인 5만 7024명, 조선인 4만 4612명, 합계 10만 1636명을 동원했다. 분쟁의 내용은 분쟁 총 필수 중 99.7% 99,138필이 소유권 분쟁이고, 나머지 0.3% 307필이 강계분쟁으로 대부분 소유권 분쟁이었다. 소유권 분쟁은 총 소유권 분쟁 필수의 65%인 64,449필이 국유지 분쟁이고 35%인 34,689필이 민유지 분쟁이었다. 소유권 분쟁의 약 2/3가 국유지 분쟁이었다. 강계분쟁은 총 강계분쟁 필수 307필 중에서 39.4%인 121필이 국유지 분쟁이고 60.6%인 186필이 민유지 강계분쟁이었다. 민유지 강계분쟁은 대부분 일본인이 조선인의 경계를 침입하여 일어난 것이었다.

따라서 분쟁은 대부분 토지소유권 분쟁이고 그 중에서도 조선인과 조선총독부간의 분쟁이 주류를 이루었다. 일제가 국유지를 확정하는 과정에서 판정 기준을 전술한 바와 같이 소유권(또는 수조권) 위주로 판정하면서 발생한 것이다. 국유지의 분쟁 유형은 둔토가 국유지 총분쟁 필수의 45.9% (19,783필)로 가장 높았고, 다음은 궁장토 33.1%(14,232필), 목장토가 11.0%(4,722필), 역토가 4.9% (2,098필), 미간지가 4.8%(2,084필), 능원묘위토가 0.2%(85필), 제언답이 0.1%(49필)를 점했다.

민유지 분쟁은 소유권 주장자가 2인 이상인 경우가 많았다. 법적 소유자와 사실상의 소유자 사이의 분쟁이었지만, 일제는 후자를 경작자로 간주하고 전자의 권리에 소유권을 인정하고 여기에 절대성을 부여하였다. 사실 일제는 일본민법에 따른 소유권을 조사하면서도, 다른 한편 조선민사령을 제정하여 조선의 관습을 인정해준다는 조문도 마련한 가운데 '사업'을 추진했다. 하지만 '사업' 이후 소유권과 도지권이 서로 분쟁할 때 일제는 일본민법을 근거로 소유권의 입장에서 판결을 했다.

토지조사사업의 결과와 영향은 다음과 같다. 첫째, 일제는 일본민법을 한국에 그대로 적용하여 소유권 이외의 모든 권리를 채권으로 규정했다. 그 결과 지주는 중답주나 도지권 같은 물권적 권리를 부정할 수 있는 법적 권리를 확보할 수 있었다. 일부 지역에 성립되어있던 이 권리가 끝내 소멸되어 간 것이다. 일제는 한국의 관습을 인정한다고 했지만, 점차 일본민법의 입장에서 해석했기 때문이었다. 도지권은 매매, 상속, 전당이 가능하고 제3자 대항권이 성립해있던 물권적 권리였지만, 일제는 등기를 하지 않은 것은 효력을 인정하지 않았다. 이리하여 도지권자들은 권리회복투쟁을 10년 이상 지속시켜 가기도 했지만, 법은 이들의 편이 아니었다.

둘째, 구래의 소유권을 일지일주(一地一主)의 원칙에 따라 배타적 소유권으로 '법인'하여 구래의 지주와 일인 지주들의 권리를 강화시켜 인정해주었다. 조선총독부도 국유지를 확대 강화하여 국내 최대지주가 되었다. 물론 농민도 자기 땅의 소유권을 인정받았으나 지주 위주의 농정책으로 소유권을 상실당하는 위기를 초래했다. 한편 이러한 소유권제는 일제가 위로부터 부여한 소유권이라는 점에서 조선총독부가 통치사업을 수행할 때 항상 제약을 당하는 소유권이었다. 그 위력은 일제가 토지수용령을 발동할 때 드러났다. 그리고 구래의 동, 리, 계 등을 법인에서 제외하여 촌락공유지를 조선총독부의 면이나 지방유지들이 분할 소유하게 했다. 이것은 행정구역 개편작업과 더불어 종래 향촌의 자치질서를 궤멸시키는 결과를 가져왔으며, 나아가 지방제도 개혁을 통해 조선총독부가 최말단 조직까지 직접 장악할 수 있었다.

셋째, 미간지 등 관습적으로 농민의 소유지로 인정한 하천 변의 공지(空地), 포락지(浦落地), 니생지(泥生地) 등이 대부분 조선총독부의 소유로 확정되어 농민의 개간권이 소멸되었다. 종래 농민은 미간지를 자유로이 개간하여 자기 소유로 할 수 있었지만, '사업'을 통해 국유지로 확정한 뒤 지주 자본가가 조선총독부의 후원 아래 금융자본의 지원을 받아 개간정책을 적극 시행하도록 했다. 1920년대 산미증식계획의 일환으로 시행한 토지개량사업은 이를 바탕으로 추진되었다.

넷째, 토지소유자와 지가를 조사하여 지가에 의한 지주납세제의 원칙을 확립했다. 이것은 지세 납부자를 지주로 확정하여 지세수납의 안정성을 확보함과 동시에 지주를 장악하여 통치체제의 인적기반으로 삼으려는 조치이기도 했다. 일제가 '사업'으로 파악한 면적은 4,871,071정보로 1910년에 비하여 80.7%가 증가했다. 1909년의 과세면적에 비해서는 무려 161.7%나 증가한 것이었다. 지세부과 방식은 지주 중에서도 일제의 농정에 순응하는 지주에 유리한 방식이었다. 그리고 전국을 하나의 원칙 아래 통일적으로 지세를 수취하는 중앙집권적 지세제도를 채택하여 지역적 편차는 줄었으나, 지방재정의 자립적 구조가 무너졌다.

다섯째, '사업'은 부동산등기제도를 제도적으로 확립시키는데 결정적 기능을 했다. 일본의 금융자본은 이를 통해 소유권을 담보로 지주에 자본을 대부하여 조선사회를 한결 쉽게 장악할 수 있게 되었다. 부동산담보은행인 조선식산은행이 이와 때를 같이 하여 만들어진 것도 우연이 아니었다. 지주자본의 금융자본에의 예속, 고지가 구조의 형성은 이로부터 말미암은 것이며 그것은 농민이나 도시민을 토지소유로부터 배제하는 결과를 낳은 것이다.

결국 '사업'은 한국 통치구조의 전면적 재편성과 지주제를 체제적으로 성립시킨 사업이었다. 이는 곧 농민층을 소유와 경영으로부터 배제시켜 유리민화 혹은 해외로 삶을 찾아 떠나거나 임금 노동자로의 몰락 현상과 짝하는 조선 식민지정책의 핵심사업이었다. 이에 농민들은 나름대로 저항을 했다. 소유자 신고율과 사정 열람율의 저조, 국유지 분쟁의 격심 등도 저항의 한 방식이었다. 일제는 사업이 계획대로 진척되지 않자 신고기간의 연장, 지주총대의 대리신고, 분쟁의 화해 강제 등 다양한 방법을 동원하여 여기에 대처해 갔다. 하지만 조선민의 저항은 1919년 3·1운동으로까지 확대 발전되어 갔다. 일제는 농민들의 국유지 분쟁에 대해 1912년 역둔토처분령을 내리고 1920년 역둔토 불하를 개시하여 농민의 저항을 최소화하려고 했지만, 이 역시 표면적인 선전일 뿐 결과는 지주제의 확대 강화로 나타났다. 나아가 토지조사사업은 결과적으로 일본금융자본이 조선 농촌은 물론 도시의 토지까지 전면적으로 장악하는데 결정적 역할을 했다.

일제의 토지조사사업은 사업 당시부터 보는 시각이 크게 엇갈리고 있었다. 크게 수탈론과 식민지근대화론의 견해로 대별하지만 그 내부에는 여러 편차가 있다. 주제별로 보면, 먼저 토지조사사업으로 확정된 소유권의 성격이다. 한국 토지소유권이 배타적 수준까지 도달하였으며, '사업'은 이러한 소유권을 조사하여 '법인'한 것에 불과하다는 견해와 소유권과 더불어 존재하던 경작권(중답주)을 박탈하고 소유권에 배타적 성격을 부여했다는 견해, 그리고 역둔토에서는 수조권에 배타적 소유권을 부여하고 다른 토지권을 박탈했다는 견해 등 다양하였다. 둘째 국유지를 둘러싸고 국유지창출론과 민유환급론으로 대별되었다. 대체로 일부 토지가 환급되었다는 데는 동의하는 것으로 보이는데, 이러한 선험적 해석에 앞서 배타적 소유권을 갖는 국유지와 민유지의 성립시기와 그 개념이 먼저 정리되어야 할 것으로 보인다. 셋째 지세문제이다. 먼저 지세 부담의 측면에서 부담 증가론과 감소론으로 크게 대별된다. 지가제의 도입과 미가의 상승 그리고 지세율의 증가 등을 판단하는 기준에서 차이를 보이고 있다. 그리고 결부제보다 합리적인 과세제도의 도입이라는 점을 평가기준으로 삼고 있다, 하지만 이를 계기로 지방재정이 중앙재정에 종속화되었다는 점도 인식해야 할 것으로 보인다. 이와 아울러 구래의 공동체적 질서의 붕괴가 가속적으로 일어나게 한 기인이 되었다는 점도 고려해야할 것이다. 무엇보다 시행주체가 식민지권력이라는 점, 그들이 지주자본가의 이해를 대변하고 있다는 점을 우선적으로 고려하여 판단해야 할 것으로 보인다.

[참고어] 광무양전사업, 국유지실지조사, 국유미간지이용법, 토지대장, 지세명기장

[참고문헌] 신용하, 1982, 『조선토지조사사업연구』, 지식산업사 ; 배영순, 2002, 『한말 일제초기의 토지조사와 지세개정』, 영남대출판부 ; 宮嶋博史, 1991, 『朝鮮土地調査事業史の硏究』, 東京大學 東洋文化硏究所 ; 최원규, 1994, 『한말 일제초기 토지조사와 토지법연구』, 연세대학교 박사학위논문 ; 김홍식 외, 1997, 『조선토지조사사업의 연구』, 민음사 ; 조석곤, 2003, 『한국근대 토지제도의 형성』, 해남 ; 한국역사연구회 토지대장연구반, 2011, 『일제의 창원군 토지조사와 장부』, 선인 ; 한국역사연구회 토지대장연구반, 2013, 『일제의 창원군 토지조사사업』, 선인 〈최원규〉

토지조사사업설명서(土地調査事業說明書) 조선토지조사사업에 관해 설명한 소책자.

임시토지조사국에서 작성하여 각 도의 경찰서, 파출소, 헌병 분대 등에 배포되었다. 국한문 혼용체로 쓰였고 한글에는 일본어로 토를 달았다. 이 책은 총 7장으로 구성되어 있다. 내용은 토지조사의 목적 및 시행절차, 토지조사사업과 지주 및 기업자와의 관계, 토지소사가 경제발전에 기여하는 점, 토지조사사업으로 인한 지방공공단체의 이익되는 점 등을 서술했다. 마지막으로 토지조사사업에 대한 망언을 경계해야함을 말하고 있다. 이런 내용은 1910년 12월 21일부터 1911년 1월 1일까지 『매일신보』에 개제되었다.

[참고문헌] 조선총독부 임시토지조사국 ; 土地調査事業說明書

토지조사예규(土地調査例規) 조선총독부 임시토지조사국이 1916년 3월 당시 토지조사에 적용하고 있던 규칙 및 관례를 모아 발간한 책.

총 5집으로 구성되어 있다. 제1집은 일반관계(一般關

係)예규로 총 7장으로 구성되어 있다, 관제, 임용 채용, 분한(分限) 복무 상벌, 복제 예식, 문서 통계, 통규(通規), 훈시 등에 대한 규정이 실려있다. 제2집은 회계에 관한 것으로 봉급 숙사(宿舍)료 고원급 수당 회료(賄料) 용인료와 용인부조, 차가료 등이다. 제3집은 조사 및 측량에 관한 것으로 가장 분량이 많다. 내용은 삼각측량과 수준측량 지형측량, 준비조사, 측지(測地), 지위등급조사, 이동지정리규정에 관한 것이었다. 제 4집은 도부(圖簿)로 제도와 적산부서(積算簿書) 조제로 구성되었다. 제5집은 참조로, 법령, 통첩 기타항목으로 구성되었다. 1916년 3월 현재 실시되고 있는 각종 규정 등이 담겨 있다. 당시 토지조사사업의 내용을 각 부분별로 찾아 볼 수 있어 연구에 많은 참고가 된다. 그런데 문제는 1916년 이전에 제정되어 시행되었지만, 개정되어 현재 실시되고 있지 않는 것은 찾아 볼 수 없다는 점이다. 이것은 임시토지조사국의 『국보』나 『조선토지조사사업보고서』, 『조선총독부 관보』 등을 참고할 수 있을 것이다. 현재 일본 도쿄 대학과 학습원대학에 소장되어 있다.

[참고어] 조선토지조사사업보고서, 임시토지조사국

[참고문헌] 臨時土地調査局, 1916,『土地調査例規(1)~(5)』 〈남기현〉

토지조사위원회(土地調査委員會) 1908년 2월 일제가 한국의 국유(國有)·제실유(帝室有)·공유(公有) 토지에 관한 구관제도를 조사·연구하기 위해 탁지부 사세국 내에 설치된 위원회.

일제는 1905년 통감부를 설치하고 체제개편 작업의 일환으로 토지조사를 수행하였다. 토지조사는 크게 1905~1908년 대한제국의 황실재산정리 및 국유화 단계, 1908~1910년 국유화한 역둔토 조사 단계, 1910년대 토지조사사업 시행의 3단계로 추진되었다.

토지조사위원회는 1908년 2월 탁지부 사세국 내에 설치되었다. 토지조사위원회의 내규에 의하면 해당 위원회의 목적 및 구체적인 조사사항은 국유토지·제실유토지·공유토지의 종류·성질, 기원·연혁, 해당 토지 이외 토지혼입유무, 관리 및 이용방법, 지세 기타 공과(公課)의 유무, 도세(賭稅)의 유무 및 징수의 관행 등과 민유지의 권리 종류·득실 유무·증명방법 등이다.

이 위원회는 당시 회계검사국 차장 유정수를 위원장으로 하고, 11인의 위원으로 구성되었다. 매주 금요일에 개최되어 조사사항을 제출·보고하였다. 『재무주보』 46호에는 제1회의 위원회에서 역둔토 조사 및 지세조사에 대한 조사 및 보고, 『재무주보』 50호에는 목장 및 목도세가 게재되었다. 유정수는 1908년 7월 23일 설치된 임시재산정리국의 차장이 되었으며, 위원회의 위원 12명 중 3명은 국원이 되었다.

토지조사위원회의 조사 및 연구는 임시재산정리국의 국유지문제 인식에 영향을 미쳤다. 토지조사위원회가 조사 연구한 국유토지·제실유토지·공유토지 등이 탁지부 소관이 되었다가 임시재산정리국에서 최종 국유지로 정리되었다. 임시재산정리국은 이후 임시토지조사국으로 계승되었다.

[참고어] 임시재산정리국, 토지조사참고서, 국유지

[참고문헌] 宮嶋博史, 1991,『朝鮮土地調査事業史の研究』, 東京大學東洋文化研究所 ; 최원규, 1994,『한말 일제초기 토지조사와 토지법 연구』, 연세대학교 박사학위논문 ; 최석영, 1997,「일제의 구관조사와 식민정책」『비교민속학』 14 〈고나은〉

토지조사참고서(土地調査參考書) 일제 토지조사사업의 준비작업의 일환으로 1909년의 5~8월에 걸쳐서 실시된 현지관습조사인 토지관계구관조사(土地關係舊慣調査)의 조사결과를 간행한 책.

1909년 일제는 토지조사사업의 준비작업으로 임시재산정리국(臨時財産整理局)을 설치하고 토지관계구관조사를 실시하였다. 이는 한말 토지제도의 재편 및 토지관계조사를 위해 1906년 설치된 부동산법조사회(不動産法調査會) 단계에서 한층 더 진전된 형태의 실천적인 조사로, 징세제도의 개혁 및 세밀한 장부 파악을 위해 보다 정확하게 이루어졌다. 일제가 토지조사사업을 본격적으로 실시하기 위하여 미리 시행한 조사였다.

구관조사는 소정의 조사항목에 대해서 전국의 재무서(財務署)에 회답을 구하고 임시재산정리국의 촉탁을 파견하여 현지조사를 행하는 방식으로 진행되었다. 조사항목은 ① 행정구역의 명칭, ② 토지의 명칭 및 사용목적, ③ 과세지 및 불과세지와 그 구분, ④ 경계, ⑤ 산림원야 등의 경계, ⑥ 토지표시부호, ⑦ 지위등급 면적 및 결수사정관례, ⑧ 결등급별 구분, ⑨ 소유권, ⑩ 질권 및 저당권, ⑪ 소작인과 지주와의 관계, ⑫ 토지에 관한 장부서류, ⑬ 인사 등이다. 토지제도와 관습조사에 대한 이 조사보고를 통해 총 5편의 보고서가 제출되었다. 1909년 10월 탁지부에서는 이 보고서를 묶어 『토지조사참고서』로 간행하였다.

이 책은 총 443페이지며 각 보고의 분량은 각각 40, 101, 137, 33, 132쪽이다. 1편은 양전제도 및 연혁에

관한 것으로 지은이는 류흥세(柳興世)였다. 2편과 3편은 구관습조사(舊慣習調査)에 관한 것으로 오시이 고우키(尾石剛毅)가 한성·평양 재무감독국(財務監督局) 내의 조사를, 시오타 요스케(塩田興助)가 전주·대구·원산 재무감독국 관내의 조사 및 보고를 담당하였다. 제4편은 경기도 부평군에서 시행하는 토지조사에 관해 보고한 것이다. 마지막으로 제5편은 여러 지방의 토지 100평당 임대가격 등을 조사한 것이다. 『토지조사참고서』는 일제 토지조사사업의 실시방침에 중요한 참고자료로 사용되었다. 현재 국립중앙도서관에 귀중본으로 분류되어 있다.

[참고어] 토지조사사업, 임시재산정리국, 부동산법조사회

[참고문헌] 『토지조사참고서』, 탁지부편 ; 조선총독부중추원, 1938, 『朝鮮舊慣制度調査事業』 ; 宮嶋博史, 1991, 『朝鮮土地調査事業史の研究』, 東京大學 東洋文化研究所 〈고나은〉

토지측량업자취체규칙(土地測量業者取締規則) 1910년 1~2월 통감부의 지시로 대한제국의 이름으로 각도에서 공포한 토지측량업자를 단속하기 위해 정한 규칙.

1900년대 중후반 토지측량업자들의 부당행위가 빈번하게 발생하였다. 허위로 측량하고 높은 비용을 청구하거나, 조합을 결성하여 측량업에 대한 독점권을 주장하여 비조합원의 활동을 방해하거나, 조합가입자에게 부담금을 징수하기도 했다. 경무국에서는 이런 분쟁을 해결하기 위해 측량업자단속준칙을 각도에 하달하고, 각도는 이 준칙에 근거하여 도령으로 토지측량업자취체규칙을 발포하였다.

주요한 내용으로 첫째 측량기술을 교수받았거나 관립학교를 졸업한 자 그리고 관청시험에 합격자에 한하여, 토지측량종사자 면허를 발급했다. 둘째 측량업자의 금품요구를 금지하였다. 셋째 측량시 관할 경찰서·순사소재지에 측량면적과 비용을 반드시 신고하도록 하였다. 넷째 면허증 검사·분실·반납규정을 통해 토지측량업자의 업무를 정지하거나 금지할 수 있게 했다. 이를 위반할 때는 10일 이하 구류나 5환 이하 벌금에 처했다.

[참고문헌] 국가기록원, 『조선총독부 기록물 - 토지측량업자 취체』 ; 대한지적광사, 2005, 『韓國地籍白年史 : 資料篇』, 大韓地籍公社

통제영둔(統制營屯) 조선시기 통제영의 운영경비를 조달하기 위해 설정·운영했던 토지.

통제영은 충청·전라·경상도의 삼도수군을 통할했던 삼도수군통제사의 본진인 삼도수군통제영을 줄인 말이다. 1593년(선조 26) 임진왜란 당시 이순신의 한산 진영이 최초의 통제영이었다. 통제영둔은 1대 통제사 이순신(李舜臣, 1545~1598)이 거제군 부속의 한산도 부근과 기타 연해의 한광지(閑曠地)를 둔전으로 개간한 데서 시작하였다. 또한 민유지(民有地)의 매수와 탈입(奪入), 민의 자원 등을 통해 그 면적이 점차 확장되었고, 연해가 아닌 내륙지방에도 설치되었다.

통제영둔은 1894년 중앙 및 지방관제의 개편으로 1895년(고종 32) 7월 통제영이 폐지되자 탁지부로 이속되었다가 1897년에 군부로 이관되었다. 1899년에는 왕실재정의 강화라는 명분에 따라 궁내부 내장원의 소관이 되었다. 1908년에 다시 탁지부 관할의 국유지로 이속되었다가, 국유지실지조사와 토지조사사업을 거쳐 처리되었다. 대체로 당시 통제영둔의 면적은 답 2,000석락(石落), 전 300일경(日耕)을 상회하였다.

[참고어] 영문둔전

[참고문헌] 和田一郞, 1920, 『朝鮮土地地稅制度調査報告書』

통지없는 국유지조서(通知없는 國有地調書) 국유지통지서를 제출하지 못한 국유미간지 가운데 민간이 허가없이 개간 경작하다가 신고서를 제출한 것을 조사원들이 국유로 조사하여 제출한 문서.

국유지통지서는 일반적으로 관청의 장부를 근거로 작성하여 임시토지조사국에 통지한 서류를 말한다. 그런데 국유지 가운데 공부에 등록된 근거가 없어 국유지통지서를 제출하지 못한 경우, 조사원이 실지조사 과정에서 국유임이 분명하다고 판단될 경우 국유지통지서에 해당 필지와 보관관청을 기록한 다음, 상부란 외에 '편의작성'이라 수서(朱書)하였다. 이같이 편의작성한 국유지통지서에는 '통지 없는 국유지조서'를 작성하여 첨부하는 경우와 조서없이 조사 내용을 기록하고, 상부란 외에 '편의작성'이라고 표기하는 두 방식이 있었다.

'통지 없는 국유지조서'는 국유지조사통지서, 국유지조사 누지 발견 보고서, 통지 없는 국유지조사 통지서 등 다양한 제목으로 불렸다. 통지가 누락된 국유지는 대체로 경작자가 하천부지와 임야 등을 개간하여 경작하던 토지들이었다. 임시토지조사국 조사원들이 실지조사과정에서 그 실상을 조사하여 해당 관청에 제출한 문서로, 이를 근거로 국유지통지서를 '편의작성'하여

通知ナキ國有地調査通知書
土地所在 郡 面 里
調査假地番 字番號及四標 000 字 號 東西南北
地目 전
斗落數又ハ日耕數
차지료액
現ニ占有スルノ住所氏名
占有ノ由來
實地ノ狀況
其ノ他參考事項
右ノ土地ニ付テハ國有地通知書ノ送付ナキヲ以テ未タ公簿ニ登錄セラレリルモノト思料シ便宜該通知書ヲ作成シ調査ヲ遂ケタルニ依リ及通知候也
大正 年 月 日
臨時土地調査局測地部 第 班 細部 第 分班
監査員臨時土地調査局技手 000
展

통지 없는 국유지조서

제출한 것이다.

국유지로 설정하는 기본원칙은 민유라는 근거가 확실하지 않으면 국유지로 편입하는 것이 일반적이었다. 만약 국유지라는 사실에 의문이 있다고 인정되거나 또는 지방토지조사위원회 자문에 신고서를 제출하고 민유라고 주장하는 자가 있으면 이를 소유권에 의문이 있는 것으로 처리하였다.

통지 없는 국유지조사통지서의 내용을 보면, 토지의 소재, 조사 가지번, 자번호, 사표, 지목, 면적 등을 기록하였다. 그리고 점유자의 주소, 성명, 점유의 유래, 점유의 상황, 기타 참고사항이고 임시토지조사국의 감사원이 날인한 다음 도장관에게 보냈다.

[참고어] 국유지통지서, 토지신고서, 지방토지조사위원회

[참고문헌] 최원규, 2009, 「일제초기 창원군 토지조사 과정과 토지신고서 분석」 『지역과 역사』 24 ; 최원규, 2011, 「창원군 토지조사사업 관계장부의 종류와 성격」 『일제의 창원군 토지조사와 장부』, 선인

〈이영학〉

투탁(投託) 국가의 부역(賦役) 부과 등을 회피하기 위하여 자신의 신체를 포함하여 토지 등을 국가기관이나 권세가에게 의탁하여 이득을 꾀하는 일.

투탁은 신분제도 및 신역(身役) 부과와 관련하여 양인, 노비들이 대응하는 방식의 하나였다. 양인과 노비들은 신분제도와 신역부과에서 과중한 부담을 짊어지고 있었기 때문에 권세 있는 개인, 국가의 공적 관청, 또는 특정한 기관 등에 의탁하는 투탁을 통해 조그마한 이득이라도 획득하려고 도모하였다. 양인들이 신역부담을 모면하기 위해 권세 있는 사람에게 의탁하여 노비가 되는 행위도 투탁이라 한다. 또한 노비가 자신이 감당하고 있는 고역(苦役)을 회피하기 위해 사노(私奴)가 되거나 공천(公賤)으로 자신을 맡기는 것도 투탁이었다. 이러한 피역(避役)을 통해 신공(身貢) 등의 부담을 줄일 수 있었다. 양인의 경우 신역 부담의 고헐(苦歇)에 따라 소속 기관을 바꾸려는 투탁에 나섰다. 양인이나 노비의 투탁은 국가적인 부세 부과, 신역 수취와 관련해서 광범위하게 발생하였다.

노비와 양인이 투탁하는 이유는 본래 자신이 져야할 역의 괴로움을 피하고 좀더 나은 생활을 꾸려나가기 위한 경제적인 동기에서 나온 것이었다. 노비들이 본주(本主)를 배반하는 것과 양인인 신역을 피역하는 것은 이러한 동기에서 이해할 수 있다. 또한 노비와 양인의 투탁은 단순히 피역하는 양상으로만 나타난 것이 아니라 도망으로 이어지는 것이었다. 이때 도망친 노비와 양인을 몰래 받아들여서 숨겨주는 자들이 있었다. 이들은 노비와 양인을 몰래 숨겨주면서 그 노동력을 역사(役使)하여 이득을 취할 수 있었다. 또한 군역(軍役)과 관련될 경우 영진(營鎭)의 장수들은 몰래 뒷돈을 받아 챙기기도 하였다.

투탁은 토지와 관련되어 발생하면서 여러 가지 폐단을 낳고 있었다. 조선 전기 이래 권세가와 토호의 농장은 노비에 의해 경작되었지만, 투탁한 양인들도 노동력으로 동원되었다. 조선 전기의 농장에서 기본적인 생산관계는 양반사대부의 솔하노비와 몰락양인으로서 양반가에 투탁하여 노비적 처지에 있는 자들을 직접 집단적으로 사역하는 형태가 지배적이었다.

17세기 초반 이후 수세지(收稅地)의 전국적인 격감이라는 사회적인 배경 속에서 궁방(宮房), 아문(衙門) 등은 자체적인 재원확보를 위해 광범위하게 토지를 절수(折受)받아 궁방전, 아문둔전을 만들어 나갔다. 궁방과 아문은 무주(無主) 진황지(陳荒地)를 확보하거나, 일반 민인의 소유지를 매득(買得)하거나, 다른 궁방, 영아문의 둔전을 이속(移屬) 받는 등 여러 가지 방식으로 토지를 확대하였다. 이때 궁방과 아문은 유주(有主) 민전(民田)을 진황지로 모칭(冒稱)하여 절수받거나 민전 주인의 투탁을 받는 등 탈법적인 방식도 동원하였다. 궁방과 아문이 주인이 있는 토지인 민전의 투탁을 받아 자신의 명의로 수용하는 것은 차후에 커다란 문제를 야기하였다. 궁방과 아문 등은 확보해야 할 진황지가 개간의 진전에 따라 줄어들자, 둔전을 손쉽게 개설하기 위한 방편으로 유주민전을 침탈하였다. 반면에 민인 중에는 자신들이 가지고 있던 민전을 궁방이나 아문에 투탁하여 정부(征賦)의 번중함을 피하려고 하였다.

이렇게 투탁한 경우 민전의 소유자는 국가에 대한 면세(免稅), 면역(免役)이라는 이득을 획득할 수 있었다. 물론 민인의 입장에서 궁방이나 아문에 내야할 부담의 총액이 면세, 면역의 총량보다 작을 것으로 상정하였기 때문이다. 하지만 자신이 소유하고 있는 토지를 국가기

관이나 권세가의 명의로 가탁하여 전세(田稅), 공납(貢納) 등의 부담을 줄이는 이득을 얻기 보다는 자신의 소유지를 궁방이나 아문에 빼앗기는 피해를 당하는 경우가 많았다. 이럴 경우 민인과 궁방·아문 사이에 투탁된 토지의 소유권을 놓고 소유권 분쟁이 벌어져 오랜 기간 동안 지속되기도 하였다.

이처럼 투탁은 국가의 부세, 신역 부담과 관련하여 양인, 노비 등이 신분적인 측면과 토지소유의 측면에서 대응한 방식의 하나였다. 신역의 과도한 부담은 양인과 노비로 하여금 고역을 벗어나 헐역으로 이동하게 만들었고 이때 투탁이 발생하였다. 그리고 조선 전기의 농장주나 17세기 초중반 이후의 궁방 아문은 자신의 토지를 확대하면서 민인의 토지 투탁을 받아들였다. 민인들은 투탁하였어도 자신이 토지에 대한 소유권을 확보하고 있었던 것으로 간주하고 있었다. 하지만 궁방과 아문은 민인이 투탁한 토지에 대하여 과도한 수취를 하거나 소유권을 주장하면서 민인의 반발을 초래하였고, 투탁 토지를 대상으로 한 소유권 분쟁이 다수 발생하였다. 이렇게 볼 때 조선시기의 투탁은 국가적 수취체제의 고헐에 대한 민인들의 적극적인 대응방식이었다고 규정할 수 있다.

[참고어] 농장, 궁방전, 둔전

[참고문헌] 朴準成, 1984, 「17·18세기 宮房田의 확대와 所有形態의 변화」『韓國史論』 11, 서울대학교 국사학과 ; 지승종, 1987, 「조선 전기의 投托과 壓良爲賤」『한국사회사연구논문집』 8, 문학과 지성사

〈염정섭〉

투화전(投化田) 고려시기 외국에서 귀화했던 사람에게 지급된 토지.

투화는 외번인(外蕃人), 즉 외국인으로서 귀화하는 것을 가리키는 용어이다. 고려시기에는 발해(渤海)·여진(女眞)·거란(契丹) 사람은 물론 한인(漢人) 중에서도 귀화하는 자가 많았다. 그들의 지위에 따라 투화전을 적당히 내려주었다. 대표적인 예로, 934년(태조 17) 발해의 세자 대광현(大光顯)이 수만 명의 무리를 이끌고 귀화하자, 태조는 그에게 성명(姓名)을 하사하고 관계(官階)를 수여하였다. 아울러 그의 신하들에게는 작(爵)을 내렸으며 군사들에게는 전택(田宅)을 차등을 두어 지급하였다. 군사들에게 토지가 지급된 것을 보면 세자 이하의 신료, 즉 귀족층에 대해서도 토지가 수여되었을 것이다. 이때 발해의 귀화인 가운데 세자·신료들에게 지급된 토지가 투화전의 명목을 띠었던 것으로 추정된다. 대체로 군사들에게 지급된 토지는 공한지(空閑地)로 그들 스스로 경작하여 얻은 수입으로 생활하게 했을 것이다. 반면에 세자나 신료들에게는 주었던 것은 자영경작지(自營耕作地)가 아니라 수조지(收租地)였을 것이다.

그 외에도 후주(後周)나 송(宋) 같은 중원왕조에서도 여러 인물들이 고려로 귀화하였는데, 특히 송나라 출신인 대익(戴翼)에게는 관직과 함께 전장(田莊)을 하사했다는 기록이 전한다. 그 전장이 곧 투화전이었을 것이다.

『고려사(高麗史)』에서 투화전이라는 용어는 1388년(우왕 14) 7월에 사전(私田)의 개혁론자인 대사헌(大司憲) 조준(趙浚)의 상서문에 처음으로 언급되었다. 상서문에는 "……이로부터 한인·공음·투화·입진·가급·보급·등과·별사의 명목이 더욱 늘어나서 토지를 관장하는 관리가 번거로움을 감당하지 못하게 되었습니다. 토지를 주고 거두는 법이 점차 해이해져서 간사하고 교활한 무리가 이 틈을 타 기만하고 은폐함이 끝이 없습니다. ……그 토지제도를 바로 잡는 조목을 다음과 같이 갖추어 올리겠습니다.……1. 투화전. 귀화한 사람이 이를 종신토록 먹게 하며, 죽으면 나라에 반납하게 한다. 관직을 받아 구분전을 받은 사람에게는 지급하지 않는다.(……自是以來 閑人·功蔭·投化·入鎭·加給·補給·登科·別賜之名 代有增益 掌田之官 不堪煩瑣. 授田收田之法 漸致隳弛 奸猾乘閒 欺蔽無窮.……其正田制之目 條具于後.……一, 投化田. 向國之人 食之終身 身歿則還公. 受官職 有口分田者 不許.[『고려사』 권78, 「식화지」32 전제])"고 하였다. 내용 가운데 한인전(閑人田)·공음전(功蔭田) 등과 더불어 여러 대를 거치면서 점차 늘어나고 있다고 언급되었던 점으로 미루어보아 국가에서 공식적으로 지급했던 수조지(收租地)의 일종이라는 것을 알 수 있다. 아마도 귀화한 자들의 지위나 기타 조건을 고려해서 차등을 두어 지급했을 것이다. 그리고 귀화한 사람의 생계유지를 위하여 해당자 생전에 한하여 지급하도록 하되, 사망하면 나라에 반환하게 했다. 그리고 관직을 받아 구분전(口分田)을 가지고 있는 자에게는 주지 않도록 할 것을 건의하였다. 이로 미루어보면 이전에는 관직과 투화전도 함께 지급되었던 것 같다. 하지만 형평성을 고려하여 귀화인으로 관직을 받게 되면 법에 따라서 구분전으로 고쳐 받도록 하여, 투화전까지 중복되게 얻지 못하게 하자는 것이다.

그러나 1391년(공양왕 3) 5월에 정해진 과전법에는

투화전에 대한 분급 규정이 보이지 않는다. 따라서 투화전이라는 토지 지목은 이때 이르러 소멸한 것으로 보인다. 경영 형태와 관련된 상세한 내용은 알 수 없다. 관료들에게 지급된 양반전(兩班田)과 비슷했을 것으로 추정할 뿐이다.

[참고어] 전시과, 양반전

[참고문헌] 權寧國 外, 1996,『譯註『高麗史』食貨志』, 韓國精神文化研究院 ; 박용운, 2012,『『高麗史』選擧志 譯註』, 경인문화사 ; 姜晉哲, 1991, 『(改訂) 高麗土地制度史研究』, 一潮閣 ; 국사편찬위원회, 1993,『한국사 14-고려 전기의 경제구조』; 安秉佑, 2002,『高麗前期의 財政構造』, 서울대학교출판부 ; 박용운, 2008,『고려시대사』, 一志社 ; 박옥걸, 2002,「高麗의 歸化人 同化策-특히 居住地와 歸化姓氏의 貫鄕을 중심으로-」『江原史學』17·18 〈윤성재〉

ㅍ

파발소둔(擺撥所屯) 조선시기 파발소의 재정을 조달하기 위해 설치·운영했던 토지.

전근대 공공업무의 수행을 위해 설치된 교통·통신수단으로는 역참과 봉수가 있었다. 그러나 조선시기 역참제는 양난을 거치면서 역마확보가 어려워지고 역리가 도망하는 등 운영이 어렵게 되었다. 또한 봉수제는 이전부터 전란 중에 제대로 기능하지 못하던 상황이었다. 조정에서는 이를 보완하기 위해 급주(急走)인 보발(步撥)이나 발마(撥馬)인 기발(騎撥)을 일부 실시하다가, 임진왜란 당시인 1597년 5월 집의 한준겸(韓浚謙)의 건의에 따라 파발제를 시행했다.

파발은 중국 송나라 때 금의 침입에 대비하기 위해 설치했던 군사첩보기관인 '파발'에서 유래한다. 전달방법에 따라 보체(步遞)·급각체(急脚遞)·마체(馬遞) 등으로 구분되는데, 보체와 급각체는 사람이 뛰어 전달하는 것이고, 마체는 포졸이 말을 타고 전달하는 것이다. 이후 원·명대로 계승되었는데, 조선은 명의 파발을 본떠 임진왜란 중 시행했고 인조 대에 서발·북발·남발의 3대로를 근간으로 한 파발제를 정비했다.

파발은 지역에 따라 직발(直撥)과 간발(間撥)이 있고, 전달수단에 따라 기발과 보발로 나뉜다. 기발은 말을 타고 전송하며 25리마다 참(站)을 두었으나 곳에 따라서는 20리 또는 30리인 경우도 있었다. 참에는 발장(撥將) 1인, 색리(色吏) 1인, 파발군(擺撥軍) 5인과 말 5필이 배치되었다. 한편 보발은 사람이 달려서 전달했는데, 30리마다 참을 두고 발장 1인, 군정 2인을 배치하였다. 전국에 있는 발참 즉 발소의 수는 『만기요람』에는 194곳, 『대동지지(大東地志)』에는 213곳으로 파악되어 있다.

발소둔은 발소의 운영경비를 조달하기 위해 설치·운영되었는데, 긴급한 공보를 전하는 직발군(直發軍)에게 지급된 일종의 위토(位土)였다. 1899년 내장원이 각도의 둔토를 사검한 결과에 의하면 평양·안주·가산·의주 등 4개소에만 있었고, 의주에 있는 것은 배지둔(陪持屯)이라고 불렸다. 1895년의 중앙 및 지방관제 개편으로 발참이 폐지됨에 따라 그 소속이 불분명해졌다가, 1899년 왕실재정의 강화라는 명분에 따라 궁내부 내장원으로 이속되었다. 이후 1907년에는 탁지부의 관할이 되었다가, 1908년 일제 통감부 관할이 됨에 따라 국유화 되었다.

[참고어] 둔전, 역전

[참고문헌] 和田一郎, 1920, 『朝鮮土地地税制度調査報告書』

〈남정원〉

파환귀결(罷還歸結) 조선 후기 환곡의 폐단을 개혁하기 위해 이를 혁파하고 대신 모든 토지에 전세를 더 부과하는 방안.

조선 후기 국가재정이 부족해지자 진휼 목적으로 시행되던 환곡의 모곡 수입을 재정의 부족분에 충당하게 되었다. 환곡이 부세로 기능함에 따라, 환정은 국가재정에서 전정 다음으로 큰 비중을 차지하면서 없어서는 안될 존재가 되었다.

17~18세기 중앙과 지방의 각 아문은 기존의 환곡을 늘리거나 혹은 새로운 환곡을 설치 운영함으로써 환총은 급격히 증가하였다. 또한 이식수입을 늘리기 위해 전체 곡식의 절반은 남겨두고 절반만 분급하기로 되어 있는 반류반분(半留半分)의 원칙이 지켜지지 않고, 환곡이 가분(加分) 혹은 진분(盡分)되는가 하면, 중앙으로 보내는 회록률(會錄率)도 점차 높아져 갔다. 이러한 현상은 환곡의 분급률을 높이게 되고 민의 부담을 더하는 결과를 가져왔다. 또한 환곡이 군·현 단위의 환총제(還總制)로 운영되면서 여러 가지 폐단을 낳았다. 부유하고 권력을 갖춘 자가 환곡의 대상에서 빠져나가기 시작했고 이러한 탈환층(頉還層)이 증가하자, 환곡은 상환능력

이 없는 가난한 농민층에게 집중되었다. 환곡은 점차 강제성을 띤 분급 방식으로 바뀌었고 사실상 고리대적 수탈의 도구가 되었던 것이다. 19세기 환정은 환곡의 진분화(盡分化)·허류화(虛留化)가 심화되면서, 환곡은 분급되지 않고 가을에 이자곡만을 거두는 부세화의 길을 걷게 되었다. 환곡의 이와 같은 운영은 농민경제의 파탄을 초래하였고, 종국에는 1862년(철종 13) 전국적인 농민의 저항에 부딪히게 되었다.

농민항쟁의 원인을 삼정문란으로 파악한 정부에서는 6월 삼정이정청(三政釐整廳)을 설치하고, 정부 차원의 개혁안을 모색했다. 한편 철종(哲宗)은 전국의 정치인과 지식인을 상대로 삼정의 폐단을 개혁할 방안을 구했다. 여기에 호응하여 견해를 밝힌 자가 수백 명에 달했는데 이를 기초로 하여 윤8월 7일 「삼정이정절목(三政釐整節目)」을 만들었으며 다시 논란을 거친 뒤 윤8월 19일 반포되었다. 「삼정이정절목」 중 환곡의 개선방안은 23개 항목이었는데, 핵심은 파환귀결(罷還歸結)이었다.

중앙정부에서도 항쟁의 중요 원인이 되었던 환곡폐단에 대한 대책으로서 환곡에 대신하는 방법을 찾기 위하여 먼저 각 지역의 감사로 하여금 이때까지 환곡이 담당하고 있던 재정을 계산하여 앞으로 여기에 대한 대책을 6월까지 보고하도록 하였으며, 중앙의 2품 이상 고관에게도 대책을 제시하도록 하였다. 이러한 중앙관료의 대책과 지방 지식인들의 방안들을 종합하여 삼정이정을 총괄하던 조두순(趙斗淳)이 제기한 것이 '파환귀결' 방안이었다.

파환귀결은 환곡제를 영원히 폐지하고, 개혁의 걸림돌이었던 모곡 수입의 감소에 대한 급대는 8도(道) 4도(都)의 모든 경작지[時起實結]에 1결당 2냥씩 거두어 보충하는 것을 골자로 하고 있었다. 아울러 남아있는 곡식은 돈으로 계산하여 거두어서 3년 동안 곡물을 만들어서 150만 석을 항류곡(恒留穀)으로 하여 국가의 예비곡으로 역할을 하도록 하였다. 그리고 환곡의 원래 목적인 진휼기능은 사창제(社倉制)로 살리려 했다. 이같은 원칙은 농민항쟁이 진압될 무렵 재검토되었으며, 이전과는 다른 측면에서 재조정되었다. 영부사 정원용(鄭元容)이 「삼남환정구폐절목(三南還政捄弊節目)」을 작성하는 데 참여하였으며, 그 내용은 각 도의 허류곡의 2/3를 탕감하고 환총을 다시 책정하고 열읍의 환총을 호(戶)의 다과에 따라 재조정하여 불균을 시정하고자 했다.

파환귀결은 이정절목에서 '대변통'이라고 자부할 만큼 획기적인 조치였다. 빈부와 다과의 구별이 어려운 호(戶)를 대상으로 한 호렴(戶斂)이 아니라 토지를 대상으로 한 결렴(結斂)을 택하였기 때문이다. 가난한 농민의 입장에서는 모곡 수취를 통한 불법적인 수탈을 당하지 않아도 되었다. 정부로서도 부과의 대상이 확실한 결렴을 통해 재정 수입을 보장받을 수 있었다. 전정과 군정의 이정책이 소변통론 범주에 머문 것에 비하면, 환정의 파환귀결은 환곡의 문제를 정면으로 해결할 수 있는 방책이었던 것이다. 그러나 기존의 부세 수취구조의 전면적인 개혁이 뒤따르지 않았기 때문에 상납세액에 따른 부가세가 없어지기 어려웠다. 결국 토지에 대한 별도의 부담으로 인식될 수밖에 없었고, 현실적으로 시행되기에는 어려움이 많았다. 결국 파환귀결 등의 삼정이정책은 시행되지 못하고 구상안에 불과한 상태로 끝이 나고 말았으며, 이와 관련한 대책과 조치들은 고종조에 시간적인 격차를 두면서 부분적으로 시행되기에 이르렀다.

삼남에 대한 조치에 이어 관동지방에 대해서도 「관동구폐절목(關東捄弊節目)」이 마련되었고, 고종 대에 이르러 관서지방에도 「관서환폐구폐절목(關西還弊捄弊節目)」을 마련하여 환곡의 폐단을 해결하려 하였다. 그러나 이러한 조치들의 한계 때문에 환곡의 폐단은 여전하였으며 허류곡의 탕감이 문제로 등장하기도 하였다.

[참고어] 응지삼정소, 삼정이정절목

[참고문헌] 이영호, 2001, 「19세기 농민항쟁과 전세제도의 개혁」 『한국근대지세제도와 농민운동』, 서울대학교출판부 ; 송찬섭, 2012, 「1862년 삼정이청의 구성과 삼정이정책」 『한국사학보』 49

〈이석원〉

판상철부(板狀鐵斧) 기원전 1세기경부터 제작·사용된 쇠도끼.

납작한 판(板) 모양을 하고 있다. 경주 조양동, 창원 다호리 유적 등 영남 지역의 무덤 유적에서 주로 출토되고 있다. 형태는 전반적으로 납작한 장방형을 이루는데 자루와 결합되는 머리쪽의 폭이 약간 좁다. 날은 약간 둥글게 호선을 이루고 있다. 창원 다호리 유적에서는 나무 자루에 끼워진 형태로 출토되어 실제로 어떻게 사용되었는지를 알 수 있게 되었다. 자루와의 결합 상태에 따라 기능이 달라질 수 있는데 크게 두 가지 형태로 나누어 볼 수 있다. 하나는 일반적인 도끼의 형태이고 다른 하나는 자귀의 형태이다. 즉 도끼날의 방향이 종으로 향하느냐 횡으로 향하느냐에 따라 형태와 기능이 달라지는 것이다. 도끼는 나무와 같은 것을 벌채하는 데 사용하고 자귀는 나무를 다듬는 데 사용하였다. 청동기시대의 돌도끼와 청동도끼에도 이러한 도끼와 자귀의 기능이 나누어져 있었기 때문에 그러한 전통이 이어졌다고 할 수 있다. 다만 판상철부의 경우에는 벌채용이냐 다듬는 데 사용하는 것이냐 하는 기능에 따라 날만 외날로 할 것인가 양날로 할 것인가를 결정해서 도끼 자루나 자귀 자루에 결박하면 되게 되어 있다. 따라서 자루가 없이 출토되거나 날을 세우지 않은 것도 많다.

판상철부는 기원전 1세기~기원후 1세기에 실용적인 도구로서 사용되었으나 2세기에 조영된 경주 사라리 130호 목관묘에서 10매씩 70점이 바닥에 깔려 나오고 날도 무뎌지는 것으로 보아 실용성을 잃기 시작한 것으로 본다. 2세기 후반에 해당하는 양동 162호 목곽묘 이후부터는 두께가 두꺼워지고 날이 더욱 무뎌지면서 봉상철부(棒狀鐵斧)로 전환되기 시작하여 3세기에는 비실용적인 도구로 변화되고, 4세기 이후에는 출토예가 줄어들어 없어진 것으로 추정된다.

[참고문헌] 이남규, 1997,「전기가야의 철제 농공구」『국사관논총』 74, 국사편찬위원회 ; 이건무, 조현종, 2003,『선사 유물과 유적』, 솔출판사 ; 김재홍, 2010,「철제 농기구의 발전과 지역성」『한국 고대의 수전농업과 수리시설』(한국고고환경연구소학술총서8), 서경문화사

〈이준성〉

판적사(版籍司) 조선시기 호조(戶曹)의 속사(屬司) 중 하나.

판적사는 가호와 인구의 파악, 토지의 측량과 관리, 조세·부역·공물의 부과와 징수, 농업과 양잠의 장려, 풍흉의 조사, 진휼과 환곡의 관리를 담당하였고, 회계사는 서울과 지방에서의 저적(儲積 : 미곡 등 물화를 축적 예비하여 두는 일)·세계(歲計 : 세말에 1년 것을 통산한 회계)·해유(解由 : 관원 임기 중 소관 물품·시설의 관리와 재정회계에 탈이 없이 책무를 완수했음을 증명하는 문서)·휴결(虧缺 : 재화의 손실이나 부족) 등에 관한 사무를 담당하였으며, 경비사는 서울에 있는 각 관사의 지조(支調), 왜인의 양료(糧料) 등에 관한 사무를 맡아보았다. 조세의 부과와 징수는 초기에는 회계사에서 담당하였으나 뒤에 판적사로 이관되었다. 1455년(세조 1)에는 판적사의 낭관(郎官) 1인이 각도의 제언관리를 감찰하기 위하여 파견되기도 하였다.

판적사는 역대왕의 잠업진흥정책과도 직결되는 부서였다. 조선 초부터 역대 왕은 농상(農桑)이 의식(衣食)의 근원이라 하여 이를 국정(國政)의 지표로 삼았는데, 농업과 잠업의 권과(勸課)를 주관한 관사가 바로 판적사였다. 우선 1392년(태조 1) 9월 임인일에 배극겸(裵克廉)·조준(趙浚) 등이 22개 조목으로 올린 글에서도 농상은 의식의 근본이므로 농상을 권장하여 백성을 잘살게 하자는 내용이 들어 있었다. 대체로 양잠이 풍성하기 위해서는 우수한 잠종(蠶種)의 보급과 누에치는 기술의 발달이 있어야 하지만 뽕나무의 재식(栽植)이 선결요건이므로 역대 왕은 뽕나무 재식에 특히 역점을 두었다. 태조는 '종상지법(種桑之法)'을 제정하고 각호를 3구분하여 300본(本)에서 100본까지의 뽕나무를 심도록 하였으며, 정종은 개경에 머물던 1400년(정종 2) 3월에 조선 개국 후 최초로 선잠제(先蠶祭)를 지내게 하고, 양잠을 육성하기 위해 능단(綾緞) 등의 견직물을 중국에서 들여오지 못하게 했다.

이에 따라 호조에서 잠업 진흥에 관해 상언(上言)한 기록이 많이 나타난다. 태종은 태조 때 마련된 '종상지법'이 지켜지지 않자 이에 대한 시행령격으로 벌금을 부과하게 하였고 '공상잠실법(公桑蠶室法)'을 제정하였다. 특히 태종의 치적으로 두드러진 잠업정책으로는 잠실도회(蠶室都會)를 서울 및 각 지방에 설치하여 운영하는 것이 타당하다고 판단했다. 그리하여 1416년(태종 16) 2월부터 이듬해 정월까지 7개소의 잠실(잠실도회)을 설치하였으며, 선잠제를 종묘·사직 다음의 중사(中祀)로 구분하고 잠업 기술을 발달시키기 위하여『농상집요(農桑輯要)』를 이두로 번역하게 하였고『양잠경험촬요(養蠶經驗撮要)』를 펴내게 했다.

판적사에서 담당한 업무 중에서 주목되는 것은 진대(賑貸)로, 원래 '진(賑)'은 흉황일 때 기민에게 식량을 지급하는 것을 말하고 '대(貸)'는 농민에게 춘궁기에 곡식을 대여했다가 추수기에 회수하는 것을 의미한다. 조선왕조는 고려의 제도를 답습해 국초부터 호조의 판적사에서 이를 담당하였다.

1417년(태종 17)에 전국의 대여곡은 우대언(右代言) 하연(河演)의 상서문에 따르면 쌀과 잡곡이 82만 석이었는데, 1423년(세종 5)에는 진대의 효율을 높이기 위하여 의창곡(義倉穀)을 보첨케 하고 주자사창 모미법(朱子社倉 耗米法)에 따라 대여곡 1석에 3승의 모(耗)를 보태어 수납케 했으며 5월까지의 진 대곡은 총 409,000여 석이었으나 연속되는 재해로 이 1년간의 전국 환자

(還上) 쌀·콩·잡곡의 분급 총수량은 1,198,589석이라 하였으니 막대한 수량이었음을 알 수 있다. 1445년(세종 27)의 기민 호수는 총 217,000호에 진대곡은 2,738,000석이었다.

이처럼 의창곡은 해마다 증가되지만 일단 빈민에게 대여된 곡물은 환수되지 않고, 진대해야 할 수량은 점차 늘어나서 조정에서는 그 대책을 세우기에 여념이 없었다. 그리하여 진휼과 진대의 방법을 구별해서 등급 밖의 빈민을 제외하고는 모두 진대하기로 규정하기에 이르렀다. 1448년에도 진대한 곡물은 환수되지 않는데도 다시 진대곡의 청구는 증가하여서 호조에서는 이를 사정해서 대여하였다. 진대곡은 해마다 증가하는 반면에 군자곡(軍資穀)은 감축되고 있었다. 의창곡의 가급문제는 후에도 간혹 논의되기는 하였지만 세종 때와 같은 적극적인 대책은 볼 수 없게 된다.

조선 후기의 판적사 계사들은 이와 같은 업무 외에도 봉상시(奉常寺)·내섬시(內贍寺)·의영고(義盈庫)·양현고·선공감(繕工監)·군기시(軍器寺) 등의 속아문 회계와 충청도·황해도의 양안(量案, 토지대장) 및 공부(貢賦) 관리를 담당하였다.

[참고문헌] 李成茂, 1981, 『조선초기 양반연구』, 일조각 ; 韓忠熙, 1981, 「朝鮮初期 六曹硏究」 『대구사학』 20·21 ; 朴慶龍, 1990, 「朝鮮前期의 蠶業 硏究」 『國史館論叢』 12 ; 한충희, 1994, 「정치구조의 정비와 정치기구」 『한국사 23 : 조선 초기의 정치구조』, 국사편찬위원회 ; 李載龒, 1994, 「재정관계관서」 『한국사 24 : 조선 초기의 경제구조』, 국사편찬위원회 ; 김진봉, 1994, 「진휼제도」 『한국사 25 : 조선 초기의 사회와 신분구조』, 국사편찬위원회 〈강은경〉

팔결작부(八結作夫) ⇒ 작부제

팔도도(八道圖) 조선 초기 이회(李薈)가 제작한 전국지도.

조선시기 몇 차례의 전국지도가 만들어졌는데, 가장 먼저 제작된 것이 이회가 만든 팔도도였다.(國初有李薈八道圖[『성종실록』 권139, 13년 2월 13일]) 하지만 이는 현전하지 않는데, 다만 지도내용으로 보아 정치·군사상의 목적으로 만들어진 것으로 생각된다. 또한 고려 후기에도 「팔도지도」가 있었던 만큼 이회의 팔도도는 이를 수정·보완하여 만들어졌을 것이라고 이해된다.

한편 1402년(태종 2) 이회는 김사형(金士衡)·이무(李茂)와 함께 「혼일강리역대국도지도(混一疆理歷代國都之圖)」도 편찬하였는데, 이 과정에서 우리나라에 관한 사항은 그가 일찍이 제작한 팔도도의 내용도 활용하였을 것이라 생각된다.

[참고어] 혼일강리역대국도지도

[참고문헌] 방동인, 1976, 『한국의 지도』, 세종대왕기념사업회 ; 이찬, 1976, 「韓國의 古世界地圖」 『한국학보』 2

평신진둔(平薪鎭屯) 조선 후기 평신진의 운영을 위해 설치되었던 토지. 평신진은 소근포진·마량진·안흥진 등과 함께 충청도의 수군 거진(巨鎭)으로, 해상방어와 조운선의 호송 등을 담당하였다.

평신진둔은 장용영(壯勇營)의 재정을 보용하고 평신진 수군을 안정적으로 확보하기 위해 1794년(정조 24) 설치되었다. 위치는 충청도 서산군 대산목장·태안군 이원목장·면천군 창택목장 등이다.

1795년 평신진 수군첨절제사 김취명(金就明)이 작성한 『충청도평신둔양안』에 따르면 평신진둔에 설치된 세 목장의 절모관둔사위진기전답(折冒官屯寺位陳起田畓)의 합계는 754결 10부 7속으로, 기전답(起田畓)은 386결 53부 6속, 진전답(陳田畓)은 367결 57부 1속이었다. 1895년의 을미개혁으로 평신진이 혁파되자 둔토는 서산군 등에 환속되었으며, 1898년 선희궁을 거쳐 1899년 내장원으로 이속되었다.

[참고어] 영문둔전, 아문둔전

[참고문헌] 和田一郞, 1920, 『朝鮮土地地稅制度調査報告書』 ; 서태원, 2010, 「조선후기 충청도 평신둔의 설치와 경영」 『규장각』 37, 규장각 한국학연구원

평전(平田) 평지에 위치한 농경지.

[참고어] 산전, 전품제, 결부제

포강(蒲江) 낮은 부분에 위치한 논 한 배미를 파서 저수하는 방식.

일반적으로 저습지대에서 이용한다. 이와 유사한 일본의 경우에는 가을에 물을 퍼낸 뒤 물고기를 잡거나 의도적인 양어(養魚) 시설로 활용하기도 했다. 제방을 쌓아 저수와 관개를 목적으로 하는 본격적인 저수지에 선행하는 형태라 하겠다.

[참고어] 수리

[참고문헌] 정치영, 2000, 「智異山地 벼농사의 灌漑體系와 물 管理方法」 『대한지리학회지』 35-2 ; 곽종철, 2010, 「청동기시대~초기철기시대의 수리시설」 『한국고대의 수전농업과 수리시설』(한국고고환경연구소학술총서8), 서경문화사

포둔(砲屯) 포군의 급료에 충당하기 위하여 설치·운영한 토지.

1866년 병인양요(丙寅洋擾) 이후 조선에서는 강화도의 재침에 대비한 방안 중 하나로 강화의 진무영을 중심으로 포군을 통합·배치시켰다. 이에 포군의 급료를 마련하기 위하여 각 도에 있는 폐서원의 학전(學田)을 이속하거나 부민으로부터 토지의 기부를 받아서 포둔을 설치하였다. 그 후에 전 도, 각 군에 포청을 설치하고 각각 포군을 배치, 이를 '화포군' 또는 '별포군'이라고 하였다. 따라서 그 경비를 종래의 둔전만으로는 지급할 수 없게 되었고, 포둔 이외에 포량미라는 세를 거두었다. 포둔은 해당 포청에서 관리하였는데 중앙의 간섭이 없었기 때문에 관리방법이 지방에 따라 일정하지 않았으며, 그 수익이 지방 수령 등의 사익을 챙기는 데 이용되는 등 폐해가 많았다.

이후 포군제도는 유명무실해져 군적은 대개 허위장부가 되었고, 결국 1874년(고종 11) 폐지되었다. 이로 인해 경기 연해의 포둔은 해방영(海防營)으로 이관되었는데, 1888년(고종 25)에는 해방영의 폐지와 함께 친군영으로, 1894년에는 친군영이 폐지되면서 궁내부 내장사로 전속되었다. 한편 각 도·군에 이관되었던 포둔은 1895년(고종 32)에 탁지부로, 1897년(광무 1)에는 다시 군부로 전속되었다. 1899년에 모두 경선궁과 의친왕궁의 소속이 되었다가, 이후에 양궁으로부터 백성에게 매도 또는 증여되었다. 다만 통진군(通津郡)에 있는 둔토만이 1907년(융희 1)에 다른 역둔토와 함께 탁지부에서 관리하다가 국유지실지조사와 토지조사사업을 거쳐 처리되었다. 일반적으로 1899년에 조사한 각 도 둔토성책에 따르면 포둔의 면적은 대략 답 2,000석락(石落), 전 1,800일경(日耕)이었다.

[참고어] 영문둔전

[참고문헌] 和田一郎, 1920,『朝鮮土地地税制度調査報告書』

포락지(浦落地) 토지가 바닷물이나 하천의 범람으로 유실되어 흔적이 없거나 혹은 물에 침식되어 떨어져 바다나 하천에 잠긴 토지. 조선시기에는 천반포락(川反浦落), 성천포락(成川浦落)이라고도 했다.

포락은 해당 토지를 원상복구하는 데 과다한 비용이 지출되는 등 사회통념상 복구가 불가능한 상태에 이르렀을 때를 가리키며 토지소유권의 상실원인이 된다. 『대전회통』「호전」 수세조에는 하천 연안의 한쪽이 냇물의 범람으로 유실되어 경작할 수 없게 되면 다른 쪽에 생긴 진흙땅을 조사 기록한다. 모래가 덮인 곳은 그 해 재해명(災害名)을 급여하고, 내년에는 덮인 모래를 파내고 다시 경작하여 수세한다고 되어 있다. 역위전(驛位田)에 모래가 덮여 하천이 되어 경작할 수 없게 되면 폐사한 사전(寺田) 및 속공전(屬公田)으로 보충해 주기도 했다. 『고종실록』 1869년 10월 3일 신축 기사에도 전결이 포락하여 재탈(災頉)하면 진흙땅이 된 곳을 개간하여 다시 세를 거두는 것이 국법에 명시되어 있다고 기록하고 있다. 1897년부터 시행된 대한제국의 양전사업에서 작성한 양지아문 양안에는 진전이나 천포락전(川浦落田)이 별로 기록되어 있지 않다.

일제는 토지조사사업을 실시하면서 종래 농민의 관습적 소유지로 경작되고 있던 하천변의 공지(空地)·포락지·니생지(泥生地) 등을 조사하고 소유권에 대해 재결하였다. 조선고등법원은 하천에 의한 포락에 대해 1919년까지는 조선의 관습을 따르는 판결을 내리고 있다. 조선에는 하천에 연한 토지가 홍수 때문에 포락하여 니생지를 이루었을 경우, 포락한 토지의 면적에 상응하는 니생지는 포락지 소유자의 소유에 속하는 관습이 존재했다. 하천연안의 토지가 함락되어 동일한 장소에 니생지를 이룬 경우 그 니생지의 생성 시일에는 제한이 없다고 판결한 사례도 있다. 타인이 관의 허락을 얻어 포락지의 소유자를 배척하고 소유자가 되는 관습은 없다고 명시하기도 했다.

그러나 1914년 4월에 조선하천령의 전신인 하천취체규칙을 발포하였으므로 법원은 종전의 관습을 더 이상 인정하지 않았으며, 1919년 이후 포락지에 대한 판례는 점차 변경되었다. 이후 하천 관리 법령 및 정비공사의 시행을 통해 포락한 토지에 대한 종전소유자의 소유권은 영구히 소멸되고 포락지가 매립 또는 제방의 축조에 의해 다시 성토화 되어도 그 토지에 대하여 종전소유자가 토지소유권을 다시 취득할 수 없게 되었다.

[참고어] 지목, 성천포락, 진전

[참고문헌] 한국역사연구회 토지대장연구반, 1995,『대한제국의 토지조사사업』, 민음사 ; 오재경, 2001,「포락지 퇴적환경에 관한 사례연구(1)」『한국해안해양공학회 2001년도 한국해안해양공학 발표논문집』; 송영민, 2003,「조선고등법원판례에 나타난 토지소유권 문제-토지의 포락을 중심으로-」『법사학연구』 28 ; 대한지적공사, 2005,『한국지적백년사 : 자료편 4』 〈고나은〉

포지(圃地) ⇒ **과목전, 원포**

표이산천(標以山川) 고려 후기 농장(農莊)의 형성이 급속히 확대되고 광범위함에 따라 이를 빗대어 표현하기 위해 사료상에서 주로 쓰인 용어.

풀이하자면 '산과 강으로 경계를 삼게 되었다'는 뜻이다. '미주과군(彌州跨郡)'과 같은 의미로 사용되었다.

[참고어] 미주과군, 농장

[참고문헌] 『고려사』; 강진철, 1980, 「고려의 농장에 대한 일연구 : 民田의 奪占에 의하여 형성된 권력형농장의 실체추구」 『사총』 24 ; 이상국, 2000, 「고려후기 농장의 경영형태 연구 : 농장 경작인의 존재양상을 중심으로」 『역사와 현실』 36 ; 신은제, 2007, 『고려시대 전장의 규모와 공간구조』, 『역사와 경계』 65

표재(俵災) 집재(執災)를 통해 파악된 재상전을 기초로 중앙에서 재결(災結)을 확정해 해당 군현에 내려주는 것.

[참고어] 급재, 작부제

표준중급농지(標準中級農地) 농지개혁 당시 귀속농지를 제외한 일반농지 평가에 적용하는 공통배율(共通倍率)을 결정하기 위해 각 구·시·읍·면별로 선정한 중급농지.

표준중급농지는 「매수농지 평가요령」에 따라 선정되었다. 읍면은 관내 이동별(里洞別), 전답별로 등급별 면적과 실수고를 조사하여 당해 읍면의 평균생산량에 가까운 등급지가 가장 많은 1개 이동을 선정했다. 이렇게 선정된 이동에 대해서 전답별로 가장 많은 면적인 등급을 기초등급으로 하고 기초등급의 양측에 5등급 격차로 각 등급 1필지씩을 선정하고 실수고를 조사했다. 이 실수고가 각 등급지 평균생산량의 평균치에 가장 가까운 농지의 등급을 당해 읍면의 중급농지로 가정했다. 읍면은 가정된 중급농지와 같은 등급지를 관내 이동별, 전답별로 다시 1필지씩을 선정하고 실수고가 각 필지의 평균생산량의 평균치에 가장 가까운 농지를 당해읍면의 표준중급농지로 결정했다. 즉 공통배율은 중급농지평균생산고×1.5×법정가격/중급농지임대가격으로 표시할 수 있다. 각 읍면은 선정한 표준중급농지를 농지위원회의 의결을 거쳐 1950년 4월 10일까지 각 시장·군수에게 보고했고, 농림부는 이를 바탕으로 공통배율표를 작성하여 고시했다.

[참고어] 농지개혁, 농지개혁법

[참고문헌] 김성호 외, 1989, 『농지개혁연구』, 한국농촌경제연구원 ; 하유식, 2010, 「울산군 상북면의 농지개혁 연구」, 부산대 사학과 박사학위논문 〈하유식〉

표헌정(表憲正) 1798년(정조 22) 권농정구농서윤음(勸農政求農書綸音)에 응하여 농서를 올린 40인 중 한 사람.

당시 흡곡(歙谷)의 유학(幼學)으로 기록되어 있다. 그가 올린 농서에서는 주로 놀고먹는 백성들, 즉 구걸하는 장정, 할 일 없이 노는 백성, 탁발승이나 거사, 도사 등을 금단하고 농사일에 귀속시킬 것에 대해 이야기하고 있었다. 또한 묵정밭을 개간하거나 뽕나무를 심은 자는 포상하여 권면할 것을 이야기하고 있었다.

[참고어] 응지진농서

[참고문헌] 『정조실록』; 농촌진흥청 역, 2009, 『응지진농서Ⅱ』, 진한M&B

품미(品米) 고려 후기~조선 초기 재정에 보충하기 위하여 관리의 품계에 따라 임시로 징수하던 세금.

품미가 처음 거둬진 것은 1288년(충렬왕 14)으로, 고려 중기 이후 귀족들의 발호로 대토지사유화의 현상이 심화되면서 전시과(田柴科)체제가 붕괴되고 공전(公田)이 크게 감소하는 등 국가재정이 타격을 받았기 때문이다. 이듬해에는 원나라의 요동(遼東)에 군량을 보내기 위해 2차례 징수되었기도 했으며, 고려 말에는 국가재정이 극도로 악화되어 1376년(우왕 2) 공상민(工商民)과 천례(賤隸)에게서도 품미를 징수하고 그 대가로 품미의 양에 따라 관직을 주기도 하였다.[『고려사』 권79, 지33, 식화2 과렴조] 한편 조선 초인 1409년(태종 9)에도 군량에 보충하고자 품미와 품마(品馬) 등을 거두었다가 1412년(태종 12) 다시 돌려주기도 했는데, 이후로는 품미를 거둔 사례가 확인되지 않는다.

[참고어] 잡세

[참고문헌] 『고려사』; 『태종실록』; 이혜옥, 1985, 『高麗時代 稅制研究』, 이화여자대학교 박사학위논문

품앗이 임금을 주지 않고 서로 일을 해주고 갚아 주는 노동 관습.

전통적인 농업사회에서 농가 간의 비교적 단순한 협동노동의 형식으로 힘든 일을 서로 거들어주면서 품을 지고 갚고 하는 일을 일컫는다. 사람들간의 교환노동으로 서로의 품격 높은 신뢰를 전제로 하며, 개별 노동의 실제 가치를 따지지 않고 참여자의 개별 상황을 인정하면서 이루어지는, 신뢰와 인정을 바탕으로 한

관습이다.

공동노동으로 품앗이와 함께 두레가 있는데, 두레는 촌락 단위의 집단적 노동 교환인 반면 품앗이는 촌락 내 개인적 교분에 의해 이루어지는 노동 교환이다. 두레가 논농사와 깊은 관련이 있는 데에 비해 품앗이는 밭농사에 적합한 노동형태라고 하겠다.

품앗이의 단위는 보통 3~6명으로 이루어지며, 파종·밭갈이·논갈이·모내기·가래질·논매기·밭매기·퇴비하기·보리타작·추수 등의 농사일은 물론 지붕잇기·집짓기와 수리·나무하기·우물파기·방아찧기 같은 생활상의 품앗이, 염전의 소금일·제방쌓기에 이르기까지 널리 활용되었다.

품앗이는 두레처럼 강제성이 요구되지는 않으나 노동력의 교환이 상호 신뢰와 이웃 간의 정에 바탕을 두고 이루어지기 때문에 그런 관계가 일상 속에서 형성되지 않은 면 품앗이 관계가 형성되기 어렵다. 따라서 품앗이는 한 마을 안에서도 친지간이나 근린 관계에 의해서 일시적으로 조직되는 경우가 대부분이다. 그리고 자작농민·소작농민 또는 머슴들의 결합에서 이루어진 것이었다. 그래서 품삯을 위한 농업노동자는 이 조직에서는 배제되어 있었다. 품앗이는 노동력이 중심이 되기 때문에 남성들뿐만 아니라 여성들끼리도 구성되며 마을 잔치 등에 음식을 장만하고 옷을 만드는 일을 했다. 때로는 부부가 함께 품앗이의 단위가 되기도 한다.

품앗이는 소겨리, 들계 등의 이름으로 15세기 이래 존속되고 있었는데, 소겨리는 밭갈이를 함에 있어 소를 가진 집을 중심으로 5호 정도가 하나의 노동조직을 이루었다. 그리고 들계는 김매기에 있어서 함께 노동하는 조직으로, 자연촌락을 단위로 이루어지는 것이 일반적이었으나, 큰 마을에는 4~5개의 들계가 있는 경우도 적지 않았다. 이들 품앗이 조직도 두레와 마찬가지로 공동노동조직으로서, 노동의 능률을 높이는 데 기여하였으나, 조직력이나 자율성에 있어서는 두레에 미치지 못하였다. 그렇다고 하여도 이들 조직 역시 농민들의 결속력을 강화하고 사회의식을 키우는데 나름대로 이바지하고 있었다.

품앗이는 일제시기를 거쳐 현재에도 조직되고 있으나 농업노동에서 차지하는 역할은 약해지고 있다. 특히 1980년대 이후 그 비중이 감소하고 있는데, 이것은 농업의 기계화로 인해 농촌의 전통적 공동노동 조직이 점차 쇠퇴하고 있음을 의미할 것이다.

[참고어] 두레

[참고문헌] 한국사회사연구회, 1992, 『한국의 사회제도와 농촌사회의 변동』, 문학과지성사 ; 윤수종, 2010, 『농촌사회제도연구』, 전남대학교출판부 〈이석원〉

피당(陂塘) ⇒ 제언

ㅎ

하시모토농장(橋本農場) 일제시기 일본인 하시모토 나카바(橋本央)가 전라북도 김제군 죽산면에 세운 농장.

하시모토는 일본 구마모토현(熊本縣) 히고(肥後) 출신으로, 구마모토중학교와 일본육군 예비사관학교인 육웅교(育雄校)를 거쳐 블라디보스토크로 건너갔다. 3년간 블라디보스토크에서 오노다(小野田) 시멘트회사의 출장소 주재원으로 활약하다가, 러일전쟁 직후 조선으로 들어왔다. 전라북도 군산에서 무역업·정미업·제염업에 종사하면서 경제적 기반을 구축해 갔다. 그 당시 김제군 청하면에서 농장을 경영하고 있던 고향친구 가사이(笠井建次郎)의 권유로 김제군 죽산면 죽산리 일대 토지를 매수했으며, 가사이에게 전부 위탁관리를 맡겼다. 1910년 8월 현재 하시모토가 매수한 토지는 대략 71.4정보(논 68.6정보, 밭 2.8정보)였다. 그는 기간지 매수뿐 아니라 미간지 개간을 통해서도 토지를 집적해갔다. 죽산리 농장 부근 가까이 위치한 동진강 하류 미간지에 주목하고 1909년 국유미간지법에 의거하여 불하신청을 하였다. 1912년 5월 조선총독부로부터 대부허가를 받아 개간사업에 착수하였다. 관개수는 동진강 지류인 죽산천의 죽산보에서 끌어들이고 방조제와 수문을 설치하여 염분제거 작업을 추진하였다. 1915년부터 먼저 개간된 지역부터 일부 시험재배를 하고, 1920년 100여 정보를 개답할 수 있었다. 또한 2년 동안 개간공사를 거쳐 1928년 2월에는 죽산면 서포리의 공유수면 48,974평을 개답하였다. 1915년 하시모토는 군산에서 김제군 죽산면을 옮기고 농장경영에 주력하였다.

1931년 3월 농장조직을 자본금 50만 원의 주식회사 하시모토농장으로 개편하고, 하시모토 나카바가 대표 취체역을, 아들 하시모토 다쓰미(橋本巽)가 전무 취체역을 맡았다. 1932년 현재 주식회사하시모토농장의 소유지는 논 350정보(개간지 120정보), 밭 100정보이며,

하시모토농장

소작인 수는 550명에 달했다. 농장과 소작인의 관계는 다른 일본인 농장에 비하면 원만한 편이었다. 소작인에 대한 일방적 강압적 방법보다는 다소 온건한 경영수단을 적절하게 활용하여 지역 소작인들의 민심을 확보하였다. 전통적인 마름제도를 폐지했으며, 지주주도의 수탈적인 소작인조합도 존재하지 않았다. 소작인 중 약 20여 명을 농장전속 소작인으로 삼아 소작경영에 소요되는 일체 비용을 농장에서 부담하였다. 이들 전속 소작인들은 일종의 변형된 마름(관리인)으로 소작지와 소작인 관리를 겸했다. 농장측은 일본 개량품종과 일본식 농사법을 적극 장려하였다. 일본 개량종 재배에 필수적인 화학비료는 무이자 혹은 저율로 소작인에게 대부해주었고, 퇴비증산을 위해 퇴비사를 만들어 소작인들에게 퇴비를 사용하게 했다. 보리종자를 대여하여 보리농사에도 적극적이었으며, 부업으로 가마니를 짜는 기계를 구입하여 유·무상으로 소작인들에게 대부해 주었다. 하시모토는 주변 농업자·농민들 사이에 신망이 높았고 송덕비도 건립되었다. 1921년 자본금 21만 원의 금강토지건물주식회사(영업내용은 토지 및 건물의 매매·임대차·신탁·대행업과 부대사업)를 설립하여 사장으로 취임하였다. 현재 하시모토농장의 관리사무

소 건물이 등록문화재로 보존되고 있다.

[참고어] 동태적 지주, 소작인조합, 마름

[참고문헌] 大橋清三郎編, 1915, 『朝鮮産業指針 上下』; 宇津木初三郎, 1928, 『(湖南の寶庫)全羅北道發展史, 一名 全北案內』, 文化商會; 鎌田白堂, 1936, 『朝鮮の人物と事業 第1輯 湖南編』, 實業之朝鮮社出版部 〈이수일〉

하자마농장(迫間農場) 일제시기 부산의 3대 부호로 알려진 하자마 후사타로(迫間房太郎)가 경영한 농장.

1860년 일본 와카야마현(和歌山縣)에서 태어난 하자마는 10대 후반 오사카(大阪)의 거상 이호이미치하라상점(五百井長平商店)의 점원으로 들어갔다. 1880년 5월 이호이미치하라상점 부산지점 지배인으로 건너와 조선무역을 시작하였다. 하자마의 뛰어난 수완으로 이호이미치하라상점 부산지점은 목포·인천·진남포·평양에도 지점을 낼 정도로 번창하였다. 1899년 이호이미치하라상점에서 독립한 하자마가 이후 한국에서 엄청난 부를 축적할 수 있었던 것은 이 시기 한국을 둘러싸고 일본과 러시아가 각축을 벌일 때 하자마가 일본정부와 군부의 앞잡이로 군용지매수에 앞장섰기 때문이었다. 그는 외국인의 토지소유를 금지하는 대한제국의 법제에도 불구하고 일본 정부와 육군의 요청에 따라 일본영사관의 보호 아래 불법적인 토지매입에 전력을 다했다. 1898년 한국정부로부터 절영도 국유지 135만평을 식림대부형식으로 차용하여 그중 75만 평을 일본육군의 군사시설부지로 사용하고 나머지 60만평을 자신이 사실상 소유하였다. 1899년 러시아 군항예정지로 알려진 마산포 조계 바깥 율구미(栗九味, 밤구미)의 논밭 233두락을 매입하였다. 그의 활동으로 일본은 러시아의 절영도 조차시도나 마산 합포만 군항계획을 제압할 수 있었고, 하자마는 일본정부로부터 훈장을 받기도 했다.

하자마는 일본인들의 대일송금도 취급하는 사설금융·고리대금업을 위시하여 미곡무역·창고업·상품위탁판매업·토지매매중개업·수산업 등 부산 개항장 안팎에서 돈 되는 것이라면 업종을 불문했으며 단기간에 상업자본을 크게 축적해갔다. 특히 통감부의 정치적 후원 속에 토지거래에 탁월한 수완을 발휘한 하자마는 대규모로 토지를 확보하여 농업경영에도 나섰다. 1903년 6월 「경상도동래부절영도산록초장가대전답인구구별성책」에 따르면 일본인 소유지 1,228두락 내에 하자마가 172두락을 소유하여 1위를 차지하였다. 경부철도 용지매수에도 분주하게 뛰어 다녔으며, 1910년까지 경부선 철도가 지나는 요충지인 경상남도 부산·마산·밀양·울산, 경상북도 경주·대구, 충청북도 청주에 총 220정보 규모(논 167정보, 밭 53정보)의 농장을 개설했다. 일반 농사이외 과수와 조림(1913년 현재 소유산림이 470정보)도 하였다. 1928년 금융공황을 견디지 못한 무라이농장(村井農場)을 인수하면서 1천 정보가 넘는 거대지주로 발돋움했다. 1929년 현재 하자마의 소유토지는 1,324정보(논 228정보, 밭 521정보, 기타 575정보)였다가, 1931년에는 4,432정보(논 2,423정보, 밭 584정보, 기타 1,425)에 이르렀다. 토지의 소재지를 보면, 경상남도 밀양군·김해군·창원군 등 4,153정보(논 2,197정보, 밭 532정보, 기타 1,424정보), 전라북도 남원군 136정보(논 131정보, 밭 4정보 기타 1정보), 전라남도 해남군 143정보(논 95정보 밭 48정보) 등이다.

하자마농장의 중심은 무라이 기치베에(村井吉兵衛)로부터 인수한 진영농장이다. 진영농장은 경상남도 김해군 진영면과 창원군 대산면과 동면 20여 동리와 100여 촌락에 집중된 2,000여 정보의 농지로 구성되었으며, 소작농민만 2,000여 호(일본인 90호)에 달했다. 하자마가 인수한 후 진영농장에서는 과도한 소작료 수취로 인해 1931년 10월부터 1932년 2월까지 대규모 소작쟁의가 일어났다. 1938년 11월 하자마는 진영농장을 전라남도 여수의 천일고무주식회사 사장 김영준(金英俊)에게 270만원에 매도했다. 1910년대 초반 하자마는 부산항과 마산항의 매립사업을 주도했으며, 부산과 마산의 시가지 경영(대지·가옥임대업)에도 적극적이었다. 그는 축적한 상업·지주자본을 토대로 부산상업은행을 설립하고 부산창고주식회사·부산공동창고회사·부산저축은행·부산수산주식회사·부산토지주식회사·조선가스전기회사 사장 및 중역으로 활동하면서 사업영역을 다양하게 확대하였다. 1930년대 이후에는 그의 아들인 하자마 가즈오(迫間一男)가 사업을 이었다.

[참고어] 무라이농장, 동태적 지주, 소작인조합

[참고문헌] 尾西要太郎, 1913, 『鮮南發展史』, 朝鮮新聞社; 淺田喬二, 1989, 『增補 日本帝國主義と旧植民地地主制』, 龍溪書舍 〈이현희〉

하호(下戶) 삼국시기 이전의 읍락(邑落)사회에 거주했던 일반 민(民) 또는 읍락의 구성원을 가리키는 용어.

중국에서는 여러 시대에 걸쳐 널리 사용되어 왔는데, 대체로 일반민 중에 가난한 농민 또는 소작 농민을 통칭하였다. 우리나라에서는 주로 1~3세기 무렵에

부여(夫餘)와 고구려에서 호민(豪民)의 지배를 받았던 일반 백성이나 읍락의 구성원으로 존재하였다. 조선시기에서도 가끔 사용되기도 하였다.

본래 중국 한대(漢代)의 경우에는 부강한 호족(豪族) 혹은 호민을 가리키는 상가(上家)에 대비되었던 존재로서 힘없고 가난한 농민·소작인(小作人)을 뜻했다. 주로 농업에 종사하면서 독자적인 가계(家計)를 유지하며 자유로운 신체를 보유하였다. 그러나 점차 전객(佃客)·전호(佃戶) 등의 용어가 소작농의 의미를 대체하자, 그 뒤로는 3등·5등·9등으로 농민층을 분류하는 호등제(戶等制) 하에서 최하등호를 지칭하게 되었다.

『삼국지』 동이전에서 중국인들은 부여 읍락사회의 하호를 모두 노복(奴僕)과 같다며 마치 노비인 것처럼 서술하였다. 읍락공동체사회에 예속돼서 독립된 자기 경영을 유지하지 못하는 열악한 존재로 파악하였다. 그러나 동이전에 보이는 용례로 보았을 때, 하호를 단순히 노비 같은 존재로 규정하기는 어렵다. 동이사회에 전개된 정치·사회적 발전의 지역적 격차를 감안한다면, 동이전에 보이는 하호와 중국에서의 용례는 서로 구분할 필요가 있다.

『삼국지』 동이전에 서술된 각 지역의 사회발전 정도에 따라 하호도 그 모습을 달리하였다. 하호에 상대되는 지배층으로는, 부여의 호민과 제가(諸加), 고구려의 대가(大加)·소노가(消奴加), 동예와 옥저 읍락의 거수(渠帥)들을 가리키는 후(侯)·읍군(邑君)·삼로(三老), 그리고 삼한의 하호에게 인수(印綬)·의책(衣幘)을 지급했던 중국 군현(郡縣)의 통치자 등을 꼽을 수 있다. 따라서 하호는 피지배층 일반에 대한 보편적인 용어로 사용되었음을 알 수 있다.

하호의 존재 양상은 지역별로 그들이 속한 사회의 발전 정도에 따라 차이가 있었다. 부여에서는 대가들이 전쟁에 나갈 때에 식량을 운반하였는데, 가(加)의 하호에 대한 실질적인 지배는 읍락 호민을 매개로 이루어졌다. 그동안 부여 읍락의 구성원에 대해서는 『삼국지』 동이전의 판본에 따라 "읍락에는 호민이 있고 민은 하호로서 모두 노복으로 삼았다.(邑落有豪民 民下戶皆爲奴僕(宋本殿本))", 또는 "읍락에는 호민이 있으며 하호라고 이름한 것을 모두 노복으로 삼았다.(邑落有豪民 名下戶皆爲奴僕(汲古閣本))"라고 하여 차이가 있는 관계로 논란이 가중되었다. 대체로 부여 읍락의 구성원으로서 민과 하호를 같은 존재로 이해하는 경향이 강하다. 이에 '읍락에는 호민이 있고, 민 곧 하호는 모두 노복과 같은 처지에 있었던 것'으로 해석된다. 다시 말해 부여 읍락사회에서 민은 하호로서 마치 노복과 같은 처지에 있었던 존재로 이해하였다. 당시 중국인들의 시각에서는 하호가 호민층의 가혹한 수탈과 인신지배를 받았던 것으로 보였기 때문이었다.

고구려의 대가에 대해 『위략(魏略)』의 일문(逸文)에서는 "농사를 짓지 않으며, 하호는 부세(賦稅)를 바치는데 마치 노객(奴客)과 같은 처지였다"고 했다. 이들의 처지가 부여 읍락의 하호에 비견될 수 있었다. 다른 한편으로 대가에 의해 통솔되었던 소노부(消奴部) 소속의 부원과 같은 일반민으로서의 용례도 확인할 수 있다. 이들은 대부분 자영소농민이나 용작민(傭作民)이었을 것으로 추정한다.

동예에는 대군장(大君長)이 없고 후·읍군·삼로 등의 거수들이 있었는데, 이들에게 통치를 받았던 하호는 읍락공동체의 일반 구성원으로 파악된다. 또한 고구려의 지배를 받았던 동예나 옥저 등지에서는 복속민으로 나타나는데, 이들은 먼 곳으로부터 곡식과 물고기·소금 등을 운반하여 좌식자(坐食者)였던 대가들에게 공급하였던 것으로 전한다. 실제로 옥저의 하호는 포(布)·물고기·소금 등의 공납품을 고구려에 져 나르는 존재였다. 동예와 옥저는 오랜 기간 주변세력의 지배와 간섭을 받았기 때문에, 하호는 집단 예민(隷民)과 같은 존재였다. 그들은 해당 읍락에서 주요 생산 활동을 담당하였으며, 또한 고구려에 바치는 공납까지 부담했기 때문에 그 처지가 매우 열악하였다. 이에 비하여 "삼한의 풍속이 의책을 좋아해 하호가 낙랑군에 조알할 때 모두 의책을 빌려 입었는데, 스스로 인수와 의책을 입은 자가 천여 명이 되었다.(其俗好衣幘 下戶詣郡朝謁 皆假衣幘自服印綬衣幘千有餘人[『삼국지』 동이전 마한])"고 했다. 삼한의 하호 가운데 스스로 인수와 의책을 착용했던 '하호천유여인(下戶千有餘人)'은 부여 등지의 그것과 대비된다. 이들은 중국과의 교역을 통해 부를 축적해 갔던 상인층으로 파악되기도 한다. 이들은 동이전의 왜인(倭人)조에서 "대인(大人)은 4, 5명의 아내[婦]를, 하호는 간혹 2, 3명의 아내를 거느렸다"고 전하는 하호와 견줄 수 있는 존재였다. 삼한의 일반 읍락민인 하호 가운데 상층 분화되어 가는 존재는 부여·고구려·동예 등에 있는 하호보다 상위의 계층으로 볼 수 있다.

본격적인 철기의 사용과 생산도구의 발전으로 생산력이 증가하였다. 이에 따라 개별 가호(家戶)의 농업경영이 확산되면서 읍락공동체가 해체되었으며 읍락사회의 계층분화도 활발하게 전개되었다. 이때 읍락 구성원인 하호의 분화도 함께 이루어졌다. 읍락의 계층분화 과정에서 상위를 점하는 하호 가운데 일부는 호민으로 성장했지만, 그렇지 못한 하호 가운데 일부는 용작민과 같은 무전(無田)농민으로 전락하였다. 대부분은 자영소농민(自營小農民)으로 살았다. 그런데 읍락공동체로부터 자유로워진 하호는 점차 독립적인 농업경영이 가능해짐에 따라 조세와 역역 등의 의무를 담당하는 공민(公民)으로 전화되었다.

하호의 사회적 성격을 해명하려는 노력은 일찍이 시대구분 문제와 관련하여 당대의 사회·경제적인 성격을 밝히려는 입장에서 출발하였다. 처음에는 '노예론'이 제기되면서 고전적 노예 혹은 고대 동방의 총체적 노예 등으로 파악했다. 이와 함께 '봉건론'이 제시돼 봉건적 농노(農奴)이거나 혹은 봉건국가에 예속된 가난한 민으로 파악하는 경향이 강하였다.

그러나 점차 고대사회에 보이는 지역적 발전의 편차에 착안하여 하호가 처한 각 사회의 조건에 따라 그 성격과 형편이 달랐던 것으로 이해하였다. 고대사회 일반민의 동향과 존재양상의 해명에 관심을 가지고 하호의 역사적 실체에 접근하였던 것이다. 이에 읍락공동체를 구성하는 일반민 내지 양인신분의 농민층으로서 피지배층을 통칭한 것으로 보기 시작했다. 곧 하호는 『삼국사기』에 보이는 민 또는 백성과 같은 존재이며, 후일의 양인(良人)과 같은 자유민으로 그 속에는 계층의 차가 있었을 것으로 상정하였다. 이로써 하호는 국가에 대한 의무와 권리를 지녔던 삼국시기의 공민(公民)과는 같은 존재로 전화할 여지를 지니게 되었다.

이와 같이 하호는 고대국가의 대민통제방식이나 그 운영을 관철하려는 지배방식의 일환으로서 수취관계를 파악하는 데 중요한 대상으로 다루어졌다.

[참고어] 호민, 읍락

[참고문헌] 武田幸男, 1967, 「魏志東夷傳にみえろ下戶問題」『朝鮮史硏究會論文集』 3 ; 洪承基, 1974, 「1~3세기의 '民'의 存在形態에 대한 一考察」『歷史學報』 63 ; 盧泰敦, 1977, 「三國의 政治構造와 社會經濟」『한국사 2-民族의 成長』, 국사편찬위원회 ; 文昌魯, 1990, 「三國時代 初期의 豪民」『歷史學報』 125 ; 趙法鍾, 1992, 「韓國古代 奴婢의 發生 및 存在形態에 대한 考察」『百濟硏究』 22 〈문창로〉

학교전(學校田) ⇒ 학전

학전(學田) 고려·조선시기 서울과 지방에 세운 학교의 운영을 위해 지급한 토지.

학교전, 학위전이라고도 한다. 협의로는 성균관, 학당, 향교와 같은 국가에서 세운 관립교육기관에 대해 국가에서 지급한 토지를 말하지만, 넓게는 서원을 포함한 모든 교육기관이 소유한 토지를 지칭하기도 한다.

우리나라에서 학교가 창설된 것은 고대부터이다. 최초의 기록은 삼국시기인 372년(소수림왕 2) 고구려에서 설치한 태학이다. 통일 후인 682년(신문왕 2)에 신라도 국학을 창설해서 왕경의 자제를 입학시켜 경학을 교육하게 했다. 788년(원성왕 4)에는 독서삼품과를 창설했다. 이 학교들은 단순한 교육기관이 아니라 관료양성기관이었다. 국학을 졸업하면 대나마나 나마의 관등을 주었다. 독서삼품과는 성적을 상중하로 나누어 관리임용에 참고했다.

학생의 신분적 지위와 특혜로 볼 때 학교의 경제적 대우 역시 작지 않았다고 볼 수 있다. 그러나 현재까지는 학교의 경비와 비용 조달한 방식을 알려주는 기록이 없다. 그러나 후대의 예를 보아도 국가가 직접 경비를 지급하기보다는 토지와 노비를 지급했을 가능성이 크다고 생각된다. 유일한 기록이 통일신라시기인 799년(소성왕 1)에 청주(菁州 : 현재의 진주) 노거현(老居縣)을 학생녹읍으로 지급했다는 기록이다. 학생녹읍의 성격은 불분명하지만, 학생의 식사, 생활비용을 조달하기 위한 재원이고, 녹읍이 해당지역의 전세를 수취하도록 하는 것이라고 보면, 이전의 학교 재정 역시 같은 방식으로 운영했다고 추정해 볼 수 있는 근거가 된다.

고려시기의 학교는 930년(태조 13) 태조가 서경에 학교와 학원을 창설하고, 6부의 생도를 모아 가르쳤다는 기사가 최초의 기록이다. 이 학교는 유학보다는 서학, 의학, 복학 등 기술학을 가르치는 학교였다. 그러나 서경에 학교를 세웠다면 그 이전에 개경에도 학교가 세워져 운영되었을 것으로 생각된다.

서경 학교에 대해서 태조가 비단을 주고, 창고곡 100석을 주어 교육비로 쓰게 했다고 한다. 창고곡이 포상금인지 정기적으로 지급하게 한 것인지 분명하지 않다. 일시적 지급이었다고 해도 기금마련을 위한 재원일 수도 있으나 이 역시 분명하지 않다.

고려의 학교정책이 체계화되는 것은 성종 대이다. 성종은 국학을 활성화하여 중앙과 지방의 학생을 국학에 입학시켜 인재를 양성하게 했다. 12목에도 학교를 설립하고, 경학박사를 파견하여 가르치게 했다. 이 시기 교관과 학생들에게 쌀과 베를 지급한 기록이 있으나 이 역시 포상으로서 학교 운영의 재원에 대해서는 기록이 없다. 학전은 전시과 체제에 포섭되었는데, 학전은 역전, 진전(津田), 공해전, 적전(籍田)과 함께 2과 공전에 속했다.

학교에 토지를 내린 최초의 기록은 992년(성종 11) 12월에 국자감을 창설하면서이다. 이때 국자감뿐 아니라 전국에 경치 좋은 장소를 택해 서재와 학교를 크게 세우고 토지를 주어 학교의 식량을 해결하라고 했다. 이 기록을 보면 이전에도 학교를 세울 때 토지를 주어 재원으로 이용했을 가능성이 있다. 그러나 이때 얼마의 토지를 지급했는지는 알 수 없다. 1119년(예종 14) 7월에는 국학에 양현고를 설치했다. 양현고는 기금형식으로 자금을 운영하여 이식만을 경비로 전용하게 한 것이다.

충렬왕 30년 4월 양현고의 기금이 거의 고갈되자 안향이 각품 관원에게서 은과 베를 거두어 섬학전(贍學錢)을 마련하게 하자 왕도 내고의 돈과 곡식을 내어 원조했다. 학교의 재원으로 토지와 노비뿐 아니라 자본을 이용한 기금운영을 병행한 것이 고려시기 학교 재정의 특색이었다.

일반적으로 국학은 학생들의 숙식비용을 국비로 지급했으므로 반드시 재원이 필요했다. 그러나 성종 대 이후 학교에 대한 재정부담이 크니 학생을 축소해야 한다는 의견이 여러 차례 대두했다. 이것은 재정적인 문제만이 아니라 정치적 의도가 내재한 것이었다. 특히 학교진흥책을 추진한 성종, 예종, 인종 때는 중앙만이 아니라 지방의 선비들을 불러 관료예비군으로 양성하려는 시도가 병행되었다. 이때마다 보수파들은 비용문제를 들어 학교에 반대했다. 그러므로 학교진흥책을 추진하기 위해서는 이에 따르는 재정문제를 해결하는 것이 관건이 되었다.

지방의 학교도 토지를 마련해서 경비와 학생의 숙식비용으로 사용했다. 그 제도는 명확히 알 수 없으나 지방에 따라 차이가 컸던 것 같고, 시기에 따라 치폐가 반복되었다. 그러나 고려 말에 사전의 문란이 지속되면서 학전이 우선적인 탈점 대상이 되었다. 여기에 전란이 겹치면서 학교와 학전이 유지되기 힘들었다. 이에 지방의 학교가 극히 피폐하고 향교 건물이 무너진 곳도 많았다. 고려 말에 뜻있는 유자들이 지방관이 되어 향교를 재건하는 노력을 하고 있으나 지방관의 개인적 노력에 의존하는 경우가 많았고, 국가적인 제도의 확립은 이루지 못했다.

조선은 성리학을 국시로 하고 과거제도를 중시했으므로 학교 중흥에 노력했다. 학교의 재원은 토지와 노비인데, 규모가 고려와는 비교할 수 없을 정도로 확대되었고 토지가 절대적인 비중을 차지하게 된다. 가장 획기적으로 변화한 것은 성균관의 재정이었다. 성균관에 양현고를 두고 섬학전(贍學田)으로 1,035결을 지급했다. 1431년(세종 13)에는 935결을 추가했다. 개경 성균관에도 150결을 지급했다. 생도 정원이 50명이었으므로 1명 당 3결 규모이다. 서울에 설치한 5부학당에는 100결의 수조지를 지급했다.

지방의 향교도 군현의 규모에 따라 생도의 정원을 정하고 학전을 지급했다. 생도 정원은 유수관 50명, 목과 도호부 40명, 군은 30명, 현은 15명이었다.

향교에는 제전(祭田)과 학전(學田)을 지급했다. 조선 건국과 함께 향교진흥책이 시행되었다. 특히 과거제를 고쳐 일반인의 과거응시를 금지하고 지방에서는 향교 생도만이 과거에 응시하게 했다. 10학이라고 해서 전국에 기술관을 양성하는 학교도 세웠다. 이는 정도전·조준파가 과거, 학교제의 개혁만이 아니라 정치개혁의 의지를 가지고 추진했던 정책이다. 따라서 학교에 대한 재정정책과 학전 지급도 병행되었을 것으로 보인다.

그 액수는 명확하지 않지만 1406년 향교전이 부족해서 군자전을 학전으로 가급하는 논의가 있었는데, 그 이전부터 유수관, 도호부, 목, 부, 군현의 순으로 행정규모에 따라 차등적으로 학전이 지급되어 있었음을 확인할 수 있다. 행정단위별 액수는 정확치 않지만, 부(府)는 15결이었는데, 이때 30결로 2배를 증액했다.

세종 때에 국용전제를 시행하면서 학교위전이 일정한 제도가 없어 지방별로 수량이 일정하지 않다는 문제가 지적되었다. 이에 개성부에 20결, 유수관에 15결, 목과 대도호부에 10결, 도호부와 지관은 4결, 현은 2결로 규정했다. 명분은 명확한 규정을 만들어 불균을 시정한다는 것이었지만, 이전에 이미 행정단위별 규정이 있었던 것을 감안하면 그것은 명분이고 학전을 대폭 축소한 셈이다. 세종은 호학의 군주로 알려졌지만, 세종 때는 재정수요가 많아 국용전과 군자전 확보에 주력함에 따라 학전의 지급은 우선순위에서 밀렸던 것 같다. 이후 세조 대를 거치면서 "이전에는 군현에 학전이 있었으나 지금은 없다"는 지적이 나올 정도로 학전은 더욱 축소되거나 규정대로 유지되지 못했던 것 같다.

학전 제도가 다시 대대적으로 정비된 것은 성종 때였다. 1470년(성종 1) 영안도 관찰사 이계손은 학전 지급을 건의하면서 토지는 혁파한 국둔전, 도내의 난신전,

혁파한 고을의 공노비를 지급하자고 했다. 또 사원전과 폐사지, 승려 소유의 토지를 몰수해서 지급하자는 건의도 꾸준히 지속되었다.

1484년(성종 15) 성균관에 학전 400결을 지급하게 했다. 향교에 지급하는 토지는 재원 문제로 오랫동안 논의되다가 『대전속록』에 성균관 400결, 주부에 10결, 군에 7결, 현에 5결을 지급하는 것으로 확정되었다. 성균관에는 이후에도 국왕들이 여러 번 추가로 토지를 지급했다. 따라서 조선 후기까지도 성균관의 재정은 비교적 풍족한 편이었다.

재정 문제가 열악했던 곳은 지방의 향교이다. 학전을 지급한 후에도 학전의 안정성이 불안한 곳이 많았다. 학전으로 제일 많이 활용된 토지는 무주전이었다. 전근대에는 소농경영의 불안정성으로 인해 일시적인 휴경, 유망으로 인한 무주전이 항상적으로 발생했다. 이런 토지는 임시적으로 경작자를 선정해서 경작하게 했는데, 경작자의 선정권은 수령에게 있었다. 수령들은 이런 토지를 대개 관둔전이라는 명목으로 관리하면서 지방 재정이나 필요한 재원으로 이용했다. 이런 토지가 학전(향교전)의 주 재원이 되었다. 학전은 면세전으로 학전의 조를 거두어 재원으로 충당하게 했다. 수조율은 병작반수의 관행을 따라 1/2이 일반적이었고 보여진다.

그런데 무주전은 주인이 5년 내로 돌아오면 소유권을 환급하게 되어 있으므로 고정된 토지를 확보하지 못할 수도 있었다. 그러므로 향교전의 규모와 운영은 지방에 따라 큰 차이가 있었다. 어떤 군현에서는 토지가 없다는 이유로 학전이 금세 없어지기도 했다. 또 같은 지역에서도 부임하는 수령의 재량과 의지에 많이 좌우되었다.

향교 재정의 주 사용처는 제전, 서적과 기물, 선비들의 기숙비용이었다. 특히 학전 수입은 주로 선비들의 기숙비용으로 사용되었다. 지방 향교는 봄, 가을의 도회 때, 혹은 겨울철에 일정 수의 선비를 선발해서 집단으로 기숙하면서 공부에 전념하게 하는 방식을 사용했는데, 이 비용을 학전에서 충당했다. 이 방식은 조선 전기부터 후기까지 지속되었다. 선비의 실력양성과 급제자를 늘리는 데는 이 집단학습 방식이 대단히 유효했으므로 학전이 부족한 지역에서는 이 학습방식을 유지할 수가 없었다. 그러므로 조선 후기까지도 향교 재정이 부족한 지역에서는 학전 지급을 요청하는 상소가 지속되었다.

국가에서 지급하는 학전에는 이처럼 불안정한 요소가 있었기 때문에 향교는 독자적인 재원 마련을 위해 노력하게 되었다. 때문에 향교에서 학전의 수입을 기금으로 이식활동에 참여했다. 이 이익은 경비로 사용하거나 향교 소유의 토지를 구입하는 데 사용되었다고 보여진다. 그러나 고려와 달리 조선은 향교의 이식활동에 부정적이었다. 학교는 풍화를 진흥하는 곳인데 유생이 이식활동에 참여하는 것이 풍화를 해친다는 것이었다. 이것이 학전 지급의 중요한 명분이었다. 그러나 향교에서 자체적으로 토지와 재원을 마련하는 관행은 후기까지도 지속되었다. 이들은 기금을 이용해 매득, 기부 등의 방법으로 향교전을 보충했다. 이렇게 마련한 토지도 학전, 향교전, 교궁전 등으로 불렸으며, 지역에 따라서는 상당히 많은 토지를 확보한 곳도 있었다. 사실상 후기의 향교 재정은 이 교궁전이 차지하는 비중이 훨씬 높았다고 보여진다. 이렇게 마련한 토지는 향교의 임원들의 의해 관리되었고, 수령의 감찰을 받았다.

조선 중기 이후 서원이 증설되면서 서원에도 토지가 지급되었다. 사액서원에는 3결의 토지에 대한 면세권이 지급되었다. 이 토지는 병작반수로 운영되었으며, 수조액에 대해서는 면세했다. 나머지 서원은 자체의 경비를 마련해야 했다. 일반 서원은 토지매입, 기부 등을 통해 토지를 확대해 나갔다. 서원전의 규모 역시 소재 지역과 서원에 따라 큰 차이를 보인다. 이들 토지는 비록 사전이지만 정부에서는 사액서원의 예를 적용해서 면세를 인정해 주었다.

조선시기에 서원이 발달하면서 향교가 쇠퇴했다고 알려져 있지만, 실제 지방사회에서 향교의 역할과 비중은 적지 않았다. 이는 향교전의 규모에서도 드러난다. 1905년경에 작성한 충주군 양안을 보면 충주군 전체에서 향교 소유의 토지는 14결이었다. 『대전속록』에서 주부의 학전이 10결이었는데, 충수가 충청도의 감영소재지이고, 전국에서 5위 안에 들 정도로 큰 고을이었던 점을 감안하면 법전의 규정을 준수하고 있다고 할 수 있다. 여주군의 경우는 향교전이 7.5결이었다. 군의 학전이 5결이므로 충주와 마찬가지로 규정액 보다 50% 정도를 더 소유하고 있다.

충주의 경우 향교전은 모두 133필지로서 필지당 규모는 0.1결이었다. 이는 충주군 전체 필지의 평균치와 거의 같다. 향교전은 충주 38개 면 중 9개 면에 분포하고 있다. 그러나 면에 1개만 있는 곳도 있으며, 전체 133필지 중에 98필지가 향교가 위치한 북변면에 위치하고 있다. 충주의 향교전 14결 중 답과 전의 비율은 약 7결로 거의 반반이다. 충주군 전체로 보면 전이 7,301결, 답이 8,522결로 답의 비중이 좀 더 높다. 어느 군현이나 향교는 관아 근처에 위치하고, 이런 지역은 비교적 토질이 우수하다. 충주와 여주의 경우도 마찬가지여서 향교전의 입지는 비교적 좋은 편이다. 그러나 그럼에도 불구하고 전답의 비율은 전체 평균보다 약간 낮다. 이것은 향교전이 그리 좋은 토지를 확보하고 있지는 않기 때문이다.

향교전 매 필지를 보면 그리 좋은 여건은 아니었다. 향교전은 집중적으로 모여 있는 경우가 없다. 필지단위가 작고, 여기저기에 분산되어 있다. 이는 조선의 학전 정책상 당연한 일이다. 향교전이 위치한 곳도 필지와 필지 사이에 끼인 자투리 땅이 꽤 있다. 이런 토지는 특히 특정 개인지주의 토지에 둘러싸인 지역에서 자주 발견된다. 아마도 지주들이 자신의 토지를 매매하거나 향교에 기진할 때 넓고 좋은 토지보다는 이런 토지들을 주로 기진했던 것이 아닌가 한다.

교궁전의 경작자는 모두 27명이다. 이들 외에 향교의 근무자로 보이는 교수복(校守僕)이 경작자로 표기된 곳이 4필지, 수호청, 호성사로 기록된 2필지가 있다. 이들은 모두 향교의 근무자나 기관에서 직영하는 토지라고 보인다. 그 외는 모두 일반농민이다. 학전의 경작자는 빈농이 주를 이루지만 10% 정도는 1결 이상의 토지를 소유한 사람들이다. 그리고 이들 중 교궁전의 토지만 경작하는 사람이 11명이다.

이것은 충주군의 사례로 전체 군현에 일반적으로 적용하기에는 무리가 있다. 그러나 충주군이 일반적인 중소 군현 5개 이상을 합쳐 놓은 군현이고 충북의 감영 소재지였다는 점을 감안하면 향교전의 실상을 짐작하는 데는 어느 정도 기준이 되리라고 생각된다.

[참고어] 향교전, 서원전

[참고문헌] 『조선왕조실록』; 麻生武龜, 1940, 『朝鮮田制考』, 朝鮮總督府中樞院; 김태영, 1983, 『朝鮮前期土地制度史硏究』 지식산업사; 강진철, 1980, 「高麗土地制度史硏究」, 고려대학교 출판부

〈임용한〉

학파농장(鶴坡農場) 1924년 7월 호남은행 은행장 현준호(玄俊鎬, 1889~1950)가 전라남도 영암군 일대 토지를 중심으로 만든 간척지 농장.

현준호의 집안은 증조부 대에 충청남도 천안에서 전라남도 영암군 학산면 학계리로 이주했다. 부친 현기봉(玄基奉)은 상속받은 3,000섬의 농지를 7,000섬으로 불릴 정도로 이재에 뛰어났다. 1908년 의병의 궐기를 피해 목포로 이주한 현기봉은 광주농공은행 이사·목포창고주식회사 사장·해동물산주식회사 사장·조선생명보험주식회사 이사로 재직하면서 근대적 기업 활동에 눈을 떴다. 부친의 경험은 현준호의 경제적 삶에 큰 영향을 미쳤다. 일본유학에서 돌아온 현준호는 1920년 호남은행 설립을 주도하고, 1925년부터는 호남은행 은행장으로 일했다. 1942년 동일은행에 합병되기까지 호남은행 은행장 현준호의 사회경제적 활동을 뒷받침해준 물적 기반이 학파농장이었다.

학파농장

1924년 7월 현기봉이 사망하자, 현준호는 상속받은 토지자산과 전장을 기초로 하여 부친의 호를 딴 학파농장을 설립하였다. 농장의 효율적 관리를 위해 대단위 농지를 조성하고자 1932년부터 조선총독부의 지원 속에서 간척매립공사에 나섰다. 현준호는 향후 농장경영 사업의 중심을 개간·간척사업에 두고 1934년 7월 합명회사 학파농장(자본금 60만 원)으로 전환하였다. 회사 정관상의 영영항목은 토지의 개량·개간, 일반농사와 조림, 공사채·주식·토지·가옥의 취득·매매와 임대차, 창고업, 각 업무에 관련된 부대사업이었다. 창립 초기 학파농장의 자산은 1.256,116원이었는데, 1936년 6월에 1,353,483원, 1939년 6월 1,843,400원, 1942년 6월 2,570,187원으로 계속 증가했다. 자산증가의 동력은 조선총독부의 토지개량사업에 대한 저리자금 지원과 금융기관의 부동산금융을 활용한 간척사업 그리고 토지매매에 따른 토지집적과 확대였다.

1932년 6월 현준호는 비옥한 충적토 간사지인 전라남도 영암군 미암면 춘동리와 호포리의 매립면허권을 유경근(劉景根, 1926년 9월 조선총독부로부터 매립권을 획득)으로부터 매입하여 간척공사에 착수하였다. 1934년 11월 공사를 완료하고, 약 100정보 가량을 개답

하였다. 총공사비 193,726원 가운데 88,594원(48%)이 조선총독부의 토지개량사업 보조금이었고, 65,000원(34%)은 동양척식주식회사로부터 저리의 장기연부상환으로 대출받았다. 공사에 실제 투자된 자기자본은 총공사비의 20%에 해당하는 40,132원에 불과했다. 1935년 농사비와 생활비 대여를 조건으로 이민농 20호를 모집하고 농장의 엄격한 감독 속에서 첫 벼농사를 실시하였다. 600여 석을 추수했으며, 회사는 순수익으로 200여 석을 올렸다. 이후 연간 소작료는 계속 증가했는데, 1936년 33,962근(斤)에서 1939년 156,382근으로 4.6배 이상 늘어났다. 이 간척지는 해방 후 농지개혁으로 3,672.2석을 보상받고 농민들에게 분배되었다. 또한 1935년에는 인접한 미암면 신포리 공유수면(27,792평) 매립면허권도 획득하여 1936년 5월 말 방조제 저수지 등 일체 공사를 완성하였다. 1940년 4월에는 군서면 서호리·양장리·모정리·서학림리의 공유수면매립면허를 받아 간척사업에 들어갔다. 난항 끝에 제1기 방조제 공사를 마쳤지만 더 이상 진척되지 못했다. 1944년 7월 초 자금압박 끝에 2,802,502평의 매립권을 동양척식주식회사에 양도하였다. 해방 후 현준호의 3남 현영원이 6억 8천여만 원을 투입하여 간척사업을 재개하여 완공하였다.

학파농장은 부동산을 담보로 한 동척의 차입금으로 토지를 간척 또는 구매하거나, 유가증권을 구입하고 이를 담보로 다시 동척으로부터 차입하여 토지에 재투자하는 방식으로 사업자본의 유동성을 확보하였다. 이 과정에서 현준호는 금융기관으로부터 최저가 대출금리, 특별할인 적용, 수수료 면제, 동일담보의 재대출 같은 금융특혜를 최대한 이끌어내었다. 특히 1935년에는 개인사업자의 자격으로 조선총독부의 토지개량자금 23,250원을 4.7%의 저금리로 대출받았는데, 이 금액은 동년도 조선총독부가 책정한 토지개량자금 총액 74,600원 중 31%에 해당하는 큰 규모였다. 이러한 금융적 수완은 일제하 호남 제일류의 자본가로서 그리고 중추원 참의를 지낸 현준호의 정치적 사회경제적 지위를 최대한 활용한 식리활동이었다.

이렇게 확보한 농지는 소작제 농장경영을 통해 토지수익의 극대화를 추구하였다. 농장조직을 농장→ 농장직원(농업기사)→ 소작인조합 총대→ 소작인으로 이어지는 관리감독체계로 구축하고, 모든 영농과정에서 소작인을 일사분란하게 장악해갔다. 종래 마름을 폐지하고 각 부락마다 소작인조합을 만들고, 소작인 총대(總代)가 농장과 긴밀한 연계아래 소작인에 대한 각종 농사개량을 지도 실천해갔다. 농업기사를 채용하고 2정보 규모의 시험답을 마련하여 농장토질에 맞도록 품종개량에 힘썼다. 다른 농장과 달리 소작인들에게 긴보우즈(銀坊主)를 위시한 일본 벼 종자와 화학비료를 무이자로 대부해줌으로써 농사개량의 효율성을 높였다. 1934~1942년 사이 평균수익률이 10.4%였는데, 당시 시중보통은행의 정기예금 금리가 연 4%에의 2배 이상이었다. 이러한 토지자산을 배경으로 현준호는 호남은행장·전남도시제사·동아고무공업·영암운수창고·경성방직 및 조선생명보험의 중역으로, 중추원 참의·부협의 등을 역임하였다.

[참고어] 동태적 지주, 소작인조합, 간척,산미증식계획

[참고문헌] 오미일, 2009,「일제시가 호남재벌 玄俊鎬의 鶴坡農場과 자본축적 시스템」『한국민족문화』25 〈이수일〉

한광전(閑曠田) 한광지. 또는 해서(海西) 지역에서 가경전(加耕田)을 이르던 용어.

일반적으로는 아직 개간하지 않은 토지인 한광지를 지칭한다. 그러나 해서지방에서의 가경전에 대한 별칭으로도 쓰였다. 가경전은 새로 개간하여 경작하고 있으나 아직 양안(量案)에는 올라 있지 않은 논밭이다. 즉 양전을 통해 원전(元田)이 확정된 이후에 추가로 경작된 토지이다. 통상의 경우 가경전은 양안에 '가(加)'자 등을 첨부하여 추가로 기록했다가, 양전 시에 이를 추가하여 새로이 성책하는 것이 법규였다. 그러나 해서지방의 가경전은 따로 성책(成冊)하고 수보(修報)했으며, 그 명칭도 한광전이라 했다.(帳外新起者, 謂之加耕田. <隨起收稅, 而海西則稱以閑曠田, 別件成冊修報.>[『만기요람』「재용」2, 양전])

[참고어] 가경전, 무주한광지

한국농업경영론(韓國農業經營論) 1904년 일본 농학박사 깃카와 스케테루(吉川祐輝)가 저술한 한국농업에 관한 책.

1903년 말 깃카와 스케테루는 평안남도 이남과 서해안 일대의 주요 지역을 돌면서 한국농업에 대한 전반적인 조사와 관찰을 실시하였다. 다음해 대일본농회에서 그가 시찰하면서 파악한 내용을『한국농업경영론』으로 출간하였다. 러일전쟁 직전 일본에서는 한국척식침략 여론이 고조되었고, 척지식민(拓地殖民)을 위한 한국조사와 연구도 활발하게 이루어지고 있었다. 이 책도

일본인의 한국농업이민과 투자를 촉진하기 위한 조사 안내서의 일종으로 간행되었다. 책의 서론에서 깃카와는 일제의 한국척식침략을 정당화하는 '일본적 오리엔탈리즘(Japan's Orientalism)'을 노골적으로 드러내었다. "한국에는 지식도 자력도 없기에……여러 문명사업의 개발과 진보를 한국인에게 도저히 기대할 수 없"으며, "일본을 기다릴 수밖에 없는 것은 실로 자연의 세(勢)"라고 했다. 그런 전제 아래 서론에서 한국의 면적, 인구, 의식주생활, 사회적 기질, 교육, 위생, 정치, 재외국인의 규모와 사업, 한국장래에 대해 약술했으며, 제2장에서 지질·토양·경작지·하천·기후 등 한국농업의 자연적 환경과 상태를 설명하였다. 제3장에서는 한국농업의 위치와 생산력수준, 지역별 지가와 소작관행, 농업노동력의 존재양상을 자세히 서술했고, 제4장에서는 벼농사와 각종 식용작물·공예작물·담배·인삼·원예식물·농기구·축산에 대한 조사내용을 담고 있다. 제5장에서는 한국척식침략을 추진하는 일본인의 입장에서 한국농업의 진흥책을 거론하고 있으며, 토지구입 방법이나 농업경영의 주요 근거지 그리고 미곡 이외의 농산물생산에 대해서도 자세하게 언급하였다.

[참고어] 청한실업관, 만한이민집중론, 동양척식주식회사

[참고문헌] 권태억 외, 2007, 『서울대학교 중앙도서관 고문헌자료실 소장 경제문고 해제집』, 서울대학교 출판부 ; 함동주, 2009, 「1900년대 초 일본의 조선 관련 서적출판과 '식민지 조선상'」 『동북아역사재단 연구총서 41 : 근현대 일본의 한국 인식』, 동북아역사재단 〈이봉규〉

한국농업론(韓國農業論) 일본 농상무성 기사인 가토 마쓰에로(加藤末郎)가 1904년에 간행한 책.

일본은 정부 차원에서 농상무성 기사인 가토와 도쿄농과대학 교수인 사고 쓰네아키(酒勾常明) 등을 파견하여 한국의 산업을 조사하여 보고하도록 하였다. 가토는 1898~1904년 동안 4차례나 한국을 시찰하였는데, 1900년까지 시찰한 결과는 정리하여 『한국출장복명서(韓國出張復命書)』(1901)를 작성하여 제출하였고, 이후 답사 결과를 보완하여 『한국농업론(韓國農業論)』(1904)을 간행하였다. 가토는 이 책의 서론에서 '한국은 면적에 비해 인구가 희소하고, 기후 풍토가 일본과 비슷하기 때문에 일본 이민지로서 최적지'라고 평가하면서 일본인의 한국 이민을 적극 권장하였다. 그는 조선으로의 일본인 이민을 권장할 목적으로 이 책을 편찬하였다.

[참고어] 동양척식주식회사 이민사업

[참고문헌] 김용섭, 1992, 「일제의 초기 농업식민책과 지주제」 『한국근현대농업사연구』, 일조각 ; 최원규, 1993, 「日帝의 初期 韓國植民策과 日本人 '農業移民'」 『동방학지』 77·78·79 〈이영학〉

한국민주당의 토지강령(韓國民主黨의 土地綱領) 해방직후 한국민주당이 유상매수·유상분배 원칙에 입각하여 제시한 토지문제해결의 기본 입장.

1945년 9월 김성수·송진우·장덕수 등 우익인사들은 완벽 무결한 자주독립국가의 건설과 대중본위의 민주주의 실현이라는 기치 하에 우익민족진영을 총망라한 한국민주당을 창당하였다. 창당 초기 토지문제에 대한 한국민주당의 입장은 '토지제도의 합리적 재편성'(1945년 9월 창당선언문)이나 '토지사유의 극도 제한과 농민본위의 경작권 균등 확립, 농업경영의 자주적 협동조합화'(1946년 2월 정책세목)같은 지주제의 제도적 개선에 초점을 두었다. 1946년 1월 한국민주당 선전부장 함상훈이 '대지주는 그 토지를 국가에 매각하여 기업가로서 진출할 기회를 주고, 국유지는 소작인과 고용농부들에게 경작권을 부여하여 소작료를 1/3정도로 납입하도록 한다'는 안을 발표하여 유상매각의 방법으로 지주제를 폐기할 용의를 밝혔다. 이후 한국민주당은 1946년 9월 당 대의원대회와 10월 「좌우합작위원회의 토지정책에 대한 비판」에서 유상매수·유상분배안을 당의 기본방침으로 확정한 위에 자작자농의 원칙에 의한 경작농민에게 농지재분배, 체감법에 의한 매상가격 사정, 장기연부 방식에 의한 농민의 국가에의 변납, 재분배한 토지의 겸병 방지 등 구체적 사항을 제시하였다. 1947년 7월 미소공동위원회에 제출한 「임시정부 수립에 관한 답신안」에서 지주층의 적산불하 참여보장을 첨가하여 유상매수·유상분배에 의한 지주자본의 산업자본의 전환을 도모하고자 했다. 한국민주당은 지주층의 이익을 최대한 보장하는 가운데 좌익 측의 무상몰수·무상분배의 평민적 토지개혁 요구나 좌우합작파의 유상매수·무상분배의 토지개혁안에 반대하면서 철저하게 유상매입 유상분배의 '자본주의 농지개혁'을 추구하였다.

[참고어] 농지개혁, 농지개혁법, 조선공산당의 토지강령, 좌우합작위원회의 토지강령

[참고문헌] 김성호 외, 1989, 『농지개혁연구』, 한국농촌경제연구원 ; 김성보, 2001, 「입법과 실행과정을 통해 본 남한 농지개혁의 성격」 『농지개혁 연구』, 연세대학교 출판부 〈하유식〉

한국삼림조사서(韓國森林調査書) 일제가 한국 산림을 압록강, 북한, 남한의 3지구로 나누어 조사한 결과 보고서.

일제는 1900년대 초부터 여러 차례 산림조사를 실시하여 한국의 산림자원 수탈과 일본 이민을 위한 자료를 제공했다. 이 가운데 한국삼림조사서는 일본 농상무성 산림국 기사였던 나가타 마사요시(永田正吉), 니시다 마타후타(西田又二), 미치이에 미츠유키(道家忠之)가 1905년 7월부터 11월까지 4개월 동안 한국산림 전체를 압록강, 북한, 남한의 3지구로 나누어 조사하고 그 결과를 보고한 기록이다. 남한삼림조사서와 북한삼림조사서로 구성되어 있다.

남한조사보고서에는 한국의 임정 전반에 관한 내용과 남한지역 임야 상태, 임야황폐의 원인과 결과, 한국에서의 목재신탄 수급상황 등이 보고되었다. 북한삼림보고서에서는 북한 삼림의 현황을 간략하게 조사 보고한 뒤 대부분 압록강 유역 삼림벌목사업의 상황을 조사하였다. 이 지역 삼림벌목사업의 계획을 살피면서 벌목사업을 관업사업으로 해야 하는 이유와 실시방법, 시행구역, 판매방법까지 다루고 있으며, 압록강 두만강 유역 산림개발의 필요성에 주목하였다.

이 조사서는 특히 한국 산림이 황폐하다는 점을 강조하였다. 원인으로 제도 문물의 폐지, 전역(戰役)의 관계, 지세와 인구의 관계, 일본에 의한 운송기관의 발달 및 그에 필요한 수많은 목재사용, 일본인의 이주증가, 한인생활상태의 관계 등을 열거하였는데, 일본이민에 미치는 영향과 개선방안에 대해 비교적 자세하게 기록하였다. 개선방안으로 일본과 한국 정부의 역할을 촉구하였다. 일본 정부가 정비할 사항으로는 첫째, 일본인 밀집지역의 영림, 둘째 임산물 궁핍 구제를 들었다. 한국 정부는 첫째, 공유산에 대한 부분림 설성과 식림지 대부 허가, 둘째 삼림보호, 셋째 조림장려지도, 넷째 삼림교육 및 사상 보급을 개선해 줄 것을 건의하였다.

이 조사서는 러일전쟁으로 패권을 잡은 일제가 한국 지배를 본격화하는 가운데 이제까지 산림자원에 대한 실태파악 차원에서 나아가 산림자원을 개발과 경영의 대상으로 파악한, 앞으로 시행될 산림정책을 염두에 둔 전국적 기초조사였다. 여기서 건의된 주요 제안들은 1908년 삼림법에 반영되었다.

[참고어] 삼림법, 국유삼림산야부분림규칙

[참고문헌] 農商務省, 1905,『韓國森林調査書』; 강영심, 1998,「일제의 한국삼림수탈과 한국인의 저항」, 이화여대 박사학위논문 ; 이우연, 2010,『한국의 산림 소유제도와 정책의 역사, 1600~1987』, 일조각 ; 강정원, 2014,「한말 일제의 산림조사와 삼림법 성격」『한국근현대사연구』 70집, 한국근현대사학회 〈강정원〉

한국중앙농회(韓國中央農會) 일제가 대한(對韓) 농업정책 보조기관으로써 한국의 농사개량을 목적으로 1906년 11월 인천에 조직한 민간 농업단체.

러일전쟁을 전후하여 일본은 농사개량사업을 수행할 농업단체의 필요성을 인식하였다. 그리하여 일본영사관 주재지를 중심으로 일본인 곡물상과 농업 경영자들의 권익을 도모하기 위한 농사조합·토지조합을 조직할 것을 지도했다. 이리하여 1902년 목포흥농협회, 1905년 군산토지연합조합·부산농업조합 등이 설립되었으며 1906년에는 목포농회와 대구농회가 설립되었다. 이때 '농회'라는 명칭의 일본인 농업단체가 나타난다. 이에 한국인 농업분야의 관리들이 중심이 되어 1906년 농사개량과 농민보호를 목적으로 대한농회를 결성하자, 한국 내에 거주하는 일본인 농상공부 관리·권업모범장 직원·농림학교 교원·곡물 무역상 및 농업경영자 등은 같은 해 11월 인천에서 민간 농업단체인 한국중앙농회를 조직하였다. 한국중앙농회의 설립목적은 ① 한국 농업의 진흥·개량 방안 강구 ② 일본인 농업 이민의 장려 ③ 한국 농업의 현상 조사 등 이 시기 일제가 시행하고자 했던 대한 농업정책을 실제로 추진해 나가는 것이었다.

한국중앙농회의 설립주체는 한국에서 농업과 곡물 무역에 종사하는 일본인이며, 설립목적은 농업개량·발달의 도모였다. 중앙본회와 지방지회의 계통적 조직체계를 마련하여 운영하였다. 출범 당시에는 중앙본회만 설립되었으며 회원은 명예회원, 찬조회원, 특별회원, 통상회원 등 4종류가 있었나. 중앙본회의 임원은 회두 1명, 부회두 1명, 이사 1명, 평의원 10명으로 일본인만으로 구성되었으며 농업 전문가인 농예위원을 두어 보조적인 역할을 하도록 하였다. 하지만 한국중앙농회는 일본인만의 조직체계로 한국의 농업구조와 농촌질서를 변화시키는 데는 한계가 있어 1907년 10월 제1회 총회에서 규약을 개정, 한국인 농림업종사자의 입회를 허용하였다. 1908년 1월 삼랑진지회를 시작으로 지방지회도 조직하기 시작했다. 1909년 함경남북도와 충청남도, 강원도를 제외한 13개 지역에 지회가 설치되었다. 지방지회의 임원은 지회장 1명, 상의원·간사 약간명, 사무원으로 구성되었다. 중앙본회는 통감부의 식민농정을 수립 전파하는 데 기여하였으며, 지방지회는 농정수립 자료를 공급하고 구체적으로 실행해나갔다. 한국중앙농회의 가장 중요한 활동은 『한국중앙농회보』의 발행을 통한 농사개량의 홍보·선전 활동이었다. 1906년 12월부터 부정기로 발행하였으며 1908년 1월부터 월간으로 정기 간행하기 시작하였는데 이는 회비 및 농상공부의 보조금으로 이루어졌다.

일제의 대한농업정책 수행의 보조기관으로 출발한 한국중앙농회는 중앙본회와 지방지회의 결성을 통해 전국적 조직망을 확보하였다. 이 조직을 바탕으로 한말에 이미 한국의 농업경영을 장악하기 위한 조사기관, 홍보·선전의 보조기관으로 기능하면서 일제 농업정책을 대행하기도 했다. 한국중앙농회는 일제의 강점에 따라 1910년 9월 조선농회로 개편되었다.

[참고어] 권업모범장, 조선농회

[참고문헌] 『한국중앙농회보』; 『조선농회보』; 김용달, 2003, 『일제의 농업정책과 조선농회』, 혜안 〈고나은〉

한국지(韓國誌) 러시아가 1900년 한반도에 대한 세력 확장을 위한 정책자료로 활용하기 위해 조사 연구하여 발행한 책.

제정 러시아는 1895년 삼국개입 이래 각 분야에 걸쳐 한반도에 본격적으로 진출하기 시작했고, 자기 세력 확장을 위한 조사 연구를 바탕으로 정책자료로 활용하기 위해 1900년 『한국지』를 발행했다. 러시아는 1884년 한러통상조약을 체결한 후, 한국의 정치 경제 역사연구에 힘을 기울이기 시작하였다. 한국을 연구하기 위한 조직적인 노력은 청일전쟁과 러일전쟁을 전후해서 크게 고조되었다. 이 시기 외국인들에 의해 한국에 관한 논문, 보도문, 기행문, 저서 등이 상당수 발간되었는데, 러시아는 이들을 수집 정리하였을 뿐 아니라, 러시아인이 작성한 학술서, 답사 보고서 등도 모두 모아 정리하여 이 책을 발간한 것이다.

책의 내용은 다음과 같다. 한국사, 한국지리, 한국의 지질, 한국의 기후 및 식물과 동물, 한국의 행정구역, 한국의 도로와 교통수단, 한국의 인구 및 한국인의 생활상, 한국의 종교, 한국의 언어 및 교육, 한국의 산업, 한국의 상업, 한국의 행정제도 및 사법제도, 한국의 군대, 한국의 재정 등을 압축적으로 정리하였다.

[참고어] 한국농업경영론

[참고문헌] 홍웅호, 2010, 「근대한러관계연구 : 아관파천과 한러관계의 진전 ; 철도부설권과 러시아의 동아시아 정책」 『사림』 42 ; 이왕무, 2014, 「고종대 한러관계의 구축과 『俄國輿地圖』의 제작」 『한국학논총』 42 〈이영학〉

한국토지농산조사보고(韓國土地農産調査報告) 일본 정부가 러일전쟁 중에 장래 한국을 지배하기 위한 기초 조사사업의 일환으로 한국 농업을 종합적으로 조사하여 1906년 5책의 방대한 분량으로 발간한 책.

일본 정부 차원에서 한국 농업을 종합적으로 조사하여 1906년에 5책의 방대한 분량으로 발간한 책이다. 일본 정부는 1904년 3월 한국농사조사위원회를 설치하고 총 7명(농사시험장과 농상무성의 기사, 도쿄제대 교수)으로 구성된 조사위원단을 한국에 파견하는 계획을 세우고, 그해 말부터 실행에 옮겨 한국의 농업을 종합적으로 조사하였다. 특히 나카무라(中村彦 : 한국 농업에 관한 조사)와 혼다 고노스케(本田幸介 : 초대 권업모범장)는 한국 농정에 깊숙이 관여하여 일본 농업방식을 조선에 심는 데 크게 기여하였다. 당시 조사지역과 조사위원, 조사일 조사분량은 다음 표와 같다.

『한국토지농산조사보고』의 조사 내용

책수	조사대상지		조사기간	조사자	
				농산	토지
1	함경도	183	1905(수개월)	本田幸介	鴨下松次郎
	(부)간도	13		原凞	
2	평안도	198	1905.4(수개월)	本田幸介	鈴木重禮
3	황해도	196	1905.4(수개월)	原凞	
4	강원도	747	1905(3-11월)	中村彦	小林房次郎
	경기도				
	충청도				
5	경상도	566	1904.12(수개월)	有働良夫	三成文一郎
	전라도				
	(부)노상개관	90		有働良夫	染谷亮作 松岡長藏

토지농산조사위원단은 토지반과 농산반으로 나누어 조사를 실시하였다. 조사내용은 다음과 같다. ① 기후와 토지이다. 지리, 지질 및 토성, 경지와 미경지, 산악과 삼림, 하천 등의 면적과 분포를 조사하였다. ② 농민 주민과 농민의 호구, 농민의 종류, 농가호당 인구 및 노동자, 노동과정, 생계(의식주, 연료, 사교, 생계비, 습속, 저축과 부채), 교육 등을 조사했다. ③ 농업에 관한 제도로 구체적인 조사내용은 정치와 농민, 토지제도(토지소속, 전제, 소유권 및 이전 수용, 관가의 부책), 조세, 도량형 등이다. ④ 수송과 교통일반으로 도로와 항만을 조사했다. ⑤ 농업 경영실태로 경지, 관개배수, 노동력(노동자, 고용 노임, 공동노동), 농업 자본(농가, 농구, 역축, 비료, 종자, 사료), 금융(통화

대부차용 금리), 농업조직과 농가연중행사, 소작제도, 농산의 생산(작물, 가축, 누에, 양봉, 부산물), 농산의 판매(시장, 가격, 수출), 농가의 이익 등이다. ⑥ 일본인의 경영실태를, ⑦ 농업에 관한 단체 등을 조사했다. 이 조사는 한국에 대한 경제침탈과 식민지지배를 위한 것이기 때문에, 정체적이고 부정적 관점의 서술이 적지 않았다. 그리고 짧은 조사기일로 내용의 정확성에서도 자료의 한계가 적지 않지만 농업전반에 관한 종합적 조사로 당시 농업실태에 관한 많은 정보를 제공해 주고 있다.

[참고어] 권업모범장

[참고문헌] 농촌진흥청, 2009,『한국토지농산조사보고(함경도 평안도 황해도)』; 구자옥 외, 2010,「혼다 고노스케(本田幸介)와 『한국토지농산조사보고(韓國土地農産調査報告)』, 1904~1905」『농업사연구』 18

〈이영학〉

한국흥농주식회사(韓國興農株式會社) 1906년 9월 일본 오이타현(大分縣)에서 한국에 대한 농업경영과 식민사업을 추진하기 위해 설립한 농업회사.

러일전쟁에서 일본이 승리하자, '척식사업으로 한국강점을 완결하자'는 침략적 여론 속에서 일본 사회 전반에 한국 식민사업에 대한 관심과 투자열기가 고조되었다. 일본 각 부현의 지방 유력자들은 농업회사나 농업조합을 설립하여 한국 척식사업에 나섰다. 이들은 시찰단을 한국에 파견하여 한국 농업사정을 조사하고 이를 기초로 농업이민과 농사경영을 체계적으로 수행하고자 했다.

1906년 오이타현의 지주 상공인 실업자들은 자본금 30.5만 원(불입자본금 7만 5천원)으로 한국흥농주식회사를 조직하여 한국 농업척식사업에 뛰어들었다. 본사를 오이타현 우사군(宇佐郡)에 두고, 전라남도 남평군 어천면 나주평야 일대에 논 17.5정보, 밭 28.5정보, 황무지 10.2정보, 산림 17.6정보를 매수하였다. 회사직영의 종묘장을 마련하여 현지에 적합한 일본 벼 품종을 한국인 소작인들에게 배부하여 일본식 농업이식에 주력하였다. 1910년까지 오이타현으로부터 매년 현비 600원을 보조받았다. 농업기술자 1명을 상주시켜 오이타현 이주농민의 한국 이민정착에 각종 편의와 도움을 제공해주는 조건이었다.

[참고어] 나가노현 한농조합, 후쿠오카현 농사장려조합, 오카야마현 한국농업장려조합

[참고문헌] 農商務省農務局, 1910,『朝鮮農業概說』

한국흥업주식회사(韓國興業株式會社) ⇒ 조선흥업주식회사

한성개잔권(漢城開棧權) ⇒ 개잔권-한성

한악(韓鄂) 당말(唐末)·오대(五代) 사람으로 월령식(月令式) 농업 전문 저서인『사시찬요(四時纂要)』의 저자.

이름을 한악(韓諤)이라고도 하며, 그의 경력은 알려진 것이 별로 없다. 다만 그가 저술한『사시찬요』의 서(序)에『위씨월록(韋氏月錄)』의 글을 채록하고 있는데, 이 글이 위생규(韋生規)가 편찬한『보생월록(保生月錄)』에 나타난 것이어서 이보다 이후인 당말·오대의 사람으로 추정되고 있다.

그의 활동상황을 알 수 있는 자료로는 저서『사시찬요』를 들 수 있다.『사시찬요』는 996년(송 태종 21, 至道 2)에 발간된 것이 가장 오래된 것으로 파악되지만 전하는 것은 없고,『구당서(舊唐書)』 경적지(經籍志)에는 보이지 않으나『신당서(新唐書)』 예문지(藝文志)에는 5권 본으로,『송사(宋史)』 예문지에는 10권 본으로 되어 있으며 모두 농가류(農家類)로 분류되고 있다. 즉 한악은 당나라 및 송나라에서 중시했던 농업관련 도서를 편찬한 사람이었다. 특히『송회요집고(宋會要輯稿)』 식화(食貨) 농전잡록(農田雜錄)에는 1020년(송 진종 23, 天禧 4)에 이주로(利州路) 전운사(轉運使) 이방(李昉)이 올린 상주문(上奏文)에서『제민요술(齊民要術)』과『사시찬요』 두 책을 발간하여 반포하였다고 하므로 송나라 초기까지도 그의 저서가 널리 유전되고 있었음을 알 수 있다. 하지만 남송(南宋) 이후에는 소장한 서목(書目)에서나 보이는 희귀서가 되었다.

한악은『사시찬요』를 월별로 점복(占卜), 시령(時令), 금기(禁忌), 농사, 양축(養畜), 가공(加工), 잡사(雜事)의 순으로 기재하고, 끝에 가서 월령(月令)에 위배했을 때 어떤 재화(災禍)를 입는가를 적고 있다. 무엇보다『범승지서(氾勝之書)』,『사민월령(四民月令)』,『제민요술(齊民要術)』,『산거요술(山居要術)』,『보생월록(保生月錄)』,『지리경(地利經)』 등 그동안 잃어버린 많은 농서를 파악하고 일부를 저술에 담고 있어 그 가치가 크며, 특히 농업생산, 농업 부산물의 가공, 농가의 일상생활에 필요한 각 방면의 지식을 광범위하게 수록하고 있다. 한악의 저술은 북위의『제민요술』에서 송의 진부가 편찬한『농서』에 이르는 기간까지의 공백을 메우고 있다. 농업기술상에서 중요한 위치를 차지하고 있으며,

당과 오대의 사회경제사, 그리고 경제사상에서도 중요한 자료를 제공하고 있다. 다만 결점으로는 다소 미신적인 내용이 상당량을 차지하고 있는데, 이러한 내용은 당시의 민속사를 이해하는 데 중요한 역할을 하고 있다.

뿐만 아니라 한악은 『사시찬요』에서 토지 관련 사항으로 실제로 흙을 다루는 치전법(治田法)과 시비법(施肥法)을 다루고 있다. 예를 들어 조선에서 간행한 『사시찬요』의 3월 조항에는 종면목법(種木綿法)이 실려 있는데, 목면전에서 종자에 따라 흙을 어떻게 다루고 시비를 어떻게 줄 것인지 조목조목 거론하고 있다. 목면은 뿌리가 단순하고 곧기 때문에 조금만 바람이나 이슬이 있어도 뿌리를 내리지 못한다는 농학적 지식을 바탕으로 형성되었고, 목면의 시비로는 파종 후에 우분(牛糞)으로 파종한 곳만 집중 시비하라고 하고 있다. 식물에 따라 시비를 만드는 법도 다르고 시기와 기술도 달라서 상당히 깊은 지식을 바탕으로 한 것이다.

한악이 우리나라에 알려진 것은 그의 저서 『사시찬요』가 『농상집요(農桑輯要)』와 함께 조선 초에 자주 인용되었기 때문이다. 조선 정부는 농업장려정책을 추진하는 가운데 필요한 자료로서 『사시찬요』를 직접 발간할 정도로 매우 중시하였다. 현재 전하는 『사시찬요』는 바로 조선에서 발간한 조선중각본이다. 이것은 1960년 일본에서 발견되었는데, 1590년(선조 23)에 울산에 있던 경상좌병영(慶尙左兵營)의 좌병마절도사(左兵馬節度使) 박선(朴宣)이 간행한 것이었다. 박선의 발문에 의하면 996년 9월 15일 시원길(施元吉)이 글자를 새긴 항주반가(杭州潘家)의 가각본(家刻本)을 저본으로 하였다고 한다. 조선 초기 문헌에 인용된 『사시찬요』는 현존 조선중각본과 일치하고 있다. 따라서 항주반가의 가각본이 조선사회에서 관청이나 민간에서도 널리 유포되고 있었음을 알 수 있다. 조선 후기에도 『사시찬요초』를 『찬요』라 하며 곧잘 인용할 정도로 상당한 영향력을 갖고 있었다.

일본에서 발견된 『사시찬요』는 1961년 일본의 산본서점(山本書店)에서 영인하였고, 중국에서는 1981년 농업출판사에서 영인하였다.

[참고어] 사시찬요, 사민월령

[참고문헌] 閔成基, 1988, 「『四時纂要』의 種木綿法과 朝鮮棉作法」 『조선농업사연구』, 일조각 ; 金榮鎭, 1985, 「'四時纂要抄'와 '四時纂要'의 比較硏究」 『농촌경제』 8권 1호 ; 金容燮, 1988, 「『農事直說』과 『四時纂要』의 木綿耕種法 증보」 『동방학지』 57, 연세대 국학연구원 ; 金容燮, 1988, 「『農家集成』의 편찬과 그 농업론」 『조선 후기 농업사연구』, 일조각 ; 廉定燮, 1998, 「영농기술의 발달과 농촌경제의 변화」 『한국사 30 조선 중기의 정치와 경제』, 국사편찬위원회

〈강은경〉

한인전(閑人田) 고려시기 한인(閑人)에게 지급하였던 토지.

기록상 처음으로 그의 지급이 확인되는 것은 1034년(덕종 3) 4월에 양반(兩班) 및 군·한인전시과(軍閑人田柴科)의 개정(改定)을 단행하였던 조치였다. 하지만 이때 구체적인 지급 액수에 관한 기록이 나오지 않았다. 따라서 나눠주었다는 사실은 확인되었으나 그 밖의 내용에 대해서는 자세한 것을 알기 어렵게 되어 있다. 다만 '한인'이라고 불리는 층이 1034년 이전에 형성되었던 것은 확실했다. 한인이 구체적으로 어떠한 존재였는가에 대해서는 지금까지도 다양한 설이 제기되었다. 동시에 무슨 이유로 토지를 지급해주었는지에 대해서도 마찬가지로 여러 견해들이 병존한다. 어느 정도 의견 일치가 되고 있는 부분은 충군(充軍), 즉 군인으로 충당되는 유력한 층이었다는 점이다. 유사시에는 군인으로 징발되어 병력에 충당되는 것 때문에 국가에서 전시과 제도에 입각하여 토지를 지급하였던 것으로 추측하고 있다.

한편 원래 충군 대상에 속했으나 과거에 응시하기 위해 공부하는 학생들은 일단 복무하는 것에서 제외시켰다. 그런데 1076년(문종 30) 12월에 내린 판(判)에 따르면, "나라 제도에 제술·명경·명법·명서·산업 출신에게는 초년에 토지를 지급하는 데 갑과에게는 20결을, 그 나머지 사람들에게는 17결을 준다.(國制, 製述·明經·明法·明書·算業出身, 初年給田, 甲科二十結, 其餘十七結.[『고려사』 권74, 선거지2 과목 2 문종 30년 12월])"고 했다. 이로써 과거에 합격하면 토지를 받을 수 있었다는 사실이 확인된다. 만약 급제하지 못했다면 어떻게 되었는지는 명확하지 않으나 군대에 가야 했을 것이다.

그런데 '한인'이란 사전적인 의미로는 한가(閑暇)하고 일 없는 사람을 가리킨다. 글자 뜻대로 지냈는지는 확인되지 않으나 관리의 대기자 및 후보생들인 과거 합격자들과 마찬가지로 토지를 주었다는 것은 사회적인 위치가 서로 비슷했음을 의미했다. 이런 점을 고려했을 때 한인전은 일단 대기자, 후보자 등을 조성하기 위해 설치했던 것으로 이해된다. 즉 관료나 군인을 망라하고 대기자, 후보자들에게 토지를 나눠주어서 보충하는데 따른 문제가 생기지 않도록 조치했다.

1076년 양반전시과(兩班田柴科)를 경정(更定)하면서 제18과로 전(田) 17결을 잡류(雜類)와 함께 지급하도록 규정했다. 이때 군인의 경우에는 마군은 제15과 전 25결을, 역군(役軍)과 보군은 제16과 전 22결을, 감문군(監門軍)은 제17과로 전 20결을 주도록 했었다. 한인은 군인의 최하 등급이었던 감문군의 바로 아래 위치했다. 이 점을 중시하여 한인은 유사시 군인을 보충하는 계층이었으며 그 대가로 전시과를 지급받았을 것이라는 주장이 제출되기도 했다.

실제로 한인들을 군인으로 동원하는 데 따른 추가 부담이 그렇게 큰 편은 아니었다. 부족한 액수만큼만 더 보태서 채워주면 되는 것이었다. 물론 상황에 따라서는 극히 어려울 수도 있겠으나 제도상으로는 그렇게 힘든 일은 아니었다. 따라서 언제든지 한인을 징집하는 것이 가능했기 때문에 만약의 급박한 사태를 만났을 때라도 병력의 신속한 보충은 그렇게 어려운 문제는 아니었다. 다만 그것은 한인에 대한 관리가 철저하게 시행되고 있음을 전제로 하는 이야기다.

그러나 관련 기록이 상당히 부족하기 때문에 내용이나 경영 방식 등에 대해 여전히 상세한 것은 파악하기 어렵다. 1388년(창왕 즉위)에 올린 조준(趙浚) 등의 제1차 전제 개혁(田制改革)에 관한 상소에서 언급했던 것을 통해 어느 정도 짐작할 수 있을 뿐이다. 이는 곧, "이 뒤로부터 한인·공음·투화·입진·가급·보급·등과·별사의 명목이 대대로 더욱 늘어나서 토지를 관장하는 관리가 번거로움을 감당하지 못하게 되었습니다. 토지를 주고 거두는 법이 점차 해이해져서 간사하고 교활한 무리가 이 틈을 타 기만하고 은폐함이 끝이 없었습니다. 이미 벼슬한 자와 혼인한 자도 여전히 한인전을 받고, 군에 들어가지도 않은 자가 군전을 받으며, 아비는 숨기고 감추어서 사사로이 자식에게 주고 자식은 몰래 도둑질하여 관에 반납하지 않았습니다. 이미 역분전을 받았으면서 한인전을 받기도 하고 또 군전을 받았습니다. 지급하고 돌려받는 관리는 이미 현직으로 관에 있어 역분전을 받아야 될 사람인지, 벼슬하지 않고 혼인하지 않아 한인전을 받아야 될 사람인지, 자신이 과연 부병인지, 아버지가 과연 진변에 들어가 방수하였는지, 그 할아버지가 과연 왕의 교화로 인해 다른 나라로부터 내부하였는지를 묻지 않았습니다.(自是以來, 閑人·功蔭·投化·入鎭·加給·補給·登科·別賜之名, 代有增益, 掌田之官, 不堪煩瑣. 授田收田之法, 漸致隳弛, 奸猾乘間, 欺蔽無窮. 已仕已嫁者, 尙食閑人之田, 不踐行伍者, 冒受軍田, 父匿挾而私授其子, 子隱盜而不還於公, 旣食役分, 又食閑人, 又食軍田. 授受之官, 不問其已見任在官, 而當食役分者耶, 未仕未嫁, 當食閑人者耶, 其身果府兵歟, 其父果入戍於鎭邊歟, 其祖果自異國而來投王化歟.[『고려사』 권78, 「식화지」1 전제 우왕 14년 7월])"라고 하였다. 이것으로 한인전의 내용과 성격에 관해 어느 정도 짐작할 수 있다.

위에 제시된 조준 등의 상소에서 한인전은 원칙적으로 벼슬하거나 혼인한 사람에게는 주어지지 않았음을 알 수 있다. 아울러 군전을 받는 사람도 제외되었다. 후자의 경우에는 매우 당연한 조치였다. 그들에게는 군전을 지급했을 것이었기 때문이다. 한편 전자에 대해 벼슬하는 사람에게는 주어지지 않았다는 것은 충분히 이해된다. 제수되는 벼슬의 지위에 따라 등급에 맞게 전시과를 분급했을 것이다. 그러나 혼인하면 받을 수 없다는 점은 쉽게 납득되지 않는다. 반드시 혼인하지 않은 자에게만 주어졌다면 이는 국가에서 특별히 생계를 보장해 주어야 할 대상자임에 틀림없다. 그렇다면 구분전(口分田)의 지급을 통해 해결할 수 있었음에도 불구하고 굳이 한인전을 별도로 설치해서 분급하였던 이유가 문제가 된다.

그런데 구분전은 노병(老兵)을 필두로 해서 사망한 군인의 처, 6품 이하 관리의 과부와 5품 이상의 부모가 모두 사망하고 출가하지 않은 여자에게 지급하였다. 여기서 사망한 5품 이상 관리의 아직 출가하지 못한 여자에게 지급했다는 점을 주목할 필요가 있다. 만약 여자가 출가하면 구분전은 반납되어야 했다. 마찬가지로 한인전을 받았던 사람도 혼인하게 되면 국가에 그 땅을 귀속시켜야 했다. 이런 사실을 염두에 두었을 때 한인전과 구분전의 관계가 새삼스럽게 주목된다.

대개 구분전은 은퇴해야 하거나 과부 및 부모가 사망한 관리의 여자 등으로 역의 부담에서 일단 제외된 층에게 지급되었다. 반면에 한인전을 받았던 자들은 군인 등으로 신속하게 징집되는 대상에 속하였다. 제외되는 층에 속하기보다 대기자 행렬에 편성되었다고 할 수 있다. 그런 점에서 차이가 있었다. 혼인할 정도로 성숙했다면 군인으로 복무해도 큰 지장이 없을 것이다. 마침내 군인이 된다면 자연스럽게 전에 받았던 한인전을 군인전으로 바꾸면 되었다. 만약 토지 액수에서 차이가 난다면 그만큼 국가에서 추가로 지급해주면 되었다. 이런 추론을 통해 장차 군인이 되어야 하지만 아직 연령이라든가 기타 다른 연유로 인해 징집되지 않은 채 국가로부터 생계를 보장받아야 했던 특별한

층을 대상으로 지급되었을 것으로 간주할 수도 있다.

그러나 여전히 관련 자료의 부족 등으로 충분하게 확인되지 않는 면이 많기 때문에 연구자 사이에 의견의 차이가 크다. 현재로서는 좀 더 보강된 고찰이 필요하다.

한인에 대해서는 일찍이 일제하 백남운(白南雲)의 연구로부터 시작하여 현재에 이르기까지 여러 다양한 견해들이 제시되었다. 그런데 한인전의 지급 문제와 관련해서는 우선 이우성(李佑成)의 입장이 주목된다. 직역(職役)에 대한 일반적인 급부(給付)가 아니라며 벼슬하지 않고 혼인하지 않은 한인에게 지급되었다는 점을 일단 전제로 했다. 그리고 1047년(문종 1)에 제정된 구분전에서 6품 이하 관리의 자식과 자손에 대한 규정이 빠져 있다는 사실에 착안해서 바로 그들을 대상으로 주어졌다고 논증했다. 복잡한 추론 과정을 거쳐 1047년(문종 1) 구분전 조문의 문제점을 찾아내는 한편, 이를 5품 이상의 관료에게 특혜 조치로 지급하였다는 공음전시(功蔭田柴)와 대비시켰다. 이로써 5품 이상에게는 공음전시의 지급을 통해, 6품 이하의 경우에는 구분전, 즉 한인전을 주어서 그들의 신분에 대한 일정한 뒷받침을 해주었다고 했다.

이에 의거해서 한인이란 6품 이하의 관리의 자녀, 즉 음직(蔭職)과 공음전시법의 혜택을 받지 못하는 자녀라고 파악했다. 하지만 문제는 공음전시에서 가장 낮았던 5품에게 전지(田地) 15결, 시지(柴地) 5결로 총 20결을 지급했다는 점이다. 오히려 한인전은 전지만 17결을 줌으로써 시지를 제외하면 공음전시의 5품 보다 좋은 조건일 수가 있었다. 더불어 공음전시는 1품부터 5품까지 차등을 두었는데, 한인전은 6품 이하가 모두 동일한 액수를 지급받는 것으로 되었다. 과연 이것이 제도상으로 타당한 것인가에 대해서 많은 논란이 제기될 수밖에 없었다.

이에 대한 전면적 비판은 박창희(朴菖熙)에 의해 시도되었다. 자신의 독특한 입장을 제시하지 않으면서 이우성의 설이 지닌 문제점을 상세하게 지적하였다. 먼저 한인전이 직역에 대한 일반적인 급부가 아닐 가능성이 높다는 주장을 정면으로 반박하면서 오히려 특수 직역으로 보는 것이 타당하다는 견해를 제시하였다. 즉 양반에게는 역분전이, 군인에게는 군전이 있는 것처럼 한인에게 한인전이 있었다고 보아야 한다는 것이다. 따라서 공음전시와 동질이라고 파악하는 것은 비합리적이며, 그러므로 고려의 관직 세습을 위한 물질적 보장이라는 주장은 어느 면에서도 입증될 수 없다고 했다.

또한 한인은 벼슬하지도 않고 혼인하지 않은 자일 수는 없으며, 6품 이하 관리의 자녀도 아니라고 했다. 오히려 자녀를 둔 사람일 가능성이 짙으며 남성에게 한한다고 했다. 이처럼 이우성의 설이 지닌 문제점을 상세하게 비판했던 점은 나름의 의미가 있으나, 자신의 구체적인 견해를 적극적으로 개진하지 못했던 한계가 있다.

한편 강진철(姜晋哲)은 기본적으로 이우성의 입장에 동의하였다. 그런데 성질이나 경영이 양반전과 비슷했을 것으로 짐작이 되나 입증할 사료가 없어서 확실한 것은 전혀 알 수가 없다고 했다. 다만 양반전과 같이 지급받은 자가 사망하면 국가에 귀속하는 토지였는데, 그런 점에서 공음전시와 차이가 있다고 했다. 이는 5품 이상의 관리와 6품 이하의 자들에 대한 국가적 대우의 차별에서 연유하는 것으로 보았다.

반면에 한인전의 지급이 특혜에 속하기 보다 넓은 범위에서 직역을 수행하기 위한 것으로 보려는 견해가 문철영(文喆永)에 의해 본격적으로 제출되었다. 먼저 한인은 실직(實職)이 없이 동정직(同正職)을 제수받아 처음부터 산직 체계(散職體系) 속에 대기[閑]해 있는 관인을 범칭하는 것으로 파악하였다. 즉 고려 초기 지방세력의 흡수 및 집권적 관료체제의 정비 과정 속에서 형성된 일군의 관인층이라는 것이다. 이들은 과거나 음서 등을 통해 동정직에 처음으로 올라 관인층의 자격을 취득했다. 그리고 실직에 임명되기까지의 기간 동안 구체적인 직사가 없는 관인, 즉 한인으로 규정되어 최소한의 경제적 보장으로서 한인전을 분급받았다고 했다.

실직으로 나갈 수도 있겠지만 사정이 여의치 못할 경우에는 군역에도 충당되었다. 하지만 한인전은 군역의 반대급부인 것이 아니라 동정직에 대한 반대급부라고 했다. 그럼에도 전시과에서는 양반전·군인전과 동질적이었다. 다시 말해 직역을 매개로 국가로부터 수조지를 분급받았다는 것이다.

이렇듯 한인전을 둘러싸고 연구자들 사이에서 여러모로 입장이 다른 견해들이 제출되었다. 이는 단지 그에 국한된 것이라기보다 토지제도 전반, 나아가 사회성격의 파악과도 관련해서 나왔기 때문에 조속하게 결론을 내리는 것이 결코 쉽지 않다.

[참고어] 전시과, 구분전, 양반전

[참고문헌] 李佑成, 1962, 「閑人 白丁의 新解釋」『歷史學報』 19 ; 朴菖熙, 1976, 「閑人田論에 대한 再檢討」『梨花女大論叢』 27 ; 姜晋哲, 1980, 『高麗土地制度史硏究』, 高麗大學校出版部 ; 文喆永, 1988, 「高麗時代의 閑人과 閑人田」『韓國史論』 18, 서울대 國史學科 ; 李景植, 2011, 『韓國中世土地制度史(高麗)』, 서울대학교출판문화원

〈윤훈표〉

한재(旱災) 가뭄으로 인한 재해(災害)를 말하며, 자연적 재해의 하나로 충재(虫災)가 뒤따랐고 농업사회에서는 반드시 흉황(凶荒)과 기근을 초래했던 자연현상.

재해는 자연적인 것과 인위적인 것으로 나뉘는데, 한재는 수재(水災)·풍재(風災)·충재·화재(火災)·질역(疾疫) 등과 함께 자연적 재해로서 사람의 능력으로 막기 어려운 대상이었다. 특히 한재는 많은 기민(饑民)을 발생시켜 많은 사람들이 고향을 떠나 떠돌며 걸인이 되기도 하고, 굶주림에 시달리다 질병에 걸리거나 죽기도 하였다. 따라서 국가의 적극적인 진휼정책이 필요하였고, 고대 이후 정부의 관심이 집중된 분야였다.

무엇보다 당시 사람들은 한재를 우연한 자연현상이 아니라 정치의 잘잘못을 지적하기 위하여 하늘이 내리는 재이(災異)로 이해하였다. 조선사회에서는 원망의 기운이 생겨 하늘이 비를 주지 않는다는 원기론(寃氣論)과 국왕이 잘못을 범하여 하늘이 책망하는 뜻으로 비를 주지 않는다는 천견론(天譴論)도 등장하였다. 한재를 만나면 정부의 가장 시급한 정책은 기우제였다.

특히 제천의례는 유구한 역사 속에서 유지된 국가제사였다. 고려 성종 때부터 하늘에 제사를 지내는 원단(圓壇)을 설치하고 기우제를 확립하였으며, 조선에서도 이를 계승하였으나 조선의 왕이 직접 하늘에 제사를 지내는 것은 옳지 않다는 유학자들의 비판이 거세지자 세종 대 이후 중지되었다. 고대부터 지속된 기우제는 도교·무속·유교 등 다양한 요소가 있었지만 조선시기에는 유교적인 것만 남았다. 1704년(숙종 30)의 기우제는 조선 후기의 전형으로 조선이 망할 때까지 지속되었다.

기우제와 아울러 보다 실질적인 대책도 필요하였다. 조선시기에는 진대(賑貸)·진휼(賑恤)·시식(施食)·구료(救療)·상장(喪葬) 등을 비롯해서 응급적인 특별대책으로 양곡절약, 진곡보충, 노역중단, 구황식물비축 등이 이루어졌다. 금주령이나 연회의 중단, 녹봉의 감소 등을 통해 곡식을 적극 확보하는 한편, 노역을 중단하거나 학생들을 방학시키는 것도 한 방편이 되었다. 무엇보다 각 지방 손실경차관은 기근에 대비하여 상수리와 도토리, 황각, 팥잎과 콩잎 등 모든 초목·뿌리·꽃잎·해초 등을 채취, 비축하도록 하였다.

국가의 관심은 『조선왕조실록』에도 꼼꼼한 기록으로 나타나서 1392년부터 1527년까지 135년 동안 자연이상 현상이 총 8천회가 넘는데 한재 관련은 214회에 이른다. 초기 10명의 왕 중 가뭄에서 자유로웠던 사람은 세조와 연산군뿐이었다. 세조는 재위 14년 중 4년 동안, 연산군은 재위 12년 중 5년 동안 가뭄이 없었다. 세종은 재위 32년 중 단 1년만 가뭄이 없었고, 성종은 재위 25년 중 2년만 가뭄이 없었다.

과학과 문화가 꽃피던 세종 때에도 한재를 피할 길은 없었다. 1418년(세종 즉위)에는 충청도에, 1420년에는 전라도에 한재가 집중되었으며 1422년(세종 4)에는 충청·강원·경기·전라·평안·황해·함길·경상도 등 거의 전국적으로 한재가 일어났다. 이듬해 1423년에도 함길·평안·경상·강원·경기·충청·황해도 및 개성에 한재가 발생하였다. 따라서 비를 비는 기우제가 발달할 수밖에 없었으며, 한재에 대한 정부의 대처는 꾸준히 이루어졌다.

자연 재해는 해마다 연속적으로 또는 간헐적으로 발생하기도 했고, 때로는 전국적으로 또는 지역적으로 일어나기도 했다. 그에 따라 사회적 영향에도 차이가 있었다. 한재가 일어나면 대개 쌀과 콩 등 가을 곡식이 익지 않으므로 다음 해에 기민이 발생하였다. 1418년의 수재와 한재로 이듬해에 기민이 186,000여 명이었고, 특히 한재가 발생한 충청도의 기민은 전체에서 60%나 되어 120,249명이었다. 이는 수재지역인 경기도·황해도·강원도보다 훨씬 많았다. 즉 한재가 수재보다 피해가 훨씬 컸다. 그에 비하여 1422년의 한재로 발생한 기민이 59,000명이었는데, 전국적인 피해에도 불구하고 주로 보리류의 여름 곡식에 영향을 끼쳐서 피해가 가벼웠다.

조선 후기에는 재해가 더욱 악화되었는데 특히 한재가 심했던 것 같다. 1636년(인조 14)부터 1889년(고종 26)까지 『기우제등록』이 별도로 있을 정도였다. 비교적 번성기에 속하는 영조 대도 예외는 아니었다. 1733년(영조 9)에 충청도와 경상도에 한재로 연인원 40만 명의 기민과 13,000여 명의 아사자가 발생하였고, 1763년(영조 39)에는 호남지방에서 50만 명에 가까운 기민이 발생하였다. 한재에는 전염병이 뒤따라 발생하여 피해를 심화시켰다. 18세기 전반은 전염병이 특히 맹위를 떨쳤는데, 1744년(영조 20)에는 전염병으로 인한

사망자가 6~7만 명이었고, 1749년에는 50~60만명이 전염병으로 죽었다. 심지어 1743년에는 기민들이 서로 잡아먹는 사건이 발생하였다.

자연적 재해도 민중이 동요하는 주요한 요인이 되고 있었다. 자연적 재해는 지배층에 대한 불신을 촉진하는 계기가 되었으며, 재해를 수습하는 과정에서 지배층의 무능이 여지없이 드러나기도 하였다.

[참고어] 급재, 수리, 농경의례, 기곡제의

[참고문헌] 李相培, 2000, 「18~19세기 自然災害와 그 대책에 관한 연구」『국사관논총』 89, 국사편찬위원회 ; 오인택, 2007, 「숙종대 국행 기우제에 나타난 한재 대응방식의 정치성」『역사학연구』 29, 호남사학회 ; 이석규, 2009, 「조선 명종대의 求言과 민본이념의 변질」『조선시대사학보』 51 〈강은경〉

한전(旱田) 밭. 물을 대지 않고 채소나 곡류 등을 경작하는 땅.

육전(陸田)이라고도 하며, 수전(水田)인 답(畓)과 대비되어 전(田)이라고도 한다. 물이 고이지 않는 경지로 초지(草地)나 목야(牧野)가 있으나, 재배 작물의 용도가 이들과 다르다. 인류가 작물을 재배하기 시작한 때부터 기원하는데, 우리나라에서는 화전(火田)으로부터 시작되어 휴한전(休閑田)을 거쳐 15세기에 들어와 지력이 증대되어 숙전화(熟田化) 되었다. 크게 포지(圃地)와 원지(園地)로 분류하는데, 밭이라고 하면 보통 포지를 의미하며 전지(田地)라 할 때에도 포지를 말하는 것이 보통이다. 일반적으로 1년생 또는 월년생(越年生)의 초본작물이 재배되며, 작물의 종류가 변동되기 쉽다. 한편 원지는 과수원·뽕밭·다원(茶園) 등이 대표적으로, 영년생(永年生) 목본작물이 주로 재배되었다. 조선시기 양전에서는 토지의 사용상황에 따라 대(垈), 전, 건전(乾田), 답 등으로 구분했는데, 특히 전은 작물의 종류에 따라 갈대밭[蘆田], 왕골밭[莞田], 닥나무밭[楮田], 대나무밭[竹田], 옻나무밭[漆田] 등으로 세분화했다. 이러한 방식은 일제하 토지조사사업에서도 동일했지만, 여타의 원지와는 달리 대나무밭[竹田]은 임야로 편입되었다.

『농사직설(農事直說)』에 나타난 한전 작물에는 기장[黍]·조[粟]·피[稷]·보리[大麥]·밀[小麥]·콩[大豆]·팥[小豆]·메밀[蕎麥]·마(麻)·깨[胡麻] 등이 있었다. 조선 후기 한전은 1년 2작 또는 2년 3작이 가능하였는데, 맥류와 여러 작물을 적절히 조합하여 윤작함으로써 가능한 것이었다. 경작법에는 근경법(根耕法, 그루갈이)과 간종법(間種法, 사이짓기)이 있었는데, 그 중 간종법은 중국에서는 일반화되지 않았던 것으로 조선의 특징적인 농법이라 할 수 있다.

밭에 곡물을 파종하기 전에 땅을 고르는 작업[整地]을 하는데, 보통 두 번에 걸쳐 쟁기질[犁耕]을 했다. 이때 시비를 하는데 주로 한전 초경(初耕)에는 초분(草糞)을 주었다. 특히 척박하고 메마른 밭의 경우에는 녹비(綠肥)라 하여, 녹두 등을 파종하였다가 무성해지면 그대로 갈아엎어 토지를 비옥하게 하였다.[『농사직설』「묘분(苗糞)」녹비(綠肥)] 보통 1차 기경은 가을에 하고 2차 기경은 봄에 하지만 작물에 따라 달라지며, 1차 기경은 깊게 2차 기경은 얕게 하며 이때 함께 파종한다.

밭을 기경할 때에는 두 가지 방법이 있는데 하나는 평면으로 고르는 것이고, 다른 하나는 이랑[畝]을 만들고 이랑 사이를 두는 것이다. 이랑과 이랑의 사이의 공간은 고랑[畎·溝]과는 다른 개념으로, 지력의 회복을 위한 휴경지와 같은 곳이었다.

『농사직설(農事直說)』에 의하면 서속(黍粟)의 경종법은 첫째, 서속을 무(畝)위에 파종하며 잡종으로 과종(科種 : 두둑에 구덩이를 만들고 그 속에 씨를 넣어 심는 방법) 혹은 점종(點種)하는 방법이 있다. 이것을 농종법(壟種法)이라 한다. 둘째, 맥전(麥田)에서 맥이 자라고 있을 때 이랑 사이에 파종하는 방법이 있다. 이것을 간종법이라 한다. 셋째, 늦게 심고 일찍 자라는 조(粟)의 경우 치전(治田)하지 않고 이랑과 고랑을 만들지 않은 만전(縵田)에 파종하는 것이다. 조와 비슷한 곡식으로 피(稷)가 있는데 그 경종법은 조와 비슷하지만 농종을 하기도 하고 이랑 사이에 파종하기도 하였다.

대소맥(大小麥)은 추맥(秋麥)이 중심이 되고 있으며, 경종법은 농지에 따라 달리하고 있다. 먼저 맥근전(麥根田 : 맥을 경작한 전토)의 경우 5, 6월에 1차 기경하고, 8, 9월 재경하고 파종하는데 추위를 막기 위해 비교적 두텁게 흙을 덮는다. 밭은 이랑(畝)와 이랑사이로 정리하고 맥은 평평한 이랑 위에 대두(大豆)와 같이 과종으로 심었다. 다음으로 서(黍)·두(豆)·속(粟)·목맥(木麥) 근전(根田)의 경우 기장(黍)·콩(豆)·조(粟)·메밀(木麥) 등을 추수하기 전에 미리 풀을 베어 밭두둑에 쌓아 두었다가 추수가 끝나면 치전 없이 이를 이랑 위에 두텁게 깔고 불에 태우고 그 위에 바로 대·소맥을 파종하고[擲種, 척종], 재가 흩어지기 전에 갈아엎어 기경하고 복토한다.[覆種] 풀을 준비 못했을 경우 거름을 하였다. 이 경우 1, 2차 기경은 하지 않으며, 척종하고 기경 복토하는 것으로 보면 만전(縵田)에 만파(漫播)하는 조방적인 방법이었다. 이 방법 역시 이랑 위에 파종하는 농종법과 흡사한 것이었다. 마지막으로 휴경시키고 있던 이랑사이에 재배하는 경우인데, 대두전(大豆田) 사이에 추맥(秋麥)을 심었던 기록이 있다. 이 방법은 이랑 사이에다 봄에 미리 녹두나 참깨[胡麻]를 심어 5, 6월에 무성해지면 그대로 갈아엎어 시비가 되게 한 후 그것이 부식되기를 기다려 맥을 하종하는 방법이었다. 이 경우도 이랑 위에 과종하였다. 대두는 조나 맥과 마찬가지로 이랑 위에 과종하였다. 산도(山稻)는 벼만을 기르기도 하고 피나 팥[小豆]을 섞어서 기르기도 하였는데 이 경우도 이랑 위에 과종·점종하는 방법을 사용하였다.

조선 후기 견종법(畎種法)의 보급은 곧 생산력 증진으로 이어졌다. 견종법은 밭에 고랑과 이랑으로 만들고 곡물을 밭고랑에 파종하는 농법이었다. 조와 맥 등의 주곡을 중심으로 발전되었다. 이러한 변화는 농학의 발달과 농서의 보급이 큰 몫을 하였다. 허균의 『한정록(閑情錄)』(1618)에서는 한전맥작의 만종·견종을 권하고 있으며, 『농가월령(農家月令)』에서는 견종법을 '골고리' 농법으로 소개하고 있다. 이후 다른 농서들에서도 이들을 그대로 따르고 있다.

농민들은 국가와 농학자들의 장려를 바탕으로 농지를 고랑과 이랑으로 만들고, 이랑사이를 고랑으로 만들어 파종하는 방법으로 전환했다. 즉 그동안 이랑에 파종하던 농종법을 고랑에 파종하는 견종법으로 바꾸게 되었다. 또한 우리나라는 그동안 이랑이 고랑보다 3배 이상 넓은 만전(縵田)에 가까운 밭의 모양을 하고 있었으므로, 이를 개선하여 정리하게 되었다.

한전의 경우 대부분의 토지에서 이모작을 시행하고 있었다. 조선 전기까지의 이모작의 관행은 이랑과 이랑사이의 경계를 규정지을 수 없게 토지를 활용하는 것이었다. 그러므로 조선 후기 농법의 전환은 농법뿐만 아니라 토지의 형태 변화는 물론 농기구의 변화도 가져오게 하였다. 특히 조선 후기 한전에서 쇄토용 농기구인 써레의 사용이 사라지게 되었다. 한전의 이모작을 위한 간종법의 농법 또한 밭을 최대한 활용하는 것이었으므로, 소가 끌며 밭을 망치는 농기구들은 사용할 수 없게 되었기 때문이다.

견종법의 장점은 노동력이 덜 들고 수확량이 많다는 것이었는데, 이것은 농업에 있어 가장 중요한 목표였으므로 농민들은 점차 이 방법을 선호하게 되었다. 그러나 이러한 농법은 특히 부농층이 주된 역할을 하였는데, 이것은 새로이 농지를 정리해야 했으므로 거기에 필요한 많은 자본이 요구되었기 때문이다. 조선 후기 견종법의 보급은 생산력 증가를 가져와 한전 작물의 상업화에 한 몫을 하였다.

[참고어] 농종법, 간종법, 견종법, 이모작, 답중종모법, 수전

[참고문헌] 김용섭, 2006, 『朝鮮後期農業史研究 II』, 지식산업사 ; 염정섭, 2002, 『조선시대 농법 발달 연구』, 태학사 〈윤석호〉

한전론(限田論) 토지 소유 및 경작의 면적을 제한하자는 토지개혁론.

16세기 초 토지의 집중을 억제하기 위해 유옥(柳沃, 1487~1519) 등이 제기했으며, 중종 대에는 부분적으로 실시되기도 했으나 실효를 거두지 못했다. 조선 후기 실학자들 사이에서 한전론이 다시 거론되었는데, 대표적인 인물이 이익(李瀷, 1681~1763)이다. 이익의 한전론은 균전(均田) 즉 토지소유의 균등을 최종목표로 설정한 주장이었다. 그의 전제개혁론은 「균전론(均田論)」이라는 논설에서 찾아볼 수 있는데, 제목에 달려 있는 균전의 명칭과 달리 실제 내용은 한전법(限田法)으로 일정 규모 이상 농토를 소유하지 못하게 하는 것이었다. 그는 영업전(永業田)의 매매를 금지하면, 점차 토지를 많이 갖고 있는 부자의 토지가 자녀들에게 분산되어 자연히 균전의 규모를 이룰 수 있을 것이라고 주장하였다.

이익은 나라 안의 토지를 대부분 호세(豪勢) 계층이 차지하고 있고 백성들은 송곳 꽂을 땅도 없는 현실하에서 자신의 한전론을 제안하였다. 그는 특히 조선의 전세제도가 너무나 관대한데 송곳 꽂을 땅도 없는 무전(無田) 농민은 그로부터 어떠한 이득도 얻을 수 없다는 점을 지적하였다. 전제(田制)와 세제(稅制)가 얽혀있는 점을 지적한 것이었다. 이익은 토지국유의 원칙을 토지제도의 기본으로 삼았는데 전주는 국가의 토지를 일시적으로 빌린 것이며, 소유권을 가진 것은 아니라고 보았다. 따라서 그는 토지의 사점(私占)을 원칙적으로 배격하고 토지에 대한 절대적 처분권 및 관리권은 국가에 귀속시켜 소규모 토지를 소유한 전주들의 몰락을 방지하려고 하였다.

그는 먼저 영업전을 100무(畝)로 제한하는 것을 주장하였다. 나라에서 1호에 소요되는 기준량을 작정하여 토지면적을 제한하여 영업전으로 삼게 하였다. 그는 기준량으로 제한하려는 영업전의 면적을 대체로 100무로 정해놓고 있었다. 하지만 현재 그 영업전의 기준량보다 많이 가지고 있는 자에게 넘치는 부분을 빼앗지도

않고, 또한 기준에 미치지 못한 자에게 더 많은 토지를 나누어 주는 것도 아니었다. 균전으로 나아가는 방안에 대해 이익은 정해진 영업전 이외는 매매를 자유롭게 허락하는 것을 제시하였다.

제한된 영업전 이외의 전지에 대해서는 제한 없이 자유매매를 허락하는 것은 곧 제한된 영업전은 매매를 허락하지 않는다는 의미였다. 토지매매의 허가 여부는 전적으로 영업전 여부에 달려 있었다. 이러한 매매원칙은 부귀자(富貴者)의 현실적인 세력을 전적으로 무시하고서는 전제를 개편할 수 없다는 입장에서 나온 것이었다. 이익의 입장에서 영업전을 농민들이 확보하고 있으면 겸병이 불가능하기 때문에 전지가 많은 부호일지라도 세월이 지나면서 여러 아들에게 분점되고, 불초자(不肖子)의 파락(破落)으로 말미암아 여러 세대를 지나지 않아서 평민과 균등하게 될 것이라 파악하고 있었다.

영업전의 매매를 불허하고, 이를 어길 경우 크게 처벌하도록 방침을 세워두고 있었다. 대개 전지를 파는 자는 반드시 빈민이므로 빈민으로 하여금 전지를 팔지 못하게 하면 매자가 드물어져서 겸병이 덜해질 것이며, 빈민이 혹 지력이 있으면 전지를 얻을 수 있어서 촌척의 전지가 쌓이게 될 것이고, 이와 같이 빈민의 토지매매가 없어지면 전지 균점의 상태로 이끌어 갈 수 있을 것이라고 생각하였다. 또한 당연히 전토의 매매는 관에 보고하여 허락을 얻는 과정을 거쳐야 했다. 즉 모든 토지매매는 관에 보고하여야 하며, 관에서 전안에 기록한 후 문권을 만들어 주게 했다. 관의 인문(印文)이 없는 것은 토지매매의 법적보증이 되지 못하게 하며 소송도 허락하지 않는다는 것이다. 이익은 이와 같은 전제의 정비를 위해서는 근본적으로 양전(量田)을 철저히 해야 한다고 지적하였다.

한편 박지원(朴趾源, 1737~1805)은 1798년(정조 22) 『과농소초(課農小抄)』를 정조에게 올리면서 덧붙인 「한민명전의(限民名田議)」에서 한전론을 주장하였다. 당시 충청도 면천(沔川) 군수로서 2년여를 보낸 박지원은 자신의 수령 경험과 농민경제를 관찰한 견문을 통해서 토지소유에 대한 개혁론을 제기하였다. 그것은 조선 후기 토지개혁론의 흐름 속에서 나온 것이지만, 토지소유 개혁론 제시의 전제로써 농업기술의 구체적인 개혁안을 서술하고 있다는 점은 보다 현실적인 방안이라고 할 것이다. 예컨대 그는 "귀척들이 싫어하기는 정전법이나 한점법이나 마찬가지입니다. 유자가 천하 국가를 위한 계책을 생각할 때, 마땅히 그 계책이 옛 성왕의 그것에 비추어 타당한가 그렇지 않은가를 따져야 할 것이요, 그것이 시행될 것인가 시행되지 않을 것인가를 다시 살펴가면서 그런 구차한 견해를 내놓아서는 안 됩니다.(貴戚之所惡者, 井田與限占一也. 儒者之爲天下國家, 當論其術之與聖王合不合, 不當復衈其行與不行, 而姑爲此苟且之說也.[『과농소초』 「한민명전의」])"라고 했다.

박지원이 검토한 이상적인 토지제도는 정전제(井田制)이지만, 정전제를 갑자기 실현하기 어려우므로 토지소유의 상한을 정하여 점진적으로 정전(井田)의 실질적인 내용을 현실화시키자는 방안으로 한전론을 주장하고 있었다. 박지원은 먼저 자신이 수령으로 있던 면천군의 경우를 예로 삼아 군의 전체 토지면적과 호구수를 계산하고 있다. 그런데 박지원은 1호에 5구는 되어야 분전(糞田)하고 힘써 일하여 농사를 지을 수 있다고 전제하여 임의로 13,508구를 5구씩 분배하여 2,701호를 가상으로 전제한다. 그리고 이 2,701호에 시기전(時起田) 2,824결 92부를 고르게 나누어주는 것으로 계산하였다. 그런데 위와 같이 군내에 거주하는 사대부 등에게는 후하게 대우하지 않을 수 없기 때문에 평민들이 균배받아야 할 전토가 1결(結)에 미치지 못할 것이라고 설명하고 있다. 즉 박지원은 신분적인 차별을 인정한 상태에서 토지의 분배를 실행할 것을 자신의 입장으로 삼고 있었다.

박지원의 토지소유 개혁론을 담고 있는 글의 제목에 나오는 '한민명전(限民名田)'이라는 구절 자체는 중국 한대(漢代)의 동중서(董仲舒)의 언급에 등장하는 것이다. 이 구절은 민(民)의 명전(名田)를 제한해야 한다는 주장으로 토지소유 규모의 제한을 요구하는 한전론을 가리키는 말이었다.

박지원이 제안한 한전론의 주요한 틀은 토지소유의 상한선을 설정하고 현재의 소유 상황을 인정한 상태에서 장차 그 이상의 소유를 금지하여 점차 균등한 토지소유를 성립시키려는 것이었다. 토지를 겸병한 자라 하더라도 점차 자손들이 나누어 분산시켜 나가게 되면 균등한 면적을 가지게 될 것이고, 만약 은밀히 금령을 어기는 경우에는 해당 토지를 관에서 몰수하는 방식으로 실행하면 수십 년이 지나지 않아 나라 안의 토지가 모두 균등하게 나누어질 것이라고 하였다. 그런데 「한민명전의」에서 토지분배는 사대부에게 혜택을 더 주어야 할 것이라고 지적하고 있다는 점에서 당시 신분제 현실을 그대로 긍정하는 모습이 엿보인다.

18세기에 이익과 박지원이 주장한 한전론은 백성들

이 토지를 소유하지 못하고 부호들에게 토지가 집중되는 농업현실을 개혁하려는 토지개혁론이었다. 영업전을 100무로 제한하자는 주장이나, 1호의 토지를 1결 내외로 한정하자는 주장 등은 현실적인 토지개혁론으로서 의의를 갖고 있었다. 이익이 주장한 것처럼 영업전을 농민들이 확보하고 있으면 토지를 많이 소유한 부호일지라도 세월이 지나면서 토지가 분할되지 않을 수 없었다. 마찬가지로 박지원도 토지소유의 상한선을 설정하면 현재 토지를 대규모로 겸병한 자라 하더라도 점차 자손들이 나누어 분산시키게 되면서 균등한 토지소유가 이루어질 것이라고 주장하였다. 이러한 측면에서 한전론이 현실적인 개혁론이 될 수 있었지만 가장 커다란 문제는 그러한 토지소유의 규모를 제한할 수 있는 조선 정부의 의지와 구체적인 실천방법을 마련하기 힘들다는 점이라 할 수 있다.

[참고어] 정전론, 대전론

[참고문헌] 愼鏞廈, 1986,「星湖 李瀷과 燕巖 朴趾源의 限田制 土地改革 思想」『李元淳敎授 華甲紀念 史學論叢』, 교학사 ; 金容燮, 1990,「朝鮮後期 土地改革論의 推移」『증보판 조선후기농업사연구』 II, 일조각 〈염정섭〉

한정록(閑情錄) 1610년 허균(許筠)이 중국의 여러 책에서 은둔과 한적(閑適)에 관한 내용을 모아 엮은 책.

허균(1569~1618)의 본관은 양천(陽川)이고, 자는 단보(端甫), 호는 교산(蛟山)·학산(鶴山)·성소(惺所)·백월거사(白月居士)이다. 아버지는 허엽(許曄)이고, 어머니는 김광철(金光轍)의 딸이다. 허성(許筬)의 이복동생이며, 허봉(許篈), 허난설헌(許蘭雪軒)과 형제이다. 12세 때에 아버지를 여의고 유성룡(柳成龍)에게 학문을 배웠고, 이달(李達)에게 시를 배웠다. 1594년(선조 27)에 정시문과(庭試文科)에 을과로 급제하고 1597년(선조 30) 문과중시(重試)에서 장원을 했다. 이후 황해도도사(都事), 춘추관기주관(春秋館記注官), 형조정랑, 사예(司藝), 사복시정(司僕寺正), 수안군수(遂安郡守), 첨지중추부사(僉知中樞府事), 형조참의, 좌참찬 등을 역임했다. 그러나 불교 신봉 등의 문제로 여러 차례 탄핵을 받아 파직과 복직을 반복하였다. 1617년(광해군 9) 폐모론을 주장하였으며, 1618년 8월 남대문 격문사건으로 인해 역적으로 능지처참을 당하였다.

허균은 특히 명나라 사신의 영접에서 종사관을 맡아 활약한 바가 많았으며, 1614년에 천추사(千秋使)로, 이듬해에는 동지겸진주부사(冬至兼陳奏副使)로 명나라에 다녀왔다. 이때 학식으로 이름을 떨치고 명나라 학자들과 사귀었으며 천주교 기도문과 지도를 비롯한 많은 책을 가지고 왔다. 허균은 우리나라 최초의 소설인 『홍길동전』의 저자로 유명하며, 유학자로서 불교와 도교뿐만 아니라 서학(西學)에도 관심을 가지고 있었던 것으로 전해진다.

『한정록』은 허균이 은거자의 정신적, 물질적인 생활을 유지할 수 있도록 하기 위해 중국 은거자들에 대한 자료와 농사법에 관한 정보를 채록한 책이다. 원본은 은둔(隱遁)·한적(閑適)·퇴휴(退休)·청사(淸事) 등 4문(門)으로 편집되어 있었는데, 허균의 문집인 『성소부부고(惺所覆瓿藁)』에 실린 한정록의 서문이 1610년에 쓰였음을 볼 때 이때 쓰인 것으로 보인다.

1618년에는 원본의 내용을 증보하여 16문으로 나누고 부록을 더하였는데, 이것이 현존하는 『한정록』이다. 총 17권으로, 각 권은 차례로 은둔, 고일(高逸), 한적, 퇴휴, 유흥, 아치(雅致), 숭검(崇儉), 임탄(任誕), 광회(曠懷), 유사(幽事), 명훈(名訓), 정업(靜業), 현상(玄賞), 청공(淸供), 섭생(攝生), 치농(治農) 등을 담고 있다. 부록에 해당되는 권17에서는 원굉도(袁宏道), 오영야(吳寧野), 진계유(陳繼儒) 등의 저서를 옮겨 적어두었다.

특히 권16의 치농편은 중국의 농서(農書)와 견문을 바탕으로 열여섯 가지로 나누어 채소 가꾸는 법, 양잠(養蠶)·양우(養牛)·양계(養鷄)·양어(養魚) 방법을 직접 설명하고 있어 뒷날 실학자들의 농서에 많은 영향을 주었다. 중국 농서를 발췌한 것이 특징인데, 주요 저본은 명대에 간행된 『도주공치부기서(陶朱公致富奇書)』로, 이는 『농상집요(農桑輯要)』, 『왕정농서(王禎農書)』, 『편민도찬(便民圖纂)』, 『신은(神隱)』 등을 기초로 편찬되었다.

치농편에서는 주곡(主穀) 이외의 작물을 다양하게 소개하였다. 곡류 중에서는 오히려 서속(黍粟)·식(稷)·마(麻) 등의 작물을 제외한 반면, 곡류 외의 채소와 나무에 해당하는 작물, 특히 상품작물을 다양하게 수록하였다. 또한 이들 작물에 대한 재배법을 상세히 다루었는데, 이는 기존의 『농사직설』에 제시된 재배법과 차별되는 면이 많았다.

치농편은 일차적으로는 허균 자신이 정계를 떠나 산림에 은거하면서 농사를 지으며 생계를 이어가려 한 까닭에 쓴 것이었다. 또한 자신과 같이 정치적 문제로 정계에서 물러나는 사대부 계층에게 치농의 방법을 제시하기 위한 것으로도 보인다. 따라서 농업경영의 주체는 사대부 계층으로 설정되어 있으며, 그들의 농업경영은 적극적이되 사대부 계층의 체면을 잃지 않아야 할 것으로 전제하고 있다. 구체적으로는 노비 또는 고공 등의 복종(僕從)을 거느리고 그 일부는 가작(家作)으로서 자경(自耕)하고, 나머지 일부는 전인(佃人)에게 병작(並作)으로 경작을 시키는 방안을 제시하였다. 또한 농업경영의 목표는 치부(致富)로 뚜렷이 설정하였고, 이를 위해 입지 조건인 택지(擇地)와 재력을 강조하였다.

[참고문헌] 김용섭, 2009, 『(신정증보판)조선후기농학사연구』, 지식산업사 〈김미성〉

함화농장(咸和農場) 1926년 9월 김병순(金炳順)이 전라북도 익산군 함라면 와리에 세운 농장.

일찍 남편을 잃고 홀로 된 김병순의 모친이 가산의 기초를 만들었다. 1926년 김병순은 소유농지를 한데 모아 함화농장을 설립하였다. 농장사무소를 호남선이 지나가는 함열역 앞에 두어 미곡 반출을 용이하게 하였다. 주변에 있던 일본인 농장의 영향 때문에 농장으로 개편했지만, 경영방식에는 큰 변화가 없었다. 일본인 농장처럼 품종개량을 강요하거나 소작인 조직을 만들어 관리하지도 않았고, 비료나 농자대부도 시행하지 않았다. 기존의 마름을 농감으로 개칭했지만 지역 인심을 잃지 않는 범위 내에서 농감을 통한 소작인 관리가 이루어졌다. 농감은 마름처럼 소작인 선정과 재계약, 소작료 수납에서 여전히 영향력을 행사하였다. 1929년 현재 15명의 농감을 두었고 소작농민도 1,000여 명에 이르렀다. 김병순은 전북축산주식회사의 임원으로 참여하였지만, 경영에는 관계하지 않았다. 사회활동으로는 면 협의회 의원과 학무위원을 역임했고, 위생조합과 제국군인후원회에 기부를 하기도 했다. 1936년 김병순이 사망하자, 농장은 당시 보성전문학교 영문과 교수였던 큰아들 김해균(金海均)에게 상속되었다. 1950년 농지개혁 당시 농장 소유토지 중 피분배 농지는 200여 정보였다.

〈함화농장의 토지소유 현황(단위: 정보)〉

	1926	1930	1936	1939
논	535.0	535.0	543.0	95.9
밭	5.0	5.0	20.0	13.4
합계	555.0	555.0	563.0	109.3

출처 : 최원규, 2006, 「일제하 한국인 지주의 농장경영과 자본전환」 『일제하 만경강 유역의 사회사』, 혜안, 298쪽.

[참고어] 동태적 지주, 재지지주, 농지개혁, 마름

[참고문헌] 宇津木初三郎, 1928, 『(湖南の寶庫)全羅北道發展史, 一名全北案內』, 文化商會 ; 『동아일보』 1929년 1월 9일 ; 임혜영, 2012, 「일제강점기 전북 익산 함라면의 토지소유 변화」 『전북사학』 41 〈이수일〉

합덕성당농장(合德聖堂農場) 한말 일제시기 충청남도 당진군 합덕면 합덕리에 위치한 합덕성당의 농장.

1896년 합덕성당이 삽교천 하류 합덕리 합덕제 옆에 들어서자, 합덕리 일대는 원래 살던 주민들은 점차 타지로 빠져나가고 외부에서 들어온 다양한 성씨로 구성된 천주교신앙촌으로 변해갔다. 토착대지주나 유력 양반가문의 지배 같은 전통적인 관계가 미약한 대신에 합덕성당이 종교와 토지를 매개로 새로운 지배관계망을 구축해갔다. 한국선교의 최우선 조건으로 재정자립을 강조한 천주교회는 한말 일제시기 당진군에서 약 55만 평의 토지를 소유했는데 그중 합덕성당이 토지 약 15만 평을 매수 관리하였다.

합덕성당은 크램프(Krempff) 신부가 부임한 1909년부터 집중적으로 토지를 매입하였다. 당시는 일제 통감부의 화폐재정정리 사업으로 지방사회에 금융경색과 화폐공황이 발생하고 그로 인해 토지가격이 폭락하던 때였기에 싼 값에 토지를 대규모로 구입할 수 있었다. 1920년대 초까지 합덕성당은 대략 15만 평에 달하는 토지를 매수했고, 이후 페랭(Perrin, 1921~1950년 재직) 신부의 주도로 안정적인 지주경영을 영위해갔다.

〈합덕성당의 토지규모 추이(단위: 평)〉

	1912	1922	1932	1944	1949
논	82,863	95,386	99,248	99,070	97,758
밭	15,010	22,741	22,464	23,588	23,588
대지	8,130	11,520	14,345	14,345	14,345
임야	9,723	10,794	10,794	12,483	12,483
도로	0	12	32	32	32
합계	115,726	140,453	146,883	149,518	148,206

출처 : 김현숙, 2008, 「식민지시대 합덕리의 토지소유관계와 구합덕본당의 농업경영」 『역사와 현실』 67, 296쪽.

합덕성당의 지주경영도 일반 농장의 지배관리구조와 유사한 형태를 취하면서 본당신부의 책임 하에 일사분란하게 운영되었다. 본당신부가 복사와 회장을 통해 토지구입, 제방 및 보의 관리, 소작인의 선정, 소작료의 수취 및 기타 농업경영에 관한 제반 업무를 처리하였다. 성당살림을 관장한 복사가 마름 역할을 했으며, '복사집 머슴 정도는 되어야 소작지를 얻을 수 있다'는 말이 나올 정도로 복사는 상당한 영향력을 발휘하였다. 신자 중 신앙업무를 맡아보던 회장들은 신부나 복사의 요청에 따라 농업경영이나 소작업무에 한시적으로 관여하기도 했으며, 타작할 때는 별도로 타작관을 고용하기도

합덕성당

했다. 소작계약은 구두로 했고, 대체로 5년은 보장받았다. 소작인이 이주하거나 성당에 죄를 짓는 경우가 아니면 소작지는 자식들에게 승계되었다. 소작지는 천주교신자에게 우선적으로 제공되었고, 성당 일에 헌신하거나 신앙심이 깊다고 인정받으면 더 많은 소작지를 얻을 수 있었다. 합덕리로 이주해 오는 농민 다수가 무토지 농민으로 성당이나 부재지주들의 농지에서 소작하거나 머슴으로 고용되는 경우가 대부분이었다. 그런 사정에서 소작지 경쟁이 심해지자, '개똥 논 서마지기 때문에 영세를 받는다'는 말이 생길 정도로 합덕성당은 토지를 매개로 비신자들의 개종과 성당에 대한 복종을 암묵적으로 요구하였다.

합덕성당은 일반 농장처럼 오로지 이윤의 극대화만을 추구하지는 않았지만, 농업생산의 향상에는 꾸준한 관심과 노력을 기울였다. 미곡증산을 위해 녹비의 생산과 시비를 독려했으며, 화학비료의 대금은 성당과 소작인이 반분하였다. 성당은 소작농민들에게 저리로 농사자금도 대부해주었고, 소작료는 수확량의 절반을 받았다. 수취한 소작료는 합덕성당 앞에 있던 두 개의 큰 창고나 현지 창고에 저장하였다. 필요할 때마다 성당에서 운영하는 정미소에서 도정하여 경성교구·용산신학교·합덕성당으로 보내졌다.

1920년대 초반 합덕면 일대 소작쟁의가 빈번하게 일어나고 특히 성당에서 운영하던 학교에 동맹휴학 사태까지 발생하자, 합덕성당은 성당에 반하는 움직임을 원천봉쇄하고 원만한 지주경영을 위해 소작인조합 조직에 나섰다. 1923년 합덕성당과 소작인들은 천주교회소유지소작인상조회(天主敎會所有地小作人相助會[나중에 합덕천주교회유지소작계(合德天主敎會有地小作契)로 개편]를 출범시켜 노자협조·상호연대를 도모해갔다. 상조회-소작계는 성당과 소작인이 공동 출자한 조합기본금의 일부를 조합원에게 저리로 대부해 주었고, 농사개량과 부업도 적극 장려하였다. 영농강화를 실시하고, 다수확의 성적을 올린 조합원에게 상으로 송아지를 주었다. 합덕성당은 종교단체라는 특성상 소작인들에게 소작료를 엄격하게 수취하지는 않았다. 흉년 시 소작료를 면제해주었고 탈곡과정에서 알곡을 몰래 빼돌리는 것도 묵인하였다. 많게는 15가마당 3~4가마 정도를 빼돌릴 수 있었다.

토지소유가 선교의 기반이라 생각했기에 합덕성당은 한번 사면 절대로 팔지 않는다는 신념을 고수했다. 일제시기 14만 평에 달하는 합덕성당의 토지는 1950년대 농지개혁까지 큰 변화 없이 유지되었다. 농지개혁 당시 성당농지는 분배대상에서 제외될 것으로 예상했기에 토지의 사전방매는 없었으며, 농지개혁 결과 합덕성당의 소유지는 56,429평으로 줄었다. 그마저 1972년 대전교구에서 주관 하에 소작인들에게 1평에 쌀 2~3되를 받고 불하하여, 합덕성당의 대토지소유는 완전히 해체되었다.

[참고어] 농지개혁, 동태적 지주, 소작인조합

[참고문헌] 김현숙, 2008,「식민지시대 합덕리의 토지소유관계와 구합덕본당의 농업경영」『역사와 현실』67 〈이수일〉

합복(合卜) 1924~1926년 발생한 암태도 소작쟁의의 결과 지주와 소작인 간에 약정한 소작관행.

암태도는 답 650여 정보, 전 620여 정보가 분포하는 도서지로 지주 약 50여 호 정도인데 대지주 2명이 대부분의 토지를 소유하고 있었다. 암태도 대지주 2명의 소작지에서 시행한 소작관행에 대해 소작인들이 1924~1926년 소작쟁의를 일으켰다. 그 결과 주로 집조소작이 행해지던 암태도의 소작관행은 타조소작으로 바뀌었으며 소작료의 징수는 곡식을 나누어 납부하는 현물납으로 변화하였다. 대부분 답에서 행해졌다. 합복제도는 이전의 집조소작과 달리 세금은 지주가 부담하고, 볏짚은 소작인의 소득으로 하였다. 그러므로 암태도의 합복 관행은 일반 소작에 비해 유리했다. 암태도에서는 지주가 먼저 벼의 수확 1주일 전에 입회일을 통보하면 소작인들은 입회일에 지주가 지정한 장소로 수확물을 직접 운반·보관하였다가 이후 날짜를 정하여 수확물을 두량(斗量)·조제하였다. 이때 소요되는 비용은 소작인이 부담하였으므로 짧은 시일에 완료하고자 했다. 하지만 소작쟁의 이전에는 지주 및 지주대리인 3~4명의 식비와 제반비용을 소작인이 부담하였는데,

그 이후 지주가 소작지에 직접 입회하는 경우 지주가 부담하도록 하였다. 수확물은 지주의 감시 아래 지주 4할, 소작인 5할, 농업장려금 1할(지주 5푼, 소작인 5푼)의 비율로 분배되었다.

이 관행은 소작인들이 쟁의를 통해 얻어낸 결과이므로 소작인에게 이로운 점이 많았다. 하지만 일반적인 타조소작에 비해 단기간에 수확 작업을 마쳐야 하는 어려움이 있었다. 또한 수확된 소작물을 지주와 지주대리인이 두량하는 기간 동안 수확물과 볏짚의 건조가 제대로 되지 않아 품질이 나빠지는 폐해도 있었다. 암태도의 합복 관행은 1920~1930년대에 계속 행해졌다.

[참고어] 집조법, 타조법, 암태도 문씨가 농장

[참고문헌] 조선총독부, 1932, 『朝鮮ノ小作慣行(上)·(下)』; 조선총독부, 1932, 『朝鮮ノ小作慣行 : 時代と慣行』 〈고나은〉

합집(合執) 여러 사람이 나누어 가져야 할 전지나 노비 등의 재산을 한 사람이 모조리 차지하는 것.

전지에 대한 합집의 사례는 충선왕 즉위교서에서 살펴볼 수 있는데, "공신전의 경우……가문[同宗] 내에서 한 호가 합집을 한 것은 족정과 반정을 분별하여 골고루 나누어 주라.(功臣之田……同宗中 若一戶合執者 辨其足丁半丁均給.[『고려사』 권78, 「식화」1 공음전시 충렬왕 24년 정월 충선왕 즉위 하교])"고 했다. 이것으로 보아 가문 일족이 나누지 않고[分執] 한 호가 독점한 것을 합집이라 이해할 수 있다. 조선에서도 합집의 사례는 자주 등장하는데, 대표적인 예로 단종 즉위년 사헌부는 아버지가 죽고 난 후 전지와 노비를 형제들에게 나누지 않고 합집했던 문의현(文義縣)의 김미(金湄)를 국문해서 벌을 주기를 청하기도 했다.(『단종실록』 권4, 즉위년 11월 16일 甲戌)

합집은 대개 재주(財主)로 지목된 이들에 의해 자행되었다. 이들은 노비(奴婢)나 전택(田宅)을 소유한 자가 사망하였을 때 재산을 처리하기 위해 관에서 관리인으로 지정된 사람이었다. 따라서 재주에 의해 자행된 합집은 그 과정에서 관(官)과의 결탁이 개입될 여지가 있었다.

[참고어] 거집, 잉집

[참고문헌] 『고려사』; 金容燮, 1975, 「高麗時期의 量田制」 『東方學志』 16; 李景植, 1991, 「高麗時期의 作丁制와 祖業田」 『李元淳停年紀念論叢』; 李仁在, 1996, 「高麗 中·後期 收租地奪占의 類型과 性格」 『東方學志』 93; 강진철, 1980, 『고려토지제도사 연구』, 일조각; 이경식, 1986, 『조선전기 토지제도 연구』, 일조각 〈이현경〉

항승차(恒升車) ⇒ **수차도설**

항조(抗租) 조선 후기에 소작료를 낮추고 소작조건을 개선하기 위해 벌였던 지주에 대한 소작농민의 항쟁.

항조운동은 토지의 사유화가 진전되고 소작경영 방식이 보급되면서 일찍이 나타났으나 조선 후기에 들어서 특히 활발해졌다. 양란으로 흐트러졌던 기존의 질서가 아직 복구되지 않았지만, 17세기 이후 개량된 농법 발달에 따라 토지생산성이 급격히 향상되기 시작했고 18세기에는 유통경제의 확대를 계기로 사회적 생산력을 전반적으로 높이고 있었다.

18세기는 대체로 영·정조 때를 지칭하는데 한때 '안정기', '부흥기', '또 하나의 전성기'로 이해하기도 하였으나 결코 안정된 사회는 아니었다. 농업생산력의 증대와 상품화폐경제의 발달은 사회를 역동성 있게 움직이는 힘의 바탕이 되었다. 농촌사회구조에도 변화가 나타나 광작(廣作)과 지주제가 발달하면서 농민에게는 고통을 가중시켰다.

광작을 처음 시도한 것은 직접 생산자인 농민, 즉 자작농 또는 소작농이었겠지만 광작의 이로움을 지주층도 곧 파악하고 광작의 주도권이 지주층, 특히 지방 거주 지주층에게 넘어갔다. 이들은 이전에는 자기 소유 토지의 대부분을 소작농에게 대여하고 일부는 자기 소유의 노비나 머슴을 사역하여 직접 경작하였다. 하지만 노동생산성이 발전하고 단위 면적당 수확량이 크게 늘어나자, 소작농에게 대여하던 토지의 상당부분을 자경지(自耕地)로 돌려 노비·머슴 등의 노동력을 이용하여 직접 경작하였다. 지주에게는 소득을 높이는 일이었지만 소작농은 그만큼 자신의 차경지(借耕地)를 빼앗기는 것이었다.

지주와의 대립에서 주도권을 빼앗긴 소작농은 이제 소작지를 확보하고자 소작농끼리 경쟁관계에 돌입하기까지 하였다. 차경지마저 전부 상실하게 된 무전농민은 농업노동자로서 계속 머물기도 하지만, 농촌을 떠나야 하는 경우도 적지 않았다.

한편 상품화폐경제가 전개되면서 농민들은 경제가 파탄하여 농토를 내놓는 경우도 많았다. 지주들은 쉽게 토지를 집적할 수 있었고, 대지주는 전국에 이름을 떨칠 만큼 많은 농토를 소유하여 경상도의 최씨와 전라도의 왕씨는 만석꾼으로 알려지고 있었다. 18세기 초반 토지소유의 상황은 약 6%의 농가가 농토의 약 44%를, 약 63%의 농가가 농토의 약 18%를 소유하고 있었으며,

토지가 없는 농가도 전 농가의 약 20%를 차지하고 있었다.

특히 지주제의 발달 속에서 부재지주(不在地主)를 중심으로 소유와 경영이 단절되었고, 소작인과 지주의 인격적 의존관계는 지대(地代) 수납을 위한 경제적 관계로 전락되었다. 그러한 단절은 사음(舍音), 즉 마름에 의해 가속화되었다. 부재지주는 모든 것을 마름에게 맡기고 마름에게 모든 책임을 물었다. 마름이 중간관리인으로서 지주 대신 관리를 맡으면서 소작인과 지주의 직접적인 관계는 단절되고, 소작인은 오로지 관리인에게 지대를 독촉 받는 관계로 변화하였다. 이러한 단절관계는 소작인에게도 불리하게 작용할 가능성이 높아지고 있었다. 지대수납에 응하지 못하면 소작인은 자격을 박탈당하게 되었다. 마름은 청탁에 따라 소작인을 수없이 갈아치울 수 있었기 때문이다.

이와 같이 지주와 소작인의 대응관계가 첨예화되면서 지주층의 고율지대 요구와 농민층의 경제투쟁 차원에서의 감조(減租) 투쟁이 극단화되어 나타난 것이 항조운동이었다. 항조운동은 궁방전·둔전이나 대규모의 내장전(內莊田)에서 주로 벌어졌는데 대규모의 민전지주지에서도 나타났다. 항조의 양상은 집단적인 경우도 있고 개별적인 경우도 있었다. 개별적인 항조는 주로 상층 소작인에 의해 이루어진 반면, 집단적인 항조는 가난한 소작농에 의해 주도되는 경우가 많았으며 때로는 폭력적인 양상을 띠기도 했다.

그 방법도 다양하여 비옥한 땅에 일찍 수확하는 벼를 재배해 미리 거두어들이고 척박한 땅에 늦게 수확하는 벼를 재배해 척박한 땅에서 수확한 벼를 가지고 전체의 수확량을 산정해 이익을 취하는 방법, 볏단의 크기를 크고 작게 서로 달리 묶었다가 큰 볏단을 나누어서 일부를 가지는 방법, 탈곡 때 곡식을 빼돌리는 방법, 심지어 궁답에 붙어 있을 경우엔 조금씩 경계선을 밀고 들어가 깎아 넓히면서 궁답의 수확량을 감소시키는 방법 등이 있었다.

그밖에도 여러 가지 유형의 항조가 초래되었는데, 지주경영과의 대립으로 나타나 태업이나 소작료의 체납이 있거나 집단행동도 있었다. 19세기의 사례로서 서산농장의 경우 흉년에 지대 감면이 이루어지지 않자 아예 지대를 내지 않는 사례도 나타났다. 1832년에는 지불하지 않은 지대가 87두였으나 1883년에는 318두로 증가하였는데 그것은 수취량의 25.6%나 되는 것이었다. 수입이 대폭 감소한 이 농장의 주인은 결국 농장을 매도하였다. 지대를 둘러싸고 전세(田稅)·종자 부담이 문제되기도 하고, 재해를 입었을 때에는 면세를 요구하거나 감관·마름 등과 손을 잡고 실력 행사를 하는 경우도 있었다.

또 본래 분배율을 정해놓고 생산물이 나오면 거기서 소작료를 거두어가는 타조법(打租法)이 시행되었는데, 이제 미리 액수를 정하는 도조(賭租)를 쟁취하는 항조도 주목된다. 17세기 말 18세기 초에 특히 많이 나타나는데, 부재지주 경영에서 타조법 관리가 철저할 수 없었으므로 도조제 전환을 통해 문제를 해결하려는 경향이 나타난 것이다. 하지만 지주층도 도조제에서도 지대액을 증대시키기도 하고 다시 타조제로 역전시키기도 하였다. 이에 대하여 농민층의 항조가 뒤따랐다.

지주제 발달과 함께 소유와 경영의 분리현상이 나타나 부재지주 경영에서 나타나는 도조의 전환, 중간관리인 마름의 등장으로 나타난 변화양상이다.

18세기 중엽에는 전세와 종자 부담이 소작인에게 전가되는 관행이 자리잡으면서 소작인의 저항에 직면하게 되었다. 항조 중에는 소작인의 전세 및 제반 잡세 부담이 항세라는 차원으로 집단화시킬 가능성을 갖고 있었다. 관행상 지주가 종자를 부담하고 소작인이 결세(結稅)를 응납하는 구조가 정착하면서 나타난 문제였다.

사실 17세기에 들어서면서 국가재정은 파산 직전에 있었다. 1624년(인조 2) 호조의 보고에 의하면, 녹봉으로 관료들에게 지급해야 할 양곡이 쌀 10,500여 석, 콩 4,600석인데, 당시 창고에 비축되어 있는 것은 쌀 880석, 콩 230석뿐이었다고 한다.(『인조실록』 권4, 2년 1월 기미) 그럼에도 국방비의 증대와 국가기구의 증설로 인한 행정비의 증대로 경비는 오히려 팽창하는 추세에 있었다.

17세기 초 재정수입의 방도를 강구하지 못하고 있던 봉건국가는 당면한 재정 위기를 부세(賦稅)의 징수로 타개하려고 하였다. 여러 차례에 걸쳐 양전(量田)을 시도하고 농민에게서 가외의 잡다한 명목으로 부세를 징수하였다. 당시 농촌의 현실은 매우 피폐한 상태에 있었다. 전세(田稅)의 경우 법제적으로는 1결당 4두였으나, 17세기 이래 농민에게 부과된 세목은 삼수미, 역가미, 결미, 가등미, 작지미 등 잡다한 부가세가 있었고, 그 액수도 1결당 25두를 훨씬 상회하고 있었다. 당시 농민의 대부분은 소작농이었는데, 그들이 지주에게 부담하는 소작료 역시 매우 과다하여 농민의 생존을 위협하였다. 병작농민은 명색이 반작(半作)이라 하였지만, 때와 곳에 따라서는 1년에 농사지은 수확 중에서 70% 이상을 고정적으로 수탈당하는 경우가 적지 않았다. 18세기 중엽 이후 항조 차원의 투쟁에서 삼정문란의 소용돌이에 휘말리게 되면서 나타나는 항세 투쟁으로의 전이 현상이 그러한 전형적인 예다.

19세기에 접어들면서 농민층의 저항과 항조가 빈번해지기 시작했고, 토지생산성의 감소라는 상황에 직면한 지주제의 위기는 더욱 심화되었다. 항조의 출현은 생산력의 발전과 상품생산의 전개 과정에서 지대를 둘러싸고 벌어진 대립관계로 발전하고 있었다. 그러나 한편으로 농민들은 경작권을 지키기 위해서 중간관리인 마름에 대하여 경작권을 청탁하지 않을 수 없었으며, 지주층의 이작(移作), 즉 소작 이동에 대항하는 처지로 몰리기도 하였다.

항조운동은 소작의 조건을 점차 개선시켜갔다. 지주들은 이에 대한 대책으로 지대를 3분의 1로 낮추거나 수취방법을 도조제로 바꾸었으며, 도장(導掌) 등으로 하여금 소작료의 징수를 청부하거나 지대를 화폐로 납부하게 하기도 했다. 하지만 소작인의 항조운동은 적극적·소극적으로 계속되었으며, 지주들은 어느 정도 소작인에 대해 양보를 하지 않을 수 없었다. 이는 결국 봉건적 지주제가 무너져가는 과정이라고 할 수 있다.

[참고어] 병작, 지대

[참고문헌] 金容燮, 1970, 『조선후기 농업사연구 Ⅰ』, 일조각 ; 金容燮, 1965, 「司宮庄土의 佃戶經濟-載寧餘勿坪庄土를 中心으로-」『아세아연구』 8권 3호, 고려대학교 아세아문제연구소 ; 朴贊勝, 1983, 「韓末 驛土·屯土에서의 지주경영의 강화와 抗租」『한국사론』 9, 서울대학교 국사학과 ; 李榮昊, 1984, 「18·19세기 地代形態의 변화와 농업경영의 변동-宮庄土·屯土를 중심으로-」『한국사론』 11, 서울대 국사학과 ; 都珍淳, 1985, 「19세기 宮庄土에서의 中畓主와 抗租 ; 載寧 餘勿坪庄土를 중심으로」『한국사론』 13, 서울대학교 국사학과 ; 망원한국사연구실, 1988, 『1862년 농민항쟁』, 동녘 ; 金洋植, 1991, 「대한제국기 驛·屯土에서의 抗租 硏究 ; 內藏院 관리기(1899~1905)를 중심으로」『역사학보』 131 ; 최윤오, 2006, 『조선후기 토지소유권의 발달과 지주제』, 혜안 〈강은경〉

해남윤씨가 농장(海南尹氏家農場) 한말 일제시기 전라남도 해남군의 양반종가 해남윤씨 집안의 농장.

조선 전기 이래 양반지주로 군림해온 해남윤씨가는 중시조 윤효정(尹孝貞, 1476~1543) 대에 전라남도 강진에서 해남 연동마을로 이거하였다. 윤효정은 처가의 재산을 기반으로 당대 갑부로 불릴 정도로 가산을 일으켰다. 고산 윤선도(尹善道, 1587~1671) 이후 현달한 관인을 배출하지 못했지만, 소소한 관직에 나아가 향촌사회의 지배력과 대지주로서의 부를 지속시켜갈 수 있었다. 1760년 문중의 분재 이후 윤씨가의 토지소유 규모는 19세기 중후반까지 대략 20결 전후를 유지하였다. 그 배경에는 문중재산의 운영과 관리, 수익처분에 절대권한이 부여된 명문 양반가의 종가라는 혈족적 지위가 결정적으로 작용하였다.

1870년 부친의 사망으로 종가를 책임지게 된 윤관하(尹觀夏)는 소작인과 마찰을 해소하고 수익증대를 위한 임시변통으로 일부 소작지를 거두어 자작경영으로 전환 확대하였다. 자작경영에 필요한 노동력은 호외집의 노동을 근간으로 하고 고공과 기타 임노동으로 해결했다. 한말 윤씨가는 호외집을 20호 가량, 고공을 3~5명을 고용하여 자작경영을 유지해갔다. 가작·자작경영은 지주권이 현저하게 강화되는 일제시기에 점진적으로 사라졌다가 해방 후에 다시 부활되었다.

윤씨가의 지주경영은 1897년 목포개항을 계기로 성장일로를 달리기 시작했다. 개항으로 대일미곡무역이 활성화되자, 미가는 지속적으로 상승했다. 목포개항 이후 해남의 조가(租價)는 대략 14냥으로 이전 시기 조가 평균 4.4냥보다 3배가 넘는 것이었다. 윤씨가는 소작미의 상품화를 통해 큰 이익을 취할 수 있었고, 수익금으로 토지를 매입해 갔다. 1920년 윤씨가의 소유토지는 77정보에 달했으며, 1895년보다 약 1.6배나 확대된 규모였다. 이러한 윤씨가의 지속적 성장은 윤관하의 손자 윤정현이 일제 통치기구(중추원 참의, 해남금융조합 조합장)와 관계함에 따라 더 수월하게 이루어졌다. 지역 유력자로서 윤씨가는 토지를 담보로 식민지 금융기관을 불편 없이 이용할 수 있었고, 대출받은 농사자금으로 토지매입이나 토지·농사개량사업에 투자하여 토지 수익률을 극대화시켜갔다.

1920년대 말 1930년대 초반 세계대공황과 미가의 지속적 하락으로 지주경영의 어려움에 봉착하자, 윤씨가는 타조에서 원정으로 지대 징수방법을 바꾸어 지세를 소작인에게 전가시키고 지대수익의 안정화를 도모하였다. 지대수취의 강화와 더불어 윤씨가는 간척지개간을 통한 경영확대로 나아갔다. 1920년대와 1930년대 두 차례에 걸쳐 전라남도 해남군 황산면 초생지와 북평면 간사지를 불하받아 개간 간척공사를 시행하여 간척지 농장을 조성하였다. 공사자금은 일제의 산미증식계획에 따른 자금지원과 토지담보대출을 통해 조달되었다. 특히 황산면 간척농지를 매각한 후 조성된 북평면 간척농지[수당농장(守堂農場), 나중에 해원농장(海原農場)]는 약 30여 정보로, 포구에 인접하여 목포와 교통에도 어려움이 없었다. 윤씨가는 농장관리인을 두고 농장경영을 총괄해갔다. 일본인 농장처럼 지주권을 철저하게 관철할 수 있었다. 농장관리인은 순종적인 소작인을 선발하고, 농업생산의 전 과정에서 소작농민을 엄격하게 통제 감독하였다. 농장측은 미곡증산을 위해 농사지도에 주력했으며, 소작미의 상품가치를 높이기 위한 도정 및 포장 등 제반 조치에 세심한 신경을 썼다. 소작미는 곡물검사소에서 상품(上品)의 벼로 합격판정을 받은 정선조제품만 수납을 받았고, 이 과정에 소요된 제 경비는 소작농민의 부담이었다. 수납한 소작미는 창고에 보관했다가 적당한 시기에 현지나 목포에 내다 팔았다. 관리인의 보수는 소작료 수납액의 1할 정도였다. 일제하 윤씨가는 농업이외의 부분으로 투자전환은 없었다. 일제말기 소유 토지는 대략 120정보에 달했으며, 전라남도 해남군과 경기도 김포군 광주군 일대 임야 약 900여 정보를 소유하였다.

해방과 더불어 식민지 지주제는 사회경제적 개혁의 최우선적 대상으로 부각되었다. 윤씨가는 토지개혁의 요구나 농지개혁의 움직임에 대해 1945년부터 농지방매·명의이전·차용 등 갖은 방법을 강구하여 사전에 대비해갔다. 그렇게 사전에 처리한 농지이외에도 농지개혁법의 농지분배제외규정에 따라 분배대상에서 제외된 농지가 적지 않았다. 북평면 간척농장은 해수침해의 이유로 부적당 농지로 판정받거나 염전으로 전환되어 분배대상에서 제외되었고, 임야(1954년 현재 95,000평)와 위토(20~30정보)도 제외되었다. 그에 따라 농지개혁 이후에도 윤씨가는 50정보 가량의 농지를 소유할 수 있었고, 이를 토대로 자작경영과 지주경영을 계속 유지할 수 있었다. 해원염업조합·광백염전(1953년)을 설립하여 자본전환을 꾀하기도 했지만, 조상봉사의 의무를 다해야 하는 종가라는 정체성 때문에 농업경영을 포기할 수 없었다.

농지개혁 후 윤씨가의 지주경영은 지주제 해체와 산업화의 진전이라는 역사적 추세 속에서 이전 같은 높은 토지수익률을 확보하기란 불가능했다. 거주지 부근 연동지역은 1950년대 중반 이래 당시 수확량의 1/3수준으로 원정방식의 현물 정액지대로 낮게 고정화시켰고, 조상봉사를 위한 위토도 산직에게 일부 무상경작 일부 소작경작을 시켰다. 1960년대 초반 염전에서 농지로 다시 용도 변경된 북평면 간척지(=해원농장)도 농장경작자 중에 선발된 농장관리인이 모든 것을 책임지고 운영 관리하였다. 지주제 해체 속에서 지주는 토지 소유자일 뿐이고 경작농민은 지주의 간섭 없이 경영일체를 담당하는 경영자로 전환되었다. 지주경영이 곧 지대수익으로 나타날 수 없는 사회경제적 상황이었다. 자작경영은 1930년대 이래 사라졌던 호외집을 부활시켜 착수하였다. 호외집의 관행은 1970년대 이후 완전히 사라졌고 고용노동력이 그 자리를 메워갔다. 자작경영은 1980년대까지 3~6정보 규모로 유지되었다.

[참고어] 동태적 지주, 농지개혁, 종중재산, 타조법

[참고문헌] 崔元奎, 1985, 「韓末 日帝下의 農業經營에 관한 硏究-海南尹氏家의 事例-」『한국사연구』 50·51 ; 崔元奎, 1990, 「解放後 農村社會의 政治的 變動과 地主제-光州·海南지역을 중심으로-」『李載龒博士還曆紀念韓國史學論叢』, 한울 〈이수일〉

해동농서(海東農書) 18세기 말 서호수(徐浩修)가 정조의 「권농정구농서윤음(勸農政求農書綸音)」에 호응하여 편찬한 농서.

1798년 정조는 윤음을 반포하고 이어서 조선의 농정을 혁신하고, 국가적인 차원에서 새로운 농서를 편찬하는 사업을 추진하였다. 정조는 '농가지대전(農家之大全)' 즉 '농서대전'에 해당하는 농서를 편찬하려고 하였다. 이후 정조의 윤음에 호응하여 중앙과 지방의 관료, 지방 유생, 서민 등이 자신의 견문과 경험에 의거하여 농업기술과 농업문제 해결을 위한 방안을 작성하여 정조에게 응지진농서(應旨進農書)로 올렸다.

서호수가 편찬한 『해동농서』로 현전하는 판본은 두 가지가 있다. 하나는 8권으로 구성된 초고본으로 성균관대학교 소상본<성대 稀C6A-9, 『農書』 9>이고, 나른 하나는 4권으로 이루어진 목판본으로 일본 오사카 부립도서관(大阪府立圖書館) 소장본<日本大阪府立圖書館 44506, 『農書』 10>이다. 후자는 전자의 3권까지를 수록하고, 거기에다가 전제(田制)·수리(水利)·농기(農器)의 조목을 보충한 것으로 양자간에 차이가 있다. 이 책은 우리나라 농학의 전통 위에서 우리나라의 자연 조건을 반영하고 중국의 농업 기술까지도 수용해 전제·수리·농기에 관한 문제들을 포함하는 새로운 농학의 체계화를 기도한 것이다.

서호수는 『해동농서』를 편찬하면서 특히 조선의 지역적인 특색을 크게 강조하였다. 그는 『해동농서』 범례

(凡例) 첫 조항에서 “오곡(五穀)의 종(種)에는 각지(各地)의 토양에 적합한 것이 있고, 농사짓는 데 쓰는 농구(農具)에는 각지의 농민들이 즐겨 쓰는 것이 있다.”라고 지적하면서 농법의 차원에서 지역적 특색을 농서가 담아내어야 한다고 파악하고 있었다. 각 작물의 품종(品種)에는 각지(各地)의 여건에 따라 적합한 것이 마련되어 있고, 농사를 짓는 농기구에도 각 지역마다 특별히 많이 사용하는 것이 정해져 있다는 설명이었다.

조선의 특유한 농업기술의 내용으로 오곡의 명색(名色) 즉 특유한 곡종(穀種)의 존재, 그리고 전작(田作)의 기계(器械) 즉 농기구의 특색있는 발전, 전제(田制)와 수리(水利)에서의 특징 등을 지적하였다. 따라서 그는 동국(東國) 농서를 기본으로 하고 중국 고방(古方)을 참고하는 방식으로 『해동농서』를 편찬하였다. 서호수의 입장은 조선 농학을 기본으로 삼고 중국의 농서에서 우리 실정에 적합하다고 생각되는 것만 선별적으로 수용하여 『해동농서』의 체계를 세우는 것이었다. 서호수는 중국과는 다른 조선의 특색을 농업기술의 측면에서 충분히 감안하고 있었다. 사실 ‘해동농서’라는 이름 자체가 이러한 의식의 산물이었다.

또한 서호수가 수립한 수리학(水利學)에도 조선의 수리기술의 특색이 강조되어 있다. 『해동농서』 수리편(水利篇)은 수리총론(水利總論), 파호(陂湖), 장천(障川), 축안(築岸)으로 구성되어 있다. 여기에 측량지세법(測量地勢法)과 용미차제(龍尾車制)가 부록으로 첨가되어 있었다. 이러한 서술 내용은 대부분 명(明)나라 서광계(徐光啓)의 『농정전서(農政全書)』에서 발췌 인용한 것이지만, 서호수가 정리한 수리학 체계를 보여주고 있다.

그는 피호 조항에서 하천수 이외의 둑을 쌓아 모아둔 물을 관개에 활용하는 방안을 설명하고, 장천 조항에 소규모 하천수나 계곡수를 관개에 활용하는 방안을 소개하였다. 그리고 축안 조항은 둑이나 제방을 쌓은 방법을 설명한 것이었다. 박지원(朴趾源)이 『과농소초(課農小抄)』에 『왕정농서』와 『농정전서』의 관련 기록을 원전 그대로 옮겨놓은 것에 비해서 서호수의 수리학 정리는 조선에서 활용하면 좋을 것으로 판단된 것을 취사선택해서 재편집한 것이었다. 또한 정밀한 측량기구를 사용해야 하는 정교한 수리기술을 담고 있다는 점에서도 서호수의 수리학 이해가 깊었음을 알 수 있다. 이는 생부인 서명응(徐命膺)의 학풍을 이어받아 『농정전서』 수리편에 담겨 있는 정밀한 기하학에 기반을 둔 수리기술을 수용한 것이라고 할 수 있다.

이처럼 서호수는 자신이 편찬한 『해동농서』의 주요한 내용을 조선의 농서에서 채워넣으려고 하였다. 이는 조선의 토질, 기후조건에 의거하여 형성된 조선의 농법을 정리하려는 입장에서 나온 것이었다. 그리고 조선 농민들이 실제 적용하는 조선의 농법은 작물의 품종, 농기구, 전제, 수리시설 등에까지 각인되어 있었다. 서호수의 아들인 서유구가 『임원경제지』에서 농업의 일반적인 원리를 수용하면서 여기에 조선의 농업기술의 특수성을 감안하는 방향을 설정한 것은 바로 생부인 서호수가 제기한 위와 같은 점을 고려하였기 때문이라고 보인다.

[참고어] 응지진농서, 수리, 임원경제지

[참고문헌] 金容燮, 1988, 『朝鮮後期農學史研究』, 一潮閣 ; 문중양, 2000, 『조선 후기 水利學과 水利담론』, 집문당 ; 염정섭, 2002, 『조선시대 농법 발달 연구』, 태학사 〈염정섭〉

해동여지도(海東輿地圖) 18세기 후반에 제작된 것으로 추정되는 3책으로 된 방안(方眼)식 군현 지도책.

3책(건·곤·보)으로 구성되어 있는데, 건(乾)편에 경기도·충청도·전라도·경상도의 지도가, 곤(坤)편에 강원도·황해도·평안도·함경도의 지도가 수록되어 있다. 한편 보(補)편에는 각 군현별 통계를 수록하였다. 채색 필사본으로 책의 크기는 가로 21.2㎝, 세로 34.1㎝이며, 보물 제1593호로 지정되어 국립중앙도서관에 소장되어 있다. 편찬기록은 없지만 수록된 내용을 검토하면 대략 18세기 후반에 제작된 것으로 파악할 수 있다. 예컨대 1776년(영조 52) 이후에 개명된 경상도의 ‘안의’와 ‘산청’이라는 지명이 나타나고 있지만, 1796년 11월에 설치된 ‘후주’는 지도상에 등장하지 않는다.

『해동여지도』는 군현이 작을 경우 20리 방안 간격을 크게, 군현이 큰 경우 20리 방안을 작게 그려 지도책의 크기에 맞추었다. 또한 대부분 군현지도들이 전국 330 군현을 각각 1장으로 그린 것에 반하여, 『해동여지도』는 여러 군현을 1장에 합쳐서 그렸다. 따라서 다른 군현지도집들이 대부분 8책으로 구성되었던 것에 비해 『해동여지도』는 모든 내용을 수록하면서도 2책으로 줄여서 만들 수 있었다.

『해동여지도』에 실린 각 고을의 지도는 모두 20리 방안으로 작성되었으며, 광곽(匡郭)의 크기는 가로 17.0㎝, 세로 25.0㎝로 모두 동일하다. 지도에 표시된 방안에 경위선의 수치를 기록하여 각 고을의 위치를 전국의 좌표 체계로 통일할 수 있도록 하였는데, 동서 77개·남북 122개의 방안을 가지고 지도를 만들었기 때문에 상당히 사실에 부합한 군현지도를 완성할 수 있었다.

이와 같이 『해동여지도』는 모든 군현에 동일한 축척을 적용한 20리 방안의 지도책을 실제 사용하기 쉽도록 재편집했다는 점에 큰 의의가 있다. 또한 18세기 중엽 이후에 일정한 방안 크기를 가진 군현지도집이 대축척 전도로 발달되는 과정을 보여주는 자료이기도 하다. 특히 20리 방안지도는 19세기 조선의 지도제작 발달을 선도하는 중요한 기능을 하였다.

[참고어] 조선지도

[참고문헌] 국토지리정보원 編, 2009, 『한국 지도학 발달사』, 국토지리정보원 ; 허경진, 2013, 「눈금으로 그린 군현지도의 모범, <해동여지도>」 『오늘의 도서관』 214

해동제국기(海東諸國記) 조선 전기에 신숙주(申叔舟)가 일본의 국정, 지세, 풍속 및 사신 관련 접대규정 등을 기록한 책.

1471년(성종 2)에 왕명을 받은 신숙주가 조선과 일본의 전적을 참고하고, 1443년(세종 25) 통신사 서장관(書狀官)으로 다녀온 견문과 외교 경험 등을 바탕으로 『해동제국기』를 작성하였다.

신숙주는 27세의 나이에 1443년 통신사행에서 서장관으로 경도(京都)를 방문하였으며, 돌아오는 길에 대마도에 들러 이예(李藝)와 함께 계해약조(癸亥約條)를 체결하였다. 조선과 일본은 계해약조를 통해 한·일 관계에서 교린체제를 확립한 것으로 평가되기도 한다. 외국어에 능통하였던 신숙주는 세조 대에서 성종 대 초기에 조선의 외교 업무를 통괄하였으며, 당대에는 일본의 산천·풍속·세계 등에 박식하여 일본에 관한 전문가로 평가 받았다.

신숙주가 일본으로 사행을 다녀온 지 28년이 지난 뒤에 이 책이 완성된 것은 책의 성격이 단순한 기행기가 아님을 알 수 있다. 1460년대 당시 조선에서는 일본으로부터 내왕자(來往者)와 삼포(三浦) 항거왜인의 수가 급증하여 통교체제와 규정을 정비할 필요성이 대두되었기 때문이다.

해동제국이란 일본 본국과 구주(九州), 일기도(一岐島), 대마도(對馬島), 유구(琉球) 등 동쪽 바다에 위치한 여러 나라를 총칭한다. 책이 담고 있는 내용은 지도와 「일본국기(日本國紀)」, 「유구국기(琉球國紀)」, 「조빙응접기(朝聘應接紀)」로 구성되어 있다. 지도의 경우 「해동제국총도(海東諸國總圖)」·「일본본국도(日本本國圖)」·「서해도구주도(西海道九州圖)」·「일기도도(壹岐島圖)」·「대마도도(對馬島圖)」·「유구국도(琉球國圖)」 6장이 첨부되어 있다. 이 중 「해동제국총도」는 해동 전체를 개괄한 지도로 일본의 8도 66주, 70여 개의 섬이 그려져 있다. 이 일본지도들은 독립된 일본지도의 판본으로는 가장 오래되었다. 이외에 삼포를 그린 「웅천제포도(熊川薺浦圖)」·「동래부산포도(東萊釜山浦圖)」·「울산염포도(蔚山鹽浦圖)」 3매가 나중에 추록되었다.

「일본국기」에는 천황대서(天皇代序), 국왕대서(國王代序), 국속(國俗), 도로이수(道路里數), 팔도육십육주(八道六十六州), 대마도, 일기도 등을 다루고 있다. 천황대서는 일본천황의 계보를 쓴 기록으로, 천신과 지신에 이어 신무(神武)천황부터 당시의 천황까지 103명 천황의 즉위, 연호 등을 기록 하였다. 여기에는 8건의 한국 관련 기사가 수록되어 있어, 일본과의 교류 시원을 밝히는 단서를 제공하고 있다. 국속에는 일본 문화와 풍속에 관해 비교적 상세하게 묘사하고 있다. 주거지, 의복과 두발의 형태, 혼인과 습성 등이 기록되어 있다. 전부(田賦)에 관해서도 언급하고 있는데, 토지생산량의 3분의 1만 취하며 다른 요역은 없다고 기록하였다. 팔도육십주, 대마도, 일기에서는 조선에 통교하는 내조자를 중심으로 기술하였다. 「유구국기」에서도 「일본국기」와 비슷하게 국왕대서, 국속, 도로이수를 다루고 있고 국도(國都)항목이 추가되어 있다.

「조빙응접기」에는 사선정례(使船定數), 제사정례(諸使定例), 사선대소선부정액(使船大小船夫定額)등 내조자에 대한 접대규정을 29항목으로 세분하여 기술하고 있다. 이에 따르면 사신을 구분하여 국왕사절, 거추사(巨酋使), 대마도주 사절 그리고 수직인·수도서인 등 4종류로 나누고 있다. 이들은 삼포에 입항한 뒤 정해진 인원만 상경로를 통해 서울로 향하였다. 경기도 광주를 거쳐 한강을 건너 광화문을 통해 도성에 들어가면 동평관(東平館)에서 머물렀다. 올라오는 길에는 노연(路宴)이, 국왕 숙배시에도 연회가 있었으며 되돌아 갈 때도 규정에 따라 환송연이 베풀어졌다. 그리고 전산전부관인양심조궤향일저서계(畠山殿副官人良心曹饋餉日呈書契) 등 2, 3편 및 삼포의 지도 등은 신숙주가 책을 완성한 뒤에 추록된 것이다.

이 책은 일본을 이해하고 일본에 대응해가는 외교실무를 위한 하나의 지침서 역할을 하였다. 조선 전기는 물론이고 후기에는 『통문관지(通文館志)』, 『춘관지(春官志)』, 『증정교린지(增訂交隣志)』 등 외교시무서의 기본

전거로 활용되었다. 판본은 현재 금속활자본, 목활자본, 석판본 및 여러 종의 필사본이 전하고 있다. 가장 오래된 판본 중에 금속활자 저본인 국사편찬회 소장본과 도쿄대학교 소장본의 경우 몇 글자의 차이가 있어 다른 판본으로 여겨졌다. 그러나 최근 서지학 연구성과에 따르면 글자의 차이는 인쇄과정에서 먹물로 인한 오류가 글자로 오인된 것으로 보이며, 국사편찬위원회 소장본과 도쿄대학교 소장본은 동일 판본으로 보인다.

[참고문헌] 하혜정, 2007, 「『海東諸國記』 底本 연구」 『東洋古典研究』 28 ; 손승철, 2008, 「신숙주, 『해동제국기』와 한·일관계」 『韓國史市民講座』 42 ; 양보경, 2011, 「지역 정보의 보고, 지리지」 『한국역사지리』, 푸른길 〈탁신희〉

해동지도(海東地圖) 1750년대 초반에 제작된 관찬 지도집.

8책으로 구성된 채색필사본이며, 크기는 가로 47㎝, 세로 30.5㎝이다. 보물 제1591호로, 규장각 한국학연구원에 소장되어 있다.

『해동지도』에는 조선전도와 8도의 도별도, 330여 군현지도, 세계지도인 「천하도」, 외국지도인 「중국도」·「황성도」·「북경궁궐도」·「왜국지도」·「류큐도(琉球圖)」, 관방지도인 「조선여진분계도」·「요계관방지도」 등이 총망라되어 수록되어 있다. 특히 제4첩에는 「서북피아양계전도」, 제8첩에는 「대동총도」 등 회화식 대형 전도가 포함되어 있다. 나머지 대부분의 지도들은 도지도, 도별 군현지도, 도내 군사적 요충지의 지도 순으로 편집되어있다. 따라서 이 지도책은 단순히 조선의 군현도만을 모아놓은 것이 아니라 당시까지 제작된 모든 회화식 지도를 망라한 집대성본의 성격을 가진다고 할 수 있으며, 제작 주체 역시 민간이 아닌 국가였던 것으로 이해할 수 있다. 비슷한 사본이 있기는 하지만 대부분 완질이 아니기 때문에 규장각에 소장된 『해동지도』가 유일한 완질본으로서 가치가 크다. 또 여백 주기의 내용이 매우 충실하여, 지도에 지리지를 결합한 효과가 있다는 점에서도 매우 중요한 자료로 평가받고 있다.

『해동지도』는 비경위선식이지만, 이러한 유형의 군현지도집이 가지는 단점을 보완하고 있기도 하다. 특히 상세한 전국지도와 관방지도를 수록하였으며 지도에 주기가 함께 표기되었다. 또한 도로·영애 등을 상세히 표시하는 등 소형 군현지도집에서 상당히 발전된 모습을 보여주고 있다.

이 지도책은 1750년대 초, 구체적으로는 1750년(영조 26)~1751년(영조 27) 사이에 편찬되었다. 그러나 그 내용은 도지도의 경우 1730~1740년대의 상황이, 군현지도에서는 1720~1730년대의 정보가 반영되어 있다. 이는 『해동지도』에 수록하기 위해 당시에 지도를 새롭게 그린 것이 아니라 기존에 비변사에서 작성한 지도를 활용하였기 때문이다. 당시 비변사와 함께 지도 제작을 했던 기관은 홍문관뿐이었다. 따라서 홍문관에서는 기존에 제작된 지도들을 집대성하고 지도를 중심으로 지리지를 결합한 지도책으로서 『해동지도』를 만들었던 것이다. 그리고 홍문관이 주도했던 정책 자료 편찬의 지도제작 방향은 『여지도서(輿地圖書)』의 편찬으로 발전해 나갔다고 할 수 있다.

[참고어] 광여도, 여지도, 여지도서, 요계관방지도

[참고문헌] 국토지리정보원 編, 2009, 『한국 지도학 발달사』, 국토지리정보원

해동팔도봉화산악지도(海東八道烽火山岳之圖) 17세기 후반에 제작된 것으로 보이는 전국 팔도의 봉수대를 표시한 지도.

채색필사본으로 가로 149㎝, 세로 218㎝의 대형지도이다. 보물 제1533호로 지정되었으며 고려대학교 도서관에 소장되어 있다. 전국 각지에 있는 봉수대를 표시한 일종의 군사지도라고 할 수 있다. 지도의 상단에는 적색의 전서체로 쓰인 제목이 있고, 각 지역 별로 백색·적색·황색·갈색·녹색·청색의 동그라미 위에 지명이 적혀 있다. 지도의 전체 윤곽은 북부지방이 왜곡된 형태로 조선 전기의 양식을 따르고 있지만, 전체적으로 회화적 요소를 극대화하여 작성되었다. 산맥의 표현은 청록색을 사용하여 회화식 필선으로 묘사되었고, 백두산과 금강산은 흰색으로 강조하였다. 바다도 회청색의 곡선을 사용하여 출렁이는 파도를 표현하였는데, 독특한 물결 모양이 특징적이다. 또한 해안의 섬들도 자세히 묘사되어 있다. 팔도 각지의 봉수대는 촛불과 같은 형상으로 묘사되었는데, 특히 압록강과 두만강의 국경지대 및 경상도 지역에 밀집되어 있다.

1652년(효종 3)에 등장하는 황해도 김천(金川)의 지명이 있고 1712년(숙종 38)에 세워진 백두산정계비가 없는 것으로 보아, 지도의 제작 시기는 17세기 후반 무렵으로 추정된다. 이처럼 17세기 후반의 지도로서 봉수대를 주제로 하여 만든 지도는 극히 드물다. 또한

2m에 달하는 크기에 표현이 상세하여 고지도 분야뿐만 아니라 회화사적으로도 가치가 높다고 할 수 있다.

[참고문헌] 한국문화역사지리학회 編, 2011, 『한국역사지리』, 푸른길

해부법(解負法) 기준이 되는 전품(田品)의 척수나 면적으로써 다른 전품의 척수나 면적을 풀어서 산출하는 방법.

해부식(解負式)이라고도 한다. 조선의 결부법(結負法)하에서는 전품에 따라 면적은 다르되 세액이 동일한 이적동세(異積同稅)[동과수조(同科收租)]가 시행되고 있었다. 이때 전품마다의 상이한 면적을 측량하기 위해 조선 초까지는 길이가 다른 양전척을 각각의 전품에 사용했다.[수등이척(隨等異尺)] 예컨대 세종 대의 공법(貢法)에 따르면, 전품을 6등으로 구분하고 각 전품마다 양전척의 길이와 결의 실적에 차이를 두었다. 이때 기준척은 주척(周尺)이었는데, 1등전척은 주척 4.775척으로 하고 등급에 따라 동일한 비율로 늘어나 6등전척의 경우 주척 9.55척이 되게 했다. 이로써 6등전척은 1등전척보다 2배[면적은 4배]의 차이가 나게 되었다. 이를 절대면적인 경무법(頃畝法)으로 환산하면 1등전의 면적은 38무(畝)였고, 등급에 따라 늘어나 6등전은 4배인 152무가 되었다.

이처럼 조선 전기까지는 전품에 따라 각기 다른 양전척을 사용해 결부면적을 측량할 수 있었다. 하지만 실제 양전과정에서는 이것이 번잡할 뿐만 아니라 착오가 생기기도 쉬웠고, 인승인[引繩人, 줄사령(乼使令)]의 폐단 또한 적지 않았다. 따라서 이를 해결하기 위해 기준이 되는 한 종류의 양승만을 사용하기로 했는데, 이때 기준이 되는 전품의 척수와 면적을 다른 전품의 척수와 면적으로 환산해 놓은 법식을 해부법이라 한다.

해부식은 『전제상정소준수조획(田制詳定所遵守條劃)』(이하 준수책)에서 확인할 수 있다. 준수책에서는 6등전품의 농지를 실적할 때 반드시 1등 양전척(주척 4.775척)의 양승만을 쓰도록 규정했다. 6개의 양전척을 이용하던 수등이척제에서 1개의 양전척(1等田尺)만을 이용하는 단일양전척으로 바뀌게 된 것이다. 한편 이때 기준척인 1등전척으로 2등전부터 6등전까지의 결부를 어떻게 계산하느냐의 문제가 생기는데, 이는 '준정결부(准定結負)' 즉 해부식을 통해 해결했다. 준정결부는 전품에 따른 면적의 차이를 미리 계산해 놓은 것으로, 이를 표로 정리하면 다음과 같다.

〈조선 전기의 전품과 준정결부〉

		1등전	2등전	3등전	4등전	5등전	6등전
양전척		周尺4.775尺	4.775尺	4.775尺	4.775尺	4.775尺	4.775尺
准定結負	束	1속	8파	7파	5파	4파	2파
		4속	3속 4파	2속 8파	2속 2파	1속 6파	1속
	負	1부	8속 5파	7속	5속 5파	4속	2속 5파
		4부	3부 4속	2부 8속	2부 2속	1부 6속	1부
	結	1결(=2,759.53평)	85부 1파(=2,759.53평)	70부 1속 1파(=2,759.53평)	55부 7파(=2,759.53평)	40부(=2,759.53평)	25부(=2,759.53평)
결 실적		2,759.53평	3,246.12평	3,936.00평	5,010.94평	6,898.82평	11,038.12평

김용섭, 2000, 『한국중세농업사연구』, 지식산업사, 252쪽.

이처럼 해부법은 결부법하의 토지측량이 수등이척에서 단일양전척으로 시행될 때, 기준외 전품의 면적을 미리 계산해 놓은 일람표였다. 이후 '준정결부'를 비롯하여 준수책에 명기된 양전규식은 『속대전』을 통해 법제화되었다.[『속대전』 권2, 「호전」 양전(量田)] 그러나 점차 전품보다는 농지의 실적을 파악하는 타량사업이 양전사업의 주요 목표로 간주되면서, 전품제 하에서 비로소 유의미했던 해부식 역시 그 의미가 점차 퇴색되어갔다.

[참고어] 전제상정소준수조획, 공법

[참고문헌] 김용섭, 2000, 『한국중세농업사연구』, 지식산업사

〈윤석호〉

해사인(解事人) ⇒ 답감유사, 지사인

해세(海稅) 고려시기 원간섭기에 새로 등장한 잡세(雜稅)의 일종.

구체적인 내용은 알 수 없으나, 선세(船稅)와 어량세를 통칭하거나 연해 지방의 주민에게 부과되었을 것으로 추정된다. 충혜왕의 패행인 "민환이 악소배들을 각 도에 나누어 보내, 혹은 산세·해세를 거두고 혹은 무격으로부터도 공포를 징수하니 백성이 고통을 견디지 못하였다.(渙又分遣惡少諸道, 或收山海稅, 或徵巫匠業中貢布, 民不堪苦)[『고려사』 권124, 「열전」 패행 민환])"는 기록으로 미루어 충혜왕 대 재정 확보책과 관련하여 나타난 세목으로 추정할 수 있다.

[참고어] 산세

[참고문헌] 權寧國 外, 1996, 『譯註『高麗史』食貨志』, 韓國精神文化研究院 ; 李惠玉, 1985, 「高麗時代稅制研究」, 梨花女子大學校博士學位論文 ; 박종진, 2000, 『고려시기 재정운영과 조세제도』, 서울대학교출판부 ; 安秉佑, 1988, 「高麗後期 임시세 징수의 배경과 類型」 『한신논문집』 15

〈윤성재〉

해언(海堰) 바닷물의 침입을 막아 농지로 만들기 위해

쌓은 제방 혹은 그렇게 하여 만들어진 농지.

연해 지역의 저지대를 개간하기 위해서는 조수(潮水)를 차단하는 구조물을 설치해야 하는데, 현대사회에서는 이러한 형태의 개간 방식을 간척(干拓)이라고 부른다. 그러나 간척이라는 용어는 일제시기 이후부터 본격적으로 사용되기 시작하였으며, 조선시기에는 이를 가리켜 '축언작답(築堰作畓)' 혹은 '축동작답(築垌作畓)'이라고 하였다. '언(堰)'과 '동(垌)'은 바닷물을 차단하는 제방을 가리키며, '작답'은 이를 통해 제방 내부에 조성된 토지를 농지로 개간하는 것을 말한다. 여기에서 새로 조성한 토지에 남아 있는 짠물을 빼고 관개에 이용하기 위해 별도의 저수지나 구거(溝渠) 등의 수원(水源)을 갖춘 것을 언이라 하고, 강과 바다가 만나는 지형에 설치하여 별도의 수원을 갖추지 않은 것을 동이라 하였다. 혹은 조수를 막기 위해 만든 것을 언이라 하고, 강변에 설치하여 하천수를 막기 위한 것을 동으로 파악하기도 한다.

이와 같은 형태의 언과 동은 17, 18세기에 서해안의 조수간만의 차가 큰 지역의 저지대 개간으로 광범위하게 존재하였고, 이를 이용하여 새로 조성한 토지를 언전 혹은 동전이라고 불렀다. 해언은 이러한 언이 해안 지역에 위치한다는 점을 보다 분명하게 드러내기 위해서 사용한 용어로서 이를 이용하여 간척한 토지를 마찬가지로 해언전이라고 불렀다. 언과 동, 언전, 해언, 해언전은 이처럼 서로 구분되는 용어이지만, 종종 명확하게 구분되지 않고 사용되기도 하였기 때문에 일반적으로 해언이라고 하면 바닷물의 침입을 막아 농지로 만들기 위해 쌓은 제방 혹은 그렇게 하여 만들어진 농지를 통칭한다.

해언이라는 용어가 문헌기록에 등장하는 것은 16세기에 이르러서이지만, 연해 지역에 제방을 쌓아 간척지를 개발한 것은 13세기 중엽 몽골의 침입으로 강화도에 머물고 있던 고려조정의 사례에서 확인된다. 그렇지만 15세기 말엽 이전까지는 바닷물을 막고 제방을 쌓는 데 따르는 기술적인 어려움으로 인해 전반적으로 개발이 저조하였다. 16세기에 이르러 서해 연안 지역의 개간이 활발하게 나타나는데, 이를 주도한 세력은 권력을 통해 개발의 인력을 동원할 수 있는 중앙의 권세가와 왕실이었다. 17세기 이후에는 정부의 수리 정책이 활발하게 전개되고 식자층의 수리에 대한 지식이 심화되는 와중에도 해언에 대한 언급은 거의 보이지 않는다. 그렇지만 조선의 서북부와 서남부 해안 지역에서는 이 시기 이후에도 궁방·아문과 같은 특권 세력과 양반 가문을 중심으로 해언을 이용한 간척지 개발이 지속적으로 이루어졌으며, 개발의 규모도 점차 커져갔다. 이 과정에서 해언 개발을 빙자하여 이미 개간된 토지를 빼앗는 사례가 있어 문제시되기도 하였다.

해언을 축조하는 과정은 소규모 간척의 경우 지형에 따라 몇 달 동안 가족 혹은 동네 사람들의 노동력만으로도 가능하였다. 그렇지만 대규모 간척의 경우에는 수천 명을 넘어서 수만 명에 달하는 인원이 동원되기도 하였으며, 해언을 쌓는 도중에 제방이 무너져 실패하는 사례도 상당하였다. 해언을 쌓는 재료는 기본적으로 갯벌에 있는 개흙을 사용하였으며, 일제시기까지도 석재를 사용하는 일은 흔하지 않았다.

[참고어] 수리, 간척, 개간, 해언전, 해택지

[참고문헌] 송찬섭, 1985, 「17·18세기 新田開墾의 확대와 經營形態」『한국사론』 12 ; 이태진, 1986, 「16세기 沿海 지역의 堰田 개발-戚臣政治의 經濟的 背景一端」『한국사회사연구』, 지식산업사 ; 문중양, 2000, 『조선후기 水利學과 水利담론』, 집문당 ; 양선아, 2010, 『조선후기 간척의 전개와 개간의 정치-경기 해안 간척지 경관의 역사 인류학』, 서울대학교 인류학과 박사학위논문 ; 정윤섭, 2011, 『조선후기 海南尹氏家의 海堰田 개발과 島嶼·沿海 經營』, 목포대학교 한국지방사학과 박사학위논문 〈이민우〉

해언전(海堰田) 갯벌을 막아 만든 연해 지역의 간척지.

언전(堰田)·해전(海田)이라고도 한다. 임진왜란 이후 조선사회에는 황폐해진 국토를 재건하기 위한 황무지 개간과 수리사업 확충이 시급한 과제였다. 바닷가의 황무지를 개간하는 간척사업도 매우 중요하게 다루어졌다. 서남해안 지역은 황무지를 재개간해 가는 과정에서 간척이 활발하게 진행되었다. 간척은 면세 혜택이 주어지고 수전형성이라는 이점 때문에 지속적으로 이루어질 수 있었다. 또한 간척기술의 발달과 염분기가 있는 토지에서 재배할 수 있는 벼 품종도 도입되어 간척이 더욱 활성화되었다. 그 일례로 해남지역의 재지사족은 지리적 이점, 풍부한 노비노동력, 경제기반, 그리고 재지사족으로서의 정치적 영향력을 확보하여 대규모 해언전을 개발해 갔다. 해남지역은 지리적으로 서남해가 교차하며 다도해와 인접하고 있고 점토 실토 등의 미립물질이 쌓인 넓은 갯벌이 펼쳐져 해언전 개발에 매우 유리한 조건을 지니고 있었다.

해언전의 개발은 갯벌이나 무주 진황처에 방축을 쌓아 막대한 농지를 확장하는 방식으로 이루어졌다.

양반 사대부들은 해언전을 개발할 때 해택이나 무주지에 대한 절수입안을 받아 자기 권리의 확보에 나섰다. 해언전 간척은 16세기 중반부터 18세기까지 성행했는데, 17세기에 가장 집중적으로 이루어졌다. 가장 큰 규모로 간척이 이루어진 주요 전장은 해남 현산 백야지(백포, 희어기)이며 이곳은 조수 간만의 차가 크고 넓은 갯벌층을 이루고 있어 진황지로서 해언전 간척에 매우 유리한 조건을 갖추고 있다. 해언전 간척과 도서경영의 큰 전장이 있었던 진도가 바로 앞에 마주하고 있는 등 서남해 연안항로와 연결되는 중요한 지점이기도 하다. 그 외 화산 인근섬인 죽도, 황원면 무고진, 마포면 당두랑, 진도 굴포, 노화도 석중 등 해남 내 여러 지역에서 해언전 간척이 이루어졌다. 해남윤씨가의 경우 전체 소유토지가 2,000여 두락이 넘는 막대한 규모였는데, 이 중 해언전이 240여 두락 가량 되었다. 조선 중후기 양반가의 해언전 개발은 풍부한 노비노동력을 이용하여 진행되었다. 그들은 포구 연해지역에 거주하며 언전 개발이나 조운·선격 등에도 참여한 포작노비, 거포노비 등이다. 노비를 급가형태로 동원한 모습도 나타난다. 해언전은 관리문제 등으로 경작농민들과 분쟁이 일어나기도 했다. 그리하여 해언전 관리는 전장관리소인 별서지(別墅地)를 통해서 이루어졌다. 조선 후기 해언전의 개발은 재지사족들이 노비노동의 감소와 지주직영지의 확대, 상품화폐 경제의 활성화 등의 시대 변화상에 적응하여 생겨난 능동적 토지경영의 일환이었다.

[참고어] 간척, 제언, 해언, 해남윤씨가 농장, 해택지

[참고문헌] 이태진, 1983, 「16세기 연해지역의 제언개발」 『김철준 박사 화갑기념사학논총』, 지식산업사 ; 송찬섭, 1985, 「17·18세기 신전개간의 확대와 경영형태」 『한국사론』 12 ; 최원규, 1985, 「한말·일제사의 농업경영에 관한 연구-해남윤씨가의 사례」 『한국사연구』 50 ; 이민우 외, 2010, 『조선후기 간척과 수리』, 민속원 ; 정윤섭, 2011, 『조선후기 海南尹氏家의 海堰田개발과 島嶼·沿海 經營』, 목포대학교 박사학위논문 〈고나은〉

해택지(海澤地) 해안과 물가의 저습지.

[참고어] 진전, 개간, 간척

해평윤씨가 아산농장(海平尹氏家 牙山農場) 한말 일제시기 윤치소(尹致昭) 가 충청남도 아산군과 당진군에 설립 운영한 농장.

윤치소 집안은 한말 무관출신의 개화파 집안으로,

해평윤씨 아산농장(윤보선 전 대통령 생가)

부친 윤영렬(尹英烈)은 한말 내무참의(1895), 안성군수(1898), 육군참장을 지냈다. 형 윤치오(尹致旿)도 학부 학무국장을 역임했지만, 윤치소는 별다른 관직 없이 농업경영에 종사하였다. 1902년 1월 부친으로부터 토지를 물려받아 충청남도 아산군 둔포면 신항리에 농장 사무소를 개설하였다. 장남 윤보선(尹潽善)의 학업 관계로 1908년 전후 서울로 이전한 후, 전 현직관료 지식인 유지와 교류하면서 적극적인 경제활동을 하였다. 당시 관료출신 지주와 부호들 사이에 몰아친 회사설립 붐에 편승하여 윤치소도 1909년 양화제조업체 경성혁신점(京城革新店)과 1911년 직물회사 경성직뉴주식회사(京城織紐株式會社)을 설립 경영했지만, 큰 성과를 올리지 못했다.

1920년대에 들어서 윤치소는 기업경영이나 투자대신 지주경영에 집중하였다. 1911년 3월 동양척식주식회사가 농사개량을 보급선전할 목적으로 조직한 농담회 회원이기도 했던 그는 소작료에만 기생하는 종래의 방식 그대로 안주할 수가 없었다. 아산농장을 근대적 농장제로 운영하면서 가산의 증식과 식민지 시장체제에 능동적으로 적응해갔다. 농장 안으로는 소작인에 대한 효과적인 관리감독, 그에 기초한 토지 농사개량을 통해 농업생산력 증식을 도모해 갔으며, 농장 밖으로는 집안의 정치적 영향력을 배경으로 부동산금융을 적극 활용하면서 토지소유를 확대하였다.

농장은 농감을 매개로 소작인에 대한 농사지도와 감독을 실현해 갔다. 해마다 2월 모든 농감들이 참석하는 농감회를 열고, 여기서 그해 농사개량과 농업지도의 제반사항을 논의하고, 결정된 사항을 소작인에게 실행하도록 했다. 윤치소는 농감의 중요성과 그에 따른 폐단도 잘 알고 있었기에 농감들을 견인 견제할 수 있는 인물로서, 아산에 거주하는 믿을 만한 지주를 농감의 총감독으로 임명하고 농장관리를 위탁하였다.

농감의 수는 토지소유의 추이에 따라 40~50여 명에 달했다. '지주의 이해는 소작인의 충실여하에 달렸다'는 윤치소의 평소 생각에 따라, 농사일에 태만할 경우를 제외하고 소작권의 빈번한 이동을 금지했으며, 우량소작인에 대한 표창제도도 실시하였다. 각 농감의 관할별로 5~10두락 규모의 표창답을 마련하여 해마다 우량소작인 1등 1명에게 가작하도록 하고 2등 수명에게 삽을 1개씩 지급하였다. 아울러 1917년 농사개량을 추진하기 위한 기구로 자신을 포함한 소작인들로 구성된 윤씨농업조합을 조직하였다. 1925년 현재 적립금 4,000~5,000원, 조합원 60명이었다. 농장에서는 우량종자를 소작인에게 공급해주고 추수 때 환수했으며, 화학비료도 은행이자로 공급하였다. 비료대금은 지주와 소작인이 절반씩 부담하였다. 화학비료뿐 아니라 녹비·퇴비의 시비도 적극적으로 장려하였다. 적절한 증비는 수익증가로 나타났다. 1925년 경우 비료용 대두박 600원 어치를 투입하여 160석(=순수익 870원)의 증수를 보았다.

소유 토지는 아산군을 중심으로 당진군·예산군·연기군 등 충청남도 지역에 집중되었고 이후 경기도·강원도로 확대되었다. 윤치소 일가는 1930년대 초반이후 600~1,000정보에 달하는 대토지를 소유했는데, 이 중 장남 윤보선의 토지는 1932년 98정보, 1935년 270정보, 1936년 279정보, 1942년 61정보에 달했다.

〈윤치소 일가의 토지소유 현황(단위: 정보/석)〉

연도	전답	산림	대지	합계(정보)	소작료(석)
1930	251	12		263.0	9,369
1932	944	217		1,161.0	9,000
1935	1,182	217		1,399.0	12,500
1936	1,073	-		1,073.0	14,005
1942	638.3	-	20.6	658.9	8,050

출처 : 오미일, 2012, 「근대 한국인 대지주층의 자본축적 경로와 그 양상-尹致昭一家의 기업투자와 농업 경영-」『韓國史學報』 47, 183쪽.

토지소유 추이를 보면 1930년 251정보에서 1932년 944정보로 3배 이상 급증했는데, 이는 세계대공황과 그에 따른 농업공황으로 경제적으로 파산했던 소농민의 토지를 헐값으로 대규모로 매집했기 때문이다. 이때 동원된 자금은 소유 토지를 담보로 동양척식주식회사나 조선식산은행에서 차입한 저리의 부동산금융이었다.

1918년 이래 동척 경성지점과 거래해온 윤치소는 한창 토지집적에 열중할 때인 1933년 7월경 소유경지 944정보 중 74%에 달하는 700정보가 동척에 담보로 설정되어 있었다. 보다 좋은 조건으로 원활하게 자금을 차입하기 위해 거래금융기관을 일원화하거나 금리인하 때마다 수시로 금융기관에 대출이자인하를 요구하거나 저리 차환하여 수익구조의 개선을 꾀했다. 1932년 8푼 8리의 이자율로 차입한 동척 대부금으로 9푼 3리에서 1할 8푼에 이르는 식산은행 차입금을 청산함으로써 3,100여 원의 이자비용 지출을 줄이기도 했다. 다양한 방식으로 이루어진 금융특혜는 윤치소 일족의 정치적 지위에서 말미암은 것이었기도 했다. 1920년 12월 경성부 학교평의원선거에 출마하여 당선되었고 1924~1927년 조선총독부 중추원 참의를 역임했다. 1938년 5월 조선기독교연합회 평의원, 1941년 조선기독교장로교 애국기헌납기성회부장으로 활동하였다. 해방 후 농지개혁 당시 윤보선의 피분배 농지규모는 293.6정보(논 258.7정보, 밭 34.9정보)였고, 이들 토지는 일제하 윤치소가 집적한 것이었다.

[참고어] 동태적 지주, 농지개혁, 소작인조합

[참고문헌] 오미일, 2012, 「근대 한국인 대지주층의 자본축적 경로와 그 양상-尹致昭一家의 기업투자와 농업 경영-」『韓國史學報』 47

〈이수일〉

행심책(行審冊) 조선시기 군현에서 전세 행정에 사용하기 위해 양안(量案)을 기초로 매년 작성한 장부.

군현의 전세 행정은 양전(量田), 행심(行審), 작부(作夫)의 단계로 진행되었다. 이때 양전은 원칙적으로 20년마다 이루어지나, 이마저도 전국적 단위에서는 잘 시행되지 않았다. 따라서 매년의 수세시 양안에 기재된 내용을 기초로 현재의 농형을 답험하는 과정이 필요한데, 이것이 행심이다. 행심은 보통 매년 8월 초열을 이후에 시행되며, 재상전(災傷田), 진전(陳田), 속전(續田), 가경전(加耕田), 환기전(還起田) 등을 파악해 실결을 확정한다. 행심책은 이때 작성하는 장부로, 토지대장을 등사한 것에 매년 경지의 작황과 경작여부, 소유주의 변화 등의 조사내용을 기입한 것이다. 통상 상지(裳紙)를 붙여 조사내용을 기재했기 때문에 행심상책이라고도 했으며, 답험장부를 뜻한다 해서 답부(踏簿)·재탈급신기성책(災頉及新起成冊)으로 불렸다. 또한 마상초·마상기·도행장부(導行帳付) 등도 행심책의 별칭이다.

애초에 행심책은 작성한 후 등사해 지방의 도호소에 보관했던 것으로 보인다. 그러나 매년 행심책을 만들고 또 별건으로 등사하는 데 드는 비용이 만만치 않았다. 이에 성종 원년 경기도 재상경차관(災傷敬差官) 김유(金紐)는 양안을 등사한 것에다 매년의 조사내용을 기재한 표(標)를 붙이는 방식으로 바꿀 것을 건의했다. 당시 김유의 상서를 통해 행심책의 성격과 기재방식을 살펴볼 수 있는데, "신이 망령되이 말씀드리자면, 따로 한 책을 만드는 것은 불필요합니다. 만일 부득이하다고 하면 한 가지 방책이 있으니, 이른바 행심책은 도행장[양안]을 등사한 것입니다. 따라서 도행장과 한 글자도 다르지 않으니, 그 재상과 등제를 모두 별표에 써서 도행장의 각 자명 밑에 붙이고 도회에 봉장했다가 세를 거두어 다 마치기를 기다려 이를 되돌려준다면, 폐단을 가히 없앨 수 있고 간악한 짓도 가히 막을 수가 있어서 두 가지가 다 온전하게 될 것을 바랄 수 있을 것입니다.(臣妄謂, 不必別作一籍也. 如不得已, 則有一策焉, 所謂行審冊, 乃謄寫導行帳者也. 故與導行帳不差一字, 其災傷與等第, 書諸別標, 貼於導行帳各字名下, 封藏都會, 待收稅旣訖, 還之, 弊可除, 而姦可防, 庶得兩全矣.[『성종실록』 8권, 1년 11월 2일 병자])"라고 하여, 매년 행심책을 별로도 작성해 성책하는 대신 양안에 별지를 붙이는 방식을 제안한 것이다.

이를 통해 보면 행심책은 저본이 되는 양안 혹은 양안의 등사본에다 매년의 답험내용을 기재한 첩지[貼紙, 혹은 상지(裳紙)] 붙인 것으로, 햇수가 지날수록 첩지의 개수도 늘어날 수 있었다. 현존하는 19세기 궁방전·아문둔전의 행심책을 보면 첩지 수십 장이 첨부되어 불룩한 모양을 하고 있는 것도 이 때문이다. 그러나 모든 행심책이 이와 동일한 형태는 아니었으며, 첩지를 붙이지 않고 양안을 등사한 것 위에 조사된 내용을 바로 기재하기도 했는데, 이러한 경우는 행심을 할 때마다 별도의 행심책을 만들었을 것이다.

양안과 마찬가지로 행심책 역시 소유권대장과 조세대장으로서 그 기능을 나누어 살펴볼 수 있다. 우선 소유권 차원에서 볼 때는 매매문기 등의 문서에 사용되는 양안의 자호지번이 행심책에도 수평적으로 보존되어 매년 확인되고 있다. 물론 양안에서 보이는 대록이나 분록 또는 합록 등의 관행으로 인해 소유권 추적 기능에 정확성이 결여되기도 하지만, 이상을 당대 향촌의 관행을 반영한 것으로 이해한다면 양안과 행심책을 통해 18세기 소유권의 존재형식을 이해할 수 있다. 또한 행심책에는 전답주는 물론 시작인까지 기록함으로서 양자의 존재를 확인해주고 있다. 이는 국가의 조세수취를 안전하게 하기 위한 것이지만, 동시에 시작인의 조세부담 양상이 보편화된 상황 하에서 시작주를 보호하기 위한 조치로 이해할 수 있다. 또한 개별적으로는 입안과 매매문기, 분재기 등을 통해 자신의 사적소유를 확인하고 있었으며, 그것이 행심책을 통해 조사될 수 있었다. 그렇지만 여전히 공부로서의 양안과 행심책은 입안과 매매문기, 분재기를 통해 비로소 그 역할을 다할 수 있었다는 점 때문에 기능면에서 완결성을 지니는 것은 아니었다.

두 번째로 조세장부로서의 기능을 살펴보면, 매년 변화하는 농형을 반영하기 위해 양안을 보조하는 장부가 필요했으며, 이는 답험을 통한 행심책의 작성을 통해 마련될 수 있었다. 양안의 자호지번 순대로 재조사된 것이 행심책이라면, 깃기책으로서의 정리방식은 납세자를 중심으로 재정리함으로써 납세자를 확정하는 작업이었다. 따라서 깃기책을 정리하기 위해서는 행심책에서의 시기결 및 유래진잡탈·면세전 등이 조사되어야 했으며, 중앙정부의 급재를 반영하는 선에서 납세액을 확정하고 있었다.

[참고어] 양안, 야초책, 깃기

[참고문헌] 이영훈, 1995, 「16世紀末·17世紀初 慶尙道·平安道의 行審冊 二例」『고문서연구』 7 ; 최윤오, 2000, 「朝鮮後期의 量案과 行審冊」『역사와 현실』 36

〈윤석호〉

행포지(杏浦志) 서유구(徐有榘)가 자신이 직접 체험한 농사경험, 농촌생활 등을 바탕으로 농업기술, 작물 품종명 등을 정리하여 1825년에 저술한 농서.

서유구는 1806년(순조 6) 중부(仲父) 서형수(徐瀅修)가 김달순(金達淳)의 옥사에 연루되어 추자도에 안치되면서 더불어 반강제적인 은거생활에 들어가게 되었다. 43세에 이른 서유구는 은거생활을 꾸려나가면서 직접 농사를 짓고, 고기를 잡으면서 농업경영, 농사기술 등에 대한 견문을 쌓았다. 이러한 농사체험을 바탕으로 지은 농서가 『행포지』이다.

『행포지』라는 제목으로 명명(命名)한 것에 대해 서유구는 자신이 지은 「행포지서」에 다음과 같이 설명하고 있다. 중국 남조(南朝) 진(陳)의 서릉(徐陵)이 지은 「서주자사후안도덕정비(徐州刺史侯安都德政碑)」에 들어 있는 구절에서 따온 것이라 한다. 그 글 속에 '살구꽃를 바라보고 기경(起耕)을 돈독히 하고(望杏敦耕), 창포(菖蒲)를 멀리서 바라보고 수확하는 것을 권장한다(瞻蒲勸穡)'라는 말을 취하여 '행포지(杏浦志)'라 이름지었다는 설명이다. 인용한 구절은 경(耕)과 색(穡)을 제때 해야 한다는 점, 시령(時令)에 맞추어 농작업을 권면(勸勉)하는 것이 지방 수령의 임무임을 강조하는 것이고 결국 농사짓기에 전심전력을 다해야 한다는 뜻으로 새겨볼 수 있다.

서유구는 「행포지서」에서 자신이 농가(農家)에서 부지런히 심신이 피곤할 정도로 애쓰고, 늙어 기운이 빠질 때까지 그치지 않았다고 토로하였다. 그는 경예지학(經藝之學 : 유가 경서를 연구하는 학문)이나, 경세지학(經世之學 : 국가경영을 위한 학문)에 커다란 의미를 두지 못하였고, 자신이 앉아서 말할 수 있고 일어나서 실행할 수 있는 실용(實用)이 곧 범승지(氾勝之)와 가사협(賈思勰)이 정리해놓은 수예지술(樹藝之術 : 농사짓는 방법)에 몰두하였다고 설명하였다. 그리하여 그는 향촌에 거주하는 자신의 힘으로 자신의 먹을 것을 마련하는 선비를 위해 이 책을 지었다고 언급하였다.

서유구는 동속(東俗 : 조선의 풍속)이 잘못되고 사람들이 게으른데(窳惰) 이를 바로잡을 수 있는 법으로 삼을 만한 것이 없다는 현실을 지적하고 있다. 그리하여 농사짓는 처음부터 끝까지에 관한 기술을 모두 이미 시험해보고 효과를 거둔 것을 저술하여 쌓아두었는데, 이것을 묶어서 '행포지'라 이름붙인 것이다.

『행포지』 편찬이 마무리된 것은 서유구가 다시 관직에 나아가게 된 이후의 일이었다. 서유구는 1825년(순조 25)에 「행포지서」를 지었다. 이 무렵 은거하던 시기에 본격적으로 진행하였던 『행포지』 편찬 작업을 종료한 것으로 보인다. 은거 시기에 직접 수행하였던 농법 연구의 한 단락을 이때 마무리한 것이다.

『행포지』에는 서유구가 직접 수행한 농사 경험이 여러 곳에 수록되어 있다. 구전(區田)을 실시한 경험담, 대전법(代田法)을 직접 농사에 적용해 본 체험, 양맥(兩麥)을 재배할 때 시비를 많이 넣어주어야 한다는 요령 등이 『행포지』에 기재되어 있다. 이러한 서유구의 농사 경험이 다른 농서에 수록되어 있는 농업기술과 연결되어 『행포지』를 구성하고 있다.

현재 영인되어 전하는 『행포지』는 일본 오사카(大阪) 나카노시마(中之島) 도서관에 소장되어 있는 『임원경제지(林園經濟志)』에 포함되어 있다. 본래 「본리지(本利志)」가 들어 있어야 하는데 대신 『행포지』가 자리를 차지하고 있다. 판심에 '자연경실자(自然經室藏)'라 적힌 원고지에 내용이 쓰여져 있다. 권1-4 부분만 남아있고, 권4의 뒷부분도 결락된 상태이다. 『행포지』 목차를 보면 권1에 전제(田制), 수리(水利), 율시(律時), 변양(辨壤), 점후(占候), 권2에 어음(淤蔭), 경파(耕耙), 택종(擇種), 운자(耘耔), 수확(收穫), 공치(功治), 개장(蓋藏), 종식(種植), 종도(種稻), 종속(種粟), 종촉서(種蜀黍), 종맥(種麥), 종숙(種菽), 종호마(種胡麻), 종교맥(種蕎麥), 권3에 총론(總論) 종소과(種蔬瓜) 등 채소, 수목 등의 재배법, 권4에 곡명고(穀名攷)이고, 후반은 결락되어 있다.

그런데 미국 버클리대학 동아시아도서관 아사미(Asami) 문고에 『행포지』가 소장되어 있는 것과 비교할 수 있다. 아사미문고 소장 『행포지』는 나카노시마 도서관 소장본의 권1을 둘로 나누어 권1, 2로 삼았고, 권5에 곡명고(穀名攷), 그리고 권6에 오해고(五害攷)가 수록되어 있다. 따라서 오사카 도서관 소장본의 권4 뒷부분 결락된 부분을 버클리대학 아사미문고 소장본으로 보충하면 『행포지』의 본 모습에 가까운 것을 찾을 수 있을 것이다.

[참고어] 서유구, 임원경제지

[참고문헌] 김용섭, 1988, 『조선후기농학사연구』, 일조각 ; 조창록, 2002, 「楓石 徐有榘에 대한 한 硏究」, 성균관대 한문학과 박사학위논문 ; 한민섭, 2010, 「徐有榘의 초고본 『杏蒲志』의 자료적 가치와 『林園經濟志』 찬술과정」 포럼·그림과 책 제5회 학술 발표 ; 김문식 외, 2014, 『풍석 서유구 연구 上』, 실시학사 실학연구총서07, 사람의 무늬

〈염정섭〉

향교전(鄕校田) 조선 국가의 유교 교육기관인 향교의 경영·유지를 위해 절급된 학전.

지방 각 고을 향교의 학전에 관한 규례는 태종 초에 마련하기 시작하여 성종 중반에 법제로 등록되었다. 1406년(태종 6) 각 고을 향교 생도의 정원 및 전지(田地)의 차등을 정하였는데 전토는 제전(祭田)과 늠전(廩田)을 분간하였다. 제전은 유수관·대도호부·목관 모두 6결씩, 도호부·지관 모두 4결씩, 현령·감무는 모두 2결씩으로 늠전은 교수관이 파견되는 고을로서 유수관 50결, 대도호부관 40결, 부관·지관 30결, 교수관이 없는 부관 이하의 각 고을은 10결씩이다. 1445년(세종 27) 전제상정작업 때 제전과 늠전의 구분을 없애고 학전으로 일괄하였으며 액수도 감축하였다. 개성부 20결, 유수부 15결, 목·대도호부 10결, 도호부·지관 4결, 현관 2결씩으로 개정하였다. 1484년(성종 15)에는 주·목·대도호부·부 각 10결, 군 7결, 현 5결로 정돈하고 『대전속록(大典續錄)』에 등록하였다. 수세출납은 수령이 점검하였다.

향교 학전의 설정과 개정은 다른 절급전지에 비하여 큰 특징이 있다. 첫째 개정횟수가 빈번하고 그때마다 액수가 대폭 혹은 소폭으로 감축하고 있는 점, 둘째 『경국대전』 반포 뒤인 성종조 후반에 법전에 등록하고 있는 점이다. 이는 향교가 군현제의 정비에 따라 설치

고을이 증가해 감에 반하여 당초 정한 학전 액수대로 수조지를 절급하기 어려웠기 때문이다. 군자전으로 절급해야 했으므로 군자에 손해가 컸다. 향교전은 성균관의 학전과 달리 출발부터 무주전의 절급을 원칙으로 하였다. 수외둔전(數外屯田), 폐지둔전(廢止屯田), 도망·사망한 절호전(絶戶田), 폐사사전(廢寺社田)·폐목장 등이었다. 그러나 무주전이 흔하지 않았고, 대부분 연고가 있었을 뿐 아니라 개간 또는 겸병의 대상이었기 때문에 종종 소유 분쟁을 동반하였다. 향교 자체에서 식곡(殖穀)을 운영하기도 하고, 토지를 매득하기도 했다. 학전 없는 향교도 많았다. 성종조 이후 향교는 정비되고 증설되었으나 학전 마련이 따르지 못하였으며, 임진왜란을 거치면서 향교를 비롯한 학전은 황폐화되어 갔다.

1910년 4월에 학부령(學部令)으로 「향교재산관리규칙(鄕校財産管理規則)」이 발포되자 향교의 재산은 부윤, 군수가 관리하고 수익은 공익목적으로 사용하기로 하였다. 매년 수지예산을 만들어 도장관(道長官)의 인가를 받게 되었다.

[참고어] 학전, 서원전, 면세전

[참고문헌] 신천식, 1999, 「조선전기 향교의 교과운영과 재정」 『명지사론』 10 ; 이경식, 2006, 『한국 중세 토지제도사』, 서울대학교 출판부 ; 정긍식·田中俊光 역, 2006, 『조선부동산용어약해』

〈고나은〉

향리전(鄕吏田) 고려시기 지방 통치의 일면을 담당했던 향리에게 지급된 토지.

외역전(外役田)이라고도 한다. 고려시기에는 전국의 모든 고을에 수령을 파견하지 못하고 향리에게 지방 통치를 분담시켰는데, 이들이 직접 조세·공부(貢賦)를 수취하고 역역(力役)을 징발하는 등 중요한 몫을 담당했다. 이에 국가에서는 그 직역(職役)에 대한 대가로 토지를 지급하였다.

고려시기 향리는 국초에 반독립적 세력을 펴고 있던 호족에서 기원한다. 중앙집권화가 단행되면서 이들은 점차 향리로 재편되어 지위가 하락되었지만, 국가권력의 말단에 위치해서 일정한 역할을 담당했다. 국가에서는 그 직역에 대한 보수로서 토지를 직전(職田)으로 지급했다. 이 제도가 창설된 것은 향리직제가 마련되는 성종 초로 여겨진다. 전시과가 처음 반포되는 경종대에는 아직 향리제가 정비되기 이전이었으므로, 전국의 호족세력이 향리와 관리의 구분 없이 동일한 체제에 일률적으로 편제되었던 것으로 보인다.

한편 관직과 위계로 토지를 분급했던 998년(목종 1)의 개정전시과에서는 품계별 관직명이 함께 언급되었다. 여기에서도 향리의 직명이 전혀 보이지 않는다. 그러나 『고려사』를 비롯해서 향리들에 관한 기록물인 『연조귀감』, 『경주호장선생안』 등과 각종 금석문에서는 향리에게 주었던 직전을 비롯한 여러 가지 유형의 토지를 확인할 수 있다.

998년의 또 다른 기록에 따르면 "목종 원년 3월에 군현의 안일호장에게는 직전의 반을 주었다.(穆宗元年三月, 賜郡縣安逸戶長, 職田之半.[『고려사』 권78, 「식화지」1 전시과])"고 했다. 향리제가 호장 등의 직책으로 정리된 시기는 983년(성종 2)이었는데, 998년에 안일호장에 관한 규정이 나온다. 안일호장이란 나이 70세가 되어 호장직에서 물러난 사람을 말한다. 이제 호장을 중심한 향리제가 정리된 지 15년이 흘렀는데, 연장자 중에는 어느새 70세가 넘은 사람이 있었다. 그들을 퇴직시키면서 원래 주었던 토지의 절반을 지급하도록 규정한 것이다.

더욱이 그 토지는 '직전'이라 불리고 있어, 직역에 대한 분급지임을 명확히 하고 있다. 비록 구체적인 내역은 알 수 없으나, 기본적으로 향리의 각 직급에 따라 일정한 토지가 지급되었을 것이다. 위 내용이 3월에 반포되었는데, 전시과 개정 시기는 12월이었다. 안일호장의 관련 결정이 전시과의 개정 과정에서 함께 고려된 사항임을 짐작할 수 있다.

이후 1025년(현종 16)에는 "주현 장리의 병이 100일이 차면 경관의 예에 따라 파직하고 토지를 회수하라.(判諸州縣長吏, 病滿百日, 依京官例, 罷職收田.[『고려사』 권78, 「식화지」1 전시과])"고 한 기록이 나온다. 우선 향리를 장리로 파악하고, 이들에 대비되는 중앙의 관료를 경관이라 부르고 있다. 그런데 이들의 임무 규정을 경관의 사례에 준했다면, 향리의 존재가 경관에 준해서 파악되고 있음을 보여준다. 그래서 병이 나서 100일이 차면 더 이상 임무를 수행할 수 없다고 판단해서 그 직책을 거두고 토지 역시 회수하라는 것이다. 향리에게 준 구체적인 직책과 토지가 있었음을 잘 보여주고 있다.

향리 직전의 경우 그 액수나 수급 대상자·범위 등에 대해 구체적으로 남아 있는 것이 없다. 다만 983년에 설치된 공해전시에 들어 있는 장전(長田)을 주현의 호장에게 지급된 직전으로 해석하는 견해도 있다. 하지만 이는 주현의 크기에 따라 5결에서 3결까지 배당되었는데, 당시 호장은 고을에 따라 최대 8명에서 최소 2명에 이르므로 이 적은 양의 토지를 호장의 직전으로 해석하기에는 무리가 있다. 호장 1명에게 돌아가는 토지가 1결도 되지 않는 셈이기 때문이다. 당시 호장의 지위에 비견해서 납득하기 힘든데, 전시과에서는 최소한 17결을 보장하고 있었으며 서리를 맡은 유외잡직(流外雜職)은 20결의 토지를 분급 받고 있었기 때문이다. 이에 장전은 호장의 직무수당을 마련하기 위해 할당된 토지로 추측하기도 한다.

이후 다시 개정되는 문종 대의 경정전시과에서도 향리직이 별도로 표시되지 않아서 역시 어느 정도 분급받았는지 알 수 없다. 그럼에도 고려시기에는 향리에게 직전과 직첩을 주었던 것은 명확하다. 이는 세습의 면에서도 확인할 수 있다. 향리의 직역이 세습되었으므로 향리전은 그 직역을 잇는 자손에게 전해졌다. 이영(李永)은 숙종 대에 과거에 합격하여 관직에 올랐던 인물이었는데, 그가 과거에 합격하기 전에 아버지가 사망하자 그의 영업전을 이으려고 했던 적이 있었다. 이에 대하여 "안성군 사람 이영은 어려서부터 학업에 열중했는데, 안성군의 호장이었던 아버지가 돌아가시자 그 영업전을 이어받으려고 서리가 되고자 했다.(李永字大年, 安城郡人, 父仲宣以本郡戶長, 選爲京軍, 永幼從師學, 父沒, 欲繼永業田, 爲胥吏.[『고려사』 권97, 「열전」10 이영])"는 기록이 보인다.

이영의 아버지 이중선은 안성군의 호장으로 영업전을 보유했다. 그것은 호장에 대한 직전이었던 것으로 보이며, 영업전으로 간주돼 자식에게로 이어질 수 있었다. 하지만 무조건 상속되는 것이 아니라 아버지처럼 일정한 직역을 맡아야 했다. 호장이 아닌 서리직이라도 직역을 담당하면 가능했다. 실제로 아직 젊은 아들이 바로 호장을 맡을 수는 없었을 것이다. 향리 중 최상급인 호장이 되려면 일정한 승진체계를 거쳐야 했으며, 거기에는 상당한 시간이 필요했을 것이기 때문이다. 그래서 서리와 같은 직역을 담당하면 영업전을 이어받을 수 있는 체계가 수립되었다.

직전과 함께 향리에게는 향직(鄕職)과 무산계(武散階)와 관련해서 전시과 분급이 이루어졌다. 이들에 대한 전시과 분급은 1076년(문종 30)에 이루어졌다.

『연조귀감』에는 고려시기 호장 중에서 4품의 대상(大相), 6품의 좌윤(佐尹), 7품의 정조(正朝), 9품의 중윤(中尹)·군윤(軍尹) 등의 향직을 받은 사람들이 보인다. 호장 모두에게 향직을 주었다고 볼 수 없지만, 일부는 받았을 것이다. 당시 향직을 받은 사람들에게는 전시과의 토지가 분급되었다. 경정전시과에서 향직에게 분급된 토지는 다음과 같다.

〈1076년 경정전시과 향직에 대한 급전규정〉

과(科)	품계	전지와 시지 분급액
제12과	대상(4품), 좌승(3품)	전 40결, 시 10결
제13과	원보(4품), 정보(5품)	전 35결, 시 8결
제14과	원윤(6품)	전 30결, 시 5결

출처 : 姜晋哲, 『高麗土地制度史硏究』, 48쪽

문종 대에 다시 개정된 전시과에서는 향직을 가진 자에 대한 토지 분급이 이루어졌다. 즉 향직의 3품에서 6품에 이르는 자들이 전체 18과등 중에서 제12과에서 제14과에 걸쳐 배정되었다. 그다지 높은 등급은 아니지만, 적어도 이들에게는 전지와 시지가 모두 분급되었다.

또 향리의 상층부인 호장에게는 주현군 중 일품군(一品軍)의 지휘자로서 무산계가 수여될 수 있는 기회가 있었다. 무산계에 대해서도 경정전시과에서는 별도의 토지 지급을 규정하였다.

〈1076년 무산계 전시과〉

등급	지급액수	수급자
1	전 35결, 시 8결	관모대장군 운휘장군
2	전 30결	장무장군 선위장군 명위장군
3	전 25결	영원장군 정원장군 유기장군 유격장군
4	전 22결	요무교위·동부위 진위교위·동부위 치과교위·동부위 익휘교위·동부위
5	전 20결	선절교위·동부위 어모교위·동부위 인용교위·동부위 배융교위·동부위
6	전 17결	대장(大匠)·부장(副匠) 잡장인(雜匠人) 어전부악건악인(御前部樂件樂人) 지리업 승인(僧人)

출처 : 姜晋哲, 『高麗土地制度史硏究』, 53쪽

1076년 경정전시과에서 무산계 전시과가 처음 병설되었다. 위의 표에 보이는 무산계 직명은 『고려사』 「백관지」 무산계 항목에 나타난 직명을 모두 포함하고 있지 않다. 일단 무산계의 제1급에서 제3급까지의 최상급이 누락되었다. 어떻든 향직과는 달리 이들은 별도로 6개의 등급이 설정되어 토지 분급이 이루어졌다. 총 6등급 중에서 무산계의 관직은 1과에서 5과에 분포되었다. 최하위 6과에는 다양한 장인과 승려까지 포함돼 있어 무산계에 해당하지 않는다. 이들은 오히려 연속해서 기술하고 있는 별사전전시과에 해당한 것으로 보아야 하며, 『고려사』 편자의 오류라고 할 수 있다.

현재 남아 있는 금석문에는 호장 중에서 무산계를 가진 사례들이 눈에 띈다. 그 중에서 몇몇 사례를 보면 "군사호장 인용교위 이원민(郡司戶長仁勇校尉李元敏[『한국중세사회사자료집』, 정도사오층석탑조성형지기])",

"호장 배융교위 김○○(戶長陪戎校尉金○○[『조선금석총람』 상, 정우사조선종기])", "증조부는 호장 배융교위이며 휘가 균한이었다.(曾祖父戶長陪戎校尉諱均漢[『조선금석총람』 상, 권적묘지])" 등이다.

첫 번째 자료는 경산부 약목군에 정도사 5층석탑을 세우게 된 내력을 기록한 것인데, 탑을 정도사에 세우기로 결정한 때가 1023년(현종 14)이고 당시 호장이 인용교위 이원민이었다. 두 번째 자료에 나오는 정우사(正祐寺) 조선종은 일본 오사카의 정우사에 소장되어 있는 임강사종(臨江寺鐘)을 말한다. 임강사종은 1019년(현종 10)에 울산에서 제작된 종으로, 고려 후기 이후 일본으로 반출된 것으로 추정된다. 여기에는 제작에 참여한 사람들의 명단이 새겨 있었는데, 그 중에서 호장 김○○가 배융교위로 있었다. 세 번째 자료는 권적의 묘지명인데 그의 증조부 권균한이 호장이면서 배융교위였다는 것이다.

이들 자료에서 언급되는 호장들은 모두 인용교위나 배융교위라는 무산계를 갖고 있었다. 이원민의 인용교위는 정9품이고, 김○○와 권균한은 모두 종9품의 배융교위였다. 인용교위는 무산계 29등급 중 26등급에 해당하며, 배융교위는 28등급에 해당한다. 무산계 전시과에서 인용교위와 배융교위에게는 전지 20결이 분급되었다.

고려사회에서 모든 호장이 향직과 무산계를 받았다고 볼 수 없지만, 아마도 상당수가 지급 받았을 것이다. 그렇다면 상당수의 호장은 자신의 직역에 대한 직전과 아울러 향직이나 무산계와 관련해서 별도의 토지를 분급 받았다고 보아도 큰 무리는 아닐 것이다.

향리 중에서 중앙에 올라가서 복무해야 했던 기인(其人)에게도 토지가 지급되었다. 기인은 향리 중에서 병정(兵正)·창정(倉正) 이하 부병정(副兵正)·부창정(副倉正) 이상에 해당하는 자들로 선발했다. 향리의 승진과정은 9단계로 구분되는데, 호장이 9단계라고 한다면 병정·창정은 7단계에, 부병정·부창정은 4단계에 해당한다. 기인으로 올라가야 했던 향리는 중간단계에 이른 자들을 대상으로 뽑혔다. 이들은 족정(足丁)·반정(半丁)으로 묘사되는 일정량의 토지를 분급 받았던 것으로 보인다.

호장을 위시해서 향리의 중간 계층까지는 경제적 혜택이 보장되었으나, 저변에서 실무를 담당하는 하급층에게는 어느 정도 주어졌는지 파악되지 않는다.

고려 중엽 이후에 전시과가 문란해졌고, 그러한 가운데 향리층 내부에도 변동이 일어났다. 상층부는 과거시험을 통해 중앙의 관직 진출을 꾀했고, 하층부는 고역으로 변한 향리직을 피해 유리함으로써 전국의 향리층이 급격히 감소하였다. 또한 국가에서 더 이상 그들의 경제적 기반을 제공해주는 것이 어려워지자, 향리들이 스스로 경제적 기반을 확충하기 위해 권세가들과 결탁하여 토지를 겸병하거나 점탈하였다. 후기에 이르면 향리에게 구분전(口分田)과 위전(位田)이라는 형태의 외역전을 지급했던 것으로 나타난다. 이것이 고려 말 과전법에서는 3결의 구분전과 2결의 세위전(稅位田)으로 구성된 5결씩의 읍리전(邑吏田)으로 지급되었다.

고려시기와 달리 조선시기의 향리는 직무에 대한 대가를 전혀 받지 못했다. 그러므로 향리전은 고려시기 향리의 사회적 지위를 잘 보여준다.

[참고어] 향직전

[참고문헌] 武田幸男, 1966, 「高麗·李朝時代の邑吏田」『朝鮮學報』 39·40 ; 姜晋哲, 1980, 『高麗土地制度史硏究』, 高麗大學校出版部 ; 李惠玉, 1988, 「高麗時代의 鄕役」『梨花史學硏究』 17·18 ; 朴敬子, 1992, 「高麗 鄕吏의 經濟的 基盤」『國史館論叢』 39 ; 강은경, 2002, 『高麗時代 戶長層 硏究』, 혜안 〈강은경〉

향수(鄕遂) 중국 주나라 때 시행된 것으로 전해지는 왕기(王畿) 내 구획 및 민인편재방식 중 하나.

주대 천자의 직할지인 왕기는 사방 1,000리의 규모로, 고전에는 그 내부의 도성건설이나 토지구획, 민인편재 등에 대한 제도가 전해진다. 그 중 향수는 왕기 내 민인을 편재했던 방식이다. 『주례(周禮)』 「대사도(大司徒)」에 따르면 5가(家)를 1비(比), 5비를 1려(閭), 4려를 1족(族), 5족을 1당(黨), 5당을 1주(州), 5주를 1향(鄕)이라 하였다.(令五家爲比, 使之相保, 五比爲閭, 使之相受, 四閭爲族, 使之相葬, 五族爲黨, 使之相救, 五黨爲州, 使之相賙, 五州爲鄕, 使之相賓.[『주례(周禮)』 「지관사도(地官司徒)」, 「대사도(大司徒)」]) 또한 총 육향(六鄕)을 대사도로 하여금 관장하게 했다. 한편 「수인(遂人)」에 따르면, 5가를 1린(鄰), 5린을 1리(里), 4리를 1찬(酇), 5찬을 1비(鄙), 5비를 1현(縣), 5현을 1수(遂)라고도 했는데, 총 육수(六遂)를 수인으로 하여금 관장하게 했다.(遂人, 掌邦之野. 以土地之圖, 經田野造縣鄙, 形體之法, 五家爲鄰, 五鄰爲里, 四里爲酇, 五酇爲鄙, 五鄙爲縣, 五縣爲遂.[「지관사도」, 「수인(遂人)」])

이처럼 『주례』에는 향수를 통한 민인의 편재방식이 서술되어 있지만, 왕기 내의 구체적인 시행지역이나 편재방식 등에 대해서는 내용이 자세하지 않다. 특히 『주례』에는 왕성을 중심으로 그 용도와 목적에 따라 영토를 원지(園地), 근교(近郊), 원교(遠郊), 전지[甸地, 방전(邦甸)], 초지[稍地, 가초(家稍)], 현지[縣地, 방현(邦縣)], 강지[畺地, 방도(邦都)] 등으로 순차적으로 구분하고 있는데(以廛里任國中之地, 以場圃任園地, 以宅田士田賈田任近郊之地, 以官田牛田賞田牧田任遠郊之地, 以公邑之田任甸地, 以家邑之田任稍地, 以小都之田任縣地, 以大都之田任畺地.[「지관사도」, 재사(載師)]), 각 구획의 범위가 얼마인지, 그리고 향수제가 이상의 지역 중 어디에서 시행되었는지 등은 명확하지 않았다.

이에 대해 한대(漢代)의 유학자인 정현(鄭玄)은 주례를 주(注)하면서, 100리까지를 사교, 200리까지를 전지, 300리까지를 초지, 400리까지를 현지, 500리까지를 강지로 비정했다. 또한 6향은 왕성에서 100리까지의 사교 안에, 6수는 200리까지의 전지 안에 거주하는 민을 각각 편재한 것으로 이해했다. 이후 이 같은 정현의 논의는 주례 연구자들 사이에 거의 정설로 받아들여졌다.

그러나 이견이 전혀 없었던 것은 아니다. 대표적으로 다산(茶山) 정약용(丁若鏞, 1762~1836)을 꼽을 수 있는데, 그는 주례에 대한 정현의 이해방식에 의문을 가지고 있었다. 이는 『경세유표(經世遺表)』 등의 저서뿐만 아니라 석천(石泉) 신작(申綽, 1760~1828)이나 추사(秋史) 김정희(金正喜, 1786~1856)와 주고받은 편지 등에도 나타났다. 특히 향수와 관련해서는, 정약용은 왕성 내부의 거주민을 대상으로 6향이 편성되었으며, 왕성으로부터 50리까지인 근교(近郊)의 민인을 대상으로 6수가 편재되었다고 보았다. 물론 이같은 이해의 차이는 비단 향수의 범위에 국한된 것은 아니며, 공간구획, 민인편재, 군사편재, 세법시행 등의 전반적인 왕기 운영원리와도 밀접한 연관을 지닌 것이었다.

한편 『맹자집주』에서 주자는 향수에서의 세법에 대해 언급하기도 했다. 즉 "국중은 교문 내의 향수의 땅이니, 토지를 정전으로 만들어 주지 않고 다만 구혁을 만들어 1/10세[공법(貢法)]를 스스로 바치게 한다.(國中, 郊門之內, 鄕遂之地也, 田不耕授, 但爲溝洫, 使什而自賦其一, 蓋用貢法也.[『맹자집주(孟子集注)』「등문공장구(滕文公章句) 상(上)」])"는 것이다. 즉 향수에서는 정전제나 조법이 시행되지 않은 대신, 평균생산량을 기준으로 1/10 세율을 적용했던 하(夏)나라의 공법이 시행되었다는 것이다.

이상을 종합해 본다면, 향수는 시행된 지역범위에 대해서는 논란이 있지만 대략 왕성에서부터 4교지역의 민인을 편재했던 제도로 이해할 수 있다. 뿐만 아니라 향수가 시행된 지역은 토지의 구획이나 세법, 군역편제 등의 제반 운영원리에 있어서도 그 외의 지역과는 뚜렷한 차이를 지녔다고 볼 수 있다.

[참고어] 정전제, 조법, 공법

[참고문헌] 『周禮註疏』; 『禮記正義』; 『孟子集註』; 『經世遺表』; 김문식, 1990, 「정약용과 신작의 육향제 이해」 『한국학보』 61 ; 최윤오, 2013, 「반계 유형원의 봉건군현론과 공전제」 『동방학지』 61

〈윤석호〉

향직전(鄕職田) 고려시기 전시과(田柴科)에서 향직(鄕職)을 지닌 자에게 주었던 토지.

기록상으로는 전시과가 최종 정리된 문종 대의 경정전시과에서 처음 보인다. 『고려사』의 찬자는 고려의 관직과 관계에 대하여 나름대로 설명을 하고 있지만 미비한 점이 많다. 향직의 경우도 후대 연구자에게 혼란을 준 사례에 속한다. 『고려사』 「선거지」 향직 조항에 호장·부호장 등 향리(鄕吏)도 서술하고 있는 관계로 향직전과 향리전을 혼동하기도 하였다. 하지만 대광·정광 등의 향직과는 계통을 달리하는 호장·부호장의 향리직은 따로 존재했다. 따라서 향직전을 제대로 이해하기 위해서는 상당한 기간 향직에 대한 정리가 선행되어야 했다.

향직은 궁예가 마진시대(摩震時代)에 창설했던 관품에서 기원하는 것이고, 향리직은 신라의 관직명에서 이끌어온 것으로 그 계보를 달리한다. 또한 고려 초기의 관계는 여진이나 탐라, 발해 등지에서 내투(來投)해온 자들에게도 수여되었는데, 이러한 전통이 향직으로 계승되었다. 향직을 수여받은 계층 중에는 향리뿐만 아니라 군인, 양반, 서리, 무산계를 가진 자, 그리고 여진의 추장도 포함되었다. 이는 관직이라기보다 '작(爵)'의 의미를 지닌 것으로 보인다. 향직은 대체로 관인과 구별되는 특정 부류에게 수여한 영예적 칭호였다.

향직의 '향(鄕)'은 '경(京)'에 대칭되는 의미로 이해하여 향직을 '지방 위계체제'로 해석하기도 하지만, 그보다 당악(唐樂)에 대한 향악(鄕樂)과 같이 '당(唐)'에 대비되는 '향'으로 보아, 국풍 또는 고려풍을 의미하는 것으로 보기도 한다.

고려 초기의 관계는 983년(성종 2)을 전후하여 중국식 문산계가 도입되면서 중앙의 문·무의 관료는 문산계로 전환되었다. 그러나 계속해서 구래의 고려식 관계를 지녔던 사람들을 정리하지 못하다가 995년(성종 14)에 무산계가 도입되면서 기존의 관계 소유자들에게 문산계로 전환해주는 정책을 취했다. 당시까지도 대광(大匡)·정광(正匡)·대승(大丞)·대상(大相)과 같은 고려식 관계가 병용되었다.

문·무 관료는 995년 이후 문산계를 받았지만 일부는 여전히 향직을 받았다. 당시 중앙의 관인 중에는 중국 것을 본받는 것에 대해 탐탁하게 여기지 않았던 사람도 있었다. 문산계가 도입된 지 오랜 시간이 흐른 뒤에도 선대의 공신들에게 향직이 수여되었다.

1033년(덕종 2)에 "선대의 공신에게 증직을 주었는데 최응에게 사도를, 유신성에게 태부를, 최승로에게 대광을, 최량에게 삼중대광을, 서희에게 태사를, 이지백에게 대광을, 이몽유에게 사공을, 한언공에게 태부를, 김승조에게 사공을, 최숙에게 태사를, 강감찬에게 대승을, 최항에게 정광을 가하였다.(德宗癸酉二年十月甲辰, 贈先代功臣, 加崔凝司徒, 劉新城太傅, 崔承老大匡, 崔亮三重大匡, 徐熙太師, 李知伯大匡, 李夢游司空, 韓彦恭太傅, 金承祚司空, 崔肅太師, 姜邯贊大丞, 崔沆正匡.[『고려사』 권5, 「세가」5 덕종 2년 10월 갑진])"는 기록이 있다. 문산계가 도입된 지 이미 40년이 지난 뒤임에도 비록 증직이지만 선대의 공신들에게 향직이 수여되었다. 이들 중 몇 명은 이미 성종 대에 향직의 전신인 관계(官階)를 수여받았다. 983년에 최승로는 정광의 지위에, 서희나 이지백도 좌승의 지위에 있었다. 이들에게 더 높은 향직이 수여되었다.

여기서 언급된 인물들은 문산계가 도입된 후에도 살아 있었다. 최승로는 989년까지 살았고 최량은 995년, 서희는 998년(목종 1), 한언공은 1004년(목종 7), 최항은 1026년(현종 17), 강감찬은 1032년(덕종 1)까지 살았다. 이들에게 향직을 증직하고 있는 것을 보면 이때에도 향직의 전통을 중시했던 일부 관료들에게는 사용되었던 것으로 보인다. 이들에게는 여전히 향직이 중시되었다. 그것은 향직이 중국의 문산계에 대비되는 고려의 독자적인 질서체계였기 때문으로 보인다.

한편 향직과 대비하는 용어로 정직(正職)이나 동정직(同正職)이 등장한다. 1044년(정종 10)에 장주와 정주, 원흥진의 3성을 쌓았는데 그와 관련하여 포상이 이루어졌다는 기록이 있다. "병마사 김영기가 아뢰기를, 이제 장주와 정주 두 주 및 원흥진에 성을 쌓아 빠른 시일 안에 역을 마치게 되었으니 노고가 매우 많았습니다. 그 역을 감독한 주진의 관리 가운데에 1과 7품 이상에게는 정직 1급씩 올리고 그 부모에게도 봉작하며, 8품 이하에게는 정직 1급씩 올려 차례대로 계직(階職)을 더하고, 2과에게는 정직 1급과 아울러 계직을 더하소서. 또한 이 3성의 지대는 본래 적의 소굴이라서 침략당할까 염려되어 병마사의 군사를 요해처에 나누어 주둔시켜 수륙으로 막아 적이 접근할 수 없도록 하였습니다. 그 군사로서 1과의 별장 이상에게는 정직 1급씩 올리고 부모에게도 봉작하며, 대정 이상에게는 정직 1급과 아울러 향직을 올리고, 군인에게는 향직 1급씩 올리며, 2과의 대정 이상 및 선두(船頭)에게는 정직과 향직 1급을 더하고, 군인 및 초공[사공]·수수[수부]에게는 향직을 더하고 또 물품을 차등 있게 하사하십시오. 성을 쌓을 때에 출전하여 공이 있는 1과의 섭병부상서 고열 등 10명과 1과의 소부감 유교 등 5명, 2과의 대악승 정패 등 5명에게 또한 포상을 더하여 장래를 권장하소서 하니, 명하여 그렇게 하라고 하였다.(兵馬使金令器奏, 今築長·定二州及元興鎭城, 不日告畢, 勞效甚多. 其督役州鎭官吏, 一科七品以上, 超正職一級, 父母封爵, 八品以下, 超正職一級, 加次第階職, 二科加正職一級, 并階職. 且三城之地, 元是賊巢, 侵擾加慮, 兵馬軍事, 分屯要害, 水陸円禦, 賊不得近. 其軍士, 一科別將以上, 超正職一級, 父母封爵, 隊正以上, 超正職一級, 并鄕職·軍人, 超鄕職一級, 二科隊正以上, 及船頭, 加正鄕職一級, 軍人及梢工水手, 加鄕職, 且賜物有差. 當築城時, 出戰有功, 一科攝兵部尙書高烈等十人, 次一科少府監柳喬等五人, 二科大樂丞鄭覇等五人, 亦加褒賞 以勸後來 制可.[『고려사』 권6, 「세가」6 정종 10년 11월 을해])"

이 기록에서는 병마사 김영기가 3성을 쌓을 때 감독한 관리와 군사들을 포상하자는 건의를 올려 허가를 받는 과정을 보여주고 있다. 특히 3성의 군사 중 1과에 속하며 별장 이상인 사람에게는 정직을 더해주었지만, 대정 이하에게는 정직과 향직을 주고 일반 군인에게는 향직만 더해주었다. 즉 상위의 직책일수록 정직이 가해졌고 아래로 내려올수록 향직만 내려주었다. 그만큼 향직은 정직과 비교해서 하위로 인식되고 있음을 알 수 있다.

그럼에도 향직에게는 토지의 수여라는 실질적인 혜택이 적용되었다. 향직에 대한 토지 분급은 1076년 문종 대의 전시과 개편에서 이루어졌다. 그 내용은 다음과 같다.

〈1076년 경정전시과 향직에 대한 급전규정〉

과(科)	품계	전지와 시지 분급액
제12과	대상(4품), 승(3품)	전 40결, 시 10결
제13과	원보(4품), 보(5품)	전 35결, 시 8결
제14과	원윤(6품)	전 30결, 시 5결

출처 : 姜晋哲, 『高麗土地制度史硏究』, 48쪽.

향직이 전시과의 지급대상으로 나타난 것은 문종대 경정전시과가 처음이다. 그렇다면 이전에는 관직이 있었음에도 아예 고려되지 않았던 것일까라는 의문이 든다. 976년(경종 1)의 시정전시과에서 자삼 이상, 곧 원윤 이상에게 전시를 지급한 규정이 있었으므로, 향직 소지자에게도 토지를 분급했다고 보는 편이 옳을 것 같다. 다만 목종 대의 개정전시과에서 보이지 않았던 것에 대해서는 아직까지 납득할만한 설명이 나오지 않았다.

위의 표에서 제13과로 나타난 5품의 정보는『고려사』에서 7품의 정조(正朝)로 표기되어 있으나 착오가 분명하므로 수정하였다. 표에 따르면 향직 중 4품의 대상과 3품의 좌승은 전시과의 제12과에 해당하여 전지 40결과 시지 10결을 분급 받았고, 4품의 원보(元甫)와 5품의 정보(正甫)는 제13과에 해당하여 전지 35결과 시지 8결을 분급 받았다. 또 6품의 원윤은 제14과에 해당하여 전지 30결과 시지 5결을 분급 받았다.

향직의 최고 등급인 3품이 제12과에 해당하는데, 이는 정직(正職)에서는 정8품 산원(散員)에 상당한다. 향직에게는 정직에 비해 상당히 낮은 등급의 토지를 지급하였다. 고위의 향직이 하위 품계의 정직과 동등하게 취급되었는데, 이는 향직이 실제 업무를 보지 않는 직책이기 때문으로 보인다. 하지만 적어도 전지와 시지 모두 분급받는 제14과 이상에 해당된다는 점은 주목된다.

향직에 대한 전시과의 지급에서 상한과 하한이 한정되어 있다는 점은 지금까지 제대로 풀리지 않는 의문으로 남아 있다. 상한이 좌승으로 한정되어 있는데 대승 이상에 대해서는 어떠한 혜택이 주어졌는지 확인할 수 없다. 하한도 원윤으로 되어 있으며 그 이하에 대한 혜택 역시 전혀 보이지 않는다. 다만 중앙의 관료들에게는 대개 원윤 이상의 향직을 내렸던 것으로 보아 실질적인 혜택을 누릴 수 있도록 조치했다고 생각된다. 더불어 지방의 향리나 여진의 추장에게는 대부분 좌윤 이하의 향직을 내렸던 것으로 보아 명예적인 의미만을 주었던 것이 아닐까 추정된다.

하지만 대승 이상의 향직은 국가로부터 전정(田丁)의 지급을 받았음이 기록에서도 확인된다. 1028년(현종 19) 5월에 결정된 사항으로 "향직으로 대승 이상과 정직으로 별장 이상의 사람은 죽은 후에도 전정이 체립되며 향직 좌승 이하와 원윤 이상, 정직 산원 이하는 나이가 70세가 되면 그 자손으로 하여금 체립하게 한다. 후손이 없는 자는 죽은 후 체립한다.(鄕職大丞以上, 正職別將以上人, 身死後田丁遞立, 鄕職左丞以下元尹以上, 正職散員以下, 年滿七十人, 令其子孫遞立, 無後者, 身歿後遞立.[『고려사』 권78, 「식화지」1 전제])"고 되어 있다.

여기서 향직은 정직의 장교와 같이 전정을 체립하는 존재로 나타난다. 그런데 향직의 분류 방법은 두 가지로 나뉘는데 첫째 대승 이상의 계층이 있었으며, 둘째 좌승 이하와 원윤 이상에 해당하는 계층이 있었다는 것이다. 토지의 수혜층에서도 대승 이상, 좌승 이하와 원윤 이상, 좌승 이하 등 세 부류의 구분이 있었음을 시사해준다. 좌윤 이하에 대해서 아예 서술조차 하지 않는 것은 정직의 산원 이하까지 언급했던 것과 비교된다. 즉 이것은 단순한 오류로 인한 것이 아니라 좌윤 이하의 향직 수여층이 급전규정에서 정식으로 누락되었던 것으로 이해해야 할 것이다. 이는 경종 이래 이들에 대한 사회적 평가나 국가적 보호가 매우 희박하게 되었으며, 관료는 관직에 따라 파악되고 관계(官階) 소유만으로는 그 이상의 관심을 받기 어려웠던 현실이 반영된 결과로 보인다. 이제 국가는 관계가 아니라 관직에 의해 파악했다.

향직은 초기에 형성된 독자적인 관계였지만, 13세기 말 충선왕 대에도 여전히 존재하였다. 1298년의 충선왕 즉위 교서 가운데에 "1. 문무·양반과 정·잡로의 모든 유직자는 차례에 따라 동정직을 더해주고, 전에 은혜를 입지 못한 자는 지금 은혜를 입은 자와 아울러 관직을 주도록 허가하되, 전에 향직을 가진 자는 차례에 따라 향직을 더해주고 관직에 만기가 된 자는 향직계를 높여주어라.(一. 文武兩班, 正雜路, 凡有職者, 加次第同正職, 前恩未蒙者, 幷以今恩, 許蒙, 前有鄕職者, 加次第鄕職, 官滿者, 加鄕職階.[『고려사』 권33, 「세가」33 충선왕 즉위년 1월 무신])"라는 부분이 보인다.

충선왕이 즉위에 임하여 관료들에게 여러 가지 혜택을 베풀었는데, 현직에 있는 자들은 모두 동정직을 더해주었다. 그에 비해 전에 향직을 가진 자들에게는 향직을 더해주고 만기가 된 자는 향직계를 높이도록 하였다. 이때까지도 여전히 향직이 제수되었다. 이것을 마지막으로 더 이상 향직에 관련된 기사는 보이지 않는다. 이 시기를 전후하여 점차 소멸된 것으로 추정된다.

관직·관계와 별도로 존재했던 향직체제는 초창기의 독자적인 체계에서 비롯된 고려식의 질서체계였다. 그래서 중국적인 문산계 등의 체계에 대비하는 국풍적(國風的)인 관직체계로 이해되는데, 국가·왕실에 대한 유공자와 무관(無官)의 노인, 무산계(武散階)의 소지자,

군인, 서리, 양반, 장리(長吏), 여진의 추장 등에게 수여되었다. 10세기 말부터 13세기 말까지 거의 300년 동안 존속하였다.

[참고어] 향리전, 전시과

[참고문헌] 武田幸男, 1964,「高麗時代の鄕職」『東洋學報』47－2 ; 李純根, 1983,「高麗初 鄕吏制의 成立과 實施」『金哲埈博士 華甲紀念史學論叢』; 박용운, 1993,「관직과 관계」『한국사 13-고려 전기의 정치구조』; 박용운, 1997,『高麗時代 官階·官職 硏究』, 고려대학교 출판부 ; 金甲童, 1997,「高麗初의 官階와 鄕職」『國史館論叢』78

〈강은경〉

향탄토(香炭土) 능(陵)·원(園)·묘(墓)에서의 제사비용 또는 기타 경비를 충당하기 위하여 설치·운영한 토지로, 전답 등의 경지 외에 산림도 포함한 용어.

향탄이란 명칭은 조상의 제사를 향화(香火)라고 한 데서 유래되었고, 향탄토 중 경지에 대해서는 도조를 징수하여 제사비용에 충당하였으며, 산림에 대하여는 제사에 필요한 향목과 목탄 등의 물품을 부과하였다. 후대에는 이들 물품을 대신하여 금전으로 수납하였는데 이것이 향탄세였다. 향탄토의 기원은 명확하지 않지만, 직전의 폐지와 위토의 부여 후에 부족했던 경비를 충당하기 위하여 설정된 것으로 추정되며, 그 연대는 적어도 위토 설정 이후라고 볼 수 있다. 향탄토의 경지에 대해서는 마름과 소작인이 있었고 일정한 도조를 징수하여 큰 분쟁이 발생하지는 않았지만, 산림은 이와 반대로 분쟁이 많이 발생하였다.

향탄토 중 산림은 향탄산 또는 향탄위산(香炭位山)으로 불리기도 하였는데, 국유림에 향탄의 이름을 붙이고 따로 산번(山番)을 두지 않았으며, 소재지는 사원(寺院)의 영역 안과 국유산(國有山)에 위치하였다. 원래 참봉이 공조에 보고하고 경계표를 성하였지만 그 성표(定標)에 대한 문적이 없는 막연한 구역이 존재하였고, 부근의 촌락 또는 사원의 승려에게 이를 간수시켜 산림 수익의 약간을 징수시키는 등 그 관리가 충분하지 않았다. 1406년(태종 6)의 기록에 따르면 숯을 굽게 하여 탄가(炭價)를 받는다는 내용이 있으며, 1417년에 호조에서 수탄지법(收炭之法)을 만들었다고 한다. 원래 향탄산에서는 경작과 목축, 도벌과 남벌 등을 금지하였다. 하지만 백성들이 입목을 남벌하고 화전을 개간하여 거의 무주공산 상태가 되는 경우가 많았다. 이에 더하여 화전 개간자에 대하여 '화속(火粟)'이라는 애매한 과세를 붙여 오히려 개간을 장려하려는 듯한 현상이 있었다. 결국 일제가 토지조사사업을 할 때 토지소유권과 관련한 분쟁이 제기되었다. 광무연간의 조사에 의하면 향탄토의 결수는 749결 32부 1속으로 대전(代錢) 4,154원 70전이었다.

[참고어] 능원묘위전

[참고문헌] 和田一郎, 1920,『朝鮮土地地税制度調査報告書』

허균(許筠) ⇒ **한정록**

허질(許耋) 1798년(정조 22) 권농정구농서윤음(勸農政求農書綸音)에 응하여 농서를 올린 40인 중 한 사람.

당시 남원(南原)의 유학(幼學)으로 기록되어 있다. 그가 올린 농무(農務)의 여러 조항은 양전(量田)하는 일, 병정(丙丁)의 첨분(簽分)은 놀고먹는 이에게서 징발하여 농민에게 횡침(橫侵)하지 못하게 할 것, 상인을 천시하고 농민을 중시할 것, 나무를 기르고 그것을 베는 것을 금지할 것, 사치풍조를 금지시키고 아껴 쓰도록 할 것, 팔도에 미리 제방을 쌓게 하고 때맞추어 근만(勤慢)을 살필 것, 여유 있는 것을 기부하고 부족한 것을 도와 진휼할 것, 환곡을 낼 때 징족(徵族)과 징리(徵里)를 금지할 것, 농사를 망쳤을 때 국가의 용비(冗費)를 절약하고 이듬해 봄에 전가(田家)의 복세(卜税)를 절반으로 감해줄 것, 부역을 놀고먹는 사람에게 분담할 것, 남원 등 일곱 읍의 전세(田税)를 성당포(聖堂浦)에 납부하는 일, 복세를 바치는 일 등을 담고 있다.

[참고어] 응지진농서

[참고문헌]『정조실록』; 농촌진흥청 역, 2009,『응지진농서Ⅱ』, 진한M&B

험조(驗潮) 연해안 각지의 평균 해수면 높이를 결정하는 작업.

험조는 평균 해수면의 높이를 측정하는 작업으로 삼각측량의 과정인 수준측량(水準測量)의 기초가 된다. 일제는 토지조사사업을 수행할 때 조선의 토지를 측량하기 위한 기초 작업으로 험조를 실시하였다. 그리하여 일제시기 평균 해수면의 높이측정은 험조장(驗潮場)에서 실시하였다. 험조장의 위치는 해당 지역의 조석간만의 차와 조류 속도, 해저의 깊고 얕음, 해수의 온도, 유영 및 풍위 등을 고려하여 선정하였다. 험조는 1911년 7월에 조석간만의 차가 적은 동해안의 청진과 원산에서부터 목포, 진남포, 인천의 순서로 실시하였다.

험조장의 구조는 각지의 조건에 따라 조금씩 다르지

만 육상에 설치한 것은 험조의 기준면이 되는 험조정(驗潮井), 험조정과 해수를 연결하는 수로(水路), 자동으로 조위(潮位)를 기록하는 험조의(驗潮儀)가 설치된 험조실로 구성되어 있다. 수준기점은 표석을 묻어 표시한다. 이러한 험조장의 건설은 청진·원산에서 1911년 7월부터 시작해 1913년 12월 하순 인천에서 종료되었다. 청진에서는 약 510엔, 인천에서는 그 20배에 달하는 10,907엔의 경비가 지출되었다.

험조장에서 험조의를 통해 관측된 조위는 장기간의 관측 결과를 통해 정밀한 수치를 얻을 수 있으므로 약 1~3년에 이르는 해수면의 최고조위·최저조위 관측 결과를 통해 평균해수면을 산출해낸다. 계산법은 매일 기록된 해수면의 곡선과 기준저선, 양 끝단의 선으로 구획된 면적을 기준저선으로 나누어 날마다의 평균해수면을 산출하고 이 수치의 총합을 총 일수로 나누어 부표의 침수량을 뺀 결과를 산출해 내는 것이다. 면적은 2회의 계산 결과의 평균값을 채택하고 그 교차는 0.01평방dm 이내로 제한한다.

[참고어] 토지조사사업, 지형측량, 수준측량

[참고문헌] 『조선토지조사사업보고서』; 리진호, 1999, 『한국지적사』, 도서출판 바른길 ; 리진호 역, 2001, 『삼각측량작업결료보고』, 도서출판 우물 〈고나은〉

현준호(玄俊鎬) ⇒ 학파농장

협호(挾戶) 전답뿐만 아니라 농구, 비료, 종자, 경우(耕牛) 등 생산수단의 대부분을 전주 가호 즉 주호에 의존하고 있는 비자립적 소경영에 종사하는 존재.

협인(挾人), 객호(客戶) 등으로도 불렸다. 협호는 본채와 따로 떨어져 있어서 협문을 통하여 드나들 수 있는 별채 자체를 가리키는 용어이기도 하였다. 협호에 사는 사람을 '협방인(挾房人)' 또는 '차호인(次戶人)'이라고도 불렀다. 협호는 중국의 객호(客戶)와 마찬가지로 유민(流民)으로 타향에 흘러들어온 교우호(僑寓戶)에서 유래했다고 추정된다. 농촌지역의 경우 주호의 예속노동력이나 종속소작인을 형성하지만, 도시의 경우 농업 외에 상공업, 고역(雇役) 등에 종사하는 임노동자가 많았다. 그리고 관리, 과거 준비 등 특수목적을 위해 상경하여 단지 주호의 가옥 일부를 임차하는 자들도 존재하고 있었다.

조선시기의 협호는 국역(國役)에서 벗어난 피역민으로서 주호의 예하(隸下)에 들어 있는 누호(漏戶)상태의 호(戶)라고 설명할 수 있다. 그런데 광의의 협호를 설정하여 호주(戶主)의 직계 소가족 이외의 방계친족(傍系親族) 및 비혈연관계(非血緣關係)의 노비(奴婢)·고공(雇工)을 모두 협호에 포함시켜 설명하는 입장이 있다. 이에 따르면 노비는 혈연 결합에 의해 가족을 형성하였지만, 국역이 부과되는 공민(公民)이 아니고, 주가(主家)에 예속되어 있는 존재라는 점에서 협호에 포함시킬 수 있다는 것이다. 그런데 노비와 협호가 신분제적인 측면에서 주가에 예속된 사인(私人-노비)과 잠재적인 국가의 공민(公民-협호)으로 구별하지 않을 수 없다는 점에서 노비를 협호에 포함시키는 것에 의문을 제기하는 반론이 있다.

조선 전기의 협호는 국가의 국역부담으로부터 어떤 형태로든 빠져 있는 하층의 빈궁한 자들로서 주호에 농업생산을 포함한 경제활동의 상당 부분을 의지하고 있는 존재로 정리할 수 있다. 따라서 국가 차원에서 협호를 찾아내어 국역을 부과하고자 노력했다. 1461년(세조 7) 4월 3일에는 "외방(外方)의 세력이 강한 집에는 협호와 은정이 많이 있으니 그들로 하여금 기한을 정해서 자수하게 할 것(外方豪强之戶, 多有挾戶隱丁, 使定限自首.[『세조실록』 24권, 7년 4월 계유])"이라는 명이 내려지기도 했다.

조선 후기에 들어가면 농업생산력의 발전에 따라 개별 가호의 경제적 자립성이 증대하면서 협호의 주호에 대한 의존성이 약화되었다. 주호와 협호 사이의 수직적인 예속관계가 해체되면서 협호는 주호와의 수평적인 관계를 맺게 되었다. 또한 국가의 호구파악과 그에 따른 국역의 부과가 호총제의 형태로 이루어지면서 주호-협호관계의 실질적인 의의가 사라지게 되었다. 군현단위의 호총에 따라 개별 가호가 부담하는 내역이 정해지고 있었고, 개별 가호의 자립성이 성장하였기 때문에 국역을 모면하기 위한 주호-협호관계는 존속하기 어려웠다.

조선시기의 협호는 친족 및 신분별 다양한 관계가 수직적인 상하관계로 편제되어 있었다. 협호와 주호가 긴밀하게 연결되어 있는 주호-협호관계를 형성하고 있었다. 주호-협호 관계에서 협호는 국가의 직접 지배를 받지 않는 대신 주호의 지배를 받는 비자립적 소경영에 종사하는 존재였다. 또한 호적대장 상의 주호-협호관계는 단순한 가옥의 임차관계나 동거상태를 나타내는 것이기도 하였다. 이 경우의 협호는 집주인인 가주(家主)에 대하여 차입자(借入者)로 규정할 수 있다. 이외에 주호-협호의 대칭관계 자체를 부정하고, 협호를 독립적인 경영주체로 파악하면서 주호에 예속된 존재가 아니며, 조선 후기 호가 자연호(自然戶)가 아니라 몇 개의 자연가를 국역(國役) 부담을 위해 편제하였다고 보는 견해도 있다.

[참고어] 양안

[참고문헌] 한영국, 1979, 「조선 후기의 협인·협호 : 언양현 호적대장의 협호구를 중심으로,」『천관우선생환력기념한국사학논총』, 정음문화사 ; 이영훈, 1988, 「조선 후기 농민경영에서 주호-협호 관계,」『조선 후기 사회경제사』, 한길사 ; 임학성, 「조선후기 한성부민의 호구문서에 보이는 '협호'의 성격,」『조선사연구』 7

〈염정섭〉

혜민서둔(惠民署屯) 혜민서에서 빈민에게 지급할 약초를 재배하기 위하여 설치·운영한 토지.

혜민서는 빈민에게 의약을 공급하는 직사(直司)로 한성부 남부 태평방에 있었다. 1392년(태조 원년)에 혜민국을 설치하였다가 1414년(태종 14) 혜민서로 개칭하였다. 혜민서둔은 혜민서 종약전(種藥田)이라고도 하였다. 또한 종약전은 제향공상제사의 채전, 내수사전 등과 더불어 공전이기 때문에 세를 부과하지 않았다.(祭享供上諸司菜田, 內需司田, 惠民署種藥田弁無稅.[『경국대전』「호전」 제전(諸田)]) 한성 부근에 있는 공전 중에서 설치하고 관노비에게 그 경작을 맡겼다. 소작료로 일정한 약종을 정수하는 것을 상례로 하였고, 나머지는 노비의 생활에 사용하게 하였다. 『만기요람』 면세조와 『문헌비고』 조세조에 따르면 혜민서둔의 결수는 3결 11부 6속이었다.

[참고어] 아문둔전, 종약전

[참고문헌] 『萬機要覽』; 『文獻備考』; 和田一郎, 1920, 『朝鮮土地地稅制度調查報告書』

호고둔(戶庫屯) 조선시기 지방의 호방(戶房) 예하 재정기구인 호고(戶庫)의 경비를 보용하기 위해 설치·운영한 토지.

호고전답(戶庫田畓), 호마고둔(戶馬庫屯)이라고도 한다. 지방관서의 행정업무를 맡았던 6방의 서리 중에서 호구·토지·부세 등을 전담한 향리가 호방이며, 호고는 호방의 재정운영을 위해 마련한 기구이다.

[참고어] 고둔

호급둔전(戶給屯田) 조선 태종 때 토지의 분급 없이 봄에 민호에게 종자(種子)만 지급하고 추수 때 수확의 일부를 거둬 군자에 충당했던 둔전운영 방식.

고려 후기이래로 둔전제는 '경작하면서 지킨다[且耕且戍]'는 본래의 목적과 운영방식이 지켜지지 않았다. 경작자인 수졸(戍卒)이 과중한 부담으로 도망하게 되었고, 일반농민도 둔전경작에 사역되는 등의 침탈을 당했다. 무엇보다 겸병과 농장 확대를 통해 권력층의 수세지로 바뀌면서 둔전 자체가 점차 소멸하고 있었다.

조선 개국 직후 둔전에 대한 개혁이 이루어졌다. 태조 연간에는 음죽 지역을 제외한 모든 국둔전이 폐지되었는데, 정종 때에 포진(浦鎭)의 군인에 의해 경작되는 둔수군(屯戍軍)의 둔전만이 복설되었다. 결국 태종 이전에는 둔수군의 둔전과 관둔전을 제외한 모든 둔전이 혁파되었다. 그러나 국방상의 문제와 함께 군자(軍資)의 부족 등이 대두되었고, 국둔전은 다시 설치된 이래 치폐(置廢)를 거듭하였다.

호급둔전은 이 과정에서 부족한 군량을 확보하기 위해 시행했던 둔전 경영방식이었다. 특히 고려 말 왜구 격퇴에 큰 공로를 세운 선군(船軍)들은 태조 이후 왜구의 침입이 잦아들자 잡역에 동원되었고, 입번시에는 1개월분의 식량까지 스스로 부담하였다. 조정에서는 둔전을 비롯한 선군의 잡역동원을 폐지하고자 했지만, 여기에는 군량 확보라는 문제가 놓여 있었다. 결국 1406년(태종 6)에는 고려 말의 가호둔전법을 호급둔전이라는 형태로 부활시켜 해결하려 했고, 이듬해 정월 의정부는 폐지된 각급 관청과 포진의 둔전, 혁파된 사원전, 개간 가능한 황무지 등 일반 사유지가 아닌 일체의 토지에 대해 일반민을 동원하여 경작하고 그 수확을 선군의 양식으로 지급케 하는 조치를 취하였다. 이는 종자만 지급되었던 고려의 가호둔전과 달리 토지가 지급되었지만, 경작하면서 지킨다[且耕且戍]는 원칙이 폐기되고 민을 동원하여 경작한다는 점에서는 동일하였다.

호급둔전은 순조롭게 시행되지 못하였다. 특히 10호당 50복씩 토지를 지급하기로 한 애초의 계획은 반대에 부딪혔고, 결국 50복의 토지에 파종할 수 있는 종자 약 10두를 분급하는 방식으로 변경되었다. 농민들은 종자만 지급받은 뒤 그 수확을 둔전세로 납부해야하는 처지가 되었으며, 이를 위해 자기 경작지 외에 새로 농지를 마련해야 할 처지에 놓이게 되었다. 이에 농민들은 동요했고, 결국 계속되는 한재와 사간원의 상소를 계기로 태종은 호급둔전을 폐지하였다.

그러나 1409년(태종 9) 정월 호조의 제안에 따라 호급둔전은 다시 부활했다. 각호(各戶)를 편제하여 종자 지급량에 차등을 두는 방식이었는데, 이로 인해 '편호영전(編戶營田)'이라 불리기도 했다. 편호의 기준은 1406년(태종 6)에 시행된 연호미법(煙戶米法)과 동일했을 것으로 보이는데, 토지소유와 노동력의 다소를 기준으로 대호·중호·소호·잔호로 등급이 매겨졌다. 각 등급마다 3두·2두·1두·1두의 종자를 분급받았고, 수확기에는 그 5배를 납부해야 했다. 이상의 세액은 당시의 생산량을 고려할 때 논의 경우는 수확량의 반을, 밭의 경우는 거의 전량을 납부해야 하는 수준이었다. 따라서 농민은 심각한 경제적 타격을 받을 수밖에 없었고, 이에 따른 저항도 격렬하였다. 결국 시행된 지 1년이 지난 1410년(태종 10)부터 지역별로 호급둔전의 실시가 중지되기 시작하였고, 1414년(태종 14) 전면 폐지되었다.

[참고어] 둔전, 국둔전, 가호둔전

[참고문헌] 이경식, 1978, 「朝鮮初期 屯田의 設置와 經營」『한국사연구』 21·22 〈윤석호〉

호등제(戶等制) 가호를 인정, 자산, 토지 등의 경제 상황에 따라 등급을 나누어 과세(課稅)하기 위한 제도.

호등제가 운영되었음은 신라촌락문서를 통해 알 수 있다. 그러나 이외 다른 사료가 부족하므로 호등제의 운영에 대한 구체적인 모습을 알기는 어렵다. 다만 『수서』, 『주서』, 『북사』에서 삼국시기 호등제 기사가 보이고 『고려사』에서도 고려 후기의 호등제를 확인할 수 있으므로 삼국시기의 3등호제가 신라촌락문서 단계를 거쳐 고려시기 9등호제로 이어졌다고 보고 있다.

삼국시기 호등과 관련된 기록은 『수서』, 『주서』, 『북사』에 보이는데 과세와 관련되어 나타난다는 특징이 있다.

『수서』의 기록을 통해 고구려에서 세(稅)는 포(布) 5필과 곡(穀) 5석으로 유인(遊人)을 제외하고는 일정한 양이 부과되었고, 조(租)는 호(戶), 차호(次戶), 하호(下戶)의 3등호로 구분되어 차등 부과되었음을 알 수 있다. 또한 『주서』 내용으로 보아 고구려에서는 부세(賦稅)가 견포와 속으로 빈부(貧富)에 따라 차등적으로 징수되었고, 백제에서는 부세를 매년 풍검(豊儉)을 헤아려 차등을 두었음을 알 수 있다. 『북사』의 내용은 『수서』 고려조, 『주서』 백제조의 내용과 거의 유사하다.

과세 내용 중에서 호등과 관련된 내용을 살펴보면

〈『수서』, 『주서』, 『북사』에 보이는 호등 관련 기록〉

『隋書』 卷81 東夷傳46 高麗	"人稅 布五疋穀五石 遊人則三年一稅 十人共細布一疋 租戶一石 次七斗 下五斗"
『周書』 卷49 異域列傳 高麗	"賦稅則絹布及粟 隨其所有 量貧富差等輸之"
『周書』 卷49 異域列傳 百濟	"賦稅以布絹絲麻及米等 量歲豊儉 差等輸之"
『北史』 卷94 列傳82 高句麗	"稅布五疋穀五石 遊人則三年一稅 十人共細布一疋 租戶一石 次七斗 下五斗"
『北史』 卷94 列傳82 百濟	"賦稅以布絹絲麻及米等 量歲豊儉 差等輸之"

고구려는 '양빈부(量貧富)'로 등급을 매기고, 백제는 '양세풍검(量歲豊儉)'으로 등급을 매긴다는 것을 알 수 있다. 『주서』의 관점으로 보면 고구려의 호등은 빈부를 헤아려 3등호가 정해지고 백제는 풍검에 따라 등급이 정해졌음을 알 수 있다.

「신라촌락문서」에서는 가호를 공연(孔烟)으로 표현하고 있다. 각 촌의 공연은 10여개로 이루어져 있으며 평균인구수가 10여 명에 달하는 큰 규모여서, 자연적인 가호라기보다는 과세(課稅) 부과를 위해 여러 가호를 편제한 과호(課戶)라고 추정된다. 현재 문서에는 중하연(仲下烟), 하상연(下上烟), 하중연(下仲烟), 하하연(下下烟)에 이르기까지 4개의 등급만 나타나 있지만 그 위로 상상연(上上烟)까지 있었을 것으로 생각되므로 당시 9등호제가 실시되었음을 알 수 있다.

「신라촌락문서」에는 "보이는 산의 나무로 덮인, 땅의 넓이는 5,725보이다. 큰 연(공연)을 합하면 모두 11이다. 이 중 중하연이 4, 하상연이 2, 하하연이 5이다.(當縣沙害漸村見內山盖地周五千七百二十五步 合孔烟十一 計烟 四余分三 此中 仲下烟四 下上烟二 下下烟五(當縣 沙害漸村).[「신라촌락문서」 사해점촌])" 등과 같이, 각 촌에 대해 공연(孔烟)과 계연(計烟)의 수, 9등호제에 의한 각 등급 연(烟)의 수가 차례로 기재되어 있다. 공연과 계연의 수에는 일정한 관계가 있는데, 계연은 각 등급연에 기본수를 설정하여 등급연의 수와 곱한 다음 이를 합계한 수치이다. 실제로 「신라촌락문서」에는 촌을 단위로 계연(計烟) 4여분3(四余分三), 4여분2, 1여분5 등의 형태로 계연의 수치가 보인다. 이로 보면 촌락문서는 각 촌에 대해 호등으로 대표되는 공연과 계연을 기록하기 위한 문서라고 보인다.

「신라촌락문서」에서는 각 촌의 인정 구성, 가축, 토지, 식목의 보유 상황을 촌 단위로 일정한 순서에 따라 기록하고 있다. 첫 줄에 촌 전반에 해당하는 사항으로 촌명과 촌역이 나오고, 이어서 ① 합공연(合孔烟)과 ②

계연의 수치가 나오며 둘째 줄에는 ③ 공연의 호등 구성이 나온다. 그 다음 줄부터 합인(合人), 합마(合馬), 합우(合牛), 합답(合畓), 합전(合田), 합마전(合麻田), 식목(植木)에 대하여 고유의 수와 증가된 수로 구분하여 적고 있다. 마지막으로 감소된 인정(人丁), 마우(馬牛), 식목(植木)의 숫자를 기재하고 있다.

① 합공연과 ② 계연이 촌 전체를 대표하는 부분이고 ③ 공연의 호등구성은 계연을 설명하는 부분이다. 그리고 그 이후에 나오는 합인, 합마, 합우, 합답, 합전, 합마전, 식목은 호등 산정의 기준 요소로 서술되었다고 보인다. 각 촌의 인정에 대한 자세한 구분과 함께 가축과 토지를 비롯한 재산의 소유상태를 나열하고 있으므로 이러한 각 항목의 내용이 호등 산정 요소이며 『수서』, 『주서』, 『북사』에서 언급된 빈부, 풍검이라고 유추할 수 있다.

호등 산정의 기준 요소 중 인정의 구분이 가장 먼저 보이고 다른 요소보다 가장 많은 부분을 차지하고 있다. 또한 연령등급이 세밀하므로 인정이 호등 산정에서 가장 중요한 요소였을 것으로 생각된다. 그 다음으로 보이는 마우의 생산력, 답전의 수까지 호등 산정의 요소로 포함되어 있는데 그 기재 순서는 중요성에 따라 이루어졌을 것으로 추정된다.

『고려사』 형법지 호혼조에서 "인정의 다과에 따라 9등으로 나누어 부역을 정한다"고 하였는데 여기서 부역은 "부세와 역역"이라기보다 "역을 부과한다"는 의미라고 생각된다. 신라 말 고려 초 토지에서 유리된 민을 파악하기 위해 실시된 과도기적인 호등제라고 보인다.

이후 고려시기에 보이는 호등 관련 자료는 대부분 고려 후기의 기록으로 일시적이며 제한적인 모습이어서 그 시행 범위를 알기 어렵다. 호등 산정의 기준이 분명하게 드러나지 않지만 고려 후기 충렬왕 대에는 임시변통적으로 인정수의 다과에 따른 호등제가 시행되었고, 공민왕 대에는 토지의 다과에 기초한 호등제, 우왕 대는 가옥의 칸수라는 재산을 기준으로 하는 호등제가 존재하였다. 또한 갑인양전 이후 토지를 기준으로 경제력의 차이를 반영하는 호등제가 존재했지만 여전히 불완전하여 필요에 따라 임시방편적으로 활용되었다.

『고려사』 충렬왕 9년(1283), 15년(1289)에 '차등을 두고 군량미를 거두었다', '상고호(商賈戶)를 대, 중, 소 3호로 나누고 그에 따라 군량미를 거두었다.'는 내용이 보인다. 상인을 구분한 것이므로 그 기준은 언급되어 있지 않지만, '빈부'에 따라 구분되었다고 생각된다. 또한 '각도수미유차(各道輸米有差)'한 것으로 보아 지역적인 차이를 추정하게 한다. 또한 『고려사』 충렬왕 17년 원에서 가져온 강남미를 관리와 방리의 가호에게 하사하는 내용이 나온다. 이때 "가난한 자를 먼저 하지 않고 부자들이 많이 받았다"는 내용으로 보아 방리의 호를 대, 중, 소로 구분한 기준은 '빈부'라고 생각된다.

『고려사』 공민왕, 우왕 대 군인 차출의 기사에서도 대, 중, 소 호의 구분과 그에 따른 군인 차출 기사가 있다. 가옥 칸수를 기준으로 군인을 차출하는 것으로 보아 그 기준은 소유 재산이라고 추정된다. 그리고 산정 방법은 대, 중, 소 호를 묶어서 1을 만드는 방법이 있었다. 이로 보면 3등호에 따라 군인을 차출하는 방법이 시기와 지역에 따라 조금씩 다르게 운영되었다는 것을 짐작할 수 있다.

고려시기 호등제 기록은 지속적이지 않고 후기에 한해 임시적, 제한적으로 보이지만 호등 산정의 기준으로 언급될 수 있는 것이 빈부, 지역, 재산이었다.

호등에 관한 연구는 신라촌락문서와 더불어 활발히 진행되었다. 신라촌락문서는 통일신라 사회모습을 보여주는 1차 사료로 서원경(西原京) 부근 4개 촌의 인정구성, 토지 소유, 그 밖의 재산을 상세히 알려주는 자료이다. 당시 촌 단위의 경제상을 살필 수 있을 뿐 아니라 조세제도, 토지제도, 지방제도까지 고찰할 수 있는 문서이다. 따라서 촌락문서에 대한 연구도 다양하게 전개되었는데, 주된 논의는 문서의 작성연대 및 성격, 공연의 구조, 계연의 실체, 촌의 성격 등이라 할 수 있다. 이 중에서 당시 사회상을 이해하기 위한 핵심적인 논의는 공연, 계연에 의해 대표되는 호등제 운영 모습을 검토하는 것이라고 할 수 있다. 이러한 연구의 중요성에 따라 기존의 호등제에 대한 연구도 크게 두 가지 방향으로 전개되었다. 첫째는 호등 산정 기준에 대한 연구이고, 둘째는 호등이 적용되는 과세 대상 및 범위에 대한 검토이다.

호등의 산정 기준에 대해서 인정, 토지, 자산, 가용노동력(可用勞動力) 등으로 다양한 견해가 제시되었고, 호등과 관련된 수취 내역에 대해서도 역역 징발, 조조(租調)의 부과, 조용조(租庸調) 전반이라는 다양한 견해가 대두되었다. 호등 산정 기준에 대한 연구는 초기 인정 중심의 견해에서 토지 중심의 견해를 거쳐, 총체적인 자산으로 보는 견해로 귀결된 것이 지금까지의 대체적인 흐름이라고 할 수 있다. 또한 최근에는 통일신라 호등제에 한정하지 않고 신라 중고기에서 통일신라를 거쳐 고려로 이어지는 호등제의 변화에 대한 연구도 진행되고 있다.

[참고어] 신라촌락문서

[참고문헌] 김기흥, 1991, 『삼국 및 통일신라 세제의 연구』, 역사비평 ; 李仁哲, 1996, 『新羅村落社會史 硏究』, 일지사 ; 박종진, 2000, 『고려시기 재정운영과 조세제도』, 서울대학교 출판부 ; 안병우, 2002, 『고려전기의 재정구조』, 서울대학교 출판부 ; 이경식, 2004, 『한국 고대 중세초기 토지제도사』, 서울대학교출판부 ; 전덕재, 2006, 『한국고대사회경제사』, 태학사 ; 金琪燮, 2007, 『韓國古代中世戶等制硏究』, 혜안 ; 白永美, 2012, 「韓國 古代의 戶口 編制와 戶等制」, 高麗大學校 博士學位論文 〈백영미〉

호리 1마리의 소에 쟁기를 메어 갈이에 사용함. 일우경(一牛耕)이라고도 한다.

[참고어] 겨리

호명(戶名) ⇒ 결명

호미(戶米) ⇒ 연호미

호미 논밭에서 잡초를 제거하는 김매기 작업에 사용되는 농기구.

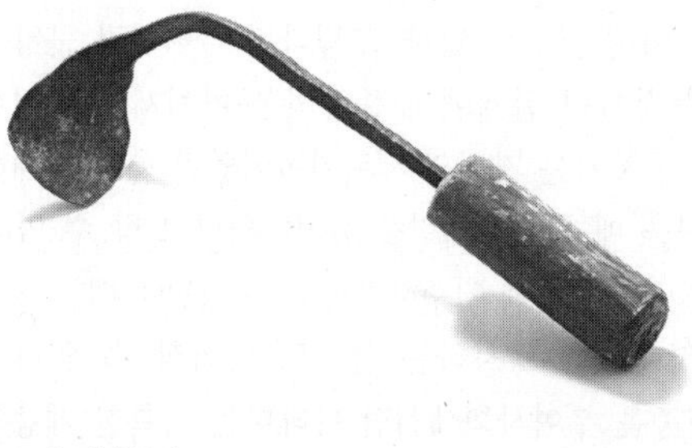

호미 농업박물관

김매기 이외에 산야(山野)에서 자라는 약초·나물을 캐거나, 감자와 고구마 등을 수확할 때 사용하였다. 논밭에서 작물이 성장하고 있을 때 해주어야 하는 농작업 중 김매기, 거름주기, 물대기 등은 작물이 풍성하게 자라게 만들어주는 중요한 작업이다. 이 가운데 김매기는 농작물이 잘 자라도록 솎아주거나 작물의 성장을 방해하는 잡초를 뽑아주는 일이다. 그리고 거름주기는 농작물의 성장을 도와주는 거름을 만들어 이를 논밭에 넣어주는 일이고, 물대기는 마찬가지로 작물의 성장에 없어서는 안될 물을 논밭에 대는 일이었다.

농작물에 해를 주지 않고 잡초만 없애주는 제초제를 상상할 수도 없던 시절, 김매기는 온전히 사람의 힘(경우에 따라 축력도 이용)으로 해야 했다. 김매기에 사용한 농기구의 대표가 바로 호미이다. 1431년(세종 13) 6월 24일 기사에 호미에 대한 언급이 나오는데, 세종이 금년 수전(水田)의 벼농사는 어떠한가를 물으니 판서 권진(權軫)이 응답하여 말하기를, 잡초가 무성하지만 호미로 다스리는 것을 이겨낼 수 없어 무성하지 않게 된다.(草多茂穢, 不勝鋤治, 故不茂盛.[『세종실록』 권52, 13년 6월 병진])"고 하였다.

호미는 구조가 매우 단순하다. 끝이 뾰족하고 위쪽으로 넓적하며(반대의 경우도 있음) 구부러진 쇳날, 쇠날과 연결된 가는 목과 슴베, 그리고 슴베에 끼운 둥근 나무 자루로 이루어져 있었다. 호미의 형태에서 사용법도 자연히 연상할 수 있다. 짤막한 자루와 굽은 날을 갖춘 호미를 가지고 논밭에서 김매기를 하려면 어쩔 수 없이 무릎을 꿇고 오리걸음을 하면서 한 걸음 한 걸음 앞으로 나아가는 방식으로 작업을 하지 않을 수 없었다.

호미의 날 모양은 쓰이는 지방의 자연조건과 농작물에 따라 달랐다. 대체로 북쪽으로 갈수록 날이 크고 무거운 대신, 남쪽 것은 날이 뾰족하고 작게 만들어져 있었다. 그래서 제주도 호미(골갱이)는 작다 못해 쇠꼬챙이처럼 생겼다. 반면에 북쪽의 호미는 날끝이 뭉툭하고 넓적하여 농지 표면을 긁어주는 데 잘 쓸 수 있었다. 비가 적은 지역의 호미는 날끝이 넓고 뭉툭한 대신 비가 많은 곳의 호미는 날끝이 뾰족하고 작았다. 비가 적은 곳은 흙이 단단하기 때문에 잡초의 생장이 느릴 뿐만 아니라 뿌리가 얕아 단순히 긁어만 주어도 김을 맬 수 있어서 바닥이 넓고 무거웠던 것이다. 하지만 비가 많은 지역에서는 잡초의 생장도 빠르고 뿌리도 깊어 긁는 것만으로는 김을 맬 수가 없었다. 그래서 호미를 작고 날이 뾰족하게 만들어 뿌리가 깊은 김을 매기 쉽게 했다. 또한, 호미는 김을 맬 때 뾰족한 날로 굳은 땅을 찍어 부드럽게 부수고 깊숙이 박힌 뿌리를 캐며, 세모진 날을 옆으로 뉘어 당기거나 밀면서 잡초의 뿌리도 잘랐다.

호미 자루의 길이에도 길고 짧은 차이가 있었다. 긴 자루 호미는 세계 어느 곳에서나 흔히 볼 수 있는 것인 반면, 짧은 자루의 호미는 중국과 한국에만 있다.

호미날 모양이 좌우로 대칭되거나 끝이 뭉툭한 호미는 함경도와 평안도 그리고 중국 화북(華北)지방에서 사용되었다. 그런데 황해도 이남에서 일반적으로 사용하는 작고 꼬부라진 호미는 우리나라 특유의 것이다. 이처럼 호미가 지역에 따라 모양이 다른 것은 우리나라의 기후와 토질이 매우 다양한 데 그 원인이 있다.

호미와 관련해서 우리 세시풍속 가운데 음력 7월 보름에 행해지는 '호미씻이'라는 의례를 주목할 필요가 있다. 이 무렵은 바로 농번기를 일단락 짓고, 앞으로 수확만 남긴 농가에서 한숨 돌리는 시기이다. 호미씻이는 농민들이 크게 하루 동안 잔치를 벌이는 행사였는데, 바로 수확만 남긴 시점의 농경의례였다. 의례의 이름에 보이는 것처럼 이제 호미를 씻어 다시는 찾지 않아도 되는 시점이었다. 그동안 사람들이 호미를 김매기에 요긴하게 활용하였고, 또한 호미 자신도 수고가 많았으니 이에 쉴 때가 되었음을 말해주는 농경의례였다.

[참고어] 제초

[참고문헌] 김광언, 1986, 『한국농기구고』, 한국농촌경제연구원 ; 이춘녕, 1989, 『한국농학사』, 민음사 ; 朴虎錫, 1992 「韓國의 農具 '호미'」 『연구와 지도』 33-1

〈염정섭〉

호민(豪民) 우리나라 고대의 읍락(邑落)사회에 거주했던 유력한 민(民)을 가리키는 용어.

신분상으로는 민에 속했는데, 제가(諸加)가 이들을 매개로 읍락민을 지배했다. 사전적으로는 전통적으로 '재산이 많고 세력이 있는 백성', '평민 신분의 부호(富豪)' 또는 '세력이 있는 민' 등의 의미로 나타난다. 또한 호민과 비슷한 호인(豪人)은 '관위(官位)는 없으나 부유하고 세력 있는 사람'이라고 설명하고 있다. 따라서 호민과 호인은 같은 의미로 사용된 용어로 보인다. 사전에서 규정하는 호민은 일반 백성, 곧 평민 신분층인 '민'을 기반으로 하여 경제적인 부(富)를 축적하면서 성립된 존재로 이해할 수 있다. 호민이라고 불릴 때는 일단 일반민과는 구분되는 상층민이었음을 짐작할 수가 있다.

『한서(漢書)』 식화지(食貨志)를 비롯하여 『후한서(後漢書)』 동이열전(東夷列傳), 『논형(論衡)』 등의 중국 사서에서도 그 용례를 확인할 수 있다. 우리나라 고대사회와 관련해서는 『삼국지』 동이전 부여(夫餘)조에 처음 나오며, 『삼국사기』 신라본기 등에서도 호민의 존재를 알 수 있다. 중국 사서에서 호민은 '땅이 없고 가난한 민(無土貧寒之民)'을 가리키는 하호(下戶)에 상대되는 부유한 상층민을 지칭하며, 호인·호부인(豪富人) 등으로도 나타난다. 이들은 '백포호민(白布豪民)'과 같이 본래 관직을 갖지 않는 부유한 상층민이었으며(『논형』 상충편), 국가의 행정력과 밀착하여 호민전(豪民田)을 바탕으로 하는 농업으로, 그리고 호민부고(豪民富賈)와 같이 상업을 통하여 경제적으로 많은 부를 축적하였다. 이들은 국가행정의 조력자로서 외적 방비에 필요한 국방비의 일부나 재난으로 인한 빈민의 구휼(救恤), 진대(賑貸) 등을 보조하기도 하였다. 또한 중국과 그 주변 종족의 관계에서 공납(貢納) 업무를 관장하며, 군사적 방비 등에 대한 책임을 맡았으며 자신의 읍락에 대한 실질적 지배력을 보장받았다. 호민 가운데 중앙의 행정력과 밀착하여 관직에 진출하는 자도 있었다.

부여의 호민은 우리나라 초기국가의 발전과정에서 읍락의 공동체적인 질서가 해체되어 구성원의 계층 분화가 진행되면서 대두하였던 부유한 상층민이다. 그런데 『삼국지』 동이전의 판본에 따라 차이가 있어 해석상에 논란이 되었다. 곧 부여 읍락의 구성원으로서 민과 하호를 같은 존재로 보기도 하고, 다른 한편으로 양자를 구분하기도 한다. 즉 하호는 피정복 복속민과 같은 하층민으로 일반민보다 격이 떨어진다고 보기도 한다. 대체로 전자의 입장에서 이해하는 경향이 강한데, '읍락에는 호민이 있고, 민 곧 하호는 모두 노복과 같은 처지에 있었던 것'으로 해석된다. 다만 읍락이 모두 중앙의 제가에게 속하였다고 전하므로, 호민을 비롯한 읍락의 구성원은 모두 제가의 다스림을 받았던 것으로 이해할 수도 있다. 그렇다면 부여처럼 군왕(君王)이 등장하던 단계에서 중앙의 통치체제에 참여한 귀족층인 제가는 자신의 세력기반이었던 읍락에 대하여 호민을 매개로 지배력을 유지하였다고 할 수 있다. 이때 호민은 읍락에 거주하면서 그 구성원에 대한 실질적인 지배력을 행사하는 존재로 파악할 수 있다.

호민층은 부여사회에서만 나타나는 독특한 계층은 아니며, 적어도 그 사회의 발전단계와 비슷한 정도가 되면 언제든지 등장할 수 있는 존재로 이해된다. 『삼국지』 동이전에 의거해 고구려의 총인구가 3만 호(戶)였음을 고려했을 때, 고구려의 호민은 좌식자(坐食者) 1만여 인 가운데 다수를 차지하는 존재로 보는 것이 타당할 것이다. 이들에게는 국가가 위급했을 때 전공을 세워 제가의 가신(家臣)인 사자(使者)로 분화 발전될 소지가 있었다. 실제로 고구려 동천왕(東川王) 20년(246)에 위(魏)의 관구검(毌丘儉)이 침입하여 위기에 처하자, 전공을 세워 사자(使者)류의 관직을 받은 유유(紐由)처럼 전문 행정 및 군사 요원으로 활동하였다. 한편 미천왕(美川王, 재위 300~331)이 즉위하기 전에 그의 삼촌인 봉상왕(烽上王, 재위 292~300)의 박해를 피하여 수실촌(水室村)의 음모(陰牟) 집에 머물러 용작(傭作)을 했던 적이 있었다. 이 사례에서 '음모'는 장기간에 걸쳐서 용작민이나 노비를 생산수단으로 삼아 자신의 토지를 경작했던 호민의 일면을 엿볼 수 있는 인물이다. 초기국가의 발전과정에서 공동체적 유제가 무너지자 호민은 분화되어 재지세력가로서 읍락의 상층민으로 남기도 했지만, 일부는 제가의 가신이었던 사자·조의(皁衣)·선인(先人) 등의 관직을 받으며 상승하기도 했을 것이다.

부여나 고구려보다 사회발전이 늦게 진행되었던 삼한지역의 경우, 낙랑군에 조알(朝謁)하며 의책(衣幘)이나 인수(印綬)를 스스로 입었던 하호 천여 명은 부여와 같은 발전단계에 이르면 호민으로 나타날 수 있는 존재이다. 당시 의책과 인수는 중국과의 조공이라는 형식을 통하여 얻을 수 있었던 신분 상징의 필수적 물품이었다. 당시 중국은 주변 종족의 지배자에게 세력의 크기에 따라 인수를 크게 금·은·동 세 종류로 나누어 지급하였다. 따라서 삼한에서 인수와 의책을 스스로 소지할 수 있었던 하호는 노복(奴僕)과 같은 처지에 있던 부여의 하호처럼 하층민으로 볼 수 없다. 이들은 왜(倭)에서 부인을 2·3명을 거느렸던 하호와 같이 경제적으로 부유한 읍락사회의 상층민이었으며, 소규모 읍락을 실질적으로 지배하는 백장(佰長)과 같은 인수를 소지했던 인물과 맥을 같이한다. 경북 상주에서 출토된 것으로 전해지는 '위솔선 한백장(魏率善 韓佰長)', 그리고 경북 영일에서 출토된 것으로 전해지는 '진솔선 예백장(晉率善 濊佰長)' 등의 동인(銅印)은 삼한 읍락사회에서 인수를 지닌 존재가 있었음을 분명하게 전한다. 신라의 경우, 『삼국사기』 유례이사금(儒禮尼師今) 10년(293)조에서 군사적 요충지인 사도성(沙道城)의 개축과 함께 자신의 생활기반을 떠나 이주했던 사벌주(沙伐州)의 호민 80여 가(家)도 역시 본래는 읍락사회의 유력층으로 존재했을 것으로 이해된다.

삼한의 읍락을 신라가 국가적 입장에서 편성했던 행정 단위가 중고기의 촌(村)이었다. 호민은 군역 동원과 군량 보급을 실질적으로 관장하거나, 궁실 수리, 축성 등에 필요한 공역(公役)·공과(公課)의 수취에 참여하는 등 국가의 행정에 조력하였다. 이는 신라 중고기의 기층사회에서 촌주(村主)가 담당했던 역할과 성격이 비슷했다. 따라서 초기국가 단계의 읍락 호민 가운데 일부는 중앙집권적인 고대국가가 성립되는 과정에서 재지세력으로 남았다. 이들은 장기간의 삼국항쟁 과정에서 신라 국가의 인적·물적 자원의 효과적 동원을 실질적으로 수행했던 촌주와 맥이 닿는 것으로 이해된다.

호민의 존재는 주로 하호와 연관돼 그 사회경제적 성격과 관련해서 주목을 받았다. 호민은 족장(族長), 거수(渠帥), 또는 많은 사유재산을 가진 민 등으로 파악되었다. 실제로 일반 자영 소농민보다 생산수단을 많이 가져 부유해진 자들이지만, 제가와는 구분되는 존재였기 때문에 그의 통솔 범위는 자연촌락에 제한된 것으로 보기도 한다. 그런가 하면 호민은 초기국가 내부에서 정치적 독립성을 유지하던 각 부(部)에 속한 더 작은 부[部內部]의 지배층으로 상정되기도 했다. 곧 부내부장(部內部長) 및 그의 친족들(하급관인), 경제력과 기술력을 바탕으로 성장한 상인 및 철야장(鐵冶匠) 등의 존재로 거론되기도 했다. 이밖에 호민은 공동체적 질서가 붕괴하여 백성이 계층 분화할 때 나타났으며, 읍락의 유력자로서 국가가 백성들로부터 세금을 거두거나 노동력을 동원할 때 실질적으로 통제하는 역할을 했다는 견해가 제시되었다.

북한학계에서는 부여사회의 지배계급으로 귀족·호민을, 피지배계급으로 하호·노예를 각각 상정하였다. 호민은 원시사회 말기에 계층분화가 발생할 때 상층으로 분화된 계층으로서, 일반 자영 소농민보다 많은 생산수단을 소유하고 피지배계급의 노동을 착취, 두루 감시하는 자로 파악하였다. 곧 호민은 신분적으로 민에 속하지만 계급적으로 노예소유자이며, 이들 가운데 일부는 노예제가 무너진 뒤에 봉건지주로 바뀌었다고 보았다.

[참고어] 하호, 읍락

[참고문헌] 諸橋轍次, 1958,『大漢和辭典』10 ; 洪承基, 1974,「1~3세기의 '民'의 存在形態에 대한 一考察」『歷史學報』63 ; 盧泰敦, 1975,「三國時代 '部'에 관한 硏究」『韓國史論』2, 서울大學校 韓國史學會 ; 文昌魯, 1990,「三國時代 初期의 豪民」『歷史學報』125 ; 金在弘, 1991,「新羅 中古期 村制와 지방사회 구조」『韓國史硏究』72

〈문창로〉

호소카와농장(細川農場) 1904년 9월 일본 화족 호소카와 모리타쓰(細川護立)가 전라북도 익산군 춘포면 대장촌에 세운 농장.

호소카와 집안은 막말(幕末)에 이르기까지 구마모토

호소카와농장

번(熊本藩)의 번주였다. 마지막 번주 호소카와 요시쿠니(細川韶邦)의 손자인 후작 호소카와 모리타쓰는 막대한 화족자본을 바탕으로 일찍부터 한국 식민사업에 뛰어들었다. 이는 메이지유신 이후 집안의 정치적 실세를 만회하려는 시도이기도 했다. 1902년 모리타쓰는 일본 화족과 재벌 그리고 정치유력자들을 중심으로 조직된 한국에 대한 척식 침략여론을 조성하고 이를 선도적으로 실천해간 조선협회의 부회장을 맡았다. 1904년 3월 호소카와는 한국 농업시찰을 위해 사람을 파견하고 자본금 1만 원으로 만경강 호남평야 일대에 대규모 토지매수에 나섰다. 이곳에는 조선협회의 중심인물이자 오쿠라재벌의 창업자 오쿠라 기하치로(大倉喜八郎)가 이미 토지를 대규모로 매수하여 농업경영에 착수한 상태였다. 아울러 구마모토현 출신이자 조선협회 간사로서 이 지역 미간지와 균전을 헐값에 대량으로 잠매하고 있던 토지브로커 미야자키 게이타로(宮崎佳太郎 : 미야자키농장주)가 충실한 현지 안내자 역할을 하였다.

호소카와는 1905~1909년까지 토지매수자금 14만 원을 투입하여 춘포면과 삼례 일대 1,300여 정보의 토지를 확보하였다. 당장 수익을 낼 수 있는 기간지 매수에 집중했으며, 매수한 토지의 상당 부분은 을사늑약이후 상하이(上海)로 망명한 민영익(閔泳翊)의 소유지였다. 토지매수 과정에 조선협회를 통해 한국 정부의 정치인맥이 동원되었다. 농장사무소는 춘포면 대장촌에 위치했고, 군산선이 지나가는 대장촌역 앞에 호소카와농장의 미곡창고가 있었다. 호소카와농장의 뒤를 이어 구마모토현 사람들이 이 일대에 들어와서 크고 작은 농장을 창설하자, 사람들은 이곳을 히고촌(肥後村)이라 부르기도 했다.

구마모토현 최대 지주(1920년 현재 1,300정보의 소작농장 소유)이기도 했던 호소카와는 소유재산의 적지 않은 부분을 한국 농업경영에 투자했으며, 지주수익의 극대화를 위하여 일본농장의 경영방식을 그대로 이식시켰다. 소작인에 대한 철저한 관리감독과 적절한 수리시설을 바탕으로 일본식 농사개량을 한다면, 싼 지가에 큰 수익을 보장받을 수 있었다. 1908년 독주항 보를 매수하여 수리조합 건설에 나섰다. 1910년 독주항 보와 몇 개의 제언을 수원으로 하는 전익수리조합이 완성되었고, 전익수리조합의 몽리면적 1,445정보 중 36%가 호소카와농장 소유지였다. 조합장은 호소카와농장 주임이 맡았고, 조합사무소도 호소카와농장 안에 있었다. 이후에도 꾸준히 관개 방수시설 및 하천개수공사를 통해 반당생산량을 극대화시켜 갔다. 1910년 한국 강점을 계기로 토지투자는 더 확대되었다. 1911년 전라남도 담양군에도 농장지부가 설치되고, 1919년 현재 담양군 일대 소유 토지가 600정보(투자금액 24만 7천원)에 달했다.

호소카와농장은 소작인조합을 조직하여 거대한 농지와 수많은 소작인을 체계적으로 관리 감독해 갔다. 소작인조합이 소작료 납부의 연대책임을 지고 있었고, 농장이 지시하는 대로 농사개량과 품종개량을 소작인들에게 강제하였다. 소작료 징수법은 집조법이었고, 소신리키(早神力)를 위시한 일본 개량벼를 재배하였다. 세심한 품질관리로 호소카와쌀의 명성은 높았다. 1928년 엄청난 흉작에도 불구하고 농장측이 소작료를 인상하자, 호소카와농장 소작인들은 농장측에 대항하여 불납동맹투쟁을 강행하였다. 한국에서의 농업수입은 호소카와 집안 전체 수익의 30~40%에 달할 정도로 큰 비중을 차지하였다. 따라서 호소카와농장의 소작료 수입이 호소카와 집안의 일본 내 기업투자와 경제활동의 주요한 물적 기초를 이루었다.

호소카와농장은 1906년부터 일본인 농업이민을 실시하였다. 이주사업은 초기 농장 건설과정에서 농장경영의 안정화를 도모하기 위한 지주경영의 한 수단이었다. 이주농민들은 한국인 소작농에 모범을 보이고 일본식 농법을 지도하는 농장기간 요원으로 기대되었다. 일본인 이주농민들은 다년간 농사에 종사한 자로서 가족을 동반하고 1년 생활비와 농자금으로 200원 이상을 휴대할 것을 이민자격 요건으로 규정하였다. 이들 이민자들의 빠른 정착을 위해 농장측은 유리한 소작조건과 각종 편의를 제공하였다. 이주자 1호당 25~45두락의 논을 소작지로 주었고, 성적이 좋은 자에게는 15두락까지 추가로 경작하게 했다. 한국인 소작농과 달리 낮은 정액 소작료를 적용했으며, 당기·수차 같은 고가의 농기구를 무료로 빌려주었다. 호소카와농장은 1906~1915년 사이 모두 65명의 농업이민자를 수용했으며, 대부분이 구마모토현 출신이었다. 농장경영이 정상궤도에 들어서자, 비용이 많이 드는 이민사업도 중단되었다.

호소카와농장의 토지소유의 추이를 보면, 1908년 1,008정보, 1915년 1.375정보, 1922년 1,946정보, 1925년 2,142정보, 1929년 2,020정보, 1931년 2,075정보였다. 토지소유의 지속적인 확대는 지주경영의 높은 수익성을 반영하는 것이었다. 1930년대 초반 세계대공황과 농업공황의 충격에도 불구하고 풍부한 자본 여력 덕분에 안정적인 농장경영을 유지해갈 수 있었다. 1945년 현재 춘포면 일대 소유농지만 314정보였다. 호소카와농장의 소유지는 해방 후 적산으로 분류되어 1948년 귀속농지매각사업과 1950년 농지개혁에 의하여 해체되었다. 1940년 일본에서 가져온 건축자재로 지었다는 호소카와농장의 가옥이 2005년 등록문화재 제211호로 지정되었다.

[참고어] 오쿠라농장, 소작인조합, 전북수리조합

[참고문헌] 大橋淸三郎, 1915, 『朝鮮産業指針(上·下)』, 開發社 ; 淺田喬二, 1989, 『增補 日本帝國主義と旧植民地地主制』, 龍溪書舍 ; 千田稔, 1987, 「華族資本 侯爵細川家 成立 展開」 『土地制度史學』 116 ; 정승진·마츠모토 다케노리, 2005, 「영주에서 식민지 대지주로-일본 귀족 호소가와가의 한국에서의 토지집적」 『역사비평』 73

〈이수일〉

호수(戶首) 조선시기 작부제(作夫制) 하에서 세액을 수취하여 관에 납부하던 역할을 맡은 사람.

작부란 수세(收稅) 실결(實結)을 일정한 단위 즉 부(夫)로 묶어 납세의 기초단위로 만드는 작업이다. 부는 주비[矣]라고도 했는데, 통상은 8결로 하나의 주비를 만들었으나 4결로 묶기도 했다. 주비 내에서는 각각의 납세자에게 세액을 거두어 관에 납부했는데, 그 역할을 맡은 사람이 호수이다.

『속대전』 에 따르면, “매 8결을 1부로 하며[혹 4결이나 나머지[零數]가 있더라도 구애치 않고 다만 전부(佃夫)의 거주하는 곳 부근을 좇아 작부한다. 면세전은 작부 중에 들지 않는다 : 이상 세주], 전부 가운데 요실하고 근간한 자를 호수로 정해 그 8결이 응납할 역을 호수로 하여금 결 내의 전부로부터 거두어 납부케 했다.(每八結爲一夫, <或四結或有零數亦不拘, 只從佃夫所居附近作夫. 免稅田, 不入作夫中 : 이상 세주> 佃夫中擇其饒實勤幹者, 定爲戶首, 凡其八結應納之役, 使戶首收于結內佃夫以納. [「호전」 수세(收稅)])”

관의 입장에서는 개별 납세자를 모두 대응할 필요가 없이 호수를 대행해 세금을 거둘 수 있었으나, 호수에게는 그 만큼의 책임이 따르는 일이었다. 때로는 관의 독촉이나 문초를 겪기도 했고, 납세자가 거납하는 경우도 있었다. 이에 『속대전』에서는 토호로서 거납하거나 납부를 방해하는 자는 장 100한 후 3000리 유배형에 처하는 등의 엄령이 내려졌다.

이상과 같이 전세를 8결로 작부해 납부하는 방식은 『속대전』에 처음 법제화되었으므로 조선 후기적인 관행이었다고 평가되기도 했다. 그러나 최근에는 시행상한과 성격에 대한 구체적인 연구가 이루어지고 있는데, 특히 일기자료에서의 납세과정 분석을 통해, 그 시행 상한을 16세기로 소급할 수 있다는 견해가 제출되었다. 또한 이때의 주비도 8결[혹은 4결]의 응세단위가 아닌 응역자, 혹은 응세대표자[=호수]라는 의견도 개진되었다.

한편 호수는 민 가운데에서 선출하는 것이 일반적이었다. 그러나 조선 후기 금납제와 결총제의 일반화 추세 속에서 납세과정 중의 이익을 노린 관속이나 토호가 호수를 대행하며 폐단을 일으키기도 했다. 또한 이서 등의 관속이 민전을 면부면세지, 또는 제역촌(除役村) 등에 거짓으로 기록한 뒤 자신이 호수가 되어 해당 세액을 사취했는데, 이를 각각 방결(防結)과 양호(養戶)라고 했다.

[참고어] 작부제, 주비[矣], 방결, 양호-고려, 양호-조선

[참고문헌] 이영훈, 1980, 「조선 후기 팔결작부제에 대한 연구」 『한국사연구』 29 ; 정선남, 1990, 「18·19세기 전결세의 수취제도와 그 운영」 『한국사론』 22 ; 김현영, 1999, 「조선시기 ‘사족지배체제론’의 새로운 전망-16세기 경상도 성주지방을 소재로 하여」 『한국문화』 23 ; 이성임, 2013, 「16-17세기 ‘공역호’와 호수」 『역사연구』 24

〈윤석호〉

호시전(弧矢田) 활과 화살 모양의 전답.

양전의 결과 측량된 전답도형 중 하나인 호시형(弧矢形)의 전답이다. 활 중에서도 목궁(木弓)을 호(弧)라고 한다. 순조조의 「경진양전사목(庚辰量田事目)」에서 호시형을 추가했으나 실제로 시행되지는 않았다. 이후 해학 이기(李沂)가 『해학유서』 권1 「전제망언」에서 원전(圓田)과 호전(弧田)에 대해 언급하였다. 특히 호전에 많은 관심을 가졌던 해학은 호전을 동각호전(同角弧田)·

호시전 『충청남도 아산군 현내면 양안』 1책 005b(규17664)

차각호전(差角弧田)·광각호전(廣角弧田)·직각호전(直角弧田)·둔각호전(鈍角弧田)·예각호전(銳角弧田) 등으로 구분하여 면적 계산법을 마련하기도 하였다. 직각호전이 호시전을 가리킨다.

대한제국의 양지아문양안에는 전통적인 기본 5도형에 호시형을 비롯한 5가지 전형을 추가하여 10가지 전형을 사용하였다. 호시전의 면적은 현(弦)에 시(矢)를 곱하여 이것에 시를 제곱한 값을 더하여 2로 나누어 구한다.[계산법 : (현(弦)의 길이)×(시(矢)의 길이)+(시(矢)의 길이)^2÷2=호시전의 면적]

[참고어] 전답도형, 광무양전사업, 광무양안

[참고문헌] 『만기요람』; 『목민심서』; 『경세유표』; 김용섭, 1968, 「광무년간의 양전사업에 관한 일연구」 『아세아연구』 11-3 ; 최원규, 1995, 「대한제국기 양전과 관계발급사업」 『대한제국의 토지조사사업』, 민음사 ; 대한지적공사, 2005, 『한국지적백년사 : 자료편4』; 정긍식·田中俊光 역, 2006, 『조선부동산용어약해』

〈고나은〉

호외집(戶外집)/호저집(戶底집) ⇒ 해남윤씨가 농장, 협호, 보성 이씨가 농장

호조둔(戶曹屯) 호조에서 왕실 제관(祭官)의 여비를 충당하기 위하여 설치·운영한 토지.

1803년(순조 3)에 창설되었는데, 당시 능묘에 파견하는 왕실 제관(祭官)의 여비를 충당하기 위해 내수사 소속 장토 중 전라도 소재의 눈전을 호조로 옮겨 그 수익으로 제관의 여비를 충당하였다. 그 후 각 궁사의 장토 중 초평(草坪), 노전(路田), 화전(火田) 등을 양여받아 이들 토지로부터 생산되는 수익을 활용했다. 이후 호조둔은 1899년(광무 3) 다른 역둔토와 마찬가지로 궁내부 내장원에 이속되어 봉세관 또는 수조관이 도조를 징수하였는데, 당시의 조사에 의하면 호조둔의 총면적은 대개 답 300여 석락, 전 약 30일경이었다.

[참고어] 아문둔전

[참고문헌] 和田一郎, 1920, 『朝鮮土地地税制度調査報告書』

혼일강리역대국도지도(混一疆理歷代國都之圖) 1402년(태종 2)에 좌정승 김사형(金士衡), 우정승 이무(李茂)와 이회(李薈)가 만든 세계지도.

역대제왕혼일강리도(歷代帝王混一疆理圖)라고도 일컬어진다. 현전하는 동양 최고(最古)의 세계지도로서 아시아·유럽·아프리카를 포함하고 있으며, 당대에 만들어진 세계지도 중에서도 수준급으로 꼽힌다.

중국의 옛 세계지도의 경우 우리나라와 일본은 자세하지 않거나 빠져있는 경우가 많은 반면, 이 지도에서는 우리나라가 가운데 크게 자리하고 있다.

지도 하단에 권근(權近)이 쓴 발문(跋文)에 의하면 원(元)나라의 이택민(李澤民)이 만든 「성교광피도(聲敎廣被圖)」와 천태종 승려인 청준(淸濬)의 「혼일강리도(混一疆理圖)」를 바탕으로 하고, 우리나라와 일본을 새로 보충하여 제작한 것이라고 한다. 이때 우리나라와 일본 부분은 이회가 보완하여 새로 편집한 것인데, 우리나라를 보충해 넣기 위해 활용된 것이 이회의 「팔도도」로 추정된다.

현재 원본은 전하지 않지만 가장 오래된 사본이 일본의 류코쿠대학(龍谷大)에 소장되어 있고, 채색 필사본으로 세로 148㎝, 가로 164㎝의 대형 지도이다.
1988년 류코쿠대학 지도와 거의 같은 지도가 또 사마바라(島原)의 혼코지(本光寺)에서 발견되었다. 이 지도의 크기는 류코쿠대학본보다 약간 크며 세로 147㎝, 가로 163㎝이고 류코쿠대학본이 견지(絹地)를 사용한 반면 혼코지본은 한지(漢紙)에 그려져 있다는 차이가 있다. 이밖에도 일본에 두 개의 필사본이 더 있는 것으로 알려져 있는데, 텐리대(天理大)의 『대명국도(大明國圖)』, 구마모토(熊本) 혼묘지(本妙寺)의 『대명국지도(大明國地圖)』가 그것이다.

[참고어] 팔도도

[참고문헌] 오길순, 2005, 「「혼일강리역대국도지도」 모사 자료 보고」 『한국과학사학회지』 27-2 ; 오상학, 2009, 「조선시대 세계지도와 중화적 세계인식」 『한국고지도연구』 1 ; 오길순, 2010, 「「元經世大典地理圖」에 나오는 지명의 조사와 「混一疆理歷代國都之圖」 서역지명과의 비교」 『한국고지도연구』 2 ; 조지형, 2011, 「『혼일강리역대국도지도(混一疆理歷代國都之圖)』의 제작시기-류코쿠본을 중심으로-」 『梨花史學研究』 42 ; 최창모, 2012, 「조선시대 古地圖의 아라비아·아프리카 이해 소고 : 『混一疆理歷代國都之圖』(1402년)를 중심으로」 『한국고지도연구학회 학술대회』 6 ; 왕치엔진(汪前進), 2012, 「『혼일강리역대국도지도』의 제작과 조선 태종의 천도 및 지방행정제도 개혁과의 관계」 『梨花史學研究』 45

홀태 촘촘한 날 사이에 벼나 보리의 이삭을 끼워 넣고 훑어 탈곡하는 도구.

홀태 농업박물관

'홀태'란 명칭은 '훑이' 즉 훑어낸다는 의미로부터 유래하였다. 벼나 보리 등의 풋바심(양식의 부족으로 덜 익은 곡식을 미리 수확하는 일)을 할 때 주로 사용하였는데, 나무판을 빗 모양으로 깎아 빗살 사이로 벼이삭을 넣고 알곡을 훑어냈다.[손홀태] 또는 쪼갠 대나무나 또는 반으로 접은 수수깡이나 쇠꼬챙이 등을 집게처럼 만들어 그 사이에 벼이삭을 끼우고 잡아 당겨서 떨어내기도 하였다.[가락홀태] 손홀태는 뒤에 '그네'로 발달하였고, 지역에 따라서 그냥 홀태라고 부르기도 하였다. 한가마니 정도의 벼를 탈곡할 수 있었다고 한다.

[참고어] 그네

[참고문헌] 박호석 外,『한국의 농기구』, 어문각, 2001

홍만선(洪萬選) ⇒ 산림경제

화가래 날 모양이 가래와 비슷하지만 땅을 일구는데 쓰는 괭이의 일종.

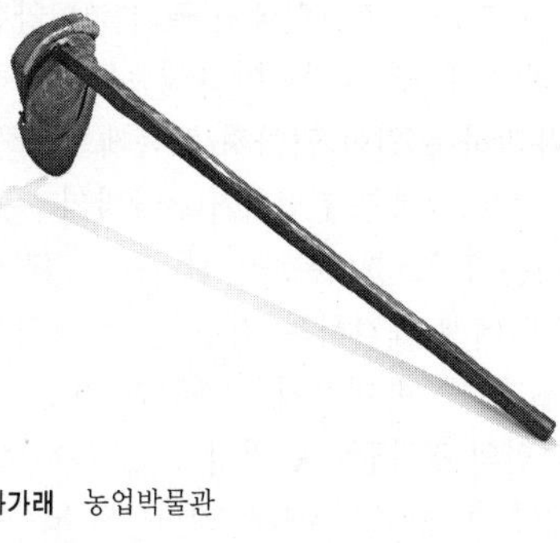

화가래 농업박물관

한자로 가내(可乃)라 썼다. 화가래는 괭이와 유사한 형태인데 자루에 나무로 된 가랫바닥을 직각으로 달고 가랫바닥 끝에는 'U'자형 쇠날을 붙였다. 날의 모양이 가래와 유사하여 화가래라고 하지만 혼자서 괭이처럼 잡아 당겨서 사용하는 연장으로, 비교적 무른 땅을 파거나 도랑치기 하는 데 사용하였다. 원래 가래는 긴 자루에 양쪽으로 줄을 달아 여러 명이 함께 줄을 당겨 흙을 파는 도구이며, 화가래 외에도 종가래·넉가래 등이 있다. 화가래는 쇠붙이가 귀하던 시절 나무로 만든 가랫바닥에 쇠날을 붙여 사용한 농기구였지만, 쇠로 만들어진 괭이가 보편화되면서 점차 사라지게 되었다.

[참고어] 가래, 넉가래

[참고문헌] 박호석 外, 2001,『한국의 농기구』, 어문각

화경(火耕) 미간지(未墾地)나 휴경지(休耕地)를 새로이 경작할 때 불을 놓아 잡목(雜木)과 야초(野草)를 태워버리고 경작하는 방법.

농업생산이 시작된 이래 경작에 활용된 농경기술이다. 화경 과정에서 불타버리고 남은 풀과 잡목의 재는 훌륭한 시비재료이기 때문에 농사짓는 데 큰 도움이 되었다. 또한 화경을 하기 이전에 작물을 경작하지 않았기 때문에 토양에 부식물이 풍부하게 축적되어 있어 새로 경작한 뒤 몇 해 동안은 작물의 생육이 양호하게 이루어졌다. 이러한 화경에 의해서 농사를 짓는 것을 화전농업이라고 부른다.

농경이 시작된 것은 신석기시대 후반인데, 화경을 활용하는 농경법으로 농사를 지었다. 이때 화경과 관련된 농기구로 보습과 삽, 괭이 등을 활용하고 있었다. 돌도끼로 숲이나 덤불 등의 나무, 관목 등을 베어 말리고 불태워 경작지를 마련하는 방식이었다. 그리고 재가 사라지기 전에 돌보습이나 돌따비로 땅을 갈았고, 끝이 뾰족한 나무막대기[굴봉]나 돌괭이 또는 뼈괭이로 구멍을 파서 씨를 뿌렸다. 작물이 자라서 익으면 돌낫으로 이삭을 따서 수확하였다.

화경방식으로 농사를 짓던 농경지는 1, 2년 정도 경작지로 활용되었고, 이어서 다년간 농사를 짓지 않는 휴경지 상태로 내버려두었다. 나무를 태워서 생긴 재는 그 자체가 훌륭한 비료이기 때문에 땅을 깊이 갈아주거나 따로 거름을 넣어주지 않아도 괜찮았다. 조와 기장 등 잡곡농사를 중심으로 농사를 지었다. 화경을 농경법으로 채택하고 있었기 때문에 일정한 간격을 두고 경작지를 옮겨 다녀야 했다.

화경은 화전을 만들어 경작하는 경우 이외에 작물을 일반적으로 재배할 때 활용되기도 하였다. 풀을 경작지

에 깔아놓고 불을 놓아 태운 다음 재(灰)가 아직 흩어지지 않았을 때 기경하는 방식이 동원되고 있었다. 『농사직설(農事直說)』에 따르면 대소맥, 서속(黍粟) 등 잡곡 농사를 위한 기경 작업에 미리 베어둔 풀을 태우는 방법을 동원하여 화경의 원리를 채택하고 있었다.

화경으로 화전을 조성하는 방식은 특히 조선 후기에 크게 나타났다. 조선 후기에 이르면 일반 평지 가운데 가능한 곳의 개간이 거의 마무리되면서 화전이 크게 성행되었다. 17세기 후반 이후 개간의 진전은 특히 산화전(山火田)이라는 전토의 명목을 중심으로 이루어졌다. 전국의 산이 화전의 급류에 휩쓸리면서 산요(山腰) 이상 즉 산허리 이상의 비탈지역까지 개간의 손길이 미치고 있었다. 산화전의 개발이 주요한 개간의 방식으로 고정화된 추세는 결국 개간가능지역의 축소에 그 원인이 있었다. 산화전의 개간은 1720년(숙종 46)에 시행된 경자양전(庚子量田) 과정에서도 양안(量案)에 어떠한 방식으로 수록할 것인가의 문제로 논란이 벌어지고 있었다. 당시 경상좌도에서 양전을 담당하였던 균전사가 만든 사절목(私節目)에서도 산요 이하의 산화전을 양안에 입록하도록 타량(打量)할 것을 규정하고 있었다.

산화전은 산록의 초목을 사라지게 하기 때문에 수리시설이 제대로 기능할 수 없게 만드는 원흉으로 지목되고 있었다. 즉 초목이 산록에서 사라지면서 토사(土砂)가 흘러내려 천거(川渠)를 메워버리거나, 전토보다 하천의 하상(河床)이 높아지게 하였던 것이다. 이에 따라 산전 화경이 가져다주는 자그마한 이득인 시비효과를 노리는 게으른 농민 때문에 수리시설의 효용성이 감소되고, 결국 가뭄의 피해에 직접적으로 노출되게 만들고 있다는 지적이 나오기도 했다.

[참고어] 화전

[참고문헌] 김용섭, 1988, 『조선후기농학사연구』, 일조각 ; 김용섭, 1988, 『증보판 조선후기 농업사연구』 II, 일조각 ; 이경식, 1989, 「조선후기 화전농업과 수세문제」 『한국문화』 10, 서울대 한국문화연구소 ; 이태진, 1990, 「조선초기의 화경 금지」 『이재룡박사환력기념 한국사학논총』 〈염정섭〉

화고(和雇) 고주(雇主)와 고공(雇工)이 합의 하에 임금을 정하여 고용하고 고용되는 것.

화고는 화매(和賣), 화회(和會), 화환(和換), 화론(和論) 등의 용례에서 보이듯이 쌍방 간의 합의가 전제된다.

중세 신분제 아래에서의 강제적인 노비노동은 더 이상 효율적인 생산성을 보장하기 어려웠고, 노비노동에서 고용노동으로의 고용관계 변화가 나타났다. 화고는 이러한 추세 속에서 등장한 것으로, 노동력의 강제동원이 계약에 의한 고용으로 변화하고 있음을 보여주는 것이다. 이 과정에서 고가(雇價)에 대한 쌍방의 계약이 성립했고, 고용주에게 대항하여 권리를 주장할 수 있는 쟁고 또한 가능하게 되었다.

[참고어] 고공, 고지

[참고문헌] 최윤오, 1990, 「조선후기 「和雇」의 성격」 『충북사학』 3

화리(禾利)-전라북도 전주군·남원군 일대 조선 후기 이래 전라북도 일대에서 시행된 특수한 소작관행인 도지(賭地) 관행을 가리키는 말.

본래 화(禾)는 수확된 좋은 곡물을 일컫는 말로, 화리는 벼를 매매하는 것을 일컫는다. 전라남도 진도에서는 소작료를 화리라고 칭하기도 한다. 이 용어가 전라북도 전주군과 전라북도 남원군에서는 특수한 소작관행을 일컫는 명칭으로 자리 잡았다.

조선 후기 전라북도 전주군에서 행해진 화리는 소작인이 전답에서 영대소작을 할 수 있는 권리와 소작권을 자유롭게 처분할 수 있는 권한을 가진 물권적 성질의 소작권을 의미한다. 즉 지주는 소작인이 소작료를 체납하는 등의 문제가 없는 경우 소작료를 인상하거나 소작인을 교체할 수 없으며, 소작인은 자유롭게 화리를 매매·상속·증여·전당·전대(轉貸)·교환할 수 있다는 것이다. 거래는 소작인과 소작인 사이에 이루어진다. 도지권(賭地權)과 유사하다. 이는 전라도·경상도 각 지역의 역둔토에서도 그 사례를 찾아볼 수 있다.

전라남도 전주군 내에서의 화리관행은 삼례면을 중심으로 한 12개 면에서 행해졌다. 이러한 화리관행은 ① 흉년으로 소작료 납부가 불가능한 소작인이 결세 및 소작료 납부가 가능한 소작인에게 권리를 이양한 경우, ② 소작지의 황폐화로 소작인이 소작료를 태납하거나 도망 및 유리하는 일이 많아져 새롭게 소작을 희망하는 자가 미납소작료를 전납하거나 제방의 복구에 경비를 부담하는 경우, ③ 역둔토의 관리자가 경작권을 매수해 소작인에게 매각하는 경우, ④ 소작인이 자신의 노자(勞資)를 들여 미간지를 개간한 경우, ⑤ 토지소유권과 작인의 경작권이 분리되어 있는 경우에 기인하여 발생한다. 이 중 소작지에서 소작인의 노자부담 및 미납소작료 등의 특수한 부담에 대한 보상을 위해 특수 소작권인 화리관행이 발생한 경우가 가장 많다. 화리는 토양이 비옥하고 수리시설이 양호한 곳에서 발생하는 경우가 많았다. 화리매매는 대부분 수확 후부터 다음해 봄까지 이루어졌으며, 매매가 성행할 때에는 중개자가 화리가격의 1할 정도 되는 중개료를 받았다. 화리매매 계약은 문서계약으로 이루어졌으며, 대부분 정조 소작지에서 행해졌으나 드물게는 집조 소작지의 사례도 있다.

1893년 화리 관행의 폐지가 논의되었으며 지주들도 화리 관행을 무시하고 매매하는 경향이 나타났다. 이후 화리 관행은 급격하게 감소해 일제 식민지 하에서는 거의 소멸되었다. 양자의 분쟁이 소송으로 번지는 경우도 있었지만, 화리의 물권적 성격을 인정하지 않는 방향에서 판결이 내려졌다.

화리(禾利)-함경남·북도 및 전라북도 일부 지역 조선 후기 이래 함경남·북도 일대와 전라북도 일부 지역에서 시행된 특수한 소작관행으로 소작료 전납(前納)의 관습을 가리키는 말.

함경남·북도와 전라북도 일부 지역에서의 화리는 전라북도 전주군의 관행과 달리 정액 소작료를 전납하는 관행을 일컫는다. 이 관행은 조선 후기에 경기도의 삼포소작지(蔘圃小作地), 역둔토, 학전 등의 특수소작지 및 함경도의 일반소작지에 나타난다. 함경도에서는 화리라고 칭하며, 다른 지역에서는 선도지(先賭地)라고도 부른다. 전라북도 남원군 남원면·운봉면과 금산군에 존재했던 화리 관행은 함경도와 유사하다. 금산군에서는 화리를 쌍매(雙賣)라고도 한다.

함경남·북도의 화리 관행은 정확한 발생년도를 알 수 없으나 조선 후기 이 지역의 역둔토에서 처음 발생했으며 이후 일반 소작지로 확대되었다. 그 이유는 ① 소작료의 미납 방지, ② 지주 측의 금융상 편의, ③ 원거리 전답의 소작료 징수 편의, ④ 흉작으로 인한 소작료 감면 상황의 회피, ⑤ 소작인 간의 소작권 쟁탈로 인한 지주의 수익 증가 등이다. 전납(前納) 소작료는 소작인의 소작지 쟁탈이 심할수록 고가이다. 소작인 측에서도 화리 관행을 통해 경작 수익과 화리가격의 차액에서 이익을 남기고자 했으므로 비옥한 토지에서 많이 시행되었다. 화리 소작지에서의 작인은 화리군(禾利軍)으로도 불린다.

화리매매는 지주와 소작인 간에 이루어지며, 답에서 주로 행해졌다. 함경도 내에서도 화리관행이 있는 지역은 대체로 수전 평야지대이다. 대체로 휴경기간인 음력 11월부터 다음해 3·4월에 행해지는데 함경남도에서는 11월, 함경북도에서는 2·3월에 가장 많다. 소작증서·계약영수증·구두계약에 의해 계약을 체결하며, 화리 소작료는 소작계약의 체결과 동시 혹은 직후 일정 기간 내에 납부하는 경우가 많다. 보통 1개년 분을 전납하는데 2~3회에 걸쳐 분납하는 경우도 가끔 있다. 화리매매는 수익권 매매의 성격을 가지기 때문에 소작료 납입은 금납을 주로하고 드물게 현물납을 하는 것이 있다. 소작료액은 보통 3~5개년의 실소작료의 평균액에 계약 당시의 시가(市價)를 계산하여 산출한다. 재해가 극심하지 않은 한 소작료를 감면해주는 경우는 없다.

화리는 소작료를 주로 금납하기 때문에 소작인이 소작료 운반에 노자(勞資)를 들이지 않아도 되는 점, 소작료 이외에 가중되는 부담이 없다는 점, 소작료를 미리 전납함으로 경작할 때 지주의 간섭이 없다는 점 등의 장점을 가지고 있다. 또한 소작인이 매매한 화리권은 계약 기간 내에 자유롭게 매매, 전대할 수 있다. 지주 역시도 화리매매를 통해 소작인의 소작료 미납을 방지하고 토지관리비를 생략할 수 있었다. 반면 확정되지 않은 수확량에 기초하여 거래가 이루어지기 때문에 지주나 소작인 중 손해를 보는 경우가 생길 수 있으며, 화리매매를 위한 무산농민의 무리한 자금 대부도 적지 않게 발생하였다.

이들 지역의 화리 관행은 일제시기에 더욱 증가하고 있다. 초기에는 수전에서 많이 행해졌으며 이후 도읍 부근의 소채전(蔬菜田)에서 화리 관행이 성행하였다. 1930년에는 화리 관행에 종사하는 인구가 함경남도는 지주 690명·소작인 4,011명이고, 함경북도는 지주 4,119명·소작인 975명에 달한다.

[참고어] 대전법, 영소작, 예결, 정조법

[참고문헌] 조선총독부, 1932, 『朝鮮ノ小作慣行(上)·(下)』; 조선총독부, 1932, 『朝鮮ノ小作慣行 : 時代と慣行』 〈고나은〉

화성농장(華星農場) 한말·일제시기 백남신(白南信, 1858~1920)·백인기(白寅基, 1882~1942) 부자가 경영한 농장.

전라북도 전주의 중인출신 백남신은 1897년 이후 전주진위대 향관, 궁내부 주사, 내장원 검세관 등을 역임하면서 관물조달과 외획제도를 이용하여 상당한 부를 탈법적으로 축적하였다. 축적된 자본은 토지매입과 사채업에 투자하였다. 1904년 화폐재정정리사업의 실시로 외획제도가 폐지되고 다음해 말 관직에서 해임되자, 이후 백남신은 지주경영에 주력했다. 1908년 동양척식주식회사 창립위원으로 도쿄(東京)에서 열린 회의에 참석한 백남신은 일본농업에 감화를 받고 농장건설을 생각하였다. 1911년 백남신농장을 세우고 일본인 지배인을 두어 농장을 운영해갔다. 전주읍내 자신의 집에 농장본부를 두고, 익산군 이리와 전주군 수계리에 지부를 설치하였다. 본부는 약 15,000두락의 토지를, 두 곳의 지부는 17,000여 두락의 소유지를 관리 감독했다. 1914년 부안에도 농장지부를 신설하고 8,000여 두락을 관장했고, 장수와 임실 등 산간지방 소재 2,000여 두락의 땅에는 출장소를 개설하였다. 1910년대 후반 농장 본부를 전라북도 이리로 옮기면서 농장명칭을 화성농장으로 변경했다.

화성농장은 전통적인 마름제도를 변형시켜 농장경영에 적극 활용하였다. 마름은 소작인에게 막강한 권력을 행사하는 존재가 아니라, 농장에서 정한 규정과 지시에 따라 소작인을 지도 감독하는 일을 담당하였다. 마름제도의 폐단을 방지하기 위해 화성농장은 농장회의제도와 소작인 방문제도를 도입 활용하였다. 봄·가을로 2차례에 걸쳐 사무원회의→ 마름회의→ 소작인회의 순으로 농장회의를 개최하여 체계적 지배통로를 구축했다. 마름회의에서는 농장이 설정한 그 해 농사목표와 운영방침을 실천하기 위한 구체적 방법과 대책을 논의했으며, 마름회의에서 의결된 사안들은 농장사무원의 입회아래 각 마름이 소작인회의를 개최하여 소작인들에게 전달되었다. 또한 농장에서는 소작인 방문제도를 실시하여 마름의 횡포를 수시로 규찰하였다. 농장은 마름을 농사개량의 중심인물로 활용하면서 재래종 대신에 다로다비적인 일본 벼 품종을 적극적으로 재배해갔다. 농장에서는 마름에게 1정보 규모의 시험전을 자경하게 하여 현지 토양에 맞는 일본 벼 품종시험과 비료실험을 실시하였다. 마름은 경작 결과와 소감을 다음해 봄 마름회의에서 발표했고, 자신의 재배경험을 바탕으로 소작인들에게 개량품종과 새로운 시비법을 적극 장려하고 강제해갔다. 농장의 지시와 지도를 잘 이행하는 우량한 마름과 소작인을 포상하였다. 화성농장은 주변 일본인 대지주들이 주도하는 수리조합사업(전익수리조합, 임익수리조합)에도 적극적으로 참여했으며, 자체적으로도 토지정리를 위해 소규모 토목공사를 실시하였다.

백남신·백인기 부자는 농업 이외에 금융부문 및 여러 기업 활동을 병행했다. 백남신은 전주수형조합 조합장(1906)·전주농공은행 감사(1907)·전주미상조합 조합장(1912)·조선식산은행 상담역(1918)을 맡았고, 백인기는 한성농공은행 감사(1906)·한성공동창고주식회사 이사(1907)·경성상업회의소 상의원(1913)·조선식산은행 상담역·조선농업주식회사 감사·경성전기주식회사 감사·동양척식주식회사 감사(1925)·조선무연탄주식회사 취체역(1927)·전북기업주식회사 대표취체역을 역임했다. 1920년 백남신이 사망하자, 그의 아들 백인기가 부재지주로서 농장을 계승하였다. 백인기는 금융기관의 신용을 충분히 활용하면서 토지매입에 진력하였다. 1930년 화성농장은 2,696정보(답 2,099, 전 197, 기타 400), 1936년 3,686정보(답 1,483, 전 2,203, 소작인수 4,685명, 마음 55명)의 농지를 소유하였으며, 소작인수는 4,700여 명 정도였다. 과도한 차입경영으로 몇 차례 부도를 낸 백인기는 기업 활동을 정리하고, 농장도 합명회사 화성사로 개편하여 농업경영에 주력하였다. 해방 후 농지개혁 당시 백씨 일족은 1,010정보(논 907.1정보, 밭 102.9정보)를 소유했다. 백인기의 처 이윤성(李潤成)은 해방 후 백인기의 유산으로 105만평 토지로 화성재단(후에 남성재단)을 설립하여 지금의 익산시에 남성중학교·남성고등학교·남성여자중학교·남성여자고등학교를 출범시켰다.

[참고어] 동태적 지주, 마름, 농지개혁

[참고문헌] 大橋淸三郎 編, 1915, 『朝鮮産業指針 上』, 開發社 ; 韓國農村經濟硏究院, 1985, 『農地改革時 被分配地主 및 日帝下 大地主 名簿』 ; 오미일, 2005, 「한국자본주의 발전에서 政商의 길 - 白南信·白寅基의 자본축적과 정치사회 활동」 『역사와 경계』 57 〈고태우〉

화속전(火粟田) 사전적으로는 불을 질러 밭을 일구어 조[粟] 등을 경작하는 밭을 뜻하나, 조선시기 법제상 등외전(等外田)의 한 종류인 화전(火田)의 별칭.

화속전의 원형은 화전으로, 본래는 유농화경(遊農火耕)하여 불을 놓아 한 해 농사를 지은 후 버려지는 산곡(山谷)의 땅을 뜻했다. 통상은 화전이라 쓰였지만, 화속전도 간혹 쓰인 용례가 있다. 예컨대 1634년(인조 12) 강원감사 강홍중(姜弘重)의 계문에 따르면, "화속전은 나무를 베고 밭으로 개간하여 1년만 경작하고 묵히는 땅(火粟田, 卽斫木墾田一年耕, 而隨卽廢者.[『인조실록』 12년 1월 1일 무자])"이라고 했다.

한편 산전(山田)은 산곡에 위치한 땅이긴 했지만, 화전과는 달리 세역(歲易)이 가능한 토지인 속전(續田)으로 파악되기도 했다. 그러나 화전이 점차 정주화전(定住火田)으로 바뀜에 따라 산전과 화전은 혼용되었다. 즉 상경전이 아닌 토지 중에서 산곡에서 경작되는 토지를 화전, 산화전(山火田), 화가경(火加耕), 화속전 등으로 부르게 된 것이다. 따라서 경자양전 이후로 조정에서는 화전을 원전과는 별도로 파악하되 속전으로 간주하여, 전품(田品)은 속전과 같이 6등을 부여했다. 이들은 수기수세(隨起收稅)의 원칙이 적용되어 경작하는 면적에 대해 세액을 산정해 부과했다. 하지만 속안(續案)에 실제 파악된 화속전의 양은 극히 일부였다. 또한 6등전으로서 세액이 헐가여서 대부분의 경우에는 가경전(加耕田) 등의 명목으로 수령이 사용(私用)하거나 읍용(邑用)에 첨보(添補)하는 것이 관례였다.

이처럼 원장부와는 별도로 파악되던 화속전은 1894년의 갑오승총(甲午陞總)을 통해 중앙에서 관리되면서 실제 면적에 대한 조사가 이루어졌다. 하지만 승총이 궁방전이나 둔전 등의 면세결에 대한 출세에 한정되어 있었고 은결(隱結)에 대한 조사가 종전의 군결총에 따르는 바가 컸으므로, 화속결에 대한 성과는 크게 나타나지 않았다. 한편 이 시기 시행된 결가제(結價制)에서는 각 군의 결가를 13개 등급으로 나누어 확정했는데, 화전과 속전에 대해 결가를 별도로 책정하여 이를 화속결(火續結)이라고 했다.

[참고어] 화전, 화속전, 원전, 속전

[참고문헌] 이경식, 1989, 「朝鮮後期의 火田農業과 收稅問題」『한국문화』 10

〈윤석호〉

화속전(火續田) 화전 중에서 속전으로 파악된 토지.

매년 경작하는 토지를 정전(正田)이라 하고, 일 년 경작하다가 일 년 쉬는 토지를 속전(續田)이라 하였다. 한편 화전은 농사를 짓고 버려지는 땅이었는데, 이들 중에서 휴한경이 가능한 토지를 속전으로 간주하여 화속전이라 불렀다. 이들 화속전은 속전과 마찬가지로 수기수세(隨起收稅)가 원칙이었다.

[참고어] 화전, 화속전

[참고문헌] 이경식, 1989, 「조선후기의 화전농업과 수세문제」『한국문화』 10

화전(火田) 산간 지역에서 미간지(未墾地)나 휴경지(休耕地)를 새롭게 농경에 이용할 때 풀이나 수목을 베어내고 불을 놓은 다음 작물을 재배하던 전토.

화전은 농업생산이 시작된 이래 이용된 지목의 종류이다. 화경(火耕)을 기본적인 개간 방식으로 활용하여 획득한 농경지이다. 산간 지역의 미개간지를 처음 개간하여 경작에 활용하거나, 예전에 경작하다가 내버려둔 곳을 다시 경작할 때, 전토(田土)에 자라고 있는 풀과 잡목을 불태우고 갈아주는 방식을 활용하였다. 화전에서 실시한 화경은 불타버린 풀과 잡목, 그리고 수목의 재 등이 훌륭한 시비재료이기 때문에 농사짓는 데 큰 도움이 되었다. 또한 화경을 하기 이전에 작물을 경작하지 않았기 때문에 토양에 부식물이 풍부하게 축적되어 있어 새로 경작한 뒤 몇 해 동안은 작물의 생육이 양호하게 이루어졌다. 이렇게 농사짓는 것을 화전농업이라고 한다.

화전농업은 크게 유랑(流浪) 화전농업과 정착(定着) 화전농업으로 나뉘는데, 어떠한 방식으로 경작지를 활용하는가에 따라 구분된다. 유랑 화전농업은 전경(轉耕) 화전농업이라고도 하는데, 작물을 계속해서 재배함에 따라 지력이 소진되면 다른 장소로 이동하여 새로 불을 놓아 화전을 일구는 방식을 말한다. 이런 유랑=전경 화전은 인구가 적은 반면에 새로 개척한 땅이 많을 경우 가능한 방식이다. 반면 계속 인구가 증가하고 화전으로 개척할 땅이 적어지면 새로 화전을 일구는 것이 곤란해진다. 그렇게 되면 일정한 곳에 정착하여 화전을 일구어 경작하는 정착 화전농업으로 바뀔 수밖에 없었다. 한 곳에 정착하여 수년간 지속적으로 화전 경작을 하게 되면 지력이 소진되어 더 이상 농사를 지을 수 없게 된다. 이 문제를 해결하기 위해서 지력 회복을 위해 일정 기간 휴경(休耕)을 한 다음 지력이 회복되면 다시 불을 놓아 경작하는 방식을 택했다. 이처럼 휴경과 경작을 돌아가면서 하는 방식을 윤경(輪耕)이라고 한다. 여러 가지 조건 때문에 화전에 적합한 작물도 연차별로 바뀔 수밖에 없었다. 불을 놓아 경지를 만든 처음에는 비옥한 땅에 알맞은 감자 등의 작물을 심고, 그 다음에는 일반 토양에 알맞은 조 등의 작물을 경작하고, 나중에는 척박한 땅에 적응하는 귀리 등의 작물을 심어야 했다. 이처럼 화전 농업은 연차별로 알맞은 작물 종류를 선택해야 했고, 곡물과 더불어 콩·팥 등의 콩과작물을 재배하여 지력의 소모를 완화시키는 노력도 해야 했다.

17세기 중반 이후 개간이 확대되면서 화전도 증가하였다. 일반 평지 가운데 개간 가능한 곳의 개간이 거의 마무리되면서 화전이 크게 성행되었다. 하천에 인근한 저여지의 개간과 더불어 산요(山腰) 즉 산허리 이상의 높은 지역의 산지도 화전으로 개간되면서 산간 지역의 농경지가 증대하였다. 조정에서는 산전(山田) 개발, 화전 증대에 금령(禁令)을 자주 내렸다. 예컨대 1680년(숙종 6) 1월 6일에도 화전 엄금의 명령이 내려졌는데, "동선 및 여러 고개마루에 반드시 나무가 있어야만 방어하는 데 유익할 것인데, 지금 화전이 산꼭대기까지 널리 꽉 차 있어서 민둥산이 되어 버렸다. 본관으로 하여금 화전을 엄금하고 아울러 산불도 금하고 벌목의 근심도 없게 해야 한다.(洞仙及諸嶺 必有樹木 可有益於防守 而今火田遍滿 山嶺濯濯 使本官嚴禁火田 竝禁山火及斫伐之患 [『숙종실록』 권9, 6년 1월 병신])"고 했다.

하지만 새로운 전토를 확보하기 위한 농민들의 노력과 새로운 절수(折受) 토지를 차지하기 위한 궁방(宮房)·아문(衙門) 등의 움직임에 따라 화전(火田)이 증가하였다. 17세기 중엽 이후 강원도, 충청도, 경상도의 산지에서 화전이 성행하였다. 이에 따라 조정에서는 화전 금령을 내리면서 금지정책을 다시 확인하였다. 화전에 대한 규제는 1745년(영조 21)에 간행된 『속대전』에 수록되었다. 그런데 정조 대에 이르면 화전을 금지하는 입장과 반대로 화전을 양전의 대상으로 포함시켜 화전 양안을 작성하는 규정이 만들어지고 있었다. 현재까지 전해지고 있는 화전 대상 양안은 대부분은 궁방이 주인인 곳이었다. 영조·정조 대 화전에 대한 조정의 입장은 산허리 이상을 넘어서 화전으로 개발하는 것을 금지하는 절충적인 입장에 머물러 있었다.

화전이 만들어지는 과정을 전체적으로 보면 화전을 개발하고 수년 동안 농사를 짓다가 지력(地力)이 고갈되면 새로운 곳에 화전을 만드는 순환을 반복하는 것이었다. 수년이 지난 뒤에 원래 화전을 일구었던 곳에 다시 돌아오는 경우도 있었다. 그리고 가축을 사육하면서 퇴비 등을 확보하여 화전에 시비를 해주면서 정착생활과 더불어 매년 경작하는 토지, 또는 1년 단위로 휴한하는 토지로 만드는 경우도 있었다. 매년 경작하는 토지를 정전(正田)이라 하고, 일 년 경작하다가 일 년 쉬는 토지를 속전(續田)이라 하였다. 화전 가운데 속전을 화속전(火續田)이라 불렀다.

화전의 개간은 1720년(숙종 46)에 시행된 경자양전(庚子量田) 과정에서도 양안(量案)에 입록(入錄)하는 문제를 놓고 논란을 벌여 결국 양안 등재하는 것으로 결론이 내려졌다. 그리고 화전 증가와 그로 인한 산림훼손을 우려하는 기사들이 많이 등장하였다. 화전은 산록의 초목을 사라지게 만들어 결국 많은 강우가 발생할 때 토사(土砂)가 흘러내려 하천 등의 하상을 높이고 수리시설이 제대로 기능할 수 없게 만드는 원인으로 지목되었다. 하천의 하상이 전답(田畓)보다 높아지게 되면 이에 따라 제방도 높이 쌓아야 하는 부담이 있었다. 이에 따라 화전을 금지해야 한다는 지적이 계속 제기되었다.

[참고어] 화경, 화속결, 화속전

[참고문헌] 李景植, 1989, 「조선후기 火田농업과 收稅문제」 『한국문화』 10, 서울대 한국문화연구소 ; 이태진, 1990, 「朝鮮初期의 火耕금지」 『이재룡박사환력기념 한국사학논총』, 한울 ; 金容燮, 1988, 『朝鮮後期農學史硏究』, 一潮閣 ; 김용섭, 1988, 『증보판 조선후기 농업사연구』 Ⅱ, 일조각 〈염정섭〉

화전일랑(和田一郞) ⇒ 와다 이치로

화전정리사업(火田整理事業) 조선총독부가 국토의 황폐화 방지와 화전민의 생활 안정 등의 명분을 걸고 화전을 정리한 사업.

일제는 1908년 삼림법시행세칙을 공포할 당시부터 허가받지 않은 화입(火入)행위를 단속하는 화전정리사업을 실시하고자 하였다. 그러나 이 조치는 당시 화전의 상당수가 결수연명부에 등록된 과세지였고, 평전(平田)과 이어져 경계가 모호한 경우도 있어 일괄적으로 단속하기 어려웠기 때문에 실효를 거두지는 못하였다. 이에 일제는 토지조사사업 진행과정에서 토지와 산림·산야의 경계를 명확히 구분하는 동시에 산림·산야 내에 위치한 화전을 어떻게 취급할 것인지에 대한 기본적 방침을 정하였다. 일제는 경사도 30도를 기준으로 하여 그 이하의 경사를 가진 산지에 소재한 화전을 대부분 전답으로 규정하고 경작행위를 용인하였다. 또 경사도 30도 이상에 위치한 화전이라 하더라도 특별한 사정이 있을 경우 그 경작을 잠정적으로 인정한다는 방침을 세웠다.

한편 일제는 토지조사사업과 별도로 시행된 임야의 소유권 확정 과정에서 요존국유림(要存國有林)으로 분류된 곳에 소재한 화전의 경우 조선총독부의 임야 수익사업에 방해가 될 것으로 보았기 때문에 적극적으로 정리한다는 방침을 정하였다. 이 화전정리사업은 1916년 내훈 제9호로 시작되었다. 일제는 이전지를 지정하고 화전민을 강제로 수용하는 방식이었다. 그러나 화전민들 상당수가 원래 경작하던 장소로 되돌아오는 바람에 그 성과는 그리 크지 않았다. 이에 일제는 강제 이주시킨 화전민에 대한 후속 관리 조치가 필요하다고 판단하고 1926년 화전정리 등의 방침을 언급한 임정(林政)계획안을 수립하였다.

화전조사위원회는 화전민들의 재입산 방지를 위해 공려조합을 만들어 이들을 통제하는 안을 제기하였다. 이 제안에 따라 조선총독부는 먼저 산농지도구를 만들어 화전민들을 강제 이주시키는 일을 맡도록 하고, 그 아래에 공려조합을 조직하여 화전민들에게 정착농업에 필요한 각종 농기구 구입자금 등을 대부하였다.

조선총독부의 화전정리사업은 화전민들을 집단 이주시킨 다음 다시는 화입을 하지 않도록 통제하고, 숙전 농법을 보급하는 데 목적을 둔 것이다. 북선개척사업의 시행으로 막대한 경제적 이익을 거두어들일 것으로 기대하고 있던 조선총독부는 화전민이 장애물이 되지 않아야 한다는 확고한 방침을 견지하고 있었다. 일제의 화전민 대책은 조선인들의 처지개선을 목적으로 입안된 것이 아니라 일제의 이익을 보호하기 위한 방침의 일환으로 만들어진 것이었다.

화전정리가 일단락된 후 일제는 그 사업지구 내 토지를 동양척식주식회사, 선만척식회사, 북선개척흥업주식회사 등에 대부하여 식량증산사업을 펼치도록 유도하였다. 이 회사들은 화전민들이 개간해 놓은 땅을 대부받은 후 화전정리사업으로 이전, 수용된 화전민들을 소작인으로 받아들여 개간 사업을 펼쳐 나갔다.

조선총독부가 추진한 화전정리사업의 목적은 '불법적'으로 조성한 화전을 정리하여 산림 황폐화를 방지하고, 화전민의 생활을 안정시킨다는 것이었다. 그러나 조선총독부의 사업은 화전민을 강제 이주시키고 재입산을 막는 통제책으로 일관하였다. 화전민이 발생하게 된 원인에 대한 근본적 대책이나 구휼과 관련된 사업은 고려 대상에서 밀려나 있었다.

[참고어] 삼림법, 요존국유림, 화전

[참고문헌] 최병택, 2012, 「조선총독부의 화전 정리 사업」『한국문화』 58, 규장각 한국학연구원 〈남정원〉

화해(和解) 일제의 토지조사사업에서 분쟁 당사자가 서로 양보하여 당자사간의 분쟁을 끝낼 것을 약정함으로써 성립하는 계약.

화해는 토지조사사업에서 분쟁 당사자가 서로 양보하여 당자사간의 분쟁을 끝낼 것을 약정함으로써 성립하는 계약을 말한다. 화해계약은 분쟁이 있음을 요건으로 하므로 한편이 다른 한편을 속이고 당사자간에 일정한 법률관계가 생기는 것을 계약하여도 화해가 아니다. 그리고 이것은 상호 양보하는 것을 요건으로 하고 있으므로 당사자의 한편만이 그 주장을 감축하는 하는 것은 화해가 아니다. 화해계약은 당사자 한편이 양보한 권리가 소멸되고 상대방이 화해로 인하여 그 권리를 취득하는 효력이 있다. 화해계약은 착오를 이유로 하여 취소하지 못한다.

따라서 토지조사사업에서 일제는 분쟁이 발생했을 경우 화해를 종용했으며, 이 종용에 따라 화해한 경우는 취소하지 못하고 소유권을 잃는 경우도 상당하였을 것으로 생각된다.

[참고어] 일본민법, 채권, 토지조사사업

[참고문헌] 조선총독부 임시토지조사국, 1918, 『조선토지조사사업보고서』; 현암사, 1985, 『圖解 법률용어 사전』

화회문기(和會文記) 재주(財主)가 생전에 재산 분배를 지정하지 않아서, 사후에 그의 부인과 자녀들 혹은 부부가 모두 죽은 뒤에 자녀들이 합의하여 재산을 분배하면서 작성한 문기.

화회문기는 재산상속 즉 분재를 위하여 작성된 문서 중 하나이다. 분재를 위한 문기로는 화회문기, 분급문기(깃급문기), 깃부문기, 별급문기, 허여문기, 유서(유언) 등이 있다. 재산상속의 대상물은 대체로 토지와 노비가 대부분이었으며, 때로는 공물이나 가옥 등과 같은 것도 포함되었다. 재산상속은 재주인 부모가 살아있을 때 허여 혹은 별급 등의 방법을 통하여 이미 이루어진 경우가 많았다. 그 외에도 재주인 부모가 재산을 분급하지 못하고 사망하였을 때에 상속되지 못한 재산들은 부모의 유언이나 유서에 의해 분급되었다. 그러나 재주인 부 또는 모가 살아있을 때에 자식들에게 미처 유언이나 유서를 남겨 재산을 상속하지 못하였을 경우, 재주가 사망한 후 재산을 분배하기 위한 절차에 들어가야 했다. 이때 작성된 분재문기가 화회문기이다. 즉 재주인 아버지가 재산을 분급하지 못하고 사망하는 경우가 많았는데, 화회문기는 어머니와 자녀들이 화회에 의하여 재산을 분배하거나, 또는 부모가 모두 죽은 후에 형제자매들 간에 화회에 의하여 재산을 분배하면서 작성된 문서이다.

화회문기와 분급문기는 자녀들에게 정식으로 재산이 분배된다는 점에서는 같다고 할 수 있으나, 분급하는 시점에서 차이가 있다. 분급문기는 재주인 아버지가 살아 있을 때에 자녀들에게 재산을 나누어준 문서이지만, 그에 비하여 화회문기는 재주인 아버지가 생전에 분재를 지정하지 않은 상태에서 죽었을 때 그 자녀들의 화의에 의하여 작성된 것이다.

화회문기는 대체로 재주인 아버지의 3년상을 마친 때에 작성되었다. 이때 형제자매들이 모여 아버지와 어머니 쪽에서 상속된 것이거나, 부모가 매입한 재산들에 대하여 서로 논의하여 평균분급을 전제로 합의하였다. 이때 재산분배의 대상은 부모생시에 결혼한 자식에게 지급한 것이거나 혹은 그 외의 특별한 일이 있을 때 별급한 것 등은 제외되었다. 그러나 유루노비 또는 추심노비 등과 같이 화회 분깃한 후에 나타난 재산 등에 대해서는 형제자매들이 다시 합의하고 분깃하면서 문기를 작성하였다.

화회문기의 내용을 보면, 화회를 하여 문기를 작성하는 해의 연호와 연월일 및 화회참가범위를 쓰고, 화회문기를 작성하게 된 사유를 밝히고 있다. 형제자매들에게 돌아가는 각각의 몫[衿]은 집주(執籌)의 방식을 이용하기도 하였으며, 그 내용을 일일이 기록한 뒤 화회에 참가한 사람들의 이름을 쓰고 그 아래에 수결(手決)을 두었다. 몫(깃)을 받은 사람들은 그 숫자만큼 문기를 작성하여 각기 1부씩 보관하였으며, 나중에 문제가 발생하면 증빙하기 위한 자료로 사용할 수 있었다.

화회할 때 형제자매가 모두 모인 가운데 재산을 나누어야 했으나, 본인이 사망하거나 혹은 부득이하게 참여하지 못하게 되면 그를 대리할 수 있는 자식, 혹은 부인, 사위 등이 참여하기도 하였다. 그리고 작성되는 화회문기도 각기 1부씩 보관하도록 하는 것이 원칙이었으나, 서로의 합의하에 1장만 만들어 작성한 예도 있다.

조선 전기에 재산을 분배하기 위한 규정은 『경국대전』에 실려 있다. 재산분배의 내용을 보면, 우선 제사를 지내기 위한 경비를 마련하기 위해 설정한 봉사조(奉祀條)와 승중자(承重子)에게는 1/5을 더 지급하도록 하였고, 나머지를 중자녀(衆子女)가 평균 분배하도록 하였다. 그리고 합의에 의하여 양첩자녀(良妾子女)·의자녀(義子女)·양자녀(養子女)·천첩자녀(賤妾子女) 등에게 분재되는 예도 있었으나, 적자나 중자녀에게 분급된 것과 비교하면 재산의 양이 매우 적었다. 조선 중기 이후에는 봉사조를 비롯한 많은 재산이 승중자에게 상속되었으며, 중자녀에게 돌아가는 몫은 그에 비하면 훨씬 적어졌고, 남녀 즉 아들과 딸 사이에도 차별이 컸다. 그러나 화회문기에서는 봉사조, 내지 제사조를 비롯한 승중자에게 상속되는 것과 별급되는 것들을 제외한다면, 조선 후기로 가면서 재산의 평균분급의 경향으로 적장자와 중자녀들 간에는 차별이 두드러지게 나타나지 않는다.

화회문기는 가족 간의 합의에 의하여 이루어진 것이었으며, 문기만으로도 완전한 효력을 지니고 있었다. 즉 관청에서 공증하였음을 증명하는 관서(官署)가 필요 없었다. 화회문기의 규격은 집안마다 재산을 소유하는 정도가 달랐기 때문에, 재산의 규모에 따라 문서의 규격도 달랐다. 재산이 적은 집안의 것은 재상을 상속하는 내용이 그다지 많지 않았으므로 규격이 그리 크지 않았으나, 많은 집안의 것은 10m를 넘을 정도로 큰 두루마리[周紙]로 된 것들도 있다.

[참고어] 문기, 토지매매문기, 가사문기

[참고문헌] 崔在錫, 1972, 「朝鮮時代의 相續制에 대한 硏究」『歷史學報』, 53·54 ; 崔承熙, 1989, 『增補版 韓國古文書硏究』, 지식산업사 ; 文叔子, 1992, 「誠菴古書博物館 所藏 壬亂以前의 分財記」『서지학보』 8, 한국서지학회 ; 최순희, 1993, 「商山金氏 分財記 小考 ; 成化拾陸年 貳月拾參日 同復和會文記를 中心하여」『泰東古典硏究』 10, 한림대학교 부설 태동고전연구소 ; 이해준, 1996, 「炭翁 權諰 男妹의 1624년 和會文記」『충청문화연구』 4, 한남대학교 충청문화연구소 ; 李海濬, 1996, 「湖西 士族家門의 分財記 5例」『古文書硏究』 9·10, 韓國古文書學會 ; 李海濬, 1999, 「晩悔 權得己家 分財記 硏究 -1624년 炭翁 權諰 男妹 和會文記-」『道山學報』 第7輯, 道山學術硏究院 ; 문숙자, 2010, 「조선시대 分財文記의 작성과정과 그 특징-草文書·原文書·複文書의 제작과 수취를 중심으로-」『영남학』 18, 경북대학교 영남문화연구원 ; 조원래, 2008, 「17세기 순천지역 慶州鄭氏家의 사회 경제적 기반-16세기의 문중활동과 康熙十九年記 和會文記의 검토」『古文書硏究』 33, 韓國古文書學會 〈양진석〉

환곡(還穀) 조선시기 국가가 봄에 양식이나 종자 등을 빌려주었다가 가을에 빌려준 곡물과 함께 이자곡을 더하여 갚도록 한 진휼제도 혹은 곡식.

환자(還子) 혹은 환자(還上)라고도 표기했다. 이외에도 환곡과 함께 군향을 비축하거나 혹은 묵은 곡식을 교체하기 위하여 운영하던 곡물을 총괄하여 환향(還餉)으로 불리기도 하였다. 환곡의 제도적인 기원은 고구려 고국천왕 때에 실시된 진대법(賑貸法)에서 찾을 수 있다. 환곡과 관련하여 시행된 제도들을 살펴보면, 고려시기에는 흑창(黑倉), 의창(義倉), 상평창(常平倉) 등이 있었고, 조선시기에는 의창, 상평창 등이 시행되었다. 환곡은 원래 진휼을 목적으로 시행된 것으로 국가가 운영하는 곡식 혹은 제도를 일컫는 것이었다. 그러나 환곡과는 연관성을 지니면서도 국가를 최종적인 운영주체로 설정하여 형태적으로 다른 모습을 지닌 사창(社倉)제도를 시행하려는 논의들도 있었으며, 부분적으로 지역에 따라 사창법을 시행한 곳도 있다.

환곡은 국가가 곡물을 비축하였다가 흉년이나 춘궁기에 농민들에게 대여하였다가, 가을걷이가 끝나게 되면 거두어들인 제도이다. 환곡을 설치한 목적은 농민들에게 먹을 곡식이나 종자를 빌려주어 그들의 생활을 안정시킨다거나 혹은 농사를 돕기 위한 것이었다. 즉 농민을 주된 대상으로 삼아 그들의 생활을 보조할 수 있는 제도적 장치를 마련함으로써, 궁극적으로는 농업을 기반 산업으로 삼고 있는 조선의 사회적 안정을 꾀하기 위한 제도 중 하나였다. 그 외에도 국가는 비축한 군량이 오래 묵어 사용할 수 없게 되는 것을 방지하기 위하여 환곡제도를 이용하여 일정 기간 내에 곡물들을 교체함으로써 품질을 유지하기 위한 것으로 이용하기도 하였다.

국가는 운영과정에서 원곡(元穀)이 줄어드는 것을 막기 위해 모곡(耗穀)을 거두어들이고 있었는데, 이를 이용하여 국가재정 중 부족한 것을 채웠다. 환곡은 이로써 국가재정을 확보하기 위한 재원으로 인식되었으며, 이러한 조치는 많은 폐단들을 낳게 하는 요인이 되었다. 국가는 원곡의 1/10을 모곡의 명목으로 거두었으며, 그 중 일부를 중앙관청에서 재정을 보충하기 위하여 사용하였다. 처음에는 군자곡(軍資穀) 즉 원회곡(元會穀) 내지 호조곡(戶曹穀)으로 불리는 환곡의 모곡 중 1/10인 1두 5홉을 회록(會錄)하여 공용으로 사용하였으며, 나머지 모곡은 본읍에 속하게 하였다. 이후 상평곡(常平穀)을 창설하고, 모곡의 4/5를 회록하여 공용으로 삼았으며, 지방관청에서도 그와 같은 방식을 따랐으며, 환곡을 회록하는 기관들이 크게 늘었다.

환곡은 무상으로 곡물을 받거나 혹은 음식을 제공받는 백급(白給)과는 구분되면서 시행되었다. 백급은 '빌어먹고 생계를 유지할 근거가 없는 사람(丐乞無根着之人)'을 대상으로 하고 있으나, 환곡은 진휼을 주된 목적으로 삼고 있으면서 지속적인 운영을 위해 곡물의 안정적인 회수를 전제로 한 것이다. 환곡을 받을 수 있는 자격은 해당 지역 내에서 확실하게 생활할 수 있는 기반을 갖춘 자(根着者)로서, '해당 지역에 본인이 거주하고 있을 것(人在里)' 혹은 '해당 지역에 토지를 갖고 있을 것(土在里)' 등의 조건을 갖추어야 했다.

곡물을 제대로 나눠주고 회수하는 것은 환곡 운영의 중요한 관심이었다. 분급된 환곡을 회수하기 위해 대표적으로 이용된 방식이 호환(戶還)과 결환(結還)이었다. 호환은 환호(還戶) 즉 환곡의 분급대상으로 파악된 호(戶)에 부과하는 것이며, 결환은 분급대상을 토지로 삼는 방식이다.

국가는 그 해에 환곡을 거두어야 할 대상을 구분하였으며, 분급한 시기를 기준으로 신환(新還)과 구환(舊還)으로 구분하였다. 당해 연도에 거두어들이지 못한 것(未捧條)을 정퇴(停退), 구환으로 더 세분하였고, 연도가 오래된 것은 조정의 논의와 국왕의 재가를 얻어 탕감되었다. 그리고 당해 연도의 농사의 정도에 따라 국가가 환곡을 거두어들이는 정도를 조절하였는데, 재해를 입은 정도를 우심(尤甚), 지차(之次), 초실(稍實) 등으로 나누었으며, 때로는 최우심(最尤甚) 혹은 지차지지차(之次之之次) 등 보다 더 세분되기도 하였다. 국가는 이를 지표로 삼아 신환 혹은 구환에 해당하는 환곡을 거두어들이는 비율을 줄여주거나 혹은 거두어들이는 시기를 늦추어 주었다. 그러나 환곡의 미수곡이 점차 늘어나 농민들이 감당할 수 없는 상태에 이르렀다고 판단하면, 국가는 이를 정리하는 조치를 취하였다.

한편 진휼곡의 비율이 점차 줄어들었으나, 재정에 보충하기 위한 목적으로 조성된 환곡은 늘어갔다. 이 때문에 환곡을 관장하는 아문들이 점차 늘어났으며, 환곡을 회록하는 형태도 다양하게 나타났다. 예를 들면 일분모회록(一分耗會錄)을 비롯하여 삼분모회록(三分耗會錄), 사분모회록, 5분모회록, 절반회록, 사승회록(四升會錄)에서 전모회록(全耗會錄)들을 들 수 있다. 이와 같이 재정을 보충하기 위해 만들어진 회록곡은 환곡의 부세화(賦稅化)로 이어졌고, 나아가 새로운 환곡 아문의 증설 및 지역 내의 환곡 명목의 증가 및 양적증가의 요인으로 작용하였다.

환곡의 양이 늘어나면서 한편으로 분급비율도 점차 늘어났다. 환곡의 가분(加分) 즉 정해진 것보다 많은 양을 분급하는 곳들이 많아졌으며, 별환(別還) 명목을 이용하여 가분하는 곳도 있었다. 원래 환곡의 반은 남겨두고 반을 분급하는 방식인 반류반분(半留半分)이 정식이었으나, 그 외에도 정식분급(定式分給), 일류삼분(一留三分), 일류이분, 이류일분, 개색(改色), 전류(全留)의 형태, 심지어 해당 명목의 환곡을 모두 분급하는 진분(盡分)이 이루어지는 것도 나타났다. 이와 같이 분류의 방식이 매우 다양해지고 분급량이 많은 지역에서는 부담해야할 모곡과 그와 관련하여 내야 할 부가적인 명목들도 늘어났다.

한편 환곡의 양이 지역마다 균등하지 못하게 되면서, 곡물의 양이 많은 곳에서는 관리가 힘들어졌고, 곡물의 양이 적은 곳에서는 곡물가격이 올라갔으며, 그로 인한 문제점으로 환곡의 이전 혹은 이무(移貿)의 현상을 초래하였다. 곡물가의 차이를 노려서, 곡물을 돈으로 바꾸어 마련하거나 혹은 다른 곡물로 대신 바치는 현상들이 나타났다. 원래의 곡식이 아닌 다른 곡식으로 대신하여 받을 수 있도록 허용한 대봉(代捧)과 곡물 대신 화폐를 환곡의 운영에 이용한 전환(錢還)이 나타난 것이다. 이에는 국가가 곡물간의 교환 방식 혹은 곡물과 동전간의 교환비율을 정하여 상정가를 제시한 것도 이러한 현상들을 가능하게 한 요인으로 작용하였다.

환곡운영에서 다양한 방식들이 적용되고 새로운 현상들이 나타나면서, 담당자들이 농간을 부렸으며, 그로 말미암아 다양한 폐단들이 나타났다. 환곡의 폐단을 일으키는 주체로는 감사, 수령, 이서 등 환곡을 운영하는 관청에 속한 자들이 있다. 감사는 자신이 관할하고 있는 지역에서 수령들로부터 달마다 물가를 보고받았으므로, 지역 내의 곡물의 가격에 대한 정보를 전체적으로 상세히 알 수 있었다. 감사는 지역 간의 곡물가의 차이를 이용하여 장사함으로써 큰 이득을 얻을 수 있었다. 감사가 이용한 주된 방법은 이무(移貿), 입본(立本)의 방식이 있는데, 이를 보속(步粟)이라 하여 곡물이 걸어서 옮겨간다고 표현할 정도였다. 수령들이 환곡을 이용하여 폐단을 일으킨 방법은 번질(反作) 혹은 와환(臥還), 가분(加分), 허류(虛留), 입본(立本), 증고(增估), 가집(加執) 등으로 매우 다양하다. 이들은 곡물가의 계절적 차이를 이용하여 차액을 노리거나 혹은 국가에서 정한 곡물의 상정가와의 차액을 노리는 수법이다. 이들 수법은 분급과정에서의 농간 혹은 곡물가격의 차이 등을 이용하는 방식이다. 수령들은 곡물가의 차이와 지역 간 곡물 이동 형태인 이무의 방식을 이용하여 지역 간 곡물양의 불균형을 초래하였으며, 인징 족징 등과 같은 방식을 이용하여 억지로 환곡을 징수한다거나, 환곡의 질적 저하 및 창고의 장부의 허록, 분류곡의 부실화로 인한 허류화와 중앙관청의 곡물이 지방관청에 비해 상대적으로 감소하고 아울러 진분곡이 증가하는 등의 현상들이 나타났다. 이로 말미암아 환곡의 폐단은 고질적인 병폐로 언급되기에 이르렀다. 이서들이 환곡을 이용하여 농간을 부리는 방식은 더욱 교묘하고 다양하였다. 번질, 입본, 가집, 암류(暗留), 반백(半白), 분석(分石), 집신(執新), 탄정(呑停), 세전(稅錢), 요합(徭合), 사혼(私混), 채륵(債勒) 등을 들 수 있다.

농민들은 이와 같이 다양한 관리들의 농간으로부터 벗어나기 위한 방식으로 미봉적인 형태인 계방(契房)과 같은 방식을 택하기도 하였다. 계방은 각종 부세나 역으로부터 벗어날 수 있는 방법으로, 이 혹은 호 단위로 해당 연도의 부담으로부터 벗어나면서 환곡의 부담을 지지 않으려 하였다. 이와 같이 환곡의 분급대상에서 빠져 나가는 탈환(頉還)의 방식들이 다양하게 나타나면서, 세력이 있는 자 혹은 부민(富民)들은 환곡에서 벗어났고, 대신 빈잔민(貧殘民)들이 이를 부담하게 되었다.

환곡의 폐단은 18세기 이후 더욱 심해져 군정과 전정과 함께 폐해를 일으키는 삼정(三政) 중 하나로 지목되었다. 지방관을 비롯하여 이서들이 환곡을 이용하여 농간을 부리고 부정을 행하였으며, 그 정도가 지나쳐 민란을 일으키는 주된 요인으로 지목될 정도였다. 1862년(철종 13)에는 이러한 문제들을 해결하기 위해 삼정이정청(三政釐整廳)이 설치되었으며, 환곡의 개혁을 포함하는 삼정이정책 조치들이 진행되었다. 그중에 중요한 조치 중 하나는 파환귀결(罷還歸結)의 정책으로, 환곡의 모곡을 거두어들이는 방식을 없애고 대신에 토지(土地)에 부과하는 내용이었다. 그러나 이와 같은 개혁조치들은 얼마 되지 않아 시행되지 못하고 논의에 그치고 말았다. 다만 일부 지역에서 환곡의 폐단을 고치기 위한 노력들이 나타났으며, 파환귀결의 조치도 시도되었다. 1867년(고종 4)에 사창제(社倉制)를 시행하여 환곡에 대한 조치를 마련하였지만, 이 또한 일부 효과를 보는 정도에 그쳤으며 시행과정에서 여전히 문제점들이 발생하였다. 1895년 사환미(社還米)제도를 시행함으로써 환곡의 기능을 없애고 문제를 해결하려 하였으나, 개선책들도 크게 효과를 거두지는 못하였다.

[참고어] 파환귀결, 도결, 삼정이정절목

[참고문헌] 宋贊植, 1965, 「李朝時代 還上取耗補用考」『歷史學報』 27집, 역사학회 ; 金容燮, 1982, 「還穀制의 釐正과 社倉法」『東方學志』 34, 연세대학교 국학연구원 ; 梁晋碩, 1989, 「18·19세기 還穀에 관한 硏究」『韓國史論』 21, 서울대 국사학과 ; 文勇植, 1990, 「19세기 前半 還穀 賑恤機能의 變化過程」『부산사학』 19, 부산사학회 ; 鄭亨芝, 1992, 「朝鮮後期 賑給運營에 대하여」『이대사원』 26집, 이대사학회 ; 오일주, 1992, 「조선후기 재정구조의 변동과 환곡의 부세화」『實學思想硏究』 3, 무악실학회 ; 송찬섭, 2002, 『朝鮮後期 還穀制改革硏究』, 서울대학교출판부 〈양진석〉

환기전(還起田) 진전(陳田)이었으나 개간 등을 통해 다시 경작이 이루어진 토지.

양안(量案)에는 상경전으로서 전품이 부여되는 정전

(正田)이 파악되었다. 한편 상경이 불가능한 속전(續田)이나 산전(山田) 등은 원칙적으로는 원장부인 양안과 별도로 파악되어 수기수세(隨起收稅)했다. 한편 양안에 파악된 원전(元田)이 모두 수세의 대상이 된 것은 아니었는데, 진전과 급재(給災)를 제외한 면적이 수세실결인 실전(實田)이 되었다. 이때 진전이란 원래 원전이었으나 거듭되는 재해 등으로 경작이 이루어지지 못하게 된 토지이며, 환기전은 진전에서 다시 경작이 이루어진 토지를 뜻한다.

전란 이후 진전이 급속도로 늘어나자 국가에서는 진전을 경작지로 회복하기 위한 노력을 기울였다. 즉 『경국대전』에서는 환기전에 대해 세를 반감토록 규정했으나[「호전」 수세(收稅)], 『만기요람』에서는 묵은 밭의 경작을 권하여 기간한 곳은 일일이 개록하여 호조에 보고해서 3년 동안 감세케 하며, 기간했다가 다시 진전이 된 것은 세를 징수하지 않는다고 했다.(陳田勸耕起墾處, 一一開錄, 報戶曹, 減三年之稅, 旣墾還陳者勿稅.[「재용(財用)」2 전결(田結)]) 또한 환기한 사실을 자수하지 않고 숨긴 것이 발각될 경우 재해차착례(災害差錯例)에 따라 논죄한다고 했다.

이처럼 진전을 환기하고, 이를 수세대상으로 파악하는 것은 재정상 중요한 문제였다. 일례로 정조 즉위년 전라도 관찰사 이보행(李普行)이 장계를 올려, 도내에서 새로 파악한 환기전 6천 1백 90결을 원총(元摠)에 추가하는 것과 함께 양전이후 지금 진전이 된 것 3천 40결은 수기수세케 해달라고 주청하기도 했다.(道內田結新査還起六千一百九十結零, 付之元摠, 久未免舊陳二千四百五十結, 特許永減. 量後今陳三千四十結零, 隨起收稅.[『정조실록』 즉위년 11월 5일 계유])

[참고어] 진전, 속전, 가경전

[참고문헌] 이세영, 2010, 「조선시대의 진전 개간과 토지소유권」 『한국문화』 52 〈윤석호〉

환매조건부채권(還買條件附債券) 금융기관이 일정 기간 후 확정금리를 보태어 되사는 조건으로 발행하는 채권.

환매조건부채권(repurchase agreements, RP)은 주로 중앙은행과 시중은행 사이의 유동성을 조절하는 수단으로 활용된다. 한국은행이 시중 통화량을 조절하거나 예금은행의 과부족을 조절하는 수단으로 발행한다. 금융기관이 보유한 특수채·신용우량채권 또는 국공채 등을 담보로 발행하기 때문에 안정성이 뛰어나고 환금성이 보장된다는 게 장점이다. 또 채권을 현실로 존재하는 형태인 실물거래 하는 게 아니라 중앙은행에 맡겨둔 기준 예치금을 대차거래 하는 방식을 택하고 있다. 대개 한 달에서 3달 정도 운용을 하며 최장 만기는 1년이다. 금리는 일반적으로 정기예금보다 조금 높은 수준이고 만기 이후엔 별도 이자가 붙지 않는다. 중도환매가 가능하고 환매시 해지 수수료를 지불해야 한다.

[참고어] 채권

[참고문헌] 김증한, 1988, 『최신법률용어사전』; 현암사, 1985, 『도해 법률용어사전』 〈이승일〉

환전(環田) 두 동심원에 의해 둘러싸인 모양(環形)의 전답.

환전 『충청남도 아산군 현내면 양안』 1책 029b(규17664)

반지나 도너츠 모양의 전답을 말한다. 구장산술에 언급되어 있는 7가지 전형(田形) 중 하나이다. 환형은 순조조의 「경진양전사목(庚辰量田事目)」에서 추가될 것이 논의되었으나 실제로 시행되지는 않았다. 오병일의 「양전조례(量田條例)」에서도 기본 5도형 이외에 환형의 면적을 계산하는 방법이 제시되었다. 대한제국의 양지아문 양안에는 환형의 변형된 형태인 반환형(半環形)의 전답이 표기된 사례를 찾아볼 수 있다. 환전은 큰 원의 면적에서 작은 원의 면적값을 빼서 그 면적을 구한다.

[참고어] 전답도형, 경진양전사목, 광무양안

[참고문헌] 최원규, 1995, 「대한제국기 양전과 관계발급사업」 『대한제국의 토지조사사업』, 민음사; 정긍식·田中俊光 역, 2006, 『조선부동산용어약해』 〈고나은〉

환퇴(還退) ⇒ **권매**

활인서둔(活人署屯) 활인서의 경비를 충당하기 위하여 설치·운영한 토지.

활인서는 경성부에서 환자를 구료(救療)하는 기관이다. 1392년(태조 원년) 한성부 동부 연희방(燕禧房)과 용산에 설치되었다가, 1882년(고종 19)에 폐지되었다. 활인서둔은 경성부와 풍덕군에 산재하였다. 그 대부분은 전(田)으로 이에 백성의 주거를 허가하고 차지료로 매년 일정한 물품을 과수(課收)하였다. 풍덕군에 있는 토지는 1894년(고종 31) 갑오개혁 당시 탁지부 소관으로 옮겼고 한성부에 있는 토지는 궁내부의 소관으로 하였다. 1899년(광무 3) 이를 모두 내장원 관리 하에 두었다가, 1907년 일제에 의해 전부 국유지가 되었다.

[참고어] 아문둔전

[참고문헌] 和田一郎, 1920,『朝鮮土地地税制度調査報告書』

황반(蝗飯) 지주가 소작인에게 소작료를 징수하기 전에 소작인에게 일정 범위 내의 타조소작지(打租小作地)에서 먼저 식량을 수확할 수 있게 한 소작관행. 메뚜기밥이라고도 한다.

황반은 소작인이 지주의 소작료 징수에 앞서 수확물을 거두어들여 부족한 식량에 충당하는 관행을 가리키는 말로, 수전이 부족했던 강원도 인제군 일대에서 빈궁한 소작인을 구제할 목적으로 실시된 것이다. 소작인의 선수확(先收穫) 범위는 소작지의 1~3척(尺) 주위로 설정하며, 이 범위 내에서 자유롭게 수확물을 채취할 수 있었다. 타조로 소작료를 징수하는 답에서 많이 이루어진다.

황반은 지주가 소작인에게 식량으로 할 곡식을 먼저 수확하는 것을 허락하면서 그것이 관행으로 자리 잡은 것이다. 이러한 관행이 실시된 지역에서는 소작지의 수확물에서 황반을 제외하고 남은 부분을 두량(斗量)·타조하여 소작료를 징수하였다. 주로 강원도 인제군 북면과 서화면에서 황반관행이 나타났으며, 이같이 소작인의 빈곤을 구제하기 위한 관례는 각지에서 시행되고 있었다. 황해도 연백군 평야일대에서도 지주가 소작인의 식량에 충당할 목적으로 수확물을 제공하는 관행이 존재하고 있었다. 조선 후기 강원도 일대에 수전이 개간되면서 발생한 황반의 관행은 1910년대 점차 금지되어 갔다. 1925년경에는 일부 지주들이 선의로 실시하는 정도에 불과했으며, 이후 완전히 소멸되었다.

[참고어] 타조법, 조선의 소작관행

[참고문헌] 조선총독부, 1932,『朝鮮ノ小作慣行(上)·(下)』; 조선총독부, 1932,『朝鮮ノ小作慣行 : 時代と慣行』

황원전(荒遠田) 아직 개간되지 않은 황무지(荒蕪地) 또는 진전(陳田).

황한(荒閑) 또는 원진(遠陳)의 토지로, 아직 개간되지 않은 황무지 또는 노는 땅을 말한다. 일반 백성이 땔나무를 하거나 마소를 치거나 고기를 잡거나 사냥을 하는 등의 행위가 허용되었다.『고려사』에는 "경기와 6도의 토지를 모두 현지 조사 측량하여 경기에서는 실전 13만 1천 7백 55결, 황원전 8천 3백 87결을 그리고 6도에서는 실전 49만 1천 3백 42결, 황원전 16만 6천 6백 43결을 얻어 내였는데……(京畿六道之田 一皆踏驗打量 得京畿實田 十三萬一千七百五十五結 荒遠田八千三百八十七結 六道實田 四十九萬一千三百四十二結 黃遠田 十六萬六千六百四十三結……[『고려사』 권78, 지 32, 식화 1])"라는 기록이 있는데, 이를 통해 고려에서는 실전뿐 아니라 황원전도 모두 파악하고 있었음을 알 수 있다. 한편 원진전(遠陳田)은 개간은 되었으나 오랫동안 경작이 중단된 토지이다.

[참고문헌]『고려사』; 한국정신문화연구원, 1996,『역주『고려사』식화지』

〈이준성〉

회환농법(回換農法) 동일한 경작지에서 한 해는 수도(水稻, 벼)를 재배하고, 다음 해에는 다른 한전(旱田, 밭) 작물을 재배하는 방식.

작물 재배법의 측면으로 보면 수전농법과 한전농법을 번갈아 실행하는 것으로 정리된다. 이에 대해 고려말 조선 초의 시기에 수도작에서 휴한 단계와 연작 단계 사이에 회환농법에 해당하는 단계를 설정하는 주장이 있는대, 이때 제시되는 주요한 사료는 태종대에 편찬된『농서집요(農書輯要)』의 수도 작법을 서술한 부분이다.

『농서집요』에 등장하는 회환농법에 관한 서술 내용은『농상집요』의 수전농법을 번안한 이두문에 들어 있다.『농서집요』에 수록된 수도작법은 두 조목이다. 이는『농상집요』에서 초록한 것인데,『농상집요』의 해당 구절은 실은『제민요술(齊民要術)』이라는 농서에서 연유한 것이다.『제민요술』은 회하(淮河)유역의 세역농법(歲易農法)을 서술한 조목과 북토고원(北土高原)의 이식법(移植法)을 서술한 조목 이렇게 2조목으로 구성되어 있다. 이 가운데 세역농법에 대한『농서집요』의 이두 번역문에 회환농법으로 이름붙일 수 있는 서술 내용이 들어 있는데, "제방으로 이어진 곳의 전지는 혹은 밭으로 혹은 논으로 각각 경작하는 것이 좋다. 전토의 품등을 헤아려 한 가지로 통일된 전지는 매년 수도를 회환하여 경작하되, 3월 내에 경종하지 못하거든 4월 상중순을 어기지 말고 경종한다.(色叱連處田地亦, 或田或畓, 互相耕作爲良. 量地品一様田地乙良, 每年回換水稻耕作爲乎矣, 三月內耕種不得爲去等, 四月上中旬乙, 不違耕種. [『農書輯要』, 水稻])"라고 했다.

이처럼 회환농법을 하나의 경작지를 한해는 수전으로 그 다음해에는 한전으로 활용하는 방식으로 규정하는 것에 대해 반론도 제기되어 있다. 이는 우선『농서집요』의 이두문이『제민요술』의 서술 문맥을 그대로 따른 것이라는 데 근거를 두고 있다. 즉 회환(回換)이라는 용어는 세역(歲易)을 달리 표현한 것으로 보아야 한다는 주장이다. 또 다른 근거로 제시되는 것은『농서집요』마(麻) 조목에 회환이라는 용어가 등장하는데, 이는『제민요술』에 서술되어 있는 세역(歲易)을 풀이한 것이라는 점이다.

[참고어] 세역, 상경농법, 휴한농법

[참고문헌] 김용섭, 1988,『조선후기농학사연구』, 일조각 ; 김기흥, 1996,「신라의 '水陸兼種' 농업에 대한 고찰 ; '回換農法'과 관련하여」『韓國史硏究』94, 韓國史硏究會 ; 염정섭, 2007,「14세기 高麗末, 朝鮮初 농업기술 발달의 추이-水稻 耕作法을 중심으로」『농업사연구』제6권 1호, 한국농업사학회 〈염정섭〉

후생록(厚生錄) 조선 후기 신돈복(辛敦復)이 편찬한 종합 농업기술서.

신돈복(1692~1779)은 본관이 영월(寧越). 자는 중후(仲厚), 호는 학산(鶴山)이다.『후생록』은 편찬연대와 편찬동기는 명확하지 않다. 다만 유척기(兪拓基)가 쓴『지수재집(知守齋集)』15권에 후생록 서문이 수록되어 있으므로, 후생록은 유척기의 생존연대인 1767년(영조 43) 이전에 편찬된 것으로 추정된다. 편찬자는 이 책을 저술하면서 조선의 구황서(救荒書)와 저술 당시의 관행농법인 근법(近法), 또는 속방(俗方)을 많이 인용하고 있으나 중국의 농서도 빈번하게 인용하였다. 특히『사시찬요(四時纂要)』와『신은서(神隱書)』를 많이 인용하고 있는 것으로 보아 이 두 책을 저본으로 한 듯하다. 한편 조선 농서로서 이 책에 인용되고 있는 것은『구황촬요(救荒撮要)』와『구황벽곡방(救荒辟穀方)』뿐이다.

본래 상하 2권(책)으로 구성된 것이나 현존하고 있는 것은 82면의 하권 1책뿐이다. 하권은 목록과 본문으로 되어 있는데 수록된 내용은 채소·약초·축산·구황(救荒)·벽곡제방(辟穀諸方), 기타 농산가공과 잡방(雜方) 등이다. 이러한 점을 감안할 때 상권에는 수도(水稻)를 비롯한 각종 곡류와 과수 및 경제수종에 대한 것이 담겨 있을 것으로 추정된다.

내용을 살펴보면, 종소(種蔬)에는 가지·고추·무·상추·파·미나리·마늘·생강·배추·수박·오이·참외·동아 등 20여 종에 대한 기록이 수록되어 있고, 종약(種藥)에는 지황(地黃)·구기(枸杞)·오미자(五味子)·당귀(當歸)·맥문동(麥門冬)·천궁(川芎) 등 12종의 약용작물에 대한 기록이 수록되어 있는데, 여기에 별종제품(別種諸品)이라 하여 대나무·연·담배·홍화(紅花)·쪽 등 12종이 추가되어 있다.

목양(牧養)에는 소·말·돼지·양·닭·거위·오리·물고기·누에·꿀벌 등에 대한 기록이 수록되어 있고, 구황방(救荒方)에는 10종의 구황식에 대한 조제(調製) 및 이용법이 설명되어 있다. 또, 벽곡제방에는 흡일법(吸日法)·불외한(不畏寒) 등과, 각종 장담그기, 식초만들기, 기름만들기, 술빚기 등이 설명되어 있고, 기용(器用)·조묵(造墨)·조필(造筆)·잡방(雜方)·생재(生財) 등 33종의 기타 기록이 첨가되어 있다.

이 책은『산림경제』이후 우리나라의 종합농업기술을 다룬 두 번째 전통농서로서『증보산림경제』가 나오기까지 약 50~60년간의 우리의 관행농법을 대부분 기록하고 있다는 점에서 농업기술사상 귀중한 자료가 되고 있다. 연세대학교 도서관에 소장되어 있다.

[참고어] 산림경제, 사시찬요

[참고문헌] 김영진, 1982,『농림수산고문헌비요』, 한국농촌경제연구원 ; 박문열, 2009,「학산 신돈복의『후생록』에 관한 연구」『서지학연구』43 〈정두영〉

후지농촌(不二農村) 일제시기 '조선의 수리왕'으로 불린 후지이 간타로(藤井寬太郞)의 주도로 전라북도 군산 옥구간척지에 조성된 일본인 자작이민촌.

후지농촌은 한국농민의 저항을 유발했던 기간지 중심의 동양척식주식회사의 이민사업과 달리 간척농지에 일본인 농민을 이주시켜 조성된 간척지이민촌이다. 후지흥업주식회사 사장 후지이는 강점초기부터 한국에 일본인을 대량 이주시켜 '조선의 일본화'를 달성해야 한다고 생각했고, 동척이민 사업이 실패로 끝나는 시점에서 미간지개간 이민을 적극 주장하였다. 조선총독부는 미간지개간이민을 동척 이민사업의 대안으로 생각하고 산미증식계획과 결합시켜 이를 국책사업으로 추진하고자 했다.

후지이는 1920년 전라북도 군산 서안 옥구염으로 유명한 옥구 간석지 2,500정보(연간 2만 4천석의 소금을 생산)를 불하받아 간척사업에 착수했다. 군산에 인접한 간척지 북단 1,000정보를 일본인 자작이민농촌인 후지농촌지역으로 하고, 남쪽 850정보(1,000정보로 확장)를 지주경영을 목적으로 하는 후지흥업주식회사

후지농촌(현재 모습)

옥구농장으로 설정했다. 후지이는 익옥수리조합을 건설하면서 옥구간척지를 조합몽리구역에 편입시켜 간척사업에서 가장 중요한 용수원 확보문제도 손쉽게 해결했다. 후지농촌건설 사업은 후지흥업주식회사의 옥구 간척농지를 20년간 연부상환방식으로 일본이주민에게 1호당 3정보 토지를 불하하는 자작농창정사업이었다. '신일본(新日本) 건설'이라는 목표에 맞추어 일본 각 부현에서 일본정신에 충실하고 농업경험이 풍부한 우량농민 10호씩 선발하여 총 30개의 자작촌락(총 300호)을 건설한다는 것이다. 이민자의 자격은 영농자금 500원 이상 휴대한 자, 만 20세 이상의 기혼남자, 신체 강건하고 고된 노동을 이겨낼 수 있는 의지 확고한 자, 한국농민에게 모범을 보일 수 있는 자로 규정했다. 이주자에게는 가족 전원의 영주를 요구했고, 이주계약서에는 보증인 2인의 연서를 필요로 했다. 1922년 말 방조제와 배수갑문 공사를 완성하고 1,800정보를 개답하였다. 총공사비 224만 3천원(반당 평균 121원)은 조선총독부의 알선으로 대장성 자금(180만원)과 회사채발행(50만원)으로 충당했다. 조선식산은행이 전액 인수한 회사채는 연리 8.3%로 1922년부터 20년간 매년 25,000원씩 상환하는 조건이었고, 자작농창설자금으로 대부받은 대장성 자금은 6분 1리의 이자율로 5년 거치 20년 연부상환이었다. 엄청난 금융특혜였으며, 조선총독부는 그만큼 후지농촌사업에 정책적 의미를 부여했다. 이주농민들이 20년간 지불해야 하는 연부상환액은 1호당 매년 635원 정도였으며, 이는 당시 소작료 수준에도 미치지 못한 액수였다.

1923년 완성된 옥구저수지의 물을 이용하여 본격적인 제염작업에 들어갔고, 이주는 제염작업의 진척정도에 따라 단계적으로 실시되었다. 1924년 4월 제1회 이민을 유치했지만, 8개현에서 겨우 33호가 응모했다. 당시 일본인들은 식민지 조선으로의 농업이민을 실업자이민으로 간주하여 기피했고, 회사 측 이민요건도 너무 까다로웠다. 후지흥업주식회사는 이민자격을 완화하고 이주자들에게 보조금(일본정부의 도항이주보조금 1호당 300원, 후지흥업주식회사의 영농보조금 500원과 제염수당 300원)도 지급하였다. 1926년까지 131호였지만, 이민요건 개정 덕분에 1929년 9월말 319호로 증가했다.

후지흥업주식회사는 수원 농사시험장의 농업전문가 무가사카 이쿠사부로(向坂幾三郎)을 초빙하여 간척지 염분제거와 지력향상에 진력했다. 그러나 간척지 경험의 미숙과 가뭄으로 제염작업은 제대로 이루어지지 못했고, 계획한 생산량에도 이르지 못했다. 그로 인해 이주민들은 1927년부터 예정된 대장성자금의 상환은 고사하고 당장 생활문제가 더 급했으며, 법적 상환책임을 지고 있던 회사는 자연히 자금압박과 유동성 위기를 맞게 되었다. 상환불능에 빠진 후지흥업은 조선총독부를 통해 거치기간을 연장하고 자작농창설자금의 추가대출을 요청했다. 일본 대장성과 협의 끝에 자작농창설자금의 추가지원(314.9만원)을 이끌어내는 한편 집단적 갱생과 향후 자금조달의 원활함을 도모하기 위해 후지농촌조직을 후지농촌산업조합으로 변경하였다. 1928년 3월 후지농촌산업조합은 후지흥업주식회사가 수행하던 후지농촌건설 사업을 계승하여 조합원 177호로 시작하였다. 후지산업조합의 출범과 함께 후지농촌은 제대로 면모를 갖추기 시작했는데, 1934년에는 325호까지 증가했다. 조합에서는 이민자들에게 논 3정보 밭 1단보를 연부상환 방식으로 양도했다. 주택 1동과 주택건설자금 약 1,000원, 10호당 집회소용지도 제공되었다. 10호 단위로 32개 부락이 조성되었다. 각 부락에는 부락대표 구장을 두었고, 구장은 조합 평의원으로 조합의 지시에 따라 부락을 통제하였다. 조합장은 조합운영의 전권을 가졌다. 예외 없이 후지흥업주식회사 사장이 조합장을 맡았다. 이는 후지흥업주식회사가 후지농촌의 설립자였고 또한 대장성 저리자금을 대부받을 때 담보를 제공한 실질적인 소유자였기 때문이었다. 조합운영의 실무를 담당한 이사는 조합원의 의사와 관계없이 조합장이 임명했다. 후지농촌산업조합은 이주민의 생활전반을 관여하면서 산업조합 본래의 판매구매사업을 수행했다. 조합원은 유일한 수입원인 미곡판매를 통해 토지상환금과 이자 그리고 생활비를 조달했다. 후지농촌산업조합에서는 벼를 공동창고에 모아 조합 정미소에서 도정하여 가공 판매하였다. 조합원이 개별적으로 조합이외 다른 곳에 미곡을 판매하는 것을 금지했고, 일부 자가소비 분을 제외하고 모두 공동 판매되었다.

1930년대 초반 농업공황으로 미가가 폭락하자, 후지농촌은 부채증가로 파산위기에 놓이게 되었다. 대공황의 여파로 경영부실과 자금압박을 견디지 못한 후지흥업주식회사는 1934년 주거래 은행인 조선식산은행 자회사 성업사의 관리 아래 들어갔지만, 이상적인 일본인 자작농촌 건설이라는 후지농촌의 목표는 한국지배와 관련하여 쉽게 포기될 수 없는 정책적 사안이었다. 후지이는 경영일선에서 물러나고 미쓰이(三井榮長)가 사장을 맡았다. 1935년 5월 미쓰이는 후지농촌산업조합 조합장으로 취임했다. 미쓰이는 후지흥업주식회사 전북농장과 옥구농장의 경영정상화를 일구어낸 야마자키(山崎要助)를 조합이사로 임명하여 후지농촌재건계획에 착수하게 했다. 야마자키는 인적 물적 농업기술적 차원에서 후지농촌을 전면적으로 재편해갔다. 재건계획의 핵심은 부채탕감계획이었다. 1930년대 중반 후지농촌의 부채는 481.5만원으로, 1호당 갚아야 할 부채가 14,430원이었다. 분양 당시 170여 원이었던 반당 상환액이 481원으로 늘어난 것이다. 조선총독부는 조선식산은행과 절충과정을 거쳐 재정정리계획을 수립하였다. 연체이자의 면제, 차입이자의 대폭적인 인하, 상환기간의 연장 덕택에 이주민들은 부채상환의 숨통을 열었다. 거기에 막대한 보조금과 추가지원금이 제공되었다. 30년간 국고보조금 86.7만여 원을 교부하고, 후지흥업주식회사가 173.5만여 원을 부담하기로 했다. 이렇게 재조정된 조합원의 연부상환액은 30년 동안 반당 평균 지불액이 약 25원 정도였으며, 이는 당시 소작료에 상응하는 액수로 감액되었다. 또한 야마자키는 자력갱생을 위한 정신개조의 도장으로 1939년 3월 후지척식농사학교를 설립했다. 학교의 교육방침은 앞으로 후지농촌개척 건설의 사명을 완수할 수 있는 황국농민-중견인물을 육성하는 데 있었다. 이러한 지원 위에 후지농촌산업조합은 간척농지의 지력향상과 증수를 위한 농업 기술적 방책을 강구하였다. 개답은 이미 완료되었지만 간척농지에 남아 있는 소금기가 결정적인 장애물이었다. 염분제거는 오랜 시일이 걸리는 작업이었지만, 1935년 일본에서 효과를 인정받은 암거배수법을 도입했다. 1936년 이후 단보당 수확량이 증가하기 시작했고, 조선총독부는 암거배수법의 장려를 위해 장려금까지 지급했다.

후지농촌은 경제적 특혜 속에 진행된 재건사업과 전시 미가앙등으로 불황에서 소생하는 기미를 보이기 시작했으나 식민지 시장경제와 금융자본 속에 포섭된 자작농-자작농촌의 불안정한 운명에서 벗어나기 어려웠다. 미가가 석당 2~3원정도만 하락해도 농가수지는 적자로 돌아서는 구조였기에, 토지대금상환은 어려워질 수밖에 없었다. 결국 촌을 떠나는 이주민들이 속출했다. 이촌 현상은 시장과 자본지배 아래 자작농의 몰락을 의미했다. 이주자중 50호 이상이 후지농촌을 떠났으며, 단신으로 외지벌이에 나서는 경우도 상당수 있었다. 조선총독부가 엄청난 물량을 투입하여 일본인 이주민의 정착을 위해 혼신의 노력을 기울이는 것은 후지농촌이 농업정책의 표본이자 일제를 방호하는 일선기지이면서도 한국의 일본화정책에 가장 부합하는 존재였기 때문이었다.

[참고어] 후지흥업주식회사, 동양척식주식회사, 간척, 당천촌, 만한이민집중론

[참고문헌] 최원규, 1993, 「1920·30年代 日帝의 韓國農業殖民策과 日本人 自作農村 건설사업-不二農村 事例-」『東方學誌』 82 ; 이토야마 켄스케·소순열·사카시타 아키히코, 2005, 「식민지 조선에서의 산업조합의 일 특질-후지농촌 산업조합을 중심으로-」『農業經濟研究』 46-4

〈이수일〉

후지흥업주식회사(不二興業株式會社) 1914년 4월 '조선의 수리왕(水利王)'으로 불린 후지이 간타로(藤井寬太郞)가 설립한 농업회사.

후지이 간타로는 일본 도쿠시마현(德島縣)의 몰락상인 집안 출신으로, 사촌형이 오사카의 가나자와상점(金澤商店) 지배인으로 부임하자 그를 따라 오사카로 건너갔다. 가나자와 집안에 머물면서 후일 '시멘트 왕'으로 불린 아사노 소이치로(淺野總一郞)의 이복자 데라다 야스코(寺田保子)와 결혼하였다. 1892년 오사카의 미곡도매점 후지모토상점(藤本商店)에 입사하여 영업사원으로 활동했다. 1897년 7월 후지모토상점은 후지모토합명회사(藤本合名會社)로 전환되고, 후지이는 구마모토출장점과 효고(兵庫)지점 주임을 맡았다. 1900년 후지모토합명회사가 돌연 해산하자, 후지이는 1901년 도쿄 후카가와(深川)의 운송도매상과 거래처미곡상, 그리고 후지모토 츠다(藤本ツタ)와 함께 후지모토합자회사(藤本合資會社)를 설립했다. 자본금은 2만 원으로 후지이가 대표사원으로 취임하였다. 영업항목은 미곡 및 기타 상품의 매매와 위탁판매였다. 본점은 오사카,

지점은 구마모토에, 규슈의 와카마츠(若松)에는 출장소를 두었다.

1900년대 초반 일본에 몰아친 한국 척식침략의 투자 열풍은 후지이의 사업욕을 크게 자극했다. 러일전쟁의 발발과 동시에 후지이는 인천과 군산에 출장소를 개설하고 미곡과 우피무역에 전력을 다 했다. 특히 군산출장점은 전라도·충청도 일대 포구와 선착장, 미곡집산지 80여 곳에서 미곡을 대량으로 매집하여 군산에서 일본식 개량현미로 도정하여 오사카에 내다 팔았다. 그렇게 반출된 미곡이 1906~1907년 봄까지 약 5만 석(약 100만 원)에 달했다. 1908년 후지모토합자회사는 자본금을 2만 원에서 30만 원으로 증자할 정도로 한국에서 상업 활동을 통해 막대한 이익을 올렸다. 한편 동 회사는 광산부를 설치하고 충청남도 부여군 금지광산, 강원도 강릉군 망상광산, 경상북도 영일군 영일탄광 등 11곳의 광산을 소유하였다.

후지이는 1914년 4월 후지모토합자회사를 인계 확대하여 자본금 100만 원(1920년 500만 원, 1932년 400만 원, 1943년 1,000만 원)의 후지흥업주식회사를 설립하고, 대표이사에 취임하였다. 본점을 군산에 두었다가 1915년 경성으로 옮겼다. 후지흥업주식회사의 사업내용은 농업개간을 비롯하여 부동산 관리 및 신탁업, 미잡곡 및 물품의 위탁매매, 수입 잡화의 판매, 정미업 등 농업·상업·신탁업을 망라하였다. 개간사업이 커지자, 1917년 7월 후지상업주식회사(1917.7)를 만들어 상업·상사업무를 독립시켰다. 물품매매와 위탁매매·정미업·조면업의 업무는 후지상업주식회사가 맡았고, 후지흥업주식회사는 농장경영, 개간사업과 수리관개사업, 부동산위탁관리 및 신탁업에 주력하였다. 후지이는 타인자본의 원조를 받아 토지를 집적했기에 땅값이 싼 미간지나 잡종지, 하등지를 주로 구입할 수밖에 없었다. 이들 토지의 수익성을 확보하기 위해서는 무엇보다도 수리관개시설을 갖추어야 했고, 조선에 진출한 일본인 중 가장 먼저 수리조합 설립사업을 주도해 갔다. 후지흥업주식회사의 농장 개척 과정은 주로 미간지 황무지 간사지의 개간 간척을 통해 이루어졌기에, 후지이는 '조선의 수리왕(水利王)'으로 불리게 되었다.

[후지모토농장(藤本農場)·후지흥업주식회사 전북농장] 후지이는 한국진출 직후부터 상업 활동과 함께 토지집적을 통한 소작제 농장경영을 추진하였다. 일본에 비해 1/10~1/30에 불과해 대단히 저렴한 지가와 고율소작료에 주목하였고, 적절한 수리시설만 갖추고 일본식 농사

〈후지흥업주식회사 전북농장의 토지소유 규모(단위: 정보)〉

연도	논	밭	기타	합계
1922	916.6	112,3	65.6	1,104.5
1925	978.0	114.0	179.2	1,271.2
1929	1,000.4	124.0	173.6	1,298.0
1936	1,367.0	169.0	-	1,536.0
1943	1,525.0	282.0	-	1,806.0

출처 : 이정인, 1989, 「일제하 일인대지주의 농장경영에 관한 연구-불이흥업주식회사의 사례분석-」, 숙명여대 석사논문, 34쪽.

개량을 추진한다면 큰 수익이 보장될 것으로 확신했다. 그는 외국인 토지소유를 불허하는 당시 대한제국의 국법에 대해 아랑곳하지 않고, 모든 수단을 강구하여 불법적인 잠매를 자행하였다. 그가 잠매한 토지 중에는 이 시기 왕실과 소유권 분쟁에 휩싸인 균전(均田)도 적지 않았다. 후지이는 실형 데라다 고이치(寺田洪一)와 가나자와상점과 구마모토집안의 사람들로부터 토지 매수자금 5만 원을 확보하고, 1904년 6월 익산군 오산면에 후지이지소부(藤井地所部)를 설치하였다. 후지이지소부는 1904~1908년에 걸쳐 강경·옥구·익산, 충청남도 일부에 약 1,500정보의 토지를 매수하고 후지모토농장(藤本農場)을 개설하였다. 이 농장이 1914년 후지흥업주식회사 전북농장으로 계승되었다.

그는 대한제국의 재정고문 메가타 다네타로(目賀田種太郎)에게 수리사업의 전폭적 지원을 요청했고, 통감부는 1906년 수리조합조례를 반포하였다. 1909년 2월 후지이는 요교제를 수원으로 하는 임익수리조합을 설립하고, 몽리구역 내 가장 많은 토지를 소유한 자신이 조합장에 취임하였다. 전북농장은 수리관개시설이 정비된 지구에서는 정조법, 수확이 불완전한 지구에서는 집조법을 실시하여 안정적인 소작료 확보책을 강구했다. 전북농장의 경우, 임익수리조합 설치 이후 1916년 수해를 제하고는 안정적으로 소작료가 증가했다. 연간 소작료 징수액은 1921년 16,060원, 1925년 26,837원, 1928년 28,977원에 달했다. 1936년도 1호당 평균 소작면적은 0.38정보의 영세한 규모였다. 1911년부터 3,440정보에 관개를 시작했는데, 그 후 몽리면적은 4,844정보까지 확대되었다. 전북농장은 수리조합사업의 실시결과 토지의 가치가 크게 증대했는데, 1923년경 현재 전북농장 소유지는 총 1,200,000원을 상회했다. 물론 이러한 가치증대는 임익수리조합의 설립과 운영과정에서 배제되고 몰락했던 조선인토지소유자들의 희생위에서만 가능한 것이었다.

[서선농장(西鮮農場)과 대정수리조합(大正水利組合)] 임익수리조합 사업의 경험을 통해 수리관개사업에 자신

감을 얻은 후지이는 이후 미간지 개간이나 간사지 매립을 통한 농장설립에 나섰다. 평안북도 용천군에 위치한 서선농장은 그런 의욕에서 조성된 간척지 농장이었다. 1913년 5월 압록강의 비옥한 충적토 4,000정보의 국유간사지와 초생지를 대부받아 개간공사를 시작하였다. 간사지 개간사업의 성패를 결정하는 것이 제염작업을 위한 풍부한 농업용수의 확보였다. 후지이는 대정수리조합의 건설로 농업용수 문제를 해결하였다. 1914년 10월 설치인가를 얻은 대정수리조합은 공사를 거쳐 1918년 5월부터 급수를 시작하였다. 설립 당시 몽리면적은 5,989정보였으나 1929년 11,351정보로 확대되었다. 1918년부터 서선농장은 평안북도 용천군 부라면·구천면·외상면·외하면의 4개면 4,300정보에 전국 각지에서 모집한 1,850명의 농민을 이주시켜 1호당 약 2.3정보 규모의 토지를 소작 경영하였다. 1935년 현재 논이 4,011정보, 밭이 463정보에 달했다. 전북농장은 소작농민들에게 제염수당 등 개간비도 지불하지 않았으며 수리조합비도 소작인에게 전가시키고 무엇보다 모집 당시 약속한 10년간 소작권도 보장하지 않고 매년 소작계약을 갱신하는 등 수탈적 고압적 지주경영으로 일관하였다. 이에 소작농민들은 1925년부터 1931년까지 7년간 5차례의 격렬한 소작쟁의를 전개하였다.

[옥구농장] 1920년 후지이는 금강과 만경강이 합류해서 서해로 이르는 하구부근 옥구염(沃溝鹽) 생산지로 유명한 간사지 2,500정보를 불하받아 대규모 간척사업에 들어갔다. 산미증식계획의 일환으로 조선총독부의 적극적인 후원 속에서 공사가 진행되었고, 1923년 4월 저수지 및 도로 수로 등의 면적을 제하고 1,850여 정보를 개답했다. 간척지 중앙의 옥구저수지를 경계로 군산항에 보다 가까운 지점인 1,000정보에는 일본인 농업이민자를 이주시켜 일본인 이상촌(理想村)을 건설한다는 목적 아래 후지농촌(不二農村)을 설립하였고, 그 아래에 위치한 850정보에는 조선인 소작인을 이주시켜 소작경영을 목적으로 하는 옥구농장을 설립하였다. 간척지의 제염용 용수원으로 설립된 수리조합이 1920년 설립인가를 받은 익옥수리조합이었다. 1923년 6월 준공한 익옥수리조합은 임익남부수리조합과 임옥수리조합을 합병하여 만든 것으로, 몽리면적은 옥구농장과 후지농촌의 1,850여 정보를 포함해서 총 9,000여 정보에 달했다. 옥구농장은 서선농장과 달리 인근 전라도와 충청도 일대에서만 이주소작인 약 800여 호를 모집했으며, 경영규모는 1943년 현재 1,078정보(논 1,027정보, 밭 51정보)로 확대되었다. 후지농촌의 간척지는 일본인 이주농민(321호)에게 연부상환 형식으로 모두 불하되었다.

[철원농장과 중앙수리조합] 1919년부터 후지이는 강원도 철원지방의 미간지를 대량으로 매입하고 한국인 소작농을 모집하여 농장을 개간하였다. 농장 경영규모는 1925년 4,000정보(논 2,000보, 밭·기타 2,000정보), 1943년 4,772정보(논 2,433정보, 밭·기타 2,339정보)이며, 소작농도 1943년 현재 1,200여 호에 달했다. 1922년 10월 철원농장의 관개용수를 위해 중앙수리조합을 설립하였다. 강원도 평강군과 철원군, 경기도 일부 지역을 몽리구역으로 하며, 1925년 5월 완공하였다. 초기 몽리면적은 9,010정보였으나 이후 10,270정보에까지 늘어났다. 후지이가 조합장을 겸했고, 철원농장이 전체 몽리면적의 25%이상을 차지하였다. 그런 관계로 대정수리조합은 철원농장의 수리조합이라는 말을 들을 정도로 후지이와 철원농장의 영향력은 절대적이었다.

[토지신탁사업] 후지이가 한국 농업경영 초기부터 열의를 가지고 시행했던 사업이 토지신탁사업이었다. 자금이 부족한 후지모토합자회사나 후지이는 토지신탁·위탁경영 사업을 적극적으로 실행하였다. 후지모토합자회사는 신문에 조선의 토지매입 및 관리신탁에 관한 광고를 내고 일본인 자산가 투자자들을 끌어 모았다. 조선과 미곡무역에 관계하고 있던 오사카의 거상이나 해운업 관계자들이 주로 투자에 응했다. 이들은 누구보다 조선농업의 수익과 장래성을 잘 알고 있었다. 1922년 현재 후지흥업의 신탁지 규모는 약 6,000정보에 달했다. 신탁수수료는 소작료의 2할로 상당한 고율이었다.

〈후지흥업의 신탁지 분포와 규모(단위: 정보)〉

분포지	논	밭	계
충남 논산군	410.0	50.0	460.0
전북 익산군	1,259.3	146.7	1,406.0
평북 용천군	3,321.8	6.6	3,328.4
강원 철원군	112.0	10.0	122.0
계	5,103,1	213.3	5,316.4

출처 : 조선총독부 식산국, 1932, 『朝鮮の農業』, 177~206쪽

[농업경영 실태] 후지흥업주식회사의 각 농장은 소유지를 농구(農區) 혹은 촌락·분장(分場)으로 구분하고 농장 최고관리자로 농장주임과 농장주사를 배치하였다. 전북농장은 6농구, 옥구농장은 11촌락, 서선농장은 16농구, 철원농장은 10분장이었다. 농장 사원수는 1944년 현재 590명(일본인 210명, 한국인 380명)으로 그 대부

분(일본인 160명, 한국인 340명)이 농업기술원이었다. 사원은 소작료징수와 소작지관리 등 농장경영의 전반적 사무를 담당했다. 농업기술원은 생산력확충을 위한 농사개량시설의 관리와 지도감독의 업무를 맡았다. 전북농장의 농업기술원은 농장설립 직후인 1906년에 도입되었다. 그들은 일본식 농사개량을 위한 도작시험지 관리와 품종·비료의 비교실험, 우량품종의 보급과 장려, 일본식 농기구의 대여 및 부업장려 등을 총괄 지도했다.

각 농구에는 마름(농감)을 두어 소작인을 관리했다. 1936년 현재 전북농장의 마름 1인당 관리면적과 소작인수(농장면적 1,870정보, 사원 27명, 마름 66명, 소작인수 4,919명)는 약 30정보 및 70명이었다. 1915년 4월 마름규정을 만들어 마름의 임무와 역할을 명문화하였다. 마름의 임무는 회사방침에 따라 농사개량 장려, 소작인의 지도감독 및 소작료 수납시의 독촉, 관리지의 개선 및 경계의 보호이다. 집조법에 의한 소작료 산정 시 농장관리원은 마름의 의견을 참고로 소작료 비율을 사정했고 농장은 소작인에게 마름을 통해 소작료 결정표를 교부하였다. 마름은 농장관리원의 철저한 지휘감독을 받으면서 농장과 소작인간의 주요문제에 관여하였다. 마름에게 보수로서 소작료 수납 시 소작료 결정액 1석당 약 3~5분의 수수료가 지급되었다. 마름은 관리구역 안에 미납소작료가 발생한 경우 미수분을 부담해야 했다. 또 소작지와 소작인의 동향을 소속 관리원에게 일상적으로 보고하고 연간 2번 개최되는 마름회에서는 관리구역의 농사상황을 보고했다.

일반적으로 일본인 농장의 관리방식은 농장사무원을 도입하여 마름의 중간착취를 배제하였다고 하지만, 전북농장의 경우도 농장관리원이 소작료율의 결정과 소작권의 이동 등 절대적인 권한을 행사하였다. 하지만 농장은 소작료 징수성적과 납부 소작벼의 건조 상태 그리고 소작인의 동향파악 등에 관해서는 마름을 최대한 이용하여 농장-직원-마름-소작인이라는 지배 관리체제를 운용했다. 농장관리체계의 최말단에는 농사계원과 농감에 의해 직접적인 지휘와 통제를 받던 소작농민이 5인조 연대로서 조직되어 있었다. 후지흥업의 소작계약서에서 계약당사자 이외에 다른 4인의 연대보증인을 요구하고 있다. 이것은 소작계약 당사자가 계약을 이행하지 못하거나 회사에 손해를 입힐 경우에 대비하여 보증인의 연대책임으로 공동부담하게 하여 조그마한 손실도 회사 측에 돌아가지 않도록 하려는 조치였다.

이러한 엄격한 노무관리 속에서 일본식 농업체계가 그대로 이식 강제되었다. 종자와 품종의 선택뿐 아니라 시비를 비롯한 생산의 전 과정이 농장 측에 의해 세밀하게 통제되었다. 농장 자체의 시험장을 설치하여 품종·비료·토양시험을 실시해 종자 개량과 품종 향상을 꾀했고, 원종답·채종답도 운영하여 품종 통일과 순량개량종자 보급에 주력했다. 입모품평회 역시 지주적 목적을 효과적으로 달성하기 위해 실시된 정책이었다. 묘대기로부터 삽앙·수확에 이르는 사이에 농장 측에서 경운비배(耕耘肥培)의 잘잘못을 심사하여 우수자를 표창하였다. 품평회 참가여부는 소작인의 희망에 따라 결정된 것이 아니라 후지흥업의 소작인이라면 반드시 1인당 1필의 답을 출품하여 회사의 심사를 받아야 하는 강제사항이었다. 심사기준에 미달한 자에게는 소작권 박탈조치가 취해졌고, 이는 소작경영을 효과적으로 규제할 수 있었다.

후지흥업의 소작계약 기간은 매년 12월 1일로 시작해서 다음해 11월 말까지이다. 1년으로 한정된 짧은 계약기간은 소작권 박탈위협을 한층 가중시켰다. 소작료의 징수방법은 집조법과 타조법 정조법이 모두 시행되었다. 정조법의 경우는 일부 밭지대에서만 시행되었고, 집조법이 가장 우세했다. 충분히 건조조제한 소작미는 5두 짜리 가마니에 포장했다. 소작료를 납부하기 전까지 수확물에 대한 전매·양도·담보·저당행위를 금하였다. 농장측은 종자벼·비료대 및 농우·가옥에 이르기까지 농자금·생활비 일체를 소작인에게 대여하고 수확기 때 2할의 이자를 덧붙여 회수하였다. 특히 농구나 비료의 경우 도매가격하여 소매가격으로 소작인에게 대여하여, 그 차익과 이자를 함께 챙겼다. 결국 후지흥업의 소작인들의 실제 소작료는 일반적으로 7, 8할 이상의 고율이었고, 항상적인 수지불균형의 중압 속에서 전대를 통한 부채에 얽매일 수밖에 없었다. 후지흥업의 폭압적인 농민지배와 수탈은 농장별로 차이가 있었지만, 소작농민들의 격렬한 저항과 소작쟁의를 야기하였다.

1934년 후지흥업주식회사는 대공황과 그를 뒤이은 만성적인 농업공황으로 큰 타격을 받고 결국 채권은행인 조선식산은행에 인수되었다. 식산은행은 자회사인 성업사에게 후지흥업주식회사의 관리를 맡겼다. 성업사는 1944년 후지흥업주식회사에 조선개척주식회사를 합병시켜 동양척식주식회사에 버금가는 단일 거대

농업회사로 만들었다.

[참고어] 후지농촌, 성업사, 소작인조합

[참고문헌] 이정인, 1989,「일제하 일인대지주의 농장경영에 관한 연구-불이흥업주식회사의 사례분석-」, 숙명여대석사논문 ; 홍성찬, 1990,「일제하 금융자본의 농기업 지배-불이흥업(주)의 경영변동과 조선식산은행」『동방학지』 65 ; 최원규, 1993,「1920-30년대 일제의 한국농업식민책과 일본인 자작농촌 건설사업-불이농촌 사례」『동방학지』 82 ; 李圭洙, 2005,「후지이 간타로(藤井寬太郎)의 한국진출과 농장경영」『대동문화연구』 49 〈남기현〉

후직(后稷) 농경신(農耕神)이자 오곡의 신이며, 중국 주왕조(周王朝)의 전설적 시조.

성(姓)은 희(姬)씨고, 이름은 기(棄)다.『사기(史記)』주본기(周本記)에는 후직의 탄생에 대한 신화가 묘사되어 있다. 그의 어머니는 유태씨(有邰氏)의 딸로 제곡(帝嚳)의 아내가 된 강원(姜原)인데, 거인의 발자국을 밟고 잉태하여 아들을 낳았다는 것이다. 불길하다 하여 세 차례나 내다버렸지만 그때마다 살아 돌아왔으며, 나중에 요제(堯帝)의 농관(農官)이 된 후 태(邰)에 책봉되어 후직이 되었다.

한국에서는 신라 이후로 농신(農神)으로서 신농씨와 함께 후직씨에게 국가적으로 제사를 지냈음이 기록되어 있으며, 조선시기에는 선농단을 세워 매년 임금이 직접 밭을 간 후 제사를 지내기도 하였다.

[참고어] 농경의례, 사직, 신농

[참고문헌]『史記』; 편집부 저, 1988,『종교학대사전』, 한국사전연구사 ; 임종욱 편저, 김해명 감수, 2010,『중국역대인명사전』, 이회문화사 〈이준성〉

후치 ⇒ 극젱이

후쿠오카현 농사장려조합(福岡縣農事奬勵組合) 1905년 일본 후쿠오카현(福岡縣)에서 한국농업이민을 목적으로 설립한 농업조합.

러일전쟁에서 일본이 승리하자, 일본 사회 전반에 걸쳐 한국침략을 위한 식민사업에 대한 관심이 크게 고조되었다. 일본의 각 지방 부현은 시찰단을 한국에 파견하여 한국 농업에 대해 조사한 후 이를 토대로 한국에 농업이민을 보내기 위해 농업식민회사나 농업조합을 설립하였다. 후쿠오카현 당국은 1905년 5월 시찰원 5명을 만주와 한국에 파견하여 농업과 어업의 실황을 조사하였다. 조사결과 한국 농업이주·이민을 시급한 업무로 파악하고 동년 12월 현의 유력자들과 협의하여 후쿠오카현 농사장려조합을 조직하였다. 동 조합은 1906~1909년 동안 총 13,137엔 26전의 현비를 보조받아 전라남도 영산포 일대 전답 6정보, 산림 5정보, 소와 말 각 1두를 구입하였다. 영산포에 출장소를 설치하고 50호 이상의 농업이민을 실시하였다. 조합 존립기간을 3개년으로 한다는 조합규약에 따라 1909년 조합이 해산되었다.

[참고어] 나가노현 한농조합, 한국흥농주식회사

[참고문헌] 한국농촌경제연구원 편찬, 2003,『한국농업·농촌 100년사(상)』, 농림부

후타바사샤농장(二葉社農場) 1911년 가와사키농장(川崎農場)의 가와사키 도타로(川崎藤太郎)가 일본 니가타현(新瀉縣)의 유력한 지주·자산가 시라호소(白勢春三)·다케야마(竹産屯) 등과 함께 설립한 농업회사후타바샤 소유의 농장.

후타바사 설립에는 1905년 전라북도 옥구군 서수면에 들어와 농장을 경영하고 있던 가와사키의 역할이 컸다. 가와사키는 청일전쟁 이후 막 형성되기 시작한 전라북도 일대의 재조선일본인 사회에서 니가타현 인맥의 중심인물로 활동하면서 일본 나가오카(長江)의 지주와 자본가의 조선투자를 적극적으로 권유 규합하였다. 이에 1911년 가와사키를 포함한 니가타현 지주 상인들은 한국 농업경영을 목적으로 합자회사형태로 후타바샤를 설립하였다. 1920년 7월 자본금 200만 엔의 주식회사후타바샤로 조직을 변경하였다. 본점은 니가타시에, 지점은 전라북도 전주에 두고, 삼례·서수·황등에 관리사무소를 두었다. 총지배인은 니가타 현 출신 사이토(齊藤信一)였다. 여타 일본인 회사지주의 기업적 농장경영과 큰 차이가 없었다. 오히려 더 고율의 소작료를 수취하였다.

〈후타바사샤농장의 토지소유현황(단위: 정보)〉

	1922	1925	1929	1931
논	100	656.6	1,028.5	1,026
밭	116.8	122.2	193.6	191
기타	26.9	193.6	203.3	151
합계	243.7	88.2	1,425.4	1,368

출처 : 하지연, 2010,『일제하 식민지 지주제 연구-일본인 회사지주 조선흥업주식회사 사례를 중심으로』, 혜안, 345쪽.

1925년 후타바샤는 자금난에 빠진 가와사키농장에 하루이자 3전 5리로 15,000엔을 빌려주고, 다음해에 담보물인 가와사키농장을 통째로 인수하였다. 가와사

키농장을 인수한 주식회사후타바샤는 본점을 전주로 옮겨 경영확대에 나섰다. 농장구역을 삼례부·황등부·서수부로 나누고, 1,300여 정보의 농지에 소작인 1,700여 명을 거느리는 대농장을 운영하였다. 연 1만 2천석을 추수하였다. 당시 후타바샤농장은 고율소작료를 착취했던 것으로 악명이 높았다. 가와사키농장도 60%를 상회하는 고율소작료였는데, 후타바샤 전주농장은 가와사키농장 인수와 동시에 소작료를 인상하였다. 1927년 11월 후타바샤농장은 소작인들에게 75%의 고율소작료를 강제하였다. 과도한 수탈에 격분한 소작인들은 서수농민조합을 근거로 불납투쟁을 전개하였다. 농장측은 소작인의 요구를 묵살하고 식민지 권력의 도움을 받고 경찰력에 의해 무자비하게 진압하였다.

[참고어] 가와사키농장, 소작인조합, 동태적 지주

[참고문헌] 宇津木初三郎, 1928,『(湖南の寶庫)全羅北道發展史, 一名 全北案內』, 文化商會 ; 홍성찬·최원규·이준식·우대형·이경란 공저, 2006,『일제하 만경강 유역의 사회사-수리조합 지주제 지역정치』, 혜안 ; 하지연, 2009,「일제하 한국농업의 식민성과 근대성-일본인 대농장 가와사키 농장의 소작제 경영사례를 통하여」『식민지 근대화론에 대한 비판적 성찰』, 나남 〈이수일〉

훈련도감둔(訓鍊都監屯) 조선 후기 5군영(五軍營)의 하나였던 훈련도감의 재정을 보용키 위해 운영했던 토지.

훈련도감은 임진왜란 중인 1593년(선조 26) 임시로 설치되었다가 이후 상설군영이 되었다. 왜란 초기 조선이 내륙전투에서 패배한 원인 중 하나가 대립(代立)·방군수포(放軍收布) 등의 피역으로 중앙군제인 5위제가 와해되었기 때문인데, 이에 정부는 군사력 강화를 위해 중앙에 급료병으로서 훈련도감을 설치하였다.

관원은 대장(大將, 종2품)을 중심으로 하여 도제조(都提調, 정1품)와 제조(提調, 정2품) 2인, 그 아래로 중군(中軍, 종2품) 1인, 별장(別將, 정3품) 2인, 천총(千摠, 정3품) 2인, 국별장(局別將, 정3품) 3인, 파총(把摠, 종4품) 6인, 초관(哨官, 종9품) 34인 등의 지휘관과 종사관(從事官, 종6품) 6인 등이다. 주력부대는 삼수군으로서 사수, 포수, 살수로 구성되었는데, 조총과 화포의 중요성이 높아져 포수의 비중이 컸다. 이밖에도 훈련도감에는 국왕 호위군인 무예별감 198명과 별무사(別武士)·한려(漢旅)·국출신(局出身) 등의 각종 특수군 및 군사 훈련이나 각종 행정에 종사하는 군관들이 있었고, 군영의 잡무를 보는 표하군(標下軍)도 2,000명 가까운 숫자를 유지하였다.

훈련도감이 급료병으로 구성된 까닭에 재원조달이 큰 과제였다. 우선 대동법의 시행에 따라 1602년부터 삼수미(三手米)를 거두게 되어 경제 기반이 일부 마련되었다. 또한 17세기를 거치는 동안 훈련도감군에 대한 보인(保人) 지급도 확대되어, 18세기 초엽에는 평안도·함경도를 제외한 6도에 총 4만4000여 명의 포보(砲保)와 향보(餉保)를 정해 1인당 포 두 필이나 쌀 12말씩을 거두게 되었다. 아울러 1750년 균역법이 실시되자 부족하게 된 재정 부분은 균역청에서 '급대(給代)'라는 이름으로 받아 메우기도 했다.

이상의 재원이 훈련도감의 주요 수입원이었지만, 여타 군아문과 마찬가지로 훈련도감 역시 둔전을 설치·경영했다. 토지의 설정은 한광지(閑曠地)를 절수하거나, 매수하는 방법이 있었다. 1808년(순조 8)에 편찬된『만기요람』에 따르면 훈련도감둔은 17곳에 분포했는데, 1623년(인조 1)에 절수된 양근(楊根)의 수변산둔(水邊山屯), 1639년(인조 17)에 절수된 춘천(春川) 가라동둔(加羅洞屯)과 홍천(洪川)의 감물악둔(甘勿岳屯), 1701년(숙종 27) 절수된 충주(忠州) 적화현 유황참(赤火峴硫黃站), 1718년(숙종 44)에 절수된 서원(西原) 청천면(靑川面) 유황참과 안의(安義)의 덕유산(德裕山) 유황참, 1736년(영조 12)에 매입한 보령(保寧) 청라동둔(靑蘿洞屯), 1762년(영조 38)에 매입한 안악(安岳) 독산둔(禿山屯), 1775년(영조 51)에 매입한 안악 연진둔(延津屯)과 강령(康翎) 남이리둔(南二里屯), 파주(坡州) 천참면둔(泉站面屯), 재령 마산둔(馬山屯), 1782년(정조 6)에 절수된 안주(安州) 부파동둔(桴破垌屯)과 가산(嘉山) 망모로둔(望毛老屯), 박천(博川) 강월포둔(江月浦屯), 1792년(정조 16)에 봉산둔전(鳳山屯田)과 교환된 이천(利川) 각시동둔(覺時洞屯), 1795년(정조 19)에 매입한 풍천(豐川) 천이면둔(泉二面屯) 등이다.[『萬機要覽』 軍政編2, 訓鍊都監, 諸屯]

훈련둔전는 다른 아문둔전과 같이 면세지(免稅地)였다. 1626년(인조 4) 면세둔전(免稅屯田) 중 충훈부전(忠勳府田), 비변사전(備邊司田), 사복시전(司僕寺田), 관학전(館學田) 등은 과세지가 되었지만 훈련둔전은 여전히 면세둔전으로 남게 되었다. 이후 훈련둔토의 면세결수는 점차 증가해 1729년(영조 5) 3,000결을 상회하였고 [「제아문둔전출면세별단(諸衙門屯田出免稅別單)」], 순조 연간의『만기요람』에 따르면 총 3,330결 30부 1속(경기 666결 66부 9속, 호서 464결 16부 9속, 호남 1,130결 22부 6속, 영남 541결 59부, 해서 434결 55부 8속, 관서 6결 84부 2속, 관동 42결 50부, 수원부 41결 40부 5속,

광주부 2결 34부 2속)의 면세지가 파악되었다.

훈련도감은 1881년(고종 18)에 폐지되고 무위영(武衛營)에 합병되었다. 이듬해 무위영이 폐지되고 훈련도감이 복설되었으나 얼마 뒤 다시 폐지되었고, 그 소관둔토는 친군영(親軍營)에 이속되면서 '친둔(親屯)'으로 개칭되었다. 그러나 1894년에 친군영이 폐지됨에 따라 탁지부에 이속되었다. 이후 훈련둔과 같은 역둔토는 대한제국기 내장원의 관리를 거쳐 통감부시기 국유지로 정리되었고, 1908년 이후 일제에 의해 최종적으로 조사·경영·불하되었다. 그 과정에서 법제적으로는 각 역과 영·아문에 분산되어 있던 역둔토의 소유권이 모두 국가에 흡수되어 단일화되었고, 그 경영권 역시 중앙 국가기관에 귀속되었다. 하지만 국유지로 편입된 역둔토의 소유권과 경영방식을 놓고 국가기관과 지주층·농민층 3자 사이에 격렬한 대립이 뒤따랐다. 훈련둔토는 용인·풍덕·양지·적성·거제 등지가 대한제국기 주요 소유권 분쟁지였다가, 1918년에는 재령만 분쟁지로 남아 있었다. 대표적인 분쟁지였던 경기도 풍덕의 훈련둔은 1914년 4~5월에 소유권 사정이 이뤄졌다.

[참고어] 둔전, 영문둔전

[참고문헌] 『續兵將圖說』; 『度支田賦考』; 『萬機要覽』; 「諸衙門屯田出免稅別單」; 송양섭, 2006, 『조선후기 둔전 연구』, 경인문화사 ; 김양식, 2000, 『근대권력과 토지』, 해남 ; 서울대학교 규장각 한국학연구원 엮음, 2012, 『둔토양안』, 민속원 〈윤석호〉

훈전(勳田) 고려시기 공훈을 많이 세운 공신들에게 지급한 토지.

977년(경종 2) 3월에 개국공신(開國功臣)과 향의귀순성주(向義歸順城主) 등 공훈이 현저한 공신들을 포상하기 위해 사급했던 것이 최초의 기록이다. 특히 경종(景宗) 때의 정치 상황과 관련하여 태조(太祖) 때의 공신 중 경종 정권에 참여한 사람들에게 내렸던 토지로 보기도 한다. 주로 자색(紫色) 공복 이상의 고위 관료를 중심으로 지급하였다. 액수는 최대 50결~최소 20결까지로 공신전(功臣田)이라는 점을 감안하면 다소 적은 편이었다. 세습이 가능하였다.

훈전의 성격은 공음전(功蔭田)과 계보적으로 연결되지 않는다고 보기도 하고, 공음전시의 전신으로 보기도 한다. 전자의 견해에 따르면 과거의 호족 출신자들에 대한 경제적 기반 미약, 공신에 대한 예우 미흡 등을 이유로 전시과와는 다른 별도의 토지를 가급(加給)하면서 만들어졌다고 본다. 따라서 훈전은 본래 수급자(受給者)인 호족들이 전장(田莊)의 명목으로 소유한 토지였으며, 전장의 일부, 즉 최대 50결까지를 합법적으로 추인한 것으로 보고 있다. 이 경우 호족이 보유하고 있던 나머지 토지는 거의 국가에 회수되었던 것으로 추측한다.

반면 공음전시의 전신으로 보는 견해에 의하면 녹읍(祿邑)→훈전→공음전의 순서로 발전되었고, 이후 시지(柴地)의 절급이 이루어지면서 1049년(문종 3) 5월에 양반공음전시법(兩班功蔭田柴法)으로 최종적으로 정리되었다고 파악한다.

[참고어] 공신전, 공음전

[참고문헌] 末松保和, 1953, 「高麗初期 兩班에 관하여」 『東洋學報』 36-2 ; 洪承基, 1977, 「高麗初期의 祿邑과 勳田-功蔭田柴制度의 背景-」 『史叢』 21·22합 ; 姜晋哲, 1980, 『高麗土地制度史硏究』, 高麗大學校出版部 ; 朴天植, 1983, 「高麗史 食貨志 "功蔭田柴"의 檢討」 『全北史學』 7 ; 權寧國 外, 1996, 『譯註 『高麗史』食貨志』, 韓國精神文化硏究院 ; 李景植, 2007, 『高麗前期의 田柴科』, 서울대학교출판부 ; 박용운 외, 2007, 『고려시대사의 길잡이』, 일지사 ; 이인재, 2009, 「20세기 후반 고려 전시과 연구의 定礎」 『韓國史硏究』 145

〈정덕기〉

휴한농법(休閑農法) 논밭에서 해마다 번갈아 가며, 1년 내지 2년씩 농지를 놀리며 농사를 짓는 방식.

휴한을 세역(歲易)이라 부르기도 하였다. 휴한은 특정한 논밭을 번갈아 가면서 놀리는 방식이기 때문에 지력(地力)을 유지시킬 수 있는 방법이었다. 따라서 많은 토지를 소유한 자들의 경우 토지를 세역시키며 지력을 회복시키려고 하였다. 또한 토질이 척박한 지역의 경우 휴한으로 농지에서 작물을 재배하였다.

휴한농법은 휴한하는 기간에 따라 장기휴한, 단기휴한으로 나눌 수 있었다. 단기휴한의 경우 주로 1년내지 2년 또는 그 이상의 기간 동안 농지를 경작하지 않고 놀리는 토지이용방식이었다. 이는 같은 토지에 연속해서 농사를 지을 경우 지력의 소모가 커져서 수확량이 감소하는 것을 피하기 위한 방법이었다. 고려시기 문종대인 1054년(문종 8)에 제정된 전품(田品) 규정을 보면 휴한하지 않는 땅을 상(上)으로 삼고, 1년 휴한하는 땅을 중(中)으로 삼으며, 2년 휴한하는 땅을 하(下)로 삼는 내용이었다. 또한 『고려사(高麗史)』 식화지(食貨志) 경리조(經理條)에는 양전(量田)과 관련해서 산전(山田)과 평전(平田)을 대비하는 규정이 들어 있다. 그에 따르면 "불역(不易)하는 산전은 평전, 1결에 준하며, 1년 휴한하는 농지 2결은 평전 1결에 준하고, 2년 휴한하는 농지

3결은 평전 1결에 준한다.(其不易山田一結準平田一結 一易田二結準平田一結 再易田三結準平田一結.[『고려사』「식화지」 경리조])"라는 기록이 있다. 이 구절에서 주의할 부분은 불역(不易) 산전 1결이 평전 1결과 같은 비중을 갖고 있는 전토로 파악하고 있다는 점이다.

문종 대 전품 규정과 통일신라 및 조선 전기 농법과 관련하여, 우리 역사에서 휴한농법을 극복하고 상경(常耕)농법 단계로 전환된 시기에 대해서 논란이 일어나고 있다. 고려시기 경지이용방식에 대해서는 연작법(連作法)의 실시 시기와 관련해 몇 가지 견해로 나뉘어진다. 첫째는 고려 전기에 평지(平地)의 경우 상경법이 일반적이며 휴한법은 주로 산지(山地)에서 실시되었다는 견해이고, 둘째는 고려 전기에 휴한법이 일반적이며 고려 후기 내지 선초에 상경화가 보편화된다는 견해이며, 셋째는 고려 전시기에 걸쳐 상경법이 일반적이었지만 고려 전기에는 토지생산성이 낮고 불안정하여 진전화(陳田化)되기 쉬운 단계로 보는 견해 등이 있었다. 여러 가지 견해에서 공통적인 것은 휴한에서 상경으로 전환하기 위해서는 지력을 회복시킬 수 있는 시비(施肥) 기술의 발전이 반드시 필요한 것이라는 점이다.

조선 전기 1429년(세종 11)에 편찬된 『농사직설(農事直說)』에 보이는 벼농사기술은 상경으로 벼를 재배하는 방식이었다. 그리고 밭작물의 재배도 1년 1작을 기본으로 2년 3작이 이루어지는 단계로 보인다. 따라서 휴한의 문제는 고려 후기 이전 어느 시기에 상경으로 전환되었는가를 보다 분명하게 천착해야 하는 연구과제라고 볼 수 있다.

휴한에 관련된 용어로 중국의 문헌에 보이는 역전(易田)을 들 수 있다. 『주례(周禮)』에 나오는 역전은 1년이나 2년을 휴한시키고 경작하는 토지를 가리키는데, 역전에서의 농사짓는 방식이 바로 세역이었다. 세역에서 역(易)의 의미는 농사에 연관될 경우 두 가지의 의미로 사용되었다. 하나는 "전토(田土)를 다스리다" 나아가 "전토를 경작하다"라는 의미로 사용되는 경우이다. 이때의 역(易)은 사실상 치(治)와 바꾸어 쓸 수 있는 경우에 해당된다고 볼 수 있다. 역의 의미가 치와 동일하게 쓰이는 사례를 『맹자(孟子)』에서도 찾아볼 수 있다. 100묘(畝)의 땅을 불역(不易)하는 것을 자신의 걱정으로 삼는 자가 농부(農夫)라는 설명인데, 이에 대한 주석에 역을 치로 파악하고 있었다.

역(易)의 두 번째 의미는 "바꾸다"라는 의미에서 유래한 "거르다"라는 뜻이라고 보인다. 잘 알려져 있는 바와 같이 이 의미의 역이라는 글자는 불역, 일역(一易), 재역(再易)의 숙어를 구성하여 사용된다. 『주례』에 나오는 "불역지지(不易之地)는 가(家)에 100묘로 하고, 일역지지(一易之地)는 가에 이백묘(二百畝)로 하며, 재역지지(再易之地)는 가에 삼백묘(三百畝)로 한다"는 구절에서 역은 바꾸다, 거르다의 뜻으로 통용되고 있었다. 결국 불역은 "거르지 않는다", 일역은 "한 번 거른다", 재역은 "두 번 거른다"라는 의미를 갖고 있다. 따라서 일역전이라고 할 경우에는 "한 번 걸러서 경작하는 전토", 즉 1년 휴한으로 경작하는 전토라는 뜻으로 해석할 수 있다. 이와 같이 풀이할 경우 세역(歲易)은, 역 앞에 일년을 의미하는 세(歲)가 붙어 있기 때문에 "거르다"라는 의미의 역으로 보아야 할 것이다. 그렇다면 세역이란 "해를 거른다"라는 뜻이고, 자세히 풀이하면 해를 걸러 가며 경작한다는 뜻으로 볼 수 있다. 중국 농서 『제민요술』에 사용된 세역은 바로 이러한 의미를 가지고 있었다. 따라서 세역은 곧 휴한과 동일한 의미였다.

[참고어] 세역, 상경농법

[참고문헌] 이태진, 1986, 『한국사회사연구』, 지식산업사 ; 이종봉, 1993, 「고려시기 수전농업의 발달과 이앙법」 『한국문화연구』 6, 부산대학교 한국문화연구소 ; 위은숙, 1998, 『고려후기 농업경제연구』, 혜안 ; 김용섭, 2000, 「고려시기의 양전제」 『한국중세농업사연구』, 지식산업사 ; 이정호, 2002, 「고려후기의 농법-농법 발달과 무신정권기 사회변화의 관계를 중심으로-」 『국사관논총』 98, 국사편찬위원회 〈염정섭〉

휼양전(恤養田) 과전법 하에서 부모가 죽었을 경우 어린 자식에게 물려준 토지.

과전(科田)을 절급 받은 관인과 그 아내가 모두 죽어 어린 자녀만 남게 되었을 경우 이들을 부양하기 위해 자녀에게 해당 수조지를 계승할 수 있도록 허락한 토지이다. 단, 만 20세 미만에 한하여 휼양전의 명목으로 계승된 것이었는데, 아들의 경우 20세가 되면 자신의 과(科)에 따라 토지를 전수받고, 딸은 남편의 과에 따라 절급 받되, 차액이 있는 경우 관에 회수되었다. 아들의 경우 만약 20세가 넘어서도 관직에 나아가지 못하였다면 대개 군전에 해당하는 5~10결만 받고 숙위에 복무하였을 것으로 예상된다. 하지만 20세 이전에 출사하게 되어 자신이 받을 수 있는 과액이 휼양전으로 받을 수 있는 과액보다 적게 책정됨으로써 휼양전 지급 목적과 모순되는 상황이 일어난다면, 그 손자에게 휼양의 목적으로 5결을 받게 하였다.(親父母田, 子孫各以科受之,

餘田則幼弱孫子, 雖有父母, 各給恤養田五結[『태종실록』 권 22, 11년 윤12월 을축])

수신전이나 휼양전은 모두 관인계층의 사회적 신분을 보장하기 위해 설정된 것으로, 전시과의 구분전(口分田)의 성격을 이은 것이다. 하지만 과전법의 경우 경기지역의 토지를 절급하는 것이었기 때문에 수신전·휼양전과 같이 사실상 세전(世傳)되는 토지는 새로 진출하는 현직관료들의 수조권절급을 어렵게 하는 요인이 되기도 하였다. 때문에 태종 대에 휼양전을 축소 지급하는 방향으로 전환되다가 직전제가 실시되면서 폐지되었다.

[참고어] 수신전, 구분전

[참고문헌] 『태종실록』; 『고려사』 「식화지」; 이경식, 1986, 『조선전기토지제도연구』, 일조각; 권영국 외 譯, 1996, 『역주 『고려사』 식화지』, 한국정신문화연구원 〈이현경〉

흑근(黑根) 보리농사를 짓는 밭의 비옥한 상태.

토지에 유기질의 비료를 제공함으로써 적색(赤色)의 토지가 흑색(黑色)으로 변화한 상태를 가리킨다. 황해도 황주군의 서북부로부터 평안남도 중화군으로 연결되는 일대에서 유래된 재래용어이다. 이 일대는 황주·중화·평양이 위치하고 있어 인구가 많고, 완만한 구릉 사이에 밭이 다수 분포하여 밭 소작이 발달하였다. 보리와 대두 및 유명한 능금[林檎]산지이기도 하다. 특히 보리농사가 중시되어 2년 3작의 윤작법 실시를 위한 토지개량이 실시되었다. 황해도 및 평안도 일대의 적색토는 퇴비를 사용한 결과 비옥한 흑색토로 변화하므로 여기에 보리농사의 윤작을 실시한다. 보리의 수확 이후 남아있는 보리의 뿌리 역시 유기질 비료화되면서 흑색으로 변화하는데 이를 흑근이라고 칭하였다. 이에 반해 조, 대두 농사를 짓는 토지이자 유기분의 소멸로 척박해진 상태의 토지를 백근(白根)이라고 한다.

흑근은 백근에 비해 토지의 시가(市價)가 높았다. 그리하여 흑근 상태의 토지 및 토지소작권을 판매·인상할 때는 토지에 잔존한 비료의 가치를 계산하여 배상하는 관습이 생겼다. 보리농사를 비롯한 밭농사가 중요한 황해도·평안도 지역에서는 흑근과 백근의 차이가 명백하므로 흑근의 배상관행은 보편적 관행으로 자리잡았다. 흑근의 배상은 흑근상태인 소작지 및 소작권을 매매할 때 지주가 소작지의 가격을 인상하여 새로운 소작인이 이 인상분을 지불하는 관행이다. 이로써 소작지는 새로운 소작인에게로 이작된다.

흑근의 배상관행을 통한 대가는 구두약속에 의해 거래되고 거래 영수증만을 작성하는데, 드물게는 매매형식에 따라 거래하기도 한다. 흑근의 배상 금액은 보통 단당(段當) 1~3원 내외이고 고가일 경우 7~8원 이상이다. 흑근의 배상금액 산출기준은 흑근의 상태와 흑근 상태인 땅에서의 경작 유무이며, 흑근 토지에서 경작이 이루어지고 있을 경우에는 경작이 이루어지지 않았을 때와 수확량·시가(市價)를 비교한 후 그 차액을 기준으로 삼는다. 배상금액의 결정은 지주의 사정으로 소작지를 인상하는 경우에는 지주-소작인의 협정에 의하고, 소작인의 소작지 이작(移作)의 경우에는 신구소작인 간의 협의에 따른다. 제3자의 제시안을 기준으로 결정하기도 한다. 흑근의 배상관행은 지주-소작인 간, 소작인-소작인 간의 배상관계를 복잡하게 하기 때문에 새로운 소작인은 백근 상태의 소작지를 선호한다. 이 관행은 점차 쇠퇴하는 경향이 있으나 일제시기까지도 흑근의 실례가 곳곳에 존재하고 있다.

[참고어] 기간조, 소작제도 관행조사

[참고문헌] 전라남도, 1923, 『小作慣行調査書』; 조선총독부, 1927, 『朝鮮の農業』; 조선총독부, 1932, 『朝鮮ノ小作慣行(上)·(下)』; 조선총독부, 1932, 『朝鮮ノ小作慣行 : 時代と慣行』 〈고나은〉

찾아보기

ㄱ

ㄷ

ㅂ

ㅇ

ㅈ

ㅊ

ㅋ

ㅌ

ㅍ

ㅎ

A~Z